中华人民共和国

现行会计法律法规汇编

2015年

最新版

全国人大常委会法制工作委员会 审定

ZHONGHUA RENMIN GONGHEGUO
XIANXING KUAIJI FALV FAGUI HUIBIAN

图书在版编目（CIP）数据

中华人民共和国现行会计法律法规汇编：2015 年最新版 / 全国人大常委会法制工作委员会审定 .—上海：立信会计出版社，2015.2

ISBN 978-7-5429-4561-7

Ⅰ. ①中… Ⅱ. ①全… Ⅲ. ①会计法—汇编—中国 Ⅳ. ①D922.269

中国版本图书馆 CIP 数据核字（2015）第 028730 号

策划编辑　蔡伟莉
责任编辑　蔡伟莉　何颖颖

中华人民共和国现行会计法律法规汇编（2015年最新版）

出版发行　立信会计出版社
地　　址　上海市中山西路2230号　　邮政编码　200235
电　　话　(021) 64411389　　传　　真　(021) 64411325
网　　址　www.lixinaph.com　　电子邮箱　lxaph@sh163.net
网上书店　www.shlx.net　　电　　话　(021) 64411071
经　　销　各地新华书店

印　　刷　北京通州皇家印刷厂
开　　本　787毫米×1092毫米　1/16
印　　张　64.5　　插　　页　4
字　　数　2110千字
版　　次　2015年2月第1版
印　　次　2015年2月第1次
书　　号　ISBN 978-7-5429-4561-7/D
定　　价　388.00元

如有印订差错，请与本社联系调换

前　　言

会计法规与时俱进，在2014年度仍然显示出强劲势头，虽然看起来让会计人员需要学习更多知识，但是从为我国经济发展保驾护航，为经济发展提供决策支持服务角度看待会计法规的变化就会很欣慰。

由于篇幅所限，2015版会计法规汇编对综合性会计法规进行压缩，《会计基础工作规范》、《会计档案管理办法》等面临重大修订，请读者关注最新信息。

在企业会计法规方面，财政部在2014年对企业会计准则进行了“大修”，修订了《基本准则》，以及《长期股权投资》等五项具体准则，发布了《公允价值计量》等三项具体准则。本次会计准则“大修”把会计准则解释中的内容纳入各项具体会计准则，也不再发布会计准则实施指南，因此2015版会计法规汇编不再收录1—6号会计准则解释和会计准则实施指南。管理会计法规迎来春天，财政部发布了《财政部关于全面推进管理会计体系建设的指导意见》。

行政事业单位会计法规最大亮点在于《权责发生制政府综合财务报告制度改革方案》发布，以及《中华人民共和国预算法》的修订，二者对行政事业单位会计发展起到引领未来方向的作用。为了与中央反腐倡廉保持一致，2015版法规汇编还收录了新颁布的《因公短期出国培训费用管理办法》等法规。

在审计法规方面的亮点是《国务院关于加强审计工作的意见》和《审计署关于加强公务支出和公款消费审计的若干意见》的颁布，注册会计师审计准则解答（2013年推出《职业怀疑》等6项，2014年推出《会计分录测试》等7项）的推出，以及《内部审计质量评估办法》的颁布。2015年新版会计法规汇编与2014版相比没有大的结构调整，还是从综合性会计法规、企业会计法规、行政事业单位会计法规、审计（含国家审计、注册会计师审计和内部审计）法规四个大的方面进行梳理，体现全面性原则，同时从体系上保持逻辑清晰。水平有限，请读者批评指正。

编　者

目　录

第一编　综合性会计法规

第二编　企业会计相关法规

第四编 审计相关法规

第一编

综合性会计法规

第一章 统驭性会计法规

1. 中华人民共和国会计法(1999 年修正)

第一章 总 则

第一条 为了规范会计行为,保证会计资料真实、完整,加强经济管理和财务管理,提高经济效益,维护社会主义市场经济秩序,制定本法。

第二条 国家机关、社会团体、公司、企业、事业单位和其他组织(以下统称单位)必须依照本法办理会计事务。

第三条 各单位必须依法设置会计账簿,并保证其真实、完整。

第四条 单位负责人对本单位的会计工作和会计资料的真实性、完整性负责。

第五条 会计机构、会计人员依照本法规定进行会计核算,实行会计监督。

任何单位或者个人不得以任何方式授意、指使、强令会计机构、会计人员伪造、变造会计凭证、会计账簿和其他会计资料,提供虚假财务会计报告。

任何单位或者个人不得对依法履行职责、抵制违反本法规定行为的会计人员实行打击报复。

第六条 对认真执行本法,忠于职守,坚持原则,做出显著成绩的会计人员,给予精神的或者物质的奖励。

第七条 国务院财政部门主管全国的会计工作。

县级以上地方各级人民政府财政部门管理本行政区域内的会计工作。

第八条 国家实行统一的会计制度。国家统一的会计制度由国务院财政部门根据本法制定并公布。

国务院有关部门可以依照本法和国家统一的会计制度制定对会计核算和会计监督有特殊要求的行业实施国家统一的会计制度的具体办法或者补充规定,报国务院财政部门审核批准。

中国人民解放军总后勤部可以依照本法和国家统一的会计制度制定军队实施国家统一的会计制度的具体办法,报国务院财政部门备案。

第二章 会计核算

第九条 各单位必须根据实际发生的经济业务事项进行会计核算,填制会计凭证,登记会计账簿,编制财务会计报告。

任何单位不得以虚假的经济业务事项或者资料进行会计核算。

第十条 下列经济业务事项,应当办理会计手续,进行会计核算:

(一)款项和有价证券的收付;

(二)财物的收发、增减和使用;

(三)债权债务的发生和结算;

(四)资本、基金的增减;

(五)收入、支出、费用、成本的计算;

(六)财务成果的计算和处理;

(七)需要办理会计手续、进行会计核算的其他事项。

第十一条 会计年度自公历 1 月 1 日起至 12 月 31 日止。

第十二条 会计核算以人民币为记账本位币。

业务收支以人民币以外的货币为主的单位,可以选定其中一种货币作为记账本位币,但是编报的财务会计报告应当折算为人民币。

第十三条 会计凭证、会计账簿、财务会计报告和其他会计资料，必须符合国家统一的会计制度的规定。

使用电子计算机进行会计核算的，其软件及其生成的会计凭证、会计账簿、财务会计报告和其他会计资料，也必须符合国家统一的会计制度的规定。

任何单位和个人不得伪造、变造会计凭证、会计账簿及其他会计资料，不得提供虚假的财务会计报告。

第十四条 会计凭证包括原始凭证和记账凭证。

办理本法第十条所列的经济业务事项，必须填制或者取得原始凭证并及时送交会计机构。

会计机构、会计人员必须按照国家统一的会计制度的规定对原始凭证进行审核，对不真实、不合法的原始凭证有权不予接受，并向单位负责人报告；对记载不准确、不完整的原始凭证予以退回，并要求按照国家统一的会计制度的规定更正、补充。

原始凭证记载的各项内容均不得涂改；原始凭证有错误的，应当由出具单位重开或者更正，更正处应当加盖出具单位印章。原始凭证金额有错误的，应当由出具单位重开，不得在原始凭证上更正。

记账凭证应当根据经过审核的原始凭证及有关资料编制。

第十五条 会计账簿登记，必须以经过审核的会计凭证为依据，并符合有关法律、行政法规和国家统一的会计制度的规定。会计账簿包括总账、明细账、日记账和其他辅助性账簿。

会计账簿应当按照连续编号的页码顺序登记。会计账簿记录发生错误或者隔页、缺号、跳行的，应当按照国家统一的会计制度规定的方法更正，并由会计人员和会计机构负责人（会计主管人员）在更正处盖章。

使用电子计算机进行会计核算的，其会计账簿的登记、更正，应当符合国家统一的会计制度的规定。

第十六条 各单位发生的各项经济业务事项应当在依法设置的会计账簿上统一登记、核算，不得违反本法和国家统一的会计制度的规定私设会计账簿登记、核算。

第十七条 各单位应当定期将会计账簿记录与实物、款项及有关资料相互核对，保证会计账簿记录与实物及款项的实有数额相符、会计账簿记录与会计凭证的有关内容相符、会计账簿之间相对应的记录相符、会计账簿记录与会计报表的有关内容相符。

第十八条 各单位采用的会计处理方法，前后各期应当一致，不得随意变更；确有必要变更的，应当按照国家统一的会计制度的规定变更，并将变更的原因、情况及影响在财务会计报告中说明。

第十九条 单位提供的担保、未决诉讼等或有事项，应当按照国家统一的会计制度的规定，在财务会计报告中予以说明。

第二十条 财务会计报告应当根据经过审核的会计账簿记录和有关资料编制，并符合本法和国家统一的会计制度关于财务会计报告的编制要求、提供对象和提供期限的规定；其他法律、行政法规另有规定的，从其规定。

财务会计报告由会计报表、会计报表附注和财务情况说明书组成。向不同的会计资料使用者提供的财务会计报告，其编制依据应当一致。有关法律、行政法规规定会计报表、会计报表附注和财务情况说明书须经注册会计师审计的，注册会计师及其所在的会计师事务所出具的审计报告应当随同财务会计报告一并提供。

第二十一条 财务会计报告应当由单位负责人和主管会计工作的负责人、会计机构负责人（会计主管人员）签名并盖章；设置总会计师的单位，还须由总会计师签名并盖章。

单位负责人应当保证财务会计报告真实、完整。

第二十二条 会计记录的文字应当使用中文。在民族自治地方，会计记录可以同时使用当地通用的一种民族文字。在中华人民共和国境内的外商投资企业、外国企业和其他外国组织的会计记录可以同时使用一种外国文字。

第二十三条 各单位对会计凭证、会计账簿、财务会计报告和其他会计资料应当建立档案，妥善保管。会计档案的保管期限和销毁办法，由国务院财政部门会同有关部门制定。

第三章 公司、企业会计核算的特别规定

第二十四条 公司、企业进行会计核算，除应当遵守本法第二章的规定外，还应当遵守本章规定。

第二十五条 公司、企业必须根据实际发生的经济业务事项，按照国家统一的会计制度的规定确认、计量和记录资产、负债、所有者权益、收入、费用、成本和利润。

第二十六条　公司、企业进行会计核算不得有下列行为：

(一)随意改变资产、负债、所有者权益的确认标准或者计量方法，虚列、多列、不列或者少列资产、负债、所有者权益；

(二)虚列或者隐瞒收入，推迟或者提前确认收入；

(三)随意改变费用、成本的确认标准或者计量方法，虚列、多列、不列或者少列费用、成本；

(四)随意调整利润的计算、分配方法，编造虚假利润或者隐瞒利润；

(五)违反国家统一的会计制度规定的其他行为。

第四章　会计监督

第二十七条　各单位应当建立、健全本单位内部会计监督制度。单位内部会计监督制度应当符合下列要求：

(一)记账人员与经济业务事项和会计事项的审批人员、经办人员、财物保管人员的职责权限应当明确，并相互分离、相互制约；

(二)重大对外投资、资产处置、资金调度和其他重要经济业务事项的决策和执行的相互监督、相互制约程序应当明确；

(三)财产清查的范围、期限和组织程序应当明确；

(四)对会计资料定期进行内部审计的办法和程序应当明确。

第二十八条　单位负责人应当保证会计机构、会计人员依法履行职责，不得授意、指使、强令会计机构、会计人员违法办理会计事项。

会计机构、会计人员对违反本法和国家统一的会计制度规定的会计事项，有权拒绝办理或者按照职权予以纠正。

第二十九条　会计机构、会计人员发现会计账簿记录与实物、款项及有关资料不相符的，按照国家统一的会计制度的规定有权自行处理的，应当及时处理；无权处理的，应当立即向单位负责人报告，请求查明原因，作出处理。

第三十条　任何单位和个人对违反本法和国家统一的会计制度规定的行为，有权检举。收到检举的部门有权处理的，应当依法按照职责分工及时处理；无权处理的，应当及时移送有权处理的部门处理。收到检举的部门、负责处理的部门应当为检举人保密，不得将检举人姓名和检举材料转给被检举单位和被检举人个人。

第三十一条　有关法律、行政法规规定，须经注册会计师进行审计的单位，应当向受委托的会计师事务所如实提供会计凭证、会计账簿、财务会计报告和其他会计资料以及有关情况。

任何单位或者个人不得以任何方式要求或者示意注册会计师及其所在的会计师事务所出具不实或者不当的审计报告。

财政部门有权对会计师事务所出具审计报告的程序和内容进行监督。

第三十二条　财政部门对各单位的下列情况实施监督：

(一)是否依法设置会计账簿；

(二)会计凭证、会计账簿、财务会计报告和其他会计资料是否真实、完整；

(三)会计核算是否符合本法和国家统一的会计制度的规定；

(四)从事会计工作的人员是否具备从业资格。

在对前款第(二)项所列事项实施监督，发现重大违法嫌疑时，国务院财政部门及其派出机构可以向与被监督单位有经济业务往来的单位和被监督单位开立账户的金融机构查询有关情况，有关单位和金融机构应当给予支持。

第三十三条　财政、审计、税务、人民银行、证券监管、保险监管等部门应当依照有关法律、行政法规规定的职责，对有关单位的会计资料实施监督检查。

前款所列监督检查部门对有关单位的会计资料依法实施监督检查后，应当出具检查结论。有关监督检查部门已经作出的检查结论能够满足其他监督检查部门履行本部门职责需要的，其他监督检查部门应当加以利用，避免重复查账。

第三十四条 依法对有关单位的会计资料实施监督检查的部门及其工作人员对在监督检查中知悉的国家秘密和商业秘密负有保密义务。

第三十五条 各单位必须依照有关法律、行政法规的规定，接受有关监督检查部门依法实施的监督检查，如实提供会计凭证、会计账簿、财务会计报告和其他会计资料以及有关情况，不得拒绝、隐匿、谎报。

第五章 会计机构和会计人员

第三十六条 各单位应当根据会计业务的需要，设置会计机构，或者在有关机构中设置会计人员并指定会计主管人员；不具备设置条件的，应当委托经批准设立从事会计代理记账业务的中介机构代理记账。

国有的和国有资产占控股地位或者主导地位的大、中型企业必须设置总会计师。总会计师的任职资格、任免程序、职责权限由国务院规定。

第三十七条 会计机构内部应当建立稽核制度。

出纳人员不得兼任稽核、会计档案保管和收入、支出、费用、债权债务账目的登记工作。

第三十八条 从事会计工作的人员，必须取得会计从业资格证书。

担任单位会计机构负责人（会计主管人员）的，除取得会计从业资格证书外，还应当具备会计师以上专业技术职务资格或者从事会计工作三年以上经历。

会计人员从业资格管理办法由国务院财政部门规定。

第三十九条 会计人员应当遵守职业道德，提高业务素质。对会计人员的教育和培训工作应当加强。

第四十条 因有提供虚假财务会计报告，做假账，隐匿或者故意销毁会计凭证、会计账簿、财务会计报告，贪污，挪用公款，职务侵占等与会计职务有关的违法行为被依法追究刑事责任的人员，不得取得或者重新取得会计从业资格证书。

除前款规定的人员外，因违法违纪行为被吊销会计从业资格证书的人员，自被吊销会计从业资格证书之日起五年内，不得重新取得会计从业资格证书。

第四十一条 会计人员调动工作或者离职，必须与接管人员办清交接手续。

一般会计人员办理交接手续，由会计机构负责人（会计主管人员）监交；会计机构负责人（会计主管人员）办理交接手续，由单位负责人监交，必要时主管单位可以派人会同监交。

第六章 法律责任

第四十二条 违反本法规定，有下列行为之一的，由县级以上人民政府财政部门责令限期改正，可以对单位并处三千元以上五万元以下的罚款；对其直接负责的主管人员和其他直接责任人员，可以处二千元以上二万元以下的罚款；属于国家工作人员的，还应当由其所在单位或者有关单位依法给予行政处分：

（一）不依法设置会计账簿的；

（二）私设会计账簿的；

（三）未按照规定填制、取得原始凭证或者填制、取得的原始凭证不符合规定的；

（四）以未经审核的会计凭证为依据登记会计账簿或者登记会计账簿不符合规定的；

（五）随意变更会计处理方法的；

（六）向不同的会计资料使用者提供的财务会计报告编制依据不一致的；

（七）未按照规定使用会计记录文字或者记账本位币的；

（八）未按照规定保管会计资料，致使会计资料毁损、灭失的；

（九）未按照规定建立并实施单位内部会计监督制度或者拒绝依法实施的监督或者不如实提供有关会计资料及有关情况的；

（十）任用会计人员不符合本法规定的。

有前款所列行为之一，构成犯罪的，依法追究刑事责任。

会计人员有第一款所列行为之一，情节严重的，由县级以上人民政府财政部门吊销会计从业资格证书。

有关法律对第一款所列行为的处罚另有规定的，依照有关法律的规定办理。

第四十三条 伪造、变造会计凭证、会计账簿，编制虚假财务会计报告，构成犯罪的，依法追究刑事责任。

有前款行为，尚不构成犯罪的，由县级以上人民政府财政部门予以通报，可以对单位并处五千元以上十万元以下的罚款；对其直接负责的主管人员和其他直接责任人员，可以处三千元以上五万元以下的罚款；属于国家工作人员的，还应当由其所在单位或者有关单位依法给予撤职直至开除的行政处分；对其中的会计人员，并由县级以上人民政府财政部门吊销会计从业资格证书。

第四十四条　隐匿或者故意销毁依法应当保存的会计凭证、会计账簿、财务会计报告，构成犯罪的，依法追究刑事责任。

有前款行为，尚不构成犯罪的，由县级以上人民政府财政部门予以通报，可以对单位并处五千元以上十万元以下的罚款；对其直接负责的主管人员和其他直接责任人员，可以处三千元以上五万元以下的罚款；属于国家工作人员的，还应当由其所在单位或者有关单位依法给予撤职直至开除的行政处分；对其中的会计人员，并由县级以上人民政府财政部门吊销会计从业资格证书。

第四十五条　授意、指使、强令会计机构、会计人员及其他人员伪造、变造会计凭证、会计账簿，编制虚假财务会计报告或者隐匿、故意销毁依法应当保存的会计凭证、会计账簿、财务会计报告，构成犯罪的，依法追究刑事责任；尚不构成犯罪的，可以处五千元以上五万元以下的罚款；属于国家工作人员的，还应当由其所在单位或者有关单位依法给予降级、撤职、开除的行政处分。

第四十六条　单位负责人对依法履行职责、抵制违反本法规定行为的会计人员以降级、撤职、调离工作岗位、解聘或者开除等方式实行打击报复，构成犯罪的，依法追究刑事责任；尚不构成犯罪的，由其所在单位或者有关单位依法给予行政处分。对受打击报复的会计人员，应当恢复其名誉和原有职务、级别。

第四十七条　财政部门及有关行政部门的工作人员在实施监督管理中滥用职权、玩忽职守、徇私舞弊或者泄露国家秘密、商业秘密，构成犯罪的，依法追究刑事责任；尚不构成犯罪的，依法给予行政处分。

第四十八条　违反本法第三十条规定，将检举人姓名和检举材料转给被检举单位和被检举人个人的，由所在单位或者有关单位依法给予行政处分。

第四十九条　违反本法规定，同时违反其他法律规定的，由有关部门在各自职权范围内依法进行处罚。

第七章　附　　则

第五十条　本法下列用语的含义：

单位负责人，是指单位法定代表人或者法律、行政法规规定代表单位行使职权的主要负责人。

国家统一的会计制度，是指国务院财政部门根据本法制定的关于会计核算、会计监督、会计机构和会计人员以及会计工作管理的制度。

第五十一条　个体工商户会计管理的具体办法，由国务院财政部门根据本法的原则另行规定。

第五十二条　本法自 2000 年 7 月 1 日起施行。

2.《中华人民共和国公司法》第八章（2005 年修正）

第八章　公司财务、会计

第一百六十四条　公司应当依照法律、行政法规和国务院财政部门的规定建立本公司的财务、会计制度。

第一百六十五条　公司应当在每一会计年度终了时编制财务会计报告，并依法经会计师事务所审计。

财务会计报告应当依照法律、行政法规和国务院财政部门的规定制作。

第一百六十六条　有限责任公司应当依照公司章程规定的期限将财务会计报告送交各股东。

股份有限公司的财务会计报告应当在召开股东大会年会的二十日前置备于本公司，供股东查阅；公开发行股票的股份有限公司必须公告其财务会计报告。

第一百六十七条　公司分配当年税后利润时，应当提取利润的百分之十列入公司法定公积金。公司法定公积金累计额为公司注册资本的百分之五十以上的，可以不再提取。

公司的法定公积金不足以弥补以前年度亏损的，在依照前款规定提取法定公积金之前，应当先用当年利润弥补亏损。

后利润中提取法定公积金后，经股东会或者股东大会决议，还可以从税后利润中提取任意公积金。

亏损和提取公积金后所余税后利润，有限责任公司依照本法第三十五条的规定分配；股份有限公司按照股东持有的股份比例分配，但股份有限公司章程规定不按持股比例分配的除外。

股东大会或者董事会违反前款规定，在公司弥补亏损和提取法定公积金之前向股东分配利润的，股东必须将违反规定分配的利润退还公司。

公司持有的本公司股份不得分配利润。

第一百六十八条 股份有限公司以超过股票票面金额的发行价格发行股份所得的溢价款以及国务院财政部门规定列入资本公积金的其他收入，应当列为公司资本公积金。

第二章　综合性会计基础工作管理法规

1. 会计基础工作规范(1996年颁布)

财会字〔1996〕19号

第一章　总　　则

第一条　为了加强会计基础工作,建立规范的会计工作秩序,提高会计工作水平,根据《中华人民共和国会计法》的有关规定,制定本规范。

第二条　国家机关、社会团体、企业、事业单位、个体工商户和其他组织的会计基础工作,应当符合本规范的规定。

第三条　各单位应当依据有关法律、法规和本规范的规定,加强会计基础工作,严格执行会计法规制度,保证会计工作依法有序地进行。

第四条　单位领导人对本单位的会计基础工作负有领导责任。

第五条　各省、自治区、直辖市财政厅(局)要加强对会计基础工作的管理和指导,通过政策引导、经验交流、监督检查等措施,促进基层单位加强会计基础工作,不断提高会计工作水平。

国务院各业务主管部门根据职责权限管理本部门的会计基础工作。

第二章　会计机构和会计人员

第一节　会计机构设备和会计人员配备

第六条　各单位应当根据会计业务的需要设置会计机构;不具备单独设置会计机构条件的,应当在有关机构中配备专职会计人员。

事业行政单位会计机构的设置和会计人员的配备应当符合国家统一事业行政单位会计制度的规定。

设置会计机构,应当配备会计机构负责人;在有关机构中配备专职会计人员,应当在专职会计人员中指定会计主管人员。

会计机构负责人会计主管人员任免,应当符合《中华人民共和国会计法》和有关法律的规定。

第七条　会计机构负责人、会计主管人员应当具备下列基本条件:

(一)坚持原则,廉洁奉公;

(二)具有会计专业技术资格;

(三)主管一个单位或者单位内一个重要方面的财务会计工作时间不少于二年;

(四)熟悉国家财经法律、法规、规章和方针、政策,掌握本行业业务管理的有关知识;

(五)有较强的组织能力;

(六)身体状况能够适应本职工作的要求。

第八条　没有设置会计机构和配备会计人员的单位,应当根据《代理记账管理暂行办法》委托会计事务所或者有代理记账许可证书的其他代理记账机构进行代理记账。

第九条　大、中型企业、事业单位、业务主管部门应当根据法律和国家有关规定设置总会计师。总会计师由具有会计师以上专业技术资格的人员担任。

总会计师行使《总会计师条例》规定的职责、权限。

总会计师的任命(聘任)、免职(解聘)依照《总会计师条例》和有关法律的规定办理。

第十条　各单位应当根据会计业务需要配备持有会计证的会计人员。未取得会计证的人员,不得从事会计工作。

第十一条 各单位应当根据会计业务需要设置会计工作岗位。

会计工作岗位一般可分为：会计机构负责人或者会计主管人员，出纳，财产物资核算，工资核算，成本费用核算，财务成果核算，资金核算，往来结算，总账报表，稽核，档案管理等。开展会计电算化和管理会计的单位，可以根据需要设置相应工作岗位，也可以与其他工作岗位相结合。

第十二条 会计工作岗位，可以一人一岗、一人多岗或者一岗多人。但出纳人员不得兼管稽核、会计档案保管和收入、费用、债权债务账目的登记工作。

第十三条 会计人员的工作岗位应当有计划地进行轮换。

第十四条 会计人员应当具备必要的专业知识和专业技术，熟悉国家有关法律、法规、规章和国家统一会计制度，遵守职业道德。

会计人员应当按照国家有关规定参加会计业务的培训。各单位应当合理安排会计人员的培训，保证会计人员每年有一定时间用于学习和参加培训。

第十五条 各单位领导人应当支持会计机构、会计人员依法行使职责；对忠于职守，坚持原则，做出显著成绩的会计机构、会计人员，应当给予精神和物质的奖励。

第十六条 国家机关、国有企业、事业单位任用会计人员应当实行回避制度。

单位领导人的直系亲属不得担任本单位的会计机构负责人、会计主管人员。会计机构负责人、会计主管人员的直系亲属不得在本单位会计机构中担任出纳工作。

需要回避的直系亲属：夫妻关系、直系血亲关系、三代以内旁系血亲以及配偶亲关系。

第二节 会计人员职业道德

第十七条 会计人员在会计工作中应当遵守职业道德，树立良好的职业品质、严谨的工作作风，严守工作纪律，努力提高工作效率和工作质量。

第十八条 会计人员应当热爱本职工作，努力钻研业务，使自己的知识和技能适应所从事工作的要求。

第十九条 会计人员应当熟悉财经法律、法规、规章和国家统一会计制度，并结合会计工作进行广泛宣传。

第二十条 会计人员应当按照会计法律、法规和国家统一会计制度规定的程序和要求进行会计工作，保证所提供的会计信息合法、真实、准确、及时、完整。

第二十一条 会计人员办理会计事务应当实事求是、客观公正。

第二十二条 会计人员应当熟悉本单位的生产经营和业务管理情况，运用掌握的会计信息和会计方法，为改善单位内部管理、提高经济效益服务。

第二十三条 会计人员应当保守本单位商业秘密。除法律规定和单位领导人同意外，不能私自向外界提供或者泄露单位的会计信息。

第二十四条 财政部门、业务主管部门和各单位应当定期检查会计人员遵守职业道德的情况，并作为会计人员晋升、晋级、聘任专业职务、表彰奖励的重要考核依据。

会计人员违反职业道德的，由所在单位进行处罚；情节严重的，由会计证发证机关吊销其会计证。

第三节 会计工作交接

第二十五条 会计人员工作调动或者因故离职，必须将本人所经管的会计工作全部移交给接替人员。没有办清交接手续的，不得调动或者离职。

第二十六条 接替人员应当认真接管移交工作，并继续办理移交的未了事项。

第二十七条 会计人员办理移交手续，必须及时做好以下工作：

（一）已经受理的经济业务尚未填制会计凭证的，应当填制完毕。

（二）尚未登记的账目，应当登记完毕，并在最后一笔余额后加盖经办人员印章。

（三）整理应该移交的各项资料，对未了事项写出书面材料。

（四）编制移交清册，列明应当移交的会计凭证、会计账簿、会计报表、印章、现金、有价证券、支票簿、发票、文件、其他会计资料和物品等内容；实行会计电算化的单位，从事该项工作的移交人还应当在移交清册中列明会计软件及密码、会计软件数据磁盘(磁带等)及有关资料、实物等内容。

第二十八条　会计人员办理交接手续,必须有监交人负责监交。一般会计人员交接,由单位会计机构负责人、会计主管人员负责监交;会计机构负责人、会计主管人员交接,由单位领导人负责监交,必要时可由上级主管部门派人会同监交。

第二十九条　移交人员在办理移交时,要按移交注册逐项移交;接替人员要逐项核对点收。

(一)现金、有价证券要根据会计账簿有关记录进行点交。库存现金、有价证券必须与会计账簿记录保持一致。不一致时,移交人员必须限期查清。

(二)会计凭证、会计账簿、会计报表和其他会计资料必须完整无缺,必须查清原因,并在移交注册中注明,由移交人员负责。

(三)银行存款账户余额要与银行对账单核对,如不一致,应当编制银行存款余额调节表调节相符,各种财产物资和债权债务的明细账户余额要与总账有关账户余额核对相符;必要时,要抽查个别账户的余额,与实物核对相符,或者与往来单位、个人核对清楚。

(四)移交人员经管的票据、印章和其他实物等,必须交接清楚;移交人员从事会计电算化工作的,要对有关电子数据在实际操作状态下进行交接。

第三十条　会计机构负责人、会计主管人员移交时,还必须将全部财务会计工作、重大财务收支和会计人员的情况等,向接替人员详细介绍。对需要移交的遗留问题,应当写出书面材料。

第三十一条　交接完毕后,交接双方和监交人员要在移交清册上签名或者盖章。并应在移交清册上注明:单位名称,交接日期,交接双方和监交人员的职务、姓名,移交清册页数以及需要说明的问题和意见等。

移交清册一般应当填制一式三份,交接双方各执一份,存档一份。

第三十二条　接替人员应当继续使用移交的会计账簿,不得自行另立新账,以保持会计记录的连续性。

第三十三条　会计人员临时离职或者因病不能工作且需要接替或者代理的,会计机构负责人、会计主管人员或者单位领导人必须指定有关人员接替或者代理,并办理交接手续。

临时离职或者因病不能工作的会计人员恢复工作的,应当与接替或者代理人员办理交接手续。

移交人员因病或者其他特殊原因不能亲自办理移交的,经单位领导人批准,可由移交人员委托他人代办移交,但委托人应当承担本规范第三十五条规定的责任。

第三十四条　单位撤销时,必须留有必要的会计人员,会同有关人员办理清理工作,编制决算。未移交前,不得离职。接收单位和移交日期由主管部门确定。

单位合并、分立的,其会计工作交接手续比照上述有关规定办理。

第三十五条　移交人员对所移交的会计凭证、会计账簿、会计报表和其他有关资料的合法性、真实性承担法律责任。

第三章　会计核算

第一节　会计核算一般要求

第三十六条　各单位应当按照《中华人民共和国会计法》和国家统一会计制度的规定建立会计账册,进行会计核算,及时提供合法、真实、准确、完整的会计信息。

第三十七条　各单位发生的下列事项,应当及时办理会计手续、进行会计核算:

(一)款项和有价证券的收付;

(二)财物的收发、增减和使用;

(三)债权债务的发生和结算;

(四)资本、基金的增减;

(五)收入、支出、费用、成本的计算;

(六)财务成果的计算和处理;

(七)其他需要办理会计手续、进行会计核算的事项。

第三十八条　各单位的会计核算应当以实际发生的经济业务为依据,按照规定的会计处理方法进行,保证会计指标的口径一致、相互可比和会计处理方法的前后各期相一致。

第三十九条 会计年度自公历一月一日起至十二月三十一日止。

第四十条 会计核算以人民币为记账本位币。

收支业务外国货币为主的单位，也可以选定某种外国货币作为记账本位币，但是编制的会计报表应当折算为人民币反映。

境外单位向国内有关部门编报的会计报表，应当折算为人民币反映。

第四十一条 各单位根据国家统一会计制度的要求，在不影响会计核算要求、会计报表指标汇总和对外统一会计报表的前提下，可以根据实际情况自行设置和使用会计科目。

事业行政单位会计科目的设置和使用，应当符合国家统一事业行政单位会计制度的规定。

第四十二条 会计凭证、会计账簿、会计报表和其他会计资料的内容和要求必须符合国家统一会计制度的规定，不得伪造、变造会计凭证、会计账簿，不得设置账外账，不得报送虚假会计报表。

第四十三条 各单位对外报送的会计报表格式由财政部统一规定。

第四十四条 实行会计电算化的单位，对使用的会计软件及其生成的会计凭证、会计账簿、会计报表和其他会计资料的要求，应当符合财政部关于会计电算化的有关规定。

第四十五条 各单位的会计凭证、会计账簿、会计报表和其他会计资料，应当建立档案，妥善保管。会计档案建档要求、保管期限、销毁办法等依据《会计档案管理办法》的规定进行。

实行会计电算化的单位，有关电子数据、会计软件资料等应当作为会计档案进行管理。

第四十六条 会计记录的文字应当使用中文，少数民族自治地区可以同时使用少数民族文字。中国境内的外商投资企业、外国企业和其他外国经济组织也可以同时使用某种外国文字。

第二节 填制会计凭证

第四十七条 各单位办理本规范第三十七条规定的事项，必须取得或者填制原始凭证，并及时送交会计机构。

第四十八条 原始凭证的基本要求是：

（一）原始凭证的内容必须具备：凭证的名称；填制凭证的日期；填制凭证单位名称或者填制人姓名；经办人员的签名或者盖章；接受凭证单位名称；经济业务内容；数量、单价和金额。

（二）从外单位取得的原始凭证，必须盖有填制单位的公章；从个人取得的原始凭证，必须有填制人员的签名或者盖章。自制原始凭证必须有经办单位领导人或者其指定的人员签名或者盖章。对外开出的原始凭证，必须加盖本单位公章。

（三）凡填有大写和小写金额的原始凭证，大写与小写金额必须相符。购买实物的原始凭证，必须有验收证明。支付款项的原始凭证，必须有收款单位和收款人的收款证明。

（四）一式几联的原始凭证，应当注明各联的用途，只能以一联作为报销凭证。

一式几联的发票和收据，必须用双面复写纸（发票和收据本身具备复写纸功能的除外）套写，并连续编号。作废时应当加盖“作废”戳记，连同存根一起保存，不得撕毁。

（五）发生销货退回的，除填制退货发票外，还必须有退货验收证明；退款时，必须取得对方的收款收据或者汇款银行的凭证，不得以退货发票代替收据。

（六）职工公出借款凭据，必须附在记账凭证之后。收回借款时，应当另开收据或者退还借据副本，不得退还原借款收据。

（七）经上级有关部门批准的经济业务，应当将批准文件作为原始凭证附件。如果批准文件需要单独归档的，应当在凭证上注明批准机关名称、日期和文件字号。

第四十九条 原始凭证不得涂改、挖补。发现原始凭证有错误的，应当由开出单位重开或者更正，更正处应当加盖开出单位的公章。

第五十条 会计机构、会计人员要根据审核无误的原始凭证填制记账凭证。

记账凭证可以分为收款凭证、付款凭证和转账凭证，也可以使用通用记账凭证。

第五十一条 记账凭证的基本要求是：

（一）记账凭证的内容必须具备：填制凭证的日期；凭证编号；经济业务摘要；会计科目；金额；所附原始凭证张数；填制凭证人员、稽核人员、记账人员、会计机构负责人、会计主管人员签名或者盖章。收款和付款记账凭证还应当由出纳人员签名或者盖章。

以自制的原始凭证或者原始凭证汇总表代替记账凭证的，也必须具备记账凭证应有的项目。

（二）填制记账凭证时，应当对记账凭证进行连续编号。一笔经济业务需要填制两张以上记账凭证的，可以采用分数编号法编号。

（三）记账凭证可以根据每一张原始凭证填制，或者根据若干张同类原始凭证汇总填制，也可以根据原始凭证汇总表填制。但不得将不同内容和类别的原始凭证汇总填制在一张记账凭证上。

（四）除结账和更正错误的记账凭证可以不附原始凭证外，其他记账必须附有原始凭证。如果一张原始凭证涉及几张记账凭证，可以把原始凭证附在一张主要的记账凭证后面，并在其他记账凭证上注明附有该原始凭证的记账凭证的编号或者附有原始凭证复印件。

一张原始凭证所列支出需要几个单位共同负担的，应当将其他单位负担的部分，开给对方原始凭证分割单，进行结算。原始凭证分割单必须具备原始凭证的基本内容：凭证名称、填制凭证日期、填制凭证单位名称或者填制人姓名、经办人的签名或者盖章、接受凭证单位名称、经济业务内容、数量、单价、金额和费用分摊情况等。

（五）如果在填制记账凭证时发生错误，应当重新填制。

已经登记入账的记账凭证，在当年内发现填写错误时，可以用红字填写一张与原内容相同的记账凭证，在摘要栏注明"注销某月某日某号凭证"字样，同时再用蓝字重新填制一张正确的记账凭证，注明"订正某月某日某号凭证"字样。如果会计科目没有错误，只是金额错误，也可以将正确数字与错误数字之间的差额，另编一张调整的记账凭证，调增金额用蓝字，调减金额用红字。发现以前年度记账凭证有错误的，应当用蓝字填制一张更正的记账凭证。

（六）记账凭证填制完经济业务事项后，如有空行，应当自金额栏最后一笔金额数字下的空行处至合计数上的空行处划线注销。

第五十二条 填制会计凭证，字迹必须清晰、工整，并符合下列要求：

（一）阿拉伯数字应当一个一个地写，不得连笔写。阿拉伯金额数字前面应当书写货币币种符号或者货币名称简写和币种符号。币种符号与阿拉伯金额数字之间不得留有空白。凡阿拉伯数字前写有币种符号的，数字后面不得再写货币单位。

（二）所有以元为单位（其他货币种类为货币基本单位，下同）的阿拉伯数字，除表示单价等情况外，一律填写到角分；无角分的，角位和分位可写"00"，或者符号"—"；有角无分的，分位应当写"0"，不得用符号"—"代替。

（三）汉字大写数字金额如零、壹、贰、叁、肆、伍、陆、柒、捌、玖、拾、佰、仟、万、亿等，一律用正楷或者行书体书写，不得用0、一、二、三、四、五、六、七、八、九、十等简写字代替，不得任意自造简化字。大写金额数字到元或者角为止的，在"元"或者"角"字之后应当写"整"字或者"正"字；大写金额数字有分的，分字后面不写"整"或者"正"字。

（四）大写金额数字前未印有货币名称的，应当加填货币名称，货币名称与金额数字之间不得留有空白。

（五）阿拉伯金额数字中间有"0"时，汉字大写金额要写"零"字；阿拉伯数字金额中连续有几个"0"时，汉字大写金额中可以只写一个"零"字；阿拉伯金额数字元位是"0"，或者数字中间连续有几个"0"、元位也是"0"但角位不是"0"时，汉字大写金额可以只写一个"零"字，也可以不写"零"字。

第五十三条 实行会计电算化的单位，对于机制记账凭证，要认真审核，做到会计科目使用正确，数字准确无误。打印出的机制记账凭证要加盖制单人员、审核人员、记账人员及会计机构负责人、会计主管人员印章或者签字。

第五十四条 各单位会计凭证的传递程序应当科学、合理，具体办法由各单位根据会计业务需要自行规定。

第五十五条 会计机构、会计人员要妥善保管会计凭证。

（一）会计凭证应当及时传递，不得积压。

（二）会计凭证登记完毕后，应当按照分类和编号顺序保管，不得散乱丢失。

（三）记账凭证应当连同所附的原始凭证或者原始凭证汇总表，按照编号顺序，折叠整齐，按期装订成册，并加具封面，注明单位名称、年度、月份和起讫日期、凭证种类、起讫号码，由装订人在装订线封签处签名或者盖章。

对于数量过多的原始凭证，可以单独装订保管，在封面上注明记账凭证日期、编号、种类，同时在记账凭证上注明“附件另订”和原始凭证名称及编号。

各种经济合同、存出保证金收据以及涉外文件等重要原始凭证，应当另编目录，单独登记保管，并在有关的记账凭证和原始凭证上相互注明日期和编号。

（四）原始凭证不得外借，其他单位如因特殊原因需要使用原始凭证时，经本单位会计机构负责人、会计主管人员批准，可以复制。向外单位提供的原始凭证复制件，应当在专设的登记簿上登记，并由提供人员和收取人员共同签名或者盖章。

（五）从外单位取得的原始凭证如有遗失，应当取得原开出单位盖有公章的证明，并注明原来凭证的号码、金额和内容等，由经办单位会计机构负责人、会计主管人员和单位领导人批准后，才能代作原始凭证。如果确实无法取得证明的，如火车、轮船、飞机票等凭证，由当事人写出详细情况，由经办单位会计机构负责人、会计主管人员和单位领导人批准后，代作原始凭证。

第三节　登记会计账簿

第五十六条　各单位应当按照国家统一会计制度的规定和会计业务的需要设置会计账簿。会计账簿包括总账、明细账、日记账和其他辅助性账簿。

第五十七条　现金日记账和银行存款日记账必须采用订本式账簿。不得用银行对账单或者其他方式代替日记账。

第五十八条　实行会计电算化的单位，用计算机打印的会计账簿必须连续编号，经审核无误后装订成册，并由记账人员和会计机构负责人、会计主管人员签字或者盖章。

第五十九条　启用会计账簿时，应当在账簿封面上写明单位名称和账簿名称。在账簿扉页上应当附启用表，内容包括：启用日期、账簿页数、记账人员和会计机构负责人、会计主管人员姓名，并加盖名章和单位公章。记账人员或者会计机构负责人、会计主管人员调动工作时，应当注明交接日期、接办人员或者监交人员姓名，并由交接双方人员签名或者盖章。

启用订本式账簿，应当从第一页到最后一页顺序编写页数，不得跳页、缺号。使用活页式账页，应当按账户顺序编号，并须定期装订成册。装订后再按实际使用的账页顺序编写页码，另加目录，记明每个账户的名称和页次。

第六十条　会计人员应当根据审核无误的会计凭证登记会计账簿。登记账簿的基本要求是：

（一）登记会计账簿时，应当将会计凭证日期、编号、业务内容摘要、金额和有关资料逐项记入账内，做到数字准确、摘要清楚、登记及时、字迹工整。

（二）登记完毕后，要在记账凭证上签名或者盖章，并注明已经登账的符号，表示已经记账。

（三）账簿中书写的文字和数字上面要留有适当空格，不要写满格，一般应占格距的二分之一。

（四）登记账簿要用蓝黑墨水或者碳素墨水书写，不得使用圆珠笔（银行的复写账簿除外）或者铅笔书写。

（五）下列情况，可以用红色墨水记账：

1. 按照红字冲账的记账凭证，冲销错误记录；

2. 在不设借贷等栏的多栏式账页中，登记减少数；

3. 在三栏式账户的余额栏前，如未印明余额方向的，在余额栏内登记负数余额；

4. 根据国家统一会计制度的规定可以用红字登记的其他会计记录。

（六）各种账簿按页次顺序连续登记，不得跳行、隔页。如果发生跑行、隔页，应当将空行、空页划线注销，或者注明“此行空白”、“此页空白”字样，并由记账人员签名或者盖章。

（七）凡需要结出余额的账户，结出余额后，应当在“借或贷”等栏内写明“借”或者“贷”等字样。没有余额的账户，应当在“借或贷”等栏内写“平”字，并在余额栏内用“0”表示。

现金日记账和银行存款日记账必须逐日结出余额。

（八）每一账页登记完毕结转下页时，应当结出本页合计数及余额，写在本页最后一行和下页第一行有关栏内，并在摘要栏内分别注明“过次页”和“承前页”字样；也可以将本页合计数及金额只写在下页第一行有关栏内，并在摘要栏内注明“承前页”字样。

对需要结计本月发生额的账户，结计“过次页”的本页合计数应当为自本月初起至本页末止发生额合计数；对需要结计本年累计发生额的账户，结计“过次页”的本页合计数应当为自年初起至本页末止的累计数；对既不需要结计本月发生额也不需要结计本年累计发生额的账户，可以只将每页末的余额转次页。

第六十一条　实行会计电算化的单位，总账和明细账应当定期打印。

发生收款和付款业务的，在输入收款凭证和付款凭证的当天必须打印出现金日记、银行存款日记账，并在库存现金核对无误。

第六十二条　账簿记录发生错误，不准涂改、挖补、刮擦或者用药水消除字迹，不准重新抄写，必须按照下列方法进行更正：

（一）登记账簿时发生错误，应当将错误的文字或者数字划上红线注销，但必须使原有字迹仍可辨认；然后在划线上方填写正确的文字或者数字，并由记账人员在更正处盖章。对于错误的数字，应当全部划红线更正，不得只更正其中的错误数字。对于文字错误，可只划去错误的部分。

（二）由于记账凭证错误而使账簿记录发生错误，应当按更正的记账凭证登记账簿。

第六十三条　各单位应当定期对会计账簿记录的有关数字与库存实物、货币资金、有价证券、往来单位或者个人进行相互核对，保证账证相符、账账相符、账实相符。对账工作每年至少进行一次。

（一）账证核对。核对会计账簿记录与原始凭证、记账凭证的时间、凭证字号、内容、金额是否一致，记账方向是否相符。

（二）账账核对。核对不同会计账簿之间的账簿记录是否相符，包括：总账有关账户的余额核对，总账与明细账核对，总账与日记账核对，会计部门的财产物资明细账与财产物资保管和使用部门的有关明细账核对等。

（三）账实核对。核对会计账簿记录与财产等实有数额是否相符。包括：现金日记账账面余额与现金实际库存数相核对；银行存款日记账账面余额定期与银行对账单相核对；各种应收、应付款明细账账面余额与有关债务、债权单位或者个人核对等。

第六十四条　各单位应当按照规定定期结账。

（一）结账前，必须将本期内所发生的各项经济业务全部登记入账。

（二）结账时，应当结出每个账户的期末余额。需要结出当月发生额的，应当在摘要栏内注明“本月合计”字样，并在下面通栏划单红线。需要结出本年累计发生额的，应当在摘要栏内注明“本年累计”字样，并在下面通栏划单红线；十二月末的“本年累计”就是全年累计发生额。全年累计发生额下面应当通栏划双红线。年度终了结账时，所有总账账户都应当结出全年发生额和年末余额。

（三）年度终了，要把各账户的余额转到下一会计年度，并在摘要栏注明“结转下年”字样；在下一会计年度新建有关会计账簿的第一行余额栏内填写上年结转的余额，并在摘要栏注明“上年结转”字样。

第四节　编制财务报告

第六十五条　各单位必须按照国家统一会计制度的规定定期编制财务报告。

财务报告包括会计报表及其说明。会计报表包括会计报表主表、会计报表附表、会计报表附注。

第六十六条　各单位对外报送的财务报告应当根据国家统一会计制度规定的格式和要求编制。

单位内部使用的财务报告，其格式和要求由各单位自行规定。

第六十七条　会计报表应当根据登记完整、核结无误的会计账簿记录和其他有关资料编制，做到数字真实、计算准确、内容完整、说明清楚。

任何人不得篡改或者授意、指使、强令他人篡改会计报表的有关数字。

第六十八条　会计报表之间、会计报表各项目之间，凡有对应关系的数字，应当相互一致。本期会计报表与上期会计报表之间有关的数字应当相互衔接。如果不同会计年度会计报表中各项目的内容和核算方法有变更的，应当在年度会计报表中加以说明。

第六十九条　各单位应当按照国家统一会计制度的规定认真编写会计报表附注及其说明，做到项目齐全，内容完整。

第七十条　各单位应当按照国家规定的期限对外报送财务报告。

对外报送的财务报告，应当依次编写页码，加具封面，装订成册，加盖公章。封面上应当注明：单位名称，单位地址，财务报告所属年度、季度、月度、送出日期，并由单位领导人、总会计师、会计机构负责人、会计主管人员签名或者盖章。

单位领导人对财务报告的合法性、真实性负法律责任。

第七十一条 根据法律和国家有关规定应当对财务报告进行审计的，财务报告编制单位应当先行委托注册会计师进行审计，并将注册会计师出具的审计报告随同财务报告按照规定的期限报送有关部门。

第七十二条 如果发现对外报送的财务报告有错误，应当及时办理更正手续。除更正本单位留存的财务报告外，并应同时通知接受财务报告的单位更正。错误较多的，应当重新编报。

第四章 会计监督

第七十三条 各单位的会计机构、会计人员对本单位的经济活动进行会计监督。

第七十四条 会计机构、会计人员进行会计监督的依据是：

（一）财经法律、法规、规章；

（二）会计法律、法规和国家统一会计制度；

（三）各省、自治区、直辖市财政厅（局）和国务院业务主管部门根据《中华人民共和国会计法》和国家统一会计制度制定的具体实施办法或者补充规定；

（四）各单位根据《中华人民共和国会计法》和国家统一会计制度制定的单位内部会计管理制度；

（五）各单位内部的预算、财务计划、经济计划、业务计划等。

第七十五条 会计机构、会计人员应当对原始凭证进行审核和监督。

对不真实、不合法的原始凭证，不予受理。对弄虚作假、严重违法的原始凭证，在不予受理的同时，应当予以扣留，并及时向单位领导人报告，请求查明原因，追究当事人的责任。

对记载不准确、不完整的原始凭证，予以退回，要求经办人员更正、补充。

第七十六条 会计机构、会计人员伪造、变造、故意毁灭会计账簿或者账外设账行为，应当制止和纠正；制止和纠正无效的，应当向上级主管单位报告，请求作出处理。

第七十七条 会计机构、会计人员应当对实物、款项进行监督，督促建立并严格执行财产清查制度。发现账簿记录与实物、款项不符时，应当按照国家有关规定进行处理。超出会计机构、会计人员职权范围的，应当立即向本单位领导报告，请求查明原因，作出处理。

第七十八条 会计机构、会计人员对指使、强令编造、篡改财务报告行为，应当制止和纠正；制止和纠正无效的，应当向上级主管单位报告，请求处理。

第七十九条 会计机构、会计人员应当对财务收支进行监督。

（一）对审批手续不全的财务收支，应当退回，要求补充、更正。

（二）对违反规定不纳入单位统一会计核算的财务收支，应当制止和纠正。

（三）对违反国家统一的财政、财务、会计制度规定的财务收支，不予办理。

（四）对认为是违反国家统一的财政、财务、会计制度规定的财务收支，应当制止和纠正；制止和纠正无效的，应当向单位领导人提出书面意见请求处理。

单位领导人应当在接到书面意见起十日内作出书面决定，并对决定承担责任。

（五）对违反国家统一的财政、财务、会计制度规定的财务收支，不予制止和纠正，又不向单位领导人提出书面意见的，也应当承担责任。

（六）对严重违反国家利益和社会公众利益的财务收支，应当向主管单位或者财政、审计、税务机关报告。

第八十条 会计机构、会计人员对违反单位内部会计管理制度的经济活动，应当制止和纠正；制止和纠正无效的，向单位领导人报告，请求处理。

第八十一条 会计机构、会计人员应当对单位制定的预算、财务计划、经济计划、业务计划的执行情况进行监督。

第八十二条 各单位必须依照法律和国家有关规定接受财政、审计、税务等机关的监督，如实提供会计凭证、会计账簿、会计报表和其他会计资料以及有关情况，不得拒绝、隐匿、谎报。

第八十三条 按照法律规定应当委托注册会计师进行审计的单位，应当委托注册会计师进行审计，并配合注册会计师的工作，如实提供会计凭证、会计账簿、会计报表和其他会计资料以及有关情况，不得拒绝、隐匿、谎报，不得示意注册会计师出具不当的审计报告。

第五章 内部会计管理制度

第八十四条 各单位应当根据《中华人民共和国会计法》和国家统一会计制度的规定，结合单位类型和内部管理的需要，建立健全相应的内部会计管理制度。

第八十五条 各单位制定内部会计管理制度应当遵循下列原则：

（一）应当执行法律、法规和国家统一的财务会计制度。

（二）应当体现本单位的生产经营、业务管理的特点和要求。

（三）应当全面规范本单位的各项会计工作，建立健全会计基础，保证会计工作的有序进行。

（四）应当科学、合理，便于操作和执行。

（五）应当定期检查执行情况。

（六）应当根据管理需要和执行中的问题不断完善。

第八十六条 各单位应当建立内部会计管理体系。主要内容包括：单位领导人、总会计师对会计工作的领导职责；会计部门及其会计机构负责人、会计主管人员的职责、权限；会计部门与其他职能部门的关系；会计核算的组织形式。

第八十七条 各单位应当建立会计人员岗位责任制度。主要内容包括：会计人员工作岗位设置；各会计工作岗位的职责和标准；各会计工作岗位的人员和具体分工；会计工作岗位轮换办法；对各会计工作岗位的考核办法。

第八十八条 各单位应当建立账务处理程序制度。主要内容包括：会计科目及其明细科目的设置和使用；会计凭证的格式、审核要求和传递程序；会计核算方法；会计账簿的设置；编制会计报表的种类和要求；单位会计指标体系。

第八十九条 各单位应当建立内部牵制制度。主要内容包括：内部牵制制度的原则；组织分工；出纳岗位的职责和限制条件；有关岗位的职责和权限。

第九十条 各单位应当建立稽核制度。主要内容包括：稽核工作的组织形式和具体分工；稽核工作的职责、权限；审核会计凭证和复核会计账簿、会计报表的方法。

第九十一条 各单位应当建立原始记录管理制度。主要内容包括：原始记录的内容和填制方法；原始记录的格式；原始记录的审核；原始记录填制人的责任；原始记录签署、传递、汇集要求。

第九十二条 各单位应当建立定额管理制度。主要内容包括：定额管理的范围；规定和修订定额的依据、程序和方法；定额的执行；定额考核和奖惩办法等。

第九十三条 各单位应当建立计量验收制度。主要内容包括：计量检测手段和方法；计量验收管理的要求；计量验收人员的责任和奖惩办法。

第九十四条 各单位应当建立财产清查制度。主要内容包括：财产清查的范围；财产清查的组织；财产清查的期限和方法；对财产清查中发现问题的处理办法；对财产管理人员的奖惩办法。

第九十五条 各单位应当建立财务收支审批制度。主要内容包括：财务收支审批人员和审批权限；财务收支审批程序；财务收支审批人员的责任。

第九十六条 实行成本核算的单位应当建立成本核算制度。主要内容包括：成本核算的对象；成本核算的方法和程序；成本分析等。

第九十七条 各单位应当建立财务会计分析制度。主要内容包括：财务会计分析的主要内容；财务会计分析的基本要求和组织程序；财务会计分析的具体方法；财务会计分析报告的编写要求等。

第六章 附 则

第九十八条 本规范所称国家统一会计制度，是指由财政部制定、或者财政部与国务院有关部门联合制定、或者经财政部审核批准的在全国范围内统一执行的会计规章、准则、办法等规范性文件。

本规范所称会计主管人员，是指不设置会计机构、只在其他机构中设置专职会计人员的单位行使会计机构负责人职权的人员。

本规范第三章第二节和第三节关于填制会计凭证、登记会计账簿的规定，除特别指出外，一般适用于手工记账。实行会计电算化的单位，填制会计凭证和登记会计账簿的有关要求，应当符合财政部关于会计电算化的有关规定。

第九十九条 各省、自治区、直辖市财政厅（局）、国务院各业务主管部门可以根据本规范的原则，结合本地区、本部门的具体情况，制定具体实施办法，报财政部备案。

第一百条 本规范由财政部负责解释、修改。

第一百零一条 本规范自发布之日起实施。1984 年 4 月 24 日财政部发布的《会计人员工作规则》同时废止。

2. 人民币银行结算账户管理办法(2003 年修订)

中国人民银行令 2003 年第 5 号

第一章　总　　则

第一条 为规范人民币银行结算账户（以下简称银行结算账户）的开立和使用，加强银行结算账户管理，维护经济金融秩序稳定，根据《中华人民共和国中国人民银行法》和《中华人民共和国商业银行法》等法律法规，制定本办法。

第二条 存款人在中国境内的银行开立的银行结算账户适用本办法。

本办法所称存款人，是指在中国境内开立银行结算账户的机关、团体、部队、企业、事业单位、其他组织（以下统称单位）、个体工商户和自然人。

本办法所称银行，是指在中国境内经中国人民银行批准经营支付结算业务的政策性银行、商业银行（含外资独资银行、中外合资银行、外国银行分行）、城市信用合作社、农村信用合作社。

本办法所称银行结算账户，是指银行为存款人开立的办理资金收付结算的人民币活期存款账户。

第三条 银行结算账户按存款人分为单位银行结算账户和个人银行结算账户。

（一）存款人以单位名称开立的银行结算账户为单位银行结算账户。单位银行结算账户按用途分为基本存款账户、一般存款账户、专用存款账户、临时存款账户。

个体工商户凭营业执照以字号或经营者姓名开立的银行结算账户纳入单位银行结算账户管理。

（二）存款人凭个人身份证件以自然人名称开立的银行结算账户为个人银行结算账户。邮政储蓄机构办理银行卡业务开立的账户纳入个人银行结算账户管理。

第四条 单位银行结算账户的存款人只能在银行开立一个基本存款账户。

第五条 存款人应在注册地或住所地开立银行结算账户。符合本办法规定可以在异地（跨省、市、县）开立银行结算账户的除外。

第六条 存款人开立基本存款账户、临时存款账户和预算单位开立专用存款账户实行核准制度，经中国人民银行核准后由开户银行核发开户登记证。但存款人因注册验资需要开立的临时存款账户除外。

第七条 存款人可以自主选择银行开立银行结算账户。除国家法律、行政法规和国务院规定外，任何单位和个人不得强令存款人到指定银行开立银行结算账户。

第八条 银行结算账户的开立和使用应当遵守法律、行政法规，不得利用银行结算账户进行偷逃税款、逃废债务、套取现金及其他违法犯罪活动。

第九条 银行应依法为存款人的银行结算账户信息保密。对单位银行结算账户的存款和有关资料，除国家法律、行政法规另有规定外，银行有权拒绝任何单位或个人查询。对个人银行结算账户的存款和有关资料，除国家法律另有规定外，银行有权拒绝任何单位或个人查询。

第十条 中国人民银行是银行结算账户的监督管理部门。

第二章　银行结算账户的开立

第十一条　基本存款账户是存款人因办理日常转账结算和现金收付需要开立的银行结算账户。下列存款人，可以申请开立基本存款账户：

（一）企业法人。

（二）非法人企业。

（三）机关、事业单位。

（四）团级（含）以上军队、武警部队及分散执勤的支（分）队。

（五）社会团体。

（六）民办非企业组织。

（七）异地常设机构。

（八）外国驻华机构。

（九）个体工商户。

（十）居民委员会、村民委员会、社区委员会。

（十一）单位设立的独立核算的附属机构。

（十二）其他组织。

第十二条　一般存款账户是存款人因借款或其他结算需要，在基本存款账户开户银行以外的银行营业机构开立的银行结算账户。

第十三条　专用存款账户是存款人按照法律、行政法规和规章，对其特定用途资金进行专项管理和使用而开立的银行结算账户。对下列资金的管理与使用，存款人可以申请开立专用存款账户：

（一）基本建设资金。

（二）更新改造资金。

（三）财政预算外资金。

（四）粮、棉、油收购资金。

（五）证券交易结算资金。

（六）期货交易保证金。

（七）信托基金。

（八）金融机构存放同业资金。

（九）政策性房地产开发资金。

（十）单位银行卡备用金。

（十一）住房基金。

（十二）社会保障基金。

（十三）收入汇缴资金和业务支出资金。

（十四）党、团、工会设在单位的组织机构经费。

（十五）其他需要专项管理和使用的资金。

收入汇缴资金和业务支出资金，是指基本存款账户存款人附属的非独立核算单位或派出机构发生的收入和支出的资金。

因收入汇缴资金和业务支出资金开立的专用存款账户，应使用隶属单位的名称。

第十四条　临时存款账户是存款人因临时需要并在规定期限内使用而开立的银行结算账户。有下列情况的，存款人可以申请开立临时存款账户：

（一）设立临时机构。

（二）异地临时经营活动。

（三）注册验资。

第十五条　个人银行结算账户是自然人因投资、消费、结算等而开立的可办理支付结算业务的存款账户。有下列情况的，可以申请开立个人银行结算账户：

（一）使用支票、信用卡等信用支付工具的。

（二）办理汇兑、定期借记、定期贷记、借记卡等结算业务的。

自然人可根据需要申请开立个人银行结算账户，也可以在已开立的储蓄账户中选择并向开户银行申请确认为个人银行结算账户。

第十六条 存款人有下列情形之一的，可以在异地开立有关银行结算账户：

（一）营业执照注册地与经营地不在同一行政区域（跨省、市、县）需要开立基本存款账户的。

（二）办理异地借款和其他结算需要开立一般存款账户的。

（三）存款人因附属的非独立核算单位或派出机构发生的收入汇缴或业务支出需要开立专用存款账户的。

（四）异地临时经营活动需要开立临时存款账户的。

（五）自然人根据需要在异地开立个人银行结算账户的。

第十七条 存款人申请开立基本存款账户，应向银行出具下列证明文件：

（一）企业法人，应出具企业法人营业执照正本。

（二）非法人企业，应出具企业营业执照正本。

（三）机关和实行预算管理的事业单位，应出具政府人事部门或编制委员会的批文或登记证书和财政部门同意其开户的证明；非预算管理的事业单位，应出具政府人事部门或编制委员会的批文或登记证书。

（四）军队、武警团级（含）以上单位以及分散执勤的支（分）队，应出具军队军级以上单位财务部门、武警总队财务部门的开户证明。

（五）社会团体，应出具社会团体登记证书，宗教组织还应出具宗教事务管理部门的批文或证明。

（六）民办非企业组织，应出具民办非企业登记证书。

（七）外地常设机构，应出具其驻在地政府主管部门的批文。

（八）外国驻华机构，应出具国家有关主管部门的批文或证明；外资企业驻华代表处、办事处应出具国家登记机关颁发的登记证。

（九）个体工商户，应出具个体工商户营业执照正本。

（十）居民委员会、村民委员会、社区委员会，应出具其主管部门的批文或证明。

（十一）独立核算的附属机构，应出具其主管部门的基本存款账户开户登记证和批文。

（十二）其他组织，应出具政府主管部门的批文或证明。

本条中的存款人为从事生产、经营活动纳税人的，还应出具税务部门颁发的税务登记证。

第十八条 存款人申请开立一般存款账户，应向银行出具其开立基本存款账户规定的证明文件、基本存款账户开户登记证和下列证明文件：

（一）存款人因向银行借款需要，应出具借款合同。

（二）存款人因其他结算需要，应出具有关证明。

第十九条 存款人申请开立专用存款账户，应向银行出具其开立基本存款账户规定的证明文件、基本存款账户开户登记证和下列证明文件：

（一）基本建设资金、更新改造资金、政策性房地产开发资金、住房基金、社会保障基金，应出具主管部门批文。

（二）财政预算外资金，应出具财政部门的证明。

（三）粮、棉、油收购资金，应出具主管部门批文。

（四）单位银行卡备用金，应按照中国人民银行批准的银行卡章程的规定出具有关证明和资料。

（五）证券交易结算资金，应出具证券公司或证券管理部门的证明。

（六）期货交易保证金，应出具期货公司或期货管理部门的证明。

（七）金融机构存放同业资金，应出具其证明。

（八）收入汇缴资金和业务支出资金，应出具基本存款账户存款人有关的证明。

（九）党、团、工会设在单位的组织机构经费，应出具该单位或有关部门的批文或证明。

（十）其他按规定需要专项管理和使用的资金，应出具有关法规、规章或政府部门的有关文件。

第二十条 合格境外机构投资者在境内从事证券投资开立的人民币特殊账户和人民币结算资金账户纳入专用存款账户管理。其开立人民币特殊账户时应出具国家外汇管理部门的批复文件，开立人民币结算资金账户时应出具证券管理部门的证券投资业务许可证。

第二十一条 存款人申请开立临时存款账户，应向银行出具下列证明文件：

（一）临时机构，应出具其驻在地主管部门同意设立临时机构的批文。

（二）异地建筑施工及安装单位，应出具其营业执照正本或其隶属单位的营业执照正本，以及施工及安装地建设主管部门核发的许可证或建筑施工及安装合同。

（三）异地从事临时经营活动的单位，应出具其营业执照正本以及临时经营地工商行政管理部门的批文。

（四）注册验资资金，应出具工商行政管理部门核发的企业名称预先核准通知书或有关部门的批文。

本条第二、三项还应出具其基本存款账户开户登记证。

第二十二条 存款人申请开立个人银行结算账户，应向银行出具下列证明文件：

（一）中国居民，应出具居民身份证或临时身份证。

（二）中国人民解放军军人，应出具军人身份证件。

（三）中国人民武装警察，应出具武警身份证件。

（四）香港、澳门居民，应出具港澳居民往来内地通行证；台湾居民，应出具台湾居民来往大陆通行证或者其他有效旅行证件。

（五）外国公民，应出具护照。

（六）法律、法规和国家有关文件规定的其他有效证件。

银行为个人开立银行结算账户时，根据需要还可要求申请人出具户口簿、驾驶执照、护照等有效证件。

第二十三条 存款人需要在异地开立单位银行结算账户，除出具本办法第一七条、十八条、十九条、二十一条规定的有关证明文件外，应出具下列相应的证明文件：

（一）经营地与注册地不在同一行政区域的存款人，在异地开立基本存款账户的，应出具注册地中国人民银行分支行的未开立基本存款账户的证明。

（二）异地借款的存款人，在异地开立一般存款账户的，应出具在异地取得贷款的借款合同。

（三）因经营需要在异地办理收入汇缴和业务支出的存款人，在异地开立专用存款账户的，应出具隶属单位的证明。

属本条第二、三项情况的，还应出具其基本存款账户开户登记证。

存款人需要在异地开立个人银行结算账户，应出具本办法第二十二条规定的证明文件。

第二十四条 单位开立银行结算账户的名称应与其提供的申请开户的证明文件的名称全称相一致。有字号的个体工商户开立银行结算账户的名称应与其营业执照的字号相一致；无字号的个体工商户开立银行结算账户的名称，由“个体户”字样和营业执照记载的经营者姓名组成。自然人开立银行结算账户的名称应与其提供的有效身份证件中的名称全称相一致。

第二十五条 银行为存款人开立一般存款账户、专用存款账户和临时存款账户的，应自开户之日起3个工作日内书面通知基本存款账户开户银行。

第二十六条 存款人申请开立单位银行结算账户时，可由法定代表人或单位负责人直接办理，也可授权他人办理。

由法定代表人或单位负责人直接办理的，除出具相应的证明文件外，还应出具法定代表人或单位负责人的身份证件；授权他人办理的，除出具相应的证明文件外，还应出具其法定代表人或单位负责人的授权书及其身份证件，以及被授权人的身份证件。

第二十七条 存款人申请开立银行结算账户时，应填制开户申请书。开户申请书按照中国人民银行的规定记载有关事项。

第二十八条 银行应对存款人的开户申请书填写的事项和证明文件的真实性、完整性、合规性进行认真审查。

开户申请书填写的事项齐全，符合开立基本存款账户、临时存款账户和预算单位专用存款账户条件的，银行应将存款人的开户申请书、相关的证明文件和银行审核意见等开户资料报送中国人民银行当地分支行，经其核准后办理开户手续；符合开立一般存款账户、其他专用存款账户和个人银行结算账户条件的，银行应办理开户手续，并于开户之日起5个工作日内向中国人民银行当地分支行备案。

第二十九条 中国人民银行应于2个工作日内对银行报送的基本存款账户、临时存款账户和预算单位专用存款账户的开户资料的合规性予以审核，符合开户条件的，予以核准；不符合开户条件的，应在开户申请书上签署意见，连同有关证明文件一并退回报送银行。

第三十条 银行为存款人开立银行结算账户，应与存款人签订银行结算账户管理协议，明确双方的权利与义务。除中国人民银行另有规定的以外，应建立存款人预留签章卡片，并将签章式样和有关证明文件的原件或复印件留存归档。

第三十一条 开户登记证是记载单位银行结算账户信息的有效证明，存款人应按本办法的规定使用，并妥善保管。

第三十二条 银行在为存款人开立一般存款账户、专用存款账户和临时存款账户时，应在其基本存款账户开户登记证上登记账户名称、账号、账户性质、开户银行、开户日期，并签章。但临时机构和注册验资需要开立的临时存款账户除外。

第三章 银行结算账户的使用

第三十三条 基本存款账户是存款人的主办账户。存款人日常经营活动的资金收付及其工资、奖金和现金的支取，应通过该账户办理。

第三十四条 一般存款账户用于办理存款人借款转存、借款归还和其他结算的资金收付。该账户可以办理现金缴存，但不得办理现金支取。

第三十五条 专用存款账户用于办理各项专用资金的收付。

单位银行卡账户的资金必须由其基本存款账户转账存入。该账户不得办理现金收付业务。

财政预算外资金、证券交易结算资金、期货交易保证金和信托基金专用存款账户不得支取现金。

基本建设资金、更新改造资金、政策性房地产开发资金、金融机构存放同业资金账户需要支取现金的，应在开户时报中国人民银行当地分支行批准。中国人民银行当地分支行应根据国家现金管理的规定审查批准。

粮、棉、油收购资金、社会保障基金、住房基金和党、团、工会经费等专用存款账户支取现金应按照国家现金管理的规定办理。

收入汇缴账户除向其基本存款账户或预算外资金财政专用存款户划缴款项外，只收不付，不得支取现金。业务支出账户除从其基本存款账户拨入款项外，只付不收，其现金支取必须按照国家现金管理的规定办理。

银行应按照本条 的各项规定和国家对粮、棉、油收购资金使用管理规定加强监督，对不符合规定的资金收付和现金支取，不得办理。但对其他专用资金的使用不负监督责任。

第三十六条 临时存款账户用于办理临时机构以及存款人临时经营活动发生的资金收付。

临时存款账户应根据有关开户证明文件确定的期限或存款人的需要确定其有效期限。存款人在账户的使用中需要延长期限的，应在有效期限内向开户银行提出申请，并由开户银行报中国人民银行当地分支行核准后办理展期。临时存款账户的有效期最长不得超过2年。

临时存款账户支取现金，应按照国家现金管理的规定办理。

第三十七条 注册验资的临时存款账户在验资期间只收不付，注册验资资金的汇缴人应与出资人的名称一致。

第三十八条 存款人开立单位银行结算账户，自正式开立之日起3个工作日后，方可办理付款业务。但注册验资的临时存款账户转为基本存款账户和因借款转存开立的一般存款账户除外。

第三十九条 个人银行结算账户用于办理个人转账收付和现金存取。下列款项可以转入个人银行结算账户：

（一）工资、奖金收入。

（二）稿费、演出费等劳务收入。

（三）债券、期货、信托等投资的本金和收益。

（四）个人债权或产权转让收益。

（五）个人贷款转存。

（六）证券交易结算资金和期货交易保证金。

（七）继承、赠与款项。

（八）保险理赔、保费退还等款项。

（九）纳税退还。

（十）农、副、矿产品销售收入。

（十一）其他合法款项。

第四十条　单位从其银行结算账户支付给个人银行结算账户的款项，每笔超过5万元的，应向其开户银行提供下列付款依据：

（一）代发工资协议和收款人清单。

（二）奖励证明。

（三）新闻出版、演出主办等单位与收款人签订的劳务合同或支付给个人款项的证明。

（四）证券公司、期货公司、信托投资公司、奖券发行或承销部门支付或退还给自然人款项的证明。

（五）债权或产权转让协议。

（六）借款合同。

（七）保险公司的证明。

（八）税收征管部门的证明。

（九）农、副、矿产品购销合同。

（十）其他合法款项的证明。

从单位银行结算账户支付给个人银行结算账户的款项应纳税的，税收代扣单位付款时应向其开户银行提供完税证明。

第四十一条　有下列情形之一的，个人应出具本办法第四十条规定的有关收款依据。

（一）个人持出票人为单位的支票向开户银行委托收款，将款项转入其个人银行结算账户的。

（二）个人持申请人为单位的银行汇票和银行本票向开户银行提示付款，将款项转入其个人银行结算账户的。

第四十二条　单位银行结算账户支付给个人银行结算账户款项的，银行应按第四十条、第四十一条规定认真审查付款依据或收款依据的原件，并留存复印件，按会计档案保管。未提供相关依据或相关依据不符合规定的，银行应拒绝办理。

第四十三条　储蓄账户仅限于办理现金存取业务，不得办理转账结算。

第四十四条　银行应按规定与存款人核对账务。银行结算账户的存款人收到对账单或对账信息后，应及时核对账务并在规定期限内向银行发出对账回单或确认信息。

第四十五条　存款人应按照本办法的规定使用银行结算账户办理结算业务。

存款人不得出租、出借银行结算账户，不得利用银行结算账户套取银行信用。

第四章　银行结算账户的变更与撤销

第四十六条　存款人更改名称，但不改变开户银行及账号的，应于5个工作日内向开户银行提出银行结算账户的变更申请，并出具有关部门的证明文件。

第四十七条　单位的法定代表人或主要负责人、住址以及其他开户资料发生变更时，应于5个工作日内书面通知开户银行并提供有关证明。

第四十八条　银行接到存款人的变更通知后，应及时办理变更手续，并于2个工作日内向中国人民银行报告。

第四十九条　有下列情形之一的，存款人应向开户银行提出撤销银行结算账户的申请：

（一）被撤并、解散、宣告破产或关闭的。

（二）注销、被吊销营业执照的。

（三）因迁址需要变更开户银行的。

（四）其他原因需要撤销银行结算账户的。

存款人有本条 第一、二项情形的，应于5个工作日内向开户银行提出撤销银行结算账户的申请。

本条所称撤销是指存款人因开户资格或其他原因终止银行结算账户使用的行为。

第五十条 存款人因本办法第四十九条第一、二项原因撤销基本存款账户的，存款人基本存款账户的开户银行应自撤销银行结算账户之日起 2 个工作日内将撤销该基本存款账户的情况书面通知该存款人其他银行结算账户的开户银行；存款人其他银行结算账户的开户银行，应自收到通知之日起 2 个工作日内通知存款人撤销有关银行结算账户；存款人应自收到通知之日起 3 个工作日内办理其他银行结算账户的撤销。

第五十一条 银行得知存款人有本办法第四十九条第一、二项情况，存款人超过规定期限未主动办理撤销银行结算账户手续的，银行有权停止其银行结算账户的对外支付。

第五十二条 未获得工商行政管理部门核准登记的单位，在验资期满后，应向银行申请撤销注册验资临时存款账户，其账户资金应退还给原汇款人账户。注册验资资金以现金方式存入，出资人需提取现金的，应出具缴存现金时的现金缴款单原件及其有效身份证件。

第五十三条 存款人尚未清偿其开户银行债务的，不得申请撤销该账户。

第五十四条 存款人撤销银行结算账户，必须与开户银行核对银行结算账户存款余额，交回各种重要空白票据及结算凭证和开户登记证，银行核对无误后方可办理销户手续。存款人未按规定交回各种重要空白票据及结算凭证的，应出具有关证明，造成损失的，由其自行承担。

第五十五条 银行撤销单位银行结算账户时应在其基本存款账户开户登记证上注明销户日期并签章，同时于撤销银行结算账户之日起 2 个工作日内，向中国人民银行报告。

第五十六条 银行对一年未发生收付活动且未欠开户银行债务的单位银行结算账户，应通知单位自发出通知之日起 30 日内办理销户手续，逾期视同自愿销户，未划转款项列入久悬未取专户管理。

第五章　银行结算账户的管理

第五十七条 中国人民银行负责监督、检查银行结算账户的开立和使用，对存款人、银行违反银行结算账户管理规定的行为予以处罚。

第五十八条 中国人民银行对银行结算账户的开立和使用实施监控和管理。

第五十九条 中国人民银行负责基本存款账户、临时存款账户和预算单位专用存款账户开户登记证的管理。

任何单位及个人不得伪造、变造及私自印制开户登记证。

第六十条 银行负责所属营业机构银行结算账户开立和使用的管理，监督和检查其执行本办法的情况，纠正违规开立和使用银行结算账户的行为。

第六十一条 银行应明确专人负责银行结算账户的开立、使用和撤销的审查和管理，负责对存款人开户申请资料的审查，并按照本办法的规定及时报送存款人开销户信息资料，建立健全开销户登记制度，建立银行结算账户管理档案，按会计档案进行管理。

银行结算账户管理档案的保管期限为银行结算账户撤销后 10 年。

第六十二条 银行应对已开立的单位银行结算账户实行年检制度，检查开立的银行结算账户的合规性，核实开户资料的真实性；对不符合本办法规定开立的单位银行结算账户，应予以撤销。对经核实的各类银行结算账户的资料变动情况，应及时报告中国人民银行当地分支行。

银行应对存款人使用银行结算账户的情况进行监督，对存款人的可疑支付应按照中国人民银行规定的程序及时报告。

第六十三条 存款人应加强对预留银行签章的管理。单位遗失预留公章或财务专用章的，应向开户银行出具书面申请、开户登记证、营业执照等相关证明文件；更换预留公章或财务专用章时，应向开户银行出具书面申请、原预留签章的式样等相关证明文件。个人遗失或更换预留个人印章或更换签字人时，应向开户银行出具经签名确认的书面申请，以及原预留印章或签字人的个人身份证件。银行应留存相应的复印件，并凭以办理预留银行签章的变更。

第六章　罚　　则

第六十四条 存款人开立、撤销银行结算账户，不得有下列行为：

(一)违反本办法规定开立银行结算账户。

(二)伪造、变造证明文件欺骗银行开立银行结算账户。

(三)违反本办法规定不及时撤销银行结算账户。

非经营性的存款人,有上述所列行为之一的,给予警告并处以1000元的罚款;经营性的存款人有上述所列行为之一的,给予警告并处以1万元以上3万元以下的罚款;构成犯罪的,移交司法机关依法追究刑事责任。

第六十五条 存款人使用银行结算账户,不得有下列行为:

(一)违反本办法规定将单位款项转入个人银行结算账户。

(二)违反本办法规定支取现金。

(三)利用开立银行结算账户逃废银行债务。

(四)出租、出借银行结算账户。

(五)从基本存款账户之外的银行结算账户转账存入、将销货收入存入或现金存入单位信用卡账户。

(六)法定代表人或主要负责人、存款人地址以及其他开户资料的变更事项未在规定期限内通知银行。

非经营性的存款人有上述所列一至五项行为的,给予警告并处以1000元罚款;经营性的存款人有上述所列一至五项行为的,给予警告并处以5000元以上3万元以下的罚款;存款人有上述所列第六项行为的,给予警告并处以1000元的罚款。

第六十六条 银行在银行结算账户的开立中,不得有下列行为:

(一)违反本办法规定为存款人多头开立银行结算账户。

(二)明知或应知是单位资金,而允许以自然人名称开立账户存储。

银行有上述所列行为之一的,给予警告,并处以5万元以上30万元以下的罚款;对该银行直接负责的高级管理人员、其他直接负责的主管人员、直接责任人员按规定给予纪律处分;情节严重的,中国人民银行有权停止对其开立基本存款账户的核准,责令该银行停业整顿或者吊销经营金融业务许可证;构成犯罪的,移交司法机关依法追究刑事责任。

第六十七条 银行在银行结算账户的使用中,不得有下列行为:

(一)提供虚假开户申请资料欺骗中国人民银行许可开立基本存款账户、临时存款账户、预算单位专用存款账户。

(二)开立或撤销单位银行结算账户,未按本办法规定在其基本存款账户开户登记证上予以登记、签章或通知相关开户银行。

(三)违反本办法第四十二条规定办理个人银行结算账户转账结算。

(四)为储蓄账户办理转账结算。

(五)违反规定为存款人支付现金或办理现金存入。

(六)超过期限或未向中国人民银行报送账户开立、变更、撤销等资料。

银行有上述所列行为之一的,给予警告,并处以5000元以上3万元以下的罚款;对该银行直接负责的高级管理人员、其他直接负责的主管人员、直接责任人员按规定给予纪律处分;情节严重的,中国人民银行有权停止对其开立基本存款账户的核准,构成犯罪的,移交司法机关依法追究刑事责任。

第六十八条 违反本办法规定,伪造、变造、私自印制开户登记证的存款人,属非经营性的处以1000元罚款;属经营性的处以1万元以上3万元以下的罚款;构成犯罪的,移交司法机关依法追究刑事责任。

第七章 附 则

第六十九条 开户登记证由中国人民银行总行统一式样,中国人民银行各分行、营业管理部、省会(首府)城市中心支行负责监制。

第七十条 本办法由中国人民银行负责解释、修改。

第七十一条 本办法自2003年9月1日起施行。1994年10月9日中国人民银行发布的《银行账户管理办法》同时废止。

3. 现金管理暂行条例(1988年修订)

中华人民共和国国务院令 1988 年第 12 号

第一章 总 则

第一条 为改善现金管理,促进商品生产和流通,加强对社会经济活动的监督,制定本条例。

第二条 凡在银行和其他金融机构(以下简称开户银行)开立账户的机关、团体、部队企业、事业单位和其他单位(以下简称开户单位),必须依照本条例的规定收支和使用现金,接受开户银行的监督。

国家鼓励开户单位和个人在经济活动中,采取转账方式进行结算,减少使用现金。

第三条 开户单位之间的经济往来,除按本条例规定的范围可以使用现金外,应当通过开户银行进行转账结算。

第四条 各级人民银行应当严格履行金融主管机关的职责,负责对开户银行的现金管理进行监督和稽核。

开户银行依照本条例和中国人民银行的规定,负责现金管理的具体实施,对开户单位收支、使用现金进行监督管理。

第二章 现金管理和监督

第五条 开户单位可以在下列范围内使用现金:

(一)职工工资、津贴;

(二)个人劳务报酬;

(三)根据国家规定颁发给个人的科学技术、文化艺术、体育等各种奖金;

(四)各种劳保、福利费用以及国家规定的对个人的其他支出;

(五)向个人收购农副产品和其他物资的价款;

(六)出差人员必须随身携带的差旅费;

(七)结算起点以下的零星支出;

(八)中国人民银行确定需要支付现金的其他支出。

前款结算起点定为一千元。结算起点的调整,由中国人民银行确定,报国务院备案。

第六条 除本条例第五条第(五)、(六)项外,开户单位支付给个人的款项,超过使用现金限额的部分,应当以支票或者银行本票支付;确需全额支付现金的,经开户银行审核后,予以支付现金。

前款使用现金限额,按本条例第五条第二款的规定执行。

第七条 转账结算凭证在经济往来中,具有同现金相同的支付能力。

开户单位在销售活动中,不得对现金结算给予比转账结算优惠待遇;不得拒收支票、银行汇票和银行本票。

第八条 机关、团体、部队、全民所有制和集体所有制企业事业单位购置国家规定和专项控制商品,必须采取转账结算方式,不得使用现金。

第九条 开户银行应当根据实际需要,核定开户单位三天至五天的日常零星开支所需的库存现金限额。

边远地区和交通不便地区的开户单位的库存现金限额,可以多于五天,但不得超过十五天的日常零星开支。

第十条 经核定的库存现金限额,开户单位必须严格遵守。需要增加或者减少库存现金限额的,应当向开户银行提出申请,由开户银行核定。

第十一条 开户单位现金收支应当依照下列规定办理:

(一)开户单位现金收入应当于当日送存开户银行。当日送存确有困难的,由开户银行确定送存时间;

(二)开户单位支付现金,可以从本单位库存现金限额中支付或者从开户银行提取,不得从本单位的现金收入中直接支付(即坐支)。因特殊情况需要坐支现金的,应当事先报经开户银行审查批准,由开户银行核定坐支范围和限额。坐支单位应当定期向开户银行报送坐支金额和使用情况；

（三）开户单位根据本条例第五条和第六条的规定，从开户银行提取现金，应当写明用途，由本单位财会部门负责人签字盖章，经开户银行审核后，予以支付现金；

（四）因采购地点不固定，交通不便，生产或者市场急需，抢险救灾以及其他特殊情况必须使用现金的，开户单位应当向开户银行提出申请，由本单位财会部门负责人签字盖章，经开户银行审核后，予以支付现金。

第十二条　开户单位应当建立健全现金账目，逐笔记载现金支付。账目应当日清月结，账款相符。

第十三条　对个体工商户、农村承包经营户发放的贷款，应当以转账方式支付。对确需在集市使用现金购买物资的，经开户银行审核后，可以贷款金额内支付现金。

第十四条　在开户银行开户的个体工商户、农村承包经营户异地采购所需货款，应当通过银行汇兑方式支付。因采购地点不固定，交通不便必须携带现金的，由开户银行根据实际需要，予以支付现金。

未在开户银行开户的个体工商户、农村承包经营户异地采购所需货款，可以通过银行汇兑方式支付。凡加盖"现金"字样的结算凭证，汇入银行必须保证支付现金。

第十五条　具备条件的银行应当接受开户单位的委托，开展代发工资、转存储蓄业务。

第十六条　为保证开户单位的现金收入及时送存银行，开户银行必须按照规定做好现金收款工作，不得随意缩短收款时间。大中城市和商业比较集中的地区，应当建立非营业时间收款制度。

第十七条　开户银行应当加强柜台审查，定期和不定期地对开户单位现金收支情况进行检查，并按规定向当地人民银行报告现金管理情况。

第十八条　一个单位在几家银行开户的，由一家开户银行负责现金管理工作，核定开户单位库存现金限额。

各金融机构的现金管理分工，由中国人民银行确定。有关现金管理分工的争议，由当地人民银行协调、裁决。

第十九条　开户银行应当建立健全现金管理制度，配备专职人员，改进工作作风，改善服务设施。现金管理工作所需经费应当在开户银行业务费中解决。

第三章　法律责任

第二十条　开户单位有下列情形之一的，开户银行应当依照中国人民银行的规定，责令其停止违法活动，并可根据情节轻重处以罚款：

（一）超出规定范围、限额使用现金的；

（二）超出核定的库存现金限额留存现金的。

第二十一条　开户单位有下列情形之一的，开户银行应当依照中国人民银行的规定，予以警告或者罚款；情节严重的，可在一定期限内停止对该单位的贷款或者停止对该单位的现金支付：

（一）对现金结算给予比转账结算优惠待遇的；

（二）拒收支票、银行汇票和银行本票的；

（三）违反本条例第八条规定，不采取转账结算方式购置国家规定的专项控制商品的；

（四）用不符合财务会计制度规定的凭证顶替库存现金的；

（五）用转账凭证套换现金的；

（六）编造用途套取现金的；

（七）互相借用现金的；

（八）利用账户替其他单位和个人套取现金的；

（九）将单位的现金收入按个人储蓄方式存入银行的；

（十）保留账外公款的；

（十一）未经批准坐支或者未按开户银行核定的坐支范围和限额坐支现金的。

第二十二条　开户单位对开户银行作出的处罚决定不服的，必须首先按照处罚决定执行，然后可在十日内向开户银行的同级人民银行申请复议。同级人民银行应当在收到复议申请之日起三十日内作出复议决定。开户单位对复议决定不服的，可以在收到复议决定之日起三十日内人民法院起诉。

第二十三条　银行工作人员违反本条例规定，徇私舞弊、贪污受贿、玩忽职守纵容违法行为的，应当根据情节轻重，给予行政处分和经济处罚；构成犯罪的，由司法机关依法追究刑事责任。

第四章　附　　则

第二十四条　本条例由中国人民银行负责解释；施行细则由中国人民银行制定。

第二十五条　本条例自1988年10月1日起施行。1977年11月28日发布的《国务院关于实行现金管理的决定》同时废止。

4. 发票管理办法(2010年修订)

中华人民共和国国务院令2010年第587号

第一章　总　　则

第一条　为了加强发票管理和财务监督，保障国家税收收入，维护经济秩序，根据《中华人民共和国税收征收管理法》，制定本办法。

第二条　在中华人民共和国境内印制、领购、开具、取得、保管、缴销发票的单位和个人(以下称印制、使用发票的单位和个人)，必须遵守本办法。

第三条　本办法所称发票，是指在购销商品、提供或者接受服务以及从事其他经营活动中，开具、收取的收付款凭证。

第四条　国务院税务主管部门统一负责全国的发票管理工作。省、自治区、直辖市国家税务局和地方税务局(以下统称省、自治区、直辖市税务机关)依据各自的职责，共同做好本行政区域内的发票管理工作。

财政、审计、工商行政管理、公安等有关部门在各自的职责范围内，配合税务机关做好发票管理工作。

第五条　发票的种类、联次、内容以及使用范围由国务院税务主管部门规定。

第六条　对违反发票管理法规的行为，任何单位和个人可以举报。税务机关应当为检举人保密，并酌情给予奖励。

第二章　发票的印制

第七条　增值税专用发票由国务院税务主管部门确定的企业印制；其他发票，按照国务院税务主管部门的规定，由省、自治区、直辖市税务机关确定的企业印制。禁止私自印制、伪造、变造发票。

第八条　印制发票的企业应当具备下列条件：

(一)取得印刷经营许可证和营业执照；

(二)设备、技术水平能够满足印制发票的需要；

(三)有健全的财务制度和严格的质量监督、安全管理、保密制度。

税务机关应当以招标方式确定印制发票的企业，并发给发票准印证。

第九条　印制发票应当使用国务院税务主管部门确定的全国统一的发票防伪专用品。禁止非法制造发票防伪专用品。

第十条　发票应当套印全国统一发票监制章。全国统一发票监制章的式样和发票版面印刷的要求，由国务院税务主管部门规定。发票监制章由省、自治区、直辖市税务机关制作。禁止伪造发票监制章。

发票实行不定期换版制度。

第十一条　印制发票的企业按照税务机关的统一规定，建立发票印制管理制度和保管措施。

发票监制章和发票防伪专用品的使用和管理实行专人负责制度。

第十二条　印制发票的企业必须按照税务机关批准的式样和数量印制发票。

第十三条　发票应当使用中文印制。民族自治地方的发票，可以加印当地一种通用的民族文字。有实际需要的，也可以同时使用中外两种文字印制。

第十四条　各省、自治区、直辖市内的单位和个人使用的发票，除增值税专用发票外，应当在本省、自治区、直辖市内印制；确有必要到外省、自治区、直辖市印制的，应当由省、自治区、直辖市税务机关商印制地省、自治区、直辖市税务机关同意，由印制地省、自治区、直辖市税务机关确定的企业印制。

禁止在境外印制发票。

第三章　发票的领购

第十五条　需要领购发票的单位和个人，应当持税务登记证件、经办人身份证明、按照国务院税务主管部门规定式样制作的发票专用章的印模，向主管税务机关办理发票领购手续。主管税务机关根据领购单位和个人的经营范围和规模，确认领购发票的种类、数量以及领购方式，在5个工作日内发给发票领购簿。

单位和个人领购发票时，应当按照税务机关的规定报告发票使用情况，税务机关应当按照规定进行查验。

第十六条　需要临时使用发票的单位和个人，可以凭购销商品、提供或者接受服务以及从事其他经营活动的书面证明、经办人身份证明，直接向经营地税务机关申请代开发票。依照税收法律、行政法规规定应当缴纳税款的，税务机关应当先征收税款，再开具发票。税务机关根据发票管理的需要，可以按照国务院税务主管部门的规定委托其他单位代开发票。

禁止非法代开发票。

第十七条　临时到本省、自治区、直辖市以外从事经营活动的单位或者个人，应当凭所在地税务机关的证明，向经营地税务机关领购经营地的发票。

临时在本省、自治区、直辖市以内跨市、县从事经营活动领购发票的办法，由省、自治区、直辖市税务机关规定。

第十八条　税务机关对外省、自治区、直辖市来本辖区从事临时经营活动的单位和个人领购发票的，可以要求其提供保证人或者根据所领购发票的票面限额以及数量交纳不超过1万元的保证金，并限期缴销发票。

按期缴销发票的，解除保证人的担保义务或者退还保证金；未按期缴销发票的，由保证人或者以保证金承担法律责任。

税务机关收取保证金应当开具资金往来结算票据。

第四章　发票的开具和保管

第十九条　销售商品、提供服务以及从事其他经营活动的单位和个人，对外发生经营业务收取款项，收款方应当向付款方开具发票；特殊情况下，由付款方向收款方开具发票。

第二十条　所有单位和从事生产、经营活动的个人在购买商品、接受服务以及从事其他经营活动支付款项，应当向收款方取得发票。取得发票时，不得要求变更品名和金额。

第二十一条　不符合规定的发票，不得作为财务报销凭证，任何单位和个人有权拒收。

第二十二条　开具发票应当按照规定的时限、顺序、栏目，全部联次一次性如实开具，并加盖发票专用章。

任何单位和个人不得有下列虚开发票行为：

（一）为他人、为自己开具与实际经营业务情况不符的发票；

（二）让他人为自己开具与实际经营业务情况不符的发票；

（三）介绍他人开具与实际经营业务情况不符的发票。

第二十三条　安装税控装置的单位和个人，应当按照规定使用税控装置开具发票，并按期向主管税务机关报送开具发票的数据。

使用非税控电子器具开具发票的，应当将非税控电子器具使用的软件程序说明资料报主管税务机关备案，并按照规定保存、报送开具发票的数据。

国家推广使用网络发票管理系统开具发票，具体管理办法由国务院税务主管部门制定。

第二十四条　任何单位和个人应当按照发票管理规定使用发票，不得有下列行为：

（一）转借、转让、介绍他人转让发票、发票监制章和发票防伪专用品；

（二）知道或者应当知道是私自印制、伪造、变造、非法取得或者废止的发票而受让、开具、存放、携带、邮寄、运输；

（三）拆本使用发票；

（四）扩大发票使用范围；

（五）以其他凭证代替发票使用。

税务机关应当提供查询发票真伪的便捷渠道。

第二十五条 除国务院税务主管部门规定的特殊情形外，发票限于领购单位和个人在本省、自治区、直辖市内开具。

省、自治区、直辖市税务机关可以规定跨市、县开具发票的办法。

第二十六条 除国务院税务主管部门规定的特殊情形外，任何单位和个人不得跨规定的使用区域携带、邮寄、运输空白发票。

禁止携带、邮寄或者运输空白发票出入境。

第二十七条 开具发票的单位和个人应当建立发票使用登记制度，设置发票登记簿，并定期向主管税务机关报告发票使用情况。

第二十八条 开具发票的单位和个人应当在办理变更或者注销税务登记的同时，办理发票和发票领购簿的变更、缴销手续。

第二十九条 开具发票的单位和个人应当按照税务机关的规定存放和保管发票，不得擅自损毁。已经开具的发票存根联和发票登记簿，应当保存5年。保存期满，报经税务机关查验后销毁。

第五章 发票的检查

第三十条 税务机关在发票管理中有权进行下列检查：

（一）检查印制、领购、开具、取得、保管和缴销发票的情况；

（二）调出发票查验；

（三）查阅、复制与发票有关的凭证、资料；

（四）向当事各方询问与发票有关的问题和情况；

（五）在查处发票案件时，对与案件有关的情况和资料，可以记录、录音、录像、照相和复制。

第三十一条 印制、使用发票的单位和个人，必须接受税务机关依法检查，如实反映情况，提供有关资料，不得拒绝、隐瞒。

税务人员进行检查时，应当出示税务检查证。

第三十二条 税务机关需要将已开具的发票调出查验时，应当向被查验的单位和个人开具发票换票证。发票换票证与所调出查验的发票有同等的效力。被调出查验发票的单位和个人不得拒绝接受。

税务机关需要将空白发票调出查验时，应当开具收据；经查无问题的，应当及时返还。

第三十三条 单位和个人从中国境外取得的与纳税有关的发票或者凭证，税务机关在纳税审查时有疑义的，可以要求其提供境外公证机构或者注册会计师的确认证明，经税务机关审核认可后，方可作为记账核算的凭证。

第三十四条 税务机关在发票检查中需要核对发票存根联与发票联填写情况时，可以向持有发票或者发票存根联的单位发出发票填写情况核对卡，有关单位应当如实填写，按期报回。

第六章 罚 则

第三十五条 违反本办法的规定，有下列情形之一的，由税务机关责令改正，可以处1万元以下的罚款；有违法所得的予以没收：

（一）应当开具而未开具发票，或者未按照规定的时限、顺序、栏目，全部联次一次性开具发票，或者未加盖发票专用章的；

（二）使用税控装置开具发票，未按期向主管税务机关报送开具发票的数据的；

（三）使用非税控电子器具开具发票，未将非税控电子器具使用的软件程序说明资料报主管税务机关备案，或者未按照规定保存、报送开具发票的数据的；

（四）拆本使用发票的；

（五）扩大发票使用范围的；

（六）以其他凭证代替发票使用的；

（七）跨规定区域开具发票的；

（八）未按照规定缴销发票的；

（九）未按照规定存放和保管发票的。

第三十六条　跨规定的使用区域携带、邮寄、运输空白发票，以及携带、邮寄或者运输空白发票出入境的，由税务机关责令改正，可以处1万元以下的罚款；情节严重的，处1万元以上3万元以下的罚款；有违法所得的予以没收。

丢失发票或者擅自损毁发票的，依照前款规定处罚。

第三十七条　违反本办法第二十二条第二款的规定虚开发票的，由税务机关没收违法所得；虚开金额在1万元以下的，可以并处5万元以下的罚款；虚开金额超过1万元的，并处5万元以上50万元以下的罚款；构成犯罪的，依法追究刑事责任。

非法代开发票的，依照前款规定处罚。

第三十八条　私自印制、伪造、变造发票，非法制造发票防伪专用品，伪造发票监制章的，由税务机关没收违法所得，没收、销毁作案工具和非法物品，并处1万元以上5万元以下的罚款；情节严重的，并处5万元以上50万元以下的罚款；对印制发票的企业，可以并处吊销发票准印证；构成犯罪的，依法追究刑事责任。

前款规定的处罚，《中华人民共和国税收征收管理法》有规定的，依照其规定执行。

第三十九条　有下列情形之一的，由税务机关处1万元以上5万元以下的罚款；情节严重的，处5万元以上50万元以下的罚款；有违法所得的予以没收：

（一）转借、转让、介绍他人转让发票、发票监制章和发票防伪专用品的；

（二）知道或者应当知道是私自印制、伪造、变造、非法取得或者废止的发票而受让、开具、存放、携带、邮寄、运输的。

第四十条　对违反发票管理规定2次以上或者情节严重的单位和个人，税务机关可以向社会公告。

第四十一条　违反发票管理法规，导致其他单位或者个人未缴、少缴或者骗取税款的，由税务机关没收违法所得，可以并处未缴、少缴或者骗取的税款1倍以下的罚款。

第四十二条　当事人对税务机关的处罚决定不服的，可以依法申请行政复议或者向人民法院提起行政诉讼。

第四十三条　税务人员利用职权之便，故意刁难印制、使用发票的单位和个人，或者有违反发票管理法规行为的，依照国家有关规定给予处分；构成犯罪的，依法追究刑事责任。

第七章　附　　则

第四十四条　国务院税务主管部门可以根据有关行业特殊的经营方式和业务需求，会同国务院有关主管部门制定该行业的发票管理办法。

国务院税务主管部门可以根据增值税专用发票管理的特殊需要，制定增值税专用发票的具体管理办法。

第四十五条　本办法自发布之日起施行。财政部1986年发布的《全国发票管理暂行办法》和原国家税务局1991年发布的《关于对外商投资企业和外国企业发票管理的暂行规定》同时废止。

5. 中华人民共和国发票管理办法实施细则（2011年颁布）

国家税务总局令2011年第25号

第一章　总　　则

第一条　根据《中华人民共和国发票管理办法》（以下简称《办法》）规定，制定本实施细则。

第二条　在全国范围内统一式样的发票，由国家税务总局确定。

在省、自治区、直辖市范围内统一式样的发票，由省、自治区、直辖市国家税务局、地方税务局（以下简称省税务机关）确定。

第三条 发票的基本联次包括存根联、发票联、记账联。存根联由收款方或开票方留存备查；发票联由付款方或受票方作为付款原始凭证；记账联由收款方或开票方作为记账原始凭证。

省以上税务机关可根据发票管理情况以及纳税人经营业务需要，增减除发票联以外的其他联次，并确定其用途。

第四条 发票的基本内容包括：发票的名称、发票代码和号码、联次及用途、客户名称、开户银行及账号、商品名称或经营项目、计量单位、数量、单价、大小写金额、开票人、开票日期、开票单位（个人）名称（章）等。

省以上税务机关可根据经济活动以及发票管理需要，确定发票的具体内容。

第五条 有固定生产经营场所、财务和发票管理制度健全的纳税人，发票使用量较大或统一发票式样不能满足经营活动需要的，可以向省以上税务机关申请印有本单位名称的发票。

第二章 发票的印制

第六条 发票准印证由国家税务总局统一监制，省税务机关核发。

税务机关应当对印制发票企业实施监督管理，对不符合条件的，应当取消其印制发票的资格。

第七条 全国统一的发票防伪措施由国家税务总局确定，省税务机关可以根据需要增加本地区的发票防伪措施，并向国家税务总局备案。

发票防伪专用品应当按照规定专库保管，不得丢失。次品、废品应当在税务机关监督下集中销毁。

第八条 全国统一发票监制章是税务机关管理发票的法定标志，其形状、规格、内容、印色由国家税务总局规定。

第九条 全国范围内发票换版由国家税务总局确定；省、自治区、直辖市范围内发票换版由省税务机关确定。

发票换版时，应当进行公告。

第十条 监制发票的税务机关根据需要下达发票印制通知书，被指定的印制企业必须按照要求印制。

发票印制通知书应当载明印制发票企业名称、用票单位名称、发票名称、发票代码、种类、联次、规格、印色、印制数量、起止号码、交货时间、地点等内容。

第十一条 印制发票企业印制完毕的成品应当按照规定验收后专库保管，不得丢失。废品应当及时销毁。

第三章 发票的领购

第十二条 《办法》第十五条所称经办人身份证明是指经办人的居民身份证、护照或者其他能证明经办人身份的证件。

第十三条 《办法》第十五条所称发票专用章是指用票单位和个人在其开具发票时加盖的有其名称、税务登记号、发票专用章字样的印章。

发票专用章式样由国家税务总局确定。

第十四条 税务机关对领购发票单位和个人提供的发票专用章的印模应当留存备查。

第十五条 《办法》第十五条所称领购方式是指批量供应、交旧购新或者验旧购新等方式。

第十六条 《办法》第十五条所称发票领购簿的内容应当包括用票单位和个人的名称、所属行业、购票方式、核准购票种类、开票限额、发票名称、领购日期、准购数量、起止号码、违章记录、领购人签字（盖章）、核发税务机关（章）等内容。

第十七条 《办法》第十五条所称发票使用情况是指发票领用存情况及相关开票数据。

第十八条 税务机关在发售发票时，应当按照核准的收费标准收取工本管理费，并向购票单位和个人开具收据。发票工本费征缴办法按照国家有关规定执行。

第十九条 《办法》第十六条所称书面证明是指有关业务合同、协议或者税务机关认可的其他资料。

第二十条 税务机关应当与受托代开发票的单位签订协议，明确代开发票的种类、对象、内容和相关责任等内容。

第二十一条　《办法》第十八条所称保证人，是指在中国境内具有担保能力的公民、法人或者其他经济组织。

保证人同意为领购发票的单位和个人提供担保的，应当填写担保书。担保书内容包括：担保对象、范围、期限和责任以及其他有关事项。

担保书须经购票人、保证人和税务机关签字盖章后方为有效。

第二十二条　《办法》第十八条第二款所称由保证人或者以保证金承担法律责任，是指由保证人缴纳罚款或者以保证金缴纳罚款。

第二十三条　提供保证人或者交纳保证金的具体范围由省税务机关规定。

第四章　发票的开具和保管

第二十四条　《办法》第十九条所称特殊情况下，由付款方向收款方开具发票，是指下列情况：

（一）收购单位和扣缴义务人支付个人款项时；

（二）国家税务总局认为其他需要由付款方向收款方开具发票的。

第二十五条　向消费者个人零售小额商品或者提供零星服务的，是否可免予逐笔开具发票，由省税务机关确定。

第二十六条　填开发票的单位和个人必须在发生经营业务确认营业收入时开具发票。未发生经营业务一律不准开具发票。

第二十七条　开具发票后，如发生销货退回需开红字发票的，必须收回原发票并注明“作废”字样或取得对方有效证明。

开具发票后，如发生销售折让的，必须在收回原发票并注明“作废”字样后重新开具销售发票或取得对方有效证明后开具红字发票。

第二十八条　单位和个人在开具发票时，必须做到按照号码顺序填开，填写项目齐全，内容真实，字迹清楚，全部联次一次打印，内容完全一致，并在发票联和抵扣联加盖发票专用章。

第二十九条　开具发票应当使用中文。民族自治地方可以同时使用当地通用的一种民族文字。

第三十条　《办法》第二十六条所称规定的使用区域是指国家税务总局和省税务机关规定的区域。

第三十一条　使用发票的单位和个人应当妥善保管发票。发生发票丢失情形时，应当于发现丢失当日书面报告税务机关，并登报声明作废。

第五章　发票的检查

第三十二条　《办法》第三十二条所称发票换票证仅限于在本县（市）范围内使用。需要调出外县（市）的发票查验时，应当提请该县（市）税务机关调取发票。

第三十三条　用票单位和个人有权申请税务机关对发票的真伪进行鉴别。收到申请的税务机关应当受理并负责鉴别发票的真伪；鉴别有困难的，可以提请发票监制税务机关协助鉴别。

在伪造、变造现场以及买卖地、存放地查获的发票，由当地税务机关鉴别。

第六章　罚　　则

第三十四条　税务机关对违反发票管理法规的行为进行处罚，应当将行政处罚决定书面通知当事人；对违反发票管理法规的案件，应当立案查处。

对违反发票管理法规的行政处罚，由县以上税务机关决定；罚款额在 2000 元以下的，可由税务所决定。

第三十五条　《办法》第四十条所称的公告是指，税务机关应当在办税场所或者广播、电视、报纸、期刊、网络等新闻媒体上公告纳税人发票违法的情况。公告内容包括：纳税人名称、纳税人识别号、经营地点、违反发票管理法规的具体情况。

第三十六条　对违反发票管理法规情节严重构成犯罪的，税务机关应当依法移送司法机关处理。

第七章　附　　则

第三十七条　《办法》和本实施细则所称“以上”、“以下”均含本数。

第三十八条　本实施细则自2011年2月1日起施行。

6. 银行办理结售汇业务管理办法(2014年颁布)

（中国人民银行令〔2014〕第2号）

第一章　总　　则

第一条　为了规范银行办理结售汇业务，保障外汇市场平稳运行，根据《中华人民共和国中国人民银行法》、《中华人民共和国外汇管理条例》(以下简称《外汇管理条例》)，制定本办法。

第二条　中国人民银行及其分支机构、国家外汇管理局及其分支局(以下简称外汇局)是银行结售汇业务的监督管理机关。

第三条　本办法下列用语的含义：

(一)银行是指在中华人民共和国境内依法设立的商业银行、城市信用合作社、农村信用合作社等吸收公众存款的金融机构以及政策性银行；

(二)结售汇业务是指银行为客户或因自身经营活动需求办理的人民币与外汇之间兑换的业务，包括即期结售汇业务和人民币与外汇衍生产品业务；

(三)即期结售汇业务是指在交易订立日之后两个工作日内完成清算，且清算价格为交易订立日当日汇价的结售汇交易；

(四)人民币与外汇衍生产品业务是指远期结售汇、人民币与外汇期货、人民币与外汇掉期、人民币与外汇期权等业务及其组合；

(五)结售汇综合头寸是指银行持有的，因银行办理对客和自身结售汇业务、参与银行间外汇市场交易等人民币与外汇间交易而形成的外汇头寸。

第四条　银行办理结售汇业务，应当经外汇局批准。

第五条　银行办理结售汇业务，应当遵守本办法和其他有关结售汇业务的管理规定。

第二章　市场准入与退出

第六条　银行申请办理即期结售汇业务，应当具备下列条件：

(一)具有金融业务资格；

(二)具备完善的业务管理制度；

(三)具备办理业务所必需的软硬件设备；

(四)拥有具备相应业务工作经验的高级管理人员和业务人员。

第七条　银行申请办理人民币与外汇衍生产品业务，应当具备下列条件：

(一)具有即期结售汇业务资格；

(二)具备完善的业务管理制度；

(三)拥有具备相应业务工作经验的高级管理人员和业务人员；

(四)符合银行业监督管理机构对从事金融衍生产品交易的有关规定。

第八条　银行可以根据经营需要一并申请即期结售汇业务和人民币与外汇衍生产品业务资格。

第九条　银行申请即期结售汇业务或人民币与外汇衍生产品业务资格，应当由其总行统一提出申请，外国银行分行除外。

政策性银行、全国性商业银行申请即期结售汇业务或人民币与外汇衍生产品业务资格，由国家外汇管理局审批；其他银行由所在地国家外汇管理局分局、外汇管理部审批。

第十条 银行分支机构办理即期结售汇业务或人民币与外汇衍生产品业务，应当取得已具备相应业务资格的上级机构授权，并报所在地国家外汇管理局分支局备案。

第十一条 银行办理结售汇业务期间，发生合并或者分立的，新设立的银行应当向外汇局重新申请结售汇业务资格；发生变更名称、变更营业地址、经营结售汇业务的分支机构合并或者分立等情况的，应当自变更之日起30日内报外汇局备案。

第十二条 银行停止办理即期结售汇业务或人民币与外汇衍生产品业务的，应当自停办业务之日起30日内报外汇局备案。

第十三条 银行被依法撤销或者宣告破产的，其结售汇业务资格自动丧失。

第三章 监督管理

第十四条 银行应当建立、健全本行结售汇业务风险管理制度，并建立结售汇业务经营和风险管理定期评估机制。

外汇局对银行办理结售汇业务中执行外汇管理规定的情况实行定期评估。

第十五条 银行应当指定专门部门作为结售汇业务的牵头管理部门，负责督导、协调本行及其分支机构的外汇管理规定执行工作。

第十六条 银行应当加强对结售汇业务管理人员、经办人员、销售人员、交易员以及其他相关业务人员的外汇管理政策培训，确保其具备必要的政策法规知识。

第十七条 银行应当建立结售汇会计科目，区分即期结售汇和人民币与外汇衍生产品，分别核算对客结售汇、自身结售汇和银行间市场交易业务。

第十八条 银行办理结售汇业务时，应当按照“了解业务、了解客户、尽职审查”的原则对相关凭证或商业单据进行审核。国家外汇管理局有明确规定的，从其规定。

第十九条 银行办理人民币与外汇衍生产品业务时，应当与有真实需求背景的客户进行与其风险能力相适应的衍生产品交易，并遵守国家外汇管理局关于客户、产品、交易头寸等方面的规定。

第二十条 银行应当遵守结售汇综合头寸管理规定，在规定时限内将结售汇综合头寸保持在核定限额以内。

银行结售汇综合头寸限额根据国际收支状况、银行外汇业务经营情况以及宏观审慎管理等因素，按照法人监管原则统一核定，外国银行分行视同法人管理。

第二十一条 尚未取得人民币业务资格的外资银行，在取得即期结售汇业务资格以后，应当向中国人民银行当地分支机构申请开立结售汇人民币专用账户，专门用于结售汇业务的人民币往来，不适用本办法第二十条结售汇综合头寸管理规定。

第二十二条 银行办理结售汇业务时，可以根据经营需要自行决定挂牌货币，并应当执行中国人民银行和国家外汇管理局关于银行汇价管理的相关规定。

第二十三条 银行应当及时、准确、完整地向外汇局报送结售汇、综合头寸等数据以及国家外汇管理局规定的其他相关报表和资料，并按要求定期核对和及时纠错。

第二十四条 银行应当建立结售汇单证保存制度，区分业务类型分别保存有关单证，保存期限不得少于5年。

第二十五条 银行应当配合外汇局的监督检查，如实说明有关情况，提供有关文件、资料，不得拒绝、阻碍和隐瞒。

第二十六条 外汇局通过非现场监管和现场检查等方式，加强对银行结售汇业务的监督管理，建立健全银行结售汇业务监管信息档案。

第四章 罚 则

第二十七条 银行未经批准擅自办理结售汇业务的，由外汇局或者有关主管部门依照《外汇管理条例》第四十六条第一款予以处罚。

第二十八条 银行有下列情形之一的，由外汇局依照《外汇管理条例》第四十七条予以处罚：

(一)办理结售汇业务,未按规定审核相关凭证或商业单据的;

(二)未按规定将结售汇综合头寸保持在核定限额内的;

(三)未按规定执行中国人民银行和国家外汇管理局汇价管理规定的。

第二十九条 银行未按规定向外汇局报送结售汇、综合头寸等数据以及国家外汇管理局规定的其他相关报表和资料的,由外汇局依照《外汇管理条例》第四十八条予以处罚。

第五章 附 则

第三十条 未取得结售汇业务资格的银行因自身需要进行结售汇的,应当通过具有结售汇业务资格的银行办理。

第三十一条 非银行金融机构办理结售汇业务,参照本办法执行,国家外汇管理局另有规定的除外。

第三十二条 本办法由中国人民银行负责解释。

第三十三条 本办法自2014年8月1日起施行。此前规定与本办法不一致的,以本办法为准。《外汇指定银行办理结汇、售汇业务管理暂行办法》(中国人民银行令〔2002〕4号发布)、《中国人民银行关于结售汇业务管理工作的通知》(银发〔2004〕62号)同时废止。

第三章 综合性会计电算化管理相关法规①

1. 中华人民共和国电子签名法(2005年颁布)

中华人民共和国主席令2004年第18号

第一章 总 则

第一条 为了规范电子签名行为,确立电子签名的法律效力,维护有关各方的合法权益,制定本法。

第二条 本法所称电子签名,是指数据电文中以电子形式所含、所附用于识别签名人身份并表明签名人认可其中内容的数据。

本法所称数据电文,是指以电子、光学、磁或者类似手段生成、发送、接收或者储存的信息。

第三条 民事活动中的合同或者其他文件、单证等文书,当事人可以约定使用或者不使用电子签名、数据电文。

当事人约定使用电子签名、数据电文的文书,不得仅因为其采用电子签名、数据电文的形式而否定其法律效力。

前款规定不适用下列文书:

(一)涉及婚姻、收养、继承等人身关系的;

(二)涉及土地、房屋等不动产权益转让的;

(三)涉及停止供水、供热、供气、供电等公用事业服务的;

(四)法律、行政法规规定的不适用电子文书的其他情形。

第二章 数据电文

第四条 能够有形地表现所载内容,并可以随时调取查用的数据电文,视为符合法律、法规要求的书面形式。

第五条 符合下列条件的数据电文,视为满足法律、法规规定的原件形式要求:

(一)能够有效地表现所载内容并可供随时调取查用;

(二)能够可靠地保证自最终形成时起,内容保持完整、未被更改。但是,在数据电文上增加背书以及数据交换、储存和显示过程中发生的形式变化不影响数据电文的完整性。

第六条 符合下列条件的数据电文,视为满足法律、法规规定的文件保存要求:

(一)能够有效地表现所载内容并可供随时调取查用;

(二)数据电文的格式与其生成、发送或者接收时的格式相同,或者格式不相同但是能够准确表现原来生成、发送或者接收的内容;

(三)能够识别数据电文的发件人、收件人以及发送、接收的时间。

第七条 数据电文不得仅因为其是以电子、光学、磁或者类似手段生成、发送、接收或者储存的而被拒绝作为证据使用。

第八条 审查数据电文作为证据的真实性,应当考虑以下因素:

(一)生成、储存或者传递数据电文方法的可靠性;

---

① 《企业会计信息化工作规范》正在广泛征求意见,《商品化会计核算软件评审规则》(财会字〔1994〕27号)、《会计电算化管理办法》(财会字〔1994〕27号)即将废止,请读者关注相关法规的废止和出台。

(二)保持内容完整性方法的可靠性;

(三)用以鉴别发件人方法的可靠性;

(四)其他相关因素。

第九条 数据电文有下列情形之一的,视为发件人发送:

(一)经发件人授权发送的;

(二)发件人的信息系统自动发送的;

(三)收件人按照发件人认可的方法对数据电文进行验证后结果相符的。

当事人对前款规定的事项另有约定的,从其约定。

第十条 法律、行政法规规定或者当事人约定数据电文需要确认收讫的,应当确认收讫。发件人收到收件人的收讫确认时,数据电文视为已经收到。

第十一条 数据电文进入发件人控制之外的某个信息系统的时间,视为该数据电文的发送时间。

收件人指定特定系统接收数据电文的,数据电文进入该特定系统的时间,视为该数据电文的接收时间;未指定特定系统的,数据电文进入收件人的任何系统的首次时间,视为该数据电文的接收时间。

当事人对数据电文的发送时间、接收时间另有约定的,从其约定。

第十二条 发件人的主营业地为数据电文的发送地点,收件人的主营业地为数据电文的接收地点。没有主营业地的,其经常居住地为发送或者接收地点。

当事人对数据电文的发送地点、接收地点另有约定的,从其约定。

第三章 电子签名与认证

第十三条 电子签名同时符合下列条件的,视为可靠的电子签名:

(一)电子签名制作数据用于电子签名时,属于电子签名人专有;

(二)签署时电子签名制作数据仅由电子签名人控制;

(三)签署后对电子签名的任何改动能够被发现;

(四)签署后对数据电文内容和形式的任何改动能够被发现。

当事人也可以选择使用符合其约定的可靠条件的电子签名。

第十四条 可靠的电子签名与手写签名或者盖章具有同等的法律效力。

第十五条 电子签名人应当妥善保管电子签名制作数据。电子签名人知悉电子签名制作数据已经失密或者可能已经失密时,应当及时告知有关各方,并终止使用该电子签名制作数据。

第十六条 电子签名需要第三方认证的,由依法设立的电子认证服务提供者提供认证服务。

第十七条 提供电子认证服务,应当具备下列条件:

(一)具有与提供电子认证服务相适应的专业技术人员和管理人员;

(二)具有与提供电子认证服务相适应的资金和经营场所;

(三)具有符合国家安全标准的技术和设备;

(四)具有国家密码管理机构同意使用密码的证明文件;

(五)法律、行政法规规定的其他条件。

第十八条 从事电子认证服务,应当向国务院信息产业主管部门提出申请,并提交符合本法第十七条规定条件的相关材料。国务院信息产业主管部门接到申请后经依法审查,征求国务院商务主管部门等有关部门的意见后,自接到申请之日起四十五日内作出许可或者不予许可的决定。予以许可的,颁发电子认证许可证书;不予许可的,应当书面通知申请人并告知理由。

申请人应当持电子认证许可证书依法向工商行政管理部门办理企业登记手续。

取得认证资格的电子认证服务提供者,应当按照国务院信息产业主管部门的规定在互联网上公布其名称、许可证号等信息。

第十九条 电子认证服务提供者应当制定、公布符合国家有关规定的电子认证业务规则,并向国务院信息产业主管部门备案。

电子认证业务规则应当包括责任范围、作业操作规范、信息安全保障措施等事项。

第二十条 电子签名人向电子认证服务提供者申请电子签名认证证书,应当提供真实、完整和准确的信息。

电子认证服务提供者收到电子签名认证证书申请后，应当对申请人的身份进行查验，并对有关材料进行审查。

第二十一条　电子认证服务提供者签发的电子签名认证证书应当准确无误，并应当载明下列内容：

（一）电子认证服务提供者名称；

（二）证书持有人名称；

（三）证书序列号；

（四）证书有效期；

（五）证书持有人的电子签名验证数据；

（六）电子认证服务提供者的电子签名；

（七）国务院信息产业主管部门规定的其他内容。

第二十二条　电子认证服务提供者应当保证电子签名认证证书内容在有效期内完整、准确，并保证电子签名依赖方能够证实或者了解电子签名认证证书所载内容及其他有关事项。

第二十三条　电子认证服务提供者拟暂停或者终止电子认证服务的，应当在暂停或者终止服务九十日前，就业务承接及其他有关事项通知有关各方。

电子认证服务提供者拟暂停或者终止电子认证服务的，应当在暂停或者终止服务六十日前向国务院信息产业主管部门报告，并与其他电子认证服务提供者就业务承接进行协商，作出妥善安排。

电子认证服务提供者未能就业务承接事项与其他电子认证服务提供者达成协议的，应当申请国务院信息产业主管部门安排其他电子认证服务提供者承接其业务。

电子认证服务提供者被依法吊销电子认证许可证书的，其业务承接事项的处理按照国务院信息产业主管部门的规定执行。

第二十四条　电子认证服务提供者应当妥善保存与认证相关的信息，信息保存期限至少为电子签名认证证书失效后五年。

第二十五条　国务院信息产业主管部门依照本法制定电子认证服务业的具体管理办法，对电子认证服务提供者依法实施监督管理。

第二十六条　经国务院信息产业主管部门根据有关协议或者对等原则核准后，中华人民共和国境外的电子认证服务提供者在境外签发的电子签名认证证书与依照本法设立的电子认证服务提供者签发的电子签名认证证书具有同等的法律效力。

第四章　法律责任

第二十七条　电子签名人知悉电子签名制作数据已经失密或者可能已经失密未及时告知有关各方、并终止使用电子签名制作数据，未向电子认证服务提供者提供真实、完整和准确的信息，或者有其他过错，给电子签名依赖方、电子认证服务提供者造成损失的，承担赔偿责任。

第二十八条　电子签名人或者电子签名依赖方因依据电子认证服务提供者提供的电子签名认证服务从事民事活动遭受损失，电子认证服务提供者不能证明自己无过错的，承担赔偿责任。

第二十九条　未经许可提供电子认证服务的，由国务院信息产业主管部门责令停止违法行为；有违法所得的，没收违法所得；违法所得三十万元以上的，处违法所得一倍以上三倍以下的罚款；没有违法所得或者违法所得不足三十万元的，处十万元以上三十万元以下的罚款。

第三十条　电子认证服务提供者暂停或者终止电子认证服务，未在暂停或者终止服务六十日前向国务院信息产业主管部门报告的，由国务院信息产业主管部门对其直接负责的主管人员处一万元以上五万元以下的罚款。

第三十一条　电子认证服务提供者不遵守认证业务规则、未妥善保存与认证相关的信息，或者有其他违法行为的，由国务院信息产业主管部门责令限期改正；逾期未改正的，吊销电子认证许可证书，其直接负责的主管人员和其他直接责任人员十年内不得从事电子认证服务。吊销电子认证许可证书的，应当予以公告并通知工商行政管理部门。

第三十二条　伪造、冒用、盗用他人的电子签名，构成犯罪的，依法追究刑事责任；给他人造成损失的，依法承担民事责任。

第三十三条 依照本法负责电子认证服务业监督管理工作的部门的工作人员，不依法履行行政许可、监督管理职责的，依法给予行政处分；构成犯罪的，依法追究刑事责任。

第五章 附 则

第三十四条 本法中下列用语的含义：

（一）电子签名人，是指持有电子签名制作数据并以本人身份或者以其所代表的人的名义实施电子签名的人；

（二）电子签名依赖方，是指基于对电子签名认证证书或者电子签名的信赖从事有关活动的人；

（三）电子签名认证证书，是指可证实电子签名人与电子签名制作数据有联系的数据电文或者其他电子记录；

（四）电子签名制作数据，是指在电子签名过程中使用的，将电子签名与电子签名人可靠地联系起来的字符、编码等数据；

（五）电子签名验证数据，是指用于验证电子签名的数据，包括代码、口令、算法或者公钥等。

第三十五条 国务院或者国务院规定的部门可以依据本法制定政务活动和其他社会活动中使用电子签名、数据电文的具体办法。

第三十六条 本法自 2005 年 4 月 1 日起施行。

2. 电子商业汇票业务管理办法（2009 年颁布）

中国人民银行令〔2009〕第 2 号

第一章 总 则

第一条 为规范电子商业汇票业务，保障电子商业汇票活动中当事人的合法权益，促进电子商业汇票业务发展，依据《中华人民共和国中国人民银行法》、《中华人民共和国票据法》、《中华人民共和国电子签名法》、《中华人民共和国物权法》、《票据管理实施办法》等有关法律法规，制定本办法。

第二条 电子商业汇票是指出票人依托电子商业汇票系统，以数据电文形式制作的，委托付款人在指定日期无条件支付确定金额给收款人或者持票人的票据。电子商业汇票分为电子银行承兑汇票和电子商业承兑汇票。电子银行承兑汇票由银行业金融机构、财务公司（以下统称金融机构）承兑；电子商业承兑汇票由金融机构以外的法人或其他组织承兑。电子商业汇票的付款人为承兑人。

第三条 电子商业汇票系统是经中国人民银行批准建立，依托网络和计算机技术，接收、存储、发送电子商业汇票数据电文，提供与电子商业汇票货币给付、资金清算行为相关服务的业务处理平台。

第四条 电子商业汇票各当事人应本着诚实信用原则，按照本办法的规定作出票据行为。

第五条 电子商业汇票的出票、承兑、背书、保证、提示付款和追索等业务，必须通过电子商业汇票系统办理。

第六条 电子商业汇票业务主体的类别分为：

（一）直接接入电子商业汇票系统的金融机构（以下简称接入机构）；

（二）通过接入机构办理电子商业汇票业务的金融机构（以下简称被代理机构）；

（三）金融机构以外的法人及其他组织。电子商业汇票系统对不同业务主体分配不同的类别代码。

第七条 票据当事人办理电子商业汇票业务应具备中华人民共和国组织机构代码。被代理机构、金融机构以外的法人及其他组织办理电子商业汇票业务，应在接入机构开立账户。

第八条 接入机构提供电子商业汇票业务服务，应对客户基本信息的真实性负审核责任，并依据本办法及相关规定，与客户签订电子商业汇票业务服务协议，明确双方的权利和义务。客户基本信息包括客户名称、账号、组织机构代码和业务主体类别等信息。

第九条 电子商业汇票系统运营者由中国人民银行指定和监管。

第十条 接入机构应按规定向客户和电子商业汇票系统转发电子商业汇票信息，并保证内部系统存储的电子商业汇票信息与电子商业汇票系统存储的相关信息相符。

第十一条 电子商业汇票信息以电子商业汇票系统的记录为准。

第十二条　电子商业汇票以人民币为计价单位。

第二章　基本规定

第十三条　电子商业汇票为定日付款票据。电子商业汇票的付款期限自出票日起至到期日止，最长不得超过1年。

第十四条　票据当事人在电子商业汇票上的签章，为该当事人可靠的电子签名。电子签名所需的认证服务应由合法的电子认证服务提供者提供。可靠的电子签名必须符合《中华人民共和国电子签名法》第十三条第一款的规定。

第十五条　电子商业汇票业务活动中，票据当事人所使用的数据电文和电子签名应符合《中华人民共和国电子签名法》的有关规定。

第十六条　客户开展电子商业汇票活动时，其签章所依赖的电子签名制作数据和电子签名认证证书，应向接入机构指定的电子认证服务提供者的注册审批机构申请。接入机构为客户提供电子商业汇票业务服务或作为电子商业汇票当事人时，其签章所依赖的电子签名制作数据和电子签名认证证书，应向电子商业汇票系统运营者指定的电子认证服务提供者的注册审批机构申请。

第十七条　接入机构、电子商业汇票系统运营者指定的电子认证服务机构提供者，应对电子签名认证证书申请者的身份真实性负审核责任。电子认证服务提供者依据《中华人民共和国电子签名法》承担相应责任。

第十八条　接入机构应对通过其办理电子商业汇票业务客户的电子签名真实性负审核责任。电子商业汇票系统运营者应对接入机构的身份真实性和电子签名真实性负审核责任。

第十九条　电子商业汇票系统应实时接收、处理电子商业汇票信息，并向相关票据当事人的接入机构实时发送该信息；接入机构应实时接收、处理电子商业汇票信息，并向相关票据当事人实时发送该信息。

第二十条　出票人签发电子商业汇票时，应将其交付收款人。电子商业汇票背书，背书人应将电子商业汇票交付被背书人。电子商业汇票质押解除，质权人应将电子商业汇票交付出质人。交付是指票据当事人将电子商业汇票发送给受让人，且受让人签收的行为。

第二十一条　签收是指票据当事人同意接受其他票据当事人的行为申请，签章并发送电子指令予以确认的行为。驳回是指票据当事人拒绝接受其他票据当事人的行为申请，签章并发送电子指令予以确认的行为。收款人、被背书人可与接入机构签订协议，委托接入机构代为签收或驳回行为申请，并代理签章。商业承兑汇票的承兑人应与接入机构签订协议，在符合本办法规定的情况下，由接入机构代为签收或驳回提示付款指令，并代理签章。

第二十二条　出票人或背书人在电子商业汇票上记载了"不得转让"事项的，电子商业汇票不得继续背书。

第二十三条　票据当事人通过电子商业汇票系统作出行为申请，行为接收方未签收且未驳回的，票据当事人可撤销该行为申请。电子商业汇票系统为行为接收方的，票据当事人不得撤销。

第二十四条　电子商业汇票的出票日是指出票人记载在电子商业汇票上的出票日期。电子商业汇票的提示付款日是指提示付款申请的指令进入电子商业汇票系统的日期。电子商业汇票的拒绝付款日是指驳回提示付款申请的指令进入电子商业汇票系统的日期。电子商业汇票追索行为的发生日是指追索通知的指令进入电子商业汇票系统的日期。承兑、背书、保证、质押解除、付款和追索清偿等行为的发生日是指相应的签收指令进入电子商业汇票系统的日期。

第二十五条　电子商业汇票责任解除前，电子商业汇票的承兑人不得撤销原办理电子商业汇票业务的账户，接入机构不得为其办理销户手续。

第二十六条　接入机构终止提供电子商业汇票业务服务的，应按规定由其他接入机构承接其电子商业汇票业务服务。

第三章　票据行为

第一节　出　　票

第二十七条　电子商业汇票的出票，是指出票人签发电子商业汇票并交付收款人的票据行为。出票人在电子商业汇票交付收款人前，可办理票据的未用退回。出票人不得在提示付款期后将票据交付收款人。

第二十八条 电子商业汇票的出票人必须为银行业金融机构以外的法人或其他组织。电子银行承兑汇票的出票人应在承兑金融机构开立账户。

第二十九条 电子商业汇票出票必须记载下列事项：

（一）表明“电子银行承兑汇票”或“电子商业承兑汇票”的字样；

（二）无条件支付的委托；

（三）确定的金额；

（四）出票人名称；

（五）付款人名称；

（六）收款人名称；

（七）出票日期；

（八）票据到期日；

（九）出票人签章。

第三十条 出票人可在电子商业汇票上记载自身的评级信息，并对记载信息的真实性负责，但该记载事项不具有票据上的效力。评级信息包括评级机构、信用等级和评级到期日。

第二节 承　兑

第三十一条 电子商业汇票的承兑，是指付款人承诺在票据到期日支付电子商业汇票金额的票据行为。

第三十二条 电子商业汇票交付收款人前，应由付款人承兑。

第三十三条 电子银行承兑汇票由真实交易关系或债权债务关系中的债务人签发，并交由金融机构承兑。电子银行承兑汇票的出票人与收款人不得为同一人。

第三十四条 电子商业承兑汇票的承兑有以下几种方式：

（一）真实交易关系或债权债务关系中的债务人签发并承兑；

（二）真实交易关系或债权债务关系中的债务人签发，交由第三人承兑；

（三）第三人签发，交由真实交易关系或债权债务关系中的债务人承兑；

（四）收款人签发，交由真实交易关系或债权债务关系中的债务人承兑。

第三十五条 电子银行承兑汇票的出票人应向承兑金融机构提交真实、有效、用以证实真实交易关系或债权债务关系的交易合同或其他证明材料，并在电子商业汇票上作相应记录，承兑金融机构应负责审核。

第三十六条 承兑人应在票据到期日前，承兑电子商业汇票。

第三十七条 承兑人承兑电子商业汇票，必须记载下列事项：

（一）表明“承兑”的字样；

（二）承兑日期；

（三）承兑人签章。

第三十八条 承兑人可在电子商业汇票上记载自身的评级信息，并对记载信息的真实性负责，但该记载事项不具有票据上的效力。评级信息包括评级机构、信用等级和评级到期日。

第三节 转让背书

第三十九条 转让背书是指持票人将电子商业汇票权利依法转让给他人的票据行为。票据在提示付款期后，不得进行转让背书。

第四十条 转让背书应当基于真实、合法的交易关系和债权债务关系，或以税收、继承、捐赠、股利分配等合法行为为基础。

第四十一条 转让背书必须记载下列事项：

（一）背书人名称；

（二）被背书人名称；

（三）背书日期；

（四）背书人签章。

第四节　贴现、转贴现和再贴现

第四十二条　贴现是指持票人在票据到期日前，将票据权利背书转让给金融机构，由其扣除一定利息后，将约定金额支付给持票人的票据行为。转贴现是指持有票据的金融机构在票据到期日前，将票据权利背书转让给其他金融机构，由其扣除一定利息后，将约定金额支付给持票人的票据行为。再贴现是指持有票据的金融机构在票据到期日前，将票据权利背书转让给中国人民银行，由其扣除一定利息后，将约定金额支付给持票人的票据行为。

第四十三条　贴现、转贴现和再贴现按照交易方式，分为买断式和回购式。买断式是指贴出人将票据权利转让给贴入人，不约定日后赎回的交易方式。回购式是指贴出人将票据权利转让给贴入人，约定日后赎回的交易方式。电子商业汇票贴现、转贴现和再贴现业务中转让票据权利的票据当事人为贴出人，受让票据权利的票据当事人为贴入人。

第四十四条　电子商业汇票当事人在办理回购式贴现、回购式转贴现和回购式再贴现业务时，应明确赎回开放日、赎回截止日。赎回开放日是指办理回购式贴现赎回、回购式转贴现赎回和回购式再贴现赎回业务的起始日期。赎回截止日是指办理回购式贴现赎回、回购式转贴现赎回和回购式再贴现赎回业务的截止日期，该日期应早于票据到期日。

自赎回开放日起至赎回截止日止，为赎回开放期。

第四十五条　在赎回开放日前，原贴出人、原贴入人不得作出除追索行为外的其他票据行为。回购式贴现、回购式转贴现和回购式再贴现业务的原贴出人、原贴入人应按照协议约定，在赎回开放期赎回票据。在赎回开放期未赎回票据的，原贴入人在赎回截止日后只可将票据背书给他人或行使票据权利，除票据关系以外的其他权利义务关系由双方协议约定。

第四十六条　持票人申请贴现时，应向贴入人提供用以证明其与直接前手间真实交易关系或债权债务关系的合同、发票等其他材料，并在电子商业汇票上作相应记录，贴入人应负责审查。

第四十七条　电子商业汇票贴现、转贴现和再贴现必须记载下列事项：

（一）贴出人名称；

（二）贴入人名称；

（三）贴现、转贴现或再贴现日期；

（四）贴现、转贴现或再贴现类型；

（五）贴现、转贴现或再贴现利率；

（六）实付金额；

（七）贴出人签章。实付金额为贴入人实际支付给贴出人的金额。回购式贴现、回购式转贴现和回购式再贴现还应记载赎回开放日和赎回截止日。

贴现还应记载贴出人贴现资金入账信息。

第四十八条　电子商业汇票回购式贴现、回购式转贴现和回购式再贴现赎回应作成背书，并记载下列事项：

（一）原贴出人名称；

（二）原贴入人名称；

（三）赎回日期；

（四）赎回利率；

（五）赎回金额；

（六）原贴入人签章。

第四十九条　贴现和转贴现利率、期限等由贴出人与贴入人协商确定。再贴现利率由中国人民银行规定。

第五十条　电子商业汇票贴现、转贴现和再贴现可选择票款对付方式或其他方式清算资金。本办法所称票款对付，是指票据交付和资金交割同时完成，并互为条件的一种交易方式。

第五节　质　押

第五十一条　电子商业汇票的质押，是指电子商业汇票持票人为了给债权提供担保，在票据到期日前在电子商业汇票系统中进行登记，以该票据为债权人设立质权的票据行为。

第五十二条 主债务到期日先于票据到期日，且主债务已经履行完毕的，质权人应按约定解除质押。主债务到期日先于票据到期日，且主债务到期未履行的，质权人可行使票据权利，但不得继续背书。票据到期日先于主债务到期日的，质权人可在票据到期后行使票据权利，并与出质人协议将兑现的票款用于提前清偿所担保的债权或继续作为债权的担保。

第五十三条 电子商业汇票质押，必须记载下列事项：

（一）出质人名称；

（二）质权人名称；

（三）质押日期；

（四）表明“质押”的字样；

（五）出质人签章。

第五十四条 电子商业汇票质押解除，必须记载下列事项：

（一）表明“质押解除”的字样；

（二）质押解除日期。

第六节　保　　证

第五十五条 电子商业汇票的保证，是指电子商业汇票上记载的债务人以外的第三人保证该票据获得付款的票据行为。

第五十六条 电子商业汇票获得承兑前，保证人作出保证行为的，被保证人为出票人。电子商业汇票获得承兑后、出票人将电子商业汇票交付收款人前，保证人作出保证行为的，被保证人为承兑人。出票人将电子商业汇票交付收款人后，保证人作出保证行为的，被保证人为背书人。

第五十七条 电子商业汇票保证，必须记载下列事项：

（一）表明“保证”的字样；

（二）保证人名称；

（三）保证人住所；

（四）被保证人名称；

（五）保证日期；

（六）保证人签章。

第七节　付　　款

第五十八条 提示付款是指持票人通过电子商业汇票系统向承兑人请求付款的行为。

持票人应在提示付款期内向承兑人提示付款。提示付款期自票据到期日起 10 日，最后一日遇法定休假日、大额支付系统非营业日、电子商业汇票系统非营业日顺延。

第五十九条 持票人在票据到期日前提示付款的，承兑人可付款或拒绝付款，或于到期日付款。承兑人拒绝付款或未予应答的，持票人可待票据到期后再次提示付款。

第六十条 持票人在提示付款期内提示付款的，承兑人应在收到提示付款请求的当日至迟次日（遇法定休假日、大额支付系统非营业日、电子商业汇票系统非营业日顺延）付款或拒绝付款。持票人超过提示付款期提示付款的，接入机构不得拒绝受理。持票人在作出合理说明后，承兑人仍应当承担付款责任，并在上款规定的期限内付款或拒绝付款。电子商业承兑汇票承兑人在票据到期后收到提示付款请求，且在收到该请求次日起第 3 日（遇法定休假日、大额支付系统非营业日、电子商业汇票系统非营业日顺延）仍未应答的，接入机构应按其与承兑人签订的《电子商业汇票业务服务协议》，进行如下处理：

（一）承兑人账户余额在该日电子商业汇票系统营业截止时足够支付票款的，则视同承兑人同意付款，接入机构应扣划承兑人账户资金支付票款，并在下一日（遇法定休假日、大额支付系统非营业日、电子商业汇票系统非营业日顺延）电子商业汇票系统营业开始时，代承兑人作出付款应答，并代理签章；

（二）承兑人账户余额在该日电子商业汇票系统营业截止时不足以支付票款的，则视同承兑人拒绝付款，接入机构应在下一日（遇法定休假日、大额支付系统非营业日、电子商业汇票系统非营业日顺延）电子商业汇票系统营业开始时，代承兑人作出拒付应答，并代理签章。

第六十一条　接入机构应及时将持票人的提示付款请求通知电子商业承兑汇票的承兑人。通知方式由接入机构与承兑人自行约定。

第六十二条　持票人可选择票款对付方式或其他方式向承兑人提示付款。

第六十三条　电子商业汇票提示付款，必须记载下列事项：

（一）提示付款日期；

（二）提示付款人签章。持票人可与接入机构签订协议，委托接入机构代为提示付款并代理签章。

第六十四条　承兑人付款或拒绝付款，必须记载下列事项：

（一）承兑人名称；

（二）付款日期或拒绝付款日期；

（三）承兑人签章。承兑人拒绝付款的，还应注明拒绝付款的理由。

第八节　追　　索

第六十五条　追索分为拒付追索和非拒付追索。拒付追索是指电子商业汇票到期后被拒绝付款，持票人请求前手付款的行为。非拒付追索是指存在下列情形之一，持票人请求前手付款的行为：

（一）承兑人被依法宣告破产的；

（二）承兑人因违法被责令终止业务活动的。

第六十六条　持票人在票据到期日前被拒付的，不得拒付追索。持票人在提示付款期内被拒付的，可向所有前手拒付追索。持票人超过提示付款期提示付款被拒付的，若持票人在提示付款期内曾发出过提示付款，则可向所有前手拒付追索；若未在提示付款期内发出过提示付款，则只可向出票人、承兑人拒付追索。

第六十七条　追索时，追索人应当提供拒付证明。拒付追索时，拒付证明为票据信息和拒付理由。非拒付追索时，拒付证明为票据信息和相关法律文件。

第六十八条　持票人因电子商业汇票到期后被拒绝付款或法律法规规定其他原因，拥有的向票据债务人追索的权利时效规定如下：

（一）持票人对出票人、承兑人追索和再追索权利时效，自票据到期日起 2 年，且不短于持票人对其他前手的追索和再追索权利时效。

（二）持票人对其他前手的追索权利时效，自被拒绝付款之日起 6 个月；持票人对其他前手的再追索权利时效，自清偿日或被提起诉讼之日起 3 个月。

第六十九条　持票人发出追索通知，必须记载下列事项：

（一）追索人名称；

（二）被追索人名称；

（三）追索通知日期；

（四）追索类型；

（五）追索金额；

（六）追索人签章。

第七十条　电子商业汇票清偿，必须记载下列事项：

（一）追索人名称；

（二）清偿人名称；

（三）同意清偿金额；

（四）清偿日期；

（五）清偿人签章。

第四章　信息查询

第七十一条　票据当事人可通过接入机构查询与其相关的电子商业汇票票据信息。

第七十二条　接入机构应记录其与电子商业汇票系统之间发送和接收的电子商业汇票票据信息，并按规定将该信息向客户展示。票据信息包括票面信息和行为信息。票面信息是指出票人将票据交付收款人后、其他行为发生前，记载在票据上的所有信息。行为信息是指票据行为的必须记载事项。

第七十三条 出票人可查询电子商业汇票票面信息。承兑人在收到提示付款申请前，可查询电子商业汇票票面信息。收到提示付款申请后，可查询该票据的所有票据信息。收款人、被背书人和保证人可查询自身作出的行为信息及之前的票据信息。持票人可查询所有票据信息。在追索阶段，被追索人可查询所有票据信息。

第七十四条 票据当事人对票据信息有异议的，应通过接入机构向电子商业汇票系统运营者提出书面申请，电子商业汇票系统运营者应在10个工作日内按照查询权限办理相关查询业务。

第七十五条 电子商业汇票所有票据行为中，处于待签收状态的接收方可向电子商业汇票系统查询该票据承兑人和行为发起方的电子商业汇票支付信用信息。

第七十六条 电子商业汇票系统仅提供票据当事人的电子商业汇票支付信用信息，不对其进行信用评价或评级。

第五章 法律责任

第七十七条 电子商业汇票发生法律纠纷时，电子商业汇票系统运营者负有出具电子商业汇票系统相关记录的义务。

第七十八条 承兑人应及时足额支付电子商业汇票票款。承兑人故意压票、拖延支付，影响持票人资金使用的，按中国人民银行规定的同档次流动资金贷款利率计付赔偿金。

第七十九条 电子银行承兑汇票的出票人于票据到期日未能足额交存票款时，承兑人除向持票人无条件付款外，对出票人尚未支付的汇票金额转入逾期贷款处理，并按照每天万分之五计收罚息。

第八十条 电子商业汇票相关各方存在下列情形之一，影响电子商业汇票业务处理或造成其他票据当事人资金损失的，应承担相应赔偿责任。中国人民银行有权视情节轻重对其处以警告或3万元以下罚款：

（一）作为电子银行承兑汇票承兑人的财务公司、电子商业承兑汇票的承兑人违反《中华人民共和国票据法》、《票据管理实施办法》和本办法规定无理拒付或拖延支付的；

（二）接入机构为客户提供电子商业汇票业务服务，未对客户基本信息尽审核义务的；

（三）为电子商业汇票业务活动提供电子认证服务的电子认证服务提供者，未依据《中华人民共和国电子签名法》承担相应责任的；

（四）接入机构为客户提供电子商业汇票业务服务，未对客户电子签名真实性进行认真审核，造成资金损失的；

（五）电子商业汇票系统运营者未对接入机构身份真实性和电子签名真实性进行认真审核，造成资金损失的；

（六）接入机构因清算资金不足导致电子商业汇票资金清算失败，给票据当事人造成损失的；

（七）接入机构因人为或系统原因未及时转发电子商业汇票信息，给票据当事人造成损失的；

（八）接入机构内部系统存储的电子商业汇票信息与电子商业汇票系统相关信息严重不符，给票据当事人造成损失的；

（九）接入机构的内部系统出现故障，未及时排除，造成重大影响的；

（十）电子商业汇票系统运营者运营的电子商业汇票系统出现故障，未及时排除，造成重大影响的；

（十一）电子商业汇票债务解除前，接入机构违反本办法规定为承兑人撤销账户的；

（十二）其他违反《中华人民共和国票据法》、《票据管理实施办法》及本办法规定的行为。

第八十一条 电子商业汇票当事人应当妥善保管电子签名制作数据，严防泄露。因保管不善造成资金损失的，有关责任方应当依法承担赔偿责任。

第八十二条 金融机构发现利用电子商业汇票从事违法犯罪活动的，应依法履行报告义务。

第六章 附　　则

第八十三条 电子商业汇票的数据电文格式和票据显示样式由中国人民银行统一规定。

第八十四条 本办法未尽事宜，遵照《中华人民共和国票据法》、《票据管理实施办法》等法律法规执行。

第八十五条 本办法由中国人民银行负责解释和修订。

第八十六条 本办法自公布之日起施行。

第二编

企业会计相关法规

第四章 企业会计准则(2006年颁布)

1. 企业会计准则——基本准则(2014年修订)

中华人民共和国财政部令2006年第33号

第一章 总 则

第一条 为了规范企业会计确认、计量和报告行为，保证会计信息质量，根据《中华人民共和国会计法》和其他有关法律、行政法规，制定本准则。

第二条 本准则适用于在中华人民共和国境内设立的企业(包括公司，下同)。

第三条 企业会计准则包括基本准则和具体准则，具体准则的制定应当遵循本准则。

第四条 企业应当编制财务会计报告(又称财务报告，下同)。财务会计报告的目标是向财务会计报告使用者提供与企业财务状况、经营成果和现金流量等有关的会计信息，反映企业管理层受托责任履行情况，有助于财务会计报告使用者作出经济决策。

财务会计报告使用者包括投资者、债权人、政府及其有关部门和社会公众等。

第五条 企业应当对其本身发生的交易或者事项进行会计确认、计量和报告。

第六条 企业会计确认、计量和报告应当以持续经营为前提。

第七条 企业应当划分会计期间，分期结算账目和编制财务会计报告。

会计期间分为年度和中期。中期是指短于一个完整的会计年度的报告期间。

第八条 企业会计应当以货币计量。

第九条 企业应当以权责发生制为基础进行会计确认、计量和报告。

第十条 企业应当按照交易或者事项的经济特征确定会计要素。会计要素包括资产、负债、所有者权益、收入、费用和利润。

第十一条 企业应当采用借贷记账法记账。

第二章 会计信息质量要求

第十二条 企业应当以实际发生的交易或者事项为依据进行会计确认、计量和报告，如实反映符合确认和计量要求的各项会计要素及其他相关信息，保证会计信息真实可靠、内容完整。

第十三条 企业提供的会计信息应当与财务会计报告使用者的经济决策需要相关，有助于财务会计报告使用者对企业过去、现在或者未来的情况作出评价或者预测。

第十四条 企业提供的会计信息应当清晰明了，便于财务会计报告使用者理解和使用。

第十五条 企业提供的会计信息应当具有可比性。

同一企业不同时期发生的相同或者相似的交易或者事项，应当采用一致的会计政策，不得随意变更。确需变更的，应当在附注中说明。

不同企业发生的相同或者相似的交易或者事项，应当采用规定的会计政策，确保会计信息口径一致、相互可比。

第十六条 企业应当按照交易或者事项的经济实质进行会计确认、计量和报告，不应仅以交易或者事项的法律形式为依据。

第十七条 企业提供的会计信息应当反映与企业财务状况、经营成果和现金流量等有关的所有重要交易或者事项。

第十八条 企业对交易或者事项进行会计确认、计量和报告应当保持应有的谨慎，不应高估资产或者收益、低估负债或者费用。

第十九条 企业对于已经发生的交易或者事项，应当及时进行会计确认、计量和报告，不得提前或者延后。

第三章 资　产

第二十条 资产是指企业过去的交易或者事项形成的、由企业拥有或者控制的、预期会给企业带来经济利益的资源。

前款所指的企业过去的交易或者事项包括购买、生产、建造行为或其他交易或者事项。预期在未来发生的交易或者事项不形成资产。

由企业拥有或者控制，是指企业享有某项资源的所有权，或者虽然不享有某项资源的所有权，但该资源能被企业所控制。

预期会给企业带来经济利益，是指直接或者间接导致现金和现金等价物流入企业的潜力。

第二十一条 符合本准则第二十条规定的资产定义的资源，在同时满足以下条件时，确认为资产：

（一）与该资源有关的经济利益很可能流入企业；

（二）该资源的成本或者价值能够可靠地计量。

第二十二条 符合资产定义和资产确认条件的项目，应当列入资产负债表；符合资产定义、但不符合资产确认条件的项目，不应当列入资产负债表。

第四章 负　债

第二十三条 负债是指企业过去的交易或者事项形成的、预期会导致经济利益流出企业的现时义务。

现时义务是指企业在现行条件下已承担的义务。未来发生的交易或者事项形成的义务，不属于现时义务，不应当确认为负债。

第二十四条 符合本准则第二十三条规定的负债定义的义务，在同时满足以下条件时，确认为负债：

（一）与该义务有关的经济利益很可能流出企业；

（二）未来流出的经济利益的金额能够可靠地计量。

第二十五条 符合负债定义和负债确认条件的项目，应当列入资产负债表；符合负债定义、但不符合负债确认条件的项目，不应当列入资产负债表。

第五章 所有者权益

第二十六条 所有者权益是指企业资产扣除负债后由所有者享有的剩余权益。

公司的所有者权益又称为股东权益。

第二十七条 所有者权益的来源包括所有者投入的资本、直接计入所有者权益的利得和损失、留存收益等。

直接计入所有者权益的利得和损失，是指不应计入当期损益、会导致所有者权益发生增减变动的、与所有者投入资本或者向所有者分配利润无关的利得或者损失。

利得是指由企业非日常活动所形成的、会导致所有者权益增加的、与所有者投入资本无关的经济利益的流入。

损失是指由企业非日常活动所发生的、会导致所有者权益减少的、与向所有者分配利润无关的经济利益的流出。

第二十八条 所有者权益金额取决于资产和负债的计量。

第二十九条 所有者权益项目应当列入资产负债表。

第六章 收　入

第三十条 收入是指企业在日常活动中形成的、会导致所有者权益增加的、与所有者投入资本无关的经济利益的总流入。

第三十一条 收入只有在经济利益很可能流入从而导致企业资产增加或者负债减少、且经济利益的流入额能够可靠计量时才能予以确认。

第三十二条 符合收入定义和收入确认条件的项目,应当列入利润表。

第七章 费 用

第三十三条 费用是指企业在日常活动中发生的、会导致所有者权益减少的、与向所有者分配利润无关的经济利益的总流出。

第三十四条 费用只有在经济利益很可能流出从而导致企业资产减少或者负债增加、且经济利益的流出额能够可靠计量时才能予以确认。

第三十五条 企业为生产产品、提供劳务等发生的可归属于产品成本、劳务成本等的费用,应当在确认产品销售收入、劳务收入等时,将已销售产品、已提供劳务的成本等计入当期损益。

企业发生的支出不产生经济利益的,或者即使能够产生经济利益但不符合或者不再符合资产确认条件的,应当在发生时确认为费用,计入当期损益。

企业发生的交易或者事项导致其承担了一项负债而又不确认为一项资产的,应当在发生时确认为费用,计入当期损益。

第三十六条 符合费用定义和费用确认条件的项目,应当列入利润表。

第八章 利 润

第三十七条 利润是指企业在一定会计期间的经营成果。利润包括收入减去费用后的净额、直接计入当期利润的利得和损失等。

第三十八条 直接计入当期利润的利得和损失,是指应当计入当期损益、会导致所有者权益发生增减变动的、与所有者投入资本或者向所有者分配利润无关的利得或者损失。

第三十九条 利润金额取决于收入和费用、直接计入当期利润的利得和损失金额的计量。

第四十条 利润项目应当列入利润表。

第九章 会计计量

第四十一条 企业在将符合确认条件的会计要素登记入账并列报于会计报表及其附注(又称财务报表,下同)时,应当按照规定的会计计量属性进行计量,确定其金额。

第四十二条 会计计量属性主要包括:

(一)历史成本。在历史成本计量下,资产按照购置时支付的现金或者现金等价物的金额,或者按照购置资产时所付出的对价的公允价值计量。负债按照因承担现时义务而实际收到的款项或者资产的金额,或者承担现时义务的合同金额,或者按照日常活动中为偿还负债预期需要支付的现金或者现金等价物的金额计量。

(二)重置成本。在重置成本计量下,资产按照现在购买相同或者相似资产所需支付的现金或者现金等价物的金额计量。负债按照现在偿付该项债务所需支付的现金或者现金等价物的金额计量。

(三)可变现净值。在可变现净值计量下,资产按照其正常对外销售所能收到现金或者现金等价物的金额扣减该资产至完工时估计将要发生的成本、估计的销售费用以及相关税费后的金额计量。

(四)现值。在现值计量下,资产按照预计从其持续使用和最终处置中所产生的未来净现金流入量的折现金额计量。负债按照预计期限内需要偿还的未来净现金流出量的折现金额计量。

(五)公允价值。在公允价值计量下,资产和负债按照市场参与者在计量日发生的有序交易中,出售资产所能收到或者转移负债所需支付的价格计量。

第四十三条 企业在对会计要素进行计量时,一般应当采用历史成本,采用重置成本、可变现净值、现值、公允价值计量的,应当保证所确定的会计要素金额能够取得并可靠计量。

第十章 财务会计报告

第四十四条 财务会计报告是指企业对外提供的反映企业某一特定日期的财务状况和某一会计期间

的经营成果、现金流量等会计信息的文件。

财务会计报告包括会计报表及其附注和其他应当在财务会计报告中披露的相关信息和资料。会计报表至少应当包括资产负债表、利润表、现金流量表等报表。

小企业编制的会计报表可以不包括现金流量表。

第四十五条 资产负债表是指反映企业在某一特定日期的财务状况的会计报表。

第四十六条 利润表是指反映企业在一定会计期间的经营成果的会计报表。

第四十七条 现金流量表是指反映企业在一定会计期间的现金和现金等价物流入和流出的会计报表。

第四十八条 附注是指对在会计报表中列示项目所作的进一步说明,以及对未能在这些报表中列示项目的说明等。

第十一章 附 则

第四十九条 本准则由财政部负责解释。

第五十条 本准则自 2007 年 1 月 1 日起施行。

2. 企业会计准则第 1 号——存货

第一章 总 则

第一条 为了规范存货的确认、计量和相关信息的披露,根据《企业会计准则——基本准则》,制定本准则。

第二条 下列各项适用其他相关会计准则:

(一)消耗性生物资产,适用《企业会计准则第 5 号——生物资产》。

(二)通过建造合同归集的存货成本,适用《企业会计准则第 15 号——建造合同》。

第二章 确 认

第三条 存货,是指企业在日常活动中持有以备出售的产成品或商品、处在生产过程中的在产品、在生产过程或提供劳务过程中耗用的材料和物料等。

第四条 存货同时满足下列条件的,才能予以确认:

(一)与该存货有关的经济利益很可能流入企业;

(二)该存货的成本能够可靠地计量。

第三章 计 量

第五条 存货应当按照成本进行初始计量。存货成本包括采购成本、加工成本和其他成本。

第六条 存货的采购成本,包括购买价款、相关税费、运输费、装卸费、保险费以及其他可归属于存货采购成本的费用。

第七条 存货的加工成本,包括直接人工以及按照一定方法分配的制造费用。

制造费用,是指企业为生产产品和提供劳务而发生的各项间接费用。企业应当根据制造费用的性质,合理地选择制造费用分配方法。

在同一生产过程中,同时生产两种或两种以上的产品,并且每种产品的加工成本不能直接区分的,其加工成本应当按照合理的方法在各种产品之间进行分配。

第八条 存货的其他成本,是指除采购成本、加工成本以外的,使存货达到目前场所和状态所发生的其他支出。

第九条 下列费用应当在发生时确认为当期损益,不计入存货成本:

(一)非正常消耗的直接材料、直接人工和制造费用。

（二）仓储费用（不包括在生产过程中为达到下一个生产阶段所必需的费用）。

（三）不能归属于使存货达到目前场所和状态的其他支出。

第十条　应计入存货成本的借款费用，按照《企业会计准则第 17 号——借款费用》处理。

第十一条　投资者投入存货的成本，应当按照投资合同或协议约定的价值确定，但合同或协议约定价值不公允的除外。

第十二条　收获时农产品的成本、非货币性资产交换、债务重组和企业合并取得的存货的成本，应当分别按照《企业会计准则第 5 号——生物资产》、《企业会计准则第 7 号——非货币性资产交换》、《企业会计准则第 12 号——债务重组》和《企业会计准则第 20 号——企业合并》确定。

第十三条　企业提供劳务的，所发生的从事劳务提供人员的直接人工和其他直接费用以及可归属的间接费用，计入存货成本。

第十四条　企业应当采用先进先出法、加权平均法或者个别计价法确定发出存货的实际成本。

对于性质和用途相似的存货，应当采用相同的成本计算方法确定发出存货的成本。

对于不能替代使用的存货、为特定项目专门购入或制造的存货以及提供劳务的成本，通常采用个别计价法确定发出存货的成本。

对于已售存货，应当将其成本结转为当期损益，相应的存货跌价准备也应当予以结转。

第十五条　资产负债表日，存货应当按照成本与可变现净值孰低计量。

存货成本高于其可变现净值的，应当计提存货跌价准备，计入当期损益。

可变现净值，是指在日常活动中，存货的估计售价减去至完工时估计将要发生的成本、估计的销售费用以及相关税费后的金额。

第十六条　企业确定存货的可变现净值，应当以取得的确凿证据为基础，并且考虑持有存货的目的、资产负债表日后事项的影响等因素。

为生产而持有的材料等，用其生产的产成品的可变现净值高于成本的，该材料仍然应当按照成本计量；材料价格的下降表明产成品的可变现净值低于成本的，该材料应当按照可变现净值计量。

第十七条　为执行销售合同或者劳务合同而持有的存货，其可变现净值应当以合同价格为基础计算。

企业持有存货的数量多于销售合同订购数量的，超出部分的存货的可变现净值应当以一般销售价格为基础计算。

第十八条　企业通常应当按照单个存货项目计提存货跌价准备。

对于数量繁多、单价较低的存货，可以按照存货类别计提存货跌价准备。

与在同一地区生产和销售的产品系列相关、具有相同或类似最终用途或目的，且难以与其他项目分开计量的存货，可以合并计提存货跌价准备。

第十九条　资产负债表日，企业应当确定存货的可变现净值。以前减记存货价值的影响因素已经消失的，减记的金额应当予以恢复，并在原已计提的存货跌价准备金额内转回，转回的金额计入当期损益。

第二十条　企业应当采用一次转销法或者五五摊销法对低值易耗品和包装物进行摊销，计入相关资产的成本或者当期损益。

第二十一条　企业发生的存货毁损，应当将处置收入扣除账面价值和相关税费后的金额计入当期损益。存货的账面价值是存货成本扣减累计跌价准备后的金额。

存货盘亏造成的损失，应当计入当期损益。

第四章　披　　露

第二十二条　企业应当在附注中披露与存货有关的下列信息：

（一）各类存货的期初和期末账面价值。

（二）确定发出存货成本所采用的方法。

（三）存货可变现净值的确定依据，存货跌价准备的计提方法，当期计提的存货跌价准备的金额，当期转回的存货跌价准备的金额，以及计提和转回的有关情况。

（四）用于担保的存货账面价值。

3. 企业会计准则第 2 号——长期股权投资(2014 年修订)

第一章 总 则

第一条 为了规范长期股权投资的确认、计量,根据《企业会计准则——基本准则》,制定本准则。

第二条 本准则所称长期股权投资,是指投资方对被投资单位实施控制、重大影响的权益性投资,以及对其合营企业的权益性投资。

在确定能否对被投资单位实施控制时,投资方应当按照《企业会计准则第 33 号——合并财务报表》的有关规定进行判断。投资方能够对被投资单位实施控制的,被投资单位为其子公司。投资方属于《企业会计准则第 33 号——合并财务报表》规定的投资性主体且子公司不纳入合并财务报表的情况除外。

重大影响,是指投资方对被投资单位的财务和经营政策有参与决策的权力,但并不能够控制或者与其他方一起共同控制这些政策的制定。在确定能否对被投资单位施加重大影响时,应当考虑投资方和其他方持有的被投资单位当期可转换公司债券、当期可执行认股权证等潜在表决权因素。投资方能够对被投资单位施加重大影响的,被投资单位为其联营企业。

在确定被投资单位是否为合营企业时,应当按照《企业会计准则第 40 号——合营安排》的有关规定进行判断。

第三条 下列各项适用其他相关会计准则:

(一)外币长期股权投资的折算,适用《企业会计准则第 19 号——外币折算》。

(二)风险投资机构、共同基金以及类似主体持有的、在初始确认时按照《企业会计准则第 22 号——金融工具确认和计量》的规定以公允价值计量且其变动计入当期损益的金融资产,投资性主体对不纳入合并财务报表的子公司的权益性投资,以及本准则未予规范的其他权益性投资,适用《企业会计准则第 22 号——金融工具确认和计量》。

第四条 长期股权投资的披露,适用《企业会计准则第 41 号——在其他主体中权益的披露》。

第二章 初始计量

第五条 企业合并形成的长期股权投资,应当按照下列规定确定其初始投资成本:

(一)同一控制下的企业合并,合并方以支付现金、转让非现金资产或承担债务方式作为合并对价的,应当在合并日按照被合并方所有者权益在最终控制方合并财务报表中的账面价值的份额作为长期股权投资的初始投资成本。长期股权投资初始投资成本与支付的现金、转让的非现金资产以及所承担债务账面价值之间的差额,应当调整资本公积;资本公积不足冲减的,调整留存收益。

合并方以发行权益性证券作为合并对价的,应当在合并日按照被合并方所有者权益在最终控制方合并财务报表中的账面价值的份额作为长期股权投资的初始投资成本。按照发行股份的面值总额作为股本,长期股权投资初始投资成本与所发行股份面值总额之间的差额,应当调整资本公积;资本公积不足冲减的,调整留存收益。

(二)非同一控制下的企业合并,购买方在购买日应当按照《企业会计准则第 20 号——企业合并》的有关规定确定的合并成本作为长期股权投资的初始投资成本。

合并方或购买方为企业合并发生的审计、法律服务、评估咨询等中介费用以及其他相关管理费用,应当于发生时计入当期损益。

第六条 除企业合并形成的长期股权投资以外,其他方式取得的长期股权投资,应当按照下列规定确定其初始投资成本:

(一)以支付现金取得的长期股权投资,应当按照实际支付的购买价款作为初始投资成本。初始投资成本包括与取得长期股权投资直接相关的费用、税金及其他必要支出。

(二)以发行权益性证券取得的长期股权投资,应当按照发行权益性证券的公允价值作为初始投资成本。与发行权益行证券直接相关的费用，应当按照《企业会计准则第37号——金融工具列报》的有关规定确定。

(三)通过非货币性资产交换取得的长期股权投资，其初始投资成本应当按照《企业会计准则第7号——非货币性资产交换》的有关规定确定。

(四)通过债务重组取得的长期股权投资，其初始投资成本应当按照《企业会计准则第12号——债务重组》的有关规定确定。

第三章 后续计量

第七条 投资方能够对被投资单位实施控制的长期股权投资应当采用成本法核算。

第八条 采用成本法核算的长期股权投资应当按照初始投资成本计价。追加或收回投资应当调整长期股权投资的成本。被投资单位宣告分派的现金股利或利润，应当确认为当期投资收益。

第九条 投资方对联营企业和合营企业的长期股权投资，应当按照本准则第十条至第十三条规定，采用权益法核算。

投资方对联营企业的权益性投资，其中一部分通过风险投资机构、共同基金、信托公司或包括投连险基金在内的类似主体间接持有的，无论以上主体是否对这部分投资具有重大影响，投资方都可以按照《企业会计准则第22号——金融工具确认和计量》的有关规定，对间接持有的该部分投资选择以公允价值计量且其变动计入损益，并对其余部分采用权益法核算。

第十条 长期股权投资的初始投资成本大于投资时应享有被投资单位可辨认净资产公允价值份额的，不调整长期股权投资的初始投资成本；长期股权投资的初始投资成本小于投资时应享有被投资单位可辨认净资产公允价值份额的，其差额应当计入当期损益，同时调整长期股权投资的成本。

被投资单位可辨认净资产的公允价值，应当比照《企业会计准则第20号——企业合并》的有关规定确定。

第十一条 投资方取得长期股权投资后，应当按照应享有或应分担的被投资单位实现的净损益和其他综合收益的份额，分别确认投资收益和其他综合收益，同时调整长期股权投资的账面价值；投资方按照被投资单位宣告分派的利润或现金股利计算应享有的部分，相应减少长期股权投资的账面价值；投资方对于被投资单位除净损益、其他综合收益和利润分配以外所有者权益的其他变动，应当调整长期股权投资的账面价值并计入所有者权益。

投资方在确认应享有被投资单位净损益的份额时，应当以取得投资时被投资单位可辨认净资产的公允价值为基础，对被投资单位的净利润进行调整后确认。

被投资单位采用的会计政策及会计期间与投资方不一致的，应当按照投资方的会计政策及会计期间对被投资单位的财务报表进行调整，并据以确认投资收益和其他综合收益等。

第十二条 投资方确认被投资单位发生的净亏损，应当以长期股权投资的账面价值以及其他实质上构成对被投资单位净投资的长期权益减记至零为限，投资方负有承担额外损失义务的除外。

被投资单位以后实现净利润的，投资方在其收益分享额弥补未确认的亏损分担额后，恢复确认收益分享额。

第十三条 投资方计算确认应享有或应分担被投资单位的净损益时，与联营企业、合营企业之间发生的未实现内部交易损益按照应享有的比例计算归属于投资方的部分，应当予以抵销，在此基础上确认投资收益。

投资方与被投资单位发生的未实现内部交易损失，按照《企业会计准则第8号——资产减值》等的有关规定属于资产减值损失的，应当全额确认。

第十四条 投资方因追加投资等原因能够对被投资单位施加重大影响或实施共同控制但不构成控制的，应当按照《企业会计准则第22号——金融工具确认和计量》确定的原持有的股权投资的公允价值加上新增投资成本之和，作为改按权益法核算的初始投资成本。原持有的股权投资分类为可供出售金融资产的，其公允价值与账面价值之间的差额，以及原计入其他综合收益的累计公允价值变动应当转入改按权益法核算的当期损益。

投资方因追加投资等原因能够对非同一控制下的被投资单位实施控制的，在编制个别财务报表时，应当按照原持有的股权投资账面价值加上新增投资成本之和,作为改按成本法核算的初始投资成本。购买日之前持有的股权投资因采用权益法核算而确认的其他综合收益,应当在处置该项投资时采用与被投资单位直接处置相关资产或负债相同的基础进行会计处理。购买日之前持有的股权投资按照《企业会计准则第22号——金融工具确认和计量》的有关规定进行会计处理的,原计入其他综合收益的累计公允价值变动应当在改按成本法核算时转入当期损益。在编制合并财务报表时,应当按照《企业会计准则第33号——合并财务报表》的有关规定进行会计处理。

第十五条 投资方因处置部分股权投资等原因丧失了对被投资单位的共同控制或重大影响的,处置后的剩余股权应当改按《企业会计准则第22号——金融工具确认和计量》核算,其在丧失共同控制或重大影响之日的公允价值与账面价值之间的差额计入当期损益。原股权投资因采用权益法核算而确认的其他综合收益,应当在终止采用权益法核算时采用与被投资单位直接处置相关资产或负债相同的基础进行会计处理。

投资方因处置部分权益性投资等原因丧失了对被投资单位的控制的,在编制个别财务报表时,处置后的剩余股权能够对被投资单位实施共同控制或施加重大影响的,应当改按权益法核算,并对该剩余股权视同自取得时即采用权益法核算进行调整;处置后的剩余股权不能对被投资单位实施共同控制或施加重大影响的,应当改按《企业会计准则第22号——金融工具确认和计量》的有关规定进行会计处理,其在丧失控制之日的公允价值与账面价值间的差额计入当期损益。在编制合并财务报表时,应当按照《企业会计准则第33号——合并财务报表》的有关规定进行会计处理。

第十六条 对联营企业或合营企业的权益性投资全部或部分分类为持有待售资产的,投资方应当按照《企业会计准则第4号——固定资产》的有关规定处理,对于未划分为持有待售资产的剩余权益性投资,应当采用权益法进行会计处理。

已划分为持有待售的对联营企业或合营企业的权益性投资,不再符合持有待售资产分类条件的,应当从被分类为持有待售资产之日起采用权益法进行追溯调整。分类为持有待售期间的财务报表应当作相应调整。

第十七条 处置长期股权投资,其账面价值与实际取得价款之间的差额,应当计入当期损益。采用权益法核算的长期股权投资,在处置该项投资时,采用与被投资单位直接处置相关资产或负债相同的基础,按相应比例对原计入其他综合收益的部分进行会计处理。

第十八条 投资方应当关注长期股权投资的账面价值是否大于享有被投资单位所有者权益账面价值的份额等类似情况。出现类似情况时,投资方应当按照《企业会计准则第8号——资产减值》对长期股权投资进行减值测试,可收回金额低于长期股权投资账面价值的,应当计提减值准备。

第四章 衔接规定

第十九条 在本准则施行日之前已经执行企业会计准则的企业,应当按照本准则进行追溯调整,追溯调整不切实可行的除外。

第五章 附 则

第二十条 本准则自2014年7月1日起施行。

4. 企业会计准则第3号——投资性房地产

第一章 总 则

第一条 为了规范投资性房地产的确认、计量和相关信息的披露,根据《企业会计准则——基本准则》,制定本准则。

第二条 投资性房地产,是指为赚取租金或资本增值,或两者兼有而持有的房地产。

投资性房地产应当能够单独计量和出售。

第三条 本准则规范下列投资性房地产：

（一）已出租的土地使用权。

（二）持有并准备增值后转让的土地使用权。

（三）已出租的建筑物。

第四条 下列各项不属于投资性房地产：

（一）自用房地产，即为生产商品、提供劳务或者经营管理而持有的房地产。

（二）作为存货的房地产。

第五条 下列各项适用其他相关会计准则：

（一）企业代建的房地产，适用《企业会计准则第 15 号——建造合同》。

（二）投资性房地产的租金收入和售后租回，适用《企业会计准则第 21 号——租赁》。

第二章 确认和初始计量

第六条 投资性房地产同时满足下列条件的，才能予以确认：

（一）与该投资性房地产有关的经济利益很可能流入企业；

（二）该投资性房地产的成本能够可靠地计量。

第七条 投资性房地产应当按照成本进行初始计量。

（一）外购投资性房地产的成本，包括购买价款、相关税费和可直接归属于该资产的其他支出。

（二）自行建造投资性房地产的成本，由建造该项资产达到预定可使用状态前所发生的必要支出构成。

（三）以其他方式取得的投资性房地产的成本，按照相关会计准则的规定确定。

第八条 与投资性房地产有关的后续支出，满足本准则第六条规定的确认条件的，应当计入投资性房地产成本；不满足本准则第六条规定的确认条件的，应当在发生时计入当期损益。

第三章 后续计量

第九条 企业应当在资产负债表日采用成本模式对投资性房地产进行后续计量，但本准则第十条规定的除外。

采用成本模式计量的建筑物的后续计量，适用《企业会计准则第 4 号——固定资产》。

采用成本模式计量的土地使用权的后续计量，适用《企业会计准则第 6 号——无形资产》。

第十条 有确凿证据表明投资性房地产的公允价值能够持续可靠取得的，可以对投资性房地产采用公允价值模式进行后续计量。采用公允价值模式计量的，应当同时满足下列条件：

（一）投资性房地产所在地有活跃的房地产交易市场；

（二）企业能够从房地产交易市场上取得同类或类似房地产的市场价格及其他相关信息，从而对投资性房地产的公允价值作出合理的估计。

第十一条 采用公允价值模式计量的，不对投资性房地产计提折旧或进行摊销，应当以资产负债表日投资性房地产的公允价值为基础调整其账面价值，公允价值与原账面价值之间的差额计入当期损益。

第十二条 企业对投资性房地产的计量模式一经确定，不得随意变更。成本模式转为公允价值模式的，应当作为会计政策变更，按照《企业会计准则第 28 号——会计政策、会计估计变更和差错更正》处理。

已采用公允价值模式计量的投资性房地产，不得从公允价值模式转为成本模式。

第四章 转 换

第十三条 企业有确凿证据表明房地产用途发生改变，满足下列条件之一的，应当将投资性房地产转换为其他资产或者将其他资产转换为投资性房地产：

（一）投资性房地产开始自用。

（二）作为存货的房地产，改为出租。

（三）自用土地使用权停止自用，用于赚取租金或资本增值。

（四）自用建筑物停止自用，改为出租。

第十四条 在成本模式下，应当将房地产转换前的账面价值作为转换后的入账价值。

第十五条 采用公允价值模式计量的投资性房地产转换为自用房地产时，应当以其转换当日的公允价值作为自用房地产的账面价值，公允价值与原账面价值的差额计入当期损益。

第十六条 自用房地产或存货转换为采用公允价值模式计量的投资性房地产时，投资性房地产按照转换当日的公允价值计价，转换当日的公允价值小于原账面价值的，其差额计入当期损益；转换当日的公允价值大于原账面价值的，其差额计入所有者权益。

第五章 处　　置

第十七条 当投资性房地产被处置，或者永久退出使用且预计不能从其处置中取得经济利益时，应当终止确认该项投资性房地产。

第十八条 企业出售、转让、报废投资性房地产或者发生投资性房地产毁损，应当将处置收入扣除其账面价值和相关税费后的金额计入当期损益。

第六章 披　　露

第十九条 企业应当在附注中披露与投资性房地产有关的下列信息：

（一）投资性房地产的种类、金额和计量模式。

（二）采用成本模式的，投资性房地产的折旧或摊销，以及减值准备的计提情况。

（三）采用公允价值模式的，公允价值的确定依据和方法，以及公允价值变动对损益的影响。

（四）房地产转换情况、理由，以及对损益或所有者权益的影响。

（五）当期处置的投资性房地产及其对损益的影响。

5. 企业会计准则第4号——固定资产

第一章 总　　则

第一条 为了规范固定资产的确认、计量和相关信息的披露，根据《企业会计准则——基本准则》，制定本准则。

第二条 下列各项适用其他相关会计准则：

（一）作为投资性房地产的建筑物，适用《企业会计准则第3号——投资性房地产》。

（二）生产性生物资产，适用《企业会计准则第5号——生物资产》。

第二章 确　　认

第三条 固定资产，是指同时具有下列特征的有形资产：

（一）为生产商品、提供劳务、出租或经营管理而持有的；

（二）使用寿命超过一个会计年度。

使用寿命，是指企业使用固定资产的预计期间，或者该固定资产所能生产产品或提供劳务的数量。

第四条 固定资产同时满足下列条件的，才能予以确认：

（一）与该固定资产有关的经济利益很可能流入企业；

（二）该固定资产的成本能够可靠地计量。

第五条 固定资产的各组成部分具有不同使用寿命或者以不同方式为企业提供经济利益，适用不同折旧率或折旧方法的，应当分别将各组成部分确认为单项固定资产。

第六条 与固定资产有关的后续支出，符合本准则第四条规定的确认条件的，应当计入固定资产成本；不符合本准则第四条规定的确认条件的，应当在发生时计入当期损益。

第三章 初始计量

第七条 固定资产应当按照成本进行初始计量。

第八条 外购固定资产的成本，包括购买价款、相关税费、使固定资产达到预定可使用状态前所发生的可归属于该项资产的运输费、装卸费、安装费和专业人员服务费等。

以一笔款项购入多项没有单独标价的固定资产，应当按照各项固定资产公允价值比例对总成本进行分配，分别确定各项固定资产的成本。

购买固定资产的价款超过正常信用条件延期支付，实质上具有融资性质的，固定资产的成本以购买价款的现值为基础确定。实际支付的价款与购买价款的现值之间的差额，除按照《企业会计准则第 17 号——借款费用》应予资本化的以外，应当在信用期间内计入当期损益。

第九条 自行建造固定资产的成本，由建造该项资产达到预定可使用状态前所发生的必要支出构成。

第十条 应计入固定资产成本的借款费用，按照《企业会计准则第 17 号——借款费用》处理。

第十一条 投资者投入固定资产的成本，应当按照投资合同或协议约定的价值确定，但合同或协议约定价值不公允的除外。

第十二条 非货币性资产交换、债务重组、企业合并和融资租赁取得的固定资产的成本，应当分别按照《企业会计准则第 7 号——非货币性资产交换》、《企业会计准则第 12 号——债务重组》、《企业会计准则第 20 号——企业合并》和《企业会计准则第 21 号——租赁》确定。

第十三条 确定固定资产成本时，应当考虑预计弃置费用因素。

第四章 后续计量

第十四条 企业应当对所有固定资产计提折旧。但是，已提足折旧仍继续使用的固定资产和单独计价入账的土地除外。

折旧，是指在固定资产使用寿命内，按照确定的方法对应计折旧额进行系统分摊。

应计折旧额，是指应当计提折旧的固定资产的原价扣除其预计净残值后的金额。已计提减值准备的固定资产，还应当扣除已计提的固定资产减值准备累计金额。

预计净残值，是指假定固定资产预计使用寿命已满并处于使用寿命终了时的预期状态，企业目前从该项资产处置中获得的扣除预计处置费用后的金额。

第十五条 企业应当根据固定资产的性质和使用情况，合理确定固定资产的使用寿命和预计净残值。

固定资产的使用寿命、预计净残值一经确定，不得随意变更。但是，符合本准则第十九条 规定的除外。

第十六条 企业确定固定资产使用寿命，应当考虑下列因素：

(一)预计生产能力或实物产量；

(二)预计有形损耗和无形损耗；

(三)法律或者类似规定对资产使用的限制。

第十七条 企业应当根据与固定资产有关的经济利益的预期实现方式，合理选择固定资产折旧方法。

可选用的折旧方法包括年限平均法、工作量法、双倍余额递减法和年数总和法等。

固定资产的折旧方法一经确定，不得随意变更。但是，符合本准则第十九条规定的除外。

第十八条 固定资产应当按月计提折旧，并根据用途计入相关资产的成本或者当期损益。

第十九条 企业至少应当于每年年度终了，对固定资产的使用寿命、预计净残值和折旧方法进行复核。

使用寿命预计数与原先估计数有差异的，应当调整固定资产使用寿命。

预计净残值预计数与原先估计数有差异的，应当调整预计净残值。

与固定资产有关的经济利益预期实现方式有重大改变的，应当改变固定资产折旧方法。

固定资产使用寿命、预计净残值和折旧方法的改变应当作为会计估计变更。

第二十条 固定资产的减值，应当按照《企业会计准则第 8 号——资产减值》处理。

第五章 处 置

第二十一条 固定资产满足下列条件之一的，应当予以终止确认：

（一）该固定资产处于处置状态。

（二）该固定资产预期通过使用或处置不能产生经济利益。

第二十二条 企业持有待售的固定资产，应当对其预计净残值进行调整。

第二十三条 企业出售、转让、报废固定资产或发生固定资产毁损，应当将处置收入扣除账面价值和相关税费后的金额计入当期损益。固定资产的账面价值是固定资产成本扣减累计折旧和累计减值准备后的金额。

固定资产盘亏造成的损失，应当计入当期损益。

第二十四条 企业根据本准则第六条 的规定，将发生的固定资产后续支出计入固定资产成本的，应当终止确认被替换部分的账面价值。

第六章 披 露

第二十五条 企业应当在附注中披露与固定资产有关的下列信息：

（一）固定资产的确认条件、分类、计量基础和折旧方法。

（二）各类固定资产的使用寿命、预计净残值和折旧率。

（三）各类固定资产的期初和期末原价、累计折旧额及固定资产减值准备累计金额。

（四）当期确认的折旧费用。

（五）对固定资产所有权的限制及其金额和用于担保的固定资产账面价值。

（六）准备处置的固定资产名称、账面价值、公允价值、预计处置费用和预计处置时间等。

6. 企业会计准则第5号——生物资产

第一章 总 则

第一条 为了规范与农业生产相关的生物资产的确认、计量和相关信息的披露，根据《企业会计准则——基本准则》，制定本准则。

第二条 生物资产，是指有生命的动物和植物。

第三条 生物资产分为消耗性生物资产、生产性生物资产和公益性生物资产。

消耗性生物资产，是指为出售而持有的、或在将来收获为农产品的生物资产，包括生长中的大田作物、蔬菜、用材林以及存栏待售的牲畜等。

生产性生物资产，是指为产出农产品、提供劳务或出租等目的而持有的生物资产，包括经济林、薪炭林、产畜和役畜等。

公益性生物资产，是指以防护、环境保护为主要目的的生物资产，包括防风固沙林、水土保持林和水源涵养林等。

第四条 下列各项适用其他相关会计准则：

（一）收获后的农产品，适用《企业会计准则第1号——存货》。

（二）与生物资产相关的政府补助，适用《企业会计准则第16号——政府补助》。

第二章 确认和初始计量

第五条 生物资产同时满足下列条件的，才能予以确认：

（一）企业因过去的交易或者事项而拥有或者控制该生物资产；

（二）与该生物资产有关的经济利益或服务潜能很可能流入企业；

（三）该生物资产的成本能够可靠地计量。

第六条 生物资产应当按照成本进行初始计量。

第七条 外购生物资产的成本，包括购买价款、相关税费、运输费、保险费以及可直接归属于购买该资产的其他支出。

第八条 自行栽培、营造、繁殖或养殖的消耗性生物资产的成本，应当按照下列规定确定：

（一）自行栽培的大田作物和蔬菜的成本，包括在收获前耗用的种子、肥料、农药等材料费、人工费和应分摊的间接费用等必要支出。

（二）自行营造的林木类消耗性生物资产的成本，包括郁闭前发生的造林费、抚育费、营林设施费、良种试验费、调查设计费和应分摊的间接费用等必要支出。

（三）自行繁殖的育肥畜的成本，包括出售前发生的饲料费、人工费和应分摊的间接费用等必要支出。

（四）水产养殖的动物和植物的成本，包括在出售或入库前耗用的苗种、饲料、肥料等材料费、人工费和应分摊的间接费用等必要支出。

第九条 自行营造或繁殖的生产性生物资产的成本，应当按照下列规定确定：

（一）自行营造的林木类生产性生物资产的成本，包括达到预定生产经营目的前发生的造林费、抚育费、营林设施费、良种试验费、调查设计费和应分摊的间接费用等必要支出。

（二）自行繁殖的产畜和役畜的成本，包括达到预定生产经营目的（成龄）前发生的饲料费、人工费和应分摊的间接费用等必要支出。达到预定生产经营目的，是指生产性生物资产进入正常生产期，可以多年连续稳定产出农产品、提供劳务或出租。

第十条 自行营造的公益性生物资产的成本，应当按照郁闭前发生的造林费、抚育费、森林保护费、营林设施费、良种试验费、调查设计费和应分摊的间接费用等必要支出确定。

第十一条 应计入生物资产成本的借款费用，按照《企业会计准则第 17 号——借款费用》处理。消耗性林木类生物资产发生的借款费用，应当在郁闭时停止资本化。

第十二条 投资者投入生物资产的成本，应当按照投资合同或协议约定的价值确定，但合同或协议约定价值不公允的除外。

第十三条 天然起源的生物资产的成本，应当按照名义金额确定。

第十四条 非货币性资产交换、债务重组和企业合并取得的生物资产的成本，应当分别按照《企业会计准则第 7 号——非货币性资产交换》、《企业会计准则第 12 号——债务重组》和《企业会计准则第 20 号——企业合并》确定。

第十五条 因择伐、间伐或抚育更新性质采伐而补植林木类生物资产发生的后续支出，应当计入林木类生物资产的成本。

生物资产在郁闭或达到预定生产经营目的后发生的管护、饲养费用等后续支出，应当计入当期损益。

第三章 后续计量

第十六条 企业应当按照本准则第十七条至 第二十一条的规定对生物资产进行后续计量，但本准则第二十二条规定的除外。

第十七条 企业对达到预定生产经营目的的生产性生物资产，应当按期计提折旧，并根据用途分别计入相关资产的成本或当期损益。

第十八条 企业应当根据生产性生物资产的性质、使用情况和有关经济利益的预期实现方式，合理确定其使用寿命、预计净残值和折旧方法。可选用的折旧方法包括年限平均法、工作量法、产量法等。生产性生物资产的使用寿命、预计净残值和折旧方法一经确定，不得随意变更。但是，符合本准则第二十条规定的除外。

第十九条 企业确定生产性生物资产的使用寿命，应当考虑下列因素：

（一）该资产的预计产出能力或实物产量；

（二）该资产的预计有形损耗，如产畜和役畜衰老、经济林老化等；

（三）该资产的预计无形损耗，如因新品种的出现而使现有的生产性生物资产的产出能力和产出农产品的质量等方面相对下降、市场需求的变化使生产性生物资产产出的农产品相对过时等。

第二十条 企业至少应当于每年年度终了对生产性生物资产的使用寿命、预计净残值和折旧方法进行复核。使用寿命或预计净残值的预期数与原先估计数有差异的，或者有关经济利益预期实现方式有重大改变的，应当作为会计估计变更，按照《企业会计准则第28号——会计政策、会计估计变更和差错更正》处理，调整生产性生物资产的使用寿命或预计净残值或者改变折旧方法。

第二十一条 企业至少应当于每年年度终了对消耗性生物资产和生产性生物资产进行检查，有确凿证据表明由于遭受自然灾害、病虫害、动物疫病侵袭或市场需求变化等原因，使消耗性生物资产的可变现净值或生产性生物资产的可收回金额低于其账面价值的，应当按照可变现净值或可收回金额低于账面价值的差额，计提生物资产跌价准备或减值准备，并计入当期损益。上述可变现净值和可收回金额，应当分别按照《企业会计准则第1号——存货》和《企业会计准则第8号——资产减值》确定。

消耗性生物资产减值的影响因素已经消失的，减记金额应当予以恢复，并在原已计提的跌价准备金额内转回，转回的金额计入当期损益。

生产性生物资产减值准备一经计提，不得转回。

公益性生物资产不计提减值准备。

第二十二条 有确凿证据表明生物资产的公允价值能够持续可靠取得的，应当对生物资产采用公允价值计量。采用公允价值计量的，应当同时满足下列条件：

（一）生物资产有活跃的交易市场；

（二）能够从交易市场上取得同类或类似生物资产的市场价格及其他相关信息，从而对生物资产的公允价值作出合理估计。

第四章 收获与处置

第二十三条 对于消耗性生物资产，应当在收获或出售时，按照其账面价值结转成本。结转成本的方法包括加权平均法、个别计价法、蓄积量比例法、轮伐期年限法等。

第二十四条 生产性生物资产收获的农产品成本，按照产出或采收过程中发生的材料费、人工费和应分摊的间接费用等必要支出计算确定，并采用加权平均法、个别计价法、蓄积量比例法、轮伐期年限法等方法，将其账面价值结转为农产品成本。收获之后的农产品，应当按照《企业会计准则第1号——存货》处理。

第二十五条 生物资产改变用途后的成本，应当按照改变用途时的账面价值确定。

第二十六条 生物资产出售、盘亏或死亡、毁损时，应当将处置收入扣除其账面价值和相关税费后的余额计入当期损益。

第五章 披 露

第二十七条 企业应当在附注中披露与生物资产有关的下列信息：

（一）生物资产的类别以及各类生物资产的实物数量和账面价值。

（二）各类消耗性生物资产的跌价准备累计金额，以及各类生产性生物资产的使用寿命、预计净残值、折旧方法、累计折旧和减值准备累计金额。

（三）天然起源生物资产的类别、取得方式和实物数量。

（四）用于担保的生物资产的账面价值。

（五）与生物资产相关的风险情况与管理措施。

第二十八条 企业应当在附注中披露与生物资产增减变动有关的下列信息：

（一）因购买而增加的生物资产；

（二）因自行培育而增加的生物资产；

（三）因出售而减少的生物资产；

（四）因盘亏或死亡、毁损而减少的生物资产；

（五）计提的折旧及计提的跌价准备或减值准备；

（六）其他变动。

7. 企业会计准则第6号——无形资产

第一章　总　　则

第一条　为了规范无形资产的确认、计量和相关信息的披露，根据《企业会计准则——基本准则》，制定本准则。

第二条　下列各项适用其他相关会计准则：

（一）作为投资性房地产的土地使用权，适用《企业会计准则第3号——投资性房地产》。

（二）企业合并中形成的商誉，适用《企业会计准则第8号——资产减值》和《企业会计准则第20号——企业合并》。

（三）石油天然气矿区权益，适用《企业会计准则第27号——石油天然气开采》。

第二章　确　　认

第三条　无形资产，是指企业拥有或者控制的没有实物形态的可辨认非货币性资产。

资产满足下列条件之一的，符合无形资产定义中的可辨认性标准：

（一）能够从企业中分离或者划分出来，并能单独或者与相关合同、资产或负债一起，用于出售、转移、授予许可、租赁或者交换。

（二）源自合同性权利或其他法定权利，无论这些权利是否可以从企业或其他权利和义务中转移或者分离。

第四条　无形资产同时满足下列条件的，才能予以确认：

（一）与该无形资产有关的经济利益很可能流入企业；

（二）该无形资产的成本能够可靠地计量。

第五条　企业在判断无形资产产生的经济利益是否很可能流入时，应当对无形资产在预计使用寿命内可能存在的各种经济因素作出合理估计，并且应当有明确证据支持。

第六条　企业无形项目的支出，除下列情形外，均应于发生时计入当期损益：

（一）符合本准则规定的确认条件、构成无形资产成本的部分；

（二）非同一控制下企业合并中取得的、不能单独确认为无形资产、构成购买日确认的商誉的部分。

第七条　企业内部研究开发项目的支出，应当区分研究阶段支出与开发阶段支出。

研究是指为获取并理解新的科学或技术知识而进行的独创性的有计划调查。

开发是指在进行商业性生产或使用前，将研究成果或其他知识应用于某项计划或设计，以生产出新的或具有实质性改进的材料、装置、产品等。

第八条　企业内部研究开发项目研究阶段的支出，应当于发生时计入当期损益。

第九条　企业内部研究开发项目开发阶段的支出，同时满足下列条件的，才能确认为无形资产：

（一）完成该无形资产以使其能够使用或出售在技术上具有可行性；

（二）具有完成该无形资产并使用或出售的意图；

（三）无形资产产生经济利益的方式，包括能够证明运用该无形资产生产的产品存在市场或无形资产自身存在市场，无形资产将在内部使用的，应当证明其有用性；

（四）有足够的技术、财务资源和其他资源支持，以完成该无形资产的开发，并有能力使用或出售该无形资产；

（五）归属于该无形资产开发阶段的支出能够可靠地计量。

第十条　企业取得的已作为无形资产确认的正在进行中的研究开发项目，在取得后发生的支出应当按照本准则第七条至第九条的规定处理。

第十一条　企业自创商誉以及内部产生的品牌、报刊名等，不应确认为无形资产。

第三章　初始计量

第十二条　无形资产应当按照成本进行初始计量。外购无形资产的成本，包括购买价款、相关税费以及直接归属于使该项资产达到预定用途所发生的其他支出。

购买无形资产的价款超过正常信用条件延期支付，实质上具有融资性质的，无形资产的成本以购买价款的现值为基础确定。实际支付的价款与购买价款的现值之间的差额，除按照《企业会计准则第 17 号——借款费用》应予资本化的以外，应当在信用期间内计入当期损益。

第十三条 自行开发的无形资产，其成本包括自满足本准则第四条和第九条规定后至达到预定用途前所发生的支出总额，但是对于以前期间已经费用化的支出不再调整。

第十四条 投资者投入无形资产的成本，应当按照投资合同或协议约定的价值确定，但合同或协议约定价值不公允的除外。

第十五条 非货币性资产交换、债务重组、政府补助和企业合并取得的无形资产的成本，应当分别按照《企业会计准则第 7 号——非货币性资产交换》、《企业会计准则第 12 号——债务重组》、《企业会计准则第 16 号——政府补助》和《企业会计准则第 20 号——企业合并》确定。

第四章 后续计量

第十六条 企业应当于取得无形资产时分析判断其使用寿命。

无形资产的使用寿命为有限的，应当估计该使用寿命的年限或者构成使用寿命的产量等类似计量单位数量；无法预见无形资产为企业带来经济利益期限的，应当视为使用寿命不确定的无形资产。

第十七条 使用寿命有限的无形资产，其应摊销金额应当在使用寿命内系统合理摊销。

企业摊销无形资产，应当自无形资产可供使用时起，至不再作为无形资产确认时止。

企业选择的无形资产摊销方法，应当反映与该项无形资产有关的经济利益的预期实现方式。无法可靠确定预期实现方式的，应当采用直线法摊销。

无形资产的摊销金额一般应当计入当期损益，其他会计准则另有规定的除外。

第十八条 无形资产的应摊销金额为其成本扣除预计残值后的金额。已计提减值准备的无形资产，还应扣除已计提的无形资产减值准备累计金额。使用寿命有限的无形资产，其残值应当视为零，但下列情况除外：

（一）有第三方承诺在无形资产使用寿命结束时购买该无形资产。

（二）可以根据活跃市场得到预计残值信息，并且该市场在无形资产使用寿命结束时很可能存在。

第十九条 使用寿命不确定的无形资产不应摊销。

第二十条 无形资产的减值，应当按照《企业会计准则第 8 号——资产减值》处理。

第二十一条 企业至少应当于每年年度终了，对使用寿命有限的无形资产的使用寿命及摊销方法进行复核。无形资产的使用寿命及摊销方法与以前估计不同的，应当改变摊销期限和摊销方法。

企业应当在每个会计期间对使用寿命不确定的无形资产的使用寿命进行复核。如果有证据表明无形资产的使用寿命是有限的，应当估计其使用寿命，并按本准则规定处理。

第五章 处置和报废

第二十二条 企业出售无形资产，应当将取得的价款与该无形资产账面价值的差额计入当期损益。

第二十三条 无形资产预期不能为企业带来经济利益的，应当将该无形资产的账面价值予以转销。

第六章 披　露

第二十四条 企业应当按照无形资产的类别在附注中披露与无形资产有关的下列信息：

（一）无形资产的期初和期末账面余额、累计摊销额及减值准备累计金额。

（二）使用寿命有限的无形资产，其使用寿命的估计情况；使用寿命不确定的无形资产，其使用寿命不确定的判断依据。

（三）无形资产的摊销方法。

（四）用于担保的无形资产账面价值、当期摊销额等情况。

（五）计入当期损益和确认为无形资产的研究开发支出金额。

8. 企业会计准则第 7 号——非货币性资产交换

第一章　总　　则

第一条　为了规范非货币性资产交换的确认、计量和相关信息的披露，根据《企业会计准则——基本准则》，制定本准则。

第二条　非货币性资产交换，是指交易双方主要以存货、固定资产、无形资产和长期股权投资等非货币性资产进行的交换。该交换不涉及或只涉及少量的货币性资产（即补价）。

货币性资产，是指企业持有的货币资金和将以固定或可确定的金额收取的资产，包括现金、银行存款、应收账款和应收票据以及准备持有至到期的债券投资等。

非货币性资产，是指货币性资产以外的资产。

第三条　非货币性资产交换同时满足下列条件的，应当以公允价值和应支付的相关税费作为换入资产的成本，公允价值与换出资产账面价值的差额计入当期损益：

（一）该项交换具有商业实质；

（二）换入资产或换出资产的公允价值能够可靠地计量。

换入资产和换出资产公允价值均能够可靠计量的，应当以换出资产的公允价值作为确定换入资产成本的基础，但有确凿证据表明换入资产的公允价值更加可靠的除外。

第二章　确认和计量

第四条　满足下列条件之一的非货币性资产交换具有商业实质：

（一）换入资产的未来现金流量在风险、时间和金额方面与换出资产显著不同。

（二）换入资产与换出资产的预计未来现金流量现值不同，且其差额与换入资产和换出资产的公允价值相比是重大的。

第五条　在确定非货币性资产交换是否具有商业实质时，企业应当关注交易各方之间是否存在关联方关系。关联方关系的存在可能导致发生的非货币性资产交换不具有商业实质。

第六条　未同时满足本准则第三条规定条件的非货币性资产交换，应当以换出资产的账面价值和应支付的相关税费作为换入资产的成本，不确认损益。

第七条　第七条企业在按照公允价值和应支付的相关税费作为换入资产成本的情况下，发生补价的，应当分别下列情况处理：

（一）支付补价的，换入资产成本与换出资产账面价值加支付的补价、应支付的相关税费之和的差额，应当计入当期损益。

（二）收到补价的，换入资产成本加收到的补价之和与换出资产账面价值加应支付的相关税费之和的差额，应当计入当期损益。

第八条　企业在按照换出资产的账面价值和应支付的相关税费作为换入资产成本的情况下，发生补价的，应当分别下列情况处理：

（一）支付补价的，应当以换出资产的账面价值，加上支付的补价和应支付的相关税费，作为换入资产的成本，不确认损益。

（二）收到补价的，应当以换出资产的账面价值，减去收到的补价并加上应支付的相关税费，作为换入资产的成本，不确认损益。

第九条　非货币性资产交换同时换入多项资产的，在确定各项换入资产的成本时，应当分别下列情况处理：

（一）非货币性资产交换具有商业实质，且换入资产的公允价值能够可靠计量的，应当按照换入各项资产的公允价值占换入资产公允价值总额的比例，对换入资产的成本总额进行分配，确定各项换入资产的成本。

（二）非货币性资产交换不具有商业实质，或者虽具有商业实质但换入资产的公允价值不能可靠计量的，应当按照换入各项资产的原账面价值占换入资产原账面价值总额的比例，对换入资产的成本总额进行分配，确定各项换入资产的成本。

第三章　披　　露

第十条　企业应当在附注中披露与非货币性资产交换有关的下列信息：

（一）换入资产、换出资产的类别。

（二）换入资产成本的确定方式。

（三）换入资产、换出资产的公允价值以及换出资产的账面价值。

（四）非货币性资产交换确认的损益。

9. 企业会计准则第 8 号——资产减值

第一章　总　　则

第一条　为了规范资产减值的确认、计量和相关信息的披露，根据《企业会计准则——基本准则》，制定本准则。

第二条　资产减值，是指资产的可收回金额低于其账面价值。

本准则中的资产，除了特别规定外，包括单项资产和资产组。

资产组，是指企业可以认定的最小资产组合，其产生的现金流入应当基本上独立于其他资产或者资产组产生的现金流入。

第三条　下列各项适用其他相关会计准则：

（一）存货的减值，适用《企业会计准则第 1 号——存货》。

（二）采用公允价值模式计量的投资性房地产的减值，适用《企业会计准则第 3 号——投资性房地产》。

（三）消耗性生物资产的减值，适用《企业会计准则第 5 号——生物资产》。

（四）建造合同形成的资产的减值，适用《企业会计准则第 15 号——建造合同》。

（五）递延所得税资产的减值，适用《企业会计准则第 18 号——所得税》。

（六）融资租赁中出租人未担保余值的减值，适用《企业会计准则第 21 号——租赁》。

（七）《企业会计准则第 22 号——金融工具确认和计量》规范的金融资产的减值，适用《企业会计准则第 22 号——金融工具确认和计量》。

（八）未探明石油天然气矿区权益的减值，适用《企业会计准则第 27 号——石油天然气开采》。

第二章　可能发生减值资产的认定

第四条　企业应当在资产负债表日判断资产是否存在可能发生减值的迹象。

因企业合并所形成的商誉和使用寿命不确定的无形资产，无论是否存在减值迹象，每年都应当进行减值测试。

第五条　存在下列迹象的，表明资产可能发生了减值：

（一）资产的市价当期大幅度下跌，其跌幅明显高于因时间的推移或者正常使用而预计的下跌。

（二）企业经营所处的经济、技术或者法律等环境以及资产所处的市场在当期或者将在近期发生重大变化，从而对企业产生不利影响。

（三）市场利率或者其他市场投资报酬率在当期已经提高，从而影响企业计算资产预计未来现金流量现值的折现率，导致资产可收回金额大幅度降低。

（四）有证据表明资产已经陈旧过时或者其实体已经损坏。

（五）资产已经或者将被闲置、终止使用或者计划提前处置。

（六）企业内部报告的证据表明资产的经济绩效已经低于或者将低于预期，如资产所创造的净现金流量或者实现的营业利润（或者亏损）远远低于（或者高于）预计金额等。

（七）其他表明资产可能已经发生减值的迹象。

第三章　资产可收回金额的计量

第六条　资产存在减值迹象的，应当估计其可收回金额。

可收回金额应当根据资产的公允价值减去处置费用后的净额与资产预计未来现金流量的现值两者之间较高者确定。

处置费用包括与资产处置有关的法律费用、相关税费、搬运费以及为使资产达到可销售状态所发生的直接费用等。

第七条　资产的公允价值减去处置费用后的净额与资产预计未来现金流量的现值，只要有一项超过了资产的账面价值，就表明资产没有发生减值，不需再估计另一项金额。

第八条　资产的公允价值减去处置费用后的净额，应当根据公平交易中销售协议价格减去可直接归属于该资产处置费用的金额确定。

不存在销售协议但存在资产活跃市场的，应当按照该资产的市场价格减去处置费用后的金额确定。资产的市场价格通常应当根据资产的买方出价确定。

在不存在销售协议和资产活跃市场的情况下，应当以可获取的最佳信息为基础，估计资产的公允价值减去处置费用后的净额，该净额可以参考同行业类似资产的最近交易价格或者结果进行估计。

企业按照上述规定仍然无法可靠估计资产的公允价值减去处置费用后的净额的，应当以该资产预计未来现金流量的现值作为其可收回金额。

第九条　资产预计未来现金流量的现值，应当按照资产在持续使用过程中和最终处置时所产生的预计未来现金流量，选择恰当的折现率对其进行折现后的金额加以确定。

预计资产未来现金流量的现值，应当综合考虑资产的预计未来现金流量、使用寿命和折现率等因素。

第十条　预计的资产未来现金流量应当包括下列各项：

（一）资产持续使用过程中预计产生的现金流入。

（二）为实现资产持续使用过程中产生的现金流入所必需的预计现金流出（包括为使资产达到预定可使用状态所发生的现金流出）。

该现金流出应当是可直接归属于或者可通过合理和一致的基础分配到资产中的现金流出。

（三）资产使用寿命结束时，处置资产所收到或者支付的净现金流量。该现金流量应当是在公平交易中，熟悉情况的交易双方自愿进行交易时，企业预期可从资产的处置中获取或者支付的、减去预计处置费用后的金额。

第十一条　预计资产未来现金流量时，企业管理层应当在合理和有依据的基础上对资产剩余使用寿命内整个经济状况进行最佳估计。

预计资产的未来现金流量，应当以经企业管理层批准的最近财务预算或者预测数据，以及该预算或者预测期之后年份稳定的或者递减的增长率为基础。企业管理层如能证明递增的增长率是合理的，可以以递增的增长率为基础。

建立在预算或者预测基础上的预计现金流量最多涵盖 5 年，企业管理层如能证明更长的期间是合理的，可以涵盖更长的期间。

在对预算或者预测期之后年份的现金流量进行预计时，所使用的增长率除了企业能够证明更高的增长率是合理的之外，不应当超过企业经营的产品、市场、所处的行业或者所在国家或者地区的长期平均增长率，或者该资产所处市场的长期平均增长率。

第十二条　预计资产的未来现金流量，应当以资产的当前状况为基础，不应当包括与将来可能会发生的、尚未作出承诺的重组事项或者与资产改良有关的预计未来现金流量。

预计资产的未来现金流量也不应当包括筹资活动产生的现金流入或者流出以及与所得税收付有关的现金流量。

企业已经承诺重组的，在确定资产的未来现金流量的现值时，预计的未来现金流入和流出数，应当反映重组所能节约的费用和由重组所带来的其他利益，以及因重组所导致的估计未来现金流出数。其中重组所能节约的费用和由重组所带来的其他利益，通常应当根据企业管理层批准的最近财务预算或者预测数据进行估计；因重组所导致的估计未来现金流出数应当根据《企业会计准则第 13 号——或有事项》所确认的因重组所发生的预计负债金额进行估计。

第十三条 折现率是反映当前市场货币时间价值和资产特定风险的税前利率。该折现率是企业在购置或者投资资产时所要求的必要报酬率。

在预计资产的未来现金流量时已经对资产特定风险的影响作了调整的，估计折现率不需要考虑这些特定风险。如果用于估计折现率的基础是税后的，应当将其调整为税前的折现率。

第十四条 预计资产的未来现金流量涉及外币的，应当以该资产所产生的未来现金流量的结算货币为基础，按照该货币适用的折现率计算资产的现值；然后将该外币现值按照计算资产未来现金流量现值当日的即期汇率进行折算。

第四章 资产减值损失的确定

第十五条 可收回金额的计量结果表明，资产的可收回金额低于其账面价值的，应当将资产的账面价值减记至可收回金额，减记的金额确认为资产减值损失，计入当期损益，同时计提相应的资产减值准备。

第十六条 资产减值损失确认后，减值资产的折旧或者摊销费用应当在未来期间作相应调整，以使该资产在剩余使用寿命内，系统地分摊调整后的资产账面价值（扣除预计净残值）。

第十七条 资产减值损失一经确认，在以后会计期间不得转回。

第五章 资产组的认定及减值处理

第十八条 有迹象表明一项资产可能发生减值的，企业应当以单项资产为基础估计其可收回金额。企业难以对单项资产的可收回金额进行估计的，应当以该资产所属的资产组为基础确定资产组的可收回金额。

资产组的认定，应当以资产组产生的主要现金流入是否独立于其他资产或者资产组的现金流入为依据。同时，在认定资产组时，应当考虑企业管理层管理生产经营活动的方式（如是按照生产线、业务种类还是按照地区或者区域等）和对资产的持续使用或者处置的决策方式等。

几项资产的组合生产的产品（或者其他产出）存在活跃市场的，即使部分或者所有这些产品（或者其他产出）均供内部使用，也应当在符合前款规定的情况下，将这几项资产的组合认定为一个资产组。

如果该资产组的现金流入受内部转移价格的影响，应当按照企业管理层在公平交易中对未来价格的最佳估计数来确定资产组的未来现金流量。

资产组一经确定，各个会计期间应当保持一致，不得随意变更。

如需变更，企业管理层应当证明该变更是合理的，并根据本准则第二十七条的规定在附注中作相应说明。

第十九条 资产组账面价值的确定基础应当与其可收回金额的确定方式相一致。

资产组的账面价值包括可直接归属于资产组与可以合理和一致地分摊至资产组的资产账面价值，通常不应当包括已确认负债的账面价值，但如不考虑该负债金额就无法确定资产组可收回金额的除外。

资产组的可收回金额应当按照该资产组的公允价值减去处置费用后的净额与其预计未来现金流量的现值两者之间较高者确定。

资产组在处置时如要求购买者承担一项负债（如环境恢复负债等）、该负债金额已经确认并计入相关资产账面价值，而且企业只能取得包括上述资产和负债在内的单一公允价值减去处置费用后的净额的，为了比较资产组的账面价值和可收回金额，在确定资产组的账面价值及其预计未来现金流量的现值时，应当将已确认的负债金额从中扣除。

第二十条 企业总部资产包括企业集团或其事业部的办公楼、电子数据处理设备等资产。总部资产的显著特征是难以脱离其他资产或者资产组产生独立的现金流入，而且其账面价值难以完全归属于某一资产组。

有迹象表明某项总部资产可能发生减值的，企业应当计算确定该总部资产所归属的资产组或者资产组组合的可收回金额，然后将其与相应的账面价值相比较，据以判断是否需要确认减值损失。

资产组组合，是指由若干个资产组组成的最小资产组组合，包括资产组或者资产组组合，以及按合理方法分摊的总部资产部分。

第二十一条　企业对某一资产组进行减值测试，应当先认定所有与该资产组相关的总部资产，再根据相关总部资产能否按照合理和一致的基础分摊至该资产组分别下列情况处理。

（一）对于相关总部资产能够按照合理和一致的基础分摊至该资产组的部分，应当将该部分总部资产的账面价值分摊至该资产组，再据以比较该资产组的账面价值（包括已分摊的总部资产的账面价值部分）和可收回金额，并按照本准则第二十二条的规定处理。

（二）对于相关总部资产中有部分资产难以按照合理和一致的基础分摊至该资产组的，应当按照下列步骤处理：

首先，在不考虑相关总部资产的情况下，估计和比较资产组的账面价值和可收回金额，并按照本准则第二十二条的规定处理。

其次，认定由若干个资产组组成的最小的资产组组合，该资产组组合应当包括所测试的资产组与可以按照合理和一致的基础将该部分总部资产的账面价值分摊其上的部分。

最后，比较所认定的资产组组合的账面价值（包括已分摊的总部资产的账面价值部分）和可收回金额，并按照本准则第二十二条的规定处理。

第二十二条　资产组或者资产组组合的可收回金额低于其账面价值的（总部资产和商誉分摊至某资产组或者资产组组合的，该资产组或者资产组组合的账面价值应当包括相关总部资产和商誉的分摊额），应当确认相应的减值损失。减值损失金额应当先抵减分摊至资产组或者资产组组合中商誉的账面价值，再根据资产组或者资产组组合中除商誉之外的其他各项资产的账面价值所占比重，按比例抵减其他各项资产的账面价值。

以上资产账面价值的抵减，应当作为各单项资产（包括商誉）的减值损失处理，计入当期损益。抵减后的各资产的账面价值不得低于以下三者之中最高者：该资产的公允价值减去处置费用后的净额（如可确定的）、该资产预计未来现金流量的现值（如可确定的）和零。

因此而导致的未能分摊的减值损失金额，应当按照相关资产组或者资产组组合中其他各项资产的账面价值所占比重进行分摊。

第六章　商誉减值的处理

第二十三条　企业合并所形成的商誉，至少应当在每年年度终了进行减值测试。商誉应当结合与其相关的资产组或者资产组组合进行减值测试。

相关的资产组或者资产组组合应当是能够从企业合并的协同效应中受益的资产组或者资产组组合，不应当大于按照《企业会计准则第 35 号——分部报告》所确定的报告分部。

第二十四条　企业进行资产减值测试，对于因企业合并形成的商誉的账面价值，应当自购买日起按照合理的方法分摊至相关的资产组；难以分摊至相关的资产组的，应当将其分摊至相关的资产组组合。

在将商誉的账面价值分摊至相关的资产组或者资产组组合时，应当按照各资产组或者资产组组合的公允价值占相关资产组或者资产组组合公允价值总额的比例进行分摊。公允价值难以可靠计量的，按照各资产组或者资产组组合的账面价值占相关资产组或者资产组组合账面价值总额的比例进行分摊。

企业因重组等原因改变了其报告结构，从而影响到已分摊商誉的一个或者若干个资产组或者资产组组合构成的，应当按照与本条前款规定相似的分摊方法，将商誉重新分摊至受影响的资产组或者资产组组合。

第二十五条　在对包含商誉的相关资产组或者资产组组合进行减值测试时，如与商誉相关的资产组或者资产组组合存在减值迹象的，应当先对不包含商誉的资产组或者资产组组合进行减值测试，计算可收回金额，并与相关账面价值相比较，确认相应的减值损失。再对包含商誉的资产组或者资产组组合进行减值测试，比较这些相关资产组或者资产组组合的账面价值（包括所分摊的商誉的账面价值部分）与其可收回金额，如相关资产组或者资产组组合的可收回金额低于其账面价值的，应当确认商誉的减值损失，按照本准则第二十二条的规定处理。

第七章 披 露

第二十六条 企业应当在附注中披露与资产减值有关的下列信息：

（一）当期确认的各项资产减值损失金额。

（二）计提的各项资产减值准备累计金额。

（三）提供分部报告信息的，应当披露每个报告分部当期确认的减值损失金额。

第二十七条 发生重大资产减值损失的，应当在附注中披露导致每项重大资产减值损失的原因和当期确认的重大资产减值损失的金额。

（一）发生重大减值损失的资产是单项资产的，应当披露该单项资产的性质。提供分部报告信息的，还应披露该项资产所属的主要报告分部。

（二）发生重大减值损失的资产是资产组（或者资产组组合，下同）的，应当披露：

1. 资产组的基本情况。

2. 资产组中所包括的各项资产于当期确认的减值损失金额。

3. 资产组的组成与前期相比发生变化的，应当披露变化的原因以及前期和当期资产组组成情况。

第二十八条 对于重大资产减值，应当在附注中披露资产（或者资产组，下同）可收回金额的确定方法。

（一）可收回金额按资产的公允价值减去处置费用后的净额确定的，还应当披露公允价值减去处置费用后的净额的估计基础。

（二）可收回金额按资产预计未来现金流量的现值确定的，还应当披露估计其现值时所采用的折现率，以及该资产前期可收回金额也按照其预计未来现金流量的现值确定的情况下，前期所采用的折现率。

第二十九条 第二十六条（一）、（二）和第二十七条（二）第 2 项信息应当按照资产类别予以披露。资产类别应当以资产在企业生产经营活动中的性质或者功能是否相同或者相似为基础确定。

第三十条 分摊到某资产组的商誉（或者使用寿命不确定的无形资产，下同）的账面价值占商誉账面价值总额的比例重大的，应当在附注中披露下列信息：

（一）分摊到该资产组的商誉的账面价值。

（二）该资产组可收回金额的确定方法。

1. 可收回金额按照资产组公允价值减去处置费用后的净额确定的，还应当披露确定公允价值减去处置费用后的净额的方法。资产组的公允价值减去处置费用后的净额不是按照市场价格确定的，应当披露：

（1）企业管理层在确定公允价值减去处置费用后的净额时所采用的各关键假设及其依据。

（2）企业管理层在确定各关键假设相关的价值时，是否与企业历史经验或者外部信息来源相一致；如不一致，应当说明理由。

2. 可收回金额按照资产组预计未来现金流量的现值确定的，应当披露：

（1）企业管理层预计未来现金流量的各关键假设及其依据。

（2）企业管理层在确定各关键假设相关的价值时，是否与企业历史经验或者外部信息来源相一致；如不一致，应当说明理由。

（3）估计现值时所采用的折现率。

第三十一条 商誉的全部或者部分账面价值分摊到多个资产组、且分摊到每个资产组的商誉的账面价值占商誉账面价值总额的比例不重大的，企业应当在附注中说明这一情况以及分摊到上述资产组的商誉合计金额。

商誉账面价值按照相同的关键假设分摊到上述多个资产组、且分摊的商誉合计金额占商誉账面价值总额的比例重大的，企业应当在附注中说明这一情况，并披露下列信息：

（一）分摊到上述资产组的商誉的账面价值合计。

（二）采用的关键假设及其依据。

（三）企业管理层在确定各关键假设相关的价值时，是否与企业历史经验或者外部信息来源相一致；如不一致，应当说明理由。

10. 企业会计准则第 9 号——职工薪酬(2014 年修订)

第一章　总　　则

第一条　为了规范职工薪酬的确认、计量和相关信息的披露,根据《企业会计准则——基本准则》,制定本准则。

第二条　职工薪酬,是指企业为获得职工提供的服务或解除劳动关系而给予的各种形式的报酬或补偿。职工薪酬包括短期薪酬、离职后福利、辞退福利和其他长期职工福利。企业提供给职工配偶、子女、受赡养人、已故员工遗属及其他受益人等的福利,也属于职工薪酬。

短期薪酬,是指企业在职工提供相关服务的年度报告期间结束后十二个月内需要全部予以支付的职工薪酬,因解除与职工的劳动关系给予的补偿除外。短期薪酬具体包括:职工工资、奖金、津贴和补贴,职工福利费,医疗保险费、工伤保险费和生育保险费等社会保险费,住房公积金,工会经费和职工教育经费,短期带薪缺勤,短期利润分享计划,非货币性福利以及其他短期薪酬。

带薪缺勤,是指企业支付工资或提供补偿的职工缺勤,包括年休假、病假、短期伤残、婚假、产假、丧假、探亲假等。利润分享计划,是指因职工提供服务而与职工达成的基于利润或其他经营成果提供薪酬的协议。离职后福利,是指企业为获得职工提供的服务而在职工退休或与企业解除劳动关系后,提供的各种形式的报酬和福利,短期薪酬和辞退福利除外。

辞退福利,是指企业在职工劳动合同到期之前解除与职工的劳动关系,或者为鼓励职工自愿接受裁减而给予职工的补偿。

其他长期职工福利,是指除短期薪酬、离职后福利、辞退福利之外所有的职工薪酬,包括长期带薪缺勤、长期残疾福利、长期利润分享计划等。

第三条　本准则所称职工,是指与企业订立劳动合同的所有人员,含全职、兼职和临时职工,也包括虽未与企业订立劳动合同但由企业正式任命的人员。

未与企业订立劳动合同或未由其正式任命,但向企业所提供服务与职工所提供服务类似的人员,也属于职工的范畴,包括通过企业与劳务中介公司签订用工合同而向企业提供服务的人员。

第四条　下列各项适用其他相关会计准则:

(一)企业年金基金,适用《企业会计准则第 10 号——企 业年金基金》。

(二)以股份为基础的薪酬,适用《企业会计准则第 11 号——股份支付》。

第二章　短期薪酬

第五条　企业应当在职工为其提供服务的会计期间,将实际发生的短期薪酬确认为负债,并计入当期损益,其他会计准则要求或允许计入资产成本的除外。

第六条　企业发生的职工福利费,应当在实际发生时根据实际发生额计入当期损益或相关资产成本。职工福利费为非货币性福利的,应当按照公允价值计量。

第七条　企业为职工缴纳的医疗保险费、工伤保险费、生育保险费等社会保险费和住房公积金,以及按规定提取的工会经费和职工教育经费,应当在职工为其提供服务的会计期间,根据规定的计提基础和计提比例计算确定相应的职工薪酬金额,并确认相应负债,计入当期损益或相关资产成本。

第八条　带薪缺勤分为累积带薪缺勤和非累积带薪缺勤。企业应当在职工提供服务从而增加了其未来享有的带薪缺勤权利时,确认与累积带薪缺勤相关的职工薪酬,并以累积未行使权利而增加的预期支付金额计量。企业应当在职工实际发生缺勤的会计期间确认与非累积带薪缺勤相关的职工薪酬。

累积带薪缺勤,是指带薪缺勤权利可以结转下期的带薪缺勤,本期尚未用完的带薪缺勤权利可以在未来期间使用。

非累积带薪缺勤,是指带薪缺勤权利不能结转下期的带薪缺勤,本期尚未用完的带薪缺勤权利将予以取消，并且职工离开企业时也无权获得现金支付。

第九条 利润分享计划同时满足下列条件的，企业应当确认相关的应付职工薪酬：

（一）企业因过去事项导致现在具有支付职工薪酬的法定义务或推定义务；

（二）因利润分享计划所产生的应付职工薪酬义务金额能够可靠估计。属于下列三种情形之一的，视为义务金额能够可靠估计：

1. 在财务报告批准报出之前企业已确定应支付的薪酬金额。

2. 该短期利润分享计划的正式条款中包括确定薪酬金额的方式。

3. 过去的惯例为企业确定推定义务金额提供了明显证据。

第十条 职工只有在企业工作一段特定期间才能分享利润的，企业在计量利润分享计划产生的应付职工薪酬时，应当反映职工因离职而无法享受利润分享计划福利的可能性。

如果企业在职工为其提供相关服务的年度报告期间结束后十二个月内，不需要全部支付利润分享计划产生的应付职工薪酬，该利润分享计划应当适用本准则其他长期职工福利的有关规定。

第三章 离职后福利

第十一条 企业应当将离职后福利计划分类为设定提存计划和设定受益计划。

离职后福利计划，是指企业与职工就离职后福利达成的协议，或者企业为向职工提供离职后福利制定的规章或办法等。其中，设定提存计划，是指向独立的基金缴存固定费用后，企业不再承担进一步支付义务的离职后福利计划；设定受益计划，是指除设定提存计划以外的离职后福利计划。

第十二条 企业应当在职工为其提供服务的会计期间，将根据设定提存计划计算的应缴存金额确认为负债，并计入当期损益或相关资产成本。

根据设定提存计划，预期不会在职工提供相关服务的年度报告期结束后十二个月内支付全部应缴存金额的，企业应当参照本准则第十五条规定的折现率，将全部应缴存金额以折现后的金额计量应付职工薪酬。

第十三条 企业对设定受益计划的会计处理通常包括下列四个步骤：

（一）根据预期累计福利单位法，采用无偏且相互一致的精算假设对有关人口统计变量和财务变量等做出估计，计量设定受益计划所产生的义务，并确定相关义务的归属期间。企业应当按照本准则第十五条规定的折现率将设定受益计划所产生的义务予以折现，以确定设定受益计划义务的现值和当期服务成本。

（二）设定受益计划存在资产的，企业应当将设定受益计划义务现值减去设定受益计划资产公允价值所形成的赤字或盈余确认为一项设定受益计划净负债或净资产。

设定受益计划存在盈余的，企业应当以设定受益计划的盈余和资产上限两项的孰低者计量设定受益计划净资产。其中，资产上限，是指企业可从设定受益计划退款或减少未来对设定受益计划缴存资金而获得的经济利益的现值。

（三）根据本准则第十六条的有关规定，确定应当计入当期损益的金额。

（四）根据本准则第十六条和第十七条的有关规定，确定应当计入其他综合收益的金额。

在预期累计福利单位法下，每一服务期间会增加一个单位的福利权利，并且需对每一个单位单独计量，以形成最终义务。企业应当将福利归属于提供设定受益计划的义务发生的期间。这一期间是指从职工提供服务以获取企业在未来报告期间预计支付的设定受益计划福利开始，至职工的继续服务不会导致这一福利金额显著增加之日为止。

第十四条 企业应当根据预期累计福利单位法确定的公式将设定受益计划产生的福利义务归属于职工提供服务的期间，并计入当期损益或相关资产成本。

当职工后续年度的服务将导致其享有的设定受益计划福利水平显著高于以前年度时，企业应当按照直线法将累计设定受益计划义务分摊确认于职工提供服务而导致企业第一次产生设定受益计划福利义务至职工提供服务不再导致该福利义务显著增加的期间。在确定该归属期间时，不应考虑仅因未来工资水平提高而导致设定受益计划义务显著增加的情况。

第十五条 企业应当对所有设定受益计划义务予以折现，包括预期在职工提供服务的年度报告期间结束后的十二个月内支付的义务。折现时所采用的折现率应当根据资产负债表日与设定受益计划义务期限和币种相匹配的国债或活跃市场上的高质量公司债券的市场收益率确定。

第十六条 报告期末，企业应当将设定受益计划产生的职工薪酬成本确认为下列组成部分：

（一）服务成本，包括当期服务成本、过去服务成本和结算利得或损失。其中，当期服务成本，是指职工当期提供服务所导致的设定受益计划义务现值的增加额；过去服务成本，是指设定受益计划修改所导致的与以前期间职工服务相关的设定受益计划义务现值的增加或减少。

（二）设定受益计划净负债或净资产的利息净额，包括计划资产的利息收益、设定受益计划义务的利息费用以及资产上限影响的利息。

（三）重新计量设定受益计划净负债或净资产所产生的变动。

除非其他会计准则要求或允许职工福利成本计入资产成本，上述第（一）项和第（二）项应计入当期损益；第（三）项应计入其他综合收益，并且在后续会计期间不允许转回至损益，但企业可以在权益范围内转移这些在其他综合收益中确认的金额。

第十七条 重新计量设定受益计划净负债或净资产所产生的变动包括下列部分：

（一）精算利得或损失，即由于精算假设和经验调整导致之前所计量的设定受益计划义务现值的增加或减少。

（二）计划资产回报，扣除包括在设定受益计划净负债或净资产的利息净额中的金额。

（三）资产上限影响的变动，扣除包括在设定受益计划净负债或净资产的利息净额中的金额。

第十八条 在设定受益计划下，企业应当在下列日期孰早日将过去服务成本确认为当期费用：

（一）修改设定受益计划时。

（二）企业确认相关重组费用或辞退福利时。

第十九条 企业应当在设定受益计划结算时，确认一项结算利得或损失。

设定受益计划结算，是指企业为了消除设定受益计划所产生的部分或所有未来义务进行的交易，而不是根据计划条款和所包含的精算假设向职工支付福利。设定受益计划结算利得或损失是下列两项的差额：

（一）在结算日确定的设定受益计划义务现值。

（二）结算价格，包括转移的计划资产的公允价值和企业直接发生的与结算相关的支付。

第四章 辞退福利

第二十条 企业向职工提供辞退福利的，应当在下列两者孰早日确认辞退福利产生的职工薪酬负债，并计入当期损益：

（一）企业不能单方面撤回因解除劳动关系计划或裁减建议所提供的辞退福利时。

（二）企业确认与涉及支付辞退福利的重组相关的成本或费用时。

第二十一条 企业应当按照辞退计划条款的规定，合理预计并确认辞退福利产生的应付职工薪酬。辞退福利预期在其确认的年度报告期结束后十二个月内完全支付的，应当适用短期薪酬的相关规定；辞退福利预期在年度报告期结束后十二个月内不能完全支付的，应当适用本准则关于其他长期职工福利的有关规定。

第五章 其他长期职工福利

第二十二条 企业向职工提供的其他长期职工福利，符合设定提存计划条件的，应当适用本准则第十二条关于设定提存计划的有关规定进行处理。

第二十三条 除上述第二十二条规定的情形外，企业应当适用本准则关于设定受益计划的有关规定，确认和计量其他长期职工福利净负债或净资产。在报告期末，企业应当将其他长期职工福利产生的职工薪酬成本确认为下列组成部分：

（一）服务成本。

（二）其他长期职工福利净负债或净资产的利息净额。

（三）重新计量其他长期职工福利净负债或净资产所产生的变动。

为简化相关会计处理，上述项目的总净额应计入当期损益或相关资产成本。

第二十四条 长期残疾福利水平取决于职工提供服务期间长短的，企业应当在职工提供服务的期间确认应付长期残疾福利义务，计量时应当考虑长期残疾福利支付的可能性和预期支付的期限；长期残疾福利与职工提供服务期间长短无关的，企业应当在导致职工长期残疾的事件发生的当期确认应付长期残疾福利义务。

第六章 披 露

第二十五条 企业应当在附注中披露与短期职工薪酬有关的下列信息：

（一）应当支付给职工的工资、奖金、津贴和补贴及其期末应付未付金额。

（二）应当为职工缴纳的医疗保险费、工伤保险费和生育保险费等社会保险费及其期末应付未付金额。

（三）应当为职工缴存的住房公积金及其期末应付未付金额。

（四）为职工提供的非货币性福利及其计算依据。

（五）依据短期利润分享计划提供的职工薪酬金额及其计算依据。

（六）其他短期薪酬。

第二十六条 企业应当披露所设立或参与的设定提存计划的性质、计算缴费金额的公式或依据，当期缴费金额以及期末应付未付金额。

第二十七条 企业应当披露与设定受益计划有关的下列信息：

（一）设定受益计划的特征及与之相关的风险。

（二）设定受益计划在财务报表中确认的金额及其变动。

（三）设定受益计划对企业未来现金流量金额、时间和不确定性的影响。

（四）设定受益计划义务现值所依赖的重大精算假设及有关敏感性分析的结果。

第二十八条 企业应当披露支付的因解除劳动关系所提供辞退福利及其期末应付未付金额。

第二十九条 企业应当披露提供的其他长期职工福利的性质、金额及其计算依据。

第七章 衔接规定

第三十条 对于本准则施行日存在的离职后福利计划、辞退福利、其他长期职工福利，除本准则三十一条规定外，应当按照《企业会计准则第 28 号——会计政策、会计估计变更和差错更正》的规定采用追溯调整法处理。

第三十一条 企业比较财务报表中披露的本准则施行之前的信息与本准则要求不一致的，不需要按照本准则的规定进行调整。

第八章 附 则

第三十二条 本准则自 2014 年 7 月 1 日起施行。

11. 企业会计准则第 10 号——企业年金基金

第一章 总 则

第一条 为了规范企业年金基金的确认、计量和财务报表列报，根据《企业会计准则——基本准则》，制定本准则。

第二条 企业年金基金，是指根据依法制定的企业年金计划筹集的资金及其投资运营收益形成的企业补充养老保险基金。

第三条 企业年金基金应当作为独立的会计主体进行确认、计量和列报。

委托人、受托人、托管人、账户管理人、投资管理人和其他为企业年金基金管理提供服务的主体，应当将企业年金基金与其固有资产和其他资产严格区分，确保企业年金基金的安全。

第二章 确认和计量

第四条 企业年金基金应当分别资产、负债、收入、费用和净资产进行确认和计量。

第五条 企业年金基金缴费及其运营形成的各项资产包括:货币资金、应收证券清算款、应收利息、买入返售证券、其他应收款、债券投资、基金投资、股票投资、其他投资等。

第六条 企业年金基金在运营中根据国家规定的投资范围取得的国债、信用等级在投资级以上的金融债和企业债、可转换债、投资性保险产品、证券投资基金、股票等具有良好流动性的金融产品,其初始取得和后续估值应当以公允价值计量:

(一)初始取得投资时,应当以交易日支付的成交价款作为其公允价值。发生的交易费用直接计入当期损益。

(二)估值日对投资进行估值时,应当以其公允价值调整原账面价值,公允价值与原账面价值的差额计入当期损益。

投资公允价值的确定,适用《企业会计准则第 22 号——金融工具确认和计量》。

第七条 企业年金基金运营形成的各项负债包括:应付证券清算款、应付受益人待遇、应付受托人管理费、应付托管人管理费、应付投资管理人管理费、应交税金、卖出回购证券款、应付利息、应付佣金和其他应付款等。

第八条 企业年金基金运营形成的各项收入包括:存款利息收入、买入返售证券收入、公允价值变动收益、投资处置收益和其他收入。

第九条 收入应当按照下列规定确认和计量:

(一)存款利息收入,按照本金和适用的利率确定。

(二)买入返售证券收入,在融券期限内按照买入返售证券价款和协议约定的利率确定。

(三)公允价值变动收益,在估值日按照当日投资公允价值与原账面价值(即上一估值日投资公允价值)的差额确定。

(四)投资处置收益,在交易日按照卖出投资所取得的价款与其账面价值的差额确定。

(五)风险准备金补亏等其他收入,按照实际发生的金额确定。

第十条 企业年金基金运营发生的各项费用包括:交易费用、受托人管理费、托管人管理费、投资管理人管理费、卖出回购证券支出和其他费用。

第十一条 费用应当按照下列规定确认和计量:

(一)交易费用,包括支付给代理机构、咨询机构、券商的手续费和佣金及其他必要支出,按照实际发生的金额确定。

(二)受托人管理费、托管人管理费和投资管理人管理费,根据相关规定按实际计提的金额确定。

(三)卖出回购证券支出,在融资期限内按照卖出回购证券价款和协议约定的利率确定。

(四)其他费用,按照实际发生的金额确定。

第十二条 企业年金基金的净资产,是指企业年金基金的资产减去负债后的余额。资产负债表日,应当将当期各项收入和费用结转至净资产。

净资产应当分别企业和职工个人设置账户,根据企业年金计划按期将运营收益分配计入各账户。

第十三条 净资产应当按照下列规定确认和计量:

(一)向企业和职工个人收取的缴费,按照收到的金额增加净资产。

(二)向受益人支付的待遇,按照应付的金额减少净资产。

(三)因职工调入企业而发生的个人账户转入金额,增加净资产。

(四)因职工调离企业而发生的个人账户转出金额,减少净资产。

第三章 列 报

第十四条 企业年金基金的财务报表包括资产负债表、净资产变动表和附注。

第十五条 资产负债表反映企业年金基金在某一特定日期的财务状况,应当按照资产、负债和净资产分类列示。

第十六条 资产类项目至少应当列示下列信息:

(一)货币资金;

(二)应收证券清算款;

（三）应收利息；
（四）买入返售证券；
（五）其他应收款；
（六）债券投资；
（七）基金投资；
（八）股票投资；
（九）其他投资；
（十）其他资产。

第十七条 负债类项目至少应当列示下列信息：
（一）应付证券清算款；
（二）应付受益人待遇；
（三）应付受托人管理费；
（四）应付托管人管理费；
（五）应付投资管理人管理费；
（六）应交税金；
（七）卖出回购证券款；
（八）应付利息；
（九）应付佣金；
（十）其他应付款。

第十八条 净资产类项目列示企业年金基金净值。

第十九条 净资产变动表反映企业年金基金在一定会计期间的净资产增减变动情况，应当列示下列信息：
（一）期初净资产。
（二）本期净资产增加数，包括本期收入、收取企业缴费、收取职工个人缴费、个人账户转入。
（三）本期净资产减少数，包括本期费用、支付受益人待遇、个人账户转出。
（四）期末净资产。

第二十条 附注应当披露下列信息：
（一）企业年金计划的主要内容及重大变化。
（二）投资种类、金额及公允价值的确定方法。
（三）各类投资占投资总额的比例。
（四）可能使投资价值受到重大影响的其他事项。

12. 企业会计准则第 11 号——股份支付

第一章 总 则

第一条 为了规范股份支付的确认、计量和相关信息的披露，根据《企业会计准则——基本准则》，制定本准则。

第二条 股份支付，是指企业为获取职工和其他方提供服务而授予权益工具或者承担以权益工具为基础确定的负债的交易。

股份支付分为以权益结算的股份支付和以现金结算的股份支付。

以权益结算的股份支付，是指企业为获取服务以股份或其他权益工具作为对价进行结算的交易。

以现金结算的股份支付，是指企业为获取服务承担以股份或其他权益工具为基础计算确定的交付现金或其他资产义务的交易。

本准则所指的权益工具是企业自身权益工具。

第三条　下列各项适用其他相关会计准则：

（一）企业合并中发行权益工具取得其他企业净资产的交易，适用《企业会计准则第20号——企业合并》。

（二）以权益工具作为对价取得其他金融工具等交易，适用《企业会计准则第22号——金融工具确认和计量》。

第二章　以权益结算的股份支付

第四条　以权益结算的股份支付换取职工提供服务的，应当以授予职工权益工具的公允价值计量。

权益工具的公允价值，应当按照《企业会计准则第22号——金融工具确认和计量》确定。

第五条　授予后立即可行权的换取职工服务的以权益结算的股份支付，应当在授予日按照权益工具的公允价值计入相关成本或费用，相应增加资本公积。

授予日，是指股份支付协议获得批准的日期。

第六条　完成等待期内的服务或达到规定业绩条件才可行权的换取职工服务的以权益结算的股份支付，在等待期内的每个资产负债表日，应当以对可行权权益工具数量的最佳估计为基础，按照权益工具授予日的公允价值，将当期取得的服务计入相关成本或费用和资本公积。

在资产负债表日，后续信息表明可行权权益工具的数量与以前估计不同的，应当进行调整，并在可行权日调整至实际可行权的权益工具数量。

等待期，是指可行权条件得到满足的期间。

对于可行权条件为规定服务期间的股份支付，等待期为授予日至可行权日的期间；对于可行权条件为规定业绩的股份支付，应当在授予日根据最可能的业绩结果预计等待期的长度。

可行权日，是指可行权条件得到满足、职工和其他方具有从企业取得权益工具或现金的权利的日期。

第七条　企业在可行权日之后不再对已确认的相关成本或费用和所有者权益总额进行调整。

第八条　以权益结算的股份支付换取其他方服务的，应当分别下列情况处理：

（一）其他方服务的公允价值能够可靠计量的，应当按照其他方服务在取得日的公允价值，计入相关成本或费用，相应增加所有者权益。

（二）其他方服务的公允价值不能可靠计量但权益工具公允价值能够可靠计量的，应当按照权益工具在服务取得日的公允价值，计入相关成本或费用，相应增加所有者权益。

第九条　在行权日，企业根据实际行权的权益工具数量，计算确定应转入实收资本或股本的金额，将其转入实收资本或股本。

行权日，是指职工和其他方行使权利、获取现金或权益工具的日期。

第三章　以现金结算的股份支付

第十条　以现金结算的股份支付，应当按照企业承担的以股份或其他权益工具为基础计算确定的负债的公允价值计量。

第十一条　授予后立即可行权的以现金结算的股份支付，应当在授予日以企业承担负债的公允价值计入相关成本或费用，相应增加负债。

第十二条　完成等待期内的服务或达到规定业绩条件以后才可行权的以现金结算的股份支付，在等待期内的每个资产负债表日，应当以对可行权情况的最佳估计为基础，按照企业承担负债的公允价值金额，将当期取得的服务计入成本或费用和相应的负债。

在资产负债表日，后续信息表明企业当期承担债务的公允价值与以前估计不同的，应当进行调整，并在可行权日调整至实际可行权水平。

第十三条　企业应当在相关负债结算前的每个资产负债表日以及结算日，对负债的公允价值重新计量，其变动计入当期损益。

第四章　披　　露

第十四条　企业应当在附注中披露与股份支付有关的下列信息：

(一)当期授予、行权和失效的各项权益工具总额。

(二)期末发行在外的股份期权或其他权益工具行权价格的范围和合同剩余期限。

(三)当期行权的股份期权或其他权益工具以其行权日价格计算的加权平均价格。

(四)权益工具公允价值的确定方法。

企业对性质相似的股份支付信息可以合并披露。

第十五条 企业应当在附注中披露股份支付交易对当期财务状况和经营成果的影响,至少包括下列信息:

(一)当期因以权益结算的股份支付而确认的费用总额。

(二)当期因以现金结算的股份支付而确认的费用总额。

(三)当期以股份支付换取的职工服务总额及其他方服务总额。

13. 企业会计准则第12号——债务重组

第一章 总 则

第一条 为了规范债务重组的确认、计量和相关信息的披露,根据《企业会计准则——基本准则》,制定本准则。

第二条 债务重组,是指在债务人发生财务困难的情况下,债权人按照其与债务人达成的协议或者法院的裁定作出让步的事项。

第三条 债务重组的方式主要包括:

(一)以资产清偿债务;

(二)将债务转为资本;

(三)修改其他债务条件,如减少债务本金、减少债务利息等,不包括上述(一)和(二)两种方式;

(四)以上三种方式的组合等。

第二章 债务人的会计处理

第四条 以现金清偿债务的,债务人应当将重组债务的账面价值与实际支付现金之间的差额,计入当期损益。

第五条 以非现金资产清偿债务的,债务人应当将重组债务的账面价值与转让的非现金资产公允价值之间的差额,计入当期损益。

转让的非现金资产公允价值与其账面价值之间的差额,计入当期损益。

第六条 将债务转为资本的,债务人应当将债权人放弃债权而享有股份的面值总额确认为股本(或者实收资本),股份的公允价值总额与股本(或者实收资本)之间的差额确认为资本公积。

重组债务的账面价值与股份的公允价值总额之间的差额,计入当期损益。

第七条 修改其他债务条件的,债务人应当将修改其他债务条件后债务的公允价值作为重组后债务的入账价值。重组债务的账面价值与重组后债务的入账价值之间的差额,计入当期损益。

修改后的债务条款如涉及或有应付金额,且该或有应付金额符合《企业会计准则第13号——或有事项》中有关预计负债确认条件的,债务人应当将该或有应付金额确认为预计负债。重组债务的账面价值,与重组后债务的入账价值和预计负债金额之和的差额,计入当期损益。

或有应付金额,是指需要根据未来某种事项出现而发生的应付金额,而且该未来事项的出现具有不确定性。

第八条 债务重组以现金清偿债务、非现金资产清偿债务、债务转为资本、修改其他债务条件等方式的组合进行的,债务人应当依次以支付的现金、转让的非现金资产公允价值、债权人享有股份的公允价值冲减重组债务的账面价值,再按照本准则第七条的规定处理。

第三章　债权人的会计处理

第九条　以现金清偿债务的，债权人应当将重组债权的账面余额与收到的现金之间的差额，计入当期损益。债权人已对债权计提减值准备的，应当先将该差额冲减减值准备，减值准备不足以冲减的部分，计入当期损益。

第十条　以非现金资产清偿债务的，债权人应当对受让的非现金资产按其公允价值入账，重组债权的账面余额与受让的非现金资产的公允价值之间的差额，比照本准则第九条的规定处理。

第十一条　将债务转为资本的，债权人应当将享有股份的公允价值确认为对债务人的投资，重组债权的账面余额与股份的公允价值之间的差额，比照本准则第九条的规定处理。

第十二条　修改其他债务条件的，债权人应当将修改其他债务条件后的债权的公允价值作为重组后债权的账面价值，重组债权的账面余额与重组后债权的账面价值之间的差额，比照本准则第九条的规定处理。

修改后的债务条款中涉及或有应收金额的，债权人不应当确认或有应收金额，不得将其计入重组后债权的账面价值。

或有应收金额，是指需要根据未来某种事项出现而发生的应收金额，而且该未来事项的出现具有不确定性。

第十三条　债务重组采用以现金清偿债务、非现金资产清偿债务、债务转为资本、修改其他债务条件等方式的组合进行的，债权人应当依次以收到的现金、接受的非现金资产公允价值、债权人享有股份的公允价值冲减重组债权的账面余额，再按照本准则第十二条的规定处理。

第四章　披　　露

第十四条　债务人应当在附注中披露与债务重组有关的下列信息：

（一）债务重组方式。

（二）确认的债务重组利得总额。

（三）将债务转为资本所导致的股本（或者实收资本）增加额。

（四）或有应付金额。

（五）债务重组中转让的非现金资产的公允价值、由债务转成的股份的公允价值和修改其他债务条件后债务的公允价值的确定方法及依据。

第十五条　债权人应当在附注中披露与债务重组有关的下列信息：

（一）债务重组方式。

（二）确认的债务重组损失总额。

（三）债权转为股份所导致的投资增加额及该投资占债务人股份总额的比例。

（四）或有应收金额。

（五）债务重组中受让的非现金资产的公允价值、由债权转成的股份的公允价值和修改其他债务条件后债权的公允价值的确定方法及依据。

14. 企业会计准则第13号——或有事项

第一章　总　　则

第一条　为了规范或有事项的确认、计量和相关信息的披露，根据《企业会计准则——基本准则》，制定本准则。

第二条　或有事项，是指过去的交易或者事项形成的，其结果须由某些未来事项的发生或不发生才能决定的不确定事项。

第三条 职工薪酬、建造合同、所得税、企业合并、租赁、原保险合同和再保险合同等形成的或有事项，适用其他相关会计准则。

第二章 确认和计量

第四条 与或有事项相关的义务同时满足下列条件的，应当确认为预计负债：

（一）该义务是企业承担的现时义务；

（二）履行该义务很可能导致经济利益流出企业；

（三）该义务的金额能够可靠地计量。

第五条 预计负债应当按照履行相关现时义务所需支出的最佳估计数进行初始计量。

所需支出存在一个连续范围，且该范围内各种结果发生的可能性相同的，最佳估计数应当按照该范围内的中间值确定。

在其他情况下，最佳估计数应当分别下列情况处理：

（一）或有事项涉及单个项目的，按照最可能发生金额确定。

（二）或有事项涉及多个项目的，按照各种可能结果及相关概率计算确定。

第六条 企业在确定最佳估计数时，应当综合考虑与或有事项有关的风险、不确定性和货币时间价值等因素。

货币时间价值影响重大的，应当通过对相关未来现金流出进行折现后确定最佳估计数。

第七条 企业清偿预计负债所需支出全部或部分预期由第三方补偿的，补偿金额只有在基本确定能够收到时才能作为资产单独确认。确认的补偿金额不应当超过预计负债的账面价值。

第八条 待执行合同变成亏损合同的，该亏损合同产生的义务满足本准则第四条规定的，应当确认为预计负债。

待执行合同，是指合同各方尚未履行任何合同义务，或部分地履行了同等义务的合同。

亏损合同，是指履行合同义务不可避免会发生的成本超过预期经济利益的合同。

第九条 企业不应当就未来经营亏损确认预计负债。

第十条 企业承担的重组义务满足本准则第四条规定的，应当确认预计负债。同时存在下列情况时，表明企业承担了重组义务：

（一）有详细、正式的重组计划，包括重组涉及的业务、主要地点、需要补偿的职工人数及其岗位性质、预计重组支出、计划实施时间等；

（二）该重组计划已对外公告。

重组，是指企业制定和控制的，将显著改变企业组织形式、经营范围或经营方式的计划实施行为。

第十一条 企业应当按照与重组有关的直接支出确定预计负债金额。

直接支出不包括留用职工岗前培训、市场推广、新系统和营销网络投入等支出。

第十二条 企业应当在资产负债表日对预计负债的账面价值进行复核。有确凿证据表明该账面价值不能真实反映当前最佳估计数的，应当按照当前最佳估计数对该账面价值进行调整。

第十三条 企业不应当确认或有负债和或有资产。

或有负债，是指过去的交易或者事项形成的潜在义务，其存在须通过未来不确定事项的发生或不发生予以证实；或过去的交易或者事项形成的现时义务，履行该义务不是很可能导致经济利益流出企业或该义务的金额不能可靠计量。

或有资产，是指过去的交易或者事项形成的潜在资产，其存在须通过未来不确定事项的发生或不发生予以证实。

第三章 披 露

第十四条 企业应当在附注中披露与或有事项有关的下列信息：

（一）预计负债。

1. 预计负债的种类、形成原因以及经济利益流出不确定性的说明。

2. 各类预计负债的期初、期末余额和本期变动情况。

3. 与预计负债有关的预期补偿金额和本期已确认的预期补偿金额。

(二)或有负债(不包括极小可能导致经济利益流出企业的或有负债)。

1. 或有负债的种类及其形成原因,包括已贴现商业承兑汇票、未决诉讼、未决仲裁、对外提供担保等形成的或有负债。

2. 经济利益流出不确定性的说明。

3. 或有负债预计产生的财务影响,以及获得补偿的可能性;无法预计的,应当说明原因。

(三)企业通常不应当披露或有资产。但或有资产很可能会给企业带来经济利益的,应当披露其形成的原因、预计产生的财务影响等。

第十五条　在涉及未决诉讼、未决仲裁的情况下,按照本准则第十四条披露全部或部分信息预期对企业造成重大不利影响的,企业无须披露这些信息,但应当披露该未决诉讼、未决仲裁的性质,以及没有披露这些信息的事实和原因。

15. 企业会计准则第 14 号——收入

第一章　总　　则

第一条　为了规范收入的确认、计量和相关信息的披露,根据《企业会计准则——基本准则》,制定本准则。

第二条　收入,是指企业在日常活动中形成的、会导致所有者权益增加的、与所有者投入资本无关的经济利益的总流入。

本准则所涉及的收入,包括销售商品收入、提供劳务收入和让渡资产使用权收入。

企业代第三方收取的款项,应当作为负债处理,不应当确认为收入。

第三条　长期股权投资、建造合同、租赁、原保险合同、再保险合同等形成的收入,适用其他相关会计准则。

第二章　销售商品收入

第四条　销售商品收入同时满足下列条件的,才能予以确认:

(一)企业已将商品所有权上的主要风险和报酬转移给购货方;

(二)企业既没有保留通常与所有权相联系的继续管理权,也没有对已售出的商品实施有效控制;

(三)收入的金额能够可靠地计量;

(四)相关的经济利益很可能流入企业;

(五)相关的已发生或将发生的成本能够可靠地计量。

第五条　企业应当按照从购货方已收或应收的合同或协议价款确定销售商品收入金额,但已收或应收的合同或协议价款不公允的除外。

合同或协议价款的收取采用递延方式,实质上具有融资性质的,应当按照应收的合同或协议价款的公允价值确定销售商品收入金额。

应收的合同或协议价款与其公允价值之间的差额,应当在合同或协议期间内采用实际利率法进行摊销,计入当期损益。

第六条　销售商品涉及现金折扣的,应当按照扣除现金折扣前的金额确定销售商品收入金额。现金折扣在实际发生时计入当期损益。

现金折扣,是指债权人为鼓励债务人在规定的期限内付款而向债务人提供的债务扣除。

第七条　销售商品涉及商业折扣的,应当按照扣除商业折扣后的金额确定销售商品收入金额。

商业折扣,是指企业为促进商品销售而在商品标价上给予的价格扣除。

第八条　企业已经确认销售商品收入的售出商品发生销售折让的,应当在发生时冲减当期销售商品收入。

销售折让属于资产负债表日后事项的，适用《企业会计准则第 29 号——资产负债表日后事项》。

销售折让，是指企业因售出商品的质量不合格等原因而在售价上给予的减让。

第九条 企业已经确认销售商品收入的售出商品发生销售退回的，应当在发生时冲减当期销售商品收入。

销售退回属于资产负债表日后事项的，适用《企业会计准则第 29 号——资产负债表日后事项》。

销售退回，是指企业售出的商品由于质量、品种不符合要求等原因而发生的退货。

第三章 提供劳务收入

第十条 企业在资产负债表日提供劳务交易的结果能够可靠估计的，应当采用完工百分比法确认提供劳务收入。

完工百分比法，是指按照提供劳务交易的完工进度确认收入与费用的方法。

第十一条 提供劳务交易的结果能够可靠估计，是指同时满足下列条件：

(一)收入的金额能够可靠地计量；

(二)相关的经济利益很可能流入企业；

(三)交易的完工进度能够可靠地确定；

(四)交易中已发生和将发生的成本能够可靠地计量。

第十二条 企业确定提供劳务交易的完工进度，可以选用下列方法：

(一)已完工作的测量。

(二)已经提供的劳务占应提供劳务总量的比例。

(三)已经发生的成本占估计总成本的比例。

第十三条 企业应当按照从接受劳务方已收或应收的合同或协议价款确定提供劳务收入总额，但已收或应收的合同或协议价款不公允的除外。

企业应当在资产负债表日按照提供劳务收入总额乘以完工进度扣除以前会计期间累计已确认提供劳务收入后的金额，确认当期提供劳务收入；同时，按照提供劳务估计总成本乘以完工进度扣除以前会计期间累计已确认劳务成本后的金额，结转当期劳务成本。

第十四条 企业在资产负债表日提供劳务交易结果不能够可靠估计的，应当分别下列情况处理：

(一)已经发生的劳务成本预计能够得到补偿的，按照已经发生的劳务成本金额确认提供劳务收入，并按相同金额结转劳务成本。

(二)已经发生的劳务成本预计不能够得到补偿的，应当将已经发生的劳务成本计入当期损益，不确认提供劳务收入。

第十五条 企业与其他企业签订的合同或协议包括销售商品和提供劳务时，销售商品部分和提供劳务部分能够区分且能够单独计量的，应当将销售商品的部分作为销售商品处理，将提供劳务的部分作为提供劳务处理。

销售商品部分和提供劳务部分不能够区分，或虽能区分但不能够单独计量的，应当将销售商品部分和提供劳务部分全部作为销售商品处理。

第四章 让渡资产使用权收入

第十六条 让渡资产使用权收入包括利息收入、使用费收入等。

第十七条 让渡资产使用权收入同时满足下列条件的，才能予以确认：

(一)相关的经济利益很可能流入企业；

(二)收入的金额能够可靠地计量。

第十八条 企业应当分别下列情况确定让渡资产使用权收入金额：

(一)利息收入金额，按照他人使用本企业货币资金的时间和实际利率计算确定。

(二)使用费收入金额，按照有关合同或协议约定的收费时间和方法计算确定。

第五章　披　　露

第十九条　企业应当在附注中披露与收入有关的下列信息：

（一）收入确认所采用的会计政策，包括确定提供劳务交易完工进度的方法。

（二）本期确认的销售商品收入、提供劳务收入、利息收入和使用费收入的金额。

16. 企业会计准则第15号——建造合同

第一章　总　　则

第一条　为了规范企业（建造承包商，下同）建造合同的确认、计量和相关信息的披露，根据《企业会计准则——基本准则》，制定本准则。

第二条　建造合同，是指为建造一项或数项在设计、技术、功能、最终用途等方面密切相关的资产而订立的合同。

第三条　建造合同分为固定造价合同和成本加成合同。

固定造价合同，是指按照固定的合同价或固定单价确定工程价款的建造合同。

成本加成合同，是指以合同约定或其他方式议定的成本为基础，加上该成本的一定比例或定额费用确定工程价款的建造合同。

第二章　合同的分立与合并

第四条　企业通常应当按照单项建造合同进行会计处理。但是，在某些情况下，为了反映一项或一组合同的实质，需要将单项合同进行分立或将数项合同进行合并。

第五条　一项包括建造数项资产的建造合同，同时满足下列条件的，每项资产应当分立为单项合同：

（一）每项资产均有独立的建造计划；

（二）与客户就每项资产单独进行谈判，双方能够接受或拒绝与每项资产有关的合同条款；

（三）每项资产的收入和成本可以单独辨认。

第六条　追加资产的建造，满足下列条件之一的，应当作为单项合同：

（一）该追加资产在设计、技术或功能上与原合同包括的一项或数项资产存在重大差异。

（二）议定该追加资产的造价时，不需要考虑原合同价款。

第七条　一组合同无论对应单个客户还是多个客户，同时满足下列条件的，应当合并为单项合同：

（一）该组合同按一揽子交易签订；

（二）该组合同密切相关，每项合同实际上已构成一项综合利润率工程的组成部分；

（三）该组合同同时或依次履行。

第三章　合同收入

第八条　合同收入应当包括下列内容：

（一）合同规定的初始收入；

（二）因合同变更、索赔、奖励等形成的收入。

第九条　合同变更，是指客户为改变合同规定的作业内容而提出的调整。合同变更款同时满足下列条件的，才能构成合同收入：

（一）客户能够认可因变更而增加的收入；

（二）该收入能够可靠地计量。

第十条　索赔款，是指因客户或第三方的原因造成的、向客户或第三方收取的、用以补偿不包括在合同造价中成本的款项。索赔款同时满足下列条件的，才能构成合同收入：

（一）根据谈判情况，预计对方能够同意该项索赔；

（二）对方同意接受的金额能够可靠地计量。

第十一条 奖励款，是指工程达到或超过规定的标准，客户同意支付的额外款项。奖励款同时满足下列条件的，才能构成合同收入：

（一）根据合同目前完成情况，足以判断工程进度和工程质量能够达到或超过规定的标准；

（二）奖励金额能够可靠地计量。

第四章 合同成本

第十二条 合同成本应当包括从合同签订开始至合同完成止所发生的、与执行合同有关的直接费用和间接费用。

第十三条 合同的直接费用应当包括下列内容：

（一）耗用的材料费用；

（二）耗用的人工费用；

（三）耗用的机械使用费；

（四）其他直接费用，指其他可以直接计入合同成本的费用。

第十四条 间接费用是企业下属的施工单位或生产单位为组织和管理施工生产活动所发生的费用。

第十五条 直接费用在发生时直接计入合同成本，间接费用在资产负债表日按照系统、合理的方法分摊计入合同成本。

第十六条 合同完成后处置残余物资取得的收益等与合同有关的零星收益，应当冲减合同成本。

第十七条 合同成本不包括应当计入当期损益的管理费用、销售费用和财务费用。

因订立合同而发生的有关费用，应当直接计入当期损益。

第五章 合同收入与合同费用的确认

第十八条 在资产负债表日，建造合同的结果能够可靠估计的，应当根据完工百分比法确认合同收入和合同费用。

完工百分比法，是指根据合同完工进度确认收入与费用的方法。

第十九条 固定造价合同的结果能够可靠估计，是指同时满足下列条件：

（一）合同总收入能够可靠地计量；

（二）与合同相关的经济利益很可能流入企业；

（三）实际发生的合同成本能够清楚地区分和可靠地计量；

（四）合同完工进度和为完成合同尚需发生的成本能够可靠地确定。

第二十条 成本加成合同的结果能够可靠估计，是指同时满足下列条件：

（一）与合同相关的经济利益很可能流入企业；

（二）实际发生的合同成本能够清楚地区分和可靠地计量。

第二十一条 企业确定合同完工进度可以选用下列方法：

（一）累计实际发生的合同成本占合同预计总成本的比例。

（二）已经完成的合同工作量占合同预计总工作量的比例。

（三）实际测定的完工进度。

第二十二条 采用累计实际发生的合同成本占合同预计总成本的比例确定合同完工进度的，累计实际发生的合同成本不包括下列内容：

（一）施工中尚未安装或使用的材料成本等与合同未来活动相关的合同成本。

（二）在分包工程的工作量完成之前预付给分包单位的款项。

第二十三条 在资产负债表日，应当按照合同总收入乘以完工进度扣除以前会计期间累计已确认收入后的金额，确认为当期合同收入；同时，按照合同预计总成本乘以完工进度扣除以前会计期间累计已确认费用后的金额，确认为当期合同费用。

第二十四条 当期完成的建造合同，应当按照实际合同总收入扣除以前会计期间累计已确认收入后的金额，确认为当期合同收入；同时，按照累计实际发生的合同成本扣除以前会计期间累计已确认费用后的金额，确认为当期合同费用。

第二十五条　建造合同的结果不能可靠估计的，应当分别下列情况处理：

（一）合同成本能够收回的，合同收入根据能够收回的实际合同成本予以确认，合同成本在其发生的当期确认为合同费用。

（二）合同成本不可能收回的，在发生时立即确认为合同费用，不确认合同收入。

第二十六条　使建造合同的结果不能可靠估计的不确定因素不复存在的，应当按照本准则第十八条的规定确认与建造合同有关的收入和费用。

第二十七条　合同预计总成本超过合同总收入的，应当将预计损失确认为当期费用。

第六章　披　　露

第二十八条　企业应当在附注中披露与建造合同有关的下列信息：

（一）各项合同总金额，以及确定合同完工进度的方法。

（二）各项合同累计已发生成本、累计已确认毛利（或亏损）。

（三）各项合同已办理结算的价款金额。

（四）当期预计损失的原因和金额。

17. 企业会计准则第 16 号——政府补助

第一章　总　　则

第一条　为了规范政府补助的确认、计量和相关信息的披露，根据《企业会计准则——基本准则》，制定本准则。

第二条　政府补助，是指企业从政府无偿取得货币性资产或非货币性资产，但不包括政府作为企业所有者投入的资本。

第三条　政府补助分为与资产相关的政府补助和与收益相关的政府补助。

与资产相关的政府补助，是指企业取得的、用于购建或以其他方式形成长期资产的政府补助。

与收益相关的政府补助，是指除与资产相关的政府补助之外的政府补助。

第四条　下列各项适用其他相关会计准则：

（一）债务豁免，适用《企业会计准则第 12 号——债务重组》。

（二）所得税减免，适用《企业会计准则第 18 号——所得税》。

第二章　确认和计量

第五条　政府补助同时满足下列条件的，才能予以确认：

（一）企业能够满足政府补助所附条件。

（二）企业能够收到政府补助。

第六条　政府补助为货币性资产的，应当按照收到或应收的金额计量。

政府补助为非货币性资产的，应当按照公允价值计量；公允价值不能可靠取得的，按照名义金额计量。

第七条　与资产相关的政府补助，应当确认为递延收益，并在相关资产使用寿命内平均分配，计入当期损益。但是，按照名义金额计量的政府补助，直接计入当期损益。

第八条　与收益相关的政府补助，应当分别下列情况处理：

（一）用于补偿企业以后期间的相关费用或损失的，确认为递延收益，并在确认相关费用的期间，计入当期损益。

（二）用于补偿企业已发生的相关费用或损失的，直接计入当期损益。

第九条 已确认的政府补助需要返还的，应当分别下列情况处理：

（一）存在相关递延收益的，冲减相关递延收益账面余额，超出部分计入当期损益。

（二）不存在相关递延收益的，直接计入当期损益。

第三章 披 露

第十条 企业应当在附注中披露与政府补助有关的下列信息：

（一）政府补助的种类及金额。

（二）计入当期损益的政府补助金额。

（三）本期返还的政府补助金额及原因。

18. 企业会计准则第 17 号——借款费用

第一章 总 则

第一条 为了规范借款费用的确认、计量和相关信息的披露，根据《企业会计准则——基本准则》，制定本准则。

第二条 借款费用，是指企业因借款而发生的利息及其他相关成本。

借款费用包括借款利息、折价或者溢价的摊销、辅助费用以及因外币借款而发生的汇兑差额等。

第三条 与融资租赁有关的融资费用，适用《企业会计准则第 21 号——租赁》。

第二章 确认和计量

第四条 企业发生的借款费用，可直接归属于符合资本化条件的资产的购建或者生产的，应当予以资本化，计入相关资产成本；其他借款费用，应当在发生时根据其发生额确认为费用，计入当期损益。

符合资本化条件的资产，是指需要经过相当长时间的购建或者生产活动才能达到预定可使用或者可销售状态的固定资产、投资性房地产和存货等资产。

第五条 借款费用同时满足下列条件的，才能开始资本化：

（一）资产支出已经发生，资产支出包括为购建或者生产符合资本化条件的资产而以支付现金、转移非现金资产或者承担带息债务形式发生的支出；

（二）借款费用已经发生；

（三）为使资产达到预定可使用或者可销售状态所必要的购建或者生产活动已经开始。

第六条 在资本化期间内，每一会计期间的利息（包括折价或溢价的摊销）资本化金额，应当按照下列规定确定：

（一）为购建或者生产符合资本化条件的资产而借入专门借款的，应当以专门借款当期实际发生的利息费用，减去将尚未动用的借款资金存入银行取得的利息收入或进行暂时性投资取得的投资收益后的金额确定。

专门借款，是指为购建或者生产符合资本化条件的资产而专门借入的款项。

（二）为购建或者生产符合资本化条件的资产而占用了一般借款的，企业应当根据累计资产支出超过专门借款部分的资产支出加权平均数乘以所占用一般借款的资本化率，计算确定一般借款应予资本化的利息金额。资本化率应当根据一般借款加权平均利率计算确定。

资本化期间，是指从借款费用开始资本化时点到停止资本化时点的期间，借款费用暂停资本化的期间不包括在内。

第七条 借款存在折价或者溢价的，应当按照实际利率法确定每一会计期间应摊销的折价或者溢价金额，调整每期利息金额。

第八条 在资本化期间内，每一会计期间的利息资本化金额，不应当超过当期相关借款实际发生的利息金额。

第九条　在资本化期间内，外币专门借款本金及利息的汇兑差额，应当予以资本化，计入符合资本化条件的资产的成本。

第十条　专门借款发生的辅助费用，在所购建或者生产的符合资本化条件的资产达到预定可使用或者可销售状态之前发生的，应当在发生时根据其发生额予以资本化，计入符合资本化条件的资产的成本；在所购建或者生产的符合资本化条件的资产达到预定可使用或者可销售状态之后发生的，应当在发生时根据其发生额确认为费用，计入当期损益。

一般借款发生的辅助费用，应当在发生时根据其发生额确认为费用，计入当期损益。

第十一条　符合资本化条件的资产在购建或者生产过程中发生非正常中断、且中断时间连续超过3个月的，应当暂停借款费用的资本化。在中断期间发生的借款费用应当确认为费用，计入当期损益，直至资产的购建或者生产活动重新开始。如果中断是所购建或者生产的符合资本化条件的资产达到预定可使用或者可销售状态必要的程序，借款费用的资本化应当继续进行。

第十二条　购建或者生产符合资本化条件的资产达到预定可使用或者可销售状态时，借款费用应当停止资本化。在符合资本化条件的资产达到预定可使用或者可销售状态之后所发生的借款费用，应当在发生时根据其发生额确认为费用，计入当期损益。

第十三条　购建或者生产符合资本化条件的资产达到预定可使用或者可销售状态，可从下列几个方面进行判断：

（一）符合资本化条件的资产的实体建造（包括安装）或者生产工作已经全部完成或者实质上已经完成。

（二）所购建或者生产的符合资本化条件的资产与设计要求、合同规定或者生产要求相符或者基本相符，即使有极个别与设计、合同或者生产要求不相符的地方，也不影响其正常使用或者销售。

（三）继续发生在所购建或生产的符合资本化条件的资产上的支出金额很少或者几乎不再发生。

购建或者生产符合资本化条件的资产需要试生产或者试运行的，在试生产结果表明资产能够正常生产出合格产品、或者试运行结果表明资产能够正常运转或者营业时，应当认为该资产已经达到预定可使用或者可销售状态。

第十四条　购建或者生产的符合资本化条件的资产的各部分分别完工，且每部分在其他部分继续建造过程中可供使用或者可对外销售，且为使该部分资产达到预定可使用或可销售状态所必要的购建或者生产活动实质上已经完成的，应当停止与该部分资产相关的借款费用的资本化。

购建或者生产的资产的各部分分别完工，但必须等到整体完工后才可使用或者可对外销售的，应当在该资产整体完工时停止借款费用的资本化。

第三章　披　　露

第十五条　企业应当在附注中披露与借款费用有关的下列信息：

（一）当期资本化的借款费用金额。

（二）当期用于计算确定借款费用资本化金额的资本化率。

19. 企业会计准则第18号——所得税

第一章　总　　则

第一条　为了规范企业所得税的确认、计量和相关信息的列报，根据《企业会计准则——基本准则》，制定本准则。

第二条　本准则所称所得税包括企业以应纳税所得额为基础的各种境内和境外税额。

第三条　本准则不涉及政府补助的确认和计量，但因政府补助产生暂时性差异的所得税影响，应当按照本准则进行确认和计量。

第二章 计税基础

第四条 企业在取得资产、负债时，应当确定其计税基础。资产、负债的账面价值与其计税基础存在差异的，应当按照本准则规定确认所产生的递延所得税资产或递延所得税负债。

第五条 资产的计税基础，是指企业收回资产账面价值过程中，计算应纳税所得额时按照税法规定可以自应税经济利益中抵扣的金额。

第六条 负债的计税基础，是指负债的账面价值减去未来期间计算应纳税所得额时按照税法规定可予抵扣的金额。

第三章 暂时性差异

第七条 暂时性差异，是指资产或负债的账面价值与其计税基础之间的差额；未作为资产和负债确认的项目，按照税法规定可以确定其计税基础的，该计税基础与其账面价值之间的差额也属于暂时性差异。

按照暂时性差异对未来期间应税金额的影响，分为应纳税暂时性差异和可抵扣暂时性差异。

第八条 应纳税暂时性差异，是指在确定未来收回资产或清偿负债期间的应纳税所得额时，将导致产生应税金额的暂时性差异。

第九条 可抵扣暂时性差异，是指在确定未来收回资产或清偿负债期间的应纳税所得额时，将导致产生可抵扣金额的暂时性差异。

第四章 确 认

第十条 企业应当将当期和以前期间应交未交的所得税确认为负债，将已支付的所得税超过应支付的部分确认为资产。

存在应纳税暂时性差异或可抵扣暂时性差异的，应当按照本准则规定确认递延所得税负债或递延所得税资产。

第十一条 除下列交易中产生的递延所得税负债以外，企业应当确认所有应纳税暂时性差异产生的递延所得税负债：

（一）商誉的初始确认。

（二）同时具有下列特征的交易中产生的资产或负债的初始确认：

1. 该项交易不是企业合并；

2. 交易发生时既不影响会计利润也不影响应纳税所得额（或可抵扣亏损）。

与子公司、联营企业及合营企业的投资相关的应纳税暂时性差异产生的递延所得税负债，应当按照本准则第十二条的规定确认。

第十二条 企业对与子公司、联营企业及合营企业投资相关的应纳税暂时性差异，应当确认相应的递延所得税负债。但是，同时满足下列条件的除外：

（一）投资企业能够控制暂时性差异转回的时间；

（二）该暂时性差异在可预见的未来很可能不会转回。

第十三条 企业应当以很可能取得用来抵扣可抵扣暂时性差异的应纳税所得额为限，确认由可抵扣暂时性差异产生的递延所得税资产。但是，同时具有下列特征的交易中因资产或负债的初始确认所产生的递延所得税资产不予确认：

（一）该项交易不是企业合并；

（二）交易发生时既不影响会计利润也不影响应纳税所得额（或可抵扣亏损）。

资产负债表日，有确凿证据表明未来期间很可能获得足够的应纳税所得额用来抵扣可抵扣暂时性差异的，应当确认以前期间未确认的递延所得税资产。

第十四条 企业对与子公司、联营企业及合营企业投资相关的可抵扣暂时性差异，同时满足下列条件的，应当确认相应的递延所得税资产：

（一）暂时性差异在可预见的未来很可能转回；

（二）未来很可能获得用来抵扣可抵扣暂时性差异的应纳税所得额。

第十五条　企业对于能够结转以后年度的可抵扣亏损和税款抵减，应当以很可能获得用来抵扣可抵扣亏损和税款抵减的未来应纳税所得额为限，确认相应的递延所得税资产。

第五章　计　　量

第十六条　资产负债表日，对于当期和以前期间形成的当期所得税负债（或资产），应当按照税法规定计算的预期应交纳（或返还）的所得税金额计量。

第十七条　资产负债表日，对于递延所得税资产和递延所得税负债，应当根据税法规定，按照预期收回该资产或清偿该负债期间的适用税率计量。

适用税率发生变化的，应对已确认的递延所得税资产和递延所得税负债进行重新计量，除直接在所有者权益中确认的交易或者事项产生的递延所得税资产和递延所得税负债以外，应当将其影响数计入变化当期的所得税费用。

第十八条　递延所得税资产和递延所得税负债的计量，应当反映资产负债表日企业预期收回资产或清偿负债方式的所得税影响，即在计量递延所得税资产和递延所得税负债时，应当采用与收回资产或清偿债务的预期方式相一致的税率和计税基础。

第十九条　企业不应当对递延所得税资产和递延所得税负债进行折现。

第二十条　资产负债表日，企业应当对递延所得税资产的账面价值进行复核。如果未来期间很可能无法获得足够的应纳税所得额用以抵扣递延所得税资产的利益，应当减计递延所得税资产的账面价值。

在很可能获得足够的应纳税所得额时，减记的金额应当转回。

第二十一条　企业当期所得税和递延所得税应当作为所得税费用或收益计入当期损益，但不包括下列情况产生的所得税：

（一）企业合并。

（二）直接在所有者权益中确认的交易或者事项。

第二十二条　与直接计入所有者权益的交易或者事项相关的当期所得税和递延所得税，应当计入所有者权益。

第六章　列　　报

第二十三条　递延所得税资产和递延所得税负债应当分别作为非流动资产和非流动负债在资产负债表中列示。

第二十四条　所得税费用应当在利润表中单独列示。

第二十五条　企业应当在附注中披露与所得税有关的下列信息：

（一）所得税费用（收益）的主要组成部分。

（二）所得税费用（收益）与会计利润关系的说明。

（三）未确认递延所得税资产的可抵扣暂时性差异、可抵扣亏损的金额（如果存在到期日，还应披露到期日）。

（四）对每一类暂时性差异和可抵扣亏损，在列报期间确认的递延所得税资产或递延所得税负债的金额，确认递延所得税资产的依据。

（五）未确认递延所得税负债的，与对子公司、联营企业及合营企业投资相关的暂时性差异金额。

20. 企业会计准则第19号——外币折算

第一章　总　　则

第一条　为了规范外币交易的会计处理、外币财务报表的折算和相关信息的披露，根据《企业会计准则——基本准则》，制定本准则。

第二条 外币交易，是指以外币计价或者结算的交易。外币是企业记账本位币以外的货币。外币交易包括：

（一）买入或者卖出以外币计价的商品或者劳务；

（二）借入或者借出外币资金；

（三）其他以外币计价或者结算的交易。

第三条 下列各项适用其他相关会计准则：

（一）与购建或生产符合资本化条件的资产相关的外币借款产生的汇兑差额，适用《企业会计准则第17号——借款费用》。

（二）外币项目的套期，适用《企业会计准则第24号——套期保值》。

（三）现金流量表中的外币折算，适用《企业会计准则第31号——现金流量表》。

第二章 记账本位币的确定

第四条 记账本位币，是指企业经营所处的主要经济环境中的货币。

企业通常应选择人民币作为记账本位币。业务收支以人民币以外的货币为主的企业，可以按照本准则第五条规定选定其中一种货币作为记账本位币。但是，编报的财务报表应当折算为人民币。

第五条 企业选定记账本位币，应当考虑下列因素：

（一）该货币主要影响商品和劳务的销售价格，通常以该货币进行商品和劳务的计价和结算；

（二）该货币主要影响商品和劳务所需人工、材料和其他费用，通常以该货币进行上述费用的计价和结算；

（三）融资活动获得的货币以及保存从经营活动中收取款项所使用的货币。

第六条 企业选定境外经营的记账本位币，还应当考虑下列因素：

（一）境外经营对其所从事的活动是否拥有很强的自主性；

（二）境外经营活动中与企业的交易是否在境外经营活动中占有较大比重；

（三）境外经营活动产生的现金流量是否直接影响企业的现金流量、是否可以随时汇回；

（四）境外经营活动产生的现金流量是否足以偿还其现有债务和可预期的债务。

第七条 境外经营，是指企业在境外的子公司、合营企业、联营企业、分支机构。

在境内的子公司、合营企业、联营企业、分支机构，采用不同于企业记账本位币的，也视同境外经营。

第八条 企业记账本位币一经确定，不得随意变更，除非企业经营所处的主要经济环境发生重大变化。

企业因经营所处的主要经济环境发生重大变化，确需变更记账本位币的，应当采用变更当日的即期汇率将所有项目折算为变更后的记账本位币。

第三章 外币交易的会计处理

第九条 企业对于发生的外币交易，应当将外币金额折算为记账本位币金额。

第十条 外币交易应当在初始确认时，采用交易发生日的即期汇率将外币金额折算为记账本位币金额；也可以采用按照系统合理的方法确定的、与交易发生日即期汇率近似的汇率折算。

第十一条 企业在资产负债表日，应当按照下列规定对外币货币性项目和外币非货币性项目进行处理：

（一）外币货币性项目，采用资产负债表日即期汇率折算。因资产负债表日即期汇率与初始确认时或者前一资产负债表日即期汇率不同而产生的汇兑差额，计入当期损益。

（二）以历史成本计量的外币非货币性项目，仍采用交易发生日的即期汇率折算，不改变其记账本位币金额。

货币性项目，是指企业持有的货币资金和将以固定或可确定的金额收取的资产或者偿付的负债。

非货币性项目，是指货币性项目以外的项目。

第四章 外币财务报表的折算

第十二条 企业对境外经营的财务报表进行折算时，应当遵循下列规定：

（一）资产负债表中的资产和负债项目，采用资产负债表日的即期汇率折算，所有者权益项目除“未分配利润”项目外，其他项目采用发生时的即期汇率折算。

（二）利润表中的收入和费用项目，采用交易发生日的即期汇率折算；也可以采用按照系统合理的方法确定的、与交易发生日即期汇率近似的汇率折算。

按照上述（一）、（二）折算产生的外币财务报表折算差额，在资产负债表中所有者权益项目下单独列示。

比较财务报表的折算比照上述规定处理。

第十三条　企业对处于恶性通货膨胀经济中的境外经营的财务报表，应当按照下列规定进行折算：

对资产负债表项目运用一般物价指数予以重述，对利润表项目运用一般物价指数变动予以重述，再按照最近资产负债表日的即期汇率进行折算。

在境外经营不再处于恶性通货膨胀经济中时，应当停止重述，按照停止之日的价格水平重述的财务报表进行折算。

第十四条　企业在处置境外经营时，应当将资产负债表中所有者权益项目下列示的、与该境外经营相关的外币财务报表折算差额，自所有者权益项目转入处置当期损益；部分处置境外经营的，应当按处置的比例计算处置部分的外币财务报表折算差额，转入处置当期损益。

第十五条　企业选定的记账本位币不是人民币的，应当按照本准则第十二条规定将其财务报表折算为人民币财务报表。

第五章　披　　露

第十六条　企业应当在附注中披露与外币折算有关的下列信息：

（一）企业及其境外经营选定的记账本位币及选定的原因，记账本位币发生变更的，说明变更理由。

（二）采用近似汇率的，近似汇率的确定方法。

（三）计入当期损益的汇兑差额。

（四）处置境外经营对外币财务报表折算差额的影响。

21. 企业会计准则第20号——企业合并

第一章　总　　则

第一条　为了规范企业合并的确认、计量和相关信息的披露，根据《企业会计准则——基本准则》，制定本准则。

第二条　企业合并，是指将两个或者两个以上单独的企业合并形成一个报告主体的交易或事项。

企业合并分为同一控制下的企业合并和非同一控制下的企业合并。

第三条　涉及业务的合并比照本准则规定处理。

第四条　本准则不涉及下列企业合并：

（一）两方或者两方以上形成合营企业的企业合并。

（二）仅通过合同而不是所有权份额将两个或者两个以上单独的企业合并形成一个报告主体的企业合并。

第二章　同一控制下的企业合并

第五条　参与合并的企业在合并前后均受同一方或相同的多方最终控制且该控制并非暂时性的，为同一控制下的企业合并。

同一控制下的企业合并，在合并日取得对其他参与合并企业控制权的一方为合并方，参与合并的其他企业为被合并方。

合并日，是指合并方实际取得对被合并方控制权的日期。

第六条 合并方在企业合并中取得的资产和负债，应当按照合并日在被合并方的账面价值计量。合并方取得的净资产账面价值与支付的合并对价账面价值（或发行股份面值总额）的差额，应当调整资本公积；资本公积不足冲减的，调整留存收益。

第七条 同一控制下的企业合并中，被合并方采用的会计政策与合并方不一致的，合并方在合并日应当按照本企业会计政策对被合并方的财务报表相关项目进行调整，在此基础上按照本准则规定确认。

第八条 合并方为进行企业合并发生的各项直接相关费用，包括为进行企业合并而支付的审计费用、评估费用、法律服务费用等，应当于发生时计入当期损益。

为企业合并发行的债券或承担其他债务支付的手续费、佣金等，应当计入所发行债券及其他债务的初始计量金额。企业合并中发行权益性证券发生的手续费、佣金等费用，应当抵减权益性证券溢价收入，溢价收入不足冲减的，冲减留存收益。

第九条 企业合并形成母子公司关系的，母公司应当编制合并日的合并资产负债表、合并利润表和合并现金流量表。

合并资产负债表中被合并方的各项资产、负债，应当按其账面价值计量。因被合并方采用的会计政策与合并方不一致，按照本准则规定进行调整的，应当以调整后的账面价值计量。

合并利润表应当包括参与合并各方自合并当期期初至合并日所发生的收入、费用和利润。被合并方在合并前实现的净利润，应当在合并利润表中单列项目反映。

合并现金流量表应当包括参与合并各方自合并当期期初至合并日的现金流量。

编制合并财务报表时，参与合并各方的内部交易等，应当按照《企业会计准则第 33 号——合并财务报表》处理。

第三章　非同一控制下的企业合并

第十条 参与合并的各方在合并前后不受同一方或相同的多方最终控制的，为非同一控制下的企业合并。

非同一控制下的企业合并，在购买日取得对其他参与合并企业控制权的一方为购买方，参与合并的其他企业为被购买方。

购买日，是指购买方实际取得对被购买方控制权的日期。

第十一条 购买方应当区别下列情况确定合并成本：

（一）一次交换交易实现的企业合并，合并成本为购买方在购买日为取得对被购买方的控制权而付出的资产、发生或承担的负债以及发行的权益性证券的公允价值。

（二）通过多次交换交易分步实现的企业合并，合并成本为每一单项交易成本之和。

（三）购买方为进行企业合并发生的各项直接相关费用也应当计入企业合并成本。

（四）在合并合同或协议中对可能影响合并成本的未来事项作出约定的，购买日如果估计未来事项很可能发生并且对合并成本的影响金额能够可靠计量的，购买方应当将其计入合并成本。

第十二条 购买方在购买日对作为企业合并对价付出的资产、发生或承担的负债应当按照公允价值计量，公允价值与其账面价值的差额，计入当期损益。

第十三条 购买方在购买日应当对合并成本进行分配，按照本准则第十四条的规定确认所取得的被购买方各项可辨认资产、负债及或有负债。

（一）购买方对合并成本大于合并中取得的被购买方可辨认净资产公允价值份额的差额，应当确认为商誉。

初始确认后的商誉，应当以其成本扣除累计减值准备后的金额计量。商誉的减值应当按照《企业会计准则第 8 号——资产减值》处理。

（二）购买方对合并成本小于合并中取得的被购买方可辨认净资产公允价值份额的差额，应当按照下列规定处理：

1. 对取得的被购买方各项可辨认资产、负债及或有负债的公允价值以及合并成本的计量进行复核；

2. 经复核后合并成本仍小于合并中取得的被购买方可辨认净资产公允价值份额的，其差额应当计入当期损益。

第十四条　被购买方可辨认净资产公允价值，是指合并中取得的被购买方可辨认资产的公允价值减去负债及或有负债公允价值后的余额。被购买方各项可辨认资产、负债及或有负债，符合下列条件的，应当单独予以确认：

（一）合并中取得的被购买方除无形资产以外的其他各项资产（不仅限于被购买方原已确认的资产），其所带来的经济利益很可能流入企业且公允价值能够可靠地计量的，应当单独予以确认并按照公允价值计量。

合并中取得的无形资产，其公允价值能够可靠地计量的，应当单独确认为无形资产并按照公允价值计量。

（二）合并中取得的被购买方除或有负债以外的其他各项负债，履行有关的义务很可能导致经济利益流出企业且公允价值能够可靠地计量的，应当单独予以确认并按照公允价值计量。

（三）合并中取得的被购买方或有负债，其公允价值能够可靠地计量的，应当单独确认为负债并按照公允价值计量。或有负债在初始确认后，应当按照下列两者孰高进行后续计量：

1. 按照《企业会计准则第 13 号——或有事项》应予确认的金额；

2. 初始确认金额减去按照《企业会计准则第 14 号——收入》的原则确认的累计摊销额后的余额。

第十五条　企业合并形成母子公司关系的，母公司应当设置备查簿，记录企业合并中取得的子公司各项可辨认资产、负债及或有负债等在购买日的公允价值。编制合并财务报表时，应当以购买日确定的各项可辨认资产、负债及或有负债的公允价值为基础对子公司的财务报表进行调整。

第十六条　企业合并发生当期的期末，因合并中取得的各项可辨认资产、负债及或有负债的公允价值或企业合并成本只能暂时确定的，购买方应当以所确定的暂时价值为基础对企业合并进行确认和计量。

购买日后 12 个月内对确认的暂时价值进行调整的，视为在购买日确认和计量。

第十七条　企业合并形成母子公司关系的，母公司应当编制购买日的合并资产负债表，因企业合并取得的被购买方各项可辨认资产、负债及或有负债应当以公允价值列示。母公司的合并成本与取得的子公司可辨认净资产公允价值份额的差额，以按照本准则规定处理的结果列示。

第四章　披　　露

第十八条　企业合并发生当期的期末，合并方应当在附注中披露与同一控制下企业合并有关的下列信息：

（一）参与合并企业的基本情况。

（二）属于同一控制下企业合并的判断依据。

（三）合并日的确定依据。

（四）以支付现金、转让非现金资产以及承担债务作为合并对价的，所支付对价在合并日的账面价值；以发行权益性证券作为合并对价的，合并中发行权益性证券的数量及定价原则，以及参与合并各方交换有表决权股份的比例。

（五）被合并方的资产、负债在上一会计期间资产负债表日及合并日的账面价值；被合并方自合并当期期初至合并日的收入、净利润、现金流量等情况。

（六）合并合同或协议约定将承担被合并方或有负债的情况。

（七）被合并方采用的会计政策与合并方不一致所作调整情况的说明。

（八）合并后已处置或准备处置被合并方资产、负债的账面价值、处置价格等。

第十九条　企业合并发生当期的期末，购买方应当在附注中披露与非同一控制下企业合并有关的下列信息：

（一）参与合并企业的基本情况。

（二）购买日的确定依据。

（三）合并成本的构成及其账面价值、公允价值及公允价值的确定方法。

（四）被购买方各项可辨认资产、负债在上一会计期间资产负债表日及购买日的账面价值和公允价值。

（五）合并合同或协议约定将承担被购买方或有负债的情况。

（六）被购买方自购买日起至报告期期末的收入、净利润和现金流量等情况。

（七）商誉的金额及其确定方法。

（八）因合并成本小于合并中取得的被购买方可辨认净资产公允价值的份额计入当期损益的金额。

（九）合并后已处置或准备处置被购买方资产、负债的账面价值、处置价格等。

22. 企业会计准则第 21 号——租赁

第一章　总　　则

第一条　为了规范租赁的确认、计量和相关信息的列报，根据《企业会计准则——基本准则》，制定本准则。

第二条　租赁，是指在约定的期间内，出租人将资产使用权让与承租人，以获取租金的协议。

第三条　下列各项适用其他相关会计准则：

（一）出租人以经营租赁方式租出的土地使用权和建筑物，适用《企业会计准则第 3 号——投资性房地产》。

（二）电影、录像、剧本、文稿、专利和版权等项目的许可使用协议，适用《企业会计准则第 6 号——无形资产》。

（三）出租人因融资租赁形成的长期债权的减值，适用《企业会计准则第 22 号——金融工具确认和计量》。

第二章　租赁的分类

第四条　承租人和出租人应当在租赁开始日将租赁分为融资租赁和经营租赁。

租赁开始日，是指租赁协议日与租赁各方就主要租赁条款作出承诺日中的较早者。

第五条　融资租赁，是指实质上转移了与资产所有权有关的全部风险和报酬的租赁。其所有权最终可能转移，也可能不转移。

第六条　符合下列一项或数项标准的，应当认定为融资租赁：

（一）在租赁期届满时，租赁资产的所有权转移给承租人。

（二）承租人有购买租赁资产的选择权，所订立的购买价款预计将远低于行使选择权时租赁资产的公允价值，因而在租赁开始日就可以合理确定承租人将会行使这种选择权。

（三）即使资产的所有权不转移，但租赁期占租赁资产使用寿命的大部分。

（四）承租人在租赁开始日的最低租赁付款额现值，几乎相当于租赁开始日租赁资产公允价值；出租人在租赁开始日的最低租赁收款额现值，几乎相当于租赁开始日租赁资产公允价值。

（五）租赁资产性质特殊，如果不作较大改造，只有承租人才能使用。

第七条　租赁期，是指租赁合同规定的不可撤销的租赁期间。租赁合同签订后一般不可撤销，但下列情况除外：

（一）经出租人同意。

（二）承租人与原出租人就同一资产或同类资产签订了新的租赁合同。

（三）承租人支付一笔足够大的额外款项。

（四）发生某些很少会出现的或有事项。

承租人有权选择续租该资产，并且在租赁开始日就可以合理确定承租人将会行使这种选择权，不论是否再支付租金，续租期也包括在租赁期之内。

第八条　最低租赁付款额，是指在租赁期内，承租人应支付或可能被要求支付的款项（不包括或有租金和履约成本），加上由承租人或与其有关的第三方担保的资产余值。

承租人有购买租赁资产选择权，所订立的购买价款预计将远低于行使选择权时租赁资产的公允价值，因而在租赁开始日就可以合理确定承租人将会行使这种选择权的，购买价款应当计入最低租赁付款额。

或有租金，是指金额不固定、以时间长短以外的其他因素（如销售量、使用量、物价指数等）为依据计算的租金。

履约成本，是指租赁期内为租赁资产支付的各种使用费用，如技术咨询和服务费、人员培训费、维修费、保险费等。

第九条　最低租赁收款额，是指最低租赁付款额加上独立于承租人和出租人的第三方对出租人担保的资产余值。

第十条　经营租赁是指除融资租赁以外的其他租赁。

第三章　融资租赁中承租人的会计处理

第十一条　在租赁期开始日，承租人应当将租赁开始日租赁资产。

公允价值与最低租赁付款额现值两者中较低者作为租入资产的入账价值，将最低租赁付款额作为长期应付款的入账价值，其差额作为未确认融资费用。

承租人在租赁谈判和签订租赁合同过程中发生的，可归属于租赁项目的手续费、律师费、差旅费、印花税等初始直接费用，应当计入租入资产价值。

租赁期开始日，是指承租人有权行使其使用租赁资产权利的开始日。

第十二条　承租人在计算最低租赁付款额的现值时，能够取得出租人租赁内含利率的，应当采用租赁内含利率作为折现率；否则，应当采用租赁合同规定的利率作为折现率。承租人无法取得出租人的租赁内含利率且租赁合同没有规定利率的，应当采用同期银行贷款利率作为折现率。

第十三条　租赁内含利率，是指在租赁开始日，使最低租赁收款额的现值与未担保余值的现值之和等于租赁资产公允价值与出租人的初始直接费用之和的折现率。

第十四条　担保余值，就承租人而言，是指由承租人或与其有关的第三方担保的资产余值；就出租人而言，是指就承租人而言的担保余值加上独立于承租人和出租人的第三方担保的资产余值。

资产余值，是指在租赁开始日估计的租赁期届满时租赁资产的公允价值。

未担保余值，是指租赁资产余值中扣除就出租人而言的担保余值以后的资产余值。

第十五条　未确认融资费用应当在租赁期内各个期间进行分摊。

承租人应当采用实际利率法计算确认当期的融资费用。

第十六条　承租人应当采用与自有固定资产相一致的折旧政策计提租赁资产折旧。

能够合理确定租赁期届满时取得租赁资产所有权的，应当在租赁资产使用寿命内计提折旧。

无法合理确定租赁期届满时能够取得租赁资产所有权的，应当在租赁期与租赁资产使用寿命两者中较短的期间内计提折旧。

第十七条　或有租金应当在实际发生时计入当期损益。

第四章　融资租赁中出租人的会计处理

第十八条　在租赁期开始日，出租人应当将租赁开始日最低租赁收款额与初始直接费用之和作为应收融资租赁款的入账价值，同时记录未担保余值；将最低租赁收款额、初始直接费用及未担保余值之和与其现值之和的差额确认为未实现融资收益。

第十九条　未实现融资收益应当在租赁期内各个期间进行分配。

出租人应当采用实际利率法计算确认当期的融资收入。

第二十条　出租人至少应当于每年年度终了，对未担保余值进行复核。

未担保余值增加的，不作调整。

有证据表明未担保余值已经减少的，应当重新计算租赁内含利率，将由此引起的租赁投资净额的减少，计入当期损益；以后各期根据修正后的租赁投资净额和重新计算的租赁内含利率确认融资收入。

租赁投资净额是融资租赁中最低租赁收款额及未担保余值之和与未实现融资收益之间的差额。

已确认损失的未担保余值得以恢复的，应当在原已确认的损失金额内转回，并重新计算租赁内含利率，以后各期根据修正后的租赁投资净额和重新计算的租赁内含利率确认融资收入。

第二十一条 或有租金应当在实际发生时计入当期损益。

第五章 经营租赁中承租人的会计处理

第二十二条 对于经营租赁的租金，承租人应当在租赁期内各个期间按照直线法计入相关资产成本或当期损益；其他方法更为系统合理的，也可以采用其他方法。

第二十三条 承租人发生的初始直接费用，应当计入当期损益。

第二十四条 或有租金应当在实际发生时计入当期损益。

第六章 经营租赁中出租人的会计处理

第二十五条 出租人应当按资产的性质，将用作经营租赁的资产包括在资产负债表中的相关项目内。

第二十六条 对于经营租赁的租金，出租人应当在租赁期内各个期间按照直线法确认为当期损益；其他方法更为系统合理的，也可以采用其他方法。

第二十七条 出租人发生的初始直接费用，应当计入当期损益。

第二十八条 对于经营租赁资产中的固定资产，出租人应当采用类似资产的折旧政策计提折旧；对于其他经营租赁资产，应当采用系统合理的方法进行摊销。

第二十九条 或有租金应当在实际发生时计入当期损益。

第七章 售后租回交易

第三十条 承租人和出租人应当根据本准则第二章的规定，将售后租回交易认定为融资租赁或经营租赁。

第三十一条 售后租回交易认定为融资租赁的，售价与资产账面价值之间的差额应当予以递延，并按照该项租赁资产的折旧进度进行分摊，作为折旧费用的调整。

第三十二条 售后租回交易认定为经营租赁的，售价与资产账面价值之间的差额应当予以递延，并在租赁期内按照与确认租金费用相一致的方法进行分摊，作为租金费用的调整。但是，有确凿证据表明售后租回交易是按照公允价值达成的，售价与资产账面价值之间的差额应当计入当期损益。

第八章 列 报

第三十三条 承租人应当在资产负债表中，将与融资租赁相关的长期应付款减去未确认融资费用的差额，分别长期负债和一年内到期的长期负债列示。

第三十四条 承租人应当在附注中披露与融资租赁有关的下列信息：

（一）各类租入固定资产的期初和期末原价、累计折旧额。

（二）资产负债表日后连续三个会计年度每年将支付的最低租赁付款额，以及以后年度将支付的最低租赁付款额总额。

（三）未确认融资费用的余额，以及分摊未确认融资费用所采用的方法。

第三十五条 出租人应当在资产负债表中，将应收融资租赁款减去未实现融资收益的差额，作为长期债权列示。

第三十六条 出租人应当在附注中披露与融资租赁有关的下列信息：

（一）资产负债表日后连续三个会计年度每年将收到的最低租赁收款额，以及以后年度将收到的最低租赁收款额总额。

（二）未实现融资收益的余额，以及分配未实现融资收益所采用的方法。

第三十七条 承租人对于重大的经营租赁，应当在附注中披露下列信息：

（一）资产负债表日后连续三个会计年度每年将支付的不可撤销经营租赁的最低租赁付款额。

（二）以后年度将支付的不可撤销经营租赁的最低租赁付款额总额。

第三十八条 出租人对经营租赁，应当披露各类租出资产的账面价值。

第三十九条 承租人和出租人应当披露各售后租回交易以及售后租回合同中的重要条款。

23. 企业会计准则第22号——金融工具确认和计量

第一章 总 则

第一条 为了规范金融工具的确认和计量,根据《企业会计准则——基本准则》,制定本准则。

第二条 金融工具,是指形成一个企业的金融资产,并形成其他单位的金融负债或权益工具的合同。

第三条 衍生工具,是指本准则涉及的、具有下列特征的金融工具或其他合同:

(一)其价值随特定利率、金融工具价格、商品价格、汇率、价格指数、费率指数、信用等级、信用指数或其他类似变量的变动而变动,变量为非金融变量的,该变量与合同的任一方不存在特定关系;

(二)不要求初始净投资,或与对市场情况变化有类似反应的其他类型合同相比,要求很少的初始净投资;

(三)在未来某一日期结算。

衍生工具包括远期合同、期货合同、互换和期权,以及具有远期合同、期货合同、互换和期权中一种或一种以上特征的工具。

第四条 下列各项适用其他相关会计准则:

(一)由《企业会计准则第2号——长期股权投资》规范的长期股权投资,适用《企业会计准则第2号——长期股权投资》。

(二)由《企业会计准则第11号——股份支付》规范的股份支付,适用《企业会计准则第11号——股份支付》。

(三)债务重组,适用《企业会计准则第12号——债务重组》。

(四)因清偿预计负债获得补偿的权利,适用《企业会计准则第13号——或有事项》。

(五)企业合并中合并方的或有对价合同,适用《企业会计准则第20号——企业合并》。

(六)租赁的权利和义务,适用《企业会计准则第21号——租赁》。

(七)金融资产转移,适用《企业会计准则第23号——金融资产转移》。

(八)套期保值,适用《企业会计准则第24号——套期保值》。

(九)原保险合同的权利和义务,适用《企业会计准则第25号——原保险合同》。

(十)再保险合同的权利和义务,适用《企业会计准则第26号——再保险合同》。

(十一)企业发行的权益工具,适用《企业会计准则第37号——金融工具列报》。

第五条 本准则不涉及企业作出的不可撤销授信承诺(即贷款承诺)。但是,下列贷款承诺除外:

(一)指定为以公允价值计量且其变动计入当期损益的金融负债的贷款承诺。

(二)能够以现金净额结算,或通过交换或发行其他金融工具结算的贷款承诺。

(三)以低于市场利率贷款的贷款承诺。

本准则不涉及的贷款承诺,适用《企业会计准则第13号——或有事项》。

第六条 本准则不涉及按照预定的购买、销售或使用要求所签订,并到期履约买入或卖出非金融项目的合同。但是,能够以现金或其他金融工具净额结算,或通过交换金融工具结算的买入或卖出非金融项目的合同,适用本准则。

第二章 金融资产和金融负债的分类

第七条 金融资产应当在初始确认时划分为下列四类:

(一)以公允价值计量且其变动计入当期损益的金融资产,包括交易性金融资产和指定为以公允价值计量且其变动计入当期损益的金融资产;

(二)持有至到期投资;

(三)贷款和应收款项;

(四)可供出售金融资产。

第八条 金融负债应当在初始确认时划分为下列两类:

(一)以公允价值计量且其变动计入当期损益的金融负债,包括交易性金融负债和指定为以公允价值计量且其变动计入当期损益的金融负债;

(二)其他金融负债。

第九条 金融资产或金融负债满足下列条件之一的,应当划分为交易性金融资产或金融负债:

(一)取得该金融资产或承担该金融负债的目的,主要是为了近期内出售或回购。

(二)属于进行集中管理的可辨认金融工具组合的一部分,且有客观证据表明企业近期采用短期获利方式对该组合进行管理。

(三)属于衍生工具。但是,被指定且为有效套期工具的衍生工具、属于财务担保合同的衍生工具、与在活跃市场中没有报价且其公允价值不能可靠计量的权益工具投资挂钩并须通过交付该权益工具结算的衍生工具除外。

第十条 除本准则第二十一条和第二十二条的规定外,只有符合下列条件之一的金融资产或金融负债,才可以在初始确认时指定为以公允价值计量且其变动计入当期损益的金融资产或金融负债:

(一)该指定可以消除或明显减少由于该金融资产或金融负债的计量基础不同所导致的相关利得或损失在确认或计量方面不一致的情况。

(二)企业风险管理或投资策略的正式书面文件已载明,该金融资产组合、该金融负债组合、或该金融资产和金融负债组合,以公允价值为基础进行管理、评价并向关键管理人员报告。

在活跃市场中没有报价、公允价值不能可靠计量的权益工具投资,不得指定为以公允价值计量且其变动计入当期损益的金融资产。

活跃市场,是指同时具有下列特征的市场:

(一)市场内交易的对象具有同质性;

(二)可随时找到自愿交易的买方和卖方;

(三)市场价格信息是公开的。

第十一条 持有至到期投资,是指到期日固定、回收金额固定或可确定,且企业有明确意图和能力持有至到期的非衍生金融资产。下列非衍生金融资产不应当划分为持有至到期投资:

(一)初始确认时被指定为以公允价值计量且其变动计入当期损益的非衍生金融资产;

(二)初始确认时被指定为可供出售的非衍生金融资产;

(三)贷款和应收款项。

企业应当在资产负债表日对持有意图和能力进行评价。发生变化的,应当按照本准则有关规定处理。

第十二条 存在下列情况之一的,表明企业没有明确意图将金融资产投资持有至到期:

(一)持有该金融资产的期限不确定。

(二)发生市场利率变化、流动性需要变化、替代投资机会及其投资收益率变化、融资来源和条件变化、外汇风险变化等情况时,将出售该金融资产。但是,无法控制、预期不会重复发生且难以合理预计的独立事项引起的金融资产出售除外。

(三)该金融资产的发行方可以按照明显低于其摊余成本的金额清偿。

(四)其他表明企业没有明确意图将该金融资产持有至到期的情况。

第十三条 金融资产或金融负债的摊余成本,是指该金融资产或金融负债的初始确认金额经下列调整后的结果:

(一)扣除已偿还的本金;

(二)加上或减去采用实际利率法将该初始确认金额与到期日金额之间的差额进行摊销形成的累计摊销额;

(三)扣除已发生的减值损失(仅适用于金融资产)。

第十四条 实际利率法,是指按照金融资产或金融负债(含一组金融资产或金融负债)的实际利率计算其摊余成本及各期利息收入或利息费用的方法。

实际利率,是指将金融资产或金融负债在预期存续期间或适用的更短期间内的未来现金流量,折现为该金融资产或金融负债当前账面价值所使用的利率。

在确定实际利率时，应当在考虑金融资产或金融负债所有合同条款（包括提前还款权、看涨期权、类似期权等）的基础上预计未来现金流量，但不应当考虑未来信用损失。

金融资产或金融负债合同各方之间支付或收取的、属于实际利率组成部分的各项收费、交易费用及溢价或折价等，应当在确定实际利率时予以考虑。金融资产或金融负债的未来现金流量或存续期间无法可靠预计时，应当采用该金融资产或金融负债在整个合同期内的合同现金流量。

第十五条 存在下列情况之一的，表明企业没有能力将具有固定期限的金融资产投资持有至到期：

（一）没有可利用的财务资源持续地为该金融资产投资提供资金支持，以使该金融资产投资持有至到期。

（二）受法律、行政法规的限制，使企业难以将该金融资产投资持有至到期。

（三）其他表明企业没有能力将具有固定期限的金融资产投资持有至到期的情况。

第十六条 企业将尚未到期的某项持有至到期投资在本会计年度内出售或重分类为可供出售金融资产的金额，相对于该类投资在出售或重分类前的总额较大时，应当将该类投资的剩余部分重分类为可供出售金融资产，且在本会计年度及以后两个完整的会计年度内不得再将该金融资产划分为持有至到期投资。但是，下列情况除外：

（一）出售日或重分类日距离该项投资到期日或赎回日较近（如到期前三个月内），市场利率变化对该项投资的公允价值没有显著影响。

（二）根据合同约定的定期偿付或提前还款方式收回该投资几乎所有初始本金后，将剩余部分予以出售或重分类。

（三）出售或重分类是由于企业无法控制、预期不会重复发生且难以合理预计的独立事项所引起。此种情况主要包括：

1. 因被投资单位信用状况严重恶化，将持有至到期投资予以出售；

2. 因相关税收法规取消了持有至到期投资的利息税前可抵扣政策，或显著减少了税前可抵扣金额，将持有至到期投资予以出售；

3. 因发生重大企业合并或重大处置，为保持现行利率风险头寸或维持现行信用风险政策，将持有至到期投资予以出售；

4. 因法律、行政法规对允许投资的范围或特定投资品种的投资限额作出重大调整，将持有至到期投资予以出售；

5. 因监管部门要求大幅度提高资产流动性，或大幅度提高持有至到期投资在计算资本充足率时的风险权重，将持有至到期投资予以出售。

第十七条 贷款和应收款项，是指在活跃市场中没有报价、回收金额固定或可确定的非衍生金融资产。企业不应当将下列非衍生金融资产划分为贷款和应收款项：

（一）准备立即出售或在近期出售的非衍生金融资产。

（二）初始确认时被指定为以公允价值计量且其变动计入当期损益的非衍生金融资产。

（三）初始确认时被指定为可供出售的非衍生金融资产。

（四）因债务人信用恶化以外的原因，使持有方可能难以收回几乎所有初始投资的非衍生金融资产。

企业所持证券投资基金或类似基金，不应当划分为贷款和应收款项。

第十八条 可供出售金融资产，是指初始确认时即被指定为可供出售的非衍生金融资产，以及除下列各类资产以外的金融资产：

（一）贷款和应收款项。

（二）持有至到期投资。

（三）以公允价值计量且其变动计入当期损益的金融资产。

第十九条 企业在初始确认时将某金融资产或某金融负债划分为以公允价值计量且其变动计入当期损益的金融资产或金融负债后，不能重分类为其他类金融资产或金融负债；其他类金融资产或金融负债也不能重分类为以公允价值计量且其变动计入当期损益的金融资产或金融负债。

第三章 嵌入衍生工具

第二十条 嵌入衍生工具，是指嵌入到非衍生工具（即主合同）中，使混合工具的全部或部分现金流量随特定利率、金融工具价格、商品价格、汇率、价格指数、费率指数、信用等级、信用指数或其他类似变量的变动而变动的衍生工具。嵌入衍生工具与主合同构成混合工具,如可转换公司债券等。

第二十一条 企业可以将混合工具指定为以公允价值计量且其变动计入当期损益的金融资产或金融负债。但是,下列情况除外:

(一)嵌入衍生工具对混合工具的现金流量没有重大改变。

(二)类似混合工具所嵌入的衍生工具,明显不应当从相关混合工具中分拆。

第二十二条 嵌入衍生工具相关的混合工具没有指定为以公允价值计量且其变动计入当期损益的金融资产或金融负债,且同时满足下列条件的,该嵌入衍生工具应当从混合工具中分拆,作为单独存在的衍生工具处理:

(一)与主合同在经济特征及风险方面不存在紧密关系;

(二)与嵌入衍生工具条件相同,单独存在的工具符合衍生工具定义。

无法在取得时或后续的资产负债表日对其进行单独计量的,应当将混合工具整体指定为以公允价值计量且其变动计入当期损益的金融资产或金融负债。

第二十三条 嵌入衍生工具按照本准则规定从混合工具分拆后,主合同是金融工具的,应当按照本准则有关规定处理;主合同是非金融工具的,应当按照其他会计准则的规定处理。

第四章 金融工具确认

第二十四条 企业成为金融工具合同的一方时,应当确认一项金融资产或金融负债。

第二十五条 金融资产满足下列条件之一的,应当终止确认:

(一)收取该金融资产现金流量的合同权利终止。

(二)该金融资产已转移,且符合《企业会计准则第 23 号——金融资产转移》规定的金融资产终止确认条件。

终止确认,是指将金融资产或金融负债从企业的账户和资产负债表内予以转销。

第二十六条 金融负债的现时义务全部或部分已经解除的,才能终止确认该金融负债或其一部分。

企业将用于偿付金融负债的资产转入某个机构或设立信托,偿付债务的现时义务仍存在的,不应当终止确认该金融负债,也不能终止确认转出的资产。

第二十七条 企业(债务人)与债权人之间签订协议,以承担新金融负债方式替换现存金融负债,且新金融负债与现存金融负债的合同条款实质上不同的,应当终止确认现存金融负债,并同时确认新金融负债。

企业对现存金融负债全部或部分的合同条款作出实质性修改的,应当终止确认现存金融负债或其一部分,同时将修改条款后的金融负债确认为一项新金融负债。

第二十八条 金融负债全部或部分终止确认的,企业应当将终止确认部分的账面价值与支付的对价(包括转出的非现金资产或承担的新金融负债)之间的差额,计入当期损益。

第二十九条 企业回购金融负债一部分的,应当在回购日按照继续确认部分和终止确认部分的相对公允价值,将该金融负债整体的账面价值进行分配。分配给终止确认部分的账面价值与支付的对价(包括转出的非现金资产或承担的新金融负债)之间的差额,计入当期损益。

第五章 金融工具计量

第三十条 企业初始确认金融资产或金融负债,应当按照公允价值计量。对于以公允价值计量且其变动计入当期损益的金融资产或金融负债,相关交易费用应当直接计入当期损益;对于其他类别的金融资产或金融负债,相关交易费用应当计入初始确认金额。

第三十一条 交易费用,是指可直接归属于购买、发行或处置金融工具新增的外部费用。新增的外部费用,是指企业不购买、发行或处置金融工具就不会发生的费用。

交易费用包括支付给代理机构、咨询公司、券商等的手续费和佣金及其他必要支出,不包括债券溢价、折价、融资费用、内部管理成本及其他与交易不直接相关的费用。

第三十二条 企业应当按照公允价值对金融资产进行后续计量,且不扣除将来处置该金融资产时可能发生的交易费用。但是,下列情况除外:

(一)持有至到期投资以及贷款和应收款项,应当采用实际利率法,按摊余成本计量。

(二)在活跃市场中没有报价且其公允价值不能可靠计量的权益工具投资,以及与该权益工具挂钩并须通过交付该权益工具结算的衍生金融资产,应当按照成本计量。

第三十三条 企业应当采用实际利率法,按摊余成本对金融负债进行后续计量。但是,下列情况除外:

(一)以公允价值计量且其变动计入当期损益的金融负债,应当按照公允价值计量,且不扣除将来结清金融负债时可能发生的交易费用。

(二)与在活跃市场中没有报价、公允价值不能可靠计量的权益工具挂钩并须通过交付该权益工具结算的衍生金融负债,应当按照成本计量。

(三)不属于指定为以公允价值计量且其变动计入当期损益的金融负债的财务担保合同,或没有指定为以公允价值计量且其变动计入当期损益并将以低于市场利率贷款的贷款承诺,应当在初始确认后按照下列两项金额之中的较高者进行后续计量:

1. 按照《企业会计准则第 13 号——或有事项》确定的金额;

2. 初始确认金额扣除按照《企业会计准则第 14 号——收入》的原则确定的累计摊销额后的余额。

第三十四条 企业因持有意图或能力发生改变,使某项投资不再适合划分为持有至到期投资的,应当将其重分类为可供出售金融资产,并以公允价值进行后续计量。重分类日,该投资的账面价值与公允价值之间的差额计入所有者权益,在该可供出售金融资产发生减值或终止确认时转出,计入当期损益。

第三十五条 持有至到期投资部分出售或重分类的金额较大,且不属于第十六条所指的例外情况,使该投资的剩余部分不再适合划分为持有至到期投资的,企业应当将该投资的剩余部分重分类为可供出售金融资产,并以公允价值进行后续计量。重分类日,该投资剩余部分的账面价值与其公允价值之间的差额计入所有者权益,在该可供出售金融资产发生减值或终止确认时转出,计入当期损益。

第三十六条 对按照本准则规定应当以公允价值计量,但以前公允价值不能可靠计量的金融资产或金融负债,企业应当在其公允价值能够可靠计量时改按公允价值计量,相关账面价值与公允价值之间的差额按照本准则第三十八条的规定处理。

第三十七条 因持有意图或能力发生改变,或公允价值不再能够可靠计量,或持有期限已超过本准则第十六条所指“两个完整的会计年度”,使金融资产或金融负债不再适合按照公允价值计量时,企业可以将该金融资产或金融负债改按成本或摊余成本计量,该成本或摊余成本为重分类日该金融资产或金融负债的公允价值或账面价值。与该金融资产相关、原直接计入所有者权益的利得或损失,应当按照下列规定处理:

(一)该金融资产有固定到期日的,应当在该金融资产的剩余期限内,采用实际利率法摊销,计入当期损益。该金融资产的摊余成本与到期日金额之间的差额,也应当在该金融资产的剩余期限内,采用实际利率法摊销,计入当期损益。该金融资产在随后的会计期间发生减值的,原直接计入所有者权益的相关利得或损失,应当转出计入当期损益。

(二)该金融资产没有固定到期日的,仍应保留在所有者权益中,在该金融资产被处置时转出,计入当期损益。该金融资产在随后的会计期间发生减值的,原直接计入所有者权益的相关利得或损失,应当转出计入当期损益。

第三十八条 金融资产或金融负债公允价值变动形成的利得或损失,除与套期保值有关外,应当按照下列规定处理:

(一)以公允价值计量且其变动计入当期损益的金融资产或金融负债公允价值变动形成的利得或损失,应当计入当期损益。

(二)可供出售金融资产公允价值变动形成的利得或损失,除减值损失和外币货币性金融资产形成的汇兑差额外,应当直接计入所有者权益,在该金融资产终止确认时转出,计入当期损益。

可供出售外币货币性金融资产形成的汇兑差额,应当计入当期损益。采用实际利率法计算的可供出售金融资产的利息,应当计入当期损益;可供出售权益工具投资的现金股利,应当在被投资单位宣告发放股利时计入当期损益。

与套期保值有关的金融资产或金融负债公允价值变动形成的利得或损失的处理,适用《企业会计准则第 24 号——套期保值》。

第三十九条 以摊余成本计量的金融资产或金融负债,在终止确认、发生减值或摊销时产生的利得或损失,应当计入当期损益。但是,该金融资产或金融负债被指定为被套期项目的,相关的利得或损失的处理,适用《企业会计准则第 24 号——套期保值》。

第六章　金融资产减值

第四十条　企业应当在资产负债表日对以公允价值计量且其变动计入当期损益的金融资产以外的金融资产的账面价值进行检查,有客观证据表明该金融资产发生减值的,应当计提减值准备。

第四十一条　表明金融资产发生减值的客观证据,是指金融资产初始确认后实际发生的、对该金融资产的预计未来现金流量有影响,且企业能够对该影响进行可靠计量的事项。金融资产发生减值的客观证据,包括下列各项:

(一)发行方或债务人发生严重财务困难;

(二)债务人违反了合同条款,如偿付利息或本金发生违约或逾期等;

(三)债权人出于经济或法律等方面因素的考虑,对发生财务困难的债务人作出让步;

(四)债务人很可能倒闭或进行其他财务重组;

(五)因发行方发生重大财务困难,该金融资产无法在活跃市场继续交易;

(六)无法辨认一组金融资产中的某项资产的现金流量是否已经减少,但根据公开的数据对其进行总体评价后发现,该组金融资产自初始确认以来的预计未来现金流量确已减少且可计量,如该组金融资产的债务人支付能力逐步恶化,或债务人所在国家或地区失业率提高、担保物在其所在地区的价格明显下降、所处行业不景气等;

(七)债务人经营所处的技术、市场、经济或法律环境等发生重大不利变化,使权益工具投资人可能无法收回投资成本;

(八)权益工具投资的公允价值发生严重或非暂时性下跌;

(九)其他表明金融资产发生减值的客观证据。

第四十二条　以摊余成本计量的金融资产发生减值时,应当将该金融资产的账面价值减记至预计未来现金流量(不包括尚未发生的未来信用损失)现值,减记的金额确认为资产减值损失,计入当期损益。

预计未来现金流量现值,应当按照该金融资产的原实际利率折现确定,并考虑相关担保物的价值(取得和出售该担保物发生的费用应当予以扣除)。原实际利率是初始确认该金融资产时计算确定的实际利率。对于浮动利率贷款、应收款项或持有至到期投资,在计算未来现金流量现值时可采用合同规定的现行实际利率作为折现率。

短期应收款项的预计未来现金流量与其现值相差很小的,在确定相关减值损失时,可不对其预计未来现金流量进行折现。

第四十三条　对单项金额重大的金融资产应当单独进行减值测试,如有客观证据表明其已发生减值,应当确认减值损失,计入当期损益。对单项金额不重大的金融资产,可以单独进行减值测试,或包括在具有类似信用风险特征的金融资产组合中进行减值测试。

单独测试未发生减值的金融资产(包括单项金额重大和不重大的金融资产),应当包括在具有类似信用风险特征的金融资产组合中再进行减值测试。已单项确认减值损失的金融资产,不应包括在具有类似信用风险特征的金融资产组合中进行减值测试。

第四十四条　对以摊余成本计量的金融资产确认减值损失后,如有客观证据表明该金融资产价值已恢复,且客观上与确认该损失后发生的事项有关(如债务人的信用评级已提高等),原确认的减值损失应当予以转回,计入当期损益。但是,该转回后的账面价值不应当超过假定不计提减值准备情况下该金融资产在转回日的摊余成本。

第四十五条　在活跃市场中没有报价且其公允价值不能可靠计量的权益工具投资,或与该权益工具挂钩并须通过交付该权益工具结算的衍生金融资产发生减值时,应当将该权益工具投资或衍生金融资产的账面价值,与按照类似金融资产当时市场收益率对未来现金流量折现确定的现值之间的差额,确认为减值损失,计入当期损益。

第四十六条　可供出售金融资产发生减值时,即使该金融资产没有终止确认,原直接计入所有者权益的因公允价值下降形成的累计损失,应当予以转出,计入当期损益。该转出的累计损失,为可供出售金融资产的初始取得成本扣除已收回本金和已摊销金额、当前公允价值和原已计入损益的减值损失后的余额。

第四十七条　对于已确认减值损失的可供出售债务工具，在随后的会计期间公允价值已上升且客观上与确认原减值损失确认后发生的事项有关的，原确认的减值损失应当予以转回，计入当期损益。

第四十八条　可供出售权益工具投资发生的减值损失，不得通过损益转回。但是，在活跃市场中没有报价且其公允价值不能可靠计量的权益工具投资，或与该权益工具挂钩并须通过交付该权益工具结算的衍生金融资产发生的减值损失，不得转回。

第四十九条　金融资产发生减值后，利息收入应当按照确定减值损失时对未来现金流量进行折现采用的折现率作为利率计算确认。

第七章　公允价值确定

第五十条　公允价值，是指在公平交易中，熟悉情况的交易双方自愿进行资产交换或者债务清偿的金额。在公平交易中，交易双方应当是持续经营企业，不打算或不需要进行清算、重大缩减经营规模，或在不利条件下仍进行交易。

第五十一条　存在活跃市场的金融资产或金融负债，活跃市场中的报价应当用于确定其公允价值。活跃市场中的报价是指易于定期从交易所、经纪商、行业协会、定价服务机构等获得的价格，且代表了在公平交易中实际发生的市场交易的价格。

（一）在活跃市场上，企业已持有的金融资产或拟承担的金融负债的报价，应当是现行出价；企业拟购入的金融资产或已承担的金融负债的报价，应当是现行要价。

（二）企业持有可抵销市场风险的资产和负债时，可采用市场中间价确定可抵销市场风险头寸的公允价值；同时，用出价或要价作为确定净敞口的公允价值。

（三）金融资产或金融负债没有现行出价或要价，但最近交易日后经济环境没有发生重大变化的，企业应当采用最近交易的市场报价确定该金融资产或金融负债的公允价值。

最近交易日后经济环境发生了重大变化时，企业应当参考类似金融资产或金融负债的现行价格或利率，调整最近交易的市场报价，以确定该金融资产或金融负债的公允价值。

企业有足够的证据表明最近交易的市场报价不是公允价值的，应当对最近交易的市场报价作出适当调整，以确定该金融资产或金融负债的公允价值。

（四）金融工具组合的公允价值，应当根据该组合内单项金融工具的数量与单位市场报价共同确定。

（五）活期存款的公允价值，应当不低于存款人可支取时应付的金额；通知存款的公允价值，应当不低于存款人要求支取时应付金额从可支取的第一天起进行折现的现值。

第五十二条　金融工具不存在活跃市场的，企业应当采用估值技术确定其公允价值。采用估值技术得出的结果，应当反映估值日在公平交易中可能采用的交易价格。估值技术包括参考熟悉情况并自愿交易的各方最近进行的市场交易中使用的价格、参照实质上相同的其他金融工具的当前公允价值、现金流量折现法和期权定价模型等。

企业应当选择市场参与者普遍认同，且被以往市场实际交易价格验证具有可靠性的估值技术确定金融工具的公允价值：

（一）采用估值技术确定金融工具的公允价值时，应当尽可能使用市场参与者在金融工具定价时考虑的所有市场参数，包括无风险利率、信用风险、外汇汇率、商品价格、股价或股价指数、金融工具价格未来波动率、提前偿还风险、金融资产或金融负债的服务成本等，尽可能不使用与企业特定相关的参数。

（二）企业应当定期使用没有经过修正或重新组合的金融工具公开交易价格校正所采用的估值技术，并测试该估值技术的有效性。

（三）金融工具的交易价格应当作为其初始确认时的公允价值的最好证据，但有客观证据表明相同金融工具公开交易价格更公允，或采用仅考虑公开市场参数的估值技术确定的结果更公允的，不应当采用交易价格作为初始确认时的公允价值，而应当采用更公允的交易价格或估值结果确定公允价值。

第五十三条　初始取得或源生的金融资产或承担的金融负债，应当以市场交易价格作为确定其公允价值的基础。

债务工具的公允价值，应当根据取得日或发行日的市场情况和当前市场情况，或其他类似债务工具(即有类似的剩余期限、现金流量模式、标价币种、信用风险、担保和利率基础等)的当前市场利率确定。

债务人的信用风险和适用的信用风险贴水在债务工具发行后没有改变的，可使用基准利率估计当前市场利率确定债务工具的公允价值。债务人的信用风险和相应的信用风险贴水在债务工具发行后发生改变的，应当参考类似债务工具的当前价格或利率，并考虑金融工具之间的差异调整，确定债务工具的公允价值。

第五十四条 企业采用未来现金流量折现法确定金融工具公允价值的，应当使用合同条款和特征在实质上相同的其他金融工具的市场收益率作为折现率。金融工具的条款和特征，包括金融工具本身的信用质量、合同规定采用固定利率计息的剩余期间、支付本金的剩余期间以及支付时采用的货币等。

没有标明利率的短期应收款项和应付款项的现值与实际交易价格相差很小的，可以按照实际交易价格计量。

第五十五条 在活跃市场中没有报价的权益工具投资，以及与该权益工具挂钩并须通过交付该权益工具结算的衍生工具，满足下列条件之一的，表明其公允价值能够可靠计量：

(一)该金融工具公允价值合理估计数的变动区间很小。

(二)该金融工具公允价值变动区间内，各种用于确定公允价值估计数的概率能够合理地确定。

第八章 金融资产、金融负债和权益工具定义

第五十六条 金融资产，是指企业的下列资产：

(一)现金；

(二)持有的其他单位的权益工具；

(三)从其他单位收取现金或其他金融资产的合同权利；

(四)在潜在有利条件下，与其他单位交换金融资产或金融负债的合同权利；

(五)将来须用或可用企业自身权益工具进行结算的非衍生工具的合同权利，企业根据该合同将收到非固定数量的自身权益工具；

(六)将来须用或可用企业自身权益工具进行结算的衍生工具的合同权利，但企业以固定金额的现金或其他金融资产换取固定数量的自身权益工具的衍生工具合同权利除外。其中，企业自身权益工具不包括本身就是在将来收取或支付企业自身权益工具的合同。

第五十七条 金融负债，是指企业的下列负债：

(一)向其他单位交付现金或其他金融资产的合同义务；

(二)在潜在不利条件下，与其他单位交换金融资产或金融负债的合同义务；

(三)将来须用或可用企业自身权益工具进行结算的非衍生工具的合同义务，企业根据该合同将交付非固定数量的自身权益工具；

(四)将来须用或可用企业自身权益工具进行结算的衍生工具的合同义务，但企业以固定金额的现金或其他金融资产换取固定数量的自身权益工具的衍生工具合同义务除外。其中，企业自身权益工具不包括本身就是在将来收取或支付企业自身权益工具的合同。

第五十八条 权益工具，是指能证明拥有某个企业在扣除所有负债后的资产中的剩余权益的合同。

24. 企业会计准则第23号——金融资产转移

第一章 总 则

第一条 为了规范金融资产(含单项或一组类似金融资产)转移的确认和计量，根据《企业会计准则——基本准则》，制定本准则。

第二条 金融资产转移，是指企业(转出方)将金融资产让与或交付给该金融资产发行方以外的另一方

(转入方)。

第三条　企业对金融资产转入方具有控制权的，除在该企业财务报表基础上运用本准则外，还应当按照《企业会计准则第 33 号——合并财务报表》的规定，将转入方纳入合并财务报表范围。

第二章　金融资产转移的确认

第四条　企业金融资产转移，包括下列两种情形：

(一)将收取金融资产现金流量的权利转移给另一方；

(二)将金融资产转移给另一方，但保留收取金融资产现金流量的权利，并承担将收取的现金流量支付给最终收款方的义务，同时满足下列条件：

1. 从该金融资产收到对等的现金流量时，才有义务将其支付给最终收款方。企业发生短期垫付款，但有权全额收回该垫付款并按照市场上同期银行贷款利率计收利息的，视同满足本条件。

2. 根据合同约定，不能出售该金融资产或作为担保物，但可以将其作为对最终收款方支付现金流量的保证。

3. 有义务将收取的现金流量及时支付给最终收款方。企业无权将该现金流量进行再投资，但按照合同约定在相邻两次支付间隔期内将所收到的现金流量进行现金或现金等价物投资的除外。企业按照合同约定进行再投资的，应当将投资收益按照合同约定支付给最终收款方。

第五条　企业应当将金融资产转移区分为金融资产整体转移和部分转移，并分别按照本准则有关规定处理。

第六条　金融资产部分转移，包括下列三种情形：

(一)将金融资产所产生现金流量中特定、可辨认部分转移，如企业将一组类似贷款的应收利息转移等。

(二)将金融资产所产生全部现金流量的一定比例转移，如企业将一组类似贷款的本金和应收利息合计的一定比例转移等。

(三)将金融资产所产生现金流量中特定、可辨认部分的一定比例转移，如企业将一组类似贷款的应收利息的一定比例转移等。

第七条　企业已将金融资产所有权上几乎所有的风险和报酬转移给转入方的，应当终止确认该金融资产；保留了金融资产所有权上几乎所有的风险和报酬的，不应当终止确认该金融资产。

终止确认，是指将金融资产或金融负债从企业的账户和资产负债表内予以转销。

第八条　企业在判断是否已将金融资产所有权上几乎所有的风险和报酬转移给了转入方时，应当比较转移前后该金融资产未来现金流量净现值及时间分布的波动使其面临的风险。

企业面临的风险因金融资产转移发生实质性改变的，表明该企业已将金融资产所有权上几乎所有的风险和报酬转移给了转入方，如不附任何保证条款的金融资产出售等。

企业面临的风险没有因金融资产转移发生实质性改变的，表明该企业仍保留了金融资产所有权上几乎所有的风险和报酬，如将贷款整体转移并对该贷款可能发生的信用损失进行全额补偿等。

企业需要通过计算判断是否已将金融资产所有权上几乎所有的风险和报酬转移给了转入方的，在计算金融资产未来现金流量净现值时，应当考虑所有合理、可能的现金流量波动，并采用适当的现行市场利率作为折现率。

第九条　企业既没有转移也没有保留金融资产所有权上几乎所有的风险和报酬的(即不属于本准则第七条所指情形)，应当分别下列情况处理：

(一)放弃了对该金融资产控制的，应当终止确认该金融资产。

(二)未放弃对该金融资产控制的，应当按照其继续涉入所转移金融资产的程度确认有关金融资产，并相应确认有关负债。

继续涉入所转移金融资产的程度，是指该金融资产价值变动使企业面临的风险水平。

第十条　企业在判断是否已放弃对所转移金融资产的控制时，应当注重转入方出售该金融资产的实际能力。转入方能够单独将转入的金融资产整体出售给与其不存在关联方关系的第三方，且没有额外条件对此项出售加以限制的，表明企业已放弃对该金融资产的控制。

第十一条　企业在判断金融资产转移是否满足本准则规定的金融资产终止确认条件时，应当注重金融资产转移的实质。

（一）在附回购协议的金融资产出售中，转出方将予回购的资产与售出的金融资产相同或实质上相同、回购价格固定或是原售价加上合理回报的，不应当终止确认所出售的金融资产，如采用买断式回购、质押式回购交易卖出债券等。

（二）转出方在金融资产转移后只保留了优先按照公允价值回购该金融资产的权利的（在转入方出售该金融资产的情况下），应当终止确认所转移的金融资产。

（三）在采用保留次级权益或提供信用担保等进行信用增级的金融资产转移中，转出方只保留了所转移金融资产所有权上的部分（非几乎所有）风险和报酬且能控制所转移金融资产的，应当按照其继续涉入所转移金融资产的程度确认相关资产和负债。

第三章　金融资产转移的计量

第十二条　金融资产整体转移满足终止确认条件的，应当将下列两项金额的差额计入当期损益：

（一）所转移金融资产的账面价值；

（二）因转移而收到的对价，与原直接计入所有者权益的公允价值变动累计额（涉及转移的金融资产为可供出售金融资产的情形）之和。

因金融资产转移获得了新金融资产或承担了新金融负债的，应当在转移日按照公允价值确认该金融资产或金融负债（包括看涨期权、看跌期权、担保负债、远期合同、互换等），并将该金融资产扣除金融负债后的净额作为上述对价的组成部分。

企业与金融资产转入方签订服务合同提供相关服务的（包括收取该金融资产的现金流量，并将所收取的现金流量交付给指定的资金保管机构等），应当就该服务合同确认一项服务资产或服务负债。服务负债应当按照公允价值进行初始计量，并作为上述对价的组成部分。

第十三条　金融资产部分转移满足终止确认条件的，应当将所转移金融资产整体的账面价值，在终止确认部分和未终止确认部分（在此种情况下，所保留的服务资产应当视同未终止确认金融资产的一部分）之间，按照各自的相对公允价值进行分摊，并将下列两项金额的差额计入当期损益：

（一）终止确认部分的账面价值；

（二）终止确认部分的对价，与原直接计入所有者权益的公允价值变动累计额中对应终止确认部分的金额（涉及转移的金融资产为可供出售金融资产的情形）之和。

原直接计入所有者权益的公允价值变动累计额中对应终止确认部分的金额，应当按照金融资产终止确认部分和未终止确认部分的相对公允价值，对该累计额进行分摊后确定。

第十四条　根据本准则第十三条规定将所转移金融资产整体的账面价值按相对公允价值在终止确认部分和未终止确认部分之间进行分摊时，未终止确认部分的公允价值按照下列规定确定：

（一）企业出售过与未终止确认部分类似的金融资产，或发生过与未终止确认部分有关的其他市场交易的，应当按照最近实际交易价格确定。

（二）未终止确认部分在活跃市场上没有报价，且最近市场上也没有与其有关的实际交易价格的，应当按照所转移金融资产整体的公允价值扣除终止确认部分的对价后的余额确定。该金融资产整体的公允价值确实难以合理确定的，按照金融资产整体的账面价值扣除终止确认部分的对价后的余额确定。

第十五条　企业仍保留与所转移金融资产所有权上几乎所有的风险和报酬的，应当继续确认所转移金融资产整体，并将收到的对价确认为一项金融负债。

该金融资产与确认的相关金融负债不得相互抵销。在随后的会计期间，企业应当继续确认该金融资产产生的收入和该金融负债产生的费用。所转移的金融资产以摊余成本计量的，确认的相关负债不得指定为以公允价值计量且其变动计入当期损益的金融负债。

第十六条　企业既没有转移也没有保留金融资产所有权上几乎所有的风险和报酬，且未放弃对该金融资产控制的，根据本准则第九条规定确认的相关资产和负债，应当充分反映保留的权利和承担的义务。

第十七条　通过对所转移金融资产提供财务担保方式继续涉入的，应当在转移日按照金融资产的账面价值和财务担保金额两者之中的较低者，确认继续涉入形成的资产，同时按照财务担保金额和财务担保合同的公允价值（提供担保的取费）之和确认继续涉入形成的负债。财务担保金额，是指企业所收到的对价中，将被要求偿还的最高金额。

在随后的会计期间，财务担保合同的初始确认金额应当在该财务担保合同期间内按照时间比例摊销，确认为各期收入。因担保形成的资产的账面价值，应当在资产负债表日进行减值测试。

第十八条　企业因卖出一项看跌期权或持有一项看涨期权，使所转移金融资产不符合终止确认条件，且按照摊余成本计量该金融资产的，应当在转移日按照收到的对价确认继续涉入形成的负债。

所转移金融资产在期权到期日的摊余成本和继续涉入形成的负债初始确认金额之间的差额，应当采用实际利率法摊销，计入当期损益；同时，调整继续涉入所形成负债的账面价值。相关期权行权的，应当在行权时，将继续涉入形成负债的账面价值与行权价格之间的差额计入当期损益。

第十九条　企业因持有一项看涨期权使所转移金融资产不满足终止确认条件，且按照公允价值计量该金融资产的，应当在转移日仍按照公允价值确认所转移金融资产，同时按照下列规定计量继续涉入形成的负债：

（一）该期权是价内或平价期权的，应当按照期权的行权价格扣除期权的时间价值后的余额，计量继续涉入形成的负债。

（二）该期权是价外期权的，应当按照所转移金融资产的公允价值扣除期权的时间价值后的余额，计量继续涉入形成的负债。

第二十条　企业因卖出一项看跌期权使所转移金融资产不满足终止确认条件，且按照公允价值计量该金融资产的，应当在转移日按照该金融资产的公允价值和该期权行权价格之间的较低者，确认继续涉入形成的资产；同时，按照该期权的行权价格与时间价值之和，确认继续涉入形成的负债。

第二十一条　企业因卖出一项看跌期权和购入一项看涨期权（即上下期权）使所转移金融资产不满足终止确认条件，且按照公允价值计量该金融资产的，应当在转移日仍按照公允价值确认所转移金融资产；同时，按照下列规定计量继续涉入形成的负债：

（一）该看涨期权是价内或平价期权的，应当按照看涨期权的行权价格和看跌期权的公允价值之和，扣除看涨期权的时间价值后的金额，计量继续涉入形成的负债。

（二）该看涨期权是价外期权的，应当按照所转移金融资产的公允价值总额和看跌期权的公允价值之和，扣除看涨期权的时间价值后的金额，计量继续涉入形成的负债。

第二十二条　企业应当对因继续涉入所转移金融资产形成的有关资产确认相关收入，对继续涉入形成的有关负债确认相关费用。继续涉入所形成的相关资产和负债不应当相互抵销，其后续计量适用《企业会计准则第 22 号——金融工具确认和计量》。

第二十三条　企业仅继续涉入所转移金融资产一部分的，应当比照本准则第十三条的规定处理。

第二十四条　企业向金融资产转入方提供了非现金担保物（如债务工具或权益工具投资等）的，企业和转入方应当按照下列规定处理：

（一）转入方按照合同或惯例有权出售该担保物或将其再作为担保物的，企业应当将该非现金担保物在资产负债表中重新归类，并单独列示。

（二）转入方已将该担保物出售的，转入方应当就归还担保物义务，按照公允价值确认一项负债。

（三）企业违约，丧失了赎回担保物权利的，应当终止确认该担保物；转入方应当按照公允价值将该担保物确认为一项资产。转入方已出售该担保物的，转入方应当终止确认归还担保物的义务。

（四）除上述（三）所涉及的情况外，企业应当继续将担保物确认为一项资产。

25. 企业会计准则第 24 号——套期保值

第一章　总　　则

第一条　为了规范套期保值的确认和计量，根据《企业会计准则——基本准则》，制定本准则。

第二条　套期保值（以下简称套期），是指企业为规避外汇风险、利率风险、商品价格风险、股票价格风险、信用风险等，指定一项或一项以上套期工具，使套期工具的公允价值或现金流量变动，预期抵销被套期项目全部或部分公允价值或现金流量变动。

第三条 套期分为公允价值套期、现金流量套期和境外经营净投资套期。

(一)公允价值套期,是指对已确认资产或负债、尚未确认的确定承诺,或该资产或负债、尚未确认的确定承诺中可辨认部分的公允价值变动风险进行的套期。该类价值变动源于某类特定风险,且将影响企业的损益。

(二)现金流量套期,是指对现金流量变动风险进行的套期。该类现金流量变动源于与已确认资产或负债、很可能发生的预期交易有关的某类特定风险,且将影响企业的损益。

(三)境外经营净投资套期,是指对境外经营净投资外汇风险进行的套期。境外经营净投资,是指企业在境外经营净资产中的权益份额。

第四条 对于满足本准则第三章规定条件的套期,企业可运用套期会计方法进行处理。

套期会计方法,是指在相同会计期间将套期工具和被套期项目公允价值变动的抵销结果计入当期损益的方法。

第二章 套期工具和被套期项目

第五条 套期工具,是指企业为进行套期而指定的、其公允价值或现金流量变动预期可抵销被套期项目的公允价值或现金流量变动的衍生工具,对外汇风险进行套期还可以将非衍生金融资产或非衍生金融负债作为套期工具。

第六条 企业在确立套期关系时,应当将套期工具整体或其一定比例(不含套期工具剩余期限内的某一时段)进行指定,但下列情况除外:

(一)对于期权,企业可以将期权的内在价值和时间价值分开,只就内在价值变动将期权指定为套期工具;

(二)对于远期合同,企业可以将远期合同的利息和即期价格分开,只就即期价格变动将远期合同指定为套期工具。

第七条 企业通常可将单项衍生工具指定为对一种风险进行套期,但同时满足下列条件的,可以指定单项衍生工具对一种以上的风险进行套期:

(一)各项被套期风险可以清晰辨认;

(二)套期有效性可以证明;

(三)可以确保该衍生工具与不同风险头寸之间存在具体指定关系。

套期有效性,是指套期工具的公允价值或现金流量变动能够抵销被套期风险引起的被套期项目公允价值或现金流量变动的程度。

第八条 企业可以将两项或两项以上衍生工具的组合或该组合的一定比例指定为套期工具。

对于外汇风险套期,企业可以将两项或两项以上非衍生工具的组合或该组合的一定比例,或将衍生工具和非衍生工具的组合或该组合的一定比例指定为套期工具。

对于利率上下限期权或由一项发行的期权和一项购入的期权组成的期权,其实质相当于企业发行的一项期权的(即企业收取了净期权费),不能将其指定为套期工具。

第九条 被套期项目,是指使企业面临公允价值或现金流量变动风险,且被指定为被套期对象的下列项目:

(一)单项已确认资产、负债、确定承诺、很可能发生的预期交易,或境外经营净投资;

(二)一组具有类似风险特征的已确认资产、负债、确定承诺、很可能发生的预期交易,或境外经营净投资;

(三)分担同一被套期利率风险的金融资产或金融负债组合的一部分(仅适用于利率风险公允价值组合套期)。

确定承诺,是指在未来某特定日期或期间,以约定价格交换特定数量资源、具有法律约束力的协议。预期交易,是指尚未承诺但预期会发生的交易。

第十条 被套期风险是信用风险或外汇风险的,持有至到期投资可以指定为被套期项目。被套期风险是利率风险或提前还款风险的,持有至到期投资不能指定为被套期项目。

第十一条　企业集团内部交易形成的货币性项目的汇兑收益或损失，不能在合并财务报表中全额抵销的，该货币性项目的外汇风险可以在合并财务报表中指定为被套期项目。

企业集团内部很可能发生的预期交易，按照进行此项交易的主体的记账本位币以外的货币标价（即按外币标价），且相关的外汇风险将影响合并利润或损失的，该外汇风险可以在合并财务报表中指定为被套期项目。

第十二条　对于与金融资产或金融负债现金流量或公允价值的一部分相关的风险，其套期有效性可以计量的，企业可以就该风险将金融资产或金融负债指定为被套期项目。

第十三条　在金融资产或金融负债组合的利率风险公允价值套期中，可以将某货币金额（如人民币、美元或欧元金额）的资产或负债指定为被套期项目。

第十四条　企业可以将金融资产或金融负债现金流量的全部指定为被套期项目。但金融资产或金融负债现金流量的一部分被指定为被套期项目的，被指定部分的现金流量应当少于该金融资产或金融负债现金流量总额。

第十五条　非金融资产或非金融负债指定为被套期项目的，被套期风险应当是该非金融资产或非金融负债相关的全部风险或外汇风险。

第十六条　对具有类似风险特征的资产或负债组合进行套期时，该组合中的各单项资产或单项负债应当同时承担被套期风险，且该组合内各单项资产或单项负债由被套期风险引起的公允价值变动，应当预期与该组合由被套期风险引起的公允价值整体变动基本成比例。

第三章　套期确认和计量

第十七条　公允价值套期、现金流量套期或境外经营净投资套期同时满足下列条件的，才能运用本准则规定的套期会计方法进行处理：

（一）在套期开始时，企业对套期关系（即套期工具和被套期项目之间的关系）有正式指定，并准备了关于套期关系、风险管理目标和套期策略的正式书面文件。该文件至少载明了套期工具、被套期项目、被套期风险的性质以及套期有效性评价方法等内容。

套期必须与具体可辨认并被指定的风险有关，且最终影响企业的损益。

（二）该套期预期高度有效，且符合企业最初为该套期关系所确定的风险管理策略。

（三）对预期交易的现金流量套期，预期交易应当很可能发生，且必须使企业面临最终将影响损益的现金流量变动风险。

（四）套期有效性能够可靠地计量。

（五）企业应当持续地对套期有效性进行评价，并确保该套期在套期关系被指定的会计期间内高度有效。

第十八条　套期同时满足下列条件的，企业应当认定其为高度有效：

（一）在套期开始及以后期间，该套期预期会高度有效地抵销套期指定期间被套期风险引起的公允价值或现金流量变动；

（二）该套期的实际抵销结果在 80％至 125％的范围内。

第十九条　企业至少应当在编制中期或年度财务报告时对套期有效性进行评价。

第二十条　对利率风险进行套期的，企业可以通过编制金融资产和金融负债的到期时间表，标明每期的利率净风险，据此对套期有效性进行评价。

第二十一条　公允价值套期满足运用套期会计方法条件的，应当按照下列规定处理：

（一）套期工具为衍生工具的，套期工具公允价值变动形成的利得或损失应当计入当期损益；套期工具为非衍生工具的，套期工具账面价值因汇率变动形成的利得或损失应当计入当期损益。

（二）被套期项目因被套期风险形成的利得或损失应当计入当期损益，同时调整被套期项目的账面价值。被套期项目为按成本与可变现净值孰低进行后续计量的存货、按摊余成本进行后续计量的金融资产或可供出售金融资产的，也应当按此规定处理。

第二十二条　对于金融资产或金融负债组合一部分的利率风险公允价值套期，为符合本准则第二十一条（二）的要求，企业对被套期项目形成的利得或损失可按下列方法处理：

（一）被套期项目在重新定价期间内是资产的，在资产负债表中资产项下单列项目反映（列在金融资产后），待终止确认时转销；

（二）被套期项目在重新定价期间内是负债的，在资产负债表中负债项下单列项目反映（列在金融负债后），待终止确认时转销。

第二十三条 满足下列条件之一的，企业不应当再按照本准则第二十一条的规定处理：

（一）套期工具已到期、被出售、合同终止或已行使。

套期工具展期或被另一项套期工具替换时，展期或替换是企业正式书面文件所载明的套期策略组成部分的，不作为已到期或合同终止处理。

（二）该套期不再满足本准则所规定的运用套期会计方法的条件。

（三）企业撤销了对套期关系的指定。

第二十四条 被套期项目是以摊余成本计量的金融工具的，按照本准则第二十一条（二）对被套期项目账面价值所作的调整，应当按照调整日重新计算的实际利率在调整日至到期日的期间内进行摊销，计入当期损益。

对利率风险组合的公允价值套期，在资产负债表中单列的相关项目，也应当按照调整日重新计算的实际利率在调整日至相关的重新定价期间结束日的期间内摊销。采用实际利率法进行摊销不切实可行的，可以采用直线法进行摊销。

上述调整金额应当于金融工具到期日前摊销完毕；对于利率风险组合的公允价值套期，应当于相关重新定价期间结束日前摊销完毕。

第二十五条 被套期项目为尚未确认的确定承诺的，该确定承诺因被套期风险引起的公允价值变动累计额应当确认为一项资产或负债，相关的利得或损失应当计入当期损益。

第二十六条 在购买资产或承担负债的确定承诺的公允价值套期中，该确定承诺因被套期风险引起的公允价值变动累计额（已确认为资产或负债），应当调整履行该确定承诺所取得的资产或承担的负债的初始确认金额。

第二十七条 现金流量套期满足运用套期会计方法条件的，应当按照下列规定处理：

（一）套期工具利得或损失中属于有效套期的部分，应当直接确认为所有者权益，并单列项目反映。该有效套期部分的金额，按照下列两项的绝对额中较低者确定：

1. 套期工具自套期开始的累计利得或损失；

2. 被套期项目自套期开始的预计未来现金流量现值的累计变动额。

（二）套期工具利得或损失中属于无效套期的部分（即扣除直接确认为所有者权益后的其他利得或损失），应当计入当期损益。

（三）在风险管理策略的正式书面文件中，载明了在评价套期有效性时将排除套期工具的某部分利得或损失或相关现金流量影响的，被排除的该部分利得或损失的处理适用《企业会计准则第 22 号——金融工具确认和计量》。

对确定承诺的外汇风险进行的套期，企业可以作为现金流量套期或公允价值套期处理。

第二十八条 被套期项目为预期交易，且该预期交易使企业随后确认一项金融资产或一项金融负债的，原直接确认为所有者权益的相关利得或损失，应当在该金融资产或金融负债影响企业损益的相同期间转出，计入当期损益。但是，企业预期原直接在所有者权益中确认的净损失全部或部分在未来会计期间不能弥补时，应当将不能弥补的部分转出，计入当期损益。

第二十九条 被套期项目为预期交易，且该预期交易使企业随后确认一项非金融资产或一项非金融负债的，企业可以选择下列方法处理：

（一）原直接在所有者权益中确认的相关利得或损失，应当在该非金融资产或非金融负债影响企业损益的相同期间转出，计入当期损益。但是，企业预期原直接在所有者权益中确认的净损失全部或部分在未来会计期间不能弥补时，应当将不能弥补的部分转出，计入当期损益。

（二）将原直接在所有者权益中确认的相关利得或损失转出，计入该非金融资产或非金融负债的初始确认金额。

非金融资产或非金融负债的预期交易形成了一项确定承诺时，该确定承诺满足运用本准则规定的套期会计方法条件的，也应当选择上述两种方法之一处理。

企业选择了上述两种处理方法之一作为会计政策后，应当一致地运用于相关的所有预期交易套期，不得随意变更。

第三十条 对于不属于本准则第二十八条和第二十九条涉及的现金流量套期，原直接计入所有者权益中的套期工具利得或损失，应当在被套期预期交易影响损益的相同期间转出，计入当期损益。

第三十一条 在下列情况下，企业不应当再按照本准则第二十七条至第三十条的规定处理：

(一)套期工具已到期、被出售、合同终止或已行使。

在套期有效期间直接计入所有者权益中的套期工具利得或损失不应当转出，直至预期交易实际发生时，再按照本准则第二十八条、第二十九条或第三十条的规定处理。

套期工具展期或被另一项套期工具替换，且展期或替换是企业正式书面文件所载明套期策略组成部分的，不作为已到期或合同终止处理。

(二)该套期不再满足运用本准则规定的套期会计方法的条件。

在套期有效期间直接计入所有者权益中的套期工具利得或损失不应当转出，直至预期交易实际发生时，再按照本准则第二十八条、第二十九条或第三十条的规定处理。

(三)预期交易预计不会发生。

在套期有效期间直接计入所有者权益中的套期工具利得或损失应当转出，计入当期损益。

(四)企业撤销了对套期关系的指定。

对于预期交易套期，在套期有效期间直接计入所有者权益中的套期工具利得或损失不应当转出，直至预期交易实际发生或预计不会发生。预期交易实际发生的，应当按照本准则第二十八条、第二十九条或第三十条的规定处理；预期交易预计不会发生的，原直接计入所有者权益中的套期工具利得或损失应当转出，计入当期损益。

第三十二条 对境外经营净投资的套期，应当按照类似于现金流量套期会计的规定处理：

(一)套期工具形成的利得或损失中属于有效套期的部分，应当直接确认为所有者权益，并单列项目反映。

处置境外经营时，上述在所有者权益中单列项目反映的套期工具利得或损失应当转出，计入当期损益。

(二)套期工具形成的利得或损失中属于无效套期的部分，应当计入当期损益。

26. 企业会计准则第25号——原保险合同

第一章 总 则

第一条 为了规范保险人签发的原保险合同的确认、计量和相关信息的列报，根据《企业会计准则——基本准则》，制定本准则。

第二条 保险合同，是指保险人与投保人约定保险权利义务关系，并承担源于被保险人保险风险的协议。保险合同分为原保险合同和再保险合同。

原保险合同，是指保险人向投保人收取保费，对约定的可能发生的事故因其发生所造成的财产损失承担赔偿保险金责任，或者当被保险人死亡、伤残、疾病或者达到约定的年龄、期限时承担给付保险金责任的保险合同。

第三条 下列各项适用其他相关会计准则：

(一)保险人签发的原保险合同产生的损余物资等资产的减值，适用《企业会计准则第1号——存货》。

(二)保险人向投保人签发的承担保险风险以外的其他风险的合同，适用《企业会计准则第22号——金融工具确认和计量》和《企业会计准则第37号——金融工具列报》。

(三)保险人签发、持有的再保险合同，适用《企业会计准则第26号——再保险合同》。

第二章 原保险合同的确定

第四条 保险人与投保人签订的合同是否属于原保险合同，应当在单项合同的基础上，根据合同条款判断保险人是否承担了保险风险。

发生保险事故可能导致保险人承担赔付保险金责任的，应当确定保险人承担了保险风险。

保险事故，是指保险合同约定的保险责任范围内的事故。

第五条 保险人与投保人签订的合同，使保险人既承担保险风险又承担其他风险的，应当分别下列情况进行处理：

（一）保险风险部分和其他风险部分能够区分，并且能够单独计量的，可以将保险风险部分和其他风险部分进行分拆。保险风险部分，确定为原保险合同；其他风险部分，不确定为原保险合同。

（二）保险风险部分和其他风险部分不能够区分，或者虽能够区分但不能够单独计量的，应当将整个合同确定为原保险合同。

第六条 保险人应当根据在原保险合同延长期内是否承担赔付保险金责任，将原保险合同分为寿险原保险合同和非寿险原保险合同。

在原保险合同延长期内承担赔付保险金责任的，应当确定为寿险原保险合同；在原保险合同延长期内不承担赔付保险金责任的，应当确定为非寿险原保险合同。

原保险合同延长期，是指投保人自上一期保费到期日未交纳保费，保险人仍承担赔付保险金责任的期间。

第三章　原保险合同收入

第七条 保费收入同时满足下列条件的，才能予以确认：

（一）原保险合同成立并承担相应保险责任；

（二）与原保险合同相关的经济利益很可能流入；

（三）与原保险合同相关的收入能够可靠地计量。

第八条 保险人应当按照下列规定计算确定保费收入金额：

（一）对于非寿险原保险合同，应当根据原保险合同约定的保费总额确定。

（二）对于寿险原保险合同，分期收取保费的，应当根据当期应收取的保费确定；一次性收取保费的，应当根据一次性应收取的保费确定。

第九条 原保险合同提前解除的，保险人应当按照原保险合同约定计算确定应退还投保人的金额，作为退保费，计入当期损益。

第四章　原保险合同准备金

第十条 原保险合同准备金包括未到期责任准备金、未决赔款准备金、寿险责任准备金和长期健康险责任准备金。

未到期责任准备金，是指保险人为尚未终止的非寿险保险责任提取的准备金。

未决赔款准备金，是指保险人为非寿险保险事故已发生尚未结案的赔案提取的准备金。

寿险责任准备金，是指保险人为尚未终止的人寿保险责任提取的准备金。

长期健康险责任准备金，是指保险人为尚未终止的长期健康保险责任提取的准备金。

第十一条 保险人应当在确认非寿险保费收入的当期，按照保险精算确定的金额，提取未到期责任准备金，作为当期保费收入的调整，并确认未到期责任准备金负债。

保险人应当在资产负债表日，按照保险精算重新计算确定的未到期责任准备金金额与已提取的未到期责任准备金余额的差额，调整未到期责任准备金余额。

第十二条 保险人应当在非寿险保险事故发生的当期，按照保险精算确定的金额，提取未决赔款准备金，并确认未决赔款准备金负债。

未决赔款准备金包括已发生已报案未决赔款准备金、已发生未报案未决赔款准备金和理赔费用准备金。

已发生已报案未决赔款准备金，是指保险人为非寿险保险事故已发生并已向保险人提出索赔、尚未结案的赔案提取的准备金。

已发生未报案未决赔款准备金，是指保险人为非寿险保险事故已发生、尚未向保险人提出索赔的赔案提取的准备金。

理赔费用准备金，是指保险人为非寿险保险事故已发生尚未结案的赔案可能发生的律师费、诉讼费、损失检验费、相关理赔人员薪酬等费用提取的准备金。

第十三条　保险人应当在确认寿险保费收入的当期，按照保险精算确定的金额，提取寿险责任准备金、长期健康险责任准备金，并确认寿险责任准备金、长期健康险责任准备金负债。

第十四条　保险人至少应当于每年年度终了，对未决赔款准备金、寿险责任准备金、长期健康险责任准备金进行充足性测试。

保险人按照保险精算重新计算确定的相关准备金金额超过充足性测试日已提取的相关准备金余额的，应当按照其差额补提相关准备金；保险人按照保险精算重新计算确定的相关准备金金额小于充足性测试日已提取的相关准备金余额的，不调整相关准备金。

第十五条　原保险合同提前解除的，保险人应当转销相关未到期责任准备金、寿险责任准备金、长期健康险责任准备金余额，计入当期损益。

第五章　原保险合同成本

第十六条　原保险合同成本，是指原保险合同发生的、会导致所有者权益减少的、与向所有者分配利润无关的经济利益的总流出。

原保险合同成本主要包括发生的手续费或佣金支出、赔付成本，以及提取的未决赔款准备金、寿险责任准备金、长期健康险责任准备金等。

赔付成本包括保险人支付的赔款、给付，以及在理赔过程中发生的律师费、诉讼费、损失检验费、相关理赔人员薪酬等理赔费用。

第十七条　保险人在取得原保险合同过程中发生的手续费、佣金，应当在发生时计入当期损益。

第十八条　保险人按照保险精算确定提取的未决赔款准备金、寿险责任准备金、长期健康险责任准备金，计入当期损益。

保险人应当在确定支付赔付款项金额的当期，按照确定支付的赔付款项金额，计入当期损益；同时，冲减相应的未决赔款准备金、寿险责任准备金、长期健康险责任准备金余额。

保险人应当在实际发生理赔费用的当期，按照实际发生的理赔费用金额，计入当期损益；同时，冲减相应的未决赔款准备金、寿险责任准备金、长期健康险责任准备金余额。

第十九条　保险人按照充足性测试补提的未决赔款准备金、寿险责任准备金、长期健康险责任准备金，计入当期损益。

第二十条　保险人承担赔偿保险金责任取得的损余物资，应当按照同类或类似资产的市场价格计算确定的金额确认为资产，并冲减当期赔付成本。

处置损余物资时，保险人应当按照收到的金额与相关损余物资账面价值的差额，调整当期赔付成本。

第二十一条　保险人承担赔付保险金责任应收取的代位追偿款，同时满足下列条件的，应当确认为应收代位追偿款，并冲减当期赔付成本：

（一）与该代位追偿款有关的经济利益很可能流入；

（二）该代位追偿款的金额能够可靠地计量。

收到应收代位追偿款时，保险人应当按照收到的金额与相关应收代位追偿款账面价值的差额，调整当期赔付成本。

第六章　列　　报

第二十二条　保险人应当在资产负债表中单独列示与原保险合同有关的下列项目：

（一）未到期责任准备金；

（二）未决赔款准备金；

（三）寿险责任准备金；

（四）长期健康险责任准备金。

第二十三条　保险人应当在利润表中单独列示与原保险合同有关的下列项目：

(一)保费收入;
(二)退保费;
(三)提取未到期责任准备金;
(四)已赚保费;
(五)手续费支出;
(六)赔付成本;
(七)提取未决赔款准备金;
(八)提取寿险责任准备金;
(九)提取长期健康险责任准备金。

第二十四条 保险人应当在附注中披露与原保险合同有关的下列信息:
(一)代位追偿款的有关情况。
(二)损余物资的有关情况。
(三)各项准备金的增减变动情况。
(四)提取各项准备金及进行准备金充足性测试的主要精算假设和方法。

27. 企业会计准则第26号——再保险合同

第一章 总　　则

第一条 为了规范再保险合同的确认、计量和相关信息的列报,根据《企业会计准则——基本准则》,制定本准则。

第二条 再保险合同,是指一个保险人(再保险分出人)分出一定的保费给另一个保险人(再保险接受人),再保险接受人对再保险分出人由原保险合同所引起的赔付成本及其他相关费用进行补偿的保险合同。

第三条 本准则适用于保险人签发、持有的再保险合同。

保险人将分入的再保险业务转分给其他保险人而签订的转分保合同,比照本准则处理。

第四条 保险人签发的原保险合同,适用《企业会计准则第25号——原保险合同》。

第二章 分出业务的会计处理

第五条 再保险分出人不应当将再保险合同形成的资产与有关原保险合同形成的负债相互抵销。

再保险分出人不应当将再保险合同形成的收入或费用与有关原保险合同形成的费用或收入相互抵销。

第六条 再保险分出人应当在确认原保险合同保费收入的当期,按照相关再保险合同的约定,计算确定分出保费,计入当期损益;同时,原保险合同为非寿险原保险合同的,再保险分出人还应当按照相关再保险合同的约定,计算确认相关的应收分保未到期责任准备金资产,并冲减提取未到期责任准备金。

再保险分出人应当在资产负债表日调整原保险合同未到期责任准备金余额时,相应调整应收分保未到期责任准备金余额。

第七条 再保险分出人应当在确认原保险合同保费收入的当期,按照相关再保险合同的约定,计算确定应向再保险接受人摊回的分保费用,计入当期损益。

第八条 再保险分出人应当在提取原保险合同未决赔款准备金、寿险责任准备金、长期健康险责任准备金的当期,按照相关再保险合同的约定,计算确定应向再保险接受人摊回的相应准备金,确认为相应的应收分保准备金资产。

第九条 再保险分出人应当在确定支付赔付款项金额或实际发生理赔费用而冲减原保险合同相应准备金余额的当期,冲减相应的应收分保准备金余额;同时,按照相关再保险合同的约定,计算确定应向再保险接受人摊回的赔付成本,计入当期损益。

第十条 再保险分出人应当在原保险合同提前解除的当期,按照相关再保险合同的约定,计算确定分出保费、摊回分保费用的调整金额,计入当期损益;同时,转销相关应收分保准备金余额。

第十一条 再保险分出人应当在因取得和处置损余物资、确认和收到应收代位追偿款等而调整原保险合同赔付成本的当期,按照相关再保险合同的约定,计算确定摊回赔付成本的调整金额,计入当期损益。

第十二条 再保险分出人应当在发出分保业务账单时,将账单标明的扣存本期分保保证金确认为存入分保保证金;同时,按照账单标明的返还上期扣存分保保证金转销相关存入分保保证金。

再保险分出人应当根据相关再保险合同的约定,按期计算存入分保保证金利息,计入当期损益。

第十三条 再保险分出人应当根据相关再保险合同的约定,在能够计算确定应向再保险接受人收取的纯益手续费时,将该项纯益手续费作为摊回分保费用,计入当期损益。

第十四条 对于超额赔款再保险等非比例再保险合同,再保险分出人应当根据再保险合同的约定,计算确定分出保费,计入当期损益。

再保险分出人调整分出保费时,应当将调整金额计入当期损益。

再保险分出人应当在能够计算确定应向再保险接受人摊回的赔付成本时,将该项应摊回的赔付成本计入当期损益。

第三章 分入业务的会计处理

第十五条 分保费收入同时满足下列条件的,才能予以确认:

(一)再保险合同成立并承担相应保险责任;

(二)与再保险合同相关的经济利益很可能流入;

(三)与再保险合同相关的收入能够可靠地计量。

再保险接受人应当根据相关再保险合同的约定,计算确定分保费收入金额。

第十六条 再保险接受人应当在确认分保费收入的当期,根据相关再保险合同的约定,计算确定分保费用,计入当期损益。

第十七条 再保险接受人应当根据相关再保险合同的约定,在能够计算确定应向再保险分出人支付的纯益手续费时,将该项纯益手续费作为分保费用,计入当期损益。

第十八条 再保险接受人应当在收到分保业务账单时,按照账单标明的金额对相关分保费收入、分保费用进行调整,调整金额计入当期损益。

第十九条 再保险接受人提取分保未到期责任准备金、分保未决赔款准备金、分保寿险责任准备金、分保长期健康险责任准备金,以及进行相关分保准备金充足性测试,比照《企业会计准则第 25 号——原保险合同》的相关规定处理。

第二十条 再保险接受人应当在收到分保业务账单的当期,按照账单标明的分保赔付款项金额,作为分保赔付成本,计入当期损益;同时,冲减相应的分保准备金余额。

第二十一条 再保险接受人应当在收到分保业务账单时,将账单标明的扣存本期分保保证金确认为存出分保保证金;同时,按照账单标明的返还上期扣存分保保证金转销相关存出分保保证金。

再保险接受人应当根据相关再保险合同的约定,按期计算存出分保保证金利息,计入当期损益。

第四章 列 报

第二十二条 保险人应当在资产负债表中单独列示与再保险合同有关的下列项目:

(一)应收分保账款;

(二)应收分保未到期责任准备金;

(三)应收分保未决赔款准备金;

(四)应收分保寿险责任准备金;

(五)应收分保长期健康险责任准备金;

(六)应付分保账款。

第二十三条 保险人应当在利润表中单独列示与再保险合同有关的下列项目:

(一)分保费收入；
(二)分出保费；
(三)摊回分保费用；
(四)分保费用；
(五)摊回赔付成本；
(六)分保赔付成本；
(七)摊回未决赔款准备金；
(八)摊回寿险责任准备金；
(九)摊回长期健康险责任准备金。

第二十四条 保险人应当在附注中披露与再保险合同有关的下列信息：
(一)分入业务各项分保准备金的增减变动情况。
(二)分入业务提取各项分保准备金及进行分保准备金充足性测试的主要精算假设和方法。

28. 企业会计准则第27号——石油天然气开采

第一章 总 则

第一条 为了规范石油天然气(以下简称油气)开采活动的会计处理和相关信息的披露，根据《企业会计准则——基本准则》，制定本准则。

第二条 油气开采活动包括矿区权益的取得以及油气的勘探、开发和生产等阶段。

第三条 油气开采活动以外的油气储存、集输、加工和销售等业务的会计处理，适用其他相关会计准则。

第二章 矿区权益的会计处理

第四条 矿区权益，是指企业取得的在矿区内勘探、开发和生产油气的权利。

矿区权益分为探明矿区权益和未探明矿区权益。探明矿区，是指已发现探明经济可采储量的矿区；未探明矿区，是指未发现探明经济可采储量的矿区。

探明经济可采储量，是指在现有技术和经济条件下，根据地质和工程分析，可合理确定的能够从已知油气藏中开采的油气数量。

第五条 为取得矿区权益而发生的成本应当在发生时予以资本化。企业取得的矿区权益，应当按照取得时的成本进行初始计量：

(一)申请取得矿区权益的成本包括探矿权使用费、采矿权使用费、土地或海域使用权支出、中介费以及可直接归属于矿区权益的其他申请取得支出。

(二)购买取得矿区权益的成本包括购买价款、中介费以及可直接归属于矿区权益的其他购买取得支出。

矿区权益取得后发生的探矿权使用费、采矿权使用费和租金等维持矿区权益的支出，应当计入当期损益。

第六条 企业应当采用产量法或年限平均法对探明矿区权益计提折耗。采用产量法计提折耗的，折耗额可按照单个矿区计算，也可按照若干具有相同或类似地质构造特征或储层条件的相邻矿区所组成的矿区组计算。计算公式如下：

探明矿区权益折耗额＝探明矿区权益账面价值×探明矿区权益折耗率探明矿区权益折耗率
＝探明矿区当期产量/(探明矿区期末探明经济可采储量
＋探明矿区当期产量)

第七条　企业对于矿区权益的减值，应当分别不同情况确认减值损失：

（一）探明矿区权益的减值，按照《企业会计准则第8号——资产减值》处理。

（二）对于未探明矿区权益，应当至少每年进行一次减值测试。

单个矿区取得成本较大的，应当以单个矿区为基础进行减值测试，并确定未探明矿区权益减值金额。单个矿区取得成本较小且与其他相邻矿区具有相同或类似地质构造特征或储层条件的，可按照若干具有相同或类似地质构造特征或储层条件的相邻矿区所组成的矿区组进行减值测试。

未探明矿区权益公允价值低于账面价值的差额，应当确认为减值损失，计入当期损益。未探明矿区权益减值损失一经确认，不得转回。

第八条　企业转让矿区权益的，应当按照下列规定进行处理：

（一）转让全部探明矿区权益的，将转让所得与矿区权益账面价值的差额计入当期损益。

转让部分探明矿区权益的，按照转让权益和保留权益的公允价值比例，计算确定已转让部分矿区权益账面价值，转让所得与已转让矿区权益账面价值的差额计入当期损益。

（二）转让单独计提减值准备的全部未探明矿区权益的，转让所得与未探明矿区权益账面价值的差额，计入当期损益。

转让单独计提减值准备的部分未探明矿区权益的，如果转让所得大于矿区权益账面价值，将其差额计入当期损益；如果转让所得小于矿区权益账面价值，以转让所得冲减矿区权益账面价值，不确认损益。

（三）转让以矿区组为基础计提减值准备的未探明矿区权益的，如果转让所得大于矿区权益账面原值，将其差额计入当期损益；如果转让所得小于矿区权益账面原值，以转让所得冲减矿区权益账面原值，不确认损益。

转让该矿区组最后一个未探明矿区的剩余矿区权益时，转让所得与未探明矿区权益账面价值的差额，计入当期损益。

第九条　未探明矿区（组）内发现探明经济可采储量而将未探明矿区（组）转为探明矿区（组）的，应当按照其账面价值转为探明矿区权益。

第十条　未探明矿区因最终未能发现探明经济可采储量而放弃的，应当按照放弃时的账面价值转销未探明矿区权益并计入当期损益。因未完成义务工作量等因素导致发生的放弃成本，计入当期损益。

第三章　油气勘探的会计处理

第十一条　油气勘探，是指为了识别勘探区域或探明油气储量而进行的地质调查、地球物理勘探、钻探活动以及其他相关活动。

第十二条　油气勘探支出包括钻井勘探支出和非钻井勘探支出。

钻井勘探支出主要包括钻探区域探井、勘探型详探井、评价井和资料井等活动发生的支出；非钻井勘探支出主要包括进行地质调查、地球物理勘探等活动发生的支出。

第十三条　钻井勘探支出在完井后，确定该井发现了探明经济可采储量的，应当将钻探该井的支出结转为井及相关设施成本。

确定该井未发现探明经济可采储量的，应当将钻探该井的支出扣除净残值后计入当期损益。

确定部分井段发现了探明经济可采储量的，应当将发现探明经济可采储量的有效井段的钻井勘探支出结转为井及相关设施成本，无效井段钻井勘探累计支出转入当期损益。

未能确定该探井是否发现探明经济可采储量的，应当在完井后一年内将钻探该井的支出予以暂时资本化。

第十四条　在完井一年时仍未能确定该探井是否发现探明经济可采储量，同时满足下列条件的，应当将钻探该井的资本化支出继续暂时资本化，否则应当计入当期损益：

（一）该井已发现足够数量的储量，但要确定其是否属于探明经济可采储量，还需要实施进一步的勘探活动；

（二）进一步的勘探活动已在实施中或已有明确计划并即将实施。

钻井勘探支出已费用化的探井又发现了探明经济可采储量的，已费用化的钻井勘探支出不作调整，重新钻探和完井发生的支出应当予以资本化。

第十五条　非钻井勘探支出于发生时计入当期损益。

第四章 油气开发的会计处理

第十六条 油气开发，是指为了取得探明矿区中的油气而建造或更新井及相关设施的活动。

第十七条 油气开发活动所发生的支出，应当根据其用途分别予以资本化，作为油气开发形成的井及相关设施的成本。

油气开发形成的井及相关设施的成本主要包括：

（一）钻前准备支出，包括前期研究、工程地质调查、工程设计、确定井位、清理井场、修建道路等活动发生的支出；

（二）井的设备购置和建造支出，井的设备包括套管、油管、抽油设备和井口装置等，井的建造包括钻井和完井；

（三）购建提高采收率系统发生的支出；

（四）购建矿区内集输设施、分离处理设施、计量设备、储存设施、各种海上平台、海底及陆上电缆等发生的支出。

第十八条 在探明矿区内，钻井至现有已探明层位的支出，作为油气开发支出；为获取新增探明经济可采储量而继续钻至未探明层位的支出，作为钻井勘探支出，按照本准则第十三条和第十四条处理。

第五章 油气生产的会计处理

第十九条 油气生产，是指将油气从油气藏提取到地表以及在矿区内收集、拉运、处理、现场储存和矿区管理等活动。

第二十条 油气的生产成本包括相关矿区权益折耗、井及相关设施折耗、辅助设备及设施折旧以及操作费用等。操作费用包括油气生产和矿区管理过程中发生的直接和间接费用。

第二十一条 企业应当采用产量法或年限平均法对井及相关设施计提折耗。井及相关设施包括确定发现了探明经济可采储量的探井和开采活动中形成的井，以及与开采活动直接相关的各种设施。采用产量法计提折耗的，折耗额可按照单个矿区计算，也可按照若干具有相同或类似地质构造特征或储层条件的相邻矿区所组成的矿区组计算。计算公式如下：

$$\text{探明矿区权益折耗额}=\text{探明矿区权益账面价值}\times\text{探明矿区权益折耗率}$$

$$\text{探明矿区权益折耗率}=\frac{\text{探明矿区当期产量}}{\text{探明矿区期末探明经济可采储量}+\text{探明矿区当期产量}}$$

探明已开发经济可采储量，包括矿区的开发井网钻探和配套设施建设完成后已全面投入开采的探明经济可采储量，以及在提高采收率技术所需的设施已建成并已投产后相应增加的可采储量。

第二十二条 地震设备、建造设备、车辆、修理车间、仓库、供应站、通讯设备、办公设施等辅助设备及设施，应当按照《企业会计准则第 4 号——固定资产》处理。

第二十三条 企业承担的矿区废弃处置义务，满足《企业会计准则第 13 号——或有事项》中预计负债确认条件的，应当将该义务确认为预计负债，并相应增加井及相关设施的账面价值。

不符合预计负债确认条件的，在废弃时发生的拆卸、搬移、场地清理等支出，应当计入当期损益。

矿区废弃，是指矿区内的最后一口井停产。

第二十四条 井及相关设施、辅助设备及设施的减值，应当按照《企业会计准则第 8 号——资产减值》处理。

第六章 披 露

第二十五条 企业应当在附注中披露与石油天然气开采活动有关的下列信息：

（一）拥有国内和国外的油气储量年初、年末数据。

（二）当期在国内和国外发生的矿区权益的取得、油气勘探和油气开发各项支出的总额。

（三）探明矿区权益、井及相关设施的账面原值，累计折耗和减值准备累计金额及其计提方法；与油气开采活动相关的辅助设备及设施的账面原价，累计折旧和减值准备累计金额及其计提方法。

29. 企业会计准则第 28 号——会计政策、会计估计变更和差错更正

第一章 总 则

第一条 为了规范企业会计政策的应用，会计政策、会计估计变更和前期差错更正的确认、计量和相关信息的披露，根据《企业会计准则——基本准则》，制定本准则。

第二条 会计政策变更和前期差错更正的所得税影响，适用《企业会计准则第 18 号——所得税》。

第二章 会计政策

第三条 企业应当对相同或者相似的交易或者事项采用相同的会计政策进行处理。但是，其他会计准则另有规定的除外。

会计政策，是指企业在会计确认、计量和报告中所采用的原则、基础和会计处理方法。

第四条 企业采用的会计政策，在每一会计期间和前后各期应当保持一致，不得随意变更。但是，满足下列条件之一的，可以变更会计政策：

（一）法律、行政法规或者国家统一的会计制度等要求变更。

（二）会计政策变更能够提供更可靠、更相关的会计信息。

第五条 下列各项不属于会计政策变更：

（一）本期发生的交易或者事项与以前相比具有本质差别而采用新的会计政策。

（二）对初次发生的或不重要的交易或者事项采用新的会计政策。

第六条 企业根据法律、行政法规或者国家统一的会计制度等要求变更会计政策的，应当按照国家相关会计规定执行。

会计政策变更能够提供更可靠、更相关的会计信息的，应当采用追溯调整法处理，将会计政策变更累积影响数调整列报前期最早期初留存收益，其他相关项目的期初余额和列报前期披露的其他比较数据也应当一并调整，但确定该项会计政策变更累积影响数不切实可行的除外。

追溯调整法，是指对某项交易或事项变更会计政策，视同该项交易或事项初次发生时即采用变更后的会计政策，并以此对财务报表相关项目进行调整的方法。

会计政策变更累积影响数，是指按照变更后的会计政策对以前各期追溯计算的列报前期最早期初留存收益应有金额与现有金额之间的差额。

第七条 确定会计政策变更对列报前期影响数不切实可行的，应当从可追溯调整的最早期间期初开始应用变更后的会计政策。

在当期期初确定会计政策变更对以前各期累积影响数不切实可行的，应当采用未来适用法处理。

未来适用法，是指将变更后的会计政策应用于变更日及以后发生的交易或者事项，或者在会计估计变更当期和未来期间确认会计估计变更影响数的方法。

第三章 会计估计变更

第八条 企业据以进行估计的基础发生了变化，或者由于取得新信息、积累更多经验以及后来的发展变化，可能需要对会计估计进行修订。会计估计变更的依据应当真实、可靠。

会计估计变更，是指由于资产和负债的当前状况及预期经济利益和义务发生了变化，从而对资产或负债的账面价值或者资产的定期消耗金额进行调整。

第九条 企业对会计估计变更应当采用未来适用法处理。

会计估计变更仅影响变更当期的，其影响数应当在变更当期予以确认；既影响变更当期又影响未来期间的，其影响数应当在变更当期和未来期间予以确认。

第十条 企业难以对某项变更区分为会计政策变更或会计估计变更的，应当将其作为会计估计变更处理。

第四章 前期差错更正

第十一条 前期差错，是指由于没有运用或错误运用下列两种信息，而对前期财务报表造成省略漏或错报。

（一）编报前期财务报表时预期能够取得并加以考虑的可靠信息。

（二）前期财务报告批准报出时能够取得的可靠信息。

前期差错通常包括计算错误、应用会计政策错误、疏忽或曲解事实以及舞弊产生的影响以及存货、固定资产盘盈等。

第十二条 企业应当采用追溯重述法更正重要的前期差错，但确定前期差错累积影响数不切实可行的除外。

追溯重述法，是指在发现前期差错时，视同该项前期差错从未发生过，从而对财务报表相关项目进行更正的方法。

第十三条 确定前期差错影响数不切实可行的，可以从可追溯重述的最早期间开始调整留存收益的期初余额，财务报表其他相关项目的期初余额也应当一并调整，也可以采用未来适用法。

第十四条 企业应当在重要的前期差错发现当期的财务报表中，调整前期比较数据。

第五章 披　　露

第十五条 企业应当在附注中披露与会计政策变更有关的下列信息：

（一）会计政策变更的性质、内容和原因。

（二）当期和各个列报前期财务报表中受影响的项目名称和调整金额。

（三）无法进行追溯调整的，说明该事实和原因以及开始应用变更后的会计政策的时点、具体应用情况。

第十六条 企业应当在附注中披露与会计估计变更有关的下列信息：

（一）会计估计变更的内容和原因。

（二）会计估计变更对当期和未来期间的影响数。

（三）会计估计变更的影响数不能确定的，披露这一事实和原因。

第十七条 企业应当在附注中披露与前期差错更正有关的下列信息：

（一）前期差错的性质。

（二）各个列报前期财务报表中受影响的项目名称和更正金额。

（三）无法进行追溯重述的，说明该事实和原因以及对前期差错开始进行更正的时点、具体更正情况。

第十八条 在以后期间的财务报表中，不需要重复披露在以前期间的附注中已披露的会计政策变更和前期差错更正的信息。

30. 企业会计准则第 29 号——资产负债表日后事项

第一章 总　　则

第一条 为了规范资产负债表日后事项的确认、计量和相关信息的披露，根据《企业会计准则——基本准则》，制定本准则。

第二条　资产负债表日后事项，是指资产负债表日至财务报告批准报出日之间发生的有利或不利事项。财务报告批准报出日，是指董事会或类似机构批准财务报告报出的日期。

资产负债表日后事项包括资产负债表日后调整事项和资产负债表日后非调整事项。

资产负债表日后调整事项，是指对资产负债表日已经存在的情况提供了新的或进一步证据的事项。

资产负债表日后非调整事项，是指表明资产负债表日后发生的情况的事项。

第三条　资产负债表日后事项表明持续经营假设不再适用的，企业不应当在持续经营基础上编制财务报表。

第二章　资产负债表日后调整事项

第四条　企业发生的资产负债表日后调整事项，应当调整资产负债表日的财务报表。

第五条　企业发生的资产负债表日后调整事项，通常包括下列各项：

(一)资产负债表日后诉讼案件结案，法院判决证实了企业在资产负债表日已经存在现时义务，需要调整原先确认的与该诉讼案件相关的预计负债，或确认一项新负债。

(二)资产负债表日后取得确凿证据，表明某项资产在资产负债表日发生了减值或者需要调整该项资产原先确认的减值金额。

(三)资产负债表日后进一步确定了资产负债表日前购入资产的成本或售出资产的收入。

(四)资产负债表日后发现了财务报表舞弊或差错。

第三章　资产负债表日后非调整事项

第六条　企业发生的资产负债表日后非调整事项，不应当调整资产负债表日的财务报表。

第七条　企业发生的资产负债表日后非调整事项，通常包括下列各项：

(一)资产负债表日后发生重大诉讼、仲裁、承诺。

(二)资产负债表日后资产价格、税收政策、外汇汇率发生重大变化。

(三)资产负债表日后因自然灾害导致资产发生重大损失。

(四)资产负债表日后发行股票和债券以及其他巨额举债。

(五)资产负债表日后资本公积转增资本。

(六)资产负债表日后发生巨额亏损。

(七)资产负债表日后发生企业合并或处置子公司。

第八条　资产负债表日后，企业利润分配方案中拟分配的以及经审议批准宣告发放的股利或利润，不确认为资产负债表日的负债，但应当在附注中单独披露。

第四章　披露

第九条　企业应当在附注中披露与资产负债表日后事项有关的下列信息：

(一)财务报告的批准报出者和财务报告批准报出日。

按照有关法律、行政法规等规定，企业所有者或其他方面有权对报出的财务报告进行修改的，应当披露这一情况。

(二)每项重要的资产负债表日后非调整事项的性质、内容，及其对财务状况和经营成果的影响。无法做出估计的，应当说明原因。

第十条　企业在资产负债表日后取得了影响资产负债表日存在情况的新的或进一步的证据，应当调整与之相关的披露信息。

31．企业会计准则第30号——财务报表列报（2014年修订）

第一章　总　　则

第一条　为了规范财务报表的列报，保证同一企业不同期间和同一期间不同企业的财务报表相互可比，根据《企业会计准则——基本准则》，制定本准则。

第二条　财务报表是对企业财务状况、经营成果和现金流量的结构性表述。财务报表至少应当包括下列组成部分：

（一）资产负债表；

（二）利润表；

（三）现金流量表；

（四）所有者权益（或股东权益，下同）变动表；

（五）附注。

财务报表上述组成部分具有同等的重要程度。

第三条　本准则适用于个别财务报表和合并财务报表，以及年度财务报表和中期财务报表，《企业会计准则第32号——中期财务报告》另有规定的除外。合并财务报表的编制和列报，还应遵循《企业会计准则第33号——合并财务报表》；现金流量表的编制和列报，还应遵循《企业会计准则第31号——现金流量表》；其他会计准则的特殊列报要求，适用其他相关会计准则。

第二章　基本要求

第四条　企业应当以持续经营为基础，根据实际发生的交易和事项，按照《企业会计准则——基本准则》和其他各项会计准则的规定进行确认和计量，在此基础上编制财务报表。企业不应以附注披露代替确认和计量，不恰当的确认和计量也不能通过充分披露相关会计政策而纠正。

如果按照各项会计准则规定披露的信息不足以让报表使用者了解特定交易或事项对企业财务状况和经营成果的影响时，企业还应当披露其他的必要信息。

第五条　在编制财务报表的过程中，企业管理层应当利用所有可获得信息来评价企业自报告期末起至少12个月的持续经营能力。

评价时需要考虑宏观政策风险、市场经营风险、企业目前或长期的盈利能力、偿债能力、财务弹性以及企业管理层改变经营政策的意向等因素。

评价结果表明对持续经营能力产生重大怀疑的，企业应当在附注中披露导致对持续经营能力产生重大怀疑的因素以及企业拟采取的改善措施。

第六条　企业如有近期获利经营的历史且有财务资源支持，则通常表明以持续经营为基础编制财务报表是合理的。

企业正式决定或被迫在当期或将在下一个会计期间进行清算或停止营业的，则表明以持续经营为基础编制财务报表不再合理。在这种情况下，企业应当采用其他基础编制财务报表，并在附注中声明财务报表未以持续经营为基础编制的事实、披露未以持续经营为基础编制的原因和财务报表的编制基础。

第七条　除现金流量表按照收付实现制原则编制外，企业应当按照权责发生制原则编制财务报表。

第八条　财务报表项目的列报应当在各个会计期间保持一致，不得随意变更，但下列情况除外：

（一）会计准则要求改变财务报表项目的列报。

（二）企业经营业务的性质发生重大变化或对企业经营影响较大的交易或事项发生后，变更财务报表项目的列报能够提供更可靠、更相关的会计信息。

第九条　性质或功能不同的项目，应当在财务报表中单独列报，但不具有重要性的项目除外。

性质或功能类似的项目，其所属类别具有重要性的，应当按其类别在财务报表中单独列报。

某些项目的重要性程度不足以在资产负债表、利润表、现金流量表或所有者权益变动表中单独列示，但对附注却具有重要性，则应当在附注中单独披露。

第十条　重要性，是指在合理预期下，财务报表某项目的省略或错报会影响使用者据此作出经济决策的，该项目具有重要性。

重要性应当根据企业所处的具体环境，从项目的性质和金额两方面予以判断，且对各项目重要性的判断标准一经确定，不得随意变更。判断项目性质的重要性，应当考虑该项目在性质上是否属于企业日常活动、是否显著影响企业的财务状况、经营成果和现金流量等因素；判断项目金额大小的重要性，应当考虑该项目金额占资产总额、负债总额、所有者权益总额、营业收入总额、营业成本总额、净利润、综合收益总额等直接相关项目金额的比重或所属报表单列项目金额的比重。

第十一条　财务报表中的资产项目和负债项目的金额、收入项目和费用项目的金额、直接计入当期利润的利得项目和损失项目的金额不得相互抵销，但其他会计准则另有规定的除外。

一组类似交易形成的利得和损失应当以净额列示，但具有重要性的除外。

资产或负债项目按扣除备抵项目后的净额列示，不属于抵销。

非日常活动产生的利得和损失，以同一交易形成的收益扣减相关费用后的净额列示更能反映交易实质的，不属于抵销。

第十二条　当期财务报表的列报，至少应当提供所有列报项目上一个可比会计期间的比较数据，以及与理解当期财务报表相关的说明，但其他会计准则另有规定的除外。

根据本准则第八条的规定，财务报表的列报项目发生变更的，应当至少对可比期间的数据按照当期的列报要求进行调整，并在附注中披露调整的原因和性质，以及调整的各项目金额。对可比数据进行调整不切实可行的，应当在附注中披露不能调整的原因。

不切实可行，是指企业在作出所有合理努力后仍然无法采用某项会计准则规定。

第十三条　企业应当在财务报表的显著位置至少披露下列各项：

（一）编报企业的名称。

（二）资产负债表日或财务报表涵盖的会计期间。

（三）人民币金额单位。

（四）财务报表是合并财务报表的，应当予以标明。

第十四条　企业至少应当按年编制财务报表。年度财务报表涵盖的期间短于一年的，应当披露年度财务报表的涵盖期间、短于一年的原因以及报表数据不具可比性的事实。

第十五条　本准则规定在财务报表中单独列报的项目，应当单独列报。其他会计准则规定单独列报的项目，应当增加单独列报项目。

第三章　资产负债表

第十六条　资产和负债应当分别流动资产和非流动资产、流动负债和非流动负债列示。

金融企业等销售产品或提供服务不具有明显可识别营业周期的企业，其各项资产或负债按照流动性列示能够提供可靠且更相关信息的，可以按照其流动性顺序列示。从事多种经营的企业，其部分资产或负债按照流动和非流动列报、其他部分资产或负债按照流动性列示能够提供可靠且更相关信息的，可以采用混合的列报方式。

对于同时包含资产负债表日后一年内（含一年，下同）和一年之后预期将收回或清偿金额的资产和负债单列项目，企业应当披露超过一年后预期收回或清偿的金额。

第十七条　资产满足下列条件之一的，应当归类为流动资产：

（一）预计在一个正常营业周期中变现、出售或耗用。

（二）主要为交易目的而持有。

（三）预计在资产负债表日起一年内变现。

（四）自资产负债表日起一年内，交换其他资产或清偿负债的能力不受限制的现金或现金等价物。

正常营业周期，是指企业从购买用于加工的资产起至实现现金或现金等价物的期间。正常营业周期通常短于一年。因生产周期较长等导致正常营业周期长于一年的，尽管相关资产往往超过一年才变现、出售或耗用，仍应当划分为流动资产。正常营业周期不能确定的，应当以一年(12 个月)作为正常营业周期。

第十八条 流动资产以外的资产应当归类为非流动资产，并应按其性质分类列示。被划分为持有待售的非流动资产应当归类为流动资产。

第十九条 负债满足下列条件之一的，应当归类为流动负债：

(一)预计在一个正常营业周期中清偿。

(二)主要为交易目的而持有。

(三)自资产负债表日起一年内到期应予以清偿。

(四)企业无权自主地将清偿推迟至资产负债表日后一年以上。负债在其对手方选择的情况下可通过发行权益进行清偿的条款与负债的流动性划分无关。

企业对资产和负债进行流动性分类时，应当采用相同的正常营业周期。企业正常营业周期中的经营性负债项目即使在资产负债表日后超过一年才予清偿的，仍应当划分为流动负债。经营性负债项目包括应付账款、应付职工薪酬等，这些项目属于企业正常营业周期中使用的营运资金的一部分。

第二十条 流动负债以外的负债应当归类为非流动负债，并应当按其性质分类列示。被划分为持有待售的非流动负债应当归类为流动负债。

第二十一条 对于在资产负债表日起一年内到期的负债，企业有意图且有能力自主地将清偿义务展期至资产负债表日后一年以上的，应当归类为非流动负债；不能自主地将清偿义务展期的，即使在资产负债表日后、财务报告批准报出日前签订了重新安排清偿计划协议，该项负债仍应当归类为流动负债。

第二十二条 企业在资产负债表日或之前违反了长期借款协议，导致贷款人可随时要求清偿的负债，应当归类为流动负债。

贷款人在资产负债表日或之前同意提供在资产负债表日后一年以上的宽限期，在此期限内企业能够改正违约行为，且贷款人不能要求随时清偿的，该项负债应当归类为非流动负债。

其他长期负债存在类似情况的，比照上述第一款和第二款处理。

第二十三条 资产负债表中的资产类至少应当单独列示反映下列信息的项目：

(一)货币资金；

(二)以公允价值计量且其变动计入当期损益的金融资产；

(三)应收款项；

(四)预付款项；

(五)存货；

(六)被划分为持有待售的非流动资产及被划分为持有待售的处置组中的资产；

(七)可供出售金融资产；

(八)持有至到期投资；

(九)长期股权投资；

(十)投资性房地产；

(十一)固定资产；

(十二)生物资产；

(十三)无形资产；

(十四)递延所得税资产。

第二十四条 资产负债表中的资产类至少应当包括流动资产和非流动资产的合计项目，按照企业的经营性质不切实可行的除外。

第二十五条 资产负债表中的负债类至少应当单独列示反映下列信息的项目：

(一)短期借款；

(二)以公允价值计量且其变动计入当期损益的金融负债；

(三)应付款项；

(四)预收款项；

(五)应付职工薪酬;
(六)应交税费;
(七)被划分为持有待售的处置组中的负债;
(八)长期借款;
(九)应付债券;
(十)长期应付款;
(十一)预计负债;
(十二)递延所得税负债。

第二十六条　资产负债表中的负债类至少应当包括流动负债、非流动负债和负债的合计项目,按照企业的经营性质不切实可行的除外。

第二十七条　资产负债表中的所有者权益类至少应当单独列示反映下列信息的项目:
(一)实收资本(或股本,下同);
(二)资本公积;
(三)盈余公积;
(四)未分配利润。

在合并资产负债表中,应当在所有者权益类单独列示少数股东权益。

第二十八条　资产负债表中的所有者权益类应当包括所有者权益的合计项目。

第二十九条　资产负债表应当列示资产总计项目,负债和所有者权益总计项目。

第四章　利 润 表

第三十条　企业在利润表中应当对费用按照功能分类,分为从事经营业务发生的成本、管理费用、销售费用和财务费用等。

第三十一条　利润表至少应当单独列示反映下列信息的项目,但其他会计准则另有规定的除外:
(一)营业收入;
(二)营业成本;
(三)营业税金及附加;
(四)管理费用;
(五)销售费用;
(六)财务费用;
(七)投资收益;
(八)公允价值变动损益;
(九)资产减值损失;
(十)非流动资产处置损益;
(十一)所得税费用;
(十二)净利润;
(十三)其他综合收益各项目分别扣除所得税影响后的净额;
(十四)综合收益总额。

金融企业可以根据其特殊性列示利润表项目。

第三十二条　综合收益,是指企业在某一期间除与所有者以其所有者身份进行的交易之外的其他交易或事项所引起的所有者权益变动。综合收益总额项目反映净利润和其他综合收益扣除所得税影响后的净额相加后的合计金额。

第三十三条　其他综合收益,是指企业根据其他会计准则规定未在当期损益中确认的各项利得和损失。

其他综合收益项目应当根据其他相关会计准则的规定分为下列两类列报:

(一)以后会计期间不能重分类进损益的其他综合收益项目,主要包括重新计量设定受益计划净负债或净资产导致的变动、按照权益法核算的在被投资单位以后会计期间不能重分类进损益的其他综合收益中所享有的份额等；

（二）以后会计期间在满足规定条件时将重分类进损益的其他综合收益项目，主要包括按照权益法核算的在被投资单位以后会计期间在满足规定条件时将重分类进损益的其他综合收益中所享有的份额、可供出售金融资产公允价值变动形成的利得或损失、持有至到期投资重分类为可供出售金融资产形成的利得或损失、现金流量套期工具产生的利得或损失中属于有效套期的部分、外币财务报表折算差额等。

第三十四条 在合并利润表中，企业应当在净利润项目之下单独列示归属于母公司所有者的损益和归属于少数股东的损益，在综合收益总额项目之下单独列示归属于母公司所有者的综合收益总额和归属于少数股东的综合收益总额。

第五章 所有者权益变动表

第三十五条 所有者权益变动表应当反映构成所有者权益的各组成部分当期的增减变动情况。综合收益和与所有者（或股东，下同）的资本交易导致的所有者权益的变动，应当分别列示。

与所有者的资本交易，是指企业与所有者以其所有者身份进行的、导致企业所有者权益变动的交易。

第三十六条 所有者权益变动表至少应当单独列示反映下列信息的项目：

（一）综合收益总额，在合并所有者权益变动表中还应单独列示归属于母公司所有者的综合收益总额和归属于少数股东的综合收益总额；

（二）会计政策变更和前期差错更正的累积影响金额；

（三）所有者投入资本和向所有者分配利润等；

（四）按照规定提取的盈余公积；

（五）所有者权益各组成部分的期初和期末余额及其调节情况。

第六章 附 注

第三十七条 附注是对在资产负债表、利润表、现金流量表和所有者权益变动表等报表中列示项目的文字描述或明细资料，以及对未能在这些报表中列示项目的说明等。

第三十八条 附注应当披露财务报表的编制基础，相关信息应当与资产负债表、利润表、现金流量表和所有者权益变动表等报表中列示的项目相互参照。

第三十九条 附注一般应当按照下列顺序至少披露：

（一）企业的基本情况。

1. 企业注册地、组织形式和总部地址。

2. 企业的业务性质和主要经营活动。

3. 母公司以及集团最终母公司的名称。

4. 财务报告的批准报出者和财务报告批准报出日，或者以签字人及其签字日期为准。

5. 营业期限有限的企业，还应当披露有关其营业期限的信息。

（二）财务报表的编制基础。

（三）遵循企业会计准则的声明。

企业应当声明编制的财务报表符合企业会计准则的要求，真实、完整地反映了企业的财务状况、经营成果和现金流量等有关信息。

（四）重要会计政策和会计估计。

重要会计政策的说明，包括财务报表项目的计量基础和在运用会计政策过程中所做的重要判断等。重要会计估计的说明，包括可能导致下一个会计期间内资产、负债账面价值重大调整的会计估计的确定依据等。

企业应当披露采用的重要会计政策和会计估计，并结合企业的具体实际披露其重要会计政策的确定依据和财务报表项目的计量基础，及其会计估计所采用的关键假设和不确定因素。

（五）会计政策和会计估计变更以及差错更正的说明。

企业应当按照《企业会计准则第 28 号——会计政策、会计估计变更和差错更正》的规定，披露会计政策和会计估计变更以及差错更正的情况。

（六）报表重要项目的说明。

企业应当按照资产负债表、利润表、现金流量表、所有者权益变动表及其项目列示的顺序，对报表重要项目的说明采用文字和数字描述相结合的方式进行披露。报表重要项目的明细金额合计，应当与报表项目金额相衔接。

企业应当在附注中披露费用按照性质分类的利润表补充资料，可将费用分为耗用的原材料、职工薪酬费用、折旧费用、摊销费用等。

（七）或有和承诺事项、资产负债表日后非调整事项、关联方关系及其交易等需要说明的事项。

（八）有助于财务报表使用者评价企业管理资本的目标、政策及程序的信息。

第四十条　企业应当在附注中披露下列关于其他综合收益各项目的信息：

（一）其他综合收益各项目及其所得税影响；

（二）其他综合收益各项目原计入其他综合收益、当期转出计入当期损益的金额；

（三）其他综合收益各项目的期初和期末余额及其调节情况。

第四十一条　企业应当在附注中披露终止经营的收入、费用、利润总额、所得税费用和净利润，以及归属于母公司所有者的终止经营利润。

第四十二条　终止经营，是指满足下列条件之一的已被企业处置或被企业划归为持有待售的、在经营和编制财务报表时能够单独区分的组成部分：

（一）该组成部分代表一项独立的主要业务或一个主要经营地区。

（二）该组成部分是拟对一项独立的主要业务或一个主要经营地区进行处置计划的一部分。

（三）该组成部分是仅仅为了再出售而取得的子公司。

同时满足下列条件的企业组成部分（或非流动资产，下同）应当确认为持有待售：该组成部分必须在其当前状况下仅根据出售此类组成部分的惯常条款即可立即出售；企业已经就处置该组成部分作出决议，如按规定需得到股东批准的，应当已经取得股东大会或相应权力机构的批准；企业已经与受让方签订了不可撤销的转让协议；该项转让将在一年内完成。

第四十三条　企业应当在附注中披露在资产负债表日后、财务报告批准报出日前提议或宣布发放的股利总额和每股股利金额（或向投资者分配的利润总额）。

第七章　衔接规定

第四十四条　在本准则施行日之前已经执行企业会计准则的企业，应当按照本准则调整财务报表的列报项目；涉及有关报表和附注比较数据的，也应当做相应调整，调整不切实可行的除外。

第八章　附　　则

第四十五条　本准则自2014年7月1日起施行。

32. 企业会计准则第31号——现金流量表

第一章　总　　则

第一条　为了规范现金流量表的编制和列报，根据《企业会计准则——基本准则》，制定本准则。

第二条　现金流量表，是指反映企业在一定会计期间现金和现金等价物流入和流出的报表。

现金，是指企业库存现金以及可以随时用于支付的存款。

现金等价物，是指企业持有的期限短、流动性强、易于转换为已知金额现金、价值变动风险很小的投资。

本准则提及现金时，除非同时提及现金等价物，均包括现金和现金等价物。

第三条　合并现金流量表的编制和列报，适用《企业会计准则第33号——合并财务报表》。

第二章　基本要求

第四条　现金流量表应当分别经营活动、投资活动和筹资活动列报现金流量。

第五条　现金流量应当分别按照现金流入和现金流出总额列报。

但是，下列各项可以按照净额列报：

（一）代客户收取或支付的现金。

（二）周转快、金额大、期限短项目的现金流入和现金流出。

（三）金融企业的有关项目，包括短期贷款发放与收回的贷款本金、活期存款的吸收与支付、同业存款和存放同业款项的存取、向其他金融企业拆借资金以及证券的买入与卖出等。

第六条　自然灾害损失、保险索赔等特殊项目，应当根据其性质，分别归并到经营活动、投资活动和筹资活动现金流量类别中单独列报。

第七条　外币现金流量以及境外子公司的现金流量，应当采用现金流量发生日的即期汇率或按照系统合理的方法确定的、与现金流量发生日即期汇率近似的汇率折算。汇率变动对现金的影响额应当作为调节项目，在现金流量表中单独列报。

第三章　经营活动现金流量

第八条　企业应当采用直接法列示经营活动产生的现金流量。

经营活动，是指企业投资活动和筹资活动以外的所有交易和事项。

直接法，是指通过现金收入和现金支出的主要类别列示经营活动的现金流量。

第九条　有关经营活动现金流量的信息，可以通过下列途径之一取得：

（一）企业的会计记录。

（二）根据下列项目对利润表中的营业收入、营业成本以及其他项目进行调整：

1. 当期存货及经营性应收和应付项目的变动；

2. 固定资产折旧、无形资产摊销、计提资产减值准备等其他非现金项目；

3. 属于投资活动或筹资活动现金流量的其他非现金项目。

第十条　经营活动产生的现金流量至少应当单独列示反映下列信息的项目：

（一）销售商品、提供劳务收到的现金；

（二）收到的税费返还；

（三）收到其他与经营活动有关的现金；

（四）购买商品、接受劳务支付的现金；

（五）支付给职工以及为职工支付的现金；

（六）支付的各项税费；

（七）支付其他与经营活动有关的现金。

第十一条　金融企业可以根据行业特点和现金流量实际情况，合理确定经营活动现金流量项目的类别。

第四章　投资活动现金流量

第十二条　投资活动，是指企业长期资产的购建和不包括在现金等价物范围的投资及其处置活动。

第十三条　投资活动产生的现金流量至少应当单独列示反映下列信息的项目：

（一）收回投资收到的现金；

（二）取得投资收益收到的现金；

（三）处置固定资产、无形资产和其他长期资产收回的现金净额；

（四）处置子公司及其他营业单位收到的现金净额；

（五）收到其他与投资活动有关的现金；

（六）购建固定资产、无形资产和其他长期资产支付的现金；

(七)投资支付的现金;
(八)取得子公司及其他营业单位支付的现金净额;
(九)支付其他与投资活动有关的现金。

第五章 筹资活动现金流量

第十四条 筹资活动,是指导致企业资本及债务规模和构成发生变化的活动。

第十五条 筹资活动产生的现金流量至少应当单独列示反映下列信息的项目:
(一)吸收投资收到的现金;
(二)取得借款收到的现金;
(三)收到其他与筹资活动有关的现金;
(四)偿还债务支付的现金;
(五)分配股利、利润或偿付利息支付的现金;
(六)支付其他与筹资活动有关的现金。

第六章 披 露

第十六条 企业应当在附注中披露将净利润调节为经营活动现金流量的信息。至少应当单独披露对净利润进行调节的下列项目:
(一)资产减值准备;
(二)固定资产折旧;
(三)无形资产摊销;
(四)长期待摊费用摊销;
(五)待摊费用;
(六)预提费用;
(七)处置固定资产、无形资产和其他长期资产的损益;
(八)固定资产报废损失;
(九)公允价值变动损益;
(十)财务费用;
(十一)投资损益;
(十二)递延所得税资产和递延所得税负债;
(十三)存货;
(十四)经营性应收项目;
(十五)经营性应付项目。

第十七条 企业应当在附注中以总额披露当期取得或处置子公司及其他营业单位的下列信息:
(一)取得或处置价格;
(二)取得或处置价格中以现金支付的部分;
(三)取得或处置子公司及其他营业单位收到的现金;
(四)取得或处置子公司及其他营业单位按照主要类别分类的非现金资产和负债。

第十八条 企业应当在附注中披露不涉及当期现金收支、但影响企业财务状况或在未来可能影响企业现金流量的重大投资和筹资活动。

第十九条 企业应当在附注中披露与现金和现金等价物有关的下列信息:
(一)现金和现金等价物的构成及其在资产负债表中的相应金额。
(二)企业持有但不能由母公司或集团内其他子公司使用的大额现金和现金等价物金额。

33. 企业会计准则第32号——中期财务报告

第一章 总 则

第一条 为了规范中期财务报告的内容和编制中期财务报告应当遵循的确认与计量原则，根据《企业会计准则——基本准则》，制定本准则。

第二条 中期财务报告，是指以中期为基础编制的财务报告。

中期，是指短于一个完整的会计年度的报告期间。

第二章 中期财务报告的内容

第三条 中期财务报告至少应当包括资产负债表、利润表、现金流量表和附注。

中期资产负债表、利润表和现金流量表应当是完整报表，其格式和内容应当与上年度财务报表相一致。

当年新施行的会计准则对财务报表格式和内容作了修改的，中期财务报表应当按照修改后的报表格式和内容编制，上年度比较财务报表的格式和内容，也应当作相应调整。

基本每股收益和稀释每股收益应当在中期利润表中单独列示。

第四条 上年度编制合并财务报表的，中期期末应当编制合并财务报表。

上年度财务报告除了包括合并财务报表，还包括母公司财务报表的，中期财务报告也应当包括母公司财务报表。

上年度财务报告包括了合并财务报表，但报告中期内处置了所有应当纳入合并范围的子公司的，中期财务报告只需提供母公司财务报表，但上年度比较财务报表仍应当包括合并财务报表，上年度可比中期没有子公司的除外。

第五条 中期财务报告应当按照下列规定提供比较财务报表：

（一）本中期末的资产负债表和上年度末的资产负债表。

（二）本中期的利润表、年初至本中期末的利润表以及上年度可比期间的利润表。

（三）年初至本中期末的现金流量表和上年度年初至可比本中期末的现金流量表。

第六条 财务报表项目在报告中期作了调整或者修订的，上年度比较财务报表项目有关金额应当按照本年度中期财务报表的要求重新分类，并在附注中说明重新分类的原因及其内容，无法重新分类的，应当在附注中说明不能重新分类的原因。

第七条 中期财务报告中的附注应当以年初至本中期末为基础编制，披露自上年度资产负债表日之后发生的，有助于理解企业财务状况、经营成果和现金流量变化情况的重要交易或者事项。

对于理解本中期财务状况、经营成果和现金流量有关的重要交易或者事项，也应当在附注中作相应披露。

第八条 中期财务报告中的附注至少应当包括下列信息：

（一）中期财务报表所采用的会计政策与上年度财务报表相一致的声明。

会计政策发生变更的，应当说明会计政策变更的性质、内容、原因及其影响数；无法进行追溯调整的，应当说明原因。

（二）会计估计变更的内容、原因及其影响数；影响数不能确定的，应当说明原因。

（三）前期差错的性质及其更正金额；无法进行追溯重述的，应当说明原因。

（四）企业经营的季节性或者周期性特征。

（五）存在控制关系的关联方发生变化的情况；关联方之间发生交易的，应当披露关联方关系的性质、交易类型和交易要素。

（六）合并财务报表的合并范围发生变化的情况。

（七）对性质特别或者金额异常的财务报表项目的说明。

（八）证券发行、回购和偿还情况。

（九）向所有者分配利润的情况，包括在中期内实施的利润分配和已提出或者已批准但尚未实施的利润分配情况。

（十）根据《企业会计准则第 35 号——分部报告》规定应当披露分部报告信息的，应当披露主要报告形式的分部收入与分部利润（亏损）。

（十一）中期资产负债表日至中期财务报告批准报出日之间发生的非调整事项。

（十二）上年度资产负债表日以后所发生的或有负债和或有资产的变化情况。

（十三）企业结构变化情况，包括企业合并，对被投资单位具有重大影响、共同控制或者控制关系的长期股权投资的购买或者处置，终止经营等。

（十四）其他重大交易或者事项，包括重大的长期资产转让及其出售情况、重大的固定资产和无形资产取得情况、重大的研究和开发支出、重大的资产减值损失情况等。

企业在提供上述（五）和（十）有关关联方交易、分部收入与分部利润（亏损）信息时，应当同时提供本中期（或者本中期末）和本年度年初至本中期末的数据，以及上年度可比本中期（或者可比期末）和可比年初至本中期末的比较数据。

第九条　企业在确认、计量和报告各中期财务报表项目时，对项目重要性程度的判断，应当以中期财务数据为基础，不应以年度财务数据为基础。中期会计计量与年度财务数据相比，可在更大程度上依赖于估计，但是，企业应当确保所提供的中期财务报告包括了相关的重要信息。

第十条　在同一会计年度内，以前中期财务报告中报告的某项估计金额在最后一个中期发生了重大变更、企业又不单独编制该中期财务报告的，应当在年度财务报告的附注中披露该项估计变更的内容、原因及其影响金额。

第三章　确认和计量

第十一条　企业在中期财务报表中应当采用与年度财务报表相一致的会计政策。

上年度资产负债表日之后发生了会计政策变更，且变更后的会计政策将在年度财务报表中采用的，中期财务报表应当采用变更后的会计政策，并按照本准则第十四条的规定处理。

第十二条　中期会计计量应当以年初至本中期末为基础，财务报告的频率不应当影响年度结果的计量。

在同一会计年度内，以前中期财务报表项目在以后中期发生了会计估计变更的，以后中期财务报表应当反映该会计估计变更后的金额，但对以前中期财务报表项目金额不作调整。同时，该会计估计变更应当按照本准则第八条（二）或者第十条的规定在附注中作相应披露。

第十三条　企业取得的季节性、周期性或者偶然性收入，应当在发生时予以确认和计量，不应在中期财务报表中预计或者递延，但会计年度末允许预计或者递延的除外。

企业在会计年度中不均匀发生的费用，应当在发生时予以确认和计量，不应在中期财务报表中预提或者待摊，但会计年度末允许预提或者待摊的除外。

第十四条　企业在中期发生了会计政策变更的，应当按照《企业会计准则第 28 号——会计政策、会计估计变更和差错更正》处理，并按照本准则第八条（一）的规定在附注中作相应披露。

会计政策变更的累积影响数能够合理确定、且涉及本会计年度以前中期财务报表相关项目数字的，应当予以追溯调整，视同该会计政策在整个会计年度一贯采用；同时，上年度可比财务报表也应当作相应调整。

34. 企业会计准则第 33 号——合并财务报表（2014 年修订）

第一章　总　　则

第一条　为了规范合并财务报表的编制和列报，根据《企业会计准则——基本准则》，制定本准则。

第二条　合并财务报表，是指反映母公司和其全部子公司形成的企业集团整体财务状况、经营成果和现金流量的财务报表。母公司，是指控制一个或一个以上主体（含企业、被投资单位中可分割的部分，以及企业所控制的结构化主体等，下同）的主体。子公司，是指被母公司控制的主体。

第三条 合并财务报表至少应当包括下列组成部分：

（一）合并资产负债表；

（二）合并利润表；

（三）合并现金流量表；

（四）合并所有者权益（或股东权益，下同）变动表；

（五）附注。

企业集团中期期末编制合并财务报表的，至少应当包括合并资产负债表、合并利润表、合并现金流量表和附注。

第四条 母公司应当编制合并财务报表。如果母公司是投资性主体，且不存在为其投资活动提供相关服务的子公司，则不应当编制合并财务报表，该母公司按照本准则第二十一条规定以公允价值计量其对所有子公司的投资，且公允价值变动计入当期损益。

第五条 外币财务报表折算，适用《企业会计准则第 19 号——外币折算》和《企业会计准则第 31 号——现金流量表》。

第六条 关于在子公司权益的披露，适用《企业会计准则第 41 号——在其他主体中权益的披露》。

第二章 合并范围

第七条 合并财务报表的合并范围应当以控制为基础予以确定。

控制，是指投资方拥有对被投资方的权力，通过参与被投资方的相关活动而享有可变回报，并且有能力运用对被投资方的权力影响其回报金额。

本准则所称相关活动，是指对被投资方的回报产生重大影响的活动。被投资方的相关活动应当根据具体情况进行判断，通常包括商品或劳务的销售和购买、金融资产的管理、资产的购买和处置、研究与开发活动以及融资活动等。

第八条 投资方应当在综合考虑所有相关事实和情况的基础上对是否控制被投资方进行判断。一旦相关事实和情况的变化导致对控制定义所涉及的相关要素发生变化的，投资方应当进行重新评估。相关事实和情况主要包括：

（一）被投资方的设立目的。

（二）被投资方的相关活动以及如何对相关活动作出决策。

（三）投资方享有的权利是否使其目前有能力主导被投资方的相关活动。

（四）投资方是否通过参与被投资方的相关活动而享有可变回报。

（五）投资方是否有能力运用对被投资方的权力影响其回报金额。

（六）投资方与其他方的关系。

第九条 投资方享有现时权利使其目前有能力主导被投资方的相关活动，而不论其是否实际行使该权利，视为投资方拥有对被投资方的权力。

第十条 两个或两个以上投资方分别享有能够单方面主导被投资方不同相关活动的现时权利的，能够主导对被投资方回报产生最重大影响的活动的一方拥有对被投资方的权力。

第十一条 投资方在判断是否拥有对被投资方的权力时，应当仅考虑与被投资方相关的实质性权利，包括自身所享有的实质性权利以及其他方所享有的实质性权利。

实质性权利，是指持有人在对相关活动进行决策时有实际能力行使的可执行权利。判断一项权利是否为实质性权利，应当综合考虑所有相关因素，包括权利持有人行使该项权利是否存在财务、价格、条款、机制、信息、运营、法律法规等方面的障碍；当权利由多方持有或者行权需要多方同意时，是否存在实际可行的机制使得这些权利持有人在其愿意的情况下能够一致行权；权利持有人能否从行权中获利等。

某些情况下，其他方享有的实质性权利有可能会阻止投资方对被投资方的控制。这种实质性权利既包括提出议案以供决策的主动性权利，也包括对已提出议案作出决策的被动性权利。

第十二条 仅享有保护性权利的投资方不拥有对被投资方的权力。

保护性权利，是指仅为了保护权利持有人利益却没有赋予持有人对相关活动决策权的一项权利。保护性权利通常只能在被投资方发生根本性改变或某些例外情况发生时才能够行使，它既没有赋予其持有人对被投资方拥有权力，也不能阻止其他方对被投资方拥有权力。

第十三条　除非有确凿证据表明其不能主导被投资方相关活动，下列情况，表明投资方对被投资方拥有权力：

(一)投资方持有被投资方半数以上的表决权的。

(二)投资方持有被投资方半数或以下的表决权，但通过与其他表决权持有人之间的协议能够控制半数以上表决权的。

第十四条　投资方持有被投资方半数或以下的表决权，但综合考虑下列事实和情况后，判断投资方持有的表决权足以使其目前有能力主导被投资方相关活动的，视为投资方对被投资方拥有权力：

(一)投资方持有的表决权相对于其他投资方持有的表决权份额的大小，以及其他投资方持有表决权的分散程度。

(二)投资方和其他投资方持有的被投资方的潜在表决权，如可转换公司债券、可执行认股权证等。

(三)其他合同安排产生的权利。

(四)被投资方以往的表决权行使情况等其他相关事实和情况。

第十五条　当表决权不能对被投资方的回报产生重大影响时，如仅与被投资方的日常行政管理活动有关，并且被投资方的相关活动由合同安排所决定，投资方需要评估这些合同安排，以评价其享有的权利是否足够使其拥有对被投资方的权力。

第十六条　某些情况下，投资方可能难以判断其享有的权利是否足以使其拥有对被投资方的权力。在这种情况下，投资方应当考虑其具有实际能力以单方面主导被投资方相关活动的证据，从而判断其是否拥有对被投资方的权力。投资方应考虑的因素包括但不限于下列事项：

(一)投资方能否任命或批准被投资方的关键管理人员。

(二)投资方能否出于其自身利益决定或否决被投资方的重大交易。

(三)投资方能否掌控被投资方董事会等类似权力机构成员的任命程序，或者从其他表决权持有人手中获得代理权。

(四)投资方与被投资方的关键管理人员或董事会等类似权力机构中的多数成员是否存在关联方关系。

投资方与被投资方之间存在某种特殊关系的，在评价投资方是否拥有对被投资方的权力时，应当适当考虑这种特殊关系的影响。特殊关系通常包括：被投资方的关键管理人员是投资方的现任或前任职工、被投资方的经营依赖于投资方、被投资方活动的重大部分有投资方参与其中或者是以投资方的名义进行、投资方自被投资方承担可变回报的风险或享有可变回报的收益远超过其持有的表决权或其他类似权利的比例等。

第十七条　投资方自被投资方取得的回报可能会随着被投资方业绩而变动的，视为享有可变回报。投资方应当基于合同安排的实质而非回报的法律形式对回报的可变性进行评价。

第十八条　投资方在判断是否控制被投资方时，应当确定其自身是以主要责任人还是代理人的身份行使决策权，在其他方拥有决策权的情况下，还需要确定其他方是否以其代理人的身份代为行使决策权。

代理人仅代表主要责任人行使决策权，不控制被投资方。投资方将被投资方相关活动的决策权委托给代理人的，应当将该决策权视为自身直接持有。

第十九条　在确定决策者是否为代理人时，应当综合考虑该决策者与被投资方以及其他投资方之间的关系。

(一)存在单独一方拥有实质性权利可以无条件罢免决策者的，该决策者为代理人。

(二)除(一)以外的情况下，应当综合考虑决策者对被投资方的决策权范围、其他方享有的实质性权利、决策者的薪酬水平、决策者因持有被投资方中的其他权益所承担可变回报的风险等相关因素进行判断。

第二十条　投资方通常应当对是否控制被投资方整体进行判断。但极个别情况下，有确凿证据表明同时满足下列条件并且符合相关法律法规规定的，投资方应当将被投资方的一部分(以下简称“该部分”)视为被投资方可分割的部分(单独主体)，进而判断是否控制该部分(单独主体)。

(一)该部分的资产是偿付该部分负债或该部分其他权益的唯一来源，不能用于偿还该部分以外的被投资方的其他负债；

（二）除与该部分相关的各方外，其他方不享有与该部分资产相关的权利，也不享有与该部分资产剩余现金流量相关的权利。

第二十一条 母公司应当将其全部子公司（包括母公司所控制的单独主体）纳入合并财务报表的合并范围。

如果母公司是投资性主体，则母公司应当仅将为其投资活动提供相关服务的子公司（如有）纳入合并范围并编制合并财务报表；其他子公司不应当予以合并，母公司对其他子公司的投资应当按照公允价值计量且其变动计入当期损益。

第二十二条 当母公司同时满足下列条件时，该母公司属于投资性主体：

（一）该公司是以向投资者提供投资管理服务为目的，从一个或多个投资者处获取资金；

（二）该公司的唯一经营目的，是通过资本增值、投资收益或两者兼有而让投资者获得回报；

（三）该公司按照公允价值对几乎所有投资的业绩进行考量和评价。

第二十三条 母公司属于投资性主体的，通常情况下应当符合下列所有特征：

（一）拥有一个以上投资；

（二）拥有一个以上投资者；

（三）投资者不是该主体的关联方；

（四）其所有者权益以股权或类似权益方式存在。

第二十四条 投资性主体的母公司本身不是投资性主体，则应当将其控制的全部主体，包括那些通过投资性主体所间接控制的主体，纳入合并财务报表范围。

第二十五条 当母公司由非投资性主体转变为投资性主体时，除仅将为其投资活动提供相关服务的子公司纳入合并财务报表范围编制合并财务报表外，企业自转变日起对其他子公司不再予以合并，并参照本准则第四十九条的规定，按照视同在转变日处置子公司但保留剩余股权的原则进行会计处理。

当母公司由投资性主体转变为非投资性主体时，应将原未纳入合并财务报表范围的子公司于转变日纳入合并财务报表范围，原未纳入合并财务报表范围的子公司在转变日的公允价值视同为购买的交易对价。

第三章 合并程序

第二十六条 母公司应当以自身和其子公司的财务报表为基础，根据其他有关资料，编制合并财务报表。

母公司编制合并财务报表，应当将整个企业集团视为一个会计主体，依据相关企业会计准则的确认、计量和列报要求，按照统一的会计政策，反映企业集团整体财务状况、经营成果和现金流量。

（一）合并母公司与子公司的资产、负债、所有者权益、收入、费用和现金流等项目。

（二）抵销母公司对子公司的长期股权投资与母公司在子公司所有者权益中所享有的份额。

（三）抵销母公司与子公司、子公司相互之间发生的内部交易的影响。内部交易表明相关资产发生减值损失的，应当全额确认该部分损失。

（四）站在企业集团角度对特殊交易事项予以调整。

第二十七条 母公司应当统一子公司所采用的会计政策，使子公司采用的会计政策与母公司保持一致。

子公司所采用的会计政策与母公司不一致的，应当按照母公司的会计政策对子公司财务报表进行必要的调整；或者要求子公司按照母公司的会计政策另行编报财务报表。

第二十八条 母公司应当统一子公司的会计期间，使子公司的会计期间与母公司保持一致。

子公司的会计期间与母公司不一致的，应当按照母公司的会计期间对子公司财务报表进行调整；或者要求子公司按照母公司的会计期间另行编报财务报表。

第二十九条 在编制合并财务报表时，子公司除了应当向母公司提供财务报表外，还应当向母公司提供下列有关资料：

（一）采用的与母公司不一致的会计政策及其影响金额；

（二）与母公司不一致的会计期间的说明；

（三）与母公司、其他子公司之间发生的所有内部交易的相关资料；

（四）所有者权益变动的有关资料；

（五）编制合并财务报表所需要的其他资料。

第一节　合并资产负债表

第三十条　合并资产负债表应当以母公司和子公司的资产负债表为基础，在抵销母公司与子公司、子公司相互之间发生的内部交易对合并资产负债表的影响后，由母公司合并编制。

（一）母公司对子公司的长期股权投资与母公司在子公司所有者权益中所享有的份额应当相互抵销，同时抵销相应的长期股权投资减值准备。

子公司持有母公司的长期股权投资，应当视为企业集团的库存股，作为所有者权益的减项，在合并资产负债表中所有者权益项目下以“减：库存股”项目列示。

子公司相互之间持有的长期股权投资，应当比照母公司对子公司的股权投资的抵销方法，将长期股权投资与其对应的子公司所有者权益中所享有的份额相互抵销。

（二）母公司与子公司、子公司相互之间的债权与债务项目应当相互抵销，同时抵销相应的减值准备。

（三）母公司与子公司、子公司相互之间销售商品（或提供劳务，下同）或其他方式形成的存货、固定资产、工程物资、在建工程、无形资产等所包含的未实现内部销售损益应当抵销。

对存货、固定资产、工程物资、在建工程和无形资产等计提的跌价准备或减值准备与未实现内部销售损益相关的部分应当抵销。

（四）母公司与子公司、子公司相互之间发生的其他内部交易对合并资产负债表的影响应当抵销。

（五）因抵销未实现内部销售损益导致合并资产负债表中资产、负债的账面价值与其在所属纳税主体的计税基础之间产生暂时性差异的，在合并资产负债表中应当确认递延所得税资产或递延所得税负债，同时调整合并利润表中的所得税费用，但与直接计入所有者权益的交易或事项及企业合并相关的递延所得税除外。

第三十一条　子公司所有者权益中不属于母公司的份额，应当作为少数股东权益，在合并资产负债表中所有者权益项目下以“少数股东权益”项目列示。

第三十二条　母公司在报告期内因同一控制下企业合并增加的子公司以及业务，编制合并资产负债表时，应当调整合并资产负债表的期初数，同时应当对比较报表的相关项目进行调整，视同合并后的报告主体自最终控制方开始控制时点起一直存在。

因非同一控制下企业合并或其他方式增加的子公司以及业务，编制合并资产负债表时，不应当调整合并资产负债表的期初数。

第三十三条　母公司在报告期内处置子公司以及业务，编制合并资产负债表时，不应当调整合并资产负债表的期初数。

第二节　合并利润表

第三十四条　合并利润表应当以母公司和子公司的利润表为基础，在抵销母公司与子公司、子公司相互之间发生的内部交易对合并利润表的影响后，由母公司合并编制。

（一）母公司与子公司、子公司相互之间销售商品所产生的营业收入和营业成本应当抵销。

母公司与子公司、子公司相互之间销售商品，期末全部实现对外销售的，应当将购买方的营业成本与销售方的营业收入相互抵销。

母公司与子公司、子公司相互之间销售商品，期末未实现对外销售而形成存货、固定资产、工程物资、在建工程、无形资产等资产的，在抵销销售商品的营业成本和营业收入的同时，应当将各项资产所包含的未实现内部销售损益予以抵销。

（二）在对母公司与子公司、子公司相互之间销售商品形成的固定资产或无形资产所包含的未实现内部销售损益进行抵销的同时，也应当对固定资产的折旧额或无形资产的摊销额与未实现内部销售损益相关的部分进行抵销。

（三）母公司与子公司、子公司相互之间持有对方债券所产生的投资收益、利息收入及其他综合收益等，应当与其相对应的发行方利息费用相互抵销。

（四）母公司对子公司、子公司相互之间持有对方长期股权投资的投资收益应当抵销。

（五）母公司与子公司、子公司相互之间发生的其他内部交易对合并利润表的影响应当抵销。

第三十五条 子公司当期净损益中属于少数股东权益的份额，应当在合并利润表中净利润项目下以“少数股东损益”项目列示。

子公司当期综合收益中属于少数股东权益的份额，应当在合并利润表中综合收益总额项目下以“归属于少数股东的综合收益总额”项目列示。

第三十六条 母公司向子公司出售资产所发生的未实现内部交易损益，应当全额抵销“归属于母公司所有者的净利润”。

子公司向母公司出售资产所发生的未实现内部交易损益，应当按照母公司对该子公司的分配比例在“归属于母公司所有者的净利润”和“少数股东损益”之间分配抵销。

子公司之间出售资产所发生的未实现内部交易损益，应当按照母公司对出售方子公司的分配比例在“归属于母公司所有者的净利润”和“少数股东损益”之间分配抵销。

第三十七条 子公司少数股东分担的当期亏损超过了少数股东在该子公司期初所有者权益中所享有的份额的，其余额仍应当冲减少数股东权益。

第三十八条 母公司在报告期内因同一控制下企业合并增加的子公司以及业务，应当将该子公司以及业务合并当期期初至报告期末的收入、费用、利润纳入合并利润表，同时应当对比较报表的相关项目进行调整，视同合并后的报告主体自最终控制方开始控制时点起一直存在。

因非同一控制下企业合并或其他方式增加的子公司以及业务，应当将该子公司以及业务购买日至报告期末的收入、费用、利润纳入合并利润表。

第三十九条 母公司在报告期内处置子公司以及业务，应当将该子公司以及业务期初至处置日的收入、费用、利润纳入合并利润表。

第三节　合并现金流量表

第四十条 合并现金流量表应当以母公司和子公司的现金流量表为基础，在抵销母公司与子公司、子公司相互之间发生的内部交易对合并现金流量表的影响后，由母公司合并编制。

本准则提及现金时，除非同时提及现金等价物，均包括现金和现金等价物。

第四十一条 编制合并现金流量表应当符合下列要求：

（一）母公司与子公司、子公司相互之间当期以现金投资或收购股权增加的投资所产生的现金流量应当抵销。

（二）母公司与子公司、子公司相互之间当期取得投资收益、利息收入收到的现金，应当与分配股利、利润或偿付利息支付的现金相互抵销。

（三）母公司与子公司、子公司相互之间以现金结算债权与债务所产生的现金流量应当抵销。

（四）母公司与子公司、子公司相互之间当期销售商品所产生的现金流量应当抵销。

（五）母公司与子公司、子公司相互之间处置固定资产、无形资产和其他长期资产收回的现金净额，应当与购建固定资产、无形资产和其他长期资产支付的现金相互抵销。

（六）母公司与子公司、子公司相互之间当期发生的其他内部交易所产生的现金流量应当抵销。

第四十二条 合并现金流量表及其补充资料也可以根据合并资产负债表和合并利润表进行编制。

第四十三条 母公司在报告期内因同一控制下企业合并增加的子公司以及业务，应当将该子公司以及业务合并当期期初至报告期末的现金流量纳入合并现金流量表，同时应当对比较报表的相关项目进行调整，视同合并后的报告主体自最终控制方开始控制时点起一直存在。

因非同一控制下企业合并增加的子公司以及业务，应当将该子公司购买日至报告期末的现金流量纳入合并现金流量表。

第四十四条 母公司在报告期内处置子公司以及业务，应当将该子公司以及业务期初至处置日的现金流量纳入合并现金流量表。

第四节 合并所有者权益变动表

第四十五条 合并所有者权益变动表应当以母公司和子公司的所有者权益变动表为基础，在抵销母公司与子公司、子公司相互之间发生的内部交易对合并所有者权益变动表的影响后，由母公司合并编制。

（一）母公司对子公司的长期股权投资应当与母公司在子公司所有者权益中所享有的份额相互抵销。

子公司持有母公司的长期股权投资以及子公司相互之间持有的长期股权投资，应当按照本准则第三十条规定处理。

（二）母公司对子公司、子公司相互之间持有对方长期股权投资的投资收益应当抵销。

（三）母公司与子公司、子公司相互之间发生的其他内部交易对所有者权益变动的影响应当抵销。

合并所有者权益变动表也可以根据合并资产负债表和合并利润表进行编制。

第四十六条 有少数股东的，应当在合并所有者权益变动表中增加"少数股东权益"栏目，反映少数股东权益变动的情况。

第四章 特殊交易的会计处理

第四十七条 母公司购买子公司少数股东拥有的子公司股权，在合并财务报表中，因购买少数股权新取得的长期股权投资与按照新增持股比例计算应享有子公司自购买日或合并日开始持续计算的净资产份额之间的差额，应当调整资本公积（资本溢价或股本溢价），资本公积不足冲减的，调整留存收益。

第四十八条 企业因追加投资等原因能够对非同一控制下的被投资方实施控制的，在合并财务报表中，对于购买日之前持有的被购买方的股权，应当按照该股权在购买日的公允价值进行重新计量，公允价值与其账面价值的差额计入当期投资收益；购买日之前持有的被购买方的股权涉及权益法核算下的其他综合收益等的，与其相关的其他综合收益等应当转为购买日所属当期收益。购买方应当在附注中披露其在购买日之前持有的被购买方的股权在购买日的公允价值、按照公允价值重新计量产生的相关利得或损失的金额。

第四十九条 母公司在不丧失控制权的情况下部分处置对子公司的长期股权投资，在合并财务报表中，处置价款与处置长期股权投资相对应享有子公司自购买日或合并日开始持续计算的净资产份额之间的差额，应当调整资本公积（资本溢价或股本溢价），资本公积不足冲减的，调整留存收益。

第五十条 企业因处置部分股权投资等原因丧失了对被投资方的控制权的，在编制合并财务报表时，对于剩余股权，应当按照其在丧失控制权日的公允价值进行重新计量。处置股权取得的对价与剩余股权公允价值之和，减去按原持股比例计算应享有原有子公司自购买日或合并日开始持续计算的净资产的份额之间的差额，计入丧失控制权当期的投资收益，同时冲减商誉。与原有子公司股权投资相关的其他综合收益等，应当在丧失控制权时转为当期投资收益。

第五十一条 企业通过多次交易分步处置对子公司股权投资直至丧失控制权的，如果处置对子公司股权投资直至丧失控制权的各项交易属于一揽子交易的，应当将各项交易作为一项处置子公司并丧失控制权的交易进行会计处理；但是，在丧失控制权之前每一次处置价款与处置投资对应的享有该子公司净资产份额的差额，在合并财务报表中应当确认为其他综合收益，在丧失控制权时一并转入丧失控制权当期的损益。

处置对子公司股权投资的各项交易的条款、条件以及经济影响符合下列一种或多种情况，通常表明应将多次交易事项作为一揽子交易进行会计处理：

（一）这些交易是同时或者在考虑了彼此影响的情况下订立的。

（二）这些交易整体才能达成一项完整的商业结果。

（三）一项交易的发生取决于其他至少一项交易的发生。

（四）一项交易单独考虑时是不经济的，但是和其他交易一并考虑时是经济的。

第五十二条 对于本章未列举的交易或者事项，如果站在企业集团合并财务报表角度的确认和计量结果与其所属的母公司或子公司的个别财务报表层面的确认和计量结果不一致的，则在编制合并财务报表时，也应当按照本准则第二十六条第二款第（四）项的规定，对其确认和计量结果予以相应调整。

第五章 衔接规定

第五十三条 首次采用本准则的企业应当根据本准则的规定对被投资方进行重新评估，确定其是否应纳入合并财务报表范围。因首次采用本准则导致合并范围发生变化的，应当进行追溯调整，追溯调整不切实可行的除外。比较期间已丧失控制权的原子公司，不再追溯调整。

第六章　附　　则

第五十四条　本准则自 2014 年 7 月 1 日起施行。

35. 企业会计准则第 34 号——每股收益

第一章　总　　则

第一条　为了规范每股收益的计算方法及其列报，根据《企业会计准则——基本准则》，制定本准则。

第二条　本准则适用于普通股或潜在普通股已公开交易的企业，以及正处于公开发行普通股或潜在普通股过程中的企业。

潜在普通股，是指赋予其持有者在报告期或以后期间享有取得普通股权利的一种金融工具或其他合同，包括可转换公司债券、认股权证、股份期权等。

第三条　合并财务报表中，企业应当以合并财务报表为基础计算和列报每股收益。

第二章　基本每股收益

第四条　企业应当按照归属于普通股股东的当期净利润，除以发行在外普通股的加权平均数计算基本每股收益。

第五条　发行在外普通股加权平均数按下列公式计算：

发行在外普通股加权平均数＝期初发行在外普通股股数＋当期新发行普通股股数×已发行时间÷报告期时间－当期回购普通股股数×已回购时间÷报告期时间

已发行时间、报告期时间和已回购时间一般按照天数计算；在不影响计算结果合理性的前提下，也可以采用简化的计算方法。

第六条　新发行普通股股数，应当根据发行合同的具体条款，从应收对价之日（一般为股票发行日）起计算确定。通常包括下列情况：

（一）为收取现金而发行的普通股股数，从应收现金之日起计算。

（二）因债务转资本而发行的普通股股数，从停计债务利息之日或结算日起计算。

（三）非同一控制下的企业合并，作为对价发行的普通股股数，从购买日起计算；同一控制下的企业合并，作为对价发行的普通股股数，应当计入各列报期间普通股的加权平均数。

（四）为收购非现金资产而发行的普通股股数，从确认收购之日起计算。

第三章　稀释每股收益

第七条　企业存在稀释性潜在普通股的，应当分别调整归属于普通股股东的当期净利润和发行在外普通股的加权平均数，并据以计算稀释每股收益。

稀释性潜在普通股，是指假设当期转换为普通股会减少每股收益的潜在普通股。

第八条　计算稀释每股收益，应当根据下列事项对归属于普通股股东的当期净利润进行调整：

（一）当期已确认为费用的稀释性潜在普通股的利息；

（二）稀释性潜在普通股转换时将产生的收益或费用。

上述调整应当考虑相关的所得税影响。

第九条　计算稀释每股收益时，当期发行在外普通股的加权平均数应当为计算基本每股收益时普通股的加权平均数与假定稀释性潜在普通股转换为已发行普通股而增加的普通股股数的加权平均数之和。

计算稀释性潜在普通股转换为已发行普通股而增加的普通股股数的加权平均数时，以前期间发行的稀释性潜在普通股，应当假设在当期期初转换；当期发行的稀释性潜在普通股，应当假设在发行日转换。

第十条　认股权证和股份期权等的行权价格低于当期普通股平均市场价格时，应当考虑其稀释性。计算稀释每股收益时，增加的普通股股数按下列公式计算：

增加的普通股股数＝拟行权时转换的普通股股数－行权价格×拟行权时转换的普通股股数÷当期普通股平均市场价格

第十一条　企业承诺将回购其股份的合同中规定的回购价格高于当期普通股平均市场价格时，应当考虑其稀释性。计算稀释每股收益时，增加的普通股股数按下列公式计算：

增加的普通股股数＝回购价格×承诺回购的普通股股数÷当期普通股平均市场价格－承诺回购的普通股股数

第十二条　稀释性潜在普通股应当按照其稀释程度从大到小的顺序计入稀释每股收益，直至稀释每股收益达到最小值。

第四章　列　　报

第十三条　发行在外普通股或潜在普通股的数量因派发股票股利、公积金转增资本、拆股而增加或因并股而减少，但不影响所有者权益金额的，应当按调整后的股数重新计算各列报期间的每股收益。

上述变化发生于资产负债表日至财务报告批准报出日之间的，应当以调整后的股数重新计算各列报期间的每股收益。

按照《企业会计准则第28号——会计政策、会计估计变更和差错更正》的规定对以前年度损益进行追溯调整或追溯重述的，应当重新计算各列报期间的每股收益。

第十四条　企业应当在利润表中单独列示基本每股收益和稀释每股收益。

第十五条　企业应当在附注中披露与每股收益有关的下列信息：

（一）基本每股收益和稀释每股收益分子、分母的计算过程。

（二）列报期间不具有稀释性但以后期间很可能具有稀释性的潜在普通股。

（三）在资产负债表日至财务报告批准报出日之间，企业发行在外普通股或潜在普通股股数发生重大变化的情况。

36. 企业会计准则第35号——分部报告

第一章　总　　则

第一条　为了规范分部报告的编制和相关信息的披露，根据《企业会计准则——基本准则》，制定本准则。

第二条　企业存在多种经营或跨地区经营的，应当按照本准则规定披露分部信息。但是，法律、行政法规另有规定的除外。

第三条　企业应当以对外提供的财务报表为基础披露分部信息。

对外提供合并财务报表的企业，应当以合并财务报表为基础披露分部信息。

第二章　报告分部的确定

第四条　企业披露分部信息，应当区分业务分部和地区分部。

第五条　业务分部，是指企业内可区分的、能够提供单项或一组相关产品或劳务的组成部分。该组成部分承担了不同于其他组成部分的风险和报酬。

企业在确定业务分部时，应当结合企业内部管理要求，并考虑下列因素：

（一）各单项产品或劳务的性质，包括产品或劳务的规格、型号、最终用途等；

（二）生产过程的性质，包括采用劳动密集或资本密集方式组织生产、使用相同或者相似设备和原材料、采用委托生产或加工方式等；

（三）产品或劳务的客户类型，包括大宗客户、零散客户等；

（四）销售产品或提供劳务的方式，包括批发、零售、自产自销、委托销售、承包等；

（五）生产产品或提供劳务受法律、行政法规的影响，包括经营范围或交易定价限制等。

第六条 地区分部，是指企业内可区分的、能够在一个特定的经济环境内提供产品或劳务的组成部分。该组成部分承担了不同于在其他经济环境内提供产品或劳务的组成部分的风险和报酬。

企业在确定地区分部时，应当结合企业内部管理要求，并考虑下列因素：

（一）所处经济、政治环境的相似性，包括境外经营所在地区经济和政治的稳定程度等；

（二）在不同地区经营之间的关系，包括在某地区进行产品生产，而在其他地区进行销售等；

（三）经营的接近程度大小，包括在某地区生产的产品是否需在其他地区进一步加工生产等；

（四）与某一特定地区经营相关的特别风险，包括气候异常变化等；

（五）外汇管理规定，即境外经营所在地区是否实行外汇管制；

（六）外汇风险。

第七条 两个或两个以上的业务分部或地区分部同时满足下列条件的，可以予以合并：

（一）具有相近的长期财务业绩，包括具有相近的长期平均毛利率、资金回报率、未来现金流量等；

（二）确定业务分部或地区分部所考虑的因素类似。

第八条 企业应当以业务分部或地区分部为基础确定报告分部。

业务分部或地区分部的大部分收入是对外交易收入，且满足下列条件之一的，应当将其确定为报告分部：

（一）该分部的分部收入占所有分部收入合计的10%或者以上。

（二）该分部的分部利润（亏损）的绝对额，占所有盈利分部利润合计额或者所有亏损分部亏损合计额的绝对额两者中较大者的10%或者以上。

（三）该分部的分部资产占所有分部资产合计额的10%或者以上。

第九条 业务分部或地区分部未满足本准则第八条规定条件的，可以按照下列规定处理：

（一）不考虑该分部的规模，直接将其指定为报告分部；

（二）不将该分部直接指定为报告分部的，可将该分部与一个或一个以上类似的、未满足本准则第八条规定条件的其他分部合并为一个报告分部；

（三）不将该分部指定为报告分部且不与其他分部合并的，应当在披露分部信息时，将其作为其他项目单独披露。

第十条 报告分部的对外交易收入合计额占合并总收入或企业总收入的比重未达到75%的，应当将其他的分部确定为报告分部（即使它们未满足本准则第八条规定的条件），直到该比重达到75%。

第十一条 企业的内部管理按照垂直一体化经营的不同层次来划分的，即使其大部分收入不通过对外交易取得，仍可将垂直一体化经营的不同层次确定为独立的报告业务分部。

第十二条 对于上期确定为报告分部的，企业本期认为其依然重要，即使本期未满足本准则第八条规定条件的，仍应将其确定为本期的报告分部。

第三章　分部信息的披露

第十三条 企业应当区分主要报告形式和次要报告形式披露分部信息。

（一）风险和报酬主要受企业的产品和劳务差异影响的，披露分部信息的主要形式应当是业务分部，次要形式是地区分部。

（二）风险和报酬主要受企业在不同的国家或地区经营活动影响的，披露分部信息的主要形式应当是地区分部，次要形式是业务分部。

（三）风险和报酬同时较大地受企业产品和劳务的差异以及经营活动所在国家或地区差异影响的，披露分部信息的主要形式应当是业务分部，次要形式是地区分部。

第十四条 对于主要报告形式,企业应当在附注中披露分部收入、分部费用、分部利润(亏损)、分部资产总额和分部负债总额等。

(一)分部收入,是指可归属于分部的对外交易收入和对其他分部交易收入。分部的对外交易收入和对其他分部交易收入,应当分别披露。

(二)分部费用,是指可归属于分部的对外交易费用和对其他分部交易费用。分部的折旧费用、摊销费用以及其他重大的非现金费用,应当分别披露。

(三)分部利润(亏损),是指分部收入减去分部费用后的余额。

在合并利润表中,分部利润(亏损)应当在调整少数股东损益前确定。

(四)分部资产,是指分部经营活动使用的可归属于该分部的资产,不包括递延所得税资产。

分部资产的披露金额应当按照扣除相关累计折旧或摊销额以及累计减值准备后的金额确定。

披露分部资产总额时,当期发生的在建工程成本总额、购置的固定资产和无形资产的成本总额,应当单独披露。

(五)分部负债,是指分部经营活动形成的可归属于该分部的负债,不包括递延所得税负债。

第十五条 分部的日常活动是金融性质的,利息收入和利息费用应当作为分部收入和分部费用进行披露。

第十六条 企业披露的分部信息,应当与合并财务报表或企业财务报表中的总额信息相衔接。

分部收入应当与企业的对外交易收入(包括企业对外交易取得的、未包括在任何分部收入中的收入)相衔接;分部利润(亏损)应当与企业营业利润(亏损)和企业净利润(净亏损)相衔接;分部资产总额应当与企业资产总额相衔接;分部负债总额应当与企业负债总额相衔接。

第十七条 分部信息的主要报告形式是业务分部的,应当就次要报告形式披露下列信息:

(一)对外交易收入占企业对外交易收入总额10%或者以上的地区分部,以外部客户所在地为基础披露对外交易收入。

(二)分部资产占所有地区分部资产总额10%或者以上的地区分部,以资产所在地为基础披露分部资产总额。

第十八条 分部信息的主要报告形式是地区分部的,应当就次要报告形式披露下列信息:

(一)对外交易收入占企业对外交易收入总额10%或者以上的业务分部,应当披露对外交易收入。

(二)分部资产占所有业务分部资产总额10%或者以上的业务分部,应当披露分部资产总额。

第十九条 分部间转移交易应当以实际交易价格为基础计量。转移价格的确定基础及其变更情况,应当予以披露。

第二十条 企业应当披露分部会计政策,但分部会计政策与合并财务报表或企业财务报表一致的除外。

分部会计政策变更影响重大的,应当按照《企业会计准则第28号——会计政策、会计估计变更和差错更正》进行披露,并提供相关比较数据。提供比较数据不切实可行的,应当说明原因。

企业改变分部的分类且提供比较数据不切实可行的,应当在改变分部分类的年度,分别披露改变前和改变后的报告分部信息。

分部会计政策,是指编制合并财务报表或企业财务报表时采用的会计政策,以及与分部报告特别相关的会计政策。与分部报告特别相关的会计政策包括分部的确定、分部间转移价格的确定方法,以及将收入和费用分配给分部的基础等。

第二十一条 企业在披露分部信息时,应当提供前期比较数据。

但是,提供比较数据不切实可行的除外。

37. 企业会计准则第36号——关联方披露

第一章 总　　则

第一条 为了规范关联方及其交易的信息披露,根据《企业会计准则——基本准则》,制定本准则。

第二条 企业财务报表中应当披露所有关联方关系及其交易的相关信息。对外提供合并财务报表的,对于已经包括在合并范围内各企业之间的交易不予披露，但应当披露与合并范围外各关联方的关系及其交易。

第二章 关联方

第三条 一方控制、共同控制另一方或对另一方施加重大影响，以及两方或两方以上同受一方控制、共同控制或重大影响的，构成关联方。

控制，是指有权决定一个企业的财务和经营政策，并能据以从该企业的经营活动中获取利益。

共同控制，是指按照合同约定对某项经济活动所共有的控制，仅在与该项经济活动相关的重要财务和经营决策需要分享控制权的投资方一致同意时存在。

重大影响，是指对一个企业的财务和经营政策有参与决策的权力，但并不能够控制或者与其他方一起共同控制这些政策的制定。

第四条 下列各方构成企业的关联方：

（一）该企业的母公司。

（二）该企业的子公司。

（三）与该企业受同一母公司控制的其他企业。

（四）对该企业实施共同控制的投资方。

（五）对该企业施加重大影响的投资方。

（六）该企业的合营企业。

（七）该企业的联营企业。

（八）该企业的主要投资者个人及与其关系密切的家庭成员。主要投资者个人，是指能够控制、共同控制一个企业或者对一个企业施加重大影响的个人投资者。

（九）该企业或其母公司的关键管理人员及与其关系密切的家庭成员。关键管理人员，是指有权力并负责计划、指挥和控制企业活动的人员。与主要投资者个人或关键管理人员关系密切的家庭成员，是指在处理与企业的交易时可能影响该个人或受该个人影响的家庭成员。

（十）该企业主要投资者个人、关键管理人员或与其关系密切的家庭成员控制、共同控制或施加重大影响的其他企业。

第五条 仅与企业存在下列关系的各方，不构成企业的关联方：

（一）与该企业发生日常往来的资金提供者、公用事业部门、政府部门和机构。

（二）与该企业发生大量交易而存在经济依存关系的单个客户、供应商、特许商、经销商或代理商。

（三）与该企业共同控制合营企业的合营者。

第六条 仅仅同受国家控制而不存在其他关联方关系的企业，不构成关联方。

第三章 关联方交易

第七条 关联方交易，是指关联方之间转移资源、劳务或义务的行为，而不论是否收取价款。

第八条 关联方交易的类型通常包括下列各项：

（一）购买或销售商品。

（二）购买或销售商品以外的其他资产。

（三）提供或接受劳务。

（四）担保。

（五）提供资金（贷款或股权投资）。

（六）租赁。

（七）代理。

（八）研究与开发项目的转移。

（九）许可协议。

（十）代表企业或由企业代表另一方进行债务结算。

（十一）关键管理人员薪酬。

第四章　披　　露

第九条　企业无论是否发生关联方交易，均应当在附注中披露与母公司和子公司有关的下列信息：

（一）母公司和子公司的名称。

母公司不是该企业最终控制方的，还应当披露最终控制方名称。

母公司和最终控制方均不对外提供财务报表的，还应当披露母公司之上与其最相近的对外提供财务报表的母公司名称。

（二）母公司和子公司的业务性质、注册地、注册资本（或实收资本、股本）及其变化。

（三）母公司对该企业或者该企业对子公司的持股比例和表决权比例。

第十条　企业与关联方发生关联方交易的，应当在附注中披露该关联方关系的性质、交易类型及交易要素。交易要素至少应当包括：

（一）交易的金额。

（二）未结算项目的金额、条款和条件，以及有关提供或取得担保的信息。

（三）未结算应收项目的坏账准备金额。

（四）定价政策。

第十一条　关联方交易应当分别关联方以及交易类型予以披露。

类型相似的关联方交易，在不影响财务报表阅读者正确理解关联方交易对财务报表影响的情况下，可以合并披露。

第十二条　企业只有在提供确凿证据的情况下，才能披露关联方交易是公平交易。

38. 企业会计准则第 37 号——金融工具列报（2014 年修订）

第一章　总　　则

第一条　为了规范金融工具的列报，根据《企业会计准则——基本准则》，制定本准则。

金融工具列报，包括金融工具列示和金融工具披露。

第二条　金融工具信息的列报，应当有助于财务报表使用者了解发行方对发行的金融工具如何进行分类、计量和列示，并就金融工具对企业财务状况和经营成果影响的重要程度、金融工具使企业在报告期间和期末所面临的风险的性质和程度，以及企业如何管理这些风险作出合理评价。

第三条　除下列特殊情况外，本准则适用于所有企业各种类型的金融工具：

（一）企业按照《企业会计准则第 2 号——长期股权投资》、《企业会计准则第 33 号——合并财务报表》和《企业会计准则第 40 号——合营安排》规定核算的对子公司、合营安排和联营企业的投资的披露，适用《企业会计准则第 41 号——在其他主体中权益的披露》。但以下情况除外：

1. 与在子公司、合营安排或联营企业中的权益相联系的衍生工具，适用本准则。

2. 符合《企业会计准则第 33 号——合并财务报表》有关投资性主体定义的企业，其根据该准则规定对子公司以公允价值计量且其变动计入当期损益的投资，适用本准则。

3. 根据《企业会计准则第 2 号——长期股权投资》准则的规定，按照《企业会计准则第 22 号——金融工具确认和计量》核算的对联营企业或合营企业的投资，适用本准则。

（二）《企业会计准则第 11 号——股份支付》规范的股份支付安排中的金融工具以及其他合同和义务，适用《企业会计准则第 11 号——股份支付》。但股份支付安排中涉及应当适用本准则第四条相关的交易和事项以及企业发行、回购、出售或注销库存股，适用本准则。

（三）债务重组，适用《企业会计准则第 12 号——债务重组》。但债务重组中涉及金融资产转移披露的，适用本准则。

（四）符合原保险合同或再保险合同定义的保险合同，适用《企业会计准则第 25 号——原保险合同》或《企业会计准则第 26 号——再保险合同》（以下简称相关保险合同准则）。

《企业会计准则第 22 号——金融工具确认和计量》要求从保险合同中分拆后单独核算的嵌入衍生工具，适用本准则。企业选择按照《企业会计准则第 22 号——金融工具确认和计量》核算的财务担保合同，适用本准则。

（五）因具有相机分红特征而适用相关保险合同准则的金融工具，不适用本准则中关于金融负债和权益工具区分的规定。嵌入此类金融工具的衍生工具，适用本准则。但嵌入衍生工具本身是一项保险合同的，适用相关保险合同准则。

（六）职工薪酬计划形成的企业的权利和义务，适用《企业会计准则第 9 号——职工薪酬》。

第四条 本准则适用于能够以现金或其他金融工具净额结算，或通过交换金融工具结算的买入或卖出非金融项目的合同。但企业按照预定的购买、销售或使用要求签订并持有，旨在收取或交付非金融项目的合同，应当适用其他相关会计准则。

第五条 本准则第六章至第八章的规定除适用于企业已按照《企业会计准则第 22 号——金融工具确认和计量》确认的金融工具外，还适用于未确认的金融工具，例如某些贷款承诺。

第六条 本准则规定的交易或事项涉及所得税的，应当按照《企业会计准则第 18 号——所得税》进行处理。

第二章 金融负债和权益工具的区分

第七条 企业应当根据所发行金融工具的合同条款及其所反映的经济实质而非仅以法律形式，结合金融资产、金融负债和权益工具的定义，在初始确认时将该金融工具或其组成部分分类为金融资产、金融负债或权益工具。

第八条 金融负债，是指企业符合下列条件之一的负债：

（一）向其他方交付现金或其他金融资产的合同义务。

（二）在潜在不利条件下，与其他方交换金融资产或金融负债的合同义务。

（三）将来须用或可用企业自身权益工具进行结算的非衍生工具合同，且企业根据该合同将交付可变数量的自身权益工具。

（四）将来须用或可用企业自身权益工具进行结算的衍生工具合同，但以固定数量的自身权益工具交换固定金额的现金或其他金融资产的衍生工具合同除外。企业对全部现有同类别非衍生自身权益工具的持有方同比例发行配股权、期权或认股权证，使之有权按比例以固定金额的任何货币换取固定数量的该企业自身权益工具的，该类配股权、期权或认股权证应当分类为权益工具。其中，企业自身权益工具不包括应按照本准则第三章分类为权益工具的金融工具，也不包括本身就要求在未来收取或交付企业自身权益工具的合同。

第九条 权益工具，是指能证明拥有某个企业在扣除所有负债后的资产中的剩余权益的合同。在同时满足下列条件的情况下，企业应当将发行的金融工具分类为权益工具：

（一）该金融工具应当不包括交付现金或其他金融资产给其他方，或在潜在不利条件下与其他方交换金融资产或金融负债的合同义务；

（二）将来须用或可用企业自身权益工具结算该金融工具。如为非衍生工具，该金融工具应当不包括交付可变数量的自身权益工具进行结算的合同义务；如为衍生工具，企业只能通过以固定数量的自身权益工具交换固定金额的现金或其他金融资产结算该金融工具。企业自身权益工具不包括应按照本准则第三章分类为权益工具的金融工具，也不包括本身就要求在未来收取或交付企业自身权益工具的合同。

第十条 金融负债与权益工具的区分：

（一）如果企业不能无条件地避免以交付现金或其他金融资产来履行一项合同义务，则该合同义务符合金融负债的定义。有些金融工具虽然没有明确地包含交付现金或其他金融资产义务的条款和条件，但有可能通过其他条款和条件间接地形成合同义务。

（二）如果一项金融工具须用或可用企业自身权益工具进行结算，需要考虑用于结算该工具的企业自身权益工具，是作为现金或其他金融资产的替代品，还是为了使该工具持有方享有在发行方扣除所有负债后的资产中的剩余权益。如果是前者，该工具是发行方的金融负债；如果是后者，该工具是发行方的权益工具。在某些情况下，一项金融工具合同规定企业须用或可用自身权益工具结算该金融工具，其中合同权利或合同义务的金额等于可获取或需交付的自身权益工具的数量乘以其结算时的公允价值，则无论该合同权利或合同义务的金额是固定的，还是完全或部分地基于除企业自身权益工具的市场价格以外变量（例如利率、某种商品的价格或某项金融工具的价格）的变动而变动，该合同应当分类为金融负债。

第十一条　除根据本准则第三章分类为权益工具的金融工具外，如果一项合同使发行方承担了以现金或其他金融资产回购自身权益工具的义务，即使发行方的回购义务取决于合同对手方是否行使回售权，发行方应当在初始确认时将该义务确认为一项金融负债，其金额等于回购所需支付金额的现值（如远期回购价格的现值、期权行权价格的现值或其他回售金额的现值）。如果最终发行方无需以现金或其他金融资产回购自身权益工具，应当在合同到期时将该项金融负债按照账面价值重分类为权益工具。

第十二条　对于附有或有结算条款的金融工具，发行方不能无条件地避免交付现金、其他金融资产或以其他导致该工具成为金融负债的方式进行结算的，应当分类为金融负债。但是，满足下列条件之一的，发行方应当将其分类为权益工具：

（一）要求以现金、其他金融资产或以其他导致该工具成为金融负债的方式进行结算的或有结算条款几乎不具有可能性，即相关情形极端罕见、显著异常或几乎不可能发生。

（二）只有在发行方清算时，才需以现金、其他金融资产或以其他导致该工具成为金融负债的方式进行结算。

（三）按照本准则第三章分类为权益工具的可回售工具。

附有或有结算条款的金融工具，指是否通过交付现金或其他金融资产进行结算，或者是否以其他导致该金融工具成为金融负债的方式进行结算，需要由发行方和持有方均不能控制的未来不确定事项（如股价指数、消费价格指数变动，利率或税法变动，发行方未来收入、净收益或债务权益比率等）的发生或不发生（或发行方和持有方均不能控制的未来不确定事项的结果）来确定的金融工具。

第十三条　对于存在结算选择权的衍生工具（例如，合同规定发行方或持有方能选择以现金净额或以发行股份交换现金等方式进行结算的衍生工具），发行方应当将其确认为金融资产或金融负债，但所有可供选择的结算方式均表明该衍生工具应当确认为权益工具的除外。

第十四条　企业应对发行的非衍生工具进行评估，以确定所发行的工具是否为复合金融工具。企业所发行的非衍生工具可能同时包含金融负债成分和权益工具成分。对于复合金融工具，发行方应于初始确认时将各组成部分分别分类为金融负债、金融资产或权益工具。

企业发行的一项非衍生工具同时包含金融负债成分和权益工具成分的，应于初始计量时先确定金融负债成分的公允价值（包括其中可能包含的非权益性嵌入衍生工具的公允价值），再从复合金融工具公允价值中扣除负债成分的公允价值，作为权益工具成分的价值。

第十五条　在合并财务报表中对金融工具（或其组成部分）进行分类时，企业应当考虑集团成员和金融工具的持有方之间达成的所有条款和条件。如果集团作为一个整体由于该工具承担了交付现金、其他金融资产或以其他导致该工具成为金融负债的方式进行结算的义务，则该工具应当分类为金融负债。

第三章　特殊金融工具的区分

第十六条　符合金融负债定义，但同时具有下列特征的可回售工具，应当分类为权益工具：

（一）赋予持有方在企业清算时按比例份额获得该企业净资产的权利。企业净资产，是指扣除所有优先于该工具对企业资产要求权之后的剩余资产。按比例份额是指清算时将企业的净资产分拆为金额相等的单位，并且将单位金额乘以持有方所持有的单位数量；

（二）该工具所属的类别次于其他所有工具类别，即该工具在归属于该类别前无须转换为另一种工具，且在清算时对企业资产没有优先于其他工具的要求权；

（三）该类别的所有工具具有相同的特征（例如它们必须都具有可回售特征，并且用于计算回购或赎回价格的公式或其他方法都相同）；

（四）除了发行方应当以现金或其他金融资产回购或赎回该工具的合同义务外，该工具不满足本准则规定的金融负债定义中的任何其他特征；

（五）该工具在存续期内的预计现金流量总额，应当实质上基于该工具存续期内企业的损益、已确认净资产的变动、已确认和未确认净资产的公允价值变动（不包括该工具的任何影响）。

可回售工具，是指根据合同约定，持有方有权将该工具回售给发行方以获取现金或其他金融资产的权利，或者在未来某一不确定事项发生或者持有方死亡或退休时，自动回售给发行方的金融工具。

第十七条 符合金融负债定义，但同时具有下列特征的发行方仅在清算时才有义务向另一方按比例交付其净资产的金融工具，应当分类为权益工具：

（一）赋予持有方在企业清算时按比例份额获得该企业净资产的权利；

（二）该工具所属的类别次于其他所有工具类别；

（三）在次于其他所有类别的工具类别中，发行方对该类别中所有工具都应当在清算时承担按比例份额交付其净资产的同等合同义务。

产生上述合同义务的清算确定将会发生并且不受发行方的控制（如发行方本身是有限寿命主体），或者发生与否取决于该工具的持有方。

第十八条 分类为权益工具的可回售工具，或发行方仅在清算时才有义务向另一方按比例交付其净资产的金融工具，除应当具有第十六条或第十七条所述特征外，其发行方应当没有同时具备下列特征的其他金融工具或合同：

（一）现金流量总额实质上基于企业的损益、已确认净资产的变动、已确认和未确认净资产的公允价值变动（不包括该工具或合同的任何影响）；

（二）实质上限制或固定了本准则第十六条或第十七条所述工具持有方所获得的剩余回报。

在运用上述条件时，对于发行方与本准则第十六条或第十七条所述工具持有方签订的非金融合同，如果其条款和条件与发行方和其他方之间可能订立的同等合同类似，不应考虑该非金融合同的影响。但如果不能做出此判断，则不得将该工具分类为权益工具。

第十九条 按照本章规定分类为权益工具的金融工具，自不再具有第十六条或第十七条所述特征，或发行方不再满足第十八条规定条件之日起，发行方应当将其重分类为金融负债，以重分类日该工具的公允价值计量，重分类日权益工具的账面价值和金融负债的公允价值之间的差额确认为权益。

按照本章规定分类为金融负债的金融工具，自具有第十六条或第十七条所述特征，且发行方满足第十八条规定条件之日起，发行方应当将其重分类为权益工具，以重分类日金融负债的账面价值计量。

第二十条 企业发行的满足本章规定分类为权益工具的金融工具，在其母公司的合并财务报表中对应的少数股东权益部分，应当分类为金融负债。

第四章 收益和库存股

第二十一条 金融工具或其组成部分属于金融负债的，相关利息、股利（或股息）、利得或损失，以及赎回或再融资产生的利得或损失等，应当计入当期损益。

第二十二条 金融工具或其组成部分属于权益工具的，其发行（含再融资）、回购、出售或注销时，发行方应当作为权益的变动处理。发行方不应当确认权益工具的公允价值变动。

发行方对权益工具持有方的分配应作利润分配处理，发放的股票股利不影响所有者权益总额。

第二十三条 与权益性交易相关的交易费用应当从权益中扣减。交易费用，是指可直接归属于购买、发行或处置金融工具的增量费用。增量费用，是指企业不购买、发行或处置金融工具就不会发生的费用。

企业发行或取得自身权益工具时发生的交易费用（例如登记费，承销费，法律、会计、评估及其他专业服务费用，印刷成本和印花税等），可直接归属于权益性交易的，应当从权益中扣减。终止的未完成权益性交易所发生的交易费用应当计入当期损益。

第二十四条 发行复合金融工具发生的交易费用，应当在金融负债成分和权益工具成分之间按照各自占总发行价款的比例进行分摊。与多项交易相关的共同交易费用，应当在合理的基础上，采用与其他类似交易一致的方法，在各项交易间进行分摊。

第二十五条 分类为金融负债的金融工具支付的股利，在利润表中应当确认为费用，与其他负债的利息费用合并列示，并在财务报表附注中单独披露。

作为权益扣减项的交易费用，应当在财务报表附注中单独披露。

第二十六条　回购自身权益工具(库存股)支付的对价和交易费用,应当减少所有者权益,不得确认金融资产。库存股可由企业自身购回和持有,也可由集团合并范围内的其他成员购回和持有。

第二十七条　企业应当按照《企业会计准则第30号——财务报表列报》在资产负债表中单独列示所持有的库存股金额。

企业从关联方回购自身权益工具,还应当按照《企业会计准则第36号——关联方披露》的相关规定进行披露。

第五章　金融资产和金融负债的抵销

第二十八条　金融资产和金融负债应当在资产负债表内分别列示,不得相互抵销。但同时满足下列条件的,应当以相互抵销后的净额在资产负债表内列示:

(一)企业具有抵销已确认金额的法定权利,且该种法定权利是当前可执行的;

(二)企业计划以净额结算,或同时变现该金融资产和清偿该金融负债。

不满足终止确认条件的金融资产转移,转出方不得将已转移的金融资产和相关负债进行抵销。

第二十九条　抵销权是债务人根据合同或其他协议,以应收债权人的金额全部或部分抵销应付债权人的金额的法定权利。在某些情况下,如果债务人、债权人和第三方三者之间签署的协议明确表示债务人拥有该抵销权,并且不违反相关法律或法规,债务人可能拥有以应收第三方的金额抵销应付债权人的金额的法定权利。

第三十条　抵销权应当不取决于未来事项,而且在企业和所有交易对手方的正常经营过程中,或在出现违约、无力偿债或破产等各种情形下,企业均可执行该法定权利。

在确定抵销权是否可执行时,企业应当充分考虑相关法律和法规要求以及合同约定等各方面因素。

第三十一条　当前可执行的抵销权不构成互相抵销的充分条件,企业既不打算行使抵销权(即净额结算),又无计划同时结算金融资产和金融负债的,该金融资产和金融负债不得抵销。

在没有法定权利的情况下,一方或双方即使有意向以净额为基础进行结算或同时结算相关金融资产和金融负债的,该金融资产和金融负债也不得抵销。

第三十二条　企业同时结算金融资产和金融负债的,如果该结算方式相当于净额结算,则满足本准则第二十八条(二)以净额结算的标准。这种结算方式必须在同一结算过程或周期内处理了相关应收和应付款项,最终消除或几乎消除了信用风险和流动性风险。如果某结算方式同时具备如下特征,可视为满足净额结算标准:

(一)符合抵销条件的金融资产和金融负债在同一时点提交处理;

(二)金融资产和金融负债一经提交处理,各方即承诺履行结算义务;

(三)金融资产和金融负债一经提交处理,除非处理失败,这些资产和负债产生的现金流量不可能发生变动;

(四)以证券作为担保物的金融资产和金融负债,通过证券结算系统或其他类似机制进行结算(例如券款对付),即如果证券交付失败,则以证券作为抵押的应收款项或应付款项的处理也将失败,反之亦然;

(五)若发生本条(四)所述的失败交易,将重新进入处理程序,直至结算完成;

(六)由同一结算机构执行;

(七)有足够的日间信用额度,并且能够确保该日间信用额度一经申请提取即可履行,以支持各方能够在结算日进行支付处理。

第三十三条　在下列情况下,通常认为不满足本准则第二十八条所列条件,不得抵销相关金融资产和金融负债:

(一)使用多项不同金融工具来仿效单项金融工具的特征,即"合成工具"。例如,利用浮动利率长期债券与收取浮动利息且支付固定利息的利率互换,合成一项固定利率长期负债。

(二)金融资产和金融负债虽然具有相同的主要风险敞口(例如远期合同或其他衍生工具组合中的资产和负债),但涉及不同的交易对手方。

(三)无追索权金融负债与作为其担保品的金融资产或其他资产。

(四)债务人为解除某项负债而将一定的金融资产进行托管(例如偿债基金或类似安排),但债权人尚未接受以这些资产清偿负债。

（五）因某些导致损失的事项而产生的义务预计可以通过保险合同向第三方索赔而得以补偿。

第三十四条 企业与同一交易对手方进行多项金融工具交易时，可能与对手方签订“总互抵协议”。只有满足本准则第二十八条所列条件时，总互抵协议下的相关金融资产和金融负债才能抵销。

总互抵协议，是指协议所涵盖的所有金融工具中的任何一项合同在发生违约或终止时，就协议所涵盖的所有金融工具按单一净额进行结算。

第三十五条 企业应当区分金融资产和金融负债的抵销与终止确认。抵销金融资产和金融负债并在资产负债表中以净额列示，不应当产生利得或损失；终止确认是从资产负债表列示的项目中移除相关金融资产或金融负债，有可能产生利得或损失。

第六章 金融工具对财务状况和经营成果影响的列报

第一节 一般性规定

第三十六条 企业在对金融工具各项目进行列报时，应当根据金融工具的特点及相关信息的性质对金融工具进行归类，并充分披露与金融工具相关的信息，使得财务报表附注中的披露与财务报表列示的各项目相互对应。

第三十七条 在确定金融工具的列报类型时，企业至少应当将本准则范围内的金融工具区分为以摊余成本计量和以公允价值计量的类型。

第三十八条 企业应当根据自身实际情况，按照本准则要求，合理确定列报金融工具的详细程度，既不应列报大量过于详细的信息从而掩盖了真正重要的信息，也不得列报过于汇总的信息从而难以区分各项交易或相关风险之间的重要差异。

第三十九条 企业应当披露编制财务报表时对金融工具所采用的重要会计政策、计量基础和与理解财务报表相关的其他会计政策等信息，主要包括：

（一）对于指定为以公允价值计量且其变动计入当期损益的金融资产或金融负债，应当披露下列信息：

1. 指定的金融资产或金融负债的性质；

2. 初始确认时对上述金融资产或金融负债做出指定的标准；

3. 如何满足运用指定的标准。对于以消除或显著减少会计错配为目的的指定，企业应当披露该指定所针对的确认或计量不一致的描述性说明。对于以更好地反映组合的管理实质为目的的指定，企业应当披露该指定符合企业正式书面文件载明的风险管理或投资策略的描述性说明。对于整体指定为以公允价值计量且其变动计入当期损益的混合工具，企业应当披露运用指定标准的描述性说明。

（二）指定金融资产为可供出售金融资产的标准。

（三）金融资产常规购买和出售的会计政策。

（四）核销减值准备并减记金融资产账面价值的原则。

（五）如何确定每类金融工具的利得或损失。

（六）存在客观证据表明金融资产已发生减值的适用标准。

（七）为避免金融资产逾期或减值而重新议定条款的金融资产所适用的会计政策。

第二节 资产负债表中的列示及相关披露

第四十条 企业应当在资产负债表或相关附注中列报下列金融资产或金融负债的账面价值：

（一）以公允价值计量且其变动计入当期损益的金融资产，并分别反映交易性金融资产和在初始确认时指定为以公允价值计量且其变动计入当期损益的金融资产；

（二）持有至到期投资；

（三）贷款和应收款项；

（四）可供出售金融资产；

（五）以公允价值计量且其变动计入当期损益的金融负债，并分别反映交易性金融负债和在初始确认时指定为以公允价值计量且其变动计入当期损益的金融负债；

（六）其他金融负债。

第四十一条 企业将单项或一组贷款或应收款项指定为以公允价值计量且其变动计入当期损益的金融资产的，应当披露下列信息：

（一）资产负债表日该贷款或应收款项使企业面临的最大信用风险敞口。信用风险，是指金融工具的一方不履行义务，造成另一方发生财务损失的风险。

（二）相关信用衍生工具或类似工具使得该最大信用风险敞口降低的金额。

（三）该贷款或应收款项因信用风险变动引起的公允价值本期变动额和累计变动额。这些变动额，是该贷款或应收款项公允价值变动扣除由于市场风险因素的变化导致公允价值变动后的部分；或是企业以能够更真实地反映信用风险变动导致该贷款或应收款项公允价值变动的其他方法确定的金额。市场风险因素的变化包括，可观察的利率、商品价格、汇率以及价格指数、利率指数、汇率指数等指数的变动。

（四）相关信用衍生工具或类似工具的公允价值本期变动额和自该贷款或应收款项被指定以来的公允价值累计变动额。

第四十二条 企业将一项金融负债指定为以公允价值计量且其变动计入当期损益的金融负债的，应当披露下列信息：

（一）该金融负债因信用风险变动引起的公允价值本期变动额和累计变动额。这些变动额，是该金融负债公允价值变动扣除由于市场风险因素的变化导致公允价值变动后的部分；或是企业以能够更真实地反映信用风险变动导致该金融负债公允价值变动的其他方法确定的金额。对于包含投资连结特征的合同，市场风险因素的变化包括相关内部或外部投资组合业绩的变动。

（二）该金融负债的账面价值与按合同约定到期应支付债权人金额之间的差额。

第四十三条 企业应当披露本准则第四十一条（三）和第四十二条（一）中金额的确定方法。如果企业认为披露的信息未能真实反映相关金融工具公允价值变动中由信用风险引起的部分，则应当披露企业做出此结论的原因及其他需要考虑的因素。

第四十四条 企业将金融资产进行重分类，改变了该金融资产后续计量基础的，应当披露该金融资产重分类前后的公允价值或账面价值和重分类的原因。

第四十五条 对于所有可执行的总互抵协议或类似协议下的已确认金融工具，以及符合本准则第二十八条抵销条件的已确认金融工具，企业应当在报告期末以表格形式分别按金融资产和金融负债披露下列定量信息：

（一）已确认金融资产和金融负债的总额。

（二）按本准则规定抵销的金额。

（三）在资产负债表中列示的净额。

（四）可执行的总互抵协议或类似协议确定的，未包含在本条（二）中的金额，包括：

1. 不满足本准则抵销条件的已确认金融工具的金额；

2. 与财务担保物（包括现金担保）相关的金额，以在资产负债表中列示的净额扣除本条（四）第 1 项后的余额为限。

（五）资产负债表中列示的净额扣除本条（四）后的余额。

企业应当披露本条（四）所述协议中抵销权的条款及其性质等信息，以及不同计量基础的金融工具适用本条时产生的计量差异。

第四十六条 按照本准则第三章分类为权益工具的可回售工具，企业应当披露以下信息：

（一）可回售工具的汇总定量信息。

（二）对于按持有方要求承担的回购或赎回义务，企业的管理目标、政策和程序及其变化。

（三）回购或赎回可回售工具的预期现金流出金额以及确定方法。

第四十七条 企业将本准则第三章规定的特殊金融工具在金融负债和权益工具之间重分类的，应当分别披露重分类前后的公允价值或账面价值，以及重分类的时间和原因。

第四十八条 企业应当披露作为负债或或有负债担保物的金融资产的账面价值，以及与该项担保有关的条款和条件。其中，对于已转移金融资产的担保物，转入方有权出售或再抵押的，转出方应当在资产负债表中单独列示该金融资产。

第四十九条 企业取得的担保物，在担保物所有人未违约时可出售或再抵押的，应当披露其公允价值、已出售或再抵押担保物的公允价值，以及承担的返还义务和使用担保物的条款和条件。

第五十条 企业应当设置专门的备抵账户，记录每类金融资产因信用损失发生的减值，并披露减值准备的期初余额，本期计提、转回、转销、核销及其他变动的金额和期末余额等信息。

第五十一条 对于企业发行的包含金融负债和权益工具成分的复合金融工具，嵌入了价值相互关联的多项衍生工具(如可赎回的可转换债务工具)的，应当披露相关特征。

第五十二条 除短期应付款项之外的金融负债，企业应当披露下列信息：

(一)本期发生拖欠的金融负债的本金、利息、偿债基金、赎回条款的详细情况。

(二)发生拖欠的金融负债的期末账面价值。

(三)在财务报告批准对外报出前，就拖欠事项已采取的补救措施、对债务条款的重新议定等情况。

企业本期发生了拖欠以外的其他违约情况，且债权人有权在发生违约时要求企业提前偿还的，企业应当按上述要求披露。如果在期末前相关违约情况已得到补救或已重新议定债务条款，则无需披露。

第三节 利润表中的列示及相关披露

第五十三条 企业应当披露与金融工具有关的下列收入、费用、利得或损失：

(一)当期各类金融资产和金融负债所产生的利得或损失。其中，指定为以公允价值计量且其变动计入当期损益的金融资产和金融负债以及交易性金融资产和金融负债的利得或损失应当分别披露。对于可供出售金融资产，应当分别披露当期在其他综合收益中确认的以及当期从权益转入损益的利得或损失。

(二)除以公允价值计量且其变动计入当期损益的金融资产或金融负债外，按实际利率法计算的金融资产或金融负债产生的利息收入或利息费用总额，以及直接计入当期损益但在确定实际利率时未包括的手续费收入或支出。

(三)企业通过信托和其他托管活动代他人持有资产或进行投资而形成的，直接计入当期损益的手续费收入或支出。

(四)已发生减值的金融资产产生的利息收入。

(五)每类金融资产本期发生的减值损失。

第四节 套期保值相关披露

第五十四条 企业应当披露与每类套期有关的下列信息：

(一)每类套期的描述。

(二)对套期工具的描述及其期末公允价值。

(三)被套期风险的性质。

第五十五条 企业应当披露与现金流量套期有关的下列信息：

(一)现金流量预期发生期间及其预期影响损益的期间。

(二)对于前期运用套期会计方法但预期不再发生的交易的描述。

(三)本期在其他综合收益中确认的金额。

(四)本期从所有者权益中转出至利润表各项目的金额。

(五)本期预期交易形成的非金融资产或非金融负债在初始确认时从所有者权益转入的金额。

第五十六条 企业应当单独披露下列关于套期会计的信息：

(一)在公允价值套期中，套期工具本期形成的利得或损失，以及被套期项目因被套期风险形成的利得或损失。

(二)在现金流量套期中，本期套期无效部分形成的利得或损失。

(三)在境外经营净投资套期中，本期套期无效部分形成的利得或损失。

第五节 公允价值披露

第五十七条 除了本准则第五十九条规定情况外，企业应当披露每一类金融资产和金融负债的公允价值，并与账面价值进行比较。对于在资产负债表中相互抵销的金融资产和金融负债，其公允价值应当以抵销后的金额披露。

第五十八条　金融资产或金融负债初始确认的公允价值与交易价格存在差异时，如果其公允价值并非基于相同资产或负债在活跃市场中的报价，也非基于仅使用可观察市场数据的估值技术，企业在初始确认金融资产或金融负债时不应确认利得或损失。在此情况下，企业应当按金融资产或金融负债的类型披露下列信息：

（一）企业在损益中确认交易价格与初始确认的公允价值之间差额时所采用的会计政策，以反映市场参与者对资产或负债进行定价时所考虑的因素（包括时间因素）的变动。

（二）该项差异期初和期末尚未在损益中确认的金额和本期变动额。

（三）企业如何认定交易价格并非公允价值的最佳证据，以及确定公允价值的证据。

第五十九条　企业可以不披露下列金融资产或金融负债的公允价值信息：

（一）账面价值与公允价值差异很小的金融资产或金融负债（如短期应收账款或应付账款）。

（二）活跃市场中没有报价且其公允价值无法可靠计量的权益工具投资以及与该工具挂钩的衍生工具。

（三）包含相机分红特征且其公允价值无法可靠计量的合同。

第六十条　在第五十九条（二）、（三）所述的情况下，企业应当披露下列信息：

（一）对金融工具的描述及其账面价值，以及因公允价值无法可靠计量而未披露其公允价值的事实和说明。

（二）金融工具的相关市场信息。

（三）企业是否有意图及如何处置这些金融工具。

（四）已终止确认金融工具的事实，以及终止确认时的账面价值和形成的利得或损失。

第七章　与金融工具相关的风险披露

第一节　定性和定量信息

第六十一条　企业应当披露与各类金融工具风险相关的定性和定量信息，以便财务报表使用者评估报告期末金融工具产生的风险的性质和程度，更好地评价企业所面临的风险敞口。相关风险包括信用风险、流动性风险、市场风险等。

第六十二条　对金融工具产生的各类风险，企业应当披露下列定性信息：

（一）风险敞口及其形成原因，以及在本期发生的变化。

（二）风险管理目标、政策和程序以及计量风险的方法及其在本期发生的变化。

第六十三条　对金融工具产生的各类风险，企业应当按类别披露下列定量信息：

（一）期末风险敞口的汇总数据。该数据应当以向内部关键管理人员提供的相关信息为基础。企业运用多种方法管理风险的，披露的信息应当以最相关和可靠的方法为基础。

（二）按照第六十四条至第七十四条披露的信息。

（三）期末风险集中度信息，包括管理层确定风险集中度的说明和参考因素（包括交易对手方、地理区域、货币种类、市场类型等），以及各风险集中度相关的风险敞口金额。

上述期末定量信息不能代表企业本期风险敞口情况的，应当进一步提供相关信息。

第二节　信用风险披露

第六十四条　企业应当披露与每类金融工具信用风险有关的下列信息：

（一）在不考虑可利用的担保物或其他信用增级的情况下，企业在资产负债表日的最大信用风险敞口。金融工具的账面价值能代表最大信用风险敞口的，无需提供此项披露。

（二）可利用担保物或其他信用增级的信息及其对最大信用风险敞口的财务影响。

（三）未逾期且未减值的金融资产的信用质量信息。

金融资产在资产负债表日的最大信用风险敞口，通常是账面余额减去减值损失的金额（已减去根据本准则规定已抵销的金额）。

第六十五条　企业应当按类披露在资产负债表日已逾期或已减值的金融资产的下列信息：

（一）已逾期未减值的金融资产的账龄分析。

（二）已发生单项减值的金融资产的分析，包括判断该金融资产发生减值所考虑的因素。

第六十六条 企业本期通过取得担保物或其他信用增级所确认的金融资产或非金融资产，应当披露下列信息：

（一）所确认资产的性质和账面价值。

（二）对于不易变现的资产，应当披露处置或拟将其用于日常经营的政策等。

第三节 流动性风险披露

第六十七条 企业应当披露金融负债按剩余到期期限进行的到期期限分析，以及管理这些金融负债流动性风险的方法：

（一）对于非衍生金融负债（包括财务担保合同），到期期限分析应当基于合同剩余到期期限。对于包含嵌入衍生工具的混合金融工具，应当将其整体视为非衍生金融负债进行披露。

（二）对于衍生金融负债，如果合同到期期限是理解现金流量时间分布的关键因素，到期期限分析应当基于合同剩余到期期限。

当企业将所持有的金融资产作为流动性风险管理的一部分，且披露金融资产的到期期限分析使财务报表使用者能够恰当地评估企业流动性风险的性质和范围时，企业应当披露金融资产的到期期限分析。

流动性风险，是指企业在履行以交付现金或其他金融资产的方式结算的义务时发生资金短缺的风险。

第六十八条 企业在披露到期期限分析时，应当运用职业判断确定适当的时间段。列入各时间段内按照第六十七条所披露的金额，应当是未经折现的合同现金流量。

企业可以但不限于按下列时间段进行到期期限分析：

（一）一个月以内（含本数，下同）；

（二）一个月至三个月以内；

（三）三个月至一年以内；

（四）一年至五年以内；

（五）五年以上。

第六十九条 债权人可以选择收回债权时间的，债务人应当将相应的金融负债列入债权人可以要求收回债权的最早时间段内。

债务人应付债务金额不固定的，应当根据资产负债表日的情况确定到期期限分析所披露的金额。如分期付款的，债务人应当把每期将支付的款项列入相应的最早时间段内。

财务担保合同形成的金融负债，担保人应当将最大担保金额列入相关方可以要求支付的最早时间段内。

第七十条 企业应当披露流动性风险敞口汇总定量信息的确定方法。此类汇总定量信息中的现金（或另一项金融资产）流出符合以下条件之一的，应当说明相关事实，并提供有助于评价该风险程度的额外定量信息：

（一）该现金的流出可能显著早于汇总定量信息中所列示的时间。

（二）该现金的流出可能与汇总定量信息中所列示的金额存在重大差异。

如果以上信息已包括在本准则第六十七条规定的到期期限分析中，则无需披露上述额外定量信息。

第四节 市场风险披露

第七十一条 金融工具的市场风险，是指金融工具的公允价值或未来现金流量因市场价格变动而发生波动的风险，包括汇率风险、利率风险和其他价格风险。

汇率风险，是指金融工具的公允价值或未来现金流量因外汇汇率变动而发生波动的风险。汇率风险可源于以记账本位币之外的外币进行计价的金融工具。

利率风险，是指金融工具的公允价值或未来现金流量因市场利率变动而发生波动的风险。利率风险可源于已确认的计息金融工具和未确认的金融工具（如某些贷款承诺）。

其他价格风险，是指汇率风险和利率风险以外的市场价格变动而发生波动的风险，无论这些变动是由于与单项金融工具或其发行方有关的因素而引起的，还是由于与市场内交易的所有类似金融工具有关的因素而引起的。其他价格风险可源于商品价格或权益工具价格等的变化。

第七十二条 在对市场风险进行敏感性分析时，应当以整个企业为基础，披露下列信息：

（一）资产负债表日所面临的各类市场风险的敏感性分析。该项披露应当反映资产负债表日相关风险变量发生合理、可能的变动时，将对企业损益和所有者权益产生的影响。

对具有重大汇率风险敞口的每一种货币，应当分币种进行敏感性分析。

（二）本期敏感性分析所使用的方法和假设，以及本期发生的变化和原因。

第七十三条 企业采用风险价值法或类似方法进行敏感性分析能够反映金融风险变量之间（如利率和汇率之间等）的关联性，且企业已采用该种方法管理金融风险的，可不按照第七十二条的规定进行披露，但应当披露下列信息：

（一）用于该种敏感性分析的方法、选用的主要参数和假设。

（二）所用方法的目的，以及该方法提供的信息在反映相关资产和负债公允价值方面的局限性。

第七十四条 按照第七十二条或第七十三条对敏感性分析的披露不能反映金融工具市场风险的（例如，期末的风险敞口不能反映当期的风险状况），企业应当披露这一事实及其原因。

第八章 金融资产转移的披露

第七十五条 企业应当就资产负债表日存在的所有未终止确认的已转移金融资产，以及对已转移金融资产的继续涉入，按本准则要求单独披露。

本章所述的金融资产转移，是指下列两种情形：

（一）将收取金融资产现金流量的合同权利转移给另一方。

（二）将金融资产整体或部分转移给另一方，但保留收取金融资产现金流量的合同权利，并承担将收取的现金流量支付给一个或多个收款方的合同义务。

第七十六条 企业对于金融资产转移所披露的信息，应当有助于财务报表使用者了解未整体终止确认的已转移金融资产与相关负债之间的关系，评价企业继续涉入已终止确认金融资产的性质和相关风险。

企业按照本准则第七十八条和第七十九条所披露信息不能满足本条前款要求的，应当披露其他补充信息。

第七十七条 本章所述的继续涉入，是指企业保留了已转移金融资产中内在的合同权利或义务，或者取得了与已转移金融资产相关的新合同权利或义务。转出方与转入方签订的转让协议或与第三方单独签订的与转让相关的协议，都有可能形成对已转移金融资产的继续涉入。如果企业对已转移金融资产的未来业绩不享有任何利益，也不承担与已转移金融资产相关的任何未来支付义务，则不形成继续涉入。以下情形不形成继续涉入：

（一）与转移的真实性以及合理、诚信和公平交易等原则有关的常规声明和保证，这些声明和保证可能因法律行为导致转移无效。

（二）以公允价值回购已转移金融资产的远期、期权和其他合同。

（三）使企业保留了获取金融资产现金流量的合同权利但承担了将这些现金流量支付给一个或多个收款方的合同义务的安排，且这类安排满足《企业会计准则第 23 号——金融资产转移》第四条（二）中三个条件。

第七十八条 对于已转移但未整体终止确认的金融资产，应当按照类别披露下列信息：

（一）已转移金融资产的性质；

（二）仍保留的与所有权有关的风险和报酬的性质；

（三）已转移金融资产与相关负债之间关系的性质，包括因转移引起的对企业使用已转移金融资产的限制；

（四）在转移金融资产形成的相关负债的交易对手方仅对已转移金融资产有追索权的情况下，应当以表格形式披露所转移金融资产和相关负债的公允价值以及净头寸，即已转移金融资产和相关负债公允价值之间的差额；

（五）继续确认已转移金融资产整体的，披露已转移金融资产和相关负债的账面价值；

（六）按继续涉入程度确认所转移金融资产的，披露转移前该金融资产整体的账面价值、按继续涉入程度确认的资产和相关负债的账面价值。

第七十九条 对于已整体终止确认但转出方继续涉入已转移金融资产的，应当至少按照类别披露下列信息：

（一）因继续涉入确认的资产和负债的账面价值和公允价值，以及在资产负债表中对应的项目；

（二）因继续涉入导致企业发生损失的最大风险敞口及确定方法；

（三）应当或可能回购已终止确认的金融资产需要支付的未折现现金流量（如期权协议中的行权价格）或其他应向转入方支付的款项，以及对这些现金流量或款项的到期期限分析。如果到期期限可能为一个区间，应当以企业必须或可能支付的最早日期为依据归入相应的时间段。到期期限分析应当分别反映企业应当支付的现金流量（如远期合同）、企业可能支付的现金流量（如签出看跌期权）以及企业可选择支付的现金流量（如购入看涨期权）。在现金流量不固定的情形下，上述金额应当基于每个资产负债表日的情况披露；

（四）对本条（一）至（三）定量信息的解释性说明，包括对已转移金融资产、继续涉入的性质和目的，以及企业所面临风险的描述等。其中，对企业所面临风险的描述包括以下各项：

1. 对继续涉入已终止确认金融资产的风险进行管理的方法。

2. 企业是否应先于其他方承担有关损失，以及先于本企业承担损失的其他方应承担损失的顺序及金额。

3. 向已转移金融资产提供财务支持或回购该金融资产的义务的触发条件。

（五）金融资产转移日确认的利得或损失，以及因继续涉入已终止确认金融资产当期和累计确认的收益或费用（如衍生工具的公允价值变动）。

（六）终止确认产生的收款总额在本期分布不均衡的（例如大部分转移金额在临近报告期末发生），应当披露本期最大转移活动发生的时间段、该段期间所确认的金额（如相关利得或损失）和收款总额。

企业在披露本条所规定的信息时，应当按照其继续涉入面临的风险敞口类型分类汇总披露。例如，可按金融工具类别（如担保或看涨期权）或转让类型（如应收账款保理、证券化和融券）分类汇总披露。企业对某项终止确认的金融资产存在多种继续涉入方式的，可按其中一类汇总披露。

第八十条 企业按照第七十七条确定是否继续涉入已转移金融资产时，应当以自身财务报告为基础进行考虑。

第九章 衔接规定

第八十一条 对于本准则施行之前存在的金融工具，其会计处理与本准则规定不一致的，应当按照《企业会计准则第 28 号——会计政策、会计估计变更和差错更正》的规定采用追溯调整法进行处理。追溯调整不切实可行的，则应当采用未来适用法。

在对外提供比较期间的财务报表时，对于因会计政策变更产生的累积影响数，应当调整比较财务报表最早期间的期初留存收益，涉及财务报表其他相关项目的数字也应当一并调整。

第十章 附　　则

第八十二条 企业应当在 2014 年年度及以后期间的财务报告中按照本准则要求对金融工具进行列报。

39. 企业会计准则第 38 号——首次执行企业会计准则

第一章 总　　则

第一条 为了规范首次执行企业会计准则对会计要素的确认、计量和财务报表列报，根据《企业会计准则——基本准则》，制定本准则。

第二条 首次执行企业会计准则，是指企业第一次执行企业会计准则体系，包括基本准则、具体准则和会计准则应用指南。

第三条　首次执行企业会计准则后发生的会计政策变更，适用《企业会计准则第 28 号——会计政策、会计估计变更和差错更正》。

第二章　确认和计量

第四条　在首次执行日，企业应当对所有资产、负债和所有者权益按照企业会计准则的规定进行重新分类、确认和计量，并编制期初资产负债表。

编制期初资产负债表时，除按照本准则第五条至第十九条规定要求追溯调整的项目外，其他项目不应追溯调整。

第五条　对于首次执行日的长期股权投资，应当分别下列情况处理：

(一)根据《企业会计准则第 20 号——企业合并》属于同一控制下企业合并产生的长期股权投资，尚未摊销完毕的股权投资差额应全额冲销，并调整留存收益，以冲销股权投资差额后的长期股权投资账面余额作为首次执行日的认定成本。

(二)除上述(一)以外的其他采用权益法核算的长期股权投资，存在股权投资贷方差额的，应冲销贷方差额，调整留存收益，并以冲销贷方差额后的长期股权投资账面余额作为首次执行日的认定成本；存在股权投资借方差额的，应当将长期股权投资的账面余额作为首次执行日的认定成本。

第六条　对于有确凿证据表明可以采用公允价值模式计量的投资性房地产，在首次执行日可以按照公允价值进行计量，并将账面价值与公允价值的差额调整留存收益。

第七条　在首次执行日，对于满足预计负债确认条件且该日之前尚未计入资产成本的弃置费用，应当增加该项资产成本，并确认相应的负债；同时，将应补提的折旧(折耗)调整留存收益。

第八条　对于首次执行日存在的解除与职工的劳动关系计划，满足《企业会计准则第 9 号——职工薪酬》预计负债确认条件的，应当确认因解除与职工的劳动关系给予补偿而产生的负债，并调整留存收益。

第九条　对于企业年金基金在运营中所形成的投资，应当在首次执行日按照公允价值进行计量，并将账面价值与公允价值的差额调整留存收益。

第十条　对于可行权日在首次执行日或之后的股份支付，应当根据《企业会计准则第 11 号——股份支付》的规定，按照权益工具、其他方服务或承担的以权益工具为基础计算确定的负债的公允价值，将应计入首次执行日之前等待期的成本费用金额调整留存收益，相应增加所有者权益或负债。

首次执行日之前可行权的股份支付，不应追溯调整。

第十一条　在首次执行日，企业应当按照《企业会计准则第 13 号——或有事项》的规定，将满足预计负债确认条件的重组义务，确认为负债，并调整留存收益。

第十二条　企业应当按照《企业会计准则第 18 号——所得税》的规定，在首次执行日对资产、负债的账面价值与计税基础不同形成的暂时性差异的所得税影响进行追溯调整，并将影响金额调整留存收益。

第十三条　除下列项目外，对于首次执行日之前发生的企业合并不应追溯调整：

(一)按照《企业会计准则第 20 号——企业合并》属于同一控制下企业合并，原已确认商誉的摊余价值应当全额冲销，并调整留存收益。

按照该准则的规定属于非同一控制下企业合并的，应当将商誉在首次执行日的摊余价值作为认定成本，不再进行摊销。

(二)首次执行日之前发生的企业合并，合并合同或协议中约定根据未来事项的发生对合并成本进行调整的，如果首次执行日预计未来事项很可能发生并对合并成本的影响金额能够可靠计量的，应当按照该影响金额调整已确认商誉的账面价值。

(三)企业应当按照《企业会计准则第 8 号——资产减值》的规定，在首次执行日对商誉进行减值测试，发生减值的，应当以计提减值准备后的金额确认，并调整留存收益。

第十四条　在首次执行日，企业应当将所持有的金融资产(不含《企业会计准则第 2 号——长期股权投资》规范的投资)，划分为以公允价值计量且其变动计入当期损益的金融资产、持有至到期投资、贷款和应收款项、可供出售金融资产。

(一)划分为以公允价值计量且其变动计入当期损益或可供出售金融资产的，应当在首次执行日按照公允价值计量，并将账面价值与公允价值的差额调整留存收益。

（二）划分为持有至到期投资、贷款和应收款项的，应当自首次执行日起改按实际利率法，在随后的会计期间采用摊余成本计量。

第十五条 对于在首次执行日指定为以公允价值计量且其变动计入当期损益的金融负债，应当在首次执行日按照公允价值计量，并将账面价值与公允价值的差额调整留存收益。

第十六条 对于未在资产负债表内确认、或已按成本计量的衍生金融工具（不包括套期工具），应当在首次执行日按照公允价值计量，同时调整留存收益。

第十七条 对于嵌入衍生金融工具，按照《企业会计准则第22号——金融工具确认和计量》规定应从混合工具分拆的，应当在首次执行日将其从混合工具分拆并单独处理，但嵌入衍生金融工具的公允价值难以合理确定的除外。

对于企业发行的包含负债和权益成分的非衍生金融工具，应当按照《企业会计准则第37号——金融工具列报》的规定，在首次执行日将负债和权益成分分拆，但负债成分的公允价值难以合理确定的除外。

第十八条 在首次执行日，对于不符合《企业会计准则第24号——套期保值》规定的套期会计方法运用条件的套期保值，应当终止采用原套期会计方法，并按照《企业会计准则第24号——套期保值》处理。

第十九条 发生再保险分出业务的企业，应当在首次执行日按照《企业会计准则第26号——再保险合同》的规定，将应向再保险接受人摊回的相应准备金确认为资产，并调整各项准备金的账面价值。

第三章　列　　报

第二十条 在首次执行日后按照企业会计准则编制的首份年度财务报表（以下简称首份年度财务报表）期间，企业应当按照《企业会计准则第30号——财务报表列报》和《企业会计准则第31号——现金流量表》的规定，编报资产负债表、利润表、现金流量表和所有者权益变动表及附注。

对外提供合并财务报表的，应当遵循《企业会计准则第33号——合并财务报表》的规定。

在首份年度财务报表涵盖的期间内对外提供中期财务报告的，应当遵循《企业会计准则第32号——中期财务报告》的规定。

企业应当在附注中披露首次执行企业会计准则财务报表项目金额的变动情况。

第二十一条 首份年度财务报表至少应当包括上年度按照企业会计准则列报的比较信息。财务报表项目的列报发生变更的，应当对上年度比较数据按照企业会计准则的列报要求进行调整，但不切实可行的除外。

对于原未纳入合并范围但按照《企业会计准则第33号——合并财务报表》规定应纳入合并范围的子公司，在上年度的比较合并财务报表中，企业应当将该子公司纳入合并范围。对于原已纳入合并范围但按照该准则规定不应纳入合并范围的子公司，在上年度的比较合并财务报表中，企业不应将该子公司纳入合并范围。上年度比较合并财务报表中列示的少数股东权益，应当按照该准则的规定，在所有者权益类列示。

应当列示每股收益的企业，比较财务报表中上年度的每股收益按照《企业会计准则第34号——每股收益》的规定计算和列示。

应当披露分部信息的企业，比较财务报表中上年度关于分部的信息按照《企业会计准则第35号——分部报告》的规定披露。

40. 企业会计准则第39号——公允价值计量（2014年颁布）

第一章　总　　则

第一条 为了规范公允价值的计量和披露，根据《企业会计准则——基本准则》，制定本准则。

第二条 公允价值，是指市场参与者在计量日发生的有序交易中，出售一项资产所能收到或者转移一项负债所需支付的价格。

第三条　本准则适用于其他相关会计准则要求或者允许采用公允价值进行计量或披露的情形，本准则第四条和第五条所列情形除外。

第四条　下列各项的计量和披露适用其他相关会计准则：

（一）与公允价值类似的其他计量属性的计量和披露，如《企业会计准则第 1 号——存货》规范的可变现净值、《企业会计准则第 8 号——资产减值》规范的预计未来现金流量现值，分别适用《企业会计准则第 1 号——存货》和《企业会计准则第 8 号——资产减值》。

（二）股份支付业务相关的计量和披露，适用《企业会计准则第 11 号——股份支付》。

（三）租赁业务相关的计量和披露，适用《企业会计准则第 21 号——租赁》。

第五条　下列各项的披露适用其他相关会计准则：

（一）以公允价值减去处置费用后的净额确定可收回金额的资产的披露，适用《企业会计准则第 8 号——资产减值》。

（二）以公允价值计量的职工离职后福利计划资产的披露，适用《企业会计准则第 9 号——职工薪酬》。

（三）以公允价值计量的企业年金基金投资的披露，适用《企业会计准则第 10 号——企业年金基金》。

第二章　相关资产或负债

第六条　企业以公允价值计量相关资产或负债，应当考虑该资产或负债的特征。

相关资产或负债的特征，是指市场参与者在计量日对该资产或负债进行定价时考虑的特征，包括资产状况及所在位置、对资产出售或者使用的限制等。

第七条　以公允价值计量的相关资产或负债可以是单项资产或负债（如一项金融工具、一项非金融资产等），也可以是资产组合、负债组合或者资产和负债的组合（如《企业会计准则第 8 号——资产减值》规范的资产组、《企业会计准则第 20 号——企业合并》规范的业务等）。企业是以单项还是以组合的方式对相关资产或负债进行公允价值计量，取决于该资产或负债的计量单元。

计量单元，是指相关资产或负债以单独或者组合方式进行计量的最小单位。相关资产或负债的计量单元应当由要求或者允许以公允价值计量的其他相关会计准则规定，但本准则第十章规范的市场风险或信用风险可抵销的金融资产和金融负债的公允价值计量除外。

第三章　有序交易和市场

第八条　企业以公允价值计量相关资产或负债，应当假定市场参与者在计量日出售资产或者转移负债的交易，是在当前市场条件下的有序交易。

有序交易，是指在计量日前一段时期内相关资产或负债具有惯常市场活动的交易。清算等被迫交易不属于有序交易。

第九条　企业以公允价值计量相关资产或负债，应当假定出售资产或者转移负债的有序交易在相关资产或负债的主要市场进行。不存在主要市场的，企业应当假定该交易在相关资产或负债的最有利市场进行。

主要市场，是指相关资产或负债交易量最大和交易活跃程度最高的市场。

最有利市场，是指在考虑交易费用和运输费用后，能够以最高金额出售相关资产或者以最低金额转移相关负债的市场。

交易费用，是指在相关资产或负债的主要市场（或最有利市场）中，发生的可直接归属于资产出售或者负债转移的费用。交易费用是直接由交易引起的、交易所必需的、而且不出售资产或者不转移负债就不会发生的费用。

运输费用，是指将资产从当前位置运抵主要市场（或最有利市场）发生的费用。

第十条　企业在识别主要市场（或最有利市场）时，应当考虑所有可合理取得的信息，但没有必要考察所有市场。

通常情况下，企业正常进行资产出售或者负债转移的市场可以视为主要市场（或最有利市场）。

第十一条　主要市场（或最有利市场）应当是企业在计量日能够进入的交易市场，但不要求企业于计量日在该市场上实际出售资产或者转移负债。

由于不同企业可以进入的市场不同，对于不同企业，相同资产或负债可能具有不同的主要市场(或最有利市场)。

第十二条 企业应当以主要市场的价格计量相关资产或负债的公允价值。不存在主要市场的，企业应当以最有利市场的价格计量相关资产或负债的公允价值。

企业不应当因交易费用对该价格进行调整。交易费用不属于相关资产或负债的特征，只与特定交易有关。交易费用不包括运输费用。

相关资产所在的位置是该资产的特征，发生的运输费用能够使该资产从当前位置转移到主要市场(或最有利市场)的，企业应当根据使该资产从当前位置转移到主要市场(或最有利市场)的运输费用调整主要市场(或最有利市场)的价格。

第十三条 当计量日不存在能够提供出售资产或者转移负债的相关价格信息的可观察市场时，企业应当从持有资产或者承担负债的市场参与者角度，假定计量日发生了出售资产或者转移负债的交易，并以该假定交易的价格为基础计量相关资产或负债的公允价值。

第四章 市场参与者

第十四条 企业以公允价值计量相关资产或负债，应当采用市场参与者在对该资产或负债定价时为实现其经济利益最大化所使用的假设。

市场参与者，是指在相关资产或负债的主要市场(或最有利市场)中，同时具备下列特征的买方和卖方：

(一)市场参与者应当相互独立，不存在《企业会计准则第36号——关联方披露》所述的关联方关系；

(二)市场参与者应当熟悉情况，能够根据可取得的信息对相关资产或负债以及交易具备合理认知；

(三)市场参与者应当有能力并自愿进行相关资产或负债的交易。

第十五条 企业在确定市场参与者时，应当考虑所计量的相关资产或负债、该资产或负债的主要市场(或最有利市场)以及在该市场上与企业进行交易的市场参与者等因素，从总体上识别市场参与者。

第五章 公允价值初始计量

第十六条 企业应当根据交易性质和相关资产或负债的特征等，判断初始确认时的公允价值是否与其交易价格相等。

在企业取得资产或者承担负债的交易中，交易价格是取得该项资产所支付或者承担该项负债所收到的价格(即进入价格)。公允价值是出售该项资产所能收到或者转移该项负债所需支付的价格(即脱手价格)。相关资产或负债在初始确认时的公允价值通常与其交易价格相等，但在下列情况中两者可能不相等：

(一)交易发生在关联方之间。但企业有证据表明该关联方交易是在市场条件下进行的除外。

(二)交易是被迫的。

(三)交易价格所代表的计量单元与按照本准则第七条确定的计量单元不同。

(四)交易市场不是相关资产或负债的主要市场(或最有利市场)。

第十七条 其他相关会计准则要求或者允许企业以公允价值对相关资产或负债进行初始计量，且其交易价格与公允价值不相等的，企业应当将相关利得或损失计入当期损益，但其他相关会计准则另有规定的除外。

第六章 估值技术

第十八条 企业以公允价值计量相关资产或负债，应当采用在当前情况下适用并且有足够可利用数据和其他信息支持的估值技术。企业使用估值技术的目的，是为了估计在计量日当前市场条件下，市场参与者在有序交易中出售一项资产或者转移一项负债的价格。

企业以公允价值计量相关资产或负债，使用的估值技术主要包括市场法、收益法和成本法。企业应当使用与其中一种或多种估值技术相一致的方法计量公允价值。企业使用多种估值技术计量公允价值的，应当考虑各估值结果的合理性，选取在当前情况下最能代表公允价值的金额作为公允价值。

市场法，是利用相同或类似的资产、负债或资产和负债组合的价格以及其他相关市场交易信息进行估值的技术。

收益法，是将未来金额转换成单一现值的估值技术。

成本法，是反映当前要求重置相关资产服务能力所需金额(通常指现行重置成本)的估值技术。

第十九条 企业在估值技术的应用中，应当优先使用相关可观察输入值，只有在相关可观察输入值无法取得或取得不切实可行的情况下，才可以使用不可观察输入值。

输入值，是指市场参与者在给相关资产或负债定价时所使用的假设，包括可观察输入值和不可观察输入值。

可观察输入值，是指能够从市场数据中取得的输入值。该输入值反映了市场参与者在对相关资产或负债定价时所使用的假设。

不可观察输入值，是指不能从市场数据中取得的输入值。该输入值应当根据可获得的市场参与者在对相关资产或负债定价时所使用假设的最佳信息确定。

第二十条 企业以交易价格作为初始确认时的公允价值，且在公允价值后续计量中使用了涉及不可观察输入值的估值技术的，应当在估值过程中校正该估值技术，以使估值技术确定的初始确认结果与交易价格相等。

企业在公允价值后续计量中使用估值技术的，尤其是涉及不可观察输入值的，应当确保该估值技术反映了计量日可观察的市场数据，如类似资产或负债的价格等。

第二十一条 公允价值计量使用的估值技术一经确定，不得随意变更，但变更估值技术或其应用能使计量结果在当前情况下同样或者更能代表公允价值的情况除外，包括但不限于下列情况：

(一)出现新的市场。

(二)可以取得新的信息。

(三)无法再取得以前使用的信息。

(四)改进了估值技术。

(五)市场状况发生变化。

企业变更估值技术或其应用的，应当按照《企业会计准则第 28 号——会计政策、会计估计变更和差错更正》的规定作为会计估计变更，并根据本准则的披露要求对估值技术及其应用的变更进行披露，而不需要按照《企业会计准则第 28 号——会计政策、会计估计变更和差错更正》的规定对相关会计估计变更进行披露。

第二十二条 企业采用估值技术计量公允价值时，应当选择与市场参与者在相关资产或负债的交易中所考虑的资产或负债特征相一致的输入值，包括流动性折溢价、控制权溢价或少数股东权益折价等，但不包括与本准则第七条规定的计量单元不一致的折溢价。

企业不应当考虑因其大量持有相关资产或负债所产生的折价或溢价。该折价或溢价反映了市场正常日交易量低于企业在当前市场出售或转让其持有的相关资产或负债数量时，市场参与者对该资产或负债报价的调整。

第二十三条 以公允价值计量的相关资产或负债存在出价和要价的，企业应当以在出价和要价之间最能代表当前情况下公允价值的价格确定该资产或负债的公允价值。企业可以使用出价计量资产头寸、使用要价计量负债头寸。

本准则不限制企业使用市场参与者在实务中使用的在出价和要价之间的中间价或其他定价惯例计量相关资产或负债。

第七章 公允价值层次

第二十四条 企业应当将公允价值计量所使用的输入值划分为三个层次，并首先使用第一层次输入值，其次使用第二层次输入值，最后使用第三层次输入值。

第一层次输入值是在计量日能够取得的相同资产或负债在活跃市场上未经调整的报价。活跃市场，是指相关资产或负债的交易量和交易频率足以持续提供定价信息的市场。

第二层次输入值是除第一层次输入值外相关资产或负债直接或间接可观察的输入值。

第三层次输入值是相关资产或负债的不可观察输入值。

公允价值计量结果所属的层次，由对公允价值计量整体而言具有重要意义的输入值所属的最低层次决定。企业应当在考虑相关资产或负债特征的基础上判断所使用的输入值是否重要。公允价值计量结果所属的层次，取决于估值技术的输入值，而不是估值技术本身。

第二十五条 第一层次输入值为公允价值提供了最可靠的证据。在所有情况下，企业只要能够获得相同资产或负债在活跃市场上的报价，就应当将该报价不加调整地应用于该资产或负债的公允价值计量，但下列情况除外：

（一）企业持有大量类似但不相同的以公允价值计量的资产或负债，这些资产或负债存在活跃市场报价，但难以获得每项资产或负债在计量日单独的定价信息。在这种情况下，企业可以采用不单纯依赖报价的其他估值模型。

（二）活跃市场报价未能代表计量日的公允价值，如因发生影响公允价值计量的重大事件等导致活跃市场的报价未能代表计量日的公允价值。

（三）本准则第三十四条（二）所述情况。

企业因上述情况对相同资产或负债在活跃市场上的报价进行调整的，公允价值计量结果应当划分为较低层次。

第二十六条 企业在使用第二层次输入值对相关资产或负债进行公允价值计量时，应当根据该资产或负债的特征，对第二层次输入值进行调整。这些特征包括资产状况或所在位置、输入值与类似资产或负债的相关程度（包括本准则第三十四条（二）规定的因素）、可观察输入值所在市场的交易量和活跃程度等。

对于具有合同期限等具体期限的相关资产或负债，第二层次输入值应当在几乎整个期限内是可观察的。

第二层次输入值包括：

（一）活跃市场中类似资产或负债的报价；

（二）非活跃市场中相同或类似资产或负债的报价；

（三）除报价以外的其他可观察输入值，包括在正常报价间隔期间可观察的利率和收益率曲线、隐含波动率和信用利差等；

（四）市场验证的输入值等。市场验证的输入值，是指通过相关性分析或其他手段获得的主要来源于可观察市场数据或者经过可观察市场数据验证的输入值。

企业使用重要的不可观察输入值对第二层次输入值进行调整，且该调整对公允价值计量整体而言是重要的，公允价值计量结果应当划分为第三层次。

第二十七条 企业只有在相关资产或负债不存在市场活动或者市场活动很少导致相关可观察输入值无法取得或取得不切实可行的情况下，才能使用第三层次输入值，即不可观察输入值。

不可观察输入值应当反映市场参与者对相关资产或负债定价时所使用的假设，包括有关风险的假设，如特定估值技术的固有风险和估值技术输入值的固有风险等。

第二十八条 企业在确定不可观察输入值时，应当使用在当前情况下可合理取得的最佳信息，包括所有可合理取得的市场参与者假设。

企业可以使用内部数据作为不可观察输入值，但如果有证据表明其他市场参与者将使用不同于企业内部数据的其他数据，或者这些企业内部数据是企业特定数据、其他市场参与者不具备企业相关特征时，企业应当对其内部数据做出相应调整。

第八章 非金融资产的公允价值计量

第二十九条 企业以公允价值计量非金融资产，应当考虑市场参与者将该资产用于最佳用途产生经济利益的能力，或者将该资产出售给能够用于最佳用途的其他市场参与者产生经济利益的能力。

最佳用途，是指市场参与者实现一项非金融资产或其所属的资产和负债组合的价值最大化时该非金融资产的用途。

第三十条 企业确定非金融资产的最佳用途，应当考虑法律上是否允许、实物上是否可能以及财务上是否可行等因素。

(一)企业判断非金融资产的用途在法律上是否允许,应当考虑市场参与者在对该资产定价时考虑的资产使用在法律上的限制。

(二)企业判断非金融资产的用途在实物上是否可能,应当考虑市场参与者在对该资产定价时考虑的资产实物特征。

(三)企业判断非金融资产的用途在财务上是否可行,应当考虑在法律上允许且实物上可能的情况下,使用该资产能否产生足够的收益或现金流量,从而在补偿使资产用于该用途所发生的成本后,仍然能够满足市场参与者所要求的投资回报。

第三十一条 企业应当从市场参与者的角度确定非金融资产的最佳用途。

通常情况下,企业对非金融资产的现行用途可以视为最佳用途,除非市场因素或者其他因素表明市场参与者按照其他用途使用该资产可以实现价值最大化。

第三十二条 企业以公允价值计量非金融资产,应当基于最佳用途确定下列估值前提:

(一)市场参与者单独使用一项非金融资产产生最大价值的,该非金融资产的公允价值应当是将其出售给同样单独使用该资产的市场参与者的当前交易价格。

(二)市场参与者将一项非金融资产与其他资产(或者其他资产或负债的组合)组合使用产生最大价值的,该非金融资产的公允价值应当是将其出售给以同样组合方式使用该资产的市场参与者的当前交易价格,并且该市场参与者可以取得组合中的其他资产和负债。其中,负债包括企业为筹集营运资金产生的负债,但不包括企业为组合之外的资产筹集资金所产生的负债。最佳用途的假定应当一致地应用于组合中所有与最佳用途相关的资产。

企业应当从市场参与者的角度判断该资产的最佳用途是单独使用、与其他资产组合使用、还是与其他资产和负债组合使用,但在计量非金融资产的公允价值时,应当假定按照本准则第七条确定的计量单元出售该资产。

第九章 负债和企业自身权益工具的公允价值计量

第三十三条 企业以公允价值计量负债,应当假定在计量日将该负债转移给其他市场参与者,而且该负债在转移后继续存在,并由作为受让方的市场参与者履行义务。

企业以公允价值计量自身权益工具,应当假定在计量日将该自身权益工具转移给其他市场参与者,而且该自身权益工具在转移后继续存在,并由作为受让方的市场参与者取得与该工具相关的权利、承担相应的义务。

第三十四条 企业以公允价值计量负债或自身权益工具,应当遵循下列原则:

(一)存在相同或类似负债或企业自身权益工具可观察市场报价的,应当以该报价为基础确定该负债或企业自身权益工具的公允价值。

(二)不存在相同或类似负债或企业自身权益工具可观察市场报价,但其他方将其作为资产持有的,企业应当在计量日从持有该资产的市场参与者角度,以该资产的公允价值为基础确定该负债或自身权益工具的公允价值。

当该资产的某些特征不适用于所计量的负债或企业自身权益工具时,企业应当根据该资产的公允价值进行调整,以调整后的价值确定负债或企业自身权益工具的公允价值。这些特征包括资产出售受到限制、资产与所计量负债或企业自身权益工具类似但不相同、资产的计量单元与负债或企业自身权益工具的计量单元不完全相同等。

(三)不存在相同或类似负债或企业自身权益工具可观察市场报价,并且其他方未将其作为资产持有的,企业应当从承担负债或者发行权益工具的市场参与者角度,采用估值技术确定该负债或企业自身权益工具的公允价值。

第三十五条 企业以公允价值计量负债,应当考虑不履约风险,并假定不履约风险在负债转移前后保持不变。

不履约风险,是指企业不履行义务的风险,包括但不限于企业自身信用风险。

第三十六条 企业以公允价值计量负债或自身权益工具,并且该负债或自身权益工具存在限制转移因素的,如果公允价值计量的输入值中已经考虑了该因素,企业不应当再单独设置相关输入值,也不应当对其他输入值进行相关调整。

第三十七条 企业以公允价值计量活期存款等具有可随时要求偿还特征的金融负债的，该金融负债的公允价值不应当低于债权人随时要求偿还时的应付金额，即从债权人可要求偿还的第一天起折现的现值。

第十章 市场风险或信用风险可抵销的金融资产和金融负债的公允价值计量

第三十八条 企业以市场风险和信用风险的净敞口为基础管理金融资产和金融负债的，可以以计量日市场参与者在当前市场条件下有序交易中出售净多头（即资产）或者转移净空头（即负债）的价格为基础，计量该金融资产和金融负债组合的公允价值。

市场风险或信用风险可抵销的金融资产或金融负债，应当是由《企业会计准则第22号——金融工具确认和计量》规范的金融资产和金融负债，也包括不符合金融资产或金融负债定义但按照《企业会计准则第22号——金融工具确认和计量》进行会计处理的其他合同。

与市场风险或信用风险可抵销的金融资产和金融负债相关的财务报表列报，应当适用其他相关会计准则。

第三十九条 企业按照本准则第三十八条规定计量金融资产和金融负债组合的公允价值的，应当同时满足下列条件：

（一）企业风险管理或投资策略的正式书面文件已载明，企业以特定市场风险或特定对手信用风险的净敞口为基础，管理金融资产和金融负债的组合；

（二）企业以特定市场风险或特定对手信用风险的净敞口为基础，向企业关键管理人员报告金融资产和金融负债组合的信息；

（三）企业在每个资产负债表日以公允价值计量组合中的金融资产和金融负债。

第四十条 企业按照本准则第三十八条规定计量金融资产和金融负债组合的公允价值的，该金融资产和金融负债面临的特定市场风险及其期限实质上应当相同。

企业按照本准则第三十八条规定计量金融资产和金融负债组合的公允价值的，如果市场参与者将会考虑假定出现违约情况下能够减小信用风险敞口的所有现行安排，企业应当考虑特定对手的信用风险净敞口的影响或特定对手对企业的信用风险净敞口的影响，并预计市场参与者依法强制执行这些安排的可能性。

第四十一条 企业采用本准则第三十八条规定的，应当按照《企业会计准则第28号——会计政策、会计估计变更和差错更正》的规定确定相关会计政策，并且一经确定，不得随意变更。

第十一章 公允价值披露

第四十二条 企业应当根据相关资产或负债的性质、特征、风险以及公允价值计量的层次对该资产或负债进行恰当分组，并按照组别披露公允价值计量的相关信息。

为确定资产和负债的组别，企业通常应当对资产负债表列报项目做进一步分解。企业应当披露各组别与报表列报项目之间的调节信息。

其他相关会计准则明确规定了相关资产或负债组别且其分组原则符合本条规定的，企业可以直接使用该组别提供相关信息。

第四十三条 企业应当区分持续的公允价值计量和非持续的公允价值计量。

持续的公允价值计量，是指其他相关会计准则要求或者允许企业在每个资产负债表日持续以公允价值进行的计量。

非持续的公允价值计量，是指其他相关会计准则要求或者允许企业在特定情况下的资产负债表中以公允价值进行的计量。

第四十四条 在相关资产或负债初始确认后的每个资产负债表日，企业至少应当在附注中披露持续以公允价值计量的每组资产和负债的下列信息：

（一）其他相关会计准则要求或者允许企业在资产负债表日持续以公允价值计量的项目和金额。

（二）公允价值计量的层次。

（三）在各层次之间转换的金额和原因，以及确定各层次之间转换时点的政策。每一层次的转入与转出应当分别披露。

（四）对于第二层次的公允价值计量，企业应当披露使用的估值技术和输入值的描述性信息。当变更估值技术时，企业还应当披露这一变更以及变更的原因。

（五）对于第三层次的公允价值计量，企业应当披露使用的估值技术、输入值和估值流程的描述性信息。当变更估值技术时，企业还应当披露这一变更以及变更的原因。企业应当披露公允价值计量中使用的重要的、可合理取得的不可观察输入值的量化信息。

（六）对于第三层次的公允价值计量，企业应当披露期初余额与期末余额之间的调节信息，包括计入当期损益的已实现利得或损失总额，以及确认这些利得或损失时的损益项目；计入当期损益的未实现利得或损失总额，以及确认这些未实现利得或损失时的损益项目（如相关资产或负债的公允价值变动损益等）；计入当期其他综合收益的利得或损失总额，以及确认这些利得或损失时的其他综合收益项目；分别披露相关资产或负债购买、出售、发行及结算情况。

（七）对于第三层次的公允价值计量，当改变不可观察输入值的金额可能导致公允价值显著变化时，企业应当披露有关敏感性分析的描述性信息。

这些输入值和使用的其他不可观察输入值之间具有相关关系的，企业应当描述这种相关关系及其影响，其中不可观察输入值至少包括本条（五）要求披露的不可观察输入值。

对于金融资产和金融负债，如果为反映合理、可能的其他假设而变更一个或多个不可观察输入值将导致公允价值的重大改变，企业还应当披露这一事实、变更的影响金额及其计算方法。

（八）当非金融资产的最佳用途与其当前用途不同时，企业应当披露这一事实及其原因。

第四十五条　在相关资产或负债初始确认后的资产负债表中，企业至少应当在附注中披露非持续以公允价值计量的每组资产和负债的下列信息：

（一）其他相关会计准则要求或者允许企业在特定情况下非持续以公允价值计量的项目和金额，以及以公允价值计量的原因。

（二）公允价值计量的层次。

（三）对于第二层次的公允价值计量，企业应当披露使用的估值技术和输入值的描述性信息。当变更估值技术时，企业还应当披露这一变更以及变更的原因。

（四）对于第三层次的公允价值计量，企业应当披露使用的估值技术、输入值和估值流程的描述性信息，当变更估值技术时，企业还应当披露这一变更以及变更的原因。企业应当披露公允价值计量中使用的重要不可观察输入值的量化信息。

（五）当非金融资产的最佳用途与其当前用途不同时，企业应当披露这一事实及其原因。

第四十六条　企业调整公允价值计量层次转换时点的相关会计政策应当在前后各会计期间保持一致，并按照本准则第四十四条（三）的规定进行披露。企业调整公允价值计量层次转换时点的相关会计政策应当一致地应用于转出的公允价值计量层次和转入的公允价值计量层次。

第四十七条　企业采用本准则第三十八条规定的会计政策的，应当披露该事实。

第四十八条　对于在资产负债表中不以公允价值计量但以公允价值披露的各组资产和负债，企业应当按照本准则第四十四条（二）、（四）、（五）和（八）披露信息，但不需要按照本准则第四十四条（五）披露第三层次公允价值计量的估值流程和使用的重要不可观察输入值的量化信息。

第四十九条　对于以公允价值计量且在发行时附有不可分割的第三方信用增级的负债，发行人应当披露这一事实，并说明该信用增级是否已反映在该负债的公允价值计量中。

第五十条　企业应当以表格形式披露本准则要求的量化信息，除非其他形式更适当。

第十二章　衔接规定

第五十一条　本准则施行日之前的公允价值计量与本准则要求不一致的，企业不作追溯调整。

第五十二条　比较财务报表中披露的本准则施行日之前的信息与本准则要求不一致的，企业不需要按照本准则的规定进行调整。

第十三章　附　　则

第五十三条　本准则自 2014 年 7 月 1 日起施行。

41. 企业会计准则第40号——合营安排(2014年颁布)

第一章　总　　则

第一条　为了规范合营安排的认定、分类以及各参与方在合营安排中权益等的会计处理,根据《企业会计准则——基本准则》,制定本准则。

第二条　合营安排,是指一项由两个或两个以上的参与方共同控制的安排。合营安排具有下列特征:

(一)各参与方均受到该安排的约束;

(二)两个或两个以上的参与方对该安排实施共同控制。任何一个参与方都不能够单独控制该安排,对该安排具有共同控制的任何一个参与方均能够阻止其他参与方或参与方组合单独控制该安排。

第三条　合营安排不要求所有参与方都对该安排实施共同控制。合营安排参与方既包括对合营安排享有共同控制的参与方(即合营方),也包括对合营安排不享有共同控制的参与方。

第四条　合营方在合营安排中权益的披露,适用《企业会计准则第41号——在其他主体中权益的披露》。

第二章　合营安排的认定和分类

第五条　共同控制,是指按照相关约定对某项安排所共有的控制,并且该安排的相关活动必须经过分享控制权的参与方一致同意后才能决策。

本准则所称相关活动,是指对某项安排的回报产生重大影响的活动。某项安排的相关活动应当根据具体情况进行判断,通常包括商品或劳务的销售和购买、金融资产的管理、资产的购买和处置、研究与开发活动以及融资活动等。

第六条　如果所有参与方或一组参与方必须一致行动才能决定某项安排的相关活动,则称所有参与方或一组参与方集体控制该安排。

在判断是否存在共同控制时,应当首先判断所有参与方或参与方组合是否集体控制该安排,其次再判断该安排相关活动的决策是否必须经过这些集体控制该安排的参与方一致同意。

第七条　如果存在两个或两个以上的参与方组合能够集体控制某项安排的,不构成共同控制。

第八条　仅享有保护性权利的参与方不享有共同控制。

第九条　合营安排分为共同经营和合营企业。

共同经营,是指合营方享有该安排相关资产且承担该安排相关负债的合营安排。

合营企业,是指合营方仅对该安排的净资产享有权利的合营安排。

第十条　合营方应当根据其在合营安排中享有的权利和承担的义务确定合营安排的分类。对权利和义务进行评价时应当考虑该安排的结构、法律形式以及合同条款等因素。

第十一条　未通过单独主体达成的合营安排,应当划分为共同经营。

单独主体,是指具有单独可辨认的财务架构的主体,包括单独的法人主体和不具备法人主体资格但法律认可的主体。

第十二条　通过单独主体达成的合营安排,通常应当划分为合营企业。但有确凿证据表明满足下列任一条件并且符合相关法律法规规定的合营安排应当划分为共同经营:

(一)合营安排的法律形式表明,合营方对该安排中的相关资产和负债分别享有权利和承担义务。

(二)合营安排的合同条款约定,合营方对该安排中的相关资产和负债分别享有权利和承担义务。

(三)其他相关事实和情况表明,合营方对该安排中的相关资产和负债分别享有权利和承担义务,如合营方享有与合营安排相关的几乎所有产出,并且该安排中负债的清偿持续依赖于合营方的支持。

不能仅凭合营方对合营安排提供债务担保即将其视为合营方承担该安排相关负债。合营方承担向合营安排支付认缴出资义务的，不视为合营方承担该安排相关负债。

第十三条　相关事实和情况变化导致合营方在合营安排中享有的权利和承担的义务发生变化的，合营方应当对合营安排的分类进行重新评估。

第十四条　对于为完成不同活动而设立多项合营安排的一个框架性协议，企业应当分别确定各项合营安排的分类。

第三章　共同经营参与方的会计处理

第十五条　合营方应当确认其与共同经营中利益份额相关的下列项目，并按照相关企业会计准则的规定进行会计处理：

（一）确认单独所持有的资产，以及按其份额确认共同持有的资产；

（二）确认单独所承担的负债，以及按其份额确认共同承担的负债；

（三）确认出售其享有的共同经营产出份额所产生的收入；

（四）按其份额确认共同经营因出售产出所产生的收入；

（五）确认单独所发生的费用，以及按其份额确认共同经营发生的费用。

第十六条　合营方向共同经营投出或出售资产等（该资产构成业务的除外），在该资产等由共同经营出售给第三方之前，应当仅确认因该交易产生的损益中归属于共同经营其他参与方的部分。投出或出售的资产发生符合《企业会计准则第 8 号——资产减值》等规定的资产减值损失的，合营方应当全额确认该损失。

第十七条　合营方自共同经营购买资产等（该资产构成业务的除外），在将该资产等出售给第三方之前，应当仅确认因该交易产生的损益中归属于共同经营其他参与方的部分。购入的资产发生符合《企业会计准则第 8 号——资产减值》等规定的资产减值损失的，合营方应当按其承担的份额确认该部分损失。

第十八条　对共同经营不享有共同控制的参与方，如果享有该共同经营相关资产且承担该共同经营相关负债的，应当按照本准则第十五条至第十七条的规定进行会计处理；否则，应当按照相关企业会计准则的规定进行会计处理。

第四章　合营企业参与方的会计处理

第十九条　合营方应当按照《企业会计准则第 2 号——长期股权投资》的规定对合营企业的投资进行会计处理。

第二十条　对合营企业不享有共同控制的参与方应当根据其对该合营企业的影响程度进行会计处理：

（一）对该合营企业具有重大影响的，应当按照《企业会计准则第 2 号——长期股权投资》的规定进行会计处理。

（二）对该合营企业不具有重大影响的，应当按照《企业会计准则第 22 号——金融工具确认和计量》的规定进行会计处理。

第五章　衔接规定

第二十一条　首次采用本准则的企业应当根据本准则的规定对其合营安排进行重新评估，确定其分类。

第二十二条　合营企业重新分类为共同经营的，合营方应当在比较财务报表最早期间期初终止确认以前采用权益法核算的长期股权投资，以及其他实质上构成对合营企业净投资的长期权益；同时根据比较财务报表最早期间期初采用权益法核算时使用的相关信息，确认本企业在共同经营中的利益份额所产生的各项资产（包括商誉）和负债，所确认资产和负债的账面价值与其计税基础之间存在暂时性差异的，应当按照《企业会计准则第 18 号——所得税》的规定进行会计处理。

确认的各项资产和负债的净额与终止确认的长期股权投资以及其他实质上构成对合营企业净投资的长期权益的账面金额存在差额的，应当按照下列规定处理：

（一）前者大于后者的，其差额应当首先抵减与该投资相关的商誉，仍有余额的，再调增比较财务报表最早期间的期初留存收益；

（二）前者小于后者的，其差额应当冲减比较财务报表最早期间的期初留存收益。

第六章　附　　则

第二十三条　本准则自2014年7月1日起施行。

42. 企业会计准则第41号——在其他主体中权益的披露（2014年颁布）

第一章　总　　则

第一条　为了规范在其他主体中权益的披露，根据《企业会计准则——基本准则》，制定本准则。

第二条　企业披露的在其他主体中权益的信息，应当有助于财务报表使用者评估企业在其他主体中权益的性质和相关风险，以及该权益对企业财务状况、经营成果和现金流量的影响。

第三条　本准则所指的在其他主体中的权益，是指通过合同或其他形式能够使企业参与其他主体的相关活动并因此享有可变回报的权益。参与方式包括持有其他主体的股权、债权，或向其他主体提供资金、流动性支持、信用增级和担保等。企业通过这些参与方式实现对其他主体的控制、共同控制或重大影响。其他主体包括企业的子公司、合营安排（包括共同经营和合营企业）、联营企业以及未纳入合并财务报表范围的结构化主体等。

结构化主体，是指在确定其控制方时没有将表决权或类似权利作为决定因素而设计的主体。

第四条　本准则适用于企业在子公司、合营安排、联营企业和未纳入合并财务报表范围的结构化主体中权益的披露。

企业同时提供合并财务报表和母公司个别财务报表的，应当在合并财务报表附注中披露本准则要求的信息，不需要在母公司个别财务报表附注中重复披露相关信息。

第五条　下列各项的披露适用其他相关会计准则：

（一）离职后福利计划或其他长期职工福利计划，适用《企业会计准则第9号——职工薪酬》。

（二）企业在其参与的但不享有共同控制的合营安排中的权益，适用《企业会计准则第37号——金融工具列报》。但是，企业对该合营安排具有重大影响或该合营安排是结构化主体的，适用本准则。

（三）企业持有的由《企业会计准则第22号——金融工具确认和计量》规范的在其他主体中的权益，适用《企业会计准则第37号——金融工具列报》。但是，企业在未纳入合并财务报表范围的结构化主体中的权益，以及根据其他相关会计准则以公允价值计量且其变动计入当期损益的在联营企业或合营企业中的权益，适用本准则。

第二章　重大判断和假设的披露

第六条　企业应当披露对其他主体实施控制、共同控制或重大影响的重大判断和假设，以及这些判断和假设变更的情况，包括但不限于下列各项：

（一）企业持有其他主体半数或以下的表决权但仍控制该主体的判断和假设，或者持有其他主体半数以上的表决权但并不控制该主体的判断和假设。

（二）企业持有其他主体20%以下的表决权但对该主体具有重大影响的判断和假设，或者持有其他主体20%或以上的表决权但对该主体不具有重大影响的判断和假设。

（三）企业通过单独主体达成合营安排的，确定该合营安排是共同经营还是合营企业的判断和假设。

（四）确定企业是代理人还是委托人的判断和假设。

第七条　企业应当披露按照《企业会计准则第33号——合并财务报表》被确定为投资性主体的重大判断和假设，以及虽然不符合《企业会计准则第33号——合并财务报表》有关投资性主体的一项或多项特征但仍被确定为投资性主体的原因。企业(母公司)由非投资性主体转变为投资性主体的,应当披露该变化及其原因,并披露该变化对财务报表的影响,包括对变化当日不再纳入合并财务报表范围子公司的投资的公允价值、按照公允价值重新计量产生的利得或损失以及相应的列报项目。企业(母公司)由投资性主体转变为非投资性主体的,应当披露该变化及其原因。

第三章 在子公司中权益的披露

第八条 企业应当在合并财务报表附注中披露企业集团的构成,包括子公司的名称、主要经营地及注册地、业务性质、企业的持股比例(或类似权益比例,下同)等。

子公司少数股东持有的权益对企业集团重要的,企业还应当在合并财务报表附注中披露下列信息:

(一)子公司少数股东的持股比例。子公司少数股东的持股比例不同于其持有的表决权比例的,企业还应当披露该表决权比例。

(二)当期归属于子公司少数股东的损益以及向少数股东支付的股利。

(三)子公司在当期期末累计的少数股东权益余额。

(四)子公司的主要财务信息。

第九条 使用企业集团资产和清偿企业集团债务存在重大限制的,企业应当在合并财务报表附注中披露下列信息:

(一)该限制的内容,包括对母公司或其子公司与企业集团内其他主体相互转移现金或其他资产的限制,以及对企业集团内主体之间发放股利或进行利润分配、发放或收回贷款或垫款等的限制。

(二)子公司少数股东享有保护性权利、并且该保护性权利对企业使用企业集团资产或清偿企业集团负债的能力存在重大限制的,该限制的性质和程度。

(三)该限制涉及的资产和负债在合并财务报表中的金额。

第十条 企业存在纳入合并财务报表范围的结构化主体的,应当在合并财务报表附注中披露下列信息:

(一)合同约定企业或其子公司向该结构化主体提供财务支持的,应当披露提供财务支持的合同条款,包括可能导致企业承担损失的事项或情况。

(二)在没有合同约定的情况下,企业或其子公司当期向该结构化主体提供了财务支持或其他支持,应当披露所提供支持的类型、金额及原因,包括帮助该结构化主体获得财务支持的情况。其中,企业或其子公司当期对以前未纳入合并财务报表范围的结构化主体提供了财务支持或其他支持并且该支持导致企业控制了该结构化主体的,还应当披露决定提供支持的相关因素。

(三)企业存在向该结构化主体提供财务支持或其他支持的意图的,应当披露该意图,包括帮助该结构化主体获得财务支持的意图。第十一条企业在其子公司所有者权益份额发生变化且该变化未导致企业丧失对子公司控制权的,应当在合并财务报表附注中披露该变化对本企业所有者权益的影响。

企业丧失对子公司控制权的,应当在合并财务报表附注中披露按照《企业会计准则第 33 号——合并财务报表》计算的下列信息:

(一)由于丧失控制权而产生的利得或损失以及相应的列报项目。

(二)剩余股权在丧失控制权日按照公允价值重新计量而产生的利得或损失。

第十二条 企业是投资性主体且存在未纳入合并财务报表范围的子公司、并对该子公司权益按照公允价值计量且其变动计入当期损益的,应当在财务报表附注中对该情况予以说明。同时,对于未纳入合并财务报表范围的子公司,企业应当披露下列信息:

(一)子公司的名称、主要经营地及注册地。

(二)企业对子公司的持股比例。持股比例不同于企业持有的表决权比例的,企业还应当披露该表决权比例。企业的子公司也是投资性主体且该子公司存在未纳入合并财务报表范围的下属子公司的,企业应当按照上述要求披露该下属子公司的相关信息。

第十三条 企业是投资性主体的,对其在未纳入合并财务报表范围的子公司中的权益,应当披露与该权益相关的风险信息:

(一)该未纳入合并财务报表范围的子公司以发放现金股利、归还贷款或垫款等形式向企业转移资金的能力存在重大限制的，企业应当披露该限制的性质和程度。

（二）企业存在向未纳入合并财务报表范围的子公司提供财务支持或其他支持的承诺或意图的，企业应当披露该承诺或意图，包括帮助该子公司获得财务支持的承诺或意图。

在没有合同约定的情况下，企业或其子公司当期向未纳入合并财务报表范围的子公司提供财务支持或其他支持的，企业应当披露提供支持的类型、金额及原因。

（三）合同约定企业或其未纳入合并财务报表范围的子公司向未纳入合并财务报表范围、但受企业控制的结构化主体提供财务支持的，企业应当披露相关合同条款，以及可能导致企业承担损失的事项或情况。在没有合同约定的情况下，企业或其未纳入合并财务报表范围的子公司当期向原先不受企业控制且未纳入合并财务报表范围的结构化主体提供财务支持或其他支持，并且所提供的支持导致企业控制该结构化主体的，企业应当披露决定提供上述支持的相关因素。

第四章　在合营安排或联营企业中权益的披露

第十四条　存在重要的合营安排或联营企业的，企业应当披露下列信息：

（一）合营安排或联营企业的名称、主要经营地及注册地。

（二）企业与合营安排或联营企业的关系的性质，包括合营安排或联营企业活动的性质，以及合营安排或联营企业对企业活动是否具有战略性等。

（三）企业的持股比例。持股比例不同于企业持有的表决权比例的，企业还应当披露该表决权比例。

第十五条　对于重要的合营企业或联营企业，企业除了应当按照本准则第十四条披露相关信息外，还应当披露对合营企业或联营企业投资的会计处理方法，从合营企业或联营企业收到的股利，以及合营企业或联营企业在其自身财务报表中的主要财务信息。

企业对上述合营企业或联营企业投资采用权益法进行会计处理的，上述主要财务信息应当是按照权益法对合营企业或联营企业相关财务信息调整后的金额；同时，企业应当披露将上述主要财务信息按照权益法调整至企业对合营企业或联营企业投资账面价值的调节过程。企业对上述合营企业或联营企业投资采用权益法进行会计处理但该投资存在公开报价的，还应当披露其公允价值。

第十六条　企业在单个合营企业或联营企业中的权益不重要的，应当分别就合营企业和联营企业两类披露下列信息：

（一）按照权益法进行会计处理的对合营企业或联营企业投资的账面价值合计数。

（二）对合营企业或联营企业的净利润、终止经营的净利润、其他综合收益、综合收益等项目，企业按照其持股比例计算的金额的合计数。

第十七条　合营企业或联营企业以发放现金股利、归还贷款或垫款等形式向企业转移资金的能力存在重大限制的，企业应当披露该限制的性质和程度。

第十八条　企业对合营企业或联营企业投资采用权益法进行会计处理，被投资方发生超额亏损且投资方不再确认其应分担合营企业或联营企业损失份额的，应当披露未确认的合营企业或联营企业损失份额，包括当期份额和累积份额。

第十九条　企业应当单独披露与其对合营企业投资相关的未确认承诺，以及与其对合营企业或联营企业投资相关的或有负债。

第二十条　企业是投资性主体的，不需要披露本准则第十五条和第十六条规定的信息。

第五章　在未纳入合并财务报表范围的结构化主体中权益的披露

第二十一条　对于未纳入合并财务报表范围的结构化主体，企业应当披露下列信息：

（一）未纳入合并财务报表范围的结构化主体的性质、目的、规模、活动及融资方式。

（二）在财务报表中确认的与企业在未纳入合并财务报表范围的结构化主体中权益相关的资产和负债的账面价值及其在资产负债表中的列报项目。

（三）在未纳入合并财务报表范围的结构化主体中权益的最大损失敞口及其确定方法。企业不能量化最大损失敞口的，应当披露这一事实及其原因。

（四）在财务报表中确认的与企业在未纳入合并财务报表范围的结构化主体中权益相关的资产和负债

的账面价值与其最大损失敞口的比较。企业发起设立未纳入合并财务报表范围的结构化主体，但资产负债表日在该结构化主体中没有权益的，企业不需要披露上述(二)至(四)项要求的信息，但应当披露企业作为该结构化主体发起人的认定依据，并分类披露企业当期从该结构化主体获得的收益、收益类型，以及转移至该结构化主体的所有资产在转移时的账面价值。

第二十二条　企业应当披露其向未纳入合并财务报表范围的结构化主体提供财务支持或其他支持的意图，包括帮助该结构化主体获得财务支持的意图。在没有合同约定的情况下，企业当期向结构化主体(包括企业前期或当期持有权益的结构化主体)提供财务支持或其他支持的，还应当披露提供支持的类型、金额及原因，包括帮助该结构化主体获得财务支持的情况。

第二十三条　企业是投资性主体的，对受其控制但未纳入合并财务报表范围的结构化主体，应当按照本准则第十二条和第十三条的规定进行披露，不需要按照本章规定进行披露。

第六章　衔接规定

第二十四条　企业比较财务报表中披露的本准则施行日之前的信息与本准则要求不一致的，应当按照本准则的规定进行调整，但有关未纳入合并财务报表范围的结构化主体的披露要求除外。

第七章　附　　则

第二十五条　本准则自 2014 年 7 月 1 日起施行。

第五章　企业会计信息化相关法规

1. 企业会计信息化工作规范(2013年颁布)

财会〔2013〕20号

第一章　总　　则

第一条　为推动企业会计信息化，节约社会资源，提高会计软件和相关服务质量，规范信息化环境下的会计工作，根据《中华人民共和国会计法》、《财政部关于全面推进我国会计信息化工作的指导意见》(财会〔2009〕6号)，制定本规范。

第二条　本规范所称会计信息化，是指企业利用计算机、网络通信等现代信息技术手段开展会计核算，以及利用上述技术手段将会计核算与其他经营管理活动有机结合的过程。

本规范所称会计软件，是指企业使用的，专门用于会计核算、财务管理的计算机软件、软件系统或者其功能模块。会计软件具有以下功能：

(一)为会计核算、财务管理直接采集数据；

(二)生成会计凭证、账簿、报表等会计资料；

(三)对会计资料进行转换、输出、分析、利用。

本规范所称会计信息系统，是指由会计软件及其运行所依赖的软硬件环境组成的集合体。

第三条　企业(含代理记账机构，下同)开展会计信息化工作，软件供应商(含相关咨询服务机构，下同)提供会计软件和相关服务，适用本规范。

第四条　财政部主管全国企业会计信息化工作，主要职责包括：

(一)拟订企业会计信息化发展政策；

(二)起草、制定企业会计信息化技术标准；

(三)指导和监督企业开展会计信息化工作；

(四)规范会计软件功能。

第五条　县级以上地方人民政府财政部门管理本地区企业会计信息化工作，指导和监督本地区企业开展会计信息化工作。

第二章　会计软件和服务

第六条　会计软件应当保障企业按照国家统一会计准则制度开展会计核算，不得有违背国家统一会计准则制度的功能设计。

第七条　会计软件的界面应当使用中文并且提供对中文处理的支持，可以同时提供外国或者少数民族文字界面对照和处理支持。

第八条　会计软件应当提供符合国家统一会计准则制度的会计科目分类和编码功能。

第九条　会计软件应当提供符合国家统一会计准则制度的会计凭证、账簿和报表的显示和打印功能。

第十条　会计软件应当提供不可逆的记账功能，确保对同类已记账凭证的连续编号，不得提供对已记账凭证的删除和插入功能，不得提供对已记账凭证日期、金额、科目和操作人的修改功能。

第十一条　鼓励软件供应商在会计软件中集成可扩展商业报告语言(XBRL)功能，便于企业生成符合国家统一标准的XBRL财务报告。

第十二条　会计软件应当具有符合国家统一标准的数据接口，满足外部会计监督需要。

第十三条　会计软件应当具有会计资料归档功能，提供导出会计档案的接口，在会计档案存储格式、元数据采集、真实性与完整性保障方面，符合国家有关电子文件归档与电子档案管理的要求。

第十四条　会计软件应当记录生成用户操作日志，确保日志的安全、完整，提供按操作人员、操作时间和操作内容查询日志的功能，并能以简单易懂的形式输出。

第十五条　以远程访问、云计算等方式提供会计软件的供应商，应当在技术上保证客户会计资料的安全、完整。对于因供应商原因造成客户会计资料泄露、毁损的，客户可以要求供应商承担赔偿责任。

第十六条　客户以远程访问、云计算等方式使用会计软件生成的电子会计资料归客户所有。

软件供应商应当提供符合国家统一标准的数据接口供客户导出电子会计资料，不得以任何理由拒绝客户导出电子会计资料的请求。

第十七条　以远程访问、云计算等方式提供会计软件的供应商，应当做好本厂商不能维持服务情况下，保障企业电子会计资料安全以及企业会计工作持续进行的预案，并在相关服务合同中与客户就该预案做出约定。

第十八条　软件供应商应当努力提高会计软件相关服务质量，按照合同约定及时解决用户使用中的故障问题。

会计软件存在影响客户按照国家统一会计准则制度进行会计核算问题的，软件供应商应当为用户免费提供更正程序。

第十九条　鼓励软件供应商采用呼叫中心、在线客服等方式为用户提供实时技术支持。

第二十条　软件供应商应当就如何通过会计软件开展会计监督工作，提供专门教程和相关资料。

第三章　企业会计信息化

第二十一条　企业应当充分重视会计信息化工作，加强组织领导和人才培养，不断推进会计信息化在本企业的应用。

除本条第三款规定外，企业应当指定专门机构或者岗位负责会计信息化工作。

未设置会计机构和配备会计人员的企业，由其委托的代理记账机构开展会计信息化工作。

第二十二条　企业开展会计信息化工作，应当根据发展目标和实际需要，合理确定建设内容，避免投资浪费。

第二十三条　企业开展会计信息化工作，应当注重信息系统与经营环境的契合，通过信息化推动管理模式、组织架构、业务流程的优化与革新，建立健全适应信息化工作环境的制度体系。

第二十四条　大型企业、企业集团开展会计信息化工作，应当注重整体规划，统一技术标准、编码规则和系统参数，实现各系统的有机整合，消除信息孤岛。

第二十五条　企业配备的会计软件应当符合本规范第二章要求。

第二十六条　企业配备会计软件，应当根据自身技术力量以及业务需求，考虑软件功能、安全性、稳定性、响应速度、可扩展性等要求，合理选择购买、定制开发、购买与开发相结合等方式。

定制开发包括企业自行开发、委托外部单位开发、企业与外部单位联合开发。

第二十七条　企业通过委托外部单位开发、购买等方式配备会计软件，应当在有关合同中约定操作培训、软件升级、故障解决等服务事项，以及软件供应商对企业信息安全的责任。

第二十八条　企业应当促进会计信息系统与业务信息系统的一体化，通过业务的处理直接驱动会计记账，减少人工操作，提高业务数据与会计数据的一致性，实现企业内部信息资源共享。

第二十九条　企业应当根据实际情况，开展本企业信息系统与银行、供应商、客户等外部单位信息系统的互联，实现外部交易信息的集中自动处理。

第三十条　企业进行会计信息系统前端系统的建设和改造，应当安排负责会计信息化工作的专门机构或者岗位参与，充分考虑会计信息系统的数据需求。

第三十一条　企业应当遵循企业内部控制规范体系要求，加强对会计信息系统规划、设计、开发、运行、维护全过程的控制，将控制过程和控制规则融入会计信息系统，实现对违反控制规则情况的自动防范和监控，提高内部控制水平。

第三十二条　对于信息系统自动生成、且具有明晰审核规则的会计凭证，可以将审核规则嵌入会计软件，由计算机自动审核。未经自动审核的会计凭证，应当先经人工审核再行后续处理。

第三十三条 处于会计核算信息化阶段的企业，应当结合自身情况，逐步实现资金管理、资产管理、预算控制、成本管理等财务管理信息化。

处于财务管理信息化阶段的企业，应当结合自身情况，逐步实现财务分析、全面预算管理、风险控制、绩效考核等决策支持信息化。

第三十四条 分公司、子公司数量多、分布广的大型企业、企业集团应当探索利用信息技术促进会计工作的集中，逐步建立财务共享服务中心。

实行会计工作集中的企业以及企业分支机构，应当为外部会计监督机构及时查询和调阅异地储存的会计资料提供必要条件。

第三十五条 外商投资企业使用的境外投资者指定的会计软件或者跨国企业集团统一部署的会计软件，应当符合本规范第二章要求。

第三十六条 企业会计信息系统数据服务器的部署应当符合国家有关规定。数据服务器部署在境外的，应当在境内保存会计资料备份，备份频率不得低于每月一次。境内备份的会计资料应当能够在境外服务器不能正常工作时，独立满足企业开展会计工作的需要以及外部会计监督的需要。

第三十七条 企业会计资料中对经济业务事项的描述应当使用中文，可以同时使用外国或者少数民族文字对照。

第三十八条 企业应当建立电子会计资料备份管理制度，确保会计资料的安全、完整和会计信息系统的持续、稳定运行。

第三十九条 企业不得在非涉密信息系统中存储、处理和传输涉及国家秘密，关系国家经济信息安全的电子会计资料；未经有关主管部门批准，不得将其携带、寄运或者传输至境外。

第四十条 企业内部生成的会计凭证、账簿和辅助性会计资料，同时满足下列条件的，可以不输出纸面资料：

（一）所记载的事项属于本企业重复发生的日常业务；

（二）由企业信息系统自动生成；

（三）可及时在企业信息系统中以人类可读形式查询和输出；

（四）企业信息系统具有防止相关数据被篡改的有效机制；

（五）企业对相关数据建立了电子备份制度，能有效防范自然灾害、意外事故和人为破坏的影响；

（六）企业对电子和纸面会计资料建立了完善的索引体系。

第四十一条 企业获得的需要外部单位或者个人证明的原始凭证和其他会计资料，同时满足下列条件的，可以不输出纸面资料：

（一）会计资料附有外部单位或者个人的、符合《中华人民共和国电子签名法》的可靠的电子签名；

（二）电子签名经符合《中华人民共和国电子签名法》的第三方认证；

（三）满足第四十条第（一）项、第（三）项、第（五）项和第（六）项规定的条件。

第四十二条 企业会计资料的归档管理，遵循国家有关会计档案管理的规定。

第四十三条 实施企业会计准则通用分类标准的企业，应当按照有关要求向财政部报送 XBRL 财务报告。

第四章 监　　督

第四十四条 企业使用会计软件不符合本规范要求的，由财政部门责令限期改正。限期不改的，财政部门应当予以公示，并将有关情况通报同级相关部门或其派出机构。

第四十五条 财政部采取组织同行评议，向用户企业征求意见等方式对软件供应商提供的会计软件遵循本规范的情况进行检查。

省、自治区、直辖市人民政府财政部门发现会计软件不符合本规范规定的，应当将有关情况报财政部。

任何单位和个人发现会计软件不符合本规范要求的，有权向所在地省、自治区、直辖市人民政府财政部门反映，财政部门应当根据反映开展调查，并按本条第二款规定处理。

第四十六条 软件供应商提供的会计软件不符合本规范要求的，财政部可以约谈该供应商主要负责人，责令限期改正。限期内未改正的，由财政部予以公示，并将有关情况通报相关部门。

第五章　附　　则

第四十七条　省、自治区、直辖市人民政府财政部门可以根据本规范制定本地区具体实施办法。

第四十八条　自本规范施行之日起，《会计核算软件基本功能规范》（财会字〔1994〕27 号）、《会计电算化工作规范》（财会字〔1996〕17 号）不适用于企业及其会计软件。

第四十九条　本规范自 2014 年 1 月 6 日起施行，1994 年 6 月 30 日财政部发布的《商品化会计核算软件评审规则》（财会字〔1994〕27 号）、《会计电算化管理办法》（财会字〔1994〕27 号）同时废止。

2. 企业会计准则通用分类标准编报规则（2013 年颁布）

财会〔2013〕11 号

第一章　总　　则

第一条　为规范采用可扩展商业报告语言（XBRL）编报财务报告行为，保证以 XBRL 格式编报的财务报告质量，根据《中华人民共和国会计法》、企业会计准则、《可扩展商业报告语言（XBRL）技术规范》（GB/T 25500—2010）系列国家标准、《企业会计准则通用分类标准》（以下简称通用分类标准）及企业会计准则通用分类标准相关行业扩展分类标准（以下简称行业扩展分类标准），制定本规则。

第二条　按照通用分类标准或行业扩展分类标准编制并对外报送的 XBRL 格式的财务报告称为财务报告实例文档，简称实例文档。如果企业应用通用分类标准或行业扩展分类标准时进行了扩展，报送的文件应包括实例文档及企业扩展分类标准。按照通用分类标准或行业扩展分类标准编制和报送实例文档和企业扩展分类标准的，应当遵循本规则。

第三条　以 XBRL 格式编报财务报告时，应当遵循最新版本的《可扩展商业报告语言（XBRL）技术规范第 1 部分：基础》（GB/T 25500. 1—2010）、《可扩展商业报告语言（XBRL）技术规范第 2 部分：维度》（GB/T 25500. 2—2010）、《可扩展商业报告语言（XBRL）技术规范第 3 部分：公式》（GB/T 25500. 3—2010）、《可扩展商业报告语言（XBRL）技术规范第 4 部分：版本》（GB/T 25500. 4—2010）系列国家标准、通用分类标准（20100930）、《企业会计准则通用分类标准指南》（以下简称通用分类标准指南）、行业扩展分类标准、通用分类标准相关行业扩展分类标准指南以及编报规则的要求。

第四条　本版编报规则的版本编号为 20130430。

第二章　一般性技术原则

第五条　企业扩展分类标准和实例文档应当采用与通用分类标准及行业扩展分类标准一致的编码方式，即"UTF-8"编码。

第六条　在企业扩展分类标准的命名空间中，应当包含日期信息以区分扩展分类标准的不同版本。命名空间的格式为：{企业网络域名}/{依据的会计准则}/{日期}，依据的会计准则在本规则中统一为企业会计准则，简称 cas，日期格式为"yyyy-mm-dd"。命名空间格式举例参见例 1。

第七条　企业扩展分类标准应当包含扩展分类标准模式文件和与其相关的链接库文件。

第八条　在以通用分类标准或行业扩展分类标准为基础进行扩展时，不能直接修改、删除通用分类标准或行业扩展分类标准文件中的任何内容，也不能在通用分类标准或行业扩展分类标准中直接增加任何内容。

第九条　企业可以采用两种方式应用通用分类标准：复用（Reuse）和重新定义（Redefine）。在复用方式下，企业在构建扩展分类标准链接库文件时，应引用通用分类标准中的链接库文件并进行扩展，扩展分类标准模式文件应当引用通用分类标准入口文件和企业扩展链接库文件，或者在扩展分类标准中自定义入口文件；在重新定义方式下，企业在构建扩展分类标准链接库文件时，不再引用通用分类标准中的链接库文件，而是根据企业财务报告的实际需要，重新构建链接库文件，扩展分类标准模式文件应当引用通用分类标准核心模式文件和企业所有扩展链接库文件。

第十条 属于行业扩展分类标准实施范围的企业，必须基于相对应的行业扩展分类标准进行扩展。企业可以采用两种方式应用行业扩展分类标准：复用(Reuse)和重新定义(Redefine)。

在复用方式下，企业在构建扩展分类标准链接库文件时，应引用行业扩展分类标准中的链接库文件并进行扩展，扩展分类标准模式文件应当引用行业扩展分类标准入口文件和企业扩展链接库文件，或者在扩展分类标准中自定义入口文件。

在重新定义方式下，企业在构建扩展分类标准链接库文件时，不再引用行业扩展分类标准中的链接库文件，而是根据企业具体要求，重新构建链接库文件，扩展分类标准模式文件应当引用行业扩展分类标准核心模式文件和企业所有扩展链接库文件。

第十一条 企业以 XBRL 格式编制财务报告，应当遵循四级标记要求，具体如下：

一级：将财务报表一般信息、资产负债表、利润表、现金流量表和所有者权益变动表中的项目逐一标记；

二级：将每一项附注的全部内容用一个文本块元素(标签后缀为 text block 的元素)进行整体标记；

三级：将会计政策和会计估计附注中的每一项会计政策和会计估计内容用一个单独的文本块元素(标签后缀为[text block]的元素)进行整体标记；

四级：将附注中重要的金额、百分比和其他数字进行逐一标记。

四级标记举例参见例 2。

第十二条 与合并财务报表一同提供的母公司财务报表披露的标记，应当使用通用分类标准定义的通用维度"维度——合并和个别财务报表"进行区分。若不以通用维度区分，默认为对合并财务报表披露的标记。

第十三条 企业扩展分类标准应当遵循通用分类标准或行业扩展分类标准的建模方式。企业扩展分类标准的建模方法参见例 3。

第三章 企业扩展分类标准模式文件规则

第十四条 企业扩展分类标准模式文件的命名格式为{企业法定中文名称}-{工商行政管理注册号}-{日期}.{文件后缀}。文件名称各组成部分之间以英文字符集中的中划线连接。

{企业法定中文名称}是企业营业执照上的名称；{工商行政管理注册号}是营业执照上的注册号(15 位数字)；{日期}是财务报表日，格式为 YYYYMMDD；{文件后缀}是扩展分类标准模式文件的后缀，即 xsd。企业扩展分类标准模式文件的命名格式举例参见例 4。

第十五条 对于企业财务报告中标题的标记，应当使用数据类型为字符串类型(stringItemType)，抽象属性为是(true)的数据项(item)元素。

第十六条 在采用通用分类标准或行业扩展分类标准进行元素匹配时，应当遵循以下原则：

(一)对于含义与通用分类标准或行业扩展分类标准元素一致的元素，应当直接引用通用分类标准或行业扩展分类标准的对应元素，不得重复定义。

(二)在进行元素匹配时，只能与通用分类标准或行业扩展分类标准中的元素进行匹配，不得直接与通用分类标准或行业扩展分类标准中没有使用的国际财务报告准则分类标准中的元素进行匹配。

(三)在采用行业扩展分类标准进行元素匹配时，可以与行业扩展分类标准中没有使用的通用分类标准的元素进行匹配。

(四)如果通用分类标准和行业扩展分类标准(如引用)中都没有适当元素，应当定义企业扩展元素。扩展元素的定义不得与通用分类标准或行业扩展分类标准已定义的元素冲突。

(五)对于含义相同的财务报告概念只能定义一个扩展元素，对于属于同一概念的不同数值，不得定义重复元素进行标记。

(六)企业扩展分类标准模式文件中定义的实元素必须是在实例文档中使用的元素，实例文档中未使用的冗余实元素不得在扩展分类标准模式文件中定义。企业扩展分类标准模式文件中定义的扩展元素必须在列报链接库中定义列报关系，列报链接库中未使用的冗余元素不得在扩展分类标准模式文件中定义。

(七)元素的期间属性与财务报告披露事项的时间特征(时点或期间)必须完全一致。

(八)如果需要披露的财务报告概念的借贷属性与匹配的通用分类标准或行业扩展分类标准元素属性相反，也属于匹配成功，但需要在编制实例文档时给该数值前添加负号。

(九)关于"其他"一类元素的匹配原则,"其他"的含义是指除已披露项目外,其重要性不足以单独披露的项目,不应以企业的"其他"元素和通用分类标准或行业扩展分类标准的"其他"元素的分类不同为由认定不匹配。只要财务报告含义相同,就应当匹配通用分类标准或行业扩展分类标准的"其他"类元素。

第十七条 企业财务报告中属于同一概念不同期间的披露事项,应当采用同一元素进行标记。

第十八条 在进行元素命名和属性定义时,应当遵循以下原则:

(一)元素的名称应以英文标准标签为基础,遵循"驼峰命名法"。

通用分类标准和行业扩展分类标准实施所采用的"驼峰命名法"的规则包括:

1. 元素的名称应基于英文标准标签;标签应当保持简洁,并符合企业会计准则和相关监管规定的要求。

2. 如果元素的名称来自以往版本的企业扩展分类标准,当新版本的企业扩展分类标准中的英文标准标签发生变化时,元素的名称不应仅仅为了与英文标准标签保持一致而变更。

3. 元素名称中的首字符不得为下划线。

4. 元素名称中的首字母必须大写。

5. 元素名称中不得包含空格和以下字符:( ) * + [ ] ? \ / { } | @ # % ^ = ~ ` " " ' ' ? : , ＜ ＞ & $? 。

元素命名格式举例参见例 5。

(二)扩展元素的名称不能与通用分类标准或行业扩展分类标准的元素名称重复。元素 ID 格式为{企业扩展分类标准命名空间前缀}_{元素名称}。元素 ID 命名格式举例参见参见例 6。

(三)所有元素能否为空(nillable)属性均为 true。

(四)对于资产负债表和利润表中出现的类型(type)属性是货币类型(monetaryItemType)的扩展元素,必须为其定义借贷属性。

(五)对于需要以维度方式标记的表格中的"合计"项目,应当直接使用域元素进行标记,不得定义表示"合计"的域成员元素。

(六)虚元素,除域成员元素外,其类型(type)属性是字符串类型(stringItem),抽象(abstract)属性为 true,时期(period)属性是期间型(duration)。

(七)元素的替换组(substitutionGroup)属性只能是维度数据项(dimensionItem)、超立方体数据项(hypercubeItem)或数据项(item)三者之一。

(八)轴元素的名称应当以"Axis"结尾,其替换组(substitutionGroup)属性为维度数据项(dimensionItem),抽象(abstract)属性为 true。

(九)表格元素的名称应当以"Table"结尾,其替换组属性为超立方体数据项(hypercubeItem),抽象(abstract)属性为 true。

(十)行项目元素的名称应当以"LineItems"结尾,其抽象属性为 true。

(十一)域成员元素的名称应当以"Member"结尾,其类型为域项目型(domainItem),抽象属性为 true。

第四章 企业扩展分类标准链接库文件规则

第十九条 企业扩展分类标准链接库的命名格式为{企业法定中文名称}-{工商行政管理注册号}-{日期}[_{链接库类型}][_{语言类别}].{文件后缀}。

{企业法定中文名称}是企业营业执照上的名称;{工商行政管理注册号}是营业执照上的注册号(15 位数字);{日期}是该报告期间的财务报表日,格式为 YYYYMMDD;{链接库类型}包括 lab、cal、def 和 pre4 种类型,分别对应标签、计算、定义和列报链接库文件;{语言类别}仅用于标签链接库文件命名,包括 cn 和 en 两种类别,分别用于中、英文标签链接库文件命名;{文件后缀}是扩展分类标准链接库文件的后缀,即 xml。

企业扩展分类标准链接库命名格式举例参见例 7。

第二十条 在构建企业扩展分类标准标签链接库时,除通用分类标准指南和本规则第十九条规定外,还应当遵循以下原则:

(一)标签不得包括下列特殊字符:

? | ＞ ＜ * " " ? = . & ! @ # { }

(二)英文标签不能包含冠词"the"、"an"、"a";但当上述词汇具有实际业务含义而非作为冠词使用时,可以出现在英文标签中。请参见例 8。

（三）企业在自定义元素标签时，在同一语言下同一个元素不能同时拥有多个标签角色 xlink：role）属性相同的标签。

（四）元素的标准标签名称必须唯一，不同元素的标准标签不得相同。

（五）企业在自定义元素时，应该为每个扩展元素定义文档标签（documentation）。文档标签应该包括扩展元素的准确定义；对于未定义借贷方向的货币类型（monetaryItemType）元素，应该在文档标签中注明该元素取值为正数或负数时的含义。

（六）如果元素需要以合计项的形式列报，应当为该元素定义合计标签，并在列报链接库中将首选标签属性（preferredLabel）设置为合计标签。

（七）如果时点元素在列报时需要区分为期初或期末项，应当为该元素定义期初或期末标签，并在列报链接库中将首选标签属性设置为期初或期末标签。

（八）如果元素的借贷属性与企业财务报告披露的相反，应当为该元素添加负标签。负标签种类和应用方式举例参见通用分类标准指南及本规则例 9。

（九）针对同一个元素所拥有的每一个标签角色（xlink：role）属性，都应该同时定义中英文标签。对于文档标签，企业可仅定义中文标签。

第二十一条 在构建企业扩展分类标准列报链接库时，除本规则第十九条规定外，还应当遵循以下原则：

（一）实例文档中所有元素都应当包含在企业扩展分类标准列报链接库中。

（二）企业扩展分类标准列报链接库的每个扩展链接角色（ELR）中的内容应当反映财务报告的列报层级和顺序。

（三）企业扩展分类标准列报链接库应当为元素设置次序（order）属性，同一元素在同一扩展链接角色下的同一层级重复出现时，应该有不同的次序（order）值。

（四）企业扩展分类标准列报链接库如果为一个元素设置了首选标签（preferredLabel），应当在标签链接库中为该元素定义相应标签角色的标签。首选标签（preferredLabel）的内容应该与财务报告中对应的披露内容一致。同一元素在同一扩展链接角色下的同一层级重复出现时，应该在列报链接库中设置不同的首选标签属性。

第二十二条 在构建企业扩展分类标准计算链接库时，除本规则第十九条规定外，还应当遵循以下原则：

（一）企业扩展分类标准计算链接库中应当为元素设置次序（order）属性和计算权重（weight）属性。

（二）企业扩展分类标准计算链接库中属于同一个计算关系的父元素和子元素应当具有相同的期间属性。

（三）企业扩展分类标准计算链接库中作为一个计算关系的合计项的父元素不能同时作为该计算关系的子元素。

（四）如果财务报告中包含了两个或两个以上时点或期间事项的加总计算关系，并且实例文档包含相应的数值，应当在计算链接库中为这些元素定义相应的计算关系。

（五）如果财务报告中包含了两组或两组以上的元素，并且这些元素能加总等于相同的合计项，应当在计算链接库不同的扩展链接角色中分别定义计算关系。

（六）如果同一合计项在计算链接库中存在两组或两组以上的计算关系，那么由于对不同计算关系进行交叉校验所产生的计算警告，不应作为企业扩展分类标准或实例文档的错误。企业应当检查确认这些计算警告所涉及的事实值是否存在数值错误，不应为了消除这些计算警告而删除相关的正确的计算关系，影响计算关系的完整性。此类情况举例参见例 10。

第二十三条 在构建企业扩展分类标准定义链接库时，除本规则第十九条规定外，还应当遵循以下原则：

（一）企业扩展分类标准定义链接库应当为元素设置次序（order）属性。

（二）企业扩展分类标准定义链接库中，只有域元素才可设置为“维度-域（dimension-domain）”和“维度-默认（dimension-default）”属性。

（三）企业扩展分类标准定义链接库应当将每个维度表格放置在单独的扩展链接角色中。

第二十四条 企业扩展分类标准链接库中不能包含参考链接库。

第二十五条　企业在复用通用分类标准或行业扩展分类标准链接库时，应当遵循以下原则：

（一）企业扩展分类标准引入通用分类标准或行业扩展分类标准中的各链接库，应在通用分类标准或行业扩展分类标准链接库基础上进行增加、禁止等扩展操作，生成企业扩展分类标准链接库。如果计算链接库和定义链接库需要拆分，但通用分类标准或行业扩展分类标准未定义适用的扩展链接角色，则参照通用分类标准或行业扩展分类标准中相关列报链接库的扩展链接角色创建企业自定义的扩展链接角色，并在6位编码后添加小写英文字母区分。复用通用分类标准使用通用分类标准或行业扩展分类标准链接库的举例参见例11。

（二）对于通用分类标准或行业扩展分类标准中未定义的扩展链接角色，企业可以根据需要自行定义扩展链接角色。

（三）企业在复用通用分类标准链接库时，对于描述企业自定义扩展链接角色类型的角色类型（roleType）元素，其角色通用资源标识符（roleURI）属性的命名格式为{企业网络域名}/role/cas/{编码}。编码采用6位数字，首位使用6，后5位由企业自行定义。计算链接库和定义链接库如需按表格拆分扩展链接角色，则在6位编码后添加小写英文字母区分。

（四）企业在复用行业扩展分类标准链接库时，对于描述企业自定义扩展链接角色类型的角色类型（roleType）元素，其角色通用资源标识符（roleURI）属性的命名格式为{企业网络域名}/role/cas/{所引用行业扩展分类标准英文缩写}/{编码}。编码采用6位数字，首位使用6，后5位由企业自行定义。计算链接库和定义链接库如需按表格拆分扩展链接角色，则在6位编码后添加小写英文字母区分。

（五）扩展链接角色（ELR）是一组可被视为一个整体进行处理的财务信息关系的标识符。企业自定义扩展链接角色的角色类型应当包含定义（Definition）元素，该元素命名应当能清晰表示相关财务信息关系的主题，命名格式应遵循{[编码]}{财务信息主题}。其中，{[编码]}规则与角色通用资源标识符（roleURI）属性的编码规则相同；{财务信息主题}指被归为同一扩展链接角色的财务信息所共同表达的主题，通常是财务报告中的章节名称，采用英文命名方式，由企业根据财务报告自行定义。

（六）同一附注内容应当统一包含在列报链接库的同一个扩展链接角色下，同时按照附注的标记要求分层级进行排列，遵循层级低在上、层级高在下的原则。此类情况举例参见例12。

第二十六条　企业在重新定义扩展分类标准链接库时，应当遵循以下原则：

（一）企业扩展分类标准中应当重新定义链接库，不能直接引用通用分类标准或行业扩展分类标准中的链接库。

（二）在扩展列报链接库中，应当针对财务报告附注的四级标记要求中的每一级别，分别定义独立的扩展链接角色。

（三）企业应当为扩展链接角色定义角色类型（roleType）元素，且角色类型元素的角色通用资源标识符（roleURI）和标识符（id）属性必须唯一，不能与通用分类标准或行业扩展分类标准重复。

（四）基于通用分类标准扩展时，企业应当遵循以下原则：

1. 企业自定义扩展链接角色的角色通用资源标识符（roleURI）属性的命名格式为{企业网络域名}/role/cas/{编码1}/{编码2}/{编码3}[编码4]。

2. {编码1}延用通用分类标准相关披露在列报链接库中的扩展链接角色的6位数字编码。当通用分类标准中没有相关披露时，企业应当自行为扩展链接角色定义6位编码，首位使用6，后5位自定义。

3. {编码2}使用“000000”填充。

4. {编码3}为6位数字，表示财务报告章节编号和标记级别，其中，前5位由企业自行按一定顺序进行定义，例如财务报告披露顺序编号；最后1位表示标记级别：1代表财务报表主表，2代表附注整体标记，3代表会计政策和会计估计逐项标记，4代表附注的详细标记。

5. [编码4]为可选项，为英文26个小写字母，计算链接库或定义链接库如需拆分扩展链接角色，则可使用[编码4]用于区别于同一附注的其他扩展链接角色。

基于通用分类标准扩展时，企业自定义扩展链接角色的角色通用资源标识符格式举例参见例13。

（五）基于行业扩展分类标准扩展时，企业应当遵循以下原则：

1. 企业自定义扩展链接角色的角色通用资源标识符（roleURI）属性的命名格式为{企业网络域名}/role/cas/{所引用行业扩展分类标准英文缩写}/{编码1}/{编码2}/{编码3}[编码4]。

2.{编码 1}延用行业扩展分类标准相关披露在列报链接库中的扩展链接角色的编码 1 或行业扩展分类标准直接引用的相应的通用分类标准扩展链接角色的 6 位数字编码。当行业扩展分类标准中没有相关披露时，企业应当自行为扩展链接角色定义 6 位编码，首位使用 6，后 5 位自定义。

3.{编码 2}延用行业扩展分类标准相关披露在列报链接库中的扩展链接角色的编码 2；如果行业扩展分类标准相关披露在列报链接库中的扩展链接角色没有编码 2，则使用“000000”填充。

4.{编码 3}为 6 位数字，表示财务报告章节编号和标记级别，其中，前 5 位由企业自行按一定顺序进行定义，例如财务报告披露顺序编号；最后 1 位表示标记级别：1 代表财务报表主表，2 代表附注整体标记，3 代表会计政策和会计估计逐项标记，4 代表附注的详细标记。

5.[编码 4]为可选项，为英文 26 个小写字母，计算链接库或定义链接库如需拆分扩展链接角色，则可使用[编码 4]用于区别于同一附注的其他扩展链接角色。

基于行业扩展分类标准扩展时，企业自定义扩展链接角色的角色通用资源标识符格式举例参见例 14。

(六)基于通用分类标准或行业扩展分类标准扩展时，企业自定义扩展链接角色的角色类型应当包含定义(Definition)元素。该定义元素命名应当清晰表示相关财务信息关系的主题，命名格式为{[编码]}{财务报告标记层级}-{财务信息主题}。

其中，{[编码]}规则与角色通用资源标识符(roleURI)的{编码 3}[编码 4]规则相同；{财务报告标记层级}指四个标记级别名称，其中一级为 Statements，二级为 Notes，三级为 Policies，四级为 Details；{财务信息主题}指被归为同一扩展链接角色的财务信息所共同表达的主题，通常是财务报告中的章节名称，采用英文命名方式，由企业根据财务报告自行定义。

企业自定义扩展链接角色的角色类型定义元素的命名格式举例参见例 15。

(七)附注各标记级别的列报链接库应当遵循表 1、表 2 和表 3 所示的结构。表 1、表 2 和表 3 中以文字缩进表示不同的列报层级，×××表示财务报告中的对应名称：

表 1　附注二级整体标记

列报项目的元素	列报项目的标准标签	标记对象
×××Abstract	×××[abstract]附注标题	
DisclosureOf×××Explanatory	×××信息披露[textblock]	附注全部内容

注：表中元素和标签的命名格式仅适用于扩展元素和标签的命名。

表 2　会计政策和会计估计附注三级逐项标记

列报项目的元素	列报项目的标准标签	标记对象
×××PoliciesAbstract	×××(会计政策)[abstract]	附注标题
SignificantAccountingPolicies AndAccountingEstimates×××Explanatory	重要会计政策及会计估计，×××[text block]	具体会计政策和会计估计

注：表中元素和标签的命名格式仅适用于扩展元素和标签的命名。

表 3　附注四级详细标记

列报项目的元素	列报项目的标准标签	标记对象
×××DetailsAbstract	×××(详细披露)[abstract]	附注标题
×××	×××	附注中的金额、百分比和数字

注：表中元素和标签的命名格式仅适用于扩展元素和标签的命名。

第五章 实例文档规则

第二十七条 实例文档的命名格式为{企业法定中文名称}-{工商行政管理注册号}-{日期}.{文件后缀}。文件名称各组成部分之间以英文字符集中的中划线连接。

其中,{企业法定中文名称}是企业营业执照上的名称;{工商行政管理注册号}是营业执照上注册号中的15位数字;{日期}是该报告期间的财务报表日,格式为YYYYMMDD;{文件后缀}是扩展分类标准的后缀,即xml。

实例文档命名格式举例参见例16。

第二十八条 在确定实例文档的标记信息时,应遵循以下原则:

(一)实例文档中必须包含通用分类标准扩展链接角色“130000-公司基本情况”中定义的每一个元素的事实值。

(二)实例文档的标记信息应当准确反映企业财务报告披露的信息。

(三)对于财务报告中表示发生额或余额为0的“-”(短横线),企业应该根据实际的披露情况,在实例文档中标记成“0”。

(四)对于财务报告中的脚注,应当在实例文档中使用脚注(Footnote)元素进行整体标记,脚注中包含的金额等内容不再单独提取元素。

(五)实例文档中标记的数值应当是原始数据,金额应以元为单位。

(六)页眉或者页脚的信息,如单位名称、页码等,不在实例文档中披露。

(七)实例文档不能对同一披露项目进行重复标记,标记事项必须拥有唯一的元素、上下文、单位(Unit)和语言(Lang)属性。

(八)不能为了解决计算关系的错误而在实例文档中增加财务报告中没有披露的数据。

第二十九条 在编制实例文档时,应遵循以下原则:

(一)实例文档中报告企业的标识符(Identifier)为工商行政管理注册号,Scheme属性为工商行政管理总局网络域名http://www.saic.gov.cn/。

(二)具体企业名称或具体日期不应出现在除域项目类型(domainItemType)元素以外的元素的名称中。

(三)实例文档不能包含未使用的上下文。

(四)维度上下文统一使用场景信息(Scenario),而不采用分段信息(Segment)。

(五)实例文档不能包含未使用的计量单位。

(六)百分比数字的标记不得包含百分号,而应当以小数的形式来表示。请参见例17。

(七)对于比例数据的披露,如该比例的分子和分母具有相同单位,则应当以百分比类型(percentItem)元素进行标记;如该比例的分子和分母的单位不同,应当以纯数类型(pureItem)元素或元/每股类型(pershareItem)进行标记。

(八)域成员与行项目元素不能混用。请参见例18。

第三十条 在处理实例文档中的时间信息时,应遵循以下原则:

(一)实例文档中日期的格式应当定义为yyyymmdd。

(二)在实例文档中,对于附注中包含的文字信息的标记,无论该文字描述事件是否影响整个会计期间,都应当将上下文的时期元素的日期设置为本次报送的会计期间。请参见例19。

(三)在同一实例文档中,同一日期不能同时作为上下文(Context)的时期(Period)元素的起始日期(startDate)和结束日期(endDate)。

(四)在同一实例文档中,同一日期不能同时作为上下文的时期元素的起始日期和时点(instant)元素的日期。

附录:《企业会计准则通用分类标准编报规则》应用示例(略)

第六章　其他企业会计法规

1. 企业财务会计报告条例(2000年颁布)

中华人民共和国国务院令　2000年第287号

第一章　总　　则

第一条　为了规范企业财务会计报告，保证财务会计报告的真实、完整，根据《中华人民共和国会计法》，制定本条例。

第二条　企业（包括公司，下同）编制和对外提供财务会计报告，应当遵守本条例。

本条例所称财务会计报告，是指企业对外提供的反映企业某一特定日期财务状况和某一会计期间经营成果、现金流量的文件。

第三条　企业不得编制和对外提供虚假的或者隐瞒重要事实的财务会计报告。

企业负责人对本企业财务会计报告的真实性、完整性负责。

第四条　任何组织或者个人不得授意、指使、强令企业编制和对外提供虚假的或者隐瞒重要事实的财务会计报告。

第五条　注册会计师、会计师事务所审计企业财务会计报告，应当依照有关法律、行政法规以及注册会计师执业规则的规定进行，并对所出具的审计报告负责。（相关资料：实务指南）

第二章　财务会计报告的构成

第六条　财务会计报告分为年度、半年度、季度和月度财务会计报告。

第七条　年度、半年度财务会计报告应当包括：

（一）会计报表；

（二）会计报表附注；

（三）财务情况说明书。

会计报表应当包括资产负债表、利润表、现金流量表及相关附表。

第八条　季度、月度财务会计报告通常仅指会计报表，会计报表至少应当包括资产负债表和利润表。国家统一的会计制度规定季度、月度财务会计报告需要编制会计报表附注的，从其规定。

第九条　资产负债表是反映企业在某一特定日期财务状况的报表。资产负债表应当按照资产、负债和所有者权益（或者股东权益，下同）分类分项列示。其中，资产、负债和所有者权益的定义及列示应当遵循下列规定：

（一）资产，是指过去的交易、事项形成并由企业拥有或者控制的资源，该资源预期会给企业带来经济利益。在资产负债表上，资产应当按照其流动性分类分项列示，包括流动资产、长期投资、固定资产、无形资产及其他资产。银行、保险公司和非银行金融机构的各项资产有特殊性的，按照其性质分类分项列示。

（二）负债，是指过去的交易、事项形成的现时义务，履行该义务预期会导致经济利益流出企业。在资产负债表上，负债应当按照其流动性分类分项列示，包括流动负债、长期负债等。银行、保险公司和非银行金融机构的各项负债有特殊性的，按照其性质分类分项列示。

（三）所有者权益，是指所有者在企业资产中享有的经济利益，其金额为资产减去负债后的余额。在资产负债表上，所有者权益应当按照实收资本（或者股本）、资本公积、盈余公积、未分配利润等项目分项列示。

第十条　利润表是反映企业在一定会计期间经营成果的报表。利润表应当按照各项收入、费用以及构成利润的各个项目分类分项列示。其中，收入、费用和利润的定义及列示应当遵循下列规定：

（一）收入，是指企业在销售商品、提供劳务及让渡资产使用权等日常活动中所形成的经济利益的总流入。收入不包括为第三方或者客户代收的款项。在利润表上，收入应当按照其重要性分项列示。

（二）费用，是指企业为销售商品、提供劳务等日常活动所发生的经济利益的流出。在利润表上，费用应当按照其性质分项列示。

（三）利润，是指企业在一定会计期间的经营成果。在利润表上，利润应当按照营业利润、利润总额和净利润等利润的构成分类分项列示。

第十一条 现金流量表是反映企业一定会计期间现金和现金等价物（以下简称现金）流入和流出的报表。现金流量表应当按照经营活动、投资活动和筹资活动的现金流量分类分项列示。其中，经营活动、投资活动和筹资活动的定义及列示应当遵循下列规定：

（一）经营活动，是指企业投资活动和筹资活动以外的所有交易和事项。在现金流量表上，经营活动的现金流量应当按照其经营活动的现金流入和流出的性质分项列示；银行、保险公司和非银行金融机构的经营活动按照其经营活动特点分项列示。

（二）投资活动，是指企业长期资产的购建和不包括在现金等价物范围内的投资及其处置活动。在现金流量表上，投资活动的现金流量应当按照其投资活动的现金流入和流出的性质分项列示。

（三）筹资活动，是指导致企业资本及债务规模和构成发生变化的活动。在现金流量表上，筹资活动的现金流量应当按照其筹资活动的现金流入和流出的性质分项列示。

（相关资料：实务指南）

第十二条 相关附表是反映企业财务状况、经营成果和现金流量的补充报表，主要包括利润分配表以及国家统一的会计制度规定的其他附表。

利润分配表是反映企业一定会计期间对实现净利润以及以前年度未分配利润的分配或者亏损弥补的报表。利润分配表应当按照利润分配各个项目分类分项列示。

第十三条 年度、半年度会计报表至少应当反映两个年度或者相关两个期间的比较数据。

第十四条 会计报表附注是为便于会计报表使用者理解会计报表的内容而对会计报表的编制基础、编制依据、编制原则和方法及主要项目等所作的解释。会计报表附注至少应当包括下列内容：

（一）不符合基本会计假设的说明；

（二）重要会计政策和会计估计及其变更情况、变更原因及其对财务状况和经营成果的影响；

（三）或有事项和资产负债表日后事项的说明；

（四）关联方关系及其交易的说明；

（五）重要资产转让及其出售情况；

（六）企业合并、分立；

（七）重大投资、融资活动；

（八）会计报表中重要项目的明细资料；

（九）有助于理解和分析会计报表需要说明的其他事项。

第十五条 财务情况说明书至少应当对下列情况作出说明：

（一）企业生产经营的基本情况；

（二）利润实现和分配情况；

（三）资金增减和周转情况；

（四）对企业财务状况、经营成果和现金流量有重大影响的其他事项。

第三章 财务会计报告的编制

第十六条 企业应当于年度终了编报年度财务会计报告。国家统一的会计制度规定企业应当编报半年度、季度和月度财务会计报告的，从其规定。

第十七条 企业编制财务会计报告，应当根据真实的交易、事项以及完整、准确的账簿记录等资料，并按照国家统一的会计制度规定的编制基础、编制依据、编制原则和方法。

企业不得违反本条例和国家统一的会计制度规定，随意改变财务会计报告的编制基础、编制依据、编制原则和方法。

任何组织或者个人不得授意、指使、强令企业违反本条例和国家统一的会计制度规定，改变财务会计报告的编制基础、编制依据、编制原则和方法。

第十八条 企业应当依照本条例和国家统一的会计制度规定，对会计报表中各项会计要素进行合理的确认和计量，不得随意改变会计要素的确认和计量标准。

第十九条 企业应当依照有关法律、行政法规和本条例规定的结账日进行结账，不得提前或者延迟。年度结账日为公历年度每年的12月31日；半年度、季度、月度结账日分别为公历年度每半年、每季、每月的最后一天。

第二十条 企业在编制年度财务会计报告前，应当按照下列规定，全面清查资产、核实债务：

（一）结算款项，包括应收款项、应付款项、应交税金等是否存在，与债务、债权单位的相应债务、债权金额是否一致；

（二）原材料、在产品、自制半成品、库存商品等各项存货的实存数量与账面数量是否一致，是否有报废损失和积压物资等；

（三）各项投资是否存在，投资收益是否按照国家统一的会计制度规定进行确认和计量；

（四）房屋建筑物、机器设备、运输工具等各项固定资产的实存数量与账面数量是否一致；

（五）在建工程的实际发生额与账面记录是否一致；

（六）需要清查、核实的其他内容。

企业通过前款规定的清查、核实，查明财产物资的实存数量与账面数量是否一致、各项结算款项的拖欠情况及其原因、材料物资的实际储备情况、各项投资是否达到预期目的、固定资产的使用情况及其完好程度等。企业清查、核实后，应当将清查、核实的结果及其处理办法向企业的董事会或者相应机构报告，并根据国家统一的会计制度的规定进行相应的会计处理。

企业应当在年度中间根据具体情况，对各项财产物资和结算款项进行重点抽查、轮流清查或者定期清查。

第二十一条 企业在编制财务会计报告前，除应当全面清查资产、核实债务外，还应当完成下列工作：

（一）核对各会计账簿记录与会计凭证的内容、金额等是否一致，记账方向是否相符；

（二）依照本条例规定的结账日进行结账，结出有关会计账簿的余额和发生额，并核对各会计账簿之间的余额；

（三）检查相关的会计核算是否按照国家统一的会计制度的规定进行；

（四）对于国家统一的会计制度没有规定统一核算方法的交易、事项，检查其是否按照会计核算的一般原则进行确认和计量以及相关账务处理是否合理；

（五）检查是否存在因会计差错、会计政策变更等原因需要调整前期或者本期相关项目。

在前款规定工作中发现问题的，应当按照国家统一的会计制度的规定进行处理。

第二十二条 企业编制年度和半年度财务会计报告时，对经查实后的资产、负债有变动的，应当按照资产、负债的确认和计量标准进行确认和计量，并按照国家统一的会计制度的规定进行相应的会计处理。

第二十三条 企业应当按照国家统一的会计制度规定的会计报表格式和内容，根据登记完整、核对无误的会计账簿记录和其他有关资料编制会计报表，做到内容完整、数字真实、计算准确，不得漏报或者任意取舍。

第二十四条 会计报表之间、会计报表各项目之间，凡有对应关系的数字，应当相互一致；会计报表中本期与上期的有关数字应当相互衔接。

第二十五条 会计报表附注和财务情况说明书应当按照本条例和国家统一的会计制度的规定，对会计报表中需要说明的事项作出真实、完整、清楚的说明。

第二十六条 企业发生合并、分立情形的，应当按照国家统一的会计制度的规定编制相应的财务会计报告。

第二十七条 企业终止营业的，应当在终止营业时按照编制年度财务会计报告的要求全面清查资产、核实债务、进行结账，并编制财务会计报告；在清算期间，应当按照国家统一的会计制度的规定编制清算期间的财务会计报告。

第二十八条 按照国家统一的会计制度的规定，需要编制合并会计报表的企业集团，母公司除编制其个别会计报表外，还应当编制企业集团的合并会计报表。

企业集团合并会计报表，是指反映企业集团整体财务状况、经营成果和现金流量的会计报表。

第四章　财务会计报告的对外提供

第二十九条　对外提供的财务会计报告反映的会计信息应当真实、完整。

第三十条　企业应当依照法律、行政法规和国家统一的会计制度有关财务会计报告提供期限的规定，及时对外提供财务会计报告。

第三十一条　企业对外提供的财务会计报告应当依次编定页数，加具封面，装订成册，加盖公章。封面上应当注明：企业名称、企业统一代码、组织形式、地址、报表所属年度或者月份、报出日期，并由企业负责人和主管会计工作的负责人、会计机构负责人（会计主管人员）签名并盖章；设置总会计师的企业，还应当由总会计师签名并盖章。

第三十二条　企业应当依照企业章程的规定，向投资者提供财务会计报告。

国务院派出监事会的国有重点大型企业、国有重点金融机构和省、自治区、直辖市人民政府派出监事会的国有企业，应当依法定期向监事会提供财务会计报告。

第三十三条　有关部门或者机构依照法律、行政法规或者国务院的规定，要求企业提供部分或者全部财务会计报告及其有关数据的，应当向企业出示依据，并不得要求企业改变财务会计报告有关数据的会计口径。

第三十四条　非依照法律、行政法规或者国务院的规定，任何组织或者个人不得要求企业提供部分或者全部财务会计报告及其有关数据。

违反本条例规定，要求企业提供部分或者全部财务会计报告及其有关数据的，企业有权拒绝。

第三十五条　国有企业、国有控股的或者占主导地位的企业，应当至少每年一次向本企业的职工代表大会公布财务会计报告，并重点说明下列事项：

（一）反映与职工利益密切相关的信息，包括：管理费用的构成情况，企业管理人员工资、福利和职工工资、福利费用的发放、使用和结余情况，公益金的提取及使用情况，利润分配的情况以及其他与职工利益相关的信息；

（二）内部审计发现的问题及纠正情况；

（三）注册会计师审计的情况；

（四）国家审计机关发现的问题及纠正情况；

（五）重大的投资、融资和资产处置决策及其原因的说明；

（六）需要说明的其他重要事项。

第三十六条　企业依照本条例规定向有关各方提供的财务会计报告，其编制基础、编制依据、编制原则和方法应当一致，不得提供编制基础、编制依据、编制原则和方法不同的财务会计报告。

第三十七条　财务会计报告须经注册会计师审计的，企业应当将注册会计师及其会计师事务所出具的审计报告随同财务会计报告一并对外提供。

第三十八条　接受企业财务会计报告的组织或者个人，在企业财务会计报告未正式对外披露前，应当对其内容保密。

第五章　法律责任

第三十九条　违反本条例规定，有下列行为之一的，由县级以上人民政府财政部门责令限期改正，对企业可以处 3000 元以上 5 万元以下的罚款；对直接负责的主管人员和其他直接责任人员，可以处 2000 元以上 2 万元以下的罚款；属于国家工作人员的，并依法给予行政处分或者纪律处分：

（一）随意改变会计要素的确认和计量标准的；

（二）随意改变财务会计报告的编制基础、编制依据、编制原则和方法的；

（三）提前或者延迟结账日结账的；

（四）在编制年度财务会计报告前，未按照本条例规定全面清查资产、核实债务的；

（五）拒绝财政部门和其他有关部门对财务会计报告依法进行的监督检查，或者不如实提供有关情况的。

会计人员有前款所列行为之一，情节严重的，由县级以上人民政府财政部门吊销会计从业资格证书。

第四十条 企业编制、对外提供虚假的或者隐瞒重要事实的财务会计报告，构成犯罪的，依法追究刑事责任。

有前款行为，尚不构成犯罪的，由县级以上人民政府财政部门予以通报，对企业可以处 5000 元以上 10 万元以下的罚款；对直接负责的主管人员和其他直接责任人员，可以处 3000 元以上 5 万元以下的罚款；属于国家工作人员的，并依法给予撤职直至开除的行政处分或者纪律处分；对其中的会计人员，情节严重的，并由县级以上人民政府财政部门吊销会计从业资格证书。

第四十一条 授意、指使、强令会计机构、会计人员及其他人员编制、对外提供虚假的或者隐瞒重要事实的财务会计报告，或者隐匿、故意销毁依法应当保存的财务会计报告，构成犯罪的，依法追究刑事责任；尚不构成犯罪的，可以处 5000 元以上 5 万元以下的罚款；属于国家工作人员的，并依法给予降级、撤职、开除的行政处分或者纪律处分。

第四十二条 违反本条例的规定，要求企业向其提供部分或者全部财务会计报告及其有关数据的，由县级以上人民政府责令改正。

第四十三条 违反本条例规定，同时违反其他法律、行政法规规定的，由有关部门在各自的职权范围内依法给予处罚。

第六章 附 则

第四十四条 国务院财政部门可以根据本条例的规定，制定财务会计报告的具体编报办法。

第四十五条 不对外筹集资金、经营规模较小的企业编制和对外提供财务会计报告的办法，由国务院财政部门根据本条例的原则另行规定。

第四十六条 本条例自 2001 年 1 月 1 日起施行。

2. 企业产品成本核算制度（试行）（2013 年颁布）

财会〔2013〕17 号

第一章 总 则

第一条 为了加强企业产品成本核算工作，保证产品成本信息真实、完整，促进企业和经济社会的可持续发展，根据《中华人民共和国会计法》、企业会计准则等国家有关规定制定本制度。

第二条 本制度适用于大中型企业，包括制造业、农业、批发零售业、建筑业、房地产业、采矿业、交通运输业、信息传输业、软件及信息技术服务业、文化业以及其他行业的企业。其他未明确规定的行业比照以上类似行业的规定执行。

本制度不适用于金融保险业的企业。

第三条 本制度所称的产品，是指企业日常生产经营活动中持有以备出售的产成品、商品、提供的劳务或服务。

本制度所称的产品成本，是指企业在生产产品过程中所发生的材料费用、职工薪酬等，以及不能直接计入而按一定标准分配计入的各种间接费用。

第四条 企业应当充分利用现代信息技术，编制、执行企业产品成本预算，对执行情况进行分析、考核，落实成本管理责任制，加强对产品生产事前、事中、事后的全过程控制，加强产品成本核算与管理各项基础工作。

第五条 企业应当根据所发生的有关费用能否归属于使产品达到目前场所和状态的原则，正确区分产品成本和期间费用。

第六条 企业应当根据产品生产过程的特点、生产经营组织的类型、产品种类的繁简和成本管理的要求，确定产品成本核算的对象、项目、范围，及时对有关费用进行归集、分配和结转。

企业产品成本核算采用的会计政策和估计一经确定，不得随意变更。

第七条 企业一般应当按月编制产品成本报表，全面反映企业生产成本、成本计划执行情况、产品成本及其变动情况等。

第二章 产品成本核算对象

第八条 企业应当根据生产经营特点和管理要求，确定成本核算对象，归集成本费用，计算产品的生产成本。

第九条 制造企业一般按照产品品种、批次订单或生产步骤等确定产品成本核算对象。

（一）大量大批单步骤生产产品或管理上不要求提供有关生产步骤成本信息的，一般按照产品品种确定成本核算对象。

（二）小批单件生产产品的，一般按照每批或每件产品确定成本核算对象。

（三）多步骤连续加工产品且管理上要求提供有关生产步骤成本信息的，一般按照每种（批）产品及各生产步骤确定成本核算对象。

产品规格繁多的，可以将产品结构、耗用原材料和工艺过程基本相同的产品，适当合并作为成本核算对象。

第十条 农业企业一般按照生物资产的品种、成长期、批别（群别、批次）、与农业生产相关的劳务作业等确定成本核算对象。

第十一条 批发零售企业一般按照商品的品种、批次、订单、类别等确定成本核算对象。

第十二条 建筑企业一般按照订立的单项合同确定成本核算对象。单项合同包括建造多项资产的，企业应当按照企业会计准则规定的合同分立原则，确定建造合同的成本核算对象。为建造一项或数项资产而签订一组合同的，按合同合并的原则，确定建造合同的成本核算对象。

第十三条 房地产企业一般按照开发项目、综合开发期数并兼顾产品类型等确定成本核算对象。

第十四条 采矿企业一般按照所采掘的产品确定成本核算对象。

第十五条 交通运输企业以运输工具从事货物、旅客运输的，一般按照航线、航次、单船（机）、基层站段等确定成本核算对象；从事货物等装卸业务的，可以按照货物、成本责任部门、作业场所等确定成本核算对象；从事仓储、堆存、港务管理业务的，一般按照码头、仓库、堆场、油罐、筒仓、货棚或主要货物的种类、成本责任部门等确定成本核算对象。

第十六条 信息传输企业一般按照基础电信业务、电信增值业务和其他信息传输业务等确定成本核算对象。

第十七条 软件及信息技术服务企业的科研设计与软件开发等人工成本比重较高的，一般按照科研课题、承接的单项合同项目、开发项目、技术服务客户等确定成本核算对象。合同项目规模较大、开发期较长的，可以分段确定成本核算对象。

第十八条 文化企业一般按照制作产品的种类、批次、印次、刊次等确定成本核算对象。

第十九条 除本制度已明确规定的以外，其他行业企业应当比照以上类似行业的企业确定产品成本核算对象。

第二十条 企业应当按照第八条至第十九条规定确定产品成本核算对象，进行产品成本核算。企业内部管理有相关要求的，还可以按照现代企业多维度、多层次的管理需要，确定多元化的产品成本核算对象。

多维度，是指以产品的最小生产步骤或作业为基础，按照企业有关部门的生产流程及其相应的成本管理要求，利用现代信息技术，组合出产品维度、工序维度、车间班组维度、生产设备维度、客户订单维度、变动成本维度和固定成本维度等不同的成本核算对象。

多层次，是指根据企业成本管理需要，划分为企业管理部门、工厂、车间和班组等成本管控层次。

第三章 产品成本核算项目和范围

第二十一条 企业应当根据生产经营特点和管理要求，按照成本的经济用途和生产要素内容相结合的原则或者成本性态等设置成本项目。

第二十二条 制造企业一般设置直接材料、燃料和动力、直接人工和制造费用等成本项目。

直接材料，是指构成产品实体的原材料以及有助于产品形成的主要材料和辅助材料。

燃料和动力，是指直接用于产品生产的燃料和动力。

直接人工，是指直接从事产品生产的工人的职工薪酬。

制造费用，是指企业为生产产品和提供劳务而发生的各项间接费用，包括企业生产部门（如生产车间）发生的水电费、固定资产折旧、无形资产摊销、管理人员的职工薪酬、劳动保护费、国家规定的有关环保费用、季节性和修理期间的停工损失等。

第二十三条 农业企业一般设置直接材料、直接人工、机械作业费、其他直接费用、间接费用等成本项目。

直接材料，是指种植业生产中耗用的自产或外购的种子、种苗、饲料、肥料、农药、燃料和动力、修理用材料和零件、原材料以及其他材料等；养殖业生产中直接用于养殖生产的苗种、饲料、肥料、燃料、动力、畜禽医药费等。

直接人工，是指直接从事农业生产人员的职工薪酬。

机械作业费，是指种植业生产过程中农用机械进行耕耙、播种、施肥、除草、喷药、收割、脱粒等机械作业所发生的费用。

其他直接费用，是指除直接材料、直接人工和机械作业费以外的畜力作业费等直接费用。

间接费用，是指应摊销、分配计入成本核算对象的运输费、灌溉费、固定资产折旧、租赁费、保养费等费用。

第二十四条 批发零售企业一般设置进货成本、相关税费、采购费等成本项目。

进货成本，是指商品的采购价款。

相关税费，是指购买商品发生的进口关税、资源税和不能抵扣的增值税等。

采购费，是指运杂费、装卸费、保险费、仓储费、整理费、合理损耗以及其他可归属于商品采购成本的费用。采购费金额较小的，可以在发生时直接计入当期销售费用。

第二十五条 建筑企业一般设置直接人工、直接材料、机械使用费、其他直接费用和间接费用等成本项目。建筑企业将部分工程分包的，还可以设置分包成本项目。

直接人工，是指按照国家规定支付给施工过程中直接从事建筑安装工程施工的工人以及在施工现场直接为工程制作构件和运料、配料等工人的职工薪酬。

直接材料，是指在施工过程中所耗用的、构成工程实体的材料、结构件、机械配件和有助于工程形成的其他材料以及周转材料的租赁费和摊销等。

机械使用费，是指施工过程中使用自有施工机械所发生的机械使用费，使用外单位施工机械的租赁费，以及按照规定支付的施工机械进出场费等。

其他直接费用，是指施工过程中发生的材料搬运费、材料装卸保管费、燃料动力费、临时设施摊销、生产工具用具使用费、检验试验费、工程定位复测费、工程点交费、场地清理费，以及能够单独区分和可靠计量的为订立建造承包合同而发生的差旅费、投标费等费用。

间接费用，是指企业各施工单位为组织和管理工程施工所发生的费用。

分包成本，是指按照国家规定开展分包，支付给分包单位的工程价款。

第二十六条 房地产企业一般设置土地征用及拆迁补偿费、前期工程费、建筑安装工程费、基础设施建设费、公共配套设施费、开发间接费、借款费用等成本项目。

土地征用及拆迁补偿费，是指为取得土地开发使用权（或开发权）而发生的各项费用，包括土地买价或出让金、大市政配套费、契税、耕地占用税、土地使用费、土地闲置费、农作物补偿费、危房补偿费、土地变更用途和超面积补交的地价及相关税费、拆迁补偿费用、安置及动迁费用、回迁房建造费用等。

前期工程费，是指项目开发前期发生的政府许可规费、招标代理费、临时设施费以及水文地质勘察、测绘、规划、设计、可行性研究、咨询论证费、筹建、场地通平等前期费用。

建筑安装工程费，是指开发项目开发过程中发生的各项主体建筑的建筑工程费、安装工程费及精装修费等。

基础设施建设费，是指开发项目在开发过程中发生的道路、供水、供电、供气、供暖、排污、排洪、消防、通讯、照明、有线电视、宽带网络、智能化等社区管网工程费和环境卫生、园林绿化等园林、景观环境工程费用等。

公共配套设施费，是指开发项目内发生的、独立的、非营利性的且产权属于全体业主的，或无偿赠与地方政府、政府公共事业单位的公共配套设施费用等。

开发间接费，指企业为直接组织和管理开发项目所发生的，且不能将其直接归属于成本核算对象的工程监理费、造价审核费、结算审核费、工程保险费等。为业主代扣代缴的公共维修基金等不得计入产品成本。

借款费用，是指符合资本化条件的借款费用。

房地产企业自行进行基础设施、建筑安装等工程建设的，可以比照建筑企业设置有关成本项目。

第二十七条 采矿企业一般设置直接材料、燃料和动力、直接人工、间接费用等成本项目。

直接材料，是指采掘生产过程中直接耗用的添加剂、催化剂、引发剂、助剂、触媒以及净化材料、包装物等。

燃料和动力，是指采掘生产过程中直接耗用的各种固体、液体、气体燃料，以及水、电、汽、风、氮气、氧气等动力。

直接人工，是指直接从事采矿生产人员的职工薪酬。

间接费用，是指为组织和管理厂（矿）采掘生产所发生的职工薪酬、劳动保护费、固定资产折旧、无形资产摊销、保险费、办公费、环保费用、化（检）验计量费、设计制图费、停工损失、洗车费、转输费、科研试验费、信息系统维护费等。

第二十八条 交通运输企业一般设置营运费用、运输工具固定费用与非营运期间的费用等成本项目。

营运费用，是指企业在货物或旅客运输、装卸、堆存过程中发生的营运费用，包括货物费、港口费、起降及停机费、中转费、过桥过路费、燃料和动力、航次租船费、安全救生费、护航费、装卸整理费、堆存费等。铁路运输企业的营运费用还包括线路等相关设施的维护费等。

运输工具固定费用，是指运输工具的固定费用和共同费用等，包括检验检疫费、车船使用税、劳动保护费、固定资产折旧、租赁费、备件配件、保险费、驾驶及相关操作人员薪酬及其伙食费等。

非营运期间费用，是指受不可抗力制约或行业惯例等原因暂停营运期间发生的有关费用等。

第二十九条 信息传输企业一般设置直接人工、固定资产折旧、无形资产摊销、低值易耗品摊销、业务费、电路及网元租赁费等成本项目。

直接人工，是指直接从事信息传输服务的人员的职工薪酬。

业务费，是指支付通信生产的各种业务费用，包括频率占用费，卫星测控费，安全保卫费，码号资源费，设备耗用的外购电力费，自有电源设备耗用的燃料和润料费等。

电路及网元租赁费，是指支付给其他信息传输企业的电路及网元等传输系统及设备的租赁费等。

第三十条 软件及信息技术服务企业一般设置直接人工、外购软件与服务费、场地租赁费、固定资产折旧、无形资产摊销、差旅费、培训费、转包成本、水电费、办公费等成本项目。

直接人工，是指直接从事软件及信息技术服务的人员的职工薪酬。

外购软件与服务费，是指企业为开发特定项目而必须从外部购进的辅助软件或服务所发生的费用。

场地租赁费，是指企业为开发软件或提供信息技术服务租赁场地支付的费用等。

转包成本，是指企业将有关项目部分分包给其他单位支付的费用。

第三十一条 文化企业一般设置开发成本和制作成本等成本项目。

开发成本，是指从选题策划开始到正式生产制作所经历的一系列过程，包括信息收集、策划、市场调研、选题论证、立项等阶段所发生的信息搜集费、调研交通费、通信费、组稿费、专题会议费、参与开发的职工薪酬等。

制作成本，是指产品内容制作成本和物质形态的制作成本，包括稿费、审稿费、校对费、录入费、编辑加工费、直接材料费、印刷费、固定资产折旧、参与制作的职工薪酬等。电影企业的制作成本，是指企业在影片制片、译制、洗印等生产过程所发生的各项费用，包括剧本费、演职员的薪酬、胶片及磁片磁带费、化妆费、道具费、布景费、场租费、剪接费、洗印费等。

第三十二条 除本制度已明确规定的以外，其他行业企业应当比照以上类似行业的企业确定成本项目。

第三十三条 企业应当按照第二十一条至第三十二条规定确定产品成本核算项目，进行产品成本核算。企业内部管理有相关要求的，还可以按照现代企业多维度、多层次的成本管理要求，利用现代信息技术对有关成本项目进行组合，输出有关成本信息。

第四章 产品成本归集、分配和结转

第三十四条 企业所发生的费用，能确定由某一成本核算对象负担的，应当按照所对应的产品成本项目类别，直接计入产品成本核算对象的生产成本；由几个成本核算对象共同负担的，应当选择合理的分配标准分配计入。

企业应当根据生产经营特点，以正常生产能力水平为基础，按照资源耗费方式确定合理的分配标准。

企业应当按照权责发生制的原则，根据产品的生产特点和管理要求结转成本。

第三十五条 制造企业发生的直接材料和直接人工，能够直接计入成本核算对象的，应当直接计入成本核算对象的生产成本，否则应当按照合理的分配标准分配计入。

制造企业外购燃料和动力的，应当根据实际耗用数量或者合理的分配标准对燃料和动力费用进行归集分配。生产部门直接用于生产的燃料和动力，直接计入生产成本；生产部门间接用于生产（如照明、取暖）的燃料和动力，计入制造费用。制造企业内部自行提供燃料和动力的，参照本条第三款进行处理。

制造企业辅助生产部门为生产部门提供劳务和产品而发生的费用，应当参照生产成本项目归集，并按照合理的分配标准分配计入各成本核算对象的生产成本。辅助生产部门之间互相提供的劳务、作业成本，应当采用合理的方法，进行交互分配。互相提供劳务、作业不多的，可以不进行交互分配，直接分配给辅助生产部门以外的受益单位。

第三十六条 制造企业发生的制造费用，应当按照合理的分配标准按月分配计入各成本核算对象的生产成本。企业可以采取的分配标准包括机器工时、人工工时、计划分配率等。

季节性生产企业在停工期间发生的制造费用，应当在开工期间进行合理分摊，连同开工期间发生的制造费用，一并计入产品的生产成本。

制造企业可以根据自身经营管理特点和条件，利用现代信息技术，采用作业成本法对不能直接归属于成本核算对象的成本进行归集和分配。

第三十七条 制造企业应当根据生产经营特点和联产品、副产品的工艺要求，选择系数分配法、实物量分配法、相对销售价格分配法等合理的方法分配联合生产成本。

第三十八条 制造企业发出的材料成本，可以根据实物流转方式、管理要求、实物性质等实际情况，采用先进先出法、加权平均法、个别计价法等方法计算。

第三十九条 制造企业应当根据产品的生产特点和管理要求，按成本计算期结转成本。制造企业可以选择原材料消耗量、约当产量法、定额比例法、原材料扣除法、完工百分比法等方法，恰当地确定完工产品和在产品的实际成本，并将完工入库产品的产品成本结转至库存产品科目；在产品数量、金额不重要或在产品期初期末数量变动不大的，可以不计算在产品成本。

制造企业产成品和在产品的成本核算，除季节性生产企业等以外，应当以月为成本计算期。

第四十条 农业企业应当比照制造企业对产品成本进行归集、分配和结转。

第四十一条 批发零售企业发生的进货成本、相关税金直接计入成本核算对象成本；发生的采购费，可以结合经营管理特点，按照合理的方法分配计入成本核算对象成本。采购费金额较小的，可以在发生时直接计入当期销售费用。

批发零售企业可以根据实物流转方式、管理要求、实物性质等实际情况，采用先进先出法、加权平均法、个别计价法、毛利率法等方法结转产品成本。

第四十二条 建筑企业发生的有关费用，由某一成本核算对象负担的，应当直接计入成本核算对象成本；由几个成本核算对象共同负担的，应当选择直接费用比例、定额比例和职工薪酬比例等合理的分配标准，分配计入成本核算对象成本。

建筑企业应当按照《企业会计准则第 15 号——建造合同》的规定结转产品成本。合同结果能够可靠估计的，应当采用完工百分比法确定和结转当期提供服务的成本；合同结果不能可靠估计的，应当直接结转已经发生的成本。

第四十三条　房地产企业发生的有关费用，由某一成本核算对象负担的，应当直接计入成本核算对象成本；由几个成本核算对象共同负担的，应当选择占地面积比例、预算造价比例、建筑面积比例等合理的分配标准，分配计入成本核算对象成本。

第四十四条　采矿企业应当比照制造企业对产品成本进行归集、分配和结转。

第四十五条　交通运输企业发生的营运费用，应当按照成本核算对象归集。

交通运输企业发生的运输工具固定费用，能确定由某一成本核算对象负担的，应当直接计入成本核算对象的成本；由多个成本核算对象共同负担的，应当选择营运时间等符合经营特点的、科学合理的分配标准分配计入各成本核算对象的成本。

交通运输企业发生的非营运期间费用，比照制造业季节性生产企业处理。

第四十六条　信息传输、软件及信息技术服务等企业，可以根据经营特点和条件，利用现代信息技术，采用作业成本法等对产品成本进行归集和分配。

第四十七条　文化企业发生的有关成本项目费用，由某一成本核算对象负担的，应当直接计入成本核算对象成本；由几个成本核算对象共同负担的，应当选择人员比例、工时比例、材料耗用比例等合理的分配标准分配计入成本核算对象成本。

第四十八条　企业不得以计划成本、标准成本、定额成本等代替实际成本。企业采用计划成本、标准成本、定额成本等类似成本进行直接材料日常核算的，期末应当将耗用直接材料的计划成本或定额成本等类似成本调整为实际成本。

第四十九条　除本制度已明确规定的以外，其他行业企业应当比照以上类似行业的企业对产品成本进行归集、分配和结转。

第五十条　企业应当按照第三十四条至第四十九条规定对产品成本进行归集、分配和结转。企业内部管理有相关要求的，还可以利用现代信息技术，在确定多维度、多层次成本核算对象的基础上，对有关费用进行归集、分配和结转。

第五章　附　　则

第五十一条　小企业参照执行本制度。

第五十二条　本制度自2014年1月1日起施行。

第五十三条　执行本制度的企业不再执行《国营工业企业成本核算办法》。

3. 企业产品成本核算制度——石油石化行业(2014年颁布)

（财会〔2014〕32号）

第一章　总　　则

一、为了规范石油石化行业产品成本核算，保证石油石化企业产品成本信息真实、完整，提升企业之间成本信息的可比性，促进行业和企业可持续发展，根据《中华人民共和国会计法》、企业会计准则和《企业产品成本核算制度（试行）》等有关规定，制定本制度。

二、本制度适用于大中型石油石化企业，包括石油天然气生产企业和石油炼化生产企业。其他石油石化企业参照本制度执行。

三、本制度所称的产品，是指石油石化企业在产品生产过程中形成的油气产品和炼化产品。

四、本制度所称的产品成本核算，包括油气产品成本核算和炼化产品成本核算。

五、油气产品成本一般采用作业成本法或按照重点成本类别进行核算。油气产品成本核算的基本步骤包括：

（一）确定油气产品为成本核算对象。

（二）根据实际管理需要，以行政组织架构、油藏经营管理单元或区块为基础设置成本中心。

（三）采用作业成本法核算的，根据油气产品生产过程划分作业类型，识别作业单元，并将各作业单元发生的成本费用要素归集到对应的作业过程，形成作业成本。按照重点成本类别核算的，根据油气产品生产流程和费用性质划分重点成本类别，按照重点成本类别归集油气生产过程中发生的各项成本费用要素，形成按照重点类别归集的生产成本。

（四）采用作业成本法核算的，根据作业成本与成本核算对象（产品、区块，下同）之间的因果关系，将作业成本按受益原则直接计入或采用当量系数法分配计入成本核算对象。按照重点成本类别核算的，根据重点类别归集的生产成本与成本核算对象的受益关系，将油气生产成本按照受益原则直接计入或采用当量系数法分配计入油气产品成本。

六、炼化产品成本核算的基本步骤包括：

（一）确定炼油产品或化工产品为成本核算对象，按照成本中心（车间或装置）归集基本生产成本、辅助生产成本。

（二）以产品产量、材料用量或固定资产原值等为基础，将制造费用合理地分摊计入基本生产成本和辅助生产成本。

（三）根据辅助生产部门提供劳务或动力的受益对象，将辅助生产成本采用交互分配等合理方法转入基本生产成本。

（四）将基本生产成本按照受益对象直接计入或采用系数法分配计入炼化产品成本。

七、石油石化行业产品成本核算会计科目设置和使用的基本原则包括：

（一）根据油气产品生产特点，通常设置“油气生产成本”等会计科目，按照成本费用要素进行明细核算。采用作业成本法归集和管理生产成本的，应分析成本动因，设置作业过程，反映油气产品生产成本。

（二）根据炼化产品生产特点，通常设置“基本生产成本”、“辅助生产成本”等会计科目，按照成本费用要素进行明细核算，反映炼化产品生产成本。

八、石油石化企业应当设置专门机构负责产品成本核算的组织和管理，制定统一的产品成本核算制度，确定产品成本核算流程和方法。

第二章　产品成本核算对象

第一节　油气产品成本核算对象

油气产品成本核算以油气产品为核算对象，通常包括原油、天然气、凝析油和液化气等油气产品。

一、原油，是指在采至地面后的正常压力和温度下，未经加工的、已脱气的呈液态或半固体状态的石油。

对于原油的产品成本核算，一般按照密度进行分类。原油按照密度可以划分为轻质原油、中质原油、重质原油（稠油）、超重原油（沥青）等；按照硫含量可以划分为微含硫原油、低硫原油、中含硫原油、高硫原油等；按照含蜡量可以划分为低蜡原油、含蜡原油、高蜡原油等。

二、天然气，是指以气态碳氢化合物为主的各种气体组成的混合物。天然气按其来源不同分为气层气、溶解气等常规天然气和煤层气、页岩气、致密气等非常规天然气。

三、其他主要油气产品，主要包括液化气和凝析油等。液化气，主要成分是甲烷，含有少量的乙烷、丙烷、氮或天然气中常见的其他组分。凝析油，是指在地层条件下的气态烃类物质，在采出到地面的过程中，随着温度和压力的降低，从气相中析出的由戊烷和以上重烃组分组成的液态混合物。

第二节　炼化产品成本核算对象

炼化产品成本核算以炼化产品为核算对象，通常包括石油燃料类产品、石油溶剂类产品、化工原料类产品等炼化产品。

一、石油燃料类产品，主要包括原油经常减压蒸馏在一定温度条件下切割，或二次加工调和取得的汽油、煤油、柴油、重油、液化石油气等产品。

二、石油溶剂类产品，主要包括以原油经蒸馏所得的直馏汽油馏分或以催化重整的抽余油为原料，经精制、分馏、切割出一定馏分取得的溶剂油、航空洗涤汽油等。

三、化工原料类产品，主要包括原油经初馏、常压蒸馏在一定温度条件下蒸出的轻馏分，或二次加工而得到的石脑油、轻烃、加氢尾油、直馏柴油等化工原料。

四、润滑油类产品，主要包括润滑油基础油以及加入适当添加剂调制的润滑油，按照其用途主要分为齿轮油、内燃机用油、气轮机用油、液压系统用油四大类。

五、石蜡类产品，主要包括半精炼石蜡、全精炼石蜡、粗石蜡、皂化蜡、食品用石蜡等。

六、石油焦类产品。

七、石油沥青类产品，主要包括以原油经蒸馏等不同工序生产的建筑石油沥青、道路石油沥青、重交道路石油沥青、电缆沥青、橡胶沥青、防腐沥青等。

八、有机化工原料类产品，主要包括以石脑油、加氢裂化尾油、炼厂轻烃、油田液化气、油田轻烃等为原料的乙烯、丙烯、混合碳四、裂解汽油、氢气等裂解产物，及其后续加工生产的甲烷、碳四、乙炔、丁二烯、丁烯、裂解汽油、苯、甲苯、二甲苯、甲基叔丁基醚、丙酮、丁醇、辛醇、苯乙烯等液体化工产品。

九、合成树脂类产品，主要包括以乙烯、丙烯等为原料，在引发剂或催化剂的作用下，发生聚合反应而生成的高压低密度聚乙烯、低压高密度聚乙烯、线性低密度聚乙烯、聚丙烯、聚苯乙烯等高分子聚合物产品。

十、合成纤维原料类产品，主要包括以丙烯、液氨为原料生产的丙烯腈及以苯二甲酸二甲酯、乙二醇、精对苯二甲酸为原料生产的聚酯切片等产品。

十一、合成纤维类产品，主要包括通过对聚酯、丙烯腈、丙烯等合成纤维原料进行深加工，生产相应的高分子聚合物，经纺丝等后加工而制得的纤维，合成纤维根据其化学组成可分为涤纶、腈纶、丙纶、锦纶、氨纶等。

十二、合成橡胶类产品，主要包括以丁二烯、苯乙烯、丙烯腈等为原料，在引发剂所提供的自由基和乳化剂的作用下发生聚合反应生成的丁苯橡胶、顺丁橡胶、丁腈橡胶、乙丙橡胶等产品。

十三、化肥类产品，主要包括以天然气、石脑油、重油、煤、硝酸、硫酸等为原料生产的液氨、尿素、硫酸铵、硝酸铵等产品。

十四、动力类产品，主要包括为保证炼油化工生产需要，由辅助生产装置生产供基本生产装置（部门）消耗或对外销售的新鲜水、循环水、脱盐水、除氧水、软化水、冷凝水、电、蒸汽、氮气、氧气、风等产品。

十五、辅助劳务类产品，主要包括为保证炼油化工生产需要，由辅助生产装置（部门）为基本生产和辅助生产装置提供或对外提供的排污、化验、仓储、运输等辅助劳务。

第三章 产品成本核算项目和范围

第一节 油气产品成本核算要素

油气产品成本主要包括操作成本和折旧折耗及摊销等。操作成本也称作业成本，包括油气生产过程中发生的材料、燃料、动力、人工等各项费用支出。一般采用作业成本法或按照重点成本类别归集油气产品成本费用要素，油气产品成本费用要素一般按照成本费用性质分类，主要包括：

一、材料费，是指为生产油气产品消耗的井站日常用料、油管、抽油杆、抽油泵、机泵配件及管阀、仪器仪表及各类化学药剂等各种材料的成本。

二、燃料费，是指为生产油气产品耗用的原油、汽油、柴油、天然气、液化气等各种固体、液体、气体燃料。

三、水费，是指为生产油气产品耗用水发生的费用。

四、电费，是指为生产油气产品耗用电发生的费用。

五、人工费，是指为生产油气产品向职工提供的各种形式的报酬及各项附加费用。主要包括职工工资及各项津贴、福利费、工会经费、职工教育经费、社会保险费、住房公积金、商业人身险、其他劳动保险及劳务费等。

六、折旧折耗及摊销，是指根据有关企业会计准则的规定，予以资本化的矿区权益成本、油气勘探成本、油气开发成本和弃置义务成本等分摊至油气产品成本的折耗，及其他固定资产的折旧和长期资产的摊销。

七、运输费，是指为油气产品生产提供运输服务发生的费用。

八、维护及修理费，是指为了维持油气产品生产的正常运行，保证设施设备原有的生产能力，对设施设备进行维护、修理所发生的费用。主要包括井站设施维修、管网维修、设备维修、油气田道路养护、电力设施维护等。

九、外委业务费，是指在油气产品生产过程中，委托外部单位提供服务发生的费用。

十、财产保险费，是指为组织油气产品生产管理，承担的向社会保险机构或其他机构投保的各项财产所支付的保险费用等。

十一、办公费，是指为组织油气产品生产管理，发生的文具费、邮电费、通讯费、印刷费等办公性费用。

十二、差旅费，是指为组织油气产品生产管理，发生的职工因公外出交通费、住宿费、出差补助等费用。

十三、会议费，是指为组织油气产品生产管理，召开或参加会议发生的费用。

十四、低值易耗品摊销，是指为组织油气产品生产管理，耗用的不能作为固定资产的各种用具物品的摊销。

十五、图书资料费，是指为组织油气产品生产管理，购买技术图书、报刊杂志等资料所发生的费用。

十六、租赁费，是指为组织油气产品生产管理，租入的有形和无形资产，按照合同或协议的约定支付给出租方的租赁费用。

十七、取暖费，是指为组织油气产品生产管理，发生的取暖费用。

十八、物业管理费，是指为组织油气产品生产管理，支付的物业管理费用。已出售的住宅物业管理费，不得列支产品成本。

十九、技术服务费，是指在油气产品生产过程中，为取得外部单位技术服务发生的费用。

二十、机物料消耗，是指在油气产品生产过程中耗用的未作为原材料或低值易耗品管理使用的一般性材料支出。

二十一、试验检验费，是指在油气产品生产过程中，对材料、产品进行的分析、试验、化验、检验、容器检定等所发生的费用。

二十二、劳动保护费，是指在油气产品生产过程中，为职工提供的劳动保护、防护等发生的费用。

二十三、信息系统维护费，是指为组织油气产品生产管理，在计算机信息系统建设完成后所发生的运行维护费用。不能列入以上各成本费用要素项目的，列入其他费用。

第二节　炼化产品成本核算项目和范围

炼化产品成本包括基本生产成本和辅助生产成本。其中，基本生产成本，是指直接将原料生产加工成炼化产品过程中发生的成本；辅助生产成本，是指为生产炼化产品提供动力产品和辅助劳务的生产装置（部门）发生的成本，也包括部分对外销售动力产品或提供劳务过程中发生的成本。基本生产成本和辅助生产成本下设置炼化产品成本项目，归集各成本费用要素。

一、炼化产品成本项目

炼化产品成本项目主要包括：

（一）原料及主要材料，是指经过加工构成炼化产品实体的各种原料及主要材料，主要包括原油、天然气、液化气、轻烃等。

（二）辅助材料，是指炼化产品生产过程中投入的有助于产品形成，但不构成产品实体的材料，主要包括各种催化剂、引发剂、助剂、化工添加剂、包装材料、生产过程中使用的净化材料等。

（三）燃料，是指炼化产品生产过程中直接耗用的各种固体、液体、气体燃料。主要包括天然气、干气、液化气、瓦斯、柴油、重油、煤等。

（四）动力，是指炼化产品生产耗用的各种水、电、汽、风、氮气等。

（五）直接人工，是指炼化产品生产企业直接从事产品（劳务）生产人员的各种形式的报酬及各项附加费用。主要包括职工工资及各项津贴、福利费、工会经费、职工教育经费、社会保险费、住房公积金、商业人身险、其他劳动保险及劳务费等。

（六）制造费用，是指生产炼化产品的基本生产车间（部门）和辅助生产车间（部门）为组织和管理生产所发生的各项间接费用。

二、炼化产品成本费用要素

炼化产品成本费用要素一般按照成本费用性质分类，主要包括：

（一）原料及主要材料费，指为生产炼化产品投入的原料及主要材料的成本。

（二）辅助材料费，指为生产炼化产品投入的辅助材料的成本。

（三）其他直接材料费，是指为生产炼化产品投入的不能列入上述（一）、（二）两个项目的其他直接材料的成本。

（四）燃料费，指为生产炼化产品耗用的燃料发生的费用。

（五）动力费，指为生产炼化产品直接耗用的各种水、电、汽、风、氮气等发生的费用。

（六）人工费，是指为生产炼化产品向职工提供的各种形式的报酬及各项附加费用。主要包括职工工资及各项津贴、福利费、工会经费、职工教育经费、社会保险费、住房公积金、商业人身险、其他劳动保险及劳务费等。

（七）折旧及摊销，是指对炼化产品生产过程中使用的生产装置、厂房、附属机器设备等计提的折旧，以及其他长期资产的摊销。

（八）运输费，是指为生产炼化产品提供运输服务发生的费用。

（九）水费，是指为生产炼化产品间接耗用水发生的费用。

（十）电费，是指为生产炼化产品间接耗用电发生的费用。

（十一）办公费，是指为组织炼化产品生产管理，发生的文具费、邮电费、通讯费、印刷费等办公性费用。

（十二）差旅费，是指为组织炼化产品生产管理，发生的职工因公外出住宿费、交通费、出差补助等费用。

（十三）会议费，是指为组织炼化产品生产管理，召开或参加会议发生的费用。

（十四）低值易耗品摊销，是指为组织炼化产品生产管理，耗用的不能作为固定资产的各种用具物品的摊销。

（十五）图书资料费，是指为组织炼化产品生产管理，购买技术图书、报刊杂志等资料所发生的费用。

（十六）租赁费，是指为组织炼化产品生产管理，租入的有形和无形资产，按照合同或协议的约定支付给出租方的租赁费用。

（十七）财产保险费，是指为组织炼化产品生产管理，承担的向社会保险机构或其他机构投保的各项财产所支付的保险费用等。

（十八）取暖费，是指为组织炼化产品生产管理，发生的取暖费用。

（十九）物业管理费，是指为组织炼化产品生产管理，支付的物业管理费用。已出售的住宅物业管理费，不得列支产品成本。

（二十）机物料消耗，是指在炼化产品生产过程中耗用的未作为原材料或低值易耗品管理使用的一般性材料支出。

（二十一）试验检验费，是指在炼化产品生产过程中，对材料、产品进行的分析、实验、化验、检验、压力容器检定等所发生的费用。

（二十二）劳动保护费，是指在炼化产品生产过程中，为职工提供的劳动保护、防护等发生的费用。

（二十三）排污费，是指为生产炼化产品负担的排污机构处理废气、废水、废渣等所发生的费用。

（二十四）合同能源管理费，是指为开展炼化产品合同能源管理发生的节能支出及其他有关费用。

（二十五）信息系统维护费，是指为组织炼化产品生产管理，在计算机信息系统建设完成后所发生的运行维护费用。不能列入以上各成本费用要素项目的，列入其他费用。

第四章 产品成本归集、分配和结转

第一节 油气产品成本归集、分配和结转

油气产品生产企业一般按照成本中心并分成本要素，对油气产品成本进行归集，按照受益原则、采用当量系数法对油气产品成本进行分配、结转。采用作业成本法进行管理、或采用重点成本类别进行核算的油气产品生产企业，可分别增加作业过程维度或重点成本类别，对油气产品成本进行归集、分配和结转。

一、油气产品生产企业成本中心设置

油气产品生产企业可以按照实际管理需要设置成本中心，主要包括以下三种方式：

(一)按照行政组织架构设置成本中心

根据行政组织机构设置成本中心,可以将一个行政单位作为独立的成本中心,如:将厂、矿分别设置为独立的成本中心;也可以将几个较小的组织机构合并为一个成本中心或成本中心组,如:将矿以下的井组、站点等合并为一个成本中心或成本中心组。

(二)按照矿区设置成本中心

以油藏经营管理单元作为一个成本中心或成本中心组进行设置。设置级别原则上应与本企业储量评估、产量统计时的划分单元相对应。

(三)按照区块设置成本中心

区块成本中心作为矿区成本中心的补充细化,可以按照以下原则设置:

1. 一个油(气)藏为一个区块。

2. 若干相邻且地质构造或地层条件相同或相近的油(气)藏为一个区块。

3. 一个独立集输计量系统为一个区块。

4. 一个大的油(气)藏上面分成几个独立集输系统并分别计量的,可以分为几个区块。

5. 采用重大、新型采油技术并工业化推广的区域为一个区块。

二、油气产品成本归集、分配和结转的一般流程

(一)收集各区块原油、天然气、凝析油、液化气等各种产品的生产量、自用量、商品量、销售量、库存量等有关资料。

(二)对各成本中心发生的成本费用进行审核,正确划分油气生产成本和期间费用。

(三)将应当计入产品成本的油气生产成本,区分为直接成本和间接成本,按照受益原则进行分配:

1. 能分清受益对象的,直接计入相应的成本中心;

2. 不能分清受益对象的,按照产量、开井口数或人数等适当的标准进行分配后,计入相应的成本中心。

(四)将各成本中心归集的油气生产成本在原油、天然气、凝析油、液化气等产品间按照受益原则进行分配:

1. 能分清受益产品的,直接计入相应的产品;

2. 不能分清受益产品的,按照当量系数法在各产品间进行分配。即将不同产品的商品量全部折合为油气当量,按照各产品油气当量占总油气当量的比例分配油气生产成本,计入相应的产品。确定油气当量系数时,通常按照热值将天然气的产量折算为原油产量。原油的吨桶换算系数通常按照密度确定。

(五)根据各产品商品量计算各产品的单位生产成本,并据此将产成品成本结转至“库存商品”科目。

三、作业成本法下油气成本的归集、分配及结转作业成本法下,油气产品生产企业在按成本中心核算基础上、按照生产活动中发生的各项作业归集和计算作业成本,并根据作业成本与成本核算对象(产品、区块)之间的因果关系,将作业成本追溯到成本核算对象,完成成本计算过程。

(一)作业成本法归集、分配及结转步骤

1. 根据油气生产过程划分作业类型。

2. 识别作业单元。分析各作业设施、组织机构及业务类型与作业过程的关系,确定各作业过程对应的作业单元。

3. 将各作业单元发生的成本费用归集到对应的作业过程。

4. 将作业过程的成本直接归集或按照受益原则分配到对应的成本中心。

5. 将各作业过程归集的油气生产成本在原油、天然气、凝析油、液化气等产品间按照受益原则、采用当量系数法进行分配。

6. 根据各产品商品量计算各产品的单位生产成本,并据此将产成品成本结转至“库存商品”科目。

(二)作业过程分类及对应作业单元

油气产品生产企业作业过程通常划分如下:

1. 采出作业,是指直接生产单位通过各种生产方式将油气从井底提升到地面,并到达联合站(集气站)的过程,主要包括采油采气单位的采油队、采油井区、采油站、采油井、集气站、配气站、采气井等作业单元。作业成本包括发生的原材料及主要材料、燃料、电费、人工费用、折旧折耗、运输费等。

2. 驱油物注入作业，是指为提高采收率，对地层进行注水（气）或者注入其他物质的过程，主要包括采油采气单位的注水队、注水站、注气站及其他相同类别的作业单元。作业成本包括发生的原材料及主要材料、燃料、电费、人工费用、折旧折耗、运输费等。

3. 稠油热采作业，是指通过向地层注入蒸汽或其他热介质，以获取稠油、高凝油的生产过程中的造汽、注汽和保温过程，主要包括采油单位的热注大队及其他相同类别的作业单元。作业成本包括发生的原材料及主要材料、燃料、电费、人工费用、折旧折耗、运输费等。

4. 油气处理作业，是指通过一定工艺流程使油、气、水分离，并对油气进行提纯净化的过程，主要包括采油单位油气产品集输大队、联合站等油气处理类作业单元。作业成本包括发生的原材料及主要材料、燃料、电费、人工费用、折旧折耗、运输费等。

5. 轻烃回收作业，是指通过冷却、稳定、压缩等工艺方法从原油或天然气中回收凝析油和液化气的过程，主要包括采油采气单位的轻烃回收装置类作业单元。作业成本包括发生的原材料及主要材料、燃料、电费、人工费用、折旧折耗、运输费等。

6. 井下作业，是指为维护油、气、水井正常生产，改造油气层、提高油气产量而对油、气、水井进行修井的过程，主要包括采油采气单位的井下作业等作业单元。作业成本包括发生的各项材料费（油管、抽油杆、电泵、电缆等）、化学药剂费、作业施工单位的劳务费等。

井下作业分为措施作业和维护作业。措施作业，是指以实现增产增注或取得新的地质成果为目的的修井过程；维护作业，是指以维持油气水井正常生产为目的的修井过程。

7. 测井试井作业，是指在油气产品生产过程中取得油气田地下油气水分布动态及井况资料的过程，主要包括采油采气单位测试大队、技术检测中心等作业单元。作业成本包括发生的原材料及主要材料、燃料、电费、人工费用、折旧费、运输费等。

8. 天然气净化作业，是指利用天然气处理装置净化天然气的过程，主要包括采气单位净化厂的机关、净化车间、水热车间、环保车间、电仪车间、化验室等作业单元。作业成本包括发生的材料、燃料、电费、人工费用、折旧费等。

9. 厂矿管理作业，是指厂、矿两级机关组织和管理厂（矿）油气生产的过程，主要包括采油采气单位厂级机关、工艺所、地质所、作业区级机关及巡护队、集输大队机关及附属机构等作业单元。作业成本包括发生的材料、燃料、电费、人工费用、折旧费、青苗赔偿费、运输费等。

10. 其他辅助作业，是指各辅助生产单位为生产及管理提供产品或劳务的过程，主要包括采油采气单位所属的水电、运输、维修、海工、海港管理和车管等作业单元。作业成本包括发生的材料、燃料、电费、人工费用、折旧费等。

（三）其他辅助作业成本的分配和结转

按照以下原则对其他辅助作业成本进行分配后计入相应的成本中心和作业过程：

1. 水、电部门发生的费用，按照各受益对象接受的用电（水）量分别计入相应类型的成本中心和作业过程。

2. 运输部门、车管部门发生的费用，按照各受益对象接受的运输工作量（台班、车次等）分别计入相应类型的成本中心和作业过程。

3. 维修部门、准备部门发生的费用，按照各受益对象接受的维修工作量分别计入相应类型的成本中心和作业过程。

4. 海工部门发生的费用，按照各受益对象接受的服务工作量分别计入相应类型的成本中心和作业过程。

5. 海港管理部门发生的费用，按照各受益对象接受的工作量分别计入相应类型的成本中心和作业过程。

四、重点成本类别核算方法下的归集、分配和结转

（一）按照重点成本类别归集

按照重点成本类别归集成本的，是指按照油气田作业费用中的主要组成部分划分费用类型，并归集相应成本。油气产品成本按照重点成本类别的归集步骤主要包括：

1. 根据企业成本管理要求，设置重点成本类别。

2. 将油气生产作业中发生的各项费用，按照重点成本类别分类归集。

（二）按照重点成本类别分配和结转

油气产品成本按照重点成本类别进行分配和结转的步骤主要包括：

1. 将按重点成本类别归集的生产成本直接归集或按照受益原则分配到对应的成本中心。

2. 将各成本中心归集的油气生产成本在原油、天然气、凝析油、液化气等产品间按照受益原则、采用当量系数法进行分配。

3. 根据各产品商品量计算各产品的单位生产成本，并据此将产成品成本结转至“库存商品”科目。

第二节　炼化产品成本归集、分配和结转

一般按照成本中心、成本项目，对炼化产品成本进行归集、分配和结转。

一、炼化产品成本中心

炼化产品生产企业通常以装置设置成本中心或成本中心组，也可按车间（部门）等生产管理单元设置成本中心或成本中心组。

二、炼化产品成本归集

（一）原料及主要材料成本的归集

炼化生产使用的原料及主要材料按照实际成本进行核算，采用加权平均等方法结转原料成本。根据计划统计部门提供的资料，确认原油及外购原（料）油的进厂量、加工量，采用加权平均等方法核算本期加工的各类原（料）油成本。

（二）辅助材料成本的归集

炼化生产使用的辅助材料按照实际成本核算，按照装置实际消耗量计算辅助材料成本。对于一次填加，使用期限超过一年的催化剂等材料，按照使用周期逐月平均摊销或按照实际消耗计入辅助材料成本。对于一次装填，使用期限在一年以内的催化剂等材料，按照使用期限分月平均摊销或按照实际消耗计入辅助材料成本。对于金额较小或没有明确使用周期的，直接计入辅助材料成本。

（三）燃料成本的归集

炼化生产使用的外购燃料按照实际成本进行核算，本装置自产自用的燃料按照固定价格或其他合理方式进行核算，其他装置耗用的自用燃料按照实际成本核算，采用加权平均等方法进行结转。

（四）动力成本的归集

炼化生产耗用的水、电、蒸汽、氮气、风等动力，根据统计部门提供的数据，确认消耗量，按照外购或自产动力的实际成本核算。辅助生产部门提供的自产动力，在辅助部门之间交互分配后，按照各动力产品的实际成本进行核算。动力产品，是指炼化产品生产企业辅助生产装置生产、加工（包括转供）的各种水、电、蒸汽、氮气、风等产品。

基本生产装置产生的动力，作为副产品核算，按照可变现净值、标准成本或固定价格从成本中扣除，但本装置产生的动力类副产品不得直接抵扣本装置的动力消耗。

（五）直接人工成本的归集

属于生产车间直接从事产品生产人员的人工成本，直接计入基本（辅助）生产成本。

（六）制造费用的归集

属于基本（辅助）生产部门为组织和管理生产而发生的各项间接费用，计入制造费用。

三、炼化产品成本分配和结转

（一）制造费用的分配和结转

基本（辅助）生产部门发生的制造费用归集后，月末全部分配转入基本（辅助）生产成本。制造费用按照产品产量、直接材料比例、固定资产原值比例等方法进行合理分配。通常与资产有关的制造费用按照固定资产原值比例分配，与人员有关的制造费用按照人工成本比例分配，分配方法一经确定，不能随意变更。

（二）辅助生产成本的分配和结转

辅助生产成本费用归集后，按照一定的分配标准将提供的劳务和产品分配到各受益对象。辅助劳务，是指炼化产品生产企业辅助生产装置（部门）为保证基本生产装置、辅助生产装置生产运行而提供的排污、

化验、运输、仓储等劳务。

1. 辅助生产部门对内，即对辅助生产部门提供的劳务和产品，按照实际成本或标准成本进行分配。

2. 辅助生产部门对外，即对基本生产部门、生产管理部门和其他部门等提供的劳务和产品，按照辅助生产部门交互分配后的实际成本进行分配。

如果一个辅助生产部门只提供一种产品或劳务，对外分配率计算如下：

分配率＝(辅助生产部门归集的生产费用＋本部门耗用的其他辅助部门提供的产品或劳务费用－其他辅助部门耗用本部门提供的产品或劳务费用)÷(本部门提供的产品或劳务总量－其他辅助部门耗用的产品或劳务数量)

如果一个辅助生产部门提供两种以上产品或劳务，先按照一定的方法，如按照各产品或劳务的系数进行分配，计算出每种产品或劳务的单位成本，然后再分配到受益对象。

(三)产成品的成本分配和结转

根据炼化生产装置连续生产、顺序加工的特点，产品成本计算一般采用“逐步结转分步法”，先计算上游装置产品成本，然后根据下游装置的消耗量按照实际成本逐步结转半成品、产成品成本。自制半成品按照实际成本或固定成本结转。炼油企业也可将整个炼厂作为一个整体，采用综合系数法核算产品成本。

产成品，是指炼化产品生产企业完成炼化生产过程、并已验收合格入库，可供出售的产品；在产品，是指炼化产品生产企业月末尚未完工或虽已完工但由于尚需检验等原因，不具备入库条件的产品；自制半成品，是指炼化产品生产企业在一个生产装置已经加工完毕，待转入下一生产装置继续加工或暂时入库的产品，包括可供出售的自制半成品。基本生产成本费用归集后，根据计划统计部门提供的盘点资料，确认产成品和半成品的产量，计算商品产品总成本和各品种单位成本。

1. 本期商品产品总成本＝原料及主要材料成本＋制造加工费＋期初半成品成本－期末半成品成本－(自用燃料油、燃料气、生产装置自产蒸汽＋供其他专业系统自用产品＋来料加工费用等)

2. 确定各品种产品成本时，对于单一产品装置采用“品种法”，对联产品采用“系数法”。“系数法”计算方法如下：

(1)某产品成本积数＝某产品成本系数×产品产量

(2)某产品总成本＝某产品成本积数÷全部产品成本积数和×全部商品产品总成本

(3)某产品单位成本＝某产品总成本÷某产品产量联产品系数的确定，一般以产品生产工艺流程、产品结构、产品收率和市场价值为基础，采用经济比值法、产品总成本法、产品比重法等确定。联产品系数的确定方法一经确定，不得随意改变。

期末，将产成品成本分品种结转至“库存商品”科目。

四、特殊项目成本的确认

(一)副产品成本

副产品是伴随主要产品的生产而产生的，一般价值低、数量少。可采用可变现净值、固定价格等方法确定成本，从主产品成本中扣除。基本生产装置产出的燃料及动力，按照副产品核算。

(二)停工损失

停工损失，是指炼化产品生产企业的生产车间在停工期间发生的各种费用支出。

季节性停工、修理期间的正常停工费用在炼化产品成本核算范围内，应当计入炼化产品成本；非正常停工费用应当计入企业当期损益。

(三)厂际(装置)互供

炼化产品生产企业内部各分厂及装置间产品互供，同一板块(同一业务范围)内部互供的，产品互供按照实际成本结转；跨板块(不同业务范围)产品互供的，根据管理需要，可视同内部销售，销售方按照实际成本结转产品成本确认主营业务成本，按照内部结算价格确认主营业务收入，购买方比照外购原料进行核算。内部结算价格原则上应当以市场价格为基础确定。

附件：

石油石化行业产品生产流程(略)

4. 小企业会计准则(2011年颁布)

财会〔2011〕17号

第一章 总 则

第一条 为了规范小企业会计确认、计量和报告行为,促进小企业可持续发展,发挥小企业在国民经济和社会发展中的重要作用,根据《中华人民共和国会计法》及其他有关法律和法规,制定本准则。

第二条 本准则适用于在中华人民共和国境内依法设立的、符合《中小企业划型标准规定》所规定的小型企业标准的企业。

下列三类小企业除外:

(一)股票或债券在市场上公开交易的小企业。

(二)金融机构或其他具有金融性质的小企业。

(三)企业集团内的母公司和子公司。

前款所称企业集团、母公司和子公司的定义与《企业会计准则》的规定相同。

第三条 符合本准则第二条规定的小企业,可以执行本准则,也可以执行《企业会计准则》。

(一)执行本准则的小企业,发生的交易或者事项本准则未作规范的,可以参照《企业会计准则》中的相关规定进行处理。

(二)执行《企业会计准则》的小企业,不得在执行《企业会计准则》的同时,选择执行本准则的相关规定。

(三)执行本准则的小企业公开发行股票或债券的,应当转为执行《企业会计准则》;因经营规模或企业性质变化导致不符合本准则第二条规定而成为大中型企业或金融企业的,应当从次年1月1日起转为执行《企业会计准则》。

(四)已执行《企业会计准则》的上市公司、大中型企业和小企业,不得转为执行本准则。

第四条 执行本准则的小企业转为执行《企业会计准则》时,应当按照《企业会计准则第38号——首次执行企业会计准则》等相关规定进行会计处理。

第二章 资 产

第五条 资产,是指小企业过去的交易或者事项形成的、由小企业拥有或者控制的、预期会给小企业带来经济利益的资源。

小企业的资产按照流动性,可分为流动资产和非流动资产。

第六条 小企业的资产应当按照成本计量,不计提资产减值准备。

第一节 流动资产

第七条 小企业的流动资产,是指预计在1年内(含1年,下同)或超过1年的一个正常营业周期内变现、出售或耗用的资产。

小企业的流动资产包括:货币资金、短期投资、应收及预付款项、存货等。

第八条 短期投资,是指小企业购入的能随时变现并且持有时间不准备超过1年(含1年,下同)的投资,如小企业以赚取差价为目的从二级市场购入的股票、债券、基金等。

短期投资应当按照以下规定进行会计处理:

(一)以支付现金取得的短期投资,应当按照购买价款和相关税费作为成本进行计量。

实际支付价款中包含的已宣告但尚未发放的现金股利或已到付息期但尚未领取的债券利息,应当单独确认为应收股利或应收利息,不计入短期投资的成本。

（二）在短期投资持有期间，被投资单位宣告分派的现金股利或在债务人应付利息日按照分期付息、一次还本债券投资的票面利率计算的利息收入，应当计入投资收益。

（三）出售短期投资，出售价款扣除其账面余额、相关税费后的净额，应当计入投资收益。

第九条　应收及预付款项，是指小企业在日常生产经营活动中发生的各项债权。包括：应收票据、应收账款、应收股利、应收利息、其他应收款等应收款项和预付账款。

应收及预付款项应当按照发生额入账。

第十条　小企业应收及预付款项符合下列条件之一的，减除可收回的金额后确认的无法收回的应收及预付款项，作为坏账损失：

（一）债务人依法宣告破产、关闭、解散、被撤销，或者被依法注销、吊销营业执照，其清算财产不足清偿的。

（二）债务人死亡，或者依法被宣告失踪、死亡，其财产或者遗产不足清偿的。

（三）债务人逾期 3 年以上未清偿，且有确凿证据证明已无力清偿债务的。

（四）与债务人达成债务重组协议或法院批准破产重整计划后，无法追偿的。

（五）因自然灾害、战争等不可抗力导致无法收回的。

（六）国务院财政、税务主管部门规定的其他条件。

应收及预付款项的坏账损失应当于实际发生时计入营业外支出，同时冲减应收及预付款项。

第十一条　存货，是指小企业在日常生产经营过程中持有以备出售的产成品或商品、处在生产过程中的在产品、将在生产过程或提供劳务过程中耗用的材料和物料等，以及小企业（农、林、牧、渔业）为出售而持有的、或在将来收获为农产品的消耗性生物资产。

小企业的存货包括：原材料、在产品、半成品、产成品、商品、周转材料、委托加工物资、消耗性生物资产等。

（一）原材料，是指小企业在生产过程中经加工改变其形态或性质并构成产品主要实体的各种原料及主要材料、辅助材料、外购半成品（外购件）、修理用备件（备品备件）、包装材料、燃料等。

（二）在产品，是指小企业正在制造尚未完工的产品。包括：正在各个生产工序加工的产品，以及已加工完毕但尚未检验或已检验但尚未办理入库手续的产品。

（三）半成品，是指小企业经过一定生产过程并已检验合格交付半成品仓库保管，但尚未制造完工成为产成品，仍需进一步加工的中间产品。

（四）产成品，是指小企业已经完成全部生产过程并已验收入库，符合标准规格和技术条件，可以按照合同规定的条件送交订货单位，或者可以作为商品对外销售的产品。

（五）商品，是指小企业（批发业、零售业）外购或委托加工完成并已验收入库用于销售的各种商品。

（六）周转材料，是指小企业能够多次使用、逐渐转移其价值但仍保持原有形态且不确认为固定资产的材料。包括：包装物、低值易耗品、小企业（建筑业）的钢模板、木模板、脚手架等。

（七）委托加工物资，是指小企业委托外单位加工的各种材料、商品等物资。

（八）消耗性生物资产，是指小企业（农、林、牧、渔业）生长中的大田作物、蔬菜、用材林以及存栏待售的牲畜等。

第十二条　小企业取得的存货，应当按照成本进行计量。

（一）外购存货的成本包括：购买价款、相关税费、运输费、装卸费、保险费以及在外购存货过程发生的其他直接费用，但不含按照税法规定可以抵扣的增值税进项税额。

（二）通过进一步加工取得存货的成本包括：直接材料、直接人工以及按照一定方法分配的制造费用。

经过 1 年期以上的制造才能达到预定可销售状态的存货发生的借款费用，也计入存货的成本。

前款所称借款费用，是指小企业因借款而发生的利息及其他相关成本。包括：借款利息、辅助费用以及因外币借款而发生的汇兑差额等。

（三）投资者投入存货的成本，应当按照评估价值确定。

（四）提供劳务的成本包括：与劳务提供直接相关的人工费、材料费和应分摊的间接费用。

（五）自行栽培、营造、繁殖或养殖的消耗性生物资产的成本，应当按照下列规定确定：

1. 自行栽培的大田作物和蔬菜的成本包括：在收获前耗用的种子、肥料、农药等材料费、人工费和应分摊的间接费用。

2. 自行营造的林木类消耗性生物资产的成本包括：郁闭前发生的造林费、抚育费、营林设施费、良种试验费、调查设计费和应分摊的间接费用。

3. 自行繁殖的育肥畜的成本包括：出售前发生的饲料费、人工费和应分摊的间接费用。

4. 水产养殖的动物和植物的成本包括：在出售或入库前耗用的苗种、饲料、肥料等材料费、人工费和应分摊的间接费用。

（六）盘盈存货的成本，应当按照同类或类似存货的市场价格或评估价值确定。

第十三条 小企业应当采用先进先出法、加权平均法或者个别计价法确定发出存货的实际成本。计价方法一经选用，不得随意变更。

对于性质和用途相似的存货，应当采用相同的成本计算方法确定发出存货的成本。

对于不能替代使用的存货、为特定项目专门购入或制造的存货以及提供的劳务，采用个别计价法确定发出存货的成本。

对于周转材料，采用一次转销法进行会计处理，在领用时按其成本计入生产成本或当期损益；金额较大的周转材料，也可以采用分次摊销法进行会计处理。出租或出借周转材料，不需要结转其成本，但应当进行备查登记。

对于已售存货，应当将其成本结转为营业成本。

第十四条 小企业应当根据生产特点和成本管理的要求，选择适合于本企业的成本核算对象、成本项目和成本计算方法。

小企业发生的各项生产费用，应当按照成本核算对象和成本项目分别归集。

（一）属于材料费、人工费等直接费用，直接计入基本生产成本和辅助生产成本。

（二）属于辅助生产车间为生产产品提供的动力等直接费用，可以先作为辅助生产成本进行归集，然后按照合理的方法分配计入基本生产成本；也可以直接计入所生产产品发生的生产成本。

（三）其他间接费用应当作为制造费用进行归集，月度终了，再按一定的分配标准，分配计入有关产品的成本。

第十五条 存货发生毁损，处置收入、可收回的责任人赔偿和保险赔款，扣除其成本、相关税费后的净额，应当计入营业外支出或营业外收入。

盘盈存货实现的收益应当计入营业外收入。

盘亏存货发生的损失应当计入营业外支出。

第二节 长期投资

第十六条 小企业的非流动资产，是指流动资产以外的资产。

小企业的非流动资产包括：长期债券投资、长期股权投资、固定资产、生产性生物资产、无形资产、长期待摊费用等。

第十七条 长期债券投资，是指小企业准备长期（在 1 年以上，下同）持有的债券投资。

第十八条 长期债券投资应当按照购买价款和相关税费作为成本进行计量。

实际支付价款中包含的已到付息期但尚未领取的债券利息，应当单独确认为应收利息，不计入长期债券投资的成本。

第十九条 长期债券投资在持有期间发生的应收利息应当确认为投资收益。

（一）分期付息、一次还本的长期债券投资，在债务人应付利息日按照票面利率计算的应收未收利息收入应当确认为应收利息，不增加长期债券投资的账面余额。

（二）一次还本付息的长期债券投资，在债务人应付利息日按照票面利率计算的应收未收利息收入应当增加长期债券投资的账面余额。

（三）债券的折价或者溢价在债券存续期间内于确认相关债券利息收入时采用直线法进行摊销。

第二十条 长期债券投资到期，小企业收回长期债券投资，应当冲减其账面余额。

处置长期债券投资，处置价款扣除其账面余额、相关税费后的净额，应当计入投资收益。

第二十一条 小企业长期债券投资符合本准则第十条所列条件之一的，减除可收回的金额后确认的无法收回的长期债券投资，作为长期债券投资损失。

长期债券投资损失应当于实际发生时计入营业外支出，同时冲减长期债券投资账面余额。

第二十二条　长期股权投资，是指小企业准备长期持有的权益性投资。

第二十三条　长期股权投资应当按照成本进行计量。

（一）以支付现金取得的长期股权投资，应当按照购买价款和相关税费作为成本进行计量。

实际支付价款中包含的已宣告但尚未发放的现金股利，应当单独确认为应收股利，不计入长期股权投资的成本。

（二）通过非货币性资产交换取得的长期股权投资，应当按照换出非货币性资产的评估价值和相关税费作为成本进行计量。

第二十四条　长期股权投资应当采用成本法进行会计处理。

在长期股权投资持有期间，被投资单位宣告分派的现金股利或利润，应当按照应分得的金额确认为投资收益。

第二十五条　处置长期股权投资，处置价款扣除其成本、相关税费后的净额，应当计入投资收益。

第二十六条　小企业长期股权投资符合下列条件之一的，减除可收回的金额后确认的无法收回的长期股权投资，作为长期股权投资损失：

（一）被投资单位依法宣告破产、关闭、解散、被撤销，或者被依法注销、吊销营业执照的。

（二）被投资单位财务状况严重恶化，累计发生巨额亏损，已连续停止经营3年以上，且无重新恢复经营改组计划的。

（三）对被投资单位不具有控制权，投资期限届满或者投资期限已超过10年，且被投资单位因连续3年经营亏损导致资不抵债的。

（四）被投资单位财务状况严重恶化，累计发生巨额亏损，已完成清算或清算期超过3年以上的。

（五）国务院财政、税务主管部门规定的其他条件。

长期股权投资损失应当于实际发生时计入营业外支出，同时冲减长期股权投资账面余额。

第三节　固定资产和生产性生物资产

第二十七条　固定资产，是指小企业为生产产品、提供劳务、出租或经营管理而持有的，使用寿命超过1年的有形资产。

小企业的固定资产包括：房屋、建筑物、机器、机械、运输工具、设备、器具、工具等。

第二十八条　固定资产应当按照成本进行计量。

（一）外购固定资产的成本包括：购买价款、相关税费、运输费、装卸费、保险费、安装费等，但不含按照税法规定可以抵扣的增值税进项税额。

以一笔款项购入多项没有单独标价的固定资产，应当按照各项固定资产或类似资产的市场价格或评估价值比例对总成本进行分配，分别确定各项固定资产的成本。

（二）自行建造固定资产的成本，由建造该项资产在竣工决算前发生的支出（含相关的借款费用）构成。

小企业在建工程在试运转过程中形成的产品、副产品或试车收入冲减在建工程成本。

（三）投资者投入固定资产的成本，应当按照评估价值和相关税费确定。

（四）融资租入的固定资产的成本，应当按照租赁合同约定的付款总额和在签订租赁合同过程中发生的相关税费等确定。

（五）盘盈固定资产的成本，应当按照同类或者类似固定资产的市场价格或评估价值，扣除按照该项固定资产新旧程度估计的折旧后的余额确定。

第二十九条　小企业应当对所有固定资产计提折旧，但已提足折旧仍继续使用的固定资产和单独计价入账的土地不得计提折旧。

固定资产的折旧费应当根据固定资产的受益对象计入相关资产成本或者当期损益。

前款所称折旧，是指在固定资产使用寿命内，按照确定的方法对应计折旧额进行系统分摊。应计折旧额，是指应当计提折旧的固定资产的原价（成本）扣除其预计净残值后的金额。预计净残值，是指固定资产预计使用寿命已满，小企业从该项固定资产处置中获得的扣除预计处置费用后的净额。已提足折旧，是指已经提足该项固定资产的应计折旧额。

第三十条 小企业应当按照年限平均法(即直线法,下同)计提折旧。小企业的固定资产由于技术进步等原因,确需加速折旧的,可以采用双倍余额递减法和年数总和法。

小企业应当根据固定资产的性质和使用情况,并考虑税法的规定,合理确定固定资产的使用寿命和预计净残值。

固定资产的折旧方法、使用寿命、预计净残值一经确定,不得随意变更。

第三十一条 小企业应当按月计提折旧,当月增加的固定资产,当月不计提折旧,从下月起计提折旧;当月减少的固定资产,当月仍计提折旧,从下月起不计提折旧。

第三十二条 固定资产的日常修理费,应当在发生时根据固定资产的受益对象计入相关资产成本或者当期损益。

第三十三条 固定资产的改建支出,应当计入固定资产的成本,但已提足折旧的固定资产和经营租入的固定资产发生的改建支出应当计入长期待摊费用。

前款所称固定资产的改建支出,是指改变房屋或者建筑物结构、延长使用年限等发生的支出。

第三十四条 处置固定资产,处置收入扣除其账面价值、相关税费和清理费用后的净额,应当计入营业外收入或营业外支出。

前款所称固定资产的账面价值,是指固定资产原价(成本)扣减累计折旧后的金额。

盘亏固定资产发生的损失应当计入营业外支出。

第三十五条 生产性生物资产,是指小企业(农、林、牧、渔业)为生产农产品、提供劳务或出租等目的而持有的生物资产。包括:经济林、薪炭林、产畜和役畜等。

第三十六条 生产性生物资产应当按照成本进行计量。

(一)外购的生产性生物资产的成本,应当按照购买价款和相关税费确定。

(二)自行营造或繁殖的生产性生物资产的成本,应当按照下列规定确定:

1. 自行营造的林木类生产性生物资产的成本包括:达到预定生产经营目的前发生的造林费、抚育费、营林设施费、良种试验费、调查设计费和应分摊的间接费用等必要支出。

2. 自行繁殖的产畜和役畜的成本包括:达到预定生产经营目的前发生的饲料费、人工费和应分摊的间接费用等必要支出。

前款所称达到预定生产经营目的,是指生产性生物资产进入正常生产期,可以多年连续稳定产出农产品、提供劳务或出租。

第三十七条 生产性生物资产应当按照年限平均法计提折旧。

小企业(农、林、牧、渔业)应当根据生产性生物资产的性质和使用情况,并考虑税法的规定,合理确定生产性生物资产的使用寿命和预计净残值。

生产性生物资产的折旧方法、使用寿命、预计净残值一经确定,不得随意变更。

小企业(农、林、牧、渔业)应当自生产性生物资产投入使用月份的下月起按月计提折旧;停止使用的生产性生物资产,应当自停止使用月份的下月起停止计提折旧。

第四节 无形资产

第三十八条 无形资产,是指小企业为生产产品、提供劳务、出租或经营管理而持有的、没有实物形态的可辨认非货币性资产。

小企业的无形资产包括:土地使用权、专利权、商标权、著作权、非专利技术等。

自行开发建造厂房等建筑物,相关的土地使用权与建筑物应当分别进行处理。外购土地及建筑物支付的价款应当在建筑物与土地使用权之间按照合理的方法进行分配;难以合理分配的,应当全部作为固定资产。

第三十九条 无形资产应当按照成本进行计量。

(一)外购无形资产的成本包括:购买价款、相关税费和相关的其他支出(含相关的借款费用)。

(二)投资者投入的无形资产的成本,应当按照评估价值和相关税费确定。

(三)自行开发的无形资产的成本,由符合资本化条件后至达到预定用途前发生的支出(含相关的借款费用)构成。

第四十条　小企业自行开发无形资产发生的支出,同时满足下列条件的,才能确认为无形资产:

(一)完成该无形资产以使其能够使用或出售在技术上具有可行性;

(二)具有完成该无形资产并使用或出售的意图;

(三)能够证明运用该无形资产生产的产品存在市场或无形资产自身存在市场,无形资产将在内部使用的,应当证明其有用性;

(四)有足够的技术、财务资源和其他资源支持,以完成该无形资产的开发,并有能力使用或出售该无形资产;

(五)归属于该无形资产开发阶段的支出能够可靠地计量。

第四十一条　无形资产应当在其使用寿命内采用年限平均法进行摊销,根据其受益对象计入相关资产成本或者当期损益。

无形资产的摊销期自其可供使用时开始至停止使用或出售时止。有关法律规定或合同约定了使用年限的,可以按照规定或约定的使用年限分期摊销。

小企业不能可靠估计无形资产使用寿命的,摊销期不得低于 10 年。

第四十二条　处置无形资产,处置收入扣除其账面价值、相关税费等后的净额,应当计入营业外收入或营业外支出。

前款所称无形资产的账面价值,是指无形资产的成本扣减累计摊销后的金额。

第五节　长期待摊费用

第四十三条　小企业的长期待摊费用包括:已提足折旧的固定资产的改建支出、经营租入固定资产的改建支出、固定资产的大修理支出和其他长期待摊费用等。

前款所称固定资产的大修理支出,是指同时符合下列条件的支出:

(一)修理支出达到取得固定资产时的计税基础 50%以上;

(二)修理后固定资产的使用寿命延长 2 年以上。

第四十四条　长期待摊费用应当在其摊销期限内采用年限平均法进行摊销,根据其受益对象计入相关资产的成本或者管理费用,并冲减长期待摊费用。

(一)已提足折旧的固定资产的改建支出,按照固定资产预计尚可使用年限分期摊销。

(二)经营租入固定资产的改建支出,按照合同约定的剩余租赁期限分期摊销。

(三)固定资产的大修理支出,按照固定资产尚可使用年限分期摊销。

(四)其他长期待摊费用,自支出发生月份的下月起分期摊销,摊销期不得低于 3 年。

第三章　负　　债

第四十五条　负债,是指小企业过去的交易或者事项形成的,预期会导致经济利益流出小企业的现时义务。

小企业的负债按照其流动性,可分为流动负债和非流动负债。

第一节　流动负债

第四十六条　小企业的流动负债,是指预计在 1 年内或者超过 1 年的一个正常营业周期内清偿的债务。

小企业的流动负债包括:短期借款、应付及预收款项、应付职工薪酬、应交税费、应付利息等。

第四十七条　各项流动负债应当按照其实际发生额入账。

小企业确实无法偿付的应付款项,应当计入营业外收入。

第四十八条　短期借款应当按照借款本金和借款合同利率在应付利息日计提利息费用,计入财务费用。

第四十九条　应付职工薪酬,是指小企业为获得职工提供的服务而应付给职工的各种形式的报酬以及其他相关支出。

小企业的职工薪酬包括：

（一）职工工资、奖金、津贴和补贴。

（二）职工福利费。

（三）医疗保险费、养老保险费、失业保险费、工伤保险费和生育保险费等社会保险费。

（四）住房公积金。

（五）工会经费和职工教育经费。

（六）非货币性福利。

（七）因解除与职工的劳动关系给予的补偿。

（八）其他与获得职工提供的服务相关的支出等。

第五十条 小企业应当在职工为其提供服务的会计期间，将应付的职工薪酬确认为负债，并根据职工提供服务的受益对象，分别下列情况进行会计处理：

（一）应由生产产品、提供劳务负担的职工薪酬，计入产品成本或劳务成本。

（二）应由在建工程、无形资产开发项目负担的职工薪酬，计入固定资产成本或无形资产成本。

（三）其他职工薪酬（含因解除与职工的劳动关系给予的补偿），计入当期损益。

第二节 非流动负债

第五十一条 小企业的非流动负债，是指流动负债以外的负债。

小企业的非流动负债包括：长期借款、长期应付款等。

第五十二条 非流动负债应当按照其实际发生额入账。

长期借款应当按照借款本金和借款合同利率在应付利息日计提利息费用，计入相关资产成本或财务费用。

第四章 所有者权益

第五十三条 所有者权益，是指小企业资产扣除负债后由所有者享有的剩余权益。

小企业的所有者权益包括：实收资本（或股本，下同）、资本公积、盈余公积和未分配利润。

第五十四条 实收资本，是指投资者按照合同协议约定或相关规定投入到小企业、构成小企业注册资本的部分。

（一）小企业收到投资者以现金或非货币性资产投入的资本，应当按照其在本企业注册资本中所占的份额计入实收资本，超出的部分，应当计入资本公积。

（二）投资者根据有关规定对小企业进行增资或减资，小企业应当增加或减少实收资本。

第五十五条 资本公积，是指小企业收到的投资者出资额超过其在注册资本或股本中所占份额的部分。

小企业用资本公积转增资本，应当冲减资本公积。小企业的资本公积不得用于弥补亏损。

第五十六条 盈余公积，是指小企业按照法律规定在税后利润中提取的法定公积金和任意公积金。

小企业用盈余公积弥补亏损或者转增资本，应当冲减盈余公积。小企业的盈余公积还可以用于扩大生产经营。

第五十七条 未分配利润，是指小企业实现的净利润，经过弥补亏损、提取法定公积金和任意公积金、向投资者分配利润后，留存在本企业的、历年结存的利润。

第五章 收　　入

第五十八条 收入，是指小企业在日常生产经营活动中形成的、会导致所有者权益增加、与所有者投入资本无关的经济利益的总流入。包括：销售商品收入和提供劳务收入。

第五十九条 销售商品收入，是指小企业销售商品（或产成品、材料，下同）取得的收入。

通常，小企业应当在发出商品且收到货款或取得收款权利时，确认销售商品收入。

（一）销售商品采用托收承付方式的，在办妥托收手续时确认收入。

（二）销售商品采取预收款方式的，在发出商品时确认收入。

（三）销售商品采用分期收款方式的，在合同约定的收款日期确认收入。

（四）销售商品需要安装和检验的，在购买方接受商品以及安装和检验完毕时确认收入。安装程序比较简单的，可在发出商品时确认收入。

（五）销售商品采用支付手续费方式委托代销的，在收到代销清单时确认收入。

（六）销售商品以旧换新的，销售的商品作为商品销售处理，回收的商品作为购进商品处理。

（七）采取产品分成方式取得的收入，在分得产品之日按照产品的市场价格或评估价值确定销售商品收入金额。

第六十条 小企业应当按照从购买方已收或应收的合同或协议价款，确定销售商品收入金额。

销售商品涉及现金折扣的，应当按照扣除现金折扣前的金额确定销售商品收入金额。现金折扣应当在实际发生时，计入当期损益。

销售商品涉及商业折扣的，应当按照扣除商业折扣后的金额确定销售商品收入金额。

前款所称现金折扣，是指债权人为鼓励债务人在规定的期限内付款而向债务人提供的债务扣除。商业折扣，是指小企业为促进商品销售而在商品标价上给予的价格扣除。

第六十一条 小企业已经确认销售商品收入的售出商品发生的销售退回（不论属于本年度还是属于以前年度的销售），应当在发生时冲减当期销售商品收入。

小企业已经确认销售商品收入的售出商品发生的销售折让，应当在发生时冲减当期销售商品收入。

前款所称销售退回，是指小企业售出的商品由于质量、品种不符合要求等原因发生的退货。销售折让，是指小企业因售出商品的质量不合格等原因而在售价上给予的减让。

第六十二条 小企业提供劳务的收入，是指小企业从事建筑安装、修理修配、交通运输、仓储租赁、邮电通信、咨询经纪、文化体育、科学研究、技术服务、教育培训、餐饮住宿、中介代理、卫生保健、社区服务、旅游、娱乐、加工以及其他劳务服务活动取得的收入。

第六十三条 同一会计年度内开始并完成的劳务，应当在提供劳务交易完成且收到款项或取得收款权利时，确认提供劳务收入。提供劳务收入的金额为从接受劳务方已收或应收的合同或协议价款。

劳务的开始和完成分属不同会计年度的，应当按照完工进度确认提供劳务收入。年度资产负债表日，按照提供劳务收入总额乘以完工进度扣除以前会计年度累计已确认提供劳务收入后的金额，确认本年度的提供劳务收入；同时，按照估计的提供劳务成本总额乘以完工进度扣除以前会计年度累计已确认营业成本后的金额，结转本年度营业成本。

第六十四条 小企业与其他企业签订的合同或协议包含销售商品和提供劳务时，销售商品部分和提供劳务部分能够区分且能够单独计量的，应当将销售商品的部分作为销售商品处理，将提供劳务的部分作为提供劳务处理。

销售商品部分和提供劳务部分不能够区分，或虽能区分但不能够单独计量的，应当作为销售商品处理。

第六章 费 用

第六十五条 费用，是指小企业在日常生产经营活动中发生的、会导致所有者权益减少、与向所有者分配利润无关的经济利益的总流出。

小企业的费用包括：营业成本、营业税金及附加、销售费用、管理费用、财务费用等。

（一）营业成本，是指小企业所销售商品的成本和所提供劳务的成本。

（二）营业税金及附加，是指小企业开展日常生产经营活动应负担的消费税、营业税、城市维护建设税、资源税、土地增值税、城镇土地使用税、房产税、车船税、印花税和教育费附加、矿产资源补偿费、排污费等。

（三）销售费用，是指小企业在销售商品或提供劳务过程中发生的各种费用。包括：销售人员的职工薪酬、商品维修费、运输费、装卸费、包装费、保险费、广告费、业务宣传费、展览费等费用。

小企业（批发业、零售业）在购买商品过程中发生的费用（包括：运输费、装卸费、包装费、保险费、运输途中的合理损耗和入库前的挑选整理费等）也构成销售费用。

（四）管理费用，是指小企业为组织和管理生产经营发生的其他费用。包括：小企业在筹建期间内发生的开办费、行政管理部门发生的费用（包括：固定资产折旧费、修理费、办公费、水电费、差旅费、管理人员的职工薪酬等)、业务招待费、研究费用、技术转让费、相关长期待摊费用摊销、财产保险费、聘请中介机构费、咨询费(含顾问费)、诉讼费等费用。

(五)财务费用,是指小企业为筹集生产经营所需资金发生的筹资费用。包括:利息费用(减利息收入)、汇兑损失、银行相关手续费、小企业给予的现金折扣(减享受的现金折扣)等费用。

第六十六条 通常,小企业的费用应当在发生时按照其发生额计入当期损益。

小企业销售商品收入和提供劳务收入已予确认的,应当将已销售商品和已提供劳务的成本作为营业成本结转至当期损益。

第七章 利润及利润分配

第六十七条 利润,是指小企业在一定会计期间的经营成果。包括:营业利润、利润总额和净利润。

(一)营业利润,是指营业收入减去营业成本、营业税金及附加、销售费用、管理费用、财务费用,加上投资收益(或减去投资损失)后的金额。

前款所称营业收入,是指小企业销售商品和提供劳务实现的收入总额。投资收益,由小企业股权投资取得的现金股利(或利润)、债券投资取得的利息收入和处置股权投资和债券投资取得的处置价款扣除成本或账面余额、相关税费后的净额三部分构成。

(二)利润总额,是指营业利润加上营业外收入,减去营业外支出后的金额。

(三)净利润,是指利润总额减去所得税费用后的净额。

第六十八条 营业外收入,是指小企业非日常生产经营活动形成的、应当计入当期损益、会导致所有者权益增加、与所有者投入资本无关的经济利益的净流入。

小企业的营业外收入包括:非流动资产处置净收益、政府补助、捐赠收益、盘盈收益、汇兑收益、出租包装物和商品的租金收入、逾期未退包装物押金收益、确实无法偿付的应付款项、已作坏账损失处理后又收回的应收款项、违约金收益等。

通常,小企业的营业外收入应当在实现时按照其实现金额计入当期损益。

第六十九条 政府补助,是指小企业从政府无偿取得货币性资产或非货币性资产,但不含政府作为小企业所有者投入的资本。

(一)小企业收到与资产相关的政府补助,应当确认为递延收益,并在相关资产的使用寿命内平均分配,计入营业外收入。

收到的其他政府补助,用于补偿本企业以后期间的相关费用或亏损的,确认为递延收益,并在确认相关费用或发生亏损的期间,计入营业外收入;用于补偿本企业已发生的相关费用或亏损的,直接计入营业外收入。

(二)政府补助为货币性资产的,应当按照收到的金额计量。

政府补助为非货币性资产的,政府提供了有关凭据的,应当按照凭据上标明的金额计量;政府没有提供有关凭据的,应当按照同类或类似资产的市场价格或评估价值计量。

(三)小企业按照规定实行企业所得税、增值税、消费税、营业税等先征后返的,应当在实际收到返还的企业所得税、增值税(不含出口退税)、消费税、营业税时,计入营业外收入。

第七十条 营业外支出,是指小企业非日常生产经营活动发生的、应当计入当期损益、会导致所有者权益减少、与向所有者分配利润无关的经济利益的净流出。

小企业的营业外支出包括:存货的盘亏、毁损、报废损失,非流动资产处置净损失,坏账损失,无法收回的长期债券投资损失,无法收回的长期股权投资损失,自然灾害等不可抗力因素造成的损失,税收滞纳金,罚金,罚款,被没收财物的损失,捐赠支出,赞助支出等。

通常,小企业的营业外支出应当在发生时按照其发生额计入当期损益。

第七十一条 小企业应当按照企业所得税法规定计算的当期应纳税额,确认所得税费用。

小企业应当在利润总额的基础上,按照企业所得税法规定进行纳税调整,计算出当期应纳税所得额,按照应纳税所得额与适用所得税税率为基础计算确定当期应纳税额。

第七十二条 小企业以当年净利润弥补以前年度亏损等剩余的税后利润,可用于向投资者进行分配。

小企业(公司制)在分配当年税后利润时,应当按照公司法的规定提取法定公积金和任意公积金。

第八章　外币业务

第七十三条　小企业的外币业务由外币交易和外币财务报表折算构成。

第七十四条　外币交易，是指小企业以外币计价或者结算的交易。

小企业的外币交易包括：买入或者卖出以外币计价的商品或者劳务、借入或者借出外币资金和其他以外币计价或者结算的交易。

前款所称外币，是指小企业记账本位币以外的货币。记账本位币，是指小企业经营所处的主要经济环境中的货币。

第七十五条　小企业应当选择人民币作为记账本位币。业务收支以人民币以外的货币为主的小企业，可以选定其中一种货币作为记账本位币，但编报的财务报表应当折算为人民币财务报表。

小企业记账本位币一经确定，不得随意变更，但小企业经营所处的主要经济环境发生重大变化除外。

小企业因经营所处的主要经济环境发生重大变化，确需变更记账本位币的，应当采用变更当日的即期汇率将所有项目折算为变更后的记账本位币。

前款所称即期汇率，是指中国人民银行公布的当日人民币外汇牌价的中间价。

第七十六条　小企业对于发生的外币交易，应当将外币金额折算为记账本位币金额。

外币交易在初始确认时，采用交易发生日的即期汇率将外币金额折算为记账本位币金额；也可以采用交易当期平均汇率折算。

小企业收到投资者以外币投入的资本，应当采用交易发生日即期汇率折算，不得采用合同约定汇率和交易当期平均汇率折算。

第七十七条　小企业在资产负债表日，应当按照下列规定对外币货币性项目和外币非货币性项目进行会计处理：

（一）外币货币性项目，采用资产负债表日的即期汇率折算。因资产负债表日即期汇率与初始确认时或者前一资产负债表日即期汇率不同而产生的汇兑差额，计入当期损益。

（二）以历史成本计量的外币非货币性项目，仍采用交易发生日的即期汇率折算，不改变其记账本位币金额。

前款所称货币性项目，是指小企业持有的货币资金和将以固定或可确定的金额收取的资产或者偿付的负债。货币性项目分为货币性资产和货币性负债。货币性资产包括：库存现金、银行存款、应收账款、其他应收款等；货币性负债包括：短期借款、应付账款、其他应付款、长期借款、长期应付款等。非货币性项目，是指货币性项目以外的项目。包括：存货、长期股权投资、固定资产、无形资产等。

第七十八条　小企业对外币财务报表进行折算时，应当采用资产负债表日的即期汇率对外币资产负债表、利润表和现金流量表的所有项目进行折算。

第九章　财务报表

第七十九条　财务报表，是指对小企业财务状况、经营成果和现金流量的结构性表述。小企业的财务报表至少应当包括下列组成部分：

（一）资产负债表；

（二）利润表；

（三）现金流量表；

（四）附注。

第八十条　资产负债表，是指反映小企业在某一特定日期的财务状况的报表。

（一）资产负债表中的资产类至少应当单独列示反映下列信息的项目：

1. 货币资金；

2. 应收及预付款项；

3. 存货；

4. 长期债券投资；

5. 长期股权投资；

6. 固定资产；
7. 生产性生物资产；
8. 无形资产；
9. 长期待摊费用。

（二）资产负债表中的负债类至少应当单独列示反映下列信息的项目：

1. 短期借款；
2. 应付及预收款项；
3. 应付职工薪酬；
4. 应交税费；
5. 应付利息；
6. 长期借款；
7. 长期应付款。

（三）资产负债表中的所有者权益类至少应当单独列示反映下列信息的项目：

1. 实收资本；
2. 资本公积；
3. 盈余公积；
4. 未分配利润。

（四）资产负债表中的资产类应当包括流动资产和非流动资产的合计项目；负债类应当包括流动负债、非流动负债和负债的合计项目；所有者权益类应当包括所有者权益的合计项目。

资产负债表应当列示资产总计项目，负债和所有者权益总计项目。

第八十一条 利润表，是指反映小企业在一定会计期间的经营成果的报表。

费用应当按照功能分类，分为营业成本、营业税金及附加、销售费用、管理费用和财务费用等。

利润表至少应当单独列示反映下列信息的项目：

（一）营业收入；

（二）营业成本；

（三）营业税金及附加；

（四）销售费用；

（五）管理费用；

（六）财务费用；

（七）所得税费用；

（八）净利润。

第八十二条 现金流量表，是指反映小企业在一定会计期间现金流入和流出情况的报表。

现金流量表应当分别经营活动、投资活动和筹资活动列报现金流量。现金流量应当分别按照现金流入和现金流出总额列报。

前款所称现金，是指小企业的库存现金以及可以随时用于支付的存款和其他货币资金。

第八十三条 经营活动，是指小企业投资活动和筹资活动以外的所有交易和事项。

小企业经营活动产生的现金流量应当单独列示反映下列信息的项目：

（一）销售产成品、商品、提供劳务收到的现金；

（二）购买原材料、商品、接受劳务支付的现金；

（三）支付的职工薪酬；

（四）支付的税费。

第八十四条 投资活动，是指小企业固定资产、无形资产、其他非流动资产的购建和短期投资、长期债券投资、长期股权投资及其处置活动。

小企业投资活动产生的现金流量应当单独列示反映下列信息的项目：

（一）收回短期投资、长期债券投资和长期股权投资收到的现金；

（二）取得投资收益收到的现金；

(三)处置固定资产、无形资产和其他非流动资产收回的现金净额；

(四)短期投资、长期债券投资和长期股权投资支付的现金；

(五)购建固定资产、无形资产和其他非流动资产支付的现金。

第八十五条　筹资活动，是指导致小企业资本及债务规模和构成发生变化的活动。

小企业筹资活动产生的现金流量应当单独列示反映下列信息的项目：

(一)取得借款收到的现金；

(二)吸收投资者投资收到的现金；

(三)偿还借款本金支付的现金；

(四)偿还借款利息支付的现金；

(五)分配利润支付的现金。

第八十六条　附注，是指对在资产负债表、利润表和现金流量表等报表中列示项目的文字描述或明细资料，以及对未能在这些报表中列示项目的说明等。

附注应当按照下列顺序披露：

(一)遵循小企业会计准则的声明。

(二)短期投资、应收账款、存货、固定资产项目的说明。

(三)应付职工薪酬、应交税费项目的说明。

(四)利润分配的说明。

(五)用于对外担保的资产名称、账面余额及形成的原因；未决诉讼、未决仲裁以及对外提供担保所涉及的金额。

(六)发生严重亏损的，应当披露持续经营的计划、未来经营的方案。

(七)对已在资产负债表和利润表中列示项目与企业所得税法规定存在差异的纳税调整过程。

(八)其他需要在附注中说明的事项。

第八十七条　小企业应当根据实际发生的交易和事项，按照本准则的规定进行确认和计量，在此基础上按月或者按季编制财务报表。

第八十八条　小企业对会计政策变更、会计估计变更和会计差错更正应当采用未来适用法进行会计处理。

前款所称会计政策，是指小企业在会计确认、计量和报告中所采用的原则、基础和会计处理方法。会计估计变更，是指由于资产和负债的当前状况及预期经济利益和义务发生了变化，从而对资产或负债的账面价值或者资产的定期消耗金额进行调整。前期差错包括：计算错误、应用会计政策错误、应用会计估计错误等。未来适用法，是指将变更后的会计政策和会计估计应用于变更日及以后发生的交易或者事项，或者在会计差错发生或发现的当期更正差错的方法。

第十章　附　　则

第八十九条　符合《中小企业划型标准规定》所规定的微型企业标准的企业参照执行本准则。

第九十条　本准则自 2013 年 1 月 1 日起施行。财政部 2004 年发布的《小企业会计制度》(财会[2004]2 号)同时废止。

5. 纳税人财务会计报表报送管理办法(2005 年颁布)

国税发〔2005〕20 号

第一章　总　　则

第一条　为了统一纳税人财务会计报表报送，规范税务机关对财务会计报表数据的接收、处理及应用维护，减轻纳税人负担，夯实征管基础，根据《中华人民共和国税收征收管理法》(以下简称《征管法》)及其实施细则以及其他相关法律、法规的规定,制定本办法。

第二条 本办法所称纳税人是指《征管法》第十五条所规定的从事生产、经营的纳税人。实行定期定额征收方式管理的纳税人除外。

第三条 本办法所称财务会计报表是指会计制度规定编制的资产负债表、利润表、现金流量表和相关附表。

前款所称会计制度是指国务院颁布的《中华人民共和国企业财务会计报告条例》以及财政部制定颁发的各项会计制度。

第四条 纳税人应当按照国家相关法律、法规的规定编制和报送财务会计报表,不得编制提供虚假的财务会计报表。纳税人的法定代表人或负责人对报送的财务会计报表的真实性和完整性负责。

第五条 纳税人应当在规定期间,按照现行税收征管范围的划分,分别向主管国家税务局、地方税务局报送财务会计报表。除有特殊要求外,同样的报表只报送一次。

主管税务机关应指定部门采集录入,实行“一户式”存储,实现信息共享,不得要求纳税人按税种或者在办理其他涉税事项时重复报送财务会计报表。

第六条 税务机关应当依法对取得的纳税人财务会计报表数据保密,不得随意公开或用于税收以外的用途。

第二章 报表报送

第七条 纳税人无论有无应税收入、所得和其他应税项目,或者在减免税期间,均必须依照《征管法》第二十五条的规定,按其所适用的会计制度编制财务报表,并按本办法第八条规定的时限向主管税务机关报送;其所适用的会计制度规定需要编报相关附表以及会计报表附注、财务情况说明书、审计报告的,应当随同财务会计报表一并报送。

适用不同的会计制度报送财务会计报表的具体种类,由省、自治区、直辖市和计划单列市国家税务局和地方税务局联合确定。

第八条 纳税人财务会计报表报送期间原则上按季度和年度报送。确需按月报送的,由省、自治区、直辖市和计划单列市国家税务局和地方税务局联合确定。

第九条 纳税人财务会计报表的报送期限为:按季度报送的在季度终了后15日内报送;按年度报送的内资企业在年度终了后45天,外商投资企业和外国企业在年度终了后4个月内报送。

第十条 纳税人经批准延期办理纳税申报的,其财务会计报表报送期限可以顺延。

第十一条 纳税人可以直接到税务机关办理财务会计报表的报送,也可以按规定采取邮寄、数据电文或者其他方式办理上述报送事项。

第十二条 纳税人采取邮寄方式办理财务会计报表报送的,以邮政部门收据作为报送凭据。邮寄报送的,以寄出日的邮戳日期为实际报送日期。

第十三条 纳税人以磁盘、IC卡、U盘等电子介质(以下简称电子介质)或网络方式报送财务会计报表的,税务机关应当提供数据接口。凡使用总局软件的,数据接口格式标准由总局公布;未使用总局软件的,也必须按总局标准对自行开发软件作相应调整。

第十四条 《中华人民共和国电子签名法》正式施行后,纳税人可按照税务机关的规定只报送财务会计报表电子数据。在此之前,纳税人以电子介质或网络方式报送财务会计报表的,仍按照税务机关规定,相应报送纸质报表。

第三章 接收处理

第十五条 纳税人报送的纸质财务会计报表,由税务机关的办税服务厅或办税服务室(以下简称办税厅)负责受理、审核、录入和归档;以电子介质报送的电子财务会计报表由办税厅负责接收、读入、审核和存储;以网络方式报送的财务会计报表电子数据由税务机关指定的部门通过系统接收、读入、校验。

第十六条 主管税务机关应当对不同形式报送的财务会计报表分别审核校验:

(一)办税厅对于纸质财务会计报表,实行完整性和时效性审核通过后在综合征管软件系统中作报送记录。凡符合规定的,当场打印回执凭证交纳税人留存;凡不符合规定的,要求纳税人在限期内补正,限期内补正的，视同按规定期限报送财务会计报表。

（二）办税厅对于电子介质财务会计报表，实行安全过滤并进行系统校验性审核。凡符合规定的，当场打印回执凭证交纳税人留存；凡不符合规定的，要求纳税人在限期内补正，限期内补正的，视同按规定期限报送财务会计报表。

（三）主管税务机关对于通过网络报送的财务会计报表电子数据，必须实施安全过滤后实时进行系统性校验。凡符合规定的，系统提示纳税人报送成功，并提供电子回执凭证；凡不符合要求的，系统提示报送不成功，纳税人应当及时检查纠正，重新报送。

第十七条　办税厅应当及时将纳税人当期报送的纸质财务会计报表的各项数据，准确、完整地采集和录入。

税务机关指定的部门对于纳税人当期报送的财务会计报表电子数据，应当按照“一户式”存储的管理要求，统一存储，数据共享，并负责数据安全和数据备份。

第十八条　有条件的地区，国家税务局和地方税务局可将各自采集的纳税人财务会计报表数据进行交换和比对，以提高财务会计报表数据的真实性和完整性。

第十九条　财务会计报表报送期届满，主管税务机关应当将综合征管信息系统生成的未报送财务会计报表的纳税人清单分送纳税人所辖税务机关，由所辖税务机关负责督促税收管理员逐户催报。

第二十条　纳税人报送的财务会计报表由主管税务机关根据税收征管法及其实施细则和相关法律、法规规定的保存期限归档和销毁。

第四章　数据维护

第二十一条　总局对各地反馈上报要求在财务会计报表之外增加的数据需求，应当按照《国家税务总局工作规则》的规定，由总局征收管理司（以下简称征管司）组织相关司局进行分析、确认，并提出具体的解决建议，报经局长办公会或局务会批准后，方可增加。涉及软件修改的，由征管司组织相关司局编制业务需求。

第二十二条　总局信息中心根据征管司组织相关司局编制的业务需求，负责进行需求分析，提出技术要求并分别作出处理：

（一）涉及税务机关的业务内容变化，直接安排修改总局综合征管软件；同时将需要修改的内容标准化，下发未使用总局综合征管软件的税务机关自行修改软件。

（二）涉及纳税人的业务变化，将需要修改的内容标准化并向社会公布，同时公布软件接口标准，以便商用软件开发商修改软件，及时为纳税人更新申报软件版本。

第二十三条　使用自行开发软件地区需要进行数据维护的，可参照本办法第二十一、二十二条的规则办理。

第二十四条　总局临时性需下级税务机关报送的各类调查表、统计表，涉及纳税人财务会计报表指标的，由征管司确认，凡可从已有的财务会计报表公共信息中提取，主管税务机关不再采集。

第五章　法律责任

第二十五条　纳税人有违反本办法规定行为的，主管税务机关应当责令限期改正。责令限期改正的期限最长不超过15天。

第二十六条　纳税人未按照规定期限报送财务会计报表，或者报送的财务会计报表不符合规定且未在规定的期限内补正的，由主管税务机关依照《征管法》第六十二条的规定处罚。

第二十七条　纳税人提供虚假的财务会计报表，或者拒绝提供财务会计报表的，由主管税务机关依照《征管法》第七十条的规定处罚。

第二十八条　由于税务机关原因致使纳税人已报送的纸质或电子财务会计报表遗失或残缺，税务机关应当向纳税人道歉，并由纳税人重新报送。

第六章　附　　则

第二十九条　纳税人按规定需要报送的财务会计报表，可以委托具有合法资质的中介机构报送。

第三十条 本办法所称日内均含本日，遇有法定公休日、节假日，按照税收征管法及其实施细则的规定顺延。

第三十一条 各省、自治区、直辖市和计划单列市国家税务局、地方税务局可根据本办法制定具体实施细则，并报国家税务总局备案。

第三十二条 本办法由国家税务总局负责解释。

第三十三条 本办法自 2005 年 5 月 1 日起执行。

6. 金融负债与权益工具的区分及相关会计处理规定（2014 年颁布）

（财会〔2014〕13 号）

为进一步规范优先股、永续债等金融工具的会计处理，根据《中华人民共和国会计法》、《企业会计准则第 22 号——金融工具确认和计量》（以下简称金融工具确认和计量准则）和《企业会计准则第 37 号——金融工具列报》（以下对上述两项会计准则合称金融工具准则）以及其他企业会计准则等，规定如下：

一、本规定的适用范围

本规定适用于经相关监管部门批准，企业发行的优先股、永续债（例如长期限含权中期票据）、认股权、可转换公司债券等金融工具的会计处理。

二、金融负债与权益工具的区分

企业应当按照金融工具准则的规定，根据所发行金融工具的合同条款及其所反映的经济实质而非仅以法律形式，结合金融资产、金融负债和权益工具的定义，在初始确认时将该金融工具或其组成部分分类为金融资产、金融负债或权益工具：

（一）金融负债。

金融负债，是指企业符合下列条件之一的负债：

1. 向其他方交付现金或其他金融资产的合同义务；

2. 在潜在不利条件下，与其他方交换金融资产或金融负债的合同义务；

3. 将来须用或可用企业自身权益工具进行结算的非衍生工具合同，且企业根据该合同将交付可变数量的自身权益工具；

4. 将来须用或可用企业自身权益工具进行结算的衍生工具合同，但以固定数量的自身权益工具交换固定金额的现金或其他金融资产的衍生工具合同除外。

（二）权益工具。

权益工具，是指能证明拥有某个企业在扣除所有负债后的资产中剩余权益的合同。同时满足下列条件的，发行方应当将发行的金融工具分类为权益工具：

1. 该金融工具不包括交付现金或其他金融资产给其他方，或在潜在不利条件下与其他方交换金融资产或金融负债的合同义务；

2. 将来须用或可用企业自身权益工具结算该金融工具的，如该金融工具为非衍生工具，不包括交付可变数量的自身权益工具进行结算的合同义务；如为衍生工具，企业只能通过以固定数量的自身权益工具交换固定金额的现金或其他金融资产结算该金融工具。

（三）金融负债和权益工具的区分

1. 通过交付现金、其他金融资产或交换金融资产或金融负债结算。如果企业不能无条件地避免以交付现金或其他金融资产来履行一项合同义务，则该合同义务符合金融负债的定义。有些金融工具虽然没有明确地包含交付现金或其他金融资产义务的条款和条件，但有可能通过其他条款和条件间接地形成合同义务。

如果发行的金融工具将以现金或其他金融资产结算，那么该工具导致企业承担了交付现金或其他金融资产的义务。如果该工具要求企业在潜在不利条件下通过交换金融资产或金融负债结算（例如，该工具包含发行方签出的以现金或其他金融资产结算的期权),该工具同样导致企业承担了合同义务。在这种情况下,发行方对于发行的金融工具应当归类为金融负债。

2. 通过自身权益工具结算。如果发行的金融工具须用或可用企业自身权益工具结算,需要考虑用于结算该工具的企业自身权益工具,是作为现金或其他金融资产的替代品,还是为了使该工具持有人享有在发行方扣除所有负债后的资产中的剩余权益。如果是前者,该工具是发行方的金融负债;如果是后者,该工具是发行方的权益工具。

3. 对于将来须用或可用企业自身权益工具结算的金融工具的分类,应当区分衍生工具还是非衍生工具。对于非衍生工具,如果发行方未来没有义务交付可变数量的自身权益工具进行结算,则该非衍生工具是权益工具;否则,该非衍生工具是金融负债。

对于衍生工具,如果发行方只能通过以固定数量的自身权益工具交换固定金额的现金或其他金融资产进行结算,则该衍生工具是权益工具;如果发行方以固定数量自身权益工具交换可变金额现金或其他金融资产,或以可变数量自身权益工具交换固定金额现金或其他金融资产,或在转换价格不固定的情况下以可变数量自身权益工具交换可变金额现金或其他金融资产,则该衍生工具应当确认为金融负债或金融资产。

(四)或有结算条款和结算选择权。

1. 或有结算条款

或有结算条款,指是否通过交付现金或其他金融资产进行结算,或者是否以其他导致该金融工具成为金融负债的方式结算,需要由发行方和持有方均不能控制的未来不确定事项(如股价指数、消费价格指数变动,利率或税法变动,发行方未来收入、净收益或债务权益比率等)的发生或不发生(或发行方和持有方均不能控制的未来不确定事项的结果)来确定的条款。除下列情况外,对于附或有结算条款的金融工具,发行方应将其归类为金融负债:

(1)要求以现金、其他金融资产或以其他导致该工具成为金融负债的方式进行结算的或有结算条款几乎不具有可能性,即相关情形极端罕见、显著异常或几乎不可能发生。

(2)只有在发行方清算时,才需以现金、其他金融资产或以其他导致该工具成为金融负债的方式进行结算。

(3)按照本规定分类为权益工具的可回售工具。

2. 结算选择权

对于存在结算选择权的衍生工具(例如,合同规定发行方或持有方能选择以现金净额或以发行股份交换现金等方式进行结算的衍生工具),发行方应当将其确认为金融资产或金融负债。如果合同条款中所有可能的结算方式均表明该衍生工具应当确认为权益工具的,则应当确认为权益工具。

(五)可回售工具或仅在清算时才有义务按比例交付净资产的工具。

1. 可回售工具

如果发行方发行的金融工具合同条款中约定,持有方有权将该工具回售给发行方以获取现金或其他金融资产,或者在未来某一不确定事项发生或者持有方死亡或退休时,自动回售给发行方的,则为可回售工具。在这种情况下,符合金融负债定义但同时具有下列特征的可回售金融工具,应当分类为权益工具:

(1)赋予持有方在企业清算时按比例份额获得该企业净资产的权利。企业净资产,是指扣除所有优先于该工具对企业资产要求权之后的剩余资产。按比例份额是指清算时将企业的净资产分拆为金额相等的单位,并且将单位金额乘以持有方所持有的单位数量。

(2)该工具所属的类别次于其他所有工具类别。该工具在归属于该类别前无须转换为另一种工具,且在清算时对企业资产没有优先于其他工具的要求权。

(3)该类别的所有工具具有相同的特征(例如它们必须都具有可回售特征,并且用于计算回购或赎回价格的公式或其他方法都相同)。

(4)除了发行方应当以现金或其他金融资产回购或赎回该工具的合同义务外,该工具不满足金融负债定义中的任何其他特征。

(5)该工具在存续期内的预计现金流量总额,应当实质上基于该工具存续期内企业的损益、已确认净资产的变动、已确认和未确认净资产的公允价值变动(不包括该工具的任何影响)。

2. 仅在清算时才有义务按比例交付净资产的工具

某些金融工具的发行合同约定，发行方仅在清算时才有义务向另一方按比例交付其净资产，这种清算确定将会发生并且不受发行方的控制，或者发生与否取决于该工具的持有方。对于发行方仅在清算时才有义务向另一方按比例交付其净资产的金融工具，符合金融负债定义但同时具有下列特征的，应当分类为权益工具：

(1)赋予持有方在企业清算时按比例份额获得该企业净资产的权利。

(2)该工具所属的类别次于其他所有工具类别。该工具在归属于该类别前无须转换为另一种工具，且在清算时对企业资产没有优先于其他工具的要求权。

(3)在次于其他所有类别的工具类别中，发行方对该类别中所有工具都应当在清算时承担按比例份额交付其净资产的同等合同义务。

3. 对发行方发行在外的其他金融工具的要求

分类为权益的可回售工具，或发行方仅在清算时才有义务向另一方按比例交付其净资产的金融工具，除应具备上述特征外，其发行方应当没有同时具备下列特征的其他金融工具或合同：

(1)现金流量总额实质上基于企业的损益、已确认净资产的变动、已确认和未确认净资产的公允价值变动(不包括该工具或合同的任何影响)。

(2)实质上限制或固定了可回售工具或仅在清算时才有义务按比例交付净资产的工具的持有方所获得的剩余回报。

在运用上述条件时，对于发行方与上述可回售或仅在清算时才有义务向另一方按比例交付其净资产的工具持有方签订的非金融合同，如果其条款和条件与发行方和其他方之间可能订立的同等合同类似，不应考虑该非金融合同的影响。但是，如果不能做出此判断，则不得将该工具分类为权益工具。

(六)金融负债和权益工具区分原则的运用

1. 根据金融负债和权益工具区分的原则，金融工具发行条款中的一些约定将影响发行方是否承担交付现金、其他金融资产或在潜在不利条件下交换金融资产或金融负债的义务。例如，发行条款规定强制付息，将导致发行方承担交付现金的义务，则该义务构成发行方的一项金融负债。

如果发行的金融工具合同条款中包含在一定条件下转换成发行方普通股的约定(例如可转换优先股中的转换条款)，该条款将影响发行方是否没有交付可变数量自身权益工具的义务或者是否以固定数量的自身权益工具交换固定金额的现金或其他金融资产。

因此，企业发行各种金融工具，应当按照该金融工具的合同条款及所反映的经济实质而非仅以法律形式，运用金融负债和权益工具区分的原则，正确地确定该金融工具或其组成部分的会计分类，不得依据监管规定或工具名称进行会计处理。

2. 在合并财务报表中对金融工具(或其组成部分)进行分类时，企业应当考虑集团成员和金融工具的持有方之间达成的所有条款和条件。如果集团作为一个整体由于该工具而承担交付现金、其他金融资产或以其他导致该工具成为金融负债的方式进行结算的义务，则该工具应当分类为金融负债。

企业发行的可回售工具或仅在清算时才有义务按比例交付净资产的工具，如果满足本规定要求在其财务报表中分类为权益工具的，在其母公司的合并财务报表中对应的少数股东权益部分，应当分类为金融负债。

三、复合金融工具

企业应当对发行的非衍生金融工具进行评估，以确定所发行的工具是否为复合金融工具。企业所发行的非衍生金融工具可能同时包含金融负债成分和权益工具成分。

企业发行的非衍生金融工具同时包含金融负债成分和权益工具成分的，应于初始计量时先确定金融负债成分的公允价值(包括其中可能包含的非权益性嵌入衍生工具的公允价值)，再从复合金融工具公允价值中扣除负债成分的公允价值，作为权益工具成分的价值。

四、重分类

由于发行的金融工具原合同条款约定的条件或事项随着时间的推移或经济环境的改变而发生变化，可能导致已发行金融工具重分类。

发行方原分类为权益工具的金融工具，自不再被分类为权益工具之日起，发行方应当将其重分类为金融负债，以重分类日该工具的公允价值计量，重分类日权益工具的账面价值和金融负债的公允价值之间的差额确认为权益。

发行方原分类为金融负债的金融工具，自不再被分类为金融负债之日起，发行方应当将其重分类为权益工具，以重分类日金融负债的账面价值计量。

五、投资方购入金融工具的分类

金融工具投资方（持有人）考虑持有的金融工具或其组成部分是权益工具还是债务工具投资时，应当遵循金融工具确认和计量准则和本规定的相关要求，通常应当与发行方对金融工具的权益或负债属性的分类保持一致。例如，对于发行方归类为权益工具的非衍生金融工具，投资方通常应当将其归类为权益工具投资。

六、主要会计处理

企业应当按照金融工具准则和本规定的相关要求，对发行的金融工具进行相关会计处理。

（一）金融工具会计处理的基本原则

企业发行的金融工具应当按照金融工具准则和本规定进行初始确认和计量；其后，于每个资产负债表日计提利息或分派股利，按照相关具体企业会计准则进行处理。即企业应当以所发行金融工具的分类为基础，确定该工具利息支出或股利分配等的会计处理。对于归类为权益工具的金融工具，无论其名称中是否包含“债”，其利息支出或股利分配都应当作为发行企业的利润分配，其回购、注销等作为权益的变动处理；对于归类为金融负债的金融工具，无论其名称中是否包含“股”，其利息支出或股利分配原则上按照借款费用进行处理，其回购或赎回产生的利得或损失等计入当期损益。

发行方发行金融工具，其发生的手续费、佣金等交易费用，如分类为债务工具且以摊余成本计量的，应当计入所发行工具的初始计量金额；如分类为权益工具的，应当从权益中扣除。

（二）科目设置

金融工具发行方应当设置下列会计科目，对发行的金融工具进行会计核算：

1. 发行方对于归类为金融负债的金融工具在“应付债券”科目核算。“应付债券”科目应当按照发行的金融工具种类进行明细核算，并在各类工具中按“面值”、“利息调整”、“应计利息”设置明细账，进行明细核算（发行方发行的符合流动负债特征并归类为流动负债的金融工具，以相关流动性质的负债类科目进行核算，本规定在账务处理部分均以“应付债券”科目为例）。

对于需要拆分且形成衍生金融负债或衍生金融资产的，应将拆分的衍生金融负债或衍生金融资产按照其公允价值在“衍生工具”科目核算。对于发行的且嵌入了非紧密相关的衍生金融资产或衍生金融负债的金融工具，如果发行方选择将其整体指定为以公允价值计量且其变动计入当期损益的，则应将发行的金融工具的整体在“交易性金融负债”等科目核算。

2. 在所有者权益类科目中增设“4401 其他权益工具”科目，核算企业发行的除普通股以外的归类为权益工具的各种金融工具。本科目应按发行金融工具的种类等进行明细核算。

（三）主要账务处理

1. 发行方的账务处理

（1）发行方发行的金融工具归类为债务工具并以摊余成本计量的，应按实际收到的金额，借记“银行存款”或“存放中央银行款项”等科目，按债务工具的面值，贷记“应付债券——优先股、永续债等（面值）”科目，按其差额，贷记或借记“应付债券——优先股、永续债等（利息调整）”科目。

在该工具存续期间，计提利息并对账面的利息调整进行调整等的会计处理，按照金融工具确认和计量准则中有关金融负债按摊余成本后续计量的规定进行会计处理。

（2）发行方发行的金融工具归类为权益工具的，应按实际收到的金额，借记“银行存款”或“存放中央银行款项”等科目，贷记“其他权益工具——优先股、永续债等”科目。

分类为权益工具的金融工具，在存续期间分派股利（含分类为权益工具的工具所产生的利息，下同）的，作为利润分配处理。发行方应根据经批准的股利分配方案，按应分配给金融工具持有者的股利金额，借记“利润分配——应付优先股股利、应付永续债利息等”科目，贷记“应付股利——优先股股利、永续债利息等”科目。

（3）发行方发行的金融工具为复合金融工具的，应按实际收到的金额，借记“银行存款”或“存放中央银行款项”等科目，按金融工具的面值，贷记“应付债券——优先股、永续债（面值）等”科目，按负债成分的公允价值与金融工具面值之间的差额，借记或贷记“应付债券——优先股、永续债等（利息调整）”科目，按实际收到的金额扣除负债成分的公允价值后的金额，贷记“其他权益工具——优先股、永续债等”科目。

发行复合金融工具发生的交易费用，应当在负债成分和权益成分之间按照各自占总发行价款的比例进行分摊。与多项交易相关的共同交易费用，应当在合理的基础上，采用与其他类似交易一致的方法，在各项交易之间进行分摊。

（4）发行的金融工具本身是衍生金融负债或衍生金融资产或者内嵌了衍生金融负债或衍生金融资产的，按照金融工具确认和计量准则中有关衍生工具的规定进行处理。

（5）由于发行的金融工具原合同条款约定的条件或事项随着时间的推移或经济环境的改变而发生变化，导致原归类为权益工具的金融工具重分类为金融负债的，应当于重分类日，按该工具的账面价值，借记“其他权益工具——优先股、永续债等”科目，按该工具的面值，贷记“应付债券——优先股、永续债等（面值）”科目，按该工具的公允价值与面值之间的差额，借记或贷记“应付债券——优先股、永续债等（利息调整）”科目，按该工具的公允价值与账面价值的差额，贷记或借记“资本公积——资本溢价（或股本溢价）”科目，如资本公积不够冲减的，依次冲减盈余公积和未分配利润。发行方以重分类日计算的实际利率作为应付债券后续计量利息调整等的基础。

因发行的金融工具原合同条款约定的条件或事项随着时间的推移或经济环境的改变而发生变化，导致原归类为金融负债的金融工具重分类为权益工具的，应于重分类日，按金融负债的面值，借记“应付债券——优先股、永续债等（面值）”科目，按利息调整余额，借记或贷记“应付债券——优先股、永续债等（利息调整）”科目，按金融负债的账面价值，贷记“其他权益工具——优先股、永续债等”科目。

（6）发行方按合同条款约定赎回所发行的除普通股以外的分类为权益工具的金融工具，按赎回价格，借记“库存股——其他权益工具”科目，贷记“银行存款”或“存放中央银行款项”等科目；注销所购回的金融工具，按该工具对应的其他权益工具的账面价值，借记“其他权益工具”科目，按该工具的赎回价格，贷记“库存股——其他权益工具”科目，按其差额，借记或贷记“资本公积——资本溢价（或股本溢价）”科目，如资本公积不够冲减的，依次冲减盈余公积和未分配利润。

发行方按合同条款约定赎回所发行的分类为金融负债的金融工具，按该工具赎回日的账面价值，借记“应付债券”等科目，按赎回价格，贷记“银行存款”或“存放中央银行款项”等科目，按其差额，借记或贷记“财务费用”科目。

（7）发行方按合同条款约定将发行的除普通股以外的金融工具转换为普通股的，按该工具对应的金融负债或其他权益工具的账面价值，借记“应付债券”、“其他权益工具”等科目，按普通股的面值，贷记“实收资本（或股本）”科目，按其差额，贷记“资本公积——资本溢价（或股本溢价）”科目（如转股时金融工具的账面价值不足转换为1股普通股而以现金或其他金融资产支付的，还需按支付的现金或其他金融资产的金额，贷记“银行存款”或“存放中央银行款项”等科目）。

2. 投资方的账务处理

投资方购买发行方发行的金融工具，应当按照金融工具确认和计量准则及本规定进行分类和计量。

如果投资方因持有发行方发行的金融工具而对发行方拥有控制、共同控制或重大影响的，按照《企业会计准则第2号——长期股权投资》和《企业会计准则第20号——企业合并》进行确认和计量；投资方需编制合并财务报表的，按照《企业会计准则第33号——合并财务报表》的规定编制合并财务报表。

（四）财务报表中的列示和披露

1. 发行方列示和披露

（1）企业应当在资产负债表“实收资本”项目和“资本公积”项目之间增设“其他权益工具”项目，反映企业发行的除普通股以外分类为权益工具的金融工具的账面价值，并在“其他权益工具”项目下增设“其中：优先股”和“永续债”两个项目，分别反映企业发行的分类为权益工具的优先股和永续债的账面价值。在“应付债券”项目下增设“其中：优先股”和“永续债”两个项目，分别反映企业发行的分类为金融负债的优先股和永续债的账面价值。如属流动负债的，应当比照上述原则在流动负债类相关项目列报。

（2）企业应当在所有者权益变动表“实收资本”栏和“资本公积”栏之间增设“其他权益工具”栏，并在该栏中增设“优先股”、“永续债”和“其他”三小栏。将“（三）所有者投入和减少资本”项目中的“所有者投入资本”项目改为“1. 所有者投入的普通股”，并在该项目下增设“2. 其他权益工具持有者投入资本”项目，以下顺序号依次类推。“(四)利润分配”项目中“对所有者(或股东)的分配”项目包含对其他权益工具持有者的股利分配。

(3)企业应当在财务报表附注中增加单独附注项目,披露发行在外的所有归类为权益工具或金融负债的优先股、永续债等金融工具的详细情况,包括发行时间、数量、金额、到期或日续期情况、转股条件、转换情况、会计分类以及股利或利息支付等信息。披露格式如下:

XX. 发行的优先股、永续债等金融工具的披露

XX—1. 期末发行在外的优先股、永续债等金融工具情况表

在外发行的金融工具	发行时间	会计分类	股利率或利息率	发行价格	数量	金额	到期日或续期情况	转股条件	转换情况
工具 1									
工具 2									
工具 3									
……									
合计	×	×	×	×	×	×	×		

说明:① “会计分类”栏应填写“金融负债”、“权益工具”或“复合金融工具”等,对于整体指定以公允价值计量且其变动计入当期损益的金融负债,在“会计分类”栏中只需注明“整体指定”即可。

② “转股条件”栏应当披露合同中是否包含强制转股、自愿转股等条款。

③ “金额”栏以发行价格乘以发行数量填列。

XX—2. 条款披露

(1)工具 1 的主要条款说明:

包括本金是否可赎回,企业是否有权自主决定股利或利息支付政策,是否可转换为普通股以及发行合同关于转股价格或数量的约定等其他影响该类工具会计分类的重要特征。

(2)工具 2 的主要条款说明:

……

如果企业受特定监管规则约束,还需披露该金融工具是否被相关监管部门认定为合格的监管资本以及对本企业监管资本水平的影响。XX—3. 发行在外的优先股、永续债等金融工具变动情况表

在外发行的金融工具	年初		本期增加		本期减少		期末	
	数量	账面价值	数量	账面价值	数量	账面价值	数量	账面价值
工具 1								
工具 2								
工具 3								
……								
合计	×		×		×		×	

XX—4. 发行方应披露股利(或利息)的设定机制。如果发行方发行的分类为权益工具的金融工具为累积的,即发行方当期未分配的股利或利息可累积至以后期间分配的,应当在财务报表附注中披露累积未分配的股利;如果发行方发行的其他权益工具为可参与剩余利润分配的,即可与普通股股东一起参加剩余利润分配的,应当披露可参与分配的事实及分配的方法等信息。

XX—5. 发行方应当披露如下归属于权益工具持有者的相关信息。披露格式如下:

项目　　年初数/本期数 期末数/上期数

1. 归属于母公司所有者的权益(股东权益)

(1)归属于母公司普通股持有者的权益

(2)归属于母公司其他权益持有者的权益

其中:净利润

综合收益总额

当期已分配股利

累积未分配股利

2. 归属于少数股东的权益

(1)归属于普通股少数股东的权益

(2)归属于少数股东其他权益工具持有者的权益

3. 投资方列示和披露

持有优先股、永续债等金融工具的投资方,应在"可供出售金融资产"等相关财务报表附注中,披露优先股、永续债等金融工具的会计分类、账面价值等相关信息。

七、对每股收益计算的影响

企业应当按照《企业会计准则第 34 号——每股收益》的规定计算每股收益。企业存在发行在外的除普通股以外的金融工具的,在计算每股收益时,应当按照以下原则处理:

(一)基本每股收益的计算

在计算基本每股收益时,基本每股收益中的分子,即归属于普通股股东的净利润不应包含其他权益工具的股利或利息,其中,对于发行的不可累积优先股等其他权益工具应扣除当期宣告发放的股利,对于发行的累积优先股等其他权益工具,无论当期是否宣告发放股利,均应予以扣除。

基本每股收益计算中的分母,为发行在外普通股的加权平均股数。

对于同普通股股东一起参加剩余利润分配的其他权益工具,在计算普通股每股收益时,归属于普通股股东的净利润不应包含根据可参加机制计算的应归属于其他权益工具持有者的净利润。

(二)稀释每股收益的计算

企业发行的金融工具中包含转股条款的,即存在潜在稀释性的,在计算稀释每股收益时考虑的因素与企业发行可转换公司债券、认股权证相同。

八、衔接规定

本规定自发布之日起施行。

本规定发布前企业对金融工具的处理与本规定不一致的,应当采用追溯调整法,如追溯调整不切实可行的,则采用未来适用法。

第七章　企业管理会计与财务管理法规

1. 财政部关于全面推进管理会计体系建设的指导意见(2014年颁布)

财会〔2014〕27号

为贯彻落实党的十八大和十八届三中全会精神，深入推进会计强国战略，全面提升会计工作总体水平，推动经济更有效率、更加公平、更可持续发展，根据《会计改革与发展“十二五”规划纲要》，现就全面推进管理会计体系建设提出以下指导意见。

一、全面推进管理会计体系建设的重要性和紧迫性

管理会计是会计的重要分支，主要服务于单位(包括企业和行政事业单位，下同)内部管理需要，是通过利用相关信息，有机融合财务与业务活动，在单位规划、决策、控制和评价等方面发挥重要作用的管理活动。管理会计工作是会计工作的重要组成部分。改革开放以来，特别是市场经济体制建立以来，我国会计工作紧紧围绕服务经济财政工作大局，会计改革与发展取得显著成绩：会计准则、内控规范、会计信息化等会计标准体系基本建成，并得到持续平稳有效实施；会计人才队伍建设取得显著成效；注册会计师行业蓬勃发展；具有中国特色的财务会计理论体系初步形成。但是，我国管理会计发展相对滞后，迫切要求继续深化会计改革，切实加强管理会计工作。

同时，党的十八届三中全会对全面深化改革做出了总体部署，建立现代财政制度、推进国家治理体系和治理能力现代化已经成为财政改革的重要方向；建立和完善现代企业制度，增强价值创造力已经成为企业的内在需要；推进预算绩效管理、建立事业单位法人治理结构，已经成为行政事业单位的内在要求。这就要求财政部门顺时应势，大力发展管理会计。

因此，全面推进管理会计体系建设，是建立现代财政制度、推进国家治理体系和治理能力现代化的重要举措；是推动企业建立、完善现代企业制度，推动事业单位加强治理的重要制度安排；是激发管理活力，增强企业价值创造力，推进行政事业单位加强预算绩效管理、决算分析和评价的重要手段；是财政部门更好发挥政府作用，进一步深化会计改革，推动会计人才上水平、会计工作上层次、会计事业上台阶的重要方向。

二、指导思想、基本原则和主要目标

(一)指导思想

以邓小平理论、“三个代表”重要思想、科学发展观为指导，深入贯彻习近平总书记系列重要讲话精神，根据经济社会发展要求，突出实务导向，全面推进管理会计体系建设，科学谋划管理会计发展战略，合理构建政府、社会、单位协同机制，以管理会计人才建设为依托，统筹推进管理会计各项建设，为经济社会健康发展提供有力支持。

(二)基本原则

——坚持立足国情，借鉴国际。既系统总结自主创新和有益实践，又学习借鉴国际先进理念和经验做法，形成中国特色管理会计体系。

——坚持人才带动，整体推进。紧紧抓住管理会计人才匮乏这一关键问题，通过改进和加强会计人才队伍建设，培养一批适应需要的管理会计人才，带动管理会计发展。同时，整体推进管理会计理论体系、指引体系、信息化建设等工作。

——坚持创新机制，协调发展。注重管理会计改革的系统性、整体性、协同性，重视财政部门在管理会计改革中的指导和推动作用，发挥有关会计团体在管理会计改革中的行业支持作用，突出各单位在管理会计改革中的主体作用。

——坚持因地制宜，分类指导。充分考虑各单位不同性质、不同行业、不同规模、不同发展阶段等因素，从实际出发，推动管理会计工作有序开展。

（三）主要目标

建立与我国社会主义市场经济体制相适应的管理会计体系。争取3—5年内，在全国培养出一批管理会计人才；力争通过5—10年左右的努力，中国特色的管理会计理论体系基本形成，管理会计指引体系基本建成，管理会计人才队伍显著加强，管理会计信息化水平显著提高，管理会计咨询服务市场显著繁荣，使我国管理会计接近或达到世界先进水平。

三、主要任务和措施

（一）推进管理会计理论体系建设。推动加强管理会计基本理论、概念框架和工具方法研究，形成中国特色的管理会计理论体系。一是整合科研院校、单位等优势资源，推动形成管理会计产学研联盟，协同创新，支持管理会计理论研究和成果转化。二是加大科研投入，鼓励科研院校、国家会计学院等建立管理会计研究基地，在系统整合理论研究资源、总结提炼实践做法经验、研究开发管理会计课程和案例、宣传推广管理会计理论和先进做法等方面，发挥综合示范作用。三是推动改进现行会计科研成果评价方法，切实加强管理会计理论和实务研究。四是充分发挥有关会计团体在管理会计理论研究中的具体组织、推动作用，及时宣传管理会计理论研究成果，提升我国管理会计理论研究的国际影响力。

（二）推进管理会计指引体系建设。形成以管理会计基本指引为统领、以管理会计应用指引为具体指导、以管理会计案例示范为补充的管理会计指引体系。一是在课题研究的基础上，组织制定管理会计指引体系，推动其有效应用。二是建立管理会计专家咨询机制，为管理会计指引体系的建设和应用等提供咨询。三是鼓励单位通过与科研院校合作等方式，及时总结、梳理管理会计实践经验，组织建立管理会计案例库，为管理会计的推广应用提供示范。

（三）推进管理会计人才队伍建设。推动建立管理会计人才能力框架，完善现行会计人才评价体系。一是将管理会计知识纳入会计人员和注册会计师继续教育、大中型企事业单位总会计师素质提升工程和会计领军（后备）人才培养工程。二是推动改革会计专业技术资格考试和注册会计师考试内容，适当增加管理会计专业知识的比重。三是鼓励高等院校加强管理会计课程体系和师资队伍建设，加强管理会计专业方向建设和管理会计高端人才培养，与单位合作建立管理会计人才实践培训基地，不断优化管理会计人才培养模式。四是探索管理会计人才培养的其他途径。五是推动加强管理会计国际交流与合作。

（四）推进面向管理会计的信息系统建设。指导单位建立面向管理会计的信息系统，以信息化手段为支撑，实现会计与业务活动的有机融合，推动管理会计功能的有效发挥。一是鼓励单位将管理会计信息化需求纳入信息化规划，从源头上防止出现“信息孤岛”，做好组织和人力保障，通过新建或整合、改造现有系统等方式，推动管理会计在本单位的有效应用。二是鼓励大型企业和企业集团充分利用专业化分工和信息技术优势，建立财务共享服务中心，加快会计职能从重核算到重管理决策的拓展，促进管理会计工作的有效开展。三是鼓励会计软件公司和有关中介服务机构拓展管理会计信息化服务领域。

四、工作要求

（一）加强组织领导。各级财政部门要高度重视，将管理会计工作纳入会计改革与发展规划，统筹安排，稳步推进；要切实加强对管理会计工作的统一领导，加强与有关监管部门的协作，建立联合工作机制，推动管理会计工作有效开展。有关会计团体要按照财政部门统一部署，大力开展管理会计理论研究、宣传培训、人才培养等工作。各单位负责人要切实履行会计工作职责，将管理会计工作纳入本单位整体战略，周密部署，积极稳妥地推进。

（二）加强工作指导。财政部要通过本指导意见，科学谋划、整体推进管理会计体系建设，引导、推动社会有关力量共同推进管理会计工作；要制定发布管理会计指引体系，总结国内外管理会计典型案例，组织编写管理会计系列辅导材料，以指导各单位开展管理会计工作。各级财政部门要组织管理会计经验交流和示范推广；要制定具体措施，加强对本地区管理会计工作的指导。

（三）加强宣传培训。各级财政部门要充分利用各种媒体，采取多种形式，加强对管理会计的宣传，营造管理会计发展的良好环境；要抓紧制定管理会计人才培养方案，推进管理会计人才培养工作；要将管理会计纳入会计继续教育内容，予以重点推进；要充分发挥有关会计团体、国家会计学院的主渠道作用，重视发挥有关高等院校、社会培训机构的重要作用。有关会计团体要通过在杂志开辟专栏、组织会员交流等多种途径，加强对会员的宣传。各单位要重视加强本单位会计人员对管理会计知识的学习和应用，大力培养适用的管理会计人才。

(四)加强跟踪服务。各级财政部门要抓好本指导意见的贯彻落实工作,及时了解管理会计工作推进情况,建立信息交流制度,编发信息简报,做好跟踪分析;要积极培育管理会计咨询服务市场,支持、指导、规范包括注册会计师行业在内的会计服务机构开展管理会计咨询服务业务,将其纳入现代会计服务市场体系整体推进,引导会计服务机构加强自身建设和管理会计研发投入力度、拓展会计服务领域、提升会计服务层次,满足市场对管理会计咨询服务的需要,营造良好的管理会计咨询服务市场环境。

财政部

2014 年 10 月 27 日

2. 企业财务通则(2006 年修订)

中华人民共和国财政部令 2006 年第 41 号

第一章 总 则

第一条 为了加强企业财务管理,规范企业财务行为,保护企业及其相关方的合法权益,推进现代企业制度建设,根据有关法律、行政法规的规定,制定本通则。

第二条 在中华人民共和国境内依法设立的具备法人资格的国有及国有控股企业适用本通则。金融企业除外。

其他企业参照执行。

第三条 国有及国有控股企业(以下简称企业)应当确定内部财务管理体制,建立健全财务管理制度,控制财务风险。

企业财务管理应当按照制定的财务战略,合理筹集资金,有效营运资产,控制成本费用,规范收益分配及重组清算财务行为,加强财务监督和财务信息管理。

第四条 财政部负责制定企业财务规章制度。

各级财政部门(以下通称主管财政机关)应当加强对企业财务的指导、管理、监督,其主要职责包括:

(一)监督执行企业财务规章制度,按照财务关系指导企业建立健全内部财务制度。

(二)制定促进企业改革发展的财政财务政策,建立健全支持企业发展的财政资金管理制度。

(三)建立健全企业年度财务会计报告审计制度,检查企业财务会计报告质量。

(四)实施企业财务评价,监测企业财务运行状况。

(五)研究、拟订企业国有资本收益分配和国有资本经营预算的制度。

(六)参与审核属于本级人民政府及其有关部门、机构出资的企业重要改革、改制方案。

(七)根据企业财务管理的需要提供必要的帮助、服务。

第五条 各级人民政府及其部门、机构,企业法人、其他组织或者自然人等企业投资者(以下通称投资者),企业经理、厂长或者实际负责经营管理的其他领导成员(以下通称经营者),依照法律、法规、本通则和企业章程的规定,履行企业内部财务管理职责。

第六条 企业应当依法纳税。企业财务处理与税收法律、行政法规规定不一致的,纳税时应当依法进行调整。

第七条 各级人民政府及其部门、机构出资的企业,其财务关系隶属同级财政机关。

第二章 企业财务管理体制

第八条 企业实行资本权属清晰、财务关系明确、符合法人治理结构要求的财务管理体制。

企业应当按照国家有关规定建立有效的内部财务管理级次。企业集团公司自行决定集团内部财务管理体制。

第九条 企业应当建立财务决策制度,明确决策规则、程序、权限和责任等。法律、行政法规规定应当通过职工(代表)大会审议或者听取职工、相关组织意见的财务事项,依照其规定执行。

企业应当建立财务决策回避制度。对投资者、经营者个人与企业利益有冲突的财务决策事项,相关投资者、经营者应当回避。

第十条 企业应当建立财务风险管理制度,明确经营者、投资者及其他相关人员的管理权限和责任,按照风险与收益均衡、不相容职务分离等原则,控制财务风险。

第十一条 企业应当建立财务预算管理制度,以现金流为核心,按照实现企业价值最大化等财务目标的要求,对资金筹集、资产营运、成本控制、收益分配、重组清算等财务活动,实施全面预算管理。

第十二条 投资者的财务管理职责主要包括:

(一)审议批准企业内部财务管理制度、企业财务战略、财务规划和财务预算。

(二)决定企业的筹资、投资、担保、捐赠、重组、经营者报酬、利润分配等重大财务事项。

(三)决定企业聘请或者解聘会计师事务所、资产评估机构等中介机构事项。

(四)对经营者实施财务监督和财务考核。

(五)按照规定向全资或者控股企业委派或者推荐财务总监。

投资者应当通过股东(大)会、董事会或者其他形式的内部机构履行财务管理职责,可以通过企业章程、内部制度、合同约定等方式将部分财务管理职责授予经营者。

第十三条 经营者的财务管理职责主要包括:

(一)拟订企业内部财务管理制度、财务战略、财务规划,编制财务预算。

(二)组织实施企业筹资、投资、担保、捐赠、重组和利润分配等财务方案,诚信履行企业偿债义务。

(三)执行国家有关职工劳动报酬和劳动保护的规定,依法缴纳社会保险费、住房公积金等,保障职工合法权益。

(四)组织财务预测和财务分析,实施财务控制。

(五)编制并提供企业财务会计报告,如实反映财务信息和有关情况。

(六)配合有关机构依法进行审计、评估、财务监督等工作。

第三章 资金筹集

第十四条 企业可以接受投资者以货币资金、实物、无形资产、股权、特定债权等形式的出资。其中,特定债权是指企业依法发行的可转换债券、符合有关规定转作股权的债权等。

企业接受投资者非货币资产出资时,法律、行政法规对出资形式、程序和评估作价等有规定的,依照其规定执行。

企业接受投资者商标权、著作权、专利权及其他专有技术等无形资产出资的,应当符合法律、行政法规规定的比例。

第十五条 企业依法以吸收直接投资、发行股份等方式筹集权益资金的,应当拟订筹资方案,确定筹资规模,履行内部决策程序和必要的报批手续,控制筹资成本。

企业筹集的实收资本,应当依法委托法定验资机构验资并出具验资报告。

第十六条 企业应当执行国家有关资本管理制度,在获准工商登记后30日内,依据验资报告等向投资者出具出资证明书,确定投资者的合法权益。

企业筹集的实收资本,在持续经营期间可以由投资者依照法律、行政法规以及企业章程的规定转让或者减少,投资者不得抽逃或者变相抽回出资。

除《公司法》等有关法律、行政法规另有规定外,企业不得回购本企业发行的股份。企业依法回购股份,应当符合有关条件和财务处理办法,并经投资者决议。

第十七条 对投资者实际缴付的出资超出注册资本的差额(包括股票溢价),企业应当作为资本公积管理。

经投资者审议决定后,资本公积用于转增资本。国家另有规定的,从其规定。

第十八条 企业从税后利润中提取的盈余公积包括法定公积金和任意公积金,可以用于弥补企业亏损或者转增资本。法定公积金转增资本后留存企业的部分，以不少于转增前注册资本的25%为限。

第十九条 企业增加实收资本或者以资本公积、盈余公积转增实收资本，由投资者履行财务决策程序后，办理相关财务事项和工商变更登记。

第二十条 企业取得的各类财政资金，区分以下情况处理：

（一）属于国家直接投资、资本注入的，按照国家有关规定增加国家资本或者国有资本公积。

（二）属于投资补助的，增加资本公积或者实收资本。国家拨款时对权属有规定的，按规定执行；没有规定的，由全体投资者共同享有。

（三）属于贷款贴息、专项经费补助的，作为企业收益处理。

（四）属于政府转贷、偿还性资助的，作为企业负债管理。

（五）属于弥补亏损、救助损失或者其他用途的，作为企业收益处理。

第二十一条 企业依法以借款、发行债券、融资租赁等方式筹集债务资金的，应当明确筹资目的，根据资金成本、债务风险和合理的资金需求，进行必要的资本结构决策，并签订书面合同。

企业筹集资金用于固定资产投资项目的，应当遵守国家产业政策、行业规划、自有资本比例及其他规定。

企业筹集资金，应当按规定核算和使用，并诚信履行合同，依法接受监督。

第四章 资产营运

第二十二条 企业应当根据风险与收益均衡等原则和经营需要，确定合理的资产结构，并实施资产结构动态管理。

第二十三条 企业应当建立内部资金调度控制制度，明确资金调度的条件、权限和程序，统一筹集、使用和管理资金。企业支付、调度资金，应当按照内部财务管理制度的规定，依据有效合同、合法凭证，办理相关手续。

企业向境外支付、调度资金应当符合国家有关外汇管理的规定。

企业集团可以实行内部资金集中统一管理，但应当符合国家有关金融管理等法律、行政法规规定，并不得损害成员企业的利益。

第二十四条 企业应当建立合同的财务审核制度，明确业务流程和审批权限，实行财务监控。

企业应当加强应收款项的管理，评估客户信用风险，跟踪客户履约情况，落实收账责任，减少坏账损失。

第二十五条 企业应当建立健全存货管理制度，规范存货采购审批、执行程序，根据合同的约定以及内部审批制度支付货款。

企业选择供货商以及实施大宗采购，可以采取招标等方式进行。

第二十六条 企业应当建立固定资产购建、使用、处置制度。

企业自行选择、确定固定资产折旧办法，可以征询中介机构、有关专家的意见，并由投资者审议批准。固定资产折旧办法一经选用，不得随意变更。确需变更的，应当说明理由，经投资者审议批准。

企业购建重要的固定资产、进行重大技术改造，应当经过可行性研究，按照内部审批制度履行财务决策程序，落实决策和执行责任。

企业在建工程项目交付使用后，应当在一个年度内办理竣工决算。

第二十七条 企业对外投资应当遵守法律、行政法规和国家有关政策的规定，符合企业发展战略的要求，进行可行性研究，按照内部审批制度履行批准程序，落实决策和执行的责任。

企业对外投资应当签订书面合同，明确企业投资权益，实施财务监管。依据合同支付投资款项，应当按照企业内部审批制度执行。

企业向境外投资的，还应当经投资者审议批准，并遵守国家境外投资项目核准和外汇管理等相关规定。

第二十八条 企业通过自创、购买、接受投资等方式取得的无形资产，应当依法明确权属，落实有关经营、管理的财务责任。

无形资产出现转让、租赁、质押、授权经营、连锁经营、对外投资等情形时，企业应当签订书面合同，明确双方的权利义务，合理确定交易价格。

第二十九条 企业对外担保应当符合法律、行政法规及有关规定，根据被担保单位的资信及偿债能力，按照内部审批制度采取相应的风险控制措施，并设立备查账簿登记，实行跟踪监督。

企业对外捐赠应当符合法律、行政法规及有关财务规定，制定实施方案，明确捐赠的范围和条件，落实执行责任，严格办理捐赠资产的交接手续。

第三十条 企业从事期货、期权、证券、外汇交易等业务或者委托其他机构理财，不得影响主营业务的正常开展，并应当签订书面合同，建立交易报告制度，定期对账，控制风险。

第三十一条 企业从事代理业务，应当严格履行合同，实行代理业务与自营业务分账管理，不得挪用客户资金、互相转嫁经营风险。

第三十二条 企业应当建立各项资产损失或者减值准备管理制度。各项资产损失或者减值准备的计提标准，一经选用，不得随意变更。企业在制订计提标准时可以征询中介机构、有关专家的意见。

对计提损失或者减值准备后的资产，企业应当落实监管责任。能够收回或者继续使用以及没有证据证明实际损失的资产，不得核销。

第三十三条 企业发生的资产损失，应当及时予以核实、查清责任，追偿损失，按照规定程序处理。

企业重组中清查出的资产损失，经批准后依次冲减未分配利润、盈余公积、资本公积和实收资本。

第三十四条 企业以出售、抵押、置换、报废等方式处理资产时，应当按照国家有关规定和企业内部财务管理制度规定的权限和程序进行。其中，处理主要固定资产涉及企业经营业务调整或者资产重组的，应当根据投资者审议通过的业务调整或者资产重组方案实施。

第三十五条 企业发生关联交易的，应当遵守国家有关规定，按照独立企业之间的交易计价结算。投资者或者经营者不得利用关联交易非法转移企业经济利益或者操纵关联企业的利润。

第五章 成本控制

第三十六条 企业应当建立成本控制系统，强化成本预算约束，推行质量成本控制办法，实行成本定额管理、全员管理和全过程控制。

第三十七条 企业实行费用归口、分级管理和预算控制，应当建立必要的费用开支范围、标准和报销审批制度。

第三十八条 企业技术研发和科技成果转化项目所需经费，可以通过建立研发准备金筹措，据实列入相关资产成本或者当期费用。

符合国家规定条件的企业集团，可以集中使用研发费用，用于企业主导产品和核心技术的自主研发。

第三十九条 企业依法实施安全生产、清洁生产、污染治理、地质灾害防治、生态恢复和环境保护等所需经费，按照国家有关标准列入相关资产成本或者当期费用。

第四十条 企业发生销售折扣、折让以及支付必要的佣金、回扣、手续费、劳务费、提成、返利、进场费、业务奖励等支出的，应当签订相关合同，履行内部审批手续。

企业开展进出口业务收取或者支付的佣金、保险费、运费，按照合同规定的价格条件处理。

企业向个人以及非经营单位支付费用的，应当严格履行内部审批及支付的手续。

第四十一条 企业可以根据法律、法规和国家有关规定，对经营者和核心技术人员实行与其他职工不同的薪酬办法，属于本级人民政府及其部门、机构出资的企业，应当将薪酬办法报主管财政机关备案。

第四十二条 企业应当按照劳动合同及国家有关规定支付职工报酬，并为从事高危作业的职工缴纳团体人身意外伤害保险费，所需费用直接作为成本（费用）列支。

经营者可以在工资计划中安排一定数额，对企业技术研发、降低能源消耗、治理“三废”、促进安全生产、开拓市场等作出突出贡献的职工给予奖励。

第四十三条 企业应当依法为职工支付基本医疗、基本养老、失业、工伤等社会保险费，所需费用直接作为成本（费用）列支。

已参加基本医疗、基本养老保险的企业，具有持续盈利能力和支付能力的，可以为职工建立补充医疗保险和补充养老保险，所需费用按照省级以上人民政府规定的比例从成本（费用）中提取。超出规定比例的部分，由职工个人负担。

第四十四条 企业为职工缴纳住房公积金以及职工住房货币化分配的财务处理，按照国家有关规定执行。

职工教育经费按照国家规定的比例提取，专项用于企业职工后续职业教育和职业培训。

工会经费按照国家规定比例提取并拨缴工会。

第四十五条　企业应当依法缴纳行政事业性收费、政府性基金以及使用或者占用国有资源的费用等。

企业对没有法律法规依据或者超过法律法规规定范围和标准的各种摊派、收费、集资，有权拒绝。

第四十六条　企业不得承担属于个人的下列支出：

(一)娱乐、健身、旅游、招待、购物、馈赠等支出。

(二)购买商业保险、证券、股权、收藏品等支出。

(三)个人行为导致的罚款、赔偿等支出。

(四)购买住房、支付物业管理费等支出。

(五)应由个人承担的其他支出。

第六章　收益分配

第四十七条　投资者、经营者及其他职工履行本企业职务或者以企业名义开展业务所得的收入，包括销售收入以及对方给予的销售折扣、折让、佣金、回扣、手续费、劳务费、提成、返利、进场费、业务奖励等收入，全部属于企业。

企业应当建立销售价格管理制度，明确产品或者劳务的定价和销售价格调整的权限、程序与方法，根据预期收益、资金周转、市场竞争、法律规范约束等要求，采取相应的价格策略，防范销售风险。

第四十八条　企业出售股权投资，应当按照规定的程序和方式进行。股权投资出售底价，参照资产评估结果确定，并按照合同约定收取所得价款。在履行交割时，对尚未收款部分的股权投资，应当按照合同的约定结算，取得受让方提供的有效担保。

上市公司国有股减持所得收益，按照国务院的规定处理。

第四十九条　企业发生的年度经营亏损，依照税法的规定弥补。税法规定年限内的税前利润不足弥补的，用以后年度的税后利润弥补，或者经投资者审议后用盈余公积弥补。

第五十条　企业年度净利润，除法律、行政法规另有规定外，按照以下顺序分配：

(一)弥补以前年度亏损。

(二)提取10%法定公积金。法定公积金累计额达到注册资本50%以后，可以不再提取。

(三)提取任意公积金。任意公积金提取比例由投资者决议。

(四)向投资者分配利润。企业以前年度未分配的利润，并入本年度利润，在充分考虑现金流量状况后，向投资者分配。属于各级人民政府及其部门、机构出资的企业，应当将应付国有利润上缴财政。

国有企业可以将任意公积金与法定公积金合并提取。股份有限公司依法回购后暂未转让或者注销的股份，不得参与利润分配；以回购股份对经营者及其他职工实施股权激励的，在拟订利润分配方案时，应当预留回购股份所需利润。

第五十一条　企业弥补以前年度亏损和提取盈余公积后，当年没有可供分配的利润时，不得向投资者分配利润，但法律、行政法规另有规定的除外。

第五十二条　企业经营者和其他职工以管理、技术等要素参与企业收益分配的，应当按照国家有关规定在企业章程或者有关合同中对分配办法作出规定，并区别以下情况处理：

(一)取得企业股权的，与其他投资者一同进行企业利润分配。

(二)没有取得企业股权的，在相关业务实现的利润限额和分配标准内，从当期费用中列支。

第七章　重组清算

第五十三条　企业通过改制、产权转让、合并、分立、托管等方式实施重组，对涉及资本权益的事项，应当由投资者或者授权机构进行可行性研究，履行内部财务决策程序，并组织开展以下工作：

(一)清查财产，核实债务，委托会计师事务所审计。

(二)制订职工安置方案，听取重组企业的职工、职工代表大会的意见或者提交职工代表大会审议。

(三)与债权人协商，制订债务处置或者承继方案。

（四）委托评估机构进行资产评估，并以评估价值作为净资产作价或者折股的参考依据。

（五）拟订股权设置方案和资本重组实施方案，经过审议后履行报批手续。

第五十四条 企业采取分立方式进行重组，应当明晰分立后的企业产权关系。

企业划分各项资产、债务以及经营业务，应当按照业务相关性或者资产相关性原则制订分割方案。对不能分割的整体资产，在评估机构评估价值的基础上，经分立各方协商，由拥有整体资产的一方给予他方适当经济补偿。

第五十五条 企业可以采取新设或者吸收方式进行合并重组。企业合并前的各项资产、债务以及经营业务，由合并后的企业承继，并应当明确合并后企业的产权关系以及各投资者的出资比例。

企业合并的资产税收处理应当符合国家有关税法的规定，合并后净资产超出注册资本的部分，作为资本公积；少于注册资本的部分，应当变更注册资本或者由投资者补足出资。

对资不抵债的企业以承担债务方式合并的，合并方应当制定企业重整措施，按照合并方案履行偿还债务责任，整合财务资源。

第五十六条 企业实行托管经营，应当由投资者决定，并签订托管协议，明确托管经营的资产负债状况、托管经营目标、托管资产处置权限以及收益分配办法等，并落实财务监管措施。

受托企业应当根据托管协议制订相关方案，重组托管企业的资产与债务。未经托管企业投资者同意，不得改组、改制托管企业，不得转让托管企业及转移托管资产、经营业务，不得以托管企业名义或者以托管资产对外担保。

第五十七条 企业进行重组时，对已占用的国有划拨土地应当按照有关规定进行评估，履行相关手续，并区别以下情况处理：

（一）继续采取划拨方式的，可以不纳入企业资产管理，但企业应当明确划拨土地使用权权益，并按规定用途使用，设立备查账簿登记。国家另有规定的除外。

（二）采取作价入股方式的，将应缴纳的土地出让金转作国家资本，形成的国有股权由企业重组前的国有资本持有单位或者主管财政机关确认的单位持有。

（三）采取出让方式的，由企业购买土地使用权，支付出让费用。

（四）采取租赁方式的，由企业租赁使用，租金水平参照银行同期贷款利率确定，并在租赁合同中约定。

企业进行重组时，对已占用的水域、探矿权、采矿权、特许经营权等国有资源，依法可以转让的，比照前款处理。

第五十八条 企业重组过程中，对拖欠职工的工资和医疗、伤残补助、抚恤费用以及欠缴的基本社会保险费、住房公积金，应当以企业现有资产优先清偿。

第五十九条 企业被责令关闭、依法破产、经营期限届满而终止经营的，或者经投资者决议解散的，应当按照法律、法规和企业章程的规定实施清算。清算财产变卖底价，参照资产评估结果确定。国家另有规定的，从其规定。

企业清算结束，应当编制清算报告，委托会计师事务所审计，报投资者或者人民法院确认后，向相关部门、债权人以及其他的利益相关人通告。其中，属于各级人民政府及其部门、机构出资的企业，其清算报告应当报送主管财政机关。

第六十条 企业解除职工劳动关系，按照国家有关规定支付的经济补偿金或者安置费，除正常经营期间发生的列入当期费用以外，应当区别以下情况处理：

（一）企业重组中发生的，依次从未分配利润、盈余公积、资本公积、实收资本中支付。

（二）企业清算时发生的，以企业扣除清算费用后的清算财产优先清偿。

第八章 信息管理

第六十一条 企业可以结合经营特点，优化业务流程，建立财务和业务一体化的信息处理系统，逐步实现财务、业务相关信息一次性处理和实时共享。

第六十二条 企业应当逐步创造条件，实行统筹企业资源计划，全面整合和规范财务、业务流程，对企业物流、资金流、信息流进行一体化管理和集成运作。

第六十三条 企业应当建立财务预警机制，自行确定财务危机警戒标准，重点监测经营性净现金流量与到期债务、企业资产与负债的适配性,及时沟通企业有关财务危机预警的信息,提出解决财务危机的措施和方案。

第六十四条　企业应当按照有关法律、行政法规和国家统一的会计制度的规定,按时编制财务会计报告,经营者或者投资者不得拖延、阻挠。

第六十五条　企业应当按照规定向主管财政机关报送月份、季度、年度财务会计报告等材料,不得在报送的财务会计报告等材料上作虚假记载或者隐瞒重要事实。主管财政机关应当根据企业的需要提供必要的培训和技术支持。

企业对外提供的年度财务会计报告,应当依法经过会计师事务所审计。国家另有规定的,从其规定。

第六十六条　企业应当在年度内定期向职工公开以下信息:

(一)职工劳动报酬、养老、医疗、工伤、住房、培训、休假等信息。

(二)经营者报酬实施方案。

(三)年度财务会计报告审计情况。

(四)企业重组涉及的资产评估及处置情况。

(五)其他依法应当公开的信息。

第六十七条　主管财政机关应当建立健全企业财务评价体系,主要评估企业内部财务控制的有效性,评价企业的偿债能力、盈利能力、资产营运能力、发展能力和社会贡献。评估和评价的结果可以通过适当方式向社会发布。

第六十八条　主管财政机关及其工作人员应当恰当使用所掌握的企业财务信息,并依法履行保密义务,不得利用企业的财务信息谋取私利或者损害企业利益。

第九章　财务监督

第六十九条　企业应当依法接受主管财政机关的财务监督和国家审计机关的财务审计。

第七十条　经营者在经营过程中违反本通则有关规定的,投资者可以依法追究经营者的责任。

第七十一条　企业应当建立、健全内部财务监督制度。

企业设立监事会或者监事人员的,监事会或者监事人员依照法律、行政法规、本通则和企业章程的规定,履行企业内部财务监督职责。

经营者应当实施内部财务控制,配合投资者或者企业监事会以及中介机构的检查、审计工作。

第七十二条　企业和企业负有直接责任的主管人员和其他人员有以下行为之一的,县级以上主管财政机关可以责令限期改正、予以警告,有违法所得的,没收违法所得,并可以处以不超过违法所得 3 倍、但最高不超过 3 万元的罚款;没有违法所得的,可以处以 1 万元以下的罚款。

(一)违反本通则第三十九条、四十条、四十二条第一款、四十三条、四十六条规定列支成本费用的。

(二)违反本通则第四十七条第一款规定截留、隐瞒、侵占企业收入的。

(三)违反本通则第五十条、五十一条、五十二条规定进行利润分配的。但依照《公司法》设立的企业不按本通则第五十条第一款第二项规定提取法定公积金的,依照《公司法》的规定予以处罚。

(四)违反本通则第五十七条规定处理国有资源的。

(五)不按本通则第五十八条规定清偿职工债务的。

第七十三条　企业和企业负有直接责任的主管人员和其他人员有以下行为之一的,县级以上主管财政机关可以责令限期改正、予以警告。

(一)未按本通则规定建立健全各项内部财务管理制度的。

(二)内部财务管理制度明显与法律、行政法规和通用的企业财务规章制度相抵触,且不按主管财政机关要求修正的。

第七十四条　企业和企业负有直接责任的主管人员和其他人员不按本通则第六十四条、第六十五条规定编制、报送财务会计报告等材料的,县级以上主管财政机关可以依照《公司法》、《企业财务会计报告条例》的规定予以处罚。

第七十五条　企业在财务活动中违反财政、税收等法律、行政法规的,依照《财政违法行为处罚处分条例》(国务院令第 427 号)及有关税收法律、行政法规的规定予以处理、处罚。

第七十六条 主管财政机关以及政府其他部门、机构有关工作人员，在企业财务管理中滥用职权、玩忽职守、徇私舞弊或者泄露国家机密、企业商业秘密的，依法进行处理。

第十章 附 则

第七十七条 实行企业化管理的事业单位比照适用本通则。

第七十八条 本通则自 2007 年 1 月 1 日起施行。

3. 中央企业国有资本收益收取管理暂行办法(2007 年颁布)

财企〔2007〕309 号

第一章 总 则

第一条 为建立国有资本经营预算制度，规范国家与企业的分配关系，加强中央企业国有资本收益管理，依据《中华人民共和国公司法》、《中华人民共和国预算法》、《国务院关于试行国有资本经营预算的意见》(国发〔2007〕26 号)，制定本办法。

第二条 本办法试行范围包括国资委所监管企业和中国烟草总公司，简称中央企业。

第三条 本办法所称国有资本收益，是指国家以所有者身份依法取得的国有资本投资收益，具体包括：

(一)应交利润，即国有独资企业按规定应当上交国家的利润；

(二)国有股股利、股息，即国有控股、参股企业国有股权(股份)获得的股利、股息收入；

(三)国有产权转让收入，即转让国有产权、股权(股份)获得的收入；

(四)企业清算收入，即国有独资企业清算收入(扣除清算费用)，国有控股、参股企业国有股权(股份)分享的公司清算收入(扣除清算费用)；

(五)其他国有资本收益。

第四条 中央企业国有资本收益应当按规定直接上交中央财政，纳入中央本级国有资本经营预算收入管理。

国家对中央企业国有资本收益另有规定的，从其规定。

第五条 中央企业国有资本收益由财政部负责收取，国资委负责组织所监管企业上交国有资本收益。

第二章 中央企业国有资本收益的申报与核定

第六条 中央企业上交国有资本收益应当按规定申报，并如实填写中央企业国有资本收益申报表(详见附表 1～4)。具体申报时间及要求如下：

(一)应交利润，在年度终了后 5 个月内，由中央企业一次申报；

(二)国有股股利、股息，在股东会或者股东大会(没有设立股东会或者股东大会的为董事会，下同)表决日后 30 个工作日内，由国有控股、参股企业据实申报，并附送股东会、股东大会的决议文件；

(三)国有产权转让收入，在签订产权转让合同后 30 个工作日内，由中央企业或者国资委授权的机构据实申报，并附送产权转让合同和资产评估报告；

(四)企业清算收入，在清算组或者管理人编制剩余财产分配方案后 30 个工作日内，由清算组或者管理人据实申报，并附送企业清算报告和中国注册会计师出具的审计报告；

(五)其他国有资本收益，在收益确定后 30 个工作日内，由有关单位申报，并附送有关经济事项发生和金额确认的资料。

第七条 国资委所监管企业在向国资委申报上交国有资本收益时，将申报表及相关材料报送财政部；中国烟草总公司申报上交国有资本收益，将申报表及相关材料直接报送财政部。

第八条　国有独资企业拥有全资公司或者控股子公司、子企业的，应当由集团公司(母公司、总公司)以年度合并财务报表反映的归属于母公司所有者的净利润为基础申报。

企业计算应交利润的年度净利润，可以抵扣以前年度未弥补亏损。

第九条　国有独资企业上交年度净利润的比例，区别不同行业，分以下三类执行(企业分类名单详见附表5)：

(一)第一类10%；

(二)第二类5%；

(三)第三类暂缓3年上交或者免交。

第十条　国有控股、参股企业应付国有投资者的股利、股息，按照股东会或者股东大会决议通过的利润分配方案执行。

国有控股、参股企业应当依法分配年度净利润。当年不予分配的，应当说明暂不分配的理由和依据，并出具股东会或者股东大会的决议。

第十一条　中央企业上交国有资本收益区别以下情况核定：

(一)应交利润，根据经中国注册会计师审计的企业年度合并财务报表反映的归属于母公司所有者的净利润和规定的上交比例计算核定；

(二)国有股股利、股息，根据国有控股、参股企业关于利润分配的决议核定；

(三)国有产权转让收入，根据企业产权转让协议和资产评估报告等资料核定；

(四)企业清算收入，根据清算组或者管理人提交的企业清算报告核定；

(五)其他国有资本收益，根据有关经济行为的财务会计资料核定。

第十二条　中央企业根据国家政策进行重大调整，或者由于遭受重大自然灾害等不可抗力因素造成巨大损失，需要减免应交利润的，应当向财政部、国资委提出申请，由财政部商国资委报国务院批准后，将减免的应交利润直接转增国家资本或者国有资本公积。

第三章　中央企业国有资本收益的上交

第十三条　中央企业国有资本收益上交，使用政府收支分类科目中"国有资本经营收入"款级科目。

第十四条　中央企业国有资本收益上交，按照以下程序执行：

(一)国资委在收到所监管企业上报的国有资本收益申报表及相关材料后15个工作日内提出审核意见，报送财政部复核，财政部在收到国资委审核意见后15个工作日内提出复核意见；

(二)国资委根据财政部同意的审核结果向所监管企业下达国有资本收益上交通知，财政部向财政部驻企业所在省(自治区、直辖市、计划单列市)财政监察专员办事处下达国有资本收益收取通知；财政部驻企业所在省(自治区、直辖市、计划单列市)财政监察专员办事处依据财政部下达的国有资本收益收取通知向企业开具"非税收入一般缴款书"；

(三)国资委所监管企业依据国资委下达的国有资本收益上交通知和财政部驻企业所在省(自治区、直辖市、计划单列市)财政监察专员办事处开具的"非税收入一般缴款书"办理国有资本收益交库手续；

(四)财政部在收到中国烟草总公司的国有资本收益申报表及相关材料后15个工作日内，完成审核工作并向财政部驻北京市财政监察专员办事处下达国有资本收益收取通知；中国烟草总公司凭财政部驻北京市财政监察专员办事处开具的"非税收入一般缴款书"办理国有资本收益交库手续。

第十五条　中央企业当年应交利润应当在申报日后5个月内交清，其中：应交利润在10亿元以下(含10亿元)的，须一次交清；应交利润在10亿元以上、50亿元以下(含50亿元)的，可分两次交清；应交利润在50亿元以上的，可分三次交清。

第十六条　对中央企业欠交国有资本收益的情况，财政部、国资委应当查明原因，采取措施予以催交。

第四章　附　　则

第十七条　本办法自公布之日起执行。

4. 中央企业综合绩效评价实施细则(2006年颁布)

国资发评价〔2006〕157号

第一章　总　　则

第一条　为规范开展中央企业(以下简称企业)综合绩效评价工作,有效发挥综合绩效评价工作的评判、引导和诊断作用,推动企业提高经营管理水平,根据《中央企业综合绩效评价管理暂行办法》(国资委令第14号),制定本实施细则。

第二条　开展企业综合绩效评价应当充分体现市场经济原则和资本运营特征,以投入产出分析为核心,运用定量分析与定性分析相结合、横向对比与纵向对比互为补充的方法,综合评价企业经营绩效和努力程度,促进企业提高市场竞争能力。

第三条　开展企业综合绩效评价应当制定既符合行业实际又具有标杆引导性质的评价标准,并运用科学的评价计分方法,计量企业经营绩效水平,以充分体现行业之间的差异性,客观反映企业所在行业的盈利水平和经营环境,准确评判企业的经营成果。

第四条　企业综合绩效评价工作按照产权管理关系进行组织,国资委负责其履行出资人职责企业的综合绩效评价工作,企业集团(总)公司负责其控股子企业的综合绩效评价工作。

第五条　企业年度综合绩效评价工作,一般结合对企业年度财务决算审核工作组织进行;企业任期综合绩效评价工作,一般结合对企业负责人任期经济责任审计组织实施。

第二章　评价指标与权重

第六条　企业综合绩效评价指标由二十二个财务绩效定量评价指标和八个管理绩效定性评价指标组成。

第七条　财务绩效定量评价指标由反映企业盈利能力状况、资产质量状况、债务风险状况和经营增长状况等四个方面的八个基本指标和十四个修正指标构成,用于综合评价企业财务会计报表所反映的经营绩效状况(定量评价指标计算公式见附件1)。

第八条　企业盈利能力状况以净资产收益率、总资产报酬率两个基本指标和销售(营业)利润率、盈余现金保障倍数、成本费用利润率、资本收益率四个修正指标进行评价,主要反映企业一定经营期间的投入产出水平和盈利质量。

第九条　企业资产质量状况以总资产周转率、应收账款周转率两个基本指标和不良资产比率、流动资产周转率、资产现金回收率三个修正指标进行评价,主要反映企业所占用经济资源的利用效率、资产管理水平与资产的安全性。

第十条　企业债务风险状况以资产负债率、已获利息倍数两个基本指标和速动比率、现金流动负债比率、带息负债比率、或有负债比率四个修正指标进行评价,主要反映企业的债务负担水平、偿债能力及其面临的债务风险。

第十一条　企业经营增长状况以销售(营业)增长率、资本保值增值率两个基本指标和销售(营业)利润增长率、总资产增长率、技术投入比率三个修正指标,主要反映企业的经营增长水平、资本增值状况及发展后劲。

第十二条　企业管理绩效定性评价指标包括战略管理、发展创新、经营决策、风险控制、基础管理、人力资源、行业影响、社会贡献等八个方面的指标,主要反映企业在一定经营期间所采取的各项管理措施及其管理成效。

(一)战略管理评价主要反映企业所制定战略规划的科学性,战略规划是否符合企业实际,员工对战略规划的认知程度,战略规划的保障措施及其执行力,以及战略规划的实施效果等方面的情况。

（二）发展创新评价主要反映企业在经营管理创新、工艺革新、技术改造、新产品开发、品牌培育、市场拓展、专利申请及核心技术研发等方面的措施及成效。

（三）经营决策评价主要反映企业在决策管理、决策程序、决策方法、决策执行、决策监督、责任追究等方面采取的措施及实施效果，重点反映企业是否存在重大经营决策失误。

（四）风险控制评价主要反映企业在财务风险、市场风险、技术风险、管理风险、信用风险和道德风险等方面的管理与控制措施及效果，包括风险控制标准、风险评估程序、风险防范与化解措施等。

（五）基础管理评价主要反映企业在制度建设、内部控制、重大事项管理、信息化建设、标准化管理等方面的情况，包括财务管理、对外投资、采购与销售、存货管理、质量管理、安全管理、法律事务等。

（六）人力资源评价主要反映企业人才结构、人才培养、人才引进、人才储备、人事调配、员工绩效管理、分配与激励、企业文化建设、员工工作热情等方面的情况。

（七）行业影响评价主要反映企业主营业务的市场占有率、对国民经济及区域经济的影响与带动力、主要产品的市场认可程度、是否具有核心竞争能力以及产业引导能力等方面的情况。

（八）社会贡献评价主要反映企业在资源节约、环境保护、吸纳就业、工资福利、安全生产、上缴税收、商业诚信、和谐社会建设等方面的贡献程度和社会责任的履行情况。

第十三条 企业管理绩效定性评价指标应当根据评价工作需要作进一步细化，能够量化的应当采用量化指标进行反映。

第十四条 企业综合绩效评价指标权重实行百分制，指标权重依据评价指标的重要性和各指标的引导功能，通过征求咨询专家意见和组织必要的测试进行确定。

第十五条 财务绩效定量评价指标权重确定为70%，管理绩效定性评价指标权重确定为30%。在实际评价过程中，财务绩效定量评价指标和管理绩效定性评价指标的权数均按百分制设定，分别计算分项指标的分值，然后按70:30折算（各评价指标权重见附件2）。

第三章 评价标准选择

第十六条 财务绩效定量评价标准划分为优秀（A）、良好（B）、平均（C）、较低（D）、较差（E）五个档次，管理绩效定性评价标准分为优（A）、良（B）、中（C）、低（D）、差（E）五个档次。

第十七条 对应五档评价标准的标准系数分别为1.0、0.8、0.6、0.4、0.2，差（E）以下为0。标准系数是评价标准的水平参数，反映了评价指标对应评价标准所达到的水平档次。

第十八条 评价组织机构应当认真分析判断评价对象所属行业和规模，正确选用财务绩效定量评价标准值。

第十九条 企业财务绩效定量评价标准值的选用，一般根据企业的主营业务领域对照企业综合绩效评价行业基本分类，自下而上逐层遴选被评价企业适用的行业标准值。

第二十条 多业兼营的集团型企业财务绩效指标评价标准值的选用应当区分主业突出和不突出两种情况：

（一）存在多个主业板块但某个主业特别突出的集团型企业，应当采用该主业所在行业的标准值。

（二）存在多个主业板块但没有突出主业的集团型企业，可对照企业综合绩效评价行业基本分类，采用基本可以覆盖其多种经营业务的上一层次的评价标准值；或者根据其下属企业所属行业，分别选取相关行业标准值进行评价，然后按照各下属企业资产总额占被评价企业集团汇总资产总额的比重，加权形成集团评价得分；也可以根据集团的经营领域，选择有关行业标准值，以各领域的资产总额比例为权重进行加权平均，计算出用于集团评价的标准值。

第二十一条 如果被评价企业所在行业因样本原因没有统一的评价标准，或按第二十条规定方法仍无法确定被评价企业财务绩效定量评价标准值，则在征得评价组织机构同意后，直接选用国民经济十大门类标准或全国标准。

第二十二条 根据评价工作需要可以分别选择全行业和大、中、小型规模标准值实施评价。企业规模划分执行国家统计局《关于统计上大中小型企业划分办法（暂行）》（国统字〔2003〕17号）和国资委《关于在财务统计工作中执行新的企业规模划分标准的通知》（国资厅评价函〔2003〕327号）的规定。

第二十三条 管理绩效定性评价标准具有行业普遍性和一般性，在进行评价时，应当根据不同行业的经营特点，灵活把握个别指标的标准尺度。对于定性评价标准没有列示，但对被评价企业经营绩效产生重要影响的因素，在评价时也应予以考虑。

第四章　评价计分

第二十四条　企业综合绩效评价计分方法采取功效系数法和综合分析判断法，其中：功效系数法用于财务绩效定量评价指标的计分，综合分析判断法用于管理绩效定性评价指标的计分。

第二十五条　财务绩效定量评价基本指标计分是按照功效系数法计分原理，将评价指标实际值对照行业评价标准值，按照规定的计分公式计算各项基本指标得分。计算公式为：

基本指标总得分＝∑单项基本指标得分

单项基本指标得分＝本档基础分＋调整分

本档基础分＝指标权数×本档标准系数

调整分＝功效系数×（上档基础分－本档基础分）

上档基础分＝指标权数×上档标准系数

功效系数＝（实际值－本档标准值）/（上档标准值－本档标准值）

本档标准值是指上下两档标准值居于较低等级一档。

第二十六条　财务绩效定量评价修正指标的计分是在基本指标计分结果的基础上，运用功效系数法原理，分别计算盈利能力、资产质量、债务风险和经营增长四个部分的综合修正系数，再据此计算出修正后的分数。计算公式为：

修正后总得分＝∑各部分修正后得分

各部分修正后得分＝各部分基本指标分数×该部分综合修正系数

某部分综合修正系数＝∑该部分各修正指标加权修正系数

某指标加权修正系数＝（修正指标权数/该部分权数）×该指标单项修正系数

某指标单项修正系数＝1.0＋（本档标准系数＋功效系数×0.2－该部分基本指标分析系数），单项修正系数控制修正幅度为0.7～1.3

某部分基本指标分析系数＝该部分基本指标得分/该部分权数

第二十七条　在计算修正指标单项修正系数过程中，对于一些特殊情况作如下规定：

（一）如果修正指标实际值达到优秀值以上，其单项修正系数的计算公式如下：

单项修正系数＝1.2＋本档标准系数－该部分基本指标分析系数

（二）如果修正指标实际值处于较差值以下，其单项修正系数的计算公式如下：

单项修正系数＝1.0－该部分基本指标分析系数

（三）如果资产负债率≥100％，指标得0分；其他情况按照规定的公式计分。

（四）如果盈余现金保障倍数分子为正数，分母为负数，单项修正系数确定为1.1；如果分子为负数，分母为正数，单项修正系数确定为0.9；如果分子分母同为负数，单项修正系数确定为0.8。

（五）如果不良资产比率≥100％或分母为负数，单项修正系数确定为0.8。

（六）对于销售（营业）利润增长率指标，如果上年主营业务利润为负数，本年为正数，单项修正系数为1.1；如果上年主营业务利润为零本年为正数，或者上年为负数本年为零，单项修正系数确定为1.0。

（七）如果个别指标难以确定行业标准，该指标单项修正系数确定为1.0。

第二十八条　管理绩效定性评价指标的计分一般通过专家评议打分形式完成，聘请的专家应不少于7名；评议专家应当在充分了解企业管理绩效状况的基础上，对照评价参考标准，采取综合分析判断法，对企业管理绩效指标做出分析评议，评判各项指标所处的水平档次，并直接给出评价分数。计分公式为：

管理绩效定性评价指标分数＝∑单项指标分数

单项指标分数＝(∑每位专家给定的单项指标分数)/专家人数

第二十九条 任期财务绩效定量评价指标计分，应当运用任期各年度评价标准分别对各年度财务绩效定量指标进行计分，再计算任期平均分数，作为任期财务绩效定量评价分数。计算公式为：

任期财务绩效定量评价分数＝(∑任期各年度财务绩效定量评价分数)/任期年份数

第三十条 在得出财务绩效定量评价分数和管理绩效定性评价分数后，应当按照规定的权重，耦合形成综合绩效评价分数。计算公式为：

企业综合绩效评价分数＝财务绩效定量评价分数×70%＋管理绩效定性评价分数×30%

第三十一条 在得出评价分数以后，应当计算年度之间的绩效改进度，以反映企业年度之间经营绩效的变化状况。计算公式为：

绩效改进度＝本期绩效评价分数/基期绩效评价分数

绩效改进度大于1，说明经营绩效上升；绩效改进度小于1，说明经营绩效下滑。

第三十二条 对企业经济效益上升幅度显着、经营规模较大，有重大科技创新的企业，应当给予适当加分，以充分反映不同企业努力程度和管理难度，激励企业加强科技创新。具体的加分办法如下：

(一)效益提升加分。企业年度净资产收益率增长率和利润增长率超过行业平均增长水平10～40%加1～2分，超过40～100%加3～4分，超过100%加5分。

(二)管理难度加分。企业年度平均资产总额超过全部监管企业年度平均资产总额的给予加分，其中：工业企业超过平均资产总额每100亿元加0.5分，非工业企业超过平均资产总额每60亿元加0.5分，最多加5分。

(三)重大科技创新加分。重大科技创新加分包括以下两个方面：企业承担国家重大科技攻关项目，并取得突破的，加3～5分；承担国家科技发展规划纲要目录内的重大科技专项主体研究，虽然尚未取得突破，但投入较大，加1～2分。

(四)国资委认定的其他事项。

以上加分因素合计不得超过15分，超过15分按15分计算。对加分前评价结果已经达到优秀水平的企业，以上加分因素按以下公式计算实际加分值：

实际加分值＝(1－X%)×6.6Y

其中：X表示评价得分，Y表示以上因素合计加分。

第三十三条 对被评价企业所评价期间(年度)发生以下不良重大事项，应当予以扣分：

(一)发生属于当期责任的重大资产损失事项，损失金额超过平均资产总额1%的，或者资产损失金额未超过平均资产总额1%，但性质严重并造成重大社会影响的，扣5分。正常的资产减值准备计提不在此列；

(二)发生重大安全生产与质量事故，根据事故等级，扣3～5分；

(三)存在巨额表外资产，且占合并范围资产总额20%以上的，扣3～5分；

(四)存在巨额逾期债务，逾期负债超过带息负债的10%，甚至发生严重的债务危机，扣2～5分；

(五)国资委认定的其他事项。

第三十四条 对存在加分和扣分事项的，应当与企业和有关部门进行核实，获得必要的外部证据，并在企业综合绩效评价报告中加以单独说明。

第五章 评价基础数据调整

第三十五条 企业综合绩效评价的基础数据资料主要包括企业提供的评价年度财务会计决算报表及审计报告、关于经营管理情况的说明等资料。

第三十六条 为确保评价基础数据的真实、完整、合理，在实施评价前应当对评价期间的基础数据进行核实，按照重要性和可比性原则进行适当调整。

第三十七条 在任期经济责任审计工作中开展任期财务绩效定量评价，其评价基础数据以财务审计调整后的数据为依据。

第三十八条 企业评价期间会计政策与会计估计发生重大变更的，需要判断变更事项对经营成果的影响，产生重大影响的，应当调整评价基础数据，以保持数据口径基本一致。

第三十九条 企业评价期间发生资产无偿划入划出的，应当按照重要性原则调整评价基础数据。原则上划入企业应纳入评价范围，无偿划出、关闭、破产（含进入破产程序）企业，不纳入评价范围。

第四十条 企业被出具非标准无保留意见审计报告的，应当根据审计报告披露的影响企业经营成果的重大事项，调整评价基础数据。

第四十一条 国资委在财务决算批复中要求企业纠正、整改，并影响企业财务会计报表、能够确认具体影响金额的，应当根据批复调整评价基础数据。

第四十二条 企业在评价期间损益中消化处理以前年度或上一任期资产损失的，承担国家某项特殊任务或落实国家专项政策对财务状况和经营成果产生重大影响的，经国资委认定后，可作为客观因素调整评价基础数据。

第六章 评价工作程序

第四十三条 企业综合绩效评价包括财务绩效定量评价和管理绩效定性评价两个方面内容。由于任期绩效评价和年度绩效评价的工作目标不同，评价工作内容应有所区别。

（一）任期绩效评价作为任期经济责任审计工作的重要组成部分，需要对企业负责人任职期间企业的绩效状况进行综合评价，工作程序包括财务绩效评价和管理绩效评价两方面内容。

（二）年度绩效评价除根据监管工作需要组织财务绩效与管理绩效的综合评价外，一般作为年度财务决算管理工作的组成部分，每个年度只进行财务绩效定量评价。

第四十四条 财务绩效定量评价工作具体包括提取评价基础数据、基础数据调整、评价计分、形成评价结果等内容。

（一）提取评价基础数据。以经社会中介机构或内部审计机构审计并经评价组织机构核实确认的企业年度财务会计报表为基础提取评价基础数据。

（二）基础数据调整。为客观、公正的评价企业经营绩效，根据本细则第五章的有关规定，对评价基础数据进行调整，其中：年度绩效评价基础数据以国资委审核确认的财务决算合并报表数据为准。

（三）评价计分。根据调整后的评价基础数据，对照相关年度的行业评价标准值，利用绩效评价软件或手工评价计分。

（四）形成评价结果。对任期财务绩效评价需要计算任期内平均财务绩效评价分数，并计算绩效改进度；对年度财务绩效评价除计算年度绩效改进度外，需要对定量评价得分深入分析，诊断企业经营管理存在的薄弱环节，并在财务决算批复中提示有关问题，同时进行所监管企业的分类排序分析，在一定范围内发布评价结果。

第四十五条 管理绩效定性评价工作具体包括收集整理管理绩效评价资料、聘请咨询专家、召开专家评议会、形成定性评价结论等内容。

（一）收集整理管理绩效评价资料。为了深入了解被评价企业的管理绩效状况，应当通过问卷调查、访谈等方式，充分收集并认真整理管理绩效评价的有关资料。

（二）聘请咨询专家。根据所评价企业的行业情况，聘请不少于7名的管理绩效评价咨询专家，组成专家咨询组，并将被评价企业的有关资料提前送达咨询专家。

（三）召开专家评议会。组织咨询专家对企业的管理绩效指标进行评议打分。

（四）形成定性评价结论。汇总管理绩效定性评价指标得分，形成定性评价结论。

第四十六条 管理绩效专家评议会一般按下列程序进行：

（一）阅读相关资料，了解企业管理绩效评价指标实际情况；

（二）听取评价实施机构关于财务绩效定量评价情况的介绍；

（三）参照管理绩效定性评价标准，分析企业管理绩效状况；

（四）对企业管理绩效定性评价指标实施独立评判打分；

（五）对企业管理绩效进行集体评议，并提出咨询意见，形成评议咨询报告；

（六）汇总评判打分结果。

第四十七条　根据财务绩效定量评价结果和管理绩效定性评价结果，按照规定的权重和计分方法，计算企业综合绩效评价总分，并根据规定的加分和扣分因素，得出企业综合绩效评价最后得分。

第七章　评价结果与评价报告

第四十八条　企业综合绩效评价结果以评价得分、评价类型和评价级别表示。

评价类型是根据评价分数对企业综合绩效所划分的水平档次，用文字和字母表示，分为优（A）、良（B）、中（C）、低（D）、差（E）五种类型。

评价级别是对每种类型再划分级次，以体现同一评价类型的不同差异，采用在字母后标注"＋、－"号的方式表示。

第四十九条　企业综合绩效评价结果以85、70、50、40分作为类型判定的分数线。

（一）评价得分达到85分以上（含85分）的评价类型为优（A），在此基础上划分为三个级别，分别为：A＋＋≥95分；95分＞A＋≥90分；90分＞A≥85分。

（二）评价得分达到70分以上（含70分）不足85分的评价类型为良（B），在此基础上划分为三个级别，分别为：85分＞B＋≥80分；80分＞B≥75分；75分＞B－≥85分。

（三）评价得分达到50分以上（含50分）不足70分的评价类型为中（C），在此基础上划分为两个级别，分别为：70分＞C≥60分；60分＞C－≥50分。

（四）评价得分在40分以上（含40分）不足50分的评价类型为低（D）。

（五）评价得分在40分以下的评价类型为差（E）。

第五十条　企业综合绩效评价报告是根据评价结果编制、反映被评价企业综合绩效状况的文本文件，由报告正文和附件构成。

第五十一条　企业综合绩效评价报告正文应当包括：评价目的、评价依据与评价方法、评价过程、评价结果及评价结论、重要事项说明等内容。企业综合绩效评价报告的正文应当文字简洁、重点突出、层次清晰、易于理解。

第五十二条　企业综合绩效评价报告附件应当包括：企业经营绩效分析报告、评价结果计分表、问卷调查结果分析、专家咨询报告、评价基础数据及调整情况，其中：企业经营绩效分析报告是根据综合绩效评价结果对企业经营绩效状况进行深入分析的文件，应当包括评价对象概述、评价结果与主要绩效、存在的问题与不足、有关管理建议等。

第八章　附　　则

第五十三条　企业集团内部开展所属子企业的综合绩效评价工作，可参照本细则制定符合集团内部监管需要的实施细则。

第五十四条　各地区国有资产监督管理机构开展所监管企业的综合绩效评价工作，可参照本细则执行。

第五十五条　本细则由国资委负责解释。

第五十六条　本细则自2006年10月12日起施行。

5. 中央国有资本经营预算编报办法（2011年修订）

财企〔2011〕318号

第一条　为规范中央国有资本经营预算编报工作，根据《国务院关于试行国有资本经营预算的意见》（国发〔2007〕26号）等规定，制定本办法。

第二条　财政部为国有资本经营预算的主管部门，负责编制中央国有资本经营预算草案；各中央国有资本经营预算单位，包括国资委以及其他纳入中央国有资本经营预算实施范围的中央部门和单位（以下简称“中央预算单位”），负责编制本单位所监管中央企业（以下简称“中央企业”）国有资本经营预算建议草案。

第三条 中央国有资本经营预算由预算收入和预算支出组成。预算收入根据中央财政当年取得的企业国有资本收益以及上年结转收入编制；预算支出根据预算收入规模编制，不列赤字。

第四条 中央国有资本经营预算收入反映当年企业国有资本收益预计入库数额及上年结转收入，包括以下项目内容：

（一）利润收入，即国有独资企业按规定上交国家的税后利润；

（二）股利、股息收入，即国有控股、参股企业国有股权（股份）享有的股利和股息；

（三）产权转让收入，即国有独资企业产权转让收入和国有控股、参股企业国有股权（股份）转让收入以及国有股减持收入；

（四）清算收入，即扣除清算费用后国有独资企业清算收入和国有控股、参股企业国有股权（股份）享有的清算收入；

（五）其他国有资本经营收入；

（六）上年结转收入。

第五条 中央国有资本经营预算收入由财政部组织中央预算单位根据中央企业年度盈利情况和国有资本收益收取办法进行测算。

第六条 中央国有资本经营预算支出主要用于：根据产业发展规划、国有经济布局和结构调整、国有企业发展要求以及国家战略、安全需要的支出，弥补国有企业改革成本方面的支出和其他支出。中央国有资本经营预算支出要加强与公共预算的有机衔接。

第七条 中央国有资本经营预算支出分为资本性支出、费用性支出和其他支出。

（一）资本性支出，即向新设企业注入国有资本金，向现有企业增加资本性投入，向公司制企业认购股权、股份等方面的资本性支出；

（二）费用性支出，即弥补企业改革成本等方面的费用性支出；

（三）其他支出。

第八条 中央预算单位根据所监管中央企业提出的中央国有资本经营预算支出项目计划编制本单位国有资本经营预算建议草案。

第九条 中央企业编制国有资本经营预算支出项目计划包括以下内容：

（一）编制报告

1. 项目名称及主要内容；

2. 项目承担企业基本情况；

3. 项目实施的主要目的和目标；

4. 资本性支出项目包括项目立项的依据，项目可行性分析，项目投资方案与资金筹措方案，项目实施进度与年度计划安排，项目经济效益和社会效益的分析等；

5. 费用性支出项目包括立项的必要性，项目具体的支出范围，项目资金测算依据和标准等；

6. 项目绩效考核及其有关责任的落实；

7. 项目承担企业提供的其他相关材料。

（二）中央企业国有资本经营预算表

1. 中央企业国有资本经营预算支出表（财资企预 01 表），反映企业国有资本经营预算支出安排的相关内容；

2. 中央企业国有资本经营预算支出明细表（财资企预 02 表），反映企业国有资本经营预算支出明细情况；

3. 中央企业国有资本经营预算支出项目表（财资企预 03 表），反映企业国有资本经营预算支出项目安排的明细内容。

第十条 中央企业将国有资本经营预算支出项目计划报相关中央预算单位，同时抄报财政部。中央预算单位审核汇总后编制本单位所监管企业国有资本经营预算建议草案。

第十一条 中央预算单位编制的国有资本经营预算建议草案包括以下内容：

(一)编制报告

1. 企业的基本情况(包括企业户数、经营状况、行业分布和企业国有资本经营状况等);

2. 预算编制的组织及企业编报情况;

3. 年度预算支出规模及分类;

4. 预算年度国有资本经营预算支出所要达到的政策目标;

5. 预算支出项目的说明及依据。

(二)中央预算单位国有资本经营预算表

1. 中央预算单位国有资本经营预算支出表(财资预 01 表),反映企业国有资本经营预算支出汇总情况;

2. 中央预算单位国有资本经营预算支出明细表(财资预 02 表),反映企业国有资本经营预算支出明细情况;

3. 中央预算单位国有资本经营预算支出项目表(财资预 03 表),反映企业国有资本经营预算支出项目安排的相关内容。

(三)中央企业编报的国有资本经营预算支出项目计划。

第十二条 中央预算单位将本单位国有资本经营预算建议草案报财政部。财政部根据预算收入和中央预算单位上报的国有资本经营预算建议草案,统筹安排、综合平衡后,编制中央国有资本经营预算草案。

第十三条 财政部编制的中央国有资本经营预算草案包括以下内容:

(一)编制说明。

1. 预算编制的指导思想和重点;

2. 预算编制范围;

3. 预算编制情况说明(包括收支预算总体情况,收入、支出预算具体编制说明);

4. 其他说明事项。

(二)中央国有资本经营预算表

1. 中央国有资本经营预算收支总表(财资预总 01 表),反映中央国有资本经营预算收支汇总情况

2. 中央国有资本经营预算收入表(财资预总 02 表),反映中央国有资本经营预算收入情况;

3. 中央国有资本经营预算支出表(财资预总 03 表),反映中央国有资本经营预算支出汇总情况;

4. 中央国有资本经营预算支出明细表(财资预总 04 表),反映中央预算单位所监管企业国有资本经营预算支出情况;

5. 中央国有资本经营预算支出项目表(财资预总 05 表),反映中央国有资本经营预算支出项目安排的相关内容。

第十四条 财政部对中央预算单位报送的国有资本经营预算建议草案中的支出项目,纳入财政部国有资本经营预算项目库,按轻重缓急排序,实行滚动管理。

第十五条 财政部于每年 6 月起,开始编制下一年度中央国有资本经营预算草案,同时向中央预算单位下发编报年度中央国有资本经营预算建议草案和中央企业支出项目计划的通知。

第十六条 中央企业于每年 8 月底以前,将编报的国有资本经营预算支出项目计划报中央预算单位,并抄报财政部。

第十七条 中央预算单位于每年 9 月底以前,将所编制的国有资本经营预算建议草案报财政部。

第十八条 财政部于每年 12 月底以前,将中央国有资本经营预算草案报国务院审批。经国务院批准后,中央国有资本经营预算草案随同中央政府公共预算(草案)报全国人大常委会预算工作委员会和全国人大财政经济委员会审核,提交全国人民代表大会审议。

第十九条 中央国有资本经营预算草案经全国人民代表大会批准后,财政部在 30 个工作日内批复各中央预算单位;中央预算单位自财政部批复本单位预算之日起 15 个工作日内,批复所监管企业,同时抄报财政部备案。

第二十条 各中央预算单位的国有资本经营预算支出,必须按照财政部批复的预算支出科目、项目和数额执行,因国家政策发生变化或重大自然灾害等不可预见因素,在预算执行中确需作出调整的,必须报经财政部批准。

第二十一条 中央国有资本经营预算按财政年度编制，自公历1月1日至12月31日。

第二十二条 本办法由财政部负责解释。原《财政部关于印发〈中央国有资本经营预算编报试行办法〉的通知》（财企〔2007〕304号）相应废止。

第二十三条 本办法自发布之日起施行。

6. 中央企业财务预算管理暂行办法（2007年颁布）

国务院国有资产监督管理委员会令 2007年第18号

第一章 总 则

第一条 为加强对国务院国有资产监督管理委员会（以下简称国资委）履行出资人职责企业（以下简称企业）的财务监督，规范企业财务预算管理，根据《中华人民共和国公司法》、《企业国有资产监督管理暂行条例》和国家有关财务会计制度规定，制定本办法。

第二条 企业年度财务预算编制、报告、执行与监督工作，适用本办法。

第三条 本办法所称财务预算是指企业在预测和决策的基础上，围绕战略规划，对预算年度内企业各类经济资源和经营行为合理预计、测算并进行财务控制和监督的活动。

财务预算报告是指反映企业预算年度内企业资本运营、经营效益、现金流量及重要财务事项等预测情况的文件。

第四条 企业应当建立财务预算管理制度，组织开展内部财务预算编制、执行、监督和考核工作，完善财务预算工作体系，推进实施全面预算管理。

第五条 企业应当在规定的时间内按照国家财务会计制度规定和国资委财务监督工作有关要求，以统一的编制口径、报表格式和编报规范，向国资委报送年度财务预算报告。

第六条 国资委依据本办法对企业财务预算编制、报告及执行工作进行监督管理，督促和引导企业切实建立以预算目标为中心的各级责任体系。

第二章 工作组织

第七条 企业应当按照国家有关规定，组织做好财务预算工作，配备相应工作人员，明确职责权限，加强内部协调，完善编制程序和方法，强化执行监督，并积极推行全面预算管理。

第八条 企业应当按照加强财务监督和完善内部控制机制的要求，成立预算委员会或设立财务预算领导小组行使预算委员会职责。在设立董事会的企业中，预算委员会（财务预算领导小组）成员应当有熟悉企业财务会计业务并具备相应组织能力的董事参加。

第九条 企业预算委员会（财务预算领导小组）应当履行以下主要职责：

（一）拟订企业财务预算编制与管理的原则和目标；

（二）审议企业财务预算方案和财务预算调整方案；

（三）协调解决企业财务预算编制和执行中的重大问题；

（四）根据财务预算执行结果提出考核和奖惩意见。

第十条 企业财务管理部门为财务预算管理机构，在企业预算委员会（财务预算领导小组）领导下，依据国家有关规定和国资委有关工作要求，负责组织企业财务预算编制、报告、执行和日常监控工作。企业财务预算管理机构应当履行以下主要职责：

（一）组织企业财务预算的编制、审核、汇总及报送工作；

（二）组织下达财务预算，监督企业财务预算执行情况；

（三）制订企业财务预算调整方案；

（四）协调解决企业财务预算编制和执行中的有关问题；

（五）分析和考核企业内部各业务机构及所属子企业财务预算完成情况。

第十一条　企业内部各业务机构和所属子企业为财务预算执行单位。企业财务预算执行单位应当在企业预算管理机构的统一指导下，组织开展本部门或者本企业财务预算编制工作，严格执行经核准的财务预算方案。企业财务预算执行单位应当履行以下主要职责：

（一）负责本单位财务预算编制和上报工作；

（二）负责将本单位财务预算指标层层分解，落实到各部门、各环节和各岗位；

（三）按照授权审批程序严格执行各项预算，及时分析预算执行差异原因，解决财务预算执行中存在的问题；

（四）及时总结分析本单位财务预算编制和执行情况，并组织实施考核和奖惩工作；

（五）配合企业预算管理机构做好企业预算的综合平衡、执行监控等工作。

第三章　财务预算编制

第十二条　企业编制财务预算应当坚持以战略规划为导向，正确分析判断市场形势和政策走向，科学预测年度经营目标，合理配置内部资源，实行总量平衡和控制。

第十三条　企业编制财务预算应当将内部各业务机构和所属子企业、事业单位和基建项目等所属单位的全部经营活动纳入财务预算编制范围，全面预测财务收支和经营成果等情况。

第十四条　企业编制财务预算应当以资产、负债、收入、成本、费用、利润、资金为核心指标，合理设计基础指标体系，注重预算指标相互衔接。

第十五条　企业应当根据不同的预算项目，合理选择固定预算、弹性预算、滚动预算、零基预算、概率预算等方法编制财务预算，并积极开展与行业先进水平、国际先进水平的对标。

第十六条　企业编制财务预算应当按照国家相关规定，加强对外投资、收购兼并、固定资产投资以及股票、委托理财、期货（权）及衍生品等投资业务的风险评估和预算控制；加强非主业投资和无效投资的清理，严格控制非主业投资预算。

资产负债率过高、偿债能力下降以及投资回报差的企业，应当严格控制投资规模；不具备从事高风险业务的条件、发生重大投资损失的企业，不得安排高风险业务的投资预算。

第十七条　企业编制财务预算应当正确预测预算年度现金收支、结余与缺口，合理规划现金收支与配置，加强应收应付款项的预算控制，增强现金保障和偿债能力，提高资金使用效率。

第十八条　企业编制财务预算应当规范制定成本费用开支标准，严格控制成本费用开支范围和规模，加强投入产出水平的预算控制。

对于成本费用增长高于收入增长、成本费用利润率下降、经营效益下滑的企业，财务预算编制应当突出降本增效，适当压低成本费用的预算规模，其中，经营效益下滑的企业，不得扩大工资总额的预算规模。

第十九条　企业编制财务预算应当注重防范财务风险，严格控制担保、抵押和金融负债等规模。

资产负债率高于行业平均水平、存在较大偿债压力的企业，应当适当压缩金融债务预算规模；担保余额相当于净资产比重超过50%或者发生担保履约责任形成重大损失的企业（投资、担保类企业另行规定），原则上不再安排新增担保预算；企业不得安排与业务无关的集团外担保预算。

第二十条　企业编制财务预算应当将逾期担保、逾期债务、不良投资、不良债权等问题的清理和处置作为重要内容，积极消化潜亏挂账，合理预计资产减值准备，不得出现新的潜亏。

第二十一条　企业应当按照“上下结合、分级编制、逐级汇总”的程序，依据财务管理关系，层层组织做好各级子企业财务预算编制工作。

第二十二条　企业应当建立财务预算编制制度。企业内部计划、生产、市场营销、投资、物资、技术、人力资源、企业管理等职能部门应当配合做好财务预算编制工作。企业财务预算编制应当遵循以下基本工作程序：

（一）企业预算委员会及财务预算管理机构应当于每年9月底以前提出下一年度本企业预算总体目标；

（二）企业所属各级预算执行单位根据企业预算总体目标，并结合本单位实际，于每年10月底以前上报本单位下一年度预算目标；

（三）企业财务预算委员会及财务预算管理机构对各级预算执行单位的预算目标进行审核汇总并提出

调整意见，经董事会会议或总经理办公会议审议后下达各级预算执行单位；

（四）企业所属各级预算执行单位应当按照下达的财务预算目标，于每年年底以前上报本单位财务预算；

（五）企业在对所属各级预算执行单位预算方案审核、调整的基础上，编制企业总体财务预算。

第四章 财务预算报告

第二十三条 企业应当在组织开展内部各级子企业财务预算编制管理的基础上，按照国资委统一印发的报表格式、编制要求，编制上报年度财务预算报告。企业年度财务预算报告由以下部分构成：

（一）年度财务预算报表；

（二）年度财务预算编制说明；

（三）其他相关材料。

第二十四条 企业年度财务预算报表重点反映以下内容：

（一）企业预算年度内预计资产、负债及所有者权益规模、质量及结构；

（二）企业预算年度内预计实现经营成果及利润分配情况；

（三）企业预算年度内为组织经营、投资、筹资活动预计发生的现金流入和流出情况；

（四）企业预算年度内预计达到的生产、销售或者营业规模及其带来的各项收入、发生的各项成本和费用；

（五）企业预算年度内预计发生的产权并购、长短期投资以及固定资产投资的规模及资金来源；

（六）企业预算年度内预计对外筹资总体规模与分布结构。

第二十五条 企业应当采用合并口径编制财务预算报表，合并范围应当包括：

（一）境内外子企业；

（二）所属各类事业单位；

（三）各类基建项目或者基建财务；

（四）按照规定执行金融会计制度的子企业；

（五）所属独立核算的其他经济组织。

第二十六条 企业应当对年度财务预算报表编制及财务预算管理有关情况进行分析说明。企业年度财务预算编制说明应当反映以下内容：

（一）预算编制工作组织情况；

（二）预算年度内生产经营主要预算指标分析说明；

（三）预算编制基础、基本假设及采用的重要会计政策和估计；

（四）预算执行保障措施以及可能影响预算指标事项说明；

（五）其他需说明的情况。

第二十七条 企业应当按规定组织开展所属子企业开展财务预算报告收集、审核、汇总工作，并按时上报财务预算报告。企业除报送合并财务预算报告外，还应当附送企业总部及二级子企业的分户财务预算报告电子文档。三级及三级以下企业的财务预算数据应当并入二级子企业报送。

级次划分特殊的企业集团财务预算报告报送级次由国资委另行规定。

第二十八条 企业应当按照下列程序，以正式文函向国资委报送财务预算报告：

（一）设董事会的国有独资企业和国有独资公司的财务预算报告，应当经董事会审议后与审议决议一并报送国资委；

（二）尚未设董事会的国有独资企业和国有独资公司的财务预算报告，应当经总经理办公会审议后与审议决议一并报送国资委；

（三）国有控股公司的财务预算报告，应当经董事会审议并提交股东会批准后抄送国资委。

第二十九条 企业财务预算报告应当加盖企业公章，并由企业的主要负责人、总会计师（或分管财务负责人）、财务管理部门负责人签名并盖章。

第三十条 国资委对企业财务预算实行分类管理制度，对于尚未设董事会的国有独资企业和国有独资公司的财务预算实行核准制；对于设董事会的国有独资公司和国有独资企业、国有控股公司的财务预算实行备案制。

第三十一条　国资委依据财务预算编制管理要求，建立企业财务预算报告质量评估制度，评估内容不少于以下方面：

（一）是否符合国家有关法律法规规定；

（二）是否符合国家宏观政策和产业政策规划；

（三）是否符合企业战略规划、主业发展方向；

（四）是否客观反映预算年度内经济形势和企业生产经营发展态势；

（五）是否符合财务预算编制管理要求；

（六）主要财务预算指标的年度间变动情况是否合理；

（七）预算执行保障和监督措施是否有效。

第三十二条　国资委根据质量评估结果，在规定时间内对企业财务预算提出审核意见并反馈企业。对于存在质量问题的，要求企业及时整改，其中对于严重脱离实际、各相关预算指标不衔接的，要求企业重新编制上报财务预算报告。

第五章　财务预算执行与监督

第三十三条　企业应当及时将各业务机构及所属各级企业重点财务预算指标进行层层分解。各预算执行单位应当将分解下达的年度财务预算指标细化为季度、月度预算，层层落实财务预算执行责任。

第三十四条　企业应当严格执行经核定的年度财务预算，切实加强投资、融资、担保、资金调度、物资采购、产品销售等重大事项以及成本费用预算执行情况的跟踪和监督，明确超预算资金追加审批程序和权限。

第三十五条　企业应当对财务预算执行情况进行跟踪监测，及时分析预算执行差异原因，及时采取相应的解决措施。

第三十六条　企业财务预算执行过程中出现以下情形之一，导致预算编制基本假设发生重大变化的，可予以调整：

（一）自然灾害等不可抗力因素；

（二）市场环境发生重大变化；

（三）国家经济政策发生重大调整；

（四）企业发生分立、合并等重大资产重组行为。

第三十七条　企业应当将财务预算调整情况及时报国资委备案。具体备案内容包括：

（一）主要财务指标的调整情况；

（二）调整的原因；

（三）预计执行情况及保障措施。

第三十八条　企业应当建立财务预算执行结果考核制度，将财务预算目标执行情况纳入考核及奖惩范围。

第三十九条　企业应当在预算年度终了及时撰写预算工作总结报告，认真总结年度财务预算工作经验和存在的不足，分析财务预算与实际执行结果的差异程度和影响因素，研究制定改进措施。

第四十条　国资委根据月度财务报告建立企业财务预算分类监测和反馈制度，对主要财务预算指标执行情况进行分类跟踪监测，对经营风险进行预测评估，并将监测和评估结果及时反馈企业，督促企业加强预算执行情况监督和控制。

第四十一条　国资委在预算年度终了，依据企业年度财务决算结果组织财务预算执行情况核查，对主要财务预算指标完成值与预算目标偏离的程度和影响因素进行分析，并将核查和分析结果作为企业财务预算报告质量评估的重要内容。

第六章　罚　　则

第四十二条　企业负责人、总会计师（或分管财务负责人）应当对企业财务预算编制、报告、执行和监督工作负责；企业总会计师（或分管财务负责人）、财务管理部门负责人对财务预算编制的合规性、合理性及完整性负责。

第四十三条 国资委将企业财务预算管理情况作为总会计师履职评估的内容。

第四十四条 企业不按时上报财务预算报告或者上报财务预算报告不符合统一编制要求、存在严重质量问题，以及财务预算执行监督不力的，国资委将责令整改。

第四十五条 企业在财务预算管理工作中弄虚作假的，或者上报的财务预算报告与内部财务预算不符的，国资委将给予通报批评。

第四十六条 企业编制年度财务预算主要指标与实际完成值差异较大的，国资委将要求企业作出专项说明，无正当理由的，国资委将给予警示。

第四十七条 国资委工作人员在企业财务预算监督管理工作中玩忽职守，导致重大工作过失或者泄露企业商业秘密的，视情节轻重予以行政处分。

第七章 附 则

第四十八条 企业应当根据本办法规定制定本企业财务预算管理工作制度。

第四十九条 各省、自治区、直辖市国有资产监督管理机构可以参照本办法，制定本地区相关工作规范。

第五十条 本办法自 2007 年 6 月 25 日起施行。

第八章　企业内部控制相关法规

1. 企业内部控制基本规范(2008年颁布)

财会〔2008〕7号

第一章　总　　则

第一条　为了加强和规范企业内部控制，提高企业经营管理水平和风险防范能力，促进企业可持续发展，维护社会主义市场经济秩序和社会公众利益，根据《中华人民共和国公司法》、《中华人民共和国证券法》、《中华人民共和国会计法》和其他有关法律法规，制定本规范。

第二条　本规范适用于中华人民共和国境内设立的大中型企业。

小企业和其他单位可以参照本规范建立与实施内部控制。

大中型企业和小企业的划分标准根据国家有关规定执行。

第三条　本规范所称内部控制，是由企业董事会、监事会、经理层和全体员工实施的、旨在实现控制目标的过程。

内部控制的目标是合理保证企业经营管理合法合规、资产安全、财务报告及相关信息真实完整，提高经营效率和效果，促进企业实现发展战略。

第四条　企业建立与实施内部控制，应当遵循下列原则：

(一)全面性原则。内部控制应当贯穿决策、执行和监督全过程，覆盖企业及其所属单位的各种业务和事项。

(二)重要性原则。内部控制应当在全面控制的基础上，关注重要业务事项和高风险领域。

(三)制衡性原则。内部控制应当在治理结构、机构设置及权责分配、业务流程等方面形成相互制约、相互监督，同时兼顾运营效率。

(四)适应性原则。内部控制应当与企业经营规模、业务范围、竞争状况和风险水平等相适应，并随着情况的变化及时加以调整。

(五)成本效益原则。内部控制应当权衡实施成本与预期效益，以适当的成本实现有效控制。

第五条　企业建立与实施有效的内部控制，应当包括下列要素：

(一)内部环境。内部环境是企业实施内部控制的基础，一般包括治理结构、机构设置及权责分配、内部审计、人力资源政策、企业文化等。

(二)风险评估。风险评估是企业及时识别、系统分析经营活动中与实现内部控制目标相关的风险，合理确定风险应对策略。

(三)控制活动。控制活动是企业根据风险评估结果，采用相应的控制措施，将风险控制在可承受度之内。

(四)信息与沟通。信息与沟通是企业及时、准确地收集、传递与内部控制相关的信息，确保信息在企业内部、企业与外部之间进行有效沟通。

(五)内部监督。内部监督是企业对内部控制建立与实施情况进行监督检查，评价内部控制的有效性，发现内部控制缺陷，应当及时加以改进。

第六条　企业应当根据有关法律法规、本规范及其配套办法，制定本企业的内部控制制度并组织实施。

第七条　企业应当运用信息技术加强内部控制，建立与经营管理相适应的信息系统，促进内部控制流程与信息系统的有机结合，实现对业务和事项的自动控制，减少或消除人为操纵因素。

第八条 企业应当建立内部控制实施的激励约束机制，将各责任单位和全体员工实施内部控制的情况纳入绩效考评体系，促进内部控制的有效实施。

第九条 国务院有关部门可以根据法律法规、本规范及其配套办法，明确贯彻实施本规范的具体要求，对企业建立与实施内部控制的情况进行监督检查。

第十条 接受企业委托从事内部控制审计的会计师事务所，应当根据本规范及其配套办法和相关执业准则，对企业内部控制的有效性进行审计，出具审计报告。会计师事务所及其签字的从业人员应当对发表的内部控制审计意见负责。

为企业内部控制提供咨询的会计师事务所，不得同时为同一企业提供内部控制审计服务。

第二章 内部环境

第十一条 企业应当根据国家有关法律法规和企业章程，建立规范的公司治理结构和议事规则，明确决策、执行、监督等方面的职责权限，形成科学有效的职责分工和制衡机制。

股东（大）会享有法律法规和企业章程规定的合法权利，依法行使企业经营方针、筹资、投资、利润分配等重大事项的表决权。

董事会对股东（大）会负责，依法行使企业的经营决策权。

监事会对股东（大）会负责，监督企业董事、经理和其他高级管理人员依法履行职责。

经理层负责组织实施股东（大）会、董事会决议事项，主持企业的生产经营管理工作。

第十二条 董事会负责内部控制的建立健全和有效实施。监事会对董事会建立与实施内部控制进行监督。经理层负责组织领导企业内部控制的日常运行。

企业应当成立专门机构或者指定适当的机构具体负责组织协调内部控制的建立实施及日常工作。

第十三条 企业应当在董事会下设立审计委员会。审计委员会负责审查企业内部控制，监督内部控制的有效实施和内部控制自我评价情况，协调内部控制审计及其他相关事宜等。

审计委员会负责人应当具备相应的独立性、良好的职业操守和专业胜任能力。

第十四条 企业应当结合业务特点和内部控制要求设置内部机构，明确职责权限，将权利与责任落实到各责任单位。

企业应当通过编制内部管理手册，使全体员工掌握内部机构设置、岗位职责、业务流程等情况，明确权责分配，正确行使职权。

第十五条 企业应当加强内部审计工作，保证内部审计机构设置、人员配备和工作的独立性。

内部审计机构应当结合内部审计监督，对内部控制的有效性进行监督检查。内部审计机构对监督检查中发现的内部控制缺陷，应当按照企业内部审计工作程序进行报告；对监督检查中发现的内部控制重大缺陷，有权直接向董事会及其审计委员会、监事会报告。

第十六条 企业应当制定和实施有利于企业可持续发展的人力资源政策。人力资源政策应当包括下列内容：

（一）员工的聘用、培训、辞退与辞职。

（二）员工的薪酬、考核、晋升与奖惩。

（三）关键岗位员工的强制休假制度和定期岗位轮换制度。

（四）掌握国家秘密或重要商业秘密的员工离岗的限制性规定。

（五）有关人力资源管理的其他政策。

第十七条 企业应当将职业道德修养和专业胜任能力作为选拔和聘用员工的重要标准，切实加强员工培训和继续教育，不断提升员工素质。

第十八条 企业应当加强文化建设，培育积极向上的价值观和社会责任感，倡导诚实守信、爱岗敬业、开拓创新和团队协作精神，树立现代管理理念，强化风险意识。

董事、监事、经理及其他高级管理人员应当在企业文化建设中发挥主导作用。

企业员工应当遵守员工行为守则，认真履行岗位职责。

第十九条 企业应当加强法制教育，增强董事、监事、经理及其他高级管理人员和员工的法制观念，严格依法决策、依法办事、依法监督，建立健全法律顾问制度和重大法律纠纷案件备案制度。

第三章　风险评估

第二十条　企业应当根据设定的控制目标，全面系统持续地收集相关信息，结合实际情况，及时进行风险评估。

第二十一条　企业开展风险评估，应当准确识别与实现控制目标相关的内部风险和外部风险，确定相应的风险承受度。

风险承受度是企业能够承担的风险限度，包括整体风险承受能力和业务层面的可接受风险水平。

第二十二条　企业识别内部风险，应当关注下列因素：

（一）董事、监事、经理及其他高级管理人员的职业操守、员工专业胜任能力等人力资源因素。

（二）组织机构、经营方式、资产管理、业务流程等管理因素。

（三）研究开发、技术投入、信息技术运用等自主创新因素。

（四）财务状况、经营成果、现金流量等财务因素。

（五）营运安全、员工健康、环境保护等安全环保因素。

（六）其他有关内部风险因素。

第二十三条　企业识别外部风险，应当关注下列因素：

（一）经济形势、产业政策、融资环境、市场竞争、资源供给等经济因素。

（二）法律法规、监管要求等法律因素。

（三）安全稳定、文化传统、社会信用、教育水平、消费者行为等社会因素。

（四）技术进步、工艺改进等科学技术因素。

（五）自然灾害、环境状况等自然环境因素。

（六）其他有关外部风险因素。

第二十四条　企业应当采用定性与定量相结合的方法，按照风险发生的可能性及其影响程度等，对识别的风险进行分析和排序，确定关注重点和优先控制的风险。

企业进行风险分析，应当充分吸收专业人员，组成风险分析团队，按照严格规范的程序开展工作，确保风险分析结果的准确性。

第二十五条　企业应当根据风险分析的结果，结合风险承受度，权衡风险与收益，确定风险应对策略。

企业应当合理分析、准确掌握董事、经理及其他高级管理人员、关键岗位员工的风险偏好，采取适当的控制措施，避免因个人风险偏好给企业经营带来重大损失。

第二十六条　企业应当综合运用风险规避、风险降低、风险分担和风险承受等风险应对策略，实现对风险的有效控制。

风险规避是企业对超出风险承受度的风险，通过放弃或者停止与该风险相关的业务活动以避免和减轻损失的策略。

风险降低是企业在权衡成本效益之后，准备采取适当的控制措施降低风险或者减轻损失，将风险控制在风险承受度之内的策略。

风险分担是企业准备借助他人力量，采取业务分包、购买保险等方式和适当的控制措施，将风险控制在风险承受度之内的策略。

风险承受是企业对风险承受度之内的风险，在权衡成本效益之后，不准备采取控制措施降低风险或者减轻损失的策略。

第二十七条　企业应当结合不同发展阶段和业务拓展情况，持续收集与风险变化相关的信息，进行风险识别和风险分析，及时调整风险应对策略。

第四章　控制活动

第二十八条　企业应当结合风险评估结果，通过手工控制与自动控制、预防性控制与发现性控制相结合的方法，运用相应的控制措施，将风险控制在可承受度之内。

控制措施一般包括：不相容职务分离控制、授权审批控制、会计系统控制、财产保护控制、预算控制、运营分析控制和绩效考评控制等。

第二十九条 不相容职务分离控制要求企业全面系统地分析、梳理业务流程中所涉及的不相容职务，实施相应的分离措施，形成各司其职、各负其责、相互制约的工作机制。

第三十条 授权审批控制要求企业根据常规授权和特别授权的规定，明确各岗位办理业务和事项的权限范围、审批程序和相应责任。

企业应当编制常规授权的权限指引，规范特别授权的范围、权限、程序和责任，严格控制特别授权。常规授权是指企业在日常经营管理活动中按照既定的职责和程序进行的授权。特别授权是指企业在特殊情况、特定条件下进行的授权。

企业各级管理人员应当在授权范围内行使职权和承担责任。

企业对于重大的业务和事项，应当实行集体决策审批或者联签制度，任何个人不得单独进行决策或者擅自改变集体决策。

第三十一条 会计系统控制要求企业严格执行国家统一的会计准则制度，加强会计基础工作，明确会计凭证、会计账簿和财务会计报告的处理程序，保证会计资料真实完整。

企业应当依法设置会计机构，配备会计从业人员。从事会计工作的人员，必须取得会计从业资格证书。会计机构负责人应当具备会计师以上专业技术职务资格。

大中型企业应当设置总会计师。设置总会计师的企业，不得设置与其职权重叠的副职。

第三十二条 财产保护控制要求企业建立财产日常管理制度和定期清查制度，采取财产记录、实物保管、定期盘点、账实核对等措施，确保财产安全。

企业应当严格限制未经授权的人员接触和处置财产。

第三十三条 预算控制要求企业实施全面预算管理制度，明确各责任单位在预算管理中的职责权限，规范预算的编制、审定、下达和执行程序，强化预算约束。

第三十四条 运营分析控制要求企业建立运营情况分析制度，经理层应当综合运用生产、购销、投资、筹资、财务等方面的信息，通过因素分析、对比分析、趋势分析等方法，定期开展运营情况分析，发现存在的问题，及时查明原因并加以改进。

第三十五条 绩效考评控制要求企业建立和实施绩效考评制度，科学设置考核指标体系，对企业内部各责任单位和全体员工的业绩进行定期考核和客观评价，将考评结果作为确定员工薪酬以及职务晋升、评优、降级、调岗、辞退等的依据。

第三十六条 企业应当根据内部控制目标，结合风险应对策略，综合运用控制措施，对各种业务和事项实施有效控制。

第三十七条 企业应当建立重大风险预警机制和突发事件应急处理机制，明确风险预警标准，对可能发生的重大风险或突发事件，制定应急预案、明确责任人员、规范处置程序，确保突发事件得到及时妥善处理。

第五章 信息与沟通

第三十八条 企业应当建立信息与沟通制度，明确内部控制相关信息的收集、处理和传递程序，确保信息及时沟通，促进内部控制有效运行。

第三十九条 企业应当对收集的各种内部信息和外部信息进行合理筛选、核对、整合，提高信息的有用性。

企业可以通过财务会计资料、经营管理资料、调研报告、专项信息、内部刊物、办公网络等渠道，获取内部信息。

企业可以通过行业协会组织、社会中介机构、业务往来单位、市场调查、来信来访、网络媒体以及有关监管部门等渠道，获取外部信息。

第四十条 企业应当将内部控制相关信息在企业内部各管理级次、责任单位、业务环节之间，以及企业与外部投资者、债权人、客户、供应商、中介机构和监管部门等有关方面之间进行沟通和反馈。信息沟通过程中发现的问题，应当及时报告并加以解决。

重要信息应当及时传递给董事会、监事会和经理层。

第四十一条 企业应当利用信息技术促进信息的集成与共享，充分发挥信息技术在信息与沟通中的作用。

企业应当加强对信息系统开发与维护、访问与变更、数据输入与输出、文件储存与保管、网络安全等方面的控制，保证信息系统安全稳定运行。

第四十二条　企业应当建立反舞弊机制，坚持惩防并举、重在预防的原则，明确反舞弊工作的重点领域、关键环节和有关机构在反舞弊工作中的职责权限，规范舞弊案件的举报、调查、处理、报告和补救程序。

企业至少应当将下列情形作为反舞弊工作的重点：

(一)未经授权或者采取其他不法方式侵占、挪用企业资产，牟取不当利益。

(二)在财务会计报告和信息披露等方面存在的虚假记载、误导性陈述或者重大遗漏等。

(三)董事、监事、经理及其他高级管理人员滥用职权。

(四)相关机构或人员串通舞弊。

第四十三条　企业应当建立举报投诉制度和举报人保护制度，设置举报专线，明确举报投诉处理程序、办理时限和办结要求，确保举报、投诉成为企业有效掌握信息的重要途径。

举报投诉制度和举报人保护制度应当及时传达至全体员工。

第六章　内部监督

第四十四条　企业应当根据本规范及其配套办法，制定内部控制监督制度，明确内部审计机构(或经授权的其他监督机构)和其他内部机构在内部监督中的职责权限，规范内部监督的程序、方法和要求。

内部监督分为日常监督和专项监督。日常监督是指企业对建立与实施内部控制的情况进行常规、持续的监督检查；专项监督是指在企业发展战略、组织结构、经营活动、业务流程、关键岗位员工等发生较大调整或变化的情况下，对内部控制的某一或者某些方面进行有针对性的监督检查。

专项监督的范围和频率应当根据风险评估结果以及日常监督的有效性等予以确定。

第四十五条　企业应当制定内部控制缺陷认定标准，对监督过程中发现的内部控制缺陷，应当分析缺陷的性质和产生的原因，提出整改方案，采取适当的形式及时向董事会、监事会或者经理层报告。

内部控制缺陷包括设计缺陷和运行缺陷。企业应当跟踪内部控制缺陷整改情况，并就内部监督中发现的重大缺陷，追究相关责任单位或者责任人的责任。

第四十六条　企业应当结合内部监督情况，定期对内部控制的有效性进行自我评价，出具内部控制自我评价报告。

内部控制自我评价的方式、范围、程序和频率，由企业根据经营业务调整、经营环境变化、业务发展状况、实际风险水平等自行确定。

国家有关法律法规另有规定的，从其规定。

第四十七条　企业应当以书面或者其他适当的形式，妥善保存内部控制建立与实施过程中的相关记录或者资料，确保内部控制建立与实施过程的可验证性。

第七章　附　　则

第四十八条　本规范由财政部会同国务院其他有关部门解释。

第四十九条　本规范的配套办法由财政部会同国务院其他有关部门另行制定。

第五十条　本规范自 2009 年 7 月 1 日起实施。

二〇〇八年五月二十二日

2. 企业内部控制应用指引第 1 号——组织架构
(2010 年颁布)

第一章　总　　则

第一条　为了促进企业实现发展战略，优化治理结构、管理体制和运行机制，建立现代企业制度，根据《中华人民共和国公司法》等有关法律法规和《企业内部控制基本规范》，制定本指引。

第二条 本指引所称组织架构，是指企业按照国家有关法律法规、股东(大)会决议和企业章程，结合本企业实际，明确股东(大)会、董事会、监事会、经理层和企业内部各层级机构设置、职责权限、人员编制、工作程序和相关要求的制度安排。

第三条 企业至少应当关注组织架构设计与运行中的下列风险：

(一)治理结构形同虚设，缺乏科学决策、良性运行机制和执行力，可能导致企业经营失败，难以实现发展战略。

(二)内部机构设计不科学，权责分配不合理，可能导致机构重叠、职能交叉或缺失、推诿扯皮，运行效率低下。

第二章 组织架构的设计

第四条 企业应当根据国家有关法律法规的规定，明确董事会、监事会和经理层的职责权限、任职条件、议事规则和工作程序，确保决策、执行和监督相互分离，形成制衡。

董事会对股东(大)会负责，依法行使企业的经营决策权。可按照股东(大)会的有关决议，设立战略、审计、提名、薪酬与考核等专门委员会，明确各专门委员会的职责权限、任职资格、议事规则和工作程序，为董事会科学决策提供支持。

监事会对股东(大)会负责，监督企业董事、经理和其他高级管理人员依法履行职责。

经理层对董事会负责，主持企业的生产经营管理工作。经理和其他高级管理人员的职责分工应当明确。

董事会、监事会和经理层的产生程序应当合法合规，其人员构成、知识结构、能力素质应当满足履行职责的要求。

第五条 企业的重大决策、重大事项、重要人事任免及大额资金支付业务等，应当按照规定的权限和程序实行集体决策审批或者联签制度。任何个人不得单独进行决策或者擅自改变集体决策意见。

重大决策、重大事项、重要人事任免及大额资金支付业务的具体标准由企业自行确定。

第六条 企业应当按照科学、精简、高效、透明、制衡的原则，综合考虑企业性质、发展战略、文化理念和管理要求等因素，合理设置内部职能机构，明确各机构的职责权限，避免职能交叉、缺失或权责过于集中，形成各司其职、各负其责、相互制约、相互协调的工作机制。

第七条 企业应当对各机构的职能进行科学合理的分解，确定具体岗位的名称、职责和工作要求等，明确各个岗位的权限和相互关系。

企业在确定职权和岗位分工过程中，应当体现不相容职务相互分离的要求。不相容职务通常包括：可行性研究与决策审批；决策审批与执行；执行与监督检查等。

第八条 企业应当制定组织结构图、业务流程图、岗(职)位说明书和权限指引等内部管理制度或相关文件，使员工了解和掌握组织架构设计及权责分配情况，正确履行职责。

第三章 组织架构的运行

第九条 企业应当根据组织架构的设计规范，对现有治理结构和内部机构设置进行全面梳理，确保本企业治理结构、内部机构设置和运行机制等符合现代企业制度要求。

企业梳理治理结构，应当重点关注董事、监事、经理及其他高级管理人员的任职资格和履职情况，以及董事会、监事会和经理层的运行效果。治理结构存在问题的，应当采取有效措施加以改进。

企业梳理内部机构设置，应当重点关注内部机构设置的合理性和运行的高效性等。内部机构设置和运行中存在职能交叉、缺失或运行效率低下的，应当及时解决。

第十条 企业拥有子公司的，应当建立科学的投资管控制度，通过合法有效的形式履行出资人职责、维护出资人权益，重点关注子公司特别是异地、境外子公司的发展战略、年度财务预决算、重大投融资、重大担保、大额资金使用、主要资产处置、重要人事任免、内部控制体系建设等重要事项。

第十一条 企业应当定期对组织架构设计与运行的效率和效果进行全面评估，发现组织架构设计与运行中存在缺陷的，应当进行优化调整。

企业组织架构调整应当充分听取董事、监事、高级管理人员和其他员工的意见，按照规定的权限和程序进行决策审批。

3. 企业内部控制应用指引第 2 号——发展战略（2010 年颁布）

第一章　总　　则

第一条　为了促进企业增强核心竞争力和可持续发展能力，根据有关法律法规和《企业内部控制基本规范》，制定本指引。

第二条　本指引所称发展战略，是指企业在对现实状况和未来趋势进行综合分析和科学预测的基础上，制定并实施的长远发展目标与战略规划。

第三条　企业制定与实施发展战略至少应当关注下列风险：

（一）缺乏明确的发展战略或发展战略实施不到位，可能导致企业盲目发展，难以形成竞争优势，丧失发展机遇和动力。

（二）发展战略过于激进，脱离企业实际能力或偏离主业，可能导致企业过度扩张，甚至经营失败。

（三）发展战略因主观原因频繁变动，可能导致资源浪费，甚至危及企业的生存和持续发展。

第二章　发展战略的制定

第四条　企业应当在充分调查研究、科学分析预测和广泛征求意见的基础上制定发展目标。企业在制定发展目标过程中，应当综合考虑宏观经济政策、国内外市场需求变化、技术发展趋势、行业及竞争对手状况、可利用资源水平和自身优势与劣势等影响因素。

第五条　企业应当根据发展目标制定战略规划。战略规划应当明确发展的阶段性和发展程度，确定每个发展阶段的具体目标、工作任务和实施路径。

第六条　企业应当在董事会下设立战略委员会，或指定相关机构负责发展战略管理工作，履行相应职责。企业应当明确战略委员会的职责和议事规则，对战略委员会会议的召开程序、表决方式、提案审议、保密要求和会议记录等作出规定，确保议事过程规范透明、决策程序科学民主。战略委员会应当组织有关部门对发展目标和战略规划进行可行性研究和科学论证，形成发展战略建议方案；必要时，可借助中介机构和外部专家的力量为其履行职责提供专业咨询意见。战略委员会成员应当具有较强的综合素质和实践经验，其任职资格和选任程序应当符合有关法律法规和企业章程的规定。

第七条　董事会应当严格审议战略委员会提交的发展战略方案，重点关注其全局性、长期性和可行性。董事会在审议方案中如果发现重大问题，应当责成战略委员会对方案作出调整。企业的发展战略方案经董事会审议通过后，报经股东（大）会批准实施。

第三章　发展战略的实施

第八条　企业应当根据发展战略，制定年度工作计划，编制全面预算，将年度目标分解、落实；同时完善发展战略管理制度，确保发展战略有效实施。

第九条　企业应当重视发展战略的宣传工作，通过内部各层级会议和教育培训等有效方式，将发展战略及其分解落实情况传递到内部各管理层级和全体员工。

第十条　战略委员会应当加强对发展战略实施情况的监控，定期收集和分析相关信息，对于明显偏离发展战略的情况，应当及时报告。

第十一条　由于经济形势、产业政策、技术进步、行业状况以及不可抗力等因素发生重大变化，确需对发展战略作出调整的，应当按照规定权限和程序调整发展战略。

4. 企业内部控制应用指引第3号——人力资源（2010年颁布）

第一章 总 则

第一条 为了促进企业加强人力资源建设，充分发挥人力资源对实现企业发展战略的重要作用，根据有关法律法规和《企业内部控制基本规范》，制定本指引。

第二条 本指引所称人力资源，是指企业组织生产经营活动而录（任）用的各种人员，包括董事、监事、高级管理人员和全体员工。

第三条 企业人力资源管理至少应当关注下列风险：（一）人力资源缺乏或过剩、结构不合理、开发机制不健全，可能导致企业发展战略难以实现。

（二）人力资源激励约束制度不合理、关键岗位人员管理不完善，可能导致人才流失、经营效率低下或关键技术、商业秘密和国家机密泄露。

（三）人力资源退出机制不当，可能导致法律诉讼或企业声誉受损。

第四条 企业应当重视人力资源建设，根据发展战略，结合人力资源现状和未来需求预测，建立人力资源发展目标，制定人力资源总体规划和能力框架体系，优化人力资源整体布局，明确人力资源的引进、开发、使用、培养、考核、激励、退出等管理要求，实现人力资源的合理配置，全面提升企业核心竞争力。

第二章 人力资源的引进与开发

第五条 企业应当根据人力资源总体规划，结合生产经营实际需要，制定年度人力资源需求计划，完善人力资源引进制度，规范工作流程，按照计划、制度和程序组织人力资源引进工作。

第六条 企业应当根据人力资源能力框架要求，明确各岗位的职责权限、任职条件和工作要求，遵循德才兼备、以德为先和公开、公平、公正的原则，通过公开招聘、竞争上岗等多种方式选聘优秀人才，重点关注选聘对象的价值取向和责任意识。

企业选拔高级管理人员和聘用中层及以下员工，应当切实做到因事设岗、以岗选人，避免因人设事或设岗，确保选聘人员能够胜任岗位职责要求。

企业选聘人员应当实行岗位回避制度。

第七条 企业确定选聘人员后，应当依法签订劳动合同，建立劳动用工关系。

企业对于在产品技术、市场、管理等方面掌握或涉及关键技术、知识产权、商业秘密或国家机密的工作岗位，应当与该岗位员工签订有关岗位保密协议，明确保密义务。

第八条 企业应当建立选聘人员试用期和岗前培训制度，对试用人员进行严格考察，促进选聘员工全面了解岗位职责，掌握岗位基本技能，适应工作要求。试用期满考核合格后，方可正式上岗；试用期满考核不合格者，应当及时解除劳动关系。

第九条 企业应当重视人力资源开发工作，建立员工培训长效机制，营造尊重知识、尊重人才和关心员工职业发展的文化氛围，加强后备人才队伍建设，促进全体员工的知识、技能持续更新，不断提升员工的服务效能。

第三章 人力资源的使用与退出

第十条 企业应当建立和完善人力资源的激励约束机制，设置科学的业绩考核指标体系，对各级管理人员和全体员工进行严格考核与评价，以此作为确定员工薪酬、职级调整和解除劳动合同等的重要依据，确保员工队伍处于持续优化状态。

第十一条 企业应当制定与业绩考核挂钩的薪酬制度，切实做到薪酬安排与员工贡献相协调，体现效率优先，兼顾公平。

第十二条 企业应当制定各级管理人员和关键岗位员工定期轮岗制度，明确轮岗范围、轮岗周期、轮岗方式等，形成相关岗位员工的有序持续流动，全面提升员工素质。

第十三条　企业应当按照有关法律法规规定，结合企业实际，建立健全员工退出（辞职、解除劳动合同、退休等）机制，明确退出的条件和程序，确保员工退出机制得到有效实施。

企业对考核不能胜任岗位要求的员工，应当及时暂停其工作，安排再培训，或调整工作岗位，安排转岗培训；仍不能满足岗位职责要求的，应当按照规定的权限和程序解除劳动合同。

企业应当与退出员工依法约定保守关键技术、商业秘密、国家机密和竞业限制的期限，确保知识产权、商业秘密和国家机密的安全。

企业关键岗位人员离职前，应当根据有关法律法规的规定进行工作交接或离任审计。

第十四条　企业应当定期对年度人力资源计划执行情况进行评估，总结人力资源管理经验，分析存在的主要缺陷和不足，完善人力资源政策，促进企业整体团队充满生机和活力。

5. 企业内部控制应用指引第 4 号——社会责任（2010 年颁布）

第一章　总　　则

第一条　为了促进企业履行社会责任，实现企业与社会的协调发展，根据国家有关法律法规和《企业内部控制基本规范》，制定本指引。

第二条　本指引所称社会责任，是指企业在经营发展过程中应当履行的社会职责和义务，主要包括安全生产、产品质量（含服务，下同）、环境保护、资源节约、促进就业、员工权益保护等。

第三条　企业至少应当关注在履行社会责任方面的下列风险：

（一）安全生产措施不到位，责任不落实，可能导致企业发生安全事故。

（二）产品质量低劣，侵害消费者利益，可能导致企业巨额赔偿、形象受损，甚至破产。

（三）环境保护投入不足，资源耗费大，造成环境污染或资源枯竭，可能导致企业巨额赔偿、缺乏发展后劲，甚至停业。

（四）促进就业和员工权益保护不够，可能导致员工积极性受挫，影响企业发展和社会稳定。

第四条　企业应当重视履行社会责任，切实做到经济效益与社会效益、短期利益与长远利益、自身发展与社会发展相互协调，实现企业与员工、企业与社会、企业与环境的健康和谐发展。

第二章　安全生产

第五条　企业应当根据国家有关安全生产的规定，结合本企业实际情况，建立严格的安全生产管理体系、操作规范和应急预案，强化安全生产责任追究制度，切实做到安全生产。

企业应当设立安全管理部门和安全监督机构，负责企业安全生产的日常监督管理工作。

第六条　企业应当重视安全生产投入，在人力、物力、资金、技术等方面提供必要的保障，健全检查监督机制，确保各项安全措施落实到位，不得随意降低保障标准和要求。

第七条　企业应当贯彻预防为主的原则，采用多种形式增强员工安全意识，重视岗位培训，对于特殊岗位实行资格认证制度。

企业应当加强生产设备的经常性维护管理，及时排除安全隐患。

第八条　企业如果发生生产安全事故，应当按照安全生产管理制度妥善处理，排除故障，减轻损失，追究责任。

重大生产安全事故应当启动应急预案，同时按照国家有关规定及时报告，严禁迟报、谎报和瞒报。

第三章　产品质量

第九条　企业应当根据国家和行业相关产品质量的要求，从事生产经营活动，切实提高产品质量和服务水平，努力为社会提供优质安全健康的产品和服务，最大限度地满足消费者的需求，对社会和公众负责，接受社会监督，承担社会责任。

第十条 企业应当规范生产流程，建立严格的产品质量控制和检验制度，严把质量关，禁止缺乏质量保障、危害人民生命健康的产品流向社会。

第十一条 企业应当加强产品的售后服务。售后发现存在严重质量缺陷、隐患的产品，应当及时召回或采取其他有效措施，最大限度地降低或消除缺陷、隐患产品的社会危害。

企业应当妥善处理消费者提出的投诉和建议，切实保护消费者权益。

第四章 环境保护与资源节约

第十二条 企业应当按照国家有关环境保护与资源节约的规定，结合本企业实际情况，建立环境保护与资源节约制度，认真落实节能减排责任，积极开发和使用节能产品，发展循环经济，降低污染物排放，提高资源综合利用效率。

企业应当通过宣传教育等有效形式，不断提高员工的环境保护和资源节约意识。

第十三条 企业应当重视生态保护，加大对环保工作的人力、物力、财力的投入和技术支持，不断改进工艺流程，降低能耗和污染物排放水平，实现清洁生产。

企业应当加强对废气、废水、废渣的综合治理，建立废料回收和循环利用制度。

第十四条 企业应当重视资源节约和资源保护，着力开发利用可再生资源，防止对不可再生资源进行掠夺性或毁灭性开发。

企业应当重视国家产业结构相关政策，特别关注产业结构调整的发展要求，加快高新技术开发和传统产业改造，切实转变发展方式，实现低投入、低消耗、低排放和高效率。

第十五条 企业应当建立环境保护和资源节约的监控制度，定期开展监督检查，发现问题，及时采取措施予以纠正。污染物排放超过国家有关规定的，企业应当承担治理或相关法律责任。

发生紧急、重大环境污染事件时，应当启动应急机制，及时报告和处理，并依法追究相关责任人的责任。

第五章 促进就业与员工权益保护

第十六条 企业应当依法保护员工的合法权益，贯彻人力资源政策，保护员工依法享有劳动权利和履行劳动义务，保持工作岗位相对稳定，积极促进充分就业，切实履行社会责任。

企业应当避免在正常经营情况下批量辞退员工，增加社会负担。

第十七条 企业应当与员工签订并履行劳动合同，遵循按劳分配、同工同酬的原则，建立科学的员工薪酬制度和激励机制，不得克扣或无故拖欠员工薪酬。

企业应当建立高级管理人员与员工薪酬的正常增长机制，切实保持合理水平，维护社会公平。

第十八条 企业应当及时办理员工社会保险，足额缴纳社会保险费，保障员工依法享受社会保险待遇。

企业应当按照有关规定做好健康管理工作，预防、控制和消除职业危害；按期对员工进行非职业性健康监护，对从事有职业危害作业的员工进行职业性健康监护。

企业应当遵守法定的劳动时间和休息休假制度，确保员工的休息休假权利。

第十九条 企业应当加强职工代表大会和工会组织建设，维护员工合法权益，积极开展员工职业教育培训，创造平等发展机会。

企业应当尊重员工人格，维护员工尊严，杜绝性别、民族、宗教、年龄等各种歧视，保障员工身心健康。

第二十条 企业应当按照产学研用相结合的社会需求，积极创建实习基地，大力支持社会有关方面培养、锻炼社会需要的应用型人才。

第二十一条 企业应当积极履行社会公益方面的责任和义务，关心帮助社会弱势群体，支持慈善事业。

6. 企业内部控制应用指引第5号——企业文化（2010年颁布）

第一章　总　　则

第一条　为了加强企业文化建设，发挥企业文化在企业发展中的重要作用，根据《企业内部控制基本规范》，制定本指引。

第二条　本指引所称企业文化，是指企业在生产经营实践中逐步形成的、为整体团队所认同并遵守的价值观、经营理念和企业精神，以及在此基础上形成的行为规范的总称。

第三条　加强企业文化建设至少应当关注下列风险：（一）缺乏积极向上的企业文化，可能导致员工丧失对企业的信心和认同感，企业缺乏凝聚力和竞争力。

（二）缺乏开拓创新、团队协作和风险意识，可能导致企业发展目标难以实现，影响可持续发展。

（三）缺乏诚实守信的经营理念，可能导致舞弊事件的发生，造成企业损失，影响企业信誉。

（四）忽视企业间的文化差异和理念冲突，可能导致并购重组失败。

第二章　企业文化的建设

第四条　企业应当采取切实有效的措施，积极培育具有自身特色的企业文化，引导和规范员工行为，打造以主业为核心的企业品牌，形成整体团队的向心力，促进企业长远发展。

第五条　企业应当培育体现企业特色的发展愿景、积极向上的价值观、诚实守信的经营理念、履行社会责任和开拓创新的企业精神，以及团队协作和风险防范意识。

企业应当重视并购重组后的企业文化建设，平等对待被并购方的员工，促进并购双方的文化融合。

第六条　企业应当根据发展战略和实际情况，总结优良传统，挖掘文化底蕴，提炼核心价值，确定文化建设的目标和内容，形成企业文化规范，使其构成员工行为守则的重要组成部分。

第七条　董事、监事、经理和其他高级管理人员应当在企业文化建设中发挥主导和垂范作用，以自身的优秀品格和脚踏实地的工作作风，带动影响整个团队，共同营造积极向上的企业文化环境。

企业应当促进文化建设在内部各层级的有效沟通，加强企业文化的宣传贯彻，确保全体员工共同遵守。

第八条　企业文化建设应当融入生产经营全过程，切实做到文化建设与发展战略的有机结合，增强员工的责任感和使命感，规范员工行为方式，使员工自身价值在企业发展中得到充分体现。

企业应当加强对员工的文化教育和熏陶，全面提升员工的文化修养和内在素质。

第三章　企业文化的评估

第九条　企业应当建立企业文化评估制度，明确评估的内容、程序和方法，落实评估责任制，避免企业文化建设流于形式。

第十条　企业文化评估，应当重点关注董事、监事、经理和其他高级管理人员在企业文化建设中的责任履行情况、全体员工对企业核心价值观的认同感、企业经营管理行为与企业文化的一致性、企业品牌的社会影响力、参与企业并购重组各方文化的融合度，以及员工对企业未来发展的信心。

第十一条　企业应当重视企业文化的评估结果，巩固和发扬文化建设成果，针对评估过程中发现的问题，研究影响企业文化建设的不利因素，分析深层次的原因，及时采取措施加以改进。

7. 企业内部控制应用指引第6号——资金活动
(2010年颁布)

第一章 总 则

第一条 为了促进企业正常组织资金活动,防范和控制资金风险,保证资金安全,提高资金使用效益,根据有关法律法规和《企业内部控制基本规范》,制定本指引。

第二条 本指引所称资金活动,是指企业筹资、投资和资金营运等活动的总称。

第三条 企业资金活动至少应当关注下列风险:

(一)筹资决策不当,引发资本结构不合理或无效融资,可能导致企业筹资成本过高或债务危机。

(二)投资决策失误,引发盲目扩张或丧失发展机遇,可能导致资金链断裂或资金使用效益低下。

(三)资金调度不合理、营运不畅,可能导致企业陷入财务困境或资金冗余。

(四)资金活动管控不严,可能导致资金被挪用、侵占、抽逃或遭受欺诈。

第四条 企业应当根据自身发展战略,科学确定投融资目标和规划,完善严格的资金授权、批准、审验等相关管理制度,加强资金活动的集中归口管理,明确筹资、投资、营运等各环节的职责权限和岗位分离要求,定期或不定期检查和评价资金活动情况,落实责任追究制度,确保资金安全和有效运行。

企业财会部门负责资金活动的日常管理,参与投融资方案等可行性研究。总会计师或分管会计工作的负责人应当参与投融资决策过程。

企业有子公司的,应当采取合法有效措施,强化对子公司资金业务的统一监控。有条件的企业集团,应当探索财务公司、资金结算中心等资金集中管控模式。

第二章 筹 资

第五条 企业应当根据筹资目标和规划,结合年度全面预算,拟订筹资方案,明确筹资用途、规模、结构和方式等相关内容,对筹资成本和潜在风险作出充分估计。

境外筹资还应考虑所在地的政治、经济、法律、市场等因素。

第六条 企业应当对筹资方案进行科学论证,不得依据未经论证的方案开展筹资活动。重大筹资方案应当形成可行性研究报告,全面反映风险评估情况。

企业可以根据实际需要,聘请具有相应资质的专业机构进行可行性研究。

第七条 企业应当对筹资方案进行严格审批,重点关注筹资用途的可行性和相应的偿债能力。重大筹资方案,应当按照规定的权限和程序实行集体决策或者联签制度。

筹资方案需经有关部门批准的,应当履行相应的报批程序。筹资方案发生重大变更的,应当重新进行可行性研究并履行相应审批程序。

第八条 企业应当根据批准的筹资方案,严格按照规定权限和程序筹集资金。银行借款或发行债券,应当重点关注利率风险、筹资成本、偿还能力以及流动性风险等;发行股票应当重点关注发行风险、市场风险、政策风险以及公司控制权风险等。

企业通过银行借款方式筹资的,应当与有关金融机构进行洽谈,明确借款规模、利率、期限、担保、还款安排、相关的权利义务和违约责任等内容。双方达成一致意见后签署借款合同,据此办理相关借款业务。

企业通过发行债券方式筹资的,应当合理选择债券种类,对还本付息方案作出系统安排,确保按期、足额偿还到期本金和利息。

企业通过发行股票方式筹资的,应当依照《中华人民共和国证券法》等有关法律法规和证券监管部门的规定,优化企业组织架构,进行业务整合,并选择具备相应资质的中介机构协助企业做好相关工作,确保符合股票发行条件和要求。

第九条 企业应当严格按照筹资方案确定的用途使用资金。筹资用于投资的,应当分别按照本指引第三章和《企业内部控制应用指引第 11 号——工程项目》规定，防范和控制资金使用的风险。

由于市场环境变化等确需改变资金用途的，应当履行相应的审批程序。严禁擅自改变资金用途。

第十条 企业应当加强债务偿还和股利支付环节的管理，对偿还本息和支付股利等作出适当安排。

企业应当按照筹资方案或合同约定的本金、利率、期限、汇率及币种，准确计算应付利息，与债权人核对无误后按期支付。

企业应当选择合理的股利分配政策，兼顾投资者近期和长远利益，避免分配过度或不足。股利分配方案应当经过股东（大）会批准，并按规定履行披露义务。

第十一条 企业应当加强筹资业务的会计系统控制，建立筹资业务的记录、凭证和账簿，按照国家统一会计准则制度，正确核算和监督资金筹集、本息偿还、股利支付等相关业务，妥善保管筹资合同或协议、收款凭证、入库凭证等资料，定期与资金提供方进行账务核对，确保筹资活动符合筹资方案的要求。

第三章 投 资

第十二条 企业应当根据投资目标和规划，合理安排资金投放结构，科学确定投资项目，拟订投资方案，重点关注投资项目的收益和风险。企业选择投资项目应当突出主业，谨慎从事股票投资或衍生金融产品等高风险投资。

境外投资还应考虑政治、经济、法律、市场等因素的影响。

企业采用并购方式进行投资的，应当严格控制并购风险，重点关注并购对象的隐性债务、承诺事项、可持续发展能力、员工状况及其与本企业治理层及管理层的关联关系，合理确定支付对价，确保实现并购目标。

第十三条 企业应当加强对投资方案的可行性研究，重点对投资目标、规模、方式、资金来源、风险与收益等作出客观评价。

企业根据实际需要，可以委托具备相应资质的专业机构进行可行性研究，提供独立的可行性研究报告。

第十四条 企业应当按照规定的权限和程序对投资项目进行决策审批，重点审查投资方案是否可行、投资项目是否符合国家产业政策及相关法律法规的规定，是否符合企业投资战略目标和规划、是否具有相应的资金能力、投入资金能否按时收回、预期收益能否实现，以及投资和并购风险是否可控等。重大投资项目，应当按照规定的权限和程序实行集体决策或者联签制度。

投资方案需经有关管理部门批准的，应当履行相应的报批程序。投资方案发生重大变更的，应当重新进行可行性研究并履行相应审批程序。

第十五条 企业应当根据批准的投资方案，与被投资方签订投资合同或协议，明确出资时间、金额、方式、双方权利义务和违约责任等内容，按规定的权限和程序审批后履行投资合同或协议。

企业应当指定专门机构或人员对投资项目进行跟踪管理，及时收集被投资方经审计的财务报告等相关资料，定期组织投资效益分析，关注被投资方的财务状况、经营成果、现金流量以及投资合同履行情况，发现异常情况，应当及时报告并妥善处理。

第十六条 企业应当加强对投资项目的会计系统控制，根据对被投资方的影响程度，合理确定投资会计政策，建立投资管理台账，详细记录投资对象、金额、持股比例、期限、收益等事项，妥善保管投资合同或协议、出资证明等资料。

企业财会部门对于被投资方出现财务状况恶化、市价当期大幅下跌等情形的，应当根据国家统一的会计准则制度规定，合理计提减值准备、确认减值损失。

第十七条 企业应当加强投资收回和处置环节的控制，对投资收回、转让、核销等决策和审批程序作出明确规定。

企业应当重视投资到期本金的回收。转让投资应当由相关机构或人员合理确定转让价格，报授权批准部门批准，必要时可委托具有相应资质的专门机构进行评估。核销投资应当取得不能收回投资的法律文书和相关证明文件。

企业对于到期无法收回的投资，应当建立责任追究制度。

第四章 营 运

第十八条 企业应当加强资金营运全过程的管理，统筹协调内部各机构在生产经营过程中的资金需求，切实做好资金在采购、生产、销售等各环节的综合平衡，全面提升资金营运效率。

第十九条 企业应当充分发挥全面预算管理在资金综合平衡中的作用，严格按照预算要求组织协调资金调度，确保资金及时收付，实现资金的合理占用和营运良性循环。

企业应当严禁资金的体外循环，切实防范资金营运中的风险。

第二十条 企业应当定期组织召开资金调度会或资金安全检查，对资金预算执行情况进行综合分析，发现异常情况，及时采取措施妥善处理，避免资金冗余或资金链断裂。

企业在营运过程中出现临时性资金短缺的，可以通过短期融资等方式获取资金。资金出现短期闲置的，在保证安全性和流动性的前提下，可以通过购买国债等多种方式，提高资金效益。

第二十一条 企业应当加强对营运资金的会计系统控制，严格规范资金的收支条件、程序和审批权限。

企业在生产经营及其他业务活动中取得的资金收入应当及时入账，不得账外设账，严禁收款不入账、设立"小金库"。

企业办理资金支付业务，应当明确支出款项的用途、金额、预算、限额、支付方式等内容，并附原始单据或相关证明，履行严格的授权审批程序后，方可安排资金支出。

企业办理资金收付业务，应当遵守现金和银行存款管理的有关规定，不得由一人办理货币资金全过程业务，严禁将办理资金支付业务的相关印章和票据集中一人保管。

8. 企业内部控制应用指引第7号——采购业务（2010年颁布）

第一章 总 则

第一条 为了促进企业合理采购，满足生产经营需要，规范采购行为，防范采购风险，根据有关法律法规和《企业内部控制基本规范》，制定本指引。

第二条 本指引所称采购，是指购买物资（或接受劳务）及支付款项等相关活动。

第三条 企业采购业务至少应当关注下列风险：

（一）采购计划安排不合理，市场变化趋势预测不准确，造成库存短缺或积压，可能导致企业生产停滞或资源浪费。

（二）供应商选择不当，采购方式不合理，招投标或定价机制不科学，授权审批不规范，可能导致采购物资质次价高，出现舞弊或遭受欺诈。

（三）采购验收不规范，付款审核不严，可能导致采购物资、资金损失或信用受损。

第四条 企业应当结合实际情况，全面梳理采购业务流程，完善采购业务相关管理制度，统筹安排采购计划，明确请购、审批、购买、验收、付款、采购后评估等环节的职责和审批权限，按照规定的审批权限和程序办理采购业务，建立价格监督机制，定期检查和评价采购过程中的薄弱环节，采取有效控制措施，确保物资采购满足企业生产经营需要。

第二章 购 买

第五条 企业的采购业务应当集中，避免多头采购或分散采购，以提高采购业务效率，降低采购成本，堵塞管理漏洞。企业应当对办理采购业务的人员定期进行岗位轮换。重要和技术性较强的采购业务，应当组织相关专家进行论证，实行集体决策和审批。

企业除小额零星物资或服务外，不得安排同一机构办理采购业务全过程。

第六条 企业应当建立采购申请制度，依据购买物资或接受劳务的类型，确定归口管理部门，授予相应的请购权，明确相关部门或人员的职责权限及相应的请购和审批程序。

企业可以根据实际需要设置专门的请购部门，对需求部门提出的采购需求进行审核，并进行归类汇总，统筹安排企业的采购计划。

具有请购权的部门对于预算内采购项目，应当严格按照预算执行进度办理请购手续，并根据市场变化提出合理采购申请。对于超预算和预算外采购项目，应先履行预算调整程序，由具备相应审批权限的部门或人员审批后，再行办理请购手续。

第七条　企业应当建立科学的供应商评估和准入制度，确定合格供应商清单，与选定的供应商签订质量保证协议，建立供应商管理信息系统，对供应商提供物资或劳务的质量、价格、交货及时性、供货条件及其资信、经营状况等进行实时管理和综合评价，根据评价结果对供应商进行合理选择和调整。

企业可委托具有相应资质的中介机构对供应商进行资信调查。

第八条　企业应当根据市场情况和采购计划合理选择采购方式。大宗采购应当采用招标方式，合理确定招投标的范围、标准、实施程序和评标规则；一般物资或劳务等的采购可以采用询价或定向采购的方式并签订合同协议；小额零星物资或劳务等的采购可以采用直接购买等方式。

第九条　企业应当建立采购物资定价机制，采取协议采购、招标采购、谈判采购、询比价采购等多种方式合理确定采购价格，最大限度地减小市场变化对企业采购价格的影响。

大宗采购等应当采用招投标方式确定采购价格，其他商品或劳务的采购，应当根据市场行情制定最高采购限价，并对最高采购限价适时调整。

第十条　企业应当根据确定的供应商、采购方式、采购价格等情况拟订采购合同，准确描述合同条款，明确双方权利、义务和违约责任，按照规定权限签订采购合同。

企业应当根据生产建设进度和采购物资特性，选择合理的运输工具和运输方式，办理运输、投保等事宜。

第十一条　企业应当建立严格的采购验收制度，确定检验方式，由专门的验收机构或验收人员对采购项目的品种、规格、数量、质量等相关内容进行验收，出具验收证明。涉及大宗和新、特物资采购的，还应进行专业测试。

验收过程中发现的异常情况，负责验收的机构或人员应当立即向企业有权管理的相关机构报告，相关机构应当查明原因并及时处理。

第十二条　企业应当加强物资采购供应过程的管理，依据采购合同中确定的主要条款跟踪合同履行情况，对有可能影响生产或工程进度的异常情况，应出具书面报告并及时提出解决方案。

企业应当做好采购业务各环节的记录，实行全过程的采购登记制度或信息化管理，确保采购过程的可追溯性。

第三章　付　　款

第十三条　企业应当加强采购付款的管理，完善付款流程，明确付款审核人的责任和权力，严格审核采购预算、合同、相关单据凭证、审批程序等相关内容，审核无误后按照合同规定及时办理付款。

企业在付款过程中，应当严格审查采购发票的真实性、合法性和有效性。发现虚假发票的，应查明原因，及时报告处理。

企业应当重视采购付款的过程控制和跟踪管理，发现异常情况的，应当拒绝付款，避免出现资金损失和信用受损。

企业应当合理选择付款方式，并严格遵循合同规定，防范付款方式不当带来的法律风险，保证资金安全。

第十四条　企业应当加强预付账款和定金的管理。涉及大额或长期的预付款项，应当定期进行追踪核查，综合分析预付账款的期限、占用款项的合理性、不可收回风险等情况，发现有疑问的预付款项，应当及时采取措施。

第十五条　企业应当加强对购买、验收、付款业务的会计系统控制，详细记录供应商情况、请购申请、采购合同、采购通知、验收证明、入库凭证、商业票据、款项支付等情况，确保会计记录、采购记录与仓储记录核对一致。

企业应当指定专人通过函证等方式，定期与供应商核对应付账款、应付票据、预付账款等往来款项。

第十六条　企业应当建立退货管理制度，对退货条件、退货手续、货物出库、退货货款回收等作出明确规定，并在与供应商的合同中明确退货事宜，及时收回退货货款。涉及符合索赔条件的退货，应在索赔期内及时办理索赔。

9. 企业内部控制应用指引第 8 号——资产管理（2010 年颁布）

第一章 总 则

第一条 为了提高资产使用效能，保证资产安全，根据有关法律法规和《企业内部控制基本规范》，制定本指引。

第二条 本指引所称资产，是指企业拥有或控制的存货、固定资产和无形资产。

第三条 企业资产管理至少应当关注下列风险：（一）存货积压或短缺，可能导致流动资金占用过量、存货价值贬损或生产中断。

（二）固定资产更新改造不够、使用效能低下、维护不当、产能过剩，可能导致企业缺乏竞争力、资产价值贬损、安全事故频发或资源浪费。

（三）无形资产缺乏核心技术、权属不清、技术落后、存在重大技术安全隐患，可能导致企业法律纠纷、缺乏可持续发展能力。

第四条 企业应当加强各项资产管理，全面梳理资产管理流程，及时发现资产管理中的薄弱环节，切实采取有效措施加以改进，并关注资产减值迹象，合理确认资产减值损失，不断提高企业资产管理水平。

企业应当重视和加强各项资产的投保工作，采用招标等方式确定保险人，降低资产损失风险，防范资产投保舞弊。

第二章 存 货

第五条 企业应当采用先进的存货管理技术和方法，规范存货管理流程，明确存货取得、验收入库、原料加工、仓储保管、领用发出、盘点处置等环节的管理要求，充分利用信息系统，强化会计、出入库等相关记录，确保存货管理全过程的风险得到有效控制。

第六条 企业应当建立存货管理岗位责任制，明确内部相关部门和岗位的职责权限，切实做到不相容岗位相互分离、制约和监督。

企业内部除存货管理、监督部门及仓储人员外，其他部门和人员接触存货，应当经过相关部门特别授权。

第七条 企业应当重视存货验收工作，规范存货验收程序和方法，对入库存货的数量、质量、技术规格等方面进行查验，验收无误方可入库。

外购存货的验收，应当重点关注合同、发票等原始单据与存货的数量、质量、规格等核对一致。涉及技术含量较高的货物，必要时可委托具有检验资质的机构或聘请外部专家协助验收。

自制存货的验收，应当重点关注产品质量，通过检验合格的半成品、产成品才能办理入库手续，不合格品应及时查明原因、落实责任、报告处理。

其他方式取得存货的验收，应当重点关注存货来源、质量状况、实际价值是否符合有关合同或协议的约定。

第八条 企业应当建立存货保管制度，定期对存货进行检查，重点关注下列事项：（一）存货在不同仓库之间流动时应当办理出入库手续。

（二）应当按仓储物资所要求的储存条件贮存，并健全防火、防洪、防盗、防潮、防病虫害和防变质等管理规范。

（三）加强生产现场的材料、周转材料、半成品等物资的管理，防止浪费、被盗和流失。

（四）对代管、代销、暂存、受托加工的存货，应单独存放和记录，避免与本单位存货混淆。

（五）结合企业实际情况，加强存货的保险投保，保证存货安全，合理降低存货意外损失风险。

第九条 企业应当明确存货发出和领用的审批权限，大批存货、贵重商品或危险品的发出应当实行特别授权。仓储部门应当根据经审批的销售(出库)通知单发出货物。

第十条 企业仓储部门应当详细记录存货入库、出库及库存情况，做到存货记录与实际库存相符，并定期与财会部门、存货管理部门进行核对。

第十一条 企业应当根据各种存货采购间隔期和当前库存，综合考虑企业生产经营计划、市场供求等因素，充分利用信息系统，合理确定存货采购日期和数量，确保存货处于最佳库存状态。

第十二条 企业应当建立存货盘点清查制度，结合本企业实际情况确定盘点周期、盘点流程等相关内容，核查存货数量，及时发现存货减值迹象。企业至少应当于每年年度终了开展全面盘点清查，盘点清查结果应当形成书面报告。

盘点清查中发现的存货盘盈、盘亏、毁损、闲置以及需要报废的存货，应当查明原因、落实并追究责任，按照规定权限批准后处置。

第三章 固定资产

第十三条 企业应当加强房屋建筑物、机器设备等各类固定资产的管理，重视固定资产维护和更新改造，不断提升固定资产的使用效能，积极促进固定资产处于良好运行状态。

第十四条 企业应当制定固定资产目录，对每项固定资产进行编号，按照单项资产建立固定资产卡片，详细记录各项固定资产的来源、验收、使用地点、责任单位和责任人、运转、维修、改造、折旧、盘点等相关内容。

企业应当严格执行固定资产日常维修和大修理计划，定期对固定资产进行维护保养，切实消除安全隐患。

企业应当强化对生产线等关键设备运转的监控，严格操作流程，实行岗前培训和岗位许可制度，确保设备安全运转。

第十五条 企业应当根据发展战略，充分利用国家有关自主创新政策，加大技改投入，不断促进固定资产技术升级，淘汰落后设备，切实做到保持本企业固定资产技术的先进性和企业发展的可持续性。

第十六条 企业应当严格执行固定资产投保政策，对应投保的固定资产项目按规定程序进行审批，及时办理投保手续。

第十七条 企业应当规范固定资产抵押管理，确定固定资产抵押程序和审批权限等。

企业将固定资产用作抵押的，应由相关部门提出申请，经企业授权部门或人员批准后，由资产管理部门办理抵押手续。

企业应当加强对接收的抵押资产的管理，编制专门的资产目录，合理评估抵押资产的价值。

第十八条 企业应当建立固定资产清查制度，至少每年进行全面清查。对固定资产清查中发现的问题，应当查明原因，追究责任，妥善处理。

企业应当加强固定资产处置的控制，关注固定资产处置中的关联交易和处置定价，防范资产流失。

第四章 无形资产

第十九条 企业应当加强对品牌、商标、专利、专有技术、土地使用权等无形资产的管理，分类制定无形资产管理办法，落实无形资产管理责任制，促进无形资产有效利用，充分发挥无形资产对提升企业核心竞争力的作用。

第二十条 企业应当全面梳理外购、自行开发以及其他方式取得的各类无形资产的权属关系，加强无形资产权益保护，防范侵权行为和法律风险。无形资产具有保密性质的，应当采取严格保密措施，严防泄露商业秘密。

企业购入或者以支付土地出让金等方式取得的土地使用权，应当取得土地使用权有效证明文件。

第二十一条 企业应当定期对专利、专有技术等无形资产的先进性进行评估，淘汰落后技术，加大研发投入，促进技术更新换代，不断提升自主创新能力，努力做到核心技术处于同行业领先水平。

第二十二条 企业应当重视品牌建设，加强商誉管理，通过提供高质量产品和优质服务等多种方式，不断打造和培育主业品牌，切实维护和提升企业品牌的社会认可度。

10. 企业内部控制应用指引第9号——销售业务（2010年颁布）

第一章　总　　则

第一条　为了促进企业销售稳定增长，扩大市场份额，规范销售行为，防范销售风险，根据有关法律法规和《企业内部控制基本规范》，制定本指引。

第二条　本指引所称销售，是指企业出售商品（或提供劳务）及收取款项等相关活动。

第三条　企业销售业务至少应当关注下列风险：（一）销售政策和策略不当，市场预测不准确，销售渠道管理不当等，可能导致销售不畅、库存积压、经营难以为继。

（二）客户信用管理不到位，结算方式选择不当，账款回收不力等，可能导致销售款项不能收回或遭受欺诈。

（三）销售过程存在舞弊行为，可能导致企业利益受损。

第四条　企业应当结合实际情况，全面梳理销售业务流程，完善销售业务相关管理制度，确定适当的销售政策和策略，明确销售、发货、收款等环节的职责和审批权限，按照规定的权限和程序办理销售业务，定期检查分析销售过程中的薄弱环节，采取有效控制措施，确保实现销售目标。

第二章　销　　售

第五条　企业应当加强市场调查，合理确定定价机制和信用方式，根据市场变化及时调整销售策略，灵活运用销售折扣、销售折让、信用销售、代销和广告宣传等多种策略和营销方式，促进销售目标实现，不断提高市场占有率。

企业应当健全客户信用档案，关注重要客户资信变动情况，采取有效措施，防范信用风险。

企业对于境外客户和新开发客户，应当建立严格的信用保证制度。

第六条　企业在销售合同订立前，应当与客户进行业务洽谈、磋商或谈判，关注客户信用状况、销售定价、结算方式等相关内容。

重大的销售业务谈判应当吸收财会、法律等专业人员参加，并形成完整的书面记录。

销售合同应当明确双方的权利和义务，审批人员应当对销售合同草案进行严格审核。重要的销售合同，应当征询法律顾问或专家的意见。

第七条　企业销售部门应当按照经批准的销售合同开具相关销售通知。发货和仓储部门应当对销售通知进行审核，严格按照所列项目组织发货，确保货物的安全发运。企业应当加强销售退回管理，分析销售退回原因，及时妥善处理。

企业应当严格按照发票管理规定开具销售发票。严禁开具虚假发票。

第八条　企业应当做好销售业务各环节的记录，填制相应的凭证，设置销售台账，实行全过程的销售登记制度。

第九条　企业应当完善客户服务制度，加强客户服务和跟踪，提升客户满意度和忠诚度，不断改进产品质量和服务水平。

第三章　收　　款

第十条　企业应当完善应收款项管理制度，严格考核，实行奖惩。

销售部门负责应收款项的催收，催收记录（包括往来函电）应妥善保存；财会部门负责办理资金结算并监督款项回收。

第十一条　企业应当加强商业票据管理，明确商业票据的受理范围，严格审查商业票据的真实性和合法性，防止票据欺诈。

企业应当关注商业票据的取得、贴现和背书，对已贴现但仍承担收款风险的票据以及逾期票据，应当进行追索监控和跟踪管理。

第十二条 企业应当加强对销售、发货、收款业务的会计系统控制，详细记录销售客户、销售合同、销售通知、发运凭证、商业票据、款项收回等情况，确保会计记录、销售记录与仓储记录核对一致。

企业应当指定专人通过函证等方式，定期与客户核对应收账款、应收票据、预收账款等往来款项。

企业应当加强应收款项坏账的管理。应收款项全部或部分无法收回的，应当查明原因，明确责任，并严格履行审批程序，按照国家统一的会计准则制度进行处理。

11. 企业内部控制应用指引第10号——研究与开发（2010年颁布）

第一章 总 则

第一条 为了促进企业自主创新，增强核心竞争力，有效控制研发风险，实现发展战略，根据有关法律法规和《企业内部控制基本规范》，制定本指引。

第二条 本指引所称研究与开发，是指企业为获取新产品、新技术、新工艺等所开展的各种研发活动。

第三条 企业开展研发活动至少应当关注下列风险：

（一）研究项目未经科学论证或论证不充分，可能导致创新不足或资源浪费。

（二）研发人员配备不合理或研发过程管理不善，可能导致研发成本过高、舞弊或研发失败。

（三）研究成果转化应用不足、保护措施不力，可能导致企业利益受损。

第四条 企业应当重视研发工作，根据发展战略，结合市场开拓和技术进步要求，科学制定研发计划，强化研发全过程管理，规范研发行为，促进研发成果的转化和有效利用，不断提升企业自主创新能力。

第二章 立项与研究

第五条 企业应当根据实际需要，结合研发计划，提出研究项目立项申请，开展可行性研究，编制可行性研究报告。

企业可以组织独立于申请及立项审批之外的专业机构和人员进行评估论证，出具评估意见。

第六条 研究项目应当按照规定的权限和程序进行审批，重大研究项目应当报经董事会或类似权力机构集体审议决策。审批过程中，应当重点关注研究项目促进企业发展的必要性、技术的先进性以及成果转化的可行性。

第七条 企业应当加强对研究过程的管理，合理配备专业人员，严格落实岗位责任制，确保研究过程高效、可控。

企业应当跟踪检查研究项目进展情况，评估各阶段研究成果，提供足够的经费支持，确保项目按期、保质完成，有效规避研究失败风险。

企业研究项目委托外单位承担的，应当采用招标、协议等适当方式确定受托单位，签订外包合同，约定研究成果的产权归属、研究进度和质量标准等相关内容。

第八条 企业与其他单位合作进行研究的，应当对合作单位进行尽职调查，签订书面合作研究合同，明确双方投资、分工、权利义务、研究成果产权归属等。

第九条 企业应当建立和完善研究成果验收制度，组织专业人员对研究成果进行独立评审和验收。

企业对于通过验收的研究成果，可以委托相关机构进行审查，确认是否申请专利或作为非专利技术、商业秘密等进行管理。企业对于需要申请专利的研究成果，应当及时办理有关专利申请手续。

第十条 企业应当建立严格的核心研究人员管理制度，明确界定核心研究人员范围和名册清单，签署符合国家有关法律法规要求的保密协议。

企业与核心研究人员签订劳动合同时，应当特别约定研究成果归属、离职条件、离职移交程序、离职后保密义务、离职后竞业限制年限及违约责任等内容。

第三章　开发与保护

第十一条　企业应当加强研究成果的开发，形成科研、生产、市场一体化的自主创新机制，促进研究成果转化。

研究成果的开发应当分步推进，通过试生产充分验证产品性能，在获得市场认可后方可进行批量生产。

第十二条　企业应当建立研究成果保护制度，加强对专利权、非专利技术、商业秘密及研发过程中形成的各类涉密图纸、程序、资料的管理，严格按照制度规定借阅和使用。禁止无关人员接触研究成果。

第十三条　企业应当建立研发活动评估制度，加强对立项与研究、开发与保护等过程的全面评估，认真总结研发管理经验，分析存在的薄弱环节，完善相关制度和办法，不断改进和提升研发活动的管理水平。

12. 企业内部控制应用指引第11号——工程项目（2010年颁布）

第一章　总　　则

第一条　为了加强工程项目管理，提高工程质量，保证工程进度，控制工程成本，防范商业贿赂等舞弊行为，根据有关法律法规和《企业内部控制基本规范》，制定本指引。

第二条　本指引所称工程项目，是指企业自行或者委托其他单位所进行的建造、安装工程。

第三条　企业工程项目至少应当关注下列风险：

（一）立项缺乏可行性研究或者可行性研究流于形式，决策不当，盲目上马，可能导致难以实现预期效益或项目失败。

（二）项目招标暗箱操作，存在商业贿赂，可能导致中标人实质上难以承担工程项目、中标价格失实及相关人员涉案。

（三）工程造价信息不对称，技术方案不落实，概预算脱离实际，可能导致项目投资失控。

（四）工程物资质次价高，工程监理不到位，项目资金不落实，可能导致工程质量低劣，进度延迟或中断。

（五）竣工验收不规范，最终把关不严，可能导致工程交付使用后存在重大隐患。

第四条　企业应当建立和完善工程项目各项管理制度，全面梳理各个环节可能存在的风险点，规范工程立项、招标、造价、建设、验收等环节的工作流程，明确相关部门和岗位的职责权限，做到可行性研究与决策、概预算编制与审核、项目实施与价款支付、竣工决算与审计等不相容职务相互分离，强化工程建设全过程的监控，确保工程项目的质量、进度和资金安全。

第二章　工程立项

第五条　企业应当指定专门机构归口管理工程项目，根据发展战略和年度投资计划，提出项目建议书，开展可行性研究，编制可行性研究报告。

项目建议书的主要内容包括：项目的必要性和依据、产品方案、拟建规模、建设地点、投资估算、资金筹措、项目进度安排、经济效果和社会效益的估计、环境影响的初步评价等。

可行性研究报告的内容主要包括：项目概况，项目建设的必要性，市场预测，项目建设选址及建设条件论证，建设规模和建设内容，项目外部配套建设，环境保护，劳动保护与卫生防疫，消防、节能、节水，总投资及资金来源，经济、社会效益，项目建设周期及进度安排，招投标法规定的相关内容等。

企业可以委托具有相应资质的专业机构开展可行性研究，并按照有关要求形成可行性研究报告。

第六条　企业应当组织规划、工程、技术、财会、法律等部门的专家对项目建议书和可行性研究报告进行充分论证和评审，出具评审意见，作为项目决策的重要依据。

在项目评审过程中，应当重点关注项目投资方案、投资规模、资金筹措、生产规模、投资效益、布局选址、技术、安全、设备、环境保护等方面，核实相关资料的来源和取得途径是否真实、可靠和完整。

企业可以委托具有相应资质的专业机构对可行性研究报告进行评审，出具评审意见。从事项目可行性研究的专业机构不得再从事可行性研究报告的评审。

第七条　企业应当按照规定的权限和程序对工程项目进行决策，决策过程应有完整的书面记录。重大工程项目的立项，应当报经董事会或类似权力机构集体审议批准。总会计师或分管会计工作的负责人应当参与项目决策。

任何个人不得单独决策或者擅自改变集体决策意见。工程项目决策失误应当实行责任追究制度。

第八条　企业应当在工程项目立项后、正式施工前，依法取得建设用地、城市规划、环境保护、安全、施工等方面的许可。

第三章　工程招标

第九条　企业的工程项目一般应当采用公开招标的方式，择优选择具有相应资质的承包单位和监理单位。

在选择承包单位时，企业可以将工程的勘察、设计、施工、设备采购一并发包给一个项目总承包单位，也可以将其中的一项或者多项发包给一个工程总承包单位，但不得违背工程施工组织设计和招标设计计划，将应由一个承包单位完成的工程肢解为若干部分发包给几个承包单位。

企业应当依照国家招投标法的规定，遵循公开、公正、平等竞争的原则，发布招标公告，提供载有招标工程的主要技术要求、主要合同条款、评标的标准和方法，以及开标、评标、定标的程序等内容的招标文件。

企业可以根据项目特点决定是否编制标底。需要编制标底的，标底编制过程和标底应当严格保密。

在确定中标人前，企业不得与投标人就投标价格、投标方案等实质性内容进行谈判。

第十条　企业应当依法组织工程招标的开标、评标和定标，并接受有关部门的监督。

第十一条　企业应当依法组建评标委员会。评标委员会由企业的代表和有关技术、经济方面的专家组成。评标委员会应当客观、公正地履行职务、遵守职业道德，对所提出的评审意见承担责任。

企业应当采取必要的措施，保证评标在严格保密的情况下进行。

评标委员会应当按照招标文件确定的标准和方法，对投标文件进行评审和比较，择优选择中标候选人。

第十二条　评标委员会成员和参与评标的有关工作人员不得透露对投标文件的评审和比较、中标候选人的推荐情况以及与评标有关的其他情况，不得私下接触投标人，不得收受投标人的财物或者其他好处。

第十三条　企业应当按照规定的权限和程序从中标候选人中确定中标人，及时向中标人发出中标通知书，在规定的期限内与中标人订立书面合同，明确双方的权利、义务和违约责任。

企业和中标人不得再行订立背离合同实质性内容的其他协议。

第四章　工程造价

第十四条　企业应当加强工程造价管理，明确初步设计概算和施工图预算的编制方法，按照规定的权限和程序进行审核批准，确保概预算科学合理。

企业可以委托具备相应资质的中介机构开展工程造价咨询工作。

第十五条　企业应当向招标确定的设计单位提供详细的设计要求和基础资料，进行有效的技术、经济交流。

初步设计应当在技术、经济交流的基础上，采用先进的设计管理实务技术，进行多方案比选。

施工图设计深度及图纸交付进度应当符合项目要求，防止因设计深度不足、设计缺陷，造成施工组织、工期、工程质量、投资失控以及生产运行成本过高等问题。

第十六条　企业应当建立设计变更管理制度。设计单位应当提供全面、及时的现场服务。因过失造成设计变更的，应当实行责任追究制度。

第十七条　企业应当组织工程、技术、财会等部门的相关专业人员或委托具有相应资质的中介机构对编制的概预算进行审核，重点审查编制依据、项目内容、工程量的计算、定额套用等是否真实、完整和准确。

工程项目概预算按照规定的权限和程序审核批准后执行。

第五章　工程建设

第十八条　企业应当加强对工程建设过程的监控，实行严格的概预算管理，切实做到及时备料，科学施工，保障资金，落实责任，确保工程项目达到设计要求。

第十九条 按照合同约定，企业自行采购工程物资的，应当按照《企业内部控制应用指引第7号——采购业务》等相关指引的规定，编织工程物资采购、验收和付款；由承包单位采购工程物资的，企业应当加强监督，确保工程物资采购符合设计标准和合同要求。严禁不合格工程物资投入工程项目建设。

重大设备和大宗材料的采购应当根据有关招标采购的规定执行。

第二十条 企业应当实行严格的工程监理制度，委托经过招标确定的监理单位进行监理。工程监理单位应当依照国家法律法规及相关技术标准、设计文件和工程承包合同，对承包单位在施工质量、工期、进度、安全和资金使用等方面实施监督。

工程监理人员应当具备良好的职业操守，客观公正地执行监理任务，发现工程施工不符合设计要求、施工技术标准和合同约定的，应当要求承包单位改正；发现工程设计不符合建筑工程质量标准或者合同约定的质量要求的，应当报告企业要求设计单位改正。

未经工程监理人员签字，工程物资不得在工程上使用或者安装，不得进行下一道工序施工，不得拨付工程价款，不得进行竣工验收。

第二十一条 企业财会部门应当加强与承包单位的沟通，准确掌握工程进度，根据合同约定，按照规定的审批权限和程序办理工程价款结算，不得无故拖欠。

第二十二条 企业应当严格控制工程变更，确需变更的，应当按照规定的权限和程序进行审批。

重大的项目变更应当按照项目决策和概预算控制的有关程序和要求重新履行审批手续。

因工程变更等原因造成价款支付方式及金额发生变动的，应当提供完整的书面文件和其他相关资料，并对工程变更价款的支付进行严格审核。

第六章 工程验收

第二十三条 企业收到承包单位的工程竣工报告后，应当及时编制竣工决算，开展竣工决算审计，组织设计、施工、监理等有关单位进行竣工验收。

第二十四条 企业应当组织审核竣工决算，重点审查决算依据是否完备，相关文件资料是否齐全，竣工清理是否完成，决算编制是否正确。

企业应当加强竣工决算审计，未实施竣工决算审计的工程项目，不得办理竣工验收手续。

第二十五条 企业应当及时组织工程项目竣工验收。交付竣工验收的工程项目，应当符合规定的质量标准，有完整的工程技术经济资料，并具备国家规定的其他竣工条件。

验收合格的工程项目，应当编制交付使用财产清单，及时办理交付使用手续。

第二十六条 企业应当按照国家有关档案管理的规定，及时收集、整理工程建设各环节的文件资料，建立完整的工程项目档案。

第二十七条 企业应当建立完工项目后评估制度，重点评价工程项目预期目标的实现情况和项目投资效益等，并以此作为绩效考核和责任追究的依据。

13. 企业内部控制应用指引第12号——担保业务（2010年颁布）

第一章 总 则

第一条 为了加强企业担保业务管理，防范担保业务风险，根据《中华人民共和国担保法》等有关法律法规和《企业内部控制基本规范》，制定本指引。

第二条 本指引所称担保，是指企业作为担保人按照公平、自愿、互利的原则与债权人约定，当债务人不履行债务时，依照法律规定和合同协议承担相应法律责任的行为。

第三条 企业办理担保业务至少应当关注下列风险：

（一）对担保申请人的资信状况调查不深，审批不严或越权审批，可能导致企业担保决策失误或遭受欺诈。

（二）对被担保人出现财务困难或经营陷入困境等状况监控不力，应对措施不当，可能导致企业承担法律责任。

（三）担保过程中存在舞弊行为，可能导致经办审批等相关人员涉案或企业利益受损。

第四条 企业应当依法制定和完善担保业务政策及相关管理制度，明确担保的对象、范围、方式、条件、程序、担保限额和禁止担保等事项，规范调查评估、审核批准、担保执行等环节的工作流程，按照政策、制度、流程办理担保业务，定期检查担保政策的执行情况及效果，切实防范担保业务风险。

第二章 调查评估与审批

第五条 企业应当指定相关部门负责办理担保业务，对担保申请人进行资信调查和风险评估，评估结果应出具书面报告。企业也可委托中介机构对担保业务进行资信调查和风险评估工作。

企业在对担保申请人进行资信调查和风险评估时，应当重点关注以下事项：

（一）担保业务是否符合国家法律法规和本企业担保政策等相关要求。

（二）担保申请人的资信状况，一般包括：基本情况、资产质量、经营情况、偿债能力、盈利水平、信用程度、行业前景等。

（三）担保申请人用于担保和第三方担保的资产状况及其权利归属。

（四）企业要求担保申请人提供反担保的，还应当对与反担保有关的资产状况进行评估。

第六条 企业对担保申请人出现以下情形之一的，不得提供担保：

（一）担保项目不符合国家法律法规和本企业担保政策的。

（二）已进入重组、托管、兼并或破产清算程序的。

（三）财务状况恶化、资不抵债、管理混乱、经营风险较大的。

（四）与其他企业存在较大经济纠纷，面临法律诉讼且可能承担较大赔偿责任的。

（五）与本企业已经发生过担保纠纷且仍未妥善解决的，或不能及时足额交纳担保费用的。

第七条 企业应当建立担保授权和审批制度，规定担保业务的授权批准方式、权限、程序、责任和相关控制措施，在授权范围内进行审批，不得超越权限审批。重大担保业务，应当报经董事会或类似权力机构批准。

经办人员应当在职责范围内，按照审批人员的批准意见办理担保业务。对于审批人超越权限审批的担保业务，经办人员应当拒绝办理。

第八条 企业应当采取合法有效的措施加强对子公司担保业务的统一监控。企业内设机构未经授权不得办理担保业务。

企业为关联方提供担保的，与关联方存在经济利益或近亲属关系的有关人员在评估与审批环节应当回避。

对境外企业进行担保的，应当遵守外汇管理规定，并关注被担保人所在国家的政治、经济、法律等因素。

第九条 被担保人要求变更担保事项的，企业应当重新履行调查评估与审批程序。

第三章 执行与监控

第十条 企业应当根据审核批准的担保业务订立担保合同。担保合同应明确被担保人的权利、义务、违约责任等相关内容，并要求被担保人定期提供财务报告与有关资料，及时通报担保事项的实施情况。

担保申请人同时向多方申请担保的，企业应当在担保合同中明确约定本企业的担保份额和相应的责任。

第十一条 企业担保经办部门应当加强担保合同的日常管理，定期监测被担保人的经营情况和财务状况，对被担保人进行跟踪和监督，了解担保项目的执行、资金的使用、贷款的归还、财务运行及风险等情况，确保担保合同有效履行。

担保合同履行过程中，如果被担保人出现异常情况，应当及时报告，妥善处理。

对于被担保人未按有法律效力的合同条款偿付债务或履行相关合同项下的义务的，企业应当按照担保合同履行义务，同时主张对被担保人的追索权。

第十二条 企业应当加强对担保业务的会计系统控制，及时足额收取担保费用，建立担保事项台账，详细记录担保对象、金额、期限、用于抵押和质押的物品或权利以及其他有关事项。

企业财会部门应当及时收集、分析被担保人担保期内经审计的财务报告等相关资料，持续关注被担保人的财务状况、经营成果、现金流量以及担保合同的履行情况，积极配合担保经办部门防范担保业务风险。

对于被担保人出现财务状况恶化、资不抵债、破产清算等情形的，企业应当根据国家统一的会计准则制度规定，合理确认预计负债和损失。

第十三条 企业应当加强对反担保财产的管理，妥善保管被担保人用于反担保的权利凭证，定期核实财产的存续状况和价值，发现问题及时处理，确保反担保财产安全完整。

第十四条 企业应当建立担保业务责任追究制度，对在担保中出现重大决策失误、未履行集体审批程序或不按规定管理担保业务的部门及人员，应当严格追究相应的责任。

第十五条 企业应当在担保合同到期时，全面清查用于担保的财产、权利凭证，按照合同约定及时终止担保关系。

企业应当妥善保管担保合同、与担保合同相关的主合同、反担保函或反担保合同，以及抵押、质押的权利凭证和有关原始资料，切实做到担保业务档案完整无缺。

14. 企业内部控制应用指引第13号——业务外包（2010年颁布）

第一章 总 则

第一条 为了加强业务外包管理，规范业务外包行为，防范业务外包风险，根据有关法律法规和《企业内部控制基本规范》，制定本指引。

第二条 本指引所称业务外包，是指企业利用专业化分工优势，将日常经营中的部分业务委托给本企业以外的专业服务机构或其他经济组织（以下简称承包方）完成的经营行为。

本指引不涉及工程项目外包。

第三条 企业应当对外包业务实施分类管理，通常划分为重大外包业务和一般外包业务。重大外包业务是指对企业生产经营有重大影响的外包业务。

外包业务通常包括：研发、资信调查、可行性研究、委托加工、物业管理、客户服务、IT服务等。

第四条 企业的业务外包至少应当关注下列风险：

（一）外包范围和价格确定不合理，承包方选择不当，可能导致企业遭受损失。

（二）业务外包监控不严、服务质量低劣，可能导致企业难以发挥业务外包的优势。

（三）业务外包存在商业贿赂等舞弊行为，可能导致企业相关人员涉案。

第五条 企业应当建立和完善业务外包管理制度，规定业务外包的范围、方式、条件、程序和实施等相关内容，明确相关部门和岗位的职责权限，强化业务外包全过程的监控，防范外包风险，充分发挥业务外包的优势。

企业应当权衡利弊，避免核心业务外包。

第二章 承包方选择

第六条 企业应当根据年度生产经营计划和业务外包管理制度，结合确定的业务外包范围，拟定实施方案，按照规定的权限和程序审核批准。

总会计师或分管会计工作的负责人应当参与重大业务外包的决策。

重大业务外包方案应当提交董事会或类似权力机构审批。

第七条 企业应当按照批准的业务外包实施方案选择承包方。承包方至少应当具备下列条件：

（一）承包方是依法成立和合法经营的专业服务机构或其他经济组织，具有相应的经营范围和固定的办公场所。

（二）承包方应当具备相应的专业资质，其从业人员符合岗位要求和任职条件，并具有相应的专业技术资格。

（三）承包方的技术及经验水平符合本企业业务外包的要求。

第八条　企业应当综合考虑内外部因素，合理确定外包价格，严格控制业务外包成本，切实做到符合成本效益原则。

第九条　企业应当引入竞争机制，遵循公开、公平、公正的原则，采用适当方式，择优选择外包业务的承包方。采用招标方式选择承包方的，应当符合招投标法的相关规定。

企业及相关人员在选择承包方的过程中，不得收受贿赂、回扣或者索取其他好处。承包方及其工作人员不得利用向企业及其工作人员行贿、提供回扣或者给予其他好处等不正当手段承揽业务。

第十条　企业应当按照规定的权限和程序从候选承包方中确定最终承包方，并签订业务外包合同。业务外包合同内容主要包括：外包业务的内容和范围，双方权利和义务，服务和质量标准，保密事项，费用结算标准和违约责任等事项。

第十一条　企业外包业务需要保密的，应当在业务外包合同或者另行签订的保密协议中明确规定承包方的保密义务和责任，要求承包方向其从业人员提示保密要求和应承担的责任。

第三章　业务外包实施

第十二条　企业应当加强业务外包实施的管理，严格按照业务外包制度、工作流程和相关要求，组织开展业务外包，并采取有效的控制措施，确保承包方严格履行业务外包合同。

第十三条　企业应当做好与承包方的对接工作，加强与承包方的沟通与协调，及时搜集相关信息，发现和解决外包业务日常管理中存在的问题。

对于重大业务外包，企业应当密切关注承包方的履约能力，建立相应的应急机制，避免业务外包失败造成本企业生产经营活动中断。

第十四条　企业应当根据国家统一的会计准则制度，加强对外包业务的核算与监督，做好业务外包费用结算工作。

第十五条　企业应当对承包方的履约能力进行持续评估，有确凿证据表明承包方存在重大违约行为，导致业务外包合同无法履行的，应当及时终止合同。

承包方违约并造成企业损失的，企业应当按照合同对承包方进行索赔，并追究责任人责任。

第十六条　业务外包合同执行完成后需要验收的，企业应当组织相关部门或人员对完成的业务外包合同进行验收，出具验收证明。

验收过程中发现异常情况，应当立即报告，查明原因，及时处理。

15. 企业内部控制应用指引第14号——财务报告（2010年颁布）

第一章　总　　则

第一条　为了规范企业报告，保证报告的真实、完整，根据《中华人民共和国会计法》等有关法律法规和《企业内部控制基本规范》，制定本指引。

第二条　本指引所称报告，是指反映企业某一特定日期状况和某一会计期间经营成果、现金流量的文件。

第三条　企业编制、对外提供和分析利用报告，至少应当关注下列风险：

（一）编制报告违反会计法律法规和国家统一的会计准则制度，可能导致企业承担法律责任和声誉受损。

（二）提供虚假报告，误导报告使用者，造成决策失误，干扰市场秩序。

（三）不能有效利用报告，难以及时发现企业经营管理中存在的问题，可能导致企业和经营风险失控。

第四条　企业应当严格执行会计法律法规和国家统一的会计准则制度，加强对报告编制、对外提供和分析利用全过程的管理，明确相关工作流程和要求，落实责任制，确保报告合法合规、真实完整和有效利用。总会计师或分管会计工作的负责人负责组织领导报告的编制、对外提供和分析利用等相关工作。企业负责人对报告的真实性、完整性负责。

第二章 报告的编制

第五条 企业编制报告，应当重点关注会计政策和会计估计，对报告产生重大影响的交易和事项的处理应当按照规定的权限和程序进行审批。企业在编制年度报告前，应当进行必要的资产清查、减值测试和债权债务核实。

第六条 企业应当按照国家统一的会计准则制度规定，根据登记完整、核对无误的会计账簿记录和其他有关资料编制报告，做到内容完整、数字真实、计算准确，不得漏报或者随意进行取舍。

第七条 企业报告列示的资产、负债、所有者权益金额应当真实可靠。各项资产计价方法不得随意变更，如有减值，应当合理计提减值准备，严禁虚增或虚减资产。各项负债应当反映企业的现时义务，不得提前、推迟或不确认负债，严禁虚增或虚减负债。所有者权益应当反映企业资产扣除负债后由所有者享有的剩余权益，由实收资本、资本公积、留存收益等构成。企业应当做好所有者权益保值增值工作，严禁虚假出资、抽逃出资、资本不实。

第八条 企业报告应当如实列示当期收入、费用和利润。各项收入的确认应当遵循规定的标准，不得虚列或者隐瞒收入，推迟或提前确认收入。各项费用、成本的确认应当符合规定，不得随意改变费用、成本的确认标准或计量方法，虚列、多列、不列或者少列费用、成本。利润由收入减去费用后的净额、直接计入当期利润的利得和损失等构成。不得随意调整利润的计算、分配方法，编造虚假利润。

第九条 企业报告列示的各种现金流量由经营活动、投资活动和筹资活动的现金流量构成，应当按照规定划清各类交易和事项的现金流量的界限。

第十条 附注是报告的重要组成部分，对反映企业状况、经营成果、现金流量的报表中需要说明的事项，作出真实、完整、清晰的说明。企业应当按照国家统一的会计准则制度编制附注。

第十一条 企业集团应当编制合并报表，明确合并报表的合并范围和合并方法，如实反映企业集团的状况、经营成果和现金流量。

第十二条 企业编制报告，应当充分利用信息技术，提高工作效率和工作质量，减少或避免编制差错和人为调整因素。

第三章 报告的对外提供

第十三条 企业应当依照法律法规和国家统一的会计准则制度的规定，及时对外提供报告。

第十四条 企业报告编制完成后，应当装订成册，加盖公章，由企业负责人、总会计师或分管会计工作的负责人、财会部门负责人签名并盖章。

第十五条 报告须经注册会计师审计的，注册会计师及其所在的事务所出具的审计报告，应当随同报告一并提供。企业对外提供的报告应当及时整理归档，并按有关规定妥善保存。

第四章 报告的分析利用

第十六条 企业应当重视报告分析工作，定期召开分析会议，充分利用报告反映的综合信息，全面分析企业的经营管理状况和存在的问题，不断提高经营管理水平。企业分析会议应吸收有关部门负责人参加。总会计师或分管会计工作的负责人应当在分析和利用工作中发挥主导作用。

第十七条 企业应当分析企业的资产分布、负债水平和所有者权益结构，通过资产负债率、流动比率、资产周转率等指标分析企业的偿债能力和营运能力；分析企业净资产的增减变化，了解和掌握企业规模和净资产的不断变化过程。

第十八条 企业应当分析各项收入、费用的构成及其增减变动情况，通过净资产收益率、每股收益等指标，分析企业的盈利能力和发展能力，了解和掌握当期利润增减变化的原因和未来发展趋势。

第十九条 企业应当分析经营活动、投资活动、筹资活动现金流量的运转情况，重点关注现金流量能否保证生产经营过程的正常运行，防止现金短缺或闲置。

第二十条 企业定期的分析应当形成分析报告，构成内部报告的组成部分。分析报告结果应当及时传递给企业内部有关管理层级，充分发挥报告在企业生产经营管理中的重要作用。

16. 企业内部控制应用指引第15号——全面预算（2010年颁布）

第一章　总　　则

第一条　为了促进企业实现发展战略，发挥全面预算管理作用，根据有关法律法规和《企业内部控制基本规范》，制定本指引。

第二条　本指引所称全面预算，是指企业对一定期间经营活动、投资活动、财务活动等作出的预算安排。

第三条　企业实行全面预算管理，至少应当关注下列风险：

（一）不编制预算或预算不健全，可能导致企业经营缺乏约束或盲目经营。

（二）预算目标不合理、编制不科学，可能导致企业资源浪费或发展战略难以实现。

（三）预算缺乏刚性、执行不力、考核不严，可能导致预算管理流于形式。

第四条　企业应当加强全面预算工作的组织领导，明确预算管理体制以及各预算执行单位的职责权限、授权批准程序和工作协调机制。

企业应当设立预算管理委员会履行全面预算管理职责，其成员由企业负责人及内部相关部门负责人组成。

预算管理委员会主要负责拟定预算目标和预算政策，制定预算管理的具体措施和办法，组织编制、平衡预算草案，下达经批准的预算，协调解决预算编制和执行中的问题，考核预算执行情况，督促完成预算目标。预算管理委员会下设预算管理工作机构，由其履行日常管理职责。预算管理工作机构一般设在财会部门。

总会计师或分管会计工作的负责人应当协助企业负责人负责企业全面预算管理工作的组织领导。

第二章　预算编制

第五条　企业应当建立和完善预算编制工作制度，明确编制依据、编制程序、编制方法等内容，确保预算编制依据合理、程序适当、方法科学，避免预算指标过高或过低。

企业应当在预算年度开始前完成全面预算草案的编制工作。

第六条　企业应当根据发展战略和年度生产经营计划，综合考虑预算期内经济政策、市场环境等因素，按照上下结合、分级编制、逐级汇总的程序，编制年度全面预算。

企业可以选择或综合运用固定预算、弹性预算、滚动预算等方法编制预算。

第七条　企业预算管理委员会应当对预算管理工作机构在综合平衡基础上提交的预算方案进行研究论证，从企业发展全局角度提出建议，形成全面预算草案，并提交董事会。

第八条　企业董事会审核全面预算草案，应当重点关注预算科学性和可行性，确保全面预算与企业发展战略、年度生产经营计划相协调。

企业全面预算应当按照相关法律法规及企业章程的规定报经审议批准。批准后，应当以文件形式下达执行。

第三章　预算执行

第九条　企业应当加强对预算执行的管理，明确预算指标分解方式、预算执行审批权限和要求、预算执行情况报告等，落实预算执行责任制，确保预算刚性，严格预算执行。

第十条　企业全面预算一经批准下达，各预算执行单位应当认真组织实施，将预算指标层层分解，从横向和纵向落实到内部各部门、各环节和各岗位，形成全方位的预算执行责任体系。

企业应当以年度预算作为组织、协调各项生产经营活动的基本依据，将年度预算细分为季度、月度预算，通过实施分期预算控制，实现年度预算目标。

第十一条　企业应当根据全面预算管理要求，组织各项生产经营活动和投融资活动，严格预算执行和控制。

企业应当加强资金收付业务的预算控制，及时组织资金收入，严格控制资金支付，调节资金收付平衡，防范支付风险。对于超预算或预算外的资金支付，应当实行严格的审批制度。

企业办理采购与付款、销售与收款、成本费用、工程项目、对外投融资、研究与开发、信息系统、人力资源、安全环保、资产购置与维护等业务和事项，均应符合预算要求。涉及生产过程和成本费用的，还应执行相关计划、定额、定率标准。

对于工程项目、对外投融资等重大预算项目，企业应当密切跟踪其实施进度和完成情况，实行严格监控。

第十二条 企业预算管理工作机构应当加强与各预算执行单位的沟通，运用财务信息和其他相关资料监控预算执行情况，采用恰当方式及时向决策机构和各预算执行单位报告、反馈预算执行进度、执行差异及其对预算目标的影响，促进企业全面预算目标的实现。

第十三条 企业预算管理工作机构和各预算执行单位应当建立预算执行情况分析制度，定期召开预算执行分析会议，通报预算执行情况，研究、解决预算执行中存在的问题，提出改进措施。

企业分析预算执行情况，应当充分收集有关财务、业务、市场、技术、政策、法律等方面的信息资料，根据不同情况分别采用比率分析、比较分析、因素分析等方法，从定量与定性两个层面充分反映预算执行单位的现状、发展趋势及其存在的潜力。

第十四条 企业批准下达的预算应当保持稳定，不得随意调整。由于市场环境、国家政策或不可抗力等客观因素，导致预算执行发生重大差异确需调整预算的，应当履行严格的审批程序。

第四章 预算考核

第十五条 企业应当建立严格的预算执行考核制度，对各预算执行单位和个人进行考核，切实做到有奖有惩、奖惩分明。

第十六条 企业预算管理委员会应当定期组织预算执行情况考核，将各预算执行单位负责人签字上报的预算执行报告和已掌握的动态监控信息进行核对，确认各执行单位预算完成情况。必要时，实行预算执行情况内部审计制度。

第十七条 企业预算执行情况考核工作，应当坚持公开、公平、公正的原则，考核过程及结果应有完整的记录。

17. 企业内部控制应用指引第16号——合同管理（2010年颁布）

第一章 总　　则

第一条 为了促进企业加强合同管理，维护企业合法权益，根据《中华人民共和国合同法》等有关法律法规和《企业内部控制基本规范》，制定本指引。

第二条 本指引所称合同，是指企业与自然人、法人及其他组织等平等主体之间设立、变更、终止民事权利义务关系的协议。

企业与职工签订的劳动合同，不适用本指引。

第三条 企业合同管理至少应当关注下列风险：

（一）未订立合同、未经授权对外订立合同、合同对方主体资格未达要求、合同内容存在重大疏漏和欺诈，可能导致企业合法权益受到侵害。

（二）合同未全面履行或监控不当，可能导致企业诉讼失败、经济利益受损。

（三）合同纠纷处理不当，可能损害企业利益、信誉和形象。

第四条 企业应当加强合同管理，确定合同归口管理部门，明确合同拟定、审批、执行等环节的程序和要求，定期检查和评价合同管理中的薄弱环节，采取相应控制措施，促进合同有效履行，切实维护企业的合法权益。

第二章 合同的订立

第五条 企业对外发生经济行为，除即时结清方式外，应当订立书面合同。合同订立前，应当充分了解合同对方的主体资格、信用状况等有关内容，确保对方当事人具备履约能力。

对于影响重大、涉及较高专业技术或法律关系复杂的合同，应当组织法律、技术、财会等专业人员参与谈判，必要时可聘请外部专家参与相关工作。

谈判过程中的重要事项和参与谈判人员的主要意见，应当予以记录并妥善保存。

第六条　企业应当根据协商、谈判等的结果，拟订合同文本，按照自愿、公平原则，明确双方的权利义务和违约责任，做到条款内容完整，表述严谨准确，相关手续齐备，避免出现重大疏漏。

合同文本一般由业务承办部门起草、法律部门审核。重大合同或法律关系复杂的特殊合同应当由法律部门参与起草。国家或行业有合同示范文本的，可以优先选用，但对涉及权利义务关系的条款应当进行认真审查，并根据实际情况进行适当修改。

合同文本须报经国家有关主管部门审查或备案的，应当履行相应程序。

第七条　企业应当对合同文本进行严格审核，重点关注合同的主体、内容和形式是否合法，合同内容是否符合企业的经济利益，对方当事人是否具有履约能力，合同权利和义务、违约责任和争议解决条款是否明确等。

企业对影响重大或法律关系复杂的合同文本，应当组织内部相关部门进行审核。相关部门提出不同意见的，应当认真分析研究，慎重对待，并准确无误地加以记录；必要时应对合同条款作出修改。内部相关部门应当认真履行职责。

第八条　企业应当按照规定的权限和程序与对方当事人签署合同。正式对外订立的合同，应当由企业法定代表人或由其授权的代理人签名或加盖有关印章。授权签署合同的，应当签署授权委托书。

属于上级管理权限的合同，下级单位不得签署。下级单位认为确有需要签署涉及上级管理权限的合同，应当提出申请，并经上级合同管理机构批准后办理。上级单位应当加强对下级单位合同订立、履行情况的监督检查。

第九条　企业应当建立合同专用章保管制度。合同经编号、审批及企业法定代表人或由其授权的代理人签署后，方可加盖合同专用章。

第十条　企业应当加强合同信息安全保密工作，未经批准，不得以任何形式泄露合同订立与履行过程中涉及的商业秘密或国家机密。

第三章　合同的履行

第十一条　企业应当遵循诚实信用原则严格履行合同，对合同履行实施有效监控，强化对合同履行情况及效果的检查、分析和验收，确保合同全面有效履行。

合同生效后，企业就质量、价款、履行地点等内容与合同对方没有约定或者约定不明确的，可以协议补充；不能达成补充协议的，按照国家相关法律法规、合同有关条款或者交易习惯确定。

第十二条　在合同履行过程中发现有显失公平、条款有误或对方有欺诈行为等情形，或因政策调整、市场变化等客观因素，已经或可能导致企业利益受损，应当按规定程序及时报告，并经双方协商一致，按照规定权限和程序办理合同变更或解除事宜。

第十三条　企业应当加强合同纠纷管理，在履行合同过程中发生纠纷的，应当依据国家相关法律法规，在规定时效内与对方当事人协商并按规定权限和程序及时报告。

合同纠纷经协商一致的，双方应当签订书面协议。合同纠纷经协商无法解决的，应当根据合同约定选择仲裁或诉讼方式解决。

企业内部授权处理合同纠纷的，应当签署授权委托书。纠纷处理过程中，未经授权批准，相关经办人员不得向对方当事人作出实质性答复或承诺。

第十四条　企业财会部门应当根据合同条款审核后办理结算业务。未按合同条款履约的，或应签订书面合同而未签订的，财会部门有权拒绝付款，并及时向企业有关负责人报告。

第十五条　合同管理部门应当加强合同登记管理，充分利用信息化手段，定期对合同进行统计、分类和归档，详细登记合同的订立、履行和变更等情况，实行合同的全过程封闭管理。

第十六条　企业应当建立合同履行情况评估制度，至少于每年年末对合同履行的总体情况和重大合同履行的具体情况进行分析评估，对分析评估中发现合同履行中存在的不足，应当及时加以改进。

企业应当健全合同管理考核与责任追究制度。对合同订立、履行过程中出现的违法违规行为，应当追究有关机构或人员的责任。

18. 企业内部控制应用指引第17号——内部信息传递(2010年颁布)

第一章 总 则

第一条 为了促进企业生产经营管理信息在内部各管理层级之间的有效沟通和充分利用，根据《企业内部控制基本规范》，制定本指引。

第二条 本指引所称内部信息传递，是指企业内部各管理层级之间通过内部报告形式传递生产经营管理信息的过程。

第三条 企业内部信息传递至少应当关注下列风险：

(一)内部报告系统缺失、功能不健全、内容不完整，可能影响生产经营有序运行。

(二)内部信息传递不通畅、不及时，可能导致决策失误、相关政策措施难以落实。

(三)内部信息传递中泄露商业秘密，可能削弱企业核心竞争力。

第四条 企业应当加强内部报告管理，全面梳理内部信息传递过程中的薄弱环节，建立科学的内部信息传递机制，明确内部信息传递的内容、保密要求及密级分类、传递方式、传递范围以及各管理层级的职责权限等，促进内部报告的有效利用，充分发挥内部报告的作用。

第二章 内部报告的形成

第五条 企业应当根据发展战略、风险控制和业绩考核要求，科学规范不同级次内部报告的指标体系，采用经营快报等多种形式，全面反映与企业生产经营管理相关的各种内外部信息。

内部报告指标体系的设计应当与全面预算管理相结合，并随着环境和业务的变化不断进行修订和完善。设计内部报告指标体系时，应当关注企业成本费用预算的执行情况。

内部报告应当简洁明了、通俗易懂、传递及时，便于企业各管理层级和全体员工掌握相关信息，正确履行职责。

第六条 企业应当制定严密的内部报告流程，充分利用信息技术，强化内部报告信息集成和共享，将内部报告纳入企业统一信息平台，构建科学的内部报告网络体系。

企业内部各管理层级均应当指定专人负责内部报告工作，重要信息应及时上报，并可以直接报告高级管理人员。

企业应当建立内部报告审核制度，确保内部报告信息质量。

第七条 企业应当关注市场环境、政策变化等外部信息对企业生产经营管理的影响，广泛收集、分析、整理外部信息，并通过内部报告传递到企业内部相关管理层级，以便采取应对策略。

第八条 企业应当拓宽内部报告渠道，通过落实奖励措施等多种有效方式，广泛收集合理化建议。

企业应当重视和加强反舞弊机制建设，通过设立员工信箱、投诉热线等方式，鼓励员工及企业利益相关方举报和投诉企业内部的违法违规、舞弊和其他有损企业形象的行为。

第三章 内部报告的使用

第九条 企业各级管理人员应当充分利用内部报告管理和指导企业的生产经营活动，及时反映全面预算执行情况，协调企业内部相关部门和各单位的运营进度，严格绩效考核和责任追究，确保企业实现发展目标。

第十条 企业应当有效利用内部报告进行风险评估，准确识别和系统分析企业生产经营活动中的内外部风险，确定风险应对策略，实现对风险的有效控制。

企业对于内部报告反映出的问题应当及时解决；涉及突出问题和重大风险的，应当启动应急预案。

第十一条　企业应当制定严格的内部报告保密制度，明确保密内容、保密措施、密级程度和传递范围，防止泄露商业秘密。

第十二条　企业应当建立内部报告的评估制度，定期对内部报告的形成和使用进行全面评估，重点关注内部报告的及时性、安全性和有效性。

19. 企业内部控制应用指引第18号——信息系统（2010年颁布）

第一章　总　　则

第一条　为了促进企业有效实施内部控制，提高企业现代化管理水平，减少人为因素，根据有关法律法规和《企业内部控制基本规范》，制定本指引。

第二条　本指引所称信息系统，是指企业利用计算机和通信技术，对内部控制进行集成、转化和提升所形成的信息化管理平台。

第三条　企业利用信息系统实施内部控制至少应当关注下列风险：

（一）信息系统缺乏或规划不合理，可能造成信息孤岛或重复建设，导致企业经营管理效率低下。

（二）系统开发不符合内部控制要求，授权管理不当，可能导致无法利用信息技术实施有效控制。

（三）系统运行维护和安全措施不到位，可能导致信息泄漏或损，系统无法正常运行。

第四条　企业应当重视信息系统在内部控制中的作用，根据内部控制要求，结合组织架构、业务范围、地域分布、技术能力等因素，制定信息系统建设整体规划，加大投入力度，有序组织信息系统开发、运行与维护，优化管理流程，防范经营风险，全面提升企业现代化管理水平。

企业应当指定专门机构对信息系统建设实施归口管理，明确相关位的职责权限，建立有效工作机制。企业可委托专业机构从事信息系统的开发、运行和维护工作。

企业负责人对信息系统建设工作负责。

第二章　信息系统的开发

第五条　企业应当根据信息系统建设整体规划提出项目建设方案，明确建设目标、人员配备、职责分工、经费保障和进度安排等相关内容，按照规定的权限和程序审批后实施。

企业信息系统归口管理部门应当组织内部各单位提出开发需求和关键控制点，规范开发流程，明确系统设计、编程、安装调试、验收、上线等全过程的管理要求，严格按照建设方案、开发流程和相关要求组织开发工作。

企业开发信息系统，可以采取自行开发、外购调试、业务外包等方式。选定外购调试或业务外包方式的，应当采用公开招标等形式择优确定供应商或开发单位。

第六条　企业开发信息系统，应当将生产经营管理业务流程、关键控制点和处理规则嵌入系统程序，实现手工环境下难以实现的控制功能。

企业在系统开发过程中，应当按照不同业务的控制要求，通过信息系统中的权限管理功能控制用户的操作权限，避免将不相容职责的处理权限授予同一用户。

企业应当针对不同数据的输入方式，考虑对进入系统数据的检查和校验功能。对于必需的后台操作，应当加强管理，建立规范的流程制度，对操作情况进行监控或者审计。

企业应当在信息系统中设置操作日志功能，确保操作的可审计性。对异常的或者违背内部控制要求的交易和数据，应当设计由系统自动报告并设置跟踪处理机制。

第七条　企业信息系统归口管理部门应当加强信息系统开发全过程的跟踪管理，组织开发单位与内部各单位的日常沟通和协调，督促开发单位按照建设方案、计划进度和质量要求完成编程工作，对配备的硬件设备和系统软件进行检查验收，组织系统上线运行等。

第八条 企业应当组织独立于开发单位的专业机构对开发完成的信息系统进行验收测试，确保在功能、性能、控制要求和安全性等方面符合开发需求。

第九条 企业应当切实做好信息系统上线的各项准备工作，培训业务操作和系统管理人员，制定科学的上线计划和新旧系统转换方案，考虑应急预案，确保新旧系统顺利切换和平稳衔接。系统上线涉及数据迁移的，还应制定详细的数据迁移计划。

第三章 信息系统的运行与维护

第十条 企业应当加强信息系统运行与维护的管理，制定信息系统工作程序、信息管理制度以及各模块子系统的具体操作规范，及时跟踪、发现和解决系统运行中存在的问题，确保信息系统按照规定的程序、制度和操作规范持续稳定运行。

企业应当建立信息系统变更管理流程，信息系统变更应当严格遵照管理流程进行操作。信息系统操作人员不得擅自进行系统软件的删除、修改等操作；不得擅自升级、改变系统软件版本；不得擅自改变软件系统环境配置。

第十一条 企业应当根据业务性质、重要性程度、涉密情况等确定信息系统的安全等级，建立不同等级信息的授权使用制度，采用相应技术手段保证信息系统运行安全有序。

企业应当建立信息系统安全保密和泄密责任追究制度。委托专业机构进行系统运行与维护管理的，应当审查该机构的资质，并与其签订服务合同和保密协议。

企业应当采取安装安全软件等措施防范信息系统受到病毒等恶意软件的感染和破坏。

第十二条 企业应当建立用户管理制度，加强对重要业务系统的访问权限管理，定期审阅系统账号，避免授权不当或存在非授权账号，禁止不相容职务用户账号的交叉操作。

第十三条 企业应当综合利用防火墙、路由器等网络设备，漏洞扫描、入侵检测等软件技术以及远程访问安全策略等手段，加强网络安全，防范来自网络的攻击和非法侵入。

企业对于通过网络传输的涉密或关键数据，应当采取加密措施，确保信息传递的保密性、准确性和完整性。

第十四条 企业应当建立系统数据定期备份制度，明确备份范围、频度、方法、责任人、存放地点、有效性检查等内容。

第十五条 企业应当加强服务器等关键信息设备的管理，建立良好的物理环境，指定专人负责检查，及时处理异常情况。未经授权，任何人不得接触关键信息设备。

20. 企业内部控制评价指引（2010年颁布）

财会〔2010〕11号

第一章 总 则

第一条 为了促进企业全面评价内部控制的设计与运行情况，规范内部控制评价程序和评价报告，揭示和防范风险，根据有关法律法规和《企业内部控制基本规范》，制定本指引。

第二条 本指引所称内部控制评价，是指企业董事会或类似权力机构对内部控制的有效性进行全面评价、形成评价结论、出具评价报告的过程。

第三条 企业实施内部控制评价至少应当遵循下列原则：

（一）全面性原则。评价工作应当包括内部控制的设计与运行，涵盖企业及其所属单位的各种业务和事项。

（二）重要性原则。评价工作应当在全面评价的基础上，关注重要业务单位、重大业务事项和高风险领域。

（三）客观性原则。评价工作应当准确地揭示经营管理的风险状况，如实反映内部控制设计与运行的有效性。

第四条　企业应当根据本评价指引，结合内部控制设计与运行的实际情况，制定具体的内部控制评价办法，规定评价的原则、内容、程序、方法和报告形式等，明确相关机构或岗位的职责权限，落实责任制，按照规定的办法、程序和要求，有序开展内部控制评价工作。企业董事会应当对内部控制评价报告的真实性负责。

第二章　内部控制评价的内容

第五条　企业应当根据《企业内部控制基本规范》、应用指引以及本企业的内部控制制度，围绕内部环境、风险评估、控制活动、信息与沟通、内部监督等要素，确定内部控制评价的具体内容，对内部控制设计与运行情况进行全面评价。

第六条　企业组织开展内部环境评价，应当以组织架构、发展战略、人力资源、企业文化、社会责任等应用指引为依据，结合本企业的内部控制制度，对内部环境的设计及实际运行情况进行认定和评价。

第七条　企业组织开展风险评估机制评价，应当以《企业内部控制基本规范》有关风险评估的要求，以及各项应用指引中所列主要风险为依据，结合本企业的内部控制制度，对日常经营管理过程中的风险识别、风险分析、应对策略等进行认定和评价。

第八条　企业组织开展控制活动评价，应当以《企业内部控制基本规范》和各项应用指引中的控制措施为依据，结合本企业的内部控制制度，对相关控制措施的设计和运行情况进行认定和评价。

第九条　企业组织开展信息与沟通评价，应当以内部信息传递、财务报告、信息系统等相关应用指引为依据，结合本企业的内部控制制度，对信息收集、处理和传递的及时性、反舞弊机制的健全性、财务报告的真实性、信息系统的安全性，以及利用信息系统实施内部控制的有效性等进行认定和评价。

第十条　企业组织开展内部监督评价，应当以《企业内部控制基本规范》有关内部监督的要求，以及各项应用指引中有关日常管控的规定为依据，结合本企业的内部控制制度，对内部监督机制的有效性进行认定和评价，重点关注监事会、审计委员会、内部审计机构等是否在内部控制设计和运行中有效发挥监督作用。

第十一条　内部控制评价工作应当形成工作底稿，详细记录企业执行评价工作的内容，包括评价要素、主要风险点、采取的控制措施、有关证据资料以及认定结果等。评价工作底稿应当设计合理、证据充分、简便易行、便于操作。

第三章　内部控制评价的程序

第十二条　企业应当按照内部控制评价办法规定的程序，有序开展内部控制评价工作。内部控制评价程序一般包括：制定评价工作方案、组成评价工作组、实施现场测试、认定控制缺陷、汇总评价结果、编报评价报告等环节。企业可以授权内部审计部门或专门机构（以下简称内部控制评价部门）负责内部控制评价的具体组织实施工作。

第十三条　企业内部控制评价部门应当拟订评价工作方案，明确评价范围、工作任务、人员组织、进度安排和费用预算等相关内容，报经董事会或其授权机构审批后实施。

第十四条　企业内部控制评价部门应当根据经批准的评价方案，组成内部控制评价工作组，具体实施内部控制评价工作。评价工作组应当吸收企业内部相关机构熟悉情况的业务骨干参加。评价工作组成员对本部门的内部控制评价工作应当实行回避制度。企业可以委托中介机构实施内部控制评价。为企业提供内部控制审计服务的会计师事务所，不得同时为同一企业提供内部控制评价服务。

第十五条　内部控制评价工作组应当对被评价单位进行现场测试，综合运用个别访谈、调查问卷、专题讨论、穿行测试、实地查验、抽样和比较分析等方法，充分收集被评价单位内部控制设计和运行是否有效的证据，按照评价的具体内容，如实填写评价工作底稿，研究分析内部控制缺陷。

第四章　内部控制缺陷的认定

第十六条　内部控制缺陷包括设计缺陷和运行缺陷。企业对内部控制缺陷的认定，应当以日常监督和专项监督为基础，结合年度内部控制评价，由内部控制评价部门进行综合分析后提出认定意见，按照规定的权限和程序进行审核后予以最终认定。

第十七条　企业在日常监督、专项监督和年度评价工作中，应当充分发挥内部控制评价工作组的作用。

内部控制评价工作组应当根据现场测试获取的证据，对内部控制缺陷进行初步认定，并按其影响程度分为重大缺陷、重要缺陷和一般缺陷。重大缺陷，是指一个或多个控制缺陷的组合，可能导致企业严重偏离控制目标。重要缺陷，是指一个或多个控制缺陷的组合，其严重程度和经济后果低于重大缺陷，但仍有可能导致企业偏离控制目标。一般缺陷，是指除重大缺陷、重要缺陷之外的其他缺陷。重大缺陷、重要缺陷和一般缺陷的具体认定标准，由企业根据上述要求自行确定。

第十八条 企业内部控制评价工作组应当建立评价质量交叉复核制度，评价工作组负责人应当对评价工作底稿进行严格审核，并对所认定的评价结果签字确认后，提交企业内部控制评价部门。

第十九条 企业内部控制评价部门应当编制内部控制缺陷认定汇总表，结合日常监督和专项监督发现的内部控制缺陷及其持续改进情况，对内部控制缺陷及其成因、表现形式和影响程度进行综合分析和全面复核，提出认定意见，并以适当的形式向董事会、监事会或者经理层报告。重大缺陷应当由董事会予以最终认定。企业对于认定的重大缺陷，应当及时采取应对策略，切实将风险控制在可承受度之内，并追究有关部门或相关人员的责任。

第五章 内部控制评价报告

第二十条 企业应当根据《企业内部控制基本规范》、应用指引和本指引，设计内部控制评价报告的种类、格式和内容，明确内部控制评价报告编制程序和要求，按照规定的权限报经批准后对外报出。

第二十一条 内部控制评价报告应当分别内部环境、风险评估、控制活动、信息与沟通、内部监督等要素进行设计，对内部控制评价过程、内部控制缺陷认定及整改情况、内部控制有效性的结论等相关内容作出披露。

第二十二条 内部控制评价报告至少应当披露下列内容：

(一)董事会对内部控制报告真实性的声明。

(二)内部控制评价工作的总体情况。

(三)内部控制评价的依据。

(四)内部控制评价的范围。

(五)内部控制评价的程序和方法。

(六)内部控制缺陷及其认定情况。

(七)内部控制缺陷的整改情况及重大缺陷拟采取的整改措施。

(八)内部控制有效性的结论。

第二十三条 企业应当根据年度内部控制评价结果，结合内部控制评价工作底稿和内部控制缺陷汇总表等资料，按照规定的程序和要求，及时编制内部控制评价报告。

第二十四条 内部控制评价报告应当报经董事会或类似权力机构批准后对外披露或报送相关部门。企业内部控制评价部门应当关注自内部控制评价报告基准日至内部控制评价报告发出日之间是否发生影响内部控制有效性的因素，并根据其性质和影响程度对评价结论进行相应调整。

第二十五条 企业内部控制审计报告应当与内部控制评价报告同时对外披露或报送。

第二十六条 企业应当以 12 月 31 日作为年度内部控制评价报告的基准日。内部控制评价报告应于基准日后 4 个月内报出。

第二十七条 企业应当建立内部控制评价工作档案管理制度。内部控制评价的有关文件资料、工作底稿和证明材料等应当妥善保管。

21. 企业内部控制审计指引(2010 年颁布)

财会〔2010〕11 号

第一章 总 则

第一条 为了规范注册会计师执行企业内部控制审计业务，明确工作要求，保证执业质量，根据《企业内部控制基本规范》、《中国注册会计师鉴证业务基本准则》及相关执业准则，制定本指引。

第二条　本指引所称内部控制审计，是指会计师事务所接受委托，对特定基准日内部控制设计与运行的有效性进行审计。

第三条　建立健全和有效实施内部控制，评价内部控制的有效性是企业董事会的责任。按照本指引的要求，在实施审计工作的基础上对内部控制的有效性发表审计意见，是注册会计师的责任。

第四条　注册会计师执行内部控制审计工作，应当获取充分、适当的证据，为发表内部控制审计意见提供合理保证。

注册会计师应当对财务报告内部控制的有效性发表审计意见，并对内部控制审计过程中注意到的非财务报告内部控制的重大缺陷，在内部控制审计报告中增加"非财务报告内部控制重大缺陷描述段"予以披露。

第五条　注册会计师可以单独进行内部控制审计，也可将内部控制审计与财务报表审计整合进行(下称"整合审计")。

在整合审计中，注册会计师应当对内部控制设计与运行的有效性进行测试，以同时实现下列目标：(一)获取充分、适当的证据，支持其在内部控制审计中对内部控制有效性发表的意见。

(二)获取充分、适当的证据，支持其在财务报表审计中对控制风险的评估结果。

第二章　计划审计工作

第六条　注册会计师应当恰当地计划内部控制审计工作，配备具有专业胜任能力的项目组，并对助理人员进行适当的督导。

第七条　在计划审计工作时，注册会计师应当评价下列事项对内部控制、财务报表以及审计工作的影响：(一)与企业相关的风险。

(二)相关法律法规和行业概况。

(三)企业组织结构、经营特点和资本结构等相关重要事项。

(四)企业内部控制最近发生变化的程度。

(五)与企业沟通过的内部控制缺陷。

(六)重要性、风险等与确定内部控制重大缺陷相关的因素。

(七)对内部控制有效性的初步判断。

(八)可获取的、与内部控制有效性相关的证据的类型和范围。

第八条　注册会计师应当以风险评估为基础，选择拟测试的控制，确定测试所需收集的证据。

内部控制的特定领域存在重大缺陷的风险越高，给予该领域的审计关注就越多。

第九条　注册会计师应当对企业内部控制自我评价工作进行评估，判断是否利用企业内部审计人员、内部控制评价人员和其他相关人员的工作以及可利用的程度，相应减少可能本应由注册会计师执行的工作。

注册会计师利用企业内部审计人员、内部控制评价人员和其他相关人员的工作，应当对其专业胜任能力和客观性进行充分评价。

与某项控制相关的风险越高，可利用程度就越低，注册会计师应当更多地对该项控制亲自进行测试。

注册会计师应当对发表的审计意见独立承担责任，其责任不因为利用企业内部审计人员、内部控制评价人员和其他相关人员的工作而减轻。

第三章　实施审计工作

第十条　注册会计师应当按照自上而下的方法实施审计工作。自上而下的方法是注册会计师识别风险、选择拟测试控制的基本思路。注册会计师在实施审计工作时，可以将企业层面控制和业务层面控制的测试结合进行。

第十一条　注册会计师测试企业层面控制，应当把握重要性原则，至少应当关注：(一)与内部环境相关的控制。

(二)针对董事会、经理层凌驾于控制之上的风险而设计的控制。

(三)企业的风险评估过程。

(四)对内部信息传递和财务报告流程的控制。

（五）对控制有效性的内部监督和自我评价。

第十二条 注册会计师测试业务层面控制，应当把握重要性原则，结合企业实际、企业内部控制各项应用指引的要求和企业层面控制的测试情况，重点对企业生产经营活动中的重要业务与事项的控制进行测试。

注册会计师应当关注信息系统对内部控制及风险评估的影响。

第十三条 注册会计师在测试企业层面控制和业务层面控制时，应当评价内部控制是否足以应对舞弊风险。

第十四条 注册会计师应当测试内部控制设计与运行的有效性。

如果某项控制由拥有必要授权和专业胜任能力的人员按照规定的程序与要求执行，能够实现控制目标，表明该项控制的设计是有效的。

如果某项控制正在按照设计运行，执行人员拥有必要授权和专业胜任能力，能够实现控制目标，表明该项控制的运行是有效的。

第十五条 注册会计师应当根据与内部控制相关的风险，确定拟实施审计程序的性质、时间安排和范围，获取充分、适当的证据。与内部控制相关的风险越高，注册会计师需要获取的证据应越多。

第十六条 注册会计师在测试控制设计与运行的有效性时，应当综合运用询问适当人员、观察经营活动、检查相关文件、穿行测试和重新执行等方法。

询问本身并不足以提供充分、适当的证据。

第十七条 注册会计师在确定测试的时间安排时，应当在下列两个因素之间作出平衡，以获取充分、适当的证据：

（一）尽量在接近企业内部控制自我评价基准日实施测试。

（二）实施的测试需要涵盖足够长的期间。

第十八条 注册会计师对于内部控制运行偏离设计的情况（即控制偏差），应当确定该偏差对相关风险评估、需要获取的证据以及控制运行有效性结论的影响。

第十九条 在连续审计中，注册会计师在确定测试的性质、时间安排和范围时，应当考虑以前年度执行内部控制审计时了解的情况。

第四章 评价控制缺陷

第二十条 内部控制缺陷按其成因分为设计缺陷和运行缺陷，按其影响程度分为重大缺陷、重要缺陷和一般缺陷。

注册会计师应当评价其识别的各项内部控制缺陷的严重程度，以确定这些缺陷单独或组合起来，是否构成重大缺陷。

第二十一条 在确定一项内部控制缺陷或多项内部控制缺陷的组合是否构成重大缺陷时，注册会计师应当评价补偿性控制（替代性控制）的影响。企业执行的补偿性控制应当具有同样的效果。

第二十二条 表明内部控制可能存在重大缺陷的迹象，主要包括：

（一）注册会计师发现董事、监事和高级管理人员舞弊。

（二）企业更正已经公布的财务报表。

（三）注册会计师发现当期财务报表存在重大错报，而内部控制在运行过程中未能发现该错报。

（四）企业审计委员会和内部审计机构对内部控制的监督无效。

第五章 完成审计工作

第二十三条 注册会计师完成审计工作后，应当取得经企业签署的书面声明。书面声明应当包括下列内容：

（一）企业董事会认可其对建立健全和有效实施内部控制负责。

（二）企业已对内部控制的有效性作出自我评价，并说明评价时采用的标准以及得出的结论。

（三）企业没有利用注册会计师执行的审计程序及其结果作为自我评价的基础。

（四）企业已向注册会计师披露识别出的所有内部控制缺陷，并单独披露其中的重大缺陷和重要缺陷。

（五）企业对于注册会计师在以前年度审计中识别的重大缺陷和重要缺陷，是否已经采取措施予以解决。

(六)企业在内部控制自我评价基准日后,内部控制是否发生重大变化,或者存在对内部控制具有重要影响的其他因素。

第二十四条　企业如果拒绝提供或以其他不当理由回避书面声明,注册会计师应当将其视为审计范围受到限制,解除业务约定或出具无法表示意见的内部控制审计报告。

第二十五条　注册会计师应当与企业沟通审计过程中识别的所有控制缺陷。对于其中的重大缺陷和重要缺陷,应当以书面形式与董事会和经理层沟通。

注册会计师认为审计委员会和内部审计机构对内部控制的监督无效的,应当就此以书面形式直接与董事会和经理层沟通。

书面沟通应当在注册会计师出具内部控制审计报告之前进行。

第二十六条　注册会计师应当对获取的证据进行评价,形成对内部控制有效性的意见。

第六章　出具审计报告

第二十七条　注册会计师在完成内部控制审计工作后,应当出具内部控制审计报告。标准内部控制审计报告应当包括下列要素:(一)标题。

(二)收件人。

(三)引言段。

(四)企业对内部控制的责任段。

(五)注册会计师的责任段。

(六)内部控制固有局限性的说明段。

(七)财务报告内部控制审计意见段。

(八)非财务报告内部控制重大缺陷描述段。

(九)注册会计师的签名和盖章。

(十)会计师事务所的名称、地址及盖章。

(十一)报告日期。

第二十八条　符合下列所有条件的,注册会计师应当对财务报告内部控制出具无保留意见的内部控制审计报告:(一)企业按照《企业内部控制基本规范》、《企业内部控制应用指引》、《企业内部控制评价指引》以及企业自身内部控制制度的要求,在所有重大方面保持了有效的内部控制。

(二)注册会计师已经按照《企业内部控制审计指引》的要求计划和实施审计工作,在审计过程中未受到限制。

第二十九条　注册会计师认为财务报告内部控制虽不存在重大缺陷,但仍有一项或者多项重大事项需要提请内部控制审计报告使用者注意的,应当在内部控制审计报告中增加强调事项段予以说明。

注册会计师应当在强调事项段中指明,该段内容仅用于提醒内部控制审计报告使用者关注,并不影响对财务报告内部控制发表的审计意见。

第三十条　注册会计师认为财务报告内部控制存在一项或多项重大缺陷的,除非审计范围受到限制,应当对财务报告内部控制发表否定意见。

注册会计师出具否定意见的内部控制审计报告,还应当包括下列内容:(一)重大缺陷的定义。

(二)重大缺陷的性质及其对财务报告内部控制的影响程度。

第三十一条　注册会计师审计范围受到限制的,应当解除业务约定或出具无法表示意见的内部控制审计报告,并就审计范围受到限制的情况,以书面形式与董事会进行沟通。

注册会计师在出具无法表示意见的内部控制审计报告时,应当在内部控制审计报告中指明审计范围受到限制,无法对内部控制的有效性发表意见。

注册会计师在已执行的有限程序中发现财务报告内部控制存在重大缺陷的,应当在内部控制审计报告中对重大缺陷作出详细说明。

第三十二条　注册会计师对在审计过程中注意到的非财务报告内部控制缺陷,应当区别具体情况予以处理:(一)注册会计师认为非财务报告内部控制缺陷为一般缺陷的,应当与企业进行沟通,提醒企业加以改进,但无需在内部控制审计报告中说明。

(二)注册会计师认为非财务报告内部控制缺陷为重要缺陷的,应当以书面形式与企业董事会和经理层沟通，提醒企业加以改进，但无需在内部控制审计报告中说明。

（三）注册会计师认为非财务报告内部控制缺陷为重大缺陷的，应当以书面形式与企业董事会和经理层沟通，提醒企业加以改进；同时应当在内部控制审计报告中增加非财务报告内部控制重大缺陷描述段，对重大缺陷的性质及其对实现相关控制目标的影响程度进行披露，提示内部控制审计报告使用者注意相关风险。

第三十三条 在企业内部控制自我评价基准日并不存在、但在该基准日之后至审计报告日之前（下称"期后期间"）内部控制可能发生变化，或出现其他可能对内部控制产生重要影响的因素。注册会计师应当询问是否存在这类变化或影响因素，并获取企业关于这些情况的书面声明。

注册会计师知悉对企业内部控制自我评价基准日内部控制有效性有重大负面影响的期后事项的，应当对财务报告内部控制发表否定意见。

注册会计师不能确定期后事项对内部控制有效性的影响程度的，应当出具无法表示意见的内部控制审计报告。

第七章 记录审计工作

第三十四条 注册会计师应当按照《中国注册会计师审计准则第 1131 号——审计工作底稿》的规定，编制内部控制审计工作底稿，完整记录审计工作情况。

第三十五条 注册会计师应当在审计工作底稿中记录下列内容：

（一）内部控制审计计划及重大修改情况。

（二）相关风险评估和选择拟测试的内部控制的主要过程及结果。

（三）测试内部控制设计与运行有效性的程序及结果。

（四）对识别的控制缺陷的评价。

（五）形成的审计结论和意见。

（六）其他重要事项。

附录：内部控制审计报告的参考格式（略）

22. 企业内部控制规范体系实施中相关问题解释第 1 号（2012 年颁布）

财会〔2012〕3 号

根据财政部等五部委的要求，《企业内部控制基本规范》（财会〔2008〕7 号）及其配套指引已于 2011 年 1 月 1 日起在境内外同时上市的 69 家公司实施。同时，财政部、证监会又选择了 200 多家在境内主板上市的公司进行试点。实施一年总体进展顺利，但也存在一定问题。为推动《企业内部控制基本规范》及其配套指引的顺利实施，现对有关问题解释如下：

1. 如何把握企业内部控制规范体系的强制性与指导性的关系？

答：在实施试点中，一些企业反映，《企业内部控制基本规范》及其配套指引的规定是否需要逐条执行。

《企业内部控制基本规范》是内部控制建设与实施应该遵循的基本原则和总体要求，具有强制性，纳入实施范围的企业应当遵照执行。《企业内部控制配套指引》（财会〔2010〕11 号，包括 18 个应用指引、1 个评价指引和 1 个审计指引）是对《企业内部控制基本规范》相关规定的进一步补充和说明，具有指导性和示范性，纳入实施范围的企业可以结合所在行业要求和企业自身特点，参照配套指引的规定开展内部控制建设与实施工作。

2. 已经完全按照境外监管机构要求建设与实施内部控制的境内外同时上市的公司，是否需要执行我国的企业内部控制规范体系？

答：目前，许多国家和地区对公众公司内部控制都有相关的规定和要求。我国企业内部控制规范体系在充分借鉴国际上先进经验和做法的同时，更多地适应了我国国情，尤其是充分考虑了我国目前法律法规体系、公司治理结构、企业管理体制、风险管控实务等具体情况，提出了内部控制的目标、原则、要素等，且不局限于财务报告内部控制，更多突出全面内部控制的要求。因此，境内外同时上市的公司应当在满足境外监管机构要求的基础上，对照我国企业内部控制规范体系，特别是应当围绕《企业内部控制基本规范》提出的内部控制五目标，对相关控制措施进行适当调整或补充完善。

3. 企业按照企业内部控制规范体系建设与实施内部控制，是否还需要遵守我国行业主管部门和市场监管部门对内部控制的有关要求？

答：《企业内部控制基本规范》及其配套指引是对不同行业、各类企业提出的一般性要求，具有普适性。行业主管或监管部门对所辖企业的内部控制管理规定，是不同行业内部控制的特殊要求，也是《企业内部控制基本规范》的重要补充。企业应当按照《企业内部控制基本规范》及其配套指引规定和行业管理、市场监管的要求，建设与实施内部控制。

4. 如何协调好内部控制与风险管理的关系？

答：《企业内部控制基本规范》及其配套指引，充分吸收了全面风险管理的理念和方法，强调了内部控制与风险管理的统一。内部控制的目标就是防范和控制风险，促进企业实现发展战略，风险管理的目标也是促进企业实现发展战略，二者都要求将风险控制在可承受范围之内。因此，内部控制与风险管理二者不是对立的，而是协调统一的整体。

在实际工作中，一些企业的内部控制和风险管理工作由不同机构负责。对此，企业可以对有关机构和业务进行整合，从工作内容、目标、要求以及具体工作执行的方法、程序等方面，将内部控制建设和风险管理工作有机结合起来，避免职能交叉、资源浪费、重复劳动，降低企业管理成本，提高工作效率和效果。

5. 对于《企业内部控制配套指引》尚未规范的领域，应如何处理？

答：由于企业所面临的客观环境和自身的经营管理活动比较复杂，目前的《企业内部控制配套指引》仅对企业常见的、一般性生产经营过程的主要方面和环节进行了规范。在建设与实施内部控制的过程中，对于《企业内部控制配套指引》尚未规范的业务领域，企业应当遵循《企业内部控制基本规范》的原则和要求，按照内部控制建设与实施的基本原理和一般方法，从企业经营目标出发，识别和评估相关风险，梳理关键业务流程，根据风险评估的结果，制定和执行相应控制措施。

6. 如何权衡内部控制的实施成本与预期效益？

答：企业按照《企业内部控制基本规范》及其配套指引的要求建设与实施内部控制，必然需要支付一定的成本，可能会发生内部控制制度和流程的设计与实施费用、聘请专业机构提供咨询服务费用、建立融入内部控制要求的信息系统费用、聘请会计师事务所开展内部控制审计费用，等等。建设与实施内部控制应当从提高企业长期效益出发，从促进企业可持续发展出发，将内部控制作为一项常规性工作，贯穿于企业管理之中，加大投入。同时，应当按照重要性原则，关注重要业务事项和高风险领域，抓住关键风险控制点。集团性企业可以采取分类试点、逐步推广的方式，选择下属不同类型的企业试点，形成范本，减少重复建设。

聘请会计师事务所开展内部控制审计是建设与实施内部控制的重要环节，是检验内部控制有效性的重要手段和有力保证。内部控制审计费用是企业实施内部控制规范体系应当承担的成本，企业应安排相应经费确保审计工作的及时、有效开展。内部控制审计是一项区别于财务报告审计的独立业务，企业应就该项业务与会计师事务所签订单独的业务约定书。同时，企业也应权衡审计成本与审计效益，在业务约定书中明确有关费用标准，并对会计师事务所审计资源的投入和审计质量提出明确要求。

7. 如何协调好内部控制与其他管理体系的关系？

答：内部控制贯穿于整个企业管理，与其他管理体系相辅相成、密不可分，是企业管理的重要组成部分。企业现有管理体系的设计、运行以及审核认证需要遵循已经发布的国家标准或行业标准。这些标准与企业内部控制规范体系的原则和要求并不矛盾。在实际工作中，个别企业的内部控制体系建设与管理体系运行发生冲突，原因可能是企业采用的方式方法出现了偏差，如简单照搬内部控制应用指引的规定，没有考虑企业的实际情况，为控制而控制，导致控制设计不合理，出现控制过度或控制冗余；也可能是企业经营管理部门对内部控制的重要性认识不足，不愿意受到更多的牵制和监督，从而以影响经营效率和目标为借口，拒绝必要的内部控制；等等。对此，企业应当立足管理现状，全面梳理各项管理制度和管理体系，从管理体制、机制以及落实各级权利责任等方面，将内部控制的要求融入各项管理体系中，形成内部控制的长效机制，使内部控制真正为经营管理服务；应当从总体目标出发，通过培训教育提高企业经营管理人员对内部控制的理解和认识，将内部控制的要求纳入绩效考核体系以加强执行；可以利用信息技术固化业务流程，提高业务处理效率和信息共享水平，从而尽可能减少内部控制与其他经营管理体系的冲突。

8. 企业如何确定内部控制缺陷的认定标准？

答：查找并纠正企业内部控制设计和运行中的缺陷，是开展企业内部控制评价的一项重要工作，是不断完善企业内部控制的重要手段。由于企业所处行业、经营规模、发展阶段、风险偏好等存在差异，《企业内部控制基本规范》及其配套指引没有对内部控制缺陷的认定标准进行统一规定。企业可以根据《企业内部基本规范》及其配套指引，结合企业规模、行业特征、风险水平等因素，研究确定适合本企业的内部控制重大缺陷、重要缺陷和一般缺陷的具体认定标准。企业确定的内部控制缺陷标准应当从定性和定量的角度综合考虑，并保持相对稳定。通过不断的实践，总结经验，形成一套行之有效的内部控制缺陷认定方法。

企业在开展内部控制监督检查中，对发现的内部控制缺陷，应当及时分析缺陷性质和产生原因，并提出整改方案，采取适当形式向董事会、监事会或者管理层报告。对于重大缺陷，企业应当在内部控制评价报告中进行披露。

财政部将会同证监会、审计署、银监会、保监会等有关部门，根据首次执行和试点情况，分行业、分类型总结企业的内部控制缺陷认定标准，供参考。

9. 实施《企业内部控制基本规范》及其配套指引的企业，是否需要设置专门的内部控制机构？

答：根据《企业内部控制基本规范》的规定，企业董事会负责内部控制的建立健全和有效实施。为便于董事会履行好企业内部控制规范体系的设计、建立、运行与改进方面的职责，董事会应当指定专门委员会负责指导内部控制建设与实施工作。一般情况下企业应当成立专门机构负责组织协调内部控制的建立实施及日常工作。

对于少数企业受制于岗位编制、专业人员等条件限制，目前尚不具备成立专门的内部控制管理机构的，可暂将内部控制管理职能划归现有机构。随着企业内部控制建设的持续深入和相关条件的不断成熟，企业应考虑成立专门机构，保证有足够的资源支持和协调内部控制工作的开展，确保内部控制工作的相对独立性。

10. 如何编制和披露企业内部控制评价报告？

企业内部控制评价是企业董事会对内部控制有效性进行全面评价、形成评价结论、出具评价报告的过程。开展内部控制评价，可以及时发现和纠正企业内部控制建设与实施中存在的问题，并持续自我完善。企业可以独立开展内部控制评价工作，也可以委托不承担本企业内部控制审计的中介机构协助开展内部控制评价工作。

根据《企业内部控制基本规范》、《企业内部控制评价指引》的要求，我们制定了企业内部控制评价报告的格式，供企业编制评价报告时参考，企业也可以根据实际情况对具体的报告方式作适当调整，但有关内容原则上应体现在年度报告中。

附：

××公司20××年度内部控制评价报告

××公司全体股东：

根据《企业内部控制基本规范》及其配套指引的规定和要求，结合本公司(以下简称公司)内部控制制度和评价办法，在内部控制日常监督和专项监督的基础上，我们对公司内部控制的有效性进行了自我评价。

一、董事会声明

公司董事会及全体董事保证本报告内容不存在任何虚假记载、误导性陈述或重大遗漏，并对报告内容的真实性、准确性和完整性承担个别及连带责任。

建立健全并有效实施内部控制是公司董事会的责任；监事会对董事会建立与实施内部控制进行监督；经理层负责组织领导公司内部控制的日常运行。

公司内部控制的目标是：[一般包括合理保证经营合法合规、资产安全、财务报告及相关信息真实完整，提高经营效率和效果，促进实现发展战略]。由于内部控制存在固有局限性，故仅能对实现上述目标提供合理保证。

二、内部控制评价工作的总体情况

公司董事会授权内部审计机构[或其他专门机构]负责内部控制评价的具体组织实施工作，对纳入评价范围的高风险领域和单位进行评价[描述评价工作的组织领导体制，一般包括评价工作组织结构图、主要负责人及汇报途径等]。

公司[是/否]聘请了专业机构[中介机构名称]提供内部控制咨询服务；公司[是/否]聘请了专业机构[中介机构名称]协助开展内部控制评价工作；公司[是/否]聘请会计师事务所[会计师事务所名称]对公司内部控制进行独立审计。

三、内部控制评价的范围

内部控制评价的范围涵盖了公司及其所属单位的主要业务和事项[列明评价范围占公司总资产比例或占公司收入比例等]，重点关注下列高风险领域：

[列示公司根据风险评估结果确定的内部控制前"十大"主要风险]

纳入评价范围的单位包括：

[无需罗列单位名称，而是描述纳入评价范围单位的行业性质、层级等]

纳入评价范围的业务和事项包括(根据实际情况调整，未尽事项可以充实)：

(一)组织架构

(二)发展战略

(三)人力资源

(四)社会责任

(五)企业文化

(六)资金活动

(七)采购业务

(八)资产管理

(九)销售业务

(十)研究与开发

(十一)工程项目

(十二)担保业务

(十三)业务外包

(十四)财务报告

(十五)全面预算

(十六)合同管理

(十七)内部信息传递

(十八)信息系统

上述业务和事项的内部控制涵盖了公司经营管理的主要方面，不存在重大遗漏。

(如存在重大遗漏)公司本年度未能对以下构成内部控制重要方面的单位或业务(事项)进行内部控制评价：

[逐条说明未纳入评价范围的重要单位或业务(事项)，包括单位或业务(事项)描述、未纳入的原因、对内部控制评价报告真实完整性产生的重大影响等]

四、内部控制评价的程序和方法

内部控制评价工作严格遵循基本规范、评价指引及公司内部控制评价办法规定的程序执行[描述公司开展内部控制检查评价工作的基本流程]。

评价过程中，我们采用了(个别访谈、调查问题、专题讨论、穿行测试、实地查验、抽样和比较分析)等适当方法，广泛收集公司内部控制设计和运行是否有效的证据，如实填写评价工作底稿，分析、识别内部控制缺陷[说明评价方法的适当性及证据的充分性]。

五、内部控制缺陷及其认定

公司董事会根据基本规范、评价指引对重大缺陷、重要缺陷和一般缺陷的认定要求，结合公司规模、行业特征、风险偏好和风险承受度等因素，研究确定了适用本公司的内部控制缺陷具体认定标准，并与以前年度保持了一致[描述公司内部控制缺陷的定性及定量标准]，或作出了调整[描述具体调整标准及原因]。

根据上述认定标准，结合日常监督和专项监督情况，我们发现报告期内存在[数量]个缺陷，其中重大缺陷[数量]个，重要缺陷[数量]个。重大缺陷分别为：[对重大缺陷进行描述，并说明其对实现相关控制目标的影响程度]。

六、内部控制缺陷的整改情况

针对报告期内发现的内部控制缺陷（含上一期间未完成整改的内部控制缺陷），公司采取了相应的整改措施[描述整改措施的具体内容和实际效果]。对于整改完成的重大缺陷，公司有足够的测试样本显示，与重大缺陷[描述该重大缺陷]相关的内部控制设计且运行有效（运行有效的结论需提供 90 天内有效运行的证据）。

经过整改，公司在报告期末仍存在[数量]个缺陷，其中重大缺陷[数量]个，重要缺陷[数量]个。重大缺陷分别为：[对重大缺陷进行描述]。

针对报告期末未完成整改的重大缺陷，公司拟进一步采取相应措施加以整改[描述整改措施的具体内容及预期达到的效果]。

七、内部控制有效性的结论

公司已经根据基本规范、评价指引及其他相关法律法规的要求，对公司截至 20××年 12 月 31 日的内部控制设计与运行的有效性进行了自我评价。

（存在重大缺陷的情形）报告期内，公司在内部控制设计与运行方面存在尚未完成整改的重大缺陷[描述该缺陷的性质及其对实现相关控制目标的影响程度]。由于存在上述缺陷，可能会给公司未来生产经营带来相关风险[描述该风险]。

（不存在重大缺陷的情形）报告期内，公司对纳入评价范围的业务与事项均已建立了内部控制，并得以有效执行，达到了公司内部控制的目标，不存在重大缺陷。

自内部控制评价报告基准日至内部控制评价报告发出日之间[是/否]发生对评价结论产生实质性影响的内部控制的重大变化。[如存在，描述该事项对评价结论的影响及董事会拟采取的应对措施]。

我们注意到，内部控制应当与公司经营规模、业务范围、竞争状况和风险水平等相适应，并随着情况的变化及时加以调整。[简要描述下一年度内部控制工作计划]未来期间，公司将继续完善内部控制制度，规范内部控制制度执行，强化内部控制监督检查，促进公司健康、可持续发展。

董事长：[签名]
××公司
20××年××月

23. 企业内部控制规范体系实施中相关问题解释第 2 号（2012 年颁布）

财会〔2012〕18 号

企业内部控制规范体系正式实施一年多来，总体平稳，但在具体实施过程中，部分企业还存在理解认识上的不到位和实际执行上的偏差。为了稳步推进企业内部控制规范体系贯彻实施，经研究，现就有关问题解释如下：

1. 企业应如何正确把握内部控制的组织实施工作？

答：企业在开始实施内部控制时，应当按照《企业内部控制基本规范》（财会〔2008〕7 号）（以下简称基本规范）确定的内部控制目标、要素、原则和具体要求开展工作，强化组织领导，夯实内部控制基础。董事会负责内部控制的建立健全和有效实施，监事会对董事会建立与实施内部控制进行监督，经理层负责组织领导企业内部控制的日常运行，全体员工广泛参与内部控制的具体实施。企业的内部控制部门应结合实际，制定内部控制体系建设的分阶段目标，围绕内部控制的五个要素扎实开展工作，深入宣传、认真执行、严格监督、严肃考核，保证企业经营管理合法合规、资产安全、财务报告及相关信息真实完整，提高经营效率和效果，规避生产经营风险。随着实施工作的不断深入，企业应当加强内部控制全员、全面、全过程管理，进一步推动管理创新，不断提升管理水平，有效防控经营风险，保证实现价值目标，最终促进企业实现发展战略。

企业应当结合所在行业要求和自身特点，按照基本规范的要求，参照《企业内部控制配套指引》（财会〔2010〕11 号）（以下简称配套指引）的规定开展内部控制实施工作。目前配套指引针对企业一般性的业务和重点环节制定了原则性的要求，未涵盖行业特点突出的具体业务。在实施过程中，企业应当全面执行基本规范，以配套指引为参考，结合行业管理要求，从自身经营管理的实际出发，识别和评估相关风险，加强对关键和重点业务的控制，保持信息沟通的顺畅，对实施效果做好监督评价，努力构建一套符合实际、业务规范、控制合理、管理有效的内部控制体系。

2. 不同的企业应如何把握好内部控制实施工作的进度和重点？

答：对于即将启动或刚刚启动内部控制实施工作的上市公司、国有企业和集团企业，应按照相关业务主管部门、监管部门等的要求加快推动，并根据企业实际全面实施；对于已经在部分下属分公司和子公司建立了较为完善的内部控制体系的企业，应当总结和借鉴已经开展内部控制建设的分公司和子公司的经验和做法，将其推广至全公司范围；对于已经在全公司范围内建立起覆盖全过程、各层级内部控制体系的企业，应将工作重心放在内部控制的持续改进上，充分运用内部控制自我评价的方法和手段，按照有关要求对实施情况进行常规、持续的监督检查，查找实施中的缺陷与不足，促进内部控制的持续改进和不断优化。

对于非上市的企业或企业集团，应从实际情况出发，根据下属公司的经营性质、业务规模等特点制定切实可行的内部控制实施方案，分类分步推进，全面启动内部控制建设与实施工作。企业集团也可以根据业务板块、管理特点等，先在部分企业建立起较为完善的内部控制体系，再逐步建立覆盖企业集团的内部控制体系，体现集团管控的要求。

3. 企业应如何改善内部控制专业人才缺乏的状况？

答：为解决企业内部控制专业人才紧缺状况，企业可以抽调财会、审计和生产管理等业务骨干开展内部控制管理工作，同时应当有计划地培养内部控制专业人才。一是通过参加政府部门、中介机构、企业内部举办的培训学习等，促使内控人员掌握相关知识；二是让从事内部控制的专业人员，在工作实践中不断探索学习，以内部控制基础理论、基本规范及配套指引为指针，借鉴其他企业的经验，结合实际，自我学习、自我积累，探索创新，不断提升个人的业务能力和企业的内控管理水平；三是在聘请中介机构开展内部控制咨询、审计服务时，充分利用中介机构的专业力量，通过业务沟通交流和参与实际运作来锻炼培养企业专业人才队伍。

企业领导要高度重视内部控制专业人才队伍建设，在强调全员参与内部控制的基础上，采取多种措施，建立激励机制，鼓励从事内部控制的专业人员岗位成才。对于为企业内部控制建设做出贡献的专业人员应当给予奖励，以调动内部控制专业人才队伍的工作积极性。

4. 集团性企业应如何确定内部控制评价的范围？

答：集团性企业在确认内部控制评价范围时，应当遵循全面性、重要性、客观性原则，在对集团总部及下属不同业务类型、不同规模的企业进行全面、客观评价的基础上，关注重要业务单位、重大事项和高风险业务。

重要业务单位一般以资产、收入、利润等作为判定标准。包括集团总部、资产占合并资产总额比例较高的分公司和子公司，营业收入占合并营业收入比例较高的分公司和子公司以及利润占合并利润比例较高的分公司和子公司等。

重大事项一般是指重大投资决策项目，兼并重组、资产调整、产权转让项目，期权、期货等金融衍生业务，融资、担保项目，重大的生产经营安排，重要设备和技术引进，采购大宗物资和购买服务，重大工程建设项目，年度预算内大额度资金调动和使用，以及其他大额度资金运作事项等。

高风险业务一般是指经过风险评估后确定为较高或高风险的业务，也包括特殊行业及特殊业务，国家法律、法规有特殊管制或监管要求的业务等。

5. 企业在选择中介机构协助开展内部控制体系建设与实施工作时，应重点考虑哪些因素？

答：企业建设与实施内部控制，应当按照基本规范及配套指引的要求，原则上要立足于行业特点和企业实际，倡导自上而下、自主开展内部控制建设与实施工作。

如果企业确有需要选择中介机构协助开展工作，可重点考虑以下几个因素：一是中介机构的专业性，如内控咨询团队的专业知识及项目管理经验等；二是服务内容与企业需求的匹配程度，如实施方案是否符合企业实际情况等；三是团队的配置水平，如人员数量是否适当、团队的整体知识结构、过去的成功案例情况及客户评价等；四是服务报价合理性等，企业对收费明显偏离合理性的中介机构，应防范服务质量风险。

企业在聘请中介机构协助开展内部控制体系建设与实施工作中，应当采取有效的方式保护企业核心商业秘密和国家机密，防范泄密风险。

6. 企业应采用何种组织形式开展内部控制评价工作？

答：内部控制评价是指企业董事会或类似权力机构对内部控制的有效性进行全面评价、形成评价结论、出具评价报告的过程。同时也是企业内部涉及业务面广、专业性强的工作，包括日常检查评价和专项检查评价。

企业可以授权内部审计机构具体实施内部控制有效性的定期评价工作。由于内部审计机构在企业内部处于相对独立的地位，该机构的工作内容、性质和人员的业务专长与内部控制评价工作有着密切的关联，因此内部审计机构可以负责内部控制评价的具体实施工作。

成立了专门的内部控制机构的企业，由内部控制机构负责组织协调内部控制的建立实施及日常管理工作，其工作直接向董事会或类似权力机构负责。企业的内部控制机构可以组织实施内部控制评价工作。内部控制机构可以组织审计、财务、生产管理等专业人员，对内部控制全面或某一方面进行日常和专项检查评价，也可以对认定的重大风险进行专项监督，定期出具内部控制评价报告，报董事会或类似权力机构审核。

企业也可以根据自身特点，成立内部控制评价工作的非常设机构，比如，抽调内部审计、内部控制等相关机构的人员组成内部控制评价小组，具体组织实施内部控制评价工作。

此外，企业可以委托中介机构实施内部控制评价。

7. 企业应如何对待内部控制评价中发现的缺陷？

答：内部控制缺陷按照成因分为设计缺陷和运行缺陷。对于设计缺陷，应从企业内部的管理制度入手查找原因，需要更新、调整、废止的制度要及时进行处理，并同时改进内部控制体系的设计，弥补设计缺陷的漏洞。对于运行缺陷，则应分析出现的原因，查清责任人，并有针对性地进行整改。

内部控制缺陷按照影响程度分为重大缺陷、重要缺陷和一般缺陷。对于重大缺陷，应当由董事会予以最终认定，企业要及时采取应对策略，切实将风险控制在可承受度之内。对于重要缺陷和一般缺陷，企业应当及时采取措施，避免发生损失。

企业应当编制内部控制缺陷认定汇总表，结合实际情况对内部控制缺陷的成因、表现形式和影响程度进行综合分析和全面复核，提出认定意见和改进建议，确保整改到位，并以适当形式向董事会、监事会或者经理层报告。

对于因内部控制缺陷造成经济损失的，企业应当查明原因，追究相关部门和人员的责任。

8. 如果会计师事务所将其内部控制咨询业务和内部控制审计业务进行分离后，是否可以为同一企业提供内部控制审计和咨询服务？

答：基本规范及配套指引的发布实施，拓宽了会计师事务所的业务领域。随着 2012 年国内主板上市公司分类分批实施，内部控制咨询、内部控制评价、内部控制审计的需求会很大。当前，我国会计师事务所在内部控制咨询和内部控制审计方面的专业人才和技术力量有限。据了解，很多会计师事务所为了执行基本规范第十条的规定，主动开展了内部体制机制整合。

会计师事务所在受聘为企业提供有关内部控制咨询或审计服务时，应坚持独立性原则，严格遵守《中国注册会计师职业道德守则》要求，不得与具有网络关系的中介机构同时为同一企业提供内部控制咨询和审计服务。

有的会计师事务所采取内部隔离方式，即在内部成立咨询部门和审计部门，两个部门之间相互独立，人员不交叉使用，在形式上建立了内部的“防火墙”。这种方式难以有效地将内部控制咨询和内部控制审计业务进行分离，不符合独立性要求。

也有会计师事务所新设立了具有法人资格的咨询机构，如果新设立的咨询机构与原事务所构成网络关系，则违反独立性原则，也不能同时为同一家企业提供内控咨询和审计服务。

9. 注册会计师在开展内部控制审计时应如何安排时间？

答：按照配套指引中《企业内部控制审计指引》的要求，注册会计师在确定测试的时间安排时，应当尽量在接近企业内部控制自我评价基准日实施测试，实施的测试需要涵盖足够长的时间。

企业应按照要求及时委托会计师事务所开展内部控制审计业务，保证按期对外披露或报送内部控制审计报告。首次进行内部控制审计时，企业和注册会计师应当在当期会计年度的上半年即开始准备该年度的内部控制审计工作，从而保证整改后的控制运行有足够长的时间。对于认定为缺陷的业务，如果企业在基准日前对其进行了整改，但整改后的业务控制尚没有运行足够长的时间，注册会计师应当将其认定为内部控制在审计基准日存在缺陷。注册会计师在接受或开展内部控制审计业务时，应当尽早与企业沟通内部控制审计计划，并合理安排内部控制测试的时间。

在连续进行内部控制审计的过程中，注册会计师应当考虑以前年度执行内部控制审计时所了解的情况以及当年企业发生的相关变化，在此基础上确定适当的内部控制审计工作方案和时间安排。

10. 与大、中型企业相比，小型企业在实施内部控制时应有哪些特殊的考虑？

答：小型企业通常是指具有业务比较单一、所有权和管理权集中、管理层级较少、部门设置简单等特征的企业。小型企业根据基本规范及配套指引实施内部控制时，在保证有效性的基础上，可结合企业特点进行适当调整。

小型企业的管理层级一般较少，所有权、决策权和管理权较为集中，治理层通常密切参与公司日常经营及管理活动，使企业的控制力和执行力得到了提高，但也容易导致决策失误或舞弊风险，因此要提高董事会的集体决策能力，加强企业决策过程的控制。

小型企业应明确内部控制目标，准确评估经营风险，建立健全各项制度，将决策过程和各项业务流程制度化、规范化；明确不同层级部门和人员的权限和职责，强化岗位制衡，做到适度授权和分权；重点关注与企业资金、资产、资本、财务报告等关键业务有关的风险的控制。

小型企业应提高财务、会计和审计人员的素质，培养和聘用内部控制专业人才，加强对财务会计工作和财务报告的重视程度。小型企业的机构设置简单，管理资源易于整合，可以根据企业所面临的主要风险和相关控制的效果，适当简化内部控制体系建设，灵活设计、选择控制流程和控制活动，达到有效控制风险和防范舞弊的目的。

基于效率的考虑，小型企业应当提高信息技术的应用，结合业务风险和信息系统风险评估，加强信息系统控制的应用，采取手工控制与自动控制相结合的方式，将风险控制在可承受度之内。

小型企业应建立健全内部控制的监督机制，持续监控和定期评价内部控制的有效性，尤其要对会计信息、资金运转、资产安全、采购及销售等方面加强监控，及时发现和纠正缺陷，确保内部控制在企业不同成长阶段、不同环境下的持续有效改进。

24. 商业银行内部控制指引（2014 年颁布）

银监发〔2014〕40 号

第一章　总　　则

第一条　为促进商业银行建立和健全内部控制，有效防范风险，保障银行体系安全稳健运行，依据《中华人民共和国银行业监督管理法》、《中华人民共和国商业银行法》等法律法规，制定本指引。

第二条　中华人民共和国境内依法设立的商业银行适用本指引。

第三条　内部控制是商业银行董事会、监事会、高级管理层和全体员工参与的，通过制定和实施系统化的制度、流程和方法，实现控制目标的动态过程和机制。

第四条　商业银行内部控制的目标：

（一）保证国家有关法律法规及规章的贯彻执行。

（二）保证商业银行发展战略和经营目标的实现。

（三）保证商业银行风险管理的有效性。

（四）保证商业银行业务记录、会计信息、财务信息和其他管理信息的真实、准确、完整和及时。

第五条　商业银行内部控制应当遵循以下基本原则：

（一）全覆盖原则。商业银行内部控制应当贯穿决策、执行和监督全过程，覆盖各项业务流程和管理活动，覆盖所有的部门、岗位和人员。

（二）制衡性原则。商业银行内部控制应当在治理结构、机构设置及权责分配、业务流程等方面形成相互制约、相互监督的机制。

（三）审慎性原则。商业银行内部控制应当坚持风险为本、审慎经营的理念，设立机构或开办业务均应坚持内控优先。

（四）相匹配原则。商业银行内部控制应当与管理模式、业务规模、产品复杂程度、风险状况等相适应，并根据情况变化及时进行调整。

第六条 商业银行应当建立健全内部控制体系，明确内部控制职责，完善内部控制措施，强化内部控制保障，持续开展内部控制评价和监督。

第二章 内部控制职责

第七条 商业银行应当建立由董事会、监事会、高级管理层、内控管理职能部门、内部审计部门、业务部门组成的分工合理、职责明确、报告关系清晰的内部控制治理和组织架构。

第八条 董事会负责保证商业银行建立并实施充分有效的内部控制体系，保证商业银行在法律和政策框架内审慎经营；负责明确设定可接受的风险水平，保证高级管理层采取必要的风险控制措施；负责监督高级管理层对内部控制体系的充分性与有效性进行监测和评估。

第九条 监事会负责监督董事会、高级管理层完善内部控制体系；负责监督董事会、高级管理层及其成员履行内部控制职责。

第十条 高级管理层负责执行董事会决策；负责根据董事会确定的可接受的风险水平，制定系统化的制度、流程和方法，采取相应的风险控制措施；负责建立和完善内部组织机构，保证内部控制的各项职责得到有效履行；负责组织对内部控制体系的充分性与有效性进行监测和评估。

第十一条 商业银行应当指定专门部门作为内控管理职能部门，牵头内部控制体系的统筹规划、组织落实和检查评估。

第十二条 商业银行内部审计部门履行内部控制的监督职能，负责对商业银行内部控制的充分性和有效性进行审计，及时报告审计发现的问题，并监督整改。

第十三条 商业银行的业务部门负责参与制定与自身职责相关的业务制度和操作流程；负责严格执行相关制度规定；负责组织开展监督检查；负责按照规定时限和路径报告内部控制存在的缺陷，并组织落实整改。

本指引所称商业银行业务部门是指除内部审计部门和内控管理职能部门外的其他部门。

第三章 内部控制措施

第十四条 商业银行应当建立健全内部控制制度体系，对各项业务活动和管理活动制定全面、系统、规范的业务制度和管理制度，并定期进行评估。

第十五条 商业银行应当合理确定各项业务活动和管理活动的风险控制点，采取适当的控制措施，执行标准统一的业务流程和管理流程，确保规范运作。

商业银行应当采用科学的风险管理技术和方法，充分识别和评估经营中面临的风险，对各类主要风险进行持续监控。

第十六条 商业银行应当建立健全信息系统控制，通过内部控制流程与业务操作系统和管理信息系统的有效结合，加强对业务和管理活动的系统自动控制。

第十七条 商业银行应当根据经营管理需要，合理确定部门、岗位的职责及权限，形成规范的部门、岗位职责说明，明确相应的报告路线。

第十八条 商业银行应当全面系统地分析、梳理业务流程和管理活动中所涉及的不相容岗位，实施相应的分离措施，形成相互制约的岗位安排。

第十九条 商业银行应当明确重要岗位，并制定重要岗位的内部控制要求，对重要岗位人员实行轮岗或强制休假制度，原则上不相容岗位人员之间不得轮岗。

第二十条 商业银行应当制定规范员工行为的相关制度，明确对员工的禁止性规定，加强对员工行为的监督和排查，建立员工异常行为举报、查处机制。

第二十一条 商业银行应当根据各分支机构和各部门的经营能力、管理水平、风险状况和业务发展需要，建立相应的授权体系，明确各级机构、部门、岗位、人员办理业务和事项的权限，并实施动态调整。

第二十二条　商业银行应当严格执行会计准则与制度，及时准确地反映各项业务交易，确保财务会计信息真实、可靠、完整。

第二十三条　商业银行应当建立有效的核对、监控制度，对各种账证、报表定期进行核对，对现金、有价证券等有形资产和重要凭证及时进行盘点。

第二十四条　商业银行设立新机构、开办新业务、提供新产品和服务，应当对潜在的风险进行评估，并制定相应的管理制度和业务流程。

第二十五条　商业银行应当建立健全外包管理制度，明确外包管理组织架构和管理职责，并至少每年开展一次全面的外包业务风险评估。涉及战略管理、风险管理、内部审计及其他有关核心竞争力的职能不得外包。

第二十六条　商业银行应当建立健全客户投诉处理机制，制定投诉处理工作流程，定期汇总分析投诉反映事项，查找问题，有效改进服务和管理。

第四章　内部控制保障

第二十七条　商业银行应当建立贯穿各级机构、覆盖所有业务和全部流程的管理信息系统和业务操作系统，及时、准确记录经营管理信息，确保信息的完整、连续、准确和可追溯。

第二十八条　商业银行应当加强对信息的安全控制和保密管理，对各类信息实施分等级安全管理，对信息系统访问实施权限管理，确保信息安全。

第二十九条　商业银行应当建立有效的信息沟通机制，确保董事会、监事会、高级管理层及时了解本行的经营和风险状况，确保相关部门和员工及时了解与其职责相关的制度和信息。

第三十条　商业银行应当建立与其战略目标相一致的业务连续性管理体系，明确组织结构和管理职能，制定业务连续性计划，组织开展演练和定期的业务连续性管理评估，有效应对运营中断事件，保证业务持续运营。

第三十一条　商业银行应当制定有利于可持续发展的人力资源政策，将职业道德修养和专业胜任能力作为选拔和聘用员工的重要标准，保证从业人员具备必要的专业资格和从业经验，加强员工培训。

第三十二条　商业银行应当建立科学的绩效考评体系、合理设定内部控制考评标准，对考评对象在特定期间的内部控制管理活动进行评价，并根据考评结果改进内部控制管理。

商业银行应当对内控管理职能部门和内部审计部门建立区别于业务部门的绩效考评方式，以利于其有效履行内部控制管理和监督职能。

第三十三条　商业银行应当培育良好的企业内控文化，引导员工树立合规意识、风险意识，提高员工的职业道德水准，规范员工行为。

第五章　内部控制评价

第三十四条　商业银行内部控制评价是对商业银行内部控制体系建设、实施和运行结果开展的调查、测试、分析和评估等系统性活动。

第三十五条　商业银行应当建立内部控制评价制度，规定内部控制评价的实施主体、频率、内容、程序、方法和标准等，确保内部控制评价工作规范进行。

第三十六条　商业银行内部控制评价应当由董事会指定的部门组织实施。

第三十七条　商业银行应当对纳入并表管理的机构进行内部控制评价，包括商业银行及其附属机构。

第三十八条　商业银行应当根据业务经营情况和风险状况确定内部控制评价的频率，至少每年开展一次。当商业银行发生重大的并购或处置事项、营运模式发生重大改变、外部经营环境发生重大变化，或其他有重大实质影响的事项发生时，应当及时组织开展内部控制评价。

第三十九条　商业银行应当制定内部控制缺陷认定标准，根据内部控制缺陷的影响程度和发生的可能性划分内部控制缺陷等级，并明确相应的纠正措施和方案。

第四十条　商业银行应当建立内部控制评价质量控制机制，对评价工作实施全流程质量控制，确保内部控制评价客观公正。

第四十一条　商业银行应当强化内部控制评价结果运用，可将评价结果与被评价机构的绩效考评和授权等挂钩，并作为被评价机构领导班子考评的重要依据。

第四十二条 商业银行年度内部控制评价报告经董事会审议批准后，于每年 4 月 30 日前报送银监会或对其履行法人监管职责的属地银行业监督管理机构。商业银行分支机构应将其内部控制评价情况，按上述时限要求，报送属地银行业监督管理机构。

第六章 内部控制监督

第四十三条 商业银行内部审计部门、内控管理职能部门和业务部门均承担内部控制监督检查的职责，应根据分工协调配合，构建覆盖各级机构、各个产品、各个业务流程的监督检查体系。

第四十四条 商业银行应当建立内部控制监督的报告和信息反馈制度，内部审计部门、内控管理职能部门、业务部门人员应将发现的内部控制缺陷，按照规定报告路线及时报告董事会、监事会、高级管理层或相关部门。

第四十五条 商业银行应当建立内部控制问题整改机制，明确整改责任部门，规范整改工作流程，确保整改措施落实到位。

第四十六条 商业银行应当建立内部控制管理责任制，强化责任追究。

（一）董事会、高级管理层应当对内部控制的有效性分级负责，并对内部控制失效造成的重大损失承担管理责任。

（二）内部审计部门、内控管理职能部门应当对未适当履行监督检查和内部控制评价职责承担直接责任。

（三）业务部门应当对未执行相关制度、流程，未适当履行检查职责，未及时落实整改承担直接责任。

第四十七条 银行业监督管理机构通过非现场监管和现场检查等方式实施对商业银行内部控制的持续监管，并根据本指引及其他相关法律法规，按年度组织对商业银行内部控制进行评估，提出监管意见，督促商业银行持续加以完善。

第四十八条 银监会及其派出机构对内部控制存在缺陷的商业银行，应当责成其限期整改；逾期未整改的，可以根据《中华人民共和国银行业监督管理法》第三十七条有关规定采取监管措施。

第四十九条 商业银行违反本指引有关规定的，银监会及其派出机构可以根据《中华人民共和国银行业监督管理法》有关规定采取监管措施。

第七章 附 则

第五十条 银监会负责监管的其他金融机构参照本指引执行。

第五十一条 本指引自印发之日起施行。

第三编

行政事业单位法规汇编

第九章　行政事业单位会计制度与准则

1. 权责发生制政府综合财务报告制度改革方案(2014 年颁布)

国发〔2014〕63 号

按照党的十八届二中、三中、四中全会精神，根据新修订的《中华人民共和国预算法》和《国务院关于深化预算管理制度改革的决定》(国发〔2014〕45 号)有关要求，为建立权责发生制的政府综合财务报告制度，全面、准确反映各级政府整体财务状况、运行情况和财政中长期可持续性，制定本方案。

一、建立权责发生制政府综合财务报告制度的重要意义

我国目前的政府财政报告制度实行以收付实现制政府会计核算为基础的决算报告制度，主要反映政府年度预算执行情况的结果，对准确反映预算收支情况、加强预算管理和监督发挥了重要作用。但随着经济社会发展，仅实行决算报告制度，无法科学、全面、准确反映政府资产负债和成本费用，不利于强化政府资产管理、降低行政成本、提升运行效率、有效防范财政风险，难以满足建立现代财政制度、促进财政长期可持续发展和推进国家治理现代化的要求。因此，必须推进政府会计改革，建立全面反映政府资产负债、收入费用、运行成本、现金流量等财务信息的权责发生制政府综合财务报告制度。

二、指导思想、总体目标和基本原则

(一)指导思想。

认真贯彻落实党的十八届二中、三中、四中全会精神，高举中国特色社会主义伟大旗帜，以邓小平理论、“三个代表”重要思想、科学发展观为指导，按照党中央、国务院决策部署，加快推进政府会计改革，逐步建立以权责发生制政府会计核算为基础，以编制和报告政府资产负债表、收入费用表等报表为核心的权责发生制政府综合财务报告制度，提升政府财务管理水平，促进政府会计信息公开，推进国家治理体系和治理能力现代化。

(二)总体目标。

权责发生制政府综合财务报告制度改革是基于政府会计规则的重大改革，总体目标是通过构建统一、科学、规范的政府会计准则体系，建立健全政府财务报告编制办法，适度分离政府财务会计与预算会计、政府财务报告与决算报告功能，全面、清晰反映政府财务信息和预算执行信息，为开展政府信用评级、加强资产负债管理、改进政府绩效监督考核、防范财政风险等提供支持，促进政府财务管理水平提高和财政经济可持续发展。

(三)基本原则。

1. 立足中国国情，借鉴国际经验。在充分考虑我国政府财政财务管理特点的基础上，积极借鉴我国企业会计改革的成功做法，吸收国际公共部门会计准则、有关国家政府财务报告制度改革的有益经验，构建具有中国特色的政府综合财务报告制度。

2. 坚持继承发展，注重改革创新。积极吸收近年来完善现行政府会计制度、行政事业单位会计改革以及政府综合财务报告试编中取得的经验，注重制度创新，强化信息技术支撑，准确反映政府资产负债状况和运行成本，促进政府规范管理和有效监督。

3. 坚持公开透明，便于社会监督。按照政府信息公开要求，规范公开内容和程序，促进公开常态化、规范化和法制化，满足各有关方面对政府财务状况信息的需求，进一步增强政府透明度。

4. 做好总体规划，稳妥有序推进。科学合理设计改革总体框架和目标，指导改革有序推进。充分考虑改革的复杂性和艰巨性，先行试点，由易到难，分步实施，积极稳妥地推进改革。

三、主要任务

(一)建立健全政府会计核算体系。推进财务会计与预算会计适度分离并相互衔接，在完善预算会计功能基础上，增强政府财务会计功能，夯实政府财务报告核算基础，为中长期财政发展、宏观调控和政府信用评级服务。

（二）建立健全政府财务报告体系。政府财务报告主要包括政府部门财务报告和政府综合财务报告。政府部门编制部门财务报告，反映本部门的财务状况和运行情况；财政部门编制政府综合财务报告，反映政府整体的财务状况、运行情况和财政中长期可持续性。

（三）建立健全政府财务报告审计和公开机制。政府综合财务报告和部门财务报告按规定接受审计。审计后的政府综合财务报告与审计报告依法报本级人民代表大会常务委员会备案，并按规定向社会公开。

（四）建立健全政府财务报告分析应用体系。以政府财务报告反映的信息为基础，采用科学方法，系统分析政府的财务状况、运行成本和财政中长期可持续发展水平。充分利用政府财务报告反映的信息，识别和管理财政风险，更好地加强政府预算、资产和绩效管理，并将政府财务状况作为评价政府受托责任履行情况的重要指标。

四、具体内容

（一）建立政府会计准则体系和政府财务报告制度框架体系。

1. 制定政府会计基本准则和具体准则及应用指南。基本准则用于规范政府会计目标、政府会计主体、政府会计信息质量要求、政府会计核算基础，以及政府会计要素定义、确认和计量原则、列报要求等原则事项。基本准则指导具体准则的制定，并为政府会计实务问题提供处理原则。具体准则依据基本准则制定，用于规范政府发生的经济业务或事项的会计处理，详细规定经济业务或事项引起的会计要素变动的确认、计量、记录和报告。应用指南是对具体准则的实际应用作出的操作性规定。

2. 健全完善政府会计制度。政府会计科目设置要实现预算会计和财务会计双重功能。预算会计科目应准确完整反映政府预算收入、预算支出和预算结余等预算执行信息，财务会计科目应全面准确反映政府的资产、负债、净资产、收入、费用等财务信息。条件成熟时，推行政府成本会计，规定政府运行成本归集和分摊方法等，反映政府向社会提供公共服务支出和机关运行成本等财务信息。

3. 制定政府财务报告编制办法和操作指南。政府财务报告编制办法应当对政府财务报告的主要内容、编制要求、报送流程、数据质量审查、职责分工等作出规定。政府财务报告编制操作指南应当对政府财务报告编制和财务信息分析的具体方法等作出规定。

4. 建立健全政府财务报告审计和公开制度。政府财务报告审计制度应当对审计的主体、对象、内容、权限、程序、法律责任等作出规定。政府财务报告公开制度应当对政府财务报告公开的主体、对象、内容、形式、程序、时间要求、法律责任等作出规定。

（二）编报政府部门财务报告。

1. 清查核实资产负债。各部门、各单位要按照统一要求有计划、有步骤清查核实固定资产、无形资产以及代表政府管理的储备物资、公共基础设施、企业国有资产、应收税款等资产，按规定界定产权归属、开展价值评估；分类清查核实部门负债情况。清查核实后的资产负债统一按规定进行核算和反映。

2. 编制政府部门财务报告。各单位应在政府会计准则体系和政府财务报告制度框架体系内，按时编制以资产负债表、收入费用表等财务报表为主要内容的财务报告。各部门应合并本部门所属单位的财务报表，编制部门财务报告。

3. 开展政府部门财务报告审计。部门财务报告应保证报告信息的真实性、完整性及合规性，接受审计。

4. 报送并公开政府部门财务报告。部门财务报告及其审计报告应报送本级政府财政部门，并按规定向社会公开。

5. 加强部门财务分析。各部门应充分利用财务报告反映的信息，加强对资产状况、债务风险、成本费用、预算执行情况的分析，促进预算管理、资产负债管理和绩效管理有机衔接。

（三）编报政府综合财务报告。

1. 清查核实财政直接管理的资产负债。财政部门要清查核实代表政府持有的相关国际组织和企业的出资人权益；代表政府发行的国债、地方政府债券，举借的国际金融组织和外国政府贷款、其他政府债务以及或有债务。清查核实后的资产负债统一按规定进行核算和反映。

2. 编制政府综合财务报告。各级政府财政部门应合并各部门和其他纳入合并范围主体的财务报表，编制以资产负债表、收入费用表等财务报表为主要内容的本级政府综合财务报告。县级以上政府财政部门要合并汇总本级政府综合财务报告和下级政府综合财务报告，编制本行政区政府综合财务报告。

3. 开展政府综合财务报告审计。政府综合财务报告应保证报告信息的真实性、完整性及合规性，接受审计。

4. 报送并公开政府综合财务报告。政府综合财务报告及其审计报告，应依法报送本级人民代表大会常务委员会备案，并按规定向社会公开。

5. 应用政府综合财务报告信息。政府综合财务报告中的相关信息可作为考核地方政府绩效、分析政府财务状况、开展地方政府信用评级、编制全国和地方资产负债表以及制定财政中长期规划和其他相关规划的重要依据。

五、配套措施

(一)推动修订相关法律法规。推动修订《中华人民共和国会计法》、《中华人民共和国预算法实施条例》等，为推进改革提供法律保障。

(二)修订完善相关财务制度。根据需要，进一步完善相关行政事业单位财务制度和《行政单位国有资产管理暂行办法》、《事业单位国有资产管理暂行办法》等，保证改革顺利实施。

(三)进一步完善决算报告制度。进一步完善决算报表体系，侧重反映预算收支执行情况，与政府财务报告有机衔接。

(四)优化政府财政管理信息系统。构建覆盖政府财政管理业务全流程的一体化信息系统，不断提高政府财政管理的效率和有效性。

(五)加强政府财务报告编报内部控制。按规定建立和实施行政事业单位内部控制机制，设置充足的财务会计管理岗位，加强政府财务报告编报内部控制，保证政府财务报告真实、完整、合规。

六、实施步骤

建立权责发生制的政府综合财务报告制度涉及面广，技术性、政策性、敏感性较强，宜逐步推进。政府会计规则尚未全面建立之前，在现行政府会计制度的基础上，暂按照权责发生制原则和相关报告标准，编制出反映一级政府整体财务状况的财务报告，为加强地方政府性债务管理、开展政府信用评级等提供信息支撑。与此同时，加快推进政府会计改革，建立审计、公开机制和分析应用体系，落实相关配套措施，力争在2020年前建立具有中国特色的政府会计准则体系和权责发生制政府综合财务报告制度。

(一)2014—2015年工作。

1. 组建政府会计准则委员会。
2. 修订发布财政总预算会计制度。
3. 制定发布政府会计基本准则。
4. 研究起草政府会计相关具体准则及应用指南。
5. 制定发布政府财务报告编制办法和操作指南。
6. 开展政府资产负债清查核实工作。
7. 完善行政事业单位国有资产管理办法等。
8. 开展财政管理信息系统一体化建设。

(二)2016—2017年工作。

1. 制定发布政府会计相关具体准则及应用指南。
2. 开展政府财务报告编制试点。
3. 研究建立政府综合财务报告分析指标体系。

(三)2018—2020年工作。

1. 制定发布政府会计相关具体准则及应用指南，基本建成具有中国特色的政府会计准则体系。
2. 完善行政事业单位财务制度和会计制度、财政总预算会计制度等。
3. 对政府财务报告编制试点情况进行评估，适时修订政府财务报告编制办法和操作指南。
4. 全面开展政府财务报告编制工作。
5. 研究推行政府成本会计。
6. 建立健全政府财务报告分析应用体系。

7. 制定发布政府财务报告审计制度、公开制度。

七、组织保障

各地区、各部门要高度重视权责发生制政府综合财务报告制度改革工作,加强组织领导,明确任务分工和责任,抓好工作落实,确保改革顺利推进。财政部要抓紧制定政府会计准则、政府财务报告编制办法和操作指南等,修订完善相关财务会计制度,并指导地方财政部门做好组织实施工作;审计部门要按规定组织做好政府财务报告审计工作。各部门、各单位要做好部门财务报告编报工作,有关部门要充分利用政府财务报告信息,按照职能分工做好相关监督考核工作。

2. 财政总预算会计制度(1997 年修订)

财预字〔1997〕第 287 号

第一章 总 则

第一条 为了规范各级财政部门总预算会计(以下简称总预算会计)的核算,充分发挥总预算会计的职能作用,根据《中华人民共和国会计法》、《中华人民共和国预算法》,制定本制度。

第二条 本制度适用于中央,省、自治区、直辖市,设区的市、自治州,县、自治县、不设区的市、市辖区,乡、民族乡、镇等各级财政部门的总预算会计。

第三条 总预算会计是各级政府财政部门核算、反映、监督政府预算执行和财政周转金等各项财政性资金活动的专业会计。

第四条 总预算会计的主要职责是进行会计核算,反映预算执行,实行会计监督,参与预算管理,合理调度资金。基本任务如下:

一、处理总预算会计的日常核算事务。办理财政各项收支、资金调拨及往来款项的会计核算工作;及时组织年度政府决算、行政事业单位决算的编审和汇总工作,进行上下级财政之间的年终结算工作。

二、调度财政资金。根据财政收支的特点,妥善解决财政资金库存和用款单位需求的矛盾,在保证按计划及时供应资金的基础上,合理调度资金,提高资金使用效益。

三、实行会计监督,参与预算管理。通过会计核算和反映,提出预算执行情况分析,并对总预算、部门预算和单位预算的执行实施会计监督。

协调参与预算执行的国库会计、收入征解会计等之间的业务关系,共同做好预算执行的核算、反映和监督工作。

四、组织和指导本行政区域预算会计工作。省、自治区、直辖市(含计划单列城市,下同)总预算会计在与本制度不相违背的前提下,负责制定或审定本行政区域预算会计有关具体核算办法的补充规定;组织预算会计人员的培训活动;组织检查、辅导本单位会计和下级总预算会计工作,不断提高政策、业务水平。

五、做好预算会计的事务管理工作。负责预算会计的基础工作管理,参与预算会计人员专业技术资格考试、评定及核发会计证工作。

第五条 各级财政部门应当根据工作需要,设置与其工作任务相适应的总预算会计机构,配备一定数量的专职总预算会计,负责组织与管理预算会计工作,并要保持相对的稳定。

第六条 总预算会计工作应按工作任务建立岗位责任制,明确会计人员分工。

总预算会计机构应建立健全内部稽核制度。

总预算会计人员,不得兼任单位会计,不得收付现金和经管收缴的物资。

第七条 总预算会计核算应当按会计期间结算账目和编制会计报表。会计期间分为年度、季度和月份。会计年度、季度和月份以公历起讫日期为准。

年度终了后,可根据工作特殊需要设置一定期限的上年决算清理期。清理期限和清理事项,由各省、自治区、直辖市财政部门,根据财政部规定的原则作出具体规定。

第八条 总预算会计记账采用借贷记账法。

第九条 总预算会计核算以人民币为记账本位币,以元为金额单位,元以下记至角、分。有外币收支的,在登记外币金额的同时应根据国家银行公布的人民币外汇汇率折算成人民币记账。

第十条 总预算会计记录文字使用中文,少数民族地区可以同时使用本民族文字。

第二章 一般原则

第十一条 总预算会计核算应当以实际发生的经济业务为依据,如实反映财政收支执行情况和结果。

第十二条 总预算会计信息,应当符合预算法的要求,适应国家宏观经济管理和上级财政部门及本级政府对财政管理的需要。

第十三条 总预算会计核算应当按照规定的会计处理方法进行。

第十四条 财政部门管理的各项财政资金(包括一般预算资金、纳入预算管理的政府性基金、专用基金、财政周转金等)都应当纳入总预算会计核算管理。

第十五条 总预算会计处理方法前后各期应当一致,不得随意变更。如确有必要变更,应将变更的情况、原因和对会计报表的影响在预算执行报告中说明。

第十六条 总预算会计核算,应当及时进行。

第十七条 总预算会计记录和会计报表应当清晰明了,便于理解;对于重要的经济业务,应当单独反映。

第十八条 总预算会计核算以收付实现制为基础。

第十九条 凡是有指定用途的资金,必须按规定用途使用。

第三章 资 产

第二十条 资产是一级财政掌管或控制的能以货币计量的经济资源。包括财政性存款、有价证券、暂付及应收款项、预拨款项、财政周转金放款、借出财政周转金以及待处理周转金等。

第二十一条 财政性存款是财政部门代表政府所掌管的财政资金。包括国库存款及其他财政存款。财政性存款的支配权属于同级政府财政部门,并由总预算会计负责管理,统一收付。总预算会计在管理财政性存款中,应当遵循以下原则:

一、集中资金,统一调度。各种应由财政部门掌管的资金,都应纳入总预算会计的存款账户。调度资金,应根据事业进度和资金使用情况,保证满足计划内各项正常支出的需求,并要充分发挥资金效益,把资金用活用好。

二、严格控制存款开户。财政部门的预算资金除财政部有明确规定者外,一律由总预算会计统一在国库或指定的银行开立存款账户。不得在国家规定之外将预算资金或其他财政性资金任意转存其他金融机构。

三、根据年度预算或季度分月用款计划拨付资金。不得办理超预算、无用款计划的拨款。

四、转账结算。总预算会计的各种会计凭证不得用以提取现金。

五、在存款余额内支付,不得透支。

第二十二条 有价证券是中央财政以信用方式发行的国家公债。各级财政只能用各项财政结余购买国家指定由地方各级政府购买的有价证券。

有价证券应按取得时实际支付的价款记账,购入有价证券(含债券收款单)应视同货币妥善保管。

当期取得有价证券的兑付利息及转让有价证券取得的收入与账面成本的差额,记入当期收入。

第二十三条 暂付及应收款项属于往来结算中形成的债权。包括在预算执行过程中上下级财政结算形成的债权以及对用款单位借垫款形成的债权。

暂付及应收款项应按实际发生数额记账,并应及时清理结算,不得长期挂账。

第二十四条 预拨款项是按规定预拨给用款单位的待结算资金,包括预拨经费和基建拨款。

预拨经费是用预算资金预拨给用款单位的款项。凡年度预算执行中总预算会计用预算资金预拨出应在以后各期列支的款项以及会计年度终了前预拨给用款单位的下年度经费款,均应作为预拨经费管理。

基建拨款是预拨给受托经办基本建设支出的专业银行或拨付基本建设财务管理部门的基本建设款项。

各项预拨款项应按实际预拨数额记账。预拨经费(不含预拨下年度经费)应在年终前转列支出或清理收回。基建拨款应按建设单位银行支出数(限额部分)和拨付建设单位数(非限额部分)转列支出账。

对行政事业单位拨款,应按照单位领报关系转拨。凡有上级主管部门的单位,不能作为主管会计单位,直接与各级财政部门发生领报关系。

第二十五条 财政周转金放款是直接贷付给用款单位的财政有偿资金。

借出财政周转金是指上级财政部门借给下级财政部门用于周转使用的有偿资金。

财政周转金的贷付、借出和回收,应按实际发生数额记账。

待处理财政周转金是指周转金放款超过约定的还款期限,经审核已成呆账,但尚未按规定程序报批核销的财政周转金。

待处理财政周转金应按实际转入数额记账。

第四章 负 债

第二十六条 负债是一级财政所承担的能以货币计量、需以资产偿付的债务。包括应付及暂收款项、按法定程序及核定的预算举借的债务、借入财政周转金等。

第二十七条 应付及暂收款项是在预算执行期间,上下级财政或财政与其他部门结算中形成的债务,包括结算中发生的暂存款、与上级往来款以及收到其他性质不明的款项等。

第二十八条 按法定程序及核定的预算举借的债务,是指中央预算按全国人民代表大会批准的数额举借的国内和国外债务以及地方预算根据国家法律或国务院特别规定举借的债务。

第二十九条 借入财政周转金是指下级财政部门从上级财政部门借入的用于周转使用的有偿资金。

第三十条 各种负债应按实际发生数额和偿还数额记账。

第三十一条 各种债务应及时结算。属于应付暂收款及不明性质的款项应及时清理转账。

第五章 净资产

第三十二条 净资产是指资产减去负债的差额。包括各项结余、预算周转金及财政周转基金等。

第三十三条 结余是财政收支的执行结果。财政各项结余包括一般预算结余、基金预算结余和专用基金结余。

各项结余必须分别核算,不得混淆。

第三十四条 各项结余应每年结算一次。年终将各项收入与相应的支出冲销后,即成为该项资金的当年结余。当年结余加上年年末滚存结余为本年年末滚存结余。

第三十五条 预算周转金是为调剂预算年度内季节性收支差额,保证及时用款而设置的周转资金。预算周转金一般用年度预算结余资金设置、补充或由上级财政部门拨入。

第三十六条 财政周转基金是财政用于有偿使用的资金,在列报财政支出的同时转入。周转金的利息收入(或占用费收入)按规定扣除必要的业务费用后应用于补充财政周转金。

第六章 收 入

第三十七条 财政收入是国家为实现其职能,根据法令和法规所取得的非偿还性资金,是一级财政的资金来源。收入包括一般预算收入、基金预算收入、专用基金收入、资金调拨收入和财政周转金收入等。

第三十八条 一般预算收入是通过一定的形式和程序,有计划组织的由国家支配,纳入预算管理的资金。预算收入项目的具体划分和内容,按《国家预算收入科目》办理。

各级预算收入的收纳、划分和报解,应通过国家金库,按《中华人民共和国国家金库条例》、《中华人民共和国国家金库条例实施细则》规定办理。

第三十九条 一般预算收入一般以本年度缴入基层国库(支金库)的数额为准。

已建乡(镇)国库的地区,乡(镇)财政的本级收入以乡(镇)国库收到数为准。县(含县本级)以上各级财政的各项预算收入(含固定收入与共享收入)仍以缴入基层国库数额为准。

未建乡(镇)国库的地区,乡(镇)财政的本级收入以乡(镇)总预算会计收到县级财政返回数额为准。

第四十条 基层国库在年度库款报解整理期内收到经收处报来的上年度收入,记入上年度账。整理期结束后，收到上年度收入一律记入新年度账。

第四十一条　基金预算收入是按规定收取、转入或通过当年财政安排，由财政管理并具有指定用途的政府性基金等。

各项基金预算收入以缴入国库数或总预算会计实际收到数额为准。

第四十二条　专用基金收入是指总预算会计管理的各项专用基金，如粮食风险基金。专用基金收入以总预算会计实际收到数额为准。

第四十三条　资金调拨收入是根据财政体制规定在各级财政之间进行资金调拨以及在本级财政各项资金之间的调剂所形成的收入。包括补助收入、上解收入和调入资金。

补助收入是上级财政按财政体制规定或因专项需要补助给本级财政的款项。

上解收入是按财政体制规定由下级财政上交给本级财政的款项。

调入资金是为平衡一般预算收支，从预算外资金结余调入预算的资金，以及按规定从其他渠道调入的资金。

乡(镇)财政部门收到由预算外资金财政专户拨付的自筹资金，视同调入资金处理。但乡镇财政的统筹资金不得作为调入资金，调入预算。

资金调拨收入应按上级财政部门的规定或实际发生数额记账。

第四十四条　财政周转金收入是指财政部门在办理财政周转金借出或放款业务中收取的资金占用费收入和利息收入。

财政周转金收入按实际收到数额记账。

第四十五条　各级总预算会计应加强各项收入的管理，严格会计核算手续。对于各项收入的事务处理必须以审核无误的国库入库凭证、预算收入日报表和其他合法的凭证为依据。发现错误，应在发现错误的月份按《中华人民共和国国家金库条例实施细则》及其他有关规定，及时通知有关单位共同更正。

对于已入库的预算收入和其他财政收入的退库，要严格把关，强化监督。凡不属于国家规定的退库项目，一律不得冲退预算收入。

属于国家规定的退库事项，按财政部规定的退库手续办理审批。

第七章　支　　出

第四十六条　财政支出是一级政府为实现其职能，对财政资金的再分配。包括一般预算支出、基金预算支出、专用基金支出、资金调拨支出和财政周转金支出等。

第四十七条　一般预算支出是国家对集中的预算收入有计划地分配和使用而安排的支出。预算支出项目的具体划分和内容，按《国家预算支出科目》规定执行。

第四十八条　一般预算支出列报口径如下：

实行限额管理的基本建设支出按用款单位银行支出数列报支出。不实行限额管理的基本建设支出按拨付用款单位的拨款数列报支出。

对行政事业单位的非包干性支出和专项支出，平时按财政拨款数列报支出，清理结算收回拨款时，再冲销已列支出。对于收回以前年度已列支出的款项，除财政部门另有规定者外，应冲销当年支出。

除以上两款以外的其他各项支出均以财政拨款数列报支出。

第四十九条　凡是预拨以后各期的经费，不得直接按预拨数列作本期支出，应作为预拨款处理。到期后，按第四十八条规定的列报口径转列支出。

第五十条　总预算会计按拨款数办理预算支出必须认真做到以下几点：

一、严格执行《中华人民共和国预算法》。办理拨款支出必须以预算为准。预备费的动用必须经同级人民政府批准。

二、对主管部门(主管会计单位)提出的季度分月用款计划及分"款"、"项"填制的"预算经费请拨单"，应认真审核。根据经审核批准的拨款申请，结合库款余存情况按时向用款单位拨款。

三、总预算会计应根据预算管理要求和拨款的实际情况，分"款"、"项"核算、列报当期预算支出。

四、主管会计单位应按计划控制用款，不得随意改变资金用途。"款"、"项"之间如确需调剂，应填制"科目流用申请书"，报经同级财政部门核准后使用。总预算会计凭核定的流用数调整预算支出明细账。

总预算会计不得列报超预算的支出；不得任意调整预算支出科目；未拨付的经费，原则上不得列报当年支出。因特殊情况确需在当年预留的支出，应严格控制，并按规定的审批程序办理。

第五十一条 基金预算支出是用基金预算收入安排的支出。基金预算支出的会计事务处理，比照预算支出的有关规定办理。

专用基金支出是用专用基金收入安排的支出。

基金预算支出和专用基金支出应按规定的用途开支，并做到先收后支，量入为出。

第五十二条 资金调拨支出是根据财政体制规定在各级财政之间进行资金调拨以及在本级财政各项资金之间的调剂所形成的支出。资金调拨支出包括补助支出、上解支出、调出资金等等。

补助支出是本级财政按财政体制规定或因专项需要补助给下级财政的款项及其他转移支付的支出。

上解支出是按财政体制规定由本级财政上交给上级财政的款项。

调出资金是为平衡一般预算收支而从基金预算的地方财政税费附加收入结余中调出，补充预算的资金。

资金调拨支出按上级财政部门的规定或实际发生数额记账。

第五十三条 财政周转金支出是指地方财政部门从上级借入财政周转金所支付的占用费以及周转金管理使用过程中按规定开支的相关费用。

财政周转金支出应按实际支付数额记账。

第八章 会计科目

第五十四条 会计科目是各级总预算会计设置账户、确定核算内容的依据。各级总预算会计必须按以下要求使用会计科目：

一、各级总预算会计应按本制度规定设置会计科目，按本科目使用说明使用。不需要的可以不用，不得擅自更改科目名称。

二、明细科目的设置，除本制度已有规定者外，各级总预算会计可根据需要，自行设置。

三、为便于编制会计凭证、登记账簿、查阅账目和实行会计电算化，本制度统一规定了会计科目编码。各级总预算会计不得随意变更或打乱科目编码。

四、总预算会计在填制会计凭证、登记账簿时，应填列会计科目的名称或者同时填列名称和编码，不得只填编码，不填名称。

五、有关财政周转金的会计核算，可由各级财政的预算部门或专门管理机构按本制度规定的科目办理。

第五十五条 各级总预算会计适用的会计科目如下：

会计科目表

序 号	编 码	科 目 名 称
		一、资产类
1	101	国库存款
2	102	其他财政存款
3	104	有价证券
4	105	在途款
5	111	暂付款
6	112	与下级往来
7	121	预拨经费
8	122	基建拨款
9	131	财政周转金放款
10	132	借出财政周转金
11	133	待处理财政周转金

（续表）

序　号	编　码	科　目　名　称
		二、负债类
12	211	暂存款
13	212	与上级往来
14	222	借入款
15	223	借入财政周转金
		三、净资产
16	301	预算结余
17	305	基金预算结余
18	307	专用基金结余
19	321	预算周转金
20	322	财政周转基金
		四、收入类
21	401	一般预算收入
22	405	基金预算收入
23	407	专用基金收入
24	411	补助收入
25	412	上解收入
26	414	调入资金
27	425	财政周转金收入
		五、支出类
28	501	一般预算支出
29	505	基金预算支出
30	507	专用基金支出
31	511	补助支出
32	512	上解支出
33	514	调出资金
34	524	财政周转金支出

第五十六条　会计科目使用说明

一、资产类

第101号科目 国库存款

1. 本科目核算各级总预算会计在国库的预算资金(含一般预算和基金预算)存款。

2. 本科目借方,记国库存款增加数;贷方,记国库存款减少数。本科目借方余额,反映国库存款的结存数。

3. 总预算会计收到预算收入时,根据国库报来的预算收入日报表入账。收到上级预算补助时,根据国库转来有关结算凭证入账。办理库款支付时，根据支付凭证回单入账。

4. 有外币收支业务的总预算会计应按外币的种类设置外币存款明细账。发生外币收支业务时，应根据中国人民银行公布的人民币外汇汇率折合为人民币记账，并登记外国货币金额和折合率。年度终了，应将外币账户余额按照期末国家银行颁布的人民币外汇汇价折合为人民币，作为外币账户期末人民币余额。调整后的各种外币账户人民币余额与原账面余额的差额，作为汇兑损溢列入有关支出科目。

本科目可分一般预算和基金预算存款进行明细核算。

第 102 号科目 其他财政存款

1. 本科目核算各级总预算会计未列入"国库存款"科目反映的各项财政性存款。包括财政周转金、未设国库的乡（镇）财政在专业银行的预算资金存款以及部分由财政部指定存入专业银行的专用基金存款等。

2. 本科目借方，记其他财政存款增加数；贷方，记其他财政存款减少数。本科目借方余额，反映其他财政存款的实际结存数，其年终余额结转下年。

3. 总预算会计应根据经办行报来的收入日报表或银行收款通知入账。

总预算会计支付其他财政存款时，应根据有关支付凭证的回单入账。

4. 为便于分类管理，"其他财政存款"总账科目下应按交存地点和资金性质分设明细账。

第 104 号科目 有价证券

1. 本科目核算各级政府按国家统一规定用各项财政结余购买有价证券的库存数。

2. 购入有价证券，借记本科目，贷记"国库存款"、"其他财政存款"科目；到期兑付有价证券时，其兑付本金部分，借记"国库存款"、"其他财政存款"科目，贷记本科目。利息收入通过有关收入科目核算。

3. 本科目借方余额反映有价证券的实际库存数。

4. 本科目应按有价证券种类和资金性质设置明细账。

第 105 号科目 在途款

1. 本科目核算决算清理期和库款报解整理期内发生的上下年度收入、支出业务及需要通过本科目过渡处理的资金数。

2. 决算清理期内收到属于上年度收入时，借记本科目，贷记"一般预算收入"、"补助收入"、"上解收入"等收入科目；收回属于上年度拨款或支出时，借记本科目，贷记"预拨经费"或"一般预算支出"等科目；冲转在途款时，借记"国库存款"科目，贷记本科目。

第 111 号科目 暂付款

1. 本科目核算各级财政部门借给所属预算单位或其他单位临时急需的款项。

2. 借出时，借记本科目，贷记"国库存款"、"其他财政存款"科目；收回或转作预算支出时，借记"国库存款"、"其他财政存款"或有关支出科目，贷记本科目。

3. 本科目应及时清理结算。年终，原则上应无余额。

4. 本科目应按资金性质及借款单位名称设置明细账。

第 112 号科目 与下级往来

1. 本科目核算与下级财政的往来待结算款项。

2. 借给下级财政款时，借记本科目，贷记"国库存款"科目。体制结算中应由下级财政上交的收入数，借记本科目，贷记"上解收入"科目；借款收回、转作补助支出或体制结算应补助下级财政数时，借记"国库存款"、"补助支出"等有关科目，贷记本科目。

3. 本科目借方余额，反映下级财政应归还本级财政的款项；本科目贷方余额，反映本级财政欠下级财政的款项。

4. 本科目应及时清理结算。应转作补助支出的部分，应在当年结清；其他年终未能结清的余额，结转下年。

5. 本科目是往来性质的科目，如发生贷方余额，在编制"资产负债表"时应以负数反映。

6. 本科目应按资金性质和下级财政部门名称设置明细账。

第 121 号科目 预拨经费

1. 本科目核算财政部门预拨给行政事业单位、尚未列为预算支出的经费。

2. 预拨经费时，借记本科目，贷记"国库存款"科目（未设国库的乡（镇）总预算会计，贷记"其他财政存款"科目,下同);转列支出或收到用款单位交回数时,借记"一般预算支出"、"国库存款"等科目,贷记本科目。

3. 本科目借方余额反映尚未转列支出或尚待收回的预拨经费数。

4. 本科目应按拨款单位设明细账。

第122号科目 基建拨款

1. 本科目核算拨付给经办基本建设支出的专业银行或拨付基本建设财务管理部门的基本建设拨款和贷款数。直接拨给建设单位的基本建设资金,不通过本科目核算。

2. 拨出款项时,借记本科目,贷记"国库存款"科目;收到基本建设财务管理部门或受委托的专业银行报来拨付建设单位数及缴回财政数时,借记"一般预算支出"、"国库存款"等有关科目,贷记本科目。

3. 本科目借方余额反映尚未列报支出数。

4. 本科目应按拨款单位设明细账。

第131号科目 财政周转金放款

1. 本科目核算财政有偿资金的拨出、贷付及收回情况。

2. 将财政周转金贷给用款单位时,借记本科目,贷记"其他财政存款"科目;收回时,借记"其他财政存款"科目,贷记本科目。

3. 本科目借方余额,反映总预算会计掌握的财政有偿资金放款数。

4. 本科目应按拨(放)款的对象及放款期限设分户明细账。对于周转金放款业务较多的地区,可以由总预算会计或周转金管理机构进行总分类核算,财政业务部门进行明细核算。

第132号科目 借出财政周转金

1. 本科目核算上级财政部门借给下级财政部门周转金的借出和收回情况。

2. 借给下级财政部门周转金时,借记本科目,贷记"其他财政存款"科目;下级财政部门归还时作相反会计分录。

3. 本科目借方余额反映借出周转金尚未收回数。

4. 本科目应按借款对象设明细账。

第133号科目 待处理财政周转金

1. 本科目核算经审核已经成为呆账,但尚未按规定程序报批核销的逾期财政周转金转入和核销情况。

2. 逾期未还的周转金经批准转入时,借记本科目,贷记"财政周转金贷款"科目;按规定程序报经核销时,借记"财政周转基金"科目,贷记本科目。

3. 本科目借方余额反映尚待核销的待处理资金数。

4. 本科目应按欠款单位名称设明细账。

二、负债类

第211号科目 暂存款

1. 本科目核算各级财政临时发生的应付、暂收和收到不明性质的款项。

2. 收到暂存款时,借记"国库存款"、"其他财政存款"科目,贷记本科目;冲转退还或转作收入时,借记本科目,贷记"国库存款"、"其他财政存款"或有关收入科目。

3. 本科目贷方余额,反映尚未结清的暂存款数额。

4. 本科目应按资金性质、债权单位或款项来源设明细账。

第212号科目 与上级往来

1. 本科目核算与上级财政的往来待结算款项。

2. 从上级财政借入款或体制结算中发生应上交上级财政款项时,借记"国库存款"或"上解支出"科目,贷记本科目;归还借款、转作上级补助收入数或体制结算中应由上级补给款项时,借记本科目,贷记"国库存款"、"补助收入"等科目。

3. 本科目贷方余额,为本级财政欠上级财政的款项;借方余额,为上级财政欠本级财政的款项。

4. 本科目应及时清理结算,年终未能结清的余额,结转下年。

5. 本科目是往来性质的科目,如发生借方余额,在编制"资产负债表"时,应以负数反映。

有基金预算往来的地区,可按资金性质分设明细账。

第 222 号科目 借入款

1. 本科目核算中央财政和地方财政按照国家法律、国务院规定向社会以发行债券等方式举借的债务。上下级财政之间临时性借垫款，不通过本科目核算。

2. 发行债券或举借债务时，借记“国库存款”科目，贷记本科目；到期偿还本金时，借记本科目，贷记“国库存款”科目。

3. 本科目贷方余额，反映尚未偿还的债务。

4. 本科目应按债券种类或债权人设明细账。

第 223 号科目 借入财政周转金

1. 本科目核算地方财政部门向上级财政部门借入有偿使用的财政周转金。

2. 借入时，借记“其他财政存款”科目，贷记本科目；还款时，作相反会计分录。

3. 本科目贷方余额，反映尚未归还的借入财政周转金数。

三、净资产类

第 301 号科目 预算结余

1. 本科目核算各级财政预算收支的年终执行结果。

2. 年终转账时，财政部门应将“一般预算收入”、“补助收入——一般预算补助”、“上解收入”、“调入资金”等科目贷方余额转入本科目贷方；将“预算支出”、“补助支出——一般预算补助”、“上解支出”等科目借方余额转入本科目借方。

根据本年预算结余增设周转金时，按增设数借记本科目，贷记“预算周转金”。

3. 本科目年终贷方余额，反映本年的预算滚存结余（含有价证券），转入下年度。

第 305 号科目 基金预算结余

1. 本科目核算各级财政管理的政府性基金收支的年终执行结果。

2. 年终转账时，应将“基金预算收入”、“补助收入——基金预算补助”科目余额转入本科目贷方；将“基金预算支出”、“补助支出——基金预算补助”、“调出资金”科目余额转入本科目借方。

3. 本科目年终贷方余额，反映本年基金预算滚存结余，转入下年度。

本科目应根据基金预算科目所列的基金项目逐一反映各项基金的结余。

第 307 号科目 专用基金结余

1. 本科目用于核算总预算会计管理的专用基金收支的年终执行结果。

2. 年终转账时，将“专用基金收入”科目余额转入本科目，借记“专用基金收入”，贷记本科目；将“专用基金支出”科目余额转入本科目数，借记本科目，贷记“专用基金支出”科目。

3. 本科目年终贷方余额，反映本年专用基金的滚存结余，转入下年度。

第 321 号科目 预算周转金

1. 本科目核算各级财政设置的用于平衡季节性预算收支差额周转使用的资金。预算周转金应根据《中华人民共和国预算法》要求设置，并不得随意减少。

2. 设置和补充预算周转金时，借记“预算结余”科目，贷记本科目。本科目借方一般无发生额。

第 322 号科目 财政周转基金

1. 本科目核算各级财政部门设置的有偿使用资金。

2. 用预算资金增补有偿使用周转基金时，借记有关预算支出科目，贷记“国库存款”科目；同时借记“其他财政存款”科目，贷记本科目。收回财政周转基金时，借记本科目，贷记有关预算支出科目。用财政周转金收入补充财政周转基金时，借记“财政周转金收入”科目，贷记本科目。

3. 本科目贷方余额，反映财政部门财政周转基金总额，年终余额结转下年。

4. 本科目可根据实际需要设置相应的明细账。

四、收入类

第 401 号科目 一般预算收入

1. 本科目核算各级财政部门组织的纳入预算的各项收入。

2. 根据国库报来的预算收入日报表所列当日预算收入数，借记“国库存款”科目，贷记本科目；当日收入数为负数时，以红字记入（采用计算机记账的，用负数反映）。年终结账时，将本科目贷方余额全数转入

"预算结余"科目，借记本科目，贷记"预算结余"科目。

3. 未设国库的乡(镇)总预算会计根据征收机关(如税务所)报来的预算收入日报表登记预算收入辅助账，待收到县财政返回收入时，再做收入的账务处理。

4. 本科目平时贷方余额，反映预算收入累计数。

5. 本科目应根据《国家预算收支科目》中的"一般预算收入科目"(不含一般预算调拨收入类)设置相应明细账。

第 405 号科目 基金预算收入

1. 本科目核算各级财政部门管理的政府性基金预算收入。

2. 取得基金预算收入时，借记"国库存款"科目，贷记本科目。

对于财政部明文规定在指定银行存储的基金，应按规定办理转存手续。基金预算收入在银行的存款利息收入，作为基金预算收入处理。

年终转账时，将本科目贷方余额全数转入"基金预算结余"科目，借记本科目，贷记"基金预算结余"科目。

3. 本科目平时贷方余额，反映当年基金预算收入累计数。

4. 本科目应按"基金预算收入科目"(不含基金预算调拨收入类)规定设置明细账。

第 407 号科目 专用基金收入

1. 本科目核算财政部门按规定设置或取得的专用基金收入。

2. 从上级财政部门或通过本级预算支出安排取得专用基金收入时，借记"其他财政存款"科目，贷记本科目；退回专用基金收入时，做相反的会计分录。

3. 年终转账时，将本科目余额全部转入"专用基金结余"科目，借记本科目，贷记"专用基金结余"科目。

本科目年终无余额。

第 411 号科目 补助收入

1. 本科目核算上级财政部门拨来的补助款。包括：

(1)税收返还收入；

(2)按财政体制规定由上级财政补助的款项；

(3)上级财政对本级的专项补助和临时性补助。

2. 收到上级拨入的补助款，借记"国库存款"科目，贷记本科目；从"与上级往来"科目转入本科目时，借记"与上级往来"科目，贷记本科目；退还上级补助，借记本科目，贷记"国库存款"等有关科目。年终本科目贷方余额，应转入"预算结余"科目，借记本科目，贷记"预算结余"科目。

3. 本科目平时贷方余额，反映上级补助收入累计数。

4. 上级财政的"补助支出"应与所属下级财政的"补助收入"的数额相等。

5. 有基金预算补助收入的地区，应将基金预算补助通过明细科目核算。

第 412 号科目 上解收入

1. 本科目核算下级财政上缴的预算上解款。包括：

(1)按体制规定由国库在下级预算收入中直接划解给本级财政的款项；

(2)按体制结算后由下级财政补缴给本级财政的款项和各种专项上解款项。

2. 收到下级上解款时，借记"国库存款"科目，贷记本科目；收入退还时，作相反的会计分录。年终，本科目贷方余额，应全数转入"预算结余"科目，借记本科目，贷记"预算结余"科目。

3. 本科目平时贷方余额，反映下级上解收入累计数。

4. 本级财政的"上解收入"应与所属下级财政的"上解支出"的数额相等。

5. 本科目应按上解地区设明细账。

第 414 号科目 调入资金

1. 本科目核算各级财政部门因平衡一般预算收支从预算外资金结余以及其他渠道调入的资金。

2. 调入资金，借记"国库存款"科目，贷记本科目。

3. 年终，本科目贷方余额转入"预算结余"科目，借记"调入资金"，贷记"预算结余"科目。

第 425 号科目 财政周转金收入

1. 本科目核算财政周转金利息及占用费的收入情况。

2. 本科目应设置“利息收入”和“占用费收入”二个明细科目。取得利息收入时，借记“其他财政存款”科目，贷记本科目(利息)；取得占用费收入时，借记“其他财政存款”科目，贷记本科目(占用费)。

3. 年终结账时，应将“财政周转金支出”科目余额转入本科目，借记本科目，贷记“财政周转金支出”科目。本科目余额为当年财政周转金收支结余数，应全数转入“财政周转基金”科目，借记本科目，贷记“财政周转基金”科目，结转后，本科目无余额。

五、支出类

第 501 号科目 一般预算支出

1. 本科目核算各级总预算会计办理的应由预算资金支付的各项支出。

2. 总预算会计办理预算直接支出时，借记本科目，贷记“国库存款”等有关科目；将预拨行政事业单位经费转列支出时，借记本科目，贷记“预拨经费”科目；办理基本建设支出时，实行限额管理的，根据建设银行报来的银行支出数借记本科目，不实行限额管理的，根据拨付用款单位数，借记本科目。支出收回或冲销转账时，借记有关科目，贷记本科目。年终，本科目借方余额应全数转入“预算结余”科目，借记“预算结余”科目，贷记本科目。

3. 本科目平时借方余额，反映预算支出累计数。

4. 本科目应根据《国家预算收支科目》中的“一般预算支出科目”(不含一般预算调拨支出类)分“款”、“项”设明细账。

第 505 号科目 基金预算支出

1. 本科目核算各级财政部门用基金预算收入安排的支出。

2. 发生基金预算支出时，借记本科目，贷记“国库存款(其他财政存款)”等有关科目；支出收回或冲销转账时，借记有关科目，贷记本科目。年终，本科目借方余额应全数转入“基金预算结余”科目冲销，借记“基金预算结余”科目，贷记本科目。

3. 本科目平时借方余额，反映基金预算支出累计数。

4. 本科目根据“基金预算支出科目”(不含基金预算调拨支出类)设置明细账。

第 507 号科目 专用基金支出

1. 本科目用于核算各级财政部门用专用基金收入安排的支出。

2. 发生专用基金支出时，借记本科目，贷记“国库存款”(对于根据国家规定将基金存在指定银行的，应为“其他财政存款”，下同)科目。支出收回时，做相反的会计分录。

3. 年终转账时，将本科目余额全部转入“专用基金结余”科目，借记“专用基金结余”科目，贷记本科目。

4. 本科目平时借方余额，反映专用基金支出累计数。

第 511 号科目 补助支出

1. 本科目核算本级财政对下级财政的补助支出。包括：

(1)税收返还支出；

(2)按原财政体制结算应补助给下级财政的款项；

(3)专项补助或临时性补助。

2. 发生补助支出或从“与下级往来”科目转入时，借记本科目，贷记“国库存款”、“与下级往来”科目；支出退转时，作相反的会计分录。年终，本科目借方余额应转入“预算结余”科目冲销，借记“预算结余”科目，贷记本科目。

3. 本科目平时借方余额，反映补助支出累计数。

4. 本科目应按补助地区设明细账。

5. 用基金预算资金补助下级财政的地区，应分设基金预算补助明细账。

第 512 号科目 上解支出

1. 本科目核算解缴上级财政的款项。包括：

(1)按体制由国库在本级预算收入中直接划解给上级财政的款项；

(2)按体制结算补解给上级财政款项和各种专项上解款项。

2. 发生上解支出时，借记本科目，贷记“国库存款”等有关科目；支出退转时，借记有关科目，贷记本科目。年终，本科目借方余额转入“预算结余”科目，借记“预算结余”科目，贷记本科目。

3. 本科目平时借方余额，反映上解支出累计数。

4. 本科目一般可不设明细账。

第514号科目 调出资金

1. 本科目用于核算各级财政部门从基金预算的地方财政税费附加收入结余中调出，用于平衡预算收支的资金。

2. 调出基金预算结余时，借记本科目，贷记“调入资金”科目。凡是一般预算与基金预算分设存款账户的地区，应同时调整国库存款的明细账。

3. 年终转账时，应将本科目借方余额转入“基金预算结余”科目，借记“基金预算结余”，贷记本科目。

第524号科目 财政周转金支出

1. 本科目核算借入上级财政周转金支付的占用费及周转金管理使用过程中按规定开支的相关费用支出情况。

2. 本科目应设置“占用费支出”、“业务费支出”等二个明细科目。

“占用费支出”核算因借入上级财政周转金而支付的资金占用费；

“业务费支出”核算委托银行放款支付的手续费以及经财政部门确定的有关费用支出。

3. 支付占用费时，借记本科目(占用费支出)，贷记“其他财政存款”科目；支付手续费时，借记本科目(手续费支出)，贷记“其他财政存款”科目。

4. 本科目平时借方余额为已支付的周转金占用费及手续费。

5. 年终结账时将本科目借方余额转入“财政周转金收入”科目冲销，借记“财政周转金收入”科目，贷记本科目。年终结账后本科目无余额。

第九章　会计结账和结算

第五十七条　各级总预算会计应当定期、及时地进行会计结账。结账期限为每月一次。结账的具体方法，按《会计基础工作规范》办理。

第五十八条　各级总预算会计，在会计年度结束前，应当全面进行年终清理结算。年终清理结算的主要事项如下：

一、核对年度预算。预算数字是考核决算和办理收支结算的依据，也是进行会计结算的依据。年终前，各级总预算会计，应配合预算管理部门把本级财政总预算与上、下级财政总预算和本级各单位预算之间的全年预算数核对清楚。追加追减、上划下划数字，必须在年度终了前核对完毕。为了便于年终清理，本年预算的追加追减和企事业单位的上划下划，一般截至11月底为止。各项预算拨款，一般截至12月25日为止。

二、清理本年预算收支。凡属本年的一般预算收入，都要认真清理，年终前必须如数缴入国库。督促国库在年终库款报解整理期内，迅速报齐当年的预算收入。应在本年预算支领列报的款项，非特殊原因，应在年终前办理完毕。

清理基金预算收支和专用基金收支。凡属应列入本年的收入，应及时催收，并缴入国库或指定的银行账户。

三、组织征收机关和国库进行年度对账。年度终了后，按照国库制度的规定，支库应设置十天的库款报解整理期(设置决算清理期的年度，库款报解整理期相应顺延)。各经收处12月31日前所收款项均应在“库款报解整理期”内报达支库，列入当年决算。同时，各级国库要按年度决算对账办法编制收入对账单，分送同级财政部门、征收机关核对签章。保证财政收入数字的一致。

四、清理核对当年拨款支出。各级总预算会计对本级各单位的拨款支出应与单位的拨款收入核对清楚。对于当年安排的非包干使用的拨款，其结余部分应根据具体情况处理。属于单位正常周转占用的资金，可仍作为预算支出处理；属于应收回的拨款，应及时收回，并按收回数相应冲减预算支出。属于预拨下年度的经费，不得列入当年预算支出。

五、清理往来款项。各级财政的暂收、暂付等各种往来款项，要在年度终了前认真清理结算，做到人欠收回，欠人归还。应转作各项收入或各项支出的款项，要及时转入本年有关收支账。

六、清理财政周转金收支。各级财政预算部门或周转金管理机构应对财政周转金收支款项、上下级财政之间的财政周转金借入借出款项进行清理。同时对于各项财政周转金贷放款进行清理。财政周转金明细账由财政业务部门核算的，各预算部门或周转金管理机构应与业务部门的明细账进行核对，做到账账相符。

七、进行年终财政结算。各级财政要在年终清理的基础上，结清上下级财政总预算之间的预算调拨收支和往来款项。要按照财政管理体制的规定，计算出全年应补助、应上解和应返还数额，与年度预算执行过程中已补助、已上解和已返还数额进行比较，结合借垫款项，计算出全年最后应补或应退数额，填制“年终财政决算结算单”，经核对无误后，作为年终财政结算凭证，据以入账。

第五十九条 各级总预算会计，对年终决算清理期内发生的会计事项，应当划清会计年度。属于清理上年度的会计事项，记入上年度账内；属于新年度的会计事项，记入新账。要防止错记漏记。

第六十条 经过年终清理和结算，把各项结算收支记入旧账后，即可办理年终结账。年终结账工作一般分为年终转账、结清旧账和记入新账三个环节，依次作账。

一、年终转账。计算出各账户 12 月份合计数和全年累计数，结出 12 月末余额，编制结账前的“资产负债表”。再将应对冲转账的各个收入、支出账户余额，填制 12 月份的记账凭证（凭证按 12 月份连续编号，填制实际处理日期），分别转入“预算结余”、“基金预算结余”和“专用基金结余”科目冲销。将当年“财政周转金支出”转入“财政周转金收入”科目冲销，并将财政周转金收支相抵后的余额转入“财政周转基金”。

二、结清旧账。将各个收入和支出账户的借方、贷方结出全年总计数，然后在下面划双红线，表示本账户全部结清。

对年终有余额的账户，在“摘要”栏内注明“结转下年”字样，表示转入新账。

三、记入新账。根据本年度各个总账账户和明细账户年终转账后的余额编制年终决算“资产负债表”和有关明细表（不编记账凭证），将表列各账户的余额直接记入新年度有关总账和明细账各账户预留空行的余额栏内，并在“摘要”栏注明“上年结转”字样，以区别新年度发生数。

决算经本级人民代表大会常务委员会（或人民代表大会）审查批准后，如需更正原报决算草案收入、支出数字时，则要相应调整旧账，重新办理结账和记入新账。

第十章 会计报表的编审

第六十一条 总预算会计报表是各级预算收支执行情况及其结果的定期书面报告，是各级政府和上级财政部门了解情况、掌握政策、指导预算执行工作的重要资料，也是编制下年度预算的基础。

各级总预算会计必须定期编制和汇总预算会计报表。

第六十二条 总预算会计报表有资产负债表、预算执行情况表、财政周转金收支情况表、财政周转金设放情况表、预算执行情况说明书及其他附表等。其他附表有基本数字表、行政事业单位收支汇总表以及所附会计报表。报表格式及说明详见本制度附件三。

各级总预算会计报表按旬、按月、按年编报。旬报、月报和年报的报送期限及编报内容应根据上级财政部门具体要求和本行政区域预算管理的需要办理。

第六十三条 各级总预算会计报表要做到数字正确，报送及时，内容完整。

一、各级总预算会计要加强日常会计核算工作，督促有关单位及时记账、结账。所有预算会计单位都应在规定的期限内报出报表，以便主管部门和财政部门及时汇总。

二、总预算会计报表的数字，必须根据核对无误的账户记录汇总。切实做到账表相符，有根有据。不能估列代编，更不能弄虚作假。

三、总预算会计报表要严格按照统一规定的种类、格式、内容、计算方法和编制口径填制，以保证全国统一汇总和分析。汇总报表的单位，要把所属单位的报表汇集齐全，防止漏报。

第六十四条 总预算会计的年报，即各级政府决算，反映着年度预算收支的最终结果。各级总预算会计在财政部门首长的领导下，参与或具体负责组织下列决算草案编审工作：

一、参与组织制定决算草案编审办法。根据上级财政部门的统一要求和本行政区域预算管理的需要，提出年终收支清理、数字编列口径、决算审查和组织领导等具体要求，并对财政结算、结余处理等具体问题规定处理办法。

参与组织制定本级单位决算草案编审办法。

二、参与制发或根据上级财政部门的要求结合本行政区域的具体情况转(制)发本行政区域财政总决算统一表格和本级单位决算统一表格。协同财务部门设计基本数字表及其他附表。

三、办理全年各项收支、预拨款项、往来款项等会计对账、结账工作。

四、对下级财政部门和同级单位预算主管部门布置决算草案编审工作,并督促检查其及时汇总报送决算。

五、审查、汇总所属财政决算草案收支各表,并负责全部决算草案的审查汇总工作。

六、编写决算说明书,向上级财政部门汇报决算编审工作情况,进行上下级财政之间的财政体制结算以及财政总决算的文件归档工作。

第六十五条　各级财政部门应将汇总编制的本级决算草案及时报本级政府审定。各级财政部门应按照上级财政部门规定的时限和份数,将经本级人民政府审定的本行政区域决算草案逐级及时报送备案。计划单列城市的会计报表和年度财政决算在报送省级财政部门的同时,直接报送财政部。

第十一章　会计电算化

第六十六条　为了保证总预算会计电算化核算的准确、安全,省级(含省本级)以上财政部门必须制订相应的会计电算化管理办法并严格执行。省以下各级财政部门应相应制定有关具体实施办法。

第六十七条　随着计算机在会计领域的开发和运用,各级总预算会计人员要熟练掌握计算机在会计上的运用,实现会计操作技术的现代化。

第六十八条　总预算会计电算化软件,必须符合本制度规定的核算方法,并经财政部鉴定通过后,才能投入使用。

第十二章　会计监督

第六十九条　各级总预算会计应加强各项财政性资金的核算管理与会计监督。严格依法办事,对于不合法的会计事项,应及时予以纠正或及时向领导反映。

第七十条　各级总预算会计应自觉接受审计及监察部门的监督,按规定向审计及监察部门提供有关资料。

第七十一条　各级总预算会计应加强对用款单位拨出款项的管理,及时了解掌握有关单位的用款情况,发现问题及时纠正。

第十三章　附　　则

第七十二条　本制度未规定的一般会计处理方法,按财政部发布的《会计基础工作规范》处理。会计档案的管理,按财政部、国家档案局颁发的《会计档案管理办法》执行。

第七十三条　有关预算外资金的核算,由我部另行发文规定。财政周转金由专设的周转金管理部门管理的,其核算应由周转金管理部门参照本制度的规定执行。

第七十四条　本制度解释权属财政部。

第七十五条　本制度自 1998 年 1 月 1 日起执行。财政部 1988 年制发的《财政机关总预算会计制度》及有关补充规定,同时废止。

3.《财政总预算会计制度》暂行补充规定(2001 年颁布)

财库〔2001〕63 号

为了适应预算和国库收付制度改革的需要,进一步规范中央财政总预算会计核算,现对《财政总预算会计制度》作如下暂行补充规定(以下简称《补充规定》):

一、财政总预算会计核算以收付实现制为主,但中央财政总预算会计的个别事项可以采用权责发生制。

二、中央财政总预算会计采用权责发生制的事项有：

1. 预算已经安排，由于政策性因素，当年未能实现的支出；

2. 预算已经安排，由于用款进度等原因，当年未能实现的支出；

3. 动支中央预备费安排，因国务院审批较晚，当年未能及时拨付的支出；

4. 为平衡预算需要，当年未能实现的支出；

5. 其他。

中央财政总预算会计采用权责发生制仅限于上述事项，除此之外其他事项均不得采用权责发生制。

三、财政总预算会计采用权责发生制对上述事项进行会计核算时，平时不作账务处理。待年终结账，经确认当年确实无法实现财政拨款，需结转下一年度支出时，应借记“一般预算支出”等科目，贷记“暂存款”科目；下年度实际支付时，借记“暂存款”科目，贷记“国库存款”等科目。

四、本《补充规定》自文发之日起施行。

附件二：

关于“《财政总预算会计制度》暂行补充规定”的说明

为了更好地贯彻落实《〈财政总预算会计制度〉暂行补充规定》（以下简称《补充规定》），减少随意性，克服人为因素影响，特作如下说明：

一、《补充规定》仅适用于中央财政，地方各级财政不比照执行。

二、中央财政采用权责发生制的事项，仅限于《补充规定》中列示的五种情况，除此之外，其他任何事项均不得采用权责发生制。

（一）预算已经安排，由于政策性因素，当年未能实现的支出。是指国债投资项目支出。年初中央财政预算总盘子中已经安排，执行中由于国家计委未能按预算足额下达投资计划等原因，需作结转处理。

（二）预算已经安排，由于用款进度的原因，当年未能实现的支出。是指参加国库单一账户试点单位，由于用款进度的原因，年终有一部分资金留在财政总会计账上拨不出去，为了不虚增财政结余，需作结转处理。对于不实行国库单一账户试点的单位，财政总会计不得作结转处理。

（三）动支中央预备费安排，因国务院审批较晚，当年未能及时拨付的支出。

（四）为平衡预算需要，当年未能实现的支出。是指补充偿债基金支出。为了平衡预算，需要根据当年赤字规模和债务收支情况，确定补充偿债基金的具体数额，作当年支出处理。

（五）其他。主要是指除上述情况之外，根据国务院领导批示精神，需作结转处理的事项。

三、由于年终结账前，才能最后确定当年应支未支的数额，因此对于采用权责发生制的事项，平时不作账务处理，待年终结账时，根据经确认的结转数额，再作账务处理。

4. 财政总预算会计管理基础工作规定（2012 年颁布）

财库〔2012〕1 号

第一章 总 则

第一条 为适应财政国库管理制度改革需要，进一步加强和规范财政总预算会计基础管理，保障财政资金安全，根据《中华人民共和国会计法》、《会计基础工作规范》、《财政总预算会计制度》以及财政国库管理制度等有关法律、法规、制度，制定本规定。

第二条 本规定适用于各级财政国库管理和执行机构。

第三条 财政总预算会计管理基础工作包括：

（一）明确岗位职责分工，完善相关管理制度；

（二）规范账户管理；

（三）严格财政资金收付、调度管理，加强会计监督；

（四）及时组织会计核算，全面、准确反映预算执行；

（五）规范印章、票据、会计档案管理；

（六）其他基础性工作。

第四条 各级财政部门应当加强财政总预算会计管理信息化建设，充分运用现代信息技术，建立完善相关业务管理信息系统，保障财政资金安全高效运行，不断提高总预算会计管理水平。

第五条 各级财政部门应当按照本规定组织和开展财政总预算会计管理基础工作。各级财政部门负责人应当对本级财政总预算会计管理基础工作负领导责任。

第二章 岗位和人员管理

第六条 各级财政部门应当根据财政国库管理要求和财政总预算会计业务需要，遵循制衡、高效原则，科学设置财政总预算会计工作岗位，岗位设置不得交叉、重复。

第七条 财政总预算会计管理基础工作岗位包括账户管理岗位、资金调度岗位、审核岗位、支付岗位、会计核算岗位、监督管理岗位等：

（一）账户管理岗位，主要负责对国库单一账户、财政专户、零余额账户和预算单位银行账户等进行管理；

（二）资金调度岗位，主要负责分析财政资金结构和收支变动情况，预测财政资金流量，科学合理调度财政资金；

（三）审核岗位，主要负责依据预算对用款计划、支付申请等进行审核；

（四）支付岗位，主要负责对支付申请及相关单据要素进行复核，并开具支付凭证；

（五）会计核算岗位，主要负责对各类财政资金收支、债权债务、往来款项和上下级财政间结算等事项进行核算，并负责组织日常对账、编报会计报告；

（六）监督管理岗位，主要负责对财政部门内部资金收付管理和预算单位财政资金使用实施会计监督。

第八条 各级财政部门应当建立岗位责任制，按照岗位设置要求和不相容职务相分离原则，足额配备相关人员，明确岗位人员职责分工：

（一）负责开具支付凭证人员不得管理支付业务专用印章，不得兼管会计核算工作；

（二）负责管理支付业务专用印章人员，不得兼管会计核算工作；

（三）负责管理信息系统人员不得兼管财政总预算会计具体业务工作；

（四）其他需要相分离的工作，应当由不同人员负责。

第九条 各级财政部门应当严格设定总预算会计业务管理信息系统使用和管理人员的操作权限，加强密码和密码设备管理，禁止未经授权人员使用业务管理信息系统。

第十条 各级财政部门应当选用具备下列条件的人员从事财政总预算会计工作：

（一）坚持原则、廉洁奉公；

（二）具有良好的品行；

（三）熟悉国家财经法律、法规、规章和方针、政策，熟练掌握财政预算、国库管理等有关知识。

会计核算岗位人员除具备上述条件外，还应当取得会计从业资格证书。财政总预算会计其他管理岗位人员原则上也需要取得会计从业资格证书。

因在财务、会计、审计或者其他经济管理工作中犯有严重错误受到行政处罚、撤职以上处分，自处罚、处分决定之日起不满二年的人员不得从事财政总预算会计工作。

第十一条 各级财政部门应当定期组织财政总预算会计人员参加业务培训，开展会计职业道德教育和廉政风险教育。

第十二条 各级财政部门应当在保持相对稳定的基础上，对财政总预算会计人员进行定期轮岗。

第十三条 财政总预算会计人员因故离岗时不得违规替岗；因工作调动或其他原因离职，须按照《会计基础工作规范》相关规定办理交接手续。

第十四条 各级财政部门任用财政总预算会计人员应当按有关规定实行回避制度。

第三章 账户管理

第十五条 各级财政部门应当按照财政国库管理制度和银行账户管理有关规定，加强对国库单一账户、财政专户、零余额账户和预算单位银行账户等的管理。

第十六条 各级财政部门应当按照国家有关规定在相应的人民银行国库部门开设国库单一账户；未设人民银行机构的地方，应当在商业银行、信用社代理国库开设。

第十七条 各级财政部门应当严格按照国家有关规定设置财政专户，规范财政专户的开立、变更和撤销等工作：

（一）财政部门开立财政专户应当按规定办理审批手续；

（二）选择财政专户开户银行应当遵循公开、公平、公正原则，综合考量银行资质、偿债能力、盈利能力、运营情况、内部控制水平、信息化管理水平及服务水平等因素后确定，严格规范选择开户银行的审批程序，建立领导班子集体决策制度，有条件的应通过招标方式确定；

（三）财政部门应当与财政专户开户银行签订规范的账户管理协议，明确双方权利和义务；

（四）财政专户相关信息发生变更，财政部门应当按规定办理变更手续并进行备案；

（五）财政部门撤销财政专户应当按规定及时办理撤销手续并进行备案。

第十八条 各级财政部门应当按照有关规定规范零余额账户管理。零余额账户的开立、变更与撤销须经同级财政部门批准，并按照财政国库管理制度规定的程序和要求执行。

第十九条 各级财政部门应当建立预算单位银行账户审批、备案、年检等管理制度，按规定加强预算单位银行账户开立、变更、撤销等管理。

第二十条 各级财政部门应当建立账户管理信息系统，对账户开立、变更、撤销等情况实行动态管理，及时更新账户管理信息。

第二十一条 地方各级财政部门应当定期向上级财政部门报告账户管理情况。

第四章 财政资金管理

第二十二条 各级财政部门应当按照国库集中收付制度规定，建立科学规范的财政资金收付管理流程，将所有财政资金收付纳入信息系统管理，实现资金收付各环节之间有效制衡。信息系统应当具备严密的业务流程控制和完整的系统操作日志。

第二十三条 审核人员应当依据预算对用款计划进行审核；依据预算、用款计划、收入缴库进度等对支付申请进行审核。审核无误后在信息系统中进行确认并提交支付人员。

第二十四条 支付人员应当对审核后的支付申请等相关单据要素进行复核。经复核无误后，在信息系统中确认并开具相应的支付凭证，禁止手工填制。

第二十五条 支付凭证经复核无误后，由管理支付印章的人员加盖支付印章。支付印章包括支付业务专用章、法定代表人或经授权的法人代表人名章。

第二十六条 支付印章不得随意更换。因机构调整或单位领导变动等确需更换印章时，应履行必要的审批程序及时更换预留印鉴。新印章一经启用，原印章立即失效。

第二十七条 支付印章应当实行专人负责、分人分印管理，任何人员均不得统管、代管全部支付印章。

第二十八条 各级财政部门应当指定专人负责与银行交接支付凭证等原始单据，传输相关电子数据，确保原始单据及相关电子数据传递安全；与支付相关的银行回单等原始单据应由专人传递给会计核算人员保管。单据传递应当实行交接登记制度。

第二十九条 支付凭证作废时应当加盖“作废”戳记，连同留存联一并交由专人保管，定期销毁。

第三十条 完全采用无纸化支付方式的，应当按照《中华人民共和国电子签名法》有关规定建立完善的系统安全控制机制，有关各方应当预先签订协议，明确电子签名、电子印章、电子凭证的使用确认规范，无纸化支付程序及管理责任，保障财政资金和信息安全。

第三十一条 各级财政部门应当严格管理资金收付相关票据和凭证，重要票据和凭证应当实行专人专柜管理；领用、核销实行登记制度。

第三十二条　各级财政部门应当指定专人负责保管定期存单、有价证券等，配备单独的保险柜等设备存放，并进行定期盘点。

第三十三条　各级财政部门应当加强财政资金调度管理，定期分析资金结构和收支变动情况，预测资金流量，在确保资金安全性、规范性、流动性前提下，提高资金使用效率和效益；严禁违反国家相关规定调度和使用资金。

第三十四条　各级财政部门应当加强财政资金安全管理，建立风险防控管理机制，实现对财政资金的动态防控管理，确保财政资金安全。

第五章　会计核算管理

第三十五条　各级财政部门应当按照现行法律、法规和有关国家统一会计制度规定建立会计账册，进行会计核算，及时提供合法、真实、准确、完整的会计信息。

第三十六条　各级财政部门负责对下列事项进行会计核算：

(一)各类财政资金收支；

(二)财政债权债务的发生和结算；

(三)往来款项的发生和结算；

(四)上下级财政间的结算；

(五)其他需要进行会计核算的事项。

第三十七条　各级财政部门应当采用信息系统进行账务处理。

第三十八条　会计核算人员收到财政资金收付凭证等原始单据(含电子数据)后应当及时审核，相关信息核对无误后，通过信息系统生成记账凭证；记账凭证复核无误后登记相应的会计账簿。

第三十九条　会计核算人员不得直接在信息系统中更改登记有误的账簿信息，应当采取冲销法或补充登记法，重新填制调账记账凭证，复核无误后登记会计账簿。

第四十条　会计核算人员应当按月进行会计结账，具体结账按《财政总预算会计制度》等相关规定办理。

第四十一条　各级财政部门应当建立并严格执行对账制度，采取网上对账、交叉对账、后台对账等方式，确保账证相符、账账相符、账实相符、账表相符。

第四十二条　各级财政部门内部国库机构要与业务管理机构核对资金账等；上下级财政部门要核对资金账；财政部门要与本级各预算单位核对资金账等，与征收机关核对资金账，与同级人民银行国库核对资金账，与财政专户开户银行通过后台对账方式核对专户资金账，有条件的地方要与开户银行的上级单位核对专户余额账。

第四十三条　各级财政部门应当根据登记完整、核对无误的会计账簿记录和其他有关资料，定期编制和汇总会计报告，做到数字真实、计算准确、内容完整、说明清楚。

第四十四条　各级财政部门应当结合实际需要定期打印会计凭证、会计账簿和会计报表，装订成册，并由制单人员、记账人员、复核人员和会计机构负责人或会计主管人员等相关人员签名或盖章。

第四十五条　各级财政部门应当指导本级预算单位做好日常会计管理工作，组织年度财政决算、部门决算的编审和汇总工作。

第四十六条　各级财政部门对总预算会计凭证、会计账簿、会计报表和其他会计资料，应当建立档案由专人妥善保管。总预算会计档案建档要求、保管期限、销毁办法等依据《会计档案管理办法》规定执行。

第四十七条　信息系统存储的总预算会计原始数据应当由专人定期备份至机房专用存储设备。保存电子会计数据的存储介质应当纳入容灾备份体系妥善保管。

第六章　监督检查

第四十八条　各级财政部门应当建立内部监督检查制度，对账户管理、财政资金管理、会计核算等日常工作实施定期检查和不定期抽查。

第四十九条　各级财政部门应当建立预算执行动态监控机制，严格监督专项转移支付资金拨付情况和本级预算单位财政资金使用情况。

第五十条 县级以上财政部门应当加强对下级财政总预算会计管理基础工作的指导，定期检查下级财政部门账户管理、财政资金管理、会计核算等工作开展情况，及时通报检查结果。

第五十一条 财政总预算会计管理基础工作中有违规、违纪行为的，应当根据《财政违法行为处罚处分条例》等有关规定进行处理。

第五十二条 各级财政部门要积极配合审计等部门的检查工作，自觉接受审查和监督。

第七章 附 则

第五十三条 纳入财政专户管理的其他资金参照本规定执行。

第五十四条 各省、自治区、直辖市、计划单列市财政厅（局）可以根据本规定结合本地区的实际情况，制定实施办法，并报财政部备案。

第五十五条 本规定自 2012 年 3 月 1 日起实施。

5. 行政单位会计制度（2013 年修订）

财库〔2013〕218 号

第一章 总 则

第一条 为了规范行政单位会计核算，保证会计信息质量，根据《中华人民共和国会计法》和其他有关法律、行政法规和部门规章，制定本制度。

第二条 本制度适用于各级各类国家机关、政党组织（以下统称行政单位）。

第三条 行政单位会计核算目标是向会计信息使用者提供与行政单位财务状况、预算执行情况等有关的会计信息，反映行政单位受托责任的履行情况，有助于会计信息使用者进行管理、监督和决策。

行政单位会计信息使用者包括人民代表大会、政府及其有关部门、行政单位自身和其他会计信息使用者。

第四条 行政单位应当对其自身发生的经济业务或者事项进行会计核算。

第五条 行政单位会计核算应当以行政单位各项业务活动持续正常地进行为前提。

第六条 行政单位应当划分会计期间，分期结算账目和编制财务报表。

会计期间至少分为年度和月度。会计年度、月度等会计期间的起讫日期采用公历日期。

第七条 行政单位会计核算应当以人民币作为记账本位币。发生外币业务时，应当将有关外币金额折算为人民币金额计量。

第八条 行政单位会计应当按照业务或事项的经济特征确定会计要素。会计要素包括资产、负债、净资产、收入和支出。

第九条 行政单位会计核算一般采用收付实现制，特殊经济业务和事项应当按照本制度的规定采用权责发生制核算。

第十条 行政单位应当采用借贷记账法记账。

第十一条 行政单位的会计记录应当使用中文，少数民族地区可以同时使用本民族文字。

第二章 会计信息质量要求

第十二条 行政单位应当以实际发生的经济业务或者事项为依据进行会计核算，如实反映各项会计要素的情况和结果，保证会计信息真实可靠。

第十三条 行政单位提供的会计信息应当与行政单位受托责任履行情况的反映、会计信息使用者的管理、监督和决策需要相关，有助于会计信息使用者对行政单位过去、现在或者未来的情况作出评价或者预测。

第十四条 行政单位应当将发生的各项经济业务或者事项全部纳入会计核算,确保会计信息能够全面反映行政单位的财务状况和预算执行情况等。

第十五条 行政单位对于已经发生的经济业务或者事项,应当及时进行会计核算,不得提前或者延后。

第十六条 行政单位提供的会计信息应当具有可比性。

同一行政单位不同时期发生的相同或者相似的经济业务或者事项,应当采用一致的会计政策,不得随意变更。确需变更的,应当将变更的内容、理由和对单位财务状况、预算执行情况的影响在附注中予以说明。

不同行政单位发生的相同或者相似的经济业务或者事项,应当采用统一的会计政策,确保不同行政单位会计信息口径一致、相互可比。

第十七条 行政单位提供的会计信息应当清晰明了,便于会计信息使用者理解和使用。

第三章 资　　产

第十八条 资产是指行政单位占有或者使用的,能以货币计量的经济资源。

前款所称占有,是指行政单位对经济资源拥有法律上的占有权。由行政单位直接支配,供社会公众使用的政府储备物资、公共基础设施等,也属于行政单位核算的资产。

第十九条 行政单位的资产包括流动资产、固定资产、在建工程、无形资产等。其中,流动资产是指可以在 1 年以内(含 1 年)变现或者耗用的资产,包括库存现金、银行存款、零余额账户用款额度、财政应返还额度、应收及预付款项、存货等。

零余额账户用款额度是指实行国库集中支付的行政单位根据财政部门批复的用款计划收到和支用的零余额账户用款额度。

财政应返还额度是指实行国库集中支付的行政单位应收财政返还的资金额度。

应收及预付款项是指行政单位在开展业务活动中形成的各项债权,包括应收账款、预付账款、其他应收款等。

存货是指行政单位在工作中为耗用而储存的资产,包括材料、燃料、包装物和低值易耗品等。

固定资产是指使用期限超过 1 年(不含 1 年),单位价值在规定标准以上,并且在使用过程中基本保持原有物质形态的资产。

在建工程是指行政单位已经发生必要支出,但尚未交付使用的建设工程。

无形资产是指不具有实物形态而能够为使用者提供某种权利的非货币性资产。

第二十条 行政单位对符合本制度第十八条资产定义的经济资源,应当在取得对其相关的权利并且能够可靠地进行货币计量时确认。

符合资产定义并确认的资产项目,应当列入资产负债表。

第二十一条 行政单位的资产应当按照取得时实际成本进行计量。除国家另有规定外,行政单位不得自行调整其账面价值。

应收及预付款项应当按照实际发生额计量。

以支付对价方式取得的资产,应当按照取得资产时支付的现金或者现金等价物的金额,以及所付出的非货币性资产的评估价值等金额计量。

取得资产时没有支付对价的,其计量金额应当按照有关凭据注明的金额加上相关税费、运输费等确定;没有相关凭据但依法经过资产评估的,其计量金额应当按照评估价值加上相关税费、运输费等确定;没有相关凭据也未经评估的,其计量金额比照同类或类似资产的市场价格加上相关税费、运输费等确定;没有相关凭据也未经评估,其同类或类似资产的市场价格无法可靠取得,所取得的资产应当按照名义金额(即人民币 1 元,下同)入账。

第二十二条 行政单位应当按照本制度的规定对无形资产进行摊销;对无形资产计提摊销的金额,应当根据无形资产原价和摊销年限确定。

行政单位对固定资产、公共基础设施是否计提折旧由财政部另行规定;按照规定对固定资产、公共基础设施计提折旧的,折旧金额应当根据固定资产、公共基础设施原价和折旧年限确定。

第四章 负 债

第二十三条 负债是指行政单位所承担的能以货币计量，需要以资产等偿还的债务。

第二十四条 行政单位的负债按照流动性，分为流动负债和非流动负债。

流动负债是指预计在1年内(含1年)偿还的负债。

非流动负债是指流动负债以外的负债。

第二十五条 行政单位的流动负债包括应缴财政款、应缴税费、应付职工薪酬、应付及暂存款项、应付政府补贴款等。

应缴财政款是指行政单位按照规定取得的应当上缴财政的款项。

应缴税费是指行政单位按照国家税法等有关规定应当缴纳的各种税费。

应付职工薪酬是指行政单位按照有关规定应付的职工工资、津贴补贴等。

应付及暂存款项是指行政单位在开展业务活动中发生的各项债务，包括应付账款、其他应付款等。

应付政府补贴款是指负责发放政府补贴的行政单位，按照有关规定应付给政府补贴接受者的各种政府补贴款。

第二十六条 行政单位的非流动负债包括长期应付款。

长期应付款是指行政单位发生的偿还期限超过1年(不含1年)的应付款项。

第二十七条 行政单位对符合本制度第二十三条负债定义的债务，应当在确定承担偿债责任并且能够可靠地进行货币计量时确认。

符合负债定义并确认的负债项目，应当列入资产负债表；行政单位承担或有责任(偿债责任需要通过未来不确定事项的发生或不发生予以证实)的负债，不列入资产负债表，但应当在报表附注中披露。

第二十八条 行政单位的负债，应当按照承担的相关合同金额或实际发生额进行计量。

第五章 净资产

第二十九条 净资产是指行政单位资产扣除负债后的余额。

第三十条 行政单位的净资产包括财政拨款结转、财政拨款结余、其他资金结转结余、资产基金、待偿债净资产等。

财政拨款结转是指行政单位当年预算已执行但尚未完成，或因故未执行，下一年度需要按照原用途继续使用的财政拨款滚存资金。

财政拨款结余是指行政单位当年预算工作目标已完成，或因故终止，剩余的财政拨款滚存资金。

其他资金结转结余是指行政单位除财政拨款收支以外的各项收支相抵后剩余的滚存资金。

资产基金是指行政单位的非货币性资产在净资产中占用的金额。

待偿债净资产是指行政单位因发生应付账款和长期应付款而相应需在净资产中冲减的金额。

第六章 收 入

第三十一条 收入是指行政单位依法取得的非偿还性资金。

第三十二条 行政单位的收入包括财政拨款收入和其他收入。

财政拨款收入是指行政单位从同级财政部门取得的财政预算资金。

其他收入是指行政单位依法取得的除财政拨款收入以外的各项收入。

第三十三条 行政单位的收入一般应当在收到款项时予以确认，并按照实际收到的金额进行计量。

第七章 支 出

第三十四条 支出是指行政单位为保障机构正常运转和完成工作任务所发生的资金耗费和损失。

第三十五条 行政单位的支出包括经费支出和拨出经费。

经费支出是指行政单位自身开展业务活动使用各项资金发生的基本支出和项目支出。

拨出经费是指行政单位纳入单位预算管理、拨付给所属单位的非同级财政拨款资金。

第三十六条　行政单位的支出一般应当在支付款项时予以确认，并按照实际支付金额进行计量。

采用权责发生制确认的支出，应当在其发生时予以确认，并按照实际发生额进行计量。

第八章　会计科目

第三十七条　行政单位应当按照下列规定运用会计科目：

一、行政单位应当对有关法律、法规允许进行的经济活动，按照本制度的规定使用会计科目进行核算；行政单位不得以本制度规定的会计科目及使用说明作为进行有关法律、法规禁止的经济活动的依据。

二、行政单位对基本建设投资的会计核算在执行本制度的同时，还应当按照国家有关基本建设会计核算的规定单独建账、单独核算。

三、行政单位应当按照本制度的规定设置和使用会计科目，因没有相关业务不需要使用的总账科目可以不设；在不影响会计处理和编报财务报表的前提下，行政单位可以根据实际情况自行增设本制度规定以外的明细科目，或者自行减少、合并本制度规定的明细科目。

四、按照财政部规定对固定资产和公共基础设施计提折旧的，相关折旧的账务处理应当按照本制度规定执行；按照财政部规定不对固定资产和公共基础设施计提折旧的，不设置本制度规定的“累计折旧”科目，在进行账务处理时不考虑本制度其他科目说明中涉及的“累计折旧”科目。

五、本制度统一规定会计科目的编号，以便于填制会计凭证、登记账簿、查阅账目、实行会计信息化管理。行政单位不得随意打乱重编本制度规定的会计科目编号。

第三十八条　行政单位适用的会计科目如下：

序　号	科目编号	会计科目名称
一、资产类		
1	1001	库存现金
2	1002	银行存款
3	1011	零余额账户用款额度
4	1021 102101 102102	财政应返还额度 财政直接支付 财政授权支付
5	1212	应收账款
6	1213	预付账款
7	1215	其他应收款
8	1301	存货
9	1501	固定资产
10	1502	累计折旧
11	1511	在建工程
12	1601	无形资产
13	1602	累计摊销
14	1701	待处理财产损溢
15	1801	政府储备物资
16	1802	公共基础设施
17	1901	受托代理资产

（续表）

序　　号	科目编号	会计科目名称
二、负债类		
18	2001	应缴财政款
19	2101	应缴税费
20	2201	应付职工薪酬
21	2301	应付账款
22	2302	应付政府补贴款
23	2305	其他应付款
24	2401	长期应付款
25	2901	受托代理负债
三、净资产类		
26	3001	财政拨款结转
27	3002	财政拨款结余
28	3101	其他资金结转结余
29	3501 350101 350111 350121 350131 350141 350151 350152	资产基金 预付款项 存货 固定资产 在建工程 无形资产 政府储备物资 公共基础设施
30	3502	待偿债净资产
四、收入类		
31	4001	财政拨款收入
32	4011	其他收入
五、支出类		
33	5001	经费支出
34	5101	拨出经费

第三十九条　行政单位会计科目使用说明如下：

一、资产类

1001 库存现金

一、本科目核算行政单位的库存现金。

二、行政单位应当严格按照国家有关现金管理的规定收支现金，并按照本制度规定核算现金的各项收支业务。

三、库存现金的主要账务处理如下：

（一）从银行等金融机构提取现金，按照实际提取的金额，借记本科目，贷记“银行存款”、“零余额账户用款额度”等科目;将现金存入银行等金融机构,借记“银行存款”,贷记本科目;将现金退回单位零余额账户,借记“零余额账户用款额度”科目,贷记本科目。

(二)因支付内部职工出差等原因所借的现金,借记“其他应收款”科目,贷记本科目;出差人员报销差旅费时,按照应报销的金额,借记有关科目,按照实际借出的现金金额,贷记“其他应收款”科目,按照其差额,借记或贷记本科目。

(三)因开展业务或其他事项收到现金,借记本科目,贷记有关科目;因购买服务、商品或者其他事项支出现金,借记有关科目,贷记本科目。

(四)收到受托代理的现金时,借记本科目,贷记“受托代理负债”科目;支付受托代理的现金时,借记“受托代理负债”科目,贷记本科目。

四、行政单位应当设置“现金日记账”,由出纳人员根据收付款凭证,按照业务发生顺序逐笔登记。每日终了,应当计算当日的现金收入合计数、现金支出合计数和结余数,并将结余数与实际库存数核对,做到账款相符。

每日终了结算现金收支,核对库存现金时发现有待查明原因的现金短缺或溢余,应通过“待处理财产损溢”科目核算。属于现金短缺,应当按照实际短缺的金额,借记“待处理财产损溢”科目,贷记本科目;属于现金溢余,应当按照实际溢余的金额,借记本科目,贷记“待处理财产损溢”科目。待查明原因后作如下处理:

(一)如为现金短缺,属于应由责任人赔偿或向有关人员追回的部分,借记“其他应收款”科目,贷记“待处理财产损溢”科目。

(二)如为现金溢余,属于应支付给有关人员或单位的,借记“待处理财产损溢”科目,贷记“其他应付款”科目。

五、行政单位有外币现金的,应当分别按照人民币、外币种类设置“现金日记账”进行明细核算。有关外币现金业务的账务处理参见“银行存款”科目的相关规定。

六、本科目期末借方余额,反映行政单位实际持有的库存现金。

1002 银行存款

一、本科目核算行政单位存入银行或者其他金融机构的各种存款。

二、行政单位应当严格按照国家有关支付结算办法的规定办理银行存款收支业务,并按照本制度规定核算银行存款的各项收支业务。

三、银行存款的主要账务处理如下:

(一)将款项存入银行或者其他金融机构,借记本科目,贷记“库存现金”、“其他收入”等有关科目。

(二)提取和支出存款时,借记有关科目,贷记本科目。

(三)收到银行存款利息,借记本科目,贷记“其他收入”等科目;支付银行手续费或银行扣收罚金等时,借记“经费支出”科目,贷记本科目。

(四)收到受托代理的银行存款时,借记本科目,贷记“受托代理负债”科目;支付受托代理的存款时,借记“受托代理负债”科目,贷记本科目。

四、行政单位发生外币业务的,应当按照业务发生当日或当期期初的即期汇率,将外币金额折算为人民币金额记账,并登记外币金额和汇率。

期末,各种外币账户的期末余额,应当按照期末的即期汇率折算为人民币,作为外币账户期末人民币余额。调整后的各种外币账户人民币余额与原账面余额的差额,作为汇兑损溢计入当期支出。

(一)以外币购买物资、劳务等,按照购入当日或当期期初的即期汇率将支付的外币或应支付的外币折算为人民币金额,借记有关科目,贷记本科目、“应付账款”等科目的外币账户。

(二)以外币收取相关款项等,按照收入确认当日或当期期初的即期汇率将收取的外币或应收取的外币折算为人民币金额,借记本科目、“应收账款”等科目的外币账户,贷记有关科目。

(三)期末,根据各外币账户按期末汇率调整后的人民币余额与原账面人民币余额的差额,作为汇兑损溢,借记或贷记本科目、“应收账款”、“应付账款”等科目,贷记或借记“经费支出”等科目。

五、行政单位应当按开户银行或其他金融机构、存款种类及币种等,分别设置“银行存款日记账”,由出纳人员根据收付款凭证,按照业务的发生顺序逐笔登记,每日终了应结出余额。“银行存款日记账”应定期与“银行对账单”核对,至少每月核对一次。月度终了,行政单位账面余额与银行对账单余额之间如有差额,必须逐笔查明原因并进行处理，按月编制“银行存款余额调节表”，调节相符。

六、本科目期末借方余额，反映行政单位实际存放在银行或其他金融机构的款项。

1011 零余额账户用款额度

一、本科目核算实行国库集中支付的行政单位根据财政部门批复的用款计划收到和支用的零余额账户用款额度。

二、零余额账户用款额度的主要账务处理如下：

（一）收到“财政授权支付额度到账通知书”时，根据通知书所列数额，借记本科目，贷记“财政拨款收入”科目。

（二）按规定支用额度时，借记“经费支出”等科目，贷记本科目。

（三）从零余额账户提取现金时，借记“库存现金”科目，贷记本科目。

（四）年末，根据代理银行提供的对账单作银行注销额度的相关账务处理，借记“财政应返还额度——财政授权支付”科目，贷记本科目。如单位本年度财政授权支付预算指标数大于财政授权支付额度下达数，根据两者间的差额，借记“财政应返还额度——财政授权支付”科目，贷记“财政拨款收入”科目。

下年度年初，行政单位根据代理银行提供的额度恢复到账通知书作恢复额度的相关账务处理，借记本科目，贷记“财政应返还额度——财政授权支付”科目。行政单位收到财政部门批复的上年末下达零余额账户用款额度时，借记本科目，贷记“财政应返还额度——财政授权支付”科目。

三、本科目期末借方余额，反映行政单位尚未支用的零余额账户用款额度。年度终了注销单位零余额账户用款额度后，本科目应无余额。

1021 财政应返还额度

一、本科目核算实行国库集中支付的行政单位应收财政返还的资金额度。

二、本科目应当设置“财政直接支付”、“财政授权支付”两个明细科目进行明细核算。

三、财政应返还额度的主要账务处理如下：

（一）年末国库集中支付尚未使用资金额度的账务处理。

1. 财政直接支付。

年末，行政单位根据本年度财政直接支付预算指标数与财政直接支付实际支出数的差额，借记本科目（财政直接支付），贷记“财政拨款收入”科目。

2. 财政授权支付。

年末，财政授权支付尚未使用资金额度的账务处理，参见“零余额账户用款额度”科目。

（二）下年初恢复以前年度财政资金额度的账务处理，参见“零余额账户用款额度”科目。

（三）行政单位使用以前年度财政资金额度的账务处理。

1. 财政直接支付。

行政单位使用以前年度财政直接支付额度发生支出时，借记“经费支出”科目，贷记本科目（财政直接支付）。

2. 财政授权支付。

行政单位使用以前年度财政授权支付额度发生支出时的账务处理，参见“零余额账户用款额度”科目。

四、本科目期末借方余额，反映行政单位应收财政返还的资金额度。

1212 应收账款

一、本科目核算行政单位出租资产、出售物资等应当收取的款项。行政单位收到的商业汇票，也通过本科目核算。

二、本科目应当按照购货、接受服务单位（或个人）或开出、承兑商业汇票的单位等进行明细核算。

三、应收账款应当在资产已出租或物资已出售、且尚未收到款项时确认。

四、应收账款的主要账务处理如下：

（一）出租资产发生的应收账款。

1. 出租资产尚未收到款项时，按照应收未收金额，借记本科目，贷记“其他应付款”科目。

2. 收回应收账款时，借记“银行存款”等科目，贷记本科目；同时，借记“其他应付款”科目，按照应缴的税费，贷记“应缴税费”科目，按照扣除应缴税费后的净额，贷记“应缴财政款”科目。

(二)出售物资发生的应收账款。

1. 物资已发出并到达约定状态且尚未收到款项时,按照应收未收金额,借记本科目,贷记“待处理财产损溢”科目。

2. 收回应收账款时,借记“银行存款”等科目,贷记本科目。

(三)收到商业汇票。

1. 出租资产收到商业汇票,按照商业汇票的票面金额,借记本科目,贷记“其他应付款”科目。

出售物资收到商业汇票,按照商业汇票的票面金额,借记本科目,贷记“待处理财产损溢”科目。

2. 商业汇票到期收回款项时,借记“银行存款”等科目,贷记本科目。其中,出租资产收回款项的,还应当同时借记“其他应付款”科目,按照应缴的税费,贷记“应缴税费”科目,按照扣除应缴税费后的净额,贷记“应缴财政款”科目。

行政单位应当设置“商业汇票备查簿”,逐笔登记每一笔应收商业汇票的种类、号数、出票日期、到期日、票面金额、交易合同号等相关信息资料。商业汇票到期结清票款或退票后,应当在备查簿内逐笔注销。

五、逾期3年或以上、有确凿证据表明确实无法收回的应收账款,按规定报经批准后予以核销。核销的应收账款应在备查簿中保留登记。

(一)转入待处理财产损溢时,按照待核销的应收账款金额,借记“待处理财产损溢”科目,贷记本科目。

(二)已核销的应收账款在以后期间收回的,借记“银行存款”科目,贷记“应缴财政款”等科目。

六、本科目期末借方余额,反映行政单位尚未收回的应收账款。

1213 预付账款

一、本科目核算行政单位按照购货、服务合同规定预付给供应单位(或个人)的款项。行政单位依据合同规定支付的定金,也通过本科目核算。行政单位支付可以收回的订金,不通过本科目核算,应当通过“其他应收款”科目核算。

二、本科目应当按照供应单位(或个人)进行明细核算。

三、预付账款应当在已支付款项且尚未收到物资或服务时确认。

四、预付账款的主要账务处理如下:

(一)发生预付账款时,借记本科目,贷记“资产基金——预付款项”科目;同时,借记“经费支出”科目,贷记“财政拨款收入”、“零余额账户用款额度”、“银行存款”等科目。

(二)收到所购物资或服务时,按照相应预付账款金额,借记“资产基金——预付款项”科目,贷记本科目;发生补付款项的,按照实际补付的款项,借记“经费支出”科目,贷记“财政拨款收入”、“零余额账户用款额度”、“银行存款”等科目。收到物资的,同时按照收到所购物资的成本,借记有关资产科目,贷记“资产基金”及相关明细科目。

(三)发生当年预付账款退回的,借记“资产基金——预付款项”科目,贷记本科目;同时,借记“财政拨款收入”、“零余额账户用款额度”、“银行存款”等科目,贷记“经费支出”科目。

发生以前年度预付账款退回的,借记“资产基金——预付款项”科目,贷记本科目;同时,借记“财政应返还额度”、“零余额账户用款额度”、“银行存款”等科目,贷记“财政拨款结转”、“财政拨款结余”、“其他资金结转结余”等科目。

五、逾期3年或以上、有确凿证据表明确实无法收到所购物资和服务,且无法收回的预付账款,按照规定报经批准后予以核销。核销的预付账款应在备查簿中保留登记。

(一)转入待处理财产损溢时,按照待核销的预付账款金额,借记“待处理财产损溢”科目,贷记本科目。

(二)已核销的预付账款在以后期间又收回的,借记“零余额账户用款额度”、“银行存款”等科目,贷记“财政拨款结转”、“财政拨款结余”、“其他资金结转结余”等科目。

六、本科目期末借方余额,反映行政单位实际预付但尚未结算的款项。

1215 其他应收款

一、本科目核算行政单位除应收账款、预付账款以外的其他各项应收及暂付款项,如职工预借的差旅费、拨付给内部有关部门的备用金、应向职工收取的各种垫付款项等。

二、本科目应当按照其他应收款的类别以及债务单位(或个人)进行明细核算。

三、其他应收款的主要账务处理如下:

（一）发生其他应收及暂付款项时，借记本科目，贷记“零余额账户用款额度”、“银行存款”等科目。

（二）收回或转销上述款项时，借记“银行存款”、“零余额账户用款额度”或有关支出等科目，贷记本科目。

（三）行政单位内部实行备用金制度的，有关部门使用备用金以后应当及时到财务部门报销并补足备用金。财务部门核定并发放备用金时，借记本科目，贷记“库存现金”等科目。根据报销数用现金补足备用金定额时，借记“经费支出”科目，贷记“库存现金”等科目，报销数和拨补数都不再通过本科目核算。

四、逾期3年或以上、有确凿证据表明确实无法收回的其他应收款，按规定报经批准后予以核销。核销的其他应收款应在备查簿中保留登记。

（一）转入待处理财产损溢时，按照待核销的其他应收款金额，借记“待处理财产损溢”科目，贷记本科目。

（二）已核销的其他应收款在以后期间又收回的，如属于在核销年度内收回的，借记“银行存款”等科目，贷记“经费支出”科目；如属于在核销年度以后收回的，借记“银行存款”等科目，贷记“财政拨款结转”、“财政拨款结余”、“其他资金结转结余”等科目。

五、本科目期末借方余额，反映行政单位尚未收回的其他应收款。

1301 存货

一、本科目核算行政单位在开展业务活动及其他活动中为耗用而储存的各种物资，包括材料、燃料、包装物和低值易耗品及未达到固定资产标准的家具、用具、装具等的实际成本。

行政单位接受委托人指定受赠人的转赠物资，应当通过“受托代理资产”科目核算，不通过本科目核算。

行政单位随买随用的零星办公用品等，可以在购进时直接列作支出，不通过本科目核算。

二、本科目应当按照存货的种类、规格和保管地点等进行明细核算。行政单位有委托加工存货业务的，应当在本科目下设置“委托加工存货成本”科目。出租、出借的存货，应当设置备查簿进行登记。

三、存货应当在其到达存放地点并验收时确认。

四、存货的主要账务处理如下：

（一）存货在取得时，应当按照其实际成本入账。

1. 购入的存货，其成本包括购买价款、相关税费、运输费、装卸费、保险费以及其他使得存货达到目前场所和状态所发生的支出。

购入的存货验收入库，按照确定的成本，借记本科目，贷记“资产基金——存货”科目；同时，按照实际支付的金额，借记“经费支出”科目，贷记“财政拨款收入”、“零余额账户用款额度”、“银行存款”等科目；对于尚未付款的，应当按照应付未付的金额，借记“待偿债净资产”科目，贷记“应付账款”科目。

2. 置换换入的存货，其成本按照换出资产的评估价值，加上支付的补价或减去收到的补价，加上为换入存货支付的其他费用（运输费等）确定。

换入的存货验收入库，按照确定的成本，借记本科目，贷记“资产基金——存货”科目；同时，按实际支付的补价、运输费等金额，借记“经费支出”科目，贷记“财政拨款收入”、“零余额账户用款额度”、“银行存款”等科目。

3. 接受捐赠、无偿调入的存货，其成本按照有关凭据注明的金额加上相关税费、运输费等确定；没有相关凭据可供取得，但依法经过资产评估的，其成本应当按照评估价值加上相关税费、运输费等确定；没有相关凭据可供取得、也未经评估的，其成本比照同类或类似存货的市场价格加上相关税费、运输费等确定；没有相关凭据也未经评估，其同类或类似存货的市场价格无法可靠取得，该存货按照名义金额入账。

接受捐赠、无偿调入的存货验收入库，按照确定的成本，借记本科目，贷记“资产基金——存货”科目；同时，按实际支付的相关税费、运输费等金额，借记“经费支出”科目，贷记“财政拨款收入”、“零余额账户用款额度”、“银行存款”等科目。

4. 委托加工的存货，其成本按照未加工存货的成本加上加工费用和往返运输费等确定。

委托加工的存货出库，借记本科目下的“委托加工存货成本”明细科目，贷记本科目下的相关明细科目。支付加工费用和相关运输费等时，借记“经费支出”科目，贷记“财政拨款收入”、“零余额账户用款额度”、“银行存款”等科目；同时，按照相同的金额，借记本科目下的“委托加工存货成本”明细科目，贷记“资产基金——存货”科目。委托加工完成的存货验收入库时，按照委托加工存货的成本，借记本科目下的相关明细科目，贷记本科目下的“委托加工存货成本”明细科目。

（二）存货发出时，应当根据实际情况采用先进先出法、加权平均法或者个别计价法确定发出存货的实际成本。计价方法一经确定，不得随意变更。

1. 开展业务活动等领用、发出存货，按照领用、发出存货的实际成本，借记“资产基金——存货”科目，贷记本科目。

2. 经批准对外捐赠、无偿调出存货时，按照对外捐赠、无偿调出存货的实际成本，借记“资产基金——存货”科目，贷记本科目。

对外捐赠、无偿调出存货发生由行政单位承担的运输费等支出，借记“经费支出”科目，贷记“财政拨款收入”、“零余额账户用款额度”、“银行存款”等科目。

3. 经批准对外出售、置换换出的存货，应当转入待处理财产损溢，按照相关存货的实际成本，借记“待处理财产损溢”科目，贷记本科目。

（三）报废、毁损的存货，应当转入待处理财产损溢，按照相关存货的账面余额，借记“待处理财产损溢”科目，贷记本科目。

（四）行政单位的存货应当定期进行清查盘点，每年至少盘点一次。对于发生的存货盘盈、盘亏，应当及时查明原因，按规定报经批准后进行账务处理。

1. 盘盈的存货，按照取得同类或类似存货的实际成本确定入账价值；没有同类或类似存货的实际成本，按照同类或类似存货的市场价格确定入账价值；同类或类似存货的实际成本或市场价格无法可靠取得，按照名义金额入账。

盘盈的存货，按照确定的入账价值，借记本科目，贷记“待处理财产损溢”科目。

2. 盘亏的存货，转入待处理财产损溢时，按照其账面余额，借记“待处理财产损溢”科目，贷记本科目。

五、本科目期末借方余额，反映行政单位存货的实际成本。

1501 固定资产

一、本科目核算行政单位各类固定资产的原价。

固定资产是指使用期限超过1年（不含1年）、单位价值在规定标准以上，并在使用过程中基本保持原有物质形态的资产。单位价值虽未达到规定标准，但是耐用时间超过1年（不含1年）的大批同类物资，应当作为固定资产核算。

固定资产一般分为六类：房屋及构筑物；通用设备；专用设备；文物和陈列品；图书、档案；家具、用具、装具及动植物。

二、固定资产核算的有关说明如下：

（一）固定资产的各组成部分具有不同的使用寿命、适用不同折旧率的，应当分别将各组成部分确认为单项固定资产。

（二）购入需要安装的固定资产，应当先通过“在建工程”科目核算，安装完毕交付使用时再转入本科目核算。

（三）行政单位的软件，如果其构成相关硬件不可缺少的组成部分，应当将该软件的价值包括在所属的硬件价值中，一并作为固定资产，通过本科目进行核算；如果其不构成相关硬件不可缺少的组成部分，应当将该软件作为无形资产，通过“无形资产”科目核算。

（四）行政单位购建房屋及构筑物不能够分清支付价款中的房屋及构筑物与土地使用权部分的，应当全部作为固定资产，通过本科目核算；能够分清支付价款中的房屋及构筑物与土地使用权部分的，应当将其中的房屋及构筑物部分作为固定资产，通过本科目核算，将其中的土地使用权部分作为无形资产，通过“无形资产”科目核算；境外行政单位购买具有所有权的土地，作为固定资产，通过本科目核算。

（五）行政单位借入、以经营租赁方式租入的固定资产，不通过本科目核算，应当设置备查簿进行登记。

三、行政单位应当根据固定资产定义、有关主管部门对固定资产的统一分类，结合本单位的具体情况，制定适合本单位的固定资产目录、具体分类方法，作为进行固定资产核算的依据。

行政单位应当设置“固定资产登记簿”和“固定资产卡片”，按照固定资产类别、项目和使用部门等进行明细核算。出租、出借的固定资产，应当设置备查簿进行登记。

四、本科目核算的固定资产应当按照以下条件确认：

（一）购入、换入、无偿调入、接受捐赠不需安装的固定资产，在固定资产验收合格时确认。

（二）购入、换入、无偿调入、接受捐赠需要安装的固定资产，在固定资产安装完成交付使用时确认。

（三）自行建造、改建、扩建的固定资产，在建造完成交付使用时确认。

五、固定资产的主要账务处理如下：

（一）取得固定资产时，应当按照其成本入账。

1. 购入的固定资产，其成本包括实际支付的购买价款、相关税费、使固定资产交付使用前所发生的可归属于该项资产的运输费、装卸费、安装费和专业人员服务费等。

以一笔款项购入多项没有单独标价的固定资产，按照各项固定资产同类或类似固定资产市场价格的比例对总成本进行分配，分别确定各项固定资产的入账价值。

购入不需安装的固定资产，按照确定的固定资产成本，借记本科目，贷记“资产基金——固定资产”科目；同时，按照实际支付的金额，借记“经费支出”科目，贷记“财政拨款收入”、“零余额账户用款额度”、“银行存款”等科目。

购入需要安装的固定资产，先通过“在建工程”科目核算。安装完工交付使用时，借记本科目，贷记“资产基金——固定资产”科目；同时，借记“资产基金——在建工程”科目，贷记“在建工程”科目。

购入固定资产分期付款或扣留质量保证金的，在取得固定资产时，按照确定的固定资产成本，借记本科目[不需安装]或“在建工程”科目[需要安装]，贷记“资产基金——固定资产、在建工程”科目；同时，按照已实际支付的价款，借记“经费支出”科目，贷记“财政拨款收入”、“零余额账户用款额度”、“银行存款”等科目；按照应付未付的款项或扣留的质量保证金等金额，借记“待偿债净资产”科目，贷记“应付账款”或“长期应付款”科目。

2. 自行建造的固定资产，其成本包括建造该项资产至交付使用前所发生的全部必要支出。

固定资产的各组成部分需要分别核算的，按照各组成部分固定资产造价确定其成本；没有各组成部分固定资产造价的，按照各组成部分固定资产同类或类似固定资产市场造价的比例对总造价进行分配，确定各组成部分固定资产的成本。

工程完工交付使用时，按照自行建造过程中发生的实际支出，借记本科目，贷记“资产基金——固定资产”科目；同时，借记“资产基金——在建工程”科目，贷记“在建工程”科目；已交付使用但尚未办理竣工决算手续的固定资产，按照估计价值入账，待确定实际成本后再进行调整。

3. 自行繁育的动植物，其成本包括在达到可使用状态前所发生的全部必要支出。

（1）购入需要繁育的动植物，按照购入的成本，借记本科目（未成熟动植物），贷记“资产基金——固定资产”科目；同时，按照实际支付的金额，借记“经费支出”科目，贷记“财政拨款收入”、“零余额账户用款额度”、“银行存款”等科目。

（2）发生繁育费用，按照实际支付的金额，借记本科目（未成熟动植物），贷记“资产基金——固定资产”科目；同时，借记“经费支出”科目，贷记“财政拨款收入”、“零余额账户用款额度”、“银行存款”等科目。

（3）动植物达到可使用状态时，借记本科目（成熟动植物），贷记本科目（未成熟动植物）。

4. 在原有固定资产基础上进行改建、扩建、修缮的固定资产，其成本按照原固定资产的账面价值（“固定资产”科目账面余额减去“累计折旧”科目账面余额后的净值）加上改建、扩建、修缮发生的支出，再扣除固定资产拆除部分账面价值后的金额确定。

将固定资产转入改建、扩建、修缮时，按照固定资产的账面价值，借记“在建工程”科目，贷记“资产基金——在建工程”科目；同时，按照固定资产的账面价值，借记“资产基金——固定资产”科目，按照固定资产已计提折旧，借记“累计折旧”科目，按照固定资产的账面余额，贷记本科目。

工程完工交付使用时，按照确定的固定资产成本，借记本科目，贷记“资产基金——固定资产”科目；同时，借记“资产基金——在建工程”科目，贷记“在建工程”科目。

5. 置换取得的固定资产，其成本按照换出资产的评估价值加上支付的补价或减去收到的补价，加上为换入固定资产支付的其他费用（运输费等）确定，借记本科目[不需安装]或“在建工程”科目[需安装]，贷记“资产基金——固定资产、在建工程”科目；按照实际支付的补价、相关税费、运输费等，借记“经费支出”科目，贷记“财政拨款收入”、“零余额账户用款额度”、“银行存款”等科目。

6. 接受捐赠、无偿调入的固定资产，其成本按照有关凭据注明的金额加上相关税费、运输费等确定；没有相关凭据可供取得，但依法经过资产评估的，其成本应当按照评估价值加上相关税费、运输费等确定；没有相关凭据可供取得、也未经评估的，其成本比照同类或类似固定资产的市场价格加上相关税费、运输费等确定；没有相关凭据也未经评估，其同类或类似固定资产的市场价格无法可靠取得，所取得的固定资产应当按照名义金额入账。

接受捐赠、无偿调入的固定资产，按照确定的成本，借记本科目[不需安装]或“在建工程”科目[需要安装]，贷记“资产基金——固定资产、在建工程”科目；按照实际支付的相关税费、运输费等，借记“经费支出”科目，贷记“财政拨款收入”、“零余额账户用款额度”、“银行存款”等科目。

(二)按月计提固定资产折旧时，按照实际计提的金额，借记“资产基金——固定资产”科目，贷记“累计折旧”科目。

(三)与固定资产有关的后续支出，分以下情况处理：

1. 为增加固定资产使用效能或延长其使用寿命而发生的改建、扩建或修缮等后续支出，应当计入固定资产成本，通过“在建工程”科目核算，完工交付使用时转入本科目。有关账务处理参见“在建工程”科目。

2. 为维护固定资产正常使用而发生的日常修理等后续支出，应当计入当期支出但不计入固定资产成本，借记“经费支出”科目，贷记“财政拨款收入”、“零余额账户用款额度”、“银行存款”等科目。

(四)出售、置换换出固定资产。

经批准出售、置换换出的固定资产转入待处理财产损溢时，按照固定资产的账面价值，借记“待处理财产损溢”科目，按照已计提折旧，借记“累计折旧”科目，按照固定资产的账面余额，贷记本科目。

(五)无偿调出、对外捐赠固定资产。

经批准无偿调出、对外捐赠固定资产时，按照固定资产的账面价值，借记“资产基金——固定资产”科目，按照已计提折旧，借记“累计折旧”科目，按照固定资产的账面余额，贷记本科目。

无偿调出、对外捐赠固定资产发生由行政单位承担的拆除费用、运输费等，按照实际支付的金额，借记“经费支出”科目，贷记“财政拨款收入”、“零余额账户用款额度”、“银行存款”等科目。

(六)报废、毁损固定资产。

报废、毁损的固定资产转入待处理财产损溢时，按照固定资产的账面价值，借记“待处理财产损溢”科目，按照已计提折旧，借记“累计折旧”科目，按照固定资产的账面余额，贷记本科目。

(七)盘盈、盘亏固定资产。

行政单位的固定资产应当定期进行清查盘点，每年至少盘点一次。对于固定资产发生盘盈、盘亏的，应当及时查明原因，按照规定报经批准后进行账务处理。

1. 盘盈的固定资产，按照取得同类或类似固定资产的实际成本确定入账价值；没有同类或类似固定资产的实际成本，按照同类或类似固定资产的市场价格确定入账价值；同类或类似固定资产的实际成本或市场价格无法可靠取得，按照名义金额入账。

盘盈的固定资产，按照确定的入账价值，借记本科目，贷记“待处理财产损溢”科目。

2. 盘亏的固定资产，按照盘亏固定资产的账面价值，借记“待处理财产损溢”科目，按照已计提折旧，借记“累计折旧”科目，按照固定资产账面余额，贷记本科目。

六、本科目期末借方余额，反映行政单位固定资产的原价。

1502 累计折旧

一、本科目核算行政单位固定资产、公共基础设施计提的累计折旧。

二、本科目应当按照固定资产、公共基础设施的类别、项目等进行明细核算。占有公共基础设施的行政单位，应当在本科目下设置“固定资产累计折旧”和“公共基础设施累计折旧”两个一级明细科目，分别核算对固定资产和公共基础设施计提的折旧。

三、行政单位对下列固定资产不计提折旧：

(一)文物及陈列品；

(二)图书、档案；

(三)动植物；

(四)以名义金额入账的固定资产；

(五)境外行政单位持有的能够与房屋及构筑物区分、拥有所有权的土地。

四、固定资产、公共基础设施计提折旧是指在固定资产、公共基础设施预计使用寿命内，按照确定的方法对应折旧金额进行系统分摊。有关说明如下：

（一）行政单位应当根据固定资产、公共基础设施的性质和实际使用情况，合理确定其折旧年限。省级以上财政部门、主管部门对行政单位固定资产、公共基础设施折旧年限作出规定的，从其规定。

（二）行政单位一般应当采用年限平均法或工作量法计提固定资产、公共基础设施折旧。

（三）行政单位固定资产、公共基础设施的应折旧金额为其成本，计提固定资产、公共基础设施折旧不考虑预计净残值。

（四）行政单位一般应当按月计提固定资产、公共基础设施折旧。当月增加的固定资产、公共基础设施，当月不提折旧，从下月起计提折旧；当月减少的固定资产、公共基础设施，当月照提折旧，从下月起不提折旧。

（五）固定资产、公共基础设施提足折旧后，无论能否继续使用，均不再计提折旧；提前报废的固定资产、公共基础设施，也不再补提折旧；已提足折旧的固定资产、公共基础设施，可以继续使用的，应当继续使用，规范管理。

（六）固定资产、公共基础设施因改建、扩建或修缮等原因而提高使用效能或延长使用年限的，应当按照重新确定的固定资产、公共基础设施成本以及重新确定的折旧年限，重新计算折旧额。

五、累计折旧的主要账务处理如下：

（一）按月计提固定资产、公共基础设施折旧时，按照应计提折旧金额，借记“资产基金——固定资产、公共基础设施”科目，贷记本科目。

（二）固定资产、公共基础设施处置时，按照所处置固定资产、公共基础设施的账面价值，借记“待处理财产损溢”科目[出售、置换换出、报废、毁损、盘亏]或“资产基金——固定资产、公共基础设施”科目[无偿调出、对外捐赠]，按照固定资产、公共基础设施已计提折旧，借记本科目，按照固定资产、公共基础设施的账面余额，贷记“固定资产”、“公共基础设施”科目。

六、本科目期末贷方余额，反映行政单位计提的固定资产、公共基础设施折旧累计数。

1511 在建工程

一、本科目核算行政单位已经发生必要支出，但尚未完工交付使用的各种建筑（包括新建、改建、扩建、修缮等）、设备安装工程和信息系统建设工程的实际成本。不能够增加固定资产、公共基础设施使用效能或延长其使用寿命的修缮、维护等，不通过本科目核算。

二、本科目应当按照具体工程项目等进行明细核算；需要分摊计入不同工程项目的间接工程成本，应当通过本科目下设置的“待摊投资”明细科目核算。

三、行政单位的基本建设投资应当按照国家有关规定单独建账、单独核算，同时按照本制度的规定至少按月并入本科目及其他相关科目反映。

行政单位应当在本科目下设置“基建工程”明细科目，核算由基建账套并入的在建工程成本。有关基建并账的具体账务处理另行规定。

四、在建工程应当在属于在建工程的成本发生时确认。

五、在建工程（非基本建设项目）的主要账务处理如下：

（一）建筑工程。

1. 将固定资产转入改建、扩建或修缮等时，按照固定资产的账面价值，借记本科目，贷记“资产基金——在建工程”科目；同时，按照固定资产的账面价值，借记“资产基金——固定资产”科目，按照固定资产已计提折旧，借记“累计折旧”科目，按照固定资产的账面余额，贷记“固定资产”科目。

2. 将改建、扩建或修缮的建筑部分拆除时，按照拆除部分的账面价值[没有固定资产拆除部分的账面价值的，比照同类或类似固定资产的实际成本或市场价格及其拆除部分占全部固定资产价值的比例确定]，借记“资产基金——在建工程”科目，贷记本科目。

改建、扩建或修缮的建筑部分拆除获得残值收入时，借记“银行存款”等科目，贷记“经费支出”科目；同时，借记“资产基金——在建工程”科目，贷记本科目。

3. 根据工程进度支付工程款时，按照实际支付的金额，借记“经费支出”科目，贷记“财政拨款收入”、“零余额账户用款额度”、“银行存款”等科目；同时按照相同的金额，借记本科目，贷记“资产基金——在建工程"科目。

根据工程价款结算账单与施工企业结算工程价款时，按照工程价款结算账单上列明的金额(扣除已支付的金额)，借记本科目，贷记"资产基金——在建工程"科目；同时，按照实际支付的金额，借记"经费支出"科目，贷记"财政拨款收入"、"零余额账户用款额度"、"银行存款"等科目，按照应付未付的金额，借记"待偿债净资产"科目，贷记"应付账款"科目。

4. 支付工程价款结算账单以外的款项时，借记本科目，贷记"资产基金——在建工程"科目；同时，借记"经费支出"科目，贷记"财政拨款收入"、"零余额账户用款额度"、"银行存款"等科目。

5. 工程项目结束，需要分摊间接工程成本的，按照应当分摊到该项目的间接工程成本，借记本科目(××项目)，贷记本科目(待摊投资)。

6. 建筑工程项目完工交付使用时，按照交付使用工程的实际成本，借记"资产基金——在建工程"科目，贷记本科目；同时，借记"固定资产"、"无形资产"科目(交付使用的工程项目中有能够单独区分成本的无形资产)，贷记"资产基金——固定资产、无形资产"科目。

7. 建筑工程项目完工交付使用时扣留质量保证金的，按照扣留的质量保证金金额，借记"待偿债净资产"科目，贷记"长期应付款"等科目。

8. 为工程项目配套而建成的、产权不归属本单位的专用设施，将专用设施产权移交其他单位时，按照应当交付专用设施的实际成本，借记"资产基金——在建工程"科目，贷记本科目。

9. 工程完工但不能形成资产的项目，应当按照规定报经批准后予以核销。转入待处理财产损溢时，按照不能形成资产的工程项目的实际成本，借记"待处理财产损溢"科目，贷记本科目。

(二)设备安装。

1. 购入需要安装的设备，按照购入的成本，借记本科目，贷记"资产基金——在建工程"科目；同时，按照实际支付的金额，借记"经费支出"科目，贷记"财政拨款收入"、"零余额账户用款额度"、"银行存款"等科目。

2. 发生安装费用时，按照实际支付的金额，借记本科目，贷记"资产基金——在建工程"科目；同时，借记"经费支出"科目，贷记"财政拨款收入"、"零余额账户用款额度"、"银行存款"等科目。

3. 设备安装完工交付使用时，按照交付使用设备的实际成本，借记"资产基金——在建工程"科目，贷记本科目；同时，借记"固定资产"、"无形资产"科目(交付使用的设备中有能够单独区分成本的无形资产)，贷记"资产基金——固定资产、无形资产"科目。

(三)信息系统建设。

1. 发生各项建设支出时，按照实际支付的金额，借记本科目，贷记"资产基金——在建工程"科目；同时，借记"经费支出"科目，贷记"财政拨款收入"、"零余额账户用款额度"、"银行存款"等科目。

2. 信息系统建设完成交付使用时，按照交付使用信息系统的实际成本，借记"资产基金——在建工程"科目，贷记本科目；同时，借记"固定资产"、"无形资产"科目，贷记"资产基金——固定资产、无形资产"科目。

(四)在建工程的毁损。

毁损的在建工程成本，应当转入"待处理财产损溢"科目进行处理。转入待处理财产损溢时，借记"待处理财产损溢"科目，贷记本科目。

六、本科目期末借方余额，反映行政单位尚未完工的在建工程的实际成本。

1601 无形资产

一、本科目核算行政单位各项无形资产的原价。

本科目核算的无形资产是指不具有实物形态而能为行政单位提供某种权利的非货币性资产，包括著作权、土地使用权、专利权、非专利技术等。

行政单位购入的不构成相关硬件不可缺少组成部分的软件，应当作为无形资产核算。

二、本科目应当按照无形资产的类别、项目等进行明细核算。

三、无形资产应当在完成对其权属的规定登记或其他证明单位取得无形资产时确认。

四、无形资产的主要账务处理如下：

(一)取得无形资产时，应当按照其实际成本入账。

1. 外购的无形资产，其成本包括实际支付的购买价款、相关税费以及可归属于该项资产达到预定用途所发生的其他支出。

购入的无形资产,按照确定的成本,借记本科目,贷记"资产基金——无形资产"科目;同时,按照实际支付的金额,借记"经费支出"科目,贷记"财政拨款收入"、"零余额账户用款额度"、"银行存款"等科目。

购入无形资产尚未付款的,取得无形资产时,按照确定的成本,借记本科目,贷记"资产基金——无形资产"科目;同时,按照应付未付的款项金额,借记"待偿债净资产"科目,贷记"应付账款"科目。

2. 委托软件公司开发软件,视同外购无形资产进行处理。

(1)软件开发前按照合同约定预付开发费用时,借记"预付账款"科目,贷记"资产基金——预付款项"科目;同时,借记"经费支出"科目,贷记"财政拨款收入"、"零余额账户用款额度"、"银行存款"等科目。

(2)软件开发完成交付使用,并支付剩余或全部软件开发费用时,按照软件开发费用总额,借记本科目,贷记"资产基金——无形资产"科目;按照实际支付的金额,借记"经费支出"科目,贷记"财政拨款收入"、"零余额账户用款额度"、"银行存款"等科目;按照冲销的预付开发费用,借记"资产基金——预付款项"科目,贷记"预付账款"科目。

3. 自行开发并按法律程序申请取得的无形资产,按照依法取得时发生的注册费、聘请律师费等费用确定成本。

取得无形资产时,按照确定的成本,借记本科目,贷记"资产基金——无形资产"科目;同时,按照实际支付的金额,借记"经费支出"科目,贷记"财政拨款收入"、"零余额账户用款额度"、"银行存款"等科目。

依法取得前所发生的研究开发支出,应当于发生时直接计入当期支出,但不计入无形资产的成本。借记"经费支出"科目,贷记"财政拨款收入"、"零余额账户用款额度"、"财政应返还额度"、"银行存款"等科目。

4. 置换取得的无形资产,其成本按照换出资产的评估价值加上支付的补价或减去收到的补价,加上为换入无形资产支付的其他费用(登记费等)确定。

置换取得的无形资产,按照确定的成本,借记本科目,贷记"资产基金——无形资产"科目;按照实际支付的补价、相关税费等,借记"经费支出"科目,贷记"财政拨款收入"、"零余额账户用款额度"、"银行存款"等科目。

5. 接受捐赠、无偿调入的无形资产,其成本按照有关凭据注明的金额加上相关税费确定;没有相关凭据可供取得,但依法经过资产评估的,其成本应当按照评估价值加上相关税费确定;没有相关凭据可供取得,也未经评估的,其成本比照同类或类似资产的市场价格加上相关税费确定;没有相关凭据也未经评估,其同类或类似无形资产的市场价格无法可靠取得,所取得的无形资产应当按照名义金额入账。

接受捐赠、无偿调入无形资产时,按照确定的无形资产成本,借记本科目,贷记"资产基金——无形资产"科目;按照发生的相关税费,借记"经费支出"科目,贷记"零余额账户用款额度"、"银行存款"等科目。

(二)按月计提无形资产摊销时,按照应计提的金额,借记"资产基金——无形资产"科目,贷记"累计摊销"科目。

(三)与无形资产有关的后续支出,分以下情况处理:

1. 为增加无形资产使用效能而发生的后续支出,如对软件进行升级改造或扩展其功能等所发生的支出,应当计入无形资产的成本,借记本科目,贷记"资产基金——无形资产"科目;同时,借记"经费支出"科目,贷记"财政拨款收入"、"零余额账户用款额度"、"银行存款"等科目。

2. 为维护无形资产的正常使用而发生的后续支出,如对软件进行的漏洞修补、技术维护等所发生的支出,应当计入当期支出但不计入无形资产的成本,借记"经费支出"科目,贷记"财政拨款收入"、"零余额账户用款额度"、"银行存款"等科目。

(四)报经批准出售、置换换出无形资产转入待处理财产损溢时,按照待出售、置换换出无形资产的账面价值,借记"待处理财产损溢"科目,按照已计提摊销,借记"累计摊销"科目,按照无形资产的账面余额,贷记本科目。

(五)报经批准无偿调出、对外捐赠无形资产,按照无偿调出、对外捐赠无形资产的账面价值,借记"资产基金——无形资产"科目,按照已计提摊销,借记"累计摊销"科目,按照无形资产的账面余额,贷记本科目。无偿调出、对外捐赠无形资产发生由行政单位承担的相关费用支出等,按照实际支付的金额,借记"经费支出"科目,贷记"财政拨款收入"、"零余额账户用款额度"、"银行存款"等科目。

(六)无形资产预期不能为行政单位带来服务潜力或经济利益的,应当按规定报经批准后将无形资产的账面价值予以核销。

待核销的无形资产转入待处理财产损溢时，按照待核销无形资产的账面价值，借记“待处理财产损溢”科目，按照已计提摊销，借记“累计摊销”科目，按照无形资产的账面余额，贷记本科目。

五、本科目期末借方余额，反映行政单位无形资产的原价。

1602 累计摊销

一、本科目核算行政单位无形资产计提的累计摊销。

二、本科目应当按照无形资产的类别、项目等进行明细核算。

三、行政单位应当对无形资产进行摊销，以名义金额计量的无形资产除外。

摊销是指在无形资产使用寿命内，按照确定的方法对应摊销金额进行系统分摊。有关说明如下：

(一)行政单位应当按照以下原则确定无形资产的摊销年限：

1. 法律规定了有效年限的，按照法律规定的有效年限作为摊销年限；

2. 法律没有规定有效年限的，按照相关合同或单位申请书中的受益年限作为摊销年限；

3. 法律没有规定有效年限、相关合同或单位申请书也没有规定受益年限的，按照不少于10年的期限摊销。

4. 非大批量购入、单价小于1000元的无形资产，可以于购买的当期，一次将成本全部摊销。

(二)行政单位应当采用年限平均法计提无形资产摊销。

(三)行政单位无形资产的应摊销金额为其成本。

(四)行政单位应当自无形资产取得当月起，按月计提摊销；无形资产减少的当月，不再计提摊销。

(五)无形资产提足摊销后，无论能否继续带来服务潜力或经济利益，均不再计提摊销；核销的无形资产，如果未提足摊销，也不再补提摊销。

(六)因发生后续支出而增加无形资产成本的，应当按照重新确定的无形资产成本，重新计算摊销额。

四、累计摊销的主要账务处理如下：

(一)按月计提无形资产摊销时，按照应计提摊销金额，借记“资产基金——无形资产”科目，贷记本科目。

(二)无形资产处置时，按照所处置无形资产的账面价值，借记“待处理财产损溢”科目[出售、置换换出、核销]或“资产基金——无形资产”科目[无偿调出、对外捐赠]，按照已计提摊销，借记本科目，按照无形资产的账面余额，贷记“无形资产”科目。

五、本科目期末贷方余额，反映行政单位计提的无形资产摊销累计数。

1701 待处理财产损溢

一、本科目核算行政单位待处理财产的价值及财产处理损溢。

行政单位财产的处理包括资产的出售、报废、毁损、盘盈、盘亏，以及货币性资产损失核销等。

二、本科目应当按照待处理财产项目进行明细核算；对于在财产处理过程中取得收入或发生相关费用的项目，还应当设置“待处理财产价值”、“处理净收入”明细科目，进行明细核算。

三、行政单位财产的处理，一般应当先记入本科目，按照规定报经批准后及时进行相应的账务处理。年终结账前一般应处理完毕。

四、待处理财产损溢的主要账务处理如下：

(一)按照规定报经批准处理无法查明原因的现金短缺或溢余。

1. 属于无法查明原因的现金短缺，报经批准核销的，借记“经费支出”科目，贷记本科目。

2. 属于无法查明原因的现金溢余，报经批准后，借记本科目，贷记“其他收入”科目。

(二)按照规定报经批准核销无法收回的应收账款、其他应收款。

1. 转入待处理财产损溢时，借记本科目，贷记“应收账款”、“其他应收款”科目。

2. 报经批准对无法收回的其他应收款予以核销时，借记“经费支出”科目，贷记本科目；对无法收回的应收账款予以核销时，借记“其他应付款”等科目，贷记本科目。

(三)按照规定报经批准核销预付账款、无形资产。

1. 转入待处理财产损溢时，借记本科目[核销无形资产的，还应借记“累计摊销”科目]，贷记“预付账款”、“无形资产”科目。

2. 报经批准予以核销时，借记“资产基金——预付款项、无形资产”科目，贷记本科目。

（四）出售、置换换出存货、固定资产、无形资产、政府储备物资等。

1. 转入待处理财产损溢时，借记本科目（待处理财产价值）[出售、置换换出固定资产的，还应当借记“累计折旧”科目；出售、置换换出无形资产的，还应当借记“累计摊销”科目]，贷记“存货”、“固定资产”、“无形资产”、“政府储备物资”等科目。

2. 实现出售、置换换出时，借记“资产基金”及相关明细科目，贷记本科目（待处理财产价值）。

3. 出售、置换换出资产过程中收到价款、补价等收入，借记“库存现金”、“银行存款”等科目，贷记本科目（处理净收入）。

4. 出售、置换换出资产过程中发生相关费用，借记本科目（处理净收入），贷记“库存现金”、“银行存款”、“应缴税费”等科目。

5. 出售、置换换出完毕并收回相关的应收账款后，按照处置收入扣除相关税费后的净收入，借记本科目（处理净收入），贷记“应缴财政款”。如果处置收入小于相关税费的，按照相关税费减去处置收入后的净支出，借记“经费支出”科目，贷记本科目（处理净收入）。

（五）盘亏、毁损、报废各种实物资产。

1. 转入待处理财产损溢时，借记本科目（待处理财产价值）[处置固定资产、公共基础设施的，还应当借记“累计折旧”科目]，贷记“存货”、“固定资产”、“在建工程”、“政府储备物资”、“公共基础设施”等科目。

2. 报经批准予以核销时，借记“资产基金”及相关明细科目，贷记本科目（待处理财产价值）。

3. 毁损、报废各种实物资产过程中取得的残值变价收入、发生相关费用，以及取得的残值变价收入扣除相关费用后的净收入或净支出的账务处理，比照本科目“四（四）”有关出售资产进行处理。

（六）核销不能形成资产的在建工程成本。

转入待处理财产损溢时，借记本科目，贷记“在建工程”科目。报经批准予以核销时，借记“资产基金——在建工程”科目，贷记本科目。

（七）盘盈存货、固定资产、政府储备物资等实物资产。

转入待处理财产损溢时，借记“存货”、“固定资产”、“政府储备物资”等科目，贷记本科目。报经批准予以处理时，借记本科目，贷记“资产基金”及相关明细科目。

五、本科目期末如为借方余额，反映尚未处理完毕的各种财产的价值及净损失；期末如为贷方余额，反映尚未处理完毕的各种财产净溢余。年度终了，报经批准处理后，本科目一般应无余额。

1801 政府储备物资

一、本科目核算行政单位直接储存管理的各项政府应急或救灾储备物资等。

负责采购并拥有储备物资调拨权力的行政单位（简称“采购单位”）将政府储备物资交由其他行政单位（简称“代储单位”）代为储存的，由采购单位通过本科目核算政府储备物资，代储单位将受托代储的政府储备物资作为受托代理资产核算。

二、本科目应当按照政府储备物资的种类、品种、存放地点等进行明细核算。

三、政府储备物资应当在其到达存放地点并验收时确认。

四、政府储备物资的主要账务处理如下：

（一）取得政府储备物资时，应当按照其成本入账。

1. 购入的政府储备物资，其成本包括购买价款、相关税费、运输费、装卸费、保险费以及其他使政府储备物资达到目前场所和状态所发生的支出；单位支付的政府储备物资保管费、仓库租赁费等日常储备费用，不计入政府储备物资的成本。

购入的政府储备物资验收入库，按照确定的成本，借记本科目，贷记“资产基金——政府储备物资”科目；同时，按实际支付的金额，借记“经费支出”科目，贷记“财政拨款收入”、“零余额账户用款额度”、“银行存款”等科目。

2. 接受捐赠、无偿调入的政府储备物资，其成本按照有关凭据注明的金额加上相关税费、运输费等确定；没有相关凭据可供取得，但依法经过资产评估的，其成本应当按照评估价值加上相关税费、运输费等确定；没有相关凭据可供取得、也未经评估的，其成本比照同类或类似政府储备物资的市场价格加上相关税费、运输费等确定。

接受捐赠、无偿调入的政府储备物资验收入库，按照确定的成本，借记本科目，贷记“资产基金——政府储备物资”科目，由行政单位承担运输费用等的，按实际支付的相关税费、运输费等金额，借记“经费支出”科目，贷记“财政拨款收入”、“零余额账户用款额度”、“银行存款”等科目。

（二）政府储备物资发出时，应当根据实际情况采用先进先出法、加权平均法或者个别计价法确定发出政府储备物资的实际成本。计价方法一经确定，不得随意变更。

1. 经批准对外捐赠、无偿调出政府储备物资时，按照对外捐赠、无偿调出政府储备物资的实际成本，借记“资产基金——政府储备物资”科目，贷记本科目。

对外捐赠、无偿调出政府储备物资发生由行政单位承担的运输费等支出时，借记“经费支出”科目，贷记“财政拨款收入”、“零余额账户用款额度”、“银行存款”等科目。

2. 行政单位报经批准将不需储备的物资出售时，应当转入待处理财产损溢，按照相关储备物资的账面余额，借记“待处理财产损溢”科目，贷记本科目。

五、盘盈、盘亏或报废、毁损政府储备物资。

行政单位管理的政府储备物资应当定期进行清查盘点，每年至少盘点一次。对于发生的政府储备物资盘盈、盘亏或者报废、毁损，应当及时查明原因，按规定报经批准后进行账务处理。

1. 盘盈的政府储备物资，按照取得同类或类似政府储备物资的实际成本确定入账价值；没有同类或类似政府储备物资的实际成本，按照同类或类似政府储备物资的市场价格确定入账价值。

盘盈的政府储备物资，按照确定的入账价值，借记本科目，贷记“待处理财产损溢”科目。

2. 盘亏或者报废、毁损的政府储备物资，转入待处理财产损溢时，按照其账面余额，借记“待处理财产损溢”科目，贷记本科目。

六、本科目期末借方余额，反映行政单位管理的政府储备物资的实际成本。

1802 公共基础设施

一、本科目核算由行政单位占有并直接负责维护管理、供社会公众使用的工程性公共基础设施资产，包括城市交通设施、公共照明设施、环保设施、防灾设施、健身设施、广场及公共构筑物等其他公共设施。

与公共基础设施配套使用的修理设备、工具器具、车辆等动产，作为管理公共基础设施的行政单位的固定资产核算，不通过本科目核算。

与公共基础设施配套、供行政单位在公共基础设施管理中自行使用的房屋构筑物等，能够与公共基础设施分开核算的，作为行政单位的固定资产核算，不通过本科目核算。

二、本科目应当按照公共基础设施的类别和项目进行明细核算。

三、行政单位应当结合本单位的具体情况，制定适合于本单位管理的公共基础设施目录、分类方法，作为进行公共基础设施核算的依据。

四、公共基础设施应当在对其取得占有权利时确认。

五、公共基础设施的主要账务处理如下：

（一）公共基础设施在取得时，应当按照其成本入账。

1. 行政单位自行建设的公共基础设施，其成本包括建造该公共基础设施至交付使用前所发生的全部必要支出。

公共基础设施的各组成部分需要分别核算的，按照各组成部分公共基础设施造价确定其成本；没有各组成部分公共基础设施造价的，按照各组成部分公共基础设施同类或类似市场造价的比例对总造价进行分配，确定各组成部分公共基础设施的成本。

公共基础设施建设完工交付使用时，按照确定的成本，借记本科目，贷记“资产基金——公共基础设施”科目；同时，借记“资产基金——在建工程”科目，贷记“在建工程”科目。已交付使用但尚未办理竣工决算手续的公共基础设施，按照估计价值入账，待确定实际成本后再进行调整。

2. 接受其他单位移交的公共基础设施，其成本按照公共基础设施的原账面价值确认，借记本科目，贷记“资产基金——公共基础设施”科目。

（二）公共基础设施的后续支出。

与公共基础设施有关的后续支出，分以下情况处理：

1. 为增加公共基础设施使用效能或延长其使用寿命而发生的改建、扩建或大型修缮等后续支出，应当计入公共基础设施成本，通过“在建工程”科目核算，完工交付使用时转入本科目。

2. 为维护公共基础设施的正常使用而发生的日常修理等后续支出，应当计入当期支出，借记有关支出科目，贷记“财政拨款收入”、“零余额账户用款额度”、“银行存款”等科目。

（三）公共基础设施的处置。

行政单位管理的公共基础设施向其他单位移交、毁损、报废时，应当按照规定报经批准后进行账务处理。

1. 经批准向其他单位移交公共基础设施时，按照移交公共基础设施的账面价值，借记“资产基金——公共基础设施”科目，按照已计提折旧，借记“累计折旧”科目，按照公共基础设施的账面余额，贷记本科目。

2. 报废、毁损的公共基础设施，转入待处理财产损溢时，按照待处理公共基础设施的账面价值，借记“待处理财产损溢”科目，按照已计提折旧，借记“累计折旧”科目，按照公共基础设施的账面余额，贷记本科目。

六、本科目期末借方余额，反映行政单位管理的公共基础设施的实际成本。

1901 受托代理资产

一、本科目核算行政单位接受委托方委托管理的各项资产，包括受托指定转赠的物资、受托储存管理的物资等。

行政单位收到受托代理资产为现金和银行存款的，不通过本科目核算，应当通过“库存现金”、“银行存款”科目进行核算。

二、本科目应当按照资产的种类和委托人进行明细核算；属于转赠资产的，还应当按照受赠人进行明细核算。

三、受托代理资产应当在行政单位收到受托代理的资产时确认。

四、受托代理资产的主要账务处理如下：

（一）受托转赠物资。

1. 接受委托人委托需要转赠给受赠人的物资，其成本按照有关凭据注明的金额确定；没有相关凭据可供取得的，其成本比照同类或类似物资的市场价格确定。

接受委托转赠的物资验收入库，按照确定的成本，借记本科目，贷记“受托代理负债”科目；受托协议约定由行政单位承担相关税费、运输费等的，还应当按照实际支付的相关税费、运输费等金额，借记“经费支出”科目，贷记“银行存款”等科目。

2. 将受托转赠物资交付受赠人时，按照转赠物资的成本，借记“受托代理负债”科目，贷记本科目。

3. 转赠物资的委托人取消了对捐赠物资的转赠要求，且不再收回捐赠物资的，应当将转赠物资转为存货或固定资产，按照转赠物资的成本，借记“受托代理负债”科目，贷记本科目；同时，借记“存货”、“固定资产”科目，贷记“资产基金——存货、固定资产”科目。

（二）受托储存管理物资。

1. 接受委托人委托储存管理的物资，其成本按照有关凭据注明的金额确定。

接受委托储存的物资验收入库，按照确定的成本，借记本科目，贷记“受托代理负债”科目。

2. 支付由受托单位承担的与受托储存管理的物资相关的运输费、保管费等费用时，按照实际支付的金额，借记“经费支出”科目，贷记“银行存款”等科目。

3. 根据委托人要求交付受托储存管理的物资时，按照储存管理物资的成本，借记“受托代理负债”科目，贷记本科目。

五、本科目期末借方余额，反映单位受托代理资产中实物资产的价值。

二、负债类

2001 应缴财政款

一、本科目核算行政单位取得的按规定应当上缴财政的款项，包括罚没收入、行政事业性收费、政府性基金、国有资产处置和出租收入等。行政单位按照国家税法等有关规定应当缴纳的各种税费，通过“应缴税费”科目核算，不在本科目核算。

二、本科目应当按照应缴财政款项的类别进行明细核算。

三、应缴财政款应当在收到应缴财政的款项时确认。

四、应缴财政款的主要账务处理如下：

（一）取得按照规定应当上缴财政的款项时，借记“银行存款”等科目，贷记本科目。

（二）处置资产取得应当上缴财政的处置净收入的账务处理，参见“待处理财产损溢”科目。

（三）上缴应缴财政的款项时，按照实际上缴的金额，借记本科目，贷记“银行存款”科目。

五、本科目贷方余额，反映行政单位应当上缴财政但尚未缴纳的款项。年终清缴后，本科目一般应无余额。

2101 应缴税费

一、本科目核算行政单位按照税法等规定应当缴纳的各种税费，包括营业税、城市维护建设税、教育费附加、房产税、车船税、城镇土地使用税等。行政单位代扣代缴的个人所得税，也通过本科目核算。

二、本科目应当按照应缴纳的税费种类进行明细核算。

三、应缴税费应当在产生缴纳税费义务时确认。

四、应缴税费的主要账务处理如下：

（一）因资产处置等发生营业税、城市维护建设税、教育费附加等缴纳义务的，按照税法等规定计算的应缴税费金额，借记“待处理财产损溢”科目，贷记本科目；实际缴纳时，借记本科目，贷记“银行存款”等科目。

（二）因出租资产等发生营业税、城市维护建设税、教育费附加等缴纳义务的，按照税法等规定计算的应缴税费金额，借记“应缴财政款”等科目，贷记本科目；实际缴纳时，借记本科目，贷记“银行存款”等科目。

（三）代扣代缴个人所得税，按照税法等规定计算的应代扣代缴的个人所得税金额，借记“应付职工薪酬”科目[从职工工资中代扣个人所得税]或“经费支出”科目[从劳务费中代扣个人所得税]，贷记本科目。实际缴纳时，借记本科目，贷记“财政拨款收入”、“零余额账户用款额度”、“银行存款”等科目。

五、本科目期末贷方余额，反映行政单位应缴未缴的税费金额。

2201 应付职工薪酬

一、本科目核算行政单位按照有关规定应付给职工及为职工支付的各种薪酬，包括基本工资、奖金、国家统一规定的津贴补贴、社会保险费、住房公积金等。

二、本科目应当根据国家有关规定按照“工资（离退休费）”、“地方（部门）津贴补贴”、“其他个人收入”以及“社会保险费”、“住房公积金”等进行明细核算。

三、应付职工薪酬应当在规定支付职工薪酬的时间确认。

四、应付职工薪酬的主要账务处理如下：

（一）发生应付职工薪酬时，按照计算出的应付职工薪酬金额，借记“经费支出”科目，贷记本科目。

（二）向职工支付工资、津贴补贴等薪酬时，按照实际支付的金额，借记本科目，贷记“财政拨款收入”、“零余额账户用款额度”、“银行存款”等科目。

从应付职工薪酬中代扣为职工垫付的水电费、房租等费用时，按照实际扣除的金额，借记本科目（工资），贷记“其他应收款”等科目。

从应付职工薪酬中代扣代缴个人所得税，按照代扣代缴的金额，借记本科目（工资），贷记“应缴税费”科目。

从应付职工薪酬中代扣代缴社会保险费和住房公积金，按照代扣代缴的金额，借记本科目（工资），贷记“其他应付款”科目。

（三）缴纳单位为职工承担的社会保险费和住房公积金时，借记本科目（社会保险费、住房公积金），贷记“财政拨款收入”、“零余额账户用款额度”、“银行存款”等科目。

五、本科目期末贷方余额，反映行政单位应付未付的职工薪酬。

2301 应付账款

一、本科目核算行政单位因购买物资或服务、工程建设等而应付的偿还期限在 1 年以内（含 1 年）的款项。

二、本科目应当按照债权单位（或个人）进行明细核算。

三、应付账款应当在收到所购物资或服务、完成工程时确认。

四、应付账款的主要账务处理如下：

(一)收到所购物资或服务、完成工程但尚未付款时，按照应付未付款项的金额，借记“待偿债净资产”科目，贷记本科目。

(二)偿付应付账款时，借记本科目，贷记“待偿债净资产”科目；同时，借记“经费支出”科目，贷记“财政拨款收入”、“零余额账户用款额度”、“银行存款”等科目。

(三)无法偿付或债权人豁免偿还的应付账款，应当按照规定报经批准后进行账务处理。经批准核销时，借记本科目，贷记“待偿债净资产”科目。核销的应付账款应在备查簿中保留登记。

五、本科目期末贷方余额，反映行政单位尚未支付的应付账款。

2302 应付政府补贴款

一、本科目核算负责发放政府补贴的行政单位，按照规定应当支付给政府补贴接受者的各种政府补贴款。

二、本科目应当按照应支付的政府补贴种类进行明细核算。行政单位还应当按照补贴接受者建立备查簿，进行相应明细核算。

三、应付政府补贴款应当在规定发放政府补贴的时间确认。

四、应付政府补贴款的主要账务处理如下：

(一)发生应付政府补贴时，按照规定计算出的应付政府补贴金额，借记“经费支出”科目，贷记本科目。

(二)支付应付的政府补贴款时，借记本科目，贷记“零余额账户用款额度”、“银行存款”等科目。

五、本科目期末贷方余额，反映行政单位应付未付的政府补贴金额。

2305 其他应付款

一、本科目核算行政单位除应缴财政款、应缴税费、应付职工薪酬、应付政府补贴款、应付账款以外的其他各项偿还期在 1 年以内(含 1 年)的应付及暂存款项，如收取的押金、保证金、未纳入行政单位预算管理的转拨资金、代扣代缴职工社会保险费和住房公积金等。

二、本科目应当按照其他应付款的类别以及债权单位(或个人)进行明细核算。

三、其他应付款的主要账务处理如下：

(一)发生其他各项应付及暂存款项时，借记“银行存款”等科目，贷记本科目。

(二)支付其他各项应付及暂存款项时，借记本科目，贷记“银行存款”等科目。

(三)因故无法偿付或债权人豁免偿还的其他应付款项，应当按规定报经批准后进行账务处理。经批准核销时，借记本科目，贷记“其他收入”科目。核销的其他应付款应在备查簿中保留登记。

四、本科目期末贷方余额，反映行政单位尚未支付的其他应付款。

2401 长期应付款

一、本科目核算行政单位发生的偿还期限超过 1 年(不含 1 年)的应付款项，如跨年度分期付款购入固定资产的价款等。

二、本科目应当按照长期应付款的类别以及债权单位(或个人)进行明细核算。

三、长期应付款应当按照以下条件确认：

(一)因购买物资、服务等发生的长期应付款，应当在收到所购物资或服务时确认。

(二)因其他原因发生的长期应付款，应当在承担付款义务时确认。

四、长期应付款的主要账务处理如下：

(一)发生长期应付款时，按照应付未付的金额，借记“待偿债净资产”科目，贷记本科目。

(二)偿付长期应付款时，借记“经费支出”科目，贷记“财政拨款收入”、“零余额账户用款额度”、“银行存款”等科目；同时，借记本科目，贷记“待偿债净资产”科目。

(三)无法偿付或债权人豁免偿还的长期应付款，应当按照规定报经批准后进行账务处理。经批准核销时，借记本科目，贷记“待偿债净资产”科目。核销的长期应付款应在备查簿中保留登记。

五、本科目期末贷方余额，反映行政单位尚未支付的长期应付款。

2901 受托代理负债

一、本科目核算行政单位接受委托，取得受托管理资产时形成的负债。

二、本科目应当按照委托人等进行明细核算；属于指定转赠物资和资金的，还应当按照指定受赠人进行明细核算。

三、受托代理负债应当在行政单位收到受托代理资产并产生受托代理义务时确认。

四、本科目的账务处理参见"受托代理资产"、"库存现金"、"银行存款"等科目。

五、本科目期末贷方余额，反映行政单位尚未清偿的受托代理负债。

三、净资产类

3001 财政拨款结转

一、本科目核算行政单位滚存的财政拨款结转资金，包括基本支出结转、项目支出结转。

二、本科目应当设置"基本支出结转"、"项目支出结转"两个明细科目；在"基本支出结转"明细科目下按照"人员经费"和"日常公用经费"进行明细核算，在"项目支出结转"明细科目下按照具体项目进行明细核算；本科目还应当按照《政府收支分类科目》中"支出功能分类科目"的项级科目进行明细核算。

有公共财政预算拨款、政府性基金预算拨款等两种或两种以上财政拨款的行政单位，还应当按照财政拨款种类分别进行明细核算。

本科目还可以根据管理需要按照财政拨款结转变动原因，设置"收支转账"、"结余转账"、"年初余额调整"、"归集上缴"、"归集调入"、"单位内部调剂"、"剩余结转"等明细科目，进行明细核算。

三、财政拨款结转的主要账务处理如下：

（一）调整以前年度财政拨款结转。因发生差错更正，以前年度支出收回等原因，需要调整财政拨款结转的，按照实际调增财政拨款结转的金额，借记有关科目，贷记本科目（年初余额调整）；按照实际调减财政拨款结转的金额，借记本科目（年初余额调整），贷记有关科目。

（二）从其他单位调入财政拨款结余资金。按照规定从其他单位调入财政拨款结余资金时，按照实际调增的额度数额或调入的资金数额，借记"零余额账户用款额度"、"银行存款"等科目，贷记本科目（归集调入）及其明细。

（三）上缴财政拨款结转。按照规定上缴财政拨款结转资金时，按照实际核销的额度数额或上缴的资金数额，借记本科目（归集上缴）及其明细，贷记"财政应返还额度"、"零余额账户用款额度"、"银行存款"等科目。

（四）单位内部调剂结余资金。经财政部门批准对财政拨款结余资金改变用途，调整用于其他未完成项目等，按照调整的金额，借记"财政拨款结余"科目（单位内部调剂）及其明细，贷记本科目（单位内部调剂）及其明细。

（五）结转本年财政拨款收入和支出。

1. 年末，将财政拨款收入本年发生额转入本科目，借记"财政拨款收入——基本支出拨款、项目支出拨款"科目及其明细，贷记本科目（收支转账——基本支出结转、项目支出结转）及其明细。

2. 年末，将财政拨款支出本年发生额转入本科目，借记本科目（收支转账——基本支出结转、项目支出结转）及其明细，贷记"经费支出——财政拨款支出——基本支出、项目支出"科目及其明细。

（六）将完成项目的结转资金转入财政拨款结余。年末完成上述财政拨款收支转账后，对各项目执行情况进行分析，按照有关规定将符合财政拨款结余性质的项目余额转入财政拨款结余，借记本科目（结余转账——项目支出结转）及其明细，贷记"财政拨款结余"（结余转账——项目支出结余）科目及其明细。

（七）年末冲销有关明细科目余额。

年末收支转账后，将本科目所属"收支转账"、"结余转账"、"年初余额调整"、"归集上缴"、"归集调入"、"单位内部调剂"等明细科目余额转入"剩余结转"明细科目；转账后，本科目除"剩余结转"明细科目外，其他明细科目应无余额。

四、本科目期末贷方余额，反映行政单位滚存的财政拨款结转资金数额。

3002 财政拨款结余

一、本科目核算行政单位滚存的财政拨款项目支出结余资金。

二、本科目应当按照具体项目、《政府收支分类科目》中"支出功能分类科目"的项级科目等进行明细核算。

有公共财政预算拨款、政府性基金预算拨款等两种或两种以上财政拨款的行政单位，还应当按照财政拨款的种类分别进行明细核算。

本科目还可以根据管理需要按照财政拨款结余变动原因，设置“结余转账”、“年初余额调整”、“归集上缴”、“单位内部调剂”、“剩余结余”等明细科目，进行明细核算。

三、财政拨款结余的主要账务处理如下：

（一）调整以前年度财政拨款结余。因发生差错更正、以前年度支出收回等原因，需要调整财政拨款结余的，按照实际调增财政拨款结余的金额，借记有关科目，贷记本科目（年初余额调整）；按照实际调减财政拨款结余的金额，借记本科目（年初余额调整），贷记有关科目。

（二）上缴财政拨款结余。按照规定上缴财政拨款结余时，按照实际核销的额度数额或上缴的资金数额，借记本科目（归集上缴）及其明细，贷记“财政应返还额度”、“零余额账户用款额度”、“银行存款”等科目。

（三）单位内部调剂结余资金。经财政部门批准将本单位完成项目结余资金调整用于基本支出或其他未完成项目支出时，按照批准调剂的金额，借记本科目（单位内部调剂）及其明细，贷记“财政拨款结转”（单位内部调剂）科目及其明细。

（四）将完成项目的结转资金转入财政拨款结余。年末，对财政拨款各项目执行情况进行分析，按照有关规定将符合财政拨款结余性质的项目余额转入本科目，借记“财政拨款结转”（结余转账——项目支出结转）科目及其明细，贷记本科目（结余转账——项目支出结余）及其明细。

（五）年末冲销有关明细科目余额。年末，将本科目所属“结余转账”、“年初余额调整”、“归集上缴”、“单位内部调剂”等明细科目余额转入“剩余结余”明细科目；转账后，本科目除“剩余结余”明细科目外，其他明细科目应无余额。

四、本科目期末贷方余额，反映行政单位滚存的财政拨款结余资金数额。

3101 其他资金结转结余

一、本科目核算行政单位除财政拨款收支以外的其他各项收支相抵后剩余的滚存资金。

二、本科目应当设置“项目结转”和“非项目结余”明细科目，分别对项目资金和非项目资金进行明细核算。对于项目结转，还应当按照具体项目进行明细核算。

本科目还可以根据管理需要按照其他资金结转结余变动原因，设置“收支转账”、“年初余额调整”、“结余调剂”、“剩余结转结余”等明细科目，进行明细核算。

三、其他资金结转结余的主要账务处理如下：

（一）调整以前年度其他资金结转结余。因发生差错更正、以前年度支出收回等原因，需要调整其他资金结转结余的，按照实际调增的金额，借记有关科目，贷记本科目（年初余额调整）及其相关明细。按照实际调减的金额，借记本科目（年初余额调整）及其相关明细，贷记有关科目。

（二）结转本年其他资金收入和支出：

1. 年末，将其他收入中的项目资金收入本年发生额转入本科目，借记“其他收入”科目及其明细，贷记本科目（项目结转——收支转账）及其明细；将其他收入中的非项目资金收入本年发生额转入本科目，借记“其他收入”科目及其明细，贷记本科目（非项目结余——收支转账）。

2. 年末，将其他资金支出中的项目支出本年发生额转入本科目，借记本科目（项目结转——收支转账）及其明细，贷记“经费支出——其他资金支出”科目（项目支出）及其明细、“拨出经费”科目（项目支出）及其明细；将其他资金支出中的基本支出本年发生额转入本科目，借记本科目（非项目结余——收支转账），贷记“经费支出——其他资金支出”科目（基本支出）、“拨出经费”科目（基本支出）。

（三）缴回或转出项目结余。完成上述（二）转账后，对本年末各项目执行情况进行分析，区分年末已完成项目和尚未完成项目，在此基础上，对完成项目的剩余资金根据不同情况进行账务处理：

1. 需要缴回原项目资金出资单位的，按照缴回的金额，借记本科目（项目结转——结余调剂）及其明细，贷记“银行存款”、“其他应付款”等科目。

2. 将项目剩余资金留归本单位用于其他非项目用途的，按照剩余的项目资金金额，借记本科目（项目结转——结余调剂）及其明细，贷记本科目（非项目结余——结余调剂）。

（四）用非项目资金结余补充项目资金。按照实际补充项目资金的金额，借记本科目（非项目结余——结余调剂），贷记本科目（项目结转——结余调剂）及其明细。

（五）年末冲销有关明细科目余额。年末收支转账后，将本科目所属“收支转账”、“年初余额调整”、“结余调剂”等明细科目余额转入“剩余结转结余”明细科目；转账后，本科目除“剩余结转结余”明细科目外，其他明细科目应无余额。

四、本科目期末贷方余额，反映行政单位滚存的各项非财政拨款资金结转结余数额。

3501 资产基金

一、本科目核算行政单位的预付账款、存货、固定资产、在建工程、无形资产、政府储备物资、公共基础设施等非货币性资产在净资产中占用的金额。

二、本科目应当设置“预付款项”、“存货”、“固定资产”、“在建工程”、“无形资产”、“政府储备物资”、“公共基础设施”等明细科目，进行明细核算。

三、资产基金的主要账务处理如下：

（一）资产基金应当在发生预付账款，取得存货、固定资产、在建工程、无形资产、政府储备物资、公共基础设施时确认。

1. 发生预付账款时，按照实际发生的金额，借记“预付账款”科目，贷记本科目（预付款项）；同时，按照实际支付的金额，借记“经费支出”科目，贷记“财政拨款收入”、“零余额账户用款额度”、“银行存款”等科目。

2. 取得存货、固定资产、在建工程、无形资产、政府储备物资、公共基础设施等资产时，按照取得资产的成本，借记“存货”、“固定资产”、“在建工程”、“无形资产”、“政府储备物资”、“公共基础设施”等科目，贷记本科目（存货、固定资产、在建工程、无形资产、政府储备物资、公共基础设施）；同时，按照实际发生的支出，借记“经费支出”科目，贷记“财政拨款收入”、“零余额账户用款额度”、“银行存款”等科目。

（二）收到预付账款购买的物资或服务时，应当相应冲减资产基金。

按照相应的预付账款金额，借记本科目（预付款项），贷记“预付账款”科目。

（三）领用和发出存货、政府储备物资时，应当相应冲减资产基金。

领用和发出存货、政府储备物资时，按照领用和发出存货、政府储备物资的成本，借记本科目（存货、政府储备物资），贷记“存货”、“政府储备物资”科目。

（四）计提固定资产折旧、公共基础设施折旧、无形资产摊销时，应当冲减资产基金。

计提固定资产折旧、公共基础设施折旧、无形资产摊销时，按照计提的折旧、摊销金额，借记本科目（固定资产、公共基础设施、无形资产），贷记“累计折旧”、“累计摊销”科目。

（五）无偿调出、对外捐赠存货、固定资产、无形资产、政府储备物资、公共基础设施时，应当冲减该资产对应的资产基金。

1. 无偿调出、对外捐赠存货、政府储备物资时，按照存货、政府储备物资的账面余额，借记本科目及其明细，贷记“存货”、“政府储备物资”等科目。

2. 无偿调出、对外捐赠固定资产、公共基础设施、无形资产时，按照相关固定资产、公共基础设施、无形资产的账面价值，借记本科目及其明细，按照已计提折旧、已计提摊销的金额，借记“累计折旧”、“累计摊销”科目，按照固定资产、公共基础设施、无形资产的账面余额，贷记“固定资产”、“公共基础设施”、“无形资产”科目。

（六）通过“待处理财产损溢”科目核算的资产处置，有关本科目的账务处理参见“待处理财产损溢”科目。

四、本科目期末贷方余额，反映行政单位非货币性资产在净资产中占用的金额。

3502 待偿债净资产

一、本科目核算行政单位因发生应付账款和长期应付款而相应需在净资产中冲减的金额。

二、待偿债净资产的主要账务处理如下：

（一）发生应付账款、长期应付款时，按照实际发生的金额，借记本科目，贷记“应付账款”、“长期应付款”等科目。

（二）偿付应付账款、长期应付款时，按照实际偿付的金额，借记“应付账款”、“长期应付款”等科目，贷记本科目；同时，按照实际支付的金额，借记“经费支出”科目，贷记“财政拨款收入”、“零余额账户用款额度”、“银行存款”等科目。

（三）因债权人原因，核销确定无法支付的应付账款、长期应付款时，按照报经批准核销的金额，借记“应付账款”、“长期应付款”科目，贷记本科目。

三、本科目期末借方余额，反映行政单位因尚未支付的应付账款和长期应付款而需相应冲减净资产的金额。

四、收入类

4001 财政拨款收入

一、本科目核算行政单位从同级财政部门取得的财政预算资金。

二、本科目应当设置“基本支出拨款”和“项目支出拨款”两个明细科目，分别核算行政单位取得用于基本支出和项目支出的财政拨款资金；同时，按照《政府收支分类科目》中“支出功能分类科目”的项级科目进行明细核算；在“基本支出拨款”明细科目下按照“人员经费”和“日常公用经费”进行明细核算，在“项目支出拨款”明细科目下按照具体项目进行明细核算。

有公共财政预算拨款、政府性基金预算拨款等两种或两种以上财政拨款的行政单位，还应当按照财政拨款的种类分别进行明细核算。

三、财政拨款收入的主要账务处理如下：

（一）财政直接支付方式下，行政单位根据收到的“财政直接支付入账通知书”及相关原始凭证，借记“经费支出”科目，贷记本科目。

年末，行政单位根据本年度财政直接支付预算指标数与财政直接支付实际支出数的差额，借记“财政应返还额度——财政直接支付”科目，贷记本科目。

（二）财政授权支付方式下，行政单位根据收到的“财政授权支付额度到账通知书”，借记“零余额账户用款额度”等科目，贷记本科目。

年末，如行政单位本年度财政授权支付预算指标数大于财政授权支付额度下达数，根据两者间的差额，借记“财政应返还额度——财政授权支付”科目，贷记本科目。

（三）其他方式下，实际收到财政拨款收入时，借记“银行存款”等科目，贷记本科目。

（四）本年度财政直接支付的资金收回时，借记本科目，贷记“经费支出”等科目。

（五）年末，将本科目本年发生额转入财政拨款结转时，借记本科目，贷记“财政拨款结转”科目。

四、年终结账后，本科目应无余额。

4011 其他收入

一、本科目核算行政单位取得的除财政拨款收入以外的其他各项收入，如从非同级财政部门、上级主管部门等取得的用于完成项目或专项任务的资金、库存现金溢余等。行政单位从非同级财政部门、上级主管部门等取得指定转给其他单位，且未纳入本单位预算管理的资金，不通过本科目核算，应当通过“其他应付款”科目核算。

二、本科目应当按照其他收入的类别、来源单位、项目资金和非项目资金进行明细核算。对于项目资金收入，还应当按照具体项目进行明细核算。

三、其他收入的主要账务处理如下：

（一）收到属于其他收入的各种款项时，按照实际收到的金额，借记“银行存款”、“库存现金”等科目，贷记本科目。

（二）年末，将本科目本年发生额转入其他资金结转结余时，借记本科目，贷记“其他资金结转结余”科目。

四、年终结账后，本科目应无余额。

五、支出类

5001 经费支出

一、本科目核算行政单位在开展业务活动中发生的各项支出。

二、本科目应当分别按照“财政拨款支出”和“其他资金支出”、“基本支出”和“项目支出”等分类进行明细核算；并按照《政府收支分类科目》中“支出功能分类科目”的项级科目进行明细核算；“基本支出”和“项目支出”明细科目下应当按照《政府收支分类科目》中“支出经济分类科目”的款级科目进行明细核算。同时在“项目支出”明细科目下按照具体项目进行明细核算。

有公共财政预算拨款、政府性基金预算拨款等两种或两种以上财政拨款的行政单位，还应当按照财政拨款的种类分别进行明细核算。

三、经费支出的主要账务处理如下：

（一）计提单位职工薪酬时，按照计算出的金额，借记本科目，贷记“应付职工薪酬”科目。

（二）支付外部人员劳务费，按照应当支付的金额，借记本科目，按照代扣代缴个人所得税的金额，贷记“应缴税费”科目，按照扣税后实际支付的金额，贷记“财政拨款收入”、“零余额账户用款额度”、“银行存款”等科目。

（三）支付购买存货、固定资产、无形资产、政府储备物资和工程结算的款项，按照实际支付的金额，借记本科目，贷记“财政拨款收入”、“零余额账户用款额度”、“银行存款”等科目；同时，按照采购或工程结算成本，借记“存货”、“固定资产”、“无形资产”、“在建工程”、“政府储备物资”等科目，贷记“资产基金”及其明细科目。

（四）发生预付账款的，按照实际预付的金额，借记本科目，贷记“财政拨款收入”、“零余额账户用款额度”、“银行存款”等科目；同时，借记“预付账款”科目，贷记“资产基金——预付款项”科目。

（五）偿还应付款项时，按照实际偿付的金额，借记本科目，贷记“财政拨款收入”、“零余额账户用款额度”、“银行存款”等科目；同时，借记“应付账款”、“长期应付款”科目，贷记“待偿债净资产”科目。

（六）发生其他各项支出时，按照实际支付的金额，借记本科目，贷记“财政拨款收入”、“零余额账户用款额度”、“银行存款”等科目。

（七）行政单位因退货等原因发生支出收回的，属于当年支出收回的，借记“财政拨款收入”、“零余额账户用款额度”、“银行存款”等科目，贷记本科目；属于以前年度支出收回的，借记“财政应返还额度”、“零余额账户用款额度”、“银行存款”等科目，贷记“财政拨款结转”、“财政拨款结余”、“其他资金结转结余”等科目。

（八）年末，将本科目本年发生额分别转入财政拨款结转和其他资金结转结余时，借记“财政拨款结转”、“其他资金结转结余”科目，贷记本科目。

四、年终结账后，本科目应无余额。

5101 拨出经费

一、本科目核算行政单位向所属单位拨出的纳入单位预算管理的非同级财政拨款资金，如拨给所属单位的专项经费和补助经费等。

二、本科目应当分别按照“基本支出”和“项目支出”进行明细核算；还应当按照接受拨出经费的具体单位和款项类别等分别进行明细核算。

三、拨出经费的主要账务处理如下：

（一）向所属单位拨付非同级财政拨款资金等款项时，借记本科目，贷记“银行存款”等科目。

（二）收回拨出经费时，借记“银行存款”等科目，贷记本科目。

（三）年末，将本科目本年发生额转入其他资金结转结余时，借记“其他资金结转结余”科目，贷记本科目。

四、年终结账后，本科目应无余额。

第九章 财务报表

第四十条 财务报表是反映行政单位财务状况和预算执行结果等的书面文件，由会计报表及其附注构成。会计报表包括资产负债表、收入支出表、财政拨款收入支出表等。

资产负债表是反映行政单位在某一特定日期财务状况的报表。资产负债表应当按照资产、负债和净资产分类、分项列示。

收入支出表是反映行政单位在某一会计期间全部预算收支执行结果的报表。收入支出表应当按照收入、支出的构成和结转结余情况分类、分项列示。

财政拨款收入支出表是反映行政单位在某一会计期间财政拨款收入、支出、结转及结余情况的报表。

附注是指对在会计报表中列示项目的文字描述或明细资料，以及对未能在会计报表中列示项目的说明等。

第四十一条 行政单位会计报表的格式如下：

资产负债表

会行政 01 表

编制单位：　　　　年　月　日　　　　单位：元

资　　产	年初余额	期末余额	负债和净资产	年初余额	期末余额
流动资产：			流动负债：		
库存现金			应缴财政款		
银行存款			应缴税费		
财政应返还额度			应付职工薪酬		
应收账款			应付账款		
预付账款			应付政府补贴款		
其他应收款			其他应付款		
存货			一年以内到期的长期负债		
流动资产合计			流动负债合计		
固定资产			非流动负债：		
固定资产原价			长期应付款		
减：固定资产累计折旧			受托代理负债		
在建工程			负债合计		
无形资产					
无形资产原价					
减：累计摊销					
待处理财产损溢			财政拨款结转		
政府储备物资			财政拨款结余		
公共基础设施			其他资金结转结余		
公共基础设施原价			其中：项目结转		
减：公共基础设施累计折旧			资产基金		
公共基础设施在建工程			待偿债净资产		
受托代理资产			净资产合计		
资产总计			负债和净资产总计		

收入支出表

会行政 02 表

编制单位： 年 月 单位:元

项 目	本月数	本年累计数
一、年初各项资金结转结余		
(一)年初财政拨款结转结余		
1. 财政拨款结转		
2. 财政拨款结余		
(二)年初其他资金结转结余		
二、各项资金结转结余调整及变动		
(一)财政拨款结转结余调整及变动		
(二)其他资金结转结余调整及变动		
三、收入合计		
(一)财政拨款收入		
1. 基本支出拨款		
2. 项目支出拨款		
(二)其他资金收入		
1. 非项目收入		
2. 项目收入		
四、支出合计		
(一)财政拨款支出		
1. 基本支出		
2. 项目支出		
(二)其他资金支出		
1. 非项目支出		
2. 项目支出		
五、本期收支差额		
(一)财政拨款收支差额		
(二)其他资金收支差额		
六、年末各项资金结转结余		
(一)年末财政拨款结转结余		
1. 财政拨款结转		
2. 财政拨款结余		
(二)年末其他资金结转结余		

财政拨款收入支出表

会行政03表

编制单位： 年度 单位：元

项目	本年金额						上年金额					
	实收资本（或股本）	资本公积	减：库存股	盈余公积	未分配利润	所有者权益合计	实收资本（或股本）	资本公积	减：库存股	盈余公积	未分配利润	所有者权益合计
一、公共财政预算资金												
（一）基本支出												
1. 人员经费												
2. 日常公用经费												
（二）项目支出												
1. ××项目												
2. ××项目												
………												
二、政府性基金预算资金												
（一）基本支出												
1. 人员经费												
2. 日常公用经费												
（二）项目支出												
1. ××项目												
2. ××项目												
………												
总 计												

第四十二条 行政单位应当按照下列规定编制财务报表：

一、行政单位资产负债表、财政拨款收入支出表和附注应当至少按照年度编制，收入支出表应当按照月度和年度编制。

二、行政单位应当根据本制度编制并提供真实、完整的财务报表。行政单位不得违反规定，随意改变本制度规定的会计报表格式、编制依据和方法，不得随意改变本制度规定的会计报表有关数据的会计口径。

三、行政单位的财务报表应当根据登记完整、核对无误的账簿记录和其他有关资料编制，要做到数字真实、计算准确、内容完整、报送及时。

四、行政单位财务报表应当由单位负责人和主管会计工作的负责人、会计机构负责人（会计主管人员）签名并盖章。

第四十三条 行政单位财务报表编制说明如下：

一、资产负债表的编制说明

（一）本表“年初余额”栏内各项数字，应当根据上年年末资产负债表“期末余额”栏内数字填列。如果本年度资产负债表规定的各个项目的名称和内容同上年度不相一致，应对上年年末资产负债表各项目的名称和数字按照本年度的规定进行调整，填入本表“年初余额”栏内。

（二）本表“期末余额”栏各项目的内容和填列方法。

1. 资产类项目。

(1)“库存现金”项目，反映行政单位期末库存现金的金额。本项目应当根据“库存现金”科目的期末余额填列；期末库存现金中有属于受托代理现金的，本项目应当根据“库存现金”科目的期末余额减去其中属于受托代理的现金金额后的余额填列。

(2)“银行存款”项目，反映行政单位期末银行存款的金额。本项目应当根据“银行存款”科目的期末余额填列；期末银行存款中有属于受托代理存款的，本项目应当根据“银行存款”科目的期末余额减去其中属于受托代理的存款金额后的余额填列。

(3)“财政应返还额度”项目，反映行政单位期末财政应返还额度的金额。本项目应当根据“财政应返还额度”科目的期末余额填列。

(4)“应收账款”项目，反映行政单位期末尚未收回的应收账款金额。本项目应当根据“应收账款”科目的期末余额填列。

(5)“预付账款”项目，反映行政单位预付给物资或者服务提供者款项的金额。本项目应当根据“预付账款”科目的期末余额填列。

(6)“其他应收款”项目，反映行政单位期末尚未收回的其他应收款余额。本项目应当根据“其他应收款”科目的期末余额填列。

(7)“存货”项目，反映行政单位期末为开展业务活动耗用而储存的存货的实际成本。本项目应当根据“存货”科目的期末余额填列。

(8)“固定资产”项目，反映行政单位期末各项固定资产的账面价值。本项目应当根据“固定资产”科目的期末余额减去“累计折旧”科目中“固定资产累计折旧”明细科目的期末余额后的金额填列。

“固定资产原价”项目，反映行政单位期末各项固定资产的原价。本项目应当根据“固定资产”科目的期末余额填列。

“固定资产累计折旧”项目，反映行政单位期末各项固定资产的累计折旧金额。本项目应当根据“累计折旧”科目中“固定资产累计折旧”明细科目的期末余额填列。

(9)“在建工程”项目，反映行政单位期末除公共基础设施在建工程以外的尚未完工交付使用的在建工程的实际成本。本项目应当根据“在建工程”科目中属于非公共基础设施在建工程的期末余额填列。

(10)“无形资产”项目，反映行政单位期末各项无形资产的账面价值。本项目应当根据“无形资产”科目的期末余额减去“累计摊销”科目的期末余额后的金额填列。

“无形资产原价”项目，反映行政单位期末各项无形资产的原价。本项目应当根据“无形资产”科目的期末余额填列。

“累计摊销”项目，反映行政单位期末各项无形资产的累计摊销金额。本项目应当根据“累计摊销”科目的期末余额填列。

(11)“待处理财产损溢”项目，反映行政单位期末待处理财产的价值及处理损溢。本项目应当根据“待处理财产损溢”科目的期末借方余额填列；如“待处理财产损溢”科目期末为贷方余额，则以“－”号填列。

(12)“政府储备物资”项目，反映行政单位期末储存管理的各种政府储备物资的实际成本。本项目应当根据“政府储备物资”科目的期末余额填列。

(13)“公共基础设施”项目，反映行政单位期末占有并直接管理的公共基础设施的账面价值。本项目应当根据“公共基础设施”科目的期末余额减去“累计折旧”科目中“公共基础设施累计折旧”明细科目的期末余额后的金额填列。

“公共基础设施原价”项目，反映行政单位期末占有并直接管理的公共基础设施的原价。本项目应当根据“公共基础设施”科目的期末余额填列。

“公共基础设施累计折旧”项目，反映行政单位期末占有并直接管理的公共基础设施的累计折旧金额。本项目应当根据“累计折旧”科目中“公共基础设施累计折旧”明细科目的期末余额填列。

(14)“公共基础设施在建工程”项目，反映行政单位期末尚未完工交付使用的公共基础设施在建工程的实际成本。本项目应当根据“在建工程”科目中属于公共基础设施在建工程的期末余额填列。

(15)“受托代理资产”项目，反映行政单位期末受托代理资产的价值。本项目应当根据“受托代理资产”科目的期末余额(扣除其中受托储存管理物资的金额)加上“库存现金”、“银行存款”科目中属于受托代理资产的现金余额和银行存款余额的合计数填列。

2. 负债类项目。

(16)“应缴财政款”项目，反映行政单位期末按规定应当上缴财政的款项(应缴税费除外)。本项目应当根据“应缴财政款”科目的期末余额填列。

(17)“应缴税费”项目，反映行政单位期末应缴未缴的各种税费。本项目应当根据“应缴税费”科目的期末贷方余额填列；如“应缴税费”科目期末为借方余额，则以“－”号填列。

(18)“应付职工薪酬”项目，反映行政单位期末尚未支付给职工的各种薪酬。本项目应当根据“应付职工薪酬”科目的期末余额填列。

(19)“应付账款”项目，反映行政单位期末尚未支付的偿还期限在1年以内(含1年)的应付账款的金额。本项目应当根据“应付账款”科目的期末余额填列。

(20)“应付政府补贴款”项目，反映行政单位期末尚未支付的应付政府补贴款的金额。本项目应当根据“应付政府补贴款”科目的期末余额填列。

(21)“其他应付款”项目，反映行政单位期末尚未支付的其他各项应付及暂收款项的金额。本项目应当根据“其他应付款”科目的期末余额填列。

(22)“一年内到期的非流动负债”项目，反映行政单位期末承担的1年以内(含1年)到偿还期的非流动负债。本项目应当根据“长期应付款”等科目的期末余额分析填列。

(23)“长期应付款”项目，反映行政单位期末承担的偿还期限超过1年的应付款项。本项目应当根据“长期应付款”科目的期末余额减去其中1年以内(含1年)到偿还期的长期应付款金额后的余额填列。

(24)“受托代理负债”项目，反映行政单位期末受托代理负债的金额。本项目应当根据“受托代理负债”科目的期末余额(扣除其中受托储存管理物资对应的金额)填列。

3. 净资产类项目。

(25)“财政拨款结转”项目，反映行政单位期末滚存的财政拨款结转资金。本项目应当根据“财政拨款结转”科目的期末余额填列。

(26)“财政拨款结余”项目，反映行政单位期末滚存的财政拨款结余资金。本项目应当根据“财政拨款结余”科目的期末余额填列。

(27)“其他资金结转结余”项目，反映行政单位期末滚存的除财政拨款以外的其他资金结转结余的金额。本项目应当根据“其他资金结转结余”科目的期末余额填列。

“项目结转”项目，反映行政单位期末滚存的非财政拨款未完成项目结转资金。本项目应当根据“其他资金结转结余”科目中“项目结转”明细科目的期末余额填列。

(28)“资产基金”项目，反映行政单位期末预付账款、存货、固定资产、在建工程、无形资产、政府储备物资、公共基础设施等非货币性资产在净资产中占用的金额。本项目应当根据“资产基金”科目的期末余额填列。

(29)“待偿债净资产”项目，反映行政单位期末因应付账款和长期应付款等负债而相应需在净资产中冲减的金额。本项目应当根据“待偿债净资产”科目的期末借方余额以“－”号填列。

(三)行政单位按月编制资产负债表的，应当遵照以下规定编制：

1. 月度资产负债表应在资产部分“银行存款”项目下增加“零余额账户用款额度”项目。

2.“零余额账户用款额度”项目，反映行政单位期末零余额账户用款额度的金额。本项目应当根据“零余额账户用款额度”科目的期末余额填列。

3.“财政拨款结转”项目。本项目应当根据“财政拨款结转”科目的期末余额，加上“财政拨款收入”科目本年累计发生额，减去“经费支出——财政拨款支出”科目本年累计发生额后的余额填列。

4.“其他资金结转结余”项目。本项目应当根据“其他资金结转结余”科目的期末余额，加上“其他收入”科目本年累计发生额，减去“经费支出——其他资金支出”科目本年累计发生额，再减去“拨出经费”科目本年累计发生额后的余额填列。

“项目结转”项目。本项目应当根据“其他资金结转结余”科目中“项目结转”明细科目的期末余额，加上“其他收入”科目中项目收入的本年累计发生额，减去“经费支出——其他资金支出”科目中项目支出本年累计发生额，再减去“拨出经费”科目中项目支出本年累计发生额后的余额填列。

5. 月度资产负债表其他项目的填列方法与年度资产负债表的填列方法相同。

二、收入支出表的编制说明

（一）本表“本月数”栏反映各项目的本月实际发生数。在编制年度收入支出表时，应当将本栏改为“上年数”栏，反映上年度各项目的实际发生数；如果本年度收入支出表规定的各个项目的名称和内容同上年度不一致，应对上年度收入支出表各项目的名称和数字按照本年度的规定进行调整，填入本年度收入支出表的“上年数”栏。

本表“本年累计数”栏反映各项目自年初起至报告期末止的累计实际发生数。编制年度收入支出表时，应当将本栏改为“本年数”。

（二）本表“本月数”栏各项目的内容和填列方法：

1.“年初各项资金结转结余”项目及其所属各明细项目，反映行政单位本年初所有资金结转结余的金额。各明细项目应当根据“财政拨款结转”、“财政拨款结余”、“其他资金结转结余”及其明细科目的年初余额填列。本项目及其所属各明细项目的数额，应当与上年度收入支出表中“年末各项资金结转结余”中各明细项目的数额相等。

2.“各项资金结转结余调整及变动”项目及其所属各明细项目，反映行政单位因发生需要调整以前年度各项资金结转结余的事项，以及本年因调入、上缴或交回等导致各项资金结转结余变动的金额。

（1）“财政拨款结转结余调整及变动”项目，根据“财政拨款结转”、“财政拨款结余”科目下的“年初余额调整”、“归集上缴”、“归集调入”明细科目的本期贷方发生额合计数减去本期借方发生额合计数的差额填列；如为负数，以“—”号填列。

（2）“其他资金结转结余调整及变动”项目，根据“其他资金结转结余”科目下的“年初余额调整”、“结余调剂”明细科目的本期贷方发生额合计数减去本期借方发生额合计数的差额填列；如为负数，以“—”号填列。

3.“收入合计”项目，反映行政单位本期取得的各项收入的金额。本项目应当根据“财政拨款收入”科目的本期发生额加上“其他收入”科目的本期发生额的合计数填列。

（1）“财政拨款收入”项目及其所属明细项目，反映行政单位本期从同级财政部门取得的各类财政拨款的金额。本项目应当根据“财政拨款收入”科目及其所属明细科目的本期发生额填列。

（2）“其他资金收入”项目及其所属明细项目，反映行政单位本期取得的各类非财政拨款的金额。本项目应当根据“其他收入”科目及其所属明细科目的本期发生额填列。

4.“支出合计”项目，反映行政单位本期发生的各项资金支出金额。本项目应当根据“经费支出”和“拨出经费”科目的本期发生额的合计数填列。

（1）“财政拨款支出”项目及其所属明细项目，反映行政单位本期发生的财政拨款支出金额。本项目应当根据“经费支出——财政拨款支出”科目及其所属明细科目的本期发生额填列。

（2）“其他资金支出”项目及其所属明细项目，反映行政单位本期使用各类非财政拨款资金发生的支出金额。本项目应当根据“经费支出——其他资金支出”和“拨出经费”科目及其所属明细科目的本期发生额的合计数填列。

5.“本期收支差额”项目及其所属各明细项目，反映行政单位本期发生的各项资金收入和支出相抵后的余额。

（1）“财政拨款收支差额”项目，反映行政单位本期发生的财政拨款资金收入和支出相抵后的余额。本项目应当根据本表中“财政拨款收入”项目金额减去“财政拨款支出”项目金额后的余额填列；如为负数，以“—”号填列。

（2）“其他资金收支差额”项目，反映行政单位本期发生的非财政拨款资金收入和支出相抵后的余额。本项目应当根据本表中“其他资金收入”项目金额减去“其他资金支出”项目金额后的余额填列；如为负数，以“—”号填列。

6.“年末各项资金结转结余”项目及其所属各明细项目，反映行政单位截至本年末的各项资金结转结余金额。各明细项目应当根据“财政拨款结转”、“财政拨款结余”、“其他资金结转结余”科目的年末余额填列。

上述“年初各项资金结转结余”、“年末各项资金结转结余”项目及其所属各明细项目，只在编制年度收入支出表时填列。

三、财政拨款收入支出表的编制说明

(一)本表“项目”栏内各项目,应当根据行政单位取得的财政拨款种类分项设置;其中“项目支出”下,根据每个项目设置;行政单位取得除公共财政预算拨款和政府性基金预算拨款以外的其他财政拨款的,应当按照财政拨款种类增加相应的资金项目及其明细项目。

(二)本表各栏及其对应项目的内容和填列方法:

1.“年初财政拨款结转结余”栏中各项目,反映行政单位年初各项财政拨款结转和结余的金额。各项目应当根据“财政拨款结转”、“财政拨款结余”及其明细科目的年初余额填列。本栏目中各项目的数额,应当与上年度财政拨款收入支出表中“年末财政拨款结转结余”栏中各项目的数额相等。

2.“调整年初财政拨款结转结余”栏中各项目,反映行政单位对年初财政拨款结转结余的调整金额。各项目应当根据“财政拨款结转”、“财政拨款结余”科目中“年初余额调整”科目及其所属明细科目的本年发生额填列。如调整减少年初财政拨款结转结余,以“-”号填列。

3.“归集调入或上缴”栏中各项目,反映行政单位本年取得主管部门归集调入的财政拨款结转结余资金和按规定实际上缴的财政拨款结转结余资金金额。各项目应当根据“财政拨款结转”、“财政拨款结余”科目中“归集上缴”和“归集调入”科目及其所属明细科目的本年发生额填列。对归集上缴的财政拨款结转结余资金,以“-”号填列。

4.“单位内部调剂”栏中各项目,反映行政单位本年财政拨款结转结余资金在内部不同项目之间的调剂金额。各项目应当根据“财政拨款结转”和“财政拨款结余”科目中的“单位内部调剂”及其所属明细科目的本年发生额填列。对单位内部调剂减少的财政拨款结转结余项目,以“-”号填列。

5.“本年财政拨款收入”栏中各项目,反映行政单位本年从同级财政部门取得的各类财政预算拨款金额。各项目应当根据“财政拨款收入”科目及其所属明细科目的本年发生额填列。

6.“本年财政拨款支出”栏中各项目,反映行政单位本年发生的财政拨款支出金额。各项目应当根据“经费支出”科目及其所属明细科目的本年发生额填列。

7.“年末财政拨款结转结余”栏中各项目,反映行政单位年末财政拨款结转结余的金额。各项目应当根据“财政拨款结转”、“财政拨款结余”科目及其所属明细科目的年末余额填列。

四、附注

行政单位的报表附注应当至少披露下列内容:

(一)遵循《行政单位会计制度》的声明;

(二)单位整体财务状况、预算执行情况的说明;

(三)会计报表中列示的重要项目的进一步说明,包括其主要构成、增减变动情况等;

(四)重要资产处置、资产重大损失情况的说明;

(五)以名义金额计量的资产名称、数量等情况,以及以名义金额计量理由的说明;

(六)或有负债情况的说明、1年以上到期负债预计偿还时间和数量的说明;

(七)以前年度结转结余调整情况的说明;

(八)有助于理解和分析会计报表的其他需要说明事项。

第十章　附　　则

第四十四条　行政单位有关基本建设投资会计并账的要求和新旧会计制度的衔接,由财政部另行规定。

第四十五条　国家物资储备局及所属行政单位管理的储备物资的会计核算,按照《国家物资储备资金会计制度》规定执行。

行政单位会计机构设置、会计人员配备、会计基础工作、会计档案管理以及内部控制等,按照《中华人民共和国会计法》、《会计基础工作规范》、《会计档案管理办法》、《行政事业单位内部控制规范(试行)》等规定执行。开展会计信息化工作的行政单位,还应当按照财政部制定的相关会计信息化工作规范执行。

第四十六条　本制度自2014年1月1日起施行。1998年2月6日财政部印发的《行政单位会计制度》(财预字〔1998〕49号)同时废止。

6. 事业单位会计准则(2012年修订)

中华人民共和国财政部令2012年第72号

第一章　总　　则

第一条　为了规范事业单位的会计核算,保证会计信息质量,促进公益事业健康发展,根据《中华人民共和国会计法》等有关法律、行政法规,制定本准则。

第二条　本准则适用于各级各类事业单位。

第三条　事业单位会计制度、行业事业单位会计制度(以下统称会计制度)等,由财政部根据本准则制定。

第四条　事业单位会计核算的目标是向会计信息使用者提供与事业单位财务状况、事业成果、预算执行等有关的会计信息,反映事业单位受托责任的履行情况,有助于会计信息使用者进行社会管理、作出经济决策。

事业单位会计信息使用者包括政府及其有关部门、举办(上级)单位、债权人、事业单位自身和其他利益相关者。

第五条　事业单位应当对其自身发生的经济业务或者事项进行会计核算。

第六条　事业单位会计核算应当以事业单位各项业务活动持续正常地进行为前提。

第七条　事业单位应当划分会计期间,分期结算账目和编制财务会计报告(又称财务报告,下同)。

会计期间至少分为年度和月度。会计年度、月度等会计期间的起讫日期采用公历日期。

第八条　事业单位会计核算应当以人民币作为记账本位币。发生外币业务时,应当将有关外币金额折算为人民币金额计量。

第九条　事业单位会计核算一般采用收付实现制;部分经济业务或者事项采用权责发生制核算的,由财政部在会计制度中具体规定。

行业事业单位的会计核算采用权责发生制的,由财政部在相关会计制度中规定。

第十条　事业单位会计要素包括资产、负债、净资产、收入、支出或者费用。

第十一条　事业单位应当采用借贷记账法记账。

第二章　会计信息质量要求

第十二条　事业单位应当以实际发生的经济业务或者事项为依据进行会计核算,如实反映各项会计要素的情况和结果,保证会计信息真实可靠。

第十三条　事业单位应当将发生的各项经济业务或者事项统一纳入会计核算,确保会计信息能够全面反映事业单位的财务状况、事业成果、预算执行等情况。

第十四条　事业单位对于已经发生的经济业务或者事项,应当及时进行会计核算,不得提前或者延后。

第十五条　事业单位提供的会计信息应当具有可比性。

同一事业单位不同时期发生的相同或者相似的经济业务或者事项,应当采用一致的会计政策,不得随意变更。确需变更的,应当将变更的内容、理由和对单位财务状况及事业成果的影响在附注中予以说明。

同类事业单位中不同单位发生的相同或者相似的经济业务或者事项,应当采用统一的会计政策,确保同类单位会计信息口径一致,相互可比。

第十六条　事业单位提供的会计信息应当与事业单位受托责任履行情况的反映、会计信息使用者的管理、决策需要相关,有助于会计信息使用者对事业单位过去、现在或者未来的情况作出评价或者预测。

第十七条　事业单位提供的会计信息应当清晰明了,便于会计信息使用者理解和使用。

第三章 资 产

第十八条 资产是指事业单位占有或者使用的能以货币计量的经济资源，包括各种财产、债权和其他权利。

第十九条 事业单位的资产按照流动性，分为流动资产和非流动资产。

流动资产是指预计在1年内(含1年)变现或者耗用的资产。

非流动资产是指流动资产以外的资产。

第二十条 事业单位的流动资产包括货币资金、短期投资、应收及预付款项、存货等。

货币资金包括库存现金、银行存款、零余额账户用款额度等。

短期投资是指事业单位依法取得的，持有时间不超过1年(含1年)的投资。

应收及预付款项是指事业单位在开展业务活动中形成的各项债权，包括财政应返还额度、应收票据、应收账款、其他应收款等应收款项和预付账款。

存货是指事业单位在开展业务活动及其他活动中为耗用而储存的资产，包括材料、燃料、包装物和低值易耗品等。

第二十一条 事业单位的非流动资产包括长期投资、在建工程、固定资产、无形资产等。

长期投资是指事业单位依法取得的，持有时间超过1年(不含1年)的各种股权和债权性质的投资。

在建工程是指事业单位已经发生必要支出，但尚未完工交付使用的各种建筑(包括新建、改建、扩建、修缮等)和设备安装工程。

固定资产是指事业单位持有的使用期限超过1年(不含1年)，单位价值在规定标准以上，并在使用过程中基本保持原有物质形态的资产，包括房屋及构筑物、专用设备、通用设备等。单位价值虽未达到规定标准，但是耐用时间超过1年(不含1年)的大批同类物资，应当作为固定资产核算。

无形资产是指事业单位持有的没有实物形态的可辨认非货币性资产，包括专利权、商标权、著作权、土地使用权、非专利技术等。

第二十二条 事业单位的资产应当按照取得时的实际成本进行计量。除国家另有规定外，事业单位不得自行调整其账面价值。

应收及预付款项应当按照实际发生额计量。

以支付对价方式取得的资产，应当按照取得资产时支付的现金或者现金等价物的金额，或者按照取得资产时所付出的非货币性资产的评估价值等金额计量。

取得资产时没有支付对价的，其计量金额应当按照有关凭据注明的金额加上相关税费、运输费等确定；没有相关凭据的，其计量金额比照同类或类似资产的市场价格加上相关税费、运输费等确定；没有相关凭据、同类或类似资产的市场价格也无法可靠取得的，所取得的资产应当按照名义金额入账。

第二十三条 事业单位对固定资产计提折旧、对无形资产进行摊销的，由财政部在相关财务会计制度中规定。

第四章 负 债

第二十四条 负债是指事业单位所承担的能以货币计量，需要以资产或者劳务偿还的债务。

第二十五条 事业单位的负债按照流动性，分为流动负债和非流动负债。

流动负债是指预计在1年内(含1年)偿还的负债。

非流动负债是指流动负债以外的负债。

第二十六条 事业单位的流动负债包括短期借款、应付及预收款项、应付职工薪酬、应缴款项等。

短期借款是指事业单位借入的期限在1年内(含1年)的各种借款。

应付及预收款项是指事业单位在开展业务活动中发生的各项债务，包括应付票据、应付账款、其他应付款等应付款项和预收账款。

应付职工薪酬是指事业单位应付未付的职工工资、津贴补贴等。

应缴款项是指事业单位应缴未缴的各种款项，包括应当上缴国库或者财政专户的款项、应缴税费，以及其他按照国家有关规定应当上缴的款项。

第二十七条 事业单位的非流动负债包括长期借款、长期应付款等。

长期借款是指事业单位借入的期限超过1年(不含1年)的各种借款。

长期应付款是指事业单位发生的偿还期限超过1年(不含1年)的应付款项,主要指事业单位融资租入固定资产发生的应付租赁款。

第二十八条 事业单位的负债应当按照合同金额或实际发生额进行计量。

第五章 净资产

第二十九条 净资产是指事业单位资产扣除负债后的余额。

第三十条 事业单位的净资产包括事业基金、非流动资产基金、专用基金、财政补助结转结余、非财政补助结转结余等。

事业基金是指事业单位拥有的非限定用途的净资产,其来源主要为非财政补助结余扣除结余分配后滚存的金额。

非流动资产基金是指事业单位非流动资产占用的金额。

专用基金是指事业单位按规定提取或者设置的具有专门用途的净资产。

财政补助结转结余是指事业单位各项财政补助收入与其相关支出相抵后剩余滚存的、须按规定管理和使用的结转和结余资金。

非财政补助结转结余是指事业单位除财政补助收支以外的各项收入与各项支出相抵后的余额。其中,非财政补助结转是指事业单位除财政补助收支以外的各专项资金收入与其相关支出相抵后剩余滚存的、须按规定用途使用的结转资金;非财政补助结余是指事业单位除财政补助收支以外的各非专项资金收入与各非专项资金支出相抵后的余额。

第三十一条 事业基金、非流动资产基金、专用基金、财政补助结转结余、非财政补助结转结余等净资产项目应当分项列入资产负债表。

第六章 收 入

第三十二条 收入是指事业单位开展业务及其他活动依法取得的非偿还性资金。

第三十三条 事业单位的收入包括财政补助收入、事业收入、上级补助收入、附属单位上缴收入、经营收入和其他收入等。

财政补助收入是指事业单位从同级财政部门取得的各类财政拨款,包括基本支出补助和项目支出补助。

事业收入是指事业单位开展专业业务活动及其辅助活动取得的收入。其中:按照国家有关规定应当上缴国库或者财政专户的资金,不计入事业收入;从财政专户核拨给事业单位的资金和经核准不上缴国库或者财政专户的资金,计入事业收入。

上级补助收入是指事业单位从主管部门和上级单位取得的非财政补助收入。

附属单位上缴收入是指事业单位附属独立核算单位按照有关规定上缴的收入。

经营收入是指事业单位在专业业务活动及其辅助活动之外开展非独立核算经营活动取得的收入。

其他收入是指财政补助收入、事业收入、上级补助收入、附属单位上缴收入和经营收入以外的各项收入,包括投资收益、利息收入、捐赠收入等。

第三十四条 事业单位的收入一般应当在收到款项时予以确认,并按照实际收到的金额进行计量。

采用权责发生制确认的收入,应当在提供服务或者发出存货,同时收讫价款或者取得索取价款的凭据时予以确认,并按照实际收到的金额或者有关凭据注明的金额进行计量。

第七章 支出或者费用

第三十五条 支出或者费用是指事业单位开展业务及其他活动发生的资金耗费和损失。

第三十六条 事业单位的支出或者费用包括事业支出、对附属单位补助支出、上缴上级支出、经营支出和其他支出等。

事业支出是指事业单位开展专业业务活动及其辅助活动发生的基本支出和项目支出。

对附属单位补助支出是指事业单位用财政补助收入之外的收入对附属单位补助发生的支出。

上缴上级支出是指事业单位按照财政部门和主管部门的规定上缴上级单位的支出。

经营支出是指事业单位在专业业务活动及其辅助活动之外开展非独立核算经营活动发生的支出。

其他支出是指事业支出、对附属单位补助支出、上缴上级支出和经营支出以外的各项支出，包括利息支出、捐赠支出等。

第三十七条 事业单位开展非独立核算经营活动的，应当正确归集开展经营活动发生的各项费用数；无法直接归集的，应当按照规定的标准或比例合理分摊。

事业单位的经营支出与经营收入应当配比。

第三十八条 事业单位的支出一般应当在实际支付时予以确认，并按照实际支付金额进行计量。

采用权责发生制确认的支出或者费用，应当在其发生时予以确认，并按照实际发生额进行计量。

第八章 财务会计报告

第三十九条 财务会计报告是反映事业单位某一特定日期的财务状况和某一会计期间的事业成果、预算执行等会计信息的文件。

第四十条 事业单位的财务会计报告包括财务报表和其他应当在财务会计报告中披露的相关信息和资料。

第四十一条 财务报表是对事业单位财务状况、事业成果、预算执行情况等的结构性表述。财务报表由会计报表及其附注构成。

会计报表至少应当包括下列组成部分：

（一）资产负债表；

（二）收入支出表或者收入费用表；

（三）财政补助收入支出表。

第四十二条 资产负债表是指反映事业单位在某一特定日期的财务状况的报表。

资产负债表应当按照资产、负债和净资产分类列示。资产和负债应当分别流动资产和非流动资产、流动负债和非流动负债列示。

第四十三条 收入支出表或者收入费用表是指反映事业单位在某一会计期间的事业成果及其分配情况的报表。

收入支出表或者收入费用表应当按照收入、支出或者费用的构成和非财政补助结余分配情况分项列示。

第四十四条 财政补助收入支出表是指反映事业单位在某一会计期间财政补助收入、支出、结转及结余情况的报表。

第四十五条 附注是指对在会计报表中列示项目的文字描述或明细资料，以及对未能在会计报表中列示项目的说明等。

附注至少应当包括下列内容：

（一）遵循事业单位会计准则、事业单位会计制度（行业事业单位会计制度）的声明；

（二）会计报表中列示的重要项目的进一步说明，包括其主要构成、增减变动情况等；

（三）有助于理解和分析会计报表需要说明的其他事项。

第四十六条 事业单位财务报表应当根据登记完整、核对无误的账簿记录和其他有关资料编制，做到数字真实、计算准确、内容完整、报送及时。

第九章 附　　则

第四十七条 纳入企业财务管理体系的事业单位执行企业会计准则或小企业会计准则。

第四十八条 参照公务员法管理的事业单位对本准则的适用，由财政部另行规定。

第四十九条 本准则自 2013 年 1 月 1 日起施行。1997 年 5 月 28 日财政部印发的《事业单位会计准则（试行）》（财预字〔1997〕286 号）同时废止。

7. 事业单位会计制度(2012年修订)

财会〔2012〕22号

第一部分　总说明

一、为了规范事业单位的会计核算,保证会计信息质量,根据《中华人民共和国会计法》、《事业单位会计准则》和《事业单位财务规则》,制定本制度。

二、本制度适用于各级各类事业单位,下列事业单位除外:

(一)按规定执行《医院会计制度》等行业事业单位会计制度的事业单位;

(二)纳入企业财务管理体系执行企业会计准则或小企业会计准则的事业单位。

参照公务员法管理的事业单位对本制度的适用,由财政部另行规定。

三、事业单位对基本建设投资的会计核算在执行本制度的同时,还应当按照国家有关基本建设会计核算的规定单独建账、单独核算。

四、事业单位会计核算一般采用收付实现制,但部分经济业务或者事项的核算应当按照本制度的规定采用权责发生制。

五、事业单位应当按照《事业单位财务规则》或相关财务制度的规定确定是否对固定资产计提折旧、对无形资产进行摊销。

对固定资产计提折旧、对无形资产进行摊销的,按照本制度规定处理。

不对固定资产计提折旧、不对无形资产进行摊销的,不设置本制度规定的"累计折旧"、"累计摊销"科目,在进行账务处理时不考虑本制度其他科目说明中涉及的"累计折旧"、"累计摊销"科目。

六、事业单位会计要素包括资产、负债、净资产、收入和支出。

七、事业单位应当按照下列规定运用会计科目:

(一)事业单位应当按照本制度的规定设置和使用会计科目。在不影响会计处理和编报财务报表的前提下,可以根据实际情况自行增设、减少或合并某些明细科目。

(二)本制度统一规定会计科目的编号,以便于填制会计凭证、登记账簿、查阅账目,实行会计信息化管理。事业单位不得打乱重编。

(三)事业单位在填制会计凭证、登记会计账簿时,应当填列会计科目的名称,或者同时填列会计科目的名称和编号,不得只填列科目编号、不填列科目名称。

八、事业单位应当按照下列规定编报财务报表:

(一)事业单位的财务报表由会计报表及其附注构成。会计报表包括资产负债表、收入支出表和财政补助收入支出表。

(二)事业单位的财务报表应当按照月度和年度编制。

(三)事业单位应当根据本制度规定编制并对外提供真实、完整的财务报表。事业单位不得违反本制度规定,随意改变财务报表的编制基础、编制依据、编制原则和方法,不得随意改变本制度规定的财务报表有关数据的会计口径。

(四)事业单位财务报表应当根据登记完整、核对无误的账簿记录和其他有关资料编制,做到数字真实、计算准确、内容完整、报送及时。

(五)事业单位财务报表应当由单位负责人和主管会计工作的负责人、会计机构负责人(会计主管人员)签名并盖章。

九、事业单位会计机构设置、会计人员配备、会计基础工作、会计档案管理、内部控制等,按照《中华人民共和国会计法》、《会计基础工作规范》、《会计档案管理办法》、《行政事业单位内部控制规范(试行)》等规定执行。开展会计信息化工作的事业单位,还应按照财政部制定的相关会计信息化工作规范执行。

十、本制度自2013年1月1日起施行。1997年7月17日财政部印发的《事业单位会计制度》(财预字〔1997〕288号)同时废止。

第二部分　会计科目名称和编号

序　　号	科目编号	科　目　名　称
一、资产类		
1	1001	库存现金
2	1002	银行存款
3	1011	零余额账户用款额度
4	1101	短期投资
5	1201 120101 120102	财政应返还额度 财政直接支付 财政授权支付
6	1211	应收票据
7	1212	应收账款
8	1213	预付账款
9	1215	其他应收款
10	1301	存货
11	1401	长期投资
12	1501	固定资产
13	1502	累计折旧
14	1511	在建工程
15	1601	无形资产
16	1602	累计摊销
17	1701	待处置资产损溢
二、负债类		
18	2001	短期借款
19	2101	应缴税费
20	2102	应缴国库款
21	2103	应缴财政专户款
22	2201	应付职工薪酬
23	2301	应付票据
24	2302	应付账款
25	2303	预收账款
26	2305	其他应付款
27	2401	长期借款
28	2402	长期应付款

（续表）

序　号	科目编号	科 目 名 称
三、净资产类		
29	3001	事业基金
30	3101 310101 310102 310103 310104	非流动资产基金 长期投资 固定资产 在建工程 无形资产
31	3201	专用基金
32	3301 330101 330102	财政补助结转 基本支出结转 项目支出结转
33	3302	财政补助结余
34	3401	非财政补助结转
35	3402	事业结余
36	3403	经营结余
37	3404	非财政补助结余分配
四、收入类		
38	4001	财政补助收入
39	4101	事业收入
40	4201	上级补助收入
41	4301	附属单位上缴收入
42	4401	经营收入
43	4501	其他收入
五、支出类		
44	5001	事业支出
45	5101	上缴上级支出
46	5201	对附属单位补助支出
47	5301	经营支出
48	5401	其他支出

第三部分　会计科目使用说明

一、资产类

1001 库存现金

一、本科目核算事业单位的库存现金。

二、事业单位应当严格按照国家有关现金管理的规定收支现金，并按照本制度规定核算现金的各项收支业务。

三、库存现金的主要账务处理如下：

（一）从银行等金融机构提取现金，按照实际提取的金额，借记本科目，贷记“银行存款”等科目；将现金存入银行等金融机构，按照实际存入的金额，借记“银行存款”等科目，贷记本科目。

（二）因内部职工出差等原因借出的现金，按照实际借出的现金金额，借记“其他应收款”科目，贷记本科目；出差人员报销差旅费时，按照应报销的金额，借记有关科目，按照实际借出的现金金额，贷记“其他应收款”科目，按其差额，借记或贷记本科目。

（三）因开展业务等其他事项收到现金，按照实际收到的金额，借记本科目，贷记有关科目；因购买服务或商品等其他事项支出现金，按照实际支出的金额，借记有关科目，贷记本科目。

四、事业单位应当设置“现金日记账”，由出纳人员根据收付款凭证，按照业务发生顺序逐笔登记。每日终了，应当计算当日的现金收入合计数、现金支出合计数和结余数，并将结余数与实际库存数核对，做到账款相符。

每日账款核对中发现现金溢余或短缺的，应当及时进行处理。

如发现现金溢余，属于应支付给有关人员或单位的部分，借记本科目，贷记“其他应付款”科目；属于无法查明原因的部分，借记本科目，贷记“其他收入”科目。如发现现金短缺，属于应由责任人赔偿的部分，借记“其他应收款”科目，贷记本科目；属于无法查明原因的部分，报经批准后，借记“其他支出”科目，贷记本科目。

现金收入业务较多、单独设有收款部门的事业单位，收款部门的收款员应当将每天所收现金连同收款凭据等一并交财务部门核收记账；或者将每天所收现金直接送存开户银行后，将收款凭据及向银行送存现金的凭证等一并交财务部门核收记账。

五、事业单位有外币现金的，应当分别按照人民币、各种外币设置“现金日记账”进行明细核算。有关外币现金业务的账务处理参见“银行存款”科目的相关规定。

六、本科目期末借方余额，反映事业单位实际持有的库存现金。

1002 银行存款

一、本科目核算事业单位存入银行或其他金融机构的各种存款。

二、事业单位应当严格按照国家有关支付结算办法的规定办理银行存款收支业务，并按照本制度规定核算银行存款的各项收支业务。

三、银行存款的主要账务处理如下：

（一）将款项存入银行或其他金融机构，借记本科目，贷记“库存现金”、“事业收入”、“经营收入”等有关科目。

（二）提取和支出存款时，借记有关科目，贷记本科目。

四、事业单位发生外币业务的，应当按照业务发生当日（或当期期初，下同）的即期汇率，将外币金额折算为人民币记账，并登记外币金额和汇率。

期末，各种外币账户的外币余额应当按照期末的即期汇率折算为人民币，作为外币账户期末人民币余额。调整后的各种外币账户人民币余额与原账面人民币余额的差额，作为汇兑损益计入相关支出。

（一）以外币购买物资、劳务等，按照购入当日的即期汇率将支付的外币或应支付的外币折算为人民币金额，借记有关科目，贷记本科目、“应付账款”等科目的外币账户。

（二）以外币收取相关款项等，按照收取款项或收入确认当日的即期汇率将收取的外币或应收取的外币折算为人民币金额，借记本科目、“应收账款”等科目的外币账户，贷记有关科目。

（三）期末，根据各外币账户按期末汇率调整后的人民币余额与原账面人民币余额的差额，作为汇兑损益，借记或贷记本科目、“应收账款”、“应付账款”等科目，贷记或借记“事业支出”、“经营支出”等科目。

五、事业单位应当按开户银行或其他金融机构、存款种类及币种等，分别设置“银行存款日记账”，由出纳人员根据收付款凭证，按照业务的发生顺序逐笔登记，每日终了应结出余额。“银行存款日记账”应定期与“银行对账单”核对，至少每月核对一次。月度终了，事业单位银行存款账面余额与银行对账单余额之间如有差额，必须逐笔查明原因并进行处理，按月编制“银行存款余额调节表”，调节相符。

六、本科目期末借方余额，反映事业单位实际存放在银行或其他金融机构的款项。

1011 零余额账户用款额度

一、本科目核算实行国库集中支付的事业单位根据财政部门批复的用款计划收到和支用的零余额账户用款额度。

二、零余额账户用款额度的主要账务处理如下：

(一)在财政授权支付方式下，收到代理银行盖章的“授权支付到账通知书”时，根据通知书所列数额，借记本科目，贷记“财政补助收入”科目。

(二)按规定支用额度时，借记有关科目，贷记本科目。

(三)从零余额账户提取现金时，借记“库存现金”科目，贷记本科目。

(四)因购货退回等发生国库授权支付额度退回的，属于以前年度支付的款项，按照退回金额，借记本科目，贷记“财政补助结转”、“财政补助结余”、“存货”等有关科目；属于本年度支付的款项，按照退回金额，借记本科目，贷记“事业支出”、“存货”等有关科目。

(五)年度终了，依据代理银行提供的对账单作注销额度的相关账务处理，借记“财政应返还额度——财政授权支付”科目，贷记本科目。事业单位本年度财政授权支付预算指标数大于零余额账户用款额度下达数的，根据未下达的用款额度，借记“财政应返还额度——财政授权支付”科目，贷记“财政补助收入”科目。

下年初，事业单位依据代理银行提供的额度恢复到账通知书作恢复额度的相关账务处理，借记本科目，贷记“财政应返还额度——财政授权支付”科目。事业单位收到财政部门批复的上年末未下达零余额账户用款额度的，借记本科目，贷记“财政应返还额度——财政授权支付”科目。

三、本科目期末借方余额，反映事业单位尚未支用的零余额账户用款额度。本科目年末应无余额。

1101 短期投资

一、本科目核算事业单位依法取得的，持有时间不超过1年(含1年)的投资，主要是国债投资。

二、事业单位应当严格遵守国家法律、行政法规以及财政部门、主管部门关于对外投资的有关规定。

三、本科目应当按照国债投资的种类等进行明细核算。

四、短期投资的主要账务处理如下：

(一)短期投资在取得时，应当按照其实际成本(包括购买价款以及税金、手续费等相关税费)作为投资成本，借记本科目，贷记“银行存款”等科目。

(二)短期投资持有期间收到利息时，按实际收到的金额，借记“银行存款”科目，贷记“其他收入——投资收益”科目。

(三)出售短期投资或到期收回短期国债本息，按照实际收到的金额，借记“银行存款”科目，按照出售或收回短期国债的成本，贷记本科目，按其差额，贷记或借记“其他收入——投资收益”科目。

五、本科目期末借方余额，反映事业单位持有的短期投资成本。

1201 财政应返还额度

一、本科目核算实行国库集中支付的事业单位应收财政返还的资金额度。

二、本科目应当设置“财政直接支付”、“财政授权支付”两个明细科目，进行明细核算。

三、财政应返还额度的主要账务处理如下：

(一)财政直接支付

年度终了，事业单位根据本年度财政直接支付预算指标数与当年财政直接支付实际支出数的差额，借记本科目(财政直接支付)，贷记“财政补助收入”科目。

下年度恢复财政直接支付额度后，事业单位以财政直接支付方式发生实际支出时，借记有关科目，贷记本科目(财政直接支付)。

(二)财政授权支付

年度终了，事业单位依据代理银行提供的对账单作注销额度的相关账务处理，借记本科目(财政授权支付)，贷记“零余额账户用款额度”科目。事业单位本年度财政授权支付预算指标数大于零余额账户用款额度下达数的，根据未下达的用款额度，借记本科目(财政授权支付)，贷记“财政补助收入”科目。

下年初，事业单位依据代理银行提供的额度恢复到账通知书作恢复额度的相关账务处理，借记“零余额账户用款额度”科目，贷记本科目(财政授权支付)。事业单位收到财政部门批复的上年末未下达零余额账户用款额度时，借记“零余额账户用款额度”科目，贷记本科目(财政授权支付)。

四、本科目期末借方余额，反映事业单位应收财政返还的资金额度。

1211 应收票据

一、本科目核算事业单位因开展经营活动销售产品、提供有偿服务等而收到的商业汇票，包括银行承兑汇票和商业承兑汇票。

二、本科目应当按照开出、承兑商业汇票的单位等进行明细核算。

三、应收票据的主要账务处理如下:

(一)因销售产品、提供服务等收到商业汇票,按照商业汇票的票面金额,借记本科目,按照确认的收入金额,贷记“经营收入”等科目,按照应缴增值税金额,贷记“应缴税费——应缴增值税”科目。

(二)持未到期的商业汇票向银行贴现,按照实际收到的金额(即扣除贴现息后的净额),借记“银行存款”科目,按照贴现息,借记“经营支出”等科目,按照商业汇票的票面金额,贷记本科目。

(三)将持有的商业汇票背书转让以取得所需物资时,按照取得物资的成本,借记有关科目,按照商业汇票的票面金额,贷记本科目,如有差额,借记或贷记“银行存款”等科目。

(四)商业汇票到期时,应当分别以下情况处理:

1. 收回应收票据,按照实际收到的商业汇票票面金额,借记“银行存款”科目,贷记本科目。

2. 因付款人无力支付票款,收到银行退回的商业承兑汇票、委托收款凭证、未付票款通知书或拒付款证明等,按照商业汇票的票面金额,借记“应收账款”科目,贷记本科目。

四、事业单位应当设置“应收票据备查簿”,逐笔登记每一应收票据的种类、号数、出票日期、到期日、票面金额、交易合同号和付款人、承兑人、背书人姓名或单位名称、背书转让日、贴现日期、贴现率和贴现净额、收款日期、收回金额和退票情况等资料。应收票据到期结清票款或退票后,应当在备查簿内逐笔注销。

五、本科目期末借方余额,反映事业单位持有的商业汇票票面金额。

1212 应收账款

一、本科目核算事业单位因开展经营活动销售产品、提供有偿服务等而应收取的款项。

二、本科目应当按照购货、接受劳务单位(或个人)进行明细核算。

三、应收账款的主要账务处理如下:

(一)发生应收账款时,按照应收未收金额,借记本科目,按照确认的收入金额,贷记“经营收入”等科目,按照应缴增值税金额,贷记“应缴税费——应缴增值税”科目。

(二)收回应收账款时,按照实际收到的金额,借记“银行存款”等科目,贷记本科目。

四、逾期三年或以上、有确凿证据表明确实无法收回的应收账款,按规定报经批准后予以核销。核销的应收账款应在备查簿中保留登记。

(一)转入待处置资产时,按照待核销的应收账款金额,借记“待处置资产损溢”科目,贷记本科目。

(二)报经批准予以核销时,借记“其他支出”科目,贷记“待处置资产损溢”科目。

(三)已核销应收账款在以后期间收回的,按照实际收回的金额,借记“银行存款”等科目,贷记“其他收入”科目。

五、本科目期末借方余额,反映事业单位尚未收回的应收账款。

1213 预付账款

一、本科目核算事业单位按照购货、劳务合同规定预付给供应单位的款项。

二、本科目应当按照供应单位(或个人)进行明细核算。

事业单位应当通过明细核算或辅助登记方式,登记预付账款的资金性质(区分财政补助资金、非财政专项资金和其他资金)。

三、预付账款的主要账务处理如下:

(一)发生预付账款时,按照实际预付的金额,借记本科目,贷记“零余额账户用款额度”、“财政补助收入”、“银行存款”等科目。

(二)收到所购物资或劳务,按照购入物资或劳务的成本,借记有关科目,按照相应预付账款金额,贷记本科目,按照补付的款项,贷记“零余额账户用款额度”、“财政补助收入”、“银行存款”等科目。

收到所购固定资产、无形资产的,按照确定的资产成本,借记“固定资产”、“无形资产”科目,贷记“非流动资产基金——固定资产、无形资产”科目;同时,按资产购置支出,借记“事业支出”、“经营支出”等科目,按照相应预付账款金额,贷记本科目,按照补付的款项,贷记“零余额账户用款额度”、“财政补助收入”、“银行存款”等科目。

四、逾期三年或以上、有确凿证据表明因供货单位破产、撤销等原因已无望再收到所购物资,且确实无法收回的预付账款，按规定报经批准后予以核销。核销的预付账款应在备查簿中保留登记。

（一）转入待处置资产时，按照待核销的预付账款金额，借记“待处置资产损溢”科目，贷记本科目。

（二）报经批准予以核销时，借记“其他支出”科目，贷记“待处置资产损溢”科目。

（三）已核销预付账款在以后期间收回的，按照实际收回的金额，借记“银行存款”等科目，贷记“其他收入”科目。

五、本科目期末借方余额，反映事业单位实际预付但尚未结算的款项。

1215 其他应收款

一、本科目核算事业单位除财政应返还额度、应收票据、应收账款、预付账款以外的其他各项应收及暂付款项，如职工预借的差旅费、拨付给内部有关部门的备用金、应向职工收取的各种垫付款项等。

二、本科目应当按照其他应收款的类别以及债务单位（或个人）进行明细核算。

三、其他应收款的主要账务处理如下：

（一）发生其他各种应收及暂付款项时，借记本科目，贷记“银行存款”、“库存现金”等科目。

（二）收回或转销其他各种应收及暂付款项时，借记“库存现金”、“银行存款”等科目，贷记本科目。

（三）事业单位内部实行备用金制度的，有关部门使用备用金以后应当及时到财务部门报销并补足备用金。财务部门核定并发放备用金时，借记本科目，贷记“库存现金”等科目。根据报销数用现金补足备用金定额时，借记有关科目，贷记“库存现金”等科目，报销数和拨补数都不再通过本科目核算。

四、逾期三年或以上、有确凿证据表明确实无法收回的其他应收款，按规定报经批准后予以核销。核销的其他应收款应在备查簿中保留登记。

（一）转入待处置资产时，按照待核销的其他应收款金额，借记“待处置资产损溢”科目，贷记本科目。

（二）报经批准予以核销时，借记“其他支出”科目，贷记“待处置资产损溢”科目。

（三）已核销其他应收款在以后期间收回的，按照实际收回的金额，借记“银行存款”等科目，贷记“其他收入”科目。

五、本科目期末借方余额，反映事业单位尚未收回的其他应收款。

1301 存　　货

一、本科目核算事业单位在开展业务活动及其他活动中为耗用而储存的各种材料、燃料、包装物、低值易耗品及达不到固定资产标准的用具、装具、动植物等的实际成本。

事业单位随买随用的零星办公用品，可以在购进时直接列作支出，不通过本科目核算。

二、本科目应当按照存货的种类、规格、保管地点等进行明细核算。

事业单位应当通过明细核算或辅助登记方式，登记取得存货成本的资金来源（区分财政补助资金、非财政专项资金和其他资金）。

发生自行加工存货业务的事业单位，应当在本科目下设置“生产成本”明细科目，归集核算自行加工存货所发生的实际成本（包括耗用的直接材料费用、发生的直接人工费用和分配的间接费用）。

三、存货的主要账务处理如下：

（一）存货在取得时，应当按照其实际成本入账。

1. 购入的存货，其成本包括购买价款、相关税费、运输费、装卸费、保险费以及其他使得存货达到目前场所和状态所发生的其他支出。事业单位按照税法规定属于增值税一般纳税人的，其购进非自用（如用于生产对外销售的产品）材料所支付的增值税款不计入材料成本。

购入的存货验收入库，按确定的成本，借记本科目，贷记“银行存款”、“应付账款”、“财政补助收入”、“零余额账户用款额度”等科目。

属于增值税一般纳税人的事业单位购入非自用材料的，按确定的成本（不含增值税进项税额），借记本科目，按增值税专用发票上注明的增值税额，借记“应缴税费——应缴增值税（进项税额）”科目，按实际支付或应付的金额，贷记“银行存款”、“应付账款”等科目。

2. 自行加工的存货，其成本包括耗用的直接材料费用、发生的直接人工费用和按照一定方法分配的与存货加工有关的间接费用。

自行加工的存货在加工过程中发生各种费用时，借记本科目（生产成本），贷记本科目（领用材料相关的明细科目）、“应付职工薪酬”、“银行存款”等科目。

加工完成的存货验收入库，按照所发生的实际成本，借记本科目（相关明细科目），贷记本科目（生产成本）。

3. 接受捐赠、无偿调入的存货，其成本按照有关凭据注明的金额加上相关税费、运输费等确定；没有相关凭据的，其成本比照同类或类似存货的市场价格加上相关税费、运输费等确定；没有相关凭据、同类或类似存货的市场价格也无法可靠取得的，该存货按照名义金额（即人民币1元，下同）入账。相关财务制度仅要求进行实物管理的除外。

接受捐赠、无偿调入的存货验收入库，按照确定的成本，借记本科目，按照发生的相关税费、运输费等，贷记“银行存款”等科目，按照其差额，贷记“其他收入”科目。

按照名义金额入账的情况下，按照名义金额，借记本科目，贷记“其他收入”科目；按照发生的相关税费、运输费等，借记“其他支出”科目，贷记“银行存款”等科目。

（二）存货在发出时，应当根据实际情况采用先进先出法、加权平均法或者个别计价法确定发出存货的实际成本。计价方法一经确定，不得随意变更。低值易耗品的成本于领用时一次摊销。

1. 开展业务活动等领用、发出存货，按领用、发出存货的实际成本，借记“事业支出”、“经营支出”等科目，贷记本科目。

2. 对外捐赠、无偿调出存货，转入待处置资产时，按照存货的账面余额，借记“待处置资产损溢”科目，贷记本科目。

属于增值税一般纳税人的事业单位对外捐赠、无偿调出购进的非自用材料，转入待处置资产时，按照存货的账面余额与相关增值税进项税额转出金额的合计金额，借记“待处置资产损溢”科目，按存货的账面余额，贷记本科目，按转出的增值税进项税额，贷记“应缴税费——应缴增值税（进项税额转出）”科目。

实际捐出、调出存货时，按照“待处置资产损溢”科目的相应余额，借记“其他支出”科目，贷记“待处置资产损溢”科目。

四、事业单位的存货应当定期进行清查盘点，每年至少盘点一次。对于发生的存货盘盈、盘亏或者报废、毁损，应当及时查明原因，按规定报经批准后进行账务处理。

（一）盘盈的存货，按照同类或类似存货的实际成本或市场价格确定入账价值；同类或类似存货的实际成本、市场价格均无法可靠取得的，按照名义金额入账。

盘盈的存货，按照确定的入账价值，借记本科目，贷记“其他收入”科目。

（二）盘亏或者毁损、报废的存货，转入待处置资产时，按照待处置存货的账面余额，借记“待处置资产损溢”科目，贷记本科目。

属于增值税一般纳税人的事业单位购进的非自用材料发生盘亏或者毁损、报废的，转入待处置资产时，按照存货的账面余额与相关增值税进项税额转出金额的合计金额，借记“待处置资产损溢”科目，按存货的账面余额，贷记本科目，按转出的增值税进项税额，贷记“应缴税费——应缴增值税（进项税额转出）”科目。

报经批准予以处置时，按照“待处置资产损溢”科目的相应余额，借记“其他支出”科目，贷记“待处置资产损溢”科目。

处置存货过程中所取得的收入、发生的费用，以及处置收入扣除相关处置费用后的净收入的账务处理，参见“待处置资产损溢”科目。

五、本科目期末借方余额，反映事业单位存货的实际成本。

1401 长期投资

一、本科目核算事业单位依法取得的，持有时间超过1年（不含1年）的股权和债权性质的投资。

二、事业单位应当严格遵守国家法律、行政法规以及财政部门、主管部门有关事业单位对外投资的规定。

三、本科目应当按照长期投资的种类和被投资单位等进行明细核算。

四、长期投资的主要账务处理如下：

（一）长期股权投资

1. 长期股权投资在取得时，应当按照其实际成本作为投资成本。

（1）以货币资金取得的长期股权投资，按照实际支付的全部价款（包括购买价款以及税金、手续费等相关税费）作为投资成本，借记本科目，贷记“银行存款”等科目；同时，按照投资成本金额，借记“事业基金”科目，贷记“非流动资产基金——长期投资”科目。

(2)以固定资产取得的长期股权投资，按照评估价值加上相关税费作为投资成本，借记本科目，贷记“非流动资产基金——长期投资”科目，按发生的相关税费，借记“其他支出”科目，贷记“银行存款”、“应缴税费”等科目；同时，按照投出固定资产对应的非流动资产基金，借记“非流动资产基金——固定资产”科目，按照投出固定资产已计提折旧，借记“累计折旧”科目，按投出固定资产的账面余额，贷记“固定资产”科目。

(3)以已入账无形资产取得的长期股权投资，按照评估价值加上相关税费作为投资成本，借记本科目，贷记“非流动资产基金——长期投资”科目，按发生的相关税费，借记“其他支出”科目，贷记“银行存款”、“应缴税费”等科目；同时，按照投出无形资产对应的非流动资产基金，借记“非流动资产基金——无形资产”科目，按照投出无形资产已计提摊销，借记“累计摊销”科目，按照投出无形资产的账面余额，贷记“无形资产”科目。

以未入账无形资产取得的长期股权投资，按照评估价值加上相关税费作为投资成本，借记本科目，贷记“非流动资产基金——长期投资”科目，按发生的相关税费，借记“其他支出”科目，贷记“银行存款”、“应缴税费”等科目。

2. 长期股权投资持有期间，收到利润等投资收益时，按照实际收到的金额，借记“银行存款”等科目，贷记“其他收入——投资收益”科目。

3. 转让长期股权投资，转入待处置资产时，按照待转让长期股权投资的账面余额，借记“待处置资产损溢——处置资产价值”科目，贷记本科目。

实际转让时，按照所转让长期股权投资对应的非流动资产基金，借记“非流动资产基金——长期投资”科目，贷记“待处置资产损溢——处置资产价值”科目。

转让长期股权投资过程中取得价款、发生相关税费，以及转让价款扣除相关税费后的净收入的账务处理，参见“待处置资产损溢”科目。

4. 因被投资单位破产清算等原因，有确凿证据表明长期股权投资发生损失，按规定报经批准后予以核销。将待核销长期股权投资转入待处置资产时，按照待核销的长期股权投资账面余额，借记“待处置资产损溢”科目，贷记本科目。

报经批准予以核销时，借记“非流动资产基金——长期投资”科目，贷记“待处置资产损溢”科目。

(二)长期债券投资

1. 长期债券投资在取得时，应当按照其实际成本作为投资成本。

以货币资金购入的长期债券投资，按照实际支付的全部价款(包括购买价款以及税金、手续费等相关税费)作为投资成本，借记本科目，贷记“银行存款”等科目；同时，按照投资成本金额，借记“事业基金”科目，贷记“非流动资产基金——长期投资”科目。

2. 长期债券投资持有期间收到利息时，按照实际收到的金额，借记“银行存款”等科目，贷记“其他收入——投资收益”科目。

3. 对外转让或到期收回长期债券投资本息，按照实际收到的金额，借记“银行存款”等科目，按照收回长期投资的成本，贷记本科目，按照其差额，贷记或借记“其他收入——投资收益”科目；同时，按照收回长期投资对应的非流动资产基金，借记“非流动资产基金——长期投资”科目，贷记“事业基金”科目。

五、本科目期末借方余额，反映事业单位持有的长期投资成本。

1501 固定资产

一、本科目核算事业单位固定资产的原价。

固定资产是指事业单位持有的使用期限超过 1 年(不含 1 年)、单位价值在规定标准以上，并在使用过程中基本保持原有物质形态的资产。单位价值虽未达到规定标准，但使用期限超过 1 年(不含 1 年)的大批同类物资，作为固定资产核算和管理。

二、事业单位的固定资产一般分为六类：房屋及构筑物；专用设备；通用设备；文物和陈列品；图书、档案；家具、用具、装具及动植物。有关说明如下：

1. 对于应用软件，如果其构成相关硬件不可缺少的组成部分，应当将该软件价值包括在所属硬件价值中，一并作为固定资产进行核算；如果其不构成相关硬件不可缺少的组成部分，应当将该软件作为无形资产核算。

2. 事业单位以经营租赁租入的固定资产，不作为固定资产核算，应当另设备查簿进行登记。

3. 购入需要安装的固定资产，应当先通过“在建工程”科目核算，安装完毕交付使用时再转入本科目核算。

三、事业单位应当根据固定资产定义，结合本单位的具体情况，制定适合于本单位的固定资产目录、具体分类方法，作为进行固定资产核算的依据。

事业单位应当设置“固定资产登记簿”和“固定资产卡片”，按照固定资产类别、项目和使用部门等进行明细核算。出租、出借的固定资产，应当设置备查簿进行登记。

四、固定资产的主要账务处理如下：

（一）固定资产在取得时，应当按照其实际成本入账。

1. 购入的固定资产，其成本包括购买价款、相关税费以及固定资产交付使用前所发生的可归属于该项资产的运输费、装卸费、安装调试费和专业人员服务费等。

以一笔款项购入多项没有单独标价的固定资产，按照各项固定资产同类或类似资产市场价格的比例对总成本进行分配，分别确定各项固定资产的入账成本。

购入不需安装的固定资产，按照确定的固定资产成本，借记本科目，贷记“非流动资产基金——固定资产”科目；同时，按照实际支付金额，借记“事业支出”、“经营支出”、“专用基金——修购基金”等科目，贷记“财政补助收入”、“零余额账户用款额度”、“银行存款”等科目。

购入需要安装的固定资产，先通过“在建工程”科目核算。安装完工交付使用时，借记本科目，贷记“非流动资产基金——固定资产”科目；同时，借记“非流动资产基金——在建工程”科目，贷记“在建工程”科目。

购入固定资产扣留质量保证金的，应当在取得固定资产时，按照确定的成本，借记本科目[不需安装]或“在建工程”科目[需要安装]，贷记“非流动资产基金——固定资产、在建工程”科目。同时取得固定资产全款发票的，应当同时按照构成资产成本的全部支出金额，借记“事业支出”、“经营支出”、“专用基金——修购基金”等科目，按照实际支付金额，贷记“财政补助收入”、“零余额账户用款额度”、“银行存款”等科目，按照扣留的质量保证金，贷记“其他应付款”[扣留期在1年以内（含1年）]或“长期应付款”[扣留期超过1年]科目；取得的发票金额不包括质量保证金的，应当同时按照不包括质量保证金的支出金额，借记“事业支出”、“经营支出”、“专用基金——修购基金”等科目，贷记“财政补助收入”、“零余额账户用款额度”、“银行存款”等科目。质保期满支付质量保证金时，借记“其他应付款”、“长期应付款”科目，或借记“事业支出”、“经营支出”、“专用基金——修购基金”等科目，贷记“财政补助收入”、“零余额账户用款额度”、“银行存款”等科目。

2. 自行建造的固定资产，其成本包括建造该项资产至交付使用前所发生的全部必要支出。

工程完工交付使用时，按自行建造过程中发生的实际支出，借记本科目，贷记“非流动资产基金——固定资产”科目；同时，借记“非流动资产基金——在建工程”科目，贷记“在建工程”科目。已交付使用但尚未办理竣工决算手续的固定资产，按照估计价值入账，待确定实际成本后再进行调整。

3. 在原有固定资产基础上进行改建、扩建、修缮后的固定资产，其成本按照原固定资产账面价值（“固定资产”科目账面余额减去“累计折旧”科目账面余额后的净值）①加上改建、扩建、修缮发生的支出，再扣除固定资产拆除部分的账面价值后的金额确定。

将固定资产转入改建、扩建、修缮时，按固定资产的账面价值，借记“在建工程”科目，贷记“非流动资产基金——在建工程”科目；同时，按固定资产对应的非流动资产基金，借记“非流动资产基金——固定资产”科目，按固定资产已计提折旧，借记“累计折旧”科目，按固定资产的账面余额，贷记本科目。

工程完工交付使用时，借记本科目，贷记“非流动资产基金——固定资产”科目；同时，借记“非流动资产基金——在建工程”科目，贷记“在建工程”科目。

4. 以融资租赁租入的固定资产，其成本按照租赁协议或者合同确定的租赁价款、相关税费以及固定资产交付使用前所发生的可归属于该项资产的运输费、途中保险费、安装调试费等确定。

融资租入的固定资产，按照确定的成本，借记本科目[不需安装]或“在建工程”科目[需安装]，按照租赁协议或者合同确定的租赁价款，贷记“长期应付款”科目，按照其差额，贷记“非流动资产基金——固定资产、

---

① 本制度所称账面价值，是指某会计科目的账面余额减去相关备抵科目（如“累计折旧”、“累计摊销”科目）账面余额后的净值。本制度所称账面余额，是指某会计科目的账面实际余额。

在建工程”科目。同时,按照实际支付的相关税费、运输费、途中保险费、安装调试费等,借记“事业支出”、“经营支出”等科目,贷记“财政补助收入”、“零余额账户用款额度”、“银行存款”等科目。

定期支付租金时,按照支付的租金金额,借记“事业支出”、“经营支出”等科目,贷记“财政补助收入”、“零余额账户用款额度”、“银行存款”等科目;同时,借记“长期应付款”科目,贷记“非流动资产基金——固定资产”科目。

跨年度分期付款购入固定资产的账务处理,参照融资租入固定资产。

5. 接受捐赠、无偿调入的固定资产,其成本按照有关凭据注明的金额加上相关税费、运输费等确定;没有相关凭据的,其成本比照同类或类似固定资产的市场价格加上相关税费、运输费等确定;没有相关凭据、同类或类似固定资产的市场价格也无法可靠取得的,该固定资产按照名义金额入账。

接受捐赠、无偿调入的固定资产,按照确定的固定资产成本,借记本科目[不需安装]或“在建工程”科目[需安装],贷记“非流动资产基金——固定资产、在建工程”科目;按照发生的相关税费、运输费等,借记“其他支出”科目,贷记“银行存款”等科目。

(二)按月计提固定资产折旧时,按照实际计提金额,借记“非流动资产基金——固定资产”科目,贷记“累计折旧”科目。

(三)与固定资产有关的后续支出,应分别以下情况处理:

1. 为增加固定资产使用效能或延长其使用年限而发生的改建、扩建或修缮等后续支出,应当计入固定资产成本,通过“在建工程”科目核算,完工交付使用时转入本科目。有关账务处理参见“在建工程”科目。

2. 为维护固定资产的正常使用而发生的日常修理等后续支出,应当计入当期支出但不计入固定资产成本,借记“事业支出”、“经营支出”等科目,贷记“财政补助收入”、“零余额账户用款额度”、“银行存款”等科目。

(四)报经批准出售、无偿调出、对外捐赠固定资产或以固定资产对外投资,应当分别以下情况处理:

1. 出售、无偿调出、对外捐赠固定资产,转入待处置资产时,按照待处置固定资产的账面价值,借记“待处置资产损溢”科目,按照已计提折旧,借记“累计折旧”科目,按照固定资产的账面余额,贷记本科目。

实际出售、调出、捐出时,按照处置固定资产对应的非流动资产基金,借记“非流动资产基金——固定资产”科目,贷记“待处置资产损溢”科目。

出售固定资产过程中取得价款、发生相关税费,以及出售价款扣除相关税费后的净收入的账务处理,参见“待处置资产损溢”科目。

2. 以固定资产对外投资,按照评估价值加上相关税费作为投资成本,借记“长期投资”科目,贷记“非流动资产基金——长期投资”科目,按发生的相关税费,借记“其他支出”科目,贷记“银行存款”、“应缴税费”等科目;同时,按照投出固定资产对应的非流动资产基金,借记“非流动资产基金——固定资产”科目,按照投出固定资产已计提折旧,借记“累计折旧”科目,按照投出固定资产的账面余额,贷记本科目。

五、事业单位的固定资产应当定期进行清查盘点,每年至少盘点一次。对于发生的固定资产盘盈、盘亏或者报废、毁损,应当及时查明原因,按规定报经批准后进行账务处理。

(一)盘盈的固定资产,按照同类或类似固定资产的市场价格确定入账价值;同类或类似固定资产的市场价格无法可靠取得的,按照名义金额入账。

盘盈的固定资产,按照确定的入账价值,借记本科目,贷记“非流动资产基金——固定资产”科目。

(二)盘亏或者毁损、报废的固定资产,转入待处置资产时,按照待处置固定资产的账面价值,借记“待处置资产损溢”科目,按照已计提折旧,借记“累计折旧”科目,按照固定资产的账面余额,贷记本科目。

报经批准予以处置时,按照处置固定资产对应的非流动资产基金,借记“非流动资产基金——固定资产”科目,贷记“待处置资产损溢”科目。

处置毁损、报废固定资产过程中所取得的收入、发生的相关费用,以及处置收入扣除相关费用后的净收入的账务处理,参见“待处置资产损溢”科目。

六、本科目期末借方余额,反映事业单位固定资产的原价。

1502 累计折旧

一、本科目核算事业单位固定资产计提的累计折旧。

二、本科目应当按照所对应固定资产的类别、项目等进行明细核算。

三、事业单位应当对除下列各项资产以外的其他固定资产计提折旧：

（一）文物和陈列品；

（二）动植物；

（三）图书、档案；

（四）以名义金额计量的固定资产。

四、折旧是指在固定资产使用寿命内，按照确定的方法对应折旧金额进行系统分摊。有关说明如下：

（一）事业单位应当根据固定资产的性质和实际使用情况，合理确定其折旧年限。省级以上财政部门、主管部门对事业单位固定资产折旧年限作出规定的，从其规定。

（二）事业单位一般应当采用年限平均法或工作量法计提固定资产折旧。

（三）事业单位固定资产的应折旧金额为其成本，计提固定资产折旧不考虑预计净残值。

（四）事业单位一般应当按月计提固定资产折旧。当月增加的固定资产，当月不提折旧，从下月起计提折旧；当月减少的固定资产，当月照提折旧，从下月起不提折旧。

（五）固定资产提足折旧后，无论能否继续使用，均不再计提折旧；提前报废的固定资产，也不再补提折旧。已提足折旧的固定资产，可以继续使用的，应当继续使用，规范管理。

（六）计提融资租入固定资产折旧时，应当采用与自有固定资产相一致的折旧政策。能够合理确定租赁期届满时将会取得租入固定资产所有权的，应当在租入固定资产尚可使用年限内计提折旧；无法合理确定租赁期届满时能够取得租入固定资产所有权的，应当在租赁期与租入固定资产尚可使用年限两者中较短的期间内计提折旧。

（七）固定资产因改建、扩建或修缮等原因而延长其使用年限的，应当按照重新确定的固定资产的成本以及重新确定的折旧年限，重新计算折旧额。

五、累计折旧的主要账务处理如下：

（一）按月计提固定资产折旧时，按照应计提折旧金额，借记“非流动资产基金——固定资产”科目，贷记本科目。

（二）固定资产处置时，按照所处置固定资产的账面价值，借记“待处置资产损溢”科目，按照已计提折旧，借记本科目，按照固定资产的账面余额，贷记“固定资产”科目。

六、本科目期末贷方余额，反映事业单位计提的固定资产折旧累计数。

1511 在建工程

一、本科目核算事业单位已经发生必要支出，但尚未完工交付使用的各种建筑（包括新建、改建、扩建、修缮等）和设备安装工程的实际成本。

二、本科目应当按照工程性质和具体工程项目等进行明细核算。

三、事业单位的基本建设投资应当按照国家有关规定单独建账、单独核算，同时按照本制度的规定至少按月并入本科目及其他相关科目反映。

事业单位应当在本科目下设置“基建工程”明细科目，核算由基建账套并入的在建工程成本。有关基建并账的具体账务处理另行规定。

四、在建工程（非基本建设项目）的主要账务处理如下：

（一）建筑工程

1. 将固定资产转入改建、扩建或修缮等时，按照固定资产的账面价值，借记本科目，贷记“非流动资产基金——在建工程”科目；同时，按照固定资产对应的非流动资产基金，借记“非流动资产基金——固定资产”科目，按照已计提折旧，借记“累计折旧”科目，按照固定资产的账面余额，贷记“固定资产”科目。

2. 根据工程价款结算账单与施工企业结算工程价款时，按照实际支付的工程价款，借记本科目，贷记“非流动资产基金——在建工程”科目；同时，借记“事业支出”等科目，贷记“财政补助收入”、“零余额账户用款额度”、“银行存款”等科目。

3. 事业单位为建筑工程借入的专门借款的利息，属于建设期间发生的，计入在建工程成本，借记本科目，贷记“非流动资产基金——在建工程”科目；同时，借记“其他支出”科目，贷记“银行存款”科目。

4. 工程完工交付使用时，按照建筑工程所发生的实际成本，借记“固定资产”科目，贷记“非流动资产基金——固定资产”科目；同时，借记“非流动资产基金——在建工程”科目，贷记本科目。

(二)设备安装

1. 购入需要安装的设备,按照确定的成本,借记本科目,贷记“非流动资产基金——在建工程”科目;同时,按照实际支付金额,借记“事业支出”、“经营支出”等科目,贷记“财政补助收入”、“零余额账户用款额度”、“银行存款”等科目。

融资租入需要安装的设备,按照确定的成本,借记本科目,按照租赁协议或者合同确定的租赁价款,贷记“长期应付款”科目,按照其差额,贷记“非流动资产基金——在建工程”科目。同时,按照实际支付的相关税费、运输费、途中保险费等,借记“事业支出”、“经营支出”等科目,贷记“财政补助收入”、“零余额账户用款额度”、“银行存款”等科目。

2. 发生安装费用,借记本科目,贷记“非流动资产基金——在建工程”科目;同时,借记“事业支出”、“经营支出”等科目,贷记“财政补助收入”、“零余额账户用款额度”、“银行存款”等科目。

3. 设备安装完工交付使用时,借记“固定资产”科目,贷记“非流动资产基金——固定资产”科目;同时,借记“非流动资产基金——在建工程”科目,贷记本科目。

五、本科目期末借方余额,反映事业单位尚未完工的在建工程发生的实际成本。

1601 无形资产

一、本科目核算事业单位无形资产的原价。

无形资产是指事业单位持有的没有实物形态的可辨认非货币性资产,包括专利权、商标权、著作权、土地使用权、非专利技术等。

事业单位购入的不构成相关硬件不可缺少组成部分的应用软件,应当作为无形资产核算。

二、本科目应当按照无形资产的类别、项目等进行明细核算。

三、无形资产的主要账务处理如下:

(一)无形资产在取得时,应当按照其实际成本入账。

1. 外购的无形资产,其成本包括购买价款、相关税费以及可归属于该项资产达到预定用途所发生的其他支出。

购入的无形资产,按照确定的无形资产成本,借记本科目,贷记“非流动资产基金——无形资产”科目;同时,按照实际支付金额,借记“事业支出”等科目,贷记“财政补助收入”、“零余额账户用款额度”、“银行存款”等科目。

2. 委托软件公司开发软件视同外购无形资产进行处理。

支付软件开发费时,按照实际支付金额,借记“事业支出”等科目,贷记“财政补助收入”、“零余额账户用款额度”、“银行存款”等科目。软件开发完成交付使用时,按照软件开发费总额,借记本科目,贷记“非流动资产基金——无形资产”科目。

3. 自行开发并按法律程序申请取得的无形资产,按照依法取得时发生的注册费、聘请律师费等费用,借记本科目,贷记“非流动资产基金——无形资产”科目;同时,借记“事业支出”等科目,贷记“财政补助收入”、“零余额账户用款额度”、“银行存款”等科目。

依法取得前所发生的研究开发支出,应于发生时直接计入当期支出,借记“事业支出”等科目,贷记“银行存款”等科目。

4. 接受捐赠、无偿调入的无形资产,其成本按照有关凭据注明的金额加上相关税费等确定;没有相关凭据的,其成本比照同类或类似无形资产的市场价格加上相关税费等确定;没有相关凭据、同类或类似无形资产的市场价格也无法可靠取得的,该资产按照名义金额入账。

接受捐赠、无偿调入的无形资产,按照确定的无形资产成本,借记本科目,贷记“非流动资产基金——无形资产”科目;按照发生的相关税费等,借记“其他支出”科目,贷记“银行存款”等科目。

(二)按月计提无形资产摊销时,按照应计提摊销金额,借记“非流动资产基金——无形资产”科目,贷记“累计摊销”科目。

(三)与无形资产有关的后续支出,应分别以下情况处理:

1. 为增加无形资产的使用效能而发生的后续支出,如对软件进行升级改造或扩展其功能等所发生的支出,应当计入无形资产的成本,借记本科目,贷记“非流动资产基金——无形资产”科目;同时,借记“事业支出”等科目,贷记“财政补助收入”、“零余额账户用款额度”、“银行存款”等科目。

2. 为维护无形资产的正常使用而发生的后续支出，如对软件进行漏洞修补、技术维护等所发生的支出，应当计入当期支出但不计入无形资产成本，借记“事业支出”等科目，贷记“财政补助收入”、“零余额账户用款额度”、“银行存款”等科目。

（四）报经批准转让、无偿调出、对外捐赠无形资产或以无形资产对外投资，应当分别以下情况处理：

1. 转让、无偿调出、对外捐赠无形资产，转入待处置资产时，按照待处置无形资产的账面价值，借记“待处置资产损溢”科目，按照已计提摊销，借记“累计摊销”科目，按照无形资产的账面余额，贷记本科目。

实际转让、调出、捐出时，按照处置无形资产对应的非流动资产基金，借记“非流动资产基金——无形资产”科目，贷记“待处置资产损溢”科目。

转让无形资产过程中取得价款、发生相关税费，以及出售价款扣除相关税费后的净收入的账务处理，参见“待处置资产损溢”科目。

2. 以已入账无形资产对外投资，按照评估价值加上相关税费作为投资成本，借记“长期投资”科目，贷记“非流动资产基金——长期投资”科目，按发生的相关税费，借记“其他支出”科目，贷记“银行存款”、“应缴税费”等科目；同时，按照投出无形资产对应的非流动资产基金，借记“非流动资产基金——无形资产”科目，按照投出无形资产已计提摊销，借记“累计摊销”科目，按照投出无形资产的账面余额，贷记本科目。

（五）无形资产预期不能为事业单位带来服务潜力或经济利益的，应当按规定报经批准后将该无形资产的账面价值予以核销。

转入待处置资产时，按照待核销无形资产的账面价值，借记“待处置资产损溢”科目，按照已计提摊销，借记“累计摊销”科目，按照无形资产的账面余额，贷记本科目。

报经批准予以核销时，按照核销无形资产对应的非流动资产基金，借记“非流动资产基金——无形资产”科目，贷记“待处置资产损溢”科目。

四、本科目期末借方余额，反映事业单位无形资产的原价。

1602 累计摊销

一、本科目核算事业单位无形资产计提的累计摊销。

二、本科目应当按照对应无形资产的类别、项目等进行明细核算。

三、事业单位应当对无形资产进行摊销，以名义金额计量的无形资产除外。摊销是指在无形资产使用寿命内，按照确定的方法对应摊销金额进行系统分摊。有关说明如下：

（一）事业单位应当按照如下原则确定无形资产的摊销年限：法律规定了有效年限的，按照法律规定的有效年限作为摊销年限；法律没有规定有效年限的，按照相关合同或单位申请书中的受益年限作为摊销年限；法律没有规定有效年限、相关合同或单位申请书也没有规定受益年限的，按照不少于10年的期限摊销。

（二）事业单位应当采用年限平均法对无形资产进行摊销。

（三）事业单位无形资产的应摊销金额为其成本。

（四）事业单位应当自无形资产取得当月起，按月计提无形资产摊销。

（五）因发生后续支出而增加无形资产成本的，应当按照重新确定的无形资产成本，重新计算摊销额。

四、累计摊销的主要账务处理如下：

（一）按月计提无形资产摊销时，按照应计提摊销金额，借记“非流动资产基金——无形资产”科目，贷记本科目。

（二）无形资产处置时，按照所处置无形资产的账面价值，借记“待处置资产损溢”科目，按照已计提摊销，借记本科目，按照无形资产的账面余额，贷记“无形资产”科目。

五、本科目期末贷方余额，反映事业单位计提的无形资产摊销累计数。

1701 待处置资产损溢

一、本科目核算事业单位待处置资产的价值及处置损溢。

事业单位资产处置包括资产的出售、出让、转让、对外捐赠、无偿调出、盘亏、报废、毁损以及货币性资产损失核销等。

二、本科目应当按照待处置资产项目进行明细核算；对于在处置过程中取得相关收入、发生相关费用的处置项目，还应设置“处置资产价值”、“处置净收入”明细科目，进行明细核算。

三、事业单位处置资产一般应当先记入本科目，按规定报经批准后及时进行账务处理。年度终了结账前一般应处理完毕。

四、待处置资产损溢的主要账务处理如下：

（一）按规定报经批准予以核销的应收及预付款项、长期股权投资、无形资产

1. 转入待处置资产时，借记本科目[核销无形资产的，还应借记“累计摊销”科目]，贷记“应收账款”、“预付账款”、“其他应收款”、“长期投资”、“无形资产”等科目。

2. 报经批准予以核销时，借记“其他支出”科目[应收及预付款项核销]或“非流动资产基金——长期投资、无形资产”科目[长期投资、无形资产核销]，贷记本科目。

（二）盘亏或者毁损、报废的存货、固定资产

1. 转入待处置资产时，借记本科目（处置资产价值）[处置固定资产的，还应借记“累计折旧”科目]，贷记“存货”、“固定资产”等科目。

2. 报经批准予以处置时，借记“其他支出”科目[处置存货]或“非流动资产基金——固定资产”科目[处置固定资产]，贷记本科目（处置资产价值）。

3. 处置毁损、报废存货、固定资产过程中收到残值变价收入、保险理赔和过失人赔偿等，借记“库存现金”、“银行存款”等科目，贷记本科目（处置净收入）。

4. 处置毁损、报废存货、固定资产过程中发生相关费用，借记本科目（处置净收入），贷记“库存现金”、“银行存款”等科目。

5. 处置完毕，按照处置收入扣除相关处置费用后的净收入，借记本科目（处置净收入），贷记“应缴国库款”等科目。

（三）对外捐赠、无偿调出存货、固定资产、无形资产

1. 转入待处置资产时，借记本科目[捐赠、调出固定资产、无形资产的，还应借记“累计折旧”、“累计摊销”科目]，贷记“存货”、“固定资产”、“无形资产”等科目。

2. 实际捐出、调出时，借记“其他支出”科目[捐出、调出存货]或“非流动资产基金——固定资产、无形资产”科目[捐出、调出固定资产、无形资产]，贷记本科目。

（四）转让（出售）长期股权投资、固定资产、无形资产

1. 转入待处置资产时，借记本科目（处置资产价值）[转让固定资产、无形资产的，还应借记“累计折旧”、“累计摊销”科目]，贷记“长期投资”、“固定资产”、“无形资产”等科目。

2. 实际转让时，借记“非流动资产基金——长期投资、固定资产、无形资产”科目，贷记本科目（处置资产价值）。

3. 转让过程中取得价款、发生相关税费，以及转让价款扣除相关税费后的净收入的账务处理，按照国家有关规定，比照本科目“四（二）”有关毁损、报废存货、固定资产进行处理。

五、本科目期末如为借方余额，反映尚未处置完毕的各种资产价值及净损失；期末如为贷方余额，反映尚未处置完毕的各种资产净溢余。年度终了报经批准处理后，本科目一般应无余额。

二、负债类

2001 短期借款

一、本科目核算事业单位借入的期限在1年内（含1年）的各种借款。

二、本科目应当按照贷款单位和贷款种类进行明细核算。

三、短期借款的主要账务处理如下：

（一）借入各种短期借款时，按照实际借入的金额，借记“银行存款”科目，贷记本科目。

（二）银行承兑汇票到期，本单位无力支付票款的，按照银行承兑汇票的票面金额，借记“应付票据”科目，贷记本科目。

（三）支付短期借款利息时，借记“其他支出”科目，贷记“银行存款”科目。

（四）归还短期借款时，借记本科目，贷记“银行存款”科目。

四、本科目期末贷方余额，反映事业单位尚未偿还的短期借款本金。

2101 应缴税费

一、本科目核算事业单位按照税法等规定计算应缴纳的各种税费，包括营业税、增值税、城市维护建设税、教育费附加、车船税、房产税、城镇土地使用税、企业所得税等。

事业单位代扣代缴的个人所得税，也通过本科目核算。

事业单位应缴纳的印花税不需要预提应缴税费，直接通过支出等有关科目核算，不在本科目核算。

二、本科目应当按照应缴纳的税费种类进行明细核算。属于增值税一般纳税人的事业单位，其应缴增值税明细账中应设置“进项税额”、“已交税金”、“销项税额”、“进项税额转出”等专栏。

三、应缴税费的主要账务处理如下：

（一）发生营业税、城市维护建设税、教育费附加纳税义务的，按税法规定计算的应缴税费金额，借记“待处置资产损溢——处置净收入”科目[出售不动产应缴的税费]或有关支出科目，贷记本科目。实际缴纳时，借记本科目，贷记“银行存款”科目。

（二）属于增值税一般纳税人的事业单位购入非自用材料的，按确定的成本（不含增值税进项税额），借记“存货”科目，按增值税专用发票上注明的增值税额，借记本科目（应缴增值税——进项税额），按实际支付或应付的金额，贷记“银行存款”、“应付账款”等科目。

属于增值税一般纳税人的事业单位所购进的非自用材料发生盘亏、毁损、报废、对外捐赠、无偿调出等税法规定不得从增值税销项税额中抵扣进项税额的，将所购进的非自用材料转入待处置资产时，按照材料的账面余额与相关增值税进项税额转出金额的合计金额，借记“待处置资产损溢”科目，按材料的账面余额，贷记“存货”科目，按转出的增值税进项税额，贷记本科目（应缴增值税——进项税额转出）。

属于增值税一般纳税人的事业单位销售应税产品或提供应税服务，按包含增值税的价款总额，借记“银行存款”、“应收账款”、“应收票据”等科目，按扣除增值税销项税额后的价款金额，贷记“经营收入”等科目，按增值税专用发票上注明的增值税金额，贷记本科目（应缴增值税——销项税额）。

属于增值税一般纳税人的事业单位实际缴纳增值税时，借记本科目（应缴增值税——已交税金），贷记“银行存款”科目。

属于增值税小规模纳税人的事业单位销售应税产品或提供应税服务，按实际收到或应收的价款，借记“银行存款”、“应收账款”、“应收票据”等科目，按实际收到或应收价款扣除增值税额后的金额，贷记“经营收入”等科目，按应缴增值税金额，贷记本科目（应缴增值税）。实际缴纳增值税时，借记本科目（应缴增值税），贷记“银行存款”科目。

（三）发生房产税、城镇土地使用税、车船税纳税义务的，按税法规定计算的应缴税金数额，借记有关科目，贷记本科目。实际缴纳时，借记本科目，贷记“银行存款”科目。

（四）代扣代缴个人所得税的，按税法规定计算应代扣代缴的个人所得税金额，借记“应付职工薪酬”科目，贷记本科目。实际缴纳时，借记本科目，贷记“银行存款”科目。

（五）发生企业所得税纳税义务的，按税法规定计算的应缴税金数额，借记“非财政补助结余分配”科目，贷记本科目。实际缴纳时，借记本科目，贷记“银行存款”科目。

（六）发生其他纳税义务的，按照应缴纳的税费金额，借记有关科目，贷记本科目。实际缴纳时，借记本科目，贷记“银行存款”等科目。

四、本科目期末借方余额，反映事业单位多缴纳的税费金额；本科目期末贷方余额，反映事业单位应缴未缴的税费金额。

2102 应缴国库款

一、本科目核算事业单位按规定应缴入国库的款项（应缴税费除外）。

二、本科目应当按照应缴国库的各款项类别进行明细核算。

三、应缴国库款的主要账务处理如下：

（一）按规定计算确定或实际取得应缴国库的款项时，借记有关科目，贷记本科目。

（二）事业单位处置资产取得的应上缴国库的处置净收入的账务处理，参见“待处置资产损溢”科目。

（三）上缴款项时，借记本科目，贷记“银行存款”等科目。

四、本科目期末贷方余额，反映事业单位应缴入国库但尚未缴纳的款项。

2103 应缴财政专户款

一、本科目核算事业单位按规定应缴入财政专户的款项。

二、本科目应当按照应缴财政专户的各款项类别进行明细核算。

三、应缴财政专户款的主要账务处理如下：

(一)取得应缴财政专户的款项时,借记有关科目,贷记本科目。

(二)上缴款项时,借记本科目,贷记“银行存款”等科目。

四、本科目期末贷方余额,反映事业单位应缴入财政专户但尚未缴纳的款项。

2201 应付职工薪酬

一、本科目核算事业单位按有关规定应付给职工及为职工支付的各种薪酬。包括基本工资、绩效工资、国家统一规定的津贴补贴、社会保险费、住房公积金等。

二、本科目应当根据国家有关规定按照“工资(离退休费)”、“地方(部门)津贴补贴”、“其他个人收入”以及“社会保险费”、“住房公积金”等进行明细核算。

三、应付职工薪酬的主要账务处理如下:

(一)计算当期应付职工薪酬,借记“事业支出”、“经营支出”等科目,贷记本科目。

(二)向职工支付工资、津贴补贴等薪酬,借记本科目,贷记“财政补助收入”、“零余额账户用款额度”、“银行存款”等科目。

(三)按税法规定代扣代缴个人所得税,借记本科目,贷记“应缴税费——应缴个人所得税”科目。

(四)按照国家有关规定缴纳职工社会保险费和住房公积金,借记本科目,贷记“财政补助收入”、“零余额账户用款额度”、“银行存款”等科目。

(五)从应付职工薪酬中支付其他款项,借记本科目,贷记“财政补助收入”、“零余额账户用款额度”、“银行存款”等科目。

四、本科目期末贷方余额,反映事业单位应付未付的职工薪酬。

2301 应付票据

一、本科目核算事业单位因购买材料、物资等而开出、承兑的商业汇票,包括银行承兑汇票和商业承兑汇票。

二、本科目应当按照债权单位进行明细核算。

三、应付票据的主要账务处理如下:

(一)开出、承兑商业汇票时,借记“存货”等科目,贷记本科目。

以承兑商业汇票抵付应付账款时,借记“应付账款”科目,贷记本科目。

(二)支付银行承兑汇票的手续费时,借记“事业支出”、“经营支出”等科目,贷记“银行存款”等科目。

(三)商业汇票到期时,应当分别以下情况处理:

1. 收到银行支付到期票据的付款通知时,借记本科目,贷记“银行存款”科目。

2. 银行承兑汇票到期,本单位无力支付票款的,按照汇票票面金额,借记本科目,贷记“短期借款”科目。

3. 商业承兑汇票到期,本单位无力支付票款的,按照汇票票面金额,借记本科目,贷记“应付账款”科目。

四、事业单位应当设置“应付票据备查簿”,详细登记每一应付票据的种类、号数、出票日期、到期日、票面金额、交易合同号、收款人姓名或单位名称,以及付款日期和金额等资料。应付票据到期结清票款后,应当在备查簿内逐笔注销。

五、本科目期末贷方余额,反映事业单位开出、承兑的尚未到期的商业汇票票面金额。

2302 应付账款

一、本科目核算事业单位因购买材料、物资等而应付的款项。

二、本科目应当按照债权单位(或个人)进行明细核算。

三、应付账款的主要账务处理如下:

(一)购入材料、物资等已验收入库但货款尚未支付的,按照应付未付金额,借记“存货”等科目,贷记本科目。

(二)偿付应付账款时,按照实际支付的款项金额,借记本科目,贷记“银行存款”等科目。

(三)开出、承兑商业汇票抵付应付账款,借记本科目,贷记“应付票据”科目。

(四)无法偿付或债权人豁免偿还的应付账款,借记本科目,贷记“其他收入”科目。

四、本科目期末贷方余额,反映事业单位尚未支付的应付账款。

2303 预收账款

一、本科目核算事业单位按合同规定预收的款项。

二、本科目应当按照债权单位(或个人)进行明细核算。

三、预收账款的主要账务处理如下:

(一)从付款方预收款项时,按照实际预收的金额,借记"银行存款"等科目,贷记本科目。

(二)确认有关收入时,借记本科目,按照应确认的收入金额,贷记"经营收入"等科目,按照付款方补付或退回付款方的金额,借记或贷记"银行存款"等科目。

(三)无法偿付或债权人豁免偿还的预收账款,借记本科目,贷记"其他收入"科目。

四、本科目期末贷方余额,反映事业单位按合同规定预收但尚未实际结算的款项。

2305 其他应付款

一、本科目核算事业单位除应缴税费、应缴国库款、应缴财政专户款、应付职工薪酬、应付票据、应付账款、预收账款之外的其他各项偿还期限在1年内(含1年)的应付及暂收款项,如存入保证金等。

二、本科目应当按照其他应付款的类别以及债权单位(或个人)进行明细核算。

三、其他应付款的主要账务处理如下:

(一)发生其他各项应付及暂收款项时,借记"银行存款"等科目,贷记本科目。

(二)支付其他应付款项时,借记本科目,贷记"银行存款"等科目。

(三)无法偿付或债权人豁免偿还的其他应付款项,借记本科目,贷记"其他收入"科目。

四、本科目期末贷方余额,反映事业单位尚未支付的其他应付款。

2401 长期借款

一、本科目核算事业单位借入的期限超过1年(不含1年)的各种借款。

二、本科目应当按照贷款单位和贷款种类进行明细核算。对于基建项目借款,还应按具体项目进行明细核算。

三、长期借款的主要账务处理如下:

(一)借入各项长期借款时,按照实际借入的金额,借记"银行存款"科目,贷记本科目。

(二)为购建固定资产支付的专门借款利息,分别以下情况处理:

1. 属于工程项目建设期间支付的,计入工程成本,按照支付的利息,借记"在建工程"科目,贷记"非流动资产基金——在建工程"科目;同时,借记"其他支出"科目,贷记"银行存款"科目。

2. 属于工程项目完工交付使用后支付的,计入当期支出但不计入工程成本,按照支付的利息,借记"其他支出"科目,贷记"银行存款"科目。

(三)其他长期借款利息,按照支付的利息金额,借记"其他支出"科目,贷记"银行存款"科目。

(四)归还长期借款时,借记本科目,贷记"银行存款"科目。

四、本科目期末贷方余额,反映事业单位尚未偿还的长期借款本金。

2402 长期应付款

一、本科目核算事业单位发生的偿还期限超过1年(不含1年)的应付款项,如以融资租赁租入固定资产的租赁费、跨年度分期付款购入固定资产的价款等。

二、本科目应当按照长期应付款的类别以及债权单位(或个人)进行明细核算。

三、长期应付款的主要账务处理如下:

(一)发生长期应付款时,借记"固定资产"、"在建工程"等科目,贷记本科目、"非流动资产基金"等科目。

(二)支付长期应付款时,借记"事业支出"、"经营支出"等科目,贷记"银行存款"等科目;同时,借记本科目,贷记"非流动资产基金"科目。

(三)无法偿付或债权人豁免偿还的长期应付款,借记本科目,贷记"其他收入"科目。

四、本科目期末贷方余额,反映事业单位尚未支付的长期应付款。

三、净资产类

3001 事业基金

一、本科目核算事业单位拥有的非限定用途的净资产,主要为非财政补助结余扣除结余分配后滚存的金额。

二、事业基金的主要账务处理如下：

（一）年末，将“非财政补助结余分配”科目余额转入事业基金，借记或贷记“非财政补助结余分配”科目，贷记或借记本科目。

（二）年末，将留归本单位使用的非财政补助专项（项目已完成）剩余资金转入事业基金，借记“非财政补助结转——××项目”科目，贷记本科目。

（三）以货币资金取得长期股权投资、长期债券投资，按照实际支付的全部价款（包括购买价款以及税金、手续费等相关税费）作为投资成本，借记“长期投资”科目，贷记“银行存款”等科目；同时，按照投资成本金额，借记本科目，贷记“非流动资产基金——长期投资”科目。

（四）对外转让或到期收回长期债券投资本息，按照实际收到的金额，借记“银行存款”等科目，按照收回长期投资的成本，贷记“长期投资”科目，按照其差额，贷记或借记“其他收入——投资收益”科目；同时，按照收回长期投资对应的非流动资产基金，借记“非流动资产基金——长期投资”科目，贷记本科目。

三、事业单位发生需要调整以前年度非财政补助结余的事项，通过本科目核算。国家另有规定的，从其规定。

四、本科目期末贷方余额，反映事业单位历年积存的非限定用途净资产的金额。

3101 非流动资产基金

一、本科目核算事业单位长期投资、固定资产、在建工程、无形资产等非流动资产占用的金额。

二、本科目应当设置“长期投资”、“固定资产”、“在建工程”、“无形资产”等明细科目，进行明细核算。

三、非流动资产基金的主要账务处理如下：

（一）非流动资产基金应当在取得长期投资、固定资产、在建工程、无形资产等非流动资产或发生相关支出时予以确认。

取得相关资产或发生相关支出时，借记“长期投资”、“固定资产”、“在建工程”、“无形资产”等科目，贷记本科目等有关科目；同时或待以后发生相关支出时，借记“事业支出”等有关科目，贷记“财政补助收入”、“零余额账户用款额度”、“银行存款”等科目。

（二）计提固定资产折旧、无形资产摊销时，应当冲减非流动资产基金。

计提固定资产折旧、无形资产摊销时，按照计提的折旧、摊销金额，借记本科目（固定资产、无形资产），贷记“累计折旧”、“累计摊销”科目。

（三）处置长期投资、固定资产、无形资产，以及以固定资产、无形资产对外投资时，应当冲销该资产对应的非流动资产基金。

1. 以固定资产、无形资产对外投资，按照评估价值加上相关税费作为投资成本，借记“长期投资”科目，贷记本科目（长期投资），按发生的相关税费，借记“其他支出”科目，贷记“银行存款”等科目；同时，按照投出固定资产、无形资产对应的非流动资产基金，借记本科目（固定资产、无形资产），按照投出资产已提折旧、摊销，借记“累计折旧”、“累计摊销”科目，按照投出资产的账面余额，贷记“固定资产”、“无形资产”科目。

2. 出售或以其他方式处置长期投资、固定资产、无形资产，转入待处置资产时，借记“待处置资产损溢”、“累计折旧”[处置固定资产]或“累计摊销”[处置无形资产]科目，贷记“长期投资”、“固定资产”、“无形资产”等科目。

实际处置时，借记本科目（有关资产明细科目），贷记“待处置资产损溢”科目。

四、本科目期末贷方余额，反映事业单位非流动资产占用的金额。

3201 专用基金

一、本科目核算事业单位按规定提取或者设置的具有专门用途的净资产，主要包括修购基金、职工福利基金等。

二、本科目应当按照专用基金的类别进行明细核算。

三、专用基金的主要账务处理如下：

（一）提取修购基金

按规定提取修购基金的，按照提取金额，借记“事业支出”、“经营支出”科目，贷记本科目（修购基金）。

（二）提取职工福利基金

年末，按规定从本年度非财政补助结余中提取职工福利基金的，按照提取金额，借记“非财政补助结余分配”科目，贷记本科目（职工福利基金）。

（三）提取、设置其他专用基金

若有按规定提取的其他专用基金，按照提取金额，借记有关支出科目或“非财政补助结余分配”等科目，贷记本科目。

若有按规定设置的其他专用基金，按照实际收到的基金金额，借记“银行存款”等科目，贷记本科目。

（四）使用专用基金

按规定使用专用基金时，借记本科目，贷记“银行存款”等科目；使用专用基金形成固定资产的，还应借记“固定资产”科目，贷记“非流动资产基金——固定资产”科目。

四、本科目期末贷方余额，反映事业单位专用基金余额。

3301 财政补助结转

一、本科目核算事业单位滚存的财政补助结转资金，包括基本支出结转和项目支出结转。

二、本科目应当设置“基本支出结转”、“项目支出结转”两个明细科目，并在“基本支出结转”明细科目下按照“人员经费”、“日常公用经费”进行明细核算，在“项目支出结转”明细科目下按照具体项目进行明细核算；本科目还应按照《政府收支分类科目》中“支出功能分类科目”的相关科目进行明细核算。

三、财政补助结转的主要账务处理如下：

（一）期末，将财政补助收入本期发生额结转入本科目，借记“财政补助收入——基本支出、项目支出”科目，贷记本科目（基本支出结转、项目支出结转）；将事业支出（财政补助支出）本期发生额结转入本科目，借记本科目（基本支出结转、项目支出结转），贷记“事业支出——财政补助支出（基本支出、项目支出）”或“事业支出——基本支出（财政补助支出）、项目支出（财政补助支出）”科目。

（二）年末，完成上述（一）结转后，应当对财政补助各明细项目执行情况进行分析，按照有关规定将符合财政补助结余性质的项目余额转入财政补助结余，借记或贷记本科目（项目支出结转——××项目），贷记或借记“财政补助结余”科目。

（三）按规定上缴财政补助结转资金或注销财政补助结转额度的，按照实际上缴资金数额或注销的资金额度数额，借记本科目，贷记“财政应返还额度”、“零余额账户用款额度”、“银行存款”等科目。取得主管部门归集调入财政补助结转资金或额度的，做相反会计分录。

四、事业单位发生需要调整以前年度财政补助结转的事项，通过本科目核算。

五、本科目期末贷方余额，反映事业单位财政补助结转资金数额。

3302 财政补助结余

一、本科目核算事业单位滚存的财政补助项目支出结余资金。

二、本科目应当按照《政府收支分类科目》中“支出功能分类科目”的相关科目进行明细核算。

三、财政补助结余的主要账务处理如下：

（一）年末，对财政补助各明细项目执行情况进行分析，按照有关规定将符合财政补助结余性质的项目余额转入财政补助结余，借记或贷记“财政补助结转——项目支出结转（××项目）”科目，贷记或借记本科目。

（二）按规定上缴财政补助结余资金或注销财政补助结余额度的，按照实际上缴资金数额或注销的资金额度数额，借记本科目，贷记“财政应返还额度”、“零余额账户用款额度”、“银行存款”等科目。取得主管部门归集调入财政补助结余资金或额度的，做相反会计分录。

四、事业单位发生需要调整以前年度财政补助结余的事项，通过本科目核算。

五、本科目期末贷方余额，反映事业单位财政补助结余资金数额。

3401 非财政补助结转

一、本科目核算事业单位除财政补助收支以外的各专项资金收入与其相关支出相抵后剩余滚存的、须按规定用途使用的结转资金。

二、本科目应当按照非财政专项资金的具体项目进行明细核算。

三、非财政补助结转的主要账务处理如下：

（一）期末，将事业收入、上级补助收入、附属单位上缴收入、其他收入本期发生额中的专项资金收入结转入本科目，借记“事业收入”、“上级补助收入”、“附属单位上缴收入”、“其他收入”科目下各专项资金收入明细科目，贷记本科目；将事业支出、其他支出本期发生额中的非财政专项资金支出结转入本科目，借记本科目，贷记“事业支出——非财政专项资金支出”或“事业支出——项目支出(非财政专项资金支出)”、“其他支出”科目下各专项资金支出明细科目。

(二)年末，完成上述(一)结转后，应当对非财政补助专项结转资金各项目情况进行分析，将已完成项目的项目剩余资金区分以下情况处理：缴回原专项资金拨入单位的，借记本科目(××项目)，贷记“银行存款”等科目；留归本单位使用的，借记本科目(××项目)，贷记“事业基金”科目。

四、事业单位发生需要调整以前年度非财政补助结转的事项，通过本科目核算。

五、本科目期末贷方余额，反映事业单位非财政补助专项结转资金数额。

3402 事业结余

一、本科目核算事业单位一定期间除财政补助收支、非财政专项资金收支和经营收支以外各项收支相抵后的余额。

二、事业结余的主要账务处理如下：

(一)期末，将事业收入、上级补助收入、附属单位上缴收入、其他收入本期发生额中的非专项资金收入结转入本科目，借记“事业收入”、“上级补助收入”、“附属单位上缴收入”、“其他收入”科目下各非专项资金收入明细科目，贷记本科目；将事业支出、其他支出本期发生额中的非财政、非专项资金支出，以及对附属单位补助支出、上缴上级支出的本期发生额结转入本科目，借记本科目，贷记“事业支出——其他资金支出”或“事业支出——基本支出(其他资金支出)、项目支出(其他资金支出)”科目、“其他支出”科目下各非专项资金支出明细科目、“对附属单位补助支出”、“上缴上级支出”科目。

(二)年末，完成上述(一)结转后，将本科目余额结转入“非财政补助结余分配”科目，借记或贷记本科目，贷记或借记“非财政补助结余分配”科目。

三、本科目期末如为贷方余额，反映事业单位自年初至报告期末累计实现的事业结余；如为借方余额，反映事业单位自年初至报告期末累计发生的事业亏损。年末结账后，本科目应无余额。

3403 经营结余

一、本科目核算事业单位一定期间各项经营收支相抵后余额弥补以前年度经营亏损后的余额。

二、经营结余的主要账务处理如下：

(一)期末，将经营收入本期发生额结转入本科目，借记“经营收入”科目，贷记本科目；将经营支出本期发生额结转入本科目，借记本科目，贷记“经营支出”科目。

(二)年末，完成上述(一)结转后，如本科目为贷方余额，将本科目余额结转入“非财政补助结余分配”科目，借记本科目，贷记“非财政补助结余分配”科目；如本科目为借方余额，为经营亏损，不予结转。

三、本科目期末如为贷方余额，反映事业单位自年初至报告期末累计实现的经营结余弥补以前年度经营亏损后的经营结余；如为借方余额，反映事业单位截至报告期末累计发生的经营亏损。

年末结账后，本科目一般无余额；如为借方结余，反映事业单位累计发生的经营亏损。

3404 非财政补助结余分配

一、本科目核算事业单位本年度非财政补助结余分配的情况和结果。

二、非财政补助结余分配的主要账务处理如下：

(一)年末，将“事业结余”科目余额结转入本科目，借记或贷记“事业结余”科目，贷记或借记本科目；将“经营结余”科目贷方余额结转入本科目，借记“经营结余”科目，贷记本科目。

(二)有企业所得税缴纳义务的事业单位计算出应缴纳的企业所得税，借记本科目，贷记“应缴税费——应缴企业所得税”科目。

(三)按照有关规定提取职工福利基金的，按提取的金额，借记本科目，贷记“专用基金——职工福利基金”科目。

(四)年末，按规定完成上述(一)至(三)处理后，将本科目余额结转入事业基金，借记或贷记本科目，贷记或借记“事业基金”科目。

三、年末结账后，本科目应无余额。

四、收入类

4001 财政补助收入

一、本科目核算事业单位从同级财政部门取得的各类财政拨款，包括基本支出补助和项目支出补助。

二、本科目应当设置“基本支出”和“项目支出”两个明细科目；两个明细科目下按照《政府收支分类科目》中“支出功能分类”的相关科目进行明细核算；同时在“基本支出”明细科目下按照“人员经费”和“日常公用经费”进行明细核算，在“项目支出”明细科目下按照具体项目进行明细核算。

三、财政补助收入的主要账务处理如下：

（一）财政直接支付方式下，对财政直接支付的支出，事业单位根据财政国库支付执行机构委托代理银行转来的《财政直接支付入账通知书》及原始凭证，按照通知书中的直接支付入账金额，借记有关科目，贷记本科目。

年度终了，根据本年度财政直接支付预算指标数与当年财政直接支付实际支出数的差额，借记“财政应返还额度——财政直接支付”科目，贷记本科目。

（二）财政授权支付方式下，事业单位根据代理银行转来的《授权支付到账通知书》，按照通知书中的授权支付额度，借记“零余额账户用款额度”科目，贷记本科目。

年度终了，事业单位本年度财政授权支付预算指标数大于零余额账户用款额度下达数的，根据未下达的用款额度，借记“财政应返还额度——财政授权支付”科目，贷记本科目。

（三）其他方式下，实际收到财政补助收入时，按照实际收到的金额，借记“银行存款”等科目，贷记本科目。

（四）因购货退回等发生国库直接支付款项退回的，属于以前年度支付的款项，按照退回金额，借记“财政应返还额度”科目，贷记“财政补助结转”、“财政补助结余”、“存货”等有关科目；属于本年度支付的款项，按照退回金额，借记本科目，贷记“事业支出”、“存货”等有关科目。

（五）期末，将本科目本期发生额转入财政补助结转，借记本科目，贷记“财政补助结转”科目。

四、期末结账后，本科目应无余额。

4101 事业收入

一、本科目核算事业单位开展专业业务活动及其辅助活动取得的收入。

二、本科目应当按照事业收入类别、项目、《政府收支分类科目》中“支出功能分类”相关科目等进行明细核算。事业收入中如有专项资金收入，还应按具体项目进行明细核算。

三、事业收入的主要账务处理如下：

（一）采用财政专户返还方式管理的事业收入

1. 收到应上缴财政专户的事业收入时，按照收到的款项金额，借记“银行存款”、“库存现金”等科目，贷记“应缴财政专户款”科目。

2. 向财政专户上缴款项时，按照实际上缴的款项金额，借记“应缴财政专户款”科目，贷记“银行存款”等科目。

3. 收到从财政专户返还的事业收入时，按照实际收到的返还金额，借记“银行存款”等科目，贷记本科目。

（二）其他事业收入

收到事业收入时，按照收到的款项金额，借记“银行存款”、“库存现金”等科目，贷记本科目。

涉及增值税业务的，相关账务处理参照“经营收入”科目。

（三）期末，将本科目本期发生额中的专项资金收入结转入非财政补助结转，借记本科目下各专项资金收入明细科目，贷记“非财政补助结转”科目；将本科目本期发生额中的非专项资金收入结转入事业结余，借记本科目下各非专项资金收入明细科目，贷记“事业结余”科目。

四、期末结账后，本科目应无余额。

4201 上级补助收入

一、本科目核算事业单位从主管部门和上级单位取得的非财政补助收入。

二、本科目应当按照发放补助单位、补助项目、《政府收支分类科目》中“支出功能分类”相关科目等进行明细核算。上级补助收入中如有专项资金收入，还应按具体项目进行明细核算。

三、上级补助收入的主要账务处理如下：

（一）收到上级补助收入时，按照实际收到的金额，借记“银行存款”等科目，贷记本科目。

（二）期末，将本科目本期发生额中的专项资金收入结转入非财政补助结转，借记本科目下各专项资金收入明细科目，贷记“非财政补助结转”科目；将本科目本期发生额中的非专项资金收入结转入事业结余，借记本科目下各非专项资金收入明细科目，贷记“事业结余”科目。

四、期末结账后，本科目应无余额。

4301 附属单位上缴收入

一、本科目核算事业单位附属独立核算单位按照有关规定上缴的收入。

二、本科目应当按照附属单位、缴款项目、《政府收支分类科目》中“支出功能分类”相关科目等进行明细核算。附属单位上缴收入中如有专项资金收入，还应按具体项目进行明细核算。

三、附属单位上缴收入的主要账务处理如下：

(一)收到附属单位缴来款项时，按照实际收到金额，借记“银行存款”等科目，贷记本科目。

(二)期末，将本科目本期发生额中的专项资金收入结转入非财政补助结转，借记本科目下各专项资金收入明细科目，贷记“非财政补助结转”科目；将本科目本期发生额中的非专项资金收入结转入事业结余，借记本科目下各非专项资金收入明细科目，贷记“事业结余”科目。

四、期末结账后，本科目应无余额。

4401 经营收入

一、本科目核算事业单位在专业业务活动及其辅助活动之外开展非独立核算经营活动取得的收入。

二、本科目应当按照经营活动类别、项目、《政府收支分类科目》中“支出功能分类”相关科目等进行明细核算。

三、经营收入的主要账务处理如下：

(一)经营收入应当在提供服务或发出存货，同时收讫价款或者取得索取价款的凭据时，按照实际收到或应收的金额确认收入。

实现经营收入时，按照确定的收入金额，借记“银行存款”、“应收账款”、“应收票据”等科目，贷记本科目。

属于增值税小规模纳税人的事业单位实现经营收入，按实际出售价款，借记“银行存款”、“应收账款”、“应收票据”等科目，按出售价款扣除增值税额后的金额，贷记本科目，按应缴增值税金额，贷记“应缴税费——应缴增值税”科目。

属于增值税一般纳税人的事业单位实现经营收入，按包含增值税的价款总额，借记“银行存款”、“应收账款”、“应收票据”等科目，按扣除增值税销项税额后的价款金额，贷记本科目，按增值税专用发票上注明的增值税金额，贷记“应缴税费——应缴增值税(销项税额)”科目。

(二)期末，将本科目本期发生额转入经营结余，借记本科目，贷记“经营结余”科目。

四、期末结账后，本科目应无余额。

4501 其他收入

一、本科目核算事业单位除财政补助收入、事业收入、上级补助收入、附属单位上缴收入、经营收入以外的各项收入，包括投资收益、银行存款利息收入、租金收入、捐赠收入、现金盘盈收入、存货盘盈收入、收回已核销应收及预付款项、无法偿付的应付及预收款项等。

二、本科目应当按照其他收入的类别、《政府收支分类科目》中“支出功能分类”相关科目等进行明细核算。对于事业单位对外投资实现的投资净损益，应单设“投资收益”明细科目进行核算；其他收入中如有专项资金收入(如限定用途的捐赠收入)，还应按具体项目进行明细核算。

三、其他收入的主要账务处理如下：

(一)投资收益

1. 对外投资持有期间收到利息、利润等时，按实际收到的金额，借记“银行存款”等科目，贷记本科目(投资收益)。

2. 出售或到期收回国债投资本息，按照实际收到的金额，借记“银行存款”等科目，按照出售或收回国债投资的成本，贷记“短期投资”、“长期投资”科目，按其差额，贷记或借记本科目(投资收益)。

(二)银行存款利息收入、租金收入

收到银行存款利息、资产承租人支付的租金，按照实际收到的金额，借记“银行存款”等科目，贷记本科目。

（三）捐赠收入

1. 接受捐赠现金资产，按照实际收到的金额，借记“银行存款”等科目，贷记本科目。

2. 接受捐赠的存货验收入库，按照确定的成本，借记“存货”科目，按照发生的相关税费、运输费等，贷记“银行存款”等科目，按照其差额，贷记本科目。

接受捐赠固定资产、无形资产等非流动资产，不通过本科目核算。

（四）现金盘盈收入

每日现金账款核对中如发现现金溢余，属于无法查明原因的部分，借记“库存现金”科目，贷记本科目。

（五）存货盘盈收入

盘盈的存货，按照确定的入账价值，借记“存货”科目，贷记本科目。

（六）收回已核销应收及预付款项

已核销应收账款、预付账款、其他应收款在以后期间收回的，按照实际收回的金额，借记“银行存款”等科目，贷记本科目。

（七）无法偿付的应付及预收款项

无法偿付或债权人豁免偿还的应付账款、预收账款、其他应付款及长期应付款，借记“应付账款”、“预收账款”、“其他应付款”、“长期应付款”等科目，贷记本科目。

（八）期末，将本科目本期发生额中的专项资金收入结转入非财政补助结转，借记本科目下各专项资金收入明细科目，贷记“非财政补助结转”科目；将本科目本期发生额中的非专项资金收入结转入事业结余，借记本科目下各非专项资金收入明细科目，贷记“事业结余”科目。

四、期末结账后，本科目应无余额。

五、支出类

5001 事业支出

一、本科目核算事业单位开展专业业务活动及其辅助活动发生的基本支出和项目支出。

二、本科目应当按照“基本支出”和“项目支出”，“财政补助支出”、“非财政专项资金支出”和“其他资金支出”等层级进行明细核算，并按照《政府收支分类科目》中“支出功能分类”相关科目进行明细核算；“基本支出”和“项目支出”明细科目下应当按照《政府收支分类科目》中“支出经济分类”的款级科目进行明细核算；同时在“项目支出”明细科目下按照具体项目进行明细核算。

三、事业支出的主要账务处理如下：

（一）为从事专业业务活动及其辅助活动人员计提的薪酬等，借记本科目，贷记“应付职工薪酬”等科目。

（二）开展专业业务活动及其辅助活动领用的存货，按领用存货的实际成本，借记本科目，贷记“存货”科目。

（三）开展专业业务活动及其辅助活动中发生的其他各项支出，借记本科目，贷记“库存现金”、“银行存款”、“零余额账户用款额度”、“财政补助收入”等科目。

（四）期末，将本科目（财政补助支出）本期发生额结转入“财政补助结转”科目，借记“财政补助结转——基本支出结转、项目支出结转”科目，贷记本科目（财政补助支出——基本支出、项目支出）或本科目（基本支出——财政补助支出、项目支出——财政补助支出）；将本科目（非财政专项资金支出）本期发生额结转入“非财政补助结转”科目，借记“非财政补助结转”科目，贷记本科目（非财政专项资金支出）或本科目（项目支出——非财政专项资金支出）；将本科目（其他资金支出）本期发生额结转入“事业结余”科目，借记“事业结余”科目，贷记本科目（其他资金支出）或本科目（基本支出——其他资金支出、项目支出——其他资金支出）。

四、期末结账后，本科目应无余额。

5101 上缴上级支出

一、本科目核算事业单位按照财政部门和主管部门的规定上缴上级单位的支出。

二、本科目应当按照收缴款项单位、缴款项目、《政府收支分类科目》中“支出功能分类”相关科目等进行明细核算。

三、上缴上级支出的主要账务处理如下：

（一）按规定将款项上缴上级单位的，按照实际上缴的金额，借记本科目，贷记“银行存款”等科目。

(二)期末,将本科目本期发生额转入事业结余,借记“事业结余”科目,贷记本科目。

四、期末结账后,本科目应无余额。

5201 对附属单位补助支出

一、本科目核算事业单位用财政补助收入之外的收入对附属单位补助发生的支出。

二、本科目应当按照接受补助单位、补助项目、《政府收支分类科目》中“支出功能分类”相关科目等进行明细核算。

三、对附属单位补助支出的主要账务处理如下:

(一)发生对附属单位补助支出的,按照实际支出的金额,借记本科目,贷记“银行存款”等科目。

(二)期末,将本科目本期发生额转入事业结余,借记“事业结余”科目,贷记本科目。

四、期末结账后,本科目应无余额。

5301 经营支出

一、本科目核算事业单位在专业业务活动及其辅助活动之外开展非独立核算经营活动发生的支出。

二、事业单位开展非独立核算经营活动的,应当正确归集开展经营活动发生的各项费用数;无法直接归集的,应当按照规定的标准或比例合理分摊。

事业单位的经营支出与经营收入应当配比。

三、本科目应当按照经营活动类别、项目、《政府收支分类科目》中“支出功能分类”相关科目等进行明细核算。

四、经营支出的主要账务处理如下:

(一)为在专业业务活动及其辅助活动之外开展非独立核算经营活动人员计提的薪酬等,借记本科目,贷记“应付职工薪酬”等科目。

(二)在专业业务活动及其辅助活动之外开展非独立核算经营活动领用、发出的存货,按领用、发出存货的实际成本,借记本科目,贷记“存货”科目。

(三)在专业业务活动及其辅助活动之外开展非独立核算经营活动中发生的其他各项支出,借记本科目,贷记“库存现金”、“银行存款”、“应缴税费”等科目。

(四)期末,将本科目本期发生额转入经营结余,借记“经营结余”科目,贷记本科目。

五、期末结账后,本科目应无余额。

5401 其他支出

一、本科目核算事业单位除事业支出、上缴上级支出、对附属单位补助支出、经营支出以外的各项支出,包括利息支出、捐赠支出、现金盘亏损失、资产处置损失、接受捐赠(调入)非流动资产发生的税费支出等。

二、本科目应当按照其他支出的类别、《政府收支分类科目》中“支出功能分类”相关科目等进行明细核算。其他支出中如有专项资金支出,还应按具体项目进行明细核算。

三、其他支出的主要账务处理如下:

(一)利息支出

支付银行借款利息时,借记本科目,贷记“银行存款”科目。

(二)捐赠支出

1. 对外捐赠现金资产,借记本科目,贷记“银行存款”等科目。

2. 对外捐出存货,借记本科目,贷记“待处置资产损溢”科目。

对外捐赠固定资产、无形资产等非流动资产,不通过本科目核算。

(三)现金盘亏损失

每日现金账款核对中如发现现金短缺,属于无法查明原因的部分,报经批准后,借记本科目,贷记“库存现金”科目。

(四)资产处置损失

报经批准核销应收及预付款项、处置存货,借记本科目,贷记“待处置资产损溢”科目。

(五)接受捐赠(调入)非流动资产发生的税费支出

接受捐赠、无偿调入非流动资产发生的相关税费、运输费等,借记本科目,贷记“银行存款”等科目。

以固定资产、无形资产取得长期股权投资，所发生的相关税费计入本科目。具体账务处理参见“长期投资”科目。

（六）期末，将本科目本期发生额中的专项资金支出结转入非财政补助结转，借记“非财政补助结转”科目，贷记本科目下各专项资金支出明细科目；将本科目本期发生额中的非专项资金支出结转入事业结余，借记“事业结余”科目，贷记本科目下各非专项资金支出明细科目。

四、期末结账后，本科目应无余额。

第四部分　会计报表格式

编　　号	会计报表名称	编　　制　　期
会事业 01 表	资产负债表	月度、年度
会事业 02 表	收入支出表	月度、年度
会事业 03 表	财政补助收入支出表	年度
	附　　注	年度

资 产 负 债 表

会事业 01 表

编制单位：　　　　　　　　　　____年____月____日　　　　　　　　　　单位：元

资　　产	期末余额	年初余额	负债和净资产	期末余额	年初余额
流动资产：			流动负债：		
流动资产：			流动负债：		
货币资金			短期借款		
短期投资			应缴税费		
财政应返还额度			应缴国库款		
应收票据			应缴财政专户款		
应收账款			应付职工薪酬		
预付账款			应付票据		
其他应收款			应付账款		
存货			预收账款		
其他流动资产			其他应付款		
流动资产合计			其他流动负债		
非流动资产：			流动负债合计		
长期投资			非流动负债：		
固定资产			长期借款		
固定资产原价			长期应付款		
减：累计折旧			非流动负债合计		

（续表）

资　　产	期末余额	年初余额	负债和净资产	期末余额	年初余额
在建工程			负债合计		
无形资产			净资产：		
无形资产原价			事业基金		
减：累计摊销			非流动资产基金		
待处置资产损溢			专用基金		
非流动资产合计			财政补助结转		
			财政补助结余		
			非财政补助结转		
			非财政补助结余		
			1. 事业结余		
			2. 经营结余		
			净资产合计		
资产总计			负债和净资产总计		

收入支出表

会事业 02 表

编制单位：　　　　____年____月　　　　单位：元

项　　　目	本月数	本年累计数
一、本期财政补助结转结余		
财政补助收入		
减：事业支出（财政补助支出）		
二、本期事业结转结余		
（一）事业类收入		
1. 事业收入		
2. 上级补助收入		
3. 附属单位上缴收入		
4. 其他收入		
其中：捐赠收入		
减：（二）事业类支出		
1. 事业支出（非财政补助支出）		
2. 上缴上级支出		
3. 对附属单位补助支出		

（续表）

项　　目	本月数	本年累计数
4. 其他支出		
三、本期经营结余		
经营收入		
减:经营支出		
四、弥补以前年度亏损后的经营结余		
五、本年非财政补助结转结余		
减:非财政补助结转		
六、本年非财政补助结余		
减:应缴企业所得税		
减:提取专用基金		
七、转入事业基金		

财政补助收入支出表

会事业 03 表

编制单位:　　　　　　　　　　　　______年度　　　　　　　　　　　　单位:元

项　　目	本年数	上年数
一、年初财政补助结转结余		——
(一)基本支出结转		——
1. 人员经费		——
2. 日常公用经费		——
(二)项目支出结转		——
××项目		——
(三)项目支出结余		——
二、调整年初财政补助结转结余		——
(一)基本支出结转		——
1. 人员经费		——
2. 日常公用经费		——
(二)项目支出结转		——
××项目		——
(三)项目支出结余		——
三、本年归集调入财政补助结转结余		
(一)基本支出结转		
1. 人员经费		

（续表）

项　　目	本年数	上年数
2. 日常公用经费		
（二）项目支出结转		
××项目		
（三）项目支出结余		
四、本年上缴财政补助结转结余		
（一）基本支出结转		
1. 人员经费		
2. 日常公用经费		
（二）项目支出结转		
××项目		
（三）项目支出结余		
五、本年财政补助收入		
（一）基本支出		
1. 人员经费		
2. 日常公用经费		
（二）项目支出		
××项目		
六、本年财政补助支出		
（一）基本支出		
1. 人员经费		
2. 日常公用经费		
（二）项目支出		
××项目		
七、年末财政补助结转结余		——
（一）基本支出结转		——
1. 人员经费		——
2. 日常公用经费		——
（二）项目支出结转		——
××项目		——
（三）项目支出结余		——

第五部分　财务报表编制说明

一、资产负债表编制说明

(一)本表反映事业单位在某一特定日期全部资产、负债和净资产的情况。

(二)本表“年初余额”栏内各项数字,应当根据上年年末资产负债表“期末余额”栏内数字填列。如果本年度资产负债表规定的各个项目的名称和内容同上年度不相一致,应对上年年末资产负债表各项目的名称和数字按照本年度的规定进行调整,填入本表“年初余额”栏内。

(三)本表“期末余额”栏各项目的内容和填列方法:

1. 资产类项目

(1)“货币资金”项目,反映事业单位期末库存现金、银行存款和零余额账户用款额度的合计数。本项目应当根据“库存现金”、“银行存款”、“零余额账户用款额度”科目的期末余额合计填列。

(2)“短期投资”项目,反映事业单位期末持有的短期投资成本。本项目应当根据“短期投资”科目的期末余额填列。

(3)“财政应返还额度”项目,反映事业单位期末财政应返还额度的金额。本项目应当根据“财政应返还额度”科目的期末余额填列。

(4)“应收票据”项目,反映事业单位期末持有的应收票据的票面金额。本项目应当根据“应收票据”科目的期末余额填列。

(5)“应收账款”项目,反映事业单位期末尚未收回的应收账款余额。本项目应当根据“应收账款”科目的期末余额填列。

(6)“预付账款”项目,反映事业单位预付给商品或者劳务供应单位的款项。本项目应当根据“预付账款”科目的期末余额填列。

(7)“其他应收款”项目,反映事业单位期末尚未收回的其他应收款余额。本项目应当根据“其他应收款”科目的期末余额填列。

(8)“存货”项目,反映事业单位期末为开展业务活动及其他活动耗用而储存的各种材料、燃料、包装物、低值易耗品及达不到固定资产标准的用具、装具、动植物等的实际成本。本项目应当根据“存货”科目的期末余额填列。

(9)“其他流动资产”项目,反映事业单位除上述各项之外的其他流动资产,如将在1年内(含1年)到期的长期债券投资。本项目应当根据“长期投资”等科目的期末余额分析填列。

(10)“长期投资”项目,反映事业单位持有时间超过1年(不含1年)的股权和债权性质的投资。本项目应当根据“长期投资”科目期末余额减去其中将于1年内(含1年)到期的长期债券投资余额后的金额填列。

(11)“固定资产”项目,反映事业单位期末各项固定资产的账面价值。本项目应当根据“固定资产”科目期末余额减去“累计折旧”科目期末余额后的金额填列。

“固定资产原价”项目,反映事业单位期末各项固定资产的原价。本项目应当根据“固定资产”科目的期末余额填列。

“累计折旧”项目,反映事业单位期末各项固定资产的累计折旧。本项目应当根据“累计折旧”科目的期末余额填列。

(12)“在建工程”项目,反映事业单位期末尚未完工交付使用的在建工程发生的实际成本。本项目应当根据“在建工程”科目的期末余额填列。

(13)“无形资产”项目,反映事业单位期末持有的各项无形资产的账面价值。本项目应当根据“无形资产”科目期末余额减去“累计摊销”科目期末余额后的金额填列。

“无形资产原价”项目,反映事业单位期末持有的各项无形资产的原价。本项目应当根据“无形资产”科目的期末余额填列。

“累计摊销”项目,反映事业单位期末各项无形资产的累计摊销。本项目应当根据“累计摊销”科目的期末余额填列。

(14)“待处置资产损溢”项目,反映事业单位期末待处置资产的价值及处置损溢。本项目应当根据“待处置资产损溢”科目的期末借方余额填列;如“待处置资产损溢”科目期末为贷方余额,则以“－”号填列。

(15)“非流动资产合计”项目，按照“长期投资”、“固定资产”、“在建工程”、“无形资产”、“待处置资产损溢”项目金额的合计数填列。

2. 负债类项目

(16)“短期借款”项目，反映事业单位借入的期限在 1 年内(含 1 年)的各种借款。本项目应当根据“短期借款”科目的期末余额填列。

(17)“应缴税费”项目，反映事业单位应交未交的各种税费。本项目应当根据“应缴税费”科目的期末贷方余额填列；如“应缴税费”科目期末为借方余额，则以“－”号填列。

(18)“应缴国库款”项目，反映事业单位按规定应缴入国库的款项(应缴税费除外)。本项目应当根据“应缴国库款”科目的期末余额填列。

(19)“应缴财政专户款”项目，反映事业单位按规定应缴入财政专户的款项。本项目应当根据“应缴财政专户款”科目的期末余额填列。

(20)“应付职工薪酬”项目，反映事业单位按有关规定应付给职工及为职工支付的各种薪酬。本项目应当根据“应付职工薪酬”科目的期末余额填列。

(21)“应付票据”项目，反映事业单位期末应付票据的金额。本项目应当根据“应付票据”科目的期末余额填列。

(22)“应付账款”项目，反映事业单位期末尚未支付的应付账款的金额。本项目应当根据“应付账款”科目的期末余额填列。

(23)“预收账款”项目，反映事业单位期末按合同规定预收但尚未实际结算的款项。本项目应当根据“预收账款”科目的期末余额填列。

(24)“其他应付款”项目，反映事业单位期末应付未付的其他各项应付及暂收款项。本项目应当根据“其他应付款”科目的期末余额填列。

(25)“其他流动负债”项目，反映事业单位除上述各项之外的其他流动负债，如承担的将于 1 年内(含 1 年)偿还的长期负债。本项目应当根据“长期借款”、“长期应付款”等科目的期末余额分析填列。

(26)“长期借款”项目，反映事业单位借入的期限超过 1 年(不含 1 年)的各项借款本金。本项目应当根据“长期借款”科目的期末余额减去其中将于 1 年内(含 1 年)到期的长期借款余额后的金额填列。

(27)“长期应付款”项目，反映事业单位发生的偿还期限超过 1 年(不含 1 年)的各种应付款项。本项目应当根据“长期应付款”科目的期末余额减去其中将于 1 年内(含 1 年)到期的长期应付款余额后的金额填列。

3. 净资产类项目

(28)“事业基金”项目，反映事业单位期末拥有的非限定用途的净资产。本项目应当根据“事业基金”科目的期末余额填列。

(29)“非流动资产基金”项目，反映事业单位期末非流动资产占用的金额。本项目应当根据“非流动资产基金”科目的期末余额填列。

(30)“专用基金”项目，反映事业单位按规定设置或提取的具有专门用途的净资产。本项目应当根据“专用基金”科目的期末余额填列。

(31)“财政补助结转”项目，反映事业单位滚存的财政补助结转资金。本项目应当根据“财政补助结转”科目的期末余额填列。

(32)“财政补助结余”项目，反映事业单位滚存的财政补助项目支出结余资金。本项目应当根据“财政补助结余”科目的期末余额填列。

(33)“非财政补助结转”项目，反映事业单位滚存的非财政补助专项结转资金。本项目应当根据“非财政补助结转”科目的期末余额填列。

(34)“非财政补助结余”项目，反映事业单位自年初至报告期末累计实现的非财政补助结余弥补以前年度经营亏损后的余额。本项目应当根据“事业结余”、“经营结余”科目的期末余额合计填列；如“事业结余”、“经营结余”科目的期末余额合计为亏损数，则以“－”号填列。在编制年度资产负债表时，本项目金额一般应为“0”；若不为“0”，本项目金额应为“经营结余”科目的期末借方余额(“－”号填列)。

“事业结余”项目，反映事业单位自年初至报告期末累计实现的事业结余。本项目应当根据“事业结余”

科目的期末余额填列；如“事业结余”科目的期末余额为亏损数，则以“－”号填列。在编制年度资产负债表时，本项目金额应为“0”。

“经营结余”项目，反映事业单位自年初至报告期末累计实现的经营结余弥补以前年度经营亏损后的余额。本项目应当根据“经营结余”科目的期末余额填列；如“经营结余”科目的期末余额为亏损数，则以“－”号填列。在编制年度资产负债表时，本项目金额一般应为“0”；若不为“0”，本项目金额应为“经营结余”科目的期末借方余额（“－”号填列）。

二、收入支出表编制说明

（一）本表反映事业单位在某一会计期间内各项收入、支出和结转结余情况，以及年末非财政补助结余的分配情况。

（二）本表“本月数”栏反映各项目的本月实际发生数。在编制年度收入支出表时，应当将本栏改为“上年数”栏，反映上年度各项目的实际发生数；如果本年度收入支出表规定的各个项目的名称和内容同上年度不一致，应对上年度收入支出表各项目的名称和数字按照本年度的规定进行调整，填入本年度收入支出表的“上年数”栏。

本表“本年累计数”栏反映各项目自年初起至报告期末止的累计实际发生数。编制年度收入支出表时，应当将本栏改为“本年数”。

（三）本表“本月数”栏各项目的内容和填列方法：

1. 本期财政补助结转结余

（1）“本期财政补助结转结余”项目，反映事业单位本期财政补助收入与财政补助支出相抵后的余额。本项目应当按照本表中“财政补助收入”项目金额减去“事业支出（财政补助支出）”项目金额后的余额填列。

（2）“财政补助收入”项目，反映事业单位本期从同级财政部门取得的各类财政拨款。本项目应当根据“财政补助收入”科目的本期发生额填列。

（3）“事业支出（财政补助支出）”项目，反映事业单位本期使用财政补助发生的各项事业支出。本项目应当根据“事业支出——财政补助支出”科目的本期发生额填列，或者根据“事业支出——基本支出（财政补助支出）”、“事业支出——项目支出（财政补助支出）”科目的本期发生额合计填列。

2. 本期事业结转结余

（4）“本期事业结转结余”项目，反映事业单位本期除财政补助收支、经营收支以外的各项收支相抵后的余额。本项目应当按照本表中“事业类收入”项目金额减去“事业类支出”项目金额后的余额填列；如为负数，以“－”号填列。

（5）“事业类收入”项目，反映事业单位本期事业收入、上级补助收入、附属单位上缴收入、其他收入的合计数。本项目应当按照本表中“事业收入”、“上级补助收入”、“附属单位上缴收入”、“其他收入”项目金额的合计数填列。

“事业收入”项目，反映事业单位开展专业业务活动及其辅助活动取得的收入。本项目应当根据“事业收入”科目的本期发生额填列。

“上级补助收入”项目，反映事业单位从主管部门和上级单位取得的非财政补助收入。本项目应当根据“上级补助收入”科目的本期发生额填列。

“附属单位上缴收入”项目，反映事业单位附属独立核算单位按照有关规定上缴的收入。本项目应当根据“附属单位上缴收入”科目的本期发生额填列。

“其他收入”项目，反映事业单位除财政补助收入、事业收入、上级补助收入、附属单位上缴收入、经营收入以外的其他收入。本项目应当根据“其他收入”科目的本期发生额填列。

“捐赠收入”项目，反映事业单位接受现金、存货捐赠取得的收入。本项目应当根据“其他收入”科目所属相关明细科目的本期发生额填列。

（6）“事业类支出”项目，反映事业单位本期事业支出（非财政补助支出）、上缴上级支出、对附属单位补助支出、其他支出的合计数。本项目应当按照本表中“事业支出（非财政补助支出）”、“上缴上级支出”、“对附属单位补助支出”、“其他支出”项目金额的合计数填列。

“事业支出（非财政补助支出）”项目，反映事业单位使用财政补助以外的资金发生的各项事业支出。本项目应当根据“事业支出——非财政专项资金支出”、“事业支出——其他资金支出”科目的本期发生额合计填列，或者根据“事业支出——基本支出(其他资金支出)”、“事业支出——项目支出(非财政专项资金支出、其他资金支出)”科目的本期发生额合计填列。

“上缴上级支出”项目，反映事业单位按照财政部门和主管部门的规定上缴上级单位的支出。本项目应当根据“上缴上级支出”科目的本期发生额填列。

“对附属单位补助支出”项目，反映事业单位用财政补助收入之外的收入对附属单位补助发生的支出。本项目应当根据“对附属单位补助支出”科目的本期发生额填列。

“其他支出”项目，反映事业单位除事业支出、上缴上级支出、对附属单位补助支出、经营支出以外的其他支出。本项目应当根据“其他支出”科目的本期发生额填列。

3. 本期经营结余

(7)“本期经营结余”项目，反映事业单位本期经营收支相抵后的余额。本项目应当按照本表中“经营收入”项目金额减去“经营支出”项目金额后的余额填列；如为负数，以“－”号填列。

(8)“经营收入”项目，反映事业单位在专业业务活动及其辅助活动之外开展非独立核算经营活动取得的收入。本项目应当根据“经营收入”科目的本期发生额填列。

(9)“经营支出”项目，反映事业单位在专业业务活动及其辅助活动之外开展非独立核算经营活动发生的支出。本项目应当根据“经营支出”科目的本期发生额填列。

4. 弥补以前年度亏损后的经营结余

(10)“弥补以前年度亏损后的经营结余”项目，反映事业单位本年度实现的经营结余扣除本年初未弥补经营亏损后的余额。本项目应当根据“经营结余”科目年末转入“非财政补助结余分配”科目前的余额填列；如该年末余额为借方余额，以“－”号填列。

5. 本年非财政补助结转结余

(11)“本年非财政补助结转结余”项目，反映事业单位本年除财政补助结转结余之外的结转结余金额。如本表中“弥补以前年度亏损后的经营结余”项目为正数，本项目应当按照本表中“本期事业结转结余”、“弥补以前年度亏损后的经营结余”项目金额的合计数填列；如为负数，以“－”号填列。如本表中“弥补以前年度亏损后的经营结余”项目为负数，本项目应当按照本表中“本期事业结转结余”项目金额填列；如为负数，以“－”号填列。

(12)“非财政补助结转”项目，反映事业单位本年除财政补助收支外的各专项资金收入减去各专项资金支出后的余额。本项目应当根据“非财政补助结转”科目本年贷方发生额中专项资金收入。

转入金额合计数减去本年借方发生额中专项资金支出转入金额合计数后的余额填列。

6. 本年非财政补助结余

(13)“本年非财政补助结余”项目，反映事业单位本年除财政补助之外的其他结余金额。本项目应当按照本表中“本年非财政补助结转结余”项目金额减去“非财政补助结转”项目金额后的金额填列；如为负数，以“－”号填列。

(14)“应缴企业所得税”项目，反映事业单位按照税法规定应缴纳的企业所得税金额。本项目应当根据“非财政补助结余分配”科目的本年发生额分析填列。

(15)“提取专用基金”项目，反映事业单位本年按规定提取的专用基金金额。本项目应当根据“非财政补助结余分配”科目的本年发生额分析填列。

7. 转入事业基金

(16)“转入事业基金”项目，反映事业单位本年按规定转入事业基金的非财政补助结余资金。本项目应当按照本表中“本年非财政补助结余”项目金额减去“应缴企业所得税”、“提取专用基金”项目金额后的余额填列；如为负数，以“－”号填列。

上述(10)至(16)项目，只有在编制年度收入支出表时才填列；编制月度收入支出表时，可以不设置此7个项目。

三、财政补助收入支出表编制说明

(一)本表反映事业单位某一会计年度财政补助收入、支出、结转及结余情况。

(二)本表“上年数”栏内各项数字，应当根据上年度财政补助收入支出表“本年数”栏内数字填列。

(三)本表“本年数”栏各项目的内容和填列方法：

1."年初财政补助结转结余"项目及其所属各明细项目，反映事业单位本年初财政补助结转和结余余额。各项目应当根据上年度财政补助收入支出表中"年末财政补助结转结余"项目及其所属各明细项目"本年数"栏的数字填列。

2."调整年初财政补助结转结余"项目及其所属各明细项目，反映事业单位因本年发生需要调整以前年度财政补助结转结余的事项，而对年初财政补助结转结余的调整金额。各项目应当根据"财政补助结转"、"财政补助结余"科目及其所属明细科目的本年发生额分析填列。如调整减少年初财政补助结转结余，以"—"号填列。

3."本年归集调入财政补助结转结余"项目及其所属各明细项目，反映事业单位本年度取得主管部门归集调入的财政补助结转结余资金或额度金额。各项目应当根据"财政补助结转"、"财政补助结余"科目及其所属明细科目的本年发生额分析填列。

4."本年上缴财政补助结转结余"项目及其所属各明细项目，反映事业单位本年度按规定实际上缴的财政补助结转结余资金或额度金额。各项目应当根据"财政补助结转"、"财政补助结余"科目及其所属明细科目的本年发生额分析填列。

5."本年财政补助收入"项目及其所属各明细项目，反映事业单位本年度从同级财政部门取得的各类财政拨款金额。各项目应当根据"财政补助收入"科目及其所属明细科目的本年发生额填列。

6."本年财政补助支出"项目及其所属各明细项目，反映事业单位本年度发生的财政补助支出金额。各项目应当根据"事业支出"科目所属明细科目本年发生额中的财政补助支出数填列。

7."年末财政补助结转结余"项目及其所属各明细项目，反映事业单位截至本年末的财政补助结转和结余余额。各项目应当根据"财政补助结转"、"财政补助结余"科目及其所属明细科目的年末余额填列。

四、附注

事业单位的会计报表附注至少应当披露下列内容：

(一)遵循《事业单位会计准则》、《事业单位会计制度》的声明；

(二)单位整体财务状况、业务活动情况的说明；

(三)会计报表中列示的重要项目的进一步说明，包括其主要构成、增减变动情况等；

(四)重要资产处置情况的说明；

(五)重大投资、借款活动的说明；

(六)以名义金额计量的资产名称、数量等情况，以及以名义金额计量理由的说明；

(七)以前年度结转结余调整情况的说明；

(八)有助于理解和分析会计报表需要说明的其他事项。

8. 高等学校会计制度(2013年修订)①

财会〔2013〕30号

目　录

---

① 本制度所称校内独立核算单位，是指高等学校内部不具有法人资格的独立核算单位或部门。本制度所称校内独立核算单位不同于本制度所称附属单位。本制度所称附属单位，是指高等学校下属的具有法人资格的独立核算单位。

第一部分　总 说 明

一、为了规范高等学校的会计核算，保证会计信息质量，根据《中华人民共和国会计法》、《事业单位会计准则》，结合《高等学校财务制度》规定，制定本制度。

二、本制度适用于各级人民政府举办的全日制普通高等学校、成人高等学校（以下简称高等学校）。

三、高等学校对基本建设投资的会计核算在执行本制度的同时，还应当按照国家有关基本建设会计核算的规定单独建账、单独核算。

四、高等学校会计核算一般采用收付实现制，但部分经济业务或者事项的核算应当按照本制度的规定采用权责发生制。

五、高等学校会计要素包括资产、负债、净资产、收入和支出。

六、高等学校应当按照下列规定运用会计科目：

（一）高等学校应当按照本制度的规定设置和使用会计科目。

因没有相关业务不需要使用的会计科目可以不设；在不影响账务处理和编报财务报表的前提下，可以根据实际情况自行增设本制度规定以外的明细科目、减少或合并本制度规定的明细科目。

（二）本制度统一规定会计科目的编号，以便于填制会计凭证、登记账簿、查阅账目，实行会计信息化管理。高等学校不得打乱重编。

（三）高等学校在填制会计凭证、登记会计账簿时，应当填列会计科目的名称，或者同时填列会计科目的名称和编号，不得只填列会计科目编号、不填列会计科目名称。

七、高等学校应当按照下列规定编报财务报表：

（一）高等学校的财务报表由会计报表及其附注构成。会计报表包括资产负债表、收入支出表和财政补助收入支出表。

（二）高等学校的财务报表应当按照月度和年度编制。

（三）高等学校应当根据本制度规定编制并对外提供真实、完整的财务报表。高等学校不得违反本制度规定，随意改变财务报表的编制基础、编制依据、编制原则和方法，不得随意改变本制度规定的财务报表有关数据的会计口径。

（四）高等学校财务报表应当根据登记完整、核对无误的账簿记录和其他有关资料编制，做到数字真实、计算准确、内容完整、报送及时。

（五）高等学校在编制年度财务报表时，应当将校内独立核算单位 1 的会计信息纳入学校财务报表反映。

（六）高等学校财务报表应当由学校负责人和主管会计工作的负责人、会计机构负责人（会计主管人员）签名并盖章。

八、高等学校会计机构设置、会计人员配备、会计基础工作、会计档案管理、内部控制等，按照《中华人民共和国会计法》、《会计基础工作规范》、《会计档案管理办法》、《行政事业单位内部控制规范（试行）》等规定执行。开展会计信息化工作的高等学校，还应当按照财政部制定的相关会计信息化工作规范执行。

九、本制度自 2014 年 1 月 1 日起施行。1998 年 3 月 31 日财政部印发的《高等学校会计制度（试行）》（财预字〔1998〕105 号）同时废止。

第二部分　会计科目名称和编号

序　　号	编　　号	名　　称
一、资产类		
1	1001	库存现金
2	1002	银行存款
3	1003	零余额账户用款额度
4	1101	短期投资

（续表）

序　　号	编　　号	名　　称
5	1201 120101 120102	财政应返还额度 财政直接支付 财政授权支付
6	1211	应收票据
7	1212	应收账款
8	1213	预付账款
9	1215	其他应收款
10	1301	存　　货
11	1401	长期投资
12	1501	固定资产
13	1502	累计折旧
14	1511	在建工程
15	1601	无形资产
16	1602	累计摊销
17	1701	待处置资产损溢
二、负债类		
18	2001	短期借款
19	2101	应缴税费
20	2102	应缴国库款
21	2103	应缴财政专户款
22	2201	应付职工薪酬
23	2301	应付票据
24	2302	应付账款
25	2303	预收账款
26	2305	其他应付款
27	2401	长期借款
28	2402	长期应付款
29	2501	代管款项
三、净资产类		
30	3001	事业基金
31	3101 310101 310102 310103 310104	非流动资产基金 长期投资 固定资产 在建工程 无形资产
32	3201	专用基金
33	3301 330101 330102	财政补助结转 基本支出结转 项目支出结转

（续表）

序　　号	编　　号	名　　称
34	3302	财政补助结余
35	3401	非财政补助结转
36	3402	事业结余
37	3403	经营结余
38	3404	非财政补助结余分配
四、收入类		
39	4001	财政补助收入
40	4101	教育事业收入
41	4102	科研事业收入
42	4201	上级补助收入
43	4301	附属单位上缴收入
44	4401	经营收入
45	4501	其他收入
五、费用类		
46	5001	教育事业支出
47	5002	科研事业支出
48	5003	行政管理支出
49	5004	后勤保障支出
50	5005	离退休支出
51	5101	上缴上级支出
52	5201	对附属单位补助支出
53	5301	经营支出
54	5401	其他支出

第三部分　会计科目使用说明

一、资产类

1001 库存现金

一、本科目核算高等学校的库存现金。

二、高等学校应当严格按照国家有关现金管理的规定收支现金，并按照本制度规定核算现金的各项收支业务。

三、库存现金的主要账务处理如下：

（一）从银行等金融机构提取现金，按照实际提取的金额，借记本科目，贷记“银行存款”等科目；将现金存入银行等金融机构，按照实际存入的金额，借记“银行存款”等科目，贷记本科目。

（二）因职工出差等原因借出的现金，按照实际借出的现金金额，借记“其他应收款”科目，贷记本科目；出差人员报销差旅费时，按照应报销的金额，借记有关科目，按照实际借出的现金金额，贷记“其他应收款”

科目，按其差额，借记或贷记本科目。

（三）因开展业务等其他事项收到现金，按照实际收到的金额，借记本科目，贷记有关科目；因购买服务或商品等其他事项支出现金，按照实际支出的金额，借记有关科目，贷记本科目。

四、高等学校应当设置“现金日记账”，由出纳人员根据收付款凭证，按照业务发生顺序逐笔登记。每日终了，应当计算当日的现金收入合计数、现金支出合计数和结余数，并将结余数与实际库存数核对，做到账款相符。

每日账款核对中发现现金溢余或短缺的，应当及时进行处理。

如发现现金溢余，属于应支付给有关人员或单位的部分，借记本科目，贷记“其他应付款”科目；属于无法查明原因的部分，借记本科目，贷记“其他收入”科目。如发现现金短缺，属于应由责任人赔偿的部分，借记“其他应收款”科目，贷记本科目；属于无法查明原因的部分，报经批准后，借记“其他支出”科目，贷记本科目。

现金收入业务较多、单独设有收款部门的高等学校，收款部门的收款员应当将每天所收现金连同收款凭据等一并交财务部门核收记账；或者将每天所收现金直接送存开户银行后，将收款凭据及向银行送存现金的凭证等一并交财务部门核收记账。

五、高等学校有外币现金的，应当分别按照人民币、各种外币设置“现金日记账”进行明细核算。有关外币现金业务的账务处理参见“银行存款”科目的相关规定。

六、本科目期末借方余额，反映高等学校实际持有的库存现金。

1002 银行存款

一、本科目核算高等学校存入银行或其他金融机构的各种存款。

二、高等学校应当严格按照国家有关支付结算办法的规定办理银行存款收支业务，并按照本制度规定核算银行存款的各项收支业务。

三、银行存款的主要账务处理如下：

（一）将款项存入银行或其他金融机构，借记本科目，贷记“库存现金”、“教育事业收入”、“科研事业收入”、“应缴财政专户款”、“经营收入”等有关科目。

（二）提取和支出存款时，借记有关科目，贷记本科目。

四、高等学校发生外币业务的，应当按照业务发生当日（或当期期初，下同）的即期汇率，将外币金额折算为人民币记账，并登记外币金额和汇率。

期末，各种外币账户的外币余额应当按照期末的即期汇率折算为人民币金额，作为外币账户期末人民币余额。调整后的各种外币账户人民币余额与原账面人民币余额的差额，作为汇兑损益计入相关支出。

（一）以外币购买物资、劳务等，按照购入当日的即期汇率将支付的外币或应支付的外币折算为人民币金额，借记有关科目，贷记本科目、“应付账款”等科目的外币账户。

（二）以外币收取相关款项等，按照收取款项或收入确认当日的即期汇率将收取的外币或应收取的外币折算为人民币金额，借记本科目、“应收账款”等科目的外币账户，贷记有关科目。

（三）期末，根据各外币账户按期末的即期汇率调整后的人民币余额与原账面人民币余额的差额，作为汇兑损益，借记或贷记本科目、“应收账款”、“应付账款”等科目，贷记或借记相关支出科目。

五、高等学校应当按开户银行或其他金融机构、存款种类及币种等，分别设置“银行存款日记账”，由出纳人员根据收付款凭证，按照业务的发生顺序逐笔登记，每日终了应结出余额。“银行存款日记账”应定期与“银行对账单”核对，至少每月核对一次。月度终了，高等学校银行存款账面余额与银行对账单余额之间如有差额，必须逐笔查明原因并进行处理，按月编制“银行存款余额调节表”，调节相符。

六、本科目期末借方余额，反映高等学校实际存放在银行或其他金融机构的款项。

1011 零余额账户用款额度

一、本科目核算实行国库集中支付的高等学校根据财政部门批复的用款计划收到和支用的零余额账户用款额度。

二、零余额账户用款额度的主要账务处理如下：

（一）在财政授权支付方式下，收到代理银行盖章的财政授权支付额度到账通知书时，根据通知书所列数额,借记本科目,贷记“财政补助收入”科目。

(二)按规定支用额度时,借记有关科目,贷记本科目。

(三)从零余额账户提取现金时,借记“库存现金”科目,贷记本科目;将现金退回学校零余额账户时,借记本科目,贷记“库存现金”科目。

(四)因购货退回等发生国库授权支付额度退回的,属于以前年度支付的款项,按照退回金额,借记本科目,贷记“财政补助结转”、“财政补助结余”、“存货”等有关科目;属于本年度支付的款项,按照退回金额,借记本科目,贷记“教育事业支出”、“科研事业支出”、“行政管理支出”、“后勤保障支出”、“离退休支出”、“存货”等有关科目。

(五)年度终了,依据代理银行提供的对账单作注销额度的相关账务处理,借记“财政应返还额度——财政授权支付”科目,贷记本科目。高等学校本年度财政授权支付预算指标数大于零余额账户用款额度下达数的,根据未下达的用款额度,借记“财政应返还额度——财政授权支付”科目,贷记“财政补助收入”科目。

下年初,高等学校依据代理银行提供的额度恢复到账通知书作恢复额度的相关账务处理,借记本科目,贷记“财政应返还额度——财政授权支付”科目。高等学校收到财政部门批复的上年末未下达零余额账户用款额度的,借记本科目,贷记“财政应返还额度——财政授权支付”科目。

三、本科目期末借方余额,反映高等学校尚未支用的零余额账户用款额度。本科目年末应无余额。

1101 短期投资

一、本科目核算高等学校依法取得的,持有时间不超过1年(含1年)的投资,主要是国债投资。

二、高等学校应当严格遵守国家法律、行政法规以及财政部门、主管部门关于对外投资的有关规定。

三、本科目应当按照国债投资的种类等进行明细核算。

四、短期投资的主要账务处理如下:

(一)短期投资在取得时,应当按照其实际成本(包括购买价款以及税金、手续费等相关税费)作为投资成本,借记本科目,贷记“银行存款”等科目。

(二)短期投资持有期间收到利息时,按实际收到的金额,借记“银行存款”科目,贷记“其他收入——投资收益”科目。

(三)出售短期投资或到期收回短期国债本息,按照实际收到的金额,借记“银行存款”科目,按照出售或收回短期国债的成本,贷记本科目,按其差额,贷记或借记“其他收入——投资收益”科目。

五、本科目期末借方余额,反映高等学校持有的短期投资成本。

1201 财政应返还额度

一、本科目核算实行国库集中支付的高等学校应收财政返还的资金额度。

二、本科目应当设置“财政直接支付”、“财政授权支付”两个明细科目,进行明细核算。

三、财政应返还额度的主要账务处理如下:

(一)财政直接支付年度终了,高等学校根据本年度财政直接支付预算指标数与当年财政直接支付实际支出数的差额,借记本科目(财政直接支付),贷记“财政补助收入”科目。下年度恢复财政直接支付额度后,高等学校以财政直接支付方式发生实际支出时,借记有关科目,贷记本科目(财政直接支付)。

(二)财政授权支付年度终了,高等学校依据代理银行提供的对账单作注销额度的相关账务处理,借记本科目(财政授权支付),贷记“零余额账户用款额度”科目。高等学校本年度财政授权支付预算指标数大于零余额账户用款额度下达数的,根据未下达的用款额度,借记本科目(财政授权支付),贷记“财政补助收入”科目。

下年初,高等学校依据代理银行提供的额度恢复到账通知书作恢复额度的相关账务处理,借记“零余额账户用款额度”科目,贷记本科目(财政授权支付)。高等学校收到财政部门批复的上年末未下达零余额账户用款额度时,借记“零余额账户用款额度”科目,贷记本科目(财政授权支付)。

四、本科目期末借方余额,反映高等学校应收财政返还的资金额度。

1211 应收票据

一、本科目核算高等学校因开展经营活动销售产品、提供服务等而收到的商业汇票,包括银行承兑汇票和商业承兑汇票。

二、本科目应当按照开出、承兑商业汇票的单位等进行明细核算。

三、应收票据的主要账务处理如下：

（一）因销售产品、提供服务等收到商业汇票，按照商业汇票的票面金额，借记本科目，按照确认的收入金额，贷记“经营收入”等科目，按照应缴增值税金额，贷记“应缴税费——应缴增值税”科目。

（二）持未到期的商业汇票向银行贴现，按照实际收到的金额（即扣除贴现息后的净额），借记“银行存款”科目，按照贴现息，借记“经营支出”等科目，按照商业汇票的票面金额，贷记本科目。

（三）将持有的商业汇票背书转让以取得所需物资时，按照取

得物资的成本，借记有关科目，按照商业汇票的票面金额，贷记本科目，如有差额，借记或贷记“银行存款”等科目。

（四）商业汇票到期时，应当分别以下情况处理：

1. 收回应收票据，按照实际收到的商业汇票票面金额，借记“银行存款”科目，贷记本科目。

2. 因付款人无力支付票款，收到银行退回的商业承兑汇票、委托收款凭证、未付票款通知书或拒付款证明等，按照商业汇票的票面金额，借记“应收账款”科目，贷记本科目。

四、高等学校应当设置“应收票据备查簿”，逐笔登记每一应收票据的种类、号数、出票日期、到期日、票面金额、交易合同号和付款人、承兑人、背书人姓名或单位名称、背书转让日、贴现日期、贴现率和贴现净额、收款日期、收回金额和退票情况等资料。应收票据到期结清票款或退票后，应当在备查簿内逐笔注销。

五、本科目期末借方余额，反映高等学校持有的商业汇票票面金额。

1212 应收账款

一、本科目核算高等学校因开展经营活动销售产品、提供服务等而应收取的款项。

二、本科目应当按照购货、接受服务单位（或个人）进行明细核算。

三、应收账款的主要账务处理如下：

（一）发生应收账款时，按照应收未收金额，借记本科目，按照确认的收入金额，贷记“经营收入”等科目，按照应缴增值税金额，贷记“应缴税费——应缴增值税”科目。

（二）收回应收账款时，按照实际收到的金额，借记“银行存款”等科目，贷记本科目。

四、逾期三年或以上、有确凿证据表明确实无法收回的应收账款，按规定报经批准后予以核销。核销的应收账款应在“已核销应收账款备查簿”中保留登记。

（一）转入待处置资产时，按照待核销的应收账款金额，借记“待处置资产损溢”科目，贷记本科目。

（二）报经批准予以核销时，借记“其他支出”科目，贷记“待处置资产损溢”科目。

（三）已核销应收账款在以后期间收回的，按照实际收回的金额，借记“银行存款”等科目，贷记“其他收入”科目。

五、本科目期末借方余额，反映高等学校尚未收回的应收账款。

1213 预付账款

一、本科目核算高等学校按照购货、劳务合同或协议规定预付给供应单位的款项。

二、本科目应当按照供应单位（或个人）进行明细核算。高等学校应当通过明细核算或辅助登记方式，登记预付账款的资金性质（区分财政补助资金、非财政专项资金和其他资金）。

三、预付账款的主要账务处理如下：

（一）发生预付账款时，按照实际预付的金额，借记本科目，贷记“零余额账户用款额度”、“财政补助收入”、“银行存款”等科目。

（二）收到所购物资或劳务，按照购入物资或劳务的成本，借记有关科目，按照相应预付账款金额，贷记本科目，按照补付的款项，贷记“零余额账户用款额度”、“财政补助收入”、“银行存款”等科目。

收到所购固定资产、无形资产的，按照确定的资产成本，借记“固定资产”、“无形资产”科目，贷记“非流动资产基金——固定资产、无形资产”科目；同时，按资产购置支出，借记“教育事业支出”、“科研事业支出”、“行政管理支出”、“后勤保障支出”、“经营支出”等科目，按照相应预付账款金额，贷记本科目，按照补付的款项，贷记“零余额账户用款额度”、“财政补助收入”、“银行存款”等科目。

四、逾期三年或以上、有确凿证据表明因供货单位破产、撤销等原因已无望再收到所购物资，且确实无法收回的预付账款，按规定报经批准后予以核销。核销的预付账款应在“已核销预付账款备查簿”中保留登记。

(一)转入待处置资产时,按照待核销的预付账款金额,借记“待处置资产损溢”科目,贷记本科目。

(二)报经批准予以核销时,借记“其他支出”科目,贷记“待处置资产损溢”科目。

(三)已核销预付账款在以后期间收回的,按照实际收回的金额,借记“银行存款”等科目,贷记“其他收入”科目。

五、本科目期末借方余额,反映高等学校实际预付但尚未结算的款项。

1215 其他应收款

一、本科目核算高等学校除财政应返还额度、应收票据、应收账款、预付账款以外的其他各项应收及暂付款项,如职工预借的差旅费、拨付给内部有关部门的备用金、拨付给校内独立核算单位用于保障其基本运行的补贴经费、应向职工收取的各种垫付款项、应向附属单位收取的垫付的人员经费等。

二、本科目应当按照其他应收款的类别以及债务单位(或个人)进行明细核算。

三、其他应收款的主要账务处理如下:

(一)发生其他各项应收及暂付款项时,借记本科目,贷记“银行存款”、“库存现金”等科目。

(二)收回或转销其他各项应收及暂付款项时,借记“库存现金”、“银行存款”等科目,贷记本科目。

(三)向校内独立核算单位拨付补贴经费时,借记本科目,贷记“银行存款”等科目。收到校内独立核算单位有关使用补贴经费实际支出金额与用途的上报信息时,借记“后勤保障支出”等科目,贷记本科目。

(四)高等学校内部实行备用金制度的,有关部门使用备用金以后应当及时到财务部门报销并补足备用金。财务部门核定并发放备用金时,借记本科目,贷记“库存现金”等科目。根据报销数用现金补足备用金定额时,借记有关科目,贷记“库存现金”等科目,报销数和拨补数都不再通过本科目核算。

四、逾期三年或以上、有确凿证据表明确实无法收回的其他应收款,按规定报经批准后予以核销。核销的其他应收款应在“已核销其他应收款备查簿”中保留登记。

(一)转入待处置资产时,按照待核销的其他应收款金额,借记“待处置资产损溢”科目,贷记本科目。

(二)报经批准予以核销时,借记“其他支出”科目,贷记“待处置资产损溢”科目。

(三)已核销其他应收款在以后期间收回的,按照实际收回的金额,借记“银行存款”等科目,贷记“其他收入”科目。

五、本科目期末借方余额,反映高等学校尚未收回的其他应收款。

1301 存　　货

一、本科目核算高等学校在开展业务活动及其他活动中为耗用而储存的各种材料、燃料、包装物、低值易耗品及达不到固定资产标准的用具、装具、动植物等的实际成本。

高等学校随买随用的零星办公用品,可以在购进时直接列作支出,不通过本科目核算。

二、本科目应当按照存货的种类、规格、保管地点等进行明细核算。

发生自行加工存货业务的高等学校,应当在本科目下设置“生产成本”明细科目,归集核算自行加工存货所发生的实际成本(包括耗用的直接材料费用、发生的直接人工费用和分配的间接费用)。

三、存货的主要账务处理如下:

(一)存货在取得时,应当按照其实际成本入账。

1. 购入的存货,其成本包括购买价款、相关税费、运输费、装卸费、保险费以及其他使得存货达到目前场所和状态所发生的其他支出。高等学校按照税法规定属于增值税一般纳税人的,其购进非自用(如用于生产对外销售的产品)材料所支付的税法规定可抵扣的增值税进项税额不计入材料成本。

购入的存货验收入库,按确定的成本,借记本科目,贷记“银行存款”、“应付账款”、“财政补助收入”、“零余额账户用款额度”等科目。

属于增值税一般纳税人的高等学校购入非自用材料的,按确定的成本(不含税法规定可抵扣增值税进项税额),借记本科目,按增值税专用发票上注明的增值税额,借记“应缴税费——应缴增值税(进项税额)”科目,按实际支付或应付的金额,贷记“银行存款”、“应付账款”等科目。

2. 自行加工的存货,其成本包括耗用的直接材料费用、发生的直接人工费用和按照一定方法分配的与存货加工有关的间接费用。

自行加工的存货在加工过程中发生各种费用时,借记本科目(生产成本),贷记本科目(领用材料相关的明细科目)、“应付职工薪酬”、“银行存款”等科目。

加工完成的存货验收入库，按照所发生的实际成本，借记本科目（相关明细科目），贷记本科目（生产成本）。

3. 接受捐赠、无偿调入的存货，其成本按照有关凭据注明的金额加上相关税费、运输费等确定；没有相关凭据的，其成本比照同类或类似存货的市场价格加上相关税费、运输费等确定；没有相关凭据、同类或类似存货的市场价格也无法可靠取得的，该存货按照名义金额（即人民币1元，下同）入账。

接受捐赠、无偿调入的存货验收入库，按照确定的成本，借记本科目，按照发生的相关税费、运输费等，贷记“银行存款”等科目，按照其差额，贷记“其他收入”科目。

按照名义金额入账的情况下，按照名义金额，借记本科目，贷记“其他收入”科目；按照发生的相关税费、运输费等，借记“其他支出”科目，贷记“银行存款”等科目。

（二）存货在发出时，应当根据实际情况采用先进先出法、加权平均法或者个别计价法确定发出存货的实际成本。计价方法一经确定，不得随意变更。低值易耗品的成本于领用时一次摊销。

1. 开展业务活动等领用、发出存货，按领用、发出存货的实际成本，借记“教育事业支出”、“科研事业支出”、“行政管理支出”、“后勤保障支出”、“离退休支出”、“经营支出”等科目，贷记本科目。

2. 对外捐赠、无偿调出存货，转入待处置资产时，按照存货的账面余额，借记“待处置资产损溢”科目，贷记本科目。属于增值税一般纳税人的高等学校无偿调出购进的非自用材料，转入待处置资产时，按照存货的账面余额与相关增值税进项税额转出金额的合计金额，借记“待处置资产损溢”科目，按存货的账面余额，贷记本科目，按转出的增值税进项税额，贷记“应缴税费——应缴增值税（进项税额转出）”科目。

实际捐出、调出存货时，按照“待处置资产损溢”科目的相应余额，借记“其他支出”科目，贷记“待处置资产损溢”科目。

四、高等学校的存货应当定期进行清查盘点，至少每年盘点一次。对于发生的存货盘盈、盘亏或者报废、毁损，应当及时查明原因，按规定报经批准后进行账务处理。

（一）盘盈的存货，按照同类或类似存货的实际成本或市场价格确定入账价值；同类或类似存货的实际成本、市场价格均无法可靠取得的，按照名义金额入账。

盘盈的存货，按照确定的入账价值，借记本科目，贷记“其他收入”科目。

（二）盘亏或者毁损、报废的存货，转入待处置资产时，按照待处置存货的账面余额，借记“待处置资产损溢”科目，贷记本科目。

属于增值税一般纳税人的高等学校购进的非自用材料发生盘亏或者毁损、报废的，转入待处置资产时，按照存货的账面余额与相关增值税进项税额转出金额的合计金额，借记“待处置资产损溢”科目，按存货的账面余额，贷记本科目，按转出的增值税进项税额，贷记“应缴税费——应缴增值税（进项税额转出）”科目。

报经批准予以处置时，按照“待处置资产损溢”科目的相应余额，借记“其他支出”科目，贷记“待处置资产损溢”科目。

处置存货过程中所取得的收入、发生的费用，以及处置收入扣除相关处置费用后的净收入的账务处理，参见“待处置资产损溢”科目。

五、本科目期末借方余额，反映高等学校存货的实际成本。

1401 长期投资

一、本科目核算高等学校依法取得的，持有时间超过1年（不含1年）的股权和债权性质的投资。

二、高等学校应当严格遵守国家法律、行政法规以及财政部门、主管部门有关高等学校对外投资的规定。

三、本科目应当按照长期投资的种类和被投资单位等进行明细核算。

四、长期投资的主要账务处理如下：

（一）长期股权投资

1. 长期股权投资在取得时，应当按照其实际成本作为投资成本。

（1）以货币资金取得的长期股权投资，按照实际支付的全部价款（包括购买价款以及税金、手续费等相关税费）作为投资成本，借记本科目，贷记“银行存款”等科目；同时，按照投资成本金额，借记“事业基金——一般基金”科目，贷记“非流动资产基金——长期投资”科目。

（2）以固定资产取得的长期股权投资，按照评估价值加上相关税费作为投资成本，借记本科目，贷记“非流动资产基金——长期投资"科目，按照发生的相关税费，借记"其他支出"科目，贷记"银行存款"、"应缴税费"等科目；同时，按照投出固定资产对应的非流动资产基金，借记"非流动资产基金——固定资产"科目，按照投出固定资产已计提折旧，借记"累计折旧"科目，按照投出固定资产的账面余额，贷记"固定资产"科目。

(3)以已入账无形资产取得的长期股权投资，按照评估价值加上相关税费作为投资成本，借记本科目，贷记"非流动资产基金——长期投资"科目，按照发生的相关税费，借记"其他支出"科目，贷记"银行存款"、"应缴税费"等科目；同时，按照投出无形资产对应的非流动资产基金，借记"非流动资产基金——无形资产"科目，按照投出无形资产已计提摊销，借记"累计摊销"科目，按照投出无形资产的账面余额，贷记"无形资产"科目。

以未入账无形资产取得的长期股权投资，按照评估价值加上相关税费作为投资成本，借记本科目，贷记"非流动资产基金——长期投资"科目，按照发生的相关税费，借记"其他支出"科目，贷记"银行存款"、"应缴税费"等科目。

2. 长期股权投资持有期间，收到利润等投资收益时，按照实际收到的金额，借记"银行存款"等科目，贷记"其他收入——投资收益"科目。

3. 转让长期股权投资，转入待处置资产时，按照待转让长期股权投资的账面余额，借记"待处置资产损溢——处置资产价值"科目，贷记本科目。

实际转让时，按照所转让长期股权投资对应的非流动资产基金，借记"非流动资产基金——长期投资"科目，贷记"待处置资产损溢——处置资产价值"科目。

转让长期股权投资过程中取得价款、发生相关税费，以及转让价款扣除相关税费后的净收入的账务处理，参见"待处置资产损溢"科目。

4. 因被投资单位破产清算等原因，有确凿证据表明长期股权投资发生损失，按规定报经批准后予以核销。将待核销长期股权投资转入待处置资产时，按照待核销的长期股权投资账面余额，借记"待处置资产损溢"科目，贷记本科目。

报经批准予以核销时，借记"非流动资产基金——长期投资"科目，贷记"待处置资产损溢"科目。

(二)长期债券投资

1. 长期债券投资在取得时，应当按照其实际成本作为投资成本。

以货币资金购入的长期债券投资，按照实际支付的全部价款(包括购买价款以及税金、手续费等相关税费)作为投资成本，借记本科目，贷记"银行存款"等科目；同时，按照投资成本金额，借记"事业基金——一般基金"科目，贷记"非流动资产基金——长期投资"科目。

2. 长期债券投资持有期间收到利息时，按照实际收到的金额，借记"银行存款"等科目，贷记"其他收入——投资收益"科目。

3. 对外转让或到期收回长期债券投资本息，按照实际收到的金额，借记"银行存款"等科目，按照收回长期投资的成本，贷记本科目，按照其差额，贷记或借记"其他收入——投资收益"科目；同时，按照收回长期投资对应的非流动资产基金，借记"非流动资产基金——长期投资"科目，贷记"事业基金——一般基金"科目。

五、本科目期末借方余额，反映高等学校持有的长期投资成本。

1501 固定资产

一、本科目核算高等学校固定资产的原价。

固定资产是指高等学校持有的使用期限超过1年(不含1年)、单位价值在规定标准以上，并在使用过程中基本保持原有物质形态的资产。单位价值虽未达到规定标准，但使用期限超过1年(不含1年)的大批同类物资，作为固定资产核算和管理。

二、高等学校的固定资产一般分为六类：房屋及构筑物；专用设备；通用设备；文物和陈列品；图书、档案；家具、用具、装具及动植物。有关说明如下：

(一)固定资产的各组成部分具有不同的使用寿命、适用不同折旧率且可以分别确定各自原价的，应当分别将各组成部分确认为单项固定资产。

(二)对于应用软件，如果其构成相关硬件不可缺少的组成部分，应当将该软件价值包括在所属硬件价值中，一并作为固定资产进行核算；如果其不构成相关硬件不可缺少的组成部分，应当将该软件作为无形资产核算。

（三）高等学校以经营租赁租入的固定资产，不作为固定资产核算，应当另设备查簿进行登记。

（四）购入需要安装的固定资产，应当先通过“在建工程”科目核算，安装完毕交付使用时再转入本科目核算。

（五）高等学校购建的房屋及构筑物，不能够分清购建成本中的房屋及构筑物部分与土地使用权部分的，应当全部作为固定资产核算；能够分清购建成本中的房屋及构筑物部分与土地使用权部分的，应当将其中的房屋及构筑物部分作为固定资产核算，将其中的土地使用权部分作为无形资产核算。

三、高等学校应当根据固定资产定义及主管部门、财政部门的有关规定，结合本单位的具体情况，制定适合于本单位的固定资产目录、具体分类方法，作为进行固定资产核算的依据。

高等学校应当设置“固定资产登记簿”和“固定资产卡片”，按照固定资产类别、项目和使用部门等进行明细核算。出租、出借的固定资产，应当设置备查簿进行登记。

四、固定资产的主要账务处理如下：

（一）固定资产在取得时，应当按照其实际成本入账。

1. 购入的固定资产，其成本包括购买价款、相关税费以及固定资产交付使用前所发生的可归属于该项资产的运输费、装卸费、安装调试费和专业人员服务费等。

以一笔款项购入多项没有单独标价的固定资产，按照各项固定资产同类或类似资产市场价格的比例对总成本进行分配，分别确定各项固定资产的入账成本。

购入不需安装的固定资产，按照确定的固定资产成本，借记本科目，贷记“非流动资产基金——固定资产”科目；同时，按照实际支付金额，借记“教育事业支出”、“科研事业支出”、“行政管理支出”、“后勤保障支出”、“经营支出”等科目，贷记“财政补助收入”、“零余额账户用款额度”、“银行存款”等科目。

购入需要安装的固定资产，先通过“在建工程”科目核算。安装完工交付使用时，借记本科目，贷记“非流动资产基金——固定资产”科目；同时，借记“非流动资产基金——在建工程”科目，贷记“在建工程”科目。

购入固定资产扣留质量保证金的，应当在取得固定资产时，按照确定的成本，借记本科目[不需安装]或“在建工程”科目[需要安装]，贷记“非流动资产基金——固定资产、在建工程”科目。同时取得固定资产全款发票的，应当同时按照构成资产成本的全部支出金额，借记“教育事业支出”、“科研事业支出”、“行政管理支出”、“后勤保障支出”、“经营支出”等科目，按照实际支付金额，贷记“财政补助收入”、“零余额账户用款额度”、“银行存款”等科目，按照扣留的质量保证金，贷记“其他应付款”[扣留期在 1 年以内(含 1 年)]或“长期应付款”[扣留期超过 1 年]科目；取得的发票金额不包括质量保证金的，应当同时按照不包括质量保证金的支出金额，借记“教育事业支出”、“科研事业支出”、“行政管理支出”、“后勤保障支出”、“经营支出”等科目，贷记“财政补助收入”、“零余额账户用款额度”、“银行存款”等科目。质保期满支付质量保证金时，借记“其他应付款”、“长期应付款”科目，或借记“教育事业支出”、“科研事业支出”、“行政管理支出”、“后勤保障支出”、“经营支出”等科目，贷记“财政补助收入”、“零余额账户用款额度”、“银行存款”等科目。

质保期满因固定资产质量有问题等原因未支付质量保证金的，应当相应调减固定资产的账面余额，并重新计算折旧额。

2. 自行建造的固定资产，其成本包括建造该项资产至交付使用前所发生的全部必要支出。

工程完工交付使用时，按自行建造过程中发生的实际支出，借记本科目，贷记“非流动资产基金——固定资产”科目；同时，借记“非流动资产基金——在建工程”科目，贷记“在建工程”科目。已交付使用但尚未办理竣工决算手续的固定资产，按照估计价值入账，待确定实际成本后再进行调整。

3. 在原有固定资产基础上进行改建、扩建、修缮后的固定资产，其成本按照原固定资产账面价值①（“固定资产”科目账面余额减去“累计折旧”科目账面余额后的净值）加上改建、扩建、修缮发生的支出，再扣除固定资产拆除部分的账面价值后的金额确定。

将固定资产转入改建、扩建、修缮时，按固定资产的账面价值，借记“在建工程”科目，贷记“非流动资产基金——在建工程”科目；同时，按固定资产对应的非流动资产基金，借记“非流动资产基金——固定资产”

① 本制度所称账面价值，是指某会计科目的账面余额减去相关备抵科目（如“累计折旧”、“累计摊销”科目）账面余额后的净值。本制度所称账面余额，是指某会计科目的账面实际余额。

科目，按固定资产已计提折旧，借记“累计折旧”科目，按固定资产的账面余额，贷记本科目。

工程完工交付使用时，借记本科目，贷记“非流动资产基金——固定资产”科目；同时，借记“非流动资产基金——在建工程”科目，贷记“在建工程”科目。

4. 以融资租赁租入的固定资产，其成本按照租赁协议或者合同确定的租赁价款、相关税费以及固定资产交付使用前所发生的可归属于该项资产的运输费、途中保险费、安装调试费等确定。

融资租入的固定资产，按照确定的成本，借记本科目[不需安装]或“在建工程”科目[需安装]，按照租赁协议或者合同确定的租赁价款，贷记“长期应付款”科目，按照其差额，贷记“非流动资产基金——固定资产、在建工程”科目。同时，按照实际支付的相关税费、运输费、途中保险费、安装调试费等，借记“教育事业支出”、“科研事业支出”、“行政管理支出”、“后勤保障支出”、“经营支出”等科目，贷记“财政补助收入”、“零余额账户用款额度”、“银行存款”等科目。

定期支付租金时，按照支付的租金金额，借记“教育事业支出”、“科研事业支出”、“行政管理支出”、“后勤保障支出”、“经营支出”等科目，贷记“财政补助收入”、“零余额账户用款额度”、“银行存款”等科目；同时，借记“长期应付款”科目，贷记“非流动资产基金——固定资产”科目。

跨年度分期付款购入固定资产的账务处理，参照融资租入固定资产。

5. 接受捐赠、无偿调入的固定资产，其成本按照有关凭据注明的金额加上相关税费、运输费等确定；没有相关凭据的，其成本比照同类或类似固定资产的市场价格加上相关税费、运输费等确定；没有相关凭据、同类或类似固定资产的市场价格也无法可靠取得的，该固定资产按照名义金额入账。

接受捐赠、无偿调入的固定资产，按照确定的固定资产成本，借记本科目[不需安装]或“在建工程”科目[需安装]，贷记“非流动资产基金——固定资产、在建工程”科目；按照发生的相关税费、运输费等，借记“其他支出”科目，贷记“银行存款”等科目。

（二）按月计提固定资产折旧时，按照实际计提金额，借记“非流动资产基金——固定资产”科目，贷记“累计折旧”科目。

（三）与固定资产有关的后续支出，应当分别以下情况处理：

1. 为增加固定资产使用效能或延长其使用年限而发生的改建、扩建或修缮等后续支出，应当计入固定资产成本，通过“在建工程”科目核算，完工交付使用时转入本科目。有关账务处理参见“在建工程”科目。

2. 为维护固定资产的正常使用而发生的日常修理等后续支出，应当计入当期支出但不计入固定资产成本，借记“教育事业支出”、“科研事业支出”、“行政管理支出”、“后勤保障支出”、“经营支出”等科目，贷记“财政补助收入”、“零余额账户用款额度”、“银行存款”等科目。

（四）报经批准出售、无偿调出、对外捐赠固定资产或以固定资产对外投资，应当分别以下情况处理：

1. 出售、无偿调出、对外捐赠固定资产，转入待处置资产时，按照待处置固定资产的账面价值，借记“待处置资产损溢”科目，按照固定资产已计提折旧，借记“累计折旧”科目，按照固定资产的账面余额，贷记本科目。

实际出售、调出、捐出时，按照处置固定资产对应的非流动资产基金，借记“非流动资产基金——固定资产”科目，贷记“待处置资产损溢”科目。

出售固定资产过程中取得价款、发生相关税费，以及出售价款扣除相关税费后的净收入的账务处理，参见“待处置资产损溢”科目。

2. 以固定资产对外投资，按照评估价值加上相关税费作为投资成本，借记“长期投资”科目，贷记“非流动资产基金——长期投资”科目，按发生的相关税费，借记“其他支出”科目，贷记“银行存款”、“应缴税费”等科目；同时，按照投出固定资产对应的非流动资产基金，借记“非流动资产基金——固定资产”科目，按照投出固定资产已计提折旧，借记“累计折旧”科目，按照投出固定资产的账面余额，贷记本科目。

五、高等学校的固定资产应当定期进行清查盘点，至少每年盘点一次。对于发生的固定资产盘盈、盘亏或者报废、毁损，应当及时查明原因，按规定报经批准后进行账务处理。

（一）盘盈的固定资产，按照同类或类似固定资产的市场价格确定入账价值；同类或类似固定资产的市场价格无法可靠取得的，按照名义金额入账。

盘盈的固定资产，按照确定的入账价值，借记本科目，贷记“非流动资产基金——固定资产”科目。

（二）盘亏或者毁损、报废的固定资产，转入待处置资产时，按照待处置固定资产的账面价值，借记“待处置资产损溢”科目，按照固定资产已计提折旧，借记“累计折旧”科目，按照固定资产的账面余额，贷记本科目。

报经批准予以处置时，按照处置固定资产对应的非流动资产基金，借记“非流动资产基金——固定资产”科目，贷记“待处置资产损溢”科目。

处置毁损、报废固定资产过程中所取得的收入、发生的相关费用，以及处置收入扣除相关费用后的净收入的账务处理，参见“待处置资产损溢”科目。

六、本科目期末借方余额，反映高等学校固定资产的原价。

1502 累计折旧

一、本科目核算高等学校固定资产计提的累计折旧。

二、本科目应当结合高等学校进行内部成本费用管理的需要，并按照所对应固定资产的类别、项目等进行明细核算。

三、高等学校应当对除下列各项资产以外的其他固定资产计提折旧：

（一）文物和陈列品；

（二）动植物；

（三）图书、档案；

（四）以名义金额计量的固定资产。

四、折旧是指在固定资产使用寿命内，按照确定的方法对应折旧金额进行系统分摊。有关说明如下：

（一）高等学校应当根据固定资产的性质和实际使用情况，合理确定其折旧年限。省级以上财政部门、主管部门对高等学校固定资产折旧年限作出规定的，从其规定。

（二）高等学校一般应当采用年限平均法或工作量法计提固定资产折旧。

（三）高等学校固定资产的应折旧金额为其成本，计提固定资产折旧不考虑预计净残值。

（四）高等学校一般应当按月计提固定资产折旧。当月增加的固定资产，当月不提折旧，从下月起计提折旧；当月减少的固定资产，当月照提折旧，从下月起不提折旧。

（五）固定资产提足折旧后，无论能否继续使用，均不再计提折旧；提前报废的固定资产，也不再补提折旧。已提足折旧的固定资产，可以继续使用的，应当继续使用，规范管理。

（六）计提融资租入固定资产折旧时，应当采用与自有固定资产相一致的折旧政策。能够合理确定租赁期届满时将会取得租入固定资产所有权的，应当在租入固定资产尚可使用年限内计提折旧；无法合理确定租赁期届满时能够取得租入固定资产所有权的，应当在租赁期与租入固定资产尚可使用年限两者中较短的期间内计提折旧。

（七）因发生后续支出而增加固定资产成本的，应当按照重新确定的固定资产成本以及重新确定的折旧年限，重新计算折旧额。

五、累计折旧的主要账务处理如下：

（一）按月计提固定资产折旧时，按照应计提折旧金额，借记“非流动资产基金——固定资产”科目，贷记本科目。

（二）固定资产处置时，按照所处置固定资产的账面价值，借记“待处置资产损溢”科目，按照固定资产已计提折旧，借记本科目，按照固定资产的账面余额，贷记“固定资产”科目。

六、本科目期末贷方余额，反映高等学校计提的固定资产折旧累计数。

1511 在建工程

一、本科目核算高等学校已经发生必要支出，但尚未完工交付使用的各种建筑（包括新建、改建、扩建、修缮等）和设备安装工程的实际成本。

二、本科目应当按照工程性质和具体工程项目等进行明细核算。

三、高等学校的基本建设投资应当按照国家有关规定单独建账、单独核算，同时按照本制度的规定至少按月并入本科目及其他相关科目反映。高等学校应当在本科目下设置“基建工程”明细科目，核算由基建账套并入的在建工程成本。有关基建并账的具体账务处理另行规定。

四、在建工程(非基本建设项目)的主要账务处理如下：

(一)建筑工程

1. 将固定资产转入改建、扩建或修缮等时，按照固定资产的账面价值，借记本科目，贷记“非流动资产基金——在建工程”科目；同时，按照固定资产对应的非流动资产基金，借记“非流动资产基金——固定资产”科目，按照固定资产已计提折旧，借记“累计折旧”科目，按照固定资产的账面余额，贷记“固定资产”科目。

2. 与施工企业结算工程价款时，按照实际支付的工程价款，借记本科目，贷记“非流动资产基金——在建工程”科目；同时，借记“教育事业支出”、“科研事业支出”、“行政管理支出”、“后勤保障支出”、“经营支出”等科目，贷记“财政补助收入”、“零余额账户用款额度”、“银行存款”等科目。

支付其他工程款项时，借记本科目，贷记“非流动资产基金——在建工程”科目；同时，借记“教育事业支出”、“科研事业支出”、“行政管理支出”、“后勤保障支出”、“经营支出”等科目，贷记“财政补助收入”、“零余额账户用款额度”、“银行存款”等科目。

3. 高等学校为建筑工程借入的专门借款的利息，属于建设期间发生的，计入在建工程成本，借记本科目，贷记“非流动资产基金——在建工程”科目；同时，借记“其他支出”科目，贷记“银行存款”科目。

4. 建筑工程完工交付使用时，按照工程所发生的实际成本，借记“固定资产”科目，贷记“非流动资产基金——固定资产”科目；同时，借记“非流动资产基金——在建工程”科目，贷记本科目。

(二)设备安装

1. 购入需要安装的设备，按照确定的成本，借记本科目，贷记“非流动资产基金——在建工程”科目；同时，按照实际支付金额，借记“教育事业支出”、“科研事业支出”、“行政管理支出”、“后勤保障支出”、“经营支出”等科目，贷记“财政补助收入”、“零余额账户用款额度”、“银行存款”等科目。

融资租入需要安装的设备，按照确定的成本，借记本科目，按照租赁协议或者合同确定的租赁价款，贷记“长期应付款”科目，按照其差额，贷记“非流动资产基金——在建工程”科目。同时，按照实际支付的相关税费、运输费、途中保险费等，借记“教育事业支出”、“科研事业支出”、“行政管理支出”、“后勤保障支出”、“经营支出”等科目，贷记“财政补助收入”、“零余额账户用款额度”、“银行存款”等科目。

2. 发生安装费用，借记本科目，贷记“非流动资产基金——在建工程”科目；同时，借记“教育事业支出”、“科研事业支出”、“行政管理支出”、“后勤保障支出”、“经营支出”等科目，贷记“财政补助收入”、“零余额账户用款额度”、“银行存款”等科目。

3. 设备安装完工交付使用时，借记“固定资产”科目，贷记“非流动资产基金——固定资产”科目；同时，借记“非流动资产基金——在建工程”科目，贷记本科目。

五、本科目期末借方余额，反映高等学校尚未完工的在建工程发生的实际成本。

1601 无形资产

一、本科目核算高等学校无形资产的原价。无形资产是指高等学校持有的没有实物形态的可辨认非货币性资产，包括专利权、商标权、著作权、土地使用权、非专利技术等。高等学校购入的不构成相关硬件不可缺少组成部分的应用软件，应当作为无形资产核算。

二、本科目应当按照无形资产的类别、项目等进行明细核算。

三、无形资产的主要账务处理如下：

(一)无形资产在取得时，应当按照其实际成本入账。

1. 外购的无形资产，其成本包括购买价款、相关税费以及可归属于该项资产达到预定用途所发生的其他支出。

购入的无形资产，按照确定的无形资产成本，借记本科目，贷记“非流动资产基金——无形资产”科目；同时，按照实际支付金额，借记“教育事业支出”、“科研事业支出”、“行政管理支出”、“后勤保障支出”等科目，贷记“财政补助收入”、“零余额账户用款额度”、“银行存款”等科目。

2. 委托软件公司开发软件视同外购无形资产进行处理。

支付软件开发费时，按照实际支付金额，借记“教育事业支出”、“科研事业支出”、“行政管理支出”、“后勤保障支出”等科目，贷记“财政补助收入”、“零余额账户用款额度”、“银行存款”等科目。软件开发完成交付使用时，按照软件开发费总额，借记本科目，贷记“非流动资产基金——无形资产”科目。

3. 自行开发并按法律程序申请取得的无形资产，按照依法取得时发生的注册费、聘请律师费等费用确定成本。

自行开发并按法律程序申请取得的无形资产，按照确定的无形资产成本，借记本科目，贷记“非流动资产基金——无形资产”科目；同时，借记“教育事业支出”、“科研事业支出”、“行政管理支出”、“后勤保障支出”等科目，贷记“财政补助收入”、“零余额账户用款额度”、“银行存款”等科目。

依法取得前所发生的研究开发支出，应于发生时直接计入当期支出但不计入无形资产的成本，借记“教育事业支出”、“科研事业支出”、“行政管理支出”、“后勤保障支出”等科目，贷记“银行存款”等科目。

4. 接受捐赠、无偿调入的无形资产，其成本按照有关凭据注明的金额加上相关税费等确定；没有相关凭据的，其成本比照同类或类似无形资产的市场价格加上相关税费等确定；没有相关凭据、同类或类似无形资产的市场价格也无法可靠取得的，该资产按照名义金额入账。

接受捐赠、无偿调入的无形资产，按照确定的无形资产成本，借记本科目，贷记“非流动资产基金——无形资产”科目；按照发生的相关税费等，借记“其他支出”科目，贷记“银行存款”等科目。

（二）按月进行无形资产摊销时，按照应摊销金额，借记“非流动资产基金——无形资产”科目，贷记“累计摊销”科目。

（三）与无形资产有关的后续支出，应分别以下情况处理：

1. 为增加无形资产的使用效能而发生的后续支出，如对软件进行升级改造或扩展其功能等所发生的支出，应当计入无形资产的成本，借记本科目，贷记“非流动资产基金——无形资产”科目；同时，借记“教育事业支出”、“科研事业支出”、“行政管理支出”、“后勤保障支出”等科目，贷记“财政补助收入”、“零余额账户用款额度”、“银行存款”等科目。

2. 为维护无形资产的正常使用而发生的后续支出，如对软件进行漏洞修补、技术维护等所发生的支出，应当计入当期支出但不计入无形资产的成本，借记“教育事业支出”、“科研事业支出”、“行政管理支出”、“后勤保障支出”等科目，贷记“财政补助收入”、“零余额账户用款额度”、“银行存款”等科目。

（四）报经批准转让、无偿调出、对外捐赠无形资产或以无形资产对外投资，应当分别以下情况处理：

1. 转让、无偿调出、对外捐赠无形资产，转入待处置资产时，按照待处置无形资产的账面价值，借记“待处置资产损溢”科目，按照无形资产已计提摊销，借记“累计摊销”科目，按照无形资产的账面余额，贷记本科目。

实际转让、调出、捐出时，按照处置无形资产对应的非流动资产基金，借记“非流动资产基金——无形资产”科目，贷记“待处置资产损溢”科目。

转让无形资产过程中取得价款、发生相关税费，以及出售价款扣除相关税费后的净收入的账务处理，参见“待处置资产损溢”科目。

2. 以已入账无形资产对外投资，按照评估价值加上相关税费作为投资成本，借记“长期投资”科目，贷记“非流动资产基金——长期投资”科目，按发生的相关税费，借记“其他支出”科目，贷记“银行存款”、“应缴税费”等科目；同时，按照投出无形资产对应的非流动资产基金，借记“非流动资产基金——无形资产”科目，按照投出无形资产已计提摊销，借记“累计摊销”科目，按照投出无形资产的账面余额，贷记本科目。

（五）无形资产预期不能为高等学校带来服务潜力或经济利益的，应当按规定报经批准后将该无形资产的账面价值予以核销。

转入待处置资产时，按照待核销无形资产的账面价值，借记“待处置资产损溢”科目，按照无形资产已计提摊销，借记“累计摊销”科目，按照无形资产的账面余额，贷记本科目。

报经批准予以核销时，按照核销无形资产对应的非流动资产基金，借记“非流动资产基金——无形资产”科目，贷记“待处置资产损溢”科目。

四、本科目期末借方余额，反映高等学校无形资产的原价。

1602 累计摊销

一、本科目核算高等学校无形资产计提的累计摊销。

二、本科目应当结合高等学校进行内部成本费用管理的需要，并按照所对应无形资产的类别、项目等进行明细核算。

三、高等学校应当对无形资产进行摊销，以名义金额计量的无形资产除外。

摊销是指在无形资产使用寿命内，按照确定的方法对应摊销金额进行系统分摊。有关说明如下：

（一）高等学校应当按照如下原则确定无形资产的摊销年限：法律规定了有效年限的，按照法律规定的有效年限作为摊销年限；法律没有规定有效年限的，按照相关合同或单位申请书中的受益年限作为摊销年限；法律没有规定有效年限、相关合同或单位申请书也没有规定受益年限的，按照不少于10年的期限摊销。

高等学校对于取得的单位价值小于1000元的无形资产，可以于取得的当月，将其成本一次性全部摊销。

（二）高等学校应当采用年限平均法对无形资产进行摊销。

（三）高等学校无形资产的应摊销金额为其成本。

（四）高等学校应当自无形资产取得当月起，按月进行无形资产摊销；无形资产减少的当月，不再摊销。

（五）无形资产全部摊销后，无论能否继续带来服务潜力或经济利益，均不再摊销；核销的无形资产，如果尚未全部摊销，也不再继续摊销。

（六）因发生后续支出而增加无形资产成本的，应当按照重新确定的无形资产成本，重新计算摊销额。

四、累计摊销的主要账务处理如下：

（一）按月进行无形资产摊销时，按照应摊销金额，借记“非流动资产基金——无形资产”科目，贷记本科目。

（二）无形资产处置时，按照所处置无形资产的账面价值，借记“待处置资产损溢”科目，按照无形资产累计摊销，借记本科目，按照无形资产的账面余额，贷记“无形资产”科目。

五、本科目期末贷方余额，反映高等学校计提的无形资产摊销累计数。

1701 待处置资产损溢

一、本科目核算高等学校待处置资产的价值及处置损溢。高等学校资产处置包括资产的出售、出让、转让、对外捐赠、无偿调出、盘亏、报废、毁损以及货币性资产损失核销等。

二、本科目应当按照待处置资产项目进行明细核算；对于在处置过程中取得相关收入、发生相关费用的处置项目，还应设置“处置资产价值”、“处置净收入”明细科目，进行明细核算。

三、高等学校处置资产一般应当先记入本科目，按规定报经批准后及时进行账务处理。年度终了结账前一般应处理完毕。

四、待处置资产损溢的主要账务处理如下：

（一）按规定报经批准予以核销的应收及预付款项、长期股权投资、无形资产

1. 转入待处置资产时，借记本科目[核销无形资产的，还应借记“累计摊销”科目]，贷记“应收账款”、“预付账款”、“其他应收款”、“长期投资”、“无形资产”等科目。

2. 报经批准予以核销时，借记“其他支出”科目[应收及预付款项核销]或“非流动资产基金——长期投资、无形资产”科目[长期投资、无形资产核销]，贷记本科目。

（二）盘亏或者毁损、报废的存货、固定资产

1. 转入待处置资产时，借记本科目（处置资产价值）[处置固定资产的，还应借记“累计折旧”科目]，贷记“存货”、“固定资产”等科目。

2. 报经批准予以处置时，借记“其他支出”科目[处置存货]或“非流动资产基金——固定资产”科目[处置固定资产]，贷记本科目（处置资产价值）。

3. 处置毁损、报废存货、固定资产过程中收到残值变价收入、保险理赔和过失人赔偿等，借记“库存现金”、“银行存款”等科目，贷记本科目（处置净收入）。

4. 处置毁损、报废存货、固定资产过程中发生相关费用，借记本科目（处置净收入），贷记“库存现金”、“银行存款”等科目。

5. 处置完毕，按照处置收入扣除相关处置费用后的净收入，借记本科目（处置净收入），贷记“应缴国库款”等科目；如果处置收入小于相关处置费用的，按照相关处置费用超出处置收入的净损失，借记“其他支出”科目，贷记本科目（处置净收入）。

（三）对外捐赠、无偿调出存货、固定资产、无形资产

1. 转入待处置资产时，借记本科目[捐赠、调出固定资产、无形资产的，还应借记“累计折旧”、“累计摊销”科目]，贷记“存货”、“固定资产”、“无形资产”等科目。

2. 实际捐出、调出时，借记“其他支出”科目[捐出、调出存货]或“非流动资产基金——固定资产、无形资产”科目[捐出、调出固定资产、无形资产]，贷记本科目。

(四)转让(出售)长期股权投资、固定资产、无形资产

1. 转入待处置资产时，借记本科目(处置资产价值)[转让固定资产、无形资产的，还应借记“累计折旧”、“累计摊销”科目]，贷记“长期投资”、“固定资产”、“无形资产”等科目。

2. 实际转让时，借记“非流动资产基金——长期投资、固定资产、无形资产”科目，贷记本科目(处置资产价值)。

3. 转让过程中取得价款、发生相关税费，以及转让价款扣除相关税费后的净收入，或者相关税费超出转让价款的净损失的账务处理，按照国家有关规定，比照本科目“四(二)”有关毁损、报废存货、固定资产进行处理。

五、本科目期末如为借方余额，反映尚未处置完毕的各种资产价值及净损失；期末如为贷方余额，反映尚未处置完毕的各种资产净溢余。年度终了报经批准处理后，本科目一般应无余额。

二、负债类

2001 短期借款

一、本科目核算高等学校向银行等金融机构借入的期限在1年内(含1年)的各种借款本金。

二、本科目应当按照贷款单位和贷款种类进行明细核算。

三、短期借款的主要账务处理如下：

(一)借入各种短期借款时，按照实际借入的金额，借记“银行存款”科目，贷记本科目。

(二)银行承兑汇票到期，本单位无力支付票款的，按照银行承兑汇票的票面金额，借记“应付票据”科目，贷记本科目。

(三)支付短期借款利息时，借记“其他支出”科目，贷记“银行存款”科目。

(四)归还短期借款时，借记本科目，贷记“银行存款”科目。

四、本科目期末贷方余额，反映高等学校尚未归还的短期借款本金。

2101 应缴税费

一、本科目核算高等学校按照税法等规定计算应缴纳的各种税费，包括营业税、增值税、城市维护建设税、教育费附加、车船税、房产税、城镇土地使用税、企业所得税等。

高等学校代扣代缴的个人所得税，也通过本科目核算。

高等学校应缴纳的印花税不需要预提应缴税费，直接通过支出等有关科目核算，不在本科目核算。

二、本科目应当按照应缴纳的税费种类进行明细核算。属于增值税一般纳税人的高等学校，其应缴增值税明细账中还应设置“进项税额”、“已交税金”、“销项税额”、“进项税额转出”等专栏。

三、应缴税费的主要账务处理如下：

(一)发生营业税、城市维护建设税、教育费附加纳税义务的，按税法规定计算的应缴税费金额，借记“待处置资产损溢——处置净收入”科目[出售不动产应缴的税费]或有关支出科目，贷记本科目。实际缴纳时，借记本科目，贷记“银行存款”科目。

(二)属于增值税一般纳税人的高等学校购入非自用材料的，按确定的成本(不含税法规定可抵扣增值税进项税额)，借记“存货”科目，按增值税专用发票上注明的增值税额，借记本科目(应缴增值税——进项税额)，按实际支付或应付的金额，贷记“银行存款”、“应付账款”等科目。

属于增值税一般纳税人的高等学校所购进的非自用材料发生盘亏、毁损、报废、无偿调出等税法规定不得从增值税销项税额中抵扣进项税额的，将所购进的非自用材料转入待处置资产时，按照材料的账面余额与相关增值税进项税额转出金额的合计金额，借记“待处置资产损溢”科目，按材料的账面余额，贷记“存货”科目，按转出的增值税进项税额，贷记本科目(应缴增值税——进项税额转出)。

属于增值税一般纳税人的高等学校销售应税产品或提供应税服务，按包含增值税的价款总额，借记“银行存款”、“应收账款”、“应收票据”等科目，按扣除增值税销项税额后的价款金额，贷记“经营收入”等科目，按增值税销项税额，贷记本科目(应缴增值税——销项税额)。

属于增值税一般纳税人的高等学校实际缴纳增值税时，借记本科目(应缴增值税——已交税金)，贷记“银行存款”科目。

属于增值税小规模纳税人的高等学校销售应税产品或提供应税服务，按实际收到或应收的价款，借记“银行存款”、“应收账款”、“应收票据”等科目，按实际收到或应收价款扣除增值税额后的金额，贷记“经营收入”等科目，按应缴增值税金额，贷记本科目(应缴增值税)。实际缴纳增值税时，借记本科目(应缴增值税)，贷记“银行存款”科目。

(三)发生房产税、城镇土地使用税、车船税纳税义务的，按税法规定计算的应缴税金数额，借记有关科目，贷记本科目。实际缴纳时，借记本科目，贷记“银行存款”科目。

(四)代扣代缴个人所得税的，按税法规定计算应代扣代缴的个人所得税金额，借记“应付职工薪酬”科目，贷记本科目。实际缴纳时，借记本科目，贷记“银行存款”科目。

(五)发生企业所得税纳税义务的，按税法规定计算的应缴税金数额，借记“非财政补助结余分配”科目，贷记本科目。实际缴纳时，借记本科目，贷记“银行存款”科目。

(六)发生其他纳税义务的，按照应缴纳的税费金额，借记有关科目，贷记本科目。实际缴纳时，借记本科目，贷记“银行存款”等科目。

四、本科目期末借方余额，反映高等学校多缴纳的税费金额；本科目期末贷方余额，反映高等学校应缴未缴的税费金额。

2102 应缴国库款

一、本科目核算高等学校按规定应缴入国库的款项(应缴税费除外)。

二、本科目应当按照应缴国库的各款项类别进行明细核算。

三、应缴国库款的主要账务处理如下：

(一)按规定计算确定或实际取得应缴国库的款项时，借记有关科目，贷记本科目。

(二)高等学校处置资产取得的应上缴国库的处置净收入的账务处理，参见“待处置资产损溢”科目。

(三)上缴款项时，借记本科目，贷记“银行存款”等科目。

四、本科目期末贷方余额，反映高等学校应缴入国库但尚未缴纳的款项。

2103 应缴财政专户款

一、本科目核算高等学校按规定应缴入财政专户的款项。

二、本科目应当按照应缴财政专户的各款项类别进行明细核算。

三、应缴财政专户款的主要账务处理如下：

(一)取得应缴财政专户的款项时，借记有关科目，贷记本科目。

(二)上缴款项时，借记本科目，贷记“银行存款”等科目。

(三)按规定向学生退还纳入财政专户管理的学宿费时，借记本科目，贷记“银行存款”等科目。

四、本科目期末贷方余额，反映高等学校应缴入财政专户但尚未缴纳的款项。

2201 应付职工薪酬

一、本科目核算高等学校按有关规定应付给职工及为职工支付的各种薪酬。包括基本工资、绩效工资、国家统一规定的津贴补贴、社会保险费、住房公积金等。

二、本科目应当根据国家有关规定按照“工资(离退休费)”、“地方(部门)津贴补贴”、“其他个人收入”以及“社会保险费”、“住房公积金”等进行明细核算。

三、应付职工薪酬的主要账务处理如下：

(一)计算当期应付职工薪酬，借记“教育事业支出”、“科研事业支出”、“行政管理支出”、“后勤保障支出”、“离退休支出”、“经营支出”等科目，贷记本科目。

(二)向职工支付工资、津贴补贴等薪酬，借记本科目，贷记“财政补助收入”、“零余额账户用款额度”、“银行存款”等科目。

(三)按税法规定代扣代缴个人所得税，借记本科目，贷记“应缴税费——应缴个人所得税”科目。

(四)按照国家有关规定缴纳职工社会保险费和住房公积金，借记本科目，贷记“财政补助收入”、“零余额账户用款额度”、“银行存款”等科目。

(五)从应付职工薪酬中支付其他款项，借记本科目，贷记“财政补助收入”、“零余额账户用款额度”、“银行存款”等科目。

四、本科目期末贷方余额，反映高等学校应付未付的职工薪酬。

2301 应付票据

一、本科目核算高等学校因购买材料、物资等而开出、承兑的商业汇票，包括银行承兑汇票和商业承兑汇票。

二、本科目应当按照债权单位进行明细核算。

三、应付票据的主要账务处理如下：

（一）开出、承兑商业汇票时，借记“存货”等科目，贷记本科目。以承兑商业汇票抵付应付账款时，借记“应付账款”科目，贷记本科目。

（二）支付银行承兑汇票的手续费时，借记有关支出科目，贷记“银行存款”等科目。

（三）商业汇票到期时，应当分别以下情况处理：

1. 收到银行支付到期票据的付款通知时，借记本科目，贷记“银行存款”科目。

2. 银行承兑汇票到期，本单位无力支付票款的，按照商业汇票票面金额，借记本科目，贷记“短期借款”科目。

3. 商业承兑汇票到期，本单位无力支付票款的，按照商业汇票票面金额，借记本科目，贷记“应付账款”科目。

四、高等学校应当设置“应付票据备查簿”，详细登记每一应付票据的种类、号数、出票日期、到期日、票面金额、交易合同号、收款人姓名或单位名称，以及付款日期和金额等资料。应付票据到期结清票款后，应当在备查簿内逐笔注销。

五、本科目期末贷方余额，反映高等学校开出、承兑的尚未到期的商业汇票票面金额。

2302 应付账款

一、本科目核算高等学校因购买材料、物资等而应付的偿还期限在1年以内(含1年)的款项。

二、本科目应当按照债权单位(或个人)进行明细核算。

三、应付账款的主要账务处理如下：

（一）购入材料、物资等已验收入库但货款尚未支付的，按照应付未付金额，借记“存货”等科目，贷记本科目。

（二）偿付应付账款时，按照实际支付的款项金额，借记本科目，贷记“银行存款”等科目。

（三）开出、承兑商业汇票抵付应付账款，借记本科目，贷记“应付票据”科目。

（四）无法偿付或债权人豁免偿还的应付账款，借记本科目，贷记“其他收入”科目。

四、本科目期末贷方余额，反映高等学校尚未支付的应付账款。

2303 预收账款

一、本科目核算高等学校按合同或协议规定预收的款项。

二、本科目应当按照债权单位(或个人)进行明细核算。

三、预收账款的主要账务处理如下：

（一）从付款方预收款项时，按照实际收到的金额，借记“银行存款”等科目，贷记本科目。

（二）确认有关收入时，借记本科目，按照应确认的收入金额，贷记“经营收入”等科目，按照付款方补付或退回付款方的金额，借记或贷记“银行存款”等科目。

（三）无法偿付或债权人豁免偿还的预收账款，借记本科目，贷记“其他收入”科目。

四、本科目期末贷方余额，反映高等学校按合同规定预收但尚未实际结算的款项。

2305 其他应付款

一、本科目核算高等学校除应缴税费、应缴国库款、应缴财政专户款、应付职工薪酬、应付票据、应付账款、预收账款之外的其他各项偿还或结算期限在1年内(含1年)的应付及暂收款项，如存入保证金、取得应转拨给附属单位的财政补助经费等。

二、本科目应当按照其他应付款的类别以及债权单位(或个人)进行明细核算。

三、其他应付款的主要账务处理如下：

（一）取得应转拨给附属单位的财政补助经费时，借记“银行存款”等科目，贷记本科目；向附属单位划拨财政补助经费时，借记本科目，贷记“银行存款”等科目。

（二）发生其他各项应付及暂收款项时，借记“银行存款”等科目，贷记本科目。

（三）支付其他应付款项时，借记本科目，贷记“银行存款”等科目。

(四)无法偿付或债权人豁免偿还的其他应付款项,借记本科目,贷记"其他收入"科目。

四、本科目期末贷方余额,反映高等学校尚未支付或结算的其他应付款。

2401 长期借款

一、本科目核算高等学校向银行等金融机构借入的期限超过1年(不含1年)的各种借款本金。

二、本科目应当按照贷款单位和贷款种类进行明细核算。对于基建项目借款,还应按具体项目进行明细核算。

三、长期借款的主要账务处理如下:

(一)借入各项长期借款时,按照实际借入的金额,借记"银行存款"科目,贷记本科目。

(二)为购建固定资产支付的专门借款利息,分别以下情况处理:

1. 属于工程项目建设期间支付的,计入工程成本,按照支付的利息,借记"在建工程"科目,贷记"非流动资产基金——在建工程"科目;同时,借记"其他支出"科目,贷记"银行存款"科目。

2. 属于工程项目完工交付使用后支付的,计入当期支出但不计入工程成本,按照支付的利息,借记"其他支出"科目,贷记"银行存款"科目。

(三)其他长期借款利息,按照支付的利息金额,借记"其他支出"科目,贷记"银行存款"科目。

(四)归还长期借款本金时,借记本科目,贷记"银行存款"科目。

四、本科目期末贷方余额,反映高等学校尚未归还的长期借款本金。

2402 长期应付款

一、本科目核算高等学校发生的偿还期限超过1年(不含1年)的应付款项,如以融资租赁租入固定资产的租赁费、跨年度分期付款购入固定资产的价款等。

二、本科目应当按照长期应付款的类别以及债权单位(或个人)进行明细核算。

三、长期应付款的主要账务处理如下:

(一)发生长期应付款时,借记"固定资产"、"在建工程"等科目,贷记本科目、"非流动资产基金"等科目。

(二)支付长期应付款时,借记有关支出科目,贷记"银行存款"等科目;同时,借记本科目,贷记"非流动资产基金"科目。

(三)无法偿付或债权人豁免偿还的长期应付款,借记本科目,贷记"其他收入"科目。

四、本科目期末贷方余额,反映高等学校尚未支付的长期应付款。

2501 代管款项

一、本科目核算高等学校接受委托代为管理的各类款项,包括党费、团费、学会(协会)会费等。

二、本科目应当按照代管款项的类别、项目等进行明细核算。

三、代管款项的主要账务处理如下:

(一)收到其他单位或个人委托代管的款项时,借记"银行存款"等科目,贷记本科目。

(二)其他单位或个人使用代管款项时,借记本科目,贷记"银行存款"等科目。

四、本科目期末贷方余额,反映高等学校代为管理的款项余额。

三、净资产类

3001 事业基金

一、本科目核算高等学校拥有的非限定用途的净资产,主要为非财政补助结余扣除结余分配后滚存的金额。按规定从科研项目收入中提取的管理费或间接费,通过本科目核算。

二、本科目应当设置"一般基金"、"项目管理费及间接费"等明细科目,进行明细核算。

三、事业基金的主要账务处理如下:

(一)按规定从科研项目收入中提取项目管理费或间接费时,借记"科研事业支出"科目,贷记本科目(项目管理费及间接费)。

(二)年末,将本科目"项目管理费及间接费"明细科目余额结转至"一般基金"明细科目,借记本科目(项目管理费及间接费),贷记本科目(一般基金)。

(三)年末,将"非财政补助结余分配"科目余额结转至本科目,借记或贷记"非财政补助结余分配"科目,贷记或借记本科目(一般基金)。

(四)年末,将留归本单位使用的非财政补助专项(项目已完成)剩余资金结转至本科目,借记"非财政补助结转——××项目”科目，贷记本科目(一般基金)。

(五)以货币资金取得长期股权投资、长期债券投资，按照实际支付的全部价款(包括购买价款以及税金、手续费等相关税费)作为投资成本，借记“长期投资”科目，贷记“银行存款”等科目；

同时，按照投资成本金额，借记本科目(一般基金)，贷记“非流动资产基金——长期投资”科目。

(六)对外转让或到期收回长期债券投资本息，按照实际收到的金额，借记“银行存款”等科目，按照收回长期投资的成本，贷记“长期投资”科目，按照其差额，贷记或借记“其他收入——投资收益”科目；同时，按照收回长期投资对应的非流动资产基金，借记“非流动资产基金——长期投资”科目，贷记本科目(一般基金)。

四、高等学校发生需要调整以前年度非财政补助结余的事项，通过本科目核算。国家另有规定的，从其规定。

五、本科目期末贷方余额，反映高等学校历年积存的非限定用途净资产的金额。

3101 非流动资产基金

一、本科目核算高等学校长期投资、固定资产、在建工程、无形资产等非流动资产占用的金额。

二、本科目应当设置“长期投资”、“固定资产”、“在建工程”、“无形资产”等明细科目，进行明细核算。

三、非流动资产基金的主要账务处理如下：

(一)非流动资产基金应当在取得长期投资、固定资产、在建工程、无形资产等非流动资产或发生相关支出时予以确认。取得相关资产或发生相关支出时，借记“长期投资”、“固定资产”、“在建工程”、“无形资产”等科目，贷记本科目等有关科目；同时或待以后发生相关支出时，借记有关支出科目，贷记“财政补助收入”、“零余额账户用款额度”、“银行存款”等科目。

(二)计提固定资产折旧、进行无形资产摊销时，应当冲减非流动资产基金。

计提固定资产折旧、进行无形资产摊销时，按照折旧、摊销金额，借记本科目(固定资产、无形资产)，贷记“累计折旧”、“累计摊销”科目。

(三)处置长期投资、固定资产、无形资产，以及以固定资产、无形资产对外投资时，应当冲销该资产对应的非流动资产基金。

1. 以固定资产、无形资产对外投资，按照评估价值加上相关税费作为投资成本，借记“长期投资”科目，贷记本科目(长期投资)，按发生的相关税费，借记“其他支出”科目，贷记“银行存款”等科目；同时，按照投出固定资产、无形资产对应的非流动资产基金，借记本科目(固定资产、无形资产)，按照投出资产已提折旧、摊销，借记“累计折旧”、“累计摊销”科目，按照投出资产的账面余额，贷记“固定资产”、“无形资产”科目。

2. 出售或以其他方式处置长期股权投资、固定资产、无形资产，转入待处置资产时，借记“待处置资产损溢”、“累计折旧”[处置固定资产]或“累计摊销”[处置无形资产]科目，贷记“长期投资”、“固定资产”、“无形资产”等科目。

实际处置时，借记本科目(有关资产明细科目)，贷记“待处置资产损溢”科目。

四、本科目期末贷方余额，反映高等学校非流动资产占用的金额。

3201 专用基金

一、本科目核算高等学校按规定提取或者设置的具有专门用途的净资产，主要包括职工福利基金、学生奖助基金等。

二、本科目应当按照专用基金的类别进行明细核算。

三、专用基金的主要账务处理如下：

(一)提取职工福利基金按照有关规定计提职工福利费的，按照计提金额，借记有关支出科目，贷记本科目(职工福利基金)。

年末，按规定从本年度非财政补助结余中提取职工福利基金的，按照提取金额，借记“非财政补助结余分配”科目，贷记本科目(职工福利基金)。

(二)提取学生奖助基金按照有关规定提取学生奖助基金的，按照提取金额，借记“教育事业支出”科目，贷记本科目(学生奖助基金)。

(三)提取、设置其他专用基金如有按规定提取的其他专用基金，按照提取金额，借记有关支出科目或“非财政补助结余分配”等科目，贷记本科目。如有按规定设置的其他专用基金，按照实际收到的金额，借记“银行存款”等科目，贷记本科目。

（四）使用专用基金按规定使用专用基金时，借记本科目，贷记"银行存款"等科目；使用专用基金形成固定资产的，还应借记"固定资产"科目，贷记"非流动资产基金——固定资产"科目。

四、本科目期末贷方余额，反映高等学校专用基金余额。

3301 财政补助结转

一、本科目核算高等学校滚存的财政补助结转资金，包括基本支出结转和项目支出结转。

二、本科目应当设置"基本支出结转"、"项目支出结转"两个明细科目，并在"基本支出结转"明细科目下按照"人员经费"、"日常公用经费"进行明细核算，在"项目支出结转"明细科目下按照具体项目进行明细核算；本科目还应按照《政府收支分类科目》中"支出功能分类科目"的相关科目进行明细核算。

三、财政补助结转的主要账务处理如下：

（一）期末，将财政补助收入本期发生额结转至本科目，借记"财政补助收入——基本支出、项目支出"科目，贷记本科目（基本支出结转、项目支出结转）；将教育、科研、行政管理、后勤保障、离退休支出（财政补助支出）本期发生额结转至本科目，借记本科目（基本支出结转、项目支出结转），贷记"教育事业支出、科研事业支出、行政管理支出、后勤保障支出、离退休支出——财政补助支出（基本支出、项目支出）"或"教育事业支出、科研事业支出、行政管理支出、后勤保障支出、离退休支出——基本支出（财政补助支出）、项目支出（财政补助支出）"科目。

（二）年末，完成上述（一）结转后，应当对财政补助各明细项目执行情况进行分析，按照有关规定将符合财政补助结余性质的项目余额结转至"财政补助结余"科目，借记或贷记本科目（项目支出结转——××项目），贷记或借记"财政补助结余"科目。

（三）按规定上缴财政补助结转资金或注销财政补助结转额度的，按照实际上缴金额或注销的额度金额，借记本科目，贷记"财政应返还额度"、"零余额账户用款额度"、"银行存款"等科目。取得主管部门归集调入财政补助结转资金或额度的，做相反会计分录。

四、高等学校发生需要调整以前年度财政补助结转的事项，通过本科目核算。

五、本科目期末贷方余额，反映高等学校财政补助结转资金数额。

3302 财政补助结余

一、本科目核算高等学校滚存的财政补助项目支出结余资金。

二、本科目应当按照《政府收支分类科目》中"支出功能分类科目"的相关科目进行明细核算。

三、财政补助结余的主要账务处理如下：

（一）年末，对财政补助各明细项目执行情况进行分析，按照有关规定将符合财政补助结余性质的项目余额结转至本科目，借记或贷记"财政补助结转——项目支出结转（××项目）"科目，贷记或借记本科目。

（二）按规定上缴财政补助结余资金或注销财政补助结余额度的，按照实际上缴金额或注销的额度金额，借记本科目，贷记"财政应返还额度"、"零余额账户用款额度"、"银行存款"等科目。取得主管部门归集调入财政补助结余资金或额度的，做相反会计分录。

四、高等学校发生需要调整以前年度财政补助结余的事项，通过本科目核算。

五、本科目期末贷方余额，反映高等学校财政补助结余资金数额。

3401 非财政补助结转

一、本科目核算高等学校除财政补助收支以外的各专项资金收入与其相关支出相抵后剩余滚存的、须按规定用途使用的结转资金。

二、本科目应当按照非财政专项资金的具体项目进行明细核算。

三、非财政补助结转的主要账务处理如下：

（一）期末，将教育事业收入、科研事业收入、上级补助收入、附属单位上缴收入、其他收入本期发生额中的专项资金收入结转至本科目，借记"教育事业收入"、"科研事业收入"、"上级补助收入"、"附属单位上缴收入"、"其他收入"科目下各专项资金收入明细科目，贷记本科目；将教育事业支出、科研事业支出、行政管理支出、后勤保障支出、离退休支出、其他支出本期发生额中的非财政专项资金支出结转至本科目，借记本科目，贷记"教育事业支出、科研事业支出、行政管理支出、后勤保障支出、离退休支出——非财政专项资金支出"或"教育事业支出、科研事业支出、行政管理支出、后勤保障支出、离退休支出——项目支出（非财政专项资金支出）"、"其他支出"科目下各专项资金支出明细科目。

(二)年末,完成上述(一)结转后,应当对非财政补助专项结转资金各项目执行情况进行分析,将已完成项目的项目剩余资金区分以下情况处理:缴回原专项资金拨入单位的,借记本科目(××项目),贷记"银行存款"等科目;留归本单位使用的,借记本科目(××项目),贷记"事业基金——一般基金"科目。

四、高等学校发生需要调整以前年度非财政补助结转的事项,通过本科目核算。

五、本科目期末贷方余额,反映高等学校非财政补助专项结转资金数额。

3402 事业结余

一、本科目核算高等学校一定期间除财政补助收支、非财政专项资金收支和经营收支以外各项收支相抵后的余额。

二、事业结余的主要账务处理如下:

(一)期末,将教育事业收入、科研事业收入、上级补助收入、附属单位上缴收入、其他收入本期发生额中的非专项资金收入结转至本科目,借记"教育事业收入"、"科研事业收入"、"上级补助收入"、"附属单位上缴收入"、"其他收入"科目下各非专项资金收入明细科目,贷记本科目;将教育事业支出、科研事业支出、行政管理支出、后勤保障支出、离退休支出、其他支出本期发生额中的非财政、非专项资金支出,以及对附属单位补助支出、上缴上级支出的本期发生额结转至本科目,借记本科目,贷记"教育事业支出、科研事业支出、行政管理支出、后勤保障支出、离退休支出——其他资金支出"或"教育事业支出、科研事业支出、行政管理支出、后勤保障支出、离退休支出——基本支出(其他资金支出)、项目支出(其他资金支出)"科目、"其他支出"科目下各非专项资金支出明细科目、"对附属单位补助支出"、"上缴上级支出"科目。

(二)年末,完成上述(一)结转后,将本科目余额结转至"非财政补助结余分配"科目,借记或贷记本科目,贷记或借记"非财政补助结余分配"科目。

三、本科目期末如为贷方余额,反映高等学校自年初至报告期末累计实现的事业结余;如为借方余额,反映高等学校自年初至报告期末累计发生的事业亏损。年末结账后,本科目应无余额。

3403 经营结余

一、本科目核算高等学校一定期间各项经营收支相抵后余额弥补以前年度经营亏损后的余额。

二、经营结余的主要账务处理如下:

(一)期末,将经营收入本期发生额结转至本科目,借记"经营收入"科目,贷记本科目;将经营支出本期发生额结转至本科目,借记本科目,贷记"经营支出"科目。

(二)年末,完成上述(一)结转后,如本科目为贷方余额,将本科目余额结转至"非财政补助结余分配"科目,借记本科目,贷记"非财政补助结余分配"科目;如本科目为借方余额,为经营亏损,不予结转。

三、本科目期末如为贷方余额,反映高等学校自年初至报告期末累计实现的经营结余弥补以前年度经营亏损后的经营结余;如为借方余额,反映高等学校截至报告期末累计发生的经营亏损。

年末结账后,本科目一般无余额;如为借方余额,反映高等学校累计发生的经营亏损。

3404 非财政补助结余分配

一、本科目核算高等学校本年度非财政补助结余分配的情况和结果。

二、非财政补助结余分配的主要账务处理如下:

(一)年末,将"事业结余"科目余额结转至本科目,借记或贷记"事业结余"科目,贷记或借记本科目;将"经营结余"科目贷方余额结转至本科目,借记"经营结余"科目,贷记本科目。

(二)有企业所得税缴纳义务的高等学校计算出应缴纳的企业所得税,借记本科目,贷记"应缴税费——应缴企业所得税"科目。

(三)按照有关规定提取职工福利基金的,按提取的金额,借记本科目,贷记"专用基金——职工福利基金"科目。

(四)年末,按规定完成上述(一)至(三)处理后,将本科目余额结转至"事业基金"科目,借记或贷记本科目,贷记或借记"事业基金——一般基金"科目。

三、年末结账后,本科目应无余额。

四、收入类

4001 财政补助收入

一、本科目核算高等学校从同级财政部门取得的各类财政拨款,包括基本支出补助和项目支出补助。

二、本科目应当设置“基本支出”和“项目支出”两个明细科目；两个明细科目下按照《政府收支分类科目》中“教育”、“科学技术”等“支出功能分类”的相关科目进行明细核算；同时在“基本支出”明细科目下按照“人员经费”和“日常公用经费”进行明细核算，在“项目支出”明细科目下按照具体项目进行明细核算。

三、财政补助收入的主要账务处理如下：

（一）财政直接支付方式下，对财政直接支付的支出，高等学校根据财政国库支付执行机构委托代理银行转来的财政直接支付入账通知书及原始凭证，按照通知书中的直接支付入账金额，借记有关科目，贷记本科目。

年度终了，根据本年度财政直接支付预算指标数与当年财政直接支付实际支出数的差额，借记“财政应返还额度——财政直接支付”科目，贷记本科目。

（二）财政授权支付方式下，高等学校根据代理银行转来的财政授权支付额度到账通知书，按照通知书中的授权支付额度，借记“零余额账户用款额度”科目，贷记本科目。

年度终了，高等学校本年度财政授权支付预算指标数大于零余额账户用款额度下达数的，根据未下达的用款额度，借记“财政应返还额度——财政授权支付”科目，贷记本科目。

（三）其他方式下，实际收到财政补助收入时，按照实际收到的金额，借记“银行存款”等科目，贷记本科目。

（四）因购货退回等发生国库直接支付款项退回的，属于以前年度支付的款项，按照退回金额，借记“财政应返还额度”科目，贷记“财政补助结转”、“财政补助结余”、“存货”等有关科目；属于本年度支付的款项，按照退回金额，借记本科目，贷记“教育事业支出”、“科研事业支出”、“行政管理支出”、“后勤保障支出”、“离退休支出”、“存货”等有关科目。

（五）期末，将本科目本期发生额结转至“财政补助结转”科目，借记本科目，贷记“财政补助结转”科目。

四、期末结账后，本科目应无余额。

4101 教育事业收入

一、本科目核算高等学校开展教学及其辅助活动取得的收入，包括通过学历和非学历教育向学生个人或者单位收取的学费、住宿费、委托培养费、考试考务费、培训费和其他教育事业收入。

二、本科目应当按照教育事业收入的类别、项目等进行明细核算。教育事业收入中如有专项资金收入，还应按具体项目进行明细核算。

三、教育事业收入的主要账务处理如下：

（一）采用财政专户返还方式管理的教育事业收入

1. 收到应上缴财政专户的教育事业收入时，按照实际收到的金额，借记“银行存款”、“库存现金”等科目，贷记“应缴财政专户款”科目。

2. 向财政专户上缴款项时，按照实际上缴的金额，借记“应缴财政专户款”科目，贷记“银行存款”等科目。

3. 收到从财政专户返还的教育事业收入时，按照实际收到的金额，借记“银行存款”等科目，贷记本科目。

（二）其他教育事业收入收到教育事业收入时，按照实际收到的金额，借记“银行存款”、“库存现金”等科目，贷记本科目。涉及增值税业务的，相关账务处理参照“经营收入”科目。

（三）期末，将本科目本期发生额中的专项资金收入结转至“非财政补助结转”科目，借记本科目下各专项资金收入明细科目，贷记“非财政补助结转”科目；将本科目本期发生额中的非专项资金收入结转至“事业结余”科目，借记本科目下各非专项资金收入明细科目，贷记“事业结余”科目。

四、期末结账后，本科目应无余额。

4102 科研事业收入

一、本科目核算高等学校开展科研及其辅助活动取得的收入，包括通过承接科研项目、开展科研协作、转化科技成果、进行科技咨询等取得的收入。

高等学校因开展科研及其辅助活动从非同级财政部门取得的经费拨款，通过本科目核算。

二、本科目应当按照科研事业收入的类别、项目等进行明细核算。对于高等学校因开展科研及其辅助活动从非同级财政部门取得的经费拨款，应单设“非同级财政拨款”明细科目进行核算；科研事业收入中如有专项资金收入，还应按具体项目进行明细核算。

三、科研事业收入的主要账务处理如下：

（一）收到科研事业收入时，按照实际收到的金额，借记“银行存款”、“库存现金”等科目，贷记本科目。涉及增值税业务的，相关账务处理参照“经营收入”科目。

（二）期末，将本科目本期发生额中的专项资金收入结转至“非财政补助结转”科目，借记本科目下各专项资金收入明细科目，贷记“非财政补助结转”科目；将本科目本期发生额中的非专项资金收入结转至“事业结余”科目，借记本科目下各非专项资金收入明细科目，贷记“事业结余”科目。

四、期末结账后，本科目应无余额。

4201 上级补助收入

一、本科目核算高等学校从主管部门和上级单位取得的非财政补助收入。

二、本科目应当按照发放补助单位、补助项目等进行明细核算。上级补助收入中如有专项资金收入，还应按具体项目进行明细核算。

三、上级补助收入的主要账务处理如下：

（一）收到上级补助收入时，按照实际收到的金额，借记“银行存款”等科目，贷记本科目。

（二）期末，将本科目本期发生额中的专项资金收入结转至“非财政补助结转”科目，借记本科目下各专项资金收入明细科目，贷记“非财政补助结转”科目；将本科目本期发生额中的非专项资金收入结转至“事业结余”科目，借记本科目下各非专项资金收入明细科目，贷记“事业结余”科目。

四、期末结账后，本科目应无余额。

4301 附属单位上缴收入

一、本科目核算高等学校附属单位按照有关规定上缴的收入。

二、本科目应当按照附属单位、缴款项目等进行明细核算。附属单位上缴收入中如有专项资金收入，还应按具体项目进行明细核算。

三、附属单位上缴收入的主要账务处理如下：

（一）收到附属单位缴来款项时，按照实际收到金额，借记“银行存款”等科目，贷记本科目。

（二）期末，将本科目本期发生额中的专项资金收入结转至“非财政补助结转”科目，借记本科目下各专项资金收入明细科目，贷记“非财政补助结转”科目；将本科目本期发生额中的非专项资金收入结转至“事业结余”科目，借记本科目下各非专项资金收入明细科目，贷记“事业结余”科目。

四、期末结账后，本科目应无余额。

4401 经营收入

一、本科目核算高等学校在教学、科研活动及其辅助活动之外开展非独立核算经营活动取得的收入。

二、本科目应当按照经营活动类别、项目等进行明细核算。

三、经营收入的主要账务处理如下：

（一）经营收入应当在提供服务或发出存货，同时收讫价款或者取得索取价款的凭据时，按照实际收到或应收的金额确认收入。实现经营收入时，按照确定的收入金额，借记“银行存款”、“应收账款”、“应收票据”等科目，贷记本科目。

属于增值税小规模纳税人的高等学校实现经营收入，按实际出售价款，借记“银行存款”、“应收账款”、“应收票据”等科目，按出售价款扣除增值税额后的金额，贷记本科目，按应缴增值税金额，贷记“应缴税费——应缴增值税”科目。

属于增值税一般纳税人的高等学校实现经营收入，按包含增值税的价款总额，借记“银行存款”、“应收账款”、“应收票据”等科目，按扣除增值税销项税额后的价款金额，贷记本科目，按增值税销项税额，贷记“应缴税费——应缴增值税（销项税额）”科目。

（二）期末，将本科目本期发生额结转至“经营结余”科目，借记本科目，贷记“经营结余”科目。

四、期末结账后，本科目应无余额。

4501 其他收入

一、本科目核算高等学校除财政补助收入、教育事业收入、科研事业收入、上级补助收入、附属单位上缴收入、经营收入以外的各项收入，包括投资收益、银行存款利息收入、租金收入、捐赠收入、现金盘盈收入、存货盘盈收入、收回已核销应收及预付款项、无法偿付的应付及预收款项等。

高等学校从非同级财政部门取得的不属于科研事业收入的经费拨款，通过本科目核算。

二、本科目应当按照其他收入的类别等进行明细核算。对于高等学校从非同级财政部门取得的不属于科研事业收入的经费拨款，应单设“非同级财政拨款”明细科目进行核算；对于高等学校对外投资实现的投资净损益，应单设“投资收益”明细科目进行核算；其他收入中如有专项资金收入（如限定用途的捐赠收入），还应按具体项目进行明细核算。

三、其他收入的主要账务处理如下：

（一）投资收益

1. 对外投资持有期间收到利息、利润等时，按实际收到的金额，借记“银行存款”等科目，贷记本科目（投资收益）。

2. 出售或到期收回国债投资本息，按照实际收到的金额，借记“银行存款”等科目，按照出售或收回国债投资的成本，贷记“短期投资”、“长期投资”科目，按其差额，贷记或借记本科目（投资收益）。

（二）银行存款利息收入、租金收入、非同级财政部门拨款收入收到银行存款利息、资产承租人支付的租金、不属于科研事业收入的非同级财政部门拨款，按照实际收到的金额，借记“银行存款”等科目，贷记本科目。

（三）捐赠收入

1. 接受捐赠现金资产，按照实际收到的金额，借记“银行存款”等科目，贷记本科目。

2. 接受捐赠的存货验收入库，按照确定的成本，借记“存货”科目，按照发生的相关税费、运输费等，贷记“银行存款”等科目，按照其差额，贷记本科目。

接受捐赠固定资产、无形资产等非流动资产，不通过本科目核算。

（四）现金盘盈收入每日现金账款核对中如发现现金溢余，属于无法查明原因的部分，借记“库存现金”科目，贷记本科目。

（五）存货盘盈收入盘盈的存货，按照确定的入账价值，借记“存货”科目，贷记本科目。

（六）收回已核销应收及预付款项 已核销应收账款、预付账款、其他应收款在以后期间收回的，按照实际收回的金额，借记“银行存款”等科目，贷记本科目。

（七）无法偿付的应付及预收款项 无法偿付或债权人豁免偿还的应付账款、预收账款、其他应付款及长期应付款，借记“应付账款”、“预收账款”、“其他应付款”、“长期应付款”等科目，贷记本科目。

（八）期末，将本科目本期发生额中的专项资金收入结转至“非财政补助结转”科目，借记本科目下各专项资金收入明细科目，贷记“非财政补助结转”科目；将本科目本期发生额中的非专项资金收入结转至“事业结余”科目，借记本科目下各非专项资金收入明细科目，贷记“事业结余”科目。

四、期末结账后，本科目应无余额。

五、支出类

5001 教育事业支出

一、本科目核算高等学校开展各类教学活动和教学辅助活动发生的基本支出和项目支出。其中，教学活动支出是指高等学校各学院、系（含院系下属不单独编列预算的研究所和研究中心，下同）等教学机构，以及校团委、学工部、学生会等各类学生思政教育部门为培养各类学生发生的支出；教学辅助活动支出是指高等学校信息网络中心、电教中心、测试中心、图书馆、博物馆和档案馆等教学辅助部门发生的支出。

二、本科目应当按照“基本支出”和“项目支出”，“财政补助支出”、“非财政专项资金支出”和“其他资金支出”等层级进行明细核算，并按照《政府收支分类科目》中“支出功能分类”相关科目进行明细核算；“基本支出”和“项目支出”明细科目下应当按照《政府收支分类科目》中“支出经济分类”的款级科目进行明细核算；同时在“项目支出”明细科目下按照具体项目进行明细核算。

三、教育事业支出的主要账务处理如下：

（一）为各学院、系等教学机构、各类学生思政教育部门以及各教学辅助部门的人员计提的薪酬等，借记本科目，贷记“应付职工薪酬”等科目。

（二）开展教学及其辅助活动领用的存货，按领用存货的实际成本，借记本科目，贷记“存货”科目。

（三）开展教学及其辅助活动发生的其他各项支出，借记本科目，贷记“库存现金”、“银行存款”、“零余额账户用款额度”、“财政补助收入”等科目。

（四）期末，将本科目（财政补助支出）本期发生额结转至“财政补助结转”科目，借记“财政补助结转——基本支出结转、项目支出结转”科目，贷记本科目（财政补助支出——基本支出、项目支出）或本科目（基本支出——财政补助支出、项目支出——财政补助支出）；将本科目（非财政专项资金支出）本期发生额结转至“非财政补助结转”科目，借记“非财政补助结转”科目，贷记本科目（非财政专项资金支出）或本科目（项目支出——非财政专项资金支出）；将本科目（其他资金支出）本期发生额结转至“事业结余”科目，借记“事业结余”科目，贷记本科目（其他资金支出）或本科目（基本支出——其他资金支出、项目支出——其他资金支出）。

四、期末结账后，本科目应无余额。

5002 科研事业支出

一、本科目核算高等学校开展科研及其辅助活动发生的基本支出和项目支出，包括高等学校在学院、系外单独设立的研究所、研究中心等各类科研机构发生的支出，以及高等学校为完成各项科研任务发生的支出。

二、本科目应当按照“基本支出”和“项目支出”，“财政补助支出”、“非财政专项资金支出”和“其他资金支出”等层级进行明细核算，并按照《政府收支分类科目》中“支出功能分类”相关科目进行明细核算；“基本支出”和“项目支出”明细科目下应当按照《政府收支分类科目》中“支出经济分类”的款级科目进行明细核算；同时在“项目支出”明细科目下按照具体项目进行明细核算。

三、科研事业支出的主要账务处理如下：

（一）为校内独立于学院、系的研究所、研究中心等科研机构的人员计提的薪酬等，借记本科目，贷记“应付职工薪酬”等科目。

（二）开展科研活动及其辅助活动领用的存货，按领用存货的实际成本，借记本科目，贷记“存货”科目。

（三）按规定从科研项目收入中提取项目管理费或间接费，按提取金额，借记本科目，贷记“事业基金——项目管理费及间接费”科目。

（四）开展科研活动及其辅助活动发生的其他各项支出，借记本科目，贷记“库存现金”、“银行存款”、“零余额账户用款额度”、“财政补助收入”等科目。

（五）期末，将本科目（财政补助支出）本期发生额结转至“财政补助结转”科目，借记“财政补助结转——基本支出结转、项目支出结转”科目，贷记本科目（财政补助支出——基本支出、项目支出）或本科目（基本支出——财政补助支出、项目支出——财政补助支出）；将本科目（非财政专项资金支出）本期发生额结转至“非财政补助结转”科目，借记“非财政补助结转”科目，贷记本科目（非财政专项资金支出）或本科目（项目支出——非财政专项资金支出）；将本科目（其他资金支出）本期发生额结转至“事业结余”科目，借记“事业结余”科目，贷记本科目（其他资金支出）或本科目（基本支出——其他资金支出、项目支出——其他资金支出）。

四、期末结账后，本科目应无余额。

5003 行政管理支出

一、本科目核算高等学校校级行政管理部门（不含各类学生思政教育部门）开展行政管理活动发生的基本支出和项目支出，以及高等学校统一负担的不属于后勤保障支出的工会经费、诉讼费、中介费、印花税、房产税、车船税等。

二、本科目应当按照“基本支出”和“项目支出”，“财政补助支出”、“非财政专项资金支出”和“其他资金支出”等层级进行明细核算，并按照《政府收支分类科目》中“支出功能分类”相关科目进行明细核算；“基本支出”和“项目支出”明细科目下应当按照《政府收支分类科目》中“支出经济分类”的款级科目进行明细核算；同时在“项目支出”明细科目下按照具体项目进行明细核算。

三、行政管理支出的主要账务处理如下：

（一）为校级行政管理部门的人员计提的薪酬等，借记本科目，贷记“应付职工薪酬”等科目。

（二）开展校级行政管理活动领用的存货，按领用存货的实际成本，借记本科目，贷记“存货”科目。

（三）开展校级行政管理活动发生的其他各项支出，以及发生高等学校统一负担的不属于后勤保障支出的各项支出，借记本科目，贷记“库存现金”、“银行存款”、“零余额账户用款额度”、“财政补助收入”等科目。

（四）期末，将本科目（财政补助支出）本期发生额结转至“财政补助结转”科目，借记“财政补助结转——

基本支出结转、项目支出结转”科目，贷记本科目（财政补助支出——基本支出、项目支出）或本科目（基本支出——财政补助支出、项目支出——财政补助支出）；将本科目（非财政专项资金支出）本期发生额结转至“非财政补助结转”科目，借记“非财政补助结转”科目，贷记本科目（非财政专项资金支出）或本科目（项目支出——非财政专项资金支出）；将本科目（其他资金支出）本期发生额结转至“事业结余”科目，借记“事业结余”科目，贷记本科目（其他资金支出）或本科目（基本支出——其他资金支出、项目支出——其他资金支出）。

四、期末结账后，本科目应无余额。

5004 后勤保障支出

一、本科目核算高等学校为教学、科研、行政管理等活动提供后勤保障发生的基本支出和项目支出，包括学校后勤保障部门为提供后勤保障服务发生的各类支出，以及学校统一承担的水、电、煤、取暖等各类公用事业费、物业管理费、绿化费、车辆维持使用费、房屋及公用设施维修费、食堂价格补贴等。

二、本科目应当按照“基本支出”和“项目支出”，“财政补助支出”、“非财政专项资金支出”和“其他资金支出”等层级进行明细核算，并按照《政府收支分类科目》中“支出功能分类”相关科目进行明细核算；“基本支出”和“项目支出”明细科目下应当按照《政府收支分类科目》中“支出经济分类”的款级科目进行明细核算；同时在“项目支出”明细科目下按照具体项目进行明细核算。

三、后勤保障支出的主要账务处理如下：

（一）为学校后勤保障部门的人员计提的薪酬等，借记本科目，贷记“应付职工薪酬”等科目。

（二）开展后勤保障服务领用的存货，按领用存货的实际成本，借记本科目，贷记“存货”科目。

（三）开展后勤保障服务发生的其他各项支出，借记本科目，贷记“库存现金”、“银行存款”、“零余额账户用款额度”、“财政补助收入”等科目。

（四）期末，将本科目（财政补助支出）本期发生额结转至“财政补助结转”科目，借记“财政补助结转——基本支出结转、项目支出结转”科目，贷记本科目（财政补助支出——基本支出、项目支出）或本科目（基本支出——财政补助支出、项目支出——财政补助支出）；将本科目（非财政专项资金支出）本期发生额结转至“非财政补助结转”科目，借记“非财政补助结转”科目，贷记本科目（非财政专项资金支出）或本科目（项目支出——非财政专项资金支出）；将本科目（其他资金支出）本期发生额结转至“事业结余”科目，借记“事业结余”科目，贷记本科目（其他资金支出）或本科目（基本支出——其他资金支出、项目支出——其他资金支出）。

四、期末结账后，本科目应无余额。

5005 离退休支出

一、本科目核算高等学校负担的离退休人员的工资、津补贴等基本支出。

二、本科目应当按照“财政补助支出”、“其他资金支出”等进行明细核算，并按照《政府收支分类科目》中“支出功能分类”相关科目和“支出经济分类”的款级科目进行明细核算。

三、离退休支出的主要账务处理如下：

（一）为离退休人员计提的离退休工资、津补贴等，借记本科目，贷记“应付职工薪酬”等科目。

（二）为离退休人员发生的其他各项支出，借记本科目，贷记“库存现金”、“银行存款”等科目。

（三）期末，将本科目（财政补助支出）本期发生额结转至“财政补助结转”科目，借记“财政补助结转——基本支出结转”科目，贷记本科目（财政补助支出）；将本科目（其他资金支出）本期发生额结转至“事业结余”科目，借记“事业结余”科目，贷记本科目（其他资金支出）。

四、期末结账后，本科目应无余额。

5101 上缴上级支出

一、本科目核算高等学校按照财政部门和主管部门的规定上缴上级单位的支出。

二、本科目应当按照收缴款项单位、缴款项目等进行明细核算。

三、上缴上级支出的主要账务处理如下：

（一）按规定将款项上缴上级单位的，按照实际上缴的金额，借记本科目，贷记“银行存款”等科目。

（二）期末，将本科目本期发生额结转至“事业结余”科目，借记“事业结余”科目，贷记本科目。

四、期末结账后，本科目应无余额。

5201 对附属单位补助支出

一、本科目核算高等学校用财政补助收入之外的收入对附属单位补助发生的支出。

二、本科目应当按照接受补助单位、补助项目等进行明细核算。

三、对附属单位补助支出的主要账务处理如下：

(一)发生对附属单位补助支出的，按照实际支出的金额，借记本科目，贷记“银行存款”等科目。

(二)期末，将本科目本期发生额结转至“事业结余”科目，借记“事业结余”科目，贷记本科目。

四、期末结账后，本科目应无余额。

5301 经营支出

一、本科目核算高等学校在教学、科研活动及其辅助活动之外开展非独立核算经营活动发生的支出。

二、高等学校开展非独立核算经营活动的，应当正确归集开展经营活动发生的各项费用数；无法直接归集的，应当按照规定的标准或比例合理分摊。

高等学校的经营支出与经营收入应当配比。

三、本科目应当按照经营活动类别、项目等进行明细核算。

四、经营支出的主要账务处理如下：

(一)为在教学、科研活动及其辅助活动之外开展非独立核算经营活动人员计提的薪酬等，借记本科目，贷记“应付职工薪酬”等科目。

(二)在教学、科研活动及其辅助活动之外开展非独立核算经营活动领用、发出的存货，按领用、发出存货的实际成本，借记本科目，贷记“存货”科目。

(三)在教学、科研活动及其辅助活动之外开展非独立核算经营活动发生的其他各项支出，借记本科目，贷记“库存现金”、“银行存款”、“应缴税费”等科目。

(四)期末，将本科目本期发生额结转至“经营结余”科目，借记“经营结余”科目，贷记本科目。

五、期末结账后，本科目应无余额。

5401 其他支出

一、本科目核算高等学校除教育事业支出、科研事业支出、行政管理支出、后勤保障支出、离退休支出、上缴上级支出、对附属单位补助支出、经营支出以外的各项支出，包括利息支出、捐赠支出、现金盘亏损失、资产处置损失、接受捐赠(调入)非流动资产发生的税费支出等。

二、本科目应当按照其他支出的类别等进行明细核算。其他支出中如有专项资金支出，还应按具体项目进行明细核算。

三、其他支出的主要账务处理如下：

(一)利息支出支付银行借款利息时，借记本科目，贷记“银行存款”科目。

(二)捐赠支出

1. 对外捐赠现金资产，借记本科目，贷记“银行存款”等科目。

2. 对外捐出存货，借记本科目，贷记“待处置资产损溢”科目。对外捐赠固定资产、无形资产等非流动资产，不通过本科目核算。

(三)现金盘亏损失

每日现金账款核对中如发现现金短缺，属于无法查明原因的部分，报经批准后，借记本科目，贷记“库存现金”科目。

(四)资产处置损失报经批准核销应收及预付款项、处置存货，借记本科目，贷记“待处置资产损溢——处置资产价值”科目。

资产处置完毕，如果处置收入小于相关处置费用，按照相关处置费用超出处置收入的净损失，借记本科目，贷记“待处置资产损溢——处置净收入”科目。

(五)接受捐赠(调入)非流动资产发生的税费支出接受捐赠、无偿调入非流动资产发生的相关税费、运输费等，借记本科目，贷记“银行存款”等科目。以固定资产、无形资产取得长期股权投资，所发生的相关税费记入本科目，具体账务处理参见“长期投资”科目。

(六)期末，将本科目本期发生额中的专项资金支出结转至“非财政补助结转”科目，借记“非财政补助结转”科目，贷记本科目下各专项资金支出明细科目；将本科目本期发生额中的非专项资金支出结转至“事业结余”科目，借记“事业结余”科目，贷记本科目下各非专项资金支出明细科目。

四、期末结账后，本科目应无余额。

第四部分　会计报表格式

编　　号	财务报表名称	编　制　期
会高校 01 表	资产负债表	月度、年度
会高校 02 表	收入支出表	月度、年度
会高校 03 表	财政补助收入支出表	年度
	附　　注	年度

资产负债表

会高校 01 表

编制单位：　　　　年　月　日　　　　单位：元

资　　产	期末余额	年初余额	负债和净资产	期末余额	年初余额
流动资产：			流动负债：		
货币资金			短期借款		
短期投资			应缴税费		
财政应返还额度			应缴国库款		
应收票据			应缴财政专户款		
应收账款			应付职工薪酬		
预付账款			应付票据		
其他应收款			应付账款		
存货			预收账款		
其他流动资产			其他应付款		
流动资产合计			其他流动负债		
非流动资产：			流动负债合计		
长期投资			非流动负债：		
固定资产			长期借款		
固定资产原价			长期应付款		
减：累计折旧			代管款项		
在建工程			非流动负债合计		
无形资产			负债合计		
无形资产原价			净资产：		
减：累计摊销			事业基金		
待处置资产损溢			非流动资产基金		

（续表）

资　　产	期末余额	年初余额	负债和净资产	期末余额	年初余额
非流动资产合计			专用基金		
			财政补助结转		
			财政补助结余		
			非财政补助结转		
			非财政补助结余		
			1. 事业结余		
			2. 经营结余		
			净资产合计		
资产总计			负债和净资产总计		

收入支出表(月度)

会高校 02 表

编制单位：　　　　年　月　　　　单位：元

项　　目	本月数	本年累计数
一、本期收入		
(一)财政补助收入		
1. 教育补助收入		
2. 科研补助收入		
3. 其他补助收入		
(二)事业收入		
1. 教育事业收入		
2. 科研事业收入		
其中:非同级财政拨款		
(三)上级补助收入		
(四)附属单位上缴收入		
(五)经营收入		
(六)其他收入		
其中:非同级财政拨款		
捐赠收入		
二、本期支出		
(一)财政补助支出——事业支出		

（续表）

项　　目	本月数	本年累计数
1. 教育事业支出		
2. 科研事业支出		
3. 行政管理支出		
4. 后勤保障支出		
5. 离退休支出		
(二)非财政补助支出		
1. 事业支出		
(1)教育事业支出		
(2)科研事业支出		
(3)行政管理支出		
(4)后勤保障支出		
(5)离退休支出		
2. 上缴上级支出		
3. 对附属单位补助支出		
4. 经营支出		
5. 其他支出		
三、本期结转结余		
1. 财政补助结转结余		
2. 事业结转结余		
3. 经营结余		

收入支出表(年度)

会高校 02 表

编制单位：　　　　　　　　年度　　　　　　　　单位：元

项　　目	上年数	本年数
一、本期收入		
(一)财政补助收入		
1. 教育补助收入		
2. 科研补助收入		
3. 其他补助收入		
(二)事业收入		

（续表）

项　　目	上年数	本年数
1. 教育事业收入		
2. 科研事业收入		
其中:非同级财政拨款		
(三)上级补助收入		
(四)附属单位上缴收入		
(五)经营收入		
(六)其他收入		
其中:非同级财政拨款		
捐赠收入		
后勤保障单位净收入		
二、本期支出		
(一)财政补助支出——事业支出		
1. 教育事业支出		
2. 科研事业支出		
3. 行政管理支出		
4. 后勤保障支出		
5. 离退休支出		
(二)非财政补助支出		
1. 事业支出		
(1)教育事业支出		
(2)科研事业支出		
(3)行政管理支出		
(4)后勤保障支出		
(5)离退休支出		
2. 上缴上级支出		
3. 对附属单位补助支出		
4. 经营支出		
5. 其他支出		
三、本期结转结余		

（续表）

项　　目	上年数	本年数
1. 财政补助结转结余		
2. 事业结转结余		
3. 经营结余		
四、弥补以前年度经营亏损后的经营结余		
五、本年非财政补助结转结余		
减:非财政补助结转		
六、本年非财政补助结余		
减:应缴企业所得税		
减:提取专用基金		
七、转入事业基金		

财政补助收入支出表

会高校 03 表

编制单位：　　　　　　　　年度　　　　　　　　单位:元

项　　目	本年数	上年数
一、年初财政补助结转结余		—
(一)基本支出结转		—
1. 人员经费		—
2. 日常公用经费		—
(二)项目支出结转		—
××项目		—
(三)项目支出结余		—
二、调整年初财政补助结转结余		—
(一)基本支出结转		—
1. 人员经费		—
2. 日常公用经费		—
(二)项目支出结转		—
××项目		—
(三)项目支出结余		—
三、本年归集调入财政补助结转结余		
(一)基本支出结转		

（续表）

项　　目	本年数	上年数
1. 人员经费		
2. 日常公用经费		
（二）项目支出结转		
××项目		
（三）项目支出结余		
四、本年上缴财政补助结转结余		
（一）基本支出结转		
1. 人员经费		
2. 日常公用经费		
（二）项目支出结转		
××项目		
（三）项目支出结余		
五、本年财政补助收入		
（一）基本支出		
1. 人员经费		
2. 日常公用经费		
（二）项目支出		
××项目		
六、本年财政补助支出		
（一）基本支出		
1. 人员经费		
2. 日常公用经费		
（二）项目支出		
××项目		
七、年末财政补助结转结余		—
（一）基本支出结转		—
1. 人员经费		—
2. 日常公用经费		—
（二）项目支出结转		—
××项目		—
（三）项目支出结余		—

第五部分　财务报表编制说明

一、资产负债表编制说明

（一）本表反映高等学校在某一特定日期全部资产、负债和净资产的情况。

（二）本表“年初余额”栏内各项数字，应当根据上年年末资产负债表“期末余额”栏内数字填列。如果本年度资产负债表规定的各个项目的名称和内容同上年度不相一致，应对上年年末资产负债表各项目的名称和数字按照本年度的规定进行调整，填入本表“年初余额”栏内。

（三）本表“期末余额”栏各项目的内容和填列方法：

1. 资产类项目

（1）“货币资金”项目，反映高等学校期末库存现金、银行存款和零余额账户用款额度的合计数。本项目应当根据“库存现金”、“银行存款”、“零余额账户用款额度”科目的期末余额合计填列。

（2）“短期投资”项目，反映高等学校期末持有的短期投资成本。本项目应当根据“短期投资”科目的期末余额填列。

（3）“财政应返还额度”项目，反映高等学校期末财政应返还额度的金额。本项目应当根据“财政应返还额度”科目的期末余额填列。

（4）“应收票据”项目，反映高等学校期末持有的应收票据的票面金额。本项目应当根据“应收票据”科目的期末余额填列。

（5）“应收账款”项目，反映高等学校期末尚未收回的应收账款余额。本项目应当根据“应收账款”科目的期末余额填列。

（6）“预付账款”项目，反映高等学校按照购货、劳务合同或协议规定预付给供应单位的款项。本项目应当根据“预付账款”科目的期末余额填列。

（7）“其他应收款”项目，反映高等学校期末尚未收回的其他应收款余额。本项目应当根据“其他应收款”科目的期末余额填列。

（8）“存货”项目，反映高等学校期末为开展业务活动及其他活动耗用而储存的各种材料、燃料、包装物、低值易耗品及达不到固定资产标准的用具、装具、动植物等的实际成本。本项目应当根据“存货”科目的期末余额填列。

（9）“其他流动资产”项目，反映高等学校除上述各项之外的其他流动资产，如将在1年内（含1年）到期的长期债券投资。本项目应当根据“长期投资”等科目的期末余额分析填列。

（10）“长期投资”项目，反映高等学校持有时间超过1年（不含1年）的股权和债权性质的投资。本项目应当根据“长期投资”科目期末余额减去其中将于1年内（含1年）到期的长期债券投资余额后的金额填列。

（11）“固定资产”项目，反映高等学校期末各项固定资产的账面价值。本项目应当根据“固定资产”科目期末余额减去“累计折旧”科目期末余额后的金额填列。

“固定资产原价”项目，反映高等学校期末各项固定资产的原价。本项目应当根据“固定资产”科目的期末余额填列。“累计折旧”项目，反映高等学校期末各项固定资产的累计折旧。本项目应当根据“累计折旧”科目的期末余额填列。

（12）“在建工程”项目，反映高等学校期末尚未完工交付使用的在建工程发生的实际成本。本项目应当根据“在建工程”科目的期末余额填列。

（13）“无形资产”项目，反映高等学校期末持有的各项无形资产的账面价值。本项目应当根据“无形资产”科目期末余额减去“累计摊销”科目期末余额后的金额填列。

“无形资产原价”项目，反映高等学校期末持有的各项无形资产的原价。本项目应当根据“无形资产”科目的期末余额填列。“累计摊销”项目，反映高等学校期末各项无形资产的累计摊销。本项目应当根据“累计摊销”科目的期末余额填列。

（14）“待处置资产损溢”项目，反映高等学校期末待处置资产的价值及处置损溢。本项目应当根据“待处置资产损溢”科目的期末借方余额填列；如“待处置资产损溢”科目期末为贷方余额，则以“－”号填列。

（15）“非流动资产合计”项目，按照“长期投资”、“固定资产”、“在建工程”、“无形资产”、“待处置资产损溢”项目金额的合计数填列。

2. 负债类项目

(16)“短期借款”项目,反映高等学校向银行等金融机构借入的期限在1年内(含1年)的各种借款本金。本项目应当根据“短期借款”科目的期末余额填列。

(17)“应缴税费”项目,反映高等学校应缴未缴的各种税费。

本项目应当根据“应缴税费”科目的期末贷方余额填列;如“应缴税费”科目期末为借方余额,则以“－”号填列。

(18)“应缴国库款”项目,反映高等学校按规定应缴入国库的款项(应缴税费除外)。本项目应当根据“应缴国库款”科目的期末余额填列。

(19)“应缴财政专户款”项目,反映高等学校按规定应缴入财政专户的款项。本项目应当根据“应缴财政专户款”科目的期末余额填列。

(20)“应付职工薪酬”项目,反映高等学校按有关规定应付给职工及为职工支付的各种薪酬。本项目应当根据“应付职工薪酬”科目的期末余额填列。

(21)“应付票据”项目,反映高等学校期末应付票据的票面金额。本项目应当根据“应付票据”科目的期末余额填列。

(22)“应付账款”项目,反映高等学校期末尚未支付的应付账款的金额。本项目应当根据“应付账款”科目的期末余额填列。

(23)“预收账款”项目,反映高等学校期末按合同或协议规定预收但尚未实际结算的款项。本项目应当根据“预收账款”科目的期末余额填列。

(24)“其他应付款”项目,反映高等学校期末应付未付的其他各项应付及暂收款项。本项目应当根据“其他应付款”科目的期末余额填列。

(25)“其他流动负债”项目,反映高等学校除上述各项之外的其他流动负债,如承担的将于1年内(含1年)偿还的长期负债。

本项目应当根据“长期借款”、“长期应付款”等科目的期末余额分析填列。

(26)“长期借款”项目,反映高等学校向银行等金融机构借入的期限超过1年(不含1年)的各项借款本金。本项目应当根据“长期借款”科目的期末余额减去其中将于1年内(含1年)到期的长期借款余额后的金额填列。

(27)“长期应付款”项目,反映高等学校发生的偿还期限超过1年(不含1年)的各种应付款项。本项目应当根据“长期应付款”科目的期末余额减去其中将于1年内(含1年)到期的长期应付款余额后的金额填列。

(28)“代管款项”项目,反映高等学校接受委托代为管理的各类款项。本项目应当根据“代管款项”科目的期末余额填列。

3. 净资产类项目

(29)“事业基金”项目,反映高等学校期末拥有的非限定用途的净资产。本项目应当根据“事业基金”科目的期末余额填列。

(30)“非流动资产基金”项目,反映高等学校期末非流动资产占用的金额。本项目应当根据“非流动资产基金”科目的期末余额填列。

(31)“专用基金”项目,反映高等学校按规定设置或提取的具有专门用途的净资产。本项目应当根据“专用基金”科目的期末余额填列。

(32)“财政补助结转”项目,反映高等学校滚存的财政补助结转资金。本项目应当根据“财政补助结转”科目的期末余额填列。

(33)“财政补助结余”项目,反映高等学校滚存的财政补助项目支出结余资金。本项目应当根据“财政补助结余”科目的期末余额填列。

(34)“非财政补助结转”项目,反映高等学校滚存的非财政补助专项结转资金。本项目应当根据“非财政补助结转”科目的期末余额填列。

(35)“非财政补助结余”项目,反映高等学校自年初至报告期末累计实现的非财政补助结余弥补以前年度经营亏损后的余额。本项目应当根据“事业结余”、“经营结余”科目的期末余额合计填列;如“事业结余”、

“经营结余”科目的期末余额合计为亏损数,则以“－”号填列。在编制年度资产负债表时,本项目金额一般应为“0”;如不为“0”,本项目金额应为“经营结余”科目的期末借方余额(以“－”号填列)。

“事业结余”项目,反映高等学校自年初至报告期末累计实现的事业结余。本项目应当根据“事业结余”科目的期末余额填列;如“事业结余”科目的期末余额为亏损数,则以“－”号填列。在编制年度资产负债表时,本项目金额应为“0”。

“经营结余”项目,反映高等学校自年初至报告期末累计实现的经营结余弥补以前年度经营亏损后的余额。本项目应当根据“经营结余”科目的期末余额填列;如“经营结余”科目的期末余额为亏损数,则以“－”号填列。在编制年度资产负债表时,本项目金额一般应为“0”;如不为“0”,本项目金额应为“经营结余”科目的期末借方余额(以“－”号填列)。

(四)在编制年末资产负债表时,应将各校内独立核算单位的资产、负债和净资产并入本表的相应项目,并抵销高等学校内部业务或事项对本表的影响。

二、收入支出表(月度)编制说明

(一)本表反映高等学校某一月度各项收入、支出和结转结余情况。

(二)本表“本月数”栏反映各项目的本月实际发生数;本表“本年累计数”栏反映各项目自年初起至报告期末止的累计实际发生数。

(三)本表“本月数”栏各项目的内容和填列方法:

1. 本期收入

(1)“本期收入”项目,反映高等学校本期收入总额。本项目应当根据本表中“财政补助收入”、“事业收入”、“上级补助收入”、“附属单位上缴收入”、“经营收入”和“其他收入”项目金额的合计数填列。

(2)“财政补助收入”项目,反映高等学校本期从同级财政部门取得的各类财政拨款。本项目应当根据“财政补助收入”科目的本期发生额填列。

“教育补助收入”、“科研补助收入”和“其他补助收入”项目,分别反映高等学校本期从同级财政部门取得的用于教学、科研和其他活动的财政拨款。该3个项目应当分别根据“财政补助收入”科目下“支出功能分类”的相关明细科目的本期发生额分析计算填列。

(3)“事业收入”项目,反映高等学校本期开展教学、科研活动及其辅助活动取得的收入。本项目应当根据本项目下“教育事业收入”、“科研事业收入”项目金额的合计数填列。

“教育事业收入”项目,反映高等学校本期开展教学及其辅助活动取得的收入。本项目应当根据“教育事业收入”科目的本期发生额填列。

“科研事业收入”项目,反映高等学校本期开展科研及其辅助活动取得的收入。其中,“非同级财政拨款”项目,反映高等学校本期因开展科研及其辅助活动从非同级财政部门取得的经费拨款。“科研事业收入”项目及其中的“非同级财政拨款”项目应当根据“科研事业收入”科目及其所属“非同级财政拨款”明细科目的本期发生额填列。

(4)“上级补助收入”项目,反映高等学校本期从主管部门和上级单位取得的非财政补助收入。本项目应当根据“上级补助收入”科目的本期发生额填列。

(5)“附属单位上缴收入”项目,反映高等学校附属单位本期按照有关规定上缴的收入。本项目应当根据“附属单位上缴收入”科目的本期发生额填列。

(6)“经营收入”项目,反映高等学校本期在教学、科研活动及其辅助活动之外开展非独立核算经营活动取得的收入。本项目应当根据“经营收入”科目的本期发生额填列。

(7)“其他收入”项目,反映高等学校本期除财政补助收入、教育事业收入、科研事业收入、上级补助收入、附属单位上缴收入、经营收入以外的其他收入。本项目应当根据“其他收入”科目的本期发生额填列。

“非同级财政拨款”项目,反映高等学校从非同级财政部门取得的不属于科研事业收入的经费拨款。本项目应当根据“其他收入”科目所属“非同级财政拨款”明细科目的本期发生额填列。

“捐赠收入”项目,反映高等学校接受现金、存货捐赠取得的收入。本项目应当根据“其他收入”科目所属相关明细科目的本期发生额填列。

2. 本期支出

(8)“本期支出”项目,反映高等学校本期支出总额。本项目应当根据本表中“财政补助支出——事业支出”、“非财政补助支出”项目金额的合计数填列。

(9)“财政补助支出——事业支出”项目，反映高等学校本期使用财政补助资金发生的事业活动支出。本项目应当根据本项目下“教育事业支出”、“科研事业支出”、“行政管理支出”、“后勤保障支出”、“离退休支出”项目金额的合计数填列。

“教育事业支出”、“科研事业支出”、“行政管理支出”、“后勤保障支出”、“离退休支出”项目，分别反映高等学校本期使用财政补助发生的教育、科研、行政管理、后勤保障、离退休等各项事业支出。该5个项目应当分别根据“教育事业支出”、“科研事业支出”、“行政管理支出”、“后勤保障支出”、“离退休支出”科目下“财政补助支出”明细科目的本期发生额分析计算填列。

(10)“非财政补助支出”项目，反映高等学校本期使用财政补助以外的资金发生的支出。本项目应当根据本项目下“事业支出”、“上缴上级支出”、“对附属单位补助支出”、“经营支出”、“其他支出”项目金额的合计数填列。

“事业支出”项目，反映高等学校本期使用财政补助以外的资金发生的事业支出。本项目应当根据本项目下“教育事业支出”、“科研事业支出”、“行政管理支出”、“后勤保障支出”、“离退休支出”项目金额的合计数填列。其中，“教育事业支出”、“科研事业支出”、“行政管理支出”、“后勤保障支出”、“离退休支出”项目，分别反映高等学校本期使用财政补助以外的资金发生的教育、科研、行政管理、后勤保障、离退休等各项事业支出。该5个项目应当分别根据“教育事业支出”、“科研事业支出”、“行政管理支出”、“后勤保障支出”、“离退休支出”科目下“非财政专项资金支出”、“其他资金支出”明细科目的本期发生额合计填列。

“上缴上级支出”项目，反映高等学校本期按照财政部门和主管部门的规定上缴上级单位的支出。本项目应当根据“上缴上级支出”科目的本期发生额填列。

“对附属单位补助支出”项目，反映高等学校本期用财政补助收入之外的收入对附属单位补助发生的支出。本项目应当根据“对附属单位补助支出”科目的本期发生额填列。

“经营支出”项目，反映高等学校本期在教学、科研活动及其辅助活动之外开展非独立核算经营活动发生的支出。本项目应当根据“经营支出”科目的本期发生额填列。

“其他支出”项目，反映高等学校本期除教育事业支出、科研事业支出、行政管理支出、后勤保障支出、离退休支出、上缴上级支出、对附属单位补助支出、经营支出以外的其他支出。本项目应当根据“其他支出”科目的本期发生额填列。

3. 本期结转结余

(11)“本期结转结余”项目，反映高等学校本期各项收支相抵后的余额。本项目应当根据本项目下“财政补助结转结余”、“事业结转结余”、“经营结余”项目金额的合计数填列；如为负数，以“－”号填列。

(12)“财政补助结转结余”项目，反映高等学校本期财政补助收入与财政补助支出相抵后的余额。本项目应当根据本表中“财政补助收入”项目金额减去“财政补助支出——事业支出”项目金额后的余额填列。

(13)“事业结转结余”项目，反映高等学校本期除财政补助收支、经营收支以外的各项收支相抵后的余额。本项目应当根据本表中“事业收入”、“上级补助收入”、“附属单位上缴收入”、“其他收入”项目金额合计数减去“事业支出”、“上缴上级支出”、“对附属单位补助支出”、“其他支出”项目金额合计数后的余额填列；如为负数，以“－”号填列。

(14)“经营结余”项目，反映高等学校本期经营收支相抵后的余额。本项目应当按照本表中“经营收入”项目金额减去“经营支出”项目金额后的余额填列；如为负数，以“－”号填列。

(四)本表“本年累计数”栏各项目应当根据各项目的本月数与上一月度收入支出表中相应项目的本年累计数的合计数填列。

三、收入支出表(年度)编制说明

(一)本表反映高等学校某一会计年度各项收入、支出和结转结余情况，以及年末非财政补助结余的分配情况。

(二)本表“上年数”栏反映各项目上年度的实际发生数；如果本年度收入支出表规定的各个项目的名称和内容同上年度不一致，应对上年度收入支出表各项目的名称和数字按照本年度的规定进行调整，填入本年度收入支出表的“上年数”栏。

本表“本年数”栏反映各项目本年度的实际发生数。

(三)本表"本年数"栏各项目的内容和填列方法：

1. 本期收入

"本期收入"部分除"后勤保障单位净收入"项目外的其他各项目的内容和填列方法，同月度本表(1)至(7)项编制说明。

2. 本期支出

"本期支出"部分各项目的内容和填列方法，同月度本表(8)至(10)项编制说明。

3. 本期结转结余"本期结转结余"部分各项目的内容和填列方法，同月度本表(11)至(14)项编制说明。

4. 弥补以前年度经营亏损后的经营结余

(15)"弥补以前年度经营亏损后的经营结余"项目，反映高等学校本年度实现的经营结余扣除本年初未弥补经营亏损后的余额。本项目应当根据本表"经营结余"项目金额减去"经营结余"科目本年初借方余额后的金额填列；如为负数，以"－"号填列。

5. 本年非财政补助结转结余

(16)"本年非财政补助结转结余"项目，反映高等学校本年除财政补助结转结余之外的结转结余金额。如本表中"弥补以前年度经营亏损后的经营结余"项目为正数，本项目应当根据本表中"事业结转结余"、"弥补以前年度经营亏损后的经营结余"项目金额的合计数填列；如为负数，以"－"号填列。如本表中"弥补以前年度经营亏损后的经营结余"项目为负数，本项目应当根据本表中"事业结转结余"项目金额填列；如为负数，以"－"号填列。

(17)"非财政补助结转"项目，反映高等学校本年除财政补助收支以外的各项专项资金收入减去各项专项资金支出后的余额。本项目应根据"非财政补助结转"科目本年贷方发生额中专项资金收入转入金额合计数减去本年借方发生额中专项资金支出转入金额合计数后的余额填列。

6. 本年非财政补助结余

(18)"本年非财政补助结余"项目，反映高等学校本年除财政补助之外的其他结余金额。本项目应当根据本表中"本年非财政补助结转结余"项目金额减去"非财政补助结转"项目金额后的金额填列；如为负数，以"－"号填列。

(19)"应缴企业所得税"项目，反映高等学校按照税法规定应缴纳的企业所得税金额。本项目应当根据"非财政补助结余分配"科目的本年发生额分析填列。

(20)"提取专用基金"项目，反映高等学校本年按规定提取的专用基金金额。本项目应当根据"非财政补助结余分配"科目的本年发生额分析填列。

7. 转入事业基金

(21)"转入事业基金"项目，反映高等学校本年按规定转入事业基金的非财政补助结余资金。本项目应当根据本表中"本年非财政补助结余"项目金额减去"应缴企业所得税"、"提取专用基金"项目金额后的余额填列；如为负数，以"－"号填列。

(四)对于各校内独立核算单位本年度的收入、支出、结转结余及年末非财政补助结余的分配情况，应当纳入本表的相应项目反映。将各校内独立核算单位的收入、支出纳入本表的方法如下：

1. 对于具有后勤保障职能的校内独立核算单位①，应将其本年收入(不含从学校取得的补贴经费)、支出(不含使用学校补贴经费发生的支出)相抵后的净额计入本表中"其他收入"项目金额，并单独填列于该项目下的"后勤保障单位净收入"项目。如具有后勤保障职能的全部校内独立核算单位本年收入、支出相抵后的净额合计数为负数，则以"－"号填列于"后勤保障单位净收入"项目。

2. 对于不具有后勤保障职能的其他校内独立核算单位，应将其收入、支出并入本表的相应项目，并抵销高等学校内部业务或事项对本表的影响。

四、财政补助收入支出表编制说明

(一)本表反映高等学校某一会计年度财政补助收入、支出、结转及结余情况。

(二)本表"上年数"栏内各项数字，应当根据上年度财政补助收入支出表"本年数"栏内数字填列。

(三)本表"本年数"栏各项目的内容和填列方法：

1."年初财政补助结转结余"项目及其所属各明细项目，反映高等学校本年初财政补助结转和结余余

---

① 具有后勤保障职能的校内独立核算单位一般指校医院、食堂、水电暖中心、物业管理中心、宿舍管理中心等。

额。各项目应当根据上年度财政补助收入支出表中“年末财政补助结转结余”项目及其所属各明细项目“本年数”栏的数字填列。

2.“调整年初财政补助结转结余”项目及其所属各明细项目，反映高等学校因本年发生需要调整以前年度财政补助结转结余的事项，而对年初财政补助结转结余的调整金额。各项目应当根据“财政补助结转”、“财政补助结余”科目及其所属明细科目的本年发生额分析填列。如调整减少年初财政补助结转结余，以“—”号填列。

3.“本年归集调入财政补助结转结余”项目及其所属各明细项目，反映高等学校本年度取得主管部门归集调入的财政补助结转结余资金或额度金额。各项目应当根据“财政补助结转”、“财政补助结余”科目及其所属明细科目的本年发生额分析填列。

4.“本年上缴财政补助结转结余”项目及其所属各明细项目，反映高等学校本年度按规定实际上缴的财政补助结转结余资金或额度金额。各项目应当根据“财政补助结转”、“财政补助结余”科目及其所属明细科目的本年发生额分析填列。

5.“本年财政补助收入”项目及其所属各明细项目，反映高等学校本年度从同级财政部门取得的各类财政拨款金额。各项目应当根据“财政补助收入”科目及其所属明细科目的本年发生额填列。

6.“本年财政补助支出”项目及其所属各明细项目，反映高等学校本年度发生的财政补助支出金额。各项目应当根据“教育事业支出”、“科研事业支出”、“行政管理支出”、“后勤保障支出”、“离退休支出”科目所属明细科目本年发生额中的财政补助支出数的合计数填列。

7.“年末财政补助结转结余”项目及其所属各明细项目，反映高等学校截至本年末的财政补助结转和结余余额。各项目应当根据“财政补助结转”、“财政补助结余”科目及其所属明细科目的年末余额填列。

五、附注

高等学校的会计报表附注至少应当披露下列内容：

（一）遵循《事业单位会计准则》、《高等学校会计制度》的声明；

（二）学校整体财务状况、业务活动情况的说明；

（三）会计报表中列示的重要项目的进一步说明，包括其主要构成、增减变动情况等；

（四）重要资产处置情况的说明；

（五）重大投资、借款活动的说明；

（六）以名义金额计量的资产名称、数量等情况，以及以名义金额计量理由的说明；

（七）以前年度结转结余调整情况的说明；

（八）将校内独立核算单位会计信息纳入学校财务报表情况的说明，包括将校内独立核算单位资产、负债和净资产并入学校资产负债表时对内部业务或事项抵销处理的情况，具有后勤保障职能的各校内独立核算单位本年收入、支出情况，将不具有后勤保障职能的其他校内独立核算单位的收入、支出并入学校收入支出表时对内部业务或事项抵销处理的情况，以及因将校内独立核算单位的收入、支出纳入学校收入支出表而对收入支出表中各项结转结余金额以及非财政补助结余形成与分配各项目金额的影响；

（九）有助于理解和分析会计报表需要说明的其他事项。

9. 中小学校会计制度（2013 年修订）

财会〔2013〕28 号

目　录

第一部分 总 说 明

一、为了规范中小学校的会计核算，保证会计信息质量，根据《中华人民共和国会计法》和《事业单位会计准则》，结合《中小学校财务制度》规定，制定本制度。

二、本制度适用于各级人民政府和接受国家经常性资助的社会力量举办的普通中小学校、中等职业学校、特殊教育学校、工读教育学校、成人中学和成人初等学校（以下统称中小学校）。其他社会力量举办的上述学校可以参照本制度执行。

各级人民政府和接受国家经常性资助的社会力量举办的幼儿园依照本制度执行。其他社会力量举办的幼儿园可以参照本制度执行。

三、中小学校对基本建设投资的会计核算在执行本制度的同时，还应当按照国家有关基本建设会计核算的规定单独建账、单独核算。中小学校食堂实行单独核算，同时适用本制度的有关规定。

四、中小学校会计核算一般采用收付实现制，但部分经济业务或者事项的核算应当按照本制度的规定采用权责发生制。

五、中小学校会计要素包括资产、负债、净资产、收入和支出。

六、中小学校应当按照下列规定运用会计科目：

（一）中小学校应当按照本制度的规定设置和使用会计科目。

因没有相关业务不需使用的会计科目可以不设置。在不影响账务处理和编报财务报表的前提下，可以根据实际情况自行增设、减少或合并某些明细科目。

（二）本制度统一规定会计科目的编号，以便于填制会计凭证、登记账簿、查阅账目，实行会计信息化管理。中小学校不得打乱重编。

（三）中小学校在填制会计凭证、登记会计账簿时，应当填列会计科目的名称，或者同时填列会计科目的名称和编号，不得只填列会计科目编号、不填列会计科目名称。

七、中小学校应当按照下列规定编报财务报表：

（一）中小学校的财务报表由会计报表及其附注构成。会计报表包括资产负债表、收入支出表和财政补助收入支出表。会计报表附注中应当披露本校食堂单独核算的会计报表。

（二）中小学校的财务报表应当按照月度和年度编制。

（三）中小学校应当根据本制度规定编制并对外提供真实、完整的财务报表。中小学校不得违反本制度规定，随意改变财务报表的编制基础、编制依据、编制原则和方法，不得随意改变本制度规定的财务报表有关数据的会计口径。

（四）中小学校财务报表应当根据登记完整、核对无误的账簿记录和其他有关资料编制，做到数字真实、计算准确、内容完整、报送及时。

（五）中小学校财务报表应当由单位负责人和主管会计工作的负责人、会计机构负责人（会计主管人员）签名并盖章。

八、中小学校会计机构设置、会计人员配备、会计基础工作、会计档案管理、内部控制等，按照《中华人民共和国会计法》、《会计基础工作规范》、《会计档案管理办法》、《行政事业单位内部控制规范（试行）》等规定执行。开展会计信息化工作的中小学校，还应按照财政部制定的相关会计信息化工作规范执行。

九、本制度自 2014 年 1 月 1 日起施行。1998 年 3 月 31 日财政部印发的《中小学校会计制度（试行）》（财预字〔1998〕104 号）同时废止。

第二部分 会计科目名称和编号

序　　号	科目编号	科　目　名　称
一、资产类		
1	1001	库存现金
2	1002	银行存款

（续表）

序　　号	科目编号	科　目　名　称
3	1011	零余额账户用款额度
4	1101	短期投资△
5	1201 120101 120102	财政应返还额度 　财政直接支付 　财政授权支付
6	1212	应收账款
7	1215	其他应收款
8	1301	存货
9	1401	长期投资△
10	1501	固定资产
11	1511	在建工程
12	1601	无形资产
13	1701	待处置资产损溢
二、负债类		
14	2001	短期借款△
15	2101	应缴税费
16	2102	应缴国库款
17	2103	应缴财政专户款
18	2201	应付职工薪酬
19	2302	应付账款
20	2305	其他应付款
21	2401	长期借款△
22	2402	长期应付款
23	2501	代管款项
三、净资产类		
24	3001	事业基金
25	3101 310101 310102 310103 310104	非流动资产基金 　长期投资△ 　固定资产 　在建工程 　无形资产
26	3201 320101 320102 320103 320109	专用基金 　修购基金△ 　职工福利基金 　奖助学基金 　其他专用基金

（续表）

序　　号	科目编号	科　目　名　称
27	3301 330101 330102	财政补助结转 　基本支出结转 　项目支出结转
28	3302	财政补助结余
29	3401	非财政补助结转
30	3402	事业结余
31	3403	经营结余△
32	3404	非财政补助结余分配
四、收入类		
33	4001	公共财政预算拨款
34	4002	政府性基金预算拨款
35	4101	事业收入
36	4201	上级补助收入
37	4301	附属单位上缴收入
38	4401	经营收入△
39	4501	其他收入
五、支出类		
40	5001	事业支出
41	5101	上缴上级支出
42	5201	对附属单位补助支出△
43	5301	经营支出△
44	5401	其他支出

说明：带有“△”上标的会计科目为中小学校非义务教育阶段使用的会计科目，义务教育阶段不得使用。兼有义务教育阶段和非义务教育阶段的中小学校可以设置标有“△”的会计科目，但仅能适用于本校非义务教育阶段的有关业务。

第三部分　会计科目使用说明

一、资产类

1001 库存现金

一、本科目核算中小学校的库存现金。中小学校拨付给内部有关部门的备用金通过“其他应收款”科目核算。

二、中小学校应当严格按照国家有关现金管理的规定收支现金，并按照本制度规定核算现金的各项收支业务。

三、库存现金的主要账务处理如下：

（一）从银行等金融机构提取现金，按照实际提取的金额，借记本科目，贷记“银行存款”科目；将现金存入银行等金融机构，按照实际存入的金额，借记“银行存款”科目，贷记本科目。

(二)从零余额账户提取现金，按照实际提取的金额，借记本科目，贷记"零余额账户用款额度"科目。

(三)因内部职工出差等原因借出的现金，按照实际借出的金额，借记"其他应收款"科目，贷记本科目；出差人员报销差旅费时，按照实际收回的金额，借记本科目，按照应报销的金额，借记"事业支出"等科目，按照实际借出的金额，贷记"其他应收款"科目。

(四)因开展业务等其他事项收到现金，按照实际收到的金额，借记本科目，贷记有关科目；因购买服务或商品等其他事项支出现金，按照实际支出的金额，借记有关科目，贷记本科目。

四、中小学校应当设置"现金日记账"，由出纳人员根据收付款凭证，按照业务发生顺序逐笔登记。每日终了，应当计算当日的现金收入合计数、现金支出合计数和结余数，并将结余数与实际库存数核对，做到账款相符。

五、中小学校有外币现金的，应当分别按照人民币、各种外币设置"现金日记账"进行明细核算。有关外币现金业务的账务处理参见"银行存款"科目的相关规定。

六、每日账款核对或定期盘点清查中发现现金溢余或短缺的，应当及时查明原因，按规定报经批准后进行账务处理。

(一)如为现金溢余，属于应支付给有关人员或单位的部分，借记本科目，贷记"其他应付款"科目；属于无法查明原因的部分，借记本科目，贷记"其他收入"科目。

(二)如为现金短缺，属于应由责任人赔偿的部分，借记"其他应收款"科目，贷记本科目；属于无法查明原因的部分，报经批准后，借记"其他支出"科目，贷记本科目。

七、本科目期末借方余额，反映中小学校实际持有的库存现金。

1002 银行存款

一、本科目核算中小学校存入银行等金融机构的各种存款。

二、中小学校应当严格按照国家有关支付结算办法的规定办理银行存款收支业务，并按照本制度规定核算银行存款的各项收支业务。

三、银行存款的主要账务处理如下：

(一)存入或收到存款，借记本科目，贷记"库存现金"、"应缴财政专户款"、"事业收入"、"经营收入"等有关科目。

(二)提取或支出存款，借记"库存现金"、"存货"、"事业支出"、"经营支出"等有关科目，贷记本科目。

四、中小学校发生外币业务的，应当按照业务发生当日(或当期期初，下同)的即期汇率，将外币金额折算为人民币记账，并登记外币金额和汇率。

期末，各种外币账户的外币余额应当按照期末的即期汇率折算为人民币金额，作为外币账户期末人民币余额。调整后的各种外币账户人民币余额与原账面人民币余额的差额，作为汇兑损益计入相关支出。

(一)以外币购买物资、劳务等，按照购入当日的即期汇率将支付的外币或应支付的外币折算为人民币金额，借记有关科目，贷记本科目、"应付账款"等科目的外币账户。

(二)以外币收取相关款项等，按照收取款项或收入确认当日的即期汇率将收取的外币或应收取的外币折算为人民币金额，借记本科目、"应收账款"等科目的外币账户，贷记有关科目。

(三)期末，根据各外币账户按期末的即期汇率调整后的人民币余额与原账面人民币余额的差额，作为汇兑损益，借记或贷记本科目、"应收账款"、"应付账款"等科目，贷记或借记"事业支出"、"经营支出"等科目。

五、中小学校应当按开户银行、存款种类及币种等，分别设置"银行存款日记账"，由出纳人员根据收付款凭证，按照业务的发生顺序逐笔登记，每日终了应结出余额。"银行存款日记账"应定期与"银行对账单"核对，至少每月核对一次。月度终了，中小学校银行存款账面余额与银行对账单余额之间如有差额，必须逐笔查明原因并进行处理，按月编制"银行存款余额调节表"，调节相符。

六、本科目期末借方余额，反映中小学校实际存放在银行等金融机构的款项。

1011 零余额账户用款额度

一、本科目核算实行国库集中支付的中小学校根据财政部门批复的用款计划收到和支用的零余额账户用款额度。

二、零余额账户用款额度的主要账务处理如下：

（一）在财政授权支付方式下，收到代理银行盖章的授权支付到账通知书时，根据通知书所列金额，借记本科目，贷记“公共财政预算拨款”、“政府性基金预算拨款”等科目。

（二）按规定支用额度时，借记“存货”、“事业支出”、“其他支出”等有关科目，贷记本科目。

（三）从零余额账户提取现金时，借记“库存现金”科目，贷记本科目。

（四）因购货退回等发生国库授权支付额度退回的，属于以前年度支付的款项，按照退回金额，借记本科目，贷记“财政补助结转”、“财政补助结余”、“存货”等有关科目；属于本年度支付的款项，按照退回金额，借记本科目，贷记“事业支出”、“存货”等有关科目。

（五）向按账户管理规定保留的相应账户划拨工会经费、住房公积金、提租补贴以及经财政部门批准的特殊款项时，借记“银行存款”等科目，贷记本科目。

（六）年度终了，依据代理银行提供的对账单作注销额度的相关账务处理，借记“财政应返还额度——财政授权支付”科目，贷记本科目。中小学校本年度财政授权支付预算指标数大于零余额账户用款额度下达数的，根据未下达的用款额度，借记“财政应返还额度——财政授权支付”科目，贷记“公共财政预算拨款”、“政府性基金预算拨款”等科目。

下年初，中小学校依据代理银行提供的额度恢复到账通知书作恢复额度的相关账务处理，借记本科目，贷记“财政应返还额度——财政授权支付”科目。中小学校收到财政部门批复的上年末未下达零余额账户用款额度时，借记本科目，贷记“财政应返还额度——财政授权支付”科目。

三、本科目期末借方余额，反映中小学校尚未支用的零余额账户用款额度。本科目年末应无余额。

1101 短期投资△

一、本科目核算非义务教育阶段中小学校短期投资的实际成本。

短期投资是指非义务教育阶段中小学校依法取得的、持有时间不超过 1 年（含 1 年）的投资，主要是国债投资。

二、中小学校应当严格遵守国家法律、行政法规以及财政部门、主管部门关于对外投资的有关规定，义务教育阶段不得对外投资。

三、本科目应当按照国债投资的种类等进行明细核算。

四、短期投资的主要账务处理如下：

（一）短期投资在取得时，应当按照其实际成本（包括购买价款以及税金、手续费等相关税费）作为投资成本，借记本科目，贷记“银行存款”等科目。

（二）短期投资持有期间收到利息时，按实际收到的金额，借记“银行存款”科目，贷记“其他收入——投资收益”科目。

（三）出售短期投资或到期收回短期国债本息，按照实际收到的金额，借记“银行存款”科目，按照出售或收回短期国债的成本，贷记本科目，按其差额，贷记或借记“其他收入——投资收益”科目。

五、本科目期末借方余额，反映中小学校持有的短期投资成本。

1201 财政应返还额度

一、本科目核算实行国库集中支付的中小学校应收财政返还的资金额度。

二、本科目应当设置“财政直接支付”、“财政授权支付”两个明细科目，进行明细核算。

三、财政应返还额度的主要账务处理如下：

（一）财政直接支付年度终了，中小学校根据本年度财政直接支付预算指标数与当年财政直接支付实际支出数的差额，借记本科目（财政直接支付），贷记“公共财政预算拨款”、“政府性基金预算拨款”等科目。

下年度恢复财政直接支付额度后，中小学校以财政直接支付方式发生实际支出时，借记有关科目，贷记本科目（财政直接支付）。

（二）财政授权支付年度终了，中小学校依据代理银行提供的对账单作注销额度的相关账务处理，借记本科目（财政授权支付），贷记“零余额账户用款额度”科目。中小学校本年度财政授权支付预算指标数大于零余额账户用款额度下达数的，根据未下达的用款额度，借记本科目（财政授权支付），贷记“公共财政预算拨款”、“政府性基金预算拨款”等科目。

下年初，中小学校依据代理银行提供的额度恢复到账通知书作恢复额度的相关账务处理，借记“零余额账户用款额度”科目，贷记本科目（财政授权支付）。中小学校收到财政部门批复的上年末未下达零余额账户用款额度时，借记“零余额账户用款额度”科目，贷记本科目(财政授权支付)。

四、本科目期末借方余额，反映中小学校应收财政返还的资金额度。

1212 应收账款

一、本科目核算中小学校因开展业务活动对外提供服务等而应收取的款项。中小学校收到商业汇票(包括银行承兑汇票和商业承兑汇票)或发生预付账款的，也通过本科目核算。

二、本科目应当按照债务人进行明细核算。

三、应收账款的主要账务处理如下：

(一)发生应收账款时，按照应收未收金额，借记本科目，按照确认的收入金额，贷记“经营收入”等科目，按照应缴增值税金额，贷记“应缴税费——应缴增值税”科目。

(二)收回应收账款时，按照实际收到的金额，借记“银行存款”等科目，贷记本科目。

四、逾期三年或以上、有确凿证据表明确实无法收回的应收账款，按规定报经批准后予以核销。核销的应收账款应在“已核销应收账款备查簿”中保留登记。

(一)转入待处置资产时，按照待核销的应收账款金额，借记“待处置资产损溢”科目，贷记本科目。

(二)报经批准予以核销时，借记“其他支出”科目，贷记“待处置资产损溢”科目。

(三)已核销应收账款在以后期间收回的，按照实际收回的金额，借记“银行存款”等科目，贷记“其他收入”科目。

五、本科目期末借方余额，反映中小学校尚未收回的应收账款。

1215 其他应收款

一、本科目核算中小学校除财政应返还额度、应收账款以外的其他各项应收及暂付款项，如职工预借的差旅费、拨付给内部有关部门的备用金、应向职工收取的各种垫付款项等。

二、本科目应当按照其他应收款的类别以及债务人进行明细核算。

三、其他应收款的主要账务处理如下：

(一)发生其他各项应收及暂付款项时，借记本科目，贷记“银行存款”、“库存现金”等科目。

(二)收回其他各项应收及暂付款项时，借记“库存现金”、“银行存款”等科目，贷记本科目。

(三)中小学校内部实行备用金制度的，有关部门使用备用金以后应当及时到财务部门报销并补足备用金。财务部门核定并发放备用金时，借记本科目(备用金)，贷记“库存现金”等科目。根据报销数用现金补足备用金定额时，借记有关科目，贷记“库存现金”等科目，报销数和拨补数都不再通过本科目核算。

四、逾期三年或以上、有确凿证据表明确实无法收回的其他应收款，按规定报经批准后予以核销。核销的其他应收款应在“已核销其他应收款备查簿”中保留登记。

(一)转入待处置资产时，按照待核销的其他应收款金额，借记“待处置资产损溢”科目，贷记本科目。

(二)报经批准予以核销时，借记“其他支出”科目，贷记“待处置资产损溢”科目。

(三)已核销其他应收款在以后期间收回的，按照实际收回的金额，借记“银行存款”等科目，贷记“其他收入”科目。

五、本科目期末借方余额，反映中小学校尚未收回的其他应收款。

1301 存　　货

一、本科目核算中小学校存货的实际成本。存货是指中小学校在开展教育教学及其他活动中为耗用而储存的资产，包括各类材料、燃料、消耗物资和低值易耗品等。中小学校随买随用的零星办公用品，可以在购进时直接列作支出，不通过本科目核算。

二、本科目应当按照存货的种类等进行明细核算。

三、存货的主要账务处理如下：

(一)存货在取得时，应当按照其实际成本入账。

1. 购入的存货，其成本包括购买价款、相关税费、运输费、装卸费、保险费以及其他使得存货达到目前场所和状态所发生的其他支出。

购入的存货验收入库，按照确定的成本，借记本科目，贷记“银行存款”、“零余额账户用款额度”、“公共财政预算拨款”、“政府性基金预算拨款”、“应付账款”等科目。

2. 接受捐赠、无偿调入的存货，其成本按照有关凭据注明的金额加上相关税费、运输费等确定；没有相关凭据的，其成本比照同类或类似存货的市场价格加上相关税费、运输费等确定；没有相关凭据、同类或类似存货的市场价格也无法可靠取得的，该存货按照名义金额(即人民币 1 元，下同)入账。

接受捐赠、无偿调入的存货验收入库，按照确定的成本，借记本科目，按照发生的相关税费、运输费等，贷记"银行存款"等科目，按照其差额，贷记"其他收入"科目。

按照名义金额入账的情况下，按照名义金额，借记本科目，贷记"其他收入"科目；按照发生的相关税费、运输费等，借记"其他支出"科目，贷记"银行存款"等科目。

(二)存货在发出时，应当根据实际情况采用先进先出法、加权平均法或者个别计价法确定发出存货的实际成本。计价方法一经确定，不得随意变更。低值易耗品的成本于领用时一次摊销。

1. 开展教育教学及其他活动领用、发出存货，按照领用、发出存货的实际成本，借记"事业支出"、"经营支出"等科目，贷记本科目。

2. 对外捐赠、无偿调出存货，转入待处置资产时，按照存货的账面余额，借记"待处置资产损溢"科目，贷记本科目。实际捐出、调出存货时，按照"待处置资产损溢"科目的相应余额，借记"其他支出"科目，贷记"待处置资产损溢"科目。

四、中小学校的存货应当定期进行清查盘点，至少每年盘点一次。对于发生的存货盘盈、盘亏或者报废、毁损，应当及时查明原因，按规定报经批准后进行账务处理。

(一)盘盈的存货，按照同类或类似存货的实际成本或市场价格确定入账价值；同类或类似存货的实际成本、市场价格均无法可靠取得的，按照名义金额入账。

盘盈的存货，按照确定的入账价值，借记本科目，贷记"其他收入"科目。

(二)盘亏或者报废、毁损的存货，转入待处置资产时，按照待处置存货的账面余额，借记"待处置资产损溢"科目，贷记本科目。

报经批准予以处置时，按照"待处置资产损溢"科目的相应余额，借记"其他支出"科目，贷记"待处置资产损溢"科目。

处置存货过程中所取得的收入、发生的费用，以及处置收入扣除相关处置费用后的净收入的账务处理，参见"待处置资产损溢"科目。

五、本科目期末借方余额，反映中小学校存货的实际成本。

1401 长期投资△

一、本科目核算非义务教育阶段中小学校长期投资的实际成本。长期投资是指非义务教育阶段中小学校依法取得的、持有时间超过 1 年(不含 1 年)的各种股权和债权性质的投资。

二、中小学校应当严格遵守国家法律、行政法规以及财政部门、主管部门关于对外投资的有关规定，义务教育阶段不得对外投资。

三、本科目应当按照长期投资的种类和被投资单位等进行明细核算。

四、长期投资的主要账务处理如下：

(一)长期股权投资

1. 长期股权投资在取得时，应当按照其实际成本作为投资成本。

(1)以货币资金取得的长期股权投资，按照实际支付的全部价款(包括购买价款以及税金、手续费等相关税费)作为投资成本，借记本科目，贷记"银行存款"等科目；同时，按照投资成本金额，借记"事业基金"科目，贷记"非流动资产基金——长期投资"科目。

(2)以固定资产取得的长期股权投资，按照评估价值加上相关税费作为投资成本，借记本科目，贷记"非流动资产基金——长期投资"科目，按照发生的相关税费，借记"其他支出"科目，贷记"银行存款"、"应缴税费"等科目；同时，按照投出固定资产的账面余额，借记"非流动资产基金——固定资产"科目，贷记"固定资产"科目。

(3)以已入账无形资产取得的长期股权投资，按照评估价值加上相关税费作为投资成本，借记本科目，贷记"非流动资产基金——长期投资"科目，按照发生的相关税费，借记"其他支出"科目，贷记"银行存款"、"应缴税费"等科目；同时，按照投出无形资产的账面余额，借记"非流动资产基金——无形资产"科目，贷记"无形资产"科目。

以未入账无形资产取得的长期股权投资，按照评估价值加上相关税费作为投资成本，借记本科目，贷记

“非流动资产基金——长期投资”科目，按照发生的相关税费，借记“其他支出”科目，贷记“银行存款”、“应缴税费”等科目。

2. 长期股权投资持有期间，收到利润等投资收益时，按照实际收到的金额，借记“银行存款”等科目，贷记“其他收入——投资收益”科目。

3. 转让长期股权投资，转入待处置资产时，按照待转让长期股权投资的账面余额，借记“待处置资产损溢——处置资产价值”科目，贷记本科目。

实际转让时，按照所转让长期股权投资对应的非流动资产基金，借记“非流动资产基金——长期投资”科目，贷记“待处置资产损溢——处置资产价值”科目。

转让长期股权投资过程中取得价款、发生相关税费，以及转让价款扣除相关税费后的净收入的账务处理，参见“待处置资产损溢”科目。

4. 因被投资单位破产清算等原因，有确凿证据表明长期股权投资发生损失，按规定报经批准后予以核销。将待核销长期股权投资转入待处置资产时，按照待核销的长期股权投资账面余额，借记“待处置资产损溢”科目，贷记本科目。

报经批准予以核销时，借记“非流动资产基金——长期投资”科目，贷记“待处置资产损溢”科目。

（二）长期债券投资

1. 长期债券投资在取得时，应当按照其实际成本作为投资成本。

以货币资金购入的长期债券投资，按照实际支付的全部价款（包括购买价款以及税金、手续费等相关税费）作为投资成本，借记本科目，贷记“银行存款”等科目；同时，按照投资成本金额，借记“事业基金”科目，贷记“非流动资产基金——长期投资”科目。

2. 长期债券投资持有期间收到利息时，按照实际收到的金额，借记“银行存款”等科目，贷记“其他收入——投资收益”科目。

3. 对外转让或到期收回长期债券投资本息，按照实际收到的金额，借记“银行存款”等科目，按照收回长期债券投资的成本，贷记本科目，按照其差额，贷记或借记“其他收入——投资收益”科目；同时，按照收回长期债券投资对应的非流动资产基金，借记“非流动资产基金——长期投资”科目，贷记“事业基金”科目。

五、本科目期末借方余额，反映中小学校持有的长期投资成本。

1501 固定资产

一、本科目核算中小学校固定资产的原价。

固定资产是指中小学校持有的使用期限超过1年（不含1年）、单位价值在规定标准以上，并在使用过程中基本保持原有物质形态的资产。单位价值虽未达到规定标准，但使用期限超过1年（不含1年）的大批同类物资，作为固定资产核算和管理。

二、中小学校的固定资产一般分为六类：房屋及构筑物；专用设备；通用设备；文物和陈列品；图书、档案；家具、用具、装具及动植物。有关说明如下：

（一）中小学校购建的房屋及构建物，不能够分清购建成本中的房屋及构建物部分与土地使用权部分的，应当全部作为固定资产核算；能够分清购建成本中的房屋及构建物部分与土地使用权部分的，应当将其中的房屋及构建物部分作为固定资产核算，将其中的土地使用权作为无形资产核算。

（二）对于应用软件，如果其构成相关硬件不可缺少的组成部分，应当将该软件价值包括在所属硬件价值中，一并作为固定资产进行核算；如果其不构成相关硬件不可缺少的组成部分，应当将该软件作为无形资产核算。

（三）购入需要安装的固定资产，应当先通过“在建工程”科目核算，安装完毕交付使用时再转入本科目核算。

（四）中小学校以经营租赁租入的固定资产，不作为固定资产核算，应当另设备查簿进行登记。

三、中小学校应当根据固定资产定义，结合本单位的具体情况，制定适合于本单位的固定资产目录、具体分类方法，作为进行固定资产核算的依据。

中小学校应当设置“固定资产登记簿”和“固定资产卡片”，按照固定资产类别、项目和使用部门等进行明细核算。出租、出借的固定资产，应当设置备查簿进行登记。

四、有条件的中小学校应当设置固定资产折旧辅助账，登记固定资产原价、当期应计提折旧及累计折旧等情况。

五、固定资产的主要账务处理如下：

（一）固定资产在取得时，应当按照其实际成本入账。

1. 购入的固定资产，其成本包括购买价款、相关税费以及固定资产交付使用前所发生的可归属于该项资产的运输费、装卸费、安装调试费和专业人员服务费等。

以一笔款项购入多项没有单独标价的固定资产，按照各项固定资产同类或类似资产市场价格的比例对总成本进行分配，分别确定各项固定资产的入账成本。

购入不需安装的固定资产，按照确定的固定资产成本，借记本科目，贷记“非流动资产基金——固定资产”科目；同时，按照实际支付金额，借记“事业支出”、“经营支出”、“专用基金——修购基金”等科目，贷记“公共财政预算拨款”、“政府性基金预算拨款”、“零余额账户用款额度”、“银行存款”等科目。

购入需要安装的固定资产，先通过“在建工程”科目核算。安装完工交付使用时，借记本科目，贷记“非流动资产基金——固定资产”科目；同时，借记“非流动资产基金——在建工程”科目，贷记“在建工程”科目。

2. 自行建造的固定资产，其成本包括建造该项资产至交付使用前所发生的全部必要支出。

工程完工交付使用时，按照自行建造过程中发生的实际支出，借记本科目，贷记“非流动资产基金——固定资产”科目；同时，借记“非流动资产基金——在建工程”科目，贷记“在建工程”科目。已交付使用但尚未办理竣工决算手续的固定资产，按照估计价值入账，待确定实际成本后再进行调整。

3. 在原有固定资产基础上进行改建、扩建、修缮后的固定资产，其成本按照原固定资产账面余额加上改建、扩建、修缮发生的支出，再扣除固定资产拆除部分的账面余额后的金额确定。

将固定资产转入改建、扩建、修缮时，按照固定资产的账面余额，借记“在建工程”科目，贷记“非流动资产基金——在建工程”科目；同时，借记“非流动资产基金——固定资产”科目，贷记本科目。

工程完工交付使用时，借记本科目，贷记“非流动资产基金——固定资产”科目；同时，借记“非流动资产基金——在建工程”科目，贷记“在建工程”科目。

4. 以融资租赁租入的固定资产，其成本按照租赁协议或者合同确定的租赁价款、相关税费以及固定资产交付使用前所发生的可归属于该项资产的运输费、途中保险费、安装调试费等确定。

融资租入的固定资产，按照确定的成本，借记本科目[不需安装]或“在建工程”科目[需安装]，按照租赁协议或者合同确定的租赁价款，贷记“长期应付款”科目，按照其差额，贷记“非流动资产基金——固定资产、在建工程”科目。同时，按照实际支付的相关税费、运输费、途中保险费、安装调试费等，借记“事业支出”、“经营支出”等科目，贷记“银行存款”、“零余额账户用款额度”、“公共财政预算拨款”、“政府性基金预算拨款”等科目。

定期支付租金时，按照支付的租金金额，借记“事业支出”、“经营支出”等科目，贷记“银行存款”、“零余额账户用款额度”、“公共财政预算拨款”、“政府性基金预算拨款”等科目；同时，借记“长期应付款”科目，贷记“非流动资产基金——固定资产”科目。

跨年度分期付款购入固定资产的账务处理，参照融资租入固定资产。

5. 接受捐赠、无偿调入的固定资产，其成本按照有关凭据注明的金额加上相关税费、运输费等确定；没有相关凭据的，其成本比照同类或类似固定资产的市场价格加上相关税费、运输费等确定；没有相关凭据、同类或类似固定资产的市场价格也无法可靠取得的，该固定资产按照名义金额入账。

接受捐赠、无偿调入的固定资产，按照确定的固定资产成本，借记本科目[不需安装]或“在建工程”科目[需安装]，贷记“非流动资产基金——固定资产、在建工程”科目；按照发生的相关税费、运输费等，借记“其他支出”科目，贷记“银行存款”等科目。

（二）与固定资产有关的后续支出，应分别以下情况处理：

1. 为增加固定资产使用效能或延长其使用年限而发生的改建、扩建或修缮等后续支出，应当计入固定资产成本，通过“在建工程”科目核算，完工交付使用时转入本科目。有关账务处理参见“在建工程”科目。

2. 为维护固定资产的正常使用而发生的日常修理等后续支出，应当计入当期支出但不计入固定资产成本，借记“事业支出”、“经营支出”等科目，贷记“银行存款”、“零余额账户用款额度”、“公共财政预算拨款”、“政府性基金预算拨款”等科目。

（三）报经批准出售、无偿调出、对外捐赠固定资产或以固定资产对外投资，应当分别以下情况处理：

1. 出售、无偿调出、对外捐赠固定资产，转入待处置资产时，按照待处置固定资产的账面余额，借记“待处置资产损溢”科目，贷记本科目。

实际出售、调出、捐出时，按照处置固定资产对应的非流动资产基金，借记“非流动资产基金——固定资产”科目，贷记“待处置资产损溢”科目。

出售固定资产过程中取得价款、发生相关税费，以及出售价款扣除相关税费后的净收入的账务处理，参见“待处置资产损溢”科目。

2. 以固定资产对外投资，按照评估价值加上相关税费作为投资成本，借记“长期投资”科目，贷记“非流动资产基金——长期投资”科目，按照发生的相关税费，借记“其他支出”科目，贷记“银行存款”、“应缴税费”等科目；同时，按照投出固定资产的账面余额，借记“非流动资产基金——固定资产”科目，贷记本科目。

六、中小学校的固定资产应当定期进行清查盘点，至少每年盘点一次。对于发生的固定资产盘盈、盘亏或者报废、毁损，应当及时查明原因，按规定报经批准后进行账务处理。

（一）盘盈的固定资产，按照同类或类似固定资产的市场价格确定入账价值；同类或类似固定资产的市场价格无法可靠取得的，按照名义金额入账。

盘盈的固定资产，按照确定的入账价值，借记本科目，贷记“非流动资产基金——固定资产”科目。

（二）盘亏或者报废、毁损的固定资产，转入待处置资产时，按照待处置固定资产的账面余额，借记“待处置资产损溢”科目，贷记本科目。

报经批准予以处置时，按照处置固定资产对应的非流动资产基金，借记“非流动资产基金——固定资产”科目，贷记“待处置资产损溢”科目。

处置报废、毁损固定资产过程中所取得的收入、发生的相关费用，以及处置收入扣除相关费用后的净收入的账务处理，参见“待处置资产损溢”科目。

七、本科目期末借方余额，反映中小学校固定资产的原价。

1511 在建工程

一、本科目核算中小学校在建工程的实际成本。

在建工程是指中小学校已经发生必要支出，但尚未达到交付使用状态的建设工程，包括各种建筑（包括新建、改建、扩建、修缮等）和设备安装工程。

二、本科目应当按照工程性质和具体工程项目等进行明细核算。

三、中小学校的基本建设投资应当按照国家有关规定单独建账、单独核算，同时按照本制度的规定至少按月并入本科目及其他相关科目反映。

中小学校应当在本科目下设置“基建工程”明细科目，核算由基建账套并入的在建工程成本。有关基建并账的具体账务处理另行规定。

四、在建工程（非基本建设项目）的主要账务处理如下：

（一）建筑工程

1. 将固定资产转入改建、扩建或修缮等时，按照固定资产的账面余额，借记本科目，贷记“非流动资产基金——在建工程”科目；同时，借记“非流动资产基金——固定资产”科目，贷记“固定资产”科目。

2. 根据工程价款结算账单与施工企业结算工程价款时，按照实际支付的工程价款，借记本科目，贷记“非流动资产基金——在建工程”科目；同时，借记“事业支出”等科目，贷记“银行存款”、“零余额账户用款额度”、“公共财政预算拨款”、“政府性基金预算拨款”等科目。

3. 非义务教育阶段中小学校为建筑工程借入的专门借款的利息，属于建设期间发生的，计入在建工程成本，借记本科目，贷记“非流动资产基金——在建工程”科目；同时，借记“其他支出——利息支出”科目，贷记“银行存款”等科目。

4. 工程完工交付使用时，按照建筑工程所发生的实际成本，借记“固定资产”科目，贷记“非流动资产基金——固定资产”科目；同时，借记“非流动资产基金——在建工程”科目，贷记本科目。

（二）设备安装

1. 购入需要安装的设备，按照确定的成本，借记本科目，贷记“非流动资产基金——在建工程”科目；同时，按照实际支付金额，借记“事业支出”、“经营支出”等科目，贷记“银行存款”、“零余额账户用款额度”、“公共财政预算拨款”、“政府性基金预算拨款”等科目。

融资租入需要安装的设备，按照确定的成本，借记本科目，按照租赁协议或者合同确定的租赁价款，贷记“长期应付款”科目，按照其差额，贷记“非流动资产基金——在建工程”科目。同时，按照实际支付的相关税费、运输费、途中保险费等，借记“事业支出”、“经营支出”等科目，贷记“银行存款”、“零余额账户用款额度”、“公共财政预算拨款”、“政府性基金预算拨款”等科目。

2. 发生安装费用，借记本科目，贷记“非流动资产基金——在建工程”科目；同时，借记“事业支出”、“经营支出”等科目，贷记“银行存款”、“零余额账户用款额度”、“公共财政预算拨款”、“政府性基金预算拨款”等科目。

3. 设备安装完工交付使用时，借记“固定资产”科目，贷记“非流动资产基金——固定资产”科目；同时，借记“非流动资产基金——在建工程”科目，贷记本科目。

五、本科目期末借方余额，反映中小学校尚未完工的在建工程发生的实际成本。

1601 无形资产

一、本科目核算中小学校无形资产的原价。

无形资产是指中小学校持有的不具有实物形态的可辨认非货币性资产，包括专利权、商标权、著作权、土地使用权、非专利技术等。中小学校购入的不构成相关硬件不可缺少组成部分的应用软件，应当作为无形资产核算。

二、本科目应当按照无形资产的类别、项目等进行明细核算。

三、有条件的中小学校应当设置无形资产摊销辅助账，登记无形资产原价、当期应计提摊销及累计摊销等情况。

四、无形资产的主要账务处理如下：

（一）无形资产在取得时，应当按照其实际成本入账。

1. 外购的无形资产，其成本包括购买价款、相关税费以及可归属于该项资产达到预定用途所发生的其他支出。

购入的无形资产，按照确定的无形资产成本，借记本科目，贷记“非流动资产基金——无形资产”科目；同时，按照实际支付金额，借记“事业支出”等科目，贷记“银行存款”、“零余额账户用款额度”、“公共财政预算拨款”、“政府性基金预算拨款”等科目。

2. 委托软件公司开发软件视同外购无形资产进行处理。

支付软件开发费时，按照实际支付金额，借记“事业支出”等科目，贷记“银行存款”、“零余额账户用款额度”、“公共财政预算拨款”、“政府性基金预算拨款”等科目。软件开发完成交付使用时，按照软件开发费总额，借记本科目，贷记“非流动资产基金——无形资产”科目。

3. 接受捐赠、无偿调入的无形资产，其成本按照有关凭据注明的金额加上相关税费等确定；没有相关凭据的，其成本比照同类或类似无形资产的市场价格加上相关税费等确定；没有相关凭据、同类或类似无形资产的市场价格也无法可靠取得的，该资产按照名义金额入账。

接受捐赠、无偿调入的无形资产，按照确定的无形资产成本，借记本科目，贷记“非流动资产基金——无形资产”科目；按照发生的相关税费等，借记“其他支出”科目，贷记“银行存款”等科目。

（二）与无形资产有关的后续支出，应当分别以下情况处理：

1. 为增加无形资产的使用效能而发生的后续支出，如对软件进行升级改造或扩展其功能等所发生的支出，应当计入无形资产的成本，借记本科目，贷记“非流动资产基金——无形资产”科目；同时，借记“事业支出”等科目，贷记“银行存款”、“零余额账户用款额度”、“公共财政预算拨款”、“政府性基金预算拨款”等科目。

2. 为维护无形资产的正常使用而发生的后续支出，如对软件进行漏洞修补、技术维护等所发生的支出，应当计入当期支出但不计入无形资产成本，借记“事业支出”等科目，贷记“银行存款”、“零余额账户用款额度”、“公共财政预算拨款”、“政府性基金预算拨款”等科目。

（三）报经批准转让、无偿调出、对外捐赠无形资产或以无形资产对外投资，应当分别以下情况处理：

1. 转让、无偿调出、对外捐赠无形资产，转入待处置资产时，按照待处置无形资产的账面余额，借记“待处置资产损溢”科目，贷记本科目。

实际转让、调出、捐出时，按照处置无形资产的账面余额，借记“非流动资产基金——无形资产”科目，贷记“待处置资产损溢”科目。

转让无形资产过程中取得价款、发生相关税费，以及出售价款扣除相关税费后的净收入的账务处理，参见“待处置资产损溢”科目。

2. 以已入账无形资产对外投资，按照评估价值加上相关税费作为投资成本，借记“长期投资”科目，贷记“非流动资产基金——长期投资”科目，按照发生的相关税费，借记“其他支出”科目，贷记“银行存款”、“应缴税费”等科目；同时，按照投出无形资产的账面余额，借记“非流动资产基金——无形资产”科目，贷记本科目。

（四）无形资产预期不能为中小学校带来服务潜力或经济利益的，应当按规定报经批准后将该无形资产的账面余额予以核销。转入待处置资产时，按照待核销无形资产的账面余额，借记“待处置资产损溢”科目，贷记本科目。

报经批准予以核销时，按照核销无形资产对应的非流动资产基金，借记“非流动资产基金——无形资产”科目，贷记“待处置资产损溢”科目。

五、本科目期末借方余额，反映中小学校无形资产的原价。

1701 待处置资产损溢

一、本科目核算中小学校待处置资产的价值及处置损溢。中小学校资产处置包括资产的出售、出让、转让、对外捐赠、无偿调出、盘亏、报废、毁损以及货币性资产损失核销等。

二、本科目应当按照待处置资产项目进行明细核算；对于在处置过程中取得相关收入、发生相关费用的处置项目，还应设置“处置资产价值”、“处置净收入”明细科目，进行明细核算。

三、中小学校处置资产一般应当先记入本科目，按规定报经批准后及时进行账务处理。年度终了结账前一般应处理完毕。

四、待处置资产损溢的主要账务处理如下：

（一）按规定报经批准予以核销的应收及预付款项、长期股权投资、无形资产

1. 转入待处置资产时，借记本科目，贷记“应收账款”、“其他应收款”、“长期投资”、“无形资产”等科目。

2. 报经批准予以核销时，借记“其他支出”科目[应收及预付款项核销]或“非流动资产基金——长期投资、无形资产”科目[长期投资、无形资产核销]，贷记本科目。

（二）盘亏或者毁损、报废的存货、固定资产

1. 转入待处置资产时，借记本科目（处置资产价值），贷记“存货”、“固定资产”等科目。

2. 报经批准予以处置时，借记“其他支出”科目[处置存货]或“非流动资产基金——固定资产”科目[处置固定资产]，贷记本科目（处置资产价值）。

3. 处置毁损、报废存货、固定资产过程中收到残值变价收入、保险理赔和过失人赔偿等，借记“库存现金”、“银行存款”等科目，贷记本科目（处置净收入）。

4. 处置毁损、报废存货、固定资产过程中发生相关费用，借记本科目（处置净收入），贷记“库存现金”、“银行存款”等科目。

5. 处置完毕，按照处置收入扣除相关处置费用后的净收入，借记本科目（处置净收入），贷记“应缴国库款”等科目。

（三）对外捐赠、无偿调出存货、固定资产、无形资产

1. 转入待处置资产时，借记本科目，贷记“存货”、“固定资产”、“无形资产”等科目。

2. 实际捐出、调出时，借记“其他支出”科目[捐出、调出存货]或“非流动资产基金——固定资产、无形资产”科目[捐出、调出固定资产、无形资产]，贷记本科目。

（四）转让（出售）长期股权投资、固定资产、无形资产

1. 转入待处置资产时，借记本科目（处置资产价值），贷记“长期投资”、“固定资产”、“无形资产”等科目。

2. 实际转让时，借记“非流动资产基金——长期投资、固定资产、无形资产”科目，贷记本科目（处置资产价值）。

3. 转让过程中取得价款、发生相关税费，以及转让价款扣除相关税费后的净收入的账务处理，按照国家有关规定，比照本科目“四（二）”有关毁损、报废存货、固定资产进行处理。

五、本科目期末如为借方余额，反映尚未处置完毕的各种资产价值及净损失；期末如为贷方余额，反映尚未处置完毕的各种资产净溢余。年度终了报经批准处理后，本科目一般应无余额。

二、负债类

2001 短期借款△

一、本科目核算非义务教育阶段中小学校经批准从银行等金融机构借入的期限在1年内(含1年)的各种借款本金。严禁义务教育阶段中小学校举借债务。

二、本科目应当按照贷款单位和贷款种类进行明细核算。

三、短期借款的主要账务处理如下：

(一)借入各种短期借款时，按照实际借入的金额，借记"银行存款"科目，贷记本科目。

(二)支付短期借款利息时，借记"其他支出"科目，贷记"银行存款"科目。

(三)归还短期借款本金时，借记本科目，贷记"银行存款"科目。

四、本科目期末贷方余额，反映非义务教育阶段中小学校尚未归还的短期借款本金。

2101 应缴税费

一、本科目核算中小学校按照税法等规定计算应缴纳的各种税费，包括营业税、增值税、城市维护建设税、教育费附加、房产税、城镇土地使用税、车船税、企业所得税等。

中小学校代扣代缴的个人所得税，通过本科目核算。中小学校应缴纳的印花税不需要预提应缴税费，直接通过支出等有关科目核算，不在本科目核算。

二、本科目应当按照应缴纳的税费种类进行明细核算。

三、应缴税费的主要账务处理如下：

(一)发生营业税、城市维护建设税、教育费附加纳税义务的，按税法规定计算的应缴税费金额，借记"待处置资产损溢——处置净收入"科目[出售不动产应缴的税费]或有关支出科目，贷记本科目。实际缴纳时，借记本科目，贷记"银行存款"科目。

(二)属于增值税小规模纳税人的中小学校销售应税产品或提供应税服务，按照实际收到或应收的价款，借记"银行存款"、"应收账款"等科目，按照实际收到或应收价款扣除增值税额后的金额，贷记"经营收入"等科目，按照应缴增值税金额，贷记本科目(应缴增值税)。实际缴纳增值税时，借记本科目(应缴增值税)，贷记"银行存款"科目。

(三)发生房产税、城镇土地使用税、车船税纳税义务的，按税法规定计算的应缴税金数额，借记有关科目，贷记本科目。实际缴纳时，借记本科目，贷记"银行存款"科目。

(四)代扣代缴个人所得税的，按税法规定计算应代扣代缴的个人所得税金额，借记"应付职工薪酬"科目，贷记本科目。实际缴纳时，借记本科目，贷记"银行存款"科目。

(五)发生企业所得税纳税义务的，按税法规定计算的应缴税金数额，借记"非财政补助结余分配"科目，贷记本科目。实际缴纳时，借记本科目，贷记"银行存款"科目。

(六)发生其他纳税义务的，按照应缴纳的税费金额，借记有关科目，贷记本科目。实际缴纳时，借记本科目，贷记"银行存款"等科目。

四、本科目期末借方余额，反映中小学校多缴纳的税费金额；本科目期末贷方余额，反映中小学校应缴未缴的税费金额。

2102 应缴国库款

一、本科目核算中小学校按规定应缴入国库的款项(应缴税费除外)。

二、本科目应当按照应缴国库的各款项类别进行明细核算。

三、应缴国库款的主要账务处理如下：

(一)按规定计算确定或实际取得应缴国库的款项时，借记有关科目，贷记本科目。

(二)中小学校处置资产取得的应上缴国库的处置净收入的账务处理，参见"待处置资产损溢"科目。

(三)上缴款项时，借记本科目，贷记"银行存款"等科目。

四、本科目期末贷方余额，反映中小学校应缴入国库但尚未缴纳的款项。

2103 应缴财政专户款

一、本科目核算中小学校按规定应缴入财政专户的款项。

二、本科目应当按照应缴财政专户的各款项类别进行明细核算。

三、应缴财政专户款的主要账务处理如下：

(一)取得应缴财政专户的款项时，借记有关科目，贷记本科目。

(二)上缴款项时，借记本科目，贷记“银行存款”等科目。

四、本科目期末贷方余额，反映中小学校应缴入财政专户但尚未缴纳的款项。

2201 应付职工薪酬

一、本科目核算中小学校按有关规定应付给职工及为职工支付的各种薪酬。包括基本工资、绩效工资、国家统一规定的津贴补贴、社会保险费、住房公积金等。

二、本科目应当根据国家有关规定按照“工资(离退休费)”、“地方(部门)津贴补贴”、“其他个人收入”以及“社会保险费”、“住房公积金”等进行明细核算。

三、应付职工薪酬的主要账务处理如下：

(一)计算当期应付职工薪酬，借记“事业支出”、“经营支出”等科目，贷记本科目。

(二)向职工支付工资、津贴补贴等薪酬，借记本科目，贷记“银行存款”、“零余额账户用款额度”、“公共财政预算拨款”、“政府性基金预算拨款”等科目。

(三)按税法规定代扣代缴个人所得税，借记本科目，贷记“应缴税费——应缴个人所得税”科目。

(四)按照国家有关规定缴纳职工社会保险费和住房公积金，借记本科目，贷记“银行存款”、“零余额账户用款额度”、“公共财政预算拨款”、“政府性基金预算拨款”等科目。

(五)从应付职工薪酬中支付其他款项，借记本科目，贷记“银行存款”、“零余额账户用款额度”、“公共财政预算拨款”、“政府性基金预算拨款”等科目。

四、本科目期末贷方余额，反映中小学校应付未付的职工薪酬。

2302 应付账款

一、本科目核算中小学校因购买材料、物资等而应付的款项。中小学校开出、承兑商业汇票(包括银行承兑汇票和商业承兑汇票)或发生预收账款的，也通过本科目核算。

二、本科目应当按照债权单位(或个人)进行明细核算。

三、应付账款的主要账务处理如下：

(一)购入材料、物资等已验收入库但货款尚未支付的，按照应付未付金额，借记“存货”等科目，贷记本科目。

(二)偿付应付账款时，按照实际支付的金额，借记本科目，贷记“银行存款”等科目。

(三)无法偿付或债权人豁免偿还的应付账款，借记本科目，贷记“其他收入”科目。

四、本科目期末贷方余额，反映中小学校尚未支付的应付账款。

2305 其他应付款

一、本科目核算中小学校除应缴税费、应缴国库款、应缴财政专户款、应付职工薪酬、应付账款之外的其他各项偿还期限在1年内(含1年)的应付及暂收款项。

中小学校的代管款项在“代管款项”科目核算，不在本科目核算。

二、本科目应当按照其他应付款的类别以及债权单位(或个人)进行明细核算。

三、其他应付款的主要账务处理如下：

(一)发生其他各项应付及暂收款项时，借记“银行存款”等科目，贷记本科目。

(二)支付其他应付款项时，借记本科目，贷记“银行存款”等科目。

(三)无法偿付或债权人豁免偿还的其他应付款项，借记本科目，贷记“其他收入”科目。

四、本科目期末贷方余额，反映中小学校尚未支付的其他应付款。

2401 长期借款△

一、本科目核算非义务教育阶段中小学校经批准从银行等金融机构借入的期限超过1年(不含1年)的各种借款本金。严禁义务教育阶段中小学校举借债务。

二、本科目应当按照贷款单位和贷款种类进行明细核算。对于基建项目借款，还应按具体项目进行明细核算。

三、长期借款的主要账务处理如下：

(一)借入各项长期借款时,按照实际借入的金额,借记“银行存款”科目,贷记本科目。

(二)为购建固定资产支付的专门借款利息,分别以下情况处理:

1. 属于工程项目建设期间支付的,计入工程成本,按照支付的利息,借记“在建工程”科目,贷记“非流动资产基金——在建工程”科目;同时,借记“其他支出”科目,贷记“银行存款”科目。

2. 属于工程项目完工交付使用后支付的,计入当期支出但不计入工程成本,按照支付的利息,借记“其他支出”科目,贷记“银行存款”科目。

(三)支付长期借款利息,按照支付的利息金额,借记“其他支出”科目,贷记“银行存款”科目。

(四)归还长期借款本金时,借记本科目,贷记“银行存款”科目。

四、本科目期末贷方余额,反映中小学校尚未归还的长期借款本金。

2402 长期应付款

一、本科目核算中小学校发生的偿还期限超过1年(不含1年)的应付款项,如以融资租赁租入固定资产的租赁费、跨年度分期付款购入固定资产的价款等。

二、本科目应当按照长期应付款的类别以及债权单位(或个人)进行明细核算。

三、长期应付款的主要账务处理如下:

(一)发生长期应付款时,借记“固定资产”、“在建工程”等科目,贷记本科目、“非流动资产基金”等科目。

(二)支付长期应付款时,借记“事业支出”、“经营支出”等科目,贷记“银行存款”等科目;同时,借记本科目,贷记“非流动资产基金”科目。

(三)无法偿付或债权人豁免偿还的长期应付款,借记本科目,贷记“其他收入”科目。

四、本科目期末贷方余额,反映中小学校尚未支付的长期应付款。

2501 代管款项

一、本科目核算中小学校接受委托代为管理的各类款项,包括为提供服务的单位代收交付的教科书费、作业本费、食堂伙食费等代收费,以及党费、团费等代管经费。

二、本科目应当按照教科书费、作业本费、食堂伙食费以及党费、团费等代管款项类别进行明细核算。

三、代管款项的主要账务处理如下:

(一)代收各类代管款项,按照实际收到的金额,借记“库存现金”、“银行存款”等科目,贷记本科目。

(二)支付或退回代管款项,按照实际支付的金额,借记本科目,贷记“库存现金”、“银行存款”等科目。

四、本科目期末贷方余额,反映中小学校各类代管款项尚未支付的余额。

三、净资产类

3001 事业基金

一、本科目核算中小学校拥有的非限定用途的净资产,主要为非财政补助结余扣除结余分配后滚存的金额。

二、事业基金的主要账务处理如下:

(一)年末,将“非财政补助结余分配”科目余额结转至本科目,借记或贷记“非财政补助结余分配”科目,贷记或借记本科目。

(二)年末,将留归本单位使用的非财政补助专项(项目已完成)剩余资金结转至本科目,借记“非财政补助结转——××项目”科目,贷记本科目。

(三)以货币资金取得长期股权投资、长期债券投资,按照实际支付的全部价款(包括购买价款以及税金、手续费等相关税费)作为投资成本,借记“长期投资”科目,贷记“银行存款”等科目;同时,按照投资成本金额,借记本科目,贷记“非流动资产基金——长期投资”科目。

(四)对外转让或到期收回长期债券投资本息,按照实际收到的金额,借记“银行存款”等科目,按照收回长期债券投资的成本,贷记“长期投资”科目,按照其差额,贷记或借记“其他收入——投资收益”科目;同时,按照收回长期债券投资对应的非流动资产基金,借记“非流动资产基金——长期投资”科目,贷记本科目。

三、中小学校发生需要调整以前年度非财政补助结余的事项,通过本科目核算。国家另有规定的,从其规定。

四、本科目期末贷方余额,反映中小学校历年积存的非限定用途净资产的金额。

3101 非流动资产基金

一、本科目核算中小学校长期投资、固定资产、在建工程、无形资产等非流动资产占用的金额。

二、本科目应当设置“长期投资△”、“固定资产”、“在建工程”、“无形资产”等明细科目，进行明细核算。

三、非流动资产基金的主要账务处理如下：

（一）非流动资产基金应当在取得长期投资、固定资产、在建工程、无形资产等非流动资产或发生相关支出时予以确认。

取得相关资产或发生相关支出时，借记“长期投资”、“固定资产”、“在建工程”、“无形资产”等科目，贷记本科目等有关科目；同时或待以后发生相关支出时，借记“事业支出”等有关科目，贷记“银行存款”、“零余额账户用款额度”、“公共财政预算拨款”、“政府性基金预算拨款”等科目。

（二）处置长期股权投资、固定资产、无形资产，以及以固定资产、无形资产对外投资时，应当冲销该资产对应的非流动资产基金。

1. 以固定资产、无形资产对外投资，按照评估价值加上相关税费作为投资成本，借记“长期投资”科目，贷记本科目（长期投资），按照发生的相关税费，借记“其他支出”科目，贷记“银行存款”等科目；同时，按照投出固定资产、无形资产的账面余额，借记本科目（固定资产、无形资产），贷记“固定资产”、“无形资产”科目。

2. 出售或以其他方式处置长期股权投资、固定资产、无形资产，转入待处置资产时，借记“待处置资产损溢”科目，贷记“长期投资”、“固定资产”、“无形资产”等科目。

实际处置时，借记本科目（长期投资、固定资产、无形资产），贷记“待处置资产损溢”科目。

四、本科目期末贷方余额，反映中小学校非流动资产占用的金额。

3201 专用基金

一、本科目核算中小学校按规定提取或者设置的具有专门用途的净资产。

二、本科目应当设置“修购基金△”、“职工福利基金”、“奖助学基金”、“其他专用基金”等明细科目，进行明细核算。

（一）修购基金△，即非义务教育阶段中小学校按照事业收入和经营收入的一定比例提取，并按照规定在相应的购置和修缮科目中列支，以及按照其他规定转入，用于本校固定资产维修和购置的资金。义务教育阶段中小学校不提取修购基金。

（二）职工福利基金，即中小学校按照非财政拨款（补助）结余的一定比例提取以及按照其他规定提取转入，用于职工集体福利设施、集体福利待遇等的资金。

（三）奖助学基金，即中小学校接受社会捐赠和按照规定从事业收入中提取转入，用于奖励、资助学生的资金。

（四）其他专用基金，即中小学校按照其他有关规定，根据事业发展需要提取或者设置的专用资金。

三、专用基金的主要账务处理如下：

（一）提取和使用修购基金△

非义务教育阶段中小学校按规定提取修购基金的，按照提取的金额，借记“事业支出”、“经营支出”科目，贷记本科目（修购基金）。按规定使用修购基金时，借记本科目（修购基金），贷记“银行存款”等科目；使用修购基金形成固定资产的，还应借记“固定资产”科目，贷记“非流动资产基金——固定资产”科目。

（二）提取和使用职工福利基金

按照有关规定提取职工福利费的，按照提取的金额，借记有关科目，贷记本科目（职工福利基金）。

年末，按规定从本年度非财政补助结余中提取职工福利基金的，按照提取的金额，借记“非财政补助结余分配”科目，贷记本科目（职工福利基金）。

按规定使用职工福利基金时，借记本科目（职工福利基金），贷记“银行存款”等科目；使用职工福利基金形成固定资产的，还应借记“固定资产”科目，贷记“非流动资产基金——固定资产”科目。

（三）接受或提取奖助学基金

1. 接受和使用专门用于奖助学的社会捐赠收到专门用于奖助学的社会捐赠时，按照实际收到的金额，借记“银行存款”等科目，贷记“其他收入——捐赠收入”科目。使用此类捐赠时，按照实际支付的金额，借记“事业支出”等科目，贷记“库存现金”、“银行存款”等科目。

期末，按照当期实际收到的此类捐赠金额，借记“其他收入——捐赠收入”科目，贷记“非财政补助结转”科目；按照当期实际支付的此类捐赠金额，借记“非财政补助结转”科目，贷记“事业支出”等科目。

年末，按照当年尚未使用的此类捐赠余额，借记“非财政补助结转”科目，贷记本科目（奖助学基金）。

2. 提取和使用奖助学基金

按规定提取奖助学基金的，按照提取的金额，借记“事业支出”等科目，贷记本科目（奖助学基金）。按规定使用此类奖助学基金时，借记本科目（奖助学基金），贷记“银行存款”等科目。

（四）提取和使用其他专用基金如有按规定提取的其他专用基金，按照提取的金额，借记有关支出科目或“非财政补助结余分配”等科目，贷记本科目。

按规定使用其他专用基金时，借记本科目，贷记“银行存款”等科目；使用专用基金形成固定资产的，还应借记“固定资产”科目，贷记“非流动资产基金——固定资产”科目。

四、本科目期末贷方余额，反映中小学校专用基金余额。

3301 财政补助结转

一、本科目核算中小学校滚存的财政补助结转资金，包括基本支出结转和项目支出结转。

二、本科目应当设置“基本支出结转”、“项目支出结转”两个明细科目，并在“基本支出结转”明细科目下按照“人员经费”、“日常公用经费”进行明细核算，在“项目支出结转”明细科目下按照具体项目进行明细核算；本科目还应按照《政府收支分类科目》中“支出功能分类科目”的相关科目进行明细核算。

三、财政补助结转的主要账务处理如下：

（一）期末，将财政补助收入（包括公共财政预算拨款和政府性基金预算拨款，下同）本期发生额结转至本科目，借记“公共财政预算拨款——基本支出、项目支出”、“政府性基金预算拨款——基本支出、项目支出”科目，贷记本科目（基本支出结转、项目支出结转）；将事业支出（财政补助支出）本期发生额结转至本科目，借记本科目（基本支出结转、项目支出结转），贷记“事业支出——财政补助支出（基本支出、项目支出）”科目。

（二）年末，完成上述（一）结转后，应当对财政补助各明细项目执行情况进行分析，按照有关规定将符合财政补助结余性质的项目余额结转至“财政补助结余”科目，借记或贷记本科目（项目支出结转——××项目），贷记或借记“财政补助结余”科目。

（三）按规定上缴财政补助结转资金或注销财政补助结转额度的，按照实际上缴金额或注销的额度金额，借记本科目，贷记“银行存款”、“零余额账户用款额度”、“财政应返还额度”等科目。取得主管部门归集调入财政补助结转资金或额度的，做相反会计分录。

四、中小学校发生需要调整以前年度财政补助结转的事项，通过本科目核算。

五、本科目期末贷方余额，反映中小学校财政补助结转资金数额。

3302 财政补助结余

一、本科目核算中小学校滚存的财政补助项目支出结余资金。

二、本科目应当按照《政府收支分类科目》中“支出功能分类科目”的相关科目进行明细核算。

三、财政补助结余的主要账务处理如下：

（一）年末，对财政补助各明细项目执行情况进行分析，按照有关规定将符合财政补助结余性质的项目余额结转至“财政补助结余”科目，借记或贷记“财政补助结转——项目支出结转（××项目）”科目，贷记或借记本科目。

（二）按规定上缴财政补助结余资金或注销财政补助结余额度的，按照实际上缴金额或注销的额度金额，借记本科目，贷记“银行存款”、“零余额账户用款额度”、“财政应返还额度”等科目。取得主管部门归集调入财政补助结余资金或额度的，做相反会计分录。

四、中小学校发生需要调整以前年度财政补助结余的事项，通过本科目核算。

五、本科目期末贷方余额，反映中小学校财政补助结余资金数额。

3401 非财政补助结转

一、本科目核算中小学校除财政补助收支以外的各专项资金收入与其相关支出相抵后剩余滚存的、须按规定用途使用的结转资金。

二、本科目应当按照非财政专项资金的具体项目进行明细核算。

三、非财政补助结转的主要账务处理如下：

（一）期末，将事业收入、上级补助收入、附属单位上缴收入、其他收入本期发生额中的专项资金收入结转至本科目，借记“事业收入”、“上级补助收入”、“附属单位上缴收入”、“其他收入”科目下各专项资金收入明细科目，贷记本科目；将事业支出、其他支出本期发生额中的非财政专项资金支出结转至本科目，借记本科目，贷记“事业支出——非财政专项资金支出”、“其他支出”科目下各专项资金支出明细科目。

（二）年末，完成上述（一）结转后，应当对非财政补助专项结转资金各项目情况进行分析：

1. 尚未使用的专门用于奖助学的社会捐赠余额，借记本科目，贷记“专用基金——奖助学基金”科目。

2. 将已完成项目的项目剩余资金区分以下情况处理：缴回原专项资金拨入单位的，借记本科目（××项目），贷记“银行存款”等科目；留归本单位使用的，借记本科目（××项目），贷记“事业基金”科目。

四、中小学校食堂实行单独核算。年末，将食堂收支净额结转至本科目，借记“其他收入——食堂净收入”科目，贷记本科目（食堂资金结转）。

五、中小学校发生需要调整以前年度非财政补助结转的事项，通过本科目核算。

六、本科目期末贷方余额，反映中小学校非财政补助专项结转资金数额。

3402 事业结余

一、本科目核算中小学校一定期间除财政补助收支、非财政专项资金收支和经营收支以外各项收支相抵后的余额。

二、事业结余的主要账务处理如下：

（一）期末，将事业收入、上级补助收入、附属单位上缴收入、其他收入本期发生额中的非专项资金收入结转至本科目，借记“事业收入”、“上级补助收入”、“附属单位上缴收入”、“其他收入”科目下各非专项资金收入明细科目，贷记本科目；将事业支出、其他支出本期发生额中的非财政、非专项资金支出（其他资金支出），以及上缴上级支出、对附属单位补助支出的本期发生额结转至本科目，借记本科目，贷记“事业支出——其他资金支出”、“其他支出”科目下各非专项资金支出明细科目、“上缴上级支出”、“对附属单位补助支出”科目。

（二）年末，完成上述（一）结转后，将本科目余额结转至“非财政补助结余分配”科目，借记或贷记本科目，贷记或借记“非财政补助结余分配”科目。

三、本科目期末如为贷方余额，反映中小学校自年初至报告期末累计实现的事业结余；如为借方余额，反映中小学校自年初至报告期末累计发生的事业亏损。年末结账后，本科目应无余额。

3403 经营结余△

一、本科目核算非义务教育阶段中小学校一定期间各项经营收支相抵后余额弥补以前年度经营亏损后的余额。

二、经营结余的主要账务处理如下：

（一）期末，将经营收入本期发生额结转至本科目，借记“经营收入”科目，贷记本科目；将经营支出本期发生额结转至本科目，借记本科目，贷记“经营支出”科目。

（二）年末，完成上述（一）结转后，如本科目为贷方余额，将本科目余额结转至“非财政补助结余分配”科目，借记本科目，贷记“非财政补助结余分配”科目；如本科目为借方余额，为经营亏损，不予结转。

三、本科目期末如为贷方余额，反映非义务教育阶段中小学校自年初至报告期末累计实现的经营结余弥补以前年度经营亏损后的经营结余；如为借方余额，反映非义务教育阶段中小学校截至报告期末累计发生的经营亏损。

年末结账后，本科目一般无余额；如为借方余额，反映非义务教育阶段中小学校累计发生的经营亏损。

3404 非财政补助结余分配

一、本科目核算中小学校本年度非财政补助结余分配的情况和结果。

二、非财政补助结余分配的主要账务处理如下：

（一）年末，将“事业结余”科目余额结转至本科目，借记或贷记“事业结余”科目，贷记或借记本科目；将“经营结余”科目贷方余额结转至本科目，借记“经营结余”科目，贷记本科目。

（二）有企业所得税缴纳义务的中小学校计算出应缴纳的企业所得税，借记本科目，贷记“应缴税费——应缴企业所得税”科目。

（三）按照有关规定提取职工福利基金的，按照提取的金额，借记本科目，贷记“专用基金——职工福利基金”科目。

（四）年末，按规定完成上述（一）至（三）处理后，将本科目余额结转至“事业基金”科目，借记或贷记本科目，贷记或借记“事业基金”科目。

三、年末结账后，本科目应无余额。

四、收入类

4001 公共财政预算拨款

一、本科目核算中小学校从同级财政部门取得的、用公共财政预算安排的各类财政拨款。

二、本科目应当设置“基本支出”和“项目支出”两个明细科目；两个明细科目下按照《政府收支分类科目》中“支出功能分类”的相关科目进行明细核算；同时在“基本支出”明细科目下按照“人员经费”和“日常公用经费”进行明细核算，在“项目支出”明细科目下按照具体项目进行明细核算。同时，可以按照教育事业费拨款、教育费附加拨款、其他经费拨款等进行明细核算。

三、公共财政预算拨款的主要账务处理如下：

(一)财政直接支付方式下，对财政直接支付的支出，中小学校根据财政国库支付执行机构委托代理银行转来的财政直接支付入账通知书及原始凭证，按照通知书中的直接支付入账金额，借记有关科目，贷记本科目。

年度终了，根据本年度财政直接支付预算指标数与当年财政直接支付实际支出数的差额，借记“财政应返还额度——财政直接支付”科目，贷记本科目。

(二)财政授权支付方式下，中小学校根据代理银行转来的授权支付到账通知书，按照通知书中的授权支付额度，借记“零余额账户用款额度”科目，贷记本科目。

年度终了，中小学校本年度财政授权支付预算指标数大于零余额账户用款额度下达数的，根据未下达的用款额度，借记“财政应返还额度——财政授权支付”科目，贷记本科目。

(三)其他方式下，实际收到财政补助收入时，按照实际收到的金额，借记“银行存款”等科目，贷记本科目。

(四)因购货退回等发生国库直接支付款项退回的，属于以前年度支付的款项，按照退回金额，借记“财政应返还额度”科目，贷记“财政补助结转”、“财政补助结余”、“存货”等有关科目；属于本年度支付的款项，按照退回金额，借记本科目，贷记“事业支出”、“存货”等有关科目。

(五)期末，将本科目本期发生额结转至“财政补助结转”科目，借记本科目，贷记“财政补助结转”科目。

四、期末结账后，本科目应无余额。

4002 政府性基金预算拨款

一、本科目核算中小学校从同级财政部门取得的、用政府性基金预算安排的各类财政拨款。

二、本科目应当设置“基本支出”和“项目支出”两个明细科目；两个明细科目下按照《政府收支分类科目》中“支出功能分类”的相关科目进行明细核算；同时在“基本支出”明细科目下按照“人员经费”和“日常公用经费”进行明细核算，在“项目支出”明细科目下按照具体项目进行明细核算。同时，可以按照地方教育附加拨款、国有土地出让收入拨款、国有资源使用收入拨款、彩票公益金拨款等进行明细核算。

三、政府性基金预算拨款的主要账务处理如下：

(一)财政直接支付方式下，对财政直接支付的支出，中小学校根据财政国库支付执行机构委托代理银行转来的财政直接支付入账通知书及原始凭证，按照通知书中的直接支付入账金额，借记有关科目，贷记本科目。

年度终了，根据本年度财政直接支付预算指标数与当年财政直接支付实际支出数的差额，借记“财政应返还额度——财政直接支付”科目，贷记本科目。

(二)财政授权支付方式下，中小学校根据代理银行转来的授权支付到账通知书，按照通知书中的授权支付额度，借记“零余额账户用款额度”科目，贷记本科目。

年度终了，中小学校本年度财政授权支付预算指标数大于零余额账户用款额度下达数的，根据未下达的用款额度，借记“财政应返还额度——财政授权支付”科目，贷记本科目。

(三)其他方式下，实际收到地方基金拨款时，按照实际收到的金额，借记“银行存款”等科目，贷记本科目。

(四)因购货退回等发生国库直接支付款项退回的，属于以前年度支付的款项，按照退回金额，借记“财政应返还额度”科目，贷记“财政补助结转”、“财政补助结余”、“存货”等有关科目；属于本年度支付的款项，按照退回金额，借记本科目，贷记“事业支出”、“存货”等有关科目。

（五）期末，将本科目本期发生额结转至“财政补助结转”科目，借记本科目，贷记“财政补助结转”科目。

四、期末结账后，本科目应无余额。

4101 事业收入

一、本科目核算中小学校开展教育教学及其辅助活动依法取得的收入，主要包括行政事业性收费（如纳入行政事业性收费的学费、住宿费、考试报名费、考试考务费等）、科研收入，以及与教育教学活动直接相关的对外服务性收费（如未纳入行政事业性收费的非学历培训费等）等。

二、本科目应当按照事业收入的类别、项目等进行明细核算。事业收入中如有专项资金收入，还应当按照具体项目进行明细核算。

三、事业收入的主要账务处理如下：

（一）采用财政专户返还方式管理的事业收入

1. 收到应上缴财政专户的事业收入时，按照实际收到的金额，借记“银行存款”、“库存现金”等科目，贷记“应缴财政专户款”科目。

2. 向财政专户上缴款项时，按照实际上缴的金额，借记“应缴财政专户款”科目，贷记“银行存款”等科目。

3. 收到从财政专户返还的事业收入时，按照实际收到的返还金额，借记“银行存款”等科目，贷记本科目。

（二）未采用财政专户返还方式管理的事业收入收到事业收入时，按照实际收到的金额，借记“银行存款”、“库存现金”等科目，贷记本科目。

（三）期末，将本科目本期发生额中的专项资金收入结转至“非财政补助结转”科目，借记本科目下各专项资金收入明细科目，贷记“非财政补助结转”科目；将本科目本期发生额中的非专项资金收入结转至“事业结余”科目，借记本科目下各非专项资金收入明细科目，贷记“事业结余”科目。

四、期末结账后，本科目应无余额。

4201 上级补助收入

一、本科目核算中小学校从主管部门和上级单位取得的非财政补助收入。

二、本科目应当按照发放补助单位、补助项目等进行明细核算。上级补助收入中如有专项资金收入，还应当按照具体项目进行明细核算。

三、上级补助收入的主要账务处理如下：

（一）收到上级补助收入时，按照实际收到的金额，借记“银行存款”等科目，贷记本科目。

（二）期末，将本科目本期发生额中的专项资金收入结转至“非财政补助结转”科目，借记本科目下各专项资金收入明细科目，贷记“非财政补助结转”科目；将本科目本期发生额中的非专项资金收入结转至“事业结余”科目，借记本科目下各非专项资金收入明细科目，贷记“事业结余”科目。

四、期末结账后，本科目应无余额。

4301 附属单位上缴收入

一、本科目核算中小学校附属的独立核算单位按照规定上缴的收入。

二、本科目应当按照附属单位、缴款项目等进行明细核算。附属单位上缴收入中如有专项资金收入，还应当按照具体项目进行明细核算。

三、附属单位上缴收入的主要账务处理如下：

（一）收到附属单位缴来款项时，按照实际收到的金额，借记“银行存款”等科目，贷记本科目。

（二）期末，将本科目本期发生额中的专项资金收入结转至“非财政补助结转”科目，借记本科目下各专项资金收入明细科目，贷记“非财政补助结转”科目；将本科目本期发生额中的非专项资金收入结转至“事业结余”科目，借记本科目下各非专项资金收入明细科目，贷记“事业结余”科目。

四、期末结账后，本科目应无余额。

4401 经营收入△

一、本科目核算非义务教育阶段中小学校在教育教学及其辅助活动之外开展非独立核算经营活动取得的收入，主要包括与教育教学非直接相关的对外服务性收费等。

二、本科目应当按照经营活动类别、项目等进行明细核算。

三、经营收入的主要账务处理如下：

（一）经营收入应当在提供服务或发出存货，同时收讫价款或者取得索取价款的凭据时，按照实际收到或应收的金额确认收入。

实现经营收入时，按照实际出售价款，借记“银行存款”、“应收账款”等科目，按照确定的收入金额，贷记本科目，按照应缴增值税金额，贷记“应缴税费——应缴增值税”科目。

（二）期末，将本科目本期发生额结转至“经营结余”科目，借记本科目，贷记“经营结余”科目。

四、期末结账后，本科目应无余额。

4501 其他收入

一、本科目核算中小学校除财政补助收入、事业收入、上级补助收入、附属单位上缴收入、经营收入以外的各项收入，包括投资收益、银行存款利息收入、租金收入、捐赠收入、现金盘盈收入、存货盘盈收入、收回已核销应收及预付款项、无法偿付的应付及预收款项，以及食堂净收入等。

二、本科目应当按照其他收入的类别等进行明细核算。其他收入中如有专项资金收入（如限定用途的捐赠收入），还应当按照具体项目进行明细核算。

三、其他收入的主要账务处理如下：

（一）投资收益△

1. 对外投资持有期间收到利息、利润等时，按实际收到的金额，借记“银行存款”等科目，贷记本科目（投资收益）。

2. 出售或到期收回国债投资本息，按照实际收到的金额，借记“银行存款”等科目，按照出售或收回国债投资的成本，贷记“短期投资”、“长期投资”科目，按其差额，贷记或借记本科目（投资收益）。

（二）银行存款利息收入、租金收入收到银行存款利息、资产承租人支付的租金，按照实际收到的金额，借记“银行存款”等科目，贷记本科目。

（三）捐赠收入

1. 接受捐赠现金资产，按照实际收到的金额，借记“银行存款”等科目，贷记本科目。

2. 接受捐赠的存货验收入库，按照确定的成本，借记“存货”科目，按照发生的相关税费、运输费等，贷记“银行存款”等科目，按照其差额，贷记本科目。

接受捐赠固定资产、无形资产等非流动资产，不通过本科目核算。

（四）现金盘盈收入每日现金账款核对中如发现现金溢余，属于无法查明原因的部分，借记“库存现金”科目，贷记本科目。

（五）存货盘盈收入盘盈的存货，按照确定的入账价值，借记“存货”科目，贷记本科目。

（六）收回已核销应收及预付款项已核销应收账款、预付账款、其他应收款在以后期间收回的，按照实际收回的金额，借记“银行存款”等科目，贷记本科目。

（七）无法偿付的应付及预收款项无法偿付或债权人豁免偿还的应付账款、预收账款、其他应付款及长期应付款，借记“应付账款”、“其他应付款”、“长期应付款”等科目，贷记本科目。

（八）期末，将本科目本期发生额中的专项资金收入结转至“非财政补助结转”科目，借记本科目下各专项资金收入明细科目，贷记“非财政补助结转”科目；将本科目本期发生额中的非专项资金收入结转至“事业结余”科目，借记本科目下各非专项资金收入明细科目，贷记“事业结余”科目。

四、中小学校食堂实行单独核算。年末，抵销中小学校与本校食堂内部往来后，将食堂收支净额并入本科目，借记“银行存款”等科目，贷记“应付账款”等科目，按照收支相抵后的净额，贷记本科目（食堂净收入）。

年末，经上述并账处理后，将食堂收支净额结转至“非财政补助结转”科目，借记本科目（食堂净收入），贷记“非财政补助结转——食堂资金结转”科目。

五、期末结账后，本科目应无余额。

五、支出类

5001 事业支出

一、本科目核算中小学校开展教育教学及其辅助活动发生的基本支出和项目支出。

二、本科目应当按照“财政补助支出”、“非财政专项资金支出”和“其他资金支出”以及“基本支出”和“项目支出”进行明细核算,并按照《政府收支分类科目》中“支出功能分类”相关科目进行明细核算;“基本支出”和“项目支出”明细科目下应当按照《政府收支分类科目》中“支出经济分类”的款级科目进行明细核算;同时在“项目支出”明细科目下按照具体项目进行明细核算。

三、事业支出的主要账务处理如下:

(一)为从事教育教学及其辅助活动人员计提的薪酬等,借记本科目,贷记“应付职工薪酬”等科目。

(二)开展教育教学及其辅助活动领用的存货,按照领用存货的实际成本,借记本科目,贷记“存货”科目。

(三)开展教育教学及其辅助活动发生的其他各项支出,借记本科目,贷记“库存现金”、“银行存款”、“零余额账户用款额度”等科目。

(四)期末,将本科目(财政补助支出)本期发生额结转入“财政补助结转”科目,借记“财政补助结转——基本支出结转、项目支出结转”科目,贷记本科目(财政补助支出——基本支出、项目支出);将本科目(非财政专项资金支出)本期发生额结转至“非财政补助结转”科目,借记“非财政补助结转”科目,贷记本科目(非财政专项资金支出);将本科目(其他资金支出)本期发生额结转至“事业结余”科目,借记“事业结余”科目,贷记本科目(其他资金支出)。

四、期末结账后,本科目应无余额。

5101 上缴上级支出

一、本科目核算中小学校按照财政部门和主管部门的规定上缴上级单位的支出。

二、本科目应当按照收缴款项单位、缴款项目等进行明细核算。

三、上缴上级支出的主要账务处理如下:

(一)按规定将款项上缴上级单位的,按照实际上缴的金额,借记本科目,贷记“银行存款”等科目。

(二)期末,将本科目本期发生额结转至“事业结余”科目,借记“事业结余”科目,贷记本科目。

四、期末结账后,本科目应无余额。

5201 对附属单位补助支出△

一、本科目核算非义务教育阶段中小学校用财政补助收入之外的收入对附属单位补助发生的支出。

二、本科目应当按照接受补助单位、补助项目等进行明细核算。

三、对附属单位补助支出的主要账务处理如下:

(一)发生对附属单位补助支出的,按照实际支出的金额,借记本科目,贷记“银行存款”等科目。

(二)期末,将本科目本期发生额结转至“事业结余”科目,借记“事业结余”科目,贷记本科目。

四、期末结账后,本科目应无余额。

5301 经营支出△

一、本科目核算非义务教育阶段中小学校在教育教学及其辅助活动之外开展非独立核算经营活动发生的支出。

二、中小学校开展非独立核算经营活动的,应当正确归集开展经营活动发生的各项费用数;无法直接归集的,应当按照规定的标准或比例合理分摊。

中小学校的经营支出与经营收入应当配比。

三、本科目应当按照经营活动类别、项目等进行明细核算。

四、经营支出的主要账务处理如下:

(一)为在教育教学及其辅助活动之外开展非独立核算经营活动人员计提的薪酬等,借记本科目,贷记“应付职工薪酬”等科目。

(二)在教育教学及其辅助活动之外开展非独立核算经营活动领用、发出的存货,按领用、发出存货的实际成本,借记本科目,贷记“存货”科目。

(三)在教育教学及其辅助活动之外开展非独立核算经营活动发生的其他各项支出,借记本科目,贷记“库存现金”、“银行存款”、“应缴税费”等科目。

(四)期末,将本科目本期发生额结转至“经营结余”科目,借记“经营结余”科目,贷记本科目。

五、期末结账后,本科目应无余额。

5401 其他支出

一、本科目核算中小学校除事业支出、上缴上级支出、对附属单位补助支出、经营支出以外的各项支出，包括利息支出、捐赠支出、现金盘亏损失、资产处置损失、接受捐赠(调入)非流动资产发生的税费支出等。

二、本科目应当按照其他支出的类别等进行明细核算。其他支出中如有专项资金支出，还应当按照具体项目进行明细核算。

三、其他支出的主要账务处理如下：

(一)利息支出△

支付银行借款利息时，借记本科目，贷记“银行存款”科目。

(二)捐赠支出

1. 对外捐赠现金资产，借记本科目，贷记“银行存款”等科目。

2. 对外捐出存货，借记本科目，贷记“待处置资产损溢”科目。对外捐赠固定资产、无形资产等非流动资产，不通过本科目核算。

(三)现金盘亏损失每日现金账款核对中如发现现金短缺，属于无法查明原因的部分，报经批准后，借记本科目，贷记“库存现金”科目。

(四)资产处置损失报经批准核销应收及预付款项、处置存货，借记本科目，贷记“待处置资产损溢”科目。

(五)接受捐赠(调入)非流动资产发生的税费支出接受捐赠、无偿调入非流动资产发生的相关税费、运输费等，借记本科目，贷记“银行存款”等科目。

以固定资产、无形资产取得长期股权投资，所发生的相关税费记入本科目。具体账务处理参见“长期投资”科目。

(六)期末，将本科目本期发生额中的专项资金支出结转至“非财政补助结转”科目，借记“非财政补助结转”科目，贷记本科目下各专项资金支出明细科目；将本科目本期发生额中的非专项资金支出结转至“事业结余”科目，借记“事业结余”科目，贷记本科目下各非专项资金支出明细科目。

四、期末结账后，本科目应无余额。

第四部分　会计报表格式

编　　号	财务报表名称	编　　制　　期
会中小学校 01 表	资产负债表	月度、年度
会中小学校 02 表	收入支出表	月度、年度
会中小学校 03 表	财政补助收入支出表	年度
	附　　注	年度

资产负债表

会中小学校 01 表

编制单位：　　　　　　　　　　年　月　日　　　　　　　　　　单位：元

资　　产	期末余额	年初余额	负债和净资产	期末余额	年初余额
流动资产：			流动负债：		
货币资金			短期借款△		
短期投资△			应缴税费		
财政应返还额度			应缴国库款		

（续表）

资　　产	期末余额	年初余额	负债和净资产	期末余额	年初余额
应收账款			应缴财政专户款		
其他应收款			应付职工薪酬		
存货			应付账款		
流动资产合计			其他应付款		
非流动资产：			流动负债合计		
长期投资△			非流动负债：		
固定资产			长期借款△		
在建工程			长期应付款		
无形资产			代管款项		
待处置资产损溢			非流动负债合计		
非流动资产合计			负债合计		
			净资产：		
			事业基金		
			非流动资产基金		
			专用基金		
			财政补助结转		
			财政补助结余		
			非财政补助结转		
			非财政补助结余		
			1. 事业结余		
			2. 经营结余△		
			净资产合计		
资产总计			负债和净资产总计		

说明：带有"△"上标的报表项目为中小学校非义务教育阶段填列的项目，义务教育阶段不填列。兼有义务教育阶段和非义务教育阶段的中小学校可以填列标有"△"的项目，但仅能适用于本校非义务教育阶段的有关业务。

收入支出表(月报)

会中小学校 02 表

编制单位：　　　　　　　　年　月　　　　　　　　单位：元

项　　目	本月数	本年累计数
收　　入		
一、财政补助收入		
(一)公共财政预算拨款		

（续表）

项　　目	本月数	本年累计数
(二)政府性基金预算拨款		
二、事业收入		
三、上级补助收入		
四、附属单位上缴收入		
五、其他收入		
小　　计		
六、经营收入△		
收入总计		
支　　出		
一、事业支出(财政补助支出)		
二、事业支出(非财政补助支出)		
三、上缴上级支出		
四、对附属单位补助支出△		
五、其他支出		
小　　计		
六、经营支出△		
支出总计		
结转结余		
本期财政补助结转结余		
本期事业结转结余		
本期经营结余△		
本期结转结余		

说明：带有"△"上标的报表项目为中小学校非义务教育阶段填列的项目，义务教育阶段不填列。兼有义务教育阶段和非义务教育阶段的中小学校可以填列标有"△"的项目，但仅能适用于本校非义务教育阶段的有关业务。

收入支出表(年报)

会中小学校02表

编制单位：　　　　年度　　　　单位：元

项　　目	本年数	上年数
收　　入		
一、财政补助收入		
(一)公共财政预算拨款		
(二)政府性基金预算拨款		
二、事业收入		

（续表）

项　　目	本年数	上年数
三、上级补助收入		
四、附属单位上缴收入		
五、其他收入		
其中：食堂净收入		
小　　计		
六、经营收入△		
收入总计		
支　　出		
一、事业支出（财政补助支出）		
二、事业支出（非财政补助支出）		
三、上缴上级支出		
四、对附属单位补助支出△		
五、其他支出		
小　　计		
六、经营支出△		
支出总计		
结转结余		
本年财政补助结转结余		
（一）本年财政补助结余		
（二）本年财政补助结转		
本年事业结转结余		
（一）本年事业结转		
（二）本年事业结余		
本年经营结余△		
以前年度经营亏损△		
弥补以前年度经营亏损后的经营结余△		
本年结转结余		
本年非财政补助结余		
减：应缴企业所得税		
减：提取专用基金		
本年转入事业基金		

说明：带有"△"上标的报表项目为中小学校非义务教育阶段填列的项目，义务教育阶段不填列。兼有义务教育阶段和非义务教育阶段的中小学校可以填列标有"△"的项目，但仅能适用于本校非义务教育阶段的有关业务。

财政补助收入支出表

会中小学校 03 表

编制单位：　　　　　　　　　　　　　年度　　　　　　　　　　　　　单位：元

项　　目	本年数	上年数
收　　入		
一、年初财政补助结转结余		—
(一)基本支出结转		—
1. 人员经费		—
2. 日常公用经费		—
(二)项目支出结转		—
××项目		—
(三)项目支出结余		—
二、调整年初财政补助结转结余		—
(一)基本支出结转		—
1. 人员经费		—
2. 日常公用经费		—
(二)项目支出结转		—
××项目		—
(三)项目支出结余		—
三、本年归集调入财政补助结转结余		
(一)基本支出结转		
1. 人员经费		
2. 日常公用经费		
(二)项目支出结转		
××项目		
(三)项目支出结余		
四、本年上缴财政补助结转结余		
(一)基本支出结转		
1. 人员经费		
2. 日常公用经费		
(二)项目支出结转		
××项目		
(三)项目支出结余		

（续表）

项　　目	本年数	上年数
五、本年财政补助收入		
（一）基本支出		
1. 人员经费		
2. 日常公用经费		
（二）项目支出		
××项目		
六、本年财政补助支出		
（一）基本支出		
1. 人员经费		
2. 日常公用经费		
（二）项目支出		
××项目		
七、年末财政补助结转结余		—
（一）基本支出结转		—
1. 人员经费		—
2. 日常公用经费		—
（二）项目支出结转		—
××项目		—
（三）项目支出结余		—

第五部分　财务报表编制说明

一、资产负债表编制说明

（一）本表反映中小学校在某一特定日期全部资产、负债和净资产的情况。

（二）本表“年初余额”栏内各项数字，应当根据上年年末资产负债表“期末余额”栏内数字填列。如果本年度资产负债表规定的各个项目的名称和内容同上年度不相一致，应对上年年末资产负债表各项目的名称和数字按照本年度的规定进行调整，填入本表“年初余额”栏内。

（三）本表“期末余额”栏各项目的内容和填列方法：

1. 资产类项目

（1）“货币资金”项目，反映中小学校期末库存现金、银行存款和零余额账户用款额度的合计数。本项目应当根据“库存现金”、“银行存款”、“零余额账户用款额度”科目的期末余额合计填列。

（2）“短期投资△”项目，反映非义务教育阶段中小学校期末持有的短期投资成本。本项目应当根据“短期投资”科目的期末余额填列。

（3）“财政应返还额度”项目，反映中小学校期末财政应返还额度的金额。本项目应当根据“财政应返还额度”科目的期末余额填列。

（4）“应收账款”项目，反映中小学校期末尚未收回的应收账款余额。本项目应当根据“应收账款”科目的期末余额填列。

(5)“其他应收款”项目，反映中小学校期末尚未收回的其他应收款余额。本项目应当根据“其他应收款”科目的期末余额填列。

(6)“存货”项目，反映中小学校期末为开展教育教学及其他活动耗用而储存的各种材料、燃料、包装物、低值易耗品及达不到固定资产标准的用具、装具、动植物等的实际成本。本项目应当根据“存货”科目的期末余额填列。

(7)“长期投资△”项目，反映非义务教育阶段中小学校期末持有的长期投资成本。本项目应当根据“长期投资”科目的期末余额填列。

(8)“固定资产”项目，反映中小学校期末各项固定资产的账面余额。本项目应当根据“固定资产”科目的期末余额填列。

(9)“在建工程”项目，反映中小学校期末尚未完工交付使用的在建工程发生的实际成本。本项目应当根据“在建工程”科目的期末余额填列。

(10)“无形资产”项目，反映中小学校期末持有的各项无形资产的账面余额。本项目应当根据“无形资产”科目的期末余额填列。

(11)“待处置资产损溢”项目，反映中小学校期末待处置资产的价值及处置损溢。本项目应当根据“待处置资产损溢”科目的期末借方余额填列；如“待处置资产损溢”科目期末为贷方余额，则以“－”号填列。

2. 负债类项目

(12)“短期借款△”项目，反映非义务教育阶段中小学校借入的期限在1年内(含1年)的各种借款本金。本项目应当根据“短期借款”科目的期末余额填列。

(13)“应缴税费”项目，反映中小学校应缴未缴的各种税费。本项目应当根据“应缴税费”科目的期末贷方余额填列；如“应缴税费”科目期末为借方余额，则以“－”号填列。

(14)“应缴国库款”项目，反映中小学校按规定应缴入国库的款项(应缴税费除外)。本项目应当根据“应缴国库款”科目的期末余额填列。

(15)“应缴财政专户款”项目，反映中小学校按规定应缴入财政专户的款项。本项目应当根据“应缴财政专户款”科目的期末余额填列。

(16)“应付职工薪酬”项目，反映中小学校按有关规定应付给职工及为职工支付的各种薪酬。本项目应当根据“应付职工薪酬”科目的期末余额填列。

(17)“应付账款”项目，反映中小学校期末尚未支付的应付账款的金额。本项目应当根据“应付账款”科目的期末余额填列。

(18)“其他应付款”项目，反映中小学校期末应付未付的其他各项应付及暂收款项。本项目应当根据“其他应付款”科目的期末余额填列。

(19)“长期借款△”项目，反映非义务教育阶段中小学校借入的期限超过1年(不含1年)的各项借款本金。本项目应当根据“长期借款”科目的期末余额填列。

(20)“长期应付款”项目，反映中小学校发生的偿还期限超过1年(不含1年)的各种应付款项。本项目应当根据“长期应付款”科目的期末余额填列。

(21)“代管款项”项目，反映中小学校接受其他单位或个人委托代为管理的各类款项。本项目应当根据“代管款项”科目的期末余额填列。

3. 净资产类项目

(22)“事业基金”项目，反映中小学校期末拥有的非限定用途的净资产。本项目应当根据“事业基金”科目的期末余额填列。

(23)“非流动资产基金”项目，反映中小学校期末非流动资产占用的金额。本项目应当根据“非流动资产基金”科目的期末余额填列。

(24)“专用基金”项目，反映中小学校按规定设置或提取的具有专门用途的净资产。本项目应当根据“专用基金”科目的期末余额填列。

(25)“财政补助结转”项目，反映中小学校滚存的财政补助结转资金。本项目应当根据“财政补助结转”科目的期末余额填列。

(26)“财政补助结余”项目，反映中小学校滚存的财政补助项目支出结余资金。本项目应当根据“财政补助结余”科目的期末余额填列。

(27)“非财政补助结转”项目，反映中小学校滚存的非财政补助专项结转资金。本项目应当根据“非财政补助结转”科目的期末余额填列。

(28)“非财政补助结余”项目，反映中小学校自年初至报告期末累计实现的非财政补助结余弥补以前年度经营亏损后的余额。

本项目应当根据“事业结余”、“经营结余”科目的期末余额合计填列；如“事业结余”、“经营结余”科目的期末余额合计为亏损数，则以“－”号填列。在编制年度资产负债表时，本项目金额一般应为“0”；如不为“0”，本项目金额应为“经营结余”科目的期末借方余额(以“－”号填列)。

“事业结余”项目，反映中小学校自年初至报告期末累计实现的事业结余。本项目应当根据“事业结余”科目的期末余额填列；如“事业结余”科目的期末余额为亏损数，则以“－”号填列。在编制年度资产负债表时，本项目金额应为“0”。

“经营结余△”项目，反映非义务教育阶段中小学校自年初至报告期末累计实现的经营结余弥补以前年度经营亏损后的余额。本项目应当根据“经营结余”科目的期末余额填列；如“经营结余”科目的期末余额为亏损数，则以“－”号填列。在编制年度资产负债表时，本项目金额一般应为“0”；如不为“0”，本项目金额应为“经营结余”科目的期末借方余额(以“－”号填列)。

二、收入支出表编制说明

(一)本表反映中小学校在某一会计期间内各项收入、支出和结转结余情况，以及年末非财政补助结余的分配情况。

(二)本表(月报)“本月数”栏反映各项目的本月实际发生数。

本表(月报)“本年累计数”栏反映各项目自年初起至报告期末止的累计实际发生数。

(三)本表(月报)“本月数”栏各项目的内容和填列方法：

1.“财政补助收入”项目，反映中小学校本期从同级财政部门取得的各类财政拨款。本项目应当根据“公共财政预算拨款”和“政府性基金预算拨款”科目本期发生额的合计数填列。

(1)“公共财政预算拨款”项目，反映中小学校从同级财政部门取得的、用公共财政预算安排的各类财政拨款。本项目应当根据“公共财政预算拨款”科目的本期发生额填列。

(2)“政府性基金预算拨款”项目，反映中小学校从同级财政部门取得的、用政府性基金预算安排的各类财政拨款。本项目应当根据“政府性基金预算拨款”科目的本期发生额填列。

2.“事业收入”项目，反映中小学校本期开展教育教学及其辅助活动取得的收入。本项目应当根据“事业收入”科目的本期发生额填列。

3.“上级补助收入”项目，反映中小学校本期从主管部门和上级单位取得的非财政补助收入。本项目应当根据“上级补助收入”科目的本期发生额填列。

4.“附属单位上缴收入”项目，反映中小学校附属独立核算单位本期按照有关规定上缴的收入。本项目应当根据“附属单位上缴收入”科目的本期发生额填列。

5.“其他收入”项目，反映中小学校本期除财政补助收入、事业收入、上级补助收入、附属单位上缴收入、经营收入以外的其他收入。本项目应当根据“其他收入”科目的本期发生额填列。

6.“经营收入△”项目，反映非义务教育阶段中小学校本期在教育教学及其辅助活动之外开展非独立核算经营活动取得的收入。本项目应当根据“经营收入”科目的本期发生额填列。

7.“事业支出(财政补助支出)”项目，反映中小学校本期使用财政补助收入发生的事业支出。本项目应当根据“事业支出”科目下“财政补助支出”明细科目的本期发生额填列。

8.“事业支出(非财政补助支出)”项目，反映中小学校本期使用财政补助收入以外的资金发生的事业支出。本项目应当按照“事业支出”科目下“非财政专项资金支出”、“其他资金支出”明细科目的本期发生额合计填列。

9.“上缴上级支出”项目，反映中小学校本期按照财政部门和主管部门的规定上缴上级单位的支出。本项目应当根据“上缴上级支出”科目的本期发生额填列。

10.“对附属单位补助支出△”项目，反映非义务教育阶段中小学校本期用财政补助收入之外的收入对附属单位补助发生的支出。本项目应当根据“对附属单位补助支出”科目的本期发生额填列。

11.“其他支出”项目，反映中小学校本期除事业支出、上缴上级支出、对附属单位补助支出、经营支出以外的其他支出。本项目应当根据“其他支出”科目的本期发生额填列。

12.“经营支出△”项目，反映非义务教育阶段中小学校本期在教育教学及其辅助活动之外开展非独立核算经营活动发生的支出。本项目应当根据“经营支出”科目的本期发生额填列。

13.“本期财政补助结转结余”项目，反映中小学校本期财政补助收入与财政补助支出相抵后的余额。本项目应当按照本表中“财政补助收入”项目金额减去“事业支出(财政补助支出)”项目金额后的余额填列。

14.“本期事业结转结余”项目，反映中小学校本期除财政补助收支、经营收支以外的各项收支相抵后的余额。本项目应当按照本表中“事业收入”、“上级补助收入”、“附属单位上缴收入”、“其他收入”项目金额小计数减去“事业支出(非财政补助支出)”、“上缴上级支出”、“对附属单位补助支出”、“其他支出”项目金额小计数后的余额填列。

15.“本期经营结余△”项目，反映非义务教育阶段中小学校本期经营收支相抵后的余额。本项目应当按照本表中“经营收入”项目金额减去“经营支出”项目金额后的余额填列；如为负数，以“－”号填列。

(四)本表(年报)“本年数”栏反映各项目的本年实际发生数。本表(年报)“上年数”栏反映各项目上年度实际发生数。

(五)本表(年报)“本年数”栏各项目的内容和填列方法：

1. 收入、支出项目的填列参照本表(月报)“本月数”栏的填列方式。

“其中：食堂净收入”项目，反映中小学校食堂本年收入与支出相抵后的净额。本项目应当根据“其他收入”科目下“食堂净收入”明细科目的本期发生额填列，其金额即中小学校食堂本年收入合计数减去本年支出合计数后的净额；如为负数，以“－”号填列。

2.“本年财政补助结转结余”项目，反映中小学校本年财政补助收入与财政补助支出相抵后的余额。本项目应当按照本表(年报)中“财政补助收入”项目金额减去“事业支出(财政补助支出)”项目金额后的余额填列。

“本年财政补助结余”项目，反映中小学校本年财政补助结余金额。本项目应当按照“财政补助结余”科目本年从“财政补助结转”科目转入的金额填列。

“本年财政补助结转”项目，反映中小学校本年财政补助结转金额。本项目应当按照本表(年报)中“财政补助结转结余”项目金额减去“财政补助结余”项目金额后的余额填列。

3.“本年事业结转结余”项目，反映中小学校本年除财政补助收支、经营收支以外的各项收支相抵后的余额。本项目应当按照本表(年报)中“事业收入(非财政补助支出)”、“上级补助收入”、“附属单位上缴收入”、“其他收入”项目金额小计数减去“事业支出”、“上缴上级支出”、“对附属单位补助支出”、“其他支出”项目金额小计数后的余额填列。

“本年事业结余”项目，反映中小学校本年除财政补助收支、非财政专项资金收支和经营收支以外各项收支相抵后的余额。本项目应当根据“事业结余”科目本年贷方发生额中相关非专项资金收入转入金额减去本年借方发生额中相关非专项资金支出转入金额后的余额填列。

“本年事业结转”项目，反映中小学校本年除财政补助收支以外的各项专项资金收入减去各项专项资金支出后的余额。本项目应当按照本表(年报)中“本年事业结转结余”项目金额减去“本年事业结余”项目金额后的余额填列。

4.“本年经营结余△”项目，反映非义务教育阶段中小学校本年经营收支相抵后的余额。本项目应当按照本表(年报)中“经营收入”项目金额减去“经营支出”项目金额后的余额填列；如为负数，以“－”号填列。

“以前年度经营亏损△”项目，反映非义务教育阶段中小学校以前年度尚未弥补的经营亏损。本项目应当按照“经营结余”科目年初借方余额，以“－”号填列。

“弥补以前年度经营亏损后的经营结余△”项目，反映非义务教育阶段中小学校本年实现的经营结余扣除本年初未弥补经营亏损后的余额。本项目应当根据“经营结余”科目本年末转入“非财政补助结余分配”科目前的余额填列；如本年末余额为借方余额，以“－”号填列。本项目金额也等于本表(年报)中“本年经营结余”、“以前年度经营亏损(－)”项目金额的合计数。

5.“本年结转结余”项目，反映中小学校本年收入总额减去支出总额后的净额。本项目应当按照本表(年报)中“收入总计”项目金额减去“支出总计”项目金额后的金额填列。本项目金额也等于本表(年报)中

“本年财政补助结转结余”、“本年事业结转结余”、“本年经营结余”项目金额的合计数。

“本年非财政补助结余”项目，反映中小学校本年除财政补助之外的其他结余金额。本表（年报）中“弥补以前年度经营亏损后的经营结余”项目为正数的，本项目应当按照本表（年报）中“本年事业结余”、“弥补以前年度经营亏损后的经营结余”项目金额的合计数填列；如为负数，以“－”号填列。本表（年报）中“弥补以前年度经营亏损后的经营结余”项目为负数的，本项目应当按照本表（年报）中“本年事业结余”项目金额填列；如为负数，以“－”号填列。

“应缴企业所得税”项目，反映中小学校按照税法规定应缴纳的企业所得税金额。本项目应当根据“非财政补助结余分配”科目的本年发生额分析填列。

“提取专用基金”项目，反映中小学校本年按规定提取的专用基金金额。本项目应当根据“非财政补助结余分配”科目的本年发生额分析填列。

“本年转入事业基金”项目，反映中小学校本年按规定转入事业基金的非财政补助结余资金。本项目应当按照本表（年报）中“本年非财政补助结余”项目金额减去“应缴企业所得税”、“提取专用基金”项目金额后的余额填列；如为负数，以“－”号填列。

三、财政补助收入支出表编制说明

（一）本表反映中小学校某一会计年度财政补助收入、支出、结转及结余情况。

（二）本表“上年数”栏内各项数字，应当根据上年度财政补助收入支出表中“本年数”栏内数字填列。

（三）本表“本年数”栏各项目的内容和填列方法：

1.“年初财政补助结转结余”项目及其所属各明细项目，反映中小学校本年初财政补助结转和结余余额。各项目应当根据上年度“财政补助收入支出表”中“年末财政补助结转结余”项目及其所属各明细项目“本年数”栏的数字填列。

2.“调整年初财政补助结转结余”项目及其所属各明细项目，反映中小学校因本年发生需要调整以前年度财政补助结转结余的事项，而对年初财政补助结转结余的调整金额。各项目应当根据“财政补助结转”、“财政补助结余”科目及其所属明细科目的本年发生额分析填列。如调整减少年初财政补助结转结余，以“－”号填列。

3.“本年归集调入财政补助结转结余”项目及其所属各明细项目，反映中小学校本年度取得主管部门归集调入的财政补助结转结余资金或额度金额。各项目应当根据“财政补助结转”、“财政补助结余”科目及其所属明细科目的本年发生额分析填列。

4.“本年上缴财政补助结转结余”项目及其所属各明细项目，反映中小学校本年度按规定实际上缴的财政补助结转结余资金或额度金额。各项目应当根据“财政补助结转”、“财政补助结余”科目及其所属明细科目的本年发生额分析填列。

5.“本年财政补助收入”项目及其所属各明细项目，反映中小学校本年度从同级财政部门取得的各类财政拨款金额。各项目应当根据“公共财政预算拨款”、“政府性基金预算拨款”科目及其所属明细科目的本年发生额填列。

6.“本年财政补助支出”项目及其所属各明细项目，反映中小学校本年度发生的财政补助支出金额。各项目应当根据“事业支出”科目下“财政补助支出”明细科目本年发生额填列。

7.“年末财政补助结转结余”项目及其所属各明细项目，反映中小学校截至本年末的财政补助结转和结余余额。各项目应当根据“财政补助结转”、“财政补助结余”科目及其所属明细科目的年末余额填列。

四、附注

中小学校的会计报表附注至少应当披露下列内容：

（一）遵循《事业单位会计准则》、《中小学校会计制度》的声明。

（二）学校整体财务状况、业务活动情况的说明。

（三）会计报表中列示的重要项目的进一步说明，包括其主要构成、增减变动情况等。

学校学生、教职工、离退休人员及固定资产基本情况的披露格式参见中小学校基本数字表。事业支出基本情况的披露格式参见中小学校事业支出明细表。

（四）重要资产处置情况的说明。

（五）（非义务教育阶段中小学校）重大投资、借款及经营活动的说明。

（六）以前年度结转结余调整情况的说明。

（七）本校食堂单独核算的会计报表。

（八）有助于理解和分析会计报表需要说明的其他事项。

中小学校基本数字表

编制单位： 年度 单位：元

项 目	年初数	期末数
一、学生基本情况		
（一）班级数（个）		
（二）在校学生数（人）		
其中：1. 幼儿		
2. 小学学生		
3. 初中学生		
4. 高中学生		
5. 中职学生		
6. 特殊教育学生		
7. 其他		
（三）寄宿生（人）		
二、教职工基本情况（人）		
（一）编制教职工		
其中：专任教师		
（二）聘任制教职工		
其中：专任教师		
（三）兼任教师		
（四）其他		
三、离退休人员（人）		
（一）离休人员		
（二）退休人员		
四、固定资产总值（千元）		
（一）房屋及构筑物		
（二）专用设备		
（三）通用设备		
（四）文物和陈列品		
（五）图书、档案		

（续表）

项　　目		年初数	期末数
其中：1. 一般图书（千元、册）			
2. 电子图书（千元、册）			
（六）家具、用具、装具及动植物			
补充资料	1. 校园占地面积　平方米 2. 车辆数　辆，　其中：小汽车　辆 3. 年末校舍面积　平方米，　其中：危房面积　平方米 4. 本年新建改扩建校舍　平方米，　金额　千元 5. 本年购置学生课桌椅　单人套，　金额　千元 6. 本年购置教学仪器设备　台、件，　金额　千元 7. 本年购置图书资料　册，　金额　千元 其中：(1)一般图书　册，　金额　千元 (2)电子图书　册，　金额　千元		

中小学校事业支出明细表

编制单位：　　　　__年__月　　　　单位：元

项　　目	财政补助支出			非财政补助支出			事业支出			合计
	小计	基本支出	项目支出	小计	基本支出	项目支出	小计	基本支出	项目支出	
一、工资福利支出										
1. 基本工资										
2. 津贴补贴										
3. 奖金										
4. 社会保障缴费										
5. 伙食补助费										
6. 绩效工资										
7. 其他工资福利支出										
二、商品和服务支出										
1. 办公费										
2. 印刷费										
3. 咨询费										
4. 手续费										
5. 水费										
6. 电费										
7. 邮电费										

（续表）

项　目	财政补助支出			非财政补助支出			事业支出			合计
	小计	基本支出	项目支出	小计	基本支出	项目支出	小计	基本支出	项目支出	
8. 取暖费										
9. 学校安保费用										
10. 校园保洁费用										
11. 校园绿化费用										
12. 其他物业费用										
13. 差旅费										
14. 出国考察费用										
15. 教师出国培训费用										
16. 维修(护)费										
17. 租赁费										
18. 会议费										
19. 教师培训费用										
20. 其他培训费用										
21. 公务接待费										
22. 实验耗材费用										
23. 体育耗材费用										
24. 其他材料费用										
25. 劳务费										
26. 委托业务费										
27. 工会经费										
28. 福利费										
29. 公务用车运行维护费										
30. 其他交通费用										
31. 学生活动费用										
32. 学校财产、责任保险费用										
33. 其他商品和服务支出										
三、对个人和家庭补助支出										

（续表）

项目	财政补助支出			非财政补助支出			事业支出			合计
	小计	基本支出	项目支出	小计	基本支出	项目支出	小计	基本支出	项目支出	
1. 离休费										
2. 退休费										
3. 退职费										
4. 抚恤金										
5. 生活补助										
6. 医疗费										
7. 助学金费用										
8. 学生营养餐补助费用										
9. 奖励金										
10. 住房公积金										
11. 提租补贴										
12. 购房补贴										
13. 其他对个人和家庭补助支出										
四、资本性支出										
1. 房屋建筑物购建										
2. 办公设备购置										
3. 专用设备购置										
4. 大型修缮										
5. 信息网络及软件购置更新										
6. 其他资本性支出										
合计										

10. 医院会计制度(2010年修订)

财会〔2010〕27号

第一部分　总说明

一、为了规范医院的会计核算，保证会计信息的真实、完整，根据《中华人民共和国会计法》、事业单位会计准则及国家有关法律法规的规定，制定本制度。

二、本制度适用于中华人民共和国境内各级各类独立核算的公立医院（以下简称医院），包括综合医院、中医院、专科医院、门诊部（所）、疗养院等，不包括城市社区卫生服务中心（站）、乡镇卫生院等基层医疗卫生机构。

企业事业单位、社会团体及其他社会组织举办的非营利性医院可参照本制度执行。

三、医院会计采用权责发生制基础。

医院会计要素包括资产、负债、净资产、收入和费用。

四、医院应当按照下列规定运用会计科目：

（一）医院应当按照本制度的规定，设置和使用会计科目。在不影响会计处理和编报会计报表的前提下，可以自行设置本制度规定之外的明细科目。

（二）本制度统一规定会计科目的编号，以便于编制会计凭证、登记账簿、查阅账目，实行会计信息化管理。医院不得随意打乱重编。

（三）医院在编制会计凭证、登记会计账簿时，应当填列会计科目的名称，或者同时填列会计科目的名称和编号，不得只填列科目编号、不填列科目名称。

五、医院财务报告是反映医院某一特定日期的财务状况和某一会计期间的收入费用、现金流量等的书面文件。医院财务报告由会计报表、会计报表附注和财务情况说明书组成。

六、医院财务报告分为中期财务报告和年度财务报告。以短于一个完整的会计年度的期间（如季度、月度）编制的财务报告称为中期财务报告。年度财务报告则是以整个会计年度为基础编制的财务报告。

医院对外提供的年度财务报告应按有关规定经过注册会计师审计。

七、医院对外提供的财务报告的内容、会计报表的种类和格式、会计报表附注应予披露的主要内容等，由本制度规定；医院内部管理需要的会计报表由医院自行规定。

八、医院财务报告中的会计报表包括资产负债表、收入费用总表、现金流量表、财政补助收支情况表以及有关附表。

医院应当根据本制度有关会计报表的编制基础、编制依据、编制原则和方法的要求，对外提供真实、完整的会计报表。医院不得违反规定，随意改变会计报表的编制基础、编制依据、编制原则和方法，不得随意改变本制度规定的会计报表有关数据的会计口径。

医院会计报表应当根据登记完整、核对无误的账簿记录和其他有关资料编制，要做到数字真实、计算准确、内容完整、报送及时。

九、医院会计报表附注是为便于会计报表使用者理解会计报表的内容而对会计报表的编制基础、编制依据、编制原则和方法及主要项目等所作的解释。医院会计报表附注至少应当包括下列内容：

（一）遵循《医院会计制度》的声明；

（二）重要会计政策、会计估计及其变更情况的说明；

（三）重要资产转让及其出售情况的说明；

（四）重大投资、借款活动的说明；

（五）会计报表重要项目及其增减变动情况的说明；

（六）以前年度结余调整情况的说明；

（七）有助于理解和分析会计报表需要说明的其他事项。

十、医院财务情况说明书至少应当对医院的下列情况做出说明：

（一）业务开展情况；

（二）年度预算执行情况；

（三）资产利用、负债管理情况；

（四）成本核算及控制情况；

（五）绩效考评情况；

（六）需要说明的其他事项。医院财务情况说明书中对上述事项（四）的说明应附有成本报表（成本报表参考格式参见本制度第六部分）。

十一、医院对外提供的财务报告应当由单位负责人和主管会计工作的负责人、会计机构负责人（会计主管人员）签名并盖章；设置总会计师的单位，还应当由总会计师签名并盖章。

十二、医院会计机构设置、会计人员配备、会计档案管理、内部会计监督与控制以及相关会计基础工作等，按照《中华人民共和国会计法》、会计基础工作规范、会计档案管理办法等规定执行。

十三、医院对基本建设投资的会计核算除按照本制度执行外，还应按国家有关规定单独建账、单独核算。

十四、本制度由财政部负责解释。

十五、本制度自 2011 年 7 月 1 日起在公立医院改革国家联系试点城市施行，自 2012 年 1 月 1 日起在全国施行。1998 年 11 月 17 日财政部、卫生部印发的《医院会计制度》（财会字〔1998〕58 号）同时废止。

第二部分　会计科目名称和编号

序　　号	编　　号	名　　称
一、资产类		
1	1001	库存现金
2	1002	银行存款
3	1003	零余额账户用款额度
4	1004	其他货币资金
5	1101	短期投资
6	1201	财政应返还额度
	120101	财政直接支付
	120102	财政授权支付
7	1211	应收在院病人医疗款
8	1212	应收医疗款
9	1215	其他应收款
10	1221	坏账准备
11	1231	预付账款
12	1301	库存物资
13	1302	在加工物资
14	1401	待摊费用
15	1501	长期投资
	150101	股权投资
	150102	债权投资
16	1601	固定资产
17	1602	累计折旧

（续表）

序　　号	编　　号	名　　称
18	1611	在建工程
19	1621	固定资产清理
20	1701	无形资产
21	1702	累计摊销
22	1801	长期待摊费用
23	1901	待处理财产损溢
二、负债类		
24	2001	短期借款
25	2101	应缴款项
26	2201	应付票据
27	2202	应付账款
28	2203	预收医疗款
29	2204	应付职工薪酬
30	2205	应付福利费
31	2206	应付社会保障费
32	2207	应交税费
33	2209	其他应付款
34	2301	预提费用
35	2401	长期借款
36	2402	长期应付款
三、净资产类		
37	3001	事业基金
38	3101	专用基金
39	3201	待冲基金
	320101	待冲财政基金
	320102	待冲科教项目基金
40	3301	财政补助结转(余)
41	3302	科教项目结转(余)
42	3401	本期结余

（续表）

序　　号	编　　号	名　　称
43	3501	结余分配
四、收入类		
44	4001	医疗收入
	400101	门诊收入
	400102	住院收入
45	4101	财政补助收入
	410101	基本支出
	410102	项目支出
46	4201	科教项目收入
47	4301	其他收入
五、费用类		
48	5001	医疗业务成本
49	5101	财政项目补助支出
50	5201	科教项目支出
51	5301	管理费用
52	5302	其他支出

第三部分　会计科目使用说明

一、资产类

1001 库存现金

一、本科目核算医院的库存现金。

二、医院应当严格按照国家有关现金管理的规定收支现金，并按照本制度规定核算现金的各项收支业务。

三、库存现金的主要账务处理如下：

（一）从银行提取现金，按照提取金额，借记本科目，贷记“银行存款”科目；将现金存入银行，按照存入金额，借记“银行存款”科目，贷记本科目。

（二）从零余额账户中提取现金，借记本科目，贷记“零余额账户用款额度”科目。

（三）因支付内部职工出差等原因所需的现金，按照借出金额，借记“其他应收款”科目，贷记本科目；收到出差人员交回的差旅费剩余款并结算时，按实际收回的现金，借记本科目，按应报销的金额，借记有关科目，按实际借出的现金，贷记“其他应收款”科目。

（四）因其他原因收到现金，借记本科目，贷记有关科目；支出现金，借记有关科目，贷记本科目。

四、医院应当设置“现金日记账”，按照业务发生顺序逐笔登记。每日终了，应当计算当日的现金收入合计数、现金支出合计数和结余数，并将结余数与实际库存数核对，做到账款相符。

每日账款核对中发现现金溢余或短缺的，应当及时进行处理。如发现现金溢余，属于应支付给有关人员或单位的部分，借记本科目，贷记“其他应付款”科目；属于无法查明的其他原因的部分，借记本科目，贷记

"其他收入"科目。如发现现金短缺,属于应由责任人赔偿的部分,借记"其他应收款"科目,贷记本科目;属于无法查明原因的部分,报经批准后,借记"其他支出"科目,贷记本科目。

五、本科目期末借方余额,反映医院实际持有的库存现金。

1002 银行存款

一、本科目核算医院存入银行的各种存款。医院的银行本票存款、银行汇票存款、信用卡存款等在"其他货币资金"科目核算,不在本科目核算。

二、医院应当严格按照国家有关支付结算办法的规定办理银行存款收支业务,并按照本制度规定核算银行存款的各项收支业务。

三、银行存款的主要账务处理如下:

(一)将款项存入银行,借记本科目,贷记"库存现金"、"应收医疗款"、"医疗收入"、"科教项目收入"等科目。

(二)提取和支出存款时,借记"库存现金"、"应付账款"、"医疗业务成本"、"科教项目支出"、"管理费用"等科目,贷记本科目。

四、医院发生外币业务的,应当按照业务发生当日(或当期期初)的即期汇率,将外币金额折算为人民币记账,并登记外币金额和汇率。

期末,各种外币账户的外币余额应当按照期末汇率折合为人民币。按照期末汇率折合的人民币金额与原账面人民币金额之间的差额,作为汇兑损益计入当期管理费用。

(一)以外币购入库存物资、设备等,按照购入当日(或当期期初)的即期汇率将支付的外币或应支付的外币折算为人民币金额,借记"固定资产"、"库存物资"等科目,贷记本科目、"应付账款"等科目的外币账户。

(二)会计期末,根据各外币账户按期末汇率调整后的人民币余额与原账面人民币余额的差额,作为汇兑损益,借记或贷记本科目、"应付账款"等科目,贷记或借记"管理费用——其他费用"科目。

五、医院应当按开户银行、存款种类及币种等,分别设置"银行存款日记账",按照业务的发生顺序逐笔登记,每日终了应结出余额。"银行存款日记账"应定期与"银行对账单"核对,至少每月核对一次。月度终了,医院银行存款账面余额与银行对账单余额之间如有差额,必须逐笔查明原因并进行处理,按月编制"银行存款余额调节表",调节相符。

六、本科目期末借方余额,反映医院实际存放在银行的款项。

1003 零余额账户用款额度

一、本科目核算实行国库集中支付的医院根据财政部门批复的用款计划收到的零余额账户用款额度。

二、零余额账户用款额度的主要账务处理如下:

(一)在财政授权支付方式下,收到授权支付到账额度时,根据收到的额度金额,借记本科目,贷记"财政补助收入"科目。

(二)支用零余额账户用款额度时,按照支付金额,借记"医疗业务成本"、"财政项目补助支出"等科目,贷记本科目;对于支用额度为购建固定资产、无形资产或购买药品等库存物资发生的支出,还应借记"在建工程"、"固定资产"、"无形资产"、"库存物资"等科目,贷记"待冲基金——待冲财政基金"科目。

(三)从零余额账户提取现金时,借记"库存现金"科目,贷记本科目。

(四)年度终了,依据代理银行提供的对账单中的注销额度,借记"财政应返还额度——财政授权支付"科目,贷记本科目。医院本年度财政授权支付预算指标数大于零余额账户用款额度下达数的,根据未下达的用款额度,借记"财政应返还额度——财政授权支付"科目,贷记"财政补助收入"科目。

医院依据下年初代理银行提供的额度恢复到账通知书中的恢复额度,借记本科目,贷记"财政应返还额度——财政授权支付"科目。下年度医院收到财政部门批复的上年末未下达零余额账户用款额度时,借记本科目,贷记"财政应返还额度——财政授权支付"科目。

三、本科目期末借方余额,反映医院尚未支用的零余额账户用款额度。本科目年末应无余额。

1004 其他货币资金

一、本科目核算医院的银行本票存款、银行汇票存款、信用卡存款等各种其他货币资金。

二、本科目应设置"银行本票存款"、"银行汇票存款"、"信用卡存款"等明细科目,进行明细核算。

三、其他货币资金的主要账务处理如下:

（一）将款项交存银行取得银行本票、银行汇票，按照取得的银行本票、银行汇票金额，借记本科目，贷记“银行存款”科目。使用银行本票、银行汇票发生支付，按照实际支付金额，借记“库存物资”等科目，贷记本科目。如有余款或因本票、汇票超过付款期等原因而退回款项，按照退款金额，借记“银行存款”科目，贷记本科目。

（二）将款项交存银行取得信用卡，按照交存金额，借记本科目，贷记“银行存款”科目。用信用卡购物或支付有关费用，借记有关科目，贷记本科目。医院信用卡在使用过程中，需向其账户续存资金的，按照续存金额，借记本科目，贷记“银行存款”科目。

四、医院应加强对其他货币资金的管理，及时办理结算，对于逾期尚未办理结算的银行汇票、银行本票等，应按规定及时转回，按上述规定进行相应账务处理。

五、本科目期末借方余额，反映医院实际持有的其他货币资金。

1101 短期投资

一、本科目核算医院购入能随时变现并且持有时间不准备超过1年（含1年）的投资，主要指短期国债。

二、本科目应按债券的种类设置明细账，进行明细核算。

三、短期投资的主要账务处理如下：

（一）医院的短期投资在取得时，应当按照取得时的实际成本（包括购买价款以及税金、手续费等相关费用）作为投资成本，借记本科目，贷记“银行存款”等科目。

（二）短期投资持有期间收到利息等投资收益时，按实际收到的金额，借记“银行存款”等科目，贷记“其他收入——投资收益”科目。

（三）出售短期投资或到期收回短期债券本息，按实际收到的金额，借记“银行存款”科目，按出售或收回短期投资的成本，贷记本科目，按其差额，借记或贷记“其他收入——投资收益”科目。

四、本科目期末借方余额，反映医院持有的短期投资的实际成本。

1201 财政应返还额度

一、本科目核算实行国库集中支付的医院应收财政返还的资金额度。

二、本科目应设置“财政直接支付”和“财政授权支付”两个明细科目，进行明细核算。

三、财政应返还额度的主要账务处理如下：

（一）财政直接支付年度终了，医院根据本年度财政直接支付预算指标数与当年财政直接支付实际支出数的差额，借记本科目（财政直接支付），贷记“财政补助收入”科目。

下年度财政直接支付上年未支付的预算指标数时，借记相关科目，贷记本科目（财政直接支付）。

（二）财政授权支付

年度终了，医院依据代理银行提供的对账单中的注销额度，借记本科目（财政授权支付），贷记“零余额账户用款额度”科目。医院本年度财政授权支付预算指标数大于零余额账户用款额度下达数的，根据未下达的用款额度，借记本科目（财政授权支付），贷记“财政补助收入”科目。

下年初，医院依据代理银行提供的额度恢复到账通知书中的恢复额度，借记“零余额账户用款额度”科目，贷记本科目（财政授权支付）。下年度医院收到财政部门批复的上年末未下达零余额账户用款额度时，借记“零余额账户用款额度”科目，贷记本科目（财政授权支付）。

四、本科目期末借方余额，反映医院应收财政返还的资金额度。

1211 应收在院病人医疗款

一、本科目核算医院因提供医疗服务而应向住院病人收取的医疗款。

二、医院应当按照住院病人对应收在院病人医疗款进行明细核算。

三、应收在院病人医疗款的主要账务处理如下：

（一）发生应收住院病人医疗款时，按照应收未收金额，借记本科目，贷记“医疗收入”科目。

（二）住院病人办理出院手续，结算医疗费时，如病人应付的医疗款金额大于其预交金额，应按病人补付金额，借记“库存现金”、“银行存款”等科目，按病人预交金额，借记“预收医疗款”科目，按病人应付的医疗款金额，贷记本科目；如病人应付的医疗款金额小于其预交金额，应按病人预交金额，借记“预收医疗款”科目，按病人应付的医疗款金额，贷记本科目，按退还给病人的差额，贷记“库存现金”、“银行存款”等科目。结转住院病人自负部分以外的应收医疗款或结转病人结算欠费，按应收在院病人医疗款总额中扣除病人自负部分以外的金额，或病人结算欠费金额，借记“应收医疗款”科目，贷记本科目。

四、本科目期末借方余额，反映医院尚未结算的应收在院病人医疗款。

1212 应收医疗款

一、本科目核算医院因提供医疗服务而应向门诊病人、出院病人、医疗保险机构等收取的医疗款。

二、本科目应当按照门诊病人、出院病人、医疗保险机构等设置明细账，进行明细核算。

三、应收医疗款的主要账务处理如下：

（一）结算门诊病人医疗费时，发生病人欠费的，按应收未收金额，借记本科目，贷记“医疗收入”科目。

门诊病人发生的医疗费中应由医疗保险机构等负担的部分，借记本科目，贷记“医疗收入”科目。

（二）住院病人办理出院手续结算医疗费时，结转出院病人自负部分以外的应收医疗款或结转出院病人结算欠费，按应收在院病人医疗款总额中扣除病人自负部分以外的金额，或病人结算欠费金额，借记本科目，贷记“应收在院病人医疗款”科目。

（三）收到病人等交来的医疗欠费时，按照实际收到的金额，借记“银行存款”、“库存现金”等科目，贷记本科目。

（四）同医疗保险机构结算应收医疗款时，按照实际收到的金额，借记“银行存款”科目，按照医院因违规治疗等管理不善原因被医疗保险机构拒付的金额，借记“坏账准备”科目，按照应收医疗保险机构的金额，贷记本科目，按照借贷方之间的差额，借记或贷记“医疗收入——门诊收入、住院收入（结算差额）”科目。

四、医院应当于每年年度终了，对应收医疗款进行全面检查，计提坏账准备。对于账龄超过规定年限、确认无法收回的应收医疗款，应当按照有关规定报经批准后，按照无法收回的应收医疗款金额，借记“坏账准备”科目，贷记本科目。

如果已转销的应收医疗款在以后期间又收回，应按实际收回的金额，借记本科目，贷记“坏账准备”科目；同时，借记“银行存款”等科目，贷记本科目。

五、本科目期末借方余额，反映医院尚未收回的应收医疗款金额。

1215 其他应收款

一、本科目核算医院除财政应返还额度、应收在院病人医疗款、应收医疗款、预付账款以外的其他各项应收、暂付款项，包括职工预借的差旅费、拨付的备用金、应向职工收取的各种垫付款项、应收长期投资的利息或利润等。

二、本科目应按其他应收款的项目分类以及不同的债务人设置明细账，进行明细核算。

三、其他应收款的主要账务处理如下：

（一）持有长期股权投资期间，被投资单位宣告分派利润时，按应享有的份额，借记本科目，贷记“其他收入——投资收益”科目。实际收到所分派的利润，按照实际收到的金额，借记“银行存款”科目，贷记本科目。

（二）持有的分期付息、到期还本的长期债券投资，已到付息期而尚未领取的利息，应于确认利息收入时，借记本科目，贷记“其他收入——投资收益”科目。实际收到利息，按实际收到的金额，借记“银行存款”科目，贷记本科目。

到期一次还本付息的长期债券投资应收取的利息，在“长期投资”科目核算，不在本科目核算。

（三）发生的其他各种应收、暂付款项等，借记本科目，贷记“银行存款”、“库存现金”等科目；收回或转销各种款项时，借记“库存现金”、“银行存款”等科目，贷记本科目。

实行定额备用金制度的医院，对于领用的备用金应定期向财会部门报销。财会部门根据报销数用现金补足备用金定额时，借记有关科目，贷记“库存现金”、“银行存款”科目，报销数和拨补数都不再通过本科目核算。

四、医院应当于每年年度终了，对其他应收款进行全面检查，计提坏账准备。对于账龄超过规定年限、确认无法收回的其他应收款，应当按照有关规定报经批准后，按照无法收回的其他应收款金额，借记“坏账准备”科目，贷记本科目。

如果已转销的其他应收款在以后期间又收回，应按实际收回的金额，借记本科目，贷记“坏账准备”科目；同时，借记“银行存款”等科目，贷记本科目。

五、本科目期末借方余额，反映医院尚未收回的其他应收款金额。

1221 坏账准备

一、本科目核算医院对应收医疗款和其他应收款提取的坏账准备。

二、医院应当于每年年度终了，对应收医疗款和其他应收款进行全面检查，分析其可收回性，对预计可能产生的坏账损失计提坏账准备、确认坏账损失并计入当期管理费用。

三、医院可以采用应收款项余额百分比法、账龄分析法、个别认定法等方法计提坏账准备。坏账准备提取方法一经确定，不得随意变更。如需变更，应当按照规定权限报经批准，并在会计报表附注中予以说明。

四、当期应补提或冲减的坏账准备金额的计算公式如下：

$$\text{当期应补提或冲减的坏账准备}=\text{当期按应收医疗款和其他应收款计算应计提的坏账准备金额}-\text{本科目贷方余额（或+本科目借方余额）}$$

五、坏账准备的主要账务处理如下：

（一）提取坏账准备时，借记"管理费用"科目，贷记本科目；冲减坏账准备时，借记本科目，贷记"管理费用"科目。

（二）医院同医疗保险机构结算时，存在医院因违规治疗等管理不善原因被医疗保险机构拒付情况的，按照拒付金额，借记本科目，贷记"应收医疗款"科目。

（三）对于账龄超过规定年限并确认无法收回的应收医疗款或其他应收款，应当按照有关规定报经批准后，按照无法收回的应收款项金额，借记本科目，贷记"应收医疗款"、"其他应收款"科目。

如果已转销的应收医疗款、其他应收款在以后期间又收回，按照实际收回的金额，借记"应收医疗款"、"其他应收款"科目，贷记本科目；同时，借记"银行存款"等科目，贷记"应收医疗款"、"其他应收款"科目。

六、本科目期末贷方余额，反映医院提取的坏账准备金额。

1231 预付账款

一、本科目核算医院预付给商品供应单位或者服务提供单位的款项。

二、本科目应按商品供应单位或服务提供单位设置明细账，进行明细核算。

三、预付账款的主要账务处理如下：

（一）因采购设备等而预付款项时，按照实际预付的金额，借记本科目，贷记"银行存款"等科目。

（二）收到所购设备等时，按照应计入购入资产成本的金额，借记"固定资产"等科目，按预付的款项，贷记本科目，按退回或补付的款项，借记或贷记"银行存款"等科目。

四、医院应当于每年年度终了，对预付账款进行检查。如果有确凿证据表明预付账款并不符合预付款项性质，或者因供货单位破产、撤销等原因已无望再收到所购货物的，应当先将其转入其他应收款，然后再按规定进行处理。预付账款转入其他应收款前后的账龄可连续计算。将预付账款账面余额转入其他应收款时，借记"其他应收款"科目，贷记本科目。

五、本科目期末借方余额，反映医院实际预付尚未结算的款项。

1301 库存物资

一、本科目核算医院为开展医疗服务及其辅助活动而储存的药品、卫生材料、低值易耗品和其他材料的实际成本。

二、本科目应当按照库存物资的类别，如"药品"、"卫生材料"、"低值易耗品"、"其他材料"等设置一级明细科目。"药品"一级明细科目下应设置"药库"、"药房"两个二级明细科目，并按"西药"、"中成药"、"中草药"进行明细核算。

医院物资管理等部门应当在本科目明细账下，按品名、规格等设置数量金额明细账。

三、库存物资的主要账务处理如下：

（一）库存物资在取得时，应当以其成本入账。取得库存物资单独发生的运杂费，能够直接计入医疗业务成本的，计入医疗业务成本；不能直接计入医疗业务成本的，计入管理费用。

1. 外购的库存物资，其成本按照采购价格（含增值税额，下同）确定。外购的物资验收入库，按确定的成本，借记本科目，贷记"银行存款"、"应付账款"等科目。

使用财政补助、科教项目资金购入的物资验收入库，按确定的成本，借记本科目，贷记"待冲基金"科目；同时，按照实际支出金额，借记"财政项目补助支出"、"科教项目支出"等科目，贷记"财政补助收入"、"零余额账户用款额度"、"银行存款"等科目。

2. 自制的库存物资加工完成并验收入库，按照所发生的实际成本（包括耗用的直接材料费用、发生的直接人工费用和分配的间接费用），借记本科目，贷记"在加工物资"科目。

3. 委托外单位加工收回的库存物资，按照所发生的实际成本（包括加工前发出物资的成本和支付的加工费)，借记本科目，贷记“在加工物资”科目。

4. 接受捐赠的库存物资，其成本比照同类或类似物资的市场价格或有关凭据注明的金额确定。接受捐赠的物资验收入库，按照确定的成本，借记本科目，贷记“其他收入”科目。

(二)库存物资在发出时，应当根据实际情况采用个别计价法、先进先出法或者加权平均法确定发出物资的实际成本。计价方法一经确定，不得随意变更。

1. 开展业务活动领用或加工发出库存物资，按照其实际成本，借记“医疗业务成本”、“管理费用”、“在加工物资”等科目，贷记本科目。

低值易耗品应当于内部领用时一次性摊销，个别价值较高或领用报废相对集中的，可采用五五摊销法。

2. 药房从药库领取药品，按照领取药品的成本，借记本科目(药品——药房)，贷记本科目(药品——药库)。确认药品收入结转药品成本时，按照发出药品的实际成本，借记“医疗业务成本”科目，贷记本科目(药品——药房)。

3. 确认卫生材料收入结转材料成本时，按照发出材料的实际成本，借记“医疗业务成本”科目，贷记本科目。

4. 对外捐赠发出库存物资，按照其实际成本，借记“其他支出”科目，贷记本科目。

5. 使用财政补助、科教项目资金形成的库存物资，应在发出、领用物资时，按发出物资对应的待冲基金金额，借记“待冲基金”科目，贷记本科目。

6. 低值易耗品报废时，按照报废低值易耗品的残料变价收入扣除相关处置费用后的金额，借记“库存现金”、“银行存款”等科目，贷记“医疗业务成本”、“管理费用”等科目或“应缴款项”科目[按规定上缴时]。

四、医院的各种库存物资，应当定期进行清查盘点，每年至少盘点一次。对于发生的盘盈、盘亏以及变质、毁损等物资，应当先记入“待处理财产损溢”科目，并及时查明原因，根据管理权限报经批准后及时进行账务处理：

(一)盘盈的库存物资，按比照同类或类似物资的市场价格确定的价值，借记本科目，贷记“待处理财产损溢——待处理流动资产损溢”科目。报经批准处理时，借记“待处理财产损溢——待处理流动资产损溢”科目，贷记“其他收入”科目。

(二)盘亏、变质、毁损的库存物资，按照库存物资账面余额减去该物资对应的待冲基金数额后的金额，借记“待处理财产损溢——待处理流动资产损溢”科目，按该库存物资对应的待冲基金数额，借记“待冲基金”科目，按该库存物资账面余额，贷记本科目。

报经批准处理时，按照相关待处理财产损溢金额扣除可以收回的保险赔偿和过失人的赔偿等后的金额，借记“其他支出”科目，按照已收回或应收回的保险赔偿和过失人赔偿等，借记“库存现金”、“银行存款”、“其他应收款”等科目，按照相关待处理财产损溢的账面余额，贷记“待处理财产损溢——待处理流动资产损溢”科目。

五、本科目期末借方余额，反映医院库存物资的实际成本。

1302 在加工物资

一、本科目核算医院自制或委托外单位加工的各种药品、卫生材料等物资的实际成本。

二、本科目应设置“自制物资”、“委托加工物资”两个一级明细科目，并按照物资类别或品种设置明细账，进行明细核算。

自制药品、卫生材料等的，应当在本科目的相关明细科目下归集自制物资发生的直接材料、直接人工(专门从事物资制造工人的人工费)等直接费用；自制多种药品、卫生材料发生的间接费用，在本科目的“自制物资”一级明细科目下单独设置“间接费用”二级明细科目予以归集，会计期末，再按一定的分配标准和方法，分配计入有关药品、卫生材料的成本。

三、在加工物资的主要账务处理如下：

(一)自制物资

1. 为自制物资领用库存药品、材料等，借记本科目(自制物资——××药品、材料)，贷记“库存物资”科目。

2. 专门从事物资制造的人员发生的直接人工费用，借记本科目(自制物资——××药品、材料)，贷记“应付职工薪酬”、“应付福利费”、“应付社会保障费”等科目。

3. 为自制物资发生其他直接费用，借记本科目（自制物资——××药品、材料），贷记“银行存款”等科目。

4. 为自制物资发生的间接费用，借记本科目（自制物资——间接费用），贷记“银行存款”、“应付职工薪酬”等科目。

期末按照受益对象及规定的标准和方法分配间接费用时，借记本科目（自制物资——××药品、材料），贷记本科目（自制物资——间接费用）。

间接费用一般可以按生产工人工资、生产工人工时、机器工时、耗用材料的数量或成本、直接费用（直接材料和直接人工）或药品、材料产量等进行分配。医院可根据自己的具体情况自行选择分配方法。分配方法一经确定，不得随意变更。

5. 已经制造完成并验收入库的药品、卫生材料，按所发生的实际成本（包括耗用的直接材料费用、发生的直接人工费用和分配的间接费用），借记“库存物资”科目，贷记本科目（自制物资）。

（二）委托加工物资

1. 发给外单位加工的药品、卫生材料等，按照其实际成本，借记本科目（委托加工物资），贷记“库存物资”科目。

2. 支付加工费用，按实际支付的金额，借记本科目（委托加工物资），贷记“银行存款”等科目。

3. 委托加工完成的药品、卫生材料等验收入库，按加工前发出物资的成本和加工成本，借记“库存物资”科目，贷记本科目（委托加工物资）。

四、本科目期末借方余额，反映医院自制或委托外单位加工但尚未完工的各种物资的实际成本。

1401 待摊费用

一、本科目核算医院已经支出，但应当由本期和以后各期分别负担的分摊期在 1 年以内（含 1 年）的各项费用，如预付保险费、预付租金等。

二、医院的待摊费用应当按照其受益期限在 1 年内分期平均摊销，计入当期费用。如果某项待摊费用已经不能使医院受益，应当将其摊余价值一次全部转入当期费用。

三、本科目应当按照摊销费用种类设置明细账，进行明细核算。四、待摊费用的主要账务处理如下：

（一）发生待摊费用时，借记本科目，贷记“银行存款”等科目。

（二）按照受益期限分期平均摊销时，借记“医疗业务成本”、“管理费用”等科目，贷记本科目。

五、本科目期末借方余额，反映医院各种已支出但尚未摊销的费用。

1501 长期投资

一、本科目核算医院持有时间准备超过 1 年（不含 1 年）的各种股权性质的投资，以及购入的在 1 年内（含 1 年）不能变现或不准备随时变现的债权性质的投资。

二、本科目应当设置“股权投资”、“债权投资”两个一级明细科目，并在一级明细科目下按股权投资被投资单位和债权投资的种类设置明细账，进行明细核算。到期一次还本付息的长期债权投资，还应在“债权投资”一级明细科目下设置“成本”、“应收利息”两个明细科目，进行明细核算。

三、长期投资的主要账务处理如下：

（一）股权投资

1. 长期股权投资在取得时，应当按照取得时的实际成本作为其初始投资成本。

（1）以货币资金取得的长期股权投资，按照实际支付的全部价款（包括购买价款以及税金、手续费等相关费用）作为投资成本，借记本科目（股权投资），贷记“银行存款”等科目。

（2）以固定资产取得的长期股权投资，按照评估价加上发生的相关税费作为投资成本，借记本科目（股权投资），按照投出固定资产已提的折旧，借记“累计折旧”科目，按发生的相关税费，贷记“银行存款”、“应交税费”等科目，按投出固定资产的账面余额，贷记“固定资产”科目，按其差额，贷记“其他收入”科目或借记“其他支出”科目。

（3）以已入账无形资产取得的长期股权投资，按照评估价加上发生的相关税费作为投资成本，借记本科目（股权投资），按照投出无形资产已提的摊销额，借记“累计摊销”科目，按发生的相关税费，贷记“银行存款”、“应交税费”等科目，按照投出无形资产的账面余额，贷记“无形资产”科目，按其差额，贷记“其他收入”科目或借记“其他支出”科目。以未入账的无形资产取得的长期股权投资，按照评估价加上发生的相关税费作为投资成本，借记本科目(股权投资)，按发生的相关税费，贷记"银行存款"、"应交税费"等科目，按其差额，贷记"其他收入"科目。

(4)无偿调入的长期股权投资，按在调出单位的原账面价值加上发生的相关税费作为其投资成本，借记本科目(股权投资)，按发生的相关税费，贷记"银行存款"、"应交税费"等科目，按其差额，贷记"其他收入"科目。

2. 长期股权投资持有期间，应当采用成本法核算。采用成本法核算的长期股权投资，除非追加(或收回)投资，长期股权投资的账面价值一般保持不变。

被投资单位宣告分派利润时，按照宣告分派的利润中属于医院应享有的份额，确认当期投资收益，借记"其他应收款"科目，贷记"其他收入——投资收益"科目。实际收到利润时，按照实际收到的金额，借记"银行存款"等科目，贷记"其他应收款"科目。

3. 处置长期股权投资时，按照实际取得的价款，借记"银行存款"等科目，按照所处置长期股权投资的账面余额，贷记本科目(股权投资)，按照尚未领取的已宣告分派的利润，贷记"其他应收款"科目，按照其差额，借记或贷记"其他收入——投资收益"科目。

(二)债权投资

1. 长期债权投资在取得时，应当按照取得时的实际成本作为其初始投资成本。

(1)以货币资金购入的长期债权投资，按照实际支付的全部价款(包括购买价款以及税金、手续费等相关费用)作为其投资成本，借记本科目(债权投资)，贷记"银行存款"等科目。

(2)无偿调入的长期债权投资，按在调出单位的原账面价值加上发生的相关税费作为其投资成本，借记本科目(债权投资)，按发生的相关税费，贷记"银行存款"、"应交税费"等科目，按其差额，贷记"其他收入"科目。

2. 长期债权投资持有期间，应当按照票面价值与票面利率按期计算确认利息收入。如为到期一次还本付息的债权投资，借记本科目(债权投资——应收利息)，贷记"其他收入——投资收益"科目；如为分期付息、到期还本的债权投资，借记"其他应收款"科目，贷记"其他收入——投资收益"科目。

3. 出售长期债权投资或到期收回长期债权投资本息，按照实际收到的金额，借记"银行存款"等科目，按照债券初始投资成本和已计未收利息金额，贷记本科目(债权投资——成本、应收利息)[到期一次还本付息债券]，或本科目(债权投资)、"其他应收款"科目[分期付息债券]，按照其差额，贷记或借记"其他收入——投资收益"科目。

四、本科目期末借方余额，反映医院持有的长期投资的价值。

1601 固定资产

一、本科目核算医院固定资产的原价。

固定资产是指医院持有的预计使用年限在1年以上(不含1年)、单位价值在规定标准以上、在使用过程中基本保持原有物质形态的有形资产。单位价值虽未达到规定标准，但预计使用年限在1年以上(不含1年)的大批同类物资，应作为固定资产管理。

二、医院固定资产包括房屋及建筑物、专用设备、一般设备和其他固定资产。相关说明如下：

1. 对于应用软件，如果其构成相关硬件不可缺少的组成部分，应当将该软件价值包括在所属硬件价值中，一并作为固定资产进行核算；如果其不构成相关硬件不可缺少的组成部分，应当将该软件作为无形资产核算。

2. 医院的图书应当参照固定资产进行管理，不计提折旧。

三、医院应当设置"固定资产登记簿"和"固定资产卡片"，按固定资产类别、使用部门和每项固定资产设置明细账，进行明细核算。医院应当在固定资产明细账中登记每项固定资产原价中财政补助资金、科教项目资金、其他资金的金额及其所占的比例。

出租、出借或作为担保的固定资产，应设置备查簿进行登记。经营租入的固定资产，应当另设辅助簿进行登记，不在本科目核算。

四、固定资产的主要账务处理如下：

(一)固定资产的取得医院取得的固定资产，应当按取得时的实际成本作为入账成本。

1. 外购的固定资产，其成本包括实际支付的买价、相关税费以及使固定资产达到交付使用状态前所发生的可直接归属于该项资产的运输费、装卸费、安装费和专业人员服务费等。

以一笔款项购入多项没有单独标价的固定资产，按照各项固定资产同类或类似资产市场价格的比例对总成本进行分配，分别确定各项固定资产的入账成本。

购入不需要安装的固定资产，借记本科目，贷记“银行存款”、“应付账款”等科目。购入需要安装的固定资产，借记“在建工程”科目，贷记“银行存款”、“应付账款”等科目。发生安装费用，借记“在建工程”科目，贷记“银行存款”等科目。安装完毕交付使用时，借记本科目，贷记“在建工程”科目。

购入固定资产扣留质量保证金的，应当在取得固定资产时，按照确定的成本，借记本科目[不需安装]或“在建工程”科目[需要安装]，按照实际支付的价款，贷记“银行存款”、“应付账款”等科目，按照扣留的质量保证金，贷记“其他应付款”科目；质保期满支付质量保证金时，借记“其他应付款”科目，贷记“银行存款”等科目。

使用财政补助、科教项目资金购入固定资产的，按构成固定资产成本的支出金额，借记本科目[不需安装]或“在建工程”科目[需要安装]，贷记“待冲基金”科目；同时，借记“财政项目补助支出”、“科教项目支出”科目，贷记“财政补助收入”、“零余额账户用款额度”、“银行存款”等科目。

2. 自行建造的固定资产，其成本包括该项资产完工交付使用前所发生的全部必要支出。工程完工交付使用时，按自行建造过程中发生的实际支出，借记本科目，贷记“在建工程”科目。

3. 在原有固定资产基础上进行改建、扩建、大型修缮后的固定资产，其成本按照原固定资产账面价值（“固定资产”科目账面余额减去“累计折旧”科目账面余额后的净值）①加上改建、扩建、修缮发生的支出，减去改建、扩建、修缮过程中的变价收入，再扣除固定资产拆除部分的账面价值后的金额确定。

将固定资产转入改建、扩建、大型修缮时，应按固定资产的账面价值，借记“在建工程”科目，按已计提的折旧，借记“累计折旧”科目，按固定资产的原价，贷记本科目。工程完工交付使用时，按工程实际成本，借记本科目，贷记“在建工程”科目。

4. 融资租入的固定资产，其成本按照租赁协议或者合同确定的价款、运输费、途中保险费、安装调试费等确定。按照确定的成本，借记本科目，按租赁协议或合同确定的租赁价款，贷记“长期应付款”科目，按照实际支付的运输费、保险费、安装调试费等相关费用，贷记“银行存款”等科目。

5. 无偿调入或接受捐赠的固定资产，其成本比照同类或类似资产的市场价格或有关凭据注明的金额加上相关税费确定。按确定的成本，借记本科目[不需安装]或“在建工程”科目[需要安装]，按发生的相关税费，贷记“银行存款”等科目，按其差额，贷记“其他收入”科目。

（二）按月提取固定资产折旧时，按照财政补助、科教项目资金形成的金额部分，借记“待冲基金”科目，按照应提折旧额中的其余金额部分，借记“医疗业务成本”、“管理费用”等科目，按照应计提的折旧额，贷记“累计折旧”科目。

（三）与固定资产有关的更新改造等后续支出，应分别以下情况处理：

1. 为增加固定资产的使用效能或延长其使用寿命而发生的改建、扩建或大型修缮等后续支出，应当计入固定资产账面价值，通过“在建工程”科目核算。有关账务处理参见“在建工程”科目。

2. 为了维护固定资产的正常使用而发生的修理费等后续支出，应当计入当期费用，借记“医疗业务成本”、“管理费用”等科目，贷记“银行存款”等科目。

（四）固定资产在处置（包括出售、报废、毁损、对外投资、无偿调出、对外捐赠等）时，应分别以下情况处理：

1. 出售、报废、毁损的固定资产，按照所处置固定资产的账面价值减去该资产对应的尚未冲减完毕的待冲基金余额后的金额，借记“固定资产清理”科目，按照已提取的折旧，借记“累计折旧”科目，按照相关待冲基金余额，借记“待冲基金”科目，按照固定资产的账面余额，贷记本科目。

2. 以固定资产对外投资，按照评估价加上发生的相关税费作为投资成本，借记“长期投资——股权投资”科目，按照投出固定资产已提的折旧，借记“累计折旧”科目，按发生的相关税费，贷记“银行存款”、“应交税费”等科目，按投出固定资产的账面余额，贷记本科目，按其差额，贷记“其他收入”科目或借记“其他支出”

---

① 本制度所称账面价值，是指某会计科目的账面余额减去相关备抵科目（如“坏账准备”、“累计折旧”、“累计摊销”）账面余额后的净值。本制度所称账面余额，是指某会计科目的账面实际余额。

科目。

3. 无偿调出、对外捐赠固定资产，按照发出固定资产已提的折旧，借记“累计折旧”科目，按照发出固定资产对应的尚未冲减完毕的待冲基金余额，借记“待冲基金”科目，按发出固定资产的账面余额，贷记本科目，按其差额，借记“其他支出”科目。

五、医院的固定资产应当定期进行清查盘点，每年至少盘点一次。对于盘盈、盘亏的固定资产，应当及时查明原因，根据规定的管理权限报经批准后及时进行账务处理。盘盈的固定资产，应当按照同类或类似资产市场价格确定的价值入账，并确认为当期收入；盘亏的固定资产，应先扣除可以收回的保险赔偿和过失人的赔偿等，将净损失确认为当期支出。

(一)盘盈的固定资产，按照同类或类似资产市场价格确定的价值，借记本科目，贷记“待处理财产损溢——待处理非流动资产损溢”科目。报经批准处理时，借记“待处理财产损溢——待处理非流动资产损溢”科目，贷记“其他收入”科目。

(二)盘亏的固定资产，按照固定资产账面价值减去该资产对应的尚未冲减完毕的待冲基金余额后的金额，借记“待处理财产损溢——待处理非流动资产损溢”，按已计提的折旧，借记“累计折旧”科目，按相关待冲基金余额，借记“待冲基金”科目，按固定资产的账面余额，贷记本科目。

报经批准处理时，按照相关待处理财产损溢金额扣除可以收回的保险赔偿和过失人的赔偿等后的金额，借记“其他支出”科目，按照已收回或应收回的保险赔偿和过失人赔偿等，借记“库存现金”、“银行存款”、“其他应收款”等科目，按照相关待处理财产损溢余额，贷记“待处理财产损溢——待处理非流动资产损溢”科目。

六、本科目期末借方余额，反映医院固定资产的原价。

1602 累计折旧

一、本科目核算医院固定资产计提的累计折旧。

二、本科目应当按照所对应固定资产的类别及项目设置明细账，进行明细核算。

三、医院应当对除图书外的固定资产计提折旧，在固定资产的预计使用年限内系统地分摊固定资产的成本。医院原则上应当根据固定资产的性质，采用年限平均法或工作量法计提折旧。折旧方法一经确定，不得随意变更。确需采用其他折旧方法的，应按规定报经审批，并在会计报表附注中予以说明。医院计提固定资产折旧不考虑预计净残值。

医院一般应当按月提取折旧，当月增加的固定资产，当月不提折旧，从下月起计提折旧；当月减少的固定资产，当月照提折旧，从下月起不提折旧。

固定资产提足折旧后，无论能否继续使用，均不再提取折旧；提前报废的固定资产，也不再补提折旧。

计提融资租入固定资产折旧时，应当采用与自有固定资产相一致的折旧政策。能够合理确定租赁期届满时将会取得租入固定资产所有权的，应当在租入固定资产尚可使用年限内计提折旧；无法合理确定租赁期届满时能够取得租入固定资产所有权的，应当在租赁期与租入固定资产尚可使用年限两者中较短的期间内计提折旧。

固定资产发生更新改造等后续支出而延长其使用年限的，应当按照更新改造后重新确定的固定资产的成本以及重新确定的折旧年限，重新计算折旧额。

四、累计折旧的主要账务处理如下：

(一)按月提取固定资产折旧时，按照财政补助、科教项目资金形成的金额部分，借记“待冲基金”科目，按照应提折旧额中的其余金额部分，借记“医疗业务成本”[医疗及其辅助活动用固定资产]、“管理费用”[行政及后勤管理部门用固定资产]、“其他支出”[经营出租用固定资产]等科目，按照应计提的折旧额，贷记本科目。

对于具有多种用途、混合使用的房屋等固定资产，其应提的折旧额应采用合理的方法分摊计入有关科目。

(二)固定资产处置或盘亏时，按照所处置或盘亏固定资产的账面价值减去该资产对应的尚未冲减完毕的待冲基金余额后的金额，借记有关科目，按已提取的折旧，借记本科目，按相关待冲基金余额，借记“待冲基金”科目，按固定资产账面余额，贷记“固定资产”科目。

五、本科目期末贷方余额，反映医院提取的固定资产折旧累计数。

1611 在建工程

一、本科目核算医院为建造、改建、扩建及修缮固定资产以及安装设备而进行的各项建筑、安装工程所发生的实际成本。

二、本科目应当按照具体工程项目等进行明细核算。

三、在建工程的主要账务处理如下：

(一)建筑工程

1. 将固定资产转入改建、扩建或大型修缮等时，应按固定资产的账面价值，借记本科目，按已计提的折旧，借记“累计折旧”科目，按固定资产的原价，贷记“固定资产”科目。

2. 根据工程价款结算账单与施工企业结算工程价款时，按医院应承付的工程价款，借记本科目，贷记“银行存款”等科目。

使用财政补助资金向施工企业支付工程款时，按照支付金额，借记“财政项目补助支出”科目，贷记“财政补助收入”、“零余额账户用款额度”等科目；同时，借记本科目，贷记“待冲基金——待冲财政基金”科目。

3. 在改建、扩建、大型修缮过程中收到的变价收入，按收到的金额，借记“银行存款”等科目，贷记本科目。

4. 医院为建筑工程借入的专门借款的利息，属于建设期间发生的，计入在建工程成本，借记本科目，贷记“长期借款”科目。

5. 工程完工交付使用时，按建筑工程所发生的实际成本，借记“固定资产”科目，贷记本科目。

(二)设备安装

1. 购入或融资租入需要安装的设备，借记本科目，贷记“银行存款”、“应付账款”、“长期应付款”等科目。使用财政补助资金购入需安装设备时，按照支付金额，借记“财政项目补助支出”等科目，贷记“财政补助收入”、“零余额账户用款额度”等科目；同时，借记本科目，贷记“待冲基金——待冲财政基金”科目。

2. 发生安装费用，借记本科目，贷记“银行存款”等科目。

使用财政补助资金支付安装费用时，按照支付金额，借记“财政项目补助支出”等科目，贷记“财政补助收入”、“零余额账户用款额度”等科目；同时，借记本科目，贷记“待冲基金——待冲财政基金”科目。

3. 设备安装完毕交付使用时，借记“固定资产”科目，贷记本科目。

四、本科目期末借方余额，反映医院尚未完工的在建工程发生的实际成本。

1621 固定资产清理

一、本科目核算医院因出售、报废、毁损等原因转入清理的固定资产净值及其清理过程中所发生的清理费用和清理收入等。

二、本科目应当按照“处置资产净额”、“处置净收入”以及被清理的固定资产项目设置明细账，进行明细核算。

三、固定资产清理的主要账务处理如下：

(一)出售、报废、毁损固定资产转入清理时，按照固定资产的账面价值减去该资产对应的尚未冲减完毕的待冲基金余额后的金额，借记本科目(处置资产净额)，按照已提取的折旧，借记“累计折旧”科目，按照相关待冲基金余额，借记“待冲基金”科目，按照固定资产账面余额，贷记“固定资产”科目。

(二)清理过程中发生的费用和相关税金，按照实际发生额，借记本科目(处置净收入)，贷记“应交税费”、“银行存款”等科目。

(三)固定资产出售、报废、毁损所收回的价款、残料价值和变价收入等，借记“银行存款”等科目，贷记本科目(处置净收入)；应当由保险公司或过失人赔偿的损失，借记“库存现金”、“银行存款”、“其他应收款”等科目，贷记本科目(处置净收入)。

(四)出售、报废、毁损固定资产清理完毕，借记本科目(处置净收入)，贷记“其他收入”科目或“应缴款项”科目[按规定上缴时]；同时，借记“其他支出”科目，贷记本科目(处置资产净额)。

四、本科目期末如为借方余额，反映医院尚未清理完毕的固定资产清理净损失；如为贷方余额，反映医院尚未清理完毕的固定资产清理净收益。

1701 无形资产

一、本科目核算医院为开展医疗服务等活动或为管理目的而持有的且没有实物形态的非货币性长期资产，包括专利权、非专利技术、商标权、著作权、土地使用权等。

医院购入的不构成相关硬件不可缺少组成部分的应用软件，应当作为无形资产核算。

二、本科目应当按照无形资产的类别和项目设置明细账，进行明细核算。医院应当在无形资产明细账中登记每项无形资产入账成本中财政补助资金、科教项目资金、其他资金的金额及其所占的比例。

三、无形资产的主要账务处理如下：

（一）无形资产在取得时，应当按照取得时的实际成本入账。

1. 购入的无形资产，其成本包括实际支付的购买价款、相关税费以及可归属于该项资产达到预定用途所发生的其他支出。按确定的成本，借记本科目，贷记"银行存款"等科目。

使用财政补助、科教项目资金购入无形资产的，按构成无形资产成本的支出金额，借记本科目，贷记"待冲基金"科目；同时，借记"财政项目补助支出"、"科教项目支出"科目，贷记"财政补助收入"、"零余额账户用款额度"、"银行存款"等科目。

2. 自行开发并按法律程序申请取得的无形资产，按依法取得时发生的注册费、聘请律师费等费用，借记本科目，贷记"银行存款"等科目。

（二）按月计提无形资产摊销时，按照财政补助、科教项目资金形成的金额部分，借记"待冲基金"科目，按照应提摊销额中的其余金额部分，借记"医疗业务成本"、"管理费用"等科目，按照应计提的摊销额，贷记"累计摊销"科目。

（三）与无形资产有关的后续支出，应分别以下情况处理：

1. 为增加无形资产的使用效能而发生的后续支出，如对软件进行升级或扩展其功能等所发生的支出，应当计入无形资产账面价值，借记本科目，贷记"银行存款"等科目。

2. 为了维护无形资产的正常使用而发生的后续支出，如对软件进行漏洞修补等所发生的支出，应当计入当期费用，借记"医疗业务成本"、"管理费用"等科目，贷记"银行存款"等科目。

（四）无形资产在处置（包括转让、对外投资、核销等）时，应当分别以下情况处理：

1. 经批准转让无形资产，按照收到的价款，借记"银行存款"等科目，按所发生的相关税费，贷记"应交税费"、"银行存款"等科目，按收到的转让价款扣除相关税费后的金额，贷记"其他收入"科目或"应缴款项"科目[按规定上缴时]；同时，按无形资产账面价值减去该资产对应的尚未冲减完毕的待冲基金余额后的金额，借记"其他支出"科目，按已计提的累计摊销，借记"累计摊销"科目，按相关待冲基金余额，借记"待冲基金"科目，按无形资产账面余额，贷记本科目。

2. 以已入账无形资产对外投资，按照评估价加上发生的相关税费作为投资成本，借记"长期投资——股权投资"科目，按照投出无形资产已提的摊销额，借记"累计摊销"科目，按发生的相关税费，贷记"银行存款"、"应交税费"等科目，按照投出无形资产的账面余额，贷记本科目，按其差额，贷记"其他收入"科目或借记"其他支出"科目。

3. 无形资产预期不能为医院带来服务潜力或经济利益的，应当将该无形资产的账面价值及相关待冲基金余额予以核销。报经批准后，按准核销无形资产的账面价值减去该资产对应的尚未冲减完毕的待冲基金余额后的金额，借记"其他支出"科目，按准核销无形资产已计提的摊销，借记"累计摊销"科目，按相关待冲基金余额，借记"待冲基金"科目，按准核销无形资产的账面余额，贷记本科目。

四、本科目期末借方余额，反映医院已入账无形资产的原价。

1702 累计摊销

一、本科目核算医院无形资产计提的累计摊销。

二、本科目应当按照所对应无形资产的类别及项目设置明细账，进行明细核算。

三、医院无形资产应当自取得当月起，在预计使用年限内采用年限平均法分期平均摊销。如预计使用年限超过了相关合同规定的受益年限或法律规定的有效年限，该无形资产的摊销年限按如下原则确定：

1. 合同规定了受益年限但法律没有规定有效年限的，摊销期不应超过合同规定的受益年限；

2. 合同没有规定受益年限但法律规定了有效年限的，摊销期不应超过法律规定的有效年限；

3. 合同规定了受益年限，法律也规定了有效年限的，摊销期不应超过受益年限和有效年限两者之中较短者。

如果合同没有规定受益年限，法律也没有规定有效年限的，摊销期不应超过10年。

四、累计摊销的主要账务处理如下：

（一）按月计提无形资产摊销时，按照财政补助、科教项目资金形成的金额部分，借记“待冲基金”科目，按照应提摊销额中的其余金额部分，借记“医疗业务成本”、“管理费用”等科目，按照应计提的摊销额，贷记本科目。

（二）处置无形资产时，按无形资产账面价值减去该资产对应的尚未冲减完毕的待冲基金余额后的金额，借记有关科目，按已计提的累计摊销，借记本科目，按相关待冲基金余额，借记“待冲基金”科目，按无形资产账面余额，贷记“无形资产”科目。

五、本科目期末贷方余额，反映医院提取的无形资产累计摊销额。

1801 长期待摊费用

一、本科目核算医院已经发生但应由本期和以后各期负担的分摊期限在1年以上（不含1年）的各项费用，如以经营租赁方式租入的固定资产发生的改良支出等。

二、本科目应当按照费用项目进行明细核算。

三、医院发生的长期待摊费用，借记本科目，贷记“银行存款”等科目。摊销长期待摊费用时，借记“管理费用”等科目，贷记本科目。

四、本科目期末借方余额，反映医院尚未摊销完毕的长期待摊费用。

1901 待处理财产损溢

一、本科目核算医院在清查财产过程中查明的各种财产盘盈、盘亏和毁损的价值。

二、本科目应当设置“待处理流动资产损溢”、“待处理非流动资产损溢”明细科目，进行明细核算。

三、医院发现盘盈、盘亏、毁损的财产物资，应当先记入本科目，并及时查明原因，根据管理权限报经批准后及时进行账务处理。年度终了结账前一般应处理完毕。待处理财产损溢的主要账务处理如下：

（一）盘盈的库存物资，按比照同类或类似物资市场价格确定的价值，借记“库存物资”科目，贷记本科目（待处理流动资产损溢）。

盘亏、变质、毁损的库存物资，按其账面余额减去该物资对应的待冲基金数额后的金额，借记本科目（待处理流动资产损溢），按相关待冲基金数额，借记“待冲基金”科目，按该物资账面余额，贷记“库存物资”科目。

（二）盘盈的固定资产，按比照同类或类似资产市场价格确定的价值，借记“固定资产”科目，贷记本科目（待处理非流动资产损溢）。

盘亏的固定资产，按照固定资产账面价值减去该资产对应的尚未冲减完毕的待冲基金余额后的金额，借记本科目（待处理非流动资产损溢），按已计提的折旧，借记“累计折旧”科目，按相关待冲基金余额，借记“待冲基金”科目，按固定资产账面余额，贷记“固定资产”科目。

（三）上述财产物资的盘盈、盘亏、毁损在查明原因，报经批准处理时，作如下账务处理：盘盈的库存物资、固定资产等，借记本科目，贷记“其他收入”科目。

盘亏、变质、毁损的库存物资以及盘亏的固定资产，按照相关待处理财产损溢金额扣除可以收回的保险赔偿和过失人的赔偿等后的金额，借记“其他支出”科目，按照已收回或应收回的保险赔偿和过失人赔偿等，借记“库存现金”、“银行存款”、“其他应收款”等科目，按照相关待处理财产损溢余额，贷记本科目。

四、本科目期末如为借方余额，反映医院尚未处理的各种财产物资的净损失；如为贷方余额，反映尚未处理的各种财产物资的净溢余。年度终了报经批准处理后，本科目一般应无余额。

二、负债类

2001 短期借款

一、本科目核算医院向银行或其他金融机构等借入的期限在1年以下（含1年）的各种借款。

二、本科目应当按照贷款单位和贷款种类进行明细核算。

三、短期借款的主要账务处理如下：

（一）借入各种短期借款时，按照实际借得的金额，借记“银行存款”科目，贷记本科目。

（二）发生短期借款利息时，借记“管理费用”科目，贷记“预提费用”、“银行存款”等科目。

（三）归还借款时，借记本科目，贷记“银行存款”科目。

四、本科目期末贷方余额，反映医院尚未偿还的短期借款本金。

2101 应缴款项

一、本科目核算医院按规定应缴入国库或应上缴行政主管部门的款项。

二、本科目应按应缴款项类别进行明细核算。

三、应缴款项的主要账务处理如下：

（一）出售、报废、毁损固定资产清理后，按照清理收入（包括保险理赔收入）扣除清理费用后的净额，借记“固定资产清理——处置净收入”科目，贷记“其他收入”科目或本科目[按规定上缴时]。

（二）经批准转让无形资产，按照收到的价款，借记“银行存款”等科目，按所发生的相关税费，贷记“应交税费”、“银行存款”等科目，按收到的转让价款扣除相关税费后的金额，贷记“其他收入”科目或本科目[按规定上缴时]。

（三）按规定计算确定或实际取得的其他应缴款项，借记有关科目，贷记本科目。

（四）上缴款项时，借记本科目，贷记“银行存款”等科目。

四、本科目期末贷方余额，反映医院的应缴未缴款项。年终缴清后，本科目应无余额。

2201 应付票据

一、本科目核算医院购买库存物资、医疗设备，接受服务供应等而开出、承兑的商业汇票，包括银行承兑汇票和商业承兑汇票。

二、应付票据的主要账务处理如下：

（一）因购买物资、设备，接受服务供应等开出、承兑商业汇票时，借记“库存物资”、“固定资产”等科目，贷记本科目。支付银行承兑汇票的手续费时，借记“管理费用”科目，贷记“银行存款”科目。以商业承兑汇票抵付应付账款时，借记“应付账款”科目，贷记本科目。

（二）应付票据到期时，应当分别以下情况处理：

收到银行支付到期票据的付款通知时，借记本科目，贷记“银行存款”科目。

无力支付票款的，按照应付票据的账面余额，借记本科目，贷记“应付账款”科目。

（三）如果为带息应付票据，应当在会计期末或票据到期时计算应付利息，借记“管理费用”科目，贷记本科目。到期不能支付的带息应付票据，转入“应付账款”科目核算后，期末时不再计提利息。

三、医院应当设置“应付票据备查簿”，详细登记每一应付票据的种类、号数、签发日期、到期日、票面金额、票面利率、合同交易号、收款人姓名或单位名称，以及付款日期和金额等资料。应付票据到期结清时，应当在备查簿内逐笔注销。

四、本科目期末贷方余额，反映医院持有的尚未到期的应付票据本息。

2202 应付账款

一、本科目核算医院因购买库存物资、固定资产和接受服务供应等而应付给供应单位的款项。

二、本科目应当按照债权人等进行明细核算。

三、应付账款的主要账务处理如下：

（一）发生应付账款时，按照应付未付金额，借记“库存物资”、“固定资产”等科目，贷记本科目。

（二）偿付应付账款时，借记本科目，贷记“银行存款”等科目。

（三）开出、承兑商业汇票抵付应付账款时，借记本科目，贷记“应付票据”科目。

（四）确实无法支付或由其他单位承担的应付账款，借记本科目，贷记“其他收入”科目。

四、本科目期末贷方余额，反映医院尚未支付的应付账款。

2203 预收医疗款

一、本科目核算医院从住院病人、门诊病人等预收的款项。

二、医院应当按照住院病人、门诊病人等，对预收医疗款进行明细核算。

三、预收医疗款的主要账务处理如下：

（一）收到住院病人、门诊病人预交金，按实际预收的金额，借记“银行存款”、“库存现金”等科目，贷记本科目。

（二）与门诊病人结算医疗费时，如病人应付的医疗款金额大于其预交金额，按病人补付金额，借记“库存现金”、“银行存款”等科目，按病人预交金额，借记本科目，按病人应付的医疗款金额，贷记“医疗收入”科目。如病人应付的医疗款金额小于其预交金额，按病人应付的医疗款金额，借记本科目，贷记“医疗收入”科目；退还病人差额的，还应按退还金额，借记本科目，贷记“库存现金”、“银行存款”等科目。

（三）住院病人办理出院手续，结算医疗费时，如病人应付的医疗款金额大于其预交金额，应按病人补付金额，借记“库存现金”、“银行存款”等科目，按病人预交金额，借记本科目，按病人欠费金额，借记“应收医疗款”科目，按病人应付的医疗款金额，贷记“应收在院病人医疗款”科目；如病人应付的医疗款金额小于其预交金额，应按病人预交金额，借记本科目，按病人应付的医疗款金额，贷记“应收在院病人医疗款”科目，按退还给病人的差额，贷记“库存现金”、“银行存款”等科目。

四、本科目期末贷方余额，反映医院向住院病人、门诊病人等预收但尚未结算的款项。

2204 应付职工薪酬

一、本科目核算医院按有关规定应付给职工（包括离退休人员）的各种薪酬，包括工资、津补贴、奖金等。

二、本科目应当按国家有关规定设置明细科目，进行明细核算。

三、应付职工薪酬的主要账务处理如下：

（一）计算分配应付的职工薪酬，借记“医疗业务成本”、“在加工物资”[专门从事物资自制人员发生]、“管理费用”等科目，贷记本科目。

（二）从应付职工薪酬中代扣代缴的各种款项（如职工基本养老保险费、失业保险费、基本医疗保险费、住房公积金、个人所得税等），借记本科目，贷记“应付社会保障费”、“应交税费”等科目。

（三）支付职工薪酬，借记本科目，贷记“财政补助收入”、“零余额账户用款额度”、“银行存款”等科目。

四、本科目期末贷方余额，反映医院应付未付的职工薪酬。

2205 应付福利费

一、本科目核算医院按国家有关规定从成本费用中提取的职工福利费。

二、应付福利费的主要账务处理如下：

（一）提取职工福利费时，按提取金额，借记“医疗业务成本”、“在加工物资”、“管理费用”等科目，贷记本科目。

（二）按规定的开支范围支付职工福利费时，借记本科目，贷记“库存现金”、“银行存款”等科目。

三、本科目期末贷方余额，反映医院已提取但尚未支付的职工福利费金额。

2206 应付社会保障费

一、本科目核算医院按有关规定应付给社会保障机构的各种社会保障费，包括城镇职工基本养老保险费、失业保险费、基本医疗保险费、住房公积金等。

二、本科目应按社会保障费类别设置明细账，进行明细核算。

三、应付社会保障费的主要账务处理如下：

（一）从应付职工薪酬中代扣代缴的社会保障费，借记“应付职工薪酬”科目，贷记本科目。

（二）计算确定应由医院为职工负担的社会保障费，借记“医疗业务成本”、“在加工物资”、“管理费用”等科目，贷记本科目。

（三）支付社会保障费，借记本科目，贷记“财政补助收入”、“零余额账户用款额度”、“银行存款”等科目。

四、本科目期末贷方余额，反映医院应付但尚未支付给社会保障机构的社会保障费。

2207 应交税费

一、本科目核算医院按照国家有关税法规定应当交纳或代扣代缴的各种税费，包括营业税、城市维护建设税、教育费附加、个人所得税、车船使用税、房产税等。医院应交纳的印花税不需要预提应交税费，直接通过“管理费用”科目核算，不在本科目核算。

二、本科目应当按应交的税费种类设置明细账，进行明细核算。

三、应交税费的主要账务处理如下：

（一）发生营业税、城市维护建设税、教育费附加纳税义务的，按照税法规定计算的应交税费金额，借记“固定资产清理”[出售不动产应交的税费]、“其他支出”等科目，贷记本科目。实际交纳时，借记本科目，贷记“银行存款”等科目。

（二）发生代扣代缴个人所得税纳税义务的，按照税法规定计算应代扣代交的个人所得税，借记“应付职工薪酬”科目，贷记本科目。实际交纳时，借记本科目，贷记“银行存款”等科目。

（三）按税法规定计算的应交房产税、车船使用税等，借记“管理费用”科目，贷记本科目。实际交纳时，借记本科目，贷记“银行存款”等科目。

（四）发生其他纳税义务的，按照应交纳的税金，借记有关科目，贷记本科目。实际交纳时，借记本科目，贷记“银行存款”等科目。

四、本科目期末贷方余额，反映医院尚未交纳的税费。

2209 其他应付款

一、本科目核算医院除应缴款项、应付票据、应付账款、预收医疗款、应付职工薪酬、应付福利费、应付社会保障费、应交税费以外的其他各项应付、暂收款项，如存入保证金等。

二、本科目应当按照应付、暂收款项的类别和单位或个人设置明细账，进行明细核算。

三、其他应付款的主要账务处理如下：

（一）发生的各项应付、暂收款项，借记“银行存款”等科目，贷记本科目。

（二）支付款项时，借记本科目，贷记“银行存款”等科目。

（三）确实无法支付或由其他单位承担的其他应付款，借记本科目，贷记“其他收入”科目。

四、本科目期末贷方余额，反映医院尚未支付的其他应付款项。

2301 预提费用

一、本科目核算医院预先提取的已经发生但尚未支付的费用，如预提的短期借款利息等。

二、本科目应当按照预提费用种类设置明细账，进行明细核算。

三、预提费用的主要账务处理如下：

（一）按规定预提短期借款利息等时，按照预提的金额，借记“管理费用”等科目，贷记本科目。

（二）实际支付款项时，借记本科目，贷记“银行存款”等科目。

四、本科目期末贷方余额，反映医院已预提但尚未支付的各项费用。

2401 长期借款

一、本科目核算医院按规定向银行或其他金融机构借入的偿还期限在1年以上（不含1年）的各项借款及发生的相关利息。

二、本科目应当按贷款单位、具体贷款种类等进行明细核算。

三、长期借款的主要账务处理如下：

（一）借入长期借款时，按照实际借入额，借记“银行存款”科目，贷记本科目。

（二）为购建固定资产发生的专门借款利息，属于工程项目建设期间发生的，计入工程成本，借记“在建工程”科目，贷记本科目；属于工程完工交付使用后发生的，计入管理费用，借记“管理费用”科目，贷记本科目。

其他的长期借款利息应当计入管理费用，借记“管理费用”科目，贷记本科目。

（三）归还长期借款本息时，借记本科目，贷记“银行存款”科目。

四、本科目期末贷方余额，反映医院尚未偿还的长期借款本息。

2402 长期应付款

一、本科目核算医院发生的偿还期限在1年以上（不含1年）的应付款项，如融资租入固定资产的租赁费等。

二、本科目应当按照长期应付款的种类设置明细账，进行明细核算。

三、长期应付款的主要账务处理如下：

（一）发生长期应付款时，借记“固定资产”等科目，贷记本科目。

（二）支付长期应付款时，借记本科目，贷记“银行存款”科目。

四、本科目期末贷方余额，反映医院尚未支付的各种长期应付款。

三、净资产类

3001 事业基金

一、本科目核算医院拥有的非限定用途的净资产，主要包括滚存的结余资金和科教项目结余解除限定后转入的金额等。

二、事业基金的主要账务处理如下：

（一）按规定将科教项目结项后的结余资金转入事业基金时，借记“科教项目结转（余）”科目，贷记本科目。

(二)年末,将当年未分配结余转入事业基金时,借记“结余分配——转入事业基金”科目,贷记本科目。

(三)年末,用事业基金弥补亏损时,借记本科目,贷记“结余分配——事业基金弥补亏损”科目。

三、医院发生需要调整以前年度结余的事项,凡国家另有规定的,从其规定;没有规定的,应通过本科目进行核算,并在会计报表附注中予以说明。

四、本科目期末贷方余额,反映医院非限定用途净资产的金额。

3101 专用基金

一、本科目核算医院按规定设置、提取的具有专门用途的净资产,如职工福利基金、医疗风险基金等。

二、本科目应按照基金类别设置明细账,进行明细核算。

三、专用基金的主要账务处理如下:

(一)按照有关规定提取职工福利基金时,借记“结余分配——提取职工福利基金”科目,贷记本科目(职工福利基金)。

(二)按照有关规定提取医疗风险基金时,借记“医疗业务成本”科目,贷记本科目(医疗风险基金)。

(三)按规定使用专用基金时,借记本科目,贷记“银行存款”等科目。所提取的医疗风险基金不足支付时,按照超出部分的金额,借记“医疗业务成本”科目,贷记“银行存款”等科目。

四、本科目期末贷方余额,反映医院按规定设置、提取的具有专门用途净资产的金额。

3201 待冲基金

一、本科目核算医院使用财政补助、科教项目收入购建固定资产、无形资产或购买药品、卫生材料等物资所形成的,留待计提资产折旧、摊销或领用发出库存物资时予以冲减的基金。

二、本科目应设置“待冲财政基金”和“待冲科教项目基金”两个明细科目,进行明细核算。其中,“待冲财政基金”明细科目核算使用财政补助购建固定资产、无形资产或购买药品、卫生材料等物资所形成的,留待计提资产折旧、摊销或领用发出库存物资时予以冲减的基金;“待冲科教项目基金”明细科目核算使用科教项目收入购入固定资产、无形资产或购买药品、卫生材料等物资所形成的,留待计提资产折旧、摊销或领用发出库存物资时予以冲减的基金。

三、待冲基金应当在使用财政补助、科教项目收入购建固定资产、无形资产或购买药品、卫生材料等物资发生支出时予以确认,并在相关固定资产、无形资产按期计提折旧、摊销或领用发出库存物资时予以冲减。领用发出库存物资一并冲减的待冲基金金额为发出库存物资所对应的待冲基金金额。随相关固定资产、无形资产各期计提折旧、摊销一并冲减的待冲基金金额按照以下公式计算确定:

相关资产计提折旧、摊销时应冲减的待冲基金金额=相关资产应计提的折旧、摊销额×相关资产入账成本中财政补助资金或科教项目资金所占的比例

相关固定资产、无形资产在提足折旧、摊销前处置、盘亏的,以及相关库存物资在领用发出前发生盘亏、变质、毁损的,应当在将该资产予以冲销的同时,将该资产所对应的尚未冲减完毕的待冲基金一并冲销。

四、待冲基金的主要账务处理如下:

(一)使用财政补助资金为购建固定资产、无形资产或购买药品、卫生材料等库存物资发生支出时,按照实际支出金额,借记“财政项目补助支出”等科目,贷记“财政补助收入”、“零余额账户用款额度”、“银行存款”等科目;同时,借记“在建工程”、“固定资产”、“无形资产”、“库存物资”等科目,贷记“待冲基金——待冲财政基金”科目。

(二)使用科教项目资金为购入固定资产、无形资产或购买药品、卫生材料等库存物资发生支出时,按照实际支出金额,借记“科教项目支出”科目,贷记“银行存款”等科目;同时,借记“固定资产”、“无形资产”、“库存物资”等科目,贷记“待冲基金——待冲科教项目基金”科目。

(三)财政补助、科教项目资金形成的固定资产、无形资产计提折旧、摊销时,按照财政补助、科教项目资金形成的金额部分,借记本科目,按照应提折旧、摊销额中的其余金额部分,借记“医疗业务成本”、“管理费用”等科目,按照应计提的折旧、摊销额,贷记“累计折旧”、“累计摊销”科目。

(四)领用、发出财政补助、科教项目资金形成的库存物资时,按发出物资所对应的待冲基金金额,借记本科目,贷记“库存物资”科目。

(五)处置、盘亏财政补助、科教项目资金形成的固定资产、无形资产,以及财政补助、科教项目资金形成的库存物资发生盘亏、变质、毁损的,应当在进行相关账务处理的同时,按该项资产对应的尚未冲减完毕的

待冲基金数额，借记本科目，贷记“固定资产”、“无形资产”、“库存物资”等科目。

五、本科目期末贷方余额，反映医院尚未冲减完毕的待冲基金数额。

3301 财政补助结转(余)

一、本科目核算医院历年滚存的财政补助结转和结余资金，包括基本支出结转、项目支出结转和项目支出结余。

二、本科目应当设置“财政补助结转”、“财政补助结余”两个一级明细科目。

(一)“财政补助结转”明细科目“财政补助结转”一级明细科目下应设置“基本支出结转”、“项目支出结转”两个二级明细科目。“基本支出结转”二级明细科目下应按照《政府收支分类科目》中“支出功能分类科目”的相关科目进行明细核算。

“项目支出结转”二级明细科目下应按照《政府收支分类科目》中“支出功能分类科目”的“医疗卫生”、“科学技术”、“教育”等相关科目以及具体项目进行明细核算。

(二)“财政补助结余”明细科目“财政补助结余”一级明细科目下应当按照《政府收支分类科目》中“支出功能分类科目”的相关科目进行明细核算。

三、财政补助结转(余)的主要账务处理如下：

(一)期末，将本期财政项目补助收入结转入财政补助结转(余)时，借记“财政补助收入——项目支出”科目，贷记本科目(财政补助结转——项目支出结转)；将本期财政项目补助支出结转入财政补助结转(余)时，借记本科目(财政补助结转——项目支出结转)，贷记“财政项目补助支出”科目。

(二)年末，将本年财政基本补助结转转入财政补助结转(余)时，按“财政补助收入——基本支出”明细科目本年发生额减去“医疗业务成本”、“管理费用”科目下“财政基本补助支出”备查簿中登记的本年发生额合计后的金额，借记“本期结余”科目，贷记本科目(财政补助结转——基本支出结转)。

(三)年末，完成上述(一)、(二)结转后，应当对本科目下“财政补助结转——项目支出结转”明细科目下所属各明细项目的执行情况进行分析，按照有关规定将符合财政补助结余资金性质的对应项目的贷方余额转入本科目下“财政补助结余”明细科目。按照各项目结转金额，借记本科目(财政补助结转——项目支出结转——××项目)，贷记本科目(财政补助结余)。

(四)按规定向主管部门等上缴财政补助结转和结余资金、注销财政补助结转和结余额度等时，按实际上缴资金数额或注销的资金额度数额，借记本科目，贷记“财政应返还额度”、“零余额账户用款额度”、“银行存款”等科目。

四、本科目期末贷方余额，反映医院财政补助结转和结余资金数额。

3302 科教项目结转(余)

一、本科目核算医院尚未结项的非财政资助科研、教学项目累计所取得收入减去累计发生支出后的，留待下期按原用途继续使用的结转资金，以及医院已经结项但尚未解除限定的非财政科教项目结余资金。

这里的“项目”，指医院从财政部门以外的部门或单位取得的、具有指定用途、项目完成后需要报送项目资金支出决算和使用效果书面报告的资金所对应的项目。

这里的“累计发生支出”，指使用非财政科研、教学项目收入累计所发生的支出。

二、本科目应设置“科研项目结转(余)”、“教学项目结转(余)”两个明细科目，并按具体项目进行明细核算。

三、科教项目结转(余)的主要账务处理如下：

(一)期末，结转本期科教项目收入，借记“科教项目收入”科目，贷记本科目。

(二)期末，结转本期科教项目支出，借记本科目，贷记“科教项目支出”科目。

(三)科教项目结项后如有结余资金并解除限定可以转入事业基金的，按照结转金额，借记本科目，贷记“事业基金”科目。

四、本科目期末贷方余额，反映医院留待下期按原用途继续使用的非财政科研、教学项目结转资金数额以及尚未解除限定的非财政科研、教学项目结余资金数额。

3401 本期结余

一、本科目核算医院本期除财政项目补助收支、科教项目收支以外的各项收入减去各项费用后的结余。

二、本期结余的主要账务处理如下：

(一)期末,应将除财政项目补助收支、科教项目收支以外的其他各收入、费用类科目的本期发生额结转入本期结余。按照应结转的各收入类科目的本期发生额,借记“医疗收入”、“财政补助收入——基本支出”、“其他收入”科目,贷记本科目;同时,按照应结转的各费用类科目的本期发生额,借记本科目,贷记“医疗业务成本”、“管理费用”、“其他支出”科目。

(二)年末,经过上述(一)结转后,首先,应将本年财政基本补助结转转入财政补助结转(余),按“财政补助收入——基本支出”明细科目本年发生额减去“医疗业务成本”、“管理费用”科目下“财政基本补助支出”备查簿中登记的本年发生额合计后的金额,借记本科目,贷记“财政补助结转(余)——财政补助结转(基本支出结转)”科目。

其次,将扣除财政基本补助结转后本年实现的业务结余(或发生的业务亏损)结转入结余分配。如扣除财政基本补助结转后本科目为贷方余额(即为本年实现的业务结余),借记本科目,贷记“结余分配”科目;如扣除财政基本补助结转后本科目为借方余额(即为本年发生的业务亏损),借记“结余分配”科目,贷记本科目。

三、本科目期末如为贷方余额,反映医院自年初至报告期末累计实现的业务结余;如为借方余额,反映医院自年初至报告期末累计发生的业务亏损。年末结转后,本科目应无余额。

3501 结余分配

一、本科目核算医院当年提取职工福利基金、未分配结余结转事业基金、用事业基金弥补亏损等的情况和结果。

二、本科目应设置“事业基金弥补亏损”、“提取职工福利基金”、“转入事业基金”等明细科目,进行明细核算。

三、结余分配的主要账务处理如下:

(一)年末,将本年扣除财政基本补助结转后实现的业务结余结转入结余分配时,借记“本期结余”科目,贷记本科目;将本年扣除财政基本补助结转后发生的业务亏损结转入结余分配时,借记本科目,贷记“本期结余”科目。

(二)经过上述(一)结转后,本科目为贷方余额的,可以按国家有关规定提取职工福利基金,剩余部分转入事业基金。提取职工福利基金时,借记本科目(提取职工福利基金),贷记“专用基金”科目;将提取职工福利基金后本科目的贷方余额转入事业基金时,借记本科目(转入事业基金),贷记“事业基金”科目。

(三)经过上述(一)结转后,本科目为借方余额的,应由事业基金弥补,不得进行其他分配;事业基金不足以弥补的,为累计未弥补亏损。以事业基金弥补亏损时,借记“事业基金”科目,贷记本科目(事业基金弥补亏损)。

四、年末将未分配结余转入事业基金后,本科目一般应无余额。本科目年末有借方余额的,表示医院累计未弥补的亏损。

四、收入类

4001 医疗收入

一、本科目核算医院开展医疗服务活动取得的收入,包括门诊收入和住院收入。

二、本科目应设置“门诊收入”、“住院收入”两个一级明细科目。

(一)“门诊收入”一级明细科目“门诊收入”一级明细科目核算医院为门诊病人提供医疗服务所取得的收入。该一级明细科目下应当设置“挂号收入”、“诊察收入”、“检查收入”、“化验收入”、“治疗收入”、“手术收入”、“卫生材料收入”、“药品收入”、“药事服务费收入”、“其他门诊收入”、“结算差额”等二级明细科目,进行明细核算。其中:

“药品收入”二级明细科目下,应设置“西药”、“中成药”、“中草药”等三级明细科目。

“结算差额”二级明细科目核算医院同医疗保险机构结算时,因医院按照医疗服务项目收费标准计算确认的应收医疗款金额与医疗保险机构实际支付金额不同,而产生的需要调整医院医疗收入的差额(不包括医院因违规治疗等管理不善原因被医疗保险机构拒付所产生的差额)。医院因违规治疗等管理不善原因被医疗保险机构拒付而不能收回的应收医疗款,应按规定确认为坏账损失,不通过本明细科目核算。

(二)“住院收入”一级明细科目

“住院收入”一级明细科目核算医院为住院病人提供医疗服务所取得的收入。该一级明细科目下应当设置"床位收入"、"诊察收入"、"检查收入"、"化验收入"、"治疗收入"、"手术收入"、"护理收入"、"卫生材料收入"、"药品收入"、"药事服务费收入"、"其他住院收入"、"结算差额"等二级明细科目，进行明细核算。其中：

"药品收入"二级明细科目下，应设置"西药"、"中成药"、"中草药"等三级明细科目。

"结算差额"二级明细科目的核算内容同"门诊收入"一级明细科目所属的"结算差额"二级明细科目。

三、医疗收入应当在提供医疗服务(包括发出药品)并收讫价款或取得收款权利时，按照国家规定的医疗服务项目收费标准计算确定的金额确认入账。医院给予病人或其他付费方的折扣不计入医疗收入。

医院同医疗保险机构结算时，医疗保险机构实际支付金额与医院确认的应收医疗款金额之间存在差额的，对于除医院因违规治疗等管理不善原因被医疗保险机构拒付所产生的差额以外的差额，应当调整医疗收入。

四、医疗收入的主要账务处理如下：

(一)实现医疗收入时，按照依据规定的医疗服务项目收费标准计算确定的金额(不包括医院给予病人或其他付费方的折扣)，借记"库存现金"、"银行存款"、"应收在院病人医疗款"、"应收医疗款"等科目，贷记本科目。

(二)同医疗保险机构结算应收医疗款时，按照实际收到的金额，借记"银行存款"科目，按照医院因违规治疗等管理不善原因被医疗保险机构拒付的金额，借记"坏账准备"科目，按照应收医疗保险机构的金额，贷记"应收医疗款"科目，按照借贷方之间的差额，借记或贷记本科目(门诊收入、住院收入——结算差额)。

(三)期末，将本科目余额转入本期结余，借记本科目，贷记"本期结余"科目。

五、期末结转后，本科目应无余额。

4101 财政补助收入

一、本科目核算医院按部门预算隶属关系从同级财政部门取得的各类财政补助。

二、本科目应设置"基本支出"和"项目支出"两个一级明细科目。其中，"基本支出"明细科目核算医院由财政部门拨入的符合国家规定的离退休人员经费、政策性亏损补贴等经常性补助；"项目支出"明细科目核算医院由财政部门拨入的主要用于基本建设和设备购置、重点学科发展、承担政府指定公共卫生任务等的专项补助。

"基本支出"一级明细科目下应按照《政府收支分类科目》中"支出功能分类科目"的相关科目进行明细核算。

"项目支出"一级明细科目下应按照《政府收支分类科目》中"支出功能分类科目"的"医疗卫生"、"科学技术"、"教育"等相关科目以及具体项目进行明细核算。

三、财政补助采用国库集中支付方式下拨时，在财政直接支付方式下，应在收到代理银行转来的《财政直接支付入账通知书》时，按照通知书中的直接支付入账金额确认财政补助收入；在财政授权支付方式下，应在收到代理银行转来的《授权支付到账通知书》时，按照通知书中的授权支付额度确认财政补助收入。

其他方式下拨的财政补助，应在实际取得补助时确认财政补助收入。

四、财政补助收入的主要账务处理如下：

(一)财政直接支付方式下，按照财政直接支付金额，借记"医疗业务成本"、"财政项目补助支出"等科目，贷记本科目；对于为购建固定资产、无形资产或购买药品等库存物资而由财政直接支付的支出，还应借记"在建工程"、"固定资产"、"无形资产"、"库存物资"等科目，贷记"待冲基金——待冲财政基金"科目。

年度终了，医院根据本年度财政直接支付预算指标数与当年财政直接支付实际支出数的差额，借记"财政应返还额度——财政直接支付"科目，贷记本科目。

(二)财政授权支付方式下，按照财政授权支付到账额度金额，借记"零余额账户用款额度"科目，贷记本科目。

年度终了，医院本年度财政授权支付预算指标数大于零余额账户用款额度下达数的，借记"财政应返还额度——财政授权支付"科目，贷记本科目。

(三)其他方式下，实际收到财政补助收入时，按照实际收到的金额，借记"银行存款"等科目，贷记本科目。

(四)期末,将本科目的贷方余额分别转入本期结余和财政补助结转(余)。按本科目(基本支出)的贷方余额,借记本科目(基本支出),贷记"本期结余"科目;按本科目(项目支出)的贷方余额,借记本科目(项目支出),贷记"财政补助结转(余)——财政补助结转(项目支出结转)"科目。

五、期末结转后,本科目应无余额。

4201 科教项目收入

一、本科目核算医院取得的除财政补助收入外专门用于科研、教学项目的补助收入。

二、本科目应设置"科研项目收入"、"教学项目收入"两个明细科目,并按具体项目进行明细核算。

三、科教项目收入应当在实际收到时,按照实际收到的金额予以确认。

四、科教项目收入的主要账务处理如下:

(一)取得除财政补助收入以外的科研、教学项目资金时,按收到的金额,借记"银行存款"等科目,贷记本科目。

(二)期末,将本科目余额转入科教项目结转(余),借记本科目,贷记"科教项目结转(余)"科目。

五、期末结转后,本科目应无余额。

4301 其他收入

一、本科目核算医院除医疗收入、财政补助收入、科教项目收入以外的其他收入,包括培训收入、食堂收入、银行存款利息收入、租金收入、投资收益、财产物资盘盈收入、捐赠收入、确实无法支付的应付款项等。

二、本科目应当按照其他收入的种类设置明细账,进行明细核算。其中,医院对外投资实现的投资净损益,应单设"投资收益"明细科目进行核算。

三、其他收入的主要账务处理如下:

(一)取得培训收入、食堂收入、银行存款利息收入等时,按照实际收到的金额,借记"库存现金"、"银行存款"等科目,贷记本科目。

(二)固定资产出租收入,在租赁期内各个期间按直线法确认收入。

采用预付租金方式的,收到预付的租金时,借记"银行存款"等科目,贷记"其他应收款"科目;分期确认租金收入时,借记"其他应收款"科目,贷记本科目。

采用后付租金方式的,每期确认租金收入时,借记"其他应收款"科目,贷记本科目。收到租金时,借记"银行存款"等科目,贷记"其他应收款"科目。

采用分期收取租金方式的,每期收取租金时,借记"银行存款"等科目,贷记本科目。

(三)投资收益

1. 短期投资持有期间收到利息等投资收益时,按实际收到的金额,借记"银行存款"等科目,贷记本科目(投资收益)。

出售或到期收回短期债券本息,按实际收到的金额,借记"银行存款"科目,按出售或收回短期投资的成本,贷记"短期投资"科目,按其差额,借记或贷记本科目(投资收益)。

2. 长期股权投资持有期间,被投资单位宣告分派利润时,按照宣告分派的利润中属于医院应享有的份额,借记"其他应收款"科目,贷记本科目(投资收益)。

处置长期股权投资时,按照实际取得的价款,借记"银行存款"等科目,按照所处置长期股权投资的账面余额,贷记"长期投资——股权投资"科目,按照尚未领取的已宣告分派的利润,贷记"其他应收款"科目,按照其差额,借记或贷记本科目(投资收益)。

3. 持有的长期债券投资,应在债券持有期间按照票面价值与票面利率按期计算确认利息收入,如为到期一次还本付息的债券投资,借记"长期投资——债权投资(应收利息)"科目,贷记本科目(投资收益);如为分期付息、到期还本的债券投资,借记"其他应收款"科目,贷记本科目(投资收益)。

出售长期债权投资或到期收回长期债权投资本息,按照实际收到的金额,借记"银行存款"等科目,按照债券初始投资成本和已计未收利息金额,贷记"长期投资——债权投资(成本、应收利息)"科目[到期一次还本付息债券],或"长期投资——债权投资"、"其他应收款"科目[分期付息债券],按照其差额,贷记或借记本科目(投资收益)。

(四)盘盈的库存物资、固定资产等,在经批准处理时,借记"待处理财产损溢"科目,贷记本科目。

(五)接受的捐赠资金,按照实际收到的金额,借记"银行存款"等科目,贷记本科目;接受的实物资产捐赠，按照同类或类似资产的市场价格或有关凭据注明的金额加上相关税费，借记“固定资产”等科目，按发生的相关税费金额，贷记“银行存款”等科目，按其差额，贷记本科目。

（六）确实无法支付的应付款项，按照经批准核销的金额，借记“应付账款”、“其他应付款”科目，贷记本科目。

（七）期末，将本科目余额转入本期结余，借记本科目，贷记“本期结余”科目。

四、期末结转后，本科目应无余额。

五、费用类

5001 医疗业务成本

一、本科目核算医院开展医疗服务及其辅助活动发生的各项费用，包括人员经费、耗用的药品及卫生材料费、固定资产折旧费、无形资产摊销费、提取医疗风险基金和其他费用，不包括财政补助收入和科教项目收入形成的固定资产折旧和无形资产摊销。

医院统一负担的离退休人员经费在“管理费用”科目核算，不在本科目核算。

使用财政基本补助发生的归属于医疗业务成本的支出，在本科目核算；使用财政项目补助发生的支出，在“财政项目补助支出”科目核算，不在本科目核算。

医院开展科研、教学项目使用自筹配套资金发生的支出，以及医院开展的不与本制度规定的特定“项目”相关的医疗辅助科研、教学活动发生的相关人员经费、专用材料费、资产折旧（摊销）费等费用，在本科目核算，不在“财政项目补助支出”、“科教项目支出”科目核算。

二、本科目应设置“人员经费”、“卫生材料费”、“药品费”、“固定资产折旧费”、“无形资产摊销费”、“提取医疗风险基金”、“其他费用”等一级明细科目，并按照各具体科室进行明细核算，归集临床服务、医疗技术、医疗辅助类各科室发生的，能够直接计入各科室或采用一定方法计算后计入各科室的直接成本。

“人员经费”、“其他费用”明细科目下还应参照《政府收支分类科目》中“支出经济分类科目”的相关科目进行明细核算。

医院应当在本科目下设置“财政基本补助支出”备查簿，按《政府收支分类科目》中“支出功能分类科目”以及“支出经济分类科目”的相关科目，对各项归属于医疗业务成本的财政基本补助支出进行登记。

三、医疗业务成本的主要账务处理如下：

（一）为从事医疗活动及其辅助活动人员计提的薪酬、福利费等，借记本科目（人员经费），贷记“应付职工薪酬”、“应付福利费”、“应付社会保障费”等科目。

（二）开展医疗活动及其辅助活动中，内部领用或出售发出的药品、卫生材料等，按其实际成本，借记本科目（卫生材料费、药品费），贷记“库存物资”科目。

（三）开展医疗活动及其辅助活动所使用固定资产、无形资产计提的折旧、摊销，按照财政补助、科教项目资金形成的金额部分，借记“待冲基金”科目，按照应提折旧、摊销额中的其余金额部分，借记本科目（固定资产折旧费、无形资产摊销费），按照应计提的折旧、摊销额，贷记“累计折旧”、“累计摊销”科目。

（四）计提的医疗风险基金，按照计提金额，借记本科目（提取医疗风险基金），贷记“专用基金——医疗风险基金”科目。

（五）开展医疗活动及其辅助活动中发生的其他各项费用，借记本科目（其他费用），贷记“银行存款”、“待摊费用”等科目。

（六）期末，将本科目余额转入本期结余，借记“本期结余”科目，贷记本科目。

四、期末结转后，本科目应无余额。

5101 财政项目补助支出

一、本科目核算医院本期使用财政项目补助（包括当年取得的财政补助和以前年度结转或结余的财政补助）发生的支出。

二、本科目应当按照《政府收支分类科目》中“支出功能分类科目”的“医疗卫生”、“科学技术”、“教育”等相关科目以及具体项目进行明细核算。

三、财政项目补助支出的主要账务处理如下：

（一）财政直接支付方式下，发生财政直接支付的项目补助时，按照支付金额，借记本科目，贷记“财政补助收入”科目；对于为购建固定资产、无形资产或购买药品等物资而由财政直接支付的支出，还应借记“在建工程”、“固定资产”、“无形资产”、“库存物资”等科目，贷记“待冲基金——待冲财政基金”科目。

（二）财政授权支付方式下，使用零余额账户用款额度发生项目补助支付时，按照支付金额，借记本科目，贷记“零余额账户用款额度”科目；对于为购建固定资产、无形资产或购买药品等物资而由财政授权支付的支出，还应借记“在建工程”、“固定资产”、“无形资产”、“库存物资”等科目，贷记“待冲基金——待冲财政基金”科目。

（三）其他方式下，发生财政项目补助支出时，按照实际支付的金额，借记本科目，贷记“银行存款”等科目；对于为购建固定资产、无形资产或购买药品等物资发生的支出，还应借记“在建工程”、“固定资产”、“无形资产”、“库存物资”等科目，贷记“待冲基金——待冲财政基金”科目。

（四）期末，将本科目余额转入财政补助结转（余），借记“财政补助结转（余）——财政补助结转（项目支出结转）”科目，贷记本科目。

四、期末结转后，本科目应无余额。

5201 科教项目支出

一、本科目核算医院使用除财政补助收入以外的科研、教学项目收入开展科研、教学项目活动所发生的各项支出。

二、本科目应设置“科研项目支出”、“教学项目支出”两个明细科目，并按具体项目进行明细核算。医院还应设置相应的辅助账，登记开展各科研、教学项目所使用自筹配套资金的情况。

三、科教项目支出的主要账务处理如下：

（一）使用科教项目收入发生的各项支出，按实际支出金额，借记本科目，贷记“银行存款”等科目；形成固定资产、无形资产、库存物资的，还应同时借记“固定资产”、“无形资产”、“库存物资”等科目，贷记“待冲基金——待冲科教项目基金”科目。

（二）期末，将本科目余额转入科教项目结转（余），借记“科教项目结转（余）”科目，贷记本科目。

四、期末结转后，本科目应无余额。

5301 管理费用

一、本科目核算医院行政及后勤管理部门为组织、管理医疗、科研、教学业务活动所发生的各项费用，包括医院行政及后勤管理部门发生的人员经费、公用经费、资产折旧（摊销）费等费用，以及医院统一负担的离退休人员经费、坏账损失、银行借款利息支出、银行手续费支出、汇兑损益、聘请中介机构费、印花税、房产税、车船使用税等。

为购建固定资产取得的专门借款，在工程项目建设期间的借款利息应予资本化，不在本科目核算；在工程完工交付使用后发生的专门借款利息，在本科目核算。

使用财政基本补助发生的归属于管理费用的支出，在本科目核算；使用财政项目补助发生的支出，在“财政项目补助支出”科目核算，不在本科目核算。

二、本科目应设置“人员经费”、“固定资产折旧费”、“无形资产摊销费”、“其他费用”等一级明细科目。其中：“人员经费”、“其他费用”明细科目下应参照《政府收支分类科目》中“支出经济分类科目”的相关科目进行明细核算。

医院应当在本科目下设置“财政基本补助支出”备查簿，按《政府收支分类科目》中“支出功能分类科目”以及“支出经济分类科目”的相关科目，对各项归属于管理费用的财政基本补助支出进行登记。

三、管理费用的主要账务处理如下：

（一）为行政及后勤管理部门人员以及离退休人员计提的薪酬、福利费等，借记本科目（人员经费），贷记“应付职工薪酬”、“应付福利费”、“应付社会保障费”等科目。

（二）行政及后勤管理部门所使用固定资产、无形资产计提的折旧、摊销，按照财政补助、科教项目资金形成的金额部分，借记“待冲基金”科目，按照应提折旧、摊销额中的其余金额部分，借记本科目（固定资产折旧费、无形资产摊销费），按照应计提的折旧、摊销额，贷记“累计折旧”、“累计摊销”科目。

（三）提取坏账准备时，借记本科目（其他费用），贷记“坏账准备”科目；冲减坏账准备时，借记“坏账准备”科目，贷记本科目（其他费用）。

（四）发生应计入管理费用的银行借款利息支出时，借记本科目（其他费用），贷记“预提费用”、“银行存款”、“长期借款”等科目。

发生汇兑净收益时，借记“银行存款”、“应付账款”等科目，贷记本科目(其他费用)；发生汇兑净损失时，借记本科目(其他费用)，贷记“银行存款”、“应付账款”等科目。

(五)发生其他各项管理费用时，借记本科目(其他费用)，贷记“库存现金”、“银行存款”、“库存物资”、“待摊费用”等科目。

(六)期末，将本科目余额转入本期结余，借记“本期结余”科目，贷记本科目。

四、期末结转后，本科目应无余额。

5302 其他支出

一、本科目核算医院本期发生的，无法归属到医疗业务成本、财政项目补助支出、科教项目支出、管理费用中的支出，包括培训支出，食堂提供服务发生的支出，出租固定资产的折旧费，营业税、城市维护建设税、教育费附加等税费，财产物资盘亏或毁损损失，捐赠支出，罚没支出等。

二、本科目应当按照其他支出的种类和项目设置明细账，进行明细核算。

三、其他支出的主要账务处理如下：

(一)为出租固定资产计提的折旧额，按照财政补助、科教项目资金形成的金额部分，借记“待冲基金”科目，按照应提折旧额中的其余金额部分，借记本科目，按照应计提的折旧额，贷记“累计折旧”科目。

(二)盘亏、变质、毁损的财产物资，按照相关待处理财产损溢金额扣除可以收回的保险赔偿和过失人的赔偿等后的金额，借记本科目，按照已收回或应收回的保险赔偿和过失人赔偿等，借记“库存现金”、“银行存款”、“其他应收款”等科目，按照相关待处理财产损溢余额，贷记“待处理财产损溢”科目。

(三)发生营业税、城市维护建设税、教育费附加等纳税义务的，按照税法规定计算的应交税费金额，借记本科目、“固定资产清理”等科目，贷记“应交税费”科目。

(四)发生培训支出、食堂支出、捐赠支出、罚没支出等其他支出，借记本科目，贷记“银行存款”等科目。

(五)期末，将本科目余额转入本期结余，借记“本期结余”科目，贷记本科目。

四、期末结转后，本科目应无余额。

第四部分　会计报表格式

编　　号	会计报表名称	编　　制　　期
会医 01 表	资产负债表	月度、季度、年度
会医 02 表	收入费用总表	月度、季度、年度
会医 02 表附表 01	医疗收入费用明细表	月度、季度、年度
会医 03 表	现金流量表	年度
会医 04 表	财政补助收支情况表	年度

资产负债表

会医 01 表

编制单位：　　　　　　年　月　日　　　　　　单位：元

资　　产	期末余额	年初余额	负债和净资产	期末余额	年初余额
流动资产：			流动负债：		
货币资金			短期借款		
短期投资			应缴款项		
财政应返还额度			应付票据		

（续表）

资　　产	期末余额	年初余额	负债和净资产	期末余额	年初余额
应收在院病人医疗款			应付账款		
应收医疗款			预收医疗款		
其他应收款			应付职工薪酬		
减:坏账准备			应付福利费		
预付账款			应付社会保障费		
存货			应交税费		
待摊费用			其他应付款		
一年内到期的长期债权投资			预提费用		
流动资产合计			一年内到期的长期负债		
非流动资产:			流动负债合计		
长期投资			非流动负债:		
固定资产			长期借款		
固定资产原价			长期应付款		
减:累计折旧			非流动负债合计		
在建工程			负债合计		
固定资产清理			净资产:		
无形资产			事业基金		
无形资产原价			专用基金		
减:累计摊销			待冲基金		
长期待摊费用			财政补助结转(余)		
待处理财产损溢			科教项目结转(余)		
非流动资产合计			本期结余		
			未弥补亏损		
			净资产合计		
资产总计			负债和净资产总计		

收入费用总表

会医 02 表

编制单位:　　　　　　　　年　月　　　　　　　　单位:元

项　　目	本月数	本年累计数
一、医疗收入		
加:财政基本补助收入		
减:医疗业务成本		

（续表）

项　　目	本月数	本年累计数
减:管理费用		
二、医疗结余		
加:其他收入		
减:其他支出		
三、本期结余		
减:财政基本补助结转		
四、结转入结余分配		
加:年初未弥补亏损		
加:事业基金弥补亏损		
减:提取职工福利基金		
转入事业基金		
年末未弥补亏损		
五、本期财政项目补助结转(余):		
财政项目补助收入		
减:财政项目补助支出		
六、本期科教项目结转(余):		
科教项目收入		
减:科教项目支出		

医疗收入费用明细表

会医 02 表附表 01

编制单位:　　　　　　　　　　年　月　　　　　　　　　　单位:元

项　　目	本月数	本年累计数	项　　目	本月数	本年累计数
医疗收入			医疗成本		
1. 门诊收入			(一)按性质分类		
其中:挂号收入			1. 人员经费		
诊察收入			2. 卫生材料费		
检查收入			3. 药品费		
化验收入			4. 固定资产折旧费		
治疗收入			5. 无形资产摊销费		
手术收入			6. 提取医疗风险基金		
卫生材料收入			7. 其他费用		
药品收入			(二)按功能分类		

（续表）

项　　目	本月数	本年累计数	项　　目	本月数	本年累计数
其中：西药收入			1. 医疗业务成本		
中草药收入			其中：临床服务成本		
中成药收入			医疗技术成本		
药事服务费收入			医疗辅助成本		
其他门诊收入			2. 管理费用		
2. 住院收入					
其中：床位收入					
诊察收入					
检查收入					
化验收入					
治疗收入					
手术收入					
护理收入					
卫生材料收入					
药品收入					
其中：西药收入					
中草药收入					
中成药收入					
药事服务费收入					
其他住院收入					

现 金 流 量 表

会医 03 表

编制单位：　　　　年度　　　　单位：元

项　　目	行　　次	金　　额
一、业务活动产生的现金流量：		
开展医疗服务活动收到的现金		
财政基本支出补助收到的现金		
非资本性项目补助收到的现金		
从事科教项目活动收到的除财政补助以外的现金		
收到的其他与业务活动有关的现金		
现金流入小计		
发生人员经费支付的现金		

（续表）

项　　目	行　　次	金　　额
购买药品支付的现金		
购买卫生材料支付的现金		
使用财政非资本性项目补助支付的现金		
使用科教项目收入支付的现金		
支付的其他与业务活动有关的现金		
现金流出小计		
业务活动产生的现金流量净额		
二、投资活动产生的现金流量：		
收回投资所收到的现金		
取得投资收益所收到的现金		
处置固定资产、无形资产收回的现金净额		
收到的其他与投资活动有关的现金		
现金流入小计		
购建固定资产、无形资产支付的现金		
对外投资支付的现金		
上缴处置固定资产、无形资产收回现金净额支付的现金		
支付的其他与投资活动有关的现金		
现金流出小计		
投资活动产生的现金流量净额		
三、筹资活动产生的现金流量：		
取得财政资本性项目补助收到的现金		
借款收到的现金		
收到的其他与筹资活动有关的现金		
现金流入小计		
偿还借款支付的现金		
偿付利息支付的现金		
支付的其他与筹资活动有关的现金		
现金流出小计		
筹资活动产生的现金流量净额		
四、汇率变动对现金的影响额		
五、现金净增加额		

财政补助收支情况表

会医04表

编制单位： 年度 单位：元

项 目	结转本年数	—
一、上年结转		—
(一)财政补助结转		—
1. 基本支出结转		—
2. 项目支出结转		—
其中：医疗卫生项目		—
科学技术项目		—
教育项目		—
(二)财政补助结余		—
项 目	本年数	上年数
二、本年财政补助收入		
(一)基本支出		
(二)项目支出		
其中：医疗卫生项目		
科学技术项目		
教育项目		
三、本年财政补助支出		
(一)基本支出		
(二)项目支出		
其中：医疗卫生项目		
科学技术项目		
教育项目		
四、财政补助上缴		
(一)财政补助结转上缴		
(二)财政补助结余上缴		
五、结转下年		—
(一)财政补助结转		—
1. 基本支出结转		—
2. 项目支出结转		—
其中：医疗卫生项目		—
科学技术项目		—
教育项目		—
(二)财政补助结余		—

第五部分　会计报表编制说明(略)

第六部分　成本报表参考格式(略)

11. 基层医疗卫生机构会计制度(2010年颁布)

财会〔2010〕26号

第一部分　总说明

一、为了规范基层医疗卫生机构的会计核算,保证会计信息的真实、完整,根据《中华人民共和国会计法》、事业单位会计准则及国家有关法律法规的规定,制定本制度。

二、本制度适用于中华人民共和国境内由政府举办的独立核算的城市社区卫生服务中心(站)、乡镇卫生院等基层医疗卫生机构。企业事业单位、社会团体及其他社会组织举办的非营利性基层医疗卫生机构参照执行。

三、基层医疗卫生机构应根据会计业务的需要,设置会计机构,或者在有关机构中设置会计人员并指定会计主管人员;不具备设置条件的,应委托经批准设立从事会计代理记账业务的中介机构代理记账。

有条件的地区,可对基层医疗卫生机构实行财务集中核算,具体办法由地方根据实际情况确定。

四、基层医疗卫生机构会计采用收付实现制基础。基层医疗卫生机构会计要素包括资产、负债、净资产、收入和支出。

五、基层医疗卫生机构应按照下列规定运用会计科目:

(一)基层医疗卫生机构应按照本制度的规定,设置和使用会计科目。在不影响会计处理和编报会计报表的前提下,可以根据实际情况自行设置本制度规定之外的明细科目,不需用的科目可以不设置。

(二)本制度统一规定会计科目的编号,以便于编制会计凭证、登记账簿、查阅账目,实行会计信息化管理。基层医疗卫生机构不得随意打乱重编。

(三)基层医疗卫生机构在编制会计凭证、登记会计账簿时,应填列会计科目的名称,或者同时填列会计科目的名称和编号,不得只填列科目编号,不填列科目名称。

六、基层医疗卫生机构财务报告是反映基层医疗卫生机构某一特定日期的财务状况和某一会计期间的收支等情况的书面文件。基层医疗卫生机构应按照下列规定编制和提供财务报告:

(一)基层医疗卫生机构财务报告由会计报表、会计报表附注和财务情况说明书组成。

基层医疗卫生机构会计报表包括资产负债表、收入支出总表、净资产变动表以及业务收支明细表、财政补助收支明细表等有关附表。

基层医疗卫生机构会计报表附注至少应包括:重要会计政策、会计估计的说明,会计报表重要项目及其增减变动情况的说明,有助于理解和分析会计报表的需要说明的其他事项。

基层医疗卫生机构财务情况说明书应主要说明基层医疗卫生机构的业务开展情况、预算执行情况、财务收支状况、资产变动情况、基本建设情况及相关报表、绩效考评情况及相关报表、对本期或下期财务状况发生重大影响的事项、专项资金的使用情况以及其他需要说明的事项。

(二)基层医疗卫生机构财务报告分为月度、季度和年度财务报告。

(三)基层医疗卫生机构会计报表应根据登记完整、核对无误的账簿记录和其他有关资料编制,要做到数字真实、计算准确、内容完整、报送及时。

(四)基层医疗卫生机构对外提供的财务报告应由单位负责人和主管会计工作的负责人、会计机构负责人(会计主管人员)签名并盖章。

七、基层医疗卫生机构填制会计凭证、登记会计账簿、内部会计监督与控制、会计档案管理等相关会计基础工作,应按照会计基础工作规范和会计档案管理办法等规定执行。

八、基层医疗卫生机构对基本建设投资的会计核算除按照本制度执行外,还应按照国家有关规定单独建账、单独核算。

九、本制度由财政部负责解释。

十、本制度自2011年7月1日起施行。

第二部分 会计科目名称和编号

序 号	编 号	会计科目名称
一、资产类		
1	101	库存现金
2	102	银行存款
3	103	零余额账户用款额度
4	104	其他货币资金
5	111	财政应返还额度
	11101	财政直接支付
	11102	财政授权支付
6	112	应收医疗款
7	114	其他应收款
8	121	库存物资
9	123	待摊支出
10	131	固定资产
11	133	在建工程
12	141	无形资产
二、负债类		
13	201	借入款
14	202	待结算医疗款
15	203	应缴款项
16	206	应付账款
17	207	预收医疗款
18	208	应付职工薪酬
19	210	应付社会保障费
20	211	应交税费
21	221	其他应付款
三、净资产类		
22	301	固定基金
	30101	固定资产占用

（续表）

序　　号	编　　号	会计科目名称
	30102	在建工程占用
	30103	无形资产占用
23	302	事业基金
24	303	专用基金
25	304	本期结余
26	305	财政补助结转(余)
	30501	财政基本补助结转
	30502	财政项目补助结转(余)
27	306	其他限定用途结转(余)
28	308	结余分配
	30801	待分配结余
	30802	提取专用基金
	30803	事业基金弥补亏损
四、收入类		
29	401	医疗收入
	40101	门诊收入
	40102	住院收入
30	402	财政补助收入
31	403	上级补助收入
32	406	其他收入
五、支出类		
33	501	医疗卫生支出
	50101	医疗支出
	50102	公共卫生支出
34	502	财政基建设备补助支出
35	506	其他支出

第三部分　会计科目使用说明

一、资产类

101 库存现金

一、本科目核算基层医疗卫生机构的库存现金。

二、基层医疗卫生机构应严格按照国家有关现金管理的规定收支现金，并按照本制度的规定核算现金的各项收支业务。

三、库存现金的主要账务处理如下：

（一）从银行提取现金时，按照实际提取金额，借记本科目，贷记“银行存款”科目；将现金存入银行时，按照实际存入金额，借记“银行存款”科目，贷记本科目。

（二）从零余额账户中提取现金时，按照实际提取金额，借记本科目，贷记“零余额账户用款额度”科目。

（三）提供基本医疗和公共卫生服务等收到现金时，按照实际收到金额，借记本科目，贷记“待结算医疗款”、“医疗收入”等科目。

（四）垫付职工因出差等原因所需的现金，按照实际借出金额，借记“其他应收款”等科目，贷记本科目。结算时，按照实际收回金额，借记本科目，按照实际报销金额，借记“医疗支出”、“待摊支出”等科目，按照预借金额，贷记“其他应收款”科目。

四、基层医疗卫生机构应设置“现金日记账”，由出纳人员根据收付款凭证，按照业务发生顺序逐笔登记。每日终了，应计算当日的现金收入合计数、现金支出合计数和结余数，并将结余数与实际库存数核对，做到账款相符。

每日核对账款时发现现金溢余或短缺的，应及时查明原因并进行处理。如发现现金溢余，属于应付未付有关人员或单位的部分，借记本科目，贷记“其他应付款”科目；属于无法查明原因的部分，借记本科目，贷记“其他收入”科目。如发现现金短缺，属于应由过失人赔偿的部分，借记“其他应收款”科目，贷记本科目；属于无法查明原因的部分，借记“其他支出”科目，贷记本科目。

五、本科目期末借方余额，反映基层医疗卫生机构实际持有的库存现金。

102 银行存款

一、本科目核算基层医疗卫生机构存入银行等金融机构的各种存款。基层医疗卫生机构的银行本票存款、银行汇票存款、信用卡存款等在“其他货币资金”科目核算，不在本科目核算。

二、基层医疗卫生机构应严格按照国家有关支付结算办法的规定办理银行存款收支业务，并按照本制度规定核算银行存款的各项收支业务。

三、银行存款的主要账务处理如下：

（一）将款项存入银行时，按照实际存入金额，借记本科目，贷记“库存现金”、“应收医疗款”、“医疗收入”等科目。

（二）提取和支出存款时，按照实际提取和支出金额，借记“库存现金”、“应付账款”、“医疗卫生支出”等科目，贷记本科目。

四、基层医疗卫生机构应按照开户银行、存款种类等设置“银行存款日记账”，由出纳人员根据收付款凭证，按照业务的发生顺序逐笔登记，每日终了结出余额。“银行存款日记账”应定期与“银行对账单”核对，至少每月核对一次。月度终了，账面余额与银行对账单余额之间如有差额，必须逐笔查明原因并进行处理，按照月度编制“银行存款余额调节表”，调节相符。

五、本科目期末借方余额，反映基层医疗卫生机构实际存放银行等金融机构的款项。

103 零余额账户用款额度

一、本科目核算实行国库集中支付的基层医疗卫生机构根据财政部门批复的用款计划收到的、尚未动用的零余额账户用款额度。

二、零余额账户用款额度的主要账务处理如下：

（一）在财政授权支付方式下，收到代理银行盖章的“授权支付到账通知书”时，按照其所列数额，借记本科目，贷记“财政补助收入”科目。发生支出时，按照实际支出金额，借记“库存物资”、“医疗卫生支出”、“财政基建设备补助支出”等科目，贷记本科目。

（二）从零余额账户提取现金时，按照实际提取金额，借记“库存现金”科目，贷记本科目。

（三）年末，按照代理银行提供的对账单作注销额度时，借记“财政应返还额度——财政授权支付”科目，贷记本科目。下年初，按照代理银行提供的“额度恢复到账通知书”恢复额度时，借记本科目，贷记“财政应返还额度——财政授权支付”科目。

如本年度财政授权支付预算指标数大于零余额账户用款额度下达数，按照两者差额，借记“财政应返还额度——财政授权支付”科目，贷记“财政补助收入”科目。下年度收到财政部门批复的上年末未下达零余额账户用款额度时，按照批复额度，借记本科目，贷记“财政应返还额度——财政授权支付”科目。

三、本科目期末借方余额，反映基层医疗卫生机构尚未支用的零余额账户用款额度。本科目年末应无余额。

104 其他货币资金

一、本科目核算基层医疗卫生机构的银行本票存款、银行汇票存款、信用卡存款等各种其他货币资金。

二、本科目应设置“银行本票存款”、“银行汇票存款”和“信用卡存款”等一级明细科目,进行明细核算。

三、其他货币资金的主要账务处理如下:

(一)向银行办理银行本票存款、银行汇票存款、信用卡存款等业务时,按照实际存入金额,借记本科目,贷记“银行存款”等科目。

(二)使用银行本票存款、银行汇票存款、信用卡存款等其他货币资金支付库存物资等采购款项时,借记“库存物资”等科目,贷记本科目。

四、基层医疗卫生机构应加强对其他货币资金的管理,及时办理结算,对于逾期尚未办理结算的银行汇票、银行本票等,应按照规定及时转回。

五、本科目期末借方余额,反映基层医疗卫生机构实际持有的其他货币资金。

111 财政应返还额度

一、本科目核算实行国库集中支付的基层医疗卫生机构年终应收财政下年度返还的资金额度。

二、本科目应设置“财政直接支付”和“财政授权支付”一级明细科目,进行明细核算。

三、财政应返还额度的主要账务处理如下:

(一)财政直接支付年末结余资金的账务处理。年末,根据本年度财政直接支付预算指标数与财政直接支付实际支出数的差额,借记本科目(财政直接支付),贷记“财政补助收入”科目。

下年度恢复财政直接支付额度后,发生实际支出时,借记“库存物资”、“医疗卫生支出”、“财政基建设备补助支出”等科目,贷记本科目(财政直接支付)。

(二)财政授权支付年末结余资金的账务处理。年末,按照代理银行提供的对账单注销额度时,借记本科目(财政授权支付),贷记“零余额账户用款额度”科目。下年初,按照代理银行提供的额度恢复到账通知书恢复额度时,借记“零余额账户用款额度”科目,贷记本科目(财政授权支付)。

如本年度财政授权支付预算指标数大于零余额账户用款额度下达数,按照两者差额,借记本科目(财政授权支付),贷记“财政补助收入”科目。下年度收到财政部门批复的上年末未下达零余额账户用款额度时,按照批复额度,借记“零余额账户用款额度”科目,贷记本科目(财政授权支付)。

四、本科目期末借方余额,反映基层医疗卫生机构应收财政下年度返还的资金额度。

112 应收医疗款

一、本科目核算基层医疗卫生机构因提供基本医疗和公共卫生服务而应向门诊病人、住院病人收取的和与医疗保险机构结算的应收未收医疗款项。

二、本科目应设置“结算欠费”和“应收医疗保险金”一级明细科目。

“结算欠费”一级明细科目按照“门诊病人”和“住院病人”设置明细账,进行明细核算。

“应收医疗保险金”一级明细科目按照医疗保险机构设置明细账,进行明细核算。

三、应收医疗款的主要账务处理如下:

(一)与门诊病人结算医疗款时,应向门诊病人收取的部分,按照门诊病人实际支付或应付未付的医疗款金额,借记“库存现金”、本科目(结算欠费——门诊病人)等科目,应由医疗保险机构负担的部分,按照有关规定计算的应收医疗保险金额,借记本科目(应收医疗保险金),按照有关规定计算确定的门诊病人医疗款金额,贷记“医疗收入”科目(未实行“收支两条线”管理)或“待结算医疗款”科目(实行“收支两条线”管理)。

(二)与住院病人结算医疗款时,如住院病人应付医疗款金额大于其预交金额,按照预收住院病人医疗款金额,借记“预收医疗款”科目,按照实际补付或应付未付金额,借记“库存现金”、本科目(结算欠费——住院病人)等科目,按照有关规定计算的应由医疗保险机构负担的医疗保险金额,借记本科目(应收医疗保险金),按照有关规定计算确定的住院病人医疗款金额,贷记“医疗收入”科目(未实行“收支两条线”管理)或“待结算医疗款”科目(实行“收支两条线”管理)。

如住院病人应付医疗款金额小于其预交金额,按照预收住院病人医疗款金额,借记“预收医疗款”科目,按照有关规定计算的应由医疗保险机构负担的医疗保险金额,借记本科目(应收医疗保险金),按照退还给住院病人医疗款金额，贷记“库存现金”、“银行存款”等科目，按照有关规定计算确定的住院病人医疗款金额，贷记“医疗收入”科目（未实行“收支两条线”管理）或贷记“待结算医疗款”科目（实行“收支两条线”管理）。

（三）收到病人补交的结算欠费时，按照实际收到的金额，借记“库存现金”等科目，贷记本科目（结算欠费）。

（四）与医疗保险机构结算医疗款时，按照实际收到的医疗保险机构结算金额，借记“银行存款”等科目，贷记本科目（应收医疗保险金）。

如医疗保险机构预拨并需结算医疗保险金的，与医疗保险机构结算时，按照医疗保险机构预付金额，借记“预收医疗款”科目，按照医疗保险机构补付或退还医疗保险机构的金额，借记或贷记“银行存款”等科目，按照应收医疗保险机构的金额，贷记本科目（应收医疗保险金）。

（五）与医疗保险机构结算发生结算差额时，对于可由相关过失人赔偿的部分，按照实际赔偿金额，借记“库存现金”、“银行存款”等科目，贷记本科目（应收医疗保险金）；对于由相关过失人赔偿以外的部分，按照规定批准核销的金额，借记“其他支出”科目，贷记本科目（应收医疗保险金）。

四、基层医疗卫生机构应定期或者至少于每年年度终了，对应收医疗款进行全面检查。对于期限超过3年以上，确认无法收回的除医保结算差额以外的应收医疗款，应及时查明原因，并根据管理权限在报经批准后核销。核销时，借记“其他支出”科目，贷记本科目。基层医疗卫生机构应设置“坏账核销备查簿”，详细登记已核销应收医疗款坏账的债务人姓名、形成时间、金额、原因等相关信息。

如果已核销的应收医疗款在以后期间又收回的，应按照实际收回的金额，借记“银行存款”等科目，贷记“其他收入”等科目。

五、本科目期末借方余额，反映基层医疗卫生机构应收未收的医疗款项。

114 其他应收款

一、本科目核算基层医疗卫生机构除财政应返还额度、应收医疗款以外的其他各项应收、暂付款项，包括职工预借的差旅费、拨付的备用金、应向职工收取的各种垫付款项等。

二、本科目应按照其他应收款的项目分类以及不同的债务人设置明细账，进行明细核算。

三、其他应收款的主要账务处理如下：

（一）基层医疗卫生机构发生的其他各种应收、暂付款项等各项其他应收款，借记本科目，贷记“银行存款”、“库存现金”等科目；收回或转销各种款项时，借记“库存现金”、“银行存款”或相关支出科目，贷记本科目。

（二）实行定额备用金制度的基层医疗卫生机构，在领用备用金时，按照批准领用的金额，借记本科目（备用金），贷记“银行存款”等科目。定期向财会部门报销已使用的备用金并用现金补足备用金定额时，按照实际报销金额，借记有关支出科目，贷记“银行存款”等科目。

四、基层医疗卫生机构应定期或者至少于每年年度终了，对其他应收款进行全面检查。对于账龄超过3年以上，确认无法收回的其他应收款应及时查明原因，并根据管理权限报经批准后核销。核销时，借记“其他支出”科目，贷记本科目。基层医疗卫生机构应设置“坏账核销备查簿”，详细登记已核销其他应收款坏账的形成期限、金额、原因等相关信息。

如果已核销的其他应收款在以后期间又收回的，应按照实际收回的金额，借记“银行存款”科目，贷记“其他收入”等科目。

五、本科目期末借方余额，反映基层医疗卫生机构尚未收回的其他应收款。

121 库存物资

一、本科目核算基层医疗卫生机构为了开展基本医疗和公共卫生服务活动及其他活动储存的药品、卫生材料、低值易耗品和其他材料的实际成本。

二、本科目应按照库存物资的类别，如“药品”、“卫生材料”、“低值易耗品”和“其他材料”等设置一级明细科目，“药品”一级明细科目下应设置“药库”、“药房”两个二级明细科目，并按照西药、中成药、中草药进行明细核算。

本科目明细账下按照品名、规格设置数量金额明细账，库房应设置实物收、发、存数量明细账。

三、库存物资的主要账务处理如下：

（一）库存物资在取得时，应以其成本入账，具体如下：

1. 按照规定集中采购配送的库存物资，其成本按照通过集中采购确定的采购价格（包括配送费用，下同）确定，自行外购的库存物资成本按照实际采购价格及相关直接税费确定。外购或集中采购配送的物资验收入库时，按照确定的成本，借记本科目，贷记“银行存款”、“应付账款”、“零余额账户用款额度”等科目。

2. 接受捐赠的库存物资，其成本比照同类或类似物资的市场价格或有关凭据注明的金额确定。接受捐赠的物资验收入库时，按照确定的成本，借记本科目，贷记“其他收入”科目。

（二）库存物资在发出时，应根据实际情况采用个别计价法、先进先出法或者加权平均法确定发出物资的实际成本。计价方法一经确定，不得随意变更。

1. 开展基本医疗和公共卫生服务等业务活动领用库存物资时，按照其实际成本，借记“医疗卫生支出”、“待摊支出”等科目，贷记本科目。

低值易耗品应于内部领用时摊销，摊销方法可以采用一次摊销或五五摊销。

2. 药房从药库领取药品，按照领取药品的成本，借记本科目（药品——药房），贷记本科目（药品——药库）。药房结转已出售药品的成本时，按照其实际成本，借记“医疗卫生支出”等科目，贷记本科目（药品——药房）。

3. 因其他原因领用或发出库存物资，按照其实际成本，借记“待摊支出”等科目，贷记本科目。

四、基层医疗卫生机构的各种库存物资，应定期进行清查盘点，每年至少盘点一次。对于盘盈、盘亏以及变质、毁损的物资，应及时查明原因，根据管理权限报经批准后及时进行账务处理：

（一）盘盈的库存物资，比照同类或类似物资的市场价格确定的价值，借记本科目，贷记“其他收入”科目。

（二）盘亏、变质、毁损的库存物资，按照库存物资账面余额扣除保险赔偿和过失人赔偿等后的金额，借记“其他支出”科目，按照实际收回的保险赔偿和过失人赔偿等，借记“库存现金”、“银行存款”等科目，按照库存物资的账面余额，贷记“库存物资”科目。

五、本科目期末借方余额，反映基层医疗卫生机构库存物资的实际成本。

123 待摊支出

一、本科目核算基层医疗卫生机构为组织、管理基本医疗和公共卫生服务活动等日常发生且需要分摊至医疗支出和公共卫生支出的各项间接支出。

二、本科目应按照待摊支出的种类设置明细账，进行明细核算。

三、待摊支出的主要账务处理如下：

（一）无法直接确定归属于基本医疗或公共卫生服务的各项水、电、供暖、人员工资等待摊支出，在发生时按照实际支出金额，借记本科目，贷记“库存现金”、“银行存款”、“零余额账户用款额度”、“应付职工薪酬”等科目。

（二）期末，将本科目余额按照职工人数、场地面积等合理可行的分摊标准计算并分摊至医疗支出和公共卫生支出时，按照计算的分摊金额，借记“医疗卫生支出（医疗支出、公共卫生支出）”科目，贷记本科目。

四、本科目期末借方余额，反映基层医疗卫生机构尚未分摊的待摊支出余额。本科目年末应无余额。

131 固定资产

一、本科目核算基层医疗卫生机构固定资产的原价。

固定资产是指基层医疗卫生机构持有的预计使用年限超过1年、单位价值在1000元以上（其中，专用设备单位价值在1500元以上）的有形资产。单位价值虽未达到规定标准，但预计使用年限超过1年的大批同类物资，应作为固定资产管理。

二、基层医疗卫生机构固定资产主要包括房屋及建筑物、专用设备、一般设备和其他固定资产。

三、基层医疗卫生机构应设置“固定资产登记簿”和“固定资产卡片”，并按照固定资产类别、使用部门等设置明细账，进行明细核算。出租或出借的固定资产，应设置备查簿进行登记。经营租入或借入的固定资产，应设置备查簿进行登记，不在本科目核算。

四、固定资产的主要账务处理如下：

（一）固定资产的取得

1. 外购的固定资产，其成本包括实际支付的买价、相关税费以及使固定资产交付使用前所发生的可直接归属于该项资产的运输费、安装费等。

购入不需要安装的固定资产，借记本科目，贷记“固定基金——固定资产占用”科目；同时，借记“财政基建设备补助支出”、“待摊支出”等科目，贷记“银行存款”、“零余额账户用款额度”、“财政补助收入”等科目。

2. 通过在建工程转入的固定资产，其成本包括该项资产交付使用前所发生的全部必要支出。工程交付使用时，按照工程建造过程中发生的实际支出，借记本科目，贷记“在建工程”科目；同时，借记“固定基金——在建工程占用”科目，贷记“固定基金——固定资产占用”科目。

3. 无偿调入的固定资产，已经进行资产评估的，其成本按照评估值加上相关税费确定；未进行资产评估的，其成本按照在调出单位的原账面价值加上相关税费确定。

无偿调入不需安装的固定资产，按照确定的成本，借记本科目，贷记“固定基金——固定资产占用”科目；按照发生的相关税费，借记“待摊支出”等科目，贷记“银行存款”、“零余额账户用款额度”、“财政补助收入”等科目。

4. 接受捐赠的固定资产，其成本比照同类或类似物资的市场价格或有关凭据注明的金额加上相关税费确定。

接受捐赠的不需安装的固定资产，按照确定的成本，借记本科目，贷记“固定基金——固定资产占用”科目；按照发生的相关税费，借记“待摊支出”等科目，贷记“银行存款”等科目。

（二）与固定资产有关的更新改造等后续支出，应分别按照以下情况进行处理：

1. 为增加固定资产的使用效能或延长其使用寿命而发生的改建、扩建或大型修缮等后续支出，应计入固定资产账面价值，通过“在建工程”科目核算，完工交付使用时转入本科目。

2. 为了维护固定资产的正常使用而发生的修理费等后续支出，应计入当期支出，借记“待摊支出”等科目，贷记“银行存款”、“零余额账户用款额度”、“财政补助收入”等科目。

（三）固定资产以出售、报废、毁损、无偿调出、对外捐赠等方式进行处置时，应分别按照以下情况进行处理：

1. 出售、报废、毁损的固定资产，按照规定报经批准后，按照所处置固定资产的账面价值，借记“固定基金——固定资产占用”科目，贷记本科目。按照取得的价款或者变价收入扣减相关支出后的净额，借记“银行存款”科目，贷记“应缴款项”、“其他收入”科目。

2. 无偿调出、对外捐赠的固定资产，按照发出固定资产的账面价值，借记“固定基金——固定资产占用”科目，贷记本科目。

五、基层医疗卫生机构的固定资产应定期进行清查盘点，每年至少盘点一次。对于盘盈、盘亏的固定资产，应及时查明原因，按照规定报经批准后及时进行账务处理。盘盈的固定资产，应按照同类或类似资产市场价格确定的价值入账；盘亏的固定资产应按照其账面原值核销，对于其可以收回的保险赔偿和过失人赔偿等应记入“应缴款项”、“其他收入”科目。

（一）盘盈的固定资产，经上级主管部门批准同意后，按照同类或类似资产市场价格确定的价值，借记本科目，贷记“固定基金——固定资产占用”科目。

（二）盘亏的固定资产，按照规定报经批准后，借记“固定基金——固定资产占用”科目，贷记本科目，对于可以收回的保险赔偿和过失人赔偿等，在实际取得赔偿款时，借记“库存现金”、“银行存款”科目，贷记“应缴款项”、“其他收入”科目。

六、本科目期末借方余额，反映基层医疗卫生机构期末固定资产的账面余额。

133 在建工程

一、本科目核算基层医疗卫生机构的固定资产购建、改建、扩建、大型修缮及设备安装等工程发生的实际支出。

二、本科目应按照工程项目及施工单位等设置明细账，进行明细核算。

三、在建工程的主要账务处理如下：

（一）将固定资产转入改建、扩建或大型修缮时，应按照固定资产的账面价值，借记本科目（××工程），贷记“固定资产”科目；同时，借记“固定基金——固定资产占用”科目，贷记“固定基金——在建工程占用”科目。

（二）工程采用出包方式的，按照合同规定向施工企业预付工程价款时，按照实际预付工程价款金额，借记本科目(××工程),贷记"银行存款"等科目。

根据工程价款结算账单与施工企业结算工程价款时,如需补付工程价款的,按照应补付工程价款金额,借记本科目(××工程),贷记"银行存款"等科目;如需收回工程价款的,按照实际收回工程价款金额,借记"银行存款"等科目,贷记本科目(××工程)。同时,按照实际发生的工程价款金额,借记"财政基建设备补助支出"、"待摊支出"等科目,贷记"固定基金——在建工程占用"科目。

(三)自行建造固定资产的,按照其实际成本,借记本科目(××工程),贷记"固定基金——在建工程占用"科目;同时,借记"财政基建设备补助支出"等科目,贷记"银行存款"等科目。

(四)购入的需要安装的设备,其实际成本包括实际支付的购买价款及相关税费。按照确定的成本,借记本科目(××设备安装工程),贷记"固定基金——在建工程占用"科目;同时,借记"财政基建设备补助支出"、"待摊支出"等科目,贷记"银行存款"、"零余额账户用款额度"等科目。

无偿调入和接受捐赠的需要安装的设备,其成本比照同类或类似物资的市场价格或有关凭据注明的金额加上相关税费确定。按照确定的成本,借记本科目(××设备安装工程),贷记"固定基金——在建工程占用"科目。

支付安装费用时,按照实际支付金额,借记本科目(××设备安装工程),贷记"固定基金——在建工程占用"科目;同时,借记"财政基建设备补助支出"、"待摊支出"等科目,贷记"银行存款"等科目。

(五)工程完工交付使用时,按照有关规定确定的工程实际支出,借记"固定资产"科目,贷记本科目(××工程);同时,借记"固定基金——在建工程占用"科目,贷记"固定基金——固定资产占用"科目。

四、本科目期末借方余额,反映基层医疗卫生机构尚未完工的在建工程发生的实际支出。

141 无形资产

一、本科目核算基层医疗卫生机构为开展公共卫生服务和基本医疗服务及其管理活动而持有的、不具有实物形态的资产,包括基层医疗卫生机构单独计价入账的应用软件及土地使用权等。

二、本科目应按照无形资产的类别和项目设置明细账,进行明细核算。

三、无形资产的主要账务处理如下:

(一)购入的无形资产,其实际成本包括实际支付的购买价款及相关税费。按照确定的成本,借记本科目,贷记"固定基金——无形资产占用"科目;同时,借记"财政基建设备补助支出"、"待摊支出"等科目,贷记"银行存款"、"零余额账户用款额度"、"财政补助收入"等科目。

(二)无形资产在处置(包括转让、核销等)时,应分别以下情况处理:

1. 按照规定报经批准核销的无形资产,按照其账面价值,借记"固定基金——无形资产占用"科目,贷记本科目。

2. 按照规定报经批准转让的无形资产,按照实际收到的转让价款金额,借记"银行存款"等科目,按照实际交纳或应交未交的相关税费,贷记"银行存款"、"应交税费"等科目,按照收到的转让价款扣除相关税费后的金额,贷记"应缴款项"、"其他收入"科目;同时,按照无形资产账面价值,借记"固定基金——无形资产占用"科目,贷记本科目。

四、本科目期末借方余额,反映基层医疗卫生机构已入账无形资产的账面余额。

二、负债类

201 借入款

一、本科目核算基层医疗卫生机构向银行等金融机构借入的款项。

二、本科目应按照贷款单位和贷款种类设置明细账,进行明细核算。

三、借入款的主要账务处理如下:

(一)发生借入款时,按照实际借入金额,借记"银行存款"等科目,贷记本科目。

(二)支付借入款利息时,按照实际支付的利息金额,借记"其他支出"等科目,贷记"银行存款"等科目。

(三)归还借入款时,按照实际还款金额,借记本科目,贷记"银行存款"等科目。

四、本科目期末贷方余额,反映基层医疗卫生机构尚未偿还的借入款本金。

202 待结算医疗款

一、本科目核算实行"收支两条线"管理的基层医疗卫生机构的待结算医疗收费。

二、本科目应设置"门诊收费"和"住院收费"一级明细科目。"门诊收费"一级明细科目核算基层医疗卫生机构为门诊病人提供医疗服务发生的待结算医疗收费。该一级明细科目下应按照挂号收费、诊察收费、检查收费、化验收费、治疗收费、手术收费、药品收费、卫材收费、一般诊疗费收费和其他门诊收费等设置二级明细科目，进行明细核算。

“住院收费”一级明细科目核算基层医疗卫生机构为住院病人提供医疗服务发生的待结算医疗收费。该一级明细科目下应按照床位收费、诊察收费、检查收费、化验收费、治疗收费、手术收费、护理收费、药品收费、卫材收费、一般诊疗费收费和其他住院收费等设置二级明细科目，进行明细核算。

上述“药品收费”二级明细科目下按照“西药”、“中成药”、“中草药”进行明细核算。

三、待结算医疗款的主要账务处理如下：

（一）与门诊病人结算医疗款时，应向门诊病人收取的部分，按照门诊病人实际支付或应付未付的医疗款金额，借记“库存现金”、“应收医疗款——结算欠费”等科目，应由医疗保险机构负担的部分，按照有关规定计算的应收医疗保险金额，借记“应收医疗款——应收医疗保险金”科目，按照有关规定计算确定的门诊病人医疗款金额，贷记本科目（门诊收费）。

（二）与住院病人结算医疗款时，如住院病人应付医疗款金额大于其预交金额，按照预收住院病人医疗款金额，借记“预收医疗款”科目，按照实际补付或应付未付金额，借记“库存现金”、“应收医疗款——结算欠费”等科目，按照有关规定计算的应由医疗保险机构负担的医疗保险金额，借记“应收医疗款——应收医疗保险金”科目，按照有关规定计算确定的住院病人医疗款金额，贷记本科目（住院收费）。

如住院病人应付医疗款金额小于其预交金额，按照预收住院病人医疗款金额，借记“预收医疗款”科目，按照有关规定计算的应由医疗保险机构负担的医疗保险金额，借记“应收医疗款——应收医疗保险金”科目，按照退还给住院病人的金额，贷记“库存现金”、“银行存款”等科目，按照有关规定计算确定的住院病人医疗款金额，贷记本科目（住院收费）。

（三）在期末或规定的上缴时间，按照有关规定确定的金额，借记本科目，按照有关规定计算确定的应上缴医疗款金额，贷记“应缴款项”科目，按照有关规定留用的结算医疗款金额，贷记“医疗收入”科目。

四、本科目期末贷方余额，反映基层医疗卫生机构的尚未确定应上缴或留用的医疗收费。

203 应缴款项

一、本科目核算基层医疗卫生机构按照规定应缴入国库和财政专户的款项。

二、本科目应按照“应缴医疗款”、“应缴资产处置收益”等应缴款项类别设置明细账，进行明细核算。

三、应缴款项的主要账务处理如下：

（一）实行“收支两条线”管理的，与病人或医疗保险机构完成医疗款结算后，分别在期末或规定的上缴时间，按照有关规定计算确定的应上缴医疗款金额，借记“待结算医疗款”科目，贷记本科目（应缴医疗款）。

（二）出售、报废、毁损的固定资产，根据有关规定其变价收入需要上缴的，按照实际取得收入（包括变价收入、保险赔偿和过失人赔偿等收入）扣除相关支出后的净额，借记“银行存款”等科目，贷记本科目。

（三）发生其他应缴款项时，借记相关科目，贷记本科目。

（四）根据有关规定上缴款项时，按照实际上缴金额，借记本科目，贷记“银行存款”等科目。

四、本科目期末贷方余额，反映基层医疗卫生机构的应缴未缴款项。

206 应付账款

一、本科目核算基层医疗卫生机构因购买库存物资、固定资产和接受服务供应等应付给供应单位的款项。

二、本科目应按照债权人设置明细账，进行明细核算。

三、应付账款的主要账务处理如下：

1. 因购买库存物资、接受劳务等发生应付账款时，按照应付未付金额，借记“库存物资”等科目，贷记本科目。

因购买固定资产等发生应付账款时，按照应付未付金额，借记“固定资产”等科目，贷记“固定基金——固定资产占用”等科目；同时，借记“财政基建设备补助支出”、“待摊支出”等科目，贷记本科目。

2. 偿付应付账款时，按照实际偿付金额，借记本科目，贷记“银行存款”等科目。

四、本科目期末贷方余额，反映基层医疗卫生机构尚未支付的应付账款。

207 预收医疗款

一、本科目核算基层医疗卫生机构预收的住院病人医疗款和医疗保险机构预付并需结算的医疗保险金。

二、本科目应按照住院病人和预付医疗保险金的医疗保险机构设置明细账，进行明细核算。

三、预收医疗款的主要账务处理如下：

（一）收到住院病人预交医疗款或医疗保险机构预付并需结算的医疗保险金时，按照实际收到的金额，借记“库存现金”、“银行存款”等科目，贷记本科目。

（二）与住院病人结算医疗款时，如住院病人应付医疗款大于其预交金额，按照预收住院病人医疗款金额，借记本科目，按照其实际补付或应付未付金额，借记“库存现金”、“应收医疗款——结算欠费”等科目，按照有关规定计算的应由医疗保险机构负担的医疗保险金额，借记“应收医疗款——应收医疗保险金”科目，按照有关规定计算确定的住院病人医疗款金额，贷记“医疗收入”科目（未实行“收支两条线”管理）或“待结算医疗款”科目（实行“收支两条线”管理）。

如住院病人应付医疗款小于其预交金额，按照预收住院病人医疗款金额，借记本科目，按照有关规定计算的应由医疗保险机构负担的医疗保险金额，借记“应收医疗款——应收医疗保险金”科目，按照退还给住院病人医疗款金额，贷记“库存现金”、“银行存款”等科目，按照有关规定计算确定的住院病人医疗款金额，贷记“医疗收入”科目（未实行“收支两条线”管理）或“待结算医疗款”科目（实行“收支两条线”管理）。

（三）对于医疗保险机构预付并需结算医疗保险金的，相关日常业务应按照上述（一）、（二）规定进行会计处理。与医疗保险机构结算时，按照医疗保险机构预付金额，借记本科目，按照医疗保险机构补付或退还医疗保险机构的金额，借记或贷记“银行存款”等科目，按照应收医疗保险机构的金额，贷记“应收医疗款——应收医疗保险金”科目。

四、本科目期末贷方余额，反映基层医疗卫生机构向住院病人和医疗保险机构预收但尚未结算的款项。

208 应付职工薪酬

一、本科目核算基层医疗卫生机构按照有关规定应付给职工（包括离退休职工）的各种薪酬，包括基本工资、绩效工资等。

二、本科目应按照有关规定设置明细科目，进行明细核算。

三、应付职工薪酬的主要账务处理如下：

（一）计算分配应付职工薪酬时，按照计算的职工薪酬金额，借记“医疗卫生支出”、“待摊支出”等科目，贷记本科目。

（二）从应付职工薪酬中代扣代缴的各种款项（如职工基本养老保险费、失业保险费、基本医疗保险费、住房公积金、个人所得税等），借记本科目，贷记“应付社会保障费”、“应交税费”等科目。

（三）采用国库直接支付方式支付职工薪酬的，按照财政国库支付执行机构委托代理银行转来的“财政直接支付入账通知书”和代发工资银行盖章转回的工资发放明细表，借记本科目，贷记“财政补助收入”等科目。

采用国库授权支付方式支付职工薪酬的，借记本科目，贷记“零余额账户用款额度”科目。采用银行存款等其他方式支付职工薪酬的，借记本科目，贷记“银行存款”等科目。

四、本科目期末贷方余额，反映基层医疗卫生机构应付未付的职工薪酬。

210 应付社会保障费

一、本科目核算基层医疗卫生机构按照有关规定应付给社会保障机构的各种社会保障费。

二、本科目应按照社会保障费类别设置明细账，进行明细核算。

三、应付社会保障费的主要账务处理如下：

（一）从应付职工薪酬中代扣代缴的社会保障费，借记“应付职工薪酬”科目，贷记本科目。

（二）计算确定除从应付职工薪酬中代扣部分外为职工缴纳的社会保障费，借记“医疗卫生支出”等科目，贷记本科目。

（三）采用国库直接支付方式支付社会保障费的，按照财政国库支付执行机构委托代理银行转来的“财政直接支付入账通知书”等，借记本科目，贷记“财政补助收入”科目。

采用国库授权支付方式支付社会保障费的，借记本科目，贷记“零余额账户用款额度”科目。采用银行存款等支付社会保障费的，借记本科目，贷记“银行存款”等科目。

四、本科目期末贷方余额，反映基层医疗卫生机构应付未付社会保障机构的社会保障费。

211 应交税费

一、本科目核算基层医疗卫生机构按照有关税法规定应交纳或代扣代缴的各种税费。基层医疗卫生机构应缴纳的印花税直接通过“其他支出”科目核算，不在本科目核算。

二、本科目应按照应交的税费种类设置明细账，进行明细核算。

三、应交税费的主要账务处理如下：

（一）发生代扣代缴个人所得税纳税义务的，按照税法规定计算应代扣代交的个人所得税金额，借记“应付职工薪酬”科目，贷记本科目。交纳个人所得税时，按照实际交纳金额，借记本科目，贷记“银行存款”科目。

（二）发生其他纳税义务的，按照税法规定计算的应交税费金额，借记“其他支出”等科目，贷记本科目。交纳相关税费时，按照实际交纳金额，借记本科目，贷记“银行存款”等科目。

四、本科目期末贷方余额，反映基层医疗卫生机构尚未交纳的税费。

221 其他应付款

一、本科目核算基层医疗卫生机构除应缴款项、应付账款、预收医疗款、应付职工薪酬、应付社会保障费、应交税费以外的其他各项应付、暂收款项等。

二、本科目应按照应付和暂收款项的类别、单位或个人设置明细账，进行明细核算。

三、其他应付款的主要账务处理如下：

（一）发生的各项应付、暂收款项，借记“银行存款”等科目，贷记本科目。

（二）支付款项时，借记本科目，贷记“银行存款”等科目。

（三）确实无法支付或由其他单位承担的其他应付款，借记本科目，贷记“其他收入”科目。

四、本科目期末贷方余额，反映基层医疗卫生机构尚未支付的其他应付款项。

三、净资产类

301 固定基金

一、本科目核算基层医疗卫生机构固定资产、在建工程、无形资产等长期资产所形成的资金占用。

二、本科目应设置“固定资产占用”、“在建工程占用”和“无形资产占用”一级明细科目，进行明细核算。“固定资产占用”一级明细科目核算基层医疗卫生机构购入、调入、建造等方式取得的固定资产所形成的资金占用，以及固定资产出售、报废、毁损等原因减少的资金占用。“在建工程占用”一级明细科目核算基层医疗卫生机构在建工程交付使用前累计占用的资金。

“无形资产占用”一级明细科目核算基层医疗卫生机构购入等方式取得的无形资产所形成的资金占用，以及无形资产出售等原因减少的资金占用。

三、固定基金的主要账务处理如下：

（一）固定基金增加

1. 购入、有偿调入固定资产等长期资产时，按照确定的成本，借记“固定资产”等科目，贷记本科目；同时，借记“财政基建设备补助支出”、“待摊支出”等科目，贷记“银行存款”等科目。

2. 自行或采用出包方式（代建制）建造固定资产，发生在建工程支出或结算工程价款时，按照实际支出金额，借记“在建工程”科目，贷记本科目（在建工程占用）；同时，借记“财政基建设备补助支出”、“待摊支出”等科目，贷记“银行存款”等科目。

工程交付使用时，借记“固定资产”科目，贷记“在建工程”科目；同时，借记本科目（在建工程占用），贷记本科目（固定资产占用）。

3. 无偿调入、接受捐赠取得的固定资产等长期资产，按照确定的成本，借记“固定资产”等科目，贷记本科目。

4. 盘盈的固定资产，借记“固定资产”科目，贷记本科目（固定资产占用）。

（二）固定基金减少

1. 有偿调出、出售的固定资产等长期资产，按照账面价值，借记本科目，贷记“固定资产”等科目；取得的收入扣减相关支出后的净额，借记“银行存款”等科目，贷记“应缴款项”、“其他收入”科目。

2. 毁损、报废的固定资产，按照账面价值，借记本科目（固定资产占用），贷记“固定资产”科目。同时，取得的价款或者变价收入扣减相关支出后的净额，借记“银行存款”科目，贷记“应缴款项”、“其他收入”

科目。

3. 盘亏的固定资产，按照账面价值，借记本科目(固定资产占用)，贷记“固定资产”科目。

四、本科目(固定资产占用)期末贷方余额，反映基层医疗卫生机构的固定资产资金占用金额；本科目(在建工程占用)期末贷方余额，反映基层医疗卫生机构的在建工程资金占用金额；本科目(无形资产占用)期末贷方余额，反映基层医疗卫生机构的无形资产资金占用金额。

302 事业基金

一、本科目核算基层医疗卫生机构按照规定设置的用于弥补亏损的净资产，包括从结余分配转入资金(不包括财政基本支出补助结转结余资金)等。

二、事业基金的主要账务处理如下：

(一)年末，按照有关规定从“结余分配”科目提取专用基金后转入本科目时，借记“结余分配——待分配结余”科目，贷记本科目。

(二)用事业基金弥补亏损时，按照规定批准的弥补亏损金额，借记本科目，贷记“结余分配——事业基金弥补亏损”科目。

三、本科目期末贷方余额，反映基层医疗卫生机构按照规定设置的事业基金金额。

303 专用基金

一、本科目核算基层医疗卫生机构按照有关规定设置、提取的有专门用途的资金，主要包括医疗风险基金、职工福利基金、奖励基金和其他专用基金等。

二、本科目应按照基金类别设置明细账，进行明细核算。

三、专用基金的主要账务处理如下：

(一)期末，提取医疗风险基金时，按照有关规定计算的提取金额，借记“医疗卫生支出——医疗支出(提取医疗风险基金)”科目，贷记本科目(医疗风险基金)。

(二)年末，提取职工福利基金时，按照有关规定计算的提取金额，借记“结余分配——提取专用基金(提取职工福利基金)”科目，贷记本科目(职工福利基金)。

(三)年末，提取奖励基金时，按照有关规定计算的提取金额，借记“结余分配——提取专用基金(提取奖励基金)”科目，贷记本科目(奖励基金)。

(四)年末，提取其他专用基金时，按照有关规定借记“结余分配——提取专用基金(提取其他专用基金)”、“待摊支出”等科目，贷记本科目。

(五)使用专用基金时，按照实际支出金额，借记本科目，贷记“银行存款”等科目。

四、本科目期末贷方余额，反映基层医疗卫生机构按照规定设置、提取的具有专门用途净资产的金额。

304 本期结余

一、本科目核算基层医疗卫生机构当期收入减去支出后的余额。

二、本期结余的主要账务处理如下：

(一)期末，应将各项收入、支出类科目的本期发生额结转入本期结余科目。结转各项收入类科目时，按照各项收入类科目贷方余额，借记“医疗收入”、“财政补助收入”、“上级补助收入”、“其他收入”科目，贷记本科目；结转各项支出类科目时，按照各项支出类科目借方余额，借记本科目，贷记“医疗卫生支出”、“财政基建设备补助支出”、“其他支出”科目。

(二)期末，结转本期收支后，应分析本期结余的构成，将属于财政补助结转(余)和其他限定用途结转(余)的部分结转至相关科目。结转时，按照“财政基本支出备查簿”分析计算的基本支出补助结转(余)金额，借记本科目，贷记“财政补助结转(余)——财政基本补助结转”科目，按照“财政项目支出备查簿”分析计算的项目支出补助结转(余)金额，借记本科目，贷记“财政补助结转(余)——财政项目补助结转(余)”科目，按照“其他限定用途资金备查簿”分析计算的其他限定用途资金结转(余)金额，借记本科目，贷记“其他限定用途结转(余)”科目。

(三)年末，完成上述(一)、(二)账务处理后，将本期结余年末余额转入待分配结余。将“本期结余”科目余额扣除限定用途结转(余)后的金额结转入本科目时，借记本科目，贷记“结余分配——待分配结余”科目；将“本期结余”科目余额扣除限定用途结转(余)后发生的亏损结转入结余分配时，借记“结余分配——待分配结余”科目，贷记本科目。

三、本科目期末贷方余额，反映基层医疗卫生机构自年初至期末止扣除财政补助结转（余）、其他限定用途结转（余）以后的尚未分配的累计结余；本科目期末借方余额，反映基层医疗卫生机构自年初至期末尚未结转的未弥补亏损。本科目年末结转后应无余额。

305 财政补助结转（余）

一、本科目核算基层医疗卫生机构具有限定用途结转继续使用的财政补助结转结余资金，包括基本支出补助结转和项目支出补助结转（余）。

二、本科目应设置“财政基本补助结转”和“财政项目补助结转（余）”一级明细科目，进行明细核算。

三、财政补助结转（余）的主要账务处理如下：

（一）期末，按照“财政基本支出备查簿”分析计算的基本支出补助结转金额，借记“本期结余”科目，贷记本科目（财政基本补助结转），按照“财政项目支出备查簿”分析计算的项目支出补助结转（余）金额，借记“本期结余”科目，贷记本科目（财政项目补助结转（余））。

（二）财政补助项目完成后，按照有关规定报经财政部门批准将本项目财政项目补助结转（余）上缴、调剂至其他项目或补充事业基金等用途的，按照批准金额，借记本科目（财政项目补助结转（余）——本项目），贷记“银行存款”、“零余额账户用款额度”、本科目（财政项目补助结转（余）——其他项目）、“事业基金”等科目。

四、本科目期末贷方余额，反映基层医疗卫生机构的财政补助结余资金数额。

306 其他限定用途结转（余）

一、本科目核算基层医疗卫生机构除财政补助结转（余）以外的结转以后年度继续使用的其他限定用途结转结余资金。

二、本科目应按照其他限定用途资金的具体项目进行明细核算。本科目应设置“其他限定用途资金备查簿”，按照具体项目详细登记其他限定用途资金收支情况，并在期末分析计算其他限定用途结转（余）金额。

三、其他限定用途结转（余）的主要账务处理如下：

（一）期末，按照“其他限定用途资金备查簿”分析计算的其他限定用途资金结转（余）金额，借记“本期结余”科目，贷记本科目。

（二）其他限定用途资金项目完成后，按照规定报经批准将本项目结转（余）上缴、调剂至其他项目或补充事业基金等用途的，按照批准金额，借记本科目（本项目），贷记“银行存款”、本科目（其他项目）、“事业基金”等科目。

四、本科目期末贷方余额，反映基层医疗卫生机构的其他限定用途结转结余资金数额。

308 结余分配

一、本科目核算基层医疗卫生机构当年结余的分配情况和结果。

二、本科目应设置“待分配结余”、“提取专用基金”和“事业基金弥补亏损”一级明细科目，进行明细核算。

“提取专用基金”一级明细科目，按照有关规定设置“提取职工福利基金”、“提取奖励基金”、“提取其他专用基金”等二级明细科目，进行明细核算。

三、结余分配的主要账务处理如下：

（一）年末，将“本期结余”科目余额扣除限定用途结转（余）后的金额结转入本科目时，借记“本期结余”科目，贷记本科目（待分配结余）；将“本期结余”科目余额扣除限定用途结转（余）后发生的亏损结转入结余分配时，借记本科目，贷记“本期结余”科目。

（二）按照有关规定提取职工福利基金、奖励基金等专用基金时，借记本科目（提取专用基金——提取职工福利基金、提取奖励基金等），贷记“专用基金”科目。

（三）提取有关专用基金后，按照待分配结余贷方金额，借记本科目（待分配结余），按照提取专用基金借方金额，贷记本科目（提取专用基金）。

（四）按照有关规定批准将提取专用基金后的待分配结余结转入事业基金时，借记本科目（待分配结余），贷记“事业基金”科目。

（五）报经批准用事业基金弥补亏损时，按照批准金额，借记“事业基金”科目，贷记本科目（事业基金弥补亏损）。

四、年末将待分配结余转入事业基金后，本科目应无余额。本科目年末有借方余额的，反映基层医疗卫生机构的累计未弥补亏损。

四、收入类

401 医疗收入

一、本科目核算基层医疗卫生机构在开展医疗服务活动中取得的收入，包括门诊收入和住院收入。

二、本科目应按照"门诊收入"和"住院收入"设置一级明细科目。

"门诊收入"一级明细科目核算基层医疗卫生机构为门诊病人提供医疗服务所取得的收入。该一级明细科目下应按照挂号收入、诊察收入、检查收入、化验收入、治疗收入、手术收入、药品收入、卫材收入、一般诊疗费收入和其他门诊收入设置二级明细科目，进行明细核算。

"住院收入"一级明细科目核算基层医疗卫生机构为住院病人提供医疗服务所取得的收入。该一级明细科目下应按照床位收入、诊察收入、检查收入、化验收入、治疗收入、手术收入、护理收入、药品收入、卫材收入、一般诊疗费收入和其他住院收入设置二级明细科目，进行明细核算。

上述"药品收入"二级明细科目下按照"西药"、"中成药"、"中草药"进行明细核算。

三、医疗收入的主要账务处理如下：

（一）未实行"收支两条线"管理的基层医疗卫生机构的账务处理。

与门诊病人结算医疗款时，应向门诊病人收取的部分，按照门诊病人实际支付或应付未付的医疗款金额，借记"库存现金"、"应收医疗款——结算欠费"等科目，应由医疗保险机构负担的部分，按照有关规定计算的应收医疗保险金额，借记"应收医疗款——应收医疗保险金"科目，按照有关规定计算确定的门诊病人医疗款金额，贷记本科目（门诊收入）。

1. 与住院病人结算医疗款时，如住院病人应付医疗款金额大于其预交金额，按照预收住院病人医疗款金额，借记"预收医疗款"科目，按照实际补付或应付未付金额，借记"库存现金"、"应收医疗款——结算欠费"等科目，按照有关规定计算的应由医疗保险机构负担的医疗保险金额，借记"应收医疗款——应收医疗保险金"科目，按照有关规定计算确定的住院病人医疗款金额，贷记本科目（住院收入）。

2. 如住院病人应付医疗款金额小于其预交金额，按照预收住院病人医疗款金额，借记"预收医疗款"科目，按照有关规定计算的应由医疗保险机构负担的医疗保险金额，借记"应收医疗款——应收医疗保险金"科目，按照退还给住院病人的金额，贷记"库存现金"、"银行存款"等科目，按照有关规定计算确定的住院病人医疗款金额，贷记本科目（住院收入）。

3. 采用医疗保险总额预付且不需结算的，在实际收到医疗保险机构预付的医疗保险金时，按照预付金额，借记"银行存款"科目，贷记本科目。

（二）实行"收支两条线"管理的基层医疗卫生机构的账务处理。

1. 与病人或（和）医疗保险机构结算医疗款时，不确认医疗收入，按照"待结算医疗款"科目有关规定进行处理。

2. 在实际收到财政专户返还医疗款时，按照返还医疗款金额，借记"银行存款"等科目，贷记本科目。

（三）期末，将本科目贷方余额转入本期结余，借记本科目，贷记"本期结余"科目。

四、期末结转后，本科目无余额。

402 财政补助收入

一、本科目核算基层医疗卫生机构从财政部门取得的基本建设补助收入、设备购置补助收入、人员经费补助收入和公共卫生服务补助收入等。

二、本科目应按照"人员经费补助收入"、"公用经费补助收入"、"公共卫生服务补助收入"、"基本建设补助收入"和"设备购置补助收入"等设置明细账，进行明细核算。

三、财政补助收入的主要账务处理如下：

（一）财政直接支付方式下，对于财政直接支付的人员经费、公用经费和财政基建设备补助支出等，应根据财政国库支付执行机构委托代理银行转来的"财政直接支付入账通知书"及原始凭证，借记"医疗卫生支出"、"待摊支出"、"财政基建设备补助支出"等科目，贷记本科目；同时，对于为购建固定资产等由财政直接支付的资本性支出，借记"固定资产"、"在建工程"等科目，贷记"固定基金"科目相关明细科目。

年度终了，根据本年度财政直接支付预算指标数与财政直接支付实际支出数的差额，借记“财政应返还额度——财政直接支付”科目，贷记本科目。

（二）财政授权支付方式下，应根据代理银行盖章的“授权支付到账通知书”与分月用款计划核对后记账，借记“零余额账户用款额度”科目，贷记本科目。

年度终了，对于本年度财政授权支付预算指标数大于零余额账户用款额度下达数的，借记“财政应返还额度——财政授权支付”科目，贷记本科目。

（三）其他方式下，实际收到财政拨款时，按照实际收到的金额，借记“银行存款”等科目，贷记本科目。

（四）期末，应将本科目贷方余额转入本期结余，借记本科目，贷记“本期结余”科目。

四、本科目设置“财政基本支出备查簿”，详细登记使用“人员经费补助收入”和“公用经费补助收入”等支付基本支出情况，包括安排基本支出的日期、事由、金额等资料，并在期末分析计算本期基本支出补助结转。

本科目设置“财政项目支出备查簿”，按照具体项目详细登记使用“公共卫生服务补助收入”、“基本建设补助收入”和“设备购置补助收入”等支付项目支出情况，包括安排项目支出的日期、事由、金额等资料，并在期末分析计算本期项目支出补助结转（余）。

五、期末结转后，本科目应无余额。

403 上级补助收入

一、本科目核算基层医疗卫生机构从主管部门和上级单位等取得的非财政补助收入。

二、本科目应按照上级补助收入项目等设置明细账，进行明细核算。

三、上级补助收入的主要账务处理如下：

（一）收到上级补助收入时，按照实际收到金额，借记“银行存款”等科目，贷记本科目。

（二）期末，将本科目余额转入本期结余，借记本科目，贷记“本期结余”科目。

四、期末结转后，本科目应无余额。

406 其他收入

一、本科目核算基层医疗卫生机构取得的除医疗收入、财政补助收入和上级补助收入以外的各项收入，包括接受社会捐赠、利息收入等。

二、本科目应按照其他收入的种类设置明细科目，进行明细核算。

三、其他收入的主要账务处理如下：

（一）盘盈的库存物资等，在经批准处理时，借记“库存物资”等科目，贷记本科目。

（二）接受的库存物资捐赠，按照同类或类似资产的市场价格或有关凭据注明的金额加上发生的相关费用，借记“库存物资”等科目，按照实际支付的相关费用金额，贷记“银行存款”等科目，按照其差额，贷记本科目。

（三）确实无法支付的应付款项，按照经批准核销的金额，借记“应付账款”、“其他应付款”等科目，贷记本科目。

（四）期末，将本科目余额转入本期结余，借记本科目，贷记“本期结余”科目。

四、期末结转后，本科目应无余额。

五、支出类

501 医疗卫生支出

一、本科目核算基层医疗卫生机构在开展基本医疗和公共卫生服务活动中发生的支出，包括相关人员经费、耗用的药品及材料成本、维修费和其他公用经费等。

二、本科目应设置“医疗支出”和“公共卫生支出”一级明细科目。

“医疗支出”一级明细科目按照“人员经费”、“药品支出”、“卫材支出”、“其他材料支出”、“非财政资本性支出”、“维修费”、“其他公用经费”、“提取医疗风险基金”等进行明细核算。

“公共卫生支出”一级明细科目下按照“人员经费”、“药品支出”、“卫材支出”、“其他材料支出”、“非财政资本性支出”、“维修费”、“其他公用经费”等进行明细核算。

三、医疗卫生支出的主要账务处理如下：

（一）为基层医疗卫生机构人员计提薪酬时，分别按照从事基本医疗和公共卫生服务人员的工资金额，借记本科目（医疗支出、公共卫生支出），贷记“应付职工薪酬”、“应付社会保障费”等科目。

（二）为开展基本医疗和公共卫生服务活动领用卫生材料、药品等库存物资时，如可确定领用的库存物资专门用于基本医疗或公共卫生服务，按照其实际成本，借记本科目（医疗支出、公共卫生支出），贷记“库存物资”科目。

（三）利用财政补助收入以外的资金安排的资本性支出，按照购建固定资产的实际成本，借记“固定资产”、“在建工程”等科目，贷记“固定基金”科目；同时，如可确定购建的固定资产专门用于基本医疗或公共卫生服务，在发生资本性支出时，按照实际支出金额，借记本科目（医疗支出——非财政资本性支出）或本科目（公共卫生支出——非财政资本性支出），贷记“银行存款”等科目。

（四）为应对医疗风险购买商业医疗保险所支付的保险费等支出，在发生时按照实际支出金额，借记本科目，贷记“库存现金”、“银行存款”等科目。

（五）对于无法直接计入基本医疗服务支出和公共卫生服务支出而需进行合理分摊的支出，应先记入“待摊支出”科目。期末，将待摊支出合理分摊至本科目的明细科目时，借记本科目（医疗支出、公共卫生支出），贷记“待摊支出”科目。

（六）期末，将本科目的余额转入本期结余，借记“本期结余”科目，贷记本科目。

四、期末结转后，本科目应无余额。

502 财政基建设备补助支出

一、本科目核算基层医疗卫生机构利用财政补助收入安排的基本建设支出和设备购置支出。

二、本科目应按照基建和设备购置的具体项目设置明细科目，进行明细核算。

三、财政基建设备补助支出的主要账务处理如下：

（一）使用财政补助收入安排相关基建和设备购置按照合同结算时，借记本科目，贷记“银行存款”、“零余额账户用款额度”、“财政补助收入”等科目；同时，借记“固定资产”、“在建工程”科目，贷记“固定基金”科目。

（二）期末将该科目余额转入本期结余，借记“本期结余”科目，贷记本科目。

四、期末结转后，本科目应无余额。

506 其他支出

一、本科目核算基层医疗卫生机构本期发生的，除医疗卫生支出、财政基建设备补助支出以外的其他支出，包括对外捐赠、财产物资盘亏或毁损损失、罚没支出和捐赠支出等。

二、本科目应按照其他支出种类和项目设置明细账，进行明细核算。

三、其他支出的主要账务处理如下：

（一）盘亏、变质、毁损的库存物资，按照账面价值扣除可以收回的保险赔偿和过失人的赔偿等后的金额，借记本科目，按照可以收回的保险赔偿和过失人赔偿等，借记“库存现金”、“银行存款”、“其他应收款”等科目，按照实际成本，贷记“库存物资”等科目。

（二）发生对外捐赠等其他支出，借记本科目，贷记“银行存款”等科目。

（三）期末，将本科目的余额转入本期结余，借记“本期结余”科目，贷记本科目。

四、期末结转后，本科目应无余额。

第四部分　会计报表格式

编　　　号	会计报表名称	编　制　期
会基医 01 表	资产负债表	月度、季度、年度
会基医 02 表	收入支出总表	月度、季度、年度
会基医 02 表附表 01	业务收支明细表	月度、季度、年度
会基医 02 表附表 02	财政补助收支明细表	月度、季度、年度
会基医 03 表	净资产变动表	年度

第五部分　会计报表编制说明(略)

12. 科学事业单位会计制度(2013 年修订)

财会〔2013〕29 号

目　　录

第一部分　总 说 明

一、为了规范科学事业单位的会计核算,保证会计信息质量,根据《中华人民共和国会计法》、《事业单位会计准则》,结合《科学事业单位财务制度》规定,制定本制度。

二、本制度适用于各级各类科学事业单位。

三、科学事业单位对基本建设投资的会计核算在执行本制度的同时,还应当按照国家有关基本建设会计核算的规定单独建账、单独核算。

四、科学事业单位会计核算一般采用收付实现制,但部分经济业务或者事项的核算应当按照本制度的规定采用权责发生制。

五、科学事业单位应当按照《科学事业单位财务制度》的规定对固定资产计提折旧、对无形资产进行摊销。

六、科学事业单位会计要素包括资产、负债、净资产、收入和支出。

七、科学事业单位应当按照下列规定运用会计科目:

(一)科学事业单位应当按照本制度的规定设置和使用会计科目。在不影响会计处理和编报财务报表的前提下,可以根据实际情况自行增设、减少或合并某些明细科目。

(二)本制度统一规定会计科目的编号,以便于填制会计凭证、登记账簿、查阅账目,实行会计信息化管理。科学事业单位不得打乱重编。

(三)科学事业单位在填制会计凭证、登记会计账簿时,应当填列会计科目的名称,或者同时填列会计科目的名称和编号,不得只填列科目编号、不填列科目名称。

(四)实施内部成本费用管理的科学事业单位,应当设置成本费用类辅助核算会计科目,对单位内部成本费用进行核算。

八、科学事业单位应当按照下列规定编报财务报表:

(一)科学事业单位的财务报表由会计报表及其附注构成。会计报表包括资产负债表、收入支出表、财政补助收入支出表。

(二)科学事业单位的财务报表应当按照月度和年度编制。

(三)科学事业单位应当根据本制度规定编制并对外提供真实、完整的财务报表,不得违反本制度规定随意改变财务报表的编制基础、编制依据、编制原则和方法,不得随意改变本制度规定的财务报表有关数据的会计口径。

(四)科学事业单位财务报表应当根据登记完整、核对无误的账簿记录和其他有关资料编制,做到数字真实、计算准确、内容完整、报送及时。

(五)科学事业单位财务报表应当由单位负责人和主管会计工作的负责人、会计机构负责人(会计主管人员）签名并盖章。

九、科学事业单位会计机构设置、会计人员配备、会计基础工作、会计档案管理、内部控制等，按照《中华人民共和国会计法》、《会计基础工作规范》、《会计档案管理办法》、《行政事业单位内部控制规范（试行）》等规定执行。开展会计信息化工作的科学事业单位，还应按照财政部制定的相关会计信息化工作规范执行。

十、本制度自 2014 年 1 月 1 日起施行。1997 年 12 月 16 日财政部印发的《科学事业单位会计制度》（财预字〔1997〕460 号）同时废止。

第二部分　会计科目名称和编号

序　　号	编　　号	会计科目名称
一、资产类		
1	1001	库存现金
2	1002	银行存款
3	1011	零余额账户用款额度
4	1101	短期投资
5	1201 120101 120102	财政应返还额度 财政直接支付 财政授权支付
6	1211	应收票据
7	1212	应收账款
8	1213	预付账款
9	1215	其他应收款
10	1301	库存材料
11	1302	科技产品
12	1401	长期投资
13	1501	固定资产
14	1502	累计折旧
15	1511	在建工程
16	1601	无形资产
17	1602	累计摊销
二、负债类		
19	2001	短期借款
20	2101	应缴税费
21	2102	应缴国库款
22	2103	应缴财政专户款
23	2201	应付职工薪酬
24	2301	应付票据

（续表）

序　　号	编　　号	会计科目名称
25	2302	应付账款
26	2303	预收账款
27	2305	其他应付款
28	2401	长期借款
29	2402	长期应付款
三、净资产类		
30	3001	事业基金
31	3101 310101 310102 310103 310104	非流动资产基金 长期投资 固定资产 在建工程 无形资产
32	3201 320101 320102 320103	专用基金 科技成果转化基金 职工福利基金 其他专用基金
33	3301 330101 330102	财政补助结转 基本支出结转 项目支出结转
34	3302	财政补助结余
35	3401	非财政补助结转
36	3402	事业结余
37	3403	经营结余
38	3404	非财政补助结余分配
四、收入类		
39	4001	财政补助收入
40	4101	科研收入
41	4102 410201 410202 410203 410204 410205	非科研收入 技术收入 学术活动收入 科普活动收入 试制产品收入 教学活动收入
42	4201	上级补助收入
43	4301	附属单位上缴收入

（续表）

序　　号	编　　号	会计科目名称
44	4401	经营收入
45	4501	其他收入
五、支出类		
47	5002 500201 500202 500203 500204 500205	非科研支出 技术支出 学术活动支出 科普活动支出 试制产品支出 教学活动支出
48	5003	支撑业务支出
49	5004	行政管理支出
50	5006	后勤保障支出
51	5007	离退休支出
52	5101	上缴上级支出
53	5201	对附属单位补助支出
54	5301	经营支出
55	5401	其他支出

第三部分　会计科目使用说明

一、资产类

1001 库存现金

一、本科目核算科学事业单位的库存现金。

二、科学事业单位应当严格按照国家有关现金管理的规定收支现金，并按照本制度规定核算现金的各项收支业务。

三、库存现金的主要账务处理如下：

（一）从银行等金融机构提取现金时，按照实际提取的金额，借记本科目，贷记“银行存款”等科目；将现金存入银行等金融机构，按照实际存入的金额，借记“银行存款”等科目，贷记本科目。

（二）因内部职工出差等原因借出现金时，按照实际借出的现金金额，借记“其他应收款”科目，贷记本科目；出差人员报销差旅费时，按照应报销的金额，借记有关科目，按照实际借出的现金金额，贷记“其他应收款”科目，按照其差额，借记或贷记本科目。

（三）因开展业务等其他事项收到现金时，按照实际收到的金额，借记本科目，贷记有关科目；因购买服务或商品等其他事项支出现金，按照实际支出的金额，借记有关科目，贷记本科目。

四、科学事业单位应当设置“现金日记账”，由出纳人员根据收付款凭证，按照业务发生顺序逐笔登记。每日终了，应当计算当日的现金收入合计数、现金支出合计数和结余数，并将结余数与实际库存数核对，做到账款相符。

每日账款核对中发现现金溢余或短缺的，应当及时进行处理。如发现现金溢余，属于应支付给有关人员或单位的部分，借记本科目，贷记“其他应付款”科目；属于无法查明原因的部分，借记本科目，贷记“其他收入”科目。如发现现金短缺，属于应由责任人赔偿的部分，借记“其他应收款”科目，贷记本科目；属于无法查明原因的部分，报经批准后，借记“其他支出”科目，贷记本科目。

现金收入业务较多、单独设有收款部门的科学事业单位，收款部门的收款员应当将每天所收现金连同收款凭据等一并交财务部门核收记账；或者将每天所收现金直接送存开户银行后，将收款凭据及向银行送存现金的凭证等一并交财务部门核收记账。

五、科学事业单位有外币现金的，应当分别按照人民币、各种外币设置“现金日记账”进行明细核算。有关外币现金业务的账务处理参见“银行存款”科目的相关规定。

六、本科目期末借方余额，反映科学事业单位实际持有的库存现金。

1002 银行存款

一、本科目核算科学事业单位存入银行或其他金融机构的各种存款。

二、科学事业单位应当严格按照国家有关支付结算办法的规定办理银行存款收支业务，并按照本制度规定核算银行存款的各项收支业务。

三、银行存款的主要账务处理如下：

（一）将款项存入银行或其他金融机构时，借记本科目，贷记“库存现金”、“科研收入”、“非科研收入”、“经营收入”等有关科目。

（二）提取和支出存款时，借记有关科目，贷记本科目。

四、科学事业单位发生外币业务的，应当按照业务发生当日（或当期期初，下同）的即期汇率，将外币金额折算为人民币记账，并登记外币金额和汇率。

期末，各种外币账户的外币余额应当按照期末的即期汇率折算为人民币金额，作为外币账户期末人民币余额。调整后的各种外币账户人民币余额与原账面人民币余额的差额，作为汇兑损益计入相关支出。

（一）以外币购买服务或商品等，按照购入当日的即期汇率将支付的外币或应支付的外币折算为人民币金额，借记有关科目，贷记本科目、“应付账款”等科目的外币账户。

（二）以外币收取相关款项等，按照收取款项或收入确认当日的即期汇率将收取的外币或应收取的外币折算为人民币金额，借记本科目、“应收账款”等科目的外币账户，贷记有关科目。

（三）期末，根据各外币账户按期末的即期汇率折算后的人民币余额与原账面人民币余额的差额，作为汇兑损益，借记或贷记本科目、“应收账款”、“应付账款”等科目，贷记或借记“科研支出”、“非科研支出”、“经营支出”等科目。

五、科学事业单位应当按开户银行或其他金融机构、存款种类及币种等，分别设置“银行存款日记账”，由出纳人员根据收付款凭证，按照业务的发生顺序逐笔登记，每日终了应结出余额。“银行存款日记账”应定期与“银行对账单”核对，至少每月核对一次。月度终了，科学事业单位银行存款账面余额与银行对账单余额之间如有差额，必须逐笔查明原因并进行处理，按月编制“银行存款余额调节表”，调节相符。

六、本科目期末借方余额，反映科学事业单位实际存放在银行或其他金融机构的款项。

1011 零余额账户用款额度

一、本科目核算实行国库集中支付的科学事业单位根据财政部门批复的用款计划收到和支用的零余额账户用款额度。

二、零余额账户用款额度的主要账务处理如下：

（一）在财政授权支付方式下，收到代理银行盖章的授权支付到账通知书时，根据通知书所列数额，借记本科目，贷记“财政补助收入”科目。

（二）按照规定支用额度时，借记有关科目，贷记本科目。

（三）从零余额账户提取现金时，借记“库存现金”科目，贷记本科目。

（四）因购货退回等发生国库授权支付额度退回的，属于以前年度支付的款项，按照退回金额，借记本科目，贷记“财政补助结转”、“财政补助结余”、“库存材料”等有关科目；属于本年度支付的款项，按照退回金额，借记本科目，贷记“科研支出”、“非科研支出”、“库存材料”等有关科目。

（五）年度终了，依据代理银行提供的对账单作注销额度的相关账务处理，借记“财政应返还额度——财政授权支付”科目，贷记本科目。科学事业单位本年度财政授权支付预算指标数大于零余额账户用款额度下达数的，根据未下达的用款额度，借记“财政应返还额度——财政授权支付”科目，贷记“财政补助收入”科目。

下年初，科学事业单位依据代理银行提供的额度恢复到账通知书作恢复额度的相关账务处理，借记本科目，贷记“财政应返还额度——财政授权支付”科目。科学事业单位收到财政部门批复的上年末未下达零余额账户用款额度的，借记本科目，贷记“财政应返还额度——财政授权支付”科目。

三、本科目期末借方余额，反映科学事业单位尚未支用的零余额账户用款额度。本科目年末应无余额。

1101 短期投资

一、本科目核算科学事业单位依法取得的，持有时间不超过 1 年(含 1 年)的投资，主要是国债投资。

二、科学事业单位应当严格遵守国家法律、行政法规以及财政部门、主管部门关于对外投资的有关规定。

三、本科目应当按照国债投资的种类等进行明细核算。

四、短期投资的主要账务处理如下：

(一)短期投资在取得时，应当按照其实际成本(包括购买价款以及税金、手续费等相关税费)作为投资成本，借记本科目，贷记“银行存款”等科目。

(二)短期投资持有期间收到利息时，按照实际收到的金额，借记“银行存款”科目，贷记“其他收入——投资收益”科目。

(三)出售短期投资或到期收回短期国债本息，按照实际收到的金额，借记“银行存款”科目，按照出售或收回短期国债的成本，贷记本科目，按照其差额，贷记或借记“其他收入——投资收益”科目。

五、本科目期末借方余额，反映科学事业单位持有的短期投资成本。

1201 财政应返还额度

一、本科目核算实行国库集中支付的科学事业单位应收财政返还的资金额度。

二、本科目应当设置“财政直接支付”、“财政授权支付”两个明细科目，进行明细核算。

三、财政应返还额度的主要账务处理如下：

(一)财政直接支付

年度终了，科学事业单位根据本年度财政直接支付预算指标数与当年财政直接支付实际支出数的差额，借记本科目(财政直接支付)，贷记“财政补助收入”科目。

下年度恢复财政直接支付额度后，科学事业单位以财政直接支付方式发生实际支出时，借记有关科目，贷记本科目(财政直接支付)。

(二)财政授权支付

年度终了，科学事业单位依据代理银行提供的对账单作注销额度的相关账务处理，借记本科目(财政授权支付)，贷记“零余额账户用款额度”科目。科学事业单位本年度财政授权支付预算指标数大于零余额账户用款额度下达数的，根据未下达的用款额度，借记本科目(财政授权支付)，贷记“财政补助收入”科目。

下年初，科学事业单位依据代理银行提供的额度恢复到账通知书作恢复额度的相关账务处理，借记“零余额账户用款额度”科目，贷记本科目(财政授权支付)。科学事业单位收到财政部门批复的上年末未下达零余额账户用款额度时，借记“零余额账户用款额度”科目，贷记本科目(财政授权支付)。

四、本科目期末借方余额，反映科学事业单位应收财政返还的资金额度。

1211 应收票据

一、本科目核算科学事业单位因开展经营活动，销售产品、提供有偿服务等而收到的商业汇票，包括银行承兑汇票和商业承兑汇票。

二、本科目应当按照开出、承兑商业汇票的单位等进行明细核算。

三、应收票据的主要账务处理如下：

(一)因销售产品、提供有偿服务等收到商业汇票，按照商业汇票的票面金额，借记本科目，按照确认的收入金额，贷记“经营收入”等科目，按照应缴增值税金额，贷记“应缴税费——应缴增值税”科目。

(二)持未到期的商业汇票向银行贴现，按照实际收到的金额(即扣除贴现息后的净额)，借记“银行存款”科目，按照贴现息，借记“经营支出”等科目，按照商业汇票的票面金额，贷记本科目。

(三)将持有的商业汇票背书转让以取得所需物资时，按照取得物资的成本，借记有关科目，按照商业汇票的票面金额，贷记本科目，如有差额，借记或贷记“银行存款”等科目。

(四)商业汇票到期时，应当分别以下情况处理：

1. 收回应收票据，按照实际收到的商业汇票票面金额，借记“银行存款”科目，贷记本科目。

2. 因付款人无力支付票款，收到银行退回的商业承兑汇票、委托收款凭证、未付票款通知书或拒付款证明等，按照商业汇票的票面金额，借记“应收账款”科目，贷记本科目。

四、科学事业单位应当设置“应收票据备查簿”，逐笔登记每一应收票据的种类、号数、出票日期、到期日、票面金额、交易合同号和付款人、承兑人、背书人姓名或单位名称、背书转让日、贴现日期、贴现率和贴现净额、收款日期、收回金额和退票情况等资料。应收票据到期结清票款或退票后，应当在备查簿内逐笔注销。

五、本科目期末借方余额，反映科学事业单位持有的商业汇票票面金额。

1212 应收账款

一、本科目核算科学事业单位因开展科研业务活动和经营活动，销售产品、提供有偿服务等应收取的款项。

二、本科目应当按照购货、接受服务单位(或个人)进行明细核算。

三、应收账款的主要账务处理如下：

(一)发生应收账款时，按照应收未收金额，借记本科目，按照确认的收入金额，贷记“经营收入”等科目，按照应缴增值税金额，贷记“应缴税费——应缴增值税”科目。

(二)收回应收账款时，按照实际收到的金额，借记“银行存款”等科目，贷记本科目。

四、逾期三年或以上、有确凿证据表明确实无法收回的应收账款，按照规定报经批准后予以核销。核销的应收账款应在“已核销应收账款备查簿”中保留登记。

(一)转入待处置资产时，按照待核销的应收账款金额，借记“待处置资产损溢”科目，贷记本科目。

(二)报经批准予以核销时，借记“其他支出”科目，贷记“待处置资产损溢”科目。

(三)已核销应收账款在以后期间收回的，按照实际收回的金额，借记“银行存款”等科目，贷记“其他收入”科目。

五、本科目期末借方余额，反映科学事业单位尚未收回的应收账款。

1213 预付账款

一、本科目核算科学事业单位委托其他单位承担科技开发项目或课题，组织学术、科普或教学活动等任务，以及科学事业单位开展科研业务活动购买服务或商品，按照合同规定预付给受托单位或供应商的合同款项。

二、本科目应当按照承担任务单位或供应商单位(或个人)进行明细核算。

科学事业单位应当通过明细核算或辅助登记方式，登记预付账款的资金性质(区分财政补助资金、非财政专项资金和其他资金)。

三、预付账款的主要账务处理如下：

(一)发生预付账款时，按照实际预付的金额，借记本科目，贷记“零余额账户用款额度”、“财政补助收入”和“银行存款”等科目。

(二)承担任务单位按照合同完成任务并交付成果时，按照交付成果的实际成本，借记有关科目，按照相应合同预付款金额，贷记本科目，按照补付的款项，贷记“零余额账户用款额度”、“财政补助收入”和“银行存款”等科目。

收到所购服务或商品的，按照购入服务或商品的成本，借记有关科目，按照相应合同预付款金额，贷记本科目，按照补付的款项，贷记“零余额账户用款额度”、“财政补助收入”、“银行存款”等科目。

收到所购固定资产、无形资产的，按照确定的资产成本，借记“固定资产”、“无形资产”科目，贷记“非流动资产基金——固定资产、无形资产”科目；同时，按照资产购置支出金额，借记“科研支出”、“非科研支出”、“经营支出”等科目，按照相应合同预付款金额，贷记本科目，按照补付的款项，贷记“零余额账户用款额度”、“财政补助收入”和“银行存款”等科目。

四、逾期三年或以上、有确凿证据表明因承担任务单位或供应商破产、撤销等原因已无望再收到成果或所购服务或商品，且确实无法收回的预付账款，按照规定报经批准后予以核销。核销的预付账款应在“已核销预付账款备查簿”中保留登记。

(一)转入待处置资产时，按照待核销的预付账款金额，借记“待处置资产损溢”科目，贷记本科目。

（二）报经批准予以核销时，借记“其他支出”科目，贷记“待处置资产损溢”科目。

（三）已核销预付账款在以后期间收回的，按照实际收回的金额，借记“银行存款”等科目，贷记“其他收入”科目。

五、本科目期末借方余额，反映科学事业单位实际预付但尚未结算的合同款项。

1215 其他应收款

一、本科目核算科学事业单位除财政应返还额度、应收票据、应收账款和预付账款以外的其他各项应收及暂付款项，如职工预借的差旅费、拨付给内部有关部门的备用金和应向职工收取的各种垫付款项等。

二、本科目应当按照其他应收款的类别以及债务单位（或个人）进行明细核算。

三、其他应收款的主要账务处理如下：

（一）发生其他各种应收及暂付款项时，借记本科目，贷记“银行存款”、“库存现金”等科目。

（二）收回或转销其他各种应收及暂付款项时，借记“库存现金”、“银行存款”等科目，贷记本科目。

（三）科学事业单位内部实行备用金制度的，有关部门使用备用金以后应当及时到财务部门报销并补足备用金。财务部门核定并发放备用金时，借记本科目，贷记“库存现金”等科目。根据报销数用现金补足备用金定额时，借记有关科目，贷记“库存现金”等科目，报销数和拨补数都不再通过本科目核算。

四、逾期三年或以上、有确凿证据表明确实无法收回的其他应收款，按规定报经批准后予以核销。核销的其他应收款应在“已核销其他应收款备查簿”中保留登记。

（一）转入待处置资产时，按照待核销的其他应收款金额，借记“待处置资产损溢”科目，贷记本科目。

（二）报经批准予以核销时，借记“其他支出”科目，贷记“待处置资产损溢”科目。

（三）已核销其他应收款在以后期间收回的，按照实际收回的金额，借记“银行存款”等科目，贷记“其他收入”科目。

五、本科目期末借方余额，反映科学事业单位尚未收回的其他应收款。

1301 库存材料

一、本科目核算科学事业单位在开展科研业务活动及其他活动中为耗用而储存的各种材料、燃料、包装物、低值易耗品及达不到固定资产标准的用具、装具、动植物等的实际成本。

科学事业单位随买随用的零星办公用品，可以在购进时直接列作支出，不通过本科目核算。

二、本科目应当按照库存材料的种类、规格、保管地点等进行明细核算。

科学事业单位应当通过明细核算或辅助登记方式，登记取得库存材料成本的资金来源（区分财政补助资金、非财政专项资金和其他资金）。

发生自行加工库存材料业务的科学事业单位，应当在本科目下设置“生产成本”明细科目，归集核算自行加工库存材料所发生的实际成本（包括耗用的直接材料费用、发生的直接人工费用和分配的间接费用）。

三、库存材料的主要账务处理如下：

（一）库存材料在取得时，应当按照其实际成本入账。

1. 购入的库存材料，其成本包括购买价款、相关税费、运输费、装卸费、保险费以及其他使得库存材料达到目前场所和状态所发生的其他支出。科学事业单位按照税法规定属于增值税一般纳税人的，其购进非自用（如用于生产对外销售的产品）材料所支付的增值税款不计入材料成本。

购入的库存材料验收入库，按照确定的成本，借记本科目，贷记“银行存款”、“应付账款”、“财政补助收入”、“零余额账户用款额度”等科目。

属于增值税一般纳税人的科学事业单位购入非自用材料的，按确定的成本（不含增值税进项税额），借记本科目，按照增值税专用发票上注明的增值税额，借记“应缴税费——应缴增值税（进项税额）”科目，按照实际支付或应付的金额，贷记“银行存款”、“应付账款”等科目。

2. 自行加工的库存材料，其成本包括耗用的直接材料费用、发生的直接人工费用和按照一定方法分配的与库存材料加工有关的间接费用。

自行加工的库存材料在加工过程中发生各种费用时，借记本科目（生产成本），贷记本科目（领用材料相关的明细科目）、“应付职工薪酬”、“银行存款”等科目。

加工完成的库存材料验收入库，按照所发生的实际成本，借记本科目（相关明细科目），贷记本科目（生产成本）。

3. 接受捐赠、无偿调入的库存材料，其成本按照有关凭据注明的金额加上相关税费、运输费等确定；没有相关凭据的，其成本比照同类或类似库存材料的市场价格加上相关税费、运输费等确定；没有相关凭据、同类或类似库存材料的市场价格也无法可靠取得的，该库存材料以名义金额（即人民币 1 元，下同）入账。

接受捐赠、无偿调入的库存材料验收入库，按照确定的成本，借记本科目，按照发生的相关税费、运输费等，贷记“银行存款”等科目，按照其差额，贷记“其他收入”科目。

以名义金额入账的情况下，按照名义金额，借记本科目，贷记“其他收入”科目；按照发生的相关税费、运输费等，借记“其他支出”科目，贷记“银行存款”等科目。

（二）库存材料在发出时，应当根据实际情况采用先进先出法、加权平均法或者个别计价法确定发出库存材料的实际成本。计价方法一经确定，不得随意变更。低值易耗品的成本于领用时一次转销。

1. 开展科研业务活动等领用、发出库存材料，按照领用、发出库存材料的实际成本，借记“科研支出”、“经营支出”等科目，贷记本科目。

2. 对外捐赠、无偿调出库存材料时，按照库存材料的账面余额，借记“待处置资产损溢”科目，贷记本科目。

属于增值税一般纳税人的科学事业单位无偿调出购进的非自用材料，转入待处置资产时，按照库存材料的账面余额与相关增值税进项税额转出金额的合计金额，借记“待处置资产损溢”科目，按照库存材料的账面余额，贷记本科目，按照转出的增值税进项税额，贷记“应缴税费——应缴增值税（进项税额转出）”科目。

实际捐出、调出库存材料时，按照“待处置资产损溢”科目的相应余额，借记“其他支出”科目，贷记“待处置资产损溢”科目。

四、科学事业单位的库存材料应当定期进行清查盘点，至少每年盘点一次。对于发生的库存材料盘盈、盘亏或者报废、毁损，应当及时查明原因，按规定报经批准后进行账务处理。

（一）盘盈的库存材料，按照同类或类似库存材料的实际成本或市场价格确定入账金额；同类或类似库存材料的实际成本、市场价格均无法可靠取得的，以名义金额入账。

盘盈的库存材料，按照确定的入账金额，借记本科目，贷记“其他收入”科目。

（二）库存材料发生盘亏或者毁损、报废时，按照待处置库存材料的账面余额，借记“待处置资产损溢”科目，贷记本科目。

属于增值税一般纳税人的科学事业单位购进的非自用材料发生盘亏或者毁损、报废的，转入待处置资产时，按照库存材料的账面余额与相关增值税进项税额转出金额的合计金额，借记“待处置资产损溢”科目，按照库存材料的账面余额，贷记本科目，按照转出的增值税进项税额，贷记“应缴税费——应缴增值税（进项税额转出）”科目。

报经批准予以处置时，按照“待处置资产损溢”科目的相应余额，借记“其他支出”科目，贷记“待处置资产损溢”科目。

处置库存材料过程中所取得的收入、发生的费用，以及处置收入扣除相关处置费用后的净收入的账务处理，参见“待处置资产损溢”科目。

五、本科目期末借方余额，反映科学事业单位库存材料的实际成本。

1302 科技产品

一、本科目核算科学事业单位利用非财政性资金试制、生产的科技产品的实际成本。

二、本科目应当按照科技产品的种类、规格、保管地点等进行明细核算。

科学事业单位应当通过明细核算或辅助登记方式，登记取得科技产品成本的资金来源（区分非财政性专项资金和其他资金）。

科学事业单位应当在本科目下设置“生产成本”和“产成品”两个明细科目。其中，“生产成本”明细科目归集核算试制、生产科技产品所发生的实际成本（包括耗用的直接材料费用、发生的直接人工费用和分配的间接费用）；“产成品”明细科目核算已验收入库的科技产品的实际成本。

三、科技产品的主要账务处理如下：

（一）试制、生产科技产品时，按照发生的实际成本，借记本科目（生产成本），贷记“库存材料”、“应付职工薪酬”、“银行存款”等科目。

其实际成本包括耗用的直接材料费用、发生的直接人工费用和按照一定方法分配的与科技产品生产有关的间接费用。

(二)试制、生产完成的科技产品验收入库时，按照所发生的实际成本，借记本科目(产成品)，贷记本科目(生产成本)。

未通过验收的科技产品，按照发生的实际成本，借记“经营支出”等科目，贷记本科目(生产成本)。

(三)在出售或发出科技产品时，应当根据实际情况采用先进先出法、加权平均法或者个别计价法确定发出科技产品的实际成本。计价方法一经确定，不得随意变更。

1. 对外销售科技产品或开展科研业务活动等领用、发出科技产品时，按照对外销售或领用、发出科技产品的实际成本，借记“科研支出”、“经营支出”等科目，贷记本科目。

2. 对外捐赠、无偿调出科技产品时，按照科技产品的账面余额，借记“待处置资产损溢”科目，贷记本科目。

属于增值税一般纳税人的科学事业单位无偿调出购进的科技产品时，按照科技产品的账面余额与相关增值税进项税额转出金额的合计金额，借记“待处置资产损溢”科目，按照科技产品的账面余额，贷记本科目，按照转出的增值税进项税额，贷记“应缴税费——应缴增值税(进项税额转出)”科目。

实际捐出、调出科技产品时，按照“待处置资产损溢”科目的相应余额，借记“其他支出”科目，贷记“待处置资产损溢”科目。

四、科学事业单位的科技产品应当定期进行清查盘点，至少每年盘点一次。对于发生的科技产品盘盈、盘亏或者毁损、报废，应当及时查明原因，按规定报经批准后进行账务处理。

(一)盘盈的科技产品，按照同类或类似科技产品的实际成本或市场价格确定入账价值；同类或类似科技产品的实际成本、市场价格均无法可靠取得的，按照名义金额入账。

盘盈的科技产品，按照确定的入账价值，借记本科目，贷记“其他收入”科目。

(二)盘亏或者毁损、报废的科技产品，按照待处置科技产品的账面余额，借记“待处置资产损溢”科目，贷记本科目。报经批准予以处置时，按照“待处置资产损溢”科目的相应余额，借记“其他支出”科目，贷记“待处置资产损溢”科目。处置科技产品过程中所取得的收入、发生的费用，以及处置收入扣除相关处置费用后的净收入的账务处理，参见“待处置资产损溢”科目。

五、本科目期末借方余额，反映科学事业单位科技产品的实际成本。

1401 长期投资

一、本科目核算科学事业单位依法取得的，持有时间超过 1 年(不含 1 年)的股权和债权性质的投资。

二、科学事业单位应当严格遵守国家法律、行政法规以及财政部门、主管部门有关事业单位对外投资的规定。

三、本科目应当按照长期投资的种类和被投资单位等进行明细核算。

四、长期投资的主要账务处理如下：

(一)长期股权投资

1. 长期股权投资在取得时，应当按照其实际成本作为投资成本。

(1)以货币资金取得的长期股权投资，按照投资成本金额，借记“事业基金”科目，贷记“非流动资产基金——长期投资”科目；同时，按照实际支付的全部价款(包括购买价款以及税金、手续费等相关税费)作为投资成本，借记本科目，贷记“银行存款”等科目。

(2)以固定资产取得的长期股权投资，按照投出固定资产对应的非流动资产基金，借记“非流动资产基金——固定资产”科目，按照投出固定资产已计提折旧，借记“累计折旧”科目，按照投出固定资产的账面余额，贷记“固定资产”科目；同时，按照评估价值加上相关税费作为投资成本，借记本科目，贷记“非流动资产基金——长期投资”科目，按照发生的相关税费，借记“其他支出”科目，贷记“银行存款”、“应缴税费”等科目。

(3)以已入账无形资产取得的长期股权投资，按照投出无形资产对应的非流动资产基金，借记“非流动资产基金——无形资产”科目，按照投出无形资产已计提摊销，借记“累计摊销”科目，按照投出无形资产的账面余额，贷记“无形资产”科目；同时，按照评估价值加上相关税费作为投资成本，借记本科目，贷记“非流动资产基金——长期投资”科目，按照发生的相关税费，借记“其他支出”科目，贷记“银行存款”、“应缴税费”

等科目。

以未入账无形资产取得的长期股权投资，按照评估价值加上相关税费作为投资成本，借记本科目，贷记“非流动资产基金——长期投资”科目，按照发生的相关税费，借记“其他支出”科目，贷记“银行存款”、“应缴税费”等科目。

2. 长期股权投资持有期间，收到利润等投资收益时，按照实际收到的金额，借记“银行存款”等科目，贷记“其他收入——投资收益”科目。

3. 转让长期股权投资时，按照待转让长期股权投资的账面余额，借记“待处置资产损溢——处置资产价值”科目，贷记本科目。

实际转让时，按照所转让长期股权投资对应的非流动资产基金，借记“非流动资产基金——长期投资”科目，贷记“待处置资产损溢——处置资产价值”科目。

转让长期股权投资过程中取得价款、发生相关税费，以及转让价款扣除相关税费后的净收入的账务处理，参见“待处置资产损溢”科目。

4. 因被投资单位破产、清算等原因，有确凿证据表明长期股权投资发生损失，按规定报经批准后予以核销。将待核销长期股权投资转入待处置资产时，按照待核销的长期股权投资账面余额，借记“待处置资产损溢——处置资产价值”科目，贷记本科目。

报经批准予以核销时，借记“非流动资产基金——长期投资”科目，贷记“待处置资产损溢——处置资产价值”科目。

（二）长期债券投资

1. 长期债券投资在取得时，应当按照其实际成本作为投资成本。

以货币资金购入的长期债券投资，按照投资成本金额，借记“事业基金”科目，贷记“非流动资产基金——长期投资”科目；同时，按照实际支付的全部价款（包括购买价款以及税金、手续费等相关税费）作为投资成本，借记本科目，贷记“银行存款”等科目。

2. 长期债券投资持有期间收到利息时，按照实际收到的金额，借记“银行存款”等科目，贷记“其他收入——投资收益”科目。

3. 对外转让或到期收回长期债券投资本息，按照收回长期投资对应的非流动资产基金，借记“非流动资产基金——长期投资”科目，贷记“事业基金”科目；同时，按照实际收到的金额，借记“银行存款”等科目，按照收回长期投资的成本，贷记本科目，按照其差额，贷记或借记“其他收入——投资收益”科目。

五、本科目期末借方余额，反映科学事业单位持有的长期投资成本。

1501 固定资产

一、本科目核算科学事业单位固定资产的原价。

固定资产是指科学事业单位持有的使用期限超过1年（不含1年）、单位价值在规定标准以上，并在使用过程中基本保持原有物质形态的资产。单位价值虽未达到规定标准，但使用期限超过1年（不含1年）的大批同类物资，作为固定资产核算和管理。

二、科学事业单位的固定资产一般分为六类：房屋及构筑物；专用设备；通用设备；文物和陈列品；图书、档案；家具、用具、装具及动植物。有关说明如下：

（一）固定资产的各组成部分具有不同的使用寿命、适用不同折旧率且可以分别确定各自原价的，应当分别将各组成部分确认为单项固定资产。

（二）对于应用软件，如果其构成相关硬件不可缺少的组成部分，应当将该软件价值包括在所属硬件价值中，一并作为固定资产进行核算；如果其不构成相关硬件不可缺少的组成部分，应当将该软件作为无形资产核算。

（三）以经营租赁租入的固定资产，不作为固定资产核算，应当另设“经营租赁固定资产备查簿”进行登记。

（四）购入需要安装的固定资产，应当先通过“在建工程”科目核算，安装完毕交付使用时再转入本科目核算。

（五）购建的房屋及构筑物，不能够分清购建成本中的房屋及构筑物部分与土地使用权部分的，应当全部作为固定资产核算；能够分清购建成本中的房屋及构筑物部分与土地使用权部分的，应当将其中的房屋及构筑物部分作为固定资产核算，将其中的土地使用权部分作为无形资产核算。

三、科学事业单位应当根据固定资产定义，结合本单位的具体情况，制定适合于本单位的固定资产目录、具体分类方法，作为进行固定资产核算的依据。

科学事业单位应当设置"固定资产登记簿"和"固定资产卡片"，按照固定资产类别、项目和使用部门等进行明细核算。出租、出借的固定资产，应当设置备查簿进行登记。

四、固定资产的主要账务处理如下：

(一)固定资产在取得时，应当按照其实际成本入账。

1. 购入的固定资产，其成本包括购买价款、相关税费以及固定资产交付使用前所发生的可归属于该项资产的运输费、装卸费、安装调试费和专业人员服务费等。

以一笔款项购入多项没有单独标价的固定资产，按照各项固定资产同类或类似资产市场价格的比例对总成本进行分配，分别确定各项固定资产的成本。

购入不需安装的固定资产，按照确定的固定资产成本，借记本科目，贷记"非流动资产基金——固定资产"科目；同时，按照实际支付金额，借记"科研支出"、"经营支出"等科目，贷记"财政补助收入"、"零余额账户用款额度"、"银行存款"等科目。

购入需要安装的固定资产，先通过"在建工程"科目核算。安装完工交付使用时，借记本科目，贷记"非流动资产基金——固定资产"科目；同时，借记"非流动资产基金——在建工程"科目，贷记"在建工程"科目。

购入扣留质量保证金的固定资产，在取得固定资产时，按照确定的成本(包括质量保证金)，借记本科目[不需安装]或"在建工程"科目[需要安装]，贷记"非流动资产基金——固定资产、在建工程"科目。同时，取得固定资产全款发票(包括质量保证金)的，应当按照构成固定资产成本的全部支出金额，借记"科研支出"、"经营支出"等科目，按照实际支付金额，贷记"财政补助收入"、"零余额账户用款额度"、"银行存款"等科目，按照扣留的质量保证金，贷记"其他应付款"[扣留期在 1 年以内(含 1 年)]或"长期应付款"[扣留期超过 1 年]科目；取得的发票金额不包括质量保证金的，应当按照不包括质量保证金的支出金额，借记"科研支出"、"经营支出"等科目，贷记"财政补助收入"、"零余额账户用款额度"、"银行存款"等科目。

质保期满支付质量保证金时，借记"其他应付款"、"长期应付款"科目，或借记"科研支出"、"经营支出"等科目，贷记"财政补助收入"、"零余额账户用款额度"、"银行存款"等科目。

质保期满因固定资产质量有问题等原因未支付质量保证金的，应当相应调减固定资产的账面余额，并重新计算折旧额。

2. 自行建造的固定资产，其成本包括建造该项资产至交付使用前所发生的全部必要支出。工程完工交付使用时，按自行建造过程中发生的实际支出，借记本科目，贷记"非流动资产基金——固定资产"科目；同时，借记"非流动资产基金——在建工程"科目，贷记"在建工程"科目。已交付使用但尚未办理竣工决算手续的固定资产，按照估计价值入账，待确定实际成本后再进行调整。

3. 在原有固定资产基础上进行改建、扩建、修缮后的固定资产，其成本按照原固定资产账面价值("固定资产"科目账面余额减去"累计折旧"科目账面余额后的净值)①加上改建、扩建、修缮发生的支出，再扣除固定资产拆除部分的账面价值后的金额确定。

将固定资产转入改建、扩建、修缮时，按照固定资产的账面价值，借记"在建工程"科目，贷记"非流动资产基金——在建工程"科目；同时，按照固定资产对应的非流动资产基金，借记"非流动资产基金——固定资产"科目，按照固定资产已计提折旧，借记"累计折旧"科目，按固定资产的账面余额，贷记本科目。

工程完工交付使用时，借记本科目，贷记"非流动资产基金——固定资产"科目；同时，借记"非流动资产基金——在建工程"科目，贷记"在建工程"科目。

4. 以融资租赁租入的固定资产，其成本按照租赁协议或者合同确定的租赁价款、相关税费以及固定资产交付使用前所发生的可归属于该项资产的运输费、途中保险费、安装调试费等确定。

融资租入的固定资产，按照确定的成本，借记本科目[不需安装]或"在建工程"科目[需安装]，按照租赁协议或者合同确定的租赁价款，贷记"长期应付款"科目，按照其差额，贷记"非流动资产基金——固定资产、

---

① 本制度所称账面价值，是指某会计科目的账面余额减去相关备抵科目(如"累计折旧"、"累计摊销"科目)账面余额后的净值。本制度所称账面余额，是指某会计科目的账面实际余额。

在建工程”科目。同时，按照实际支付的相关税费、运输费、途中保险费、安装调试费等，借记“科研支出”、“经营支出”等科目，贷记“财政补助收入”、“零余额账户用款额度”、“银行存款”等科目。

定期支付租金时，借记“长期应付款”科目，贷记“非流动资产基金——固定资产”科目；同时，按照支付的租金金额，借记“科研支出”、“经营支出”等科目，贷记“财政补助收入”、“零余额账户用款额度”、“银行存款”等科目。

跨年度分期付款购入固定资产的账务处理，参照融资租入固定资产的账务处理。

5. 接受捐赠、无偿调入的固定资产，其成本按照有关凭据注明的金额加上相关税费、运输费等确定；没有相关凭据的，其成本比照同类或类似固定资产的市场价格加上相关税费、运输费等确定；没有相关凭据、同类或类似固定资产的市场价格也无法可靠取得的，该固定资产以名义金额入账。

接受捐赠、无偿调入的固定资产，按照确定的固定资产成本，借记本科目[不需安装]或“在建工程”科目[需安装]，贷记“非流动资产基金——固定资产、在建工程”科目；按照发生的相关税费、运输费等，借记“其他支出”科目，贷记“银行存款”等科目。

（二）按月计提固定资产折旧时，按照实际计提金额，借记“非流动资产基金——固定资产”科目，贷记“累计折旧”科目。

（三）与固定资产有关的后续支出，应当分别以下情况处理：

1. 为增加固定资产使用效能或延长其使用年限而发生的改建、扩建或修缮等后续支出，应当计入固定资产成本，通过“在建工程”科目核算，完工交付使用时转入本科目。有关账务处理参见“在建工程”科目。

2. 为维护固定资产的正常使用而发生的日常修理等后续支出，应当计入当期支出但不计入固定资产成本，借记“科研支出”、“经营支出”等科目，贷记“财政补助收入”、“零余额账户用款额度”、“银行存款”等科目。

（四）报经批准出售、无偿调出、对外捐赠固定资产或以固定资产对外投资，应当分别以下情况处理：

1. 出售、无偿调出、对外捐赠固定资产时，按照待处置固定资产的账面价值，借记“待处置资产损溢”科目，按照固定资产已计提折旧，借记“累计折旧”科目，按照固定资产的账面余额，贷记本科目。

实际出售、调出、捐出时，按照处置固定资产对应的非流动资产基金，借记“非流动资产基金——固定资产”科目，贷记“待处置资产损溢”科目。

出售固定资产过程中取得价款、发生相关税费，以及出售价款扣除相关税费后的净收入的账务处理，参见“待处置资产损溢”科目。

2. 以固定资产对外投资，按照评估价值加上相关税费作为投资成本，借记“长期投资”科目，贷记“非流动资产基金——长期投资”科目，按照发生的相关税费，借记“其他支出”科目，贷记“银行存款”、“应缴税费”等科目；同时，按照投出固定资产对应的非流动资产基金，借记“非流动资产基金——固定资产”科目，按照投出固定资产已计提折旧，借记“累计折旧”科目，按照投出固定资产的账面余额，贷记本科目。

五、科学事业单位的固定资产应当定期进行清查盘点，至少每年盘点一次。对于发生的固定资产盘盈、盘亏或者毁损、报废，应当及时查明原因，按照规定报经批准后进行账务处理。

（一）盘盈的固定资产，按照同类或类似固定资产的市场价格确定入账价值；同类或类似固定资产的市场价格无法可靠取得的，以名义金额入账。

盘盈的固定资产，按照确定的入账价值，借记本科目，贷记“非流动资产基金——固定资产”科目。

（二）固定资产发生盘亏或者毁损、报废时，按照待处置固定资产的账面价值，借记“待处置资产损溢”科目，按照固定资产已计提折旧，借记“累计折旧”科目，按照固定资产的账面余额，贷记本科目。

报经批准予以处置时，按照处置固定资产对应的非流动资产基金，借记“非流动资产基金——固定资产”科目，贷记“待处置资产损溢”科目。

处置毁损、报废固定资产过程中所取得的收入、发生的相关费用，以及处置收入扣除相关费用后的净收入的账务处理，参见“待处置资产损溢”科目。

六、本科目期末借方余额，反映科学事业单位固定资产的原价。

1502 累计折旧

一、本科目核算科学事业单位固定资产计提的累计折旧。

二、本科目应当按照科学事业单位内部成本管理的需要并结合对应固定资产的类别、项目等进行明细核算。

三、科学事业单位应当对除下列各项资产以外的其他固定资产计提折旧：

(一)文物和陈列品；

(二)动植物；

(三)图书、档案；

(四)以名义金额计量的固定资产。

四、折旧是指在固定资产使用寿命内，按照确定的方法对应折旧金额进行系统分摊。有关说明如下：

(一)科学事业单位应当根据固定资产的性质和实际使用情况，合理确定其折旧年限。省级以上财政部门、主管部门对科学事业单位固定资产折旧年限作出规定的，从其规定。

(二)科学事业单位一般应当采用年限平均法或工作量法计提固定资产折旧。

(三)科学事业单位固定资产的应折旧金额为其成本，计提固定资产折旧不考虑预计净残值。

(四)科学事业单位一般应当按月计提固定资产折旧。当月增加的固定资产，当月不提折旧，从下月起计提折旧；当月减少的固定资产，当月照提折旧，从下月起不提折旧。

(五)固定资产提足折旧后，无论能否继续使用，均不再计提折旧；提前报废的固定资产，也不再补提折旧。已提足折旧的固定资产，可以继续使用的，应当继续使用，规范管理。

(六)计提融资租入固定资产折旧时，应当采用与自有固定资产相一致的折旧政策。能够合理确定租赁期届满时将会取得租入固定资产所有权的，应当在租入固定资产尚可使用年限内计提折旧；无法合理确定租赁期届满时能够取得租入固定资产所有权的，应当在租赁期与租入固定资产尚可使用年限两者中较短的期间内计提折旧。

(七)固定资产因改建、扩建或修缮等原因而延长其使用年限的，应当按照重新确定的固定资产的成本以及重新确定的折旧年限，重新计算折旧额。

五、累计折旧的主要账务处理如下：

(一)按月计提固定资产折旧时，按照应计提折旧金额，借记“非流动资产基金——固定资产”科目，贷记本科目。

(二)固定资产处置时，按照所处置固定资产的账面价值，借记“待处置资产损溢”科目，按照固定资产已计提折旧，借记本科目，按照固定资产的账面余额，贷记“固定资产”科目。

六、本科目期末贷方余额，反映科学事业单位计提的固定资产折旧累计数。

1511 在建工程

一、本科目核算科学事业单位已经发生必要支出，但尚未完工交付使用的各种建筑(包括新建、改建、扩建、修缮等)和设备安装工程的实际成本。

二、本科目应当按照工程性质和具体工程项目等进行明细核算。

三、科学事业单位的基本建设投资应当按照国家有关规定单独建账、单独核算，同时按照本制度的规定至少按月并入本科目及其他相关科目反映。

科学事业单位应当在本科目下设置“基建工程”明细科目，核算由基建账套并入的在建工程成本。有关基建并账的具体账务处理另行规定。

四、在建工程(非基本建设项目)的主要账务处理如下：

(一)建筑工程

1. 将固定资产转入改建、扩建或修缮等时，按照固定资产的账面价值，借记本科目，贷记“非流动资产基金——在建工程”科目；同时，按照固定资产对应的非流动资产基金，借记“非流动资产基金——固定资产”科目，按照固定资产已计提折旧，借记“累计折旧”科目，按照固定资产的账面余额，贷记“固定资产”科目。

2. 根据工程价款结算账单与施工企业结算工程价款时，按照实际支付的工程价款，借记本科目，贷记“非流动资产基金——在建工程”科目；同时，借记“科研支出”等科目，贷记“财政补助收入”、“零余额账户用款额度”、“银行存款”等科目。

3. 科学事业单位为建筑工程借入的专门借款的利息，属于建设期间发生的，计入在建工程成本，借记本科目，贷记“非流动资产基金——在建工程”科目；同时，借记“其他支出”科目，贷记“银行存款”科目。

4. 工程完工交付使用时,借记“非流动资产基金——在建工程”科目,贷记本科目;同时,按照建筑工程所发生的实际成本,借记“固定资产”科目,贷记“非流动资产基金——固定资产”科目。

(二)设备安装

1. 购入需要安装的设备,按照确定的成本,借记本科目,贷记“非流动资产基金——在建工程”科目;同时,按照实际支付金额,借记“科研支出”、“经营支出”等科目,贷记“财政补助收入”、“零余额账户用款额度”、“银行存款”等科目。

融资租入需要安装的设备,按照确定的成本,借记本科目,按照租赁协议或者合同确定的租赁价款,贷记“长期应付款”科目,按照其差额,贷记“非流动资产基金——在建工程”科目;同时,按照实际支付的相关税费、运输费、途中保险费等,借记“科研支出”、“经营支出”等科目,贷记“财政补助收入”、“零余额账户用款额度”、“银行存款”等科目。

2. 发生安装费用,借记本科目,贷记“非流动资产基金——在建工程”科目;同时,借记“科研支出”、“经营支出”等科目,贷记“财政补助收入”、“零余额账户用款额度”、“银行存款”等科目。

3. 设备安装完工交付使用时,借记“固定资产”科目,贷记“非流动资产基金——固定资产”科目;同时,借记“非流动资产基金——在建工程”科目,贷记本科目。

五、本科目期末借方余额,反映科学事业单位尚未完工的在建工程发生的实际成本。

1601 无形资产

一、本科目核算科学事业单位无形资产的原价。

无形资产是指科学事业单位持有的,没有实物形态的可辨认非货币性资产,包括专利权、商标权、著作权、土地使用权、非专利技术等。

科学事业单位购入的不构成相关硬件不可缺少组成部分的应用软件,应当作为无形资产核算。

二、本科目应当按照无形资产的类别、项目等进行明细核算。

三、科学事业单位应当设置“未确认的无形资产登记簿”,将以财政性资金投入的、以取得无形资产为目的的科研项目在通过验收结项后,根据其实际支出金额(不包括发生的注册费、聘请律师费等费用)登记“未确认的无形资产登记簿”。

四、无形资产的主要账务处理如下:

(一)无形资产在取得时,应当按照其实际成本入账。

1. 外购的无形资产,其成本包括购买价款、相关税费以及可归属于该项资产达到预定用途所发生的其他支出。

购入的无形资产,按照确定的无形资产成本,借记本科目,贷记“非流动资产基金——无形资产”科目;同时,按照实际支付金额,借记“科研支出”等科目,贷记“财政补助收入”、“零余额账户用款额度”、“银行存款”等科目。

2. 委托软件公司开发软件视同外购无形资产进行处理。

支付软件开发费时,按照实际支付金额,借记“科研支出”等科目,贷记“财政补助收入”、“零余额账户用款额度”、“银行存款”等科目。软件开发完成交付使用时,按照软件开发费总额,借记本科目,贷记“非流动资产基金——无形资产”科目。

3. 自行开发并按法律程序申请取得的无形资产,按照依法取得时发生的注册费、聘请律师费等费用,借记本科目,贷记“非流动资产基金——无形资产”科目;同时,借记“科研支出”等科目,贷记“财政补助收入”、“零余额账户用款额度”、“银行存款”等科目。

依法取得前所发生的研究开发支出,应于发生时直接计入当期支出,借记“科研支出”等科目,贷记“银行存款”等科目。

4. 接受捐赠、无偿调入的无形资产,其成本按照有关凭据注明的金额加上相关税费等确定;没有相关凭据的,其成本比照同类或类似无形资产的市场价格加上相关税费等确定;没有相关凭据、同类或类似无形资产的市场价格也无法可靠取得的,该资产以名义金额入账。

接受捐赠、无偿调入的无形资产,按照确定的无形资产成本,借记本科目,贷记“非流动资产基金——无形资产”科目;同时,按照发生的相关税费等,借记“其他支出”科目,贷记“银行存款”等科目。

(二)按月计提无形资产摊销时,按照应计提摊销金额,借记“非流动资产基金——无形资产”科目,贷记

“累计摊销”科目。

（三）与无形资产有关的后续支出，应当分别以下情况处理：

1. 为增加无形资产的使用效能而发生的后续支出，如对软件进行升级改造或扩展其功能等所发生的支出，应当计入无形资产的成本，借记本科目，贷记“非流动资产基金——无形资产”科目；同时，借记“科研支出”等科目，贷记“财政补助收入”、“零余额账户用款额度”、“银行存款”等科目。

2. 为维护无形资产的正常使用而发生的后续支出，如对软件进行漏洞修补、技术维护等所发生的支出，应当计入当期支出但不计入无形资产成本，借记“科研支出”等科目，贷记“财政补助收入”、“零余额账户用款额度”、“银行存款”等科目。

（四）报经批准转让、无偿调出、对外捐赠无形资产或以无形资产对外投资，应当分别以下情况处理：

1. 转让、无偿调出、对外捐赠无形资产时，按照待处置无形资产的账面价值，借记“待处置资产损溢”科目，按照无形资产已计提摊销，借记“累计摊销”科目，按照无形资产的账面余额，贷记本科目。

实际转让、调出、捐出时，按照处置无形资产对应的非流动资产基金，借记“非流动资产基金——无形资产”科目，贷记“待处置资产损溢”科目。

转让无形资产过程中取得价款、发生相关税费，以及出售价款扣除相关税费后的净收入的账务处理，参见“待处置资产损溢”科目。

2. 以已入账无形资产对外投资，按照评估价值加上相关税费作为投资成本，借记“长期投资”科目，贷记“非流动资产基金——长期投资”科目，按照发生的相关税费，借记“其他支出”科目，贷记“银行存款”、“应缴税费”等科目；同时，按照投出无形资产对应的非流动资产基金，借记“非流动资产基金——无形资产”科目，按照无形资产已计提摊销，借记“累计摊销”科目，按照无形资产的账面余额，贷记本科目。

（五）无形资产预期不能为事业单位带来服务潜力或经济利益的，应当按照规定报经批准后将该无形资产的账面价值予以核销。

转入待处置资产时，按照待核销无形资产的账面价值，借记“待处置资产损溢”科目，按照无形资产已计提摊销，借记“累计摊销”科目，按照无形资产的账面余额，贷记本科目。

报经批准予以核销时，按照核销无形资产对应的非流动资产基金，借记“非流动资产基金——无形资产”科目，贷记“待处置资产损溢”科目。

五、本科目期末借方余额，反映科学事业单位无形资产的原价。

1602 累计摊销

一、本科目核算科学事业单位无形资产计提的累计摊销。

二、本科目应当按照对应无形资产的类别、项目等进行明细核算。

三、科学事业单位应当对无形资产进行摊销，以名义金额计量的无形资产除外。摊销是指在无形资产使用寿命内，按照确定的方法对应摊销金额进行系统分摊。有关说明如下：

（一）科学事业单位应当按照如下原则确定无形资产的摊销年限：法律规定了有效年限的，按照法律规定的有效年限作为摊销年限；法律没有规定有效年限的，按照相关合同或单位申请书中的受益年限作为摊销年限；法律没有规定有效年限、相关合同或单位申请书也没有规定受益年限的，按照不少于10年的期限摊销。对于取得的单位价值小于1000元的无形资产，可以于取得的当月，将其成本一次性全部转销。

（二）科学事业单位应当采用年限平均法对无形资产进行摊销。

（三）科学事业单位无形资产的应摊销金额为其成本。

（四）科学事业单位应当自无形资产取得当月起，按月计提无形资产摊销。

（五）因发生后续支出而增加无形资产成本的，应当按照重新确定的无形资产成本，重新计算摊销额。

四、累计摊销的主要账务处理如下：

（一）按月计提无形资产摊销时，按照应计提摊销金额，借记“非流动资产基金——无形资产”科目，贷记本科目。

（二）无形资产处置时，按照所处置无形资产的账面价值，借记“待处置资产损溢”科目，按照无形资产已计提摊销，借记本科目，按照无形资产的账面余额，贷记“无形资产”科目。

五、本科目期末贷方余额，反映科学事业单位计提的无形资产摊销累计数。

1701 待处置资产损溢

一、本科目核算科学事业单位待处置资产的价值及处置损溢。科学事业单位资产处置包括资产的出售、出让、转让、对外捐赠、无偿调出、盘亏、报废、毁损以及货币性资产损失核销等。

二、本科目应当按照待处置资产项目进行明细核算；对于在处置过程中取得相关收入、发生相关费用的处置项目，还应设置“处置资产价值”、“处置净收入”明细科目，进行明细核算。

三、科学事业单位处置资产一般应当先记入本科目，按照规定报经批准后及时进行账务处理。年度终了结账前一般应处理完毕。

四、待处置资产损溢的主要账务处理如下：

（一）按照规定报经批准予以核销的应收及预付款项、长期投资、无形资产。

1. 转入待处置资产时，借记本科目[核销无形资产的，还应借记“累计摊销”科目]，贷记“应收账款”、“预付账款”、“其他应收款”、“长期投资”、“无形资产”等科目。

2. 报经批准予以核销时，借记“其他支出”科目[应收及预付款项核销]或“非流动资产基金——长期投资、无形资产”科目[长期投资、无形资产核销]，贷记本科目。

（二）盘亏或者毁损、报废的库存材料、科技产品和固定资产。

1. 转入待处置资产时，借记本科目（处置资产价值）[处置固定资产的，还应借记“累计折旧”科目]，贷记“库存材料”、“科技产品”和“固定资产”等科目。

2. 报经批准予以处置时，借记“其他支出”科目[处置库存材料、科技产品]或“非流动资产基金——固定资产”科目[处置固定资产]，贷记本科目（处置资产价值）。

3. 处置毁损、报废库存材料、科技产品和固定资产过程中收到残值变价收入、保险理赔和过失人赔偿等，借记“库存现金”、“银行存款”等科目，贷记本科目（处置净收入）。

4. 处置毁损、报废库存材料、科技产品和固定资产过程中发生相关费用，借记本科目（处置净收入），贷记“库存现金”、“银行存款”等科目。

5. 处置完毕，按照处置收入扣除相关处置费用后的净收入，借记本科目（处置净收入），贷记“应缴国库款”等科目；如果处置收入小于相关处置费用的，按照相关处置费用超出处置收入的净损失，借记“其他支出”科目，贷记本科目（处置净收入）。

（三）对外捐赠、无偿调出库存材料、科技产品、固定资产、无形资产。

1. 转入待处置资产时，借记本科目[捐赠、调出固定资产、无形资产的，还应借记“累计折旧”、“累计摊销”科目]，贷记“库存材料”、“科技产品”、“固定资产”、“无形资产”等科目。

2. 实际捐出、调出时，借记“其他支出”科目[捐出、调出库存材料、科技产品]或“非流动资产基金——固定资产、无形资产”科目[捐出、调出固定资产、无形资产]，贷记本科目。

（四）转让（出售）长期股权投资、固定资产、无形资产。

1. 转入待处置资产时，借记本科目（处置资产价值）[转让固定资产、无形资产的，还应借记“累计折旧”、“累计摊销”科目]，贷记“长期投资”、“固定资产”、“无形资产”等科目。

2. 实际转让时，借记“非流动资产基金——长期投资、固定资产、无形资产”科目，贷记本科目（处置资产价值）。

3. 转让过程中取得价款、发生相关税费，以及转让价款扣除相关税费后的净收入的账务处理，按照国家有关规定，比照本科目“四（二）”有关毁损、报废库存材料、科技产品和固定资产进行处理。

五、本科目期末如为借方余额，反映科学事业单位尚未处置完毕的各种资产价值及净损失；期末如为贷方余额，反映科学事业单位尚未处置完毕的各种资产净溢余。年度终了报经批准处理后，本科目一般应无余额。

二、负债类

2001 短期借款

一、本科目核算科学事业单位借入的期限在1年内（含1年）的各种借款。

二、本科目应当按照贷款单位和贷款种类进行明细核算。

三、短期借款的主要账务处理如下：

（一）借入各种短期借款时，按照实际借入的金额，借记“银行存款”科目，贷记本科目。

（二）银行承兑汇票到期，本单位无力支付票款的，按照银行承兑汇票的票面金额，借记“应付票据”科目，贷记本科目。

（三）支付短期借款利息时，借记“其他支出”科目，贷记“银行存款”科目。

（四）归还短期借款本金时，借记本科目，贷记“银行存款”科目。

四、本科目期末贷方余额，反映科学事业单位尚未偿还的短期借款本金。

2101 应缴税费

一、本科目核算科学事业单位按照税法等规定计算应缴纳的各种税费，包括营业税、增值税、城市维护建设税、教育费附加、车船税、房产税、城镇土地使用税、企业所得税等。

科学事业单位代扣代缴的个人所得税，也通过本科目核算。

科学事业单位应缴纳的印花税不需要预提应缴税费，直接通过支出等有关科目核算，不在本科目核算。

二、本科目应当按照应缴纳的税费种类进行明细核算。属于增值税一般纳税人的科学事业单位，其应缴增值税明细账中应设置“进项税额”、“已交税金”、“销项税额”、“进项税额转出”等专栏。

三、应缴税费的主要账务处理如下：

（一）发生营业税、城市维护建设税、教育费附加纳税义务时，按照税法规定计算的应缴税费金额，借记“待处置资产损溢——处置净收入”科目[出售不动产应缴的税费]或有关支出科目，贷记本科目。实际缴纳时，借记本科目，贷记“银行存款”科目。

（二）属于增值税一般纳税人的科学事业单位购入非自用材料时，按照确定的成本（不含增值税进项税额），借记“库存材料”科目，按照增值税专用发票上注明的增值税额，借记本科目（应缴增值税——进项税额），按照实际支付或应付的金额，贷记“银行存款”、“应付账款”等科目。

属于增值税一般纳税人的科学事业单位所购进的非自用材料发生盘亏、毁损、报废、对外捐赠、无偿调出等税法规定不得从增值税销项税额中抵扣进项税额的，将所购进的非自用材料转入待处置资产时，按照材料的账面余额与相关增值税进项税额转出金额的合计金额，借记“待处置资产损溢”科目，按照材料的账面余额，贷记“库存材料”科目，按照转出的增值税进项税额，贷记本科目（应缴增值税——进项税额转出）。

属于增值税一般纳税人的科学事业单位销售应税产品或提供应税服务时，按照包含增值税的价款总额，借记“银行存款”、“应收账款”、“应收票据”等科目，按照扣除增值税销项税额后的价款金额，贷记“经营收入”等科目，按照增值税专用发票上注明的增值税金额，贷记本科目（应缴增值税——销项税额）。

属于增值税一般纳税人的科学事业单位实际缴纳增值税时，借记本科目（应缴增值税——已交税金），贷记“银行存款”科目。

属于增值税小规模纳税人的科学事业单位销售应税产品或提供应税服务时，按照实际收到或应收的价款，借记“银行存款”、“应收账款”、“应收票据”等科目，按照实际收到或应收价款扣除增值税额后的金额，贷记“经营收入”等科目，按照应缴增值税金额，贷记本科目（应缴增值税）。实际缴纳增值税时，借记本科目（应缴增值税），贷记“银行存款”科目。

（三）发生车船税、房产税、城镇土地使用税纳税义务时，按照税法规定计算的应缴税金数额，借记有关科目，贷记本科目。实际缴纳时，借记本科目，贷记“银行存款”科目。

（四）代扣代缴个人所得税时，按照税法规定计算应代扣代缴的个人所得税金额，借记“应付职工薪酬”科目，贷记本科目。实际缴纳时，借记本科目，贷记“银行存款”科目。

（五）发生企业所得税纳税义务时，按照税法规定计算的应缴税金数额，借记“非财政补助结余分配”科目，贷记本科目。实际缴纳时，借记本科目，贷记“银行存款”科目。

（六）发生其他纳税义务时，按照应缴纳的税费金额，借记有关科目，贷记本科目。实际缴纳时，借记本科目，贷记“银行存款”等科目。

四、本科目期末贷方余额，反映科学事业单位应缴未缴的税费金额；本科目期末借方余额，反映科学事业单位多缴纳的税费金额。

2102 应缴国库款

一、本科目核算科学事业单位按照规定应缴入国库的款项（应缴税费除外）。

二、本科目应当按照应缴国库的各款项类别进行明细核算。

三、应缴国库款的主要账务处理如下：

（一）按照规定计算确定或实际取得应缴国库的款项时，借记有关科目，贷记本科目。

（二）处置资产取得的应上缴国库的处置净收入的账务处理，参见“待处置资产损溢”科目。

(三)上缴款项时,借记本科目,贷记"银行存款"等科目。

四、本科目期末贷方余额,反映科学事业单位应缴入国库但尚未缴纳的款项。

2103 应缴财政专户款

一、本科目核算科学事业单位按照规定应缴入财政专户的款项。

二、本科目应当按照应缴财政专户的各款项类别进行明细核算。

三、应缴财政专户款的主要账务处理如下:

(一)取得应缴财政专户的款项时,借记有关科目,贷记本科目。

(二)上缴款项时,借记本科目,贷记"银行存款"等科目。

四、本科目期末贷方余额,反映科学事业单位应缴入财政专户但尚未缴纳的款项。

2201 应付职工薪酬

一、本科目核算科学事业单位按照有关规定应付给职工及为职工支付的各种薪酬。包括基本工资、绩效工资、国家统一规定的津贴补贴、社会保险费、住房公积金等。

二、本科目应当根据国家有关规定按照"工资(离退休费)"、"地方(部门)津贴补贴"、"其他个人收入"以及"社会保险费"、"住房公积金"等进行明细核算。

三、应付职工薪酬的主要账务处理如下:

(一)计算当期应付职工薪酬,借记"科研支出"、"经营支出"等科目,贷记本科目。

(二)向职工支付工资、津贴补贴等薪酬,借记本科目,贷记"财政补助收入"、"零余额账户用款额度"、"银行存款"等科目。

(三)按照税法规定代扣代缴个人所得税,借记本科目,贷记"应缴税费——应缴个人所得税"科目。

(四)按照国家有关规定缴纳职工社会保险费和住房公积金,借记本科目,贷记"财政补助收入"、"零余额账户用款额度"、"银行存款"等科目。

(五)从应付职工薪酬中支付其他款项,借记本科目,贷记"财政补助收入"、"零余额账户用款额度"、"银行存款"等科目。

四、本科目期末贷方余额,反映科学事业单位应付未付的职工薪酬。

2301 应付票据

一、本科目核算科学事业单位因购买服务或商品等而开出、承兑的商业汇票,包括银行承兑汇票和商业承兑汇票。

二、本科目应当按照债权单位进行明细核算。

三、应付票据的主要账务处理如下:

(一)开出、承兑商业汇票时,借记"库存材料"等科目,贷记本科目。以承兑商业汇票抵付应付账款时,借记"应付账款"科目,贷记本科目。

(二)支付银行承兑汇票的手续费时,借记"科研支出"、"经营支出"等科目,贷记"银行存款"等科目。

(三)商业汇票到期时,应当分别以下情况处理:

1. 收到银行支付到期票据的付款通知时,借记本科目,贷记"银行存款"科目。

2. 银行承兑汇票到期,本单位无力支付票款的,按照银行承兑汇票的票面金额,借记本科目,贷记"短期借款"科目。

3. 商业承兑汇票到期,本单位无力支付票款的,按照银行承兑汇票的票面金额,借记本科目,贷记"应付账款"科目。

四、科学事业单位应当设置"应付票据备查簿",详细登记每一应付票据的种类、号数、出票日期、到期日、票面金额、交易合同号、收款人姓名或单位名称,以及付款日期和金额等资料。应付票据到期结清票款后,应当在备查簿内逐笔注销。

五、本科目期末贷方余额,反映科学事业单位开出、承兑的尚未到期的商业汇票票面金额。

2302 应付账款

一、本科目核算科学事业单位因购买服务或商品等应付的款项。

二、本科目应当按照债权单位(或个人)进行明细核算。

三、应付账款的主要账务处理如下:

(一)购入服务或商品等已验收入库但货款尚未支付的,按照应付未付金额,借记“库存材料”等科目,贷记本科目。

(二)偿付应付账款时,按照实际支付的款项金额,借记本科目,贷记“银行存款”等科目。

(三)开出、承兑商业汇票抵付应付账款,借记本科目,贷记“应付票据”科目。

(四)无法偿付或债权人豁免偿还的应付账款,借记本科目,贷记“其他收入”科目。

四、本科目期末贷方余额,反映科学事业单位尚未支付的应付账款。

2303 预收账款

一、本科目核算科学事业单位按合同规定预收的款项。

二、本科目应当按照债权单位(或个人)进行明细核算。

三、预收账款的主要账务处理如下:

(一)从付款方预收款项时,按照实际预收的金额,借记“银行存款”等科目,贷记本科目。

(二)按照合同规定或完工进度确认有关收入时,借记本科目,按照应确认的收入金额,贷记“科研收入”、“经营收入”等科目,按照付款方补付或退回付款方的金额,借记或贷记“银行存款”等科目。

按照合同规定转拨外单位款项时,借记本科目,贷记“银行存款”等科目。

(三)无法偿付或债权人豁免偿还的预收账款,借记本科目,贷记“其他收入”科目。

四、本科目期末贷方余额,反映科学事业单位按合同规定预收但尚未实际结算的款项。

2305 其他应付款

一、本科目核算科学事业单位除应缴税费、应缴国库款、应付职工薪酬、应付票据、应付账款、预收账款之外的其他各项偿还期限在 1 年内(含 1 年)的应付及暂收款项,如存入保证金等。

二、本科目应当按照其他应付款的类别以及债权单位(或个人)进行明细核算。

三、其他应付款的主要账务处理如下:

(一)发生其他各项应付及暂收款项时,借记“银行存款”等科目,贷记本科目。

(二)支付其他应付款项时,借记本科目,贷记“银行存款”等科目。

(三)无法偿付或债权人豁免偿还的其他应付款项,借记本科目,贷记“其他收入”科目。

四、本科目期末贷方余额,反映科学事业单位尚未支付的其他应付款。

2401 长期借款

一、本科目核算科学事业单位借入的期限超过 1 年(不含 1 年)的各种借款。

二、本科目应当按照贷款单位和贷款种类进行明细核算。对于基建项目借款,还应按具体项目进行明细核算。

三、长期借款的主要账务处理如下:

(一)借入各项长期借款时,按照实际借入的金额,借记“银行存款”科目,贷记本科目。

(二)为购建固定资产支付的专门借款利息,分别以下情况处理:

1. 属于工程项目(非基本建设项目)建设期间支付的,计入工程成本,按照支付的利息金额,借记“在建工程”科目,贷记“非流动资产基金——在建工程”科目;同时,借记“其他支出”科目,贷记“银行存款”科目。

2. 属于工程项目完工交付使用后支付的,计入当期支出但不计入工程成本,按照支付的利息金额,借记“其他支出”科目,贷记“银行存款”科目。

(三)其他长期借款利息,按照支付的利息金额,借记“其他支出”科目,贷记“银行存款”科目。

(四)归还长期借款本金时,借记本科目,贷记“银行存款”科目。

四、本科目期末贷方余额,反映科学事业单位尚未偿还的长期借款本金。

2402 长期应付款

一、本科目核算科学事业单位发生的偿还期限超过 1 年(不含 1 年)的应付款项,如以融资租赁租入固定资产的租赁费、跨年度分期付款购入固定资产的价款等。

二、本科目应当按照长期应付款的类别以及债权单位(或个人)进行明细核算。

三、长期应付款的主要账务处理如下:

(一)发生长期应付款时,借记“固定资产”、“在建工程”等科目,贷记本科目、“非流动资产基金”等科目。

(二)支付长期应付款时,借记本科目,贷记“非流动资产基金”科目;同时,借记“科研支出”、“经营支出”等科目,贷记“银行存款”等科目。

(三)无法偿付或债权人豁免偿还的长期应付款,借记本科目,贷记“其他收入”科目。

四、本科目期末贷方余额,反映科学事业单位尚未支付的长期应付款。

三、净资产类

3001 事业基金

一、本科目核算科学事业单位拥有的非限定用途的净资产,主要为非财政补助结余扣除结余分配后滚存的金额。

二、事业基金的主要账务处理如下:

(一)年末,将“非财政补助结余分配”科目余额转入事业基金,借记或贷记“非财政补助结余分配”科目,贷记或借记本科目。

(二)年末,将留归本单位使用的非财政补助专项(项目已完成)剩余资金转入事业基金,借记“非财政补助结转——××项目”科目,贷记本科目。

(三)以货币资金取得长期投资,按照实际支付的全部价款(包括购买价款以及税金、手续费等相关税费)作为投资成本,借记“长期投资”科目,贷记“银行存款”等科目;同时,按照投资成本金额,借记本科目,贷记“非流动资产基金——长期投资”科目。

(四)对外转让或到期收回长期债券投资本息,按照实际收到的金额,借记“银行存款”等科目,按照收回长期投资的成本,贷记“长期投资”科目,按照其差额,贷记或借记“其他收入——投资收益”科目;同时,按照收回长期投资对应的非流动资产基金,借记“非流动资产基金——长期投资”科目,贷记本科目。

三、科学事业单位发生需要调整以前年度非财政补助结余的事项,通过本科目核算。国家另有规定的,从其规定。

四、本科目期末贷方余额,反映科学事业单位历年积存的非限定用途净资产的金额。

3101 非流动资产基金

一、本科目核算科学事业单位长期投资、固定资产、在建工程、无形资产等非流动资产占用的金额。

二、本科目应当设置“长期投资”、“固定资产”、“在建工程”、“无形资产”等明细科目,进行明细核算。

三、非流动资产基金的主要账务处理如下:

(一)非流动资产基金应当在取得长期投资、固定资产、在建工程、无形资产等非流动资产或发生相关支出时予以确认。取得相关资产或发生相关支出时,借记“长期投资”、“固定资产”、“在建工程”、“无形资产”等科目,贷记本科目等有关科目;同时或待以后发生相关支出时,借记“科研支出”等有关科目,贷记“财政补助收入”、“零余额账户用款额度”、“银行存款”等科目。

(二)计提固定资产折旧、无形资产摊销时,应当冲减非流动资产基金。

计提固定资产折旧、无形资产摊销时,按照计提的折旧、摊销金额,借记本科目(固定资产、无形资产),贷记“累计折旧”、“累计摊销”科目。

(三)处置长期投资、固定资产、无形资产,以及以固定资产、无形资产对外投资时,应当冲销该资产对应的非流动资产基金。

1. 以固定资产、无形资产对外投资,按照评估价值加上相关税费作为投资成本,借记“长期投资”科目,贷记本科目(长期投资),按照发生的相关税费,借记“其他支出”科目,贷记“银行存款”等科目;同时,按照投出固定资产、无形资产对应的非流动资产基金,借记本科目(固定资产、无形资产),按照投出资产已提折旧、摊销,借记“累计折旧”、“累计摊销”科目,按照投出资产的账面余额,贷记“固定资产”、“无形资产”科目。

2. 转让(出售)长期投资、固定资产、无形资产,转入待处置资产时,借记“待处置资产损溢”、“累计折旧”[处置固定资产]或“累计摊销”[处置无形资产]科目,贷记“长期投资”、“固定资产”、“无形资产”等科目。

实际转让时,借记本科目(有关资产明细科目),贷记“待处置资产损溢”科目。

四、本科目期末贷方余额,反映科学事业单位非流动资产占用的金额。

3201 专用基金

一、本科目核算科学事业单位按规定提取或者设置的具有专门用途的净资产,主要包括科技成果转化基金、职工福利基金、其他专用基金等。

二、本科目应当按照专用基金的类别进行明细核算。

三、专用基金的主要账务处理如下：

(一)提取科技成果转化基金年末，按照规定从事业收入中提取或在经营收支结余中提取或转入科技成果转化基金的，按照提取或转入金额，借记有关支出科目或“非财政补助结余分配”科目，贷记本科目(科技成果转化基金)。

(二)提取职工福利基金按照有关规定计提职工福利费的，按照计提金额，借记有关支出科目，贷记本科目(职工福利基金)。

年末，按照规定从本年度非财政补助结余中提取职工福利基金的，按照提取金额，借记“非财政补助结余分配”科目，贷记本科目(职工福利基金)。

(三)提取、设置其他专用基金按照规定提取其他专用基金的，按照提取金额，借记有关支出科目或“非财政补助结余分配”等科目，贷记本科目。

按照规定设置其他专用基金的，按照实际收到的基金金额，借记“银行存款”等科目，贷记本科目。

(四)使用专用基金

按照规定使用专用基金时，借记本科目，贷记“银行存款”等科目；使用专用基金形成固定资产的，还应借记“固定资产”科目，贷记“非流动资产基金——固定资产”科目。

四、本科目期末贷方余额，反映科学事业单位专用基金余额。

3301 财政补助结转

一、本科目核算科学事业单位滚存的财政补助结转资金，包括基本支出结转和项目支出结转。

二、本科目应当设置“基本支出结转”、“项目支出结转”两个明细科目，并在“基本支出结转”明细科目下按照“人员经费”、“日常公用经费”进行明细核算，在“项目支出结转”明细科目下按照具体项目进行明细核算；本科目还应按照《政府收支分类科目》中“支出功能分类科目”的相关科目进行明细核算。

三、财政补助结转的主要账务处理如下：

(一)期末，将财政补助收入本期发生额结转至本科目，借记“财政补助收入——基本支出、项目支出”科目，贷记本科目(基本支出结转、项目支出结转)；将科研支出、非科研支出、行政管理支出、后勤保障支出、离退休支出中的财政补助支出本期发生额结转至本科目，借记本科目(基本支出结转、项目支出结转)，贷记“科研支出/非科研支出/行政管理支出/后勤保障支出/离退休支出——财政补助支出(基本支出、项目支出)”或“科研支出/非科研支出/行政管理支出/后勤保障支出/离退休支出——基本支出(财政补助支出)、项目支出(财政补助支出)”科目。

(二)年末，完成上述(一)结转后，应当对财政补助各明细项目执行情况进行分析，按照有关规定将符合财政补助结余性质的项目余额转入财政补助结余，借记或贷记本科目(项目支出结转——××项目)，贷记或借记“财政补助结余”科目。

(三)按照规定上缴财政补助结转资金或注销财政补助结转额度的，按照实际上缴资金数额或注销的资金额度数额，借记本科目，贷记“财政应返还额度”、“零余额账户用款额度”、“银行存款”等科目。取得主管部门归集调入财政补助结转资金或额度的，做相反会计分录。

四、科学事业单位发生需要调整以前年度财政补助结转的事项，通过本科目核算。

五、本科目期末贷方余额，反映科学事业单位财政补助结转资金数额。

3302 财政补助结余

一、本科目核算科学事业单位滚存的财政补助项目支出结余资金。

二、本科目应当按照《政府收支分类科目》中“支出功能分类科目”的相关科目进行明细核算。

三、财政补助结余的主要账务处理如下：

(一)年末，对财政补助各明细项目执行情况进行分析，按照有关规定将符合财政补助结余性质的项目余额转入财政补助结余，借记或贷记“财政补助结转——项目支出结转(××项目)”科目，贷记或借记本科目。

(二)按照规定上缴财政补助结余资金或注销财政补助结余额度的，按照实际上缴资金数额或注销的资金额度数额，借记本科目，贷记“财政应返还额度”、“零余额账户用款额度”、“银行存款”等科目。取得主管部门归集调入财政补助结余资金或额度的，做相反会计分录。

四、科学事业单位发生需要调整以前年度财政补助结余的事项，通过本科目核算。

五、本科目期末贷方余额，反映科学事业单位财政补助结余资金数额。

3401 非财政补助结转

一、本科目核算科学事业单位除财政补助收支以外的各专项资金收入与其相关支出相抵后剩余滚存的、须按规定用途使用的结转资金。

二、本科目应当按照非财政专项资金的具体项目进行明细核算。

三、非财政补助结转的主要账务处理如下：

(一)期末，将科研收入、非科研收入、上级补助收入、附属单位上缴收入、其他收入本期发生额中的专项资金收入结转至本科目，借记“科研收入”、“非科研收入”、“上级补助收入”、“附属单位上缴收入”、“其他收入”科目下各专项资金收入明细科目，贷记本科目；将科研支出、非科研支出、行政管理支出、后勤保障支出、离退休支出、其他支出等本期发生额中的非财政专项资金支出结转至本科目，借记本科目，贷记“科研支出/非科研支出/行政管理支出/后勤保障支出/离退休支出——非财政专项资金支出”或“科研支出/非科研支出/行政管理支出/后勤保障支出/离退休支出——项目支出(非财政专项资金支出)”、“其他支出”科目下各专项资金支出明细科目。

(二)年末，完成上述(一)结转后，应当对非财政补助专项结转资金各项目情况进行分析，将已完成项目的项目剩余资金区分以下情况处理：缴回原专项资金拨入单位的，借记本科目(××项目)，贷记“银行存款”等科目；留归本单位使用的，借记本科目(××项目)，贷记“事业基金”科目。

四、科学事业单位发生需要调整以前年度非财政补助结转的事项，通过本科目核算。

五、本科目期末贷方余额，反映科学事业单位非财政补助专项结转资金数额。

3402 事业结余

一、本科目核算科学事业单位一定期间除财政补助收支、非财政专项资金收支和经营收支以外各项收支相抵后的余额。

二、事业结余的主要账务处理如下：

(一)期末，将科研收入、非科研收入、上级补助收入、附属单位上缴收入、其他收入本期发生额中的非专项资金收入结转至本科目，借记“科研收入”、“非科研收入”、“上级补助收入”、“附属单位上缴收入”、“其他收入”科目下各非专项资金收入明细科目，贷记本科目；将科研支出、非科研支出、行政管理支出、后勤保障支出、离退休支出、其他支出本期发生额中的非财政、非专项资金支出，以及对附属单位补助支出、上缴上级支出的本期发生额结转至本科目，借记本科目，贷记“科研支出/非科研支出/行政管理支出/后勤保障支出/离退休支出——其他资金支出”或“科研支出/非科研支出/行政管理支出/后勤保障支出/离退休支出——基本支出(其他资金支出)、项目支出(其他资金支出)”科目、“其他支出”科目下各非专项资金支出明细科目、“对附属单位补助支出”、“上缴上级支出”科目。

(二)年末，完成上述(一)结转后，将本科目余额结转至“非财政补助结余分配”科目，借记或贷记本科目，贷记或借记“非财政补助结余分配”科目。

三、本科目期末如为贷方余额，反映科学事业单位自年初至报告期末累计实现的事业结余；如为借方余额，反映科学事业单位自年初至报告期末累计发生的事业亏损。年末结账后，本科目应无余额。

3403 经营结余

一、本科目核算科学事业单位一定期间各项经营收支相抵后余额弥补以前年度经营亏损后的余额。

二、经营结余的主要账务处理如下：

(一)期末，将经营收入本期发生额结转至本科目，借记“经营收入”科目，贷记本科目；将经营支出本期发生额结转至本科目，借记本科目，贷记“经营支出”科目。

(二)年末，完成上述(一)结转后，如本科目为贷方余额，将本科目余额结转至“非财政补助结余分配”科目，借记本科目，贷记“非财政补助结余分配”科目；如本科目为借方余额，为经营亏损，不予结转。

三、本科目期末如为贷方余额，反映科学事业单位自年初至报告期末累计实现的经营结余弥补以前年度经营亏损后的经营结余；如为借方余额，反映科学事业单位截至报告期末累计发生的经营亏损。

年末结账后，本科目一般无余额；如为借方余额，反映科学事业单位累计发生的经营亏损。

3404 非财政补助结余分配

一、本科目核算科学事业单位本年度非财政补助结余分配的情况和结果。

二、非财政补助结余分配的主要账务处理如下：

（一）年末，将“事业结余”科目余额结转至本科目，借记或贷记“事业结余”科目，贷记或借记本科目；将“经营结余”科目贷方余额结转至本科目，借记“经营结余”科目，贷记本科目。

（二）有企业所得税缴纳义务的科学事业单位计算出应缴纳的企业所得税，借记本科目，贷记“应缴税费——应缴企业所得税”科目。

（三）按照有关规定从经营收支结余中提取科技成果转化基金的，按照提取的金额，借记本科目，贷记“专用基金——科技成果转化基金”。

（四）按照有关规定提取职工福利基金的，按照提取的金额，借记本科目，贷记“专用基金——职工福利基金”科目。

（五）年末，按照规定完成上述（一）至（四）处理后，将本科目余额结转至“事业基金”科目，借记或贷记本科目，贷记或借记“事业基金”科目。

三、年末结账后，本科目应无余额。

四、收入类

4001 财政补助收入

一、本科目核算科学事业单位从同级财政部门取得的各类财政拨款，包括基本支出补助和项目支出补助。

二、本科目应当设置“基本支出”和“项目支出”两个明细科目；两个明细科目下按照《政府收支分类科目》中“支出功能分类”的相关科目进行明细核算；同时在“基本支出”明细科目下按照“人员经费”和“日常公用经费”进行明细核算，在“项目支出”明细科目下按照具体项目进行明细核算。

三、财政补助收入的主要账务处理如下：

（一）财政直接支付方式下，对财政直接支付的支出，科学事业单位根据财政国库支付执行机构委托代理银行转来的财政直接支付入账通知书及原始凭证，按照通知书中的直接支付入账金额，借记有关科目，贷记本科目。

年度终了，按照本年度财政直接支付预算指标数与当年财政直接支付实际支出数的差额，借记“财政应返还额度——财政直接支付”科目，贷记本科目。

（二）财政授权支付方式下，科学事业单位根据代理银行转来的授权支付到账通知书，按照通知书中的授权支付额度，借记“零余额账户用款额度”科目，贷记本科目。

年度终了，本年度财政授权支付预算指标数大于零余额账户用款额度下达数的，按照未下达的用款额度，借记“财政应返还额度——财政授权支付”科目，贷记本科目。

（三）其他方式下，实际收到财政补助收入时，按照实际收到的金额，借记“银行存款”等科目，贷记本科目。

（四）因购货退回等发生国库直接支付款项退回的，属于以前年度支付的款项，按照退回金额，借记“财政应返还额度”科目，贷记“财政补助结转”、“财政补助结余”、“库存材料”等有关科目；属于本年度支付的款项，按照退回金额，借记本科目，贷记“科研支出”、“库存材料”等有关科目。

（五）期末，将本科目本期发生额转入财政补助结转，借记本科目，贷记“财政补助结转”科目。

四、期末结账后，本科目应无余额。

4101 科研收入

一、本科目核算科学事业单位承担科研项目取得的收入，不包括按照部门预算隶属关系从同级财政部门取得的财政拨款。

二、本科目应当按照科研收入的类别、项目等进行明细核算。对于因开展科研及其辅助活动从非同级财政部门取得的经费拨款，应单设“非同级财政拨款”明细科目进行核算；科研收入中如有专项资金收入，还应按具体项目进行明细核算。

三、科研收入的主要账务处理如下：

（一）以科研项目合同完成进度确认科研收入时，按照科研项目合同完成进度确认的款项金额，借记“预收账款”等科目，贷记本科目。

（二）期末，将本科目本期发生额中的专项资金收入结转至“非财政补助结转”科目，借记本科目下各专项资金收入明细科目，贷记“非财政补助结转”科目；将本科目本期发生额中的非专项资金收入结转至“事业结余”科目，借记本科目下各非专项资金收入明细科目，贷记“事业结余”科目。

四、期末结账后，本科目应无余额。

4102 非科研收入

一、本科目核算科学事业单位承担非科研项目活动取得的收入，包括技术收入、学术活动收入、科普活动收入、试制产品收入、教学活动收入等，不包括按照部门预算隶属关系从同级财政部门取得的财政拨款。

技术收入是指科学事业单位对外提供技术咨询、技术服务等取得的收入。学术活动收入是指科学事业单位开展学术交流、学术期刊出版等活动取得的收入。科普活动收入是指科学事业单位开展科学知识宣传、讲座和科技展览等活动取得的收入。试制产品收入是指科学事业单位从事中间试验产品的试制取得的收入。教学活动收入是指科学事业单位开展教学及其辅助活动取得的收入。

二、本科目应当按照非科研收入的类别、项目等进行明细核算。

非科研收入中如有专项资金收入，还应按具体项目进行明细核算。

三、非科研收入的主要账务处理如下：

（一）收到非科研收入时，按照实际收到的金额，借记“银行存款”、“库存现金”等科目，贷记本科目。

（二）收到从财政专户返还的非科研收入时，借记“银行存款”等科目，贷记本科目。

（三）期末，将本科目本期发生额中的专项资金收入结转至“非财政补助结转”科目，借记本科目下各专项资金收入明细科目，贷记“非财政补助结转”科目；将本科目本期发生额中的非专项资金收入结转至“事业结余”科目，借记本科目下各非专项资金收入明细科目，贷记“事业结余”科目。

四、期末结账后，本科目应无余额。

4201 上级补助收入

一、本科目核算科学事业单位从主管部门和上级单位取得的非财政补助收入。

二、本科目应当按照发放补助单位、补助项目等进行明细核算。

上级补助收入中如有专项资金收入，还应按具体项目进行明细核算。

三、上级补助收入的主要账务处理如下：

（一）收到上级补助收入时，按照实际收到的金额，借记“银行存款”等科目，贷记本科目。

（二）期末，将本科目本期发生额中的专项资金收入结转至“非财政补助结转”科目，借记本科目下各专项资金收入明细科目，贷记“非财政补助结转”科目；将本科目本期发生额中的非专项资金收入结转至“事业结余”科目，借记本科目下各非专项资金收入明细科目，贷记“事业结余”科目。

四、期末结账后，本科目应无余额。

4301 附属单位上缴收入

一、本科目核算科学事业单位附属独立核算单位按照有关规定上缴的收入。

二、本科目应当按照附属单位、缴款项目等进行明细核算。附属单位上缴收入中如有专项资金收入，还应按具体项目进行明细核算。

三、附属单位上缴收入的主要账务处理如下：

（一）收到附属单位缴来款项时，按照实际收到金额，借记“银行存款”等科目，贷记本科目。

（二）期末，将本科目本期发生额中的专项资金收入结转至“非财政补助结转”科目，借记本科目下各专项资金收入明细科目，贷记“非财政补助结转”科目；将本科目本期发生额中的非专项资金收入结转至“事业结余”科目，借记本科目下各非专项资金收入明细科目，贷记“事业结余”科目。

四、期末结账后，本科目应无余额。

4401 经营收入

一、本科目核算科学事业单位在专业业务活动及其辅助活动之外开展非独立核算经营活动取得的收入。

二、本科目应当按照经营活动类别、项目等进行明细核算。

三、经营收入的主要账务处理如下：

（一）经营收入应当在提供服务或发出库存材料，同时收讫价款或者取得索取价款的凭据时，按照实际收到或应收的金额确认收入。实现经营收入时，按照确定的收入金额，借记“银行存款”、“应收账款”、“应收票据”等科目，贷记本科目。

属于增值税小规模纳税人的科学事业单位实现经营收入时，按照实际出售价款，借记“银行存款”、“应收账款”、“应收票据”等科目，按照出售价款扣除增值税额后的金额，贷记本科目，按照应缴增值税金额，贷记“应缴税费——应缴增值税”科目。

属于增值税一般纳税人的科学事业单位实现经营收入时，按照包含增值税的价款总额，借记“银行存款”、“应收账款”、“应收票据”等科目，按照扣除增值税销项税额后的价款金额，贷记本科目，按照增值税专用发票上注明的增值税金额，贷记“应缴税费——应缴增值税（销项税额）”科目。

（二）期末，将本科目本期发生额转入经营结余，借记本科目，贷记“经营结余”科目。

四、期末结账后，本科目应无余额。

4501 其他收入

一、本科目核算科学事业单位除财政补助收入、科研收入、非科研收入、上级补助收入、附属单位上缴收入、经营收入以外的各项收入，包括投资收益、银行存款利息收入、捐赠收入、现金盘盈收入、库存材料盘盈收入、收回已核销应收及预付款项、无法偿付的应付及预收款项等。

科学事业单位从非同级财政部门取得的不属于科研收入的经费拨款，通过本科目核算。

二、本科目应当按照其他收入的类别等进行明细核算。对于从非同级财政部门取得的不属于科研收入的经费拨款，应单设“非同级财政拨款”明细科目进行核算；对于对外投资实现的投资净损益，应单设“投资收益”明细科目进行核算；其他收入中如有专项资金收入（如限定用途的捐赠收入），还应按具体项目进行明细核算。

三、其他收入的主要账务处理如下：

（一）投资收益

1. 对外投资持有期间收到利息、利润等时，按照实际收到的金额，借记“银行存款”等科目，贷记本科目（投资收益）。

2. 出售或到期收回国债本息，按照实际收到的金额，借记“银行存款”科目，按照出售或收回国债的成本，贷记“短期投资”、“长期投资”科目，按照其差额，贷记或借记本科目（投资收益）。

（二）银行存款利息收入收到银行存款利息，按照实际收到的金额，借记“银行存款”等科目，贷记本科目。

（三）捐赠收入

1. 接受捐赠现金资产，按照实际收到的金额，借记“银行存款”等科目，贷记本科目。

2. 接受捐赠的库存材料验收入库，按照确定的成本，借记“库存材料”科目，按照发生的相关税费、运输费等，贷记“银行存款”等科目，按照其差额，贷记本科目。

接受捐赠固定资产、无形资产等非流动资产，不通过本科目核算。

（四）现金盘盈收入每日现金账款核对中如发现现金溢余，属于无法查明原因的部分，借记“库存现金”科目，贷记本科目。

（五）库存材料盘盈收入盘盈的库存材料，按照确定的入账价值，借记“库存材料”科目，贷记本科目。

（六）收回已核销应收及预付款项已核销应收账款、预付账款、其他应收款在以后期间收回的，按照实际收回的金额，借记“银行存款”等科目，贷记本科目。

（七）无法偿付的应付及预收款项无法偿付或债权人豁免偿还的应付账款、预收账款、其他应付款及长期应付款，借记“应付账款”、“预收账款”、“其他应付款”、“长期应付款”等科目，贷记本科目。

（八）期末，将本科目本期发生额中的专项资金收入结转至“非财政补助结转”科目，借记本科目下各专项资金收入明细科目，贷记“非财政补助结转”科目；将本科目本期发生额中的非专项资金收入结转至“事业结余”科目，借记本科目下各非专项资金收入明细科目，贷记“事业结余”科目。

四、期末结账后，本科目应无余额。

五、支出类

5001 科研支出

一、本科目核算科学事业单位承担科学项目研究活动发生的各项科研支出。

二、本科目应当按照“基本支出”和“项目支出”，“财政补助支出”、“非财政专项资金支出”和“其他资金支出”等层级进行明细核算，并按照《政府收支分类科目》中“支出功能分类”相关科目进行明细核算；“基本支出”和“项目支出”明细科目下应当按照《政府收支分类科目》中“支出经济分类”的款级科目进行明细核算；同时在“项目支出”明细科目下按照具体项目进行明细核算。

三、科研支出的主要账务处理如下：

（一）为从事科研及其辅助活动人员计提的薪酬等，借记本科目，贷记“应付职工薪酬”等科目。

（二）开展科研活动及其辅助活动领用库存材料等时，按照领用库存材料等的实际成本，借记本科目，贷记“库存材料”等科目。

（三）发生与科研活动相关的管理费或间接费用支出时，按照实际支出金额，借记本科目，贷记“库存现金”、“银行存款”、“零余额账户用款额度”等科目。

（四）开展科研活动及其辅助活动发生的其他各项支出，借记本科目，贷记“库存现金”、“银行存款”、“零余额账户用款额度”、“财政补助收入”等科目。

（五）期末，将本科目（财政补助支出）本期发生额结转至“财政补助结转”科目，借记“财政补助结转——基本支出结转、项目支出结转”科目，贷记本科目（财政补助支出——基本支出、项目支出）或本科目（基本支出——财政补助支出、项目支出——财政补助支出）；将本科目（非财政专项资金支出）本期发生额结转至“非财政补助结转”科目，借记“非财政补助结转”科目，贷记本科目（非财政专项资金支出）或本科目（项目支出——非财政专项资金支出）；将本科目（其他资金支出）本期发生额结转至“事业结余”科目，借记“事业结余”科目，贷记本科目（其他资金支出）或本科目（基本支出——其他资金支出、项目支出——其他资金支出）。

四、期末结账后，本科目应无余额。

5002 非科研支出

一、本科目核算科学事业单位除科研支出以外的其他项目支出。按照非科研项目类别，非科研支出包括技术支出、学术活动支出、科普活动支出、试制产品支出和教学活动支出等。

技术支出是指科学事业单位对外提供技术咨询、技术服务等项目活动发生的各项支出。

学术活动支出是指科学事业单位开展学术交流、学术期刊出版等活动发生的各项支出。

科普活动支出是指科学事业单位开展科学知识宣传、讲座和科技展览等活动发生的各项科普支出。

试制产品支出是指科学事业单位从事中间试验产品活动发生的各项支出。

教学活动支出是指科学事业单位开展教学及其辅助活动发生的各项支出。

二、本科目应当按照“基本支出”和“项目支出”，“财政补助支出”、“非财政专项资金支出”和“其他资金支出”等层级进行明细核算，并按照《政府收支分类科目》中“支出功能分类”相关科目进行明细核算；“基本支出”和“项目支出”明细科目下应当按照《政府收支分类科目》中“支出经济分类”的款级科目进行明细核算；同时在“项目支出”明细科目下按照具体项目进行明细核算。

三、非科研支出的主要账务处理如下：

（一）为从事非科研及其辅助活动人员计提的薪酬等，借记本科目，贷记“应付职工薪酬”等科目。

（二）开展非科研活动及其辅助活动领用的库存材料等，按照领用库存材料等的实际成本，借记本科目，贷记“库存材料”等科目。

（三）发生与非科研活动相关管理费或间接费用支出时，按照实际支出金额，借记本科目，贷记“库存现金”、“银行存款”、“零余额账户用款额度”等科目。

（四）开展非科研活动及其辅助活动发生的其他各项支出，借记本科目，贷记“库存现金”、“银行存款”、“零余额账户用款额度”、“财政补助收入”等科目。

（五）期末，将本科目（财政补助支出）本期发生额结转至“财政补助结转”科目，借记“财政补助结转——基本支出结转、项目支出结转”科目，贷记本科目（财政补助支出——基本支出、项目支出）或本科目（基本支出——财政补助支出、项目支出——财政补助支出）；将本科目（非财政专项资金支出）本期发生额结转至“非财政补助结转”科目，借记“非财政补助结转”科目，贷记本科目（非财政专项资金支出）或本科目（项目支出——非财政专项资金支出）；将本科目（其他资金支出）本期发生额结转至“事业结余”科目，借记“事业结余”科目，贷记本科目（其他资金支出）或本科目（基本支出——其他资金支出、项目支出——其他资金支出）。

四、期末结账后,本科目应无余额。

5003 支撑业务支出

一、本科目核算科学事业单位为支撑科研活动发生的各项不能直接计入科研支出和非科研支出的其他辅助科研业务支出,包括技术平台运行、公用仪器运行维护等综合支出。

二、本科目应当按照“基本支出”和“项目支出”,“财政补助支出”、“非财政专项资金支出”和“其他资金支出”等层级进行明细核算,并按照《政府收支分类科目》中“支出功能分类”相关科目进行明细核算;“基本支出”和“项目支出”明细科目下应当按照《政府收支分类科目》中“支出经济分类”的款级科目进行明细核算;同时在“项目支出”明细科目下按照具体项目进行明细核算。

三、支撑业务支出的主要账务处理如下:

(一)为从事支撑业务人员计提的薪酬等,借记本科目,贷记“应付职工薪酬”等科目。

(二)开展支撑业务领用的库存材料等,按照领用库存材料等的实际成本,借记本科目,贷记“库存材料”等科目。

(三)开展支撑业务发生的其他各项支出,借记本科目,贷记“库存现金”、“银行存款”、“零余额账户用款额度”、“财政补助收入”等科目。

(四)期末,在结转收支科目之前,按照科学、合理的分摊标准,将本科目分摊转入“科研支出”和“非科研支出”科目,借记“科研支出”、“非科研支出”科目,贷记本科目。

四、期末分摊后,本科目应无余额。

5004 行政管理支出

一、本科目核算科学事业单位行政管理部门开展行政管理活动发生的基本支出和项目支出,以及科学事业单位统一负担的工会经费、诉讼费、中介费、印花税、房产税、车船税等。

二、本科目应当按照“基本支出”和“项目支出”,“财政补助支出”、“非财政专项资金支出”和“其他资金支出”等层级进行明细核算,并按照《政府收支分类科目》中“支出功能分类”相关科目进行明细核算;“基本支出”和“项目支出”明细科目下应当按照《政府收支分类科目》中“支出经济分类”的款级科目进行明细核算;同时在“项目支出”明细科目下按照具体项目进行明细核算。

三、行政管理支出的主要账务处理如下:

(一)为从事行政管理活动人员计提的薪酬等,借记本科目,贷记“应付职工薪酬”等科目。

(二)开展行政管理活动领用的库存材料等,按照领用库存材料等的实际成本,借记本科目,贷记“库存材料”等科目。

(三)开展行政管理活动发生的其他各项支出,以及发生的由科学事业单位统一负担的各项支出,借记本科目,贷记“库存现金”、“银行存款”、“零余额账户用款额度”、“财政补助收入”等科目。

(四)期末,将本科目(财政补助支出)本期发生额结转至“财政补助结转”科目,借记“财政补助结转——基本支出结转、项目支出结转”科目,贷记本科目(财政补助支出——基本支出、项目支出)或本科目(基本支出——财政补助支出、项目支出——财政补助支出);将本科目(非财政专项资金支出)本期发生额结转至“非财政补助结转”科目,借记“非财政补助结转”科目,贷记本科目(非财政专项资金支出)或本科目(项目支出——非财政专项资金支出);将本科目(其他资金支出)本期发生额结转至“事业结余”科目,借记“事业结余”科目,贷记本科目(其他资金支出)或本科目(基本支出——其他资金支出、项目支出——其他资金支出)。

四、期末结账后,本科目应无余额。

5006 后勤保障支出

一、本科目核算科学事业单位为教学、科研、行政管理等活动提供后勤保障发生的基本支出和项目支出。包括科学事业单位后勤保障部门提供后勤保障发生的基本支出和项目支出,以及科学事业单位统一承担的水、电、煤、取暖等各类公用事业费、物业管理费、绿化费、房屋及公用设施维修费等。

二、本科目应当按照“基本支出”和“项目支出”,“财政补助支出”、“非财政专项资金支出”和“其他资金支出”等层级进行明细核算,并按照《政府收支分类科目》中“支出功能分类”相关科目进行明细核算;“基本支出”和“项目支出”明细科目下应当按照《政府收支分类科目》中“支出经济分类”的款级科目进行明细核算;同时在“项目支出”明细科目下按照具体项目进行明细核算。

三、后勤保障支出的主要账务处理如下：

（一）为从事后勤保障服务人员计提的薪酬等，借记本科目，贷记“应付职工薪酬”等科目。

（二）开展后勤保障活动领用的库存材料等，按照领用库存材料的实际成本，借记本科目，贷记“库存材料”等科目。

（三）开展后勤保障服务发生的其他各项支出，借记本科目，贷记“库存现金”、“银行存款”、“零余额账户用款额度”、“财政补助收入”等科目。

（四）期末，将本科目（财政补助支出）本期发生额结转至“财政补助结转”科目，借记“财政补助结转——基本支出结转、项目支出结转”科目，贷记本科目（财政补助支出——基本支出、项目支出）或本科目（基本支出——财政补助支出、项目支出——财政补助支出）；将本科目（非财政专项资金支出）本期发生额结转至“非财政补助结转”科目，借记“非财政补助结转”科目，贷记本科目（非财政专项资金支出）或本科目（项目支出——非财政专项资金支出）；将本科目（其他资金支出）本期发生额结转至“事业结余”科目，借记“事业结余”科目，贷记本科目（其他资金支出）或本科目（基本支出——其他资金支出、项目支出——其他资金支出）。

四、期末结账后，本科目应无余额。

5007 离退休支出

一、本科目核算科学事业单位负担的离退休人员的离退休工资、离退休津补贴等基本支出。

二、本科目应当按照“财政补助支出”、“其他资金支出”等进行明细核算，并按照《政府收支分类科目》中“支出功能分类”相关科目和“支出经济分类”的款级科目进行明细核算。

三、离退休支出的主要账务处理如下：

（一）为离退休人员计提的离退休工资、津补贴等，借记本科目，贷记“应付职工薪酬”等科目。

（二）为离退休人员发生的其他各项支出，借记本科目，贷记“库存现金”、“银行存款”等科目。

（三）期末，将本科目（财政补助支出）本期发生额结转至“财政补助结转”科目，借记“财政补助结转——基本支出结转”科目，贷记本科目（财政补助支出）；将本科目（其他资金支出）本期发生额结转至“事业结余”科目，借记“事业结余”科目，贷记本科目（其他资金支出）。

四、期末结账后，本科目应无余额。

5101 上缴上级支出

一、本科目核算科学事业单位按照财政部门和主管部门的规定上缴上级单位的支出。

二、本科目应当按照收缴款项单位、缴款项目等进行明细核算。

三、上缴上级支出的主要账务处理如下：

（一）按规定将款项上缴上级单位的，按照实际上缴的金额，借记本科目，贷记“银行存款”等科目。

（二）期末，将本科目本期发生额结转至“事业结余”科目，借记“事业结余”科目，贷记本科目。

四、期末结账后，本科目应无余额。

5201 对附属单位补助支出

一、本科目核算科学事业单位用财政补助收入之外的收入对附属单位补助发生的支出。

二、本科目应当按照接受补助单位、补助项目等进行明细核算。

三、对附属单位补助支出的主要账务处理如下：

（一）发生对附属单位补助支出的，按照实际支出的金额，借记本科目，贷记“银行存款”等科目。

（二）期末，将本科目本期发生额结转至“事业结余”科目，借记“事业结余”科目，贷记本科目。

四、期末结账后，本科目应无余额。

5301 经营支出

一、本科目核算科学事业单位在科研业务活动及其辅助活动之外开展非独立核算经营活动发生的支出。

二、科学事业单位开展非独立核算经营活动的，应当正确归集开展经营活动发生的各项费用数；无法直接归集的，应当按照规定的标准或比例合理分摊。科学事业单位的经营支出与经营收入应当配比。

三、本科目应当按照经营活动类别、项目等进行明细核算。

四、经营支出的主要账务处理如下：

（一）为在科研业务活动及其辅助活动之外开展非独立核算经营活动人员计提的薪酬等，借记本科目，贷记“应付职工薪酬”等科目。

（二）在科研业务活动及其辅助活动之外开展非独立核算经营活动领用、发出的库存材料等，按照领用、发出库存材料的实际成本，借记本科目，贷记“库存材料”等科目。

（三）在科研业务活动及其辅助活动之外开展非独立核算经营活动发生的其他各项支出，借记本科目，贷记“库存现金”、“银行存款”、“应缴税费”等科目。

（四）期末，将本科目本期发生额结转至“经营结余”科目，借记“经营结余”科目，贷记本科目。

五、期末结账后，本科目应无余额。

5401 其他支出

一、本科目核算科学事业单位除科研支出、非科研支出、支撑业务支出、行政管理支出、离退休支出、上缴上级支出、对附属单位补助支出、经营支出以外的各项支出，包括投资损失、利息支出、捐赠支出、现金盘亏损失、资产处置损失、接受捐赠（调入）非流动资产发生的税费支出等。

二、本科目应当按照其他支出的类别等进行明细核算。其他支出中如有专项资金支出，还应按具体项目进行明细核算。

三、其他支出的主要账务处理如下：

（一）投资损失

出售或到期收回国债本息发生投资损失的，按照实际收到的金额，借记“银行存款”科目，按照出售或收回国债的成本，贷记“短期投资”、“长期投资”科目，按照收回国债的成本与实际收回金额的差额，借记本科目（投资损失）。

（二）利息支出

支付银行借款利息时，借记本科目，贷记“银行存款”科目。

（三）捐赠支出

1. 对外捐赠现金资产，借记本科目，贷记“银行存款”等科目。

2. 对外捐出库存材料，借记本科目，贷记“待处置资产损溢”科目。对外捐赠固定资产、无形资产等非流动资产，不通过本科目核算。

（四）现金盘亏损失每日现金账款核对中如发现现金短缺，属于无法查明原因的部分，报经批准后，借记本科目，贷记“库存现金”科目。

（五）资产处置损失报经批准核销应收及预付款项、处置库存材料，借记本科目，贷记“待处置资产损溢”科目。

（六）接受捐赠（调入）非流动资产发生的税费支出接受捐赠、无偿调入非流动资产发生的相关税费、运输费等，借记本科目，贷记“银行存款”等科目。

以固定资产、无形资产取得长期股权投资，所发生的相关税费计入本科目。具体账务处理参见“长期投资”科目。

（七）期末，将本科目本期发生额中的专项资金支出结转至“非财政补助结转”科目，借记“非财政补助结转”科目，贷记本科目下各专项资金支出明细科目；将本科目本期发生额中的非专项资金支出结转至“事业结余”科目，借记“事业结余”科目，贷记本科目下各非专项资金支出明细科目。

四、期末结账后，本科目应无余额。

第四部分 会计报表格式

编　　号	财务报表名称	编　制　期
会科 01 表	资产负债表	月度、年度
会科 02 表	收入支出表	月度、年度
会科 03 表	财政补助收入支出表	年度
	附　　注	年度

资产负债表

会科 01 表

编制单位：　　　　　　　　　　年　月　日　　　　　　　　　　单位:元

资　　产	期末余额	年初余额	负债和净资产	期末余额	年初余额
流动资产：			流动负债：		
货币资金			短期借款		
短期投资			应缴税费		
财政应返还额度			应缴国库款		
应收票据			应缴财政专户款		
应收账款			应付职工薪酬		
预付账款			应付票据		
其他应收款			应付账款		
库存材料			预收账款		
科技产品			其他应付款		
其他流动资产			其他流动负债		
流动资产合计			流动负债合计		
非流动资产：			非流动负债：		
长期投资			长期借款		
固定资产			长期应付款		
固定资产原价			非流动负债合计		
减:累计折旧			负债合计		
在建工程			净资产：		
无形资产			事业基金		
无形资产原价			非流动资产基金		
减:累计摊销			专用基金		
待处置资产损溢			财政补助结转		
非流动资产合计			财政补助结余		
			非财政补助结转		
			非财政补助结余		
			1. 事业结余		
			2. 经营结余		
			净资产合计		
资产总计			负债和净资产总计		

收入支出表

会科 02 表

编制单位：　　　　　　　　　　年　月　　　　　　　　　　单位：元

项　　目	本月数	本年累计数
一、本期收入		
(一)财政补助收入		
(二)事业收入		
1. 科研收入		
2. 非科研收入		
(1)技术收入		
(2)学术活动收入		
(3)科普活动收入		
(4)试制产品收入		
(5)教学活动收入		
(三)上级补助收入		
(四)附属单位上缴收入		
(五)经营收入		
(六)其他收入		
二、本期支出		
(一)事业支出(财政补助支出)		
1. 科研支出		
2. 非科研支出		
(1)技术支出		
(2)学术活动支出		
(3)科普活动支出		
(4)试制产品支出		
(5)教学活动支出		
3. 行政管理支出		
4. 后勤保障支出		
5. 离退休支出		

（续表）

项　　目	本月数	本年累计数
（二）非财政补助支出		
1. 事业支出		
（1）科研支出		
（2）非科研支出		
① 技术支出		
② 学术活动支出		
③ 科普活动支出		
④ 试制产品支出		
⑤ 教学活动支出		
（3）行政管理支出		
（4）后勤保障支出		
（5）离退休支出		
2. 上缴上级支出		
3. 对附属单位补助支出		
4. 经营支出		
5. 其他支出		
三、本期结转结余		
1. 财政补助结转结余		
2. 事业结转结余		
3. 经营结余		
四、弥补以前年度经营亏损后的经营结余		
五、本年非财政补助结转结余		
减：非财政补助结转		
六、本年非财政补助结余		
减：应缴企业所得税		
减：提取专用基金		
七、转入事业基金		

财政补助收入支出表

会科 03 表

编制单位：　　　　　　　　年度　　　　　　　　单位:元

项　　目	本年数	上年数
一、年初财政补助结转结余		—
(一)基本支出结转		—
1. 人员经费		—
2. 日常公用经费		—
(二)项目支出结转		—
××项目		—
(三)项目支出结余		—
二、调整年初财政补助结转结余		—
(一)基本支出结转		—
1. 人员经费		—
2. 日常公用经费		—
(二)项目支出结转		—
××项目		—
(三)项目支出结余		—
三、本年归集调入财政补助结转结余		
(一)基本支出结转		
1. 人员经费		
2. 日常公用经费		
(二)项目支出结转		
××项目		
(三)项目支出结余		
四、本年上缴财政补助结转结余		
(一)基本支出结转		
1. 人员经费		
2. 日常公用经费		
(二)项目支出结转		

（续表）

项　　目	本年数	上年数
××项目		
(三)项目支出结余		
五、本年财政补助收入		
(一)基本支出		
1. 人员经费		
2. 日常公用经费		
(二)项目支出		
××项目		
六、本年财政补助支出		
(一)基本支出		
1. 人员经费		
2. 日常公用经费		
(二)项目支出		
××项目		
七、年末财政补助结转结余		—
(一)基本支出结转		—
1. 人员经费		—
2. 日常公用经费		—
(二)项目支出结转		—
××项目		—
(三)项目支出结余		—

第五部分　财务报表编制说明

一、资产负债表编制说明

(一)本表反映科学事业单位在某一特定日期全部资产、负债和净资产的情况。

(二)本表“年初余额”栏内各项数字，应当根据上年年末资产负债表“期末余额”栏内数字填列。如果本年度资产负债表规定的各个项目的名称和内容同上年度不相一致，应对上年年末资产负债表各项目的名称和数字按照本年度的规定进行调整，填入本表“年初余额”栏内。

(三)本表“期末余额”栏各项目的内容和填列方法：

1. 资产类项目

(1)“货币资金”项目，反映科学事业单位期末库存现金、银行存款和零余额账户用款额度的合计数。本项目应当根据“库存现金”、“银行存款”、“零余额账户用款额度”科目的期末余额合计填列。

（2）“短期投资”项目，反映科学事业单位期末持有的短期投资成本。本项目应当根据“短期投资”科目的期末余额填列。

（3）“财政应返还额度”项目，反映科学事业单位期末财政应返还额度的金额。本项目应当根据“财政应返还额度”科目的期末余额填列。

（4）“应收票据”项目，反映科学事业单位期末持有的应收票据的票面金额。本项目应当根据“应收票据”科目的期末余额填列。

（5）“应收账款”项目，反映科学事业单位期末尚未收回的应收账款余额。本项目应当根据“应收账款”科目的期末余额填列。

（6）“预付账款”项目，反映科学事业单位委托其他单位承担科技开发项目或课题，组织学术、科普或教学活动等任务，以及科学事业单位开展科研业务活动购买服务或商品，按照合同规定预付给受托单位或供应商的合同款项。本项目应当根据“预付账款”科目的期末余额填列。

（7）“其他应收款”项目，反映科学事业单位期末尚未收回的各项应收及暂付款项余额。本项目应当根据“其他应收款”科目的期末余额填列。

（8）“库存材料”项目，反映科学事业单位期末为开展业务活动及其他活动耗用而储存的各种材料、燃料、包装物、低值易耗品及达不到固定资产标准的用具、装具、动植物等的实际成本。本项目应当根据“库存材料”科目的期末余额填列。

（9）“科技产品”项目，反映科学事业单位试制、生产并已验收入库的科技产品的实际成本。本项目应当根据“科技产品”科目的期末余额填列。

（10）“其他流动资产”项目，反映科学事业单位除上述各项之外的其他流动资产，如将在 1 年内（含 1 年）到期的长期债券投资。本项目应当根据“长期投资”等科目的期末余额分析填列。

（11）“流动资产合计”项目，按照“货币资金”、“短期投资”、“财政应返还额度”、“应收票据”、“应收账款”、“预付账款”、“其他应收款”、“库存材料”、“科技产品”、“其他流动资产”项目金额的合计数填列。

（12）“长期投资”项目，反映科学事业单位依法取得的，持有时间超过 1 年（不含 1 年）的股权和债权性质的投资。本项目应当根据“长期投资”科目期末余额减去其中将于 1 年内（含 1 年）到期的长期债券投资余额后的金额填列。

（13）“固定资产”项目，反映科学事业单位期末各项固定资产的账面价值。本项目应当根据“固定资产”科目期末余额减去“累计折旧”科目期末余额后的金额填列。

“固定资产原价”项目，反映科学事业单位期末各项固定资产的原价。本项目应当根据“固定资产”科目的期末余额填列。“累计折旧”项目，反映科学事业单位期末各项固定资产的累计折旧。本项目应当根据“累计折旧”科目的期末余额填列。

（14）“在建工程”项目，反映科学事业单位期末尚未完工交付使用的在建工程发生的实际成本。本项目应当根据“在建工程”科目的期末余额填列。

（15）“无形资产”项目，反映科学事业单位期末持有的各项无形资产的账面价值。本项目应当根据“无形资产”科目期末余额减去“累计摊销”科目期末余额后的金额填列。

“无形资产原价”项目，反映科学事业单位期末持有的各项无形资产的原价。本项目应当根据“无形资产”科目的期末余额填列。“累计摊销”项目，反映科学事业单位期末各项无形资产的累计摊销。本项目应当根据“累计摊销”科目的期末余额填列。

（16）“待处置资产损溢”项目，反映科学事业单位期末待处置资产的价值及处置损溢。本项目应当根据“待处置资产损溢”科目的期末借方余额填列；如“待处置资产损溢”科目期末为贷方余额，则以“－”号填列。

（17）“非流动资产合计”项目，按照“长期投资”、“固定资产”、“在建工程”、“无形资产”、“待处置资产损溢”项目金额的合计数填列。

2. 负债类项目

（18）“短期借款”项目，反映科学事业单位借入的期限在 1 年内（含 1 年）的各种借款。本项目应当根据“短期借款”科目的期末余额填列。

（19）“应缴税费”项目，反映科学事业单位应缴未缴的各种税费。本项目应当根据“应缴税费”科目的期末贷方余额填列；如“应缴税费”科目期末为借方余额，则以“－”号填列。

(20)“应缴国库款”项目，反映科学事业单位按规定应缴入国库的款项(应缴税费除外)。本项目应当根据“应缴国库款”科目的期末余额填列。

(21)“应缴财政专户款”项目，反映科学事业单位按规定应缴入财政专户的款项。本项目应当根据“应缴财政专户款”科目的期末余额填列。

(22)“应付职工薪酬”项目，反映科学事业单位按有关规定应付给职工及为职工支付的各种薪酬。本项目应当根据“应付职工薪酬”科目的期末余额填列。

(23)“应付票据”项目，反映科学事业单位期末应付票据的票面金额。本项目应当根据“应付票据”科目的期末余额填列。

(24)“应付账款”项目，反映科学事业单位期末尚未支付的应付账款的金额。本项目应当根据“应付账款”科目的期末余额填列。

(25)“预收账款”项目，反映科学事业单位期末按合同规定预收但尚未实际结算的款项。本项目应当根据“预收账款”科目的期末余额填列。

(26)“其他应付款”项目，反映科学事业单位期末应付未付的其他各项应付及暂收款项。本项目应当根据“其他应付款”科目的期末余额填列。

(27)“其他流动负债”项目，反映科学事业单位除上述各项之外的其他流动负债，如承担的将于1年内(含1年)偿还的长期负债。本项目应当根据“长期借款”、“长期应付款”等科目的期末余额分析填列。

(28)“流动负债合计”项目，按照“短期借款”、“应缴税费”、“应缴国库款”、“应缴财政专户款”、“应付职工薪酬”、“应付票据”、“应付账款”、“预收账款”、“其他应付款”、“其他流动负债”项目金额的合计数填列。

(29)“长期借款”项目，反映科学事业单位借入的期限超过1年(不含1年)的各项借款本金。本项目应当根据“长期借款”科目的期末余额减去其中将于1年内(含1年)到期的长期借款余额后的金额填列。

(30)“长期应付款”项目，反映科学事业单位发生的偿还期限超过1年(不含1年)的各种应付款项。本项目应当根据“长期应付款”科目的期末余额减去其中将于1年内(含1年)到期的长期应付款余额后的金额填列。

(31)“非流动负债合计”项目，按照“长期借款”、“长期应付款”项目金额的合计数填列。

3. 净资产类项目

(32)“事业基金”项目，反映科学事业单位期末拥有的非限定用途的净资产。本项目应当根据“事业基金”科目的期末余额填列。

(33)“非流动资产基金”项目，反映科学事业单位期末非流动资产占用的金额。本项目应当根据“非流动资产基金”科目的期末余额填列。

(34)“专用基金”项目，反映科学事业单位按规定设置或提取的具有专门用途的净资产。本项目应当根据“专用基金”科目的期末余额填列。

(35)“财政补助结转”项目，反映科学事业单位滚存的财政补助结转资金。本项目应当根据“财政补助结转”科目的期末余额填列。

(36)“财政补助结余”项目，反映科学事业单位滚存的财政补助项目支出结余资金。本项目应当根据“财政补助结余”科目的期末余额填列。

(37)“非财政补助结转”项目，反映科学事业单位滚存的非财政补助专项结转资金。本项目应当根据“非财政补助结转”科目的期末余额填列。

(38)“非财政补助结余”项目，反映科学事业单位自年初至报告期末累计实现的非财政补助结余弥补以前年度经营亏损后的余额。本项目应当根据“事业结余”、“经营结余”科目的期末余额合计填列；如“事业结余”、“经营结余”科目的期末余额合计为亏损数，则以“－”号填列。在编制年度资产负债表时，本项目金额一般应为“0”；若不为“0”，本项目金额应为“经营结余”科目的期末借方余额(“－”号填列)。

“事业结余”项目，反映科学事业单位自年初至报告期末累计实现的事业结余。本项目应当根据“事业结余”科目的期末余额填列；如“事业结余”科目的期末余额为亏损数，则以“－”号填列。在编制年度资产负债表时，本项目金额应为“0”。

“经营结余”项目，反映科学事业单位自年初至报告期末累计实现的经营结余弥补以前年度经营亏损后的余额。本项目应当根据“经营结余”科目的期末余额填列;如“经营结余”科目的期末余额为亏损数,则以“—”号填列。在编制年度资产负债表时,本项目金额一般应为“0”;若不为“0”,本项目金额应为“经营结余”科目的期末借方余额(“—”号填列)。

二、收入支出表编制说明

(一)本表反映科学事业单位在某一会计期间内各项收入、支出和结转结余情况,以及年末非财政补助结余的分配情况。

(二)本表“本月数”栏反映各项目的本月实际发生数。在编制年度收入支出表时,应当将本栏改为“上年数”栏,反映上年度各项目的实际发生数;如果本年度收入支出表规定的各个项目的名称和内容同上年度不一致,应对上年度收入支出表各项目的名称和数字按照本年度的规定进行调整,填入本年度收入支出表的“上年数”栏。

本表“本年累计数”栏反映各项目自年初起至报告期末止的累计实际发生数。编制年度收入支出表时,应当将本栏改为“本年数”。

(三)本表“本月数”栏各项目的内容和填列方法:

1. 本期收入

(1)“本期收入”项目,反映科学事业单位本期收入总额。本项目应当根据本表中“财政补助收入”、“事业收入”、“上级补助收入”、“附属单位上缴收入”、“经营收入”和“其他收入”项目金额的合计数填列。

(2)“财政补助收入”项目,反映科学事业单位本期从同级财政部门取得的各类财政拨款。本项目应当根据“财政补助收入”科目的本期发生额填列。

(3)“事业收入”项目,反映科学事业单位本期开展专业业务活动及其辅助活动取得的收入。本项目应当根据本项目下“科研收入”、“非科研收入”项目金额的合计数填列。

“科研收入”项目,反映科学事业单位本期承担科研项目取得的,除按照部门预算隶属关系从同级财政部门取得的财政拨款以外的收入。本项目应当根据“科研收入”科目的本期发生额填列。

“非科研收入”项目,反映科学事业单位本期承担非科研项目活动取得的,除按照部门预算隶属关系从同级财政部门取得的财政拨款以外的收入。本项目应当根据“非科研收入”科目的本期发生额填列。其中,“技术收入”项目,反映科学事业单位对外提供技术咨询、技术服务等取得的收入,根据“非科研收入——技术收入”明细科目的本期发生额填列;“学术活动收入”项目,反映科学事业单位开展学术交流、学术期刊出版等活动取得的收入,根据“非科研收入——学术活动收入”明细科目的本期发生额填列;“科普活动收入”项目,反映科学事业单位开展科学知识宣传、讲座和科技展览等活动取得的收入,根据“非科研收入——科普活动收入”明细科目的本期发生额填列;“试制产品收入”项目,反映科学事业单位从事中间试验产品的试制取得的收入,根据“非科研收入——试制产品收入”明细科目的本期发生额填列;“教学活动收入”项目,反映科学事业单位开展教学及其辅助活动取得的收入,根据“非科研收入——教学活动收入”明细科目的本期发生额填列。

(4)“上级补助收入”项目,反映科学事业单位本期从主管部门和上级单位取得的非财政补助收入。本项目应当根据“上级补助收入”科目的本期发生额填列。

(5)“附属单位上缴收入”项目,反映科学事业单位附属独立核算单位本期按照有关规定上缴的收入。本项目应当根据“附属单位上缴收入”科目的本期发生额填列。

(6)“经营收入”项目,反映科学事业单位本期在科研及其辅助活动之外开展非独立核算经营活动取得的收入。本项目应当根据“经营收入”科目的本期发生额填列。

(7)“其他收入”项目,反映科学事业单位本期除财政补助收入、事业收入、上级补助收入、附属单位上缴收入、经营收入以外的其他收入。本项目应当根据“其他收入”科目的本期发生额填列。

2. 本期支出

(8)“本期支出”项目,反映科学事业单位本期支出总额。本项目应当根据本表中“财政补助支出——事业支出”、“非财政补助支出”项目金额的合计数填列。

(9)“事业支出(财政补助支出)”项目,反映科学事业单位本期使用财政补助发生的事业活动支出。本项目应当根据本项目下“科研支出”、“非科研支出”、“行政管理支出”、“后勤保障支出”、“离退休支出”项目金额的合计数填列。

“科研支出”、“非科研支出”、“行政管理支出”、“后勤保障支出”、“离退休支出”项目，分别反映科学事业单位本期使用财政补助发生的科研项目、非科研项目、行政管理、后勤保障、离退休等各项事业支出。这5个项目应当分别根据“科研支出”、“非科研支出”、“行政管理支出”、“后勤保障支出”、“离退休支出”科目下“财政补助支出”明细科目的本期发生额分析计算填列；其中，“非科研支出”项目下的“技术支出”、“学术活动支出”、“科普活动支出”、“试制产品支出”、“教学活动支出”各项目分别根据“非科研支出”科目下的“技术支出”、“学术活动支出”、“科普活动支出”、“试制产品支出”、“教学活动支出”各明细科目下“财政补助支出”明细科目的本期发生额分析计算填列。

(10)“非财政补助支出”项目，反映科学事业单位本期使用财政补助以外的资金发生的支出。本项目应当按照本项目下“事业支出”、“上缴上级支出”、“对附属单位补助支出”、“经营支出”、“其他支出”项目金额的合计数填列。

“事业支出”项目，反映科学事业单位本期使用财政补助以外的资金发生的事业支出。本项目应当根据本项目下“科研支出”、“非科研支出”、“行政管理支出”、“后勤保障支出”、“离退休支出”项目金额的合计数填列。其中，“科研支出”、“非科研支出”、“行政管理支出”、“后勤保障支出”、“离退休支出”项目，分别反映科学事业单位本期使用财政补助以外的资金发生的科研项目、非科研项目、行政管理、后勤保障、离退休等各项事业支出。这5个项目应当分别根据“科研支出”、“非科研支出”、“行政管理支出”、“后勤保障支出”、“离退休支出”科目下“非财政专项资金支出”、“其他资金支出”明细科目的本期发生额合计填列。其中，“非科研支出”项目下的“技术支出”、“学术活动支出”、“科普活动支出”、“试制产品支出”、“教学活动支出”各项目分别根据“非科研支出”科目下的“技术支出”、“学术活动支出”、“科普活动支出”、“试制产品支出”、“教学活动支出”各明细科目下“非财政专项资金支出”、“其他资金支出”明细科目的本期发生额合计填列。

“上缴上级支出”项目，反映科学事业单位本期按照财政部门和主管部门的规定上缴上级单位的支出。本项目应当根据“上缴上级支出”科目的本期发生额填列。

“对附属单位补助支出”项目，反映科学事业单位本期用财政补助收入之外的收入对附属单位补助发生的支出。本项目应当根据“对附属单位补助支出”科目的本期发生额填列。

“经营支出”项目，反映科学事业单位本期在科研及其辅助活动之外开展非独立核算经营活动发生的支出。本项目应当根据“经营支出”科目的本期发生额填列。

“其他支出”项目，反映科研事业单位本期除科研支出、非科研支出、行政管理支出、后勤保障支出、离退休支出、上缴上级支出、对附属单位补助支出、经营支出以外的其他支出。本项目应当根据“其他支出”科目的本期发生额填列。

3. 本期结转结余

(11)“本期结转结余”项目，反映科学事业单位本期各项收支相抵后的余额。本项目应当根据本项目下“财政补助结转结余”、“事业结转结余”、“经营结余”项目金额的合计数填列；如为负数，以“—”号填列。

(12)“财政补助结转结余”项目，反映科学事业单位本期财政补助收入与财政补助支出相抵后的余额。本项目应当按照本表中“财政补助收入”项目金额减去本表中“财政补助支出——事业支出”项目金额后的余额填列。

(13)“事业结转结余”项目，反映科学事业单位本期除财政补助收支、经营收支以外的各项收支相抵后的余额。本项目应当按照本表中“事业收入”、“上级补助收入”、“附属单位上缴收入”、“其他收入”项目金额合计数减去本表中“事业支出”、“上缴上级支出”、“对附属单位补助支出”、“其他支出”项目金额合计数后的余额填列；如为负数，以“—”号填列。

(14)“经营结余”项目，反映科学事业单位本期经营收支相抵后的余额。本项目应当按照本表中“经营收入”项目金额减去本表中“经营支出”项目金额后的余额填列；如为负数，以“—”号填列。

4. 弥补以前年度经营亏损后的经营结余

(15)“弥补以前年度经营亏损后的经营结余”项目，反映科学事业单位本年度实现的经营结余扣除本年初未弥补经营亏损后的余额。本项目应当根据“经营结余”科目年末转入“非财政补助结余分配”科目前的余额填列；如该年末余额为借方余额，以“—”号填列。

5. 本年非财政补助结转结余

(16)“本年非财政补助结转结余”项目，反映科学事业单位本年除财政补助结转结余之外的结转结余金额。如本表中“弥补以前年度经营亏损后的经营结余”项目为正数，本项目应当按照本表中“事业结转结余”、“弥补以前年度经营亏损后的经营结余”项目金额的合计数填列；如为负数，以“－”号填列。如本表中“弥补以前年度经营亏损后的经营结余”项目为负数，本项目应当按照本表中“事业结转结余”项目金额填列；如为负数，以“－”号填列。

(17)“非财政补助结转”项目，反映科学事业单位本年除财政补助收支以外的各项专项资金收入减去各项专项资金支出后的余额。本项目应根据“非财政补助结转”科目本年贷方发生额中专项资金收入转入金额合计数减去本年借方发生额中专项资金支出转入金额合计数后的余额填列。

6. 本年非财政补助结余

(18)“本年非财政补助结余”项目，反映科学事业单位本年除财政补助之外的其他结余金额。本项目应当按照本表中“本年非财政补助结转结余”项目金额减去“非财政补助结转”项目金额后的金额填列；如为负数，以“－”号填列。

(19)“应缴企业所得税”项目，反映科学事业单位按照税法规定应缴纳的企业所得税金额。本项目应当根据“非财政补助结余分配”科目的本年发生额分析填列。

(20)“提取专用基金”项目，反映科学事业单位本年按规定提取的专用基金金额。本项目应当根据“非财政补助结余分配”科目的本年发生额分析填列。

7. 转入事业基金

(21)“转入事业基金”项目，反映科学事业单位本年按规定转入事业基金的非财政补助结余资金。本项目应当按照本表中“本年非财政补助结余”项目金额减去“应缴企业所得税”、“提取专用基金”项目金额后的余额填列；如为负数，以“－”号填列。

上述(15)至(21)项目，只有在编制年度收入支出表时才填列；编制月度收入支出表时，可以不设置此7个项目。

三、财政补助收入支出表编制说明

(一)本表反映科学事业单位某一会计年度财政补助收入、支出、结转及结余情况。

(二)本表“上年数”栏内各项数字，应当根据上年度财政补助收入支出表“本年数”栏内数字填列。

(三)本表“本年数”栏各项目的内容和填列方法：

1.“年初财政补助结转结余”项目及其所属各明细项目，反映科学事业单位本年初财政补助结转和结余余额。各项目应当根据上年度财政补助收入支出表中“年末财政补助结转结余”项目及其所属各明细项目“本年数”栏的数字填列。

2.“调整年初财政补助结转结余”项目及其所属各明细项目，反映科学事业单位因本年发生需要调整以前年度财政补助结转结余的事项，而对年初财政补助结转结余的调整金额。各项目应当根据“财政补助结转”、“财政补助结余”科目及其所属明细科目的本年发生额分析填列。如调整减少年初财政补助结转结余，以“－”号填列。

3.“本年归集调入财政补助结转结余”项目及其所属各明细项目，反映科学事业单位本年度取得的财政补助结转结余资金或额度金额。各项目应当根据“财政补助结转”、“财政补助结余”科目及其所属明细科目的本年发生额分析填列。

4.“本年上缴财政补助结转结余”项目及其所属各明细项目，反映科学事业单位本年度按规定实际上缴的财政补助结转结余资金或额度金额。各项目应当根据“财政补助结转”、“财政补助结余”科目及其所属明细科目的本年发生额分析填列。

5.“本年财政补助收入”项目及其所属各明细项目，反映科学事业单位本年度从同级财政部门取得的各类财政拨款金额。各项目应当根据“财政补助收入”科目及其所属明细科目的本年发生额分析填列。

6.“本年财政补助支出”项目及其所属各明细项目，反映科学事业单位本年度发生的财政补助支出金额。各项目应当根据“科研支出”、“非科研支出”、“行政管理支出”、“后勤保障支出”、“离退休支出”科目下“财政补助支出”明细科目本年发生额分析填列。

7.“年末财政补助结转结余”项目及其所属各明细项目，反映科学事业单位截至本年末的财政补助结转和结余余额。各项目应当根据“财政补助结转”、“财政补助结余”科目及其所属明细科目的年末余额分析填列。

四、附注

科学事业单位的会计报表附注至少应当披露下列内容：

（一）遵循《事业单位会计准则》、《科学事业单位会计制度》的声明；

（二）科学事业单位整体财务状况、业务活动情况的说明；

（三）会计报表中列示的重要项目的进一步说明，包括其主要构成、增减变动情况等；

（四）重要资产处置情况的说明；

（五）重大投资、借款活动的说明；

（六）以名义金额计量的资产名称、数量等情况，以及以名义金额计量理由的说明；

（七）“未确认的无形资产备查簿”涉及的科研项目名称、实际支出金额；

（八）以前年度各项结转结余调整情况的说明；

（九）有助于理解和分析会计报表需要说明的其他事项。

13. 彩票机构会计制度（2013年颁布）

财会〔2013〕23号

目　录

第一部分　总说明

一、为了规范彩票机构的会计核算，保证会计信息质量，根据《中华人民共和国会计法》和《事业单位会计准则》，结合《彩票机构财务管理办法》相关规定，制定本制度。

二、本制度适用于彩票发行机构和彩票销售机构（以下简称“彩票机构”）。

三、彩票机构对基本建设投资的会计核算在执行本制度的同时，还应当按照国家有关基本建设会计核算的规定单独建账、单独核算。

四、彩票机构会计核算一般采用收付实现制，但部分经济业务或者事项的核算应当按照本制度的规定采用权责发生制。

五、彩票机构应当按照《彩票机构财务管理办法》或相关财务制度的规定对固定资产计提折旧、对无形资产进行摊销。

六、彩票机构会计要素包括资产、负债、净资产、收入和支出。

七、彩票机构应当按照下列规定运用会计科目：

（一）彩票机构应当按照本制度的规定设置和使用会计一级科目。在不影响会计处理和编报财务报表的前提下，结合彩票机构自身业务特点可以根据实际情况自行增设某些明细科目。

（二）本制度统一规定会计科目的编号，以便于填制会计凭证、登记账簿、查阅账目，编制和汇总报表，实行会计信息化管理。彩票机构不得打乱重编。

（三）彩票机构在填制会计凭证、登记会计账簿时，应当填列会计科目的名称，或者同时填列会计科目的名称和编号，不得只填列科目编号、不填列科目名称。

八、彩票机构应当按照下列规定编报财务报表：

（一）彩票机构的财务报表由会计报表及其附注构成。会计报表包括资产负债表、收入支出表、财政专户核拨资金收入支出表以及相关附表。

（二）彩票机构的财务报表应当按照月度和年度编制。

（三）彩票机构应当根据本制度规定编制并对外提供真实、完整的财务报表。彩票机构不得违反本制度规定，随意改变财务报表的编制基础、编制依据、编制原则和方法，不得随意改变本制度规定的财务报表有关数据的会计口径。

（四）彩票机构财务报表应当根据登记完整、核对无误的账簿记录和其他有关资料编制，做到数字真实、计算准确、内容完整、报送及时。

（五）彩票机构财务报表应当由单位负责人和主管会计工作的负责人、会计机构负责人（会计主管人员）签名并盖章。

九、彩票机构会计机构设置、会计人员配备、会计基础工作、会计档案管理、内部控制等，按照《中华人民共和国会计法》、《会计基础工作规范》、《会计档案管理办法》、《行政事业单位内部控制规范（试行）》等规定执行。开展会计信息化工作的彩票机构，还应按照财政部制定的相关会计信息化工作规范执行。

十、本制度自2014年1月1日起施行。2001年12月17日财政部印发的《财政部关于彩票发行与销售机构执行〈事业单位会计制度〉有关问题的通知》（财会〔2001〕63号）同时废止。

第二部分　会计科目名称和编号

序　　号	编　　号	会计科目名称
一、资产类		
1	1001	库存现金
2	1002	银行存款
3	1011	零余额账户用款额度
4	1101	短期投资
5	1211	应收票据
6	1212	应收账款
7	1213	预付账款
8	1215	其他应收款
9	1301	库存材料
10	1302	库存彩票
11	1401	长期投资
12	1501	固定资产
13	1502	累计折旧
14	1511	在建工程
15	1601	无形资产
16	1602	累计摊销
17	1701	待处置资产损溢
二、负债类		
18	2001	短期借款

（续表）

序　号	编　号	会计科目名称
19	2101	应缴税费
20	2102	应缴国库款
21	2103	应缴财政专户款
22	2201	应付职工薪酬
23	2301	应付票据
24	2302	应付账款
25	2303	预收账款
26	2305	其他应付款
27	2401	应付返奖奖金
28	2402	应付代销费
29	2403	彩票销售结算
30	2501	长期借款
31	2502	长期应付款
三、净资产类		
32	3001	事业基金
33	3005	库存彩票基金
34	3101 310101 310102 310103 310104	非流动资产基金 长期投资 固定资产 在建工程 无形资产
35	3201 320101 320102 320103 320104	专用基金 职工福利基金 彩票兑奖周转金 彩票发行销售风险基金 其他专用基金
36	3301 330101 330102	财政专户核拨资金结转 基本支出结转 项目支出结转
37	3302	财政专户核拨资金结余
38	3401	非财政专户核拨资金结转
39	3402	待分配事业结余
40	3403	经营结余
41	3404	非财政专户核拨资金结余分配

(续表)

序　号	编　号	会计科目名称
四、收入类		
42	4101	事业收入
43	4201	上级补助收入
44	4301	附属单位上缴收入
45	4401	经营收入
46	4501	其他收入
五、支出类		
47	5001	事业支出
48	5201	对附属单位补助支出
49	5301	经营支出
50	5401	其他支出

第三部分　会计科目使用说明

一、资产类

1001 库存现金

一、本科目核算彩票机构的库存现金。

二、彩票机构应当严格按照国家有关现金管理的规定收支现金，并按照本制度规定核算现金的各项收支业务。

三、库存现金的主要账务处理如下：

(一)从银行等金融机构提取现金时，按照实际提取的金额，借记本科目，贷记"银行存款"等科目；将现金存入银行等金融机构时，按照实际存入的金额，借记"银行存款"等科目，贷记本科目。

(二)因内部职工出差等原因借出现金时，按照实际借出的现金金额，借记"其他应收款"科目，贷记本科目；出差人员报销差旅费时，按照应报销的金额，借记有关科目，按照实际借出的现金金额，贷记"其他应收款"科目，按其差额，借记或贷记本科目。

(三)因开展业务等其他事项收到现金时，按照实际收到的金额，借记本科目，贷记有关科目；因购买服务或商品等其他事项支出现金时，按照实际支出的金额，借记有关科目，贷记本科目。

四、彩票机构应当设置"现金日记账"，由出纳人员根据收付款凭证，按照业务发生顺序逐笔登记。每日终了，应当计算当日的现金收入合计数、现金支出合计数和结余数，并将结余数与实际库存数核对，做到账款相符。

每日账款核对中发现现金溢余或短缺的，应当及时进行处理。如发现现金溢余，属于应支付给有关人员或单位的部分，借记本科目，贷记"其他应付款"科目；属于无法查明原因的部分，借记本科目，贷记"其他收入"科目。如发现现金短缺，属于应由责任人赔偿的部分，借记"其他应收款"科目，贷记本科目；属于无法查明原因的部分，报经批准后，借记"其他支出"科目，贷记本科目。

五、彩票机构有外币现金的，应当分别按照人民币、各种外币设置"现金日记账"进行明细核算。有关外币现金业务的账务处理参见"银行存款"科目的相关规定。

六、本科目期末借方余额，反映彩票机构实际持有的库存现金。

1002 银行存款

一、本科目核算彩票机构存入银行或其他金融机构的各种存款。

二、彩票机构应当严格按照国家有关支付结算办法的规定办理银行存款收支业务，并按照本制度规定核算银行存款的各项收支业务。

三、银行存款的主要账务处理如下：

（一）将款项存入银行或其他金融机构时，借记本科目，贷记“库存现金”、“事业收入”、“经营收入”等有关科目。

（二）提取和支出存款时，借记有关科目，贷记本科目。

四、彩票机构发生外币业务的，应当按照业务发生当日（或当期期初，下同）的即期汇率，将外币金额折算为人民币记账，并登记外币金额和汇率。

期末，各种外币账户的外币余额应当按照期末的即期汇率折算为人民币金额，作为外币账户期末人民币余额。调整后的各种外币账户人民币余额与原账面人民币余额的差额，作为汇兑损益计入相关支出。

（一）以外币购买服务或商品时，按照购入当日的即期汇率将支付的外币或应支付的外币折算为人民币金额，借记有关科目，贷记本科目、“应付账款”等科目的外币账户。

（二）以外币收取相关款项时，按照收取款项或收入确认当日的即期汇率将收取的外币或应收取的外币折算为人民币金额，借记本科目、“应收账款”等科目的外币账户，贷记有关科目。

（三）期末，根据各外币账户按期末的即期汇率折算的人民币余额与原账面人民币余额的差额，作为汇兑损益，借记或贷记本科目、“应收账款”、“应付账款”等科目，贷记或借记“事业支出”、“经营支出”等科目。

五、彩票机构应当按开户银行或其他金融机构、存款种类及币种等，分别设置“银行存款日记账”，由出纳人员根据收付款凭证，按照业务的发生顺序逐笔登记，每日终了应结出余额。“银行存款日记账”应定期与“银行对账单”核对，至少每月核对一次。月度终了，彩票机构银行存款账面余额与银行对账单余额之间如有差额，必须逐笔查明原因并进行处理，按月编制“银行存款余额调节表”调节相符。

六、本科目期末借方余额，反映彩票机构实际存放在银行或其他金融机构的款项。

1011 零余额账户用款额度

一、本科目核算实行财政专户与零余额账户清算模式的彩票机构根据财政部门批复的用款计划收到和支用的零余额账户用款额度。

二、零余额账户用款额度的主要账务处理如下：

（一）在财政授权支付方式下，收到代理银行盖章的授权支付到账通知书时，根据通知书所列数额，借记本科目，贷记“事业收入”科目。

（二）按规定支用额度时，借记有关科目，贷记本科目。

（三）从零余额账户提取现金时，借记“库存现金”科目，贷记本科目。

（四）因购货退回等发生国库授权支付额度退回的，属于以前年度支付的款项，按照退回金额，借记本科目，贷记“财政专户核拨资金结转”、“财政专户核拨资金结余”、“库存材料”等有关科目；属于本年度支付的款项，按照退回金额，借记本科目，贷记“事业支出”、“库存材料”等有关科目。

三、本科目期末借方余额，反映彩票机构尚未支用的零余额账户用款额度。本科目年末应无余额。

1101 短期投资

一、本科目核算彩票机构依法取得的，持有时间不超过1年（含1年）的投资，主要是国债投资。

二、彩票机构应当严格遵守国家法律、行政法规以及财政部门、主管部门关于对外投资的有关规定。

三、本科目应当按照国债投资的种类等进行明细核算。

四、短期投资的主要账务处理如下：

（一）短期投资在取得时，应当按照其实际成本（包括购买价款以及税金、手续费等相关税费）作为投资成本，借记本科目，贷记“银行存款”等科目。

（二）短期投资持有期间收到利息时，按照实际收到的金额，借记“银行存款”科目，贷记“其他收入——投资收益”科目。

（三）出售短期投资或到期收回短期国债本息时，按照实际收到的金额，借记“银行存款”科目，按照出售或收回短期国债的成本，贷记本科目，按照其差额，贷记或借记“其他收入——投资收益”科目。

五、本科目期末借方余额，反映彩票机构持有的短期投资成本。

1211 应收票据

一、本科目核算彩票机构因开展经营活动销售产品、提供有偿服务等收到的商业汇票，包括银行承兑汇票和商业承兑汇票。

二、本科目应当按照开出、承兑商业汇票的单位等进行明细核算。

三、应收票据的主要账务处理如下：

（一）因销售产品、提供有偿服务等收到商业汇票时，按照商业汇票的票面金额，借记本科目，按照确认的收入金额，贷记“经营收入”等科目，按照应缴增值税金额，贷记“应缴税费——应缴增值税”科目。

（二）持未到期的商业汇票向银行贴现时，按照实际收到的金额（即扣除贴现息后的净额），借记“银行存款”科目，按照贴现息金额，借记“经营支出”等科目，按照商业汇票的票面金额，贷记本科目。

（三）将持有的商业汇票背书转让以取得所需物资时，按照取得物资的成本，借记有关科目，按照商业汇票的票面金额，贷记本科目，如有差额，借记或贷记“银行存款”等科目。

（四）商业汇票到期时，应当分别以下情况处理：

1. 收回应收票据，按照实际收到的商业汇票票面金额，借记“银行存款”科目，贷记本科目。

2. 因付款人无力支付票款，收到银行退回的商业承兑汇票、委托收款凭证、未付票款通知书或拒付款证明时，按照商业汇票的票面金额，借记“应收账款”科目，贷记本科目。

四、彩票机构应当设置“应收票据备查簿”，逐笔登记每一应收票据的种类、号数、出票日期、到期日、票面金额、交易合同号和付款人、承兑人、背书人姓名或单位名称、背书转让日、贴现日期、贴现率和贴现净额、收款日期、收回金额和退票情况等资料。应收票据到期结清票款或退票后，应当在备查簿内逐笔注销。

五、本科目期末借方余额，反映彩票机构持有的商业汇票票面金额。

1212 应收账款

一、本科目核算彩票机构因开展彩票发行销售业务活动、提供有偿服务、彩票机构之间因联网游戏奖金结算等应收取的款项。

二、本科目应当按照接受劳务单位（或个人）进行明细核算。

三、应收账款的主要账务处理如下：

（一）发生应收账款时，按照应收未收金额，借记本科目，按照确认的收入金额，贷记“经营收入”等科目，按照应缴增值税金额，贷记“应缴税费——应缴增值税”科目。

（二）彩票机构之间因联网游戏奖金结算产生的应收取的款项，按照实际发生的金额，借记本科目，贷记“应付返奖奖金”、“应缴财政专户款”等科目。

（三）收回应收账款时，按照实际收到的金额，借记“银行存款”等科目，贷记本科目。

四、因市场变化或不可抗力事件，或逾期三年或以上、有确凿证据表明确实无法收回的应收账款，按规定报经批准后予以核销。核销的应收账款应在“已核销应收账款备查簿”中保留登记。

（一）转入待处置资产时，按照待核销的应收账款金额，借记“待处置资产损溢”科目，贷记本科目。

（二）报经批准予以核销时，对于因市场变化或不可抗力事件等造成的坏账损失，借记“专用基金——彩票发行销售风险基金”科目，贷记“待处置资产损溢”科目；对于其他一般性坏账损失，借记“其他支出”科目，贷记“待处置资产损溢”科目。

（三）已核销应收账款在以后期间收回的，按照实际收回的金额，借记“银行存款”等科目，贷记“其他收入”科目。

五、本科目期末借方余额，反映彩票机构尚未收回的应收账款。

1213 预付账款

一、本科目核算彩票机构按照购买服务或商品合同规定预付给供应单位的款项。

二、本科目应当按照供应单位（或个人）进行明细核算。彩票机构应当通过明细核算或辅助登记方式，登记预付账款的资金性质。

三、预付账款的主要账务处理如下：

（一）发生预付账款时，按照实际预付的金额，借记本科目，贷记“银行存款”等科目。

（二）收到所购服务或商品时，按照购入服务或商品的实际成本，借记有关科目，按照相应合同预付款金额，贷记本科目，按照补付的款项，贷记“银行存款”等科目。

收到所购固定资产、无形资产的，按照确定的资产成本，借记“固定资产”、“无形资产”科目，贷记“非流动资产基金——固定资产、无形资产”科目；同时，按照资产购置支出金额，借记“事业支出”、“经营支出”等科目，按照相应预付账款金额，贷记本科目，按照补付的款项，贷记“银行存款”等科目。

四、逾期三年或以上、有确凿证据表明因供货单位破产、撤销等原因已无望再收到所购物资，且确实无法收回的预付账款，按规定报经批准后予以核销。核销的预付账款应在“已核销预付账款备查簿”中保留登记。

（一）转入待处置资产时，按照待核销的预付账款金额，借记“待处置资产损溢”科目，贷记本科目。

（二）报经批准予以核销时，借记“其他支出”科目，贷记“待处置资产损溢”科目。

（三）已核销预付账款在以后期间收回的，按照实际收回的金额，借记“银行存款”等科目，贷记“其他收入”科目。

五、本科目期末借方余额，反映彩票机构实际预付但尚未结算的款项。

1215 其他应收款

一、本科目核算彩票机构除应收票据、应收账款、预付账款以外的其他各项应收及暂付款项，如职工预借的差旅费、拨付给内部有关部门的备用金、应向职工收取的各种垫付款项等。

二、本科目应当按照其他应收款的类别以及债务单位（或个人）

进行明细核算。

三、其他应收款的主要账务处理如下：

（一）发生其他各种应收及暂付款项时，借记本科目，贷记“银行存款”、“库存现金”等科目。

（二）收回或转销其他各种应收及暂付款项时，借记“库存现金”、“银行存款”等科目，贷记本科目。

（三）彩票机构内部实行备用金制度的，有关部门使用备用金以后应当及时到财务部门报销并补足备用金。财务部门核定并发放备用金时，借记本科目，贷记“库存现金”等科目。根据报销数用现金补足备用金定额时，借记有关科目，贷记“库存现金”等科目，报销数和拨补数都不再通过本科目核算。

四、逾期三年或以上、有确凿证据表明确实无法收回的其他应收款，按规定报经批准后予以核销。核销的其他应收款应在“已核销其他应收款备查簿”中保留登记。

（一）转入待处置资产时，按照待核销的其他应收款金额，借记“待处置资产损溢”科目，贷记本科目。

（二）报经批准予以核销时，借记“其他支出”科目，贷记“待处置资产损溢”科目。

（三）已核销其他应收款在以后期间收回的，按照实际收回的金额，借记“银行存款”等科目，贷记“其他收入”科目。

五、本科目期末借方余额，反映彩票机构尚未收回的其他应收款。

1301 库存材料

一、本科目核算彩票机构在开展业务活动及其他活动中为耗用而储存的各种材料、燃料、包装物、低值易耗品、热敏纸、投注单及达不到固定资产标准的用具、装具等的实际成本。

彩票机构随买随用的零星办公用品，可以在购进时直接列作支出，不通过本科目核算。

二、本科目应当按照库存材料的种类、规格、保管地点等进行明细核算。

三、库存材料的主要账务处理如下：

（一）库存材料在取得时，应当按照其实际成本入账。

1. 购入的库存材料，其成本包括购买价款、相关税费、运输费、装卸费、保险费以及其他使得库存材料达到目前场所和状态所发生的其他支出。

购入的库存材料验收入库时，按确定的成本，借记本科目，贷记“银行存款”、“应付账款”等科目。

2. 接受捐赠、无偿调入的库存材料，其成本按照有关凭据注明的金额加上相关税费、运输费等确定；没有相关凭据的，其成本比照同类或类似库存材料的市场价格加上相关税费、运输费等确定；没有相关凭据且其同类或类似库存材料的市场价格也无法可靠取得的，该库存材料以名义金额（即人民币1元，下同）入账。

接受捐赠、无偿调入的库存材料验收入库，按照确定的成本，借记本科目，按照发生的相关税费、运输费等，贷记“银行存款”等科目，按照其差额，贷记“其他收入”科目。

以名义金额入账的情况下，按照名义金额，借记本科目，贷记“其他收入”科目；按照发生的相关税费、运输费等，借记“其他支出”科目，贷记“银行存款”等科目。

（二）库存材料在发出时，应当根据实际情况采用先进先出法、加权平均法或者个别计价法确定发出库存材料的实际成本。计价方法一经确定，不得随意变更。低值易耗品的成本于领用时一次转销。

1. 开展彩票发行销售业务活动等领用、发出库存材料时，按照领用、发出库存材料的实际成本，借记“事业支出”、“经营支出”等科目，贷记本科目。

2. 对外捐赠、无偿调出库存材料时，按照库存材料的账面余额，借记“待处置资产损溢”科目，贷记本科目。实际捐出、调出库存材料时，按照“待处置资产损溢”科目的相应余额，借记“其他支出”科目，贷记“待处置资产损溢”科目。

四、彩票机构的库存材料应当定期进行清查盘点，至少每年盘点一次。对于发生的库存材料盘盈、盘亏或者毁损、报废，应当及时查明原因，按规定报经批准后进行账务处理。

（一）盘盈的库存材料，按照同类或类似库存材料的实际成本或市场价格确定入账价值；同类或类似库存材料的实际成本、市场价格均无法可靠取得的，按照名义金额入账。

盘盈的库存材料，按照确定的入账价值，借记本科目，贷记“其他收入”科目。

（二）库存材料发生盘亏或者毁损、报废时，按照待处置库存材料的账面余额，借记“待处置资产损溢”科目，贷记本科目。报经批准予以处置时，按照“待处置资产损溢”科目的相应余额，借记“其他支出”科目，贷记“待处置资产损溢”科目。

处置库存材料过程中所取得的收入、发生的费用，以及处置收入扣除相关处置费用后的净收入的账务处理，参见“待处置资产损溢”科目。

五、本科目期末借方余额，反映彩票机构库存材料的实际成本。

1302 库存彩票

一、本科目核算彩票机构购进的已验收入库彩票的实际成本。

二、本科目应当按照彩票品种及游戏进行明细核算。

三、库存彩票的主要账务处理如下：

（一）按照彩票印制合同或订货单规定向彩票印制单位支付印制费时，按照实际支付的印制费金额，借记“事业支出”科目，贷记“银行存款”科目。

（二）购入的彩票验收入库时，按照实际支付的印制费等确定的成本，借记本科目，贷记“库存彩票基金”科目。

（三）发出库存彩票时，应当按照加权平均法或个别计价法确定发出彩票的实际成本，借记“库存彩票基金”科目，贷记本科目。

（四）发生彩票退回时，借记本科目，贷记“库存彩票基金”科目。

四、彩票机构应当严格执行彩票出入库制度，按彩票品种建立库存彩票明细账和台账，定期或不定期盘点，定期核对库存彩票明细账、台账与总账，年度终了前应当进行全面盘点清查。

五、对于盘盈、盘亏及毁损、报废的库存彩票，彩票机构应当及时查明原因，按照规定报经批准后进行账务处理。

（一）盘盈的库存彩票，按照同类库存彩票的入账成本确认入账价值，借记本科目，贷记“库存彩票基金”科目。

（二）库存彩票发生盘亏或者毁损、报废时，按照待处置库存彩票的账面价值，借记“待处置资产损溢”科目，贷记本科目。

报经批准予以处置时，按照处置库存彩票对应的库存彩票基金，借记“库存彩票基金”科目，贷记“待处置资产损溢”。

处置毁损、报废库存彩票过程中所取得的收入、发生的相关费用，以及处置收入扣除相关费用后的净收入的账务处理，参见“待处置资产损溢”科目。

六、本科目期末借方余额，反映库存彩票的实际成本。

1401 长期投资

一、本科目核算彩票机构依法取得的，持有时间超过1年（不含1年）的股权和债权性质的投资。

二、彩票机构应当严格控制对外投资。在保证彩票机构正常运转和业务发展的前提下，按照国家有关规定可以对外投资的，应当履行相关审批程序。彩票机构对外投资必须是与彩票发行销售业务有关的项目，不得从事股票、期货、基金、企业债券等投资，国家另有规定的除外。彩票机构以非货币性资产对外投资的，应当按照国家有关规定进行资产评估，合理确定资产价值。

三、本科目应当按照长期投资的种类和被投资单位等进行明细核算。

四、长期投资的主要账务处理如下：

(一)长期股权投资

1. 长期股权投资在取得时，应当按照其实际成本作为投资成本。

(1)以货币资金取得的长期股权投资，按照实际支付的全部价款(包括购买价款以及税金、手续费等相关税费)作为投资成本，借记本科目，贷记“银行存款”等科目；同时，按照投资成本金额，借记“事业基金”科目，贷记“非流动资产基金——长期投资”科目。

(2)以固定资产取得的长期股权投资，按照评估价值加上相关税费作为投资成本，借记本科目，贷记“非流动资产基金——长期投资”科目，按发生的相关税费，借记“其他支出”科目，贷记“银行存款”、“应缴税费”等科目；同时，按照投出固定资产对应的非流动资产基金，借记“非流动资产基金——固定资产”科目，按照投出固定资产已计提折旧，借记“累计折旧”科目，按照投出固定资产的账面余额，贷记“固定资产”科目。

(3)以已入账无形资产取得的长期股权投资，按照评估价值加上相关税费作为投资成本，借记本科目，贷记“非流动资产基金——长期投资”科目，按发生的相关税费，借记“其他支出”科目，贷记“银行存款”、“应缴税费”等科目；同时，按照投出无形资产对应的非流动资产基金，借记“非流动资产基金——无形资产”科目，按照投出无形资产已计提摊销，借记“累计摊销”科目，按照投出无形资产的账面余额，贷记“无形资产”科目。

以未入账无形资产取得的长期股权投资，按照评估价值加上相关税费作为投资成本，借记本科目，贷记“非流动资产基金——长期投资”科目，按发生的相关税费，借记“其他支出”科目，贷记“银行存款”、“应缴税费”等科目。

2. 长期股权投资持有期间，收到利润等投资收益时，按照实际收到的金额，借记“银行存款”等科目，贷记“其他收入——投资收益”科目。

3. 转让长期股权投资，转入待处置资产时，按照待转让长期股权投资的账面余额，借记“待处置资产损溢——处置资产价值”科目，贷记本科目。

实际转让时，按照所转让长期股权投资对应的非流动资产基金，借记“非流动资产基金——长期投资”科目，贷记“待处置资产损溢——处置资产价值”科目。

转让长期股权投资过程中取得价款、发生相关税费，以及转让价款扣除相关税费后的净收入的账务处理，参见“待处置资产损溢”科目。

4. 因被投资单位破产、清算等原因，有确凿证据表明长期股权投资发生损失，按规定报经批准后予以核销。将待核销长期股权投资转入待处置资产时，按照待核销的长期股权投资账面余额，借记“待处置资产损溢——处置资产价值”科目，贷记本科目。

报经批准予以核销时，借记“非流动资产基金——长期投资”科目，贷记“待处置资产损溢——处置资产价值”科目。

(二)长期债券投资

1. 长期债券投资在取得时，应当按照其实际成本作为投资成本。

以货币资金购入的长期债券投资，按照实际支付的全部价款(包括购买价款以及税金、手续费等相关税费)作为投资成本，借记本科目，贷记“银行存款”等科目；同时，按照投资成本金额，借记“事业基金”科目，贷记“非流动资产基金——长期投资”科目。

2. 长期债券投资持有期间收到利息时，按照实际收到的金额，借记“银行存款”等科目，贷记“其他收入——投资收益”科目。

3. 对外转让或到期收回长期债券投资本息，按照实际收到的金额，借记“银行存款”等科目，按照收回长期投资的成本，贷记本科目，按照其差额，贷记或借记“其他收入——投资收益”科目；同时，按照收回长期投资对应的非流动资产基金，借记“非流动资产基金——长期投资”科目，贷记“事业基金”科目。

五、本科目期末借方余额，反映彩票机构持有的长期投资成本。

1501 固定资产

一、本科目核算彩票机构固定资产的原价。固定资产是指彩票机构持有的使用期限超过 1 年(不含 1

年)、单位价值在规定标准以上,并在使用过程中基本保持原有物质形态的资产。单位价值虽未达到规定标准,但使用期限超过1年(不含1年)的大批同类物资,作为固定资产核算和管理。

二、彩票机构的固定资产一般分为六类:房屋及构筑物;专用设备;通用设备;文物和陈列品;图书、档案;家具、用具、装具及动植物。有关说明如下:

(一)固定资产的各组成部分具有不同的使用寿命、适用不同折旧率且可以分别确定各自原价的,应当分别将各组成部分确认为单项固定资产。

(二)对于应用软件,如果其构成相关硬件不可缺少的组成部分,应当将该软件价值包括在所属硬件价值中,一并作为固定资产进行核算;如果其不构成相关硬件不可缺少的组成部分,应当将该软件作为无形资产核算。

(三)彩票机构以经营租赁租入的固定资产,不作为固定资产核算,应当另设"经营租赁固定资产备查簿"进行登记。

(四)购入需要安装的固定资产,应当先通过"在建工程"科目核算,安装完毕交付使用时再转入本科目核算。

(五)购建的房屋及构筑物,不能够分清购建成本中的房屋及构筑物部分与土地使用权部分的,应当全部作为固定资产核算;能够分清购建成本中的房屋及构筑物部分与土地使用权部分的,应当将其中的房屋及构筑物部分作为固定资产核算,将其中的土地使用权部分作为无形资产核算。

三、彩票机构应当根据固定资产定义,结合本单位的具体情况,制定适合于本单位的固定资产目录、具体分类方法,作为进行固定资产核算的依据。

彩票机构应当设置"固定资产登记簿"和"固定资产卡片",按照固定资产类别、项目和使用部门等进行明细核算。出租、出借的固定资产,应当设置备查簿进行登记。

四、固定资产的主要账务处理如下:

(一)固定资产在取得时,应当按照其实际成本入账。

1. 购入的固定资产,其成本包括购买价款、相关税费以及固定资产交付使用前所发生的可归属于该项资产的运输费、装卸费、安装调试费和专业人员服务费等。

以一笔款项购入多项没有单独标价的固定资产,按照各项固定资产同类或类似资产市场价格的比例对总成本进行分配,分别确定各项固定资产的成本。

购入不需安装的固定资产时,按照确定的固定资产成本,借记本科目,贷记"非流动资产基金——固定资产"科目;同时,按照实际支付金额,借记"事业支出"、"经营支出"等科目,贷记"银行存款"等科目。

购入需要安装的固定资产,先通过"在建工程"科目核算。安装完工交付使用时,借记本科目,贷记"非流动资产基金——固定资产"科目;同时,借记"非流动资产基金——在建工程"科目,贷记"在建工程"科目。

购入扣留质量保证金的固定资产,在取得固定资产时,按照确定的成本(包括质量保证金),借记本科目[不需安装]或"在建工程"科目[需要安装],贷记"非流动资产基金——固定资产、在建工程"科目。同时,对于取得固定资产全款发票(包括质量保证金)的,应当按照构成资产成本的全部支出金额,借记"事业支出"、"经营支出"等科目,按照实际支付金额,贷记"银行存款"等科目,按照扣留的质量保证金,贷记"其他应付款"[扣留期在1年以内(含1年)]或"长期应付款"[扣留期超过1年]科目;对于取得的发票金额不包括质量保证金的,应当按照不包括质量保证金的支出金额,借记"事业支出"、"经营支出"等科目,贷记"银行存款"等科目。

质保期满支付质量保证金时,借记"其他应付款"、"长期应付款"科目,或借记"事业支出"、"经营支出"等科目,贷记"银行存款"等科目。

质保期满因固定资产质量有问题等原因未支付质量保证金的,应当相应调减固定资产的账面余额,并重新计算折旧额。

2. 自行建造的固定资产,其成本包括建造该项资产至交付使用前所发生的全部必要支出。

工程完工交付使用时,按照自行建造过程中发生的实际支出,借记本科目,贷记"非流动资产基金——固定资产"科目;同时,借记"非流动资产基金——在建工程"科目,贷记"在建工程"科目。已交付使用但尚未办理竣工决算手续的固定资产,按照估计价值入账,待确定实际成本后再进行调整。

3. 在原有固定资产基础上进行改建、扩建、修缮后的固定资产，其成本按照原固定资产账面价值[①]（“固定资产”科目账面余额减去“累计折旧”科目账面余额后的净值）加上改建、扩建、修缮发生的支出，再扣除固定资产拆除部分的账面价值后的金额确定。

将固定资产转入改建、扩建、修缮时，按固定资产的账面价值，借记“在建工程”科目，贷记“非流动资产基金——在建工程”科目；同时，按固定资产对应的非流动资产基金，借记“非流动资产基金——固定资产”科目，按照固定资产已计提折旧，借记“累计折旧”科目，按固定资产的账面余额，贷记本科目。

工程完工交付使用时，借记本科目，贷记“非流动资产基金——固定资产”科目；同时，借记“非流动资产基金——在建工程”科目，贷记“在建工程”科目。

4. 以融资租赁租入的固定资产，其成本按照租赁协议或者合同确定的租赁价款、相关税费以及固定资产交付使用前所发生的可归属于该项资产的运输费、途中保险费、安装调试费等确定。

融资租入的固定资产，按照确定的成本，借记本科目[不需安装]或“在建工程”科目[需安装]，按照租赁协议或者合同确定的租赁价款，贷记“长期应付款”科目，按照其差额，贷记“非流动资产基金——固定资产、在建工程”科目；同时，按照实际支付的相关税费、运输费、途中保险费、安装调试费等，借记“事业支出”、“经营支出”等科目，贷记“银行存款”等科目。

定期支付租金时，按照支付的租金金额，借记“事业支出”、“经营支出”等科目，贷记“银行存款”等科目；同时，借记“长期应付款”科目，贷记“非流动资产基金——固定资产”科目。

跨年度分期付款购入固定资产的账务处理，参照融资租入固定资产的账务处理。

5. 接受捐赠、无偿调入的固定资产，其成本按照有关凭据注明的金额加上相关税费、运输费等确定；没有相关凭据的，其成本比照同类或类似固定资产的市场价格加上相关税费、运输费等确定；没有相关凭据、同类或类似固定资产的市场价格也无法可靠取得的，该固定资产以名义金额入账。

接受捐赠、无偿调入的固定资产，按照确定的固定资产成本，借记本科目[不需安装]或“在建工程”科目[需安装]，贷记“非流动资产基金——固定资产、在建工程”科目；按照发生的相关税费、运输费等，借记“其他支出”科目，贷记“银行存款”等科目。

（二）按月计提固定资产折旧时，按照实际计提金额，借记“非流动资产基金——固定资产”科目，贷记“累计折旧”科目。

（三）与固定资产有关的后续支出，应当分别以下情况处理：

1. 为增加固定资产使用效能或延长其使用年限而发生的改建、扩建或修缮等后续支出，应当计入固定资产成本，通过“在建工程”科目核算，完工交付使用时转入本科目。有关账务处理参见“在建工程”科目。

2. 为维护固定资产的正常使用而发生的日常修理等后续支出，应当计入当期支出但不计入固定资产成本，借记“事业支出”、“经营支出”等科目，贷记“银行存款”等科目。

（四）报经批准出售、无偿调出、对外捐赠固定资产或以固定资产对外投资，应当分别以下情况处理：

1. 出售、无偿调出、对外捐赠固定资产时，按照待处置固定资产的账面价值，借记“待处置资产损溢”科目，按照固定资产已计提折旧，借记“累计折旧”科目，按照固定资产的账面余额，贷记本科目。

实际出售、调出、捐出时，按照处置固定资产对应的非流动资产基金，借记“非流动资产基金——固定资产”科目，贷记“待处置资产损溢”科目。

出售固定资产过程中取得价款、发生相关税费，以及出售价款扣除相关税费后的净收入的账务处理，参见“待处置资产损溢”科目。

2. 以固定资产对外投资，按照评估价值加上相关税费作为投资成本，借记“长期投资”科目，贷记“非流动资产基金——长期投资”科目，按照发生的相关税费，借记“其他支出”科目，贷记“银行存款”、“应缴税费”等科目；同时，按照投出固定资产对应的非流动资产基金，借记“非流动资产基金——固定资产”科目，按照投出固定资产已计提折旧，借记“累计折旧”科目，按照投出固定资产的账面余额，贷记本科目。

五、彩票机构的固定资产应当定期进行清查盘点，至少每年盘点一次。对于发生的固定资产盘盈、盘亏或者毁损、报废，应当及时查明原因，按照规定报经批准后进行账务处理。

---

① 本制度所称账面价值，是指某会计科目的账面余额减去相关备抵科目（如“累计折旧”、“累计摊销”科目）账面余额后的净值。本制度所称账面余额，是指某会计科目的账面实际余额。

(一)盘盈的固定资产,按照同类或类似固定资产的市场价格确定入账价值;同类或类似固定资产的市场价格无法可靠取得的,以名义金额入账。盘盈的固定资产,按照确定的入账价值,借记本科目,贷记“非流动资产基金——固定资产”科目。

(二)固定资产发生盘亏或者毁损、报废时,按照待处置固定资产的账面价值,借记“待处置资产损溢”科目,按照固定资产已计提折旧,借记“累计折旧”科目,按照固定资产的账面余额,贷记本科目。

报经批准予以处置时,按照处置固定资产对应的非流动资产基金,借记“非流动资产基金——固定资产”科目,贷记“待处置资产损溢”科目。

处置毁损、报废固定资产过程中所取得的收入、发生的相关费用,以及处置收入扣除相关费用后的净收入的账务处理,参见“待处置资产损溢”科目。

六、本科目期末借方余额,反映彩票机构固定资产的原价。

1502 累计折旧

一、本科目核算彩票机构固定资产计提的累计折旧。

二、本科目应当按照所对应固定资产的类别、项目等进行明细核算。

三、彩票机构应当对除下列各项资产以外的其他固定资产计提折旧:

(一)文物和陈列品;

(二)动植物;

(三)图书、档案;

(四)以名义金额计量的固定资产。

四、折旧是指在固定资产使用寿命内,按照确定的方法对应折旧金额进行系统分摊。有关说明如下:

(一)彩票机构应当根据固定资产的性质和实际使用情况,合理确定其折旧年限。省级以上财政部门、主管部门对彩票机构固定资产折旧年限作出规定的,从其规定。

(二)彩票机构一般应当采用年限平均法计提固定资产折旧。

(三)彩票机构固定资产的应折旧金额为其成本,计提固定资产折旧不考虑预计净残值。

(四)彩票机构一般应当按月计提固定资产折旧。当月增加的固定资产,当月不提折旧,从下月起计提折旧;当月减少的固定资产,当月照提折旧,从下月起不提折旧。

(五)固定资产提足折旧后,无论能否继续使用,均不再计提折旧;提前报废的固定资产,也不再补提折旧。已提足折旧的固定资产,可以继续使用的,应当继续使用,规范管理。

(六)计提融资租入固定资产折旧时,应当采用与自有固定资产相一致的折旧政策。能够合理确定租赁期届满时将会取得租入固定资产所有权的,应当在租入固定资产尚可使用年限内计提折旧;无法合理确定租赁期届满时能够取得租入固定资产所有权的,应当在租赁期与租入固定资产尚可使用年限两者中较短的期间内计提折旧。

(七)固定资产因改建、扩建或修缮等原因而延长其使用年限的,应当按照重新确定的固定资产的成本以及重新确定的折旧年限,重新计算折旧额。

五、累计折旧的主要账务处理如下:

(一)按月计提固定资产折旧时,按照应计提折旧金额,借记“非流动资产基金——固定资产”科目,贷记本科目。

(二)固定资产处置时,按照所处置固定资产的账面价值,借记“待处置资产损溢”科目,按照固定资产已计提折旧,借记本科目,按照固定资产的账面余额,贷记“固定资产”科目。

六、本科目期末贷方余额,反映彩票机构计提的固定资产折旧累计数。

1511 在建工程

一、本科目核算彩票机构已经发生必要支出,但尚未完工交付使用的各种建筑(包括新建、改建、扩建、修缮等)和设备安装工程的实际成本。

二、本科目应当按照工程性质和具体工程项目等进行明细核算。

三、彩票机构的基本建设投资应当按照国家有关规定单独建账、单独核算,同时按照本制度的规定至少按月并入本科目及其他相关科目反映。

彩票机构应当在本科目下设置“基建工程”明细科目,核算由基建账套并入的在建工程成本。有关基建并账的具体账务处理另行规定。

四、在建工程(非基本建设项目)的主要账务处理如下:

(一)建筑工程

1. 将固定资产转入改建、扩建或修缮等时,按照固定资产的账面价值,借记本科目,贷记“非流动资产基金——在建工程”科目;同时,按照固定资产对应的非流动资产基金,借记“非流动资产基金——固定资产”科目,按照固定资产已计提折旧,借记“累计折旧”科目,按照固定资产的账面余额,贷记“固定资产”科目。

2. 根据工程价款结算账单与施工企业结算工程价款时,借记本科目,贷记“非流动资产基金——在建工程”科目;同时,按照实际支付的工程价款,借记“事业支出”等科目,贷记“银行存款”等科目。

3. 彩票机构为建筑工程借入的专门借款的利息,属于建设期间发生的,计入在建工程成本,借记本科目,贷记“非流动资产基金——在建工程”科目;同时,借记“其他支出”科目,贷记“银行存款”科目。

4. 工程完工交付使用时,按照建筑工程所发生的实际成本,借记“固定资产”科目,贷记“非流动资产基金——固定资产”科目;同时,借记“非流动资产基金——在建工程”科目,贷记本科目。

(二)设备安装

1. 购入需要安装的设备时,按照确定的成本,借记本科目,贷记“非流动资产基金——在建工程”科目;同时,按照实际支付金额,借记“事业支出”、“经营支出”等科目,贷记“银行存款”等科目。

融资租入需要安装的设备,按照确定的成本,借记本科目,按照租赁协议或者合同确定的租赁价款,贷记“长期应付款”科目,按照其差额,贷记“非流动资产基金——在建工程”科目;同时,按照实际支付的相关税费、运输费、途中保险费等,借记“事业支出”、“经营支出”等科目,贷记“银行存款”等科目。

2. 发生安装费用时,按照确定的成本,借记本科目,贷记“非流动资产基金——在建工程”科目;同时,借记“事业支出”、“经营支出”等科目,贷记“银行存款”等科目。

3. 设备安装完工交付使用时,借记“固定资产”科目,贷记“非流动资产基金——固定资产”科目;同时,借记“非流动资产基金——在建工程”科目,贷记本科目。

五、本科目期末借方余额,反映彩票机构尚未完工的在建工程发生的实际成本。

1601 无形资产

一、本科目核算彩票机构无形资产的原价。无形资产是指彩票机构持有的,没有实物形态的可辨认非货币性资产,包括专利权、商标权、著作权、土地使用权、非专利技术等。彩票机构购入的不构成相关硬件不可缺少组成部分的应用软件,应当作为无形资产核算。

二、本科目应当按照无形资产的类别、项目等进行明细核算。

三、无形资产的主要账务处理如下:

(一)无形资产在取得时,应当按照其实际成本入账。

1. 外购的无形资产,其成本包括购买价款、相关税费以及可归属于该项资产达到预定用途所发生的其他支出。

购入无形资产时,按照确定的无形资产成本,借记本科目,贷记“非流动资产基金——无形资产”科目;同时,按照实际支付金额,借记“事业支出”等科目,贷记“银行存款”等科目。

2. 委托软件公司开发软件视同外购无形资产进行处理。支付软件开发费时,按照实际支付金额,借记“事业支出”等科目,贷记“银行存款”等科目。

软件开发完成交付使用时,按照软件开发费总额,借记本科目,贷记“非流动资产基金——无形资产”科目。

3. 自行开发并按法律程序申请取得的无形资产,按照依法取得时发生的注册费、聘请律师费等费用,借记本科目,贷记“非流动资产基金——无形资产”科目;同时,借记“事业支出”等科目,贷记“银行存款”等科目。

依法取得前所发生的研究开发支出,应于发生时直接计入当期支出,借记“事业支出”等科目,贷记“银行存款”等科目。

4. 接受捐赠、无偿调入的无形资产,其成本按照有关凭据注明的金额加上相关税费等确定;没有相关凭据的,其成本比照同类或类似无形资产的市场价格加上相关税费等确定;没有相关凭据、同类或类似无形资产的市场价格也无法可靠取得的,该资产以名义金额入账。

接受捐赠、无偿调入的无形资产，按照确定的无形资产成本，借记本科目，贷记“非流动资产基金——无形资产”科目；同时，按照发生的相关税费等，借记“其他支出”科目，贷记“银行存款”等科目。

（二）按月计提无形资产摊销时，按照应计提摊销金额，借记“非流动资产基金——无形资产”科目，贷记“累计摊销”科目。

（三）与无形资产有关的后续支出，应当分别以下情况处理：

1. 为增加无形资产的使用效能而发生的后续支出，如对软件进行升级改造或扩展其功能等所发生的支出，应当计入无形资产的成本，借记本科目，贷记“非流动资产基金——无形资产”科目；同时，借记“事业支出”等科目，贷记“银行存款”等科目。

2. 为维护无形资产的正常使用而发生的后续支出，如对软件进行漏洞修补、技术维护等所发生的支出，应当计入当期支出但不计入无形资产成本，借记“事业支出”等科目，贷记“银行存款”等科目。

（四）报经批准转让、无偿调出、对外捐赠无形资产或以无形资产对外投资，应当分别以下情况处理：

1. 转让、无偿调出、对外捐赠无形资产时，按照待处置无形资产的账面价值，借记“待处置资产损溢”科目，按照无形资产已计提摊销，借记“累计摊销”科目，按照无形资产的账面余额，贷记本科目。

实际转让、调出、捐出时，按照处置无形资产对应的非流动资产基金，借记“非流动资产基金——无形资产”科目，贷记“待处置资产损溢”科目。

转让无形资产过程中取得价款、发生相关税费，以及出售价款扣除相关税费后的净收入的账务处理，参见“待处置资产损溢”科目。

2. 以已入账无形资产对外投资，按照评估价值加上相关税费作为投资成本，借记“长期投资”科目，贷记“非流动资产基金——长期投资”科目，按发生的相关税费，借记“其他支出”科目，贷记“银行存款”、“应缴税费”等科目；同时，按照投出无形资产对应的非流动资产基金，借记“非流动资产基金——无形资产”科目，按照无形资产已计提摊销，借记“累计摊销”科目，按照无形资产的账面余额，贷记本科目。

（五）无形资产预期不能为彩票机构带来财务潜力或经济利益的，应当按规定报经批准后将该无形资产的账面价值予以核销。

转入待处置资产时，按照待核销无形资产的账面价值，借记“待处置资产损溢”科目，按照无形资产已计提摊销，借记“累计摊销”科目，按照无形资产的账面余额，贷记本科目。

报经批准予以核销时，按照核销无形资产对应的非流动资产基金，借记“非流动资产基金——无形资产”科目，贷记“待处置资产损溢”科目。

四、本科目期末借方余额，反映彩票机构无形资产的原价。

1602 累计摊销

一、本科目核算彩票机构无形资产计提的累计摊销。

二、本科目应当按照对应无形资产的类别、项目等进行明细核算。

三、彩票机构应当对无形资产进行摊销，以名义金额计量的无形资产除外。摊销是指在无形资产使用寿命内，按照确定的方法对应摊销金额进行系统分摊。有关说明如下：

（一）彩票机构应当按照如下原则确定无形资产的摊销年限：法律规定了有效年限的，按照法律规定的有效年限作为摊销年限；法律没有规定有效年限的，按照相关合同或单位申请书中的受益年限作为摊销年限；法律没有规定有效年限、相关合同或单位申请书也没有规定受益年限的，按照不少于10年的期限摊销。

对于取得的单位价值小于1000元的无形资产，可以于取得的当月，将其成本一次性全部转销。

（二）彩票机构应当采用年限平均法对无形资产进行摊销。

（三）彩票机构无形资产的应摊销金额为其成本。

（四）彩票机构应当自无形资产取得当月起，按月计提无形资产摊销。

（五）因发生后续支出而增加无形资产成本的，应当按照重新确定的无形资产成本，重新计算摊销额。

四、累计摊销的主要账务处理如下：

（一）按月计提无形资产摊销时，按照应计提摊销金额，借记“非流动资产基金——无形资产”科目，贷记本科目。

（二）无形资产处置时，按照所处置无形资产的账面价值，借记“待处置资产损溢”科目，按照无形资产已计提摊销，借记本科目，按照无形资产的账面余额，贷记“无形资产”科目。

五、本科目期末贷方余额，反映彩票机构计提的无形资产摊销累计数。

1701 待处置资产损溢

一、本科目核算彩票机构待处置资产的价值及处置损溢。彩票机构资产处置包括资产的出售、出让、转让、对外捐赠、无偿调出、盘亏、报废、毁损以及货币性资产损失核销等。

二、本科目应当按照待处置资产项目进行明细核算；对于在处置过程中取得相关收入、发生相关费用的处置项目，还应设置“处置资产价值”、“处置净收入”明细科目，进行明细核算。

三、彩票机构处置资产一般应当先记入本科目，按规定报经批准后及时进行账务处理。年度终了结账前一般应处置完毕。

四、待处置资产损溢的主要账务处理如下：

（一）按规定报经批准予以核销的应收及预付款项、长期投资、无形资产。

1. 转入待处置资产时，借记本科目[核销无形资产的，还应借记“累计摊销”科目]，贷记“应收账款”、“预付账款”、“其他应收款”、“长期投资”、“无形资产”等科目。

2. 报经批准予以核销时，借记“其他支出”科目[应收及预付款项核销]或“非流动资产基金——长期投资、无形资产”科目[长期投资、无形资产核销]，贷记本科目。

（二）盘亏或者毁损、报废的库存材料、库存彩票、固定资产。

1. 转入待处置资产时，借记本科目（处置资产价值）[处置固定资产的，还应借记“累计折旧”科目]，贷记“库存材料”、“库存彩票”、“固定资产”等科目。

2. 报经批准予以处置时，借记“其他支出”科目[处置库存材料]、“库存彩票基金”科目[处置库存彩票]或“非流动资产基金——固定资产”科目[处置固定资产]，贷记本科目（处置资产价值）。

3. 处置毁损、报废库存材料、库存彩票、固定资产过程中收到残值变价收入、保险理赔和过失人赔偿等，借记“库存现金”、“银行存款”等科目，贷记本科目（处置净收入）。

4. 处置毁损、报废库存材料、库存彩票、固定资产过程中发生相关费用，借记本科目（处置净收入），贷记“库存现金”、“银行存款”等科目。

5. 处置完毕，按照处置收入扣除相关处置费用后的净收入，借记本科目（处置净收入），贷记“应缴国库款”等科目；如果处置收入小于相关处置费用的，按照相关处置费用超出处置收入的净损失，借记“其他支出”科目，贷记本科目（处置净收入）。

（三）对外捐赠、无偿调出库存材料、固定资产、无形资产

1. 转入待处置资产时，借记本科目[捐赠、调出固定资产、无形资产的，还应借记“累计折旧”、“累计摊销”科目]，贷记“库存材料”、“固定资产”、“无形资产”等科目。

2. 实际捐出、调出时，借记“其他支出”科目[捐出、调出库存材料]或“非流动资产基金——固定资产、无形资产”科目[捐出、调出固定资产、无形资产]，贷记本科目。

（四）转让（出售）长期股权投资、固定资产、无形资产

1. 转入待处置资产时，借记本科目（处置资产价值）[转让固定资产、无形资产的，还应借记“累计折旧”、“累计摊销”科目]，贷记“长期投资”、“固定资产”、“无形资产”等科目。

2. 实际转让时，借记“非流动资产基金——长期投资、固定资产、无形资产”科目，贷记本科目（处置资产价值）。

3. 转让过程中取得价款、发生相关税费，以及转让价款扣除相关税费后的净收入的账务处理，按照国家有关规定，比照本科目“四（二）”有关毁损、报废库存材料、固定资产进行处理。

五、本科目期末如为借方余额，反映尚未处置完毕的各种资产价值及净损失；期末如为贷方余额，反映尚未处置完毕的各种资产净溢余。年度终了报经批准处置后，本科目一般应无余额。

二、负债类

2001 短期借款

一、本科目核算彩票机构借入的期限在1年内（含1年）的各种借款。

二、本科目应当按照贷款单位和贷款种类进行明细核算。

三、短期借款的主要账务处理如下：

（一）借入各种短期借款时，按照实际借入的金额，借记“银行存款”科目，贷记本科目。

(二)银行承兑汇票到期,本单位无力支付票款的,按照银行承兑汇票的票面金额,借记“应付票据”科目,贷记本科目。

(三)支付短期借款利息时,借记“其他支出”科目,贷记“银行存款”科目。

(四)归还短期借款本金时,借记本科目,贷记“银行存款”科目。

四、本科目期末贷方余额,反映彩票机构尚未偿还的短期借款本金。

2101 应缴税费

一、本科目核算彩票机构按照税法等规定计算应缴纳的各种税费,包括营业税、增值税、城市维护建设税、教育费附加、车船税、房产税、城镇土地使用税、企业所得税等。

彩票机构代扣代缴的个人所得税,也通过本科目核算。彩票机构应缴纳的印花税不需要预提应缴税费,直接通过支出等有关科目核算,不在本科目核算。

二、本科目应当按照应缴纳的税费种类进行明细核算。属于增值税一般纳税人的彩票机构,其应缴增值税明细账中应设置“进项税额”、“已交税金”、“销项税额”、“进项税额转出”等专栏。

三、应缴税费的主要账务处理如下:

(一)发生营业税、城市维护建设税、教育费附加纳税义务的,按照税法规定计算的应缴税费金额,借记“待处置资产损溢——处置净收入”科目[出售不动产应缴的税费]或有关支出科目,贷记本科目。实际缴纳时,借记本科目,贷记“银行存款”科目。

(二)属于增值税一般纳税人的彩票机构购入非自用材料的,按照确定的成本(不含增值税进项税额),借记“库存材料”科目,按增值税专用发票上注明的增值税额,借记本科目(应缴增值税——进项税额),按照实际支付或应付的金额,贷记“银行存款”、“应付账款”等科目。

属于增值税一般纳税人的彩票机构所购进的非自用材料发生盘亏、毁损、报废、对外捐赠、无偿调出等税法规定不得从增值税销项税额中抵扣进项税额的,将所购进的非自用材料转入待处置资产时,按照材料的账面余额与相关增值税进项税额转出金额的合计金额,借记“待处置资产损溢”科目,按照材料的账面余额,贷记“库存材料”科目,按照转出的增值税进项税额,贷记本科目(应缴增值税——进项税额转出)。

属于增值税一般纳税人的彩票机构销售应税产品或提供应税服务时,按照包含增值税的价款总额,借记“银行存款”、“应收账款”、“应收票据”等科目,按照扣除增值税销项税额后的价款金额,贷记“经营收入”等科目,按照增值税专用发票上注明的增值税金额,贷记本科目(应缴增值税——销项税额)。

属于增值税一般纳税人的彩票机构实际缴纳增值税时,借记本科目(应缴增值税——已交税金),贷记“银行存款”科目。

属于增值税小规模纳税人的彩票机构销售应税产品或提供应税服务时,按照实际收到或应收的价款,借记“银行存款”、“应收账款”、“应收票据”等科目,按照实际收到或应收价款扣除增值税额后的金额,贷记“经营收入”等科目,按照应缴增值税金额,贷记本科目(应缴增值税)。实际缴纳增值税时,借记本科目(应缴增值税),贷记“银行存款”科目。

(三)发生车船税、房产税、城镇土地使用税纳税义务的,按照税法规定计算的应缴税金数额,借记有关科目,贷记本科目。实际缴纳时,借记本科目,贷记“银行存款”科目。

(四)代扣代缴个人所得税的,按照税法规定计算应代扣代缴的个人所得税金额,借记“应付职工薪酬”科目,贷记本科目。实际缴纳时,借记本科目,贷记“银行存款”科目。

(五)发生企业所得税纳税义务的,按照税法规定计算的应缴税金数额,借记“非财政专户核拨资金结余分配”科目,贷记本科目。实际缴纳时,借记本科目,贷记“银行存款”科目。

(六)发生其他纳税义务的,按照应缴纳的税费金额,借记有关科目,贷记本科目。实际缴纳时,借记本科目,贷记“银行存款”等科目。

四、本科目期末贷方余额,反映彩票机构应缴未缴的税费金额;本科目期末借方余额,反映彩票机构多缴纳的税费金额。

2102 应缴国库款

一、本科目核算彩票机构按照规定应缴入国库的款项(应缴税费除外),主要包括应缴彩票公益金和应缴国有资产处置净收入。

二、本科目应当按照应缴国库的款项类别进行明细核算。

三、应缴国库款的主要账务处理如下：

（一）应缴彩票公益金

1. 月末，彩票机构分配彩票销售资金时，按照彩票资金分配比例计算确定的应缴国库的彩票公益金金额，借记"彩票销售结算"科目，贷记本科目（应缴彩票公益金）。

2. 按照有关规定，将彩票逾期未兑奖的奖金纳入彩票公益金时，借记"应付返奖奖金"科目，贷记本科目（应缴彩票公益金）。

（二）应缴国有资产处置净收入处置国有资产取得应上缴的处置净收入时，借记"待处置资产损溢"科目，贷记本科目（应缴国有资产处置净收入）。

（三）上缴款项时，借记本科目，贷记"银行存款"等科目。

四、本科目期末贷方余额，反映彩票机构应缴入国库但尚未缴纳的款项。

2103 应缴财政专户款

一、本科目核算彩票机构按照规定应缴入财政专户的款项。

二、本科目应当按照应缴财政专户的款项类别进行明细核算。

三、应缴财政专户款的主要账务处理如下：

（一）月末，彩票机构分配彩票销售资金时，按照彩票资金分配比例计算确定的应缴财政专户的款项金额，借记"彩票销售结算"科目，贷记本科目。

（二）上缴款项时，借记本科目，贷记"银行存款"等科目。

四、本科目期末贷方余额，反映彩票机构应缴入财政专户但尚未缴纳的款项。

2201 应付职工薪酬

一、本科目核算彩票机构按照有关规定应付给职工及为职工支付的各种薪酬。包括基本工资、绩效工资、国家统一规定的津贴补贴、社会保险费、住房公积金等。

二、本科目应当根据国家有关规定按照"工资（离退休费）"、"地方（部门）津贴补贴"、"其他个人收入"以及"社会保险费"、"住房公积金"等进行明细核算。

三、应付职工薪酬的主要账务处理如下：

（一）计算当期应付职工薪酬时，借记"事业支出"、"经营支出"等科目，贷记本科目。

（二）向职工支付工资、津贴补贴等薪酬时，借记本科目，贷记"银行存款"等科目。

（三）按照税法规定代扣代缴个人所得税时，借记本科目，贷记"应缴税费——应缴个人所得税"科目。

（四）按照国家有关规定缴纳职工社会保险费和住房公积金时，借记本科目，贷记"银行存款"等科目。

（五）从应付职工薪酬中支付其他款项，借记本科目，贷记"银行存款"等科目。

四、本科目期末贷方余额，反映彩票机构应付未付的职工薪酬。

2301 应付票据

一、本科目核算彩票机构因购买服务或商品等开出、承兑的商业汇票，包括银行承兑汇票和商业承兑汇票。

二、本科目应当按照债权单位进行明细核算。

三、应付票据的主要账务处理如下：

（一）开出、承兑商业汇票时，借记"库存材料"等科目，贷记本科目。以承兑商业汇票抵付应付账款时，借记"应付账款"科目，贷记本科目。

（二）支付银行承兑汇票的手续费时，借记"事业支出"、"经营支出"等科目，贷记"银行存款"等科目。

（三）商业汇票到期时，应当分别以下情况处理：

1. 收到银行支付到期票据的付款通知，实际支付时，借记本科目，贷记"银行存款"科目。

2. 银行承兑汇票到期，本单位无力支付票款的，按照银行承兑汇票的票面金额，借记本科目，贷记"短期借款"科目。

3. 商业承兑汇票到期，本单位无力支付票款的，按照银行承兑汇票的票面金额，借记本科目，贷记"应付账款"科目。

四、彩票机构应当设置"应付票据备查簿"，详细登记每一应付票据的种类、号数、出票日期、到期日、票面金额、交易合同号、收款人姓名或单位名称，以及付款日期和金额等资料。应付票据到期结清票款后，应当在备查簿内逐笔注销。

五、本科目期末贷方余额，反映彩票机构开出、承兑的尚未到期的商业汇票票面金额。

2302 应付账款

一、本科目核算彩票机构因购买服务或商品、彩票机构之间因联网游戏奖金结算等产生的应付款项。

二、本科目应当按照债权单位（或个人）进行明细核算。

三、应付账款的主要账务处理如下：

（一）购入材料、物资等已验收入库但货款尚未支付的，按照应付未付金额，借记“库存材料”等科目，贷记本科目。

（二）彩票机构之间因联网游戏奖金结算产生的应付款项，按照实际发生的金额，借记“应付返奖奖金”科目，贷记本科目。

（三）偿还应付账款时，按照实际支付的金额，借记本科目，贷记“银行存款”等科目。

（四）开出、承兑商业汇票抵付应付账款，借记本科目，贷记“应付票据”科目。

（五）无法偿付或债权人豁免偿还的应付账款，借记本科目，贷记“其他收入”科目。

四、本科目期末贷方余额，反映彩票机构尚未支付的应付账款。

2303 预收账款

一、本科目核算彩票机构预收彩票销售款、按合同规定预收的款项等。

二、本科目应当按照债权单位（或个人）进行明细核算。

三、预收账款的主要账务处理如下：

（一）预收彩票销售款

1. 收到彩票代销者预存的销售款时，按照实际收到的金额，借记“银行存款”等科目，贷记本科目。

2. 实现彩票销售时，按照彩票销售结算金额，借记本科目，贷记“彩票销售结算”科目。

3. 实行内扣方式结算应付代销费的，结算彩票代销者代销费时，按照从彩票代销者缴交的彩票销售资金中直接抵扣的资金金额，借记“应付代销费”科目，贷记本科目。

（二）其他预收账款

1. 从付款方预收款项时，按照实际收到的金额，借记“银行存款”等科目，贷记本科目。

2. 确认有关收入时，按照从付款方预收的金额，借记本科目，按照应确认的收入金额，贷记“经营收入”等科目，按照付款方补付或退回付款方的金额，借记或贷记“银行存款”等科目。

（三）无法偿付或债权人豁免偿还的预收账款，借记本科目，贷记“其他收入”科目。

四、本科目期末贷方余额，反映彩票机构核算的彩票代销者预存销售款结余和按合同规定预收但尚未实际结算的款项。

2305 其他应付款

一、本科目核算彩票机构除应缴税费、应缴国库款、应缴财政专户款、应付职工薪酬、应付票据、应付账款、预收账款之外的其他各项偿还期限在 1 年内（含 1 年）的应付及暂收款项，如存入保证金、彩票投注设备押金等。

二、本科目应当按照其他应付款的类别以及债权单位（或个人）进行明细核算。

三、其他应付款的主要账务处理如下：

（一）发生其他各项应付及暂收款项时，借记“银行存款”等科目，贷记本科目。

（二）支付其他应付款项时，借记本科目，贷记“银行存款”等科目。

（三）无法偿付或债权人豁免偿还的其他应付款项，借记本科目，贷记“其他收入”科目。

四、本科目期末贷方余额，反映彩票机构尚未支付的其他应付款。

2401 应付返奖奖金

一、本科目核算彩票机构按照彩票游戏规则确定的比例从彩票销售额中提取，用于支付给中奖者的资金，包括当期返奖奖金、奖池和调节基金。

二、本科目应当按照彩票品种及游戏、一般调节基金设置明细科目。其中，彩票品种及游戏相关明细科目下应当按照当期返奖奖金、奖池、调节基金进行明细核算。

当期返奖奖金是指按照彩票游戏规则规定的比例在当期彩票奖金中提取并用于支付给中奖者的资金。奖池是指彩票游戏提取奖金与实际中出奖金的累积资金差额。调节基金是指按照彩票销售额的一定比例提取的资金、逾期未退票的票款和浮动奖取整后的余额。调节基金应当专项用于支付各种不可预见的奖金风险支出或开展派奖。

停止销售的彩票游戏兑奖期结束后，奖池资金和调节基金有结余的，转为一般调节基金，用于不可预见情况下的奖金风险支出或开展派奖。

三、应付返奖奖金的主要账务处理如下：

（一）当期返奖奖金

1. 提取当期返奖奖金时，按照彩票资金分配比例计算确定的当期返奖奖金金额，借记“彩票销售结算”科目，贷记本科目。

2. 销售机构、代销者兑奖时，按照实际兑付金额，借记本科目，贷记“银行存款”、“应缴税费”、“预收账款”等科目。

3. 逾期未兑付的弃奖奖金转入彩票公益金时，按照实际转出的金额，借记本科目，贷记“应缴国库款”科目。

4. 彩票机构之间因联网游戏奖金结算产生的应收款项，按照实际发生的金额，借记“应收账款”科目，贷记本科目；产生的应付款项，借记本科目，贷记“应付账款”科目。

（二）奖池

1. 彩票游戏设置奖池的，兑付当期返奖奖金后，按照提取的当期返奖奖金与当期实际中出奖金的差额，借记或贷记本科目（××品种——当期返奖奖金），贷记或借记本科目（××品种——奖池）。

2. 使用奖池资金兑付中奖者奖金时，按照实际兑付金额，借记本科目，贷记“银行存款”等科目。

（三）调节基金

1. 彩票游戏设置调节基金的，在提取调节基金时，按照彩票资金分配比例计算确定的调节基金金额，借记“彩票销售结算”科目，贷记本科目。

2. 彩票游戏设置奖池的，奖池资金达到一定额度后，按照彩票游戏规则中规定将超过部分转入该彩票游戏的调节基金时，按照实际转出的金额，借记本科目（××品种——奖池），贷记本科目（××品种——调节基金）。

3. 使用调节基金支付各种不可预见的奖金风险支出和开展派奖时，按照实际支出的金额，借记本科目，贷记“银行存款”等科目。

4. 使用调节基金弥补奖池资金时，按照实际弥补奖池资金的金额，借记本科目（××品种——调节基金），贷记本科目（××品种——奖池）。

（四）停止销售的彩票游戏兑奖期结束后，奖池资金和调节基金有结余的，转入一般调节基金时，按照实际转出的金额，借记本科目（××品种——奖池、调节基金），贷记本科目（一般调节基金）。

四、本科目期末贷方余额，反映彩票机构尚未支付的奖金和调节基金。

2402 应付代销费

一、本科目核算彩票机构按照彩票代销合同的约定比例从彩票销售额中提取，用于支付给彩票代销者的资金。

二、本科目应当按照彩票代销者和彩票结算方式进行明细核算。

三、应付代销费的主要账务处理如下：

（一）提取应付代销费时，按合同约定比例计算确定的金额，借记“彩票销售结算”科目，贷记本科目。

（二）实行内扣方式结算应付代销费的，结算彩票代销者代销费时，按照从彩票代销者缴交的彩票销售资金中直接抵扣的资金金额，借记本科目，贷记“预收账款”等科目。

（三）不实行内扣方式结算应付代销费的，支付彩票代销者代销费时，按照实际支付的代销费金额，借记本科目，贷记“银行存款”等科目。

四、本科目期末贷方余额，反映彩票机构尚未支付给彩票代销者的代销费。

2403 彩票销售结算

一、本科目核算彩票机构彩票销售资金的归集和分配情况。

二、本科目应当按照彩票品种及游戏、彩票发行销售方式进行明细核算。

三、彩票销售结算的主要账务处理如下：

（一）彩票机构实现彩票销售时，借记"预收账款"等科目，贷记本科目。

（二）月末彩票机构分配彩票销售资金时，借记本科目，贷记"应缴国库款"、"应缴财政专户款"、"应付返奖奖金"、"应付代销费"、"应付账款"等科目。

四、本科目期末一般无余额。

2501 长期借款

一、本科目核算彩票机构借入的期限超过1年（不含1年）的各种借款。

二、本科目应当按照贷款单位和贷款种类进行明细核算。对于基建项目借款，还应按具体项目进行明细核算。

三、长期借款的主要账务处理如下：

（一）借入各项长期借款时，按照实际借入的金额，借记"银行存款"科目，贷记本科目。

（二）为购建固定资产支付的专门借款利息，分别以下情况处理：

1. 属于工程项目建设期间支付的，计入工程成本，按照支付的利息金额，借记"在建工程"科目，贷记"非流动资产基金——在建工程"科目；同时，借记"其他支出"科目，贷记"银行存款"科目。

2. 属于工程项目完工交付使用后支付的，计入当期支出但不计入工程成本，按照支付的利息金额，借记"其他支出"科目，贷记"银行存款"科目。

（三）其他长期借款利息，按照支付的利息金额，借记"其他支出"科目，贷记"银行存款"科目。

（四）归还长期借款本金时，借记本科目，贷记"银行存款"科目。

四、本科目期末贷方余额，反映彩票机构尚未偿还的长期借款本金。

2502 长期应付款

一、本科目核算彩票机构发生的偿还期限超过1年（不含1年）的应付款项，如以融资租赁租入固定资产的租赁费、跨年度分期付款购入固定资产的价款等。

二、本科目应当按照长期应付款的类别以及债权单位（或个人）进行明细核算。

三、长期应付款的主要账务处理如下：

（一）发生长期应付款时，借记"固定资产"、"在建工程"等科目，贷记本科目、"非流动资产基金"等科目。

（二）支付长期应付款时，借记"事业支出"、"经营支出"等科目，贷记"银行存款"等科目；同时，借记本科目，贷记"非流动资产基金"科目。

（三）无法偿付或债权人豁免偿还的长期应付款，借记本科目，贷记"其他收入"科目。

四、本科目期末贷方余额，反映彩票机构尚未支付的长期应付款。

三、净资产类

3001 事业基金

一、本科目核算彩票机构拥有的非限定用途的净资产，主要为非财政专户核拨资金结余分配后滚存的金额。

二、事业基金的主要账务处理如下：

（一）年末，应当对非财政专户核拨资金专项结转资金各项目情况进行分析，将已完成项目的留归本单位使用的剩余资金转入事业基金，按照项目剩余资金金额，借记"非财政专户核拨资金结转"科目，贷记本科目。

（二）年末，将"非财政专户核拨资金结余分配"科目余额转入事业基金，借记或贷记"非财政专户核拨资金结余分配"科目，贷记或借记本科目。

（三）以货币资金取得长期投资，按照实际支付的全部价款（包括购买价款以及税金、手续费等相关税费）作为投资成本，借记"长期投资"科目，贷记"银行存款"等科目；同时，按照投资成本金额，借记本科目，贷记"非流动资产基金——长期投资"科目。

（四）对外转让或到期收回长期债券投资本息，按照实际收到的金额，借记"银行存款"等科目，按照收回长期投资的成本，贷记"长期投资"科目，按照其差额，贷记或借记"其他收入——投资收益"科目；同时，按照收回长期投资对应的非流动资产基金，借记"非流动资产基金——长期投资"科目，贷记本科目。

三、彩票机构发生需要调整以前年度非财政专户核拨资金结余的事项，通过本科目核算。国家另有规定的，从其规定。

四、本科目期末贷方余额，反映彩票机构历年积存的非限定用途净资产的金额。

3005 库存彩票基金

一、本科目核算彩票发行机构购进的已验收入库的彩票占用的金额。

二、本科目应当按照彩票品种及游戏进行明细核算。

三、库存彩票基金的主要账务处理如下：

（一）购入的彩票验收入库时，按确定的成本，借记“库存彩票”科目，贷记本科目。

（二）发出库存彩票时，按照加权平均法或个别计价法确定发出彩票的实际成本，借记本科目，贷记“库存彩票”科目。

（三）发生彩票退回时，借记“库存彩票”科目，贷记本科目。

三、本科目期末贷方余额，反映彩票机构期末库存彩票占用的金额。

3101 非流动资产基金

一、本科目核算彩票机构长期投资、固定资产、在建工程、无形资产等非流动资产占用的金额。

二、本科目应当设置“长期投资”、“固定资产”、“在建工程”、“无形资产”等明细科目，进行明细核算。

三、非流动资产基金的主要账务处理如下：

（一）非流动资产基金应当在取得长期投资、固定资产、在建工程、无形资产等非流动资产或发生相关支出时予以确认。

取得相关资产或发生相关支出时，借记“长期投资”、“固定资产”、“在建工程”、“无形资产”等科目，贷记本科目等有关科目；同时或待以后发生相关支出时，借记“事业支出”等有关科目，贷记“银行存款”等科目。

（二）计提固定资产折旧、无形资产摊销时，应当冲减非流动资产基金。

计提固定资产折旧、无形资产摊销时，按照计提的折旧、摊销金额，借记本科目（固定资产、无形资产），贷记“累计折旧”、“累计摊销”科目。

（三）处置长期投资、固定资产、无形资产，以及以固定资产、无形资产对外投资时，应当冲销该资产对应的非流动资产基金。

1. 以固定资产、无形资产对外投资，按照评估价值加上相关税费作为投资成本，借记“长期投资”科目，贷记本科目（长期投资），按照发生的相关税费，借记“其他支出”科目，贷记“银行存款”等科目；同时，按照投出固定资产、无形资产对应的非流动资产基金，借记本科目（固定资产、无形资产），按照投出资产已计提折旧、摊销，借记“累计折旧”、“累计摊销”科目，按照投出资产的账面余额，贷记“固定资产”、“无形资产”科目。

2. 转让（出售）长期投资、固定资产、无形资产，转入待处置资产时，借记“待处置资产损溢”、“累计折旧”[处置固定资产]或“累计摊销”[处置无形资产]科目，贷记“长期投资”、“固定资产”、“无形资产”等科目。

实际转让时，借记本科目（有关资产明细科目），贷记“待处置资产损溢”科目。

四、本科目期末贷方余额，反映彩票机构非流动资产占用的金额。

3201 专用基金

一、本科目核算彩票机构按规定提取或者设置的具有专门用途的净资产，主要包括职工福利基金、彩票兑奖周转金、彩票发行销售风险基金、其他专用基金等。

二、本科目应当按照专用基金的类别进行明细核算。

三、专用基金的主要账务处理如下：

（一）提取职工福利基金

按照有关规定计提职工福利费的，按照计提金额，借记有关支出科目，贷记本科目（职工福利基金）。

年末，按规定从本年度非财政专户核拨资金结余中提取职工福利基金的，按照提取金额，借记“非财政专户核拨资金结余分配”科目，贷记本科目（职工福利基金）。

（二）取得彩票兑奖周转金

取得拨付的彩票兑奖周转金时，按照实际取得的金额，借记“银行存款”等科目，贷记“事业收入”科目；同时，借记“事业支出”科目，贷记本科目。

（三）取得彩票发行销售风险基金

取得拨付的彩票发行销售风险基金时，按照实际取得的金额，借记“银行存款”等科目，贷记“事业收入”

科目；同时，借记“事业支出”科目，贷记本科目。

（四）提取、设置其他专用基金根据规定提取的其他专用基金，按照实际提取的金额，借记有关支出科目或“非财政专户核拨资金结余分配”等科目，贷记本科目。根据规定设置的其他专用基金，按照实际收到的金额，借记“银行存款”等科目，贷记本科目。

（五）使用专用基金按规定使用专用基金时，借记本科目，贷记“银行存款”等科目；

使用专用基金形成固定资产的，还应借记“固定资产”科目，贷记“非流动资产基金——固定资产”科目。

四、本科目期末贷方余额，反映彩票机构专用基金余额。

3301 财政专户核拨资金结转

一、本科目核算彩票机构滚存的财政专户核拨资金结转资金，包括基本支出结转和项目支出结转。

二、本科目应当设置“基本支出结转”、“项目支出结转”两个明细科目，并在“基本支出结转”明细科目下按照“人员经费”、“日常公用经费”进行明细核算，在“项目支出结转”明细科目下按照具体项目进行明细核算；本科目还应按照《政府收支分类科目》中“支出功能分类科目”的相关科目及《彩票机构财务管理办法》规定的相关支出科目进行明细核算。

三、财政专户核拨资金结转的主要账务处理如下：

（一）期末，将事业收入本期发生额结转至本科目，借记“事业收入——基本支出、项目支出”科目，贷记本科目（基本支出结转、项目支出结转）；将事业支出（财政专户核拨资金支出）本期发生额结转至本科目，借记本科目（基本支出结转、项目支出结转），贷记“事业支出——财政专户核拨资金支出（基本支出、项目支出）”或“事业支出——基本支出（财政专户核拨资金支出）、项目支出（财政专户核拨资金支出）”科目。

（二）年末，完成上述（一）结转后，应当对各明细项目执行情况进行分析，按照有关规定将符合财政专户核拨资金结余性质的项目余额转入财政专户核拨资金结余，借记或贷记本科目（项目支出结转——××项目），贷记或借记“财政专户核拨资金结余”科目。

（三）按规定上缴财政专户核拨资金结转资金或注销财政专户核拨资金结转额度的，按照实际上缴金额或注销的额度数额，借记本科目，贷记“银行存款”等科目。取得主管部门归集调入财政专户核拨资金结转资金或额度的，做相反会计分录。

四、彩票机构发生需要调整以前年度财政专户核拨资金结转的事项，通过本科目核算。

五、本科目期末贷方余额，反映彩票机构财政专户核拨资金结转资金金额。

3302 财政专户核拨资金结余

一、本科目核算彩票机构滚存的财政专户核拨资金项目支出结余资金。

二、本科目应当按照《政府收支分类科目》中“支出功能分类科目”的相关科目及《彩票机构财务管理办法》规定的相关支出科目进行明细核算。

三、财政专户核拨资金结余的主要账务处理如下：

（一）年末，对各明细项目执行情况进行分析，按照有关规定将符合财政专户核拨资金结余性质的项目余额结转至“财政专户核拨资金结余”科目，借记或贷记“财政专户核拨资金结转——项目支出结转（××项目）”科目，贷记或借记本科目。

（二）按规定上缴财政专户核拨资金结余资金或注销财政专户核拨资金结余额度的，按照实际上缴金额或注销的额度数额，借记本科目，贷记“银行存款”等科目。取得主管部门归集调入财政专户核拨资金结余资金或额度的，做相反会计分录。

四、彩票机构发生需要调整以前年度财政专户核拨资金结余的事项，通过本科目核算。

五、本科目期末贷方余额，反映彩票机构财政专户核拨资金结余资金金额。

3401 非财政专户核拨资金结转

一、本科目核算彩票机构除事业收支以外的各专项资金收入与其相关支出相抵后剩余滚存的、须按规定用途使用的结转资金。

二、本科目应当按照非财政专项资金的具体项目进行明细核算。

三、非财政专户核拨资金结转的主要账务处理如下：

（一）期末，将上级补助收入、附属单位上缴收入、其他收入本期发生额中的专项资金收入结转至本科目，借记“上级补助收入”、“附属单位上缴收入”、“其他收入”科目下各专项资金收入明细科目，贷记本科目；

将事业支出、对附属单位补助支出、其他支出本期发生额中的专项资金支出结转至本科目，借记本科目，贷记“事业支出——非财政专户核拨专项支出”或“事业支出——项目支出(非财政专户核拨资金支出)”、“对附属单位补助支出”和“其他支出”科目下各专项资金支出明细科目。

(二)年末，完成上述(一)结转后，应当对非财政专户核拨资金专项结转资金各项目情况进行分析，将已完成项目的项目剩余资金区分以下情况处理：缴回原专项资金拨入单位的，借记本科目(××项目)，贷记“银行存款”等科目；留归本单位使用的，借记本科目(××项目)，贷记“事业基金”科目。

四、彩票机构发生需要调整以前年度非财政专户核拨资金结转的事项，通过本科目核算。

五、本科目期末贷方余额，反映彩票机构非财政专户核拨资金专项结转资金金额。

3402 待分配事业结余

一、本科目核算彩票机构一定期间除财政专户核拨资金收支(事业收支)、非财政专户核拨资金专项收支和经营收支以外的其他各项收支相抵后的余额。

二、待分配事业结余的主要账务处理如下：

(一)期末，将上级补助收入、附属单位上缴收入、其他收入本期发生额中的非专项资金收入结转至本科目，借记“上级补助收入”、“附属单位上缴收入”、“其他收入”科目下各非专项资金收入明细科目，贷记本科目；将事业支出、对附属单位补助支出、其他支出本期发生额中的其他资金支出结转至本科目，借记本科目，贷记“事业支出——其他资金支出”或“事业支出——基本支出(其他资金支出)、项目支出(其他资金支出)”、“对附属单位补助支出”科目、“其他支出”科目下各非专项资金支出明细科目。

(二)年末，完成上述(一)结转后，将本科目余额结转至“非财政专户核拨资金结余分配”科目，借记或贷记本科目，贷记或借记“非财政专户核拨资金结余分配”科目。

三、本科目期末如为贷方余额，反映彩票机构自年初至报告期末累计实现的待分配事业结余；如为借方余额，反映彩票机构自年初至报告期末累计发生的事业亏损。年末结账后，本科目应无余额。

3403 经营结余

一、本科目核算彩票机构一定期间各项经营收支相抵后余额弥补以前年度经营亏损后的余额。

二、经营结余的主要账务处理如下：

(一)期末，将经营收入本期发生额结转至本科目，借记“经营收入”科目，贷记本科目；将经营支出本期发生额结转至本科目，借记本科目，贷记“经营支出”科目。

(二)年末，完成上述(一)结转后，如本科目为贷方余额，将本科目余额结转至“非财政专户核拨资金结余分配”科目，借记本科目，贷记“非财政专户核拨资金结余分配”科目；如本科目为借方余额，为经营亏损，不予结转。

三、本科目期末如为贷方余额，反映彩票机构自年初至报告期末累计实现的经营结余弥补以前年度经营亏损后的经营结余；如为借方余额，反映彩票机构截至报告期末累计发生的经营亏损。

年末结账后，本科目一般无余额；如为借方余额，反映彩票机构累计发生的经营亏损。

3404 非财政专户核拨资金结余分配

一、本科目核算彩票机构本年度非财政专户核拨资金结余分配的情况和结果。

二、非财政专户核拨资金结余分配的主要账务处理如下：

(一)年末，将“待分配事业结余”科目的相关余额结转至本科目，借记或贷记“待分配事业结余”科目，贷记或借记本科目；将“经营结余”科目贷方余额结转至本科目，借记“经营结余”科目，贷记本科目。

(二)有企业所得税缴纳义务的彩票机构计算出应缴纳的企业所得税，借记本科目，贷记“应缴税费——应缴企业所得税”科目；

(三)按照有关规定提取职工福利基金的，按照提取的金额，借记本科目，贷记“专用基金——职工福利基金”科目。

(四)年末，按照规定完成上述(一)至(三)处理后，将本科目余额结转至“事业基金”科目，借记或贷记本科目，贷记或借记“事业基金”科目。

三、年末结账后，本科目应无余额。

四、收入类

4101 事业收入

一、本科目核算财政部门核拨给彩票机构用于开展彩票发行销售业务活动及其辅助活动的业务收入。

二、本科目应当设置“基本支出”和“项目支出”两个明细科目；两个明细科目下按照《政府收支分类科目》中“支出功能分类”的相关科目进行明细核算；同时在“基本支出”明细科目下按照“人员经费”和“日常公用经费”进行明细核算，在“项目支出”明细科目下按照具体项目进行明细核算。

三、事业收入的主要账务处理如下：

(一)收到从财政专户核拨的事业收入时，按照实际收到的核拨金额，借记“银行存款”等科目，贷记本科目。

(二)期末，将本科目本期发生额中的专项资金收入结转至“财政专户核拨资金结转”科目，借记本科目下各专项资金收入明细科目，贷记“财政专户核拨资金结转”科目；将本科目本期发生额中的非专项资金收入结转至“财政专户核拨资金结余”科目，借记本科目下各非专项资金收入明细科目，贷记“财政专户核拨资金结余”科目。

四、期末结账后，本科目应无余额。

4201 上级补助收入

一、本科目核算彩票机构从主管部门取得的非财政专户核拨资金收入。

二、本科目应当按照发放补助单位、补助项目等进行明细核算。

上级补助收入中如有专项资金收入，还应按具体项目进行明细核算。

三、上级补助收入的主要账务处理如下：

(一)收到上级补助收入时，按照实际收到的金额，借记“银行存款”等科目，贷记本科目。

(二)期末，将本科目本期发生额中的专项资金收入结转至“非财政专户核拨资金结转”科目，借记本科目下各专项资金收入明细科目，贷记“非财政专户核拨资金结转”科目；将本科目本期发生额中的非专项资金收入结转至“待分配事业结余”科目，借记本科目下各非专项资金收入明细科目，贷记“待分配事业结余”科目。

四、期末结账后，本科目应无余额。

4301 附属单位上缴收入

一、本科目核算彩票机构附属独立核算单位按照有关规定上缴的收入。

二、本科目应当按照附属单位、缴款项目等进行明细核算。附属单位上缴收入中如有专项资金收入，还应按具体项目进行明细核算。

三、附属单位上缴收入的主要账务处理如下：

(一)收到附属单位缴来款项时，按照实际收到的金额，借记“银行存款”等科目，贷记本科目。

(二)期末，将本科目本期发生额中的专项资金收入结转至“非财政专户核拨资金结转”科目，借记本科目下各专项资金收入明细科目，贷记“非财政专户核拨资金结转”科目；将本科目本期发生额中的非专项资金收入结转至“待分配事业结余”科目，借记本科目下各非专项资金收入明细科目，贷记“待分配事业结余”科目。

四、期末结账后，本科目应无余额。

4401 经营收入

一、本科目核算彩票机构在彩票发行销售业务活动及其辅助活动之外开展非独立核算经营活动取得的收入。

二、本科目应当按照经营活动类别、项目等进行明细核算。

三、经营收入的主要账务处理如下：

(一)经营收入应当在提供服务或发出库存材料，同时收讫价款或者取得索取价款的凭据时，按照实际收到或应收的金额确认收入。实现经营收入时，按照确定的收入金额，借记“银行存款”、“应收账款”、“应收票据”等科目，贷记本科目。

属于增值税小规模纳税人的彩票机构实现经营收入时，按照实际出售价款，借记“银行存款”、“应收账款”、“应收票据”等科目，按照出售价款扣除增值税额后的金额，贷记本科目，按照应缴增值税金额，贷记“应缴税费——应缴增值税”科目。

属于增值税一般纳税人的彩票机构实现经营收入时，按照包含增值税的价款总额，借记“银行存款”、“应收账款”、“应收票据”等科目，按照扣除增值税销项税额后的价款金额，贷记本科目，按照增值税专用发票上注明的增值税金额，贷记“应缴税费——应缴增值税（销项税额）”科目。

（二）期末，将本科目本期发生额转入经营结余，借记本科目，贷记“经营结余”科目。

四、期末结账后，本科目应无余额。

4501 其他收入

一、本科目核算彩票机构除事业收入、上级补助收入、附属单位上缴收入、经营收入以外的各项收入，包括投资收益、银行存款利息收入、代征税收返还手续费收入、租金收入、捐赠收入、现金盘盈收入、库存材料盘盈收入、收回已核销应收及预付款项、无法偿付的应付及预收款项等。

二、本科目应当按照其他收入的类别等进行明细核算。其他收入中如有专项资金收入（如限定用途的捐赠收入），还应按照具体项目进行明细核算。

三、其他收入的主要账务处理如下：

（一）投资收益

1. 对外投资持有期间收到利息、利润等时，按照实际收到的金额，借记“银行存款”等科目，贷记本科目（投资收益）。

2. 出售或到期收回国债本息，按照实际收到的金额，借记“银行存款”科目，按照出售或收回国债的成本，贷记“短期投资”、“长期投资”科目，按照其差额，贷记或借记本科目（投资收益）。

（二）银行存款利息收入收到银行存款利息，按照实际收到的金额，借记“银行存款”等科目，贷记本科目。

（三）代征税收返还手续费收入收到税务局返还的代征税收返还手续费时，借记“银行存款”科目，贷记本科目。

（四）捐赠收入

1. 接受捐赠现金资产，按照实际收到的金额，借记“银行存款”等科目，贷记本科目。

2. 接受捐赠的库存材料验收入库，按照确定的成本，借记“库存材料”科目，按照发生的相关税费、运输费等，贷记“银行存款”等科目，按照其差额，贷记本科目。

接受捐赠固定资产、无形资产等非流动资产，不通过本科目核算。

（五）现金盘盈收入每日现金账款核对中如发现现金溢余，属于无法查明原因的部分，借记“库存现金”科目，贷记本科目。

（六）库存材料盘盈收入盘盈的库存材料，按照确定的入账价值，借记“库存材料”科目，贷记本科目。

（七）收回已核销应收及预付款项已核销应收账款、预付账款、其他应收款在以后期间收回的，按照实际收回的金额，借记“银行存款”等科目，贷记本科目。

（八）无法偿付的应付及预收款项无法偿付或债权人豁免偿还的应付账款、预收账款、其他应付款及长期应付款，借记“应付账款”、“预收账款”、“其他应付款”、“长期应付款”等科目，贷记本科目。

（九）期末，将本科目本期发生额中的专项资金收入结转至“非财政专户核拨资金结转”科目，借记本科目下各专项资金收入明细科目，贷记“非财政专户核拨资金结转”科目；将本科目本期发生额中的非专项资金收入结转至“待分配事业结余”科目，借记本科目下各非专项资金收入明细科目，贷记“待分配事业结余”科目。

四、期末结账后，本科目应无余额。

五、支出类

5001 事业支出

一、本科目核算彩票机构开展彩票发行销售业务活动及其辅助活动发生的基本支出和项目支出。

二、本科目应当按照“基本支出”和“项目支出”，“财政专户核拨资金支出”、“非财政专户核拨专项支出”和“其他资金支出”等层级进行明细核算，并按照《政府收支分类科目》中“支出功能分类”相关科目进行明细核算；“基本支出”和“项目支出”明细科目下应当按照《政府收支分类科目》中“支出经济分类”的款级科目进行明细核算；同时在“项目支出”明细科目下按照具体项目进行明细核算。

三、事业支出的主要账务处理如下：

（一）为彩票机构职工计提的薪酬等，借记本科目，贷记“应付职工薪酬”等科目。

（二）开展彩票发行销售业务活动及其辅助活动领用的库存材料等，按照领用库存材料的实际成本，借记本科目，贷记“库存材料”等科目。

（三）开展彩票发行销售业务活动及其辅助活动发生的其他各项支出，借记本科目，贷记“库存现金”、“银行存款”等科目。

（四）期末，将本科目（财政专户核拨资金支出）本期发生额结转至“财政专户核拨资金结转”科目，借记“财政专户核拨资金结转——基本支出结转、项目支出结转”科目，贷记本科目（财政专户核拨资金支出——基本支出、项目支出）或本科目（基本支出——财政专户核拨资金支出、项目支出——财政专户核拨资金支出）；将本科目（非财政专户核拨专项支出）本期发生额结转至“非财政专户核拨资金结转”科目，借记“非财政专户核拨资金结转”科目，贷记本科目（非财政专户核拨专项支出）或本科目（项目支出——非财政专户核拨专项支出）；将本科目（其他资金支出）本期发生额结转至“待分配事业结余”科目，借记“待分配事业结余”科目，贷记本科目（其他资金支出）或本科目（基本支出——其他资金支出、项目支出——其他资金支出）。

四、期末结账后，本科目应无余额。

5201 对附属单位补助支出

一、本科目核算彩票机构用财政专户核拨资金之外的收入对附属单位补助发生的支出。

二、本科目应当按照接受补助单位、补助项目等进行明细核算。

三、对附属单位补助支出的主要账务处理如下：

（一）发生对附属单位补助支出的，按照实际支出的金额，借记本科目，贷记“银行存款”等科目。

（二）期末，将本科目本期发生额中的专项资金支出结转至“非财政专户核拨资金结转”科目，借记“非财政专户核拨资金结转”科目，贷记本科目；将本科目其他资金支出结转至“待分配事业结余”科目，借记“待分配事业结余”科目，贷记本科目。

四、期末结账后，本科目应无余额。

5301 经营支出

一、本科目核算彩票机构在彩票发行销售业务活动及其辅助活动之外开展非独立核算经营活动发生的支出。

二、彩票机构开展非独立核算经营活动的，应当正确归集开展经营活动发生的各项费用数；无法直接归集的，应当按照规定的标准或比例合理分摊。

彩票机构的经营支出与经营收入应当配比。

三、本科目应当按照经营活动类别、项目等进行明细核算。

四、经营支出的主要账务处理如下：

（一）为在彩票发行销售业务活动及其辅助活动之外开展非独立核算经营活动人员计提的薪酬等，借记本科目，贷记“应付职工薪酬”等科目。

（二）在彩票发行销售业务活动及其辅助活动之外开展非独立核算经营活动领用、发出的库存材料等，按照领用、发出库存材料的实际成本，借记本科目，贷记“库存材料”等科目。

（三）在彩票发行销售业务活动及其辅助活动之外开展非独立核算经营活动发生的其他各项支出，借记本科目，贷记“库存现金”、“银行存款”、“应缴税费”等科目。

（四）期末，将本科目本期发生额结转至“经营结余”科目，借记“经营结余”科目，贷记本科目。

四、期末结账后，本科目应无余额。

5401 其他支出

一、本科目核算彩票机构除事业支出、对附属单位补助支出、经营支出以外的各项支出，包括利息支出、代征税收返还手续费支出、捐赠支出、现金盘亏损失、资产处置损失、接受捐赠（调入）非流动资产发生的税费支出等。

二、本科目应当按照其他支出的类别等进行明细核算。其他支出中如有专项资金支出，还应按具体项目进行明细核算。

三、其他支出的主要账务处理如下：

（一）利息支出支付银行借款利息时，借记本科目，贷记“银行存款”科目。

（二）代征税收返还手续费支出支付代征税收返还手续费支出时，借记本科目，贷记“银行存款”科目。

(三)捐赠支出

1. 实际对外捐赠现金资产时,借记本科目,贷记"银行存款"等科目。

2. 实际对外捐出库存材料时,借记本科目,贷记"待处置资产损溢"科目。对外捐赠固定资产、无形资产等非流动资产,不通过本科目核算。

(四)现金盘亏损失每日现金账款核对中如发现现金短缺,属于无法查明原因的部分,报经批准后,借记本科目,贷记"库存现金"科目。

(五)资产处置损失报经批准核销应收及预付款项、处置库存材料、库存彩票时,借记本科目,贷记"待处置资产损溢"科目。

(六)接受捐赠(调入)非流动资产发生的税费支出接受捐赠、无偿调入非流动资产发生的相关税费、运输费等,借记本科目,贷记"银行存款"等科目。以固定资产、无形资产取得长期股权投资,所发生的相关税费计入本科目。具体账务处理参见"长期投资"科目。

(七)期末,将本科目本期发生额中的专项资金支出结转至"非财政专户核拨资金结转"科目,借记"非财政专户核拨资金结转"科目,贷记本科目下各专项资金支出明细科目;将本科目本期发生额中非专项资金支出结转至"待分配事业结余"科目,借记"待分配事业结余"科目,贷记本科目下各非专项资金支出明细科目。

四、期末结账后,本科目应无余额。

第四部分　会计报表格式

编　　号	财务报表名称	编　制　期
会彩 01 表	资产负债表	月度、年度
会彩 01 表附表 01	返奖奖金变动明细表	年度
会彩 01 表附表 02	彩票资金分配明细表	年度
会彩 02 表	收入支出表	月度、年度
会彩 03 表	财政专户核拨资金收入支出表	年度
	附　　注	年度

资 产 负 债 表

会彩 01 表

编制单位:　　　　　　　　　　年　月　日　　　　　　　　　　单位:元

资　　产	期末余额	年初余额	负债和净资产	期末余额	年初余额
流动资产:			流动负债:		
货币资金			短期借款		
短期投资			应缴税费		
应收票据			应缴国库款		
应收账款			应缴财政专户款		

（续表）

资　　产	期末余额	年初余额	负债和净资产	期末余额	年初余额
预付账款			应付职工薪酬		
其他应收款			应付票据		
库存材料			应付账款		
库存彩票			预收账款		
其他流动资产			其他应付款		
流动资产合计			应付返奖奖金		
非流动资产：			应付代销费		
长期投资			其他流动负债		
固定资产			流动负债合计		
固定资产原价			非流动负债：		
减:累计折旧			长期借款		
在建工程			长期应付款		
无形资产			非流动负债合计		
无形资产原价			负债合计		
减:累计摊销			净资产：		
待处置资产损溢			事业基金		
非流动资产合计			库存彩票基金		
			非流动资产基金		
			专用基金		
			财政专户核拨资金结转		
			财政专户核拨资金结余		
			非财政专户核拨资金结转		
			非财政专户核拨资金结余		
			1. 待分配事业结余		
			2. 经营结余		
			净资产合计		
资产总计			负债和净资产总计		

返奖奖金变动明细表

会彩 01 表附表 01

年度　　　　　　　　　　　　　　　　单位:元

项　目	行次	传统型	即开型	数字型	乐透型	竞猜型	视频型	基诺型	一般调节基金	合计
一、年初余额	1									
其中:调节基金	2									
奖池	3									
二、本年增加数	4									
其中:调节基金	5									
奖池	6									
三、本年减少数	7									
其中:调节基金	8									
奖池	9									
四、年末余额	10									
其中:调节基金	11									
奖池	12									

彩票资金分配明细表

会彩 01 表附表 02

填报单位:　　　　　　　　　　年度　　　　　　　　　　单位:元

<table>
<tr><th rowspan="4">序号</th><th rowspan="4">彩票品种</th><th rowspan="3">彩票销售额</th><th colspan="5">彩票返奖奖金</th><th colspan="4">彩票公益金</th><th colspan="4">彩票业务费</th><th rowspan="3">彩票代销费</th></tr>
<tr><th rowspan="2">计提比例(%)</th><th colspan="3">计提金额</th><th rowspan="2">中奖金额</th><th rowspan="2">计提比例(%)</th><th rowspan="2">计提金额</th><th rowspan="2">弃奖奖金转入额</th><th rowspan="2">实际上缴额</th><th rowspan="2">发行机构</th><th rowspan="2">省级销售机构</th><th rowspan="2">省级以下</th><th rowspan="2">小计</th></tr>
<tr><th>奖金</th><th>调节基金</th><th>小计</th></tr>
<tr><th>①</th><th></th><th></th><th></th><th>②</th><th></th><th></th><th>③</th><th></th><th></th><th></th><th></th><th></th><th>④</th><th>⑤</th></tr>
<tr><td>1</td><td>传统型</td><td></td><td></td><td></td><td></td><td></td><td></td><td></td><td></td><td></td><td></td><td></td><td></td><td></td><td></td><td></td></tr>
<tr><td>2</td><td>即开型</td><td></td><td></td><td></td><td></td><td></td><td></td><td></td><td></td><td></td><td></td><td></td><td></td><td></td><td></td><td></td></tr>
<tr><td>3</td><td>乐透型</td><td></td><td></td><td></td><td></td><td></td><td></td><td></td><td></td><td></td><td></td><td></td><td></td><td></td><td></td><td></td></tr>
<tr><td>4</td><td>数字型</td><td></td><td></td><td></td><td></td><td></td><td></td><td></td><td></td><td></td><td></td><td></td><td></td><td></td><td></td><td></td></tr>
<tr><td>5</td><td>竞猜型</td><td></td><td></td><td></td><td></td><td></td><td></td><td></td><td></td><td></td><td></td><td></td><td></td><td></td><td></td><td></td></tr>
<tr><td>6</td><td>视频型</td><td></td><td></td><td></td><td></td><td></td><td></td><td></td><td></td><td></td><td></td><td></td><td></td><td></td><td></td><td></td></tr>
<tr><td>7</td><td>基诺型</td><td></td><td></td><td></td><td></td><td></td><td></td><td></td><td></td><td></td><td></td><td></td><td></td><td></td><td></td><td></td></tr>
<tr><td>8</td><td>其　他</td><td></td><td></td><td></td><td></td><td></td><td></td><td></td><td></td><td></td><td></td><td></td><td></td><td></td><td></td><td></td></tr>
<tr><td>9</td><td>合　计</td><td></td><td></td><td></td><td></td><td></td><td></td><td></td><td></td><td></td><td></td><td></td><td></td><td></td><td></td><td></td></tr>
</table>

说明:

1. 本表中“彩票销售额”①=“彩票返奖奖金—计提金额—小计”②+“彩票公益金—计提金额”③+“彩票业务费—小计”④+“彩票代销费”⑤;

2. 各彩票品种返奖奖金和公益金提取比例不同的应分栏填写。

收入支出表

会彩 02 表

编制单位： 年 月 单位：元

项 目	本月数	本年累计数
一、本期收入		
（一）事业收入		
（二）上级补助收入		
（三）附属单位上缴收入		
（四）经营收入		
（五）其他收入		
二、本期支出		
（一）事业支出		
（二）对附属单位补助支出		
（三）经营支出		
（四）其他支出		
三、本期结转结余		
（一）财政专户核拨资金结转结余		
（二）非财政专户核拨资金结转结余		
1. 非财政专户核拨资金结转		
2. 待分配事业结余		
3. 经营结余		
四、弥补以前年度经营亏损后的经营结余		
五、本年非财政专户核拨资金结余		
减：应缴企业所得税		
减：提取专用基金		
六、转入事业基金		

财政专户核拨资金收入支出表

会彩03表

编制单位：　　　　　　　　　　　　　　　年度　　　　　　　　　　　　　　　单位：元

项　　目	本年数	上年数
一、年初财政专户核拨资金结转结余		—
(一)基本支出结转		—
1. 人员经费		—
2. 日常公用经费		—
(二)项目支出结转		—
××项目		—
(三)项目支出结余		—
二、调整年初财政专户核拨资金结转结余		—
(一)基本支出结转		—
1. 人员经费		—
2. 日常公用经费		—
(二)项目支出结转		—
××项目		—
(三)项目支出结余		—
三、本年财政专户核拨资金收入(事业收入)		
(一)基本支出		
1. 人员经费		
2. 日常公用经费		
(二)项目支出		
××项目		
四、本年财政专户核拨资金支出(事业支出)		
(一)基本支出		

（续表）

项　　目	本年数	上年数
1. 人员经费		
2. 日常公用经费		
（二）项目支出		
××项目		
五、年末财政专户核拨资金结转结余		—
（一）基本支出结转		—
1. 人员经费		—
2. 日常公用经费		—
（二）项目支出结转		—
××项目		—
（三）项目支出结余		—

第五部分　财务报表编制说明

一、资产负债表编制说明

（一）本表反映彩票机构在某一特定日期全部资产、负债和净资产的情况。

（二）本表“年初余额”栏内各项数字，应当根据上年年末资产负债表“期末余额”栏内数字填列。如果本年度资产负债表规定的各个项目的名称和内容同上年度不相一致，应对上年年末资产负债表各项目的名称和数字按照本年度的规定进行调整，填入本表“年初余额”栏内。

（三）本表“期末余额”栏各项目的内容和填列方法：

1. 资产类项目

（1）“货币资金”项目，反映彩票机构期末库存现金、银行存款和零余额账户用款额度的合计数。本项目应当根据“库存现金”、“银行存款”、“零余额账户用款额度”科目的期末余额合计填列。

（2）“短期投资”项目，反映彩票机构期末持有的短期投资成本。本项目应当根据“短期投资”科目的期末余额填列。

（3）“应收票据”项目，反映彩票机构期末持有的应收票据的票面金额。本项目应当根据“应收票据”科目的期末余额填列。

（4）“应收账款”项目，反映彩票机构期末尚未收回的应收账款余额。本项目应当根据“应收账款”科目的期末余额填列。

（5）“预付账款”项目，反映彩票机构预付给商品或者劳务供应单位的款项。本项目应当根据“预付账款”科目的期末余额填列。

（6）“其他应收款”项目，反映彩票机构期末尚未收回的各项应收及暂付款项余额。本项目应当根据“其他应收款”科目的期末余额填列。

(7)“库存材料”项目，反映彩票机构期末为开展业务活动及其他活动中为耗用而储存的各种材料、燃料、包装物、低值易耗品、热敏纸、投注单及达不到固定资产标准的用具、装具、动植物等的实际成本。本项目应当根据“库存材料”科目的期末余额填列。

(8)“库存彩票”项目，反映彩票发行机构期末购进的已验收入库彩票的实际成本。本项目应当根据“库存彩票”科目的期末余额填列。

(9)“其他流动资产”项目，反映彩票机构除上述各项之外的其他流动资产，如将在1年内(含1年)到期的长期债券投资。本项目应当根据“长期投资”等科目的期末余额分析填列。

(10)“流动资产合计”项目，按照“货币资金”、“短期投资”、“应收票据”、“应收账款”、“预付账款”、“其他应收款”、“库存材料”、“库存彩票”、“其他流动资产”项目金额的合计数填列。

(11)“长期投资”项目，反映彩票机构持有时间超过1年(不含1年)的股权和债权性质的投资。本项目应当根据“长期投资”科目期末余额减去其中将于1年内(含1年)到期的长期债券投资余额后的金额填列。

(12)“固定资产”项目，反映彩票机构期末各项固定资产的账面价值。本项目应当根据“固定资产”科目期末余额减去“累计折旧”科目期末余额后的金额填列。

“固定资产原价”项目，反映彩票机构期末各项固定资产的原价。本项目应当根据“固定资产”科目的期末余额填列。“累计折旧”项目，反映彩票机构期末各项固定资产的累计折旧。本项目应当根据“累计折旧”科目的期末余额填列。

(13)“在建工程”项目，反映彩票机构期末尚未完工交付使用的在建工程发生的实际成本。本项目应当根据“在建工程”科目的期末余额填列。

(14)“无形资产”项目，反映彩票机构期末持有的各项无形资产的账面价值。本项目应当根据“无形资产”科目期末余额减去“累计摊销”科目期末余额后的金额填列。

“无形资产原价”项目，反映彩票机构期末持有的各项无形资产的原价。本项目应当根据“无形资产”科目的期末余额填列。“累计摊销”项目，反映彩票机构期末各项无形资产的累计摊销。本项目应当根据“累计摊销”科目的期末余额填列。

(15)“待处置资产损溢”项目，反映彩票机构期末待处置资产的价值及处置损溢。本项目应当根据“待处置资产损溢”科目的期末借方余额填列；如“待处置资产损溢”科目期末为贷方余额，则以“－”号填列。

(16)“非流动资产合计”项目，按照“长期投资”、“固定资产”、“在建工程”、“无形资产”、“待处置资产损溢”项目金额的合计数填列。

2. 负债类项目

(17)“短期借款”项目，反映彩票机构借入的期限在1年内(含1年)的各种借款本金。本项目应当根据“短期借款”科目的期末余额填列。

(18)“应缴税费”项目，反映彩票机构应交未交的各种税费。本项目应当根据“应缴税费”科目的期末贷方余额填列；如“应缴税费”科目期末为借方余额，则以“－”号填列。

(19)“应缴国库款”项目，反映彩票机构按规定应缴入国库的款项(应缴税费除外)。本项目应当根据“应缴国库款”科目的期末余额填列。

(20)“应缴财政专户款”项目，反映彩票机构按规定应缴入财政专户的款项。本项目应当根据“应缴财政专户款”科目的期末余额填列。

(21)“应付职工薪酬”项目，反映彩票机构按有关规定应付给职工及为职工支付的各种薪酬。本项目应当根据“应付职工薪酬”科目的期末余额填列。

(22)“应付票据”项目，反映彩票机构期末应付票据的票面金额。本项目应当根据“应付票据”科目的期末余额填列。

(23)“应付账款”项目，反映彩票机构期末尚未支付的应付账款的金额。本项目应当根据“应付账款”科目的期末余额填列。

(24)“预收账款”项目，反映彩票机构期末预收彩票销售款和按合同规定预收但尚未实际结算的款项。本项目应当根据“预收账款”科目的期末余额填列。

(25)“其他应付款”项目，反映彩票机构期末应付未付的其他各项应付及暂收款项。本项目应当根据

"其他应付款"科目的期末余额填列。

(26)"应付返奖奖金"项目,反映彩票机构应返还给中奖者的奖金。本项目应当根据"应付返奖奖金"科目的期末余额填列。

(27)"应付代销费"项目,反映彩票机构按彩票代销合同的约定比例从彩票销售额中提取,用于支付给彩票代销者的资金。本项目应当根据"应付代销费"科目的期末余额填列。

(28)"其他流动负债"项目,反映彩票机构除上述各项之外的其他流动负债,如承担的将于1年内(含1年)偿还的长期负债。本项目应当根据"长期借款"、"长期应付款"等科目的期末余额分析填列。

(29)"流动负债合计"项目,按照"短期借款"、"应缴税费"、"应缴国库款"、"应缴财政专户款"、"应付职工薪酬"、"应付票据"、"应付账款"、"预收账款"、"其他应付款"、"应付返奖奖金"、"应付代销费"、"其他流动负债"项目金额的合计数填列。

(30)"长期借款"项目,反映彩票机构借入的期限超过1年(不含1年)的各项借款本金。本项目应当根据"长期借款"科目的期末余额减去其中将于1年内(含1年)到期的长期借款余额后的金额填列。

(31)"长期应付款"项目,反映彩票机构发生的偿还期限超过1年(不含1年)的各种应付款项。本项目应当根据"长期应付款"科目的期末余额减去其中将于1年内(含1年)到期的长期应付款余额后的金额填列。

(32)"非流动负债合计"项目,按照"长期借款"、"长期应付款"项目金额的合计数填列。

3. 净资产类项目

(33)"事业基金"项目,反映彩票机构期末拥有的非限定用途的净资产。本项目应当根据"事业基金"科目的期末余额填列。

(34)"库存彩票基金"项目,反映彩票发行机构购进的已验收入库彩票占用的金额。本项目应当根据"库存彩票基金"科目的期末余额填列。

(35)"非流动资产基金"项目,反映彩票机构期末非流动资产占用的金额。本项目应当根据"非流动资产基金"科目的期末余额填列。

(36)"专用基金"项目,反映彩票机构按规定设置或提取的具有专门用途的净资产。本项目应当根据"专用基金"科目的期末余额填列。

(37)"财政专户核拨资金结转"项目,反映彩票机构滚存的财政专户核拨结转资金。本项目应当根据"财政专户核拨资金结转"科目的期末余额填列。

(38)"财政专户核拨资金结余"项目,反映彩票机构滚存的财政专户核拨结余资金。本项目应当根据"财政专户核拨资金结余"科目的期末余额填列。

(39)"非财政专户核拨资金结转"项目,反映彩票机构滚存的非财政专户核拨结转资金。本项目应当根据"非财政专户核拨资金结转"科目的期末余额填列。

(40)"非财政专户核拨资金结余"项目,反映彩票机构自年初至报告期末累计实现的非财政专户核拨资金结余弥补以前年度经营亏损后的余额。本项目应当根据"待分配事业结余"、"经营结余"科目的期末余额合计填列;如"待分配事业结余"、"经营结余"科目的期末余额合计为亏损数,则以"－"号填列。在编制年度资产负债表时,本项目金额一般应为"0";如果不为"0",本项目金额应为"经营结余"科目的期末借方余额(以"－"号填列)。

"待分配事业结余"项目,反映彩票机构自年初至报告期末累计实现的可分配事业结余。本项目应当根据"待分配事业结余"科目的期末余额填列;如"待分配事业结余"科目的期末余额为亏损数,则以"－"号填列。在编制年度资产负债表时,本项目金额应为"0"。

"经营结余"项目,反映彩票机构自年初至报告期末累计实现的经营结余弥补以前年度经营亏损后的余额。本项目应当根据"经营结余"科目的期末余额填列;如"经营结余"科目的期末余额为亏损数,则以"－"号填列。在编制年度资产负债表时,本项目金额一般应为"0";如果不为"0",本项目金额应为"经营结余"科目的期末借方余额(以"－"号填列)。

二、返奖奖金变动明细表编制说明

(一)本表反映彩票机构在某一会计年度内返奖奖金的兑付情况。

(二)本表中"年初余额"、"本年增加数"、"本年减少数"、"年末余额"、"调节基金"、"奖池"和"一般调节基金”各项目，应当根据“应付返奖奖金”科目各明细科目中的相关信息分析填列。

三、彩票资金分配明细表编制说明

（一）本表反映彩票机构在某一会计年度内彩票资金的分配情况。

（二）本表中“彩票销售额”、“彩票返奖奖金”、“彩票公益金”、“彩票业务费”和“彩票代销费”各栏，以及各栏的明细栏内各项数字，应当根据“应缴国库款”、“应付返奖奖金”、“应付代销费”等科目的明细科目中的相关信息分析填列。

四、收入支出表编制说明

（一）本表反映彩票机构在某一会计期间内各项收入、支出和结转结余情况，以及年末非财政专户核拨资金结余的分配情况。

（二）本表“本月数”栏反映各项目的本月实际发生数。在编制年度收入支出表时，应当将本栏改为“上年数”栏，反映上年度各项目的实际发生数；如果本年度收入支出表规定的各个项目的名称和内容同上年度不一致，应对上年度收入支出表各项目的名称和数字按照本年度的规定进行调整，填入本年度收入支出表的“上年数”栏。

本表“本年累计数”栏反映各项目自年初起至报告期末止的累计实际发生数。编制年度收入支出表时，应当将本栏改为“本年数”。

（三）本表“本月数”栏各项目的内容和填列方法：

1. 本期收入

(1)“本期收入”项目，反映彩票机构本期收入总额。本项目应当根据本表中“事业收入”、“上级补助收入”、“附属单位上缴收入”、“经营收入”和“其他收入”项目金额的合计数填列。

(2)“事业收入”项目，反映彩票机构本期开展彩票发行销售业务活动及其辅助活动取得的收入。本项目应当根据“事业收入”科目的本期发生额填列。

(3)“上级补助收入”项目，反映彩票机构本期从主管部门和上级单位取得的非财政专户核拨资金收入。本项目应当根据“上级补助收入”科目的本期发生额填列。

(4)“附属单位上缴收入”项目，反映彩票机构附属独立核算单位本期按照有关规定上缴的收入。本项目应当根据“附属单位上缴收入”科目的本期发生额填列。

(5)“经营收入”项目，反映彩票机构本期在彩票发行销售业务活动及其辅助活动之外开展非独立核算经营活动取得的收入。本项目应当根据“经营收入”科目的本期发生额填列。

(6)“其他收入”项目，反映彩票机构本期除事业收入、上级补助收入、附属单位上缴收入、经营收入以外的其他收入。本项目应当根据“其他收入”科目的本期发生额填列。

2. 本期支出

(7)“本期支出”项目，反映彩票机构本期支出总额。本项目应当根据本表中“事业支出”、“对附属单位补助支出”、“经营支出”、“其他支出”项目金额的合计数填列。

(8)“事业支出”项目，反映彩票机构本期使用财政专户核拨资金发生的彩票发行销售业务活动支出。本项目应当根据“事业支出”科目本期发生额填列。

(9)“对附属单位补助支出”项目，反映彩票机构使用非财政专户核拨资金用于对附属单位补助支出的金额。本项目根据“对附属单位补助支出”本期发生额填列。

(10)“经营支出”项目，反映彩票机构在彩票发行销售业务活动及其辅助活动之外开展非独立核算经营活动发生的支出。本项目应当根据“经营支出”科目的本期发生额填列。

(11)“其他支出”项目，反映彩票机构除事业支出、对附属单位补助支出、经营支出以外的各项支出。本项目根据“其他支出”本期发生额填列。

3. 本期结转结余

(12)“本期结转结余”项目，反映彩票机构本期各项收支相抵后的余额。本项目应当根据本项目下“财政专户核拨资金结转结余”、“非财政专户核拨资金结转结余”项目金额的合计数填列；如为负数，以“—”号填列。

(13)“财政专户核拨资金结转结余”项目，反映彩票机构本期事业收入与事业支出相抵后的余额。本项目应当按照本表中“事业收入”项目金额减去“事业支出”项目金额后的余额填列。

(14)“非财政专户核拨资金结转结余”项目,反映彩票机构本期除财政专户核拨资金结转结余之外的结转结余金额。本项目应当按照本表中“上级补助收入”、“附属单位上缴收入”、“经营收入”和“其他收入”项目金额的合计数减去“对附属单位补助支出”、“经营支出”和“其他支出”项目金额的合计数后的余额填列;如为负数,以“—”号填列。

“非财政专户核拨资金结转”项目,反映彩票机构本期除事业收支以外的各专项资金收入与其相关支出相抵后剩余滚存的、须按规定用途使用的结转资金。本项目应当按照“非财政专户核拨资金结转”科目本期余额填列。

“待分配事业结余”项目,反映彩票机构自年初至报告期末累计实现的可分配事业结余。本项目应当根据“待分配事业结余”科目未结转前的期末余额填列;如“待分配事业结余”科目的期末余额为亏损数,则以“—”号填列。在编制年度收入支出表时,本项目金额应为“0”。

“经营结余”项目,反映彩票机构本期经营收入与经营支出相抵后的差额。本项目应当根据“经营结余”科目的期末余额填列;如“经营结余”科目的期末余额为亏损数,则以“—”号填列。在编制年度收入支出表时,本项目金额一般应为“0”;如果不为“0”,本项目金额应为“经营结余”科目的年末借方余额(以“—”号填列)。

4. 弥补以前年度经营亏损后的经营结余

(15)“弥补以前年度经营亏损后的经营结余”项目,反映彩票机构本年度实现的经营结余扣除本年初未弥补经营亏损后的余额。本项目应当根据“经营结余”科目年末转入“非财政专户核拨资金结余分配”科目前的余额填列;如果“经营结余”科目年末余额为借方余额,以“—”号填列。

5. 本年非财政专户核拨资金结余

(16)“本年非财政专户核拨资金结余”项目,反映彩票机构本年度除财政专户核拨资金之外的其他结余金额。若果“经营结余”项目本年发生数为正数,本项目应当按照本表中“非财政专户核拨资金结转结余”项目本年发生额减去“非财政专户核拨资金结转”项目本年发生额后的金额填列;如果“经营结余”项目本年发生数为负数,本项目应当按照本表中“非财政专户核拨资金结转结余”项目本年发生额减去“非财政专户核拨资金结转”项目本年发生额和“经营结余”项目本年发生额后的金额填列;本项目如为负数,以“—”号填列。本项目的余额应当与“非财政专户核拨资金结余分配”科目的本年贷方发生额保持一致。

(17)“应缴企业所得税”项目,反映彩票机构按照税法规定本年度应缴纳的企业所得税金额。本项目应当根据“非财政专户核拨资金结余分配”科目的本年借方发生额分析填列。

(18)“提取专用基金”项目,反映彩票机构本年度按规定提取的专用基金金额。本项目应当根据“非财政专户核拨资金结余分配”科目的本年发生额分析填列。

6. 转入事业基金

(19)“转入事业基金”项目,反映彩票机构本年度按规定转入事业基金的非财政专户核拨资金结余资金。本项目应当按照本表中“本年非财政专户核拨资金结余”项目金额减去“应缴企业所得税”、“提取专用基金”项目金额后的余额填列;如为负数,以“—”号填列。

上述(15)至(19)项目,只有在编制年度收入支出表时才填列;编制月度收入支出表时,可以不设置此5个项目。

五、财政专户核拨资金收入支出表编制说明

(一)本表反映彩票机构某一会计年度由财政专户核拨资金形成的事业收入、事业支出和结转结余情况。

(二)本表“上年数”栏内各项数字,应当根据上年度“财政专户核拨资金收入支出表”中的“本年数”栏内数字填列。

(三)本表“本年数”栏各项目的内容和填列方法:

1.“年初财政专户核拨资金结转结余”项目及其所属各明细项目,反映彩票机构本年初财政专户核拨资金结转和结余余额。各项目应当根据上年度财政专户核拨资金收入支出表中“年末财政专户核拨资金结转结余”项目及其所属各明细项目“本年数”栏的数字填列。

2.“调整年初财政专户核拨资金结转结余”项目及其所属各明细项目,反映彩票机构因本年度发生需要调整以前年度财政专户核拨资金结转结余的事项，而对年初财政专户核拨资金结转结余的调整金额。各项目应当根据“财政专户核拨资金结转”、“财政专户核拨资金结余”科目及其所属明细科目的本年发生额分析填列。如调整减少年初财政专户核拨资金结转结余，以“－”号填列。

3.“本年财政专户核拨资金收入(事业收入)”项目及其所属各明细项目，反映彩票机构本年度从财政专户核拨取得的各类拨款金额。各项目应当根据“事业收入”科目及其所属明细科目的本年发生额填列。

4.“本年财政专户核拨资金支出(事业支出)”项目及其所属各明细项目，反映彩票机构本年度使用财政专户核拨资金的支出金额。各项目应当根据“事业支出”科目及其所属明细科目本年发生额填列。

5.“年末财政专户核拨资金结转结余”项目及其所属各明细项目，反映彩票机构截至本年末的财政专户核拨资金结转和结余余额。各项目应当根据“财政专户核拨资金结转”、“财政专户核拨资金结余”科目及其所属明细科目的年末余额填列。

六、附注

彩票机构的会计报表附注至少应当披露下列内容：

(一)遵循《事业单位会计准则》、《彩票机构会计制度》的声明；

(二)彩票机构整体财务状况、业务活动情况的说明；

(三)会计报表中列示的重要项目的进一步说明，包括其主要构成、增减变动情况等，特别是库存彩票的主要构成和本期增减变动情况；

(四)重要资产处置情况的说明；

(五)重大投资、借款活动的说明；

(六)以名义金额计量的资产名称、数量等情况，以及以名义金额计量理由的说明；

(七)以前年度各项结转结余调整情况的说明；

(八)有助于理解和分析会计报表需要说明的其他事项。

第十章　行政事业单位综合性财务管理法规

1. 中华人民共和国预算法(2014年修正)

(1994年3月22日第八届全国人民代表大会第二次会议通过 根据2014年8月31日第十二届全国人民代表大会常务委员会第十次会议《关于修改〈中华人民共和国预算法〉的决定》修正)

第一章　总　　则

第一条　为了规范政府收支行为,强化预算约束,加强对预算的管理和监督,建立健全全面规范、公开透明的预算制度,保障经济社会的健康发展,根据宪法,制定本法。

第二条　预算、决算的编制、审查、批准、监督,以及预算的执行和调整,依照本法规定执行。

第三条　国家实行一级政府一级预算,设立中央,省、自治区、直辖市,设区的市、自治州,县、自治县、不设区的市、市辖区,乡、民族乡、镇五级预算。

全国预算由中央预算和地方预算组成。地方预算由各省、自治区、直辖市总预算组成。

地方各级总预算由本级预算和汇总的下一级总预算组成;下一级只有本级预算的,下一级总预算即指下一级的本级预算。没有下一级预算的,总预算即指本级预算。

第四条　预算由预算收入和预算支出组成。

政府的全部收入和支出都应当纳入预算。

第五条　预算包括一般公共预算、政府性基金预算、国有资本经营预算、社会保险基金预算。

一般公共预算、政府性基金预算、国有资本经营预算、社会保险基金预算应当保持完整、独立。政府性基金预算、国有资本经营预算、社会保险基金预算应当与一般公共预算相衔接。

第六条　一般公共预算是对以税收为主体的财政收入,安排用于保障和改善民生、推动经济社会发展、维护国家安全、维持国家机构正常运转等方面的收支预算。

中央一般公共预算包括中央各部门(含直属单位,下同)的预算和中央对地方的税收返还、转移支付预算。

中央一般公共预算收入包括中央本级收入和地方向中央的上解收入。中央一般公共预算支出包括中央本级支出、中央对地方的税收返还和转移支付。

第七条　地方各级一般公共预算包括本级各部门(含直属单位,下同)的预算和税收返还、转移支付预算。

地方各级一般公共预算收入包括地方本级收入、上级政府对本级政府的税收返还和转移支付、下级政府的上解收入。地方各级一般公共预算支出包括地方本级支出、对上级政府的上解支出、对下级政府的税收返还和转移支付。

第八条　各部门预算由本部门及其所属各单位预算组成。

第九条　政府性基金预算是对依照法律、行政法规的规定在一定期限内向特定对象征收、收取或者以其他方式筹集的资金,专项用于特定公共事业发展的收支预算。

政府性基金预算应当根据基金项目收入情况和实际支出需要,按基金项目编制,做到以收定支。

第十条　国有资本经营预算是对国有资本收益作出支出安排的收支预算。

国有资本经营预算应当按照收支平衡的原则编制,不列赤字,并安排资金调入一般公共预算。

第十一条　社会保险基金预算是对社会保险缴款、一般公共预算安排和其他方式筹集的资金,专项用于社会保险的收支预算。

社会保险基金预算应当按照统筹层次和社会保险项目分别编制,做到收支平衡。

第十二条 各级预算应当遵循统筹兼顾、勤俭节约、量力而行、讲求绩效和收支平衡的原则。

各级政府应当建立跨年度预算平衡机制。

第十三条 经人民代表大会批准的预算,非经法定程序,不得调整。各级政府、各部门、各单位的支出必须以经批准的预算为依据,未列入预算的不得支出。

第十四条 经本级人民代表大会或者本级人民代表大会常务委员会批准的预算、预算调整、决算、预算执行情况的报告及报表,应当在批准后二十日内由本级政府财政部门向社会公开,并对本级政府财政转移支付安排、执行的情况以及举借债务的情况等重要事项作出说明。

经本级政府财政部门批复的部门预算、决算及报表,应当在批复后二十日内由各部门向社会公开,并对部门预算、决算中机关运行经费的安排、使用情况等重要事项作出说明。

各级政府、各部门、各单位应当将政府采购的情况及时向社会公开。

本条前三款规定的公开事项,涉及国家秘密的除外。

第十五条 国家实行中央和地方分税制。

第十六条 国家实行财政转移支付制度。财政转移支付应当规范、公平、公开,以推进地区间基本公共服务均等化为主要目标。

财政转移支付包括中央对地方的转移支付和地方上级政府对下级政府的转移支付,以为均衡地区间基本财力、由下级政府统筹安排使用的一般性转移支付为主体。

按照法律、行政法规和国务院的规定可以设立专项转移支付,用于办理特定事项。建立健全专项转移支付定期评估和退出机制。市场竞争机制能够有效调节的事项不得设立专项转移支付。

上级政府在安排专项转移支付时,不得要求下级政府承担配套资金。但是,按照国务院的规定应当由上下级政府共同承担的事项除外。

第十七条 各级预算的编制、执行应当建立健全相互制约、相互协调的机制。

第十八条 预算年度自公历1月1日起,至12月31日止。

第十九条 预算收入和预算支出以人民币元为计算单位。

第二章　预算管理职权

第二十条 全国人民代表大会审查中央和地方预算草案及中央和地方预算执行情况的报告;批准中央预算和中央预算执行情况的报告;改变或者撤销全国人民代表大会常务委员会关于预算、决算的不适当的决议。

全国人民代表大会常务委员会监督中央和地方预算的执行;审查和批准中央预算的调整方案;审查和批准中央决算;撤销国务院制定的同宪法、法律相抵触的关于预算、决算的行政法规、决定和命令;撤销省、自治区、直辖市人民代表大会及其常务委员会制定的同宪法、法律和行政法规相抵触的关于预算、决算的地方性法规和决议。

第二十一条 县级以上地方各级人民代表大会审查本级总预算草案及本级总预算执行情况的报告;批准本级预算和本级预算执行情况的报告;改变或者撤销本级人民代表大会常务委员会关于预算、决算的不适当的决议;撤销本级政府关于预算、决算的不适当的决定和命令。

县级以上地方各级人民代表大会常务委员会监督本级总预算的执行;审查和批准本级预算的调整方案;审查和批准本级决算;撤销本级政府和下一级人民代表大会及其常务委员会关于预算、决算的不适当的决定、命令和决议。

乡、民族乡、镇的人民代表大会审查和批准本级预算和本级预算执行情况的报告;监督本级预算的执行;审查和批准本级预算的调整方案;审查和批准本级决算;撤销本级政府关于预算、决算的不适当的决定和命令。

第二十二条 全国人民代表大会财政经济委员会对中央预算草案初步方案及上一年预算执行情况、中央预算调整初步方案和中央决算草案进行初步审查,提出初步审查意见。

省、自治区、直辖市人民代表大会有关专门委员会对本级预算草案初步方案及上一年预算执行情况、本级预算调整初步方案和本级决算草案进行初步审查,提出初步审查意见。

设区的市、自治州人民代表大会有关专门委员会对本级预算草案初步方案及上一年预算执行情况、本级预算调整初步方案和本级决算草案进行初步审查，提出初步审查意见，未设立专门委员会的，由本级人民代表大会常务委员会有关工作机构研究提出意见。

县、自治县、不设区的市、市辖区人民代表大会常务委员会对本级预算草案初步方案及上一年预算执行情况进行初步审查，提出初步审查意见。县、自治县、不设区的市、市辖区人民代表大会常务委员会有关工作机构对本级预算调整初步方案和本级决算草案研究提出意见。

设区的市、自治州以上各级人民代表大会有关专门委员会进行初步审查、常务委员会有关工作机构研究提出意见时，应当邀请本级人民代表大会代表参加。

对依照本条第一款至第四款规定提出的意见，本级政府财政部门应当将处理情况及时反馈。

依照本条第一款至第四款规定提出的意见以及本级政府财政部门反馈的处理情况报告，应当印发本级人民代表大会代表。

全国人民代表大会常务委员会和省、自治区、直辖市、设区的市、自治州人民代表大会常务委员会有关工作机构，依照本级人民代表大会常务委员会的决定，协助本级人民代表大会财政经济委员会或者有关专门委员会承担审查预算草案、预算调整方案、决算草案和监督预算执行等方面的具体工作。

第二十三条　国务院编制中央预算、决算草案；向全国人民代表大会作关于中央和地方预算草案的报告；将省、自治区、直辖市政府报送备案的预算汇总后报全国人民代表大会常务委员会备案；组织中央和地方预算的执行；决定中央预算预备费的动用；编制中央预算调整方案；监督中央各部门和地方政府的预算执行；改变或者撤销中央各部门和地方政府关于预算、决算的不适当的决定、命令；向全国人民代表大会、全国人民代表大会常务委员会报告中央和地方预算的执行情况。

第二十四条　县级以上地方各级政府编制本级预算、决算草案；向本级人民代表大会作关于本级总预算草案的报告；将下一级政府报送备案的预算汇总后报本级人民代表大会常务委员会备案；组织本级总预算的执行；决定本级预算预备费的动用；编制本级预算的调整方案；监督本级各部门和下级政府的预算执行；改变或者撤销本级各部门和下级政府关于预算、决算的不适当的决定、命令；向本级人民代表大会、本级人民代表大会常务委员会报告本级总预算的执行情况。

乡、民族乡、镇政府编制本级预算、决算草案；向本级人民代表大会作关于本级预算草案的报告；组织本级预算的执行；决定本级预算预备费的动用；编制本级预算的调整方案；向本级人民代表大会报告本级预算的执行情况。

经省、自治区、直辖市政府批准，乡、民族乡、镇本级预算草案、预算调整方案、决算草案，可以由上一级政府代编，并依照本法第二十一条的规定报乡、民族乡、镇的人民代表大会审查和批准。

第二十五条　国务院财政部门具体编制中央预算、决算草案；具体组织中央和地方预算的执行；提出中央预算预备费动用方案；具体编制中央预算的调整方案；定期向国务院报告中央和地方预算的执行情况。

地方各级政府财政部门具体编制本级预算、决算草案；具体组织本级总预算的执行；提出本级预算预备费动用方案；具体编制本级预算的调整方案；定期向本级政府和上一级政府财政部门报告本级总预算的执行情况。

第二十六条　各部门编制本部门预算、决算草案；组织和监督本部门预算的执行；定期向本级政府财政部门报告预算的执行情况。

各单位编制本单位预算、决算草案；按照国家规定上缴预算收入，安排预算支出，并接受国家有关部门的监督。

第三章　预算收支范围

第二十七条　一般公共预算收入包括各项税收收入、行政事业性收费收入、国有资源（资产）有偿使用收入、转移性收入和其他收入。

一般公共预算支出按照其功能分类，包括一般公共服务支出，外交、公共安全、国防支出，农业、环境保护支出，教育、科技、文化、卫生、体育支出，社会保障及就业支出和其他支出。

一般公共预算支出按照其经济性质分类，包括工资福利支出、商品和服务支出、资本性支出和其他支出。

第二十八条 政府性基金预算、国有资本经营预算和社会保险基金预算的收支范围，按照法律、行政法规和国务院的规定执行。

第二十九条 中央预算与地方预算有关收入和支出项目的划分、地方向中央上解收入、中央对地方税收返还或者转移支付的具体办法，由国务院规定，报全国人民代表大会常务委员会备案。

第三十条 上级政府不得在预算之外调用下级政府预算的资金。下级政府不得挤占或者截留属于上级政府预算的资金。

第四章 预算编制

第三十一条 国务院应当及时下达关于编制下一年预算草案的通知。编制预算草案的具体事项由国务院财政部门部署。

各级政府、各部门、各单位应当按照国务院规定的时间编制预算草案。

第三十二条 各级预算应当根据年度经济社会发展目标、国家宏观调控总体要求和跨年度预算平衡的需要，参考上一年预算执行情况、有关支出绩效评价结果和本年度收支预测，按照规定程序征求各方面意见后，进行编制。

各级政府依据法定权限作出决定或者制定行政措施，凡涉及增加或者减少财政收入或者支出的，应当在预算批准前提出并在预算草案中作出相应安排。

各部门、各单位应当按照国务院财政部门制定的政府收支分类科目、预算支出标准和要求，以及绩效目标管理等预算编制规定，根据其依法履行职能和事业发展的需要以及存量资产情况，编制本部门、本单位预算草案。

前款所称政府收支分类科目，收入分为类、款、项、目；支出按其功能分类分为类、款、项，按其经济性质分类分为类、款。

第三十三条 省、自治区、直辖市政府应当按照国务院规定的时间，将本级总预算草案报国务院审核汇总。

第三十四条 中央一般公共预算中必需的部分资金，可以通过举借国内和国外债务等方式筹措，举借债务应当控制适当的规模，保持合理的结构。

对中央一般公共预算中举借的债务实行余额管理，余额的规模不得超过全国人民代表大会批准的限额。

国务院财政部门具体负责对中央政府债务的统一管理。

第三十五条 地方各级预算按照量入为出、收支平衡的原则编制，除本法另有规定外，不列赤字。

经国务院批准的省、自治区、直辖市的预算中必需的建设投资的部分资金，可以在国务院确定的限额内，通过发行地方政府债券举借债务的方式筹措。举借债务的规模，由国务院报全国人民代表大会或者全国人民代表大会常务委员会批准。省、自治区、直辖市依照国务院下达的限额举借的债务，列入本级预算调整方案，报本级人民代表大会常务委员会批准。举借的债务应当有偿还计划和稳定的偿还资金来源，只能用于公益性资本支出，不得用于经常性支出。

除前款规定外，地方政府及其所属部门不得以任何方式举借债务。

除法律另有规定外，地方政府及其所属部门不得为任何单位和个人的债务以任何方式提供担保。

国务院建立地方政府债务风险评估和预警机制、应急处置机制以及责任追究制度。国务院财政部门对地方政府债务实施监督。

第三十六条 各级预算收入的编制，应当与经济社会发展水平相适应，与财政政策相衔接。

各级政府、各部门、各单位应当依照本法规定，将所有政府收入全部列入预算，不得隐瞒、少列。

第三十七条 各级预算支出应当依照本法规定，按其功能和经济性质分类编制。

各级预算支出的编制，应当贯彻勤俭节约的原则，严格控制各部门、各单位的机关运行经费和楼堂馆所等基本建设支出。

各级一般公共预算支出的编制，应当统筹兼顾，在保证基本公共服务合理需要的前提下，优先安排国家确定的重点支出。

第三十八条 一般性转移支付应当按照国务院规定的基本标准和计算方法编制。专项转移支付应当分地区、分项目编制。

县级以上各级政府应当将对下级政府的转移支付预计数提前下达下级政府。

地方各级政府应当将上级政府提前下达的转移支付预计数编入本级预算。

第三十九条 中央预算和有关地方预算中应当安排必要的资金，用于扶助革命老区、民族地区、边疆地区、贫困地区发展经济社会建设事业。

第四十条 各级一般公共预算应当按照本级一般公共预算支出额的百分之一至百分之三设置预备费，用于当年预算执行中的自然灾害等突发事件处理增加的支出及其他难以预见的开支。

第四十一条 各级一般公共预算按照国务院的规定可以设置预算周转金，用于本级政府调剂预算年度内季节性收支差额。

各级一般公共预算按照国务院的规定可以设置预算稳定调节基金，用于弥补以后年度预算资金的不足。

第四十二条 各级政府上一年预算的结转资金，应当在下一年用于结转项目的支出；连续两年未用完的结转资金，应当作为结余资金管理。

各部门、各单位上一年预算的结转、结余资金按照国务院财政部门的规定办理。

第五章 预算审查和批准

第四十三条 中央预算由全国人民代表大会审查和批准。

地方各级预算由本级人民代表大会审查和批准。

第四十四条 国务院财政部门应当在每年全国人民代表大会会议举行的四十五日前，将中央预算草案的初步方案提交全国人民代表大会财政经济委员会进行初步审查。

省、自治区、直辖市政府财政部门应当在本级人民代表大会会议举行的三十日前，将本级预算草案的初步方案提交本级人民代表大会有关专门委员会进行初步审查。

设区的市、自治州政府财政部门应当在本级人民代表大会会议举行的三十日前，将本级预算草案的初步方案提交本级人民代表大会有关专门委员会进行初步审查，或者送交本级人民代表大会常务委员会有关工作机构征求意见。

县、自治县、不设区的市、市辖区政府应当在本级人民代表大会会议举行的三十日前，将本级预算草案的初步方案提交本级人民代表大会常务委员会进行初步审查。

第四十五条 县、自治县、不设区的市、市辖区、乡、民族乡、镇的人民代表大会举行会议审查预算草案前，应当采用多种形式，组织本级人民代表大会代表，听取选民和社会各界的意见。

第四十六条 报送各级人民代表大会审查和批准的预算草案应当细化。本级一般公共预算支出，按其功能分类应当编列到项；按其经济性质分类，基本支出应当编列到款。本级政府性基金预算、国有资本经营预算、社会保险基金预算支出，按其功能分类应当编列到项。

第四十七条 国务院在全国人民代表大会举行会议时，向大会作关于中央和地方预算草案以及中央和地方预算执行情况的报告。

地方各级政府在本级人民代表大会举行会议时，向大会作关于总预算草案和总预算执行情况的报告。

第四十八条 全国人民代表大会和地方各级人民代表大会对预算草案及其报告、预算执行情况的报告重点审查下列内容：

（一）上一年预算执行情况是否符合本级人民代表大会预算决议的要求；

（二）预算安排是否符合本法的规定；

（三）预算安排是否贯彻国民经济和社会发展的方针政策，收支政策是否切实可行；

（四）重点支出和重大投资项目的预算安排是否适当；

（五）预算的编制是否完整，是否符合本法第四十六条的规定；

（六）对下级政府的转移性支出预算是否规范、适当；

（七）预算安排举借的债务是否合法、合理，是否有偿还计划和稳定的偿还资金来源；

（八）与预算有关重要事项的说明是否清晰。

第四十九条 全国人民代表大会财政经济委员会向全国人民代表大会主席团提出关于中央和地方预算草案及中央和地方预算执行情况的审查结果报告。

省、自治区、直辖市、设区的市、自治州人民代表大会有关专门委员会，县、自治县、不设区的市、市辖区人民代表大会常务委员会，向本级人民代表大会主席团提出关于总预算草案及上一年总预算执行情况的审查结果报告。

审查结果报告应当包括下列内容：

(一)对上一年预算执行和落实本级人民代表大会预算决议的情况作出评价；

(二)对本年度预算草案是否符合本法的规定，是否可行作出评价；

(三)对本级人民代表大会批准预算草案和预算报告提出建议；

(四)对执行年度预算、改进预算管理、提高预算绩效、加强预算监督等提出意见和建议。

第五十条 乡、民族乡、镇政府应当及时将经本级人民代表大会批准的本级预算报上一级政府备案。县级以上地方各级政府应当及时将经本级人民代表大会批准的本级预算及下一级政府报送备案的预算汇总，报上一级政府备案。

县级以上地方各级政府将下一级政府依照前款规定报送备案的预算汇总后，报本级人民代表大会常务委员会备案。国务院将省、自治区、直辖市政府依照前款规定报送备案的预算汇总后，报全国人民代表大会常务委员会备案。

第五十一条 国务院和县级以上地方各级政府对下一级政府依照本法第五十条规定报送备案的预算，认为有同法律、行政法规相抵触或者有其他不适当之处，需要撤销批准预算的决议的，应当提请本级人民代表大会常务委员会审议决定。

第五十二条 各级预算经本级人民代表大会批准后，本级政府财政部门应当在二十日内向本级各部门批复预算。各部门应当在接到本级政府财政部门批复的本部门预算后十五日内向所属各单位批复预算。

中央对地方的一般性转移支付应当在全国人民代表大会批准预算后三十日内正式下达。中央对地方的专项转移支付应当在全国人民代表大会批准预算后九十日内正式下达。

省、自治区、直辖市政府接到中央一般性转移支付和专项转移支付后，应当在三十日内正式下达到本行政区域县级以上各级政府。

县级以上地方各级预算安排对下级政府的一般性转移支付和专项转移支付，应当分别在本级人民代表大会批准预算后的三十日和六十日内正式下达。

对自然灾害等突发事件处理的转移支付，应当及时下达预算；对据实结算等特殊项目的转移支付，可以分期下达预算，或者先预付后结算。

县级以上各级政府财政部门应当将批复本级各部门的预算和批复下级政府的转移支付预算，抄送本级人民代表大会财政经济委员会、有关专门委员会和常务委员会有关工作机构。

第六章 预算执行

第五十三条 各级预算由本级政府组织执行，具体工作由本级政府财政部门负责。

各部门、各单位是本部门、本单位的预算执行主体，负责本部门、本单位的预算执行，并对执行结果负责。

第五十四条 预算年度开始后，各级预算草案在本级人民代表大会批准前，可以安排下列支出：

(一)上一年度结转的支出；

(二)参照上一年同期的预算支出数额安排必须支付的本年度部门基本支出、项目支出，以及对下级政府的转移性支出；

(三)法律规定必须履行支付义务的支出，以及用于自然灾害等突发事件处理的支出。

根据前款规定安排支出的情况，应当在预算草案的报告中作出说明。

预算经本级人民代表大会批准后，按照批准的预算执行。

第五十五条 预算收入征收部门和单位，必须依照法律、行政法规的规定，及时、足额征收应征的预算收入。不得违反法律、行政法规规定，多征、提前征收或者减征、免征、缓征应征的预算收入，不得截留、占用或者挪用预算收入。

各级政府不得向预算收入征收部门和单位下达收入指标。

第五十六条　政府的全部收入应当上缴国家金库(以下简称国库),任何部门、单位和个人不得截留、占用、挪用或者拖欠。

对于法律有明确规定或者经国务院批准的特定专用资金,可以依照国务院的规定设立财政专户。

第五十七条　各级政府财政部门必须依照法律、行政法规和国务院财政部门的规定,及时、足额地拨付预算支出资金,加强对预算支出的管理和监督。

各级政府、各部门、各单位的支出必须按照预算执行,不得虚假列支。

各级政府、各部门、各单位应当对预算支出情况开展绩效评价。

第五十八条　各级预算的收入和支出实行收付实现制。

特定事项按照国务院的规定实行权责发生制的有关情况,应当向本级人民代表大会常务委员会报告。

第五十九条　县级以上各级预算必须设立国库;具备条件的乡、民族乡、镇也应当设立国库。

中央国库业务由中国人民银行经理,地方国库业务依照国务院的有关规定办理。

各级国库应当按照国家有关规定,及时准确地办理预算收入的收纳、划分、留解、退付和预算支出的拨付。

各级国库库款的支配权属于本级政府财政部门。除法律、行政法规另有规定外,未经本级政府财政部门同意,任何部门、单位和个人都无权冻结、动用国库库款或者以其他方式支配已入国库的库款。

各级政府应当加强对本级国库的管理和监督,按照国务院的规定完善国库现金管理,合理调节国库资金余额。

第六十条　已经缴入国库的资金,依照法律、行政法规的规定或者国务院的决定需要退付的,各级政府财政部门或者其授权的机构应当及时办理退付。按照规定应当由财政支出安排的事项,不得用退库处理。

第六十一条　国家实行国库集中收缴和集中支付制度,对政府全部收入和支出实行国库集中收付管理。

第六十二条　各级政府应当加强对预算执行的领导,支持政府财政、税务、海关等预算收入的征收部门依法组织预算收入,支持政府财政部门严格管理预算支出。

财政、税务、海关等部门在预算执行中,应当加强对预算执行的分析;发现问题时应当及时建议本级政府采取措施予以解决。

第六十三条　各部门、各单位应当加强对预算收入和支出的管理,不得截留或者动用应当上缴的预算收入,不得擅自改变预算支出的用途。

第六十四条　各级预算预备费的动用方案,由本级政府财政部门提出,报本级政府决定。

第六十五条　各级预算周转金由本级政府财政部门管理,不得挪作他用。

第六十六条　各级一般公共预算年度执行中有超收收入的,只能用于冲减赤字或者补充预算稳定调节基金。

各级一般公共预算的结余资金,应当补充预算稳定调节基金。

省、自治区、直辖市一般公共预算年度执行中出现短收,通过调入预算稳定调节基金、减少支出等方式仍不能实现收支平衡的,省、自治区、直辖市政府报本级人民代表大会或者其常务委员会批准,可以增列赤字,报国务院财政部门备案,并应当在下一年度预算中予以弥补。

第七章　预算调整

第六十七条　经全国人民代表大会批准的中央预算和经地方各级人民代表大会批准的地方各级预算,在执行中出现下列情况之一的,应当进行预算调整:

(一)需要增加或者减少预算总支出的;

(二)需要调入预算稳定调节基金的;

(三)需要调减预算安排的重点支出数额的;

(四)需要增加举借债务数额的。

第六十八条 在预算执行中，各级政府一般不制定新的增加财政收入或者支出的政策和措施，也不制定减少财政收入的政策和措施；必须作出并需要进行预算调整的，应当在预算调整方案中作出安排。

第六十九条 在预算执行中，各级政府对于必须进行的预算调整，应当编制预算调整方案。预算调整方案应当说明预算调整的理由、项目和数额。

在预算执行中，由于发生自然灾害等突发事件，必须及时增加预算支出的，应当先动支预备费；预备费不足支出的，各级政府可以先安排支出，属于预算调整的，列入预算调整方案。

国务院财政部门应当在全国人民代表大会常务委员会举行会议审查和批准预算调整方案的三十日前，将预算调整初步方案送交全国人民代表大会财政经济委员会进行初步审查。

省、自治区、直辖市政府财政部门应当在本级人民代表大会常务委员会举行会议审查和批准预算调整方案的三十日前，将预算调整初步方案送交本级人民代表大会有关专门委员会进行初步审查。

设区的市、自治州政府财政部门应当在本级人民代表大会常务委员会举行会议审查和批准预算调整方案的三十日前，将预算调整初步方案送交本级人民代表大会有关专门委员会进行初步审查，或者送交本级人民代表大会常务委员会有关工作机构征求意见。

县、自治县、不设区的市、市辖区政府财政部门应当在本级人民代表大会常务委员会举行会议审查和批准预算调整方案的三十日前，将预算调整初步方案送交本级人民代表大会常务委员会有关工作机构征求意见。

中央预算的调整方案应当提请全国人民代表大会常务委员会审查和批准。县级以上地方各级预算的调整方案应当提请本级人民代表大会常务委员会审查和批准；乡、民族乡、镇预算的调整方案应当提请本级人民代表大会审查和批准。未经批准，不得调整预算。

第七十条 经批准的预算调整方案，各级政府应当严格执行。未经本法第六十九条规定的程序，各级政府不得作出预算调整的决定。

对违反前款规定作出的决定，本级人民代表大会、本级人民代表大会常务委员会或者上级政府应当责令其改变或者撤销。

第七十一条 在预算执行中，地方各级政府因上级政府增加不需要本级政府提供配套资金的专项转移支付而引起的预算支出变化，不属于预算调整。

接受增加专项转移支付的县级以上地方各级政府应当向本级人民代表大会常务委员会报告有关情况；接受增加专项转移支付的乡、民族乡、镇政府应当向本级人民代表大会报告有关情况。

第七十二条 各部门、各单位的预算支出应当按照预算科目执行。严格控制不同预算科目、预算级次或者项目间的预算资金的调剂，确需调剂使用的，按照国务院财政部门的规定办理。

第七十三条 地方各级预算的调整方案经批准后，由本级政府报上一级政府备案。

第八章 决　　算

第七十四条 决算草案由各级政府、各部门、各单位，在每一预算年度终了后按照国务院规定的时间编制。

编制决算草案的具体事项，由国务院财政部门部署。

第七十五条 编制决算草案，必须符合法律、行政法规，做到收支真实、数额准确、内容完整、报送及时。

决算草案应当与预算相对应，按预算数、调整预算数、决算数分别列出。一般公共预算支出应当按其功能分类编列到项，按其经济性质分类编列到款。

第七十六条 各部门对所属各单位的决算草案，应当审核并汇总编制本部门的决算草案，在规定的期限内报本级政府财政部门审核。

各级政府财政部门对本级各部门决算草案审核后发现有不符合法律、行政法规规定的，有权予以纠正。

第七十七条 国务院财政部门编制中央决算草案，经国务院审计部门审计后，报国务院审定，由国务院提请全国人民代表大会常务委员会审查和批准。

县级以上地方各级政府财政部门编制本级决算草案，经本级政府审计部门审计后，报本级政府审定，由本级政府提请本级人民代表大会常务委员会审查和批准。

乡、民族乡、镇政府编制本级决算草案，提请本级人民代表大会审查和批准。

第七十八条　国务院财政部门应当在全国人民代表大会常务委员会举行会议审查和批准中央决算草案的三十日前，将上一年度中央决算草案提交全国人民代表大会财政经济委员会进行初步审查。

省、自治区、直辖市政府财政部门应当在本级人民代表大会常务委员会举行会议审查和批准本级决算草案的三十日前，将上一年度本级决算草案提交本级人民代表大会有关专门委员会进行初步审查。

设区的市、自治州政府财政部门应当在本级人民代表大会常务委员会举行会议审查和批准本级决算草案的三十日前，将上一年度本级决算草案提交本级人民代表大会有关专门委员会进行初步审查，或者送交本级人民代表大会常务委员会有关工作机构征求意见。

县、自治县、不设区的市、市辖区政府财政部门应当在本级人民代表大会常务委员会举行会议审查和批准本级决算草案的三十日前，将上一年度本级决算草案送交本级人民代表大会常务委员会有关工作机构征求意见。

全国人民代表大会财政经济委员会和省、自治区、直辖市、设区的市、自治州人民代表大会有关专门委员会，向本级人民代表大会常务委员会提出关于本级决算草案的审查结果报告。

第七十九条　县级以上各级人民代表大会常务委员会和乡、民族乡、镇人民代表大会对本级决算草案，重点审查下列内容：

（一）预算收入情况；

（二）支出政策实施情况和重点支出、重大投资项目资金的使用及绩效情况；

（三）结转资金的使用情况；

（四）资金结余情况；

（五）本级预算调整及执行情况；

（六）财政转移支付安排执行情况；

（七）经批准举借债务的规模、结构、使用、偿还等情况；

（八）本级预算周转金规模和使用情况；

（九）本级预备费使用情况；

（十）超收收入安排情况，预算稳定调节基金的规模和使用情况；

（十一）本级人民代表大会批准的预算决议落实情况；

（十二）其他与决算有关的重要情况。

县级以上各级人民代表大会常务委员会应当结合本级政府提出的上一年度预算执行和其他财政收支的审计工作报告，对本级决算草案进行审查。

第八十条　各级决算经批准后，财政部门应当在二十日内向本级各部门批复决算。各部门应当在接到本级政府财政部门批复的本部门决算后十五日内向所属单位批复决算。

第八十一条　地方各级政府应当将经批准的决算及下一级政府上报备案的决算汇总，报上一级政府备案。

县级以上各级政府应当将下一级政府报送备案的决算汇总后，报本级人民代表大会常务委员会备案。

第八十二条　国务院和县级以上地方各级政府对下一级政府依照本法第八十一条规定报送备案的决算，认为有同法律、行政法规相抵触或者有其他不适当之处，需要撤销批准该项决算的决议的，应当提请本级人民代表大会常务委员会审议决定；经审议决定撤销的，该下级人民代表大会常务委员会应当责成本级政府依照本法规定重新编制决算草案，提请本级人民代表大会常务委员会审查和批准。

第九章　监　　督

第八十三条　全国人民代表大会及其常务委员会对中央和地方预算、决算进行监督。

县级以上地方各级人民代表大会及其常务委员会对本级和下级预算、决算进行监督。

乡、民族乡、镇人民代表大会对本级预算、决算进行监督。

第八十四条　各级人民代表大会和县级以上各级人民代表大会常务委员会有权就预算、决算中的重大事项或者特定问题组织调查，有关的政府、部门、单位和个人应当如实反映情况和提供必要的材料。

第八十五条　各级人民代表大会和县级以上各级人民代表大会常务委员会举行会议时，人民代表大会代表或者常务委员会组成人员，依照法律规定程序就预算、决算中的有关问题提出询问或者质询，受询问或者受质询的有关的政府或者财政部门必须及时给予答复。

第八十六条 国务院和县级以上地方各级政府应当在每年六月至九月期间向本级人民代表大会常务委员会报告预算执行情况。

第八十七条 各级政府监督下级政府的预算执行；下级政府应当定期向上一级政府报告预算执行情况。

第八十八条 各级政府财政部门负责监督检查本级各部门及其所属各单位预算的编制、执行，并向本级政府和上一级政府财政部门报告预算执行情况。

第八十九条 县级以上政府审计部门依法对预算执行、决算实行审计监督。

对预算执行和其他财政收支的审计工作报告应当向社会公开。

第九十条 政府各部门负责监督检查所属各单位的预算执行，及时向本级政府财政部门反映本部门预算执行情况，依法纠正违反预算的行为。

第九十一条 公民、法人或者其他组织发现有违反本法的行为，可以依法向有关国家机关进行检举、控告。

接受检举、控告的国家机关应当依法进行处理，并为检举人、控告人保密。任何单位或者个人不得压制和打击报复检举人、控告人。

第十章　法律责任

第九十二条 各级政府及有关部门有下列行为之一的，责令改正，对负有直接责任的主管人员和其他直接责任人员追究行政责任：

（一）未依照本法规定，编制、报送预算草案、预算调整方案、决算草案和部门预算、决算以及批复预算、决算的；

（二）违反本法规定，进行预算调整的；

（三）未依照本法规定对有关预算事项进行公开和说明的；

（四）违反规定设立政府性基金项目和其他财政收入项目的；

（五）违反法律、法规规定使用预算预备费、预算周转金、预算稳定调节基金、超收收入的；

（六）违反本法规定开设财政专户的。

第九十三条 各级政府及有关部门、单位有下列行为之一的，责令改正，对负有直接责任的主管人员和其他直接责任人员依法给予降级、撤职、开除的处分：

（一）未将所有政府收入和支出列入预算或者虚列收入和支出的；

（二）违反法律、行政法规的规定，多征、提前征收或者减征、免征、缓征应征预算收入的；

（三）截留、占用、挪用或者拖欠应当上缴国库的预算收入的；

（四）违反本法规定，改变预算支出用途的；

（五）擅自改变上级政府专项转移支付资金用途的；

（六）违反本法规定拨付预算支出资金，办理预算收入收纳、划分、留解、退付，或者违反本法规定冻结、动用国库库款或者以其他方式支配已入国库库款的。

第九十四条 各级政府、各部门、各单位违反本法规定举借债务或者为他人债务提供担保，或者挪用重点支出资金，或者在预算之外及超预算标准建设楼堂馆所的，责令改正，对负有直接责任的主管人员和其他直接责任人员给予撤职、开除的处分。

第九十五条 各级政府有关部门、单位及其工作人员有下列行为之一的，责令改正，追回骗取、使用的资金，有违法所得的没收违法所得，对单位给予警告或者通报批评；对负有直接责任的主管人员和其他直接责任人员依法给予处分：

（一）违反法律、法规的规定，改变预算收入上缴方式的；

（二）以虚报、冒领等手段骗取预算资金的；

（三）违反规定扩大开支范围、提高开支标准的；

（四）其他违反财政管理规定的行为。

第九十六条 本法第九十二条、第九十三条、第九十四条、第九十五条所列违法行为，其他法律对其处理、处罚另有规定的，依照其规定。

违反本法规定，构成犯罪的，依法追究刑事责任。

第十一章 附 则

第九十七条 各级政府财政部门应当按年度编制以权责发生制为基础的政府综合财务报告，报告政府整体财务状况、运行情况和财政中长期可持续性，报本级人民代表大会常务委员会备案。

第九十八条 国务院根据本法制定实施条例。

第九十九条 民族自治地方的预算管理，依照民族区域自治法的有关规定执行；民族区域自治法没有规定的，依照本法和国务院的有关规定执行。

第一百条 省、自治区、直辖市人民代表大会或者其常务委员会根据本法，可以制定有关预算审查监督的决定或者地方性法规。

第一百零一条 本法自 1995 年 1 月 1 日起施行。1991 年 10 月 21 日国务院发布的《国家预算管理条例》同时废止。

2. 行政单位财务规则(2012 年修订)

中华人民共和国财政部令 2012 年第 71 号

第一章 总 则

第一条 为了规范行政单位的财务行为，加强行政单位财务管理和监督，提高资金使用效益，保障行政单位工作任务的完成，制定本规则。

第二条 本规则适用于各级各类国家机关、政党组织(以下统称行政单位)的财务活动。

第三条 行政单位财务管理的基本原则是：量入为出，保障重点，兼顾一般，厉行节约，制止奢侈浪费，降低行政成本，注重资金使用效益。

第四条 行政单位财务管理的主要任务是：

(一)科学、合理编制预算，严格预算执行，完整、准确、及时编制决算，真实反映单位财务状况；

(二)建立健全财务管理制度，实施预算绩效管理，加强对行政单位财务活动的控制和监督；

(三)加强资产管理，合理配置、有效利用、规范处置资产，防止国有资产流失；

(四)定期编制财务报告，进行财务活动分析；

(五)对行政单位所属并归口行政财务管理的单位的财务活动实施指导、监督；

(六)加强对非独立核算的机关后勤服务部门的财务管理，实行内部核算办法。

第五条 行政单位的财务活动在单位负责人领导下，由单位财务部门统一管理。

行政单位应当单独设置财务机构，配备专职财务会计人员，实行独立核算。人员编制少、财务工作量小等不具备独立核算条件的单位，可以实行单据报账制度。

第二章 单位预算管理

第六条 行政单位预算由收入预算和支出预算组成。

第七条 按照预算管理权限，行政单位预算管理分为下列级次：

(一)向同级财政部门申报预算的行政单位，为一级预算单位；

(二)向上一级预算单位申报预算并有下级预算单位的行政单位，为二级预算单位；

(三)向上一级预算单位申报预算，且没有下级预算单位的行政单位，为基层预算单位。

一级预算单位有下级预算单位的，为主管预算单位。

第八条 各级预算单位应当按照预算管理级次申报预算，并按照批准的预算组织实施，定期将预算执行情况向上一级预算单位或者同级财政部门报告。

第九条 财政部门对行政单位实行收支统一管理，定额、定项拨款，超支不补，结转和结余按规定使用的预算管理办法。

第十条 行政单位编制预算，应当综合考虑以下因素：

（一）年度工作计划和相应支出需求；

（二）以前年度预算执行情况；

（三）以前年度结转和结余情况；

（四）资产占有和使用情况；

（五）其他因素。

第十一条 行政单位预算依照下列程序编报和审批：

（一）行政单位测算、提出预算建议数，逐级汇总后报送同级财政部门；

（二）财政部门审核行政单位提出的预算建议数，下达预算控制数；

（三）行政单位根据预算控制数正式编制年度预算，逐级汇总后报送同级财政部门；

（四）经法定程序批准后，财政部门批复行政单位预算。

第十二条 行政单位应当严格执行预算，按照收支平衡的原则，合理安排各项资金，不得超预算安排支出。

预算在执行中原则上不予调整。因特殊情况确需调整预算的，行政单位应当按照规定程序报送审批。

第十三条 行政单位应当按照规定编制决算，逐级审核汇总后报同级财政部门审批。

第十四条 行政单位应当加强决算审核和分析，规范决算管理工作，保证决算数据的完整、真实、准确。

第三章 收入管理

第十五条 收入是指行政单位依法取得的非偿还性资金，包括财政拨款收入和其他收入。

财政拨款收入，是指行政单位从同级财政部门取得的财政预算资金。

其他收入，是指行政单位依法取得的除财政拨款收入以外的各项收入。

行政单位依法取得的应当上缴财政的罚没收入、行政事业性收费、政府性基金、国有资产处置和出租出借收入等，不属于行政单位的收入。

第十六条 行政单位取得各项收入，应当符合国家规定，按照财务管理的要求，分项如实核算。

第十七条 行政单位的各项收入应当全部纳入单位预算，统一核算，统一管理。

第四章 支出管理

第十八条 支出是指行政单位为保障机构正常运转和完成工作任务所发生的资金耗费和损失，包括基本支出和项目支出。

基本支出，是指行政单位为保障机构正常运转和完成日常工作任务发生的支出，包括人员支出和公用支出。

项目支出，是指行政单位为完成特定的工作任务，在基本支出之外发生的支出。

第十九条 行政单位应当将各项支出全部纳入单位预算。

各项支出由单位财务部门按照批准的预算和有关规定审核办理。

第二十条 行政单位的支出应当严格执行国家规定的开支范围及标准，建立健全支出管理制度，对节约潜力大、管理薄弱的支出进行重点管理和控制。

第二十一条 行政单位从财政部门或者上级预算单位取得的项目资金，应当按照批准的项目和用途使用，专款专用、单独核算，并按照规定向同级财政部门或者上级预算单位报告资金使用情况，接受财政部门和上级预算单位的检查监督。

项目完成后，行政单位应当向同级财政部门或者上级预算单位报送项目支出决算和使用效果的书面报告。

第二十二条 行政单位应当严格执行国库集中支付制度和政府采购制度等规定。

第二十三条 行政单位应当加强支出的绩效管理，提高资金的使用效益。

第二十四条 行政单位应当依法加强各类票据管理，确保票据来源合法、内容真实、使用正确，不得使用虚假票据。

第五章　结转和结余管理

第二十五条　结转资金，是指当年预算已执行但未完成，或者因故未执行，下一年度需要按照原用途继续使用的资金。

第二十六条　结余资金，是指当年预算工作目标已完成，或者因故终止，当年剩余的资金。

结转资金在规定使用年限未使用或者未使用完的，视为结余资金。

第二十七条　财政拨款结转和结余的管理，应当按照同级财政部门的规定执行。

第六章　资产管理

第二十八条　资产是指行政单位占有或者使用的，能以货币计量的经济资源，包括流动资产、固定资产、在建工程、无形资产等。

第二十九条　流动资产是指可以在一年内变现或者耗用的资产，包括现金、银行存款、零余额账户用款额度、应收及暂付款项、存货等。

前款所称存货是指行政单位在工作中为耗用而储存的资产，包括材料、燃料、包装物和低值易耗品等。

第三十条　固定资产是指使用期限超过一年，单位价值在1000元以上（其中：专用设备单位价值在1500元以上），并且在使用过程中基本保持原有物质形态的资产。单位价值虽未达到规定标准，但是耐用时间在一年以上的大批同类物资，作为固定资产管理。

固定资产一般分为六类：房屋及构筑物；通用设备；专用设备；文物和陈列品；图书、档案；家具、用具、装具及动植物。

第三十一条　在建工程是指已经发生必要支出，但尚未达到交付使用状态的建设工程。

在建工程达到交付使用状态时，应当按照规定办理工程竣工财务决算和资产交付使用。

第三十二条　无形资产是指不具有实物形态而能为使用者提供某种权利的资产，包括著作权、土地使用权等。

第三十三条　行政单位应当建立健全单位资产管理制度，加强和规范资产配置、使用和处置管理，维护资产安全完整。

第三十四条　行政单位应当按照科学规范、从严控制、保障工作需要的原则合理配置资产。

行政单位资产有原始凭证的，按照原始凭证记账；无原始凭证的，应当依法进行评估，按照评估价值记账。

第三十五条　行政单位应当加强资产日常管理工作，做好资产建账、核算和登记工作，定期或者不定期进行清查盘点，保证账账相符，账实相符。年度终了，应当进行全面清查盘点。对资产盘盈、盘亏应当及时处理。

第三十六条　行政单位开设银行存款账户，应当报同级财政部门审批，并由财务部门统一管理。

第三十七条　行政单位应当加强应收及暂付款项的管理，严格控制规模，并及时进行清理，不得长期挂账。

第三十八条　行政单位的资产增加时，应当及时登记入账；减少时，应当按照资产处置规定办理报批手续，进行账务处理。

行政单位的固定资产不计提折旧，但财政部另有规定的除外。

第三十九条　行政单位不得以任何形式用占有、使用的国有资产对外投资或者举办经济实体。对于未与行政单位脱钩的经济实体，行政单位应当按照有关规定进行监管。

除法律、行政法规另有规定外，行政单位不得举借债务，不得对外提供担保。

第四十条　未经同级财政部门批准，行政单位不得将占有、使用的国有资产对外出租、出借。

第四十一条　行政单位应当按照国家有关规定实行资源共享、装备共建，提高资产使用效率。

第四十二条　行政单位资产处置应当遵循公开、公平、公正的原则，依法进行评估，严格履行相关审批程序。

第七章　负债管理

第四十三条　负债是指行政单位所承担的能以货币计量，需要以资产或者劳务偿还的债务，包括应缴款项、暂存款项、应付款项等。

第四十四条 应缴款项是指行政单位依法取得的应当上缴财政的资金，包括罚没收入、行政事业性收费、政府性基金、国有资产处置和出租出借收入等。

第四十五条 行政单位取得罚没收入、行政事业性收费、政府性基金、国有资产处置和出租出借收入等，应当按照国库集中收缴的有关规定及时足额上缴，不得隐瞒、滞留、截留、挪用和坐支。

第四十六条 暂存款项是行政单位在业务活动中与其他单位或者个人发生的预收、代管等待结算的款项。

第四十七条 行政单位应当加强对暂存款项的管理，不得将应当纳入单位收入管理的款项列入暂存款项；对各种暂存款项应当及时清理、结算，不得长期挂账。

第八章 行政单位划转撤并的财务处理

第四十八条 行政单位划转撤并的财务处理，应当在财政部门、主管预算单位等部门的监督指导下进行。

划转撤并的行政单位应当对单位的财产、债权、债务等进行全面清理，编制财产目录和债权、债务清单，提出财产作价依据和债权、债务处理办法，做好资产的移交、接收、划转和管理工作，并妥善处理各项遗留问题。

第四十九条 划转撤并的行政单位的资产经主管预算单位审核并上报财政部门和有关部门批准后，分别按照下列规定处理：

(一)转为事业单位和改变隶属关系的行政单位，其资产无偿移交，并相应调整、划转经费指标。

(二)转为企业的行政单位，其资产按照有关规定进行评估作价后，转作企业的国有资本。

(三)撤销的行政单位，其全部资产由财政部门或者财政部门授权的单位处理。

(四)合并的行政单位，其全部资产移交接收单位或者新组建单位；合并后多余的资产，由财政部门或者财政部门授权的单位处理。

(五)分立的行政单位，其资产按照有关规定移交分立后的行政单位，并相应划转经费指标。

第九章 财务报告和财务分析

第五十条 财务报告是反映行政单位一定时期财务状况和预算执行结果的总结性书面文件。

第五十一条 行政单位的财务报告，包括财务报表和财务情况说明书。

财务报表包括资产负债表、收入支出表、支出明细表、财政拨款收入支出表、固定资产投资决算报表等主表及有关附表。

财务情况说明书，主要说明行政单位本期收入、支出、结转、结余、专项资金使用及资产负债变动等情况，以及影响财务状况变化的重要事项，总结财务管理经验，对存在的问题提出改进意见。

第五十二条 财务分析是依据会计核算资料和其他有关信息资料，对单位财务活动过程及其结果进行的研究、分析和评价。

第五十三条 财务分析的内容包括预算编制与执行情况、收入支出状况、人员增减情况、资产使用情况等。

财务分析的指标主要有：支出增长率、当年预算支出完成率、人均开支、项目支出占总支出的比率、人员支出占总支出的比率、公用支出占总支出的比率、人均办公使用面积、人车比例等。

行政单位可以根据其业务特点，增加财务分析指标。

第五十四条 行政单位应当真实、准确、完整、及时地编制财务报告，认真进行财务分析，并按照规定报送财政部门、主管预算单位和其他有关部门。

第十章 财务监督

第五十五条 行政单位财务监督主要包括对预算管理、收入管理、支出管理、结转和结余管理、资产管理、负债管理等的监督。

第五十六条 行政单位财务监督应当实行事前监督、事中监督、事后监督相结合，日常监督与专项监督相结合，并对违反财务规章制度的问题进行检查处理。

第五十七条 行政单位应当建立健全内部控制制度、经济责任制度、财务信息披露制度等监督制度，依法公开财务信息。

第五十八条 行政单位应当依法接受主管预算单位和财政、审计部门的监督。

第五十九条 财政部门、行政单位及其工作人员违反本规则，按照《财政违法行为处罚处分条例》(国务院令第427号)处理。

第十一章 附 则

第六十条 行政单位基本建设投资的财务管理，应当执行本规则，但国家基本建设投资财务管理制度另有规定的，从其规定。

第六十一条 参照公务员法管理的事业单位财务制度的适用，由财政部另行规定。

行政单位所属独立核算的企业、事业单位分别执行相应的财务制度，不执行本规则。

第六十二条 省、自治区、直辖市人民政府财政部门可以依据本规则结合本地区实际情况制定实施办法。

第六十三条 本规则自2013年1月1日起施行。

3. 事业单位财务规则(2012年修订)

中华人民共和国财政部令2012年第68号

第一章 总 则

第一条 为了进一步规范事业单位的财务行为，加强事业单位财务管理和监督，提高资金使用效益，保障事业单位健康发展，制定本规则。

第二条 本规则适用于各级各类事业单位(以下简称事业单位)的财务活动。

第三条 事业单位财务管理的基本原则是：执行国家有关法律、法规和财务规章制度；坚持勤俭办事业的方针；正确处理事业发展需要和资金供给的关系，社会效益和经济效益的关系，国家、单位和个人三者利益的关系。

第四条 事业单位财务管理的主要任务是：合理编制单位预算，严格预算执行，完整、准确编制单位决算，真实反映单位财务状况；依法组织收入，努力节约支出；建立健全财务制度，加强经济核算，实施绩效评价，提高资金使用效益；加强资产管理，合理配置和有效利用资产，防止资产流失；加强对单位经济活动的财务控制和监督，防范财务风险。

第五条 事业单位的财务活动在单位负责人的领导下，由单位财务部门统一管理。

第二章 单位预算管理

第六条 事业单位预算是指事业单位根据事业发展目标和计划编制的年度财务收支计划。

事业单位预算由收入预算和支出预算组成。

第七条 国家对事业单位实行核定收支、定额或者定项补助、超支不补、结转和结余按规定使用的预算管理办法。

定额或者定项补助根据国家有关政策和财力可能，结合事业特点、事业发展目标和计划、事业单位收支及资产状况等确定。定额或者定项补助可以为零。

非财政补助收入大于支出较多的事业单位，可以实行收入上缴办法。具体办法由财政部门会同有关主管部门制定。

第八条 事业单位参考以前年度预算执行情况，根据预算年度的收入增减因素和措施，以及以前年度结转和结余情况，测算编制收入预算；根据事业发展需要与财力可能，测算编制支出预算。

事业单位预算应当自求收支平衡，不得编制赤字预算。

第九条 事业单位根据年度事业发展目标和计划以及预算编制的规定，提出预算建议数，经主管部门审核汇总报财政部门（一级预算单位直接报财政部门，下同）。事业单位根据财政部门下达的预算控制数编制预算，由主管部门审核汇总报财政部门，经法定程序审核批复后执行。

第十条 事业单位应当严格执行批准的预算。预算执行中，国家对财政补助收入和财政专户管理资金的预算一般不予调整。上级下达的事业计划有较大调整，或者根据国家有关政策增加或者减少支出，对预算执行影响较大时，事业单位应当报主管部门审核后报财政部门调整预算；财政补助收入和财政专户管理资金以外部分的预算需要调增或者调减的，由单位自行调整并报主管部门和财政部门备案。

收入预算调整后，相应调增或者调减支出预算。

第十一条 事业单位决算是指事业单位根据预算执行结果编制的年度报告。

第十二条 事业单位应当按照规定编制年度决算，由主管部门审核汇总后报财政部门审批。

第十三条 事业单位应当加强决算审核和分析，保证决算数据的真实、准确，规范决算管理工作。

第三章　收入管理

第十四条 收入是指事业单位为开展业务及其他活动依法取得的非偿还性资金。

第十五条 事业单位收入包括：

（一）财政补助收入，即事业单位从同级财政部门取得的各类财政拨款。

（二）事业收入，即事业单位开展专业业务活动及其辅助活动取得的收入。其中：按照国家有关规定应当上缴国库或者财政专户的资金，不计入事业收入；从财政专户核拨给事业单位的资金和经核准不上缴国库或者财政专户的资金，计入事业收入。

（三）上级补助收入，即事业单位从主管部门和上级单位取得的非财政补助收入。

（四）附属单位上缴收入，即事业单位附属独立核算单位按照有关规定上缴的收入。

（五）经营收入，即事业单位在专业业务活动及其辅助活动之外开展非独立核算经营活动取得的收入。

（六）其他收入，即本条上述规定范围以外的各项收入，包括投资收益、利息收入、捐赠收入等。

第十六条 事业单位应当将各项收入全部纳入单位预算，统一核算，统一管理。

第十七条 事业单位对按照规定上缴国库或者财政专户的资金，应当按照国库集中收缴的有关规定及时足额上缴，不得隐瞒、滞留、截留、挪用和坐支。

第四章　支出管理

第十八条 支出是指事业单位开展业务及其他活动发生的资金耗费和损失。

第十九条 事业单位支出包括：

（一）事业支出，即事业单位开展专业业务活动及其辅助活动发生的基本支出和项目支出。基本支出是指事业单位为了保障其正常运转、完成日常工作任务而发生的人员支出和公用支出。项目支出是指事业单位为了完成特定工作任务和事业发展目标，在基本支出之外所发生的支出。

（二）经营支出，即事业单位在专业业务活动及其辅助活动之外开展非独立核算经营活动发生的支出。

（三）对附属单位补助支出，即事业单位用财政补助收入之外的收入对附属单位补助发生的支出。

（四）上缴上级支出，即事业单位按照财政部门和主管部门的规定上缴上级单位的支出。

（五）其他支出，即本条上述规定范围以外的各项支出，包括利息支出、捐赠支出等。

第二十条 事业单位应当将各项支出全部纳入单位预算，建立健全支出管理制度。

第二十一条 事业单位的支出应当严格执行国家有关财务规章制度规定的开支范围及开支标准；国家有关财务规章制度没有统一规定的，由事业单位规定，报主管部门和财政部门备案。事业单位的规定违反法律制度和国家政策的，主管部门和财政部门应当责令改正。

第二十二条 事业单位在开展非独立核算经营活动中，应当正确归集实际发生的各项费用数；不能归集的，应当按照规定的比例合理分摊。

经营支出应当与经营收入配比。

第二十三条 事业单位从财政部门和主管部门取得的有指定项目和用途的专项资金，应当专款专用、单独核算,并按照规定向财政部门或者主管部门报送专项资金使用情况;项目完成后,应当报送专项资金支出决算和使用效果的书面报告,接受财政部门或者主管部门的检查、验收。

第二十四条 事业单位应当加强经济核算,可以根据开展业务活动及其他活动的实际需要,实行内部成本核算办法。

第二十五条 事业单位应当严格执行国库集中支付制度和政府采购制度等有关规定。

第二十六条 事业单位应当加强支出的绩效管理,提高资金使用的有效性。

第二十七条 事业单位应当依法加强各类票据管理,确保票据来源合法、内容真实、使用正确,不得使用虚假票据。

第五章 结转和结余管理

第二十八条 结转和结余是指事业单位年度收入与支出相抵后的余额。

结转资金是指当年预算已执行但未完成,或者因故未执行,下一年度需要按照原用途继续使用的资金。结余资金是指当年预算工作目标已完成,或者因故终止,当年剩余的资金。

经营收支结转和结余应当单独反映。

第二十九条 财政拨款结转和结余的管理,应当按照同级财政部门的规定执行。

第三十条 非财政拨款结转按照规定结转下一年度继续使用。非财政拨款结余可以按照国家有关规定提取职工福利基金,剩余部分作为事业基金用于弥补以后年度单位收支差额;国家另有规定的,从其规定。

第三十一条 事业单位应当加强事业基金的管理,遵循收支平衡的原则,统筹安排、合理使用,支出不得超出基金规模。

第六章 专用基金管理

第三十二条 专用基金是指事业单位按照规定提取或者设置的有专门用途的资金。

专用基金管理应当遵循先提后用、收支平衡、专款专用的原则,支出不得超出基金规模。

第三十三条 专用基金包括:

(一)修购基金,即按照事业收入和经营收入的一定比例提取,并按照规定在相应的购置和修缮科目中列支(各列50%),以及按照其他规定转入,用于事业单位固定资产维修和购置的资金。事业收入和经营收入较少的事业单位可以不提取修购基金,实行固定资产折旧的事业单位不提取修购基金。

(二)职工福利基金,即按照非财政拨款结余的一定比例提取以及按照其他规定提取转入,用于单位职工的集体福利设施、集体福利待遇等的资金。

(三)其他基金,即按照其他有关规定提取或者设置的专用资金。

第三十四条 各项基金的提取比例和管理办法,国家有统一规定的,按照统一规定执行;没有统一规定的,由主管部门会同同级财政部门确定。

第七章 资产管理

第三十五条 资产是指事业单位占有或者使用的能以货币计量的经济资源,包括各种财产、债权和其他权利。

第三十六条 事业单位的资产包括流动资产、固定资产、在建工程、无形资产和对外投资等。

第三十七条 事业单位应当建立健全单位资产管理制度,加强和规范资产配置、使用和处置管理,维护资产安全完整,保障事业健康发展。

第三十八条 事业单位应当按照科学规范、从严控制、保障事业发展需要的原则合理配置资产。

第三十九条 流动资产是指可以在一年以内变现或者耗用的资产,包括现金、各种存款、零余额账户用款额度、应收及预付款项、存货等。

前款所称存货是指事业单位在开展业务活动及其他活动中为耗用而储存的资产,包括材料、燃料、包装物和低值易耗品等。

事业单位应当建立健全现金及各种存款的内部管理制度,对存货进行定期或者不定期的清查盘点,保证账实相符。对存货盘盈、盘亏应当及时处理。

第四十条 固定资产是指使用期限超过一年，单位价值在1000元以上（其中：专用设备单位价值在1500元以上），并在使用过程中基本保持原有物质形态的资产。单位价值虽未达到规定标准，但是耐用时间在一年以上的大批同类物资，作为固定资产管理。

固定资产一般分为六类：房屋及构筑物；专用设备；通用设备；文物和陈列品；图书、档案；家具、用具、装具及动植物。行业事业单位的固定资产明细目录由国务院主管部门制定，报国务院财政部门备案。

第四十一条 事业单位应当对固定资产进行定期或者不定期的清查盘点。年度终了前应当进行一次全面清查盘点，保证账实相符。

第四十二条 在建工程是指已经发生必要支出，但尚未达到交付使用状态的建设工程。

在建工程达到交付使用状态时，应当按照规定办理工程竣工财务决算和资产交付使用。

第四十三条 无形资产是指不具有实物形态而能为使用者提供某种权利的资产，包括专利权、商标权、著作权、土地使用权、非专利技术、商誉以及其他财产权利。

事业单位转让无形资产，应当按照有关规定进行资产评估，取得的收入按照国家有关规定处理。事业单位取得无形资产发生的支出，应当计入事业支出。

第四十四条 对外投资是指事业单位依法利用货币资金、实物、无形资产等方式向其他单位的投资。

事业单位应当严格控制对外投资。在保证单位正常运转和事业发展的前提下，按照国家有关规定可以对外投资的，应当履行相关审批程序。事业单位不得使用财政拨款及其结余进行对外投资，不得从事股票、期货、基金、企业债券等投资，国家另有规定的除外。

事业单位以非货币性资产对外投资的，应当按照国家有关规定进行资产评估，合理确定资产价值。

第四十五条 事业单位资产处置应当遵循公开、公平、公正和竞争、择优的原则，严格履行相关审批程序。

事业单位出租、出借资产，应当按照国家有关规定经主管部门审核同意后报同级财政部门审批。

第四十六条 事业单位应当提高资产使用效率，按照国家有关规定实行资产共享、共用。

第八章 负债管理

第四十七条 负债是指事业单位所承担的能以货币计量，需要以资产或者劳务偿还的债务。

第四十八条 事业单位的负债包括借入款项、应付款项、暂存款项、应缴款项等。

应缴款项包括事业单位收取的应当上缴国库或者财政专户的资金、应缴税费，以及其他按照国家有关规定应当上缴的款项。

第四十九条 事业单位应当对不同性质的负债分类管理，及时清理并按照规定办理结算，保证各项负债在规定期限内归还。

第五十条 事业单位应当建立健全财务风险控制机制，规范和加强借入款项管理，严格执行审批程序，不得违反规定举借债务和提供担保。

第九章 事业单位清算

第五十一条 事业单位发生划转、撤销、合并、分立时，应当进行清算。

第五十二条 事业单位清算，应当在主管部门和财政部门的监督指导下，对单位的财产、债权、债务等进行全面清理，编制财产目录和债权、债务清单，提出财产作价依据和债权、债务处理办法，做好资产的移交、接收、划转和管理工作，并妥善处理各项遗留问题。

第五十三条 事业单位清算结束后，经主管部门审核并报财政部门批准，其资产分别按照下列办法处理：

（一）因隶属关系改变，成建制划转的事业单位，全部资产无偿移交，并相应划转经费指标。

（二）转为企业管理的事业单位，全部资产扣除负债后，转作国家资本金。需要进行资产评估的，按照国家有关规定执行。

（三）撤销的事业单位，全部资产由主管部门和财政部门核准处理。

（四）合并的事业单位，全部资产移交接收单位或者新组建单位，合并后多余的资产由主管部门和财政部门核准处理。

（五）分立的事业单位，资产按照有关规定移交分立后的事业单位，并相应划转经费指标。

第十章　财务报告和财务分析

第五十四条　财务报告是反映事业单位一定时期财务状况和事业成果的总结性书面文件。

事业单位应当定期向主管部门和财政部门以及其他有关的报表使用者提供财务报告。

第五十五条　事业单位报送的年度财务报告包括资产负债表、收入支出表、财政拨款收入支出表、固定资产投资决算报表等主表，有关附表以及财务情况说明书等。

第五十六条　财务情况说明书，主要说明事业单位收入及其支出、结转、结余及其分配、资产负债变动、对外投资、资产出租出借、资产处置、固定资产投资、绩效考评的情况，对本期或者下期财务状况发生重大影响的事项，以及需要说明的其他事项。

第五十七条　财务分析的内容包括预算编制与执行、资产使用、收入支出状况等。

财务分析的指标包括预算收入和支出完成率、人员支出与公用支出分别占事业支出的比率、人均基本支出、资产负债率等。主管部门和事业单位可以根据本单位的业务特点增加财务分析指标。

第十一章　财务监督

第五十八条　事业单位财务监督主要包括对预算管理、收入管理、支出管理、结转和结余管理、专用基金管理、资产管理、负债管理等的监督。

第五十九条　事业单位财务监督应当实行事前监督、事中监督、事后监督相结合，日常监督与专项监督相结合。

第六十条　事业单位应当建立健全内部控制制度、经济责任制度、财务信息披露制度等监督制度，依法公开财务信息。

第六十一条　事业单位应当依法接受主管部门和财政、审计部门的监督。

第十二章　附　　则

第六十二条　事业单位基本建设投资的财务管理，应当执行本规则，但国家基本建设投资财务管理制度另有规定的，从其规定。

第六十三条　参照公务员法管理的事业单位财务制度的适用，由国务院财政部门另行规定。

第六十四条　接受国家经常性资助的社会力量举办的公益服务性组织和社会团体，依照本规则执行；其他社会力量举办的公益服务性组织和社会团体，可以参照本规则执行。

第六十五条　下列事业单位或者事业单位特定项目，执行企业财务制度，不执行本规则：

（一）纳入企业财务管理体系的事业单位和事业单位附属独立核算的生产经营单位；

（二）事业单位经营的接受外单位要求投资回报的项目；

（三）经主管部门和财政部门批准的具备条件的其他事业单位。

第六十六条　行业特点突出，需要制定行业事业单位财务管理制度的，由国务院财政部门会同有关主管部门根据本规则制定。

部分行业根据成本核算和绩效管理的需要，可以在行业事业单位财务管理制度中引入权责发生制。

第六十七条　省、自治区、直辖市人民政府财政部门可以根据本规则结合本地区实际情况制定事业单位具体财务管理办法。

第六十八条　本规则自2012年4月1日起施行。

4. 高等学校财务制度(2012年修订)

财教〔2012〕488号

第一章　总　　则

第一条　为了进一步规范高等学校财务行为，加强财务管理和监督，提高资金使用效益，促进高等教育事业健康发展，根据《事业单位财务规则》(财政部令第 68 号)和国家有关法律制度，结合高等学校特点，制定本制度。

第二条 本制度适用于各级人民政府举办的全日制普通高等学校、成人高等学校(以下简称高等学校)。其他社会组织和个人举办的上述学校可以参照本制度执行。

第三条 高等学校财务管理的基本原则是：执行国家有关法律、法规和财务规章制度；坚持勤俭办学的方针；正确处理事业发展需要和资金供给的关系，社会效益和经济效益的关系，国家、学校和个人三者利益的关系。

第四条 高等学校财务管理的主要任务是：合理编制学校预算，有效控制预算执行，完整、准确编制学校决算，真实反映学校财务状况；依法多渠道筹集资金，努力节约支出；建立健全学校财务制度，加强经济核算，实施绩效评价，提高资金使用效益；加强资产管理，真实完整地反映资产使用状况，合理配置和有效利用资产，防止资产流失；加强对学校经济活动的财务控制和监督，防范财务风险。

第二章 财务管理体制

第五条 高等学校实行“统一领导、集中管理”的财务管理体制；规模较大的学校可以实行“统一领导、分级管理”的财务管理体制。

第六条 高等学校财务工作实行校(院)长负责制。

高等学校应当设置总会计师岗位。总会计师为学校副校级行政领导成员，协助校(院)长管理学校财务工作，承担相应的领导和管理责任。

凡设置总会计师的高等学校，不设与总会计师职权重叠的副校(院)长。

第七条 高等学校应当单独设置一级财务机构，在校(院)长和总会计师的领导下，统一管理学校财务工作。

第八条 高等学校校内非独立法人单位因工作需要设置的财务机构，应当作为学校的二级财务机构。二级财务机构应当遵守和执行学校统一制定的财务规章制度，并接受学校一级财务机构的统一领导、监督和检查。

第九条 高等学校财务机构应当配备专职财会人员。财会人员应当具备与其工作岗位相适应的资格和能力。财会人员的调入、调出、专业技术职务评聘以及校内二级财务机构负责人的任免、调动或者撤换，应当由学校一级财务机构会同有关部门办理。

第三章 预算管理

第十条 高等学校预算是指高等学校根据事业发展目标和计划编制的年度财务收支计划。

高等学校预算由收入预算和支出预算组成。

第十一条 国家对高等学校实行核定收支、定额或者定项补助、超支不补、结转和结余按规定使用的预算管理办法。

定额和定项补助根据国家有关政策和财力可能，结合事业特点、事业发展目标和计划、学校收支及资产状况等确定。

第十二条 高等学校预算编制应当遵循“量入为出、收支平衡”的原则。收入预算编制应当积极稳妥；支出预算编制应当统筹兼顾、保证重点、勤俭节约。

第十三条 高等学校参考以前年度预算执行、结转和结余情况，根据预算年度事业发展目标、计划与财力可能，以及年度收支增减因素和措施，按照预算编制的规定编制预算。

高等学校预算应当自求收支平衡，不得编制赤字预算。

第十四条 高等学校一级财务机构提出预算建议方案，经学校领导班子集体审议通过后，上报主管部门，经主管部门审核汇总报财政部门(一级预算单位直接报财政部门，下同)。高等学校根据财政部门下达的预算控制数编制预算，由主管部门审核汇总报财政部门，经法定程序审核批复后执行。

第十五条 高等学校应当严格执行批准的预算。预算执行中，国家对财政补助收入和财政专户核拨资金的预算一般不予调整；上级下达的事业计划有较大调整，或者根据国家有关政策增加或者减少支出，对预算执行影响较大时，高等学校应当报主管部门审核后报财政部门调整预算。财政补助收入和财政专户核拨资金以外部分的预算需要调增或者调减的，由学校自行调整并报主管部门和财政部门备案。

收入预算调整后，相应调增或者调减支出预算。

第十六条　高等学校决算是指高等学校根据预算执行结果编制的年度报告。

第十七条　高等学校应当按照规定编制年度决算，由主管部门审核汇总后报财政部门审批。

第十八条　高等学校应当加强决算审核和分析，保证决算数据的真实、准确，规范决算管理工作。

第四章　收入管理

第十九条　收入是指高等学校开展教学、科研及其他活动依法取得的非偿还性资金。

第二十条　高等学校收入包括：

（一）财政补助收入，即高等学校从同级财政部门取得的各类财政拨款。包括：

1. 财政教育拨款，即高等学校从同级财政部门取得的各类财政教育拨款。

2. 财政科研拨款，即高等学校从同级财政部门取得的各类财政科研拨款。

3. 财政其他拨款，即高等学校从同级财政部门取得的本条上述拨款范围以外的财政拨款。

（二）事业收入，即高等学校开展教学、科研及其辅助活动取得的收入。包括：

1. 教育事业收入，指高等学校开展教学及其辅助活动所取得的收入，包括：通过学历和非学历教育向学生个人或者单位收取的学费、住宿费、委托培养费、考试考务费、培训费和其他教育事业收入。

按照国家有关规定应当上缴国库或者财政专户的资金，不计入教育事业收入；从财政专户核拨给学校的资金和经核准不上缴国库或财政专户的资金，计入教育事业收入。

2. 科研事业收入，指高等学校开展科研及其辅助活动所取得的收入，包括：通过承接科研项目、开展科研协作、转化科技成果、进行科技咨询等取得的收入。科研事业收入不包括按照部门预算隶属关系从同级财政部门取得的财政拨款。

（三）上级补助收入，即高等学校从主管部门和上级单位取得的非财政补助收入。

（四）附属单位上缴收入，即高等学校附属独立核算单位按照有关规定上缴的收入。

（五）经营收入，即高等学校在教学、科研及其辅助活动之外，开展非独立核算经营活动取得的收入。

（六）其他收入，即本条上述规定范围以外的各项收入，包括投资收益、利息收入、捐赠收入等。

第二十一条　高等学校组织收入应当合法合规。各项收费应当严格执行国家规定的收费范围和标准，并使用合法票据；各项收入应当全部纳入学校预算，统一核算，统一管理。

第二十二条　高等学校对按照规定上缴国库或财政专户的资金，应当按照国库集中收缴的有关规定及时足额上缴，不得隐瞒、滞留、截留、挪用和坐支。

第五章　支出管理

第二十三条　支出是指高等学校开展教学、科研及其他活动发生的资金耗费和损失。

第二十四条　高等学校支出包括：

（一）事业支出，即高等学校开展教学、科研及其辅助活动发生的基本支出和项目支出。

基本支出是指高等学校为了保障其正常运转、完成教学科研和其他日常工作任务而发生的支出，包括人员支出和公用支出。

项目支出是指高等学校为了完成特定工作任务和事业发展目标，在基本支出之外所发生的支出。

（二）经营支出，即高等学校在教学、科研及其辅助活动之外开展非独立核算经营活动发生的支出。经营支出应当与经营收入配比。

（三）对附属单位补助支出，即高等学校用财政补助收入之外的收入对附属单位补助发生的支出。

（四）上缴上级支出，即高等学校按照财政部门和主管部门的规定上缴上级单位的支出。

（五）其他支出，即本条上述规定范围以外的各项支出。包括利息支出、捐赠支出等。

第二十五条　高等学校应当将各项支出全部纳入学校预算，建立健全支出管理制度。

第二十六条　高等学校的支出应当严格执行国家有关财务规章制度规定的开支范围及开支标准；国家有关财务规章制度没有统一规定的，由学校结合本校情况规定，报主管部门和财政部门备案。高等学校的规定违反法律制度和国家政策的，主管部门和财政部门应当责令改正。

第二十七条 高等学校从财政部门和主管部门取得的有指定项目和用途的专项资金，应当专款专用、单独核算，并按照规定向财政部门或者主管部门报送专项资金使用情况；项目完成后，应当报送专项资金支出决算和使用效果的书面报告，接受财政部门或者主管部门和其他相关部门的检查、验收。

第二十八条 高等学校应当严格执行国库集中支付制度和政府采购制度等有关规定。

第二十九条 高等学校应当加强支出管理，不得虚列虚报；应当进行支出绩效评价，提高资金使用的有效性。

第三十条 高等学校应当依法加强各类票据管理，确保票据来源合法、内容真实、使用正确，不得使用虚假票据。

第六章 结转和结余管理

第三十一条 结转和结余是指高等学校年度收入与支出相抵后的余额。

结转资金是指当年预算已执行但未完成，或者因故未执行，下一年度需要按原用途继续使用的资金。

结余资金是指当年预算工作目标已完成，或者因故终止，当年剩余的资金。

经营收支结转和结余应当单独反映。

第三十二条 高等学校财政拨款结转和结余资金的管理，应当按照同级财政部门的规定执行。

第三十三条 高等学校非财政拨款结转按照规定结转下一年度继续使用。非财政拨款结余可以按照国家有关规定提取职工福利基金，剩余部分作为事业基金用于弥补高等学校以后年度收支差额；国家另有规定的，从其规定。

第三十四条 高等学校应当加强事业基金的管理，遵循收支平衡的原则，统筹安排，合理使用，支出不得超出基金规模。

第七章 专用基金管理

第三十五条 专用基金是指高等学校按照规定提取或者设置的有专门用途的资金。

第三十六条 专用基金管理应当遵循先提后用、收支平衡、专款专用的原则，支出不得超出基金规模。

第三十七条 专用基金包括：

（一）职工福利基金，即按照非财政拨款结余的一定比例提取以及按照其他规定提取转入，用于单位职工的集体福利设施、集体福利待遇等的资金。

（二）学生奖助基金，即按照国家有关规定，按照事业收入的一定比例提取，在事业支出的相关科目中列支，用于学费减免、勤工助学、校内无息借款、校内奖助学金和特殊困难补助等的资金。

（三）其他基金，即按照其他有关规定，根据事业发展需要提取或者设置的其他专用资金。

第三十八条 各项基金的提取比例和管理办法，国家有统一规定的，按照统一规定执行；没有统一规定的，由主管部门会同同级财政部门确定。

第八章 资产管理

第三十九条 资产是指高等学校占有或者使用的能以货币计量的经济资源，包括各种财产、债权和其他权利。

第四十条 高等学校的资产包括流动资产、固定资产、在建工程、无形资产和对外投资等。

第四十一条 流动资产是指可以在一年以内变现或者耗用的资产，包括现金、各种存款、零余额账户用款额度、应收及预付款项、存货等。

前款所称存货是指高等学校在开展教学、科研及其他活动中为耗用而储存的资产，包括各类材料、燃料、低值易耗品等。

高等学校应当建立健全现金及各种存款的内部管理制度。对应收及预付款项应当及时清理结算，不得长期挂账；对无法收回的应收及预付款项，要查明原因，分清责任，按照规定程序批准后核销。对存货应当进行定期或者不定期清查盘点，保证账实相符。对存货盘盈、盘亏应当及时处理。

第四十二条 固定资产是指使用期限超过一年，单位价值在 1000 元以上（其中：专用设备单位价值在

1500元以上)，并在使用过程中基本保持原有物质形态的资产。单位价值虽未达到规定标准，但是耐用时间在一年以上的大批同类物资，作为固定资产管理。

高等学校的固定资产一般分为六类:房屋及构筑物;专用设备;通用设备;文物和陈列品;图书、档案;家具、用具、装具及动植物。高等学校的固定资产明细目录由教育部制定，报财政部备案。

第四十三条　高等学校应当对固定资产采用年限平均法或工作量法计提折旧。计提固定资产折旧不考虑残值。已提足折旧的固定资产，可以继续使用的，应当继续使用，规范管理。

省级财政部门可以会同主管部门制定计提折旧的具体办法。文物和陈列品、图书、档案、动植物等，不计提折旧。

固定资产折旧不计入高等学校支出。

第四十四条　高等学校应当对固定资产定期或者不定期地进行清查盘点。年度终了前，应当进行一次全面清查盘点，保证账、卡、物相符。对固定资产的盘盈、盘亏应当按照规定处理。

高等学校应当根据国家有关规定，结合本校实际情况，制定学校固定资产管理办法。

第四十五条　在建工程是指已经发生必要支出，但尚未达到交付使用状态的建设工程。

在建工程达到交付使用状态时，应当按照有关规定办理工程竣工财务决算和资产交付使用。

第四十六条　无形资产是指不具有实物形态而能为使用者提供某种权利的资产，包括专利权、商标权、著作权、土地使用权、非专利技术以及其他财产权利。

高等学校通过外购、自行开发以及其他方式取得的无形资产应当合理计价，及时入账。学校转让无形资产，应当按照规定进行资产评估，取得的收入按照国家有关规定处理。高等学校取得无形资产而发生的支出，计入事业支出。

第四十七条　高等学校应当对无形资产在其使用期限内采用年限平均法进行摊销。对于使用期限不确定的无形资产，摊销办法执行国家有关规定。

无形资产摊销不计入高等学校支出。

第四十八条　对外投资是指高等学校依法利用货币资金、实物、无形资产等方式向其他单位的投资。

高等学校应当严格控制对外投资。在保证学校正常运转和事业发展的前提下，按照国家有关规定可以对外投资的，应当履行有关审批程序。

高等学校不得使用财政拨款及其结余进行对外投资，不得从事股票、期货、基金、企业债券等投资。国家另有规定的除外。

高等学校以实物、无形资产等非货币性资产对外投资的，应当按照国家有关规定进行资产评估，合理确定资产价值。

第四十九条　高等学校资产处置应当遵循公开、公平、公正和竞争、择优的原则，严格履行相关审批程序。

高等学校出租、出借资产，应当按照国家有关规定经主管部门审核同意后报同级财政部门审批。

第五十条　高等学校对外投资收益以及利用国有资产出租、出借取得的收入，应当纳入学校预算，统一核算、统一管理。

高等学校资产处置收入应当按照国家有关规定实行收支两条线管理。

第五十一条　高等学校应当按照国家有关规定，建立健全资产管理制度，加强资产管理，按照科学规范、从严控制、保障事业发展需要的原则合理配置资产，建立资产共享、共用制度，提高资产使用效率。

第九章　负债管理

第五十二条　负债是指高等学校所承担的能以货币计量，需要以资产或劳务偿还的债务。

第五十三条　高等学校的负债包括借入款项、应付及预收款项、应缴款项、代管款项等。

借入款项是指高等学校向银行等金融机构借入的各类款项。

应付及预收款项包括高等学校应付职工薪酬、应付票据、应付账款、预收账款和其他应付款等款项。

应缴款项包括高等学校收取的应当上缴国库或者财政专户的资金、应缴税费，以及其他按照国家有关规定应当上缴的款项。

代管款项是指高等学校接受委托代为管理的各类款项。

第五十四条 高等学校应当对不同性质的负债分类管理，及时清理并按照规定办理结算，保证各项负债在规定期限内归还。

第五十五条 高等学校应当建立健全财务风险控制机制，规范和加强借入款项管理，严格执行审批程序，不得违反规定举借债务和提供担保。具体审批办法由主管部门会同同级财政部门制定。

第十章 成本费用管理

第五十六条 高等学校应当根据事业发展需要，实行内部成本费用管理。

第五十七条 费用是高等学校为完成教学、科研、管理等活动而发生的当期资产耗费和损失。

第五十八条 高等学校应当在支出管理基础上，将效益与本会计年度相关的支出计入当期费用；将效益与两个或者两个以上会计年度相关的支出，按照有关规定，以固定资产折旧、无形资产摊销等形式分期计入费用。

第五十九条 成本核算是指按照相关核算对象和核算方法，对高等学校业务活动中发生的各种费用进行归集、分配和计算。

第六十条 费用按照其用途归集，主要包括：教育费用、科研费用、管理费用、离退休费用和其他费用。

教育费用是指高等学校在教学、教辅、学生事务和其他教育活动中发生的各项费用。

科研费用是指高等学校为完成所承担的科研任务而发生的各项费用。

管理费用是指高等学校为完成学校行政管理任务而发生的各项费用。主要包括：高等学校校级行政管理部门发生的各项费用，高等学校统一负担的工会经费、诉讼费、中介费、印花税、房产税和车船使用税等。

离退休费用是指高等学校负担的离退休人员社会保障和福利待遇方面的各项费用。

其他费用是指高等学校无法归属到本条上述费用中的其他各项费用。主要包括：对附属单位的补助、上缴上级支出、财务费用、捐赠支出等。

第六十一条 高等学校应当正确归集实际发生的各项费用；不能直接归集的，应当按照一定原则和标准合理分摊。

第六十二条 高等学校应当根据实际需要，逐步细化成本核算，开展学校、院系和专业的教育总成本和生均成本等核算工作。科研活动成本的核算应当细化到科研项目。

高等学校成本核算实施细则由国务院财政部门会同教育主管部门制定。

实行内部成本费用管理的高等学校，应当建立成本费用与相关支出的核对机制，以及成本费用分析报告制度。

第十一章 财务清算

第六十三条 经国家有关部门批准，高等学校发生划转、撤销、合并、分立时，应当进行财务清算。

第六十四条 高等学校财务清算，应当在主管部门和财政部门的监督指导下，对学校的财产、债权、债务等进行全面清理，编制财产目录和债权、债务清单，提出财产作价依据和债权、债务处理办法，做好国有资产的移交、接收、划转和管理工作，并妥善处理各项遗留问题。

第六十五条 高等学校清算结束后，经主管部门审核并报财政部门批准，其资产分别按照下列办法处理：

（一）因隶属关系改变，成建制划转的高等学校，全部资产无偿移交，并相应划转经费指标。

（二）撤销的高等学校，全部资产由主管部门和财政部门核准处理。

（三）合并的高等学校，全部资产移交接收单位或者新组建单位，合并后多余的国有资产由主管部门和财政部门核准处理。

（四）分立的高等学校，资产按照有关规定移交分立后的高等学校，并相应划转经费指标。

第十二章 财务报告和财务分析

第六十六条 财务报告是反映高等学校一定时期财务状况和事业成果的总结性书面文件。高等学校应当定期向各有关主管部门和财政部门以及其他有关的报表使用者提供财务报告。

第六十七条　高等学校报送的年度财务报告包括资产负债表、收入支出表、财政拨款收入支出表、固定资产投资决算报表等主表,有关附表以及财务情况说明书等。

第六十八条　财务情况说明书,主要说明高等学校收入及其支出、结转、结余及其分配、资产负债变动、对外投资、资产出租出借、资产处置、固定资产投资、绩效评价的情况,对本期或者下期财务状况发生重大影响的事项,以及需要说明的其他事项。

第六十九条　高等学校的财务分析是财务管理工作的重要组成部分。高等学校应当按照主管部门的规定,根据学校财务管理的需要,科学设置财务分析指标,开展财务分析工作。

财务分析指标主要包括反映高等学校预算管理、财务风险管理、支出结构、财务发展能力等方面的指标(财务分析指标见附表)。

第十三章　财务监督

第七十条　高等学校财务监督的主要内容包括:

(一)预算编制、财务报告的科学性、真实性、完整性;预算执行的有效性、均衡性;

(二)各项收入和支出的合法性、合规性;

(三)结转和结余的管理情况;

(四)资产管理的规范性、有效性;

(五)负债的合规性和风险程度;

(六)对违反财务规章制度的问题进行检查纠正。

第七十一条　高等学校财务监督应当实行事前监督、事中监督、事后监督相结合,日常监督与专项检查相结合。

第七十二条　高等学校应当建立健全内部控制制度、经济责任制度、财务信息披露制度等监督制度,依法公开财务信息。

第七十三条　高等学校应当依法接受主管部门和财政、审计部门的监督。

第十四章　附　则

第七十四条　高等学校基本建设投资财务管理,应当执行本制度。但国家基本建设投资财务管理制度另有规定的,从其规定。

第七十五条　高等学校应当根据本制度,结合学校实际情况,制定内部财务管理办法,报主管部门备案。

第七十六条　本制度自 2013 年 1 月 1 日起施行。财政部、原国家教育委员会 1997 年 6 月 23 日颁布的《高等学校财务制度》同时废止。

5. 中小学校财务制度(2012 年修订)

财教〔2012〕489 号

第一章　总　　则

第一条　为了进一步规范中小学校的财务行为,加强财务管理和监督,提高资金使用效益,促进教育事业健康发展,根据《事业单位财务规则》和国家有关法律制度,结合中小学校特点,制定本制度。

第二条　本制度适用于各级人民政府和接受国家经常性资助的社会力量举办的普通中小学校、中等职业学校、特殊教育学校、工读教育学校、成人中学和成人初等学校。

其他社会力量举办的上述学校可以参照本制度执行。

第三条 中小学校财务管理的基本原则是:贯彻执行国家有关法律、法规和财务规章制度;坚持勤俭办学的方针;正确处理事业发展需要和资金供给的关系,社会效益和经济效益的关系,国家、学校和个人三者利益的关系。

第四条 中小学校财务管理的主要任务是:合理编制学校预算,严格预算执行,完整、准确编制学校决算,真实反映学校财务状况;依法筹集教育经费,努力节约支出;建立健全财务制度,加强经济核算,实施绩效评价,提高资金使用效益;加强资产管理,合理配置和有效利用资产,防止资产流失;加强对学校经济活动的财务控制和监督,防范财务风险。

第二章 财务管理体制

第五条 中小学校财务管理实行校长负责制。学校的财务活动在校长的领导下,由学校财务部门统一管理。

第六条 中小学校以校为单位进行会计核算。

实行"集中记账,分校核算"的,不改变学校财务管理权。即在一定区域内,由县级财政和教育部门确定的会计核算机构统一办理区域内中小学校的会计核算,学校设置报账员,在校长领导下,管理学校的财务活动,统一在会计核算机构报账。

具体采取何种方式,由地方财政和教育部门根据当地实际情况确定。

第七条 中小学校财会人员的任职条件、工作职责、工作权限、专业技术职务、任免奖罚,应当严格按照国家会计法律制度执行。

第八条 非独立核算的勤工俭学、社会服务和经营等项目的财务活动,由学校财务部门统一管理。

义务教育阶段学校按照国家有关规定不得从事经营活动。

第九条 中小学校食堂应当坚持公益性和非营利性原则,在学校财务部门统一管理下,实行单独核算,定期公开账务。

第三章 预算管理

第十条 中小学校预算是指中小学校根据教育事业发展目标和计划编制的年度财务收支计划。

中小学校预算由收入预算和支出预算组成。

第十一条 国家对中小学校实行核定收支、定额或者定项补助、超支不补、结转和结余按照规定使用的预算管理办法。

定额或者定项补助根据国家有关政策和财力可能,结合中小学校特点、事业发展目标和计划、学校收支及资产状况等确定。

国家将义务教育经费全面纳入财政预算,由国务院和地方各级人民政府依法予以保障。

第十二条 中小学校预算以校为基本编制单位,教学点纳入其所隶属学校统一编制。预算编制应当坚持量入为出、收支平衡、统筹兼顾、保证重点的原则。中小学校不得编制赤字预算。

第十三条 收入预算,应当考虑学校维持正常运转和发展的基本需要,参考以前年度的预算执行情况和预算年度的收入增减因素,积极稳妥地逐项测算编制。

支出预算,应当根据学校开展教育教学等活动需要和财力可能,分轻重缓急,按照政府支出分类科目分项测算编制。

第十四条 中小学校预算由学校根据年度事业发展目标和计划以及预算编制的规定,提出预算建议数,经主管部门审核汇总后报财政部门。中小学校根据财政部门下达的预算控制数编制预算,由主管部门审核汇总报财政部门,经法定程序审核批复后执行。

第十五条 中小学校应当严格执行批准的预算,规范办理收支事项,加强预算执行管理。

第十六条 预算执行中,财政补助收入和财政专户管理资金的预算一般不予调整。如果国家有关政策或者事业计划有较大调整,对预算执行影响较大,确需调整的,中小学校应当报主管部门审核后报财政部门调整预算。财政补助收入和财政专户管理资金以外部分的预算需要调增或者调减的,由学校自行调整并报主管部门和财政部门备案。

收入预算调整后,相应调增或者调减支出预算。

第十七条　中小学校决算是指中小学校根据预算执行结果编制的年度报告。

第十八条　中小学校应当按照规定编制年度决算，由主管部门审核汇总后报财政部门审批。

第十九条　中小学校应当加强决算审核和分析，保证决算数据的真实、准确，规范决算管理工作。

第四章　收入管理

第二十条　收入是指中小学校为开展教育教学及其他活动依法取得的非偿还性资金。

第二十一条　中小学校收入包括：

(一)财政补助收入，即中小学校从同级财政部门取得的各类财政拨款。

(二)事业收入，即中小学校开展教育教学及其辅助活动依法取得的收入。其中：按照国家规定应当上缴国库或者财政专户的资金，不计入事业收入；从财政专户核拨给学校的资金和经核准不上缴国库或者财政专户的资金，计入事业收入。

(三)上级补助收入，即中小学校从主管部门和上级单位取得的非财政补助收入。

(四)附属单位上缴收入，即中小学校附属的独立核算单位按照规定上缴学校的收入。

(五)经营收入，即非义务教育阶段学校在教育教学及其辅助活动之外，开展非独立核算经营活动取得的收入。

(六)其他收入，即本条上述规定范围以外的各项收入，包括投资收益、利息收入、捐赠收入等。

第二十二条　中小学校应当将各项收入全部纳入学校预算，统一核算，统一管理。

中小学校严禁设立“小金库”，严禁账外设账，严禁公款私存。

第二十三条　中小学校组织收入应当合法合规；各项收费应当严格执行国家规定的收费范围、收费项目和收费标准，使用符合国家规定的合法票据。对按照规定上缴国库或者财政专户的资金，中小学校应当按照国库集中收缴的有关规定及时足额上缴，不得隐瞒、滞留、截留、挪用和坐支。

第五章　支出管理

第二十四条　支出是指中小学校为开展教育教学及其他活动发生的各项资金耗费和损失。

第二十五条　中小学校支出包括：

(一)事业支出，即中小学校开展教育教学及其辅助活动发生的基本支出和项目支出。基本支出是指中小学校为了保障其正常运转、完成教育教学和其他日常工作任务而发生的人员支出和公用支出。项目支出是指中小学校为了完成特定工作任务和事业发展目标，在基本支出之外所发生的支出。

(二)经营支出，即非义务教育阶段学校在教育教学及其辅助活动之外开展非独立核算经营活动发生的支出。

(三)对附属单位补助支出，即非义务教育阶段学校用财政补助收入之外的收入对附属单位补助发生的支出。

(四)上缴上级支出，即中小学校按照财政部门和主管部门的规定上缴上级单位的支出。

(五)其他支出，即本条上述规定范围以外的各项支出，包括利息支出、捐赠支出等。

中小学校可以结合实际，在上述支出分类的基础上，进一步按照教育教学功能细化支出分类。

第二十六条　中小学校应当将各项支出全部纳入学校预算，建立健全支出管理制度。

第二十七条　中小学校的支出应当严格执行国家有关财务规章制度规定的开支范围及开支标准；国家有关财务规章制度没有统一规定的，由学校结合本校情况规定，报主管部门和财政部门备案。学校规定违反法律制度和国家政策的，主管部门和财政部门应当责令改正。

中小学校应当加强支出管理，基本支出、项目支出不得混用。公用支出不得用于教职工福利等人员支出。项目支出应当按照规定专款专用，不得挤占和挪用。

第二十八条　非义务教育阶段学校开展非独立核算经营活动，应当以不影响正常教育教学活动为前提。在开展非独立核算经营活动中，应当加强经济核算，正确归集实际发生的各项费用；不能直接归集的，应当按照规定的比例合理分摊。

经营支出应当与经营收入配比。

第二十九条　中小学校从财政部门和主管部门取得的有指定项目和用途的专项资金，应当专款专用、单独核算,并按照规定向财政部门或者主管部门报送资金使用情况;项目完成后,应当报送专项资金支出决算和使用效果的书面报告,并接受财政部门和主管部门的检查、验收。

第三十条 中小学校各项支出应当按照实际发生数列支,不得虚列虚报,不得以计划数和预算数代替。

第三十一条 中小学校应当严格执行国库集中支付制度和政府采购制度等有关规定。

第三十二条 中小学校应当加强支出的绩效管理,提高资金使用的有效性。

第三十三条 中小学校应当依法加强各类票据管理,确保票据来源合法、内容真实、使用正确,不得使用虚假票据。

第六章 结转和结余管理

第三十四条 结转和结余是指中小学校年度收入与支出相抵后的余额。

结转资金是指当年预算已执行但未完成,或者因故未执行,下一年度需要按照原用途继续使用的资金。结余资金是指当年预算工作目标已完成,或者因故终止,当年剩余的资金。

经营收支结转和结余应当单独反映。

第三十五条 财政拨款结转和结余的管理,应当按照同级财政部门的规定执行。

第三十六条 非财政拨款结转按照规定结转下一年度继续使用。非财政拨款结余可以按照国家有关规定提取职工福利基金,剩余部分作为事业基金用于弥补以后年度学校收支差额;国家另有规定的,从其规定。

第三十七条 中小学校应当加强事业基金的管理,遵循收支平衡的原则,统筹安排、合理使用,支出不得超过基金规模。

第七章 专用基金管理

第三十八条 专用基金是指中小学校按照规定提取或者设置的有专门用途的资金。

专用基金管理应当遵循先提后用、收支平衡、专款专用的原则,支出不得超出基金规模。

第三十九条 专用基金包括:

(一)修购基金,即按照事业收入和经营收入的一定比例提取,并按照规定在相应的购置和修缮科目中列支(各列 50%),以及按照其他规定转入,用于学校固定资产维修和购置的资金。

义务教育阶段学校不提取修购基金。事业收入和经营收入较少的其他中小学校,可以不提取修购基金。

(二)职工福利基金,即按照非财政拨款结余的一定比例提取以及按照其他规定提取转入,用于职工集体福利设施、集体福利待遇等的资金。

(三)奖助学基金,即接受社会捐赠和按照规定从事业收入中提取转入,用于奖励、资助学生的资金。

(四)其他基金,即按照其他有关规定,根据事业发展需要提取或者设置的专用资金。

第四十条 各项基金的提取比例和管理办法,国家有统一规定的,按照统一规定执行;没有统一规定的,由主管部门会同同级财政部门确定。

第八章 资产管理

第四十一条 资产是指中小学校占有或者使用的能以货币计量的经济资源,包括各种财产、债权和其他权利。

第四十二条 中小学校的资产包括流动资产、固定资产、在建工程、无形资产和对外投资等。

第四十三条 中小学校应当建立健全资产管理制度,加强和规范资产配置、使用和处置管理,维护资产安全完整,保障事业健康发展。

第四十四条 中小学校应当按照科学规范、从严控制、保障学校正常运转和事业发展需要的原则合理配置资产。

第四十五条 流动资产是指可以在一年以内变现或者耗用的资产,包括现金、各种存款、零余额账户用款额度、应收及预付款项、存货等。

应收及预付款项是指中小学校在开展教育教学和其他活动过程中形成的各项债权，包括应收账款、应收票据、预付账款和其他应收款等。

存货是指中小学校在开展教育教学及其他活动中为耗用而储存的资产，包括各类材料、燃料、消耗物资和低值易耗品等。

第四十六条　中小学校应当按照国家有关规定，建立健全现金及各种存款的内部管理制度，加强资金监督管理，对应收及预付款项应当及时清理结算，不得长期挂账。对存货进行定期或者不定期的清查盘点，保证账实相符。对存货的盘盈、盘亏应当及时处理。

第四十七条　固定资产是指使用期限超过一年，单位价值在1000元以上(其中：专用设备单位价值在1500元以上)，并在使用过程中基本保持原有物质形态的资产。单位价值虽未达到规定标准，但是耐用时间在一年以上的大批同类物资，作为固定资产管理。

中小学校的固定资产一般分为六类：房屋及构筑物；专用设备；通用设备；文物和陈列品；图书、档案；家具、用具、装具及动植物。

中小学校的固定资产明细目录由教育部制定，报财政部备案。

第四十八条　中小学校应当设置固定资产总账、明细账及固定资产卡片，详细记载固定资产的编码、名称、类别、规格、型号、原值、购置日期、使用部门等信息，完整反映固定资产情况。

中小学校应当对固定资产进行定期或者不定期的清查盘点。年度终了前应当进行一次全面清查盘点，做到账、卡、物相符。对盘盈、盘亏的固定资产，应当及时查明原因，按照规定处理。

第四十九条　在建工程是指已经发生必要支出，但尚未达到交付使用状态的建设工程。

在建工程达到交付使用状态时，应当按照规定办理工程竣工财务决算和资产交付使用手续。

第五十条　在建工程应当进行单独核算，反映在建工程的实际支出。

第五十一条　无形资产是指不具有实物形态而能为使用者提供某种权利的资产，包括专利权、商标权、著作权、土地使用权、非专利技术、商誉以及其他财产权利。

中小学校转让无形资产，应当按照有关规定进行资产评估，取得的收入按照国家有关规定处理。中小学校取得无形资产发生的支出，应当计入事业支出。

第五十二条　对外投资是指中小学校依法利用货币资金、实物、无形资产等方式向其他单位的投资。

中小学校应当严格控制对外投资。在保证学校正常运转和事业发展的前提下，按照国家有关规定可以对外投资的，应当履行相关审批程序。中小学校不得使用财政拨款及其结余进行对外投资，不得从事股票、期货、基金、企业债券等投资，国家另有规定的除外。

中小学校以实物、无形资产等非货币性资产对外投资的，应当按照国家有关规定进行资产评估，合理确定资产价值。

义务教育阶段学校不得对外投资。

第五十三条　中小学校出租、出借资产，应当按照国家有关规定经主管部门审核同意后报同级财政部门审批。

第五十四条　中小学校资产处置是指中小学校对其占有、使用的国有资产，进行产权转让或者注销产权的行为，包括无偿调拨(划转)、对外捐赠、出售、出让、转让、置换、报废、报损、货币性资产损失核销等。

中小学校资产处置应当遵循公开、公平、公正和竞争、择优的原则，严格履行相关审批程序。

第五十五条　中小学校资产处置收入应当按照国家有关规定，实行“收支两条线”管理。

第五十六条　中小学校应当提高资产使用效率，按照国家有关规定实行资产共享、共用。

第九章　负债管理

第五十七条　负债是指中小学校所承担的能以货币计量，需要以资产或者劳务偿还的债务。

第五十八条　中小学校的负债包括借入款项、应付及预收款项、应缴款项、代管款项等。

借入款项是指非义务教育阶段学校经批准从银行等金融机构借入的短期或者长期借款。

应付及预收款项包括中小学校应付票据、应付账款以及其他应付款和预收账款等。

应缴款项包括中小学校收取的应当上缴国库或者财政专户的资金、应缴税费，以及其他按照国家有关规定应当上缴的款项。

代管款项是指中小学校接受委托代为管理的各类款项。中小学校应当加强代管款项管理，分项核算，按时结清。

第五十九条　中小学校应当对不同性质的负债分类管理，及时清理并按照规定办理结算，保证各项负债在规定期限内归还。

第六十条　中小学校应当建立健全财务风险控制机制，规范和加强借入款项管理，严格执行审批程序。严禁义务教育阶段学校举借债务，非义务教育阶段学校不得违反规定举借债务。

中小学校不得提供担保。

第十章　财务清算

第六十一条　经国家有关部门批准，中小学校发生划转、撤销、合并、分立时，应当进行财务清算。

第六十二条　中小学校财务清算，应当在主管部门和财政部门的监督指导下，对学校的财产、债权、债务等进行全面清理，编制财产目录和债权、债务清单，提出财产作价依据和债权、债务处理办法，做好资产的移交、接收、划转和管理工作，并妥善处理各项遗留问题。

第六十三条　中小学校财务清算结束后，经主管部门审核并报财政部门批准，其资产分别按照下列办法处理：

（一）因隶属关系改变，成建制划转的中小学校，全部资产无偿移交，并相应划转经费指标。

（二）撤销的中小学校，全部资产由主管部门和财政部门核准处理。

（三）合并的中小学校，全部资产移交接收单位或者新组建单位，合并后多余的资产由主管部门和财政部门核准处理。

（四）分立的中小学校，资产按照有关规定移交分立后的中小学校，并相应划转经费指标。

第十一章　财务报告和财务分析

第六十四条　财务报告是反映中小学校一定时期财务状况和事业发展成果的总结性书面文件。

中小学校应当定期向主管部门和财政部门以及其他有关的报表使用者提供财务报告。

第六十五条　中小学校报送的年度财务报告包括资产负债表、收入支出表、财政拨款收入支出表、固定资产投资决算报表等主表，有关附表及财务情况说明书等。

第六十六条　财务情况说明书，主要说明中小学校收入及其支出、结转、结余及其分配、资产负债变动、对外投资、资产出租出借、资产处置、固定资产投资、财务分析指标、绩效等情况，对本期或者下期财务状况发生重大影响的事项，以及需要说明的其他事项。

第六十七条　中小学校的财务分析是财务管理工作的重要组成部分。中小学校应当按照主管部门的规定和要求，根据学校财务管理的需要，进行财务分析，定期编制财务分析报告。

财务分析内容包括中小学校事业发展和预算编制与执行、资产使用、收入支出状况、专用基金变动以及财务管理情况、存在主要问题和改进措施等。

财务分析指标包括预算收入和支出完成率、人员支出与公用支出分别占事业支出的比率、生均事业支出、生均公用支出以及资产负债率等。

主管部门和中小学校可以根据学校特点增加财务分析指标。

第十二章　财务监督

第六十八条　中小学校财务监督的主要内容包括：

（一）预、决算编制的科学性、真实性、完整性和预算执行的时效性、均衡性；

（二）各项收入、支出的合法性、合规性；

（三）结转和结余资金以及专用基金管理的合规性；

（四）资产管理的安全性、合规性、有效性；

（五）负债的合规性和风险性；

（六）学生人数、教职工人数等基础数据的真实性和准确性。

第六十九条　中小学校财务监督应当实行事前监督、事中监督、事后监督相结合，日常监督和专项监督相结合。

第七十条　中小学校应当建立健全内部控制制度、经济责任制度、财务信息披露制度等监督制度，依法公开财务信息。

第七十一条　中小学校应当依法接受主管部门和财政、审计等部门的监督。

第十三章　附　　则

第七十二条　中小学校基本建设投资的财务管理，应当执行本制度，但国家基本建设投资财务管理制度另有规定的，从其规定。

第七十三条　纳入企业财务管理体系的中小学校，以及独立核算的中小学校校办企业，执行企业财务制度，不执行本制度。

第七十四条　各级人民政府和接受国家经常性资助的社会力量举办的幼儿园依照本制度执行；其他社会力量举办的幼儿园可以参照本制度执行。

第七十五条　各省、自治区、直辖市人民政府财政部门、教育部门可以根据本制度，结合本地区实际情况，制定具体财务管理办法或者补充规定。

第七十六条　中小学校应当根据本制度结合学校实际情况制定内部财务管理办法，报主管部门备案。

第七十七条　本制度自2013年1月1日起施行。

6. 文化事业单位财务制度(2012年修订)

财教〔2012〕503号

第一章　总　　则

第一条　为了进一步规范文化事业单位的财务行为，加强财务管理和监督，提高资金使用效益，保障文化事业单位的健康发展，根据《事业单位财务规则》和国家有关法律制度，结合文化事业单位特点，制定本制度。

第二条　本制度适用于各级各类文化事业单位(以下简称文化事业单位)的财务活动。

第三条　文化事业单位财务管理的基本原则是：执行国家有关法律、法规和财务规章制度；坚持勤俭办事业的方针；正确处理事业发展需要和资金供给的关系，社会效益和经济效益的关系，国家、单位和个人三者利益的关系。

第四条　文化事业单位财务管理的主要任务是：合理编制单位预算，严格预算执行，完整、准确编制单位决算，真实反映单位财务状况；依法组织收入，努力节约支出；建立健全财务制度，加强经济核算，实施绩效评价，提高资金使用效益；加强资产管理，合理配置和有效利用资产，防止资产流失；参与单位重大经济决策和对外签订经济合同等事项；加强对单位经济活动的财务控制和监督，防范财务风险。

第五条　文化事业单位应当按照国家有关规定设置财务会计机构，配备具备从业资格的财务会计人员。

第六条　文化事业单位的财务活动在单位负责人领导下，由单位财务部门统一管理。

第二章　单位预算管理

第七条　文化事业单位预算是文化事业单位根据单位职能、事业发展目标和计划编制的年度财务收支计划。

文化事业单位预算由收入预算和支出预算组成。

第八条　国家对文化事业单位实行核定收支、定额或者定项补助、超支不补、结转和结余按照规定使用的预算管理办法。

定额或者定项补助标准根据国家有关政策和财力可能，结合文化事业单位特点、事业发展目标和计划、财务收支及资产状况等确定。定额或者定项补助可以为零。

非财政补助收入大于支出较多的文化事业单位，可以实行收入上缴办法。具体办法由财政部门会同主管部门制定。

第九条 预算编制原则

（一）坚持合法合规的原则。根据国家有关方针政策、法律法规以及文化事业发展目标和计划编制单位预算。

（二）坚持以收定支、收支平衡的原则。文化事业单位预算编制应当自求收支平衡，不得编制赤字预算。

（三）坚持统筹兼顾、保证重点的原则。既要考虑事业发展的需要，又要考虑国家财力可能和单位收入状况、资产状况，保证重点，兼顾一般。

（四）坚持厉行节约、注重绩效的原则。挖掘内部潜力，努力增收节支，加强绩效管理，推进绩效评价与预算编制的有机结合，提高资金使用效益。

（五）坚持完整性和统一性原则。文化事业单位应当将全部财务收支在预算中予以反映，并按照国家预算表格和统一的口径、程序及计算依据编制单位预算。

第十条 文化事业单位参考以前年度预算执行情况，根据预算年度的收入增减因素和措施，以及以前年度结转和结余情况，测算编制收入预算；根据事业发展需要与财力可能，测算编制支出预算。

第十一条 预算编制程序

文化事业单位根据年度事业发展目标和计划以及预算编制的规定，提出预算建议数，经主管部门审核汇总报财政部门（一级预算单位直接报财政部门，下同）。文化事业单位根据财政部门下达的预算控制数编制预算，由主管部门审核汇总报财政部门，经法定程序审核批复后执行。

第十二条 文化事业单位应当严格执行批准的预算。预算执行中，对财政补助收入和财政专户管理资金的预算一般不予调整。

上级下达的事业计划有较大调整，或者根据国家有关政策增加或者减少支出，对预算执行影响较大时，文化事业单位应当报主管部门审核后报财政部门调整预算；财政补助收入和财政专户管理资金以外部分的预算需要调增或者调减的，由单位自行调整并报主管部门和财政部门备案。

收入预算调整后，相应调增或者调减支出预算。

第十三条 文化事业单位决算是指文化事业单位根据预算执行结果编制的年度报告。

第十四条 文化事业单位应当按照规定编制年度决算，经主管部门审核汇总后报财政部门审批。

第十五条 文化事业单位应当加强决算审核和分析，保证决算数据的真实、准确，规范决算管理工作。

第三章 收入管理

第十六条 收入是指文化事业单位为开展业务及其他活动依法取得的非偿还性资金。

第十七条 文化事业单位的收入包括：

（一）财政补助收入，即文化事业单位从同级财政部门取得的各类财政拨款。

（二）事业收入，即文化事业单位开展专业业务活动及其辅助活动取得的收入。其中：按照国家有关规定应当上缴国库或者财政专户的资金，不计入事业收入；从财政专户核拨给文化事业单位的资金和经核准不上缴国库或者财政专户的资金，计入事业收入。

（三）上级补助收入，即文化事业单位从主管部门和上级单位取得的各种非财政补助收入。

（四）附属单位上缴收入，即文化事业单位附属独立核算单位按照有关规定上缴的收入。

（五）经营收入，即文化事业单位在专业业务活动及其辅助活动之外开展非独立核算的经营活动取得的收入。

（六）其他收入，即本条上述规定范围以外的各项收入，包括投资收益、利息收入、捐赠收入等。

第十八条 事业收入包括：

（一）演出收入，即艺术表演团体进行各类文艺演出取得的收入。

（二）文化场馆服务收入，即艺术表演场所、文化展示及纪念机构开展文艺演出、举办展览展映等活动所取得的收入。

（三）技术服务收入，即文化事业单位提供各种技术指导、技术咨询、技术服务取得的收入。

（四）培训收入，即文化事业单位举办各种文化艺术培训班取得的收入。

（五）复印复制收入，即图书馆、文化馆、群艺馆、展览馆、美术馆、纪念馆等对外提供馆藏资料的复印复制等服务取得的收入。

（六）门票收入，即文化展示及纪念机构销售门票取得的收入。

（七）外借人员劳务收入，即文化事业单位对外提供演职人员、技术人员等取得的劳务收入。

（八）其他事业收入，即文化事业单位开展专业业务活动及其辅助活动取得的除上述各项收入以外的收入。

第十九条 经营收入包括：

（一）销售收入，即文化事业单位非独立核算部门销售商品取得的收入。

（二）经营服务收入，即文化事业单位非独立核算部门对外提供经营服务取得的收入。

（三）租赁收入，即文化事业单位对外出租房屋、场地和设备等取得的收入。

（四）其他经营收入，即文化事业单位在专业业务活动及其辅助活动之外，开展非独立核算的经营活动取得的除上述各项收入以外的收入。

第二十条 收入管理的要求：

（一）文化事业单位应当在国家政策允许的范围内，合法组织收入。坚持把社会效益放在首位，坚持社会效益和经济效益的有机统一。

（二）文化事业单位应当使用财政税务部门统一印制的票据，并建立健全各种收据、发票、门票等票据的管理制度。

（三）文化事业单位应当严格执行国家批准的收费项目和收费标准，不得擅自设立收费项目，自定收费标准。

（四）文化事业单位应当按照规定加强银行账户的统一管理，收入要及时入账，防止流失。

（五）文化事业单位应当将各项收入全部纳入单位预算，统一核算，统一管理。

第二十一条 文化事业单位对按照规定上缴国库或者财政专户的资金，应当按照国库集中收缴的有关规定及时足额上缴，不得隐瞒、滞留、截留、挪用和坐支。

第四章 支出管理

第二十二条 支出是指文化事业单位开展业务及其他活动发生的资金耗费和损失。

第二十三条 文化事业单位支出包括：

（一）事业支出，即文化事业单位开展专业业务活动及其辅助活动发生的基本支出和项目支出。基本支出是指文化事业单位为了保障其正常运转、完成日常工作任务而发生的人员支出和公用支出。项目支出是指文化事业单位为了完成特定工作任务和事业发展目标，在基本支出之外所发生的支出。

（二）经营支出，即文化事业单位在专业业务活动及其辅助活动之外开展非独立核算经营活动发生的支出。

（三）对附属单位补助支出，即文化事业单位用财政补助收入之外的收入对附属单位补助发生的支出。

（四）上缴上级支出，即文化事业单位按照财政部门和主管部门的规定上缴上级单位的支出。

（五）其他支出，即本条上述规定范围以外的各项支出，包括利息支出、捐赠支出等。

第二十四条 支出管理的要求：

（一）文化事业单位应当将各项支出全部纳入单位预算，建立健全支出管理制度。

（二）文化事业单位的支出应当严格执行国家有关财务规章制度规定的开支范围及开支标准；国家有关财务规章制度没有统一规定的，由文化事业单位规定，报主管部门和财政部门备案。

文化事业单位的规定违反法律制度和国家政策的，主管部门和财政部门应当责令改正。

（三）文化事业单位从财政部门和主管部门取得的有指定项目和用途的专项资金，应当专款专用、单独核算，并按照规定向财政部门或者主管部门报送专项资金使用情况；项目完成后，应当报送专项资金支出决算和使用效果的书面报告，接受财政部门和主管部门的检查和验收。

（四）文化事业单位应当依法加强各类票据管理，确保票据来源合法、内容真实、使用正确，不得使用虚假票据。

第二十五条 文化事业单位在开展非独立核算经营活动中，应当正确归集实际发生的各项费用数；不能归集的，应当按照规定的比例合理分摊。

经营支出应当与经营收入配比。

第二十六条 文化事业单位应当加强经济核算，可以根据开展业务活动及其他活动的实际需要，实行内部成本核算办法。

第二十七条 文化事业单位应当严格执行国库集中支付制度和政府采购制度等有关规定。

第二十八条 文化事业单位应当加强支出的绩效管理，提高资金使用的有效性。

第五章 结转和结余管理

第二十九条 结转和结余是指文化事业单位年度收入与支出相抵后的余额。

结转资金是指当年预算已执行但未完成，或者因故未执行，下一年度需要按照原用途继续使用的资金。结余资金是指当年预算工作目标已完成，或者因故终止，当年剩余的资金。

经营收支结转和结余应当单独反映。

第三十条 财政拨款结转和结余的管理，应当按照同级财政部门的规定执行。

第三十一条 文化事业单位非财政拨款结转按照规定结转下一年度继续使用。非财政拨款结余可以按照国家有关规定提取职工福利基金，剩余部分作为事业基金用于弥补以后年度单位收支差额；国家另有规定的，从其规定。

第三十二条 文化事业单位应当加强事业基金的管理，遵循收支平衡的原则，统筹安排、合理使用，支出不得超出基金规模。

第六章 专用基金管理

第三十三条 专用基金是指文化事业单位按照规定提取或者设置的有专门用途的资金。

专用基金管理应当遵循先提后用、收支平衡、专款专用的原则，支出不得超出基金规模。

第三十四条 专用基金包括：

（一）修购基金，即按照事业收入和经营收入的一定比例提取，并按照规定在相应的购置和修缮科目中列支（各列 50%），以及按照其他规定转入，用于文化事业单位固定资产维修和购置的资金。事业收入和经营收入较少的事业单位可以不提取修购基金。

（二）职工福利基金，即按照非财政拨款结余的一定比例提取以及按照其他规定提取转入，用于单位职工的集体福利设施、集体福利待遇等的资金。

（三）其他基金，即按照其他有关规定提取或者设置的专用资金。

第三十五条 各项基金的提取比例和管理办法，国家有统一规定的，按照统一规定执行；没有统一规定的，由主管部门会同同级财政部门确定。

第七章 资产管理

第三十六条 资产是指文化事业单位占有或者使用的能以货币计量的经济资源，包括各种财产、债权和其他权利。

第三十七条 文化事业单位的资产包括流动资产、固定资产、在建工程、无形资产和对外投资等。

第三十八条 文化事业单位应当建立健全单位资产管理制度，加强和规范资产配置、使用和处置管理，维护资产安全完整，保障事业健康发展。

第三十九条 文化事业单位应当按照科学规范、从严控制、保障事业发展需要的原则合理配置资产。根据单位资产存量状况、人员编制和有关资产配置标准，编制资产购置计划，按照部门预算管理的有关要求列入年度部门预算，并履行相关政府采购规定。

第四十条 流动资产是指可以在一年以内变现或者耗用的资产，包括现金、各种存款、零余额账户用款额度、应收及预付款项、存货等。

前款所称存货是指文化事业单位在开展业务活动及其他活动中为耗用而储存的资产，包括材料、燃料、包装物和低值易耗品等。

第四十一条　文化事业单位应当加强流动资产管理：

（一）文化事业单位应当严格执行国家现金及各种存款的有关规定，建立健全内部管理制度；对存货进行定期或者不定期的清查盘点，保证账实相符；对存货盘盈、盘亏应当及时处理。

（二）文化事业单位应当对应收及预付款项按时清理结算，加强管理。

（三）文化事业单位应当建立健全存货管理制度。单位资产管理部门应当指定专人负责，严格收发手续，完善存货验收、出入库和保管制度，防止丢失、损坏和变质。

第四十二条　固定资产是指使用期限超过一年，单位价值在1000元以上（其中：专用设备单位价值在1500元以上），并在使用过程中基本保持原有物质形态的资产。单位价值虽未达到规定标准，但是耐用时间在一年以上的大批同类物资，作为固定资产管理。

固定资产一般分为六类：房屋及构筑物；专用设备；通用设备；文物和陈列品；图书、档案；家具、用具、装具及动植物。

文化事业单位的固定资产明细目录由国务院文化主管部门制定，报国务院财政部门备案。

第四十三条　文化事业单位应当建立健全固定资产管理制度，加强固定资产维护和保养。

文化事业单位应当对固定资产进行定期或者不定期的清查盘点。年度终了前应当进行一次全面清查盘点，保证账实相符。

第四十四条　文化事业单位藏品的管理

（一）拥有文物、艺术品、图书等藏品的文化事业单位应当按照有关规定建立健全藏品的监督管理制度，做好登记建档工作。

（二）拥有文物、艺术品、图书等藏品的文化事业单位通过购买、接受捐赠、依法调拨、交换、移交、拣选等方式取得的藏品，财务部门应当及时登记入账。

（三）财务部门应当定期与保管部门进行藏品清查盘点，重点核对藏品资产账面数、藏品登记账数和实物，确保藏品的数量、名称和实物的对应。

第四十五条　在建工程是指已经发生必要支出，但尚未达到交付使用状态的建设工程。

在建工程达到交付使用状态时，应当按照规定办理工程竣工财务决算和资产交付使用。

第四十六条　无形资产是指不具有实物形态而能为使用者提供某种权利的资产，包括专利权、商标权、著作权、土地使用权、非专利技术以及其他财产权利。

文化事业单位转让无形资产，应当按照有关规定进行资产评估，取得的收入按照国家有关规定处理。文化事业单位取得无形资产发生的支出，应当计入事业支出。

第四十七条　对外投资是指文化事业单位依法利用货币资金、实物、无形资产等方式向其他单位的投资。

第四十八条　文化事业单位应当加强对外投资管理：

（一）文化事业单位应当严格控制对外投资。在保证单位正常运转和事业发展的前提下，按照国家有关规定可以对外投资的，应当履行相关审批程序。

（二）文化事业单位不得使用财政拨款及其结余进行对外投资，不得从事股票、期货、基金、企业债券等投资，国家另有规定的除外。

（三）文化事业单位以非货币性资产对外投资的，应当按照国家有关规定进行资产评估，合理确定资产价值。

第四十九条　文化事业单位资产处置应当遵循公开、公平、公正和竞争、择优的原则，严格履行相关审批程序。

文化事业单位出租、出借资产，应当按照国家有关规定经主管部门审核同意后报同级财政部门审批。

第五十条　文化事业单位应当提高资产使用效率，按照国家有关规定实行资产共享、共用。

第八章　负债管理

第五十一条　负债是指文化事业单位所承担的能以货币计量，需要以资产或者劳务偿还的债务。

第五十二条　文化事业单位的负债包括借入款项、应付款项、暂存款项、应缴款项等。

应缴款项包括文化事业单位收取的应当上缴国库或者财政专户的资金、应缴税费，以及其他按照国家有关规定应当上缴的款项。

第五十三条 文化事业单位应当对不同性质的负债分类管理，及时清理并按照规定办理结算，保证各项负债在规定期限内归还。

第五十四条 文化事业单位应当建立健全财务风险控制机制，规范和加强借入款项管理，严格执行审批程序，不得违反规定举借债务和提供担保。

第九章 事业单位清算

第五十五条 文化事业单位发生划转、撤销、合并、分立时，应当进行清算。

第五十六条 文化事业单位清算，应当在主管部门和财政部门的监督指导下，对单位的财产、债权、债务等进行全面清理，编制财产目录和债权、债务清单，提出财产作价依据和债权、债务处理办法，做好资产的移交、接收、划转和管理工作，并妥善处理各项遗留问题。

第五十七条 文化事业单位清算结束后，经主管部门审核并报财政部门批准，其资产分别按照下列办法处理：

(一)因隶属关系改变，成建制划转的文化事业单位，全部资产无偿移交，并相应划转经费指标。

(二)转为企业管理的文化事业单位，全部资产扣除负债后，转作国家资本金。需要进行资产评估的，按照国家有关规定执行。

(三)撤销的文化事业单位，全部资产由主管部门和财政部门核准处理。

(四)合并的文化事业单位，全部资产移交接收单位或者新组建单位，合并后多余的资产由主管部门和财政部门核准处理。

(五)分立的文化事业单位，资产按照有关规定移交分立后的文化事业单位，并相应划转经费指标。

第十章 财务报告和财务分析

第五十八条 财务报告是反映文化事业单位一定时期财务状况和事业成果的总结性书面文件。

文化事业单位应当按照财政部门和主管部门的规定，定期编制财务报告，并向主管部门和财政部门以及其他有关的报表使用者提供财务报告。

财务报告的编报应当做到内容完整、数据真实、计算准确、说明符合实际情况。

第五十九条 文化事业单位在编制年度财务报告前，应当对财产、债权、债务等进行全面清查盘点，根据清查盘点结果，对盘盈、盘亏、报废、毁损等按照有关规定程序办理。

第六十条 文化事业单位报送的年度财务报告包括资产负债表、收入支出表、财政拨款收入支出表、固定资产投资决算报表等主表，有关附表以及财务情况说明书等。

第六十一条 财务情况说明书，主要说明文化事业单位事业发展、收入及其支出、结转、结余及其分配、资产负债变动、对外投资、资产出租出借、资产处置、固定资产投资、绩效评价的情况，对本期或者下期财务状况发生重大影响的事项，以及需要说明的其他事项。

第六十二条 文化事业单位财务分析的内容包括预算编制与执行、资产使用、收入支出状况等。

第六十三条 财务分析指标分为财务指标和业务指标两类。

(一)财务指标包括：经费自给率，人员支出、公用支出分别占事业支出的比率，人均基本支出，资产负债率，预算收入和支出完成率，财政拨款收入、事业收入和经营收入分别占总收入的比率，事业收入比上年增长率等。

(二)业务指标包括：演出场次，观众人次，公共图书馆总藏量，公共图书馆本年度新增藏量，组织公益性活动次数，数字资源建设总量，公共文化服务设施(公共图书馆、文化馆、美术馆、文化站等)免费开放接待人次等。

除上述指标外，文化事业单位可以根据本单位业务特点增加财务分析指标。

第十一章 财务监督

第六十四条 文化事业单位财务监督主要包括对预算管理、收入管理、支出管理、结转和结余管理、专用基金管理、资产管理、负债管理等方面的监督。

第六十五条 文化事业单位财务监督应当实行事前监督、事中监督、事后监督相结合，日常监督与专项监督相结合。

第六十六条 文化事业单位应当建立健全内部控制制度、经济责任制度、财务信息披露制度等监督制度，依法公开财务信息。

第六十七条 文化事业单位应当接受主管部门和财政、审计部门的监督。

第十二章 附 则

第六十八条 文化事业单位基本建设投资的财务管理，应当执行本规则，但国家基本建设投资财务管理制度另有规定的，从其规定。

第六十九条 参照公务员法管理的文化事业单位财务制度的适用，由国务院财政部门另行规定。

第七十条 接受国家经常性资助的社会力量举办的文化公益服务性组织和社会团体，依照本制度执行；其他社会力量举办的文化公益服务性组织和社会团体，可以参照本制度执行。

第七十一条 下列文化事业单位或者文化事业单位特定项目，执行企业财务制度，不执行本制度：

（一）纳入企业财务管理体系的文化事业单位和文化事业单位附属独立核算的生产经营单位；

（二）文化事业单位经营的、接受外单位投资且投资人要求投资回报的项目；

（三）经主管部门和财政部门批准的具备条件的其他文化事业单位。

第七十二条 文博单位、文化科学研究单位和艺术学校应当执行同行业事业单位财务制度。

第七十三条 省、自治区、直辖市财政部门和文化主管部门可以根据《事业单位财务规则》和本制度，结合本地区实际情况制定补充规定，报财政部、文化部备案。

文化事业单位应当按照本制度，根据单位实际情况，制定单位内部财务管理办法，并报主管部门备案。

第七十四条 本制度自 2013 年 1 月 1 日起施行。

7. 广播电视事业单位财务制度（2012 年修订）

财教〔2012〕504 号

第一章 总 则

第一条 为了进一步规范广播电视事业单位的财务行为，加强广播电视事业单位财务管理和监督，提高资金使用效益，保障广播电视事业单位健康发展，根据《事业单位财务规则》和国家有关法律制度，结合广播电视事业单位特点，制定本制度。

第二条 本制度适用于各级各类广播电视事业单位（以下简称广播电视事业单位）的财务活动。

第三条 广播电视事业单位财务管理的基本原则是：执行国家有关法律、法规和财务规章制度；坚持勤俭办事业的方针；正确处理事业发展需要和资金供给的关系，社会效益和经济效益的关系，国家、单位和个人三者利益的关系。

第四条 广播电视事业单位财务管理的主要任务是：合理编制单位预算，严格预算执行，完整准确编制单位决算，真实反映单位财务状况；依法组织收入，合理安排支出；建立健全财务制度，加强经济核算，建立科学的财务核算和指标体系，实施绩效评价，提高资金使用效益；加强资产管理，合理配置和有效利用资产，防止资产流失；参与单位重大经济决策和对外签订经济合同等事项，加强对单位经济活动的财务控制和监督，建立健全内部控制制度，防范财务风险。

第五条 广播电视事业单位应当按照国家有关规定设置财务会计机构，配备具备从业资格的财务会计人员。

省级以上（含副省级）广播电视事业单位应当设置总会计师；规模较大的广播电视事业单位根据需要可以设置总会计师。总会计师按照《总会计师条例》规定的任职资格设置并履行职责。

第六条 广播电视事业单位的全部财务活动在单位负责人领导下，由单位财务部门统一管理。

第二章 单位预算管理

第七条 单位预算是指广播电视事业单位根据广播电视事业发展目标和年度计划编制的年度财务收支计划。

广播电视事业单位预算由收入预算和支出预算组成。

第八条 国家对广播电视事业单位实行核定收支、定额或者定项补助、超支不补、结转和结余按规定使用的预算管理办法。

定额或者定项补助标准根据国家有关政策和财力可能，结合广播电视事业特点、事业发展目标和计划、单位收支及资产状况确定。定额或者定项补助可以为零。

少数非财政补助收入大于支出较多的广播电视事业单位，可以实行收入上缴办法。具体办法由财政部门会同有关主管部门制定。

第九条 预算编制原则：

（一）坚持合法合规的原则。根据国家有关方针政策、法律法规以及广播电视事业发展目标和计划编制单位预算。

（二）坚持完整性和统一性原则。广播电视事业单位应当将全部财务收支在预算中予以反映，并按照国家预算表格和统一的口径、程序及计算依据编制单位预算。

（三）坚持以收定支、收支平衡的原则。单位预算应当自求平衡，不得编制赤字预算。

（四）坚持统筹兼顾、保证重点的原则。既要考虑事业发展的需要，又要考虑国家财力的可能和单位的收入状况、资产状况，保证重点，兼顾一般。

（五）坚持厉行节约、注重绩效的原则。挖掘内部潜力，努力增收节支，加强绩效管理，推进绩效评价与预算编制的有机结合，提高资金使用效益。

第十条 广播电视事业单位应当按照财政部门和主管部门预算编制的有关要求，根据预算年度事业发展目标、计划与财力可能，以及预算年度收支增减因素、以前年度资金结转结余、人员和资产等状况，参考以前年度预算执行情况，编制单位预算。

第十一条 广播电视事业单位根据年度广播电视事业发展目标、计划和预算编制的规定，提出预算建议数，经主管部门审核汇总报财政部门（一级预算单位按照规定程序报财政部门，下同）。广播电视事业单位根据财政部门下达的预算控制数编制预算，由主管部门审核汇总报财政部门，经法定程序审核批复后执行。

第十二条 广播电视事业单位应当严格执行批准的预算。预算执行中，国家对财政补助收入和财政专户管理资金的预算一般不予调整。

上级下达的事业计划有较大调整，或者根据国家有关政策增加或减少支出，对预算执行影响较大时，广播电视事业单位应当报主管部门审核后报财政部门调整预算；财政补助收入和财政专户管理资金以外部分的预算需要调增调减的，由单位自行调整并报主管部门和财政部门备案。

收入预算调整后相应调增或者调减支出预算。

第十三条 广播电视事业单位应当全面加强预算管理，建立健全预算编制、审批、执行、调整和绩效考评等管理制度。

第十四条 广播电视事业单位决算是指广播电视事业单位根据预算执行结果编制的年度报告。

第十五条 广播电视事业单位应当按照规定及时编制年度决算，由主管部门审核汇总后报财政部门审批。

对财政部门批复调整的事项，广播电视事业单位应当及时进行调整。

第十六条 广播电视事业单位应当加强决算的填报、审核和分析，保证决算数据的真实、完整、准确，规范决算管理工作。

第三章 收入管理

第十七条 收入是指广播电视事业单位为开展广播电视业务及其他活动依法取得的非偿还性资金。

第十八条 广播电视事业单位的收入包括：

（一）财政补助收入，即广播电视事业单位从同级财政部门取得的各类财政拨款。

（二）事业收入，即广播电视事业单位开展广播电视节目的制作、播出、传输、接收、监测等专业业务活动及其辅助活动取得的收入，其中：按照国家有关规定应当上缴国库或者财政专户的资金，不计入事业收入；从财政专户核拨给广播电视事业单位的资金和经核准不上缴国库或者财政专户的资金，计入事业收入。国家另有规定的除外。

（三）上级补助收入，即广播电视事业单位从主管部门和上级单位取得的非财政补助收入。

（四）附属单位上缴收入，即广播电视事业单位附属独立核算单位按照有关规定上缴的收入。

（五）经营收入，即广播电视事业单位在专业业务活动及其辅助活动之外开展非独立核算经营活动取得的收入。

（六）其他收入，即本条上述规定范围以外的各项收入，包括投资收益、利息收入、捐赠收入等。

第十九条　事业收入包括：

（一）广告收入，即广播电视事业单位因播出、刊登广告收取的收入。

（二）收视费收入，即广播电视事业单位收取的电视节目收视费收入。

（三）节目销售收入，即广播电视事业单位销售节目取得的收入。

（四）合作合拍收入，即广播电视事业单位与国内外单位和机构合作广播电视节目或合拍影视节目取得的收入。

（五）节目制作和播放收入，即广播电视事业单位为其他单位制作和播放广播电视节目取得的收入。

（六）节目传输收入，即广播电视事业单位为用户传送广播电视节目取得的收入。

（七）技术服务收入，即广播电视事业单位对外提供技术服务、技术咨询、翻译服务、信息服务、计量检测、设备技术安装和维修等取得的收入。

（八）其他事业收入，即广播电视事业单位开展专业业务及其辅助活动取得的除上述各项收入以外的收入，包括培训收入、门票收入等。

第二十条　经营收入包括：

（一）销售收入，即广播电视事业单位非独立核算部门销售商品取得的收入。

（二）经营服务收入，即广播电视事业单位非独立核算部门对外提供经营服务取得的收入。

（三）租赁收入，即广播电视事业单位出租房屋、场地和设备等取得的收入。

（四）其他经营收入，即广播电视事业单位在广播电视节目制作、播出、传输、接收、监测等专业业务活动及其辅助活动之外取得的除上述各项收入以外的收入。

第二十一条　收入管理的要求：

（一）广播电视事业单位应当在国家政策允许的范围内，依法组织收入，坚持把社会效益放在首位，坚持社会效益和经济效益有机统一。

（二）广播电视事业单位应当使用财政部门和税务部门统一印制的票据，并建立健全各种专用收款收据、销售发票等票据的管理制度。

（三）广播电视事业单位各项收入应当及时入账，不得由下属单位或其他单位违规代存代管资金，防止流失。

（四）广播电视事业单位应当将各项收入全部纳入单位预算，统一核算，统一管理。

第二十二条　广播电视事业单位对按照规定上缴国库或者财政专户的资金，应当按照国库集中收缴的有关规定及时足额上缴，不得隐瞒、滞留、截留、挪用和坐支。

第四章　支出管理

第二十三条　支出是广播电视事业单位开展广播电视节目的制作、播出、传输、接收、监测等业务及其他活动发生的资金耗费和损失。

第二十四条　广播电视事业单位支出包括：

（一）事业支出，即广播电视事业单位开展广播电视节目的制作、播出、传输、接收、监测等专业业务活动及其辅助活动发生的基本支出和项目支出。基本支出是指广播电视事业单位为了保障其正常运转、完成日常工作任务而发生的人员支出和公用支出。项目支出是指广播电视事业单位为了完成特定工作任务和事业发展目标，在基本支出之外所发生的支出。

（二）经营支出，即广播电视事业单位在广播电视节目的制作、播出、传输、接收、监测等专业业务活动及其辅助活动之外开展非独立核算经营活动发生的支出。

（三）对附属单位补助支出，即广播电视事业单位用财政补助收入之外的收入对附属单位补助发生的支出。

（四）上缴上级支出，即实行收入上缴办法的广播电视事业单位按照规定的定额或比例上缴上级单位的支出。

（五）其他支出，即本条上述规定范围以外的各项支出，包括利息支出、捐赠支出等。

第二十五条 广播电视事业单位应当将各项支出全部纳入单位预算，建立健全支出管理制度。各项支出应当在单位负责人的领导下，由单位财务部门按照经法定程序批复的预算，坚持量入为出，统一安排使用。单位业务部门按照财务部门核定的预算和规定的程序使用资金。

第二十六条 广播电视事业单位应当严格执行国家规定的开支范围及开支标准；没有统一规定的，由广播电视事业单位作出规定，报主管部门和财政部门备案。

广播电视事业单位的规定违反法律制度和国家政策的，主管部门和财政部门应当责令改正。

第二十七条 广播电视事业单位在开展非独立核算经营活动中，应当正确归集实际发生的各项费用；不能归集的，应当按照规定的比例合理分摊。

经营支出应当与经营收入配比。

第二十八条 广播电视事业单位从财政部门和主管部门取得的有指定项目和用途并且要求单独核算的专项资金，应当专款专用、单独核算，并按照规定向财政部门和主管部门报送专项资金使用情况；项目完成后，应当报送专项资金支出决算和使用效果的书面报告，接受财政部门和主管部门的检查和验收。

第二十九条 广播电视事业单位应当逐步建立健全支出定额标准体系，合理使用资金，控制支出规模。

第三十条 广播电视事业单位应当严格执行国库集中支付制度和政府采购制度等有关规定。

第三十一条 广播电视事业单位应当加强支出的绩效管理，提高资金使用的有效性。

第三十二条 广播电视事业单位应当依法加强票据管理，确保票据来源合法，内容真实，使用正确，不得使用虚假票据。

票据经办部门和人员应当对票据的真实性、合法性负责。财务部门应当加强票据的审核，拒绝报销虚假票据。

第三十三条 广播电视事业单位应当强化成本意识、加强经济核算，具备条件的广播电视事业单位可以根据开展广播电视业务活动及其他活动的实际需要，实行内部成本核算办法。

第三十四条 广播电视事业单位实行内部成本核算，应当按照核算对象将广播电视业务活动中所发生的各种费用进行归集、分配和计算，其费用可以划分为直接费用、间接费用和期间费用。

（一）直接费用是指直接从事广播电视节目制作、播出、传输、接收、监测等专业业务活动及其辅助活动和非独立核算经营活动所发生的费用。

（二）间接费用是指广播电视事业单位内部各业务部门为组织广播电视节目制作、播出、传输、接收、监测等专业业务活动及其辅助活动和非独立核算经营活动所发生的费用。

（三）期间费用是指广播电视事业单位内部行政后勤管理部门发生的各项费用。

第三十五条 广播电视事业单位实行内部成本核算，其成本费用应当按照支出用途分别归集到单位事业支出、经营支出等相应科目中。

第三十六条 广播电视事业单位实行内部成本核算，其基本建设支出、对外投资、各种罚款、赞助和捐赠支出以及国家规定不得列入成本费用的其他支出，不得计入成本费用。

第三十七条 广播电视事业单位实行内部成本核算，应当建立成本费用与相关支出的核对机制，以及成本核算分析报告制度。

第五章 结转和结余管理

第三十八条 结转和结余是指广播电视事业单位年度收入与支出相抵后的余额。

结转资金是指当年预算已执行但未完成，或者因故未执行，下一年度需要按照原用途继续使用的资金。

结余资金是指当年预算工作目标已完成，或者因故终止，当年剩余的资金。

经营收支结转和结余应当单独反映。

第三十九条　财政拨款结转和结余的管理，应当按照同级财政部门的规定执行。

第四十条　非财政拨款结转按照规定结转下一年度继续使用。非财政拨款结余可以按照国家有关规定提取职工福利基金，剩余部分作为事业基金用于弥补以后年度单位收支差额；国家另有规定的，从其规定。

第四十一条　广播电视事业单位应当加强事业基金的管理，遵循收支平衡的原则，统筹安排，合理使用，支出不得超出基金规模。

第六章　专用基金管理

第四十二条　专用基金是指广播电视事业单位按照规定提取或设置的有专门用途的资金。

专用基金管理应当遵循先提后用、收支平衡、专款专用的原则，支出不得超出基金规模。

第四十三条　专用基金包括：

（一）修购基金，即按照事业收入和经营收入的一定比例提取，并按照规定在相应的购置和修缮科目中列支（各列50%），以及按照其他规定转入，用于广播电视事业单位固定资产维修和购置的资金。事业收入和经营收入较少的事业单位可以不提取修购基金。

（二）职工福利基金，即按照非财政拨款结余的一定比例提取以及按照其他规定提取转入，用于单位职工的集体福利设施、集体福利待遇等的资金。

（三）其他基金，即按照其他有关规定提取或者设置的专用资金。

第四十四条　各项基金的提取比例和管理办法，国家有统一规定的，按照统一规定执行；没有统一规定的，由主管部门会同同级财政部门确定。

第七章　资产管理

第四十五条　资产是指广播电视事业单位占有或者使用的能以货币计量的经济资源，包括各种财产、债权和其他权利。

第四十六条　广播电视事业单位的资产包括流动资产、固定资产、在建工程、无形资产和对外投资等。

第四十七条　广播电视事业单位应当建立健全单位资产管理制度，加强和规范资产配置、使用和处置管理，维护资产安全完整，保障事业健康发展。

第四十八条　广播电视事业单位应当按照科学规范、从严控制、保障事业发展需要的原则合理配置资产。根据单位资产存量状况、人员编制和有关资产配置标准，编制资产购置计划，按照部门预算管理的有关要求列入年度部门预算，并履行相关政府采购规定。

第四十九条　流动资产是指可以在一年以内变现或者耗用的资产，包括现金、各种存款、零余额账户用款额度、应收及预付款项和存货等。

第五十条　广播电视事业单位应当建立健全货币资金的内部管理制度，构建资金安全管理风险防控机制。广播电视事业单位应当按照国家有关规定开立、使用和管理银行账户。

第五十一条　广播电视事业单位对应收款项和预付款项应当按时清理结算，加强管理。

第五十二条　存货是指广播电视事业单位在开展广播电视业务活动及其他活动中为耗用而储存的资产，包括广播影视节目、材料、燃料、包装物、低值易耗品等。

（一）广播电视事业单位应当建立健全存货管理制度。单位资产管理部门应当指定专人负责，严格收发手续，完善存货验收、入库、保管和出库制度，防止丢失、损坏、变质。

（二）广播电视事业单位应当加强自制节目、外购节目和合作合拍节目等管理，建立健全广播影视节目的制作、购置、验收入库、播出等制度，确保广播影视节目安全、规范、有效管理。

（三）广播电视事业单位资产管理部门应当建立材料明细账，定期与财务部门的材料总账进行核对，做到账账相符。

（四）广播电视事业单位应当建立健全存货定额管理制度，科学制定材料储备定额和主要材料消耗定额，保持合理的存货库存量。

（五）广播电视事业单位应当对存货进行定期或不定期的清查盘点，保证账实相符。存货盘盈、盘亏应当按照规定处理。

第五十三条 固定资产是指使用期限超过一年，单位价值在1000元以上（其中：专用设备单位价值在1500元以上），并在使用过程中基本保持原有物质形态的资产。单位价值虽未达到规定标准，但耐用时间在一年以上的大批同类物资，作为固定资产管理。

固定资产一般分为六类：房屋及构筑物；专用设备；通用设备；文物和陈列品；图书、档案；家具、用具、装具及动植物。

广播电视事业单位的固定资产明细目录由国务院广播电视主管部门制定，报国务院财政部门备案。

第五十四条 广播电视事业单位应当加强固定资产管理：

（一）建立健全固定资产管理制度。加强固定资产维护和保养，制定操作规程，建立技术档案和使用情况报告制度。

（二）购建和调入的固定资产，由单位资产管理部门负责验收，单位财务部门参与验收。购进专用设备和新建的房屋及构筑物竣工时，应当有专业技术人员参加验收。经验收后的固定资产应当及时入账并交付使用。

（三）广播电视事业单位固定资产报废和转让，按照规定程序办理。

（四）广播电视事业单位应当定期或者不定期对固定资产清查、盘点。年度终了前应当进行一次全面的清查盘点，保证账账、账卡、账实相符。对于盘盈、盘亏的固定资产应当及时按照规定处理。

（五）广播电视事业单位应当对单位固定资产实行动态管理，提高信息化水平，并按照主管部门和财政部门的规定定期报送固定资产购置、使用和处置等情况。

第五十五条 在建工程是指已经发生必要支出，但尚未达到交付使用状态的建设工程。

广播电视事业单位应当加强在建工程管理，在建工程达到预定使用状态时，应当按照规定办理工程竣工财务决算和资产交付使用。

第五十六条 无形资产是指不具有实物形态而能为使用者提供某种权利的资产，包括专利权、商标权、著作权、土地使用权、非专利技术以及其他财产权利。

广播电视事业单位应当加强本单位无形资产的评估确认、开发、保护、使用和转让管理。

广播电视事业单位转让无形资产应当按照有关规定进行资产评估，取得的收入按照国家有关规定处理。广播电视事业单位取得无形资产发生的支出应当计入事业支出。

第五十七条 对外投资是广播电视事业单位利用货币资金、实物、无形资产等方式向其他单位的投资。

广播电视事业单位应当严格控制对外投资。在保证单位正常运转和事业发展的前提下，按照国家有关规定可以对外投资的，应当履行相关审批程序。广播电视事业单位不得使用财政拨款及其结余进行对外投资，不得从事股票、期货、基金、企业债券等投资，国家另有规定的除外。

广播电视事业单位以非货币性资产对外投资的，应当按照国家有关规定进行资产评估，合理确定资产价值。

广播电视事业单位应当加强对投资企业和投资项目的管理，确保国有资产的保值增值。

第五十八条 广播电视事业单位资产处置应当遵循公开、公平、公正和竞争、择优的原则，严格履行相关审批程序。

广播电视事业单位出租、出借资产，应当按照国家有关规定经主管部门审核同意后报同级财政部门审批。

第五十九条 广播电视事业单位应当提高资产使用效率，按照国家有关规定实行大型仪器、设施设备等资产的共享、共用。

第八章 负债管理

第六十条 负债是广播电视事业单位所承担的能以货币计量，需要以资产或劳务偿还的债务。

第六十一条 广播电视事业单位的负债包括借入款项、应付款项、暂存款项、应缴款项等。

应缴款项包括广播电视事业单位收取的应当上缴国库或者财政专户的资金、应缴税费以及其他按照国家有关规定应当上缴的款项。

第六十二条　广播电视事业单位应当对不同性质的负债分类管理，及时清理并按照规定办理结算，保证各项负债在规定期限内归还。

第六十三条　广播电视事业单位应当建立财务风险控制机制，规范和加强借入款项管理，严格执行审批程序，不得违反规定举借债务和提供担保。

第九章　事业单位清算

第六十四条　广播电视事业单位发生划转、撤销、合并、分立时，应当进行清算。

第六十五条　广播电视事业单位清算应当在主管部门和财政部门的监督指导下，对单位的财产、债权、债务等进行全面清理，编制资产负债表、财产目录和债权、债务清单，提出财产作价依据和债权、债务处理办法，做好资产的移交、接收、划转和管理工作，并妥善处理各项遗留问题。

第六十六条　广播电视事业单位清算结束后，经主管部门审核并报财政部门批准，其资产分别按照下列办法处理：

(一)因隶属关系改变，成建制划转的广播电视事业单位，其全部资产无偿移交，并相应划转经费指标。

(二)转为企业管理的广播电视事业单位，全部资产扣除负债后，转作国家资本金。需要进行资产评估的，按照国家有关规定执行。

(三)撤销的广播电视事业单位，全部资产由主管部门和财政部门核准处理。

(四)合并的广播电视事业单位，全部资产移交接收单位或新组建单位。合并后闲置的资产，由主管部门和财政部门核准后处理。

(五)分立的广播电视事业单位，资产按照有关规定移交分立后的事业单位，并相应划转经费指标。

第十章　财务报告和财务分析

第六十七条　财务报告是反映广播电视事业单位一定时期财务状况和事业成果的总结性书面文件。

广播电视事业单位应当定期向主管部门和财政部门以及其他有关的报表使用者提供财务报告。

第六十八条　广播电视事业单位在编制年度财务报告前，应当对财产、债权、债务等进行全面清查盘点，并编制盘存表，对盘盈、盘亏、报废、毁损等按照规定程序办理。

第六十九条　广播电视事业单位报送的年度财务报告包括资产负债表、收入支出表、财政拨款收入支出表、固定资产投资决算报表等主表、有关附表以及财务情况说明书等。

第七十条　财务情况说明书，主要说明事业发展情况、事业单位收入及其支出、结转、结余及其分配、资产负债变动、对外投资、资产出租出借、资产处置、固定资产投资、绩效考评、社会效益各项指标完成情况，对本期或者下期财务情况发生重大影响的事项，以及需要说明的其他事项。

第七十一条　广播电视事业单位应当定期开展财务分析，财务分析的内容包括预算编制与执行、资产使用、负债情况、收入支出状况、定员定额情况等。

第七十二条　财务分析指标分为财务指标和业务指标两类。

(一)财务指标包括：预算收入和支出完成率、人员支出与公用支出分别占事业支出的比率、人均基本支出、资产负债率、总资产增长率、固定资产利用率、事业收入与经营收入分别占总收入的比率、事业收入和经营收入增长率、频率(频道)收入成本比率、每分钟节目(栏目)制作成本等。

(二)业务指标包括：广播电视节目播出时间(小时/年)、广播电视节目自办率、广播电视节目首播率、发射机千瓦小时费用、发射机千瓦小时电费、发射机停播率等。

除上述指标外，广播电视事业单位可以根据本单位业务特点增加财务分析指标。

第十一章　财务监督

第七十三条　广播电视事业单位财务监督主要包括对预算管理、收入管理、支出管理、结转和结余管理、专用基金管理、资产管理、负债管理等的监督。

第七十四条　广播电视事业单位财务监督应当实行事前监督、事中监督、事后监督相结合，日常监督与专项监督相结合。

第七十五条 广播电视事业单位应当建立健全内部控制制度、经济责任制度、财务信息披露制度等监督制度。

第七十六条 广播电视事业单位应当依法接受主管部门和财政、审计部门的监督。

第十二章 附 则

第七十七条 广播电视事业单位基本建设投资的财务管理,应当执行本规则,但国家基本建设投资财务管理制度另有规定的,从其规定。

第七十八条 参照公务员法管理的广播电视事业单位财务制度的适用,由国务院财政部门另行规定。

第七十九条 接受国家经常性资助的社会力量举办的广播电视公益服务性组织和社会团体,依照本制度执行;其他社会力量举办的广播电视公益服务性组织和社会团体可以参照本制度执行。

第八十条 下列广播电视事业单位或者广播电视事业单位的特定项目,不执行本制度:

(一)纳入企业财务管理体系的广播电视事业单位和广播电视事业单位附属独立核算的生产经营单位;

(二)广播电视事业单位接受外单位要求投资回报的经营项目;

(三)经主管部门和财政部门批准的具备条件的其他广播电视事业单位。

第八十一条 广播电影电视科学研究单位和学校执行同行业事业单位财务管理制度。

第八十二条 省、自治区、直辖市的财政部门和广播电视主管部门,可以根据本制度,结合本地区实际情况,制定补充规定,报财政部、国家广播电影电视总局备案。

广播电视事业单位应当按照本制度,根据单位实际情况,制定内部财务管理办法,并报主管部门备案。

第八十三条 本制度自2013年1月1日起施行。

8. 体育事业单位财务制度(2012年修订)

财教〔2012〕505号

第一章 总 则

第一条 为了进一步规范体育事业单位的财务行为,加强体育事业单位财务管理和监督,提高资金使用效益,保障体育事业单位健康发展,根据《事业单位财务规则》和国家有关法律制度,结合体育事业单位特点,制定本制度。

第二条 本制度适用于各级各类体育事业单位(以下简称体育事业单位)的财务活动。

第三条 体育事业单位财务管理的基本原则是:执行国家有关法律、法规和财务规章制度;坚持勤俭办事业的方针;正确处理事业发展需要和资金供给的关系,社会效益和经济效益的关系,国家、单位和个人三者利益的关系。

第四条 体育事业单位财务管理的主要任务是:合理编制单位预算,严格预算执行,完整、准确编制单位决算,真实反映单位财务状况;依法组织收入,努力节约支出;建立健全财务制度,加强经济核算,实施绩效评价,提高资金使用效益;加强资产管理,合理配置和有效利用资产,防止资产流失;参与单位重大经济决策和对外签订经济合同等事项;加强对单位经济活动的财务控制和监督,防范财务风险。

第五条 体育事业单位应当按照国家有关规定设置财务会计机构,配备具备从业资格的财务会计人员。

第六条 体育事业单位的财务活动在单位负责人的领导下,由单位财务部门统一管理。

第二章 单位预算管理

第七条 体育事业单位预算是指体育事业单位根据事业发展目标和计划编制的年度财务收支计划。

体育事业单位预算由收入预算和支出预算组成。

第八条　国家对体育事业单位实行核定收支、定额或者定项补助、超支不补、结转和结余按规定使用的预算管理办法。

定额或者定项补助标准根据国家有关政策和财力可能，结合体育事业特点、发展目标和计划、单位收支及资产状况等确定。定额或者定项补助可以为零。

非财政补助收入大于支出较多的体育事业单位，可以实行收入上缴办法。具体办法由财政部门会同体育主管部门制定。

第九条　预算编制原则：

（一）坚持合法合规的原则。根据国家有关方针政策、法律法规以及体育事业发展目标和计划编制单位预算。

（二）坚持完整性和统一性原则。单位应当将全部财务收支在预算中予以反映，并按照国家预算表格和统一的口径、程序及计算依据编制单位预算。

（三）坚持以收定支、收支平衡的原则。单位预算应当自求平衡，不得编制赤字预算。

（四）坚持统筹兼顾、保证重点的原则。既要考虑事业发展的需要，又要考虑国家财力的可能和单位的收入状况、资产状况，保证重点，兼顾一般。

（五）坚持勤俭节约、注重绩效的原则。挖掘内部潜力，努力增收节支，提高资金使用效益。

第十条　体育事业单位参考以前年度预算执行情况，根据预算年度的收入增减因素和措施，以及以前年度结转和结余情况，测算编制收入预算；根据事业发展需要与财力可能，测算编制支出预算。

第十一条　体育事业单位根据年度事业发展目标和计划以及预算编制的规定，提出预算建议数，经主管部门审核汇总报财政部门（一级预算单位按同级财政部门规定报送，下同）。单位根据财政部门下达的预算控制数编制预算，由主管部门审核汇总报财政部门，经法定程序审核批复后执行。

第十二条　体育事业单位应当严格执行批准的预算。预算执行中，国家对财政补助收入和财政专户管理资金的预算一般不予调整。

上级下达或单位的事业计划有较大调整，或者根据国家有关政策增加或者减少支出，对预算执行影响较大时，单位应当报主管部门审核后报财政部门调整预算；财政补助收入和财政专户管理资金以外部分的预算需要调增或者调减的，由体育事业单位自行调整并报主管部门和财政部门备案。

收入预算调整后，相应调增或者调减支出预算。

第十三条　体育事业单位决算是指体育事业单位根据预算执行结果编制的年度报告。

第十四条　体育事业单位应当按照规定编制年度决算，由主管部门审核汇总后报财政部门审批。

第十五条　体育事业单位应当加强决算审核和分析，保证决算数据的真实、准确，规范决算管理工作。

第三章　收入管理

第十六条　收入是指体育事业单位为开展业务及其他活动依法取得的非偿还性资金。

第十七条　体育事业单位收入包括：

（一）财政补助收入，即体育事业单位从同级财政部门取得的各类财政拨款（含彩票公益金）。

（二）事业收入，即体育事业单位开展体育业务活动及其辅助活动取得的收入。其中：按照国家有关规定应当上缴国库或者财政专户的资金，不计入事业收入；从财政专户核拨给体育事业单位的资金和经核准不上缴国库或者财政专户的资金，计入事业收入。

（三）上级补助收入，即体育事业单位从主管部门和上级单位取得的非财政补助收入。

（四）附属单位上缴收入，即体育事业单位附属独立核算单位按照有关规定上缴的收入。

（五）经营收入，即体育事业单位在专业活动及其辅助活动之外开展非独立核算经营活动取得的收入。

（六）其他收入，即本条上述规定范围以外的各项收入，包括投资收益、利息收入、捐赠收入等。

第十八条　事业收入包括：

（一）体育竞赛收入，即体育事业单位组织和参加各类体育比赛和表演所取得的收入，包括出售门票、比赛冠名权、媒体转播权和提供服务等取得的各项收入。

（二）体育公共设施服务收入，即体育事业单位依托体育场地及附属设施提供体育比赛、健身休闲、健身指导、技能培训、运动康复、体质测试等服务取得的收入。

(三)体育技术服务收入,即体育事业单位对外提供技术指导、技术咨询、技术培训、信息服务和推广体育科研成果等取得的收入。

(四)体育衍生业务收入,即体育事业单位通过形象代言、特许使用权、冠名权等取得的收入。

(五)其他体育事业收入,即体育事业单位开展专业业务活动及其辅助活动取得的除上述各项收入以外的收入。

第十九条 经营收入包括:

(一)销售收入,即体育事业单位非独立核算部门销售商品所取得的收入。

(二)经营服务收入,即体育事业单位非独立核算部门对外提供经营服务取得的收入。

(三)租赁收入,即体育事业单位出租房屋、场地、大型设备等取得的收入。

(四)其他经营收入,即体育事业单位在专业业务活动及其辅助活动之外取得的除上述各项收入以外的收入。

第二十条 收入管理的要求

(一)体育事业单位应当在国家政策允许的范围内,依法组织收入,坚持把社会效益放在首位,同时注重经济效益。

(二)体育事业单位取得事业收入和经营收入,应当使用财政部门和税务部门统一印制的票据,并建立健全各种专用收款收据、销售发票、门票等票据的管理制度。

(三)体育事业单位应当严格执行国家批准的收费项目和收费标准,不得擅自设立收费项目,自定收费标准。

(四)体育事业单位应当按照规定加强银行账户的统一管理,收入要及时入账,防止流失。

(五)体育事业单位的各项收入应当全部纳入单位预算,统一核算,统一管理。

(六)体育事业单位对按照规定上缴国库或者财政专户的资金,应当按照国库集中收缴的有关规定及时足额上缴,不得隐瞒、滞留、截留、挪用和坐支。

第四章 支出管理

第二十一条 支出是体育事业单位开展业务及其他活动发生的资金耗费和损失。

第二十二条 体育事业单位支出包括:

(一)事业支出,即体育事业单位开展专业业务活动及其辅助活动发生的基本支出和项目支出。基本支出是指体育事业单位为了保障其正常运转、完成日常工作任务而发生的人员支出和公用支出。项目支出是指体育事业单位为了完成特定工作任务和事业发展目标,在基本支出之外所发生的支出。

(二)经营支出,即体育事业单位在专业业务活动及其辅助活动之外开展非独立核算经营活动发生的支出。

(三)对附属单位补助支出,即体育事业单位用财政补助收入之外的收入对附属单位补助发生的支出。

(四)上缴上级支出,即体育事业单位按照财政部门和主管部门的规定上缴上级单位的支出。

(五)其他支出,即本条上述规定范围以外的各项支出,包括利息支出、捐赠支出等。

第二十三条 体育事业单位应当将各项支出全部纳入单位预算,建立健全支出管理制度。

第二十四条 体育事业单位应当严格执行国家有关财务规章制度规定的开支范围及开支标准;国家有关财务规章制度没有统一规定的,由体育事业单位规定,报主管部门和财政部门备案。体育事业单位的规定违反法律制度和国家政策的,主管部门和财政部门应当责令改正。

第二十五条 体育事业单位在开展非独立核算经营活动中,应当正确归集实际发生的各项费用数;不能归集的,应当按照规定的比例合理分摊。

经营支出应当与经营收入配比。

第二十六条 体育事业单位从财政部门和主管部门取得的有指定项目和用途的专项资金,应当专款专用、单独核算,并按照规定向财政部门或者主管部门报送专项资金使用情况;项目完成后,应当报送专项资金支出决算和使用效果的书面报告,接受财政部门或者主管部门的检查、验收。

第二十七条 体育事业单位应当强化成本意识、加强经济核算,具备条件的体育事业单位可以根据开展业务及其他活动的实际需要，实行内部成本核算办法。

第二十八条　体育事业单位实行内部成本核算，应当按照核算对象将业务活动中所发生的各种费用进行归集、分配和计算，其费用可以划分为直接费用、间接费用和期间费用。

（一）直接费用是指直接从事体育公共设施服务、体育竞赛、体育技术服务、体育宣传品制作等专业业务活动和非独立核算生产经营活动所发生的费用。

（二）间接费用是指体育事业单位内部各业务部门为组织和管理体育公共设施服务、体育竞赛、体育技术服务、体育宣传品制作等专业业务活动和非独立核算生产经营活动所发生的费用。

（三）期间费用是指体育事业单位内部行政后勤管理部门发生的各项费用。

第二十九条　体育事业单位实行内部成本核算，其成本费用应当按照支出用途分别归集到单位事业支出、经营支出等相应科目中。

第三十条　体育事业单位实行内部成本核算，其基本建设支出、对外投资、各种罚款、赞助和捐赠支出以及国家规定不得列入成本费用的其他支出，不得计入成本费用。

第三十一条　体育事业单位实行内部成本核算，应当建立成本费用与相关支出的核对机制，以及成本核算分析报告制度。

第三十二条　体育事业单位应当严格执行国库集中支付制度和政府采购制度等有关规定。

第三十三条　体育事业单位应当加强支出的绩效管理，提高资金使用的有效性。

第三十四条　体育事业单位应当依法加强各类票据管理，确保票据来源合法、内容真实、使用正确，不得使用虚假发票。

票据经办部门和人员应当对票据的真实性、合法性负责。财务部门应当加强票据的审核，拒绝报销虚假票据。

第五章　结转和结余管理

第三十五条　结转和结余是指体育事业单位年度收入与支出相抵后的余额。

结转资金是指当年预算已执行但未完成，或者因故未执行，下一年度需要按照原用途继续使用的资金。结余资金是指当年预算工作目标已完成，或者因故终止，当年剩余的资金。

经营收支结转和结余应当单独反映。

第三十六条　财政拨款结转和结余的管理，应当按照同级财政部门的规定执行。

第三十七条　非财政拨款结转按照规定结转下一年度继续使用。非财政拨款结余可以按照国家有关规定提取职工福利基金，剩余部分作为事业基金用于弥补以后年度单位收支差额；国家另有规定的，从其规定。

第三十八条　体育事业单位应当加强事业基金的管理，遵循收支平衡的原则，统筹安排、合理使用，支出不得超出基金规模。

第六章　专用基金管理

第三十九条　专用基金是指体育事业单位按照规定提取或设置的有专门用途的资金。

专用基金管理应当遵循先提后用、收支平衡、专款专用的原则，支出不得超出基金规模。

第四十条　专用基金包括：

（一）修购基金，即按照事业收入和经营收入的一定比例提取，并按照规定在相应的购置和修缮科目中列支（各列50%），以及按照其他规定转入，用于体育事业单位固定资产维修和购置的资金。事业收入和经营收入较少的事业单位可以不提取修购基金。

（二）职工福利基金，即按照非财政拨款结余的一定比例提取以及按照其他规定提取转入，用于单位职工的集体福利设施、集体福利待遇等的资金。

（三）其他基金，即按照其他有关规定提取或者设置的专用基金。

第四十一条　各项基金的提取比例和管理办法，国家有统一规定的，按统一规定执行；没有统一规定的，由主管部门会同同级财政部门确定。

第七章　资产管理

第四十二条　资产是指体育事业单位占有或者使用的能以货币计量的经济资源，包括各种财产、债权和其他权利。

第四十三条　体育事业单位的资产包括流动资产、固定资产、在建工程、无形资产和对外投资等。

第四十四条　体育事业单位应当建立健全单位资产管理制度，加强和规范资产配置、使用和处置管理，维护资产安全完整，保障事业健康发展。

第四十五条　体育事业单位应当按照科学规范、从严控制、保障事业发展需要的原则合理配置资产。根据单位资产存量状况、人员编制和有关资产配置标准，编制资产购置计划，按照部门预算管理的有关要求列入年度部门预算，并履行相关政府采购规定。

第四十六条　流动资产是指可以在一年以内变现或者耗用的资产，包括现金、各种存款、零余额账户用款额度、应收及预付款项、存货等。

第四十七条　体育事业单位应当严格执行国家现金及各种存款的有关规定，并建立健全内部管理制度。

第四十八条　体育事业单位对应收及预付款项要按时清理结算，加强管理。

第四十九条　存货是指体育事业单位在开展业务活动及其他活动中为耗用而储存的资产，包括材料、燃料、包装物和低值易耗品等。

（一）体育事业单位应当建立健全存货管理制度。单位资产管理部门应当指定专人负责，严格收发手续，完善存货验收、出入库和保管制度，防止丢失、损坏和变质。

（二）单位资产管理部门应当建立存货明细账，定期与财务部门的存货总账进行核对，并对存货进行定期或不定期的清查盘点，做到账账相符、账实相符。对存货盘盈、盘亏应当及时处理。

（三）体育事业单位应当制定消耗性存货储备定额和主要存货消耗定额。

第五十条　固定资产是指使用期限超过一年，单位价值在1000元以上（其中：专用设备单位价值在1500元以上），并在使用过程中基本保持原有物质形态的资产。单位价值虽未达到规定标准，但是耐用时间在一年以上的大批同类物资，作为固定资产管理。

固定资产一般分为六类：房屋及构筑物；专用设备；通用设备；文物和陈列品；图书、档案；家具、用具、装具及动植物。

体育事业单位的固定资产明细目录由国务院体育主管部门制定，报国务院财政部门备案。

第五十一条　体育事业单位要加强固定资产管理：

（一）建立健全固定资产管理制度，加强固定资产维护和保养，制定操作规程，建立技术档案和使用情况报告制度。

（二）购建、调入、捐赠、赞助的固定资产，由单位资产管理部门负责组织验收，财务部门参与验收，专业仪器设备和新建的房屋及构筑物应当有专业技术人员参加验收。经验收后的固定资产要及时入账并交付使用。

（三）体育事业单位应当对固定资产进行定期或者不定期的清查盘点。年度终了前应当进行一次全面清查盘点，保证账实相符。

第五十二条　体育事业单位接受捐赠、赞助的实物包括固定资产和消耗性物品两类。

体育事业单位接受捐赠、赞助的固定资产，按照同类固定资产的市场价格或者有关凭证记账，接受捐赠、赞助固定资产时发生的相关费用应当计入固定资产价值。

体育事业单位接受捐赠、赞助的服装、器材、食品、饮料等消耗性物品，按照实物管理要求建立健全物资台账，严格出入库管理。

第五十三条　在建工程是指已经发生必要支出，但尚未达到交付使用状态的建设工程。

在建工程达到交付使用状态时，应当按照规定办理工程竣工财务决算和资产交付使用。

第五十四条　无形资产是指不具有实物形态而能为使用者提供某种权利的资产，包括专利权、商标权、著作权、土地使用权、非专利技术以及其他财产权利。

体育事业单位应当加强本单位无形资产的评估确认、开发、保护、使用和转让的管理。转让无形资产，应当按照有关规定进行资产评估，取得的收入按照国家有关规定处理。体育事业单位取得无形资产发生的支出，应当计入事业支出。

第五十五条　对外投资是指体育事业单位依法利用货币资金、实物、无形资产等方式向其他单位的投资。

（一）体育事业单位应当严格控制对外投资。在保证单位正常运转和事业发展的前提下，按照国家有关规定可以对外投资的，应当进行充分的可行性论证，并履行相关审批程序。

（二）体育事业单位不得使用财政拨款（含彩票公益金）及其结余进行对外投资，不得从事股票、期货、基金、企业债券等投资，国家另有规定的除外。

（三）体育事业单位以非货币性资产对外投资的，应当按照国家有关规定进行资产评估，合理确定资产价值。

（四）体育事业单位应当建立健全对所办企业的管理制度，认真履行相关管理职责，对企业经营者任免、重大决策和收益分配等事项进行监督管理。

第五十六条　体育事业单位资产处置应当遵循公开、公平、公正和竞争、择优的原则，严格履行相关审批程序。

体育事业单位出租、出借资产，应当按照国家有关规定经主管部门审核同意后报同级财政部门审批。

第五十七条　体育事业单位应当提高资产使用效率，按照国家有关规定实行资产共享、共用。

第八章　负债管理

第五十八条　负债是指体育事业单位所承担的能以货币计量，需要以资产或者劳务偿还的债务。

第五十九条　体育事业单位的负债包括借入款项、应付款项、暂存款项、应缴款项等。

应缴款项包括体育事业单位收取的应当上缴国库或者财政专户的资金、应缴税费，以及其他按照国家有关规定应当上缴的款项。

第六十条　体育事业单位应当对不同性质的负债分类管理，及时清理并按规定办理结算，保证各种负债在规定期限内归还。

第六十一条　体育事业单位应当建立健全财务风险控制机制，规范和加强借入款项管理，严格执行审批程序，不得违反规定举借债务和提供担保。

第九章　事业单位清算

第六十二条　体育事业单位发生划转、撤销、合并、分立时，应当进行清算。

第六十三条　体育事业单位清算，应当在主管部门和财政部门的监督指导下，对单位的财产、债权、债务等进行全面清理，编制财产目录和债权、债务清单，提出财产作价依据和债权、债务处理办法，做好资产的移交、接收、划转和管理工作，并妥善处理各项遗留问题。

第六十四条　体育事业单位清算结束后，经主管部门审核并报财政部门批准，其资产分别按照下列办法处理：

（一）因隶属关系改变，成建制划转的体育事业单位，全部资产无偿移交，并相应划转经费指标。

（二）转为企业管理的体育事业单位，全部资产扣除负债后，转作国家资本金。需要进行资产评估的，按照国家有关规定执行。

（三）撤销的体育事业单位，全部资产由主管部门和财政部门核准处理。

（四）合并的体育事业单位，全部资产移交接收单位或者新组建单位，合并后多余的资产由主管部门和财政部门核准处理。

（五）分立的体育事业单位，资产按照有关规定移交分立后的事业单位，并相应划转经费指标。

第十章　财务报告和财务分析

第六十五条　财务报告是反映体育事业单位一定时期财务状况和事业成果的总结性书面文件。

体育事业单位应当按照财政部门和主管部门的规定和要求，定期编制财务报告，做到内容完整、数据真实、计算准确、说明符合实际情况，并定期向主管部门和财政部门以及其他有关的报表使用者提供财务报告。

第六十六条 体育事业单位在编制财务报告前，应当对财产、债权、债务等进行全面清查盘点，并编制盘存表。对盘盈、盘亏、报废、损毁等按照规定程序办理。

第六十七条 体育事业单位报送的年度财务报告包括资产负债表、收入支出表、财政拨款收入支出表、固定资产投资决算报表等主表，有关附表以及财务情况说明书等。

第六十八条 财务情况说明书，主要说明体育事业发展状况、体育事业单位收入及其支出、结转、结余及其分配、资产负债变动、对外投资、资产出租出借、资产处置、固定资产投资、绩效考评的情况，对本期或者下期财务情况发生重大影响的事项，以及需要说明的其他事项。

第六十九条 财务分析的内容包括事业成果、预算编制与执行、资产使用、收入支出状况、财务管理等。

第七十条 财务分析指标包括财务指标和业务指标两类。

(一)财务指标包括：预算收入和支出完成率、彩票公益金与一般财政拨款分别占总收入比率、人员支出与公用支出分别占事业支出的比率、人均基本支出、资产负债率、经费自给率等。

(二)业务指标包括：举办全民健身活动次数、参与全民健身活动人数、专业运动队人数、获世界冠军数、获洲际比赛冠军数、获全国比赛冠军数、体育场地设施种类、数量及面积、体育场馆开放率等。

除上述指标外，体育事业单位可以根据本单位业务特点增加财务分析指标。

第十一章　财务监督

第七十一条 体育事业单位财务监督主要包括对预算管理、收入管理、支出管理、结转和结余管理、专用基金管理、资产管理、负债管理等的监督。

第七十二条 体育事业单位财务监督应当实行事前监督、事中监督、事后监督相结合，日常监督与专项监督相结合。

第七十三条 体育事业单位应当建立健全内部控制制度、经济责任制度、财务信息披露制度等监督制度，依法公开财务信息。

第七十四条 体育事业单位的财务审计、监察机构履行内部财务监督职责，加强对单位经济活动的监督，有效防范财务风险。

第七十五条 体育事业单位应当依法接受主管部门和财政、审计部门的监督。

第十二章　附　　则

第七十六条 体育事业单位基本建设投资的财务管理，应当执行本制度，但国家基本建设投资财务管理制度另有规定的，从其规定。

第七十七条 参照公务员法管理的体育事业单位财务制度的适用，按照国务院财政部门规定执行。

第七十八条 接受国家经常性资助的社会力量举办的体育公益服务性组织和社会团体，依照本制度执行；其他社会力量举办的体育公益服务性组织和社会团体，可以参照本制度执行。

第七十九条 下列体育事业单位或者体育事业单位的特定项目，执行企业财务制度，不执行本制度：

(一)纳入企业财务管理体系的体育事业单位和体育事业单位附属独立核算的生产经营单位；

(二)体育事业单位经营的接受外单位要求投资回报的项目；

(三)经主管部门和财政部门批准的具备条件的其他体育事业单位。

第八十条 体育科学研究单位、学校和体育医院执行同行业事业单位财务制度。

第八十一条 省、自治区、直辖市财政部门和体育主管部门可以根据《事业单位财务规则》和本制度，结合本地区实际情况制定补充规定，报财政部、国家体育总局备案。

体育事业单位应当按照本制度，根据单位实际情况，制定单位内部财务管理办法，并报主管部门备案。

第八十二条 本制度自 2013 年 1 月 1 日起施行。

9. 文物事业单位财务制度(2012年修订)

财教〔2012〕506号

第一章 总 则

第一条 为了进一步规范文物事业单位的财务行为,加强文物事业单位财务管理和监督,提高资金使用效益,保障文物事业单位健康发展,根据《事业单位财务规则》和国家有关法律制度,结合文物事业单位特点,制定本制度。

第二条 本制度适用于各级各类文物事业单位(以下简称文物事业单位)的财务活动。

第三条 文物事业单位财务管理的基本原则是:执行国家有关法律、法规和财务规章制度;坚持勤俭办事业的方针;正确处理事业发展需要和资金供给的关系,社会效益和经济效益的关系,国家、单位和个人三者利益的关系。

第四条 文物事业单位财务管理的主要任务是:合理编制单位预算,严格预算执行,完整、准确编制单位决算,真实反映单位财务状况;依法组织收入,努力节约支出;建立健全财务制度,加强经济核算,实施绩效评价,提高资金使用效益;加强资产管理,合理配置和有效利用资产,防止资产流失;加强对单位经济活动的财务控制和监督,防范财务风险。

第五条 文物事业单位应当按照国家有关规定设置财务会计机构,配备具备从业资格的财务会计人员。

第六条 文物事业单位的财务活动在单位负责人的领导下,由单位财务部门统一管理。

第二章 单位预算管理

第七条 文物事业单位预算是指文物事业单位根据事业发展目标和计划编制的年度财务收支计划。

文物事业单位预算由收入预算和支出预算组成。

第八条 国家对文物事业单位实行核定收支、定额或者定项补助、超支不补、结转和结余按规定使用的预算管理办法。

定额或者定项补助根据国家有关政策和财力可能,结合文物事业特点、事业发展目标和计划、事业单位收支及资产状况等确定。定额或者定项补助可以为零。

非财政补助收入大于支出较多的文物事业单位,可以实行收入上缴办法。具体办法由财政部门会同主管部门制定。

第九条 预算编制原则:

(一)坚持合法合规的原则。根据国家有关方针政策、法律法规以及文物事业发展目标和计划编制单位预算。

(二)坚持完整性和统一性原则。预算编制要体现综合预算的原则。文物事业单位应当将所有收入和支出全部纳入部门预算。

(三)坚持以收定支、收支平衡的原则。预算编制应当自求收支平衡,不得编制赤字预算。

(四)坚持统筹兼顾、保证重点的原则。预算编制既要考虑文物事业发展的需要,又要考虑国家财力的可能和单位的收入状况、资产状况,保证重点,兼顾一般。

(五)坚持厉行节约、注重绩效的原则。文物事业单位应当建立绩效评价制度,对预算的执行过程和完成结果实行全面的追踪问效。

第十条 文物事业单位参考以前年度预算执行情况,根据预算年度的收入增减因素和措施,以及以前年度结转和结余情况,测算编制收入预算;根据文物事业发展需要与财力可能,测算编制支出预算。

第十一条 文物事业单位根据年度事业发展目标和计划以及预算编制的规定,提出预算建议数,经主管部门审核汇总报财政部门(一级预算单位直接报财政部门,下同)。文物事业单位根据财政部门下达的预算控制数编制预算,由主管部门审核汇总报财政部门,经法定程序审核批复后执行。

第十二条 文物事业单位应当严格执行批准的预算。预算执行中,国家对财政补助收入和财政专户管理资金的预算一般不予调整。

上级下达的事业计划有较大调整,或者根据国家有关政策增加或者减少支出,对预算执行影响较大时,文物事业单位应当报主管部门审核后报财政部门调整预算。

财政补助收入和财政专户管理资金以外部分的预算需要调增或者调减的,由单位自行调整并报主管部门和财政部门备案。

收入预算调整后,相应调增或者调减支出预算。

第十三条 文物事业单位决算是指文物事业单位根据预算执行结果编制的年度报告。

第十四条 文物事业单位应当按照规定编制年度决算,由主管部门审核汇总后报财政部门审批。

第十五条 文物事业单位应当加强决算审核和分析,保证决算数据的真实、准确,规范决算管理工作。

第三章 收入管理

第十六条 收入是指文物事业单位为开展业务及其他活动依法取得的非偿还性资金。

第十七条 文物事业单位收入包括:

(一)财政补助收入,即文物事业单位从同级财政部门取得的各类财政拨款。

(二)事业收入,即文物事业单位开展专业业务活动及其辅助活动取得的收入。其中:按照国家有关规定应当上缴国库或者财政专户的资金,不计入事业收入;从财政专户核拨给事业单位的资金和经核准不上缴国库或者财政专户的资金,计入事业收入。

(三)上级补助收入,即文物事业单位从主管部门和上级单位取得的非财政补助收入。

(四)附属单位上缴收入,即文物事业单位附属独立核算单位按照有关规定上缴的收入。

(五)经营收入,即文物事业单位在专业业务活动及辅助活动之外开展非独立核算的经营活动取得的收入。

(六)其他收入,即本条上述规定范围以外的各项收入,包括投资收益、利息收入、捐赠收入等。

第十八条 事业收入包括:

(一)门票收入,即文物事业单位开展业务活动出售门票取得的收入。

(二)展览收入,即文物事业单位自行举办或与外单位合办、协办展览而取得的收入。

(三)讲解导览收入,即文物事业单位为观众提供讲解、语音导览服务取得的收入。

(四)考古调查、勘探、发掘收入,即文物事业单位进行考古调查、勘探和依法考古发掘取得的收入。

(五)文物保护工程收入,即文物事业单位对外提供文物保护工程勘察设计、施工、监理等取得的收入。

(六)文物修复设计、施工收入,即文物事业单位对外提供文物修复等服务取得的收入。

(七)文物鉴定、审核收入,即文物事业单位对外提供文物拍卖标底审核、文物进出境审核等取得的收入。

(八)文物调拨、交换、出借补偿收入,即文物事业单位因文物调拨、交换、出借取得的补偿收入。

(九)其他事业收入,即文物事业单位开展专业业务活动及其辅助活动取得的除上述各项收入以外的收入。

第十九条 经营收入包括:

(一)文化产品销售收入,即文物事业单位非独立核算部门销售文化产品等商品取得的收入。

(二)经营服务收入,即文物事业单位非独立核算部门对外提供影视拍摄等经营服务取得的收入。

(三)租赁收入,即文物事业单位对外出租房屋、场地和设备等取得的收入。

(四)其他经营收入,即文物事业单位在专业业务活动及其辅助活动之外取得的除上述各项收入以外的收入。

第二十条 文物事业单位应当将各项收入全部纳入单位预算,统一核算,统一管理。

第二十一条 文物事业单位应当在国家政策允许的范围内,依法组织收入,坚持把社会效益放在首位,坚持社会效益和经济效益的有机统一。

第二十二条 文物事业单位应当严格执行国家批准的收费项目和收费标准。

文物事业单位应当使用财政部门或税务部门统一印制的票据,并建立健全票据的管理制度。

第二十三条 文物事业单位事业收入应当用于文物保护事业发展需要,任何单位和个人不得侵占、挪用。

配合建设工程进行考古调查、勘探、发掘取得的收入应当专门用于承担相关工作,任何单位不得统筹、挪用。

第二十四条　文物事业单位对按照规定上缴国库或者财政专户的资金，应当按照国库集中收缴的有关规定及时足额上缴，不得隐瞒、滞留、截留、挪用和坐支。

第四章　支出管理

第二十五条　支出是指文物事业单位开展业务及其他活动发生的资金耗费和损失。

第二十六条　文物事业单位支出包括：

（一）事业支出，即文物事业单位开展专业业务活动及其辅助活动发生的基本支出和项目支出。基本支出是文物事业单位为了保障其正常运转、完成日常工作任务而发生的人员支出和公用支出。项目支出是事业单位为了完成特定工作任务和事业发展目标，在基本支出之外所发生的支出。

（二）经营支出，即文物事业单位在专业业务活动及其辅助活动之外开展非独立核算经营活动发生的支出。

（三）对附属单位补助支出，即文物事业单位用财政补助收入之外的收入对附属单位补助发生的支出。

（四）上缴上级支出，即文物事业单位按照财政部门和主管部门的规定上缴上级单位的支出。

（五）其他支出，即上述规定范围以外的支出，包括利息支出、捐赠支出等。

第二十七条　文物事业单位应当将各项支出全部纳入单位预算，建立健全支出管理制度。

第二十八条　文物事业单位的支出应当严格执行国家有关财务规章制度规定的开支范围及开支标准；国家有关财务规章制度没有统一规定的，由文物事业单位规定，报主管部门备案。

文物事业单位的规定违反法律制度和国家政策的，主管部门和财政部门应当责令改正。

第二十九条　文物事业单位在开展非独立核算经营活动中，应当正确归集实际发生的各项费用数；不能归集的，应当按照规定的比例合理分摊。

经营支出应当与经营收入配比。

第三十条　文物事业单位从财政部门和主管部门取得的有指定项目和用途的专项资金，应当专款专用，单独核算，并按照规定向财政部门或者主管部门报送专项资金使用情况；项目完成后，应当报送专项资金支出决算和使用效果的书面报告，接受财政部门或者主管部门的检查、验收。

第三十一条　文物事业单位应当加强经济核算，可以根据开展业务活动及其他活动的实际需要，实行内部成本核算方法。

第三十二条　文物事业单位应当严格执行国库集中支付制度和政府采购制度等有关规定。

第三十三条　文物事业单位应当加强支出的绩效管理，提高资金使用的有效性。

第三十四条　文物事业单位应当依法加强票据管理，确保票据来源合法，内容真实，使用正确，严禁使用虚假票据。

第五章　结转和结余管理

第三十五条　结转和结余是指文物事业单位年度收入与支出相抵后的余额。

结转资金是指当年预算已执行但未完成，或者因故未执行，下一年度需要按照原用途继续使用的资金。结余资金是指当年预算工作目标已完成，或者因故终止，当年剩余的资金。

经营收支结转和结余应当单独反映。

第三十六条　财政拨款结转和结余的管理，应当按照同级财政部门的规定执行。

第三十七条　非财政拨款结转按照规定结转下一年度继续使用。非财政拨款结余可以按照国家有关规定提取职工福利基金，剩余部分作为事业基金用于弥补以后年度单位收支差额；国家另有规定的，从其规定。

第三十八条　文物事业单位应当加强事业基金的管理，遵循收支平衡的原则，统筹安排，合理使用，支出不得超出基金规模。

第六章　专用基金管理

第三十九条　专用基金是指文物事业单位按照规定提取或者设置的有专门用途的资金。

专用基金管理应当遵循先提后用、收支平衡、专款专用的原则，支出不得超出基金规模。

第四十条　专用基金包括：

（一）修购基金。即按照事业收入和经营收入的一定比例提取，并按照规定在相应的购置和修缮中列支（各列50%），以及按照其他规定转入，用于事业单位固定资产维修和购置的资金。事业收入和经营收入较少的事业单位可以不提取修购基金。

（二）职工福利基金，即按照非财政拨款结余的一定比例提取以及按照其他规定提取转入，用于单位职工的集体福利设施、集体福利待遇等的资金。

（三）其他基金，即按照其他有关规定提取或者设置的专用资金。

第四十一条 各项基金的提取比例和管理办法，国家有统一规定的，按照统一规定执行；没有统一规定的，由主管部门会同同级财政部门确定。

第七章 资产管理

第四十二条 资产是指文物事业单位占有或者使用的能以货币计量的经济资源，包括各种财产、债权和其他权利。

第四十三条 文物事业单位的资产包括流动资产、固定资产、在建工程、无形资产和对外投资等。

第四十四条 文物事业单位应当建立健全单位资产管理制度，加强和规范资产配置、使用和处置管理，维护资产安全完整，保障事业健康发展。

第四十五条 文物事业单位应当按照科学规范、从严控制、保障事业发展需要的原则合理配置资产。根据单位资产存量状况、人员编制和有关资产配置标准，编制资产购置计划，按照部门预算管理的有关要求列入年度部门预算，并履行相关政府采购规定。

第四十六条 流动资产是指可以在一年以内变现或者耗用的资产，包括现金、各种存款、零余额账户用款额度、应收及预付款项、存货等。

第四十七条 文物事业单位应当建立健全现金及各种存款的内部管理制度，由财务机构按照国家有关规定开立、使用和管理银行账户。

第四十八条 文物事业单位应当按时清理结算应收款项和预付款项，加强管理。

第四十九条 存货是指文物事业单位在开展业务活动及其他活动中为耗用而储存的资产，包括材料、燃料、包装物和低值易耗品等。

文物事业单位应当对存货进行定期或者不定期的清查盘点，保证账实相符。对存货盘盈、盘亏应当及时处理。

第五十条 固定资产是指使用期限超过一年，单位价值在1000元及以上（其中：专用设备单位价值在1500元及以上），并在使用过程中基本保持原有物质形态的资产。单位价值虽未达到规定标准，但是耐用时间在一年以上的大批同类物资，作为固定资产管理。

固定资产一般分为六类：房屋及构筑物；专用设备；通用设备；文物和陈列品；图书、档案；家具、用具、装具及动植物。

文物事业单位的固定资产明细目录由国务院文物主管部门制定，报国务院财政部门备案。

第五十一条 文物事业单位应当对固定资产进行定期或者不定期的清查盘点。年度终了前应当进行一次全面清查盘点，保证账实相符。

第五十二条 在建工程是指已经发生必要支出，但尚未达到交付使用状态的建设工程。

在建工程达到预定使用状态时，应当按照规定办理工程竣工财务决算和资产交付使用。

第五十三条 文物藏品的管理

（一）文物事业单位应当按照有关行业规定建立健全文物藏品的监督管理制度，文物藏品要登记文物藏品总登记账。

（二）文物事业单位通过购买、接受捐赠、依法调拨、交换、移交、拣选等方式取得文物藏品，财务部门应当及时登记入账。

（三）财务部门应当定期与保管部门进行文物资产清查盘点，重点要核对文物藏品资产账面数、文物藏品登记账数和实物，确保文物藏品的数量、名称和实物一一对应。

第五十四条 无形资产是指不具有实物形态而能为使用者提供某种权利的资产，包括专利权、商标权、著作权、土地使用权、非专利技术以及其他财产权利。

文物事业单位应当加强对本单位无形资产的管理。转让无形资产应当按照有关规定进行资产评估，取得的收入按照国家有关规定处理。

文物事业单位取得无形资产发生的支出，应当计入事业支出。

第五十五条　对外投资是指文物事业单位依法利用货币资金、实物、无形资产等方式向其他单位的投资。

文物事业单位应当严格控制对外投资。在保证单位正常运转和事业发展的前提下，按照国家有关规定可以对外投资的，应当履行相关审批程序。

文物事业单位不得使用财政拨款及其结余进行对外投资，不得从事股票、期货、基金、企业债券等投资，国家另有规定的除外。

文物事业单位以非货币性资产对外投资的，应当按照有关规定进行资产评估，合理确定资产价值。

第五十六条　文物事业单位资产处置应当遵循公开、公平、公正和竞争、择优的原则，严格履行相关审批程序。

文物事业单位出租、出借资产，应当按照国家有关规定报主管部门审核同意后报财政部门审批。

第五十七条　文物事业单位应当提高资产使用效率，按照国家有关规定实行资产共享、共用。

第八章　负债管理

第五十八条　负债是指文物事业单位所承担的能以货币计量，需要以资产或者劳务偿还的债务。

第五十九条　文物事业单位的负债包括借入款项、应付款项、暂存款项、应缴款项等。

应缴款项包括文物事业单位收取的应当上缴国库或者财政专户的资金、应缴税费，以及其他按照国家有关规定应当上缴的款项。

第六十条　文物事业单位应当对不同性质的负债分类管理，及时清理并按照规定办理结算，保证各项负债在规定期限内归还。

第六十一条　文物事业单位应当建立财务风险控制机制，规范和加强借入款项管理，严格执行审批程序，不得违反规定举借债务和提供担保。

第九章　事业单位清算

第六十二条　文物事业单位发生划转、撤销、合并、分立时，应当进行清算。

第六十三条　文物事业单位清算，应当在主管部门和财政部门的监督指导下，对单位的财产、债权、债务等进行全面清理，编制财产目录和债权、债务清单，提出财产作价依据和债权、债务处理办法，做好资产的移交、接受、划转和管理工作，并妥善处理各项遗留问题。

涉及的文物资产应当单独报文物主管部门核准后处理。

第六十四条　文物事业单位清算结束后，经主管部门审核并报财政部门批准，其资产分别按照下列办法处理：

（一）因隶属关系改变，成建制划转的文物事业单位，全部资产无偿移交，并相应划转经费指标。

（二）转为企业管理的文物事业单位，全部资产扣除负债后，转作国家资本金。需要进行资产评估的，按照国家有关规定执行。

（三）撤销的文物事业单位，全部资产由主管部门和财政部门核准处理。

（四）合并的文物事业单位，全部资产移交接收单位或者新组建单位，合并后多余的国有资产由主管部门和财政部门核准处理。

（五）分立的文物事业单位，资产按照有关规定移交分立后的文物事业单位，并相应划转经费指标。

第十章　财务报告和财务分析

第六十五条　财务报告是反映事业单位一定时期财务状况和事业成果的总结性书面文件。

文物事业单位应当定期向主管部门和财政部门以及其他有关的报表使用者提供财务报告。

第六十六条　文物事业单位报送的年度财务报告包括资产负债表、收入支出表、财政拨款收入支出表、固定资产投资决算报表等主表，有关附表以及财务情况说明书等。

第六十七条 财务情况说明书，主要说明文物事业单位收入及其支出、结转、结余及其分配、资产负债变动、文物藏品及其变动情况、对外投资、资产出租出借、资产处置、固定资产投资、绩效考评的情况，对本期或者下期财务状况发生重大影响的事项，以及需要说明的其他事项。

第六十八条 文物藏品及其变动情况应当包括文物藏品的总量及其等级分布、文物藏品的变动情况及其原因、文物藏品的金额、数量及其变动情况等。

第六十九条 财务分析指标分为财务指标和业务指标两类。

（一）财务指标包括：预算收入和支出完成率、人员支出与公用支出分别占事业支出的比率、人均基本支出、资产负债率等。

（二）业务指标包括：文物藏品数、文物藏品展出率、文物藏品完好率、基本陈列数、举办展览数、参观人次等。

除上述指标外，文物单位可以根据本单位的业务特点增加财务分析指标。

第十一章 财务监督

第七十条 文物事业单位财务监督主要包括对预算管理、收入管理、支出管理、结转和结余管理、专业基金管理、资产管理、负债管理等的监督。

第七十一条 文物事业单位财务监督应当实行事前监督、事中监督、事后监督相结合，日常监督与专项监督相结合。

第七十二条 文物事业单位应当建立健全内部控制制度、经济责任制度、财务信息披露制度等监督制度，按照规定公开财务信息。

第七十三条 文物事业单位应当依法接受主管部门和财政、审计部门的监督。

第十二章 附　　则

第七十四条 文物事业单位基本建设投资财务管理，应当执行本制度，但国家基本建设投资财务管理制度另有规定的，从其规定。

第七十五条 参照公务员法管理的文物事业单位财务制度的适用，按照国务院财政部门有关规定执行。

第七十六条 接受国家经常性资助的社会力量举办的文物公益服务性组织和社会团体，依照本制度执行。其他社会力量举办的文物公益服务性组织和社会团体，可以参照本制度执行。

第七十七条 下列文物事业单位或者事业单位特定项目，执行企业财务制度，不执行本制度。

（一）纳入企业财务管理体系的文物事业单位和文物事业单位附属独立核算的生产经营单位；

（二）文物事业单位经营的接受外单位要求投资回报的项目；

（三）经主管部门和财政部门批准的具备条件的其他文物事业单位。

第七十八条 省、自治区、直辖市财政部门和文物主管部门，可以根据本制度，结合本地区实际情况，制定补充规定，报财政部、国家文物局备案。

文物事业单位应当按照本制度，根据单位实际情况，制定单位内部财务管理办法，并报主管部门备案。

第七十九条 本制度自2013年1月1日起施行。

10. 人口和计划生育事业单位财务制度（2012年修订）

财教〔2012〕507号

第一章 总　　则

第一条 为了进一步规范人口和计划生育事业单位的财务行为，加强人口和计划生育事业单位财务管理和监督，提高资金使用效益，保障人口和计划生育事业单位的健康发展和计划生育基本国策的贯彻落实，根据《事业单位财务规则》，结合人口和计划生育事业单位的特点，制定本制度。

第二条 本制度适用于各级各类人口和计划生育事业单位（以下简称人口和计划生育事业单位）的财务活动。

第三条 人口和计划生育事业单位财务管理的基本原则是：执行国家有关法律、法规和财务规章制度；坚持勤俭办事业的方针；正确处理事业发展需要和资金供给的关系，社会效益和经济效益的关系，国家、单位和个人三者利益的关系。

第四条 人口和计划生育事业单位财务管理的主要任务是：合理编制单位预算，严格预算执行，完整编制单位决算，真实反映单位财务状况；依法组织收入，努力节约支出；建立健全财务管理制度，加强经济核算，建立科学的财务考核指标体系，实施绩效评价，提高资金使用效益；加强资产管理，合理配置、有效利用、规范处置资产，防止资产流失；加强对单位经济活动的财务控制和监督，定期进行财务分析，防范财务风险。

第五条 人口和计划生育事业单位应当按照国家有关规定设置财务会计机构，配备具备从业资格的财务会计人员；不具备条件的，可以实行会计委托代理记账。

第六条 人口和计划生育事业单位的全部财务活动在单位负责人领导下，由单位财务部门统一管理。

第二章 单位预算管理

第七条 单位预算是指人口和计划生育事业单位根据事业发展计划、目标和任务编制的年度财务收支计划。

人口和计划生育事业单位预算由收入预算和支出预算组成。

第八条 国家对人口和计划生育事业单位实行核定收支、定额或者定项补助、超支不补、结转和结余按规定使用的预算管理办法。

定额或者定项补助标准根据国家有关政策和财力可能，结合人口和计划生育事业特点、事业发展目标和规划、单位收支和资产状况等确定。定额或者定项补助可以为零。

非财政补助收入大于支出较多的人口和计划生育事业单位，可以实行收入上缴办法。具体办法由财政部门会同主管部门制定。

第九条 预算编制原则：

（一）坚持合法合规原则。根据国家有关方针政策、法律法规以及人口和计划生育事业发展目标和计划编制单位预算。

（二）坚持完整性和统一性原则。人口和计划生育事业单位必须将全部财务收支在预算中予以反映，并按照国家预算表格和统一的口径、程序及计算依据编制单位预算。

（三）坚持以收定支、收支平衡原则。单位预算编制要量入为出，收支平衡，不得编制赤字预算。

（四）坚持统筹兼顾、保证重点的原则。既要考虑事业发展的需要，又要考虑国家财力的可能和单位的收入状况、资产状况，保证重点，兼顾一般。

（五）坚持厉行节约、注重绩效原则。挖掘内部潜力，努力增收节支，提高资金使用效益。

第十条 人口和计划生育事业单位参考以前年度预算执行情况，根据预算年度的收入增减因素和措施，以及以前年度结转和结余情况，测算编制收入预算；根据事业发展需要与财力可能，测算编制支出预算。

第十一条 人口和计划生育事业单位根据年度事业发展目标、计划和预算编制的规定，提出预算建议数，经主管部门审核汇总报财政部门。人口和计划生育事业单位根据财政部门下达的预算控制数编制预算，由主管部门审核汇总报财政部门，经法定程序审核批复后执行。预算报送时间按财政部门的规定执行。

第十二条 人口和计划生育事业单位应当严格执行批准的预算。预算执行中，国家对财政补助收入和财政专户管理资金的预算一般不予调整。

上级下达的事业计划有较大调整，或者根据国家有关政策增加或者减少支出，对预算执行影响较大时，事业单位应当报主管部门审核后报财政部门调整预算；财政补助收入和财政专户管理资金以外部分的预算需要调增或者调减的，由单位自行调整并报主管部门和财政部门备案。

收入预算调整后，相应调增或者调减支出预算。

第十三条 人口和计划生育事业单位决算是指事业单位根据预算执行结果编制的年度报告。

第十四条 人口和计划生育事业单位应当按照规定，编制年度决算，由主管部门审核汇总后报财政部门审批。对财政部门批复调整的事项,人口和计划生育事业单位应及时调整。

第十五条 人口和计划生育事业单位应当加强决算审核和分析,保证决算数据的真实、准确,规范决算管理工作。

第三章 收入管理

第十六条 收入是指人口和计划生育事业单位为开展业务及其他活动依法取得的非偿还性资金。

第十七条 人口和计划生育事业单位收入包括:

(一)财政补助收入,即人口和计划生育事业单位从同级财政部门取得的各类财政拨款。

(二)事业收入,即人口和计划生育事业单位开展专业业务活动及其辅助活动取得的收入,其中:按照国家有关规定应当上缴国库或者财政专户的资金,不计入事业收入;从财政专户核拨的资金和经核准不上缴国库或者财政专户的资金,计入事业收入。

(三)上级补助收入,即人口和计划生育事业单位从主管部门和上级单位取得的非财政补助收入。

(四)附属单位上缴收入,即人口和计划生育事业单位附属独立核算单位按照有关规定上缴的收入。

(五)经营收入,即人口和计划生育事业单位在专业业务活动及其辅助活动之外开展非独立核算经营活动取得的收入。

(六)其他收入,即本条上述规定范围以外的各项收入,包括投资收益、利息收入、捐赠收入等。

第十八条 事业收入包括:

(一)技术服务收入,即人口和计划生育事业单位开展计划生育优生优育咨询指导、避孕节育手术、孕前优生健康检查、孕情环情监测、计划生育手术并发症诊治、生殖健康检查治疗等技术服务活动取得的收入。

(二)病残儿鉴定收入,即人口和计划生育事业单位对病残儿进行鉴定所取得的收入。

(三)培训收入,即人口和计划生育事业单位开展业务培训取得的收入。

(四)宣传品制作收入,即人口和计划生育事业单位制作人口计生图书、音像等各类宣传品取得的收入。

(五)其他事业收入,即人口和计划生育事业单位开展专业业务活动及其辅助活动所取得的除上述各项收入以外的收入。

第十九条 经营收入包括:

(一)销售收入,即人口和计划生育事业单位非独立核算部门销售商品取得的收入。

(二)经营服务收入,即人口和计划生育事业单位非独立核算部门对外提供经营服务取得的收入。

(三)租赁收入,即人口和计划生育事业单位出租房屋、场地和设备取得的收入。

(四)其他经营收入,即人口和计划生育事业单位在专业业务活动及其辅助活动之外取得的除上述各项收入以外的收入。

第二十条 收入管理的要求:

(一)人口和计划生育事业单位应当在国家政策允许的范围内,依法组织收入,坚持社会效益为主,同时注重经济效益。

(二)人口和计划生育事业单位应当严格执行国家批准的收费项目和收费标准,不得擅自设立收费项目,并建立健全收费管理制度。

(三)人口和计划生育事业单位各项收入要及时入账,防止流失。

(四)人口和计划生育事业单位的各项收入应当全部纳入单位预算,统一核算,统一管理。

第二十一条 人口和计划生育事业单位对按照规定上缴国库或者财政专户的资金,应当按照国库集中收缴的有关规定及时足额上缴,不得隐瞒、滞留、截留、挪用和坐支。

第四章 支出管理

第二十二条 支出是人口和计划生育事业单位开展业务及其他活动发生的资金耗费和损失。

第二十三条 人口和计划生育事业单位支出包括:

(一)事业支出,即人口和计划生育事业单位开展专业业务活动及其辅助活动发生的基本支出和项目支出。基本支出,即人口和计划生育事业单位为了保障其正常运转、完成日常工作任务而发生的人员支出和公用支出。项目支出,即人口和计划生育事业单位为了完成特定工作任务和事业发展目标,在基本支出之外所发生的支出。

（二）经营支出，即人口和计划生育事业单位在专业业务活动及其辅助活动之外开展非独立核算经营活动发生的支出。

（三）对附属单位补助支出，即人口和计划生育事业单位用财政补助收入之外的收入对附属单位补助发生的支出。

（四）上缴上级支出，即人口和计划生育事业单位按照财政和主管部门的规定，上缴上级单位的支出。

（五）其他支出，即本条上述规定范围之外的支出，包括利息支出、捐赠支出等。

第二十四条　人口和计划生育事业单位的各项支出应当全部纳入单位预算，建立健全支出管理制度。

第二十五条　人口和计划生育事业单位应当严格执行国家财务规章制度规定的开支范围及开支标准；国家没有统一规定的，由人口和计划生育事业单位做出规定，报主管部门和财政部门备案。

人口和计划生育事业单位的规定违反法律制度和国家政策的，主管部门和财政部门应当责令改正。

第二十六条　人口和计划生育事业单位在开展非独立核算经营活动中，应当正确归集实际发生的各项费用数；不能归集的，应当按照规定的比例合理分摊。经营支出应当与经营收入配比。

第二十七条　人口和计划生育事业单位从财政部门和主管部门取得的有指定项目和用途的专项资金，应当专款专用，定期向财政部门和主管部门报送专项资金使用情况；项目完成后，应当报送专项资金支出决算和使用效果的书面报告，接受财政部门和主管部门的检查和验收。

第二十八条　为了加强支出管理，提高经济核算水平，具备条件的人口和计划生育事业单位，可以根据开展业务及其他活动的实际需要，实行内部成本核算办法。

第二十九条　实行内部成本核算办法的范围：非财政补助收入能够基本满足正常支出的人口和计划生育管理服务机构。

第三十条　实行内部成本核算办法的单位、单位内部实行成本核算的部门，其成本费用应当按照支出用途分别归集到单位事业支出和经营支出的相应科目中。

第三十一条　人口和计划生育事业单位的基本建设支出、对外投资支出以及国家规定不得列入成本费用的其他支出，不得计入成本费用。

第三十二条　人口和计划生育事业单位应当严格执行国库集中支付制度和政府采购制度等有关规定。

第三十三条　人口和计划生育事业单位应当加强支出的绩效管理，提高资金使用的有效性。

第三十四条　人口和计划生育事业单位应当依法加强各类票据管理，确保票据来源合法，内容真实，使用正确，不得使用虚假票据。票据经办部门和人员应当对票据的真实性、合法性负责。财务部门和人员应当加强票据审核，杜绝报销虚假发票。

第五章　结转和结余管理

第三十五条　结转和结余是指人口和计划生育事业单位年度收入与支出相抵后的余额。

结转资金是指当年预算已执行但未完成，或者因故未执行，下一年度需要按照原用途继续使用的资金。结余资金是指当年预算工作目标已完成，或者因故终止，当年剩余的资金。

经营收支结转和结余应当单独反映。

第三十六条　财政拨款结转和结余的管理，应当按照同级财政部门的规定执行。

第三十七条　非财政拨款结转按照规定结转下一年度继续使用。非财政拨款结余可以按照国家有关规定提取职工福利基金，剩余部分作为事业基金用于弥补以后年度单位收支差额；国家另有规定的，从其规定。

第三十八条　人口和计划生育事业单位应当加强事业基金的管理，在编制年度预算时统筹安排，合理使用，支出不得超出基金规模。

第六章　专用基金管理

第三十九条　专用基金是指人口和计划生育事业单位按照规定提取或设置的有专门用途的资金。专用基金管理应当遵循先提后用、收支平衡、专款专用的原则，支出不得超出基金规模。

第四十条　专用基金包括：

（一）修购基金，即按照事业收入和经营收入的一定比例提取，并按照规定在相应的购置和修缮科目中列支(各列 50%),以及按照其他规定转入,用于人口和计划生育事业单位固定资产维修、购置的资金。事业收入和经营收入较少的事业单位可以不提取修购基金。

(二)职工福利基金,即按照非财政拨款结余的一定比例提取转入,用于单位职工的集体福利设施、集体福利待遇等的资金。

(三)其他基金,即按照其他有关规定提取和设置的专用基金。

第四十一条 各项基金的提取比例和管理办法,国家有统一规定的,按统一规定执行,没有统一规定的由主管部门会同同级财政部门确定。

第七章 资产管理

第四十二条 资产是指人口和计划生育事业单位占有或者使用的能以货币计量的经济资源,包括各种财产、债权和其他权利。

第四十三条 人口和计划生育事业单位的资产包括流动资产、固定资产、在建工程、无形资产和对外投资等。

第四十四条 人口和计划生育事业单位应当建立健全单位资产管理制度,加强和规范资产配置、使用和处置管理,维护资产安全完整,保障事业健康发展。

第四十五条 人口和计划生育事业单位应当按照科学规范、从严控制、保障事业发展需要的原则合理配置资产。根据单位资产存量状况、人员编制和有关资产配置标准,编制资产购置计划,按照部门预算管理的有关要求列入年度部门预算,并履行相关政府采购规定。

第四十六条 流动资产是指可以在一年以内(含一年)变现或者耗用的资产,包括现金、各种存款、零余额账户用款额度、应收及预付款项和存货等。

第四十七条 人口和计划生育事业单位建立健全现金及各种存款的内部管理制度,应当由财务部门按照国家有关规定开设、使用和管理银行账户。

第四十八条 人口和计划生育事业单位对应收款项和预付款项要按时清理结算,不得长期挂账。对确实无法收回的预付款,要查明原因,分清责任,按照规定权限,报经主管部门或财政部门批准后核销。

第四十九条 存货是指人口和计划生育事业单位在开展业务及其他活动中为耗用而储存的资产,包括材料、燃料、包装物、避孕药具、低值易耗品等。

(一)人口和计划生育事业单位应当建立健全存货管理制度。单位资产管理部门应指定专人负责,严格收发手续,完善存货验收、进出库和保管制度,防止丢失、损坏、变质。

(二)人口和计划生育事业单位资产管理部门应当建立材料明细账,定期与财务部门的材料总账进行核对,做到账账相符、账实相符。

(三)人口和计划生育事业单位应当制定材料储备定额和主要材料消耗定额。

(四)人口和计划生育事业单位应当对存货进行定期或不定期的清查盘点,保证账实相符。存货盘盈、盘亏应及时处理。

第五十条 固定资产是指使用期限超过一年,单位价值在 1000 元以上(其中:专用设备单位价值在 1500 元以上),并在使用过程中基本保持原有物质形态的资产。单位价值虽未达到规定标准,耐用时间在一年以上的大批同类物资,作为固定资产管理。

固定资产一般分为六类:房屋及构筑物;专用设备;通用设备;文物和陈列品;图书、档案;家具、用具、装具及动植物。

人口和计划生育事业单位的固定资产明细目录由国务院人口和计划生育主管部门制定,报国务院财政部门备案。

第五十一条 人口和计划生育事业单位应当加强固定资产管理。

(一)建立健全固定资产管理制度,加强固定资产维护和保养,制定操作规程,建立技术档案和使用情况报告制度。

(二)购建和调入的固定资产,由人口和计划生育事业单位资产管理部门负责验收,单位财务部门参与验收。购进专用设备和新建的房屋及建筑物竣工时,应有专业技术人员参加验收。经验收后的固定资产要及时入账并交付使用。

（三）人口和计划生育事业单位固定资产报废和转让，以及单位价值或者批量价值在规定限额以上的资产的处置应当按照有关规定，报主管部门和财政部门批准。

（四）人口和计划生育事业单位应当定期或者不定期对固定资产清查盘点。年度终了前应当进行一次全面的清查盘点，做到账实相符。对于盘盈、盘亏的固定资产应当及时按照规定处理。

第五十二条 在建工程是指已经发生必要支出，但尚未达到交付使用状态的建设工程。

人口和计划生育事业单位对建设工程项目，应按照国家有关规定，单独建账、单独核算，严格控制工程成本，工程完工后应尽快办理工程结算和竣工财务决算，并及时办理资产交付手续。国家另有规定的，从其规定。

第五十三条 无形资产是指不具有实物形态而能为使用者提供某种权利的资产，包括专利权、商标权、著作权、土地使用权、非专利技术以及其他财产权利等。

人口和计划生育事业单位应当对本单位无形资产的评估确认、开发、保护、使用和转让加强管理。

人口和计划生育事业单位转让无形资产，应当按照有关规定进行资产评估，取得的收入按照国家有关规定处理。取得无形资产发生的支出，应当计入事业支出。

第五十四条 对外投资是人口和计划生育事业单位依法利用货币资金、实物、无形资产等方式向其他单位的投资。

（一）人口和计划生育事业单位应当严格控制对外投资。在保证单位正常运转和事业发展的前提下，按照国家有关规定可以对外投资的，应当履行相关审批程序。

事业单位不得使用财政拨款及其结余进行对外投资，不得从事股票、期货、基金、企业债券等投资，国家另有规定的除外。

（二）人口和计划生育事业单位以非货币性资产对外投资的，应当按照国家有关规定进行资产评估，合理确定资产价值。

（三）对外投资应当进行充分的技术和经济效益论证，保证资产的保值、增值。

（四）人口和计划生育事业单位应建立健全对投资企业和项目的管理制度、认真履行出资人职责，加强财务监督。

第五十五条 人口和计划生育事业单位资产处置应当遵循公开、公平、公正和竞争、择优的原则，严格履行相关审批程序。出租、出借资产，应当按照国家有关规定经主管部门审核同意后报同级财政部门审批。

第五十六条 人口和计划生育事业单位应当提高资产使用效率，按照国家有关规定实行资产共享、共用。

第八章 负债管理

第五十七条 负债是指人口和计划生育事业单位所承担的能以货币计量，需要以资产或者劳务偿还的债务。

第五十八条 人口和计划生育事业单位负债包括借入款项、应付款项、暂存款项、应缴款项等。

应缴款项包括人口和计划生育事业单位收取的应当上缴国库或者财政专户的资金、应缴税费，以及其他按照国家有关规定应当上缴的款项。

第五十九条 人口和计划生育事业单位应对不同性质的负债分别管理，及时清理并按照规定办理结算，保证各项负债在规定期限内归还。

第六十条 人口和计划生育事业单位应当建立财务风险控制机制，规范和加强借入款项管理，严格执行审批程序，不得违反规定举借债务和提供担保。

第九章 事业单位清算

第六十一条 人口和计划生育事业单位发生划转、撤销、合并、分立时，应当进行清算。

第六十二条 人口和计划生育事业单位清算，应当在主管部门和财政部门的监督指导下，对单位的财产、债权、债务等进行全面清理，编制资产负债表、财产目录和债权、债务清单，提出财产作价依据和债权、债务处理办法，做好资产的移交、接收、划转和管理工作，并妥善处理各项遗留问题。

第六十三条 人口和计划生育事业单位清算结束后，经主管部门审核并报国有资产管理部门和财政部门批准，其资产分别按下列办法处理：

（一）因隶属关系改变，成建制划转的人口和计划生育事业单位，其全部资产无偿移交，并相应划转经费指标。

（二）转为企业管理的人口和计划生育事业单位，全部资产扣除负债后，转作国家资本金。需要进行资产评估的，按照国家有关规定执行。

（三）撤销的人口和计划生育事业单位，全部资产由主管部门和财政部门核准处理。

（四）合并的人口和计划生育事业单位，全部资产移交接收单位或新组建单位。合并后多余的国有资产，由主管部门和财政部门核准后处理。

（五）分立的人口和计划生育事业单位，资产按照有关规定移交分立后的人口和计划生育事业单位，并相应划转经费指标。

第十章　财务报告与分析

第六十四条　财务报告是反映人口和计划生育事业单位一定时期财务状况和事业成果的总结性书面文件。

人口和计划生育事业单位应当按照财政部门和主管部门的规定和要求，定期向主管部门和财政部门以及其他有关的报表使用者提供财务报告。

第六十五条　人口和计划生育事业单位报送的年度财务报告包括资产负债表、收入支出表、财政拨款收入支出表、固定资产投资决算报表等主表，有关附表以及财务情况说明书等。

第六十六条　财务情况说明书，主要说明人口和计划生育事业单位收入及其支出、结转、结余及其分配、资产负债变动、对外投资、资产出租出借、资产处置、固定资产投资、绩效考评的情况，对本期或者下期财务状况发生重大影响的事项，以及需要说明的其他事项。

第六十七条　人口和计划生育事业单位财务分析的内容包括预算编制与执行、资产使用、负债情况、收入支出状况等。

第六十八条　财务分析指标分为财务指标和业务指标两类。

（一）财务指标包括：预算收入和预算支出完成率、人员支出与公用支出分别占事业支出的比率、人均基本支出、资产负债率、财政补助收入占总收入的比率、事业收入占总收入的比率、经营收入占总收入的比率、财政补助收入增长率、事业收入增长率、经营收入增长率、避孕药具库存量及库存结构等。

（二）业务指标包括：宣传品制作种类、宣传品发行量、宣传品进村入户率、人口和计划生育培训人次、避孕药具使用率、药具使用有效率、免费孕前检查覆盖率及技术服务总量等。

除上述指标外，人口和计划生育事业单位可以根据本单位业务特点增加财务分析指标。

第十一章　财务监督

第六十九条　人口和计划生育事业单位财务监督主要包括对预算管理、收入管理、支出管理、结转和结余管理、专用基金管理、资产管理、负债管理等的监督。

第七十条　事业单位财务监督应当实行事前监督、事中监督、事后监督相结合，日常监督与专项监督相结合。

第七十一条　人口和计划生育事业单位应当建立健全内部控制制度、经济责任制度、财务信息披露制度等监督制度，按照规定公开财务信息。

第七十二条　人口和计划生育事业单位应当依法接受主管部门和财政、审计部门的监督。

第十二章　附　　则

第七十三条　人口和计划生育事业单位基本建设投资的财务管理，应当执行本制度，但国家基本建设投资财务管理制度另有规定的，从其规定。

第七十四条　参照公务员法管理的人口和计划生育事业单位财务制度的适用，由国务院财政部门另行规定。

第七十五条 接受国家经常性资助的社会力量举办的人口和计划生育公益服务性组织和社会团体，依照本制度执行；其他社会力量举办的人口和计划生育公益服务性组织和社会团体，可以参照本制度执行。

第七十六条 下列人口和计划生育事业单位或者人口和计划生育事业单位的特定项目，执行企业财务制度或者同行业、相近行业财务制度，不执行本制度。

（一）纳入企业财务管理体系的人口和计划生育事业单位以及人口和计划生育事业单位附属独立核算的生产经营单位。

（二）人口和计划生育事业单位接受外单位要求投资回报的经营项目。

（三）经主管部门和财政部门批准的具备条件的其他人口和计划生育事业单位。

第七十七条 人口和计划生育部门所属的科学研究单位和学校，执行同行业事业单位财务制度。

第七十八条 省、自治区、直辖市财政部门与人口和计划生育主管部门，可以根据本制度，结合本地区实际情况，制定补充规定，报财政部、国家人口和计划生育委员会备案。

人口和计划生育事业单位应当按照本制度，根据单位实际情况，制定内部财务管理办法，并报主管部门备案。

第七十九条 本制度自 2013 年 1 月 1 日起施行。

11. 科学事业单位财务制度（2012 年修订）

财教〔2012〕502 号

第一章 总 则

第一条 为了进一步规范科学事业单位的财务行为，加强财务管理和监督，提高资金使用效益，促进科技事业健康发展，根据《事业单位财务规则》和国家有关法律制度，结合科学事业单位特点，制定本制度。

第二条 本制度适用于各级各类科学事业单位的财务活动。

第三条 科学事业单位财务管理的基本原则是：执行国家有关法律、法规和财务规章制度；坚持勤俭办事业的方针；正确处理事业发展需要与资金供给的关系，社会效益与经济效益的关系，国家、单位和个人三者利益的关系。

第四条 科学事业单位财务管理的主要任务是：合理编制单位预算，严格预算执行，完整、准确编制单位决算，真实反映单位财务状况；依法组织收入，努力节约支出，规范科研项目资金管理；建立健全财务制度，加强经济核算，实施绩效评价，提高资金使用效益；加强资产管理，合理配置和有效利用资产，防止资产流失；加强对单位经济活动的财务控制和监督，防范财务风险。

第五条 科学事业单位的财务活动在单位负责人的领导下，由单位财务部门统一管理。

第二章 单位预算管理

第六条 科学事业单位预算是指单位根据事业发展目标和计划编制的年度财务收支计划。

第七条 国家对科学事业单位实行核定收支、定额或者定项补助、超支不补、结转和结余按规定使用的预算管理办法。

定额或者定项补助根据国家有关政策和财力可能，科技事业发展目标和计划、科学事业单位特点、财务收支及资产状况等确定。定额或者定项补助可以为零。

第八条 非财政补助收入大于支出较多的科学事业单位，可以实行收入上缴办法。具体办法由财政部门会同财务主管部门制定。

第九条 科学事业单位预算由收入预算和支出预算组成。

收入预算包括财政补助收入、事业收入、上级补助收入、附属单位上缴收入、经营收入和其他收入的预算。支出预算包括事业支出、上缴上级支出、对附属单位补助支出、经营支出和其他支出的预算。

第十条 科学事业单位应当在单位负责人主持下，由财务部门会同其他有关业务部门，参考以前年度预算执行情况，根据预算年度收入增减因素和措施，以及以前年度结转和结余情况，测算编制收入预算；根据事业发展需要与财力可能，测算编制支出预算。

科学事业单位预算编制应当坚持以收定支、收支平衡、统筹兼顾、保证重点的原则，不得编制赤字预算。

第十一条 科学事业单位应当根据事业发展目标和计划以及预算编制的规定，提出预算建议数，经财务主管部门审核汇总报财政部门（一级预算单位直接报财政部门，下同）。单位根据财政部门下达的预算控制数编制单位预算，由财务主管部门审核汇总报财政部门，经法定程序审核批复后执行。

第十二条 科学事业单位应当严格执行批复的预算。预算执行中，国家对财政补助收入和财政专户管理资金的预算一般不予调整。当上级下达的事业发展计划有较大调整，或者根据国家有关政策增加或者减少支出，对预算执行影响较大时，单位应当报财务主管部门审核后报财政部门调整预算；财政补助收入和财政专户管理资金以外部分的预算需要调增或者调减的，由单位自行调整并报财务主管部门和财政部门备案。

单位收入预算调整后，相应调增或者调减支出预算。

第十三条 科学事业单位应当将批复的预算及时分解、落实，明确单位内部预算执行责任，加强预算执行管理，提高预算执行效率。

第十四条 科学事业单位决算是指单位根据预算执行结果编制的年度财务报告。

第十五条 科学事业单位应当按照规定编制年度决算，由财务主管部门审核汇总报财政部门审批。

第十六条 科学事业单位应当加强决算审核和分析，保证决算数据的真实、准确，规范决算管理工作。

第十七条 科学事业单位是单位承担的科研项目预算管理的责任主体，应当建立健全科研项目预算管理制度。

第十八条 科研项目预算应当由科研项目负责人协助单位财务部门，按照政策相符性、目标相关性和经济合理性的原则，根据研究开发任务的实际需要科学、合理、真实地编制。科研项目预算应当按照有关规定公开。

科研项目预算执行过程中需要调增或者调减的，应当按照有关规定办理。

第三章 收入管理

第十九条 收入是指科学事业单位为开展业务及其他活动依法取得的非偿还性资金。包括：

（一）财政补助收入，即科学事业单位从同级财政部门取得的各类财政拨款。

（二）事业收入，即科学事业单位开展专业业务活动及其辅助活动取得的收入。其中：按照国家有关规定应当上缴国库或者财政专户的资金，不计入事业收入；从财政专户核拨给科学事业单位的资金和经核准不上缴国库或者财政专户的资金，计入事业收入。

（三）上级补助收入，即科学事业单位从财务主管部门和上级单位取得的非财政补助收入。

（四）附属单位上缴收入，即科学事业单位附属独立核算的单位按照有关规定上缴的收入。

（五）经营收入，即科学事业单位在专业业务活动及其辅助活动之外开展非独立核算的经营活动取得的收入。

（六）其他收入，即本条上述规定范围以外的各项收入，包括投资收益、利息收入、捐赠收入等。

第二十条 科学事业单位的事业收入包括：

（一）科研收入，即科学事业单位承担科研项目取得的收入。

（二）技术收入，即科学事业单位对外提供技术咨询、技术服务等取得的收入。

（三）学术活动收入，即科学事业单位开展学术交流、学术期刊出版等活动取得的收入。

（四）科普活动收入，即科学事业单位开展科学知识宣传、讲座和科技展览等活动取得的收入。

（五）试制产品收入，即科学事业单位从事中间试验产品的试制取得的收入。

（六）教学活动收入，即科学事业单位开展教学及其辅助活动取得的收入。

以上各项收入不包括按照部门预算隶属关系从同级财政部门取得的财政拨款。

第二十一条 科学事业单位收入管理的要求主要包括：

（一）单位组织收入应当遵守国家政策规定，各项收入的来源应当合法。

（二）单位应当将各项收入全部纳入单位预算，统一核算，统一管理。

（三）单位应当执行国家规定的收费范围和标准。调整收费范围和标准，应当按照规定程序报经有关部门批准。

（四）单位应当按照规定使用财政、税务等部门统一印制的票据。

第二十二条 科学事业单位对按照规定上缴国库或者财政专户的资金，应当按照国库集中收缴的有关规定及时足额上缴，不得隐瞒、滞留、截留、挪用和坐支。

科学事业单位严禁设立小金库，严禁账外设账，严禁公款私存。

第四章 支出管理

第二十三条 支出是指科学事业单位开展业务及其他活动发生的资金耗费和损失。包括：

（一）事业支出，即科学事业单位开展专业业务活动及其辅助活动发生的基本支出和项目支出。

基本支出是指科学事业单位为了保障其正常运转、完成日常工作任务而发生的人员支出和公用支出。项目支出是指科学事业单位为了完成特定工作任务和事业发展目标，在基本支出之外所发生的支出。

（二）上缴上级支出，即科学事业单位按照财政部门和财务主管部门的规定上缴上级单位的支出。

（三）对附属单位补助支出，即科学事业单位用财政补助收入之外的收入对附属单位补助发生的支出。

（四）经营支出，即科学事业单位在专业业务活动及其辅助活动之外开展非独立核算经营活动发生的支出。

（五）其他支出，即本条上述规定范围以外的各项支出，包括利息支出、捐赠支出等。

第二十四条 科学事业单位应当将各项支出全部纳入单位预算，建立健全支出管理制度。

第二十五条 科学事业单位在开展非独立核算经营活动中，应当正确归集实际发生的各项费用；不能归集的，应当按照规定的比例合理分摊。

经营支出应当与经营收入配比。

第二十六条 科学事业单位应当严格执行国家有关财务规章制度规定的开支范围及开支标准；国家有关财务规章制度没有统一规定的，由单位规定，报财务主管部门和财政部门备案。单位的规定违反法律制度和国家政策的，财务主管部门和财政部门应当责令改正。

第二十七条 科学事业单位从财政部门、财务主管部门和其他相关部门取得的有指定项目和用途的专项资金，应当专款专用、单独核算，并按照规定向财政部门、财务主管部门和其他相关部门报送专项资金使用情况；项目完成后，应当报送专项资金支出决算和使用效果的书面报告，接受财政部门、财务主管部门和其他相关部门的检查、验收。

对于不同来源的科研项目资金，应当按照国家有关规定或者合同要求进行管理，不得截留、挤占、挪用和违反规定转拨资金，不得虚列支出，不得以任何形式谋取私利。

第二十八条 科学事业单位应当严格执行国库集中支付制度和政府采购制度等有关规定。

第二十九条 科学事业单位应当加强支出的绩效管理，提高资金使用的有效性。

第三十条 科学事业单位应当依法加强各类票据管理，确保票据来源合法、内容真实、使用正确，不得使用虚假票据。

第五章 结转和结余管理

第三十一条 结转和结余是指科学事业单位年度收入与支出相抵后的余额。

结转资金是指当年预算已执行但未完成，或者因故未执行，下一年度需要按照原用途继续使用的资金。结余资金是指当年预算工作目标已完成，或者因故终止，当年剩余的资金。

第三十二条 财政拨款结转和结余的管理，应当按照同级财政部门的规定执行。

第三十三条 非财政拨款结转按照规定结转下一年度继续使用。非财政拨款结余可以按照国家有关规定提取职工福利基金，剩余部分作为事业基金，用于弥补单位以后年度收支差额；国家另有规定的，从其规定。

经营收支结转和结余应当单独反映。经营收支结余先按照国家有关规定弥补以前年度经营收支发生的亏损，提取科技成果转化基金，其余部分并入单位的结余中进行分配。

第三十四条 科学事业单位应当加强事业基金的管理，遵循收支平衡的原则，统筹安排、合理使用，支出不得超出基金规模。

第三十五条 科研项目完成或者因故终止时，应当及时进行验收或者结算，并办理财务结账手续。

科研项目资金的结转和结余管理，按照国家有关规定或者合同的要求执行。

第六章 专用基金管理

第三十六条 专用基金是指科学事业单位按照规定提取或者设置的有专门用途的资金。

第三十七条 专用基金包括：

（一）职工福利基金，即按照非财政拨款结余的一定比例提取以及按照其他规定提取转入，用于单位职工的集体福利设施、集体福利待遇等的资金。

（二）科技成果转化基金，即单位从事业收入中提取，在事业支出的相关科目中列支，以及在经营收支结余中提取转入，用于科技成果转化的资金。事业收入和经营收支结余较少的单位可以不提取科技成果转化基金。

（三）其他基金，即按照其他有关规定提取或者设置的专用资金。

第三十八条 各项基金的提取比例和管理办法，国家有统一规定的，按照统一规定执行；没有统一规定的，由财务主管部门会同同级财政部门确定。

第三十九条 专用基金管理应当遵循先提后用、收支平衡、专款专用的原则，支出不得超出基金规模。

第七章 资产管理

第四十条 资产是指科学事业单位占有或者使用的能以货币计量的经济资源，包括各种财产、债权和其他权利。

第四十一条 科学事业单位的资产包括流动资产、固定资产、在建工程、无形资产和对外投资等。

第四十二条 科学事业单位应当建立健全单位资产管理制度，加强和规范资产配置、使用和处置管理，维护资产安全完整，保障事业健康发展。

第四十三条 科学事业单位应当按照科学规范、从严控制、保障事业发展需要的原则合理配置资产。

第四十四条 流动资产是指可以在一年以内变现或者耗用的资产，包括现金、各种存款、零余额账户用款额度、应收及预付款项、存货等。

前款所称存货是指科学事业单位在开展业务活动及其他活动中为耗用而储存的资产，包括各类材料、燃料、包装物和低值易耗品等。

单位应当加强流动资产的管理，建立健全现金及各种存款的内部管理制度；对应收及预付款项及时清理；对存货进行定期或者不定期清查盘点，保证账实相符。对存货盘盈、盘亏应当及时处理。

第四十五条 固定资产是指使用期限超过一年，单位价值在1000元以上（其中：专用设备单位价值在1500元以上），并在使用过程中基本保持原有物质形态的资产。单位价值虽未达到规定标准，但是耐用时间在一年以上的大批同类物资，作为固定资产管理。

固定资产一般分为六类：房屋及构筑物；专用设备；通用设备；文物和陈列品；图书、档案；家具、用具、装具及动植物。

第四十六条 科学事业单位应当对固定资产采用平均年限法或者工作量法计提折旧。文物、陈列品、图书、档案和动植物不计提折旧。固定资产折旧不计入单位支出。

第四十七条 科学事业单位应当指定专门机构或者专人对固定资产进行管理，年度终了前应当进行全面清查盘点，做到账账、账卡、账实相符，对于固定资产的盘盈、盘亏应当按照规定及时进行处理。

第四十八条 在建工程是指已发生必要支出，但尚未达到交付使用状态的建设工程。

在建工程达到交付使用状态时，应当按照规定办理工程竣工财务决算和资产交付使用。

第四十九条 无形资产是指不具有实物形态而能为使用者提供某种权利的资产，包括专利权、商标权、著作权、土地使用权、非专利技术以及其他财产权利。

第五十条 科学事业单位应当加强无形资产的管理。单位对于无形资产应当按照国家有关规定合理计价，及时入账。单位转让无形资产，应当按照规定进行资产评估，取得的收入按照国家有关规定处理。单位取得无形资产发生的支出，计入事业支出。

第五十一条　科学事业单位应当对无形资产在其使用期限内采用平均年限法进行摊销。对于使用期限不确定的无形资产，摊销办法执行国家有关规定。无形资产摊销不计入单位支出。

第五十二条　对外投资是指科学事业单位依法利用货币资金、实物、无形资产等方式向其他单位的投资。

科学事业单位应当严格控制对外投资。在保证单位正常运转和事业发展的前提下，按照国家有关规定可以对外投资的，应当履行相关审批程序。

科学事业单位不得使用财政拨款及其结余进行对外投资，不得从事股票、期货、基金、企业债券等投资，国家另有规定的除外。

科学事业单位以非货币性资产对外投资的，应当按照国家有关规定进行资产评估，合理确定资产价值。

第五十三条　科学事业单位出租、出借资产，应当按照国家有关规定经财务主管部门审核同意后报同级财政部门审批。

第五十四条　科学事业单位资产处置应当遵循公开、公平、公正和竞争、择优的原则，严格履行相关审批程序。

第五十五条　科学事业单位应当按照国家有关规定，建立健全科学仪器、设备等资产的共享使用制度，提高资产使用效率。

第八章　负债管理

第五十六条　负债是指科学事业单位所承担的能以货币计量，需要以资产或者劳务偿还的债务。包括：

（一）借入款项，即科学事业单位开展各项活动向银行等金融机构借入的款项。

（二）合同预收款项，即科学事业单位与国家有关部门及其他单位签订研究和试制合同以及其他经济合同后，按照合同规定预收的款项。包括政府专项合同款项、委托合同款项及其他合同款项等。

（三）应付款项，即科学事业单位按照规定和要求，应付而暂时未付的各种款项。

（四）暂存款项，即科学事业单位从其他单位或者个人收到的、代为保管或者暂时尚未确定性质的款项。

（五）应缴款项，即科学事业单位按照规定应当上缴国库或者财政专户的资金、应缴税费以及其他按照国家有关规定应当上缴的款项。

第五十七条　科学事业单位应当对不同性质和不同期限的负债进行分类管理。对借入款项应当按时清偿；对合同预收款项在合同完成或者阶段性完成后及时结转为收入；对应付款项，应当按时清付；对各项应缴税费，应当依据国家法律制度计缴。

第五十八条　科学事业单位应当建立健全财务风险控制机制，规范和加强借入款项管理，严格执行审批程序，不得违反规定举借债务和提供担保。

第九章　内部成本费用管理

第五十九条　成本费用是指科学事业单位为完成专业业务活动及其他活动而发生的资产耗费和损失，包括科研项目成本、非科研项目成本和期间费用。

第六十条　具备条件的科学事业单位应当按照财务主管部门和财政部门的要求或者根据业务发展需要，以科研项目为基本核算对象实施内部成本费用管理。

第六十一条　实施内部成本费用管理的科学事业单位，应当在支出管理的基础上，将效益仅与本会计年度相关的支出计入当期成本费用；将效益与两个或者两个以上会计年度相关的支出，按照有关规定以固定资产折旧、无形资产摊销等形式分期计入成本费用。

第六十二条　科研项目成本是指科学事业单位为完成科研项目而发生的资产耗费和损失，包括直接成本和间接成本。

（一）直接成本，即在实施科研项目过程中发生的，可以直接计入核算对象的各项费用，包括直接材料、直接人工及其他直接费用。

（二）间接成本，即在实施科研项目过程中发生的，不能直接计入核算对象，需要按照一定原则和标准分配计入的各项费用。

第六十三条 下列支出不应当计入科研项目成本：

（一）为购置和建造固定资产、无形资产和其他资产的资本性支出；

（二）上缴上级的支出和对附属单位的补助支出；

（三）对外投资的支出；

（四）各种罚款、赞助和捐赠支出；

（五）国家规定不得列入科研项目成本的其他支出。

第六十四条 非科研项目成本，是指科学事业单位为完成非科研项目活动而发生的资产耗费和损失。

第六十五条 期间费用，是指科学事业单位管理部门为组织管理科研项目、非科研项目以及其他活动而发生的资产耗费和损失。

第六十六条 实施内部成本费用管理的科学事业单位，应当合理区分科研项目成本、非科研项目成本和期间费用，真实、完整反映科研项目成本。单位应当按照有关要求，将科研项目成本及相关期间费用等信息报送财务主管部门或者科研项目主管部门。

第六十七条 实施内部成本费用管理的科学事业单位，应当建立成本费用与相关支出的核对机制，以及成本费用分析报告制度。

单位应当将科研项目成本信息在单位内公开。

第十章 财务清算

第六十八条 科学事业单位发生划转、撤销、合并、分立时，应当进行清算。

第六十九条 科学事业单位财务清算期间，应当在财务主管部门和财政部门的监督指导下成立财务清算机构。财务清算机构应当制定清算方案，对单位的财产、债权、债务等进行全面清理，编制财产目录和债权债务清单，提出财产作价依据和债权债务处理意见，做好资产的移交、接收、划转和管理工作。

第七十条 财务清算意见报经财务主管部门审核并报财政部门批准后，由财务清算机构妥善处理单位各项遗留问题。

第七十一条 科学事业单位清算结束后，经财务主管部门审核并报财政部门批准，其资产分别按照下列办法处理：

（一）因隶属关系改变，成建制划转的单位，全部资产无偿移交，并相应划转经费指标。

（二）转为企业管理的单位，其全部资产扣除负债后，转作国家资本金。需要进行资产评估的，应当按照国家有关规定执行。

（三）撤销的单位，全部资产由财务主管部门和财政部门核准处理。

（四）合并的单位，全部资产移交接收单位或者新组建单位，合并后多余的资产由财务主管部门和财政部门核准处理。

（五）分立的单位，资产按照有关规定移交分立后的单位，并相应划转经费指标。

第十一章 财务报告和财务分析

第七十二条 财务报告是科学事业单位一定时期财务状况和事业成果的总结性书面文件。财务报告集中、总括反映单位预算的执行、调整以及执行财务制度和财经纪律等情况，是国家制定科技政策的重要依据。

科学事业单位应当按照规定，定期向财务主管部门和财政部门以及其他有关的报表使用者提供财务报告。

第七十三条 科学事业单位的年度财务报告包括资产负债表、收入支出表、财政拨款收入支出表、固定资产投资决算报表等主表，有关附表以及财务情况说明书等。

财务情况说明书主要说明单位收入及其支出、结转、结余及其分配情况，资产负债变动、对外投资、资产出租出借、资产处置、固定资产投资、绩效评价的情况，对本期或者下期财务状况发生重大影响的事项，以及需要说明的其他事项。

单位应当定期按照财政部门和财务主管部门规定的统一格式和要求编制财务报告。

第七十四条　科学事业单位财务分析的内容包括预算编制与执行、资产使用、收入支出状况等。

财务分析的指标包括：预算收入和支出完成率、人员支出与公用支出分别占事业支出的比率、人均基本支出、资产负债率等。财务主管部门和单位可以根据本单位的业务特点和需要增加财务分析指标。

第十二章　财务监督

第七十五条　科学事业单位财务监督的主要内容包括：

（一）预算编制、财务报告的科学性、真实性、完整性和预算执行的有效性、均衡性；

（二）各项收入、支出的合法性、合规性；

（三）科研项目资金的管理、使用情况和内部成本费用核算的合规性；

（四）结转和结余资金、专用基金分配使用的合规性；

（五）资产管理的规范性和有效性；

（六）负债的合规性和风险性。

第七十六条　科学事业单位财务监督应当实行事前监督、事中监督、事后监督相结合，日常监督与专项监督相结合。

第七十七条　科学事业单位应当建立健全内部控制制度、经济责任制度、财务信息披露制度等监督制度，依法公开财务信息。

第七十八条　科学事业单位应当依法接受财务主管部门和财政、审计部门的监督。

第十三章　附　　则

第七十九条　科学事业单位基本建设投资的财务管理，应当执行本制度，但国家基本建设投资财务管理制度另有规定的，从其规定。

第八十条　参照公务员法管理的科学事业单位财务制度的适用，按照国务院财政部门的有关规定执行。

第八十一条　中国科学技术协会及地方科学技术协会所属的事业单位执行本制度。

接受国家经常性资助的社会力量举办的从事科学研究及相关活动的公益服务性组织和社会团体，依照本制度执行；其他社会力量举办的从事科学研究及相关活动的公益服务性组织和社会团体，可以参照本制度执行。

第八十二条　下列科学事业单位执行企业财务制度，不执行本制度：

（一）纳入企业财务管理体系的科学事业单位和科学事业单位附属独立核算的生产经营单位；

（二）经财务主管部门和财政部门批准的具备条件的其他科学事业单位。

第八十三条　军工科研单位财务制度另行制定，不执行本制度。

第八十四条　科学事业单位应当按照《事业单位财务规则》和本制度的规定，根据本单位的实际情况，制定内部财务管理办法，并报财务主管部门备案。

第八十五条　本制度自2013年1月1日起施行，以前规定凡与本制度规定不一致的，以本制度为准。

12. 医院财务制度（2010年颁布）

财社〔2010〕306号

第一章　总　　则

第一条　为了适应社会主义市场经济和医疗卫生事业发展的需要，加强医院财务管理和监督，规范医院财务行为，提高资金使用效益，根据国家有关法律法规、《事业单位财务规则》（财政部令第8号）以及国家关于深化医药卫生体制改革的相关规定，结合医院特点制定本制度。

第二条 本制度适用于中华人民共和国境内各级各类独立核算的公立医院(以下简称医院),包括综合医院、中医院、专科医院、门诊部(所)、疗养院等,不包括城市社区卫生服务中心(站)、乡镇卫生院等基层医疗卫生机构。

第三条 医院是公益性事业单位,不以营利为目的。

第四条 医院财务管理的基本原则是:执行国家有关法律、法规和财务规章制度;坚持厉行节约、勤俭办事业的方针;正确处理社会效益和经济效益的关系,正确处理国家、单位和个人之间的利益关系,保持医院的公益性。

第五条 医院财务管理的主要任务是:科学合理编制预算,真实反映财务状况;依法组织收入,努力节约支出;健全财务管理制度,完善内部控制机制;加强经济管理,实行成本核算,强化成本控制,实施绩效考评,提高资金使用效益;加强国有资产管理,合理配置和有效利用国有资产,维护国有资产权益;加强经济活动的财务控制和监督,防范财务风险。

第六条 医院应设立专门的财务机构,按国家有关规定配备专职人员,会计人员须持证上岗。

三级医院须设置总会计师,其他医院可根据实际情况参照设置。

第七条 医院实行"统一领导、集中管理"的财务管理体制。医院的财务活动在医院负责人及总会计师领导下,由医院财务部门集中管理。

第二章 单位预算管理

第八条 预算是指医院按照国家有关规定,根据事业发展计划和目标编制的年度财务收支计划。

医院预算由收入预算和支出预算组成。医院所有收支应全部纳入预算管理。

第九条 国家对医院实行"核定收支、定项补助、超支不补、结余按规定使用"的预算管理办法。地方可结合本地实际,对有条件的医院开展"核定收支、以收抵支、超收上缴、差额补助、奖惩分明"等多种管理办法的试点。

定项补助的具体项目和标准,由同级财政部门会同主管部门(或举办单位),根据政府卫生投入政策的有关规定确定。

第十条 医院要实行全面预算管理,建立健全预算管理制度,包括预算编制、审批、执行、调整、决算、分析和考核等制度。

第十一条 医院应按照国家有关预算编制的规定,对以前年度预算执行情况进行全面分析,根据年度事业发展计划以及预算年度收入的增减因素,测算编制收入预算;根据业务活动需要和可能,编制支出预算,包括基本支出预算和项目支出预算。编制收支预算必须坚持以收定支、收支平衡、统筹兼顾、保证重点的原则。不得编制赤字预算。

第十二条 医院预算应经医院决策机构审议通过后上报主管部门(或举办单位)。

主管部门(或举办单位)根据行业发展规划,对医院预算的合法性、真实性、完整性、科学性、稳妥性等进行认真审核,汇总并综合平衡。

财政部门根据宏观经济政策和预算管理的有关要求,对主管部门(或举办单位)申报的医院预算按照规定程序进行审核批复。

第十三条 医院要严格执行批复的预算。经批复的医院预算是控制医院日常业务、经济活动的依据和衡量其合理性的标准,医院要严格执行,并将预算逐级分解,落实到具体的责任单位或责任人。医院在预算执行过程中应定期将执行情况与预算进行对比分析,及时发现偏差、查找原因,采取必要措施,保证预算整体目标的顺利完成。

第十四条 医院应按照规定调整预算。财政部门核定的财政补助等资金预算及其他项目预算执行中一般不予调整。当事业发展计划有较大调整,或者根据国家有关政策需要增加或减少支出、对预算执行影响较大时,医院应当按照规定程序提出调整预算建议,经主管部门(或举办单位)审核后报财政部门按规定程序调整预算。

收入预算调整后,相应调增或调减支出预算。

第十五条 年度终了,医院应按照财政部门决算编制要求,真实、完整、准确、及时编制决算。

医院年度决算由主管部门(或举办单位)汇总报财政部门审核批复。对财政部门批复调整的事项,医院应及时调整相关数据。

第十六条　医院要加强预算执行结果的分析和考核，并将预算执行结果、成本控制目标实现情况和业务工作效率等一并作为内部业务综合考核的重要内容。逐步建立与年终评比、内部收入分配挂钩机制。

主管部门（或举办单位）应会同财政部门制定绩效考核办法，对医院预算执行、成本控制以及业务工作等情况进行综合考核评价，并将结果作为对医院决策和管理层进行综合考核、实行奖惩的重要依据。

第三章　收入管理

第十七条　收入是指医院开展医疗服务及其他活动依法取得的非偿还性资金。

第十八条　收入包括：医疗收入、财政补助收入、科教项目收入和其他收入。

（一）医疗收入，即医院开展医疗服务活动取得的收入，包括门诊收入和住院收入。

1. 门诊收入是指为门诊病人提供医疗服务所取得的收入，包括挂号收入、诊察收入、检查收入、化验收入、治疗收入、手术收入、卫生材料收入、药品收入、药事服务费收入、其他门诊收入等。

2. 住院收入是指为住院病人提供医疗服务所取得的收入，包括床位收入、诊察收入、检查收入、化验收入、治疗收入、手术收入、护理收入、卫生材料收入、药品收入、药事服务费收入、其他住院收入等。

（二）财政补助收入，即医院按部门预算隶属关系从同级财政部门取得的各类财政补助收入，包括基本支出补助收入和项目支出补助收入。基本支出补助收入是指由财政部门拨入的符合国家规定的离退休人员经费、政策性亏损补贴等经常性补助收入，项目支出补助收入是指由财政部门拨入的主要用于基本建设和设备购置、重点学科发展、承担政府指定公共卫生任务等的专项补助收入。

（三）科教项目收入，即医院取得的除财政补助收入外专门用于科研、教学项目的补助收入。

（四）其他收入，即医院开展医疗业务、科教项目之外的活动所取得的收入，包括培训收入、租金收入、食堂收入、投资收益、财产物资盘盈收入、捐赠收入、确实无法支付的应付款项等。

第十九条　医疗收入在医疗服务发生时依据政府确定的付费方式和付费标准确认。

第二十条　医院要严格执行国家物价政策，建立健全各项收费管理制度。

医院门诊、住院收费必须按照有关规定使用国务院或省（自治区、直辖市）财政部门统一监制的收费票据，并切实加强管理，严禁使用虚假票据。

医疗收入原则上当日发生当日入账，并及时结算。严禁隐瞒、截留、挤占和挪用。现金收入不得坐支。

第四章　支出管理

第二十一条　支出是指医院在开展医疗服务及其他活动过程中发生的资产、资金耗费和损失。

第二十二条　支出包括医疗支出、财政项目补助支出、科教项目支出、管理费用和其他支出。

（一）医疗支出，即医院在开展医疗服务及其辅助活动过程中发生的支出，包括人员经费、耗用的药品及卫生材料支出、计提的固定资产折旧、无形资产摊销、提取医疗风险基金和其他费用，不包括财政补助收入和科教项目收入形成的固定资产折旧和无形资产摊销。

其中，人员经费包括基本工资、绩效工资（津贴补贴、奖金）、社会保障缴费、住房公积金等。其他费用包括办公费、印刷费、水费、电费、邮电费、取暖费、物业管理费、差旅费、会议费、培训费等。

（二）财政项目补助支出，即医院利用财政补助收入安排的项目支出。实际发生额全部计入当期支出。其中，用于购建固定资产、无形资产等发生的支出，应同时计入净资产，按规定分期结转。

（三）科教项目支出，即医院利用科教项目收入开展科研、教学活动发生的支出。用于购建固定资产、无形资产等发生的支出，应同时计入净资产，按规定分期结转。

（四）管理费用，即医院行政及后勤管理部门为组织、管理医疗和科研、教学业务活动所发生的各项费用，包括医院行政及后勤管理部门发生的人员经费、耗用的材料成本、计提的固定资产折旧、无形资产费用，以及医院统一管理的离退休经费、坏账损失、印花税、房产税、车船使用税、利息支出和其他公用经费，不包括计入科教项目、基本建设项目支出的管理费用。

（五）其他支出，即医院上述项目以外的支出，包括出租固定资产的折旧及维修费、食堂支出、罚没支出、捐赠支出、财产物资盘亏和毁损损失等。

基本建设项目支出按国家有关规定执行。

第二十三条 医院从财政部门或主管部门(或举办单位)取得的有指定用途的项目资金应当按照要求定期向财政部门、主管部门(或举办单位)报送项目资金使用情况;项目完成后应报送项目资金支出决算和使用效果的书面报告,接受财政部门、主管部门(或举办单位)的检查验收。

第二十四条 医院的支出应当严格执行国家有关财务规章制度规定的开支范围及开支标准;国家有关财务规章制度没有统一规定的,由医院规定。医院的规定违反法律和国家政策的,主管部门(或举办单位)和财政部门应当责令改正。

医院应严格控制人员经费和管理费用。各省(自治区、直辖市)要按有关规定并结合管理要求制定具体的工资总额和管理费用支出比率等控制指标。

第二十五条 医院应当严格执行政府采购和国家关于药品采购的有关规定。

第五章 成本管理

第二十六条 成本管理是指医院通过成本核算和分析,提出成本控制措施,降低医疗成本的活动。

第二十七条 成本管理的目的是全面、真实、准确反映医院成本信息,强化成本意识,降低医疗成本,提高医院绩效,增强医院在医疗市场中的竞争力。

第二十八条 成本核算是指医院将其业务活动中所发生的各种耗费按照核算对象进行归集和分配,计算出总成本和单位成本的过程。

成本核算应遵循合法性、可靠性、相关性、分期核算、权责发生制、按实际成本计价、收支配比、一致性、重要性等原则。

第二十九条 根据核算对象的不同,成本核算可分为科室成本核算、医疗服务项目成本核算、病种成本核算、床日和诊次成本核算。成本核算一般应以科室、诊次和床日为核算对象,三级医院及其他有条件的医院还应以医疗服务项目、病种等为核算对象进行成本核算。

在以上述核算对象为基础进行成本核算的同时,开展医疗全成本核算的地方或医院,应将财政项目补助支出所形成的固定资产折旧、无形资产摊销纳入成本核算范围;开展医院全成本核算的地方或医院,还应在医疗成本核算的基础上,将科教项目支出形成的固定资产折旧、无形资产摊销纳入成本核算范围。

第三十条 科室成本核算是指将医院业务活动中所发生的各种耗费以科室为核算对象进行归集和分配,计算出科室成本的过程。

(一)科室区分为以下类别:临床服务类、医疗技术类、医疗辅助类和行政后勤类等。临床服务类指直接为病人提供医疗服务,并能体现最终医疗结果、完整反映医疗成本的科室;医疗技术类指为临床服务类科室及病人提供医疗技术服务的科室;医疗辅助类科室是服务于临床服务类和医疗技术类科室,为其提供动力、生产、加工等辅助服务的科室;行政后勤类指除临床服务、医疗技术和医疗辅助科室之外的从事院内外行政后勤业务工作的科室。

(二)科室成本的归集。

通过健全的组织机构,按照规范的统计要求及报送程序,将支出直接或分配归属到耗用科室,形成各类科室的成本。成本按照计入方法分为直接成本和间接成本。

直接成本是指科室为开展医疗服务活动而发生的能够直接计入或采用一定方法计算后直接计入的各种支出。间接成本是指为开展医疗服务活动而发生的不能直接计入、需要按照一定原则和标准分配计入的各项支出。

(三)科室成本的分摊。

各类科室成本应本着相关性、成本效益关系及重要性等原则,按照分项逐级分步结转的方法进行分摊,最终将所有成本转移到临床服务类科室。

先将行政后勤类科室的管理费用向临床服务类、医疗技术类和医疗辅助类科室分摊,分摊参数可采用人员比例、内部服务量、工作量等。

再将医疗辅助类科室成本向临床服务类和医疗技术类科室分摊,分摊参数可采用人员比例、内部服务量、工作量等。

最后将医疗技术类科室成本向临床服务类科室分摊,分摊参数可采用工作量、业务收入、收入、占用资产、面积等,分摊后形成门诊、住院临床服务类科室的成本。

第三十一条　医疗服务项目成本核算是以各科室开展的医疗服务项目为对象，归集和分配各项支出，计算出各项目单位成本的过程。核算办法是将临床服务类、医疗技术类和医疗辅助类科室的医疗成本向其提供的医疗服务项目进行归集和分摊，分摊参数可采用各项目收入比、工作量等。

第三十二条　病种成本核算是以病种为核算对象，按一定流程和方法归集相关费用计算病种成本的过程。核算办法是将为治疗某一病种所耗费的医疗项目成本、药品成本及单独收费材料成本进行叠加。

第三十三条　诊次和床日成本核算是以诊次、床日为核算对象，将科室成本进一步分摊到门急诊人次、住院床日中，计算出诊次成本、床日成本。

第三十四条　为了正确反映医院正常业务活动的成本和管理水平，在进行医院成本核算时，凡属下列业务所发生的支出，一般不应计入成本范围。

（一）不属于医院成本核算范围的其他核算主体及其经济活动所发生的支出。

（二）为购置和建造固定资产、购入无形资产和其他资产的资本性支出。

（三）对外投资的支出。

（四）各种罚款、赞助和捐赠支出。

（五）有经费来源的科研、教学等项目支出。

（六）在各类基金中列支的费用。

（七）国家规定的不得列入成本的其他支出。

第三十五条　医院应根据成本核算结果，对照目标成本或标准成本，采取趋势分析、结构分析、量本利分析等方法及时分析实际成本变动情况及原因，把握成本变动规律，提高成本效率。

第三十六条　医院应在保证医疗服务质量的前提下，利用各种管理方法和措施，按照预定的成本定额、成本计划和成本费用开支标准，对成本形成过程中的耗费进行控制。

医院应建立健全成本定额管理制度、费用审核制度等，采取有效措施纠正、限制不必要的成本费用支出差异，控制成本费用支出。

第六章　收支结余管理

第三十七条　收支结余是指医院收入与支出相抵后的余额。包括：业务收支结余、财政项目补助收支结转（余）、科教项目收支结转（余）。当期各类收支结余计算公式如下：

业务收支结余＝医疗收支结余＋其他收入－其他支出

其中：医疗收支结余＝医疗收入＋财政基本支出补助收入－医疗支出－管理费用

财政项目补助收支结转（余）＝财政项目支出补助收入－财政项目补助支出

科教项目收支结转（余）＝科教项目收入－科教项目支出

第三十八条　业务收支结余应于期末扣除按规定结转下年继续使用的资金后，结转至结余分配，为正数的，可以按照国家有关规定提取专用基金，转入事业基金；为负数的，应由事业基金弥补，不得进行其他分配，事业基金不足以弥补的，转入未弥补亏损。实行收入上缴的地区要根据本地实际，制定具体的业务收支结余率、次均费用等控制指标。超过规定控制指标的部分应上缴财政，由同级财政部门会同主管部门统筹专项用于卫生事业发展和绩效考核奖励。

财政项目补助收支结转（余）、科教项目收支结转（余）结转下年继续使用。

国家另有规定的，从其规定。

第三十九条　医院应加强结余资金的管理，按照国家规定正确计算与分配结余。医院结余资金应按规定纳入单位预算，在编制年度预算和执行中需追加预算时，按照财政部门的规定安排使用。医院动用财政项目补助收支结转（余），应严格执行财政部门有关规定和报批程序。

第七章　流动资产管理

第四十条　流动资产是指可以在一年内（含一年）变现或者耗用的资产。医院的流动资产包括货币资金、应收款项、预付款项、存货等。

第四十一条　货币资金包括现金、银行存款、零余额账户用款额度等。医院应当严格遵守国家有关规定，建立健全货币资金管理制度。

第四十二条 应收及预付款项是指医院在开展业务活动和其他活动过程中形成的各项债权，包括应收医疗款、预付账款、财政应返还资金和其他应收款等。

医院对应收及预付款项要加强管理，定期分析、及时清理。

年度终了，医院可采用余额百分比法、账龄分析法、个别认定法等方法计提坏账准备。累计计提的坏账准备不应超过年末应收医疗款和其他应收款科目余额的2%—4%。计提坏账准备的具体办法由省(自治区、直辖市)财政、主管部门确定。

对账龄超过三年，确认无法收回的应收医疗款和其他应收款可作为坏账损失处理。坏账损失经过清查，按照国有资产管理的有关规定报批后，在坏账准备中冲销。收回已经核销的坏账，增加坏账准备。

第四十三条 存货是指医院为开展医疗服务及其他活动而储存的低值易耗品、卫生材料、药品、其他材料等物资。

购入的物资按实际购入价计价，自制的物资按制造过程中的实际支出计价，盘盈的物资按同类品种价格计价。

存货要按照“计划采购、定额定量供应”的办法进行管理。合理确定储备定额，定期进行盘点，年终必须进行全面盘点清查，保证账实相符。对于盘盈、盘亏、变质、毁损等情况，应当及时查明原因，根据管理权限报经批准后及时进行处理。

低值易耗品实物管理采取“定量配置、以旧换新”等管理办法。物资管理部门要建立辅助明细账，对各类物资进行数量、金额管理，反映低值易耗品分布、使用以及消耗情况。低值易耗品领用实行一次性摊销，个别价值较高或领用报废相对集中的可采用五五摊销法。低值易耗品报废收回的残余价值，按照国有资产管理有关规定处理。

医院要建立健全自制药品、材料管理制度，按类别、品种进行成本核算。自制药品、材料按成本价入库。

第八章 固定资产管理

第四十四条 固定资产是指单位价值在1000元及以上(其中：专业设备单位价值在1500元及以上)，使用期限在一年以上(不含一年)，并在使用过程中基本保持原有物质形态的资产。单位价值虽未达到规定标准，但耐用时间在一年以上(不含一年)的大批同类物资，应作为固定资产管理。

医院固定资产分四类：房屋及建筑物、专业设备、一般设备、其他固定资产。

图书参照固定资产管理办法，加强实物管理，不计提折旧。

第四十五条 固定资产按实际成本计量。

(一)外购的固定资产，按照实际支付的购买价款、相关税费、使固定资产达到预定可使用状态前所发生的可归属于该项资产的运输费、装卸费、安装费和专业人员服务费等相关支出作为成本。

以一笔款项购入多项没有单独标价的固定资产，按照同类或类似资产价格的比例对购置成本进行分配，分别确定各项固定资产的成本。

(二)自行建造的固定资产，按照国家有关规定计算成本。

(三)融资租入的固定资产，按照租赁协议或者合同确定的价款、运输费、运输保险费、安装调试费等作为成本。

(四)无偿取得(如无偿调入或接受捐赠)的固定资产，其成本比照同类资产的市场价格或有关凭据注明的金额加上相关税费确定。

大型医疗设备等固定资产的购建和租赁，要符合区域卫生规划，经过科学论证，并按国家有关规定报经主管部门会同有关部门批准。

第四十六条 在建工程是指医院已经发生必要支出，但按规定尚未达到交付使用状态的建设工程。

医院除按本制度执行外，还应按国家有关规定单独建账、单独核算，严格控制工程成本，做好工程概、预算管理，工程完工后应尽快办理工程结算和竣工财务决算，并及时办理资产交付使用手续。

第四十七条 医院原则上应当根据固定资产性质，在预计使用年限内，采用平均年限法或工作量法计提折旧(固定资产折旧年限见附1)。计提固定资产折旧不考虑残值。计提折旧的具体办法由各省(自治区、直辖市)主管部门会同财政部门规定或审批。当月增加的固定资产，当月不提折旧，从下月起计提折旧；当月减少的固定资产，当月仍计提折旧，从下月起不提折旧；已提足折旧仍继续使用的固定资产，不再计提折旧。

第四十八条　为增加固定资产的使用效能或延长其使用寿命而发生的改建、扩建或大型修缮等后续支出，应当记入固定资产及其他相关资产；为维护固定资产的正常使用而发生的修理费等后续支出，应当计入当期支出。大型修缮确认标准由各省（自治区、直辖市）财政部门会同主管部门（或举办单位）根据当地实际情况确定。

第四十九条　医院应设置专门管理机构或专人，使用单位应指定人员对固定资产实施管理，并建立健全各项管理制度。

建立健全三账一卡制度，即：财务部门负责总账和一级明细分类账，固定资产管理部门负责二级明细分类账，使用部门负责建卡（台账）。

大型医疗设备实行责任制，指定专人管理，制定操作规程，建立设备技术档案和使用情况报告制度。

医院应当提高资产使用效率，建立资产共享、共用制度。

第五十条　医院应当对固定资产定期进行实地盘点。对盘盈、盘亏的固定资产，应当及时查明原因，并根据规定的管理权限，报经批准后及时进行处理。

固定资产管理部门要对固定资产采取电子信息化管理，定期与财务部门核对，做到账账相符、账卡相符、账实相符。

第五十一条　医院出售、转让、报废固定资产或者发生固定资产毁损时，应当按照国有资产管理规定处理。

第九章　无形资产及开办费管理

第五十二条　无形资产是指不具有实物形态而能为医院提供某种权利的资产。包括专利权、著作权、版权、土地使用权、非专利技术、商誉、医院购入的不构成相关硬件不可缺少组成部分的应用软件及其他财产权利等。

购入的无形资产，按照实际支付的价款计价；自行开发并依法申请取得的无形资产，按依法取得时发生的注册费、聘请律师费等支出计价；接受捐赠的无形资产，按捐赠方提供的资料或同类无形资产估价计价；商誉除合作外，不得作价入账。

无形资产从取得当月起，在法律规定的有效使用期内平均摊入管理费用，法律没有规定使用年限的按照合同或单位申请书的受益年限摊销，法律和合同或单位申请书都没有规定使用年限的，按照不少于十年的期限摊销。

转让无形资产应当按照国有资产管理规定处理。

第五十三条　开办费是指医院筹建期间发生的费用，包括筹建期间人员工资、办公费、培训费、差旅费、印刷费以及不计入固定资产和无形资产购建成本的其他支出。

开办费在医院开业时计入管理费用。

第十章　对外投资管理

第五十四条　对外投资是指医院以货币资金购买国家债券或以实物、无形资产等开展的投资活动。

对外投资按照投资回收期的长短分为长期投资和短期投资。投资回收期一年以上（不含一年）的为长期投资。

第五十五条　医院应在保证正常运转和事业发展的前提下严格控制对外投资，投资范围仅限于医疗服务相关领域。医院不得使用财政拨款、财政拨款结余对外投资，不得从事股票、期货、基金、企业债券等投资。

投资必须经过充分的可行性论证，并报主管部门（或举办单位）和财政部门批准。

第五十六条　医院投资应按照国家有关规定进行资产评估，并按评估确定的价格作为投资成本。

医院认购的国家债券，按实际支付的金额作价。

第五十七条　医院应遵循投资回报、风险控制和跟踪管理等原则，对投资效益、收益与分配等情况进行监督管理，确保国有资产的保值增值。

第十一章　负债管理

第五十八条　负债是指医院所承担的能以货币计量，需要以资产或者劳务偿还的债务。包括流动负债和非流动负债。

流动负债是指偿还期在一年以内(含一年)的短期借款、应付票据、应付账款、预收医疗款、预提费用、应付职工薪酬和应付社会保障费等。

非流动负债是指偿还期在一年以上(不含一年)的长期借款、长期应付款等。

第五十九条 医院应加强病人预交金管理。预交金额度应根据病人病情和治疗的需要合理确定。

第六十条 医院应对不同性质的负债分别管理,及时清理并按照规定办理结算,保证各项负债在规定期限内归还。因债权人特殊原因确实无法偿还的负债,按规定计入其他收入。

第六十一条 医院原则上不得借入非流动负债,确需借入或融资租赁的,应按规定报主管部门(或举办单位)会同有关部门审批,并原则上由政府负责偿还。

医院财务风险管理指标和借款具体审批程序由各省(自治区、直辖市)财政部门会同主管部门(或举办单位)根据当地实际情况制定。

第十二章 净资产管理

第六十二条 净资产是指医院资产减去负债后的余额。包括事业基金、专用基金、待冲基金、财政补助结转(余)、科教项目结转(余)、未弥补亏损。

(一)事业基金,即医院按规定用于事业发展的净资产。包括结余分配转入资金(不包括财政基本支出补助结转)、非财政专项资金结余解除限制后转入的资金等。

事业基金按规定用于弥补亏损,用于弥补亏损的最高限额为事业基金扣除医院非财政补助资金和科教项目资金形成的固定资产、无形资产等资产净值。

医院应加强对事业基金的管理,统筹安排,合理使用。对于事业基金滚存较多的医院,在编制年度预算时应安排一定数量的事业基金。

(二)专用基金,即医院按照规定设置、提取具有专门用途的净资产。主要包括职工福利基金、医疗风险基金等。

职工福利基金是指按业务收支结余(不包括财政基本支出补助结转)的一定比例提取、专门用于职工集体福利设施、集体福利待遇的资金。

医疗风险基金是指从医疗支出中计提、专门用于支付医院购买医疗风险保险发生的支出或实际发生的医疗事故赔偿的资金。医院累计提取的医疗风险基金比例不应超过当年医疗收入的1‰—3‰。具体比例可由各省(自治区、直辖市)财政部门会同主管部门(或举办单位)根据当地实际情况制定。

医院应加强对职工福利基金和医疗风险基金的管理,统筹安排,合理使用。对于职工福利基金和医疗风险基金滚存较多的医院,可以适当降低提取比例或者暂停提取。

其他专用基金是指按照有关规定提取、设置的其他专用资金。

各项基金的提取比例和管理办法,国家有统一规定的,按照统一规定执行;没有统一规定的,由省(自治区、直辖市)主管部门(或举办单位)会同同级财政部门确定。

专用基金要专款专用,不得擅自改变用途。

(三)待冲基金,即财政补助收入和科教项目收入形成的资本性支出净值。

(四)财政补助结转(余),即医院历年滚存的有限定用途的财政补助结转(余)资金,包括从业务收支结余转入的基本支出结转以及项目支出结转(余)。

(五)科教项目结转(余),即医院尚未结项的科教项目累计取得科教项目收入减去累计发生支出后,留待以后按原用途继续使用的结转资金,以及医院已经结项但尚未解除限制的科研、教学项目结余资金。

(六)未弥补亏损,即事业基金不足以弥补的亏损。

第十三章 财务清算

第六十三条 医院发生撤销、划转、合并、分立时,应当进行清算。

医院清算时,应由各级政府授权主管部门(或举办单位)、财政部门负责按有关规定组成清算机构,并在相关部门的监督指导下开展工作。清算机构负责按规定制订清算方案,对医院的财产、债权、债务进行全面清理,对现有资产进行重新估价,编制资产负债表和财产清单、债权清单、债务清单,通知所有债权人在规定期限内向清算机构申报债权，提出财产作价依据和债权、债务处理办法，做好国有资产的移交、接收、划转和管理工作，并妥善处理各项遗留问题。清算期间，未经清算机构同意，任何组织机构和个人不得处理医院财产。

医院财产包括宣布清算时的全部财产和清算期间取得的财产。

清算期间发生的财产盘盈、盘亏或变卖，无力归还的债务，无法收回的应收账款等按国有资产管理有关规定处理。

第六十四条 在宣布医院终止前六个月至宣布终止之日，下列行为无效：

（一）无偿转让财产；

（二）非正常压价处理财产；

（三）对原来没有财产担保的债务提供财产担保；

（四）对未到期的债务提前清偿；

（五）放弃应属于医院的债权。

第六十五条 医院撤销时清偿的顺序为：

（一）清算期间发生的费用；

（二）应付未付的医院职工的工资、社会保障费等；

（三）债权人的各项债务；

（四）剩余资产经主管部门和财政部门核准后并入接收单位或上交主管部门。

医院被清算财产不足以清偿的，应先按照规定支付清算期间发生的费用，再按照比例进行清偿。

第六十六条 医院清算完毕，清算机构应当提出清算报告，编制清算期间的收支报表，验证后，报送主管部门（或举办单位）和财政部门审查备案。

第六十七条 经国家有关部门批准宣布医院划转、合并、分立时，其资产按照国有资产管理规定处理。

第十四章 财务报告与分析

第六十八条 财务报告是指反映医院一定时期的财务状况和业务开展成果的总括性书面文件，包括资产负债表、收入支出总表、业务收入支出明细表、财政补助收支明细情况表、基本建设收入支出表、现金流量表、净资产变动表、有关附表、会计报表附注以及财务情况说明书。

财务情况说明书主要说明医院的业务开展情况、预算执行情况、财务收支状况、成本控制情况、负债管理情况、资产变动及利用情况、基本建设情况、绩效考评情况、对本期或下期财务状况发生重大影响的事项、专项资金的使用情况以及其他需要说明的事项。

第六十九条 医院应通过相关指标对医院财务状况进行分析，具体分析参考指标详见附 2。

第七十条 医院应当按月度、季度、年度向主管部门（或举办单位）和财政部门报送财务报告。

医院年度财务报告应按规定经过注册会计师审计，具体办法另行规定。

第七十一条 医院在办理年度决算前，应对财产物资、债权、债务进行全面清查盘点，并编制盘存表，对盘盈、盘亏、报废、毁损等按本制度规定及时处理。

第十五章 财务监督

第七十二条 财务监督是根据国家有关法律、法规和财务规章制度，对医院的财务活动及相关经济活动所进行的监察和督促。

第七十三条 财务监督的主要内容包括：预算管理的监督、收入管理的监督、支出管理的监督、资产管理的监督和负债管理的监督等。

第七十四条 医院的财务机构履行财务监督职责。医院应当建立健全内部监督制度和经济责任制。

第七十五条 医院财务监督应当实行事前监督、事中监督、事后监督相结合，日常监督与专项检查相结合，接受财政、审计和主管部门（或举办单位）的监督。

第十六章 附 则

第七十六条 医院举办非独立法人分支机构的收支是医院财务收支的一部分，必须纳入医院财务统一管理。

第七十七条 医院必须在取得行医资格之日起30日内，持批准文件向主管部门(或举办单位)进行财务登记，并由主管部门(或举办单位)向财政部门备案。

第七十八条 医院基本建设投资财务管理除按照本制度执行外，还应执行国家基本建设投资方面的财务管理制度。

第七十九条 各省(自治区、直辖市)财政部门和主管部门可依照本制度，结合本地实际情况，制定具体实施办法，并报财政部、卫生部备案。

第八十条 本制度由财政部、卫生部负责解释。

第八十一条 企业事业组织、社会团体及其他社会组织举办的非营利性医院可参照本制度执行。

第八十二条 本制度自2011年7月1日起在公立医院改革国家联系试点城市执行，自2012年1月1日起在全国执行。1998年11月17日财政部、卫生部发布的《医院财务制度》(财社字〔1998〕148号)同时废止。

13. 基层医疗卫生机构财务制度(2010年颁布)

财社〔2010〕307号

第一章 总 则

第一条 为了适应社会主义市场经济和医疗卫生事业发展的需要，加强基层医疗卫生机构财务管理和监督，规范基层医疗卫生机构财务行为，提高资金使用效益，根据国家有关法律法规、《事业单位财务规则》(财政部令第8号)以及国家关于深化医药卫生体制改革的相关规定，结合基层医疗卫生机构特点制定本制度。

第二条 本制度适用于政府举办的独立核算的城市社区卫生服务中心(站)、乡镇卫生院等基层医疗卫生机构。

第三条 政府举办的基层医疗卫生机构(以下简称基层医疗卫生机构)是公益性事业单位，不以营利为目的。

第四条 基层医疗卫生机构财务管理的基本原则是：执行国家有关法律、法规和财务规章制度；坚持厉行节约、勤俭办事业的方针；正确处理社会效益和经济效益的关系，正确处理国家、单位和个人之间的利益关系，保持基层医疗卫生机构的公益性。

第五条 基层医疗卫生机构财务管理的主要任务是：科学合理编制预算，真实反映财务状况；依法取得收入，努力控制支出；建立健全财务管理制度，准确进行经济核算，实施绩效考评，提高资金使用效益；加强国有资产管理，合理配置和有效利用国有资产，维护国有资产权益；对经济活动进行财务控制和监督，定期进行财务分析，防范财务风险。

第六条 基层医疗卫生机构实行“统一领导、集中管理”的财务管理体制，财务活动在基层医疗卫生机构负责人领导下，由财务部门集中管理。

基层医疗卫生机构应根据工作需要，设置财务核算机构或人员；不具备设置条件的，可实行会计委托代理记账。

有条件的地区，可对基层医疗卫生机构实行财务集中核算，具体办法由地方根据实际情况确定。

第二章 单位预算管理

第七条 预算是指基层医疗卫生机构按照国家有关规定，根据事业发展计划和任务编制的年度财务收支计划。

基层医疗卫生机构预算由收入预算和支出预算组成。基层医疗卫生机构所有收支应全部纳入预算管理。

第八条 政府对基层医疗卫生机构实行“核定任务、核定收支、绩效考核补助、超支不补、结余按规定使用”的预算管理办法。

政府在对基层医疗卫生机构严格界定服务功能，明确使用适宜设备、适宜技术和国家基本药物，核定任务和收支的基础上，采取定项定额或绩效考核等方式核定补助，具体项目和标准由地方财政部门会同主管部门根据政府卫生投入政策的有关规定确定。

有条件的地区可探索对基层医疗卫生机构实行收支两条线管理。

第九条 基层医疗卫生机构按照财政部门预算编制的要求，提出预算建议数，经主管部门审核汇总报财政部门核定。基层医疗卫生机构根据财政部门下达的预算控制数编制预算，由主管部门审核汇总报财政部门，财政部门按照规定程序审核批复。

第十条 基层医疗卫生机构编制收支预算必须坚持以收定支、收支平衡、统筹兼顾、保证重点的原则。不得编制赤字预算。

第十一条 经批复后的基层医疗卫生机构预算是保障其履行基本医疗卫生服务职能、衡量有关部门核定工作任务完成情况的重要依据。基层医疗卫生机构要严格执行预算。

财政部门核定的财政补助等资金预算及其他项目预算执行中一般不予调整；如果国家有关政策或事业计划有较大调整，对预算执行影响较大，确需调整时，要按照规定程序提出调整预算建议，经主管部门审核后报财政部门按规定程序予以调整。

第十二条 年度终了，基层医疗卫生机构应按照财政部门决算编审要求，真实、完整、准确、及时编制决算。

基层医疗卫生机构年度决算由主管部门汇总报财政部门审核批复。对财政部门批复调整的事项，基层医疗卫生机构应及时调整。

第十三条 基层医疗卫生机构应当按照财政部门和主管部门的规定实施绩效考核，并按要求报送绩效考核报告。

主管部门每年都要结合核定工作任务完成情况，对基层医疗卫生机构的预算收支执行情况进行绩效考核，分析和评价预算执行效果，并将绩效考核结果作为年终评比考核、实行奖惩的重要依据，财政部门将绩效考核结果作为财政补助预算安排和结算的重要依据。

主管部门和财政部门应及时分析基层医疗卫生机构实际收支与财政核定的收支预算之间的差额及其变动原因，对不合理的超收或少支，应用于抵顶下一年度预算中的财政补助收入；对不合理的欠收或超支，应按本制度的有关规定处理，并追究相关责任人的责任。

第十四条 实行财务集中管理的基层医疗卫生机构，应由财务集中核算机构会同基层医疗卫生机构编报预算决算。

第三章 收入管理

第十五条 收入是指基层医疗卫生机构开展医疗卫生服务及其他活动依法取得的非偿还性资金。

第十六条 基层医疗卫生机构收入包括医疗收入、财政补助收入、上级补助收入和其他收入。

（一）医疗收入，即基层医疗卫生机构在开展医疗卫生服务活动中取得的收入，包括门诊收入、住院收入。

1. 门诊收入是指为门诊病人提供医疗服务所取得的收入，包括挂号收入、诊察收入、检查收入、化验收入、治疗收入、手术收入、卫生材料收入、药品收入、一般诊疗费收入和其他门诊收入等。

2. 住院收入是指为住院病人提供医疗服务所取得的收入，包括床位收入、诊察收入、检查收入、化验收入、治疗收入、手术收入、护理收入、卫生材料收入、药品收入、一般诊疗费收入和其他住院收入等。

（二）财政补助收入，即基层医疗卫生机构从财政部门取得的基本建设补助收入、设备购置补助收入、人员经费补助收入、公共卫生服务补助收入等。

（三）上级补助收入，即基层医疗卫生机构从主管部门和上级单位等取得的非财政补助收入。

（四）其他收入，即上述规定范围以外的各项收入，包括社会捐赠、利息收入等。

第十七条 医疗收入依据政府确定的付费方式和付费标准确认。

第十八条 基层医疗卫生机构要严格执行国家物价政策，建立健全各项收费管理制度。

基层医疗卫生机构门诊、住院收费必须使用省（自治区、直辖市）财政部门统一监制的收费票据，并切实加强管理，严禁使用虚假票据。

第十九条 医疗收入原则上当日发生当日入账，并及时结算。严禁隐瞒、截留、挤占和挪用。现金收入不得坐支。

第四章 支出管理

第二十条 支出是指基层医疗卫生机构开展医疗卫生服务及其他活动发生的资金耗费和损失。

第二十一条 基层医疗卫生机构支出包括医疗卫生支出、财政基建设备补助支出、其他支出和待摊费用:

(一)医疗卫生支出,即基层医疗卫生机构在开展基本医疗服务和公共卫生服务活动中发生的支出,包括医疗支出和公共卫生支出。

1. 医疗支出是指基层医疗卫生机构在开展基本医疗服务活动中发生的支出,包括人员经费、耗用的药品及材料成本、维修费、其他公用经费等。

其中,人员经费包括基本工资、绩效工资、社会保障缴费、离退休费、住房公积金等。其他公用经费包括办公费、印刷费、水费、电费、邮电费、取暖费、物业管理费、差旅费、会议费、培训费等。

2. 公共卫生支出是指基层医疗卫生机构在开展公共卫生服务活动中发生的支出,包括人员经费、耗用的药品及材料成本、维修费、其他公用经费等。

其中,人员经费包括基本工资、绩效工资、社会保障缴费、离退休费、住房公积金等。其他公用经费包括办公费、印刷费、水费、电费、邮电费、取暖费、物业管理费、差旅费、会议费、培训费等。

(二)财政基建设备补助支出,即基层医疗卫生机构利用财政补助收入安排的基本建设支出和设备购置支出。

(三)其他支出,即医疗卫生支出、财政基建设备补助支出以外的支出,包括罚没支出、捐赠支出、财产物资盘亏损失等。

(四)待摊费用,即基层医疗卫生机构为组织、管理医疗活动等所发生的需要摊销的各项费用。期末将待摊费用合理分摊到有关支出。

基本建设项目支出按国家有关规定执行。

第二十二条 基层医疗卫生机构从财政部门和主管部门取得的有指定项目和用途并且要求单独核算的专项资金,应当按照要求定期向财政部门或者主管部门报送专项资金使用情况;项目完成后,应当报送专项资金支出决算和使用效果的书面报告,接受财政部门或者主管部门的检查、验收。

第二十三条 基层医疗卫生机构的支出应当严格执行国家规定的开支范围及标准;国家没有统一规定的,由基层医疗卫生机构规定,报主管部门和财政部门备案。基层医疗卫生机构的规定违反法律和国家政策的,主管部门和财政部门应当责令其改正。

第二十四条 基层医疗卫生机构要加强对支出的管理,不得虚列虚报,不得以计划数和预算数代替。

第二十五条 基层医疗卫生机构应当严格执行政府采购和国家关于药品采购的有关规定。

第五章 收支结余管理

第二十六条 收支结余是指基层医疗卫生机构收入与支出相抵后的余额,包括业务收支结余和财政项目补助收支结转(余)。当期各类收支结余计算公式如下:

业务收支结余=医疗收入+财政基本支出补助收入+上级补助收入+其他收入-医疗卫生支出-其他支出

财政项目补助收支结转(余)=财政项目支出补助收入-财政项目补助支出

第二十七条 基层医疗卫生机构应于年末将业务收支结余扣除限定用途结转下一年度继续使用的资金后,转入结余分配,年末结余为正数的,可按规定提取职工福利基金等专用基金,剩余部分转入事业基金;年末结余为负数的,不得进行分配,应由事业基金弥补,事业基金不足以弥补的,转入未弥补亏损。

国家另有规定的,从其规定。

第二十八条 基层医疗卫生机构应当加强结余资金的管理,按照国家规定正确计算和分配结余。结余资金应按规定纳入单位预算,在编制年度预算和执行中需追加预算时,按照财政部门的规定统筹安排使用。

第六章 资产管理

第二十九条 资产是指基层医疗卫生机构占有或者使用的能以货币计量的经济资源。包括流动资产、固定资产、无形资产等。

严格禁止基层医疗卫生机构对外投资。

第三十条　流动资产是指可以在一年以内(含一年)变现或者耗用的资产,包括货币资金、应收及预付款项、存货等。

基层医疗卫生机构应当遵守国家有关规定,建立健全货币资金管理制度。应收及预付款项应当及时清理结算,不得长期挂账。对期限超过3年以上,确认无法收回的,要查明原因,分清责任,按规定程序报经批准后核销。

存货是指基层医疗卫生机构为开展业务活动及其他活动储存的低值易耗品、卫生材料、药品和其他材料等。

对存货应当进行定期或者不定期的清查盘点,保证账实相符。对于盘盈、盘亏、变质、毁损等情况,应当及时查明原因,根据管理权限报经批准后及时进行处理。

低值易耗品实物管理采取"定量配置、以旧换新"等管理办法,并建立辅助明细账,对各类物资进行数量、金额管理。低值易耗品报废收回的残余价值,按照国有资产管理有关规定处理。

基层医疗卫生机构自制药品、材料按成本价入库,并建立健全管理制度。

第三十一条　固定资产是指单位价值在1000元及以上(其中:专用设备单位价值在1500元及以上)、使用期限在一年以上(不含一年),并在使用过程中基本保持原有物质形态的资产。单位价值虽未达到规定标准,但耐用时间在一年以上(不含一年)的大批同类物资,应作为固定资产管理。

基层医疗卫生机构固定资产分为四类:房屋及建筑物、专业设备、一般设备和其他固定资产。固定资产按实际成本计价。基层医疗卫生机构应结合本单位的具体情况,制定各类固定资产的明细目录。

大型医疗设备等固定资产的购建和租赁,要符合区域卫生规划,经过科学论证,并按国家有关规定报经主管部门会同发展改革部门、财政部门批准。

基层医疗卫生机构应当提高资产使用效率,建立资产共享、共用制度。

第三十二条　在建工程是指基层医疗卫生机构已经发生必要支出,但按规定尚未达到交付使用状态的建设工程。

基层医疗卫生机构除按本制度执行外,还应按国家有关规定,单独建账、单独核算,严格控制工程成本,做好工程概、预算管理,工程完工后应尽快办理工程结算和竣工财务决算,并及时办理资产交付使用手续。

第三十三条　与固定资产有关的更新改造等后续支出,符合固定资产确认条件的,应当记入固定资产;与固定资产有关的修理费用等后续支出,不符合固定资产确认条件的,应当记入当期支出。

第三十四条　基层医疗卫生机构应当对固定资产进行实地盘点。对盘盈、盘亏的固定资产,应当及时查明原因,并根据规定的管理权限,报经批准后及时进行处理。固定资产管理部门要定期与财务部门核对,做到账账相符、账实相符。

第三十五条　无形资产是指不具有实物形态而能为基层医疗卫生机构提供某种权利的资产。包括土地使用权、基层医疗卫生机构购入的单独计价的应用软件及其他财产权利等。

购入的无形资产,按照实际支付的价款计价。

第三十六条　基层医疗卫生机构出售、转让、报废固定资产或者发生固定资产毁损时,应当按照国有资产管理规定处理。

转让无形资产应按有关规定进行资产评估。

第七章　负债管理

第三十七条　负债是指基层医疗卫生机构所承担的能以货币计量、需要以资产或劳务偿还的债务。包括应付账款、预收医疗款、应缴款项、应交税费、应付职工薪酬和应付社会保障费等。

第三十八条　基层医疗卫生机构应当对不同性质的负债分别管理,及时清理并按照规定办理结算,保证各项负债在规定期限内归还。

第三十九条　基层医疗卫生机构不得借入偿还期在一年以上(不含一年)的长期借款,不得发生融资租赁行为。

第四十条　基层医疗卫生机构应加强病人预交金管理。预交金额度应根据病人病情和治疗的需要合理确定。

第八章　净资产管理

第四十一条　净资产是指基层医疗卫生机构资产减去负债后的余额。

第四十二条　净资产包括固定基金、事业基金、专用基金、财政补助结转（余）和未弥补亏损。

（一）固定基金，即基层医疗卫生机构固定资产、在建工程、无形资产形成的资金占用。

（二）事业基金，即基层医疗卫生机构按规定设置的用于弥补亏损的净资产。包括从结余分配转入资金（不包括财政基本支出补助收入）、资产评估增值等。

基层医疗卫生机构应加强对事业基金管理，统筹安排，合理使用。如事业基金滚存较多，在编制预算时应安排一定数量的事业基金。

（三）专用基金，即基层医疗卫生机构按照规定提取、设置的有专门用途的资金。主要包括医疗风险基金、职工福利基金、奖励基金和其他专用基金等。

医疗风险基金是指从医疗卫生支出中计提、专门用于支付基层医疗卫生机构购买医疗风险保险发生的支出或实际发生的医疗事故赔偿的资金。提取的医疗风险基金不得超过当年医疗收入的1%。具体比例可由各省（自治区、直辖市）财政部门会同主管部门根据当地实际情况制定。

职工福利基金是指按业务收支结余的一定比例提取、专门用于职工集体福利设施、集体福利待遇的资金。

基层医疗卫生机构应加强对职工福利基金和医疗风险基金的管理，统筹安排，合理使用。对于职工福利基金和医疗风险基金滚存较多的基层医疗卫生机构，可以适当降低提取比例或者暂停提取。

奖励基金是指执行核定收支等预算管理方式的基层医疗卫生机构，在年度终了对核定任务完成情况进行绩效考核合格后，可按照业务收支结余的一定比例提取的基金，由基层医疗卫生机构结合绩效工资的实施用于职工绩效考核奖励。

其他专用基金是指按照有关规定提取、设置的其他专用资金。

各项基金的提取比例和管理办法，国家有统一规定的，按照统一规定执行；没有统一规定的，由省（自治区、直辖市）主管部门会同同级财政部门确定。专用基金要专款专用，不得擅自改变用途。

（四）财政补助结转（余），即基层医疗卫生机构历年滚存的有限定用途的财政补助资金。

（五）未弥补亏损，即事业基金不足以弥补的亏损。

第九章　财务清算

第四十三条　基层医疗卫生机构发生划转、撤销、合并、分立时，应当进行财务清算。

第四十四条　基层医疗卫生机构财务清算，应当在主管部门和财政部门的监督指导下，对单位的财产、债权、债务等进行全面清理，编制财产目录和债权、债务清单，提出财产作价依据和债权、债务处理办法，做好国有资产的移交、接收、划转和管理工作，并妥善处理各项遗留问题。

第四十五条　基层医疗卫生机构财务清算结束后，经主管部门审核并报财政部门批准，分别按照下列办法处理：

（一）因隶属关系改变，成建制划转的基层医疗卫生机构，其全部资产、债权、债务等无偿移交，并相应划转财政补助经费指标。

（二）撤销的基层医疗卫生机构，全部资产、债权、债务等由主管部门和财政部门核准处理。

（三）合并的基层医疗卫生机构，全部资产、债权、债务等移交接收单位或新组建单位。合并后多余的国有资产由主管部门和财政部门核准处理。

（四）分立的基层医疗卫生机构，资产按照有关规定移交分立后的单位，并相应划转财政补助经费指标。

第十章　财务报告与分析

第四十六条　财务报告是反映基层医疗卫生机构一定时期财务状况和业务开展成果的总括性书面文件。

基层医疗卫生机构应当按月度、季度、年度向主管部门和财政部门报送财务报告。

第四十七条　基层医疗卫生机构报送的年度财务报告包括资产负债表、收入支出总表、业务收支明细表、财政补助收支明细表、基本建设收入支出表、净资产变动表、绩效考核表、有关附表、会计报表附注以及财务情况说明书。

第四十八条　财务情况说明书主要说明基层医疗卫生机构的业务开展情况、预算执行情况、财务收支状况、资产变动情况、基本建设情况、绩效考评情况、对本期或下期财务状况发生重大影响的事项、专项资金的使用情况以及其他需要说明的事项。

第四十九条　基层医疗卫生机构财务分析是财务管理工作的重要组成部分。基层医疗卫生机构应当按照财政部门和主管部门的规定和要求，根据单位财务管理的需要，定期编制财务分析报告。财务分析的内容包括基层医疗卫生机构事业发展和预算执行、资产使用管理、收入、支出和净资产变动以及财务管理情况、存在主要问题和改进措施等。

财务分析指标包括预算收支完成率、人员经费占医疗卫生支出的比率、公用经费占医疗卫生支出的比率、收支结余率、资产负债率、支出构成及次均费用等。

基层医疗卫生机构可以根据本单位特点增加财务分析指标。

第十一章　财务监督

第五十条　基层医疗卫生机构必须接受财政、审计和主管部门的财务监督，并建立严密的内部监督制度。

第五十一条　基层医疗卫生机构财务监督包括预算管理的监督、收支管理的监督、资产使用管理的监督等主要内容。采用事前监督、事中监督和事后监督等监督方式。

第五十二条　基层医疗卫生机构的财会人员有权按《中华人民共和国会计法》及其他有关法律法规行使财务监督权，对违反国家财经法规的行为，提出意见并向主管部门和其他有关部门反映。

第十二章　附　　则

第五十三条　基层医疗卫生机构基本建设投资财务管理除按照本制度执行外，还应执行国家基本建设投资方面的财务管理制度。

第五十四条　各省（自治区、直辖市）财政部门和主管部门可依照本制度，结合本地实际情况，制定具体实施办法，并报财政部、卫生部备案。

第五十五条　本制度由财政部、卫生部负责解释。

第五十六条　企业事业组织、社会团体及其他社会组织举办的非营利性基层医疗卫生机构参照本制度执行。

第五十七条　本制度自 2011 年 7 月 1 日起执行。1998 年 11 月 17 日财政部、卫生部发布的《医院财务制度》（财社字〔1998〕148 号）同时废止。

14. 部门决算管理制度（2013 年颁布）

财库〔2013〕209 号

第一章　总　　则

第一条　为进一步加强部门决算管理工作，保证部门决算信息质量，为编制后续年度预算提供参考和依据，发挥部门决算在财政财务管理中的作用，根据《中华人民共和国预算法》、《中华人民共和国会计法》、《行政单位财务规则》、《事业单位财务规则》和《事业单位会计准则》等法律规章，制定本制度。

第二条　本制度所称部门决算，是指行政事业单位在年度终了，根据财政部门决算编审要求，在日常会计核算的基础上编制的、综合反映本单位预算执行结果和财务状况的总结性文件。

第三条　部门决算管理主要内容包括：部门决算的工作组织、报表设计、编制审核、汇总报送、批复、信息公开、分析利用、数据质量监督检查、数据资料管理以及对部门决算考核评价等方面。

第四条 本制度适用于所有纳入部门预算编报范围的行政事业单位。部门决算编报范围应当与部门预算编报范围保持一致。

行政事业单位包括:各级各类国家机关、政党组织、事业单位等。

第五条 通过建立部门决算管理制度,收集汇总行政事业单位财务收支、资金来源与运用、资产与负债、机构、人员与工资等方面的基本数据,全面、真实反映行政事业单位财务状况和预算执行结果,满足国家财政财务会计监管、各项资金管理以及宏观经济决策等信息需要。

第二章 部门决算工作组织

第六条 部门决算工作按照"科学、规范、统一、高效"的原则,由财政部实施统一管理,各地区、各部门依据预算管理关系或财务管理关系分别组织实施。

第七条 财政部是部门决算工作的主管部门。其职责主要是:

(一)制定部门决算管理的规章制度。

(二)制定全国统一的部门决算报表体系及部门决算软件,明确报表格式要求和填报口径,组织和指导全国部门决算报表及软件的布置与培训。

(三)组织和指导全国部门决算的收集、审核、汇总和报送工作。

(四)组织和指导全国部门决算批复工作,负责批复中央各部门决算。

(五)组织和指导全国部门决算信息公开工作。

(六)组织和指导全国部门决算数据的分析利用。

(七)组织和指导全国部门决算数据质量监督检查。

(八)建立和管理全国部门决算数据库。

(九)组织和指导全国部门决算考核评价工作。

第八条 地方各级财政部门负责组织实施本地区部门决算的管理工作。其职责主要是:

(一)组织和指导本地区部门决算报表及软件的布置与培训。

(二)组织和指导本地区部门决算的收集、审核、汇总和报送工作。

(三)组织和指导本地区部门决算批复工作,负责批复本级各部门决算。

(四)组织和指导本地区部门决算信息公开工作。

(五)组织和指导本地区部门决算数据的分析利用。

(六)组织和指导本地区部门决算数据质量监督检查。

(七)建立和管理本地区部门决算数据库。

(八)组织和指导本地区部门决算考核评价工作。

第九条 各部门应当按照财政部门要求,组织实施本部门的决算管理工作,并对本部门决算数据的真实性、完整性负责。其职责主要是:

(一)组织本部门行政事业单位决算的布置与培训。

(二)组织和指导本部门行政事业单位决算的收集、审核、汇总和报送工作。

(三)负责批复本部门所属行政事业单位决算。

(四)负责本部门决算信息公开工作。

(五)组织本部门决算数据的分析利用。

(六)组织本部门行政事业单位决算数据质量监督检查。

(七)建立和管理本部门行政事业单位决算数据库。

(八)组织本部门行政事业单位决算考核评价工作。

第三章 部门决算报表设计

第十条 部门决算报表体系由四部分组成,具体包括:基础数据表、填报说明、分析表和分析报告。

第十一条 基础数据表主要反映部门收支预算执行结果、资产负债、人员机构、资产配置使用以及事业发展成效等信息，包括：报表封面、主表、附表和补充资料表。

第十二条　填报说明是对基础数据表编报相关情况的说明，包括：部门基本情况、数据审核情况、年度主要收支指标增减变动情况以及因重大事项或特殊事项影响决算数据的情况说明等。

第十三条　分析表通过设定的表样和自动提数功能，对部门决算重要指标进行分析比较，揭示部门预算执行、会计核算和财务管理等方面的情况和问题。

第十四条　分析报告根据分析表中反映的问题和收支增减变动情况进行分析，重点分析部门预算执行情况、资金使用情况、财务状况以及单位主要业务和财务工作开展情况等。

第十五条　在保持部门决算报表体系连续性和可比性的前提下，财政部每年可根据财政财务管理要求，在上述条款规定的框架内进行适当调整。

第四章　部门决算编制

第十六条　年度终了，行政事业单位应当按照财政部门的工作部署，在规定的时间内编制和报送决算。

第十七条　行政事业单位应当在全面清理核实收入、支出、资产、负债，并办理年终结账的基础上编制决算。

（一）应当按照行政、事业单位财务会计制度规定及财政部门对部门预算的批复文件，及时清理收支账目、往来款项，核对年度预算收支和各项缴拨款项。各项收支应当按规定要求进行年终结账。

（二）应当按照综合预算管理规定，如实反映年度内全部收支，不得隐匿收入或虚列支出。凡属本年的各项收入应当及时入账，本年的各项应缴国库款和应缴财政专户款应当在年终前全部上缴。属于本年的各项支出，应当按规定的支出渠道如实列报。

（三）应当根据登记完整、核对无误的账簿记录和其他有关会计核算资料编制决算，做到数据真实正确、内容完整，账证相符、账实相符、账表相符、表表相符。

第十八条　行政事业单位原则上应当实行逐户录入。对于确实不具备逐户录入条件的，可按照财政部统一规定适当调整录入级次。

第五章　部门决算审核

第十九条　各地区、各部门应当认真做好部门决算审核和汇总工作，确保报送数据资料真实、完整、准确。

第二十条　部门决算审核的主要内容包括：

（一）审核编制范围是否完整，是否有漏报和重复编报现象。

（二）审核编制方法是否规范，是否符合财务会计制度及部门决算的编制要求。

（三）审核编制内容是否真实、完整、准确，决算报表表内、表间勾稽关系是否衔接，报表数据与单位会计账簿数据是否相符，是否有漏报、重报、错报项目以及虚报和瞒报等现象，部门决算纸介质数据与电子介质数据、分户数据与汇总数据是否保持一致。

（四）审核决算数据年度间变动是否合理，变动较大事项是否附有相关文件依据。

（五）审核填报说明和分析报告是否符合决算编制规定。

第二十一条　部门决算审核应当采取人工审核和计算机审核相结合方式进行，审核方法主要包括政策性审核、规范性审核等。政策性审核主要依据部门预算、现行财务会计制度和有关政策规定，对部门决算进行审核；规范性审核侧重于决算编制的正确性和真实性及勾稽关系等方面的审核。

第二十二条　部门决算的审核方式可根据实际情况采用自行审核、集中会审、委托审核等多种形式。

（一）自行审核：各部门在报送部门决算前自行将本部门纸质报表、电子介质数据以及相关资料，按规定的审核内容进行逐项审核。

（二）集中会审：各地区、各部门组织专门力量对本地区、本部门行政事业单位编制的决算纸质报表、电子介质数据以及相关资料，按照财政部门的标准及要求集中进行审核。

（三）委托审核：各地区、各部门在遵循有关法律法规的前提下，可委托中介机构对本地区、本部门行政事业单位编制的决算纸质报表、电子介质数据以及相关资料进行审核。

第二十三条 各地区、各部门应当认真做好部门决算审核工作,凡发现决算编制不符合规定,存在漏报、重报、虚报、瞒报、错报以及相关数据不衔接等错误和问题,应当要求有关单位立即纠正,并限期重新报送。

第六章 部门决算汇总与报送

第二十四条 行政事业单位应当按照财务管理关系或预算管理关系,采取自下而上方式,逐级汇总报送。

第二十五条 各部门应当对所属行政事业单位上报的决算报表和部门本级决算报表进行汇总,并对有关收入支出、内部往来项目等汇总虚增进行调整和剔除后,形成本部门汇总决算报表。

地方各级财政部门应当对下级财政部门上报的部门决算报表、本级汇总部门决算报表进行汇总,并对有关收入支出、内部往来项目等汇总虚增进行调整和剔除后,形成本地区汇总部门决算报表。

第二十六条 各地区、各部门汇总的部门决算报表应当以所属行政事业单位上报数据为准,不得自行调整单位数据和科目,不得虚报、瞒报和随意结转。

第二十七条 各部门汇总编制的部门决算,应当在本级财政部门规定时间内报送。

地方各级财政部门汇总的部门决算,应当在上级财政部门规定时间内逐级上报。

第二十八条 中央各部门决算经财政部审核后,报国务院审定,由国务院提请全国人民代表大会常务委员会审查和批准。

各地区部门决算报送本级人民代表大会常务委员会审查工作相关事宜,由各地区按有关规定执行。

第七章 部门决算批复

第二十九条 各级财政部门应当在本级人民代表大会常务委员会审查批准决算后 30 日内,向本级各部门批复决算。

各部门应当在接到本级财政部门批复的本部门决算后 15 日内,向所属行政事业单位批复决算。

第三十条 部门决算批复内容应当与部门预算批复相衔接,主要包括部门综合财务收入、支出、结余,财政拨款收入、支出、结余,以及其他相关决算数据。

部门决算批复文件中应当列出在部门财政财务管理工作及决算审核中发现的主要问题,并提出改进意见。

第三十一条 各级人民代表大会常务委员会批准本级决算后,各部门决算数据还需变动的,相关调整事项在下一年度部门决算中予以反映。

第八章 部门决算公开

第三十二条 各部门是部门决算公开的主体。除涉及国家秘密的内容外,各部门应当按照有关规定主动向社会公开本部门决算。

第三十三条 各部门应当自本级财政部门批复决算后 20 个工作日内向社会公开决算。各部门所属行政事业单位决算的公开工作,由本部门负责组织。

第三十四条 各部门应当通过政府网站、政府公报等便于社会公众知晓的方式公开部门决算。

第三十五条 财政部门应当加强对本级各部门决算信息公开工作的协调和业务指导。

第三十六条 各部门应当在规定时间内向本级财政部门报告本部门的决算公开情况。地方各级财政部门应当在规定时间内向上级财政部门报告本地区的部门决算公开情况。

省级财政部门应当在每年 11 月 30 日前向财政部报告本地区部门决算公开工作总结。

第九章 部门决算分析利用

第三十七条 各地区、各部门应当加强对部门决算数据的分析,强化决算分析结果的反馈和运用,规范和改进财政财务管理。

第三十八条　通过部门决算数据分析和实地调研，及时发现预算编制和预算执行中存在的问题，建立健全预算与决算相互反映和相互促进的工作机制；揭示财务管理与会计核算中的问题，规范行政事业单位财务管理与会计核算。

第三十九条　部门决算分析的主要内容包括：预算与决算差异分析；收入、支出、结余年度间变动原因分析；财政资金使用效益分析；部门资产、负债规模与结构分析；机构、人员及人均情况对比分析；以及满足财政财务管理与宏观经济决策需要的各项专题分析等。

第四十条　各地区、各部门应当综合运用多种方法进行分析，主要包括：分类比较法、趋势分析法、比率分析法、因素分析法等。

分类比较法可分预算管理级次、分单位性质等进行分析；趋势分析法可对主要指标的年度变化和发展趋势等进行分析；比率分析法可对指标结构比率、效益比率和人均比率等进行分析；因素分析法可对财务指标或经济指标变动中各因素的影响程度进行分析。

第四十一条　各地区、各部门应当逐步建立本地区、本部门的部门决算评价指标体系。

部门决算评价指标体系主要内容包括：预算约束力评价、部门收入支出结构评价、部门项目资金使用情况评价、部门人员控制及收支合理合规性评价、人均收支余情况评价等方面。各地区、各部门应当合理设置评价指标，分类排序指标信息，科学使用评价结果。

第四十二条　各地区、各部门应当充分利用计算机、网络等方式，推动部门决算数据共享工作，提高决算数据的利用效率。

第十章　部门决算数据质量监督检查

第四十三条　各地区、各部门汇总的部门决算报送后，各级财政部门、各部门应当组织对所报送的部门决算真实性、完整性和规范性进行监督检查。

第四十四条　部门决算数据质量监督检查工作采取统一管理、分级实施原则，全国部门决算数据质量监督检查工作由财政部组织实施，各地区部门决算数据质量监督检查工作由地方各级财政部门按照统一的工作要求分级组织实施，各部门行政事业单位决算数据质量监督检查由本部门组织实施。

第四十五条　部门决算数据质量监督检查采取随机抽取与定向选择相结合的方式进行确定，对部门决算存在明显质量问题或以往年份监督检查不合格单位进行重点核查。

第四十六条　部门决算数据质量监督检查的内容由财政部每年根据部门决算编制情况以及财政检查工作要求予以确定。基本内容包括：上下级财政部门决算报表是否表表一致、单位会计账簿与决算报表是否账表一致、决算编报范围与预算编报范围是否一致等。各地区可结合本地区实际情况对监督检查内容进行补充。

第四十七条　被选定为监督检查对象的单位必须依照有关法律、法规，接受财政部门依法实施的监督检查，按照监督检查工作的要求，及时提供所需会计凭证、会计账簿、会计报表等有关会计资料，并如实反映有关情况。

第四十八条　财政部门对监督检查结果实行通报制度。对于部门决算不符合要求的单位给予通报，责令限期改正，并依法追究相应工作责任。

第十一章　部门决算数据资料管理

第四十九条　部门决算数据资料包括以各种介质存放的各类决算报表、填报说明、分析报告、考核评价材料等。

第五十条　各地区、各部门应当严格按照《会计档案管理办法》，对本地区、本部门收集的部门决算数据资料进行归类整理、建档建库，并从计算机中传出备份保存。

第五十一条　各级财政部门应当指定专门机构对部门决算数据资料进行管理和维护，配备必要的计算机技术人员，明确管理职责。

第五十二条 部门决算数据资料涉及国家秘密的,各级财政部门应当严格实行密级管理。

第五十三条 各级财政部门应当做好部门决算信息服务工作。

各级财政部门向有关单位提供部门决算汇总数据资料,应当有需求方公函请求,并报经有关领导批准后提供。地方各级财政部门不得发布上级财政部门管理范围内的部门决算信息。

第十二章 部门决算工作责任

第五十四条 行政事业单位应当按照有关制度规定,真实、准确、全面、及时地编报决算。各单位负责人对本单位的决算真实性和完整性负责。

第五十五条 行政事业单位财务人员应当认真、如实编制决算,不得故意漏报、瞒报有关决算信息,更不得编造虚假决算信息;单位负责人不得授意、指使、强令财务人员提供虚假决算信息,不得对拒绝、抵制编造虚假决算信息的人员进行打击报复。

对于违反规定、提供虚假决算信息的单位及相关责任人,要按照《中华人民共和国预算法》、《中华人民共和国会计法》、《财政违法行为处罚处分条例》等有关法律法规规定予以处理。

第五十六条 各地区、各部门应当认真组织落实本地区、本部门的部门决算工作。各级财政部门要加强对部门决算工作考核,对因工作组织不力或不当,拖延报送部门决算或数据差错严重,给全国部门决算工作造成不良影响的单位,依据国家有关规定追究相关责任人的工作责任。

第十三章 附 则

第五十七条 各地区、各部门可依据本制度,结合工作实际,制定相应实施细则。

第五十八条 本制度自 2014 年 1 月 1 日起施行。2002 年 3 月 5 日财政部发布的《行政事业单位会计决算报告制度》(财统〔2002〕4 号)同时废止。

第十一章 行政事业单位财务管理其他相关法规

1. 行政事业单位内部控制规范(试行)(2012年颁布)

财会〔2012〕21号

第一章 总 则

第一条 为了进一步提高行政事业单位内部管理水平,规范内部控制,加强廉政风险防控机制建设,根据《中华人民共和国会计法》、《中华人民共和国预算法》等法律法规和相关规定,制定本规范。

第二条 本规范适用于各级党的机关、人大机关、行政机关、政协机关、审判机关、检察机关、各民主党派机关、人民团体和事业单位(以下统称单位)经济活动的内部控制。

第三条 本规范所称内部控制,是指单位为实现控制目标,通过制定制度、实施措施和执行程序,对经济活动的风险进行防范和管控。

第四条 单位内部控制的目标主要包括:合理保证单位经济活动合法合规、资产安全和使用有效、财务信息真实完整,有效防范舞弊和预防腐败,提高公共服务的效率和效果。

第五条 单位建立与实施内部控制,应当遵循下列原则:

(一)全面性原则。内部控制应当贯穿单位经济活动的决策、执行和监督全过程,实现对经济活动的全面控制。

(二)重要性原则。在全面控制的基础上,内部控制应当关注单位重要经济活动和经济活动的重大风险。

(三)制衡性原则。内部控制应当在单位内部的部门管理、职责分工、业务流程等方面形成相互制约和相互监督。

(四)适应性原则。内部控制应当符合国家有关规定和单位的实际情况,并随着外部环境的变化、单位经济活动的调整和管理要求的提高,不断修订和完善。

第六条 单位负责人对本单位内部控制的建立健全和有效实施负责。

第七条 单位应当根据本规范建立适合本单位实际情况的内部控制体系,并组织实施。具体工作包括梳理单位各类经济活动的业务流程,明确业务环节,系统分析经济活动风险,确定风险点,选择风险应对策略,在此基础上根据国家有关规定建立健全单位各项内部管理制度并督促相关工作人员认真执行。

第二章 风险评估和控制方法

第八条 单位应当建立经济活动风险定期评估机制,对经济活动存在的风险进行全面、系统和客观评估。

经济活动风险评估至少每年进行一次;外部环境、经济活动或管理要求等发生重大变化的,应及时对经济活动风险进行重估。

第九条 单位开展经济活动风险评估应当成立风险评估工作小组,单位领导担任组长。

经济活动风险评估结果应当形成书面报告并及时提交单位领导班子,作为完善内部控制的依据。

第十条 单位进行单位层面的风险评估时,应当重点关注以下方面:

(一)内部控制工作的组织情况。包括是否确定内部控制职能部门或牵头部门;是否建立单位各部门在内部控制中的沟通协调和联动机制。

(二)内部控制机制的建设情况。包括经济活动的决策、执行、监督是否实现有效分离;权责是否对等;是否建立健全议事决策机制、岗位责任制、内部监督等机制。

（三）内部管理制度的完善情况。包括内部管理制度是否健全；执行是否有效。

（四）内部控制关键岗位工作人员的管理情况。包括是否建立工作人员的培训、评价、轮岗等机制；工作人员是否具备相应的资格和能力。

（五）财务信息的编报情况。包括是否按照国家统一的会计制度对经济业务事项进行账务处理；是否按照国家统一的会计制度编制财务会计报告。

（六）其他情况。

第十一条 单位进行经济活动业务层面的风险评估时，应当重点关注以下方面：

（一）预算管理情况。包括在预算编制过程中单位内部各部门间沟通协调是否充分，预算编制与资产配置是否相结合、与具体工作是否相对应；是否按照批复的额度和开支范围执行预算，进度是否合理，是否存在无预算、超预算支出等问题；决算编报是否真实、完整、准确、及时。

（二）收支管理情况。包括收入是否实现归口管理，是否按照规定及时向财会部门提供收入的有关凭据，是否按照规定保管和使用印章和票据等；发生支出事项时是否按照规定审核各类凭据的真实性、合法性，是否存在使用虚假票据套取资金的情形。

（三）政府采购管理情况。包括是否按照预算和计划组织政府采购业务；是否按照规定组织政府采购活动和执行验收程序；是否按照规定保存政府采购业务相关档案。

（四）资产管理情况。包括是否实现资产归口管理并明确使用责任；是否定期对资产进行清查盘点，对账实不符的情况及时进行处理；是否按照规定处置资产。

（五）建设项目管理情况。包括是否按照概算投资；是否严格履行审核审批程序；是否建立有效的招投标控制机制；是否存在截留、挤占、挪用、套取建设项目资金的情形；是否按照规定保存建设项目相关档案并及时办理移交手续。

（六）合同管理情况。包括是否实现合同归口管理；是否明确应签订合同的经济活动范围和条件；是否有效监控合同履行情况，是否建立合同纠纷协调机制。

（七）其他情况。

第十二条 单位内部控制的控制方法一般包括：

（一）不相容岗位相互分离。合理设置内部控制关键岗位，明确划分职责权限，实施相应的分离措施，形成相互制约、相互监督的工作机制。

（二）内部授权审批控制。明确各岗位办理业务和事项的权限范围、审批程序和相关责任，建立重大事项集体决策和会签制度。相关工作人员应当在授权范围内行使职权、办理业务。

（三）归口管理。根据本单位实际情况，按照权责对等的原则，采取成立联合工作小组并确定牵头部门或牵头人员等方式，对有关经济活动实行统一管理。

（四）预算控制。强化对经济活动的预算约束，使预算管理贯穿于单位经济活动的全过程。

（五）财产保护控制。建立资产日常管理制度和定期清查机制，采取资产记录、实物保管、定期盘点、账实核对等措施，确保资产安全完整。

（六）会计控制。建立健全本单位财会管理制度，加强会计机构建设，提高会计人员业务水平，强化会计人员岗位责任制，规范会计基础工作，加强会计档案管理，明确会计凭证、会计账簿和财务会计报告处理程序。

（七）单据控制。要求单位根据国家有关规定和单位的经济活动业务流程，在内部管理制度中明确界定各项经济活动所涉及的表单和票据，要求相关工作人员按照规定填制、审核、归档、保管单据。

（八）信息内部公开。建立健全经济活动相关信息内部公开制度，根据国家有关规定和单位的实际情况，确定信息内部公开的内容、范围、方式和程序。

第三章 单位层面内部控制

第十三条 单位应当单独设置内部控制职能部门或者确定内部控制牵头部门，负责组织协调内部控制工作。同时，应当充分发挥财会、内部审计、纪检监察、政府采购、基建、资产管理等部门或岗位在内部控制中的作用。

第十四条 单位经济活动的决策、执行和监督应当相互分离。单位应当建立健全集体研究、专家论证和技术咨询相结合的议事决策机制。

重大经济事项的内部决策，应当由单位领导班子集体研究决定。重大经济事项的认定标准应当根据有关规定和本单位实际情况确定，一经确定，不得随意变更。

第十五条 单位应当建立健全内部控制关键岗位责任制，明确岗位职责及分工，确保不相容岗位相互分离、相互制约和相互监督。单位应当实行内部控制关键岗位工作人员的轮岗制度，明确轮岗周期。不具备轮岗条件的单位应当采取专项审计等控制措施。

内部控制关键岗位主要包括预算业务管理、收支业务管理、政府采购业务管理、资产管理、建设项目管理、合同管理以及内部监督等经济活动的关键岗位。

第十六条 内部控制关键岗位工作人员应当具备与其工作岗位相适应的资格和能力。

单位应当加强内部控制关键岗位工作人员业务培训和职业道德教育，不断提升其业务水平和综合素质。

第十七条 单位应当根据《中华人民共和国会计法》的规定建立会计机构，配备具有相应资格和能力的会计人员。单位应当根据实际发生的经济业务事项按照国家统一的会计制度及时进行账务处理、编制财务会计报告，确保财务信息真实、完整。

第十八条 单位应当充分运用现代科学技术手段加强内部控制。对信息系统建设实施归口管理，将经济活动及其内部控制流程嵌入单位信息系统中，减少或消除人为操纵因素，保护信息安全。

第四章 业务层面内部控制

第一节 预算业务控制

第十九条 单位应当建立健全预算编制、审批、执行、决算与评价等预算内部管理制度。

单位应当合理设置岗位，明确相关岗位的职责权限，确保预算编制、审批、执行、评价等不相容岗位相互分离。

第二十条 单位的预算编制应当做到程序规范、方法科学、编制及时、内容完整、项目细化、数据准确。

（一）单位应当正确把握预算编制有关政策，确保预算编制相关人员及时全面掌握相关规定。

（二）单位应当建立内部预算编制、预算执行、资产管理、基建管理、人事管理等部门或岗位的沟通协调机制，按照规定进行项目评审，确保预算编制部门及时取得和有效运用与预算编制相关的信息，根据工作计划细化预算编制，提高预算编制的科学性。

第二十一条 单位应当根据内设部门的职责和分工，对按照法定程序批复的预算在单位内部进行指标分解、审批下达，规范内部预算追加调整程序，发挥预算对经济活动的管控作用。

第二十二条 单位应当根据批复的预算安排各项收支，确保预算严格有效执行。

单位应当建立预算执行分析机制。定期通报各部门预算执行情况，召开预算执行分析会议，研究解决预算执行中存在的问题，提出改进措施，提高预算执行的有效性。

第二十三条 单位应当加强决算管理，确保决算真实、完整、准确、及时，加强决算分析工作，强化决算分析结果运用，建立健全单位预算与决算相互反映、相互促进的机制。

第二十四条 单位应当加强预算绩效管理，建立“预算编制有目标、预算执行有监控、预算完成有评价、评价结果有反馈、反馈结果有应用”的全过程预算绩效管理机制。

第二节 收支业务控制

第二十五条 单位应当建立健全收入内部管理制度。

单位应当合理设置岗位，明确相关岗位的职责权限，确保收款、会计核算等不相容岗位相互分离。

第二十六条 单位的各项收入应当由财会部门归口管理并进行会计核算，严禁设立账外账。

业务部门应当在涉及收入的合同协议签订后及时将合同等有关材料提交财会部门作为账务处理依据，确保各项收入应收尽收，及时入账。财会部门应当定期检查收入金额是否与合同约定相符；对应收未收项目应当查明情况，明确责任主体，落实催收责任。

第二十七条 有政府非税收入收缴职能的单位，应当按照规定项目和标准征收政府非税收入，按照规定开具财政票据，做到收缴分离、票款一致，并及时、足额上缴国库或财政专户，不得以任何形式截留、挪用或者私分。

第二十八条 单位应当建立健全票据管理制度。财政票据、发票等各类票据的申领、启用、核销、销毁均应履行规定手续。单位应当按照规定设置票据专管员，建立票据台账，做好票据的保管和序时登记工作。票据应当按照顺序号使用，不得拆本使用，做好废旧票据管理。负责保管票据的人员要配置单独的保险柜等保管设备，并做到人走柜锁。

单位不得违反规定转让、出借、代开、买卖财政票据、发票等票据，不得擅自扩大票据适用范围。

第二十九条 单位应当建立健全支出内部管理制度，确定单位经济活动的各项支出标准，明确支出报销流程，按照规定办理支出事项。单位应当合理设置岗位，明确相关岗位的职责权限，确保支出申请和内部审批、付款审批和付款执行、业务经办和会计核算等不相容岗位相互分离。

第三十条 单位应当按照支出业务的类型，明确内部审批、审核、支付、核算和归档等支出各关键岗位的职责权限。实行国库集中支付的，应当严格按照财政国库管理制度有关规定执行。

（一）加强支出审批控制。明确支出的内部审批权限、程序、责任和相关控制措施。审批人应当在授权范围内审批，不得越权审批。

（二）加强支出审核控制。全面审核各类单据。重点审核单据来源是否合法，内容是否真实、完整，使用是否准确，是否符合预算，审批手续是否齐全。

支出凭证应当附反映支出明细内容的原始单据，并由经办人员签字或盖章，超出规定标准的支出事项应由经办人员说明原因并附审批依据，确保与经济业务事项相符。

（三）加强支付控制。明确报销业务流程，按照规定办理资金支付手续。签发的支付凭证应当进行登记。使用公务卡结算的，应当按照公务卡使用和管理有关规定办理业务。

（四）加强支出的核算和归档控制。由财会部门根据支出凭证及时准确登记账簿；与支出业务相关的合同等材料应当提交财会部门作为账务处理的依据。

第三十一条 根据国家规定可以举借债务的单位应当建立健全债务内部管理制度，明确债务管理岗位的职责权限，不得由一人办理债务业务的全过程。大额债务的举借和偿还属于重大经济事项，应当进行充分论证，并由单位领导班子集体研究决定。

单位应当做好债务的会计核算和档案保管工作。加强债务的对账和检查控制，定期与债权人核对债务余额，进行债务清理，防范和控制财务风险。

第三节 政府采购业务控制

第三十二条 单位应当建立健全政府采购预算与计划管理、政府采购活动管理、验收管理等政府采购内部管理制度。

第三十三条 单位应当明确相关岗位的职责权限，确保政府采购需求制定与内部审批、招标文件准备与复核、合同签订与验收、验收与保管等不相容岗位相互分离。

第三十四条 单位应当加强对政府采购业务预算与计划的管理。建立预算编制、政府采购和资产管理等部门或岗位之间的沟通协调机制。根据本单位实际需求和相关标准编制政府采购预算，按照已批复的预算安排政府采购计划。

第三十五条 单位应当加强对政府采购活动的管理。对政府采购活动实施归口管理，在政府采购活动中建立政府采购、资产管理、财会、内部审计、纪检监察等部门或岗位相互协调、相互制约的机制。

单位应当加强对政府采购申请的内部审核，按照规定选择政府采购方式、发布政府采购信息。对政府采购进口产品、变更政府采购方式等事项应当加强内部审核，严格履行审批手续。

第三十六条 单位应当加强对政府采购项目验收的管理。根据规定的验收制度和政府采购文件，由指定部门或专人对所购物品的品种、规格、数量、质量和其他相关内容进行验收，并出具验收证明。

第三十七条 单位应当加强对政府采购业务质疑投诉答复的管理。指定牵头部门负责、相关部门参加，按照国家有关规定做好政府采购业务质疑投诉答复工作。

第三十八条 单位应当加强对政府采购业务的记录控制。妥善保管政府采购预算与计划、各类批复文件、招标文件、投标文件、评标文件、合同文本、验收证明等政府采购业务相关资料。定期对政府采购业务信息进行分类统计，并在内部进行通报。

第三十九条 单位应当加强对涉密政府采购项目安全保密的管理。对于涉密政府采购项目，单位应当与相关供应商或采购中介机构签订保密协议或者在合同中设定保密条款。

第四节　资产控制

第四十条　单位应当对资产实行分类管理，建立健全资产内部管理制度。

单位应当合理设置岗位，明确相关岗位的职责权限，确保资产安全和有效使用。

第四十一条　单位应当建立健全货币资金管理岗位责任制，合理设置岗位，不得由一人办理货币资金业务的全过程，确保不相容岗位相互分离。

（一）出纳不得兼管稽核、会计档案保管和收入、支出、债权、债务账目的登记工作。

（二）严禁一人保管收付款项所需的全部印章。财务专用章应当由专人保管，个人名章应当由本人或其授权人员保管。负责保管印章的人员要配置单独的保管设备，并做到人走柜锁。

（三）按照规定应当由有关负责人签字或盖章的，应当严格履行签字或盖章手续。

第四十二条　单位应当加强对银行账户的管理，严格按照规定的审批权限和程序开立、变更和撤销银行账户。

第四十三条　单位应当加强货币资金的核查控制。指定不办理货币资金业务的会计人员定期和不定期抽查盘点库存现金，核对银行存款余额，抽查银行对账单、银行日记账及银行存款余额调节表，核对是否账实相符、账账相符。对调节不符、可能存在重大问题的未达账项应当及时查明原因，并按照相关规定处理。

第四十四条　单位应当加强对实物资产和无形资产的管理，明确相关部门和岗位的职责权限，强化对配置、使用和处置等关键环节的管控。

（一）对资产实施归口管理。明确资产使用和保管责任人，落实资产使用人在资产管理中的责任。贵重资产、危险资产、有保密等特殊要求的资产，应当指定专人保管、专人使用，并规定严格的接触限制条件和审批程序。

（二）按照国有资产管理相关规定，明确资产的调剂、租借、对外投资、处置的程序、审批权限和责任。

（三）建立资产台账，加强资产的实物管理。单位应当定期清查盘点资产，确保账实相符。财会、资产管理、资产使用等部门或岗位应当定期对账，发现不符的，应当及时查明原因，并按照相关规定处理。

（四）建立资产信息管理系统，做好资产的统计、报告、分析工作，实现对资产的动态管理。

第四十五条　单位应当根据国家有关规定加强对对外投资的管理。

（一）合理设置岗位，明确相关岗位的职责权限，确保对外投资的可行性研究与评估、对外投资决策与执行、对外投资处置的审批与执行等不相容岗位相互分离。

（二）单位对外投资，应当由单位领导班子集体研究决定。

（三）加强对投资项目的追踪管理，及时、全面、准确地记录对外投资的价值变动和投资收益情况。

（四）建立责任追究制度。对在对外投资中出现重大决策失误、未履行集体决策程序和不按规定执行对外投资业务的部门及人员，应当追究相应的责任。

第五节　建设项目控制

第四十六条　单位应当建立健全建设项目内部管理制度。

单位应当合理设置岗位，明确内部相关部门和岗位的职责权限，确保项目建议和可行性研究与项目决策、概预算编制与审核、项目实施与价款支付、竣工决算与竣工审计等不相容岗位相互分离。

第四十七条　单位应当建立与建设项目相关的议事决策机制，严禁任何个人单独决策或者擅自改变集体决策意见。决策过程及各方面意见应当形成书面文件，与相关资料一同妥善归档保管。

第四十八条　单位应当建立与建设项目相关的审核机制。项目建议书、可行性研究报告、概预算、竣工决算报告等应当由单位内部的规划、技术、财会、法律等相关工作人员或者根据国家有关规定委托具有相应资质的中介机构进行审核，出具评审意见。

第四十九条　单位应当依据国家有关规定组织建设项目招标工作，并接受有关部门的监督。

单位应当采取签订保密协议、限制接触等必要措施，确保标底编制、评标等工作在严格保密的情况下进行。

第五十条　单位应当按照审批单位下达的投资计划和预算对建设项目资金实行专款专用，严禁截留、挪用和超批复内容使用资金。财会部门应当加强与建设项目承建单位的沟通，准确掌握建设进度，加强价款支付审核，按照规定办理价款结算。实行国库集中支付的建设项目，单位应当按照财政国库管理制度相关规定支付资金。

第五十一条 单位应当加强对建设项目档案的管理。做好相关文件、材料的收集、整理、归档和保管工作。

第五十二条 经批准的投资概算是工程投资的最高限额，如有调整，应当按照国家有关规定报经批准。

单位建设项目工程洽商和设计变更应当按照有关规定履行相应的审批程序。

第五十三条 建设项目竣工后，单位应当按照规定的时限及时办理竣工决算，组织竣工决算审计，并根据批复的竣工决算和有关规定办理建设项目档案和资产移交等工作。

建设项目已实际投入使用但超时限未办理竣工决算的，单位应当根据对建设项目的实际投资暂估入账，转作相关资产管理。

第六节 合同控制

第五十四条 单位应当建立健全合同内部管理制度。

单位应当合理设置岗位，明确合同的授权审批和签署权限，妥善保管和使用合同专用章，严禁未经授权擅自以单位名义对外签订合同，严禁违规签订担保、投资和借贷合同。

单位应当对合同实施归口管理，建立财会部门与合同归口管理部门的沟通协调机制，实现合同管理与预算管理、收支管理相结合。

第五十五条 单位应当加强对合同订立的管理，明确合同订立的 范围和条件。对于影响重大、涉及较高专业技术或法律关系复杂的合 同，应当组织法律、技术、财会等工作人员参与谈判，必要时可聘请 外部专家参与相关工作。谈判过程中的重要事项和参与谈判人员的主 要意见，应当予以记录并妥善保管。

第五十六条 单位应当对合同履行情况实施有效监控。合同履行过程中，因对方或单位自身原因导致可能无法按时履行的，应当及时采取应对措施。

单位应当建立合同履行监督审查制度。对合同履行中签订补充合同，或变更、解除合同等应当按照国家有关规定进行审查。

第五十七条 财会部门应当根据合同履行情况办理价款结算和进行账务处理。未按照合同条款履约的，财会部门应当在付款之前向单位有关负责人报告。

第五十八条 合同归口管理部门应当加强对合同登记的管理，定期对合同进行统计、分类和归档，详细登记合同的订立、履行和变更情况，实行对合同的全过程管理。与单位经济活动相关的合同应当同时提交财会部门作为账务处理的依据。

单位应当加强合同信息安全保密工作，未经批准，不得以任何形式泄露合同订立与履行过程中涉及的国家秘密、工作秘密或商业秘密。

第五十九条 单位应当加强对合同纠纷的管理。合同发生纠纷的，单位应当在规定时效内与对方协商谈判。合同纠纷协商一致的，双方应当签订书面协议；合同纠纷经协商无法解决的，经办人员应向单位有关负责人报告，并根据合同约定选择仲裁或诉讼方式解决。

第五章 评价与监督

第六十条 单位应当建立健全内部监督制度，明确各相关部门或岗位在内部监督中的职责权限，规定内部监督的程序和要求，对内部控制建立与实施情况进行内部监督检查和自我评价。

内部监督应当与内部控制的建立和实施保持相对独立。

第六十一条 内部审计部门或岗位应当定期或不定期检查单位内部管理制度和机制的建立与执行情况，以及内部控制关键岗位及人员的设置情况等，及时发现内部控制存在的问题并提出改进建议。

第六十二条 单位应当根据本单位实际情况确定内部监督检查的方法、范围和频率。

第六十三条 单位负责人应当指定专门部门或专人负责对单位内部控制的有效性进行评价并出具单位内部控制自我评价报告。

第六十四条 国务院财政部门及其派出机构和县级以上地方各级人民政府财政部门应当对单位内部控制的建立和实施情况进行监督检查，有针对性地提出检查意见和建议，并督促单位进行整改。

国务院审计机关及其派出机构和县级以上地方各级人民政府审计机关对单位进行审计时，应当调查了解单位内部控制建立和实施的有效性，揭示相关内部控制的缺陷，有针对性地提出审计处理意见和建议，并督促单位进行整改。

第六章　附　　则

第六十五条　本规范自2014年1月1日起施行。

2. 关于进一步规范地方国库资金和财政专户资金管理的通知(2014年颁布)

(财库〔2014〕175号)

各省、自治区、直辖市、计划单列市财政厅(局):

自2001年我国实施国库集中收付制度改革以来,财政资金运行的机制发生了根本性变化,安全性、规范性和有效性显著提升。但近年来,一些地方财政部门国库资金管理存在以下不规范的问题:违规将国库资金转入财政专户虚列支出;用国库资金对外借款规模较大,清理回收不及时;未严格执行国务院和财政部关于规范财政专户管理的规定,该撤销的财政专户未及时撤销,该归口财政部门国库管理机构统一管理的财政专户未及时转交;极少数地方顶风违纪,又擅自新开设财政专户,等等。这些问题暴露出一些地方财政部门对国库资金和财政专户资金管理工作重视不够,措施不力,如不尽快解决,不仅会给财政资金安全带来风险,而且会影响到现代财政国库管理制度建设和预算管理制度改革的深化。为贯彻落实《国务院关于深化预算管理制度改革的决定》(国发〔2014〕45号)有关要求,进一步规范国库资金和财政专户资金管理,现就有关问题通知如下:

一、严格执行国库集中收付制度

(一)除依照法律法规和国务院、财政部的规定纳入财政专户管理的资金外,预算安排的资金应全部实行国库集中支付制度,切实提高国库资金支付效率、安全性和透明度,严禁违规将财政资金从国库转入财政专户并虚列支出,严禁违规将财政资金支付到预算单位实有资金银行账户。地方各级财政除国库集中支付年终结余外,一律不得按权责发生制列支。

(二)积极推行非税收入电子缴款,优化非税收入收缴流程,实时匹配非税收入资金和信息,创造条件实现应上缴国库的非税收入资金直接缴入国库,提高非税收入缴库效率。暂未实现非税收入资金直接缴入国库的,应当将先入财政专户的非税收入资金在10个工作日内足额从财政专户缴入国库,不得以任何理由拖延或不缴。坚决杜绝调节财政收入行为。

二、严格控制新增财政对外借款

(三)全面清理已经发生的财政借垫款。各级财政部门要采取切实可行措施,必要时运用法律手段,抓紧全面清理已经发生的财政借垫款。应当由预算安排支出的要抓紧安排预算,原则上应在2017年底前列支完毕。其他财政借垫款原则上应在2016年底前收回。经核实确实无法收回的财政周转金和其他财政借垫款,应在2017年底前报经同级人民政府批准同意后,按规定核销。

(四)严格控制新增财政对外借款。各级财政部门要严格按照批准的年度预算和用款计划拨款,对于年度预算执行中确需新增的支出项目,应按规定通过动支预备费或调整当年预算解决,不得对外借款。对于确需出借的临时急需款项,应严格限定借款对象、用途和期限。借款对象应限于纳入本级预算管理的一级预算单位(不含企业),不得对非预算单位及未纳入年度预算的项目借款和垫付财政资金,且应仅限于临时性资金周转或者为应对社会影响较大的突发事件的临时急需垫款。借款期限不得超过一年。

(五)严格规范财政对外借款审批程序。各级财政部门要制定财政对外借款内部审核程序,详细核查新增财政对外借款的借款对象和借款用途等,符合规定且确需借款的,应报经同级人民政府常务会议批准同意后办理借款手续。财政部门要与借款单位签订借款协议,明确借款金额、借款用途、借款期限、还款来源和违约责任。

(六)加强财政对外借款日常管理。各级财政部门应完善内部职责分工,落实借款管理责任。建立财政对外借款台账，详细记录每笔借款的对象、期限、金额等信息，并定期与总会计账簿核对。完整保存财政对外借款的审批文件、借款协议、拨付凭证等档案资料。加强对借款单位资金使用情况的监督检查，一经发现有借款用途发生改变等情况要立即收回借款。

（七）建立财政对外借款回收保证和责任追究机制。各级财政部门要建立到期借款预警机制，督促借款单位按期还款。对于不能按期还款的，要采取扣减预算等方式确保及时收回借款。存在逾期借款未偿还的单位，不得再新增借款。要建立财政对外借款终身负责制，对于相关责任人违规对外借款造成出借财政资金损失的，要依法提请有关部门追究其法律责任。

三、严格规范财政专户管理

（八）严格规范财政专户开立程序。各级财政部门一律不得新设专项支出财政专户，开立其他财政专户的，要严格执行《财政部关于印发＜财政专户管理办法＞的通知》（财库〔2013〕46 号）规定的开立条件和程序，未经核准，一律不得新开立财政专户。省级财政部门对省本级及省以下财政部门的开户申请，要切实履行审核职责，对于不符合开户条件的财政专户，不予向财政部报批。

（九）全面清理整顿存量财政专户。除经财政部审核并报国务院批准予以保留的财政专户外，其余财政专户在 2 年内逐步取消。具体撤并要求和时限按照财政部相关规定执行。

（十）全面实现财政专户归口管理。财政专户未全部归口管理的地区，财政部门要严格按照有关规定将非税收入财政专户等各类财政专户归口财政部门国库管理机构统一管理，并明确财政部门国库管理机构和财政部门其他机构的职责分工，建立相互协调、相互制衡的内部工作机制。

（十一）强化财政专户资金使用管理。禁止将财政专户资金借出周转使用，对已经出借的财政专户资金要制定回收计划，限期予以收回。财政专户资金保值增值操作要严格按照财库〔2013〕46 号文件规定的方式进行，原则上不得在开户银行经办机构之外开展保值增值操作。

四、严格落实管理责任

（十二）地方各级财政部门主要负责人要高度重视国库资金管理和财政专户资金管理工作，切实履行好第一责任人的领导职责，发现问题，要及时督促整改，并跟踪问效。

（十三）地方各级财政部门要切实负起对本级国库资金管理和财政专户资金管理责任，上级财政部门要建立起对下级财政部门资金管理工作的定期检查督导和考核机制。

财政部
2014 年 10 月 28 日

3. 财政部门内部监督检查办法（2010 年修订）

财政部令 2010 年第 58 号

第一条 为了规范财政部门内部监督检查行为，保障财政部门内部监督检查有效实施，根据《中华人民共和国预算法》、《中华人民共和国会计法》等法律的有关规定，制定本办法。

第二条 县级以上人民政府财政部门（以下简称财政部门）进行的内部监督检查，适用本办法。

第三条 本办法所称财政部门内部监督检查，是指财政部门统一领导、财政监督机构具体组织实施的，对本部门内部各业务管理机构和派出机构履行财政管理职责，本部门及所属单位预算、财务与资产管理，本部门内部控制等情况的监督检查。

第四条 财政部门应当按照依法监督、注重预防和规范管理的原则开展内部监督检查工作，促进本部门及其工作人员遵守国家法律制度、强化内部控制、防范管理风险、提高管理效能、推进廉政建设。

上级财政部门应当督促和指导下级财政部门开展内部监督检查工作。

第五条 财政部门内部监督检查工作实行主要领导负责制。财政部门主要负责人对本部门内部监督检查工作负总责，分管负责人负直接领导责任。

第六条 财政部门应当对下列事项实施内部监督检查：

（一）预算编制、预算执行、预算调整和决算等管理情况；

（二）国库集中收付、财政和预算单位账户管理、国库现金管理、政府采购监督管理、国债和地方政府债券发行与兑付管理等情况；

（三）税收减免等税政管理情况；

（四）政府非税收入管理、财政票据管理、彩票管理情况；

（五）财政专项资金管理情况；

（六）行政事业单位及企业国有资产和财务管理情况；

（七）会计管理、注册会计师行业和资产评估行业监管情况；

（八）外国政府、国际金融组织贷款和赠款管理情况；

（九）本部门及所属单位的预算、资产和财务管理情况；

（十）财政部门内部控制制度建立与执行情况；

（十一）对审计机关、上级财政部门等监督检查和本部门内部监督检查查出问题的整改落实情况；

（十二）其他需要监督检查的事项。

第七条 财政部门应当建立内部监督检查负责人专题会议制度和内部监督检查联络员制度等内部监督检查协调机制。

内部监督检查负责人专题会议由财政部门主要负责人或分管负责人主持，财政部门内部有关机构或所属单位负责人参加，通报内部监督检查情况，研究内部监督检查工作重点和问题整改等相关问题。

财政部门内部各业务管理机构和所属单位应当设立内部监督检查联络员，协助和配合财政监督机构开展内部监督检查工作。

第八条 财政部门内部监督检查人员以财政监督机构人员为主。必要时，报经财政部门主要负责人或分管负责人批准，财政监督机构可以抽调财政部门内部各业务管理机构、派出机构和所属单位人员参与内部监督检查工作。

在对财政部门所属单位实施内部监督检查时，根据需要，财政监督机构可以聘用专门机构或者具有专门知识的人员协助检查人员开展内部监督检查工作。

财政部门内部监督检查人员开展内部监督检查工作时，必须忠于职守、依法监督、廉洁自律、保守秘密，做到公正、客观、规范、高效。

第九条 财政部门应当重点监督检查本部门内部各业务管理机构和派出机构履行财政管理工作职责的合法性、合规性和有效性，本部门及所属单位预算、财务管理与会计核算的合法性、真实性以及资产的完整性、安全性，财政部门内部控制的健全性、合理性和有效性。

第十条 财政部门对财政部门内部控制进行监督检查时，应当从控制环境、风险评估、控制措施、信息与沟通和监督检查等方面进行检查评价，及时发现内部控制缺陷，防范管理风险，促进完善财政部门内部控制。

检查评价的重点内容包括：内部控制制度建设、工作人员岗位胜任能力、风险识别与应对、授权批准、岗位职责分离、查验与核对、工作督导以及信息准确性与沟通有效性等。

第十一条 财政监督机构根据工作需要，要求财政部门内部各业务管理机构、派出机构和所属单位提供有关文件、账表、凭证等相关资料的，有关机构和单位应当全面、及时地提供，并对所提供资料的完整性和真实性负责。

第十二条 财政部门应当结合本部门实际情况，综合运用日常监督和重点检查方式开展内部监督检查工作，实现对本部门管理活动的全过程监督。

日常监督是指对日常财政管理活动实施的实时、动态监督，包括事前审核、实时监控、现场核查、跟踪问效等。

重点检查是指根据年度重点检查计划，按照规定程序组织实施的有针对性、有重点的监督检查。

第十三条 财政部门应当制定并按照年度重点检查计划，开展内部监督检查的重点检查工作。

年度重点检查计划由财政监督机构提出，报经财政部门负责人批准后及时通知被检查的各相关业务管理机构、派出机构和所属单位。

财政部门每年对本部门有预算管理职能的内部各业务管理机构的重点检查数不得低于该类机构数的30%。

第十四条 开展重点检查工作应当组成检查组，检查组组长由财政监督机构确定。检查组实行组长负责制。

检查人员与被检查单位或者检查事项有直接利害关系的，应当回避。

第十五条 财政监督机构实施重点检查，一般应于3个工作日前向被检查单位送达检查通知书。

检查通知书应当包括下列内容：

（一）被检查单位名称；

（二）检查的依据、范围、内容、方式和实施计划；

（三）对被检查单位配合检查工作的具体要求；

（四）检查组组长及其他成员名单、联系电话；

（五）财政监督机构印章及签发日期。

第十六条 实施重点检查时，经批准，检查人员可以向与被检查单位有经济业务往来的部门和单位核实有关情况。必要时，可以根据《财政检查工作办法》（财政部令第32号）对有关问题进行延伸检查。

第十七条 检查组对被检查单位实施检查或调查、询问时，检查人员不得少于2人。

证明材料应当有提供者的签名或盖章。未取得提供者签名或盖章的，检查人员应当注明原因。

检查人员应当将检查内容与事项予以记录和摘录，编制财政检查工作底稿，并由被检查单位相关人员签字或者被检查单位盖章。

第十八条 检查组组长应当对检查人员的工作质量进行监督，并对有关事项进行必要的审查和复核，实施检查中遇到重大问题，应当及时报告。

第十九条 检查结束前，检查组应当就检查工作的基本情况、被检查单位存在的问题等事项征求被检查单位意见。被检查单位应当在5个工作日内予以回复。在规定期限内没有回复的，视为无异议。

第二十条 检查组应当在被检查单位回复意见后10个工作日内向财政监督机构提交检查报告。

检查报告应当包括以下内容：

（一）被检查单位财政财务管理、会计核算、内部控制运行等基本情况及对该单位工作的基本评价；

（二）被检查单位违法行为的基本事实、认定依据和处理意见；

（三）改进财政、财务管理的意见和建议；

（四）其他应当报告的事项。

第二十一条 财政监督机构应当在检查组提交检查报告后5个工作日内，从以下几个方面对检查报告进行复核：

（一）对被检查单位的工作评价是否恰当；

（二）与检查事项有关的事实是否清楚；

（三）检查证据是否真实、充分；

（四）对有关问题的定性和处理意见是否合法、适当，表述是否准确；

（五）提出的改进建议是否适当；

（六）其他需要复核的事项。

第二十二条 财政监督机构应当将复核形成的检查报告送被检查单位征求意见。被检查单位应当自收到检查报告之日起5个工作日内，提出书面意见或说明；无正当理由逾期没有提出书面意见或说明的，视为无异议。

财政监督机构应当将检查情况、审定后的检查报告和被检查单位的书面意见，一并上报财政部门负责人。

第二十三条 检查报告经财政部门负责人同意后，财政监督机构应当及时将财政部门负责人要求、监督检查结论和处理意见送达被检查单位。

第二十四条 财政部门内部各业务管理机构、派出机构和所属单位，应当做好内部监督检查发现问题的整改工作。有关机构和单位应当在收到监督检查结论和处理意见后30日内，将整改情况书面报告财政部门负责人，并抄送财政监督机构。

第二十五条 财政监督机构应当定期回访被检查单位整改落实内部监督检查处理意见和管理建议的情况，定期检查审计机关和上级财政部门查出问题的整改情况，并向财政部门负责人报告。

第二十六条 财政部门应当建立内部监督检查专题报告制度。财政监督机构应当定期对内部监督检查中发现的共性问题进行归纳总结，分析原因，提出建议，并向财政部门负责人专题报告。

第二十七条 财政部门应当将内部监督检查结果作为财政部门内部各业务管理机构、派出机构和所属单位评选先进和干部考核、任用的参考依据。

财政部门有预算管理职能的内部各业务管理机构，应当将内部监督检查结果作为加强预算管理的参考依据。

第二十八条 全部检查工作结束后30日内，财政监督机构应当将检查资料进行鉴别整理，依照档案管理的有关规定归卷存档。

第二十九条 财政部门应当推进内部监督检查信息化建设，实现财政监督机构与其他业务管理机构对于财政管理信息系统的信息共享，充分利用计算机信息化技术开展内部监督检查工作。

第三十条 内部监督检查发现的被检查单位和个人的违法违纪行为，依照有关法律、法规的规定追究相应责任。

第三十一条 有下列情形之一的被检查单位和个人，由财政部门根据有关规定给予内部通报批评或行政处分；涉嫌犯罪的，依法移送司法机关处理：

（一）拒绝、拖延提供情况和资料或者提供虚假情况和资料的；

（二）妨碍内部监督检查人员行使职权的；

（三）拒不执行内部监督检查决定的；

（四）报复陷害内部监督检查人员的。

第三十二条 有下列情形之一的内部监督检查人员，由财政部门根据有关规定给予处理；涉嫌犯罪的，依法移送司法机关处理：

（一）弄虚作假，隐瞒事实真相的；

（二）滥用职权，以权谋私的；

（三）玩忽职守，给国家和单位造成重大损失的；

（四）泄露国家秘密或者被监督检查单位秘密的。

第三十三条 各省、自治区、直辖市和计划单列市财政厅（局），新疆生产建设兵团财务局，可以根据本办法，结合实际情况制定具体实施办法。

第三十四条 本办法自2010年3月1日起实施。2002年1月16日财政部发布的《财政部门内部监督检查暂行办法》（财监〔2002〕3号）和2003年12月30日财政部发布的《财政部内部监督检查工作规则（试行）》（财监〔2003〕129号）同时废止。

4. 财政票据管理办法（2012年颁布）

中华人民共和国财政部令2012年第70号

第一章 总 则

第一条 为了规范财政票据行为，加强政府非税收入征收管理和单位财务监督，维护国家财经秩序，保护公民、法人和其他组织的合法权益，根据国家有关规定，制定本办法。

第二条 财政票据的印制、领购、发放、使用、保管、核销、销毁及监督检查等活动，适用本办法。

第三条 本办法所称财政票据，是指由财政部门监（印）制、发放、管理，国家机关、事业单位、具有公共管理或者公共服务职能的社会团体及其他组织（以下简称“行政事业单位”）依法收取政府非税收入或者从事非营利性活动收取财物时，向公民、法人和其他组织开具的凭证。

财政票据是财务收支和会计核算的原始凭证，是财政、审计等部门进行监督检查的重要依据。

第四条 财政部门是财政票据的主管部门。

财政部负责全国财政票据管理工作，承担中央单位财政票据的印制、发放、核销、销毁和监督检查等工作，指导地方财政票据管理工作。

省、自治区、直辖市人民政府财政部门（以下简称省级财政部门）负责本行政区域财政票据的印制、发放、核销、销毁和监督检查等工作，指导下级财政部门财政票据管理工作。

省级以下财政部门负责本行政区域财政票据的申领、发放、核销、销毁和监督检查等工作。

第五条 财政部门应当积极推进财政票据电子化改革，依托计算机和网络技术手段，实行电子开票、自动核销、全程跟踪、源头控制，提高财政票据管理水平。

第二章 财政票据的种类、适用范围和内容

第六条 财政票据的种类和适用范围如下：

（一）非税收入类票据

1. 非税收入通用票据，是指行政事业单位依法收取政府非税收入时开具的通用凭证。

2. 非税收入专用票据，是指特定的行政事业单位依法收取特定的政府非税收入时开具的专用凭证。主要包括行政事业性收费票据、政府性基金票据、国有资源（资产）收入票据、罚没票据等。

3. 非税收入一般缴款书，是指实施政府非税收入收缴管理制度改革的行政事业单位收缴政府非税收入时开具的通用凭证。

（二）结算类票据

资金往来结算票据，是指行政事业单位在发生暂收、代收和单位内部资金往来结算时开具的凭证。

（三）其他财政票据

1. 公益事业捐赠票据，是指国家机关、公益性事业单位、公益性社会团体和其他公益性组织依法接受公益性捐赠时开具的凭证。

2. 医疗收费票据，是指非营利医疗卫生机构从事医疗服务取得医疗收入时开具的凭证。

3. 社会团体会费票据，是指依法成立的社会团体向会员收取会费时开具的凭证。

4. 其他应当由财政部门管理的票据。

第七条 财政票据包括非定额和定额两种形式。

非定额财政票据应当包括票据名称、票据编码、票据监制章、项目、标准、数量、金额、交款人、开票日期、联次及其用途、开票单位、开票人、复核人等内容。

定额财政票据应当包括票据名称、票据编码、票据监制章、金额、开票日期、联次及其用途等内容。

第八条 非定额财政票据一般设置三联，包括存根联、收据联、记账联，各联次采用不同颜色予以区分。定额财政票据一般设置两联，包括存根联、收据联。存根联由开票方留存，收据联由支付方收执，记账联由开票方留做记账凭证。

非税收入一般缴款书属于非定额财政票据，一般设置五联，包括回单联、借方凭证、贷方凭证、收据联、存根联。回单联退执收单位，借方凭证和贷方凭证分别由缴款人、收款人开户银行留存，收据联由缴款人收执，存根联由执收单位留存。

第三章 财政票据的印制

第九条 财政票据由省级以上财政部门按照管理权限分别监（印）制。

第十条 省级以上财政部门应当按照国家政府采购有关规定确定承印财政票据的企业，并与其签订印制合同。

财政票据印制企业应当按照印制合同和财政部门规定的式样印制票据。

禁止私自印制、伪造、变造财政票据。

第十一条 印制财政票据应当使用省级以上财政部门确定的防伪专用品。禁止私自生产、使用或者伪造财政票据防伪专用品。

第十二条 财政票据应当套印全国统一式样的财政票据监制章。财政票据监制章的形状、规格和印色由财政部统一规定。

禁止伪造、变造财政票据监制章，禁止在非财政票据上套印财政票据监制章。

第十三条 财政票据应当使用中文印制。民族自治地方的财政票据，可以加印一种当地通用的民族文字。有实际需要的，可以同时使用中外两种文字印制。

第十四条 财政票据印制企业应当建立票据印制管理制度和保管措施，对财政票据式样模板、财政票据监制章印模、防伪专用品等的使用和管理实行专人负责，不得将承印的财政票据委托其他企业印制，不得向委托印制票据的财政部门以外的其他单位或者个人提供财政票据。

第十五条 印制合同终止后，财政票据印制企业应当将印制票据所需用品、资料交还委托印制票据的财政部门，不得自行保留或者提供给其他单位或者个人。

第十六条 禁止在境外印制财政票据。

第十七条 财政票据实行不定期换版制度。全国统一式样的财政票据换版时间、内容和要求，由财政部确定；非全国统一式样的财政票据换版时间、内容和要求，由财政部和省级财政部门按照职责权限分别确定。

财政票据换版时应当进行公告。

第四章 财政票据的领购与发放

第十八条 省级以下财政部门应当根据本地区用票需求，按照财政管理体制向上一级财政部门报送用票计划，申领财政票据。上级财政部门经审核后发放财政票据。

第十九条 财政票据实行凭证领购、分次限量、核旧领新制度。

领购财政票据，一般按照财务隶属关系向同级财政部门申请。

第二十条 首次领购财政票据，应当按照规定程序办理《财政票据领购证》。

办理《财政票据领购证》，应当提交申请函、单位法人证书、组织机构代码证书副本原件及复印件，填写《财政票据领购证申请表》，并按照领购财政票据的类别提交相关依据。

领购非税收入类票据的，应当根据收取非税收入的性质分别提交下列依据：

（一）收取行政事业性收费的，提交国务院或者省级人民政府及其财政、价格主管部门批准收取行政事业性收费的文件复印件；

（二）收取政府性基金的，提交国务院或者财政部批准收取政府性基金的文件复印件；

（三）收取国有资源（资产）收入的，提交国务院或者省级人民政府及其财政部门批准收取国有资源收入的文件复印件，或者有关部门批准出租、出借、处置国有资产的文件复印件；

（四）收取罚没收入的，提交证明本单位具有罚没处罚权限的法律依据。

领购其他财政票据的，分别提交下列依据：

（一）领购公益事业捐赠票据的，提交本单位符合接受捐赠条件的依据；

（二）领购医疗收费票据的，提交《医疗机构执业许可证》以及县级以上价格主管部门批准的收费文件复印件；

（三）领购社会团体会费票据的，提交社会团体章程以及收取会费的依据；

（四）同级财政部门要求的其他材料。

第二十一条 受理申请的财政部门应当对申请单位提交的材料进行审核，对符合条件的单位，核发《财政票据领购证》，并发放财政票据。

《财政票据领购证》应当包括单位基本信息、使用的财政票据名称、非税收入项目（含标准）、文件依据、购领票据记录、审核票据记录、作废票据记录、票据检查及违纪处理记录、销毁票据记录等项目。

第二十二条 再次领购财政票据，应当出示《财政票据领购证》，提供前次票据使用情况，包括票据的种类、册（份）数、起止号码、使用份数、作废份数、收取金额及票据存根等内容。受理申请的财政部门审核后，核销财政票据存根，并发放财政票据。

第二十三条 领购未列入《财政票据领购证》内的财政票据，应当向原核发领购证的财政部门提出申请，并依照本办法规定提交相应材料。受理申请的财政部门审核后，应当在《财政票据领购证》上补充新增财政票据的相关信息，并发放财政票据。

第二十四条 财政票据一次领购的数量一般不超过本单位六个月的使用量。

第二十五条 财政部门发放财政票据时，对按照规定可以收取工本费的，收取后应当缴入同级国库，纳入预算管理。

第五章 财政票据的使用与保管

第二十六条 财政票据使用单位应当指定专人负责管理财政票据，建立票据使用登记制度，设置票据管理台账，按照规定向财政部门报送票据使用情况。

第二十七条 财政票据应当按照规定填写，做到字迹清楚、内容完整真实、印章齐全、各联次内容和金额一致。填写错误的，应当另行填写。

因填写错误等原因而作废的财政票据，应当加盖作废戳记或者注明“作废”字样，并完整保存各联次，不得擅自销毁。

第二十八条 填写财政票据应当统一使用中文。财政票据以两种文字印制的，可以同时使用另一种文字填写。

第二十九条 财政票据使用单位不得转让、出借、代开、买卖、擅自销毁、涂改财政票据；不得串用财政票据，不得将财政票据与其他票据互相替代。

第三十条 省级财政部门印制的财政票据应当在本行政区域内发放使用，但派驻外地的单位在派驻地使用的情形除外。

第三十一条 财政票据应当按照规定使用。不按规定使用的，付款单位和个人有权拒付款项，财务部门不得报销。

第三十二条 财政票据使用完毕，使用单位应当按照要求填写相关资料，按顺序清理财政票据存根、装订成册、妥善保管。

财政票据存根的保存期限一般为5年。保存期满需要销毁的，报经原核发票据的财政部门查验后销毁。保存期未满、但有特殊情况需要提前销毁的，应当报原核发票据的财政部门批准。

第三十三条 尚未使用但应予作废销毁的财政票据，使用单位应当登记造册，报原核发票据的财政部门核准、销毁。

第三十四条 财政票据使用单位发生合并、分立、撤销、职权变更，或者收费项目被依法取消或者名称变更的，应当自变动之日起15日内，向原核发票据的财政部门办理《财政票据领购证》的变更或者注销手续；对已使用财政票据的存根和尚未使用的财政票据应当分别登记造册，报财政部门核准、销毁。

第三十五条 财政票据或者《财政票据领购证》灭失的，财政票据使用单位应当查明原因，及时以书面形式报告原核发票据的财政部门，并自发现之日起3日内登报声明作废。

第三十六条 财政部门、财政票据印制企业、财政票据使用单位应当设置财政票据专用仓库或者专柜，指定专人负责保管，确保财政票据安全。

第六章　监督检查及罚则

第三十七条 财政部门应当建立健全财政票据监督检查制度，对财政票据印制、使用、管理等情况进行检查。

第三十八条 财政部门实施监督检查，应当按照规定程序和要求进行，不得滥用职权、徇私舞弊，不得向被检查单位收取费用。

第三十九条 财政票据使用单位和财政票据印制企业应当自觉接受财政部门的监督检查，如实反映情况，提供有关资料，不得隐瞒、弄虚作假或者拒绝、阻挠。

第四十条 单位和个人违反本办法规定，有下列行为之一的，由县级以上财政部门责令改正并给予警告；对非经营活动中的违法行为，处以1000元以下罚款；对经营活动中的违法行为，有违法所得的，处以违法所得金额3倍以下不超过30000元的罚款，没有违法所得的，处以10000元以下罚款。涉嫌犯罪的，依法移送司法机关：

（一）违反规定印制财政票据；

（二）转让、出借、串用、代开财政票据；

（三）伪造、变造、买卖、擅自销毁财政票据；

（四）伪造、使用伪造的财政票据监制章；

（五）未按规定使用财政票据监制章；

（六）违反规定生产、使用、伪造财政票据防伪专用品；

（七）在境外印制财政票据；

（八）其他违反财政票据管理规定的行为。

单位和个人违反本办法规定，对涉及财政收入的财政票据有本条第一款所列行为之一的，依照《财政违法行为处罚处分条例》第十六条的规定予以处理、处罚。

第四十一条 财政部门、行政事业单位工作人员违反本办法规定，在工作中徇私舞弊、玩忽职守、滥用职权的，依法给予处分；涉嫌犯罪的，依法移送司法机关。

第四十二条 单位和个人对处理、处罚决定不服的，可以依法申请行政复议或者提起行政诉讼。

国家工作人员对处分不服的，可以依照有关规定申请复核或者提出申诉。

第七章 附 则

第四十三条 中国人民解放军和中国人民武装警察部队适用《军队票据管理规定》。

第四十四条 省级财政部门可以依据本办法，结合本地区实际情况制定具体实施办法，报财政部备案。

第四十五条 本办法自2013年1月1日起施行。1998年9月21日财政部发布的《行政事业性收费和政府性基金票据管理规定》(财综字〔1998〕104号)同时废止。

5. 行政事业单位资产清查暂行办法 (2006年颁布)

财办〔2006〕52号

第一章 总 则

第一条 为加强行政事业单位国有资产监督管理，规范行政事业单位资产清查工作，真实反映行政事业单位的资产及财务状况，完善资产管理制度，提高资产使用效益，根据《行政单位国有资产管理暂行办法》(财政部令第35号)、《事业单位国有资产管理暂行办法》(财政部令第36号)和国家相关规定，制定本办法。

第二条 本办法适用于占有使用国有资产的各级各类行政事业单位的资产清查工作。

第三条 本办法所称行政事业单位资产清查，是指财政部门、主管部门或行政事业单位，根据各级政府及其财政部门专项工作要求或者特定经济行为需要，按照规定的政策、工作程序和方法，对行政事业单位进行账务清理、财产清查，依法认定各项资产损益，真实反映行政事业单位国有资产占有使用状况的工作。

第四条 行政事业单位有下列情形之一的，应当进行资产清查：

(一)根据各级政府及其财政部门专项工作要求，纳入统一组织的资产清查范围的；

(二)进行重大改革或者改制的；

(三)遭受重大自然灾害等不可抗力造成资产严重损失的；

(四)会计信息严重失真或者国有资产出现重大流失的；

(五)会计政策发生重大变更，涉及资产核算方法发生重要变化的；

(六)财政部门认为应当进行资产清查的其他情形。

第五条 行政事业单位资产清查工作由财政部门、主管部门或行政事业单位按照“统一政策、分级管理”的原则组织实施。

第二章 机构及其职责

第六条 财政部门是行政事业单位资产清查工作的综合管理部门。主要职责是：

(一)根据国家及上级财政部门有关行政事业单位资产清查的规定和工作要求，制定本地区和本级行政事业单位资产清查规章制度，并组织实施和监督检查；

(二)负责批复本级行政事业单位资产清查立项申请；

(三)负责本级行政事业单位资产清查中有关资产损益的认定和资产清查结果的核实；

(四)根据工作需要，负责汇总本地区和本级行政事业单位资产清查结果，并向上级财政部门及时报告工作情况；

(五)指导下级财政部门开展行政事业单位资产清查工作。

第七条 主管部门按照财务隶属关系负责组织本部门所属行政事业单位的资产清查工作。主要职责是：

(一)负责审核或提出本部门所属行政事业单位资产清查立项申请；

(二)负责制订本部门所属行政事业单位资产清查实施方案，并对所属行政事业单位资产清查工作进行监督检查；

(三)负责审核汇总本部门所属行政事业单位资产清查工作结果，并向同级财政部门报送资产清查工作结果报告；

(四)根据同级财政部门出具的资产核实批复文件，组织本部门所属行政事业单位进行账务处理。

第八条 行政事业单位负责本单位资产清查工作的具体实施。主要职责是：

(一)向主管部门和财政部门提出本单位资产清查立项申请；

(二)负责制定本单位资产清查实施方案，具体组织开展资产清查工作，并向主管部门报送资产清查工作结果；

(三)根据同级财政部门资产清查资产核实批复文件，进行账务处理，并报主管部门和同级财政部门备案；

(四)负责办理相关资产管理手续。

第九条 财政部门、主管部门或行政事业单位组织开展行政事业单位资产清查工作，应当设立或明确资产清查工作机构。

第三章 资产清查工作程序

第十条 行政事业单位进行资产清查，应当向主管部门提出申请，并按照规定程序报同级财政部门批准立项后组织实施，但根据各级政府及其财政部门专项工作要求进行的资产清查除外。

行政事业单位资产清查申请报告应当说明资产清查的原因、范围以及工作基准日等内容。

第十一条 行政事业单位资产清查工作除国家另有规定外，按照下列程序进行：

(一)行政事业单位在主管部门、同级财政部门的监督指导下设立或明确资产清查工作机构，制订本单位资产清查工作实施方案；

(二)行政事业单位按照资产清查工作实施方案，实施自查；

(三)除涉及国家安全的特殊单位和特殊事项外，行政事业单位的自查结果须委托社会中介机构进行专项审计及相关工作；

(四)行政事业单位向主管部门报送资产清查工作结果报告，经主管部门审核后报同级财政部门；

(五)同级财政部门对有关资产损益进行认定，对资产清查结果进行核实；

(六)根据同级财政部门资产核实批复文件及时进行账务处理，并办理相关资产管理手续；

(七)根据资产清查工作情况，建立完善各项规章制度。

第十二条 财政部门组织开展的资产清查工作，由财政部门统一委托社会中介机构进行专项审计及相关工作。

主管部门组织或行政事业单位因特定经济行为需要开展的资产清查工作，由主管部门或行政事业单位自行委托社会中介机构进行专项审计及相关工作；财政部门认为必要时，也可直接委托。

第十三条 承担资产清查专项审计及相关工作的社会中介机构应当是依法设立的，并具备与所承担工作相适应的专业人员和专业执业能力。

第十四条 资产清查工作专项审计费用，按照“谁委托，谁付费”的原则，由委托方承担。

第十五条 行政事业单位资产清查工作结果报告主要包括下列内容：

(一)工作报告。主要反映本单位的资产清查工作基本情况和结果，包括：本单位资产清查的基准日、范围、内容、结果，以及基准日资产及财务状况。

(二)数据报表。按规定格式和软件填报的资产清查报表及相关材料。

(三)证明材料。需申报处理的资产损益和资金挂账等情况，相关材料应当单独汇编成册，并附有关凭证资料和具有法律效力的证明材料。

(四)审计报告。社会中介机构对行政事业单位资产清查的结果，出具经注册会计师签字的资产清查专项审计报告。

(五)其他需提供的备查材料。

第四章 资产清查工作内容

第十六条 资产清查工作内容包括:单位基本情况清理、账务清理、财产清查、损益认定、资产核实和完善制度等。

第十七条 单位基本情况清理是指根据资产清查工作的需要,对应当纳入资产清查工作范围的所属单位户数、编制和人员状况等基本情况的全面清理。

第十八条 账务清理是指对行政事业单位的各种银行账户、会计核算科目、各类库存现金、有价证券以及各项资金往来等基本账务情况进行全面核对和清理。

第十九条 财产清查是指对行政事业单位的各项资产进行全面的清理、核对和查实。

行政事业单位对清查出的各种资产盘盈和盘亏、报废及坏账等损失按照资产清查要求进行分类,提出相关处理建议。

第二十条 损益认定是指财政部门在行政事业单位进行基本情况清理、账务清理、财产清查的基础上,依据有关规定,对清理出来的有关资产盘盈、资产损失和资金挂账进行认证。

第二十一条 资产核实是指财政部门在损益认定的基础上,依据有关规定,对行政事业单位资产清查结果予以审核批复。

第二十二条 完善制度是指针对资产清查工作中发现的问题,进行全面总结、认真分析,提出相应整改措施和实施计划,建立健全资产管理制度。

第二十三条 对于资产清查中发现的,已使用但尚未办理竣工决算手续的基本建设项目,行政事业单位应当按照基本建设财务管理规定及时办理竣工决算手续。

第二十四条 行政事业单位对在资产清查中新形成的资料,要分类整理形成档案,按照《会计档案管理办法》[(84)财预字第85号]进行管理,并接受国家有关部门的监督。

第五章 监督和管理

第二十五条 财政部门应当加强对行政事业单位资产清查工作的组织领导和监督检查,加强对社会中介机构开展资产清查专项审计及相关工作的监督检查。

第二十六条 财政部门对行政事业单位有关资产损益的认定和资产清查工作结果的审核,应当严格执行国家有关法律、法规、规章和有关财务、会计制度规定,依法办事,严格把关,严肃工作纪律。

第二十七条 主管部门要在行政事业单位资产清查工作的基础上,组织力量进行认真复核,保证资产清查结果的全面、真实、准确。

第二十八条 行政事业单位进行资产清查,要做到账账、账实相符,不重不漏,查清资产来源、去向和管理情况,找出管理中存在的问题,完善制度、堵塞管理漏洞。

第二十九条 社会中介机构应当按照独立、客观、公正的原则,履行必要的程序,认真核实单位各项资产清查材料,并按规定进行实物盘点和账务核对;对单位资产损益按照国家资产清查政策和有关财务、会计制度规定的损益确定标准,在充分调查论证的基础上进行职业推断和客观评判,出具鉴证意见。

行政事业单位应当配合社会中介机构的工作,提供进行专项审计及相关工作必需的资料和线索。任何单位和个人不得干预社会中介机构的正常执业。

第三十条 财政部门可以结合实际情况组织相关专业人员或委托社会中介机构,对行政事业单位资产清查工作结果进行检查或抽查。

第六章 工作纪律

第三十一条 行政事业单位和主管部门在资产清查中违反本办法规定程序的,不组织或不积极组织,未按时完成资产清查工作的,由财政部门责令其限期完成;对资产清查工作质量不符合规定要求的,由财政部门责令其重新组织开展资产清查工作;对拒不完成资产清查工作的单位,财政部门予以通报批评。

第三十二条 行政事业单位在资产清查中有意瞒报、弄虚作假、提供虚假会计资料的,由财政部门责令其改正，并依据《中华人民共和国会计法》、《财政违法行为处罚处分条例》(国务院令第 427 号)等有关法律、法规规定予以处罚；单位负责人和直接责任人由财政部门会同有关部门依法查处；构成犯罪的，依法追究刑事责任。

第三十三条 单位负责人和有关工作人员在资产清查中，采取私分、低价变卖、虚报损失等手段侵吞、转移国有资产的，由财政部门会同有关部门依法查处；构成犯罪的，依法追究刑事责任。

第三十四条 行政事业单位负责人对申报的资产清查工作结果真实性、完整性承担责任；社会中介机构对单位资产清查专项审计报告的准确性、可靠性承担责任。

第三十五条 社会中介机构及有关当事人在资产清查中与单位相互串通，弄虚作假、提供虚假鉴证材料的，由财政部门会同有关部门依法查处；构成犯罪的，依法追究刑事责任。

第三十六条 财政部门工作人员在对单位资产清查工作结果进行审核过程中徇私舞弊，造成重大后果的，由有关部门依法给予行政处分或纪律处分；构成犯罪的，依法追究刑事责任。

第七章 附 则

第三十七条 各省、自治区、直辖市和计划单列市财政部门可根据本办法，结合本地区实际，制订具体的实施细则，并报财政部备案。

第三十八条 行政单位附属未脱钩企业，执行企业财务和会计制度的事业单位，以及事业单位兴办的具有法人资格的企业，按照财政部有关企业清产核资的规定执行。

第三十九条 行政事业单位资产清查中有关资产损益认定和资产核实工作，按照《行政事业单位资产核实暂行办法》的规定执行。

《行政事业单位资产核实暂行办法》由财政部另行制订。

第四十条 本办法由财政部负责解释。

第四十一条 本办法自发布之日起施行。

6. 行政事业单位资产核实暂行办法
(2007 年颁布)

财办〔2007〕19 号

第一章 总 则

第一条 为加强行政事业单位国有资产管理，规范行政事业单位资产核实工作，真实反映行政事业单位的资产和财务状况，根据《行政事业单位资产清查暂行办法》(财办〔2006〕52 号)和国家有关规定，制定本办法。

第二条 本办法适用于占有使用国有资产的各级各类行政事业单位。

第三条 行政事业单位资产核实，是指财政部门根据国家资产清查政策和有关财务、会计制度，对行政事业单位资产清查工作中的资产盘盈、资产损失和资金挂账进行认定批复，并对资产总额进行确认的工作。

第四条 财政部门、主管部门和行政事业单位，按照“防止流失，兼顾实际”的原则，在规定权限内对资产损益进行处理，国家另有规定的从其规定。

第五条 行政事业单位(以下简称单位)资产核实工作一般按照以下程序进行：

(一)单位清理。单位根据国家资产清查政策、有关财务、会计制度和单位内部控制制度，对资产清查中清理出的资产盘盈、资产损失和资金挂账，分别提出处理意见，并编制报表和撰写工作报告。

(二)专项审计。接受委托的会计师事务所根据《中国注册会计师审计准则》和国家其他有关规定，对资产清查结果进行审核，并出具专项审计报告。

(三)部门审核。主管部门对单位申报的资产清查材料(含专项审计报告)进行归纳、整理、汇总，并提出审核意见。

（四）财政审批。财政部门对主管部门报送的资产清查材料进行审核，并对清查结果予以批复。

第六条　单位对资产清查中的损益事项应提供合法证据，单位负责人对所提供的资产清查材料的真实性、完整性负责。

第二章　资产盘盈

第七条　资产盘盈是指单位在资产清查基准日无账面记载，但单位实际占有使用的能以货币计量的经济资源。包括货币资金盘盈、存货盘盈、有价证券盘盈、对外投资盘盈、固定资产盘盈、无形资产盘盈、往来款项盘盈等。

已投入使用但尚未办理竣工决算手续的，按照基本建设财务管理规定及时办理竣工决算有关手续，不作为资产盘盈。

第八条　货币资金盘盈是指单位清查出的无账面记载或反映的现金和各类存款等。

（一）现金盘盈，根据现金保管人确认的现金盘点表（包括倒推至基准日的记录）和现金保管人对于现金盘盈的说明等进行认定。

（二）存款盘盈，根据银行对账单和银行存款余额调节表进行认定。

（三）清理出的“小金库”和账外收入比照货币资金盘盈处理。

第九条　存货盘盈是指单位清查出无账面记载或反映的库存材料、材料和产成品等。

存货盘盈，根据存货盘点表、经济鉴证证明和其他材料（保管人对于盘盈的情况说明、价值确定依据等）进行认定。

第十条　有价证券盘盈是指单位清查出的无账面记载或反映的有价证券。

有价证券盘盈，根据有价证券盘点表、盘盈情况说明、经济鉴证证明、有价证券的价值确定依据等进行认定。

第十一条　对外投资盘盈是指单位清查出的无账面记载或反映的单位对外投资。

对外投资盘盈，根据对外投资合同（协议）、经济鉴证证明、情况说明等进行认定。

第十二条　固定资产盘盈是指单位清查出的无账面记载或反映的固定资产。

固定资产盘盈，根据固定资产盘点表、盘盈情况说明、经济鉴证证明、盘盈价值确定依据（同类资产的市场价格、类似资产的购买合同、发票或竣工决算资料）等进行认定。难以确认价值的，委托中介机构评估确定。

（一）单位清理出的账外固定资产，若产权属于部门内其他单位而被本单位长期无偿占用，且不属于纪检、监察部门规定清退范围的，当事双方协商一致并按规定程序报批后，按账面价值申报无偿划拨；若产权属于部门外单位的，当事双方应对占用资产按市场价值签订转让或租赁合同，并按规定程序上报。纳入资产清查范围的对方单位按本办法第三章规定处理。

（二）清查出的因历史原因而无法入账的无主财产，根据《民法通则》等有关规定，依法确认为国有资产的，要及时入账，纳入国有资产管理范围。

第十三条　无形资产盘盈是指单位清查出的无账面记载或反映的无形资产。

无形资产盘盈，根据无形资产盘点表、盘盈情况说明、经济鉴证证明、盘盈价值确定依据（同类资产的市场价格、类似资产的购买合同、发票或自行开发资料）等进行认定。难以确认价值的，委托中介机构评估确定。

第十四条　暂付款、应收账款等往来款项盘盈是指单位清查出的无账面记载或反映的暂付款、应收账款等往来款项。

暂付款、应收账款等往来款项盘盈，根据盘盈情况说明、经济鉴证证明、与对方单位的对账单或询证函等进行认定。

第三章　资产损失

第十五条　资产损失是指单位在资产清查基准日有账面记载，但不归本单位占有、使用或丧失使用价值的，能以货币计量的经济资源。包括货币资金损失、坏账损失、存货损失、有价证券损失、对外投资损失、固定资产损失、无形资产损失等。

第十六条 单位清查出的资产损失应逐项清理，取得合法证据后，对损失项目及金额按规定进行核实认定。对已取得具有法律效力的外部证据，而无法确定损失金额的，根据中介机构的经济鉴证证明进行认定。

第十七条 货币资金损失是指单位清查出的现金短缺和各类存款损失等。

现金短缺，在扣除责任人赔偿后，根据现金盘点表（包括倒推至基准日的记录）、经济鉴证证明、短款说明及核准文件、赔偿责任认定及说明、司法涉案材料等进行认定。各类存款损失比照执行。

第十八条 坏账损失是指单位不能收回的各项应收款项造成的损失。清查出的各项坏账，应分析原因，对有合法证据证明确实不能收回的应收款项，按以下方式处理：

（一）因债务单位破产、被撤销、注销、吊销营业执照或者被政府责令关闭等无法收回的应收款项，根据法院的破产公告、破产清算文件、工商部门注销吊销证明、政府部门有关文件等进行认定。对已经清算的，扣除清偿部分后不能收回的款项认定为损失；

（二）债务人失踪、死亡的应收款项，根据公安机关出具的证明进行认定。债务人财产不足清偿或无法追偿债务的，可以根据中介机构出具的经济鉴证证明认定损失；

（三）因战争、国际政治事件及自然灾害等不可抗力因素无法收回的应收款项，由单位做出专项说明，可以根据中介机构出具的经济鉴证证明认定损失；

（四）其他逾期不能收回的应收款项，一般应当根据生效的法院判决书、裁定书认定损失。但以下三种情况可以按照下述方式认定损失：

逾期三年以上、单笔数额较小、不足以弥补清收成本的，由单位做出专项说明，可以根据中介机构出具的经济鉴证证明认定损失；

逾期三年以上、有依法催收记录、债务人资不抵债且连续三年亏损或停止经营三年以上、确实不能收回的，可以根据中介机构出具的经济鉴证证明认定损失；

逾期三年以上、债务人在境外及港澳台地区、依法催收确实不能收回的，可以根据中介机构出具的有关证明或者我国驻外使（领）馆、驻外商务机构出具的有关证明认定损失；

（五）单位为减少坏账损失而与债务人协商，对逾期三年以上的应收款项，按原值一定比例折扣后收回（含收回的实物资产）的，根据双方签订的有效协议、资金回收证明和中介机构出具的经济鉴证证明（或评估报告），对折扣部分可以认定为损失。

第十九条 存货损失是指单位库存材料、材料、产成品等因盘亏、毁损、报废、被盗等原因造成的损失。

（一）盘亏的存货，扣除责任人赔偿后的部分，可以根据存货盘点表、社会中介机构的经济鉴证证明、盘亏情况说明、盘亏的价值确定依据、赔偿责任认定说明和内部核批文件等认定损失；

（二）报废、毁损的存货，扣除残值及保险赔偿或责任人赔偿后的部分，可以根据国家有关技术鉴定部门或具有技术鉴定资格的中介机构出具的技术鉴定证明（涉及保险索赔的应有保险公司理赔情况说明）、毁损报废说明、赔偿责任认定说明和内部核批文件等认定损失；

（三）被盗的存货，扣除保险理赔及责任人赔偿后的部分，可以根据公安机关的结案证明、责任认定及赔偿情况说明（涉及保险索赔的应有保险公司理赔情况说明）认定损失；

第二十条 有价证券及对外投资损失，应分析原因，有合法证据证明不能收回的，可以认定损失。

（一）因被投资单位破产、被撤销、注销、吊销营业执照或者被政府责令关闭等情况造成难以收回的不良投资，可以根据法院的破产公告或者破产清算的清偿文件、工商部门的注销吊销文件、政府有关部门的行政决定等认定损失；

已经清算的，扣除清算资产清偿后的差额部分，可以认定为损失；

尚未清算的，被投资单位剩余资产确实不足清偿投资的差额部分，根据中介机构出具的经济鉴证证明，可以认定为损失；

（二）对事业单位参股投资项目较小，被投资单位已资不抵债且连续停止经营三年以上的，根据中介机构出具的经济鉴证证明，对确实不能收回的部分，可以认定为损失；

（三）行政单位有价证券、事业单位证券等短期投资，未进行交割或清理的，不能认定损失。

第二十一条 固定资产损失是指单位房屋及建筑物、交通运输工具、通用设备、专用设备等因盘亏、毁损、报废、被盗等原因造成的损失。

（一）盘亏的固定资产，扣除责任人赔偿后的差额部分，可以根据固定资产盘点表、盘亏情况说明、盘亏的价值确定依据、社会中介机构的经济鉴证证明、赔偿责任认定说明和内部核批文件等认定损失；

（二）报废、毁损的固定资产，扣除残值、保险赔偿和责任人赔偿后的差额部分，可以根据国家有关技术鉴定部门或具有技术鉴定资格的中介机构出具的技术鉴定证明（涉及保险索赔的应有保险公司理赔情况说明）、毁损报废说明、赔偿责任认定说明和内部核批文件等认定损失；

因不可抗力（自然灾害、意外事故）造成固定资产毁损、报废的，应当有相关部门出具的鉴定报告。包括：事故处理报告、车辆报损证明、房屋拆除证明、受灾证明等；

（三）被盗的固定资产，扣除保险理赔及责任人赔偿后的部分，可以根据公安机关的结案证明、责任认定及赔偿情况说明（涉及保险索赔的应有保险公司理赔情况说明）认定损失；

第二十二条　无形资产损失是指无形资产因被其他新技术所代替或已经超过了法律保护的期限、丧失了使用价值和转让价值等所造成的损失。

无形资产损失，可以根据有关技术部门的鉴定材料，或者已经超过了法律保护期限的证明文件等认定损失。

第二十三条　单位经批准核销的不良债权等损失，实行“账销案存”并进行清理和追索；经批准核销的实物资产损失应分类清理，对有利用价值或残值的，应积极处理，降低损失。

第四章　资金挂账

第二十四条　资金挂账是指单位在资产清查基准日应按损益、收支进行确认处理，但挂账未确认的资金（资产）数额。

第二十五条　对于清查出的资金挂账，按照真实客观反映经济状况的原则进行认定。中介机构对单位申报的资金挂账应当重点审计。

第二十六条　特殊资金挂账按以下方式处理：

（一）属于按国家规定组织实施住房制度改革，职工住房账面价值、固定基金应冲减而未冲减的挂账，在按国家规定办理房改有关合法手续、移交产权后，按规定核销。

（二）属于对外投资中由于所办企业按国家要求脱钩等政策性因素造成的损失挂账，在取得国家关于企业脱钩的文件和产权划转文件后，可在办理资产核实手续时申报核销处理。

（三）属于基本建设项目实际投资支出超过基本建设概算的，作为自筹基建支出列为暂付款的挂账，应按基本建设程序进行概算调整，基本建设项目实际支出应纳入项目建设成本，并根据竣工财务决算批复转增固定资产。

（四）转制为企业的，因固定资产未按规定核定净值、造成固定资产账面价值和实际价值背离较大的，按照使用年限和已使用年限对固定资产净值进行重新估价。

第五章　损益证据

第二十七条　单位申报的各项资产盘盈、资产损失和资金挂账，必须提供具有法律效力的外部证据、社会中介机构的经济鉴证证明和特定事项的单位内部证据。

第二十八条　具有法律效力的外部证据是指单位收集到的与本单位资产损益相关的具有法律效力的书面文件。主要包括：单位的撤销、合并公告及清偿文件；政府部门有关文件；司法机关的判决或者裁定；公安机关的结案证明；工商管理部门出具的注销、吊销及停业证明；专业技术部门的鉴定报告；保险公司的出险调查单和理赔计算单；企业的破产公告及破产清算的清偿文件；符合法律规定的其他证明等。

第二十九条　社会中介机构的经济鉴证证明是指社会中介机构按照独立、客观、公正的原则，对单位的某项经济事项出具的专项经济鉴证证明或鉴证意见书。社会中介机构包括：会计师事务所、资产评估机构、律师事务所、专业鉴定机构等。

第三十条　特定事项的单位内部证据是指单位对涉及资产盘盈、盘亏或者实物资产报废、毁损及相关资金挂账等情况的内部证明和内部鉴定意见书等。主要包括：有关会计核算资料和原始凭证；单位的内部核批文件及情况说明；资产盘点表；单位内部技术鉴定小组或内部专业技术部门的鉴定文件或资料；因经营管理责任造成的损失的责任认定意见及赔偿情况说明；相关经济行为的业务合同等。

第六章 审核批复

第三十一条 中央级单位的固定资产损失，按照以下权限处理：

(一)单项固定资产损失低于50万元的，根据中介机构的审计意见，经本单位负责人批准后核销，并报主管部门、财政部备案；

(二)单项固定资产损失超过50万元(含50万元)，低于200万元的，由单位提出处理意见，报经主管部门批准后核销，并报财政部备案；

(三)单项固定资产损失超过200万元(含200万元)的，逐级上报，经财政部批准后核销。

第三十二条 中央级单位的货币资金损失、坏账损失、存货损失、有价证券损失、对外投资损失、无形资产损失等其他类资产损失，分类损失额低于50万元的，由单位提出处理意见，报经主管部门批准后核销，并报财政部备案；分类损失额50万元(含50万元)以上的，逐级上报，经财政部批准后核销。

第三十三条 单位对于清理出的各项资产盘盈(含账外资产)，应按照财务、会计制度的有关规定确定价值，并在资产清查工作报告中予以说明，按规定权限核实批复。

中央级单位的资产盘盈审批权限，比照本办法第三十一条、第三十二条执行。

第三十四条 地方单位资产盘盈、资产损失的审批权限，根据资产清查工作的实际需要，由各级财政部门自行确定，并报上级财政部门备案。

第三十五条 单位的资金挂账，按照规定程序上报，经财政部门批准后调整有关账目。

第三十六条 根据各级政府及其财政部门专项工作要求开展的资产清查工作，有关资产损益的审批权限，可以根据资产清查工作的实际需要另行确定。

第七章 账务处理

第三十七条 资产损益确认后，按照以下原则进行账务处理：

(一)财政部门批复、备案前的资产盘盈(含账外资产)可以按照财务、会计制度的有关规定暂行入账。待财政部门批复、备案后，进行账务调整和处理。

(二)财政部门批复、备案前的资产损失和资金挂账，单位不得自行进行账务处理。待财政部门批复、备案后，进行账务处理。

第三十八条 资产盘盈、资产损失和资金挂账按规定权限审批后，按国家统一的会计制度进行账务处理。

第三十九条 资产核实审批后，单位在30个工作日内将账务处理结果报主管部门、财政部门备案。未按规定调账的，应详细说明情况并附相关证明材料。

第四十条 单位需要办理产权变更登记手续的，在资产核实审批后，按有关规定办理相关手续。单位下属企业注册资本发生变动的，应在规定时间内办理工商变更登记手续。

第八章 附 则

第四十一条 各省、自治区、直辖市和计划单列市财政部门可根据本办法，结合本地区实际，制订具体的实施细则，并报财政部备案。

第四十二条 占有使用国有资产的各级各类社会团体的资产核实工作依照本办法执行。

第四十三条 行政单位附属未脱钩企业，执行企业财务和会计制度的事业单位，以及事业单位兴办的具有法人资格的企业，按照财政部有关企业清产核资的规定执行。

第四十四条 单位改制为企业或执行企业会计制度，按国家有关规定应进行价值重估、核实国家资本金等工作的，按照财政部有关企业清产核资的规定执行。

第四十五条 住房公积金管理中心管理的住房公积金的资产核销按照财政部有关规定执行。

第四十六条 本办法由财政部负责解释。

第四十七条 本办法自发布之日起施行。

7. 行政事业单位国有资产管理信息系统管理规程(2013年颁布)

财办〔2013〕51号

第一章　总　　则

第一条　为了规范和加强行政事业单位国有资产管理信息系统(以下简称"资产管理信息系统")管理，提升行政事业单位国有资产管理(以下简称"国有资产管理")信息化水平，夯实管理基础，规范管理流程，逐步实现动态管理，根据《行政单位国有资产管理暂行办法》和《事业单位国有资产管理暂行办法》等有关规定，结合工作实际，制定本规程。

第二条　各级财政部门、主管部门和行政事业单位利用资产管理信息系统进行的资产管理工作以及资产管理信息系统运行、维护和管理，适用本规程。

第三条　资产管理信息系统是国有资产管理的信息化管理平台，包括资产卡片管理、资产配置管理、资产使用管理、资产处置管理、产权登记管理、资产评估管理、资产收益管理、资产报表管理和查询分析等功能。

第四条　资产管理信息系统管理，是指各级财政部门、主管部门和行政事业单位，按照职责规定，根据资产管理流程，制定资产管理信息系统相关制度、推进系统建设、强化系统使用、管控系统风险，与财务、预算、决算、政府采购、非税收入管理等系统对接，对国有资产实现动态管理。

第五条　财政部制订统一的资产管理信息系统数据规范，负责资产管理信息系统的建立、推广和升级完善。各级地方财政部门、主管部门可以根据实际情况，组织开发符合本地方、部门、单位特点的个性化功能模块，实现与财政部资产管理信息系统的有效对接。个性化功能模块应当符合财政部制定的数据规范。已建立资产管理信息系统的部门、地方和行政事业单位，应当按照财政部制定的数据规范，做好已有系统与财政部资产管理信息系统的对接和数据转换工作。

各级财政部门、主管部门和行政事业单位应当推进硬件和网络建设，为资产管理信息系统的使用提供必要的物质保障。

第六条　各级财政部门负责研究和推进资产管理信息系统与财务系统、预算系统、决算系统、政府采购系统和非税收入管理系统等的对接。各级行政事业单位财务管理、预算管理等部门应当对上述系统之间的衔接与核查予以协助。

第七条　各级财政部门、主管部门和行政事业单位应当在梳理预算、决算、政府采购等业务的基础上，完善资产管理工作流程，将管理流程设置在资产管理信息系统中，并按照规定的管理权限和系统中设定的管理流程，逐步实现资产管理事项的网上办理。

第八条　各级财政部门、主管部门和行政事业单位应当建立健全资产管理信息系统内部管理规范和岗位管理制度，落实资产管理信息系统岗位责任制和领导负责制，科学设置资产管理信息系统中经办、审核、审批和系统管理等岗位，合理安排岗位人员，加强保密管理和风险防范，确保资产管理信息系统安全稳定运行。

第二章　基础管理

第九条　行政事业单位应当根据国有资产管理的有关规定，在资产管理信息系统中填写本单位名称、性质、级次、组织机构代码和人员编制等基础信息，设置岗位人员权限和相应的管理流程、时限等，完成资产管理信息系统初始化操作。

第十条　行政事业单位应当将所有的资产卡片全部纳入到资产管理信息系统管理，并按照资产使用的具体情况完善资产卡片信息项，保证资产卡片信息的准确性。

第十一条　行政事业单位新增资产，应当于财务入账前在资产管理信息系统中建立资产卡片，做到"账卡相符"，并在财务入账后在资产管理信息系统中及时完成资产入账工作，做到"账账相符"。

第十二条　行政事业单位应当逐步通过资产管理信息系统完成资产验收入库、领用、使用、保管、交回、维护维修等资产日常管理工作。

第十三条 行政事业单位单位名称、级次、组织机构代码、人员编制、审批(审核)权限等基础信息需要调整的,行政事业单位应当向主管部门提出申请,经批准后调整资产管理信息系统有关内容。

第三章 数据管理与应用

第十四条 资产管理信息系统数据分为基础数据和业务数据。基础数据是指资产卡片等原始数据。业务数据是指在办理资产配置、资产使用、资产处置、产权登记和资产评估等国有资产管理事项时形成的数据。业务数据原则上应当通过基础数据形成。

涉密资产数据不得纳入非涉密资产管理信息系统进行管理,涉密资产业务不通过非涉密的资产系统进行网上办理。

第十五条 行政事业单位应当在摸清家底的基础上,将本单位国有资产信息纳入资产管理信息系统,建立资产基础信息数据库,并根据资产增减变动情况及时准确录入,保证数据信息的全面性、及时性、准确性。

第十六条 行政事业单位应当通过资产管理信息系统开展资产数据报告工作。年度终了,中央级行政事业单位应当向上级部门报送经单位负责人核签后的本年度资产报表数据,主管部门应当对所属单位数据进行审核汇总后报送财政部。

地方财政部门应当结合工作实际开展资产数据报告工作。年度终了,地方财政部门、主管部门、行政事业单位应当形成本地区、本部门、本单位年度资产报表及分析报告,并按照规定的时限和程序逐级报送至财政部。

第十七条 各级财政部门可以通过资产管理信息系统查看本级及下级行政事业单位的资产数据;各级主管部门可以查看本部门及所属单位的资产数据;行政事业单位可以查看本单位及所属单位的资产数据。

第十八条 行政事业单位应当以资产管理信息系统数据为依据,编制预算、决算,执行政府采购。主管部门和财政部门审核预算、决算、进行决策时也应当以资产管理信息系统数据为基础。

第四章 事项及流程管理

第十九条 行政事业单位申请办理以下事项时,应当按照规定将文件及附报材料传入资产管理信息系统,根据权限利用系统进行审核、审批、上报,并通过资产管理信息系统查询事项办理情况:

(一)新增资产的;

(二)出租出借国有资产的;

(三)处置国有资产的;

(四)办理国有资产评估核准备案的;

(五)办理产权登记的;

(六)事业单位利用国有资产进行对外投资的;

(七)其他涉及单位资产管理的事项。

第二十条 各级财政部门、主管部门应当按照规定及时利用资产管理信息系统对资产管理事项申请进行审核、审批或备案。

第二十一条 行政事业单位应当通过资产管理信息系统,完成经批准的资产管理事项的执行和资产收益管理工作。行政事业单位应当及时将资产管理事项执行情况录入系统,并在国有资产产生并确认收益后,于规定时限内将收益情况录入资产管理信息系统。

第二十二条 各级财政部门、主管部门应当通过资产管理信息系统及时了解行政事业单位资产管理情况,并据此进行评价与考核。

第二十三条 中央级行政事业单位办理资产管理事项时,系统申请、审核和审批应当与报送纸质文件同步进行,并确保纸质文件和电子文件一致。各地方应当结合本地区资产管理信息系统推广使用情况,逐步实现资产管理事项网上办理和报送纸质文件同步进行。有条件的地方和部门可以探索通过资产管理信息系统实现无纸化办理。

第五章 监督检查

第二十四条 各级主管部门和行政事业单位未按照规定录入资产基础数据及报送资产统计报告,或者资产管理事项未在资产管理信息系统中处理的，同级财政部门将不予办理有关资产管理事项；报送材料不符合国有资产管理有关规定的，有关审核部门将不予受理，并逐级退还。

第二十五条　各级财政部门、主管部门及其工作人员在办理资产管理事项时违反国家有关法律、法规和规章制度规定，造成国有资产流失的，依照《财政违法行为处罚处分条例》等有关规定追究责任，涉嫌犯罪的，移送司法机关处理。

第六章　附　　则

第二十六条　执行企业财务和会计制度的事业单位、社会团体和民办非企业单位，参照本规程执行。境外行政事业单位资产管理信息系统管理规程由财政部会同有关主管部门另行制定。

第二十七条　地方各级财政部门可以根据本规程，结合本地区实际制定具体的管理制度，并报上级财政部门备案；各级主管部门可以根据同级财政部门规程，结合本部门实际制定具体的管理制度，并报同级财政部门备案。

第二十八条　本规程由财政部负责解释。

第二十九条　本规程自2014年1月31日起施行。

8. 因公临时出国经费管理办法(2013年颁布)

财行〔2013〕516号

第一章　总　　则

第一条　为了进一步规范因公临时出国经费管理，加强预算监督，提高资金使用效益，保证外事工作的顺利开展，根据《中华人民共和国预算法》、《党政机关厉行节约反对浪费条例》等法律法规，制定本办法。

第二条　本办法适用于各级党政军机关、人大政协机关、审判机关、检察机关、民主党派、人民团体和事业单位因公组派临时代表团组的省部级以下(含省部级)出国人员(以下简称出国人员)。

第三条　各地区各部门各单位因公组派临时出国团组应当坚持强化预算约束、优化经费结构、厉行勤俭节约、讲求务实高效的原则，严格控制因公临时出国规模，规范因公临时出国经费管理。

第二章　预算管理和计划管理

第四条　因公临时出国经费应当全部纳入预算管理，并按照下列规定执行：

(一)各级财政部门应当加强因公临时出国经费的预算管理，严格控制因公临时出国经费总额，科学合理地安排因公临时出国经费预算。

(二)各地区各部门各单位应当加强预算硬约束，认真贯彻落实厉行节约的要求，在核定的年度因公临时出国经费预算内，务实高效、精简节约地安排因公临时出国活动，不得超预算或无预算安排出访团组。确有特殊需要的，按规定程序报批。

第五条　出访团组实行计划审批管理，并按照下列规定执行：

(一)各地区各部门各单位应当认真贯彻中央有关外事管理规定，科学制订年度因公临时出国计划，认真履行因公临时出国计划报批制度，严格控制因公临时出国团组人数、国家数和在外停留天数，正确执行限量管理规定。组团单位和派出单位要明确责任，谁派出、谁负责。

(二)因公临时出国应当坚持因事定人的原则，不得因人找事，不得安排照顾性和无实质内容的一般性出访，不得安排考察性出访。

(三)各级外事部门应当加强因公临时出国计划的审核审批管理，严格把关，对违反规定、不适合成行的团组予以调整或者取消。驻外使馆答复国内因公临时出国征求意见时，应当严格履行把关职责。

第六条　各地区各部门各单位出国经费的支付，应当严格按照国库集中支付制度和公务卡管理制度的有关规定执行。

各地区各部门各单位应当严格执行各项经费开支标准，不得擅自突破，严禁接受或变相接受企事业单位资助，严禁向同级机关、下级机关、下属单位、企业、驻外机构等摊派或转嫁出访费用。

第七条 各地区各部门各单位应当建立因公临时出国计划与财务管理的内部控制制度。出访团组应当事先填报《因公临时出国任务和预算审批意见表》（见附 1），由单位外事和财务部门分别出具审签意见，明确审核责任。出国任务、出国经费预算未通过审核的，不得安排出访团组。

第三章 经费管理

第八条 因公临时出国经费包括：国际旅费、国外城市间交通费、住宿费、伙食费、公杂费和其他费用。

国际旅费，是指出境口岸至入境口岸旅费。

国外城市间交通费，是指为完成工作任务所必须发生的，在出访国家的城市与城市之间的交通费用。

住宿费是指出国人员在国外发生的住宿费用。

伙食费是指出国人员在国外期间的日常伙食费用。

公杂费是指出国人员在国外期间的市内交通、邮电、办公用品、必要的小费等费用。

其他费用主要是指出国签证费用、必需的保险费用、防疫费用、国际会议注册费用等。

第九条 国际旅费按照下列规定执行：

（一）选择经济合理的路线。出国人员应当优先选择由我国航空公司运营的国际航线，由于航班衔接等原因确需选择外国航空公司航线的，应当事先报经单位外事和财务部门审批同意。不得以任何理由绕道旅行，或以过境名义变相增加出访国家和时间。

（二）按照经济适用的原则，通过政府采购等方式，选择优惠票价，并尽可能购买往返机票。

（三）因公临时出国购买机票，须经本单位外事和财务部门审批同意。机票款由本单位通过公务卡、银行转账方式支付，不得以现金支付。单位财务部门应当根据《航空运输电子客票行程单》等有效票据注明的金额予以报销。

（四）出国人员应当严格按照规定安排交通工具，不得乘坐民航包机或私人、企业和外国航空公司包机。

（五）省部级人员可以乘坐飞机头等舱、轮船一等舱、火车高级软卧或全列软席列车的商务座；司局级人员可以乘坐飞机公务舱、轮船二等舱、火车软卧或全列软席列车的一等座；其他人员均乘坐飞机经济舱、轮船三等舱、火车硬卧或全列软席列车的二等座。所乘交通工具舱位等级划分与以上不一致的，可乘坐同等水平的舱位。所乘交通工具未设置上述规定中本级别人员可乘坐舱位等级的，应乘坐低一等级舱位。上述人员发生的国际旅费据实报销。

（六）出国人员乘坐国际列车，国内段按国内差旅费的有关规定执行；国外段超过 6 小时以上的按自然（日历）天数计算，每人每天补助 12 美元。

第十条 出国人员根据出访任务需要在一个国家城市间往来，应当事先在出国计划中列明，并报本单位外事和财务部门批准。未列入出国计划、未经本单位外事和财务部门批准的，不得在国外城市间往来。出国人员的旅程必须按照批准的计划执行，其城市间交通费凭有效原始票据据实报销。

第十一条 住宿费按照下列规定执行：

（一）出国人员应当严格按照规定安排住宿，省部级人员可安排普通套房，住宿费据实报销；厅局级及以下人员安排标准间，在规定的住宿费标准之内予以报销。

（二）参加国际会议等的出国人员，原则上应当按照住宿费标准执行。如对方组织单位指定或推荐酒店，应当严格把关，通过询价方式从紧安排，超出费用标准的，须事先报经本单位外事和财务部门批准。经批准，住宿费可据实报销。

第十二条 伙食费和公杂费按照下列规定执行：

（一）出国人员伙食费、公杂费可以按规定的标准发给个人包干使用。包干天数按离、抵我国国境之日计算。

（二）根据工作需要和特点，不宜个人包干的出访团组，其伙食费和公杂费由出访团组统一掌握，包干使用。

（三）外方以现金或实物形式提供伙食费和公杂费接待我代表团组的，出国人员不再领取伙食费和公杂费。

（四）出访用餐应当勤俭节约，不上高档菜肴和酒水，自助餐也要注意节俭。

第十三条 出访团组对外原则上不搞宴请，确需宴请的，应当连同出国计划一并报批，宴请标准按照所在国家一人一天的伙食费标准掌握。

出访团组与我国驻外使领馆等外交机构和其他中资机构、企业之间一律不得用公款相互宴请。

第十四条　出访团组在国外期间，收授礼品应当严格按有关规定执行。原则上不对外赠送礼品，确有必要赠送的，应当事先报经本单位外事和财务部门审批同意，按照厉行节俭的原则，选择具有民族特色的纪念品、传统手工艺品和实用物品，朴素大方，不求奢华。

出访团组与我国驻外使领馆等外交机构和其他中资机构、企业之间一律不得以任何名义、任何方式互赠礼品或纪念品。

第十五条　出国签证费用、防疫费用、国际会议注册费用等凭有效原始票据据实报销。根据到访国要求，出国人员必须购买保险的，应当事先报经本单位外事和财务部门批准后，按照到访国驻华使领馆要求购买，凭有效原始票据据实报销。

第十六条　出国人员回国报销费用时，须凭有效票据填报有团组负责人审核签字的国外费用报销单（具体表格由各单位制定）。各种报销凭证须用中文注明开支内容、日期、数量、金额等，并由经办人签字。

各单位财务部门应当根据本办法制定本单位财务报销审批的具体规定，加强对因公临时出国团组的经费核销管理。各单位财务部门应当对因公临时出国团组提交的出国任务批件、护照（包括签证和出入境记录）复印件及有效费用明细票据进行认真审核，严格按照批准的出国团组人员、天数、路线、经费预算及开支标准核销经费，不得核销与出访任务无关的开支。

第十七条　中央各部门根据出国经费预算，结合实际购汇需求，自主核定本部门及其所属单位购汇数额，通过财政部批准的人民币资金账户，向外汇指定银行购买外汇。

省级财政部门根据本级各部门和下级财政部门的申请，自主核定本地区购汇数额，并确定一家外汇指定银行具体办理购汇手续。

第四章　监督检查

第十八条　除涉密内容和事项外，因公临时出国经费的预决算应当按照预决算信息公开的有关规定，及时公开，主动接受社会监督。

第十九条　各级外事、财政、审计等部门对因公临时出国情况进行定期或不定期联合检查。各级财政部门应当定期或不定期对各部门各单位因公临时出国经费管理使用情况进行监督检查。审计部门应当对各部门各单位因公临时出国经费管理使用情况进行审计。

财务部门应当建立健全因公临时出国团组内部监督检查机制，每半年向同级外事、财政部门报送本部门本单位因公临时出国经费使用情况。严格按照预算绩效管理的有关规定，加强因公临时出国经费预算绩效评价，切实提高预算资金的使用效益。

第二十条　组团单位应当采取集中形式，对团组全体人员进行行前财经纪律教育。对出国人员违反本办法规定，有下列行为之一的，除相关开支一律不予报销外，按照《财政违法行为处罚处分条例》等有关规定严肃处理，并追究有关人员责任：

（一）违规扩大出国经费开支范围的；

（二）擅自提高经费开支标准的；

（三）虚报团组级别、人数、国家数、天数等，套取出国经费的；

（四）使用虚假发票报销出国费用的；

（五）其他违反本办法的行为。

第五章　附　　则

第二十一条　各地区各部门各单位因公临时赴香港、澳门、台湾地区的，适用本办法。

第二十二条　各地区各部门各单位可以根据本办法，结合实际制定具体规定，报财政部备案。边境地区有频繁出国任务的，其因公临时出国经费开支标准和管理办法由所在省、自治区财政厅根据实际情况制定，并报财政部备案。

第二十三条　对与我新建交或未建交国家，相关经费开支标准暂按照经济水平相近的邻国标准执行。

第二十四条　财政部、外交部根据出访国家或地区经济发展、物价等变动情况，对相关经费开支标准适时调整。

第二十五条 国有企业和其他因公临时出国人员参照本办法执行。

第二十六条 本办法由财政部、外交部负责解释。

第二十七条 本办法自发布之日起30日后施行。财政部、外交部《关于印发〈临时出国人员费用开支标准和管理办法〉的通知》(财行〔2001〕73号)和财政部、中国民用航空总局《关于加强因公出国机票管理的通知》(财外字〔1998〕283号)同时废止。

9. 因公短期出国培训费用管理办法(2014年颁布)

财〔2014〕4号

第一条 为进一步规范因公短期出国培训费用管理,加强预算监督,提高资金使用效益,保证出国培训工作的顺利开展,根据《党政机关厉行节约反对浪费条例》等法律法规,制定本办法。

第二条 各级党的机关、人大机关、行政机关、政协机关、审判机关、检察机关、民主党派、人民团体和事业单位(以下简称各单位)因公短期出国培训费用的管理适用本办法。

第三条 因公短期出国培训,是指各单位选派各类专业技术人员和管理人员到国外进行90天以内(不含90天)的业务培训。

第四条 因公短期出国培训应当坚持强化预算约束、优化培训结构、因事立项定人、加强监督管理的原则,严控费用规模,严格计划执行。

第五条 因公短期出国培训费用纳入预算管理。各单位安排因公短期出国培训项目应当实行经费预算先行审核,无预算或超预算的不得安排出国培训。

第六条 因公短期出国培训实行计划审核审批管理。组织、外专等有关部门应当加强出国培训的总体规划,严格控制出国培训规模,科学设置培训项目,择优选派培训对象,注重出国培训的质量和实效。

第七条 各单位应当建立因公短期出国培训计划与预算管理的内部控制制度。组团单位应当填报《因公短期出国培训任务和预算审批意见表》,由出国培训管理部门和财务部门分别审核并出具审签意见,报经本单位领导办公会或党组(党委)审议确定。培训任务、培训费用预算审核未通过的,不得列入单位出国培训计划,不得安排出国培训。

第八条 因公短期出国培训费用开支范围包括:培训费、国际旅费、国外城市间交通费、住宿费、伙食费、公杂费和其他费用。其中,培训费是指出国培训团组用于授课、翻译、场租、资料、课程设计、对口业务考察或业务实践活动等在国外培训所必须发生的费用。

第九条 国际旅费、国外城市间交通费、住宿费、伙食费、公杂费、其他费用的管理要求和开支标准参照《因公临时出国经费管理办法》(财行〔2013〕516号)执行。

培训费开支在规定的标准之内据实报销。

出国培训团组需在国内开展预培训和培训总结所发生的费用,参照国内培训费相关规定执行。

第十条 组团单位和培训项目境外承办机构双方应当签订培训协议,明确培训费用的明细支出项目。

国家外国专家局对培训项目境外承办机构定期进行资格认定和监督检查,认定结果予以公开。

第十一条 中央财政安排出国培训专项经费,对专业技术人才、高技能人才、农村实用及社会工作人才类培训予以重点资助。

第十二条 由外方资助出国培训经费的,各单位不得重复支付。外方对费用开支有明确规定的,按其规定执行;没有规定的,参照规定的标准和要求执行。外方资助经费不足以弥补规定培训费用开支的,可以按照规定的开支标准,由各单位补足其费用差额部分。

第十三条 培训人员回国报销费用时,应当凭出国任务批件和出国培训审核件,填报《因公短期出国培训费用报销单》,并附各项经费开支有效票据。

各单位财务部门应当对因公短期出国培训团组提供的出国任务批件、护照(包括签证和出入境记录)复印件及有效费用明细票据进行认真审核,严格按照批准的出国培训团组人员、天数、路线、经费预算及开支标准核销经费，超出部分不得核销。

第十四条　各单位不得组织计划外或营利性出国培训项目，也不得安排照顾性质、无实质内容、无实际需要及参观考察等一般性出国培训项目。

第十五条　培训团组在国外期间，原则上不赠送礼品，一律不安排宴请。

培训团组严禁接受或变相接受企事业单位资助，严禁向同级机关、下级机关、所属单位、我驻外机构等摊派或转嫁出国培训费用。

第十六条　建立出国培训项目信息公开制度和成果共享机制。除涉密内容和事项外，各单位应当将培训的项目、内容、人数、经费等情况，以适当方式进行公开。

第十七条　各级出国培训管理、外事、财政、审计等部门对因公短期出国培训项目执行情况和培训费用管理使用情况进行定期或不定期检查。

各单位应当建立健全因公短期出国培训项目内部监督检查机制，每半年向同级出国培训管理、外事、财政部门报送本单位因公短期出国培训项目执行和费用使用情况。

第十八条　各单位以及培训人员违反本办法规定，有下列行为之一的，相关开支一律不予报销，并按照《财政违法行为处罚处分条例》和《党政机关厉行节约反对浪费条例》等有关规定予以处理：

（一）无预算或未经财务部门同意安排出国培训项目的；

（二）违规扩大出国培训费用开支范围的；

（三）擅自提高出国培训费用开支标准的；

（四）虚报培训团组人数、天数等，套取出国培训费用的；

（五）使用虚假票据报销出国培训费用的；

（六）培训期间存在铺张浪费、公款旅游行为的；

（七）其他违反本办法的行为。

第十九条　各单位因公短期赴香港、澳门、台湾地区培训的，适用本办法。

第二十条　确有必要到未列培训费开支标准的国家（地区）开展因公培训的，可按照经济社会发展水平相近的国家标准执行。

第二十一条　国有企业和其他机构因公短期出国培训参照本办法执行。

第二十二条　本办法由财政部、国家外国专家局负责解释。

第二十三条　本办法自2014年4月1日起施行。国家外国专家局、财政部《关于出国（境）实习培训团组集体开支的培训费标准和管理办法的暂行规定》（外专发〔1994〕162号）及国家外国专家局、财政部《关于调整短期出国（境）培训生活费开支标准和部分国家培训费币种的通知》（外专发〔2002〕95号）同时废止。

10. 中央和国家机关差旅费管理办法（2013年颁布）

财行〔2013〕531号

第一章　总　　则

第一条　为加强和规范中央和国家机关国内差旅费管理，推进厉行节约反对浪费，根据《党政机关厉行节约反对浪费条例》，制定本办法。

第二条　本办法适用于中央和国家机关，以及参照公务员法管理的事业单位（以下简称中央单位）。

本办法所称中央和国家机关，是指党中央各部门，国务院各部委、各直属机构，全国人大常委会办公厅，全国政协办公厅，最高人民法院，最高人民检察院，各人民团体、各民主党派中央和全国工商联。

第三条　差旅费是指工作人员临时到常驻地以外地区公务出差所发生的城市间交通费、住宿费、伙食补助费和市内交通费。

第四条　中央单位应当建立健全公务出差审批制度。出差必须按规定报经单位有关领导批准，从严控制出差人数和天数；严格差旅费预算管理，控制差旅费支出规模；严禁无实质内容、无明确公务目的的差旅活动，严禁以任何名义和方式变相旅游，严禁异地部门间无实质内容的学习交流和考察调研。

第五条 财政部按照分地区、分级别、分项目的原则制定差旅费标准，并根据经济社会发展水平、市场价格及消费水平变动情况适时调整。

第二章 城市间交通费

第六条 城市间交通费是指工作人员因公到常驻地以外地区出差乘坐火车、轮船、飞机等交通工具所发生的费用。

第七条 出差人员应当按规定等级乘坐交通工具。乘坐交通工具的等级见下表：

交通工具 级 别	火车（含高铁、动车、全列软席列车）	轮船（不包括旅游船）	飞机	其他交通工具（不包括出租小汽车）
部级及相当职务人员	火车软席（软座、软卧），高铁/动车商务座，全列软席列车一等软座	一等舱	头等舱	凭据报销
司局级及相当职务人员	火车软席（软座、软卧），高铁/动车一等座，全列软席列车一等软座	二等舱	经济舱	凭据报销
其余人员	火车硬席（硬座、硬卧），高铁/动车二等座、全列软席列车二等软座	三等舱	经济舱	凭据报销

部级及相当职务人员出差，因工作需要，随行一人可乘坐同等级交通工具。

未按规定等级乘坐交通工具的，超支部分由个人自理。

第八条 到出差目的地有多种交通工具可选择时，出差人员在不影响公务、确保安全的前提下，应当选乘经济便捷的交通工具。

第九条 乘坐飞机的，民航发展基金、燃油附加费可以凭据报销。

第十条 乘坐飞机、火车、轮船等交通工具的，每人次可以购买交通意外保险一份。所在单位统一购买交通意外保险的，不再重复购买。

第三章 住宿费

第十一条 住宿费是指工作人员因公出差期间入住宾馆（包括饭店、招待所，下同）发生的房租费用。

第十二条 财政部分地区制定住宿费限额标准。各省、自治区、直辖市和计划单列市财政厅（局）根据当地经济社会发展水平、市场价格、消费水平等因素，提出所在市（省会城市、直辖市、计划单列市，下同）的住宿费限额标准报财政部，经财政部统筹研究提出意见反馈地方审核确认后，由财政部统一发布作为中央单位工作人员到相关地区出差的住宿费限额标准。

对于住宿价格季节性变化明显的城市，住宿费限额标准在旺季可适当上浮一定比例，具体规定由财政部另行发布。

第十三条 部级及相当职务人员住普通套间，司局级及以下人员住单间或标准间。

第十四条 出差人员应当在职务级别对应的住宿费标准限额内，选择安全、经济、便捷的宾馆住宿。

第四章 伙食补助费

第十五条 伙食补助费是指对工作人员在因公出差期间给予的伙食补助费用。

第十六条 伙食补助费按出差自然（日历）天数计算，按规定标准包干使用。

第十七条 财政部分地区制定伙食补助费标准。各省、自治区、直辖市和计划单列市财政厅(局)负责根据当地经济社会发展水平、市场价格、消费水平等因素,参照所在市公务接待工作餐、会议用餐等标准提出伙食补助费标准报财政部,经财政部统筹研究提出意见反馈地方审核确认后,由财政部统一发布作为中央单位工作人员到相关地区出差的伙食补助费标准。

第十八条 出差人员应当自行用餐。凡由接待单位统一安排用餐的,应当向接待单位交纳伙食费。

第五章 市内交通费

第十九条 市内交通费是指工作人员因公出差期间发生的市内交通费用。

第二十条 市内交通费按出差自然(日历)天数计算,每人每天80元包干使用。

第二十一条 出差人员由接待单位或其他单位提供交通工具的,应向接待单位或其他单位交纳相关费用。

第六章 报销管理

第二十二条 出差人员应当严格按规定开支差旅费,费用由所在单位承担,不得向下级单位、企业或其他单位转嫁。

第二十三条 城市间交通费按乘坐交通工具的等级凭据报销,订票费、经批准发生的签转或退票费、交通意外保险费凭据报销。

住宿费在标准限额之内凭发票据实报销。

伙食补助费按出差目的地的标准报销,在途期间的伙食补助费按当天最后到达目的地的标准报销。

市内交通费按规定标准报销。

未按规定开支差旅费的,超支部分由个人自理。

第二十四条 工作人员出差结束后应当及时办理报销手续。差旅费报销时应当提供出差审批单、机票、车票、住宿费发票等凭证。

住宿费、机票支出等按规定用公务卡结算。

第二十五条 财务部门应当严格按规定审核差旅费开支,对未经批准出差以及超范围、超标准开支的费用不予报销。

实际发生住宿而无住宿费发票的,不得报销住宿费以及城市间交通费、伙食补助费和市内交通费。

第七章 监督问责

第二十六条 各单位应当加强对本单位工作人员出差活动和经费报销的内控管理,对本单位出差审批制度、差旅费预算及规模控制负责,相关领导、财务人员等对差旅费报销进行审核把关,确保票据来源合法,内容真实完整、合规。对未经批准擅自出差、不按规定开支和报销差旅费的人员进行严肃处理。

一级预算单位应当强化对所属预算单位的监督检查,发现问题及时处理,重大问题向财政部报告。

各单位应当自觉接受审计部门对出差活动及相关经费支出的审计监督。

第二十七条 财政部会同有关部门对中央单位差旅费管理和使用情况进行监督检查。主要内容包括:

(一)单位差旅审批制度是否健全,出差活动是否按规定履行审批手续;

(二)差旅费开支范围和标准是否符合规定;

(三)差旅费报销是否符合规定;

(四)是否向下级单位、企业或其他单位转嫁差旅费;

(五)差旅费管理和使用的其他情况。

第二十八条 出差人员不得向接待单位提出正常公务活动以外的要求,不得在出差期间接受违反规定用公款支付的宴请、游览和非工作需要的参观,不得接受礼品、礼金和土特产品等。

第二十九条 违反本办法规定,有下列行为之一的,依法依规追究相关单位和人员的责任:

(一)单位无出差审批制度或出差审批控制不严的;

(二)虚报冒领差旅费的;

(三)擅自扩大差旅费开支范围和提高开支标准的;

(四)不按规定报销差旅费的;

(五)转嫁差旅费的;

(六)其他违反本办法行为的。

有前款所列行为之一的,由财政部会同有关部门责令改正,违规资金应予追回,并视情况予以通报。对直接责任人和相关负责人,报请其所在单位按规定给予行政处分。涉嫌违法的,移送司法机关处理。

第八章 附　　则

第三十条 工作人员外出参加会议、培训,举办单位统一安排食宿的,会议、培训期间的食宿费和市内交通费由会议、培训举办单位按规定统一开支;往返会议、培训地点的差旅费由所在单位按照规定报销。

第三十一条 不参照公务员法管理的事业单位参照本办法执行。

各单位应当根据本办法,结合本单位实际情况制定具体操作规定。

中国人民解放军和中国人民武装警察部队的差旅费管理办法参照本办法另行规定。

第三十二条 本办法由财政部负责解释。

第三十三条 本办法自2014年1月1日起施行。2006年11月13日发布的《财政部关于印发〈中央国家机关和事业单位差旅费管理办法〉的通知》(财行[2006]313号)同时废止,其他有关中央国家机关和事业单位差旅费管理规定与本办法不一致的,按照本办法执行。

11. 中央和国家机关培训费管理办法(2013年颁布)

财行〔2013〕523号

第一章 总　　则

第一条 为规范中央和国家机关培训工作,提高培训效率和质量,加强培训费管理,节约培训费开支,制定本办法。

第二条 本办法所称培训,是指中央和国家机关及其所属机构根据《中华人民共和国公务员法》、《干部教育培训工作条例(试行)》、《公务员培训规定(试行)》,使用财政资金在境内举办的三个月以内的岗位培训、任职培训、专门业务培训、初任培训等。

第三条 本办法所称中央和国家机关,是指党中央各部门,国务院各部委、各直属机构,全国人大常委会办公厅,全国政协办公厅,最高人民法院,最高人民检察院,各人民团体,各民主党派中央和全国工商联(以下简称各单位)。

第四条 各单位举办培训应当坚持厉行节约、反对浪费的原则,实行单位内部统一管理,增强针对性和实效性,保证培训质量,节约培训资源,提高培训经费使用效益。

第二章 计划和备案管理

第五条 建立培训计划编报和审批制度。各单位培训部门制订的本单位年度培训计划(包括培训名称、对象、内容、时间、地点、参训人数、所需经费及列支渠道等),经单位财务部门审核后,报单位领导办公会议或党组(党委)会议批准后施行。

第六条 年度培训计划一经批准,原则上不得调整。因工作需要确需临时增加培训及调整预算的,报单位主要负责同志审批。

第七条 各单位年度培训计划于每年3月1日前同时报中央组织部、国家公务员局、财政部备案。

第三章 开支范围和标准

第八条 培训费是指各单位开展培训直接发生的各项费用支出,包括住宿费、伙食费、培训场地费、讲课费、培训资料费、交通费、其他费用。

（一）住宿费是指参训人员及工作人员培训期间发生的租住房间的费用。

（二）伙食费是指参训人员及工作人员培训期间发生的用餐费用。

（三）培训场地费是指用于培训的会议室或教室租金。

（四）讲课费是指聘请师资授课所支付的必要报酬。

（五）培训资料费是指培训期间必要的资料及办公用品费。

（六）交通费是指用于接送以及统一组织的与培训有关的考察、调研等发生的交通支出。

（七）其他费用是指现场教学费、文体活动费、医药费以及授课教师交通、食宿等支出。

第九条　培训费实行综合定额标准，分项核定、总额控制。综合定额标准如下：

单位：元/人天				
住宿费	伙食费	场地费和讲课费	资料费、交通费和其他费用	合计
180	110	100	60	450

综合定额标准是培训费开支的上限，各项费用之间可以调剂使用。各单位应在综合定额标准以内结算报销。

15 天以内的培训按照综合定额标准控制；超过 15 天的培训，超过天数按照综合定额标准的 80%控制；超过 30 天的培训，超过天数按照综合定额标准的 70%控制。上述天数含报到撤离时间，报到和撤离时间分别不得超过 1 天。

第十条　讲课费执行以下标准（税后）：

（一）副高级技术职称专业人员每半天最高不超过 1000 元；

（二）正高级技术职称专业人员每半天最高不超过 2000 元；

（三）院士、全国知名专家每半天一般不超过 3000 元。

其他人员讲课参照上述标准执行。

第四章　培训组织

第十一条　培训实行中央和地方分级管理，各单位举办培训，原则上不得下延至市、县及以下。

第十二条　各单位开展培训应当在开支范围和标准内，择优选择党校、行政学院、干部学院、部门行业所属培训机构、高校培训基地以及组织人事部门认可的培训机构承担培训项目。

第十三条　组织培训的工作人员控制在参训人员数量的 5%以内，最多不超过 10 人。

第十四条　严禁借培训名义安排公款旅游；严禁借培训名义组织会餐或安排宴请；严禁组织高消费娱乐、健身活动；严禁使用培训费购置电脑、复印机、打印机、传真机等固定资产以及开支与培训无关的其他费用；严禁在培训费中列支公务接待费、会议费；严禁套取培训费设立“小金库”。

培训住宿不得安排高档套房，不得额外配发洗漱用品；培训用餐不得上高档菜肴，不得提供烟酒；7 日以内的培训不得组织调研、考察、参观。

第十五条　各单位组织培训应尽量利用网络、视频等信息化手段，大力推行干部选学、在职自学等方式，降低培训成本，提高培训效率。

第五章　报销结算

第十六条　报销培训费，应当提供培训通知、实际参训人员签到表、讲课费签收单以及培训机构出具的原始明细单据、电子结算单等凭证。

各单位财务部门应当严格按照规定审核培训费开支，对未履行审批备案程序的培训，以及超范围、超标准开支的费用不予报销。

第十七条　讲课费、小额零星开支以外的培训费用，应当按照国库集中支付和公务卡管理的有关制度执行，采用银行转账或公务卡方式结算，不得以现金方式支付。

第十八条　培训费由培训举办单位承担，纳入部门预算管理，在各单位日常公用经费或专项经费中列支。

第六章 监督检查

第十九条 各单位应当将培训的项目、内容、人数、经费等情况，以适当方式进行公开。

第二十条 各单位应当于每年3月底前将上年度培训计划执行情况（包括培训名称、主要内容、时间、地点、培训对象及人数、工作人员数、经费开支及列支渠道、培训成效等）报送中央组织部、国家公务员局、财政部。

第二十一条 中央组织部、国家公务员局、财政部、审计署等有关部门对各单位培训活动和培训费管理使用情况进行监督检查。主要内容包括：

（一）培训计划的编报是否符合规定；

（二）培训费开支范围和开支标准是否符合规定；

（三）培训费报销和支付是否符合规定；

（四）是否存在虚报培训费用的行为；

（五）是否存在转嫁、摊派培训费用的行为；

（六）是否存在向参训人员乱收费的行为；

（七）是否存在其他违反本办法的行为。

第二十二条 对于检查中发现的违反本办法的行为，由中央组织部、国家公务员局、财政部、审计署等有关部门责令改正，追回资金，并予以通报；相关责任人员，所在单位按规定予以党纪政纪处分；涉嫌犯罪的，移送司法机关处理。

第七章 附 则

第二十三条 各单位可以按照本办法规定，结合本单位业务特点和工作实际，制定培训费管理具体规定。

第二十四条 中央组织部、国家公务员局组织的调训和统一培训，国家外专局组织的出国（境）培训以及商务部组织的援外培训，不适用本办法。

第二十五条 中央事业单位培训费管理参照本办法执行。

第二十六条 本办法由财政部会同中央组织部、国家公务员局负责解释。

第二十七条 本办法自2014年1月1日起施行。

12. 地方行政单位国有资产处置管理暂行办法（2014年颁布）

财行〔2014〕228号

第一章 总 则

第一条 为规范地方行政单位国有资产处置行为，维护国有资产的安全和完整，保障国家所有者权益，根据《党政机关厉行节约反对浪费条例》和《行政单位国有资产管理暂行办法》，制定本办法。

第二条 本办法适用于地方各级党的机关、政府机关、人大机关、政协机关、审判机关、检察机关、各民主党派机关（以下统称地方行政单位）国有资产处置工作。

第三条 本办法所称的地方行政单位国有资产处置，是指行政单位对其占有、使用的资产，进行产权转移或核销的行为。处置方式包括：无偿转让、有偿转让、置换、报废、报损等。

第四条 地方财政部门是地方政府负责资产处置工作的职能部门，承担制度建设、处置审批及监督检查等管理工作。

地方财政部门可以根据工作需要，将资产处置工作交由有关单位完成。有关单位应当完成所交给的国有资产管理工作，向财政部门负责，并报告工作的完成情况。

第二章 管理规定

第五条 资产处置应当遵循以下原则：

（一）符合法律、法规和规章规定；
（二）厉行勤俭节约；
（三）公开、公平、公正；
（四）与资产配置、使用相结合。

第六条　地方行政单位需处置的国有资产范围包括：
（一）闲置资产；
（二）超标准配置的资产；
（三）因技术原因并经过科学论证，确需报废、淘汰的资产；
（四）因单位分立、撤销、合并、改制、隶属关系改变等原因发生的产权转移的资产；
（五）呆账及非正常损失的资产；
（六）已超过使用年限无需继续使用的资产；
（七）依照国家有关规定需要进行资产处置的其他情形。

第七条　需处置资产应当产权清晰，权属关系不明或存在权属纠纷的资产，需待权属界定明确后予以处置。

第八条　资产处置应当严格履行审批手续。未履行审批手续的，不得处置。

资产处置事项的批复，是编制资产配置预算的重要依据。

资产处置事项的批复和处置交易凭证，是单位进行相关资产和会计账务处理、相关部门办理资产产权变更和登记手续的依据。

第九条　地方行政单位应当充分利用信息化等管理手段，及时准确反映资产增减变动情况和处置收入情况。

第十条　地方财政部门可根据实际情况，逐步建立集中处置管理制度，对地方行政单位国有资产进行统一处置。

对地方行政单位重要事项及召开重大会议、举办大型活动而临时购置的资产，实行统一处置。

第十一条　地方行政单位应当建立健全资产内部管理制度，明确岗位职责，完善处置流程，规范处置行为。

第十二条　地方行政单位通过无偿转让和置换取得的资产，应当符合资产配置标准，与其工作职责和人员编制情况相符。

通过无偿转让和置换取得办公用房的，应当执行新建办公用房各项标准，不得以未使用政府预算建设资金、资产整合等名义规避审批。

第十三条　涉密资产处置应当符合安全保密的有关规定。

第三章　无偿转让

第十四条　无偿转让是指在不改变国有资产性质的前提下，以无偿的方式转移资产产权的处置行为。

第十五条　地方行政单位申请无偿转让资产，应提交以下材料：
（一）申请文件、资产清单、权属证明和价值凭证；
（二）接收单位同类资产存量情况；
（三）因单位划转撤并而移交资产的，需提供划转撤并批文以及由具备相应资质的中介机构出具的资产清查等相关报告；
（四）其他相关材料。

第十六条　地方行政单位原则上不得向下级政府有关单位配发或调拨资产，确因工作需要配发或调拨的，应当同时符合以下条件：
（一）资产购置经费渠道合法合规，无下级财政配套资金的要求；
（二）下级单位接收资产符合配备标准和相关编制要求；
（三）经同级财政部门审批同意。

向下级政府有关单位配发或调拨资产，应同时告知接受单位同级财政部门。

第四章　有偿转让和置换

第十七条　有偿转让是指转移资产产权并取得相应收益的处置行为。

第十八条　置换是指行政单位与其他单位以非货币性资产为主进行的交换，该交换不涉及或只涉及少量的货币性资产(即补价)。

第十九条 资产有偿转让或置换,应当经具备相应资质的中介机构评估。

第二十条 有偿转让原则上应当以拍卖、公开招标等方式处置。不适合拍卖、公开招标或经公开征集只有一个意向受让方的,经批准,可以以协议转让等方式进行处置。

采取拍卖和公开招标方式有偿转让资产的,应当将资产处置公告刊登在公开媒介,披露有关信息。

第二十一条 涉及房屋征收的资产置换,应当确保单位工作正常开展,征收补偿应当达到国家或当地政府规定的补偿标准。

第二十二条 地方行政单位申请有偿转让或置换资产,应当提交以下材料:

(一)申请文件、资产清单、权属证明、价值凭证、中介机构出具的资产评估报告及单位同类资产情况;

(二)拟采用协议转让方式处置的,应提供转让意向书;

(三)拟采用置换方式处置的,应提供当地政府或部门的会议纪要、置换意向书;

(四)其他相关材料。

第五章 报废和报损

第二十三条 报废是指对达到使用年限,经技术鉴定或按有关规定,已不能继续使用的资产进行产权核销的处置行为。

国家或行业对资产报废有技术要求的,应当由具备相应资质的专业机构进行技术鉴定。

第二十四条 达到国家和地方更新标准,但仍可以继续使用的资产,不得报废。

第二十五条 车辆、电器电子产品、危险品报废处理应当符合国家有关规定。

第二十六条 报损是指对发生呆账或非正常损失的资产进行产权核销的处置行为。资产报损分为货币性资产报损和非货币性资产报损。

第二十七条 资产存在下列情况之一的,可以报损:

(一)债务人已依法破产或者死亡(含依法宣告死亡)的,根据法律规定其清算财产或者遗产不足清偿的;

(二)因不可抗力因素造成损失的;

(三)根据国家有关规定,可以报损的其他情形。

第二十八条 资产报损前,应当通过公告、诉讼等方式向债务人、担保人或责任人追索。

地方行政单位应当对报损的资产备查登记,实行“账销案存”的方式管理,对已批准核销的资产损失,单位仍有追偿的权利和义务,对“账销案存”资产清理和追索收回的资产,应当及时入账,货币性资产上缴国库。

第二十九条 地方行政单位申请报废、报损,应当提交以下材料:

(一)申请文件、资产清单、价值凭证和权属证明;

(二)因技术原因报废的,应当提供相关技术鉴定;

(三)债务人已依法破产的,应当提供人民法院裁定书及财产清算报告;

(四)债务人死亡(宣告死亡)的,应当提供其财产或者遗产不足清查的法律文书;

(五)涉及诉讼的,应当提供人民法院判决书或裁定书等;

(六)因不可抗力造成损失的,应当提供相关案件证明材料、责任认定报告和赔偿情况;

(七)其他相关材料。

第六章 收入管理

第三十条 资产处置收入包括有偿转让收入、置换差价收入、报废报损残值变价收入、征收补偿收入、保险理赔收入以及处置资产取得的其他收入。

有偿转让收入包含出售收入和出让收入。

第三十一条 资产处置收入应当纳入公共预算管理,按照政府非税收入管理有关规定上缴国库。

第三十二条 资产处置收入上缴列政府收支分类科目“行政单位国有资产处置收入”科目。

第七章 监督检查

第三十三条 资产处置监督工作应当坚持单位内部监督与财政监督、审计监督、社会监督相结合,事前监督与事中监督、事后监督相结合，日常监督与专项检查相结合。

第三十四条 除涉及国家安全和秘密外，地方行政单位应当实行资产处置内部公示制度。

第三十五条 资产处置过程中，存在下列行为的，按照《财政违法行为处罚处分条例》等有关规定处理：

（一）未经批准擅自处置的；

（二）在处置过程中弄虚作假，人为造成资产损失的；

（三）对已获准处置资产不进行处置，继续留用的；

（四）隐瞒、截留、挤占、坐支和挪用资产处置收入的；

（五）其他违法、违规的资产处置行为。

第八章 附 则

第三十六条 列为行政编制并接受财政拨款的社会团体依照本办法执行。

参照公务员法管理、执行行政单位会计制度的事业单位依照本办法执行。

第三十七条 地方行政单位在建工程、罚没资产处置按照国家有关规定办理。

第三十八条 地方财政部门可根据本办法及上级财政部门有关资产处置管理的规定，制定本地区和本级行政单位资产处置管理制度，并报上一级财政部门备案。

第三十九条 本办法自2014年10月1日起施行。

13. 政府购买服务管理办法(暂行)(2014年颁布)

财综〔2014〕96号

第一章 总 则

第一条 为了进一步转变政府职能，推广和规范政府购买服务，更好发挥市场在资源配置中的决定性作用，根据《中华人民共和国预算法》、《中华人民共和国政府采购法》、《中共中央关于全面深化改革若干重大问题的决定》、《国务院办公厅关于政府向社会力量购买服务的指导意见》(国办发〔2013〕96号)等有关要求和规定，制定本办法。

第二条 本办法所称政府购买服务，是指通过发挥市场机制作用，把政府直接提供的一部分公共服务事项以及政府履职所需服务事项，按照一定的方式和程序，交由具备条件的社会力量和事业单位承担，并由政府根据合同约定向其支付费用。

政府购买服务范围应当根据政府职能性质确定，并与经济社会发展水平相适应。属于事务性管理服务的，应当引入竞争机制，通过政府购买服务方式提供。

第三条 政府购买服务遵循以下基本原则：

（一）积极稳妥，有序实施。从实际出发，准确把握社会公共服务需求，充分发挥政府主导作用，探索多种有效方式，加大社会组织承接政府购买服务支持力度，增强社会组织平等参与承接政府购买公共服务的能力，有序引导社会力量参与服务供给，形成改善公共服务的合力。

（二）科学安排，注重实效。突出公共性和公益性，重点考虑、优先安排与改善民生密切相关、有利于转变政府职能的领域和项目，明确权利义务，切实提高财政资金使用效率。

（三）公开择优，以事定费。按照公开、公平、公正原则，坚持费随事转，通过公平竞争择优选择方式确定政府购买服务的承接主体，建立优胜劣汰的动态调整机制。

（四）改革创新，完善机制。坚持与事业单位改革、社会组织改革相衔接，推进政事分开、政社分开，放宽市场准入，凡是社会能办好的，都交给社会力量承担，不断完善体制机制。

第二章 购买主体和承接主体

第四条 政府购买服务的主体(以下简称购买主体)是各级行政机关和具有行政管理职能的事业单位。

第五条 党的机关、纳入行政编制管理且经费由财政负担的群团组织向社会提供的公共服务以及履职服务，可以根据实际需要，按照本办法规定实施购买服务。

第六条 承接政府购买服务的主体（以下简称承接主体），包括在登记管理部门登记或经国务院批准免予登记的社会组织、按事业单位分类改革应划入公益二类或转为企业的事业单位，依法在工商管理或行业主管部门登记成立的企业、机构等社会力量。

第七条 承接主体应当具备以下条件：

（一）依法设立，具有独立承担民事责任的能力；

（二）治理结构健全，内部管理和监督制度完善；

（三）具有独立、健全的财务管理、会计核算和资产管理制度；

（四）具备提供服务所必需的设施、人员和专业技术能力；

（五）具有依法缴纳税收和社会保障资金的良好记录；

（六）前三年内无重大违法记录，通过年检或按要求履行年度报告公示义务，信用状况良好，未被列入经营异常名录或者严重违法企业名单；

（七）符合国家有关政事分开、政社分开、政企分开的要求；

（八）法律、法规规定以及购买服务项目要求的其他条件。

第八条 承接主体的资质及具体条件，由购买主体根据第六条、第七条规定，结合购买服务内容具体需求确定。

第九条 政府购买服务应当与事业单位改革相结合，推动事业单位与主管部门理顺关系和去行政化，推进有条件的事业单位转为企业或社会组织。

事业单位承接政府购买服务的，应按照“费随事转”原则，相应调整财政预算保障方式，防止出现既通过财政拨款养人办事，同时又花钱购买服务的行为。

第十条 购买主体应当在公平竞争的原则下鼓励行业协会商会参与承接政府购买服务，培育发展社会组织，提升社会组织承担公共服务能力，推动行业协会商会与行政机构脱钩。

第十一条 购买主体应当保障各类承接主体平等竞争，不得以不合理的条件对承接主体实行差别化歧视。

第三章 购买内容及指导目录

第十二条 政府购买服务的内容为适合采取市场化方式提供、社会力量能够承担的服务事项。政府新增或临时性、阶段性的服务事项，适合社会力量承担的，应当按照政府购买服务的方式进行。不属于政府职能范围，以及应当由政府直接提供、不适合社会力量承担的服务事项，不得向社会力量购买。

第十三条 各级财政部门负责制定本级政府购买服务指导性目录，确定政府购买服务的种类、性质和内容。

财政部门制定政府购买服务指导性目录，应当充分征求相关部门意见，并根据经济社会发展变化、政府职能转变及公众需求等情况及时进行动态调整。

第十四条 除法律法规另有规定外，下列服务应当纳入政府购买服务指导性目录：

（一）基本公共服务。公共教育、劳动就业、人才服务、社会保险、社会救助、养老服务、儿童福利服务、残疾人服务、优抚安置、医疗卫生、人口和计划生育、住房保障、公共文化、公共体育、公共安全、公共交通运输、三农服务、环境治理、城市维护等领域适宜由社会力量承担的服务事项。

（二）社会管理性服务。社区建设、社会组织建设与管理、社会工作服务、法律援助、扶贫济困、防灾救灾、人民调解、社区矫正、流动人口管理、安置帮教、志愿服务运营管理、公共公益宣传等领域适宜由社会力量承担的服务事项。

（三）行业管理与协调性服务。行业职业资格和水平测试管理、行业规范、行业投诉等领域适宜由社会力量承担的服务事项。

（四）技术性服务。科研和技术推广、行业规划、行业调查、行业统计分析、检验检疫检测、监测服务、会计审计服务等领域适宜由社会力量承担的服务事项。

（五）政府履职所需辅助性事项。法律服务、课题研究、政策（立法）调研草拟论证、战略和政策研究、综合性规划编制、标准评价指标制定、社会调查、会议经贸活动和展览服务、监督检查、评估、绩效评价、工程服务、项目评审、财务审计、咨询、技术业务培训、信息化建设与管理、后勤管理等领域中适宜由社会力量承担的服务事项。

（六）其他适宜由社会力量承担的服务事项。

第十五条　纳入指导性目录的服务事项，应当实施购买服务。

第四章　购买方式及程序

第十六条　购买主体应当根据购买内容的供求特点、市场发育程度等因素，按照方式灵活、程序简便、公开透明、竞争有序、结果评价的原则组织实施政府购买服务。

第十七条　购买主体应当按照政府采购法的有关规定，采用公开招标、邀请招标、竞争性谈判、单一来源采购等方式确定承接主体。

与政府购买服务相关的采购限额标准、公开招标数额标准、采购方式审核、信息公开、质疑投诉等按照政府采购相关法律制度规定执行。

第十八条　购买主体应当在购买预算下达后，根据政府采购管理要求编制政府采购实施计划，报同级政府采购监管部门备案后开展采购活动。

购买主体应当及时向社会公告购买内容、规模、对承接主体的资质要求和应提交的相关材料等相关信息。

第十九条　按规定程序确定承接主体后，购买主体应当与承接主体签订合同，并可根据服务项目的需求特点，采取购买、委托、租赁、特许经营、战略合作等形式。

合同应当明确购买服务的内容、期限、数量、质量、价格等要求，以及资金结算方式、双方的权利义务事项和违约责任等内容，

第二十条　购买主体应当加强购买合同管理，督促承接主体严格履行合同，及时了解掌握购买项目实施进度，严格按照国库集中支付管理有关规定和合同执行进度支付款项，并根据实际需求和合同规定积极帮助承接主体做好与相关政府部门、服务对象的沟通、协调。

第二十一条　承接主体应当按合同履行提供服务的义务，认真组织实施服务项目，按时完成服务项目任务，保证服务数量、质量和效果，主动接受有关部门、服务对象及社会监督，严禁转包行为。

第二十二条　承接主体完成合同约定的服务事项后，购买主体应当及时组织对履约情况进行检查验收，并依据现行财政财务管理制度加强管理。

第五章　预算及财务管理

第二十三条　政府购买服务所需资金，应当在既有财政预算中统筹安排。购买主体应当在现有财政资金安排的基础上，按规定逐步增加政府购买服务资金比例。对预算已安排资金且明确通过购买方式提供的服务项目，按相关规定执行；对预算已安排资金但尚未明确通过购买方式提供的服务项目，可以根据实际情况转为通过政府购买服务方式实施。

第二十四条　购买主体应当充分发挥行业主管部门、行业组织和专业咨询评估机构、专家等专业优势，结合项目特点和相关经费预算，综合物价、工资、税费等因素，合理测算安排政府购买服务所需支出。

第二十五条　财政部门在布置年度预算编制工作时，应当对购买服务相关预算安排提出明确要求，在预算报表中制定专门的购买服务项目表。

购买主体应当按要求填报购买服务项目表，并将列入集中采购目录或采购限额标准以上的政府购买服务项目同时反映在政府采购预算中，与部门预算一并报送财政部门审核。

第二十六条　财政部门负责政府购买服务管理的机构对购买主体填报的政府购买服务项目表进行审核。

第二十七条　财政部门审核后的购买服务项目表，随部门预算批复一并下达给相关购买主体。购买主体应当按照财政部门下达的购买服务项目表，组织实施购买服务工作。

第二十八条　承接主体应当建立政府购买服务台账，记录相关文件、工作计划方案、项目和资金批复、项目进展和资金支付、工作汇报总结、重大活动和其他有关资料信息，接受和配合相关部门对资金使用情况进行监督检查及绩效评价。

第二十九条　承接主体应当建立健全财务制度，严格遵守相关财政财务规定，对购买服务的项目资金进行规范的财务管理和会计核算，加强自身监督，确保资金规范管理和使用。

第三十条 承接主体应当建立健全财务报告制度，按要求向购买主体提供资金的使用情况、项目执行情况、成果总结等材料。

第六章 绩效和监督管理

第三十一条 财政部门应当按照建立全过程预算绩效管理机制的要求，加强成本效益分析，推进政府购买服务绩效评价工作。

财政部门应当推动建立由购买主体、服务对象及专业机构组成的综合性评价机制，推进第三方评价，按照过程评价与结果评价、短期效果评价与长远效果评价、社会效益评价与经济效益评价相结合的原则，对购买服务项目数量、质量和资金使用绩效等进行考核评价。评价结果作为选择承接主体的重要参考依据。

第三十二条 财政、审计等有关部门应当加强对政府购买服务的监督、审计，确保政府购买服务资金规范管理和合理使用。对截留、挪用和滞留资金以及其他违反本办法规定的行为，依照《中华人民共和国政府采购法》、《财政违法行为处罚处分条例》等国家有关规定追究法律责任；涉嫌犯罪的，依法移交司法机关处理。

第三十三条 民政、工商管理及行业主管等部门应当按照职责分工将承接主体承接政府购买服务行为信用记录纳入年检(报)、评估、执法等监管体系，不断健全守信激励和失信惩戒机制。

第三十四条 购买主体应当加强服务项目标准体系建设，科学设定服务需求和目标要求，建立服务项目定价体系和质量标准体系，合理编制规范性服务标准文本。

第三十五条 购买主体应当建立监督检查机制，加强对政府购买服务的全过程监督，积极配合有关部门将承接主体的承接政府购买服务行为纳入年检(报)、评估、执法等监管体系。

第三十六条 财政部门和购买主体应当按照《中华人民共和国政府信息公开条例》、《政府采购信息公告管理办法》以及预算公开的相关规定，公开财政预算及部门和单位的政府购买服务活动的相关信息，涉及国家秘密、商业秘密和个人隐私的信息除外。

第三十七条 财政部门应当会同相关部门、购买主体建立承接主体承接政府购买服务行为信用记录，对弄虚作假、冒领财政资金以及有其他违法违规行为的承接主体，依法给予行政处罚，并列入政府购买服务黑名单。

第七章 附 则

第三十八条 本办法由财政部会同有关部门负责解释。

第三十九条 本办法自 2015 年 1 月 1 日起施行。

14. 关于推进和完善服务项目政府采购有关问题的通知(2014 年颁布)

财库〔2014〕37 号

党中央有关部门，国务院各部委、各直属机构，全国人大常委会办公厅，全国政协办公厅，高法院，高检院，有关人民团体，各省、自治区、直辖市、计划单列市财政厅(局)，新疆生产建设兵团财务局：

为贯彻落实党的十八届三中全会《中共中央关于全面深化改革若干重大问题的决定》精神，大力推进政府购买服务工作，根据《政府采购法》、《国务院办公厅关于政府向社会力量购买服务的指导意见》(国办发〔2013〕96 号)等有关规定，现将推进和完善服务项目政府采购有关事项通知如下：

一、分类推进服务项目政府采购工作

根据现行政府采购品目分类，按照服务受益对象将服务项目分为三类：

第一类为保障政府部门自身正常运转需要向社会购买的服务。如公文印刷、物业管理、公车租赁、系统维护等。

第二类为政府部门为履行宏观调控、市场监管等职能需要向社会购买的服务。如法规政策、发展规划、标准制定的前期研究和后期宣传、法律咨询等。

第三类为增加国民福利、受益对象特定,政府向社会公众提供的公共服务。包括:以物为对象的公共服务,如公共设施管理服务、环境服务、专业技术服务等;以人为对象的公共服务,如教育、医疗卫生和社会服务等。

要按照"方式灵活、程序简便、竞争有序、结果评价"的原则,针对服务项目的不同特点,探索与之相适应的采购方式、评审制度与合同类型,建立健全适应服务项目政府采购工作特点的新机制。

二、加强政府采购服务项目采购需求管理

推进制定完整、明确、符合国家法律法规以及政府采购政策规定的服务采购需求标准。第一类中列入政府集中采购目录的服务项目,采购需求标准由集中采购机构提出。其他服务项目的采购需求标准由采购人(购买主体)提出。采购人、集中采购机构制定采购需求标准时,应当广泛征求相关供应商(承接主体)、专家意见。对于第三类服务项目,还应当征求社会公众的意见。各省级财政部门可以根据实际情况,分品目制定发布适用于本行政区域的服务项目采购需求标准。

加强采购需求制定相关的内控管理。采购人、集中采购机构应当明确相关岗位的职责和权限,确保政府采购需求制定与内部审批、采购文件准备与验收等不相容岗位分设。

三、灵活开展服务项目政府采购活动

简化采购方式变更的审核程序。采购人要按照政府采购法律制度规定,根据服务项目的采购需求特点,选择适用采购方式。对于采购需求处于探索阶段或不具备竞争条件的第三类服务项目,符合《政府采购法》第二十七条规定申请适用公开招标以外的采购方式的,财政部门要简化申请材料要求,也可以改变现行一事一批的管理模式,实行一揽子批复。

积极探索新的政府采购合同类型。各地各部门可以根据政府采购服务项目的需求特点,灵活采用购买、委托、租赁、雇用等各种合同方式,探索研究金额不固定、数量不固定、期限不固定、特许经营服务等新型合同类型。各省级财政部门可在此基础上制定发布相应的合同范本。

积极培育政府购买服务供给市场。对于有服务区域范围要求、但本地区供应商无法形成有效竞争的服务项目,采购人可以采取将大额项目拆分采购、新增项目向其他供应商采购等措施,促进建立良性的市场竞争关系。采购需求具有相对固定性、延续性且价格变化幅度小的服务项目,在年度预算能保障的前提下,采购人可以签订不超过三年履行期限的政府采购合同。

四、严格服务项目政府采购履约验收管理

完善服务项目履约验收管理制度。采购人或者集中采购机构应当按照采购合同规定组织履约验收,并出具验收书,验收书应当包括每一项服务要求的履约情况。第二类服务项目,供应商提交的服务成果应当在政府部门内部公开。第三类服务项目,验收时可以邀请第三方评价机构参与并出具意见,验收结果应当向社会公告。以人为对象的公共服务项目,验收时还应按一定比例邀请服务对象参与并出具意见。

鼓励引入政府采购履约担保制度。对于金额较大、履约周期长、社会影响面广或者对供应商有较高信誉要求的服务项目,可以探索运用市场化手段,引入政府采购信用担保,通过履约担保促进供应商保证服务效果,提高服务水平。

五、推进政府采购服务项目绩效评价

建立绩效评价与后续采购相衔接的管理制度。按照全过程预算绩效管理制度要求,加强服务项目政府采购绩效评价,对项目的资金节约、政策效能、透明程度以及专业化水平进行综合、客观评价。对于服务项目验收或者绩效评价结果优秀的供应商,在同类项目的采购中同等条件下可以优先考虑。

各地各部门应当根据上述原则和要求,积极推进和完善服务项目政府采购工作。各地可根据实际,研究制定符合本地条件的服务项目政府采购的具体操作程序和办法,确保服务采购环节的顺畅高效。

财政部
2014 年 4 月 14 日

15. 地方财政管理绩效综合评价方案(2014年颁布)

财预〔2014〕45号

一、评价目的

通过对地方财政管理绩效的综合评价，进一步推动地方深化财税体制改革，改进预算管理制度，提高财政资金使用效益，探索构建符合我国国情的地方财政管理绩效评价体系，不断改进财政宏观管理，提升财政管理科学化水平。

二、评价范围

包括全国36个省(直辖市、自治区、计划单列市，以下简称省)。其中，计划单列市单独开展综合评价，其所在省评价数据不含计划单列市。

三、评价内容及标准

评价内容主要是地方财政管理情况，具体包括实施透明预算、规范预算编制、优化收支结构、盘活存量资金、加强债务管理、完善省以下财政体制、落实“约法三章”、严肃财经纪律等8个方面，评价得分采用百分制。

(一)实施透明预算(15分)。

以省、市、县三级政府的财政总预算、部门预算、三公经费预算公开情况等为对象，评价地方预算公开情况，引导和督促地方提高预算透明度。

1. 省级预算公开(7分)。

评价内容：省级财政总预算公开、部门预算公开、三公经费预算公开情况，分值比例为3:2:2。

某省得分=省级财政总预算公开得分+省级部门预算公开得分+省级三公经费预算公开得分。

其中：

省级财政总预算公开得分，即省本级已向社会公开当年财政预算报告及报表得满分，未公开不得分。

省级部门预算公开得分=省级公开部门预算的部门个数÷省级编制部门预算的部门总数×分值。

省级三公经费预算公开得分，即省级已向社会公开当年三公经费支出汇总预算得满分，未公开不得分。

2. 市级预算公开(4分)。

评价内容：市级财政总预算公开、部门预算公开、三公经费预算公开情况，分值比例为2:1:1。

某省得分=市级财政总预算公开得分+市级部门预算公开得分+市级三公经费预算公开得分。

其中：

市级财政总预算公开得分=公开总预算的地(市、州)个数÷地(市、州)总数×分值。

市级部门预算公开得分=公开部门预算的地(市、州)个数÷地(市、州)总数×分值。

市级三公经费预算公开得分=公开三公经费支出汇总预算的地(市、州)个数÷地(市、州)总数×分值。

3. 县级预算公开(4分)。

评价内容：县级财政总预算公开、部门预算公开、三公经费预算公开情况，分值比例为2:1:1。

某省得分=县级财政总预算公开得分+县级部门预算公开得分+县级三公经费预算公开得分。

其中：

县级财政总预算公开得分=公开总预算的县(市、旗)个数÷县(市、旗)总数×分值。

县级部门预算公开得分=公开部门预算的县(市、旗)个数÷县(市、旗)总数×分值。

县级三公经费预算公开得分=公开三公经费支出汇总预算的县(市、旗)个数÷县(市、旗)总数×分值。

(二)规范预算编制(15分)。

以预算编制规范性、公共财政预算到位率、部门预算管理水平、提前下达转移支付到位率等为对象，评价地方预算编制水平，引导和督促地方提高预算编制的科学性和规范性。

1. 财政预算编制规范性(4分)。

评价内容：省级财政预算报告表格的完整性和细化程度，分值各占1/2。

某省得分=预算表格完整性得分+预算表格细化程度得分。

其中:完整性包括收入预算和支出预算。收入预算包括地方本级预算收入、转移性收入、调入预算稳定调节基金、地方政府债券和上年结余收入等;支出预算包括地方本级预算支出、转移性支出、地方政府债券还本支出、安排地方预算稳定调节基金、增设预算周转金和年终结余等。

细化程度主要是指细化到类、款、项级内容的程度。

2. 公共财政年初预算到位率(4 分)。

评价内容:公共财政收支年初预算数占决算数比重情况,收入和支出分值各占 1/2。

某省得分=公共财政收入年初预算到位率得分+公共财政支出年初预算到位率得分。

计算方法:第一步,计算公共财政收支年初预算数占决算数比重。第二步,对所占比重进行标准化校正处理,使其位于 0 到 100%之间。第三步:计算得分,校正后比重为 95%及以上的,得满分;其他地区得分=某省校正后比重÷max(各省校正后比重)×分值。

其中:

校正后比重=[1-绝对值(年初预算数占决算数比重-1)]×100%;

max(各省校正后比重)指校正后比重低于 95%的各省比重的最大值。

3. 部门预算管理(4 分)。

评价内容:部门预算完整性和部门预算提交人代会审议比重情况,分值各占 1/2。

某省得分=部门预算完整性得分+部门预算提交人代会审议比重得分。

其中:部门预算完整性包括部门预算表格是否编列部门所有收支、支出是否分基本支出和项目支出分别编列、项目支出是否编列到具体项目等。

部门预算提交人代会审议比重得分计算方法:第一步,计算各省提交省人代会审议部门预算的部门个数占省级编制部门预算的部门总数的比重。第二步,计算得分,某省得分=某省提交省人代会审议部门预算的部门个数÷编制部门预算的部门总数×分值。

4. 提前下达转移支付到位率(3 分)。

评价内容:省级提前下达市县的转移支付指标占全年下达转移支付决算数的比重(按东、中、西区域分别评价)。

某省得分:提前下达转移支付到位率为 70%及以上的,得满分;其他地区得分=[max(各省提前下达转移支付到位率差)-某省提前下达转移支付到位率差]÷[max(各省提前下达转移支付到位率差)-min(各省提前下达转移支付到位率差)]×分值。

计算方法:第一步,计算各省提前下达市县转移支付指标数占全年下达市县转移支付指标决算数的比重。第二步,计算上述比重与所在区域平均到位率的差。第三步:计算得分。

其中:

某省提前下达转移支付指标到位率=某省提前下达市县转移支付指标数÷某省当年下达市县转移支付指标决算数;

某省提前下达转移支付到位率差=某省提前下达转移支付指标到位率-某省所在区域平均到位率;

max(各省提前下达转移支付到位率差)指到位率低于 70%的各省提前下达转移支付到位率与所在区域平均到位率差的最大值;

min(各省提前下达转移支付到位率差)指到位率低于 70%的各省提前下达转移支付到位率与所在区域平均到位率差的最小值。

(三)优化收支结构(15 分)。

1. 提高收入质量(6 分)。

以宏观产业税负、公共财政收入中税收收入占比等为对象,评价地方财政收入质量,引导和督促地方加快经济结构调整升级,提高发展质量和效益。

(1)宏观产业税负(3 分)。

评价内容:各省第二产业、第三产业税收额占第二产业、第三产业增加值的比重(按东、中、西区域分别评价)。

某省得分:宏观产业税负偏离度不高于 5 个百分点的,得满分;宏观产业税负偏离度高于 20 个百分点的,得 0 分;其他地区得分=[max(各省宏观产业税负偏离度)-某省宏观产业税负偏离度]÷[max(各省宏观产业税负偏离度)-min(各省宏观产业税负偏离度)]×分值。

计算方法：第一步，计算各省宏观产业税负，即第二产业、第三产业税收额占其第二产业、第三产业地区增加值的比重。第二步，计算各省宏观产业税负偏离度。第三步，计算得分。

其中：

宏观产业税负＝（第二产业和第三产业税收额÷第二产业和第三产业地区增加值）×100％；

宏观产业税负偏离度＝绝对值（某省宏观产业税负－所在区域各省平均宏观产业税负）；

max（各省宏观产业税负偏离度）指各省宏观产业税负偏离度在5—20个百分点之间的最大值；

min（各省宏观产业税负偏离度）指各省宏观产业税负偏离度在5—20个百分点之间的最小值。

（2）公共财政收入中税收收入占比（3分）。

评价内容：地方公共财政收入中税收收入占比及其年度间变化情况，包括静态评价和动态评价，分值比例为4∶1。

① 静态评价。

某省得分：公共财政收入中税收收入占比高于全国地方平均占比10个百分点及以上的，得满分；其他地区得分＝某省公共财政收入中税收收入占比÷max（各省公共财政收入中税收收入占比）×分值。

其中：

某省公共财政收入中税收收入占比＝某省税收收入÷某省公共财政收入×100％；

max（各省公共财政收入中税收收入占比）指非满分省公共财政收入中税收收入占比的最大值。

② 动态评价。

某省得分＝［某省税收收入占比变动水平－min（各省税收收入占比变动水平）］÷［max（各省税收收入占比变动水平）－min（各省税收收入占比变动水平）］×分值。

其中：

税收收入占比变动水平＝（本年度公共财政收入中税收收入占比－上年度公共财政收入中税收收入占比）×上年度公共财政收入中税收收入占比系数；

max（各省税收收入占比变动水平）指各省税收收入占比变动水平的最大值；

min（各省税收收入占比变动水平）指各省税收收入占比变动水平的最小值。

2. 优化支出结构（9分）。

以公共安全、教育、科学技术、文化体育与传媒、社会保障和就业、医疗卫生、节能环保、农林水事务、住房保障支出等9项支出总体水平及其人均水平为对象，评价地方重点支出保障力度和支出结构优化程度，引导和督促地方切实保障和改善民生，提高财政资金使用效益。

（1）重点支出占比（4.5分）。

评价内容：各省重点支出总体水平。

某省得分：重点支出占比超过各省平均水平10个百分点及以上的，得满分；重点支出占比低于各省平均水平10个百分点及以上的，得0分；其他地区得分＝［某省重点支出占比差－min各省重点支出占比差）］÷［max（各省重点支出占比差）－min（各省重点支出占比差）］×分值。

计算方法：第一步，计算各省重点支出占公共财政支出比重。第二步，计算某省重点支出占比与各省重点支出平均占比的差。第三步：计算得分。

其中：

某省重点支出占比＝重点支出÷公共财政支出×100％；

某省重点支出占比差＝某省重点支出占比－各省重点支出平均占比；

max（各省重点支出占比差）指各省重点支出占比差在－10和10个百分点之间的最大值；

min（各省重点支出占比差）指各省重点支出占比差在－10和10个百分点之间的最小值。

（2）人均重点支出（4.5分）。

评价内容：各省重点支出人均水平。

某省得分＝某省校正人均重点支出÷max（各省校正人均重点支出）×分值。

计算方法：第一步，计算各省人均重点支出。第二步，考虑支出成本差异系数和中央转移支付依赖度系数，计算各省校正人均重点支出。第三步，计算得分。

其中：

人均重点支出＝某省重点支出÷某省总人口；

校正人均重点支出＝人均重点支出÷支出成本差异系数÷中央转移支付依赖度系数；

max(各省校正人均重点支出水平)指各省校正人均重点支出的最大值。

（四）盘活存量资金（15分）

以分季度支出进度及清理压缩结余结转资金、暂存款、暂付款、专项支出财政专户余额等为对象，评价盘活财政存量资金情况，督促和引导地方深挖存量资金潜力，切实提高公共资金使用效益。

1. 加快支出进度（4分）。

评价内容：一季度末、二季度末、三季度末、11月末公共财政支出进度与序时进度的比较情况，分值各占1/4。

某省得分＝公共财政支出一季度末进度得分＋二季度末进度得分＋三季度末进度得分＋11月末进度得分。

计算方法：第一步：计算各省上述各时点公共财政支出进度。第二步，分别计算上述各时点得分，达到或快于序时进度的，得满分；其他地区得分＝某省某时点公共财政支出进度÷该时点序时进度×分值。

其中：

某省某时点公共财政支出进度＝某省某时点公共财政支出执行数÷某省全年公共财政支出决算数×100%。

2. 清理压缩结余结转资金（4分）。

评价内容：公共财政年终结余结转率及其年度间变化情况，包括静态评价和动态评价，分值比例为3:1（按东、中、西区域分别评价）。

（1）静态评价。

某省得分：公共财政年终结余结转率不高于9%的，得满分；其他地区得分＝[max(各省公共财政年终结余结转率差)－某省公共财政年终结余结转率差]÷[max(各省公共财政年终结余结转率差)－min(各省公共财政年终结余结转率差)]×分值。

其中：

公共财政年终结余结转率＝公共财政年终结余结转数÷公共财政支出决算数×100%；

公共财政年终结余结转率差＝某省公共财政年终结余结转率－所在区域公共财政年终结余结转率平均水平；

max(各省公共财政年终结余结转率差)指所在区域年终结余结转率高于9%的各省年终结余结转率差的最大值；

min(各省公共财政年终结余结转率差)指所在区域年终结余结转率高于9%的各省年终结余结转率差的最小值。

（2）动态评价。

某省得分：公共财政年终结余结转降幅为30%及以上的，得满分；其他地区得分＝[某省公共财政年终结余结转变动率－min(各省公共财政年终结余结转变动率)]÷[max(各省公共财政年终结余结转变动率)－min(各省公共财政年终结余结转变动率)]×分值。

其中：

公共财政年终结余结转变动率＝(1－本年度公共财政结余结转数÷上年度公共财政结余结转数]×100%；

max(各省公共财政年终结余结转变动率)指公共财政年终结余结转降幅小于30%的所在区域各省变动率的最大值；

min(各省公共财政年终结余结转变动率)指公共财政年终结余结转降幅小于30%的所在区域各省变动率的最小值。

3. 清理压缩总预算暂存暂付款（4分）

评价内容：总预算暂存暂付款率及其年度间变化情况，包括静态评价和动态评价，分值比例为3:1。暂存款、暂付款的评价方式相同，分别计算并汇总得分（按东、中、西区域分别评价）。

（1）静态评价。

某省得分：总预算暂存款率（暂付款率按照计算，下同）不超过5%的，得满分；其他地区得分＝[max(各省总预算暂存款率差)－某省总预算暂存款率差]÷[max(各省总预算暂存款率差)－min(各省总预算暂存款率差)]×分值÷2。

其中：

总预算暂存款率＝总预算暂存款年末余额÷公共财政支出决算数×100%。

总预算暂存款率差＝某省总预算暂存款率－所在区域总预算暂存款率；

max(各省总预算暂存款率差)指总预算暂存款率超过5%的各省暂存款率差的最大值。

min(各省总预算暂存款率差)指总预算暂存款率超过5%的各省暂存款率差的最小值。

(2)动态评价。

某省得分＝[某省总预算暂存款变动率－min(各省总预算暂存款变动率)]÷[max(各省总预算暂存款变动率)－min(各省总预算暂存款变动率)]×分值÷2。

其中：

总预算暂存款变动率＝(1－总预算暂存款本年末余额÷总预算暂存款上年末余额)×100%。

max(各省总预算暂存款变动率)指各省总预算暂存款变动率的最大值；

min(各省总预算暂存款变动率)指各省总预算暂存款变动率的最小值。

4. 清理压缩专项支出财政专户余额(3分)

评价内容：专项支出财政专户余额年度间变化情况等。

某省得分＝[某省专项支出财政专户余额变动率－min(各省专项支出财政专户余额变动率)]÷[max(各省专项支出财政专户余额变动率)－min(各省专项支出财政专户余额变动率)]×分值。

其中：

专项支出财政专户余额变动率＝(1－专项支出财政专户本年末余额÷专项支出财政专户上年末余额)×100%；

max(各省专项支出财政专户余额变动率)指各省专项支出财政专户余额变动率的最大值；

min(各省专项支出财政专户余额变动率)指各省专项支出财政专户余额变动率的最小值。

其他评价指标另行说明。

(五)加强债务管理(15分)

以政府性债务率、新增债务率、偿债率、逾期率等为对象，评价地方政府性债务风险程度和管理情况，引导和督促地方加强政府债务管理，防范和化解财政风险。

1. 政府性债务率(6分)。

评价内容：各省政府性债务率。

某省得分：政府性债务率低于全国平均水平30个百分点的，得满分；高于全国平均水平30个百分点及以上的，得0分；其他地区得分＝[max(各省政府性债务率差)－某省政府性债务率差]÷[max(各省政府性债务率差)－min(各省政府性债务率差)]×分值。

其中：

某省政府性债务率＝某省政府性债务余额÷某省综合财力；

政府性债务余额＝政府负有偿还责任债务余额＋(政府负有担保责任债务余额＋政府可能承担一定救助责任债务余额)×30%；

各省政府性债务率差＝某省政府性债务率－全国地方平均债务率；

max(各省政府性债务率差)指各省政府性债务率差不高于30个百分点的最大值；

min(各省政府性债务率差)指各省政府性债务率差不低于30个百分点的最小值。

2. 政府性债务新增债务率(4分)。

评价内容：各省当年政府性债务新增债务率。

某省得分：政府性债务新增债务率低于全国平均水平30个百分点的，得满分，新增债务余额小于等于0的地区，得满分；高于全国平均水平30个百分点及以上的，得0分，新增综合财力小于等于0且新增债务余额大于0的地区，得0分；其他地区得分＝[max(各省政府性债务新增债务率差)－某省政府性债务新增债务率差]÷[max(各省政府性债务新增债务率差)－min(各省政府性债务新增债务率差)]×分值。

其中：

政府性债务新增债务率＝某省当年政府性债务新增债务余额÷某省当年综合财力；

某省政府性债务新增债务余额＝政府负有偿还责任债务新增余额＋(政府负有担保责任债务新增余额

+政府可能承担一定救助责任债务新增余额)×30%；

各省政府性债务新增债务率差=某省政府性债务新增债务率-全国平均政府性债务新增债务率；

max(各省政府性债务新增政府性债务率差)指各省政府性债务新增债务率差不高于30个百分点的最大值；

min(各省政府性债务新增政府性债务率差)指各省政府性债务新增债务率差不低于30个百分点的最小值。

3. 政府性债务逾期率(3分)。

评价内容：各省政府性债务逾期率。

某省得分：政府性债务逾期率低于全国平均水平30个百分点的，得满分；高于全国平均水平30个百分点及以上的，得0分；其他地区得分=[max(各省政府性债务逾期率差)-某省政府性债务逾期率差]÷[max(各省政府性债务逾期率差)-min(各省政府性债务逾期率差)]×分值。

其中：

政府性债务逾期率=某省政府性债务逾期债务余额÷某省政府性债务余额；

政府性债务逾期债务余额=政府负有偿还责任债务逾期余额+(政府负有担保责任债务逾期余额+政府可能承担一定救助责任债务逾期余额)×30%；

各省政府性债务逾期率差=某省政府性债务逾期率-全国平均政府性债务逾期率；

max(各省政府性债务逾期率差)指各省政府性债务逾期率差不高于30个百分点的最大值；

min(各省政府性债务逾期率差)指各省政府性债务逾期率差不低于30个百分点的最小值。

4. 政府性债务偿债率(2分)。

评价内容：各省政府性债务偿债率。

某省得分：政府性债务偿债率低于全国平均水平30个百分点的，得满分；高于全国平均水平30个百分点及以上的，得0分；其他地区得分=[max(各省政府性债务偿债率差)-某省政府性债务偿债率差]÷[max(各省政府性债务偿债率差)-min(各省政府性债务偿债率差)]×分值。

其中：

政府性债务偿债率=某省当年政府性债务还本付息额÷某省综合财力；

政府性债务还本付息金额=政府负有偿还责任债务还本付息金额×100%+(政府负有担保责任债务还本付息金额+政府可能承担一定救助责任债务还本付息金额)×30%

各省政府性债务偿债率差=某省政府性债务偿债率-全国平均政府性债务偿债率；

max(各省政府性债务偿债率差)指各省政府性债务偿债率差不高于30个百分点的最大值；

min(各省政府性债务偿债率差)指各省政府性债务偿债率差不低于30个百分点的最小值。

其他评价指标另行说明。

(六)完善省以下财政体制(15分)。

以省内支出均衡度、省对下一般性转移支付占全省转移支付比重为评价对象，评价省以下财政体制运行效果，引导和督促地方均衡省以下财力分布，完善转移支付结构，促进省内基本公共服务均等化。

1. 改善省内支出均衡度(10分)。

评价内容：省内人均公共财政支出均衡度及其年度间变化情况，包括静态评价和动态评价，分值比例为4:1。

(1)静态评价。

某省得分=[max(各省省内人均公共财政支出均衡度差)-某省省内人均公共财政支出均衡度差]÷[max(各省省内人均公共财政支出均衡度差)-min(各省省内人均公共财政支出均衡度差)]×分值。

其中：

省内人均公共财政支出均衡度=(全省最低40%县的人均公共财政支出÷全省市县人均公共财政支出)×100%×中央转移支付依赖度系数；

省内人均公共财政支出均衡度差=某省省内人均公共财政支出均衡度-各省省内人均公共财政支出均衡度平均水平；

max(各省省内人均公共财政支出均衡度差)指各省省内人均公共财政支出均衡度差的最大值；

min(各省省内人均公共财政支出均衡度差)指各省省内人均公共财政支出均衡度差的最小值。

(2)动态评价。

某省得分=某省省内人均公共财政支出均衡度变动率÷max(各省省内人均公共财政支出均衡度变动

率)×分值。

其中:

省内人均公共财政支出均衡度变动率=本年度省内人均公共财政支出均衡度－上年度省内人均公共财政支出均衡度;

max(各省省内人均公共财政支出均衡度变动率)是指各省省内人均公共财政支出均衡度变动率的最大值。

2. 提高一般性转移支付比重(5分)。

评价内容:省对下转移支付中一般性转移支付所占比重及其提高情况,包括静态评价和动态评价,分值比例为4:1。

(1)静态评价。

某省得分=[某省一般性转移支付占比差－min(各省一般性转移支付占比差)]÷[max(各省一般性转移支付占比差)－min(各省一般性转移支付占比差)]×分值。

其中:

一般性转移支付占比=省对下一般性转移支付÷省对下转移支付×中央转移支付依赖度系数×100%;

一般性转移支付占比差=某省一般性转移支付占比－各省一般性转移支付占比平均水平;

max(各省一般性转移支付占比差)指各省一般性转移支付占比差的最大值;

min(各省一般性转移支付占比差)指各省一般性转移支付占比差的最小值。

(2)动态评价。

某省得分=[某省省对下一般性转移支付占比变动率－min(各省省对下一般性转移支付占比变动率)]÷[max(各省省对下一般性转移支付占比变动率)－min(各省省对下一般性转移支付占比变动率)]×分值;

其中:

省对下一般性转移支付占比=某省省对下一般性转移支付÷某省省对下转移支付总额×100%;

省对下一般性转移支付占比变动率=本年度省对下一般性转移支付占比－上年度省对下一般性转移支付占比;

max(各省省对下一般性转移支付占比变动率)指各省省对下一般性转移支付占比变动率的最大值;

min(各省省对下一般性转移支付占比变动率)指各省省对下一般性转移支付占比变动率的最小值。

(七)落实"约法三章"(10分)。

以禁止新建政府性楼堂馆所、控制财政供养人员增长、控制压缩三公经费支出等为对象,评价地方落实"约法三章"的情况,引导和督促地方切实兑现本届中央政府的庄严承诺。

1. 控制压缩三公经费支出(4分)。

评价内容:公共财政三公经费支出人均水平及其年度间变化情况,包括静态评价和动态评价,分值比例为4:1(按东、中、西区域分别评价)。

(1)静态评价。

某省得分=min(各省人均三公经费支出)÷某省人均三公经费支出×分值。

其中:

某省人均三公经费支出=某省公共财政三公经费支出÷某省标准在职财政供养人员数;

标准在职财政供养人员是指按照总人口、面积、县乡区划数等因素,运用多元回归分析计算确定的财政供养人员数;

min(各省人均三公经费支出)指所在区域各省人均三公经费支出的最小值。

(2)动态评价。

某省得分=[某省三公经费支出变动率－min(各省三公经费支出变动率)]÷[max(各省三公经费支出变动率)－min(各省三公经费支出变动率)]×分值。

其中:

三公经费支出变动率=(1－本年度公共财政三公经费支出决算数÷上年度公共财政三公经费支出决算数)×100%;

max(各省三公经费支出变动率)指各省三公经费支出变动率的最大值;

min(各省三公经费支出变动率)指各省三公经费支出变动率的最小值。

2. 控制财政供养人员增长(4 分)

评价内容：各省实际在职财政供养人员数与标准在职财政供养人员数相比的控制情况及其年度间变化情况，包括静态评价和动态评价，分值比例为 4:1。

(1)静态评价。

某省得分：实际在职财政供养人员数不超过标准在职财政供养人员数的，得满分；其他地区得分＝(1－某省超出率)×分值。

其中：

标准在职财政供养人员是指按照总人口、面积、县乡区划数等因素，运用多元回归分析计算确定的财政供养人员数；

某省超出率＝(实际在职财政供养人员数÷标准在职财政供养人员数－1)×100%。

(2)动态评价。

某省得分＝[max(在职财政供养人员变动率)－在职财政供养人员变动率]÷[max(在职财政供养人员变动率)－min(在职财政供养人员变动率)]×分值。

其中：

在职财政供养人员变动率＝(某省当年在职财政供养人员数÷某省上年在职财政供养人员数－1)×100%；

max(各省在职财政供养人员变动率)指各省在职财政供养人员变动率的最大值；

min(各省在职财政供养人员变动率)指各省在职财政供养人员变动率的最小值。

3. 禁止新建政府性楼堂馆所(2 分)

评价内容：各省是否存在新建政府性楼堂馆所情况。

某省得分：当年无新建政府性楼堂馆所情况的，得 2 分；当年新建政府性楼堂馆所的，得 0 分。

(八)严肃财经纪律(－10 分)。

以财政资金违规情况为对象，评价地方财政资金绩效监督情况，引导和督促地方加强行政权力运行的监督和制约，健全惩治和预防腐败体系。

评价内容：财政资金违规情况。

某省得分＝[某省财政资金违规率－min(各省财政资金违规率)]÷[max(各省财政资金违规率)－min(各省财政资金违规率)]×分值。

其中：

财政资金违规率＝某省该年度财政资金违规金额÷某省该年度公共财政支出决算数×100%；

max(各省财政资金违规率)指各省财政资金违规率的最大值；

min(各省财政资金违规率)指各省财政资金违规率的最小值。

四、评价结果及应用

财政部每年组织对上一年度地方财政管理绩效进行综合评价，评价结果作为相关转移支付分配的重要参考依据。同时，将评价结果按得分进行排名。对得分排名前 10 名的省，由财政部予以通报表扬；对管理基础较差、综合得分较低的省，由财政部予以通报批评，并通过约谈督促切实整改。

评价结果在财政部门户网站公开，主动接受社会公众监督。

五、其他事项

评价数据主要采用中国统计年鉴、地方财政总决算、地方财政分析评价系统、地方政府性债务管理系统及其他统计数据。

16. 关于深入推进地方预决算公开工作的通知(2014 年颁布)

财预〔2014〕36 号

各省、自治区、直辖市、计划单列市财政厅(局)：

为深入贯彻落实党的十八大和十八届二中、三中全会精神，以及国务院常务会议、廉政工作会议等精神和要求，按照深化财税体制改革、推动地方实施公开透明的预算制度的总体部署，根据《中华人民共和国政府信息公开条例》(国务院令第 492 号)、《党政机关厉行节约反对浪费条例》(2013 年,以下统一简称为《条例》)等有关文件规定,现就深入推进地方预决算公开工作通知如下:

一、高度重视地方预决算公开工作

当前,随着社会主义现代化建设的不断推进,社会各界对地方预决算公开的期望和呼声越来越高。财政是庶政之母,公开财政资金的来源和使用去向,是地方政府应尽的职责。地方预算信息公开,是接受监督最有效的方式,最有力的反腐措施;也是贯彻落实《条例》要求的具体体现,全面深化改革的一项关键举措。

做好地方预决算公开工作,有助于保障公民的知情权、参与权、表达权和监督权,推动社会主义法治国家建设;有助于促进党政机关厉行节约,改进工作作风,加强反腐倡廉建设;有助于促进依法行政、依法理财和民主理财,推进财政管理的科学化规范化,提高财政资金使用效益。各级财政部门和各部门一定要高度重视,充分认识地方预决算公开工作的必要性和重要性,认真做好预决算公开工作。

二、切实做好地方预决算公开工作

(一)总体要求。

进一步细化地方政府预决算公开内容,政府预决算全部细化到支出功能分类的项级科目,专项转移支付预决算细化到具体项目。扩大地方部门预决算公开范围,除涉密部门外,地方所有使用财政拨款的部门均应公开本部门预决算。细化地方部门预决算公开内容,除涉密内容外、部门预决算全部公开到支出功能分类的项级科目,逐步将部门预决算公开到基本支出和项目支出,研究将部门决算按经济分类公开。加大"三公"经费公开力度,细化公开内容,所有财政拨款安排的"三公"经费都要详细公开,"公务用车购置和运行费"细化公开为"公务用车购置费"和"公务用车运行费"。

(二)公开主体。

公开的主体为负责编制政府或部门预决算信息的单位或部门。各级财政部门负责本级政府预决算公开,各部门负责本部门预决算公开。

除涉密部门外,所有使用财政拨款的部门和单位都应当公开部门预决算。所有使用财政拨款安排"三公"经费支出的部门和单位都应公开财政拨款"三公"经费预决算。

(三)公开时间。

地方预决算公开的时限为预决算批准(批复)后 20 个工作日内,公开时间应保持一致,每年集中时间将政府预决算、部门预决算及"三公"经费预决算等内容向社会公开,力争一天内公开完毕,各省原则上应于每年 10 月 31 日前完成。"三公"经费预决算随同部门预决算一并公开。

(四)公开形式。

公开应当以政府或部门门户网站等为主要形式,保持长期公开状态。同时,要在同级政府或财政部门门户网站上设立预决算公开专栏,汇总集中公开政府预决算、部门预决算及"三公"经费预决算等内容,方便查询监督。

(五)公开内容。

1. 政府预算公开。应将经同级人大批准的政府预算报告、报表,以及相关说明全部公开。根据预算编制工作进展,公开内容包括同级公共财政收入预算、公共财政支出预算、本级支出预算、对下级税收返还和转移支付预算;同级政府性基金收入预算、政府性基金支出预算、本级政府性基金支出预算、对下级政府性基金转移支付预算;同级国有资本经营收入预算、国有资本经营支出预算等。

2. 部门预算公开。应将同级财政部门批复的预算表全部公开,包括本级预算和所属单位预算在内的汇总预算。根据部门预算编制工作进展,公开内容包括收入预算、支出预算、财政拨款支出预算和政府性基金预算收支等。除涉密内容外,部门预算要全部细化公开到支出功能分类项级科目。

要妥善处理部门预算中的涉密信息。对部门预算中涉及国家秘密、商业秘密、个人隐私的信息,依法不予公开。对部分内容涉及国家秘密、商业秘密、个人隐私的,应在支出总额不变的情况下区分处理,创造条件将不涉密内容公开。同时,为便于公众理解,还应公开本部门职责、机构设置、数据增减变化的情况说明,并对专业性较强的名词进行解释。

3."三公"经费预算公开。各级财政部门公开本级"三公"经费财政拨款预算总额和分项数额,对增减变化的原因进行说明。各部门公开本部门"三公"经费财政拨款预算总额和分项数额,对增减变化的原因进行说明。应将"公务用车购置和运行费"细化公开为"公务用车购置费"和"公务用车运行费"。

4. 决算公开原则上参照预算公开的范围、体例和内容。其中,"三公"经费决算公开要细化说明因公出国(境)团组数及人数,公务用车购置数及保有量,国内公务接待的批次、人数、经费总额,以及"三公"经费增减变化原因等信息。

三、工作要求

(一)统一思想,加强组织。充分认识做好预决算公开工作的重要意义,加强组织领导,按照"方向明确、过程可控、结果可查、易于监督"的原则,制定工作方案,落实责任分工,明确工作目标,抓好工作落实。加大财政宣传力度,营造良好工作氛围,积极向党委、政府、人大汇报工作情况,争取工作支持。

(二)落实责任,注重反馈。各级财政部门和各部门要按照中央要求,切实履行预决算公开的责任和义务。省级财政部门要比照中央做法,结合本地实际,加强对省以下预决算公开工作的指导和督促。各级财政部门要建立定期统计和汇总上报制度,动态掌握本地区预决算公开情况,及时向上级财政部门报告。

(三)把握关切,及时回应。各级财政部门和各部门要加强社会反映评估和舆情引导,实事求是、准确、全面反映预决算信息。公开前,要对公开后的社会反映进行预判,做好应对预案;公开后,要跟踪舆情,主动引导,及时解疑释惑,避免公众误解。涉及部门共性事项,要与财政部门及时沟通,有效回应。

(四)严肃纪律,强化督查。各地要严肃纪律,加大督查力度,不折不扣地执行预决算公开工作要求。各省级财政部门每年11月30日前,将本省预决算公开工作总结上报我部;各专员办每年底要对所在省份预决算公开工作进行专项检查,对落实不力的,财政部将以适当方式向国务院报告,确保政令畅通。

本通知自印发之日起实施。2013年8月6日财政部公布的《财政部关于推进省以下预决算公开工作的通知》(财预〔2013〕309号)同时废止。

特此通知。

财政部
2014年3月4日

17. 深入开展贯彻执行中央八项规定严肃财经纪律和"小金库"专项治理工作方案(2014年颁布)

(财监〔2014〕19号)

严肃财经纪律和深入开展"小金库"专项治理,是保障中央八项规定贯彻执行的重要举措。党中央、国务院高度重视做好这项工作,明确要求财政、审计部门加大财务监督和审计监督力度,强化专项检查,抓好"三公"经费、会议费等预算管理,进一步治理"小金库",切实严肃财经纪律,真正从源头上斩断不良作风的"资金链"。一年多来,各地区、各部门采取有效措施,在贯彻执行中央八项规定、严肃财经纪律方面做了大量工作。但必须看到,财经纪律意识淡薄、预算资产财务管理不到位、私设"小金库"等问题依然存在,必须采取有效措施坚决予以纠正和防范。为确保严肃财经纪律和"小金库"专项治理工作的全面开展和有效实施,现根据《中共中央办公厅国务院办公厅关于贯彻执行中央八项规定情况的报告》(中办发〔2014〕9号)和国务院第二次廉政工作会议部署,制定如下工作方案:

一、工作目标和指导原则

(一)工作目标。通过开展专项治理,坚决纠正和查处各种财经违法违纪行为,推进厉行节约反对浪费,从源头上斩断不良作风的"资金链",确保中央八项规定落到实处。

(二)指导原则。专项治理工作要掌握以下原则:

一是分级负责,分口把关。实行中央与地方分级负责、各有关职能部门和行业主管部门分口把关的工作机制,落实专项治理工作责任制,一级抓一级、层层抓落实。

二是突出重点,统筹兼顾。专项治理工作要围绕预算、资产、财务、政府采购、会计工作的关键节点和薄弱环节,结合各地区、各部门的实际情况,有的放矢,突出重点。同时,要与财政、审计日常监管工作相结合,形成整体合力。

三是严格执法,标本兼治。坚持依法依规办事,坚决查处和纠正各类违法违规行为。同时更加注重治本，更加注重预防，不断深化财政、金融、国有资产经营管理等改革，逐步完善体制、机制和制度。

二、专项治理的范围和内容

各地区、各部门要紧紧围绕贯彻落实中央八项规定，结合本地区、本部门实际，明确专项治理范围，细化专项治理内容，提升专项治理的针对性、有效性。

（一）专项治理范围。纳入预算管理或有财政拨款的部门和单位，重点是各级党政机关、事业单位和社会团体。

（二）专项治理内容。2013 年以来违反中央八项规定和财经纪律以及设立“小金库”的有关问题，数额较大和情节严重的，可追溯到以前年度。重点包括：

1. 预算收入管理情况。按照综合预算的要求，加强对预算收入管理的监督检查。重点检查各单位依法取得的罚没收入、行政事业性收费、政府性基金、国有资产收益和处置等非税收入，未按规定及时足额上缴国库，隐瞒、截留、挤占、挪用、坐支或者私分，以及违规转移到所属工会、培训中心、服务中心等单位使用等问题；严肃查处各种形式的乱收费、乱罚款、乱摊派。

2. 预算支出管理情况。遵循先有预算、后有支出的原则，加强对预算支出管理的监督检查。重点检查超预算或者无预算安排支出，虚列支出、转移或者套取预算资金，转嫁支出等问题；及时纠正违反规定擅自设立项目、超标准超范围发放津贴补贴问题；对公务卡管理使用情况开展监督检查。

突出对“三公”经费的监督检查。重点检查违规扩大出国经费开支范围，擅自提高出国经费开支标准和虚报出国团组级别、人数等套取出国经费，擅自增加出访国家、地区及城市，接受企事业单位资助或向下属单位摊派出国费用等问题；超标准配置公务用车、违规配置和向下属单位或其他单位转移摊派公务用车购置及运行经费等问题；超规格、超标准接待和赠送礼品、礼金、有价证券、纪念品及土特产品等问题。

突出对会议费和培训费的监督检查。会议费重点检查计划外召开会议，以虚报、冒领手段骗取会议费，虚报会议人数、天数等进行报销，违规扩大会议费开支范围、擅自提高会议费开支标准，在非定点饭店或严禁召开会议的风景名胜区召开会议，违规转嫁或摊派会议费用以及报销与会议无关费用等问题。培训费重点检查计划外举办培训班，超范围和开支标准列支培训费，虚报和未按规定程序报销培训费，转嫁、摊派培训费用和向参训人员乱收费等问题。及时纠正借会议、培训之名组织会餐、安排宴请、公款旅游以及在会议费、培训费中列支公务接待费等与会议、培训无关的支出。

3. 政府采购管理情况。按照公开透明、公平竞争、诚实信用的原则，加强对货物、工程和服务等政府采购的管理和监督。重点检查采购预算编制不完整，执行经费预算和资产配置标准不严格，违反政府采购程序，“暗箱”操作、无预算采购、超预算采购等问题。

4. 资产管理情况。从资产配置、使用、处置等环节入手，严肃查处擅自处置资产、转移收入、私分资产等行为。资产配置环节，重点检查违反有关法律、法规和制度的规定配置资产，资产配置与履行职责不适应，以及资产配置中存在的奢侈浪费等问题。资产管理环节，重点检查资产管理使用制度不健全，资产管理责任制不落实，资产账实不符等问题。资产处置环节重点检查在处置范围、审批程序、处置方式、收入管理等方面存在的违规问题。

5. 财务会计管理情况。落实《行政单位财务规则》和《事业单位财务规则》，检查各级党政机关和事业单位的财务会计核算行为。重点检查各单位未设置会计账簿，会计凭证、会计账簿、财务会计报告和其他会计资料不真实不完整，会计核算不符合《会计法》和国家统一的会计制度的规定，从事会计工作的人员不具备从业资格等问题，严肃查处各种会计造假行为。

6. 财政票据管理情况。加强对财政票据印制、发放与领用、使用与保管、核准与销毁等全过程的管理与监督。重点检查非法印制票据，转让、出借、串用、代开票据，或者伪造、变造、买卖、擅自销毁票据等行为，坚决查处假发票。

7. 设立“小金库”情况。继续深入开展“小金库”治理工作，对违反法律及其他有关规定，应列入而未列入规定账户、账簿的各项资金（含有价证券）及其形成的资产进行清理检查，坚决查处贪污、私分、行贿、受贿，以及套取会议费、培训费和出国（境）费用等设立“小金库”问题。

三、专项治理的方法步骤

此次专项治理工作采取自查自纠与重点检查相结合的方式进行。

（一）自查自纠（本方案下发之日起至 8 月 15 日）。

各地区、各部门要按照本方案的要求，抓紧制定具体工作方案，落实工作措施，认真组织自查，做到不走过场、全面覆盖。自查面必须达到100%。各单位对自查中发现的各种违规违纪问题，必须自觉纠正，及时填报《单位“三公”经费自查情况报告表》(附表1)、《单位会议费、培训费自查情况报告表》(附表2)、《单位“小金库”自查自纠情况报告表》(附表3)和《单位严肃财经纪律和治理“小金库”自查自纠情况报告表》(附表4)。各单位负责人对自查自纠工作负完全责任。

自查自纠工作结束后，各地区、各部门根据自查自纠情况汇总填报本地区、本部门的《“三公”经费自查情况统计表》(附表5)、《会议费、培训费自查情况统计表》(附表6)、《“小金库”自查自纠情况统计表》(附表7)和《严肃财经纪律和治理“小金库”自查自纠情况统计表》(附表8)，逐级上报。各省(自治区、直辖市)、中央和国家机关各部委、各人民团体于？月？日前将自查自纠总结报告和统计报表报财政部(监督检查局)。

(二)重点检查(8月16日至9月底)。

在自查自纠基础上，各级财政、审计部门要组织力量开展重点检查，对有具体举报线索、社会反映比较强烈、日常监管中问题较多、自查自纠不认真的地区和单位，要集中开展重点检查。

重点检查报告及《“三公”经费重点检查情况统计表》(附表9)、《会议费、培训费重点检查情况统计表》(附表10)、《“小金库”重点检查情况统计表》(附表11)和《严肃财经纪律和治理“小金库”重点检查情况统计表》(附表12)要逐级上报。各省(自治区、直辖市)于9月25日前将重点检查报告和统计报表报财政部(监督检查局)。

各级财政、审计部门对本年度开展的检查工作中，发现的与违反财经纪律和设立“小金库”相关问题，一并汇总填报。

(三)整改完善(9月底至10月中旬)。

各地区、各部门要针对专项治理工作发现的问题，制定整改措施并切实抓好落实，做到资金资产处理到位、违规违纪责任人员处理到位。要深入分析产生问题的原因，完善制度，深化改革，强化源头控制，健全完善长效机制。

专项治理工作基本结束后，各省(自治区、直辖市)、中央和国家机关各部委、各人民团体要对专项治理工作进行全面总结并形成书面报告，于10月10日前报送财政部(监督检查局)汇总。

四、工作要求

(一)加强组织领导。各地区、各部门要高度重视，把专项治理工作摆在重要位置，进一步强化责任，精心部署落实。财政部、审计署组建工作班子，建立专项治理工作协调机制，负责指导和协调全国范围内专项治理工作。各地区、各部门要组建专项治理工作班子，切实加强组织领导，建立健全领导体制和工作协调机制，狠抓工作落实。各单位主要领导对专项治理工作负总责，领导班子其他成员根据工作分工，对职责范围内的有关工作负直接领导责任。

(二)加大执法力度。各级财政、审计部门要认真开展重点检查，对发现的问题，要依法进行处理处罚，对有关责任人员要依纪依法追究责任。各地区、各部门要加强对自查自纠、重点检查发现问题的汇总、分析与研究，及时通报各类违规违纪问题。对严重违法乱纪的，特别是抵制检查、顶风违纪、转移资金、突击花钱的，要严肃处理并通过新闻媒体予以公开曝光，充分发挥警示与威慑作用。

(三)强化工作督导。为保证专项治理质量，各地区、各部门要组织力量有重点地开展督促指导，总结推广好的经验做法，督办典型案件，验收治理效果。有关部门和单位也要组织力量开展检查，尽量把问题解决在自查阶段。对工作组织领导不力、自查自纠和重点检查不认真，以及拒绝接受重点检查的部门和单位，要给予通报批评并责令整改。

第四编

审计相关法规

第十二章 国家审计相关法规

1. 中华人民共和国审计法(2006年修正)

第一章 总 则

第一条 为了加强国家的审计监督,维护国家财政经济秩序,提高财政资金使用效益,促进廉政建设,保障国民经济和社会健康发展,根据宪法,制定本法。

第二条 国家实行审计监督制度。国务院和县级以上地方人民政府设立审计机关。

国务院各部门和地方各级人民政府及其各部门的财政收支,国有的金融机构和企业事业组织的财务收支,以及其他依照本法规定应当接受审计的财政收支、财务收支,依照本法规定接受审计监督。

审计机关对前款所列财政收支或者财务收支的真实、合法和效益,依法进行审计监督。

第三条 审计机关依照法律规定的职权和程序,进行审计监督。

审计机关依据有关财政收支、财务收支的法律、法规和国家其他有关规定进行审计评价,在法定职权范围内作出审计决定。

第四条 国务院和县级以上地方人民政府应当每年向本级人民代表大会常务委员会提出审计机关对预算执行和其他财政收支的审计工作报告。审计工作报告应当重点报告对预算执行的审计情况。必要时,人民代表大会常务委员会可以对审计工作报告作出决议。

国务院和县级以上地方人民政府应当将审计工作报告中指出的问题的纠正情况和处理结果向本级人民代表大会常务委员会报告。

第五条 审计机关依照法律规定独立行使审计监督权,不受其他行政机关、社会团体和个人的干涉。

第六条 审计机关和审计人员办理审计事项,应当客观公正,实事求是,廉洁奉公,保守秘密。

第二章 审计机关和审计人员

第七条 国务院设立审计署,在国务院总理领导下,主管全国的审计工作。审计长是审计署的行政首长。

第八条 省、自治区、直辖市、设区的市、自治州、县、自治县、不设区的市、市辖区的人民政府的审计机关,分别在省长、自治区主席、市长、州长、县长、区长和上一级审计机关的领导下,负责本行政区域内的审计工作。

第九条 地方各级审计机关对本级人民政府和上一级审计机关负责并报告工作,审计业务以上级审计机关领导为主。

第十条 审计机关根据工作需要,经本级人民政府批准,可以在其审计管辖范围内设立派出机构。

派出机构根据审计机关的授权,依法进行审计工作。

第十一条 审计机关履行职责所必需的经费,应当列入财政预算,由本级人民政府予以保证。

第十二条 审计人员应当具备与其从事的审计工作相适应的专业知识和业务能力。

第十三条 审计人员办理审计事项,与被审计单位或者审计事项有利害关系的,应当回避。

第十四条 审计人员对其在执行职务中知悉的国家秘密和被审计单位的商业秘密,负有保密的义务。

第十五条 审计人员依法执行职务,受法律保护。

任何组织和个人不得拒绝、阻碍审计人员依法执行职务,不得打击报复审计人员。

审计机关负责人依照法定程序任免。审计机关负责人没有违法失职或者其他不符合任职条件的情况的,不得随意撤换。地方各级审计机关负责人的任免,应当事先征求上一级审计机关的意见。

第三章　审计机关职责

第十六条　审计机关对本级各部门(含直属单位)和下级政府预算的执行情况和决算以及其他财政收支情况,进行审计监督。

第十七条　审计署在国务院总理领导下,对中央预算执行情况和其他财政收支情况进行审计监督,向国务院总理提出审计结果报告。

地方各级审计机关分别在省长、自治区主席、市长、州长、县长、区长和上一级审计机关的领导下,对本级预算执行情况和其他财政收支情况进行审计监督,向本级人民政府和上一级审计机关提出审计结果报告。

第十八条　审计署对中央银行的财务收支,进行审计监督。审计机关对国有金融机构的资产、负债、损益,进行审计监督。

第十九条　审计机关对国家的事业组织和使用财政资金的其他事业组织的财务收支,进行审计监督。

第二十条　审计机关对国有企业的资产、负债、损益,进行审计监督。

第二十一条　对国有资本占控股地位或者主导地位的企业、金融机构的审计监督,由国务院规定。

第二十二条　审计机关对政府投资和以政府投资为主的建设项目的预算执行情况和决算,进行审计监督。

第二十三条　审计机关对政府部门管理的和其他单位受政府委托管理的社会保障基金、社会捐赠资金以及其他有关基金、资金的财务收支,进行审计监督。

第二十四条　审计机关对国际组织和外国政府援助、贷款项目的财务收支,进行审计监督。

第二十五条　审计机关按照国家有关规定,对国家机关和依法属于审计机关审计监督对象的其他单位的主要负责人,在任职期间对本地区、本部门或者本单位的财政收支、财务收支以及有关经济活动应负经济责任的履行情况,进行审计监督。

第二十六条　除本法规定的审计事项外,审计机关对其他法律、行政法规规定应当由审计机关进行审计的事项,依照本法和有关法律、行政法规的规定进行审计监督。

第二十七条　审计机关有权对与国家财政收支有关的特定事项,向有关地方、部门、单位进行专项审计调查,并向本级人民政府和上一级审计机关报告审计调查结果。

第二十八条　审计机关根据被审计单位的财政、财务隶属关系或者国有资产监督管理关系,确定审计管辖范围。

审计机关之间对审计管辖范围有争议的,由其共同的上级审计机关确定。

上级审计机关可以将其审计管辖范围内的本法第十八条第二款至第二十五条规定的审计事项,授权下级审计机关进行审计;上级审计机关对下级审计机关审计管辖范围内的重大审计事项,可以直接进行审计,但是应当防止不必要的重复审计。

第二十九条　依法属于审计机关审计监督对象的单位,应当按照国家有关规定建立健全内部审计制度;其内部审计工作应当接受审计机关的业务指导和监督。

第三十条　社会审计机构审计的单位依法属于审计机关审计监督对象的,审计机关按照国务院的规定,有权对该社会审计机构出具的相关审计报告进行核查。

第四章　审计机关权限

第三十一条　审计机关有权要求被审计单位按照审计机关的规定提供预算或者财务收支计划、预算执行情况、决算、财务会计报告,运用电子计算机储存、处理的财政收支、财务收支电子数据和必要的电子计算机技术文档,在金融机构开立账户的情况,社会审计机构出具的审计报告,以及其他与财政收支或者财务收支有关的资料,被审计单位不得拒绝、拖延、谎报。

被审计单位负责人对本单位提供的财务会计资料的真实性和完整性负责。

第三十二条　审计机关进行审计时，有权检查被审计单位的会计凭证、会计账簿、财务会计报告和运用电子计算机管理财政收支、财务收支电子数据的系统，以及其他与财政收支、财务收支有关的资料和资产，被审计单位不得拒绝。

第三十三条　审计机关进行审计时，有权就审计事项的有关问题向有关单位和个人进行调查，并取得有关证明材料。有关单位和个人应当支持、协助审计机关工作，如实向审计机关反映情况，提供有关证明材料。

审计机关经县级以上人民政府审计机关负责人批准，有权查询被审计单位在金融机构的账户。

审计机关有证据证明被审计单位以个人名义存储公款的，经县级以上人民政府审计机关主要负责人批准，有权查询被审计单位以个人名义在金融机构的存款。

第三十四条　审计机关进行审计时，被审计单位不得转移、隐匿、篡改、毁弃会计凭证、会计账簿、财务会计报告以及其他与财政收支或者财务收支有关的资料，不得转移、隐匿所持有的违反国家规定取得的资产。

审计机关对被审计单位违反前款规定的行为，有权予以制止；必要时，经县级以上人民政府审计机关负责人批准，有权封存有关资料和违反国家规定取得的资产；对其中在金融机构的有关存款需要予以冻结的，应当向人民法院提出申请。

审计机关对被审计单位正在进行的违反国家规定的财政收支、财务收支行为，有权予以制止；制止无效的，经县级以上人民政府审计机关负责人批准，通知财政部门和有关主管部门暂停拨付与违反国家规定的财政收支、财务收支行为直接有关的款项，已经拨付的，暂停使用。

审计机关采取前两款规定的措施不得影响被审计单位合法的业务活动和生产经营活动。

第三十五条　审计机关认为被审计单位所执行的上级主管部门有关财政收支、财务收支的规定与法律、行政法规相抵触的，应当建议有关主管部门纠正；有关主管部门不予纠正的，审计机关应当提请有权处理的机关依法处理。

第三十六条　审计机关可以向政府有关部门通报或者向社会公布审计结果。

审计机关通报或者公布审计结果，应当依法保守国家秘密和被审计单位的商业秘密，遵守国务院的有关规定。

第三十七条　审计机关履行审计监督职责，可以提请公安、监察、财政、税务、海关、价格、工商行政管理等机关予以协助。

第五章　审计程序

第三十八条　审计机关根据审计项目计划确定的审计事项组成审计组，并应当在实施审计三日前，向被审计单位送达审计通知书；遇有特殊情况，经本级人民政府批准，审计机关可以直接持审计通知书实施审计。

被审计单位应当配合审计机关的工作，并提供必要的工作条件。

审计机关应当提高审计工作效率。

第三十九条　审计人员通过审查会计凭证、会计账簿、财务会计报告，查阅与审计事项有关的文件、资料，检查现金、实物、有价证券，向有关单位和个人调查等方式进行审计，并取得证明材料。

审计人员向有关单位和个人进行调查时，应当出示审计人员的工作证件和审计通知书副本。

第四十条　审计组对审计事项实施审计后，应当向审计机关提出审计组的审计报告。审计组的审计报告报送审计机关前，应当征求被审计对象的意见。被审计对象应当自接到审计组的审计报告之日起十日内，将其书面意见送交审计组。审计组应当将被审计对象的书面意见一并报送审计机关。

第四十一条　审计机关按照审计署规定的程序对审计组的审计报告进行审议，并对被审计对象对审计组的审计报告提出的意见一并研究后，提出审计机关的审计报告；对违反国家规定的财政收支、财务收支行为，依法应当给予处理、处罚的，在法定职权范围内作出审计决定或者向有关主管机关提出处理、处罚的意见。

审计机关应当将审计机关的审计报告和审计决定送达被审计单位和有关主管机关、单位。审计决定自送达之日起生效。

第四十二条 上级审计机关认为下级审计机关作出的审计决定违反国家有关规定的，可以责成下级审计机关予以变更或者撤销，必要时也可以直接作出变更或者撤销的决定。

第六章 法律责任

第四十三条 被审计单位违反本法规定，拒绝或者拖延提供与审计事项有关的资料的，或者提供的资料不真实、不完整的，或者拒绝、阻碍检查的，由审计机关责令改正，可以通报批评，给予警告；拒不改正的，依法追究责任。

第四十四条 被审计单位违反本法规定，转移、隐匿、篡改、毁弃会计凭证、会计账簿、财务会计报告以及其他与财政收支、财务收支有关的资料，或者转移、隐匿所持有的违反国家规定取得的资产，审计机关认为对直接负责的主管人员和其他直接责任人员依法应当给予处分的，应当提出给予处分的建议，被审计单位或者其上级机关、监察机关应当依法及时作出决定，并将结果书面通知审计机关；构成犯罪的，依法追究刑事责任。

第四十五条 对本级各部门(含直属单位)和下级政府违反预算的行为或者其他违反国家规定的财政收支行为，审计机关、人民政府或者有关主管部门在法定职权范围内，依照法律、行政法规的规定，区别情况采取下列处理措施：

(一)责令限期缴纳应当上缴的款项；

(二)责令限期退还被侵占的国有资产；

(三)责令限期退还违法所得；

(四)责令按照国家统一的会计制度的有关规定进行处理；

(五)其他处理措施。

第四十六条 对被审计单位违反国家规定的财务收支行为，审计机关、人民政府或者有关主管部门在法定职权范围内，依照法律、行政法规的规定，区别情况采取前条规定的处理措施，并可以依法给予处罚。

第四十七条 审计机关在法定职权范围内作出的审计决定，被审计单位应当执行。

审计机关依法责令被审计单位上缴应当上缴的款项，被审计单位拒不执行的，审计机关应当通报有关主管部门，有关主管部门应当依照有关法律、行政法规的规定予以扣缴或者采取其他处理措施，并将结果书面通知审计机关。

第四十八条 被审计单位对审计机关作出的有关财务收支的审计决定不服的，可以依法申请行政复议或者提起行政诉讼。

被审计单位对审计机关作出的有关财政收支的审计决定不服的，可以提请审计机关的本级人民政府裁决，本级人民政府的裁决为最终决定。

第四十九条 被审计单位的财政收支、财务收支违反国家规定，审计机关认为对直接负责的主管人员和其他直接责任人员依法应当给予处分的，应当提出给予处分的建议，被审计单位或者其上级机关、监察机关应当依法及时作出决定，并将结果书面通知审计机关。

第五十条 被审计单位的财政收支、财务收支违反法律、行政法规的规定，构成犯罪的，依法追究刑事责任。

第五十一条 报复陷害审计人员的，依法给予处分；构成犯罪的，依法追究刑事责任。

第五十二条 审计人员滥用职权、徇私舞弊、玩忽职守或者泄露所知悉的国家秘密、商业秘密的，依法给予处分；构成犯罪的，依法追究刑事责任。

第七章 附 则

第五十三条 中国人民解放军审计工作的规定，由中央军事委员会根据本法制定。

第五十四条 本法自1995年1月1日起施行。1988年11月30日国务院发布的《中华人民共和国审计条例》同时废止。

2. 中华人民共和国审计法实施条例（2010 年颁布）

中华人民共和国国务院令 2010 年第 571 号

第一章 总 则

第一条 根据《中华人民共和国审计法》（以下简称审计法）的规定，制定本条例。

第二条 审计法所称审计，是指审计机关依法独立检查被审计单位的会计凭证、会计账簿、财务会计报告以及其他与财政收支、财务收支有关的资料和资产，监督财政收支、财务收支真实、合法和效益的行为。

第三条 审计法所称财政收支，是指依照《中华人民共和国预算法》和国家其他有关规定，纳入预算管理的收入和支出，以及下列财政资金中未纳入预算管理的收入和支出：

（一）行政事业性收费；

（二）国有资源、国有资产收入；

（三）应当上缴的国有资本经营收益；

（四）政府举借债务筹措的资金；

（五）其他未纳入预算管理的财政资金。

第四条 审计法所称财务收支，是指国有的金融机构、企业事业组织以及依法应当接受审计机关审计监督的其他单位，按照国家财务会计制度的规定，实行会计核算的各项收入和支出。

第五条 审计机关依照审计法和本条例以及其他有关法律、法规规定的职责、权限和程序进行审计监督。

审计机关依照有关财政收支、财务收支的法律、法规，以及国家有关政策、标准、项目目标等方面的规定进行审计评价，对被审计单位违反国家规定的财政收支、财务收支行为，在法定职权范围内作出处理、处罚的决定。

第六条 任何单位和个人对依法应当接受审计机关审计监督的单位违反国家规定的财政收支、财务收支行为，有权向审计机关举报。审计机关接到举报，应当依法及时处理。

第二章 审计机关和审计人员

第七条 审计署在国务院总理领导下，主管全国的审计工作，履行审计法和国务院规定的职责。

地方各级审计机关在本级人民政府行政首长和上一级审计机关的领导下，负责本行政区域的审计工作，履行法律、法规和本级人民政府规定的职责。

第八条 省、自治区人民政府设有派出机关的，派出机关的审计机关对派出机关和省、自治区人民政府审计机关负责并报告工作，审计业务以省、自治区人民政府审计机关领导为主。

第九条 审计机关派出机构依照法律、法规和审计机关的规定，在审计机关的授权范围内开展审计工作，不受其他行政机关、社会团体和个人的干涉。

第十条 审计机关编制年度经费预算草案的依据主要包括：

（一）法律、法规；

（二）本级人民政府的决定和要求；

（三）审计机关的年度审计工作计划；

（四）定员定额标准；

（五）上一年度经费预算执行情况和本年度的变化因素。

第十一条 审计人员实行审计专业技术资格制度，具体按照国家有关规定执行。

审计机关根据工作需要，可以聘请具有与审计事项相关专业知识的人员参加审计工作。

第十二条 审计人员办理审计事项，有下列情形之一的，应当申请回避，被审计单位也有权申请审计人员回避：

（一）与被审计单位负责人或者有关主管人员有夫妻关系、直系血亲关系、三代以内旁系血亲或者近姻亲关系的；

（二）与被审计单位或者审计事项有经济利益关系的；

（三）与被审计单位、审计事项、被审计单位负责人或者有关主管人员有其他利害关系，可能影响公正执行公务的。

审计人员的回避，由审计机关负责人决定；审计机关负责人办理审计事项时的回避，由本级人民政府或者上一级审计机关负责人决定。

第十三条 地方各级审计机关正职和副职负责人的任免，应当事先征求上一级审计机关的意见。

第十四条 审计机关负责人在任职期间没有下列情形之一的，不得随意撤换：

（一）因犯罪被追究刑事责任的；

（二）因严重违法、失职受到处分，不适宜继续担任审计机关负责人的；

（三）因健康原因不能履行职责 1 年以上的；

（四）不符合国家规定的其他任职条件的。

第三章 审计机关职责

第十五条 审计机关对本级人民政府财政部门具体组织本级预算执行的情况，本级预算收入征收部门征收预算收入的情况，与本级人民政府财政部门直接发生预算缴款、拨款关系的部门、单位的预算执行情况和决算，下级人民政府的预算执行情况和决算，以及其他财政收支情况，依法进行审计监督。经本级人民政府批准，审计机关对其他取得财政资金的单位和项目接受、运用财政资金的真实、合法和效益情况，依法进行审计监督。

第十六条 审计机关对本级预算收入和支出的执行情况进行审计监督的内容包括：

（一）财政部门按照本级人民代表大会批准的本级预算向本级各部门（含直属单位）批复预算的情况、本级预算执行中调整情况和预算收支变化情况；

（二）预算收入征收部门依照法律、行政法规的规定和国家其他有关规定征收预算收入情况；

（三）财政部门按照批准的年度预算、用款计划，以及规定的预算级次和程序，拨付本级预算支出资金情况；

（四）财政部门依照法律、行政法规的规定和财政管理体制，拨付和管理政府间财政转移支付资金情况以及办理结算、结转情况；

（五）国库按照国家有关规定办理预算收入的收纳、划分、留解情况和预算支出资金的拨付情况；

（六）本级各部门（含直属单位）执行年度预算情况；

（七）依照国家有关规定实行专项管理的预算资金收支情况；

（八）法律、法规规定的其他预算执行情况。

第十七条 审计法第十七条所称审计结果报告，应当包括下列内容：

（一）本级预算执行和其他财政收支的基本情况；

（二）审计机关对本级预算执行和其他财政收支情况作出的审计评价；

（三）本级预算执行和其他财政收支中存在的问题以及审计机关依法采取的措施；

（四）审计机关提出的改进本级预算执行和其他财政收支管理工作的建议；

（五）本级人民政府要求报告的其他情况。

第十八条 审计署对中央银行及其分支机构履行职责所发生的各项财务收支，依法进行审计监督。

审计署向国务院总理提出的中央预算执行和其他财政收支情况审计结果报告，应当包括对中央银行的财务收支的审计情况。

第十九条 审计法第二十一条所称国有资本占控股地位或者主导地位的企业、金融机构，包括：

（一）国有资本占企业、金融机构资本（股本）总额的比例超过 50％的；

（二）国有资本占企业、金融机构资本（股本）总额的比例在 50％以下，但国有资本投资主体拥有实际控制权的。

审计机关对前款规定的企业、金融机构，除国务院另有规定外，比照审计法第十八条第二款、第二十条规定进行审计监督。

第二十条 审计法第二十二条所称政府投资和以政府投资为主的建设项目，包括：

（一）全部使用预算内投资资金、专项建设基金、政府举借债务筹措的资金等财政资金的；

（二）未全部使用财政资金，财政资金占项目总投资的比例超过50%，或者占项目总投资的比例在50%以下，但政府拥有项目建设、运营实际控制权的。

审计机关对前款规定的建设项目的总预算或者概算的执行情况、年度预算的执行情况和年度决算、单项工程结算、项目竣工决算，依法进行审计监督；对前款规定的建设项目进行审计时，可以对直接有关的设计、施工、供货等单位取得建设项目资金的真实性、合法性进行调查。

第二十一条 审计法第二十三条所称社会保障基金，包括社会保险、社会救助、社会福利基金以及发展社会保障事业的其他专项基金；所称社会捐赠资金，包括来源于境内外的货币、有价证券和实物等各种形式的捐赠。

第二十二条 审计法第二十四条所称国际组织和外国政府援助、贷款项目，包括：

（一）国际组织、外国政府及其机构向中国政府及其机构提供的贷款项目；

（二）国际组织、外国政府及其机构向中国企业事业组织以及其他组织提供的由中国政府及其机构担保的贷款项目；

（三）国际组织、外国政府及其机构向中国政府及其机构提供的援助和赠款项目；

（四）国际组织、外国政府及其机构向受中国政府委托管理有关基金、资金的单位提供的援助和赠款项目；

（五）国际组织、外国政府及其机构提供援助、贷款的其他项目。

第二十三条 审计机关可以依照审计法和本条例规定的审计程序、方法以及国家其他有关规定，对预算管理或者国有资产管理使用等与国家财政收支有关的特定事项，向有关地方、部门、单位进行专项审计调查。

第二十四条 审计机关根据被审计单位的财政、财务隶属关系，确定审计管辖范围；不能根据财政、财务隶属关系确定审计管辖范围的，根据国有资产监督管理关系，确定审计管辖范围。

两个以上国有资本投资主体投资的金融机构、企业事业组织和建设项目，由对主要投资主体有审计管辖权的审计机关进行审计监督。

第二十五条 各级审计机关应当按照确定的审计管辖范围进行审计监督。

第二十六条 依法属于审计机关审计监督对象的单位的内部审计工作，应当接受审计机关的业务指导和监督。

依法属于审计机关审计监督对象的单位，可以根据内部审计工作的需要，参加依法成立的内部审计自律组织。审计机关可以通过内部审计自律组织，加强对内部审计工作的业务指导和监督。

第二十七条 审计机关进行审计或者专项审计调查时，有权对社会审计机构出具的相关审计报告进行核查。

审计机关核查社会审计机构出具的相关审计报告时，发现社会审计机构存在违反法律、法规或者执业准则等情况的，应当移送有关主管机关依法追究责任。

第四章 审计机关权限

第二十八条 审计机关依法进行审计监督时，被审计单位应当依照审计法第三十一条规定，向审计机关提供与财政收支、财务收支有关的资料。被审计单位负责人应当对本单位提供资料的真实性和完整性作出书面承诺。

第二十九条 各级人民政府财政、税务以及其他部门（含直属单位）应当向本级审计机关报送下列资料：

（一）本级人民代表大会批准的本级预算和本级人民政府财政部门向本级各部门（含直属单位）批复的预算，预算收入征收部门的年度收入计划，以及本级各部门（含直属单位）向所属各单位批复的预算；

（二）本级预算收支执行和预算收入征收部门的收入计划完成情况月报、年报，以及决算情况；

（三）综合性财政税务工作统计年报、情况简报，财政、预算、税务、财务和会计等规章制度；

（四）本级各部门（含直属单位）汇总编制的本部门决算草案。

第三十条 审计机关依照审计法第三十三条规定查询被审计单位在金融机构的账户的，应当持县级以上人民政府审计机关负责人签发的协助查询单位账户通知书；查询被审计单位以个人名义在金融机构的存款的，应当持县级以上人民政府审计机关主要负责人签发的协助查询个人存款通知书。有关金融机构应当予以协助，并提供证明材料，审计机关和审计人员负有保密义务。

第三十一条 审计法第三十四条所称违反国家规定取得的资产，包括：

（一）弄虚作假骗取的财政拨款、实物以及金融机构贷款；

（二）违反国家规定享受国家补贴、补助、贴息、免息、减税、免税、退税等优惠政策取得的资产；

（三）违反国家规定向他人收取的款项、有价证券、实物；

（四）违反国家规定处分国有资产取得的收益；

（五）违反国家规定取得的其他资产。

第三十二条 审计机关依照审计法第三十四条规定封存被审计单位有关资料和违反国家规定取得的资产的，应当持县级以上人民政府审计机关负责人签发的封存通知书，并在依法收集与审计事项相关的证明材料或者采取其他措施后解除封存。封存的期限为7日以内；有特殊情况需要延长的，经县级以上人民政府审计机关负责人批准，可以适当延长，但延长的期限不得超过7日。

对封存的资料、资产，审计机关可以指定被审计单位负责保管，被审计单位不得损毁或者擅自转移。

第三十三条 审计机关依照审计法第三十六条规定，可以就有关审计事项向政府有关部门通报或者向社会公布对被审计单位的审计、专项审计调查结果。

审计机关经与有关主管机关协商，可以在向社会公布的审计、专项审计调查结果中，一并公布对社会审计机构相关审计报告核查的结果。

审计机关拟向社会公布对上市公司的审计、专项审计调查结果的，应当在5日前将拟公布的内容告知上市公司。

第五章　审计程序

第三十四条 审计机关应当根据法律、法规和国家其他有关规定，按照本级人民政府和上级审计机关的要求，确定年度审计工作重点，编制年度审计项目计划。

审计机关在年度审计项目计划中确定对国有资本占控股地位或者主导地位的企业、金融机构进行审计的，应当自确定之日起7日内告知列入年度审计项目计划的企业、金融机构。

第三十五条 审计机关应当根据年度审计项目计划，组成审计组，调查了解被审计单位的有关情况，编制审计方案，并在实施审计3日前，向被审计单位送达审计通知书。

第三十六条 审计法第三十八条所称特殊情况，包括：

（一）办理紧急事项的；

（二）被审计单位涉嫌严重违法违规的；

（三）其他特殊情况。

第三十七条 审计人员实施审计时，应当按照下列规定办理：

（一）通过检查、查询、监督盘点、发函询证等方法实施审计；

（二）通过收集原件、原物或者复制、拍照等方法取得证明材料；

（三）对与审计事项有关的会议和谈话内容作出记录，或者要求被审计单位提供会议记录材料；

（四）记录审计实施过程和查证结果。

第三十八条 审计人员向有关单位和个人调查取得的证明材料，应当有提供者的签名或者盖章；不能取得提供者签名或者盖章的，审计人员应当注明原因。

第三十九条 审计组向审计机关提出审计报告前，应当书面征求被审计单位意见。被审计单位应当自接到审计组的审计报告之日起10日内，提出书面意见；10日内未提出书面意见的，视同无异议。

审计组应当针对被审计单位提出的书面意见，进一步核实情况，对审计组的审计报告作必要修改，连同被审计单位的书面意见一并报送审计机关。

第四十条　审计机关有关业务机构和专门机构或者人员对审计组的审计报告以及相关审计事项进行复核、审理后，由审计机关按照下列规定办理：

（一）提出审计机关的审计报告，内容包括：对审计事项的审计评价，对违反国家规定的财政收支、财务收支行为提出的处理、处罚意见，移送有关主管机关、单位的意见，改进财政收支、财务收支管理工作的意见；

（二）对违反国家规定的财政收支、财务收支行为，依法应当给予处理、处罚的，在法定职权范围内作出处理、处罚的审计决定；

（三）对依法应当追究有关人员责任的，向有关主管机关、单位提出给予处分的建议；对依法应当由有关主管机关处理、处罚的，移送有关主管机关；涉嫌犯罪的，移送司法机关。

第四十一条　审计机关在审计中发现损害国家利益和社会公共利益的事项，但处理、处罚依据又不明确的，应当向本级人民政府和上一级审计机关报告。

第四十二条　被审计单位应当按照审计机关规定的期限和要求执行审计决定。对应当上缴的款项，被审计单位应当按照财政管理体制和国家有关规定缴入国库或者财政专户。审计决定需要有关主管机关、单位协助执行的，审计机关应当书面提请协助执行。

第四十三条　上级审计机关应当对下级审计机关的审计业务依法进行监督。

下级审计机关作出的审计决定违反国家有关规定的，上级审计机关可以责成下级审计机关予以变更或者撤销，也可以直接作出变更或者撤销的决定；审计决定被撤销后需要重新作出审计决定的，上级审计机关可以责成下级审计机关在规定的期限内重新作出审计决定，也可以直接作出审计决定。

下级审计机关应当作出而没有作出审计决定的，上级审计机关可以责成下级审计机关在规定的期限内作出审计决定，也可以直接作出审计决定。

第四十四条　审计机关进行专项审计调查时，应当向被调查的地方、部门、单位出示专项审计调查的书面通知，并说明有关情况；有关地方、部门、单位应当接受调查，如实反映情况，提供有关资料。

在专项审计调查中，依法属于审计机关审计监督对象的部门、单位有违反国家规定的财政收支、财务收支行为或者其他违法违规行为的，专项审计调查人员和审计机关可以依照审计法和本条例的规定提出审计报告，作出审计决定，或者移送有关主管机关、单位依法追究责任。

第四十五条　审计机关应当按照国家有关规定建立、健全审计档案制度。

第四十六条　审计机关送达审计文书，可以直接送达，也可以邮寄送达或者以其他方式送达。直接送达的，以被审计单位在送达回证上注明的签收日期或者见证人证明的收件日期为送达日期；邮寄送达的，以邮政回执上注明的收件日期为送达日期；以其他方式送达的，以签收或者收件日期为送达日期。

审计机关的审计文书的种类、内容和格式，由审计署规定。

第六章　法律责任

第四十七条　被审计单位违反审计法和本条例的规定，拒绝、拖延提供与审计事项有关的资料，或者提供的资料不真实、不完整，或者拒绝、阻碍检查的，由审计机关责令改正，可以通报批评，给予警告；拒不改正的，对被审计单位可以处5万元以下的罚款，对直接负责的主管人员和其他直接责任人员，可以处2万元以下的罚款，审计机关认为应当给予处分的，向有关主管机关、单位提出给予处分的建议；构成犯罪的，依法追究刑事责任。

第四十八条　对本级各部门（含直属单位）和下级人民政府违反预算的行为或者其他违反国家规定的财政收支行为，审计机关在法定职权范围内，依照法律、行政法规的规定，区别情况采取审计法第四十五条规定的处理措施。

第四十九条　对被审计单位违反国家规定的财务收支行为，审计机关在法定职权范围内，区别情况采取审计法第四十五条规定的处理措施，可以通报批评，给予警告；有违法所得的，没收违法所得，并处违法所得1倍以上5倍以下的罚款；没有违法所得的，可以处5万元以下的罚款；对直接负责的主管人员和其他直接责任人员，可以处2万元以下的罚款，审计机关认为应当给予处分的，向有关主管机关、单位提出给予处分的建议；构成犯罪的，依法追究刑事责任。

法律、行政法规对被审计单位违反国家规定的财务收支行为处理、处罚另有规定的，从其规定。

第五十条 审计机关在作出较大数额罚款的处罚决定前，应当告知被审计单位和有关人员有要求举行听证的权利。较大数额罚款的具体标准由审计署规定。

第五十一条 审计机关提出的对被审计单位给予处理、处罚的建议以及对直接负责的主管人员和其他直接责任人员给予处分的建议，有关主管机关、单位应当依法及时作出决定，并将结果书面通知审计机关。

第五十二条 被审计单位对审计机关依照审计法第十六条、第十七条和本条例第十五条规定进行审计监督作出的审计决定不服的，可以自审计决定送达之日起60日内，提请审计机关的本级人民政府裁决，本级人民政府的裁决为最终决定。

审计机关应当在审计决定中告知被审计单位提请裁决的途径和期限。

裁决期间，审计决定不停止执行。但是，有下列情形之一的，可以停止执行：

(一)审计机关认为需要停止执行的；

(二)受理裁决的人民政府认为需要停止执行的；

(三)被审计单位申请停止执行，受理裁决的人民政府认为其要求合理，决定停止执行的。

裁决由本级人民政府法制机构办理。裁决决定应当自接到提请之日起60日内作出；有特殊情况需要延长的，经法制机构负责人批准，可以适当延长，并告知审计机关和提请裁决的被审计单位，但延长的期限不得超过30日。

第五十三条 除本条例第五十二条规定的可以提请裁决的审计决定外，被审计单位对审计机关作出的其他审计决定不服的，可以依法申请行政复议或者提起行政诉讼。

审计机关应当在审计决定中告知被审计单位申请行政复议或者提起行政诉讼的途径和期限。

第五十四条 被审计单位应当将审计决定执行情况书面报告审计机关。审计机关应当检查审计决定的执行情况。

被审计单位不执行审计决定的，审计机关应当责令限期执行；逾期仍不执行的，审计机关可以申请人民法院强制执行，建议有关主管机关、单位对直接负责的主管人员和其他直接责任人员给予处分。

第五十五条 审计人员滥用职权、徇私舞弊、玩忽职守，或者泄露所知悉的国家秘密、商业秘密的，依法给予处分；构成犯罪的，依法追究刑事责任。

审计人员违法违纪取得的财物，依法予以追缴、没收或者责令退赔。

第七章 附 则

第五十六条 本条例所称以上、以下，包括本数。

本条例第五十二条规定的期间的最后一日是法定节假日的，以节假日后的第一个工作日为期间届满日。审计法和本条例规定的其他期间以工作日计算，不含法定节假日。

第五十七条 实施经济责任审计的规定，另行制定。

第五十八条 本条例自2010年5月1日起施行。

3. 中华人民共和国国家审计准则（2010年修订）

中华人民共和国审计署令2010年第8号

第一章 总 则

第一条 为了规范和指导审计机关和审计人员执行审计业务的行为，保证审计质量，防范审计风险，发挥审计保障国家经济和社会健康运行的“免疫系统”功能，根据《中华人民共和国审计法》、《中华人民共和国审计法实施条例》和其他有关法律法规，制定本准则。

第二条 本准则是审计机关和审计人员履行法定审计职责的行为规范，是执行审计业务的职业标准，是评价审计质量的基本尺度。

第三条 本准则中使用“应当”、“不得”词汇的条款为约束性条款，是审计机关和审计人员执行审计业务必须遵守的职业要求。

本准则中使用“可以”词汇的条款为指导性条款，是对良好审计实务的推介。

第四条 审计机关和审计人员执行审计业务，应当适用本准则。其他组织或者人员接受审计机关的委托、聘用，承办或者参加审计业务，也应当适用本准则。

第五条 审计机关和审计人员执行审计业务，应当区分被审计单位的责任和审计机关的责任。

在财政收支、财务收支以及有关经济活动中，履行法定职责、遵守相关法律法规、建立并实施内部控制、按照有关会计准则和会计制度编报财务会计报告、保持财务会计资料的真实性和完整性，是被审计单位的责任。

依据法律法规和本准则的规定，对被审计单位财政收支、财务收支以及有关经济活动独立实施审计并作出审计结论，是审计机关的责任。

第六条 审计机关的主要工作目标是通过监督被审计单位财政收支、财务收支以及有关经济活动的真实性、合法性、效益性，维护国家经济安全，推进民主法治，促进廉政建设，保障国家经济和社会健康发展。

真实性是指反映财政收支、财务收支以及有关经济活动的信息与实际情况相符合的程度。

合法性是指财政收支、财务收支以及有关经济活动遵守法律、法规或者规章的情况。

效益性是指财政收支、财务收支以及有关经济活动实现的经济效益、社会效益和环境效益。

第七条 审计机关对依法属于审计机关审计监督对象的单位、项目、资金进行审计。

审计机关按照国家有关规定，对依法属于审计机关审计监督对象的单位的主要负责人经济责任进行审计。

第八条 审计机关依法对预算管理或者国有资产管理使用等与国家财政收支有关的特定事项向有关地方、部门、单位进行专项审计调查。

审计机关进行专项审计调查时，也应当适用本准则。

第九条 审计机关和审计人员执行审计业务，应当依据年度审计项目计划，编制审计实施方案，获取审计证据，作出审计结论。

审计机关应当委派具备相应资格和能力的审计人员承办审计业务，并建立和执行审计质量控制制度。

第十条 审计机关依据法律法规规定，公开履行职责的情况及其结果，接受社会公众的监督。

第十一条 审计机关和审计人员未遵守本准则约束性条款的，应当说明原因。

第二章 审计机关和审计人员

第十二条 审计机关和审计人员执行审计业务，应当具备本准则规定的资格条件和职业要求。

第十三条 审计机关执行审计业务，应当具备下列资格条件：

（一）符合法定的审计职责和权限；

（二）有职业胜任能力的审计人员；

（三）建立适当的审计质量控制制度；

（四）必需的经费和其他工作条件。

第十四条 审计人员执行审计业务，应当具备下列职业要求：

（一）遵守法律法规和本准则；

（二）恪守审计职业道德；

（三）保持应有的审计独立性；

（四）具备必需的职业胜任能力；

（五）其他职业要求。

第十五条 审计人员应当恪守严格依法、正直坦诚、客观公正、勤勉尽责、保守秘密的基本审计职业道德。

严格依法就是审计人员应当严格依照法定的审计职责、权限和程序进行审计监督，规范审计行为。

正直坦诚就是审计人员应当坚持原则，不屈从于外部压力；不歪曲事实，不隐瞒审计发现的问题；廉洁自律，不利用职权谋取私利；维护国家利益和公共利益。

客观公正就是审计人员应当保持客观公正的立场和态度，以适当、充分的审计证据支持审计结论，实事求是地作出审计评价和处理审计发现的问题。

勤勉尽责就是审计人员应当爱岗敬业，勤勉高效，严谨细致，认真履行审计职责，保证审计工作质量。

保守秘密就是审计人员应当保守其在执行审计业务中知悉的国家秘密、商业秘密；对于执行审计业务取得的资料、形成的审计记录和掌握的相关情况，未经批准不得对外提供和披露，不得用于与审计工作无关的目的。

第十六条 审计人员执行审计业务时，应当保持应有的审计独立性，遇有下列可能损害审计独立性情形的，应当向审计机关报告：

（一）与被审计单位负责人或者有关主管人员有夫妻关系、直系血亲关系、三代以内旁系血亲以及近姻亲关系；

（二）与被审计单位或者审计事项有直接经济利益关系；

（三）对曾经管理或者直接办理过的相关业务进行审计；

（四）可能损害审计独立性的其他情形。

第十七条 审计人员不得参加影响审计独立性的活动，不得参与被审计单位的管理活动。

第十八条 审计机关组成审计组时，应当了解审计组成员可能损害审计独立性的情形，并根据具体情况采取下列措施，避免损害审计独立性：

（一）依法要求相关审计人员回避；

（二）对相关审计人员执行具体审计业务的范围作出限制；

（三）对相关审计人员的工作追加必要的复核程序；

（四）其他措施。

第十九条 审计机关应当建立审计人员交流等制度，避免审计人员因执行审计业务长期与同一被审计单位接触可能对审计独立性造成的损害。

第二十条 审计机关可以聘请外部人员参加审计业务或者提供技术支持、专业咨询、专业鉴定。

审计机关聘请的外部人员应当具备本准则第十四条规定的职业要求。

第二十一条 有下列情形之一的外部人员，审计机关不得聘请：

（一）被刑事处罚的；

（二）被劳动教养的；

（三）被行政拘留的；

（四）审计独立性可能受到损害的；

（五）法律规定不得从事公务的其他情形。

第二十二条 审计人员应当具备与其从事审计业务相适应的专业知识、职业能力和工作经验。

审计机关应当建立和实施审计人员录用、继续教育、培训、业绩评价考核和奖惩激励制度，确保审计人员具有与其从事业务相适应的职业胜任能力。

第二十三条 审计机关应当合理配备审计人员，组成审计组，确保其在整体上具备与审计项目相适应的职业胜任能力。

被审计单位的信息技术对实现审计目标有重大影响的，审计组的整体胜任能力应当包括信息技术方面的胜任能力。

第二十四条 审计人员执行审计业务时，应当合理运用职业判断，保持职业谨慎，对被审计单位可能存在的重要问题保持警觉，并审慎评价所获取审计证据的适当性和充分性，得出恰当的审计结论。

第二十五条 审计人员执行审计业务时，应当从下列方面保持与被审计单位的工作关系：

（一）与被审计单位沟通并听取其意见；

（二）客观公正地作出审计结论，尊重并维护被审计单位的合法权益；

（三）严格执行审计纪律；

(四)坚持文明审计,保持良好的职业形象。

第三章 审计计划

第二十六条 审计机关应当根据法定的审计职责和审计管辖范围,编制年度审计项目计划。

编制年度审计项目计划应当服务大局,围绕政府工作中心,突出审计工作重点,合理安排审计资源,防止不必要的重复审计。

第二十七条 审计机关按照下列步骤编制年度审计项目计划:

(一)调查审计需求,初步选择审计项目;

(二)对初选审计项目进行可行性研究,确定备选审计项目及其优先顺序;

(三)评估审计机关可用审计资源,确定审计项目,编制年度审计项目计划。

第二十八条 审计机关从下列方面调查审计需求,初步选择审计项目:

(一)国家和地区财政收支、财务收支以及有关经济活动情况;

(二)政府工作中心;

(三)本级政府行政首长和相关领导机关对审计工作的要求;

(四)上级审计机关安排或者授权审计的事项;

(五)有关部门委托或者提请审计机关审计的事项;

(六)群众举报、公众关注的事项;

(七)经分析相关数据认为应当列入审计的事项;

(八)其他方面的需求。

第二十九条 审计机关对初选审计项目进行可行性研究,确定初选审计项目的审计目标、审计范围、审计重点和其他重要事项。

进行可行性研究重点调查研究下列内容:

(一)与确定和实施审计项目相关的法律法规和政策;

(二)管理体制、组织结构、主要业务及其开展情况;

(三)财政收支、财务收支状况及结果;

(四)相关的信息系统及其电子数据情况;

(五)管理和监督机构的监督检查情况及结果;

(六)以前年度审计情况;

(七)其他相关内容。

第三十条 审计机关在调查审计需求和可行性研究过程中,从下列方面对初选审计项目进行评估,以确定备选审计项目及其优先顺序:

(一)项目重要程度,评估在国家经济和社会发展中的重要性、政府行政首长和相关领导机关及公众关注程度、资金和资产规模等;

(二)项目风险水平,评估项目规模、管理和控制状况等;

(三)审计预期效果;

(四)审计频率和覆盖面;

(五)项目对审计资源的要求。

第三十一条 年度审计项目计划应当按照审计机关规定的程序审定。

审计机关在审定年度审计项目计划前,根据需要,可以组织专家进行论证。

第三十二条 下列审计项目应当作为必选审计项目:

(一)法律法规规定每年应当审计的项目;

(二)本级政府行政首长和相关领导机关要求审计的项目;

(三)上级审计机关安排或者授权的审计项目。

审计机关对必选审计项目,可以不进行可行性研究。

第三十三条 上级审计机关直接审计下级审计机关审计管辖范围内的重大审计事项,应当列入上级审计机关年度审计项目计划,并及时通知下级审计机关。

第三十四条 上级审计机关可以依法将其审计管辖范围内的审计事项，授权下级审计机关进行审计。对于上级审计机关审计管辖范围内的审计事项，下级审计机关也可以提出授权申请，报有管辖权的上级审计机关审批。

获得授权的审计机关应当将授权的审计事项列入年度审计项目计划。

第三十五条 根据中国政府及其机构与国际组织、外国政府及其机构签订的协议和上级审计机关的要求，审计机关确定对国际组织、外国政府及其机构援助、贷款项目进行审计的，应当纳入年度审计项目计划。

第三十六条 对于预算管理或者国有资产管理使用等与国家财政收支有关的特定事项，符合下列情形的，可以进行专项审计调查：

（一）涉及宏观性、普遍性、政策性或者体制、机制问题的；

（二）事项跨行业、跨地区、跨单位的；

（三）事项涉及大量非财务数据的；

（四）其他适宜进行专项审计调查的。

第三十七条 审计机关年度审计项目计划的内容主要包括：

（一）审计项目名称；

（二）审计目标，即实施审计项目预期要完成的任务和结果；

（三）审计范围，即审计项目涉及的具体单位、事项和所属期间；

（四）审计重点；

（五）审计项目组织和实施单位；

（六）审计资源。

采取跟踪审计方式实施的审计项目，年度审计项目计划应当列明跟踪的具体方式和要求。

专项审计调查项目的年度审计项目计划应当列明专项审计调查的要求。

第三十八条 审计机关编制年度审计项目计划可以采取文字、表格或者两者相结合的形式。

第三十九条 审计机关计划管理部门与业务部门或者派出机构，应当建立经常性的沟通和协调机制。

调查审计需求、进行可行性研究和确定备选审计项目，以业务部门或者派出机构为主实施；备选审计项目排序、配置审计资源和编制年度审计项目计划草案，以计划管理部门为主实施。

第四十条 审计机关根据项目评估结果，确定年度审计项目计划。

第四十一条 审计机关应当将年度审计项目计划报经本级政府行政首长批准并向上一级审计机关报告。

第四十二条 审计机关应当对确定的审计项目配置必要的审计人力资源、审计时间、审计技术装备、审计经费等审计资源。

第四十三条 审计机关同一年度内对同一被审计单位实施不同的审计项目，应当在人员和时间安排上进行协调，尽量避免给被审计单位工作带来不必要的影响。

第四十四条 审计机关应当将年度审计项目计划下达审计项目组织和实施单位执行。

年度审计项目计划一经下达，审计项目组织和实施单位应当确保完成，不得擅自变更。

第四十五条 年度审计项目计划执行过程中，遇有下列情形之一的，应当按照原审批程序调整：

（一）本级政府行政首长和相关领导机关临时交办审计项目的；

（二）上级审计机关临时安排或者授权审计项目的；

（三）突发重大公共事件需要进行审计的；

（四）原定审计项目的被审计单位发生重大变化，导致原计划无法实施的；

（五）需要更换审计项目实施单位的；

（六）审计目标、审计范围等发生重大变化需要调整的；

（七）需要调整的其他情形。

第四十六条 上级审计机关应当指导下级审计机关编制年度审计项目计划，提出下级审计机关重点审计领域或者审计项目安排的指导意见。

第四十七条 年度审计项目计划确定审计机关统一组织多个审计组共同实施一个审计项目或者分别实施同一类审计项目的，审计机关业务部门应当编制审计工作方案。

第四十八条 审计机关业务部门编制审计工作方案，应当根据年度审计项目计划形成过程中调查审计需求、进行可行性研究的情况，开展进一步调查，对审计目标、范围、重点和项目组织实施等进行确定。

第四十九条 审计工作方案的内容主要包括：

（一）审计目标；

（二）审计范围；

（三）审计内容和重点；

（四）审计工作组织安排；

（五）审计工作要求。

第五十条 审计机关业务部门编制的审计工作方案应当按照审计机关规定的程序审批。在年度审计项目计划确定的实施审计起始时间之前，下达到审计项目实施单位。

审计机关批准审计工作方案前，根据需要，可以组织专家进行论证。

第五十一条 审计机关业务部门根据审计实施过程中情况的变化，可以申请对审计工作方案的内容进行调整，并按审计机关规定的程序报批。

第五十二条 审计机关应当定期检查年度审计项目计划执行情况，评估执行效果。

审计项目实施单位应当向下达审计项目计划的审计机关报告计划执行情况。

第五十三条 审计机关应当按照国家有关规定，建立和实施审计项目计划执行情况及其结果的统计制度。

第四章 审计实施

第一节 审计实施方案

第五十四条 审计机关应当在实施项目审计前组成审计组。

审计组由审计组组长和其他成员组成。审计组实行审计组组长负责制。审计组组长由审计机关确定，审计组组长可以根据需要在审计组成员中确定主审，主审应当履行其规定职责和审计组组长委托履行的其他职责。

第五十五条 审计机关应当依照法律法规的规定，向被审计单位送达审计通知书。

第五十六条 审计通知书的内容主要包括被审计单位名称、审计依据、审计范围、审计起始时间、审计组组长及其他成员名单和被审计单位配合审计工作的要求。同时，还应当向被审计单位告知审计组的审计纪律要求。

采取跟踪审计方式实施审计的，审计通知书应当列明跟踪审计的具体方式和要求。

专项审计调查项目的审计通知书应当列明专项审计调查的要求。

第五十七条 审计组应当调查了解被审计单位及其相关情况，评估被审计单位存在重要问题的可能性，确定审计应对措施，编制审计实施方案。

对于审计机关已经下达审计工作方案的，审计组应当按照审计工作方案的要求编制审计实施方案。

第五十八条 审计实施方案的内容主要包括：

（一）审计目标；

（二）审计范围；

（三）审计内容、重点及审计措施，包括审计事项和根据本准则第七十三条确定的审计应对措施；

（四）审计工作要求，包括项目审计进度安排、审计组内部重要管理事项及职责分工等。

采取跟踪审计方式实施审计的，审计实施方案应当对整个跟踪审计工作作出统筹安排。

专项审计调查项目的审计实施方案应当列明专项审计调查的要求。

第五十九条 审计组调查了解被审计单位及其相关情况，为作出下列职业判断提供基础：

（一）确定职业判断适用的标准；

（二）判断可能存在的问题；

（三）判断问题的重要性；

（四）确定审计应对措施。

第六十条 审计人员可以从下列方面调查了解被审计单位及其相关情况：

(一)单位性质、组织结构；

(二)职责范围或者经营范围、业务活动及其目标；

(三)相关法律法规、政策及其执行情况；

(四)财政财务管理体制和业务管理体制；

(五)适用的业绩指标体系以及业绩评价情况；

(六)相关内部控制及其执行情况；

(七)相关信息系统及其电子数据情况；

(八)经济环境、行业状况及其他外部因素；

(九)以往接受审计和监管及其整改情况；

(十)需要了解的其他情况。

第六十一条 审计人员可以从下列方面调查了解被审计单位相关内部控制及其执行情况：

(一)控制环境，即管理模式、组织结构、责权配置、人力资源制度等；

(二)风险评估，即被审计单位确定、分析与实现内部控制目标相关的风险，以及采取的应对措施；

(三)控制活动，即根据风险评估结果采取的控制措施，包括不相容职务分离控制、授权审批控制、资产保护控制、预算控制、业绩分析和绩效考评控制等；

(四)信息与沟通，即收集、处理、传递与内部控制相关的信息，并能有效沟通的情况；

(五)对控制的监督，即对各项内部控制设计、职责及其履行情况的监督检查。

第六十二条 审计人员可以从下列方面调查了解被审计单位信息系统控制情况：

(一)一般控制，即保障信息系统正常运行的稳定性、有效性、安全性等方面的控制；

(二)应用控制，即保障信息系统产生的数据的真实性、完整性、可靠性等方面的控制。

第六十三条 审计人员可以采取下列方法调查了解被审计单位及其相关情况：

(一)书面或者口头询问被审计单位内部和外部相关人员；

(二)检查有关文件、报告、内部管理手册、信息系统的技术文档和操作手册；

(三)观察有关业务活动及其场所、设施和有关内部控制的执行情况；

(四)追踪有关业务的处理过程；

(五)分析相关数据。

第六十四条 审计人员根据审计目标和被审计单位的实际情况，运用职业判断确定调查了解的范围和程度。

对于定期审计项目，审计人员可以利用以往审计中获得的信息，重点调查了解已经发生变化的情况。

第六十五条 审计人员在调查了解被审计单位及其相关情况的过程中，可以选择下列标准作为职业判断的依据：

(一)法律、法规、规章和其他规范性文件；

(二)国家有关方针和政策；

(三)会计准则和会计制度；

(四)国家和行业的技术标准；

(五)预算、计划和合同；

(六)被审计单位的管理制度和绩效目标；

(七)被审计单位的历史数据和历史业绩；

(八)公认的业务惯例或者良好实务；

(九)专业机构或者专家的意见；

(十)其他标准。

审计人员在审计实施过程中需要持续关注标准的适用性。

第六十六条 职业判断所选择的标准应当具有客观性、适用性、相关性、公认性。

标准不一致时，审计人员应当采用权威的和公认程度高的标准。

第六十七条 审计人员应当结合适用的标准，分析调查了解的被审计单位及其相关情况，判断被审计单位可能存在的问题。

第六十八条 审计人员应当运用职业判断,根据可能存在问题的性质、数额及其发生的具体环境,判断其重要性。

第六十九条 审计人员判断重要性时,可以关注下列因素:

(一)是否属于涉嫌犯罪的问题;

(二)是否属于法律法规和政策禁止的问题;

(三)是否属于故意行为所产生的问题;

(四)可能存在问题涉及的数量或者金额;

(五)是否涉及政策、体制或者机制的严重缺陷;

(六)是否属于信息系统设计缺陷;

(七)政府行政首长和相关领导机关及公众的关注程度;

(八)需要关注的其他因素。

第七十条 审计人员实施审计时,应当根据重要性判断的结果,重点关注被审计单位可能存在的重要问题。

第七十一条 需要对财务报表发表审计意见的,审计人员可以参照中国注册会计师执业准则的有关规定确定和运用重要性。

第七十二条 审计组应当评估被审计单位存在重要问题的可能性,以确定审计事项和审计应对措施。

第七十三条 审计组针对审计事项确定的审计应对措施包括:

(一)评估对内部控制的依赖程度,确定是否及如何测试相关内部控制的有效性;

(二)评估对信息系统的依赖程度,确定是否及如何检查相关信息系统的有效性、安全性;

(三)确定主要审计步骤和方法;

(四)确定审计时间;

(五)确定执行的审计人员;

(六)其他必要措施。

第七十四条 审计组在分配审计资源时,应当为重要审计事项分派有经验的审计人员和安排充足的审计时间,并评估特定审计事项是否需要利用外部专家的工作。

第七十五条 审计人员认为存在下列情形之一的,应当测试相关内部控制的有效性:

(一)某项内部控制设计合理且预期运行有效,能够防止重要问题的发生;

(二)仅实施实质性审查不足以为发现重要问题提供适当、充分的审计证据。

审计人员决定不依赖某项内部控制的,可以对审计事项直接进行实质性审查。

被审计单位规模较小、业务比较简单的,审计人员可以对审计事项直接进行实质性审查。

第七十六条 审计人员认为存在下列情形之一的,应当检查相关信息系统的有效性、安全性:

(一)仅审计电子数据不足以为发现重要问题提供适当、充分的审计证据;

(二)电子数据中频繁出现某类差异。

审计人员在检查被审计单位相关信息系统时,可以利用被审计单位信息系统的现有功能或者采用其他计算机技术和工具,检查中应当避免对被审计单位相关信息系统及其电子数据造成不良影响。

第七十七条 审计人员实施审计时,应当持续关注已作出的重要性判断和对存在重要问题可能性的评估是否恰当,及时作出修正,并调整审计应对措施。

第七十八条 遇有下列情形之一的,审计组应当及时调整审计实施方案:

(一)年度审计项目计划、审计工作方案发生变化的;

(二)审计目标发生重大变化的;

(三)重要审计事项发生变化的;

(四)被审计单位及其相关情况发生重大变化的;

(五)审计组人员及其分工发生重大变化的;

(六)需要调整的其他情形。

第七十九条 一般审计项目的审计实施方案应当经审计组组长审定,并及时报审计机关业务部门备案。

重要审计项目的审计实施方案应当报经审计机关负责人审定。

第八十条 审计组调整审计实施方案中的下列事项，应当报经审计机关主要负责人批准：

（一）审计目标；

（二）审计组组长；

（三）审计重点；

（四）现场审计结束时间。

第八十一条 编制和调整审计实施方案可以采取文字、表格或者两者相结合的形式。

第二节 审计证据

第八十二条 审计证据是指审计人员获取的能够为审计结论提供合理基础的全部事实，包括审计人员调查了解被审计单位及其相关情况和对确定的审计事项进行审查所获取的证据。

第八十三条 审计人员应当依照法定权限和程序获取审计证据。

第八十四条 审计人员获取的审计证据，应当具有适当性和充分性。

适当性是对审计证据质量的衡量，即审计证据在支持审计结论方面具有的相关性和可靠性。相关性是指审计证据与审计事项及其具体审计目标之间具有实质性联系。可靠性是指审计证据真实、可信。

充分性是对审计证据数量的衡量。审计人员在评估存在重要问题的可能性和审计证据质量的基础上，决定应当获取审计证据的数量。

第八十五条 审计人员对审计证据的相关性分析时，应当关注下列方面：

（一）一种取证方法获取的审计证据可能只与某些具体审计目标相关，而与其他具体审计目标无关；

（二）针对一项具体审计目标可以从不同来源获取审计证据或者获取不同形式的审计证据。

第八十六条 审计人员可以从下列方面分析审计证据的可靠性：

（一）从被审计单位外部获取的审计证据比从内部获取的审计证据更可靠；

（二）内部控制健全有效情况下形成的审计证据比内部控制缺失或者无效情况下形成的审计证据更可靠；

（三）直接获取的审计证据比间接获取的审计证据更可靠；

（四）从被审计单位财务会计资料中直接采集的审计证据比经被审计单位加工处理后提交的审计证据更可靠；

（五）原件形式的审计证据比复制件形式的审计证据更可靠。

不同来源和不同形式的审计证据存在不一致或者不能相互印证时，审计人员应当追加必要的审计措施，确定审计证据的可靠性。

第八十七条 审计人员获取的电子审计证据包括与信息系统控制相关的配置参数、反映交易记录的电子数据等。

采集被审计单位电子数据作为审计证据的，审计人员应当记录电子数据的采集和处理过程。

第八十八条 审计人员根据实际情况，可以在审计事项中选取全部项目或者部分特定项目进行审查，也可以进行审计抽样，以获取审计证据。

第八十九条 存在下列情形之一的，审计人员可以对审计事项中的全部项目进行审查：

（一）审计事项由少量大额项目构成的；

（二）审计事项可能存在重要问题，而选取其中部分项目进行审查无法提供适当、充分的审计证据的；

（三）对审计事项中的全部项目进行审查符合成本效益原则的。

第九十条 审计人员可以在审计事项中选取下列特定项目进行审查：

（一）大额或者重要项目；

（二）数量或者金额符合设定标准的项目；

（三）其他特定项目。

选取部分特定项目进行审查的结果，不能用于推断整个审计事项。

第九十一条 在审计事项包含的项目数量较多，需要对审计事项某一方面的总体特征作出结论时，审计人员可以进行审计抽样。

审计人员进行审计抽样时，可以参照中国注册会计师执业准则的有关规定。

第九十二条　审计人员可以采取下列方法向有关单位和个人获取审计证据：

（一）检查，是指对纸质、电子或者其他介质形式存在的文件、资料进行审查，或者对有形资产进行审查；

（二）观察，是指察看相关人员正在从事的活动或者执行的程序；

（三）询问，是指以书面或者口头方式向有关人员了解关于审计事项的信息；

（四）外部调查，是指向与审计事项有关的第三方进行调查；

（五）重新计算，是指以手工方式或者使用信息技术对有关数据计算的正确性进行核对；

（六）重新操作，是指对有关业务程序或者控制活动独立进行重新操作验证；

（七）分析，是指研究财务数据之间、财务数据与非财务数据之间可能存在的合理关系，对相关信息作出评价，并关注异常波动和差异。

审计人员进行专项审计调查，可以使用上述方法及其以外的其他方法。

第九十三条　审计人员应当依照法律法规规定，取得被审计单位负责人对本单位提供资料真实性和完整性的书面承诺。

第九十四条　审计人员取得证明被审计单位存在违反国家规定的财政收支、财务收支行为以及其他重要审计事项的审计证据材料，应当由提供证据的有关人员、单位签名或者盖章；不能取得签名或者盖章不影响事实存在的，该审计证据仍然有效，但审计人员应当注明原因。

审计事项比较复杂或者取得的审计证据数量较大的，可以对审计证据进行汇总分析，编制审计取证单，由证据提供者签名或者盖章。

第九十五条　被审计单位的相关资料、资产可能被转移、隐匿、篡改、毁弃并影响获取审计证据的，审计机关应当依照法律法规的规定采取相应的证据保全措施。

第九十六条　审计机关执行审计业务过程中，因行使职权受到限制而无法获取适当、充分的审计证据，或者无法制止违法行为对国家利益的侵害时，根据需要，可以按照有关规定提请有权处理的机关或者相关单位予以协助和配合。

第九十七条　审计人员需要利用所聘请外部人员的专业咨询和专业鉴定作为审计证据的，应当对下列方面作出判断：

（一）依据的样本是否符合审计项目的具体情况；

（二）使用的方法是否适当和合理；

（三）专业咨询、专业鉴定是否与其他审计证据相符。

第九十八条　审计人员需要使用有关监管机构、中介机构、内部审计机构等已经形成的工作结果作为审计证据的，应当对该工作结果的下列方面作出判断：

（一）是否与审计目标相关；

（二）是否可靠；

（三）是否与其他审计证据相符。

第九十九条　审计人员对于重要问题，可以围绕下列方面获取审计证据：

（一）标准，即判断被审计单位是否存在问题的依据；

（二）事实，即客观存在和发生的情况。事实与标准之间的差异构成审计发现的问题；

（三）影响，即问题产生的后果；

（四）原因，即问题产生的条件。

第一百条　审计人员在审计实施过程中，应当持续评价审计证据的适当性和充分性。

已采取的审计措施难以获取适当、充分审计证据的，审计人员应当采取替代审计措施；仍无法获取审计证据的，由审计组报请审计机关采取其他必要的措施或者不作出审计结论。

第三节　审计记录

第一百零一条　审计人员应当真实、完整地记录实施审计的过程、得出的结论和与审计项目有关的重要管理事项，以实现下列目标：

（一）支持审计人员编制审计实施方案和审计报告；

（二）证明审计人员遵循相关法律法规和本准则；

（三）便于对审计人员的工作实施指导、监督和检查。

第一百零二条 审计人员作出的记录，应当使未参与该项业务的有经验的其他审计人员能够理解其执行的审计措施、获取的审计证据、作出的职业判断和得出的审计结论。

第一百零三条 审计记录包括调查了解记录、审计工作底稿和重要管理事项记录。

第一百零四条 审计组在编制审计实施方案前，应当对调查了解被审计单位及其相关情况作出记录。调查了解记录的内容主要包括：

（一）对被审计单位及其相关情况的调查了解情况；

（二）对被审计单位存在重要问题可能性的评估情况；

（三）确定的审计事项及其审计应对措施。

第一百零五条 审计工作底稿主要记录审计人员依据审计实施方案执行审计措施的活动。

审计人员对审计实施方案确定的每一审计事项，均应当编制审计工作底稿。一个审计事项可以根据需要编制多份审计工作底稿。

第一百零六条 审计工作底稿的内容主要包括：

（一）审计项目名称；

（二）审计事项名称；

（三）审计过程和结论；

（四）审计人员姓名及审计工作底稿编制日期并签名；

（五）审核人员姓名、审核意见及审核日期并签名；

（六）索引号及页码；

（七）附件数量。

第一百零七条 审计工作底稿记录的审计过程和结论主要包括：

（一）实施审计的主要步骤和方法；

（二）取得的审计证据的名称和来源；

（三）审计认定的事实摘要；

（四）得出的审计结论及其相关标准。

第一百零八条 审计证据材料应当作为调查了解记录和审计工作底稿的附件。一份审计证据材料对应多个审计记录时，审计人员可以将审计证据材料附在与其关系最密切的审计记录后面，并在其他审计记录中予以注明。

第一百零九条 审计组起草审计报告前，审计组组长应当对审计工作底稿的下列事项进行审核：

（一）具体审计目标是否实现；

（二）审计措施是否有效执行；

（三）事实是否清楚；

（四）审计证据是否适当、充分；

（五）得出的审计结论及其相关标准是否适当；

（六）其他有关重要事项。

第一百一十条 审计组组长审核审计工作底稿，应当根据不同情况分别提出下列意见：

（一）予以认可；

（二）责成采取进一步审计措施，获取适当、充分的审计证据；

（三）纠正或者责成纠正不恰当的审计结论。

第一百一十一条 重要管理事项记录应当记载与审计项目相关并对审计结论有重要影响的下列管理事项：

（一）可能损害审计独立性的情形及采取的措施；

（二）所聘请外部人员的相关情况；

（三）被审计单位承诺情况；

（四）征求被审计对象或者相关单位及人员意见的情况、被审计对象或者相关单位及人员反馈的意见及审计组的采纳情况；

(五)审计组对审计发现的重大问题和审计报告讨论的过程及结论;

(六)审计机关业务部门对审计报告、审计决定书等审计项目材料的复核情况和意见;

(七)审理机构对审计项目的审理情况和意见;

(八)审计机关对审计报告的审定过程和结论;

(九)审计人员未能遵守本准则规定的约束性条款及其原因;

(十)因外部因素使审计任务无法完成的原因及影响;

(十一)其他重要管理事项。

重要管理事项记录可以使用被审计单位承诺书、审计机关内部审批文稿、会议记录、会议纪要、审理意见书或者其他书面形式。

第四节　重大违法行为检查

第一百一十二条　审计人员执行审计业务时,应当保持职业谨慎,充分关注可能存在的重大违法行为。

第一百一十三条　本准则所称重大违法行为是指被审计单位和相关人员违反法律法规、涉及金额比较大、造成国家重大经济损失或者对社会造成重大不良影响的行为。

第一百一十四条　审计人员检查重大违法行为,应当评估被审计单位和相关人员实施重大违法行为的动机、性质、后果和违法构成。

第一百一十五条　审计人员调查了解被审计单位及其相关情况时,可以重点了解可能与重大违法行为有关的下列事项:

(一)被审计单位所在行业发生重大违法行为的状况;

(二)有关的法律法规及其执行情况;

(三)监管部门已经发现和了解的与被审计单位有关的重大违法行为的事实或者线索;

(四)可能形成重大违法行为的动机和原因;

(五)相关的内部控制及其执行情况;

(六)其他情况。

第一百一十六条　审计人员可以通过关注下列情况,判断可能存在的重大违法行为:

(一)具体经济活动中存在的异常事项;

(二)财务和非财务数据中反映出的异常变化;

(三)有关部门提供的线索和群众举报;

(四)公众、媒体的反映和报道;

(五)其他情况。

第一百一十七条　审计人员根据被审计单位实际情况、工作经验和审计发现的异常现象,判断可能存在重大违法行为的性质,并确定检查重点。

审计人员在检查重大违法行为时,应当关注重大违法行为的高发领域和环节。

第一百一十八条　发现重大违法行为的线索,审计组或者审计机关可以采取下列应对措施:

(一)增派具有相关经验和能力的人员;

(二)避免让有关单位和人员事先知晓检查的时间、事项、范围和方式;

(三)扩大检查范围,使其能够覆盖重大违法行为可能涉及的领域;

(四)获取必要的外部证据;

(五)依法采取保全措施;

(六)提请有关机关予以协助和配合;

(七)向政府和有关部门报告;

(八)其他必要的应对措施。

第五章　审计报告

第一节　审计报告的形式和内容

第一百一十九条　审计报告包括审计机关进行审计后出具的审计报告以及专项审计调查后出具的专

项审计调查报告。

第一百二十条 审计组实施审计或者专项审计调查后，应当向派出审计组的审计机关提交审计报告。审计机关审定审计组的审计报告后，应当出具审计机关的审计报告。遇有特殊情况，审计机关可以不向被调查单位出具专项审计调查报告。

第一百二十一条 审计报告应当内容完整、事实清楚、结论正确、用词恰当、格式规范。

第一百二十二条 审计机关的审计报告（审计组的审计报告）包括下列基本要素：

（一）标题；

（二）文号（审计组的审计报告不含此项）；

（三）被审计单位名称；

（四）审计项目名称；

（五）内容；

（六）审计机关名称（审计组名称及审计组组长签名）；

（七）签发日期（审计组向审计机关提交报告的日期）。

经济责任审计报告还包括被审计人员姓名及所担任职务。

第一百二十三条 审计报告的内容主要包括：

（一）审计依据，即实施审计所依据的法律法规规定；

（二）实施审计的基本情况，一般包括审计范围、内容、方式和实施的起止时间；

（三）被审计单位基本情况；

（四）审计评价意见，即根据不同的审计目标，以适当、充分的审计证据为基础发表的评价意见；

（五）以往审计决定执行情况和审计建议采纳情况；

（六）审计发现的被审计单位违反国家规定的财政收支、财务收支行为和其他重要问题的事实、定性、处理处罚意见以及依据的法律法规和标准；

（七）审计发现的移送处理事项的事实和移送处理意见，但是涉嫌犯罪等不宜让被审计单位知悉的事项除外；

（八）针对审计发现的问题，根据需要提出的改进建议。

审计期间被审计单位对审计发现的问题已经整改的，审计报告还应当包括有关整改情况。

经济责任审计报告还应当包括被审计人员履行经济责任的基本情况，以及被审计人员对审计发现问题承担的责任。

核查社会审计机构相关审计报告发现的问题，应当在审计报告中一并反映。

第一百二十四条 采取跟踪审计方式实施审计的，审计组在跟踪审计过程中发现的问题，应当以审计机关的名义及时向被审计单位通报，并要求其整改。

跟踪审计实施工作全部结束后，应当以审计机关的名义出具审计报告。审计报告应当反映审计发现但尚未整改的问题，以及已经整改的重要问题及其整改情况。

第一百二十五条 专项审计调查报告除符合审计报告的要素和内容要求外，还应当根据专项审计调查目标重点分析宏观性、普遍性、政策性或者体制、机制问题并提出改进建议。

第一百二十六条 对审计或者专项审计调查中发现被审计单位违反国家规定的财政收支、财务收支行为，依法应当由审计机关在法定职权范围内作出处理处罚决定的，审计机关应当出具审计决定书。

第一百二十七条 审计决定书的内容主要包括：

（一）审计的依据、内容和时间；

（二）违反国家规定的财政收支、财务收支行为的事实、定性、处理处罚决定以及法律法规依据；

（三）处理处罚决定执行的期限和被审计单位书面报告审计决定执行结果等要求；

（四）依法提请政府裁决或者申请行政复议、提起行政诉讼的途径和期限。

第一百二十八条 审计或者专项审计调查发现的依法需要移送其他有关主管机关或者单位纠正、处理处罚或者追究有关人员责任的事项，审计机关应当出具审计移送处理书。

第一百二十九条 审计移送处理书的内容主要包括：

（一）审计的时间和内容；

（二）依法需要移送有关主管机关或者单位纠正、处理处罚或者追究有关人员责任事项的事实、定性及其依据和审计机关的意见；

（三）移送的依据和移送处理说明，包括将处理结果书面告知审计机关的说明；

（四）所附的审计证据材料。

第一百三十条 出具对国际组织、外国政府及其机构援助、贷款项目的审计报告，按照审计机关的相关规定执行。

第二节 审计报告的编审

第一百三十一条 审计组在起草审计报告前，应当讨论确定下列事项：

（一）评价审计目标的实现情况；

（二）审计实施方案确定的审计事项完成情况；

（三）评价审计证据的适当性和充分性；

（四）提出审计评价意见；

（五）评估审计发现问题的重要性；

（六）提出对审计发现问题的处理处罚意见；

（七）其他有关事项。

审计组应当对讨论前款事项的情况及其结果作出记录。

第一百三十二条 审计组组长应当确认审计工作底稿和审计证据已经审核，并从总体上评价审计证据的适当性和充分性。

第一百三十三条 审计组根据不同的审计目标，以审计认定的事实为基础，在防范审计风险的情况下，按照重要性原则，从真实性、合法性、效益性方面提出审计评价意见。

审计组应当只对所审计的事项发表审计评价意见。对审计过程中未涉及、审计证据不适当或者不充分、评价依据或者标准不明确以及超越审计职责范围的事项，不得发表审计评价意见。

第一百三十四条 审计组应当根据审计发现问题的性质、数额及其发生的原因和审计报告的使用对象，评估审计发现问题的重要性，如实在审计报告中予以反映。

第一百三十五条 审计组对审计发现的问题提出处理处罚意见时，应当关注下列因素：

（一）法律法规的规定；

（二）审计职权范围：属于审计职权范围的，直接提出处理处罚意见，不属于审计职权范围的，提出移送处理意见；

（三）问题的性质、金额、情节、原因和后果；

（四）对同类问题处理处罚的一致性；

（五）需要关注的其他因素。

审计发现被审计单位信息系统存在重大漏洞或者不符合国家规定的，应当责成被审计单位在规定期限内整改。

第一百三十六条 审计组应当针对经济责任审计发现的问题，根据被审计人员履行职责情况，界定其应当承担的责任。

第一百三十七条 审计组实施审计或者专项审计调查后，应当提出审计报告，按照审计机关规定的程序审批后，以审计机关的名义征求被审计单位、被调查单位和拟处罚的有关责任人员的意见。

经济责任审计报告还应当征求被审计人员的意见；必要时，征求有关干部监督管理部门的意见。

审计报告中涉及的重大经济案件调查等特殊事项，经审计机关主要负责人批准，可以不征求被审计单位或者被审计人员的意见。

第一百三十八条 被审计单位、被调查单位、被审计人员或者有关责任人员对征求意见的审计报告有异议的，审计组应当进一步核实，并根据核实情况对审计报告作出必要的修改。

审计组应当对采纳被审计单位、被调查单位、被审计人员、有关责任人员意见的情况和原因，或者上述单位或人员未在法定时间内提出书面意见的情况作出书面说明。

第一百三十九条 对被审计单位或者被调查单位违反国家规定的财政收支、财务收支行为，依法应当由审计机关进行处理处罚的，审计组应当起草审计决定书。

对依法应当由其他有关部门纠正、处理处罚或者追究有关责任人员责任的事项，审计组应当起草审计移送处理书。

第一百四十条 审计组应当将下列材料报送审计机关业务部门复核：

（一）审计报告；

（二）审计决定书；

（三）被审计单位、被调查单位、被审计人员或者有关责任人员对审计报告的书面意见及审计组采纳情况的书面说明；

（四）审计实施方案；

（五）调查了解记录、审计工作底稿、重要管理事项记录、审计证据材料；

（六）其他有关材料。

第一百四十一条 审计机关业务部门应当对下列事项进行复核，并提出书面复核意见：

（一）审计目标是否实现；

（二）审计实施方案确定的审计事项是否完成；

（三）审计发现的重要问题是否在审计报告中反映；

（四）事实是否清楚、数据是否正确；

（五）审计证据是否适当、充分；

（六）审计评价、定性、处理处罚和移送处理意见是否恰当，适用法律法规和标准是否适当；

（七）被审计单位、被调查单位、被审计人员或者有关责任人员提出的合理意见是否采纳；

（八）需要复核的其他事项。

第一百四十二条 审计机关业务部门应当将复核修改后的审计报告、审计决定书等审计项目材料连同书面复核意见，报送审理机构审理。

第一百四十三条 审理机构以审计实施方案为基础，重点关注审计实施的过程及结果，主要审理下列内容：

（一）审计实施方案确定的审计事项是否完成；

（二）审计发现的重要问题是否在审计报告中反映；

（三）主要事实是否清楚、相关证据是否适当、充分；

（四）适用法律法规和标准是否适当；

（五）评价、定性、处理处罚意见是否恰当；

（六）审计程序是否符合规定。

第一百四十四条 审理机构审理时，应当就有关事项与审计组及相关业务部门进行沟通。

必要时，审理机构可以参加审计组与被审计单位交换意见的会议，或者向被审计单位和有关人员了解相关情况。

第一百四十五条 审理机构审理后，可以根据情况采取下列措施：

（一）要求审计组补充重要审计证据；

（二）对审计报告、审计决定书进行修改。

审理过程中遇有复杂问题的，经审计机关负责人同意后，审理机构可以组织专家进行论证。

审理机构审理后，应当出具审理意见书。

第一百四十六条 审理机构将审理后的审计报告、审计决定书连同审理意见书报送审计机关负责人。

第一百四十七条 审计报告、审计决定书原则上应当由审计机关审计业务会议审定；特殊情况下，经审计机关主要负责人授权，可以由审计机关其他负责人审定。

第一百四十八条 审计决定书经审定，处罚的事实、理由、依据、决定与审计组征求意见的审计报告不一致并且加重处罚的，审计机关应当依照有关法律法规的规定及时告知被审计单位、被调查单位和有关责任人员，并听取其陈述和申辩。

第一百四十九条 对于拟作出罚款的处罚决定，符合法律法规规定的听证条件的，审计机关应当依照有关法律法规的规定履行听证程序。

第一百五十条 审计报告、审计决定书经审计机关负责人签发后，按照下列要求办理：

（一）审计报告送达被审计单位、被调查单位；

（二）经济责任审计报告送达被审计单位和被审计人员；

（三）审计决定书送达被审计单位、被调查单位、被处罚的有关责任人员。

第三节 专题报告与综合报告

第一百五十一条 审计机关在审计中发现的下列事项，可以采用专题报告、审计信息等方式向本级政府、上一级审计机关报告：

（一）涉嫌重大违法犯罪的问题；

（二）与国家财政收支、财务收支有关政策及其执行中存在的重大问题；

（三）关系国家经济安全的重大问题；

（四）关系国家信息安全的重大问题；

（五）影响人民群众经济利益的重大问题；

（六）其他重大事项。

第一百五十二条 专题报告应当主题突出、事实清楚、定性准确、建议适当。

审计信息应当事实清楚、定性准确、内容精炼、格式规范、反映及时。

第一百五十三条 审计机关统一组织审计项目的，可以根据需要汇总审计情况和结果，编制审计综合报告。必要时，审计综合报告应当征求有关主管机关的意见。

审计综合报告按照审计机关规定的程序审定后，向本级政府和上一级审计机关报送，或者向有关部门通报。

第一百五十四条 审计机关实施经济责任审计项目后，应当按照相关规定，向本级政府行政首长和有关干部监督管理部门报告经济责任审计结果。

第一百五十五条 审计机关依照法律法规的规定，每年汇总对本级预算执行情况和其他财政收支情况的审计报告，形成审计结果报告，报送本级政府和上一级审计机关。

第一百五十六条 审计机关依照法律法规的规定，代本级政府起草本级预算执行情况和其他财政收支情况的审计工作报告（稿），经本级政府行政首长审定后，受本级政府委托向本级人民代表大会常务委员会报告。

第四节 审计结果公布

第一百五十七条 审计机关依法实行公告制度。审计机关的审计结果、审计调查结果依法向社会公布。

第一百五十八条 审计机关公布的审计和审计调查结果主要包括下列信息：

（一）被审计（调查）单位基本情况；

（二）审计（调查）评价意见；

（三）审计（调查）发现的主要问题；

（四）处理处罚决定及审计（调查）建议；

（五）被审计（调查）单位的整改情况。

第一百五十九条 在公布审计和审计调查结果时，审计机关不得公布下列信息：

（一）涉及国家秘密、商业秘密的信息；

（二）正在调查、处理过程中的事项；

（三）依照法律法规的规定不予公开的其他信息。

涉及商业秘密的信息，经权利人同意或者审计机关认为不公布可能对公共利益造成重大影响的，可以予以公布。

审计机关公布审计和审计调查结果应当客观公正。

第一百六十条 审计机关公布审计和审计调查结果，应当指定专门机构统一办理，履行规定的保密审查和审核手续，报经审计机关主要负责人批准。

审计机关内设机构、派出机构和个人，未经授权不得向社会公布审计和审计调查结果。

第一百六十一条 审计机关统一组织不同级次审计机关参加的审计项目,其审计和审计调查结果原则上由负责该项目组织工作的审计机关统一对外公布。

第一百六十二条 审计机关公布审计和审计调查结果按照国家有关规定需要报批的,未经批准不得公布。

第五节 审计整改检查

第一百六十三条 审计机关应当建立审计整改检查机制,督促被审计单位和其他有关单位根据审计结果进行整改。

第一百六十四条 审计机关主要检查或者了解下列事项:

(一)执行审计机关作出的处理处罚决定情况;

(二)对审计机关要求自行纠正事项采取措施的情况;

(三)根据审计机关的审计建议采取措施的情况;

(四)对审计机关移送处理事项采取措施的情况。

第一百六十五条 审计组在审计实施过程中,应当及时督促被审计单位整改审计发现的问题。

审计机关在出具审计报告、作出审计决定后,应当在规定的时间内检查或者了解被审计单位和其他有关单位的整改情况。

第一百六十六条 审计机关可以采取下列方式检查或者了解被审计单位和其他有关单位的整改情况:

(一)实地检查或者了解;

(二)取得并审阅相关书面材料;

(三)其他方式。

对于定期审计项目,审计机关可以结合下一次审计,检查或者了解被审计单位的整改情况。

检查或者了解被审计单位和其他有关单位的整改情况应当取得相关证明材料。

第一百六十七条 审计机关指定的部门负责检查或者了解被审计单位和其他有关单位整改情况,并向审计机关提出检查报告。

第一百六十八条 检查报告的内容主要包括:

(一)检查工作开展情况,主要包括检查时间、范围、对象、和方式等;

(二)被审计单位和其他有关单位的整改情况;

(三)没有整改或者没有完全整改事项的原因和建议。

第一百六十九条 审计机关对被审计单位没有整改或者没有完全整改的事项,依法采取必要措施。

第一百七十条 审计机关对审计决定书中存在的重要错误事项,应当予以纠正。

第一百七十一条 审计机关汇总审计整改情况,向本级政府报送关于审计工作报告中指出问题的整改情况的报告。

第六章 审计质量控制和责任

第一百七十二条 审计机关应当建立审计质量控制制度,以保证实现下列目标:

(一)遵守法律法规和本准则;

(二)作出恰当的审计结论;

(三)依法进行处理处罚。

第一百七十三条 审计机关应当针对下列要素建立审计质量控制制度:

(一)审计质量责任;

(二)审计职业道德;

(三)审计人力资源;

(四)审计业务执行;

(五)审计质量监控。

对前款第二、三、四项应当按照本准则第二至五章的有关要求建立审计质量控制制度。

第一百七十四条 审计机关实行审计组成员、审计组主审、审计组组长、审计机关业务部门、审理机构、总审计师和审计机关负责人对审计业务的分级质量控制。

第一百七十五条 审计组成员的工作职责包括：

（一）遵守本准则，保持审计独立性；

（二）按照分工完成审计任务，获取审计证据；

（三）如实记录实施的审计工作并报告工作结果；

（四）完成分配的其他工作。

第一百七十六条 审计组成员应当对下列事项承担责任：

（一）未按审计实施方案实施审计导致重大问题未被发现的；

（二）未按照本准则的要求获取审计证据导致审计证据不适当、不充分的；

（三）审计记录不真实、不完整的；

（四）对发现的重要问题隐瞒不报或者不如实报告的。

第一百七十七条 审计组组长的工作职责包括：

（一）编制或者审定审计实施方案；

（二）组织实施审计工作；

（三）督导审计组成员的工作；

（四）审核审计工作底稿和审计证据；

（五）组织编制并审核审计组起草的审计报告、审计决定书、审计移送处理书、专题报告、审计信息；

（六）配置和管理审计组的资源；

（七）审计机关规定的其他职责。

第一百七十八条 审计组组长应当从下列方面督导审计组成员的工作：

（一）将具体审计事项和审计措施等信息告知审计组成员，并与其讨论；

（二）检查审计组成员的工作进展，评估审计组成员的工作质量，并解决工作中存在的问题；

（三）给予审计组成员必要的培训和指导。

第一百七十九条 审计组组长应当对审计项目的总体质量负责，并对下列事项承担责任：

（一）审计实施方案编制或者组织实施不当，造成审计目标未实现或者重要问题未被发现的；

（二）审核未发现或者未纠正审计证据不适当、不充分问题的；

（三）审核未发现或者未纠正审计工作底稿不真实、不完整问题的；

（四）得出的审计结论不正确的；

（五）审计组起草的审计文书和审计信息反映的问题严重失实的；

（六）提出的审计处理处罚意见或者移送处理意见不正确的；

（七）对审计组发现的重要问题隐瞒不报或者不如实报告的；

（八）违反法定审计程序的。

第一百八十条 根据工作需要，审计组可以设立主审。主审根据审计分工和审计组组长的委托，主要履行下列职责：

（一）起草审计实施方案、审计文书和审计信息；

（二）对主要审计事项进行审计查证；

（三）协助组织实施审计；

（四）督导审计组成员的工作；

（五）审核审计工作底稿和审计证据；

（六）组织审计项目归档工作；

（七）完成审计组组长委托的其他工作。

第一百八十一条 审计组组长将其工作职责委托给主审或者审计组其他成员的，仍应当对委托事项承担责任。受委托的成员在受托范围内承担相应责任。

第一百八十二条 审计机关业务部门的工作职责包括：

（一）提出审计组组长人选；

（二）确定聘请外部人员事宜；

（三）指导、监督审计组的审计工作；

（四）复核审计报告、审计决定书等审计项目材料；

（五）审计机关规定的其他职责。

业务部门统一组织审计项目的，应当承担编制审计工作方案，组织、协调审计实施和汇总审计结果的职责。

第一百八十三条 审计机关业务部门应当及时发现和纠正审计组工作中存在的重要问题，并对下列事项承担责任：

（一）对审计组请示的问题未及时采取适当措施导致严重后果的；

（二）复核未发现审计报告、审计决定书等审计项目材料中存在的重要问题的；

（三）复核意见不正确的；

（四）要求审计组不在审计文书和审计信息中反映重要问题的。

业务部门对统一组织审计项目的汇总审计结果出现重大错误、造成严重不良影响的事项承担责任。

第一百八十四条 审计机关审理机构的工作职责包括：

（一）审查修改审计报告、审计决定书；

（二）提出审理意见；

（三）审计机关规定的其他职责。

第一百八十五条 审计机关审理机构对下列事项承担责任：

（一）审理意见不正确的；

（二）对审计报告、审计决定书作出的修改不正确的；

（三）审理时应当发现而未发现重要问题的。

第一百八十六条 审计机关负责人的工作职责包括：

（一）审定审计项目目标、范围和审计资源的配置；

（二）指导和监督检查审计工作；

（三）审定审计文书和审计信息；

（四）审计管理中的其他重要事项。

审计机关负责人对审计项目实施结果承担最终责任。

第一百八十七条 审计机关对审计人员违反法律法规和本准则的行为，应当按照相关规定追究其责任。

第一百八十八条 审计机关应当按照国家有关规定，建立健全审计项目档案管理制度，明确审计项目归档要求、保存期限、保存措施、档案利用审批程序等。

第一百八十九条 审计项目归档工作实行审计组组长负责制，审计组组长应当确定立卷责任人。

立卷责任人应当收集审计项目的文件材料，并在审计项目终结后及时立卷归档，由审计组组长审查验收。

第一百九十条 审计机关实行审计业务质量检查制度，对其业务部门、派出机构和下级审计机关的审计业务质量进行检查。

第一百九十一条 审计机关可以通过查阅有关文件和审计档案、询问相关人员等方式、方法，检查下列事项：

（一）建立和执行审计质量控制制度的情况；

（二）审计工作中遵守法律法规和本准则的情况；

（三）与审计业务质量有关的其他事项。

审计业务质量检查应当重点关注审计结论的恰当性、审计处理处罚意见的合法性和适当性。

第一百九十二条 审计机关开展审计业务质量检查，应当向被检查单位通报检查结果。

第一百九十三条 审计机关在审计业务质量检查中，发现被检查的派出机构或者下级审计机关应当作出审计决定而未作出的，可以依法直接或者责成其在规定期限内作出审计决定；发现其作出的审计决定违反国家有关规定的，可以依法直接或者责成其在规定期限内变更、撤销审计决定。

第一百九十四条 审计机关应当对其业务部门、派出机构实行审计业务年度考核制度，考核审计质量控制目标的实现情况。

第一百九十五条 审计机关可以定期组织优秀审计项目评选，对被评为优秀审计项目的予以表彰。

第一百九十六条 审计机关应当对审计质量控制制度及其执行情况进行持续评估，及时发现审计质量控制制度及其执行中存在的问题，并采取措施加以纠正或者改进。

审计机关可以结合日常管理工作或者通过开展审计业务质量检查、考核和优秀审计项目评选等方式，对审计质量控制制度及其执行情况进行持续评估。

第七章　附　　则

第一百九十七条　审计机关和审计人员开展下列工作，不适用本准则的规定：

（一）配合有关部门查处案件；

（二）与有关部门共同办理检查事项；

（三）接受交办或者接受委托办理不属于法定审计职责范围的事项。

第一百九十八条　地方审计机关可以根据本地实际情况，在遵循本准则规定的基础上制定实施细则。

第一百九十九条　本准则由审计署负责解释。

第二百条　本准则自 2011 年 1 月 1 日起施行。附件所列的审计署以前发布的审计准则和规定同时废止。

4. 国务院关于加强审计工作的意见（2014 年颁布）

（国发〔2014〕48 号）

各省、自治区、直辖市人民政府，国务院各部委、各直属机构：

为切实加强审计工作，推动国家重大决策部署和有关政策措施的贯彻落实，更好地服务改革发展，维护经济秩序，促进经济社会持续健康发展，现提出以下意见：

一、总体要求

（一）指导思想。坚持以邓小平理论、“三个代表”重要思想、科学发展观为指导，深入贯彻落实党的十八大和十八届二中、三中全会精神，依法履行审计职责，加大审计力度，创新审计方式，提高审计效率，对稳增长、促改革、调结构、惠民生、防风险等政策措施落实情况，以及公共资金、国有资产、国有资源、领导干部经济责任履行情况进行审计，实现审计监督全覆盖，促进国家治理现代化和国民经济健康发展。

（二）基本原则。

——围绕中心，服务大局。紧紧围绕国家中心工作，服务改革发展，服务改善民生，促进社会公正，为建设廉洁政府、俭朴政府、法治政府提供有力支持。

——发现问题，完善机制。发现国家政策措施执行中存在的主要问题和重大违法违纪案件线索，维护财经法纪，促进廉政建设；发现经济社会运行中的突出矛盾和风险隐患，维护国家经济安全；发现经济运行中好的做法、经验和问题，注重从体制机制制度层面分析原因和提出建议，促进深化改革和创新体制机制。

——依法审计，秉公用权。依法履行宪法和法律赋予的职责，敢于碰硬，勇于担当，严格遵守审计工作纪律和各项廉政、保密规定，注意工作方法，切实做到依法审计、文明审计、廉洁审计。

二、发挥审计促进国家重大决策部署落实的保障作用

（三）推动政策措施贯彻落实。持续组织对国家重大政策措施和宏观调控部署落实情况的跟踪审计，着力监督检查各地区、各部门落实稳增长、促改革、调结构、惠民生、防风险等政策措施的具体部署、执行进度、实际效果等情况，特别是重大项目落地、重点资金保障，以及简政放权推进情况，及时发现和纠正有令不行、有禁不止行为，反映好的做法、经验和新情况、新问题，促进政策落地生根和不断完善。

（四）促进公共资金安全高效使用。要看好公共资金，严防贪污、浪费等违法违规行为，确保公共资金安全。把绩效理念贯穿审计工作始终，加强预算执行和其他财政收支审计，密切关注财政资金的存量和增量，促进减少财政资金沉淀，盘活存量资金，推动财政资金合理配置、高效使用，把钱用在刀刃上。围绕中央八项规定精神和国务院“约法三章”要求，加强“三公”经费、会议费使用和楼堂馆所建设等方面审计，促进厉行节约和规范管理，推动俭朴政府建设。

（五）维护国家经济安全。要加大对经济运行中风险隐患的审计力度，密切关注财政、金融、民生、国有资产、能源、资源和环境保护等方面存在的薄弱环节和风险隐患，以及可能引发的社会不稳定因素，特别是地方政府性债务、区域性金融稳定等情况，注意发现和反映苗头性、倾向性问题，积极提出解决问题和化解风险的建议。

（六）促进改善民生和生态文明建设。加强对“三农”、社会保障、教育、文化、医疗、扶贫、救灾、保障性安居工程等重点民生资金和项目的审计，加强对土地、矿产等自然资源，以及大气、水、固体废物等污染治理和环境保护情况的审计，探索实行自然资源资产离任审计，深入分析财政投入与项目进展、事业发展等情况，推动惠民和资源、环保政策落实到位。

（七）推动深化改革。密切关注各项改革措施的协调配合情况，促进增强改革的系统性、整体性和协调性。正确把握改革和发展中出现的新情况，对不合时宜、制约发展、阻碍改革的制度规定，及时予以反映，推动改进和完善。

三、强化审计的监督作用

（八）促进依法行政、依法办事。要加大对依法行政情况的审计力度，注意发现有法不依、执法不严等问题，促进法治政府建设，切实维护法律尊严。要着力反映严重损害群众利益、妨害公平竞争等问题，维护市场经济秩序和社会公平正义。

（九）推进廉政建设。对审计发现的重大违法违纪问题，要查深查透查实。重点关注财政资金分配、重大投资决策和项目审批、重大物资采购和招标投标、贷款发放和证券交易、国有资产和股权转让、土地和矿产资源交易等重点领域和关键环节，揭露以权谋私、失职渎职、贪污受贿、内幕交易等问题，促进廉洁政府建设。

（十）推动履职尽责。深化领导干部经济责任审计，着力检查领导干部守法守纪守规尽责情况，促进各级领导干部主动作为、有效作为，切实履职尽责。依法依纪反映不作为、慢作为、乱作为问题，促进健全责任追究和问责机制。

四、完善审计工作机制

（十一）依法接受审计监督。凡是涉及管理、分配、使用公共资金、国有资产、国有资源的部门、单位和个人，都要自觉接受审计、配合审计，不得设置障碍。有关部门和单位要依法、及时、全面提供审计所需的财务会计、业务和管理等资料，不得制定限制向审计机关提供资料和开放计算机信息系统查询权限的规定，已经制定的应予修订或废止。对获取的资料，审计机关要严格保密。

（十二）提供完整准确真实的电子数据。有关部门、金融机构和国有企事业单位应根据审计工作需要，依法向审计机关提供与本单位、本系统履行职责相关的电子数据信息和必要的技术文档；在确保数据信息安全的前提下，协助审计机关开展联网审计。在现场审计阶段，被审计单位要为审计机关进行电子数据分析提供必要的工作环境。

（十三）积极协助审计工作。审计机关履行职责需要协助时，有关部门、单位要积极予以协助和支持，并对有关审计情况严格保密。要建立健全审计与纪检监察、公安、检察以及其他有关主管单位的工作协调机制，对审计移送的违法违纪问题线索，有关部门要认真查处，及时向审计机关反馈查处结果。审计机关要跟踪审计移送事项的查处结果，适时向社会公告。

五、狠抓审计发现问题的整改落实

（十四）健全整改责任制。被审计单位的主要负责人作为整改第一责任人，要切实抓好审计发现问题的整改工作，对重大问题要亲自管、亲自抓。对审计发现的问题和提出的审计建议，被审计单位要及时整改和认真研究，整改结果在书面告知审计机关的同时，要向同级政府或主管部门报告，并向社会公告。

（十五）加强整改督促检查。各级政府每年要专题研究国家重大决策部署和有关政策措施落实情况审计，以及本级预算执行和其他财政收支审计查出问题的整改工作，将整改纳入督查督办事项。对审计反映的问题，被审计单位主管部门要及时督促整改。审计机关要建立整改检查跟踪机制，必要时可提请有关部门协助落实整改意见。

（十六）严肃整改问责。各地区、各部门要把审计结果及其整改情况作为考核、奖惩的重要依据。对审计发现的重大问题，要依法依纪作出处理，严肃追究有关人员责任。对审计反映的典型性、普遍性、倾向性问题，要及时研究，完善制度规定。对整改不到位的，要与被审计单位主要负责人进行约谈。对整改不力、屡审屡犯的，要严格追责问责。

六、提升审计能力

(十七)强化审计队伍建设。着力提高审计队伍的专业化水平,推进审计职业化建设,建立审计人员职业保障制度,实行审计专业技术资格制度,完善审计职业教育培训体系,努力建设一支具有较高政治素质和业务素质、作风过硬的审计队伍。审计机关负责人原则上应具备经济、法律、管理等工作背景。招录审计人员可加试审计工作必需的专业知识和技能,部分专业性强的职位可实行聘任制。

(十八)推动审计方式创新。加强审计机关审计计划的统筹协调,优化审计资源配置,开展好涉及全局的重大项目审计,探索预算执行项目分阶段组织实施审计的办法,对重大政策措施、重大投资项目、重点专项资金和重大突发事件等可以开展全过程跟踪审计。根据审计项目实施需要,探索向社会购买审计服务。加强上级审计机关对下级审计机关的领导,建立健全工作报告等制度,地方各级审计机关将审计结果和重大案件线索向同级政府报告的同时,必须向上一级审计机关报告。

(十九)加快推进审计信息化。推进有关部门、金融机构和国有企事业单位等与审计机关实现信息共享,加大数据集中力度,构建国家审计数据系统。探索在审计实践中运用大数据技术的途径,加大数据综合利用力度,提高运用信息化技术查核问题、评价判断、宏观分析的能力。创新电子审计技术,提高审计工作能力、质量和效率。推进对各部门、单位计算机信息系统安全性、可靠性和经济性的审计。

(二十)保证履行审计职责必需的力量和经费。根据审计任务日益增加的实际,合理配置审计力量。按照科学核算、确保必需的原则,在年度财政预算中切实保障本级审计机关履行职责所需经费,为审计机关提供相应的工作条件。加强内部审计工作,充分发挥内部审计作用。

七、加强组织领导

(二十一)健全审计工作领导机制。地方各级政府主要负责人要依法直接领导本级审计机关,支持审计机关工作,定期听取审计工作汇报,及时研究解决审计工作中遇到的突出问题,把审计结果作为相关决策的重要依据。要加强政府监督检查机关间的沟通交流,充分利用已有的检查结果等信息,避免重复检查。

(二十二)维护审计的独立性。地方各级政府要保障审计机关依法审计、依法查处问题、依法向社会公告审计结果,不受其他行政机关、社会团体和个人的干涉,定期组织开展对审计法律法规执行情况的监督检查。对拒不接受审计监督,阻挠、干扰和不配合审计工作,或威胁、恐吓、报复审计人员的,要依法依纪查处。

5. 政府投资项目审计规定
(2010年修订)

审投发〔2010〕173号

第一条 为进一步加强政府投资项目审计工作,规范政府投资项目审计行为,提升政府投资审计质量和成效,充分发挥审计保障国家经济社会健康运行的“免疫系统”功能,根据《中华人民共和国审计法》、《中华人民共和国审计法实施条例》和《中华人民共和国国家审计准则》等有关法律法规,制定本规定。

第二条 审计机关对政府投资和以政府投资为主的项目实施的审计和专项审计调查适用本规定。

第三条 审计机关依据《中华人民共和国审计法》和《中华人民共和国审计法实施条例》以及本级人民政府规定,确定政府投资项目审计的对象、范围和内容。

第四条 审计机关应当根据法律、法规、规章的规定和本级人民政府的要求以及上级审计机关的工作安排,按照全面审计、突出重点、合理安排、确保质量的原则,确定年度政府投资审计项目计划。

各级政府及其发展改革部门审批的政府重点投资项目,应当作为政府投资审计重点。

审计机关按照确定的审计管辖范围开展政府投资项目审计,防止不必要的重复审计。

第五条 审计机关对政府重点投资项目以及涉及公共利益和民生的城市基础设施、保障性住房、学校、医院等工程,应当有重点地对其建设和管理情况实施跟踪审计。

第六条 审计机关对政府投资项目重点审计以下内容:

(一)履行基本建设程序情况;

(二)投资控制和资金管理使用情况;

（三）项目建设管理情况；

（四）有关政策措施执行和规划实施情况；

（五）工程质量情况；

（六）设备、物资和材料采购情况；

（七）土地利用和征地拆迁情况；

（八）环境保护情况；

（九）工程造价情况；

（十）投资绩效情况；

（十一）其他需要重点审计的内容。

除重点审计上述内容外，还应当关注项目决策程序是否合规，有无因决策失误和重复建设造成重大损失浪费等问题；应当注重揭示和查处工程建设领域中的重大违法违规问题和经济犯罪线索，促进反腐倡廉建设；应当注重揭示投资管理体制、机制和制度方面的问题。

第七条 审计机关在真实性、合法性审计的基础上，应当更加注重检查和评价政府投资项目的绩效，逐步做到所有审计的政府重点投资项目都开展绩效审计。

第八条 对政府投入大、社会关注度高的重点投资项目竣工决算前，审计机关应当先进行审计。

审计机关应当提高工程造价审计质量，对审计发现的多计工程价款等问题，应当责令建设单位与设计、施工、监理、供货等单位据实结算。

第九条 审计机关对列入年度审计计划的竣工决算审计项目，一般应当在审计通知书确定的审计实施日起3个月内出具审计报告。确需延长审计期限时，应当报经审计计划下达机关批准。

第十条 审计机关开展政府投资项目审计，应当确定项目法人单位或其授权委托进行建设管理的单位为被审计单位。在审计通知书中应当明确，实施审计中将对与项目直接有关的设计、施工、监理、供货等单位取得项目资金的真实性、合法性进行调查。

采取跟踪审计方式实施审计的，审计通知书应当列明跟踪审计的具体方式和要求。

第十一条 审计机关在法定职权范围内对审计发现的违法违规问题进行处理处罚；对审计发现的需要追究有关人员责任的违法违纪案件线索，应当及时移送司法机关或纪检监察等机关处理；对不属于审计管辖范围内的、应当依法由其他有关部门纠正、处理处罚的事项，应当移送有关部门处理。

办理审计移送事项时，应当按规定移交相关证据材料。

审计机关应当进一步建立健全审计机关与纪检监察机关和司法机关的案件线索移送、协查和信息共享的协调沟通机制，发挥监督合力。

第十二条 审计机关应当及时向本级人民政府报告重点投资项目审计结果，并通报有关部门。政府投资项目审计中发现的重大问题，应当纳入本级预算执行审计结果报告。

审计机关在审计中发现有关部门履行职责不到位、政策法规不完善等问题，应当及时向本级人民政府或有关主管部门提出建议。

第十三条 审计机关实施政府投资项目审计，遇有相关专业知识局限等情况时，可以聘请符合审计职业要求的外部人员参加审计项目或者提供技术支持、专业咨询、专业鉴定。

审计机关应当制定有关聘请外部人员的工作规范，加强对聘请外部人员工作的督导和业务复核，保证审计质量。

审计机关聘请的外部人员在政府投资项目审计中违反有关法律法规规定的，审计机关应当停止其承担的工作，追究违约责任，移送有关部门处理；涉嫌犯罪的，移送司法机关追究刑事责任。

第十四条 审计机关应当根据《中华人民共和国国家审计准则》，建立健全政府投资项目审计质量控制制度，实行审计组成员、审计组主审、审计组组长、审计机关业务部门、审理机构、总审计师和审计机关负责人对审计业务的分级质量控制，作出恰当的审计结论，依法进行处理处罚，防范审计风险。

第十五条 审计机关应当建立健全政府投资项目审计整改检查机制，督促被审计单位和其他有关单位根据审计结果进行整改。审计组在审计实施过程中，应当及时督促被审计单位整改审计发现的问题。

对于跟踪审计项目，审计机关应当将上次审计查出问题的整改情况作为审计的重要内容。

第十六条 审计机关应当依法实行公告制度，及时客观公正地向社会公告政府投资项目审计结果及整改情况;逐步实现所有政府重点投资项目审计结果及整改情况,除涉及国家秘密和商业秘密外,都按程序全面、如实向社会公告。

第十七条 审计机关应当充分运用信息化手段开展政府投资项目审计工作,努力搭建管理平台,逐步建立政府投资项目审计数据库,加快方法体系建设,扩大工程造价软件在竣工决算审计中的应用,并探索信息化条件下的联网审计,提高政府投资项目审计管理水平和效率。

第十八条 上级审计机关应当加强对下级审计机关政府投资项目审计工作的业务领导,及时总结和推广好的经验与做法,研究制定政府投资项目审计业务规范,提高规范化水平。

下一级审计机关应当按规定向上一级审计机关报告政府重点投资项目审计结果。

第十九条 审计机关应当重视和加强投资审计队伍建设,积极引进符合条件的投资审计相关专业人才,培养投资审计业务骨干人才和领军人才,改善投资审计队伍的专业结构,逐步提高投资审计人员的整体素质,使投资审计人员具备与政府投资项目审计工作相适应的专业知识、业务能力和实践经验,为投资审计发展提供人才保障。

第二十条 审计机关应当加强对投资审计人员的职业道德和廉政纪律教育,针对投资审计工作容易出现廉政风险的环节,加强内部控制,强化管理,确保严格执行审计纪律,维护审计机关廉洁从审的良好形象。

第二十一条 地方审计机关可以根据《中华人民共和国审计法》和《中华人民共和国审计法实施条例》,结合本地实际,制定地方政府投资项目审计的实施细则。

第二十二条 审计机关对国有资本占控股地位或者主导地位的企业和国家事业组织投资的项目审计,参照本规定执行。

第二十三条 本规定由审计署负责解释,自发布之日起施行。2006 年 1 月 20 日颁布的《政府投资项目审计管理办法》同时废止。

6. 审计机关封存资料资产规定(2010 年颁布)

中华人民共和国审计署令 2010 年第 9 号

第一条 为了规范审计机关封存被审计单位有关资料和违反国家规定取得的资产的行为,保障审计机关和审计人员严格依法行使审计监督职权,提高依法审计水平,维护国家利益和被审计单位的合法权益,根据审计法、审计法实施条例和其他有关法律法规,制定本规定。

第二条 审计机关对被审计单位有关资料和违反国家规定取得的资产采取封存措施适用本规定。

审计机关在审计证据可能灭失或者以后难以取得的情况下,采取的先行登记保存措施,依照行政处罚法和有关行政法规的规定执行。

第三条 审计机关采取封存措施,应当遵循合法、谨慎的原则。

审计机关应当严格依照审计法、审计法实施条例和本规定确定的条件、程序采取封存措施,不得滥用封存权。

审计机关通过制止被审计单位违法行为、及时取证或者采取先行登记保存措施可以达到审计目的的,不必采取封存措施。

第四条 有下列情形之一的,审计机关可以采取封存措施:

(一)被审计单位正在或者可能转移、隐匿、篡改、毁弃会计凭证、会计账簿、财务会计报告以及其他与财政收支或者财务收支有关的资料的;

(二)被审计单位正在或者可能转移、隐匿违反国家规定取得的资产的。

第五条 审计机关依法对被审计单位的下列资料进行封存:

(一)会计凭证、会计账簿、财务会计报告等会计资料;

(二)合同、文件、会议记录等与被审计单位财政收支或者财务收支有关的其他资料。

上述资料存储在磁、光、电等介质上的,审计机关可以依法封存相关存储介质。

第六条 审计机关依法对被审计单位违反国家规定取得的现金、实物等资产或者有价证券、权属证明等资产凭证进行封存。

第七条 审计机关采取封存措施，应当经县级以上人民政府审计机关（含县级人民政府审计机关和省级以上人民政府审计机关派出机构，下同）负责人批准，由两名审计人员实施。

第八条 审计机关采取封存措施，应当向被审计单位送达封存通知书。

封存通知书包括下列内容：

（一）被审计单位名称；

（二）封存依据；

（三）封存资料或者资产的名称、数量等；

（四）封存期限；

（五）被审计单位申请行政复议或者提起行政诉讼的途径和期限；

（六）审计机关的名称、印章和日期。

在被审计单位正在转移、隐匿、篡改、毁弃有关资料或者正在转移、隐匿违反国家规定取得的资产等紧急情况下，审计人员报经县级以上人民政府审计机关负责人口头批准，可以采取必要措施，当场予以封存，再补送封存通知书。

第九条 审计机关采取封存措施时，审计人员应当会同被审计单位相关人员对有关资料或者资产进行清点，开列封存清单。

封存清单一般登记封存资料的名称、数量，封存资产的名称、规格、型号、数量等。封存资料存储在磁、光、电等介质上的，还应当列明存储介质的名称、规格等。

封存清单一式两份，由审计人员和被审计单位相关人员核对后签名或者盖章，双方各执一份。

第十条 审计机关应当对存放封存资料或者资产的文件柜、保险柜、档案室、库房等加贴封条。

封条上应当注明审计机关名称、封存日期并加盖审计机关印章。

第十一条 审计机关具备保管条件的，可以自行保管封存的资料或者资产；不具备保管条件的，可以指定被审计单位对存放封存资料、资产的设备或者设施进行保管或者看管；特殊情况下，也可以委托与被审计单位无利害关系的第三人保管。

审计机关指定被审计单位保管或者看管存放封存资料、资产的设备或者设施的，应当在封存通知书中一并载明被审计单位的保管责任。

第十二条 被审计单位或者受托保管的第三人应当履行保管责任，除本规定第十三条规定的情形外，不得擅自启封，不得损毁或者转移存放封存资料、资产的设备或者设施。

第十三条 遇有自然灾害等突发事件，可能导致封存的资料或者资产损毁的，负有保管责任的被审计单位或者第三人，应当将封存的资料或者资产转移到安全的地方，并将情况及时报告采取封存措施的审计机关。

第十四条 封存的期限一般不得超过7个工作日；有特殊情况需要延长的，经县级以上人民政府审计机关负责人批准，可以适当延长，但延长的期限不得超过7个工作日。

第十五条 审计机关封存资料或者资产后，审计人员应当及时进行审查，获取审计证据，或者提请有关主管部门对被审计单位违反国家规定取得的资产进行处理。

第十六条 审计机关在封存期限届满或者在封存期限内完成对有关资料或者资产处理的，审计人员应当与被审计单位相关人员共同清点封存的资料或者资产后予以退还，并在双方持有的封存清单上注明解除封存日期和退还的资料或者资产，由双方签名或者盖章。

第十七条 审计机关违反规定采取封存措施，给国家利益或者被审计单位的合法权益造成重大损害的，依照有关法律法规的规定追究相关人员的责任。

第十八条 被审计单位或者负有保管责任的第三人有下列行为之一的，依照有关法律法规的规定追究相关人员的责任：

（一）除本规定第十三条规定的情形外，擅自启封的；

（二）故意或者未尽保管责任，导致封存的资料被转移、隐匿、篡改、毁弃的；

（三）故意或者未尽保管责任，导致封存的资产被转移、隐匿、损毁的。

第十九条 本规定由审计署负责解释。

第二十条 本规定自2011年2月1日起施行。

7. 党政主要领导干部和国有企业领导人员经济责任审计规定(2010年修订)

中办发〔2010〕32号

第一章 总 则

第一条 为健全和完善经济责任审计制度,加强对党政主要领导干部和国有企业领导人员(以下简称领导干部)的管理监督,推进党风廉政建设,根据《中华人民共和国审计法》和其他有关法律法规,以及干部管理监督的有关规定,制定本规定。

第二条 党政主要领导干部经济责任审计的对象包括:

(一)地方各级党委、政府、审判机关、检察机关的正职领导干部或者主持工作一年以上的副职领导干部;

(二)中央和地方各级党政工作部门、事业单位和人民团体等单位的正职领导干部或者主持工作一年以上的副职领导干部;上级领导干部兼任部门、单位的正职领导干部,且不实际履行经济责任时,实际负责本部门、本单位常务工作的副职领导干部。

第三条 国有企业领导人员经济责任审计的对象包括国有和国有控股企业(含国有和国有控股金融企业)的法定代表人。

第四条 本规定所称经济责任,是指领导干部在任职期间因其所任职务,依法对本地区、本部门(系统)、本单位的财政收支、财务收支以及有关经济活动应当履行的职责、义务。

第五条 领导干部履行经济责任的情况,应当依法接受审计监督。

根据干部管理监督的需要,可以在领导干部任职期间进行任中经济责任审计,也可以在领导干部不再担任所任职务时进行离任经济责任审计。

第六条 领导干部的经济责任审计依照干部管理权限确定。

地方审计机关主要领导干部的经济责任审计,由本级党委与上一级审计机关协商后,由上一级审计机关组织实施。

审计署审计长的经济责任审计,报请国务院总理批准后实施。

第七条 审计机关依法独立实施经济责任审计,任何组织和个人不得拒绝、阻碍、干涉,不得打击报复审计人员。

第八条 审计机关和审计人员对经济责任审计工作中知悉的国家秘密、商业秘密,负有保密义务。

第九条 各级党委和政府应当保证审计机关履行经济责任审计职责所必需的机构、人员和经费。

第二章 组织协调

第十条 各级党委和政府应当加强对经济责任审计工作的领导,建立经济责任审计工作联席会议(以下简称联席会议)制度。联席会议由纪检、组织、审计、监察、人力资源社会保障和国有资产监督管理等部门组成。

联席会议下设办公室,与同级审计机关内设的经济责任审计机构合署办公,负责日常工作。联席会议办公室主任为同级审计机关的副职领导或者同职级领导。

第十一条 联席会议的主要职责是研究制定有关经济责任审计的政策和制度,监督检查、交流通报经济责任审计工作开展情况,协调解决工作中出现的问题。

第十二条 联席会议办公室的主要职责是研究起草有关经济责任审计的法规、制度和文件,研究提出年度经济责任审计计划草案,总结推广经济责任审计工作经验,督促落实联席会议决定的有关事项。

第十三条 经济责任审计应当有计划地进行。组织部门每年提出下一年度经济责任审计委托建议,经联席会议办公室研究后提出经济责任审计计划草案,由审计机关报请本级政府行政首长审定后,纳入审计机关年度审计工作计划并组织实施。

第三章 审计内容

第十四条 经济责任审计应当以促进领导干部推动本地区、本部门(系统)、本单位科学发展为目标,以领导干部守法、守纪、守规、尽责情况为重点,以领导干部任职期间本地区、本部门(系统)、本单位财政收支、财务收支以及有关经济活动的真实、合法和效益为基础,严格依法界定审计内容。

第十五条 地方各级党委和政府主要领导干部经济责任审计的主要内容是:本地区财政收支的真实、合法和效益情况;国有资产的管理和使用情况;政府债务的举借、管理和使用情况;政府投资和以政府投资为主的重要项目的建设和管理情况;对直接分管部门预算执行和其他财政收支、财务收支以及有关经济活动的管理和监督情况。

第十六条 党政工作部门、审判机关、检察机关、事业单位和人民团体等单位主要领导干部经济责任审计的主要内容是:本部门(系统)、本单位预算执行和其他财政收支、财务收支的真实、合法和效益情况;重要投资项目的建设和管理情况;重要经济事项管理制度的建立和执行情况;对下属单位财政收支、财务收支以及有关经济活动的管理和监督情况。

第十七条 国有企业领导人员经济责任审计的主要内容是:本企业财务收支的真实、合法和效益情况;有关内部控制制度的建立和执行情况;履行国有资产出资人经济管理和监督职责情况。

第十八条 在审计以上主要内容时,应当关注领导干部在履行经济责任过程中的下列情况:贯彻落实科学发展观,推动经济社会科学发展情况;遵守有关经济法律法规、贯彻执行党和国家有关经济工作的方针政策和决策部署情况;制定和执行重大经济决策情况;与领导干部履行经济责任有关的管理、决策等活动的经济效益、社会效益和环境效益情况;遵守有关廉洁从政(从业)规定情况等。

第十九条 有关部门和单位、地方党委和政府的主要领导干部由上级领导干部兼任,且实际履行经济责任的,对其进行经济责任审计时,审计内容仅限于该领导干部所兼任职务应当履行的经济责任。

第四章 审计实施

第二十条 审计机关应当根据年度经济责任审计计划,组成审计组并实施审计。

第二十一条 审计机关应当在实施经济责任审计 3 日前,向被审计领导干部及其所在单位或者原任职单位(以下简称所在单位)送达审计通知书。遇有特殊情况,经本级政府批准,审计机关可以直接持审计通知书实施经济责任审计。

第二十二条 审计机关实施经济责任审计时,应当召开有审计组主要成员、被审计领导干部及其所在单位有关人员参加的会议,安排审计工作有关事项。联席会议有关成员单位根据工作需要可以派人参加。

审计机关实施经济责任审计,应当进行审计公示。

第二十三条 审计机关在经济责任审计过程中,应当听取本级党委、政府和被审计领导干部所在单位有关领导同志,以及本级联席会议有关成员单位的意见。

第二十四条 审计机关在进行经济责任审计时,被审计领导干部及其所在单位,以及其他有关单位应当提供与被审计领导干部履行经济责任有关的下列资料:

(一)财政收支、财务收支相关资料;

(二)工作计划、工作总结、会议记录、会议纪要、经济合同、考核检查结果、业务档案等资料;

(三)被审计领导干部履行经济责任情况的述职报告;

(四)其他有关资料。

第二十五条 被审计领导干部及其所在单位应当对所提供资料的真实性、完整性负责,并作出书面承诺。

第二十六条 审计机关履行经济责任审计职责时,可以依法提请有关部门和单位予以协助,有关部门和单位应当予以配合。

第二十七条 审计组实施审计后,应当将审计组的审计报告书面征求被审计领导干部及其所在单位的意见。根据工作需要可以征求本级党委、政府有关领导同志,以及本级联席会议有关成员单位的意见。

被审计领导干部及其所在单位应当自接到审计组的审计报告之日起 10 日内提出书面意见;10 日内未提出书面意见的,视同无异议。

第二十八条 审计机关按照《中华人民共和国审计法》及相关法律法规规定的程序，对审计组的审计报告进行审议，出具审计机关的经济责任审计报告和审计结果报告。

第二十九条 审计机关应当将经济责任审计报告送达被审计领导干部及其所在单位。

第三十条 审计机关应当将经济责任审计结果报告等结论性文书报送本级政府行政首长，必要时报送本级党委主要负责同志；提交委托审计的组织部门；抄送联席会议有关成员单位。

第三十一条 被审计领导干部所在单位存在违反国家规定的财政收支、财务收支行为，依法应当给予处理、处罚的，由审计机关在法定职权范围内作出审计决定。

审计机关在经济责任审计中发现的应当由其他部门处理的问题，依法移送有关部门处理。

第三十二条 被审计领导干部对审计机关出具的经济责任审计报告有异议的，可以自收到审计报告之日起 30 日内向出具审计报告的审计机关申诉，审计机关应当自收到申诉之日起 30 日内作出复查决定；被审计领导干部对复查决定仍有异议的，可以自收到复查决定之日起 30 日内向上一级审计机关申请复核，上一级审计机关应当自收到复核申请之日起 60 日内作出复核决定。

上一级审计机关的复核决定和审计署的复查决定为审计机关的最终决定。

第五章 审计评价与结果运用

第三十三条 审计机关应当根据审计查证或者认定的事实，依照法律法规、国家有关规定和政策，以及责任制考核目标和行业标准等，在法定职权范围内，对被审计领导干部履行经济责任情况作出客观公正、实事求是的评价。审计评价应当与审计内容相统一，评价结论应当有充分的审计证据支持。

第三十四条 审计机关对被审计领导干部履行经济责任过程中存在问题所应当承担的直接责任、主管责任、领导责任，应当区别不同情况作出界定。

第三十五条 本规定所称直接责任，是指领导干部对履行经济责任过程中的下列行为应当承担的责任：

（一）直接违反法律法规、国家有关规定和单位内部管理规定的行为；

（二）授意、指使、强令、纵容、包庇下属人员违反法律法规、国家有关规定和单位内部管理规定的行为；

（三）未经民主决策、相关会议讨论而直接决定、批准、组织实施重大经济事项，并造成重大经济损失浪费、国有资产（资金、资源）流失等严重后果的行为；

（四）主持相关会议讨论或者以其他方式研究，但是在多数人不同意的情况下直接决定、批准、组织实施重大经济事项，由于决策不当或者决策失误造成重大经济损失浪费、国有资产（资金、资源）流失等严重后果的行为；

（五）其他应当承担直接责任的行为。

第三十六条 本规定所称主管责任，是指领导干部对履行经济责任过程中的下列行为应当承担的责任：

（一）除直接责任外，领导干部对其直接分管的工作不履行或者不正确履行经济责任的行为；

（二）主持相关会议讨论或者以其他方式研究，并且在多数人同意的情况下决定、批准、组织实施重大经济事项，由于决策不当或者决策失误造成重大经济损失浪费、国有资产（资金、资源）流失等严重后果的行为。

第三十七条 本规定所称领导责任，是指除直接责任和主管责任外，领导干部对其不履行或者不正确履行经济责任的其他行为应当承担的责任。

第三十八条 各级党委和政府应当建立健全经济责任审计情况通报、审计整改以及责任追究等结果运用制度，逐步探索和推行经济责任审计结果公告制度。

第三十九条 有关部门和单位应当根据干部管理监督的相关要求运用经济责任审计结果，将其作为考核、任免、奖惩被审计领导干部的重要依据，并以适当方式将审计结果运用情况反馈审计机关。

经济责任审计结果报告应当归入被审计领导干部本人档案。

第六章 附　　则

第四十条 审计机关和审计人员、被审计领导干部及其所在单位，以及其他有关单位和个人在经济责任审计中的职责、权限、法律责任等,本规定未作规定的,依照《中华人民共和国审计法》、《中华人民共和国审计法实施条例》和其他法律法规的有关规定执行。

第四十一条 审计机关开展领导干部经济责任审计适用本规定。有关机构依法履行国有资产监督管理职责时,按照干部管理权限开展的经济责任审计,参照本规定组织实施。部门和单位可以根据本规定,制定内部管理领导干部经济责任审计的规定。

第四十二条 中央经济责任审计工作联席会议应当根据本规定,制定实施细则或者贯彻实施意见。

第四十三条 本规定由审计署负责解释。

第四十四条 本规定自印发之日起施行。1999 年 5 月中共中央办公厅、国务院办公厅印发的《县级以下党政领导干部任期经济责任审计暂行规定》和《国有企业及国有控股企业领导人员任期经济责任审计暂行规定》(中办发〔1999〕20 号)同时废止。

8. 党政主要领导干部和国有企业领导人员经济责任审计规定实施细则

审经责发〔2014〕102 号

第一章 总 则

第一条 为健全和完善经济责任审计制度,规范经济责任审计行为,根据《中华人民共和国审计法》、《中华人民共和国审计法实施条例》、《党政主要领导干部和国有企业领导人员经济责任审计规定》(中办发〔2010〕32 号,以下简称两办《规定》)和有关法律法规,以及干部管理监督的有关规定,制定本细则。

第二条 本细则所称经济责任审计,是指审计机关依法依规对党政主要领导干部和国有企业领导人员经济责任履行情况进行监督、评价和鉴证的行为。

第三条 经济责任审计应当以促进领导干部推动本地区、本部门(系统)、本单位科学发展为目标,以领导干部任职期间本地区、本部门(系统)、本单位财政收支、财务收支以及有关经济活动的真实、合法和效益为基础,重点检查领导干部守法、守纪、守规、尽责情况,加强对领导干部行使权力的制约和监督,推进党风廉政建设和反腐败工作,推进国家治理体系和治理能力现代化。

第四条 领导干部履行经济责任的情况,应当依法依规接受审计监督。经济责任审计应当坚持任中审计与离任审计相结合,对重点地区(部门、单位)、关键岗位的领导干部任期内至少审计一次。

第二章 审计对象

第五条 两办《规定》第二条所称党政主要领导干部,是指地方各级党委、政府、审判机关、检察机关,中央和地方各级党政工作部门、事业单位和人民团体等单位的党委(含党组、党工委,以下统称党委)正职领导干部和行政正职领导干部,包括主持工作一年以上的副职领导干部。

第六条 两办《规定》第二条所称地方各级党委和政府主要领导干部经济责任审计的对象包括:

(一)省、自治区、直辖市和新疆生产建设兵团,自治州、设区的市,县、自治县、不设区的市、市辖区,以及乡、民族乡、镇的主要领导干部;

(二)行政公署、街道办事处、区公所等履行政府职能的政府派出机关的主要领导干部;

(三)政府设立的开发区、新区等的主要领导干部。

第七条 两办《规定》第二条所称地方各级审判机关、检察机关主要领导干部经济责任审计的对象包括地方各级人民法院、人民检察院的党政主要领导干部。

第八条 两办《规定》第二条所称党政工作部门、事业单位和人民团体等单位党政主要领导干部经济责任审计的对象包括:

(一)中央党政工作部门、事业单位和人民团体等单位的主要领导干部;

(二)地方各级党委和政府的工作部门、事业单位和人民团体等单位的主要领导干部;

(三)履行政府职能的政府派出机关的工作部门、事业单位、人民团体等单位的主要领导干部;

(四)政府设立的开发区、新区等的工作部门、事业单位、人民团体等单位的主要领导干部;

(五)上级领导干部兼任有关部门、单位的正职领导干部,且不实际履行经济责任时,实际负责本部门、本单位常务工作的副职领导干部;

(六)党委、政府设立的超过一年以上有独立经济活动的临时机构的主要领导干部。

第九条 两办《规定》第三条所称国有企业领导人员经济责任审计的对象包括国有和国有资本占控股地位或者主导地位的企业(含金融企业,下同)的法定代表人。

根据党委和政府、干部管理监督部门的要求,审计机关可以对上述企业中不担任法定代表人但实际行使相应职权的董事长、总经理、党委书记等企业主要领导人员进行经济责任审计。

第十条 领导干部经济责任审计的对象范围依照干部管理权限确定。遇有干部管理权限与财政财务隶属关系、国有资产监督管理关系不一致时,由对领导干部具有干部管理权限的组织部门与同级审计机关共同确定实施审计的审计机关。

第十一条 部门、单位(含垂直管理系统)内部管理领导干部的经济责任审计,由部门、单位负责组织实施。

第三章 审计内容

第十二条 审计机关应当根据领导干部职责权限和履行经济责任的情况,结合地区、部门(系统)、单位的实际,依法依规确定审计内容。

审计机关在实施审计时,应当充分考虑审计目标、干部管理监督需要、审计资源与审计效果等因素,准确把握审计重点。

第十三条 地方各级党委主要领导干部经济责任审计的主要内容:

(一)贯彻执行党和国家、上级党委和政府重大经济方针政策及决策部署情况;

(二)遵守有关法律法规和财经纪律情况;

(三)领导本地区经济工作,统筹本地区经济社会发展战略和规划,以及政策措施制定情况及效果;

(四)重大经济决策情况;

(五)本地区财政收支总量和结构、预算安排和重大调整等情况;

(六)地方政府性债务的举借、用途和风险管控等情况;

(七)自然资源资产的开发利用和保护、生态环境保护以及民生改善等情况;

(八)政府投资和以政府投资为主的重大项目的研究决策情况;

(九)对党委有关工作部门管理和使用的重大专项资金的监管情况,以及厉行节约反对浪费情况;

(十)履行有关党风廉政建设第一责任人职责情况,以及本人遵守有关廉洁从政规定情况;

(十一)对以往审计中发现问题的督促整改情况;

(十二)其他需要审计的内容。

第十四条 地方各级政府主要领导干部经济责任审计的主要内容:

(一)贯彻执行党和国家、上级党委和政府、本级党委重大经济方针政策及决策部署情况;

(二)遵守有关法律法规和财经纪律情况;

(三)本地区经济社会发展战略、规划的执行情况,以及重大经济和社会发展事项的推动和管理情况及其效果;

(四)有关目标责任制完成情况;

(五)重大经济决策情况;

(六)本地区财政管理,以及财政收支的真实、合法、效益情况;

(七)地方政府性债务的举借、管理、使用、偿还和风险管控情况;

(八)国有资产的管理和使用情况;

(九)自然资源资产的开发利用和保护、生态环境保护以及民生改善等情况;

(十)政府投资和以政府投资为主的重大项目的研究、决策及建设管理等情况;

（十一）对直接分管部门预算执行和其他财政收支、财务收支及有关经济活动的管理和监督情况，厉行节约反对浪费情况，以及依照宪法、审计法规定分管审计工作情况；

（十二）机构设置、编制使用以及有关规定的执行情况；

（十三）履行有关党风廉政建设第一责任人职责情况，以及本人遵守有关廉洁从政规定情况；

（十四）对以往审计中发现问题的整改情况；

（十五）其他需要审计的内容。

第十五条 党政工作部门、审判机关、检察机关、事业单位和人民团体等单位主要领导干部经济责任审计的主要内容：

（一）贯彻执行党和国家有关经济方针政策和决策部署，履行本部门（系统）、单位有关职责，推动本部门（系统）、单位事业科学发展情况；

（二）遵守有关法律法规和财经纪律情况；

（三）有关目标责任制完成情况；

（四）重大经济决策情况；

（五）本部门（系统）、单位预算执行和其他财政收支、财务收支的真实、合法和效益情况；

（六）国有资产的采购、管理、使用和处置情况；

（七）重要项目的投资、建设和管理情况；

（八）有关财务管理、业务管理、内部审计等内部管理制度的制定和执行情况，以及厉行节约反对浪费情况；

（九）机构设置、编制使用以及有关规定的执行情况；

（十）对下属单位有关经济活动的管理和监督情况；

（十一）履行有关党风廉政建设第一责任人职责情况，以及本人遵守有关廉洁从政规定情况；

（十二）对以往审计中发现问题的整改情况；

（十三）其他需要审计的内容。

第十六条 国有企业领导人员经济责任审计的主要内容：

（一）贯彻执行党和国家有关经济方针政策和决策部署，推动企业可持续发展情况；

（二）遵守有关法律法规和财经纪律情况；

（三）企业发展战略的制定和执行情况及其效果；

（四）有关目标责任制完成情况；

（五）重大经济决策情况；

（六）企业财务收支的真实、合法和效益情况，以及资产负债损益情况；

（七）国有资本保值增值和收益上缴情况；

（八）重要项目的投资、建设、管理及效益情况；

（九）企业法人治理结构的健全和运转情况，以及财务管理、业务管理、风险管理、内部审计等内部管理制度的制定和执行情况，厉行节约反对浪费和职务消费等情况，对所属单位的监管情况；

（十）履行有关党风廉政建设第一责任人职责情况，以及本人遵守有关廉洁从业规定情况；

（十一）对以往审计中发现问题的整改情况；

（十二）其他需要审计的内容。

第四章 审计评价

第十七条 审计机关应当依照法律法规、国家有关政策以及干部考核评价等规定，结合地区、部门（系统）、单位的实际情况，根据审计查证或者认定的事实，客观公正、实事求是地进行审计评价。

审计评价应当有充分的审计证据支持，对审计中未涉及、审计证据不适当或者不充分的事项不作评价。

第十八条 审计评价应当与审计内容相统一。一般包括领导干部任职期间履行经济责任的业绩、主要问题以及应当承担的责任。

第十九条 审计评价应当重点关注经济、社会、事业发展的质量、效益和可持续性，关注与领导干部履行经济责任有关的管理和决策等活动的经济效益、社会效益和环境效益，关注任期内举借债务、自然资源资产管理、环境保护、民生改善、科技创新等重要事项，关注领导干部应承担直接责任的问题。

第二十条　审计评价可以综合运用多种方法，包括进行纵向和横向的业绩比较、运用与领导干部履行经济责任有关的指标量化分析、将领导干部履行经济责任的行为或事项置于相关经济社会环境中加以分析等。

第二十一条　审计评价的依据一般包括：

（一）法律、法规、规章和规范性文件，中国共产党党内法规和规范性文件；

（二）各级人民代表大会审议通过的政府工作报告、年度国民经济和社会发展计划报告、年度财政预算报告等；

（三）中央和地方党委、政府有关经济方针政策和决策部署；

（四）有关发展规划、年度计划和责任制考核目标；

（五）领导干部所在单位的"三定"规定和有关领导的职责分工文件，有关会议记录、纪要、决议和决定，有关预算、决算和合同，有关内部管理制度和绩效目标；

（六）国家统一的财政财务管理制度；

（七）国家和行业的有关标准；

（八）有关职能部门、主管部门发布或者认可的统计数据、考核结果和评价意见；

（九）专业机构的意见；

（十）公认的业务惯例或者良好实务；

（十一）其他依据。

第二十二条　审计机关可以根据审计内容和审计评价的需要，选择设定评价指标，将定性评价与定量指标相结合。评价指标应当简明实用、易于操作。

第二十三条　审计机关可以根据本细则第二十一条所列审计评价依据，结合实际情况，选择确定评价标准，衡量领导干部履行经济责任的程度。对同一类别、同一层级领导干部履行经济责任情况的评价标准，应当具有一致性和可比性。

第二十四条　对领导干部履行经济责任过程中存在的问题，审计机关应当按照权责一致原则，根据领导干部的职责分工，充分考虑相关事项的历史背景、决策程序等要求和实际决策过程，以及是否签批文件、是否分管、是否参与特定事项的管理等情况，依法依规认定其应当承担的直接责任、主管责任和领导责任。

对领导干部应当承担责任的问题或者事项，可以提出责任追究建议。

第二十五条　被审计领导干部对审计发现的问题应当承担直接责任的，具体包括以下情形：

（一）本人或者与他人共同违反有关法律法规、国家有关规定、单位内部管理规定的；

（二）授意、指使、强令、纵容、包庇下属人员违反有关法律法规、国家有关规定和单位内部管理规定的；

（三）未经民主决策、相关会议讨论或者文件传签等规定的程序，直接决定、批准、组织实施重大经济事项，并造成国家利益重大损失、公共资金或国有资产（资源）严重损失浪费、生态环境严重破坏以及严重损害公共利益等后果的；

（四）主持相关会议讨论或者以文件传签等其他方式研究，在多数人不同意的情况下，直接决定、批准、组织实施重大经济事项，由于决策不当或者决策失误造成国家利益重大损失、公共资金或国有资产（资源）严重损失浪费、生态环境严重破坏以及严重损害公共利益等后果的；

（五）对有关法律法规和文件制度规定的被审计领导干部作为第一责任人（负总责）的事项、签订的有关目标责任事项或者应当履行的其他重要职责，由于授权（委托）其他领导干部决策且决策不当或者决策失误造成国家利益重大损失、公共资金或国有资产（资源）严重损失浪费、生态环境严重破坏以及严重损害公共利益等后果的；

（六）其他失职、渎职或者应当承担直接责任的。

第二十六条　被审计领导干部对审计发现的问题应当承担主管责任的，具体包括以下情形：

（一）除直接责任外，领导干部对其直接分管或者主管的工作，不履行或者不正确履行经济责任的；

（二）除直接责任外，主持相关会议讨论或者以文件传签等其他方式研究，并且在多数人同意的情况下，决定、批准、组织实施重大经济事项，由于决策不当或者决策失误造成国家利益损失、公共资金或国有资产（资源）损失浪费、生态环境破坏以及损害公共利益等后果的；

（三）疏于监管，致使所管辖地区、分管部门和单位发生重大违纪违法问题或者造成重大损失浪费等后果的；

（四）其他应当承担主管责任的情形。

第二十七条 两办《规定》第三十七条所称领导责任，是指除直接责任和主管责任外，被审计领导干部对其职责范围内不履行或者不正确履行经济责任的其他行为应当承担的责任。

第二十八条 被审计领导干部以外的其他人员对有关问题应当承担的责任，审计机关可以以适当方式向干部管理监督部门等提供相关情况。

第五章 审计报告

第二十九条 审计机关实施经济责任审计项目后，应当按照相关规定，出具经济责任审计报告和审计结果报告。

第三十条 两办《规定》第二十七条所称审计组的审计报告，是指审计组具体实施经济责任审计后，向派出审计组的审计机关提交的审计报告。

第三十一条 审计组的审计报告按照规定程序审批后，应当以审计机关的名义书面征求被审计领导干部及其所在单位的意见。根据工作需要可以征求本级党委、政府有关领导同志，以及本级经济责任审计工作领导小组（以下简称领导小组）或者经济责任审计工作联席会议（以下简称联席会议）有关成员单位的意见。

审计报告中涉及的重大经济案件调查等特殊事项，经审计机关主要负责人批准，可以不征求被审计领导干部及其所在单位的意见。

第三十二条 审计组应当针对被审计领导干部及其所在单位提出的书面意见，进一步核实情况，对审计组的审计报告作出必要的修改，连同被审计领导干部及其所在单位的书面意见一并报送审计机关。

第三十三条 审计机关按照规定程序对审计组的审计报告进行审定，经审计机关负责人签发后，向被审计领导干部及其所在单位出具审计机关的经济责任审计报告。

第三十四条 经济责任审计报告的内容主要包括：

（一）基本情况，包括审计依据、实施审计的基本情况、被审计领导干部所任职地区（部门或者单位）的基本情况、被审计领导干部的任职及分工情况等；

（二）被审计领导干部履行经济责任的主要情况，其中包括以往审计决定执行情况和审计建议采纳情况等；

（三）审计发现的主要问题和责任认定，其中包括审计发现问题的事实、定性、被审计领导干部应当承担的责任以及有关依据，审计期间被审计领导干部、被审计单位对审计发现问题已经整改的，可以包括有关整改情况；

（四）审计处理意见和建议；

（五）其他必要的内容。

审计发现的有关重大事项，可以直接报送本级党委、政府或者相关部门，不在审计报告中反映。

第三十五条 两办《规定》第二十八条所称审计结果报告，是指审计机关在经济责任审计报告的基础上，精简提炼形成的提交干部管理监督部门的反映审计结果的报告。审计结果报告重点反映被审计领导干部履行经济责任的主要情况、审计发现的主要问题和责任认定、审计处理方式和建议。

审计机关可以根据实际情况，参照本细则第三十四条规定，确定审计结果报告的主要内容。

第三十六条 审计机关应当将审计结果报告等经济责任审计结论性文书报送本级党委、政府主要负责同志；提交委托审计的组织部门；抄送领导小组（联席会议）有关成员单位；必要时，可以将涉及其他有关主管部门的情况抄送该部门。

第六章 审计结果运用

第三十七条 经济责任审计结果应当作为干部考核、任免和奖惩的重要依据。

各级领导小组（联席会议）和相关部门应当逐步健全经济责任审计情况通报、责任追究、整改落实、结果公告等制度。

第三十八条　纪检监察机关在审计结果运用中的主要职责：

（一）依纪依法受理审计移送的案件线索；

（二）依纪依法查处经济责任审计中发现的违纪违法行为；

（三）对审计结果反映的典型性、普遍性、倾向性问题适时进行研究；

（四）以适当方式将审计结果运用情况反馈审计机关。

第三十九条　组织部门在审计结果运用中的主要职责：

（一）根据干部管理工作的有关要求，将经济责任审计纳入干部管理监督体系；

（二）根据审计结果和有关规定对被审计领导干部及其他有关人员作出处理；

（三）将经济责任审计结果报告存入被审计领导干部本人档案，作为考核、任免、奖惩被审计领导干部的重要依据；

（四）要求被审计领导干部将经济责任履行情况和审计发现问题的整改情况，作为所在单位领导班子民主生活会和述职述廉的重要内容；

（五）对审计结果反映的典型性、普遍性、倾向性问题及时进行研究，并将其作为采取有关措施、完善有关制度规定的参考依据；

（六）以适当方式及时将审计结果运用情况反馈审计机关。

第四十条　审计机关在审计结果运用中的主要职责：

（一）对审计中发现的相关单位违反国家规定的财政收支、财务收支行为，依法依规作出处理处罚；对审计中发现的需要移送处理的事项，应当区分情况依法依规移送有关部门处理处罚；

（二）根据干部管理监督部门、巡视机构等的要求，以适当方式向其提供审计结果以及与审计项目有关的其他情况；

（三）协助和配合干部管理监督等部门落实、查处与审计项目有关的问题和事项；

（四）按照有关规定，在一定范围内通报审计结果，或者以适当方式向社会公告审计结果；

（五）对审计发现问题的整改情况进行监督检查；

（六）对审计发现的典型性、普遍性、倾向性问题和有关建议，以综合报告、专题报告等形式报送本级党委、政府和上级审计机关，提交有关部门。

第四十一条　人力资源社会保障部门在审计结果运用中的主要职责：

（一）根据有关规定，在职责范围内办理对被审计领导干部和有关人员的考核、任免、奖惩等相关事宜；

（二）对审计结果反映的典型性、普遍性、倾向性问题及时进行研究，并将其作为采取有关措施、完善有关制度规定的参考依据；

（三）以适当方式及时将审计结果运用情况反馈审计机关。

第四十二条　国有资产监督管理部门在审计结果运用中的主要职责：

（一）根据国有企业领导人员管理的有关要求，将经济责任审计纳入国有企业领导人员管理监督体系；

（二）将审计结果作为企业经营业绩考评和被审计领导人员考核、奖惩、任免的重要依据；

（三）在对国有企业管理监督、国有企业改革和国有资产处置过程中，有效运用审计结果；

（四）督促有关企业落实审计决定和整改要求；

（五）对审计发现的典型性、普遍性、倾向性问题及时进行研究，并将其作为采取有关措施、完善有关制度规定的参考依据；

（六）以适当方式及时将审计结果运用情况反馈审计机关。

第四十三条　有关主管部门在审计结果运用中的主要职责：

（一）对审计移送的违法违规问题，在职责范围内依法依规作出处理处罚；

（二）督促有关部门、单位落实审计决定和整改要求，在对相关行业、单位管理和监督中有效运用审计结果；

（三）对审计结果反映的典型性、普遍性、倾向性问题及时进行研究，并将其作为采取有关措施、完善有关制度规定的参考依据；

（四）以适当方式及时将审计结果运用情况反馈审计机关。

第四十四条 被审计领导干部及其所在单位根据审计结果，应当采取以下整改措施：

（一）在党政领导班子或者董事会内部通报审计结果和整改要求，及时制定整改方案，认真进行整改，及时将整改结果书面报告审计机关和有关干部管理监督部门；

（二）按照有关要求公告整改结果；

（三）对审计处理、处罚决定，应当在法定期限内执行完毕，并将执行情况书面报告审计机关；

（四）根据审计结果反映出的问题，落实有关责任人员的责任，采取相应的处理措施；

（五）根据审计建议，采取措施，健全制度，加强管理。

第七章 组织领导和审计实施

第四十五条 各地应当建立健全领导小组或者联席会议制度，领导本地区经济责任审计工作。领导小组组长可以由同级党委或者政府的主要负责同志担任。

第四十六条 领导小组或者联席会议应当设立办公室。同时设立领导小组和联席会议的地方，应当合并成立一个办公室。办公室与同级审计机关内设的经济责任审计机构合署办公，负责日常工作。办公室主任应当由同级审计机关的副职领导或者同职级领导担任。

第四十七条 领导小组或者联席会议应当建立健全议事规则和工作规则，各成员单位应当加强协作配合，形成制度健全、管理规范、运转有序、工作高效的运行机制。

第四十八条 各地可以根据干部管理监督的需要和审计机关的实际情况，按照领导干部工作岗位性质、经济责任的重要程度等因素，对审计对象实行分类管理，科学合理地制定经济责任审计年度计划和中长期计划。

第四十九条 审计机关应当向组织部门等提出下一年度经济责任审计计划的初步建议。组织部门等根据审计机关的初步建议，提出下一年度的委托审计建议。

第五十条 领导小组（联席会议）办公室对委托审计建议进行研究讨论，共同议定并提出经济责任审计计划草案，由审计机关报本级政府行政首长批准后，纳入审计机关年度审计工作计划并组织实施。

第五十一条 经济责任审计计划一经本级政府行政首长批准不得随意变更。确需调整的，应当按照本细则第四十九条、第五十条规定的程序进行调整。

第五十二条 对地方党委与政府的主要领导干部，党政工作部门、高等院校等单位的党委与行政主要领导干部，企业法定代表人与不担任法定代表人的董事长、总经理、党委书记等企业主要负责人的经济责任审计，可以同步组织实施，分别认定责任，分别出具审计报告和审计结果报告。

各地可以根据实际情况，研究制定同步实施经济责任审计的操作办法。

第五十三条 审计机关应当探索和推行经济责任审计与其他专业审计相结合的组织方式，统筹安排审计力量，逐步实现对审计计划、审计项目实施、审计文书报送、审计结果利用等的统一管理。

审计机关组织实施经济责任审计时，应当有效利用以往审计成果和有关部门的监督检查结果。

第五十四条 审计机关实施经济责任审计时，可以提请有关部门和单位协助，有关部门和单位应当予以支持，并及时提供有关资料和信息。

审计机关提请领导小组（联席会议）成员单位协助时，应当由领导小组（联席会议）办公室统一负责联系和协调。

第五十五条 在经济责任审计项目实施过程中，遇有被审计领导干部被有关部门依法依规采取强制措施、立案调查或者死亡等特殊情况，以及不宜再继续进行经济责任审计的其他情形的，审计机关报本级政府行政首长批准，或者根据党委、政府、干部管理监督部门的要求，可以中止或者终止审计项目。

第八章 附 则

第五十六条 根据地方党委、政府的要求，审计机关可以对村党组织和村民委员会、社区党组织和社区居民委员会的主要负责人进行经济责任审计。

村党组织和村民委员会主要负责人经济责任审计的内容，应当依照《中华人民共和国村民委员会组织法》第三十五条的规定，结合当地实际情况确定。

社区党组织和社区居民委员会主要负责人经济责任审计的内容，可以参照本细则的相关规定确定。

第五十七条　对本细则未涉及的审计机关和审计人员、被审计领导干部及其所在单位，以及其他有关单位和个人在经济责任审计中的职责、权限、法律责任等，依照《中华人民共和国审计法》、《中华人民共和国审计法实施条例》、两办《规定》和其他法律法规的有关规定执行。

第五十八条　部门和单位可以根据两办《规定》和本细则的规定，制定本部门和单位内部管理领导干部经济责任审计的规定。

第五十九条　本细则由审计署负责解释。

第六十条　本细则自印发之日起施行。审计署2000年12月印发的《县级以下党政领导干部任期经济责任审计暂行规定实施细则》和《国有企业及国有控股企业领导人员任期经济责任审计暂行规定实施细则》(审办发〔2000〕121号)同时废止。

9. 审计机关审计档案管理规定(2013年发布)

审计署 国家档案局令第10号

第一条　为了规范审计档案管理，维护审计档案的完整与安全，保证审计档案的质量，发挥审计档案的作用，根据《中华人民共和国档案法》、《中华人民共和国审计法》和其他有关法律法规，制定本规定。

第二条　本规定所称审计档案，是指审计机关进行审计(含专项审计调查)活动中直接形成的对国家和社会具有保存价值的各种文字、图表等不同形式的历史记录。

审计档案是国家档案的组成部分。

第三条　审计机关的审计档案管理工作接受同级档案行政管理部门的监督和指导；审计机关和档案行政管理部门在各自的职责范围内开展审计档案工作。

第四条　审计机关审计档案应当实行集中统一管理。

第五条　审计机关应当设立档案机构或者配备专职(兼职)档案人员，负责本单位的审计档案工作。

第六条　审计档案案卷质量的基本要求是：审计项目文件材料应当真实、完整、有效、规范，并做到遵循文件材料的形成规律和特点，保持文件材料之间的有机联系，区别不同价值，便于保管和利用。

第七条　审计文件材料应当按照结论类、证明类、立项类、备查类4个单元进行排列。

第八条　审计文件材料归档范围：

(一)结论类文件材料：上级机关(领导)对该审计项目形成的《审计要情》、《重要信息要目》等审计信息批示的情况说明、审计报告、审计决定书、审计移送处理书等结论类报告，及相关的审理意见书、审计业务会议记录、纪要、被审计对象对审计报告的书面意见、审计组的书面说明等。

(二)证明类文件材料：被审计单位承诺书、审计工作底稿汇总表、审计工作底稿及相应的审计取证单、审计证据等。

(三)立项类文件材料：上级审计机关或者本级政府的指令性文件、与审计事项有关的举报材料及领导批示、调查了解记录、审计实施方案及相关材料、审计通知书和授权审计通知书等。

(四)备查类文件材料：被审计单位整改情况、该审计项目审计过程中产生的信息等不属于前三类的其他文件材料。

第九条　审计文件材料按审计项目立卷，不同审计项目不得合并立卷。

第十条　审计文件材料归档工作实行审计组组长负责制。

审计组组长确定的立卷人应当及时收集审计项目的文件材料，在审计项目终结后按立卷方法和规则进行归类整理，经业务部门负责人审核、档案人员检查后，按照有关规定进行编目和装订，由审计业务部门向本机关档案机构或者专职(兼职)档案人员办理移交手续。

第十一条　审计机关统一组织多个下级审计机关的审计组共同实施一个审计项目，由审计机关负责组织的业务部门确定文件材料归档工作。

第十二条　审计复议案件的文件材料由复议机构逐案单独立卷归档。

为了便于查找和利用，档案机构(人员)应当将审计复议案件归档情况在被复议的审计项目案卷备考表中加以说明。

第十三条 审计档案的保管期限应当根据审计项目涉及的金额、性质、社会影响等因素划定为永久、定期两种，定期分为30年、10年。

(一)永久保管的档案，是指特别重大的审计事项、列入审计工作报告、审计结果报告或第一次涉及的审计领域等具有突出代表意义的审计事项档案。

(二)保管30年的档案，是指重要审计事项、查考价值较大的档案。

(三)保管10年的档案，是指一般性审计事项的档案。

审计机关业务部门应当负责划定审计档案的保管期限。

执行同一审计工作方案的审计项目档案，由审计机关负责组织的业务部门确定相同保管期限。

审计档案的保管期限自归档年度开始计算。

第十四条 审计文件材料的归档时间应当在该审计项目终结后的5个月内，不得迟于次年4月底。

跟踪审计项目，按年度分别立卷归档。

第十五条 审计机关应当根据审计工作保密事项范围和有关主管部门保密事项范围的规定确定密级和保密期限。凡未标明保密期限的，按照绝密级30年、机密级20年、秘密级10年认定。

审计档案的密级及其保密期限，按卷内文件的最高密级及其保密期限确定，由审计业务部门按有关规定作出标识。

审计档案保密期限届满，即自行解密。因工作需要提前或者推迟解密的，由审计业务部门向本机关保密工作部门按解密程序申请办理。

第十六条 审计档案应当采用“年度—组织机构—保管期限”的方法排列、编目和存放。审计案卷排列方法应当统一，前后保持一致，不可任意变动。

第十七条 审计机关应当按照国家有关规定配置具有防盗、防光、防高温、防火、防潮、防尘、防鼠、防虫功能的专用、坚固的审计档案库房，配备必要的设施和设备。

第十八条 审计机关应当加强审计档案信息化管理，采用计算机等现代化管理技术编制适用的检索工具和参考材料，积极开展审计档案的利用工作。

第十九条 审计机关应当建立健全审计档案利用制度。借阅审计档案，仅限定在审计机关内部。审计机关以外的单位有特殊情况需要查阅、复制审计档案或者要求出具审计档案证明的，须经审计档案所属审计机关分管领导审批，重大审计事项的档案须经审计机关主要领导审批。

第二十条 省级以上(含省级)审计机关应当将永久保管的、省级以下审计机关应当将永久和30年保管的审计档案在本机关保管20年后，定期向同级国家综合档案馆移交。

第二十一条 审计机关应当按照有关规定成立鉴定小组，在审计机关办公厅(室)主要负责人的主持下定期对已超过保管期限的审计档案进行鉴定，准确地判定档案的存毁。

第二十二条 审计机关应当对确无保存价值的审计档案进行登记造册，经分管负责人批准后销毁。销毁审计档案，应当指定两人负责监销。

第二十三条 对审计机关工作人员损毁、丢失、涂改、伪造、出卖、转卖、擅自提供审计档案的，由任免机关或者监察机关依法对直接责任人员和负有责任的领导人员给予行政处分；涉嫌犯罪的，移送司法机关依法追究刑事责任。档案行政管理部门可以对相关责任单位依法给予行政处罚。

第二十四条 电子审计档案的管理办法另行规定。

第二十五条 审计机关和档案行政管理部门可以根据本地实际情况，在遵循本规定的基础上联合制定实施办法。

第二十六条 本规定由审计署和国家档案局负责解释。

第二十七条 本规定自2013年1月1日起施行。此前审计署发布的《审计机关审计档案工作准则》(2001年审计署第3号令)同时废止。

10. 审计署关于加强公务支出和公款消费审计的若干意见(2014年颁布)

(审行发〔2014〕22号)

各省、自治区、直辖市和计划单列市、新疆生产建设兵团审计厅(局),署机关各单位、各特派员办事处、各派出审计局:

为深入贯彻落实中央八项规定精神,加强党风廉政建设,促进厉行勤俭节约,反对铺张浪费,根据《党政机关厉行节约反对浪费条例》及有关法律法规,现就进一步加强公务支出和公款消费审计提出以下意见:

一、增强厉行节约反对浪费的责任感和使命感

艰苦奋斗、勤俭节约,是党的优良传统和作风。党中央、国务院历来强调,各级党政机关要大兴艰苦奋斗之风,带头厉行勤俭节约、反对铺张浪费。但近年来,讲排场、比阔气、挥霍公款等奢侈浪费现象时有发生,人民群众反映强烈。党的十八大以来,以习近平同志为总书记的党中央着力加强作风建设,采取有力措施,坚决整治公务支出和公款消费中的违纪违规违法现象,得到人民群众的支持和拥护。各级审计机关和全体审计人员要深刻领会中央八项规定和习近平总书记重要批示精神,充分认识加强公务支出和公款消费审计的重要性和必要性,带头贯彻落实中央规定,坚决反对铺张浪费,切实履行审计监督职责,不断加大对各级党政机关及国有企事业单位公务支出和公款消费的审计力度,为推动党风廉政建设发挥积极作用。

二、加强重点领域和重点环节的审计监督

(一)公务支出预算管理情况。全面检查"三公"经费、会议费、培训费和楼堂馆所建设维护经费等公务支出预算编制、审核报批、执行和决算,以及按规定压缩经费支出规模,及时、全面公开预决算信息等情况,揭示和反映预决算编制不规范,有关公务支出的政府采购预算编报不完整,未经批准通过追加预算等方式突破预算控制规模,超预算、无预算安排支出或实施采购;虚列支出、转移或套取预算资金,超范围、超标准列支公务支出,向下级单位、企业、个人以及驻外机构等转嫁公务支出费用;纳入公务卡强制结算目录的支出未按规定使用公务卡结算,以及违规购置商业预付卡、虚假票据报销、财务管理不规范、决算数据不真实等问题,促进增强预算执行的严肃性,规范预决算编制和财务管理。

(二)会议和培训管理情况。全面检查会议、培训计划编报、审批管理和组织实施等情况,揭示和反映违反规定在五星级宾馆、风景名胜区开会、培训;以培训名义召开会议,组织会餐、安排宴请、公款旅游及其他与会议、培训无关的参观活动,借举办会议、培训及其他各类活动发放纪念品;使用财政性资金举办营业性文艺晚会,未经批准举办节会、庆典、论坛、研讨会、博览会、展会、运动会、赛会活动以及开展评比达标表彰活动等问题,促进落实节俭办会要求,切实精简各类会议活动。

(三)公务接待管理情况。全面检查公务接待审批控制制度、国内公务接待清单制度执行等情况,揭示和反映违反规定将休假、探亲等活动纳入公务接待范围,接待无公函的公务活动和来访人员,组织异地部门间没有特别需要的一般性学习交流、考察调研,以及以招商引资为名变相安排公务接待;超规格组织迎送活动和安排陪同陪餐,增加接待项目,安排超标准接待、高消费娱乐专场文艺演出或参观旅游景点,赠送礼品、礼金、有价证券、纪念品和土特产品等问题,促进简化和规范各类公务接待活动。

(四)公务用车配置和管理使用情况。全面检查执行公务用车(含执法执勤用车)配置和使用管理规定,加强车辆日常运行维护管理等情况,揭示和反映违反规定超编制、超标准配备公务用车,擅自扩大专车配备范围或变相配备专车;换用、借用、占用下属单位或其他单位和个人的车辆,接受企事业单位和个人赠送的车辆,挪用或者固定给个人使用执法执勤、机要通信等公务用车,因私使用公务用车;为公务用车增加高档配置、豪华内饰,提前更新车辆;实行公车改革后超标准发放公务交通补贴,发放公车补贴后仍通过其他形式变相保留公车等问题,促进加强公务用车管理和深化公务用车制度改革。

(五)因公出国(境)管理情况。全面检查年度因公出国(境)计划编制和审批情况,揭示和反映违反规定安排考察性出访和照顾性、无实质内容的一般性出访和出境调研、会议、培训等活动,违规组织跨部门、跨地区团组;私自通过旅行社等组织出国(境)活动,乘坐民航包机和私人、企业及外国航空公司包机,安排超标准住房和用车，擅自增加出访国家或地区、绕道旅行、延长在国外停留时间，以及变相公款出国（境）旅游，出国（境）期间用公款相互宴请或接受礼金、贵重礼品、有价证券等问题，促进从严控制和规范各类因公出国（境）活动。

（六）办公楼等楼堂馆所建设管理情况。全面检查国务院有关本届政府任期内一律不得新建政府性楼堂馆所要求落实情况，揭示和反映违反规定建设办公楼和配套建设大型广场、公园等设施，新建、改建、扩建所属宾馆、招待所等具有接待功能的设施或场所，以建设技术业务用房名义变相建设楼堂馆所，规避审批置换办公用房；超规定面积占有、使用办公用房，违规出租出借、租用办公用房，领导干部长期租用宾馆、酒店房间作为办公用房；超标准装修办公用房、配置办公家具，擅自改变办公用房使用功能等问题，促进严禁违规修建楼堂馆所规定的落实。

（七）机构编制管理情况。认真贯彻国务院领导关于将编制管理情况纳入审计内容的指示精神，全面检查本届政府财政供养人员只减不增目标的落实情况，重点检查超编进人、编外用人等情况；未按编制数和实有人数分别编制申报公用经费和人员经费，为经费自理和企业化管理的事业单位申请基本支出预算，虚报冒领财政资金问题；在编不在岗人员、已调离人员不办理核减编制手续，被判刑或者受到降级、撤职等处分人员仍在原单位、按原职级领取工资和津贴补贴等“吃空饷”问题；在项目经费中安排超编人员和自行设立机构经费等问题，促进控编减编，切实降低行政成本。

（八）国有企业领导人员职务消费情况。全面检查国有企业和国有金融机构领导人员职务消费和业务消费情况，重点关注领导人员职务消费和业务消费制度建立健全情况，以及有关业务招待、考察培训、车辆配备和使用等消费项目和标准的规定执行情况，揭示和反映违反规定借业务接待、商务公关等名义违规列支会所、俱乐部、高尔夫消费等高消费娱乐支出，挥霍浪费甚至贪污侵占国有资产，以及消费支出不公开、不透明等问题，促进规范国有企业和国有金融机构领导人员职务消费和业务消费。

三、推动构建厉行节约反对浪费长效机制

各级审计机关要结合公务支出和公款消费审计，着力检查各地区、各部门、各单位按照中央八项规定精神和中央要求制定厉行节约反对浪费制度规定等情况，揭示和反映公务支出、公款消费和机构编制管理制度规定及相关开支范围和支出标准不健全、不完善，支出审批程序不明确、不规范，内部控制、监督检查和责任追究制度不健全、不落实等制度缺陷和管理漏洞，深入分析问题产生的原因，提出完善政策制度的意见和建议，促进建立健全加强公务支出和公款消费管理监督的制度体系和政策规定，构建厉行节约反对浪费长效机制，保障中央各项政策措施贯彻落实。

四、强化审计结果运用和公开

各级审计机关要严格依法审计，加大对违法违规问题和典型案例的查处力度，依法处理、督促整改违规问题，对违反党纪政纪或涉嫌违法犯罪问题要按规定及时移送纪检监察机关、司法机关和编制管理机关等有关主管部门查处。加大审计结果公开力度，适时向社会公告一批公款吃喝、公车私用、公款旅游、超标办会、违规建设楼堂馆所、“吃空饷”等典型案件，狠刹铺张浪费之风。对外公告的审计结果涉及上市公司的，应在公告发布5日前将拟公布的内容告知上市公司；对领导干部经济责任审计中发现的相关问题，可以被审计领导干部所在单位财政或财务收支审计结果形式予以公告。

五、切实加强审计工作组织领导

审计署要加强对公务支出和公款消费审计工作的指导和调研，及时了解和掌握工作情况，推动建立健全经常性审计监督制度。地方审计机关要切实加强组织领导，统筹调配资源，每年在各项审计工作中都要认真落实公务支出和公款消费审计要求，上级审计机关要加强对下级审计机关的工作指导和质量检查。审计机关应加强与机构编制管理机关的沟通，在相关审计中，根据需要可商机构编制管理机关派员参加，机构编制管理机关在专项督查和机构、人员编制核查时，需审计机关协助查证的，审计机关应予以协助办理。审计人员要严格遵守审计纪律，规范审计程序，保证审计质量，对审计人员违反审计纪律等行为，要按照规定追究责任。各省、自治区、直辖市和新疆生产建设兵团审计厅（局）要及时汇总本地区审计结果，每年2月底前向审计署报送上年审计情况。

地方审计机关要结合实际，及时制定贯彻实施本意见的具体措施和办法，确保本意见各项部署和要求落到实处。

第十三章　注册会计师审计相关法规(2010年修订)

1. 中国注册会计师鉴证业务基本准则

第一章　总　　则

第一条　为了规范注册会计师执行鉴证业务，明确鉴证业务的目标和要素，确定中国注册会计师审计准则、中国注册会计师审阅准则、中国注册会计师其他鉴证业务准则（分别简称审计准则、审阅准则和其他鉴证业务准则）适用的鉴证业务类型，根据《中华人民共和国注册会计师法》，制定本准则。

第二条　鉴证业务包括历史财务信息审计业务、历史财务信息审阅业务和其他鉴证业务。

注册会计师执行历史财务信息审计业务、历史财务信息审阅业务和其他鉴证业务时，应当遵守本准则以及依据本准则制定的审计准则、审阅准则和其他鉴证业务准则。

第三条　本准则所称注册会计师，是指取得注册会计师证书并在会计师事务所执业的人员，有时也指其所在的会计师事务所。

本准则所称鉴证业务要素，是指鉴证业务的三方关系、鉴证对象、标准、证据和鉴证报告。

第四条　注册会计师执行鉴证业务时，应当遵守中国注册会计师职业道德规范（简称职业道德规范）和会计师事务所质量控制准则。

第二章　鉴证业务的定义和目标

第五条　鉴证业务是指注册会计师对鉴证对象信息提出结论，以增强除责任方之外的预期使用者对鉴证对象信息信任程度的业务。

鉴证对象信息是按照标准对鉴证对象进行评价和计量的结果。如责任方按照会计准则和相关会计制度（标准）对其财务状况、经营成果和现金流量（鉴证对象）进行确认、计量和列报（包括披露，下同）而形成的财务报表（鉴证对象信息）。

第六条　鉴证对象信息应当恰当反映既定标准运用于鉴证对象的情况。如果没有按照既定标准恰当反映鉴证对象的情况，鉴证对象信息可能存在错报，而且可能存在重大错报。

第七条　鉴证业务分为基于责任方认定的业务和直接报告业务。

在基于责任方认定的业务中，责任方对鉴证对象进行评价或计量，鉴证对象信息以责任方认定的形式为预期使用者获取。如在财务报表审计中，被审计单位管理层（责任方）对财务状况、经营成果和现金流量（鉴证对象）进行确认、计量和列报（评价或计量）而形成的财务报表（鉴证对象信息）即为责任方的认定，该财务报表可为预期报表使用者获取，注册会计师针对财务报表出具审计报告。这种业务属于基于责任方认定的业务。

在直接报告业务中，注册会计师直接对鉴证对象进行评价或计量，或者从责任方获取对鉴证对象评价或计量的认定，而该认定无法为预期使用者获取，预期使用者只能通过阅读鉴证报告获取鉴证对象信息。如在内部控制鉴证业务中，注册会计师可能无法从管理层（责任方）获取其对内部控制有效性的评价报告（责任方认定），或虽然注册会计师能够获取该报告，但预期使用者无法获取该报告，注册会计师直接对内部控制的有效性（鉴证对象）进行评价并出具鉴证报告，预期使用者只能通过阅读该鉴证报告获得内部控制有效性的信息（鉴证对象信息）。这种业务属于直接报告业务。

第八条　鉴证业务的保证程度分为合理保证和有限保证。

合理保证的鉴证业务的目标是注册会计师将鉴证业务风险降至该业务环境下可接受的低水平，以此作为以积极方式提出结论的基础。如在历史财务信息审计中，要求注册会计师将审计风险降至可接受的低水平，对审计后的历史财务信息提供高水平保证（合理保证），在审计报告中对历史财务信息采用积极方式提出结论。这种业务属于合理保证的鉴证业务。

有限保证的鉴证业务的目标是注册会计师将鉴证业务风险降至该业务环境下可接受的水平，以此作为以消极方式提出结论的基础。如在历史财务信息审阅中，要求注册会计师将审阅风险降至该业务环境下可接受的水平（高于历史财务信息审计中可接受的低水平），对审阅后的历史财务信息提供低于高水平的保证（有限保证），在审阅报告中对历史财务信息采用消极方式提出结论。这种业务属于有限保证的鉴证业务。

第三章　业务承接

第九条　在接受委托前，注册会计师应当初步了解业务环境。

业务环境包括业务约定事项、鉴证对象特征、使用的标准、预期使用者的需求、责任方及其环境的相关特征，以及可能对鉴证业务产生重大影响的事项、交易、条件和惯例等其他事项。

第十条　在初步了解业务环境后，只有认为符合独立性和专业胜任能力等相关职业道德规范的要求，并且拟承接的业务具备下列所有特征，注册会计师才能将其作为鉴证业务予以承接：

（一）鉴证对象适当；

（二）使用的标准适当且预期使用者能够获取该标准；

（三）注册会计师能够获取充分、适当的证据以支持其结论；

（四）注册会计师的结论以书面报告形式表述，且表述形式与所提供的保证程度相适应；

（五）该业务具有合理的目的。如果鉴证业务的工作范围受到重大限制，或委托人试图将注册会计师的名字和鉴证对象不适当地联系在一起，则该业务可能不具有合理的目的。

第十一条　当拟承接的业务不具备本准则第十条规定的鉴证业务的所有特征，不能将其作为鉴证业务予以承接时，注册会计师可以提请委托人将其作为非鉴证业务（如商定程序、代编财务信息、管理咨询、税务服务等相关服务业务），以满足预期使用者的需要。

第十二条　如果某项鉴证业务采用的标准不适当，但满足下列条件之一时，注册会计师可以考虑将其作为一项新的鉴证业务：

（一）委托人能够确认鉴证对象的某个方面适用于所采用的标准，注册会计师可以针对该方面执行鉴证业务，但在鉴证报告中应当说明该报告的内容并非针对鉴证对象整体；

（二）能够选择或设计适用于鉴证对象的其他标准。

第十三条　对已承接的鉴证业务，如果没有合理理由，注册会计师不应将该项业务变更为非鉴证业务，或将合理保证的鉴证业务变更为有限保证的鉴证业务。

当业务环境变化影响到预期使用者的需求，或预期使用者对该项业务的性质存在误解时，注册会计师可以应委托人的要求，考虑同意变更该项业务。如果发生变更，注册会计师不应忽视变更前获取的证据。

第四章　鉴证业务的三方关系

第十四条　鉴证业务涉及的三方关系人包括注册会计师、责任方和预期使用者。

责任方与预期使用者可能是同一方，也可能不是同一方。

第十五条　注册会计师可以承接符合本准则第十条规定的各类鉴证业务。

如果鉴证业务涉及的特殊知识和技能超出了注册会计师的能力，注册会计师可以利用专家协助执行鉴证业务。在这种情况下，注册会计师应当确信包括专家在内的项目组整体已具备执行该项鉴证业务所需的知识和技能，并充分参与该项鉴证业务和了解专家所承担的工作。

第十六条　责任方是指下列组织或人员：

（一）在直接报告业务中，对鉴证对象负责的组织或人员；

（二）在基于责任方认定的业务中，对鉴证对象信息负责并可能同时对鉴证对象负责的组织或人员。

责任方可能是鉴证业务的委托人，也可能不是委托人。

第十七条　注册会计师通常提请责任方提供书面声明，表明责任方已按照既定标准对鉴证对象进行评价或计量，无论该声明是否能为预期使用者获取。

在直接报告业务中，当委托人与责任方不是同一方时，注册会计师可能无法获取此类书面声明。

第十八条 预期使用者是指预期使用鉴证报告的组织或人员。责任方可能是预期使用者，但不是唯一的预期使用者。

注册会计师可能无法识别使用鉴证报告的所有组织和人员，尤其在各种可能的预期使用者对鉴证对象存在不同的利益需求时。注册会计师应当根据法律法规的规定或与委托人签订的协议识别预期使用者。

在可行的情况下，鉴证报告的收件人应当明确为所有的预期使用者。

第十九条 在可行的情况下，注册会计师应当提请预期使用者或其代表，与注册会计师和责任方(如果委托人与责任方不是同一方，还包括委托人)共同确定鉴证业务约定条款。

无论其他人员是否参与，注册会计师都应当负责确定鉴证业务程序的性质、时间和范围，并对鉴证业务中发现的、可能导致对鉴证对象信息作出重大修改的问题进行跟踪。

第二十条 当鉴证业务服务于特定的使用者，或具有特定目的时，注册会计师应当考虑在鉴证报告中注明该报告的特定使用者或特定目的，对报告的用途加以限定。

第五章 鉴证对象

第二十一条 鉴证对象与鉴证对象信息具有多种形式，主要包括：

(一)当鉴证对象为财务业绩或状况时(如历史或预测的财务状况、经营成果和现金流量)，鉴证对象信息是财务报表；

(二)当鉴证对象为非财务业绩或状况时(如企业的运营情况)，鉴证对象信息可能是反映效率或效果的关键指标；

(三)当鉴证对象为物理特征时(如设备的生产能力)，鉴证对象信息可能是有关鉴证对象物理特征的说明文件；

(四)当鉴证对象为某种系统和过程时(如企业的内部控制或信息技术系统)，鉴证对象信息可能是关于其有效性的认定；

(五)当鉴证对象为一种行为时(如遵守法律法规的情况)，鉴证对象信息可能是对法律法规遵守情况或执行效果的声明。

第二十二条 鉴证对象具有不同特征，可能表现为定性或定量、客观或主观、历史或预测、时点或期间。这些特征将对下列方面产生影响：

(一)按照标准对鉴证对象进行评价或计量的准确性；

(二)证据的说服力。

鉴证报告应当说明与预期使用者特别相关的鉴证对象特征。

第二十三条 适当的鉴证对象应当同时具备下列条件：

(一)鉴证对象可以识别；

(二)不同的组织或人员对鉴证对象按照既定标准进行评价或计量的结果合理一致；

(三)注册会计师能够收集与鉴证对象有关的信息，获取充分、适当的证据，以支持其提出适当的鉴证结论。

第六章 标　　准

第二十四条 标准是指用于评价或计量鉴证对象的基准，当涉及列报时，还包括列报的基准。

标准可以是正式的规定，如编制财务报表所使用的会计准则和相关会计制度；也可以是某些非正式的规定，如单位内部制定的行为准则或确定的绩效水平。

第二十五条 注册会计师在运用职业判断对鉴证对象作出合理一致的评价或计量时，需要有适当的标准。

适当的标准应当具备下列所有特征：

(一)相关性：相关的标准有助于得出结论，便于预期使用者作出决策；

(二)完整性：完整的标准不应忽略业务环境中可能影响得出结论的相关因素，当涉及列报时，还包括列报的基准；

（三）可靠性：可靠的标准能够使能力相近的注册会计师在相似的业务环境中，对鉴证对象作出合理一致的评价或计量；

（四）中立性：中立的标准有助于得出无偏向的结论；

（五）可理解性：可理解的标准有助于得出清晰、易于理解、不会产生重大歧义的结论。

注册会计师基于自身的预期、判断和个人经验对鉴证对象进行的评价和计量，不构成适当的标准。

第二十六条 注册会计师应当考虑运用于具体业务的标准是否具备本准则第二十五条所述的特征，以评价该标准对此项业务的适用性。在具体鉴证业务中，注册会计师评价标准各项特征的相对重要程度，需要运用职业判断。

标准可能是由法律法规规定的，或由政府主管部门或国家认可的专业团体依照公开、适当的程序发布的，也可能是专门制定的。采用标准的类型不同，注册会计师为评价该标准对于具体鉴证业务的适用性所需执行的工作也不同。

第二十七条 标准应当能够为预期使用者获取，以使预期使用者了解鉴证对象的评价或计量过程。标准可以通过下列方式供预期使用者获取：

（一）公开发布；

（二）在陈述鉴证对象信息时以明确的方式表述；

（三）在鉴证报告中以明确的方式表述；

（四）常识理解，如计量时间的标准是小时或分钟。

如果确定的标准仅能为特定的预期使用者获取，或仅与特定目的相关，鉴证报告的使用也应限于这些特定的预期使用者或特定目的。

第七章 证 据

第一节 总体要求

第二十八条 注册会计师应当以职业怀疑态度计划和执行鉴证业务，获取有关鉴证对象信息是否不存在重大错报的充分、适当的证据。

注册会计师应当及时对制定的计划、实施的程序、获取的相关证据以及得出的结论作出记录。

第二十九条 注册会计师在计划和执行鉴证业务，尤其在确定证据收集程序的性质、时间和范围时，应当考虑重要性、鉴证业务风险以及可获取证据的数量和质量。

第二节 职业怀疑态度

第三十条 职业怀疑态度是指注册会计师以质疑的思维方式评价所获取证据的有效性，并对相互矛盾的证据，以及引起对文件记录或责任方提供的信息的可靠性产生怀疑的证据保持警觉。

第三十一条 鉴证业务通常不涉及鉴定文件记录的真伪，注册会计师也不是鉴定文件记录真伪的专家，但应当考虑用作证据的信息的可靠性，包括考虑与信息生成和维护相关的控制的有效性。

如果在执行业务过程中识别出的情况使其认为文件记录可能是伪造的或文件记录中的某些条款已发生变动，注册会计师应当作出进一步调查，包括直接向第三方询证，或考虑利用专家的工作，以评价文件记录的真伪。

第三节 证据的充分性和适当性

第三十二条 证据的充分性是对证据数量的衡量，主要与注册会计师确定的样本量有关。证据的适当性是对证据质量的衡量，即证据的相关性和可靠性。

所需证据的数量受鉴证对象信息重大错报风险的影响，即风险越大，可能需要的证据数量越多；所需证据的数量也受证据质量的影响，即证据质量越高，可能需要的证据数量越少。

尽管证据的充分性和适当性相关，但如果证据的质量存在缺陷，注册会计师仅靠获取更多的证据可能无法弥补其质量上的缺陷。

第三十三条 证据的可靠性受其来源和性质的影响，并取决于获取证据的具体环境。

注册会计师通常按照下列原则考虑证据的可靠性：

(一)从外部独立来源获取的证据比从其他来源获取的证据更可靠；

(二)内部控制有效时内部生成的证据比内部控制薄弱时内部生成的证据更可靠；

(三)直接获取的证据比间接获取或推论得出的证据更可靠；

(四)以文件记录形式(无论是纸质、电子或其他介质)存在的证据比口头形式的证据更可靠；

(五)从原件获取的证据比从传真或复印件获取的证据更可靠。

在运用本条第二款第(一)项至第(五)项所述原则评价证据的可靠性时，注册会计师应当注意可能出现的重大例外情况。

第三十四条 如果针对某项认定从不同来源获取的证据或获取的不同性质的证据能够相互印证，与该项认定相关的证据通常具有更强的说服力。

如果从不同来源获取的证据或获取的不同性质的证据不一致，可能表明某项证据不可靠，注册会计师应当追加必要的程序予以解决。

第三十五条 针对一个期间的鉴证对象信息获取充分、适当的证据，通常要比针对一个时点的鉴证对象信息获取充分、适当的证据更困难。

针对过程提出的结论通常限于鉴证业务涵盖的期间，注册会计师不应对该过程是否在未来以特定方式继续发挥作用提出结论。

第三十六条 注册会计师可以考虑获取证据的成本与所获取信息有用性之间的关系，但不应仅以获取证据的困难和成本为由减少不可替代的程序。

在评价证据的充分性和适当性以支持鉴证报告时，注册会计师应当运用职业判断，并保持职业怀疑态度。

第四节 重 要 性

第三十七条 在确定证据收集程序的性质、时间和范围，评估鉴证对象信息是否不存在错报时，注册会计师应当考虑重要性。在考虑重要性时，注册会计师应当了解并评估哪些因素可能会影响预期使用者的决策。

注册会计师应当综合数量和性质因素考虑重要性。在具体业务中评估重要性以及数量和性质因素的相对重要程度，需要注册会计师运用职业判断。

第五节 鉴证业务风险

第三十八条 鉴证业务风险是指在鉴证对象信息存在重大错报的情况下，注册会计师提出不恰当结论的可能性。

在直接报告业务中，鉴证对象信息仅体现在注册会计师的结论中，鉴证业务风险包括注册会计师不恰当地提出鉴证对象在所有重大方面遵守标准的结论的可能性。

第三十九条 在合理保证的鉴证业务中，注册会计师应当将鉴证业务风险降至具体业务环境下可接受的低水平，以获取合理保证，作为以积极方式提出结论的基础。

在有限保证的鉴证业务中，由于证据收集程序的性质、时间和范围与合理保证的鉴证业务不同，其风险水平高于合理保证的鉴证业务；但注册会计师实施的证据收集程序至少应当足以获取有意义的保证水平，作为以消极方式提出结论的基础。

当注册会计师获取的保证水平很有可能在一定程度上增强预期使用者对鉴证对象信息的信任时，这种保证水平是有意义的保证水平。

第四十条 鉴证业务风险通常体现为重大错报风险和检查风险。

重大错报风险是指鉴证对象信息在鉴证前存在重大错报的可能性。

检查风险是指某一鉴证对象信息存在错报，该错报单独或连同其他错报是重大的，但注册会计师未能发现这种错报的可能性。

注册会计师对重大错报风险和检查风险的考虑受具体业务环境的影响，特别受鉴证对象性质，以及所执行的是合理保证鉴证业务还是有限保证鉴证业务的影响。

第六节　证据收集程序的性质、时间和范围

第四十一条　证据收集程序的性质、时间和范围因业务的不同而不同。注册会计师应当清楚表达证据收集程序，并以适当的形式运用于合理保证的鉴证业务和有限保证的鉴证业务。

第四十二条　在合理保证的鉴证业务中，为了能够以积极方式提出结论，注册会计师应当通过下列不断修正的、系统化的执业过程，获取充分、适当的证据：

（一）了解鉴证对象及其他的业务环境事项，在适用的情况下包括了解内部控制；

（二）在了解鉴证对象及其他的业务环境事项的基础上，评估鉴证对象信息可能存在的重大错报风险；

（三）应对评估的风险，包括制定总体应对措施以及确定进一步程序的性质、时间和范围；

（四）针对已识别的风险实施进一步程序，包括实施实质性程序，以及在必要时测试控制运行的有效性；

（五）评价证据的充分性和适当性。

第四十三条　合理保证提供的保证水平低于绝对保证。由于下列因素的存在，将鉴证业务风险降至零几乎不可能，也不符合成本效益原则：

（一）选择性测试方法的运用；

（二）内部控制的固有局限性；

（三）大多数证据是说服性而非结论性的；

（四）在获取和评价证据以及由此得出结论时涉及大量判断；

（五）在某些情况下鉴证对象具有特殊性。

第四十四条　合理保证的鉴证业务和有限保证的鉴证业务都需要运用鉴证技术和方法，收集充分、适当的证据。与合理保证的鉴证业务相比，有限保证的鉴证业务在证据收集程序的性质、时间、范围等方面是有意识地加以限制的。

无论是合理保证还是有限保证的鉴证业务，如果注意到某事项可能导致对鉴证对象信息是否需要作出重大修改产生疑问，注册会计师应当执行其他足够的程序，追踪这一事项，以支持鉴证结论。

第七节　可获取证据的数量和质量

第四十五条　可获取证据的数量和质量受下列因素的影响：

（一）鉴证对象和鉴证对象信息的特征；

（二）业务环境中除鉴证对象特征以外的其他事项。

第四十六条　对任何类型的鉴证业务，如果下列情形对注册会计师的工作范围构成重大限制，阻碍注册会计师获取所需要的证据，注册会计师提出无保留结论是不恰当的：

（一）客观环境阻碍注册会计师获取所需要的证据，无法将鉴证业务风险降至适当水平；

（二）责任方或委托人施加限制，阻碍注册会计师获取所需要的证据，无法将鉴证业务风险降至适当水平。

第八节　记　　录

第四十七条　注册会计师应当记录重大事项，以提供证据支持鉴证报告，并证明其已按照鉴证业务准则的规定执行业务。

第四十八条　对需要运用职业判断的所有重大事项，注册会计师应当记录推理过程和相关结论。

如果对某些事项难以进行判断，注册会计师还应当记录得出结论时已知悉的有关事实。

第四十九条　注册会计师应当将鉴证过程中考虑的所有重大事项记录于工作底稿。

在运用职业判断确定工作底稿的编制和保存范围时，注册会计师应当考虑，使未曾接触该项鉴证业务的有经验的专业人士了解实施的鉴证程序，以及作出重大决策的依据。

第八章　鉴证报告

第五十条　注册会计师应当出具含有鉴证结论的书面报告，该鉴证结论应当说明注册会计师就鉴证对

象信息获取的保证。

注册会计师应当考虑其他报告责任，包括在适当时与治理层沟通。

第五十一条 在基于责任方认定的业务中，注册会计师的鉴证结论可以采用下列两种表述形式：

(一)明确提及责任方认定，如“我们认为，责任方作出的‘根据×标准，内部控制在所有重大方面是有效的’这一认定是公允的”。

(二)直接提及鉴证对象和标准，如“我们认为，根据×标准，内部控制在所有重大方面是有效的”。

在直接报告业务中，注册会计师应当明确提及鉴证对象和标准。

第五十二条 在合理保证的鉴证业务中，注册会计师应当以积极方式提出结论，如“我们认为，根据×标准，内部控制在所有重大方面是有效的”或“我们认为，责任方作出的‘根据×标准，内部控制在所有重大方面是有效的’这一认定是公允的”。

在有限保证的鉴证业务中，注册会计师应当以消极方式提出结论，如“基于本报告所述的工作，我们没有注意到任何事项使我们相信，根据×标准，×系统在任何重大方面是无效的”或“基于本报告所述的工作，我们没有注意到任何事项使我们相信，责任方作出的‘根据×标准，×系统在所有重大方面是有效的’这一认定是不公允的”。

第五十三条 当存在本准则第五十四条至第五十六条所述情况时，注册会计师应当对其影响程度作出判断。如果这些情况影响重大，注册会计师不能出具无保留结论的报告。

第五十四条 对任何类型的鉴证业务，如果注册会计师的工作范围受到限制，注册会计师应当视受到限制的重大与广泛程度，出具保留结论或无法提出结论的报告。

在某些情况下，注册会计师应当考虑解除业务约定。

第五十五条 如果存在下列情形，注册会计师应当视其影响的重大与广泛程度，出具保留结论或否定结论的报告：

(一)注册会计师的结论提及责任方的认定，且该认定未在所有重大方面作出公允表达；

(二)注册会计师的结论直接提及鉴证对象和标准，且鉴证对象信息存在重大错报。

第五十六条 在承接业务后，如果发现标准或鉴证对象不适当，可能误导预期使用者，注册会计师应当视其重大与广泛程度，出具保留结论或否定结论的报告。

如果发现标准或鉴证对象不适当，造成工作范围受到限制，注册会计师应当视受到限制的重大与广泛程度，出具保留结论或无法提出结论的报告。

在某些情况下，注册会计师应当考虑解除业务约定。

第五十七条 当注册会计师针对鉴证对象信息出具报告，或同意将其姓名与鉴证对象联系在一起时，则注册会计师与该鉴证对象发生了关联。

如果获知他人不恰当地将其姓名与鉴证对象相关联，注册会计师应当要求其停止这种行为，并考虑采取其他必要的措施，包括将不恰当使用注册会计师姓名这一情况告知所有已知的使用者或征询法律意见。

第九章 附 则

第五十八条 注册会计师执行司法诉讼中涉及会计、审计、税务或其他事项的鉴定业务，除有特定要求者外，应当参照本准则办理。

第五十九条 某些业务可能符合本准则第五条鉴证业务的定义，使用者可能从业务报告的意见、观点或措辞中推测出某种程度的保证，但如果满足下列所有条件，注册会计师执行这些业务不必遵守本准则：

(一)注册会计师的意见、观点或措辞对整个业务而言仅是附带性的；

(二)注册会计师出具的书面报告被明确限定为仅供报告中所提及的使用者使用；

(三)与特定预期使用者达成的书面协议中，该业务未被确认为鉴证业务；

(四)在注册会计师出具的报告中，该业务未被称为鉴证业务。

第六十条 本准则自 2007 年 1 月 1 日起施行。

2. 中国注册会计师审计准则第1101号——注册会计师的总体目标和审计工作的基本要求

第一章 总 则

第一条 为了规范注册会计师按照中国注册会计师审计准则执行财务报表审计工作，确立注册会计师的总体目标，明确注册会计师为实现总体目标而需要执行审计工作的性质和范围，以及在执行财务报表审计业务时承担的责任，制定本准则。

第二条 审计准则适用于注册会计师执行财务报表审计业务。

当执行其他历史财务信息审计业务时，注册会计师可以根据具体情况遵守适用的相关审计准则，以满足此类业务的要求。

第二章 定 义

第三条 注册会计师，是指取得注册会计师证书并在会计师事务所执业的人员，通常是指项目合伙人或项目组其他成员，有时也指其所在的会计师事务所。

当审计准则明确指出应由项目合伙人遵守的规定或承担的责任时，使用"项目合伙人"而非"注册会计师"的称谓。

第四条 本准则所称财务报表，是指依据某一财务报告编制基础对被审计单位历史财务信息作出的结构性表述，包括相关附注，旨在反映某一时点的经济资源或义务或者某一时期经济资源或义务的变化。相关附注通常包括重要会计政策概要和其他解释性信息。财务报表通常是指整套财务报表，有时也指单一财务报表。整套财务报表的构成应当根据适用的财务报告编制基础的规定确定。

第五条 历史财务信息，是指以财务术语表述的某一特定实体的信息，这些信息主要来自特定实体的会计系统，反映了过去一段时间内发生的经济事项，或者过去某一时点的经济状况或情况。

第六条 适用的财务报告编制基础，是指法律法规要求采用的财务报告编制基础；或者管理层和治理层（如适用）在编制财务报表时，就被审计单位性质和财务报表目标而言，采用的可接受的财务报告编著基础。

财务报告编制基础分为通用目的编制基础和特殊目的编制基础。

通用目的编制基础，是指旨在满足广大财务报表使用者共同的财务信息需求的财务报告编制基础，主要是指会计准则和会计制度。

特殊目的编制基础，是指旨在满足财务报表特定使用者对财务信息需求的财务报告编制基础，包括计税核算基础、监管机构的报告要求和合同的约定等。

第七条 管理层，是指对被审计单位经营活动的执行负有经营管理责任的人员。在某些被审计单位，管理层包括部分或全部的治理层成员，如治理层中负有经营管理责任的人员，或参与日常经营管理的业主（以下简称业主兼经理）。

第八条 治理层，是指对被审计单位战略方向以及管理层履行经营管理责任负有监督责任的人员或组织。治理层的责任包括监督财务报告过程。在某些被审计单位，治理层可能包括管理层，如治理层中负有经营管理责任的人员，或业主兼经理。

第九条 与管理层和治理层责任相关的执行审计工作的前提（以下简称执行审计工作的前提），是指管理层和治理层（如适用）认可并理解其应当承担下列责任，这些责任构成注册会计师按照审计准则的规定执行审计工作的基础：

（一）按照适用的财务报告编制基础编制财务报表，并使其实现公允反映（如适用）；

（二）设计、执行和维护必要的内部控制，以使财务报表不存在由于舞弊或错误导致的重大错报；

（三）向注册会计师提供必要的工作条件，包括允许注册会计师接触与编制财务报表相关的所有信息

(如记录、文件和其他事项),向注册会计师提供审计所需的其他信息,允许注册会计师在获取审计证据时不受限制地接触其认为必要的内部人员和其他相关人员。

第十条 错报,是指某一财务报表项目的金额、分类、列报或披露,与按照适用的财务报告编制基础应当列示的金额、分类、列报或披露之间存在的差异。错报可能是由于错误或舞弊导致的。

当注册会计师对财务报表是否在所有重大方面按照适用的财务报告编制基础编制并实现公允反映发表审计意见时,错报还包括根据注册会计师的判断,为使财务报表在所有重大方面实现公允反映,需要对金额、分类、列报或披露作出的必要调整。

第十一条 审计证据,是指注册会计师为了得出审计结论和形成审计意见而使用的信息。审计证据包括构成财务报表基础的会计记录所含有的信息和其他信息。

审计证据的充分性,是对审计证据数量的衡量。注册会计师需要获取的审计证据的数量受其对重大错报风险评估的影响,并受审计证据质量的影响。

审计证据的适当性,是对审计证据质量的衡量,即审计证据在支持审计意见所依据的结论方面具有的相关性和可靠性。

第十二条 合理保证,是指注册会计师在财务报表审计中提供的一种高水平但非绝对的保证。

第十三条 审计风险,是指当财务报表存在重大错报时,注册会计师发表不恰当审计意见的可能性。审计风险取决于重大错报风险和检查风险。

第十四条 重大错报风险,是指财务报表在审计前存在重大错报的可能性。重大错报风险分为财务报表层次的重大错报风险和认定层次的重大错报风险。认定层次的重大错报风险由固定风险和控制风险两个部分组成。

固有风险,是指在考虑相关的内部控制之前,某类交易、账户余额或披露的某一认定易于发生错报(该错报单独或连同其他错报可能是重大的)的可能性。

控制风险,是指某类交易、账户余额或披露的某一认定发生错报,该错报单独或连同其他错报可能是重大的,但没有被内部控制及时防止或发现并纠正的可能性。

第十五条 检查风险,是指如果存在某一错报,该错报单独或连同其他错报可能是重大的,注册会计师为将审计风险降至可接受的低水平而实施程序后没有发现这种错报的风险。

第十六条 职业判断,是指在审计准则、财务报告编制基础和职业道德要求的框架下,注册会计师综合运用相关知识、技能和经验,作出适合审计业务具体情况、有根据的行动决策。

第十七条 职业怀疑,是指注册会计师执行审计业务的一种态度,包括采取质疑的思维方式,对可能表明由于错误或舞弊导致错报的迹象保持警觉,以及对审计证据进行审慎评价。

第三章 财务报表审计

第十八条 审计的目的是提高财务报表预期使用者对财务报表的信赖程度。这一目的可以通过注册会计师对财务报表是否在所有重大方面按照适用的财务报告编制基础编制发表审计意见得以实现。就大多数通用目的财务报告框架而言,注册会计师针对财务报表是否在所有重大方面按照财务报告编制基础编制并实现公允反映发表审计意见。注册会计师按照审计准则和相关职业道德要求执行审计工作,能够形成这样的意见。

第十九条 财务报表是由被审计单位管理层在治理层的监督下编制的。审计准则不对管理层或治理层设定责任,也不超越法律法规对管理层或治理层责任作出的规定。

管理层和治理层(如适用)认可与财务报表相关的责任,是注册会计师执行审计工作的前提,构成注册会计师按照审计准则的规定执行审计工作的基础。

财务报表审计并不减轻管理层或治理层的责任。

第二十条 注册会计师应当按照审计准则的规定,对财务报表整体是否不存在由于舞弊或错误导致的重大错报获取合理保证,以作为发表审计意见的基础。

合理保证是一种高水平保证。当注册会计师获取充分、适当的审计证据将审计风险降至可接受的低水平时,就获取了合理保证。

由于审计存在固有限制,注册会计师据以得出结论和形成审计意见的大多数审计证据是说服性而非结论性的，因此，审计只能提供合理保证，不能提供绝对保证。

第二十一条 在计划和执行审计工作，以及评价已识别出的错报对审计的影响和未更正的错报（如有）对财务报表的影响时，注册会计师应当运用重要性概念。

如果合理预期某一错报（包括漏报）单独或连同其他错报可能影响财务报表使用者依据财务报表作出的经济决策，则该项错报通常被认为是重大的。

重要性取决于在具体环境下对错报金额或性质的判断，或同时受到两者的影响，并受到注册会计师对于财务报表使用者对财务信息需求的了解的影响。

注册会计师针对财务报表整体发表审计意见，因此没有责任发现对财务报表整体影响并不重大的错报。

第二十二条 审计准则旨在规范和指导注册会计师对财务报表整体是否不存在重大错报获取合理保证，要求注册会计师在整个审计过程中运用职业判断和保持职业怀疑。

需要运用职业判断并保持职业怀疑的重要审计环节主要包括：

（一）通过了解被审计单位及其环境，识别和评估由于舞弊或错误导致的重大错报风险；

（二）通过对评估的风险设计和实施恰当的应对措施，针对是否存在重大错报获取充分、适当的审计证据；

（三）依据从获取的审计证据中得出的结论，对财务报表形成审计意见。

第二十三条 注册会计师发表审计意见的形式取决于适用的财务报告编制基础以及相关法律法规的规定。

第二十四条 按照审计准则和相关法律法规的规定，注册会计师还可能就审计中出现的事项，负有与管理层、治理层和其他财务报表使用者进行沟通和向其报告的责任。

第四章 总体目标

第二十五条 在执行财务报表审计工作时，注册会计师的总体目标是：

（一）对财务报表整体是否不存在由于舞弊或错误导致的重大错报获取合理保证，使得注册会计师能够对财务报表是否在所有重大方面按照适用的财务报告编制基础编制发表审计意见；

（二）按照审计准则的规定，根据审计结果对财务报表出具审计报告，并与管理层和治理层沟通。

第二十六条 在任何情况下，如果不能获取合理保证，并且在审计报告中发表保留意见也不足以实现向财务报表预期使用者报告的目的，注册会计师应当按照审计准则的规定出具无法表示意见的审计报告，或者在法律法规允许的情况下终止审计业务或解除业务约定。

第五章 要 求

第一节 与财务报表审计相关的职业道德要求

第二十七条 注册会计师应当遵守与财务报表审计相关的职业道德要求，包括遵守有关独立性的要求。

第二节 职业怀疑

第二十八条 在计划和实施审计工作时，注册会计师应当保持职业怀疑，认识到可能存在导致财务报表发生重大错报的情形。

第三节 职业判断

第二十九条 在计划和实施审计工作时，注册会计师应当运用职业判断。

第四节 审计证据和审计风险

第三十条 为了获取合理保证，注册会计师应当获取充分、适当的审计证据，以将审计风险降至可接受的低水平，使其能够得出合理的结论，作为形成审计意见的基础。

第五节　按照审计准则的规定执行审计工作

第三十一条　注册会计师应当遵守与审计工作相关的所有审计准则。如果某项审计准则有效且所适用的情形存在，则该项审计准则与审计工作相关。

第三十二条　注册会计师应当掌握每项审计准则及应用指南的全部内容，以理解每项审计准则的目标并恰当地遵守其要求。

第三十三条　除非注册会计师已经遵守本准则以及与审计工作相关的其他所有审计准则，否则，注册会计师不得在审计报告中声称遵守了审计准则。

第三十四条　为了实现注册会计师的总体目标，在计划和实施审计工作时，注册会计师应当运用相关审计准则规定的目标。在运用规定的目标时，注册会计师应当认真考虑各项审计准则之间的相互关系，以采取下列措施：

（一）为了实现审计准则规定的目标，确定是否有必要实施除审计准则规定以外的其他审计程序；

（二）评价是否已获取充分、适当的审计证据。

第三十五条　除非存在下列情况之一，注册会计师应当遵守审计准则的所有要求：

（一）某项审计准则的全部内容与具体审计工作不相关；

（二）由于审计准则的某项要求存在适用条件，而该条件并不存在，导致该项要求不适用。

第三十六条　在极其特殊的情况下，注册会计师可能认为有必要偏离某项审计准则的相关要求。在这种情况下，注册会计师应当实施替代审计程序以实现相关要求的目的。只有当相关要求的内容是实施某项特定审计程序，而该程序无法在具体审计环境下有效地实现要求的目的时，注册会计师才能偏离该项要求。

第三十七条　如果不能实现相关审计准则规定的目标，注册会计师应当评价这是否使其不能实现总体目标。如果不能实现总体目标，注册会计师应当按照审计准则的规定出具非无保留意见的审计报告，或者在法律法规允许的情况下解除业务约定。

不能实现相关审计准则规定的目标构成重大事项，注册会计师应当按照《中国注册会计师审计准则第1131号——审计工作底稿》的规定予以记录。

第六章　附　　则

第三十八条　本准则自2012年1月1日起施行。

3. 中国注册会计师审计准则第1111号——就审计业务约定条款达成一致意见

第一章　总　　则

第一条　为了规范注册会计师确定审计的前提条件是否存在，以及与管理层就审计业务约定条款达成一致意见，制定本准则。

第二条　本准则规范被审计单位控制范围内的，注册会计师与管理层有必要达成一致意见的事项。《中国注册会计师审计准则第1121号——对财务报表审计实施的质量控制》规范注册会计师控制范围内的业务承接的有关事项。

第二章　定　　义

第三条　审计的前提条件，是指管理层在编制财务报表时采用可接受的财务报告编制基础，以及管理层对注册会计师执行审计工作的前提的认同。

第四条 在本准则中单独提及的管理层,应当理解为管理层和治理层(如适用)。

第三章 目 标

第五条 注册会计师的目标是,只有通过实施下列工作就执行审计工作的基础达成一致意见,才承接或保持审计业务:

(一)确定审计的前提条件存在;

(二)确认注册会计师和管理层已就审计业务约定条款达成一致意见。

第四章 要 求

第一节 审计的前提条件

第六条 为了确定审计的前提条件是否存在,注册会计师应当:

(一)确定管理层在编制财务报表时采用的财务报告编制基础是否是可接受的;

(二)就管理层认可并理解其责任与管理层达成一致意见。

管理层的责任包括:

(一)按照适用的财务报告编制基础编制财务报表,并使其实现公允反映(如适用);

(二)设计、执行和维护必要的内部控制,以使财务报表不存在由于舞弊或错误导致的重大错报;

(三)向注册会计师提供必要的工作条件,包括允许注册会计师接触与编制财务报表相关的所有信息(如记录、文件和其他事项),向注册会计师提供审计所需要的其他信息,允许注册会计师在获取审计证据时不受限制地接触其认为必要的内部人员和其他相关人员。

第七条 如果管理层或治理层在拟议的审计业务约定条款中对审计工作的范围施加限制,以致注册会计师认为这种限制将导致其对财务报表发表无法表示意见,注册会计师不应将该项业务作为审计业务予以承接,除非法律法规另有规定。

第八条 如果审计的前提条件不存在,注册会计师应当就此与管理层沟通。在下列情况下,除非法律法规另有规定,注册会计师不应承接拟议的审计业务:

(一)除本准则第十九条规定的情形外,注册会计师确定被审计单位在编制财务报表时采用的财务报告编制基础不可接受;

(二)注册会计师未能与管理层达成本准则第六条第一款第(二)项提及的一致意见。

第二节 就审计业务约定条款达成一致意见

第九条 注册会计师应当就审计业务约定条款与管理层或治理层(如适用)达成一致意见。

第十条 注册会计师应当将达成一致意见的审计业务约定条款记录于审计业务约定书或其他适当形式的书面协议中。审计业务约定条款应当包括下列主要内容:

(一)财务报表审计的目标与范围;

(二)注册会计师的责任;

(三)管理层的责任;

(四)指出用于编制财务报表所适用的财务报告编制基础;

(五)提及注册会计师拟出具的审计报告的预期形式和内容,以及对在特定情况下对出具的审计报告可能不同于预期形式和内容的说明。

第十一条 如果法律法规足够详细地规定了审计业务约定条款,注册会计师除了记录适用的法律法规以及管理层认可并理解其责任的事实外,不必将本准则第十条规定的事项记录于书面协议。

第十二条 如果法律法规规定的管理层的责任与本准则第六条第二款的规定相似,注册会计师根据判断可能确定法律法规规定的责任与本准则第六条第二款的规定在效果上是等同的。如果等同,注册会计师可以使用法律法规的措辞,在书面协议中描述管理层的责任;如果不等同,注册会计师应当使用本准则第六条第二款的措辞,在书面协议中描述这些责任。

第三节 连续审计

第十三条 对于连续审计，注册会计师应当根据具体情况评估是否要求对审计业务约定条款作出修改，以及是否需要提醒被审计单位注意现有的条款。

第四节 审计业务约定条款的变更

第十四条 在缺乏合理理由的情况下，注册会计师不应同意变更审计业务约定条款。

第十五条 在完成审计业务前，如果被审计单位或委托人要求将审计业务变更为保证程度较低的业务，注册会计师应当确定是否存在合理理由予以变更。

第十六条 如果审计业务约定条款发生变更，注册会计师应当与管理层就新的业务约定条款达成一致意见，并记录于业务约定书或其他适当形式的书面协议中。

第十七条 如果注册会计师不同意变更审计业务约定条款，而管理层又不允许继续执行原审计业务，注册会计师应当：

（一）在适用的法律法规允许的情况下，解除审计业务约定；

（二）确定是否有约定义务或其他义务向治理层、所有者或监管机构等报告该事项。

第五节 业务承接时的其他考虑

第十八条 如果相关部门对涉及财务会计的事项作出补充规定，注册会计师在承接审计业务时应当确定该补充规定是否与企业会计准则存在冲突。

如果存在冲突，注册会计师应当与管理层沟通补充规定的性质，并就下列事项之一达成一致意见：

（一）在财务报表中作出额外披露能否满足补充规定的要求；

（二）对财务报表中关于适用的财务报告编制基础的描述是否可以作出相应修改。

如果无法采取上述任何措施，按照《中国注册会计师审计准则第 1502 号——在审计报告中发表非无保留意见》的规定，注册会计师应当确定是否有必要发表非无保留意见。

第十九条 如果相关部门要求采用的财务报告编制基础不可接受，只有同时满足下列所有条件，注册会计师才能承接该项审计业务：

（一）管理层同意在财务报表中作出额外披露，以避免财务报表产生误导；

（二）在审计业务约定条款中明确，注册会计师按照《中国注册会计师审计准则第 1503 号——在审计报告中增加强调事项段和其他事项段》的规定，在审计报告中增加强调事项段，以提醒使用者关注额外披露；注册会计师在对财务报表发表的审计意见中不使用“财务报表在所有重大方面按照[适用的财务报告编制基础]编制，公允反映了……”等措辞，除非法律法规另有规定。

第二十条 如果不具备本准则第十九条规定的条件，但相关部门要求注册会计师承接审计业务，注册会计师应当：

（一）评价财务报表误导的性质对审计报告的影响；

（二）在审计业务约定条款中适当提及该事项。

第二十一条 如果相关部门规定的审计报告的结构或措辞与审计准则要求的明显不一致，注册会计师应当评价：

（一）使用者是否可能误解从财务报表审计中获取的保证；

（二）如果可能存在误解，审计报告中作出的补充解释是否能够减轻这种误解。

如果认为审计报告中作出的补充解释不能减轻可能的误解，除非法律法规另有规定，注册会计师不应承接该项审计业务。

按照相关部门的这类规定执行的审计工作，并不符合审计准则的要求。因此，注册会计师不应在审计报告中提及已按照审计准则的规定执行了审计工作。

第五章 附 则

第二十二条 本准则自 2012 年 1 月 1 日起施行。

4. 中国注册会计师审计准则第1121号——对财务报表审计实施的质量控制

第一章 总 则

第一条 为了规范注册会计师对财务报表审计实施质量控制程序的责任，以及项目质量控制复核人员的责任，制定本准则。

第二条 注册会计师在使用本准则时，需要结合相关职业道德要求。

第三条 建立和保持质量控制制度(包括政策和程序)，是会计师事务所的责任。按照《质量控制准则第5101号——会计师事务所对执行财务报表审计和审阅、其他鉴证和相关服务业务实施的质量控制》的规定，会计师事务所有义务建立和保持质量控制制度，以合理保证：

(一)会计师事务所及其人员遵守职业准则和适用的法律法规的规定；

(二)会计师事务所和项目合伙人出具适合具体情况的审计报告。

本准则基于这样的前提，即会计师事务所遵守《质量控制准则第5101号——会计师事务所对执行财务报表审计和审阅、其他鉴证和相关服务业务实施的质量控制》的规定。

第四条 在会计师事务所质量控制制度框架下，项目组有责任实施适用于审计业务的质量控制程序，并向会计师事务所提供相关信息，以使质量控制制度中有关独立性的内容发挥作用。

第五条 在实施适用于审计业务质量控制程序时，项目组可以依赖会计师事务所质量控制制度，除非会计师事务所或者其他机构或人员提供的信息表明其不可信赖。

第二章 定 义

第六条 项目质量控制复核，是指在审计报告日或审计报告日之前，项目质量控制复核人员对项目组作出的重大判断和在编制审计报告时得出的结论进行客观评价的过程。

项目质量控制复核适用于上市实体财务报表审计，以及会计师事务所确定需要实施项目质量控制复核的其他审计业务。

第七条 上市实体，是指其股份、股票或债券在法律法规认可的证券交易所报价或挂牌，或在法律法规认可的证券交易所或其他类似机构的监管下进行交易的实体。

第八条 项目质量控制复核人员，是指项目组成员以外的，具有足够、适当的经验和权限，对项目组作出的重大判断和在准备审计报告时得出的结论进行客观评价的合伙人、会计师事务所其他人员、具有适当资格的外部人员或由这类人员组成的小组。

第九条 人员，是指会计师事务所的合伙人和员工。

第十条 合伙人，是指在执行专业服务业务方面有权代表会计师事务所的个人。

第十一条 员工，是指合伙人以外的专业人员，包括会计师事务所的内部专家。

第十二条 具有适当资格的外部人员，是指会计师事务所以外的具有担任项目合伙人的胜任能力和必要素质的个人，如其他会计师事务所的合伙人，注册会计师协会或提供相关质量控制服务的组织中具有适当经验的人员。

第十三条 项目合伙人，是指会计师事务所中负责某项审计业务及其执行，并代表会计师事务所在出具的审计报告上签字的合伙人。如果项目合伙人以外的其他注册会计师在审计报告上签字，本准则对项目合伙人作出的规定也适用于该签字注册会计师。

第十四条 项目组，是指执行某项审计业务的所有合伙人和员工，以及会计师事务所或网络事务所聘请的为该项业务实施审计程序的所有人员，但不包括会计师事务所或网络事务所聘请的外部专家。

第十五条 网络事务所，是指属于某一网络的会计师事务所或实体。

第十六条 网络，是指由多个实体组成，旨在通过合作实现下列一个或多个目的的联合体：

（一）共享收益或分担成本；

（二）共享所有权、控制权或管理权；

（三）共享统一的质量控制政策和程序；

（四）共享同一经营战略；

（五）使用同一品牌；

（六）共享重要的专业资源。

第十七条　职业准则，是指中国注册会计师鉴证业务基本准则、中国注册会计师审计准则、中国注册会计师审阅准则、中国注册会计师其他鉴证业务准则、中国注册会计师相关服务准则、质量控制准则和相关职业道德要求。

第十八条　相关职业道德要求，是指项目组和项目质量控制复核人员应当遵守的职业道德规范，通常包括中国注册会计师职业道德守则中与财务报表审计相关的规定。

第十九条　监控，是指对会计师事务所质量控制制度进行持续考虑和评价的过程，包括定期选取已完成的业务进行检查，以使会计师事务所能够合理保证其质量控制制度正在有效运行。

第二十条　检查，是指实施程序以获取证据，确定项目组在已完成的业务中是否遵守会计师事务所质量控制政策和程序。

第三章　目　　标

第二十一条　注册会计师的目标是，在业务层面实施质量控制程序，以合理保证注册会计师：

（一）在审计工作中遵守职业准则和适用的法律法规的规定；

（二）出具适合具体情况的审计报告。

第四章　要　　求

第一节　对审计质量承担的领导责任

第二十二条　项目合伙人应当对会计师事务所分派的每项审计业务的总体质量负责。

第二节　相关职业道德要求

第二十三条　在整个审计过程中，项目合伙人应当通过观察和必要的询问，对项目组成员违反相关职业道德要求的迹象保持警觉。

第二十四条　如果通过会计师事务所质量控制制度或其他途径注意到项目组成员违反相关职业道德要求，项目合伙人应当在与会计师事务所相关人员讨论后，确定采取的适当措施。

第二十五条　项目合伙人应当就适用于审计业务的独立性要求的遵守情况形成结论。

在形成结论时，项目合伙人应当：

（一）从会计师事务所或网络事务所获取相关信息，识别、评价对独立性产生不利影响的情形；

（二）评价识别出的有关违反会计师事务所独立性政策和程序的信息，以确定其是否对审计业务的独立性产生不利影响；

（三）采取适当的行动，运用防范措施以消除对独立性的不利影响或将其降至可接受的水平，或在必要时解除审计业务约定（除非法律法规禁止）；对未能解决的事项，项目合伙人应当立即向会计师事务所报告，以便采取适当的行动。

第三节　客户关系和审计业务的接受与保持

第二十六条　项目合伙人应当确信，有关客户关系和审计业务的接受与保持的质量控制程序已得到遵守，并确定得出的有关结论是恰当的。

第二十七条　如果项目合伙人在接受审计业务后获知了某项信息，而该信息若在接受业务前获知，可能导致会计师事务所拒绝该项业务，项目合伙人应当立即将该信息告知会计师事务所，以使会计师事务所和项目合伙人能够采取必要的行动。

第四节　项目组的工作委派

第二十八条　项目合伙人应当确信，项目组和项目组以外的专家整体上具有适当的胜任能力和必要素质，以便能够：

（一）按照职业准则和适用的法律法规的规定执行审计业务；

（二）出具适合具体情况的审计报告。

第五节　业务执行

第二十九条　项目合伙人应当对下列事项负责：

（一）按照职业准则和适用的法律法规的规定指导、监督与执行审计业务；

（二）出具适合具体情况的审计报告。

第三十条　项目合伙人应当对项目组按照会计师事务所复核政策和程序实施的复核负责。

第三十一条　在审计报告日或审计报告日之前，项目合伙人应当通过复核审计工作底稿和与项目组讨论，确信已获取充分、适当的审计证据，支持得出的结论和拟出具的审计报告。

第三十二条　在涉及咨询时，项目合伙人应当：

（一）对项目组就疑难问题或争议事项进行适当咨询承担责任；

（二）确信项目组成员在审计过程中已就相关事项进行了适当咨询，咨询可能在项目组内部进行，或者在项目组与会计师事务所内部或外部的其他适当人员之间进行；

（三）确信这些咨询的性质、范围以及形成的结论已由被咨询者认可；

（四）确定这些咨询形成的结论已得到执行。

第三十三条　对于上市实体财务报表审计以及会计师事务所确定需要实施项目质量控制复核的其他审计业务，项目合伙人应当：

（一）确定会计师事务所已委派项目质量控制复核人员；

（二）与项目质量控制复核人员讨论在审计过程中遇到的重大事项，包括在项目质量控制复核过程中识别出的重大事项；

（三）只有完成了项目质量控制复核，才能签署审计报告。

第三十四条　项目质量控制复核人员应当客观地评价项目组作出的重大判断以及编制审计报告时得出的结论。

评价工作应当涉及下列内容：

（一）与项目合伙人讨论重大事项；

（二）复核财务报表和拟出具的审计报告；

（三）复核选取的与项目组作出的重大判断和得出的结论相关的审计工作底稿；

（四）评价在编制审计报告时得出的结论，并考虑拟出具审计报告的恰当性。

第三十五条　对于上市实体财务报表审计，项目质量控制复核人员在实施项目质量控制复核时，还应当考虑：

（一）项目组就具体审计业务对会计师事务所独立性作出的评价；

（二）项目组是否已就涉及意见分歧的事项，或者其他疑难问题或争议事项进行适当咨询，以及咨询得出的结论；

（三）选取的用于复核的审计工作底稿，是否反映了项目组针对重大判断执行的工作，以及是否支持得出的结论。

第三十六条　如果项目组内部、项目组与被咨询者之间、项目合伙人与项目质量控制复核人员之间出现意见分歧，项目组应当遵守会计师事务所处理及解决意见分歧的政策和程序。

第六节　监　　控

第三十七条　有效的质量控制制度应当包括监控过程，以合理保证质量控制制度中的政策和程序具有相关性和适当性，并正在有效运行。

第三十八条 项目合伙人应当根据会计师事务所和网络事务所通报的最新监控信息考虑实施监控过程的结果，并考虑监控信息提及的缺陷是否会对审计业务产生影响。

第七节 审计工作底稿

第三十九条 注册会计师应当就下列事项形成审计工作底稿：

（一）识别出的与遵守相关职业道德要求有关的问题，以及这些问题是如何得到解决的；

（二）针对适用于审计业务的独立性要求的遵守情况得出的结论，以及为支持该结论与会计师事务所进行的讨论；

（三）得出的有关客户关系和审计业务的接受与保持的结论；

（四）在审计过程中咨询的性质、范围和形成的结论。

第四十条 针对已复核的审计业务，项目质量控制复核人员应当就下列事项形成审计工作底稿：

（一）会计师事务所项目质量控制复核政策要求的程序已得到实施；

（二）项目质量控制复核在审计报告日或审计报告日之前已完成；

（三）项目质量控制复核人员没有注意到任何尚未解决的事项，使其认为项目组作出的重大判断和得出的结论不适当。

第五章 附 则

第四十一条 本准则自 2012 年 1 月 1 日起施行。

5. 中国注册会计师审计准则第 1131 号——审计工作底稿

第一章 总 则

第一条 为了规范审计工作底稿的格式、内容和范围以及审计工作底稿的归档，明确注册会计师在财务报表审计中编制审计工作底稿的责任，制定本准则。

第二条 本准则附录中列示的其他审计准则，对在特定情况下就相关事项编制审计工作底稿提出具体要求，但并不构成对本准则普遍适用性的限制。相关法律法规也可能对编制审计工作底稿提出额外要求。

第三条 在符合本准则和其他相关审计准则要求的情况下，审计工作底稿能够实现下列目的：

（一）提供证据，作为注册会计师得出实现总体目标结论的基础；

（二）提供证据，证明注册会计师按照审计准则和相关法律法规的规定计划和执行了审计工作。

第四条 审计工作底稿还可以实现下列目的：

（一）有助于项目组计划和执行审计工作；

（二）有助于负责督导的项目组成员按照《中国注册会计师审计准则第 1121 号——对财务报表审计实施的质量控制》的规定，履行指导、监督与复核审计工作的责任；

（三）便于项目组说明其执行审计工作的情况；

（四）保留对未来审计工作持续产生重大影响的事项的记录；

（五）便于会计师事务所按照《质量控制准则第 5101 号——会计师事务所对执行财务报表审计和审阅、其他鉴证和相关服务业务实施的质量控制》的规定，实施质量控制复核与检查；

（六）便于监管机构和注册会计师协会根据相关法律法规或其他相关要求，对会计师事务所实施执业质量检查。

第二章 定 义

第五条 审计工作底稿，是指注册会计师对制定的审计计划、实施的审计程序、获取的相关审计证据，以及得出的审计结论作出的记录。

第六条 审计档案，是指一个或多个文件夹或其他存储介质，以实物或电子形式存储构成某项具体业务的审计工作底稿的记录。

第七条 有经验的专业人士，是指会计师事务所内部或外部的具有审计实务经验，并且对下列方面有合理了解的人士：

（一）审计过程；

（二）审计准则和相关法律法规的规定；

（三）被审计单位所处的经营环境；

（四）与被审计单位所处行业相关的会计和审计问题。

第三章 目 标

第八条 注册会计师的目标是，编制审计工作底稿以便：

（一）提供充分、适当的记录，作为出具审计报告的基础；

（二）提供证据，证明注册会计师已按照审计准则和相关法律法规的规定计划和执行了审计工作。

第四章 要 求

第一节 及时编制审计工作底稿

第九条 注册会计师应当及时编制审计工作底稿。

第二节 记录实施的审计程序和获取的审计证据

第十条 注册会计师编制的审计工作底稿，应当使得未曾接触该项审计工作的有经验的专业人士清楚了解：

（一）按照审计准则和相关法律法规的规定实施的审计程序的性质、时间安排和范围；

（二）实施审计程序的结果和获取的审计证据；

（三）审计中遇到的重大事项和得出的结论，以及在得出结论时作出的重大职业判断。

第十一条 在记录已实施审计程序的性质、时间安排和范围时，注册会计师应当记录：

（一）测试的具体项目或事项的识别特征；

（二）审计工作的执行人员及完成审计工作的日期；

（三）审计工作的复核人员及复核的日期和范围。

第十二条 注册会计师应当记录与管理层、治理层和其他人员对重大事项的讨论，包括所讨论的重大事项的性质以及讨论的时间、地点和参加人员。

第十三条 如果识别出的信息与针对某重大事项得出的最终结论不一致，注册会计师应当记录如何处理该不一致的情况。

第十四条 在极其特殊的情况下，如果认为有必要偏离某项审计准则的相关要求，注册会计师应当记录实施的替代审计程序如何实现相关要求的目的以及偏离的原因。

第十五条 在某些例外情况下，如果在审计报告日后实施了新的或追加的审计程序，或者得出新的结论，注册会计师应当记录：

（一）遇到的例外情况；

（二）实施的新的或追加的审计程序，获取的审计证据，得出的结论，以及对审计报告的影响；

（三）对审计工作底稿作出相应变动的时间和人员，以及复核的时间和人员。

第十六条 编制审计工作底稿的文字应当使用中文。少数民族自治地区可以同时使用少数民族文字。中国境内的中外合作会计师事务所、国际会计公司成员所可以同时使用某种外国文字。会计师事务所执行涉外业务时可以同时使用某种外国文字。

第三节 审计工作底稿的归档

第十七条 注册会计师应当在审计报告日后及时将审计工作底稿归整为审计档案，并完成归整最终审计档案过程中的事务性工作。

审计工作底稿的归档期限为审计报告日后六十天内。

如果注册会计师未能完成审计业务，审计工作底稿的归档期限为审计业务中止后的六十天内。

第十八条　在完成最终审计档案的归整工作后，注册会计师不应在规定的保存期限届满前删除或废弃任何性质的审计工作底稿。

第十九条　会计师事务所应当自审计报告日起，对审计工作底稿至少保存十年。

如果注册会计师未能完成审计业务，会计师事务所应当自审计业务中止日起，对审计工作底稿至少保存十年。

第二十条　除本准则第十五条规定的情况外，在完成最终审计档案归整工作后，如果注册会计师发现有必要修改现有审计工作底稿或增加新的审计工作底稿，无论修改或增加的性质如何，注册会计师均应当记录：

（一）修改或增加审计工作底稿的理由；

（二）修改或增加审计工作底稿的时间和人员，以及复核的时间和人员。

第五章　附　　则

第二十一条　本准则自 2012 年 1 月 1 日起施行。

6. 中国注册会计师审计准则第 1141 号——财务报表审计中与舞弊相关的责任

第一章　总　　则

第一条　为了规范注册会计师在财务报表审计中与舞弊相关的责任，制定本准则。

第二条　在涉及识别、评估和应对由于舞弊导致的重大错报风险时，本准则是对注册会计师如何应用《中国注册会计师审计准则第 1211 号——通过了解被审计单位及其环境识别和评估重大错报风险》和《中国注册会计师审计准则第 1231 号——针对评估的重大错报风险采取的应对措施》的进一步扩展。

第三条　财务报表的错报可能由于舞弊或错误所致。舞弊和错误的区别在于，导致财务报表发生错报的行为是故意行为还是非故意行为。

第四条　舞弊是一个宽泛的法律概念，但注册会计师关注导的是致财务报表发生重大错报的舞弊。

与财务报表审计相关的故意错报，包括编制虚假财务报告导致的错报和侵占资产导致的错报。

尽管注册会计师可能怀疑被审计单位存在舞弊，甚至在极少数情况下识别出发生的舞弊，但注册会计师并不对舞弊是否已实际发生作出法律意义上的判定。

第五条　被审计单位治理层和管理层对防止或发现舞弊负有主要责任。

管理层在治理层的监督下，高度重视对舞弊的防范和遏制是非常重要的。对舞弊进行防范可以减少舞弊发生的机会；对舞弊进行遏制，即发现和惩罚舞弊行为，能够警示被审计单位人员不要实施舞弊。对舞弊的防范和遏制需要管理层营造诚实守信和合乎道德的文化，并且这一文化能够在治理层的有效监督下得到强化。

治理层的监督包括考虑管理层凌驾于控制之上或对财务报告过程施加其他不当影响的可能性，例如，管理层为了影响分析师对被审计单位业绩和盈利能力的看法而操纵利润。

第六条　在按照审计准则的规定执行审计工作时，注册会计师有责任对财务报表整体是否不存在由于舞弊或错误导致的重大错报获取合理保证。

由于审计的固有限制，即使注册会计师按照审计准则的规定恰当计划和执行了审计工作，也不可避免地存在财务报表中的某些重大错报未被发现的风险。

第七条　在舞弊导致错报的情况下，固有限制的潜在影响尤其重大。舞弊导致的重大错报未被发现的风险，大于错误导致的重大错报未被发现的风险。其原因是舞弊可能涉及精心策划和蓄意实施以进行隐瞒（如伪造证明或故意漏记交易），或者故意向注册会计师提供虚假陈述。如果涉及串通舞弊，注册会计师可能更加难以发现蓄意隐瞒的企图。串通舞弊可能导致原本虚假的审计证据被注册会计师误认为具有说服力。

注册会计师发现舞弊的能力取决于舞弊者实施舞弊的技巧、舞弊者操纵会计记录的频率和范围、舞弊者操纵的每笔金额的大小、舞弊者在被审计单位的职位级别、串通舞弊的程度等因素。

即使可以识别出实施舞弊的潜在机会，但对于诸如会计估计等判断领域的错报，注册会计师也难以确定这类错报是由于舞弊还是错误导致的。

第八条 管理层舞弊导致的重大错报未被发现的风险，大于员工舞弊导致的重大错报未被发现的风险。其原因是管理层往往可以利用职务之便，直接或间接操纵会计记录，提供虚假的财务信息，或凌驾于为防止其他员工实施类似舞弊而建立的控制之上。

第九条 在获取合理保证时，注册会计师有责任在整个审计过程中保持职业怀疑，考虑管理层凌驾于控制之上的可能性，并认识到对发现错误有效的审计程序未必对发现舞弊有效。

本准则的规定旨在帮助注册会计师识别和评估舞弊导致的重大错报风险，以及设计用以发现这类错报的审计程序。

第二章 定 义

第十条 舞弊，是指被审计单位的管理层、治理层、员工或第三方使用欺骗手段获取不当或非法利益的故意行为。

第十一条 舞弊风险因素，是指表明实施舞弊的动机或压力，或者为实施舞弊提供机会的事项或情况。

第三章 目 标

第十二条 注册会计师的目标是：

（一）识别和评估由于舞弊导致的财务报表重大错报风险；

（二）通过设计和实施恰当的应对措施，针对评估的由于舞弊导致的重大错报风险，获取充分、适当的审计证据；

（三）恰当应对审计过程中识别出的舞弊或舞弊嫌疑。

第四章 要 求

第一节 职业怀疑

第十三条 按照《中国注册会计师审计准则第 1101 号——注册会计师的总体目标和审计工作的基本要求》的规定，注册会计师应当在整个审计过程中保持职业怀疑，认识到存在由于舞弊导致的重大错报的可能性，而不应受到以前对管理层、治理层正直和诚信形成的判断的影响。

第十四条 除非存在相反的理由，注册会计师可以将文件和记录作为真品。但如果在审计过程中识别出的情况使注册会计师认为文件可能是伪造的或文件中的某些条款已发生变动但未告知注册会计师，注册会计师应当作出进一步调查。

第十五条 如果管理层或治理层对询问作出的答复相互之间不一致或与其他信息不一致，注册会计师应当对这种不一致加以调查。

第二节 项目组内部的讨论

第十六条 按照《中国注册会计师审计准则第 1211 号——通过了解被审计单位及其环境识别和评估重大错报风险》的规定，项目组成员之间应当进行讨论，并由项目合伙人确定将哪些事项向未参与讨论的项目组成员通报。

项目组内部讨论的重点应当包括财务报表易于发生由于舞弊导致的重大错报的方式和领域，包括舞弊可能如何发生。

在讨论过程中，项目组成员不应假定管理层和治理层是正直和诚信的。

第三节　风险评估程序和相关活动

第十七条　当按照《中国注册会计师审计准则第1211号——通过了解被审计单位及其环境识别和评估重大错报风险》的规定实施风险评估程序和相关活动，以了解被审计单位及其环境时，注册会计师应当实施本准则第十八条至第二十五条规定的审计程序，以获取用以识别由于舞弊导致的重大错报风险所需的信息。

第十八条　注册会计师应当向管理层询问：

（一）管理层对财务报表可能存在由于舞弊导致的重大错报风险的评估，包括评估的性质、范围和频率等；

（二）管理层对舞弊风险的识别和应对过程，包括管理层识别出的或注意到的特定舞弊风险，或可能存在舞弊风险的各类交易、账户余额或披露；

（三）管理层就其对舞弊风险的识别和应对过程向治理层的通报；

（四）管理层就其经营理念和道德观念向员工的通报。

第十九条　注册会计师应当询问管理层和被审计单位内部的其他人员（如适用），以确定其是否知悉任何影响被审计单位的舞弊事实、舞弊嫌疑或舞弊指控。

第二十条　如果被审计单位设有内部审计，注册会计师应当询问内部审计人员，以确定其是否知悉任何影响被审计单位的舞弊事实、舞弊嫌疑或舞弊指控，并获取这些人员对舞弊风险的看法。

第二十一条　除非治理层全部成员参与管理被审计单位，注册会计师应当了解治理层如何监督管理层对舞弊风险的识别和应对过程，以及为降低舞弊风险而建立的内部控制。

第二十二条　除非治理层全部成员参与管理被审计单位，注册会计师应当询问治理层，以确定其是否知悉任何影响被审计单位的舞弊事实、舞弊嫌疑或舞弊指控。治理层对这些询问的答复，还可在一定程度上作为管理层答复的佐证信息。

第二十三条　注册会计师应当评价在实施分析程序时识别出的异常或偏离预期的关系（包括与收入账户有关的关系），是否表明存在由于舞弊导致的重大错报风险。

第二十四条　注册会计师应当考虑获取的其他信息是否表明存在由于舞弊导致的重大错报风险。

第二十五条　注册会计师应当评价通过其他风险评估程序和相关活动获取的信息，是否表明存在舞弊风险因素。

存在舞弊风险因素并不必然表明发生了舞弊，但在舞弊发生时通常存在舞弊风险因素，因此，舞弊风险因素可能表明存在由于舞弊导致的重大错报风险。

第四节　识别和评估由于舞弊导致的重大错报风险

第二十六条　按照《中国注册会计师审计准则第1211号——通过了解被审计单位及其环境识别和评估重大错报风险》的规定，注册会计师应当在财务报表层次和各类交易、账户余额、披露的认定层次识别和评估由于舞弊导致的重大错报风险。

第二十七条　在识别和评估由于舞弊导致的重大错报风险时，注册会计师应当基于收入确认存在舞弊风险的假定，评价哪些类型的收入、收入交易或认定导致舞弊风险。

如果认为收入确认存在舞弊风险的假定不适用于业务的具体情况，从而未将收入确认作为由于舞弊导致的重大错报风险领域，注册会计师应当按照本准则第五十一条的规定形成相应的审计工作底稿。

第二十八条　注册会计师应当将评估的由于舞弊导致的重大错报风险作为特别风险。如果此前未了解与此类风险相关的控制，注册会计师应当了解相关控制，包括了解控制活动。

第五节　应对评估的由于舞弊导致的重大错报风险

第二十九条　按照《中国注册会计师审计准则第1231号——针对评估的重大错报风险采取的应对措施》的规定，注册会计师应当针对评估的由于舞弊导致的财务报表层次重大错报风险确定总体应对措施。

第三十条 在针对评估的由于舞弊导致的财务报表层次重大错报风险确定总体应对措施时，注册会计师应当：

（一）在分派和督导项目组成员时，考虑承担重要业务职责的项目组成员所具备的知识、技能和能力，并考虑由于舞弊导致的重大错报风险的评估结果；

（二）评价被审计单位对会计政策（特别是涉及主观计量和复杂交易的会计政策）的选择和运用，是否可能表明管理层通过操纵利润对财务信息作出虚假报告；

（三）在选择审计程序的性质、时间安排和范围时，增加审计程序的不可预见性。

第三十一条 按照《中国注册会计师审计准则第 1231 号——针对评估的重大错报风险采取的应对措施》的规定，注册会计师应当设计和实施进一步审计程序，审计程序的性质、时间安排和范围应当能够应对评估的由于舞弊导致的认定层次重大错报风险。例如，针对由于舞弊导致的认定层次重大错报风险，注册会计师应当考虑实施函证程序以获取更多的相互印证的信息。

第三十二条 管理层处于实施舞弊的独特地位，其原因是管理层有能力通过凌驾于控制之上操纵会计记录并编制虚假财务报表，而这些控制却看似有效运行。

尽管管理层凌驾于控制之上的风险水平因被审计单位而异，但所有被审计单位都存在这种风险。

由于管理层凌驾于控制之上的行为发生方式不可预见，这种风险属于由于舞弊导致的重大错报风险，从而也是一种特别风险。

第三十三条 无论对管理层凌驾于控制之上的风险的评估结果如何，注册会计师都应当设计和实施审计程序，用以：

（一）测试日常会计核算过程中作出的会计分录以及编制财务报表过程中作出的调整是否适当；

（二）复核会计估计是否存在偏向，并评价产生这种偏向的环境是否表明存在由于舞弊导致的重大错报风险；

（三）对于超出被审计单位正常经营过程的重大交易，或基于对被审计单位及其环境的了解以及在审计过程中获取的其他信息而显得异常的重大交易，评价其商业理由（或缺乏商业理由）是否表明被审计单位从事交易的目的是为了对财务信息作出虚假报告或掩盖侵占资产的行为。

第三十四条 在设计和实施审计程序，以测试日常会计核算过程中作出的会计分录以及编制财务报表过程中作出的其他调整是否适当时，注册会计师应当：

（一）向参与财务报告过程的人员询问与处理会计分录和其他调整相关的不恰当或异常的活动；

（二）选择在报告期末作出的会计分录和其他调整；

（三）考虑是否有必要测试整个会计期间的会计分录和其他调整。

第三十五条 在复核会计估计是否存在偏向时，注册会计师应当：

（一）评价管理层在作出会计估计时所作的判断和决策是否反映出管理层的某种偏向（即使判断和决策单独看起来是合理的），从而可能表明存在由于舞弊导致的重大错报风险。如果存在偏向，注册会计师应当从整体上重新评价会计估计。

（二）追溯复核与以前年度财务报表反映的重大会计估计相关的管理层判断和假设。

第三十六条 当按照本准则第三十三条至第三十五条实施的程序无法涵盖特定的管理层凌驾于控制之上的其他风险时，注册会计师还应当确定是否有必要实施其他审计程序，以应对识别出的管理层凌驾于控制之上的风险。

第六节 评价审计证据

第三十七条 在就财务报表与所了解的被审计单位的情况是否一致形成总体结论时，注册会计师应当评价在临近审计结束时实施的分析程序，是否表明存在此前尚未识别的由于舞弊导致的重大错报风险。

第三十八条 如果识别出某项错报，注册会计师应当评价该项错报是否表明存在舞弊。

如果存在舞弊的迹象，鉴于舞弊不太可能是孤立发生的事项，注册会计师应当评价该项错报对审计工作其他方面的影响，特别是对管理层声明可靠性的影响。

第三十九条 如果识别出某项错报，并有理由认为该项错报是或可能是由于舞弊导致的，且涉及管理层，特别是涉及较高级别的管理层，无论该项错报是否重大，注册会计师都应当重新评价对由于舞弊导致的重大错报风险的评估结果，以及该结果对旨在应对评估的风险的审计程序的性质、时间安排和范围的影响。

在重新考虑此前获取的审计证据的可靠性时，注册会计师还应当考虑相关的情形是否表明可能存在涉及员工、管理层或第三方的串通舞弊。

第四十条 如果确认财务报表存在由于舞弊导致的重大错报，或无法确定财务报表是否存在由于舞弊导致的重大错报，注册会计师应当评价这两种情况对审计的影响。

第七节 无法继续执行审计业务

第四十一条 如果由于舞弊或舞弊嫌疑导致出现错报，致使注册会计师遇到对其继续执行审计业务的能力产生怀疑的异常情形，注册会计师应当：

（一）确定适用于具体情况的职业责任和法律责任，包括是否需要向审计业务委托人或监管机构报告；

（二）在相关法律法规允许的情况下，考虑是否需要解除业务约定。

第四十二条 如果决定解除业务约定，注册会计师应当采取下列措施：

（一）与适当层级的管理层和治理层讨论解除业务约定的决定和理由；

（二）考虑是否存在职业责任或法律责任，需要向审计业务委托人或监管机构报告解除业务约定的决定和理由。

第八节 书面声明

第四十三条 注册会计师应当就下列事项向管理层和治理层（如适用）获取书面声明：

（一）管理层和治理层认可其设计、执行和维护内部控制以防止和发现舞弊的责任；

（二）管理层和治理层已向注册会计师披露了管理层对由于舞弊导致的财务报表重大错报风险的评估结果；

（三）管理层和治理层已向注册会计师披露了已知的涉及管理层、在内部控制中承担重要职责的员工以及其他人员（在舞弊行为导致财务报表出现重大错报的情况下）的舞弊或舞弊嫌疑；

（四）管理层和治理层已向注册会计师披露了从现任和前任员工、分析师、监管机构等方面获知的、影响财务报表的舞弊指控或舞弊嫌疑。

第九节 与管理层和治理层的沟通

第四十四条 如果识别出舞弊或获取的信息表明可能存在舞弊，注册会计师应当及时将此类事项向适当层级的管理层通报，以便管理层告知对防止和发现舞弊事项负有主要责任的人员。

第四十五条 如果确定或怀疑舞弊涉及下列人员，注册会计师应当及时将此类事项向治理层通报，除非治理层全部人员参与管理被审计单位：

（一）管理层；

（二）在内部控制中承担重要职责的员工；

（三）其他人员（在舞弊行为导致财务报表重大错报的情况下）。

如果怀疑舞弊涉及管理层，注册会计师应当将此怀疑向治理层通报，并与其讨论为完成审计工作所必需的审计程序的性质、时间安排和范围。

第四十六条 如果根据判断认为还存在与治理层职责相关的、涉及舞弊的其他事项，注册会计师应当就此与治理层沟通。

第十节 向监管机构和执法机构报告

第四十七条 如果识别出舞弊或怀疑存在舞弊，注册会计师应当确定是否有责任向被审计单位以外的机构报告。

尽管注册会计师对客户信息负有的保密义务可能妨碍这种报告，但如果法律法规要求注册会计师履行报告责任，注册会计师应当遵守法律法规的规定。

第十一节 审计工作底稿

第四十八条 《中国注册会计师审计准则第 1211 号——通过了解被审计单位及其环境识别和评估重

大错报风险》规定注册会计师应当记录对被审计单位及其环境的了解以及对重大错报风险的评估结果。注册会计师应当将下列内容形成审计工作底稿：

（一）项目组内部就由于舞弊导致财务报表重大错报的可能性进行的讨论所得出的重要结论；

（二）识别和评估的由于舞弊导致的财务报表层次和认定层次的重大错报风险。

第四十九条 《中国注册会计师审计准则第1231号——针对评估的重大错报风险采取的应对措施》规定注册会计师应当记录对评估的重大错报风险采取的应对措施。注册会计师应当将下列内容形成审计工作底稿：

（一）对评估的由于舞弊导致的财务报表层次的重大错报风险采取的总体应对措施；

（二）审计程序的性质、时间安排和范围；

（三）审计程序与评估的由于舞弊导致的认定层次的重大错报风险之间的联系；

（四）实施审计程序（包括用于应对管理层凌驾于控制之上的风险而实施的审计程序）的结果。

第五十条 注册会计师应当在审计工作底稿中记录与管理层、治理层、监管机构或其他相关各方就舞弊事项进行沟通的情况。

第五十一条 如果认为收入确认存在舞弊风险的假定不适用于业务的具体情况，注册会计师应当在审计工作底稿中记录得出该结论的理由。

第五章 附 则

第五十二条 本准则自2012年1月1日起施行。

7. 中国注册会计师审计准则第1142号——财务报表审计中对法律法规的考虑

第一章 总 则

第一条 为了规范注册会计师在财务报表审计中对法律法规的考虑，制定本准则。

第二条 本准则不适用于注册会计师接受专项委托，对被审计单位遵守特定法律法规进行单独测试并出具报告的鉴证业务。

第三条 不同的法律法规对财务报表的影响差异很大。被审计单位需要遵守的所有法律法规，构成注册会计师在财务报表审计中需要考虑的法律法规框架。

某些法律法规的规定对财务报表有直接影响，决定财务报表中报告的金额和披露。而有些法律法规需要管理层遵守，或规定了允许被审计单位开展经营活动的条件，但不会对财务报表产生直接影响。某些被审计单位处于高度管制的行业，如银行或化工企业等。而有些被审计单位仅受到通常与经营活动相关的法律法规的制约，如安全生产和公平就业等。

违反法律法规可能导致被审计单位面临罚款、诉讼或其他对财务报表产生重大影响的后果。

第四条 在治理层的监督下，保证被审计单位按照法律法规的规定开展经营活动（包括遵守那些决定财务报表中报告的金额和披露的法律法规的规定），是管理层的责任。

第五条 本准则旨在帮助注册会计师识别由于违反法律法规导致的财务报表重大错报。注册会计师没有责任防止被审计单位违反法律法规行为，也不能期望其发现所有的违反法律法规行为。

第六条 注册会计师有责任对财务报表整体不存在由于舞弊或错误导致的重大错报获取合理保证。

在执行财务报表审计时，注册会计师需要考虑适用于被审计单位的法律法规框架。由于审计的固有限制，即使注册会计师按照审计准则的规定恰当地计划和执行审计工作，也不可避免地存在财务报表中的某些重大错报未被发现的风险。

就法律法规而言，由于下列原因，审计的固有限制对注册会计师发现重大错报的能力的潜在影响会加大：

(一)许多法律法规主要与被审计单位经营活动相关,通常不影响财务报表,且不能被与财务报告相关的信息系统所获取;

(二)违反法律法规可能涉及故意隐瞒的行为,如共谋、伪造、故意漏记交易、管理层凌驾于控制之上或故意向注册会计师提供虚假陈述;

(三)某行为是否构成违反法律法规,最终只能由法院认定。

通常情况下,违反法律法规与财务报表反映的交易和事项越不相关,就越难以被注册会计师关注或识别。

第七条 本准则对注册会计师的责任的界定,是根据被审计单位需要遵守的下列两类不同的法律法规而作出的:

(一)通常对决定财务报表中的重大金额和披露有直接影响的法律法规(如税收和企业年金方面的法律法规);

(二)对决定财务报表中的金额和披露没有直接影响的其他法律法规,但遵守这些法律法规(如遵守经营许可条件、监管机构对偿债能力的规定或环境保护要求)对被审计单位的经营活动、持续经营能力或避免大额罚款至关重要;违反这些法律法规,可能对财务报表产生重大影响。

第八条 针对本准则第七条提及的两类不同的法律法规,本准则对注册会计师的责任作出不同的规定。

针对本准则第七条第(一)项提及的法律法规,注册会计师的责任是,就被审计单位遵守这些法律法规的规定获取充分、适当的审计证据。

针对本准则第七条第(二)项提及的法律法规,注册会计师的责任仅限于实施特定的审计程序,以有助于识别可能对财务报表产生重大影响的违反这些法律法规的行为。

第九条 为了对财务报表形成审计意见所实施的其他审计程序,可能使注册会计师识别出或怀疑被审计单位存在违反法律法规行为,本准则要求注册会计师对此保持警觉。

考虑到法律法规对被审计单位产生影响的范围,按照《中国注册会计师审计准则第 1101 号——注册会计师的总体目标和审计工作的基本要求》的规定,注册会计师在整个审计过程中保持职业怀疑尤为重要。

第二章 定 义

第十条 本准则所称违反法律法规,是指被审计单位有意或无意违背除适用的财务报告编制基础以外的现行法律法规的行为。例如,被审计单位进行的或以被审计单位名义进行的违反法律法规的交易,或者治理层、管理层或员工代表被审计单位进行的违反法律法规的交易。违反法律法规不包括由治理层、管理层或员工实施的、与被审计单位经营活动无关的不当个人行为。

第三章 目 标

第十一条 注册会计师的目标是:

(一)针对通常对决定财务报表中的重大金额和披露有直接影响的法律法规的规定,获取被审计单位遵守这些规定的充分、适当的审计证据;

(二)针对其他法律法规,实施特定的审计程序,以有助于识别可能对财务报表产生重大影响的违反这些法律法规的行为;

(三)恰当应对在审计过程中识别出的或怀疑存在的违反法律法规行为。

第四章 要 求

第一节 注册会计师对被审计单位遵守法律法规的考虑

第十二条 按照《中国注册会计师审计准则第 1211 号——通过了解被审计单位及其环境识别和评估重大错报风险》的规定,在了解被审计单位及其环境时,注册会计师应当总体了解下列事项:

(一)适用于被审计单位及其所处行业或领域的法律法规框架；

(二)被审计单位如何遵守这些法律法规框架。

第十三条 针对通常对决定财务报表中的重大金额和披露有直接影响的法律法规的规定，注册会计师应当获取被审计单位遵守这些规定的充分、适当的审计证据。

第十四条 注册会计师应当实施下列审计程序，以有助于识别可能对财务报表产生重大影响的违反其他法律法规的行为：

(一)向管理层和治理层(如适用)询问被审计单位是否遵守了这些法律法规；

(二)检查被审计单位与许可证颁发机构或监管机构的往来函件。

第十五条 在审计过程中实施的其他审计程序可能使注册会计师识别出或怀疑存在违反法律法规行为，注册会计师应当对此保持警觉。

第十六条 注册会计师应当要求管理层和治理层(如适用)提供书面声明，以表明被审计单位已向注册会计师披露了所有知悉的、且在编制财务报表时应当考虑其影响的违反法律法规行为或怀疑存在的违反法律法规行为。

第十七条 在没有识别出或不怀疑被审计单位违反法律法规的情况下，除执行本准则第十二条至第十六条所述的工作外，注册会计师不必针对被审计单位遵守法律法规实施其他审计程序。

第二节 识别出或怀疑存在违反法律法规行为时实施的审计程序

第十八条 如果注意到与识别出的或怀疑存在的违反法律法规行为相关的信息，注册会计师应当：

(一)了解违反法律法规行为的性质及其发生的环境；

(二)获取进一步的信息，以评价对财务报表可能产生的影响。

第十九条 如果怀疑被审计单位存在违反法律法规行为，注册会计师应当就此与管理层和治理层(如适用)进行讨论。

如果管理层或治理层不能提供充分的信息，证明被审计单位遵守了法律法规，并且注册会计师根据判断认为怀疑存在的违反法律法规行为可能对财务报表产生重大影响，注册会计师应当考虑是否需要征询法律意见。

第二十条 如果针对怀疑存在的违反法律法规行为不能获取充分的信息，注册会计师应当评价缺乏充分、适当的审计证据对审计意见的影响。

第二十一条 注册会计师应当评价违反法律法规行为对审计的其他方面可能产生的影响，包括对注册会计师风险评估和被审计单位书面声明可靠性的影响，并采取适当措施。

第三节 对识别出的或怀疑存在的违反法律法规行为的报告

第二十二条 除非治理层全部成员参与管理被审计单位，因而知悉注册会计师已沟通的、涉及识别出的或怀疑存在的违反法律法规行为的事项，注册会计师应当与治理层沟通审计过程中注意到的有关违反法律法规的事项，但不必沟通明显不重要的事项。

第二十三条 如果根据判断认为本准则第二十二条提及的需要沟通的违反法律法规行为是故意和重大的，注册会计师应当就此尽快向治理层通报。

第二十四条 如果怀疑违反法律法规行为涉及管理层或治理层，注册会计师应当向被审计单位审计委员会或监事会等更高层级的机构通报。

如果不存在更高层级的机构，或者注册会计师认为被审计单位可能不会对通报作出反应，或者注册会计师不能确定向谁报告，注册会计师应当考虑是否需要征询法律意见。

第二十五条 如果认为违反法律法规行为对财务报表具有重大影响，且未能在财务报表中得到充分反映，注册会计师应当按照《中国注册会计师审计准则第 1502 号——在审计报告中发表非无保留意见》的规定，发表保留意见或否定意见。

第二十六条 如果因管理层或治理层阻挠而无法获取充分、适当的审计证据，以评价是否存在或可能存在对财务报表产生重大影响的违反法律法规行为，注册会计师应当按照《中国注册会计师审计准则第

1502 号——在审计报告中发表非无保留意见》的规定，根据审计范围受到限制的程度，发表保留意见或无法表示意见。

第二十七条　如果由于审计范围受到管理层或治理层以外的其他方面的限制而无法确定被审计单位是否存在违反法律法规行为，注册会计师应当按照《中国注册会计师审计准则第 1502 号——在审计报告中发表非无保留意见》的规定，评价这一情况对审计意见的影响。

第二十八条　如果识别出或怀疑存在违反法律法规行为，注册会计师应当考虑是否有责任向被审计单位以外的相关机构或人员报告。

第四节　审计工作底稿

第二十九条　注册会计师应当在审计工作底稿中记录识别出的或怀疑存在的违反法律法规行为，以及与管理层、治理层和被审计单位以外的相关机构或人员（如可行）进行讨论的结果。

第五章　附　　则

第三十条　本准则自 2012 年 1 月 1 日起施行。

8. 中国注册会计师审计准则第 1151 号——与治理层的沟通

第一章　总　　则

第一条　为了明确注册会计师在财务报表审计中与治理层沟通的责任，制定本准则。

第二条　本准则适用于各种治理结构和规模的被审计单位的财务报表审计，并针对治理层全部成员参与管理的情形以及上市实体提出了特殊考虑。本准则并不规范注册会计师与管理层或所有者的沟通，除非他们同时履行治理职责。

第三条　本准则是针对财务报表审计制定的，但对于其他历史财务信息审计，如果治理层对其他历史财务信息的编制负有监督责任，注册会计师可以根据具体情况遵守本准则的相关规定。

第四条　考虑到有效的双向沟通在财务报表审计中的重要性，本准则为注册会计师与治理层的沟通提供了一个基础框架，并明确了应当与其沟通的一些具体事项。

作为对本准则沟通要求的补充，附录列示的其他审计准则对需要沟通的补充事项作出了规定。此外，《中国注册会计师审计准则第 1152 号——向治理层和管理层通报内部控制缺陷》针对注册会计师向治理层通报在审计过程中识别出的值得关注的内部控制缺陷，提出了具体要求。

法律法规、业务约定或其他规定可能要求沟通本准则或其他审计准则没有规定的其他事项，本准则并不禁止注册会计师就此与治理层沟通。

第五条　本准则主要规范由注册会计师向治理层提议的沟通。但是，有效的双向沟通十分重要，这有助于：

（一）注册会计师和治理层了解与审计相关的背景事项，并建立建设性的工作关系；在建立这种关系时，注册会计师需要保持独立性和客观性；

（二）注册会计师向治理层获取与审计相关的信息，例如，治理层可以帮助注册会计师了解被审计单位及其环境，确定审计证据的适当来源，以及提供有关具体交易或事项的信息；

（三）治理层履行其对财务报告过程的监督责任，从而降低财务报表重大错报风险。

第六条　注册会计师有责任与治理层沟通本准则要求的事项，管理层也有责任与治理层沟通有关治理的事项，但注册会计师的沟通并不减轻管理层的这种责任。同样，管理层与治理层就注册会计师需要沟通的事项进行的沟通，也不减轻注册会计师沟通这些事项的责任。但是，管理层就这些事项进行的沟通可能会影响注册会计师与治理层沟通的形式或时间安排。

第七条 清晰地沟通审计准则要求的具体事项是每项审计业务的必要组成部分。但是,审计准则并不要求注册会计师专门实施程序,以识别与治理层沟通的任何其他事项。

第八条 法律法规可能限制注册会计师就某些事项与治理层沟通。例如,法律法规可能特别禁止某些沟通或其他行为,以避免妨碍有关机关调查实际发生的或涉嫌的非法行为。

在某些情形下,注册会计师的保密义务与沟通义务之间的潜在冲突可能十分复杂,此时注册会计师可以考虑获取法律咨询意见。

第二章 定 义

第九条 治理层,是指对被审计单位战略方向以及管理层履行经营管理责任负有监督责任的人员或组织。治理层的责任包括对财务报告过程的监督。在某些被审计单位,治理层可能包括管理层成员。

第十条 管理层,是指对被审计单位经营活动的执行负有管理责任的人员。在某些被审计单位,管理层包括部分或全部的治理层成员。

第三章 目 标

第十一条 注册会计师的目标是:

(一)就注册会计师与财务报表审计相关的责任、计划的审计范围和时间安排的总体情况,与治理层进行清晰地沟通;

(二)向治理层获取与审计相关的信息;

(三)及时向治理层通报审计中发现的与治理层监督财务报告过程的责任相关的重大事项;

(四)推动注册会计师和治理层之间有效的双向沟通。

第四章 要 求

第一节 沟通的对象

第十二条 注册会计师应当确定与被审计单位治理结构中的哪些适当人员进行沟通。

第十三条 如果注册会计师与治理层的下设组织(如审计委员会)或个人沟通,应当确定是否还需要与治理层整体进行沟通。

第十四条 在某些情况下,治理层全部成员参与管理被审计单位,例如,在一家小企业中,仅有的一名业主管理该企业,并且没有其他人负有治理责任。此时,如果就本准则第十七条第(三)项要求沟通的事项已与负有管理责任的人员沟通,且这些人员同时负有治理责任,注册会计师无需就这些事项再次与负有治理责任的相同人员沟通。然而,注册会计师应当确信与负有管理责任人员的沟通能够向所有负有治理责任的人员充分传递应予沟通的内容。

第二节 沟通的事项

第十五条 注册会计师应当与治理层沟通注册会计师与财务报表审计相关的责任,包括:

(一)注册会计师负责对管理层在治理层监督下编制的财务报表形成和发表意见;

(二)财务报表审计并不减轻管理层或治理层的责任。

第十六条 注册会计师应当与治理层沟通计划的审计范围和时间安排的总体情况。

第十七条 注册会计师应当与治理层沟通审计工作中发现的下列问题:

(一)注册会计师对被审计单位会计实务(包括会计政策、会计估计和财务报表披露)重大方面的质量的看法。在适当的情况下,注册会计师应当向治理层解释为何某项在适用的财务报告编制基础下可以接受的重大会计实务,并不一定最适合被审计单位的具体情况;

(二)审计工作中遇到的重大困难;

(三)已与管理层讨论或需要书面沟通的、审计中出现的重大事项,以及注册会计师要求提供的书面声明,除非治理层全部成员参与管理被审计单位;

（四）审计中出现的、根据职业判断认为对监督财务报告过程重大的其他事项。

第十八条 如果被审计单位是上市实体，注册会计师还应当与治理层沟通下列内容：

（一）就审计项目组成员、会计师事务所其他相关人员以及会计师事务所和网络事务所按照相关职业道德要求保持了独立性作出声明；

（二）根据职业判断，注册会计师认为会计师事务所、网络事务所与被审计单位之间存在的可能影响独立性的所有关系和其他事项，包括会计师事务所和网络事务所在财务报表涵盖期间为被审计单位和受被审计单位控制的组成部分提供审计、非审计服务的收费总额；这些收费应当分配到适当的业务类型中，以帮助治理层评估这些服务对注册会计师独立性的影响；

（三）为消除对独立性的不利影响或将其降至可接受的水平，已经采取的相关防范措施。

第三节 沟通的过程

第十九条 注册会计师应当就沟通的形式、时间安排和拟沟通的基本内容与治理层沟通。

第二十条 对于审计中的重大发现，如果根据职业判断认为采用口头形式沟通不适当，注册会计师应当以书面形式与治理层沟通。书面沟通不必包括审计过程中的所有事项。

第二十一条 注册会计师应当就本准则第十八条要求的注册会计师的独立性，以书面形式与治理层沟通。

第二十二条 注册会计师应当及时与治理层沟通。

第二十三条 注册会计师应当评价其与治理层之间的双向沟通对实现审计目的是否充分。如果认为双向沟通不充分，注册会计师应当评价其对重大错报风险评估以及获取充分、适当的审计证据的能力的影响，并采取适当措施。

第四节 审计工作底稿

第二十四条 如果本准则要求沟通的事项是以口头形式沟通的，注册会计师应当将其包括在审计工作底稿中，并记录沟通的时间和对象。

如果本准则要求沟通的事项是以书面形式沟通的，注册会计师应当保存一份沟通文件的副本，作为审计工作底稿的一部分。

第五章 附 则

第二十五条 本准则自 2012 年 1 月 1 日起施行。

9. 中国注册会计师审计准则第 1152 号——向治理层和管理层通报内部控制缺陷

第一章 总 则

第一条 为了规范注册会计师向治理层和管理层恰当通报在财务报表审计中识别出的内部控制缺陷，制定本准则。

第二条 《中国注册会计师审计准则第 1211 号——通过了解被审计单位及其环境识别和评估重大错报风险》和《中国注册会计师审计准则第 1231 号——针对评估的重大错报风险采取的应对措施》规范了注册会计师了解内部控制以及设计和实施控制测试的责任，本准则不对注册会计师在这方面的责任提出额外要求。

《中国注册会计师审计准则第 1151 号——与治理层的沟通》进一步规范了注册会计师与治理层沟通审计相关事项的责任。

第三条 在识别和评估重大错报风险时，审计准则要求注册会计师了解与审计相关的内部控制。在进行风险评估时，注册会计师了解内部控制的目的是设计适合具体情况的审计程序，而不是对内部控制的有效性发表意见。

无论在风险评估过程中，还是在审计工作的其他阶段，注册会计师都有可能识别出内部控制缺陷。本准则具体规定了注册会计师应当向治理层和管理层通报哪些识别出的内部控制缺陷。

第四条 本准则并不禁止注册会计师向治理层和管理层通报在审计过程中识别出的其他内部控制事项。

第二章 定 义

第五条 内部控制缺陷，是指在下列任一情况下内部控制存在的缺陷：

（一）某项控制的设计、执行或运行不能及时防止或发现并纠正财务报表错报；

（二）缺少用以及时防止或发现并纠正财务报表错报的必要控制。

第六条 值得关注的内部控制缺陷，是指注册会计师根据职业判断，认为足够重要从而值得治理层关注的内部控制的一个缺陷或多个缺陷的组合。

第三章 目 标

第七条 注册会计师的目标是，向治理层和管理层恰当通报注册会计师在审计过程中识别出的，根据职业判断认为足够重要从而值得治理层和管理层各自关注的内部控制缺陷。

第四章 要 求

第八条 注册会计师应当根据已执行的审计工作，确定是否识别出内部控制缺陷。

第九条 如果识别出内部控制缺陷，注册会计师应当根据已执行的审计工作，确定该缺陷单独或连同其他缺陷是否构成值得关注的内部控制缺陷。

第十条 注册会计师应当以书面形式及时向治理层通报审计过程中识别出的值得关注的内部控制缺陷。

第十一条 注册会计师还应当及时向相应级别的管理层通报下列内部控制缺陷：

（一）已向或拟向治理层通报的值得关注的内部控制缺陷，除非在具体情况下不适合直接向管理层通报；

（二）在审计过程中识别出的、其他方尚未向管理层通报而注册会计师根据职业判断认为足够重要从而值得管理层关注的内部控制其他缺陷。

本条第一款第（一）项所述事项应当采取书面方式通报。

第十二条 值得关注的内部控制缺陷的书面沟通文件应当包括以下内容：

（一）对缺陷的描述以及对其潜在影响的解释；

（二）使治理层和管理层能够了解沟通背景的充分的信息。

在向治理层和管理层提供信息时，注册会计师应当特别说明下列事项：

（一）注册会计师执行审计工作的目的是对财务报表发表审计意见；

（二）审计工作包括考虑与财务报表编制相关的内部控制，其目的是设计适合具体情况的审计程序，并非对内部控制的有效性发表意见（如果结合财务报表审计对内部控制的有效性发表意见，应当删除“并非对内部控制的有效性发表意见”的措辞）；

（三）报告的事项仅限于注册会计师在审计过程中识别出的、认为足够重要从而值得向治理层报告的缺陷。

第五章 附 则

第十三条 本准则自 2012 年 1 月 1 日起施行。

10. 中国注册会计师审计准则第 1153 号——前任注册会计师和后任注册会计师的沟通

第一章 总 则

第一条 为了规范前任注册会计师和后任注册会计师在财务报表审计中的沟通责任，制定本准则。

第二条 前任注册会计师和后任注册会计师的沟通通常由后任注册会计师主动发起，但需征得被审计单位的同意。

第三条 前任注册会计师和后任注册会计师的沟通可以采用书面或口头的方式。

第二章 定 义

第四条 前任注册会计师，是指已对被审计单位上期财务报表进行审计，但被现任注册会计师接替的其他会计师事务所的注册会计师。接受委托但未完成审计工作，已经或可能与委托人解除业务约定的注册会计师，也视为前任注册会计师。

第五条 后任注册会计师，是指正在考虑接受委托或已经接受委托，接替前任注册会计师对被审计单位本期财务报表进行审计的注册会计师。

如果被审计单位委托注册会计师对已审计财务报表进行重新审计，正在考虑接受委托或已经接受委托的注册会计师也视为后任注册会计师。

第三章 目 标

第六条 注册会计师的目标是：

（一）在接受委托前，后任注册会计师与前任注册会计师就影响业务承接决策的事项进行必要沟通，以确定是否接受委托；

（二）在接受委托后，后任注册会计师在必要时与前任注册会计师就对审计有重大影响的事项进行沟通，以获取必要的审计证据；

（三）前任注册会计师在征得被审计单位书面同意后，对后任注册会计师提出的沟通要求予以必要的配合。

第四章 要 求

第一节 接受委托前的沟通

第七条 在接受委托前，后任注册会计师应当与前任注册会计师进行必要沟通，并对沟通结果进行评价，以确定是否接受委托。

第八条 后任注册会计师应当提请被审计单位以书面方式同意前任注册会计师对其询问作出充分答复。如果被审计单位不同意前任注册会计师作出答复，或限制答复的范围，后任注册会计师应当向被审计单位询问原因，并考虑是否接受委托。

第九条 后任注册会计师向前任注册会计师询问的内容应当合理、具体，至少包括：

（一）是否发现被审计单位管理层存在正直和诚信方面的问题；

（二）前任注册会计师与管理层在重大会计、审计等问题上存在的意见分歧；

（三）前任注册会计师向被审计单位治理层通报的管理层舞弊、违反法律法规行为以及值得关注的内部控制缺陷；

（四）前任注册会计师认为导致被审计单位变更会计师事务所的原因。

第十条 在征得被审计单位书面同意后，前任注册会计师应当根据所了解的事实，对后任注册会计师的合理询问及时作出充分答复。

如果受到被审计单位的限制或存在法律诉讼的顾虑，决定不向后任注册会计师作出充分答复，前任注册会计师应当向后任注册会计师表明其答复是有限的，并说明原因。

如果得到的答复是有限的，或未得到答复，后任注册会计师应当考虑是否接受委托。

第二节　接受委托后的沟通

第十一条　接受委托后，如果需要查阅前任注册会计师的工作底稿，后任注册会计师应当征得被审计单位同意，并与前任注册会计师进行沟通。

第十二条　在征得被审计单位同意后，前任注册会计师应当根据情况确定是否允许后任注册会计师查阅相关审计工作底稿以及查阅的内容。

第十三条　在允许查阅工作底稿之前，前任注册会计师应当向后任注册会计师获取确认函，就审计工作底稿的使用目的、范围和责任等与后任注册会计师达成一致意见。

第十四条　查阅前任注册会计师工作底稿获取的信息可能影响后任注册会计师实施审计程序的性质、时间安排和范围，但后任注册会计师应当对自身实施的审计程序和得出的审计结论负责。

后任注册会计师不应在审计报告中表明，其审计意见全部或部分地依赖前任注册会计师的审计报告或工作。

第三节　发现前任注册会计师审计的财务报表可能存在重大错报时的处理

第十五条　如果发现前任注册会计师审计的财务报表可能存在重大错报，后任注册会计师应当提请被审计单位告知前任注册会计师。必要时，后任注册会计师应当要求被审计单位安排三方会谈，以便采取措施进行妥善处理。

第十六条　如果被审计单位拒绝告知前任注册会计师，或前任注册会计师拒绝参加三方会谈，或后任注册会计师对解决问题的方案不满意，后任注册会计师应当考虑对审计意见的影响或解除业务约定。

第四节　保密义务

第十七条　前任注册会计师和后任注册会计师应当对沟通过程中获知的信息保密。即使未接受委托，后任注册会计师仍应履行保密义务。

第五节　审计工作底稿

第十八条　后任注册会计师应当将沟通的情况记录于审计工作底稿。

第五章　附　　则

第十九条　本准则自 2012 年 1 月 1 日起施行。

11. 中国注册会计师审计准则第 1201 号——计划审计工作

第一章　总　　则

第一条　为了规范注册会计师计划财务报表审计工作，制定本准则。

第二条　本准则基于连续审计业务作出规定，同时也对首次审计业务作出补充规定。

第三条　计划审计工作包括针对审计业务制定总体审计策略和具体审计计划。

计划审计工作有利于注册会计师执行财务报表审计工作，具体包括：

（一）有助于注册会计师适当关注重要的审计领域；

（二）有助于注册会计师及时发现和解决潜在的问题；

（三）有助于注册会计师恰当地组织和管理审计业务，以有效的方式执行审计业务；

（四）有助于选择具备必要的专业素质和胜任能力的项目组成员应对预期的风险，并有助于向项目组成员分派适当的工作；

（五）有助于指导和监督项目组成员并复核其工作；

（六）在适用的情况下，有助于协调组成部分注册会计师和专家的工作。

第二章 目 标

第四条 注册会计师的目标是，计划审计工作，以使审计工作以有效的方式得到执行。

第三章 要 求

第一节 项目组关键成员的参与

第五条 项目合伙人和项目组其他关键成员应当参与计划审计工作，包括参与项目组成员的讨论。

第二节 初步业务活动

第六条 注册会计师应当在本期审计业务开始时开展下列初步业务活动：

（一）按照《中国注册会计师审计准则第 1121 号——对财务报表审计实施的质量控制》的规定，针对保持客户关系和具体审计业务，实施相应的质量控制程序；

（二）按照《中国注册会计师审计准则第 1121 号——对财务报表审计实施的质量控制》的规定，评价遵守相关职业道德要求（包括评价遵守独立性要求）的情况；

（三）按照《中国注册会计师审计准则第 1111 号——就审计业务约定条款达成一致意见》的规定，就审计业务约定条款与被审计单位达成一致意见。

第三节 计划活动

第七条 注册会计师应当制定总体审计策略，以确定审计工作的范围、时间安排和方向，并指导具体审计计划的制定。

第八条 在制定总体审计策略时，注册会计师应当：

（一）确定审计业务的特征，以界定审计范围；

（二）明确审计业务的报告目标，以计划审计的时间安排和所需沟通的性质；

（三）根据职业判断，考虑用以指导项目组工作方向的重要因素；

（四）考虑初步业务活动的结果，并考虑项目合伙人对被审计单位执行其他业务时获得的经验是否与审计业务相关（如适用）；

（五）确定执行业务所需资源的性质、时间安排和范围。

第九条 注册会计师应当制定具体审计计划。

具体审计计划应当包括下列内容：

（一）按照《中国注册会计师审计准则第 1211 号——通过了解被审计单位及其环境识别和评估重大错报风险》的规定，计划实施的风险评估程序的性质、时间安排和范围；

（二）按照《中国注册会计师审计准则第 1231 号——针对评估的重大错报风险采取的应对措施》的规定，在认定层次计划实施的进一步审计程序的性质、时间安排和范围；

（三）根据审计准则的规定，计划应当实施的其他审计程序。

第十条 在审计过程中，注册会计师应当在必要时对总体审计策略和具体审计计划作出更新和修改。

第十一条 注册会计师应当制定计划，确定对项目组成员的指导、监督以及对其工作进行复核的性质、时间安排和范围。

第四节 审计工作底稿

第十二条 注册会计师应当就下列事项形成审计工作底稿：

（一）总体审计策略；

（二）具体审计计划；

（三）在审计过程中对总体审计策略或具体审计计划作出的任何重大修改及其理由。

第五节　首次审计业务的补充考虑

第十三条　在首次审计业务开始前，注册会计师应当开展下列活动：

（一）按照《中国注册会计师审计准则第 1121 号——对财务报表审计实施的质量控制》的规定，针对接受客户关系和具体审计业务，实施相应的质量控制程序；

（二）如果被审计单位变更了会计师事务所，按照相关审计准则和职业道德要求的规定，与前任注册会计师进行沟通。

第四章　附　　则

第十四条　本准则自 2012 年 1 月 1 日起施行。

12. 中国注册会计师审计准则第 1211 号——通过了解被审计单位及其环境识别和评估重大错报风险

第一章　总　　则

第一条　为了规范注册会计师通过了解被审计单位及其环境，识别和评估财务报表重大错报风险，制定本准则。

第二章　定　　义

第二条　本准则所称内部控制，与适用的法律法规有关内部控制的概念一致。

控制，是指内部控制一个或多个要素，或要素表现出的各个方面。

第三条　认定，是指管理层在财务报表中作出的明确或隐含的表达，注册会计师将其用于考虑可能发生的不同类型的潜在错报。

第四条　风险评估程序，是指注册会计师为了解被审计单位及其环境，以识别和评估财务报表层次和认定层次的重大错报风险（无论错报由于舞弊或错误导致）而实施的审计程序。

第五条　经营风险，是指可能对被审计单位实现目标和实施战略的能力产生不利影响的重要状况、事项、情况、作为（或不作为）而导致的风险，或由于制定不恰当的目标和战略而导致的风险。

第六条　特别风险，是指注册会计师识别和评估的、根据判断认为需要特别考虑的重大错报风险。

第三章　目　　标

第七条　注册会计师的目标是，通过了解被审计单位及其环境，识别和评估财务报表层次和认定层次的重大错报风险（无论该错报由于舞弊或错误导致），从而为设计和实施针对评估的重大错报风险采取的应对措施提供基础。

第四章　要　　求

第一节　风险评估程序和相关活动

第八条　注册会计师应当实施风险评估程序，为识别和评估财务报表层次和认定层次的重大错报风险提供基础。但是，风险评估程序本身并不能为形成审计意见提供充分、适当的审计证据。

第九条　风险评估程序应当包括：

（一）询问管理层以及被审计单位内部其他人员；

（二）分析程序；

（三）观察和检查。

需要询问的被审计单位内部其他人员，是注册会计师根据判断认为可能拥有某些信息的人员，这些信息有助于识别由于舞弊或错误导致的重大错报风险。

第十条　注册会计师应当考虑在客户接受或保持过程中获取的信息是否与识别重大错报风险相关。

第十一条　如果项目合伙人已为被审计单位执行了其他业务，项目合伙人应当考虑所获取的信息是否与识别重大错报风险相关。

第十二条　如果拟利用以往与被审计单位交往的经验和以前审计中实施审计程序获取的信息，注册会计师应当确定被审计单位及其环境自以前审计后是否已发生变化，进而可能影响这些信息对本期审计的相关性。

第十三条　项目合伙人和项目组其他关键成员应当讨论被审计单位财务报表存在重大错报的可能性，以及如何根据被审计单位的具体情况运用使用的财务报告编制基础。项目合伙人应当确定向未参与讨论的项目组成员通报哪些事项。

第二节　了解被审计单位及其环境

第十四条　注册会计师应当从下列方面了解被审计单位及其环境：

（一）相关行业状况、法律环境和监管环境及其他外部因素，包括适用的财务报告编制基础；

（二）被审计单位的性质，包括经营活动、所有权和治理结构、正在实施和计划实施的投资（包括对特殊目的实体的投资）的类型、组织结构和筹资方式。了解被审计单位的性质，可以使注册会计师了解预期在财务报表中反映的各类交易、账户余额和披露；

（三）被审计单位对会计政策的选择和运用，包括变更会计政策的原因。注册会计师应当根据被审计单位的经营活动，评价会计政策是否适当，并与适用的财务报告编制基础、相关行业使用的会计政策保持一致；

（四）被审计单位的目标、战略以及可能导致重大错报风险的相关经营风险；

（五）对被审计单位财务业绩的衡量和评价；

（六）被审计单位的内部控制。

注册会计师应当根据本章第三节的规定了解内部控制。

第三节　了解内部控制

第十五条　注册会计师应当了解与审计相关的内部控制。虽然大部分与审计相关的控制可能与财务报告相关，但并非所有与财务报告相关的控制都与审计相关。确定一项控制单独或连同其他控制是否与审计相关，需要注册会计师作出职业判断。

第十六条　在了解与审计相关的控制时，注册会计师应当综合运用询问被审计单位内部人员和其他程序，以评价这些控制的设计，并确定其是否得到执行。

第十七条　注册会计师应当了解控制环境。作为了解控制环境的一部分，注册会计师应当评价：

（一）管理层在治理层的监督下，是否营造并保持了诚实守信和合乎道德的文化；

（二）控制环境总体上的优势是否为内部控制的其他要素奠定了适当的基础，以及这些其他要素是否未被控制环境中存在的缺陷所削弱。

第十八条　注册会计师应当了解被审计单位是否已建立风险评估过程，包括：

（一）识别与财务报告目标相关的经营风险；

（二）估计风险的重要性；

（三）评估风险发生的可能性；

（四）决定应对这些风险的措施。

第十九条　如果被审计单位已建立风险评估过程，注册会计师应当了解风险评估过程及其结果。

如果识别出管理层未能识别出的重大错报风险，注册会计师应当评价是否存在这类风险，即注册会计师预期被审计单位风险评估过程应当识别出而未识别出的风险。如果存在这类风险，注册会计师应当了解风险评估过程未能识别出的原因，并评价风险评估过程是否适合具体情况，或者确定与风险评估过程相关的内部控制是否存在值得关注的内部控制缺陷。

第二十条 如果被审计单位未建立风险评估过程，或具有非正式的风险评估过程，注册会计师应当与管理层讨论是否识别出与财务报告目标相关的经营风险以及如何应对这些风险。注册会计师应当评价缺少记录的风险评估过程是否适合具体情况，或确定是否表明存在值得关注的内部控制缺陷。

第二十一条 注册会计师应当从下列方面了解与财务报告相关的信息系统（包括相关业务流程）：

（一）在被审计单位经营过程中，对财务报表具有重大影响的各类交易；

（二）在信息技术和人工系统中，被审计单位的交易生成、记录、处理、必要的更正、结转至总账以及在财务报表中报告的程序；

（三）用以生成、记录、处理和报告（包括纠正不正确的信息以及信息如何结转至总账）交易的会计记录、支持性信息和财务报表中的特定账户；

（四）被审计单位的信息系统如何获取除交易以外的对财务报表重大的事项和情况；

（五）用于编制被审计单位财务报表（包括作出的重大会计估计和披露）的财务报告过程；

（六）与会计分录相关的控制，这些分录包括用以记录非经常性的、异常的交易或调整的非标准会计分录。

第二十二条 注册会计师应当了解被审计单位如何沟通与财务报告相关的人员的角色和职责以及与财务报告相关的重大事项。这种沟通包括：

（一）管理层与治理层之间的沟通；

（二）外部沟通，如与监管机构的沟通。

第二十三条 注册会计师应当了解与审计相关的控制活动。与审计相关的控制活动，是注册会计师为评估认定层次重大错报风险并设计进一步审计程序应对评估的风险而认为有必要了解的控制活动。审计并不要求了解与财务报表中每类重大交易、账户余额和披露或与其每项认定相关的所有控制活动。

第二十四条 在了解被审计单位控制活动时，注册会计师应当了解被审计单位如何应对信息技术导致的风险。

第二十五条 注册会计师应当了解被审计单位用于监督与财务报告相关的内部控制的主要活动，包括了解针对与审计相关的控制活动的监督，以及被审计单位如何对控制缺陷采取补救措施。

第二十六条 如果被审计单位设有内部审计，注册会计师应当了解下列事项，以确定内部审计是否可能与审计相关：

（一）内部审计的职能范围以及内部审计在被审计单位组织结构中的地位和作用；

（二）内部审计已实施或拟实施的活动。

第二十七条 注册会计师应当了解被审计单位监督活动所使用信息的来源，以及管理层认为信息对于实现目的足够可靠的依据。

第四节 识别和评估重大错报风险

第二十八条 注册会计师应当在下列两个层次识别和评估重大错报风险，为设计和实施进一步审计程序提供基础：

（一）财务报表层次；

（二）各类交易、账户余额和披露的认定层次。

第二十九条 在识别和评估重大错报风险时，注册会计师应当实施下列审计程序：

（一）在了解被审计单位及其环境（包括与风险相关的控制）的整个过程中，结合对财务报表中各类交易、账户余额和披露的考虑，识别风险；

（二）评估识别出的风险，并评价其是否更广泛地与财务报表整体相关，进而潜在地影响多项认定；

（三）结合对拟测试的相关控制的考虑，将识别出的风险与认定层次可能发生错报的领域相联系；

（四）考虑发生错报的可能性（包括发生多项错报的可能性），以及潜在错报的重大程度是否足以导致重大错报。

第三十条　作为本准则第二十八条所述的风险评估的一部分，注册会计师应当根据职业判断，确定识别出的风险是否为特别风险。在进行判断时，注册会计师不应考虑识别出的控制对相关风险的抵消效果。

第三十一条　在判断哪些风险是特别风险时，注册会计师应当至少考虑下列方面：

（一）风险是否属于舞弊风险；

（二）风险是否与近期经济环境、会计处理方法或其他方面的重大变化相关，因而需要特别关注；

（三）交易的复杂程度；

（四）风险是否涉及重大的关联方交易；

（五）财务信息计量的主观程度，特别是计量结果是否具有高度不确定性；

（六）风险是否涉及异常或超出正常经营过程的重大交易。

第三十二条　如果认为存在特别风险，注册会计师应当了解被审计单位与该风险相关的控制（包括控制活动）。

第三十三条　对于某些风险，注册会计师可能认为仅从实质性程序中获取充分、适当的审计证据是不可能或不可行的。这些风险可能与对日常和重大类别的交易或账户余额作出的不准确或不完整的记录相关，对这些交易或账户余额通常可以采用高度自动化处理，不存在或存在很少人工干预。在这种情况下，被审计单位针对这类风险建立的控制与审计相关，注册会计师应当了解这些控制。

第三十四条　注册会计师对认定层次重大错报风险的评估，可能随着审计过程中不断获取审计证据而作出相应的变化。

如果实施进一步审计程序获取的审计证据，或获取的新信息，与注册会计师之前作出评估所依据的审计证据不一致，注册会计师应当修正风险评估结果，并相应修改原计划实施的进一步审计程序。

第五节　审计工作底稿

第三十五条　注册会计师应当就下列事项形成审计工作底稿：

（一）根据本准则第十三条的规定，项目组进行的讨论以及得出的重要结论；

（二）根据本准则第十四条的规定，对被审计单位及其环境各个方面的了解要点、根据本准则第十七条至第二十七条的规定对内部控制各项要素的了解要点，获取上述了解的信息来源，以及实施的风险评估程序；

（三）根据本准则第二十八条的规定，在财务报表层次和认定层次识别和评估的重大错报风险；

（四）根据本准则第三十条至第三十三条的规定，识别出的风险和了解的相关控制。

第五章　附　　则

第三十六条　本准则自 2012 年 1 月 1 日起施行。

13. 中国注册会计师审计准则第 1221 号——计划和执行审计工作时的重要性

第一章　总　　则

第一条　为了规范注册会计师在计划和执行财务报表审计工作时运用重要性概念，制定本准则。

第二条　《中国注册会计师审计准则第 1251 号——评价审计过程中识别出的错报》规范注册会计师在评价识别出的错报对审计的影响以及未更正错报对财务报表的影响时，如何运用重要性概念。

第三条　财务报告编制基础通常从编制和列报财务报表的角度阐释重要性概念。财务报告编制基础可能以不同的术语解释重要性，但通常而言，重要性概念可从下列方面进行理解：

（一）如果合理预期错报（包括漏报）单独或汇总起来可能影响财务报表使用者依据财务报表作出的经

济决策，则通常认为错报是重大的；

（二）对重要性的判断是根据具体环境作出的，并受错报的金额或性质的影响，或受两者共同作用的影响；

（三）判断某事项对财务报表使用者是否重大，是在考虑财务报表使用者整体共同的财务信息需求的基础上作出的。由于不同财务报表使用者对财务信息的需求可能差异很大，因此不考虑错报对个别财务报表使用者可能产生的影响。

第四条 适用的财务报告编制基础对重要性概念的规定，为注册会计师在审计工作中确定重要性提供了参考依据。如果适用的财务报告编制基础未对重要性概念作出规定，本准则第三条为注册会计师确定重要性提供了参考依据。

第五条 注册会计师对重要性的确定属于职业判断，受注册会计师对财务报表使用者对财务信息需求的认识的影响。就审计而言，注册会计师针对财务报表使用者作出下列假定是合理的：

（一）拥有经营、经济活动和会计方面的适当知识，并有意愿认真研究财务报表中的信息；

（二）理解财务报表是在运用重要性水平基础上编制、列报和审计的；

（三）认可建立在对估计和判断的应用以及对未来事项的考虑的基础上的会计计量具有固有的不确定性；

（四）依据财务报表中的信息作出合理的经济决策。

第六条 在计划和执行审计工作，评价识别出的错报对审计的影响，以及未更正错报对财务报表和审计意见的影响时，注册会计师需要运用重要性概念。

第七条 在计划审计工作时，注册会计师需要对认为重大的错报金额作出判断。

作出的判断为下列方面提供了基础：

（一）确定风险评估程序的性质、时间安排和范围；

（二）识别和评估重大错报风险；

（三）确定进一步审计程序的性质、时间安排和范围。

在计划审计工作时确定的重要性（即确定的某一金额），并不必然表明单独或汇总起来低于该金额的未更正错报一定被评价为不重大。即使某些错报低于重要性，与这些错报相关的具体情形可能使注册会计师将其评价为重大。

尽管设计审计程序以发现仅因其性质而可能被评价为重大的错报并不可行，但是注册会计师在评价未更正错报对财务报表的影响时，不仅要考虑错报金额的大小，还要考虑错报的性质以及错报发生的特定环境。

第二章 定　义

第八条 实际执行的重要性，是指注册会计师确定的低于财务报表整体的重要性的一个或多个金额，旨在将未更正和未发现错报的汇总数超过财务报表整体的重要性的可能性降至适当的低水平。如果适用，实际执行的重要性还指注册会计师确定的低于特定类别的交易、账户余额或披露的重要性水平的一个或多个金额。

第三章 目　标

第九条 注册会计师的目标是，在计划和执行审计工作时恰当地运用重要性概念。

第四章 要　求

第一节 计划审计工作时确定重要性和实际执行的重要性

第十条 在制定总体审计策略时，注册会计师应当确定财务报表整体的重要性。根据被审计单位的特定情况，如果存在一个或多个特定类别的交易、账户余额或披露，其发生的错报金额虽然低于财务报表整体的重要性，但合理预期可能影响财务报表使用者依据财务报表作出的经济决策，注册会计师还应当确定适用于这些交易、账户余额或披露的一个或多个重要性水平。

第十一条　注册会计师应当确定实际执行的重要性，以评估重大错报风险并确定进一步审计程序的性质、时间安排和范围。

第二节　审计过程中修改重要性

第十二条　如果在审计过程中获知了某项信息，而该信息可能导致注册会计师确定与原来不同的财务报表整体的重要性或者特定类别的交易、账户余额或披露的一个或多个重要性水平（如适用），注册会计师应当予以修改。

第十三条　如果认为运用低于最初确定的财务报表整体的重要性和特定类别的交易、账户余额或披露的一个或多个重要性水平（如适用）是适当的，注册会计师应当确定是否有必要修改实际执行的重要性，并确定进一步审计程序的性质、时间安排和范围是否仍然适当。

第三节　审计工作底稿

第十四条　注册会计师应当在审计工作底稿中记录下列金额以及在确定这些金额时考虑的因素：

（一）财务报表整体的重要性；

（二）特定类别的交易、账户余额或披露的一个或多个重要性水平（如适用）；

（三）实际执行的重要性；

（四）随着审计过程的推进，对本条第（一）项至第（三）项内容作出的任何修改。

第五章　附　　则

第十五条　本准则自 2012 年 1 月 1 日起施行。

14. 中国注册会计师审计准则第 1231 号——针对评估的重大错报风险采取的应对措施

第一章　总　　则

第一条　为了规范注册会计师针对评估的重大错报风险设计和实施应对措施，制定本准则。

第二章　定　　义

第二条　实质性程序，是指用于发现认定层次重大错报的审计程序。实质性程序包括下列两类程序：

（一）对各类交易、账户余额和披露的细节测试；

（二）实质性分析程序。

第三条　控制测试，是指用于评价内部控制在防止或发现并纠正认定层次重大错报方面的运行有效性的审计程序。

第三章　目　　标

第四条　注册会计师的目标是，针对评估的重大错报风险，通过设计和实施恰当的应对措施，获取充分、适当的审计证据。

第四章　要　　求

第一节　总体应对措施

第五条　注册会计师应当针对评估的财务报表层次重大错报风险，设计和实施总体应对措施。

第二节　进一步审计程序

第六条　注册会计师应当针对评估的认定层次重大错报风险，设计和实施进一步审计程序，包括审计程序的性质、时间安排和范围。

第七条　在设计拟实施的进一步审计程序时，注册会计师应当：

（一）考虑形成某类交易、账户余额和披露的认定层次重大错报风险评估结果的依据；

（二）评估的风险越高，需要获取越有说服力的审计证据。

形成某类交易、账户余额和披露的认定层次重大错报风险评估结果的依据包括：

（一）因相关交易类别、账户余额或披露的具体特征而导致重大错报的可能性（即固有风险）；

（二）风险评估是否考虑了相关控制（即控制风险），从而要求注册会计师获取审计证据以确定控制是否有效运行（即注册会计师在确定实质性程序的性质、时间安排和范围时，拟信赖控制运行的有效性）。

第三节　控制测试

第八条　当存在下列情形之一时，注册会计师应当设计和实施控制测试，针对相关控制运行的有效性，获取充分、适当的审计证据：

（一）在评估认定层次重大错报风险时，预期控制的运行是有效的（即在确定实质性程序的性质、时间安排和范围时，注册会计师拟信赖控制运行的有效性）；

（二）仅实施实质性程序并不能够提供认定层次充分、适当的审计证据。

第九条　在设计和实施控制测试时，对控制有效性的信赖程度越高，注册会计师应当获取越有说服力的审计证据。

第十条　在设计和实施控制测试时，注册会计师应当：

（一）将询问与其他审计程序结合使用，以获取有关控制运行有效性的审计证据；

（二）确定拟测试的控制是否依赖其他控制（间接控制）。如果依赖其他控制，确定是否有必要获取支持这些间接控制有效运行的审计证据。

注册会计师获取的有关控制运行有效性的证据应当包括：

（一）控制在所审计期间的相关时点是如何运行的；

（二）控制是否得到一贯执行；

（三）控制由谁或以何种方式执行。

第十一条　注册会计师应当按照本准则第十二条和第十五条的规定，测试其拟信赖的特定时点或整个期间的控制，为预期信赖程度提供恰当的依据。

第十二条　如果已获取有关控制在期中运行有效性的审计证据；注册会计师应当：

（一）获取这些控制在剩余期间发生重大变化的审计证据；

（二）确定针对剩余期间还需获取的补充审计证据。

第十三条　在确定利用以前审计获取的有关控制运行有效性的审计证据是否适当，以及再次测试控制的时间间隔时，注册会计师应当考虑下列因素：

（一）内部控制其他要素的有效性，包括控制环境、被审计单位对控制的监督以及被审计单位的风险评估过程；

（二）控制特征（人工控制还是自动化控制）产生的风险；

（三）信息技术一般控制的有效性；

（四）控制设计及其运行的有效性，包括在以前审计中发现的控制运行偏差的性质和程度，以及是否发生对控制运行产生重大影响的人员变动；

（五）是否存在由于环境发生变化而特定控制缺乏相应变化导致的风险；

（六）重大错报风险和对控制的信赖程度。

第十四条　如果拟利用以前审计获取的有关控制运行有效性的审计证据，注册会计师应当通过获取这些控制在以前审计后是否发生重大变化的审计证据，确定以前审计获取的审计证据是否与本期审计持续相关。

注册会计师应当通过实施询问并结合观察或检查程序，获取这些控制是否发生重大变化的审计证据，以确认对这些控制的了解，并根据下列情况作出不同处理：

（一）如果已发生变化，且这些变化对以前审计获取的审计证据的持续相关性产生影响，注册会计师应当在本期审计中测试这些控制运行的有效性；

（二）如果未发生这些变化，注册会计师应当每三年至少对控制测试一次，并且在每年审计中测试部分控制，以避免将所有拟信赖控制的测试集中于某一年，而在之后的两年中不进行任何测试。

第十五条　如果确定评估的认定层次重大错报风险是特别风险，并拟信赖针对该风险实施的控制，注册会计师应当在本期审计中测试这些控制运行的有效性。

第十六条　在评价相关控制运行的有效性时，注册会计师应当评价通过实施实质性程序发现的错报是否表明控制未得到有效运行。但通过实质性程序未发现错报，并不能证明与所测试认定相关的控制是有效的。

第十七条　如果发现拟信赖的控制出现偏差，注册会计师应当进行专门询问以了解这些偏差及其潜在后果，并确定：

（一）已实施的控制测试是否为信赖这些控制提供了适当的基础；

（二）是否有必要实施追加的控制测试；

（三）是否需要针对潜在的错报风险实施实质性程序。

第四节　实质性程序

第十八条　无论评估的重大错报风险结果如何，注册会计师都应当针对所有重大类别的交易、账户余额和披露，设计和实施实质性程序。

第十九条　注册会计师应当考虑是否将函证程序用作实质性程序。

第二十条　注册会计师实施的实质性程序应当包括下列与财务报表编制完成阶段相关的审计程序：

（一）将财务报表与其所依据的会计记录进行核对或调节；

（二）检查财务报表编制过程中作出的重大会计分录和其他调整。

第二十一条　如果认为评估的认定层次重大错报风险是特别风险，注册会计师应当专门针对该风险实施实质性程序。如果针对特别风险实施的程序仅为实质性程序，这些程序应当包括细节测试。

第二十二条　如果在期中实施了实质性程序，注册会计师应当针对剩余期间实施下列程序之一，以将期中测试得出的结论合理延伸至期末：

（一）结合对剩余期间实施的控制测试，实施实质性程序；

（二）如果认为对剩余期间拟实施的实质性程序是充分的，仅实施实质性程序。

第二十三条　如果期中检查出注册会计师在评估重大错报风险时未预期到的错报，注册会计师应当评价是否需要修改相关的风险评估结果以及针对剩余期间拟实施的实质性程序的性质、时间安排或范围。

第五节　列报与披露的恰当性

第二十四条　注册会计师应当实施审计程序，评价财务报表的总体列报与相关披露是否符合适用的财务报告编制基础的规定。

第六节　评价审计证据的充分性和适当性

第二十五条　在得出总体结论之前，注册会计师应当根据实施的审计程序和获取的审计证据，评价对认定层次重大错报风险的评估是否仍然适当。

第二十六条　注册会计师应当确定是否已获取充分、适当的审计证据。

在形成审计意见时，注册会计师应当考虑所有相关的审计证据，无论该证据与财务报表认定相互印证还是相互矛盾。

第二十七条　如果对重大的财务报表认定没有获取充分、适当的审计证据，注册会计师应当尽可能获取进一步的审计证据。

如果仍然不能获取充分、适当的审计证据，注册会计师应当对财务报表发表保留意见或无法表示意见。

第七节 审计工作底稿

第二十八条 注册会计师应当就下列事项形成审计工作底稿：

(一)针对评估的财务报表层次重大错报风险采取的总体应对措施，以及实施的进一步审计程序的性质、时间安排和范围；

(二)实施的进一步审计程序与评估的认定层次风险之间的联系；

(三)实施进一步审计程序的结果，包括在结果不明显时得出的结论。

第二十九条 如果拟利用在以前审计中获取的有关控制运行有效性的审计证据，注册会计师应当记录信赖这些控制的理由和结论。

第三十条 注册会计师的审计工作底稿应当能够证明财务报表与其所依据的会计记录是一致的或调节相符的。

第五章 附 则

第三十一条 本准则自2012年1月1日起施行。

15. 中国注册会计师审计准则第1241号——对被审计单位使用服务机构的考虑

第一章 总 则

第一条 为了规范注册会计师在被审计单位使用服务机构的服务时获取充分、适当的审计证据的责任，制定本准则。

第二条 《中国注册会计师审计准则第1211号——通过了解被审计单位及其环境识别和评估重大错报风险》和《中国注册会计师审计准则第1231号——针对评估的重大错报风险采取的应对措施》涉及注册会计师了解被审计单位(包括与审计相关的内部控制)，以足够识别和评估重大错报风险，并针对这些风险设计和实施进一步审计程序，本准则是对注册会计师如何应用这些准则的进一步扩展。

第三条 许多被审计单位将其部分业务外包给服务机构，这些服务机构提供的服务范围很广，从按照被审计单位的指令执行特定任务，到整体替代被审计单位部分业务单元或职能。服务机构提供的很多服务构成被审计单位业务经营不可或缺的一部分，但并非所有这些服务都与审计相关。

第四条 如果服务机构提供的服务和对服务的控制，构成被审计单位与财务报告相关的信息系统(包括相关业务流程)的一部分，则服务机构提供的服务与被审计单位财务报表审计相关。服务机构的多数控制可能与财务报告相关，也可能有其他控制(如与资产保护相关的控制)与审计相关。如果服务机构提供的服务影响到下列任何一项，则该服务被视为构成被审计单位与财务报告相关的信息系统(包括相关业务流程)的一部分：

(一)在被审计单位的经营过程中，对财务报表重大的各类交易；

(二)在信息技术和人工系统中，对被审计单位的交易生成、记录、处理、必要的更正、结转至总账以及在财务报表中报告的程序；

(三)用以生成、记录、处理和报告(包括纠正不正确的信息以及信息如何结转至总账)被审计单位交易的会计记录(电子或人工形式)、支持性信息和财务报表中的特定账户；

(四)被审计单位的信息系统如何获取除交易以外的对财务报表重大的事项和情况；

(五)用于编制被审计单位财务报表(包括作出的重大会计估计和披露)的财务报告过程；

(六)与会计分录相关的控制，这些分录包括用以记录非经常性的、异常的交易或调整的非标准会计分录。

第五条 对于服务机构提供的服务，注册会计师拟执行工作的性质和范围，取决于服务的性质、服务对被审计单位的重要性以及与审计的相关性。

第六条 如果被审计单位在某一金融机构开设账户，该金融机构提供的服务仅限于按照被审计单位的特别授权在该账户下处理交易，(如银行对支票账户交易的处理或证券经纪机构对证券交易的处理)，则本准则不适用。

如果被审计单位拥有其他实体(如合伙企业、股份制企业和合资公司)的所有权经济利益，并且这些实体对所有权经济利益进行会计核算和向所有者报告，本准则不适用于对被审计单位因拥有这些实体所有权经济利益而产生的交易的审计。

第二章 定 义

第七条 服务机构，是指向被审计单位提供服务，并且其服务构成与被审计单位财务报告相关的信息系统组成部分的第三方机构(或第三方机构的分部)。

第八条 使用服务机构的被审计单位，在本准则中简称被审计单位，是指使用服务机构且正在接受财务报表审计的实体。

第九条 被审计单位注册会计师，在本准则中简称注册会计师，是指对被审计单位的财务报表进行审计并出具报告的注册会计师。

第十条 服务机构注册会计师，是指接受服务机构委托，对服务机构的控制出具鉴证报告的注册会计师。

第十一条 针对服务机构对控制的描述和设计出具的报告(本准则中称为第一类报告)，内容包括：

(一)由服务机构管理层对服务机构系统、控制目标以及在特定日期已得到设计和执行的相关控制作出的描述；

(二)服务机构注册会计师出具的报告(旨在向使用者提供合理保证)，包括针对服务机构对于系统、控制目标和相关控制的描述，以及控制的设计对于实现特定控制目标的适当性发表的意见。

第十二条 针对服务机构对控制的描述、设计和运行有效性出具的报告(本准则中称为第二类报告)，内容包括：

(一)由服务机构管理层作出的描述，涉及服务机构系统、控制目标和相关控制、在特定日期或特定期间控制的设计和执行，以及在某些情况下控制在特定期间运行的有效性；

(二)服务机构注册会计师出具的报告(旨在向使用者提供合理保证)，包括：针对服务机构对于系统、控制目标和相关控制的描述，控制的设计对于实现特定控制目标的适当性，以及控制运行的有效性发表的意见；针对控制测试及其结果作出的描述。

第十三条 服务机构的系统，是指为了向被审计单位提供服务机构注册会计师的报告所涵盖的服务而由服务机构设计、执行和维护的政策和程序。

第十四条 被审计单位的互补性控制，是指服务机构在设计服务时假定将由被审计单位实施的控制。如果对实现控制目标是必要的，则应当在服务机构系统描述中予以明确。

第十五条 分包服务机构，是指服务机构为向被审计单位提供服务而使用的另一个服务机构，其提供的服务是服务机构应提供服务的一部分，且构成被审计单位与财务报告相关的信息系统的组成部分。

第三章 目 标

第十六条 当被审计单位使用服务机构提供的服务时，注册会计师的目标是：

(一)了解服务机构提供的服务的性质和重要性，及其对与审计相关的被审计单位内部控制的影响，以足够识别和评估重大错报风险；

(二)针对识别和评估的重大错报风险，设计和实施审计程序。

第四章 要 求

第一节 了解服务机构提供的服务

第十七条 当按照《中国注册会计师审计准则第 1211 号——通过了解被审计单位及其环境识别和评

估重大错报风险》的规定了解被审计单位时，注册会计师应当了解被审计单位在经营中如何利用服务机构提供的服务，包括：

（一）服务机构提供的服务的性质，以及该服务对被审计单位的重要性，包括由此对被审计单位内部控制产生的影响；

（二）由服务机构处理的交易、受服务机构影响的账户或财务报告过程的性质和重要性；

（三）服务机构与被审计单位之间活动的相互影响程度；

（四）被审计单位与服务机构关系的性质，包括服务机构与被审计单位就提供服务订立的相关合同条款。

第十八条 当按照《中国注册会计师审计准则第 1211 号——通过了解被审计单位及其环境识别和评估重大错报风险》的规定了解与审计相关的内部控制时，注册会计师应当评价被审计单位的、与服务机构提供服务相关的控制的设计和执行情况，这些控制包括应用于服务机构所处理的交易的控制。

第十九条 注册会计师应当确定，是否已充分了解服务机构提供的服务的性质和重要性，及其对与审计相关的被审计单位内部控制的影响，以作为识别和评估重大错报风险的基础。

第二十条 如果不能从被审计单位获得充分的了解，注册会计师应当实施下列一项或多项程序：

（一）获取第一类报告或第二类报告；

（二）通过被审计单位联系服务机构，以获取特定信息；

（三）访问服务机构，并实施可以获取有关服务机构相关控制的必要信息的程序；

（四）利用其他注册会计师实施可以获取有关服务机构相关控制的必要信息的程序。

第二十一条 当确定第一类报告或第二类报告提供的审计证据的充分性和适当性时，注册会计师应当确信：

（一）服务机构注册会计师具有相应的专业胜任能力并独立于服务机构；

（二）服务机构注册会计师出具第一类报告或第二类报告所依据的标准是适当的。

第二十二条 如果拟利用第一类报告或第二类报告作为审计证据，以支持对服务机构内部控制设计和执行情况的了解，注册会计师应当：

（一）评价对服务机构控制的描述和设计所针对的时点或期间是否适用于注册会计师的审计目的；

（二）对了解与审计相关的被审计单位内部控制而言，评价报告提供的证据是否充分和适当；

（三）确定服务机构系统描述中明确的被审计单位的互补性控制是否与被审计单位相关；如果相关，了解被审计单位是否设计和执行了此类控制。

第二节 应对评估的重大错报风险

第二十三条 当按照《中国注册会计师审计准则第 1231 号——针对评估的重大错报风险采取的应对措施》的规定应对评估的重大错报风险时，注册会计师应当：

（一）确定是否能够从被审计单位保存的记录中获取有关财务报表认定的充分、适当的审计证据；

（二）如果不能获取充分、适当的审计证据，则实施进一步审计程序，或利用其他注册会计师代其对服务机构实施这些程序。

第二十四条 如果在评估重大错报风险时预期服务机构的控制的运行是有效的，注册会计师应当实施下列一项或多项程序，以获取有关这些控制运行有效性的审计证据：

（一）获取第二类报告（如可行）；

（二）对服务机构的控制实施适当测试；

（三）利用其他注册会计师代其对服务机构的控制实施测试。

第二十五条 如果根据本准则第二十四条第（一）项的规定拟利用第二类报告作为服务机构内部控制运行有效性的审计证据，注册会计师应当通过实施下列程序，确定服务机构注册会计师的报告是否能够提供有关内部控制运行有效性的充分、适当的审计证据，以支持对重大错报风险的评估：

（一）评价对服务机构控制的描述、设计和运行有效性所针对的时点或期间是否适用于注册会计师的审计目的；

（二）确定服务机构系统描述中明确的被审计单位的互补性控制是否与被审计单位相关；如果相关，了解被审计单位是否设计和执行了此类控制，如是，测试其运行有效性；

（三）评价控制测试的涵盖期间和自实施控制测试以来的时间间隔的适当性；

（四）评价服务机构注册会计师报告中所述的、由服务机构注册会计师实施的控制测试及其结果是否与被审计单位财务报表的认定相关并提供充分、适当的审计证据，以支持注册会计师的风险评估。

第二十六条 如果注册会计师拟利用的第一类报告或第二类报告不涵盖分包服务机构提供的服务，而这些服务与被审计单位财务报表审计相关，针对这些由分包服务机构提供的服务，注册会计师应当遵守本准则的规定。

第二十七条 注册会计师应当询问被审计单位管理层，确定服务机构是否曾经向被审计单位报告，或被审计单位是否以其他方式获知任何影响被审计单位财务报表的舞弊、违反法律法规行为或未更正错报。

注册会计师应当评价这些事项如何影响进一步审计程序的性质、时间安排和范围，并评价对得出的结论和审计报告的影响。

第三节 审计报告

第二十八条 针对服务机构提供的与被审计单位财务报表审计相关的服务，如果无法获取充分、适当的审计证据，注册会计师应当根据《中国注册会计师审计准则第 1502 号——在审计报告中发表非无保留意见》的规定，在审计报告中发表非无保留意见。

第二十九条 注册会计师不应在无保留意见的审计报告中提及服务机构注册会计师的相关工作，除非法律法规另有规定。如果法律法规要求提及，审计报告应当指出这种提及并不减轻注册会计师对审计意见承担的责任。

第三十条 如果提及服务机构注册会计师的工作与理解注册会计师出具的非无保留意见相关，审计报告应当指出，这种提及并不减轻注册会计师对审计意见承担的责任。

第五章 附 则

第三十一条 本准则自 2012 年 1 月 1 日起施行。

16. 中国注册会计师审计准则第 1251 号——评价审计过程中识别出的错报

第一章 总 则

第一条 为了规范注册会计师评价识别出的错报对审计的影响以及未更正错报对财务报表的影响，制定本准则。

第二条 《中国注册会计师审计准则第 1501 号——对财务报表形成审计意见和出具审计报告》规定了在对财务报表形成审计意见时，注册会计师应当针对财务报表整体是否不存在重大错报，确定是否已就此获取合理保证得出结论。

注册会计师按照《中国注册会计师审计准则第 1501 号——对财务报表形成审计意见和出具审计报告》的规定得出的结论，考虑了对未更正错报的评价及其对财务报表的影响。

《中国注册会计师审计准则第 1221 号——计划和执行审计工作时的重要性》规范了注册会计师在计划和执行财务报表审计工作时恰当运用重要性概念的责任。

第二章 定 义

第三条 错报，是指某一财务报表项目的金额、分类、列报或披露，与按照适用的财务报告编制基础应当列示的金额、分类、列报或披露之间存在的差异；或根据注册会计师的判断，为使财务报表在所有重大方面实现公允反映，需要对金额、分类、列报或披露作出的必要调整。错报可能是由于错误或舞弊导致的。

第四条 未更正错报，是指注册会计师在审计过程中累积的且被审计单位未更正的错报。

第三章 目 标

第五条 注册会计师的目标是：

（一）评价识别出的错报对审计的影响；

（二）评价未更正错报对财务报表的影响。

第四章 要 求

第一节 累积识别出的错报

第六条 注册会计师应当累积审计过程中识别出的错报，除非错报明显微小。

第二节 随着审计的推进考虑识别出的错报

第七条 如果出现下列情况之一，注册会计师应当确定是否需要修改总体审计策略和具体审计计划：

（一）识别出的错报的性质以及错报发生的环境表明可能存在其他错报，并且可能存在的其他错报与审计过程中累积的错报合计起来可能是重大的；

（二）审计过程中累积的错报合计数接近按照《中国注册会计师审计准则第 1221 号——计划和执行审计工作时的重要性》的规定确定的重要性。

第八条 如果管理层应注册会计师的要求，检查了某类交易、账户余额或披露并更正了已发现的错报，注册会计师应当实施追加的审计程序，以确定错报是否仍然存在。

第三节 沟通和更正错报

第九条 除非法律法规禁止，注册会计师应当及时将审计过程中累积的所有错报与适当层级的管理层进行沟通。注册会计师还应当要求管理层更正这些错报。

第十条 如果管理层拒绝更正沟通的部分或全部错报，注册会计师应当了解管理层不更正错报的理由，并在评价财务报表整体是否不存在重大错报时考虑该理由。

第四节 评价未更正错报的影响

第十一条 在评价未更正错报的影响之前，注册会计师应当重新评估按照《中国注册会计师审计准则第 1221 号——计划和执行审计工作时的重要性》的规定确定的重要性，以根据被审计单位的实际财务结果确认其是否仍然适当。

第十二条 注册会计师应当确定未更正错报单独或汇总起来是否重大。在确定时，注册会计师应当考虑：

（一）相对某类交易、账户余额或披露以及财务报表整体而言，错报的金额和性质以及错报发生的特定环境；

（二）与以前期间相关的未更正错报对相关类别的交易、账户余额或披露以及财务报表整体的影响。

第十三条 除非法律法规禁止，注册会计师应当与治理层沟通未更正错报，以及这些错报单独或汇总起来可能对审计意见产生的影响。

注册会计师在沟通时应当逐项指明重大的未更正错报。注册会计师应当要求被审计单位更正未更正错报。

第十四条 注册会计师应当与治理层沟通与以前期间相关的未更正错报对相关类别的交易、账户余额或披露以及财务报表整体的影响。

第五节 书面声明

第十五条 注册会计师应当要求管理层和治理层（如适用）提供书面声明，说明其是否认为未更正错报单独或汇总起来对财务报表整体的影响不重大。这些错报项目的概要应当包含在书面声明中或附在其后。

第六节 审计工作底稿

第十六条 注册会计师应当就下列事项形成审计工作底稿：

(一)设定的某一金额，低于该金额的错报视为明显微小；

(二)审计过程中累积的所有错报，以及是否已得到更正；

(三)注册会计师就未更正错报单独或汇总起来是否重大得出的结论，以及得出结论的基础。

第五章 附 则

第十七条 本准则自 2012 年 1 月 1 日起施行。

17. 中国注册会计师审计准则第 1301 号——审计证据

第一章 总 则

第一条 为了规范注册会计师在财务报表审计中确定审计证据的构成，明确注册会计师设计和实施审计程序以获取充分、适当的审计证据的责任，制定本准则。

第二条 本准则适用于注册会计师在审计过程中获取和评价所有审计证据。其他审计准则，对获取和评价审计证据提出了进一步要求。例如，《中国注册会计师审计准则第 1211 号——通过了解被审计单位及其环境识别和评估重大错报风险》等准则规范了审计的具体方面对审计证据的要求；《中国注册会计师审计准则第 1324 号——持续经营》等准则规范了针对特定问题需要获取的审计证据；《中国注册会计师审计准则第 1313 号——分析程序》等准则规范了获取审计证据需要实施的具体程序；《中国注册会计师审计准则第 1101 号——注册会计师的总体目标和审计工作的基本要求》和《中国注册会计师审计准则第 1231 号——针对评估的重大错报风险采取的应对措施》等准则规范了对已获取审计证据的充分性和适当性的评价。

第三条 审计证据的可靠性受其来源和性质的影响，并取决于获取审计证据的具体环境。判断审计证据可靠性的一般原则包括：

(一)从被审计单位外部独立来源获取的审计证据比从其他来源获取的审计证据更可靠；

(二)相关控制有效时内部生成的审计证据比控制薄弱时内部生成的审计证据更可靠；

(三)直接获取的审计证据比间接获取或推论得出的审计证据更可靠；

(四)以文件记录形式(包括纸质、电子或其他介质)存在的审计证据比口头形式的审计证据更可靠；

(五)从原件获取的审计证据比从复印、传真或通过拍摄、数字化或其他方式转化成电子形式的文件获取的审计证据更可靠。

通常情况下，注册会计师以函证方式直接从被询证者获取的审计证据，比被审计单位内部生成的审计证据更可靠。通过函证等方式从独立来源获取的相互印证的信息，可以提高注册会计师从会计记录或管理层书面声明中获取的审计证据的保证水平。

第二章 定 义

第四条 审计证据，是指注册会计师为了得出审计结论和形成审计意见而使用的信息。审计证据包括构成财务报表基础的会计记录所含有的信息和其他信息。

第五条 会计记录，是指对初始会计分录形成的记录和支持性记录。例如，支票、电子资金转账记录、发票和合同；总分类账、明细分类账、会计分录以及对财务报表予以调整但未在账簿中反映的其他分录；支持成本分配、计算、调节和披露的手工计算表和电子数据表。

第六条 审计证据的充分性，是对审计证据数量的衡量。注册会计师需要获取的审计证据的数量受其对重大错报风险评估的影响，并受审计证据质量的影响。

第七条 审计证据的适当性，是对审计证据质量的衡量，即审计证据在支持审计意见所依据的结论方面具有的相关性和可靠性。

第八条 管理层的专家，是指在会计、审计以外的某一领域具有专长的个人或组织，其工作被管理层利用以协助编制财务报表。

第三章 目　标

第九条 注册会计师的目标是，通过恰当的方式设计和实施审计程序，获取充分、适当的审计证据，以得出合理的结论，作为形成审计意见的基础。

第四章 要　求

第一节 充分、适当的审计证据

第十条 注册会计师应当根据具体情况设计和实施恰当的审计程序，以获取充分、适当的审计证据。

第二节 用作审计证据的信息

第十一条 在设计和实施审计程序时，注册会计师应当考虑用作审计证据的信息的相关性和可靠性。

第十二条 如果用作审计证据的信息在编制时利用了管理层的专家的工作，注册会计师应当考虑管理层的专家的工作对实现注册会计师目的的重要性，并在必要的范围内实施下列程序：

(一)评价管理层的专家的胜任能力、专业素质和客观性；

(二)了解管理层的专家的工作；

(三)评价将管理层的专家的工作用作相关认定的审计证据的适当性。

第十三条 在使用被审计单位生成的信息时，注册会计师应当评价该信息对实现注册会计师的目的是否足够可靠，包括根据具体情况在必要时实施下列程序：

(一)获取有关信息准确性和完整性的审计证据；

(二)评价信息对实现审计目的是否足够准确和详细。

第三节 选取测试项目以获取审计证据

第十四条 在设计控制测试和细节测试时，注册会计师应当确定选取测试项目的方法以有效实现审计程序的目的。

第四节 审计证据之间存在不一致或对审计证据可靠性存有疑虑

第十五条 如果存在下列情形之一，注册会计师应当确定需要修改或追加哪些审计程序予以解决，并考虑存在的情形对审计其他方面的影响：

(一)从某一来源获取的审计证据与从另一来源获取的不一致；

(二)注册会计师对用作审计证据的信息的可靠性存有疑虑。

第五章 附　则

第十六条 本准则自 2012 年 1 月 1 日起施行。

18. 中国注册会计师审计准则第1311号——对存货、诉讼和索赔、分部信息等特定项目获取审计证据的具体考虑

第一章 总 则

第一条 为了规范注册会计师在财务报表审计中对存货、诉讼和索赔、分部信息等特定项目的某些方面获取充分、适当的审计证据的具体考虑，制定本准则。

第二条 本准则适用于注册会计师按照《中国注册会计师审计准则第1231号——针对评估的重大错报风险采取的应对措施》、《中国注册会计师审计准则第1301号——审计证据》和其他相关审计准则的规定对本准则第一条提及的特定项目的某些方面获取审计证据。

第二章 目 标

第三条 注册会计师的目标是，针对特定项目的下列方面获取充分、适当的审计证据：

(一)存货的存在和状况；

(二)涉及被审计单位的诉讼和索赔事项的完整性；

(三)按照适用的财务报告编制基础对分部信息的列报与披露。

第三章 要 求

第一节 存 货

第四条 如果存货对财务报表是重要的，注册会计师应当实施下列审计程序，对存货的存在和状况获取充分、适当的审计证据：

(一)在存货盘点现场实施监盘(除非不可行)；

(二)对期末存货记录实施审计程序，以确定其是否准确反映实际的存货盘点结果。

在存货盘点现场实施监盘时，注册会计师应当实施下列审计程序：

(一)评价管理层用以记录和控制存货盘点结果的指令和程序；

(二)观察管理层制订的盘点程序的执行情况；

(三)检查存货；

(四)执行抽盘。

第五条 如果存货盘点在财务报表日以外的其他日期进行，注册会计师除实施本准则第四条规定的审计程序外，还应当实施其他审计程序，以获取审计证据，确定存货盘点日与财务报表日之间的存货变动是否已得到恰当的记录。

第六条 如果由于不可预见的情况，无法在存货盘点现场实施监盘，注册会计师应当另择日期实施监盘，并对间隔期内发生的交易实施审计程序。

第七条 如果在存货盘点现场实施存货监盘不可行，注册会计师应当实施替代审计程序，以获取有关存货的存在和状况的充分、适当的审计证据。

如果不能实施替代审计程序，注册会计师应当按照《中国注册会计师审计准则第1502号——在审计报告中发表非无保留意见》的规定，在审计报告中发表非无保留意见。

第八条 如果由第三方保管或控制的存货对财务报表是重要的，注册会计师应当实施下列一项或两项审计程序，以获取有关该存货存在和状况的充分、适当的审计证据：

(一)向持有被审计单位存货的第三方函证存货的数量和状况；

(二)实施检查或其他适合具体情况的审计程序。

第二节　诉讼和索赔

第九条　注册会计师应当设计和实施审计程序，以识别涉及被审计单位的可能导致重大错报风险的诉讼和索赔事项。

这些审计程序包括：

（一）询问管理层和被审计单位其他内部人员，包括询问被审计单位内部法律顾问；

（二）查阅治理层的会议纪要和被审计单位与外部法律顾问之间的往来信函；

（三）复核法律费用账户记录。

第十条　如果评估识别出的诉讼或索赔事项存在重大错报风险，或者实施的审计程序表明可能存在其他的重大诉讼或索赔事项，注册会计师除实施其他审计准则规定的审计程序外，还应当寻求与被审计单位外部法律顾问进行直接沟通。注册会计师应当通过亲自寄发由管理层编制的询证函，要求外部法律顾问直接与注册会计师沟通。

如果法律法规禁止被审计单位的外部法律顾问与注册会计师进行直接沟通，注册会计师应当实施替代审计程序。

第十一条　如果管理层不同意注册会计师与外部法律顾问沟通或会面，或者外部法律顾问拒绝对询证函恰当回复或被禁止回复，并且注册会计师无法通过实施替代审计程序获取充分、适当的审计证据，注册会计师应当按照《中国注册会计师审计准则第 1502 号——在审计报告中发表非无保留意见》的规定在审计报告中发表非无保留意见。

第十二条　注册会计师应当要求管理层和治理层（如适用）提供书面声明，确认已向注册会计师披露所有其知悉的、已经或可能发生的、在编制财务报表时应当考虑其影响的诉讼和索赔事项，并确认已按照适用的财务报告编制基础进行了会计处理和披露。

第三节　分部信息

第十三条　针对被审计单位按照适用的财务报告编制基础列报与披露的分部信息，注册会计师应当实施下列审计程序，获取充分、适当的审计证据：

（一）了解管理层在确定分部信息时使用的方法；

（二）实施分析程序或其他适合具体情况的审计程序。

在了解管理层确定分部信息使用的方法时，注册会计师应当实施下列审计程序：

（一）评价使用的方法是否以使分部信息按照适用的财务报告编制基础披露；

（二）在适当的情况下，测试对这些方法的应用。

第四章　附　　则

第十四条　本准则自 2012 年 1 月 1 日起施行。

19. 中国注册会计师审计准则第 1312 号——函证

第一章　总　　则

第一条　为了规范注册会计师按照《中国注册会计师审计准则第 1231 号——针对评估的重大错报风险采取的应对措施》和《中国注册会计师审计准则第 1301 号——审计证据》的规定使用函证程序，以获取相关、可靠的审计证据，制定本准则。

第二条　本准则不适用于注册会计师对被审计单位诉讼和索赔事项实施询问程序。《中国注册会计师审计准则第 1311 号——对存货、诉讼和索赔、分部信息等特定项目获取审计证据的具体考虑》规定了有关诉讼和索赔的审计程序。

第三条 《中国注册会计师审计准则第 1301 号——审计证据》规定，审计证据的可靠性受其来源和性质的影响，并取决于获取审计证据的具体环境。

判断审计证据可靠性的一般原则包括：

（一）从被审计单位外部独立来源获取的审计证据比从其他来源获取的审计证据更可靠；

（二）直接获取的审计证据比间接获取或推论得出的审计证据更可靠；

（三）以文件记录形式（包括纸质、电子或其他介质）存在的审计证据比口头形式的审计证据更可靠。

通常情况下，注册会计师以函证方式直接从被询证者获取的审计证据，比被审计单位内部生成的审计证据更可靠。

第四条 下列审计准则明确了实施函证程序以获取审计证据的重要性：

（一）《中国注册会计师审计准则第 1231 号——针对评估的重大错报风险采取的应对措施》规定，注册会计师应当针对评估的财务报表层次重大错报风险，设计和实施总体应对措施，针对评估的认定层次重大错报风险，设计和实施进一步审计程序（包括审计程序的性质、时间安排和范围）；无论评估的重大错报风险结果如何，注册会计师都应当针对所有重大类别的交易、账户余额和披露，设计和实施实质性程序；注册会计师应当考虑是否将函证程序用作实质性程序。

（二）《中国注册会计师审计准则第 1231 号——针对评估的重大错报风险采取的应对措施》规定，评估的风险越高，需要获取越有说服力的审计证据。为此，注册会计师可以增加审计证据的数量或者获取更相关、更可靠的审计证据，或将两种方式结合使用。例如，注册会计师更加重视直接从第三方获取审计证据，或从不同的独立来源获取相互印证的审计证据。实施函证程序，可以帮助注册会计师获取可靠性高的审计证据，以应对由于舞弊或错误导致的特别风险。

（三）《中国注册会计师审计准则第 1141 号——财务报表审计中与舞弊相关的责任》规定，针对由于舞弊导致的认定层次重大错报风险，注册会计师应当考虑实施函证程序以获取更多的相互印证的信息。

（四）《中国注册会计师审计准则第 1301 号——审计证据》规定，通过函证等方式从独立来源获取的相互印证的信息，可以提高注册会计师从会计记录或管理层书面声明中获取的审计证据的保证水平。

第二章 定 义

第五条 函证（即外部函证），是指注册会计师直接从第三方（被询证者）获取书面答复作为审计证据的过程，书面答复可以采用纸质、电子或其他介质等形式。

第六条 积极式函证，是指要求被询证者直接向注册会计师回复，表明是否同意询证函所列示的信息，或填列所要求的信息的一种询证方式。

第七条 消极式函证，是指要求被询证者只有在不同意询证函所列示的信息时才直接向注册会计师回复的一种询证方式。

第八条 未回函，是指被询证者对积极式询证函未予回复或回复不完整，或询证函因未被送达而退回。

第九条 不符事项，是指被询证者提供的信息与询证函要求确认的信息不一致，或与被审计单位记录的信息不一致。

第三章 目 标

第十条 在使用函证程序时，注册会计师的目标是，设计和实施函证程序，以获取相关、可靠的审计证据。

第四章 要 求

第一节 函证程序

第十一条 注册会计师应当确定是否有必要实施函证程序以获取认定层次的相关、可靠的审计证据。

在作出决策时，注册会计师应当考虑评估的认定层次重大错报风险，以及通过实施其他审计程序获取的审计证据如何将检查风险降至可接受的水平。

第十二条 注册会计师应当对银行存款、借款（包括零余额账户和在本期内注销的账户）、借款及与金融机构往来的其他重要信息实施函证程序，除非有充分证据表明某一银行存款、借款及与金融机构往来的其他重要信息对财务报表不重要且与之相关的重大错报风险很低。

如果不对这些项目实施函证程序，注册会计师应当在审计工作底稿中说明理由。

第十三条 注册会计师应当对应收账款实施函证程序，除非有充分证据表明应收账款对财务报表不重要，或函证很可能无效。

如果认为函证很可能无效，注册会计师应当实施替代审计程序，获取相关、可靠的审计证据。

如果不对应收账款函证，注册会计师应当在审计工作底稿中说明理由。

第十四条 当实施函证程序时，注册会计师应当对询证函保持控制，包括：

（一）确定需要确认或填列的信息；

（二）选择适当的被询证者；

（三）设计询证函，包括正确填列被询证者的姓名和地址，以及被询证者直接向注册会计师回函的地址等信息；

（四）发出询证函并予以跟进，必要时再次向被询证者寄发询证函。

第二节 管理层不允许寄发询证函

第十五条 如果管理层不允许寄发询证函，注册会计师应当：

（一）询问管理层不允许寄发询证函的原因，并就其原因的正当性及合理性收集审计证据；

（二）评价管理层不允许寄发询证函对评估的相关重大错报风险（包括舞弊风险），以及其他审计程序的性质、时间安排和范围的影响；

（三）实施替代程序，以获取相关、可靠的审计证据。

第十六条 如果认为管理层不允许寄发询证函的原因不合理，或实施替代程序无法获取相关、可靠的审计证据，注册会计师应当按照《中国注册会计师审计准则第 1151 号——与治理层的沟通》的规定，与治理层进行沟通。注册会计师还应当按照《中国注册会计师审计准则第 1502 号——在审计报告中发表非无保留意见》的规定，确定其对审计工作和审计意见的影响。

第三节 实施函证程序的结果

第十七条 如果存在对询证函回函的可靠性产生疑虑的因素，注册会计师应当进一步获取审计证据以消除这些疑虑。

第十八条 如果认为询证函回函不可靠，注册会计师应当评价其对评估的相关重大错报风险（包括舞弊风险），以及其他审计程序的性质、时间安排和范围的影响。

第十九条 在未回函的情况下，注册会计师应当实施替代程序以获取相关、可靠的审计证据。

第二十条 如果注册会计师认为取得积极式函证回函是获取充分、适当的审计证据的必要程序，则替代程序不能提供注册会计师所需要的审计证据。在这种情况下，如果未获取回函，注册会计师应当按照《中国注册会计师审计准则第 1502 号——在审计报告中发表非无保留意见》的规定，确定其对审计工作和审计意见的影响。

第二十一条 注册会计师应当调查不符事项，以确定是否表明存在错报。

第四节 消极式函证

第二十二条 消极式函证比积极式函证提供的审计证据的说服力低。除非同时满足下列条件，注册会计师不得将消极式函证作为唯一实质性程序，以应对评估的认定层次重大错报风险：

（一）注册会计师将重大错报风险评估为低水平，并已就与认定相关的控制的运行的有效性获取充分、适当的审计证据；

（二）需要实施消极式函证程序的总体由大量的小额、同质的账户余额、交易或事项构成；

（三）预期不符事项的发生率很低；

（四）没有迹象表明接收询证函的人员或机构不认真对待函证。

第五节 评价获取的审计证据

第二十三条 注册会计师应当评价实施函证程序的结果是否提供了相关、可靠的审计证据，或是否有必要进一步获取审计证据。

第五章 附 则

第二十四条 本准则自2012年1月1日起施行。

20. 中国注册会计师审计准则第1313号——分析程序

第一章 总 则

第一条 为了规范注册会计师在财务报表审计中将分析程序用作实质性程序（即实质性分析程序），以及在临近审计结束时设计和实施分析程序以有助于对财务报表形成总体结论，制定本准则。

第二条 除本准则以外，其他审计准则也对注册会计师使用分析程序作出了规定。《中国注册会计师审计准则第1211号——通过了解被审计单位及其环境识别和评估重大错报风险》规定了注册会计师将分析程序用作风险评估程序。《中国注册会计师审计准则第1231号——针对评估的重大错报风险采取的应对措施》规定了注册会计师针对评估的重大错报风险实施审计程序的性质、时间安排和范围，这些程序可能包括实质性分析程序。因此，注册会计师在审计过程中使用分析程序时，还需要遵守这些准则的规定。

第二章 定 义

第三条 分析程序，是指注册会计师通过分析不同财务数据之间以及财务数据与非财务数据之间的内在关系，对财务信息作出评价。分析程序还包括在必要时对识别出的、与其他相关信息不一致或与预期值差异重大的波动或关系进行调查。

第三章 目 标

第四条 注册会计师的目标是：

（一）在实施实质性分析程序时，获取相关、可靠的审计证据；

（二）在临近审计结束时，设计和实施分析程序，帮助注册会计师对财务报表形成总体结论，以确定财务报表是否与其对被审计单位的了解一致。

第四章 要 求

第一节 实质性分析程序

第五条 在设计和实施实质性分析程序时，无论单独使用或与细节测试结合使用，注册会计师都应当：

（一）考虑针对所涉及认定评估的重大错报风险和实施的细节测试（如有），确定特定实质性分析程序对这些认定的适用性；

（二）考虑可获得信息的来源、可比性、性质和相关性以及与信息编制相关的控制，评价在对已记录的金额或比率作出预期时使用数据的可靠性；

（三）对已记录的金额或比率作出预期，并评价预期值是否足够精确地识别重大错报（包括单项重大的错报和单项虽不重大但连同其他错报可能导致财务报表产生重大错报的错报）；

（四）确定已记录金额与预期值之间可接受的，且无需按本准则第七条的要求作进一步调查的差异额。

第二节　有助于形成总体结论的分析程序

第六条　在临近审计结束时，注册会计师应当设计和实施分析程序，帮助其对财务报表形成总体结论，以确定财务报表是否与其对被审计单位的了解一致。

第三节　调查分析程序的结果

第七条　如果按照本准则的规定实施分析程序，识别出与其他相关信息不一致的波动或关系，或与预期值差异重大的波动或关系，注册会计师应当采取下列措施调查这些差异：

（一）询问管理层，并针对管理层的答复获取适当的审计证据；

（二）根据具体情况在必要时实施其他审计程序。

第五章　附　　则

第八条　本准则自2012年1月1日起施行。

21．中国注册会计师审计准则第1314号——审计抽样

第一章　总　　则

第一条　为了规范注册会计师在实施审计程序时使用审计抽样，制定本准则。

第二条　《中国注册会计师审计准则第1301号——审计证据》要求注册会计师设计和实施审计程序，获取充分、适当的审计证据，以得出合理的结论，作为形成审计意见的基础。该准则还要求注册会计师确定用以选取测试项目的方法能够有效实现审计程序的目的，审计抽样是其中的一种方法。

第三条　本准则作为对《中国注册会计师审计准则第1301号——审计证据》的补充，规范了注册会计师在设计和选择审计样本以实施控制测试和细节测试，以及评价样本结果时对统计抽样和非统计抽样的使用。

第二章　定　　义

第四条　审计抽样（即抽样），是指注册会计师对具有审计相关性的总体中低于百分之百的项目实施审计程序，使所有抽样单元都有被选取的机会，为注册会计师针对整个总体得出结论提供合理基础。

第五条　总体，是指注册会计师从中选取样本并期望据此得出结论的整个数据集合。

第六条　抽样单元，是指构成总体的个体项目。

第七条　统计抽样，是指同时具备下列特征的抽样方法：

（一）随机选取样本项目；

（二）运用概率论评价样本结果，包括计量抽样风险。

不同时具备前款提及的两个特征的抽样方法为非统计抽样。

第八条　抽样风险，是指注册会计师根据样本得出的结论，可能不同于如果对整个总体实施与样本相同的审计程序得出的结论的风险。

抽样风险可能导致两种类型的错误结论：

（一）在实施控制测试时，注册会计师推断的控制有效性高于其实际有效性；或在实施细节测试时，注册会计师推断某一重大错报不存在而实际上存在。注册会计师主要关注这类错误结论，原因是其影响审计效果，非常有可能导致发表不恰当的审计意见。

（二）在实施控制测试时，注册会计师推断的控制有效性低于其实际有效性；或在实施细节测试时，注册会计师推断某一重大错报存在而实际上不存在。这类错误结论影响审计效率，原因是其通常导致注册会计

师实施额外的工作，以证实初始结论是错误的。

第九条　非抽样风险，是指注册会计师由于任何与抽样风险无关的原因而得出错误结论的风险。

第十条　异常误差，是指对总体中的错报或偏差明显不具有代表性的错报或偏差。

第十一条　分层，是指将总体划分为多个子总体的过程，每个子总体由一组具有相同特征（通常为货币金额）的抽样单元组成。

第十二条　可容忍错报，是指注册会计师设定的货币金额，注册会计师试图对总体中的实际错报不超过该货币金额获取适当水平的保证。

第十三条　可容忍偏差率，是指注册会计师设定的偏离规定的内部控制程序的比率，注册会计师试图对总体中的实际偏差率不超过该比率获取适当水平的保证。

第三章　目　　标

第十四条　在使用审计抽样时，注册会计师的目标是，为得出有关抽样总体的结论提供合理的基础。

第四章　要　　求

第一节　样本设计、样本规模和选取测试项目

第十五条　在设计审计样本时，注册会计师应当考虑审计程序的目的和抽样总体的特征。

第十六条　注册会计师应当确定足够的样本规模，以将抽样风险降至可接受的低水平。

第十七条　注册会计师在选取样本项目时，应当使总体中的每个抽样单元都有被选取的机会。

第二节　实施审计程序

第十八条　注册会计师应当针对选取的每个项目，实施适合具体目的的审计程序。

第十九条　如果审计程序不适用于选取的项目，注册会计师应当针对替代项目实施该审计程序。

第二十条　如果未能对某个选取的项目实施设计的审计程序或适当的替代程序，注册会计师应当将该项目视为控制测试中对规定的控制的一项偏差，或细节测试中的一项错报。

第三节　偏差和错报的性质与原因

第二十一条　注册会计师应当调查识别出的所有偏差或错报的性质和原因，并评价其对审计程序的目的和审计的其他方面可能产生的影响。

第二十二条　在极其特殊的情况下，如果认为样本中发现的某项偏差或错报是异常误差，注册会计师应当对该项偏差或错报对总体不具有代表性获取高度肯定。

在获取这种高度肯定时，注册会计师应当实施追加的审计程序，获取充分、适当的审计证据，以确定该项偏差或错报不影响总体的其余部分。

第四节　推断错报

第二十三条　当实施细节测试时，注册会计师应当根据样本中发现的错报推断总体错报。

第五节　评价审计抽样结果

第二十四条　注册会计师应当对下列方面进行评价：

（一）样本结果；

（二）使用审计抽样是否已为注册会计师针对所测试的总体得出的结论提供合理基础。

第五章　附　　则

第二十五条　本准则自 2012 年 1 月 1 日起施行。

22. 中国注册会计师审计准则第1321号——审计会计估计(包括公允价值会计估计)和相关披露

第一章 总 则

第一条 为了规范注册会计师在财务报表审计中与会计估计(包括公允价值会计估计)和相关披露有关的责任,制定本准则。

第二条 在涉及审计会计估计时,本准则是对注册会计师如何应用《中国注册会计师审计准则第1211号——通过了解被审计单位及其环境识别和评估重大错报风险》、《中国注册会计师审计准则第1231号——针对评估的重大错报风险采取的应对措施》和其他相关审计准则的进一步扩展。

本准则还涉及如何处理个别会计估计的错报和可能存在管理层偏向的迹象。

第三条 某些财务报表项目不能精确计量,只能进行估计。在本准则中,对这些财务报表项目的计量作为会计估计。

管理层可获得的用以支持作出会计估计的信息的性质和可靠性差别很大,并因此影响与会计估计相关的估计不确定性的程度。估计不确定性的程度影响与会计估计相关的重大错报风险,包括会计估计对有意或无意的管理层偏向的敏感性。

第四条 会计估计的计量目标可能因适用的财务报告编制基础和所报告的报表项目而存在差异。

一些会计估计的计量目标是,在需要作出会计估计的情况下,预测一项或多项交易、事项或情况的结果。而对于包括许多公允价值会计估计在内的其他一些会计估计,计量目标有所不同,表现为按照计量日普遍存在的状况(如对某一特定类型资产或负债估计的市场价格)反映某一当前交易或财务报表项目的价值。例如,适用的财务报告编制基础可能要求公允价值计量以公平交易中熟悉情况的交易双方自愿进行的假定的当前交易为基础,而不是过去或者未来时点的交易为基础。

第五条 会计估计的结果与财务报表中原来已确认或披露的金额存在差异,并不必然表明财务报表存在错报。这对于公允价值会计估计而言尤其如此,因为任何已观察到的结果都不可避免地受到作出会计估计的时点后所发生的事项或情况的影响。

第二章 定 义

第六条 本准则所称会计估计,是指在缺乏精确计量手段的情况下采用的某项金额的近似值。会计估计一般包括存在估计不确定性时以公允价值计量的金额,以及其他需要估计的金额。

当仅针对涉及公允价值计量的会计估计时,本准则采用"公允价值会计估计"的术语。

第七条 注册会计师的点估计或区间估计,是指从审计证据中得出的、用于评价管理层点估计的金额或金额区间。

第八条 估计不确定性,是指会计估计和相关披露在计量方面对固有不精确性的敏感性。

第九条 管理层偏向,是指管理层在编制和列报信息时缺乏中立性。

第十条 管理层的点估计,是指管理层在财务报表中确认或披露一项会计估计而选择的金额。

第十一条 会计估计的结果,是指需要作出会计估计的交易、事项或情况得以解决时发生的实际货币金额。

第三章 目 标

第十二条 注册会计师的目标是,获取充分、适当的审计证据以确定:

(一)根据适用的财务报告编制基础,财务报表中确认或披露的会计估计(包括公允价值会计估计)是否合理;

(二)根据适用的财务报告编制基础,财务报表中的相关披露是否充分。

第四章 要 求

第一节 风险评估程序和相关活动

第十三条 当实施《中国注册会计师审计准则第 1211 号——通过了解被审计单位及其环境识别和评估重大错报风险》要求的风险评估程序和相关活动，以了解被审计单位及其环境时，注册会计师应当了解下列内容，作为识别和评估会计估计重大错报风险的基础：

（一）与会计估计（包括相关披露）相关的适用的财务报告编制基础的规定；

（二）管理层如何识别可能需要作出会计估计并在财务报表中确认或披露的交易、事项和情况。在进行了解时，注册会计师应当向管理层询问可能导致新的或需要修改现有的会计估计的环境变化；

（三）管理层如何作出会计估计，以及会计估计所依据的数据。

管理层作出会计估计的方法和依据包括：

（一）用以作出会计估计的方法，包括模型（如适用）；

（二）相关控制；

（三）管理层是否利用专家的工作；

（四）会计估计所依据的假设；

（五）用以作出会计估计的方法是否已经发生或应当发生不同于上期的变化，以及变化的原因；

（六）管理层是否评估以及如何评估估计不确定性的影响。

第十四条 注册会计师应当复核上期财务报表中会计估计的结果，或者复核管理层在本期财务报表中对上期会计估计作出的后续重新估计（如适用）。

在确定复核的性质和范围时，注册会计师应当考虑会计估计的性质，以及复核时获取的信息是否可能与识别和评估本期财务报表中会计估计的重大错报风险相关。

但是，注册会计师复核的目的不是质疑上期依据当时可获得的信息而作出的判断。

第二节 识别和评估重大错报风险

第十五条 当按照《中国注册会计师审计准则第 1211 号——通过了解被审计单位及其环境识别和评估重大错报风险》的规定识别和评估重大错报风险时，注册会计师应当评价与会计估计相关的估计不确定性的程度。

第十六条 注册会计师应当根据职业判断确定识别出的具有高度估计不确定性的会计估计是否会导致特别风险。

第三节 应对评估的重大错报风险

第十七条 基于评估的重大错报风险，注册会计师应当确定：

（一）管理层是否恰当运用与会计估计相关的适用的财务报告编制基础的规定；

（二）作出会计估计的方法是否恰当，并得到一贯运用，以及会计估计或作出会计估计的方法不同于上期的变化是否适合于具体情况。

第十八条 当按照《中国注册会计师审计准则第 1231 号——针对评估的重大错报风险采取的应对措施》的规定应对评估的重大错报风险时，注册会计师应当考虑会计估计的性质，并实施下列一项或多项程序：

（一）确定截至审计报告日发生的事项是否提供有关会计估计的审计证据；

（二）测试管理层如何作出会计估计以及会计估计所依据的数据；在进行测试时，注册会计师应当评价采用的计量方法在具体情况下是否恰当，以及根据适用的财务报告编制基础确定的计量目标，管理层使用的假设是否合理；

（三）测试与管理层如何作出会计估计相关的控制的运行有效性，并实施恰当的实质性程序；

（四）作出注册会计师的点估计或区间估计，以评价管理层的点估计。

在执行本条第一款第（四）项的规定时，注册会计师应当针对下列两种情况分别予以处理：

（一）如果使用有别于管理层的假设或方法，注册会计师应当充分了解管理层的假设或方法，以确定注册会计师在作出点估计或区间估计时已考虑了相关变量，并评价与管理层的点估计存在的任何重大差异；

（二）如果认为使用区间估计是恰当的，注册会计师应当基于可获得的审计证据来缩小区间估计，直至该区间估计范围内的所有结果均可被视为合理。

第十九条 在确定第十七条规定的事项，或者根据第十八条的规定应对评估的重大错报风险时，注册会计师应当考虑是否需要具备与会计估计的一个或多个方面相关的专门技能或知识，以获取充分、适当的审计证据。

第四节 实施进一步实质性程序以应对特别风险

第二十条 对导致特别风险的会计估计，除实施《中国注册会计师审计准则第1231号——针对评估的重大错报风险采取的应对措施》规定的其他实质性程序外，注册会计师还应当：

（一）评价管理层如何考虑替代性的假设或结果，以及拒绝采纳的原因，或者在管理层没有考虑替代性的假设或结果的情况下，评价管理层在作出会计估计时如何处理估计不确定性；

（二）评价管理层使用的重大假设是否合理；

（三）当管理层实施特定措施的意图和能力与其使用的重大假设的合理性或对适用的财务报告编制基础的恰当应用相关时，评价这些意图和能力。

第二十一条 如果根据职业判断认为管理层没有适当处理估计不确定性对导致特别风险的会计估计的影响，注册会计师应当在必要时作出用于评价会计估计合理性的区间估计。

第二十二条 对导致特别风险的会计估计，注册会计师应当获取充分、适当的审计证据，以确定下列方面是否符合适用的财务报告编制基础的规定：

（一）管理层对会计估计在财务报表中予以确认或不予确认的决策；

（二）作出会计估计所选择的计量基础。

第五节 评价会计估计的合理性并确定错报

第二十三条 注册会计师应当根据获取的审计证据，评价财务报表中的会计估计在适用的财务报告编制基础下是合理的还是存在误导。

第六节 与会计估计相关的披露

第二十四条 注册会计师应当获取充分、适当的审计证据，以确定与会计估计相关的财务报表披露是否符合适用的财务报告编制基础的规定。

第二十五条 对导致特别风险的会计估计，注册会计师还应当评价在适用的财务报告编制基础下，财务报表中对估计不确定性的披露的充分性。

第七节 可能存在管理层偏向的迹象

第二十六条 注册会计师应当复核管理层在作出会计估计时的判断和决策，以识别是否可能存在管理层偏向的迹象。在得出某项会计估计是否合理的结论时，可能存在管理层偏向的迹象本身并不构成错报。

第八节 书面声明

第二十七条 注册会计师应当向管理层和治理层（如适用）获取书面声明，以确定其是否认为在作出会计估计时使用的重要假设是合理的。

第九节 审计工作底稿

第二十八条 注册会计师应当就下列事项形成审计工作底稿：

（一）对导致特别风险的会计估计的合理性及其披露的充分性，注册会计师得出结论的基础；

（二）可能存在管理层偏向的迹象。

第五章 附 则

第二十九条 本准则自2012年1月1日起施行。

23. 中国注册会计师审计准则第1323号——关联方

第一章 总 则

第一条 为了规范注册会计师在财务报表审计中与关联方关系及其交易的责任，制定本准则。

第二条 在涉及与关联方关系及其交易相关的重大错报风险时，本准则是对注册会计师如何应用《中国注册会计师审计准则第1211号——通过了解被审计单位及其环境识别和评估重大错报风险》、《中国注册会计师审计准则第1231号——针对评估的重大错报风险采取的应对措施》和《中国注册会计师审计准则第1141号——财务报表审计中与舞弊相关的责任》的进一步扩展。

第三条 许多关联方交易是在正常经营过程中发生的，与类似的非关联方交易相比，这些关联方交易可能并不具有更高的财务报表重大错报风险。但是，在某些情况下，关联方关系及其交易的性质可能导致关联方交易比非关联方交易具有更高的财务报表重大错报风险。例如：

（一）关联方可能通过广泛而复杂的关系和组织结构进行运作，相应增加关联方交易的复杂程度；

（二）信息系统可能无法有效识别或汇总被审计单位与关联方之间的交易和未结算项目的金额；

（三）关联方交易可能未按照正常的市场交易条款和条件进行，例如，某些关联方交易可能没有相应的对价。

第四条 由于关联方之间彼此并不独立，为使财务报表使用者了解关联方关系及其交易的性质，以及关联方关系及其交易对财务报表实际或潜在的影响，许多财务报告编制基础对关联方关系及其交易的会计处理和披露作出了规定。

在适用的财务报告编制基础作出这些规定的情况下，注册会计师有责任实施审计程序，以识别、评估和应对被审计单位未能按照适用的财务报告编制基础对关联方关系及其交易进行恰当会计处理或披露导致的重大错报风险。

第五条 即使适用的财务报告编制基础对关联方作出很少的规定或没有作出规定，注册会计师仍然需要了解被审计单位的关联方关系及其交易，以足以确定财务报表（就其受到关联方关系及其交易的影响而言）是否实现公允反映。

第六条 由于关联方之间更容易发生舞弊，因此注册会计师了解被审计单位的关联方关系及其交易，与其按照《中国注册会计师审计准则第1141号——财务报表审计中与舞弊相关的责任》的规定评价是否存在一项或多项舞弊风险因素相关。

第七条 由于审计的固有限制，即使注册会计师按照审计准则的规定恰当计划和实施了审计工作，也不可避免地存在财务报表中的某些重大错报未被发现的风险。就关联方而言，由于下列原因，审计的固有限制对注册会计师发现重大错报能力的潜在影响会加大：

（一）管理层可能未能识别出所有关联方关系及其交易，特别是在适用的财务报告编制基础没有对关联方作出规定时；

（二）关联方关系可能为管理层的串通舞弊、隐瞒或操纵行为提供更多机会。

第八条 由于存在未披露关联方关系及其交易的可能性，注册会计师按照《中国注册会计师审计准则第1101号——注册会计师的总体目标和审计工作的基本要求》的规定，在计划和实施与关联方关系及其交易有关的审计工作时，保持职业怀疑态度尤为重要。

本准则的规定旨在帮助注册会计师识别和评估与关联方关系及其交易有关的重大错报风险，以及设计审计程序以应对评估的风险。

第二章 定 义

第九条 在适用的财务报告编制基础对关联方作出规定的情况下，是指财务报告编制基础定义的关联方。

第十条 公平交易，是指按照互不关联、各自独立行事且追求自身最大利益的自愿的买方和自愿的卖方达成的条款和条件进行的交易。

第三章 目 标

第十一条 注册会计师的目标是：

（一）无论适用的财务报告编制基础是否对关联方作出规定，充分了解关联方关系及其交易，以便能够确认由此产生的、与识别和评估由于舞弊导致的重大错报风险相关的舞弊风险因素（如有）；根据获取的审计证据，就财务报表受到关联方关系及其交易的影响而言，确定财务报表是否实现公允反映。

（二）如果适用的财务报告编制基础对关联方作出规定，获取充分、适当的审计证据，确定关联方关系及其交易是否已按照适用的财务报告编制基础得到恰当识别、会计处理和披露。

第四章 要 求

第一节 风险评估程序和相关工作

第十二条 《中国注册会计师审计准则第 1211 号——通过了解被审计单位及其环境识别和评估重大错报风险》和《中国注册会计师审计准则第 1141 号——财务报表审计中与舞弊相关的责任》规定了注册会计师在审计过程中实施的风险评估程序和相关工作。作为风险评估程序和相关工作的一部分，注册会计师应当实施本准则第十三条至第十八条规定的审计程序和相关工作，以获取与识别关联方关系及其交易相关的重大错报风险的信息。

第十三条 项目组按照《中国注册会计师审计准则第 1211 号——通过了解被审计单位及其环境识别和评估重大错报风险》和《中国注册会计师审计准则第 1141 号——财务报表审计中与舞弊相关的责任》的规定进行内部讨论时，应当特别考虑由于关联方关系及其交易导致的舞弊或错误使得财务报表存在重大错报的可能性。

第十四条 注册会计师应当向管理层询问下列事项：

（一）关联方的名称和特征，包括关联方自上期以来发生的变化；

（二）被审计单位和关联方之间关系的性质；

（三）被审计单位在本期是否与关联方发生交易，如发生，交易的类型、定价策略和目的。

第十五条 如果管理层建立了下列与关联方关系及其交易相关的控制，注册会计师应当询问管理层和被审计单位内部其他人员，实施其他适当的风险评估程序，以获取对相关控制的了解：

（一）按照适用的财务报告编制基础，对关联方关系及其交易进行识别、会计处理和披露；

（二）授权和批准重大关联方交易和安排；

（三）授权和批准超出正常经营过程的重大交易和安排。

第十六条 某些安排或其他信息可能显示管理层以前未识别或未向注册会计师披露的关联方关系或关联方交易，在审计过程中检查记录或文件时，注册会计师应当对这些安排或其他信息保持警觉。

注册会计师应当检查下列记录或文件，以确定是否存在管理层以前未识别或未向注册会计师披露的关联方关系或关联方交易：

（一）注册会计师实施审计程序时获取的银行和律师的询证函回函；

（二）股东会和治理层会议的纪要；

（三）注册会计师认为必要的其他记录或文件。

第十七条 在实施本准则第十六条规定的审计程序或其他审计程序时，如果识别出被审计单位超出正常经营过程的重大交易，注册会计师应当向管理层询问这些交易的性质以及是否涉及关联方。

第十八条 在整个审计过程中，注册会计师应当与项目组其他成员分享获取的关联方的相关信息。

第二节 识别和评估与关联方关系及其交易相关的重大错报风险

第十九条 注册会计师应当按照《中国注册会计师审计准则第 1211 号——通过了解被审计单位及其环境识别和评估重大错报风险》的规定，识别和评估关联方关系及其交易导致的重大错报风险，并确定这些风险是否为特别风险。在确定时，注册会计师应当将识别出的、超出被审计单位正常经营过程的重大关联方交易导致的风险确定为特别风险。

第二十条 如果在实施与关联方有关的风险评估程序和相关工作中识别出舞弊风险因素，包括与能够对被审计单位或管理层施加支配性影响的关联方有关的情形，注册会计师应当按照《中国注册会计师审计准则第 1141 号——财务报表审计中与舞弊相关的责任》的规定，在识别和评估由于舞弊导致的重大错报风险时考虑这些信息。

第三节 针对与关联方关系及其交易相关的重大错报风险的应对措施

第二十一条 注册会计师应当按照《中国注册会计师审计准则第 1231 号——针对评估的重大错报风险采取的应对措施》的规定，针对评估的与关联方关系及其交易相关的重大错报风险，设计和实施进一步审计程序，以获取充分、适当的审计证据。这些程序应当包括本准则第二十二条至第二十五条规定的审计程序。

第二十二条 如果识别出可能表明存在管理层以前未识别或未向注册会计师披露的关联方关系或关联方交易的安排或信息，注册会计师应当确定相关情况是否能够证实关联方关系或关联方交易的存在。

第二十三条 如果识别出管理层以前未识别出或未向注册会计师披露的关联方关系或重大关联方交易，注册会计师应当：

（一）立即将相关信息向项目组其他成员通报；

（二）在适用的财务报告编制基础对关联方作出规定的情况下，要求管理层识别与新识别出的关联方之间发生的所有交易，以便注册会计师作出进一步评价；询问与关联方关系及其交易相关的控制为何未能识别或披露关联方关系或交易；

（三）对新识别出的关联方或重大关联方交易实施恰当的实质性审计程序；

（四）重新考虑可能存在管理层以前未识别出或未向注册会计师披露的其他关联方或重大关联方交易的风险，如有必要，实施追加的审计程序；

（五）如果管理层不披露关联方关系或交易看似是有意的，因而显示可能存在由于舞弊导致的重大错报风险，评价这一情况对审计的影响。

第二十四条 对于识别出的超出正常经营过程的重大关联方交易，注册会计师应当：

（一）检查相关合同或协议（如有）；

（二）获取交易已经恰当授权和批准的审计证据。

如果检查相关合同或协议，注册会计师应当评价：

（一）交易的商业理由（或缺乏商业理由）是否表明被审计单位从事交易的目的可能是为了对财务信息作出虚假报告或为了隐瞒侵占资产的行为；

（二）交易条款是否与管理层的解释一致；

（三）关联方交易是否已按照适用的财务报告编制基础得到恰当会计处理和披露。

第二十五条 如果管理层在财务报表中作出认定，声明关联方交易是按照等同于公平交易中通行的条款执行的，注册会计师应当就该项认定获取充分、适当的审计证据。

第四节 评价识别出的关联方关系及其交易的会计处理和披露

第二十六条 当按照《中国注册会计师审计准则第 1501 号——对财务报表形成审计意见和出具审计报告》的规定对财务报表形成审计意见时，注册会计师应当评价：

（一）识别出的关联方关系及其交易是否已按照适用的财务报告编制基础得到恰当会计处理和披露；

（二）关联方关系及其交易是否导致财务报表未实现公允反映。

第五节　书面声明

第二十七条　如果适用的财务报告编制基础对关联方作出规定，注册会计师应当向管理层和治理层（如适用）获取下列书面声明：

（一）已经向注册会计师披露了全部已知的关联方名称和特征、关联方关系及其交易；

（二）已经按照适用的财务报告编制基础的规定，对关联方关系及其交易进行了恰当的会计处理和披露。

第六节　与治理层的沟通

第二十八条　除非治理层全部成员参与管理被审计单位，注册会计师应当与治理层沟通审计工作中发现的与关联方相关的重大事项。

第七节　审计工作底稿

第二十九条　注册会计师应当就识别出的关联方名称、关联方关系的性质以及关联方交易类型和交易要素形成审计工作底稿。

第五章　附　　则

第三十条　本准则自 2012 年 1 月 1 日起施行。

24. 中国注册会计师审计准则第 1324 号——持续经营

第一章　总　　则

第一条　为了规范注册会计师在财务报表审计中与管理层编制财务报表时运用持续经营假设相关的责任，制定本准则。

第二条　在持续经营假设下，被审计单位被视为在可预见的将来会继续经营下去。

通用目的财务报表是在持续经营基础上编制的，除非管理层计划将被审计单位予以清算或终止经营，或者除此之外没有其他现实可行的选择。特殊目的财务报表可以根据需要按照（或不按照）以持续经营为基础的财务报告编制基础编制（例如，在特定国家或地区，持续经营基础与某些按照计税核算基础编制的财务报表无关）。

如果运用持续经营假设是适当的，则被审计单位对其资产和负债的记录是建立在正常经营过程中能够变现资产、清偿债务的基础上的。

第三条　某些适用的财务报告编制基础明确要求管理层对持续经营能力作出评估，并规定了与此相关的需要考虑的事项和作出的披露。相关法律法规还可能对管理层评估持续经营能力的责任和相关财务报表披露作出具体规定。

第四条　其他财务报告编制基础可能没有明确要求管理层对持续经营能力作出评估。然而，正如本准则第二条所述，由于持续经营假设是编制财务报表的基本原则，即使其他财务报告编制基础没有对此作出明确规定，管理层也需要在编制财务报表时评估持续经营能力。

第五条　管理层对持续经营能力的评估涉及在特定时点对事项或情况的未来结果作出判断，这些事项或情况的未来结果具有固有不确定性。下列因素与管理层的判断相关：

（一）某一事项或情况或其结果出现的时点距离管理层作出评估的时点越远，与事项或情况的结果相关的不确定性程度将显著增加。因此，明确要求管理层对持续经营能力作出评估的大多数财务报告编制基础可能规定了管理层应当考虑的所有可获得信息的期间。

（二）被审计单位的规模和复杂程度、经营活动的性质和状况以及被审计单位受外部因素影响的程度，将影响对事项或情况的结果作出的判断。

（三）对未来的所有判断都以作出判断时可获得的信息为基础。管理层作出的判断在当时情况下可能是合理的，但之后发生的事项可能导致事项或情况的结果与作出的判断不一致。

第六条　注册会计师的责任是，就管理层在编制和列报财务报表时运用持续经营假设的适当性获取充分、适当的审计证据，并就持续经营能力是否存在重大不确定性得出结论。

即使编制财务报表时采用的财务报告编制基础没有明确要求管理层对持续经营能力作出专门评估，注册会计师的这种责任仍然存在。

第七条　如果存在可能导致被审计单位不再持续经营的未来事项或情况，审计的固有限制对注册会计师发现重大错报能力的潜在影响会加大。注册会计师不能对这些未来事项或情况作出预测。相应地，注册会计师未在审计报告中提及持续经营的不确定性，不能被视为对被审计单位持续经营能力的保证。

第二章　目　　标

第八条　注册会计师的目标是：

（一）就管理层编制财务报表时运用持续经营假设的适当性，获取充分、适当的审计证据；

（二）根据获取的审计证据，就可能导致对被审计单位持续经营能力产生重大疑虑的事项或情况是否存在重大不确定性得出结论；

（三）确定对审计报告的影响。

第三章　要　　求

第一节　风险评估程序和相关活动

第九条　在按照《中国注册会计师审计准则第 1211 号——通过了解被审计单位及其环境识别和评估重大错报风险》的规定实施风险评估程序时，注册会计师应当考虑是否存在可能导致对被审计单位持续经营能力产生重大疑虑的事项或情况。在进行考虑时，注册会计师应当确定管理层是否已对被审计单位持续经营能力作出初步评估。

如果管理层已对持续经营能力作出初步评估，注册会计师应当与管理层进行讨论，并确定管理层是否已识别出单独或汇总起来可能导致对被审计单位持续经营能力产生重大疑虑的事项或情况。如果管理层已识别出这些事项或情况，注册会计师应当与其讨论应对计划。

如果管理层未对持续经营能力作出初步评估，注册会计师应当与管理层讨论其拟运用持续经营假设的基础，询问管理层是否存在单独或汇总起来可能导致对被审计单位持续经营能力产生重大疑虑的事项或情况。

第十条　针对有关可能导致对被审计单位持续经营能力产生重大疑虑的事项或情况的审计证据，注册会计师应当在整个审计过程中保持警觉。

第二节　评价管理层的评估

第十一条　注册会计师应当评价管理层对被审计单位持续经营能力作出的评估。

第十二条　在评价管理层对被审计单位持续经营能力作出的评估时，注册会计师的评价期间应当与管理层按照适用的财务报告编制基础或法律法规（如果法律法规要求的期间更长）的规定作出评估的涵盖期间相同。

如果管理层评估持续经营能力涵盖的期间短于自财务报表日起的十二个月，注册会计师应当提请管理层将其至少延长至自财务报表日起的十二个月。

第十三条　在评价管理层作出的评估时，注册会计师应当考虑该评估是否已包括注册会计师在审计过程中注意到的所有相关信息。

第三节　询问超出管理层评估期间的事项或情况

第十四条　注册会计师应当询问管理层是否知悉超出评估期间的、可能导致对持续经营能力产生重大疑虑的事项或情况。

第四节　识别出事项或情况时实施追加的审计程序

第十五条　如果识别出可能导致对持续经营能力产生重大疑虑的事项或情况，注册会计师应当通过实施追加的审计程序（包括考虑缓解因素），获取充分、适当的审计证据，以确定是否存在重大不确定性。

这些程序应当包括：

（一）如果管理层尚未对被审计单位持续经营能力作出评估，提请其进行评估；

（二）评价管理层与持续经营评估相关的未来应对计划，这些计划的结果是否可能改善目前的状况，以及管理层的计划对于具体情况是否可行；

（三）如果被审计单位已编制现金流量预测，且对预测的分析是评价管理层未来应对计划时所考虑的事项或情况的未来结果的重要因素，评价用于编制预测的基础数据的可靠性，并确定预测所基于的假设是否具有充分的支持；

（四）考虑自管理层作出评估后是否存在其他可获得的事实或信息；

（五）要求管理层和治理层（如适用）提供有关未来应对计划及其可行性的书面声明。

第五节　审计结论与报告

第十六条　注册会计师应当根据获取的审计证据，运用职业判断，确定是否存在与事项或情况相关的重大不确定性，且这些事项或情况单独或汇总起来可能导致对被审计单位持续经营能力产生重大疑虑。

如果注册会计师根据职业判断认为，鉴于不确定性潜在影响的重要程度和发生的可能性，为了使财务报表实现公允反映，有必要适当披露该不确定性的性质和影响，则表明存在重大不确定性。

第十七条　如果认为运用持续经营假设适合具体情况，但存在重大不确定性，注册会计师应当确定：

（一）财务报表是否已充分描述可能导致对持续经营能力产生重大疑虑的主要事项或情况，以及管理层针对这些事项或情况的应对计划；

（二）财务报表是否已清楚披露可能导致对持续经营能力产生重大疑虑的事项或情况存在重大不确定性，并由此导致被审计单位可能无法在正常的经营过程中变现资产和清偿债务。

第十八条　如果财务报表已作出充分披露，注册会计师应当发表无保留意见，并在审计报告中增加强调事项段，强调可能导致对持续经营能力产生重大疑虑的事项或情况存在重大不确定性的事实，并提醒财务报表使用者关注财务报表附注中对本准则第十七条所述事项的披露。

第十九条　如果财务报表未作出充分披露，注册会计师应当按照《中国注册会计师审计准则第 1502 号——在审计报告中发表非无保留意见》的规定，恰当发表保留意见或否定意见。

注册会计师应当在审计报告中说明，存在可能导致对被审计单位持续经营能力产生重大疑虑的重大不确定性。

第二十条　如果财务报表已在持续经营基础上编制，但根据判断认为管理层在财务报表中运用持续经营假设是不适当的，注册会计师应当发表否定意见。

第二十一条　如果管理层不愿按照注册会计师的要求作出评估或延长评估期间，注册会计师应当考虑这一情况对审计报告的影响。

第六节　与治理层沟通

第二十二条　注册会计师应当与治理层就识别出的可能导致对被审计单位持续经营能力产生重大疑虑的事项或情况进行沟通，除非治理层全部成员参与管理被审计单位。

与治理层的沟通应当包括下列方面：

（一）这些事项或情况是否构成重大不确定性；

（二）在财务报表编制和列报中运用持续经营假设是否适当；

（三）财务报表中的相关披露是否充分。

第七节　严重拖延对财务报表的批准

第二十三条　如果管理层或治理层在财务报表日后严重拖延对财务报表的批准，注册会计师应当询问拖延的原因。如果认为拖延可能涉及与持续经营评估相关的事项或情况，注册会计师应当实施本准则第十五条所述的有必要实施的追加的审计程序，并考虑本准则第十六条所述的存在重大不确定性对审计结论的影响。

第四章 附 则

第二十四条 本准则自2012年1月1日起开始施行。

25. 中国注册会计师审计准则第1331号——首次审计业务涉及的期初余额

第一章 总 则

第一条 为了规范注册会计师在执行首次审计业务时对期初余额的责任，制定本准则。

第二条 当财务报表包括比较财务信息时，《中国注册会计师审计准则第1511号——比较信息：对应数据和比较财务报表》的规定同样适用。《中国注册会计师审计准则第1201号——计划审计工作》对首次审计业务开始前的活动提出补充要求。

第二章 定 义

第三条 首次审计业务，是指在上期财务报表未经审计，或上期财务报表由前任注册会计师审计的情况下承接的审计业务。

第四条 期初余额，是指期初存在的账户余额。期初余额以上期期末余额为基础，反映了以前期间的交易和事项以及上期采用的会计政策的结果。期初余额也包括期初存在的需要披露的事项，如或有事项和承诺事项。

第五条 前任注册会计师，是指已对被审计单位上期财务报表进行审计，但被现任注册会计师接替的其他会计师事务所的注册会计师。

第三章 目 标

第六条 在执行首次审计业务时，注册会计师针对期初余额的目标是，获取充分、适当的审计证据以确定：

（一）期初余额是否含有对本期财务报表产生重大影响的错报；

（二）期初余额反映的恰当的会计政策是否在本期财务报表中得到一贯运用，或会计政策的变更是否已按照适用的财务报告编制基础作出恰当的会计处理和充分的列报与披露。

第四章 要 求

第一节 审计程序

第七条 注册会计师应当阅读最近期间的财务报表和前任注册会计师出具的审计报告（如有），获取与期初余额相关的信息，包括披露。

第八条 注册会计师应当通过采取下列措施，获取充分、适当的审计证据，以确定期初余额是否包含对本期财务报表产生重大影响的错报：

（一）确定上期期末余额是否已正确结转至本期，或在适当的情况下已作出重新表述；

（二）确定期初余额是否反映对恰当会计政策的运用；

（三）实施一项或多项审计程序。

注册会计师实施的一项或多项审计程序包括：

（一）如果上期财务报表已经审计，查阅前任注册会计师的工作底稿，以获取有关期初余额的审计证据；

（二）评价本期实施的审计程序是否提供了有关期初余额的审计证据；

（三）实施其他专门的审计程序，以获取有关期初余额的审计证据。

第九条 如果获取的审计证据表明期初余额存在可能对本期财务报表产生重大影响的错报，注册会计师应当实施适合具体情况的追加的审计程序，以确定对本期财务报表的影响。

如果认为本期财务报表中存在这类错报，注册会计师应当按照《中国注册会计师审计准则第1251号——评价审计过程中识别出的错报》的规定，就这类错报与适当层级的管理层和治理层进行沟通。

第十条 注册会计师应当获取充分、适当的审计证据，以确定期初余额反映的会计政策是否在本期财务报表中得到一贯运用，以及会计政策的变更是否已按照适用的财务报告编制基础作出恰当的会计处理和充分的列报与披露。

第十一条 如果上期财务报表已由前任注册会计师审计，并发表了非无保留意见，注册会计师应当按照《中国注册会计师审计准则第1211号——通过了解被审计单位及其环境识别和评估重大错报风险》的规定，在评估本期财务报表重大错报风险时，评价导致发表非无保留意见的事项的影响。

第二节 审计结论和审计报告

第十二条 如果不能获取有关期初余额的充分、适当的审计证据，注册会计师应当按照《中国注册会计师审计准则第1502号——在审计报告中发表非无保留意见》的规定，对财务报表发表保留意见或无法表示意见。

第十三条 如果认为期初余额存在对本期财务报表产生重大影响的错报，且错报的影响未能得到恰当的会计处理或适当的列报与披露，注册会计师应当按照《中国注册会计师审计准则第1502号——在审计报告中发表非无保留意见》的规定，对财务报表发表保留意见或否定意见。

第十四条 如果认为按照适用的财务报告框架，与期初余额相关的会计政策未能在本期得到一贯运用，或者会计政策的变更未能得到恰当的会计处理或适当的列报与披露，注册会计师应当按照《中国注册会计师审计准则第1502号——在审计报告中发表非无保留意见》的规定，对财务报表发表保留意见或否定意见。

第十五条 如果前任注册会计师对上期财务报表发表了非无保留意见，并且导致发表非无保留意见的事项对本期财务报表仍然相关和重大，注册会计师应当按照《中国注册会计师审计准则第1502号——在审计报告中发表非无保留意见》和《中国注册会计师审计准则第1511号——比较信息：对应数据和比较财务报表》的规定，对本期财务报表发表非无保留意见。

第五章 附 则

第十六条 本准则自2012年1月1日起施行。

26. 中国注册会计师审计准则第1332号——期后事项

第一章 总 则

第一条 为了规范注册会计师在财务报表审计中对期后事项的责任，制定本准则。

第二条 财务报表可能受到财务报表日后发生的事项的影响。

适用的财务报告编制基础通常专门提及期后事项，将其区分为下列两类：

（一）对财务报表日已经存在的情况提供证据的事项；

（二）对财务报表日后发生的情况提供证据的事项。

审计报告的日期向财务报表使用者表明，注册会计师已考虑其知悉的、截至审计报告日发生的事项和交易的影响。

第二章 定 义

第三条 期后事项，是指财务报表日至审计报告日之间发生的事项，以及注册会计师在审计报告日后知悉的事实。

第四条 财务报表日，是指财务报表涵盖的最近期间的截止日期。

第五条 审计报告日，是指注册会计师按照《中国注册会计师审计准则第 1501 号——对财务报表形成审计意见和出具审计报告》的规定在对财务报表出具的审计报告上签署的日期。

第六条 财务报表报出日，是指审计报告和已审计财务报表提供给第三方的日期。

第七条 财务报表批准日，是指构成整套财务报表的所有报表（包括相关附注）已编制完成，并且被审计单位的董事会、管理层或类似机构已经认可其对财务报表负责的日期。

第三章 目 标

第八条 注册会计师的目标是：

（一）获取充分、适当的审计证据，以确定财务报表日至审计报告日之间发生的、需要在财务报表中调整或披露的事项是否已经按照适用的财务报告编制基础在财务报表中得到恰当反映；

（二）恰当应对在审计报告日后注册会计师知悉的、且如果在审计报告日知悉可能导致注册会计师修改审计报告的事实。

第四章 要 求

第一节 财务报表日至审计报告日之间发生的事项

第九条 注册会计师应当设计和实施审计程序，获取充分、适当的审计证据，以确定所有在财务报表日至审计报告日之间发生的、需要在财务报表中调整或披露的事项均已得到识别。但是，注册会计师并不需要对之前已实施审计程序并已得出满意结论的事项执行追加的审计程序。

第十条 注册会计师应当按照本准则第九条的规定实施审计程序，以使审计程序能够涵盖财务报表日至审计报告日（或尽可能接近审计报告日）之间的期间。

在确定审计程序的性质和范围时，注册会计师应当考虑风险评估的结果。这些程序应当包括：

（一）了解管理层为确保识别期后事项而建立的程序；

（二）询问管理层和治理层（如适用），确定是否已发生可能影响财务报表的期后事项；

（三）查阅被审计单位的所有者、管理层和治理层在财务报表日后举行会议的纪要，在不能获取会议纪要的情况下，询问此类会议讨论的事项；

（四）查阅被审计单位最近的中期财务报表（如有）。

第十一条 在实施本准则第九条和第十条规定的审计程序后，如果注册会计师识别出需要在财务报表中调整或披露的事项，应当确定这些事项是否按照适用的财务报告编制基础的规定在财务报表中得到恰当反映。

第十二条 注册会计师应当按照《中国注册会计师审计准则第 1341 号——书面声明》的规定，要求管理层和治理层（如适用）提供书面声明，确认所有在财务报表日后发生的、按照适用的财务报告编制基础的规定应予调整或披露的事项均已得到调整或披露。

第二节 注册会计师在审计报告日后至财务报表报出日前知悉的事实

第十三条 在审计报告日后，注册会计师没有义务针对财务报表实施任何审计程序。

在审计报告日后至财务报表报出日前，如果知悉了某事实，且若在审计报告日知悉可能导致修改审计报告，注册会计师应当：

（一）与管理层和治理层（如适用）讨论该事项；

(二)确定财务报表是否需要修改;

(三)如果需要修改,询问管理层将如何在财务报表中处理该事项。

第十四条 如果管理层修改财务报表,注册会计师应当:

(一)根据具体情况对有关修改实施必要的审计程序;

(二)除非本准则第十五条所述的情形适用,将本准则第九条和第十条规定的审计程序延伸至新的审计报告日,并针对修改后的财务报表出具新的审计报告。新的审计报告日不应早于修改后的财务报表被批准的日期。

第十五条 在有关法律法规或适用的财务报告编制基础未禁止的情况下,如果管理层对财务报表的修改仅限于反映导致修改的期后事项的影响,被审计单位的董事会、管理层或类似机构也仅对有关修改进行批准,注册会计师可以仅针对有关修改将本准则第九条和第十条所述的审计程序延伸至新的审计报告日。在这种情况下,注册会计师应当选用下列处理方式之一:

(一)修改审计报告,针对财务报表修改部分增加补充报告日期,从而表明注册会计师对期后事项实施的审计程序仅限于财务报表相关附注所述的修改;

(二)出具新的或经修改的审计报告,在强调事项段或其他事项段中说明注册会计师对期后事项实施的审计程序仅限于财务报表相关附注所述的修改。

第十六条 在某些国家或地区,法律法规或财务报告框架可能不要求管理层报出经修改的财务报表,相应地,注册会计师也无需出具经修改的或新的审计报告。然而,如果认为管理层应当修改财务报表而没有修改,注册会计师应当分别以下情况予以处理:

(一)如果审计报告尚未提交给被审计单位,注册会计师应当按照《中国注册会计师审计准则第 1502 号——在审计报告中发表非无保留意见》的规定发表非无保留意见,然后再提交审计报告;

(二)如果审计报告已经提交给被审计单位,注册会计师应当通知管理层和治理层(除非治理层全部成员参与管理被审计单位)在财务报表作出必要修改前不要向第三方报出。如果财务报表在未经必要修改的情况下仍被报出,注册会计师应当采取适当措施,以设法防止财务报表使用者信赖该审计报告。

第三节 注册会计师在财务报表报出后知悉的事实

第十七条 在财务报表报出后,注册会计师没有义务针对财务报表实施任何审计程序。

在财务报表报出后,如果知悉了某事实,且若在审计报告日知悉该事实可能导致修改审计报告,注册会计师应当:

(一)与管理层和治理层(如适用)讨论该事项;

(二)确定财务报表是否需要修改;

(三)如果需要修改,询问管理层将如何在财务报表中处理该事项。

第十八条 如果管理层修改了财务报表,注册会计师应当:

(一)根据具体情况对有关修改实施必要的审计程序;

(二)复核管理层采取的措施能否确保所有收到原财务报表和审计报告的人士了解这一情况;

(三)除非本准则第十五条所述的情形适用,将本准则第九条和第十条规定的审计程序延伸至新的审计报告日,并针对修改后的财务报表出具新的审计报告,新的审计报告日不应早于修改后的财务报表被批准的日期;

(四)如果本准则第十五条所述的情形适用,应当按照本准则第十五条的规定修改审计报告或提供新的审计报告。

第十九条 注册会计师应当在新的或经修改的审计报告中增加强调事项段或其他事项段,提醒财务报表使用者关注财务报表附注中有关修改原财务报表的详细原因和注册会计师提供的原审计报告。

第二十条 如果管理层没有采取必要措施确保所有收到原财务报表的人士了解这一情况,也没有在注册会计师认为需要修改的情况下修改财务报表,注册会计师应当通知管理层和治理层(除非治理层全部成员参与管理被审计单位)其将设法防止财务报表使用者信赖该审计报告。

如果注册会计师已经通知管理层或治理层,而管理层或治理层没有采取必要措施,注册会计师应当采取适当措施,以设法防止财务报表使用者信赖该审计报告。

第五章　附　　则

第二十一条　本准则自 2012 年 1 月 1 日起施行。

27. 中国注册会计师审计准则第 1341 号——书面声明

第一章　总　　则

第一条　为了规范注册会计师在财务报表审计中向管理层获取书面声明，制定本准则。

第二条　本准则附录中列示的其他审计准则，对注册会计师在特定情况下就相关事项获取书面声明提出具体要求，但并不构成对本准则普遍适用性的限制。

第三条　审计证据是注册会计师为了得出审计结论和形成审计意见而使用的信息。书面声明是注册会计师在财务报表审计中需要获取的必要信息，也是审计证据。

第四条　尽管书面声明提供必要的审计证据，但其本身并不为所涉及的任何事项提供充分、适当的审计证据。而且，管理层已提供可靠书面声明的事实，并不影响注册会计师就管理层责任履行情况或具体认定获取的其他审计证据的性质和范围。

第二章　定　　义

第五条　书面声明，是指管理层向注册会计师提供的书面陈述，用以确认某些事项或支持其他审计证据。

书面声明不包括财务报表及其认定，以及支持性账簿和相关记录。

第六条　在本准则中单独提及管理层时，应当理解为管理层和治理层（如适用）。管理层负责按照适用的财务报告编制基础编制财务报表并使其实现公允反映。

第三章　目　　标

第七条　注册会计师的目标是：

（一）向管理层获取其认为自身已履行编制财务报表和向注册会计师提供完整信息的责任的书面声明；

（二）如果注册会计师认为有必要或其他审计准则有要求，通过书面声明支持与财务报表或具体认定相关的其他审计证据；

（三）恰当应对管理层提供的书面声明或管理层不提供注册会计师要求的书面声明的情况。

第四章　要　　求

第一节　提供书面声明的管理层

第八条　注册会计师应当要求对财务报表承担相应责任并了解相关事项的管理层提供书面声明。

第二节　针对管理层责任的书面声明

第九条　针对财务报表的编制，注册会计师应当要求管理层提供书面声明，确认其根据审计业务约定条款，履行了按照适用的财务报告编制基础编制财务报表并使其实现公允反映（如适用）的责任。

第十条　针对提供的信息和交易的完整性，注册会计师应当要求管理层就下列事项提供书面声明：

（一）按照审计业务约定条款，已向注册会计师提供所有相关信息，并允许注册会计师不受限制地接触所有相关信息以及被审计单位内部人员和其他相关人员。

（二）所有交易均已记录并反映在财务报表中。

第十一条 注册会计师应当要求管理层按照审计业务约定条款中对管理层责任的描述方式，在本准则第九条和第十条要求的书面声明中对管理层责任进行描述。

第三节 其他书面声明

第十二条 除本准则和其他审计准则要求的书面声明外，如果注册会计师认为有必要获取一项或多项其他书面声明，以支持与财务报表或者一项或多项具体认定相关的其他审计证据，注册会计师应当要求管理层提供这些书面声明。

第四节 书面声明的日期和涵盖的期间

第十三条 书面声明的日期应当尽量接近对财务报表出具审计报告的日期，但不得在审计报告日后。书面声明应当涵盖审计报告针对的所有财务报表和期间。

第五节 书面声明的形式

第十四条 书面声明应当以声明书的形式致送注册会计师。如果法律法规要求管理层就其责任作出书面公开陈述，并且注册会计师认为这些陈述提供了本准则第九条和第十条要求的部分或全部声明，则这些陈述所涵盖的相关事项不必包括在声明书中。

第六节 对书面声明可靠性的疑虑以及管理层不提供要求的书面声明

第十五条 如果对管理层的胜任能力、诚信、道德价值观或勤勉尽责存在疑虑，或者对管理层在这些方面的承诺或贯彻执行存在疑虑，注册会计师应当确定这些疑虑对书面或口头声明和审计证据总体的可靠性可能产生的影响。

第十六条 如果书面声明与其他审计证据不一致，注册会计师应当实施审计程序以设法解决这些问题。如果问题仍未解决，注册会计师应当重新考虑对管理层的胜任能力、诚信、道德价值观或勤勉尽责的评估，或者重新考虑对管理层在这些方面的承诺或贯彻执行的评估，并确定书面声明与其他审计证据的不一致对书面或口头声明和审计证据总体的可靠性可能产生的影响。

第十七条 如果认为书面声明不可靠，注册会计师应当采取适当措施，包括本准则第十九条所提及的按照《中国注册会计师审计准则第 1502 号——在审计报告中发表非无保留意见》的规定，确定其对审计意见可能产生的影响。

第十八条 如果管理层不提供要求的一项或多项书面声明，注册会计师应当：

（一）与管理层讨论该事项；

（二）重新评价管理层的诚信，并评价该事项对书面或口头声明和审计证据总体的可靠性可能产生的影响；

（三）采取适当措施，包括本准则第十九条提及的按照《中国注册会计师审计准则第 1502 号——在审计报告中发表非无保留意见》的规定，确定该事项对审计意见可能产生的影响。

第十九条 按照《中国注册会计师审计准则第 1502 号——在审计报告中发表非无保留意见》的规定，如果存在下列情形之一，注册会计师应当对财务报表发表无法表示意见：

（一）注册会计师对管理层的诚信产生重大疑虑，以至于认为其按照本准则第九条和第十条的要求作出的书面声明不可靠；

（二）管理层不提供本准则第九条和第十条要求的书面声明。

第五章 附　　则

第二十条 本准则自 2012 年 1 月 1 日起施行。

28. 中国注册会计师审计准则第 1401 号——对集团财务报表审计的特殊考虑

第一章　总　　则

第一条　为了规范注册会计师执行集团审计时的特殊考虑，特别是涉及组成部分注册会计师的特殊考虑，制定本准则。

第二条　本准则规范集团审计的特定方面，其他审计准则同样适用于集团审计。

第三条　在执行非集团审计时，如果利用其他注册会计师的工作（如委托其他注册会计师对存放在偏远地点的存货实施监盘或对存放在偏远地点的固定资产实施检查），注册会计师可以根据具体情况遵守本准则的相关规定。

第四条　因法律法规要求或其他原因，组成部分注册会计师可能需要对组成部分财务报表发表审计意见。集团项目组可以决定利用组成部分注册会计师对组成部分财务报表发表审计意见所依据的审计证据，作为集团审计的审计证据，但仍需要遵守本准则的规定。

第五条　按照《中国注册会计师审计准则第 1121 号——对财务报表审计实施的质量控制》的规定，集团项目合伙人应当确信执行集团审计业务的人员（包括组成部分注册会计师）从整体上具备适当的胜任能力和必要素质。

集团项目合伙人还需要对指导、监督和执行集团审计业务承担责任。

第六条　无论是集团项目组还是组成部分注册会计师对组成部分财务信息执行相关工作，集团项目合伙人都需要遵守《中国注册会计师审计准则第 1121 号——对财务报表审计实施的质量控制》的相关规定。

当组成部分注册会计师对组成部分财务信息执行相关工作时，本准则有助于集团项目合伙人满足《中国注册会计师审计准则第 1121 号——对财务报表审计实施的质量控制》的要求。

第七条　审计风险取决于重大错报风险和检查风险。在集团审计中，审计风险包括组成部分注册会计师可能没有发现组成部分财务信息存在的错报（该错报导致集团财务报表发生重大错报）的风险，以及集团项目组可能没有发现该错报的风险。

本准则规定了在组成部分注册会计师对组成部分财务信息实施风险评估程序和进一步审计程序时，集团项目组在确定参与组成部分注册会计师工作的性质、时间安排和范围时需要考虑的事项。集团项目组参与组成部分注册会计师工作的目的是为了获取充分、适当的审计证据，以作为形成集团财务报表审计意见的基础。

第二章　定　　义

第八条　集团，是指由所有组成部分构成的整体，并且所有组成部分的财务信息包括在集团财务报表中。集团至少拥有一个以上的组成部分。

第九条　集团财务报表，是指包括一个以上组成部分财务信息的财务报表。集团财务报表也指没有母公司但处在同一控制下的各组成部分编制的财务信息所汇总生成的财务报表。

第十条　本准则所称适用的财务报告编制基础，是指适用于集团财务报表的财务报告编制基础。

第十一条　集团管理层，是指负责编制集团财务报表的管理层。

第十二条　集团层面控制，是指集团管理层设计、执行和维护的与集团财务报告相关的控制。

第十三条　集团审计，是指对集团财务报表进行的审计。

第十四条　集团审计意见，是指对集团财务报表发表的审计意见。

第十五条　集团项目合伙人，是指会计师事务所中负责某项集团审计业务及其执行，并代表会计师事务所在对集团财务报表出具的审计报告上签字的合伙人。如果集团项目合伙人以外的其他注册会计师在对集团财务报表出具的审计报告上签字，本准则对集团项目合伙人的规定也适用于该签字注册会计师。

如果联合注册会计师执行集团审计，联合项目合伙人及其项目组整体上构成集团项目合伙人和集团项目组。但是，本准则并不规范联合注册会计师之间的关系，或参与联合审计的一方注册会计师执行的工作与另一方注册会计师执行的工作之间的关系。

第十六条 集团项目组，是指参与集团审计的，包括集团项目合伙人在内的所有合伙人和员工。集团项目组负责制定集团总体审计策略，与组成部分注册会计师沟通，针对合并过程执行相关工作，并评价根据审计证据得出的结论，作为形成集团财务报表审计意见的基础。

第十七条 组成部分，是指某一实体或某项业务活动，其财务信息由集团或组成部分管理层编制并包括在集团财务报表中。

第十八条 重要组成部分，是指集团项目组识别出的具有下列特征之一的组成部分：

(一)单个组成部分对集团具有财务重大性；

(二)由于单个组成部分的特定性质或情况，可能存在导致集团财务报表发生重大错报的特别风险。

第十九条 组成部分管理层，是指负责编制组成部分财务信息的管理层。

第二十条 组成部分注册会计师，是指基于集团审计目的，按照集团项目组的要求，对组成部分财务信息执行相关工作的注册会计师。

第二十一条 组成部分重要性，是指集团项目组为组成部分确定的重要性。

第二十二条 合并过程，是指：

(一)通过合并、比例合并、权益法或成本法，在集团财务报表中对组成部分财务信息进行确认、计量、列报和披露；

(二)对没有母公司但处在同一控制下的各组成部分编制的财务信息进行汇总。

第三章 目　标

第二十三条 注册会计师的目标是：

(一)确定是否担任集团审计的注册会计师；

(二)如果担任集团审计的注册会计师，就组成部分注册会计师对组成部分财务信息执行工作的范围、时间安排和发现的问题，与组成部分注册会计师进行清晰地沟通；针对组成部分财务信息和合并过程，获取充分、适当的审计证据，以对集团财务报表是否在所有重大方面按照适用的财务报告框架编制发表审计意见。

第四章 要　求

第一节 责　任

第二十四条 集团项目合伙人应当按照职业准则和适用的法律法规的规定，负责指导、监督和执行集团审计业务，并确定出具的审计报告是否适合具体情况。注册会计师对集团财务报表出具的审计报告不应提及组成部分注册会计师，除非法律法规另有规定。如果法律法规要求在审计报告中提及组成部分注册会计师，审计报告应当指明，这种提及并不减轻集团项目合伙人及其所在的会计师事务所对集团审计意见承担的责任。

第二节 集团审计业务的承接与保持

第二十五条 在具体运用《中国注册会计师审计准则第 1121 号——对财务报表审计实施的质量控制》时，集团项目合伙人应当确定是否能够合理预期获取与合并过程和组成部分财务信息相关的充分、适当的审计证据，以作为形成集团审计意见的基础。因此，集团项目组应当了解集团及其环境、集团组成部分及其环境，以足以识别可能的重要组成部分。如果组成部分注册会计师对重要组成部分财务信息执行相关工作，集团项目合伙人应当评价集团项目组参与组成部分注册会计师工作的程度是否足以获取充分、适当的审计证据。

第二十六条 如果集团项目合伙人认为由于集团管理层施加的限制，使集团项目组不能获取充分、适当的审计证据，由此产生的影响可能导致对集团财务报表发表无法表示意见，集团项目合伙人应当视具体情况采取下列措施：

（一）如果是新业务，拒绝接受业务委托，如果是连续审计业务，在法律法规允许的情况下，解除业务约定；

（二）如果法律法规禁止注册会计师拒绝接受业务委托，或者注册会计师不能解除业务约定，在可能的范围内对集团财务报表实施审计，并对集团财务报表发表无法表示意见。

第二十七条 集团项目合伙人应当按照《中国注册会计师审计准则第 1111 号——就审计业务约定条款达成一致意见》的规定，就集团审计业务约定条款与管理层或治理层（如适用）达成一致意见。

第三节 总体审计策略和具体审计计划

第二十八条 集团项目组应当按照《中国注册会计师审计准则第 1201 号——计划审计工作》的规定，制定集团总体审计策略和具体审计计划。

第二十九条 集团项目合伙人应当复核集团总体审计策略和具体审计计划。

第四节 了解集团及其环境、集团组成部分及其环境

第三十条 注册会计师应当通过了解被审计单位及其环境，识别和评估财务报表重大错报风险。

集团项目组应当：

（一）在业务承接或保持阶段获取信息的基础上，进一步了解集团及其环境、集团组成部分及其环境，包括集团层面控制；

（二）了解合并过程，包括集团管理层向组成部分下达的指令。

第三十一条 集团项目组应当对集团及其环境、集团组成部分及其环境获取充分的了解，以足以：

（一）确认或修正最初识别的重要组成部分；

（二）评估由于舞弊或错误导致集团财务报表发生重大错报的风险。

第五节 了解组成部分注册会计师

第三十二条 如果计划要求组成部分注册会计师执行组成部分财务信息的相关工作，集团项目组应当了解下列事项：

（一）组成部分注册会计师是否了解并将遵守与集团审计相关的职业道德要求，特别是独立性要求；

（二）组成部分注册会计师是否具备专业胜任能力；

（三）集团项目组参与组成部分注册会计师工作的程度是否足以获取充分、适当的审计证据；

（四）组成部分注册会计师是否处于积极的监管环境中。

第三十三条 如果组成部分注册会计师不符合与集团审计相关的独立性要求，或集团项目组对本准则第三十二条第（一）项至第（三）项所列事项存有重大疑虑，集团项目组应当就组成部分财务信息获取充分、适当的审计证据，而不应要求组成部分注册会计师对组成部分财务信息执行相关工作。

第六节 重 要 性

第三十四条 集团项目组应当确定与重要性相关的下列事项：

（一）在制定集团总体审计策略时，确定集团财务报表整体的重要性。

（二）根据集团的特定情况，如果存在特定类别的交易、账户余额或披露，其发生的错报金额低于集团财务报表整体的重要性，但合理预期将影响财务报表使用者依据集团财务报表作出的经济决策，则确定适用于这些交易、账户余额或披露的一个或多个重要性水平。

（三）如果组成部分注册会计师对组成部分财务信息实施审计或审阅，基于集团审计目的，为这些组成部分确定组成部分重要性。为将未更正和未发现错报的汇总数超过集团财务报表整体的重要性的可能性降至适当的低水平，组成部分重要性应当低于集团财务报表整体的重要性。

（四）设定临界值，不能将超过该临界值的错报视为对集团财务报表明显微小的错报。

第三十五条 如果基于集团审计目的，由组成部分注册会计师对组成部分财务信息执行审计工作，集团项目组应当评价在组成部分层面确定的实际执行的重要性的适当性。

第三十六条 如果因法律法规或其他原因要求对组成部分进行审计，并且集团项目组决定利用该审计为集团审计提供审计证据，集团项目组应当确定下列方面是否符合本准则的规定：

（一）组成部分财务报表整体的重要性；

（二）组成部分层面的实际执行的重要性。

第七节 针对评估的风险采取的应对措施

第三十七条 注册会计师应当针对评估的财务报表重大错报风险设计和实施恰当的应对措施。

对于组成部分财务信息，集团项目组应当确定由其亲自执行或由组成部分注册会计师代为执行的相关工作的类型。集团项目组还应当确定参与组成部分注册会计师工作的性质、时间安排和范围。

第三十八条 在确定对合并过程或组成部分财务信息拟实施的工作的性质、时间安排和范围时，如果预期集团层面控制运行有效，或者仅实施实质性程序不能提供认定层次的充分、适当的审计证据，集团项目组应当测试或要求组成部分注册会计师测试这些控制运行的有效性。

第三十九条 就集团而言，对于具有财务重大性的单个组成部分，集团项目组或代表集团项目组的组成部分注册会计师应当运用该组成部分的重要性，对组成部分财务信息实施审计。

第四十条 对由于其特定性质或情况，可能包括导致集团财务报表发生重大错报的特别风险的重要组成部分，集团项目组或代表集团项目组的组成部分注册会计师应当执行下列一项或多项工作：

（一）使用组成部分重要性对组成部分财务信息实施审计；

（二）针对与可能导致集团财务报表发生重大错报的特别风险相关的一个或多个账户余额、某类交易或披露事项实施审计；

（三）针对可能导致集团财务报表发生重大错报的特别风险实施特定的审计程序。

第四十一条 对于不重要的组成部分，集团项目组应当在集团层面实施分析程序。

第四十二条 如果集团项目组认为执行下列工作不能获取形成集团审计意见所依据的充分、适当的审计证据，应当采取本条第二款规定的措施：

（一）对重要组成部分财务信息执行的工作；

（二）对集团层面控制和合并过程执行的工作；

（三）在集团层面实施的分析程序。

集团项目组应当选择某些不重要的组成部分，并对已选择的组成部分财务信息亲自执行或由代表集团项目组的组成部分注册会计师执行下列一项或多项工作：

（一）使用组成部分重要性对组成部分财务信息实施审计；

（二）对一个或多个账户余额、一类或多类交易或披露实施审计；

（三）使用组成部分重要性对组成部分财务信息实施审阅；

（四）实施特定程序。

集团项目组应当在一段时间之后更换所选择的组成部分。

第四十三条 如果组成部分注册会计师对重要组成部分财务信息执行审计，集团项目组应当参与组成部分注册会计师实施的风险评估程序，以识别导致集团财务报表发生重大错报的特别风险。集团项目组参与的性质、时间安排和范围受其对组成部分注册会计师所了解情况的影响，但至少应当包括：

（一）与组成部分注册会计师或组成部分管理层讨论对集团而言重要的组成部分业务活动；

（二）与组成部分注册会计师讨论由于舞弊或错误导致组成部分财务信息发生重大错报的可能性；

（三）复核组成部分注册会计师对识别出的导致集团财务报表发生重大错报的特别风险形成的审计工作底稿。审计工作底稿可以采用备忘录的形式，反映组成部分注册会计师针对识别出的特别风险得出的结论。

第四十四条 如果在由组成部分注册会计师执行相关工作的组成部分内，识别出导致集团财务报表发生重大错报的特别风险，集团项目组应当评价针对识别出的特别风险拟实施的进一步审计程序的恰当性。根据对组成部分注册会计师的了解，集团项目组应当确定是否有必要参与进一步审计程序。

第八节 合并过程

第四十五条 根据本准则第三十条的规定，集团项目组应当了解集团层面的控制和合并过程，包括集团管理层向组成部分下达的指令。

根据本准则第三十八条的规定，如果对合并过程执行工作的性质、时间安排和范围基于预期集团层面控制有效运行，或者仅实施实质性程序不能提供认定层次的充分、适当的审计证据，集团项目组应当亲自测试或要求组成部分注册会计师代为测试集团层面控制运行的有效性。

第四十六条 集团项目组应当针对合并过程设计和实施进一步审计程序，以应对评估的、由合并过程导致的集团财务报表发生重大错报的风险。设计和实施的进一步审计程序应当包括评价所有组成部分是否均已包括在集团财务报表中。

第四十七条 集团项目组应当评价合并调整和重分类事项的适当性、完整性和准确性，并评价是否存在舞弊风险因素或可能存在管理层偏向的迹象。

第四十八条 如果组成部分财务信息没有按照集团财务报表采用的会计政策编制，集团项目组应当评价组成部分财务信息是否已得到适当调整，以满足编制和列报集团财务报表的要求。

第四十九条 集团项目组应当确定，组成部分注册会计师按照本准则第五十四条的规定进行的沟通中提及的财务信息是否就是包括在集团财务报表中的财务信息。

第五十条 如果集团财务报表包括的组成部分财务报表的报告期末不同于集团财务报表，集团项目组应当评价是否已按照适用的财务报告编制基础对这些财务报表作出恰当调整。

第九节 期后事项

第五十一条 如果集团项目组或组成部分注册会计师对组成部分财务信息实施审计，集团项目组或组成部分注册会计师应当实施审计程序，以识别组成部分自组成部分财务信息日至对集团财务报表出具审计报告日之间发生的、可能需要在集团财务报表中调整或披露的事项。

第五十二条 如果组成部分注册会计师执行组成部分财务信息审计以外的工作，集团项目组应当要求组成部分注册会计师告知其注意到的、可能需要在集团财务报表中调整或披露的期后事项。

第十节 与组成部分注册会计师的沟通

第五十三条 集团项目组应当及时向组成部分注册会计师通报工作要求。通报的内容应当明确组成部分注册会计师应执行的工作和集团项目组对其工作的利用，以及组成部分注册会计师与集团项目组沟通的形式和内容。

通报的内容还应当包括：

（一）在组成部分注册会计师知悉集团项目组将利用其工作的前提下，要求组成部分注册会计师确认其将配合集团项目组的工作。

（二）与集团审计相关的职业道德要求，特别是独立性要求。

（三）在对组成部分财务信息实施审计或审阅的情况下，组成部分的重要性和针对特定的某类交易、账户余额或披露采用的一个或多个重要性水平（如适用）以及临界值，超过临界值的错报不能视为对集团财务报表明显微小的错报。

（四）识别出的与组成部分注册会计师工作相关的、由于舞弊或错误导致集团财务报表发生重大错报的特别风险。集团项目组应当要求组成部分注册会计师及时沟通所有识别出的、在组成部分内的其他由于舞弊或错误可能导致集团财务报表发生重大错报的特别风险，以及组成部分注册会计师针对这些特别风险采取的应对措施。

（五）集团管理层编制的关联方清单和集团项目组知悉的任何其他关联方。集团项目组应当要求组成部分注册会计师及时沟通集团管理层或集团项目组以前未识别出的关联方。集团项目组应当确定是否需要将新识别的关联方告知其他组成部分注册会计师。

第五十四条 集团项目组应当要求组成部分注册会计师沟通与得出关于集团审计的结论相关的事项。沟通的内容应当包括：

（一）组成部分注册会计师是否已遵守与集团审计相关的职业道德要求，包括对独立性和专业胜任能力的要求；

（二）组成部分注册会计师是否已遵守集团项目组的要求；

（三）指出作为组成部分注册会计师出具报告对象的组成部分财务信息；

（四）因违反法律法规而可能导致集团财务报表发生重大错报的信息；

（五）组成部分财务信息中未更正错报的清单（清单不必包括低于集团项目组通报的临界值且明显微小的错报）；

（六）表明可能存在管理层偏向的迹象；

（七）描述识别出的组成部分层面值得关注的内部控制缺陷；

（八）组成部分注册会计师向组成部分治理层已通报或拟通报的其他重大事项，包括涉及组成部分管理层、在组成部分层面内部控制中承担重要职责的员工以及其他人员（在舞弊行为导致组成部分财务信息出现重大错报的情况下）的舞弊或舞弊嫌疑；

（九）可能与集团审计相关或者组成部分注册会计师期望集团项目组加以关注的其他事项，包括在组成部分注册会计师要求组成部分管理层提供的书面声明中指出的例外事项；

（十）组成部分注册会计师的总体发现、得出的结论和形成的意见。

第十一节　评价审计证据的充分性和适当性

第五十五条　集团项目组应当评价与组成部分注册会计师的沟通。集团项目组应当：

（一）与组成部分注册会计师、组成部分管理层或集团管理层（如适用）讨论在评价过程中发现的重大事项；

（二）确定是否有必要复核组成部分注册会计师审计工作底稿的相关部分。

第五十六条　如果认为组成部分注册会计师的工作不充分，集团项目组应当确定需要实施哪些追加的程序，以及这些程序是由组成部分注册会计师还是由集团项目组实施。

第五十七条　注册会计师应当获取充分、适当的审计证据，将审计风险降至可接受的低水平，从而得出合理的结论以作为形成审计意见的基础。

集团项目组应当评价，通过对合并过程实施的审计程序以及由集团项目组和组成部分注册会计师对组成部分财务信息执行的工作，是否已获取充分、适当的审计证据，作为形成集团审计意见的基础。

第五十八条　集团项目合伙人应当评价未更正错报（无论该错报是由集团项目组识别出的还是由组成部分注册会计师告知的）和未能获取充分、适当的审计证据的情况对集团审计意见的影响。

第十二节　与集团管理层和集团治理层的沟通

第五十九条　集团项目组应当按照《中国注册会计师审计准则第 1152 号——向治理层和管理层通报内部控制缺陷》的规定，确定哪些识别出的内部控制缺陷需要向集团治理层和集团管理层通报。

在确定通报的内容时，集团项目组应当考虑：

（一）集团项目组识别出的集团层面内部控制缺陷；

（二）集团项目组识别出的组成部分层面内部控制缺陷；

（三）组成部分注册会计师提请集团项目组关注的内部控制缺陷。

第六十条　如果集团项目组识别出舞弊或组成部分注册会计师提请集团项目组关注舞弊，或者有关信息表明可能存在舞弊，集团项目组应当及时向适当层级的集团管理层通报，以便管理层告知主要负责防止和发现舞弊事项的人员。

第六十一条　因法律法规要求或其他原因，组成部分注册会计师可能需要对组成部分财务报表发表审计意见。在这种情况下，集团项目组应当要求集团管理层告知组成部分管理层其尚未知悉的、集团项目组注意到的可能对组成部分财务报表产生重要影响的事项。

如果集团管理层拒绝向组成部分管理层通报该事项，集团项目组应当与集团治理层进行讨论。

如果该事项仍未得到解决，集团项目组在遵守法律法规和职业准则有关保密要求的前提下，应当考虑是否建议组成部分注册会计师在该事项得到解决之前，不对组成部分财务报表出具审计报告。

第六十二条　除《中国注册会计师审计准则第 1151 号——与治理层的沟通》和其他审计准则要求沟通的事项外，集团项目组还应当与集团治理层沟通下列事项：

（一）对组成部分财务信息拟执行工作的类型的概述；

（二）在组成部分注册会计师对重要组成部分财务信息拟执行的工作中，集团项目组计划参与其工作的性质的概述；

（三）对组成部分注册会计师的工作作出的评价，引起集团项目组对其工作质量产生疑虑的情形；

（四）集团审计受到的限制，如集团项目组接触某些信息受到的限制；

（五）涉及集团管理层、组成部分管理层、在集团层面控制中承担重要职责的员工以及其他人员（在舞弊行为导致集团财务报表出现重大错报的情况下）的舞弊或舞弊嫌疑。

第十三节 审计工作底稿

第六十三条 集团项目组应当就下列事项形成审计工作底稿：

（一）对组成部分的分析，指明重要组成部分以及对组成部分财务信息执行工作的类型；

（二）对于重要组成部分，集团项目组参与该组成部分注册会计师工作的性质、时间安排和范围，如果适用，还包括集团项目组对组成部分注册会计师审计工作底稿的相关部分进行的复核以及由此得出的结论；

（三）集团项目组与组成部分注册会计师就集团项目组提出的工作要求的书面沟通函件。

第五章 附 则

第六十四条 本准则自 2012 年 1 月 1 日起施行。

29. 中国注册会计师审计准则第 1411 号——利用内部审计人员的工作

第一章 总 则

第一条 为了规范注册会计师在获取充分、适当的审计证据时利用内部审计人员的工作，明确注册会计师利用内部审计人员工作的责任，制定本准则。

第二条 本准则适用于内部审计可能与注册会计师审计相关的情况，但不适用于内部审计人员在注册会计师实施审计程序时提供直接帮助的情况。

第三条 内部审计的目标是由管理层和治理层确定的。尽管内部审计的目标和注册会计师的目标不同，但用以实现各自目标的某些方式可能是相似的。

第四条 不论内部审计的自主程度和客观性如何，都不能像注册会计师那样对财务报表发表审计意见时独立于被审计单位。

注册会计师对发表的审计意见独立承担责任，这种责任并不因利用内部审计人员的工作而减轻。

第二章 定 义

第五条 内部审计职责（简称内部审计），是指由被审计单位建立的或由外部机构以服务形式提供的一种评价活动。内部审计的职能包括检查、评价和监督内部控制的恰当性和有效性等。

第六条 内部审计人员，是指执行内部审计活动的人员。内部审计人员可能属于内部审计部门或履行内部审计职责的类似部门。

第三章 目 标

第七条 在被审计单位设有内部审计，且注册会计师认为可能与其审计相关的情况下，注册会计师的目标是：

（一）确定是否利用以及在多大程度上利用内部审计人员的特定工作；

（二）如果利用内部审计人员的特定工作，确定该项工作是否足以实现审计目的。

第四章 要　　求

第一节 确定是否利用以及在多大程度上利用内部审计人员的工作

第八条 注册会计师应当确定：

(一)内部审计人员的工作是否可能足以实现审计目的；

(二)如果可能足以实现审计目的，内部审计人员的工作对注册会计师审计程序的性质、时间安排和范围产生的预期影响。

第九条 在确定内部审计人员的工作是否可能足以实现审计目的时，注册会计师应当评价：

(一)内部审计的客观性；

(二)内部审计人员的专业胜任能力；

(三)内部审计人员在执行工作时是否可能保持应有的职业关注；

(四)内部审计人员和注册会计师之间是否可能进行有效的沟通。

第十条 在确定内部审计人员的工作对注册会计师审计程序的性质、时间安排和范围产生的预期影响时，注册会计师应当考虑：

(一)内部审计人员已执行或拟执行的特定工作的性质和范围；

(二)针对特定的某类交易、账户余额和披露，评估的认定层次重大错报风险；

(三)在评价支持相关认定的审计证据时，内部审计人员的主观程度。

第二节 利用内部审计人员的特定工作

第十一条 如果拟利用内部审计人员的特定工作，注册会计师应当评价内部审计人员的特定工作并实施审计程序，以确定该项工作是否足以实现审计目的。

第十二条 在确定内部审计人员的特定工作是否足以实现审计目的时，注册会计师应当评价：

(一)内部审计工作是否由经过充分技术培训且精通业务的人员执行；

(二)内部审计人员的工作是否得到适当的监督、复核和记录；

(三)内部审计人员是否已经获取充分、适当的审计证据，使其能够得出合理的结论；

(四)内部审计人员得出的结论是否恰当，编制的报告是否与已执行工作的结果一致；

(五)内部审计人员披露的例外或异常事项是否得到恰当解决。

第三节 审计工作底稿

第十三条 如果利用内部审计人员的特定工作，注册会计师应当就下列事项形成审计工作底稿：

(一)针对内部审计人员工作的恰当性进行评价得出的结论；

(二)针对内部审计人员的工作实施的审计程序。

第五章 附　　则

第十四条 本准则自 2012 年 1 月 1 日起施行。

30. 中国注册会计师审计准则第 1421 号——利用专家的工作

第一章 总　　则

第一条 为了规范注册会计师在获取充分、适当的审计证据时利用专家的工作，明确注册会计师利用专家的工作的责任，制定本准则。

第二条 本准则不适用于下列情况：

(一)项目组拥有在会计或审计专业领域中具有专长的成员,或向在会计或审计专业领域中具有专长的个人或组织咨询。《中国注册会计师审计准则第 1121 号——对财务报表审计实施的质量控制》及其应用指南这种情况进行了规范。

(二)注册会计师利用在会计、审计以外的某一领域具有专长的个人或组织的工作,并且其工作被管理层利用以协助编制财务报表(即利用管理层的专家的工作)。《中国注册会计师审计准则第 1301 号——审计证据》及其应用指南对这种情况进行了规范。

第三条 注册会计师对发表的审计意见独立承担责任,这种责任不因利用专家的工作而减轻。

如果注册会计师按照本准则的规定利用了专家的工作,并得出结论认为专家的工作足以实现审计目的,注册会计师可以接受专家在其专业领域的工作结果或结论,并作为适当的审计证据。

第二章 定 义

第四条 专家,即注册会计师的专家,是指在会计或审计以外的某一领域具有专长的个人或组织,并且其工作被注册会计师利用,以协助注册会计师获取充分、适当的审计证据。专家既可能是会计师事务所内部专家(如会计师事务所或其网络事务所的合伙人或员工,包括临时员工),也可能是会计师事务所外部专家。

第五条 专长,是指在某一特定领域中拥有的专门技能、知识和经验。

第六条 管理层的专家,是指在会计或审计以外的某一领域具有专长的个人或组织,其工作被管理层利用以协助编制财务报表。

第三章 目 标

第七条 注册会计师的目标是:

(一)确定是否利用专家的工作;

(二)如果利用专家的工作,确定专家的工作是否足以实现审计目的。

第四章 要 求

第一节 确定是否利用专家的工作

第八条 如果在会计或审计以外的某一领域的专长对获取充分、适当的审计证据是必要的,注册会计师应当确定是否利用专家的工作。

第二节 审计程序的性质、时间安排和范围

第九条 本准则第十条至第十四条规定的审计程序的性质、时间安排和范围,将随着具体情况的变化而变化。

在确定本准则第十条至第十四条规定的审计程序的性质、时间安排和范围时,注册会计师应当考虑下列事项:

(一)与专家工作相关的事项的性质;

(二)与专家工作相关的事项中存在的重大错报风险;

(三)专家的工作在审计中的重要程度;

(四)注册会计师对专家以前所做工作的了解,以及与之接触的经验;

(五)专家是否需要遵守会计师事务所的质量控制政策和程序。

第三节 专家的胜任能力、专业素质和客观性

第十条 注册会计师应当评价专家是否具有实现审计目的所必需的胜任能力、专业素质和客观性。在评价外部专家的客观性时,注册会计师应当询问可能对外部专家客观性产生不利影响的利益和关系。

第四节 了解专家的专长领域

第十一条 注册会计师应当充分了解专家的专长领域,以能够:

（一）为了实现审计目的，确定专家工作的性质、范围和目标；
（二）评价专家的工作是否足以实现注册会计师的目的。

第五节　与专家达成一致意见

第十二条　注册会计师应当与专家就下列事项达成一致意见，并根据需要形成书面协议：
（一）专家工作的性质、范围和目标；
（二）注册会计师和专家各自的角色和责任；
（三）注册会计师和专家之间沟通的性质、时间安排和范围，包括专家提供的报告的形式；
（四）对专家遵守保密规定的要求。

第六节　评价专家工作的恰当性

第十三条　注册会计师应当评价专家的工作是否足以实现审计目的，包括：
（一）专家的工作结果或结论的相关性和合理性，以及与其他审计证据的一致性；
（二）如果专家的工作涉及使用重要的假设和方法，这些假设和方法在具体情况下的相关性和合理性；
（三）如果专家的工作涉及使用重要的原始数据，这些原始数据的相关性、完整性和准确性。
第十四条　如果确定专家的工作不足以实现审计目的，注册会计师应当采取下列措施之一：
（一）就专家拟执行的进一步工作的性质和范围，与专家达成一致意见；
（二）根据具体情况，实施追加的审计程序。

第七节　在审计报告中提及专家

第十五条　注册会计师不应在无保留意见的审计报告中提及专家的工作，除非法律法规另有规定。

如果法律法规要求提及专家的工作，注册会计师应当在审计报告中指明，这种提及并不减轻注册会计师对审计意见承担的责任。

第十六条　如果注册会计师在审计报告中提及专家的工作，并且这种提及与理解审计报告中的非无保留意见相关，注册会计师应当在审计报告中指明，这种提及并不减轻注册会计师对审计意见承担的责任。

第五章　附　　则

第十七条　本准则自 2012 年 1 月 1 日起施行。

31. 中国注册会计师审计准则第 1501 号——对财务报表形成审计意见和出具审计报告

第一章　总　　则

第一条　为了规范注册会计师对财务报表形成审计意见，以及作为财务报表审计结果所出具的审计报告的格式和内容，制定本准则。

第二条　《中国注册会计师审计准则第 1502 号——在审计报告中发表非无保留意见》和《中国注册会计师审计准则第 1503 号——在审计报告中增加强调事项段和其他事项段》规定了注册会计师在审计报告中发表非无保留意见或者增加强调事项段或其他事项段时，审计报告的格式和内容如何受到影响。

第三条　本准则适用于注册会计师执行整套通用目的财务报表审计业务。

《中国注册会计师审计准则第 1601 号——对按照特殊目的编制基础编制的财务报表审计的特殊考虑》，规定了注册会计师对按照特殊目的编制基础编制的财务报表审计的特殊考虑。

《中国注册会计师审计准则第 1603 号——对单一财务报表和财务报表特定要素审计的特殊考虑》，规定了注册会计师对单一财务报表或财务报表特定要素、账户或项目审计的特殊考虑。

第四条　本准则要求注册会计师保持审计报告的一致性。在按照中国注册会计师审计准则执行了审计工作的情况下，注册会计师保持审计报告的一致性，将有助于使用者更容易识别已按照中国注册会计师审计准则执行的审计业务，从而增强审计报告的可信性，同时有助于使用者理解以及识别发生的异常情况。

第二章 定 义

第五条 本准则所称财务报表，是指整套通用目的财务报表，包括相关附注。相关附注通常包括重要会计政策概要和其他解释性信息。适用的财务报告编制基础的规定决定了财务报表的形式和内容，以及整套财务报表的构成。

第六条 通用目的财务报表，是指按照通用目的编制基础编制的财务报表。

第七条 通用目的编制基础，是指旨在满足广大财务报表使用者共同的财务信息需求的财务报告编制基础。

第八条 审计报告，是指注册会计师根据审计准则的规定，在执行审计工作的基础上，对财务报表发表审计意见的书面文件。

第九条 无保留意见，是指当注册会计师认为财务报表在所有重大方面按照适用的财务报告编制基础编制并实现公允反映时发表的审计意见。

第十条 标准审计报告，是指不含有说明段、强调事项段、其他事项段或其他任何修饰性用语的无保留意见的审计报告。

包含其他报告责任段，但不含有强调事项段或其他事项段的无保留意见的审计报告也被视为标准审计报告。

第十一条 非标准审计报告，是指带强调事项段或其他事项段的无保留意见的审计报告和非无保留意见的审计报告。

第三章 目 标

第十二条 注册会计师的目标是：

(一)在评价根据审计证据得出的结论的基础上，对财务报表形成审计意见；

(二)通过书面报告的形式清楚地表达审计意见，说明其形成基础。

第四章 要 求

第一节 对财务报表形成审计意见

第十三条 注册会计师应当就财务报表是否在所有重大方面按照适用的财务报告编制基础编制并实现公允反映形成审计意见。

第十四条 为了形成审计意见，针对财务报表整体是否不存在由于舞弊或错误导致的重大错报，注册会计师应当得出结论，确定是否已就此获取合理保证。

在得出结论时，注册会计师应当考虑下列方面：

(一)按照《中国注册会计师审计准则第 1231 号——针对评估的重大错报风险采取的应对措施》的规定，是否已获取充分、适当的审计证据；

(二)按照《中国注册会计师审计准则第 1251 号——评价审计过程中识别出的错报》的规定，未更正错报单独或汇总起来是否构成重大错报；

(三)本准则第十五条至第十八条要求作出的评价。

第十五条 注册会计师应当评价财务报表是否在所有重大方面按照适用的财务报告编制基础编制。

在评价时，注册会计师应当考虑被审计单位会计实务的质量，包括表明管理层的判断可能出现偏向的迹象。

第十六条 注册会计师应当依据适用的财务报告编制基础特别评价下列内容：

(一)财务报表是否充分披露了选择和运用的重要会计政策；

(二)选择和运用的会计政策是否符合适用的财务报告编制基础，并适合于被审计单位的具体情况；

(三)管理层作出的会计估计是否合理;

(四)财务报表列报的信息是否具有相关性、可靠性、可比性和可理解性;

(五)财务报表是否作出充分披露,使财务报表预期使用者能够理解重大交易和事项对财务报表所传递的信息的影响;

(六)财务报表使用的术语(包括每一财务报表的标题)是否适当。

第十七条 按照本准则第十五条和第十六条的规定作出的评价还应当包括财务报表是否实现公允反映。

在评价财务报表是否实现公允反映时,注册会计师应当考虑下列内容:

(一)财务报表的整体列报、结构和内容是否合理;

(二)财务报表(包括相关附注)是否公允地反映了相关交易和事项。

第十八条 注册会计师应当评价财务报表是否恰当提及或说明适用的财务报告编制基础。

第二节 审计意见的类型

第十九条 如果认为财务报表在所有重大方面按照适用的财务报告编制基础编制并实现反映,注册会计师应当发表无保留意见。

第二十条 当存在下列情形之一时,注册会计师应当按照《中国注册会计师审计准则第 1502 号——在审计报告中发表非无保留意见》的规定,在审计报告中发表非无保留意见:

(一)根据获取的审计证据,得出财务报表整体存在重大错报的结论;

(二)无法获取充分、适当的审计证据,不能得出财务报表整体不存在重大错报的结论。

第二十一条 如果财务报表没有实现公允反映,注册会计师应当就该事项与管理层讨论,并视适用的财务报告编制基础的规定和该事项得到解决的情况,决定是否有必要按照《中国注册会计师审计准则第 1502 号——在审计报告中发表非无保留意见》的规定在审计报告中发表非无保留意见。

第三节 审计报告

第二十二条 审计报告应当采用书面形式。

第二十三条 审计报告应当包括下列要素:

(一)标题;

(二)收件人;

(三)引言段;

(四)管理层对财务报表的责任段;

(五)注册会计师的责任段;

(六)审计意见段;

(七)注册会计师的签名和盖章;

(八)会计师事务所的名称、地址和盖章;

(九)报告日期。

第二十四条 审计报告应当具有标题,统一规范为“审计报告”。

第二十五条 审计报告应当按照审计业务约定的要求载明收件人。

第二十六条 审计报告的引言段应当包括下列方面:

(一)指出被审计单位的名称;

(二)说明财务报表已经审计;

(三)指出构成整套财务报表的每一财务报表的名称;

(四)提及财务报表附注,包括重要会计政策概要和其他解释性信息;

(五)指明构成整套财务报表的每一财务报表的日期或涵盖的期间。

第二十七条 审计报告应当包含标题为“管理层对财务报表的责任”的段落。

第二十八条 管理层对财务报表的责任段描述被审计单位中负责编制财务报表的人员的责任。

第二十九条 管理层对财务报表的责任段应当说明,编制财务报表是管理层的责任,这种责任包括:

（一）按照适用的财务报告编制基础编制财务报表，并使其实现公允反映；

（二）设计、执行和维护必要的内部控制，以使财务报表不存在由于舞弊或错误导致的重大错报。

第三十条 审计报告应当包含标题为“注册会计师的责任”的段落。

第三十一条 注册会计师的责任段应当说明下列内容：

（一）注册会计师的责任是在执行审计工作的基础上对财务报表发表审计意见。

（二）注册会计师按照中国注册会计师审计准则的规定执行了审计工作。中国注册会计师审计准则要求注册会计师遵守中国注册会计师职业道德守则，计划和执行审计工作以对财务报表是否不存在重大错报获取合理保证。

（三）审计工作涉及实施审计程序，以获取有关财务报表金额和披露的审计证据。选择的审计程序取决于注册会计师的判断，包括对由于舞弊或错误导致的财务报表重大错报风险的评估。在进行风险评估时，注册会计师考虑与财务报表编制和公允列报相关的内部控制，以设计恰当的审计程序，但目的并非对内部控制的有效性发表意见。审计工作还包括评价管理层选用会计政策的恰当性和作出会计估计的合理性，以及评价财务报表的总体列报。

（四）注册会计师相信获取的审计证据是充分、适当的，为其发表审计意见提供了基础。

如果结合财务报表审计对内部控制的有效性发表意见，注册会计师应当删除本条第一款第（三）项中“但目的并非对内部控制的有效性发表意见”的措辞。

第三十二条 审计报告应当包含标题为“审计意见”的段落。

第三十三条 如果对财务报表发表无保留意见，除非法律法规另有规定，审计意见应当使用“财务报表在所有重大方面按照[适用的财务报告编制基础（如企业会计准则等）]编制，公允反映了……”的措辞。

第三十四条 如果在审计意见中提及的适用的财务报告编制基础不是企业会计准则，而是国际财务报告准则、国际公共部门会计准则或者其他国家或地区的财务报告准则，注册会计师应当在审计意见段中指明国际财务报告准则或国际公共部门会计准则，或者财务报告准则所属的国家或地区。

第三十五条 除审计准则规定的注册会计师对财务报表出具审计报告的责任外，相关法律法规可能对注册会计师设定了其他报告责任。如果注册会计师在对财务报表出具的审计报告中履行其他报告责任，应当在审计报告中将其单独作为一部分，并以“按照相关法律法规的要求报告的事项”为标题。

第三十六条 如果审计报告包含“按照相关法律法规的要求报告的事项”部分，审计报告应当区分为“对财务报表出具的审计报告”和“按照相关法律法规的要求报告的事项”两部分。本准则第二十六条至第三十四条提及的标题和段落属于第一部分，置于“对财务报表出具的审计报告”标题下；“按照相关法律法规的要求报告的事项”属于第二部分，置于“对财务报表出具的审计报告”部分之后。

第三十七条 注册会计师出具非标准审计报告时，应当遵守《中国注册会计师审计准则第 1502 号——在审计报告中发表非无保留意见》、《中国注册会计师审计准则第 1503 号——在审计报告中增加强调事项段和其他事项段》和本准则的相关规定。

第三十八条 审计报告应当由注册会计师签名和盖章。

第三十九条 审计报告应当载明会计师事务所的名称和地址，并加盖会计师事务所公章。

第四十条 审计报告应当注明报告日期。审计报告的日期不应早于注册会计师获取充分、适当的审计证据，并在此基础上对财务报表形成审计意见的日期。

在确定审计报告日期时，注册会计师应当确信已获取下列两方面的审计证据：

（一）构成整套财务报表的所有报表（包括相关附注）已编制完成；

（二）被审计单位的董事会、管理层或类似机构已经认可其对财务报表负责。

第四十一条 注册会计师在按照中国注册会计师审计准则执行审计工作时，还可能同时被要求按照其他国家或地区审计准则执行审计工作。在这种情况下，审计报告除了提及中国注册会计师审计准则外，还可能同时提及其他国家或地区审计准则。只有在同时符合下列条件时，注册会计师才应当同时提及：

（一）其他国家或地区审计准则与中国注册会计师审计准则不存在冲突，即不会导致注册会计师形成不同的审计意见，也不会导致在中国注册会计师审计准则要求增加强调事项段的情况下而其他国家或地区的审计准则不要求增加强调事项段；

（二）如果使用其他国家或地区审计准则规定的结构和措词，审计报告至少应当包括在本准则第二十四条规定的每一要素，并且指明其他国家或地区审计准则。

第四十二条 如果审计报告同时提及中国注册会计师审计准则和其他国家或地区审计准则，审计报告应当指明审计准则所属的国家或地区。

第四节 与财务报表一同列报的补充信息

第四十三条 如果被审计单位将适用的财务报告编制基础没有要求的补充信息与已审计财务报表一同列报，注册会计师应当评价被审计单位是否清楚地将这些补充信息与已审计财务报表予以区分。

如果被审计单位未能清楚地将补充信息与已审计财务报表予以区分，注册会计师应当要求管理层改变未审计补充信息的列报方式。如果管理层拒绝改变，注册会计师应当在审计报告中说明补充信息未审计。

第四十四条 对于适用的财务报告编制基础没有要求的补充信息，如果由于其性质和列报方式导致不能使其清楚地与已审计财务报表予以区分，从而构成财务报表必要的组成部分，这些补充信息应当涵盖在审计意见中。

第五章 附 则

第四十五条 本准则自2012年1月1日起施行。

32. 中国注册会计师审计准则第1502号——在审计报告中发表非无保留意见

第一章 总 则

第一条 为了规范注册会计师在财务报表审计中出具非无保留意见的审计报告，制定本准则。

第二条 当按照《中国注册会计师审计准则第1501号——对财务报表形成审计意见和出具审计报告》的规定形成审计意见时，如果认为有必要发表非无保留意见，注册会计师应当遵守本准则。

第三条 本准则规定了三种类型的非无保留意见，即保留意见、否定意见和无法表示意见。

注册会计师确定恰当的非无保留意见类型，取决于下列事项：

（一）导致非无保留意见的事项的性质，是财务报表存在重大错报，还是在无法获取充分、适当的审计证据的情况下，财务报表可能存在重大错报；

（二）注册会计师就导致非无保留意见的事项对财务报表产生或可能产生影响的广泛性作出的判断。

第二章 定 义

第四条 非无保留意见，是指保留意见、否定意见或无法表示意见。

第五条 广泛性，是描述错报影响的术语，用以说明错报对财务报表的影响，或者由于无法获取充分、适当的审计证据而未发现的错报（如存在）对财务报表可能产生的影响。

根据注册会计师的判断，对财务报表的影响具有广泛性的情形包括：

（一）不限于对财务报表的特定要素、账户或项目产生影响；

（二）虽然仅对财务报表的特定要素、账户或项目产生影响，但这些要素、账户或项目是或可能是财务报表的主要组成部分；

（三）当与披露相关时，产生的影响对财务报表使用者理解财务报表至关重要。

第三章 目 标

第六条 注册会计师的目标是，当存在下列情形之一时，对财务报表清楚地发表恰当的非无保留意见：

（一）根据获取的审计证据，得出财务报表整体存在重大错报的结论；

（二）无法获取充分、适当的审计证据，不能得出财务报表整体不存在重大错报的结论。

第四章 要 求

第一节 应当发表非无保留意见的情形

第七条 当存在下列情形之一时，注册会计师应当在审计报告中发表非无保留意见：

（一）根据获取的审计证据，得出财务报表整体存在重大错报的结论；

（二）无法获取充分、适当的审计证据，不能得出财务报表整体不存在重大错报的结论。

第二节 确定非无保留意见的类型

第八条 当存在下列情形之一时，注册会计师应当发表保留意见：

（一）在获取充分、适当的审计证据后，注册会计师认为错报单独或累计起来对财务报表影响重大，但不具有广泛性；

（二）注册会计师无法获取充分、适当的审计证据以作为形成审计意见的基础，但认为未发现的错报（如存在）对财务报表可能产生的影响重大，但不具有广泛性。

第九条 在获取充分、适当的审计证据后，如果认为错报单独或累计起来对财务报表的影响重大且具有广泛性，注册会计师应当发表否定意见。

第十条 如果无法获取充分、适当的审计证据以作为形成审计意见的基础，但认为未发现的错报（如存在）对财务报表可能产生的影响重大且具有广泛性，注册会计师应当发表无法表示意见。

第十一条 在极其特殊的情况下，可能存在多个不确定事项。尽管注册会计师对每个单独的不确定事项获取了充分、适当的审计证据，但由于不确定事项之间可能存在相互影响，以及可能对财务报表产生累积影响，注册会计师不可能对财务报表形成审计意见。在这种情况下，注册会计师应当发表无法表示意见。

第十二条 在承接审计业务后，如果注意到管理层对审计范围施

加了限制，且认为这些限制可能导致对财务报表发表保留意见或无法表示意见，注册会计师应当要求管理层消除这些限制。

第十三条 如果管理层拒绝消除本准则第十二条提及的限制，除非治理层全部成员参与管理被审计单位，注册会计师应当就此事项与治理层沟通，并确定能否实施替代程序以获取充分、适当的审计证据。

第十四条 如果无法获取充分、适当的审计证据，注册会计师应当通过下列方式确定其影响：

（一）如果未发现的错报（如存在）可能对财务报表产生的影响重大，但不具有广泛性，注册会计师应当发表保留意见；

（二）如果未发现的错报（如存在）可能对财务报表产生的影响重大且具有广泛性，以至于发表保留意见不足以反映情况的严重性，注册会计师应当在可行时解除业务约定（除非法律法规禁止）；如果在出具审计报告之前解除业务约定被禁止或不可行，应当发表无法表示意见。

第十五条 如果根据本准则第十四条第（二）项的规定解除业务约定，注册会计师应当在解除业务约定前，与治理层沟通在审计过程中发现的、将会导致发表非无保留意见的所有错报事项。

第十六条 如果认为有必要对财务报表整体发表否定意见或无法表示意见，注册会计师不应在同一审计报告中对按照相同财务报告编制基础编制的单一财务报表或者财务报表特定要素、账户或项目发表无保留意见。在同一审计报告中包含无保留意见，将会与对财务报表整体发表的否定意见或无法表示意见相矛盾。

第三节 非无保留意见审计报告的格式和内容

第十七条 如果对财务报表发表非无保留意见，除在审计报告中包含《中国注册会计师审计准则第1501号——对财务报表形成审计意见和出具审计报告》规定的审计报告要素外，注册会计师还应当增加一个段落，说明导致发表非无保留意见的事项。

注册会计师应当直接在审计意见段之前增加该段落，并使用恰当的标题，如“导致保留意见的事项”、

“导致否定意见的事项”或“导致无法表示意见的事项”。

第十八条 如果财务报表中存在与具体金额(包括定量披露)相关的重大错报,注册会计师应当在导致非无保留意见的事项段中说明并量化该错报的财务影响。如果无法量化财务影响,注册会计师应当在导致非无保留意见的事项段中说明这一情况。

第十九条 如果财务报表中存在与叙述性披露相关的重大错报,注册会计师应当在导致非无保留意见的事项段中解释该错报错在何处。

第二十条 如果财务报表中存在与应披露而未披露信息相关的重大错报,注册会计师应当:

(一)与治理层讨论未披露信息的情况;

(二)在导致非无保留意见的事项段中描述未披露信息的性质;

(三)如果可行并且已针对未披露信息获取了充分、适当的审计证据,在导致非无保留意见的事项段中包含对未披露信息的披露,除非法律禁止。

第二十一条 如果无法获取充分、适当的审计证据而导致发表非无保留意见,注册会计师应当在导致非无保留意见的事项段中说明无法获取审计证据的原因。

第二十二条 即使发表了否定意见或无法表示意见,注册会计师也应当在导致非无保留意见的事项段中说明注意到的、将导致发表非无保留意见的所有其他事项及其影响。

第二十三条 在发表非无保留意见时,注册会计师应当对审计意见段使用恰当的标题,如“保留意见”、“否定意见”或“无法表示意见”。

第二十四条 当由于财务报表存在重大错报而发表保留意见时,注册会计师应当根据适用的财务报告编制基础在审计意见段中说明:注册会计师认为,除了导致保留意见的事项段所述事项产生的影响外,财务报表在所有重大方面按照适用的财务报告编制基础编制,并实现公允反映。

当无法获取充分、适当的审计证据而导致发表保留意见时,注册会计师应当在审计意见段中使用“除……可能产生的影响外”等措辞。

第二十五条 当发表否定意见时,注册会计师应当根据适用的财务报告框架在审计意见段中说明:

(一)注册会计师认为,由于导致否定意见的事项段所述事项的重要性,财务报表没有在所有重大方面按照适用的财务报告框架编制,未能实现公允反映(当财务报表按照公允列报框架编制时);

(二)注册会计师认为,由于导致否定意见的事项段所述事项的重要性,财务报表没有在所有重大方面按照适用的财务报告框架编制(当财务报表按照遵循性框架编制时)。

第二十六条 当由于无法获取充分、适当的审计证据而发表无法表示意见时,注册会计师应当在审计意见段中说明:由于导致无法表示意见的事项段所述事项的重要性,注册会计师无法获取充分、适当的审计证据以为发表审计意见提供基础,因此,注册会计师不对这些财务报表发表审计意见。

第二十七条 当发表保留意见或否定意见时,注册会计师应当修改对注册会计师责任的描述,以说明:注册会计师相信,注册会计师已获取的审计证据是充分、适当的,为发表非无保留意见提供了基础。

第二十八条 当由于无法获取充分、适当的审计证据而发表无法表示意见时,注册会计师应当修改审计报告的引言段,说明注册会计师接受委托审计财务报表。

注册会计师还应当修改对注册会计师责任和审计范围的描述,并仅能作出如下说明:“我们的责任是在按照中国注册会计师审计准则的规定执行审计工作的基础上对财务报表发表审计意见。但由于导致无法表示意见的事项段中所述的事项,我们无法获取充分、适当的审计证据以为发表审计意见提供基础”。

第四节 与治理层的沟通

第二十九条 当拟在审计报告中发表非无保留意见时,注册会计师应当与治理层沟通导致拟发表非无保留意见的情况,以及拟使用的非无保留意见措辞。

第五章 附 则

第三十条 本准则自 2012 年 1 月 1 日起施行。

33. 中国注册会计师审计准则第1503号——在审计报告中增加强调事项段和其他事项段

第一章 总 则

第一条 为了规范注册会计师在审计报告中增加强调事项段和其他事项段，以提供必要的补充信息，制定本准则。

第二条 如果认为有必要，注册会计师可以在审计报告中提供下列补充信息，以提醒使用者关注：

（一）尽管已在财务报表中列报或披露，但对使用者理解财务报表至关重要的事项；

（二）未在财务报表中列报或披露，但与使用者理解审计工作、注册会计师的责任或审计报告相关的事项。

第三条 本准则附录1和附录2列示的其他审计准则，对在审计报告中增加强调事项段和其他事项段提出具体要求。在这些情况下，本准则对强调事项段或其他事项段的格式和放置位置的要求同样适用。

第二章 定 义

第四条 强调事项段，是指审计报告中含有的一个段落，该段落提及已在财务报表中恰当列报或披露的事项，根据注册会计师的职业判断，该事项对财务报表使用者理解财务报表至关重要。

第五条 其他事项段，是指审计报告中含有的一个段落，该段落提及未在财务报表中列报或披露的事项，根据注册会计师的职业判断，该事项与财务报表使用者理解审计工作、注册会计师的责任或审计报告相关。

第三章 目 标

第六条 注册会计师的目标是，在对财务报表形成审计意见后，如果根据职业判断认为有必要在审计报告中增加强调事项段或其他事项段，通过明确提供补充信息的方式，提醒财务报表使用者关注下列事项：

（一）尽管已在财务报表中恰当列报或披露，但对财务报表使用者理解财务报表至关重要的事项；

（二）未在财务报表中列报或披露，但与财务报表使用者理解审计工作、注册会计师的责任或审计报告相关的其他事项。

第四章 要 求

第一节 审计报告中的强调事项段

第七条 如果认为有必要提醒财务报表使用者关注已在财务报表中列报或披露，且根据职业判断认为对财务报表使用者理解财务报表至关重要的事项，注册会计师在已获取充分、适当的审计证据证明该事项在财务报表中不存在重大错报的条件下，应当在审计报告中增加强调事项段。强调事项段应当仅提及已在财务报表中列报或披露的信息。

第八条 如果在审计报告中增加强调事项段，注册会计师应当采取下列措施：

（一）将强调事项段紧接在审计意见段之后；

（二）使用“强调事项”或其他适当标题；

（三）明确提及被强调事项以及相关披露的位置，以便能够在财务报表中找到对该事项的详细描述；

（四）指出审计意见没有因该强调事项而改变。

第二节 审计报告中的其他事项段

第九条 对于未在财务报表中列报或披露，但根据职业判断认为与财务报表使用者理解审计工作、注册会计师的责任或审计报告相关且未被法律法规禁止的事项，如果认为有必要沟通，注册会计师应当在审计报告中增加其他事项段，并使用“其他事项”或其他适当标题。注册会计师应当将其他事项段紧接在审计意见段和强调事项段（如有）之后。如果其他事项段的内容与其他报告责任部分相关，这一段落也可以置于审计报告的其他位置。

第三节　与治理层的沟通

第十条　如果拟在审计报告中增加强调事项段或其他事项段，注册会计师应当就该事项和拟使用的措辞与治理层沟通。

第五章　附　　则

第十一条　本准则自2012年1月1日起施行。

34. 中国注册会计师审计准则第1511号——比较信息：对应数据和比较财务报表

第一章　总　　则

第一条　为了规范注册会计师在财务报表审计中与比较信息相关的责任，制定本准则。

第二条　当上期财务报表已由前任注册会计师审计或未经审计时，《中国注册会计师审计准则第1331号——首次审计业务涉及的期初余额》对期初余额的相关规定同样适用。

第三条　财务报表中列报的比较信息的性质取决于适用的财务报告编制基础的要求。比较信息包括对应数据和比较财务报表，相应地，注册会计师履行比较信息的报告责任有两种不同的方法。采用的方法通常由法律法规规定，但也可能在业务约定条款中作出约定。

第四条　本准则第三条提及的两种方法导致审计报告存在下列主要差异：

（一）对于对应数据，审计意见仅提及本期；

（二）对于比较财务报表，审计意见提及列报的财务报表所属的各期。

本准则对每种方法分别提出不同的审计报告要求。

第二章　定　　义

第五条　比较信息，是指包含于财务报表中的、符合适用的财务报告编制基础的、与一个或多个以前期间相关的金额和披露。

第六条　对应数据，属于比较信息，是指作为本期财务报表组成部分的上期金额和相关披露，这些金额和披露只能和与本期相关的金额和披露（称为“本期数据”）联系起来阅读。对应数据列报的详细程度主要取决于其与本期数据的相关程度。

第七条　比较财务报表，属于比较信息，是指为了与本期财务报表相比较而包含的上期金额和相关披露。比较财务报表包含信息的详细程度与本期财务报表包含信息的详细程度相似。如果上期金额和相关披露已经审计，则将在审计意见中提及。

第八条　当比较信息包括一期以上的金额和相关披露时，本准则所称“上期”应理解为“以前数期”。

第三章　目　　标

第九条　注册会计师的目标是：

（一）获取充分、适当的审计证据，确定在财务报表中包含的比较信息是否在所有重大方面按照适用的财务报告编制基础有关比较信息的要求进行列报；

（二）按照注册会计师的报告责任出具审计报告。

第四章　要　　求

第一节　审计程序

第十条　注册会计师应当确定财务报表中是否包括适用的财务报告编制基础要求的比较信息，以及比较信息是否得到恰当分类。

基于上述目的，注册会计师应当评价：

（一）比较信息是否与上期财务报表列报的金额和相关披露一致，如果必要，比较信息是否已经重述；

（二）在比较信息中反映的会计政策是否与本期采用的会计政策一致，如果会计政策已发生变更，这些变更是否得到恰当处理并得到充分列报和披露。

第十一条　在实施本期审计时，如果注意到比较信息可能存在重大错报，注册会计师应当根据实际情况追加必要的审计程序，获取充分、适当的审计证据，以确定是否存在重大错报。

如果上期财务报表已经审计，注册会计师还应当遵守《中国注册会计师审计准则第 1332 号——期后事项》的相关规定。如果上期财务报表已经得到更正，注册会计师应当确定比较信息与更正后的财务报表是否一致。

第十二条　注册会计师应当按照《中国注册会计师审计准则第 1341 号——书面声明》的规定，获取与审计意见中提及的所有期间相关的书面声明。对于管理层作出的、更正上期财务报表中影响比较信息的重大错报的任何重述，注册会计师还应当获取特定书面声明。

第二节　审计报告：对应数据

第十三条　当财务报表中列报对应数据时，除本准则第十四条、第十五条和第十七条描述的情形外，审计意见不应提及对应数据。

第十四条　如果以前针对上期财务报表发表了保留意见、无法表示意见或否定意见，且导致非无保留意见的事项仍未解决，注册会计师应当对本期财务报表发表非无保留意见。

在审计报告的导致非无保留意见的事项段中，注册会计师应当分下列两种情况予以处理：

（一）如果未解决事项对本期数据的影响或可能的影响是重大的，注册会计师应当在导致非无保留意见事项段中同时提及本期数据和对应数据；

（二）如果未解决事项对本期数据的影响或可能的影响不重大，注册会计师应当说明，由于未解决事项对本期数据和对应数据之间可比性的影响或可能的影响，因此发表了非无保留意见。

第十五条　如果注册会计师已经获取上期财务报表存在重大错报的审计证据，而以前对该财务报表发表了无保留意见，且对应数据未经适当重述或恰当披露，注册会计师应当就包括在财务报表中的对应数据，在审计报告中对本期财务报表发表保留意见或否定意见。

第十六条　如果上期财务报表已由前任注册会计师审计，注册会计师在审计报告中可以提及前任注册会计师对对应数据出具的审计报告。

当注册会计师决定提及时，应当在审计报告的其他事项段中说明：

（一）上期财务报表已由前任注册会计师审计；

（二）前任注册会计师发表的意见的类型（如果是非无保留意见，还应当说明发表非无保留意见的理由）；

（三）前任注册会计师出具的审计报告的日期。

第十七条　如果上期财务报表未经审计，注册会计师应当在审计报告的其他事项段中说明对应数据未经审计。但这种说明并不减轻注册会计师获取充分、适当的审计证据，以确定期初余额不含有对本期财务报表产生重大影错报的责任。

第三节　审计报告：比较财务报表

第十八条　当列报比较财务报表时，审计意见应当提及列报财务报表所属的各期，以及发表的审计意见涵盖的各期。

第十九条 当因本期审计而对上期财务报表发表审计意见时，如果对上期财务报表发表的意见与以前发表的意见不同，注册会计师应当按照《中国注册会计师审计准则第 1503 号——在审计报告中增加强调事项段和其他事项段》的规定，在其他事项段中披露导致不同意见的实质性原因。

第二十条 如果上期财务报表已由前任注册会计师审计，除非前任注册会计师对上期财务报表出具的审计报告与财务报表一同对外提供，注册会计师除对本期财务报表发表意见外，还应当在其他事项段中说明：

（一）上期财务报表已由前任注册会计师审计；

（二）前任注册会计师发表的意见的类型（如果是非无保留意见，还应当说明发表非无保留意见的理由）；

（三）前任注册会计师出具审计报告的日期。

第二十一条 如果认为存在影响上期财务报表的重大错报，而前任注册会计师以前出具了无保留意见的审计报告，注册会计师应当就此与适当层级的管理层沟通，并要求告知前任注册会计师。注册会计师还应当与治理层进行沟通，除非治理层全部成员参与管理被审计单位。如果上期财务报表已经更正，且前任注册会计师同意对更正后的上期财务报表出具新的审计报告，注册会计师应当仅对本期财务报表出具审计报告。

第二十二条 如果上期财务报表未经审计，注册会计师应当在其他事项段中说明比较财务报表未经审计。但这种说明并不减轻注册会计师获取充分、适当的审计证据，以确定期初余额不含有对本期财务报表产生重大影响的错报的责任。

第五章 附 则

第二十三条 本准则自 2012 年 1 月 1 日起施行。

35. 中国注册会计师审计准则第 1521 号——注册会计师对含有已审计财务报表的文件中的其他信息的责任

第一章 总 则

第一条 为了规范注册会计师对含有已审计财务报表的文件中的其他信息的责任，制定本准则。

第二条 在审计业务没有提出专门要求的情况下，审计意见不涵盖其他信息，注册会计师没有专门责任确定其他信息是否得到适当陈述。然而，由于已审计财务报表与其他信息之间可能存在的重大不一致将损害已审计财务报表的可信性，注册会计师需要阅读其他信息。

第三条 含有已审计财务报表的文件是被审计单位向股东（或类似的利益相关方）公布的含有已审计财务报表和审计报告的年度报告或类似文件。

对含有已审计财务报表的其他文件，如在证券发行中使用的文件，注册会计师可以根据具体情况遵守本准则的规定。

第二章 定 义

第四条 其他信息，是指根据法律法规的规定或惯例，在含有已审计财务报表的文件中包含的除已审计财务报表和审计报告以外的财务信息和非财务信息。

第五条 不一致，是指其他信息与已审计财务报表中的信息相矛盾。重大不一致可能导致注册会计师对依据以前获取的审计证据得出的审计结论产生怀疑，甚至对形成审计意见的基础产生怀疑。

第六条　对事实的错报，是指在其他信息中，对与已审计财务报表所反映事项不相关的信息作出的不正确陈述或列报。对事实的重大错报可能损害含有已审计财务报表的文件的可信性。

第三章　目　　标

第七条　注册会计师的目标是，当含有已审计财务报表的文件中的其他信息可能损害财务报表和审计报告的可信性时，作出恰当的应对。

第四章　要　　求

第一节　阅读其他信息

第八条　注册会计师应当阅读其他信息，以识别其是否与已审计财务报表存在重大不一致。

第九条　注册会计师应当与管理层或治理层作出适当安排，以便在审计报告日前获取其他信息。如果在审计报告日前无法获取所有其他信息，注册会计师应当在审计报告日后尽早阅读其他信息。

第二节　重大不一致

第十条　在阅读其他信息时，如果识别出重大不一致，注册会计师应当确定已审计财务报表或其他信息是否需要作出修改。

第十一条　如果在审计报告日前获取的其他信息中识别出重大不一致，并且需要对已审计财务报表作出修改，但管理层拒绝作出修改，注册会计师应当按照《中国注册会计师审计准则第 1502 号——在审计报告中发表非无保留意见》的规定，在审计报告中发表非无保留意见。

第十二条　如果在审计报告日前获取的其他信息中识别出重大不一致，并且需要对其他信息作出修改，但管理层拒绝作出修改，除非治理层的所有成员参与管理被审计单位，注册会计师应当就该事项与治理层进行沟通。

此外，注册会计师还应当采取下列措施之一：

（一）按照《中国注册会计师审计准则第 1503 号——在审计报告中增加强调事项段和其他事项段》的规定，在审计报告中增加其他事项段，说明重大不一致；

（二）拒绝提交审计报告；

（三）解除业务约定。

第十三条　如果在审计报告日后获取的其他信息中识别出重大不一致，并且需要对已审计财务报表作出修改，注册会计师应当遵守《中国注册会计师审计准则第 1332 号——期后事项》的相关规定。

第十四条　如果在审计报告日后获取的其他信息中识别出重大不一致，并且需要对其他信息作出修改，同时管理层同意修改，注册会计师应当根据具体情况实施必要的程序。

第十五条　如果在审计报告日后获取的其他信息中识别出重大不一致，并且需要对其他信息作出修改，但管理层拒绝作出修改，除非治理层的所有成员参与管理被审计单位，注册会计师应当将对其他信息的疑虑告知治理层，并采取适当的进一步措施。

第三节　对事实的重大错报

第十六条　在阅读其他信息以识别重大不一致时，如果注意到明显的对事实的重大错报，注册会计师应当与管理层讨论该事项。

第十七条　如果在讨论后仍然认为存在明显的对事实的重大错报，注册会计师应当提请管理层咨询被审计单位的法律顾问等有资格的第三方的意见。注册会计师应当考虑管理层收到的咨询意见。

第十八条　如果认为在其他信息中存在对事实的重大错报，但管理层拒绝作出修改，除非治理层的所有成员参与管理被审计单位，注册会计师应当将对其他信息的疑虑告知治理层，并采取适当的进一步措施。

第五章　附　　则

第十九条　本准则自 2012 年 1 月 1 日起施行。

36. 中国注册会计师审计准则第 1601 号——对按照特殊目的编制基础编制的财务报表审计的特殊考虑

第一章 总 则

第一条 为了规范注册会计师对按照特殊目的编制基础编制的财务报表审计的特殊考虑，制定本准则。

第二条 中国注册会计师审计准则第 1101 号至第 1521 号适用于所有财务报表审计，本准则规范注册会计师运用这些审计准则对按照特殊目的编制基础编制的财务报表进行审计时的特殊考虑。

第三条 本准则是针对按照特殊目的编制基础编制的整套财务报表审计制定的。《中国注册会计师审计准则第 1603 号——对单一财务报表和财务报表特定要素审计的特殊考虑》规范注册会计师对单一财务报表，财务报表的特定要素、账户或项目审计相关的特殊考虑。

第四条 本准则并不超越其他审计准则的要求，也未涵盖注册会计师在执行特殊目的财务报表审计业务时需要根据业务的具体情况作出的所有特殊考虑。

第二章 定 义

第五条 特殊目的财务报表，是指按照特殊目的编制基础编制的财务报表。

第六条 特殊目的编制基础，是指用以满足财务报表特定使用者财务信息需求的财务报告编制基础。特殊目的编制基础包括公允列报编制基础和遵循性编制基础。

公允列报编制基础，是指要求管理层和治理层（如适用）遵守其规定并包含下列内容之一的财务报告编制基础：

（一）明确或隐含地认可，为了实现财务的公允列报，管理层和治理层（如适用）可能有必要提供除编制基础具体要求之外的其他披露；

（二）明确地认可，为了实现财务报表的公允列报，在极其特殊的情况下管理层和治理层（如适用）可能有必要偏离编制基础的某项要求。

遵循性编制基础，是指要求管理层和治理层（如适用）遵守其规定的财务报告编制基础，但不包含本条第二款第（一）项或第（二）项中的任何一项内容。

第七条 本准则所称财务报表，是指整套特殊目的的财务报表包括相关附注。相关附注通常包含重要会计政策概要和其他解释性信息。适用的财务报告编制基础的规定决定了财务报表的形式和内容，以及整套财务报表的构成。

第三章 目 标

第八条 注册会计师的目标是，在运用审计准则执行特殊目的财务报表审计时，恰当处理与下列方面相关的特殊考虑：

（一）业务的承接；

（二）业务的计划和执行；

（三）对财务报表形成审计意见并出具报告。

第四章 要 求

第一节 业务承接时的考虑

第九条 注册会计师应当按照《中国注册会计师审计准则第 1111 号——就审计业务约定条款达成一

致意见》的规定，确定管理层编制财务报表时采用的财务报告编制基础的可接受性。

在特殊目的财务报表审计中，注册会计师应当了解下列方面：

（一）财务报表的编制目的；

（二）财务报表预期使用者；

（三）管理层为确定财务报告编制基础在具体情况下的可接受性所采取的措施。

第二节　计划和执行审计工作时的考虑

第十条　注册会计师应当按照《中国注册会计师审计准则第 1101 号——注册会计师的总体目标和审计工作的基本要求》的规定，遵守与审计相关的所有审计准则。

在计划和执行特殊目的财务报表审计工作时，注册会计师应当确定在运用这些审计准则时是否需要根据业务的具体情况作出特殊考虑。

第十一条　注册会计师应当按照《中国注册会计师审计准则第 1211 号——通过了解被审计单位及其环境识别和评估重大错报风险》的规定，了解被审计单位会计政策选择和运用的情况。

在财务报表按照合同条款编制的情况下，注册会计师应当了解被审计单位管理层在编制的财务报表中时对合同作出的所有重要解释。如果采用其他合理解释将导致财务报表中列报的信息产生重大差异，则管理层对合同作出的解释就是重要的。

第三节　形成审计意见和出具报告时的考虑

第十二条　当对特殊目的财务报表形成审计意见并出具报告时，注册会计师应当遵守《中国注册会计师审计准则第 1501 号——对财务报表形成审计意见和出具审计报告》的规定。

第十三条　注册会计师应当按照《中国注册会计师审计准则第 1501 号——对财务报表形成审计意见和出具审计报告》的规定，评价财务报表是否恰当提及或说明适用的财务报告编制基础。

在财务报表按照合同条款编制的情况下，注册会计师应当评价财务报表是否恰当说明对财务报表编制所依据的合同作出的所有重要解释。

第十四条　《中国注册会计师审计准则第 1501 号——对财务报表形成审计意见和出具审计报告》规定了审计报告的格式和内容。

对于特殊目的财务报表审计，审计报告的内容还应当包括：

（一）说明财务报表的编制目的，并在必要时说明财务报表预期使用者，或者提及含有这些信息的特殊目的财务报表附注；

（二）如果管理层在编制特殊目的财务报表时可以选择财务报告编制基础，在说明管理层对财务报表的责任时，提及管理层负责确定适用的财务报告编制基础在具体情况下的可接受性。

第十五条　注册会计师对特殊目的财务报表出具的审计报告应当增加强调事项段，以提醒审计报告使用者关注财务报表按照特殊目的编制基础编制，因此，财务报表可能不适用于其他目的。注册会计师应当将强调事项段置于适当的标题下。

第五章　附　　则

第十六条　本准则自 2012 年 1 月 1 日起施行。

37. 中国注册会计师审计准则第 1602 号——验资

第一章　总　　则

第一条　为了规范注册会计师执行验资业务，明确工作要求，制定本准则。

第二条　注册会计师在执行验资业务时，应当将本准则与相关审计准则结合使用。

第三条 本准则所称验资，是指注册会计师依法接受委托，对被审验单位注册资本的实收情况或注册资本及实收资本的变更情况进行审验，并出具验资报告。

验资分为设立验资和变更验资。设立验资是指注册会计师对被审验单位申请设立登记时的注册资本实收情况进行的审验。变更验资是指注册会计师对被审验单位申请变更登记时的注册资本及实收资本的变更情况进行的审验。

本准则所称被审验单位，是指在中华人民共和国境内拟设立或已设立的，依法应当接受验资的有限责任公司和股份有限公司。

第四条 按照法律法规以及协议、合同、章程的要求出资，提供真实、合法、完整的验资资料，保护资产的安全、完整，是出资者和被审验单位的责任。

第五条 按照本准则的规定，对被审验单位注册资本的实收情况或注册资本及实收资本的变更情况进行审验，出具验资报告，是注册会计师的责任。

注册会计师的责任不能减轻出资者和被审验单位的责任。

第六条 注册会计师执行验资业务，应当遵守相关的职业道德规范，恪守独立、客观、公正的原则，保持专业胜任能力和应有的关注，并对执业过程中获知的信息保密。

第二章 业务约定书

第七条 注册会计师应当了解被审验单位基本情况，考虑自身独立性和专业胜任能力，初步评估验资风险，以确定是否接受委托。

第八条 注册会计师应当就下列主要事项与委托人沟通，并达成一致意见：

（一）委托目的；

（二）出资者和被审验单位的责任以及注册会计师的责任；

（三）审验范围；

（四）时间要求；

（五）验资收费；

（六）报告分发和使用的限制。

第九条 如果接受委托，注册会计师应当与委托人就双方达成一致的事项签订业务约定书。

第三章 计划、程序与记录

第十条 注册会计师执行验资业务，应当编制验资计划，对验资工作作出合理安排。

第十一条 注册会计师应当向被审验单位获取注册资本实收情况明细表或注册资本、实收资本变更情况明细表。

第十二条 设立验资的审验范围一般限于与被审验单位注册资本实收情况有关的事项，包括出资者、出资币种、出资金额、出资时间、出资方式和出资比例等。

第十三条 变更验资的审验范围一般限于与被审验单位注册资本及实收资本增减变动情况有关的事项。

增加注册资本及实收资本时，审验范围包括与增资相关的出资者、出资币种、出资金额、出资时间、出资方式、出资比例和相关会计处理，以及增资后的出资者、出资金额和出资比例等。

减少注册资本及实收资本时，审验范围包括与减资相关的减资者、减资币种、减资金额、减资时间、减资方式、债务清偿或债务担保情况、相关会计处理，以及减资后的出资者、出资金额和出资比例等。

第十四条 对于出资者投入的资本及其相关的资产、负债，注册会计师应当分别采用下列方法进行审验：

（一）以货币出资的，应当在检查被审验单位开户银行出具的收款凭证、对账单及银行询证函回函等的基础上，审验出资者的实际出资金额和货币出资比例是否符合规定。对于股份有限公司向社会公开募集的股本，还应当检查证券公司承销协议、募股清单和股票发行费用清单等。

（二）以实物出资的，应当观察、检查实物，审验其权属转移情况，并按照国家有关规定在资产评估的基础上审验其价值。如果被审验单位是外商投资企业，注册会计师应当按照国家有关外商投资企业的规定，审验实物出资的价值。

(三)以知识产权、土地使用权等无形资产出资的,应当审验其权属转移情况,并按照国家有关规定在资产评估的基础上审验其价值。如果被审验单位是外商投资企业,注册会计师应当按照国家有关外商投资企业的规定,审验无形资产出资的价值。

(四)以净资产折合实收资本的,或以资本公积、盈余公积、未分配利润转增注册资本及实收资本的,应当在审计的基础上按照国家有关规定审验其价值。

(五)以货币、实物、知识产权、土地使用权以外的其他财产出资的,注册会计师应当审验出资是否符合国家有关规定。

(六)外商投资企业的外方出资者以本条第(一)项至第(五)项所述方式出资的,注册会计师还应当关注其是否符合国家外汇管理有关规定,向企业注册地的外汇管理部门发出外方出资情况询证函,并根据外方出资者的出资方式附送银行询证函回函、资本项目外汇业务核准件及进口货物报关单等文件的复印件,以询证上述文件内容的真实性、合规性。

第十五条　对于出资者以实物、知识产权和土地使用权等非货币财产作价出资的,注册会计师应当在出资者依法办理财产权转移手续后予以审验。

第十六条　对于设立验资,如果出资者分次缴纳注册资本,注册会计师应当关注全体出资者的首次出资额和出资比例是否符合国家有关规定。

第十七条　对于变更验资,注册会计师应当关注被审验单位以前的注册资本实收情况,并关注出资者是否按照规定的期限缴纳注册资本。

第十八条　注册会计师在审验过程中利用专家协助工作时,应当考虑其专业胜任能力和客观性,并对利用专家工作结果所形成的审验结论负责。

第十九条　注册会计师应当向出资者和被审验单位获取与验资业务有关的重大事项的书面声明。

第二十条　注册会计师应当对验资过程及结果进行记录,形成验资工作底稿。

第四章　验资报告

第二十一条　注册会计师应当评价根据审验证据得出的结论,以作为形成审验意见和出具验资报告的基础。

第二十二条　验资报告应当包括下列要素:

(一)标题;

(二)收件人;

(三)范围段;

(四)意见段;

(五)说明段;

(六)附件;

(七)注册会计师的签名和盖章;

(八)会计师事务所的名称、地址及盖章;

(九)报告日期。

第二十三条　验资报告的标题应当统一规范为“验资报告”。

第二十四条　验资报告的收件人是指注册会计师按照业务约定书的要求致送验资报告的对象,一般是指验资业务的委托人。验资报告应当载明收件人的全称。

第二十五条　验资报告的范围段应当说明审验范围、出资者和被审验单位的责任、注册会计师的责任、审验依据和已实施的主要审验程序等。

第二十六条　验资报告的意见段应当说明已审验的被审验单位注册资本的实收情况或注册资本及实收资本的变更情况。

对于变更验资,注册会计师仅对本次注册资本及实收资本的变更情况发表审验意见。

第二十七条　验资报告的说明段应当说明验资报告的用途、使用责任及注册会计师认为应当说明的其他重要事项。

对于变更验资，注册会计师还应当在验资报告说明段中说明对以前注册资本实收情况审验的会计师事务所名称及其审验情况，并说明变更后的累计注册资本实收金额。

第二十八条 如果在注册资本及实收资本的确认方面与被审验单位存在异议，且无法协商一致，注册会计师应当在验资报告说明段中清晰地反映有关事项及其差异和理由。

第二十九条 验资报告的附件应当包括已审验的注册资本实收情况明细表或注册资本、实收资本变更情况明细表和验资事项说明等。

第三十条 验资报告应当由注册会计师签名并盖章。

第三十一条 验资报告应当载明会计师事务所的名称和地址，并加盖会计师事务所公章。

第三十二条 验资报告日期是指注册会计师完成审验工作的日期。

第三十三条 注册会计师在审验过程中，遇有下列情形之一时，应当拒绝出具验资报告并解除业务约定：

（一）被审验单位或出资者不提供真实、合法、完整的验资资料的；

（二）被审验单位或出资者对注册会计师应当实施的审验程序不予合作，甚至阻挠审验的；

（三）被审验单位或出资者坚持要求注册会计师作不实证明的。

第三十四条 验资报告具有法定证明效力，供被审验单位申请设立登记或变更登记及据以向出资者签发出资证明时使用。

验资报告不应被视为对被审验单位验资报告日后资本保全、偿债能力和持续经营能力等的保证。委托人、被审验单位及其他第三方因使用验资报告不当所造成的后果，与注册会计师及其所在的会计师事务所无关。

第五章 附 则

第三十五条 注册会计师执行有限责任公司和股份有限公司以外的其他单位的验资业务，除有特定要求者外，应当参照本准则办理。

第三十六条 本准则自 2007 年 1 月 1 日起施行。

38. 中国注册会计师审计准则第 1603 号——对单一财务报表和财务报表特定要素审计的特殊考虑

第一章 总 则

第一条 为了规范注册会计师对单一财务报表和财务报表特定要素审计时的特殊考虑，制定本准则。

第二条 中国注册会计师审计准则第 1101 号至第 1521 号适用于所有财务报表审计。当执行其他历史财务信息（包括单一财务报表和财务报表特定要素）审计业务时，注册会计师可以根据具体情况遵守这些准则的相关规定，以满足此类业务的要求。

第三条 单一财务报表和财务报表特定要素可能按照通用目的编制基础或按照特殊目的编制基础编制。如果按照特殊目的编制基础编制，《中国注册会计师审计准则第 1601 号——对按照特殊目的编制基础编制的财务报表审计的特殊考虑》也适用于对单一财务报表和财务报表特定要素的审计。

第四条 本准则不适用于组成部分注册会计师应集团项目组的要求，基于集团财务报表审计目的，对组成部分财务信息执行工作并出具报告的情况。

第五条 本准则并不超越其他审计准则的要求，也未涵盖注册会计师在执行单一财务报表和财务报表特定要素审计业务时需要根据业务的具体情况作出的所有特殊考虑。

第二章 定 义

第六条 财务报表特定要素(即特定要素),是指财务报表特定的要素、账户或项目。

第七条 单一财务报表或财务报表特定要素包括相关附注。相关附注通常包含重要会计政策概要以及与财务报表或要素相关的其他解释性信息。

第三章 目 标

第八条 注册会计师的目标是,在运用审计准则执行单一财务报表和财务报表特定要素的审计时,恰当处理与下列方面相关的特殊考虑:

(一)业务的承接;

(二)业务的计划和执行;

(三)对单一财务报表和财务报表特定要素形成审计意见并出具审计报告。

第四章 要 求

第一节 业务承接时的考虑

第九条 《中国注册会计师审计准则第1101号——注册会计师的总体目标和审计工作的基本要求》规定注册会计师应当遵守与审计工作相关的所有审计准则。在单一财务报表或财务报表特定要素审计中,无论注册会计师是否同时接受委托审计整套财务报表,该要求仍然适用。如果没有同时接受委托审计整套财务报表,注册会计师应当确定按照审计准则对单一财务报表或财务报表特定要素进行审计是否可行。

第十条 《中国注册会计师审计准则第1111号——就审计业务约定条款达成一致意见》要求注册会计师确定管理层在编制财务报表时采用的财务报告编制基础的可接受性。

在单一财务报表或财务报表特定要素审计中,前款提及的要求包括确定采用财务报告编制基础是否能够提供充分的披露或列报,以使财务报表预期使用者能够理解单一财务报表或财务报表特定要素所传递的信息,以及重大交易和事项对单一财务报表或财务报表特定要素所传递的信息的影响。

第十一条 《中国注册会计师审计准则第1111号——就审计业务约定条款达成一致意见》要求审计业务约定条款包括注册会计师拟出具审计报告的预期形式。

在单一财务报表或财务报表特定要素审计中,注册会计师应当考虑审计意见的预期形式是否适合具体情况。

第二节 计划和执行审计工作时的考虑

第十二条 《中国注册会计师审计准则第1101号——注册会计师的总体目标和审计工作的基本要求》指出,审计准则适用于注册会计师执行财务报表审计业务。当执行其他历史财务信息审计业务时,注册会计师可以根据具体情况遵守适用的相关审计准则,以满足此类业务的要求。

在计划和执行单一财务报表或财务报表特定要素的审计工作时,注册会计师应当根据业务的具体情况,遵守与审计工作相关的所有审计准则。

第三节 形成审计意见和出具审计报告时的考虑

第十三条 当对单一财务报表或财务报表特定要素形成审计意见和出具审计报告时,注册会计师应当根据业务的具体情况,遵守《中国注册会计师审计准则第1501号——对财务报表形成审计意见和出具审计报告》的相关规定。

第十四条 如果接受业务委托对单一财务报表或财务报表特定要素出具审计报告,并同时接受业务委托对整套财务报表进行审计,注册会计师应当针对每项业务分别发表审计意见。

第十五条 已审计的单一财务报表或财务报表特定要素可能连同已审计的整套财务报表一同公布。如果注册会计师认为管理层对单一财务报表或财务报表特定要素的列报与整套财务报表没有作出清楚的区分，注册会计师应当要求管理层纠正这种情况。

除遵守本准则第十七条和第十八条的规定外，注册会计师还应当将对单一财务报表或财务报表特定要素发表的审计意见与对整套财务报表发表的审计意见予以区分。

只有认为管理层进行了清楚的区分，注册会计师才应当对单一财务报表或财务报表特定要素发表审计意见，并出具审计报告。

第十六条 如果对整套财务报表出具非无保留意见的审计报告，或出具包含强调事项段或其他事项段的审计报告，注册会计师应当确定对单一财务报表或财务报表特定要素出具的审计报告可能因此受到的影响。

相应地，如果认为适当，注册会计师应当对单一财务报表或财务报表特定要素出具非无保留意见的审计报告，或者出具包含强调事项段或其他事项段的审计报告。

第十七条 如果认为有必要对整套财务报表整体发表否定意见或无法表示意见，按照《中国注册会计师审计准则第 1502 号——在审计报告中发表非无保留意见》的规定，注册会计师不应在同一审计报告中对构成整套财务报表组成部分的单一财务报表或财务报表特定要素发表无保留意见。这是因为，在同一审计报告中包含的无保留意见，将与对整套财务报表整体发表的否定意见或无法表示意见相矛盾。

第十八条 如果注册会计师认为有必要对整套财务报表整体发表否定意见或无法表示意见，但又对该整套财务报表中的特定要素单独审计，只有在同时满足下列条件时，注册会计师才可以认为对特定要素发表无保留意见是适当的：

（一）法律法规并未禁止注册会计师对该特定要素发表无保留意见；

（二）注册会计师对特定要素出具的无保留意见审计报告，并不与包含否定意见或无法表示意见的审计报告一同公布；

（三）特定要素并不构成整套财务报表的主要部分。

第十九条 如果已对整套财务报表整体发表否定意见或无法表示意见，注册会计师不应对整套财务报表中的单一财务报表发表无保留意见。

即使注册会计师对单一财务报表出具的审计报告并不与包含否定意见或无法表示意见的审计报告一同公布，注册会计师也不应对整套财务报表中的单一财务报表发表无保留意见。这是因为单一财务报表被视为构成整套财务报表整体的主要部分。

第五章 附 则

第二十条 本准则自 2012 年 1 月 1 日起施行。

39. 中国注册会计师审计准则第 1604 号——对简要财务报表出具报告的业务

第一章 总 则

第一条 为了规范注册会计师对简要财务报表出具报告的责任，制定本准则。

第二条 简要财务报表来源于由同一注册会计师按照审计准则的规定审计的财务报表。

第二章 定 义

第三条 简要财务报表，是指来源于财务报表但详细程度低于财务报表的历史财务信息。简要财务报表对被审计单位某一特定日期的经济资源或义务或某一会计期间的经济资源或义务变化情况提供了与财务报表一致的结构性表述。

第四条 已审计财务报表，是指注册会计师按照审计准则的规定审计的财务报表，是简要财务报表的编制来源。

第五条　采用的标准，是指管理层在编制简要财务报表时采用的标准。

第三章　目　　标

第六条　注册会计师的目标是：

（一）确定承接对简要财务报表出具报告的业务是否适当；

（二）如果承接该项业务，在评价根据审计证据得出的结论的基础上对简要财务报表形成审计意见，并通过书面报告的形式清楚地表达审计意见，说明其形成基础。

第四章　要　　求

第一节　业务的承接

第七条　只有当注册会计师已接受业务委托按照审计准则的规定执行财务报表审计，并且财务报表构成简要财务报表的来源时，才可以按照本准则的规定承接对简要财务报表出具报告的业务。

第八条　在承接对简要财务报表出具报告的业务之前，注册会计师应当：

（一）确定采用的标准是否可接受；

（二）就管理层认可并理解其责任与管理层达成一致意见；

（三）与管理层就拟对简要财务报表发表意见的形式达成一致意见。

本条第一款第（二）项提及的管理层的责任是：

（一）按照采用的标准编制简要财务报表；

（二）使简要财务报表的预期使用者能够比较方便地获取已审计财务报表（如果法律法规规定，已审计财务报表无需提供给简要财务报表的预期使用者，并且为编制简要财务报表制定了标准，在简要财务报表中说明法律法规的相关规定）；

（三）在含有简要财务报表并指明注册会计师已对其出具报告的所有文件中，包括注册会计师对简要财务报表出具的审计报告。

第九条　如果认为管理层采用的标准不可接受或未能按照本准则第八条第一款第（二）项的规定就管理层认可并理解其责任与管理层达成一致意见，注册会计师不应承接对简要财务报表出具报告的业务，除非法律法规另有规定。如果法律法规要求注册会计师承接该业务，由于业务的执行不符合本准则的规定，注册会计师对简要财务报表出具的审计报告不应指出已按照本准则的规定执行了该业务。注册会计师应当在业务约定条款中适当提及这一情况。注册会计师还应当确定这一情况对作为简要财务报表来源的财务报表审计业务可能产生的影响。

第二节　程序的性质

第十条　注册会计师应当实施下列程序及其可能认为必要的其他程序，作为对简要财务报表形成审计意见的基础：

（一）评价简要财务报表是否充分披露其简化的性质，并指出作为其来源的已审计财务报表；

（二）当简要财务报表未与已审计财务报表附在一起时，评价简要财务报表是否清楚地说明已审计财务报表的获取渠道；如果法律法规规定已审计财务报表无需提供给简要财务报表的预期使用者，并且为编制简要财务报表制定了标准，评价简要财务报表是否清楚地说明了相关法律法规；

（三）评价简要财务报表是否充分披露了采用的标准；

（四）将简要财务报表与已审计财务报表中的相关信息进行比较，以确定两者是否一致，或能否依据已审计财务报表中的相关信息重新计算得出简要财务报表；

（五）评价简要财务报表是否按照采用的标准编制；

（六）根据简要财务报表的目的，评价简要财务报表是否包含必要的信息，并在适当的层次进行了汇总，以使其在具体情况下不产生误导；

（七）评价简要财务报表的预期使用者能否比较方便地获取已审计财务报表，除非法律法规规定已审计财务报表无需提供给简要财务报表的预期使用者，并且为编制简要财务报表制定了标准。

第三节　意见的形式

第十一条　如果认为对简要财务报表发表无保留意见是恰当的，除非法律法规另有规定，注册会计师应当使用下列措辞之一：

（一）按照[×标准]（具体指出采用的标准），简要财务报表在所有重大方面与已审计财务报表保持了一致；

（二）按照[×标准]（具体指出采用的标准），简要财务报表公允概括了已审计财务报表。

第十二条　如果法律法规规定了对简要财务报表发表意见的措辞，并且与本准则第十一条规定的措辞存在差异，注册会计师应当实施下列程序：

（一）按照本准则第十条规定实施程序及其他必要的进一步程序，以使注册会计师能够发表符合规定的意见；

（二）评价简要财务报表的使用者是否可能误解注册会计师对简要财务报表发表的审计意见；如果可能出现误解，评价对简要财务报表出具的审计报告中的补充解释能否减轻可能出现的误解。

第十三条　在本准则第十二条第（二）项所述的情况下，如果认为对简要财务报表出具的审计报告中的补充解释不能减轻可能出现的误解，注册会计师不应承接该业务，除非法律法规另有规定。如果按照法律法规要求注册会计师承接该业务，由于业务的不执行不符合本准则的规定，注册会计师在对简要财务报表出具的审计报告中不应指出已按照本准则的规定执行了该业务。

第四节　工作的时间安排和期后事项

第十四条　简要财务报表的审计报告日可能迟于已审计财务报表的审计报告日。在这种情况下，对简要财务报表出具的审计报告应当说明，简要财务报表和已审计财务报表均未反映在已审计财务报表的审计报告日后发生的、可能需要在已审计财务报表中进行调整或披露的事项的影响。

第十五条　注册会计师可能知悉在已审计财务报表的审计报告日已经存在但以前并不知悉的事实。在这种情况下，只有在按照《中国注册会计师审计准则第 1332 号——期后事项》的规定，考虑了与已审计财务报表相关的这种事实后，注册会计师才应当对简要财务报表出具审计报告。

第五节　对简要财务报表出具的审计报告

第十六条　对简要财务报表出具的审计报告应当包括下列要素：

（一）标题；

（二）收件人；

（三）引言段；

（四）管理层对简要财务报表的责任段；

（五）注册会计师的责任段；

（六）审计意见段；

（七）注册会计师的签名和盖章；

（八）会计师事务所的名称、地址和盖章；

（九）报告日期。

第十七条　审计报告的标题应当统一规范为“对简要财务报表出具的审计报告”。

第十八条　审计报告应当按照审计业务约定条款的要求载明收件人。如果对简要财务报表出具的审计报告的收件人不同于已审计财务报表的审计报告的收件人，注册会计师应当评价使用不同收件人名称的适当性。

第十九条　引言段应当包括下列方面：

（一）指出注册会计师出具审计报告所针对的简要财务报表，包括每张简要财务报表的名称；

（二）指出已审计财务报表；

（三）提及对已审计财务报表出具的审计报告和报告日期，除本准则第二十四条和第二十五条规定的情形外，对已审计财务报表发表无保留意见这一事实；

（四）如果简要财务报表的审计报告日迟于已审计财务报表的审计报告日，说明简要财务报表和已审计财务报表均未反映在已审计财务报表的审计报告日后发生的事项的影响；

（五）指出简要财务报表未包含编制财务报表时所采用的财务报告编制基础要求披露的全部事项，因此，对简要财务报表的阅读不能替代对已审计财务报表的阅读。

第二十条　管理层对简要财务报表的责任段应当说明，按照采用的标准编制简要财务报表是管理层的责任。

第二十一条　注册会计师的责任段应当说明，注册会计师的责任是在实施本准则规定的程序的基础上对简要财务报表发表审计意见。

第二十二条　审计意见段应当清楚地表达对简要财务报表的意见。

第二十三条　简要财务报表的审计报告日期不应早于下列日期：

（一）注册会计师已获取充分、适当的证据并在此基础上形成审计意见的日期，这些证据包括简要财务报表已编制完成以及法律法规规定的被审计单位董事会、管理层或类似机构已经认可其对简要财务报表负责；

（二）已审计财务报表的审计报告日。

第二十四条　如果对已审计财务报表出具的审计报告包含保留意见、强调事项段或其他事项段，但注册会计师确信，简要财务报表按照采用的标准在所有重大方面与已审计财务报表保持一致或公允概括了已审计财务报表，对简要财务报表出具的审计报告除包括本准则第十六条规定的要素外，还应当：

（一）在引言段中说明对已审计财务报表出具的审计报告包含保留意见、强调事项段或其他事项段；

（二）在审计意见段中描述对已审计财务报表发表保留意见的依据，对已审计财务报表出具的审计报告中的保留意见，或者强调事项段或其他事项段，以及由此对简要财务报表的影响（如有）。

第二十五条　如果对已审计财务报表发表了否定意见或无法表示意见，对简要财务报表出具的审计报告除包括本准则第十六条规定的要素之外，还应当：

（一）在引言段中说明对已审计财务报表发表了否定意见或无法表示意见；

（二）在审计意见段中描述发表否定意见或无法表示意见的依据；

（三）在审计意见段中说明由于对已审计财务报表发表否定意见或无法表示意见，因此，对简要财务报表发表意见是不适当的。

第二十六条　如果简要财务报表没有按照采用的标准在所有重大方面与已审计财务报表保持一致或公允概括已审计财务报表，而管理层又不同意作出必要的修改，注册会计师应当对简要财务报表发表否定意见。

第六节　对审计报告分发或使用的限制或提醒阅读者关注编制基础

第二十七条　如果已审计财务报表出具的审计报告存在分发或使用的限制，或对已审计财务报表出具的审计报告提醒财务报表使用者关注已审计财务报表按照特殊目的编制基础编制，注册会计师应当在对简要财务报表出具的审计报告中包含相同的限制或提醒说明。

第七节　比较信息

第二十八条　如果已审计财务报表包含比较信息而简要财务报表未包含，注册会计师应当根据业务的具体情况确定这种省略是否合理。注册会计师应当确定不合理的省略对针对简要财务报表出具的审计报告的影响。

第二十九条　如果简要财务报表包含已由其他注册会计师出具审计报告的比较信息，对简要财务报表出具的审计报告还应当包含《中国注册会计师审计准则第 1511 号——比较信息：对应数据和比较财务报表》要求注册会计师在对已审计财务报表出具的审计报告中包含的事项。

第八节　与简要财务报表一同列报的未审计的补充信息

第三十条　注册会计师应当评价与简要财务报表一同列报的未审计补充信息是否清楚地与简要财务报表予以区分。如果认为被审计单位未清楚地将未审计的补充信息与简要财务报表予以区分，注册会计师应当要求管理层改变对未审计的补充信息的列报方式。如果管理层拒绝改变，注册会计师应当在对简要财务报表出具的审计报告中说明本报告未涵盖该补充信息。

第九节　含有简要财务报表的文件中的其他信息

第三十一条　注册会计师应当阅读在含有简要财务报表及其审计报告的文件中的其他信息，以识别其是否与简要财务报表存在重大不一致。

如果在阅读其他信息时识别出重大不一致，注册会计师应当确定简要财务报表或其他信息是否需要作出修改。

如果在阅读其他信息时注意到明显的对事实的重大错报，注册会计师应当就此与管理层进行讨论。

第十节　与注册会计师相关联

第三十二条　如果注意到被审计单位计划在含有简要财务报表的文件中说明注册会计师已对简要财务报表出具报告，但被审计单位并未计划在文件中包含该报告，注册会计师应当要求管理层将该报告包含在文件中。

如果管理层拒绝，注册会计师应当确定并采取其他适当的措施，以防止管理层在文件中将注册会计师与简要财务报表不适当地相关联。

第三十三条　注册会计师可能接受委托对被审计单位的财务报表出具报告，但未接受委托对简要财务报表出具报告。在这种情况下，如果注意到被审计单位计划在含有简要财务报表的文件中作出说明，包括提及注册会计师和简要财务报表来源于已审计财务报表，注册会计师应当确信：

（一）仅在提及对已审计财务报表出具的审计报告时，提及注册会计师；

（二）作出的说明不会导致简要财务报表的使用者产生注册会计师已对简要财务报表出具报告的误解。

如果注册会计师不能确信前款第（一）项或第（二）项所述事项，可以选择的方法包括：

（一）注册会计师应当要求管理层修改作出的说明以符合前款的规定，或在文件中不提及注册会计师；

（二）被审计单位可以委托注册会计师对简要财务报表出具报告，并将相关报告包含在文件中。

当采取前款第（一）项方法时，如果管理层不修改作出的说明，拒绝删除提及注册会计师的表述，或者当采取前款第（二）项方法时，管理层拒绝在含有简要财务报表的文件中包含对简要财务报表出具的审计报告，注册会计师应当告知管理层不同意提及注册会计师，并确定和采取其他适当措施，以防止管理层不恰当地提及注册会计师。

第五章　附　　则

第三十四条　本准则自2012年1月1日起施行。

40. 中国注册会计师审计准则第1611号——商业银行财务报表审计

第一章　总　　则

第一条　为了规范注册会计师执行商业银行财务报表审计业务，制定本准则。

第二条　注册会计师在执行商业银行财务报表审计业务时，应当将本准则与相关审计准则结合使用。

第三条　本准则所称商业银行，是指依照《中华人民共和国公司法》和《中华人民共和国商业银行法》设立的从事吸收公众存款、发放贷款、办理结算等业务的企业法人。

第四条　商业银行通常具有下列主要特征：

（一）经营大量货币性项目，要求建立健全严格的内部控制；

（二）从事的交易种类繁多、次数频繁、金额巨大，要求建立严密的会计信息系统，并广泛使用计算机信

息系统及电子资金转账系统;

(三)分支机构众多、分布区域广、会计处理和控制职能分散,要求保持统一的操作规程和会计信息系统;

(四)存在大量不涉及资金流动的资产负债表表外业务,要求采取控制程序进行记录和监控;

(五)高负债经营,债权人众多,与社会公众利益密切相关,受到银行监管法规的严格约束和政府有关部门的严格监管。

第五条 商业银行具有下列主要风险:

(一)信用风险;

(二)国家风险和转移风险;

(三)市场风险;

(四)利率风险;

(五)流动性风险;

(六)操作风险;

(七)法律风险;

(八)声誉风险。

第六条 由于商业银行具有的特征和风险,注册会计师应当保持应有的职业谨慎,以将审计风险降至可接受的低水平。

第二章 接受业务委托

第七条 注册会计师应当初步了解商业银行的基本情况,评价自身独立性和专业胜任能力,初步评估审计风险,以确定是否接受业务委托。

第八条 在评价自身专业胜任能力时,注册会计师应当考虑:

(一)是否具备商业银行审计所需要的专门知识和技能;

(二)是否熟悉商业银行计算机信息系统及电子资金转账系统;

(三)是否具有对商业银行国内外分支机构实施审计的充足人力资源。

第九条 注册会计师在接受业务委托时,应当就审计目标和范围、双方的责任、审计报告的用途等事项与商业银行达成一致意见。

第三章 计划审计工作

第十条 在计划审计工作前,注册会计师应当了解商业银行下列主要情况:

(一)宏观经济形势对商业银行的影响;

(二)适用的银行监管法规及银行监管机构的监管程度;

(三)特殊会计惯例及问题;

(四)组织结构及资本结构;

(五)金融产品、服务及市场状况;

(六)风险及管理策略;

(七)相关内部控制;

(八)计算机信息系统及电子资金转账系统;

(九)资产、负债结构及信贷资产质量;

(十)主要贷款对象所处行业状况;

(十一)重大诉讼。

第十一条 在了解上述情况时,注册会计师应当重点查阅商业银行下列资料:

(一)章程、营业执照、经营许可证等法律文件;

(二)组织结构图;

(三)股东会、董事会、监事会及管理委员会的会议纪要;

(四)年度财务报表和中期财务报表;

（五）分部报告；
（六）风险管理策略和相关报告；
（七）有关控制程序和会计信息系统的文件；
（八）计算机信息系统和电子资金转账系统硬件、软件清单及流程图；
（九）信贷、投资等经营政策；
（十）银行监管机构的检查报告和有关文件；
（十一）内部审计报告；
（十二）经营计划、资本补足计划；
（十三）重大诉讼法律文书；
（十四）金融产品和服务营销手册；
（十五）新近颁布的影响商业银行经营的法规。

第十二条 在制定总体审计策略时，注册会计师应当考虑下列主要事项：
（一）重要性水平；
（二）预期的重大错报风险；
（三）商业银行使用计算机信息系统和电子资金转账系统的程度；
（四）商业银行内部控制的预期可信赖程度；
（五）重点审计领域；
（六）商业银行持续经营假设的合理性；
（七）利用内部审计的工作；
（八）利用专家的工作；
（九）利用其他注册会计师的工作；
（十）利用银行监管机构的检查报告及有关文件；
（十一）审计工作的组织与安排。

第十三条 在确定重要性水平时，注册会计师应当考虑：
（一）相对小的错报对资产负债表的影响可能不重要，但对利润表和资本充足率可能产生重大影响；
（二）既影响资产负债表又影响利润表的错报，比只影响资产、负债和资产负债表表外承诺的错报更重要；
（三）重要性水平有助于识别导致商业银行严重违反监管法规的错报。

第十四条 商业银行的重大错报风险较高，内部控制对防止或发现并纠正舞弊与错误至关重要；注册会计师应当评估重大错报风险，以确定检查风险的可接受水平。

第十五条 商业银行的计算机信息系统和电子资金转账系统具有下列重要作用，注册会计师应当关注其使用的方式和程度：
（一）计算和记录利息收入和支出；
（二）计算外汇和证券交易头寸，并记录相关的损益；
（三）提供资产、负债余额的最新记录；
（四）每日处理大量巨额交易。

第十六条 由于商业银行具有的特征和风险，注册会计师通常需要依赖控制测试而不能完全依赖实质性程序。

第十七条 注册会计师应当关注下列可能导致财务报表发生重大错报风险的重点审计领域：
（一）贷款损失准备；
（二）资产负债表表外业务；
（三）不符合银行监管法规的交易和事项；
（四）发生重大变动的财务报表项目；
（五）资产负债表日前后发生的重大一次性交易；
（六）高度复杂或投机性强的交易；
（七）非常规贷款；

（八）关联方交易；

（九）新金融产品或服务；

（十）受新近颁布的监管法规影响的业务领域。

第十八条 注册会计师应当考虑商业银行编制财务报表所依据的持续经营假设的合理性。

第十九条 内部审计是商业银行内部控制的重要组成部分，注册会计师应当考虑是否利用内部审计的工作。

第二十条 在评价计算机信息系统和电子资金转账系统等特殊领域时，注册会计师应当考虑是否利用专家的工作。

第二十一条 商业银行拥有的分支机构众多且分布区域广，注册会计师应当考虑是否利用其他注册会计师的工作。

第二十二条 注册会计师应当查阅商业银行持有的银行监管机构的检查报告和有关文件，以获取对确定重点审计领域有用的信息，提高审计效率。

第二十三条 在组织和安排审计工作时，注册会计师应当考虑：

（一）项目组组成及分工；

（二）其他注册会计师参与的程度；

（三）计划利用内部审计工作的程度；

（四）计划利用专家工作的程度；

（五）出具审计报告的时间要求；

（六）需要商业银行管理层提供的专项分析资料。

第二十四条 注册会计师应当根据总体审计策略制定具体审计计划，以合理确定进一步审计程序的性质、时间和范围。

第四章 了解和测试内部控制

第二十五条 注册会计师应当充分了解商业银行的相关内部控制，以确定有效的审计方案。

第二十六条 商业银行的相关内部控制应当实现下列目标：

（一）所有交易经管理层一般授权或特别授权方可执行；

（二）所有交易和事项以正确的金额，在恰当的会计期间及时记录于适当的账户，使编制的财务报表符合适用的会计准则和相关会计制度的规定；

（三）只有经过管理层授权才能接触资产和记录；

（四）将记录的资产与实有资产定期核对，并在出现差异时采取适当的措施；

（五）恰当履行受托保管协议规定的职责。

第二十七条 注册会计师应当了解商业银行分级授权体系的下列要素：

（一）有权批准特定交易的人员；

（二）授权遵守的程序；

（三）授权限额及条件；

（四）风险报告及监控。

第二十八条 注册会计师应当检查授权控制，以确定为各类交易设定的风险限额是否得到遵守，超出风险限额是否及时向适当层次管理人员报告。

第二十九条 由于临近资产负债表日发生的交易往往尚未完成，或在确定取得资产、承担债务的价值时缺乏依据，注册会计师应当重点检查这些交易的授权控制。

第三十条 在评价与交易和事项记录有关的内部控制的有效性时，注册会计师应当考虑：

（一）商业银行处理大量交易，其中单笔或数笔交易可能涉及巨额资金，需要定期执行试算平衡和调节程序，以及时发现差错并进行调查和纠正，将造成损失的风险降至最低；

（二）许多交易的会计核算有特殊规定，商业银行需要采取控制程序以保证这些规定得以遵守；

（三）有些交易不在资产负债表中列示，甚至不在财务报表附注中披露，商业银行需要采取控制程序保证这些交易以适当的方式被记录和监控，并能及时确认因交易状况变化而产生的损益；

(四)商业银行不断推出新的金融产品和服务,需要及时更新会计信息系统和相关内部控制;

(五)每日余额可能并不反映当日系统处理的全部交易量或最大损失风险,商业银行需要对最大交易量或最大损失风险保持控制;

(六)对大多数交易的记录应便于商业银行内部、商业银行客户及交易对方核对。

第三十一条 计算机信息系统和电子资金转账系统的广泛使用,对注册会计师评价商业银行的内部控制有重要影响。

注册会计师应当对影响系统开发、修改、接触、数据登录、网络安全和应急计划的相关内部控制进行评价。

注册会计师应当考虑商业银行使用电子资金转账系统的程度,评价交易前监督控制和交易后确认及调节程序的完整性。

第三十二条 商业银行的资产易于转移,金额巨大,仅通过实物控制难以奏效,管理层通常实施下列控制程序:

(一)凭借密码和接触控制,只有获得授权的人员才能操作计算机信息系统和电子资金转账系统;

(二)将资产接触与记录职责分离;

(三)由独立人员向第三方函证和调节资产余额。

注册会计师应当合理确信上述所有控制是否有效运行,必要时,复核或参与年末函证和调节程序。

第三十三条 将记录的资产与实有资产定期进行核对是一项重要的调节控制,该项控制具有下列重要作用:

(一)验证现金、有价证券等资产的存在性,及时发现舞弊与错误;

(二)检查易发生价值波动的资产计价的正确性;

(三)验证资产接触和授权控制运行的有效性。

注册会计师应当运用检查和询问等程序,测试该项控制的有效性。

第三十四条 在评价调节控制的有效性时,注册会计师应当考虑:

(一)需要调节的账户较多且调节频率较高;

(二)调节结果具有累积性;

(三)调节项目可能被不适当地结转到同一时期内未被调节和调查的账户。

第三十五条 在评价受托保管业务的内部控制有效性时,注册会计师应当考虑:

(一)是否由专门部门履行受托保管职责;

(二)是否将自有资产与受托保管资产适当分离;

(三)是否已对受托保管资产作出适当记录。

第三十六条 在评价特定控制程序有效性时,注册会计师应当考虑下列控制环境因素的影响:

(一)组织结构和权力、责任的划分;

(二)管理层监控工作的质量;

(三)内部审计工作的范围和效果;

(四)关键管理人员的素质;

(五)银行监管机构的监管程度。

第三十七条 对审计过程中注意到的商业银行内部控制的重大缺陷,注册会计师应当及时与治理层和管理层沟通。

第五章 实质性程序

第三十八条 注册会计师应当在评估商业银行财务报表重大错报风险的基础上,确定可接受的检查风险水平和实质性程序的性质、时间和范围。

第三十九条 注册会计师对重大错报风险的评估是一种判断,可能无法充分识别所有的重大错报风险,并且由于内部控制存在固有局限性,无论评估的重大错报风险结果如何,注册会计师都应当针对所有重大的各类交易、账户余额、列报(包括披露)实施实质性程序。

第四十条 在实施实质性程序时,注册会计师应当特别考虑运用下列重要审计程序:

(一)分析程序;
(二)监盘;
(三)检查;
(四)询问和函证。

第四十一条 注册会计师应当考虑对下列项目实施分析程序,以测试其总体合理性:
(一)利息收入、支出;
(二)手续费收入;
(三)贷款损失准备。

第四十二条 注册会计师应当考虑对下列项目实施监盘程序,以测试其存在性:
(一)现金;
(二)贵金属;
(三)有价证券;
(四)其他易转移资产。

第四十三条 在实施监盘程序时,注册会计师应当关注受托保管资产是否存在,是否与自有资产相混淆。

第四十四条 注册会计师应当考虑实施检查程序,以了解贷款协议、承诺协议等重要协议的条款,评价其约束力及相关会计处理的适当性。

第四十五条 注册会计师应当考虑实施询问和函证程序,以实现下列目的:
(一)确认货币性资产、负债和资产负债表表外承诺的存在性和完整性;
(二)获取经商业银行客户或交易对方确认的某项交易金额、条款和状况的审计证据;
(三)获取不能直接从商业银行会计记录中得到的其他信息。

第四十六条 注册会计师应当考虑对下列事项实施函证程序:
(一)存款、贷款和同业往来等账户的余额;
(二)特定贷款抵押品的状况;
(三)因担保、承诺和承兑等资产负债表表外业务产生的或有负债;
(四)资产回购和返售协议以及未履约期权;
(五)与远期外汇合约和其他未履行合约有关的信息;
(六)委托保管的有价证券等项目。

第四十七条 为了提高审计效率,注册会计师应当考虑:
(一)在资产负债表日前实施某些测试;
(二)使用计算机辅助审计技术;
(三)当存在大量同质账户或交易时,使用统计抽样技术。

第四十八条 在审计资产负债表表外业务时,注册会计师应当检查相应收入的来源,并实施其他审计程序,以证实:
(一)相关会计记录是否完整;
(二)计提的损失准备是否充足;
(三)披露是否充分。

第四十九条 在审计关联方和关联方交易时,注册会计师应当实施必要的审计程序,以确定:
(一)所有重要的关联方和关联方交易是否都已被识别;
(二)所有重要的关联方交易是否都经适当授权;
(三)关联方和关联方交易是否已按照适用的会计准则和相关会计制度的规定予以充分披露。

第五十条 在实施下列审计程序时,注册会计师可能注意到商业银行持续经营假设不再合理的迹象:
(一)分析程序;
(二)检查资产负债表日后事项;
(三)检查债务协议条款的遵守情况;
(四)查阅股东会、董事会、监事会及管理委员会的会议纪要;

（五）向商业银行的法律顾问询问有关诉讼、索赔等情况；
（六）函证关联方或第三方向商业银行提供财务支持的详细情况；
（七）查阅商业银行持有的银行监管机构的检查报告和有关文件；
（八）检查法定资本要求的遵守情况。

第五十一条 注册会计师应当关注商业银行持续经营假设不再合理的下列主要迹象：
（一）贷款业务量显著下降；
（二）不良贷款剧增；
（三）大量贷款集中于陷入困境的行业；
（四）过度依赖少数存款人的大额存款；
（五）存款大量流失；
（六）信用等级下降；
（七）未能达到银行监管机构规定的流动性监管指标；
（八）未能达到最低法定资本要求或未能遵守银行监管机构批准的资本补足计划；
（九）银行监管法规的变化已对商业银行经营产生重大不利影响；
（十）严重违反银行监管法规；
（十一）银行监管机构已对商业银行的不审慎经营表示关注或采取措施。

第五十二条 注册会计师应当就下列主要事项获取商业银行管理层声明：
（一）持有的银行监管机构的检查报告和有关文件已提供给注册会计师；
（二）长期投资和短期投资的分类准确地反映了管理层的计划和意图；
（三）确定公允价值所依据的假设是合理的；
（四）资本补足计划及其实施符合银行监管机构的要求，并已作充分的披露；
（五）或有负债已在财务报表中充分披露；
（六）关联方交易符合银行监管法规的规定，并已作充分的披露；
（七）对资产负债表日持有的有价证券、贷款等资产可能发生的损失计提充足的准备；
（八）具有重大风险的资产负债表表外业务已作充分的披露。

第六章　审计报告

第五十三条 注册会计师应当在实施必要的审计程序后，对财务报表进行总体复核，根据经过核实的审计证据形成审计意见，出具审计报告。

第五十四条 在评价审计证据、形成审计意见时，注册会计师应当考虑商业银行会计处理和报告的特殊规定。

第五十五条 在出具审计报告之前，注册会计师应当根据银行监管法规的有关要求，确定是否需要将重大事项告知银行监管机构。

第七章　附　　则

第五十六条 本准则自 2007 年 1 月 1 日起施行。

41. 中国注册会计师审计准则第 1612 号——银行间函证程序

第一章　总　　则

第一条 为了规范注册会计师在商业银行财务报表审计中实施银行间函证程序，制定本准则。

第二条 本准则所称银行间函证程序，是指注册会计师为了获取影响商业银行财务报表或相关披露认定的项目的信息，以商业银行的名义向确认银行寄发询证函，获取和评价审计证据的过程。

本准则所称确认银行，是指接收商业银行的询证函并被请求回函的银行。

第三条 在实施银行间函证程序时，注册会计师应当保持应有的关注，对函证全过程进行控制。

第二章 询证函的编制与寄发

第四条 注册会计师在选择确认银行时，应当考虑与商业银行的账户余额或其他信息有关的下列主要因素：

（一）账户余额的大小；

（二）交易的性质、数量和金额；

（三）相关内部控制的可信赖程度；

（四）重要性与审计风险。

第五条 注册会计师应当采用积极的函证方式，要求确认银行对所函证的账户余额或其他信息予以回函。

第六条 注册会计师在编制询证函时，可选用下列方法：

（一）在询证函中列示账户余额或其他信息，要求确认银行确认其准确性和完整性；

（二）要求确认银行在询证函中列示账户余额或其他信息的详细情况，据以与商业银行的记录相比较。

在选用上述方法时，注册会计师应当考虑函证的目的、对审计证据质量的要求及回函的可能性。

第七条 注册会计师应当经商业银行同意，以商业银行的名义向确认银行寄发询证函，并要求确认银行直接向注册会计师所在的会计师事务所回函。

第八条 注册会计师应当根据函证事项的性质等因素确定寄发询证函的时间。

第三章 函证的内容

第九条 注册会计师应当根据函证目的及商业银行会计信息系统等情况确定函证的内容。

第十条 注册会计师函证的内容主要包括：

（一）商业银行与确认银行之间的存款、贷款和同业往来等账户（包括零余额的往来账户和在函证日之前十二个月内注销的往来账户）的余额及到期日、利息条款、未使用的授信额度、抵销权、抵押权和质押权等详细情况。询证函应当载明账户摘要、账号和币种等有关信息。

（二）商业银行与确认银行之间因担保、承诺和承兑等资产负债表表外业务产生的或有负债。询证函应当载明或有负债的性质、币种和金额等有关信息。

（三）资产回购和返售协议以及未履约期权。询证函应当载明协议标的、签订日、到期日和达成交易的条件等有关信息。

（四）与远期外汇合约和其他未履行合约有关的信息。询证函应当载明每项合约的编号、交易日、到期日、成交价格、币种和金额等有关信息。

（五）确认银行代为保管的有价证券等项目。询证函应当载明项目摘要和权属等有关信息。

第四章 回函的评价

第十一条 在评价通过函证程序获取的审计证据是否充分时，注册会计师应当考虑：

（一）函证程序的可靠性；

（二）不符事项的性质和金额；

（三）实施其他审计程序获取的审计证据。

第十二条 当未收到确认银行的回函时，注册会计师应当实施替代审计程序。

第十三条 如果通过函证、替代审计程序和其他审计程序所获取的审计证据不充分，注册会计师应当扩大函证范围或追加审计程序。

第五章 附　　则

第十四条 本准则自 2007 年 1 月 1 日起施行。

42. 中国注册会计师审计准则第1613号——与银行监管机构的关系

第一章　总　　则

第一条　为了明确在商业银行财务报表审计中商业银行治理层、管理层的责任和注册会计师的责任，促进注册会计师与银行监管机构之间的理解与合作，提高审计的有效性，制定本准则。

第二条　本准则适用于注册会计师执行商业银行财务报表审计业务，并适用于接受银行监管机构委托执行专项业务。

第二章　商业银行治理层和管理层的责任

第三条　商业银行的治理层和管理层应当按照《中华人民共和国公司法》、《中华人民共和国商业银行法》及其他法律法规的规定履行治理责任和管理责任。

第四条　商业银行的经营管理主要由治理层及其任命的管理层负责。这种责任旨在确保实现下列主要目的：

（一）商业银行工作人员具备充分的专业技能和诚信，关键岗位工作人员具有丰富的工作经验；

（二）针对商业银行各项业务建立并实施恰当的政策、制度和程序；

（三）建立适当的管理信息系统；

（四）具有适当的风险管理政策和程序；

（五）遵守包括有关偿付能力和流动性要求在内的法律法规及监管规定；

（六）充分保障股东、存款人及其他债权人的利益。

第五条　管理层负责建立会计信息系统，保持足以支持财务报表的会计记录，并按照适用的会计准则和相关会计制度的规定编制财务报表。管理层的责任还包括确保注册会计师完整地、不受限制地获得对财务报表和审计意见产生重大影响的所有必需信息。

第六条　治理层有责任确保建立并维护有效的内部控制，并根据法律法规的规定成立审计委员会履行有关职责。为提高工作有效性，审计委员会应当允许和鼓励内部审计人员、注册会计师参加审计委员会会议。

第七条　管理层有责任按照相关法律法规的规定和治理层的要求，设立与商业银行规模及业务性质相适应的内部审计部门并保证其有效运行。

第八条　为保证审计工作充分有效，内部审计部门应当独立于所审计或核查的业务活动，并独立于日常内部控制过程。

商业银行的所有业务活动以及分支机构、子公司和其他组成部分都应纳入内部审计部门的核查范围。

内部审计部门应当定期向治理层和管理层报告内部控制及风险管理系统的运行情况，以及内部审计目标完成情况。管理层应当建立能够确保内部审计建议得到考虑、并在适当时得以实施的程序。

第九条　注册会计师对商业银行财务报表的审计不能减轻商业银行治理层和管理层的责任。

第三章　注册会计师的责任

第十条　注册会计师的责任是按照中国注册会计师审计准则（以下简称审计准则）的规定，对商业银行财务报表是否按照适用的会计准则和相关会计制度的规定编制，是否在所有重大方面公允反映商业银行的财务状况、经营成果和现金流量发表审计意见。

第十一条　注册会计师应当根据业务约定恰当致送审计报告，致送对象通常为股东或董事会，但审计报告也可能被存款人、债权人及银行监管机构等方面获取。

注册会计师的审计意见可以提高商业银行财务报表的可信赖程度，但不是对商业银行未来生存能力或管理层经营效率、效果提供的保证。

第十二条 注册会计师应当了解商业银行及其环境，以足够识别和评估财务报表重大错报风险、设计和实施进一步审计程序。

第十三条 在评估商业银行财务报表重大错报风险时，注册会计师应当考虑商业银行的特征，主要包括：

（一）经营大量货币性项目，要求建立健全严格的内部控制；

（二）从事的交易种类繁多、次数频繁、金额巨大，要求建立严密的会计信息系统，并广泛使用信息技术及电子资金转账系统；

（三）分支机构众多，分布区域广，会计处理和控制职能分散，要求保持统一的操作规程和会计信息系统；

（四）存在大量不涉及资金流动的资产负债表表外业务，要求采取控制程序进行记录和监控；

（五）高负债经营，债权人众多，与社会公众利益密切相关，受到商业银行监管法规的严格约束和政府有关部门的严格监管。

第十四条 注册会计师应当针对评估的财务报表层次重大错报风险确定总体应对措施，并针对认定层次重大错报风险设计和实施进一步审计程序。

第十五条 商业银行的内部审计工作有助于注册会计师执行审计业务，注册会计师应当评价和考虑利用内部审计工作。

注册会计师在评价内部审计工作时，应当考虑内部审计部门在组织结构中的地位、工作范围、内部审计人员的专业胜任能力以及能否保持职业谨慎。

第十六条 职业判断贯穿于注册会计师审计工作的全过程。注册会计师主要在下列方面运用职业判断：

（一）评估重大错报风险；

（二）确定审计程序的性质、时间和范围；

（三）评价审计程序的实施结果；

（四）评估管理层在编制财务报表时所作出的判断和估计的合理性。

第十七条 注册会计师应当从财务报表层次和各类交易、账户余额、列报（包括披露）认定层次考虑重要性。

注册会计师审计商业银行财务报表时使用的重要性水平可能与其向银行监管机构提交专项报告时使用的重要性水平不同。

第十八条 注册会计师应当获取商业银行财务报表整体不存在重大错报的合理保证。但由于存在下列固有限制，注册会计师即使按照审计准则的规定恰当地计划和实施审计工作，也不可能绝对保证发现商业银行财务报表中的所有重大错报：

（一）选择性测试方法的运用；

（二）内部控制的固有局限性；

（三）大多数审计证据是说服性而非结论性的；

（四）为形成审计意见而实施的审计工作涉及大量判断；

（五）某些特殊性质的交易和事项可能影响审计证据的说服力。

第十九条 注册会计师应当考虑商业银行财务报表是否存在舞弊或错误导致的重大错报。

在考虑由舞弊导致的重大错报时，注册会计师应当关注：

（一）由于舞弊者可能通过精心策划以掩盖其舞弊行为，舞弊导致的重大错报未被发现的风险，通常大于错误导致的重大错报未被发现的风险。尤其是在串谋的情况下，舞弊导致的重大错报更难发现；

（二）由于管理层往往能够凌驾于内部控制之上，直接或间接地操纵会计记录并编报虚假财务信息，管理层舞弊导致的重大错报未被发现的风险，通常大于员工舞弊导致的重大错报未被发现的风险。

第二十条 如果发现财务报表存在重大错报，注册会计师应当提请商业银行予以更正。如果商业银行拒绝更正，注册会计师应当对财务报表出具保留意见或否定意见的审计报告。

如果商业银行未能提供审计工作所要求的所有必需信息，注册会计师应当就这些事项与商业银行管理层和治理层沟通。如果仍未获得所有必需信息，注册会计师应当对财务报表出具保留意见或无法表示意见的审计报告。

第二十一条 注册会计师应当按照《中国注册会计师审计准则第 1151 号——与治理层的沟通》的规定，及时和管理层、治理层沟通与财务报表审计相关的事项。

在某些情况下，注册会计师可以向管理层或银行监管机构提交一份长式报告，详细说明某些重大事项，如账户余额或贷款组合的明细项目、某些财务比率、内部控制的有效性、商业银行风险分析及合规情况。

第二十二条 如果存在下列事项，注册会计师应当根据相关法律法规的规定，考虑是否需要及时将这些事项告知银行监管机构：

（一）构成重大违反法律法规的事项；

（二）影响商业银行持续经营的事项或情况；

（三）出具非标准审计报告。

第四章 注册会计师与银行监管机构的关系

第二十三条 注册会计师与银行监管机构对下列事项关注的角度可能存在差异，但可以相互补充：

（一）注册会计师主要关心的是对商业银行财务报表出具审计报告，为此，应当评价管理层在编制财务报表时采用持续经营假设的合理性。银行监管机构主要关心的是保持商业银行系统的稳定性，促进各商业银行安全、稳健运行，以保证存款人的利益，因而银行监管机构需要依据财务报表评价商业银行经营状况和业绩，监控其现在和未来的生存能力。

（二）注册会计师关心的是评价内部控制，以确定在计划和实施审计工作时对内部控制的信赖程度。银行监管机构关心的是商业银行是否存在健全的内部控制，以作为商业银行安全经营和审慎管理的基础。

（三）注册会计师关心的是商业银行是否具有充分和可靠的会计记录，以使其编制的财务报表不存在重大错报。银行监管机构关心的是商业银行是否依据一贯的会计政策，保持充分的会计记录，并按规定定期公布财务报表。

第二十四条 如果银行监管机构在监管活动中使用已审计财务报表，注册会计师应当考虑以适当的方式提请商业银行管理层说明下列事项：

（一）商业银行编制财务报表的首要目的并非满足监管的需要；

（二）注册会计师依据审计准则实施审计工作旨在对财务报表整体不存在重大错报获取合理保证；

（三）商业银行在编制财务报表时，按照会计准则和相关会计制度的规定，需要在判断的基础上选择并运用会计政策；

（四）财务报表中包含的信息建立在管理层判断和估计的基础上；

（五）商业银行的财务状况可能受财务报表期后事项的影响；

（六）银行监管机构与注册会计师评价和测试内部控制的目的可能不同，银行监管机构不应假定注册会计师为审计目标而作出的有关内部控制的评价能够充分满足监管目的；

（七）注册会计师考虑的内部控制和会计政策可能不同于商业银行为银行监管机构提供信息时依据的内部控制和会计政策。

第二十五条 如果银行监管机构对商业银行出具了监管报告，注册会计师应当考虑向商业银行获取该报告。

第二十六条 基于履行保密责任的需要，注册会计师与银行监管机构进行必要联系时，通常需要事先告知商业银行管理层或请其到场。

如果需要沟通的事项涉及商业银行违反法规行为、治理层或管理层重大舞弊等事项，注册会计师应当考虑征询法律意见，以及时采取适当措施。

第二十七条 某些涉及治理层责任的事项可能为银行监管机构所关注，特别是那些需要银行监管机构采取紧急措施的事项。如果法律法规要求直接与银行监管机构沟通，注册会计师应当及时就这些事项与银行监管机构沟通。

如果法律法规没有要求直接与银行监管机构沟通，注册会计师应当提请管理层或治理层与银行监管机构沟通。如果管理层或治理层没有及时与银行监管机构沟通，注册会计师应当征询法律意见，考虑是否有必要直接与银行监管机构沟通。

第二十八条 注册会计师应当予以关注并需要提请银行监管机构采取紧急措施的事项主要包括：

（一）显示商业银行未能满足某项银行许可要求的信息；

（二）商业银行决策机构内部发生严重冲突或关键职能部门经理突然离职；

（三）显示商业银行可能严重违反法律法规、银行章程、规章或行业规范的信息；

（四）注册会计师拟辞聘或被解聘；

（五）银行经营风险的重大不利变化及影响未来经营的潜在风险。

注册会计师应当考虑就这些事项与治理层沟通。

第二十九条 注册会计师可以根据银行监管机构的委托，就商业银行的下列事项出具专项报告，以协助银行监管机构履行监管职能：

（一）是否满足许可条件；

（二）保持会计记录和其他记录的信息系统是否适当，内部控制是否有效；

（三）为银行监管机构编制的报告所使用的方法是否适当，这些报告中包含的诸如资产负债率及其他审慎指标的信息是否准确；

（四）是否根据银行监管机构规定的标准建立恰当的组织机构；

（五）是否遵守相关法律法规；

（六）是否采用恰当的会计政策。

第五章 协助完成特定监管任务时的补充要求

第三十条 如果银行监管机构依据明确的法律法规或与商业银行签订的协议，委托注册会计师协助完成特定监管任务，注册会计师应当另行签订业务约定书。

第三十一条 向银行监管机构提供完整、准确的信息是商业银行管理层的责任，注册会计师的责任是就该信息或特定程序的实施出具报告。注册会计师不承担任何监管责任，而是通过提供报告使银行监管机构更有效地对商业银行的状况作出判断。

第三十二条 注册会计师与商业银行的正常关系应被保护。如果没有法定要求或制约注册会计师工作的合约安排，注册会计师应当提请银行监管机构在商业银行的安排下进行沟通。

第三十三条 在接受银行监管机构的任务前，注册会计师应当考虑是否产生利益冲突。如果产生利益冲突，注册会计师应在工作开始前予以解决，解决方法通常是获得商业银行管理层的批准。

第三十四条 注册会计师应当提请银行监管机构以书面形式对监管要求作出详细、清楚的说明，并尽量详细描述对银行经营状况的评价标准，以便对商业银行是否符合监管要求出具报告。

注册会计师应当与银行监管机构就重要性及其运用达成一致的理解。

第三十五条 注册会计师在接受银行监管机构的委托时，应当考虑是否具有必要的素质和专业胜任能力。

第三十六条 注册会计师应当对执业过程中知悉的信息保密，尤其不应将通过业务关系获得的其他客户信息披露给被审计商业银行或公众。

第六章 附 则

第三十七条 本准则自 2007 年 1 月 1 日起施行。

43. 中国注册会计师审计准则第 1631 号——财务报表审计中对环境事项的考虑

第一章 总 则

第一条 为了规范注册会计师在财务报表审计中对被审计单位环境事项的考虑，制定本准则。

第二条 本准则适用于注册会计师执行财务报表审计业务。

第三条 本准则所称环境事项是指：

（一）被审计单位按照有关环境保护的法律法规（以下简称环境法律法规）或合同要求，或自愿为预防、减轻或弥补对环境造成的破坏，或为保护可再生资源和不可再生资源而采取的措施；

（二）因违反环境法律法规可能导致的后果；

（三）环境的破坏对他人或自然资源造成的后果；

（四）法律法规规定的代偿责任，包括由原使用者（或所有者）造成的环境破坏引起的责任。

第四条 影响财务报表的环境事项主要包括：

（一）因环境法律法规的实施导致资产减值，需要计提资产减值准备；

（二）因没有遵守环境法律法规，需要计提补救、赔偿或诉讼费用，或支付罚款等；

（三）某些被审计单位，如石油、天然气开采企业，化工厂或废弃物管理公司，因其核心业务而随之带来的环境保护义务；

（四）被审计单位自愿承担的环境保护推定义务；

（五）被审计单位需要在财务报表附注中披露的与环境事项相关的或有负债；

（六）在特殊情况下，违反环境法律法规可能对被审计单位的持续经营产生影响，并由此影响财务报表的编制基础。

第五条 对环境事项的恰当确认、计量和列报（包括披露，下同）是被审计单位管理层的责任。

注册会计师在财务报表审计中应当考虑可能导致财务报表重大错报风险的环境事项。

第六条 注册会计师是否需要考虑环境事项以及考虑的范围，取决于其对环境事项是否会引起财务报表重大错报风险作出的职业判断。

第七条 注册会计师对财务报表的审计，并非专为发现被审计单位可能违反环境法律法规的行为，所实施的审计程序也不足以就被审计单位环境法律法规的遵守情况，或与环境事项相关的内部控制的有效性得出结论。

第二章 实施风险评估程序时对环境事项的考虑

第一节 了解环境保护要求和问题

第八条 注册会计师在实施风险评估程序时，应当从下列方面考虑对被审计单位所处行业及其业务产生重大影响的环境保护要求和问题：

（一）所处行业存在的重大环境风险，包括已有的和潜在的风险；

（二）所处行业通常面临的环境保护问题；

（三）适用于被审计单位的环境法律法规；

（四）被审计单位的产品或生产过程中使用的原材料、技术、工艺及设备等是否属于法律法规强制要求淘汰或行业自愿淘汰之列；

（五）监管机构采取的行动或发布的报告是否对被审计单位及其财务报表可能产生重大影响；

（六）被审计单位为预防、减轻或弥补对环境造成的破坏，或为保护可再生资源和不可再生资源拟采取的措施；

（七）被审计单位因环境事项遭受处罚和诉讼的记录及其原因；

（八）是否存在与遵守环境法律法规相关的未决诉讼；

（九）所投保险是否涵盖环境风险。

第九条 对具体审计业务而言，注册会计师拥有的环境事项知识程度通常不如管理层或环境专家。但注册会计师应当具备足够的环境事项知识，以识别和了解与环境事项相关的，可能对财务报表及其审计产生重大影响的交易、事项和惯例。

第十条 某些行业因性质特殊存在重大环境风险，如石油天然气、化工、制药、冶金、采矿、造纸、制革、印染和公用事业等行业，注册会计师应当特别关注被审计单位存在因环境事项导致负债和或有负债的可能性。

第十一条 某些被审计单位并不一定处于本准则第十条所述的存在重大环境风险的行业，但如果存在下列情况，可能面临潜在的重大环境风险：

（一）在很大程度上受到环境法律法规的约束；

（二）拥有被原使用者（或所有者）污染的场地，或为之担保而可能承担代偿责任；

（三）某些业务可能会造成土壤、地下水和地表水及空气的污染；使用有害物质；产生或处理有害废弃物；或可能对顾客、员工或附近居民造成不利影响。

第二节 了解内部控制

第十二条 设计和执行内部控制，以有序、有效地开展业务活动（包括环境方面的活动）是管理层的责任。

不同被审计单位的管理层可能对环境事项采取下列不同的控制方式：

（一）处于环境风险较低行业的被审计单位或小型被审计单位，管理层可能把监控环境事项作为日常内部控制的一部分；

（二）处于环境风险较高行业的被审计单位，管理层可能针对环境事项设计和执行一套单独的内部控制子系统，以符合现有的环境管理系统标准；

（三）对某些被审计单位，管理层可能在一个整合的控制系统内设计和执行其所有的控制，包括与会计、环境和其他事项（如质量、健康和安全）相关的政策和程序。

第十三条 注册会计师的审计目标并不受管理层对环境事项实施控制方式的影响，但注册会计师应当考虑与环境事项相关的内部控制是否有效。

第十四条 根据职业判断，只有认为环境事项可能对财务报表产生重大影响，注册会计师才有必要了解与环境事项相关的内部控制。

第十五条 注册会计师应当主要从下列方面了解与环境事项相关的控制环境：

（一）治理层对与环境事项相关的内部控制承担的职责；

（二）管理层对于环境事项的诚信和道德价值观念、管理理念、经营风格及其处理方法；

（三）被审计单位管理环境事项的机构以及职权与责任的划分；

（四）控制系统，包括内部审计、环境审计、与环境事项相关的人力资源政策与实务以及恰当的职责分离。

第十六条 注册会计师应当主要从下列方面了解与环境事项相关的风险评估过程：

（一）被审计单位是否建立风险评估程序以识别环境风险，并评估该风险的重要性和发生的可能性，以及针对该风险采取的措施；

（二）管理层是否识别出环境风险，并考虑这些风险是否可能导致财务报表发生重大错报。

第十七条 注册会计师应当主要从下列方面了解有关环境事项的信息系统与沟通：

（一）按照环境法律法规的规定或自身对环境风险评估的需要，被审计单位是否建立适当的信息系统，以记录排放物和有害废弃物的数量、产品的环境特征、利益相关者的投诉、监管机构的监测结果、环保事故的发生及其影响等；

（二）该信息系统是否能够为与环境事项相关的财务数据和列报提供信息支持，如为计算废弃物的处置成本提供的废弃物数量等；

（三）被审计单位是否就环境事项进行有效沟通。

第十八条 注册会计师应当从授权、业绩评价、信息处理、实物控制和职责分离等方面，了解与环境事项相关的控制活动。

注册会计师在了解与环境事项相关的控制活动时，应当特别关注被审计单位的下列行为：

（一）是否执行环境管理系统标准并取得独立机构的认证；

（二）是否发布环境绩效报告，并经独立第三方验证；

（三）是否建立适当程序，处理员工或第三方对环境事项的投诉；

（四）是否按照环境法律法规的规定，建立适当的程序处理有害物和废弃物。

第十九条 注册会计师应当主要从下列方面了解被审计单位对与环境事项相关的控制的监督：

（一）被审计单位是否及时评价与环境事项相关的内部控制设计的合理性和运行的有效性，是否遵守环境法律法规和内部规定；

（二）被审计单位是否根据环境事项的变化，及时采取必要的纠正措施。

第三节 考虑与环境事项相关的法律法规

第二十条 保证经营活动符合环境法律法规要求，防止或发现并纠正违反环境法律法规行为，是管理层的责任。

第二十一条 注册会计师应当考虑通过下列途径了解相关环境法律法规及其遵守情况：

（一）利用在了解被审计单位所处行业和业务性质时获取的信息；

（二）向管理层和负责环境事项的关键管理人员询问为遵守相关环境法律法规而采用的政策和程序；

（三）向管理层询问对经营活动具有根本性影响的环境法律法规；

（四）与管理层讨论其采用的对诉讼和索赔进行识别、评价及会计处理的政策和程序。

第二十二条 注册会计师应当按照《中国注册会计师审计准则第 1142 号——财务报表审计中对法律法规的考虑》的规定，保持职业怀疑态度，充分考虑可能导致财务报表发生重大错报的违反环境法律法规行为。

第四节 评估重大错报风险

第二十三条 注册会计师应当利用风险评估程序收集的信息，识别和评估由于环境事项引起的财务报表层次以及各类交易、账户余额、列报认定层次的重大错报风险。

第二十四条 注册会计师应当重点关注下列与财务报表层次相关的环境风险：

（一）遵守环境法律法规或执行合同的成本；

（二）违反环境法律法规的风险；

（三）顾客对环境事项的具体要求以及对被审计单位环境保护行为作出的反应可能产生的影响。

第二十五条 注册会计师应当将环境风险的评估结果与重要的交易、账户余额、列报认定层次相联系，以设计和实施进一步审计程序。

注册会计师应当重点关注下列与各类交易、账户余额、列报认定层次相关的环境风险：

（一）账户余额依据与环境事项相关的会计估计的复杂程度；

（二）账户余额受与环境事项相关的异常或非常规交易的影响程度。

第三章 针对评估的重大错报风险实施审计程序时对环境事项的考虑

第二十六条 注册会计师应当针对评估的环境事项导致的财务报表层次重大错报风险确定总体应对措施，并针对评估的环境事项导致的认定层次重大错报风险设计和实施进一步审计程序。

第二十七条 针对环境事项，注册会计师实施的实质性程序主要包括：

（一）询问管理层和负责环境事项的关键管理人员，包括询问被审计单位商业保险是否涵盖环境事项；

（二）检查与环境事项相关的文件或记录；

（三）利用环境专家的工作；

（四）利用环境审计的工作；

（五）利用内部审计的工作；

（六）执行分析程序；

（七）检查与环境事项相关的财务报表项目；

（八）检查被审计单位因环境事项作出的会计估计；

（九）检查财务报表列报的适当性；

（十）获取管理层关于环境事项的书面声明。

第二十八条 由于确认和计量环境事项的结果存在下列困难，注册会计师运用职业判断显得尤为重要：

（一）环境问题从发生到被识别通常经历较长的时间；

（二）由于会计估计建立在假设的基础上，假设的数量和性质可能导致会计估计不存在既定的模式，或会计估计在很大的区间内似乎都是合理的；

（三）环境法律法规不断变化，对其解释可能面临困难或不明确；

（四）除法定义务或合同义务引起的负债外，还可能存在其他情况产生的负债。

第二十九条 注册会计师应当检查下列与环境事项相关的文件或记录：

（一）治理层及专职负责环境事项的委员会的会议纪要或工作记录；

（二）包含环境事项的公开行业信息；

（三）环境专家报告，如场地评估报告、环境影响研究报告；

（四）环境审计报告；

（五）内部审计报告；

（六）尽职调查报告；

（七）监管机构报告及被审计单位与监管机构的往来函件；

（八）可获取的生态环境恢复公开记录或规划；

（九）被审计单位的环境绩效报告；

（十）与监管机构和律师的往来函件。

第三十条 注册会计师在利用环境专家的工作时，应当按照《中国注册会计师审计准则第 1421 号——利用专家的工作》的规定，考虑环境专家的工作对于实现审计目标是否充分，并考虑专家的专业胜任能力、客观性、经验和声誉。

第三十一条 注册会计师应当考虑将环境审计的结果作为适当的审计证据。在这种情况下，注册会计师应当按照《中国注册会计师审计准则第 1411 号——利用内部审计人员的工作》和《中国注册会计师审计准则第 1421 号——利用专家的工作》的规定，考虑利用环境审计工作的适当性。

第三十二条 如果内部审计人员已将被审计单位经营活动的环境方面作为内部审计工作的一部分，注册会计师应当按照《中国注册会计师审计准则第 1411 号——利用内部审计人员的工作》的规定，考虑利用内部审计工作的适当性。

第三十三条 注册会计师可以实施分析程序，考虑相关财务信息与环境记录中的数量信息之间的关系。

第三十四条 在实施实质性程序时，注册会计师应当重点关注下列与环境事项相关的交易或事项：

（一）本期增加的土地、房屋建筑物和机器设备；

（二）受环境事项影响的长期投资项目；

（三）因环境事项需要计提的资产减值准备；

（四）因环境事项发生的支出和取得的索赔收入；

（五）因环境事项导致的负债和或有负债。

第三十五条 在检查与环境事项相关的会计估计时，注册会计师应当遵守《中国注册会计师审计准则第 1321 号——审计会计估计（包括公允价值会计估计）和相关披露》的有关规定。

第三十六条 在整个审计过程中，如果注意到下列情形显示财务报表存在因环境事项导致的重大错报风险，注册会计师应当对此予以关注：

（一）环境专家或内部审计人员出具的报告中显示有重大环境问题；

（二）被审计单位与监管机构的往来函件或监管机构发布的报告中提及存在违反环境法律法规行为；

（三）在生态环境恢复的公开记录或规划中列有被审计单位的名称；

（四）媒体评论涉及被审计单位的重大环境问题；

（五）律师函中对环境事项的评价意见；

（六）有证据表明被审计单位购买与环境事项相关的商品或服务，相对于常规业务活动而言属于异常交易；

（七）因违反环境法律法规导致诉讼费用、环境咨询费用或罚金增加或异常。

如果出现上述情形，注册会计师应当考虑是否需要重新评估重大错报风险。

第三十七条 注册会计师应当就环境事项向管理层获取下列书面声明：

（一）没有发现由环境事项引起的重大负债和或有负债；

（二）没有发现对财务报表产生重大影响的其他环境事项；

（三）如果发现上述第（一）项或第（二）项所述的环境事项，已在财务报表中进行了恰当的列报。

第四章　出具审计报告时对环境事项的考虑

第三十八条　在形成审计意见时，注册会计师应当考虑被审计单位是否已按照适用的会计准则和相关会计制度的规定对环境事项的影响作出适当的处理，并进行恰当的列报。

注册会计师还应当阅读含有已审计财务报表的文件中的其他信息所涉及的环境事项，以识别其是否与已审计财务报表存在重大不一致。

第三十九条　注册会计师在判断不确定事项对审计报告的影响时，应当重点考虑管理层对不确定事项的评价及披露程度。

如果认为环境事项对财务报表的影响具有重大不确定性或相关披露不充分，或根据职业判断认为环境事项可能导致持续经营假设不再合理，注册会计师应当按照《中国注册会计师审计准则第1502号——在审计报告中发表非无保留意见》、《中国注册会计师审计准则第1503号——在审计报告中增加强调事项段和其他事项段》和《中国注册会计师审计准则第1324号——持续经营》的规定，出具恰当的审计报告。

第五章　附　　则

第四十条　本准则自2007年1月1日起实施。

44. 中国注册会计师审计准则第1632号——衍生金融工具的审计

第一章　总　　则

第一条　为了规范注册会计师针对与衍生金融工具相关的财务报表认定计划和实施审计程序，制定本准则。

第二条　本准则适用于注册会计师在财务报表审计中，对被审计单位作为最终使用者持有的衍生金融工具的审计。

第三条　本准则所称最终使用者，是指为了达到套期、资产负债管理或投机目的，通过交易所或经纪商进行金融交易的单位。

第二章　衍生金融工具及活动

第四条　衍生金融工具是指同时具备下列特征，并形成一个单位的金融资产及其他单位的金融负债或权益工具的合同：

（一）其价值随特定利率、金融工具价格、商品价格、汇率、价格指数、费率指数、信用等级、信用指数或其他类似变量的变动而变动；变量为非金融变量的，该变量与合同的任一方不存在特定关系；

（二）不要求初始净投资，或与对市场情况变化有类似反应的其他类型合同相比，要求很少的初始净投资；

（三）在未来某一日期结算。

衍生金融工具包括金融远期合同、金融期货合同、金融互换和期权，以及具有金融远期合同、金融期货合同、金融互换和期权中一种或一种以上特征的工具。

第五条　被审计单位从事衍生活动的主要目的包括：

（一）管理当前或预期的与经营和财务状况有关的风险；

（二）通过未平仓或投机性头寸从预期市场变化中获利。

第六条　所有金融工具都有一定的风险，而衍生金融工具通常具有风险杠杆效应的特征，包括：

（一）在交易到期前不要求现金流出或流入，或只要求很少的现金流出或流入；

（二）不要求支付或收取本金或其他固定的金额；

（三）潜在的风险和回报可能远远大于目前的支出；

（四）衍生金融资产或负债的价值可能超过其在财务报表中已确认的金额，特别是那些在财务报表中未采用公允价值计量的衍生金融工具。

第七条　衍生金融工具和衍生活动的固有特征可能导致某些被审计单位经营风险的增加，注册会计师应当关注由此增加的审计风险。

第三章　管理层和治理层的责任

第八条　按照适用的会计准则和相关会计制度的规定编制财务报表是被审计单位管理层的责任。在编制财务报表时，管理层需要作出下列与衍生金融工具相关的认定：

（一）在财务报表中记录的所有衍生金融工具是存在的；

（二）在资产负债表日不存在未记录的衍生金融工具；

（三）在财务报表中记录的衍生金融工具得到恰当的计价和列报；

（四）在财务报表中作出了所有与衍生金融工具相关的披露。

第九条　被审计单位治理层通过监督管理层对下列方面负责：

（一）设计和实施内部控制，以便对风险和财务控制进行监督，合理保证被审计单位在其风险管理政策允许的范围内使用衍生金融工具，以及确保被审计单位遵守适用的法律法规；

（二）确保财务报告信息系统的完备性，以保证衍生活动的财务报告的可靠性。

第十条　财务报表审计不能减轻被审计单位管理层和治理层的责任。

第四章　注册会计师的责任

第十一条　在财务报表审计中，注册会计师对审计衍生金融工具的责任是，考虑管理层作出的与衍生金融工具相关的认定是否使得已编制的财务报表符合适用的会计准则和相关会计制度的规定。

第十二条　财务报表审计的目标是对财务报表发表审计意见，而不是对被审计单位与衍生活动相关的风险管理或控制的充分性提供保证。注册会计师应当考虑和管理层讨论与衍生活动相关的审计工作的性质和范围，以免发生误解。

第十三条　注册会计师可能需要特殊的知识和技能，以计划和实施与衍生金融工具相关的特定认定的审计程序。

这些特殊的知识和技能包括：

（一）了解被审计单位所处行业的经营特征和风险状况；

（二）了解被审计单位使用的衍生金融工具及其特征；

（三）了解被审计单位关于衍生金融工具的信息系统，包括服务机构提供的服务；

（四）了解衍生金融工具的估值方法；

（五）熟悉适用的会计准则和相关会计制度有关衍生金融工具的规定。

第十四条　在下列情形下，注册会计师应当考虑利用专家的工作：

（一）衍生金融工具本身非常复杂；

（二）简单的衍生金融工具应用于复杂的情形；

（三）衍生金融工具交易活跃；

（四）衍生金融工具的估值基于复杂的定价模型。

第五章　了解可能影响衍生活动及其审计的因素

第十五条　注册会计师应当从下列方面了解可能对衍生活动及其审计产生影响的因素：

（一）经济环境；

（二）行业状况；
（三）被审计单位相关情况；
（四）主要财务风险；
（五）与衍生金融工具认定相关的错报风险；
（六）持续经营；
（七）会计处理方法；
（八）会计信息系统；
（九）内部控制。

注册会计师应当按照本章第十六条至第二十三条的规定了解本条前款第（一）项至第（八）项，按照第六章的规定了解本条前款第（九）项。

第十六条 注册会计师应当了解经济环境对衍生活动的影响。

经济环境因素主要包括：
（一）经济活动的总体水平；
（二）利率（包括利率的期限结构）和融资的可获得性；
（三）通货膨胀和币值调整；
（四）汇率和外汇管制；
（五）与被审计单位使用的衍生金融工具相关的市场特征，包括该市场的流动性和波动性。

第十七条 注册会计师应当了解被审计单位所处行业状况对衍生活动的影响。

被审计单位所处行业状况主要包括：
（一）价格风险；
（二）市场和竞争；
（三）生产经营的季节性和周期性；
（四）经营业务的扩张或衰退；
（五）外币交易、折算或经济风险。

第十八条 注册会计师应当了解被审计单位的相关情况对衍生活动的影响。

被审计单位相关情况主要包括：
（一）管理层、治理层的知识和经验；
（二）及时和可靠的管理信息的可获得性；
（三）利用衍生金融工具的目标。

第十九条 注册会计师应当了解与衍生活动相关的主要财务风险。

与衍生活动相关的主要财务风险包括：

（一）市场风险，是指因权益价格、利率、汇率、商品价格或其他市场因素的变动导致衍生金融工具公允价值的不利变动而引起损失的风险，包括价格风险、流动性风险、模型风险、基准风险等；

（二）信用风险，是指客户或交易对方在到期时或之后期间内没有全额履行义务的风险；

（三）结算风险，是指被审计单位已履行交易义务，但没有从客户或交易对方收到对价的风险；

（四）偿债风险，是指被审计单位在付款承诺到期时没有资金履行承诺的风险；

（五）法律风险，是指某项法律法规或监管措施阻止被审计单位或交易对方执行合同条款或相关总互抵协议，或使其执行无效，从而给被审计单位带来损失的风险。

第二十条 注册会计师应当考虑下列因素，以了解与衍生金融工具认定相关的错报风险：
（一）衍生活动的经济和业务目的；
（二）衍生金融工具的复杂性；
（三）交易是否产生了涉及现金交换的衍生金融工具；
（四）被审计单位在衍生金融工具方面的经验；
（五）衍生金融工具是否嵌入在一项协议中；
（六）外部因素是否影响认定；
（七）衍生金融工具是在国内交易所交易还是跨国交易。

第二十一条　衍生金融工具潜在的损失可能足以引起对被审计单位持续经营能力的重大疑虑，注册会计师应当按照《中国注册会计师审计准则第 1324 号——持续经营》的规定，考虑被审计单位持续经营假设的合理性。

第二十二条　注册会计师应当了解被审计单位对衍生金融工具的会计处理方法，包括是否将衍生金融工具指定为套期工具并采用套期会计，以及套期关系是否高度有效。

第二十三条　注册会计师应当了解被审计单位会计信息系统的设计、变更及其运行。

如果认为会计信息系统或其中的某些方面较为薄弱，注册会计师应当关注是否有必要修改审计方案。

第六章　了解内部控制

第一节　控制环境

第二十四条　注册会计师在了解控制环境及其变化时，应当考虑治理层、管理层对衍生活动的总体态度和关注程度。

治理层负责确定被审计单位对风险的态度，管理层负责监控和管理被审计单位面临的风险。注册会计师应当了解衍生金融工具的控制环境如何对管理层的风险评估结果作出反应。

第二十五条　注册会计师应当特别关注控制环境的下列方面对衍生活动控制的潜在影响：

（一）管理层是否通过清晰表述的既定政策，指导衍生金融工具的买进、卖出和持有；

（二）衍生活动的交易、结算和记录的职责是否适当分离；

（三）总体控制环境是否已经影响负责衍生活动的人员。

第二十六条　如果被审计单位对涉及衍生活动的人员实施激励机制，注册会计师应当考虑被审计单位是否已经制定适当的规范、限额和控制，以确定执行的激励机制是否可能导致背离总体风险管理战略目标的交易。

第二十七条　如果被审计单位采用电子商务进行衍生金融工具交易，注册会计师应当按照《中国注册会计师审计准则第 1633 号——电子商务对财务报表审计的影响》的规定，考虑被审计单位如何处理与公共网络使用相关的安全和控制问题。

第二节　控制活动

第二十八条　注册会计师应当了解与衍生金融工具相关的控制活动，包括充分的职责分离、风险管理监控、管理层的监督和其他为实现控制目标而设计的政策和程序。

第二十九条　与衍生金融工具的买入、卖出和持有相关的内部控制的复杂程度因下列事项而存在差异：

（一）衍生金融工具的复杂程度和错报风险；

（二）相对于使用的资本，衍生交易的风险敞口；

（三）交易量。

第三十条　如果被审计单位在未对内部控制进行相应调整的情况下扩展其衍生活动的类型，注册会计师应当对此予以关注。

第三十一条　注册会计师应当考虑计算机信息系统环境对审计工作的影响，了解计算机信息系统活动的复杂性和重要程度、数据的可获得性以及资金转账的方法。

第三十二条　注册会计师应当了解与衍生活动相关的调节程序。

调节程序主要包括下列类型：

（一）交易员的记录与用于持续监控过程的记录以及与在总分类账中反映的头寸或利得和损失的调节；

（二）明细分类账与总分类账的调节；

（三）为保证所有尚未结清的项目及时得到识别和结算，所有的结算账户、银行账户与经纪商对账单的调节；

（四）在适用的情况下，被审计单位会计记录与服务机构持有记录的调节。

第三十三条　注册会计师应当了解被审计单位的初始成交记录是否明确反映单笔交易的性质和目的，

以及每个衍生合同产生的权利和义务。

除基本财务信息外，注册会计师还应当关注下列信息：

（一）交易员的身份；

（二）记录交易人员的身份；

（三）交易的日期和具体时间；

（四）交易的性质和目的，包括是否为了某项敞口进行套期；

（五）在采用套期会计时，符合套期会计要求的信息。

第三十四条 注册会计师应当了解被审计单位是否将衍生金融工具的交易记录保存在数据库、登记簿或明细分类账中，并就记录的准确性与从交易对方收到的独立的确认信息相核对。

第三十五条 注册会计师应当了解与保持衍生交易记录完整性相关的控制，包括被审计单位是否将自身记录与交易对方的确认函进行独立比较和核对。

第三节 内部审计

第三十六条 注册会计师应当按照《中国注册会计师审计准则第 1411 号——利用内部审计人员的工作》的规定，考虑内部审计人员是否具备与审计衍生活动相适应的知识和技能，以及内部审计工作范围涵盖衍生活动的程度。

第三十七条 内部审计工作可能有助于注册会计师评价内部控制，进而评价重大错报风险。

可能与注册会计师审计相关的内部审计工作包括：

（一）编制衍生金融工具使用范围的概况；

（二）复核政策和程序的适当性及管理层的遵守情况；

（三）复核控制程序的有效性；

（四）复核用以处理衍生交易的会计信息系统；

（五）复核与衍生活动相关的系统；

（六）确保被审计单位所有部门及人员，尤其是最有可能产生风险敞口的经营部门，完全了解衍生金融工具的管理目标；

（七）评价与衍生金融工具相关的新风险是否能够被即时识别、评估和管理；

（八）评价衍生金融工具的会计处理是否符合适用的会计准则和相关会计制度的规定，包括采用套期会计处理的衍生金融工具是否满足套期关系的条件；

（九）进行定期复核，以向管理层提供衍生活动得到恰当控制的保证，并确保新风险及为管理这些风险使用的衍生金融工具被即时识别、评估和管理。

第三十八条 当拟利用内部审计的特定工作时，注册会计师应当评价和测试其适当性，以确定能否满足审计目标。

第四节 服务机构

第三十九条 被审计单位可能使用服务机构进行衍生金融工具的买入、卖出或代为记录衍生交易。

注册会计师应当按照《中国注册会计师审计准则第 1241 号——对被审计单位使用服务机构的考虑》的规定，考虑使用服务机构对被审计单位内部控制的影响。

第四十条 如果服务机构担任被审计单位的投资顾问，注册会计师应当考虑与服务机构相关的风险。

在评价该风险时，注册会计师应当考虑的因素包括：

（一）被审计单位如何监督服务机构提供的服务；

（二）用以保护信息完备性及保密性的程序；

（三）应急安排；

（四）如果服务机构是被审计单位的关联方，又同时作为交易对方与被审计单位进行衍生交易，将产生关联方交易的问题。

第七章 控制测试

第四十一条 在了解相关内部控制后，如果预期控制运行是有效的，注册会计师应当实施控制测试，以获取支持重大错报风险评估结果的证据。

如果认为仅实施实质性程序获取的审计证据无法将认定层次的重大错报风险降至可接受的低水平，注册会计师应当实施相关的控制测试，以获取控制运行有效性的审计证据。

当被审计单位只进行少数几笔的衍生交易，或相对被审计单位整体规模而言，衍生金融工具具有特别的重要性，注册会计师应当考虑主要实施实质性方案，包括在某些情况下结合实施控制测试。

第四十二条 注册会计师在实施控制测试时，应当选取适当规模的交易样本，重点对下列方面进行评价：

（一）衍生金融工具是否根据既定的政策、操作规范并在授权范围内使用；

（二）适当的决策程序是否已得到运用，交易的原因是否可以清楚理解；

（三）执行的交易是否符合衍生交易政策，包括条款、限额、跨境交易或关联方交易；

（四）交易对方是否具有适当的信用风险等级；

（五）衍生金融工具是否由独立于交易员的其他人员适当、及时地计量，并报告风险敞口；

（六）是否已将确认函发给交易对方；

（七）是否已对交易对方的确认回函进行适当比较、核对和调节；

（八）衍生金融工具的提前终止或延期是否受到与新的衍生交易同样的控制；

（九）投机或套期的指定及其变更是否经过适当授权；

（十）是否适当地记录交易，并将其完整、准确地反映在会计信息系统中；

（十一）是否有足够措施保证电子资金转账密码的安全。

第四十三条 在实施控制测试时，注册会计师应当考虑实施下列程序：

（一）阅读治理层的会议纪要，以获取被审计单位定期复核衍生活动和套期有效性并遵守既定政策的证据；

（二）将衍生交易（包括已结算的衍生交易）与被审计单位政策相比较，以确定这些政策是否得到遵守。

第四十四条 在确定衍生交易的政策是否得到遵守时，注册会计师应当考虑：

（一）测试交易是否依据被审计单位政策中的特定授权执行；

（二）测试买入前是否进行相关投资政策要求的敏感性分析；

（三）测试交易，以确定被审计单位是否获得了从事相关交易的批准以及是否仅使用了经授权的经纪商或交易对方；

（四）向管理层询问衍生金融工具及相关交易是否得到及时监控和报告，并阅读相关支持文件；

（五）测试已记录的衍生金融工具的买入交易，包括测试衍生金融工具的分类、价格以及相关分录；

（六）测试是否及时调查和解决调节的差异，测试是否由监督人员复核和批准调节事项；

（七）测试与未记录交易相关的控制，包括检查被审计单位的第三方确认函，及其对确认函中例外事项的处理；

（八）测试与数据安全和备份相关的控制，并考虑被审计单位对电子化记录场所进行年度检查和维护的程序。

第八章 实质性程序

第一节 总体要求

第四十五条 由于衍生金融工具性质特殊，注册会计师在确定重要性时，除了考虑资产负债表金额外，还应当考虑衍生金融工具对财务报表中各类交易或账户余额的潜在影响。

第四十六条 注册会计师在设计衍生金融工具的实质性程序时，应当考虑下列因素：

（一）会计处理的适当性；

（二）服务机构的参与程度；

（三）期中实施的审计程序；

（四）衍生交易是常规还是非常规交易；

（五）在财务报表其他领域实施的程序。

第四十七条 在审计衍生活动时，注册会计师可能将分析程序作为实质性程序，以获取有关被审计单位经营业务的信息。

由于影响衍生金融工具价值的各种因素之间复杂的相互作用往往掩盖可能出现的异常趋势，分析程序本身通常不能提供衍生金融工具相关认定的充分证据。

第四十八条 如果获得了负责衍生活动人员对衍生活动结果分析的资料，注册会计师应当在评价其完整性和准确性以及分析人员的能力和经验的基础上，考虑利用这些资料，进一步了解被审计单位的衍生活动。

第四十九条 如果被审计单位在套期策略中使用衍生金融工具，而分析程序的结果表明已发生大额的利得或损失，注册会计师应当怀疑套期的有效性，以及运用套期会计的适当性。

第五十条 由于存在下列原因，注册会计师在评价衍生金融工具认定的审计证据时，需要运用较多的职业判断：

（一）衍生金融工具的性质特殊；

（二）适用的会计政策和会计处理方法复杂；

（三）相关认定尤其是计价认定依据高度主观的假设作出，或对基本假设的变化极其敏感。

第二节 存在和发生认定

第五十一条 对衍生金融工具存在和发生认定实施的实质性程序通常包括：

（一）向衍生金融工具持有者或交易对方进行函证；

（二）检查支持报告金额的协议或其他支持文件，包括被审计单位收到的有关报告金额的书面或电子形式的确认函；

（三）检查报告期后实现或结算的支持文件；

（四）询问和观察。

第三节 权利和义务认定

第五十二条 对衍生金融工具权利和义务认定实施的实质性程序通常包括：

（一）向衍生金融工具的持有者或交易对方函证重要的条款；

（二）检查书面或电子形式的协议和其他支持文件。

第四节 完整性认定

第五十三条 对衍生金融工具完整性认定实施的实质性程序通常包括：

（一）向衍生金融工具的持有者或交易对方进行函证，要求其提供所有与被审计单位相关的衍生金融工具和交易的详细信息；

（二）对余额为零的衍生金融工具账户，向可能的持有者或交易对方发出询证函；

（三）复核经纪商的对账单以测试是否存在被审计单位未记录的衍生交易和持有的头寸；

（四）复核收到的但与交易记录不匹配的交易对方的询证函回函；

（五）复核尚未解决的调节事项；

（六）检查贷款或权益协议、销售合同等，以了解这些协议或合同是否包含嵌入衍生金融工具；

（七）检查报告期后发生的活动的支持文件；

（八）询问和观察；

（九）阅读治理层的会议纪要，以及治理层收到的与衍生活动相关的文件和报告等其他信息。

第五节 计价认定

第五十四条 注册会计师应当根据计量或披露所采用的估值方法设计计价认定的实质性程序。

对衍生金融工具计价认定实施的实质性程序通常包括：

（一）检查买入价格的支持文件；

（二）向衍生金融工具的持有者或交易对方进行函证；

(三)复核交易对方的信用状况;

(四)对按照公允价值计量或披露的衍生金融工具,获取支持其公允价值的证据。

第五十五条 如果公允价值信息由衍生金融工具交易对方提供,注册会计师应当考虑这些信息的客观性。在某些情况下,注册会计师需要从独立的第三方获取对公允价值的估计结果。

第五十六条 从财经出版物或交易所获得的市场报价通常可为衍生金融工具的价值提供充分的证据,但注册会计师在使用市场报价测试计价认定时,可能需要特别了解报价形成的环境。

在某些情况下,注册会计师可能认为有必要从经纪商或其他第三方获取对公允价值的估计。如果某一价格来源与被审计单位可能存在损害客观性的关系,注册会计师应当考虑从多个价格来源获取估计结果。

第五十七条 如果被审计单位使用估值模型估计衍生金融工具的价值,注册会计师可以通过下列程序,测试运用模型确定的公允价值的相关认定:

(一)评价估值模型的合理性和适当性;

(二)使用自身或专家开发的估值模型进行重新计算,以印证公允价值的合理性;

(三)将被审计单位估计的公允价值与最近交易价格相比较;

(四)考虑估值对变量和假设变动的敏感性;

(五)检查报告期后发生的衍生交易实现和结算的支持文件,以获取有关资产负债表日估值的进一步证据。

第五十八条 当管理层确定衍生金融工具公允价值能够可靠计量的假定不成立时,注册会计师应当获取支持管理层作出这项决定的审计证据,并确定衍生金融工具是否按照适用的会计准则和相关会计制度的规定进行恰当的会计处理。如果管理层不能提出该假定不成立的合理理由,注册会计师应当出具保留意见或否定意见的审计报告。

如果无法获取充分的审计证据确定该假定是否成立,注册会计师应当将其视为审计工作范围受到限制,出具保留意见或无法表示意见的审计报告。

第六节 列报认定

第五十九条 注册会计师应当通过对下列事项的判断,评价衍生金融工具的列报(包括披露)是否符合适用的会计准则和相关会计制度的规定:

(一)选用的会计政策和会计处理方法是否符合适用的会计准则和相关会计制度的规定;

(二)会计政策和会计处理方法是否与具体情况相适应;

(三)财务报表(包括相关附注)是否提供了可能影响其使用和理解的事项的信息;

(四)披露是否充分,以确保被审计单位完全遵守适用的会计准则和相关会计制度对披露的规定;

(五)财务报表列报信息的分类和汇总是否合理;

(六)财务报表是否在能够合理和可行地获取信息的范围内列报财务状况、经营成果和现金流量,从而反映相关的交易和事项。

第九章 对套期活动的额外考虑

第六十条 注册会计师应当考虑被审计单位对套期交易进行会计处理时,管理层是否在交易之初指定衍生金融工具为套期,并记录下列事项:

(一)套期关系;

(二)套期风险管理目标和战略;

(三)被审计单位如何评估套期工具抵销被套期项目公允价值变动风险,或被套期交易现金流量变动风险的有效性。

第六十一条 注册会计师应当获取审计证据,以确定管理层是否遵守适用的会计准则和相关会计制度有关套期会计的规定,包括指定要求和记录要求。

第十章 管理层声明

第六十二条 尽管管理层声明书通常由被审计单位负责人及财务负责人签署,注册会计师仍应当考虑向被审计单位负责衍生活动的人员获取关于衍生活动的声明。

第六十三条 管理层关于衍生金融工具的声明通常包括：

（一）持有衍生金融工具的目的；

（二）关于衍生金融工具的财务报表认定，包括已记录所有的衍生交易、已识别所有的嵌入衍生金融工具、估值模型已采用合理的假设和方法；

（三）所有的交易是否按照正常公平交易条件和公允市价进行；

（四）衍生交易的条款；

（五）是否存在与衍生金融工具相关的附属协议；

（六）是否订立签出期权；

（七）是否符合适用的会计准则和相关会计制度有关套期的记录要求。

第十一章　与管理层和治理层的沟通

第六十四条 如果注意到与衍生金融工具相关的内部控制在设计或运行方面存在重大缺陷，注册会计师应当按照《中国注册会计师审计准则第 1152 号——向治理层和管理层送报内部控制缺陷》的规定，尽早与管理层和治理层沟通。

第六十五条 在审计衍生金融工具时，注册会计师应当考虑与治理层职责相关的下列事项，并及时与治理层沟通：

（一）内部控制在设计或运行方面存在的重大缺陷；

（二）管理层对衍生活动的性质、范围以及相关风险缺乏了解；

（三）缺乏关于使用衍生金融工具的目标和战略的全面政策，包括业务控制、对套期关系有效性的界定、风险敞口监控以及财务报告政策；

（四）不相容职务缺乏分离。

第十二章　附　　则

第六十六条 本准则自 2007 年 1 月 1 日起施行。

45. 中国注册会计师审计准则第 1633 号——电子商务对财务报表审计的影响

第一章　总　　则

第一条 为了规范注册会计师在财务报表审计中对被审计单位电子商务的考虑，制定本准则。

第二条 本准则适用于注册会计师执行财务报表审计业务。

第三条 本准则所称电子商务，是指被审计单位利用互联网等公共网络从事的商品购买和销售、劳务接受和提供等交易活动。

第四条 广泛使用互联网从事电子商务，产生了新的风险因素，需要被审计单位有效应对。注册会计师应当考虑电子商务在被审计单位业务活动中的重要性，以及对重大错报风险评估的影响。

第五条 注册会计师按照本准则的规定对电子商务进行考虑，旨在对财务报表形成审计意见，而非对电子商务系统或活动本身提出鉴证结论或咨询意见。

第二章　知识和技能的要求

第六条 当电子商务对被审计单位的业务活动具有重大影响时，注册会计师应当具备适当水平的信息技术和互联网商务知识，以实现下列目的：

（一）了解开展电子商务对财务报表的影响；

（二）确定审计程序的性质、时间和范围，评价审计证据；

（三）考虑被审计单位依赖电子商务的程度对持续经营能力的影响。

第七条　由于电子商务的特殊性和复杂性，必要时，注册会计师应当考虑利用专家的工作。

第三章　对被审计单位电子商务的了解

第一节　总体要求

第八条　注册会计师应当考虑电子商务导致的被审计单位经营环境的变化，以及识别出的对财务报表产生影响的电子商务风险。

第九条　在了解被审计单位及其环境时，注册会计师应当考虑下列事项对财务报表的影响：

（一）业务活动和所处行业；

（二）电子商务战略；

（三）开展电子商务的程度；

（四）外包安排。

第二节　被审计单位的业务活动和所处行业

第十条　在了解被审计单位的业务活动和所处行业时，注册会计师应当关注与电子商务相关的下列特点：

（一）电子商务可能是对传统业务活动的补充，也可能是新的业务类型；

（二）电子商务不具备货物和服务等实体贸易所具有的清晰、固定的运送路线这一传统特征；

（三）某些行业运用电子商务的程度较高，可能增大对财务报表产生影响的经营风险。

第三节　被审计单位的电子商务战略

第十一条　被审计单位的电子商务战略，包括在电子商务中运用信息技术的方式以及对可接受风险水平的评估，可能对财务记录的安全性和相关财务信息的完整性与可靠性产生影响。

在考虑被审计单位的电子商务战略时，注册会计师应当结合对控制环境的了解，关注下列事项：

（一）在整合电子商务与总体经营战略的过程中，治理层的参与程度；

（二）被审计单位开展电子商务的目的，是为新业务提供支持，还是提高现有业务的效率，抑或为现有业务开辟新的市场；

（三）被审计单位的收入来源及其正在发生的变化；

（四）管理层对电子商务如何影响盈利状况和财务需求的评价；

（五）管理层对风险的态度及其对风险总体状况可能产生的影响；

（六）管理层在多大程度上识别出电子商务战略所描述的机遇和风险，或者管理层仅在机遇和风险出现时才临时制定应对措施；

（七）管理层对执行相关最佳实务规则或者网络签章程序的信守程度。

第四节　被审计单位开展电子商务的程度

第十二条　不同的被审计单位可能以不同的方式开展电子商务。电子商务可能用于下列方面：

（一）仅提供关于被审计单位及其活动的信息，供投资者、顾客、供应商、资金提供者和员工等访问；

（二）通过互联网处理交易，方便已有的顾客；

（三）通过在互联网上提供信息和处理交易，开拓新市场和发展新客户；

（四）访问应用服务提供商；

（五）创立一种全新的经营模式。

第十三条　随着被审计单位开展电子商务程度的加深，以及内部系统更加集成化和复杂化，新的交易方式与传统业务活动的差异可能更加明显，并可能导致新的风险。

注册会计师应当了解电子商务的开展程度如何影响被审计单位需要应对的风险的性质。

第五节　被审计单位的外包安排

第十四条　被审计单位可能在下列方面使用服务机构的工作：

（一）提供电子商务运作所需的全部或部分信息技术支持；

（二）与电子商务相关的其他工作，包括订单履行、商品交付、呼叫中心运转，以及某些会计工作等。

被审计单位使用的服务机构包括互联网服务提供商、应用服务提供商和数据服务公司等。

第十五条　在被审计单位使用服务机构的情况下，服务机构采用和保持的某些政策、程序和记录可能与被审计单位财务报表审计相关，注册会计师应当按照《中国注册会计师审计准则第 1241 号——对被审计单位使用服务机构的考虑》的规定，考虑被审计单位的外包安排及相关风险的应对措施，以确定其对审计的影响。

第四章　识别风险

第十六条　管理层可能面临下列各种与电子商务相关的经营风险：

（一）无法保证交易的完备性，尤其在缺少充分的审计轨迹（无论是纸质还是电子形式）时，该风险的影响将更大；

（二）电子商务安全风险，包括顾客、员工和其他人士通过未经授权的访问实施舞弊的可能性，以及病毒攻击；

（三）运用不恰当的会计政策，包括收入确认、网站开发成本等支出的处理、与产品质量保证相关的预计负债的确认、外币折算等问题；

（四）未能遵守税法和其他法律法规，尤其在通过互联网开展跨国或跨地区电子商务时更易出现此类情况；

（五）无法保证仅以电子形式存在的合同具有约束力；

（六）过度依赖电子商务；

（七）系统和基础架构失效或崩溃。

第十七条　注册会计师应当利用对被审计单位及其环境的了解，识别电子商务中可能导致经营风险的事项、交易和惯例。

第十八条　注册会计师应当关注被审计单位是否运用适当的安全基础架构和相关控制，应对电子商务中出现的某些经营风险。

第十九条　注册会计师应当考虑被审计单位是否已恰当处理与电子商务环境密切相关的下列法律法规问题：

（一）隐私权保护；

（二）对特定行业的管制；

（三）合同的强制执行效力；

（四）特殊交易或事项的合法性；

（五）反洗钱；

（六）知识产权保护。

第二十条　在跨国或跨地区的电子商务中，注册会计师应当考虑被审计单位是否对电子商务涉及的不同司法管辖区内的法律法规差异有足够的了解，并遵守所有适用的法律法规；注册会计师尤其要考虑被审计单位有无适当的程序确认其在不同司法管辖区内的纳税义务（特别是营业税、增值税等流转税）。

可能导致电子商务交易产生相应纳税义务的因素包括：

（一）被审计单位的法定注册地；

（二）被审计单位的实际经营所在地；

（三）被审计单位网络服务器所在地；

（四）商品和服务的来源地；

（五）顾客所在地，或商品交付地和劳务提供地。

第二十一条　注册会计师应当按照《中国注册会计师审计准则第 1142 号——财务报表审计中对法律法规的考虑》的规定，实施相关程序，充分考虑被审计单位可能存在的违反与电子商务有关的法律法规的行为及其可能对财务报表产生的重大影响。必要时，应当考虑征询法律意见。

第五章　对内部控制的考虑

第一节　总体要求

第二十二条　注册会计师应当按照《中国注册会计师审计准则第 1211 号——了解被审计单位及其环境识别和评估重大错报风险》和《中国注册会计师审计准则第 1231 号——针对评估的重大错报风险采取的应对措施》的规定，考虑被审计单位在电子商务中运用的与审计相关的内部控制。

在某些情况下，仅依靠实施实质性程序不足以将审计风险降至可接受的低水平，注册会计师应当实施控制测试，并考虑使用计算机辅助审计技术。这些情况主要包括：

（一）电子商务系统高度自动化；

（二）交易量过大；

（三）未保留包含审计轨迹的电子证据。

第二十三条　当被审计单位从事电子商务时，注册会计师应当考虑与电子商务相关的安全性控制、交易完备性控制和流程整合。

注册会计师还应当考虑内部控制中与审计特别相关的下列方面：

（一）在快速变化的电子商务环境中保持控制程序的完备性；

（二）确保能够访问相关记录，以满足被审计单位和注册会计师审计的需要。

第二节　安全性控制

第二十四条　注册会计师应当考虑被审计单位安全基础架构和相关控制是否足以应对与电子商务交易的记录和处理相关的安全性风险。

第二十五条　注册会计师应当考虑下列事项对财务报表认定的潜在影响：

（一）有效使用防火墙和病毒防护软件；

（二）有效使用加密技术；

（三）对用于支持电子商务活动的系统的开发和运行的控制；

（四）当出现的新技术可能危害互联网安全时，现有的安全控制是否仍然有效；

（五）控制环境能否对所采用的控制程序提供支持。

第三节　交易完备性控制

第二十六条　注册会计师应当考虑交易完备性控制，包括被审计单位会计处理所依据信息的完整性、准确性、及时性以及是否经过授权。

第二十七条　注册会计师针对会计系统中与电子商务交易相关的信息完备性所实施的审计程序，主要涉及评估用于采集和处理此类信息的系统的可靠性。

在针对复杂电子商务实施审计程序时，注册会计师应当重点考虑在交易信息的采集和即时自动化处理中与交易完备性相关的自动化控制。

第二十八条　在电子商务环境中，与交易完备性相关的控制通常用于：

（一）验证输入；

（二）防止交易的重复记录或遗漏；

（三）确保在处理订单之前，交易双方已就交货条件和信用条件等交易条款达成一致；

（四）区分顾客的浏览和正式订单，确保交易的一方事后不能否认已达成一致的特定条款，必要时还应确保交易是与经核准的交易方进行的；

（五）确保所有步骤均已完成并得以记录，或拒绝未完成所有步骤的订单，以防止出现处理不完整的情况；

(六)确保交易的详细信息在同一网络内的多个系统之间适当分配;

(七)确保记录得到适当保管、备份和保护。

第四节　流程整合

第二十九条　流程整合是指将多个信息技术系统集成,使之实质上如同一个系统运转的过程。

第三十条　注册会计师应当关注被审计单位采集电子商务交易数据并将其传递至会计系统的方式可能对下列事项产生影响:

(一)交易处理和信息存储的完整性和准确性;

(二)销售收入、采购和其他交易的确认时点;

(三)有争议交易的识别和记录。

第三十一条　当下列控制与财务报表认定相关时,注册会计师应当予以考虑:

(一)针对电子商务交易与内部系统的集成实施的控制;

(二)针对系统改变和数据转换实施的控制。

第六章　电子记录对审计证据的影响

第三十二条　注册会计师应当考虑被审计单位实施的信息安全政策和安全控制措施,是否足以防止未经授权修改会计系统或会计记录,或修改向会计系统提供数据的系统。

第三十三条　在考虑电子证据的充分性和适当性时,注册会计师可能需要测试自动化控制(如记录完备性检查、电子日戳、数字签章和版本控制),并根据对这些控制的评价结论,考虑是否需要实施追加的审计程序,比如向第三方函证交易细节或账户余额。

第七章　附　　则

第三十四条　本准则自 2007 年 1 月 1 日起施行。

46. 中国注册会计师审阅准则第 2101 号——财务报表审阅

第一章　总　　则

第一条　为了规范注册会计师执行财务报表审阅业务,明确执业责任,制定本准则。

第二条　财务报表审阅的目标,是注册会计师在实施审阅程序的基础上,说明是否注意到某些事项,使其相信财务报表没有按照适用的会计准则和相关会计制度的规定编制,未能在所有重大方面公允反映被审阅单位的财务状况、经营成果和现金流量。

第三条　注册会计师应当遵守相关的职业道德规范,恪守独立、客观、公正的原则,保持专业胜任能力和应有的关注,并对执业过程中获知的信息保密。

第四条　注册会计师应当按照本准则的规定执行财务报表审阅业务。

第五条　在计划和实施审阅工作时,注册会计师应当保持职业怀疑态度,充分考虑可能存在导致财务报表发生重大错报的情形。

第六条　注册会计师应当主要通过询问和分析程序获取充分、适当的证据,作为得出审阅结论的基础。

第二章　审阅范围和保证程度

第七条　审阅范围是指为实现财务报表审阅目标,注册会计师根据本准则和职业判断实施的恰当的审阅程序的总和。

注册会计师应当根据本准则确定执行财务报表审阅业务所要求的程序。必要时，还应当考虑业务约定条款的要求。

第八条　由于实施审阅程序不能提供在财务报表审计中要求的所有证据，审阅业务对所审阅的财务报表不存在重大错报提供有限保证，注册会计师应当以消极方式提出结论。

第三章　业务约定书

第九条　注册会计师应当与被审阅单位就业务约定条款达成一致意见，并签订业务约定书。

第十条　业务约定书应当包括下列主要内容：

（一）审阅业务的目标；

（二）管理层对财务报表的责任；

（三）审阅范围，其中应提及按照本准则的规定执行审阅工作；

（四）注册会计师不受限制地接触审阅业务所要求的记录、文件和其他信息；

（五）预期提交的报告样本；

（六）说明不能依赖财务报表审阅揭示错误、舞弊和违反法规行为；

（七）说明没有实施审计，因此注册会计师不发表审计意见，不能满足法律法规或第三方对审计的要求。

第四章　审阅计划

第十一条　注册会计师应当计划审阅工作，以有效执行审阅业务。

第十二条　在计划审阅工作时，注册会计师应当了解被审阅单位及其环境，或更新以前了解的内容，包括考虑被审阅单位的组织结构、会计信息系统、经营管理情况以及资产、负债、收入和费用的性质等。

第五章　审阅程序和审阅证据

第十三条　在确定审阅程序的性质、时间和范围时，注册会计师应当运用职业判断，并考虑下列因素：

（一）以前期间执行财务报表审计或审阅所了解的情况；

（二）对被审阅单位及其环境的了解，包括适用的会计准则和相关会计制度、行业惯例；

（三）会计信息系统；

（四）管理层的判断对特定项目的影响程度；

（五）各类交易和账户余额的重要性。

第十四条　在考虑重要性水平时，注册会计师应当采用与执行财务报表审计业务相同的标准。

第十五条　财务报表审阅程序通常包括：

（一）了解被审阅单位及其环境；

（二）询问被审阅单位采用的会计准则和相关会计制度、行业惯例；

（三）询问被审阅单位对交易和事项的确认、计量、记录和报告的程序；

（四）询问财务报表中所有重要的认定；

（五）实施分析程序，以识别异常关系和异常项目；

（六）询问股东会、董事会以及其他类似机构决定采取的可能对财务报表产生影响的措施；

（七）阅读财务报表，以考虑是否遵循指明的编制基础；

（八）获取其他注册会计师对被审阅单位组成部分财务报表出具的审计报告或审阅报告。

注册会计师应当向负责财务会计事项的人员询问下列事项：

（一）所有交易是否均已记录；

（二）财务报表是否按照指明的编制基础编制；

（三）被审阅单位业务活动、会计政策和行业惯例的变化；

（四）在实施本条前款第（一）项至第（八）项程序时所发现的问题。

必要时，注册会计师应当获取管理层书面声明。

第十六条　注册会计师应当询问在资产负债表日后发生的、可能需要在财务报表中调整或披露的期后事项。注册会计师没有责任实施程序以识别审阅报告日后发生的事项。

第十七条 如果有理由相信所审阅的财务报表可能存在重大错报,注册会计师应当实施追加的或更为广泛的程序,以便能够以消极方式提出结论或确定是否出具非无保留结论的报告。

第十八条 在利用其他注册会计师或专家的工作时,注册会计师应当考虑其工作是否满足财务报表审阅的需要。

第十九条 注册会计师应当记录为审阅报告提供证据的重大事项,以及按照本准则的规定执行审阅业务的证据。

第六章 结论和报告

第二十条 审阅报告应当清楚地表达有限保证的结论。

注册会计师应当复核和评价根据审阅证据得出的结论,以此作为表达有限保证的基础。

第二十一条 根据已实施的工作,注册会计师应当评估在审阅过程中获知的信息是否表明财务报表没有按照适用的会计准则和相关会计制度的规定编制,未能在所有重大方面公允反映被审阅单位的财务状况、经营成果和现金流量。

第二十二条 审阅报告应当包括下列要素:

(一)标题;

(二)收件人;

(三)引言段;

(四)范围段;

(五)结论段;

(六)注册会计师的签名和盖章;

(七)会计师事务所的名称、地址及盖章;

(八)报告日期。

第二十三条 审阅报告的标题应当统一规范为"审阅报告"。

第二十四条 审阅报告的收件人应当为审阅业务的委托人。审阅报告应当载明收件人的全称。

第二十五条 审阅报告的引言段应当说明下列内容:

(一)所审阅财务报表的名称;

(二)管理层的责任和注册会计师的责任。

第二十六条 审阅报告的范围段应当说明审阅的性质,包括下列内容:

(一)审阅业务所依据的准则;

(二)审阅主要限于询问和实施分析程序,提供的保证程度低于审计;

(三)没有实施审计,因而不发表审计意见。

第二十七条 注册会计师应当根据实施审阅程序的情况,在审阅报告的结论段中提出下列之一的结论:

(一)根据注册会计师的审阅,如果没有注意到任何事项使其相信财务报表没有按照适用的会计准则和相关会计制度的规定编制,未能在所有重大方面公允反映被审阅单位的财务状况、经营成果和现金流量,注册会计师应当提出无保留的结论。

(二)如果注意到某些事项使其相信财务报表没有按照适用的会计准则和相关会计制度的规定编制,未能在所有重大方面公允反映被审阅单位的财务状况、经营成果和现金流量,注册会计师应当在审阅报告的结论段前增设说明段,说明这些事项对财务报表的影响,并提出保留结论。

如果这些事项对财务报表的影响非常重大和广泛,以至于认为仅提出保留结论不足以揭示财务报表的误导性或不完整性,注册会计师应当对财务报表提出否定结论,即财务报表没有按照适用的会计准则和相关会计制度的规定编制,未能在所有重大方面公允反映被审阅单位的财务状况、经营成果和现金流量。

(三)如果存在重大的范围限制,注册会计师应当在审阅报告中说明,假定范围不受限制,注册会计师可能发现需要调整财务报表的事项,因而提出保留结论。

如果范围限制的影响非常重大和广泛,以至于注册会计师认为不能提供任何程度的保证时,不应提供任何保证。

第二十八条　审阅报告应当由注册会计师签名并盖章。

第二十九条　审阅报告应当载明会计师事务所的名称和地址，并加盖会计师事务所公章。

第三十条　审阅报告应当注明报告日期。审阅报告的日期是指注册会计师完成审阅工作的日期，不应早于管理层批准财务报表的日期。

第七章　附　　则

第三十一条　本准则自2007年1月1日起施行。

附录：

审阅报告参考格式

1. 无保留结论的审阅报告

审 阅 报 告

ABC股份有限公司全体股东：

我们审阅了后附的ABC股份有限公司(以下简称ABC公司)财务报表，包括20×1年12月31日的资产负债表，20×1年度的利润表、股东权益变动表和现金流量表以及财务报表附注。这些财务报表的编制是ABC公司管理层的责任，我们的责任是在实施审阅工作的基础上对这些财务报表出具审阅报告。

我们按照《中国注册会计师审阅准则第2101号——财务报表审阅》的规定执行了审阅业务。该准则要求我们计划和实施审阅工作，以对财务报表是否不存在重大错报获取有限保证。审阅主要限于询问公司有关人员和对财务数据实施分析程序，提供的保证程度低于审计。我们没有实施审计，因而不发表审计意见。

根据我们的审阅，我们没有注意到任何事项使我们相信财务报表没有按照企业会计准则和《××会计制度》的规定编制，未能在所有重大方面公允反映被审阅单位的财务状况、经营成果和现金流量。

××会计师事务所　　　　　　　　中国注册会计师：×××
（盖章）　　　　　　　　　　　　（签名并盖章）

中国注册会计师：×××
（签名并盖章）

中国××市
二○×二年×月×日

2. 保留结论的审阅报告

审 阅 报 告

ABC股份有限公司全体股东：

我们审阅了后附的ABC股份有限公司(以下简称ABC公司)财务报表，包括20×1年12月31日的资产负债表，20×1年度的利润表、股东权益变动表和现金流量表以及财务报表附注。这些财务报表的编制是ABC公司管理层的责任，我们的责任是在实施审阅工作的基础上对这些财务报表出具审阅报告。

我们按照《中国注册会计师审阅准则第 2101 号——财务报表审阅》的规定执行了审阅业务。该准则要求我们计划和实施审阅工作，以对财务报表是否不存在重大错报获取有限保证。审阅主要限于询问公司有关人员和对财务数据实施分析程序，提供的保证程度低于审计。我们没有实施审计，因而不发表审计意见。

ABC 公司管理层告知我们，存货以高于可变现净值的成本计价。由 ABC 公司管理层编制并经过我们审阅的计算表显示，如果根据企业会计准则规定的成本与可变现净值孰低法计价，存货的账面价值将减少×元，净利润和股东权益将减少×元。

根据我们的审阅，除了上述存货价值高估所造成的影响外，我们没有注意到任何事项使我们相信财务报表没有按照适用的会计准则和相关会计制度的规定编制，未能在所有重大方面公允反映被审阅单位的财务状况、经营成果和现金流量。

××会计师事务所　　　　　　　　　　　　中国注册会计师：×××
（盖章）　　　　　　　　　　　　　　　　（签名并盖章）

中国注册会计师：×××
（签名并盖章）

中国××市
二〇×二年×月×日

3. 否定结论的审阅报告

审 阅 报 告

ABC 股份有限公司全体股东：

我们审阅了后附的 ABC 股份有限公司（以下简称 ABC 公司）财务报表，包括 20×1 年 12 月 31 日的资产负债表，20×1 年度的利润表、股东权益变动表和现金流量表以及财务报表附注。这些财务报表的编制是 ABC 公司管理层的责任，我们的责任是在实施审阅工作的基础上对这些财务报表出具审阅报告。

我们按照《中国注册会计师审阅准则第 2101 号——财务报表审阅》的规定执行了审阅业务。该准则要求我们计划和实施审阅工作，以对财务报表是否不存在重大错报获取有限保证。审阅主要限于询问公司有关人员和对财务数据实施分析程序，提供的保证程度低于审计。我们没有实施审计，因而不发表审计意见。

如财务报表附注×所述，ABC 公司在编制财务报表时未将各子公司纳入合并范围，且对这些子公司的长期股权投资以成本法核算。根据企业会计准则的规定，ABC 公司应当对子公司的长期股权投资采用权益法核算，并将子公司纳入合并范围。

根据我们的审阅，由于受到前段所述事项的重大影响，财务报表未能按照企业会计准则和《××会计制度》的规定编制。

××会计师事务所　　　　　　　　　　　　中国注册会计师：×××
（盖章）　　　　　　　　　　　　　　　　（签名并盖章）

中国注册会计师：×××
（签名并盖章）

中国××市
二〇×二年×月×日

47. 中国注册会计师其他鉴证业务准则第3101号——历史财务信息审计或审阅以外的鉴证业务

第一章 总 则

第一条 为了规范注册会计师执行历史财务信息审计或审阅以外的鉴证业务，制定本准则。

第二条 本准则适用于注册会计师执行历史财务信息审计或审阅以外的鉴证业务（以下简称其他鉴证业务）。

第三条 注册会计师执行其他鉴证业务，应当遵守《中国注册会计师鉴证业务基本准则》和其他鉴证业务准则，以及职业道德规范和会计师事务所质量控制准则。

第四条 其他鉴证业务的保证程度分为合理保证和有限保证。

合理保证的其他鉴证业务的目标是注册会计师将鉴证业务风险降至该业务环境下可接受的低水平，以此作为以积极方式提出结论的基础。

有限保证的其他鉴证业务的目标是注册会计师将鉴证业务风险降至该业务环境下可接受的水平，以此作为以消极方式提出结论的基础。

有限保证的其他鉴证业务的风险水平高于合理保证的其他鉴证业务的风险水平。

第二章 承接与保持业务

第五条 只有符合下列所有条件，会计师事务所才能承接或保持其他鉴证业务：

（一）鉴证对象由预期使用者和注册会计师以外的第三方负责；

（二）在初步了解业务环境的基础上，未发现不符合职业道德规范和《中国注册会计师鉴证业务基本准则》要求的情况；

（三）确信执行其他鉴证业务的人员在整体上具备必要的专业胜任能力。

第六条 注册会计师应当向责任方获取书面声明，以明确责任方对鉴证对象的责任。如果无法获取责任方的书面声明，注册会计师应当考虑：

（一）承接业务是否适当，法律法规或合同是否明确了相关责任；

（二）如果承接业务，是否在鉴证报告中披露该情况。

第七条 注册会计师应当考虑职业道德规范中有关独立性的要求，以及拟承接的其他鉴证业务是否具备《中国注册会计师鉴证业务基本准则》第十条规定的所有特征。

第八条 在某些情况下，鉴证对象要求的专业知识和技能可能超出注册会计师通常具有的专业胜任能力。在这种情况下，注册会计师应当考虑利用专家工作或拒绝接受业务委托。

第九条 注册会计师应当在其他鉴证业务开始前，与委托人就其他鉴证业务约定条款达成一致意见，并签订业务约定书，以避免双方对其他鉴证业务的理解产生分歧。如果委托人与责任方不是同一方，业务约定书的性质和内容可以有所不同。

第十条 在完成其他鉴证业务前，如果委托人要求将其他鉴证业务变更为非鉴证业务，或将合理保证的其他鉴证业务变更为有限保证的其他鉴证业务，注册会计师应当考虑这一要求的合理性。如果没有合理的理由，注册会计师不应当同意这一变更。

当业务环境变化影响到预期使用者的需求，或预期使用者对该项业务的性质存在误解时，注册会计师可以应委托人的要求，考虑同意变更该项业务。如果发生变更，注册会计师不应忽视变更前获取的证据。

第三章 计划与执行业务

第一节 总体要求

第十一条 注册会计师应当计划其他鉴证业务工作，以有效执行其他鉴证业务。

计划工作包括制定总体策略和具体计划。总体策略包括确定其他鉴证业务的范围、重点、时间安排和实施。具体计划包括拟执行的证据收集程序的性质、时间和范围以及选择这些程序的理由。

计划工作的性质和范围因被鉴证单位的规模、复杂程度以及注册会计师的相关经验等情况的不同而存在差异。在计划其他鉴证业务工作时，注册会计师应当考虑下列主要因素：

(一)业务约定条款；

(二)鉴证对象特征和既定标准；

(三)其他鉴证业务的实施过程和可能的证据来源；

(四)对被鉴证单位及其环境的了解，包括对鉴证对象信息可能存在重大错报风险的了解；

(五)确定预期使用者及其需要，考虑重要性以及鉴证业务风险要素；

(六)对参与业务的人员及其技能的要求，包括专家参与的性质和范围。

第十二条 计划其他鉴证业务工作不是一个孤立阶段，而是整个其他鉴证业务中持续的、不断修正的过程。

由于未预期事项、业务情况变化或获取的证据等因素，注册会计师可能需要在业务实施过程中修订总体策略和具体计划，进而修改计划实施的进一步程序的性质、时间和范围。

第十三条 在计划和执行其他鉴证业务时，注册会计师应当保持职业怀疑态度，以识别可能导致鉴证对象信息发生重大错报的情况。

第十四条 注册会计师应当了解鉴证对象和其他的业务环境事项，以足够识别和评估鉴证对象信息发生重大错报的风险，并设计和实施进一步的证据收集程序。

第十五条 在计划和执行其他鉴证业务时，注册会计师应当了解鉴证对象和其他的业务环境事项，以便为在下列关键环节作出职业判断提供重要基础：

(一)考虑鉴证对象特征；

(二)评估标准的适当性；

(三)确定需要特殊考虑的领域，比如显示存在舞弊的迹象、需要特殊技能或利用专家工作的领域；

(四)确定重要性水平，评价其数量的持续适当性，并考虑其性质因素；

(五)实施分析程序时确定期望值；

(六)设计和实施进一步的证据收集程序，以将鉴证业务风险降至适当水平；

(七)评价证据，包括评价责任方口头声明和书面声明的合理性。

第十六条 注册会计师应当运用职业判断，确定需要了解鉴证对象及其他的业务环境事项的程度，并考虑这种了解是否足以评估鉴证对象信息发生重大错报的风险。

第二节 评估鉴证对象的适当性

第十七条 注册会计师应当评估鉴证对象的适当性。

适当的鉴证对象应当具备下列所有条件：

(一)鉴证对象可以识别；

(二)不同的组织或人员按照既定标准对鉴证对象进行评价或计量的结果合理一致；

(三)注册会计师能够收集与鉴证对象有关的信息，获取充分、适当的证据，以支持其提出适当的鉴证结论。

第十八条 只有当对业务环境的初步了解表明鉴证对象适当时，会计师事务所才能承接其他鉴证业务。

在承接其他鉴证业务后，如果认为鉴证对象不适当，注册会计师应当出具保留结论、否定结论或无法提出结论的报告。必要时，注册会计师应当考虑解除业务约定。

第三节　评估标准的适当性

第十九条　注册会计师应当评估用于评价或计量鉴证对象的标准的适当性。

适当的标准应当具备下列所有特征：

（一）相关性：相关的标准有助于得出结论，便于预期使用者作出决策；

（二）完整性：完整的标准不应忽略业务环境中可能影响得出结论的相关因素，当涉及列报时，还包括列报的基准；

（三）可靠性：可靠的标准能够使能力相近的注册会计师在相似的业务环境中，对鉴证对象作出合理一致的评价或计量；

（四）中立性：中立的标准有助于得出无偏向的结论；

（五）可理解性：可理解的标准有助于得出清晰、易于理解、不会产生重大歧义的结论。

第二十条　只有当对业务环境的初步了解表明使用的标准适当时，会计师事务所才能承接其他鉴证业务。

在承接其他鉴证业务后，如果认为使用的标准不适当，注册会计师应当出具保留结论、否定结论或无法提出结论的报告。必要时，注册会计师应当考虑解除业务约定。

第二十一条　标准可能是由法律法规规定的，或由政府主管部门或国家认可的专业团体依照公开、适当的程序发布的（以下简称公开发布标准），也可能是专门制定的。在通常情况下，只有当与预期使用者的需求相关时，公开发布标准才是适当的。

如果某鉴证对象存在公开发布标准，而特定的预期使用者出于特定目的使用其他标准，或专门建立一套标准满足其特殊需要，在这种情况下，注册会计师应当在鉴证报告中指明：

（一）使用的标准不是公开发布标准；

（二）使用的标准仅供特定的预期使用者使用，且仅适用于特殊目的。

第二十二条　对某些鉴证对象，可能不存在公开发布标准，而需要专门制定标准。注册会计师应当考虑专门制定的标准是否会导致鉴证报告对预期使用者产生误导。注册会计师应当尽可能使预期使用者或委托人确认专门制定的标准符合预期使用者的目的。

如果未获得对专门制定标准的确认，注册会计师应当考虑这种情况对评估既定标准适当性的影响，以及对鉴证报告中有关该标准的信息的影响。

第四节　重要性与鉴证业务风险

第二十三条　在计划和执行其他鉴证业务时，注册会计师应当考虑重要性和鉴证业务风险。

第二十四条　在确定证据收集程序的性质、时间和范围，评价鉴证对象信息是否不存在错报时，注册会计师应当考虑重要性。

在考虑重要性时，注册会计师应当了解并评价哪些因素可能会影响预期使用者的决策。

注册会计师应当综合数量和性质因素考虑重要性。在具体业务中，注册会计师需要运用职业判断，评估重要性以及数量和性质因素的相对重要程度。

第二十五条　注册会计师应当将鉴证业务风险降至该业务环境下可接受的水平。

在合理保证的其他鉴证业务中，注册会计师应当将鉴证业务风险降至该业务环境下可接受的低水平，以此作为以积极方式提出结论的基础。

由于证据收集程序的性质、时间和范围不同，有限保证的其他鉴证业务的风险水平高于合理保证的其他鉴证业务的风险水平。但在有限保证的其他鉴证业务中，证据收集程序的性质、时间和范围应当至少足以使注册会计师获得某种有意义的保证水平，以此作为注册会计师以消极方式提出结论的基础。

当注册会计师获取的保证水平很有可能在一定程度上增强预期使用者对鉴证对象信息的信任时，这种保证水平是有意义的保证水平。

第二十六条　鉴证业务风险通常体现为重大错报风险和检查风险。

重大错报风险是指鉴证对象信息在鉴证前存在重大错报的可能性。

检查风险是指注册会计师未能发现存在的重大错报的可能性。

注册会计师对重大错报风险和检查风险的考虑受具体业务环境的影响，特别受鉴证对象性质，以及所执行的是合理保证还是有限保证的其他鉴证业务的影响。

第四章　利用专家的工作

第二十七条　在收集和评价证据时，对于某些其他鉴证业务的鉴证对象和相关标准，可能需要运用特殊知识和技能。在这种情况下，注册会计师应当考虑利用专家的工作。

第二十八条　当利用专家的工作收集和评价证据时，注册会计师与专家作为一个整体，应当具备与鉴证对象和标准相关的足够的专业知识和技能。

第二十九条　参与其他鉴证业务的所有人员（包括专家），都应当保持应有的关注。

在执行其他鉴证业务时，尽管并不要求专家在所有方面与注册会计师具备同样的专业知识和技能，但注册会计师应当确定专家已充分了解其他鉴证业务准则，以使专家能够按照具体业务目标开展工作。

第三十条　注册会计师应当实施质量控制程序，明确执行其他鉴证业务人员的责任，包括专家的工作责任，以确保其遵守其他鉴证业务准则。

第三十一条　注册会计师应当充分参与其他鉴证业务和了解专家所承担的工作，以足以对鉴证对象信息形成的结论承担责任。

在形成鉴证结论时，注册会计师应当考虑利用专家工作的程度是否合理。

第三十二条　尽管并不期望注册会计师具备与专家相同的专业知识和技能，但注册会计师应当具备足够的知识和技能，以实现下列目的：

（一）界定专家工作的目标及其如何与鉴证业务目标相联系；

（二）考虑专家使用的假设、方法和原始数据的合理性；

（三）考虑专家发现的问题和得出结论的合理性。

第三十三条　注册会计师应当获取充分、适当的证据，确定专家的工作是否符合其他鉴证业务的目标。

在评估专家提供证据的充分性和适当性时，注册会计师应当评价：

（一）专家的专业胜任能力，包括专家的经验和客观性；

（二）专家使用的假设、方法和原始数据的合理性；

（三）专家发现的问题和得出结论的合理性及其重要性。

第五章　获取证据

第一节　总体要求

第三十四条　注册会计师应当获取充分、适当的证据，据此形成鉴证结论。

证据的充分性是对证据数量的衡量。证据的适当性是对证据质量的衡量，即证据的相关性和可靠性。

第三十五条　注册会计师可以考虑获取证据的成本与所获取信息有用性之间的关系，但不应仅以获取证据的困难和成本为由减少不可替代的程序。

第三十六条　在评价证据的充分性和适当性以支持鉴证结论时，注册会计师应当运用职业判断，并保持职业怀疑态度。

第三十七条　其他鉴证业务通常不涉及鉴定文件记录的真伪，注册会计师也不是鉴定文件记录真伪的专家，但应当考虑用作证据的信息的可靠性，包括考虑与信息生成和维护相关的控制的有效性。

如果在执行业务过程中识别出的情况使其认为文件记录可能是伪造的或文件记录中的某些条款已发生变动，注册会计师应当作进一步调查，包括直接向第三方询证，或考虑利用专家的工作，以评价文件记录的真伪。

第三十八条　在合理保证的其他鉴证业务中，注册会计师应当通过下列不断修正的、系统化的执业过程，获取充分、适当的证据：

（一）了解鉴证对象及其他的业务环境事项，必要时包括了解内部控制；

（二）在了解鉴证对象及其他的业务环境事项的基础上，评估鉴证对象信息可能存在的重大错报风险；

（三）应对评估的风险，包括制定总体应对措施以及确定进一步程序的性质、时间和范围；

（四）针对识别的风险实施进一步程序，包括实施实质性程序，以及在必要时测试控制运行的有效性；

（五）评价证据的充分性和适当性。

第三十九条　合理保证提供的保证水平低于绝对保证。由于存在下列因素，将鉴证业务风险降至零几乎不可能，也不符合成本效益原则：

（一）选择性测试方法的运用；

（二）内部控制的固有局限性；

（三）大多数证据是说服性而非结论性的；

（四）在获取和评价证据以及由此得出结论时涉及大量判断；

（五）在某些情况下鉴证对象具有特殊性。

第四十条　合理保证的其他鉴证业务和有限保证的其他鉴证业务都需要运用鉴证技术和方法，收集充分、适当的证据。与合理保证的其他鉴证业务相比，有限保证的其他鉴证业务在证据收集程序的性质、时间、范围等方面是有意识地加以限制的。

第四十一条　无论是合理保证还是有限保证的其他鉴证业务，如果注意到某事项可能导致对鉴证对象信息是否需要作出重大修改产生疑问，注册会计师应当执行其他足够的程序，追踪这一事项，以支持鉴证结论。

第二节　责任方声明

第四十二条　注册会计师在必要时应当向责任方获取声明。责任方声明包括书面声明和口头声明。责任方对口头声明的书面确认，可以减少注册会计师和责任方之间产生误解的可能性。

注册会计师应当要求责任方就其按照既定标准对鉴证对象进行评价或计量出具书面声明，无论该声明作为责任方的认定能否为预期使用者获取。如果无法获取该项书面声明，注册会计师应当根据工作范围受到限制的程度，考虑出具保留结论或无法提出结论的鉴证报告，并考虑是否需要对鉴证报告的使用作出限制。

第四十三条　在其他鉴证业务中，责任方可能主动提供声明或以回复注册会计师询问的方式提供声明。当责任方声明与某一事项相关，且该事项对鉴证对象的评价或计量有重大影响时，注册会计师应当实施下列程序：

（一）评价责任方声明的合理性及其与其他证据（包括其他声明）的一致性；

（二）考虑作出声明的人员是否充分知晓所声明的特定事项；

（三）在合理保证的其他鉴证业务中，获取佐证性的证据；在有限保证的其他鉴证业务中，考虑是否有必要寻求佐证性的证据。

第四十四条　责任方声明不能替代注册会计师合理预期能够获取的其他证据。如果某事项对评价或计量鉴证对象产生重大影响或可能产生重大影响，且对该事项无法获取在正常情况下能够获取的充分、适当的证据，即使已从责任方获取相关声明，注册会计师应将其视为工作范围受到限制。

第六章　考虑期后事项

第四十五条　注册会计师应当考虑截至鉴证报告日发生的事项对鉴证对象信息和鉴证报告的影响。

第四十六条　注册会计师对期后事项的考虑程度，取决于这些事项对鉴证对象信息和鉴证结论适当性的潜在影响。

在某些其他鉴证业务中，由于鉴证对象性质特殊，注册会计师可能无需考虑期后事项，如对某一时点统计报表的准确性提出鉴证结论。

第七章　形成工作记录

第四十七条　注册会计师应当记录重大事项，以提供证据支持鉴证报告，并证明其已按照其他鉴证业务准则的规定执行业务。

第四十八条　对需要运用职业判断的所有重大事项，注册会计师应当记录推理过程和相关结论。

如果对某些事项难以进行判断，注册会计师还应当记录得出结论时已知悉的有关事实。

第四十九条　注册会计师应当将鉴证过程中考虑的所有重大事项记录于工作底稿。

在运用职业判断确定工作底稿的编制和保存范围时，注册会计师应当考虑，使未曾接触该项其他鉴证业务的有经验的专业人士了解实施的鉴证程序，以及作出重大决策的依据。

第八章　编制鉴证报告

第一节　总体要求

第五十条　注册会计师应当判断是否已获取充分、适当的证据，以支持鉴证结论。

在形成鉴证结论时，注册会计师应当考虑所有相关的证据，包括能够印证鉴证对象信息的证据和与之相矛盾的证据。

第五十一条　注册会计师应当以书面报告形式提出鉴证结论，鉴证报告应当清晰表述注册会计师对鉴证对象信息提出的结论。

第五十二条　注册会计师应当根据具体业务环境选择短式报告或长式报告，将信息有效地传达给预期使用者。

短式报告通常包括本准则第五十三条所述的鉴证报告基本内容。长式报告除包括基本内容外，还包括：

（一）对业务约定条款的详细说明；

（二）在特定方面发现的问题以及提出的相关建议。

在长式报告中，注册会计师应当将发现的问题及相关建议与鉴证结论清楚分开，并以适当措辞指出这些问题和建议不会影响鉴证结论。

第二节　鉴证报告的内容

第五十三条　鉴证报告应当包含下列基本内容：

（一）标题；

（二）收件人；

（三）对鉴证对象信息（适当时也包括鉴证对象）的界定与描述；

（四）使用的标准；

（五）适当时，对按照标准评价或计量鉴证对象存在的所有重大固有限制的说明；

（六）必要时，对报告使用者和使用目的的限定；

（七）责任方的界定，以及对责任方和注册会计师各自责任的说明；

（八）按照其他鉴证业务准则的规定执行业务的说明；

（九）工作概述；

（十）鉴证结论；

（十一）注册会计师的签名及盖章；

（十二）会计师事务所的名称、地址及盖章；

（十三）报告日期。

第五十四条　鉴证报告的标题应当清晰表述其他鉴证业务的性质。

第五十五条　鉴证报告的收件人是指鉴证报告应当提交的对象，在可行的情况下，鉴证报告的收件人应当明确为所有的预期使用者。

第五十六条　鉴证报告中对鉴证对象信息（适当时也包括鉴证对象）的界定与描述主要包括：

（一）与评价或计量鉴证对象相关的时点或期间；

（二）鉴证对象涉及的被鉴证单位或其组成部分的名称；

（三）对鉴证对象或鉴证对象信息的特征及其影响的解释，包括解释这些特征如何影响对鉴证对象按照既定标准进行评价或计量的准确性，以及如何影响所获取证据的说服力。

如果在鉴证结论中提及责任方的认定，注册会计师应当将该认定附于鉴证报告后，或在鉴证报告中复述该认定，或指明预期使用者能够从何处获取该认定。

第五十七条　鉴证报告应当指出评价或计量鉴证对象所使用的标准，以使预期使用者能够了解注册会计师提出结论的依据。

注册会计师可以将该标准直接包括在鉴证报告中。如果预期使用者能够获取的责任方认定中已包括该标准，或容易从其他来源获取该标准，注册会计师也可以仅在鉴证报告中提及该标准。

第五十八条　注册会计师应当根据具体业务环境考虑是否披露：

（一）标准的来源，以及标准是否为公开发布标准；如果不是公开发布标准，应当说明采用该标准的理由；

（二）当标准允许选用多种计量方法时，采用的计量方法；

（三）使用标准时作出的重要解释；

（四）采用的计量方法是否发生变更。

第五十九条　如果根据标准评价或计量鉴证对象存在重大固有限制，且预期鉴证报告的使用者不能充分理解，注册会计师应当在鉴证报告中明确提及该限制。

第六十条　如果用于评价或计量鉴证对象的标准仅能为特定使用者所获取，或仅与特定目的相关，注册会计师应当在鉴证报告中指明该鉴证报告的使用仅限于特定使用者或特定目的。

第六十一条　注册会计师应当在鉴证报告中界定责任方以及责任方和注册会计师各自的责任。

对于直接报告业务，注册会计师应当指明责任方对鉴证对象负责；对于基于认定的业务，注册会计师应当指明责任方对鉴证对象信息负责。

注册会计师的责任是对鉴证对象信息独立地提出结论。

第六十二条　注册会计师应当在鉴证报告中说明，该项其他鉴证业务是按照其他鉴证业务准则的规定执行的。如果存在针对该项其他鉴证业务的具体准则，注册会计师应当根据该准则的规定决定是否在鉴证报告中特别提及该准则。

第六十三条　为使预期使用者了解鉴证报告所表达的保证性质，注册会计师应当参照相关的审计准则和审阅准则，在鉴证报告中概述已执行的鉴证工作。

如果没有相关鉴证业务准则对特定鉴证对象的证据收集程序作出规定，注册会计师应当在概述时更具体地说明已执行的工作。

第六十四条　在有限保证的其他鉴证业务中，为使预期使用者理解以消极方式表达的结论所传达的保证性质，注册会计师对已执行工作的概述通常比在合理保证的其他鉴证业务中更加详细。

在有限保证的其他鉴证业务中，对已执行工作的概述应当包括下列内容：

（一）指出证据收集程序的性质、时间和范围存在的限制，必要时，说明没有执行合理保证的其他鉴证业务中通常实施的程序；

（二）说明由于证据收集程序比合理保证的其他鉴证业务更为有限，因此，获得的保证程度低于合理保证的其他鉴证业务的保证程度。

第六十五条　注册会计师应当在鉴证报告中清楚地说明鉴证结论。如果鉴证对象信息由多个方面组成，注册会计师可就每个方面分别提出结论。

虽然提出这些结论并非都需要执行相同水平的证据收集程序，但注册会计师应当根据某一方面执行的工作是合理保证还是有限保证，决定该方面结论的适当表达方式。

第六十六条　在适当情况下，注册会计师应当在鉴证报告中告知预期使用者提出该结论的背景，比如注册会计师的结论中可能包括“本结论是在受到鉴证报告中指出的固有限制的条件下形成的”的措辞。

第六十七条　在合理保证的其他鉴证业务中，注册会计师应当以积极方式提出结论，如“我们认为，根据×标准，内部控制在所有重大方面是有效的”或“我们认为，责任方作出的‘根据×标准，内部控制在所有重大方面是有效的’这一认定是公允的”。

第六十八条　在有限保证的其他鉴证业务中，注册会计师应当以消极方式提出结论，如“基于本报告所述的工作，我们没有注意到任何事项使我们相信，根据×标准，×系统在任何重大方面是无效的”或“基于本报告所述的工作，我们没有注意到任何事项使我们相信，责任方作出的‘根据×标准，×系统在所有重大方面是有效的’这一认定是不公允的”。

第六十九条　如果提出无保留结论之外的其他结论，注册会计师应当在鉴证报告中清楚地说明提出该结论的理由。

第七十条　鉴证报告应当注明报告日期，以使预期使用者了解注册会计师已考虑截至报告日发生的事项对鉴证对象信息和鉴证报告的影响。

第七十一条 注册会计师可以在鉴证报告中增加不会影响鉴证结论的其他信息或解释。这些信息或解释主要包括：

（一）注册会计师和其他参加具体业务的人员的资格和经验；

（二）重要性水平；

（三）在该业务的特定方面发现的问题及相关建议。

鉴证报告中是否包含此类信息取决于该信息对预期使用者需求的重要程度。增加的信息应当与注册会计师的结论清楚分开，并在措辞上不影响鉴证结论。

第三节 保留结论、否定结论和无法提出结论

第七十二条 如果存在下列事项，且判断该事项的影响重大或可能重大，注册会计师不应当提出无保留结论：

（一）由于工作范围受到业务环境、责任方或委托人的限制，注册会计师不能获取必要的证据将鉴证业务风险降至适当水平，在这种情况下，应当出具保留结论或无法提出结论的报告；

（二）如果结论提及责任方认定，且该认定未在所有重大方面作出公允表达，注册会计师应当提出保留结论或否定结论；如果结论直接提及鉴证对象及标准，且鉴证对象信息存在重大错报，注册会计师应当提出保留结论或否定结论；

（三）在承接业务后，如果发现标准或鉴证对象不适当，可能误导预期使用者，注册会计师应当提出保留结论或否定结论；如果发现标准或鉴证对象不适当，造成工作范围受到限制，注册会计师应当出具保留结论或无法提出结论的报告。

第七十三条 如果某事项造成影响的重大与广泛程度不足以导致出具否定结论或无法提出结论的报告，注册会计师应当提出保留结论，并在报告中使用“除……的影响外”等措辞。

第七十四条 如果责任方认定已指出并适当说明鉴证对象信息存在重大错报，注册会计师应当选择下列一种方式提出鉴证结论：

（一）直接对鉴证对象和使用的标准提出保留结论或否定结论；

（二）如果业务约定条款特别要求针对责任方认定提出结论，注册会计师应当提出无保留结论，并在鉴证报告中增加强调事项段，说明鉴证对象信息存在重大错报且责任方认定已对此作出了适当说明。

第九章 其他报告责任

第七十五条 注册会计师应当考虑其他报告责任，包括考虑就执行业务过程中注意到的与治理层责任相关的事项与治理层沟通的适当性。

如果委托人并非责任方，注册会计师直接与责任方或责任方的治理层沟通可能是不适当的。

第七十六条 如果业务约定条款没有特殊要求，注册会计师不必设计专门的程序以识别与治理层责任相关的事项。

第十章 附　　则

第七十七条 本准则自 2007 年 1 月 1 日起施行。

48. 中国注册会计师其他鉴证业务准则第 3111 号——预测性财务信息的审核

第一章 总　　则

第一条 为了规范注册会计师执行预测性财务信息审核业务，制定本准则。

第二条 本准则所称预测性财务信息，是指被审核单位依据对未来可能发生的事项或采取的行动的假

设而编制的财务信息。

预测性财务信息可以表现为预测、规划或两者的结合，可能包括财务报表或财务报表的一项或多项要素。

本准则所称预测，是指管理层在最佳估计假设的基础上编制的预测性财务信息。最佳估计假设是指截至编制预测性财务信息日，管理层对预期未来发生的事项和采取的行动作出的假设。

本准则所称规划，是指管理层基于推测性假设，或同时基于推测性假设和最佳估计假设编制的预测性财务信息。推测性假设是指管理层对未来事项和采取的行动作出的假设，该事项或行动预期在未来未必发生。

第三条 在执行预测性财务信息审核业务时，注册会计师应当就下列事项获取充分、适当的证据：

（一）管理层编制预测性财务信息所依据的最佳估计假设并非不合理；在依据推测性假设的情况下，推测性假设与信息的编制目的是相适应的；

（二）预测性财务信息是在假设的基础上恰当编制的；

（三）预测性财务信息已恰当列报，所有重大假设已充分披露，包括说明采用的是推测性假设还是最佳估计假设；

（四）预测性财务信息的编制基础与历史财务报表一致，并选用了恰当的会计政策。

第四条 管理层负责编制预测性财务信息，包括识别和披露预测性财务信息依据的假设。

注册会计师接受委托对预测性财务信息实施审核并出具报告，可增强该信息的可信赖程度。

第二章 保证程度

第五条 注册会计师不应对预测性财务信息的结果能否实现发表意见。

第六条 当对管理层采用的假设的合理性发表意见时，注册会计师仅提供有限保证。

第三章 接受业务委托

第七条 在承接预测性财务信息审核业务前，注册会计师应当考虑下列因素：

（一）信息的预定用途；

（二）信息是广为分发还是有限分发；

（三）假设的性质，即假设是最佳估计假设还是推测性假设；

（四）信息中包含的要素；

（五）信息涵盖的期间。

第八条 如果假设明显不切实际，或认为预测性财务信息并不适合预定用途，注册会计师应当拒绝接受委托，或解除业务约定。

第九条 注册会计师应当与委托人就业务约定条款达成一致意见，并签订业务约定书。

第四章 了解被审核单位情况

第十条 注册会计师应当充分了解被审核单位情况，以评价管理层是否识别出编制预测性财务信息所要求的全部重要假设。

注册会计师还应当通过考虑下列事项，熟悉被审核单位编制预测性财务信息的过程：

（一）与编制预测性财务信息相关的内部控制，以及负责编制预测性财务信息人员的专业技能和经验；

（二）支持管理层作出假设的文件的性质；

（三）运用统计、数学方法及计算机辅助技术的程度；

（四）形成和运用假设时使用的方法；

（五）以前期间编制预测性财务信息的准确性，及其与实际情况出现重大差异的原因。

第十一条 注册会计师应当考虑被审核单位编制预测性财务信息时依赖历史财务信息的程度是否合理。

注册会计师应当了解被审核单位的历史财务信息，以评价预测性财务信息与历史财务信息的编制基础是否一致，并为考虑管理层假设提供历史基准。

注册会计师应当确定相关历史财务信息是否已经审计或审阅，是否选用了恰当的会计政策。

第十二条 如果对上期历史财务信息出具了非标准审计报告或非标准审阅报告，或被审核单位尚处于营业初期，注册会计师应当考虑各项相关的事实及其对预测性财务信息审核的影响。

第五章 涵盖期间

第十三条 注册会计师应当考虑预测性财务信息涵盖的期间。

随着涵盖期间的延长，假设的主观性将会增加，管理层作出最佳估计假设的能力将会减弱。预测性财务信息涵盖的期间不应超过管理层可作出合理假设的期间。

第十四条 注册会计师可以从下列方面考虑预测性财务信息涵盖的期间是否合理：

（一）经营周期；

（二）假设的可靠程度；

（三）使用者的需求。

第六章 审核程序

第十五条 在确定审核程序的性质、时间和范围时，注册会计师应当考虑下列因素：

（一）重大错报的可能性；

（二）以前期间执行业务所了解的情况；

（三）管理层编制预测性财务信息的能力；

（四）预测性财务信息受管理层判断影响的程度；

（五）基础数据的恰当性和可靠性。

第十六条 注册会计师应当评估支持管理层作出最佳估计假设的证据的来源和可靠性。注册会计师可以从内部或外部来源获取支持这些假设的充分、适当的证据，包括根据历史财务信息考虑这些假设，以及评价这些假设是否依据被审核单位有能力实现的计划。

第十七 当使用推测性假设时，注册会计师应当确定这些假设的所有重要影响是否已得到考虑。

对推测性假设，注册会计师不需要获取支持性的证据，但应当确定这些假设与编制预测性财务信息的目的相适应，并且没有理由相信这些假设明显不切合实际。

第十八条 注册会计师应当通过检查数据计算准确性和内在一致性等，确定预测性财务信息是否依据管理层确定的假设恰当编制。

内在一致性是指管理层拟采取的各项行动相互之间不存在矛盾，以及根据共同的变量确定的金额之间不存在不一致。

第十九条 注册会计师应当关注对变化特别敏感的领域，并考虑该领域影响预测性财务信息的程度。

第二十条 当接受委托审核预测性财务信息的一项或多项要素时，注册会计师应当考虑该要素与财务信息其他要素之间的关联关系。

第二十一条 当预测性财务信息包括本期部分历史信息时，注册会计师应当考虑对历史信息需要实施的程序的范围。

第二十二条 注册会计师应当就下列事项向管理层获取书面声明：

（一）预测性财务信息的预定用途；

（二）管理层作出的重大假设的完整性；

（三）管理层认可对预测性财务信息的责任。

第七章 列 报

第二十三条 在评价预测性财务信息的列报（包括披露）时，注册会计师除考虑相关法律法规的具体要求外，还应当考虑下列事项：

（一）预测性财务信息的列报是否提供有用信息且不会产生误导；

（二）预测性财务信息的附注中是否清楚地披露会计政策；

（三）预测性财务信息的附注中是否充分披露所依据的假设，是否明确区分最佳估计假设和推测性假设；对于涉及重大且具有高度不确定性的假设，是否已充分披露该不确定性以及由此导致的预测结果的敏感性；

（四）预测性财务信息的编制日期是否得以披露，管理层是否确认截至该日期止，编制该预测性财务信息所依据的各项假设仍然适当；

（五）当预测性财务信息的结果以区间表示时，是否已清楚说明在该区间内选取若干点的基础，该区间的选择是否不带偏见或不产生误导；

（六）从最近历史财务信息披露以来，会计政策是否发生变更、变更的原因及其对预测性财务信息的影响。

第八章 审核报告

第二十四条 注册会计师对预测性财务信息出具的审核报告应当包括下列内容：

（一）标题；

（二）收件人；

（三）指出所审核的预测性财务信息；

（四）提及审核预测性财务信息时依据的准则；

（五）说明管理层对预测性财务信息（包括编制该信息所依据的假设）负责；

（六）适当时，提及预测性财务信息的使用目的和分发限制；

（七）以消极方式说明假设是否为预测性财务信息提供合理基础；

（八）对预测性财务信息是否依据假设恰当编制，并按照适用的会计准则和相关会计制度的规定进行列报发表意见；

（九）对预测性财务信息的可实现程度作出适当警示；

（十）注册会计师的签名及盖章；

（十一）会计师事务所的名称、地址及盖章；

（十二）报告日期。报告日期应为完成审核工作的日期。

第二十五条 审核报告应当说明：

（一）根据对支持假设的证据的检查，注册会计师是否注意到任何事项，导致其认为这些假设不能为预测性财务信息提供合理基础；

（二）对预测性财务信息是否依据这些假设恰当编制，并按照适用的会计准则和相关会计制度的规定进行列报发表意见。

第二十六条 审核报告还应当说明：

（一）由于预期事项通常并非如预期那样发生，并且变动可能重大，实际结果可能与预测性财务信息存在差异；同样，当预测性财务信息以区间形式表述时，对实际结果是否处于该区间内不提供任何保证。

（二）在审核规划的情况下，编制预测性财务信息是为了特定目的（列明具体目的）。在编制过程中运用了一整套假设，包括有关未来事项和管理层行动的推测性假设，而这些事项和行动预期在未来未必发生。因此，提醒信息使用者注意，预测性财务信息不得用于该特定目的以外的其他目的。

第二十七条 如果认为预测性财务信息的列报不恰当，注册会计师应当对预测性财务信息出具保留或否定意见的审核报告，或解除业务约定。

第二十八条 如果认为一项或者多项重大假设不能为依据最佳估计假设编制的预测性财务信息提供合理基础，或在给定的推测性假设下，一项或者多项重大假设不能为依据推测性假设编制的预测性财务信息提供合理基础，注册会计师应当对预测性财务信息出具否定意见的审核报告，或解除业务约定。

第二十九条 如果审核范围受到限制，导致无法实施必要的审核程序，注册会计师应当解除业务约定，或出具无法表示意见的审核报告，并在报告中说明审核范围受到限制的情况。

第九章 附 则

第三十条 本准则自 2007 年 1 月 1 日起施行。

附录：

审核报告参考格式

1. 对预测性财务报表出具无保留意见的报告(以预测为基础)

审 核 报 告

ABC股份有限公司：

我们审核了后附的ABC股份有限公司(以下简称ABC公司)编制的预测(列明预测涵盖的期间和预测的名称)。我们的审核依据是《中国注册会计师其他鉴证业务准则第3111号——预测性财务信息的审核》。ABC公司管理层对该预测及其所依据的各项假设负责。这些假设已在附注×中披露。

根据我们对支持这些假设的证据的审核,我们没有注意到任何事项使我们认为这些假设没有为预测提供合理基础。而且,我们认为,该预测是在这些假设的基础上恰当编制的,并按照××编制基础的规定进行了列报。

由于预期事项通常并非如预期那样发生,并且变动可能重大,实际结果可能与预测性财务信息存在差异。

××会计师事务所
(盖章)

中国注册会计师：×××
(签名并盖章)

中国注册会计师：×××
(签名并盖章)

中国××市
二〇×二年×月×日

2. 对预测性财务报表出具无保留意见的报告(以规划为基础)

审 核 报 告

ABC股份有限公司：

我们审核了后附的ABC股份有限公司(以下简称ABC公司)编制的规划(列明规划涵盖的期间和规划的名称)。我们的审核依据是《中国注册会计师其他鉴证业务准则第3111号——预测性财务信息的审核》。ABC公司管理层对该规划及其所依据的各项假设负责。这些假设已在附注×中披露。

ABC公司编制规划是为了××目的。由于ABC公司尚处于营业初期,在编制规划时运用了一整套假设,包括有关未来事项和管理层行动的推测性假设,而这些事项和行动预期在未来未必发生。因此,我们提醒信息使用者注意,该规划不得用于××目的以外的其他目的。

根据我们对支持这些假设的证据的审核,在推测性假设(列明推测性假设)成立的前提下,我们没有注意到任何事项使我们认为这些假设没有为规划提供合理基础。我们认为,该规划是在这些假设的基础上恰当编制的,并按照××编制基础的规定进行了列报。

即使在推测性假设中所涉及的事项发生,但由于预期事项通常并非如预期那样发生,并且变动可能重大,因此实际结果仍然可能与预测性财务信息存在差异。

××会计师事务所
(盖章)

中国注册会计师：×××
(签名并盖章)

中国注册会计师：×××
(签名并盖章)

中国××市
二〇×二年×月×日

49. 中国注册会计师相关服务准则第 4101 号——对财务信息执行商定程序

第一章 总 则

第一条 为了规范注册会计师对财务信息执行商定程序业务，明确执业责任，制定本准则。

第二条 对财务信息执行商定程序的目标，是注册会计师对特定财务数据、单一财务报表或整套财务报表等财务信息执行与特定主体商定的具有审计性质的程序，并就执行的商定程序及其结果出具报告。

本准则所称特定主体，是指委托人和业务约定书中指明的报告致送对象。

第三条 注册会计师执行商定程序业务，仅报告执行的商定程序及其结果，并不提出鉴证结论。报告使用者自行对注册会计师执行的商定程序及其结果作出评价，并根据注册会计师的工作得出自己的结论。

第四条 商定程序业务报告仅限于参与协商确定程序的特定主体使用，以避免不了解商定程序的人对报告产生误解。

第五条 注册会计师执行商定程序业务，应当遵守相关职业道德规范，恪守客观、公正的原则，保持专业胜任能力和应有的关注，并对执业过程中获知的信息保密。

第六条 本准则不对商定程序业务提出独立性要求；但如果业务约定书或委托目的对注册会计师的独立性提出要求，注册会计师应当从其规定。

如果注册会计师不具有独立性，应当在商定程序业务报告中说明这一事实。

第七条 注册会计师应当按照本准则的规定和业务约定书的要求执行商定程序业务。

第二章 业务约定书

第八条 注册会计师应当与特定主体进行沟通，确保其已经清楚理解拟执行的商定程序和业务约定条款。

注册会计师应当就下列事项与特定主体沟通，并达成一致意见：

（一）业务性质，包括说明执行的商定程序并不构成审计或审阅，不提出鉴证结论；

（二）委托目的；

（三）拟执行商定程序的财务信息；

（四）拟执行的具体程序的性质、时间和范围；

（五）预期的报告样本；

（六）报告分发和使用的限制。

第九条 如果无法与所有的报告致送对象直接讨论拟执行的商定程序，注册会计师应当考虑采取下列措施：

（一）与报告致送对象的代表讨论拟执行的商定程序；

（二）查阅来自报告致送对象的相关信函和文件；

（三）向报告致送对象提交报告样本。

第十条 如果接受委托，注册会计师应当与委托人就双方达成一致的事项签订业务约定书，以避免双方对商定程序业务的理解产生分歧。

第三章 计划、程序与记录

第十一条 注册会计师应当合理制定工作计划，以有效执行商定程序业务。

第十二条 注册会计师应当执行商定的程序，并将获取的证据作为出具报告的基础。

第十三条 执行商定程序业务运用的程序通常包括：

（一）询问和分析；

（二）重新计算、比较和其他核对方法；

(三)观察;
(四)检查;
(五)函证。

第十四条 注册会计师应当记录支持商定程序业务报告的重大事项,并记录按照本准则的规定和业务约定书的要求执行商定程序的证据。

第四章 报告

第十五条 商定程序业务报告应当详细说明业务的目的和商定的程序,以便使用者了解所执行工作的性质和范围。

第十六条 商定程序业务报告应当包括下列内容:

(一)标题;
(二)收件人;
(三)说明执行商定程序的财务信息;
(四)说明执行的商定程序是与特定主体协商确定的;
(五)说明已按照本准则的规定和业务约定书的要求执行了商定程序;
(六)当注册会计师不具有独立性时,说明这一事实;
(七)说明执行商定程序的目的;
(八)列出所执行的具体程序;
(九)说明执行商定程序的结果,包括详细说明发现的错误和例外事项;
(十)说明所执行的商定程序并不构成审计或审阅,注册会计师不提出鉴证结论;
(十一)说明如果执行商定程序以外的程序,或执行审计或审阅,注册会计师可能得出其他应报告的结果;
(十二)说明报告仅限于特定主体使用;
(十三)在适用的情况下,说明报告仅与执行商定程序的特定财务数据有关,不得扩展到财务报表整体;
(十四)注册会计师的签名和盖章;
(十五)会计师事务所的名称、地址及盖章;
(十六)报告日期。

第五章 附 则

第十七条 如果注册会计师具备专业胜任能力,且存在合理的判断标准,可参照本准则对非财务信息执行商定程序业务。

第十八条 本准则自 2007 年 1 月 1 日起施行。

50. 中国注册会计师相关服务准则第 4111 号——代编财务信息

第一章 总 则

第一条 为了规范注册会计师执行代编财务信息业务(以下简称代编业务),制定本准则。

第二条 代编业务的目标是注册会计师运用会计而非审计的专业知识和技能,代客户编制一套完整或非完整的财务报表,或代为收集、分类和汇总其他财务信息。

注册会计师执行代编业务使用的程序并不旨在、也不能对财务信息提出任何鉴证结论。

第三条 注册会计师执行代编业务,应当遵守相关职业道德规范,恪守客观、公正的原则,保持专业胜任能力和应有的关注,并对执业过程中获知的信息保密。

第四条 本准则不对代编业务提出独立性要求。但如果注册会计师不具有独立性,应当在代编业务报告中说明这一事实。

第五条　在任何情况下，如果注册会计师的姓名与代编的财务信息相联系，注册会计师应当出具代编业务报告。

第二章　业务约定书

第六条　注册会计师应当在代编业务开始前，与客户就代编业务约定条款达成一致意见，并签订业务约定书，以避免双方对代编业务的理解产生分歧。

第七条　业务约定书应当包括下列主要事项：

（一）业务的性质，包括说明拟执行的业务既非审计也非审阅，注册会计师不对代编的财务信息提出任何鉴证结论；

（二）说明不能依赖代编业务揭露可能存在的错误、舞弊以及违反法规行为；

（三）客户提供的信息的性质；

（四）说明客户管理层应当对提供给注册会计师的信息的真实性和完整性负责，以保证代编财务信息的真实性和完整性；

（五）说明代编财务信息的编制基础，并说明将在代编财务信息和出具的代编业务报告中对该编制基础以及任何重大背离予以披露；

（六）代编财务信息的预期用途和分发范围；

（七）如果注册会计师的姓名与代编的财务信息相联系，说明注册会计师出具的代编业务报告的格式；

（八）业务收费；

（九）违约责任；

（十）解决争议的方法；

（十一）签约双方法定代表人或其授权代表的签字盖章，以及签约双方加盖的公章。

第三章　计划、程序与记录

第八条　注册会计师应当制定代编业务计划，以有效执行代编业务。

第九条　注册会计师应当了解客户的业务和经营情况，熟悉其所处行业的会计政策和惯例，以及与具体情况相适应的财务信息的形式和内容。

第十条　注册会计师应当了解客户业务交易的性质、会计记录的形式和财务信息的编制基础。

注册会计师通常利用以前经验、查阅文件记录或询问客户的相关人员，获取对这些事项的了解。

第十一条　除本准则规定的程序外，注册会计师通常不需要执行下列程序：

（一）询问管理层，以评价所提供信息的可靠性和完整性；

（二）评价内部控制；

（三）验证任何事项；

（四）验证任何解释。

第十二条　如果注意到管理层提供的信息不正确、不完整或在其他方面不令人满意，注册会计师应当考虑执行本准则第十一条提及的程序，并要求管理层提供补充信息。

如果管理层拒绝提供补充信息，注册会计师应当解除该项业务约定，并告知客户解除业务约定的原因。

第十三条　注册会计师应当阅读代编的财务信息，并考虑形式是否恰当，是否不存在明显的重大错报。

本条前款所述的重大错报包括下列情形：

（一）错误运用编制基础；

（二）未披露所采用的编制基础和获知的重大背离；

（三）未披露注册会计师注意到的其他重大事项。

注册会计师应当在代编财务信息中披露采用的编制基础和获知的重大背离，但不必报告背离的定量影响。

第十四条　如果注意到存在重大错报，注册会计师应当尽可能与客户就如何恰当地更正错报达成一致意见。如果重大错报仍未得到更正，并且认为财务信息存在误导，注册会计师应当解除该项业务约定。

第十五条　注册会计师应当从管理层获取其承担恰当编制财务信息和批准财务信息的责任的书面声

明。该声明还应当包括管理层对会计数据的真实性和完整性负责，以及已向注册会计师完整提供所有重要且相关的信息。

第十六条 注册会计师应当记录重大事项，以证明其已按照本准则的规定和业务约定书的要求执行代编业务。

第四章 代编业务报告

第十七条 代编业务报告应当包括下列内容：

（一）标题；

（二）收件人；

（三）说明注册会计师已按照本准则的规定执行代编业务；

（四）当注册会计师不具有独立性时，说明这一事实；

（五）指出财务信息是在管理层提供信息的基础上代编的，并说明代编财务信息的名称、日期或涵盖的期间；

（六）说明管理层对注册会计师代编的财务信息负责；

（七）说明执行的业务既非审计，也非审阅，因此不对代编的财务信息提出鉴证结论；

（八）必要时，应当增加一个段落，提醒注意代编财务信息对采用的编制基础的重大背离；

（九）注册会计师的签名及盖章；

（十）会计师事务所的名称、地址及盖章；

（十一）报告日期。

第十八条 注册会计师应当在代编财务信息的每页或一套完整的财务报表的首页明确标示"未经审计或审阅"、"与代编业务报告一并阅读"等字样。

第五章 附 则

第十九条 注册会计师执行代编非财务信息业务，除有特定要求者外，应当参照本准则办理。

第二十条 本准则自 2007 年 1 月 1 日起施行。

附录：

代编业务报告参考格式

1. 代编财务报表业务报告

代编财务报表业务报告

（收件人名称）：

在 ABC 公司管理层提供信息的基础上，我们按照《中国注册会计师相关服务准则第 4111 号——代编财务信息》的规定，代编了 ABC 公司 20××年 12 月 31 日的资产负债表，20××年度的利润表、股东权益变动表和现金流量表以及财务报表附注。管理层对这些财务报表负责。我们未对这些财务报表进行审计或审阅，因此不对其提出鉴证结论。

××会计师事务所 （盖章）

中国注册会计师：×××
（签名并盖章）

中国注册会计师：×××
（签名并盖章）

中国××市
二○×二年×月×日

2. 代编财务报表业务报告，增加段落以引起对背离编制基础的关注

代编财务报表业务报告

（收件人名称）：

在ABC公司管理层提供信息的基础上，我们按照《中国注册会计师相关服务准则第4111号——代编财务信息》的规定，代编了ABC公司20××年12月31日的资产负债表，20××年度的利润表、股东权益变动表和现金流量表以及财务报表附注。管理层对这些财务报表负责。我们未对这些财务报表进行审计或审阅，因此不对其提出鉴证结论。

我们提请注意，如财务报表附注×所述，管理层对融资租赁的机器设备未予资本化，该事项不符合企业会计准则和《××会计制度》的规定。

××会计师事务所 中国注册会计师：×××
（盖章） （签名并盖章）

中国注册会计师：×××
（签名并盖章）

中国××市
二○×二年×月×日

51. 质量控制准则第5101号——会计师事务所对执行财务报表审计和审阅、其他鉴证和相关服务业务实施的质量控制

第一章 总 则

第一条 为了规范会计师事务所建立并保持有关财务报表审计和审阅、其他鉴证和相关服务业务的质量控制制度，制定本准则。

第二条 会计师事务所在使用本准则时，需要结合相关职业道德要求。

第三条 本准则适用于会计师事务所建立和保持业务质量控制制度。其他执业准则规定了会计师事务所人员对特定类型业务实施质量控制程序的责任，例如，《中国注册会计师审计准则第1121号——对财务报表审计实施的质量控制》规定了财务报表审计的质量控制程序。

第四条 质量控制制度包括为实现本准则第二十七条规定的目标而制定的政策，以及为执行政策和监督政策的遵守情况而制定的必要程序。

第五条 本准则适用于执行财务报表审计和审阅、其他鉴证和相关服务业务的所有会计师事务所。

会计师事务所按照本准则的要求制定的质量控制政策和程序的性质和范围，取决于会计师事务所的规模和运行特征以及是否是网络的一部分等诸多因素。

第六条 本准则包括会计师事务所在遵守本准则时应实现的目标，以及旨在使会计师事务所实现该目标而提出的要求。

第七条 本准则的目标为提出的要求提供了框架基础，旨在帮助会计师事务所了解需要完成的工作，以及确定是否需要完成更多的工作。

第八条 本准则的应用指南对本准则的要求提供了进一步解释，并为如何执行这些要求提供了指引。特别是，应用指南可以更为清楚地解释本准则要求的确切含义或所针对的情形，并举例说明适合具体情况

的政策和程序。

尽管应用指南本身并不对会计师事务所提出要求，但与恰当运用本准则的要求是相关的。应用指南提供本准则所涉及的事项的背景信息，并包括与小型会计师事务所相关的特殊考虑（如适用）。这些特殊考虑有助于会计师事务所运用本准则的要求，但并不限制或减轻其运用和遵守本准则要求的责任。

第二章　定　　义

第九条　职业准则，是指中国注册会计师鉴证业务基本准则、中国注册会计师审计准则、中国注册会计师审阅准则、中国注册会计师其他鉴证业务准则、中国注册会计师相关服务准则、质量控制准则和相关职业道德要求。

第十条　相关职业道德要求，是指项目组和项目质量控制复核人员应当遵守的职业道德规范，通常是指中国注册会计师职业道德守则。

第十一条　人员，是指会计师事务所的合伙人和员工。

第十二条　合伙人，是指在执行专业服务业务方面有权代表会计师事务所的个人。

第十三条　员工，是指合伙人以外的专业人员，包括会计师事务所的内部专家。

第十四条　项目合伙人，是指会计师事务所中负责某项业务及其执行，并代表会计师事务所在出具的报告上签字的合伙人。

如果项目合伙人以外的其他注册会计师在报告上签字，本准则对项目合伙人作出的规定也适用于该签字注册会计师。

第十五条　项目组，是指执行某项业务的所有合伙人和员工，以及会计师事务所或网络事务所聘请的为该项业务实施程序的所有人员，但不包括会计师事务所或网络事务所聘请的外部专家。

第十六条　网络事务所，是指属于某一网络的会计师事务所或实体。

第十七条　网络，是指由多个实体组成，旨在通过合作实现下列一个或多个目的的联合体：

（一）共享收益或分担成本；

（二）共享所有权、控制权或管理权；

（三）共享统一的质量控制政策和程序；

（四）共享同一经营战略；

（五）使用同一品牌；

（六）共享重要的专业资源。

第十八条　项目质量控制复核，是指在报告日或报告日之前，项目质量控制复核人员对项目组作出的重大判断和在准备报告时得出的结论进行客观评价的过程。

项目质量控制复核适用于上市实体财务报表审计，以及会计师事务所确定需要实施项目质量控制复核的其他业务。

第十九条　上市实体，是指其股份、股票或债券在法律法规认可的证券交易所报价或挂牌，或在法律法规认可的证券交易所或其他类似机构的监管下进行交易的实体。

第二十条　项目质量控制复核人员，是指项目组成员以外的，具有足够、适当的经验和权限，对项目组作出的重大判断和在编制报告时得出的结论进行客观评价的合伙人、会计师事务所的其他人员、具有适当资格的外部人员或由这类人员组成的小组。

第二十一条　具有适当资格的外部人员，是指会计师事务所以外的具有担任项目合伙人的胜任能力和必要素质的个人，如其他会计师事务所的合伙人、注册会计师协会或提供相关质量控制服务的组织中具有适当经验的人员。

第二十二条　业务工作底稿，是指注册会计师对执行的工作、获取的结果和得出的结论作出的记录。

第二十三条　报告日，是指注册会计师在出具的报告上签署的日期。

第二十四条　监控，是指对会计师事务所质量控制制度进行持续考虑和评价的过程，包括定期选取已完成的业务进行检查，以使会计师事务所能够合理保证其质量控制制度正在有效运行。

第二十五条　检查，是指实施程序以获取证据，确定项目组在已完成的业务中是否遵守会计师事务所质量控制政策和程序。

第二十六条　合理保证，是指一种高度但非绝对的保证水平。

第三章　目　　标

第二十七条　会计师事务所的目标是建立并保持质量控制制度，以合理保证：

（一）会计师事务所及其人员遵守职业准则和适用的法律法规的规定；

（二）会计师事务所和项目合伙人出具适合具体情况的报告。

第四章　要　　求

第一节　运用和遵守相关要求

第二十八条　会计师事务所内部负责建立并保持质量控制制度的人员应当了解本准则及应用指南的全部内容，以理解本准则的目标并恰当遵守其要求。

第二十九条　会计师事务所应当遵守本准则的所有要求，除非在某些情况下，本准则的某项要求与会计师事务所执行的财务报表审计和审阅、其他鉴证和相关服务业务不相关。

第三十条　本准则的要求旨在使会计师事务所能够实现本准则设定的目标。正确运用这些要求预期可以为实现目标提供充分的依据，但由于实际情况变化很大，且无法预料，会计师事务所应当考虑是否存在特殊事项或情况，要求其制定除本准则要求外的政策和程序，以实现本准则设定的目标。

第二节　质量控制制度的要素

第三十一条　会计师事务所应当建立并保持质量控制制度。

质量控制制度包括针对下列要素而制定的政策和程序：

（一）对业务质量承担的领导责任；

（二）相关职业道德要求；

（三）客户关系和具体业务的接受与保持；

（四）人力资源；

（五）业务执行；

（六）监控。

第三十二条　会计师事务所应当将质量控制政策和程序形成书面文件，并传达到全体人员。

第三节　对业务质量承担的领导责任

第三十三条　会计师事务所应当制定政策和程序，培育以质量为导向的内部文化。这些政策和程序应当要求会计师事务所主任会计师或类似职位的人员对质量控制制度承担最终责任。

第三十四条　会计师事务所应当制定政策和程序，使受会计师事务所主任会计师或类似职位的人员委派负责质量控制制度运作的人员具有足够、适当的经验和能力以及必要的权限以履行其责任。

第四节　相关职业道德要求

第三十五条　会计师事务所应当制定政策和程序，以合理保证会计师事务所及其人员遵守相关职业道德要求。

第三十六条　会计师事务所应当制定政策和程序，以合理保证会计师事务所及其人员和其他受独立性要求约束的人员（包括网络事务所的人员），保持相关职业道德要求规定的独立性。

这些政策和程序应当使会计师事务所能够：

（一）向会计师事务所人员以及其他受独立性要求约束的人员传达独立性要求；

（二）识别和评价对独立性产生不利影响的情形，并采取适当的行动消除这些不利影响；或通过采取防范措施将其降至可接受的水平；或如果认为适当，在法律法规允许的情况下解除业务约定。

第三十七条　本准则第三十六条提及的政策和程序应当要求：

（一）项目合伙人向会计师事务所提供与客户委托业务相关的信息（包括服务范围），以使会计师事务所能够评价这些信息对保持独立性的总体影响；

（二）会计师事务所人员立即向会计师事务所报告对独立性产生不利影响的情形，以便会计师事务所采取适当行动；

（三）会计师事务所收集相关信息，并向适当人员传达。

会计师事务所应当向适当人员传达收集的相关信息，以便：

（一）会计师事务所及其人员能够容易地确定自身是否满足独立性要求；

（二）会计师事务所能够保持和更新与独立性相关的记录；

（三）会计师事务所能够针对识别出的、对独立性产生超出可接受水平的不利影响采取适当的行动。

第三十八条 会计师事务所应当制定政策和程序，以合理保证能够获知违反独立性要求的情况，并能够采取适当行动予以解决。

这些政策和程序应当包括下列要求：

（一）会计师事务所人员将注意到的、违反独立性要求的情况立即报告会计师事务所；

（二）会计师事务所将识别出的违反这些政策和程序的情况，立即传达给需要与会计师事务所共同处理这些情况的项目合伙人、需要采取适当行动的会计师事务所和网络内部的其他相关人员以及受独立性要求约束的人员；

（三）项目合伙人、会计师事务所和网络内部的其他相关人员以及受独立性要求约束的人员，在必要时立即向会计师事务所报告他们为解决有关问题而采取的行动，以使会计师事务所能够决定是否应当采取进一步的行动。

第三十九条 会计师事务所应当每年至少一次向所有需要按照相关职业道德要求保持独立性的人员获取其遵守独立性政策和程序的书面确认函。

第四十条 会计师事务所应当制定下列政策和程序：

（一）明确标准，以确定长期委派同一名合伙人或高级员工执行某项鉴证业务时，是否需要采取防范措施，将因密切关系产生的不利影响降至可接受的水平；

（二）对所有上市实体财务报表审计业务，按照相关职业道德要求和法律法规的规定，在规定期限届满时轮换项目合伙人、项目质量控制复核人员，以及受轮换要求约束的其他人员。

第五节 客户关系和具体业务的接受与保持

第四十一条 会计师事务所应当制定有关客户关系和具体业务接受与保持的政策和程序，以合理保证只有在下列情况下，才能接受或保持客户关系和具体业务：

（一）能够胜任该项业务，并具有执行该项业务必要的素质、时间和资源；

（二）能够遵守相关职业道德要求；

（三）已考虑客户的诚信，没有信息表明客户缺乏诚信。

第四十二条 本准则第四十一条提及的政策和程序应当要求：

（一）在接受新客户的业务前，或者决定是否保持现有业务和考虑接受现有客户的新业务时，会计师事务所根据具体情况获取必要信息；

（二）在接受新客户或现有客户的新业务时，如果识别出潜在的利益冲突，会计师事务所确定接受该业务是否适当；

（三）当识别出问题而又决定接受或保持客户关系或具体业务时，会计师事务所记录问题是如何得到解决的。

第四十三条 如果在接受业务后获知某项信息，而该信息若在接受业务前获知，可能导致会计师事务所拒绝接受业务，会计师事务所应当针对这种情况制定保持具体业务和客户关系的政策和程序。

这些政策和程序应当考虑下列方面：

（一）适用于这种情况的职业责任和法律责任，包括是否要求会计师事务所向委托人报告或在某些情况下向监管机构报告；

（二）解除业务约定或同时解除业务约定和客户关系的可能性。

第六节 人力资源

第四十四条 会计师事务所应当制定政策和程序，合理保证拥有足够的具有胜任能力和必要素质并承诺遵守职业道德要求的人员，以使：

（一）会计师事务所按照职业准则和适用的法律法规的规定执行业务；

（二）会计师事务所和项目合伙人能够出具适合具体情况的报告。

第四十五条　会计师事务所应当对每项业务委派至少一名项目合伙人，并制定政策和程序，明确下列要求：

（一）将项目合伙人的身份和作用告知客户管理层和治理层的关键成员；

（二）项目合伙人具有履行职责所要求的适当的胜任能力、必要素质和权限；

（三）清楚界定项目合伙人的职责，并告知该项目合伙人。

第四十六条　会计师事务所应当制定政策和程序，委派具有必要胜任能力和素质的适当人员，以便：

（一）按照职业准则和适用的法律法规的规定执行业务；

（二）会计师事务所和项目合伙人能够出具适合具体情况的报告。

第七节　业务执行

第四十七条　会计师事务所应当制定政策和程序，以合理保证按照职业准则和适用的法律法规的规定执行业务，使会计师事务所和项目合伙人能够出具适合具体情况的报告。

这些政策和程序应当包括：

（一）与保持业务执行质量一致性相关的事项；

（二）监督责任；

（三）复核责任。

第四十八条　会计师事务所在安排复核工作时，应当由项目组内经验较多的人员复核经验较少的人员的工作。会计师事务所应当根据这一原则，确定有关复核责任的政策和程序。

第四十九条　会计师事务所应当制定政策和程序，以合理保证：

（一）就疑难问题或争议事项进行适当咨询；

（二）能够获取充分的资源进行适当咨询；

（三）咨询的性质和范围以及咨询形成的结论得以记录，并经过咨询者和被咨询者的认可；

（四）咨询形成的结论得到执行。

第五十条　会计师事务所应当制定政策和程序，要求对特定业务实施项目质量控制复核，以客观评价项目组作出的重大判断以及在编制报告时得出的结论。

这些政策和程序应当包括下列要求：

（一）要求对所有上市实体财务报表审计实施项目质量控制复核；

（二）明确标准，据此评价所有其他的历史财务信息审计和审阅、其他鉴证和相关服务业务，以确定是否应当实施项目质量控制复核；

（三）要求对所有符合本条第二款第（二）项所提及标准的业务实施项目质量控制复核。

第五十一条　会计师事务所应当制定政策和程序，以明确项目质量控制复核的性质、时间安排和范围。这些政策和程序应当要求，只有完成项目质量控制复核，才可以签署业务报告。

第五十二条　会计师事务所应当制定政策和程序，要求项目质量控制复核包括下列工作：

（一）就重大事项与项目合伙人进行讨论；

（二）复核财务报表或其他业务对象信息及拟出具的报告；

（三）复核选取的与项目组作出重大判断和得出的结论相关的业务工作底稿；

（四）评价在编制报告时得出的结论，并考虑拟出具报告的恰当性。

第五十三条　针对上市实体财务报表审计，会计师事务所应当制定政策和程序，要求实施的项目质量控制复核包括对下列事项的考虑：

（一）项目组就具体业务对会计师事务所独立性作出的评价；

（二）项目组是否已就涉及意见分歧的事项，或者其他疑难问题或争议事项进行适当咨询，以及咨询得出的结论；

（三）选取的用于复核的业务工作底稿，是否反映项目组针对重大判断执行的工作，以及是否支持得出的结论。

第五十四条 会计师事务所应当制定政策和程序，解决项目质量控制复核人员的委派问题，明确项目质量控制复核人员的资格要求，包括：

（一）履行职责需要的技术资格，包括必要的经验和权限；

（二）在不损害其客观性的前提下，项目质量控制复核人员能够提供业务咨询的程度。

第五十五条 会计师事务所应当制定政策和程序，以使项目质量控制复核人员保持客观性。

第五十六条 会计师事务所的政策和程序应当规定，在项目质量控制复核人员客观实施复核的能力可能受到损害时，替换该项目质量控制复核人员。

第五十七条 会计师事务所应当制定有关项目质量控制复核记录的政策和程序，要求记录：

（一）会计师事务所有关项目质量控制复核的政策所要求的程序已得到实施；

（二）项目质量控制复核在报告日或报告日之前已完成；

（三）复核人员没有发现任何尚未解决的事项，使其认为项目组作出的重大判断和得出的结论不适当。

第五十八条 会计师事务所应当制定政策和程序，以处理和解决项目组内部、项目组与被咨询者之间以及项目合伙人与项目质量控制复核人员之间的意见分歧。

第五十九条 本准则第五十八条提及的政策和程序应当要求：

（一）得出的结论已得到记录和执行；

（二）只有问题得到解决，才可以签署业务报告。

第六十条 会计师事务所应当制定政策和程序，以使项目组在出具业务报告后及时完成最终业务档案的归整工作。

对历史财务信息审计和审阅业务、其他鉴证业务，业务工作底稿的归档期限为业务报告日后六十天内。

第六十一条 会计师事务所应当制定政策和程序，以满足下列要求：

（一）安全保管业务工作底稿并对业务工作底稿保密；

（二）保证业务工作底稿的完整性；

（三）便于使用和检索业务工作底稿。

第六十二条 会计师事务所应当制定政策和程序，以使业务工作底稿的保存期限满足会计师事务所的需要和法律法规的规定。

对历史财务信息审计和审阅业务、其他鉴证业务，会计师事务所应当自业务报告日起对业务工作底稿至少保存十年。如果组成部分业务报告日早于集团业务报告日，会计师事务所应当自集团业务报告日起对组成部分业务工作底稿至少保存十年。

第八节 监 控

第六十三条 会计师事务所应当制定监控政策和程序，以合理保证与质量控制制度相关的政策和程序具有相关性和适当性，并正在有效运行。

监控过程应当：

（一）包括持续考虑和评价会计师事务所质量控制制度；

（二）要求委派一个或多个合伙人，或会计师事务所内部具有足够、适当的经验和权限的其他人员负责监控过程；

（三）要求执行业务或实施项目质量控制复核的人员不参与该项业务的检查工作。

持续考虑和评价会计师事务所质量控制制度应当包括：

（一）周期性地选取已完成的业务进行检查，周期最长不得超过三年；

（二）在每个周期内，对每个项目合伙人，至少检查一项已完成的业务。

第六十四条 会计师事务所应当评价在监控过程中注意到的缺陷的影响，并确定缺陷是否属于下列情况之一：

（一）该缺陷并不必然表明会计师事务所的质量控制制度不足以合理保证会计师事务所遵守职业准则和适用的法律法规的规定，以及会计师事务所和项目合伙人出具适合具体情况的报告；

（二）该缺陷是系统性的、反复出现的或其他需要及时纠正的重大缺陷。

第六十五条　会计师事务所应当将实施监控程序注意到的缺陷以及建议采取的适当补救措施，告知相关项目合伙人及其他适当人员。

第六十六条　针对注意到的缺陷，建议采取的适当补救措施应当包括：

（一）采取与某项业务或某个人员相关的适当补救措施；

（二）将发现的缺陷告知负责培训和职业发展的人员；

（三）改进质量控制政策和程序；

（四）对违反会计师事务所政策和程序的人员，尤其是对反复违规的人员实施惩戒。

第六十七条　会计师事务所应当制定政策和程序，以应对下列两种情况：

（一）实施监控程序的结果表明出具的报告可能不适当；

（二）实施监控程序的结果表明在执行业务过程中遗漏了应实施的程序。

这些政策和程序应当要求会计师事务所确定采取哪些进一步行动以遵守职业准则和适用的法律法规的规定，并考虑是否征询法律意见。

第六十八条　会计师事务所应当每年至少一次将质量控制制度的监控结果，向项目合伙人及会计师事务所内部的其他适当人员通报。这种通报应当足以使会计师事务所及其相关人员能够在其职责范围内及时采取适当的行动。

通报的信息应当包括：

（一）对已实施的监控程序的描述；

（二）实施监控程序得出的结论；

（三）如果相关，对系统性的、反复出现的缺陷或其他需要及时纠正的重大缺陷的描述。

第六十九条　如果会计师事务所是网络的一部分，可能实施以网络为基础的某些监控程序，以保持在同一网络内实施的监控程序的一致性。

如果网络内部的会计师事务所在符合本准则要求的共同的监控政策和程序下运行，并且这些会计师事务所信赖该监控制度，为了网络内部的项目合伙人信赖网络内实施监控程序的结果，会计师事务所的政策和程序应当要求：

（一）每年至少一次就监控过程的总体范围、程度和结果，向网络事务所的适当人员通报；

（二）立即将识别出的质量控制制度缺陷，向相关网络事务所的适当人员通报，以便使其采取必要的行动。

第七十条　会计师事务所应当制定政策和程序，以合理保证能够适当处理下列事项：

（一）投诉和指控会计师事务所执行的工作未能遵守职业准则和适用的法律法规的规定；

（二）指控未能遵守会计师事务所质量控制制度。

作为处理投诉和指控过程的一部分，会计师事务所应当明确投诉和指控渠道，以使会计师事务所人员能够没有顾虑地提出关注的问题。

第七十一条　如果在调查投诉和指控的过程中识别出会计师事务所质量控制政策和程序在设计或运行方面存在缺陷，或存在违反质量控制制度的情况，会计师事务所应当按照本准则第六十六条的规定采取适当行动。

第九节　对质量控制制度的记录

第七十二条　会计师事务所应当制定政策和程序，要求形成适当的工作记录，以对质量控制制度的每项要素的运行情况提供证据。

第七十三条　会计师事务所应当制定政策和程序，要求对工作记录保管足够的期限，以使执行监控程序的人员能够评价会计师事务所遵守质量控制制度的情况。

第七十四条　会计师事务所应当制定政策和程序，要求记录投诉、指控以及应对情况。

第五章　附　　则

第七十五条　本准则自 2012 年 1 月 1 日起施行。

第十四章　注册会计师审计准则解答

1. 中国注册会计师审计准则问题解答第 1 号——职业怀疑(2013 年颁布)

目前,财务报表复杂程度越来越高,涉及的主观判断和估计事项越来越多,在此情况下,注册会计师保持职业怀疑对于有效执行审计工作尤为重要。《中国注册会计师审计准则第 1101 号——注册会计师的总体目标和审计工作的基本要求》要求注册会计师在计划和实施审计工作时保持职业怀疑,认识到可能存在导致财务报表发生重大错报的情形。本问题解答旨在重申职业怀疑对于审计工作的重要作用,指导会计师事务所如何在事务所层面和项目组层面强化保持职业怀疑的必要性,指导注册会计师如何在审计的各个阶段保持职业怀疑、在哪些重要审计领域特别需要保持职业怀疑,并对如何在审计工作底稿中体现保持职业怀疑作出提示。

一、什么是职业怀疑?

答:职业怀疑,是指注册会计师执行审计业务的一种态度,包括采取质疑的思维方式,对可能表明由于错误或舞弊导致错报的迹象保持警觉,以及对审计证据进行审慎评价。

可以从以下方面理解职业怀疑:

1. 职业怀疑在本质上要求秉持一种质疑的理念。

这种理念促使注册会计师在考虑相关信息和得出结论时采取质疑的思维方式。在这种理念下,注册会计师具有批判和质疑的精神,摒弃"存在即合理"的逻辑思维,寻求事物的真实情况。注册会计师不应不假思索全盘接受被审计单位提供的证据和解释,也不应轻易相信过分理想的结果或太多巧合的情况。

2. 职业怀疑要求对引起疑虑的情形保持警觉。

这些情形包括但不限于:相互矛盾的审计证据;引起对文件记录或对询问答复的可靠性产生怀疑的信息;明显不合商业情理的交易或安排;其他表明可能存在舞弊的情况;表明需要实施除审计准则规定外的其他审计程序的情形(参见《中国注册会计师审计准则第 1101 号——注册会计师的总体目标和审计工作的基本要求》第三十四条第(一)项)。

3. 职业怀疑要求审慎评价审计证据。

审计证据包括支持和印证管理层认定的信息,也包括与管理层认定相互矛盾的信息。审慎评价审计证据包括质疑相互矛盾的审计证据、文件记录和对询问的答复以及从管理层和治理层获得的其他信息的可靠性,而非机械完成审计准则要求实施的审计程序。在怀疑信息的可靠性或发现舞弊迹象时(例如,在审计过程中识别出的情况使注册会计师认为文件可能是伪造的或文件中的某些信息已被篡改),注册会计师需要作出进一步调查,并确定需要修改哪些审计程序或实施哪些追加的审计程序。需要强调的是,虽然注册会计师需要在审计成本与信息的可靠性之间进行权衡,但是,审计中的困难、时间或成本等事项本身,不能作为省略不可替代的审计程序或满足于说服力不足的审计证据的理由。

4. 职业怀疑要求客观评价管理层和治理层。

由于审计环境发生变化,或者管理层和治理层为实现预期利润或结果而承受内部或外部压力,即使以前正直、诚信的管理层和治理层也可能发生变化。因此,注册会计师不应依赖以往对管理层和治理层诚信形成的判断。即使注册会计师认为管理层和治理层是正直、诚实的,也不能降低保持职业怀疑的要求,不允许在获取合理保证的过程中满足于说服力不足的审计证据。

职业怀疑与客观和公正、独立性两项职业道德基本原则密切相关。保持独立性可以增强注册会计师在审计中保持客观和公正、职业怀疑的能力。

二、为什么应当在审计过程中保持职业怀疑?

答:职业怀疑是注册会计师综合素质不可或缺的一部分,是保证审计质量的关键要素。保持职业怀疑有助于注册会计师恰当运用职业判断，提高审计程序设计及执行的有效性，降低审计风险。在审计过程中，保持职业怀疑的作用包括：

1. 在识别和评估重大错报风险时，保持职业怀疑有助于注册会计师设计恰当的风险评估程序，有针对性地了解被审计单位及其环境；有助于使注册会计师对引起疑虑的情形保持警觉，充分考虑错报发生的可能性和重大程度，有效识别和评估财务报表层次和认定层次的重大错报风险。

2. 在设计和实施进一步审计程序应对重大错报风险时，保持职业怀疑有助于注册会计师针对评估出的重大错报风险，恰当设计进一步审计程序的性质、时间安排和范围，降低选取不适当的审计程序的可能性；有助于注册会计师对已获取的审计证据表明可能存在未识别的重大错报风险的情形保持警觉，并作出进一步调查。

3. 在评价审计证据时，保持职业怀疑有助于注册会计师评价是否已获取充分、适当的审计证据以及是否还需执行更多的工作；有助于注册会计师审慎评价审计证据，纠正仅获取最容易获取的审计证据、忽视存在相互矛盾的审计证据的偏向。

保持职业怀疑对于注册会计师发现舞弊、防止审计失败至关重要。舞弊可能是精心策划、蓄意实施并予以隐瞒的，只有保持充分的职业怀疑，注册会计师才能对舞弊风险因素保持警觉，进而有效地评估舞弊导致的重大错报风险。保持职业怀疑，有助于使注册会计师认识到存在由于舞弊导致的重大错报的可能性，不会受到以前对管理层、治理层正直和诚信形成的判断的影响；使注册会计师对获取的信息和审计证据是否表明可能存在由于舞弊导致的重大错报风险始终保持警惕；使注册会计师在认为文件可能是伪造的或文件中的某些条款可能已被篡改时，作出进一步调查。

三、哪些情形会阻碍注册会计师保持职业怀疑?

答:审计准则要求注册会计师在审计过程中保持职业怀疑，然而某些情形可能导致注册会计师在获取、评价和解释信息时过分盲目相信客户或倾向于迎合客户的偏好，而不是考虑财务报表使用者的需求。审计实务中，可能阻碍注册会计师保持职业怀疑的情形包括：

1. 审计环境中的某些情况可能会引发动机和压力，使注册会计师产生偏见，从而阻碍注册会计师恰当保持职业怀疑。例如，建立或保持长期审计业务关系，避免与管理层产生重大冲突，在被审计单位发布财务报表期限之前出具审计报告，应被审计单位的要求出具无保留意见的审计报告，达到被审计单位的高满意度，降低审计成本，或搭售其他服务等。

2. 随着审计业务关系的延续，注册会计师可能对管理层产生不恰当的信任，导致其轻易认可被审计单位作出的不恰当会计处理。在某些情况下，注册会计师可能会迫于压力，避免与管理层产生分歧或对管理层造成不良后果，而未能保持恰当的职业怀疑。

3. 其他情况也可能阻碍注册会计师恰当保持职业怀疑。例如，审计的时间安排和工作量要求可能对项目合伙人和其他项目组成员造成压力，促使他们过快完成审计业务，导致他们仅获取容易取得的审计证据而非相关、可靠的审计证据，获取并不充分的审计证据，或过分倚重能够证实财务报表认定的证据而没有充分考虑反面证据。

四、如何在会计师事务所层面和项目组层面强化保持职业怀疑的必要性?

答:注册会计师保持职业怀疑，不仅受到个人的职业道德、知识水平和执业经验的影响，而且还受到所在会计师事务所的文化和机制，以及所在项目组的影响。

(一)在会计师事务所层面营造保持职业怀疑的环境

《质量控制准则第 5101 号——会计师事务所对执行财务报表审计和审阅、其他鉴证和相关服务业务实施的质量控制》要求会计师事务所建立并保持质量控制制度，以合理保证会计师事务所及其人员遵守职业准则和适用的法律法规的规定。这包括制定引导注册会计师在审计中保持职业怀疑的下列政策和程序：

1. 培育以质量为导向的文化。

如果会计师事务所的领导层强调保持职业怀疑的“高层基调”，再加上支持性的内部文化，在很大程度上能够提高会计师事务所的审计质量。反之，如果会计师事务所领导层过于强调收入和利润增长，而非审计质量，就会削弱职业怀疑的保持。因此，会计师事务所领导层应当建立重视质量的机制，树立质量至上的意识，并通过清晰、一致及经常的行动示范和信息传达，强调质量控制政策和程序的重要性。会计师事务所可以通过培训、研讨班、会议、正式或非正式的谈话、职责说明、新闻通讯或简要备忘录等形式传达信息，并将其体现在内部文件、培训资料以及对合伙人及员工的评价程序中，以支持和强化会计师事务所对质量的重视以及如何切实实现高质量的认识。

2. 建立重视质量的机制。

会计师事务所的业绩评价、薪酬和晋升机制会促进或削弱审计实务中对职业怀疑的保持程度，这取决于这些机制如何设计和执行。例如，如果会计师事务所的晋升机制过于强调拓展市场、承揽业务、降低审计成本或建立和保持审计客户关系，而对开展高质量的审计重视不够，则会计师事务所的人员可能认为这些目标对于其实现晋升、拿到高薪或保住职位比保持职业怀疑更重要。

3. 加强培训。

会计师事务所人员是否能够保持职业怀疑，很大程度上取决于其胜任能力。会计师事务所需要向所有级别人员提供适当的培训，使其具备执行具体审计业务所必需的知识、技能和能力。培训方式可以包括“干中学”、在职培训、由经验丰富的员工提供指导等。

（二）在项目组层面强调保持职业怀疑的必要性

项目合伙人对审计业务的总体质量负责，因此需要在审计业务的所有阶段通过行动示范和相关信息的传达，向项目组强调质量至上和保持职业怀疑的重要性。体现保持职业怀疑的方式可能包括：

1. 项目组就财务报表存在重大错报的可能性进行讨论。

在识别和评估重大错报风险时，项目组需要对财务报表存在重大错报的可能性进行讨论。讨论内容包括财务报表易于发生由于舞弊导致的重大错报的方式和领域，包括舞弊可能如何发生。在讨论过程中，项目组成员不应假定管理层和治理层是正直和诚信的。这种讨论可以为项目组成员交流和分享新信息提供平台，其本身是强化职业怀疑的一种体现。

2. 项目合伙人和项目组其他关键成员及时进行指导、监督与复核。

项目合伙人和项目组其他关键成员积极参与指导、监督与复核其他项目组成员的工作，及时识别出需要解决或特殊考虑的事项，对于强化整个项目组的职业怀疑也是非常重要的。项目合伙人和项目组其他关键成员在指导和复核已执行的工作时，尤其是复核关键判断领域和特别风险等事项时，可以向经验较少的项目组成员传授大量知识和经验，从而帮助其形成一种批判和质疑的思维方式。例如，项目合伙人可以帮助经验较少的人员识别异常事项或与其他审计证据不一致的事项。及时复核还使得重大事项（例如，对关键领域作出的判断，尤其是执行业务过程中识别出的疑难问题或争议事项）能够在审计报告日或之前得以解决。在履行监督职责时，项目合伙人有责任强调需要在审计过程中保持质疑的思维方式并在收集和评价证据时保持职业怀疑。

3. 就疑难问题进行咨询。

就疑难问题进行咨询是保持职业怀疑的一种体现。对于疑难问题和争议事项，项目组应当进行适当咨询，并恰当执行咨询形成的结论。对于意见分歧，只有问题得到解决，才可以签署报告。

4. 对重要审计项目或高风险审计项目实施项目质量控制复核。

对于上市实体财务报表审计以及需要实施项目质量控制复核的其他审计业务，项目质量控制复核人员应当客观评价项目组作出的重大判断以及编制审计报告时得出的结论。项目质量控制复核人员的独立复核，也是保持职业怀疑的一种体现。

五、如何在审计业务的各个阶段保持职业怀疑？

答：职业怀疑与整个审计过程紧密相关，贯穿于整个审计业务的始终。注册会计师在审计业务的所有阶段都需要保持职业怀疑：

1. 接受或保持业务。例如，注册会计师需要考虑被审计单位的主要股东、实际控制人、治理层和管理层是否诚信。

2. 识别和评估重大错报风险。例如：

（1）在实施风险评估程序和相关活动时，项目组需要对被审计单位财务报表存在重大错报的可能性进行讨论。根据《中国注册会计师审计准则第 1211 号——通过了解被审计单位及其环境识别和评估重大错报风险》的规定，项目组成员之间应当进行讨论；

（2）注册会计师需要根据对被审计单位及其环境的了解获取的实际信息识别和评估重大错报风险，仅仅依赖从以前审计或为被审计单位提供的其他服务中获得的信息是不充分的；

(3)如果实施进一步审计程序获取的审计证据或获取的新信息，与注册会计师之前作出风险评估所依据的审计证据不一致，注册会计师应当修正风险评估结果，并相应修改原计划实施的进一步审计程序。

3. 设计和实施审计程序应对重大错报风险。保持职业怀疑意味着不能仅获取最容易获得的证据来印证管理层的认定，还要充分考虑其他审计证据。例如：

(1)对于风险较高的领域，考虑是否需要获取更多的审计证据或获取更为相关或可靠的审计证据，例如，更多地从第三方获取审计证据或从多个独立来源获取相互印证的审计证据；

(2)设计和实施实质性分析程序，包括评价注册会计师作出预期值时使用数据的可靠性，对与预期值差异较大或与其他相关信息不一致的异常波动或关系保持警觉，并跟进调查；

(3)不能以书面声明替代本应获取的其他审计证据；

(4)不能将通过询问程序获取的审计证据作为充分、适当的审计证据；

(5)针对诸如管理层不允许寄发询证函、询证函回函反映出不一致或对回函可靠性产生疑虑的情况，制定恰当的应对措施，以获取充分、适当的审计证据。

4. 评价审计证据形成审计意见。注册会计师在就财务报表是否存在重大错报得出结论时，需要采取质疑的思维方式审慎评价审计证据。注册会计师需要考虑所有的相关审计证据，不管是能够印证财务报表认定的证据还是与之相矛盾的证据。在形成审计意见时需要注册会计师运用职业怀疑的例子有：

(1)评价未更正错报，包括从定性和定量两方面进行考虑，评价识别出的未更正错报单独或汇总起来是否导致财务报表发生重大错报；

(2)评价管理层偏向。这包括评价会计估计的潜在偏向，选择和运用会计政策时的偏向，对识别出的错报作出选择性的更正等。在评价管理层的偏向时，注册会计师考虑管理层操纵财务报表的动机和压力是非常重要的；

(3)考虑注册会计师未能获取充分、适当的审计证据的情况对审计意见的影响；

(4)评价财务报表是否实现了公允反映，包括考虑财务报表的整体列报、结构和内容是否合理，以及财务报表(包括相关附注)是否公允地反映了相关交易和事项。

六、在哪些重要审计领域特别需要保持职业怀疑?

答：在以下较复杂、需要高度判断的重要审计领域，注册会计师保持职业怀疑尤为重要：

1. 舞弊风险。在针对由于舞弊导致的重大错报风险确定总体应对措施时，注册会计师可能需要在检查支持重大交易的文件时，保持敏感性，有意识地对管理层有关重大事项的解释或声明进行印证。

2. 管理层凌驾于内部控制之上的风险。注册会计师应当将管理层凌驾于控制之上的风险作为舞弊风险(因而是一种特别风险)予以应对。在评价管理层对询问作出的答复时，需要通过其他信息予以印证，如果出现不一致，需要跟进调查；如果识别出的错报涉及管理层(特别是涉及较高层级的管理层)，或者如果相关情形表明可能存在涉及员工、管理层或第三方的串通舞弊，注册会计师应当重新评价对由于舞弊导致的重大错报风险的评估结果，该结果对审计程序的性质、时间安排和范围的影响，以及重新考虑此前获取的审计证据的可靠性。

3. 收入确认。在识别和评估由于舞弊导致的重大错报风险时，注册会计师应当基于收入确认存在舞弊风险的假定，评价哪些类型的收入、收入交易或认定导致舞弊风险。

4. 会计估计(包括公允价值会计估计及相关披露)。例如，对于导致特别风险的会计估计，注册会计师应当评价管理层使用的重大假设是否合理；注册会计师应当确定会计估计或作出会计估计的方法不同于上期的变化是否适合于具体情况；注册会计师应当复核管理层在作出会计估计时的判断和决策，以识别是否可能存在管理层偏向的迹象。

5. 关联方关系及其交易。例如，注册会计师应当在审计过程中对可能显示以前未识别或未披露的关联方关系或关联方交易的信息保持警觉。

6. 重大非常规交易。例如，注册会计师应当评价重大非常规交易的商业理由(或缺乏商业理由)是否表明被审计单位从事交易的目的是为了对财务信息作出虚假报告或掩盖侵占资产的行为。此外，注册会计师在评价被审计单位的财务报表是否在所有重大方面按照适用的财务报告编制基础编制时，需要考虑重大非常规交易的披露是否充分。

7. 金融工具等高度复杂的交易。例如，注册会计师需要复核金融工具的分类和确认是否符合适用的财务报告编制基础的规定，与金融工具相关的会计估计所依据的假设和数据的相关性和合理性，金融工具是否按照适用的财务报告编制基础规定的计量属性列报期末金额。

8. 对法律法规的遵守。例如，在审计过程中实施其他程序时，需要对违反或怀疑违反下列法律法规的行为保持警觉：一是可能对财务报表产生重大影响的法律法规，二是对被审计单位的经营活动具有至关重要的影响，将导致被审计单位终止业务活动或对其持续经营能力产生重大影响的法律法规。

9. 持续经营。例如，如果识别出可能导致对持续经营能力产生重大疑虑的事项或情况，注册会计师应当评价管理层与持续经营能力评估相关的未来应对计划，这些计划的结果是否可能改善目前的状况，以及管理层的计划对于具体情况是否可行。

10. 函证。例如，注册会计师需要对函证过程中出现的异常情况保持警觉，判断是否存在对回函可靠性的疑虑，并追加审计程序予以调查。

11. 存货监盘。例如，注册会计师应对存货实际盘点结果与期末存货记录不一致的情况保持警觉，并追加审计程序予以调查。

12. 期后事项。注册会计师应当设计和实施审计程序，适当关注期后事项，如期后重大会计记录调整、期后收入冲回等事项，对舞弊风险保持警觉。

七、如何在审计工作底稿中体现保持了职业怀疑？

答：职业怀疑通常在注册会计师审计过程中进行的讨论以及指导、监督、复核中得以体现，然而，在审计工作底稿中体现注册会计师保持职业怀疑是非常重要的，因为审计工作底稿可以证明注册会计师按照审计准则和相关法律法规的规定计划和执行了审计工作。

因此，审计准则要求注册会计师记录遇到的重大事项、作出的重大判断、得出的结论等，记录与管理层、治理层和其他人员对重大事项的讨论，包括讨论的重大事项的性质以及讨论的时间和参加人员。这些工作底稿有助于注册会计师证明其如何作出重大判断、如何处理关键问题，以及如何评价是否获取充分、适当的审计证据，同时也可以证明注册会计师如何保持了职业怀疑。

例如，在审计工作底稿中记录下列涉及重大职业判断的事项，能够证明注册会计师保持了职业怀疑：

1. 项目组内部就由于舞弊导致财务报表发生重大错报的可能性进行讨论得出的重要结论，以及与管理层、治理层、监管机构或其他相关各方就舞弊事项进行沟通的情况；

2. 识别出的或怀疑存在的违反法律法规行为，以及与管理层、治理层和被审计单位以外的相关机构或人员（如适用）进行讨论的结果；

3. 对导致特别风险的会计估计的合理性及其披露的充分性，注册会计师得出结论的基础，以及可能存在管理层偏向的迹象；

4. 识别出的与注册会计师对某重大事项得出的最终结论不一致的信息，包括如何处理该不一致的情况；

5. 注册会计师对管理层主观判断的合理性得出结论的基础；

6. 注册会计师针对审计过程中识别出的导致其对某些文件记录的真实性产生怀疑的情况实施了进一步调查（如适当利用专家的工作或实施函证程序），记录对这些文件记录真实性得出结论的基础。

由于职业怀疑是一种思维状态，审计工作底稿有时难以全面反映注册会计师如何在整个审计过程中保持了职业怀疑。但是，审计工作底稿仍然可以为注册会计师按照审计准则和相关法律法规的要求保持职业怀疑提供证据。

2. 中国注册会计师审计准则问题解答第 2 号——函证（2013 年颁布）

恰当地设计和实施函证程序可以为相关认定提供可靠的审计证据，也是应对舞弊风险的有效方式之一。函证程序设计和实施不当，可能会导致其无效。《中国注册会计师审计准则第 1312 号——函证》要求注册会计师恰当设计和实施函证程序，以获取相关、可靠的审计证据。本问题解答旨在针对与函证有关的实务问题，强调注册会计师在函证过程中保持职业怀疑，提示注册会计师在确定是否实施函证程序、如何设计和实施函证程序，以及评价回函结果时需要关注和考虑的事项，以提高函证程序在应对舞弊风险方面的有效性。

一、注册会计师在确定是否实施函证程序时可以考虑哪些因素?

答:《中国注册会计师审计准则第 1231 号——针对评估的重大错报风险采取的应对措施》规定，注册会计师应当考虑是否将函证程序用作实质性程序。《中国注册会计师审计准则第 1301 号——审计证据》、《中国注册会计师审计准则第 1312 号——函证》指出，通常情况下，注册会计师以函证方式直接从被询证者获取的审计证据，比被审计单位内部生成的审计证据更可靠。因此，针对评估的认定层次重大错报风险，注册会计师应当确定是否有必要实施函证程序以获取认定层次的相关、可靠的审计证据。

尽管函证可以对某些认定提供相关审计证据，但对于其他一些认定，函证提供审计证据的相关性并不高。例如，函证针对应收账款余额的可回收性提供的审计证据，比针对应收账款余额的存在认定提供的审计证据的相关性要低。

(一)在确定是否实施函证程序时注册会计师考虑的因素

《中国注册会计师审计准则第 1312 号——函证》第十一条规定，注册会计师在作出是否有必要实施函证程序的决策时，应当考虑评估的认定层次重大错报风险，以及通过实施其他审计程序获取的审计证据如何将检查风险降至可接受的水平。

同时，根据《＜中国注册会计师审计准则第 1231 号——针对评估的重大错报风险采取的应对措施＞应用指南》第 51 段的指引，注册会计师可以考虑下列因素以确定是否选择函证程序作为实质性程序：

(1)被询证者对函证事项的了解。如果被询证者对所函证的信息具有必要的了解，其提供的回复可靠性更高。

(2)预期被询证者回复询证函的能力或意愿。例如，在下列情况下，被询证者可能不会回复，也可能只是随意回复或可能试图限制对其回复的依赖程度：

① 被询证者可能不愿承担回复询证函的责任；

② 被询证者可能认为回复询证函成本太高或消耗太多时间；

③ 被询证者可能对因回复询证函而可能承担的法律责任有所担心；

④ 被询证者可能以不同币种核算交易；

⑤ 回复询证函不是被询证者日常经营的重要部分。

(3)预期被询证者的客观性。如果被询证者是被审计单位的关联方，则其回复的可靠性会降低。

(二)审计准则中关于对特定项目实施函证程序的规定

中国注册会计师审计准则分别对注册会计师针对银行存款、借款及与金融机构往来的其他重要信息，应收账款以及存货等账户实施函证程序作出了规定。

1. 关于银行存款、借款及与金融机构往来的其他重要信息的函证

《中国注册会计师审计准则第 1312 号——函证》第十二条规定，注册会计师应当对银行存款(包括零余额账户和在本期内注销的账户)、借款及与金融机构往来的其他重要信息实施函证程序，除非有充分证据表明某一银行存款、借款及与金融机构往来的其他重要信息对财务报表不重要且与之相关的重大错报风险很低；如果不对这些项目实施函证程序，注册会计师应当在审计工作底稿中说明理由。

2. 关于应收账款的函证

《中国注册会计师审计准则第 1312 号——函证》第十三条规定，注册会计师应当对应收账款实施函证程序，除非有充分证据表明应收账款对财务报表不重要，或函证很可能无效；如果认为函证很可能无效，注册会计师应当实施替代审计程序，获取相关、可靠的审计证据；如果不对应收账款函证，注册会计师应当在审计工作底稿中说明理由。

实务中，表明应收账款函证很可能无效的情况包括：

(1)以往审计业务经验表明回函率很低；

(2)某些特定行业的客户通常不对应收账款询证函回函，如电信行业的个人客户；

(3)被询证者系出于制度的规定不能回函的单位。

3. 关于由第三方保管或控制的存货的函证

《中国注册会计师审计准则第1311号——对存货、诉讼和索赔、分部信息等特定项目获取审计证据的具体考虑》第八条规定,如果由第三方保管或控制的存货对财务报表是重要的,注册会计师应当实施下列一项或两项审计程序,以获取有关该存货存在和状况的充分、适当的审计证据:

(1)向持有被审计单位存货的第三方函证存货的数量和状况;

(2)实施检查或其他适合具体情况的审计程序。

此外,《中国注册会计师审计准则第1311号——对存货、诉讼和索赔、分部信息等特定项目获取审计证据的具体考虑》规定了有关诉讼和索赔的具体审计程序,并规定如果评估识别出的诉讼或索赔事项存在重大错报风险或者实施的审计程序表明可能存在其他重大诉讼或索赔事项时,注册会计师应通过亲自寄发由管理层编制的询证函,要求外部法律顾问直接与注册会计师进行沟通。注册会计师考虑与外部法律顾问沟通相关事项时应遵守该审计准则的专门规定,本问题解答对此不适用。

二、在询证函发出前,注册会计师可以采取哪些控制措施?

答:为使函证程序能有效地实施,在询证函发出前,注册会计师需要恰当地设计询证函,并对询证函上的各项资料进行充分核对,注意事项可能包括:

1. 询证函中填列的需要被询证者确认的信息是否与被审计单位账簿中的有关记录保持一致。对于银行存款的函证,需要银行确认的信息是否与银行对账单等保持一致;

2. 考虑选择的被询证者是否适当,包括被询证者对被函证信息是否知情、是否具有客观性、是否拥有回函的授权等;

3. 是否已在询证函中正确填列被询证者直接向注册会计师回函的地址;

4. 是否已将被询证者的名称、地址与被审计单位有关记录进行核对,以确保询证函中的名称、地址等内容的准确性。可以执行的程序包括但不限于:通过拨打公共查询电话核实被询证者的名称和地址;通过被询证者的网站或其他公开网站核对被询证者的名称和地址;将被询证者的名称和地址信息与被审计单位持有的相关合同等文件核对;对于供应商或客户,可以将被询证者的名称、地址与被审计单位收到或开具的增值税专用发票中的对方单位名称、地址进行核对。

三、通过不同方式发出询证函时,注册会计师可以采取哪些控制措施?

答:根据注册会计师对舞弊风险的判断,以及被询证者的地址和性质、以往回函情况、回函截止日期等因素,询证函的发出和收回可以采用邮寄、跟函、电子形式函证(包括传真、电子邮件、直接访问网站等)等方式。

(一)通过邮寄方式发出询证函时采取的控制措施

为避免询证函被拦截、篡改等舞弊风险,在邮寄询证函时,注册会计师可以在核实由被审计单位提供的被询证者的联系方式后,不使用被审计单位本身的邮寄设施,而是独立寄发询证函(例如,直接在邮局投递)。

(二)通过跟函的方式发出询证函时采取的控制措施

如果注册会计师认为跟函的方式(即注册会计师独自或在被审计单位员工的陪伴下亲自将询证函送至被询证者,在被询证者核对并确认回函后,亲自将回函带回的方式)能够获取可靠信息,可以采取该方式发送并收回询证函。如果被询证者同意注册会计师独自前往被询证者执行函证程序,注册会计师可以独自前往。如果注册会计师跟函时需有被审计单位员工陪伴,注册会计师需要在整个过程中保持对询证函的控制,同时,对被审计单位和被询证者之间串通舞弊的风险保持警觉。

在我国目前的实务操作中,由于被审计单位之间的商业惯例还比较认可印章原件,所以邮寄和跟函方式更为常见。如果注册会计师根据具体情况选择通过电子方式发送询证函,在发函前可以基于对特定询证方式所存在风险的评估,考虑相应的控制措施。

四、收到回函后,注册会计师如何考虑回函的可靠性?

答:收到回函后,根据不同情况,注册会计师可以分别实施以下程序,以验证回函的可靠性。在验证回函的可靠性时,注册会计师需要保持职业怀疑。

(一)通过邮寄方式收到的回函

通过邮寄方式发出询证函并收到回函后,注册会计师可以验证以下信息:

1. 被询证者确认的询证函是否是原件，是否与注册会计师发出的询证函是同一份；

2. 回函是否由被询证者直接寄给注册会计师；

3. 寄给注册会计师的回邮信封或快递信封中记录的发件方名称、地址是否与询证函中记载的被询证者名称、地址一致；

4. 回邮信封上寄出方的邮戳显示发出城市或地区是否与被询证者的地址一致；

5. 被询证者加盖在询证函上的印章以及签名中显示的被询证者名称是否与询证函中记载的被询证者名称一致。在认为必要的情况下，注册会计师还可以进一步与被审计单位持有的其他文件进行核对或亲自前往被询证者进行核实等。

如果被询证者将回函寄至被审计单位，被审计单位将其转交注册会计师，该回函不能视为可靠的审计证据。在这种情况下，注册会计师可以要求被询证者直接书面回复。

（二）通过跟函方式收到的回函

对于通过跟函方式获取的回函，注册会计师可以实施以下审计程序：

1. 了解被询证者处理函证的通常流程和处理人员；

2. 确认处理询证函人员的身份和处理询证函的权限，如索要名片、观察员工卡或姓名牌等；

3. 观察处理询证函的人员是否按照处理函证的正常流程认真处理询证函，例如，该人员是否在其计算机系统或相关记录中核对相关信息。

（三）以电子形式收到的回函

对以电子形式收到的回函，由于回函者的身份及其授权情况很难确定，对回函的更改也难以发觉，因此可靠性存在风险。注册会计师和回函者采用一定的程序为电子形式的回函创造安全环境，可以降低该风险。如果注册会计师确信这种程序安全并得到适当控制，则会提高相关回函的可靠性。

电子函证程序涉及多种确认发件人身份的技术，如加密技术、电子数码签名技术、网页真实性认证程序。

当注册会计师存有疑虑时，可以与被询证者联系以核实回函的来源及内容，例如，当被询证者通过电子邮件回函时，注册会计师可以通过电话联系被询证者，确定被询证者是否发送了回函。必要时，注册会计师可以要求被询证者提供回函原件。

（四）对询证函的口头回复

只对询证函进行口头回复不是对注册会计师的直接书面回复，不符合函证的要求，因此，不能作为可靠的审计证据。在收到对询证函口头回复的情况下，注册会计师可以要求被询证者提供直接书面回复。如果仍未收到书面回函，注册会计师需要通过实施替代程序，寻找其他审计证据以支持口头回复中的信息。

五、如果被询证者在回函中包括免责或其他限制条款，这种免责或限制条款是否会影响回函的可靠性？

答：无论是采用纸质还是电子介质，被询证者的回函中都可能包括免责或其他限制条款。回函中存在免责或其他限制条款是影响外部函证可靠性的因素之一，但这种限制不一定使回函失去可靠性，注册会计师能否依赖回函信息以及依赖的程度取决于免责或限制条款的性质和实质。

（一）对回函可靠性不产生影响的条款

回函中格式化的免责条款可能并不会影响所确认信息的可靠性，实务中常见的这种免责条款的例子包括：

1.“提供的本信息仅出于礼貌，我方没有义务必须提供，我方不因此承担任何明示或暗示的责任、义务和担保”。

2.“本回复仅用于审计目的，被询证方、其员工或代理人无任何责任，也不能免除注册会计师做其他询问或执行其他工作的责任”。

其他限制条款如果与所测试的认定无关，也不会导致回函失去可靠性。例如，当注册会计师的审计目标是投资是否存在，并使用函证来获取审计证据时，回函中针对投资价值的免责条款不会影响回函的可靠性。

（二）对回函可靠性产生影响的限制条款

一些限制条款可能使注册会计师对回函中所包含信息的完整性、准确性或注册会计师能够信赖其所含信息的程度产生怀疑，实务中常见的此类限制条款的例子包括：

1.“本信息是从电子数据库中取得，可能不包括被询证方所拥有的全部信息”；

2.“本信息既不保证准确也不保证是最新的，其他方可能会持有不同意见”；

3.“接收人不能依赖函证中的信息”。

如果限制条款使注册会计师将回函作为可靠审计证据的程度受到了限制，则注册会计师可能需要执行额外的或替代审计程序。这些程序的性质和范围将取决于财务报表项目的性质、所测试的认定、限制条款的性质和实质，以及通过其他审计程序获取的相关证据等因素。如果注册会计师不能通过替代或额外的审计程序获取充分、适当的审计证据，注册会计师应当按照《中国注册会计师审计准则第 1502 号——在审计报告中发表非无保留意见》的规定，确定其对审计工作和审计意见的影响。

在特殊情况下，如果限制条款产生的影响难以确定，注册会计师可能认为要求被询证者澄清或寻求法律意见是适当的。

六、实施函证程序时，注册会计师需要关注的舞弊风险迹象以及采取的应对措施有哪些？

答：在函证过程中，注册会计师需要始终保持职业怀疑，对舞弊风险迹象保持警觉。

（一）注册会计师需要关注的舞弊风险迹象与函证程序有关的舞弊风险迹象的例子包括：

1. 管理层不允许寄发询证函；

2. 管理层试图拦截、篡改询证函或回函，如坚持以特定的方式发送询证函；

3. 被询证者将回函寄至被审计单位，被审计单位将其转交注册会计师；

4. 注册会计师跟进访问被询证者，发现回函信息与被询证者记录不一致，例如，对银行的跟进访问表明提供给注册会计师的银行函证结果与银行的账面记录不一致；

5. 从私人电子信箱发送的回函；

6. 收到同一日期发回的、相同笔迹的多份回函；

7. 位于不同地址的多家被询证者的回函邮戳显示的发函地址相同；

8. 收到不同被询证者用快递寄回的回函，但快递的交寄人或发件人是同一个人或是被审计单位的员工；

9. 回函邮戳显示的发函地址与被审计单位记录的被询证者的地址不一致；

10. 不正常的回函率，例如：银行函证未回函；与以前年度相比，回函率异常偏高或回函率重大变动；向被审计单位债权人发送的询证函回函率很低；

11. 被询证者缺乏独立性，例如：被审计单位及其管理层能够对被询证者施加重大影响以使其向注册会计师提供虚假或误导信息（如被审计单位是被询证者唯一或重要的客户或供应商）；被询证者既是被审计单位资产的保管人又是资产的管理者。

（二）针对舞弊风险迹象注册会计师可以采取的应对措施

针对舞弊风险迹象，注册会计师根据具体情况可以实施的审计程序的例子包括：

1. 验证被询证者是否存在、是否与被审计单位之间缺乏独立性，其业务性质和规模是否与被询证者和被审计单位之间的交易记录相匹配；

2. 将与从其他来源得到的被询证者的地址（如与被审计单位签订的合同上签署的地址、网络上查询到的地址）相比较，验证寄出方地址的有效性；

3. 将被审计单位档案中有关被询证者的签名样本、公司公章与回函核对；

4. 要求与被询证者相关人员直接沟通讨论询证事项，考虑是否有必要前往被询证者工作地点以验证其是否存在；

5. 分别在中期和期末寄发询证函，并使用被审计单位账面记录和其他相关信息核对相关账户的期间变动；

6. 考虑从金融机构获得被审计单位的信用记录，加盖该金融机构公章，并与被审计单位会计记录相核对，以证实是否存在被审计单位没有记录的贷款、担保、开立银行承兑汇票、信用证、保函等事项。

根据金融机构的要求，注册会计师获取信用记录时可以考虑由被审计单位人员陪同前往。在该过程中，注册会计师需要注意确认该信用记录没有被篡改。

3. 中国注册会计师审计准则问题解答第 3 号——存货监盘(2013 年颁布)

通常情况下,与其他资产项目相比,存货更能反映企业的经营特点。对于制造业、贸易业等行业的被审计单位而言,存货采购、生产和销售通常对其财务状况、经营成果和现金流量都具有重大影响,资本市场上很多的舞弊案例也都涉及存货的虚假记录。《中国注册会计师审计准则第 1311 号——对存货、诉讼和索赔、分部信息等特定项目获取审计证据的具体考虑》对注册会计师实施存货监盘程序作出了规定。本问题解答旨在针对与存货监盘相关的实务问题提供进一步的指引,以协助注册会计师按照审计准则的相关要求恰当执行监盘程序,获取与存货有关的充分、适当审计证据。

一、注册会计师在存货监盘中的责任是什么?

答:定期盘点存货、合理确定存货的数量和状况是被审计单位管理层的责任。实施存货监盘,获取有关存货存在和状况的充分、适当的审计证据,是注册会计师的责任。

除存货的存在和状况外,注册会计师还可能在存货监盘中获取有关存货所有权的部分审计证据。例如,如果注册会计师在监盘中注意到某些存货已经被法院查封,需要考虑被审计单位对这些存货的所有权是否受到了限制。但如《〈中国注册会计师审计准则第 1311 号——对存货、诉讼和索赔、分部信息等特定项目获取审计证据的具体考虑〉应用指南》第 6 段所述,存货监盘本身并不足以供注册会计师确定存货的所有权,注册会计师可能需要执行其他实质性审计程序以应对所有权认定的相关风险。

在实务中,注册会计师需要恰当区分被审计单位对存货盘点的责任和注册会计师对存货监盘的责任,在执行存货监盘过程中不应协助被审计单位的存货盘点工作。

二、按照审计准则的要求,在实施存货监盘时注册会计师需要实施哪些审计程序?

答:《中国注册会计师审计准则第 1311 号——对存货、诉讼和索赔、分部信息等特定项目获取审计证据的具体考虑》对于注册会计师实施存货监盘程序给出了指引。

根据《中国注册会计师审计准则第 1311 号——对存货、诉讼和索赔、分部信息等特定项目获取审计证据的具体考虑》第四条的要求,如果存货对财务报表是重要的,注册会计师应当实施下列审计程序,对存货的存在和状况获取充分、适当的审计证据:

(1) 在存货盘点现场实施监盘(除非不可行);

(2)对期末存货记录实施审计程序,以确定其是否准确反映实际的存货盘点结果。

在存货盘点现场实施监盘时,注册会计师应当实施下列审计程序:

(1)评价管理层用以记录和控制存货盘点结果的指令和程序;

(2)观察管理层制定的盘点程序的执行情况;

(3)检查存货;

(4)执行抽盘。

根据《〈中国注册会计师审计准则第 1311 号——对存货、诉讼和索赔、分部信息等特定项目获取审计证据的具体考虑〉应用指南》第 2 段的指引,存货监盘的相关程序可以用作控制测试或者实质性程序。注册会计师可以根据风险评估结果、审计方案和实施的特定程序作出判断。例如,如果只有少数项目构成了存货的主要部分,注册会计师可能选择将存货监盘用作为实质性程序。

三、如果被审计单位存货存放在多个地点,注册会计师在计划监盘程序时需要考虑哪些因素?

答:《〈中国注册会计师审计准则第 1311 号——对存货、诉讼和索赔、分部信息等特定项目获取审计证据的具体考虑〉应用指南》第 3 段提及,在计划存货监盘时,注册会计师需要考虑的事项包括存货的存放地点(包括不同存放地点的存货的重要性和重大错报风险),以确定适当的监盘地点。

如果被审计单位的存货存放在多个地点,注册会计师可以要求被审计单位提供一份完整的存货存放地点清单(包括期末库存量为零的仓库、租赁的仓库,以及第三方代被审计单位保管存货的仓库等),并考虑其完整性。根据具体情况下的风险评估结果,注册会计师可以考虑执行以下一项或多项审计程序:

(1)询问被审计单位除管理层和财务部门以外的其他人员,如营销人员、仓库人员等,以了解有关存货存放地点的情况；

(2)比较被审计单位不同时期的存货存放地点清单，关注仓库变动情况，以确定是否存在因仓库变动而未将存货纳入盘点范围的情况发生；

(3)检查被审计单位存货的出、入库单，关注是否存在被审计单位尚未告知注册会计师的仓库（如期末库存量为零的仓库）；

(4)检查费用支出明细账和租赁合同，关注被审计单位是否租赁仓库并支付租金，如果有，该仓库是否已包括在被审计单位提供的仓库清单中；

(5)检查被审计单位“固定资产——房屋建筑物”明细清单，了解被审计单位可用于存放存货的房屋建筑物。

在获取完整的存货存放地点清单的基础上，注册会计师可以根据不同地点所存放存货的重要性以及对各个地点与存货相关的重大错报风险的评估结果（例如，注册会计师在以往审计中可能注意到某些地点存在存货相关的错报，因此在本期审计时对其予以特别关注），选择适当的地点进行监盘，并记录选择这些地点的原因。

如果识别出由于舞弊导致的影响存货数量的重大错报风险，注册会计师在检查被审计单位存货记录的基础上，可能决定在不预先通知的情况下对特定存放地点的存货实施监盘，或在同一天对所有存放地点的存货实施监盘。

同时，在连续审计中，注册会计师可以考虑在不同期间的审计中变更所选择实施监盘的地点。

如果其他注册会计师参与偏远地点的存货监盘，注册会计师可以根据具体情况遵守《中国注册会计师审计准则第 1401 号——对集团财务报表审计的特殊考虑》的相关规定。

四、如果被审计单位在盘点过程中无法停止存货的移动，注册会计师如何处理？

答：一般而言，被审计单位在盘点过程中停止生产并关闭存货存放地点以确保停止存货的移动，有利于保证盘点的准确性。但特定情况下，被审计单位可能由于实际原因无法停止生产或收发货物。这种情况下，注册会计师可以根据被审计单位的具体情况考虑其无法停止存货移动的原因及其合理性。

同时，注册会计师可以通过询问管理层以及阅读被审计单位的盘点计划等方式，了解被审计单位对存货移动所采取的控制程序和对存货收发截止影响的考虑。例如，如果被审计单位在盘点过程中无法停止生产，可以考虑在仓库内划分出独立的过渡区域，将预计将在盘点期间领用的存货移至过渡区域、对盘点期间办理入库手续的存货暂时存放在过渡区域，以此确保相关存货只被盘点一次。

在实施存货监盘程序时，注册会计师需要观察被审计单位有关存货移动的控制程序是否得到执行。同时，注册会计师可以向管理层索取盘点期间存货移动相关的书面记录以及出、入库资料作为执行截止测试的资料，以为监盘结束的后续工作提供证据。

五、注册会计师如何监盘特殊类型的存货？

答：常见的盘点方法和控制程序可能并不完全适用于某些特殊类型的存货，这些存货可能存在无法用标签予以标识、数量难以估计或质量难以确定等情况。对于这些特殊类型的存货，注册会计师可以首先了解被审计单位计划采用的盘点方法，并评估其盘点方法是否满足会计核算的需要，即保证存货在财务报表中得以恰当计量和披露。在此基础上，注册会计师需要运用职业判断，根据被审计单位所处行业的特点、存货的类型和特点以及内部控制等具体情况，设计针对特殊类型存货的具体监盘程序。

在某些情况下，对于特定类型的存货（例如矿藏、贵金属等），被审计单位可能会聘请外部专业机构协助进行存货盘点。在这种情况下，尽管被审计单位所聘请外部专业机构执行的存货盘点本身并不足以为注册会计师提供充分、适当的审计证据，但注册会计师可以考虑其是否构成管理层的专家，并在适用的情况下根据对其客观性、专业素质和胜任能力进行的评估调整亲自测试的范围。具体而言，注册会计师可以考虑实施检查外部专业机构的盘点程序表、对其盘点程序和相关控制进行观察、抽盘存货、抽样对其结果执行重新计算，以及对盘点日至财务报表日之间发生的交易执行测试等程序。

以煤堆的监盘为例进行说明。假设某一电力企业有较大数量的存煤燃料，其管理层可能选择聘请外部的专业测量公司使用仪器设备采集煤堆的形状特征数据以计算存煤的体积，同时采集相关数据（例如水分比例等）以计算其堆积密度，然后利用体积和密度数据计算出盘点煤量。在这种情况下，注册会计师需要评价外部测量公司的胜任能力、专业素质和客观性，检查其煤堆测量计划和测量报告、并在监盘过程中关注被审计单位和外部测量公司所采用仪器设备的精准度、测量方法的适当性、体积和密度计算方法的合理性等因素。

必要的情况下，对于特殊类型的存货，注册会计师可能需要利用专家的工作协助其进行监盘。《中国注册会计师审计准则第 1421 号——利用专家的工作》规范了如何利用专家协助注册会计师获取充分、适当的审计证据，如果注册会计师决定利用专家的工作，应当按照该准则的要求执行工作。

六、对于由第三方保管或控制的存货，注册会计师如何实施审计程序？

答：《中国注册会计师审计准则第 1311 号——对存货、诉讼和索赔、分部信息等特定项目获取审计证据的具体考虑》第八条规定，如果由第三方保管或控制的存货对财务报表是重要的，注册会计师应当实施下列一项或两项审计程序，以获取有关该存货存在和状况的充分、适当的审计证据：

(1)向持有被审计单位存货的第三方函证存货的数量和状况；

(2)实施检查或其他适合具体情况的审计程序。

《〈中国注册会计师审计准则第 1311 号——对存货、诉讼和索赔、分部信息等特定项目获取审计证据的具体考虑〉应用指南》第 16 段进一步提及，根据具体情况（如获取的信息使注册会计师对第三方的诚信和客观性产生疑虑），注册会计师可能认为实施其他审计程序是适当的。其他审计程序可以作为函证的替代程序，也可以作为追加的审计程序。

其他审计程序的示例包括：

(1)实施或安排其他注册会计师实施对第三方的存货监盘（如可行）；

(2)获取其他注册会计师或服务机构注册会计师针对用以保证存货得到恰当盘点和保管的内部控制的适当性而出具的报告；

(3)检查与第三方持有的存货相关的文件记录，如仓储单；

(4)当存货被作为抵押品时，要求其他机构或人员进行确认。

考虑到第三方仅在特定时点执行存货盘点工作，在实务中，注册会计师可以事先考虑实施函证的可行性。如果预期不能通过函证获取相关审计证据，可以事先计划和安排存货监盘等工作。

此外，注册会计师可以考虑由第三方保管存货的商业理由的合理性，以进行存货相关风险（包括舞弊风险）的评估，并计划和实施适当的审计程序，例如检查被审计单位和第三方所签署的存货保管协议的相关条款、复核被审计单位调查及评价第三方工作的程序等。

七、如果被审计单位的存货盘点在财务报表日以外的其他日期进行，注册会计师需要进行哪些补充考虑和测试？

答：《中国注册会计师审计准则第 1311 号—— 对存货、诉讼和索赔、分部信息等特定项目获取审计证据的具体考虑》第五条要求，如果存货盘点在财务报表日以外的其他日期进行，注册会计师除实施本问题解答第二个问题中所述的规定审计程序外，还应当实施其他审计程序，以获取审计证据，确定存货盘点日与财务报表日之间的存货变动是否已得到恰当的记录。

在实务中，注册会计师可以结合盘点日至财务报表日之间间隔期的长短、相关内部控制的有效性等因素进行风险评估，设计和执行适当的审计程序。在实质性程序方面，注册会计师可以实施的程序示例包括：

(1)比较盘点日和财务报表日之间的存货信息以识别异常项目，并对其执行适当的审计程序（例如实地查看等）；

(2)对存货周转率或存货销售周转天数等实施实质性分析程序；

(3)对盘点日至财务报表日之间的存货采购和存货销售分别实施双向检查（例如，对存货采购从入库单查至其相应的永续盘存记录及从永续盘存记录查至其相应的入库单等支持性文件，对存货销售从货运单据查至其相应的永续盘存记录及从永续盘存记录查至其相应的货运单据等支持性文件）；

(4)测试存货销售和采购在盘点日和财务报表日的截止是否正确。

八、在实施存货监盘时，注册会计师如何考虑舞弊风险的影响？

答：按照《中国注册会计师审计准则第 1101 号——注册会计师的总体目标和审计工作的基本要求》的规定，为获取合理保证，注册会计师应当在整个审计过程中保持职业怀疑。对于存货监盘，注册会计师需要在监盘工作执行过程中关注可能存在舞弊的迹象。例如，如果管理层不允许注册会计师在同一时间对所有存放地点的存货实施监盘，可能存在管理层操纵转移不同地点的存货以虚增或虚减存货的风险。

注册会计师需要根据具体情况下对于被审计单位与存货数量相关的舞弊风险评估，设计和实施相应的存货监盘审计程序，并恰当应对监盘过程中所识别出的舞弊或舞弊嫌疑。例如，对于注册会计师在监盘过程中注意到、但并未反映在被审计单位存货盘点表上的存货，如果管理层解释称这些存货为代第三方持有或保管的存货，注册会计师可以通过进一步的审计程序，包括查看与这些存货权属相关的证明文件、向第三方函证等，来评估管理层答复的真实性和合理性，以应对可能存在的这些存货已被确认为销售收入但其相关风险和报酬实际尚未转移的重大错报风险。

同时，《中国注册会计师审计准则第 1141 号——财务报表审计中与舞弊相关的责任》及其应用指南对于注册会计师如何识别和评估由于舞弊导致的财务报表重大错报风险，以及针对这些风险设计和实施恰当的应对措施给出了指引。对于影响存货数量的由于舞弊导致的重大错报风险，《〈中国注册会计师审计准则第 1141 号——财务报表审计中与舞弊相关的责任〉应用指南》的附录中也列示了注册会计师可以采取的应对措施示例。

九、注册会计师如何考虑存货监盘程序不可行的情况？

答：《中国注册会计师审计准则第 1311 号——对存货、诉讼和索赔、分部信息等特定项目获取审计证据的具体考虑》第七条要求，如果在存货盘点现场实施存货监盘不可行，注册会计师应当实施替代审计程序，以获取有关存货的存在和状况的充分、适当的审计证据。

《〈中国注册会计师审计准则第 1311 号——对存货、诉讼和索赔、分部信息等特定项目获取审计证据的具体考虑〉应用指南》第 12 段进一步说明，在某些情况下，实施存货监盘可能是不可行的。这可能是由存货性质和存放地点等因素造成的，例如，存货存放在对注册会计师的安全有威胁的地点。然而，对注册会计师带来不便的一般因素不足以支持注册会计师作出实施存货监盘不可行的决定。《〈中国注册会计师审计准则第 1101 号——注册会计师的总体目标和审计工作的基本要求〉应用指南》指出，审计中的困难、时间或成本等事项本身，不能作为注册会计师省略不可替代的审计程序或满足于说服力不足的审计证据的正当理由。

当实施存货监盘不可行时，实施替代程序（如检查盘点日后出售盘点日之前取得或购买的特定存货的文件记录），可能提供有关存货的存在和状况的充分、适当的审计证据。

但在其他一些情况下，实施替代审计程序可能无法获取有关存货的存在和状况的充分、适当的审计证据。在这种情况下，注册会计师需要按照《中国注册会计师审计准则第 1502 号——在审计报告中发表非无保留意见》的规定发表非无保留意见。

4. 中国注册会计师审计准则问题解答第 4 号——收入确认（2013 年颁布）

收入是利润的来源，直接关系到企业的财务状况和经营成果。有些企业往往为了达到粉饰财务报表的目的而采用虚增或隐瞒收入等方式实施舞弊。在财务报表舞弊案件中，涉及收入确认的舞弊占有很大比例，收入确认已成为注册会计师审计的高风险领域。中国注册会计师审计准则要求注册会计师基于收入确认存在舞弊风险的假定，评价哪些类型的收入、收入交易或认定导致舞弊风险。本问题解答旨在指导注册会计师基于收入确认存在舞弊风险的假定，选择并实施恰当的审计程序，以将与收入确认相关的审计风险降至可接受的低水平。

一、在识别和评估与收入确认相关的重大错报风险时，注册会计师如何考虑舞弊风险？

答：注册会计师在识别和评估与收入确认相关的重大错报风险时，应当基于收入确认存在舞弊风险的假定，评价哪些类型的收入、收入交易或认定导致舞弊风险。

（一）关于收入确认存在舞弊风险的假定

《中国注册会计师审计准则第 1141 号——财务报表审计中与舞弊相关的责任》要求注册会计师在识别和评估由于舞弊导致的重大错报风险时，应当假定收入确认存在舞弊风险，在此基础上评价哪些类型的收入、收入交易或认定导致舞弊风险。

假定收入确认存在舞弊风险，并不意味着注册会计师应当将与收入确认相关的所有认定都假定为存在舞弊风险。注册会计师需要结合对被审计单位及其环境的具体了解,考虑收入确认舞弊可能如何发生。被审计单位不同,管理层实施舞弊的动机或压力不同,其舞弊风险所涉及的具体认定也不同,注册会计师需要作出具体分析。例如,如果管理层难以实现预期的利润目标,则可能有高估收入的动机或压力(如提前确认收入或记录虚假的收入),因此,收入的发生认定存在舞弊风险的可能性较大,而完整性认定则通常不存在舞弊风险;相反,如果管理层有隐瞒收入而降低税负的动机,则注册会计师需要更加关注与收入完整性认定相关的舞弊风险。再如,如果被审计单位预期难以达到下一年度的销售目标,而已经超额实现了本年度的销售目标,就可能倾向于将本期的收入推迟至下一年度确认。

如果注册会计师认为收入确认存在舞弊风险的假定不适用于业务的具体情况,从而未将收入确认作为由于舞弊导致的重大错报风险领域,注册会计师应当在审计工作底稿中记录得出该结论的理由。

(二)关于风险评估程序

风险评估程序,是注册会计师为了解被审计单位及其环境,以识别和评估重大错报风险而实施的审计程序。风险评估程序应当包括询问管理层以及被审计单位内部其他人员、分析程序、观察和检查程序。《中国注册会计师审计准则第 1141 号——财务报表审计中与舞弊相关的责任》第四章第三节对注册会计师实施风险评估程序作出了具体规定。本问题解答问题四对分析程序作出进一步解释。

实施风险评估程序,对注册会计师识别与收入确认相关的舞弊风险至关重要,例如,注册会计师通过了解被审计单位生产经营的基本情况、销售模式和业务流程、与收入相关的生产技术条件、收入的来源和构成、收入交易的特性、收入确认的具体原则、所在行业的特殊事项、重大异常交易的商业理由、被审计单位的业绩衡量等,有助于其考虑收入虚假错报可能采取的方式,从而设计恰当的审计程序以发现此类错报。

注册会计师应当评价通过实施风险评估程序和执行其他相关活动获取的信息是否表明存在舞弊风险因素。例如,如果注册会计师通过实施风险评估程序了解到,被审计单位所处行业竞争激烈并伴随着利润率的下降,而管理层过于强调提高被审计单位利润水平的目标,则注册会计师需要警惕管理层通过实施舞弊高估收入,从而高估利润的风险。

二、被审计单位通常采用的收入确认舞弊手段有哪些?

答:了解被审计单位通常采用的收入确认舞弊手段,有助于注册会计师更加有针对性地实施审计程序。被审计单位通常采用的收入确认舞弊手段举例如下:

(一)为了达到粉饰财务报表的目的而虚增收入或提前确认收入

1. 利用与未披露关联方之间的资金循环虚构交易。

2. 通过未披露的关联方进行显失公允的交易。例如,以明显高于其他客户的价格向未披露的关联方销售商品。

3. 通过出售关联方的股权,使之从形式上不再构成关联方,但仍与之进行显失公允的交易,或与未来或潜在的关联方进行显失公允的交易。

4. 通过虚开商品销售发票虚增收入,而将货款挂在应收账款中,并可能在以后期间计提坏账准备,或在期后冲销。

5. 为了虚构销售收入,将商品从某一地点移送至另一地点,凭出库单和运输单据为依据记录销售收入。

6. 在与商品相关的风险和报酬尚未全部转移给客户之前确认销售收入。例如,销售合同中约定被审计单位的客户在一定时间内有权无条件退货,而被审计单位隐瞒退货条款,在发货时全额确认销售收入。

7. 通过隐瞒售后回购或售后租回协议,而将以售后回购或售后租回方式发出的商品作为销售商品确认收入。

8. 采用完工百分比法确认劳务收入时,故意低估预计总成本或多计实际发生的成本,以通过高估完工百分比的方法实现当期多确认收入。

9. 在采用代理商的销售模式时,在代理商仅向购销双方提供帮助接洽、磋商等中介代理服务的情况下,按照相关购销交易的总额而非净额(扣除佣金和代理费等)确认收入。

10. 当存在多种可供选择的收入确认会计政策或会计估计方法时,随意变更所选择的会计政策或会计估计方法。

11. 选择与销售模式不匹配的收入确认会计政策。

(二)为了达到报告期内降低税负或转移利润等目的而少计收入或延后确认收入

1. 被审计单位将商品发出、收到货款并满足收入确认条件后，不确认收入，而将收到的货款作为负债挂账，或转入本单位以外的其他账户。

2. 被审计单位采用以旧换新的方式销售商品时，以新旧商品的差价确认收入。

3. 在提供劳务或建造合同的结果能够可靠估计的情况下，不在资产负债表日按完工百分比法确认收入，而推迟到劳务结束或工程完工时确认收入。

三、通常表明被审计单位在收入确认方面可能存在舞弊风险的迹象有哪些？

答：舞弊风险迹象，是注册会计师在实施审计过程中发现的、需要引起对舞弊风险警觉的事实或情况。存在舞弊风险迹象并不必然表明发生了舞弊，但了解舞弊风险迹象，有助于注册会计师对审计过程中发现的异常情况产生警觉，从而更有针对性地采取应对措施。

通常表明被审计单位在收入确认方面可能存在舞弊风险的迹象举例如下：

1. 注册会计师发现，被审计单位的客户是否付款取决于下列情况：

(1)能否从第三方取得融资；

(2)能否转售给第三方(如经销商)；

(3)被审计单位能否满足特定的重要条件。

2. 未经客户同意，在销售合同约定的发货期之前发送商品。

3. 未经客户同意，将商品运送到销售合同约定地点以外的其他地点。

4. 被审计单位的销售记录表明，已将商品发往外部仓库或货运代理人，却未指明任何客户。

5. 在实际发货之前开具销售发票，或实际未发货而开具销售发票。

6. 对于期末之后的发货，在本期确认相关收入。

7. 实际销售情况与定单不符，或者根据已取消的定单发货或重复发货。

8. 已经销售给货运代理人的商品，在期后有大量退回。

9. 销售合同或发运单上的日期被更改，或者销售合同上加盖的公章并不属于合同所指定的客户。

10. 在接近期末时发生了大量或大额的交易。

11. 交易之后长期不进行结算。

12. 在被审计单位业务或其他相关事项未发生重大变化的情况下，询证函回函相符比例明显异于以前年度。

13. 发生异常大量的现金交易，或被审计单位有非正常的资金流转及往来，特别是有非正常现金收付的情况。

14. 应收款款项收回时，付款单位与购买方不一致，存在较多代付款的情况。

15. 交易标的对交易对手而言不具有合理用途。

16. 主要客户自身规模与其交易规模不匹配。

四、在收入确认领域，注册会计师如何实施分析程序？

答：在收入确认领域实施审计程序时，分析程序是一种较为有效的方法，注册会计师需要重视并充分利用分析程序，发挥其在识别收入确认舞弊中的作用。

在收入确认领域，注册会计师可以实施的分析程序的例子包括：

(1)将本期销售收入金额与以前可比期间的对应数据或预算数进行比较；

(2)分析月度或季度销售量变动趋势；

(3)将销售收入变动幅度与销售商品及提供劳务收到的现金、应收账款、存货、税金等项目的变动幅度进行比较；

(4)将销售毛利率、应收账款周转率、存货周转率等关键财务指标与可比期间数据、预算数或同行业其他企业数据进行比较；

(5)分析销售收入等财务信息与投入产出率、劳动生产率、产能、水电能耗、运输数量等非财务信息之间的关系；

(6)分析销售收入与销售费用之间的关系，包括销售人员的人均业绩指标、销售人员薪酬、差旅费用、运费，以及销售机构的设置、规模、数量、分布等。

注册会计师通过实施分析程序，可能识别出未注意到的异常关系，或难以发现的变动趋势，从而有目的、有针对性地关注可能发生重大错报风险的领域，有助于评估重大错报风险，为设计和实施应对措施提供基础。例如，如果注册会计师发现被审计单位不断地为完成销售目标而增加销售量，或者大量的销售因不能收现而导致应收账款大量增加，需要对销售收入的真实性予以额外关注；如果注册会计师发现被审计单位临近期末销售量大幅增加，需要警惕将下期收入提前确认的可能性；如果注册会计师发现单笔大额收入能够减轻被审计单位盈利方面的压力，或使被审计单位完成销售目标，需要警惕被审计单位虚构收入的可能性。

如果发现异常或偏离预期的趋势或关系，注册会计师需要认真调查其原因，评价是否表明可能存在由于舞弊导致的重大错报风险。涉及期末收入和利润的异常关系尤其值得关注，例如在报告期的最后几周内记录了不寻常的大额收入或异常交易。注册会计师可能采取的调查方法举例如下：

(1)如果注册会计师发现被审计单位的毛利率变动较大或与所在行业的平均毛利率差异较大，注册会计师可以采用定性分析与定量分析相结合的方法，从行业及市场变化趋势、产品销售价格和产品成本要素等方面对毛利率变动的合理性进行调查。

(2)如果注册会计师发现应收账款余额较大，或其增长幅度高于销售收入的增长幅度，注册会计师需要分析具体原因(如赊销政策和信用期限是否发生变化等)，并在必要时采取恰当的措施，如扩大函证比例、增加截止测试和期后收款测试的比例等。

(3)如果注册会计师发现被审计单位的收入增长幅度明显高于管理层的预期，可以询问管理层的适当人员，并考虑管理层的答复是否与其他审计证据一致，例如，如果管理层表示收入增长是由于销售量增加所致，注册会计师可以调查与市场需求相关的情况。

五、注册会计师如何应对评估的与收入确认相关的重大错报风险?

答：根据《中国注册会计师审计准则第 1141 号——财务报表审计中与舞弊相关的责任》和《中国注册会计师审计准则第 1231 号——针对评估的重大错报风险采取的应对措施》的规定，注册会计师应当将评估的由于舞弊导致的重大错报风险作为特别风险，并专门针对该风险实施实质性程序。如果针对特别风险实施的程序仅为实质性程序，这些程序应当包括细节测试。

在应对该特别风险时，如果注册会计师拟信赖管理层针对该风险实施的控制，应当在本期审计中测试这些控制运行的有效性。在实施实质性程序时，注册会计师需要根据交易的经济实质判断被审计单位收入确认的政策是否恰当，特别是那些与复杂交易相关的政策。注册会计师应当设计和实施恰当的应对措施，获取充分、适当的审计证据，并在选择和实施审计程序时注意融入更多的不可预见因素。《〈中国注册会计师审计准则第 1141 号——财务报表审计中与舞弊相关的责任〉应用指南》附录 2 列示了应对评估的由于舞弊导致的重大错报风险的审计程序示例，包括增加审计程序不可预见性的示例。

注册会计师可以采取的应对措施举例如下：

1. 针对收入项目，使用分解的数据实施实质性分析程序。例如，按照月份、产品线或业务分部将本期收入与可比期间收入进行比较。利用计算机辅助审计技术可能有助于发现异常的或未预期到的收入关系或交易。本问题解答问题四对分析程序作出进一步解释。

2. 向被审计单位的客户函证相关的特定合同条款以及是否存在背后协议。因为相关的会计处理是否适当，往往会受到这些合同条款或协议的影响。例如，商品接受标准、交货与付款条件、不承担期后或持续性的卖方义务、退货权、保证转售金额以及撤销或退款等条款在此种情形下通常是相关的。

3. 向被审计单位负责销售和市场开发的人员询问临近期末的销售或发货情况，向被审计单位内部法律顾问询问临近期末签订的销售合同是否存在异常的合同条款或条件。

4. 期末在被审计单位的一处或多处发货现场实地观察发货情况或准备发出的商品情况(或待处理的退货)，并实施其他适当的销售及存货截止测试。

5. 对于通过电子方式自动生成、处理、记录的销售交易，实施控制测试以确定这些控制是否能够为所记录的收入交易已真实发生并得到适当地记录提供保证。

6. 调查重要交易对方的背景信息，询问直接参与交易的员工交易对方是否与被审计单位存在关联方关系，必要时，考虑是否实地走访存在疑虑的客户或供应商。

7. 如果被审计单位采用完工百分比法确认与提供劳务或建造合同相关的收入，注册会计师需要检查相关合同或其他文件，以发现确认完工百分比的方法是否合理，与从被审计单位内部获取的资料中相关信息是否一致，以及完成的工作能否取得被审计单位客户的确认，能否得到监理报告、被审计单位与客户的结算单据等外部证据的验证，必要时可以利用专家的工作。

8. 如果被审计单位采用经销商的销售模式，注册会计师需要关注主要的经销商与被审计单位之间是否存在关联方关系，并通过检查被审计单位与经销商之间的协议或销售合同，出库单、货运单、商品验收单等相关支持性凭证，以确定是否满足收入确认的条件。此外，注册会计师还可以关注经销商布局的合理性、被审计单位频繁发生经销商加入和退出的情况，以及被审计单位对不稳定经销商的收入确认是否适当、退换货损失的处理是否适当等。

9. 如果被审计单位采用代理商的销售模式，注册会计师需要检查被审计单位与代理商之间的协议或合同，确定是否确实存在委托与代理关系，并检查被审计单位收入确认是否有代理商的销售清单、货物最终销售的证明等支持性凭据。

10. 如果存在被审计单位关联方注销及非关联化的情况，注册会计师需要关注被审计单位将原关联方非关联化行为的动机及后续交易的真实性、公允性。

11. 检查已记录的大额现金收入，关注其是否有真实的商业背景；检查银行对账单和大额现金交易，关注是否存在异常的资金流动。

12. 结合出库单及销售费用中运输费等明细，检查货物运输单，关注货物的流动是否真实存在，从而确定交易的真实性。

13. 结合销售合同中与收款、验收相关的主要条款，对于大额应收账款长期未收回的客户，分析被审计单位仍向其进行销售的合理性和真实性。

14. 浏览被审计单位的总账、应收账款明细账、收入明细账，以发现可能的异常活动。

15. 检查收入明细账或类似记录的计算准确性，追查将收入过入总账的过程。

16. 分析和检查预收账款等账户期末余额，确定不存在应在本期确认收入而未确认的情况。

17. 分析和检查资产负债表日以后的贷项通知单和应收账款其他调整事项。

18. 将临近期末发生的大额交易或异常交易与原始凭证相核对。

19. 详细复核被审计单位在临近期末编制的调整分录，调查性质或金额异常的项目。

20. 检查临近期末执行的重要销售合同，以发现是否存在异常的定价、结算、发货、退货、换货或验收条款。对期后实施特定的检查，以发现是否存在改变或撤销合同条款的情况，以及是否存在退款的情况。

21. 浏览期后一定时间的总账和明细账，以发现是否存在销售收入冲回或大额销售退回的情况。

22. 如果被审计单位在本期存在与收入确认相关的重大会计政策、会计估计变更或会计差错更正事项，分析这些事项是否合理，检查是否在财务报表附注中作恰当披露。

5. 中国注册会计师审计准则问题解答第5号——重大非常规交易（2013年颁布）

重大非常规交易，特别是临近会计期末发生的、在作出“实质重于形式”判断方面存在困难的重大非常规交易，为被审计单位编制虚假财务报告提供了机会。被审计单位从事交易的目的可能是为了对财务信息作出虚假陈述或掩盖侵占资产的行为。中国注册会计师审计准则要求注册会计师在识别、评估和应对财务报表重大错报风险时，对重大非常规交易给予特别关注。本问题解答旨在提醒注册会计师切实履行与重大非常规交易审计相关的责任，并帮助注册会计师在财务报表审计工作中恰当识别、评估和应对由此产生的重大错报风险。

一、什么是重大非常规交易？

答：重大非常规交易是注册会计师在审计工作中发现的被审计单位超出正常经营过程的重大交易，或基于对被审计单位及其环境的了解以及在审计过程中获取的其他信息，认为显得异常的重大交易。重大非常规交易的例子包括但不限于：

(1)复杂的股权交易,如公司重组或收购;

(2)与处于公司法制不健全的国家或地区的境外实体之间的交易;

(3)对外提供厂房租赁或管理服务,而没有收取对价;

(4)具有异常大额折扣或退货的销售业务;

(5)循环交易;

(6)在合同期限届满之前变更条款的交易;

(7)采用特殊交易模式或创新交易模式;

(8)交易标的对被审计单位或交易对手而言不具有合理用途;

(9)交易价格明显偏离正常市场价格;

(10)非经营所需的、名义金额重大的衍生金融工具交易;

(11)不属于正常经营业务范围的、金额重大且没有实物流的交易。

二、如何识别重大非常规交易并评估与其相关的重大错报风险?

答:实施风险评估程序以了解被审计单位及其环境,为注册会计师识别重大非常规交易提供了重要基础。为此,注册会计师需要了解与被审计单位业务性质、组织结构和经营特征相关的事项。这些事项包括被审计单位的业务类型、产品和服务的种类以及关联方等。注册会计师还需要考虑与被审计单位所属行业相关的事项,如行业会计惯例、竞争环境以及财务趋势和比率等。在实施下列审计程序时,注册会计师需要特别关注重大非常规交易的存在。

(一)询问

根据《中国注册会计师审计准则第 1141 号——财务报表审计中与舞弊相关的责任》的规定,注册会计师应当询问被审计单位的管理层和其他人员,以确定其是否知悉任何影响被审计单位的舞弊事实和舞弊嫌疑或舞弊指控。询问对象应当包括参与生成、处理或记录复杂或异常交易的被审计单位员工以及指导和监督他们的上级。

(二)分析程序

实施分析程序可能有助于注册会计师识别未注意到的被审计单位的情况,并有助于评估重大错报风险。注册会计师在计划审计工作阶段实施分析程序时,需要将识别重大非常规交易作为实施分析程序的目的之一。

(三)考虑舞弊风险因素

注册会计师考虑获取的被审计单位及其环境信息(包括重大非常规交易),是否表明存在一个或多个舞弊风险因素。与重大非常规交易有关的舞弊风险因素的例子包括:

(1)从事超出正常经营过程的重大关联方交易;

(2)与未经审计或由其他会计师事务所审计的关联企业进行超出正常经营过程的重大交易;

(3)重大、异常或高度复杂的交易,特别是临近会计期末发生的、在作出"实质重于形式"判断方面存在困难的重大非常规交易。

上述交易为被审计单位编制虚假财务报告提供了机会。

(四)了解与会计分录相关的控制

注册会计师需要了解与会计分录相关的控制,这些分录包括用以记录非经常性的、异常的交易或调整的非标准会计分录。

《中国注册会计师审计准则第 1211 号——通过了解被审计单位及其环境识别和评估重大错报风险》指出,在判断特别风险时,注册会计师应当考虑该风险是否涉及异常或超出正常经营过程的重大交易。《中国注册会计师审计准则第 1323 号——关联方》规定,注册会计师应当将识别出的、超出被审计单位正常经营过程的重大关联方交易导致的风险确定为特别风险。

重大非常规交易通常很少受到日常控制的约束。根据《中国注册会计师审计准则第 1211 号——通过了解被审计单位及其环境识别和评估重大错报风险》的规定,如果认为存在特别风险,注册会计师应当了解被审计单位与该风险相关的控制。根据《中国注册会计师审计准则第 1323 号——关联方》的规定,如果管理层建立了下列与关联方关系及其交易相关的控制,注册会计师应当询问管理层和被审计单位内部其他人员,实施其他适当的风险评估程序,以获取对相关控制的了解:

(1)授权和批准重大关联方交易和安排;

(2)授权和批准超出正常经营过程的重大交易和安排。

注册会计师对由于舞弊导致的重大错报风险(包括由于重大非常规交易导致的舞弊风险)的评估,贯穿于整个审计工作。

三、如何应对与重大非常规交易相关的重大错报风险?

答:注册会计师应当针对评估的财务报表层次重大错报风险设计和实施总体应对措施,并针对评估的认定层次重大错报风险设计和实施进一步审计程序,包括审计程序的性质、时间安排和范围。鉴于舞弊的性质,注册会计师在收集和评价审计证据,应对与重大非常规交易相关的舞弊风险时,保持职业怀疑非常重要。

(一)评价重大会计政策的选择和运用

作为对舞弊导致重大错报风险总体应对措施的一部分,注册会计师需要考虑管理层对会计政策(包括与重大非常规交易相关的会计政策)的选择和运用。注册会计师需要特别关注会计处理原则和会计政策的选择和运用是否恰当。

(二)检查会计分录和相关调整

注册会计师在检查日常会计核算过程中作出的会计分录以及编制财务报表过程中作出的其他调整,获取可能由于舞弊导致重大错报的审计证据时,需要考虑记录重大非常规交易的账户可能存在不恰当的会计分录或调整。为此,注册会计师应当:

(1)向参与财务报告过程的人员询问与处理会计分录和其他调整相关的不恰当或异常的活动;

(2)选择在报告期末作出的会计分录和其他调整进行测试;

(3)考虑是否有必要测试整个会计期间的会计分录和其他调整。

(三)评价交易的商业理由

缺乏经济实质的非常规交易可能导致重大错报。《中国注册会计师审计准则第1141号——财务报表审计中与舞弊相关的责任》要求注册会计师对于重大非常规交易,应评价其商业理由(或缺乏商业理由)是否表明被审计单位从事重大非常规交易的目的是为了对财务信息作出虚假陈述或掩盖侵占资产的行为。下列情形可能表明重大非常规交易被用于构造虚假财务报告:

(1)交易的形式显得过于复杂;

(2)管理层更强调采用某种特定会计处理的需要,而不是交易的经济实质;

(3)交易涉及不纳入合并范围的关联方(包括特殊目的实体),或未经治理层适当审核与批准;

(4)交易涉及以往未能识别出的关联方,或涉及在没有被审计单位帮助的情况下不具备物质基础或财务能力完成交易的第三方。

注册会计师同样需要评价超出被审计单位正常经营过程的重大关联方交易的商业理由。对此,除考虑上述情形外,注册会计师可能需要考虑交易条款是否异常,交易的发生是否缺乏明显且符合逻辑的商业理由,交易的处理方式是否异常,以及管理层是否已与治理层就这类交易的性质和会计处理进行讨论。

(四)实施函证程序

评估的与重大非常规交易相关的重大错报风险越高,需要获取越有说服力的审计证据。除了检查被审计单位的文件记录外,注册会计师可以考虑向相关方函证交易合同的条款和金额。注册会计师需要了解相关交易的实质,以确定在询证函中包含哪些恰当信息。

(五)在临近审计结束时实施分析程序

注册会计师需要评价在临近审计结束时实施的分析程序,是否显示存在此前未能识别的由于重大非常规交易导致的重大错报风险。在确定哪些特定趋势和关系可能表明存在由于舞弊导致的重大错报风险时,注册会计师需要运用职业判断。

在执行审计工作的过程中,如果对重大非常规交易的会计处理存在重大疑虑或与管理层存在意见分歧,注册会计师可以考虑向项目质量控制复核人员或其他具有适当资格和能力的人员进行咨询。在重大非常规交易涉及复杂的会计核算或会计估计领域时,注册会计师可以考虑利用专家的工作。

四、在项目质量控制复核过程中,对重大非常规交易有何考虑?

答:项目质量控制复核人员在实施项目质量控制复核时,需要与项目合伙人确认不存在尚未解决的重

大事项(包括与重大非常规交易相关的事项)。项目质量控制复核人员需要考虑:

(1)评价项目组对重大非常规交易是否获取充分、适当的审计证据;

(2)评价项目组是否已就疑难问题和涉及意见分歧的事项进行适当咨询,复核相关咨询记录和结论;

(3)评价项目组是否完成与治理层、管理层和相关其他方所需的沟通。

五、在对财务报表形成审计意见时,对重大非常规交易有何考虑?

答:(一)评价财务报表的列报和披露注册会计师在就财务报表是否按照适用的财务报告编制基础编制形成审计意见时,需要考虑以下事项:

(1)选择和运用的会计政策是否是可接受的;

(2)会计政策是否适合被审计单位的具体情况;

(3)财务报表列报的信息是否具有可靠性、相关性、可理解性和可比性;

(4)财务报表是否作出充分披露,使财务报表预期使用者能够理解重大交易和事项对财务报表所传递信息的影响;

(5)财务报表(包括相关附注)是否公允地反映相关交易和事项。在评价财务报表是否实现公允反映时,注册会计师应当考虑财务报表(包括相关附注)是否公允地反映了相关交易和事项(包括重大非常规交易)的经济实质。

如果某项重大非常规交易涉及关联方,注册会计师按照适用的财务报告编制基础的规定评价被审计单位对关联方关系及其交易的披露,需要考虑被审计单位是否已对关联方关系及其交易进行了恰当汇总和列报,以使披露具有可理解性。当存在下列情形之一时,表明管理层对关联方交易的披露可能不具有可理解性:

(1)关联方交易的商业理由以及交易对财务报表的影响披露不清楚,或存在错报;

(2)未适当披露为理解关联方交易所必需的关键条款、条件或其他要素。

对导致特别风险的会计估计,注册会计师还应当评价在适用的财务报告编制基础下,财务报表对估计不确定性的披露的充分性。

如果财务报表(包括相关附注)遗漏了适用的财务报告编制基础要求披露的信息,注册会计师需要考虑其对审计报告的影响。

(二)阅读其他信息

含有已审计财务报表的文件中的其他信息可能涉及对重大非常规交易的讨论,注册会计师需要阅读并考虑这些信息及其列报是否与财务报表存在重大不一致。如果认为存在重大不一致,或认为有对事实的重大错报,注册会计师需要按照《中国注册会计师审计准则第 1521 号——注册会计师对含有已审计财务报表的文件中的其他信息的责任》的相关要求作出恰当处理。

六、如何与治理层沟通重大非常规交易?

答:根据《中国注册会计师审计准则第 1151 号——与治理层的沟通》的规定,注册会计师应当与治理层沟通对被审计单位会计实务(包括会计政策、会计估计和财务报表披露)重大方面的看法。注册会计师需要确认治理层被告知关于重大非常规交易的会计处理方法。在适当的情况下,注册会计师应当向治理层解释为何某项在适用的财务报告编制基础下可以接受的重大会计实务,并不一定最适合被审计单位的具体情况。沟通可能包括下列事项:

(1)在考虑是否有必要对提供信息的成本与可能给财务报表使用者带来的效益之间进行平衡后,会计政策对于被审计单位具体情况的适当性;

(2)与记录交易的期间相关的交易时间安排的影响;

(3)可能表明存在管理层偏向的迹象;

(4)在形成特别敏感的财务报表披露时涉及的问题和作出的相关判断;

(5)财务报表披露的总体中立性、一贯性和明晰性;

(6)财务报表中披露的特别风险、风险敞口和不确定性对财务报表的潜在影响;

(7)财务报表受非常规交易(包括该期间确认的不经常发生的金额)影响的程度,以及这些交易在财务报表中单独披露的程度;

(8)影响资产和负债账面价值的因素。

注册会计师还应当及时向治理层通报审计中发现的与治理层监督财务报告过程的责任相关的重大事项。

如果识别出或怀疑存在舞弊，或者违反法律法规的行为，除与治理层沟通外，注册会计师还应当确定是否有责任向被审计单位以外的机构报告。

七、在审计工作记录方面，对重大非常规交易有何考虑？

答：注册会计师在工作底稿中记录发现的所有重大事项（包括重大非常规交易），针对重大非常规交易所采取的措施以及形成审计结论的基础。

6. 中国注册会计师审计准则问题解答第 6 号——关联方（2013 年颁布）

在某些情况下，关联方关系及其交易的性质可能导致关联方交易比非关联方交易具有更高的财务报表重大错报风险。例如，关联方可能通过复杂的关系和组织结构增加关联方交易的复杂程度，或者关联方交易不按照正常的市场交易条款和条件进行。此外，关联方关系也为管理层的串通舞弊、隐瞒或者操纵行为提供了更多的机会。《中国注册会计师审计准则第 1323 号——关联方》要求注册会计师识别、评估和应对关联方关系及其交易导致的重大错报风险。本问题解答旨在指导注册会计师按照审计准则的要求，有效地识别、评估和应对由于关联方关系及其交易导致的重大错报风险，以将审计风险降至可接受的低水平。

一、关联方关系及其交易可能导致哪些重大错报风险？

答：关联方关系及其交易可能导致五类重大错报风险，具体包括：

（一）超出被审计单位正常经营过程的重大关联方交易导致的重大错报风险

超出正常经营过程的重大交易，特别是临近会计期末发生的、在作出"实质重于形式"判断方面存在困难的重大交易，为被审计单位编制虚假财务报告提供了机会。如果被审计单位从事超出正常经营过程的重大交易，并且关联方作为交易的一方直接影响交易，或通过中间机构间接影响交易，或配合管理层从事该项交易，则很可能表明存在舞弊风险因素。因此，注册会计师应当将识别出的、超出被审计单位正常经营过程的重大关联方交易导致的风险确定为特别风险。

（二）存在具有支配性影响的关联方导致的重大错报风险

管理层由一个或少数几个人支配且缺乏补偿性控制是一项舞弊风险因素，而关联方借助对被审计单位财务和经营政策实施控制和重大影响的能力，通常能够对被审计单位或管理层施加支配性影响。关联方施加的支配性影响可能表现在下列方面：

1. 关联方否决管理层或治理层作出的重大经营决策；

2. 重大交易需经关联方的最终批准；

3. 对关联方提出的业务建议，管理层和治理层未曾或很少进行讨论；

4. 对涉及关联方（或与关联方关系密切的家庭成员）的交易，管理层和治理层极少进行独立复核和批准。

此外，如果关联方在被审计单位的设立和日后管理中均发挥主导作用，也可能表明存在支配性影响。

如果存在能够对被审计单位或管理层施加支配性影响的关联方，并出现其他风险因素，可能表明被审计单位存在由于舞弊导致的特别风险。例如，异常频繁变更高级管理人员或专业顾问，可能表明被审计单位为关联方谋取利益而从事虚假的交易。

（三）管理层未能识别出或未向注册会计师披露的关联方关系或重大关联方交易导致的重大错报风险

在某些情况下，管理层未能识别出或未向注册会计师披露某些关联方关系或重大关联方交易可能是无意的，例如，管理层对《企业会计准则第 36 号——关联方披露》的规定缺乏充分了解。在这种情况下，财务报表很可能存在因管理层缺乏足够的胜任能力而导致的重大错报风险。

但是，在其他情况下，管理层不向注册会计师披露某些关联方关系或重大关联方交易可能是有意的。例如，管理层出于粉饰财务报表的目的，精心策划和实施某项重大关联方交易，并有意不在财务报表中作出披露。在注册会计师实施审计时，管理层与关联方串通向注册会计师提供虚假陈述，蓄意隐瞒这一重大交易是关联方交易的事实。在这种情况下，财务报表存在因管理层舞弊而导致的重大错报风险。

（四）管理层认定关联方交易按照等同于公平交易中通行条款执行而可能存在的重大错报风险

公平交易，是指按照互不关联、各自独立行事且追求自身利益最大化的自愿的买方和自愿的卖方达成的条款和条件进行的交易。《企业会计准则第 36 号——关联方披露》要求企业只有在提供确凿证据的情况下才能披露关联方交易是公平交易。实务中，某些被审计单位对公平交易的理解存在误区，即简单认为如果交易价格是按照类似公平交易的价格执行，该项交易就是公平交易，而忽略了该项交易的其他条款和条件（如信用条款、或有事项以及特定收费等）是否与独立各方之间通常达成的交易条款相同。另外一些被审计单位则可能出于误导财务报表使用者的目的，故意认定关联方交易是按照等同于公平交易中通行条款执行的。在这种情况下，如果管理层认定关联方交易是按照等同于公平交易中通行的条款执行的，则可能存在重大错报风险。

（五）管理层未能按照适用的财务报告编制基础的规定对特定关联方交易进行恰当会计处理和披露导致的重大错报风险

导致管理层未能按照适用的财务报告编制基础的规定对特定关联方交易进行恰当会计处理和披露的原因很多。例如，被审计单位以明显高于公允市价的价格向其控股股东出售不动产，并将其作为一笔产生损益的交易进行会计处理，而这项交易可能实质上是一项正常经营性交易和权益性交易的组合，高出公允市价的部分可能实质上构成了权益性交易。在这种情况下，关联方交易的经济实质可能没有在财务报表中恰当反映，从而导致财务报表存在重大错报风险。

二、哪些舞弊风险因素可能表明存在管理层通过关联方关系及其交易实施舞弊的风险？

答：下列舞弊风险因素可能表明存在管理层通过关联方关系及其交易实施舞弊的风险：

（一）动机或压力

1. 被审计单位将被证券交易所进行特别处理或退市；

2. 被审计单位满足上市要求、偿债约束条件或再融资业绩条件存在困难；

3. 管理层存在较大的业绩压力，例如，较上市前相比，被审计单位上市后的业绩将出现大幅下滑，或需要满足盈利预测指标；

4. 管理层为满足第三方要求或预期而承受过度压力，例如，投资分析师、机构投资者、重要债权人或其他外部人士对盈利能力或增长趋势存在预期，包括管理层在新闻报道和年报信息中作出过于乐观的预期，或管理层需要实现有关部门对管理层设定的考核目标；

5. 管理层和治理层在被审计单位中拥有重大经济利益，个人薪酬（如奖金、股票期权、基于盈利水平的薪酬计划）与被审计单位的盈利状况紧密相关。

（二）机会

1. 被审计单位正在或曾经从事超出正常经营过程的重大关联方交易，或者与未经审计的关联企业进行重大交易；

2. 从事重大、异常或高度复杂的交易（特别是临近会计期末发生的复杂交易，对该交易是否按照“实质重于形式”原则处理存在疑问）；

3. 利用商业中介进行交易，而此项安排似乎不具有明确的商业理由；

4. 管理层由一人或少数人控制，且缺乏补偿性控制；

5. 治理层对财务报告或内部控制实施的监督无效；

6. 组织结构复杂或不稳定，例如，难以确定对被审计单位持有控制性权益的组织或个人，或者存在异常的法律实体或管理层级，或高级管理人员、法律顾问或治理层频繁更换。

（三）态度或借口

1. 非财务管理人员过度参与或过于关注会计政策的选择或重大会计估计的确定；

2. 管理层过于关注保持或提高被审计单位的股票价格或利润趋势；

3. 管理层向分析师、债权人或其他第三方承诺实现激进的或不切实际的预期；

4. 管理层未对个人事务与公司业务进行区分。

需要说明的是，以上列示的舞弊风险因素仅是举例，注册会计师可能识别出其他不同的舞弊风险因素。上述举例也并非在所有情况下都相关，对于不同规模、不同所有权特征或情况的被审计单位而言，舞弊风险因素的重要性可能不同。

三、被审计单位通过关联方实施舞弊的例子主要有哪些？

答：被审计单位通过关联方实施舞弊的例子主要包括：

（一）关联方交易是真实的，但管理层有意不在财务报表中作出确认、计量和披露

例如，被审计单位每月初向关联方提供大额资金并在月末收回，但在银行日记账与往来账中均不进行记录，亦未在财务报表中进行披露，从而实现关联方长期无偿占用被审计单位资金的目的。

又如，为隐瞒关联方向被审计单位输送利益这一事实，被审计单位有意不在财务报表中披露与关联方发生的交易，这类交易通常包括被审计单位收到关联方捐赠的资金，关联方豁免被审计单位的债务，或者关联方无偿为被审计单位承担成本或费用。

（二）利用第三方隐瞒关联方交易

例如，被审计单位、关联方和特定的第三方签署背后协议，由被审计单位通过银行向第三方发放委托贷款，然后第三方将资金提供给关联方使用，导致关联方长期占用被审计单位的资金。

又如，被审计单位的关联方与第三方签订服务合同，第三方向被审计单位提供劳务，但向关联方开具劳务发票，每月末由关联方向第三方支付款项，隐瞒了关联方为被审计单位承担成本费用的事实。

（三）以显失公允的交易条款与关联方进行交易但未在财务报表中如实完整披露

例如，被审计单位在财务报表中披露关联方交易的价格是按照市场价格执行的，但未披露该项交易的其他条款和条件（如信用条款、或有事项以及特定收费等）与公平交易中的其他条款或条件存在显著不同。

（四）与关联方串通舞弊进行虚假交易

例如，为实现业绩增长目的，被审计单位与不纳入合并财务报表合并范围的关联方签订虚假销售合同，通过转移存货的存放地点的形式制造商品已经发出的假象，虚增营业收入。

又如，被审计单位与关联方签订虚假的设备采购合同，以预付款的形式向关联方支付采购款，但长期不进行结算，年末以合同终止为由收回预付款项。被审计单位在财务报表中不进行相关披露或披露该项交易具有合理的商业理由，隐瞒了交易的真正目的是为了实现关联方无偿占用被审计单位的资金。

再如，被审计单位分别在采购和销售环节设立两家公司，并能够对其实施控制，根据《企业会计准则第33号——合并财务报表》的规定，被审计单位应将这两家公司纳入合并财务报表的合并范围。但是，被审计单位有意隐瞒其与此两家公司之间存在的控制关系，其原因是受业绩压力影响，被审计单位在年末利用采购环节的公司伪造产品原材料采购合同和原材料入库验收单等，要求采购环节的公司将原材料转移储存到被审计单位并向其支付材料采购款；同时，被审计单位利用销售环节的公司伪造产品销售合同、产成品出库单和货运记录等，将自身产品转移储存到销售环节的公司并向其收取销售款。通过与采购和销售环节设立的直接受被审计单位控制的公司进行串通，被审计单位的采购和销售交易均有了真实的货物流转和资金流转，并为被审计单位带来大额利润。为避免将在采购和销售环节设立的公司纳入合并财务报表的合并范围而抵销虚假交易产生的利润，被审计单位有意不在财务报表披露其与采购和销售环节设立的公司之间存在的控制关系。

四、哪些情形或事项可能显示存在管理层未向注册会计师披露的关联方关系或交易？

答：《〈中国注册会计师审计准则第1323号——关联方〉应用指南》第22段列举了被审计单位的某些安排的示例，这些安排可能显示存在管理层未向注册会计师披露的关联方关系或交易，包括：

（1）与其他机构或人员组成不具有法人资格的合伙企业；

（2）按照超出正常经营过程的交易条款和条件，向特定机构或人员提供服务的安排；

（3）担保和被担保关系。

具体而言，管理层未向注册会计师披露的关联方关系或关联方交易可能具有下列一项或多项特征：

（一）未披露的关联方关系

1. 重大或非常规交易的交易对方曾经与被审计单位或其实际控制人、关键管理人员等存在关联关系。

2. 重大或非常规交易的交易对方的注册地址或办公地址与被审计单位或其集团成员在同一地点或接近。

3. 重大或非常规交易的交易对方的网站地址或其IP地址、邮箱域名等与被审计单位或其集团成员相同或接近。

4. 重大或非常规交易的交易对方的名称与被审计单位或其集团成员名称相似。

5. 重大或非常规交易的交易对方的实际控制人、关键管理人员或购销等关键环节的员工姓名与公司管理层相近。

6. 重大或非常规交易的交易标的与交易对方或被审计单位的经营范围不相关。

7. 重大或非常规交易的交易对方与被审计单位的实际控制人、关键管理人员等存在特殊关系，这种关系可能使后者能够对前者施加重大影响，但从形式上看两者不构成关联方。

8. 被审计单位仅能向注册会计师提供极其有限的与重大或非常规交易的交易对方相关的信息，注册会计师通过互联网也难以检索到相关信息。

9. 交易对方长期拖欠被审计单位的款项，但被审计单位仍继续与其进行交易。

10. 交易对方是当年新增的异常重要的客户或供应商。

(二)未披露的关联方交易

1. 交易金额重大，或为被审计单位带来大额利润。

2. 交易发生频次较少且交易时间接近于资产负债表日。

3. 交易价格、交付方式及付款条件、结算方式等商业条款与其他客户或供应商明显不同。例如，对其他供应商采用票据结算方式，而对某一新增供应商采用现金交易，或者采用多方债权债务抵销方式进行结算。

4. 付款人与销售合同、发票所显示的客户名称不一致，或收款人与采购合同、发票所显示的供应商名称不一致。

5. 与自然人发生的重大交易或非常规交易。

6. 与同一客户或其关联公司同时发生销售和采购业务。

7. 交易规模与交易对方的业务规模明显不符。

8. 合同条款明显不符合商业惯例或形式要件不齐备。

9. 实际履行情况与合同条款明显不符，例如，未按约定日期发货或未按结算期付款；或者，商品发运目的地为关联方营业场所所在地，而非合同约定的交货地点。

10. 交易形成的款项长期以债权债务形式存在，购销货款久拖不结。

11. 不合常理且对财务指标具有实质性影响的大额政府补助，如补助款项用途不明、未附有任何条件的补助，其真正来源可能是关联方。

12. 交易涉及在没有被审计单位帮助的情况下不具备物质基础或财务能力完成交易的第三方。

13. 为被审计单位提供担保或被审计单位为之提供担保。

14. 其他商业理由明显不充分的交易。

五、在检查文件和记录以确定是否存在管理层和治理层未向注册会计师披露的关联方关系或关联方交易时，注册会计师可能认为有必要检查的文件和记录包括哪些？

答：为确定是否存在管理层和治理层未向注册会计师披露的关联方关系或关联方交易，《中国注册会计师审计准则第 1323 号——关联方》要求注册会计师检查在实施审计程序时获取的银行和律师询证函回函、股东会和治理层会议纪要，以及其认为必要的其他记录和文件。

除《〈中国注册会计师审计准则第 1323 号——关联方〉应用指南》第 21 段所提及的内容外，注册会计师认为必要的其他记录或文件还可能包括但不限于：

(1)管理层会议纪要；

(2)如可行，控股股东或实际控制人的会议纪要；

(3)被审计单位对外提供的宣传资料、网站主页等。

六、如果识别出可能表明存在管理层未向注册会计师披露的关联方关系或交易的安排或信息，为确定相关情况是否能够证实关联方关系或关联方交易的存在，注册会计师可以考虑实施哪些程序？

答：《中国注册会计师审计准则第 1323 号——关联方》第二十二条规定，如果识别出可能表明存在管理层以前未识别出或未向注册会计师披露的关联方关系或交易的安排或信息，注册会计师应当确定相关情况是否能够证实关联方关系或关联方交易的存在。

在确定时，如果认为必要并且可行，注册会计师可以考虑实施的程序的例子包括：

(1)调查重大或非常规交易的交易对方的背景信息，如股权结构、经营范围、法人代表和注册地址；

(2)就交易对方与被审计单位的关系,询问直接参与交易的基层员工;

(3)对存有疑虑的重要客户或供应商进行实地观察或询问;

(4)向被审计单位的重要股东或关键管理人员进行询证;

(5)检查银行对账单和大额资金往来交易;

(6)利用专家的工作,如反舞弊专家。

需要说明的是,由于关联方之间很可能串通舞弊,注册会计师实施上述一项或多项审计程序,并不一定能够证实关联方关系或关联方交易的存在。

七、如果识别出可能表明存在管理层未向注册会计师披露的关联方关系或交易的安排或信息,注册会计师在实施程序后仍然无法确定是否存在关联方关系或关联方交易,在这种情况下,注册会计师应当如何应对?

答:由于关联方之间彼此并不独立,关联方关系可能为管理层的串通舞弊、隐瞒或操纵行为提供更多的机会。因此,即使识别出可能表明存在管理层未向注册会计师披露的关联方关系或交易的安排或信息,注册会计师在实施追加的程序后,仍然有可能无法确定是否确实存在关联方关系或关联方交易。

在这种情况下,注册会计师可以按照《中国注册会计师审计准则第 1151 号——与治理层的沟通》和《中国注册会计师审计准则第 1323 号——关联方》的要求,将这一情况作为审计中的重大困难与治理层进行沟通,要求治理层提供进一步信息。通过该项沟通,还可以提醒治理层关注是否存在未披露的关联方关系和关联方交易。

在与治理层沟通并获取其提供的进一步信息后,如果注册会计师仍然无法确定是否存在管理层蓄意不向注册会计师披露的关联方关系或重大关联方交易,按照《中国注册会计师审计准则第 1141 号——财务报表审计中与舞弊相关的责任》和《中国注册会计师审计准则第 1502 号——在审计报告中发表非无保留意见》等相关准则的要求,注册会计师应当考虑这种情况对审计意见的影响。如果注册会计师认为无法获取充分、适当的审计证据以作为形成审计意见的基础,注册会计师应当通过下列方式确定其影响:

(1)如果未发现的错报(如存在)可能对财务报表产生的影响重大,但不具有广泛性,注册会计师应当发表保留意见。

(2)如果未发现的错报(如存在)可能对财务报表产生的影响重大且具有广泛性,以至于发表保留意见不足以反映情况的严重性,注册会计师应当在可行时解除业务约定(除非法律法规禁止);如果在出具审计报告之前解除业务约定被禁止或不可行,应当发表无法表示意见。

7. 中国注册会计师审计准则问题解答第 7 号——会计分录测试(2014 年颁布)

管理层通常有能力通过凌驾于控制之上的方式操纵会计记录并编制虚假财务报表。所有被审计单位都存在管理层凌驾于控制之上的风险,这种风险属于由于舞弊导致的重大错报风险,因而也是一种特别风险。《中国注册会计师审计准则第 1141 号——财务报表审计中与舞弊相关的责任》要求注册会计师无论对管理层凌驾于控制之上的风险的评估结果如何,都应当设计和实施审计程序,以测试日常会计核算过程中作出的会计分录以及编制财务报表过程中作出的其他调整是否适当。本问题解答旨在指导注册会计师按照审计准则的要求设计和实施相关审计程序。

一、什么是会计分录测试? 为什么需要专门实施会计分录测试?

答:会计分录测试,是指注册会计师针对被审计单位日常会计核算过程中作出的会计分录,以及编制财务报表过程中作出的其他调整实施的测试。

会计分录测试的目的,是为了应对被审计单位管理层凌驾于控制之上的风险。管理层在被审计单位处于实施舞弊的独特地位,通常有能力通过凌驾于控制之上的方式操纵会计记录并编制虚假财务报表,而这些被凌驾的控制却看似有效运行。因此,注册会计师需要专门针对这一风险设计和实施审计程序。

《中国注册会计师审计准则第 1141 号——财务报表审计中与舞弊相关的责任》第三十三条规定:"无论对管理层凌驾于控制之上的风险的评估结果如何,注册会计师都应当设计和实施审计程序,用以:(1)测试日常会计核算过程中作出的会计分录以及编制财务报表过程中作出的其他调整是否适当;(2)复核会计估计是否存在偏向，并评价产生这种偏向的环境是否表明存在由于舞弊导致的重大错报风险；(3)对于超出被审计单位正常经营过程的重大交易，或基于对被审计单位及其环境的了解以及在审计过程中获取的其他信息而显得异常的重大交易，评价其商业理由(或缺乏商业理由)是否表明被审计单位从事交易的目的是为了对财务信息作出虚假报告或掩盖侵占资产的行为。”其中，“测试日常会计核算过程中作出的会计分录以及编制财务报表过程中作出的其他调整是否适当”，即为本问题解答所讨论的会计分录测试。

在所有财务报表审计业务中，注册会计师都需要专门针对管理层凌驾于控制之上的风险设计和实施会计分录测试。这是因为，虽然管理层凌驾于控制之上的风险水平因被审计单位而异，但所有被审计单位都存在这种风险。例如，管理层可能通过作出不恰当的会计分录或未经授权的会计分录来操纵财务报表。这种操纵行为可能发生在整个会计期间或期末，或由管理层对财务报表金额作出调整，而该调整未在会计分录中反映(如合并调整和重分类调整)。了解管理层利用虚假会计分录和其他调整实施舞弊的常用手段，有助于注册会计师更加有针对性地实施审计程序。

二、基于会计分录测试的目的，注册会计师可以将被审计单位的会计分录和其他调整分为哪些类型?

答：会计分录测试的对象是与被审计财务报表相关的所有会计分录和其他调整，包括编制合并报表时作出的调整分录和抵销分录。会计分录和其他调整的类型不同，其固有风险和受被审计单位内部控制影响的程度不同，因而具有不同程度的重大错报风险。对会计分录和其他调整进行恰当地分类，有助于注册会计师选取重大错报风险较高的会计分录和其他调整进行测试，从而能够提高会计分录测试的效率。

基于会计分录测试的目的，注册会计师可将被审计单位的会计分录和其他调整分为下列三种类型：

(1)标准会计分录。此类会计分录用于记录被审计单位的日常经营活动或经常性的会计估计，通常是由会计人员作出或会计系统自动生成的，受信息系统一般控制和其他系统性控制的影响。

(2)非标准会计分录。此类会计分录用于记录被审计单位日常经营活动之外的事项或异常交易，可能包括特殊资产减值准备的计提、期末调整分录等。非标准会计分录可能具有较高的重大错报风险，因为此类分录通常容易被管理层用来操纵利润，并且可能涉及任何报表项目。

(3)其他调整。其他调整包括为编制合并财务报表而作出的调整分录和抵销分录、通常不作为正式的会计分录反映的重分类调整等，其他调整可能不受被审计单位内部控制的影响。

三、注册会计师如何设计和实施会计分录测试?

答：根据《中国注册会计师审计准则第 1141 号——财务报表审计中与舞弊相关的责任》第三十四条的规定，注册会计师在设计和实施审计程序，以测试日常会计核算过程中作出的会计分录以及编制财务报表过程中作出的其他调整是否适当时，应当：

(1)向参与财务报告过程的人员询问与处理会计分录和其他调整相关的不恰当或异常的活动；

(2)选择在报告期末作出的会计分录和其他调整；

(3)考虑是否有必要测试整个会计期间的会计分录和其他调整。

会计分录测试通常可包括下列步骤：

(1)了解被审计单位的财务报告流程，以及针对会计分录和其他调整已实施的控制，必要时，测试相关控制的运行有效性；

(2)确定待测试会计分录和其他调整的总体，并测试总体的完整性；

(3)从总体中选取待测试的会计分录及其他调整；

(4)测试选取的会计分录及其他调整，并记录测试结果。

需要指出的是，在实施会计分录测试时，注册会计师可能需要分析大量的会计分录，采用计算机辅助审计技术或电子表格(如 Excel)，可以显著提高会计分录测试的效率和效果。注册会计师通常可以考虑要求被审计单位提供所需要的电子数据，如果能够以标准的格式导出、验证并传输所需要的会计分录数据，则可以进一步提高会计分录测试的效率和效果。

四、被审计单位的内部控制系统中针对会计分录和其他调整通常存在哪些控制措施?

答：在被审计单位的内部控制系统中，针对会计分录和其他调整，通常包括下列类型的控制措施：

(1)针对会计分录和其他调整的授权、过账、审核、核对等方面设置职责分离；

(2)在会计系统中设置系统访问权限，用以控制会计分录的记录权和审批权；

(3)用以防止并发现虚假会计分录或未经授权的更改的控制措施；

(4)由管理层、治理层或其他适当人员对会计分录记录和过入总账以及在编制财务报表过程中作出其他调整的过程进行监督；

(5)由被审计单位的内部审计人员(如有)定期测试控制运行的有效性。

注册会计师了解被审计单位针对会计分录和其他调整已实施的控制，有助于其确定会计分录测试的性质、时间安排和范围。

五、注册会计师在确定待测试会计分录和其他调整的总体并测试总体的完整性时需要考虑哪些因素？

答：注册会计师在测试会计分录和其他调整时，首先需要确定待测试会计分录和其他调整的总体，然后针对该总体实施完整性测试。

注册会计师在确定待测试会计分录和其他调整的总体时，需要根据风险评估结果，并运用职业判断。虚假会计分录和其他调整通常在报告期末作出，因此，审计准则要求注册会计师选择在报告期末作出的会计分录和其他调整进行测试。然而，由于舞弊导致的财务报表重大错报可能发生于整个会计期间，并且舞弊者可能运用各种方式隐瞒舞弊行为，因此，审计准则要求注册会计师考虑是否有必要测试整个会计期间的会计分录和其他调整。

注册会计师考虑下列情况，可能有助于其确定待测试会计分录和其他调整的总体：

(1)某些会计分录和其他调整可能并不过入被审计单位的总账，因此，注册会计师需要全面了解各总账账户，以及各明细账户与被审计财务报表项目之间的对应关系。

(2)注册会计师可以结合对被审计单位财务报告流程以及被审计单位针对会计分录和其他调整实施的控制的了解，来确定待测试会计分录和其他调整的总体。在这一过程中，注册会计师可以了解会计分录和其他调整的来源和特征，例如，会计分录是由会计信息系统自动生成的，还是以手工方式生成的。

(3)以手工方式生成的会计分录或其他调整通常于月末、季末或年末作出，主要用于记录会计调整或会计估计，或者用于编制合并财务报表。

(4)对于以手工方式生成的会计分录或其他调整，特别是在期末用于记录会计调整或会计估计，或者用于编制合并财务报表的调整分录，注册会计师可以了解这些分录的编制者、所需要的审批，以及这些分录以何种方式得以记录(例如，这些分录是以电子形式记录的，没有实物证据，还是以纸质形式记录的)。

确定待测试会计分录和其他调整的总体后，注册会计师需要针对该总体实施审计程序，以确定总体的完整性。注册会计师在设计和实施完整性测试时，需要考虑由于舞弊导致的财务报表重大错报风险，以及对被审计单位财务报告流程的了解。

以下是一套完整性测试的例子(假设注册会计师选择测试整个会计期间的会计分录和其他调整)：

(1)从被审计单位会计信息系统中导出所有待测试会计分录和其他调整；

(2)加计从会计信息系统中导出的所有会计分录和其他调整中的本期发生额，与科目余额表(包括期初余额、本期借方累计发生额、本期贷方累计发生额、期末余额)中的各科目本期发生额核对相符；

(3)将系统生成的重要账户余额与明细账和总账及科目余额表中的余额核对，测试计算准确性；

(4)检查所有结账后作出的与本期财务报表有关的会计分录和其他调整，测试其完整性；

(5)将总账与财务报表核对，以检查是否存在其他调整。

六、注册会计师在选取并测试会计分录和其他调整时需要考虑哪些因素？

答：注册会计师在选取待测试会计分录和其他调整，并针对已选取的项目确定适当的测试方法时，可以考虑下列因素：

1. 对由于舞弊导致的重大错报风险的评估。注册会计师识别出的舞弊风险因素和在评估由于舞弊导致的重大错报风险过程中获取的其他信息，可能有助于注册会计师识别需要测试的特定类别的会计分录和其他调整。

2. 对会计分录和其他调整已实施的控制。在注册会计师已经测试了这些控制运行的有效性的前提下，针对会计分录和其他调整的编制和过账所实施的有效控制，可以缩小所需实施的实质性程序的范围。但应注意的是，注册会计师需要充分考虑管理层凌驾于控制之上的风险。

3. 被审计单位的财务报告过程以及所能获取的证据的性质。在很多被审计单位中，交易的日常处理同时涉及人工和自动化的步骤和程序。类似地，会计分录和其他调整的处理过程也可能同时涉及人工和自动化的程序和控制。当信息技术应用于财务报告过程时,会计分录和其他调整可能仅以电子形式存在。

4. 虚假会计分录或其他调整的特征。不恰当的会计分录或其他调整通常具有一定的识别特征。这类特征可能包括:

(1)分录涉及不相关、异常或很少使用的账户;

(2)分录由平时不负责作出会计分录的人员作出;

(3)分录在期末或结账过程中作出,且没有或只有很少的解释或描述;

(4)分录在编制财务报表之前或编制过程中作出且没有科目代码;

(5)分录金额为约整数或尾数一致。

5. 账户的性质和复杂程度。不恰当的会计分录或其他调整可能体现在以下账户中:

(1)包含复杂或性质异常的交易的账户;

(2)包含重大估计及期末调整的账户;

(3)过去易于发生错报的账户;

(4)未及时调节的账户,或含有尚未调节差异的账户;

(5)包含集团内部不同公司间交易的账户;

(6)其他虽不具备上述特征但与已识别的由于舞弊导致的重大错报风险相关的账户。在审计拥有多个组成部分的被审计单位时,注册会计师需考虑从不同的组成部分选取会计分录进行测试。

6. 在日常经营活动之外处理的会计分录或其他调整。针对非标准会计分录实施的控制的水平与针对为记录日常交易(如每月的销售、采购及现金支出)所作出的分录实施的控制的水平可能不同。

此外,由于会计分录测试的主要目的是应对管理层凌驾于内部控制之上的风险,因此,注册会计师在选取并测试会计分录和其他调整时增加不可预见性非常重要。

8. 中国注册会计师审计准则问题解答第 8 号——重要性及评价错报(2014 年颁布)

重要性概念的运用贯穿于整个审计过程。根据《中国注册会计师审计准则第 1221 号——计划和执行审计工作时的重要性》的要求,在计划审计工作时,注册会计师需要对重要性作出判断,以便为确定风险评估程序的性质、时间安排和范围,识别和评估重大错报风险以及确定进一步审计程序的性质、时间安排和范围提供基础。在评价识别出的错报对审计的影响,以及未更正错报对财务报表的影响时,注册会计师需要根据《中国注册会计师审计准则第 1251 号——评价审计过程中识别出的错报》的要求运用重要性概念。本问题解答旨在指导注册会计师按照审计准则的要求,运用职业判断,合理确定重要性,在审计过程中适当运用,并恰当评价未更正错报对财务报表的影响。本问题解答中包含的基准和百分比均为举例,并非规定。注册会计师需要根据被审计单位和审计业务的具体情况,运用职业判断作出适当的选择和调整。

一、在确定财务报表整体重要性时如何选取基准和百分比?

答:注册会计师在制定总体审计策略时,应当确定财务报表整体的重要性。注册会计师通常先选定一个基准,再乘以某一百分比作为财务报表整体的重要性。确定重要性,包括选择符合具体情况的适当基准和百分比,是注册会计师运用职业判断的结果。

(一)适当的基准

《〈中国注册会计师审计准则第 1221 号——计划和执行审计工作时的重要性〉应用指南》第 3 段至第 5 段,针对确定财务报表整体重要性时对基准的运用提供了详细的指引,要求注册会计师站在财务报表使用者的角度,充分考虑被审计单位的性质、所处的生命周期阶段以及所处行业和经济环境等因素,选用如资产、负债、所有者权益、收入、利润或费用等财务报表要素,或报表使用者特别关注的项目作为适当的基准。

以下举例说明一些实务中较为常用的基准:

被审计单位的情况	可能选择的基准
1. 企业的盈利水平保持稳定	经常性业务的税前利润
2. 企业近年来经营状况大幅度波动，盈利和亏损交替发生，或者由正常盈利变为微利或微亏，或者本年度税前利润因情况变化而出现意外增加或减少	过去三到五年经常性业务的平均税前利润或亏损(取绝对值)，或其他基准，例如营业收入
3. 企业为新设企业，处于开办期，尚未开始经营，目前正在建造厂房及购买机器设备	总资产
4. 企业处于新兴行业，目前侧重于抢占市场份额、扩大企业知名度和影响力	营业收入
5. 为某开放式基金，致力于优化投资组合、提高基金净值、为基金持有人创造投资价值	净资产
6. 为某国际企业集团设立的研发中心，主要为集团下属各企业提供研发服务，并以成本加成的方式向相关企业收取费用	成本与营业费用总额
7. 为公益性质的基金会	捐赠收入或捐赠支出总额

在通常情况下，对于以营利为目的的企业，利润可能是大多数财务报表使用者最为关注的财务指标，因此，注册会计师可能考虑选取经常性业务的税前利润作为基准。但是在某些情况下，例如企业处于微利或微亏状态时，采用经常性业务的税前利润为基准确定重要性可能影响审计的效率和效果。注册会计师可以考虑采用以下方法确定基准：

(1)如果微利或微亏状态是由宏观经济环境的波动或企业自身经营的周期性所导致，可以考虑采用过去三到五年经常性业务的平均税前利润作为基准；

(2)采用财务报表使用者关注的其他财务指标作为基准，如营业收入、总资产等。

注册会计师为被审计单位选择的基准在各年度中通常会保持稳定，但是并非必须保持一贯不变。注册会计师可以根据经济形势、行业状况和被审计单位具体情况的变化对采用的基准作出调整。例如，对于处在新设立阶段的被审计单位可能采用总资产作为基准，对于处在成长期的被审计单位可能采用营业收入作为基准，对于进入经营成熟期的被审计单位可能采用经常性业务的税前利润作为基准。

(二)百分比

为选定的基准确定百分比需要运用职业判断。百分比和选定的基准之间存在一定的联系，如经常性业务的税前利润对应的百分比通常比营业收入对应的百分比要高。例如，对以营利为目的的制造业企业，注册会计师可能认为经常性业务税前利润的5%是适当的；对非营利组织，注册会计师可能认为收入总额或费用总额的1%是适当的。百分比无论是高一些还是低一些，只要符合具体情况，都是适当的。

在确定百分比时，除了考虑被审计单位是否为上市公司或公众利益实体外，其他因素也会影响注册会计师对百分比的选择，这些因素包括但不限于：

(1)财务报表是否分发给广大范围的使用者；

(2)被审计单位是否由集团内部关联方提供融资或是否有大额对外融资(如债券或银行贷款)；

(3)财务报表使用者是否对基准数据特别敏感(如特殊目的财务报表的使用者)。

注册会计师应当在审计工作底稿中充分记录在选定基准和百分比时所考虑的因素，作为支持其作出的职业判断的依据。

二、如何确定实际执行的重要性?

答：实际执行的重要性，是指注册会计师确定的低于财务报表整体重要性的一个或多个金额，旨在将未更正和未发现错报的汇总数超过财务报表整体的重要性的可能性降至适当的低水平。

确定实际执行的重要性并非简单机械的计算，需要注册会计师运用职业判断，并考虑下列因素的影响：

(1)对被审计单位的了解；

(2)前期审计工作中识别出的错报的性质和范围；

(3)根据前期识别出的错报对本期错报作出的预期。

对实际执行的重要性的运用体现在计划和执行审计工作阶段，实际执行的重要性直接影响注册会计师的审计工作量及需要获取的审计证据。对于审计风险较高的审计项目，需要确定较低的实际执行的重要性。

如果存在下列情况，注册会计师可能考虑选择较低的百分比来确定实际执行的重要性：

(1)首次接受委托的审计项目；

(2)连续审计项目，以前年度审计调整较多；

(3)项目总体风险较高，例如处于高风险行业、管理层能力欠缺、面临较大市场竞争压力或业绩压力等；

(4)存在或预期存在值得关注的内部控制缺陷。

如果存在下列情况，注册会计师可能考虑选择较高的百分比来确定实际执行的重要性：

(1)连续审计项目，以前年度审计调整较少；

(2)项目总体风险为低到中等，例如处于非高风险行业、管理层有足够能力、面临较低的业绩压力等；

(3)以前期间的审计经验表明内部控制运行有效。

审计准则要求注册会计师确定低于财务报表整体重要性的一个或多个金额作为实际执行的重要性，注册会计师无需通过将财务报表整体的重要性平均分配或按比例分配至各个报表项目的方法来确定实际执行的重要性，而是根据对报表项目的风险评估结果，确定如何确定一个或多个实际执行的重要性。例如，根据以前期间的审计经验和本期审计计划阶段的风险评估结果，注册会计师认为可以以财务报表整体重要性的 75%作为大多数报表项目的实际执行的重要性；与营业收入项目相关的内部控制存在控制缺陷，而且以前年度审计中存在审计调整，因此考虑以财务报表整体重要性的 50%作为营业收入项目的实际执行的重要性，从而有针对性地对高风险领域执行更多的审计工作。

注册会计师应当在审计工作底稿中充分记录在确定实际执行的重要性时所作出的职业判断的依据。

三、如何确定明显微小错报的临界值？

答：《中国注册会计师审计准则第 1251 号——评价审计过程中识别出的错报》第六条规定，注册会计师应当累积审计过程中识别出的错报，除非错报明显微小。《〈中国注册会计师审计准则第 1251 号——评价审计过程中识别出的错报〉应用指南》第 2 段指出，注册会计师可能将低于某一金额的错报界定为明显微小的错报，对这类错报不需要累积，因为注册会计师认为这些错报的汇总数明显不会对财务报表产生重大影响。"明显微小"不等同于"不重大"。明显微小错报金额的数量级，与按照《中国注册会计师审计准则第 1221 号——计划和执行审计工作时的重要性》确定的重要性的数量级相比，应当是明显不同的(明显微小错报金额的数量级更小)。这些明显微小的错报，无论单独或者汇总起来，无论从规模、性质或其发生的环境来看都是明显微不足道的。为了确定审计中发现的错报哪些需要累积，哪些不需要累积，注册会计师需要在制定审计计划时预先设定明显微小错报的临界值。

确定该临界值需要注册会计师运用职业判断。在确定明显微小错报的临界值时，注册会计师可能考虑以下因素：

(1)以前年度审计中识别出的错报(包括已更正和未更正错报)的数量和金额；

(2)重大错报风险的评估结果；

(3)被审计单位治理层和管理层对注册会计师与其沟通错报的期望；

(4)被审计单位的财务指标是否勉强达到监管机构的要求或投资者的期望。

注册会计师对上述因素的考虑，实际上是在确定审计过程中对错报的过滤程度。注册会计师的目标是要确保不累积的错报(即低于临界值的错报)连同累积的未更正错报不会汇总成为重大错报。如果注册会计师预期被审计单位存在数量较多、金额较小的错报，可能考虑采用较低的临界值，以避免大量低于临界值的错报积少成多构成重大错报。如果注册会计师预期被审计单位错报数量较少，则可能采用较高的临界值。

注册会计师可能将明显微小错报的临界值确定为财务报表整体重要性的 3%至 5%，也可能低一些或高一些，但通常不超过财务报表整体重要性的 10%，除非注册会计师认为有必要单独为重分类错报确定一个更高的临界值。如果注册会计师不确定一个或多个错报是否明显微小，就不能认为这些错报是明显微小的。

注册会计师应当在审计工作底稿中充分记录在确定明显微小错报的临界值时所作出的职业判断的依据。

四、如何在审计中运用实际执行的重要性？

答：实际执行的重要性在审计中的作用主要体现在以下几个方面：

1. 注册会计师在计划审计工作时可能根据实际执行的重要性确定需要对哪些类型的交易、账户余额和披露实施进一步审计程序，即通常选取金额超过实际执行的重要性的财务报表项目，因为这些财务报表项目有可能导致财务报表出现重大错报。但是，这不代表注册会计师可以对所有金额低于实际执行的重要性的财务报表项目不实施进一步审计程序，这主要出于以下考虑：

(1)单个金额低于实际执行的重要性的财务报表项目汇总起来可能金额重大(可能远远超过财务报表整体的重要性)，注册会计师需要考虑汇总后的潜在错报风险；

(2)对于存在低估风险的财务报表项目，不能仅仅因为其金额低于实际执行的重要性而不实施进一步审计程序；

(3)对于识别出存在舞弊风险的财务报表项目，不能因为其金额低于实际执行的重要性而不实施进一步审计程序。

2. 运用实际执行的重要性确定进一步审计程序的性质、时间安排和范围。例如，在实施实质性分析程序时，注册会计师确定的已记录金额与预期值之间的可接受差异额通常不超过实际执行的重要性；在运用审计抽样实施细节测试时，注册会计师可以将可容忍错报的金额设定为等于或低于实际执行的重要性。

五、如何对未更正错报进行定量和定性的评价？

答：《中国注册会计师审计准则第 1251 号——评价审计过程中识别出的错报》第十二条规定，注册会计师应当确定未更正错报单独或汇总起来是否重大。在确定时，注册会计师应当考虑：(1)相对特定类别的交易、账户余额或披露以及财务报表整体而言，错报的金额和性质以及错报发生的特定环境；(2)与以前期间相关的未更正错报对相关类别的交易、账户余额或披露以及财务报表整体的影响。

注册会计师在评价未更正错报是否重大时，除考虑未更正错报单独或连同其他未更正错报是否超过财务报表整体的重要性(即定量因素)外，还要考虑错报性质以及错报发生的特定环境(即定性因素)，并综合评价没有对未更正错报作出调整的财务报表整体是否仍然能够实现公允反映。

确定一项分类错报是否重大，需要进行定性评估。例如，注册会计师识别出某项应付账款误计入其他应付款的错报，金额超过财务报表整体的重要性。由于该错报不影响经营业绩和关键财务指标，注册会计师认为该项错报不重大。再如，被审计单位没有及时将资产负债表日已达到可使用状态的在建工程转入固定资产，金额超过财务报表整体的重要性，相关折旧金额较小。注册会计师在考虑相关定性因素之后，认为该错报对固定资产账户余额及财务报表整体均不产生重大影响，认为该项错报不是重大错报。

在某些情况下，即使某些错报低于财务报表整体的重要性，但因与这些错报相关的某些情况，在将其单独或连同在审计过程中累积的其他错报一并考虑时，注册会计师也可能将这些错报评价为重大错报。例如，某项错报的金额虽然低于财务报表整体的重要性，但对被审计单位的盈亏状况有决定性的影响，注册会计师应认为该项错报是重大错报。注册会计师可以根据《〈中国注册会计师审计准则第 1251 号——评价审计过程中识别出的错报〉应用指南》第 16 段中所列举的情况进行相应的定性分析。

9. 中国注册会计师审计准则问题解答第 9 号——项目质量控制复核(2014 年颁布)

有效的项目质量控制复核对于保证和提高审计工作质量尤为重要。中国注册会计师审计准则要求会计师事务所制定政策和程序，对相关审计业务实施项目质量控制复核，以客观评价项目组作出的重大判断以及在出具审计报告时得出的结论。本问题解答旨在提醒和帮助会计师事务所建立健全项目质量控制复核制度，切实履行持续改进审计工作质量的责任。

一、哪些项目需要考虑实施项目质量控制复核？

答：(一)与审计准则相关的考虑

《中国注册会计师审计准则第 1121 号——对财务报表审计实施的质量控制》要求会计师事务所对上市实体财务报表审计以及确定需要实施项目质量控制复核的其他审计业务,实施项目质量控制复核。

由于被审计单位情况不同,会计师事务所确定的需要实施项目质量控制复核的其他审计业务也不同。会计师事务所需要建立评价标准,以评价上市实体财务报表审计之外的哪些其他审计业务需要实施项目质量控制复核。评价标准可能包括法律法规的特别要求、项目的性质、识别出的异常情况及风险程度等。会计师事务所在设计指标,帮助注册会计师运用职业判断识别高风险审计项目时,通常考虑的因素举例如下:

(1)被审计单位首次公开发行股票或债券;

(2)被审计单位是提供金融服务的实体,例如银行、证券公司、保险公司;

(3)被审计单位因其规模、复杂性或涉及公众利益的程度而显得十分重要,拥有广泛的利益相关者。

《〈中国注册会计师审计准则第 1121 号——对财务报表审计实施的质量控制〉应用指南》指出,即使在业务开始时认为不需要实施项目质量控制复核,项目合伙人也要关注情况的变化,以识别有必要实施项目质量控制复核的情形。

(二)与职业道德守则相关的考虑

《中国注册会计师职业道德守则第 4 号——审计和审阅业务对独立性的要求》规定,审计项目组的其他合伙人与属于公众利益实体的被审计单位之间长期存在业务关系,将因密切关系和自身利益产生不利影响。会计师事务所应当评价不利影响的严重程度,并在必要时实施独立的质量控制复核等防范措施,消除不利影响或将其降低至可接受的水平。

《中国注册会计师职业道德守则第 4 号——审计和审阅业务对独立性的要求》还规定,如果会计师事务所连续两年从某一属于公众利益实体的被审计单位及其关联实体收取的全部费用,占其从所有客户收取的全部费用的比重超过 15%,会计师事务所应当向被审计单位治理层披露这一事实,并讨论选择下列何种防范措施,以将不利影响降低至可接受的水平:

(1)在对第二年度财务报表发表审计意见之前,由其他会计师事务所对该业务再次实施项目质量控制复核(简称发表审计意见前复核);

(2)在对第二年度财务报表发表审计意见之后、对第三年度财务报表发表审计意见之前,由其他会计师事务所对第二年度的审计工作再次实施项目质量控制复核(简称发表审计意见后复核)。

在上述收费比例明显超过 15%的情况下,如果采用发表审计意见后复核无法将不利影响降低至可接受的水平,会计师事务所应当采用发表审计意见前复核。

如果两年后,每年收费比例继续超过 15%,则会计师事务所应当每年向治理层披露这一事实,并讨论选择采取上述哪种防范措施。在收费比例明显超过 15%的情况下,如果采用发表审计意见后复核无法将不利影响降低至可接受的水平,会计师事务所应当采用发表审计意见前复核。

二、对项目质量控制复核的范围有何考虑?

答:(一)审计准则的相关要求

《中国注册会计师审计准则第 1121 号——对财务报表审计实施的质量控制》要求项目质量控制复核人员在评价项目组作出的重大判断以及编制审计报告得出的结论时,涉及下列内容:

(1)与项目合伙人讨论重大事项;

(2)复核财务报表和拟出具的审计报告;

(3)复核选取的与项目组作出的重大判断和得出的结论相关的审计工作底稿;

(4)评价在编制审计报告时得出的结论,并考虑拟出具审计报告的恰当性。

同时,对于上市实体财务报表审计,《中国注册会计师审计准则第 1121 号——对财务报表审计实施的质量控制》还要求项目质量控制复核人员在实施项目质量控制复核时考虑:

(1)项目组就具体审计业务对会计师事务所独立性作出的评价;

(2)项目组是否已就涉及意见分歧的事项,或者其他疑难问题或争议事项进行适当咨询,以及咨询得出的结论;

(3)选取的用于复核的审计工作底稿,是否反映项目组针对重大判断执行的工作,以及是否支持得出的结论。

（二）实务中的一些考虑

项目质量控制复核的范围可能取决于业务的复杂程度、被审计单位是否为上市实体以及出具不恰当报告的风险等因素，这需要项目质量控制复核人员基于事实和环境作出职业判断，并可视需要对项目质量控制复核程序进行扩展。项目质量控制复核可能考虑的事项举例如下：

（1）对项目组独立性的评价；

（2）特别风险的评估和应对；

（3）确定重要性时作出的重大判断；

（4）制定集团审计策略时作出的重大判断；

（5）对持续经营的评估是否适当；

（6）监管机构发现的重要事项是否已得到恰当解决；

（7）是否已进行恰当咨询，咨询的结论是否已得到适当执行，并充分记录；

（8）已更正错报和未更正错报；

（9）项目组与治理层的沟通事项（特别是与独立性相关的事项），以及项目组与监管机构的沟通事项。

三、如何从机制上为项目质量控制复核提供保证？

答：会计师事务所建立相应机制，为实现项目质量控制复核工作的预期目标提供保证。可能考虑的因素包括：

（1）在会计师事务所内部将项目质量控制复核作为质量控制架构的一个关键因素进行传达，培育重视和乐于接受项目质量控制复核的文化，有助于项目质量控制复核工作的有效开展；

（2）制定政策和程序，以明确项目质量控制复核的性质、时间安排和范围，确保在项目的适当阶段及时实施项目质量控制复核；

（3）委任适当人员实施项目质量控制复核，项目合伙人对项目质量控制复核人员在整个业务过程中的必要参与予以适当提醒；

（4）明确项目质量控制复核工作中意见分歧的解决路径；

（5）会计师事务所在审计质量政策中包括以下方面：

①项目质量控制复核的目的和价值；

②在整个审计过程中及时实施项目质量控制复核的重要性；

③在不损害项目质量控制复核人员客观性的情况下，项目组与项目质量控制复核人员就重大事项进行讨论；

④项目合伙人有责任为项目质量控制复核预留足够的时间预算；

（6）会计师事务所对项目质量控制复核工作开展的有效性进行持续评估和改进。

四、对项目质量控制复核人员的委任有何考虑？

答：会计师事务所应当制定政策和程序，解决项目质量控制复核人员的委任问题，明确项目质量控制复核人员的资格要求。会计师事务所需要考虑下列方面：

（1）项目质量控制复核人员的客观性。会计师事务所需要制定政策和程序，以保证项目质量控制复核人员的客观性。例如，项目质量控制复核人员由会计师事务所统一委派，在复核期间不以其他方式参与该项目、不代替项目组进行决策，不存在可能损害项目质量控制复核人员客观性的其他情形。

在执行审计过程中，项目合伙人可以向项目质量控制复核人员咨询。项目合伙人咨询项目质量控制复核人员后作出的判断，可以为项目质量控制复核人员所接受，从而可以避免在审计工作的后期出现意见分歧，这并不妨碍项目质量控制复核人员履行职责。

当咨询所涉及问题的性质和范围十分重大时，除非项目组和项目质量控制复核人员都能谨慎从事，以使项目质量控制复核人员保持客观性，否则项目质量控制复核人员的客观性可能受到损害。如果项目质量控制复核人员不能保持客观性，会计师事务所需要委派内部其他人员或具有适当资格的外部人员，担任项目质量控制复核人员或为该项审计业务提供咨询。

（2）项目质量控制复核人员的权威性。项目质量控制复核人员需要具备履行职责所需的充分、适当的技术专长、经验和权限。特别是，项目质量控制复核人员履行职责，不应受到项目合伙人职级的影响。对于项目合伙人在会计师事务所中担任高级领导职务的，要注意避免项目质量控制复核人员的客观性受到损害。项目质量控制复核人员需要具备质疑项目合伙人所需的适当资历(经验、能力),以便能够切实履行复核职责。

(3)项目质量控制复核人员所能承担的总体复核工作量。当一名复核人员在一定时间内承担过多的项目质量控制复核任务时,可能对实现项目质量控制复核目标产生不利影响,会计师事务所相关政策和程序需要对此予以考虑。

(4)对属于公众利益实体的被审计单位的特别要求。《中国注册会计师职业道德守则第4号——审计和审阅业务对独立性的要求》规定,如果被审计单位属于公众利益实体,相关关键审计合伙人任职时间不得超过五年,在任期结束后的两年内,不得为该被审计单位的审计业务实施质量控制复核。

五、对项目质量控制复核中的意见分歧有何考虑?

答:会计师事务所需要建立处理意见分歧的政策和程序,以应对项目质量控制复核人员与项目组之间可能出现的意见分歧。在项目组与项目质量控制复核人员的意见分歧得以解决前,不得出具审计报告。

解决意见分歧的有效程序,能够促进在审计工作的较早阶段识别出意见分歧,为拟采取的后续步骤提供明确指导,并要求对意见分歧的解决情况和形成结论的执行情况进行记录。

在通过内部咨询解决意见分歧时,按照内部咨询体系规定的流程和级次进行咨询。解决意见分歧的程序还可能包括向其他会计师事务所、职业团体或监管机构咨询。

六、对改进项目质量控制复核的具体措施有何考虑?

答:会计师事务所可以考虑:

(1)开发广泛应用的项目质量控制复核培训课程,使项目质量控制复核人员在如何履行职责方面接受充分培训,并使项目组了解项目质量控制复核人员如何履行职责及其对项目组的期望,以及在项目质量控制复核过程中咨询的可能类型;

(2)根据会计师事务所的相关政策和程序,对项目质量控制复核人员的工作进行考核;

(3)定期召开项目质量控制复核人员会议,讨论如何加强复核工作,并在设计培训课程及相关政策和程序时考虑相关意见和建议;

(4)汇编形成项目质量控制复核问题案例,以帮助项目质量控制复核人员向项目组提出适合具体情况的问题,评价项目组在具体业务中作出的重大判断和结论。

10. 中国注册会计师审计准则问题解答第10号——集团财务报表审计(2014年颁布)

《中国注册会计师审计准则第1401号——对集团财务报表审计的特殊考虑》规范了注册会计师执行集团审计时的特殊考虑,特别是涉及组成部分注册会计师的特殊考虑。本问题解答针对与集团财务报表审计有关的实务问题提供进一步的指引,以协助注册会计师按照审计准则的相关要求恰当执行集团财务报表审计业务。

一、如何识别重要组成部分?

答:根据《中国注册会计师审计准则第1401号——对集团财务报表审计的特殊考虑》第十八条的规定,重要组成部分,是指集团项目组识别出的具有下列特征之一的组成部分:

(1)单个组成部分对集团具有财务重大性;

(2)由于单个组成部分的特定性质或情况,可能存在导致集团财务报表发生重大错报的特别风险。

(一)单个组成部分对集团具有财务重大性

一般情况下,在判断单个组成部分是否对集团具有财务重大性时,集团项目组可以将选定的基准乘以某一百分比。确定基准和应用于该基准的百分比属于职业判断。根据集团的性质和具体情况,适当的基准可能包括集团资产、负债、现金流量、利润总额或营业收入。例如,集团项目组可能认为超过选定基准15%的组成部分是重要组成部分。

然而,较高或较低的百分比也可能是适合具体情况的。

在选取基准以确定单个组成部分是否对集团具有财务重大性时,实务中通常的做法可能有:

(1)使用在确定集团财务报表整体重要性时所使用的基准作为衡量的基准。

(2)使用其他的基准作为衡量的基准。例如,集团项目组使用税前利润作为设定集团财务报表整体重要性的基准，但对于亏损的组成部分，选择其他的基准，如营业收入、亏损额绝对值、资产总额等可能更加合适。

(3)使用两个或两个以上的基准来综合衡量。例如，如果某些组成部分收入极高但利润率极低，或者某些组成部分是收益不稳定的新成立主体，集团项目组可以采用两个基准来识别单个组成部分是否具有财务重大性。在这种情况下，集团项目组可对所有组成部分应用两个基准，一个是税前利润，另一个是收入，并将符合任何一个基准的百分比的组成部分识别为重要组成部分。

(4)集团项目组选定的基准可以考虑使用内部交易抵销后的结果。但在实务中可能存在一种情形，当某一组成部分的内部销售交易比重较大时，采用内部交易抵销后的营业收入作为确定其财务重大性的基准可能不再恰当，此时选择其他指标，如资产总额等，可能更加合适。

(二)由于单个组成部分的特定性质或情况，可能存在导致集团财务报表发生重大错报的特别风险

当单个组成部分的特定性质或情况，可能存在导致集团财务报表发生重大错报的特别风险时，集团项目组也可能将其识别为重要组成部分。

在识别哪些组成部分可能存在导致集团财务报表发生重大错报的特别风险时，需要运用职业判断。集团项目组可以考虑的因素包括但不限于：

(1)集团中从事特殊行业的组成部分，例如某个工业制造集团中专门从事资金管理和金融服务的财务公司，该组成部分的金融业务可能存在使集团财务报表发生重大错报的特别风险。

(2)当某一单个组成部分的某类交易、账户余额或披露超过集团财务报表整体重要性，或其性质和金额不符合集团项目组的预期时，集团项目组可能需要考虑该组成部分是否存在使集团财务报表发生重大错报的特别风险。

(3)当某一单个组成部分从事与集团其他同类组成部分不同的交易时，例如在集团的多家贸易公司中，某一贸易公司因从事出口贸易而拥有大量外币，该公司为了规避外汇风险而从事外汇掉期交易，虽然对集团并不具有财务重大性，但仍可能存在使集团财务报表发生重大错报的特别风险。

(4)当某一单个组成部分的财务信息涉及重大会计估计和判断时，例如组成部分管理层对固定资产剩余使用年限的估计变更使得固定资产折旧额发生重大变动，该会计估计变更可能存在使集团财务报表发生重大错报的特别风险。

(5)当某一单个组成部分的经营模式、业务流程、计算机信息技术系统、内部控制及关键管理人员发生重大变化时，这些变化可能存在使集团财务报表发生重大错报的特别风险。

(6)以前年度审计过程中发现的存在使集团财务报表发生重大错报的特别风险的组成部分。

(7)新收购的组成部分。

(8)由于被监管部门特别关注而被视为重要的组成部分。

二、如何确定对组成部分财务信息拟执行工作的类型？

答：对于组成部分财务信息，集团项目组应当确定由其亲自执行或由组成部分注册会计师代为执行的相关工作的类型。

工作类型包括财务信息审计、特定项目审计、特定审计程序、财务信息审阅、集团层面分析程序。

<table>
<tr><th colspan="2">组成部分的性质</th><th colspan="2">工作类型</th></tr>
<tr><td rowspan="4">重要组成部分</td><td>具有财务重大性</td><td>使用组成部分重要性对组成部分财务信息实施审计</td><td>财务信息审计</td></tr>
<tr><td rowspan="3">可能存在导致集团财务报表发生重大错报的特别风险</td><td>使用组成部分重要性对组成部分财务信息实施审计</td><td>财务信息审计</td></tr>
<tr><td>针对与可能导致集团财务报表发生重大错报的特别风险相关的一个或多个账户余额、一类或多类交易或披露事项实施审计</td><td>特定项目审计</td></tr>
<tr><td>针对可能导致集团财务报表发生重大错报的特别风险实施特定的审计程序</td><td>特定审计程序</td></tr>
</table>

（续表）

<table>
<tr><td>组成部分的性质</td><td colspan="2">工作类型</td></tr>
<tr><td>不重要组成部分</td><td>在集团层面实施分析程序</td><td>集团分析程序</td></tr>
<tr><td colspan="3">在下列两种情形下，选择某些不重要的组成部分执行相关工作：(1)集团项目组在执行完所有相关工作后，认为执行的工作不能获取形成集团审计意见所需的充分、适当的审计证据；(2)集团只包括不重要的组成部分，如果仅测试集团层面控制，并对组成部分财务信息实施分析程序，集团项目组通常不太可能获取形成集团审计意见所需的充分、适当的审计证据。</td></tr>
<tr><td rowspan="4">对于选择的不重要组成部分（集团项目组应当在一段时间之后更换所选择的组成部分）</td><td>使用组成部分重要性对组成部分财务信息实施审计</td><td>财务信息审计</td></tr>
<tr><td>对一个或多个账户余额、一类或多类交易或披露事项实施审计</td><td>特定项目审计</td></tr>
<tr><td>使用组成部分重要性对组成部分财务信息实施审阅</td><td>财务信息审阅</td></tr>
<tr><td>实施特定程序</td><td>特定审计程序</td></tr>
</table>

集团项目组确定选择多少组成部分、选择哪些组成部分以及对所选择的每个组成部分财务信息执行工作的类型，可能受下列因素的影响：

(1)预期就重要组成部分财务信息获取审计证据的程度；

(2)组成部分是新设立的还是收购的；

(3)组成部分是否发生重大变化；

(4)内部审计是否对组成部分执行了工作，以及内部审计工作对集团审计的影响；

(5)组成部分是否应用相同的系统和程序；

(6)集团层面控制运行的有效性；

(7)通过在集团层面实施分析程序识别出的异常波动；

(8)与同类其他组成部分相比，某组成部分是否对集团具有财务重大性，或可能导致风险；

(9)是否因法律法规要求或其他原因需要对组成部分执行审计。

三、在集团层面汇总和评价错报时需要考虑哪些事项？

答：汇总和评价错报是集团项目组对集团财务报表形成审计意见时的一个关键步骤。

《中国注册会计师审计准则第 1401 号——对集团财务报表审计的特殊考虑》规定集团项目组应当要求组成部分注册会计师与其沟通组成部分财务信息中未更正错报清单（清单不必包括低于集团项目组通报的临界值且明显微小的错报）。

集团项目组累积各个组成部分的错报，汇总编制集团错报汇总表。集团项目组在编制集团错报汇总表时通常考虑以下事项：

(1)根据组成部分注册会计师的备忘录或所执行工作的报告，分析其所执行工作的结果，判断是否存在可能影响集团错报汇总表的事项；

(2)判断某一组成部分识别的错报是否也适用于其他类似的组成部分；

(3)判断已识别出的错报是否对未执行审计工作的不重要的组成部分存在影响。

如果集团项目组在某一组成部分的错报中识别出某些有规律的系统性错报，由于这些错报也可能发生于其他组成部分，集团项目组可以要求各个组成部分注册会计师关注并报告这类错报，即使这类错报不超过该组成部分的临界值。例如，某组成部分财务信息中存在一项截止性错误，该错误产生于集团统一的信息技术自动化系统在期末的错误处理程序，由于该错误处理程序对其他组成部分产生的错报可能未超过其临界值而未被其他组成部分注册会计师所关注，故集团项目组可以要求各个组成部分注册会计师报告此错报，并在编制集团错报汇总表时汇总考虑该错报对集团财务报表的影响。

集团项目组负责评价汇总的未更正错报对集团财务报表的影响。集团项目组需要对汇总的未更正错报进行定量和定性评价，根据情况对集团财务报表提出进一步审计调整建议，并要求集团管理层或组成部分更正错报，使未更正错报单独或汇总起来对集团财务报表整体的影响不重大。如果集团管理层拒绝更正错报，集团项目组需要按照《中国注册会计师审计准则第 1502 号——在审计报告中发表非无保留意见》的规定考虑其对审计意见的影响。

11. 中国注册会计师审计准则问题解答第 11 号——会计估计(2014 年颁布)

由于被审计单位的经营活动具有内在不确定性，某些财务报表项目不能精确计量，只能进行估计。正是由于这种不确定性，在会计实务中，很多财务报表舞弊都与会计估计相关。对于注册会计师而言，如何应对会计估计的不确定性导致的财务报表重大错报风险，是审计的难点。《中国注册会计师审计准则第 1321 号——审计会计估计(包括公允价值会计估计)和相关披露》规范了注册会计师在财务报表审计中与会计估计(包括公允价值会计估计)和相关披露有关的审计责任。本问题解答旨在就注册会计师如何应对会计估计审计中存在的难点和疑问提供指导。

一、注册会计师在审计会计估计时，哪些迹象可能表明存在管理层偏向？

答：管理层偏向，是指管理层在编制和列报财务信息时缺乏中立性。由于某些财务报表项目需要进行估计，管理层有可能通过选择不符合最佳实务做法的会计估计或故意作出不恰当的会计估计对财务报表进行操纵。是否存在管理层偏向涉及注册会计师的职业判断，这种职业判断是注册会计师综合考虑审计过程中获取的各项信息和事实之后作出的。表明可能存在与会计估计相关的管理层偏向迹象的例子包括：

1. 管理层主观地认为环境已经发生变化，并相应地改变会计估计或估计方法；或者环境已经发生变化，但管理层并未根据变化对会计估计或估计方法作出相应的改变；或者会计估计或估计方法频繁变更，但似乎并非由所处环境的变化所致。

2. 管理层选择或作出重大假设以产生有利于管理层目标的点估计。例如，被审计单位在确认建造合同收入时，完工百分比根据实际已发生成本占预计总成本的比例确定，管理层在作出预计总成本的估计时，可能高估或低估预计总成本，从而达到调节收入和利润的目的。

3. 会计估计所依赖的假设存在内在的不一致，如对成本费用增长率的预期与收入增长率的预期显著不同。

4. 管理层的主观判断或采用的假设与市场、宏观环境、行业数据或历史信息不一致，从而显示管理层的主观判断或采用的假设带有明显偏向。例如，针对公允价值会计估计，如果被审计单位使用模型作出会计估计，在管理层使用的假设与可观察到的市场假设存在重大不一致的情况下，管理层仍使用其自有假设。再如，被审计单位所处行业整体产能过剩，被审计单位在经营过程中发生连续亏损，固定资产使用率明显低于设计使用率，但管理层在对固定资产进行减值测试时，仍然采用比较乐观的经营预测，且该经营预测未能如实反映被审计单位的经营状况和经营环境。

5. 以前年度财务报表确认和披露的重大会计估计与后期实际结果之间存在重大差异，并且各项差异的方向一致(例如，各项差异同为增加利润)或者差异的方向与管理层目标一致(例如，管理层当年度的目标是增加利润，或减少税负)。

6. 变更会计估计后被审计单位的财务成果或财务状况将发生显著的变化，例如，扭亏为盈、达到再融资要求等。

7. 选择带有乐观或悲观倾向的点估计。管理层的经营理念和风格也可能导致管理层偏向，注册会计师注意到被审计单位在编制财务报表时表现出明显的过于激进或过于保守的倾向，这可能使得管理层作出的会计估计也表现为过于激进(例如，管理层在考虑商誉减值时，对于产生商誉的资产组或资产组组合的未来现金流量过于乐观)或过于保守(例如，坏账准备的计提比例过高)。

8. 管理层试图通过对专家的选择以及对专家工作的干涉，从而影响专家对特定会计估计的工作结果，这也可能表明存在管理层偏向。例如，管理层在选择专家时，刻意避开相关领域内信誉和胜任能力较好的专家，转而聘用该领域胜任能力不足，或信誉一般的专家，以便可以更加容易地影响相关专家的工作结果。再如，管理层可能在选择专家时已经向相关专家透露了其对特定事项的预期结果，从而只选择愿意满足管理层预期结果的专家（购买意见）对相关会计估计进行评估。

在某些情况下，注册会计师可能很容易识别出管理层偏向，但在另外一些情况下，注册会计师可能只有在对不同类型或所有会计估计的汇总数加以考虑时，或者对连续几个期间进行观察时，才能识别出管理层偏向。即使某些形式的管理层偏向为主观决策所固有，在作出这些决策时，管理层可能无意误导财务报表使用者。但是，当存在有意误导时，管理层偏向具有欺诈性质。注册会计师应当复核管理层在作出会计估计时的判断和决策，以识别可能存在管理层偏向的迹象。注册会计师保持职业怀疑，有助于识别这些迹象。

二、针对基于重大假设作出的会计估计，注册会计师可以从哪些方面考虑相关假设的合理性？

答：如果在作出会计估计时运用的某些假设的合理变化可能对会计估计的计量结果产生重大影响，则这些假设被视为重大假设。存在重大假设的会计估计往往也表明存在高度估计不确定性，并由此可能产生特别风险。管理层对未来发生的事项作出的假设反映了管理层的预期，同时，管理层基于此预期，拟采取的行动计划反映了管理层执行某项措施的意图和能力。因此，注册会计师在评价重大假设的合理性时，需要考虑管理层的预期、管理层的意图和能力以及相关法律法规的要求来进行综合评价。

（一）考虑管理层的预期

会计估计所依据的假设可能反映管理层对特定目标和战略结果的预期。注册会计师在考虑相关重大假设是否合理时，除了可以考虑《＜中国注册会计师审计准则第 1321 号——审计会计估计（包括公允价值会计估计）和相关披露＞应用指南》第 79 段列举的事项外，还可以考虑以下事项：

（1）同行业公开数据或可以获得的同行业类似的经验，例如，管理层在编制盈利预测时采用的未来期间的毛利率明显高于同行业其他主体，注册会计师可能需要对相关假设的合理性保持警觉；

（2）可获取的支持性证据，如专家的结论或意见等。例如，某从事核电业务的被审计单位预计在生产结束时清理核废料的费用将由于未来技术的变化而显著降低，那么该被审计单位由此作出的有关预计负债的估计金额应当反映有关专家对技术发展及清理费用减少作出的合理预测。

（二）考虑管理层的意图和能力

会计估计涉及的假设的合理性可能取决于管理层执行某项措施的意图和能力。针对重大假设的合理性，注册会计师在评估管理层的意图和能力时，除考虑《〈中国注册会计师审计准则第 1321 号——审计会计估计（包括公允价值会计估计）和相关披露〉应用指南》第 80 段列举的程序外，还可以考虑以下事项：

（1）管理层实现其意图的能力。例如，管理层应对持续经营假设疑虑的措施是从银行获取额外贷款，则注册会计师需要评估其获取额外贷款的可能性；

（2）从管理层建立的持续战略分析和风险管理流程中可能获取支持管理层作出重大假设的其他相关信息。例如，被审计单位的生产能力报告，或相关项目的可行性报告中包含的有关最大产能分析，或者盈亏平衡点信息等。

当然，并非所有存在重大假设的会计估计都需要考虑管理层的意图和能力。例如，作出公允价值会计估计通常不考虑管理层的意图或能力，因为公允价值计量的目标要求假设反映市场参与方的有序交易中可能运用的假设。

（三）考虑相关法律法规的要求

注册会计师考虑管理层的预期和能力，在适用的情况下，还可能需要考虑相关法律法规的要求。例如，随着国家及社会公众对环保问题的日益关注，相关法律法规可能对被审计单位涉及的环保责任予以加强，从而导致与此相关的会计估计发生变化。从事资源开采行业的被审计单位的预计固定资产弃置费用可能需要根据相关法律法规的要求予以更新，而注册会计师需要考虑被审计单位对于预计弃置费用的估计是否符合相关法律法规的要求。

三、被审计单位发生会计估计变更时，注册会计师如何考虑相关变更的合理性及会计处理的适当性？

答：当识别出管理层变更了会计估计时，注册会计师可以从以下方面考虑会计估计变更的合理性及会计处理的适当性：

（一）考虑管理层作出会计估计变更的原因和依据

管理层作出会计估计变更的原因和依据可能包括：

(1)以前年度据以作出会计估计的基础信息发生了变化。注册会计师需要了解管理层所声称的这些变化是否确实发生,导致管理层作出会计估计变更的具体原因或事项是什么,相比以前年度发生了哪些变化,管理层作出的会计估计变更是否反映了该变化等。

(2)管理层取得了新的信息或积累了更多经验。注册会计师需要了解这些新的信息和经验的具体内容是什么、来源是否可靠,以及这些信息是否确实为自上期财务报表日之后才出现或可能获取的新信息,并且需要考虑这些新信息是否与注册会计师对该事项的了解一致。同时,如果这些信息适用于《企业会计准则第 29 号——资产负债表日后事项》的规定,则注册会计师可能需要考虑上期财务报表中会计估计的确认或披露是否恰当。

(3)相关法律法规引起的会计估计变更。例如,某从事化工行业的被审计单位对环境造成了污染,按照以前年度的法律法规,被审计单位只需要对污染进行清理,而随着国家对环境保护越来越重视,按照现行法律法规,该被审计单位不但需要对污染进行清理,还可能需要对受此影响的居民进行赔偿,此时管理层在作出会计估计时还需要考虑相关赔偿义务的影响。

考虑管理层作出会计估计变更的原因和依据时,应当判断管理层是否存在滥用会计估计变更的情况,如管理层未严格区分会计估计变更、会计政策变更和前期差错更正,试图通过滥用会计估计变更调节利润。

注册会计师还可以考虑与同行业类似或相关的会计估计进行比较,从不同的角度评价管理层进行会计估计变更是否符合实际情况。当然,如果注册会计师注意到与被审计单位相关的外部或内部环境发生了变化,但管理层并未对相关会计估计作出变更,注册会计师也需要关注管理层不对这些会计估计作出变更是否合理。

(二)考虑截至审计报告日发生的事项是否提供有关会计估计变更的审计证据

截至审计报告日发生的事项有时可能提供有关会计估计(包括其变更)的充分、适当的审计证据。对这类期后事项的复核可能会减少注册会计师通过实施其他审计程序评价被审计单位会计估计变更合理性的工作量,在这种情况下,如果已获取有关该事项的充分、适当的审计证据,可能没有必要对会计估计(包括其变更)实施其他追加的审计程序。例如,资产负债表日后涉及诉讼的终审判决结果可能为资产负债表日未决诉讼的预计负债重新估计的金额提供直接的审计证据,从而没有必要针对相关会计估计变更实施其他审计程序。

(三)考虑会计估计变更的会计处理是否正确以及相关披露是否充分、完整

针对会计估计变更的会计处理,注册会计师可以考虑的内容包括会计估计变更的原因、变更的内容、变更的时点;会计估计变更对当期和未来期间的影响金额,以及对其他各项目的影响金额;会计估计变更的影响金额不能确定的,管理层是否披露这一事实和原因。注册会计师需要结合适用的财务报告编制基础,确定相关会计处理是否正确,与会计估计变更有关的披露是否充分、完整。

四、在审计会计估计时,注册会计师如何作出点估计或区间估计?

答:《〈中国注册会计师审计准则第 1321 号——审计会计估计(包括公允价值会计估计)和相关披露〉应用指南》第 87 段指出,当存在诸如下列情形时,注册会计师作出点估计或区间估计以评价管理层的点估计,可能是恰当的应对措施:

(1)会计估计不是源于会计系统对数据的常规处理;

(2)注册会计师对管理层在上期财务报表中作出的类似事项的会计估计进行复核后认为本期流程不太可能是有效的;

(3)被审计单位没有恰当设计或执行针对会计估计流程的控制;

(4)财务报表日至审计报告日之间发生的事项或交易与管理层的点估计相互矛盾;

(5)注册会计师能够从其他来源获取作出点估计或区间估计时可使用的相关数据。

注册会计师在作出自己的点估计或区间估计时,可以考虑相关行业数据、市场中可观察到的数据、会计估计涉及的各种结果发生的可能性以及在其他被审计单位审计中获取的可比较的信息(在满足保密义务的前提下)。对于不同的会计估计,可以采用的方法和数据可能各不相同。

以针对预计负债的估计金额为例:

(1)如果预计未来支出金额存在一个连续范围(或区间,下同),且该范围内各种结果发生的可能性相同,则最佳估计数按照范围内的中间值,即上下限金额的平均数确定;

(2)如果预计未来支出金额不存在一个连续范围,或者虽然存在一个连续范围,但该范围内各种结果发生的可能性不相同,在预计负债只涉及一个项目(指或有事项涉及的项目只有一个,如一项诉讼、一项债务

担保等)时,则按照最可能发生的金额确定;在预计负债涉及多个项目时(指或有事项涉及的项目不止一个,如在产品质量保证中,提出产品保修要求的可能有许多客户。相应的,企业对这些客户负有保修义务),则按照可能结果及相关概率计算确定。

例如①:被审计单位需就售出的产品(销售收入 1.2 亿元)提供为期一年的保修服务。假设注册会计师从被审计单位销售部和售后服务部门得知,根据以往经验,如果出现较小的质量问题,则需发生的售后服务成本为销售额的 1%,如果出现较大的质量问题,则需发生的售后服务成本为销售额的 2%。被审计单位质量控制和售后服务部门根据历史数据分析预测,本年度已售产品中 80%不会发生质量问题,15%可能发生较小质量问题,5%可能发生较大质量问题。则根据相关财务报告编制基础提供的指引,相关售后服务成本金额的最佳估计数可以考虑计算如下:1.2 亿×15%×1%+1.2 亿×5%×2%=30 万,因此,注册会计师作出的点估计为 30 万元。

如果注册会计师在作出点估计或区间估计时使用了有别于管理层的假设或方法,注册会计师应当充分了解管理层的假设或方法,以确定注册会计师在作出点估计或区间估计时已考虑了相关变量,并评价与管理层的点估计存在的任何重大差异。

一般来说,可以由注册会计师独立作出的点估计或区间估计通常不会涉及复杂的会计估计和估计模型。根据《中国注册会计师审计准则第 1421 号——利用专家的工作》第八条的规定,如果在会计或审计以外的某一领域的专长对获取充分、适当的审计证据是必要的,注册会计师应当确定是否利用专家的工作。因此,对于复杂的或专业性很强的会计估计,如股份支付、固定资产弃置费用或者与金融工具相关的公允价值等,注册会计师可能需要考虑利用专家协助作出相关的点估计或区间估计,或由专家协助评价管理层作出的会计估计(也可能是由管理层的专家作出的公允价值会计估计)。注册会计师基于自身的知识和胜任能力,以及数据的可获得性确定是否亲自作出点估计或区间估计,或者考虑利用专家协助其执行相关工作。

五、针对常见会计估计的例子,注册会计师可以考虑哪些事项?

答:根据适用的财务报告编制基础的规定,不同被审计单位面临的需要作出会计估计的情形可能各有不同,下表列举了常见的会计估计的例子以及针对每一种会计估计,注册会计师可以考虑的事项。下表并非注册会计师可以考虑事项的全部,仅为注册会计师的执业提供参考。

涉及的会计估计	注册会计师可以考虑的事项
应收款项的计价	(1)对于取得的由被审计单位编制的账龄分析表,就其完整性和准确性实施程序; (2)对被审计单位以前年度冲销的坏账准备以及计提坏账准备的结果进行复核; (3)考虑被审计单位确定的坏账计提比例的合理性,避免只是按照被审计单位的计提比例执行简单的重新计算; (4)对于单项计提坏账准备的应收款项,计提的坏账准备是否合理; (5)考虑期后事项。
存货的计价	(1)结合相关行业数据(如存货周转天数)或同行业其他公司的信息考虑管理层对于存货可变现净值的估计是否合理,包括考虑供应商和客户等上下游相关产品的售价信息; (2)结合执行存货监盘观察到的情况,考虑被审计单位对于残次冷背存货的会计处理是否恰当; (3)询问财务部之外的其他人员(如负责销售或营运的人员),获取他们对于被审计单位存货价值的考虑; (4)分析存货的估计售价以确定存货的可变现净值是否高于或低于其成本; (5)关注管理层在考虑存货的可变现净值时是否考虑了进一步加工成本和预计销售费用以及相关税费。

① 在本例中,约定的保修期为售后 1 年,时间较短,因此未考虑相关负债的时间价值。

（续表）

涉及的会计估计	注册会计师可以考虑的事项
长期资产（包括固定资产、无形资产和商誉）的计价	(1)根据外部环境，包括行业发展趋势以及被审计单位在行业中的地位，考虑管理层编制财务预测所采用的假设，如业绩增长比例和折现率等； (2)复核管理层作出的以前年度预测和该年度实际经营结果，考虑管理层作出准确预测的能力； (3)如果获取与被审计单位管理层的预测相反的客观证据，需要根据该反面证据考虑管理层的会计估计； (4)当被审计单位发生连续累计亏损时，注册会计师在评价管理层的预测时，需要充分考虑该连续累计亏损所提示的信息； (5)另外，资产的可收回金额应当根据资产的公允价值减去处置费用后的净额与资产预计未来现金流量的现值两者之间较高者确定，即如果资产预计未来现金流量的现值低于资产的账面价值，管理层还需要考虑公允价值减去处置费用的净额，并选取其中较高者作为考虑资产减值的依据。
涉及未来现金流量预测的估计	(1)识别估值模型中涉及的重大假设（即其合理变动将对估计的计量结果产生重大影响的假设）； (2)评价假设是否代表市场参与者的观点（财务报告编制基础要求作出这一考虑）； (3)考虑用以作出估计的方法或假设自前期以来是否已发生变更或需要作出变更； (4)考虑重大假设相对于整体减值分析的敏感性； (5)考虑管理层实施特定行动的意图是否与其能力相符； (6)考虑在编制初步分析和预测之后所获得的新信息； (7)评价有关假设和因素是否在与财务报表相关的其他会计估计和财务预测中一致地应用； (8)执行对前期预测的复核以确定与前期估计相关的管理层判断和假设是否表明可能存在管理层偏向； (9)考虑有关财务预测的反面证据的影响； (10)考虑管理层使用的折现率是否反映了当前市场货币时间价值和资产特定风险； (11)考虑使用的折现率和预计现金流量是否同为税前结果。
涉及未决诉讼或索赔的估计	(1)与诉讼或索赔相关的损失的可估计性； (2)导致与诉讼或索赔相关的损失无法估计的事项或情况； (3)在考虑诉讼结果为负面的可能性大小时，可以考虑下列因素： ①诉讼的性质和解决机制； ②诉讼的进展情况，包括法庭对于事实、司法管辖权和其他事项的初步裁决，以及已经提出的解决方案； ③法律顾问或其他顾问的观点； ④被审计单位在类似案件中的经验； ⑤类似案件在以往的实际结果； ⑥管理层对于如何解决该诉讼的决定（如庭外和解）； ⑦被审计单位或对方上诉的机会（如必要）； (4)根据管理层减少损失的努力和法律上的策略，未来需要发生的解决费用。

六、在审计会计估计时，如何形成审计工作底稿？

答：根据《中国注册会计师审计准则第 1321 号——审计会计估计（包括公允价值会计估计）和相关披露》的规定，注册会计师应当就下列事项形成审计工作底稿：

（一）对导致特别风险的会计估计的合理性及其披露的充分性，注册会计师得出结论的基础可能包括下列方面：

(1)记录导致特别风险的会计估计和得出的结论,以及在得出结论时作出的重大职业判断;

(2)记录注册会计师对导致特别风险的会计估计的合理性得出结论的基础,包括获取的证据、对相关审计证据的评价以及注册会计师执行的审计程序;

(3)记录与管理层、治理层及其他人员就导致特别风险的会计估计进行的讨论;

(4)如果与特别风险有关的会计估计的支持性证据来源于专家,注册会计师应当记录与专家进行的讨论及其结果;

(5)如果利用了专家的工作,项目组还需要根据《中国注册会计师审计准则第 1421 号——利用专家的工作》的规定,在工作底稿中记录对专家胜任能力和独立性的评估,以及对专家工作范围的界定和工作结果的评估等内容;

(6)项目合伙人以及项目质量控制复核人(如有)复核上述工作底稿的记录。

(二)可能存在管理层偏向的迹象

对于识别的可能存在的管理层偏向,注册会计师的记录可能包括:

(1)在审计计划阶段,记录对有关管理层偏向的疑虑;

(2)在审计执行阶段和总结阶段,记录可能存在的管理层偏向及应对情况。

12. 中国注册会计师审计准则问题解答第 12 号——货币资金审计(2014 年颁布)

货币资金是企业日常经营活动的起点和终点,其增减变动与被审计单位的日常经营活动密切相关。较多舞弊案件都与被审计单位的货币资金相关,本问题解答旨在针对货币资金审计中的实务问题,提示注册会计师可能需要关注和考虑的事项。需要注意的是,本问题解答并未穷尽注册会计师在实施货币资金审计时可能实施的所有审计程序,所列举的审计程序也并不意味着注册会计师在所有情况下都必须实施。

一、在实施货币资金审计的过程中,注册会计师可能需要关注哪些事项或情形?

答:在实施货币资金审计的过程中,如果被审计单位存在以下事项或情形,注册会计师需要保持警觉:

(1)被审计单位的现金交易比例较高,并与其所在的行业常用的结算模式不同;

(2)库存现金规模明显超过业务周转所需资金;

(3)银行账户开立数量与企业实际的业务规模不匹配;

(4)在没有经营业务的地区开立银行账户;

(5)企业资金存放于管理层或员工个人账户;

(6)货币资金收支金额与现金流量表不匹配;

(7)不能提供银行对账单或银行存款余额调节表;

(8)存在长期或大量银行未达账项;

(9)银行存款明细账存在非正常转账的"一借一贷";

(10)违反货币资金存放和使用规定(如上市公司未经批准开立账户转移募集资金、未经许可将募集资金转作其他用途等);

(11)存在大额外币收付记录,而被审计单位并不涉足外贸业务;

(12)被审计单位以各种理由不配合注册会计师实施银行函证。

除上述与货币资金项目直接相关的事项或情形外,注册会计师在审计其他财务报表项目时,还可能关注到其他一些亦需保持警觉的事项或情形。例如:

(1)存在没有具体业务支持或与交易不相匹配的大额资金往来;

(2)长期挂账的大额预付款项;

(3)存在大额自有资金的同时,向银行高额举债;

(4)付款方账户名称与销售客户名称不一致、收款方账户名称与供应商名称不一致;

(5)开具的银行承兑汇票没有银行承兑协议支持;

(6)银行承兑票据保证金余额与应付票据余额比例不合理。

二、如果对银行账户的完整性存有疑虑，注册会计师可以考虑实施哪些审计程序？

答：如果对被审计单位银行账户的完整性存有疑虑，例如，当被审计单位可能存在账外账或资金体外循环时，除实施其他审计程序外，注册会计师可以考虑实施以下审计程序：

(1)了解并评价被审计单位开立账户的管理控制措施。了解报告期内被审计单位开户银行的数量及分布，与被审计单位实际经营的需要进行比较，判断其合理性，关注是否存在越权开立银行账户的情形。

(2)询问办理货币资金业务的相关人员（如出纳），了解银行账户的开立、使用、注销等情况。必要时，获取被审计单位已将全部银行存款账户信息提供给注册会计师的书面声明。

(3)注册会计师亲自到人民银行或基本存款账户开户行查询并打印《已开立银行结算账户清单》，以确认被审计单位账面记录的银行人民币结算账户是否完整。

(4)结合其他相关细节测试，关注原始单据中被审计单位的收（付）款银行账户是否包含在注册会计师已获取的开立银行账户清单内。

三、注册会计师可以考虑对定期存款实施哪些审计程序？

答：如果被审计单位有定期存款，注册会计师可以考虑实施以下审计程序：

(1)向管理层询问定期存款存在的商业理由并评估其合理性；

(2)获取定期存款明细表，检查是否与账面记录金额一致，存款人是否为被审计单位，定期存款是否被质押或限制使用；

(3)在监盘库存现金的同时，监盘定期存款凭据。如果被审计单位在资产负债表日有大额定期存款，基于对风险的判断考虑选择在资产负债表日实施监盘；

(4)对未质押的定期存款，检查开户证实书原件，以防止被审计单位提供的复印件是未质押（或未提现）前原件的复印件。在检查时，还要认真核对相关信息，包括存款人、金额、期限等，如有异常，需实施进一步审计程序；

(5)对已质押的定期存款，检查定期存单复印件，并与相应的质押合同核对。对于质押借款的定期存单，关注定期存单对应的质押借款有无入账，对于超过借款期限但仍处于质押状态的定期存款，还应关注相关借款的偿还情况，了解相关质权是否已被行使；对于为他人担保的定期存单，关注担保是否逾期及相关质权是否已被行使；

(6)函证定期存款相关信息；

(7)结合财务费用审计测算利息收入的合理性，判断是否存在体外资金循环的情形；

(8)在资产负债表日后已提取的定期存款，核对相应的兑付凭证等；

(9)关注被审计单位是否在财务报表附注中对定期存款给予充分披露。

四、注册会计师可以考虑对银行存款余额调节表实施哪些审计程序？

答：银行存款余额调节表主要用于核对企业账面记录的银行存款账目与银行记录的企业存款账目是否一致。注册会计师获取并检查被审计单位的银行存款余额调节表，是证实资产负债表日所列银行存款是否存在和完整的重要程序。注册会计师针对银行存款余额调节表可以考虑实施以下审计程序：

(1)了解并评价与银行存款余额调节表的编制和复核及差异处理相关的内部控制；

(2)注册会计师设计和实施控制测试，针对与银行存款余额调节表相关的控制运行的有效性，获取充分、适当的审计证据；

(3)核对银行存款账面余额与银行对账单是否调节一致，如果调节不符，是否查明原因，对需要进行账务调整的事项，是否及时进行处理；

(4)检查银行存款余额调节表中调节事项的性质。如果被审计单位的银行存款余额调节表存在大额或较长时间的未达账项，注册会计师需要查明原因并确定是否需要提请被审计单位调整。

五、注册会计师可以考虑对货币资金发生额实施哪些审计程序？

答：注册会计师对货币资金的发生额进行审计，通常能够有效应对被审计单位编制虚假财务报告、管理层或员工非法侵占货币资金等舞弊风险。除实施其他审计程序外，注册会计师还可以考虑对货币资金的发生额实施以下程序：

(1)分析不同账户发生银行日记账漏记银行交易的可能性，获取相关账户相关期间的全部银行对账单；

(2)如果对被审计单位银行对账单的真实性存有疑虑，注册会计师可以在被审计单位协助下亲自到银行获取银行对账单。在获取银行对账单时，注册会计师要全程关注银行对账单的打印过程；

(3)选取银行对账单中记录的交易与被审计单位银行日记账记录进行核对；从被审计单位银行存款日记账上选取样本，核对至银行对账单；

(4)浏览银行对账单，选取大额异常交易，如银行对账单上有一收一付相同金额，或分次转出相同金额等，检查被审计单位银行存款日记账上有无该项收付金额记录。

六、注册会计师对其他货币资金实施审计程序时，有哪些特别关注的事项？

答：注册会计师对其他货币资金实施审计程序时，通常可能特别关注以下事项：

(1)保证金存款的检查，检查开立银行承兑汇票的协议或银行授信审批文件。可以将保证金账户对账单与相应的交易进行核对，根据被审计单位应付票据的规模合理推断保证金数额，检查保证金与相关债务的比例和合同约定是否一致，特别关注是否存在有保证金发生而被审计单位无对应保证事项的情形。

(2)对于存出投资款，跟踪资金流向，并获取董事会决议等批准文件、开户资料、授权操作资料等。如果投资于证券交易业务，通常结合相应金融资产项目审计，核对证券账户名称是否与被审计单位相符，获取证券公司证券交易结算资金账户的交易流水，抽查大额的资金收支，关注资金收支的财务账面记录与资金流水是否相符。

七、对于现金交易比例较高的被审计单位，注册会计师在实施货币资金审计时，有哪些特殊考虑？

答：如果被审计单位的现金交易比例较高，注册会计师需要了解和评估现金交易比例较高的合理性，是否与其业务性质相匹配，是否采取了适当措施保证现金收支完整、准确、安全。除实施其他审计程序外，注册会计师还可以考虑实施以下审计程序：

(1)了解和评价被审计单位现金交易的内部控制，针对相关控制运行的有效性，获取充分、适当的审计证据；

(2)结合对生产、采购、销售、工薪等业务循环相关报表项目的审计结果，分析评价现金交易的合理性；

(3)了解现金交易对方的情况。向主要的现金交易对方函证被审计期间内发生的交易金额。在必要时，注册会计师可以选取现金结算量较大的交易对方进行实地观察或询问。如果交易对方为自然人，必要时，可以考虑验证交易对方签字的真实性；

(4)检查大额现金收支，核对其交易真实性；

(5)对现金采购、销售交易过程实施观察程序；

(6)对库存现金实施突击监盘程序。

13. 中国注册会计师审计准则问题解答第 13 号——持续经营(2014 年颁布)

《中国注册会计师审计准则第 1324 号——持续经营》对注册会计师在财务报表审计中与管理层编制财务报表时运用持续经营假设相关的责任作出规范。本问题解答旨在针对财务报表审计中与管理层编制财务报表时运用持续经营假设相关的实务问题，强调注册会计师应保持职业怀疑，提示注册会计师在开展审计工作时需要关注和考虑的事项。

一、为履行在财务报表审计中与管理层编制财务报表时运用持续经营假设相关的责任，注册会计师需要开展哪些方面的工作？

答：根据《中国注册会计师审计准则第 1324 号——持续经营》的规定，为履行在财务报表审计中与管理层编制财务报表时运用持续经营假设相关的责任，注册会计师需要开展以下几个方面的工作：

(1)在实施风险评估程序时，考虑是否存在导致对被审计单位持续经营能力产生重大疑虑的事项或情况，并在整个审计过程中保持警觉；

(2)评价管理层对被审计单位持续经营能力的评估；

(3)当识别出可能导致对被审计单位持续经营能力产生重大疑虑的事项或情况时，实施追加的审计程序，以确定是否存在与这些事项或情况有关的重大不确定性；

(4)评估财务报表是否已充分披露与可能导致对被审计单位持续经营能力产生重大疑虑的事项或情况有关的重大不确定性；

(5)考虑被审计单位持续经营能力对审计报告的影响；

(6)与治理层就识别出的可能导致对被审计单位持续经营能力产生重大疑虑的事项或情况进行沟通，除非治理层全部成员参与管理被审计单位。

二、哪些事项或情况可能导致对被审计单位的持续经营能力产生重大疑虑?

答:除《中国注册会计师审计准则第 1324 号——持续经营》及其应用指南中列出的事项或情况外，单独或汇总起来可能导致对被审计单位持续经营能力产生重大疑虑的事项或情况还包括以下示例。这些示例并未涵盖所有事项或情况，也不意味着存在其中一个或多个事项或情况就一定表明可能导致对持续经营能力产生重大疑虑。

财务方面:

(1)坏账大幅度增加，或重要客户经营状况恶化;

(2)需要寻求新的资金来源或融资方式来维持日常经营活动，或需要处置重要资产才能维持运营;

(3)贸易条款的改变(包括贸易信贷的可获得性)对被审计单位严重不利;

(4)更依赖于非传统的融资方式;

(5)难以通过有效手段筹集资金用于偿付到期债务;

(6)在获取必要的资本和信用方面出现更多的限制;

(7)信用评级机构的评级降低。

经营方面:

(1)过度依赖某个项目的成功;

(2)需要对经营政策作出重大调整;

(3)被审计单位所属行业发生重大变化;

(4)在经济不稳定地区(如高通胀国家、货币大幅贬值国家)有重大经营活动;

(5)重要经营活动易受市场不稳定的影响;

(6)主要生产线已经出现非正常停产;

(7)产品和服务的需求出现大幅下滑或结构性调整;

(8)预期之外的公司组织结构和经营管理的变化;

(9)被审计单位被司法机关立案调查或可能面临行政处罚。

某些措施可能减轻这些事项或情况的严重性。例如，被审计单位无法正常偿还债务的影响，可能由管理层通过替代方法(如处置资产、重新安排贷款偿还或获得额外资本金)计划保持足够的现金流量所抵销。类似地，主要供应商的流失也可以通过寻找适当的替代供应来源以降低损失。

三、当识别出可能导致对被审计单位持续经营能力产生重大疑虑的事项或情况时，为确定是否存在与这些事项或情况有关的重大不确定性，注册会计师需要评价管理层与持续经营能力评估相关的未来应对计划。在这一过程中，注册会计师可以关注哪些事项?

答:管理层与持续经营能力评估相关的未来应对计划可能包括变卖资产、债务融资、缩减或延缓开支、增加权益资本、获取母公司或其他方面的支持、调整营销策略等。结合《〈中国注册会计师审计准则第 1324 号——持续经营〉应用指南》第 15 段所列示的审计程序，针对不同类型的应对计划，注册会计师关注的事项可能包括:

(一)变卖资产

(1)对于拟处置的资产，确定支持证据的充分性;

(2)考虑是否存在处置资产的限制，例如，在贷款协议中存在有限制处置资产的条款;

(3)考虑拟处置资产的变现能力;

(4)确定拟处置资产的潜在直接或间接影响;

(5)从资产处置中获取资金的充足性和及时性。

(二)债务融资

(1)阅读公司债券和借款合同的条款并确定是否存在违约情况，或者在可预见的未来可能违约;

(2)确认授信合同的存在性、条款和充分性;

(3)考虑债务融资的可获得性;

(4)考虑被审计单位现有的借款合同是否对继续举债存在限制条款;

(5)检查被审计单位与金融机构就固定期限借款展期的协议,如固定期限借款合同尚未到期,了解被审计单位与金融机构就展期进行的沟通情况。

(三)缩减或延缓开支

(1)考虑缩减管理费用等间接费用、推迟固定资产维修、推迟项目研发等的可行性;

(2)评价缩减或延缓开支的直接或间接影响;

(3)考虑管理层缩减或延缓开支计划的详细程度。

(四)增加权益资本

(1)考虑增加权益资本计划的可行性;

(2)评价增加权益资本对被审计单位的影响。

(五)获取母公司或其他方面的支持

(1)向关联方或第三方确认提供或保持财务支持的协议的存在性、合法性和可执行性,并对其提供额外资金的能力作出评估;

(2)评价母公司或其他方面提供支持的可能性。

(六)调整营销策略,预计市场改善

(1)评价基础数据的恰当性和可靠性,以及增长率和利润率的可实现性;

(2)确定销售预测的可靠性;

(3)考虑行业的发展情况和宏观经济环境。

四、注册会计师在对被审计单位预测进行评价时需要注意哪些问题?

答:对被审计单位预测的评价,是注册会计师评价管理层对被审计单位持续经营能力评估的重要方面。在评价被审计单位编制的预测时,需注意的问题包括以下方面:

(1)高级管理层和治理层是否适当参与预测的制定,并给予相应的关注;预测是否由适当人员完成;

(2)预测中所使用的基础数据是否准确,财务信息相关的主要假设是否具有充分依据以及是否合理,例如,预测中采用的增长率是否与宏观经济环境及行业经济发展趋势相吻合;

(3)预测是否足够详细,例如,预测是否按月编制,如果是,预测是如何反映收入和支出情况的;

(4)预测是否显示现金不充足的月份,如是,了解、评价相关影响及管理层计划采取的应对措施;

(5)预测是否存在管理层偏向;

(6)比较管理层以前年度预算与实际结果,评价管理层预算的可靠性;

(7)预测中是否考虑了潜在的收入下滑;

(8)预测中是否考虑了融资成本的上升对管理层决策的影响;

(9)管理层是否进行了适当的敏感性分析,例如,考虑销售预测的变化可能对整体现金流量预测产生的影响;

(10)预测中如何考虑资产变现的问题,包括变现是否可行以及金额是否合理;

(11)预测中是否涵盖了对被审计单位履行未来债务协议要求的考虑。

第十五章　内部审计相关法规

1. 审计署关于内部审计工作的规定(2003 年修订)

中华人民共和国审计署令 2003 年第 4 号

第一条　为了加强内部审计工作，建立健全内部审计制度，根据《中华人民共和国审计法》等有关法律，制定本规定。

第二条　内部审计是独立监督和评价本单位及所属单位财政收支、财务收支、经济活动的真实、合法和效益的行为，以促进加强经济管理和实现经济目标。

第三条　国家机关、金融机构、企业事业组织、社会团体以及其他单位，应当按照国家有关规定建立健全内部审计制度。

法律、行政法规规定设立内部审计机构的单位，必须设立独立的内部审计机构。

法律、行政法规没有明确规定设立内部审计机构的单位，可以根据需要设立内部审计机构，配备内部审计人员。

有内部审计工作需要且不具有设立独立的内部审计机构条件和人员编制的国家机关，可以授权本单位内设机构履行内部审计职责。

设立内部审计机构的单位，可以根据需要设立审计委员会，配备总审计师。

第四条　内部审计机构在本单位主要负责人或者权力机构的领导下开展工作。

第五条　内部审计人员实行岗位资格和后续教育制度，本单位应当予以支持和保障。

第六条　单位主要负责人或者权力机构应当保护内部审计人员依法履行职责，任何单位和个人不得打击报复。

第七条　内部审计人员办理审计事项，应当严格遵守内部审计职业规范，忠于职守，做到独立、客观、公正、保密。

第八条　内部审计机构履行职责所必需的经费，应当列入财务预算，由本单位予以保证。

第九条　内部审计机构按照本单位主要负责人或者权力机构的要求，履行下列职责：

(一)对本单位及所属单位(含占控股地位或者主导地位的单位，下同)的财政收支、财务收支及其有关的经济活动进行审计；

(二)对本单位及所属单位预算内、预算外资金的管理和使用情况进行审计；

(三)对本单位内设机构及所属单位领导人员的任期经济责任进行审计；

(四)对本单位及所属单位固定资产投资项目进行审计；

(五)对本单位及所属单位内部控制制度的健全性和有效性以及风险管理进行评审；

(六)对本单位及所属单位经济管理和效益情况进行审计；

(七)法律、法规规定和本单位主要负责人或者权力机构要求办理的其他审计事项。

第十条　内部审计机构每年应当向本单位主要负责人或者权力机构提出内部审计工作报告。

第十一条　单位主要负责人或者权力机构应当制定相应规定，确保内部审计机构具有履行职责所必需的权限，主要是：

(一)要求被审计单位按时报送生产、经营、财务收支计划、预算执行情况、决算、会计报表和其他有关文件、资料；

(二)参加本单位有关会议，召开与审计事项有关的会议；

(三)参与研究制定有关的规章制度，提出内部审计规章制度，由单位审定公布后施行；

(四)检查有关生产、经营和财务活动的资料、文件和现场勘察实物；

（五）检查有关的计算机系统及其电子数据和资料；

（六）对与审计事项有关的问题向有关单位和个人进行调查，并取得证明材料；

（七）对正在进行的严重违法违规、严重损失浪费行为，作出临时制止决定；

（八）对可能转移、隐匿、篡改、毁弃会计凭证、会计账簿、会计报表以及与经济活动有关的资料，经本单位主要负责人或者权力机构批准，有权予以暂时封存；

（九）提出纠正、处理违法违规行为的意见以及改进经济管理、提高经济效益的建议；

（十）对违法违规和造成损失浪费的单位和人员，给予通报批评或者提出追究责任的建议。

第十二条　单位主要负责人或者权力机构在管理权限范围内，授予内部审计机构必要的处理、处罚权。

第十三条　内部审计机构对本单位有关部门及所属单位严格遵守财经法规、经济效益显著、贡献突出的集体和个人，可以向单位主要负责人或者权力机构提出表扬和奖励的建议。

第十四条　内部审计机构应当遵守内部审计准则、规定，按照单位主要负责人或者权力机构的要求实施审计。

第十五条　内部审计协会是内部审计行业的自律性组织，是社会团体法人。全国设立中国内部审计协会，地方根据需要和法定程序设立具有独立法人资格的地方内部审计协会。

第十六条　内部审计协会依照法律和章程履行职责，并接受审计机关的指导、监督和管理。

第十七条　内部审计机构应当不断提高内部审计业务质量，并依法接受审计机关对内部审计业务质量的检查和评估。

第十八条　被审计单位不配合内部审计工作、拒绝审计或者提供资料、提供虚假资料、拒不执行审计结论或者报复陷害内部审计人员的，单位主要负责人或者权力机构应当及时予以处理；构成犯罪的，移交司法机关追究刑事责任。

第十九条　对认真履行职责、忠于职守、坚持原则、做出显著成绩的内部审计人员，由所在单位给予精神或者物质奖励。

对滥用职权、徇私舞弊、玩忽职守、泄露秘密的内部审计人员，由所在单位依照有关规定予以处理；构成犯罪的，移交司法机关追究刑事责任。

第二十条　本规定由审计署负责解释。

第二十一条　本规定自2003年5月1日起施行。审计署于1995年7月14日发布的《审计署关于内部审计工作的规定》（审计署令1995年第1号）同时废止。

2. 第1101号——内部审计基本准则（2013年颁布）[①]

第一章　总　　则

第一条　为了规范内部审计工作，保证内部审计质量，明确内部审计机构和内部审计人员的责任，根据《审计法》及其实施条例，以及其他有关法律、法规和规章，制定本准则。

第二条　本准则所称内部审计，是一种独立、客观的确认和咨询活动，它通过运用系统、规范的方法，审查和评价组织的业务活动、内部控制和风险管理的适当性和有效性，以促进组织完善治理、增加价值和实现目标。

第三条　本准则适用于各类组织的内部审计机构、内部审计人员及其从事的内部审计活动。其他组织或者人员接受委托、聘用，承办或者参与内部审计业务，也应当遵守本准则。

第二章　一般准则

第四条　组织应当设置与其目标、性质、规模、治理结构等相适应的内部审计机构，并配备具有相应资格的内部审计人员。

---

① 虽然《内部审计准则》不属于严格意义上的法规，但是对于企业做好会计和审计工作具有巨大的实践意义，因此编者把中国内部审计协会制定的《内部审计准则》纳入本书。

第五条 内部审计的目标、职责和权限等内容应当在组织的内部审计章程中明确规定。

第六条 内部审计机构和内部审计人员应当保持独立性和客观性，不得负责被审计单位的业务活动、内部控制和风险管理的决策与执行。

第七条 内部审计人员应当遵守职业道德，在实施内部审计业务时保持应有的职业谨慎。

第八条 内部审计人员应当具备相应的专业胜任能力，并通过后续教育加以保持和提高。

第九条 内部审计人员应当履行保密义务，对于实施内部审计业务中所获取的信息保密。

第三章 作业准则

第十条 内部审计机构和内部审计人员应当全面关注组织风险，以风险为基础组织实施内部审计业务。

第十一条 内部审计人员应当充分运用重要性原则，考虑差异或者缺陷的性质、数量等因素，合理确定重要性水平。

第十二条 内部审计机构应当根据组织的风险状况、管理需要及审计资源的配置情况，编制年度审计计划。

第十三条 内部审计人员根据年度审计计划确定的审计项目，编制项目审计方案。

第十四条 内部审计机构应当在实施审计三日前，向被审计单位或者被审计人员送达审计通知书，做好审计准备工作。

第十五条 内部审计人员应当深入了解被审计单位的情况，审查和评价业务活动、内部控制和风险管理的适当性和有效性，关注信息系统对业务活动、内部控制和风险管理的影响。

第十六条 内部审计人员应当关注被审计单位业务活动、内部控制和风险管理中的舞弊风险，对舞弊行为进行检查和报告。

第十七条 内部审计人员可以运用审核、观察、监盘、访谈、调查、函证、计算和分析程序等方法，获取相关、可靠和充分的审计证据，以支持审计结论、意见和建议。

第十八条 内部审计人员应当在审计工作底稿中记录审计程序的执行过程，获取的审计证据，以及作出的审计结论。

第十九条 内部审计人员应当以适当方式提供咨询服务，改善组织的业务活动、内部控制和风险管理。

第四章 报告准则

第二十条 内部审计机构应当在实施必要的审计程序后，及时出具审计报告。

第二十一条 审计报告应当客观、完整、清晰，具有建设性并体现重要性原则。

第二十二条 审计报告应当包括审计概况、审计依据、审计发现、审计结论、审计意见和审计建议。

第二十三条 审计报告应当包含是否遵循内部审计准则的声明。如存在未遵循内部审计准则的情形，应当在审计报告中作出解释和说明。

第五章 内部管理准则

第二十四条 内部审计机构应当接受组织董事会或者最高管理层的领导和监督，并保持与董事会或者最高管理层及时、高效的沟通。

第二十五条 内部审计机构应当建立合理、有效的组织结构，多层级组织的内部审计机构可以实行集中管理或者分级管理。

第二十六条 内部审计机构应当根据内部审计准则及相关规定，结合本组织的实际情况制定内部审计工作手册，指导内部审计人员的工作。

第二十七条 内部审计机构应当对内部审计质量实施有效控制，建立指导、监督、分级复核和内部审计质量评估制度，并接受内部审计质量外部评估。

第二十八条 内部审计机构应当编制中长期审计规划、年度审计计划、本机构人力资源计划和财务预算。

第二十九条 内部审计机构应当建立激励约束机制，对内部审计人员的工作进行考核、评价和奖惩。

第三十条 内部审计机构应当在董事会或者最高管理层的支持和监督下，做好与外部审计的协调工作。

第三十一条 内部审计机构负责人应当对内部审计机构管理的适当性和有效性负主要责任。

第六章 附 则

第三十二条 本准则由中国内部审计协会发布并负责解释。

第三十三条 本准则自 2014 年 1 月 1 日起施行。

3. 第 1201 号——内部审计人员职业道德规范(2013 年颁布)

第一章 总 则

第一条 为了规范内部审计人员的职业行为,维护内部审计职业声誉,根据《审计法》及其实施条例,以及其他有关法律、法规和规章,制定本规范。

第二条 内部审计人员职业道德是内部审计人员在开展内部审计工作中应当具有的职业品德、应当遵守的职业纪律和应当承担的职业责任的总称。

第三条 内部审计人员从事内部审计活动时,应当遵守本规范,认真履行职责,不得损害国家利益、组织利益和内部审计职业声誉。

第二章 一般原则

第四条 内部审计人员在从事内部审计活动时,应当保持诚信正直。

第五条 内部审计人员应当遵循客观性原则,公正、不偏不倚地作出审计职业判断。

第六条 内部审计人员应当保持并提高专业胜任能力,按照规定参加后续教育。

第七条 内部审计人员应当遵循保密原则,按照规定使用其在履行职责时所获取的信息。

第八条 内部审计人员违反本规范要求的,组织应当批评教育,也可以视情节给予一定的处分。

第三章 诚信正直

第九条 内部审计人员在实施内部审计业务时,应当诚实、守信,不应有下列行为:

(一)歪曲事实;

(二)隐瞒审计发现的问题;

(三)进行缺少证据支持的判断;

(四)做误导性的或者含糊的陈述。

第十条 内部审计人员在实施内部审计业务时,应当廉洁、正直,不应有下列行为:

(一)利用职权谋取私利;

(二)屈从于外部压力,违反原则。

第四章 客 观 性

第十一条 内部审计人员实施内部审计业务时,应当实事求是,不得由于偏见、利益冲突而影响职业判断。

第十二条 内部审计人员实施内部审计业务前,应当采取下列步骤对客观性进行评估:

(一)识别可能影响客观性的因素;

(二)评估可能影响客观性因素的严重程度;

(三)向审计项目负责人或者内部审计机构负责人报告客观性受损可能造成的影响。

第十三条 内部审计人员应当识别下列可能影响客观性的因素:

(一)审计本人曾经参与过的业务活动;

(二)与被审计单位存在直接利益关系;

（三）与被审计单位存在长期合作关系；

（四）与被审计单位管理层有密切的私人关系；

（五）遭受来自组织内部和外部的压力；

（六）内部审计范围受到限制；

（七）其他。

第十四条 内部审计机构负责人应当采取下列措施保障内部审计的客观性：

（一）提高内部审计人员的职业道德水准；

（二）选派适当的内部审计人员参加审计项目，并进行适当分工；

（三）采用工作轮换的方式安排审计项目及审计组；

（四）建立适当、有效的激励机制；

（五）制定并实施系统、有效的内部审计质量控制制度、程序和方法；

（六）当内部审计人员的客观性受到严重影响，且无法采取适当措施降低影响时，停止实施有关业务，并及时向董事会或者最高管理层报告。

第五章 专业胜任能力

第十五条 内部审计人员应当具备下列履行职责所需的专业知识、职业技能和实践经验：

（一）审计、会计、财务、税务、经济、金融、统计、管理、内部控制、风险管理、法律和信息技术等专业知识，以及与组织业务活动相关的专业知识；

（二）语言文字表达、问题分析、审计技术应用、人际沟通、组织管理等职业技能；

（三）必要的实践经验及相关职业经历。

第十六条 内部审计人员应当通过后续教育和职业实践等途径，了解、学习和掌握相关法律法规、专业知识、技术方法和审计实务的发展变化，保持和提升专业胜任能力。

第十七条 内部审计人员实施内部审计业务时，应当保持职业谨慎，合理运用职业判断。

第六章 保　　密

第十八条 内部审计人员应当对实施内部审计业务所获取的信息保密，非因有效授权、法律规定或其他合法事由不得披露。

第十九条 内部审计人员在社会交往中，应当履行保密义务，警惕非故意泄密的可能性。

内部审计人员不得利用其在实施内部审计业务时获取的信息牟取不正当利益，或者以有悖于法律法规、组织规定及职业道德的方式使用信息。

第七章 附　　则

第二十条 本规范由中国内部审计协会发布并负责解释。

第二十一条 本规范自 2014 年 1 月 1 日起施行。

4. 第 2101 号内部审计具体准则——审计计划(2013 年颁布)

第一章 总　　则

第一条 为了规范审计计划的编制与执行，保证有计划、有重点地开展审计业务，提高审计质量和效率，根据《内部审计基本准则》，制定本准则。

第二条 本准则所称审计计划，是指内部审计机构和内部审计人员为完成审计业务，达到预期的审计目的，对审计工作或者具体审计项目作出的安排。

第三条　本准则适用于各类组织的内部审计机构、内部审计人员及其从事的内部审计活动。其他组织或者人员接受委托、聘用，承办或者参与内部审计业务，也应当遵守本准则。

第二章　一般原则

第四条　审计计划一般包括年度审计计划和项目审计方案。年度审计计划是对年度预期要完成的审计任务所作的工作安排，是组织年度工作计划的重要组成部分。项目审计方案是对实施具体审计项目所需要的审计内容、审计程序、人员分工、审计时间等作出的安排。

第五条　内部审计机构应当在本年度编制下年度审计计划，并报经组织董事会或者最高管理层批准；审计项目负责人应当在审计项目实施前编制项目审计方案，并报经内部审计机构负责人批准。

第六条　内部审计机构应当根据批准后的审计计划组织开展内部审计活动。在审计计划执行过程中，如有必要，应当按照规定的程序对审计计划进行调整。

第七条　内部审计机构负责人应当定期检查审计计划的执行情况。

第三章　年度审计计划

第八条　内部审计机构负责人负责年度审计计划的编制工作。

第九条　编制年度审计计划应当结合内部审计中长期规划，在对组织风险进行评估的基础上，根据组织的风险状况、管理需要和审计资源的配置情况，确定具体审计项目及时间安排。

第十条　年度审计计划应当包括下列基本内容：

(一)年度审计工作目标；

(二)具体审计项目及实施时间；

(三)各审计项目需要的审计资源；

(四)后续审计安排。

第十一条　内部审计机构在编制年度审计计划前，应当重点调查了解下列情况，以评价具体审计项目的风险：

(一)组织的战略目标、年度目标及业务活动重点；

(二)对相关业务活动有重大影响的法律、法规、政策、计划和合同；

(三)相关内部控制的有效性和风险管理水平；

(四)相关业务活动的复杂性及其近期变化；

(五)相关人员的能力及其岗位的近期变动；

(六)其他与项目有关的重要情况。

第十二条　内部审计机构负责人应当根据具体审计项目的性质、复杂程度及时间要求，合理安排审计资源。

第四章　项目审计方案

第十三条　内部审计机构应当根据年度审计计划确定的审计项目和时间安排，选派内部审计人员开展审计工作。

第十四条　审计项目负责人应当根据被审计单位的下列情况，编制项目审计方案：

(一)业务活动概况；

(二)内部控制、风险管理体系的设计及运行情况；

(三)财务、会计资料；

(四)重要的合同、协议及会议记录；

(五)上次审计结论、建议及后续审计情况；

(六)上次外部审计的审计意见；

(七)其他与项目审计方案有关的重要情况。

第十五条　项目审计方案应当包括下列基本内容：

(一)被审计单位、项目的名称；
(二)审计目标和范围；
(三)审计内容和重点；
(四)审计程序和方法；
(五)审计组成员的组成及分工；
(六)审计起止日期；
(七)对专家和外部审计工作结果的利用；
(八)其他有关内容。

第五章 附 则

第十六条 本准则由中国内部审计协会发布并负责解释。
第十七条 本准则自 2014 年 1 月 1 日起施行。

5. 第 2102 号内部审计具体准则——审计通知书(2013 年颁布)

第一章 总 则

第一条 为了规范审计通知书的编制与送达，根据《内部审计基本准则》，制定本准则。

第二条 本准则所称审计通知书，是指内部审计机构在实施审计之前，告知被审计单位或者人员接受审计的书面文件。

第三条 本准则适用于各类组织的内部审计机构、内部审计人员及其从事的内部审计活动。其他组织或者人员接受委托、聘用，承办或者参与的内部审计业务，也应当遵守本准则。

第二章 审计通知书的编制与送达

第四条 审计通知书应当包括下列内容：
(一)审计项目名称；
(二)被审计单位名称或者被审计人员姓名；
(三)审计范围和审计内容；
(四)审计时间；
(五)需要被审计单位提供的资料及其他必要的协助要求；
(六)审计组组长及审计组成员名单；
(七)内部审计机构的印章和签发日期。

第五条 内部审计机构应当根据经过批准后的年度审计计划和其他授权或者委托文件编制审计通知书。

第六条 内部审计机构应当在实施审计三日前，向被审计单位或者被审计人员送达审计通知书。特殊审计业务的审计通知书可以在实施审计时送达。

第七条 审计通知书送达被审计单位，必要时可以抄送组织内部相关部门。
经济责任审计项目的审计通知书送达被审计人员及其所在单位，并抄送有关部门。

第三章 附 则

第八条 本准则由中国内部审计协会发布并负责解释。
第九条 本准则自 2014 年 1 月 1 日起施行。

6. 第 2103 号内部审计具体准则——审计证据(2013 年颁布)

第一章 总 则

第一条 为了规范审计证据的获取及处理,保证审计证据的相关性、可靠性和充分性,根据《内部审计基本准则》,制定本准则。

第二条 本准则所称审计证据,是指内部审计人员在实施内部审计业务中,通过实施审计程序所获取的,用以证实审计事项,支持审计结论、意见和建议的各种事实依据。

第三条 本准则适用于各类组织的内部审计机构、内部审计人员及其从事的内部审计活动。其他组织或者人员接受委托、聘用,承办或者参与内部审计业务,也应当遵守本准则。

第二章 一般原则

第四条 内部审计人员应当依据不同的审计事项及其审计目标,获取不同种类的审计证据。

审计证据主要包括下列种类:

(一)书面证据;

(二)实物证据;

(三)视听证据;

(四)电子证据;

(五)口头证据;

(六)环境证据。

第五条 内部审计人员获取的审计证据应当具备相关性、可靠性和充分性。相关性,即审计证据与审计事项及其具体审计目标之间具有实质性联系。可靠性,即审计证据真实、可信。充分性,即审计证据在数量上足以支持审计结论、意见和建议。

第六条 审计项目的各级复核人员应当在各自职责范围内对审计证据的相关性、可靠性和充分性予以复核。

第七条 内部审计人员在获取审计证据时,应当考虑下列基本因素:

(一)具体审计事项的重要性。内部审计人员应当从数量和性质两个方面判断审计事项的重要性,以做出获取审计证据的决策。

(二)可以接受的审计风险水平。证据的充分性与审计风险水平密切相关。可以接受的审计风险水平越低,所需证据的数量越多。

(三)成本与效益的合理程度。获取审计证据应当考虑成本与效益的对比,但对于重要审计事项,不应当将审计成本的高低作为减少必要审计程序的理由。

(四)适当的抽样方法。

第三章 审计证据的获取与处理

第八条 内部审计人员向有关单位和个人获取审计证据时,可以采用(但不限于)下列方法:

(一)审核;

(二)观察;

(三)监盘;

(四)访谈;

(五)调查;

(六)函证;

（七）计算；

（八）分析程序。

第九条 内部审计人员应当将获取的审计证据名称、来源、内容、时间等完整、清晰地记录于审计工作底稿中。采集被审计单位电子数据作为审计证据的，内部审计人员应当记录电子数据的采集和处理过程。

第十条 内部审计机构可以聘请其他专业机构或者人员对审计项目的某些特殊问题进行鉴定，并将鉴定结论作为审计证据。内部审计人员应当对所引用鉴定结论的可靠性负责。

第十一条 对于被审计单位有异议的审计证据，内部审计人员应当进一步核实。

第十二条 内部审计人员获取的审计证据，如有必要，应当由证据提供者签名或者盖章。如果证据提供者拒绝签名或者盖章，内部审计人员应当注明原因和日期。

第十三条 内部审计人员应当对获取的审计证据进行分类、筛选和汇总，保证审计证据的相关性、可靠性和充分性。

第十四条 在评价审计证据时，应当考虑审计证据之间的相互印证关系及证据来源的可靠程度。

第四章　附　　则

第十五条 本准则由中国内部审计协会发布并负责解释。

第十六条 本准则自 2014 年 1 月 1 日起施行。

7. 第 2104 号内部审计具体准则——审计工作底稿（2013 年颁布）

第一章　总　　则

第一条 为了规范审计工作底稿的编制和使用，根据《内部审计基本准则》，制定本准则。

第二条 本准则所称审计工作底稿，是指内部审计人员在审计过程中所形成的工作记录。

第三条 本准则适用于各类组织的内部审计机构、内部审计人员及其从事的内部审计活动。其他组织或者人员接受委托、聘用，承办或者参与内部审计业务，也应当遵守本准则。

第二章　一般原则

第四条 内部审计人员在审计工作中应当编制审计工作底稿，以达到下列目的：

（一）为编制审计报告提供依据；

（二）证明审计目标的实现程度；

（三）为检查和评价内部审计工作质量提供依据；

（四）证明内部审计机构和内部审计人员是否遵循内部审计准则；

（五）为以后的审计工作提供参考。

第五条 审计工作底稿应当内容完整、记录清晰、结论明确，客观地反映项目审计方案的编制及实施情况，以及与形成审计结论、意见和建议有关的所有重要事项。

第六条 内部审计机构应当建立审计工作底稿的分级复核制度，明确规定各级复核人员的要求和责任。

第三章　审计工作底稿的编制与复核

第七条 审计工作底稿主要包括下列要素：

（一）被审计单位的名称；

（二）审计事项及其期间或者截止日期；

（三）审计程序的执行过程及结果记录；

（四）审计结论、意见及建议；

（五）审计人员姓名和审计日期；

（六）复核人员姓名、复核日期和复核意见；

（七）索引号及页次；

（八）审计标识与其他符号及其说明等。

第八条　项目审计方案的编制及调整情况应当编制审计工作底稿。

第九条　审计工作底稿中可以使用各种审计标识，但应当注明含义并保持前后一致。

第十条　审计工作底稿应当注明索引编号和顺序编号。相关审计工作底稿之间如存在勾稽关系，应当予以清晰反映，相互引用时应当交叉注明索引编号。

第十一条　审计工作底稿的复核工作应当由比审计工作底稿编制人员职位更高或者经验更为丰富的人员承担。

第十二条　如果发现审计工作底稿存在问题，复核人员应当在复核意见中加以说明，并要求相关人员补充或者修改审计工作底稿。

第十三条　在审计业务执行过程中，审计项目负责人应当加强对审计工作底稿的现场复核。

第四章　审计工作底稿的归档与保管

第十四条　内部审计人员在审计项目完成后，应当及时对审计工作底稿进行分类整理，按照审计工作底稿相关规定进行归档、保管和使用。

第十五条　审计工作底稿归组织所有，由内部审计机构或者组织内部有关部门具体负责保管。

第十六条　内部审计机构应当建立审计工作底稿保管制度。如果内部审计机构以外的组织或者个人要求查阅审计工作底稿，必须经内部审计机构负责人或者其主管领导批准，但国家有关部门依法进行查阅的除外。

第五章　附　　则

第十七条　本准则由中国内部审计协会发布并负责解释。

第十八条　本准则自 2014 年 1 月 1 日起实行。

8. 第 2105 号内部审计具体准则——结果沟通（2013 年颁布）

第一章　总　　则

第一条　为了规范内部审计的结果沟通，保证审计工作质量，根据《内部审计基本准则》，制定本准则。

第二条　本准则所称结果沟通，是指内部审计机构与被审计单位、组织适当管理层就审计概况、审计依据、审计发现、审计结论、审计意见和审计建议进行的讨论和交流。

第三条　本准则适用于各类组织的内部审计机构、内部审计人员及其从事的内部审计活动。其他组织或者人员接受委托、聘用，承办或者参与内部审计业务，也应当遵守本准则。

第二章　一般原则

第四条　结果沟通的目的，是提高审计结果的客观性、公正性，并取得被审计单位、组织适当管理层的理解和认同。

第五条　内部审计机构应当建立审计结果沟通制度，明确各级人员的责任，进行积极有效的沟通。

第六条 内部审计机构应当与被审计单位、组织适当管理层进行认真、充分的沟通，听取其意见。

第七条 结果沟通一般采取书面或者口头方式。

第八条 内部审计机构应当在审计报告正式提交之前进行审计结果的沟通。

第九条 内部审计机构应当将结果沟通的有关书面材料作为审计工作底稿归档保存。

第三章 结果沟通的内容

第十条 结果沟通主要包括下列内容：

（一）审计概况；

（二）审计依据；

（三）审计发现；

（四）审计结论；

（五）审计意见；

（六）审计建议。

第十一条 如果被审计单位对审计结果有异议，审计项目负责人及相关人员应当进行核实和答复。

第十二条 内部审计机构负责人应当与组织适当管理层就审计过程中发现的重大问题及时进行沟通。

第十三条 内部审计机构与被审计单位进行结果沟通时，应当注意沟通技巧。

第四章 附 则

第十四条 本准则由中国内部审计协会发布并负责解释。

第十五条 本准则自 2014 年 1 月 1 日起施行。

9. 第 2106 号内部审计具体准则——审计报告(2013 年颁布)

第一章 总 则

第一条 为了规范审计报告的编制、复核和报送，根据《内部审计基本准则》，制定本准则。

第二条 本准则所称审计报告，是指内部审计人员根据审计计划对被审计单位实施必要的审计程序后，就被审计事项作出审计结论，提出审计意见和审计建议的书面文件。

第三条 本准则适用于各类组织的内部审计机构、内部审计人员及其从事的内部审计活动。其他组织或者人员接受委托、聘用，承办或者参与内部审计业务，也应当遵守本准则。

第二章 一般原则

第四条 内部审计人员应当在审计实施结束后，以经过核实的审计证据为依据，形成审计结论、意见和建议，出具审计报告。如有必要，内部审计人员可以在审计过程中提交期中报告，以便及时采取有效的纠正措施改善业务活动、内部控制和风险管理。

第五条 审计报告的编制应当符合下列要求：

（一）实事求是、不偏不倚地反映被审计事项的事实；

（二）要素齐全、格式规范，完整反映审计中发现的重要问题；

（三）逻辑清晰、用词准确、简明扼要、易于理解；

（四）充分考虑审计项目的重要性和风险水平，对于重要事项应当重点说明；

（五）针对被审计单位业务活动、内部控制和风险管理中存在的主要问题或者缺陷提出可行的改进建议，以促进组织实现目标。

第六条 内部审计机构应当建立健全审计报告分级复核制度，明确规定各级复核人员的要求和责任。

第三章　审计报告的内容

第七条　审计报告主要包括下列要素：

（一）标题；

（二）收件人；

（三）正文；

（四）附件；

（五）签章；

（六）报告日期；

（七）其他。

第八条　审计报告的正文主要包括下列内容：

（一）审计概况，包括审计目标、审计范围、审计内容及重点、审计方法、审计程序及审计时间等；

（二）审计依据，即实施审计所依据的相关法律法规、内部审计准则等规定；

（三）审计发现，即对被审计单位的业务活动、内部控制和风险管理实施审计过程中所发现的主要问题的事实；

（四）审计结论，即根据已查明的事实，对被审计单位业务活动、内部控制和风险管理所作的评价；

（五）审计意见，即针对审计发现的主要问题提出的处理意见；

（六）审计建议，即针对审计发现的主要问题，提出的改善业务活动、内部控制和风险管理的建议。

第九条　审计报告的附件应当包括针对审计过程、审计中发现问题所作出的具体说明，以及被审计单位的反馈意见等内容。

第四章　审计报告的编制、复核与报送

第十条　审计组应当在实施必要的审计程序后，及时编制审计报告，并征求被审计对象的意见。

第十一条　被审计单位对审计报告有异议的，审计项目负责人及相关人员应当核实，必要时应当修改审计报告。

第十二条　审计报告经过必要的修改后，应当连同被审计单位的反馈意见及时报送内部审计机构负责人复核。

第十三条　内部审计机构应当将审计报告提交被审计单位和组织适当管理层，并要求被审计单位在规定的期限内落实纠正措施。

第十四条　已经出具的审计报告如果存在重要错误或者遗漏，内部审计机构应当及时更正，并将更正后的审计报告提交给原审计报告接收者。

第十五条　内部审计机构应当将审计报告及时归入审计档案，妥善保存。

第五章　附　　则

第十六条　本准则由中国内部审计协会发布并负责解释。

第十七条　本准则自 2014 年 1 月 1 日起施行。

10. 第 2107 号内部审计具体准则——后续审计（2013 年颁布）

第一章　总　　则

第一条　为了规范后续审计活动，提高审计效果，根据《内部审计基本准则》，制定本准则。

第二条 本准则所称后续审计，是指内部审计机构为跟踪检查被审计单位针对审计发现的问题所采取的纠正措施及其改进效果，而进行的审查和评价活动。

第三条 本准则适用于各类组织的内部审计机构、内部审计人员及其从事的内部审计活动。其他组织或者人员接受委托、聘用，承办或者参与内部审计业务，也应当遵守本准则。

第二章 一般原则

第四条 对审计中发现的问题采取纠正措施，是被审计单位管理层的责任。评价被审计单位管理层所采取的纠正措施是否及时、合理、有效，是内部审计人员的责任。

第五条 内部审计机构可以在规定期限内，或者与被审计单位约定的期限内实施后续审计。

第六条 内部审计机构负责人可以适时安排后续审计工作，并将其列入年度审计计划。

第七条 内部审计机构负责人如果初步认定被审计单位管理层对审计发现的问题已采取了有效的纠正措施，可以将后续审计作为下次审计工作的一部分。

第八条 当被审计单位基于成本或者其他方面考虑，决定对审计发现的问题不采取纠正措施并做出书面承诺时，内部审计机构负责人应当向组织董事会或者最高管理层报告。

第三章 后续审计程序

第九条 审计项目负责人应当编制后续审计方案，对后续审计作出安排。

第十条 编制后续审计方案时应当考虑下列因素：

（一）审计意见和审计建议的重要性；

（二）纠正措施的复杂性；

（三）落实纠正措施所需要的时间和成本；

（四）纠正措施失败可能产生的影响；

（五）被审计单位的业务安排和时间要求。

第十一条 对于已采取纠正措施的事项，内部审计人员应当判断是否需要深入检查，必要时可以提出应在下次审计中予以关注。

第十二条 内部审计人员应当根据后续审计的实施过程和结果编制后续审计报告。

第四章 附 则

第十三条 本准则由中国内部审计协会发布并负责解释。

第十四条 本准则自 2014 年 1 月 1 日起施行。

11. 第 2108 号内部审计具体准则——审计抽样（2013 年颁布）

第一章 总 则

第一条 为了规范内部审计人员运用审计抽样方法，提高审计质量和效率，根据《内部审计基本准则》，制定本准则。

第二条 本准则所称审计抽样，是指内部审计人员在审计业务实施过程中，从被审查和评价的审计总体中抽取一定数量具有代表性的样本进行测试，以样本审查结果推断总体特征，并作出审计结论的一种审计方法。

第三条 本准则适用于各类组织的内部审计机构、内部审计人员及其从事的内部审计活动。其他组织或者人员接受委托、聘用，承办或者参与内部审计业务，也应当遵守本准则。

第二章 一般原则

第四条 确定抽样总体、选择抽样方法时应当以审计目标为依据，并考虑被审计单位及审计项目的具体情况。

第五条 抽样总体的确定应当遵循相关性、充分性和经济性原则。相关性是指抽样总体与审计对象及其审计目标相关；充分性是指抽样总体能够在数量上代表审计项目的实际情况；经济性是指抽样总体的确定符合成本效益原则。

第六条 审计抽样方法包括统计抽样和非统计抽样。在审计抽样过程中，可以采用统计抽样方法，也可以采用非统计抽样方法，或者两种方法结合使用。

第七条 选取的样本应当有代表性，具有与审计总体相似的特征。

第八条 内部审计人员在选取样本时，应当对业务活动中存在重大差异或者缺陷的风险以及审计过程中的检查风险进行评估，并充分考虑因抽样引起的抽样风险及其他因素引起的非抽样风险。

第九条 抽样结果的评价应当从定量和定性两个方面进行，并以此为依据合理推断审计总体特征。

第三章 抽样程序和方法

第十条 审计抽样的一般程序包括下列步骤：

（一）根据审计目标及审计对象的特征制定审计抽样方案；

（二）选取样本；

（三）对样本进行审查；

（四）评价抽样结果；

（五）根据抽样结果推断总体特征；

（六）形成审计结论。

第十一条 审计抽样方案包括下列主要内容：

（一）审计总体，是指由审计对象的各个单位组成的整体；

（二）抽样单位，是指从审计总体中抽取并代表总体的各个单位；

（三）样本，是指在抽样过程中从审计总体中抽取的部分单位组成的整体；

（四）误差，是指业务活动、内部控制和风险管理中存在的差异或者缺陷；

（五）可容忍误差，是指内部审计人员可以接受的差异或者缺陷的最大程度；

（六）预计总体误差，是指内部审计人员预先估计的审计总体中存在的差异或者缺陷；

（七）可靠程度，是指预计抽样结果能够代表审计总体质量特征的概率；

（八）抽样风险，是指内部审计人员依据抽样结果得出的结论与总体特征不相符合的可能性；

（九）样本量，是指为了能使内部审计人员对审计总体作出审计结论所抽取样本单位的数量；

（十）其他因素。

第十二条 内部审计人员应当根据审计重要性水平，合理确定预计总体误差、可容忍误差和可靠程度。

第十三条 内部审计人员应当根据审计目标和审计对象的特征，选择确定审计抽样方法。

统计抽样，是指以数理统计方法为基础，按照随机原则从总体中选取样本进行审查，并对总体特征进行推断的审计抽样方法。主要包括发现抽样、连续抽样等属性抽样方法，以及单位均值抽样、差异估计抽样和货币单位抽样等变量抽样方法。

非统计抽样，是指内部审计人员根据自己的专业判断和经验抽取样本进行审查，并对总体特征进行推断的审计抽样方法。

统计抽样和非统计抽样审计方法相互结合使用，可以降低抽样风险。

第十四条 内部审计人员应当根据下列要素确定样本量：

（一）审计总体。审计总体的量越大，所需要的样本量越多；

（二）可容忍误差。可容忍误差越大，所需样本量越少；

(三)预计总体误差。预计总体误差越大,所需样本量越多;

(四)抽样风险。抽样风险越小,所需样本量越多;

(五)可靠程度。可靠程度越大,所需样本量越多。

第十五条 内部审计人员可以运用下列方法选取样本:

(一)随机数表选样法;

(二)系统选样法;

(三)分层选样法;

(四)整群选样法;

(五)任意选样法。

第十六条 内部审计人员在选取样本之后,应当对样本进行审查,获取相关、可靠和充分的审计证据。

第四章 抽样结果的评价

第十七条 内部审计人员应当根据预先确定的误差构成条件,确定存在误差的样本。

第十八条 内部审计人员应当对抽样风险和非抽样风险进行评估,以防止对审计总体作出不恰当的审计结论。

第十九条 抽样风险主要包括两类:

(一)误受风险,是指样本结果表明审计项目不存在重大差异或者缺陷,而实际上却存在着重大差异或者缺陷的可能性;

(二)误拒风险,是指样本结果表明审计项目存在重大差异或者缺陷,而实际上并没有存在重大差异或者缺陷的可能性。

第二十条 非抽样风险是由抽样之外的其他因素造成的风险,一般包括下列原因:

(一)审计程序设计及执行不恰当;

(二)抽样过程没有按照规范程序执行;

(三)样本审查结果解释错误;

(四)审计人员业务能力不足;

(五)其他原因。

第二十一条 内部审计人员应当根据样本误差,采用适当的方法,推断审计总体误差。

第二十二条 内部审计人员应当根据抽样结果的评价,确定审计证据是否足以证实某一审计总体特征。如果推断的总体误差超过可容忍误差,应当增加样本量或者执行替代审计程序。

第二十三条 内部审计人员在上述评价的基础上还应当考虑误差性质、误差产生的原因,以及误差对其他审计项目可能产生的影响等。

第五章 附　　则

第二十四条 本准则由中国内部审计协会发布并负责解释。

第二十五条 本准则自 2014 年 1 月 1 日起施行。

12. 第 2109 号内部审计具体准则——分析程序(2013 年颁布)

第一章 总　　则

第一条 为了规范内部审计人员执行分析程序的行为,提高审计质量和效率,根据《内部审计基本准则》,制定本准则。

第二条 本准则所称分析程序,是指内部审计人员通过分析和比较信息之间的关系或者计算相关的比率，以确定合理性，并发现潜在差异和漏洞的一种审计方法。

第三条　本准则适用于各类组织的内部审计机构、内部审计人员及其从事的内部审计活动。其他组织或者人员接受委托、聘用，承办或者参与内部审计业务，也应当遵守本准则。

第二章　一般原则

第四条　内部审计人员应当合理运用职业判断，根据需要在审计过程中执行分析程序。

第五条　内部审计人员执行分析程序，有助于实现下列目标：

（一）确认业务活动信息的合理性；

（二）发现差异；

（三）分析潜在的差异和漏洞；

（四）发现不合法和不合规行为的线索。

第六条　内部审计人员通过执行分析程序，能够获取与下列事项相关的证据：

（一）被审计单位的持续经营能力；

（二）被审计事项的总体合理性；

（三）业务活动、内部控制和风险管理中差异和漏洞的严重程度；

（四）业务活动的经济性、效率性和效果性；

（五）计划、预算的完成情况；

（六）其他事项。

第七条　分析程序所使用的信息按其存在的形式划分，主要包括下列内容：

（一）财务信息和非财务信息；

（二）实物信息和货币信息；

（三）电子数据信息和非电子数据信息；

（四）绝对数信息和相对数信息。

第八条　执行分析程序时，应当考虑信息之间的相关性，以免得出不恰当的审计结论。

第九条　内部审计人员应当保持应有的职业谨慎，在确定对分析程序结果的依赖程度时，需要考虑下列因素：

（一）分析程序的目标；

（二）被审计单位的性质及其业务活动的复杂程度；

（三）已收集信息资料的相关性、可靠性和充分性；

（四）以往审计中对被审计单位内部控制、风险管理的评价结果；

（五）以往审计中发现的差异和漏洞。

第三章　分析程序的执行

第十条　分析程序一般包括下列基本内容：

（一）将当期信息与历史信息相比较，分析其波动情况及发展趋势；

（二）将当期信息与预测、计划或者预算信息相比较，并作差异分析；

（三）将当期信息与内部审计人员预期信息相比较，分析差异；

（四）将被审计单位信息与组织其他部门类似信息相比较，分析差异；

（五）将被审计单位信息与行业相关信息相比较，分析差异；

（六）对财务信息与非财务信息之间的关系、比率的计算与分析；

（七）对重要信息内部组成因素的关系、比率的计算与分析。

第十一条　分析程序主要包括下列具体方法：

（一）比较分析；

（二）比率分析；

（三）结构分析；

（四）趋势分析；

(五)回归分析;

(六)其他技术方法。内部审计人员可以根据审计目标和审计事项单独或者综合运用以上方法。

第十二条 内部审计人员需要在审计计划阶段执行分析程序,以了解被审计事项的基本情况,确定审计重点。

第十三条 内部审计人员需要在审计实施阶段执行分析程序,对业务活动、内部控制和风险管理进行审查,以获取审计证据。

第十四条 内部审计人员需要在审计终结阶段执行分析程序,验证其他审计程序所得结论的合理性,以保证审计质量。

第四章 对分析程序结果的利用

第十五条 内部审计人员应当考虑下列影响分析程序效率和效果的因素:

(一)被审计事项的重要性;

(二)内部控制、风险管理的适当性和有效性;

(三)获取信息的便捷性和可靠性;

(四)分析程序执行人员的专业素质;

(五)分析程序操作的规范性。

第十六条 内部审计人员执行分析程序发现差异时,应当采用下列方法对其进行调查和评价:

(一)询问管理层获取其解释和答复;

(二)实施必要的审计程序,确认管理层解释和答复的合理性与可靠性;

(三)如果管理层没有作出恰当解释,应当扩大审计范围,执行其他审计程序,实施进一步审查,以便得出审计结论。

第五章 附 则

第十七条 本准则由中国内部审计协会发布并负责解释。

第十八条 本准则自 2014 年 1 月 1 日起施行。

13. 第 2201 号内部审计具体准则——内部控制审计(2013 年颁布)

第一章 总 则

第一条 为了规范内部审计人员实施内部控制审计的行为,保证内部控制审计质量,根据《内部审计基本准则》,制定本准则。

第二条 本准则所称内部控制审计,是指内部审计机构对组织内部控制设计和运行的有效性进行的审查和评价活动。

第三条 本准则适用于各类组织的内部审计机构、内部审计人员及其从事的内部控制审计活动。其他组织或者人员接受委托、聘用,承办或者参与内部审计业务,也应当遵守本准则。

第二章 一般原则

第四条 董事会及管理层的责任是建立、健全内部控制并使之有效运行。内部审计的责任是对内部控制设计和运行的有效性进行审查和评价,出具客观、公正的审计报告,促进组织改善内部控制及风险管理。

第五条 内部控制审计应当以风险评估为基础,根据风险发生的可能性和对组织单个或者整体控制目标造成的影响程度,确定审计的范围和重点。内部审计人员应当关注串通舞弊、滥用职权、环境变化和成本效益等内部控制的局限性。

第六条　内部控制审计应当在对内部控制全面评价的基础上，关注重要业务单位、重大业务事项和高风险领域的内部控制。

第七条　内部控制审计应当真实、客观地揭示经营管理的风险状况，如实反映内部控制设计和运行的情况。

第八条　内部控制审计按其范围划分，分为全面内部控制审计和专项内部控制审计。全面内部控制审计，是针对组织所有业务活动的内部控制，包括内部环境、风险评估、控制活动、信息与沟通、内部监督五个要素所进行的全面审计。专项内部控制审计，是针对组织内部控制的某个要素、某项业务活动或者业务活动某些环节的内部控制所进行的审计。

第三章　内部控制审计的内容

第九条　内部审计机构可以参考《企业内部控制基本规范》及配套指引的相关规定，根据组织的实际情况和需要，通过审查内部环境、风险评估、控制活动、信息与沟通、内部监督等要素，对组织层面内部控制的设计与运行情况进行审查和评价。

第十条　内部审计人员开展内部环境要素审计时，应当以《企业内部控制基本规范》和各项应用指引中有关内部环境要素的规定为依据，关注组织架构、发展战略、人力资源、组织文化、社会责任等，结合本组织的内部控制，对内部环境进行审查和评价。

第十一条　内部审计人员开展风险评估要素审计时，应当以《企业内部控制基本规范》有关风险评估的要求，以及各项应用指引中所列主要风险为依据，结合本组织的内部控制，对日常经营管理过程中的风险识别、风险分析、应对策略等进行审查和评价。

第十二条　内部审计人员开展控制活动要素审计时，应当以《企业内部控制基本规范》和各项应用指引中关于控制活动的规定为依据，结合本组织的内部控制，对相关控制活动的设计和运行情况进行审查和评价。

第十三条　内部审计人员开展信息与沟通要素审计时，应当以《企业内部控制基本规范》和各项应用指引中有关内部信息传递、财务报告、信息系统等规定为依据，结合本组织的内部控制，对信息收集处理和传递的及时性、反舞弊机制的健全性、财务报告的真实性、信息系统的安全性，以及利用信息系统实施内部控制的有效性进行审查和评价。

第十四条　内部审计人员开展内部监督要素审计时，应当以《企业内部控制基本规范》有关内部监督的要求，以及各项应用指引中有关日常管控的规定为依据，结合本组织的内部控制，对内部监督机制的有效性进行审查和评价，重点关注监事会、审计委员会、内部审计机构等是否在内部控制设计和运行中有效发挥监督作用。

第十五条　内部审计人员根据管理需求和业务活动的特点，可以针对采购业务、资产管理、销售业务、研究与开发、工程项目、担保业务、业务外包、财务报告、全面预算、合同管理、信息系统等，对业务层面内部控制的设计和运行情况进行审查和评价。

第四章　内部控制审计的具体程序与方法

第十六条　内部控制审计主要包括下列程序：

（一）编制项目审计方案；

（二）组成审计组；

（三）实施现场审查；

（四）认定控制缺陷；

（五）汇总审计结果；

（六）编制审计报告。

第十七条　内部审计人员在实施现场审查之前，可以要求被审计单位提交最近一次的内部控制自我评估报告。内部审计人员应当结合内部控制自我评估报告，确定审计内容及重点，实施内部控制审计。

第十八条　内部审计机构可以适当吸收组织内部相关机构熟悉情况的业务人员参加内部控制审计。

第十九条 内部审计人员应当综合运用访谈、问卷调查、专题讨论、穿行测试、实地查验、抽样和比较分析等方法，充分收集组织内部控制设计和运行是否有效的证据。

第二十条 内部审计人员编制审计工作底稿应当详细记录实施内部控制审计的内容，包括审查和评价的要素、主要风险点、采取的控制措施、有关证据资料，以及内部控制缺陷认定结果等。

第五章 内部控制缺陷的认定

第二十一条 内部控制缺陷包括设计缺陷和运行缺陷。内部审计人员应当根据内部控制审计结果，结合相关管理层的自我评估，综合分析后提出内部控制缺陷认定意见，按照规定的权限和程序进行审核后予以认定。

第二十二条 内部审计人员应当根据获取的证据，对内部控制缺陷进行初步认定，并按照其性质和影响程度分为重大缺陷、重要缺陷和一般缺陷。重大缺陷，是指一个或者多个控制缺陷的组合，可能导致组织严重偏离控制目标。重要缺陷，是指一个或者多个控制缺陷的组合，其严重程度和经济后果低于重大缺陷，但仍有可能导致组织偏离控制目标。一般缺陷，是指除重大缺陷、重要缺陷之外的其他缺陷。重大缺陷、重要缺陷和一般缺陷的认定标准，由内部审计机构根据上述要求，结合本组织具体情况确定。

第二十三条 内部审计人员应当编制内部控制缺陷认定汇总表，对内部控制缺陷及其成因、表现形式和影响程度进行综合分析和全面复核，提出认定意见，并以适当的形式向组织适当管理层报告。重大缺陷应当及时向组织董事会或者最高管理层报告。

第六章 内部控制审计报告

第二十四条 内部控制审计报告的内容，应当包括审计目标、依据、范围、程序与方法、内部控制缺陷认定及整改情况，以及内部控制设计和运行有效性的审计结论、意见、建议等相关内容。

第二十五条 内部审计机构应当向组织适当管理层报告内部控制审计结果。一般情况下，全面内部控制审计报告应当报送组织董事会或者最高管理层。包含有重大缺陷认定的专项内部控制审计报告在报送组织适当管理层的同时，也应当报送董事会或者最高管理层。

第二十六条 经董事会或者最高管理层批准，内部控制审计报告可以作为《企业内部控制评价指引》中要求的内部控制评价报告对外披露。

第七章 附 则

第二十七条 本准则由中国内部审计协会发布并负责解释。

第二十八条 本准则自 2014 年 1 月 1 日起施行。

14. 第 2202 号内部审计具体准则——绩效审计（2013 年颁布）

第一章 总 则

第一条 为了规范绩效审计工作，提高绩效审计质量和效率，根据《内部审计基本准则》，制定本准则。

第二条 本准则所称绩效审计，是指内部审计机构和内部审计人员对本组织经营管理活动的经济性、效率性和效果性进行的审查和评价。

经济性，是指组织经营管理过程中获得一定数量和质量的产品或者服务及其他成果时所耗费的资源最少;效率性,是指组织经营管理过程中投入资源与产出成果之间的对比关系;效果性,是指组织经营管理目标的实现程度。

第三条 本准则适用于各类组织的内部审计机构、内部审计人员及其从事的绩效审计活动。其他组织或者人员接受委托、聘用,承办或者参与内部审计业务,也应当遵守本准则。

第二章 一般原则

第四条 内部审计机构应当充分考虑实施绩效审计项目对内部审计人员专业胜任能力的需求,合理配置审计资源。

第五条 组织各管理层根据授权承担相应的经营管理责任,对经营管理活动的经济性、效率性和效果性负责。内部审计机构开展绩效审计不能减轻或者替代管理层的责任。

第六条 内部审计机构和内部审计人员根据实际需要选择和确定绩效审计对象,既可以针对组织的全部或者部分经营管理活动,也可以针对特定项目和业务。

第三章 绩效审计的内容

第七条 根据实际情况和需要,绩效审计可以同时对组织经营管理活动的经济性、效率性和效果性进行审查和评价,也可以只侧重某一方面进行审查和评价。

第八条 绩效审计主要审查和评价下列内容:

(一)有关经营管理活动经济性、效率性和效果性的信息是否真实、可靠;

(二)相关经营管理活动的人、财、物、信息、技术等资源取得、配置和使用的合法性、合理性、恰当性和节约性;

(三)经营管理活动既定目标的适当性、相关性、可行性和实现程度,以及未能实现既定目标的情况及其原因;

(四)研发、财务、采购、生产、销售等主要业务活动的效率;

(五)计划、决策、指挥、控制及协调等主要管理活动的效率;

(六)经营管理活动预期的经济效益和社会效益等的实现情况;

(七)组织为评价、报告和监督特定业务或者项目的经济性、效率性和效果性所建立的内部控制及风险管理体系的健全性及其运行的有效性;

(八)其他有关事项。

第四章 绩效审计的方法

第九条 内部审计机构和内部审计人员应当依据重要性、审计风险和审计成本,选择与审计对象、审计目标及审计评价标准相适应的绩效审计方法,以获取相关、可靠和充分的审计证据。

第十条 选择绩效审计方法时,除运用常规审计方法以外,还可以运用下列方法:

(一)数量分析法,即对经营管理活动相关数据进行计算分析,并运用抽样技术对抽样结果进行评价的方法;

(二)比较分析法,即通过分析、比较数据间的关系、趋势或者比率获取审计证据的方法;

(三)因素分析法,即查找产生影响的因素,并分析各个因素的影响方向和影响程度的方法;

(四)量本利分析法,即分析一定期间内的业务量、成本和利润三者之间变量关系的方法;

(五)专题讨论会,即通过召集组织相关管理人员就经营管理活动特定项目或者业务的具体问题进行讨论的方法;

(六)标杆法,即对经营管理活动状况进行观察和检查,通过与组织内外部相同或者相似经营管理活动的最佳实务进行比较的方法;

(七)调查法,即凭借一定的手段和方式(如访谈、问卷),对某种或者某几种现象、事实进行考察,通过对搜集到的各种资料进行分析处理,进而得出结论的方法;

(八)成本效益(效果)分析法,即通过分析成本和效益(效果)之间的关系,以每单位效益(效果)所消耗

的成本来评价项目效益(效果)的方法;

(九)数据包络分析法,即以相对效率概念为基础,以凸分析和线性规划为工具,应用数学规划模型计算比较决策单元之间的相对效率,对评价对象做出评价的方法;

(十)目标成果法,即根据实际产出成果评价被审计单位或者项目的目标是否实现,将产出成果与事先确定的目标和需求进行对比,确定目标实现程度的方法;

(十一)公众评价法,即通过专家评估、公众问卷及抽样调查等方式,获取具有重要参考价值的证据信息,评价目标实现程度的方法。

第五章 绩效审计的评价标准

第十一条 内部审计机构和内部审计人员应当选择适当的绩效审计评价标准。绩效审计评价标准应当具有可靠性、客观性和可比性。

第十二条 绩效审计评价标准的来源主要包括:

(一)有关法律法规、方针、政策、规章制度等的规定;

(二)国家部门、行业组织公布的行业指标;

(三)组织制定的目标、计划、预算、定额等;

(四)同类指标的历史数据和国际数据;

(五)同行业的实践标准、经验和做法。

第十三条 内部审计机构和内部审计人员在确定绩效审计评价标准时,应当与组织管理层进行沟通,在双方认可的基础上确定绩效审计评价标准。

第六章 绩效审计报告

第十四条 绩效审计报告应当反映绩效审计评价标准的选择、确定及沟通过程等重要信息,包括必要的局限性分析。

第十五条 绩效审计报告中的绩效评价应当根据审计目标和审计证据作出,可以分为总体评价和分项评价。当审计风险较大,难以做出总体评价时,可以只做分项评价。

第十六条 绩效审计报告中反映的合法、合规性问题,除进行相应的审计处理外,还应当侧重从绩效的角度对问题进行定性,描述问题对绩效造成的影响、后果及严重程度。

第十七条 绩效审计报告应当注重从体制、机制、制度上分析问题产生的根源,兼顾短期目标和长期目标、个体利益和组织整体利益,提出切实可行的建议。

第七章 附 则

第十八条 本准则由中国内部审计协会发布并负责解释。

第十九条 本准则自 2014 年 1 月 1 日起施行。

15. 第 2203 号内部审计具体准则——信息系统审计(2013 年颁布)

第一章 总 则

第一条 为了规范信息系统审计工作,提高审计质量和效率,根据《内部审计基本准则》,制定本准则。

第二条 本准则所称信息系统审计,是指内部审计机构和内部审计人员对组织的信息系统及其相关的信息技术内部控制和流程所进行的审查与评价活动。

第三条 本准则适用于各类组织的内部审计机构、内部审计人员及其从事的信息系统审计活动。其他组织或者人员接受委托、聘用，承办或者参与内部审计业务，也应当遵守本准则。

第二章 一般原则

第四条 信息系统审计的目的是通过实施信息系统审计工作，对组织是否实现信息技术管理目标进行审查和评价，并基于评价意见提出管理建议，协助组织信息技术管理人员有效地履行职责。组织的信息技术管理目标主要包括：

（一）保证组织的信息技术战略充分反映组织的战略目标；

（二）提高组织所依赖的信息系统的可靠性、稳定性、安全性及数据处理的完整性和准确性；

（三）提高信息系统运行的效果与效率，合理保证信息系统的运行符合法律法规以及相关监管要求。

第五条 组织中信息技术管理人员的责任是进行信息系统的开发、运行和维护，以及与信息技术相关的内部控制的设计、执行和监控；信息系统审计人员的责任是实施信息系统审计工作并出具审计报告。

第六条 从事信息系统审计的内部审计人员应当具备必要的信息技术及信息系统审计专业知识、技能和经验。必要时，实施信息系统审计可以利用外部专家服务。

第七条 信息系统审计可以作为独立的审计项目组织实施，也可以作为综合性内部审计项目的组成部分实施。当信息系统审计作为综合性内部审计项目的一部分时，信息系统审计人员应当及时与其他相关内部审计人员沟通信息系统审计中的发现，并考虑依据审计结果调整其他相关审计的范围、时间及性质。

第八条 内部审计人员应当采用以风险为基础的审计方法进行信息系统审计，风险评估应当贯穿于信息系统审计的全过程。

第三章 信息系统审计计划

第九条 内部审计人员在实施信息系统审计前，需要确定审计目标并初步评估审计风险，估算完成信息系统审计或者专项审计所需的资源，确定重点审计领域及审计活动的优先次序，明确审计组成员的职责，编制信息系统审计方案。

第十条 编制信息系统审计方案时，除遵循相关内部审计具体准则的规定，还应当考虑下列因素：

（一）高度依赖信息技术、信息系统的关键业务流程及相关的组织战略目标；

（二）信息技术管理的组织架构；

（三）信息系统框架和信息系统的长期发展规划及近期发展计划；

（四）信息系统及其支持的业务流程的变更情况；

（五）信息系统的复杂程度；

（六）以前年度信息系统内、外部审计所发现的问题及后续审计情况；

（七）其他影响信息系统审计的因素。

第十一条 当信息系统审计作为综合性内部审计项目的一部分时，内部审计人员在审计计划阶段还应当考虑项目审计目标及要求。

第四章 信息技术风险评估

第十二条 内部审计人员进行信息系统审计时，应当识别组织所面临的与信息技术相关的内、外部风险，并采用适当的风险评估技术与方法，分析和评价其发生的可能性及影响程度，为确定审计目标、范围和方法提供依据。

第十三条 信息技术风险是指组织在信息处理和信息技术运用过程中产生的、可能影响组织目标实现的各种不确定因素。信息技术风险，包括组织层面的信息技术风险、一般性控制层面的信息技术风险及业务流程层面的信息技术风险等。

第十四条 内部审计人员在识别和评估组织层面、一般性控制层面的信息技术风险时，需要关注下列内容：

（一）业务关注度，即组织的信息技术战略与组织整体发展战略规划的契合度以及信息技术（包括硬件及软件环境）对业务和用户需求的支持度；

（二）信息资产的重要性；

（三）对信息技术的依赖程度；

（四）对信息技术部门人员的依赖程度；

（五）对外部信息技术服务的依赖程度；

（六）信息系统及其运行环境的安全性、可靠性；

（七）信息技术变更；

（八）法律规范环境；

（九）其他。

第十五条 业务流程层面的信息技术风险受行业背景、业务流程的复杂程度、上述组织层面及一般性控制层面的控制有效性等因素的影响而存在差异。一般而言，内部审计人员应当了解业务流程，并关注下列信息技术风险：

（一）数据输入；

（二）数据处理；

（三）数据输出。

第十六条 内部审计人员应当充分考虑风险评估的结果，以合理确定信息系统审计的内容及范围，并对组织的信息技术内部控制设计合理性和运行有效性进行测试。

第五章 信息系统审计的内容

第十七条 信息系统审计主要是对组织层面信息技术控制、信息技术一般性控制及业务流程层面相关应用控制的审查和评价。

第十八条 信息技术内部控制的各个层面均包括人工控制、自动控制和人工、自动相结合的控制形式，内部审计人员应当根据不同的控制形式采取恰当的审计程序。

第十九条 组织层面信息技术控制，是指董事会或者最高管理层对信息技术治理职能及内部控制的重要性的态度、认识和措施。内部审计人员应当考虑下列控制要素中与信息技术相关的内容：

（一）控制环境。内部审计人员应当关注组织的信息技术战略规划对业务战略规划的契合度、信息技术治理制度体系的建设、信息技术部门的组织结构和关系、信息技术治理相关职权与责任的分配、信息技术人力资源管理、对用户的信息技术教育和培训等方面。

（二）风险评估。内部审计人员应当关注组织的风险评估的总体架构中信息技术风险管理的框架、流程和执行情况，信息资产的分类以及信息资产所有者的职责等方面。

（三）信息与沟通。内部审计人员应当关注组织的信息系统架构及其对财务、业务流程的支持度、董事会或者最高管理层的信息沟通模式、信息技术政策/信息安全制度的传达与沟通等方面。

（四）内部监督。内部审计人员应当关注组织的监控管理报告系统、监控反馈、跟踪处理程序以及组织对信息技术内部控制的自我评估机制等方面。

第二十条 信息技术一般性控制是指与网络、操作系统、数据库、应用系统及其相关人员有关的信息技术政策和措施，以确保信息系统持续稳定的运行，支持应用控制的有效性。对信息技术一般性控制的审计应当考虑下列控制活动：

（一）信息安全管理。内部审计人员应当关注组织的信息安全管理政策，物理访问及针对网络、操作系统、数据库、应用系统的身份认证和逻辑访问管理机制，系统设置的职责分离控制等。

（二）系统变更管理。内部审计人员应当关注组织的应用系统及相关系统基础架构的变更、参数设置变更的授权与审批，变更测试，变更移植到生产环境的流程控制等。

（三）系统开发和采购管理。内部审计人员应当关注组织的应用系统及相关系统基础架构的开发和采购的授权审批，系统开发的方法论，开发环境、测试环境、生产环境严格分离情况，系统的测试、审核、移植到生产环境等环节。

（四）系统运行管理。内部审计人员应当关注组织的信息技术资产管理、系统容量管理、系统物理环境控制、系统和数据备份及恢复管理、问题管理和系统的日常运行管理等。

第二十一条 业务流程层面应用控制是指在业务流程层面为了合理保证应用系统准确、完整、及时完成业务数据的生成、记录、处理、报告等功能而设计、执行的信息技术控制。对业务流程层面应用控制的审计应当考虑下列与数据输入、数据处理以及数据输出环节相关的控制活动：

（一）授权与批准；

（二）系统配置控制；

（三）异常情况报告和差错报告；

（四）接口/转换控制；

（五）一致性核对；

（六）职责分离；

（七）系统访问权限；

（八）系统计算；

（九）其他。

第二十二条　信息系统审计除上述常规的审计内容外，内部审计人员还可以根据组织当前面临的特殊风险或者需求，设计专项审计以满足审计战略，具体包括（但不限于）下列领域：

（一）信息系统开发实施项目的专项审计；

（二）信息系统安全专项审计；

（三）信息技术投资专项审计；

（四）业务连续性计划的专项审计；

（五）外包条件下的专项审计；

（六）法律、法规、行业规范要求的内部控制合规性专项审计；

（七）其他专项审计。

第六章　信息系统审计的方法

第二十三条　内部审计人员在进行信息系统审计时，可以单独或者综合运用下列审计方法获取相关、可靠和充分的审计证据，以评估信息系统内部控制的设计合理性和运行有效性：

（一）询问相关控制人员；

（二）观察特定控制的运用；

（三）审阅文件和报告及计算机文档或者日志；

（四）根据信息系统的特性进行穿行测试，追踪交易在信息系统中的处理过程；

（五）验证系统控制和计算逻辑；

（六）登录信息系统进行系统查询；

（七）利用计算机辅助审计工具和技术；

（八）利用其他专业机构的审计结果或者组织对信息技术内部控制的自我评估结果；

（九）其他。

第二十四条　信息系统审计人员可以根据实际需要利用计算机辅助审计工具和技术进行数据的验证、关键系统控制/计算的逻辑验证、审计样本选取等；内部审计人员在充分考虑安全的前提下，可以利用可靠的信息安全侦测工具进行渗透性测试等。

第二十五条　内部审计人员在对信息系统内部控制进行评估时，应当获得相关、可靠和充分的审计证据以支持审计结论完成审计目标，并应当充分考虑系统自动控制的控制效果的一致性及可靠性的特点，在选取审计样本时可以根据情况适当减少样本量。在系统未发生变更的情况下，可以考虑适当降低审计频率。

第二十六条　内部审计人员在审计过程中应当在风险评估的基础上，依据信息系统内部控制评估的结果重新评估审计风险，并根据剩余风险设计进一步的审计程序。

第七章　附　　则

第二十七条　本准则由中国内部审计协会发布并负责解释。

第二十八条　本准则自 2014 年 1 月 1 日起施行。

16. 第 2204 号内部审计具体准则——对舞弊行为进行检查和报告(2013 年颁布)

第一章 总 则

第一条 为了规范内部审计机构和内部审计人员在审计活动中对舞弊行为进行检查和报告,提高审计效率和效果,根据《内部审计基本准则》,制定本准则。

第二条 本准则所称舞弊,是指组织内、外人员采用欺骗等违法违规手段,损害或者谋取组织利益,同时可能为个人带来不正当利益的行为。

第三条 本准则适用于各类组织的内部审计机构、内部审计人员及其从事的内部审计活动。其他组织或者人员接受委托、聘用,承办或者参与内部审计业务,也应当遵守本准则。

第二章 一般原则

第四条 组织管理层对舞弊行为的发生承担责任。建立、健全并有效实施内部控制,预防、发现及纠正舞弊行为是组织管理层的责任。

第五条 内部审计机构和内部审计人员应当保持应有的职业谨慎,在实施的审计活动中关注可能发生的舞弊行为,并对舞弊行为进行检查和报告。

第六条 内部审计机构和内部审计人员在检查和报告舞弊行为时,应当从下列方面保持应有的职业谨慎:

(一)具有识别、检查舞弊的基本知识和技能,在实施审计项目时警惕相关方面可能存在的舞弊风险;

(二)根据被审计事项的重要性、复杂性以及审计成本效益,合理关注和检查可能存在的舞弊行为;

(三)运用适当的审计职业判断,确定审计范围和审计程序,以检查、发现和报告舞弊行为;

(四)发现舞弊迹象时,应当及时向适当管理层报告,提出进一步检查的建议。

第七条 由于内部审计并非专为检查舞弊而进行,即使审计人员以应有的职业谨慎执行了必要的审计程序,也不能保证发现所有的舞弊行为。

第八条 损害组织经济利益的舞弊,是指组织内、外人员为谋取自身利益,采用欺骗等违法违规手段使组织经济利益遭受损害的不正当行为。具体包括下列情形:

(一)收受贿赂或者回扣;

(二)将正常情况下可以使组织获利的交易事项转移给他人;

(三)贪污、挪用、盗窃组织资产;

(四)使组织为虚假的交易事项支付款项;

(五)故意隐瞒、错报交易事项;

(六)泄露组织的商业秘密;

(七)其他损害组织经济利益的舞弊行为。

第九条 谋取组织经济利益的舞弊,是指组织内部人员为使本组织获得不当经济利益而其自身也可能获得相关利益,采用欺骗等违法违规手段,损害国家和其他组织或者个人利益的不正当行为。具体包括下列情形:

(一)支付贿赂或者回扣;

(二)出售不存在或者不真实的资产;

(三)故意错报交易事项、记录虚假的交易事项,使财务报表使用者误解而作出不适当的投融资决策;

(四)隐瞒或者删除应当对外披露的重要信息;

(五)从事违法违规的经营活动;

(六)偷逃税款;

（七）其他谋取组织经济利益的舞弊行为。

第十条　内部审计人员在检查和报告舞弊行为时，应当特别注意做好保密工作。

第三章　评估舞弊发生的可能性

第十一条　内部审计人员在审查和评价业务活动、内部控制和风险管理时，应当从以下方面对舞弊发生的可能性进行评估：

（一）组织目标的可行性；

（二）控制意识和态度的科学性；

（三）员工行为规范的合理性和有效性；

（四）业务活动授权审批制度的有效性；

（五）内部控制和风险管理机制的有效性；

（六）信息系统运行的有效性。

第十二条　内部审计人员除考虑内部控制的固有局限外，还应当考虑下列可能导致舞弊发生的情况：

（一）管理人员品质不佳；

（二）管理人员遭受异常压力；

（三）业务活动中存在异常交易事项；

（四）组织内部个人利益、局部利益和整体利益存在较大冲突。

第十三条　内部审计人员应当根据可能发生的舞弊行为的性质，向组织适当管理层报告，同时就需要实施的舞弊检查提出建议。

第四章　舞弊的检查

第十四条　舞弊的检查是指实施必要的检查程序，以确定舞弊迹象所显示的舞弊行为是否已经发生。

第十五条　内部审计人员进行舞弊检查时，应当根据下列要求进行：

（一）评估舞弊涉及的范围及复杂程度，避免向可能涉及舞弊的人员提供信息或者被其所提供的信息误导；

（二）设计适当的舞弊检查程序，以确定舞弊者、舞弊程度、舞弊手段及舞弊原因；

（三）在舞弊检查过程中，与组织适当管理层、专业舞弊调查人员、法律顾问及其他专家保持必要的沟通；

（四）保持应有的职业谨慎，以避免损害相关组织或者人员的合法权益。

第五章　舞弊的报告

第十六条　舞弊的报告是指内部审计人员以书面或者口头形式向组织适当管理层或者董事会报告舞弊检查情况及结果。

第十七条　在舞弊检查过程中，出现下列情况时，内部审计人员应当及时向组织适当管理层报告：

（一）可以合理确信舞弊已经发生，并需要深入调查；

（二）舞弊行为已经导致对外披露的财务报表严重失实；

（三）发现犯罪线索，并获得了应当移送司法机关处理的证据。

第十八条　内部审计人员完成必要的舞弊检查程序后，应当从舞弊行为的性质和金额两方面考虑其严重程度，并出具相应的审计报告。审计报告的内容主要包括舞弊行为的性质、涉及人员、舞弊手段及原因、检查结论、处理意见、提出的建议及纠正措施。

第六章　附　　则

第十九条　本准则由中国内部审计协会发布并负责解释。

第二十条　本准则自 2014 年 1 月 1 日起施行。

17. 第 2301 号内部审计具体准则——内部审计机构的管理(2013 年颁布)

第一章　总　　则

第一条　为了规范内部审计机构的管理工作，保证审计质量，提高审计效率，根据《内部审计基本准则》，制定本准则。

第二条　本准则所称内部审计机构的管理，是指内部审计机构对内部审计人员和内部审计活动实施的计划、组织、领导、控制和协调工作。

第三条　本准则适用于各类组织的内部审计机构。

第二章　一般原则

第四条　内部审计机构的管理主要包括下列目的：

(一)实现内部审计目标；

(二)促使内部审计资源得到充分和有效的利用；

(三)提高内部审计质量，更好地履行内部审计职责；

(四)促使内部审计活动符合内部审计准则的要求。

第五条　内部审计机构应当接受组织董事会或者最高管理层的领导和监督，内部审计机构负责人应当对内部审计机构管理的适当性和有效性负主要责任。

第六条　内部审计机构应当制定内部审计章程，对内部审计的目标、职责和权限进行规范，并报经董事会或者最高管理层批准。内部审计章程应当包括下列主要内容：

(一)内部审计目标；

(二)内部审计机构的职责和权限；

(三)内部审计范围；

(四)内部审计标准；

(五)其他需要明确的事项。

第七条　内部审计机构应当建立合理、有效的组织结构，多层级组织的内部审计机构可以实行集中管理或者分级管理。实行集中管理的内部审计机构可以对下级组织实行内部审计派驻制或者委派制。实行分级管理的内部审计机构应当通过适当的组织形式和方式对下级内部审计机构进行指导和监督。

第八条　内部审计机构管理的内容主要包括下列方面：

(一)审计计划；

(二)人力资源；

(三)财务预算；

(四)组织协调；

(五)审计质量；

(六)其他事项。

第九条　内部审计机构的管理可以分为部门管理和项目管理。部门管理主要包括内部审计机构运行过程中的一般性行政管理。项目管理主要包括内部审计机构对审计项目业务工作的管理与控制。

第三章　部门管理的内容和方法

第十条　内部审计机构应当根据组织的风险状况、管理需要及审计资源的配置情况，编制年度审计计划。

第十一条　内部审计机构应当根据内部审计目标和管理需要，加强人力资源管理，保证人力资源利用的充分性和有效性，主要包括下列内容：

（一）内部审计人员的聘用；

（二）内部审计人员的培训；

（三）内部审计人员的工作任务安排；

（四）内部审计人员专业胜任能力分析；

（五）内部审计人员的业绩考核与激励机制；

（六）其他有关事项。

第十二条　内部审计机构负责人应当根据年度审计计划和人力资源计划编制财务预算。编制财务预算时应当考虑下列因素：

（一）内部审计人员的数量；

（二）内部审计工作的安排；

（三）内部审计机构的行政管理活动；

（四）内部审计人员的教育及培训要求；

（五）内部审计工作的研究和发展；

（六）其他有关事项。

第十三条　内部审计机构应当根据组织的性质、规模和特点，编制内部审计工作手册，以指导内部审计人员的工作。内部审计工作手册主要包括下列内容：

（一）内部审计机构的目标、权限和职责的说明；

（二）内部审计机构的组织、管理及工作说明；

（三）内部审计机构的岗位设置及岗位职责说明；

（四）主要审计工作流程；

（五）内部审计质量控制制度、程序和方法；

（六）内部审计人员职业道德规范和奖惩措施；

（七）内部审计工作中应当注意的事项。

第十四条　内部审计机构和内部审计人员应当在组织董事会或者最高管理层的支持和监督下，做好与组织其他机构和外部审计的协调工作。

第十五条　内部审计机构应当接受组织董事会或者最高管理层的领导和监督，在日常工作中保持有效的沟通，向其定期提交工作报告，适时提交审计报告。

第十六条　内部审计机构应当制定内部审计质量控制制度，通过实施督导、分级复核、审计质量内部评估、接受审计质量外部评估等，保证审计质量。

第四章　项目管理的内容和方法

第十七条　内部审计机构应当根据年度审计计划确定的审计项目，编制项目审计方案并组织实施，在实施过程中做好审计项目管理与控制工作。

第十八条　在审计项目管理过程中，内部审计机构负责人与项目负责人应当充分履行职责，以确保审计质量，提高审计效率。

第十九条　内部审计机构负责人在项目管理中应当履行下列职责：

（一）选派审计项目负责人并对其进行有效的授权；

（二）审定项目审计方案；

（三）督导审计项目的实施；

（四）协调、沟通审计过程中发现的重大问题；

（五）审定审计报告；

（六）督促被审计单位对审计发现问题的整改；

（七）其他有关事项。

第二十条　审计项目负责人应当履行的职责包括下列方面：

（一）编制项目审计方案；

（二）组织审计项目的实施；

（三）对项目审计工作进行现场督导；

（四）向内部审计机构负责人及时汇报审计进展及重大审计发现；

（五）组织编制审计报告；

（六）组织实施后续审计；

（七）其他有关事项。

第二十一条 内部审计机构可以采取下列辅助管理工具，完善和改进项目管理工作，保证审计项目管理与控制的有效性：

（一）审计工作授权表；

（二）审计任务清单；

（三）审计工作底稿检查表；

（四）审计文书跟踪表；

（五）其他辅助管理工具。

第二十二条 内部审计机构应当建立审计项目档案管理制度，加强审计工作底稿的归档、保管、查询、复制、移交和销毁等环节的管理工作，妥善保存审计档案。

第五章 附 则

第二十三条 本准则由中国内部审计协会发布并负责解释。

第二十四条 本准则自 2014 年 1 月 1 日起施行。

18. 第 2302 号内部审计具体准则——与董事会或者最高管理层的关系（2013 年颁布）

第一章 总 则

第一条 为了明确和协调内部审计机构与董事会或者最高管理层的关系，保证内部审计的独立性，增强内部审计工作的有效性，根据《内部审计基本准则》，制定本准则。

第二条 本准则所称与董事会或者最高管理层的关系，是指内部审计机构因其隶属于董事会或者最高管理层所形成的接受其领导并向其报告的组织关系。

第三条 本准则适用于各类组织的内部审计机构。

第二章 一般原则

第四条 内部审计机构应当接受董事会或者最高管理层的领导，保持与董事会或最高管理层的良好关系，实现董事会、最高管理层与内部审计在组织治理中的协同作用。

第五条 对内部审计机构有管理权限的董事会或者类似的机构包括：

（一）董事会；

（二）董事会下属的审计委员会；

（三）非营利组织的理事会。

第六条 对内部审计机构有管理权限的最高管理层包括：

（一）总经理；

（二）与总经理级别相当的人员。

第七条 内部审计机构与董事会或者最高管理层的关系主要包括：

（一）接受董事会或者最高管理层的领导；

（二）向董事会或者最高管理层报告工作。

第八条 内部审计机构负责人应当积极寻求董事会或者最高管理层对内部审计工作的理解与支持。

第九条 在设立监事会的组织中，内部审计机构应当在授权范围内配合监事会的工作。

第三章　接受董事会或者最高管理层的领导

第十条　内部审计机构接受董事会或者最高管理层领导的方式主要包括：

（一）报请董事会或者最高管理层批准审计工作事项；

（二）接受并完成董事会或者最高管理层的业务委派。

第十一条　内部审计机构应当向董事会或者最高管理层报请批准的事项主要包括：

（一）内部审计章程；

（二）年度审计计划；

（三）人力资源计划；

（四）财务预算；

（五）内部审计政策的制定及变动。

第十二条　内部审计机构除实施常规审计业务外，还可以接受董事会或者最高管理层委派的下列事项：

（一）进行舞弊检查；

（二）实施专项审计；

（三）开展经济责任审计；

（四）评价社会审计组织的工作质量；

（五）其他。

第四章　向董事会或者最高管理层报告

第十三条　内部审计机构应当与董事会或者最高管理层保持有效的沟通，除向董事会或者最高管理层提交审计报告之外，还应当定期提交工作报告，一般每年至少一次。

第十四条　内部审计机构的工作报告应当概括、清晰地说明内部审计工作的开展以及内部审计资源的使用情况，主要包括下列内容：

（一）年度审计计划的执行情况；

（二）审计项目涉及范围及审计意见的总括说明；

（三）对组织业务活动、内部控制和风险管理的总体评价；

（四）审计中发现的差异和缺陷的汇总及其原因分析；

（五）审计发现的重要问题和建议；

（六）财务预算的执行情况；

（七）人力资源计划的执行情况；

（八）内部审计工作的效率和效果；

（九）董事会或者最高管理层要求或关注的其他内容。

第十五条　内部审计机构提交工作报告时，还应当对年度审计计划、财务预算和人力资源计划执行中出现的重大偏差及原因做出说明，并提出改进措施。

第十六条　内部审计机构应当及时向董事会或者最高管理层提交审计报告，审计报告应当清晰反映审计发现的重要问题、审计结论、意见和建议。

第十七条　日常工作中，内部审计机构还应当与董事会或者最高管理层就下列事项进行交流：

（一）董事会或者最高管理层关注的领域；

（二）内部审计活动满足董事会或者最高管理层信息需求的程度；

（三）内部审计的新趋势和最佳实务；

（四）内部审计与外部审计之间的协调。

第五章　附　　则

第十八条　本准则由中国内部审计协会发布并负责解释。

第十九条　本准则自 2014 年 1 月 1 日起施行。

19. 第2303号内部审计具体准则——内部审计与外部审计的协调(2013年颁布)

第一章 总 则

第一条 为了规范内部审计与外部审计的协调工作,提高审计效率和效果,根据《内部审计基本准则》,制定本准则。

第二条 本准则所称内部审计与外部审计的协调,是指内部审计机构与社会审计组织、国家审计机关在审计工作中的沟通与合作。

第三条 本准则适用于各类组织的内部审计机构。

第二章 一般原则

第四条 内部审计应当做好与外部审计的协调工作,以实现下列目的:

(一)保证充分、适当的审计范围;

(二)减少重复审计,提高审计效率;

(三)共享审计成果,降低审计成本;

(四)持续改进内部审计机构工作。

第五条 内部审计与外部审计的协调工作,应当在组织董事会或者最高管理层的支持和监督下,由内部审计机构负责人具体组织实施。

第六条 内部审计机构负责人应当定期对内外部审计的协调工作进行评估,并根据评估结果及时调整、改进内外部审计协调工作。

第七条 内部审计机构应当在外部审计对本组织开展审计时做好协调工作。

第三章 协调的方法和内容

第八条 内部审计与外部审计之间的协调,可以通过定期会议、不定期会面或者其他沟通方式进行。

第九条 内部审计与外部审计的协调工作包括下列方面:

(一)与外部审计机构和人员的沟通;

(二)配合外部审计工作;

(三)评价外部审计工作质量;

(四)利用外部审计工作成果。

第十条 内部审计与外部审计应当在审计范围上进行协调。在编制年度审计计划和项目审计方案时,应当考虑双方的工作,以确保充分、适当的审计范围,最大限度减少重复性工作。

第十一条 在条件允许的情况下,内部审计与外部审计应当在必要的范围内互相交流相关审计工作底稿,以便利用对方的工作成果。

第十二条 内部审计与外部审计应当相互参阅审计报告。

第十三条 内部审计与外部审计应当在具体审计程序和方法上相互沟通,达成共识,以促进双方的合作。

第四章 附 则

第十四条 本准则由中国内部审计协会发布并负责解释。

第十五条 本准则自2014年1月1日起施行。

20. 第2304号内部审计具体准则——利用外部专家服务(2013年颁布)

第一章　总　　则

第一条　为了规范内部审计机构利用外部专家服务的行为，提高审计质量和效率，根据《内部审计基本准则》，制定本准则。

第二条　本准则所称利用外部专家服务，是指内部审计机构聘请在某一领域中具有专门技能、知识和经验的人员或者单位提供专业服务，并在审计活动中利用其工作结果的行为。

第三条　本准则适用于各类组织的内部审计机构。

第二章　一般原则

第四条　内部审计机构可以根据实际需要利用外部专家服务。利用外部专家服务是为了获取相关、可靠和充分的审计证据，保证审计工作的质量。

第五条　外部专家应当对其所选用的假设、方法及其工作结果负责。

第六条　内部审计机构应当对利用外部专家服务结果所形成的审计结论负责。

第七条　内部审计机构和内部审计人员可以在下列方面利用外部专家服务：

(一)特定资产的评估；

(二)工程项目的评估；

(三)产品或者服务质量问题；

(四)信息技术问题；

(五)衍生金融工具问题；

(六)舞弊及安全问题；

(七)法律问题；

(八)风险管理问题；

(九)其他。

第八条　外部专家可以由内部审计机构从组织外部聘请，也可以在组织内部指派。

第三章　对外部专家的聘请

第九条　内部审计机构聘请外部专家时，应当对外部专家的独立性、客观性进行评价，评价时应当考虑下列影响因素：

(一)外部专家与被审计单位之间是否存在重大利益关系；

(二)外部专家与被审计单位董事会、最高管理层是否存在密切的私人关系；

(三)外部专家与审计事项之间是否存在专业相关性；

(四)外部专家是否正在或者即将为组织提供其他服务；

(五)其他可能影响独立性、客观性的因素。

第十条　在聘请外部专家时，内部审计机构应当对外部专家的专业胜任能力进行评价，考虑其专业资格、专业经验与声望等。

第十一条　在利用外部专家服务前，内部审计机构应当与外部专家签订书面协议。书面协议主要包括下列内容：

(一)外部专家服务的目的、范围及相关责任；

(二)外部专家服务结果的预定用途；

(三)在审计报告中可能提及外部专家的情形；

(四)外部专家利用相关资料的范围；

(五)报酬及其支付方式；

(六)对保密性的要求；

(七)违约责任。

第四章　对外部专家服务结果的评价和利用

第十二条　内部审计机构在利用外部专家服务结果作为审计证据时，应当评价其相关性、可靠性和充分性。

第十三条　内部审计机构在评价外部专家服务结果时，应当考虑下列影响因素：

(一)外部专家选用的假设和方法的适当性；

(二)外部专家所用资料的相关性、可靠性和充分性。

第十四条　在利用外部专家服务时，如果有必要，应当在审计报告中提及。

第十五条　内部审计机构对外部专家服务评价后，如果认为其服务的结果无法形成相关、可靠和充分的审计证据，应当通过实施其他替代审计程序补充获取相应的审计证据。

第五章　附　　则

第十六条　本准则由中国内部审计协会发布并负责解释。

第十七条　本准则自 2014 年 1 月 1 日起施行。

21. 第 2305 号内部审计具体准则——人际关系(2013 年颁布)

第一章　总　　则

第一条　为了规范内部审计人员与组织内、外相关机构和人员建立和保持良好的人际关系，保证内部审计工作顺利而有效地进行，提高审计效率和效果，根据《内部审计基本准则》，制定本准则。

第二条　本准则所称人际关系，是指内部审计人员与组织内外相关机构和人员之间的相互交往与联系。

第三条　本准则适用于各类组织的内部审计机构中的内部审计人员。其他组织或者人员接受委托、聘用，承办或者参与内部审计业务，也应当遵守本准则。

第二章　一般原则

第四条　内部审计人员在从事内部审计活动中，需要与下列机构和人员建立人际关系：

(一)组织适当管理层和相关人员；

(二)被审计单位和相关人员；

(三)组织内部各职能部门和相关人员；

(四)组织外部相关机构和人员；

(五)内部审计机构中的其他成员。

第五条　内部审计人员应当与组织内外相关机构和人员进行必要的沟通，保持良好的人际关系，以实现下列目的：

(一)在内部审计工作中与相关机构和人员建立相互信任的关系，促进彼此的交流与沟通；

(二)在内部审计工作中取得相关机构和人员的理解和配合，及时获得相关、可靠和充分的信息，提高内部审计效率；

(三)保证内部审计意见得到有效落实，实现内部审计目标。

第六条　内部审计人员应当具备建立良好人际关系的意识和能力。

第七条 内部审计人员在人际关系的处理中应当注意保持独立性和客观性。

第八条 内部审计人员应当在遵循有关法律、法规的情况下灵活、妥善地处理人际关系。

第九条 内部审计机构负责人应当定期对内部审计人员的人际关系进行评价，并根据评价结果及时采取措施改进人际关系。

第三章 处理人际关系的方式和方法

第十条 内部审计人员在处理人际关系时，应当主动、及时、有效地进行沟通，以保证信息的快捷传递和充分交流。

第十一条 内部审计人员处理人际关系时采用的沟通类型包括：

（一）人员沟通，即内部审计人员与相关人员之间的沟通。

（二）组织沟通，即内部审计机构在特定组织环境下的沟通，主要包括与上下级部门之间的信息交流，与组织内各平行部门之间的信息交流，信息在非平行、非隶属部门之间的交流。

第十二条 内部审计人员处理人际关系时采用的主要沟通方式有口头沟通和书面沟通两种。口头沟通，即内部审计人员利用口头语言进行信息交流。书面沟通，即内部审计人员利用书面语言进行信息交流。

第十三条 内部审计人员人际关系冲突的原因主要包括：

（一）缺乏必要、及时的信息沟通；

（二）对同一事物的认识存在分歧，导致不同的评价；

（三）各自的价值观、利益观不一致；

（四）职业道德信念的差异。

第十四条 内部审计人员应当及时、妥善地化解人际冲突，可以采取的方法主要包括：

（一）暂时回避，寻找适当的时机再进行协调；

（二）说服、劝导；

（三）适当的妥协；

（四）互相协作；

（五）向适当管理层报告，寻求协调；

（六）其他。

第十五条 内部审计人员应当积极、主动地与对内部审计工作负有领导责任的组织适当管理层进行沟通，可以采取的沟通途径主要包括：

（一）与组织适当管理层就审计计划进行沟通，以达成共识；

（二）咨询组织适当管理层，了解内部控制环境；

（三）根据审计发现的问题和作出的审计结论，及时向组织适当管理层提出审计意见和建议；

（四）出具书面审计报告之前，利用各种沟通方式征求组织适当管理层对审计结论、意见和建议的意见。

第十六条 内部审计人员应当与被审计单位建立并保持良好的人际关系，可以采取下列沟通途径获得被审计单位的理解、配合和支持：

（一）在了解被审计单位基本情况时，应当进行及时、有效的沟通和协调；

（二）通过询问、会谈、会议、问卷调查等沟通方式，了解被审计单位业务活动、内部控制和风险管理的情况；

（三）通过口头方式或者其他非正式方式，与被审计单位交流审计中发现的问题；

（四）在审计报告提交之前，以书面方式与被审计单位进行结果沟通。

第十七条 内部审计人员应当与组织内其他职能部门建立并保持良好的人际关系，确保在下列方面得到支持与配合：

（一）了解组织及相关职能部门的情况；

（二）寻求审计中发现问题的解决方法；

（三）落实审计结论、意见和建议；

（四）有效利用审计成果；

（五）其他。

第十八条 内部审计人员应当与组织外部相关机构和人员之间建立并保持良好的人际关系，以获得更多的认同、支持及协助。

第十九条 内部审计人员应当重视内部审计机构成员间的人际关系，相互协作，相互包容。

第四章 附 则

第二十条 本准则由中国内部审计协会发布并负责解释。

第二十一条 本准则自 2014 年 1 月 1 日起施行。

22. 第 2306 号内部审计具体准则——内部审计质量控制（2013 年颁布）

第一章 总 则

第一条 为了规范内部审计质量控制工作，保证内部审计质量，根据《内部审计基本准则》，制定本准则。

第二条 本准则所称内部审计质量控制，是指内部审计机构为保证其审计质量符合内部审计准则的要求而制定和执行的制度、程序和方法。

第三条 本准则适用于各类组织的内部审计机构和内部审计人员。

第二章 一般原则

第四条 内部审计机构负责人对制定并实施系统、有效的质量控制制度与程序负主要责任。

第五条 内部审计质量控制主要包括下列目标：

（一）保证内部审计活动遵循内部审计准则和本组织内部审计工作手册的要求；

（二）保证内部审计活动的效率和效果达到既定要求；

（三）保证内部审计活动能够增加组织的价值，促进组织实现目标。

第六条 内部审计质量控制分为内部审计机构质量控制和内部审计项目质量控制。

第七条 内部审计机构负责人和审计项目负责人通过督导、分级复核、质量评估等方式对内部审计质量进行控制。

第三章 内部审计机构质量控制

第八条 内部审计机构负责人对内部审计机构质量负责。

第九条 内部审计机构质量控制需要考虑下列因素：

（一）内部审计机构的组织形式及授权状况；

（二）内部审计人员的素质与专业结构；

（三）内部审计业务的范围与特点；

（四）成本效益原则的要求；

（五）其他。

第十条 内部审计机构质量控制主要包括下列措施：

（一）确保内部审计人员遵守职业道德规范；

（二）保持并不断提升内部审计人员的专业胜任能力；

（三）依据内部审计准则制定内部审计工作手册；

（四）编制年度审计计划及项目审计方案；

（五）合理配置内部审计资源；

（六）建立审计项目督导和复核机制；

（七）开展审计质量评估；

（八）评估审计报告的使用效果；
（九）对审计质量进行考核与评价。

第四章　内部审计项目质量控制

第十一条　内部审计项目负责人对审计项目质量负责。
第十二条　内部审计项目质量控制应当考虑下列因素：
（一）审计项目的性质及复杂程度；
（二）参与项目审计的内部审计人员的专业胜任能力；
（三）其他。
第十三条　内部审计项目质量控制主要包括下列措施：
（一）指导内部审计人员执行项目审计方案；
（二）监督审计实施过程；
（三）检查已实施的审计工作。
第十四条　内部审计项目负责人在指导内部审计人员开展项目审计时，应当告知项目组成员下列事项：
（一）项目组成员各自的责任；
（二）被审计项目或者业务的性质；
（三）与风险相关的事项；
（四）可能出现的问题；
（五）其他。
第十五条　内部审计项目负责人监督内部审计实施过程时，应当履行下列职责：
（一）追踪业务的过程；
（二）解决审计过程中出现的重大问题，根据需要修改原项目审计方案；
（三）识别在审计过程中需要咨询的事项；
（四）其他。
第十六条　内部审计项目负责人在检查已实施的审计工作时，应当关注下列内容：
（一）审计工作是否已按照审计准则和职业道德规范的规定执行；
（二）审计证据是否相关、可靠和充分；
（三）审计工作是否实现了审计目标。

第五章　附　　则

第十七条　本准则由中国内部审计协会发布并负责解释。
第十八条　本准则自 2014 年 1 月 1 日起施行。

23. 第 2307 号内部审计具体准则——评价外部审计工作质量（2013 年颁布）

第一章　总　　则

第一条　为规范内部审计机构对外部审计工作质量的评价工作，有效利用外部审计成果，提高内部审计效率和效果，根据《内部审计基本准则》，制定本准则。

第二条　本准则所称评价外部审计工作质量，是指由内部审计机构对外部审计工作过程及结果的质量所进行的评价活动。

第三条　本准则适用于各类组织的内部审计机构。

第二章　一般原则

第四条　内部审计机构应当根据适当的标准对外部审计工作质量进行客观评价，合理利用外部审计成果。

第五条　评价外部审计工作质量，可以按照评价准备、评价实施和评价报告三个阶段进行。

第六条　内部审计机构应当挑选具有足够专业胜任能力的人员对外部审计工作质量进行评价。

第三章　评价准备

第七条　在评价外部审计工作质量之前，内部审计机构应当考虑下列因素：

（一）评价活动的必要性；

（二）评价活动的可行性；

（三）评价活动预期结果的有效性。

第八条　在决定对外部审计工作质量进行评价后，内部审计机构应当编制适当的评价方案。评价方案应当包括下列主要内容：

（一）评价目的；

（二）评价的主要内容与步骤；

（三）评价的依据；

（四）评价工作的主要方法；

（五）评价工作的时间安排；

（六）评价人员的分工。

第九条　内部审计机构应当取得反映外部审计工作质量的审计报告及其他相关资料。

第十条　内部审计机构应当详细了解外部审计所采用的审计依据、实施的审计过程及其在审计过程中与组织之间进行协调的情况。

第十一条　如有必要，内部审计机构可以与外部审计机构就评价事项进行适当的沟通。

第四章　评价实施

第十二条　内部审计机构在评价外部审计工作质量时，应当重点关注下列内容：

（一）外部审计机构和人员的独立性与客观性；

（二）外部审计人员的专业胜任能力；

（三）外部审计人员的职业谨慎性；

（四）外部审计机构的信誉；

（五）外部审计所采用审计程序及方法的适当性；

（六）外部审计所采用审计依据的有效性；

（七）外部审计所获取审计证据的相关性、可靠性和充分性。

第十三条　内部审计机构在评价外部审计工作质量时，应当充分考虑其与内部审计活动的差异。

第十四条　内部审计机构在评价外部审计工作质量时，可以采用审核、观察、询问等常用方法，以及与有关方面进行沟通、协调的方法。

第十五条　内部审计机构应当将评价工作过程及结果记录于审计工作底稿中。

第五章　评价报告

第十六条　内部审计机构做出外部审计工作质量评价结论之前，应当征求组织内部有关部门和人员的意见。必要时，内部审计人员也可以就评价结论与被评价的外部审计机构进行沟通。

第十七条　内部审计机构完成外部审计工作质量评价之后，应当编制评价报告。评价报告一般包括下列要素：

（一）评价报告的名称；

（二）被评价外部审计机构的名称；

（三）评价目的；

(四)评价的主要内容及方法;

(五)评价结果;

(六)评价报告编制人员及编制时间。

第六章 附 则

第十八条 本准则由中国内部审计协会发布并负责解释。

第十九条 本准则自2014年1月1日起施行。

24. 内部审计质量评估机构管理暂行办法 (2012年颁布)

第一条 为加强对内部审计质量评估机构的管理,规范内部审计质量外部评估工作,根据《内部审计质量评估办法(试行)》,制定本办法。

第二条 本办法所称内部审计质量评估机构,是指经中国内部审计协会核准,具备内部审计质量外部评估资格的地方内部审计(师)协会和会计师事务所、财务咨询公司等中介机构。

第三条 内部审计质量评估机构应当具备以下条件:

(一)从事地方或行业内部审计管理工作或提供内部审计咨询服务;

(二)拥有一定数量具备内部审计质量评估资格的人员;

(三)中国内部审计协会会员单位。

第四条 中国内部审计协会负责内部审计质量评估机构业务资格的核准和监管。

第五条 符合本办法第三条规定条件的机构可以向中国内部审计协会申请内部审计质量外部评估业务资格,申请机构应当提交下列书面材料:

(一)内部审计质量评估业务资格申请表;

(二)机构组织法人登记证书或营业执照(复印件);

(三)具备内部审计质量评估资格的人员的相关职业资格及技术职称证明材料(复印件);

(四)机构组织章程和有关管理制度。

第六条 中国内部审计协会应当自收到申请材料后30日内进行审查。经审查符合条件的,核准其内部审计质量外部评估业务资格。

第七条 内部审计质量外部评估业务资格有效期为3年。申请延续业务资格的机构,应当在有效期满前30日,向中国内部审计协会提交以下材料,提出延续申请:

(一)延续申请表;

(二)3年内完成的内部审计质量评估项目情况,包括被评估对象、评估时间、评估结果等;

(三)3年内从事内部审计质量外部评估人员的情况,包括姓名、年龄、工作单位、专业技术职称、职业资格、是否担任评估组组长等。

第八条 内部审计质量评估机构在业务资格有效期内,如机构业务范围、人员情况发生变化,必须及时告知中国内部审计协会。中国内部审计协会可以视情况重新核准其内部审计质量外部评估业务资格。

第九条 内部审计质量评估机构必须按照《中国内部审计质量评估手册(试行)》规定的程序和方法开展评估工作。

第十条 内部审计质量评估机构开展质量评估项目前,应当与被评估单位签署协议,确定评估范围、实施时间、评估人员和费用等事宜,并于协议签署后7日内向中国内部审计协会备案。

第十一条 内部审计质量评估机构应当根据评估项目的规模、评估人员构成、评估所需时间等情况,与被评估单位协商确定评估费用。

第十二条 内部审计质量评估机构向被评估单位出具评估报告后,应当于7日内将评估报告报送中国内部审计协会备案。

第十三条 中国内部审计协会应当定期公布内部审计质量外部评估结果。对于评估结果为"总体遵循